GW01275937

2025

TRAVELLER'S ATLAS

FRANCE

Scale 1:300,000
or 4.73 miles to 1 inch (3km to 1cm)

2nd edition May 2024

© AA Media Limited 2024

Copyright: © 2024 MAIRDUMONT, D-73751 Ostfildern
Kunth Verlag, München – MAIRDUMONT GmbH & Co.KG
info@kunth-verlag.de

All rights reserved. No part of this publication may be reproduced, stored in a retrieval system, or transmitted in any form or by any means – electronic, mechanical, photocopying, recording or otherwise – unless the permission of the publisher has been given beforehand (A05874).

Published by AA Media Limited, whose registered office is Grove House, Lutyens Close, Basingstoke, Hampshire RG24 8AG, UK. Registered number 06112600.

The publishers would welcome information to correct any errors or omissions and to keep this atlas up to date. Please write to the Atlas Editor, AA Media Limited, Grove House, Lutyens Close, Basingstoke, Hampshire RG24 8AG, UK.
E-mail: *roadatlasfeedback@aamediagroup.co.uk*

ISBN: 978 0 7495 8401 6

A CIP catalogue record for this book is available from The British Library.

Printed in China.

The contents of this atlas are believed to be correct at the time of the latest revision. However, the publishers cannot be held responsible for loss occasioned to any person acting or refraining from action as a result of any material in this atlas, nor for any errors, omissions or changes in such material. This does not affect your statutory rights.

Contents

Key to map pages — inside front cover, 2

Highway (route planner) map — 4

Distance chart — 5

Europe road maps 1:4,500,000 — 6–21
- Key to road map pages — 6
- Road map symbols — 7
- Road maps — 8–21

France road maps 1:300,000 — 22–185
- Key to road map pages — 22
- Road map symbols — 23
- Road maps — 26–185

Environs (district) maps — 186–205
- Key to environs map pages — 186
- Map symbols — 187
- Brest — 188–189
- Strasbourg — 190–191
- Nîmes, Avignon, Orange — 192–193
- Marseille — 194–195
- Nice, Monaco — 196–197
- Paris — 198–205

City maps — 206–230
- Key to city maps — 206
- Map symbols — 207
- Avignon — 208
- Bordeaux — 208
- Brest — 209
- Caen — 210
- Carcassonne — 209
- Chartres — 210
- Dijon — 211
- Grenoble — 211
- le Havre — 212
- le Mans — 212
- Lille — 213
- Limoges — 216
- Lyon — 214
- Marseille — 215
- Monaco — 216
- Montpellier — 217
- Nancy — 217
- Nantes — 218
- Nice — 218
- Nîmes — 219
- Orléans — 219
- Paris — 220–227
- Perpignan — 228
- Reims — 228
- Rennes — 229
- Rouen — 229
- Strasbourg — 230
- Toulouse — 230

Travel information — 231–233

Index to place names — 235–336

£10 OFF EUROPEAN BREAKDOWN COVER

- **24/7 English-speaking helpline**
- **Network of over 60,000 repair and recovery operators in 44 countries**
- **Vehicle recovery back to the UK**

Call **0330 053 1100** and quote **'ATLAS'**

AA

Terms and conditions apply. Offer can be withdrawn or altered at any time. Offer applies to a trip policy of 6 days or more, or a multi trip annual policy. Offer expires 31.12.2026. Automobile Association Insurance Services Limited is an intermediary and is authorised and regulated by the Financial Conduct Authority. Registered Office: The AA, Fanum House, Basingstoke, Hampshire RG21 4EA. Registered in England and Wales number: 2414212.

1:300 000 1:150 000, 1:100 000 1:20 000

CARTE D'ASSEMBLAGE
ÍNDICE DE MAPA
KLAD MAPOVÝCH LISTŮ

BLATTÜBERSICHT
MAPA ÍNDICE
KLAD MAPOVÝCH LISTOV

KEY MAP
OVERZICHTSKAART
PREGLED LISTOV

QUADRO D'UNIONE
SKOROWIDZ ARKUSZY
PREGLED LIST

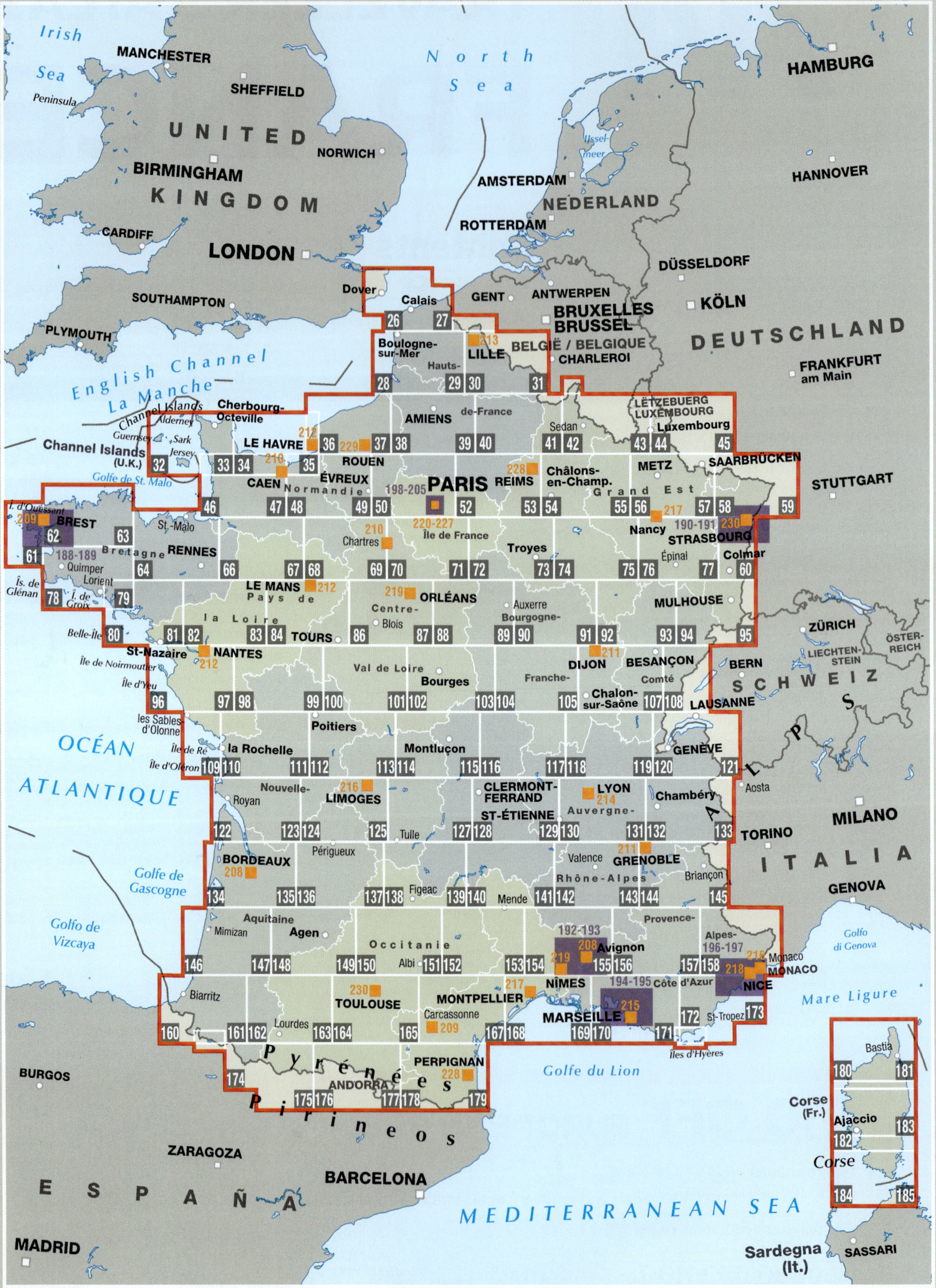

Irish Sea
North Sea
MANCHESTER
SHEFFIELD
UNITED KINGDOM
BIRMINGHAM
NORWICH
CARDIFF
LONDON
SOUTHAMPTON
PLYMOUTH
AMSTERDAM
NEDERLAND
ROTTERDAM
HAMBURG
HANNOVER
DÜSSELDORF
KÖLN
DEUTSCHLAND
FRANKFURT am Main
STUTTGART
GENT
ANTWERPEN
BRUXELLES BRUSSEL
BELGIË / BELGIQUE
CHARLEROI
LËTZEBUERG LUXEMBOURG
Luxembourg
SAARBRÜCKEN
English Channel
La Manche
Channel Islands (U.K.)
Golfe de St. Malo
Dover
Calais
Boulogne-sur-Mer
LILLE
Hauts-de-France
AMIENS
Cherbourg-Octeville
LE HAVRE
ROUEN
CAEN
ÉVREUX
Normandie
PARIS
Île de France
REIMS
Châlons-en-Champ.
Sedan
METZ
Grand Est
Nancy
STRASBOURG
Épinal
Colmar
MULHOUSE
BREST
Bretagne
RENNES
St-Malo
Quimper
Lorient
LE MANS
Pays de la Loire
Chartres
ORLÉANS
Centre-Val de Loire
Blois
TOURS
Troyes
Auxerre
Bourgogne-Franche-Comté
DIJON
BESANÇON
St-Nazaire
NANTES
Bourges
Chalon-sur-Saône
ZÜRICH
BERN
SCHWEIZ
LIECHTENSTEIN
ÖSTERREICH
LAUSANNE
GENÈVE
OCÉAN ATLANTIQUE
Poitiers
la Rochelle
Montluçon
LIMOGES
Nouvelle-Aquitaine
CLERMONT-FERRAND
ST-ÉTIENNE
LYON
Auvergne-Rhône-Alpes
Chambéry
GRENOBLE
Valence
Aosta
TORINO
MILANO
ITALIA
GENOVA
ALPS
BORDEAUX
Périgueux
Tulle
Figeac
Mende
Golfe de Gascogne
Golfo de Vizcaya
Agen
Occitanie
Albi
Avignon
Provence-Alpes-Côte d'Azur
Monaco
MONACO
NICE
NÎMES
MONTPELLIER
TOULOUSE
MARSEILLE
Carcassonne
Biarritz
Lourdes
PERPIGNAN
ANDORRA
Pyrénées
Pirineos
Golfe du Lion
Mare Ligure
Golfo di Genova
Bastia
Ajaccio
Corse (Fr.)
BURGOS
ZARAGOZA
BARCELONA
ESPAÑA
MADRID
MEDITERRANEAN SEA
Sardegna (It.)
SASSARI
26 27 28 29 30 31 32 33 34 35 36 37 38 39 40 41 42 43 44 45 46 47 48 49 50 52 53 54 55 56 57 58 59 60 61 62 63 64 66 67 68 69 70 71 72 73 74 75 76 77 78 79 80 81 82 83 84 86 87 88 89 90 91 92 93 94 95 96 97 98 99 100 101 102 103 104 105 107 108 109 110 111 112 113 114 115 116 117 118 119 120 121 122 123 124 125 127 128 129 130 131 132 133 134 135 136 137 138 139 140 141 142 143 144 145 146 147 148 149 150 151 152 153 154 155 156 157 158 160 161 162 163 164 165 167 168 169 170 171 172 173 174 175 176 177 178 179 180 181 182 183 184 185
188-189 190-191 192-193 194-195 196-197 198-205 220-227
208 209 210 211 212 213 214 215 216 217 218 219 228 229 230

EUROPE MAP – CARTE EUROPE 1:4 500 000

BREST
St-Brieuc
RENNES
Lorient
Vannes
St-Nazaire
NANTES
ANGERS
TOURS
CAEN
LE MANS
Chartres
Versailles
PARIS
ORLÉANS
Blois
REIMS
Troyes
Châlons-en-Champagne
Évreux
Meaux
Melun
Sens
Auxerre

ROAD MAP – CARTE ROUTIÈRE 1:300 000

Les Andelys
Vallée de la Seine
Vexin-sur-Epte
Gaillon
Louviers
Vernon
Gisors

ENVIRONS MAP – CARTE DES ENVIRONS

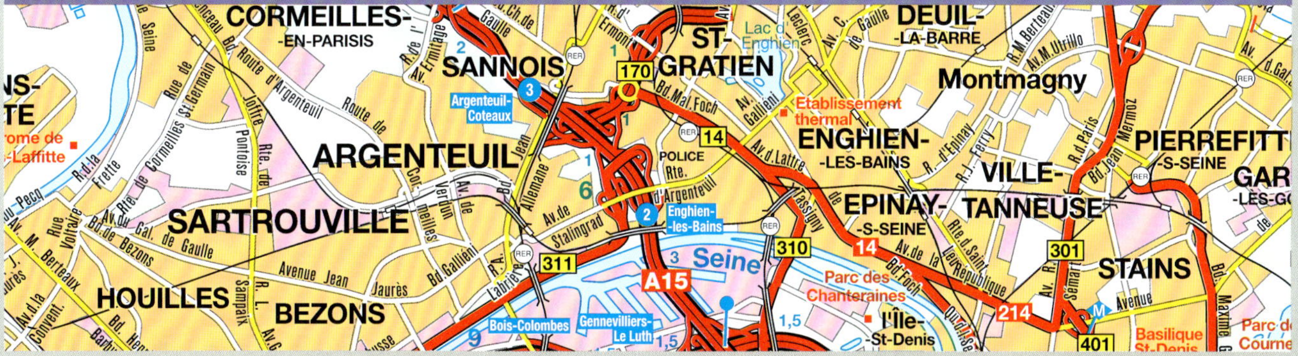
CORMEILLES-EN-PARISIS
SANNOIS
ST-GRATIEN
DEUIL-LA-BARRE
Montmagny
ARGENTEUIL
ENGHIEN-LES-BAINS
PIERREFITTE-S-SEINE
SARTROUVILLE
EPINAY-S-SEINE
VILLETANEUSE
HOUILLES
BEZONS
STAINS
L'Île-St-Denis
Seine

CITY MAP – PLAN DE VILLE

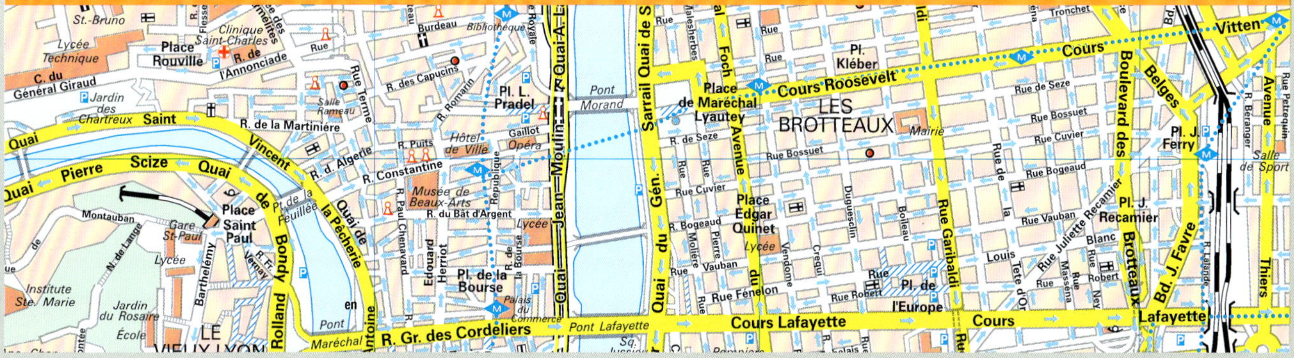
Quai Pierre Scize
Place Saint Paul
LES BROTTEAUX
Cours Roosevelt
Cours Lafayette
Rue Garibaldi
Place de Maréchal Lyautey
Pl. Kléber
Pl. de l'Europe
Quai Jean-Moulin
LE VIEUX LYON

UNITED KINGDOM
BIRMINGHAM
LEICESTER
NORWICH
COVENTRY
PETERBOROUGH
CAMBRIDGE
Great Yarmouth
NORTHAMPTON
IPSWICH
GLOUCESTER
OXFORD
SWANSEA
CARDIFF
WATFORD
COLCHESTER
BRISTOL
LONDON
SOUTHEND ON-SEA
Basingstoke
SOUTHAMPTON
Exeter
POOLE
PORTSMOUTH
BRIGHTON
PLYMOUTH
TORQUAY
Isle of Wight
English Channel
La Manche
Channel Islands
NEDERLAND
ZAANSTAD
HAARLEM
AMSTERDAM
DEN HAAG
UTRECHT
ROTTERDAM
NIJMEGEN
ARNHEM
EINDHOVEN
ANTWERPEN
BRUGGE
GENT
BELGIË BELGIQUE
BRUXELLES
BRUSSEL
MAASTRICHT
LIÈGE
NAMUR
CHARLEROI
Oostende
Dover
Calais
Boulogne-sur-Mer
LILLE
Douai
Arras
AMIENS
ROUEN
LE HAVRE
CAEN
Cherbourg-en-C.
PARIS
Versailles
REIMS
Châlons-en-Champ.
METZ
NANCY
STRASBOURG
SAARBRÜCKEN
Luxembourg
TRIER
DEUTSCHLAND
DÜSSELDORF
KÖLN
BONN
DUISBURG
WUPPERTAL
KASSEL
GÖTTINGEN
HANNOVER
BIELEFELD
MÜNSTER
OSNABRÜCK
PADERBORN
SIEGEN
Gießen
AACHEN
WIESBADEN
MAINZ
FRANKFURT a.M.
WÜRZBURG
MANNHEIM
HEIDELBERG
KARLSRUHE
STUTTGART
PFORZHEIM
FREIBURG i.Br.
Offenburg
Tübingen
ULM
BREST
Lannion
Quimper
RENNES
St-Malo
Laval
LE MANS
ORLÉANS
Chartres
TOURS
ANGERS
NANTES
St-Nazaire
Cholet
Blois
Bourges
Poitiers
Châteauroux
Niort
La Rochelle
LIMOGES
Angoulême
CLERMONT-FERRAND
DIJON
BESANÇON
MULHOUSE
BASEL
Colmar
Belfort
Troyes
Auxerre
Nevers
Montluçon
Vichy
Roanne
LYON
ST-ÉTIENNE
GRENOBLE
Chambéry
Annecy
GENÈVE
LAUSANNE
BERN
ZÜRICH
Luzern
SCHWEIZ
TORINO
MILANO
ITALIA
GENOVA
Savona
Cuneo
LA SPEZIA
Golfe de Gascogne
Golfo de Vizcaya
BORDEAUX
Agen
Montauban
TOULOUSE
Tarbes
Pau
Bayonne
Biarritz
Perpignan
Béziers
MONTPELLIER
NÎMES
Avignon
Arles
MARSEILLE
TOULON
AIX-EN-PROV.
NICE
Cannes
MONACO
Golfe du Lion
Mare Ligure
MEDITERRANEAN SEA
Corse (Fr.)
Ajaccio
Sardegna (It.)
SASSARI
ESPAÑA
SANTANDER
BILBAO
DONOSTIA S. SEBASTIÁN
BARAKALDO
VITORIA GASTEIZ
PAMPLONA IRUÑEA
LOGROÑO
BURGOS
ZARAGOZA
Huesca
LLEIDA
ANDORRA
Girona
TERRASSA
SABADELL
BARCELONA
REUS
TARRAGONA
MADRID
GETAFE
Guadalajara

km
10 km = 6.2 miles

h

	Bordeaux	Clermont-Ferrand	Dijon	Dunkerque	Grenoble	Le Havre	Lyon	Marseille	Nancy	Nantes	Paris	Reims	Strasbourg	Toulouse	Tours
Bordeaux		375 3:45	650 6:25	883 8:00	664 6:10	658 6:10	540 5:10	641 5:50	860 8:10	353 3:15	586 5:20	722 6:30	945 8:55	242 2:20	348 3:10
Clermont-Ferrand	375 3:45		338 3:10	716 6:30	275 2:45	580 5:35	166 1:45	470 4:25	544 5:00	536 4:45	427 3:55	563 5:00	635 5:45	378 3:45	335 3:00
Dijon	650 6:25	338 3:10		577 5:05	301 2:50	508 4:50	196 1:55	502 4:35	216 2:10	640 5:45	315 3:05	296 2:40	331 3:10	675 6:30	416 3:40
Dunkerque	883 8:00	716 6:30	577 5:05		878 7:35	311 3:00	763 6:40	1069 9:25	473 4:50	640 5:55	295 3:00	283 2:40	630 6:15	971 8:55	543 5:00
Grenoble	664 6:10	275 2:45	301 2:50	878 7:35		765 6:55	110 1:15	306 2:50	515 4:35	792 7:10	572 5:10	598 5:05	573 5:10	530 4:45	607 5:25
Le Havre	658 6:10	580 5:35	508 4:50	311 3:00	765 6:55		660 6:00	966 8:45	543 5:30	384 3:50	207 2:15	359 3:20	703 6:15	848 7:50	308 3:05
Lyon	540 5:10	166 1:45	196 1:55	763 6:40	110 1:15	660 6:00		312 2:55	403 3:40	685 6:05	466 4:15	492 4:10	492 4:25	537 4:50	490 4:25
Marseille	641 5:50	470 4:25	502 4:35	1069 9:25	306 2:50	966 8:45	312 2:55		709 6:25	985 8:40	773 7:00	798 6:55	802 7:10	403 3:50	797 7:05
Nancy	860 8:10	544 5:00	216 2:10	473 4:50	515 4:35	543 5:30	403 3:40	709 6:25		753 6:45	385 3:40	196 2:25	161 1:45	885 8:20	553 4:50
Nantes	353 3:15	536 4:45	640 5:45	640 5:55	792 7:10	384 3:50	685 6:05	985 8:40	753 6:45		389 3:40	525 4:45	869 7:40	585 5:10	215 2:10
Paris	586 5:20	427 3:55	315 3:05	295 3:00	572 5:10	207 2:15	466 4:15	773 7:00	385 3:40	389 3:40		146 1:30	490 4:25	679 6:15	245 2:20
Reims	722 6:30	563 5:00	296 2:40	283 2:40	598 5:05	359 3:20	492 4:10	798 6:55	196 2:25	525 4:45	146 1:30		353 3:10	815 7:20	373 3:25
Strasbourg	945 8:55	635 5:45	331 3:10	630 6:15	573 5:10	703 6:15	492 4:25	802 7:10	161 1:45	869 7:40	490 4:25	353 3:10		972 9:05	695 6:05
Toulouse	242 2:20	378 3:45	675 6:30	971 8:55	530 4:45	848 7:50	537 4:50	403 3:50	885 8:20	585 5:10	679 6:15	815 7:20	972 9:05		528 5:15
Tours	348 3:10	335 3:00	416 3:40	543 5:00	607 5:25	308 3:05	490 4:25	797 7:05	553 4:50	215 2:10	245 2:20	373 3:25	695 6:05	528 5:15	

1 : 4 500 000

MAPA ÍNDICE
QUADRO D'UNIONE
KLAD MAPOVÝCH LISTŮ
ÍNDICE DE MAPA
CARTE D'ASSEMBLAGE
KLAD MAPOVÝCH LISTOV
BLATTÜBERSICHT
OVERZICHTSKAART
OVERSIGTSKORT
KEY MAP
SKOROWIDZ ARKUSZY
PREGLED LIST

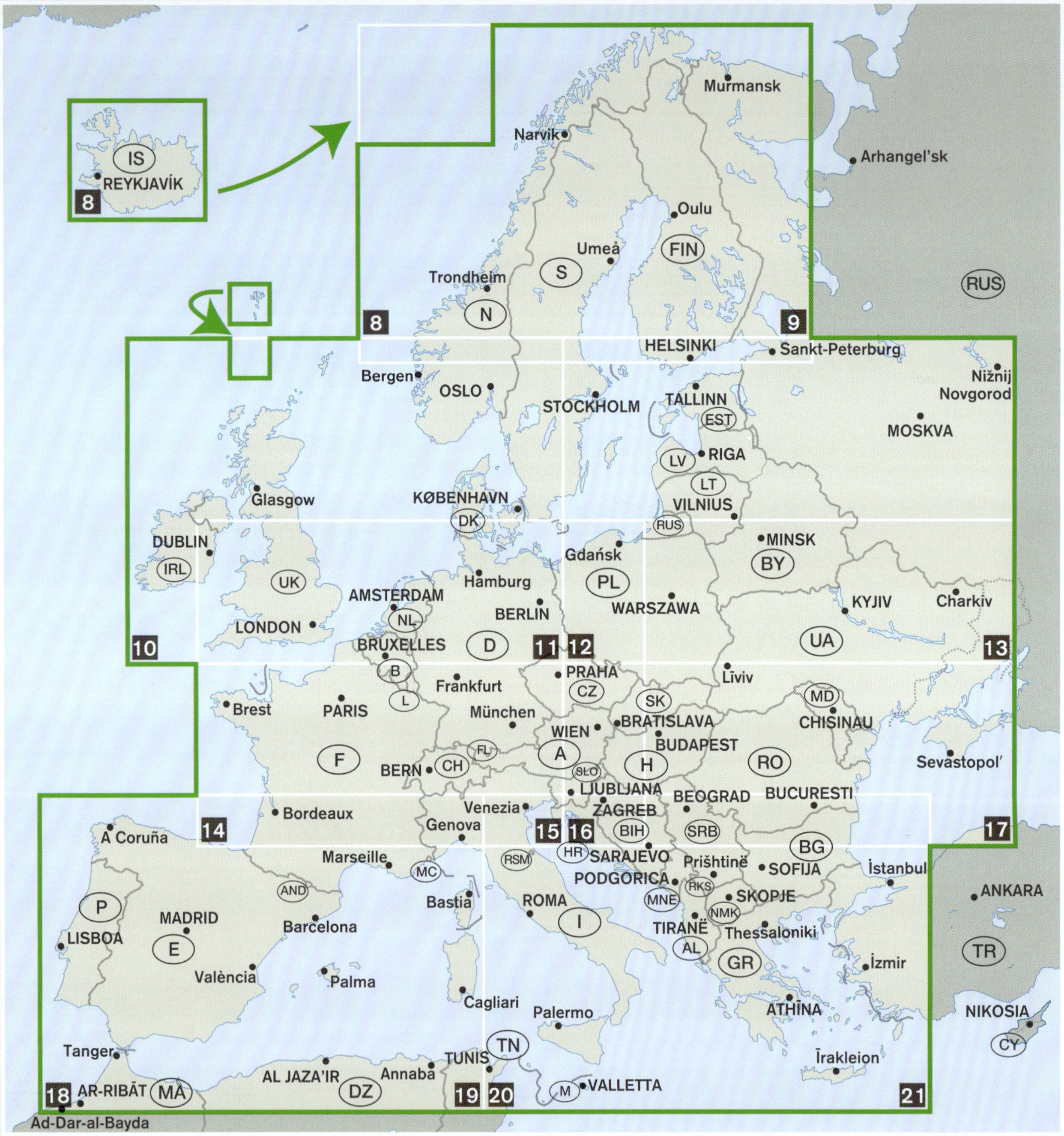

IS
REYKJAVÍK
8
Murmansk
Narvik
Arhangel'sk
Oulu
Umeå
FIN
S
Trondheim
N
RUS
8
9
HELSINKI
Sankt-Peterburg
Bergen
OSLO
STOCKHOLM
TALLINN
EST
Nižnij Novgorod
MOSKVA
LV
RIGA
LT
VILNIUS
Glasgow
KØBENHAVN
DK
RUS
DUBLIN
IRL
Gdańsk
MINSK
BY
UK
Hamburg
PL
AMSTERDAM
NL
BERLIN
WARSZAWA
KYJIV
Charkiv
LONDON
BRUXELLES
D
UA
10
11
12
13
B
Frankfurt
PRAHA
CZ
L'viv
Brest
PARIS
L
München
SK
MD
CHIŞINAU
WIEN
BRATISLAVA
BUDAPEST
FL
A
F
BERN
CH
SLO
H
RO
Sevastopol'
LJUBLJANA
ZAGREB
BEOGRAD
BUCUREŞTI
Bordeaux
Venezia
Genova
A Coruña
14
15
16
BIH
SRB
17
BG
Marseille
RSM
HR
SARAJEVO
Prishtinë
SOFIJA
İstanbul
MC
AND
PODGORICA
RKS
ANKARA
P
MADRID
Bastia
ROMA
MNE
SKOPJE
LISBOA
Barcelona
I
NMK
E
TIRANË
Thessaloniki
AL
TR
València
Palma
GR
İzmir
Cagliari
Palermo
ATHINA
NIKOSIA
Tanger
TN
CY
TUNIS
Irakleion
AL JAZA'IR
Annaba
AR-RIBĀT
MA
DZ
M
VALLETTA
18
19
20
21
Ad-Dar-al-Bayda

1 : 4 500 000

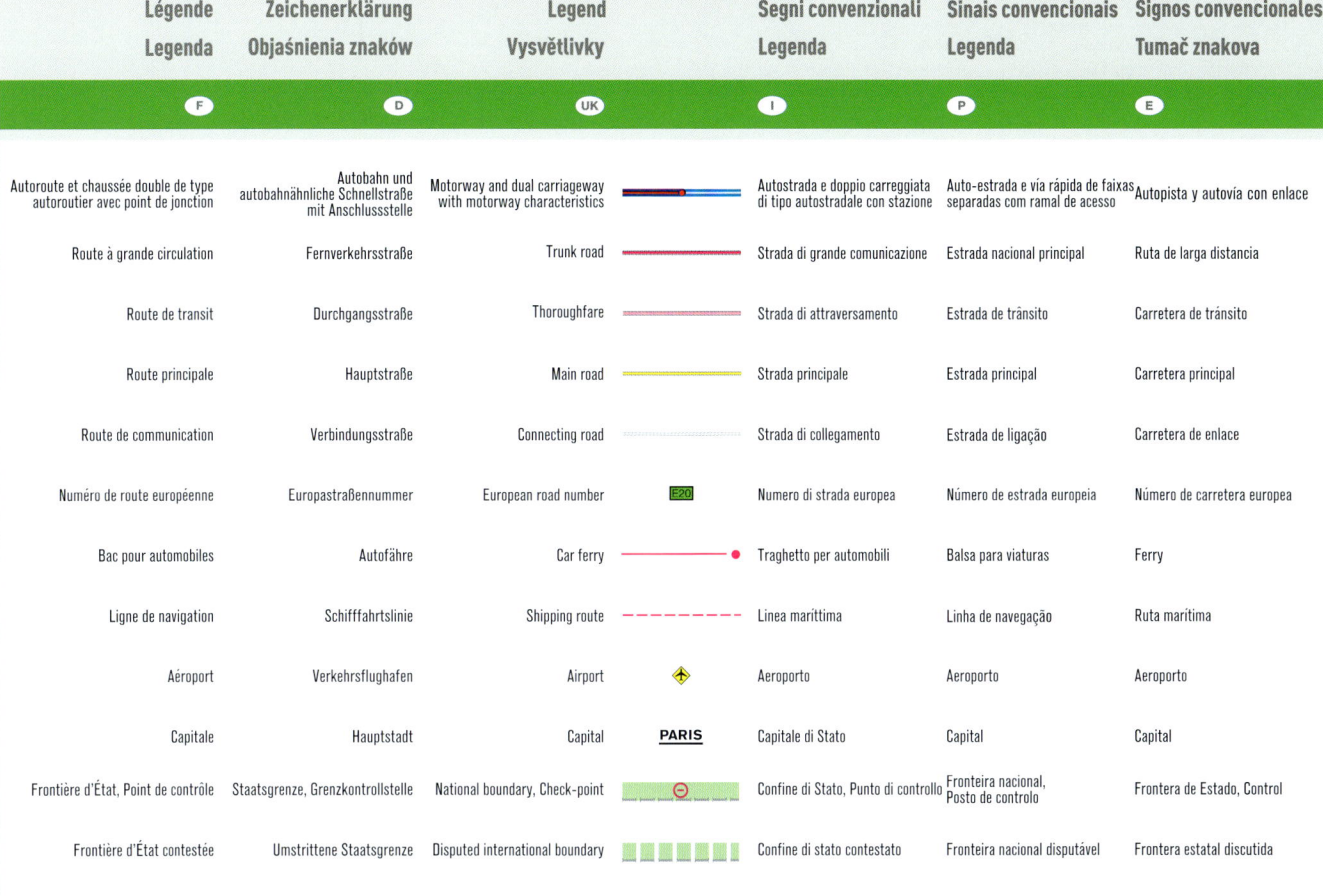

Légende	Zeichenerklärung	Legend		Segni convenzionali	Sinais convencionais	Signos convencionales
Legenda	**Objaśnienia znaków**	**Vysvětlivky**		**Legenda**	**Legenda**	**Tumač znakova**

F	D	UK		I	P	E
Autoroute et chaussée double de type autoroutier avec point de jonction	Autobahn und autobahnähnliche Schnellstraße mit Anschlussstelle	Motorway and dual carriageway with motorway characteristics		Autostrada e doppio carreggiata di tipo autostradale con stazione	Auto-estrada e via rápida de faixas separadas com ramal de acesso	Autopista y autovía con enlace
Route à grande circulation	Fernverkehrsstraße	Trunk road		Strada di grande comunicazione	Estrada nacional principal	Ruta de larga distancia
Route de transit	Durchgangsstraße	Thoroughfare		Strada di attraversamento	Estrada de trânsito	Carretera de tránsito
Route principale	Hauptstraße	Main road		Strada principale	Estrada principal	Carretera principal
Route de communication	Verbindungsstraße	Connecting road		Strada di collegamento	Estrada de ligação	Carretera de enlace
Numéro de route européenne	Europastraßennummer	European road number	E20	Numero di strada europea	Número de estrada europeia	Número de carretera europea
Bac pour automobiles	Autofähre	Car ferry		Traghetto per automobili	Balsa para viaturas	Ferry
Ligne de navigation	Schifffahrtslinie	Shipping route		Linea marittima	Linha de navegação	Ruta marítima
Aéroport	Verkehrsflughafen	Airport		Aeroporto	Aeroporto	Aeroporto
Capitale	Hauptstadt	Capital	PARIS	Capitale di Stato	Capital	Capital
Frontière d'État, Point de contrôle	Staatsgrenze, Grenzkontrollstelle	National boundary, Check-point		Confine di Stato, Punto di controllo	Fronteira nacional, Posto de controlo	Frontera de Estado, Control
Frontière d'État contestée	Umstrittene Staatsgrenze	Disputed international boundary		Confine di stato contestato	Fronteira nacional disputável	Frontera estatal discutida

NL	PL	CZ		SK	SLO	HR
Autosnelweg en autoweg met gescheiden rijbanen met aansluiting	Autostrada i autostradopodobna droga szybkiego ruchu z rozjazdami	Dálnice a dvouproudá silnice dálnicového typu se čtyřmi jízdními pruhy s najezdem		Dial'nica a čtvorprúdová cesta pre motorové vozidlá s prípojkou	Avtocesta in hitra cesta s priključkom	Autocesta a Četverotračna brza cesta sa prilazom
Weg voor interlokaal verkeer	Droga dalekobieżna	Dálková komunikace		Hlavná dial'ková cesta	Magistralna cesta	Glavna tranzitna cesta
Weg voor doorgaand verkeer	Droga przelotowa	Průjezdní silnice		Priechodná cesta	Tranzitna cesta	Glavna cesta s imena
Hoofdweg	Droga główna	Hlavní silnice		Hlavná cesta	Glavna cesta	Glavna cesta
Verbindingsweg	Droga łącząca	Spojovací silnice		Spájacia cesta	Spojna cesta	Glavna veza cesta s imena
Europees wegnummer	Numer drogi europejskiej	Číslo evropské silnice	E20	Číslo európskej cesty	Številka evropske ceste	Broj europske ceste
Autoveer	Prom samochodowy	Trajekt pro auta		Trajekt pre automobily	Trajekt za avtomobile	Trajekt za automobile
Scheepvaartroute	Linia żeglugowa	Lodní linka		Lodná linka	Ladijska proga	Brodska pruga
Luchthaven	Port lotniczy	Dopravní letiště		Dopravné letisko	Mednarodno letališče	Zračna luka
Hoofdstad	Stolica	Hlavní město	PARIS	Hlavné mesto	Glavno mesto	Glavni Grad
Rijksgrens, Grenspost	Granica państwa, Placówka celna	Státní hranice, Celnice		Štátna hranica s hraničnom priechodom	Državna meja, Mejna kontrolna točka	Državna granica, Granični prijelaz
Betwiste staatsgrens	Sporna granica państw	Sporná statní hranice		Kontroverzné štátne hranice	Mejna kontrolna točka	Kontroverzna državna granica

ÍSLAND
REYKJAVÍK
Akureyri
Húsavík
Ísafjörður
Vestmannaeyjar
Hafnarfjörður
Keflavík
Breiðafjörður
Húnaflói
Faxaflói
Grímsey
Langjökull
Hofsjökull
Vatnajökull
Mýrdalsjökull
Sprengisandur
NORSKEHAVET
NORWEGIAN
SEA
Arctic circle
Lofoten
Vesterålen
Vestfjorden
Tromsø
Narvik
Bodø
Mo i Rana
Mosjøen
Namsos
Steinkjer
TRONDHEIM
Kristiansund
Ålesund
Molde
Lillehammer
Östersund
Storuman
Sundsvall
Hudiksvall
Bollnäs
Mora
Rättvik
Sognefjorden
Jotunheimen
Hitra
Frøya
Vikna
Vega
Træna
Røst
Værøy
Langøya
Hinnøy
Andøy
Senja
Kvaløya
Ringvassøy
Bergen
Oslo
Borlänge
Stockholm
0 25 50 100 150 km
0 25 50 100 miles

11 Oslo

BARENTS SEA
BARENCEVO MORE
BELOE MORE
SUOMI
FINLAND
ROSSIJA
BOTTENVIKEN
PERÄMERI
BOTTENHAVET
SELKÄMERI
FINSKIJ ZALIV
Ladožskoe ozero
Onežskaja guba
Kandalakšskaja guba
Kol'skij poluostrov
Lappi
Finnmarksvidda
Magerøya
Nordkapp
Sørøya
Kvaløy
Hammerfest
Alta
Karasjok
Kautokeino
Vadsø
Vardø
Kirkenes
Tana
Inari
Ivalo
Sodankylä
Kittilä
Muonio
Enontekiö
Kiruna
Gällivare
Jokkmokk
Boden
Luleå
Piteå
Skellefteå
Umeå
Örnsköldsvik
Härnösand
Haparanda
Tornio
Kemi
Rovaniemi
Kemijärvi
Salla
Kuusamo
Oulu (Uleåborg)
Raahe (Brahestad)
Kajaani
Kokkola Karleby
Pietarsaari Jakobstad
Vaasa Vasa
Seinäjoki
Kuopio
Joensuu
Jyväskylä
Mikkeli
Savonlinna
Lappeenranta
Imatra
Tampere Tammerfors
Pori
Rauma
Lahti
Hämeenlinna
Kouvola
Kotka
Hamina
Porvoo Borgå
Helsinki/Helsingfors
Turku/Åbo
Tallinn
Pečenga
Nikel'
Murmansk
Severomorsk
Kola
Olenegorsk
Apatity
Kirovsk
Kandalakša
Kovdor
Kem'
Belomorsk
Kostomukša
Segeža
Medvež'egorsk
Petrozavodsk
Sortavala
Vyborg
Svetogorsk
Priozersk
Zelenogorsk
Kronštadt
Sankt-Peterburg
Kolpino
Puškin
Lodejnoe Pole
Volhov
Kiriši
Arhangel'sk
Vologda
E8
E6
E10
E12
E45
E63
E75
E105
E18
838
570
1389
781
399
25°
30°
35°
40°
20°
60°
65°
12

15°
10°
7.5°
5°
ATLANTIC
OCEAN
Rockall (U.K.)
Føroyar Færøerne (Danmark)
Streymoy
Vestmanna
Eiði
Norðoyar
Fuglafjørdur
Klaksvík
Eysturoy
Vágar
Tórshavn
Thorshavn
Sandoy
Tvøroyri
Suðuroy
Seyðisfj.
Hirtshals
Tórshavn
Shetland Islands
Norwick
Unst
North Roe
Yell
Foula
Mainland
Lerwick
Grutness
Fair Isle
Westray
Sanday
Mainland
Skara Brae
Stromness
Hoy
Kirkwall
Orkney Islands
John o'Groat's
Thurso
Wick
Durness
Cape Wrath
Tongue
St. Kilda
Outer Hebrides
Nah - Eileanan Siar
Port of Ness
Port Nis
Lewis
Leodhais
Stornoway
Steornabhagh
Harris
Na Hearadh
Tarbert
Tairbeart
Rodel/Roghadal
North Uist
Lochmaddy
Uibhist a Tuath
Loch Na Madadh
South Uist
Uibhist a Deas
Lochboisdale
Loch Baghasdail
Castlebay
Bagh a Chaisteil
Scourie
Ullapool
Gairloch
Achnasheen
Portree
Skye
Kyle of Lochalsh
Dunvegan
North West Highlands
Bonar Br.
Dornoch
Helmsdale
Moray Firth
Tain
Invergordon
Dingwall
Elgin
Inverness
Nairn
Fochabers
Banff
Fraserburgh
Peterhead
Huntly
Kildrummy Castle
Tolquhon Castle
ABERDEEN
Dunnottar Castle
Stonehaven
Banchory
Balmoral Castle
Ballater
Ben Macdhui 1309
Kingussie
Fort Augustus
Mallaig
Rum Rhum
Sea of the Hebrides
Inner Hebrides
Kitchean
Fort William
Ben Nevis 1343
Grampian Mountains
Scarinish
Tiree
Mull
Oban
Salen
Rannoch Station
Blair
Pitlochry
Glamis
Brechin
Montrose
Arbroath
DUNDEE
Perth
Tyndrum
Killin
Dalmally
Inveraray
Colonsay
Scalasaig
Jura
Lochgilphead
Islay
Port Askaig
Port Ellen
Dunblane
Stirling
Kirkcaldy
Crail
Firth of Forth
North Berwick
Greenock
Rothesay
GLASGOW
EDINBURGH
Brodick
Arran
Campbeltown
Ayr
Kilmarnock
Galashiels
Berwick
Kelso
Melrose
Jedburgh
Hawick
Abington
Cumnock
Moffat
Dumfries
Merrick 842
Stranraer
Cairnryan
Withorn
Kirkcudbright
Carlisle
New Abbey
Hermitage Castle
Otterburn
Alnwick
Warkworth
Hadrian's Wall
Brampton
UNITED KINGDOM
NEWCASTLE UPON TYNE
SOUTH SHIELDS
SUNDERLAND
Durham
Hartlepool
Barnard Castle
Stockton-on-Tees
MIDDLESBROUGH
Darlington
Northallerton
Whitby
Scarborough
Thirsk
YORK
Bridlington
Beverley
KINGSTON UPON HULL
Scunthorpe
Grimsby
Great Britain
Penrith
Keswick
Workington
Lake District
Kendal
Isle of Man
Peel
Douglas
Barrow-in-Furness
Lancaster
Settle
BLACKPOOL
PRESTON
Southport
BOLTON
Burnley
BRADFORD
LEEDS
Selby
HUDDERSFIELD
MANCHESTER
LIVERPOOL
Doncaster
SHEFFIELD
STOCKPORT
Chesterfield
Lincoln
Chester
Crewe
STOKE-ON-TRENT
DERBY
NOTTINGHAM
Newark-o-Tr.
Skegness
Boston
Sleaford
Wells-next-the-Sea
Cromer
Sandringham House
King's Lynn
LEICESTER
Stamford
Peterborough
NORWICH
Great Yarmouth
Lowestoft
Thetford
Ely
Kettering
NORTHAMPTON
COVENTRY
WALSALL
WOLVERHAMPTON
BIRMINGHAM
Burton
Telford
Shrewsbury
Whitchurch
Chirk
Corwen
Holyhead
Anglesey
Bangor
Caernarfon
Colwyn Bay
Snowdon 1085
Harlech
Dolgellau
Aberdaron
Aberystwyth
Aberaeron
Newtown
Llangurig
Builth Wells
Brecon
Hereford
Worcester
Stratford-upon-Avon
Cheltenham
Gloucester
Bedford
CAMBRIDGE
IPSWICH
Felixstowe
Harwich
COLCHESTER
Bishop's Stortford
Newmarket
LUTON
St.Albans
OXFORD
SWINDON
LONDON
Windsor
READING
SOUTHEND-ON-SEA
Rochester
Ramsgate
Canterbury
Maidstone
Ashford
Folkestone
Dover
Calais
Dunkerque
Boulogne-sur-Mer
le Touquet-Paris-Plage
Hastings
Eastbourne
Newhaven
BRIGHTON
Lydd
Worthing
Chichester
PORTSMOUTH
Isle of Wight
SOUTHAMPTON
Winchester
Guildford
Gosport
BOURNEMOUTH
POOLE
Salisbury
Stonehenge
Newbury
Bath
BRISTOL
NEWPORT
CARDIFF
SWANSEA
Port Talbot
Neath
Merthyr Tydfil
Raglan
Ross-on-Wye
Carmarthen
Haverfordwest
St.David's
Fishguard
Pembroke Dock
Bristol Channel
Ilfracombe
Barnstaple
Clovelly
Dunster
Taunton
Wells
Yeovil
Dorchester
Weymouth
Honiton
Exeter
Okehampton
Holsworthy
Stratton
King Arthur's Castle
Bodmin
Totnes
Torquay
PLYMOUTH
Salcombe
Truro
Falmouth
Penzance
Land's End
Lizard
Kynance Cove
Isles of Scilly
Hugh Town
English Channel
La Manche
Roscoff
Cherbourg-en-Cot.
Santander
St.Malo
Bilbao
Cherbourg
Caen
Le Havre
Dieppe
Irish Sea
St. George's Channel
North Channel
CELTIC SEA
Malin Head
Malin
Portrush
Giant's Causeway
Coleraine
Londonderry
Derry
Letterkenny
Gaoth Dobhair
An Charraigh
Donegal
Ballyshannon
Sligo
Sligeach
Northern Ireland
Omagh
Enniskillen
Lough Neagh
Ballymena
Larne
Bangor
BELFAST
Lisburn
Armagh
Newcastle
Monaghan
Cavan
Dundalk
Dún Dealgan
Drogheda
Droichead Átha
Kells
Mullingar
Kinnegad
BAILE ÁTHA CLIATH
DUBLIN
Dún Laoghaire
Naas
Glendalough
Wicklow
Arklow
Tullamore
Athlone
Longford
Roscommon
Carrick-on-Shannon
Boyle
Claremorris
Castlebar
Westport
Ballina
Bangor
Béal an Mhuirthead
Achill Island
Nephin
Clifden
Cong
Galway
Gaillimh
Aran Islands
Oileáin Árainn
Ireland Éire
IRELAND
ÉIRE
Loughrea
Roscrea
Portlaoise
Carlow
Kilkenny
Cill Chainnigh
Kilkee
Ennis
Nenagh
Limerick
Luimneach
Rock of Cashel
Cashel
Tralee
Trá Lí
Dingle
An Daingean
Killarney
Cill Airne
Cahir
Clonmel
Cluain Meala
Thomastown
Enniscorthy
Wexford
Loch Garman
Rosslare Harbour
New Ross
Waterford
Port Láirge
Dungarvan
Mallow
Fermoy
CORK
CORCAIGH
Kinsale
Kenmare
Bantry
Skibbereen
Mizen Head
Loop Head
Cahirciveen
Rathmore
In Great Britain and Northern Ireland distances in miles
55°
50°
5°
0° Greenwich
Paris
FRANCE
14

0 25 50 100 150 km
0 25 50 100 miles

NORTH SEA
NORDSEE
Skagerrak
Kattegat
OSTSEE
NORGE
SVERIGE
DANMARK
DEUTSCHLAND
NEDERLAND
BELGIË
BELGIQUE
POLSKA
BERGEN
Stavanger
Haugesund
Kristiansand
Arendal
Porsgrunn-Skien
Drammen
OSLO
Hønefoss
Lillehammer
Hamar
Kongsvinger
Sarpsborg
Fredrikstad
Moss
Karlstad
ÖREBRO
Borlänge
Falun
Mora
GÖTEBORG
Borås
Jönköping
Trollhättan
Uddevalla
Halmstad
Helsingborg
Lund
MALMÖ
KØBENHAVN
Roskilde
Hirtshals
Hjørring
Frederikshavn
AALBORG
Randers
AARHUS
Viborg
Herning
Silkeborg
Horsens
Vejle
Kolding
Esbjerg
ODENSE
Flensburg
Kiel
Rendsburg
Neumünster
HAMBURG
LÜBECK
Wismar
ROSTOCK
Stralsund
Greifswald
Rügen
Bornholm
Rønne
Schwerin
Neubrandenburg
SZCZECIN
BERLIN
POTSDAM
Frankfurt (Oder)
Cottbus
DRESDEN
LEIPZIG
HALLE (SAALE)
MAGDEBURG
Dessau-Roßlau
JENA
Weimar
ERFURT
CHEMNITZ
Zwickau
GÖTTINGEN
KASSEL
HANNOVER
BRAUNSCHWEIG
WOLFSBURG
SALZGITTER
HILDESHEIM
BIELEFELD
OSNABRÜCK
MÜNSTER
BREMEN
BREMERHAVEN
Wilhelmshaven
OLDENBURG
Emden
Cuxhaven
Lüneburg
Celle
DORTMUND
ESSEN
DUISBURG
KREFELD
DÜSSELDORF
WUPPERTAL
SOLINGEN
KÖLN
BONN
AACHEN
Siegen
Marburg
GRONINGEN
Leeuwarden
Den Helder
Alkmaar
HAARLEM
AMSTERDAM
DEN HAAG
'S-GRAVENHAGE
ROTTERDAM
UTRECHT
APELDOORN
Zwolle
ENSCHEDE
ARNHEM
NIJMEGEN
BREDA
TILBURG
EINDHOVEN
Venlo
Maastricht
ANTWERPEN
GENT
BRUGGE
Oostende
BRUSSEL
BRUXELLES
LILLE
Roubaix
Tournai
Leuven
Hasselt
Helgoland
Sylt
Nordfriesische Inseln
Ostfriesische Inseln
Waddeneilanden
Deutsche Bucht
Pommersche Bucht
Mecklenburger Bucht

Sundsvall
Pori
9 Tampere
Jyväskylä, Mikkeli
Lappeenranta
Vyborg
Sortavala
BOTTENHAVET
SELKÄMERI
SUOMI
FINLAND
TURKU
ÅBO
HELSINKI
HELSINGFORS
Åland
Ahvenanmaa
SUOMENLAHTI
SOOME LAHT
FINSKIJ ZALIV
Kotka
Kronštadt
SANKT-PETERBURG
TALLINN
EESTI
Hiiumaa
Saaremaa
Tartu
Narva
PSKOV
Luga
VELIKIJ NOVGOROD
Gävle
UPPSALA
VÄSTERÅS
STOCKHOLM
Södertälje
Norrköping
Linköping
SVERIGE
ÖSTERSJÖN
Gotland
Visby
Öland
Kalmar
Karlskrona
Liivi laht
Rīgas līcis
RĪGA
LATVIJA
Liepāja
Jelgava
Daugavpils
LIETUVA
LITHUANIA
Klaipėda
Šiauliai
Panevėžys
KAUNAS
VILNIUS
BALTIC SEA
MORZE BAŁTYCKIE
Bornholm (DK)
KALININGRAD
ROSSIJA
MINSK
BELARUS
HRODNA
BARANAVIČY
BREST
PINSK
GDYNIA
GDAŃSK
ELBLĄG
OLSZTYN
KOSZALIN
BYDGOSZCZ
TORUŃ
WŁOCŁAWEK
BIAŁYSTOK
WARSZAWA
PŁOCK
POZNAŃ
ŁÓDŹ
GORZÓW WLKP.
ZIELONA GÓRA
LUBLIN
RADOM
KIELCE
CZĘSTOCHOWA
WROCŁAW
OPOLE
WAŁBRZYCH
POLSKA
Praha
Katowice
Gliwice
Kraków
16
Rzeszów
L'viv
Ternopil'
0 25 50 100 150 km
0 25 50 100 miles

Murmansk
35°
Vologda
40° Vologda
45°
ČEREPOVEC
Rybinskoe vodohranilišče
KOSTROMA
RYBINSK
JAROSLAVL'
IVANOVO
KINEŠMA
Gor'kovskoe vodohranilišče
DZERŽINSK
NIŽNIJ NOVGOROD
KOVROV
VLADIMIR
ARZAMAS
MUROM
TVER'
Toržok
Valdajskaja vozvyšennost'
SERGIEV-POSAD
MYTIŠČI
NOGINSK
OREHOVO-ZUEVO
MOSKVA
LJUBERCY
KOLOMNA
PODOL'SK
RJAZAN'
OBNINSK
SERPUHOV
TULA
NOVOMOSKOVSK
KALUGA
Smolenskaja vozvyšennost'
SMOLENSK
VICEBSK
ORŠA
MAHILËŬ
BABRUJSK
HOMEL'
MAZYR
MIČURINSK
TAMBOV
LIPECK
Srednerusskaja vozvyšennost'
BRJANSK
ORËL
VORONEŽ
KURSK
STARYJ OSKOL
BELGOROD
CHARKIV
SUMY
KYJIV
Prydniprovs'ka nyzovyna
Prydniprovs'ka vysočyna
ŽYTOMYR
POLTAVA
KREMENČUK
DNIPRO (DNIPROPETROVS'K)
KAMJANS'KE (DNIPRODZERŽYNS'K)
DONEC'K
MAKIJIVKA
HORLIVKA
KRAMATORS'K
SLOVJANS'K
KOSTJANTYNIVKA
LYSYČANS'K
ALČEVS'K
KADIJIVKA (STACHANOV)
POKROVS'K (KRASNOARMIJS'K)
Kazan'
Penza
Saratov
Volgograd
Borisoglebsk
Rostov-na-Donu
ROSSIJA
Černivci
Vinnycja
30° Odesa
Kirovohrad
17
Dnipro
Mykolajiv
35° Melitopol'

UNITED KINGDOM
Great Britain
In Great Britain and Northern Ireland distances in miles
NORTH SEA
NORDSEE
IRISH SEA
ÉIRE
IRELAND
BAILE ÁTHA CLIATH
DUBLIN
Isle of Man
English Channel
La Manche
ATLANTIC
OCEAN
Golfe de Gascogne
Golfo de Vizcaya
NEDERLAND
Waddeneilanden
SUNDERLAND
MIDDLESBROUGH
LEEDS
MANCHESTER
LIVERPOOL
SHEFFIELD
HULL
NOTTINGHAM
LEICESTER
BIRMINGHAM
COVENTRY
NORWICH
CAMBRIDGE
IPSWICH
LONDON
OXFORD
SWINDON
READING
SOUTHAMPTON
PORTSMOUTH
BRIGHTON
CARDIFF
SWANSEA
NEWPORT
BRISTOL
PLYMOUTH
AMSTERDAM
ROTTERDAM
UTRECHT
DEN HAAG
'S-GRAVENHAGE
HAARLEM
BRUSSEL
BRUXELLES
ANTWERPEN
GENT
LIÈGE
LILLE
AMIENS
ROUEN
LE HAVRE
CAEN
RENNES
BREST
NANTES
ANGERS
TOURS
LE MANS
ORLÉANS
PARIS
REIMS
METZ
NANCY
DIJON
BESANÇON
LAUSANNE
GENÈVE
LYON
ST-ÉTIENNE
GRENOBLE
CLERMONT-FERRAND
LIMOGES
BORDEAUX
26-185

Esbjerg
Kolding
København
SVERIGE
Malmö
11
MORZE BAŁTYCKIE
OSTSEE
Deutsche Bucht
DANMARK
Sjælland
Bornholm
Rügen
Ostfriesische Inseln
HAMBURG
BREMEN
KIEL
LÜBECK
ROSTOCK
Schwerin
Neubrandenburg
SZCZECIN
KOSZALIN
GDAŃSK
GDYNIA
ELBLĄG
BYDGOSZCZ
TORUŃ
WŁOCŁAWEK
PŁOCK
POZNAŃ
GORZÓW WLKP.
BERLIN
POTSDAM
Frankfurt (Oder)
HANNOVER
BRAUNSCHWEIG
WOLFSBG.
MAGDEBURG
OSNABRÜCK
OLDENBURG
BIELEFELD
MÜNSTER
DORTMUND
ESSEN
WUPPERTAL
KÖLN
BONN
KASSEL
GÖTTINGEN
HALLE (SAALE)
LEIPZIG
DRESDEN
CHEMNITZ
JENA
ERFURT
ZIELONA GÓRA
WROCŁAW
ŁÓDŹ
CZĘSTOCHOWA
OPOLE
WAŁBRZYCH
Legnica
KATOWICE
GLIWICE
ZABRZE
BYTOM
BIELSKO-BIAŁA
OSTRAVA
OLOMOUC
BRNO
PRAHA
PLZEŇ
Liberec
Ústí n.L.
FRANKFURT A.M.
WIESBADEN
MAINZ
DARMSTADT
KOBLENZ
MANNHEIM
HEIDELBERG
WÜRZBURG
NÜRNBERG
FÜRTH
ERLANGEN
REGENSBURG
INGOLSTADT
AUGSBURG
MÜNCHEN
STUTTGART
KARLSRUHE
HEILBRONN
PFORZHEIM
ULM
STRASBOURG
FREIBURG
BASEL
ZÜRICH
BERN
SCHWEIZ
LINZ
SALZBURG
WIEN
BRATISLAVA
SLOVENSKO
GRAZ
INNSBRUCK
MAGYARORSZÁG (HUNGARY)
GYŐR
MARIBOR
LJUBLJANA
ZAGREB
RIJEKA
TRIESTE
MILANO
TORINO
BERGAMO
BRESCIA
VERONA
VICENZA
PADOVA
VENEZIA
BOLOGNA
MODENA
PARMA
REGGIO NELL'EMILIA
FERRARA
ITALIA
MARE ADRIATICO
JADRANSKO MORE
BOSNA I HERCEGOVINA
BANJA LUKA
PÉCS
Kaposvár
SLOVENIJA
POLSKA
ČESKO
DEUTSCHLAND
ÖSTERREICH
HRVATSKA (CROATIA)
20
Cuneo
Savona
Nice
Genova
La Spezia
Firenze
Rimini
Ravenna
Zadar
ROSSIJA
Warszawa
Kraków
Ružomberok
Zvolen
Budapest
Beograd
Mohács
Doboj

Bornholm (DK)
MORZE BAŁTYCKIE
ROSSIJA
KALININGRAD
LIETUVA (LITHUANIA)
MINSK
GDAŃSK
GDYNIA
KOSZALIN
SŁUPSK
ELBLĄG
OLSZTYN
SUWAŁKI
HRODNA
BARANAVIČY
BIAŁYSTOK
BYDGOSZCZ
TORUŃ
WŁOCŁAWEK
PŁOCK
WARSZAWA
BREST
PINSK
GORZÓW WLKP.
POZNAŃ
KONIN
ŁÓDŹ
SIEDLCE
LUBLIN
CHEŁM
KOVEL'
RIVNE
ZIELONA GÓRA
RADOM
KIELCE
WROCŁAW
OPOLE
CZĘSTOCHOWA
KATOWICE
GLIWICE
BYTOM
ZABRZE
SOSNOWIEC
KRAKÓW
TARNÓW
RZESZÓW
PRZEMYŚL
L'VIV
TERNOPIL'
IVANO-FRANKIVS'K
ČERNIVCI
LUTSK
PRAHA
OSTRAVA
OLOMOUC
BRNO
ŽILINA
PREŠOV
KOŠICE
UŽHOROD
BANSKÁ BYSTRICA
NITRA
TRNAVA
BRATISLAVA
WIEN
ST PÖLTEN
SLOVENSKO
MISKOLC
NYÍREGYHÁZA
DEBRECEN
SATU MARE
BAIA MARE
GYŐR
SOPRON
BUDAPEST
KECSKEMÉT
SZOLNOK
ORADEA
CLUJ-NAPOCA
TÂRGU MUREȘ
SZOMBATHELY
VESZPRÉM
GRAZ
MAGYARORSZÁG (HUNGARY)
SZEGED
ARAD
TIMIȘOARA
BRAȘOV
SIBIU
HUNEDOARA
MARIBOR
PÉCS
LJUBLJANA
SLOVENIJA
ZAGREB
OSIJEK
NOVI SAD
BEOGRAD
DROBETA-TURNU-SEVERIN
CRAIOVA
PITEȘTI
RIJEKA
BANJA LUKA
BOSNA I HERCEGOVINA
SRBIJA
KRAGUJEVAC
ÖSTERREICH
HRVATSKA (CROATIA)
ROMÂNIA
BUCUR

0 25 50 100 150 km
0 25 50 100 miles

Orsa
Roslavl'
Moskva
Elec
Moskva
Borisoglebsk
Rostov-na-Donu
Volgograd
Rostov-na-Donu
Novorossijsk
Samsun
Sofija
Veliko Tărnovo
Sofija
Burgas
21
MAHILËU
BABRUJSK
Žlobin
HOMEL'
Svetlahorsk
Rèčyca
Kalinkavičy
MAZYR
Ovruč
BRJANSK
Počep
Klincy
Novozybkov
Starodub
Unеča
Seredyna-Buda
R O S S I J A
Sredne-russkaja vozvyšennost'
Livny
KURSK
L'gov
Obojan'
Gubkin
STARYJ OSKOL
Ostrogožsk
VORONEŽ
Nov.Usman'
Liski
Rossoš'
BELGOROD
CHARKIV
Čuhujiv
Kupjans'k
Izjum
Starobil's'k
Lysyčans'k
KADIJIVKA
ALČEVS'K
KR.LUČ
SLOVJANS'K
KRAMATORS'K
KOSTJANTYNIVKA
HORLIVKA
JENAKIJEVE
MAKIJIVKA
DONEC'K
Torez
POKROVS'K
Lozova
Pavlohrad
SUMY
Konotop
Bachmač
Nižyn
Černihiv
Pryluky
Romny
Lochvycja
Chorol
Lubny
POLTAVA
Myrhorod
Kremenčuk
KREMENČUK
KYJIV
Brovary
Boryspil'
Bila Cerkva
Fastiv
ŽYTOMYR
Korosten'
Malyn
Berdyčiv
Kozjatyn
VINNYCJA
Uman'
Smila
ČERKASY
KROPYVNYC'KYJ
Oleksandrija
KAMJANS'KE
DNIPRO
(DNIPROPETROVS'K)
Synel'nykove
ZAPORIŽŽJA
KRYVYJ RIH
NIKOPOL'
Marhanec'
MELITOPOL'
Tokmak
Berdjans'k
MARIUPOL'
Pervomajs'k
Voznesens'k
MYKOLAJIV
CHERSON
Nova Kachovka
ODESA
Čornomors'k
Podil's'k
Mohyliv-Podil's'kyj
KAMJANEC'-PODIL'S'KYJ
Tiraspol
Bender
CHIŞINĂU
BĂLŢI
M O L D O V A
Soroca
Orhei
Edineţ
Botoşani
Suceava
IAŞI
Vaslui
Bacău
PIATRA-NEAMŢ
Bârlad
Focşani
GALAŢI
BRĂILA
Tulcea
Izmajil
Buzău
PLOIEŞTI
Câmpina
Urziceni
Călăraşi
CONSTANŢA
Mangalia
Silistra
RUSE
Giurgiu
Dobrič
VARNA
Šumen
B Ă L G A R I J A
Svištov
Razgrad
KERČ
Feodosija
SIMFEROPOL'
Jalta
Alušta
SEVASTOPOL'
Evpatorija
Saky
Džankoj
Krymskij p-ov
Heničes'k
ROSSIJA
AZOVSKOE MORE
AZOVS'KE MORE
ČORNE MORE
ČORNOE MORE
MAREA NEAGRĂ
BLACK SEA
KARADENİZ
ČERNO MORE
TÜRKİYE
Sinop
Batumi
Novorossijsk
Istanbul
Dnipro
Desna
Prut
Dunărea
Kachovs'ke vodoschovyšče
Kremenčuc'ke vodoschovyšče
Kyjivs'ke vodoschovyšče
Dniprodzeržyns'ke vodoschovyšče
Prydniprovs'ka vysočyna
Pryčornomors'ka nyzovyna
Podil's'ka vysočyna
Prydnipros'ka nyzovyna
1080
489
538
847
873
746
479
490
333
303
256
167
233
376
395
455
310
1110
415
30°
35°
40°
45°
50°

ATLANTIC OCEAN
Golfe de Gascogne
Golfo de Vizcaya
Golfo de Cádiz
Costa del Sol
Costa Cálida
Costa Blanca
Côte Basque
Cabo Ortegal
Cabo Fisterra
Cabo de Peñas
A CORUÑA
Ferrol
Betanzos
Ortigueira
Fisterra
Vimianzo
Carballo
Ordes
SANTIAGO DE COMPOSTELA
Noia
Santa Uxia (Ribeira)
Vilagarcía de Arousa
Pontevedra
VIGO
Tui
OURENSE
Lugo
Melide
Lalín
Monforte de Lemos
Ponferrada
Astorga
LEÓN
Ribadeo
Luarca
Avilés
GIJÓN
OVIEDO
Mieres
Fonsagrada
Villablino
Cangas de Narcea
Ribadesella
SANTANDER
Torrelavega
Castro Urdiales
BILBAO
BARAKALDO
DONOSTIA SAN SEBASTIÁN
Biarritz
Bayonne
Irun
VITORIA-GASTEIZ
PAMPLONA IRUÑEA
LOGROÑO
Miranda de Ebro
BURGOS
Palencia
VALLADOLID
Zamora
Benavente
Sahagún
Aranda de Duero
Soria
Tarazona
Tudela
Calahorra
ZARAGOZA
Calatayud
Daroca
Teruel
Segovia
Ávila
MADRID
ALCALÁ DE HENARES
Guadalajara
Aranjuez
Toledo
Talavera de la Reina
Cuenca
Albacete
Ciudad Real
Puertollano
Valdepeñas
Manzanares
Tomelloso
Alcázar de San Juan
Linares
Úbeda
Baeza
JAÉN
Andújar
CÓRDOBA
Écija
Carmona
SEVILLA
Utrera
Osuna
Antequera
GRANADA
MÁLAGA
MARBELLA
Estepona
Ronda
Motril
ALMERÍA
Guadix
Baza
Lorca
MURCIA
CARTAGENA
Orihuela
ELX
ALICANTE
Alcoi
Villena
Yecla
Hellín
JEREZ DE LA FRONTERA
CÁDIZ
San Fernando
ALGECIRAS
Tarifa
La Línea
Gibraltar (UK)
Europa Point
Estrecho de Gibraltar
HUELVA
Ayamonte
Faro
Albufeira
Lagos
Portimão
Sagres
Cabo de S. Vicente
Beja
Évora
Elvas
Estremoz
BADAJOZ
Mérida
Cáceres
Trujillo
Plasencia
Castelo Branco
Portalegre
Abrantes
Santarém
LISBOA
Almada
Setúbal
Sintra
Cascais
Peniche
Caldas da Rainha
Leiria
Fátima
Pombal
Figueira da Foz
COIMBRA
Covilhã
Guarda
Viseu
Aveiro
PORTO
Vila Real
Bragança
Chaves
BRAGA
Guimarães
Viana do Castelo
Póvoa de Varzim
SALAMANCA
Ciudad Rodrigo
Béjar
Sines
Grândola
Alcácer do Sal
Odemira
Mértola
ESPAÑA
PORTUGAL
Cordillera Cantábrica
Sierra Morena
Sierra Nevada
Cordillera Central
Mulhacén
Isla del Alborán
Ceuta (Esp.)
Melilla (Esp.)
TANJA (TANGER)
TÉTOUAN
Chefchaouen
Al-Hoceima
NADOR
EL-'ARÂICH (LARACHE)
Ksar-el-Kebir
Ouazzane
Souk-el-Arba-du-Rharb
AL-Q'NITRA (KENITRA)
AR-RIBÂT (RABAT)
AD-DĀR-AL-BAYDĀ (CASABLANCA)
MOHAMMEDIA
KHEMISSET
MEKNÈS
FĀS (FÈS)
TAZA
Guercif
Taourirt
Berkane
UJDA (OUJDA)
AL MAGHRIB (MAROC)
WAHRĀN (ORAN)
Mostaganem
Aïn-Témouchent
SIDI-BEL-ABBÈS
TLEMCEN
Ghazaouet
Maghnia
Beni-Saf
Santa Cruz de Tenerife
Las Palmas de Gran Canaria
Santa Cruz de la Palma
Arrecife
Plymouth
Portsmouth
E01
E05
E15
E80
E90
E902
2024
2025
10°
5°
40°
35°
0° Greenwich
0
25
50
100
150 km
100 miles

CLERMONT-FERRAND
LYON
ST-ÉTIENNE
GRENOBLE
Valence
Annecy
Chambéry
TORINO
MILANO
BERGAMO
Novara
Biella
Asti
Alessandria
Piacenza
Cremona
Pavia
GENOVA
Savona
Cuneo
LA SPEZIA
ITALIA
FRANCE
Périgueux
Bergerac
Libourne
Brive-la-Gaillarde
Aurillac
Cahors
Agen
Montauban
TOULOUSE
Tarbes
Pau
Albi
Rodez
Millau
Alès
NÎMES
MONTPELLIER
Béziers
Carcassonne
Narbonne
Avignon
Arles
Orange
Carpentras
Montélimar
Gap
MARSEILLE
AIX-EN-PROV.
TOULON
Hyères
Îles d'Hyères
Fréjus
NICE
Cannes
Monaco
Sanremo
Imperia
MARE LIGURE
Golfe du Lion
26-185
PERPIGNAN
Andorra la Vella
Puigcerda
Figueres
Girona
Costa Brava
LLEIDA
Manresa
TERRASSA
SABADELL
MATARÓ
BARCELONA
REUS
TARRAGONA
Vilanova i la Geltrú
Tortosa
Costa Daurada
CASTELLÓ DE LA PLANA
VALÈNCIA
Golf de Valencia
Huesca
Mallorca
PALMA
Manacor
Menorca
Ciutadella
Maó
Eivissa Ibiza
Formentera
Cabrera
Illes Balears
Corse (France)
Bastia
Calvi
Ajaccio
Porto-Vecchio
Bonifacio
Sardegna (Italia)
SASSARI
Olbia
Alghero
Nuoro
Oristano
CAGLIARI
MAR MEDITERRÁNEO
MEDITERRANEAN SEA
AL-JAZĀ'IR (ALGER)
El-Harrach
Tizi-Ouzou
Bejaïa
SKIKDA
ANNABA
CHLEF
Khemis Miliana
El-Boulaïda (Blida)
Stif
QACENTINA (CONSTANTINE)
GUELMA
SOUK AHRAS
RELIZANE
Tihert
AÏN-BEÏDA
KENCHELA
TÉBESSA
Batna
M'Sila
AL-JAZĀ'IR
BINZART (BIZERTE)
TUNIS
Béja
Jendouba
El-Kef
KAIROUAN
TŪNIS
Galite

ITALIA
MARE TIRRENO
MARE ADRIATICO
JADRANSKO MORE
MARE IONIO
MARE MEDITERRANEO
Sardegna (Italia)
Corse (France)
Sicilia
TÚNIS
Malta
HRVATSKA (CROATIA)
BOSNA I HERCEGOVINA
CRNA GORA
SLOVENIJA
SHQIPËRIA (ALBANIA)
ROMA
CITTÀ DEL VATICANO
NAPOLI
PALERMO
MILANO
VENEZIA
FIRENZE
BOLOGNA
TRIESTE
ZAGREB
SARAJEVO
PODGORICA
TIRANA
BARI
ANCONA
PESCARA
FOGGIA
SALERNO
TARANTO
MESSINA
REGGIO DI CALABRIA
CATANIA
SIRACUSA
TUNIS
SOUSSE
KAIROUAN
VALLETTA
SPLIT
RIJEKA
OSIJEK
NOVI SAD
BANJA LUKA
Golfo di Taranto
Golfe de Hammamet
Isole Eolie o Lipari

ROMÂNIA
BUCUREŞTI
PLOIEŞTI
CRAIOVA
CONSTANŢA
MAREA NEAGRĂ
ČERNO MORE
BLACK SEA
KARADENİZ
BALGARIJA
SOFIJA
PLOVDIV
VARNA
BURGAS
STARA ZAGORA
SEVERNA MAKEDONIJA
SKOPJE
PRISHTINË
PRIŠTINA
NIŠ
İSTANBUL
BURSA
İZMİR
TÜRKİYE
Marmara Denizi
THESSALONÍKI
ATHÍNA
PIREÁS
LÁRISA
PÁTRA
EGEO PÉLAGOS
Kritikón Pélagos
Kríti
IRÁKLIO
Mirtóo Pélagos
Ikárion Pélagos
Karpáthio Pélagos
IÓNIO PÉLAGOS
MEDITERRANEAN SEA
Ankara
Eskişehir
Afyon
Antalya
20°
25°
35°
40°

1:300 000

CARTE D'ASSEMBLAGE
BLATTÜBERSICHT
KEY MAP
QUADRO D'UNIONE
ÍNDICE DE MAPA
MAPA ÍNDICE
OVERZICHTSKAART
SKOROWIDZ ARKUSZY
KLAD MAPOVÝCH LISTŮ
KLAD MAPOVÝCH LISTOV
PREGLED LISTOV
PREGLED LIST

Irish Sea
MANCHESTER
SHEFFIELD
UNITED KINGDOM
NORWICH
BIRMINGHAM
CARDIFF
LONDON
SOUTHAMPTON
PLYMOUTH
Dover
North Sea
AMSTERDAM
IJsselmeer
NEDERLAND
ROTTERDAM
HAMBURG
HANNOVER
DÜSSELDORF
KÖLN
DEUTSCHLAND
FRANKFURT am Main
STUTTGART
GENT
ANTWERPEN
BRUXELLES BRUSSEL
BELGIË / BELGIQUE
CHARLEROI
LËTZEBUERG LUXEMBOURG
Luxembourg
SAARBRÜCKEN
English Channel
La Manche
Channel Islands
Alderney
Guernsey
Sark
Jersey
Channel Islands (U.K.)
Golfe de St. Malo
Calais
Boulogne-sur-Mer
LILLE
Hauts-de-France
AMIENS
Sedan
Cherbourg-Octeville
LE HAVRE
ROUEN
ÉVREUX
CAEN
Normandie
PARIS
REIMS
Châlons-en-Champ.
METZ
Grand Est
I. d'Ouessant
BREST
St.-Malo
Bretagne
RENNES
Quimper
Lorient
Îs. de Glénan
Î. de Groix
Belle-Île
Chartres
Île de France
Troyes
Nancy
STRASBOURG
Épinal
Colmar
LE MANS
Pays de la Loire
ORLÉANS
Centre-Val de Loire
Blois
Auxerre
Bourgogne-Franche-Comté
MULHOUSE
St-Nazaire
NANTES
TOURS
Île de Noirmoutier
Île d'Yeu
Bourges
DIJON
BESANÇON
Chalon-sur-Saône
BERN
ZÜRICH
LIECHTENSTEIN
ÖSTERREICH
SCHWEIZ
LAUSANNE
ALPS
les Sables-d'Olonne
Poitiers
Île de Ré
la Rochelle
Île d'Oléron
Montluçon
GENÈVE
OCÉAN ATLANTIQUE
Nouvelle-Aquitaine
Royan
LIMOGES
CLERMONT-FERRAND
LYON
Chambéry
Aosta
ST-ÉTIENNE
Auvergne-Rhône-Alpes
Tulle
Périgueux
BORDEAUX
Valence
GRENOBLE
Briançon
TORINO
MILANO
ITALIA
GENOVA
Golfe de Gascogne
Golfo de Vizcaya
Figeac
Mende
Aquitaine
Mimizan
Agen
Occitanie
Albi
Avignon
Provence-Alpes-Côte d'Azur
Monaco
MONACO
NICE
Golfo di Genova
Mare Ligure
NÎMES
Biarritz
TOULOUSE
MONTPELLIER
Carcassonne
MARSEILLE
St-Tropez
Îles d'Hyères
Lourdes
Pyrénées
Pirineos
ANDORRA
PERPIGNAN
Golfe du Lion
BURGOS
ZARAGOZA
BARCELONA
ESPAÑA
MADRID
MEDITERRANEAN SEA
Bastia
Corse (Fr.)
Ajaccio
Corse
Sardegna (It.)
SASSARI
26 27 28 29 30 31 32 33 34 35 36 37 38 39 40 41 42 43 44 45 46 47 48 49 50 52 53 54 55 56 57 58 59 60 61 62 63 64 66 67 68 69 70 71 72 73 74 75 76 77 78 79 80 81 82 83 84 86 87 88 89 90 91 92 93 94 95 96 97 98 99 100 101 102 103 104 105 107 108 109 110 111 112 113 114 115 116 117 118 119 120 121 122 123 124 125 127 128 129 130 131 132 133 134 135 136 137 138 139 140 141 142 143 144 145 146 147 148 149 150 151 152 153 154 155 156 157 158 160 161 162 163 164 165 167 168 169 170 171 172 173 174 175 176 177 178 179 180 181 182 183 184 185

1 : 300 000

Légende / Zeichenerklärung — Legend / Segni convenzionali

CIRCULATION (F) / VERKEHR (D) — (UK) TRAFFIC / (I) COMUNICAZIONI

Autoroute avec point de jonction · Numéro de point de jonction · Gare de péage Autobahn mit Anschlussstelle · Anschlussnummer · Gebührenstelle	Motorway with junction · Junction number · Toll station Autostrada con svincolo · Svincolo numerato · Barriera
Hôtel, motel · Restaurant · Snack-bar · Parc avec WC · Parking sécurisé poids lourds Rasthaus mit Übernachtung · Raststätte · Kleinraststätte · Parkplatz mit WC · LKW-Sicherheitsparkplatz	Hotel, motel · Restaurant · Snackbar · Parking area with WC · Truck secure parking Hotel, motel · Ristorante · Bar · Parcheggio con WC · Truck parcheggio di sicurezza
Poste d'essence · GNC · Relais routier · GNC Tankstelle · mit Erdgas CNG · Autohof · mit Erdgas CNG	Filling-station · CNG · Truckstop · CNG Area di servizio · GNC · Parco automobilistico · GNC
Autoroute en construction avec date prévue de mise en service · Autoroute en projet Autobahn in Bau mit voraussichtlichem Fertigstellungsdatum · Autobahn in Planung	Motorway under construction with expected date of opening · Motorway projected Autostrada in costruzione con data d'apertura prevista · Autostrada in progetto
Double chaussée de type autoroutier · en construction · en projet Autobahnähnliche Schnellstraße · in Bau · in Planung	Dual carriageway with motorway characteristics · under construction · projected Doppia carreggiata di tipo autostradale · in costruzione · in progetto
Route de grand trafic · avec point de jonction Fernverkehrsstraße · mit Anschlussstelle	Trunk road · with junction Strada di grande comunicazione · con svincolo
Route principale importante · Route principale Wichtige Hauptstraße · Hauptstraße	Important main road · Main road Strada principale importante · Strada principale
Routes en construction · en projet Straßen in Bau · geplant	Roads under construction · projected Strade in costruzione · in progetto
Route secondaire · Chemin carrossable Nebenstraße · Fahrweg	Secondary road · Carriageway Strada secondaria · Sentiero carrabile
Chemin carrossable, praticabilité non assurée · Sentiers Fahrweg, nur bedingt befahrbar · Fußwege	Carriageway, use restricted · Footpathes Sentiero carrabile, traffico ristretto · Sentieri
Tunnels routiers Straßentunnel	Road tunnels Gallerie stradali
Numéro de route européenne · Numéro d'autoroute · Numéro de route Europastraßennummer · Autobahnnummer · Straßennummer	European road number · Motorway number · Road number Numero di strada europea · Numero di autostrada · Numero di strada
Montée · Col · Fermeture en hiver Steigung · Pass · Wintersperre	Gradient · Pass · Closure in winter Pendenza · Passo · Chiusura invernale
Route non recommandée · interdite aux caravanes Straße für Wohnanhänger nicht empfehlenswert · gesperrt	Road not recommended · closed for caravans Strada non consigliata · vietata al transito di caravan
Route à péage · Route interdite aux véhicules à moteur Gebührenpflichtige Straße · Straße für Kfz gesperrt	Toll road · Road closed for motor vehicles Strada a pedaggio · Strada vietata ai veicoli a motore
Parcours pittoresque · Route touristique Landschaftlich schöne Strecke · Touristenstraße	Route with beautiful scenery · Tourist route Percorso pittoresco · Strada turistica
Bac pour automobiles · Bac fluvial pour automobiles · Ligne de navigation Autofähre · Autofähre an Flüssen · Schifffahrtslinie	Car ferry · Car ferry on river · Shipping route Traghetto auto · Trasporto auto fluviale · Linea di navigazione
Chemin de fer principal avec gare · Chemin de fer secondaire avec halte Hauptbahn mit Bahnhof · Nebenbahn mit Haltepunkt	Main line railway with station · Secondary line railway with stop Ferrovia principale con stazione · Ferrovia secondaria con fermata
Gare auto-train · Chemin de fer touristique AutoZug-Terminal · Museumseisenbahn	Car-loading terminal · Tourist train Terminal auto al seguito · Treno turistico
Chemin de fer à crémaillère, funiculaire · Téléférique · Télésiège Zahnradbahn, Standseilbahn · Kabinenseilbahn · Sessellift	Rack-railway, funicular · Aerial cableway · Chair-lift Ferrovia a cremagliera, funicolare · Funivia · Seggiovia
Aéroport · Aéroport régional · Aérodrome · Terrain de vol à voile Verkehrsflughafen · Regionalflughafen · Flugplatz · Segelflugplatz	Airport · Regional airport · Airfield · Gliding site Aeroporto · Aeroporto regionale · Aerodromo · Campo per alianti
Distances en km sur autoroutes Entfernungen in km an Autobahnen	Distances in km along the motorway Distanze autostradali in km
Distances en km sur routes Entfernungen in km an Straßen	Distances in km along the other roads Distanze stradali in km

CURIOSITÉS / SEHENSWÜRDIGKEITEN — PLACES OF INTEREST / INTERESSE TURISTICO

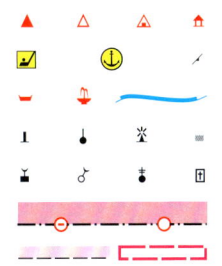

Localité particulièrement intéressante Besonders sehenswerter Ort	Place of particular interest Località di particolare interesse
Ville très recommandée Sehr sehenswerter Ort	Very interesting city Località molto interessante
Monument culturel particulièrement intéressant · Monument culturel très recommandé Besonders sehenswertes kulturelles Objekt · Sehr sehenswertes kulturelles Objekt	Cultural monument of particular interest · Very interesting cultural monument Monumento di particolare interesse · Monumento molto interessante
Monument naturel particulièrement intéressant · Monument naturel très recommandé Besondere Natursehenswürdigkeit · Natursehenswürdigkeit	Natural object of particular interest · Very interesting natural monument Monumento naturale di particolare interesse · Monumento naturale molto interessante
Autres curiosités: culture - nature Sonstige Sehenswürdigkeiten: Kultur - Natur	Other objects of interest: culture - nature Altre curiosità: cultura - natura
Jardin botanique, parc intéressant · Jardin zoologique Botanischer Garten, sehenswerter Park · Zoologischer Garten	Botanical gardens, interesting park · Zoological gardens Giardinao botanico, parco interessante · Giardino zoologico
Parc national, parc naturel · Point de vue Nationalpark, Naturpark · Aussichtspunkt	National park, nature park · Scenic view Parco nazionale, parco naturale · Punto panoramico
Église · Chapelle · Église en ruines · Monastère · Monastère en ruines Kirche · Kapelle · Kirchenruine · Kloster · Klosterruine	Church · Chapel · Church ruin · Monastery · Monastery ruin Chiesa · Cappella · Rovine di chiesa · Monastero · Rovine di monastero
Château, château fort · Château fort en ruines · Monument · Moulin à vent · Grotte Schloss, Burg · Burgruine · Denkmal · Windmühle · Höhle	Palace, castle · Castle ruin · Monument · Windmill · Cave Castello, fortezza · Rovine di fortezza · Monumento · Mulino a vento · Grotta

AUTRES INDICATIONS / SONSTIGES — OTHER INFORMATION / ALTRI SEGNI

Terrain de camping permanent · saisonniers · Auberge de jeunesse · Hôtel, motel, auberge, refuge, village touristique Campingplatz ganzjährig · saisonal · Jugendherberge · Hotel, Motel, Gasthaus, Berghütte, Feriendorf	Camping site permanent · seasonal · Youth hostel · Hotel, motel, inn, refuge, tourist colony Campeggio tutto l'anno · stagionale · Ostello della gioventù · Hotel, motel, albergo, rifugio, villaggio turistico
Terrain de golf · Marina · Cascade Golfplatz · Jachthafen · Wasserfall	Golf-course · Marina · Waterfall Campo da golf · Porto turistico · Cascata
Piscine · Station balnéaire · Plage recommandée Schwimmbad · Heilbad · Empfehlenswerter Badestrand	Swimming pool · Spa · Recommended beach Piscina · Terme · Spiaggia raccomandabile
Tour · Tour radio, tour de télévision · Phare · Bâtiment isolé Turm · Funk-, Fernsehturm · Leuchtturm · Einzelgebäude	Tower · Radio or TV tower · Lighthouse · Isolated building Torre · Torre radio o televisiva · Faro · Edificio isolato
Mosquée · Ancienne mosquée · Église russe orthodoxe · Cimetière militaire Moschee · Ehemalige Moschee · Russisch-orthodoxe Kirche · Soldatenfriedhof	Mosque · Former mosque · Russian orthodox church · Military cemetery Moschea · Antica moschea · Chiesa ortodossa russa · Cimitero militare
Frontière d'État · Point de contrôle international · Point de contrôle avec restrictions Staatsgrenze · Internationale Grenzkontrollstelle · Grenzkontrollstelle mit Beschränkung	National boundary · International check-point · Check-point with restrictions Confine di Stato · Punto di controllo internazionale · Punto di controllo con restrizioni
Limite administrative · Zone interdite Verwaltungsgrenze · Sperrgebiet	Administrative boundary · Prohibited area Confine amministrativo · Zona vietata
Forêt · Lande Wald · Heide	Forest · Heath Foresta · Landa
Sable et dunes · Mer recouvrant les hauts-fonds Sand und Dünen · Wattenmeer	Sand and dunes · Tidal flat Sabbia e dune · Barena

1 : 300 000

Sinais convencionais
Signos convencionales

Legenda
Objaśnienia znaków

TRÁFICO (E) / TRÂNSITO (P)		(CZ) DOPRAVA / (NL) VERKEER
Autopista con acceso · Número de acceso · Peaje Auto-estrada com ramal de acesso · Número de acesso · Portagem	Belfort-Nord 16	Dálnice s přípojkou · Přípojka s číslem · Místo výběru poplatků Autosnelweg met aansluiting · Aansluiting met nummer · Tolkantoor
Hotel, motel · Restaurante · Bar · Aparcamiento con retrete · Truck seguridad parking Hotel, motel · Restaurante · Snack-bar · Parque de estacionamento com retrete · Truck Parqueamento Segurança	Champoux	Motel · Motorest · Občerstvení · Parkoviště s WC · Truck parkování bezpečnosti Motel · Restaurant · Snackbar · Parkeerplaats met WC · Beveiligde parkeerplaats voor vrachtwagens
Estación de servicio · GNC · Área de servicio y descanso · GNC Posto de abastecimento · GNC · Área de serviço para camiãos · GNC		Čerpací stanice · CNG · Parkoviště pro TIR · CNG Tankstation · CNG · Truckstop · CNG
Autopista en construcción con fecha de apertura al tráfico · Autopista en proyecto Auto-estrada em construção com data de conclusão · Auto-estrada projectada	Fecha Datum Data Datum	Dálnice ve stavbě s termínem uvedení do provozu · Dálnice plánovaná Autosnelweg in aanleg met geplande openingsdatum · Autosnelweg in ontwerp
Autovía · en construcción · en proyecto Via rápida de faixas separadas · em construção · projectada		Dvouproudá silnice dálnicového typu se čtyřmi jízdními pruhy · ve stavbě · plánovaná Autoweg met gescheiden rijbanen · in aanleg · in ontwerp
Carretera de tránsito · con acceso Itinerário principal · com ramal de acesso		Dálková silnice · s přípojkou Weg voor doorgaand verkeer · met aansluiting
Carretera principal importante · Carretera principal Estrada de ligação principal · Estrada regional		Důležitá hlavní silnice · Hlavní silnice Belangrijke hoofdweg · Hoofdweg
Carreteras en construcción · en proyecto Estradas em construção · projectadas		Silnice ve stavbě · plánované Wegen in aanleg · in ontwerp
Carretera secundaria · Camino Estrada secundária · Caminho		Vedlejší silnice · Zpevněná cesta Secundaire weg · Rijweg
Camino, tránsito restringido · Sendas Caminho a trânsito limitado · Trilho		Zpevněná cesta, sjízdná podmíněně · Stezky Rijweg, beperkt berijdbaar · Voetpaden
Túneles de carreteras Túnels de estrada		Silniční tunely Wegtunnels
Número de carretera europea · Número de autopista · Número de carretera Número de estrada europeia · Número de auto-estrada · Número de estrada	E45 A18 209	Číslo evropské silnice · Číslo dálnice · Číslo silnice Europees wegnummer · Nummer van autosnelweg · Wegnummer
Pendiente · Puerto · Cerrado en invierno Subida · Passagem · Estrada fechada ao trânsito no inverno	10-15% > 15% (1328) IX-II	Stoupání · Průsmyk · Silnice uzavřená v zimě Stijging · Bergpas · Winterafsluiting
Carretera no recomendada · Cerrada para caravanas Estrada não aconselhável · interdita a autocaravanas		Silnice nedoporučena · uzavřená pro přívěsy Voor caravans niet aan te bevelen · verboden
Carretera de peaje · Carretera cerrada para automóviles Estrada com portagem · Estrada fechada ao trânsito		Silnice s placením mýtného · Silnice uzavřená pro motorová vozidla Tolweg · Gesloten voor motorvoertuigen
Ruta pintoresca · Ruta turística Itinerário pitoresco · Rota turística	Route du Rhin	Úsek silnice s pěknou scenérií · Turistická silnice Landschappelijk mooie route · Toeristische route
Transbordador para automóviles · Paso de automóviles en barca · Línea marítima Barca para viaturas · Batelãos para viaturas nos rios · Linha de navegação		Prám pro auta · Říční přívoz pro auta · Trasa lodní dopravy Autoveer · Autoveer over rivieren · Scheepvaartroute
Línea principal de ferrocarril con estación · Línea secundaria con apeadero Linha ferroviária principal com estação · Linha secundária com apeadeiro		Hlavní železniční trať se stanicí · Místní železniční trať se zastávkou Hoofdspoorlijn met station · Spoorlijn met halte
Terminal autoexpreso · Tren turístico Estação com carregação de viaturas · Comboio turístico		Terminál autovlaků · Historická železnice Autotrein-terminal · Toeristische stoomtrein
Ferrocarril de cremallera, funicular · Teleférico · Telesilla Via férrea de cremalheira, funicular · Teleférico · Telecadeira		Ozubnicová lanovka, kabinová lanovka · Kabinová visutá lanovka · Sedačková lanovka Tandradbaan, kabelspoorweg · Kabelbaan · Stoeltjeslift
Aeropuerto · Aeropuerto regional · Aeródromo · Campo de aviación sin motor Aeroporto · Aeroporto regional · Aeródromo · Aeródromo para planadores		Dopravní letiště · Regionální letiště · Přistávací plocha · Terén pro větroně Luchthaven · Regionaal vliegveld · Vliegveld · Zweefvliegveld
Distancias en km en la autopista Distâncias em quilómetros na auto-estrada	75 30 45	Vzdálenosti v kilometrech na dálnici Afstanden in km aan autosnelwegen
Distancias en km en carreteras Distâncias em quilómetros na estrada	35 25 10	Vzdálenosti v kilometrech na silnici Afstanden in km aan wegen

PUNTOS DE INTERÉS / PONTOS DE INTERESSE		ZAJÍMAVOSTI / BEZIENSWAARDIGHEDEN
Población de interés especial Povoação de interesse especial	BORDEAUX	Turisticky pozoruhodná lokalita Bijzonder bezienswaardige plaats
Localidad de mucho interés Povoação muito interessante	BIARRITZ	Velmi zajímavé místo Zeer bezienswaardige plaats
Monumento cultural de interés especial · Monumento cultural de mucho interés Monumento cultural de interesse especial · Monumento cultural de muito interesse	St. Pierre · Chateau	Turistická pozoruhodná kulturní památka · Velmi zajímavý kulturní památka Bijzonder bezienswaardig cultuurmonument · Zeer bezienswaardig cultuurmonument
Curiosidad natural de interés · Curiosidad natural Monumento natural de interesse especial · Monumento natural de muito interesse	Grotte · Cascade	Turistická pozoruhodná přírodní památka · Velmi zajímavý přírodní památka Bijzonder bezienswaardig natuurmonument · Zeer bezienswaardig natuurmonument
Otras curiosidades: cultura - naturaleza Outros pontos de interesse: cultura - natureza	★ Dolmen · ★ Gorge	Jiné zajímavosti: kultura - příroda Overige bezienswaardigheden: cultuur - natuur
Jardín botánico, parque de interés · Jardín zoológico Jardim botânico, parque interessante · Jardim zoológico		Botanická zahrada, pozoruhodný park · Zoologická zahrada Botanische tuin, bezienswaardig park · Dierentuin
Parque nacional, parque natural · Vista pintoresca Parque nacional, parque natural · Vista panorâmica		Národní park, přírodní park · Krásný výhled Nationaal park, natuurpark · Mooi uitzicht
Iglesia · Ermita · Iglesia en ruinas · Monasterio · Ruina de monasterio Igreja · Capela · Ruína de igreja · Mosteiro · Ruína de mosteiro		Kostel · Kaple · Zřícenina kostela · Klášter · Zřícenina kláštera Kerk · Kapel · Kerkruïne · Klooster · Kloosterruïne
Palacio, castillo · Ruina de castillo · Monumento · Molino de viento · Cueva Palácio, castelo · Ruínas castelo · Monumento · Moinho de vento · Gruta		Zámek, hrad · Zřícenina hradu · Pomník · Větrný mlýn · Jeskyně Kasteel, burcht · Burchtruïne · Monument · Windmolen · Grot

OTROS DATOS / DIVERSOS		JINÉ ZNAČKY / OVERIGE INFORMATIE
Camping todo el año · estacionales · Albergue juvenil · Hotel, motel, restaurante, refugio, aldea de vacaciones Parque de campismo durante todo o ano · sazonal · Pousada da juventude · Hotel, motel, restaurante, abrigo de montanha, aldeia turística		Kempink s celoročním provozem · sezónní · Ubytovna mládeže · Hotel, motel, hostinec, horská bouda, rekreační středisko Kampeerterrein het gehele jaar · seizoensgebonden · Jeugdherberg · Hotel, motel, restaurant, berghut, vakantiekolonie
Campo de golf · Puerto deportivo · Cascada Área de golfe · Porto de abrigo · Cascata		Golfové hřiště · Jachtařský přístav · Vodopád Golfterrein · Jachthaven · Waterval
Piscina · Baño medicinal · Playa recomendable Piscina · Termas · Praia recomendável		Plovárna · Lázně · Doporučená pláž Zwembad · Badplaats · Mooi badstrand
Torre · Torre de radio o televisión · Faro · Edificio aislado Torre · Torre de telecomunicação · Farol · Edifício isolado		Věž · Rozhlasová, televizní věž · Maják · Jednotlivá budova Toren · Radio of T.V. mast · Vuurtoren · Geïsoleerd gebouw
Mezquita · Antigua mezquita · Iglesia rusa-ortodoxa · Cementerio militar Mesquita · Mesquita antiga · Igreja russa ortodoxa · Cemitério militar		Mešita · Dřívější mešita · Ruský ortodoxní kostel · Vojenský hřbitov Moskee · Voormalig moskee · Russisch orthodox kerk · Militaire begraafplaats
Frontera nacional · Control internacional · Control con restricciones Fronteira nacional · Posto de controlo internacional · Posto de controlo com restrição		Státní hranice · Hraniční přechod · Hraniční přechod se zvláštními předpisy Rijksgrens · Internationaal grenspost · Grenspost met restrictie
Frontera administrativa · Zona prohibida Limite administrativo · Área proibida		Správní hranice · Zakázaný prostor Administratieve grens · Afgesloten gebied
Bosque · Landa Floresta · Charneca		Les · Vřesoviště Bos · Heide
Arena y dunas · Aguas bajas Areia e dunas · Baixio		Písek a duny · Mělké moře Zand en duinen · Bij eb droogvallende gronden

1 : 300 000

Vysvetlivky
Legenda

Legenda
Tumač znakova

KÖZLEKEDÉS (H) DOPRAVA (SK)		(SLO) PROMET (DK) TRAFIK
Autópálya csomóponttal · Autópálya-csomópont száma · Fizetési állás Dial'nica s prípojkami · Prípojkami · Miesto výberu poplatkov	Belfort-Nord 16	Avtocesta s priključkom · Izvoz-številka · Cestninska postaja Motorvej med tilslutning · Tilslutning med nummer · Afgift
Motel · Autós csárda · Büfé · Parkolóhely vécével · Kamionparkoló biztonság Motel · Raststätte · Občerstvenie · Parkovisko s WC · Truck Parkovisko zabezpečenia	Champoux P	Motel · Restavracija · Počivališče · Tovornjak parkiranje varnost Rasteplads med overnatning · Rasteplads · Cafeteria · Parkeringplads med WC · Lastbilparkering sikkerhed
Benzinkút · CNG · Autópihenö · CNG Čerpacia stanica · CNG · Parkovisko pre nákladné autá · CNG		Bencinska črpalka · CNG · Parkirišče za voznike tovornj. · CNG Tankanlæg · CNG · Motorvejsstation · CNG
Autópálya építés alatt a megnyitás időpontjával · Autópálya tervezés alatt Dial'nica vo výstavbe s termínom uvedenia do prevádzky · Dial'nica plánovaná	Dátum Datum Dátum Dato	Avtocesta v gradnji in izdelavni termin · Avtocesta v načrtu Motorvej under opførelse med dato for indvielse · Motorvej under planlægning
Gyorsforgalmi út autópálya jelleggel · építés alatt · tervezés alatt Čtvorprúdová cesta pre motorové vozidlá · vo výstavbe · iplánovaná		Hitra cesta · v gradnji · v načrtu Motortrafikvej med to vejbaner · under opførelse · under planlægning
Távolsági út · csomóponttal Hlavná dial'ková cesta · s prípojkou		Magistralna cesta · s priključkom Fjerntrafikvej
Fontos főút · Főút Dôležité hlavné cesty · Hlavné cesty		Pomembna glavna cesta · Glavna cesta Vigtig hovedvej · Hovedvej
Utak építés alatt · tervezés alatt Cesty vo výstavbe · plánovaná		Ceste v gradnji · v načrtu Veje under opførelse · under planlægning
Mellékút · Földút Vedl'ajšia cesta · Spevnená cesta		Stranska cesta · Vozna pot Biveje
Földút, nem járháto állandóan · Gyalogutak Spevnená cesta, zjazdné podmienene · Chodníky		Vozna pot, pogojno prevozna · Steze Mindre vej · Gangsti
Alagutak Cestný tunel		Cestni predori Vejtunneler
Európa-útszám · Autópálya-szám · Útszám Číslo európskej cesty · Číslom dia nica · Číslo cesty	E45 A18 209	Številka evropske ceste · Oznaka avtoceste · Oznaka ceste Europavejnummer · Motorvejnummer · Vejnummer
Emelkedő · Hágó · Télen elzárt útszakasz Stúpanie · Pries · Terén pre vetrone	10-15% >15% (1328) IX-II	Vzpon · Prelaz · Zimska zapora Stigninger · Pas · Vinterlukning
Lakókocsival nem ajánlott · tiltott Cesta uzavretá pre karavany · neodporúčaná		Ni priporočljivo za stanovanjske prikolice · prepovedano Vej ikke anbefalet · forbudt for campingvogne
Dij ellenében használható út · Gépjárműforgalom elől elzárt út Cesta s povinným poplatkom · Cesta uzavretá pre motorové vozidlá		Cesta s plačilom cestnine · Cesta zaprta za motorni promet Afgiftsrute · Vej spærret for motortrafik
Természetileg szép szakasz · Turistaút Cesta s malebnou krajinou · Turistická cesta	Route du Rhin	Slikovita cesta · Turistična cesta Landskabelig smuk vejstrækning · Turistrute
Autókomp · Autókomp folyókon · Hajóútvonal Trajekt pre automobily · Riečny prievoz pre automobily · Lodná linka		Trajekt za avtomobile · Rečna trajektna proga · Ladijska proga Bilfærge · Bilfærge på flod · Skibsrute
Fővasútvonal állomással · Mellékvasútvonal megállóval Hlavná železnica so stanicou · Vedl'ajšia železnica so zastávkou		Glavna železniška proga z železniško postajo · Stranska železniška proga z postajališčem Hovedbane med station · Sidebane med trinbræt
Autórakodás · Történeti vasútvonal Železničný terminál · Historická železnica		Železniški avtoprevoz · Muzejska železniška proga Autotog-terminal · Veteranjernbane
Fogaskerekű vasút, drótkötélpálya · Kabinos felvonó · Ülőlift Ozubincová dráha, Prozemni lanovka · Kabinková visutá lanovka · Sedačková lanovka		Proga zobate železnice, Vzpenjača · Gondolska žičnica · Sedežnica Tandhjulsbane, tovbane · Svævebane med kabine · Stolelift
Közlekedési repülőtér · Országos repülőtér · Egyéb repülőtér · Vitorlázórepülő-ter Dopravné letisko · Regionálne letisko · Pristavácia plocha · Terén pre vetrone		Mednarodno letališče · Lokalno letališče · Letališče · Letališče za jadralna letala Lufthavn · Regional lufthavn · Flyveplads · Svæveflyveplads
Kilométertávolság az autópályán Vzdialenosti na dial'niciach v kilometroch	75 30 45	Razdalje v km na avtocestah Afstænder i km på motorvej
Kilométertávolság egyéb utakon Vzdialenosti na cestách v kilometroch	35 25 10	Razdalje v km na cestah Afstænder i km på andre vejen

LÁTVÁNYOSSÁGOK ZAUJÍMAVOST		ZAMINIVOSTI SEVÆRDIGHEDER
Különösen látványos település Mimoriadne pozoruhodné miesto	BORDEAUX	Posebej zanimivo naselje Særlig seværdig by
Nagyon látványos hely Vel'mi pozoruhodnév miesto	BIARRITZ	Zelo zanimivo naselje Meget seværdig by
Különösen nevezetes műemlék · Nagyon látványos műemlék Mimoriadne pozoruhodné kultúra objekt · Vel'mi pozoruhodnév kultúra objekt	St. Pierre Chateau	Posebej zanimiva kulturna znamenitost · Zanimiva kulturna znamenitost Særlig seværdig kulturmindesmærke · Meget Seværdig kulturmindesmærke
Különösen nevezetes természeti érték · Nagyon látványos természeti érték Mimoriadna prírodná zaujímavosť · Zaujímavosť	Grotte Cascade	Posebej zanimiva naravna znamenitost · Zanimiva naravna znamenitost Særlig seværdig naturmindesmærke · Meget seværdig naturmindesmærke
Egyéb látnivaló: kultúra - természet Iná pozoruhodnosťi: kultúra - príroda	★ Dolmen ★ Gorge	Druge znamenitosti: kultura - priroda Andre seværdigheder: kultur - natur
Botanikus kert, látványos park · Állatkert Botanická záhrada, Pozoruhodný park · Zoologická záhrada		Botanični vrt, zanimiv park · Živalski vrt Botanisk have, seværdig park · Zoologisk have
Nemzeti park, természeti park · Kilátópont Národný park, Prírodný park · Vyhliadka		Narodni park, naravni park · Razgledišče Nationalpark, naturpark · Udsigtspunkt
Templom · Kápolna · Templomrom · Kolostor · Kolostorrom Kostol · Kaplnka · Zrúcanina kostola · Kláštor · Zrúcanina kláštora		Cerkev · Kapela · Razvalina cerkve · Samostan · Samostanska razvalina Kirke · Kapel · Kirkeruin · Kloster · Klosterruin
Kastély, vár · Várrom · Emlékmű · Szélmalom · Barlang Zámok, Hrad · Zrúcanina hradu · Pomník · Veterný mlyn · Jaskyňa		Graščina, grad · Razvalina grada · Spomenik · Mlin na veter · Jama Slot, borg · Borgruin · Mindesmærke · Vejrmølle · Hule

EGYÉB INÉ ZNAČKY		DRUGI ZNAKI ANDET
Kemping hely egész évben nyitva · szezonális · Ifjúsági szállás · Szálloda, motel, vendéglő, menedékház, nyaralótelep Kemping celoročný · sezónne · Mládežnícká ubytovňa · Hotel, motel, hostinec, horská chata, rekreačné stredisko		Kamp celo leto · sezonske · Mladinski hotel · Hotel, motel, gostišče, planinska koča, počitniško naselje Campingplads hele året · sæsonbestemte · Vandrerhjem · Hotel, motel, restaurant, bjerghytte, ferieby
Golfpálya · Jachtkikötő · Vízesés Golfové ihrisko · Prístav pre plachetnice · Vodopád		Igrišče za golf · Marina · Slap Golfbane · Lystbådehavn · Vandfald
Uszoda · Gyógyfürdő · Ajánlatos strand Kúpalisko · Kúpele · Pláž vhodná na kúpanie		Bazen · Toplice · Obala primerna za kopanje Svømmebad · Kurbad · God badestrand
Torony · Rádió- vagy tévétorony · Világítótorony · Magában álló épület Veža · Rozhlasový, televízny stožiar · Maják · Osamote stojacá budova		Stolp · Radijski ali televizijski stolp · Svetilnik · Posamezno poslopje Tårn · Telemast · Fyrtårn · Isoleret bygning
Mecset · Egykori mecset · Oroszkeleti templom · Katonatemető Mešita · Ehemalige Moschee · Ruský ortodoxný kostol · Vojenský cintorín		Džamija · Nekdanja džamija · Rusko-pravoslavna cerkev · Vojaško pokopališče Moské · Fordums moské · Russisk ortodoks kirke · Militærisk kirkegård
Államhatár · Nemzetközi határátlépő · Korlátozott átjárhatóságú határátkelőhely Štátna hranica · Medzinárodný hraničný priechod · Hraničný priechod s obmedzením		Državna meja · Mednarodni mejni prehod · Mejna kontrolna točka z omejitvijo Rigsgrænse · International grænsekontrol · Grænsekontrol med indskrænkning
Közigazgatási határ · Zárt terület Administratívna hranica · Zakázaná oblasť		Upravna meja · Zaprto območje Regionsgrænse · Spærret område
Erdő · Puszta Les · Pustatina		Gozd · Goljava Skov · Hede
Homok, föveny · Watt-tenger Piesok a duny · Plytčina		Pesek in sipine · Bibavični pas Sand og klitter · Vadehav

40
41
42
WHITSTABLE
HERNE BAY
Reculver Regulbium
MARGATE
Aquarium
Foreness Point
Margate Caves
North Foreland
Broadstairs
RAMSGATE
Birchington
Quex Park
Isle of Thanet
St Nicholas-at Wade
Acol
Manston
Cliffs End
Sarre
Marshside
Monkton
Minster
Hugin
Pegwell Bay
Chestfield
Yorkletts
Heath
Upstreet
Hersden
Grove
West Stourmouth
East Stourmouth
Stour
Richborough Castle
Tyler Hill
Broad Oak
Sturry
Westbere
Preston
Elmstone
Honey Hill
Rough Common
Fordwich
CANTERBURY
Cathedral
Howletts Wild Animal Park
Wickhambreaux
Hoaden
Great Stonar
Sandwich
Sandwich Bay
St Clement
Chartham Hatch
Bigbury
Littlebourne
Wingham
Ash
Thanington
Chartham
Shalmsford Street
Bridge
Lower Hardres
Bekesbourne
Goodnestone
Staple
Marshborough
Worth
Eastry
Adisham
Aylesham
Nonington
Chillenden
The Downs
Bishopsbourne
Womenswold
Easole Street
Northbourne
Sholden
Deal Castle
DEAL
Petham
Kingston
Elvington
Tilmanstone
Great Mongeham
WALMER
Bossingham
Barham
Barfrestone
East Studdal
Ripple
Walmer Castle
Waltham
Woolage Green
Eythorne
Shepherdswell or Sibertswold
West Langdon
Sutton
Kingsdown
Stelling Minnis
Lyminge Forest
Denton
Ringwould
Elmsted
Wootton
Whitfield
East Langdon
St Margaret's at Cliffe
Rhodes Minnis
Lydden
Guston
Lymbridge Green
Elham
Temple Ewell
St Margaret's Bay
Stowting
North Downs Way
Swingfield Minnis
Alkham
BUCKLAND
Lyminge
St Radigond's Abbey
St Mary in Castro
Dover Castle
Paddlesworth
Densole
Hawkinge
West Hougham
Postling
Etchinghill
Eurotunnel Terminal
DOVER
Stanford
Chalk Cliffs
Samphire Hoe
Capel-le-Ferne
East Wear Bay
Lympne Castle
Castle of Saltwood
SALTWOOD
Lympne
FOLKESTONE
SANDGATE
Hythe
Faversham
Ashford
UNITED KINGDOM
New Romney
North
Strait of Dover
Eurotunnel
Pas de Calais
M20

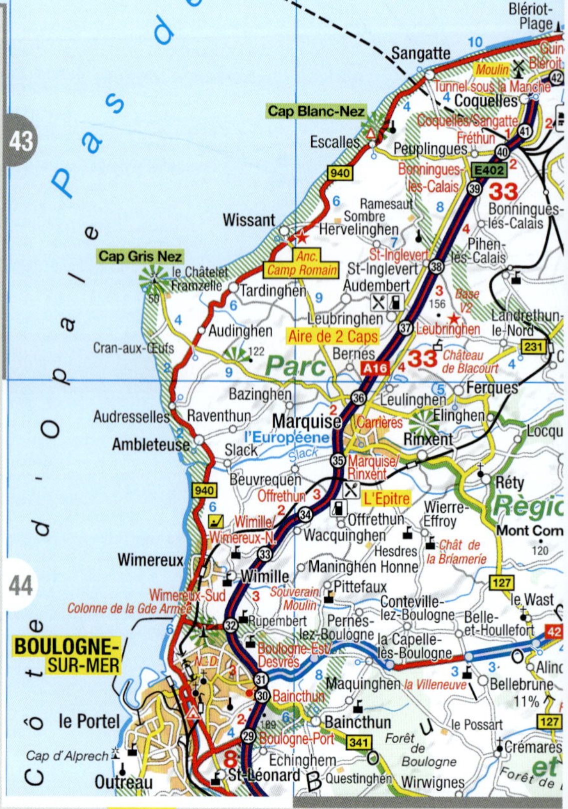

43
44
Blériot-Plage
Sangatte
Moulin
Tunnel sous la Manche
Coquelles
Cap Blanc-Nez
Escalles
Coquelles-Sangatte
Fréthun
Peuplingues
Bonningues-lès-Calais
E402
33
Wissant
Ramesault
Sombre
Hervelinghen
Bonningues-lès-Calais
Cap Gris Nez
le Châtelet
Framzelle
Anc. Camp Romain
St-Inglevert
Pihen-lès-Calais
Tardinghen
Audembert
Leubringhen
Landrethun-le-Nord
Audinghen
Aire de 2 Caps
Cran-aux-Œufs
Bernes
Château de Blacourt
Parc
Bazinghen
Leulinghen
Ferques
Audresselles
Raventhun
Marquise
Elinghen
Ambleteuse
l'Européenne
Carrières
Slack
Rinxent
Beuvrequen
Marquise/Rinxent
Offrethun
L'Epitre
Rety
Wimille
Wimereux-N
Offrethun
Wierre-Effroy
Mont Com
Wimereux
Wacquinghen
Hesdres
Chât de la Briquerie
Wimille
Maninghen Honne
Wimereux-Sud
Souverain Moulin
Pittefaux
Colonne de la Gde Armée
Rupembert
Pernes-lez-Boulogne
Conteville-lez-Boulogne
Belle-et-Houllefort
le Wast
BOULOGNE-SUR-MER
Boulogne-Est Desvres
la Capelle-lès-Boulogne
Alinc
Maquinghen
la Villeneuve
Bellebrune
Baincthun
le Portel
Boulogne-Port
Forêt de Boulogne
le Possart
Crémarest
Cap d'Alprech
Echinghem
Outreau
St-Léonard
Questinghen
Wirwignes
Forêt de
Côte d'Opale

F	D		UK	I
Péage	Maut		Toll	Stazione a barriera
Douane	Zollstelle		Customs	Dogana
Départ voyageurs	Abfahrt Passagiere		Departure passengers	Partenza passeggeri
Départ marchandises	Abfahrt Fracht		Departure freight	Partenza merce
Arrivée voyageurs	Ankunft Passagiere		Arrival passengers	Arrivo passeggeri
Arrivée marchandises	Ankunft Fracht		Arrival freight	Arrivo merce

Folkestone Terminal

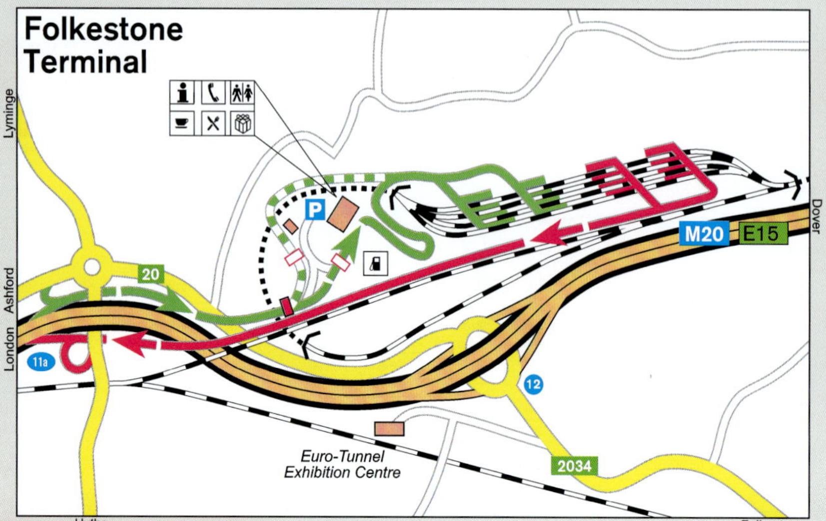

Lyminge
Ashford
London
Dover
M20
E15
20
11a
12
2034
Euro-Tunnel Exhibition Centre
Hythe
Folkestone

0 1 2 4 6 8 10 km
0 1 2 4 6 miles

28 Montreuil Etaples/le Touquet

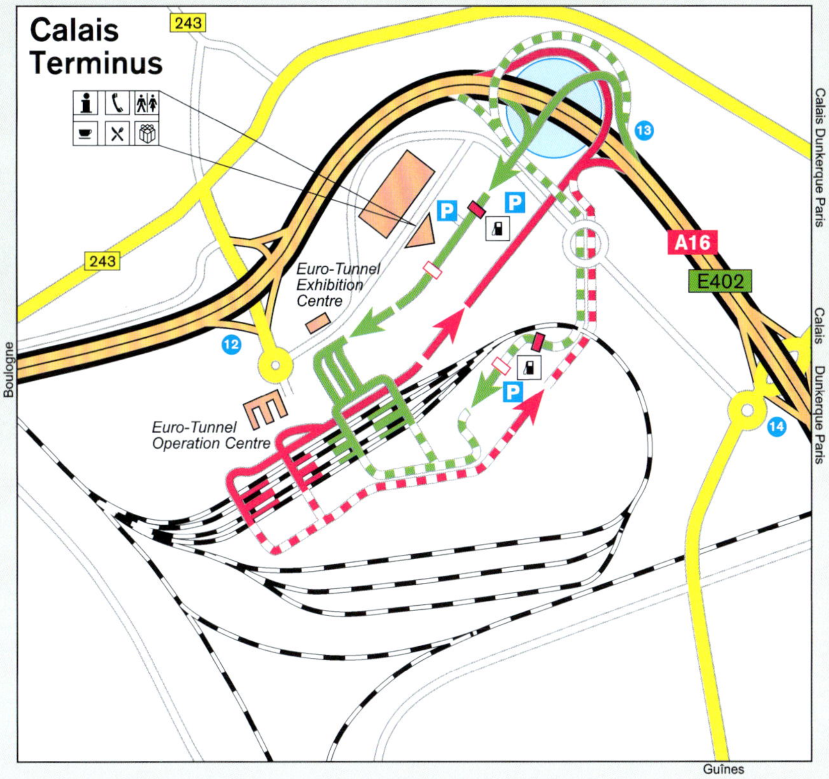
Calais Terminus
243
Euro-Tunnel Exhibition Centre
Euro-Tunnel Operation Centre
A16
E402
Calais Dunkerque Paris
Calais Dunkerque Paris
Boulogne
Guînes
12
13
14

Bf
Ca
Cb
Cc
Cd
40
41
42
43
44
Sea
Mer du Nord
DUNKERQUE
CALAIS
Gravelines
Bourbourg
Bergues
Hondschoote
Cassel
St Omer
Hazebrouck
Wormhout
Ardres
Guînes
Audruicq
Marck
Coudekerque-Branche
Téteghem
Ghyvelde
Bray-Dunes
Zuydcoote
Leffrinckoucke
Malo-les-Bains
De Panne (La Panne)
Koksijde
Koksijde-Bad
St-Idesbald
Adinkerke
De Moeren
Les Moëres
Houtem
Leisele
Steenvoorde
Poperinge
Bailleul
Veurne
Nieuwpoort
Arques
Longuenesse
Blendecques
Wizernes
Lumbres
Watten
Merckeghem
Esquelbecq
Rexpoëde
Herzeele
Killem
Warhem
Grand-Fort-Philippe
Petit Fort-Philippe
Oye-Plage
Coquelles
Fréthun
Coulogne
Lederzeele
Ruminghem
Nordausques
Tournehem
Zutkerque
Recques-s-Hem
Caëstre
Terdeghem
Ste-Marie-Cappel
Hardifort
Oudezeele
Winnezeele
Zermezeele
Arnèke
Rubrouck
Broxeele
Volckerinckhove
Bollezeele
Zegerscappel
Eringhem
Drincham
Looberghe
Pitgam
Steene
Socx
Bissezeele
Quaëdypre
West-Cappel
Craywick
Spycker
Armbouts-Cappel
Cappelle-la-Grande
Grande-Synthe
Mardyck
Loon-Plage
Clairmarais
Renescure
Ebblinghem
Staple
Wallon-Cappel
Sercus
Lynde
Blaringhem
Morbecque
Borre
Pradelles
Parc Naturel des Caps et Marais d'Opale
A16
A25
A26
E40
E15
E42
Hesdin
Liévin
Aire
29

Bb
Bc
Bd
Calais
Be
26
Bf
Boulogne-s.-M.
44
45
46
47
48
English Channel
La Manche
Côte d'Opale
BOULOGNE-SUR-MER
le Portel
Cap d'Alprech
Outreau
Equihen-Plage
St-Etienne-au-Mont
St-Léonard
Condette
Hardelot-Plage
Mont St Frieux
Dannes
Neufchâtel-Hardelot
Nesles
Camiers
Plage-Ste-Cécile
Embouchure de la Canche
le Touquet-Paris-Plage
Étaples
Trépied
Stella-Plage
Cucq
Merlimont-Plage
Merlimont
Berck-sur-Mer
Berck-Plage
Rang-du-Fliers
Verton
Groffliers
Waben
Baie de l'Authie
Fort-Mahon-Plage
Quend-Plage-les-Pins
Quend
Moncheaux
St-Quentin-en-Tourmont
Rue
St-Firmin
Parc Ornithologique du Marquenterre
Baie de Somme
Pointe de Hourdel
le Hourdel
le Crotoy
St-Valery-sur-Somme
Cayeux-sur-Mer
Brighton
Lanchères
Pendé
Ault
Mers-les-Bains
le Tréport
Eu
Criel-sur-Mer
Incheville
ABBEVILLE
Montreuil
Desvres
Samer
Parc Naturel Régional des Caps et Marais d'Opale
Crécy-en-Ponthieu
Forêt de Crécy
Nouvion
Forest-Montiers
Rue
Hesdin-l'Abbé
Wimille
Bainthun
Marquise
Hucqueliers
Fruges
Beaurainville
Campagne-lès-Hesdin
Marconnelle
Dompierre-sur-Authie
St-Riquier
Pont-Remy
Ailly
Oisemont
Gamaches
Vismes
Feuquières-en-Vimeu
Fressenneville
Woincourt
Friville-Escarbotin
Bourseville
Nibas
Vaudricourt
Hallencourt
Neufchâtel-en-Bray
Blangy-sur-Bresle
Airaines
37
38
Vallée de la Somme
Vallée de la Canche
Vallée de l'Authie

Hazebrouck
Blendecques
Aire-sur-la-Lys
Isbergues
Lillers
Béthune
Forêt de Nieppe
Merville
Estaires
Auchel
Bruay-la-Bussière
Barlin
Houdain
Lens
Liévin
Noeux-les-Mines
Bully-les-Mines
Hersin-Coupigny
Fruges
Hesdin
St-Pol-sur-Ternoise
Frévent
Auxi-le-Château
Doullens
Arras
Avesnes-le-Comte
Aubigny-en-Artois
Beauquesne
Albert
Bernaville
Flixecourt
Villers-Bocage
Beauval
Mont-St-Éloi
St-Laurent-Blangy
Bucquoy
La Bassée
Avion
Vimy

44
45
46
47
48
Béthune
Bully-les-Mines
Bruay-les-Bussière
St. Pol-sur-Ternoise
Doullens
Albert
Halle
Ath
ARMENTIÈRES
MARCQ-EN-BARŒUL
WATTRELOS
ROUBAIX
Croix
Mouvaux
Wasquehal
Estaimpuis
Pecq
LOMME
LILLE
LAMBERSART
La Madeleine
Mons-en-Barœul
Hellemmes
VILLENEUVE-D'ASCQ
TOURNAI (DOORNIK)
Hauboudin
Loos
Ronchin
Faches-Thumesnil
Lesquin
Wattignies
Seclin
Templeuve-en-Pévèle
Richebourg
Violaines
La Bassée
Wingles
Carvin
Libercourt
Orchies
Mazingarbe
Grenay
LENS
LIÉVIN
Harnes
Noyelles
Fouquières
Sallaumines
HENIN-BEAUMONT
DOUAI
Cuincy
Sin-le-Noble
Somain
Denain
Wallers
Raismes
Anzin
Avion
Vimy
ARRAS
Anzin-St-Aubin
St-Nicolas
Tilloy-les-Mofflaines
Beaurains
Achicourt
Bapaume
Marquion
Cambrai
CAMBRAI
Proville
Caudry
Le Cateau
Masnières
Marcoing
Gouzeaucourt
Parc Naturel
Plaine de la Scarpe et de l'Escaut
Forêt de St-Amand-Raismes
Brunehaut
Autoroute du Nord
Autoroute des Anglais

0 2 4 6 8 10 km
0 1 2 3 4 5 6 miles

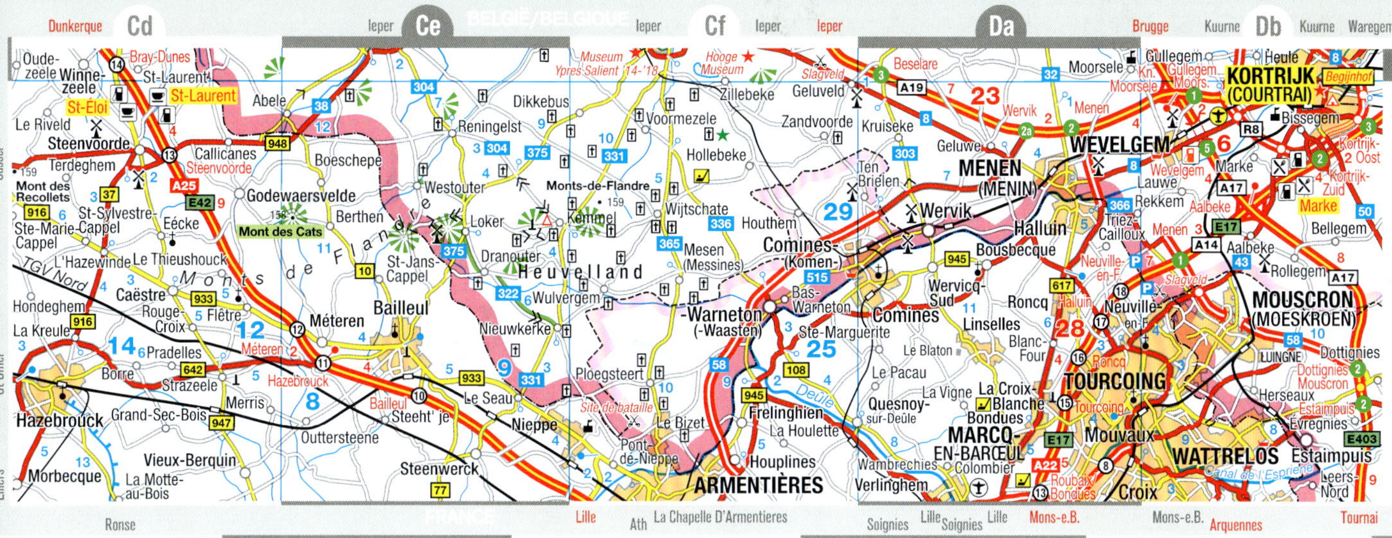
Dunkerque
Cd
Ieper
Ce
BELGIË/BELGIQUE
Cf
Da
Brugge
Db
Kuurne
Waregem
Gent
Oudenaarde
Tournai
44
KORTRIJK (COURTRAI)
WEVELGEM
MENEN (MENIN)
MOUSCRON (MOESKROEN)
TOURCOING
WATTRELOS
ARMENTIÈRES
Hazebrouck
Steenvoorde
Godewaersvelde
Bailleul
Méteren
Heuvelland
Comines
Wervik
Halluin
Roncq
Neuville-en-Ferrain
Mouvaux
Croix
Estaimpuis
Nieppe
Steenwerck
Frelinghien
Houplines
Warneton (-Waasten)
Ploegsteert
Zillebeke
Geluveld
Zandvoorde
Kruiseke
Moorsele
Gullegem
Heule
Bissegem
Marke
Rekkem
Lauwe
Bellegem
Rollegem
Dottignies
Herseaux
Linselles
Bousbecque
Bondues
MARCQ-EN-BAROEUL
Wambrechies
Verlinghem
Quesnoy-sur-Deûle
Mont des Cats
Monts de Flandre
Kemmel
Loker
Dranouter
Wulvergem
Nieuwkerke
Mesen (Messines)
Wijtschate
Voormezele
Dikkebus
Reningelst
Westouter
Boeschepe
Berthen
Abele
Caëstre
Flêtre
Strazeele
Merris
Vieux-Berquin
Morbecque
Le Doulieu
Steenwerck
Hondeghem
La Kreule
Borre
Pradelles
Terdeghem
Eecke
Oudezeele
Winnezeele
Le Riveld
St-Sylvestre-Cappel
Ste-Marie-Cappel
St-Laurent
St-Eloi
Lille
Ath
La Chapelle D'Armentieres
Soignies
Mons-e.B.
Arquennes
FRANCE

Dd
De
Df
Ea
Eb
Rosseignies
Seneffe
46
47
48
Thiméon
Charleroi
Philippeville
Givet
MONS (BERGEN)
LA LOUVIÈRE
BINCHE
MAUBEUGE
VALENCIENNES
Le Quesnoy
Bavay
Avesnes-sur-Helpe
Chimay
Beaumont
Thuin
Lobbes
Anderlues
Fontaine-l'Évêque
Chapelle-lez-Herlaimont
Manage
Le Rœulx
Houdeng-Gœgnies
Morlanwelz
Carnières
Péronnes
Estinnes
Erquelinnes
Jeumont
Boussois
Louvroil
Hautmont
Ferrière-la-Grande
Recquignies
Cousolre
Merbes-le-Château
Sivry
Grandrieu
Momignies
Trélon
Fourmies
Wignehies
Glageon
Ohain
Sains-du-Nord
Liessies
Felleries
Sars-Poteries
Solre-le-Château
Beaurieux
Landrecies
Maroilles
Le Favril
Prisches
Cartignies
Etrœungt
La Flamengrie
Boué
Le Nouvion-en-Thiérache
Wasigny
Catillon-sur-Sambre
Le Cateau-Cambrésis
Forêt de Mormal
Parc Naturel Régional de l'Avesnois
Pont-sur-Sambre
Berlaimont
Aulnoye-Aymeries
Quiévrain
Crespin
Onnaing
Condé-sur-l'Escaut
Péruwelz
Bernissart
Hautrage
Quaregnon
St-Ghislain
Boussu
Colfontaine
Frameries
Jemappes
Hensies
Dour
Honnelles
Quévy
Nimy
Obourg
Havré
Maisières
Harmignies
Givry
Villers-Sire-Nicole
Gognies-Chaussée
Malplaquet
Feignies
Hergies
Taisnières-sur-Hon
Houdain
Sebourg
Saultain
Curgies
Preux-au-Sart
Gommegnies
Jolimetz
Englefontaine
Poix-du-Nord
Vendegies-au-Bois
Locquignol
Hachette
Fontaine-au-Bois
Dompierre
St-Hilaire-s-Helpe
Marbaix
Petit-Fayt
Grand-Fayt
Mazinghien
Ribeauville
Molain
Fesmy-le-Sart
Bergues
Barzy-en-Thiérache
Beaucamp
Fontenelle
Floyon
Larouillies
Papleux
Les Hayettes
Rocquigny
Fagnes
Bois de Chimay
Forges
Salles
Baileux
Macon
Seloignes
Beauwelz
l'Escaut
Plaines
FRANCE
Guise
Hirson
Vervins
41

Xb
Xc
Xd
Xe
Xf
50
51
52
53
54
English Channel
La Manche
Channel Islands
(Îles Anglo-Normandes)
Portsmouth
Les Casquets
Renonquet
Burhou
Braye
Braye Bay
Clonque Bay
St Anne
Longis Bay
Roche
Telegraph Bay
Alderney
(Aurigny)
Alderney Race
Raz Blanchard
Cap de
Auderville
la Roche
Baie Ecalgrain
Nez de Jobourg
Anse
Guernsey
(Guernesey)
Forêt Doyle
Grand Havre
Dehus Dolmen
Bordeaux
Vale
St Sampson
Cobo Bay
Capelles
Vazon Bay
Delancey Park
Belgrave Bay
L' Eree Bay
Castel
le Villocq
St Peter-Port
Lihou
Perelle
King's Mills
Catel
Rocquaine Bay
St Andrew
Castle Cornet
Aquarium
Pleinmont Point
St Peter in the wood
Little Church
St Martins Chapel
St Martin
Torteval
Forest
Guernsey Airport
Petit Bot Bay
Icart Point
Moulin Huet Bay
Little Roussel
Herm
Jethou
Big Roussel
la Seigneurie
Collinette
Sark
(Sercq)
Brecqhou
Port Gorey
la Coupée
Little Sark
Les Dirouilles
Les Éc
Pierres de Lecq
Plémont Point
Plémont
Grosnez Point
Grosnez Castle
Sorel Point
Devil's Hole
Belle Hogue Point
Jersey
St-John
Bouley Bay
Rozel Bay
la Coupe Point
l'Etacq
Puits-de-Léoville
St Mary
Trinity
Rozel
St Ouën
la Hague
Carrefour Selous
Durrell
St-Martin
Jersey Airport
St-Lawrence
Les Augrès
St-Ouën's Bay
St-Peter
St Catherine's Bay
Ville ès Nouaux
Tumulus
la Hougue Bie
Faldouët
Mont Orgueil
Beaumont
St Brélade
La Pulente
St-Aubin
St Saviour
Gouray
St Helier
St-Aubin's Bay
Corbière Point
St Brélade's Bay
Grouville
St-Clément
Elizabeth Castle
La Rocque
Noirmont Point
le Croc
St-Clemen's Bay
La Rocque Point
Guernsey (Guernesey)
Jersey
St-Malo
St-Malo
Granville
Gran

0 1 2 4 6 8 10 km
0 1 2 4 6 miles

Ya
Yb
Yc
Yd
Ye
50
51
52
53
54
Grande Rade
Pointe de Barfleur
Barfleur
Cap Lévy
Fermanville
Pointe Jardeheu
CHERBOURG-en-Cotentin
La Hague
Flamanville
Les Pieux
Valognes
St Vaast-la-Hougue
Pointe de Saire
Quettehou
Montebourg
Bricquebec-en-Cotentin
Barneville-Carteret
Cap de Carteret
Port-Bail-sur-Mer
St-Sauveur-le-Vicomte
Ste-Mère-Église
Carentan-les-Marais
La Haye
Lessay
Créances
Pirou
Périers
Marigny
Coutances
Coutainville
Saint-Sauveur-Villages
Parc Nat. Régional des Marais du Cotentin et du Bessin
Côte des Havres
Passage de la Déroute
Bayeux
St-Lô
St-Jean-de-Daye

Ye
Yf
Za
Zb
Zc
50
51
52
53
54
Baie de la
Côte de Nac
Rade de la Chapelle
Pointe de Barfleur
Phare
Réthoville
Néville-sur-Mer
Gouberville
Gatteville-le-Phare
Roville
Barfleur
Tocqueville
Ste-Geneviève
Mont-Roty
Canteloup
Montfarville
Anneville-en-Saire
Maltot
Valcanville
Crasvillerie
la Froide-Rue
le Vicel
Réville
Jonville
la Pernelle
Pointe de Saire
le Tronquet
Quettehou
Ile de Tatihou
St Vaast-la-Hougue
le Rivage
Fort de la Hougue
Morsalines
Crasville
Aumeville-Lestre
Octeville-l'Avenel
Lestre
Bourg-de-Lestre
Quinéville
Ozeville
Hameau-du-Nord
Fontenay-sur-Mer
St-Floxel
Dangueville
Ravenoville-Plage
Joganville
Crisbec
St-Marcouf
Emondeville
Azeville
Ravenoville
Foucarville
les Dunes-de-Varreville
Parc
Fresville
Baudienville
St-Germain-de-Varreville
Utah Beach
Beuzeville-au-Plain
St-Martin-de-Varreville
Neuville-au-Plain
les Mézières
la Madeleine
Ste-Mère-Église
Audouville-la-Hubert
Turqueville
la Chaussée
Écoqueneauville
Gambosville
Chef-du-Pont
Sébeville
Boutteville
Nat.
Ste-Marie-du-Mont
Pouppeville
Carquebut
les Forges
Blosville
Hiesville
la Rue
Brucheville
la Bastille
Liesville-s-Douve
Vierville
la Rive
Houesville
Régional
St-Côme-du-Mont
Angoville-au-Plain
la Basse-Addeville
Coquebourg
Bucaille
Vindelonde
la Rue-Mary
Brévands
Catz
Appeville
Auvers
Carentan
Cantepie
St-Hilaire-Petitville
St-Pellerin
la Godillerie
Carentan-les-Marais
le Mesnil
Méautis
la Lande-Godard
Marais
du Cotentin
et
du
Bessin
Raffoville
Culot
St-Georges-de-Bohon
Montmartin-en-Graignes
la Planque
la Briarderie
Terre-et-Marais
Sainteny
Bois-Grimot
St André-de-Bohon
le Haut-Vernay
la Goucherie
Gulllotterie
la Roserie
la Brucholllerie
le Mesnil-Angot
le Mesnil-Véneron
Raids
Auxais
Tribehou
le Glinel
St-Jean-de-Daye
St-Fromond
la Perrine
le Rivet
le Dézert
le Hommet-d'Arthenay
le Mesnil
Marchésieux
Remilly-sur-Lozon
le Bourg-d'Aubigny
le Champs-de-Losque
Esglandes
le Gd Moulin
Cavigny
la Meauffe
Pont-Hébert
Villiers-Fossard
la Goudrie
Remilly
Les Marais
Le Mesnil-Eury
Feugères
Vigot
Le Lozon
Montreuil-sur-Lozon
Amigny
le Mesnilbus
Hébécrevon
Rampan
la Tortinière
Hauteville-la-Guichard
Montcuit
Thèreval
La Chapelle-en-Juger
Hôtel-d'Artenay
Agneaux
St-Lô
les Mesnil-Amey
Marigny
le Lorey
Campronz
St-Gilles
le Poteau
Cametours
la Bourdonnière
la Dinière
Carantilly
Quibou
St-Ebremond-de-Bonfosse
Canisy
St-Sauveur-de-Bonfosse
Bourgvallées
St-Samson-de-Bonfosse
St-Martin-de-Bonfosse
Dangy
Savigny
Gourfaleur
Baudre
La Mancellière-sur-Vire
Ste-Suzanne-sur-Vire
Condé-sur-Vire
Grandcamp-Maisy
Maisy
Pointe du Hoc
St-Pierre-du-Mont
Château de Beaumont
Englesqueville-la-Percée
Omaha Beach
Vierville-sur-Mer
les Moulins
St-Laurent-sur-Mer
le Douet
Cricqueville-en-Bessin
Gefosse-Fontenay
Asnières-en-Bessin
Louvières
St-Clément
la Cambe
Deux-Jumeaux
Osmanville
Cardonville
St-Germain-du-Pert
Longueville
Isigny-sur-Mer
Les Veys
la Fontaine
la Madeleine
les Mares
Canchy
Ecrammeville
Formigny
Colleville-sur-Mer
Ste-Honorine-des-Pertes
Aure sur Mer
Surrain
la Bataille
Aignerville
Trévières
Russy
Mosles
Port-en-Bessin-Huppain
le Gd-Hameau
Villiers-sur-Port
Escures
Commes
Longues-sur-Mer
le Chaos
Abbaye Ste-Marie
Manvieux
Tracy-sur-Mer
Arromanches-les-Bains
Musée du Débarquement
Fontenailles
Manoir d'Argouges
Etréham
Maisons
Tour-en-Bessin
Vaux-sur-Aure
Magny-en-Bessin
Ryes
Meuvaine
Bayeux
Vaucelles
St-Sulpice
Sommervieu
Cathédrale
St-Vigor-le-Grand
St-Martin-des-Entrées
Vaussieux
Vaux-sur-Seulles
Cussy
Barbeville
Cottun
Crouay
Ranchy
Agy
Subles
St-Loup-Hors
Gueron
Monceaux-en-Bessin
Nonant
Martragny
Carcagny
Ducy-Ste-Marguerite
Conde-sur-Seulles
Ellon
Arganchy
Noron-la-Poterie
la Tuilerie
Castillon
St-André
la Village-de-Juaye
Juaye-Mondaye
Mondaye
Trungy
St-Paul-du-Vernay
Bernières-Bocage
Verrières
Chouain
Audrieu
le Pont-Roc
les Hauts-Vents
Tilly-sur-Seulles
St-Pierre
Lingèvres
Longraye
Hottot-les-Bagues
Juvigny-sur-Seulles
Torteval-Quesnay
Cahagnolles
St-Vaas-sur-Seulles
les Douesnots
Orbois
Vendes
Tournay-s.-Odon
Missy
Feuguerolles-sur-Seulles
Monts-en-Bessin
St-Germain-Sermentot
d'Ectot
Aurseulles
Anctoville
Villy-Bocage
Havetot
St-Louet-sur-Seulles
Briquessard
Château du Bosc
Villers-Bocage
Parfouru-sur-Odon
Amayé-s.-Seulles
Tracy-Bocage
Epinay-sur-Odon
Aunay-s.-Odon
Beaumont
Jurques
Maisoncelles-Pelvey
Coulvain
Longvillers
Malhert
Hameau-Minet
Colombières
Vouilly
Les Oubeaux
Neuilly-la-Forêt
la Forêt
Castilly
les Landes-du-Rosey
Mestry
les Closeaux
Bricqueville
Bernesq
Saonnet
Dungy
Mandeville-en-Bessin
Rubercy
la Goherrerie
Blay
Saon
la Poterie
le Breuil-en-Bessin
la Folie
Lison
St-Marcouf
le Molay
St-Martin-de-Blagny
Château de la Rivière
la Lande
Cartigny-l'Epinay
Tournières
le Molay-Littry
Littry
les Petits-Carreaux
Campigny
le Tronquay
Airel
la Fotelaie
la Forge Fallot
Ste-Marguerite-d'Elle
Baynes
14 Calvados
50 Manche
Cerisy-la-Forêt
Forêt de Cerisy
Vaubadon
Moon-sur-Elle
St-Clair-sur-l'Elle
St-Jean-de-Savigny
Balleroy-sur-Drôme
les Foulons
Montfiquet
Couvains
St-Quentin
Litteau
la Bazoque
Planquery
Ste-Honorine-de-Ducy
Parfouru-l'Eclin
Crauville
St-Georges-d'Elle
Bérigny
le Chemin-de-St-Lô
Foulognes
Cormolain
St-Georges-Montcocq
la Luzerne
Martinville
St-Pierre-de-Semilly
St-Germain-d'Elle
la Barre-de-Semilly
Saint-Jean-d'Elle
Notre-Dame-d'Elle
Rouxeville
le Haut-Digny
Sallen
les Marechaux
Caumont-sur-Aure
Livry
Caumont-l'Evente
Vidouville
La Vacquerie
St-Jean-des-Baisants
Précorbin
Lamberville
le Breuil
Biéville
la Gerardière
Sept-Vents
Cahagnes
la Lande-sur-Drôme
la Chapelle-du-Fest
le Perronl
St-Jean-des-Essartiers
Val de Drôme
Dampierre
les Loges
St-Amand-Villages
le Mesnil-Rouxelin
11%
Villedieu-les-Poêles
Torigni-sur-Vire
Vire
46
47
0 1 2 4 6 8 10 km
0 1 2 4 6 miles
Equeurdreville-Hainneville
Valognes
La Haye-du-Puits
Lessay
Coutances

Zd
Ze
Zf
Aa
Ab
50
51
52
53
54
Portsmouth
Seine
Étretat
Falaise d' Amont
Falaise d' Aval
Cap d' Antifer
Fécamp
St-Jouin
Bruneval
La Route de l'Ivoire et des Epices
Heuqueville
Gonneville-la-Mallet
Cauville
Octeville-sur-Mer
Montivilliers
Epouville
Fontaine-la-Mallet
Aeroport du Havre Octeville
Ste-Adresse
Harfleur
Gonfreville-l'Orcher
Musée St-Joseph
LE HAVRE
Goderville
Bolbec
Bourneville
Côte de Grâce
Vasouy
Pennedepie
Criquebœuf
Villerville
Hennequeville
Trouville-sur-Mer
Deauville
Touques
Honfleur
Côte Fleurie
Gold Beach
Juno Beach
Sword Beach
Bernières-sur-Mer
St-Aubin-sur-Mer
Langrune-sur-Mer
Luc-sur-Mer
Lion-sur-Mer
Courseulles-sur-Mer
Ver-s-Mer
Douvres-La Délivrande
Ouistreham
RIVA-BELLA
Rade de Caen
Merville-Franceville-Plage
Cabourg
Houlgate
Dives-sur-Mer
Villers-sur-Mer
Blonville-sur-Mer
Benerville-sur-Mer
Falaise des Vaches Noires
Pont l'Évêque
Pont-Audemer
Beuzeville
Lisieux
Hérouville-St-Clair
CAEN
Mondeville
Giberville
Colombelles
Cuverville
Démouville
Ranville
Bretteville-sur-Odon
Carpiquet
Louvigny
Fleury-sur-Orne
Ifs
Cormelles
Fontaine-Henry
Creully sur Seulles
Troarn
Argences
Moult-Chicheboville
Dozulé
Beuvron-en-Auge
Mézidon Vallée d'Auge
Cambremer
St-Désir
Autoroute de Normandie
Campagne de Caen
Flers
Falaise
48

Aa
Ab
Ac
Ad
Ae
48
49
50
51
52
53
English Channel
La Manche
Côte d'Albâtre
Pays de Caux
St-Valery-en-Caux
Veulettes-sur-Mer
Paluel
Cany-Barville
Fécamp
St-Léonard
Yport
Étretat
Cap d'Antifer
Bénouville
Les Loges
Goderville
Criquetot-l'Esneval
Bréauté
Bolbec
Lillebonne
Yvetot
Doudeville
Valliquerville
Montivilliers
Octeville-sur-Mer
Harfleur
Gonfreville-l'Orcher
LE HAVRE
Ste-Adresse
St-Romain-de-Colbosc
Tancarville
Port-Jérôme-sur-Seine
Quillebeuf-sur-Seine
Honfleur
Trouville-sur-Mer
Deauville
Touques
Beuzeville
Pont-Audemer
Caudebec-en-Caux
Rives-en-Seine
Parc Naturel Régional des Boucles de la Seine Normande
Forêt de Brotonne
Vallée de la Seine
Côte de Grâce
La Route de l'Ivoire et des Epices
Falaise d'Amont
Falaise d'Aval
Musée de la Bénédictine
Port Est et Ouest Centre Routier
Gd Canal du Havre
Canal de Tancarville
Aéroport du Havre Octeville
Terres-de-Caux
Fauville-en-Caux
Bolleville
Lanquetot
Gruchet
Epouville
Rogerville
Bernières
Anquetierville
Vatteville-la-Rue
Routot
Bourneville
Manneville-sur-Risle
Corneville-sur-Risle
Condé-sur-Risle
Appeville-Annebault
Épreville-en-Roumois
Blonville-sur-Mer
Tourgéville
Vauville
Canapville

Pont l'Évêque · Pont l'Évêque · Caen · Bernay · 48 · Brionne

0 1 2 4 6 8 10 km
0 1 2 4 6 miles

48
49
50
51
52
53
Oisemont
Blangy-sur-Bresle
Abbeville
Aumale
Amiens
Gournay-en-Bray
Newhaven
DIEPPE
Criel-sur-Mer
Gamaches
Incheville
Beauchamps
Tocqueville-sur-Eu
Biville-sur-Mer
Penly
Berneval-le-Grand
Belleville-sur-Mer
St-Martin-en-Campagne
Petit-Caux
Bracquemont
Puys
Neuville-lès-Dieppe
Rouxmesnil-Bouteilles
Martin-Eglise
Arques-la-Bataille
Envermeu
St-Nicolas-d'Aliermont
Londinières
Foucarmont
Blangy-sur-Bresle
Bellengreville
Pourville-sur-Mer
Varengeville-sur-Mer
Hautot-sur-Mer
Offranville
Sauqueville
Luneray
St-Aubin-sur-Scie
Manéhouville
Torcy-le-Grand
Les Grandes-Ventes
Neufchâtel-en-Bray
Mesnières-en-Bray
Bures-en-Bray
Forêt d'Eawy
Rosay
St-Saëns
Tôtes
Yerville
Bacqueville-en-Caux
Val-de-Scie
Auffay
Forges-les-Eaux
Sommery
Pays de Bray
Basse Forêt d'Eu
Haute Forêt d'Eu
Gaillefontaine
Serqueux
Buchy
Clères
Montville
Malaunay
Barentin
Pavilly
Yvetot
Duclair
Le Trait
Jumièges
ROUEN
Bois-Guillaume
Bihorel
Darnétal
Déville-lès-Rouen
Maromme
Mont-St-Aignan
Canteleu
Le Gd-Quevilly
Le Pt-Quevilly
Sotteville-lès-Rouen
St-Étienne-du-Rouvray
Grand-Couronne
Oissel
Elbeuf
Bourgtheroulde
Isneauville
Quincampoix
Forêt de Lyons
Lyons-la-Forêt
Charleval
Fleury-sur-Andelle
Pont-St-Pierre
Ry
Morgny
La Feuillie
Forêt de Roumare
Forêt de Mauny
Boos
Belbeuf
Franqueville-St-Pierre
Le Mesnil-Esnard
Amfreville-la-Mi-Voie
Pîtres
Igoville
Alizay
Les Authieux
Tourville-la-Rivière
A28
A29
A13
A150
A151
A139
E402
E44
E46
E11

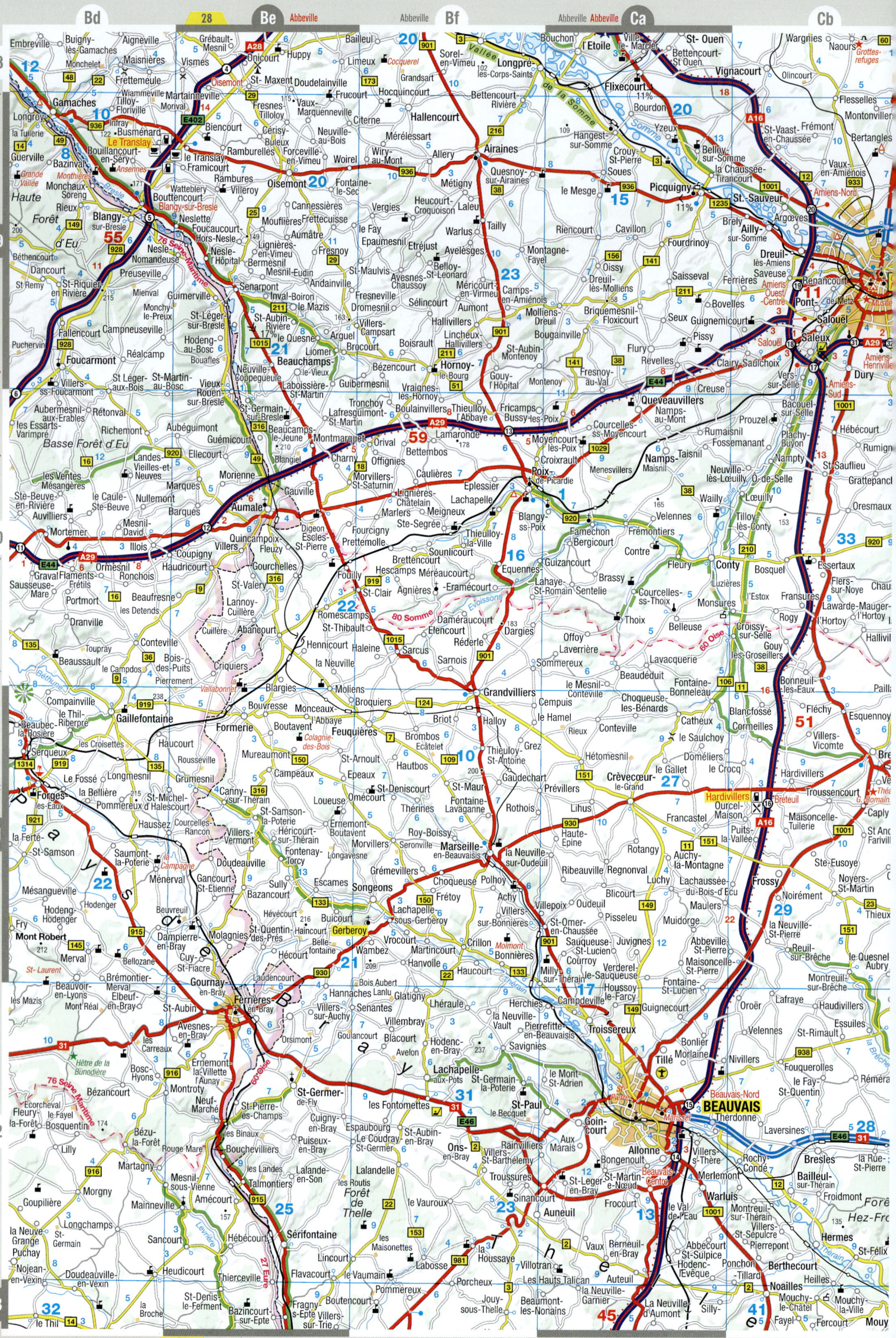
Bd
28
Be
Abbeville
Bf
Ca
Cb
48
49
50
51
52
53
le Tréport
Neufchâtel-en-Bray
Dieppe
Rouen
Abbeville
Amiens
Blangy-sur-Bresle
Aumale
Poix-de-Picardie
Grandvilliers
Formerie
Forges-les-Eaux
Gournay-en-Bray
Songeons
Marseille-en-Beauvaisis
Crèvecœur-le-Grand
Conty
BEAUVAIS
Airaines
Oisemont
Gamaches
Picquigny
Ailly-sur-Somme
Hornoy-le-Bourg
Froissy
A29
A16
A28
E44
E46
Vallée de la Somme
Pays de Bray
Forêt de Thelle
50
Gisors
Magny-en-Vexin
Paris
Méru
Beaumont

0 1 2 4 6 8 10 km

0 1 2 4 6 miles

Doullens
Cc
29
Cd
Bapaume
Ce
Bapaume
Cf
30
Cambrai
Da
48
49
50
51
52
53
AMIENS
Albert
Peronne
Corbie
Rivery
Camon
Longueau
Cagny
Boves
St-Fuscien
Villers-Bretonneux
Harbonnières
Rosières-en-Santerre
Chaulnes
Nesle
Ham
Moreuil
Ailly-sur-Noye
Roye
Montdidier
Noyon
Lassigny
Ressons-sur-Matz
Tricot
St-Just-en-Chaussée
Estrées-St-Denis
COMPIÈGNE
Margny-lès-Compiègne
Clermont
Liancourt
Verberie
Pont-Ste-Maxence
Forêt de Compiègne
Thourotte
Ribécourt-Dreslincourt
Guiscard
Moislains
Combles
Bray-sur-Somme
Maignelay-Montigny
Breteuil
Ravenel
Estrées
St-Sauveur
Attichy
Carlepont
Forêt de Laigue
Domart-sur-la-Luce
Hangest-en-Santerre
Conty
Villers-Bocage
Poulainville
Rollot
Cuvilly
Cauffry
Canly
Longueil-Ste-Marie
Rantigny
Mogneville
Liancourt
Chevrières
Sacy-le-Grand
51
Creil
Creil
Senlis
Senlis
Senlis
Crépy-en-Valois
52
St-Quentin
Chauny
Soissons

48
49
50
51
52
53
Péronne
Amiens Péronne
Longueau/Boves
Roye
Noyon
Compiègne
Picardie
Thiérache
SAINT-QUENTIN
LAON
SOISSONS
Chauny
Guise
Autoroute des Anglais
Sorel
Heudicourt
Épéhy
La Terrière
Vendhuile
Villers-Outréaux
Serain
Busigny
Molain
Vaux-Andigny
La Vallée-Mulâtre
Wasigny
Bergues
Le Nouvion-en-Thiérache
Boué
Étreux
Lesquielles-St-Germain
Liéramont
Guyencourt-Saulcourt
Lempire
Le Catelet
Gouy
Beaurevoir
Prémont
Bohain-en-Vermandois
Becquigny
Andigny-les-Fermes
Regnicourt
Mennevret
Hannapes
Tupigny
Jérusalem
Dorengt
Esqueheries
Le Grand Wé
Leschelles
Lavaquerresse
Aizecourt-le-Bas
Longavesnes
Villers-Faucon
Ronssoy
Ste-Émilie
Bony
Estrées
Wiancourt
Montbrehain
Brancourt-le-Grand
Fresnoy-le-Grand
Sebtoncourt
Grougis
Grand-Verly
Iron
Les 3 Pigeons
Rue Lagasse
Chigny
Englancourt
Templeux-le-Guérard
Hargicourt
Bellicourt
Nauroy
Ramicourt
Joncourt
Marquaix
Roisel
Hesbécourt
Villeret
Riqueval
Magny-la-Fosse
Levergies
Méricourt
Sequehart
Fontaine-Uterte
Étaves-et-Bocquiaux
Aisonville-et-Bernoville
Vadencourt
Tincourt
Hervilly
Montigny
Jeancourt
Le Verguier
Bellenglise
Le Haucourt
Croix-Fonsommes
Essigny-le-Petit
Fonsommes
Fieulaine
Longchamps
Proix
Villers-lès-Guise
Malzy
Crupilly
Le Brûle
Gomont
Marly
Bernes
Vendelles
Hancourt
Pontru
Pontruet
Lesdins
Remaucourt
Montigny-en-Arrouaise
Noyales
Macquigny
Flavigny
Monceau-s-Oise
Proisy
Faty
Wiège
Féronval
Bouvincourt-en-Vermandois
Fléchin
Bihécourt
Gricourt
Maissemy
Omissy
Fontaine-Notre-Dame
Hauteville
Beaurain
Audigny
Le Sourd
La Vallée-au-Blé
Vraignes-en-Vermandois
Soyécourt
Villecholles
Fresnoy-le-Petit
Morcourt
Bernot
Jonqueuse
Colonfay
Monchy-Lagache
Pœuilly
Caulaincourt
Vermand
Holnon
Fayet
Rouvroy
Harly
Homblières
Marcy
Neuvillette
Mont-d'Origny
Puisieux
Lemé
Tertry
Trefcon
Villévêque
Attilly
Francilly-Selency
Douvieux
Beauvois-en-Vermandois
Origny-Ste-Benoite
Bertaignemont
Sains-Richaumont
Quivières
Lanchy
Vaux-en-Vermandois
Étreillers
Savy
Dallon
Destres
Gauchy
Mesnil-St-Laurent
Regny
Thenelles
Monplaisir
Le Hérie-la-Viéville
Chevennes
Marfontaine
Franqueville
Ugny-l'Équipée
Germaine
Foreste
Roupy
Fontaine-les-Clercs
Grugies
Neuville-St-Amand
Itancourt
Urvillers
Sissy
Châtillon-s-Oise
Lucy
Landifay
Housset
Rougeries
Voharies
Douilly
Fluquières
Castres
Mézières-s-Oise
Berthenicourt
Ribemont
Pleine-Selve
Parpeville
Faucouzy
La Neuville-Housset
Berlancourt
Cuvilly
Villers-St-Christophe
Aubigny-aux-Kaisnes
Douchy
Happencourt
Séraucourt-le-Grand
Bray-St-Christophe
Essigny-le-Grand
Cerizy
Séry-les-Mézières
Villers-le-Sec
Monceau-le-Neuf
Sons-et-Ronchères
Châtillon-lès-Sons
Thiernu
Sancourt
Tugny-et-Pont
Artemps
Benay
Moÿ-de-l'Aisne
Alaincourt
Surfontaine
Ferrière
Chevresis
Marcy-s/s-Marle
Ham
Estouilly
Eppeville
Verlaines
Pithon
Sommette
Dury
St-Simon
Clastres
Montescourt-Lizerolles
Hinacourt
Gibercourt
Brissy-Hamégicourt
Renansart
Bois-lès-Pargny
Erlon
Marle
Aubigny
Muille
Ollezy
Annois
Jussy
Ly-Fontaine
Remigny
Brissy-Choigny
Chevresis-les-Dames
La Ferté
Montrgny-s-Crécy
Pargny-les-Bois
Voyenne
Villette
Brouchy
Eaucourt
Golancourt
Flavy-le-Martel
Détroit d'Annois
Vendeuil
Mayot
Nouvion-le-Comte
Nouvion
Crécy-sur-Serre
Dercy
Toulis
Autremencourt
Cugny
Villeselve
Flavy-le-Meldeux
Beaumont-en-Beine
Berlancourt
Les Riez-de-Cugny
Mennessis
Liez
Canlers
Achery
Anguilcourt-le-Sart
Pont-à-Bucy
Mesbrecourt-Richecourt
Mortiers
Froidmont
Chartille
Tirlancourt
Guiscard
Beines
Butte des Minimes
Failloüel
La Neuville-en-Beine
Frières
Travecy
Quessy
Danizy
La Fère
Monceau-les-Leups
Assis-s-Serre
Remies
Pouilly-s-Serre
Chalandry
Barenton-s-Serre
Vesles-et-Caumont
Grandlup
Buchoire
Ugny-le-Gay
Villequier-Aumont
Tergnier
Fargniers
Beautor
Charmes
Versigny
Rogécourt
la Queue de Monceau
Chéry-lès-Pouilly
Barenton-Cel
Verneuil-s-Serre
Pierrepont
Beaugies-s/s-Bois
Guivry
Commenchon
Noureuil
Caumont
St-Gobain
Andelain
Fressancourt
Couvron-et-Aumencourt
Mont Fendu
Quesmy
Bethancourt-en-Vaux
Caillouël
Neuflieux
Viry
Condren
Deuillet
Servais
Missancourt
Bertaucourt
La Bovette
Vivaise
Aulnois-s-Laon
Missy-les-Pierrepont
Monceau-le-Waast
Grandrû
Crépigny
Ognes
Amigny-Rouy
Fourdrain
Crépy
Besny-et-Loizy
Chambry
Béhéricourt
Mondescourt
Babœuf
Marest
Abbécourt
Sinceny
Basse Forêt
Forêt de St-Gobain
St-Gobain
St-Nicolas-aux-Bois
Brie
Bucy-lès-Cerny
Gizy
Salency
Dampcourt
Appilly
Marizelle
Autreville
Barisis
Septvaux
Cerny-les-Bucy
Samoussy
Athies-sous-Laon
Morlincourt
Varesnes
Pontoise-lès-Noyon
Brétigny
Quierzy
Manicamp
Bichancourt
Le Bac d'Arblincourt
Pierremande
Forêt de Coucy
Fresnes
Prémontré
Cessières
Suzy
Molinchart
Laniscourt
Clacy-et-Thierret
Semilly
Eppes
Coucy-lès-Eppes
Mauregny-en-Haye
Cuts
Camelin
Besmé
St-Paul-aux-Bois
Folembray
Champs
Verneuil-s/s-Coucy
Coucy-la-Ville
Bassoles-Aulers
Faucoucourt
Mons-en-Laonnois
Ardon
Bois de Lavergny
Vesluḋ
Festieux
Caisnes
Lombray
Blérancourt
Trosly-Loire
Guny
Coucy-le-Château-Auffrique
Quincy-Basse
Wissignicourt
Anizy-le-Grand
Merlieux-et-Fouquerolles
Royaucourt-et-Chailvet
Chivy-lès-Étouvelles
Étouvelles
Faubourg-de-Leuilly
Bruyères-et-Montbérault
Parfondru
Chéret
Coutrizy-et-Fussigny
Belle Fontaine
St-Aubin
Blérancourdelle
Selens
Landricourt
Brancourt-en-Laonnois
Lizy
Anizy-le-Château
Chailvois
Nouvion-le-Vineux
Presles
Montchâlons
Orgeval
Vaurseine
Nampcel
Pont-St-Mard
La Vallée
Courson
Les Bruyères
Laval-en-Laonnois
Lierval
Monthenault
Martigny
Bièvres
Ployart
Aubigny-en-Laonnois
Audignicourt
Crécy-au-Mont
Leuilly-s/s-Coucy
Pinon
Urcel
Colligis
Chermizy-Ailles
Ste-Croix
Moulin-sous-Touvent
Vassens
Vezaponin
Epagny
Bagneux
Vauxaillon
Vaudesson
Chavignon
Monampteuil
Parny-Filain
Chevregny
Trucy
Chamouille
Neuville-s-Ailette
Bouconville-Vauclair
Forêt de Vauclair
Autrêches
Morsain
Juvigny
Neuville-s-Margival
Moulin de Laffaux
Allemant
Filain
Chemin des Dames
Braye-en-Laonnois
Craonne
St-Pierre-lès-Bitry
Nouvron
Tartiers
Bieuxy
Terny-Sorny
Laffaux
Aizy-Jouy
Ostel
Vendresse
Cerny-en-Laonnois
Caverne du Dragon
La Ville-aux-Bois
Attichy
Bitry
St-Christophe-a-Berry
Vingre
Cuisy-en-Almont
Chavigny
Leury
Clamecy
Margival
Nanteuil-la-Fosse
Sancy-les-Cheminots
Vailly-sur-Aisne
Moussy-Verneuil
Moulins
Vassogne
Jumigny
Pontavert
Vic-sur-Aisne
Berny-Rivière
Fontenoy
Vaurezis
Pasly
Cuffies
Braye
Crouy
Vregny
Celles-s-Aisne
Condé-s-Aisne
Chavonne
Pargnan
Œuilly
Beaurieux
Jaulzy
Courtieux
Croutoy
Hautefontaine
Osly
Ressons-le-Long
Montigny-Lengrain
Ambleny
Pommiers
Chivres-Val
Bucy-le-Long
Missy-s-Aisne
Presles-et-Boves
Chassemy
Cys-la-Commune
St-Mard
Viel-Arcy
Pont-Arcy
Cuiry-lès-Chaudardes
Chaudardes
Pernant
St Bandry
Mercin
Vénizel
Sermoise
Brenelle
Dhuizel
Villers-en-Prayères
Maizy
Révillon
Concevreux
Chelles
Vauberon
Cœuvres-et-Valsery
Saconin-et-Breuil
Laversine
Billy-sur-Aisne
Ciry-Salsogne
Vasseny
Braine
Vauxtin
Courcelles-sur-Vesle
Longueval-Barbonval
Serval
Glennes
Meurival
Ventelay
Missy-aux-Bois
Dommiers
Cutry
Vauxbuin
Courmelles
Belleu
Septmonts
Jury
Acy
Serches
Couvrelles
Augy
Les Septvallons
Merval
Vauxcéré
Mont-Notre-Dame
Romains
Roy-St-Nicolas
Montefontaine
Valsery
St-Pierre-Aigle
Berzy-le-Sec
Ruine
Noyant-et-Aconin
Rozières-sur-Crise
Buzancy
Cerseuil
Limé
Quincy-Ss-le-Mont
Paars
Bazoches-sur-Vesle
Perles
Basliéux-lès-Fismes
Courlandon
Breuil
Taillefontaine
Soucy
Montgobert
Chaudun
Léchelle
Lesges
Fismes
Gaüchy
Urvillers
Vermandois
Source de l'Escaut
Source de la Somme
Mémorial Américain
Souterrain
Forêt d'Andigny
Base de Loisirs
La Queue de Boué
La Voirie
Le Chêne
Le Tortoir
Roches
Les Creuttes
Cathédrale
Ft. de Samoussy
Forêt de Marle
Forêt de Marfontaine
80 Somme
02 Aisne
60 Oise
A26
A29
E17
E44
E46
Canal de St-Quentin
Canal de la Sambre à l'Oise
Oise
Aisne
Serre
Vesle
Ailette
Somme
Escaut

0 1 2 4 6 8 10 km
0 1 2 4 6 miles

Parc Naturel Régional de l'Avesnois
Fontenelle
Garmouzet
Papleux
Rocquigny
Les Hayettes
Wignehies
Fourmies
Momignies
Monceau-Imbrechies
Beauwelz
Seloignes
Forges
Bourlers
Baileux
Presgaux
Brûly-de-Pesche
Forêt de Nismes
La Flamengrie
Pied-du-Terne
Les Noires-Terres
Forêt de Fourmies
Anor
Bois de Chimay
Oise
Franche Forêt
Haudroy
Clairfontaine
Macquenoise
Forge-Philippe
Ab. N.D. de Scourmont
Bois de Gonrieux
Cul-des-Sarts
Brûly
Forêt du Franc Bois
La Capelle
Mondrepuis
Rue-d'Aldenne
Forêt d'Hirson
Forêt de St-Michel
Forêt de Signy-le-Petit
Riézes
Petite-Chapelle
Gué-d'Hossus
Sommeron
L'Escaillère
Grande-Chaudière
Lerzy
Froidestrees
Champ-Bouvier
Rue-des-Marais
Wimy
la Gruerie
Taillette
Luzoir
Hirson
La Neuville-aux-Joûtes
Brognon
la Loge-Rosette
Regniowez
Fortifications
Rocroi
Erloy
Gergny
Effry
Ohis
Neuve-Maison
St-Michel
le Rouilly
Vallée de Misère
Sorbais
Autreppes
Éraupont
Origny-en-Thiérache
Buire
Montorieux
Signy-le-Petit
Beaulieu
Bois Huet
Foigny
Bissy
Watigny
Fosses-Rousseaux
Pont-d'Any
Chêne
Bourg-Fidèle
Larzille
La Hérie
Any-Martine-Rieux
Fligny
Éteignières
Sévigny-la-Forêt
le Cheval-Blanc
Vieille-Forge
Fontaine-les-Vervins
La Bouteille
Le Chaudron
Éparcy
Landouzy-la-Ville
Pont-à-l'Écu
Bucilly
Martigny
Bellevue
Tarzy
Auge
Mon Idée
Maubert-Fontaine
Bois des Potées
Tremblois-lès-Rocroi
Lac des Vieilles-Forges
Laigny
Leuze
La Neuville-lez-Beaulieu
Auvillers-les-Forges
Fontenelle
Antheny
Foulzy
Étalle
Chilly
Rimogne
Renwez
Voulpaix
Vervins
Chêne-Bourdon
Landouzy-la-Cour
Rue-Grande-Jeanne
Aubenton
Bossus-lès-Rumigny
Champlin
Girondelle
le Châtelet-s-Sormonne
Harcy
Cambron
La Verte-Vallée
Rue-Heureuse
l'Épinette
Beaumé
Besmont
Hurtebise
Hannappes
Estrebay
Marby
Laval-Morency
Lonny
La Grde Denteuse
Nogémont
la Sablonnière
la-Rue-Charles
Longue-Rue
le Mont-du-Faux
Logny-lès-Aubenton
Rumigny
Laval-d'Estrebay
Flaignes-Havys
Blombay
Murtin-et-Bogny
St-Pierre
Gercy
Thenailles
Plomion
Jeantes
de-Haut
Rue des Lamberts
Ribeauville
Morency
Havys
l'Échelle
Sormonne
Harcigny
Coutenval
la Haye d'Aubenton
Mont-St-Jean
la Rue-du-Moulin
Aouste
Prez
la Cerleau
Cernion
Ham-lès-Moines
Gronard
Bancigny
Coingt
Iviers
Rouvroy-s-Audry
Houry
Hary
Braye-en-Thiérache
Malvaux
Lambercy
Ringeat
Blanchefosse
Abbaye de Bonnefontaine
Liart
Logny-Bogny
Aubigny-les-Pothées
Servion
Vaux-Villaine
Hardoncelle
Prisces
Burelles
Nampcelles-la-Cour
St Clément
Corneaux
Brunehamel
Bay
Lépron-les-Vallées
Remilly-les-Pothées
Sury
La Correrie
Bois du Val
St Pierre
Dagny-Lambercy
Cuiry-lès-Iviers
les Autes
la Férée
Neufmaison
Giraumont
St-Marcel
This
Morgny-en-Thiérache
Dohis
Gratreux
Forêt d'Estrémont
Marlemont
Clavy-Warby
Warby
Neuville-lès-This
Cilly
Bosmont-s-Serre
Tavaux-et-Pontséricourt
Vigneux-Hocquet
le Hocquet
Renneval
Archon
Parfondeval
Résigny
le Frety
Dolignon
Grandrieux
Mainbresson
St-Jean-aux-Bois
Maranwez
Thin-le-Moutier
Forêt de Froidmont
Gruyères
St-Pierremont
Agnicourt-et-Séchelles
Séchelles
Ste-Geneviève
Vincy-Reuil-et-Magny
Chéry-lès-Rozoy
Apremont
Rouvroy-sur-Serre
Raillimont
Librecy
Signy-l'Abbaye
La Neuville-Bosmont
L'Espérance
Montigny-le-Franc
Chaourse
Vincy
Montcornet
Soize
Rozoy-sur-Serre
Mainbressy
Rocquigny
la Verrerie
Montmeillant
Forêt de Signy
la Fosse-à-l'Eau
Ebouleau
Clermont-les-Fermes
Lislet
Montloué
Noircourt
Vaux-lès-Rubigny
Rubigny
la Romagne
la Besace
Sous-lès-Faux
Wadimont
la Hardoye
Dommery
Jandun
Barbaise
Goudelancourt-les-Pierrepont
La Ville-aux-Bois-lès-Dizy
Fraillicourt
Pagan
Lalobbe
Raillicourt
Mâchecourt
Bucy-lès-Pierrepont
La Thuel
Berlise
Renneville
Chaumont-Porcien
Draize
la Saugée-aux-Bois
Forêt de Mortier
Launois-s-Vence
Logny-lès-Chaumont
Givron
La Neuville-lès-Wasigny
Grandchamp
les Forges
les Taverns
Neuvizy
Villers-le-Tourneur
Chivres-en-Laonnois
Dizy-le-Gros
02 Aisne
08 Ardennes
Forest
Adon
Doumely-Bégny
Wasigny
Wagnon
Viel-St-Remy
Margy
Harzillemont
Ste-Preuve
Boncourt
Waleppe
Sévigny-Waleppe
Seraincourt
Chappes
Herbigny
Mesmont
Faissault
Hagnicourt
Lappion
Hannogne-St-Rémy
Reniaucourt
Justine-Herbigny
Novion-Porcien
Ardennes Woinic
Puiseux
Marchais
St-Quentin-le-Petit
Chaudion
Son
Hauteville
Sery
Marchéroménil
Corny-Macheroménil
Wignicourt
Vaux-Montreuil
Chesnois-Auboncourt
Sissonne
la Selve
Nizy-le-Comte
Recourance
Recouvrance
St-Fergeux
Arnicourt
Saulces-Monclin
Monclin
Bethancourt
Inaumont
Auboncourt-Vauzelles
le Thour
Ecly
Condé-lès-Herpy
Sorbon
Bertoncourt
Lucquy
Sorcy-Bauthémont
les Aisement
Ecordal
Montaigu
Lor
Herpy-l'Arlésienne
Château-Porcien
Barby
Novy-Chevrières
Sausseuil
Alland'Huy-et-Sausseuil
Outre
la Malmaison
Villers-dev-le-Thour
St-Germainmont
Taizy
Rethel
Amagne-Lucquy
Amagne
St-Erme
Goudelancourt-les-Berrieux
Gomont
Nanteuil-s-Aisne
Acy-Romance
Sault-lès-Rethel
Pargny-Resson
Doux
Coucy
Charbogne
Amifontaine
Juzancourt
Canal des Ardennes
Biermes
Thugny-Trugny
Seuil
Givry
Ambly-Fleury
Berrieux
Blanzy-la-Salonnaise
Avançon
Mont-Laurent
Attigny
Corbeny
Prouvais
Asfeld
Aire
Perthes
Saulces-Champenoises
Ste-Vaubourg
Chuffilly-Roche
Juvincourt-et-Damary
Proviseux-et-Plesnoy
Avaux
Vieux-lès-Asfeld
St-Loup-Champagne
Ménil-Annelles
Vaux-Champagne
Coulommes-et-Marqueny
Mont-de-Nizy
Champ Roland
Guignicourt
Evergnicourt
Neufchâtel-s-Aisne
Brienne-s-Aisne
Sault-St-Remy
Tagnon
Annelles
Villeneuve-sur-Aisne
Menneville
Roizy
Bergnicourt
le Châtelet-s-Retourne
Chardeny
Pontavert
Condé-s-Suippe
Variscourt
Pignicourt
Poilcourt-Sydney
Houdilcourt
l'Écaille
Retourne
Pauvres
Tourcelles-Chaumont
Berry-au-Bac
Côte 108
Aguilcourt
Bertricourt
Neuflize
Alincourt
Bignicourt
Dricourt
Mazagran
Gernicourt
St-Etienne-sur-Suippe
Juniville
Mont-St-Rémy
Leffincourt
Aumenancourt
Orainville
Ménil-Lépinois
Bouffignereux
Cormicy
Bermericourt
Auménancourt-le-Petit
Boult-sur-Suippe
Isles-sur-Suippe
Machault
Guyencourt
Cauroy-les-Hermonville
Loivre
Bourgogne
Bourgogne-Fresne
Bazancourt
Warmeriville
Aussonce
la Neuville-en-Tourne-à-Fuy
Cauroy
Sémide
Hermonville
Brimont
Fresne-lès-Reims
Pomacle
Fort de Fresnes
Heutrégiville
Villers-Franqueux
Marzilly
Massif de St-Thierry
Pouillon
Thil
Courcy
Aérogare de Reims-Champagne
Lavannes
St-Masmes
St-Etienne-à-Arnes
Baimont
Pévy

Aubrives
FRANCE
Beauraing
BELGIË/BELGIQUE
Beauraing
Rochefort
48
49
50
51
52
53
Rocroi
Hirson
Montcornet
Charleroi
Rethel
Reims
FRANCE
Forêt de Nismes
Oignies-en-Thiérache
Le Mesnil
Fépin
Forêt des Ardennes
Hargnies
Haybes
Fumay
Forêt de la Manise
Revin
Mont Tranet
Anchamps
Les Hauts-Buttés
Laifour
Monthermé
Deville
Vieille-Forge
Lac des Vieilles-Forges
Sécheval
Château-Regnault
Bogny-s-Meuse
Joigny-s-Meuse
Renwez
Montcornet
Arreux
Harcy
Lonny
Cliron
Sormonne
Houldizy
Tournes
Sorel
Nouzonville
Neufmanil
Damouzy
CHARLEVILLE-
MÉZIÈRES
Aiglemont
La Grandville
Etion
Montcy-N-Dame
Warcq
Belval
Haudrecy
Ham-les-Moines
Hardoncelle
Giraumont Sury
St-Marcel
Clavy
Warby
Neuville-lès-This
This
Fagnon
Warnécourt
La Francheville
Evigny
Villers-Semeuse
Lumes
Vivier-au-Court
Vrigne-aux-Bois
Nouzion-s-Meuse
Vrigne-Meuse
Mondigny
Champigneul-s-Vence
St-Marceau
Chalandry-Elaire
Boulzicourt
St-Pierre-s-Vence
Guignicourt-s-Vence
Touligny
Etrépigny
Flize
Boutancourt
Dom-le-Mesnil
Balaives-et-Butz
Feuchères
Hannogne-St-Martin
Jandun
Barbaise
Raillicourt
Montigny-s-Vence
Poix-Terron
Terron
Singly
Villers-le-Tilleul
Villers-le-Tourneur
Elan
Sapogne-et-Feuchères
Omicourt
La Horgne
Hagnicourt
Mazerny
Baâlons
Omont
Mont Damion
Vaux-Montreuil
Wignicourt
St-Loup-Terrier
Bouvellemont
Jonval
Chagny
La Cassine
Chesnois-Auboncourt
Guincourt
Louvergny
Sauville
Les Aisement
La Sabotterie
Marquigny
Ecordal
Tourteron
Lametz
Alland'Huy-et-Sausseuil
Suzanne
Charbogne
St-Lambert-et-Mont-de-Jeux
Day
Montgon
Le Chesne
Neuville-Day
Rilly-s-Aisne
Semuy
Voncq
Les Alleux
Attigny
Roche
Ste-Vaubourg
Chuffilly-Roche
Terron-sur-Aisne
Vandy
Vaux-Champagne
Coulommes-et-Marqueny
Chardeny
Grivy-Loisy
Vrizy
Ballay
Vouziers
Mars-s/s-Bourcq
Tourcelles-Chaumont
Mazagran
Blaise
Ste-Marie
Falaise
Contreuve
Sugny
Semide
Mont-St-Martin
St-Morel
Savigny-sur-Aisne
Les Mts Chéry
Monthois
Liry
Brécy-Brières
Challerange
Mouron
Termes
Olizy-Primat
Grandpré
Talma
Senuc
Marcq
Chevières
St-Juvin
Sommerance
Champigneulle
St-Georges
Landres-et-St-Georges
Romagne-Gesnes
Bantheville
Cunel
Aincreville
Doulcon
Dun-sur-Meuse
Milly-sur-Bradon
Murvaux
Brieulles-sur-Meuse
Vilosnes-Haraumont
Sivry-sur-Meuse
Dannevoux
Haraumont
Liny-devant-Dun
Fontaines-St-Clair
Lion-devant-Dun
Stenay
Laneuville-sur-Meuse
Beaufort-en-Argonne
Wiseppe
Beauclair
Halles-s-les-Côtes
Montigny-devt-Sassey
Villefranche
Mouzay
Charmois
Baâlon
Quincy-Landzécourt
Cervisy
Brouennes
Luzy-St-Martin
Cesse
Martincourt-s-Meuse
Nepvant
Inor
Pouilly-s-Meuse
Létanne
Autréville-St-Lambert
Moulins-St-Hubert
Mouzon
Villemontry
Yoncq
Beaumont-en-Argonne
Forêt de Dieulet
Parc de Vision de Belval
Le Champy-Haut
Vaux-en-Dieulet
Sommauthe
Oches
La Berlière
Stonne
Les Grandes-Armoises
Tannay
Sy
Les Petites-Armoises
Verrières
Brieulles-sur-Bar
St-Pierremont
Authe
Autruche
Châtillon-sur-Bar
Noirval
Quatre-Champs
Belleville-et-Châtillon-sur-Bar
Germont
Toges
Boult-aux-Bois
Harricourt
Bar-lès-Buzancy
Buzancy
Fossé
Nouart
Barricourt
Tailly
Bayonville
Andevanne
Rémonville
Landreville
Thénorgues
Briquenay
Sivry-lès-Buzancy
Verpel
Imécourt
Beffut-et-le-Morthomme
Longwé
Forêt de la Croix-aux-Bois
Chestres
la-Croix-au-Bois
Forêt de Boult
Chémery-
Maisoncelle-et-Villers
Artaise-le-Vivier
La Neuville-à-Maire
Malmy
Vendresse
Connage
Bulson
Haraucourt
Raucourt-et-Flaba
Flaba
La Besace
Mont Damion
Chéhéry
Chaumont
Noyers-Pont-Maugis
Thelonne
Angecourt
Remilly-Aillicourt
Villers-devt-Mouzon
Pourron
Petit Remilly
Mairy
Amblimont
Eully-et-Lombut
Brévilly
Tétaigne
Carignan
Blagny
Sailly
Vaux-lès-Mouzon
Villy
Malandry
Margut
La Ferté-sur-Chiers
Olizy-s-Chiers
Signy-Montlibert
Bièvres
Lamouilly
Chauvency-St-Hubert
Chauvency-le-Château
Linay
Fromy
Moiry
Pure
Messincourt
Matton-et-Clemency
Osnes
Sachy
Tremblois-lès-Carignan
Les Deux-Villes
Charbeaux
Pouru-St-Rémy
Pouru-aux-Bois
Francheval
Rubécourt-et-Lamécourt
Villers-Cernay
Escombres-et-le-Chesnois
Douzy
Bazeilles
Sedan
Floing
Glaire
Donchery
Wadelincourt
Frénois
Balan
Daigny
Givonne
Illy
Fleigneux
St-Menges
Vrigne-aux-Bois
Bosseval-et-Briancourt
Issancourt-et-Rumel
Gernelle
St-Laurent
Forêt de Sedan
Sugny
Pussemange
Bagimont
Gespunsart
Bouillon
Château-Fort de Bouillon
Corbion
Poupehan
Frahan
Rochehaut
Botassart
Curfoz
Sensenruth
Noirefontaine
Les Hayons
Dohan
Cugnon
Mortehan
Herbeumont
Auby-sur-Semois
Bertrix
Orgeo
Bellevaux
Mogimont
Plainevaux
Nollevaux
Fays-les-Veneurs
Assenois
Offagne
Paliseul
Carlsbourg
Merny
Opont
Naomé
Ochamps
Libramont
Jéhonville
Framont
Sart
Maissin
Our
Graide
Bièvre
Gembes
Porcheresse
Haut-Fays
Daverdisse
Redu
Transinne
Euro Space Center
Smuid
Libin
Villance
Glaireuse
Anloy
Poix-St-Hubert
Arville
Vencimont
Malvoisin
Bourseigne-Neuve
Bourseigne-Vieille
Sart-Custinne
Patignies
Willerzie
Rienne
Gedinne
Croix Scaille
Louette-St-Pierre
Louette-St-Denis
Houdremont
Les Hautes-Rivières
Linchamps
Nafraiture
Orchimont
Bellefontaine
Monceau-en-Ardenne
Petit-Fays
Baillamont
Oizy
Gros-Fays
Cornimont
Vivy
Vresse-sur-Semois
Membre
Chairière
Mouzaive
Laforêt
Bohan
Alle
Herbeumont
Nohan
Sorendal
Thilay
Haulmé
Braux
Tournavaux
Roc de la Tour
Laval-Dieu
Florenville
Muno
Fontenoille
Chassepierre
Lambermont
Laiche
Ste-Cécile
Williers
Moyen
Poix-Terron
Villers-devant-Orval
Sapogne-s-Marche
Thonne-les-Prés
Forêt d'Herbeumont
Ancien Prieuré de Conques
Semois
Meuse
Chiers
Aisne
Bar
Ardennes
A203
A34
A4
E44
E46
E411
E25

0 1 2 4 6 8 10 km
0 1 2 4 6 miles

La Roche-en-Ardenne
Marche-en-Famenne
Liège
Hauffalize
Dinant
Bastogne (Bastenaken)
Flamierge
Mande-St-Étienne
Hemroulle
Mémorial du Mardasson
Amberloup
Ste-Ode
Tillet
Houmont
Hubermont
Senonchamps
Chenogne
Sibret
Villeroux
Assenois
Marvie
Lutrebois
Hompré
Lutremange
Remichampagne
Villers-la-Bonne-Eau
Vaux-lez-Rosières
Grandru
Sainlez
Honville
Nives
Remoiville
Hollange
Strainchamps
Tintange
Warnach
Menufontaine
Witry
Bodange
Fauvillers
Wisembach
Radelange
Martelange
Wolwelange
St-Hubert
Basilique de St-Hubert
Vesqueville
Bonnerue
Jenneville
Moircy
Freux
Remagne
Magerotte
Morhet
Rondu
Bougnimont
Renaumont
Laneuville
Ourt
Séviscourt
Bras
Libramont-Chevigny
Recogne
St-Pierre
Ste-Marie-Chevigny
Planchipont
Bercheux
Vaux-sur-Sûre
Respelt
Molinfaing
Tronquoi
Juseret
Lescheret
Volaiville
Massul
Neufchâteau
Lahérie
Longlier
Tournay
Ébly
Traimont
Namoussart
Hampire
Petitvoir
Grapfontaine
Montplainchamps
Wittimont
Léglise
Gennevaux
Vlessart
Forêt d'Anlier
Louftémont
Martilly
Straimont
Assenois
Les Fossés
Thibéssart
Behême
Anlier
Suxy
Mellier
Habay
Habay-la-Neuve
Habay-la-Vieille
Heinstert
Schockville
Post
Nobressart
Forêt de Chiny
Chiny
Rossignol
Marbehan
Orsainfaing
Rulles
Houdemont
Villers-sur-Semois
Thiaumont
Lischert
Hachy
Heinsch
Freylange
Metzert
Tontelange
Attert
Nothomb
Grendel
Parette
Holtz
Les Bulles
Termes
Jamoigne
Izel
Valansart
Prouvy
St-Vincent
Tintigny
Château du Faing
Route Verte
Sampont
Fouches
Vance
Stockem
Viville
Étalle
Ste-Marie
Fratin
Chantemelle
Buzenol
Bellefontaine
Lahage
Forêt d'Orval
Abbaye d'Orval
Château d'Orval
Merlanvaux
ARLON (AARLEN)
Weyler
Toernich
Hondelange
Udange
Wolkrange
Châtillon
Ardennes-Eifel
Bois de St-Léger
St-Léger
Meix-le-Tige
Habergy
Bébange
Gueiff
Messancy
Turpange
Selange
Rachecourt
Willancourt
Battincourt
Aix-sur-Cloie
Mussy-la-Ville
Musson
Halanzy
Aubange
Athus
Longeau
Guerlange
Meix-devant-Virton
Gérouville
Limes
Margny
Herbeuval
Breux
Sommethonne
Lorraine Belge
Thonne-la-Long
Villers-la-Loue
Dampicourt
Virton
Ethe
Latour
Gomery
Bleid
Signeulx
St-Mard
Rouvroy
Harnoncourt
Lamorteau
Ruette
St-Remy
Grandcourt
Torgny
Rouvroy
Verneuil-Petit
Verneuil-Grand
Thonnelle
Fresnois
Écouviez
Montmédy
Villécloye
Velosnes
Bazeilles-s-Othain
Iré-le-Sec
Flassigny
Remoiville
Marville
Jametz
Delut
Vittarville
Dombras
Rupt-s-Othain
Peuvillers
Merles-sur-Loison
Réville-aux-Bois
Damvillers
Etraye
Wavrille
Romagne-sous-les-Côtes
Gibercy
Ville-Houdlémont
St-Pancré
Gorcy
Cosnes-et-Romain
Buré-la-Ville
Tellancourt
Allondrelle-la-Malmaison
Épiez-s-Chiers
Villancy
Fresnois-la-Montagne
Braumont
Montigny-s-Chiers
Viviers-s-Chiers
Villette
Colmey
Vezin
Flabeuville
Petit Failly
Petit-Xivry
Grand-Failly
Longuyon
Noërs
Revémont
Villers-le-Rond
Mont-St-Martin
Longwy
Longlaville
Herserange
Rehon
Lexy
Villers-la-Chèvre
Cons-la-Grandville
Cutry
Ugny
Fermont
Chenières
Mexy
Haucourt-Moulaine
Villers-la-Montagne
St-Charles
Doncourt-lès-Longuyon
Laix
Baslieux
Beuveille
Pierrepont
Arrancy-s-Crusne
Boismont
Ville-au-Montois
Bazailles
Constantine Ferme
Han devt. Pierrepont
Joppécourt
Sorbey
St-Laurent-sur-Othain
Pillon
Villers-lès-Mangiennes
Rouvrois-s-Othain
St Supplet
St Pierrevillers
Mercy-le-Bas
Mercy-le-Haut
Boudrezy
Xivry-Circourt
Higny
Preutin-Higny
Murville
Mangiennes
Handeville
Duzey
Noullonpont
Ollières
Réchicourt
Billy-sous-Mangiennes
Muzeray
Spincourt
Haucourt-la-Rigole
Dompriх
Avillers
Houdelaucourt-sur-Othain
Vaudoncourt
Loison
Landres
Mont-Bonvillers
Anderny
Morfontaine
Bréhain-la-Ville
Errouville
Fillières
Serrouville
Beuvillers
Audun-le-Roman
Malavillers
Sancy
Trieux
Tiercelet
Villerupt
Thil
Crusnes
Hussigny-Godbrange
Rédange
Russange
Audun-le-Tiche
Aumetz
Ottange
Tressange
Boulange
Fontoy
Havange
Lommerange
Hayange
Neufchef
Knutange
Nilvange
Algrange
Volkrange
Terville
Thionville
Florange
Serémange-Erzange
Fameck
St Nicolas-en-Forêt
Angevillers
Rochonvillers
Nondkeil
Escherange
Volmerange-les-Mines
Molvange
Kanfen
Entrange
Œutrange
Hettange-Grande
Ginzebierg
Dudelange
Kayl
Rumelange
Tétange
ESCH-SUR-ALZETTE
Schifflange
Musée national des mines
Bettembourg
Differdange
Oberkorn
Belvaux
Soleuvre
Sanem
Niederkorn
Lamadeleine
Rodange
Pétange
Bascharage
Linger
Käerjeng
Hautcharage
Clemency
Fingig
Dahlem
Schouweiler
Sprinkange
Bettange-sur-Mess
Limpach
Reckange-sur-Mess
Monnerich
Pontpierre
Bergem
Leudelange
Dippach
Roedgen
Bertrange
Strassen
Mamer
Capellen
Holzem
Garnich
Kahler
Hivange
Koerich
Goeblange
Septfontaines
Nospelt
Kehlen
Olm
Kopstal
Bridel
LUXEMBOURG
Hollerich
Helfenterbruck
Steinsel
Keispelt
Mersch
Reckange
Mamer
Hagen
Steinfort
Kleinbettingen
Autelhaut
Autelbas
Sterpenich
Eischen
Hobscheid
Saeul
Calmus
Greisch
Tuntange
Hollenfels
Marienthal
Brouch
Boevange-sur-Attert
Buschdorf
Useldange
Rippweiler
Schwebach
Noerdange
Beckerich
Elvange
Oberpallen
Guirsch
Bonnert
Frassem
Ell
Redange
Niederpallen
Reichlange
Everlange
Préizerdaul
Bettborn
Ospern
Nagem
Vichten
Schandel
Bissen
Pettingen
Moesdorf
Beringen
Rolling
Lannen
Roodt
Rambrouch
Esch-sur-Sûre
Vallée de l'Eisch
Victory Memorial Museum
Schieren
Fischbach
Ingeldorf
Givet
Fromelennes
Rancennes
Charnois
Flohimont
Foisches
Fort de Charlemont
Grotte de Nichet
Heer
Agimont
Hermeton-sur-Meuse
Gochenée
Soulme
Surice
Omezée
Franchimont
Romedenne
Vodelée
Doische
Gimnée
Romerée
Matagne-la-Petite
Niverlée
Vaucelles
Hierges
Mazée
Treignes
Vierves-sur-Viroin
Ham
Chooz
Aubrives
Centrale nucléaire
Vireux-Molhain
Vireux-Wallerand
Landrichamps
Montigny-s-Meuse
Bois du Roi
Forêt des Ardennes
Hargnies
Bourseigne-Neuve
Bourseigne-Vieille
Vallée de Meuse
Le Mesnil
Oignies-en-Thiérache
Fépin
Haybes
Fumay
Willerzie
Rienne
Sart-Custinne
Malvoisin
Vencimont
Patignies
Felenne
Javingue
Wancennes
Beauraing
Winenne
Baronville
Dion
Finnevaux
Feschaux
Mesnil-Église
Mesnil-St-Blaise
Mahoux
Blaimont
Welin
Rocroi
Revin
Philippeville
Luxembourg
Grevenmacher
Trier
Remich
Merzig
Metz
Étain
Briey
Larochette

48
49
50
51
52
53
Bastogne
LUXEMBOURG/LUXEMBURG
Arlon
Saeul
Pétange
Esch-s.-A.
Tressange
Longwy
FRANCE
Deutsch-Luxemburgischer Naturpark
Germano-Luxembourgeois
Naturpark
Hosingen
Clervaux
Vianden
Diekirch
Ettelbruck
Larochette
Beaufort
Echternach
Mersch
Lintgen
Lorentzweiler
Junglinster
Steinsel
Walferdange
Niederanven
LUXEMBOURG
Hespérange
Sandweiler
Schuttrange
Grevenmacher
Wasserbillig
Wormeldange
Remich
Mondorf-les-Bains
Bettembourg
Dudelange
Schengen
Perl
Mettlach
Merzig
Saarburg
Konz
TRIER
Schweich
Bitburg
Speicher
Kordel
Föhren
Landscheid
Beckingen
Dillingen
Saarlouis
Rehlingen-Siersburg
Wallerfangen
Thionville
Yutz
Cattenom
Sierck-les-Bains
Uckange
Florange
Illange
Kœnigsmacker
Manom
Distroff
Metzervisse
Bouzonville
Losheim a.See
Weiskirchen
Hermeskeil
Saargau
Saar
Mosel
Sauer
Our
Hunsrück-höhenstraße
Saar-Riesling-Straße
Grüne Straße Eifel-Ardennen
E421
E25
E29
E44
E42
A1
A3
A4
A6
A7
A13
A30
A31
A8
A64
A60
A1
Porta Nigra
Saarbrücken
Saarbrücken

0 1 2 4 6 8 10 km
0 1 2 4 6 miles

Wittlich
Traben-Trarbach
Bernkastel-Kues
Piesport
Neumagen-Dhron
Simmern/Hunsrück
Kirchberg
Morbach
Kirn
Idar-Oberstein
Birkenfeld
Baumholder
Nohfelden
Freisen
Kusel
Hermeskeil
Nonnweiler
Wadern
Lebach
Eppelborn
Tholey
St. Wendel
Ottweiler
Neunkirchen
Homburg
Landstuhl
Ramstein-Miesenbach
Lauterecken
Naturpark Soonwald-Nahe
Nationalpark Hunsrück-Hochwald
Saar-Hunsrück
Moselweinstraße
Hunsrück-Höhenstraße
Hunsrück Schiefer- und Burgenstraße
Deutsche Edelsteinstraße
Naheweinstraße
Deutsche Alleenstraße
Sirona-Weg

Yb
Equeurdreville-Hainneville
Yc
Valognes
33
Yd
Valognes
Ye
Yf
52
53
54
55
56
Carteret
Barneville-Plage
Cap de Carteret
Port-Bail-sur-Mer
Portbail
St-Sauveur-de-Pierrepont
Parc Nat. Régional des Marais du Cotentin et du Bessin
Carentan-les-Marais
Isigny-sur-Mer
Banc du Gd Vey
Passe d'Isigny
Côte des Havres
English Channel
La Manche
Lessay
Créances
Pirou
Périers
La Haye-du-Puits
St-Germain-sur-Ay
Havre de Lessay
Gouville-sur-Mer
Coutances
Cathédrale
Marigny
Saint-Sauveur-Villages
Agneaux
St-Lô
Montmartin-sur-Mer
Hyenville
Quettreville-sur-Sienne
Tessy-Bocage
Lingreville
Bréhal
Granville
Pointe du Roc
Îles Chausey
le Pignon
Grande Île
St Helier
St Peter-Port
Cérences
Gavray-sur-Sienne
Hambye
Abbaye de Hambye
Percy-en-Normandie
Villedieu-les-Poêles
La Vallée de la Vire
Forêt Domin
Jullouville
Kairon-Plage
Sartilly-Baie-Bocage
Falaise de Champeaux
Avranches
Bréhal
Brécey
Mont Robin
Pointe d'Agon
Coutainville
Genêts
St-Senier-s-Avranches
le Val-St-Père
St-Quentin-sur-le-Homme
Ducey
66

0 1 2 4 6 8 10 km
0 1 2 4 6 miles

Zb
34
Zc
Zd
Ze
52
53
54
55
56
Côte de Nacre
Campagne de Caen
Collines de Normandie
la Suisse Normande
Pointe du Hoc
Omaha Beach
Gold Beach
Juno Beach
Sword Beach
Port-en-Bessin-Huppain
Bayeux
Caen
Ouistreham
Courseulles-sur-Mer
Douvres-la-Délivrande
Hérouville-St-Clair
Mondeville
Ifs
Fleury-sur-Orne
Louvigny
Carpiquet
Bretteville-sur-Odon
Thue et Mue
Tilly-sur-Seulles
Val d'Arry
Evrecy
Villers-Bocage
Caumont-sur-Aure
Balleroy-sur-Drôme
Le Molay-Littry
Torigny-les-Villes
St-Amand-Villages
Souleuvre en Bocage
Les Monts d'Aunay
Aunay-sur-Odon
Thury-Harcourt
Le Hom
Clécy
Pont-d'Ouilly
Condé-en-Normandie
Vire Normandie
Valdallière
Vassy
Tinchebray-Bocage
Flers
Athis-Val de Rouvre
Messei
La Ferrière-aux-Etangs
Briouze
Sourdeval
Ger
Le Neufbourg
Isigny-sur-Mer
Trévières
Creully sur Seulles
Fontaine-Henry
Bernières-sur-Mer
St-Aubin-sur-Mer
Lion-sur-Mer
Langrune-sur-Mer
Luc-sur-Mer
Arromanches-les-Bains
Cabourg
Pont l'Evêque
Lisieux
Falaise
Argentan
Portsmouth
Mont Pinçon
Mont de Cerisy
Bully
St-Martin-de-Fontenay
May-sur-Orne
Bretteville-sur-Laize
Fontenay-le-Marmion
Grimbosq
Forêt de Cinglais
Gorges de St-Aubert
Le Mesnil-Clinchamps
Montsecret-Clairefougère
La Lande-Patry
Landisacq
St-Georges-des-Groseillers
A84
A13
E46
E401
E03

Côte Fleurie
Rade de Caen
Ouistreham
Cabourg
Houlgate
Villers-sur-Mer
Deauville
Touques
Honfleur
Beuzeville
Pont l'Évêque
Dives-sur-Mer
Merville-Franceville-Plage
Colleville-Montgomery
Hermanville-sur-Mer
Ranville
Blainville-sur-Orne
Colombelles
Cuverville
Giberville
Mondeville
Démouville
Troarn
Dozulé
Cresseveuille
Autoroute de Normandie
Beuvron-en-Auge
Cambremer
Lisieux
Glos
Beuvillers
St-Désir
Cormeilles
Épaignes
Soliers
Frénouville
Argences
Moult-Chicheboville
Mézidon Vallée d'Auge
Livarot-Pays-d'Auge
Orbec
Valorbiquet
St-Pierre-en-Auge
St-Sylvain
Potigny
Falaise
Vimoutiers
Camembert
Trun
Chambois
Gacé
Le Sap
Argentan
Écouché-les-Vallées
Putanges-le-Lac
Rânes
Sées
Le Merlerault
Nonant-le-Pin
Exmes
Ginai
Croisilles
Montmerrei
Mortrée
Forêt de Grande Gouffern
Gouffern en Auge
Pays d'Argentan
Les Haras
Monts d'Amain
Pont-d'Ouilly
Flers
Caen
53
54
55
56
57

Bernay
Brionne
Le Neubourg
Louviers
Évreux
Conches-en-Ouche
Breteuil
L'Aigle
Verneuil-sur-Avre et d'Iton
Elbeuf
Caudebec-lès-Elbeuf
St-Pierre-lès-Elbeuf
Val-de-Reuil
Le Bec-Hellouin
Beaumont-le-Roger
Rugles
Bourth
Brezolles
Nonancourt
St-Lubin-St-Remy
Tillières-sur-Avre
Damville
Mesnil-en-Ouche
Broglie
Campagne du Neubourg
Forêt de Conches
Forêt de Breteuil
Forêt d'Evreux
Pays d'Ouche
53
54
55
56
57

53
54
55
56
57
Rouen
Louviers
Evreux
Nonancourt
Verneuil-sur-Avre
Les Andelys
Vallée de la Seine
Gaillon
Vernon
Forêt de Vernon
Mantes-la-Jolie
Limay
Gisors
Vexin-sur-Epte
Vexin
Parc
Les Mureaux
Meulan
Pacy-sur-Eure
Anet
Ivry-la-Bataille
Dreux
Vernouillet
Houdan
Rambouillet
Montfort-l'Amaury
Maurepas
Élancourt
Plaisir
de la Haute-Vallée de Chevreuse
Nogent-le-Roi
Bréval
Bonnières-sur-Seine
Rosny-sur-Seine
Épône
Aubergenville
Septeuil
Bois de l'Epars
Forêt de Dreux
Saint-André-de-l'Eure
Nonancourt
Les Essarts-le-Roi

0 1 2 4 6 8 10 km
0 1 2 4 6 miles

PARIS
ST-DENIS
ARGENTEUIL
BOULOGNE-BILLANCOURT
VERSAILLES
NANTERRE
CRÉTEIL
CERGY
PONTOISE
CREIL
Senlis
Chantilly
Forêt de Chantilly
Forêt d'Halatte
MONTREUIL
VINCENNES
VITRY
IVRY
ORLY
ÉVRY
MASSY
PALAISEAU
ANTONY
MEUDON
COLOMBES
SARCELLES
GONESSE
AULNAY-SS-BOIS
BOBIGNY
PANTIN
SEVRAN
CHELLES
TORCY
CHAMPIGNY-S.M.
VILLENEUVE-ST-GEORGES
SAVIGNY-S-ORGE
CORBEIL
Régional du Vexin Français

53
54
55
56
57

Compiègne Compiègne
Crépy-en-Valois
Soissons Meaux
Meaux
Coulommiers Provins
Reims
Fontenay-Trésigny
Nangis

Verberie
St-Sauveur
Béthisy-St-Pierre
Crépy-en-Valois
Villers-Cotterêts
Forêt de Retz
La Ferté-Milon
Nanteuil-le-Haudouin
Dammartin-en-Goële
Bois de Montigny
Crouy-sur-Ourcq
Lizy-sur-Ourcq
Château-Thierry
Charly-sur-Marne
Neuilly-St-Front
Oulchy-le-Château
MEAUX
La Ferté-sous-Jouarre
Jouarre
Changis-sur-Marne
Ussy-sur-Marne
Autoroute de l'Est
Claye-Souilly
Lagny-sur-Marne
Montévrain
Serris
Bussy-St-Georges
Ferrières
Crécy-la-Chapelle
Coulommiers
Vallée du Grand Morin
Rebais
La Ferté-Gaucher
Gretz-Armainvilliers
Tournan-en-Brie
Fontenay-Trésigny
Rozay-en-Brie
Jouy-le-Châtel
Forêt de Jouy
Brie
Forêt de Crécy
Forêt d'Armainvilliers
Forêt de Coubert
Valois
Euro Disneyland
TGV Est
Senlis
Paris
Brie-Comte-Robert
Moissy-Cr.
Nangis
Provins

REIMS
ÉPERNAY
Bétheny
Cormontreuil
St-Léonard
Sillery
Fismes
Braine
Fère-en-Tardenois
Tardenois
Dormans
Châtillon-sur-Marne
Parc Regional de la Montagne de Reims
Forêt de la Montagne de Reims
Massif de St-Thierry
Ay-Champagne
Avize
Cramant
Vertus
Côtes des Blancs
Forêt de Vertus
Montmirail
Sézanne
Esternay
Fère-Champenoise
Mailly-le-Camp
Sommesous
Forêt d'Enghien
Forêt de Brugny
Forêt de la Charmoye
Forêt du Gault
Forêt de la Traconne
Verzenay
Verzy
Bouzy
Magenta
Mardeuil
Hautvillers
Orbais
Mont Aimé
Connantre
Pleurs
Marais de St Gond
Gueux
Vrigny
Jonchery-sur-Vesle
Champagne
Muizon
Tinqueux
Mourmelon
Condé-sur-Marne
Jâlons
Athis
Chouilly
Oiry
Bergères-lès-Vertus
Étoges
Baye
Corfélix
Soizy-aux-Bois
Anglure
Thaas
Salon
Semoine
Trouans
Herbisse

Heutrégiville
St-Masmes
Selles
Pontfaverger-Moronvilliers
Bétheniville
Epoye
la Neuville-en-Tourne-à-Fuy
St-Clément-à-Arnes
St-Etienne-à-Arnes
St-Pierre-à-Arnes
Hauviné
St-Hilaire-le-Petit
St-Martin-l'Heureux
08 Ardennes
51 Marne
Semide
les Mts Chéry
Mont-St-Martin
St-Morel
Liry
Monthois
Marvaux-Vieux
Aure
Manre
Sommepy-Tahure
Ardeuil-et-Montfauxelles
Séchault
Brières
Olizy-Primat
Grandpré
Termes
Brécy-Brières
Challerange
Mouron
Vaux-lès-Mouron
Chevières
Senuc
Marcq
Grandham
Cornay
Châtel-Chéhéry
Montcheutin
Autry
Lançon
Condé-lès-Autry
Binarville
Bouconville
Fontaine-en-Dormois
Gratreuil
Cernay-en-Dormois
Rouvroy-Ripont
Mont Têtu
Servon-Melzicourt
Bois de la Gruerie
la Harazée
Massiges
Ville-sur-Tourbe
St-Thomas-en-Argonne
Vienne-le-Château
Malmy
Vienne-la-Ville
Lachalade
Virginy
Berzieux
Minaucourt-le-Mesnil-lès-Hurlus
Wargemoulin-Hurlus
Ancienne Voie Romaine
Laval-sur-Tourbe
Courtémont
Dommartin-sous-Hans
Hans
Maffrécourt
Moiremont
la Neuville-au-Pont
Chaudefontaine
Braux-Ste-Cohière
Ste Menehould
Valmy
Valmy-le-Moulin
Moulin de Valmy
Valmy-Orbéval
Dommartin-Dampierre
Argers
Verrières
Beine-Nauroy
Mont de Champagne
Dontrien
St-Souplet-sur-Py
Ste-Marie-à-Py
Vaudesincourt
Aubérive
Souhain-Perthes-lès-Hurlus
St-Hilaire-le-Grand
Jonchery-sur-Suippe
Suippes
Somme-Suippe
Somme-Tourbe
St-Jean-sur-Tourbe
Somme-Bionne
Prunay
Beaumont-sur-Vesle
Wez
Val-de-Vesle
Courmelois
Prosnes
Baconnes
Sept-Saulx
les Petites-Loges
Villers-Marmery
Trépail
Billy-le-Grand
Reims-Champagne
Mourmelon-le-Petit
Mourmelon-le-Grand
Livry-Louvercy
Vaudemanges
Issy
Bouy
Vadenay
Cuperly
Mont Piémont
Bussy-le-Château
St-Remy-sur-Bussy
la Croix-en-Champagne
Gizaucourt
Voilemont
la Chapelle-Felcourt
Élise-Daucourt
Auve
St-Mard-sur-Auve
Rapsécourt
Daucourt
les Grandes-Loges
St-Hilaire-au-Temple
Dampierre-au-Temple
Mont des Vignes
la Cheppe
Châlons-en-Champagne
Grandes-Loges
Mourmelon
Aigny
Vraux
la Veuve
Juvigny
Jâlons
Aulnay-sur-Marne
Mont de la Savelonnière
St-Etienne-au-Temple
Mont Aimé
Autoroute de l'Est
Tilloy-et-Bellay
TGV Est
Dampierre-le-Château
Braux-St-Remy
Sivry-Ante
Ante
Villers-en-Argonne
Herpont
Herpine
Recy
Matougues
St-Gibrien
Fagnières
St-Martin-sur-le-Pré
CHÂLONS-EN-CHAMPAGNE
Melette
St-Martin
St-Julien
Courtisols
Somme-Vesle
l'Épine
St-Memmie
Basilique N.D.
Poix
Dommartin-Varimont
Varimont
Epense
la Neuville-aux-Bois
Somme-Yèvre
Remicourt
Givry-en-Argonne
Villers-le-Château
St-Pierre
Compertrix
Coolus
Sarry
-Longevas
Noirlieu
le Châtelier
Thibie
Chaintrix-Bierges
Marson
St-Jean-sur-Moivre
Coupéville
le Fresne
Moivre
Contault
St-Mard-sur-le-Mont
Chalons-en-Champagne
Cheniers
Sogny-aux-Moulins
Moncetz
Chepy
St-Germain-la-Ville
Dampierre-sur-Moivre
Francheville
Bussy-le-Repos
Possesse
Bellevue
Ecury-sur-Coole
Nuisement-sur-Coole
Breuvery-sur-Coole
Mairy-sur-Marne
Vésigneul-sur-Marne
Pogny
Bronne
St-Jean-devant-Possesse
Charmont
Vaugency
Mentarah
Vanault-le-Châtel
Bourgeois
Soudron
St-Quentin-sur-Coole
Cernon
Tognyaux-Bœfs
Vitry-la-Ville
Omey
la Chaussée-sur-Marne
Vanault-les-Dames
Vernancourt
la Cense-des-Prés
Bassu
Étang Neuf
Vroil
Vatry
Coupetz
Cheppes-la-Prairie
St-Martin-aux-Champs
Aulnay-l'Aître
Coulvagny
Lisse-en-Champagne
Bettancourt-la-Longue
Rancourt-sur-Ornain
Rosay
Val-de-Vière
Sogny-en-l'Angle
Villers-le-Sec
Alliancelles
Remennecourt
Bussy-Lettrée
Lettrée
Fontaine-sur-Coole
Vésigneul-sur-Coole
Faux-Vésigneul
Songy
Ablancourt
St-Amand-sur-Fion
Soulanges
St-Lumier-en-Champagne
St-Quentin-les-Marais
Bassuet
Vavray-le-Grand
Vavray-le-Petit
Jussecourt-Minecourt
Heiltz-l'Evêque
Heiltz-le-Maurupt
Bignicourt-sur-Saulx
Canal de la Marne au Rhin
Sermaize-les-Bains
Pringy
Drouilly
Changy
Outrepont
Merlaut
Ponthion
Pargny-sur-Saulx
le Bois du Roi
Dommartin-Lettrée
Notre-dame
Soudé
Ste-Croix
ou le Pt
ou le Gd
Coole
Maisons-en-Champagne
Loisy-sur-Marne
Couvrot
Vitry-en-Perthois
Plichancourt
le Buisson
Etrepy
Maurupt-le-Montois
Sommesous
Sézanne
Sommesous
51 Marne
10 Aube
Blacy
Vitry-le-François
Brusson
Dompremy
Blesme
Haussignémont
St-Lumier-la-Populeuse
Bussemont
Trois Fontaines
Anc.Abbaye
Glannes
Huiron
Marolles
Frignicourt
Vauclerc
Reims-la-Brûlée
Favresse
Scrupt
Bois de Maurupt
Trois Fontaines
Poivres
Sompuis
Courdemanges
Châtelraould-St-Louvent
Luxémont-et-Villotte
Bignicourt-sur-Marne
Ecriennes
Matignicourt-Goncourt
St-Vrain
Heiltz-le-Hutier
Vouillers
St-Eulien
Villers-en-Lieu
Mailly-le-Camp
Blaise-sous-Arzillières
Norrois
Orconte
Perthes
SAINT-DIZIER
Humbauville
le Meix-Tiercelin
les Rivières-Henruel
Cloyes-sur-Marne
Moncetz-l'Abbaye
Sapignicourt
Ambrières
Hallignicourt
St-Chéron
Arzillières-Neuville
Isle-sur-Marne
St-Remy-en-Bouzemont
Arrigny
Larzicourt
Ecollemont
Hauteville
Blaise-sous-Hauteville
Laneuville-au-Pont
Trouans
Champagne Sèche
Forêt d'Argonne
Reims
Épernay
Montmirail
Fère-Champenoise
Sézanne
Arcis-sur-Aube

Vallée de la Meuse
Hauts de Meuse
Forêt de Montfaucon
Forêt de Hesse
Argonne
Verdun
Verdun-St-Nicolas
Belleville-sur-Meuse
Thierville-sur-Meuse
Douaumont
Fort Douaumont
Ossuaire de Douaumont
Fort de Vaux
Tranchée des Baïonnettes
Butte de Montfaucon
Montfaucon
Varennes-en-Argonne
Clermont-en-Argonne
Les Islettes
Étain
Autoroute de l'Est
Forêt d'Amblonville
Forêt de Souilly
Souilly
Parc Naturel Régional de Lorraine
St Mihiel
Vigneulles-lès-Hattonchâtel
Butte de Montsec
Commercy
Forêt de Commercy
Vignot
Sorcy-St Martin
Void-Vacon
Bar-le-Duc
Ligny-en-Barrois
Longeville-en-Barrois
Tronville-en-Barrois
Forêt du Haut Juré
Barrois
Forêt de Lisle
Forêt de Ligny
Ancerville
Vaucouleurs
Metz
Toul
Jarny
Pont-à-Mousson
Neufchâteau
Joinville
53
54
55
56
57

Plaine de la Woëvre
Briey
Val de Briey
Hayange
Fameck
Florange
Uckange
Thionville
Guénange
Mondelange
Amnéville
Rombas
Marange-Silvange
Homécourt
Moyeuvre-Grande
Talange
Hagondange
Maizières-lès-Metz
Woippy
METZ
Montigny-lès-Metz
Marly
Longeville-lès-Metz
Jarny
Conflans-en-Jarnisy
Labry
Ars-s-Moselle
Gorze
Novéant-sur-Moselle
Pagny-sur-Moselle
Pont-à-Mousson
Dieulouard
Pompey
Frouard
Champigneulles
NANCY
Maxéville
Laxou
Villers-lès-Nancy
Vandœuvre-lès-Nancy
Jarville-la-Malgrange
St Max
Essey-lès-Nancy
Tomblaine
Seichamps
Pulnoy
Heillecourt
Houdemont
Neuves-Maisons
St Nicolas-de-Port
Dombasle-s-Meurthe
Toul
Ecrouves
Foug
Liverdun
Parc Naturel Régional de Lorraine
Vallée du Rupt de Mad
Forêt de Haye
Bois de Faulx
Thiaucourt-Regniéville
Mécleuves
Rémilly
Verny
Sarreguemines
Courcelles-Chaussy
Vigneulles-lès-Hattonchâtel
Hattonchâtel
Butte de Montsec
Lac de Madine
Montsec
Mars-la-Tour
Gravelotte
Rezonville
A4
A31
A33
A30
E25
E21
E23
E50
E411
Metz-St. Privat
Metz-Centre
St. Rémy
Atton/Nomeny
Pont-à-Mousson/Verdun
L'Obrion
Loisy
Toul-Dommartin
Toul-Chaudeney
Toul-Valcourt
Nancy-Centre
Nancy-Brabois
Laxou
Etain
Verdun
St Mihiel
Commercy
Ligny-en-Barrois
St Menehould
53
54
55
56
57

SAARLOUIS
Heusweiler
NEUNKIRCHEN
Friedrichsthal
Wallerfangen
Ensdorf
Quierschied
Riegelsberg
Schwalbach (Saar)
Püttlingen
Sulzbach/Saar
Spiesen-Elversberg
ST. INGBERT
Bouzonville
Wadgassen
VÖLKLINGEN
SAARBRÜCKEN
Überherrn
Großrosseln
Creutzwald
Forbach
Stiring-Wendel
Freyming-Merlebach
Kleinblittersdorf
Gersheim
Sarreguemines
Boulay-Moselle
St-Avold
Farébersviller
Faulquemont
Puttelange-aux-Lacs
Sarralbe
Keskastel
Sarre-Union
Morhange
Dieuze
Fénétrange
Château-Salins
Vic-sur-Seille
Sarrebourg
Réding
Abreschviller
Lorquin
Blâmont
Bliesgau
Biosphärenreservat
Plateau Lorraine
Parc Naturel Régional de Lorraine
Forêt de Parroy
Autoroute de l'Est
Canal de la Marne au Rhin
Canal des Houillères
TGV Est
Mandelbachtal

NEUNKIRCHEN
HOMBURG
ZWEIBRÜCKEN
PIRMASENS
Kirkel
Blieskastel
Waldfischbach-Burgalben
Rodalben
Münchweiler an der Rodalb
Hauenstein
Dahn
Pfälzerwald
Biosphären-reservat
Bliesgau
Deutsch-Franz. Touristikroute
DEUTSCHLAND
FRANCE
Sarreguemines
Bitche
Parc Naturel Régional des Vosges du Nord
Biosphären-reservat Pfälzerwald-Vosges du Nord
Wissembourg
Lembach
Niederbronn-les-Bains
Reichshoffen
Haguenau
Forêt de Haguenau
Bischwiller
Brumath
Saverne
Phalsbourg
Sarrebourg
Marmoutier
Wasselonne
Lauterbourg
Hunspach
Soultz-sous-Forêts
Ingwiller
Bouxwiller
Pfaffenhoffen
Val de Moder
Drusenheim
Gambsheim
Herrlisheim
Weyersheim
Hœrdt
Wingen-sur-Moder
Lemberg
Goetzenbruck
Montbronn
Rohrbach-lès-Bitche
Petit-Réderching
Diemeringen
Drulingen
Lutzelbourg
Dabo
Strasbourg
Obernai
Kehl
190-191

SPEYER
Dudenhofen
Hockenheim
Walldorf
Wiesloch
Leimen
Nußloch
Reilingen
Schwetzingen
Philippsburg
Waghäusel
Sankt Leon-Rot
Germersheim
Bellheim
Landau i.d.Pfalz
Edenkoben
Maikammer
Kandel
Rülzheim
Herxheim
Hockenheimring
Bruchsal
Kraichtal
Ubstadt-Weiher
Forst
Karlsdorf-Neuthard
Östringen
Bad Schönborn
Bretten
Graben-Neudorf
Linkenheim-Hochstetten
Leopoldshafen
Eggenstein-Leopoldshafen
Stutensee
Weingarten
Walzbachtal
Wörth a.Rh.
Jockgrim
Hagenbach
KARLSRUHE
Durlach
Pfinztal
Königsbach-Stein
Remchingen
Kämpfelbach
Ispringen
PFORZHEIM
Birkenfeld
Keltern
Karlsbad
Waldbronn
ETTLINGEN
Rheinstetten
Durmersheim
Bietigheim
Malsch
Muggensturm
Gaggenau
Kuppenheim
RASTATT
Lauterbourg
Wissembourg
Seltz
Baden-Baden
Sinzheim
Bühl
Bühlertal
Gernsbach
Weisenbach
Forbach
Bad Herrenalb
Dobel
Neuenbürg
Schömberg
Bad Wildbad i. Schwarzwald
Bad Teinach-Zavelstein
Neubulach
Altensteig
Achern
Ottersweier
Lichtenau
Rheinmünster
Iffezheim
Hügelsheim
Naturpark Schwarzwald Nord/Mitte
Deutsche Weinstraße
Badische Weinstraße
Schwarzwald-Hochstraße
Schwarzwald-Bäderstraße
Deutsch-Französische Touristikroute
Bertha Benz Memorial Route
Badische Spargelstraße
Route du Rhin
Deutsche Alleenstraße
Bienwald
Rheinland-Pfalz
Baden-Württemberg
Hardt
Rhein
Murg
Enz
Alb
Pfinz

Ha Hb Saverne Hc 58 Hd FRANCE Reichstett/Hoerdt He Hf

57

STRASBOURG
ILLKIRCH-GRAFFENSTADEN
SCHILTIGHEIM
KEHL
Obernai
Molsheim
Sélestat
Ribeauvillé
COLMAR
Neuf-Brisach
Breisach a.Rhein
FREIBURG im Breisgau
LAHR Schwarzwald
Erstein
Benfeld
Marckolsheim
Kenzingen
Emmendingen
Endingen am Kaiserstuhl
Riegel a.Kaiserstuhl
Herbolzheim
Ettenheim
Mahlberg
Rust
Europa-Park
Sasbach am Kaiserstuhl
Vogtsburg im Kaiserstuhl
Kaiserstuhl
Ste-Marie-aux-Mines
Kaysersberg
Turckheim
Rouffach
Soultzmatt
Munster
Parc Naturel Régional des Ballons des Vosges
Route du Vin (Elsäss. Weinstr.)
A travers les Vosges Moyennes
Route Verte (Grüne Straße)
Route du Rhin
Donon
Le Hohwald
Mont Ste. Odile
Dambach-la-Ville
Barr
Andlau
Mittelbergheim
Rosheim
Mutzig
Schirmeck
Wasselonne
Marlenheim
Villé
Guémar
Bergheim
Riquewihr
Hunawihr
Eguisheim
Wintzenheim
Herrlisheim
Lapoutroie
Orbey
Bad Krozingen
Gottenheim
Umkirch
Schwanau
Rhein
190-191

58
59
60
61

Burnhaupt-le-Bas Basel 95 FRANCE Basel Bad Krozingen Bad Krozingen DEUTSCHLAND

0 1 2 4 6 8 10 km
0 1 2 4 6 miles

Uf
Va
Vb
Vc
Vd
57
58
59
60
61
Côte des Légendes
les Abers
188-189
Île d'Ouessant
Lampaul
Pointe de Pern
Pointe de Porz Doun
Parc Naturel Régional d'Armorique
Île Molène
Île de Beniguet
Chenal de la Helle
Chenal du Four
Passage du Fromveur
Pays de Léon
Plouguerneau
Lannilis
Landéda
Aber-Vrac'h
Portsall
Ploudalmézeau
Landunvez
Porspoder
Plourin
Plouguin
Plabennec
Bourg-Blanc
Guipronvel
Milizac
Gouesnou
Lampaul-Plouarzel
Plouarzel
St-Renan
Guilers
Bohars
Ploumoguer
Pointe de Corsen
Pointe de Kermorvan
le Conquet
Plougonvelin
Pointe de St-Mathieu
Locmaria-Plouzané
Plouzané
BREST
Rade de Brest
Goulet de Brest
Pointe de Point Minou
Pointe des Espagnols
Roscanvel
Camaret-sur-Mer
Pointe du Toulinguet
Pointe de Pen-Hir
Presqu'île de Crozon
Crozon
Lanvéoc
Pointe de Dinan
Cap de la Chèvre
OCÉAN
ATLANTIQUE
Mer d'Iroise
Baie de Douarnenez
Chaussée de Sein
Île de Sein
Pointe du Van
Pointe du Raz
Baie des Trépassés
Cléden-Cap-Sizun
Plogoff
Primelin
Audierne
Pont-Croix
Plouhinec
Pointe de Lervily
Pointe de Brézellec
Pointe de Beuzec
Pointe du Millier
St-Pol-de-Léon
Morlaix/Montroulez
Châteaulin
Douarnenez
Quimper/Kemper
0 1 2 4 6 8 10 km
0 1 2 4 6 miles

Vd
Ve
Vf
Wa
Wb
55
56
57
58
59
La Manche
Ceinture dorée
Rosslare Harbour, Cork
Plymouth
Île de Batz
Roscoff
Île de Siec
KASTELL-PAOL
St-Pol-de-Léon
Santec
Dossen
Île Callot
Carantec
Pointe du Diben
Pointe de Primel
Primel-Trégastel
Plougasnou
St-Jean-du-Doigt
Pointe de Beg Pol
Brignogan-plages
Plounéour-Trez
Kerlouan
Guissény
Plouguerneau
Kergoat
Plouescat
Cléder
Sibiril
Plougoulm
Plouénan
Taulé
Henvic
Locquénolé
Morlaix
Montroulez
Plouézoch
Ploujean
Ste-Geneviève
St-Martin-des-Champs
Pays de Léon
Lesneven
le Folgoët
Plouider
Tréflez
Goulven
Lanhouarneau
Plounévez-Lochrist
Berven
Plouzévédé
Plouvorn
Mespaul
Ste-Catherine
Lambader
Guiclan
St-Thégonnec
Pleyber-Christ
Plougourvest
Landivisiau
Lampaul-Guimiliau
Guimiliau
Plounéventer
St-Servais
Ploudaniel
Plouvien
Plabennec
Le Drennec
188-189
Kersaint-Plabennec
Landerneau
Plouédern
La Roche-Maurice
La Martyre
Ploudiry
Loc-Eguiner
Locmélar
Sizun
Commana
St-Sauveur
Ty Douar
Roc'h Trévezel
Guipavas
Gouesnou
Brest (Guipavas)
Le Relecq-Kerhuon
La Forest-Landerneau
St-Divy
Pencran
Tréflévénez
Dirinon
St-Urbain
Daoulas
Loperhet
Plougastel-Daoulas
BREST
Rade de Brest
Le Conquet
Hôpital-Camfrout
Le Faou
Rumengol
Hanvec
Pen-ar-Hoat
Forêt du Cranou
Parc Naturel Régional d'Armorique
Monts d'Arrée
Brasparts
Mgne St-Michel
Botmeur
St-Rivoal
Lopérec
Quimerch
Pont-de-Buis-lès-Quimerch
Pleyben
Châteaulin
Kastellin
Port-Launay
Dinéault
Ménez-Hom
Bassin de Châteaulin
Pointe de l'Amorique
Pointe du Bindy
Pointe de Lanvéoc
Lanvéoc
Landévennec
Argol
Telgruc-sur-Mer
Crozon
Kraozon
Tal-ar-Groas
Baie de Douarnenez
Plomodiern
St-Nic
Pentrez
Lothey
Pont-Coblant
Gouézec
Châteauneuf-du-Faou
St-Herbot
Loqueffret
Plonévez-du-Faou
Lannédern
Brennilis
Berrien
La Feuillée
St-Goazes
Cloître-St-Thégonnec
Lennon
Plourin-lès-Morlaix
E50
E60
12
165
164
62
27
23
24
25
38
31
6
14
57
78
Douarnenez
Quimper/Kemper
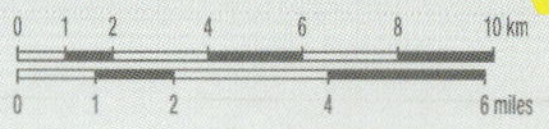
0 1 2 4 6 8 10 km
0 1 2 4 6 miles

Wc
Wd
We
Wf
Xa
55
56
57
58
59
Côte de Granit Rose
les Sept Iles
Île de Bréhat
Île Modez
Îles d'Er
Pointe du Château
Pointe du Squouel
Île Renote
Ploumanac'h
Trégastel-Plage
Perros Guirec
Trégastel
Île Grande
Pleumeur-Bodou
Trébeurden
Pointe de Bihit
Baie de Lannion
Lannion
Lannuon
Trévou-Treguignec
Trélévern
Louannec
Port-Blanc
Plougrescant
Penvénan
Treguier
Landreger
Tredarzec
Pleubian
Lézardrieux
Pleumeur-Gautier
Paimpol
Pempoull
Ploubazlanec
Pointe de l'Arcouest
Kerity
Plourivo
Ploëzal
Pontrieux
Tregorrois
Quemper-Guézennec
Plouézec
Pointe de Minard
Lanloup
Plouha
Kermaria
Lanvollon
Lannebert
Tressignaux
Goudelin
Pointe de Séhar
Locquémeau
Ploulec'h
Ploubezre
Pointe de Locquirec
Locquirec
Trédrez
St-Michel-en-Grève
Plestin-les-Grèves
Ploumilliau
Plouaret
Tonquédec
Cavan
Pluzunet
Begard
Bear
Prat
Plouëc-du-Trieux
Squiffiec
Pommerit-le-Vicomte
Plouigneau
Plougonven
Guerlesquin
Plounérin
Le Vieux-Marché
Plounévez-Moëdec
Louargat
Belle-Isle-en-Terre
Pédernec
Ménez Bré
Grâces
Plouisy
Guingamp
Gwengamp
St-Agathon
Ploumagoar
Plouagat
Châtelaudren
Lanrodec
Gurunhuel
Loguivy-Plougras
Plougras
Forêt de Beffou
Plougonver
Bourbriac
Boulvriag
Callac
Kallag
Maël-Pestivien
Bulat-Pestivien
St-Servais
Scrignac
Carnoët
Plourac'h
Locarn
Maël-Carhaix
Plounévézel
Carhaix-Plouguer
Rostrenen
Glomel
Plouguernével
Plounévez-Quintin
Corlay
St-Nicolas-du-Pélem
Lac de Guerlédan
Mûr-de-Bretagne
Caurel
St-Gelven
Bon Repos sur Blavet
Gouarec
Cléden-Poher
Roc de Toullaëron
Forêt de Quénécan
Ste-Brigitte
St-Brieuc/St-Brieg
Loudéac
Gourin
79

Wf
Xa
Xb
Xc
Xd
56
57
58
59
60
61
Paimpol/Pempoull
La Manche
Côte de Goëlo
Côte de Penthièvre
Baie de Saint-Brieuc
Cap Fréh
Cap d'Erquy
Pointe de Plouha
Plage Bonaparte
Kermaria
Plouha
St-Quay-Portrieux
Étables-sur-Mer
Binic
Pordic
Lanvollon
Goudelin
Plouagat
Châtelaudren-Kastellaodren
Plélo
Lanrodec
Plérin
ST-BRIEUC
ST-BRIEG
Tremuson
Plérneuf
la Méaugon
Ploufragan
Trégueux
Langueux
Yffiniac
Hillion
Pointe du Roselier
Pointe des Guettes
Pointe de Pléneuf
le Val-André
Pléneuf-Val-André
Erquy
Plurien
Fréhel
St-Alban
Planguenoual
Hénansal
Hénanbihen
Matignon
Pluduno
Coëtmieux
Andel
Lamballe-Armor
Lambal
Pommeret
Meslin
Quessoy
Plédran
Plaintel
Quintin
St-Brandan
Plestan
Noyal
Jugon-les-Lacs
Plédéliac
Moncontour
Hénon
Plémy
Trébry
St-Glen
Penguily
Plénée-Jugon
Bréhand
Plœuc-l'Hermitage
Lanfains
Uzel
Allineuc
Plouguenast-Plougonwaz
Plessala
Le Mené
Collinée
Merdrignac
Lanrelas
Broons
Forêt de la Hardouinais
Landes du Mené
Loudéac
Loudieg
Forêt de Loudéac
La Motte
Trévé
St-Caradec
Guerlédan
Mûr-de-Bretagne
St-Guen
St-Aignan
Plémet
Les Moulins
Ménéac
Illifaut
Mauron
La Trinité-Porhoët
Mohon
Rohan
Bréhan
Pontivy
Pondivi
Noyal-Pontivy
Cléguérec
Neuillac
St-Gérand
Crédin
Pays de Pontivy
St-Thuriau
Naizin
Réguiny
Pleugriffet
Forêt de Lanouée
Forges de Lanouée
Lanouée
Les Forges
St-Malo-des-3-Fontaines
Guilliers
Néant-sur-Yvel
Loyat
La Grée-St-Laurent
Evriguet
Campénéac
22 Côtes-d'Armor
56 Morbihan
E401
E50
Guingamp
Rostrenen
Gourin

Xe
Xf
Ya
Yb
Yc
46
56
57
58
59
60
61
Côte d' Emeraude
Baie du Mont Saint Michel
Pointe du Grouin
Île des Landes
Pointe de la Varde
ST-MALO
ST-MALOU
Cancale
Kankaven
St-Coulomb
Rothéneuf
le Verger
Dinard
Dinarzh
St-Lunaire
St-Briac-sur-Mer
Pointe du Chevet
Pointe de St-Cast
St-Cast-le-Guildo
Lancieux
St-Jacut-de-la-Mer
Ploubalay
Pleurtuit
La Richardais
St-Servan-sur-Mer
St-Méloir-des-Ondes
St-Benoît-des-Ondes
Hirel
le Vivier-s-Mer
Cherrueix
le Mont St-Michel
Beauvoir
Pontorson
Mont-Dol
Dol-de-Bretagne
Baguer-Pican
Châteauneuf-d'Ille-et-Vilaine
St-Suliac
St-Jouan-des-Guérets
Miniac-Morvan
Pleudihen-sur-Rance
Plouër-Langrolay-sur-Rance
Pleslin-Trigavou
Beaussais-sur-Mer
Créhen
Corseul
Quévert
Dinan
Lanvallay
Taden
St-Samson-sur-Rance
Trélivan
Vildé-Guingalan
Combourg
Kombourn
Meillac
Pleugueneuc
Tinténiac
Hédé
Bécherel
Plouasne
Caulnes
Médréac
Quédillac
St-Méen-le-Grand
Montauban-d.-Br.
Montfort
Bédée
Pleumeleuc
Breteil
L'Hermitage
Pacé
Vezin-le-Coquet
Le Rheu
Mordelles
Bréal-sous-Montfort
Chavagne
Bruz
Chartres-de-Bretagne
Noyal-Châtillon-sur-Seiche
RENNES
ROAZHON
Cesson-Sévigné
Chantepie
Vern-sur-Seiche
Châteaugiron
St-Grégoire
Betton
Melesse
Chevaigné
Liffré
Thorigné-Fouillard
Acigné
Montreuil-sur-Ille
St-Aubin-d'Aubigné
Sens-de-Bretagne
Guipel
Dingé
St-Domineuc
Évran
Plélan-le-Grand
Paimpont
Iffendic
Talensac
Boisgervilly
Gaël
Plumaugat
Broons
Maxent
Beignon
Guichen
Laillé
Janzé
Corps-Nuds
Rennes
Bassin de Rennes
Forêt de Ville-Cartier
Forêt de Rennes
Marais de Dol

Yc
Yd
Avranches
Ye
46
Yf
Vire
Za
57
58
59
60
61
Dol-de-Bretagne
Rennes
Le Mont St-Michel
le Val-St-Père
St-Quentin-sur-le-Homme
Pontorson
Ducey
Les Chéris
Isigny-le-Buat
Montigny
Chasseguey
la Bazoge
le Neufbourg
Mortain-Bocage
Romagny
Fontenay
St-Hilaire-du-Harcouët
Parigny
Grandparigny
Milly
Chèvreville
Bion
St-Jean-du-Corail
Notre-Dame-du-Touchet
Villechien
Husson
Ste-Marie-du-Bois
le Jarry
le Teilleul
Ferrières
St-Symphorien-des-Monts
Buais-Les-Monts
Heussé
Lapenty
Moulines
Savigny-le-Vieux
St-Brice-de-Landelles
St-Martin-de-Landelles
Hamelin
Virey
Vezins
les Biards
St-Laurent-de-Terregatte
St-Aubin-de-Terregatte
Poilley
Ducey-
St-Senier-de-Beuvron
Bouceel-de-Beuvron
Vaucel
La Croix-Avranchin
St-Benoît
Montjoie-St-Martin
St-James
les Villettes
la Coursinière
St-Georges-de-Reintembault
Monthault
Louvigné-du-Désert
Landivy
Fougerolles-du-Plessis
Désertines
Mellé
Villamée
Poilley
le Ferré
Montours
Coglès
Les Portes du Coglais
La Selle-en-Coglès
St-Brice-en-Coglès
St-Etienne-en-Coglès
St-Germain-en-Coglès
Le Chatelier
Parigny
Landéan
Lécousse
Fougères
Laignelet
Romagné
Beaucé
Fleurtigné
la Chapelle-Janson
Javené
la Selle-en-Luitré
Luitré-Dompierre
Dompierre-du-Chemin
Billé
Combourtillé
Parcé
la Pellerine
Ernée
Montenay
Larchamp
Montaudin
St-Ellier-du-Maine
Pontmain
St-Mars-sur-la-Futaie
la Dorée
Levaré
St-Berthevin-la-Tannière
Colombiers-du-Plessis
Carelles
St-Denis-de-Gastines
Vautorte
Juvigné
la Croixille
St-Hilaire-du-Maine
Chailland
la Baconnière
Bourgon
le Bourgneuf-la-Forêt
Launay-Villiers
St Ouën-des-Toits
Port-Brillet
Olivet
Le Genest-St-Isle
la Brûlatte
La Gravelle
Loiron-Ruillé
St Isle
St Berthevin
Beaulieu-sur-Oudon
Montjean
Méral
Cossé-le-Vivien
Craon
St Poix
Cuillé
Gennes-sur-Seiche
Brielles
Argentré-du-Plessis
Erbrée
Mondevert
Etrelles
Vitré
Balazé
Montreuil-sous-Pérouse
Châtillon-en-Vendelais
Princé
Montautour
Taillis
Val-d'Izé
Landavran
Marpire
Champeaux
St-Christophe-des-Bois
Mecé
Livré-sur-Changeon
Dourdain
la Bouëxière
Liffré
Gosné
St-Aubin-du-Cormier
Mézières-sur-Couesnon
Rives-du-Couesnon
Vendel
St-Georges-de-Chesné
St-Sauveur-des-Landes
St-Hilaire-des-Landes
St-Ouen-des-Alleux
Sens-de-Bretagne
Vieux-Vy-s-Couesnon
Chauvigné
St-Marc-le-Blanc
Romazy
Rimoux
Tremblay
Bazouges-la-Pérouse
Val-Couesnon
Antrain
Forêt de Ville-Cartier
la Fontenelle
Sacey
Montanel
Argouges
Carnet
Pontorson
Pleine-Fougères
Sougéal
Vieux-Viel
Beauvoir
Ardevon
Huisnes-sur-Mer
Courtils
Ceaux
Servon
Précey
Tains
les Pas
Moidrey
St-Georges-de-Gréhaigne
Aucey-la-Plaine
Villiers-le-Pré
Vessey
Macey
Curey
Gahard
Ercé-près-Liffré
Chasné-s-Illet
Acigné
Servon-sur-Vilaine
Brécé
Noyal-s-Vilaine
Châteaubourg
St-Didier
St Aubin-des-Landes
Cornillé
Domagné
Louvigné-de-Bais
Torcé
Ossé
Châteaugiron
Nouvoitou
Chaumeré
Chancé
Piré-Chancé
Veneffles
Amanlis
Moulins
Bais
Vergéal
Domalain
Moutiers
Availles-sur-Seiche
Carcraon
Visseiche
La Guerche-de-Bretagne
Marcillé-Robert
Janzé
Nérou
Essé
Brie
Martigné-Ferchaud
82

Domfront en Poiraie
La Ferté-Macé
Bagnoles-de-l'Orne Normandie
Forêt Dom. des Andaines
Naturel
Régional
Normandie-
Maine
Juvigny Val d'Andaine
Rives-d'Andaine
Couterne
Carrouges
St-Martin-des-Landes
Ceaucé
Lassay-les-Châteaux
Pré-en-Pail
Mont des Avaloirs
Ambrières-les-Vallées
Javron-les-Chapelles
Le Horps
Villaines-la-Juhel
Forêt de Pail
St-Céneri-le-Gérei
Les Alpes Mancelles
Mayenne
Bais
Butte de Montaigu
Mont Rochard
Evron
Sillé-le-Guillaume
Montsûrs
la Chapelle-Rainsouin
Ste Suzanne-et-Chammes
Laval-Bonchamp
Bonchamp-lès-Laval
Laval-le Coudray
LAVAL
St Pierre-le-Potier
Vaiges
St Denis d'Orques
Thorigné-en-Charnie
Brûlon
Loué
Chémeré-le-Roi
la Cropte
Meslay-du-Maine
Sablé/Sillé-le-Guillaume
A81
E50
Alençon
Le Mans

57
58
59
60
61

Sées
Alençon
Mamers
Bellême
Mortagne-au-Perche
Fresnay-sur-Sarthe
Beaumont-sur-Sarthe
Bonnétable
La Ferté-Bernard
Le Mans
Savigné-l'Évêque
Montfort-le-Gesnois
Connerré
Coulaines
Allonnes
Sillé-le-Guillaume
Conlie
St-Denis-sur-Sarthon
Carrouges
Le Mêle-s-Sarthe
Parc Naturel Régional Normandie-Maine
Forêt de Bellême
Forêt de Perseigne
Forêt de Bonnétable
Alpes Mancelles
Pré-en-Pail
Mayenne
Laval
57
58
59
60
61

Normandel
St-Maurice-lès-Charencey
La Ferté-Vidame
Morvilliers
Lamblore
La Puisaye
Montmureau
les Châtelets
Angennes
Chennevières
Saulnières
Fontaine-les-Ribouts
Torcay
Morvilette
Levasville
Mondétour
Le Boulay-Mivoye
Puiseux
Gironville
Tremblay-les-Villages
Achères
Châteauneuf-en-Thymerais
St-Maixme-Hauterive
Jaudrais
Senonches
Tardais
Laudigerie
Manou
Fontaine-Simon
Belhomert-Guéhouville
St-Maurice-St-Germain
Digny
Ardelles
Le Mage
Gatelles
Ecublé
Bilheux
Clévilliers
Briconville
Dangers
Mittainvilliers
Pontgouin
Landelles
Courville-s-Eure
Loulappe
Chuisnes
Fontaine-la-Guyon
Grognault
Chazay
Cintray
Amilly
St-Luperce
St-Georges-sur-Eure
La Loupe
Meaucé
Vaupillon
St-Eliph
Forêt de Champrond
Champrond-en-Gâtine
Friaize
les Châtelets
le Thieulin
Montireau
Montlandon
Beaurepaire
St-Laurent
Frétigny
Marolles-les-Buis
Saintigny
St-Denis-d'Authou
Coudreceau
Arcisses
Nogent-le-Rotrou
Margon
Brunelles
Thiron
Gardais
Happonvilliers
Combres
Chassant
Illiers-Combray
Méréglise
Montigny-le-Chartif
La Croix-du-Perche
Frazé
Brou
Yèvres
Dampierre-sous-Brou
Unverre
Moulhard
Miermaigne
Luigny
Argenvilliers
Beaumont-les-Autels
Coudray-au-Perche
Béthonvilliers
Authon-du-Perche
Charbonnières
Les Autels-Villevillon
Vichères
Mont Doucet
Souancé-au-Perche
Trizay-Coutretot-St-Serge
Coudreceau
Chapelle-Royale
La Bazoche-Gouet
Soizé
Commune nouvelle d'Arrou
Arrou
Courtalain
Saint-Denis-Lanneray
Châteaudun
Marboué
Donnemain-St-Mamès
Bonneval
Montboissier
Alluyes
Saumeray
Dangeau
Logron
Flacey
Mémillon
St-Christophe
Moléans
Châtillon-en-Dunois
Lanneray
Cloyes-les-Trois-Rivières
La Chapelle-du-Noyer
Douy
Langey
Droué
Boisgasson
Le Poislay
La Fontenelle
Arville
Oigny
St-Agil
Souday
Couëtron-au-Perche
Mondoubleau
Choue
Baillou
Boursay
Romilly
Chauvigny-du-Perche
Fontaine-Raoul
Villebout
La Ferté-Villeneuil
Vibraye
Valennes
Berfay
Semur-en-Vallon
Conflans-sur-Anille
Rahay
Montmirail
Melleray
Lamnay
Cherré-Au
Cormes
Théligny
Courgenard
St-Ulphace
Gréez-sur-Roc
La Chapelle-Guillaume
Le Gault-du-Perche
Le-Plessis-Dorin
St-Avit
St-Bomer
St-Lubin-des-5-Fonds
Ceton
Avezé
Cherreau
Val-au-Perche
La Rouge
Le Theil
Mâle
Châteauroux
Berd'huis
Préaux-du-Perche
St-Hilaire-sur-Erre
Dancé
Nocé
Perche en Nocé
Colonard-Corubert
Verrières
Condeau
Sablons-sur-Huisne
Condé-sur-Huisne
St-Pierre-la-Bruyère
Coulonges-les-Sablons
St-Victor-de-Buthon
Rémalard-en-Perche
Dorceau
Bellou-sous-Huisne
Boissy-Maugis
Cour-Maugis sur Huisne
Maison-Maugis
Moutiers-au-Perche
La Madeleine-Bouvet
Forêt de Saussay
Bretoncelles
Longny les Villages
Longny-au-Perche
Forêt de Longny
Moulicent
Marchainville
Ste-Anne
L'Home-Chamondot
La Ventrouze
Le Mage
Bizou
Monceaux-au-Perche
La Chapelle-Montligeon
Réno-Valdieu
Parc Naturel Régional du Perche
Forêt de la Ferté-Vidame
Forêt de Senonches
TGV Atlantique
L'Océane
Forêt de Vibraye
Forêt de Fréteval

RAMBOUILLET
Parc Nat. Régional de la Haute-Vallée de Chevreuse
Forêt de Rambouillet
CHARTRES
Nogent-le-Roi
Maintenon
Épernon
Mainvilliers
Lucé
Luisant
Le Coudray
Champhol
Auneau
Ablis
St-Arnoult-en-Yvelines
Dourdan
Forêt de Dourdan
Sours
Voves
Janville
Toury
Angerville
Pussay
Bonneval
Châteaudun
Marboué
Orgères-en-Beauce
Patay
Artenay
Chevilly
Cercottes
Gidy
Saran
Fleury-les-Aubrais
Orléans-Saran
Orléans-Gidy
Forêt d'Orléans
Neuville-aux-Bois
Outarville
Bazoches-les-Gallerandes
Allaines
Francheville
Val Neuvy
Chartres-Gasville
Chartres-Bois-Paris
Thivars/Chartres-Centre
Illiers-Combray
L'Océane
L'Aquitaine
TGV Atlantique
Route des Parcs et Jardins
Cloyes
Nogent-le-Rotrou
Le Mans
Vendôme
Blois
Châteauneuf-en-Thymerais
57
58
59
60
61

0 1 2 4 6 8 10 km
0 1 2 4 6 miles

Nozay
Janvry
Limours-Janvry
Limours-Briis-sous Forges
Marcoussis
Mont-lhéry
Linas
Longpont
Villiers-s-O.
Ste Geneviève-des-Bois
Ris-Orangis
Évry
Champrosay
Soisy-s-S.
Étiolles
Tigery
Combs-la-Ville
Évry-Grégy-s-Y
Ozouer-le-Voulgis
Maurevert
Verneuil-l'Étang
Guignes
Soignolles-en-Brie
Solers
Yèbles
Cordon
Moissy-Cramayel
Lieusaint
St-Germain-lès-Corbeil
Galande-la-Saiblière
Réau
Limoges-Fourches
Lissy
Champdeuil
Suscy-sous-Yèbles
Andrezel
Galande-La Mare-Laroche
Montereau-s.-l.-J.
Aubigny
Crisenoy
St-Germain-Laxis
Champeaux
Nangis
Briis-s-Forges
Fontenay-lès-Briis
Autodrome Linas-Montlhéry
Vaugrigneuse
Bruyères-le-Châtel
Leuville-s-O.
St-Germain-l-A.
Bondoufle
Le Plessis-Pâté
Courcouronnes
Brétigny-sur-Orge
Lisses
Villabé
Corbeil-Essonnes
St-Pierre-du-P.
Saintry-s.-S.
Savigny
Melun-Sénart
Plessis-Picard-Ourdy
Nandy
Savigny-le-Temple
Pouilly-le-Fort
Voisenon
Rubelles
Vaux-le-Vicomte
Maincy
Moisenay
Blandy
Châtillon-la-Borde
Courson-Monteloup
St-Maurice-Montcouronne
Ollainville
Egly
Arpajon
La Norville
Breuillet
Boissy-sous-St-Yon
Vert-le-Grand
Echarcon
Ormoy
Mennecy
Morsang-s-S.
St-Fargeau-Ponthierry
Cesson
Vert-St-Denis
Melun
Le Mée-s-S.
St-Cheron
Jouy
Breux
Avrainville
Leudeville
Marolles-en-Hurepoix
St-Vrain
Vert-le-Petit
Fontenay-le-Vicomte
Le Coudray-Montceaux
Seine-Port
Boissise-la-Bertrand
Vaux-le-Pénil
Courtry
Sivry-Courtry
La Petite Beauce
St-Sulpice-de-Favières
Cheptainville
Torfou
Souzy-la-Briche
Mauchamps
Lardy
Chevannes
Ballancourt-sur-Essonne
Auvernaux
Itteville
Épine
Boissise-le-Roi
Pringy
Dammarie-lès-Lys
La Rochette
Livry-s.-S.
Le Châtelet-en-Brie
Villeconin
Chauffour-lès-Étréchy
Chamarande
Janville-sur-Juine
Bouray-sur-Juine
Mondeville
Champcueil
Nainville-les-Roches
Moulignon
Brinville
Orgenoy
Saveteux
Écrennes
Auvers-St-Georges
Villeneuve-sur-Auvers
Orgemont
Beauvais
Chartrettes
Fontaine-le-Port
Étréchy
Boissy-le-Sec
Boissy-le-Cutté
La Ferté-Alais
Cerny
Parc
St-Sauveur-sur-École
Soisy-sur-École
Perthes
Villiers-en-Bière
Chailly-en-Bière
Bois-le-Roi
Samois-sur-Seine
Fericy
Héricy
Machault
St-Denis-lès-Sens
Montereau-Fault-Yonne
Étampes
Mesnil-Racoin
Guigneville-sur-Essonne
Naturel
Videlles
St-Germain-sur-École
Dannemois
Cély
Fleury-en-Bière
St-Martin-en-Bière
Barbizon
Macherin
Forêt de
Vulaines-sur-Seine
Brières-les-Scellés
Morigny-Champigny
d'Huison-Longueville
Orveau
Marchais
Boutigny-sur-Essonne
Courances
Arbonne-la-Forêt
Gorges d'Apremont
Samoreau
Forêt de Champagne
Champagne-sur-Seine
Vernou-la-Celle-s-S.
Pierrefitte
Bouville
Vayres-sur-Essonne
Courdimanche-sur-Essonne
Moigny-sur-École
Fontainebleau
Thomery
La Montagne
Puiselet-le-Marais
Maisse
Régional
Milly-la-Forêt
Oncy-sur-École
Gorges de Franchard
Avon
St-Mammès
Veneux-les-Sablons
Moret-Loing-et-Orvanne
Ormoy-la-Rivière
Marolles-en-Beauce
La Forêt-Ste-Croix
Valpuiseaux
Gironville-sur-Essonne
La Croix St-Jérôme
Les Trois Pignons
Autoroute du Soleil
Boissy-la-Rivière
Bois-Herpin
Gandevilliers
Buno-Bonnevaux
Noisy-sur-École
Achères-la-Forêt
Achères
Recloses
Bourron-Marlotte
Montigny-sur-Loing
Écuelles
Montarlot
Sacles
St-Cyr-la-Rivière
Roinvilliers
Mespuits
Champmotteux
Le Vaudoué
Tousson
Meun
Ury
Sorques
Épisy
Villecerf
Abbéville-la Rivière
Boigneville
Gâtinais
Villiers-sous-Grez
Grez-sur-Loing
La Genevraye
Le Mérévillois
Blandy
Brouy
Rouvres-St-Jean
Nanteau-sur-Essonne
Boissy-aux-Cailles
Bessonville
La Chapelle-la-Reine
Cugny
Estouches
Sermaises
Mainvilliers
Nangeville
Mainbervilliers
Montcourt-Fromonville
Rebours
Villemer
Pannecières
Thignonville
Bellesauve
Orveau-
Golainville
Malesherbes
Le Malesherbois
Rouville
Jacqueville
Français
Larchant
Rochers
Le Landy
Nonville
Autruy-sur-Juine
Audeville
Bléville
Buthiers
Herbeauvilliers
Amponville
St-Pierre-lès-Nemours
Nemours
Darvault
Treuzy-Levelay
Les Ortures
Intville-la-Guétard
Césarville-Dossainville
Coudray
Boulancourt
Rumont
Puiselet
Nanteau-sur-Lunain
Charmont-en-Beauce
Engenville
Augerville-la-Riv
Fromont
Guercheville
Chevrainvilliers
Chatreau-ville
Morville-en-Beauce
Armeville
Marsain-villiers
Ramoulu
Manchecourt
Invault
Labrosse
Orville
Burcy
Verteau
Ormesson
Bagneaux-sur-Loing
Forêt de Nanteau
Lolainville
Ezerville
Briarres-sur-Essonne
Desmonts
Aulnoy
Garentreville
Châtenoy
Faÿ-lès-Nemours
Rosiers
Boucherease
Remauville
Guigneville
Bouzonville-en-Beauce
Bitry
Fresne
Echainvilliers
Aulnay-la-Rivière
Puiseaux
Obsonville
Aufferville
La Madeleine-sur-Loing
Glandelles
Poligny
Chaintreaux
Ondreville-sur-Essonne
Ichy
Maisoncelles-en-Gâtinais
Bougligny
Souppes-s.-L.
Le Puy
Gugnonville
Pithiviers
Estouy
Grangermont
Bromilles
Arville
Gironville
Thiersanville
Fontenelles
Ceriseaux
La Brosse
Lagerville
Fresnay-les-Chaumes
Pithiviers-le-Vieil
Bondaroy
Yèvre-le-Châtel
La Neuville-sur-Essonne
Bainvilliers
Echilleuses
Chenou
Bransles
Gueudreville
Bourg-Neuf
Yèvre-la-Ville
Inviliers
Boësse
Beaumont-du-Gâtinais
Pilvernier
Mondreville
Mézinville
Château-Landon
Dordives
Jouy-en-Pithiverais
Escrennes
Givraines
Fontaine
Escrennes
Ascoux
Rougemont
Gaubertin
Villeneuve
Le Vau
Vatteau
Nargis
Laas
Boynes
Barville-en-Gâtinais
Auxy
Chaufour
Sceaux-du-Gâtinais
Fontenay-sur-Loing
Mareau-aux-Bois
Bouzonville-aux-Bois
Verrine
Courcelles
Egry
Gondreville
Chemin de César
Préfontaines
Ferrières
Santeau
Arconville
Bouilly-en-Gâtinais
Loiret
Marcilly
Le Chênoy
Treilles-en-Gâtinais
Griselles
Chilleurs-aux-Bois
Vrigny
Nancray-sur-Rimarde
Batilly-en-Gâtinais
Beaune-la-Rolande
Le Pavé-de-Juranville
Corbeilles
Le Pin
Girolles
Courcy-aux-Loges
St-Michel
Mignerette
Corquilleroy
Bois-le-Roi
Chambon-la-Forêt
Villeneuve
Montbarrois
Juranville
Mignères
Gondreville
Fontenay-sur-Loing
Galleraud
St-Loup-des-Vignes
Lorey
Chapelon
Cepoy
Paucourt
Forêt de Montargis
Chemault
Boiscommun
Fréville-du-Gâtinais
Villevoques
Lancy
La Chapelle-St-Sépulcre
Nibelle
Montliard
Pannes
Buges
Châlette-sur-Loing
Vésine
Orléans
Moulon
Ladon
Montargis
Loury
Ingrannes
Nesploy
Bellegarde
Villemoutiers
St-Maurice-sur-Fessard
Villemandeur
Amilly
St-Germain-des-Prés
Trainou
Sully-la-Chapelle
Seichebrières
Chevillon-sur-Huillard
St-Firmin-des-Vignes
Sury-aux-Bois
Auvilliers-en-Gâtinais
Marsan
Mormant-sur-Vernisson
Conflans-s.-L.
Trois Croix
Vitry-aux-Loges
Combreux
Presnoy
Chailly-en-Gâtinais
Lombreuil
Vimory
Gy-les-Nonains
Sens
Courtenay
Joigny

Nangis
Provins
Montereau-Faut-Yonne
Moret-Loing-et-Orvanne
Bray-sur-Seine
Donnemarie-Dontilly
Pont-sur-Yonne
Sens
Soucy
Villeneuve-l'Archevêque
Villeneuve-sur-Yonne
Joigny
Chéroy
Lorrez-le-Bocage
Nemours
Ferrières
Courtenay
St-Julien-du-Sault
Mormant
Sourdun
Nogent-sur-Seine
Migennes
Forêt de Jouy
Forêt de Sourden
Forêt d'Othe
Forêt de Lancy
Forêt de l'Abbesse
Perceneige
77 Seine-et-Marne
89 Yonne
A5
A6
A19
E54
E511
E15
E60

Champagne Sèche
Forêt de la Traconne
Forêt d'Othe
Forêt des Rajeuses
Forêt de Crogny
Forêt de Cussangy
Forêt de Rumilly
Bois du Hayet
Parc Naturel Régional de la Forêt d'Orient
Autoroute des Anglais
TROYES
Ste-Savine
St-Parres-aux-Tertres
St-Julien-les-Villas
Pont-Ste-Marie
La Chapelle-St-Luc
les Noës-près-Troyes
Rosières-près-Troyes
St-André-les-Vergers
La Rivière-de-Corps
Bréviandes
Bucheres
St-Léger-près-Troyes
St-Germain
Lavau
Creney-près-Troyes
la Vallotte
Barberey-St-Sulpice
Romilly-sur-Seine
Maizières-la-Gde-Paroisse
Méry-sur-Seine
Anglure
St-Just-Sauvage
Marcilly-s-S.
Conflans-s-S.
Nogent-sur-Aube
Arcis-sur-Aube
Plancy-l'Abbaye
Charmont-s/s-B.
Charmont
Mesnil-Sellières
Lusigny-sur-Barse
Vendeuvre
Verrières
Isle-Aumont
St-Thibault
Moussey
Bouilly
Sommeval
Estissac
Fontvannes
Aix-Villemaur-Pâlis
Aix-en-Othe
Villemaur-sur-Vanne
Vulaines
Rigny-le-Ferron
Bérulle
Marigny-le-Châtel
Fontaine-les-Grès
Savières
St-Lyé
Payns
Villacerf
Mergey
St-Mesnil
Vallant-St-Georges
Mesgrigny
Chauchigny
Premierfait
Nozay
Voué
Montsuzain
Aubeterre
Feuges
Luyères
Vailly
Ste-Maure
St-Benoît-sur-Seine
Villechetif
Bouranton
Laubressel
Thennelières
Ruvigny
Rouilly-St-Loup
Courteranges
Montaulin
Daudes
Montiéramey
Montreuil-sur-Barse
Fresnoy-le-Château
Courtenot
Vaudes
Chappes
Fouchères
Rumilly-lès-Vaudes
Cormost
St-Parres-lès-Vaudes
Villemoyenne
Troyes-le-Plessis
Troyes-Fresnoy le Château
St-Pouange
Villemereuil
Assenay
Villy-le-Maréchal
Villy-le-Bois
la Vendue-Mignot
Machy
Jeugny
Maupas
Longeville-sur-Mogne
Chamoy
Auxon
Eaux-Puiseaux
Ervy-le-Châtel
Chaource
Metz-Robert
les Loges-Margueron
Lantages
Vougrey
Villiers-sous-Praslin
Praslin
Lagesse
Cussangy
Vallières
Chesley
Etourvy
Prusy
Avreuil
Davrey
Montfey
Racines
Coursan-en-Othe
Villeneuve-au-Chemin
Chessy-les-Prés
Vanlay
Turgy
Maisons-lès-Chaource
Bagneux-la-Fosse
Balnot-la-Grange
Bragelogne-Beauvoir
Villiers-le-Bois
Quincerot
Channes
Flogny-la-Chapelle
Lignières
Marolles-sous-Lignières
Neuvy-Sautour
St-Florentin
Avrolles
Germigny
Vergigny
Jaulges
Chéu
Percey
Butteaux
Brienon-sur-Armançon
Esnon
Ormoy
Cheny
Chichy
Mont-St-Sulpice
Bouilly
Rebourseaux
Villiers-Vineux
Soumaintrain
Beugnon
Chailley
Turny
Venizy
Vigny
Champlost
Bellechaume
Mercy
Chatton
Bligny-en-Othe
Paroy-en-Othe
Arces-Dilo
Vaudevanne
les Fourneaux
le Monteland
Sormery
Boeurs-en-Othe
la Coudre
Villeneuve-l'Archevêque
Bagneaux
Flacy
Les Marchais
Rateau
Planty
Villadin
Palis
Pouy-sur-Vannes
Bercenay-le-Hayer
Marcilly-le-Hayer
Avon-la-Pèze
Echemines
Prunay-Belleville
St-Flavy
St-Lupien
Faux-Villecerf
Dierrey-St-Pierre
Dierrey-St-Julien
Mesnil-St-Loup
Grange-l'Evêque
Montgueux
Macey
Grange-au-Rez
Torvilliers
Lépine
Messon
Prugny
Bucey-en-Othe
Vauchassis
Laines-aux-Bois
Souligny
Chennegy
Bercenay-en-Othe
Thuisy
Vaugelé
Neuville-sur-Vannes
Paisy-Cosdon
Villemoiron-en-Othe
les Cornées-Laliat
St-Mards-en-Othe
la Bouillant
Maraye-en-Othe
Nogent-en-Othe
Longueperle
Gélannes
St-Aubin
Quincey
Ferreux
St-Loup-de-Buffigny
Tremblay
la Fosse-Corduan
St-Martin-de-Bossenay
Orvilliers-St-Julien
Ossey-les-Trois-Maisons
Origny-le-Sec
Pars-lès-Romilly
Crancey
St-Hilaire-sous-Romilly
les Granges
Pont-sur-Seine
Perigny-la-Rose
Esclavolles-Lurey
la Villeneuve-au-Châtelot
Barbuise
Plessis
Villiers-aux-Corneilles
Potangis
Montgenost
Bethon
Chantemerle
Fontaine-Denis-Nuisy
la Celle-sous-Ch.
Lancourt
Barbonne-Fayel
Queudes
Villeneuve-St-Vistre-et-Villevotte
St-Quentin-le-Verger
Allemanche-Launay-et-Soyer
Saron-sur-Aube
Baudement
Marigny
Thaas
la Chapelle-Lasson
St-Saturnin
Marsangis
Granges-sur-Aube
Vouarces
Angluzelles
Courcelles
Fresnay
Faux-Fresnay
Courcemain
Salon
Champfleury
Villiers-Herbisse
Herbisse
Allibaudières
Boulages
Etrelles-sur-Aube
Bagneux
Longueville-sur-Aube
Charny-le-Bachot
Rhèges-Bessy
Viâpres-le-Grand
Viâpres-le-Petit
Champigny-sur-Aube
Ormes
Pouan-les-Vallées
Villette-sur-Aube
le Chêne
Torcy-le-Grand
Torcy-le-Petit
St-Nabord-sur-Aube
Vaupoisson
Ortillon
Chaudrey
Mesnil-la-Comtesse
Mesnil-Lettre
Avant-lès-Ramerupt
Isle-Aubigny
Ramerupt
Vinets
Lhuître
Grandville
Dosnon
Trouans
Clesles
Châtres
St-Oulph
Droupt-Ste-Marie
Droupt-St-Basle
St-Etienne-sous-Barbuise
St-Rémy-sous-Barbuise
les Grandes-Chapelles
Rilly-Ste-Syre
Chapelle-Vallon
Charmont-sous-Barbuise
Fontaine-Luyères
Longsols
Onjon
Bouy-Luxembourg
Assencières
la Belle Epine
Sacey
Bouilly-Sacey
Rosson
Dosches
Belley
Villeneuve-Bigne
Brienne-le-Château
Bar-sur-Aube
Magnant
Châtillon-sur-Seine
Auxerre
Tonnerre

57
58
59
60
61
Arcis-sur-Aube
Troyes
St-Thibault
SAINT-DIZIER
Lac du Der-Chantecoq
(Réservoir Marne)
Ste-Marie-du-Lac-Nuisement
Montier-en-Der
La Porte du Der
Forêt du Der
Humbauville
le Meix-Tiercelin
Les Rivières-Henruel
St-Chéron
Arzillières-Neuville
Cloyes-sur-Marne
Moncetz-l'Abbaye
Orconte
Perthes
Hallignicourt
Moëslains
Eclaron-Braucourt-Ste-Livière
Humbécourt
Trouans
Dosnon
Grandville
Lhuitre
St-Quen-Domprot
Bréban
Corbeil
Chapelaine
Lignon
Somsois
Brandonvillers
Drosnay
Margerie-Hancourt
St-Utin
51 Marne
10 Aube
Dampierre
Vinets
Isle-Aubigny
Vaupoisson
Ramerupt
Vaucogne
Dommartin-le-Coq
Ortillon
Chaudrey
Morembert
Jasseines
Donnement
Pars-lès-Chavanges
Chavanges
Balignicourt
St-Léger-sous-Margerie
Arrembécourt
Joncreuil
Outines
Châtillon-sur-Broué
Giffaumont-Champaubert
Frampas
Droyes
Puellemontier
Allichamps
Louvemont
Wassy
Brousseval
Nogent-sur-Aube
Coclois
Brillecourt
Aulnay
Braux
Yèvres-le-Petit
Rosnay-l'Hôpital
Montmorency-Beaufort
Lentilles
Rives Dervoises
Ceffonds
Mesnil-Lettre
Avant-lès-Ramerupt
Verricourt
Pougy
Magnicourt
Chalette-sur-Voire
Bétignicourt
Lassicourt
Perthes-lès-Brienne
Blignicourt
Hampigny
Vallentigny
Maizières-lès-Brienne
Longeville-sur-la-Laines
Louze
Sommevoire
Mertrud
Longsols
Lesmont
St-Christophe-Dodinicourt
Précy-Notre-Dame
Précy-St-Martin
Val-d'Auzon
Montangon
Onjon
Bouy-Luxembourg
Pel-et-Der
Épagne
St-Léger-sous-Brienne
Brienne-le-Château
Brienne-la-Vieille
Blaincourt-sur-Aube
Juzanvigny
Crespy-le-Neuf
Epothémont
Sauvage-Magny
La Ville-aux-Bois
Anglus
Soulaines-Dhuys
Morvilliers
Piney
Brantigny
Villehardouin
Marthaux
Radonvilliers
Dienville
Chaumesnil
Petit-Mesnil
la Chaise
Trémilly
Nully-Trémilly
Blumeray
Dommartin-le-St-Père
Villiers-aux-Chênes
Doulevant-le-Château
Arnancourt
Villiers-le-Brûlé
Brévonnes
L'Étape
Chantemerle
Sacey
Rouilly-Sacey
Rosson
Dosches
Parc Naturel Régional de la Forêt d'Orient
Réservoir Aube
Lac d'Amance
Unienville
Juvanzé
Vernonvilliers
Fuligny
Ville-sur-Terre
Fresnay
Beurville
Géraudot
Lac de la Forêt d'Orient (Réservoir Seine)
la Loge-aux-Chèvres
Amance
Jessains
Trannes
Bossancourt
Eclance
Lévigny
Thors
Maisons-lès-Soulaines
Saulcy
Rizaucourt-Buchey
Courteranges
Lusigny-sur-Barse
Mesnil-St-Père
la Villeneuve-au-Chêne
Champ-sur-Barse
Vauchonvilliers
Magny-Fouchard
Dolancourt
Jaucourt
Arsonval
Montier-en-l'Isle
Ailleville
Engente
Arrentières
Colombé-la-Fosse
Colombé-le-Sec
Voigny
Argentolles
Montiéramey
Montreuil-sur-Barse
Vendeuvre-sur-Barse
Maison-des-Champs
Argançon
Spoy
Fravaux
Proverville
Bar-sur-Aube
Rouvres-les-Vignes
Lignol-le-Château
Colombey-les-Deux-Églises
Briel-sur-Barse
Puits-et-Nuisement
Nuisement
Fontaine
Couvignon
Montmartin-le-Haut
Villy-en-Trodes
Chauffour-lès-Bailly
Marolles-lès-Bailly
Thieffrain
Meurville
Baroville
Bayel
Lavilleneuve-aux-Fresnes
Troyes-le-Plessis
Troyes-Fresnoy Château
Chappes
Poligny
Beurey
Longpré-le-Sec
Bergères
Forêt des Dhuits
Fouchères
Courtenot
Fralignes
Magnant
Bligny
Urville
Arconville
Champignol-lez-Mondeville
Forêt de Clairvaux
Rennepont
Virey-sous-Bar
Bourguignons
Buxières-sur-Arce
Vitry-le-Croisé
Eguilly-sous-Bois
Bertignolles
Juvancourt
Longchamp-sur-Aujon
Maranville
Vaudrémont
Jully-sur-Sarce
Bar-sur-Seine
Chervey
Ville-sur-Arce
Chacenay
Noë-les-Mallets
Ville-sous-la-Ferté
Cirfontaines-en-Azois
Aizanville
Merrey-sur-Arce
Villemorien
Viviers-sur-Artaut
St-Usage
Fontette
Laferté-sur-Aube
Pont-la-Ville
Orges
Celles-sur-Ource
Landreville
Loches-sur-Ource
Villiers-sous-Praslin
Polisot
Arrelles
Polisy
Buxeuil
Neuville-sur-Seine
Essoyes
Verpillières-sur-Ource
Villars-en-Azois
Silvarouvres
Essey-les-Ponts
Marmesse
Châteauvillain
Gyé-sur-Seine
Cunfin
Dinteville
Créancey
Lingey
Avirey-Lingey
Balnot-sur-Laignes
Courteron
Lanty-sur-Aube
Ormoy-sur-Aube
Bois du Hayet
Bagneux-la-Fosse
Ricey-Bas
Grancey-sur-Ource
Autricourt
Gevrolles
Montribourg
Les Riceys
Plaines-St-Lange
Bragelogne
Bragelogne-Beauvoir
Beauvoir-sur-Sarce
Mussy-sur-Seine
Forêt du Val du Puits
Riel-les-Eaux
Latrecey-Ormoy
Coupray
Cour-l'Évêque
Arc-en-Barrois
Channes
Gommeville
Noiron-sur-Seine
Charrey-sur-Seine
Belan-sur-Ource
Montigny-sur-Aube
Veuxhaulles-sur-Aube
10 Aube
21 Côte-d'Or
52 Haute-Marne
A5
E17
E54
441
960
400
396
384
619
671
443
452
453
965

Ligny-en-Barrois
Commercy
Forêt de Ligny
Anceville
Cousances-les-Forges
Chamouilley
Eurville-Bienville
Joinville
Chevillon
Doulaincourt-Saucourt
Forêt du Pavillon
Andelot-Blancheville
Froncles
Vignory
Bologne
CHAUMONT
Forêt de la Garenne
Nogent-en-Bassigny
Montigny-le-Roi
Val de Meuse
Neufchâteau
Vaucouleurs
Gondrecourt-le-Château
Forêt du Vau
Bois de Chalvraines
Bois de Mareilles
Forêt de la Crête
Liffol-le-Grand
Bourmont
Bourbonne-les-Bains
Clefmont
Biesles
Langres
Dijon
Langres-Nord
92
Langres Corlée
57
58
59
60
61
Neuves-Maisons
Châtenois
Contrexéville
Toul
St Loup-s-S

Toul-Dommartin
Toul-Chaudeney
Vandœuvre-lès-Nancy
Heillecourt
Fléville-devant-Nancy
Ludres
Houdemont
Neuves-Maisons
Chaligny
Messein
Richardménil
Flavigny-sur-Moselle
St Nicolas-de-Port
Dombasle-sur-Meurthe
Sommerviller
Varangéville
Rosières-aux-Salines
Forêt de Vitrimont
Vitrimont
Colombey-les-Belles
Allain
Ochey-Thuilley
Bois Juré
Pont-St Vincent
Maizières
Méréville
Forêt de Meine
Neufchâteau
Châtenois
Vittel
Contrexéville
Mirecourt
Mattaincourt
Charmes
Bayon
Vézelise
Signal de Vaudémont
Forêt de St-Amond
Dompaire
Épinal
Chantraine
Golbey
Darney
Bains-les-Bains
Plombières-les-Bains
Xertigny
Monthureux-sur-Saône
Lamarche
Bourbonne-les-Bains
Martigny-les-Bains
Bulgnéville
Châtillon-sur-Saône
Passavant-la-Rochère
Forêt de Darney
Forêt de Flabémont
Forêt de Morimond
Côte de Hautmont
Route Verte
Lorraine-Sandaucourt-la-Trelle
Lorraine-Sandaucourt-les Rappes
Croix de Virine
Uxegney
Nomexy
Portieux
Vincey
Thaon-les-Vosges
Rambervillers
Uriménil
Sauville
Robécourt
Fresnes-sur-Apance
Langres-Nord
Montigny-le-Roi
Chaumont
Ligny-en-Barrois
Void-Vacon

0 1 2 4 6 8 10 km
0 1 2 4 6 miles

57

Gd
Ge
Gf
Ha
Hb
Sarrebourg
57
58
59
60
61
Strasbourg
Sélestat
Colmar
Lunéville
Einville-au-Jard
Raville-sur-Sânon
Bonviller
Crion
Sionviller
Forêt de Parroy
Embermènil
Xousse
Remoncourt
Avricourt (Moselle)
Avricourt (Meurthe et Moselle)
Igney
Amenoncourt
Leintrey
Gondrexon
Reillon
Autrepierre
Repaix
Gogney
Réchicourt-le-Château
St-Georges
Aspach
Ibigny
Richeval
Foulcrey
Fraquelfing
Hattigny
Laneuveville-lès-Lorquin
Niderhoff
Heille
Biberkirch
Troisfontaines
Walscheid
Voyer
Abreschviller
St Leon
Vasperviller
Grd-Soldat
Lettenbach
St-Quirin
Bertrambois
Lafrimbolle
les Harcholins
Turquestein-Blancrupt
Malcôte
Forêt de Turquestein
Cirey-s-Vezouze
Saussenrupt
Val-et-Châtillon
Gd Rougimont
Raon-lès-Leau
Raon-sur-Plaine
Donon
Blâmont
Frémonville
Taconville
la Forêt
Harbouey
Barbas
Domèvre-s-Vezouze
Halloville
Nonhigny
Petitmont
Parux
Montreux
Neuviller-lès-Badonviller
Bréménil
St Sauveur
Tête du Girecourt
Angomont
Badonviller
Allencombe
Col de la Chapelotte
Pierre-Percée
Fenneviller
Pexonne
Celles-sur-Plaine
Forêt du Tête du Coquin
Luvigny
Vexaincourt
Allarmont
Neuve Grange
Moussey
la Corbeille
Grandfontaine
Vacquenoux
Schirmeck
Fréconrupt
Maison Neuve
Rothau
Tête Pelée
Donon
Solbach
Fouday
Blancherupt
St-Blaise-la-Roche
Colroy-la-Roche
Ranrupt
Stampoumont
la Saicée
Bourg-Bruche
Saales
Col de Saales
le Climont
Chanteheux
Jolivet
Croismare
Laneuveville-aux-Bois
Manonviller
Marainviller
Thiébauménil
Moncel-lès-Lunéville
Forêt de Mondon
Véhο
Blémerey
Chazelles
Domjevin
Bénaménil
St Martin
Verdenal
Frémenil
Herbéviller
Ogéviller
Buriville
Réclonville
Mignéville
Pettonville
Hablainville
Vaxainville
Montigny
Ancerviller
St-Maurice-aux-Forges
Ste-Pôle
Reherrey
Brouville
Hériménil
Rehainviller
Laronxe
St-Clément
Xermaménil
Fraimbois
Chenevières
Vathiménil
Haudonville
Gerbéviller
Flin
Azerailles
Gélacourt
Criviller
Merviller
Vacqueville
Veney
Neufmaisons
Glonville
Fontenoy-la-Joûte
Baccarat
Badménil
Deneuvre
Moyen
Vallois
Séranville
Mattexey
Magnières
Domptail
St-Pierremont
Ménarmont
Giriviller
Essey-la-Côte
Remenoville
Deinvillers
Clézentaine
Xaffévillers
Bazien
Nossoncourt
Ste-Barbe
Bertrichamps
Thiaville-s-Meurthe
Lachapelle
Fagnoux
Raon-l'Étape
Grand Reclos
Val de Senones
Vallée du Rabodeau
la Petite-Raon
Moyenmoutier
Senones
le Saulcy
Champenay
Plaine
Poutay
Belval
le Mont
Vieux-Moulin
Ménil-de-Senones
le Puid
le Vermont
Saulxures
Solamont
Bourg
Grandrupt
St-Stail
Châtas
la Grande-Fosse
Hallainville
St Maurice-s-Mortagne
Roville-aux-Chênes
Doncières
Ménil-sur-Belvitte
Anglemont
Hardancourt
Ortoncourt
Fauconcourt
Romont
St Genest
Rehaincourt
Moyemont
Rambervillers
Forêt de Rambervillers
Brû
Jeanménil
St-Benoît-la-Chipotte
St-Blaise
St-Prayel
Pierre d'Appel
Etival-Clairefontaine
le Ménil
St-Remy
le Grand Himbaumont
Hurbache
la Hollande
le Pair
le Rouaux
Denipaire
Ban-de-Sapt
Fontenelle
Nayemont
Gemaingoutte
la Petite-Fosse
Colroy-la-Grande
Lubine
Fouillaupré
Provenchères-sur-Fave
Provenchères-et-Colroy
le Beulay
Lusse
les 3 Maisons
Tunnel Maurice Lemaire
Grd-Rombach
Hadigny-lès-Verrières
Fraispertuis
Fraispertuis City
St Gorgon
Housseras
Forêt de Rambervillers
Nompatelize
la Salle
St Michel-s-Meurthe
la Bourgonce
Sauceray
Herbaville
la Voivre
le Villé
St-Jean-d'Ormont
Robache
Roche du Sapin Sec
Spitzemberg
Nayemont-les-Fosses
Fraize
Saint-Dié-des-Vosges
Fosses
Pair-et-Grandrupt
Remomeix
Neuvillers-sur-Fave
Combrimont
Bertrimoutier
Raves
Wisembach
Roc du Haut du Faîte
Ste-Marguerite
Côte St Martin
Forêt de Mortagne
Col du Ht Jacques
la Bollé
Rougiville
Taintrux
Anozel
Rémomont
Saulcy-sur-Meurthe
Entre-deux-Eaux
Fouchifol
Mandray
Coinches
Ban-de-Laveline
Gemaingoutte
Quebrux
Verpellière
Lauterupt
Ste-Marie-aux-Mines
Fertrupt
Col de Ste-Marie
Echery
Ittenheim
la Petite-Liepvre
Badménil-aux-Bois
Vomécourt
Bult
St Hélène
Autrey
Ancienne Abbaye
Wuillaume-Fontaine
la-Haute
Fremifontaine
la-Basse
Mortagne
les Rouges-Eaux
Padoux
Destord
Domèvre-sur-Durbion
Villoncourt
Dompierre
Nonzeville
Pierrepont-sur-l'Arentèle
Sercœur
Bayecourt
Girecourt-s-Durbion
Gugnécourt
Grandvillers
Brouvelieures
Bois-de-Champ
Domfaing
Forêt de Champ
Belmont-sur-Buttant
Biffontaine
Vervezelle
l'Epaxe
Vanémont
Chevry
le Paire
Sarupt
St-Léonard
Col de Mandray
la Croix-aux-Mines
le Chipal
le Brezouard
Col des Bagenelles
Salem
Parc
Fréland
le Bonhomme
Col du Bonhomme
Dignonville
Vaudéville
Dogneville
Longchamp
Aydoilles
Fontenay
Méménil
Viménil
Bruyères
Laval-sur-Vologne
Champ-le-Duc
les Poulières
la Chapelle-devant-Bruyères
Mont Thiriville
la Houssière
l'Anoux
la Côte
les Gouttes
le Souche
Anould
Clefcy
Ruxurieux
Corcieux
Jeuxey
Deyvillers
Forêt d'Epinal
Charmois-devant-Bruyères
Lépanges-sur-Vologne
Fimenil
Prey
Deycimont
Beauménil
Herpelmont
Jussarupt
Lavaline-devant-Bruyères
Ivoux
Vienville
Aumontzey
Barbey-Seroux
Granges
Rambaville
Arrentès-de-Corcieux
Gerbépal
Plainfaing
Barançon
Habeaurupt
Tête des Faux
Lapoutroie
Ribeauguette
Hachimette
St Maurice
la Baffe
le Roulier
les Forges
Mossoux
le Bruleux
Faucompierre
St Jean-du-Marché
Houx
Docelles
Xamontarupt
Laveline-du-Houx
Champdray
Rehaupal
Vallée des Granges
Champ de Roche
Sachemont
la Scie
Haut de Steige
Route Joffre
Route des Crêtes
Col du Calvaire
Naturel
Orbey
Labaroche
Tannach
Pairis
l'Église
Dinozé
Cheniménil
Archettes
Laménil
Jarménil
Cascade de Tendon
Tendon
Arches
Gumenil
le Roulier
Aneuménil
Pouxeux
Tête de Cuveaux
Eloyes
Hadol
Géroménil
Le Tholy
la Forge
Liézey
Lac de Gérardmer
le Costet
Cascade de Mérelle
Ht Poirot
Gérardmer
Lac de Longemer
Xonrupt-Longemer
le Valtin
le Grand-Valtin
Martimpré
Col de Martimpré
la Glacière
le Plainfaing
Ban-sur-Meurthe
Défilé de Straiture
Rocher Belmont
Gazon de Faing
Lac Blanc
Lac Noir
le Tanet
Lac Vert
Régional
Ht Fourneau
Soultzeren
Hohrodberg
Route Verte
Wihr-au-Val
Gunsbach
Senade
Raon-Basse
Raon-aux-Bois
Longuet
la Racine
Houssière
St Nabord
Forêt de Fossard
Flaconnières
Cleurie
Route Verte
Putières
le Syndicat
Julienrupt
Roche du Diable
la Rochette
Retournemer
Belle-Hutte
Col de la Schlucht
Jardin alpin du Haut Chitelet
le Hohneck
Stosswihr
Luttenbach-près-Munster
Munster
Hohrod
Griesbach-au-Val
Soultzbach-les-Bains
Eschbach-au-Val
Breitenbach-Haut-Rhin
Muhlbach-sur-Munster
Metzeral
le Kastelberg
le Rainkopf
des Ballons
Seux
St Étienne-lès-Remiremont
St Amé
Fallières
Bellefontaine
Notre Dame
Sapois
Rochesson
Bas-Rupts
Col de Grosse Pierre
La Bresse
les Baraques
Vallée de la Vologne
Lac de Blanchemer
Cascades
Vagney
Lejole
Forêt de Noirgoutte
Rondfaing
Franould
Remiremont
Forêt de Humont
Dommartin-lès-Remiremont
Zainvillers
Gerbamont
Planois
Bramont
Wasserbourg
Schnepfenriedkopf
Sondernach
Landersen
Wintzfelden
le Petit Ballon
Col du Herrenberg
Mittlach
Lac des Corbeaux
Cascade du Heidenbad
Wildenstein
Cascade du Bockloch
Lac de Kruth-Wildenstein
Château de Wildenstein
Route des Crêtes/Route Joffre
Cascade
le Klintzkopf
Linthal
Lautenbach
St-Gangolf
Schweighouse
Sengern
Breitfirst
Vecoux
Tête de Houé
Reherrey
Basse-sur-le-Rupt
Thiéfosse
Ht du Roc
des Vosges
Chemeinil
Xoulces
Cornimont
Saulxures-sur-Moselotte
les Baranges
Travexin
Ventron
le Grand Ventron
Bain Romain
Breuil
Cascade du Géhard
la Beuille
Vallée des Roches
Cascade de Faymont
Lepange
Girmont-Val-d'Ajol
Faymont
le Pit Moulin
les Meix
Forêt de Longegoutte
Bains
Le Thillot

94

188-189
Baie de Douarnenez
Douarnenez
Pointe de Leydé
Pointe du Millier
Locronan
Plonévez-Porzay
Plomodiern
Quéménéven
Briec
Edern
Gouézec
Pont-Coblant
Châteauneuf-du-Faou
St-Goazec
Laz
les Montagnes Noires
Forêt de Nevet
Plogonnec
Poullan-sur-Mer
Pont-Croix
Pontekroaz
Audierne
Plouhinec
Pouldergat
Guengat
Ploneis
QUIMPER
KEMPER
Ergué-Gabéric
Coray
Elliant
Rosporden
St-Yvy
Landudec
Plozévet
Plogastel-St-Germain
Pluguffan
Cornouaille
Pouldreuzic
Plomelin
Baie d'Audierne
Plovan
Penhors
Plonéour-Lanvern
Pont-l'Abbé
Bénodet
Combrit
Fouesnant
Pleuven
Concarneau
Melgven
Beuzec-Conq
Trégunc
Nizon
Pont-Aven
Névez
St-Guénolé
Penmarc'h
Pointe de Penmarc'h
Phare d'Eckmühl
Plomeur
Pointe de la Torche
Plobannalec
Treffiagat
Guilvinec
Ar-Gelveneg
Loctudy
Île Tudy
Anse de Bénodet
Baie de Concarneau
Pointe de Mousterlin
Pointe de Beg-Meil
Pointe du Cabellou
Pointe de la Jument
Pointe de Trevignon
Côte de Cornouaille
Île aux Moutons
Île de St-Nicolas
Île Cigogne
Îles de Glénan
OCÉAN ATLANTIQUE
59
60
61
62
63
64

0 1 2 4 6 8 10 km
0 1 2 4 6 miles

Gourin
Roc de Toullaëron
Tréogan
Plouray
Langonnet
Guémené-s-Scorff
Pontivy
Cléguérec
Neuillac
Malguénac
Guiscriff
Scaër
Le Faouët
Priziac
Lignol
Kernascléden
Pays de Pontivy
Bannalec
Querrien
Roches du Diable
Meslan
Berné
Inguiniel
Bubry
Melrand
Pluméliau
Quimperlé
Kemperle
Mellac
Tréméven
Arzano
Plouay
Quistinic
St-Barthélemy
Baud
Riec-s-Belon
Moëlan-sur-Mer
Clohars-Carnoët
Guidel
Gestel
Quéven
Pont-Scorff
Caudan
Hennebont
Inzinzac-Lochrist
Languidic
Brandérion
Camors
Pulvigner
Lanester
Lannarster
Lorient
An Oriant
Ploemeur
Larmor-Plage
Port-Louis
Plouhinec
Merlevenez
Kervignac
Nostang
Landévant
Landaul
Ste-Hélène
Locoal-Mendon
Belz
Étel
Erdeven
Auray
Ploemel
Carnac
Plouharnel
la Trinité-sur-Mer
Crac'h
Île de Groix
Groix
Locmaria
Pointe de Gâvres
Pointe du Talut
Anse du Pouldu
Presqu'île de Quiberon
Quiberon
Kiberen
St-Pierre-Quiberon
Pointe du Conguel
Baie de Quiberon
I Q U E

We
79
Wf
Pontivy
Xa
Pontivy
64
Xb
Pontivy
Xc
61
62
63
64
65
Inguiniel
Kerbohan
Caniac
St-Armel
Kervalan
Melrand
Bieuzy
St-Nicolas-des-Eaux
Talvern-Nenez
Kermaux
Pluméliau-
Remungol
Réguiny
Radenac
Lantillac
Locolven
Locmaria
Lochrist
Bubry
St-Hilaire
Kerbrégent
Pontivy
Kerguescanff
Keraizé
St-Rivalain
St-Thuriau
Kernestic
Siviac
Kerrob
Bulèon
St-Yves
Locmaria
St-Barthélemy
Kergroix
Guénin
Guernic
Moréac
Kerimars
Faouët
St-Maurice
Quistinic
St-Adrien
Kergal
St-Allouestre
Ste-Anne
Kernihuel
Lanvaudan
Locunolé
Lomelec
St-Barbe
Crann
Kergilet
Châteaubriant
Guéhenno
Calan
Les Perenno
Mane-er-Ven
Baud
Kerdehel
Kergauthier
Locminé
Bignan
Kermoisan
Kerlois
St-Symphorien
Bois de Trémelin
Pont Augan
Lambézégan
la Chapelle-Neuve
Plumelin
Billio
Kerguer
Pengueten
Quellenec
Kerandué
Lann-Menhir
Moustoir-Ac
Kervéhel
St-Yann-Brevele
St-Jean-Brévelay
Trébihan
Inzinzac-Lochrist
Lanveur
le Gd-Resto
Forêt de Camros
Camros
Kervihan
St-Quidy
le Bézo
le Foz
le Creux
Gonnec
Locmaria
Kerhéro
Plumelec
Hennebont
Talhouet
St-Jean
Lambel
Forêt de Floranges
Languidic
Local-Camors
Croix-de-Bois
Kerguillerme
Colpo
Cadoudal
Lezourdan
Kerdosso
Kervréhan
N.-D.-des-Pins
Bienzy-Lanvaux
Kerdroguen
le Guérihuel
la Poche
Trédion
St-Étienne
Miladec
Haquéla
Malachappe
Trélécan
Résordoué
Bois de Botségalo
Loperhet
Trévidel
Brandérion
Séludierne
Tréauray
le Moustoir
Lanvaux
LANESTER
LANNARSTER
le Besto
Kervignac
Lotuen
Locadour
Kerverh
Landévant
Pulvigner
Brandivy
Néherlann
Lopabu
Locméren-des-Bois
Pont-du-Loc
Plaudren
St-Thomin
Kerambourg
St-Trémeur
le Poteau
Parc-er-Menach
Grand-Champ
Gregam
Locmaria-Gd-Champ
Locqueltas
Morbouleau
Kerabus
Bauchêne
Camaret
St-Sterlin
Légevin
Langombrac'h
Landaul
Kergroix
Kerlois
Kerfily
Elven
An Elven
Merlevenez
Nostang
Larmor
Tréavrec
Calan
St-Colomban
Langroix
Plumergat
Locméren-des-Prés
Monterblanc
Kerleau
Largoët
Locjan
Ste-Hélène
Kerfresec
Brech
Resto
Villeneuve-Petit-Normand
Moustoir-des-Fleurs
Riantec
Groac'h Carnet
Kerdavid
Pointe du Verdon
Lapaul
Guerveur
Locmaria
Kervaly
Bodéan
Tréhonte
Manéguen
Pointe de Mané Hellec
Local-Mendon
Ste-Anne-d'Auray
Meucon
Rulliac
St-Ave
St-Trve
St-Nolff
Kerner
Plouhinec
Nestadic
la Forest
le Moustoir
St-Degan
Kerstran
Mériadec
Plescop
Kervarlay
Kergo
St-Cado
Tréfléan
Magouëro
Loquenin
Lamor
Belz
Ménec
Auray
Pluneret
Trémouëc
Bélean
St-Amon
ST-GUEN
MENIMUR
Bizole
Sulniac
Lostihuel
Étel
Kerdonnerch
St-Cado
St-GOUSTAN
Plougoumelen
Laverdon
St-Laurent
Ploemel
Lestréviau
Ploeren
Le Vincin
le Gorvello
Erdeven
Lisveur
Locmaria
Ste-Avoye
Bono
Kervenir
Arradon
Conleau
VANNES
GWENED
Pointe d'Erdeven
Crucuno
Kerdrec'h
St-Galles
Séné
Theix-Noyalo
Kernau
Clesse
Loperhet
Penhouet
Crac'h
Baden
le Moustoir
Penmern
Langle
Cadouarn
Ste-Barbe
Plouhamel
Dolmen, Tumulus, Alignements
Mériadec
Pointe d'Arradon
Ile de Boedé
Kerarden
le Hézo
Kerisper
Port-Blanc
Broueil
Ile d'Arz
le Ménec
St-Philibert
Locmiquel
Larmor-Baden
Ile-aux-Moines
Kerno
Gréavo
Golfe du Morbihan
Surzur
Lezuis
la Trinité-sur-Mer
Ile Gavrinis
Ile Tascon
St-Armel
Carnac
Carnac-Plage
St-Colomban
Ile aux Moines
Pointe de Liouse
Ile Hur
Trévérel
Trémoyec
Penthièvre
Pointe Saint-Colomban
Locmariaquer
St-Pierre
Kerpenhir
Arzon
Kerners
Ile Huric
St-Colombier
la Belle-Croix
Île Theviec
Bénance
Brillac
Sarzeau
Port-Navalo
Sarzhav
Roze
Kerhostin
Portivy
Pointe du Percho
St-Pierre-Quiberon
Île Méaban
Pointe du Petit Mont
Kerjouanno
la Saline
Kerguet
Bodérin
le Tour-du-Parc
Penerf
Damgan
Baie de Quiberon
Présqu'île de Quiberon
Côte Sauvage
Kerpont
St-Gildas-de-Rhuys
Gouézan
Kerignard
Kermoizan
Penvis
Quiberon
Kiberen
Port-Haliguen
Beger Houlannec
Kerné
Kercambre
Kerfontaine
Pointe de St-Jacques
Pointe de Penvins
Kervozès
Pointe du Conguel
Phare de la Teignouse
Passage de la Teignouse
Île Dumet
Pointe des Poulains
Île d'Houat
Houat
Pointe de Cardinal
Fort Sarah-Bernhardt
Grotte de l'Apothicairerie
Sauzon
Port-Fouquet
Pointe de Taillefer
Roserière
Citadelle Vauban
Le Palais
Passage des Sœurs
Pointe de Vieux Château
Île d'Hœdic
Hœdic
Bordelanne
Borticado
Bruté
Belle-Île
Plage de Bordadoue
Plage des Grands Sables
Port Donnant
Donnant
Bordardué
Bangor
Pointe de Kerdonis
Grand Phare
Kervilahouen
Samzun
Aiguilles de Port Coton
Goulphar
Kervarjon
Borvran
Borderhouat
Domois
Grand-Village
Locmaria
Port Maria
Plage d'Herlin
Pointe de Pouldon
Pointe de l'Échelle
Côte Sauvage
OCÉAN
ATLANTIQUE
Phare du Four
la Calebasse

0 2 4 6 8 10 km
0 1 2 4 6 miles

Josselin
Ploërmel
Campénéac
Beignon
Maxent
Guer
Val d'Anast
Maure-de-Bretagne
La Chapelle-Bouëxic
Guignen
Lohéac
Malestroit
Ruffiac
Carentoir
Pipriac
Guipry
La Gacilly
Pleucadeuc
Rochefort-en-Terre
Peillac
Redon
Questembert
Malansac
Allaire
Langon
Bain-de-Bretagne
Muzillac
Péaule
Marzan
Nivillac
La Roche-Bernard
St-Gildas-des-Bois
Guenrouet
Plessé
Guémené-Penfao
Missillac
Pontchâteau
Herbignac
Parc Naturel Régional de Brière
Guérande
Savenay
Montoir-de-Bretagne
Donges
Trignac
St-Nazaire
Le Croisic
La-Baule-Escoublac
Pornichet
St-Brevin-les-Pins
Paimbœuf
Cordemais
Châteaubriant
Blain
Nantes
61
62
63
64
65

Guichen
Janzé
Retiers
Martigné-Ferchaud
Bain-de-Bretagne
Messac
Guipry
Le Sel-de-Bretagne
Grand-Fougeray
Châteaubriant
Derval
Guémené-Penfao
Nozay
Blain
Nort-sur-Erdre
Carquefou
Orvault
La Chapelle-sur-Erdre
Thouaré-sur-Loire
Sucé-sur-Erdre
Riaillé
Joué-sur-Erdre
Le Temple-de-Bretagne
St-Etienne-de-Montluc
Cordemais
Bouvron
Fay-de-Bretagne
Héric
Saffré
Treffieux
Rougé
Soudan
Erbray
Moisdon-la-Rivière
Oudon
Ancenis
Orée d'Anjou
Divatte-sur-Loire
Mauves-sur-Loire
St-Julien-de-Vouvantes
Vallons-de-l'Erdre
Lohéac
Guignen
Pipriac
Plessé
Redon
Nantes
Nantes-Centre/Ste-Luce
Clisson
Forêt du Gâvre
Forêt de Teillay
Forêt de la Guerche
Forêt de Juigné
Loire

0 1 2 4 6 8 10 km
0 1 2 4 6 miles

Cossé-le-Vivien
Méral
St Poix
Cuillé
Gastines
Laubrières
la Selle-Guerchaise
Fontaine-Couverte
Ballots
la Roë
St Michel-de-la-Roë
St Aignan sur-Roë
la Selle-Craonnaise
Craon
Niafles
Athée
Livré
Cosmes
la Chapelle-Craonnaise
Denazé
Simplé
Quelaines St Gault
Houssay
Nuillé-sur-Vicoin
Origné
St Gault
la Roche-Neuville
Loigné-sur-Mayenne
Peuton
Marigné-Peuton
Laigné
Prée-d'Anjou
Bazouges
Château-Gontier sur-Mayenne
Azé
St-Sulpice
St Germain-de-l'Hommel
Villiers-Charlemagne
Ruillé-Froid-Fonds
Froid-Fonds
Maisoncelles-du-Maine
le Bignon-du-Maine
Meslay-du-Maine
St Charles-la-Forêt
le Buret
Grez-en-Bouère
Bouère
St Denis-du-Maine
Chémeré-le-Roi
la Cropte
Préaux
Beaumont Pied-de-Bœuf
St Loup du-Dorat
les Agets
St-Brice
Longuefuye
Gennes-Longuefuye
Gennes-sur-Glaize
le Bourgneuf-la-Forêt
Fromentières
St-Aignan
Châtelain
Bierné
Bierné-les-Villages
Coudray
Argenton-Notre-Dame
St-Michel-de-Feins
St-Laurent-des-Mortiers
St-Denis-d'Anjou
St-Martin-de-Ville-Anglose
Miré
Chemiré-sur-Sarthe
Contigné
Daon
Ménil
Molière
Chemazé
St-Fort
Ampoigné
Mée
Pommerieux
Chérancé
Renazé
la Boissière
St-Christophe
Congrier
St-Saturnin-du-Limet
St-Martin-du-Limet
Bouchamps-lès-Craon
la Crue
Beauchêne
St-Quentin-les-Anges
Bourg-Philippe
Châtelais
les Anges
Virebouton
La Chapelle-Hullin
St-Gilles
Chazé-Henry
Grugé-l'Hôpital
Bourg-l'Évêque
Bouillé-Ménard
Champiré
L'Hôtellerie-de-Flée
Flée
St-Sauveur-de-Flée
la Ferrière-de-Flée
Montguillon
St-Martin du-Bois
Aviré
la Jaille-Yvon
Marigné
Chenillé-Changé
Chambellay
Querré
Cherré
Les Hauts d'Anjou
Brissarthe
Châteauneuf-sur-Sarthe
Sœurdres
Ombrée d'Anjou
Armaillé
Vergonnes
Combrée
Noëllet
Bel-Air
Noyant-la Gravoyère
Nyoiseau
St-Aubin-du-Pavoil
Segré-en-Anjou Bleu
La Chapelle-sur-Oudon
Louvaines
Ste-Gemmes-d'Andigné
Andigné
la Jaillette
Le Bourg-d'Iré
Le Tremblay
St-Michel-et-Chanveaux
Chenillé-Champteussé
Champteussé-sur-Baconne
Montreuil-sur-Maine
Champigné
Juvardeil
Etriché
Cellere
Moulin-d'Ivray
Thorigné-d'Anjou
Le Lion-d'Angers
Sceaux-d'Anjou
Cheffes
Écuillé
Tiercé
Grez-Neuville
la Source
Challain-la-Potherie
la Blamerie
la Poterie
Roche-d'Iré
la Motte
Piedgermé
Marans
Gené
la Mariolle
les Mortiers
Loiré
Chazé-sur-Argos
le Saule
Erdre-en-Anjou
la Chollaie
le Pin
Vritz
Candé
Angrie
Freigné
la Boulinaie
le Vivier
Brain-sur-Longuenée
La Pouëze
Pruillé
Feneu
Bourg
Soulaire-et-Bourg
le Vieux Briollay
Rives-du-Loir-en-Anjou
Briollay
Noyant
Pecheveque
la Dionière
Pellouailles-les-Vignes
Verrières-en-Anjou
Cantenay-Epinard
Écouflant
St-Sylvain-d'Anjou
les Plessis-Grammoire
Juigné-Béné
Montreuil-Juigné
Avrillé
Longuenée-en-Anjou
Le Plessis-Macé
La Membrolle-sur-Longuenée
les Poiriers
la Meignanne
St-Clément-de-la-Place
St-Jean-des-Marais
Bécon-les-Granits
les Brosses
les Forges
Chasnière
la Varenne
la Culée
Le Louroux-Béconnais
Val d'Erdre-Auxence
la Rousserie
la Haie-Diot
La Cornuaille
la Pugle
la Haie
les Touches
le Chillon
Maumusson
Belligné
Lasseron
St-Sigismond
Villemoisan
St-Augustin-des-Bois
la Gautraie
les Essarts
les Landes
St-Lambert-la-Potherie
St-Jean-de-Linières
St-Léger-des-Bois
St-Jean-de-Linières
Beaucouzé
Angers-Ouest
Angers-Nord
ANGERS
Les Portes d'Angers
Trélazé
la Daguenière
Juigné-sur-Loire
Les Garennes sur Loire
St-Jean-des-Mauvrets
St-Saturnin-sur-Loire
Aubance
Brissac Loire
St-Melaine-sur-Aubance
Vauchrétien
Mozé-sur-Louet
Soulaines-sur-Aubance
Les Ponts-de-Cé
Mûrs-Erigné
Ste-Gemmes-sur-Loire
Pruniers
St-Jean-de-Linières
Bouchemaine
la Pointe
Epiré
St-Jean-de-la-Croix
Solbre
Denée
Behuard
Rochefort sur-Loire
Savennières
la Rossonnières
le Port Girault
St-Georges-sur-Loire
St-Martin-du-Fouilloux
Chalonnes-sur-Loire
la Janière
St-Germain-des-Prés
Champtocé-sur-Loire
Ingrandes-Le Fresne-sur-Loire
Montjean-sur-Loire
Montrelais
Dodineau
le Pin
L'Abbaye
la Regeserie
Pouillé-les-Côteaux
La Roche-Blanche
St-Michel-du-Bois
Loireauxence
La Rouxière
La Chapelle-St-Sauveur
Barbe-Chat
la Peignerie
la Duberie
St-Herblon
Vair-sur-Loire
Anetz
Ancenis
Varades
la Charbonnerie
Le Marillais
St-Florent-le-Vieil
Liré
Bouzillé
La Chapelle-St-Florent
le Carroye
La Boissière-sur-Èvre
Croix-des-Victoires
Le Fuilet
les Recoins
St-Rémy-en-Mauges
Montrevault-sur-Èvre
St-Pierre-Montlimart
Chaudron-en-Mauges
St-Quentin-en-Mauges
Botz-en-Mauges
la Boutouchère
Marigné
Beausse
la Blinière
Le Mesnil-en-Vallée
St-Laurent-du-Mottay
Mauges-sur-Loire
La Pommeraye
Châteaupanne
Lingrée
Bourgneuf-en-Mauges
St-Laurent-de-la-Plaine
les Galardières
Ste-Christine
le Plessis-Boiteau
la Clairtière
Neuvy-en-Mauges
La Jumellière
Chaudefonds-sur-Layon
la Haie-Longue
la Blinière
le Breuil
St-Aubin-de-Luigné
Val-du-Layon
St-Lambert-du-Lattay
Beaulieu-sur-Layon
Rablay-sur-Layon
Faye-d'Anjou
la Touche
Bellevigne-en-Layon
Champ-sur-Layon
Thouarcé
Chanzeaux
Doua
Notre Dame-d'Allençon
Bonnezeaux
Chavagnes
Corniche Angevine
Loire
Mayenne
Oudon
Sarthe
Maine
Erdre
Verzée
53 Mayenne
49 Maine-et-Loire
Le Mans-Ouest
Longue-Jumelles
Saumur
Boussay

Laval
Château-Gontier
61
62
63
64
65
Nantes
Angers
Mauléon/Cholet-Sud
St-Denis-du-Maine
Chéméré-le-Roi
Saulges
Bannes
Brûlon
St Christophe-en-Champagne
Crannes-Souligné
St Georges-du-Bois
Allonnes
la Cropte
Préaux
Ballée
Epineux-le-Seguin
Val-du-Maine
Cossé-en-Champagne
Avessé
Chevillé
Poillé-sur-Vègre
St Ouen-en-Champagne
St Pierre-des-Bois
Viré-en-Champagne
Chantenay-Villedieu
Vallon-sur-Gée
Noyau
Athenay
Maigné
Louplande
Etival-lès-le-Mans
Voivres-lès-le-Mans
Chemiré-le-Gaudin
Spay
Fillé
la Bellé-Etoile
le Buret
Beaumont-Pied-de-Bœuf
Auvers-le-Hamon
Fontenay-sur-Vègre
Asnières-sur-Vègre
Tassé
Pirmil
St-Benoît
Fercé-sur-Sarthe
Roëzé-sur-Sarthe
Grez-en-Bouère
le Loup-du-Dorat
Bouessay
les Agets
Gastines-sur-Erve
Juigné-sur-Sarthe
Parcé-sur-Sarthe
Avoise
L'Océane
Noyen-sur-Sarthe
St-Jean-du-Bois
la Suze-sur-Sarthe
Guécélard
St-Gervais-en-Belin
Bouère
St-Brice
Solesmes
Dureil
le Pâtis
Parigné-le-Pôlin
Cérans-Foulletourte
Sablé-sur-Sarthe
Souvigné-sur-Sarthe
la Chapelle-du-Chêne
Vion
Malicorne-sur-Sarthe
Mézeray
Oizé
Yvré-le-Pôlin
Bierné-les-Villages
Pincé
Courtillers
Louailles
Parcé-s.-Sarthe
Arthezé
Courcelles-la-Forêt
la Fontaine-St-Martin
Requeil
St-Denis-d'Anjou
Roche-Davy
Sablé s. Sarthe/la Flèche
la Cour-du-Bois
Bousse
Ligron
St-Martin-de-Ville-Anglose
Précigné
le Bailleul
Villaines-sous-Malicorne
la Blancheraie
Chemiré-sur-Sarthe
Miré
Morannes-sur-Sarthe-Daumeray
Notre-Dame-du-Pé
Bosses
Crosmières
Château-Sénéchal
St-Jean-de-la-Motte
Mansigné
Contigné
la Chapelle-d'Aligné
Chênevert
Clermont-Créans
St-Germain-du-Val
Pringé
Luché-Pringé
Daumeray
St-Germain
Bazouges-sur-le-Loir
la Flèche
Mareil-sur-Loir
Châteauneuf-sur-Sarthe
Brissarthe
Durtal
Bazouges Cré sur Loir
Cré-sur-Loire
Thorée-les-Pins
la Rivaudière
Parc Zoologique du Tertre Rouge
la Courbe
Étriché
Juvardeil
Huillé-Lézigné
les Rairies
Fougeré
Clefs-Val d'Anjou
les Cartes
le Lude
Cheffes
Tiercé
Montreuil-sur-Loir
Bourgneuf
Montigné-lès-Rairies
Chevire-le-Rouge
St-Quentin-lès-Beaurepaire
Fosse-Porée
Savigné-sous-le-Lude
Dissé-sous-le-Lude
Verigné
Briollay
la Rochefoulques
Matheflon
Seiches-sur-le-Loir
Marcé
Richebourg
Beauvau
le Vaux
Montpollin
Vaulandry
Genneteil
Chigné
Broc
Rives-du-Loir-en-Anjou
Soucelles
Corzé
Chaumont-d'Anjou
Jarzé Villages
Échemiré
St-Martin-d'Arcé
Pontigné
Chalonnes-sous-le-Lude
Villevêque
Verrières-en-Anjou
Pellouailles-les-Vignes
Lué-en-Baugeois
Sermaise
le Vieil-Baugé
Baugé-en-Anjou
Chavaignes
Lasse
Auverse
Noyant-Villages
Dénezé-sous-le-Lude
St-Sylvain-d'Anjou
Fontaine-Milon
Parpacé
Bocé
le Guédéniau
Méon
Meigné-le-Vicomte
Les Portes d'Angers
ANGERS
Sarrigné
Foudon
Bauné
Cornillé-les-Caves
St-Georges-du-Bois
Chartrené
Fontaine-Guérin
Les Bois d'Anjou
Cuon
la Lande Chasles
Mouliherne
Breil
Gué-Morin
Coutardière
Monceau
Andard
Corné
les Rendus
la Croix-Boujuau
Mazé-Milon
Gée
la Croix-de-Bois-Maudet
Brion
Linières-Bouton
la Pellerine
Parçay-les-Pins
Trélazé
Brain-sur-l'Authion
Loire-Authion
Parc
la Macrère
le Canada
Beaufort-en-Anjou
Longué-les-Cossonnières
Embranchard
la Boulaie
Juigné-sur-Loire
la Bohalle
St-Mathurin-sur-Loire
le Montil
Roseray
Longué-la-Couaille
Vernantes
les Garennes sur Loire
St-Sulpice
Blaison-Gohier
Chauvigné
St-Rémy-la-Varenne
La Ménitré
Longué-Jumelles
St-Philbert-du-Peuple
Vernoil
Courléon
St-Jean-des-Mauvrets
St-Saturnin-sur-Loire
le Thoureil
les Mancotiers
Naturel
Beaucornu
la Sablonnière
Brissac Loire Aubance
Soulaines-sur-Aubance
St-Melaine-sur-Aubance
Coutures
Saint-Georges-des-Sept-Voies
Besse
Les Rosiers-sur-Loire
St-Clément-des-Levées
Blou
la Breille-les-Pins
la Cave-Vandelet
Charcé-St-Ellier-sur-Aubance
Chemellier
St-Pierre-en-Vaux
Neuillé
la Marzelle
Vauchrétien
Grézillé
Gennes-Val-de-Loire
Cunault
St-Martin-de-la-Place
Vivy
Loire
Anjou
Les Alleuds
la Genevraie
Trèves-Cunault
la Cour-d'Avort
Brain-sur-Allonnes
St-Nicolas-de-Bourgueil
Notre Dame
Aligny
Chênehutte-Trèves-Cunault
Allonnes
Régional
la Touche
Faye-d'Anjou
Saulgé-l'Hôpital
Louerre
Luigné
Milly-le-Meugon
Pompierre
la Croix
St-Hilaire
Russe
Les Fondis
la Taille
Bourgueil
Bellevigne-en-Layon
Bonnezeaux
Terranjou
Chavagnes
Noyant-la-Plaine
Tuffalun
Ambillou-Château
Beaucheron
Thouarcé
Sousigné
la Villaine
la Bournée
Verrie
St.-Florent
Villebernier

LE MANS
Ruaudin
Mulsanne
Teloché
Brette-les-Pins
Parigné-l'Évêque
Challes
Surfonds
Volnay
Bouloire
Maisoncelles
St-Calais
Conflans-sur-Anille
Montaillé
Marolles-lès-St-Calais
Mondoubleau
Cormenon
Baillou
Sargé-sur-Braye
Savigny-sur-Braye
Évaillé
Tresson
Val d'Étangson
Ste-Osmane
St-Mars-de-Locquenay
Villaines-sous-Lucé
Le Grand-Lucé
St-Mars-d'Outillé
Laigné-en-Belin
Ecommoy
Marigné-Laillé
Forêt de Bercé
Jupilles
St-Vincent-du-Lorouer
Courdemanche
St-Pierre-du-Lorouer
St-Georges-de-la-Couée
Vancé
Bessé-sur-Braye
St-Gervais-de-Vic
la Chapelle-Huon
Montreuil-le-Henri
Cogners
Ste-Cérotte
Fortan
Mazangé
Lunay
Thoré-la-Rochette
Montoire-sur-le-Loir
Lavardin
Troo
St-Quentin-les-Troo
Sougé
Artins
Couture-sur-Loir
Ponce-sur-le-Loir
Loir en Vallée
Ruillé-sur-Loir
Les Vaux Du Loir
La Chartre-sur-le-Loir
Chahaignes
Lhomme
Marçon
Beaumont-sur-Dême
Montval-sur-Loir
Château-du-Loir
Vouvray-sur-Loir
Mayet
Verneil-le-Chétif
Aubigné-Racan
Vaas
Thoiré-sur-Dinan
Flée
Dissay-sous-Courcillon
Nogent-sur-Loir
Le Gué-de-Mézières
St-Christophe-sur-le-Nais
St-Paterne-Racan
Neuvy-le-Roi
Chemillé-sur-Dême
Villedieu-le-Château
Montrouveau
Ternay
Les Hermites
Monthodon
Authon
Villechauve
Saunay
Château-Renault
St-Laurent-en-Gâtines
Villedômer
Auzouer-en-Touraine
Neuillé-le-Lierre
Reugny
Nazelles-Négron
Amboise
Montreuil-en-Touraine
Vernou-sur-Brenne
Vouvray
Montlouis-sur-Loire
Lussault-sur-Loire
St-Martin-le-Beau
Dierre
Athée-sur-Cher
Azay-sur-Cher
Véretz
Larçay
TOURS
JOUÉ-LÈS-TOURS
ST-AVERTIN
Chambray-lès-Tours
St-Pierre-des-Corps
St-Cyr-sur-Loire
La Membrolle-sur-Choisille
Mettray
Notre-Dame-d'Oé
Parçay-Meslay
Rochecorbon
Chanceaux-sur-Choisille
Monnaie
Tours-la-Longue-Vue
Tours Val de Loire
Fondettes
Luynes
Ballan-Miré
Savonnières
Villandry
Druyé
Artannes-sur-Indre
Montbazon
Veigné
Esvres
Truyes
Cormery
Monts
Pont-de-Ruan
Langeais
Cinq-Mars-la-Pile
St-Michel-sur-Loire
Azay-le-Rideau
Rivarennes
Bréhémont
Lignières-de-Touraine
Cléré-les-Pins
Ambillou
Semblançay
Charentilly
Rouziers-de-Touraine
Beaumont-Louestault
Neuillé-Pont-Pierre
Sonzay
Souvigné
Château-la-Vallière
Courcelles-de-Touraine
Channay-sur-Lathan
Savigné-sur-Lathan
Hommes
Rillé
Brèches
Couesmes
Villiers-au-Bouin
St-Laurent-de-Lin
Ingrandes-de-Touraine
Restigné
Benais
Coteaux-sur-Loire
St-Patrice
Touraine
Forêt
Route des Parcs et Jardins
Sarthe-Touraine
L'Aquitaine

Af
Ba
69
Bb
Châteaudun
Châteaudun
Bc
Bd
61
62
63
64
65
St-Calais
Neuillé-Pont-Pierre
Tours
Villandry
Mondoubleau
Sargé-sur-Braye
Epuisay
Danzé
Morée
Fréteval
Forêt de Fréteval
Vendôme
Montoire-sur-le-Loir
Lavardin
St-Amand-Longpré
Selommes
Oucques
Beauce la Romaine
Ouzouer-le-Marché
Forêt de Marchenoir
Marchenoir
Mer
Petite Beauce
Beauce
Château-Renault
Herbault
BLOIS
Villebarou
Chambord
Forêt de Chambord
Forêt de Boulogne
Bracieux
Cheverny
Forêt de Cheverny
Cour-Cheverny
Le Controis-en-Sologne
Contres
Soings-en-Sologne
Amboise
Chenonceaux
Bléré
Montrichard Val de Cher
Pontlevoy
Thésée
St-Aignan
Selles-sur-Cher
Valloire-sur-Cisse
Veuzain-sur-Loire
Chaumont-sur-Loire
Forêt de Blois
Mesland
Onzain
Chailles
Les Montils
Candé-sur-Beuvron
Vineuil
St-Gervais-la-Forêt
B.-Villerbon
B.-Ménars
Nazelles-Négron
Noizay
Pocé-sur-Cisse
Route des Parcs et Jardins
Route des Dames de Touraine
L'Aquitaine
Val-de-Cher
TGV Atlantique
41 Loir-et-Cher
37 Indre-et-Loire
45 Loiret
A10
E05
E60
E604
Loches
Loches
100
Châtillon-sur-Indre
101
Châteauroux
0 1 2 4 6 8 10 km
0 1 2 4 6 miles

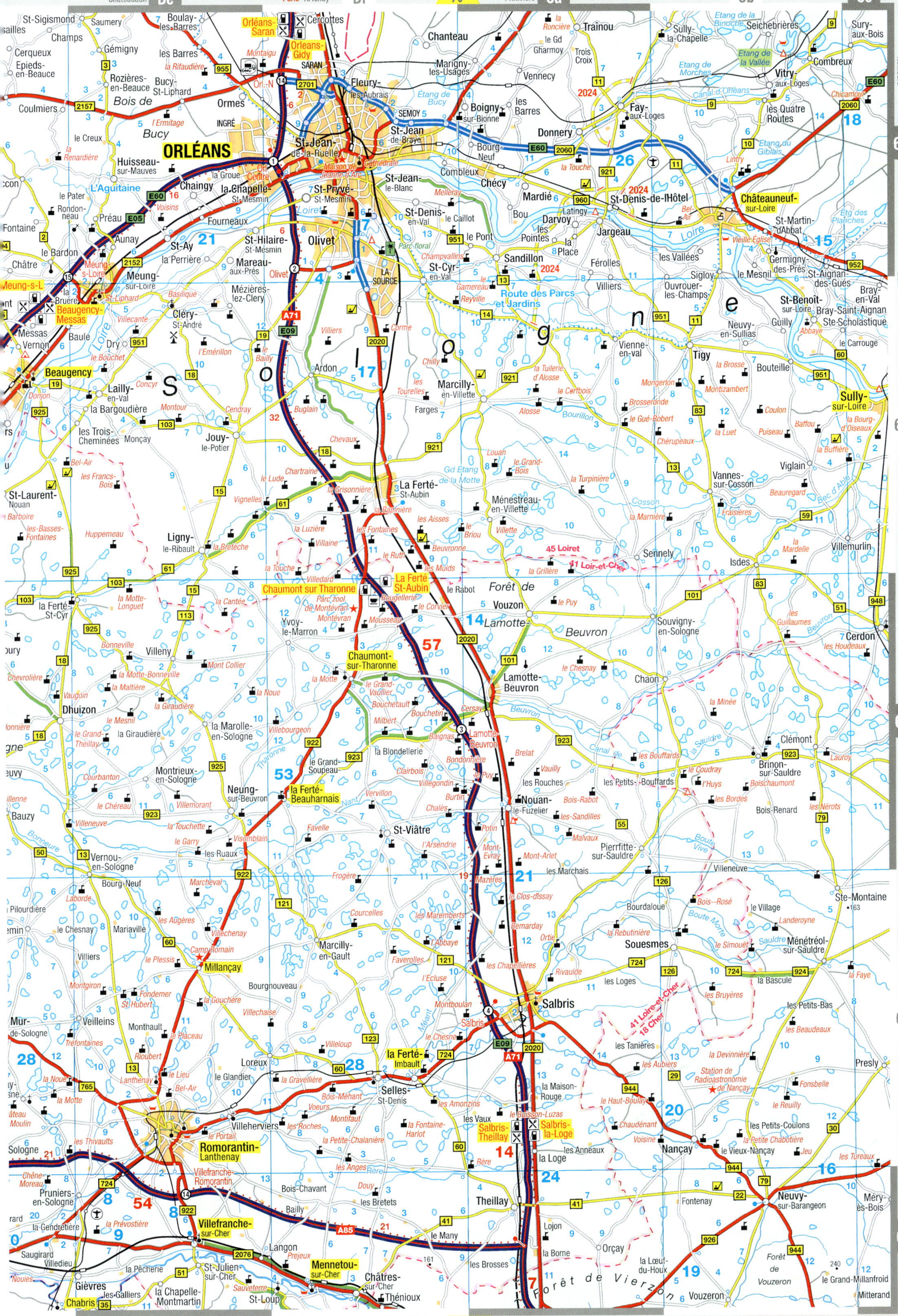
ORLÉANS
St-Jean-de-la-Ruelle
St-Jean-de-Braye
St-Jean-le-Blanc
St-Pryvé-St-Mesmin
Olivet
La Source
Fleury-les-Aubrais
Saran
Orléans-Saran
Orléans-Gidy
Cercottes
Chanteau
Marigny-les-Usages
Boigny-sur-Bionne
Semoy
Chécy
Combleux
Mardié
Donnery
Fay-aux-Loges
Vitry-aux-Loges
Châteauneuf-sur-Loire
St-Martin-d'Abbat
St-Denis-de-l'Hôtel
Jargeau
Darvoy
Sandillon
St-Cyr-en-Val
St-Denis-en-Val
Ingré
Ormes
Huisseau-sur-Mauves
Chaingy
la Chapelle-St-Mesmin
St-Ay
Meung-sur-Loire
Beaugency
Beaugency-Messas
Baule
Cléry-St-André
Mézières-lez-Cléry
Mareau-aux-Prés
St-Hilaire-St-Mesmin
Lailly-en-Val
Jouy-le-Potier
Ardon
Marcilly-en-Villette
La Ferté-St-Aubin
Ménestreau-en-Villette
Tigy
Vienne-en-val
Neuvy-en-Sullias
Sully-sur-Loire
St-Benoît-sur-Loire
Vannes-sur-Cosson
Isdes
Sennely
Viglain
Villemurlin
Ligny-le-Ribault
St-Laurent-Nouan
Chaumont sur Tharonne
Chaumont-sur-Tharonne
Yvoy-le-Marron
Villeny
Vouzon
Lamotte-Beuvron
Souvigny-en-Sologne
Chaon
Cerdon
Clémont
Brinon-sur-Sauldre
Dhuizon
La Marolle-en-Sologne
Montrieux-en-Sologne
Neung-sur-Beuvron
La Ferté-Beauharnais
St-Viâtre
Nouan-le-Fuzelier
Pierrefitte-sur-Sauldre
Vernou-en-Sologne
Millançay
Marcilly-en-Gault
Salbris
Souesmes
Ménétréol-sur-Sauldre
Ste-Montaine
Presly
Nançay
Neuvy-sur-Barangeon
La Ferté-Imbault
Selles-St-Denis
Romorantin-Lanthenay
Villeherviers
Villefranche-sur-Cher
Mennetou-sur-Cher
Châtres-sur-Cher
Theillay
Salbris-Theillay
Salbris-la-Loge
Orçay
Vouzeron
Pruniers-en-Sologne
Gièvres
Chabris
St-Julien-sur-Cher
Langon
Loreux
Mur-de-Sologne
Veilleins
Forêt de Vierzon
Forêt de Lamotte Beuvron
Sologne
Loire
45 Loiret
41 Loir-et-Cher
18 Cher
A71
A85
E60
E09
61
62
63
64
65

Forêt d'Orléans
Seichebrières
Sury-aux-Bois
Auvilliers-en-Gâtinais
Presnoy
Chevillon-sur-Huillard
Amilly
St-Firmin-des-Vignes
St-Germain-des-Prés
St-Formin-des-Bois
Châteaurenard
Combreux
Vitry-aux-Loges
Beauchamps-sur-Huillard
Chailly-en-Gâtinais
Lombreuil
Vimory
Mormant-sur-Vernisson
Conflans-s.-L.
Gy-les-Nonains
les Quatre Routes
Châtenoy
Noyers
Thimory
Oussoy-en-Gâtinais
Commodité
St-Hilaire-sur-Puiseaux
Mocquepoix
Montcresson
Coudroy
Grignon
Lorris
Vieilles-Maisons-sur-Joudry
la Cour-Marigny
Ouzouer-des-Champs
Solterre
Cortrat
Melleroy
Châteauneuf-sur-Loire
St-Martin-d'Abbat
Germigny-des-Prés
Varennes-Changy
Pressigny-les-Pins
les Lorrains
la Chapelle-sur-Aveyron
Jardin des Arbres
Route des Parcs et Jardins
Montereau
Bouzy-la-Forêt
Nogent-sur-Vernisson
Montbouy
St-Maurice-sur-Aveyron
le Mesnil
St-Aignan-des-Gués
St-Benoît-sur-Loire
Bray-en-Val
Bray-Saint-Aignan
les Bordes
le Moulinet-sur-Solin
Langesse
les Choux
Châtillon-Coligny
Ste-Geneviève-des-Bois
Neuvy-en-Sullias
Guilly
Ste-Scholastique
Bonnée
les Bézards
la Charme
Bouteille
St-Père-sur-Loire
Ouzouer-sur-Loir
Dammarie-sur-Loing
Aillant-sur-Milleron
Sully-sur-Loire
Dampierre-en-Burly
Bois-morand
Adon
Rogny-les-Sept-Écluses
St-Aignan-le-Jaillard
la Bussière
Feins-en-Gâtinais
Champo
Viglain
Lion-en-Sullias
Nevoy
Gien
Escrignelles
St-Gondon
Arrabloy
Bléneau
St-Florent
Villemurlin
Poilly-lez-Gien
Ouzouer-sur-Trézée
Breteau
Isdes
St-Martin-sur-Ocre
St-Brisson-sur-Loire
Briare
Route Jacques Cœur
Cerdon
Coulons
St-Firmin-sur-Loire
Dammarie-en-Puisaye
Autry-le-Châtel
Forêt de St-Brisson
Batilly-en-Puisaye
Châtillon-sur-Loire
Étang du Puits
les Boires-den-Haut
Villiers
Ousson-sur-Loire
Thou
Clémont
Chanoy
Faverelles
Brinon-sur-Sauldre
la Chabinerie
Argent-sur-Sauldre
les Ménigaults
Assay
Bonny-sur-Loire
l'Étang
Puits-d'Avenat
Bois-Renard
Blancafort
Cernoy-en-Berry
les Quétins
Beaulieu
Annay
les Gauvins
Neuvy-sur-Loire
Maimbray
Pierrefitte-ès-Bois
Santranges
Ste-Montaine
Aubigny-sur-Nère
Concressault
Oizon
Barlieu
Belleville-sur-Loire
le Village
la Grande-Borne
Sury-près-Léré
Ménétréol-sur-Sauldre
Dampierre-en-Crot
la Bassinerie
Sury-ès-Bois
Léré
la Celle-sur-Loire
le Grouseau
Vailly-sur-Sauldre
Charpignon
Savigny-en-Sancerre
Sours
Myennes
la Bascule
Ennordres
la Gaucherie
Thou
Assigny
Cours
les Petits-Bas
les Naudins
Villegenon
Boulleret
Cosne-Cours-sur-Loire
Forêt d'Ivoy
Ste-Gemme-en-Sancerrois
Presly
Jars
Sublignyy
le Noyer
la Savaterie
les Mollets
la Chapelle-d'Angillon
Colline
Bannay
Sury-en-Vaux
les Petits-Coulons
Boucard
Menetou-Râtel
Verdigny
Maimbré
Chaudoux
St-Satur
St-Thibault
Ivoy-le-Pré
la Chapelotte
Chezal-Reine
Chavignol
Sancerre
Maltaverne
Neuvy-sur-Barangeon
Méry-ès-Bois
les Gaudins
Boisbelle
les Cherriers
Sens-Beaujeu
Crézancy-en-Sancerre
Vinon
Ménétréol-sous-Sancerre
Thauvenay
Tracy-sur-Loire
Bois-Gibault
Forêt de Vouzeron
le Grand-Millanfroid
Henrichemont
les Gimonets
les Châtelets
Neuilly-en-Sancerre
Bué
Achères
la Borne
les Sigurés
Neuvy-Deux-Clochers
Voisy
St-Bouize
Couargues
Pouilly-sur-Loire
Mitterand
Motte d'Humbligny
Veaugues
Gardefort
Sancerre
du

Da
Nemours
Db
Sens
72
Dc
St-Florentin
Dd
De
Cudot
la Couline
la Petite Celle
la Celle-St-Cyr
Joigny
St-Cydroine
Laroche-
Migennes
Esnon
Vergigny
Montcorbon
Précy-
la Réserve
Béon
Chamvres
le Grand Longueron
St-Cydroine
Ormoy
Bouilly
Rebourseaux
l'Ordonnois
la Bruslerie
Douchy-
les Echarlis-Couvent
Sépeaux
le Grand Bailly
Paroy-sur-Tholon
Champlay
Epineau-les-Voves
Charmoy
Cheny
Chichy
Mont-St-Sulpice
Forêt de Pontigny
Triguères
les Grands-Moreaux
Dicy
Villefranche
Joigny
-St-Romain
Champvallon
Bonnard
Hauterive
les Baudières
les Prés-du-Bois
Pontigny
Prunoy
Chevillon
Volgré
la Maladrerie
Neuilly
Villemer
Bassou
Beaumont
Seignelay
Chêne-Arnoult
Malvrain
la Ferté-Loupière
Senan
Champloiseau
Cordeil
Chichery
Valravillon
Guerchy
Chemilly-sur-Yonne
Héry
Sevry
Rouvray
Venouse
Anc-Abbaye
Fontenouilles
la Haute Cave
Charny
Charny Orée de Puisaye
Chailleuse
Villiers-sur-Tholon
Aillant-sur-Tholon
Laduz
Branches
Appoigny
Guilbaudon
Forêt St-Germain
Montfort
Lignorelles
Chambeugle
Perreux
la Vieille Ferté
les Joubins
Bois des Ferriers
les Fièvres
Poilly-sur-Tholon
Sarrigny
Fleury-la-Vallée
Gurgy
Sougères-sous-Sinotte
la Rôde
Montigny-la-Resle
Marchais-Beton
Montigny
St-Martin-sur-Ouanne
Sommecaise
les Touchards
Bontin
les Ormes
Chassy
Bleury
le Grand Ponceau
les Bries
Auxerre-Nord
Monéteau
Villeneuve-St-Salves
Bleigny-le-Carreau
St-Denis-sur-Ouanne
Frauville
St-Aubin-Château-Neuf
St-Maurice-Thizouaille
-le-Vieil
Mormont
Brécy
Charbuy
Laborde
Beine
Tonnerre
Malicorne
Grandchamp
les Delétangs
Forêt de Merry-Vaux
Fourolles
Le Val d'Ocre
Merry-la-Vallée
Saint-Martin-sur-Ocre
Égleny
Lindry
Perrigny
AUXERRE
St-Germain
St-Étienne
les Soleines
Venoy
Auxerre-Sud
Venoy-Soleil Levant
Montallery
Egriselles
Nangis
Quenne
Venoy Grosse Pierre
Villiers-St-Benoît
Beauvoir
Chazelles
Nantou
les Ouches
Villefargeau
St-Georges-sur-Baulche
le Parc Vieil
Champignelles
Louesme
les Bergers
la Villotte
Dracy
Arthé
Parly
Vergeot
Pourrain
la Villotte
Augy
Vaux
Chitry
St-Cyr-les-Colons
Toucy
le Petit Arran
Chevannes
Vallan
Champs-sur-Yonne
St-Bris-le-Vineux
Villeneuve-les-Genêts
Tanerre-en-Puisaye
le Vernoi
Diges
Riot
Varennes
Escamps
Gy-l'Evêque
Site Archéol.
Jussy
Bailly
Escolives-Ste-Camille
Vincelottes
Autoroute du Soleil
Beaune
Septfonds
Sauilly
Moulins-sur-Ouanne
Semilly
Avigneau
Vincelles
Irancy
Cheuilly
Mézilles
les Carreaux
Fontaines
Volvent
Coulanges-la-Vineuse
St-Privé
la Grilletière
Coulangeron
Lalande
Leugny
Migé
Val-de-Mercy
Cravant
Vermenton
Accolay
Les Proux
Pesteau
Bazarnes
St-Martin-des-Champs
Ronchères
Étangs des Barres
le Tremblay
Levis
Chastenay
Ouanne
Merry-Sec
Mouffy
Ste-Pallaye
St-Fargeau
Sementron
Fontenoy
Bounon
Charentenay
Prégilbert
les Roudons
les Foucards
Pierrefitte
Fontenailles
Trucy-sur-Yonne
Avallon
la Puisaye
St-Sauveur-en-Puisaye
le Défens
Courson-les-Carrières
Fontenay-sous-Fouronnes
Séry
Bessy-sur-Cure
Base de Loisirs
Saints
le Grand Banny
Lain
Vassy
Taingy
Molesmes
Fouronnes
Mailly-le-Château
Lavau
Moutiers
Réservoir de Bourdon
l'Orme du Pont
Grangette
Fougilet
Aubigny
Chapoux
Anus
Villepot
Mailly-la-Ville
Boutissaint
la Malrue
Thury
Forêt de Frétoy
Avigny
la Bussière
Moulery
Rochers
Merry-sur-Yonne
Yonne
Loiret
Guerchy
Ste-Colombe-sur-Loing
la Motte
Sougères-en-Puisaye
Pesselière
Rochers du Saussois
Lac Sauvin
les Gibelins
le Chêneau
Vrilly
Ratilly
Source du Loing
Lainsecq
Druyes-les-Belles-Fontaines
Fontenailles
Festigny
Bois-d'Arcy
Arquian
Treigny
Beauvais
Châtel-Censoir
Perreuse
la Breuille
Chauminet
la Sauvin
Coulanges-sur-Yonne
Crain
Misery
Brosses
Argenoux
St-Amand-en-Puisaye
Meugnes
les Fragnes
la Poterie
Ferrières
Fontenille
Montillot
Sainpuits
Andryes
Lucy-s-Yonne
Faulin
les Bordes
les Barres
Etais-la-Sauvin
89 Yonne
58 Nièvre
Villeprenoy
Bourg Basson
Bouteau
Dampierre-sous-Bouhy
Surgy
Pousseaux
Lichères-s-Yonne
Avrigny
Jérusalem
Bitry
Flacy
Bouhy
Forges
le Tremblay
Charmois
la Forêt
Asnières-sous-Bois
St-Vérain
le Chesnois
Château-du-Bois
Billy-s-Oisy
Oisy
Les Bois-de-la-Madeleine
Ravière
Entrains-sur-Nohain
Fondelin
Trucy-l'Orgueilleux
Paroy
Clamecy
St-Martin
Armes
Crai
Chamoux
Alligny-Cosne
Réveillon
Chemin de St-Jacques
St-Loup
Villegéneray
Ciez
Jussy
Vrillon
Dordres
l'Orgueilleux
Corvol-l'Orgueilleux
Moulot
Chevroches
Dornecy
Breugnon
Rix
Sardy-les-Forges
Forêt de Maulay
la Bruyère
Vauchery
les Ormeaux
Menestreau
les Beaudions
Créantay
Sauzay
Villaine
Flez
Creux
Brèves
la Maison-Dieu
Fontenay-près-Vézelay
Parigny
la Grande-Brosse
la Motte
la Crotte
Couloutre
la Chapelle-St-André
Chivres
Courcelles
Châteauvert
Ouagne
Davion
Villiers-sur-Yonne
Asnois
Metz-le-Comte
Chambre
Brétignelle
Perroy
les Bardins
Saligny
Église romane
Teigny
Nuars
Pougny
Fontbout
le Vaudoizy
St Pierre-du-Mont
Église gothique
Amazy
Champagne
Bonneçon
St-Martin-sur-Nohain
Villiers
Donzy-le-Pré
Donzy
Abbaye de Notre Dame de Lepeau
Manou
Buzy
Villers-le-Sec
Thurigny
St-Germain-des-Bois
Tannay
Cuzy
Flez-Cuzy
Vignol
Saizy
Seigne
Chauffour
Collines du Nivernais
Varzy
Charlay
Cuncy-lès-Varzy
Cervenon
St-Didier
Flez
St-Laurent
St-Quentin-sur-Nohain
Forêt de Donzy
les Cabets
Colméry
Oudan
St-Pierre
Mhers
Beuvron
Villiers-s-Beuvron
Lys
Vignes
les Granges
Suilly-la-Tour
Champcelée
le Châtelet
les Duprés
Fly
Serres
Talon
Vaux
Monceaux-le-Comte
Moissy-Moulinot
Cessy-les-Bois
Dreigny
le Beauchot
Migny
Marcy
Parigny-la-Rose
Grenois
la Coudraye
Dirol
le Chemin
Chambeau
Ste-Colombe
Forêt
Villarnaud
Bondieuse
St-Malo-en-Donziois
les Bouquettes
Cœurs
les Masserons
Hubans
Asnan
Challement
Ruages
le Maréchal
Anthien
Chaume
le Magny
les Carrés
Fontaye
Bouras-l'Abbaye
Bourras-la-Grange
Champeau
Taconnay
Inty
les Bordes
Sancy
Congy
Maizière
Géophysique du Nivernais
le Lignou
de Bellary
les Taules
Champlemy
Corvol-d'Embernard
Chevannes-Changy
Mouchy
Sauvigny
Marigny-sur-Yonne
Villemolin
Bailly
Courcelanges
Auxois
Neuville
Chazeuil
Authiou
Treigny
Brinon-s-Beuvron
Moraches
Germenay
Agriez
Vièvres
Vielmanay
Grand Guichy
Chateauneuf-Val-de-Bargis
Chamery
la Vénerie
Thouez
Vassy
Soffin
Bussy-la-Pesle
Beaulieu
Michaugues
Dompierre-sur-Héry
Héry
Chitry-les-Mines
Corbigny
Boussas
Garchy
Nannay
la Charité-sur-Loire
Nevers
104
61
62
63
64
65
Autoroute du Soleil

Vergigny
Chéu
Butteaux
Percey
Jaulges
Flogny-la-Chapelle
Lignières
Coussegrey
Prusy
Chesley
Balnot-la-Grange
Bragelogne
Beauvoir-sur-Sarce
Villiers-Vineux
TGV Sud-Est
Marolles-sous-Lignières
Chaserey
Etourvy
Quincerot
Villiers-le-Bois
Bouilly
Rebourseaux
l'Ordonnois
Mont-St-Sulpice
Forêt de Pontigny
les Baudières
Pontigny
Héry
Seignelay
Rouvray
Venouse
Ligny-le-Châtel
Varennes
Carisey
Dyé
Roffey
Bernouil
Tronchoy
le Grand-Virey
Cheney
Dannemoine
Chamelard
Mélisey
Trichey
Arthonnay
Channes
Thorey
Villon
Rugny
Vertault
Maulnes
Méré
Vézinnes
Junay
Vézannes
Epineuil
Molosmes
St-Martin-sur-Armançon
Commissey
Baon
Cruzy-le-Châtel
Nicey
Channay
Sougères-sous-Sinotte
Montigny-la-Resle
Lignorelles
Villy
Maligny
Villeneuve-St-Salves
la Chapelle-Vaupelteigne
Fontenay-près-Chablis
Collan
Tissey
Tonnerre
Serrigny
Tanlay
Pimelles
Paisson
Laborde
Bleigny-le-Carreau
Beine
Poinchy
Milly
Chablis
Fleys
Fyé
Rameau
Béru
Viviers
Vrouerre
Bois de la Ville
St-Vinnemer
Argentenay
Gland
Gigny
Venoy
Egriselles
Nangis
Quenne
Montallery
Venoy-Soleil Levant
Venoy Grosse Pierre
Chichée
Courgis
Chemilly-sur-Serein
Poilly-sur-Serein
Sambourg
Fresnes
Lézinnes
Ancy-le-Libre
Ancy-le-Franc
Vireaux
Pacy-sur-Armançon
Sennevoy-le-Haut
les Forges
Stigny
la Maine
Chitry
Préhy
St-Cyr-les-Colons
Ste-Vertu
Môlay
Forêt Breault
Cusy
Chassignelles
Argenteuil-sur-Armançon
Fulvy
Ravières
St-Bris-le-Vineux
Bailly
Puits-de-Courson
Lichères-près-Aigremont
Aigremont
Arton
Annay-sur-Serein
Moulins-en-Tonnerrois
Villiers-les-Hauts
Nuits
Verdonnet
Asnières-en-Montagne
Vincelottes
Irancy
Autoroute du Soleil
Cheuilly
Vincelles
Vau-Germain
Noyers
Pasilly
Censy
Sanvigne
Cry
Perrigny-sur-Armançon
Arrans
Cravant
le Val St-Martin
Sacy
Nitry
Puits-de-Bon
Jouancy
Cours
Etivey
Aisy-sur-Armançon
Rougemont
Bazarnes
Accolay
Vermenton
Ste-Pallaye
Prégilbert
Essert
Sarry
Grimault
Forêt de Châtel-Gérard
Châtel-Gérard
Buffon
Montbard
Trucy-sur-Yonne
Lucy-sur-Cure
Joux-la-Ville
Tormancy
Annoux
Forêt de St-Jean
Anc. Prieuré de Vausse
St-Rémy
Sery
Bessy-sur-Cure
Arcy-sur-Cure
Massangis
Cure
Mailly-le-Château
Mailly-la-Ville
Civry-sur-Serein
Dissangis
les Souillats
Quincy-le-Vicomte
Quincerot
Crépand
Précy-le-Sec
Coutarnoux
L'Isle-sur-Serein
Marmeaux
le Pâtis
Bierry-les-Belles-Fontaines
Fain-lès-Moutiers
St-Germain-lès-Senailly
Senailly
Courcelles-lès-Semur
Merry-sur-Yonne
Nailly
Avigny
St-Moré
Voutenay-sur-Cure
Thory
la Cour
Ste-Colombe
Blacy
Thizy
Talcy
Santigny
Moutiers-St-Jean
Vassy
Pisy
Athie
Viserny
Lac Sauvin
Lucy-le-Bois
Provency
Angely
Cormarin
Montelon
Perigny
Montot
Jeux-lès-Bard
Villaines-les-Prévôtes
Châtel-Censoir
Bois-d'Arcy
Notre Dame d'Orient
Annay-la-Côte
Marcilly
Vassy
Montréal
Sceaux
Guillon-Terre-Plaine
Bard-lès-Epoisses
Genay
Chevigny
Semur-en-Auxois
Fontenille
Brosses
Montillot
Blannay
Girolles
Tharot
Valloux
Annéot
Avallon
Etaule
Montjalin
Bierry
Maison-Dieu
Trévilly
Vignes
Toutry
Corrombles
Millery
Pouligny
Bouteau
Givry
Vermoiron
Sauvigny-le-Bois
La Chaponne
Cisery
Epoisses
Torcy-et-Pouligny
Ménetoy
Avrigny
Asnières-sous-Bois
Asquins
Domecy-sur-le-Vault
Vault-de-Lugny
Gros Mont
Pontaubert
la Cerce
Magny
Etrée
St-André-en-Terre-Plaine
Savigny-en-Terre-Plaine
Sauvigny-le-Beuréal
Vieux-Château
Forléans
Vic-de-Chassenay
Pont-et-Massène
Vézelay
Basilique Ste-Madeleine
Island
Vallée du Cousin
Cussy-les-Forges
Chevannes
Touchebœuf
Montberthault
Chamoux
Tharoiseau
Parc
Champmorlin
St-Père
Fouilles des Fontaines Salées
Menades
le Grand Island
Marrault
Ste-Magnance
Courcelles-Frémoy
Thoste
Bierre-lès-Semur
Flée
Le Val-Larrey
Roilly
Sardy-les-Forges
Foissy-lès-Vézelay
Pierre-Perthuis
Précy-le-Moult
Montmardelin
Villiers-Nonains
Villeneuve
Sincey-lès-Rouvray
Montigny-St-Barthélemy
Genouilly
Forêt de Maulay
la Maison-Dieu
Fontenay-près-Vézelay
Sœuvres
Uzy
le Croi
Cure
Domecy-sur-Cure
Le Meix
St-Germain-des-Champs
St-Brancher
Sully
Bussières
Beauvilliers
Rouvray
Chamont
Dompierre-en-Morvan
Aisy-sous-Thil
Metz-le-Comte
Culêtre
Villurbain
Régional
Barrage du Crescent
Chastellux-sur-Cure
Lautreville
Villiers-les-Pos
St-Aubin
Corvignot
St-Andeux
La Roche-en-Brenil
Pont d'Aisy
Précy-sous-Thil
Eglise romane
Teigny
Nuars
St-Aubin-des-Chaumes
Chalvron
St-André-en-Morvan
Urbigny
Montigny
Notre Dame du Bien-Mourir
St-Léger-Vauban
Ferrières
St-Germain-de-Modéon
Champagne
Bonnecon
Bazoches
Athée
l'Huis-Bobin
Quarré-les-Tombes
Cuzy
Neuffontaines
Queuzon
le Montat
Marigny-l'Eglise
Trinquelin
Abbaye de la Pierre-qui-Vire
le Bon-Ru
Juillenay
Lacour-d'Arcenay
Vic-sous-Thil
Montlay-en-Auxois
Flez-Cuzy
Vignol
Saizy
Empury
Berges
Breugny
Poil-Chevré
Montmillien
Molphey
Monr Rond
Vignes
Vaux
Moissy-Moulinot
Monceaux-le-Comte
Vésigneux
Vassy
Chalaux
les Isles-Ménéfrier
le Jarnois
St-Didier
la Motte-Ternant
Dirol
le Chemin
Anthien
Pouques-Lormes
St-Martin-du-Puy
Jourland
Mazinien
les Lavauts
les Michaux
Chanteau
Ruages
les Bordes
le Maréchal
Sancy
Luxery
Magny
la Justice
Morvan
Barrage de Chaumeçon
le Vieux-Dun
Rocher de la Pérouse
l'Huis-Laurent
St-Agnan
Thomirey
Sauvigny
Marigny-sur-Yonne
Villemolin
Courcelanges
Bailly
Lormes
la Vallée
Sonne
Plainefas
Vermot
Dun-les-Places
Eschamps
Champeau
Saulieu
Villargoix
Auxois
Valentinges
Porcmignon
l'Huis-Bouché
Maison du Parc
le Vernois
Chitry-les-Mines
Corbigny
Fraifontaine
Ponty
Brizon
Brassy
le Parc
Dolmen Chevresson
St-Brisson
St-Léger-de-Fourches
Thoisy-la-Berchère
Varennes
Saugny
Cuzy
Doussas
Sommée
Auxerre-Nord
Auxerre
Clamecy
10 Aube
89 Yonne
21 Côte-d'Or
58 Nièvre
Forêt de Maulnes
Ruines gallo-romaines
A6
E15
E60
61
62
63
64
65

Mussy-sur-Seine
Forêt du Val du Puits
Riel-les-Eaux
Latrecey-Ormoy
Coupray
Mormant
Parc national
Gomméville
Noiron-sur-Seine
Charrey-sur-Seine
Belan-sur-Ource
Montigny-sur-Aube
Veuxhaulles-sur-Aube
Cour-l'Évêque
Arc-en-Barrois
Bugnières
Villers-Patras
Thoires
Boudreville
Dancevoir
Obtrée
Chaumont-le-Bois
Brion-sur-Ource
Bissey-la-Côte
Courban
Aubepierre-sur-Aube
Forêt d'Arc-en-Barrois
Forêt d'Ormancey
Giey-sur-Aujon
Ternat
Pothières
Mosson
Mont Lassois
Vix
Massingy
Lignerolles
Forêt de la Chaume
Etrochey
Louesme
Montliot-et-Courcelles
Layer-sur-Roche
Poinçon-lès-Larrey
Boux
Bois de la Chaume
La Chaume
Les Goulles
Cascade d'Étufs
Larrey
Marigny
Prusly-sur-Ource
St-Loup-sur-Aujon
Ste-Colombe-sur-Seine
Cérilly
Châtillon-sur-Seine
Villotte-sur-Ource
Maisey-le-Duc
Forêt de Bois aux Moines
Lucey
Gurgy-la-Ville
Rouvres-sur-Aube
Rochetaillée
Bissey-la-Pierre
Parc national
Arbot
Chameroy
Vanvey
Voulaines-les-Templiers
Faverolles-lès-Lucey
Gurgy-le-Château
Aulnoy-sur-Aube
Bay-sur-Aube
Ampilly-le-Sec
Villiers-le-Duc
Leuglay
Buxerolles
Vitry-en-Montagne
Rouelles
Balot
Buncey
de forêts
de forêts
Chambain
Germaines
Auberive
Massoult
Chamesson
Forêt de Châtillon
Recey-sur-Ource
Nesle-et-Massoult
Forêt de Chamesson
Nod-sur-Seine
Voisin
Menesble
Colmier-le-Haut
Colmier-le-Bas
Aisey-sur-Seine
St-Germain-le-Rocheux
Essarois
Villars-Santenoge
Langres
Planay
Coulmier-le-Sec
Chemin-d'Aisey
Puits
Le Puiset
Rochefort
La Forêt
Chaugey
Bure-les-Templiers
Santenoge
Vivey
Praslay
Savoisy
Brémur-et-Vaurois
Busseaut
Beaulieu
Montmoyen
Terrefondrée
Semond
Rompray
Poinson-lès-Grancey
Poinsenot
Musseau
Etais
St-Marc-sur-Seine
Origny
Bellenod-sur-Seine
Mauvilly
St-Broing-les-Moines
Beneuvre
Lamargelle-aux-Bois
Chalmessin
Vaugimois
Magny-Lambert
Meulson
Beaunotte
Moitron
Neuville-lès-Grancey
Villemervry
Mouilleron
Villaines-en-Duesmois
Cosne
Quemigny-sur-Seine
Aignay-le-Duc
Busserotte-et-Montenaille
Grancey-le-Château-Neuvelle
Villemoron
Le Petit Jailly
Minot
Bussières
Fontaines-en-Duesmois
Meursauge
Source de la Coquille
Fraignot-et-Vesvrotte
Vesvrotte
Courlon
Cussey-les-Forges
Touillon
Duesmois
Quemignerot
Etalante
Plateau de Langres
Abbaye de Fontenay
Emorots
Ampilly-les Bordes
Duesme
Larçon
Forêt de Cussey
Marmagne
Forêt de Millon
Jours-lès-Baigneux
Chaume-lès-Baigneux
Salives
Barjon
Avot
Les Forges
Marey-sur-Tille
Fresnes
Echalot
Forêt de Marey
Fain-lès-Montbard
Lucenay-le-Duc
Etormay
Cessey
Orret
Le Meix
Avelanges
Montbard
Eringes
Rue-du-Vau
Baigneux-les-Juifs
Forêt du Mont de l'Echelle
Poiseul-lès-Saulx
Centre d'Études Nucléaires
La Villeneuve-les-Convers
Forêt de Moloy
Seigny
Ménétreux-le-Pitois
Bussy-le-Grand
Bussy-Rabutin
Laperrière
Poiseul-la-Grange
Villey-sur-Tille
Grignon
Oigny
Léry
Luxerois
Grésigny-Ste-Reine
Darcey
Poiseul-la-Ville-et-Laperrière
Les Granges
Les Laumes
Fouilles d'Alésia
Billy-lès-Chanceaux
Courtivron
Saulx-le-Duc
Is-sur-Tille
Mont Auxois
Corpoyer-la-Chapelle
Lamargelle
Moloy
Tarsul
Diénay
Venarey-les Laumes
Alise-Ste-Reine
Frôlois
Chanceaux
Frénois
Marcilly-sur-Tille
Camp de César
Villa Gallo-Romaine
Gissey-sous-Flavigny
Pellerey
Villecomte
Mussy-la-Fosse
Pouillenay
Flavigny-s-Ozerain
Thenissey
St-Germain-source-Seine
Forêt de Is-sur-Tille
Massingy-lès-Semur
Hauteroche
Juilly
Magny-la-Ville
Ecorsaint
Blessey
Ploncey-sur-l'Ignon
Vernot
Souhey
Chassey
Leugny
La Roche-Vanneau
Boux-sous-Salmaise
Sources de la Seine
Chenereilles
Chaignay
Marigny-le-Cahouët
Brain
Clirey
Champagny
Vaux-Saules
Saussy
Villeferry
Jailly-les-Moulins
Salmaise
Francheville
Epagny
Marsannay-le-Bois
Villeneuve-sous-Charigny
Arnay-sous-Vitteaux
Dampierre-en-Montagne
Villeberny
Verrey-sous-Salmaise
Bligny-le-Sec
St-Seine-l'Abbaye
Curtil-St-Seine
Prairay
Forêt Dom de Val-Suzon
Savigny-le-Sec
Charigny
St-Abdon
Posanges
Montigny-sur-Armançon
Brianny
Ste-Colombe
Cessey-lès-Vitteaux
Villy-en-Auxois
Charencey
Villotte-St-Seine
St-Martin-du-Mont
Cestres
Val-Suzon
Bas-Val-Suzon
Haut-Val-Suzon
Braux
Marcilly-lès-Vitteaux
Dracy
Massingy-lès-Vitteaux
Turcey
Mont Tasselot
Norge-la-Ville
Clénay
Velogny
Vitteaux
Chevannay
Champrenault
Bordes Pillot
Forêt de Pasques
Etaules
Darois
Messigny-et-Vantoux
Asnières-lès-Dijon
Bretigny
Marcigny-sous-Thil
Clamerey
Vesvres
St-Hélier
Trouhaut
Prenois
Ahuy
Bellefond
Hauteville-lès-Dijon
Ruffey-lès-Echirey
Ledavrée
Normier
Barain
Verrey-sous-Drée
Blaisy-Bas
Bussy-la-Pesle
Panges
Circuit automobile
St-Thibault
Boussey
Saffres
Avosnes
Fontette
Blaisy-Haut
Pasques
Baulme-la-Roche
Plombières-lès-Dijon
Fontaine-lès-Dijon
Noidan
Beurizot
Uncey-le-Franc
Marcellois
Godan
Drée
Lantenay
Talant
St-Apollinaire
Villeneuve
Corcelotte
St-Mesmin
Savigny-sous-Mâlain
Ancey
Velars-sur-Ouche
Quetigny
Charny
Grosbois-en-Montagne
Sousseysur-Brionne
Les Lochères
Thorey-sous-Charny
Gissey-le-Vieil
St-Anthot
Reservoir de Grosbois
Mâlain
Mesmont
Fleurey-sur-Ouche
Plomb.-l.-D.
Fort de la Motte-Giron
Lac Kir
Palais des Ducs
Musée des Beaux-Arts
St-Bénigne
Neuilly-lès-Dijon
Missery
Le Chien Blanc
Martrois
Vielmoulin
Sombernon
Montbard
Pralon
Pont-de-Pany
Velars-s-Ouche
DIJON
Sennecey-lès-Dijon
Blancey
Eguilly
Civry-en-Montagne
Aubigny-lès-Sombernon
Remilly-en-Montagne
Fleurey-s-Ouche
Notre Dame d'Etang
Mont Afrique
Corcelles-les-Monts
Chenôve
Longvic
Mont-St-Jean
Bellenot-sous-Pouilly
Aubigny-lès-S.
Sombernon
Pont-de-Pany
Flavignerot
Marsannay-la-Côte
Neuilly-lès-Dijon
Fleurey
La Comme
Chailly-sur-Armançon
Pouilly-en-Auxois
Civry-en-Montagne
Echannay
Agey
Ste-Marie-sur-Ouche
Grenand-lès-Sombernon
Arcey
Montculot
Mont de Siège
Perrigny-lès-Dijon
Fort de Beauregard
Neuilly-Crimolois
Reservoir de Cercey
Créancey
Semarey
Commarin
Montoillot
Gissey-s-Ouche
Urcy
Couchey
Domois
Ouges
Dole Choisey
Langres
Gray
Beaune-Nord
Autun/Saulieu
Beaune

Parc national
Forêt d'Arc-en-Barrois
de forêts
Plateau de Langres
Langres
Corlée
Montigny-le-Roi
Val de Meuse
Langres-Nord
Langres-Perrogney
Langres-Noidant
Langres-Sud
Rolampont
Chaumont
Bourbonne-les-Bains
Terre-Natale
Longeau-Percey
Champlitte
Forêt de Champlitte
Forêt de Dampierre
Forêt de Marey
Forêt de Cussey
Forêt de Champerceau
Val d'Esmons
Forêt de Fontaine-Française
Forêt de Velours
Selongey
Is-sur-Tille
Til-Châtel
Mirebeau-sur-Bèze
Fontaine-Française
Gray
Arc-lès-Gray
Pesmes
Pontailler-sur-Saône
Dijon
Dijon-Brognon
Dijon-Arc-sur-Tille
Fontaine-lès-Dijon
Talant
St-Apollinaire
Chevigny-St-Sauveur
Longvic
Neuilly-Crimolois
Longchamp
Champagney
Marpain
Forêt-de-Belle-Vaivre
Fayl-Billot
Bussières
Champsevraine
Haute-Saône
Côte-d'Or
Haute-Marne
A5
A31
A39
E17
E21
E54
Beaune
Châtillon-sur-Seine
Plombières-lès-Dijon

Plombières-les-Bains
Fougerolles
Luxeuil-les-Bains
St-Sauveur
St Loup-sur-Semouse
Corbenay
Aillevillers-et-Lyaumont
le Val-d'Ajol
Passavant-la-Rochère
Jussey
Faverney
Port-sur-Saône
Vesoul
Lure
Saulx
Villersexel
Rougemont
Baume-les-Dames
BESANÇON
Marnay
Gy
Rioz
Montbozon
Scey-sur-Saône-et-St Albin
Combeaufontaine
Amance
Conflans-sur-Lanterne
Noidans-lès-Vesoul
Vaivre-et-Montoille
Frotey-lès-Vesoul
Quincey
Navenne
Echenoz-la-Méline
Montoille
Pusey
Coulevon
Amblans-et-Velotte
Genevreuille
Magny-Vernois
Roye
Pomoy
Mollans
Vy-lès-Lure
Vouhenans
Esprels
Villargent
Bourguignon-lès-Conflans
St Remy
Polaincourt-et-Clairefontaine
Vauvillers
Montdoré
Bourbévelle
Blondefontaine
Châtillon-sur-Saône
Vougécourt
Corre
Demangevelle
Ambiévillers
Montmotier
Trémonzey
Fontenoy-le-Château
Le Magny
la Basse-Vaivre
Alaincourt
Girefontaine
Bouligney
Magnoncourt
Fontaine-lès-Luxeuil
Ainvelle
Briaucourt
Varigney
Abelcourt
Breuches
Baudoncourt
Ailloncourt
Citers
Quers
Franchevelle
Lantenot
Genevrey
Colombe-lès-Bithaine
Adelans
Bouhans-lès-Lure
Châtenois
Creveney
Villeneuve-Bellenoye-et-la-Maize
Servigney
Meurcourt
Villers-lès-Luxeuil
Ehuns
Brotte-lès-Luxeuil
Equevilley
Breurey-lès-Faverney
Fleurey-lès-Faverney
Amoncourt
Conflandey
Chargey-lès-Port
Purgerot
Provenchère
Villers-sur-Port
Flagy
Vilory
Varogne
Bougnon
Auxon
Pusy-et-Epenoux
Charmoille
Villeparois
Colombier
Montcey
Velleminfroy
Calmoutier
Comberjon
Dampvalley-lès-Colombe
Colombe-lès-Vesoul
Esserney
Villers-le-Sec
Cerre-lès-Noroy
Noray-le-Bourg
Montjustin-et-Velotte
Autrey-lès-Cerre
Borey
Aillevans
Arpenans
les Aynans
Gouhenans
Longevelle
Athesans-Etroitefontaine
Villafans
Grotte de Solborde
Rocher de la Baume
Gouffre du Frais Puits
Andelarre
Andelarrot
la Demie
Neurey-lès-la Demie
Vallerois Lorioz
Vellefaux
Vallerois-le-Bois
Presle
Filain
Dampierre-sur-Linotte
Thieffrans
Bonnal
Cubry
Abbenans
Cuse-et-Adrisans
Nans
Gondenans-les-Moulins
Fontenelle-Montby
Mondon
Huanne-Montmartin
Tournans
Cendrey
Vergranne
l'Hôpital-St-Lieffroy
Clerval
Autechaux
Pont-les-Moulins
Cusance
Guillon-les-Bains
Chaudefontaine
Champoux
Marchaux
Amagney
Roulans
Deluz
Novillars
Thise
Chalezeule
Bois de la Côte du Mont
Forêt de Chailluz
Ecole-Valentin
Pirey
Miserey-Salines
Auxon-Dessus
Auxon-Dessous
Devecey
Tallenay
Bonnay
Merey-Vieilley
Cussey-sur-l'Ognon
Voray-sur-l'Ognon
Buthiers
Perrouse
Cromary
Boulot
Bussières
Etuz
Chaux
Boult
Sorans-lès-Breurey
Montarlot-lès-Rioz
Neuvelle-lès-Cromary
Cirey
Maizières
Pennesières
Authoison
Quenoche
Hyet
Fondremand
Ruhans
Aubertans
Villers-Pater
Ormenans
Besnans
Cognières
Thiénans
Recologne-lès-Rioz
Villers-Bouton
Trésilley
Fretigney-et-Velloreille
Bourguignon-lès-la-Charité
Grandvelle-et-le-Perrenot
Neuvelle-lès-la-Charité
Vezet
Fresne-St Mamès
Vellexon-Queutrey-et-Vaudey
la Vaivre
Vaudey
St Gand
la Vernotte
les Bâtie
Etrelles-et-la-Montbleuse
Vellemoz
Angirey
Citey
Velleclaire
Bucey-lès-Gy
Oiselay-et-Grachaux
Bonnevent-Velloreille
Montboillon
Gezier-et-Fontenelay
Chambornay-lès-Pins
Courcuire
Avrigney-Virey
Pin
Brussey
Emagny
Moncley
Recologne
Noironte
Chaucenne
Pelousey
Franey
Placey
Audeux
Chazoy
Cordiron
Ruffey-le-Château
Chevigney-s-l'Ognon
Charcenne
Choye
Autoreille
St-Maurice
Ray-s-Saône
Recologne
Vanne
Charentenay
Soing-Cubry-Charentenay
Vy-le-Ferroux
Noidans-le-Ferroux
Raze
Baignes
Rosey
Boursières
Clans
Velle-le-Châtel
Mont-le-Vernois
Chariez
Pontcey
Bucey-lès-Traves
Traves
Aroz
Cubry-lès-Soing
Fédry
Ovanches
Chantes
Rupt-sur-Saône
Chassey-lès-Scey
Ferrières-lès-Scey
Chemilly
Montigny-lès-Vesoul
Vauchoux
Scye
Grattery
Confracourt
Vy-lès-Rupt
Grandecourt
Theuley
Renaucourt
Vaconcourt-Nervezain
Cornot
la Neuvelle-lès-Scey
Gourgeon
Semmadon
Arbecey
Lambrey
Augicourt
Mercey
Gevigney-et-Mercey
Montigny-lès-Cherlieu
Bougey
Oigney
Preigney
Melin
Lavigney
Betoncourt-les-Ménétriers
St Marcel
Noroy-lès-Jussey
Vitrey-sur-Mance
Cemboing
Rosières-sur-Mance
Barges
Raincourt
Betaucourt
Cendrecourt
Magny-lès-Jussey
Montureux-lès-Baulay
Contréglise
Buffignécourt
Baulay
Fouchécourt
Aboncourt-Gésincourt
Port-d'Atelier-Amance
Menoux
Cubry-lès-Faverney
Bassigney
Senoncourt
Venisey
Tartécourt
Saponcourt
Ormoy
Ranzevelle
Hurecourt
Villars-le-Pautel
Aisey-et-Richecourt
Melincourt
Anchenoncourt-et-Chazel
Dampierre-lès-Conflans
Jasney
la Pisseure
Anjeux
Dampvalley-St-Pancras
Betoncourt-St Pancras
Mailleroncourt-St Pancras
Fontenois-la-Ville
Selles
Pont-du-Bois
la Côte
Martinvelle
Bousseraucourt
Liromcourt
Grignoncourt
Senaide
Fresnes-s-Apance
Jonvelle
Ameuvelle
Enfonvelle
Villars-St Marcellin
Melay
Plateau de Haute-Saône
TGV Rhin-Rhône
70 Haute-Saône
25 Doubs
52 Haute-Marne
88 Vosges
Héricourt
Belfort
Montbéliard
Audincourt

Gc
Gd
Ge
Gf
Ha
61
62
63
64
65
77
108
Épinal
Remiremont
Morteau
Parc Naturel Régional des Ballons des Vosges
Plombières-les-Bains
Luxeuil-les-Bains
Lure
BELFORT
Héricourt
MONTBÉLIARD
SOCHAUX
Audincourt
Valentigney
Delle
Porrentruy
St-Hippolyte
Giromagny
Le Thillot
Thann
Ballon d'Alsace
Ronchamp
Champagney
Rougemont-le-Château
Montagnes du Lomont
Rochers du Bourbet
Forêt de Longegoutte
St Loup-sur-Semouse
Vesoul
Baume-les-Dames
Baume-les-Dames Besançon
La Comtoise
Route des Crêtes
Route Joffre
Le Grand Ballon
Clos du Doubs
Doubs
Villersexel
L'Isle-sur-le-Doubs
Clerval
Pont-de-Roide
Maîche
Belfort-Nord
Belfort-Centre
Sévenans
Montbéliard-Centre
Porrentruy-Est
Porrentruy-Ouest
Le Bémont (JU)
Le Grand Ventron
Col de Bussang
St-Amarin
Masevaux
Oberbruck
Sewen
Mulhouse

Guebwiller
Soultz-Haut-Rhin
Rouffach
Ensisheim
Mulhouse
Altkirch
Ferrette
Delémont
Basel
St-Louis
Huningue
Weil a. Rh.
Lörrach
Rheinfelden
Riehen
Bad Krozingen
Staufen im Breisgau
Sulzburg
Müllheim
Badenweiler
Bad Bellingen
Kandern
Schopfheim
Liestal
Sissach
Balsthal
Moutier
Haute-Sorne
St-Ursanne
Laufen
Naturpark Südschwarzwald
Forêt de la Harth
Route du Rhin
Basel Land
Solothurn
Jura
Bern
Aargau
61
62
63
64
65

65
66
67
68
69
La-Baule-Escoublac
le Pouliguen
Pornichet
l'Immaculée
St-Sébastien
Bonne-Source
Ste-Marguerite
St-Marc
Fort de Leve
ST-NAZAIRE
Mindin
St-Brevin-les-Pins
St-Brevin-l'Océan
les Rochelets
St-Michel-Chef-Chef
Tharon-Plage
Grand Charpentier
la Banche
Corsept
Paimbœuf
St-Viaud
Frossay
Loire
la Brosse
le Landreau
la Rouaudière
la Maillardière
St-Père-en-Retz
le Prouaud
Pays de Rietz
le Pas-Bochet
Vue
Rouans
la Sicaudais
Cheix-en-Retz
la Pauvredrie
la Baconnière
le Feuillardais
Couëron
Le Pellerin
Launay
la Martinière
St-Jean-de-Boiseau
Brains
Jasson
St-Etienne-de-Montluc
l'Espérance
la Guillaumière
Pont-Giraud
la Mazure
la Plaine-sur-Mer
Cormier
Pointe de St-Gildas
Préfailles
Portmain
Côte de Jade
Ste-Marie
Pornic
la Mossardière
la Birochère
la Bernerie-en-Retz
la Sennetière
les Moutiers
le Clion-sur-Mer
la Rogère
l'Auvière
Chauvé
Haute Perche
la Bregeonnière
la Severie
la Croix
Canal de Haute Perche
Chaumes-en-Retz
Arthon-en-Retz
Chéméré
la Tartouzerie
St-Hilaire-de-Chaléons
Ste-Pazanne
le Pont-Béranger
la Tindière
les 4-Reux
la Boulaye
Port-St-Père
St-Léger-les-Vignes
St-Mars-de-Coutais
la Rivière
Grandville
Briord
le Pilon
Baie de Bourgneuf
Pierre Moine
Île du Pilier
la Blanche (Ancienne Abbaye)
la Madeleine
le Grand-Viel
Pointe de l'Herbaudière
l'Herbaudière
Plage de Souzeaux
Bois-de-la-Chaise
Noirmoutier-en-l'Île
Aquarium
Île de Noirmoutier
l'Epine
la Guérinière
le Fier
Pointe de la Loire
Barbâtre
les Onchères
la Frandière
la Fosse
La Barre-de-Monts
Passage du Gois (Route praticable à mer basse)
Roches de Bouin
les Brochets
la Coupelasse
l'Epoids
Île de Bouin
Bouin
les Billarderies
Bellevue
Beauvoir-sur-Mer
Prigny
la Morandière
la Davière
Lyrone
le Collet
Bourgneuf-en-Retz
Villeneuve-en-Retz
le Pont-du-Fresne
la Glémerie
St-Cyr-en-Retz
Fresnay-en-Retz
la Salle
Marais de Machecoul
Machecoul-Saint-Même
la Prée
le Coudrais
Quinquenevent
44 Loire-Atlantique
85 Vendée
Paulx
les 5-Routes
Bois-de-Céné
la Poinière
Ancienne Abbaye Ile-Chauvet
la Laumière
la Coutellerie
la Carouère
le Breil
le Bois-Flamberge
la Guibretière
la Roche
la Berderie
le Branday
la Marzelle
St-Lumine-de-Coutais
le Moulin-Henriette
la Soherie
le Breuil
la Marne
le Flachou
Lerrière
l'Ardillé
St-Etienne-de-Mer-Morte
la Blanchardière
Fonteclose
les Landes
la Jousselandière
Falleron
la Garnache
Froidfond
la Regeasse
la Flocellière
le Fief-Sorin
Châteauneuf
la Loge
le Mollin
Fromentine
le Grand Pont
St-Gervais
la Bonnetière
le Poiroi
St-Urbain
la Frandière
Malnoue
Chagnon
Bel-Enton
Forêt des Pays de Monts
Canal
le Fief-Haut
Grande-Croix
le Pré-aux-Filles
le Vieux-Cerne
le Plaud
le Perrier
Sallertaine
Challans
St-Christophe-du-Ligneron
la Vérie
Menhir de Pierre Levée
Notre-Dame-de-Monts
la Tonnelle
Plage de la Tonnelle
Marais de Monts
Plage St-Jean
St-Jean-de-Monts
Plage des Demoiselles
Forêt des Pays de Monts
le Petit Mariau
Soullans
les Mattes
les Chapelles
Orouet
le Pissot
le Guy-Ayraud
Garanger
la Roussière
le Petit Bourg
les Habites
les Flachausières
Bel-Air
Commequiers
les Rouches
Villeneuve
le Vigneau
Notre-Dame-de-Riez
la Vallée
St-Maixent-sur-Vie
Apremont
Maché
l'Aubardière
la Gauvrière
l'Angevinière
le Fenouiller
Saint-Gilles-Croix-de-Vie
St-Révérend
la Largerie
Coëx
la Taillée
les 4-Chemins-de-Buron
la Chapelle-Hermier
les Vases
la Pège
St-Hilaire-de-Riez
Sion-sur-l'Océan
Corniche Vendéenne
Croix-de-Vie
le Pont-Jaunay
Givrand
l'Aiguillon-sur-Vie
la Faverie
la Garengeoir
Beaumarchais
Jaunay
la Chaize-Giraud
Landevieille
la Roche-Guillaume
St-Julien-des-Landes
la Forêt
la Sauzaie
Bretignolles-sur-Mer
la Grégorière
la Bassetière
les Chênières
la Paree
Brem-sur-Mer
St-Nicolas-de-Brem
la Gachère
les Granges
Vairé
la Richard
Plessis-Candry
la Salaire
la Burelière
Menhir
Île-d'Olonne
Bourgneuf
St-Mathurin
Grassie
la Millière
OCÉAN
ATLANTIQUE
Pont d'Yeu
les Chiens Perrins
Port-Joinville
Ker-Châlon
Grand Phare
Ker-Bossy
St-Sauveur
Marais-Salé
Île d'Yeu
la Croix
Côte Sauvage
le Vieux Château
Port-de-la-Meule
Pointe des Corbeaux
Couvent
Menhir
le Plessis-Mareil
le Plessis-Grimaud
le Quarteron
St-Même-le-Tenu
la Compointrie
le Treil
le Branday
2023
0 1 2 4 6 8 10 km
0 1 2 4 6 miles

NANTES
REZÉ
ST-SÉBASTIEN-SUR-LOIRE
Vertou
Thouaré-sur-Loire
Carquefou
Le Loroux-Bottereau
Divatte-sur-Loire
Vallet
Clisson
Sèvremoine
Montrevault-sur-Èvre
Beaupréau-en-Mauges
Tiffauges
Mortagne-sur-Sèvre
Montaigu-Vendée
Aigrefeuille-sur-Maine
Les Sorinières
Rocheservière
St-Philbert-de-Grand-Lieu
Chavagnes-en-Paillers
Les Herbiers
Chanverrie
St-Fulgent
Essarts en Bocage
Bellevigny
Aizenay
LA ROCHE-SUR-YON
La Chaize-le-Vicomte
Chantonnay
Bournezeau
Ste-Hermine
Aubigny
Les Clouzeaux
Mouilleron-le-Captif
Dompierre-sur-Yon
Les Achards
Nesmy
Rives de l'Yon
Château-Guibert
Mont des Alouettes
Cholet
Pouzauges
La Châtaigneraie

Za
Zb
Zc
Zd
Ze
Les Ponts-de-Cé
Angers
83
65
66
67
68
69
Varades
Nantes
Montaigu
Roche Est
Les Herbiers
Chantonnay
Beaupréau-en-Mauges
Chemillé-en-Anjou
Bellevigne-en-Layon
Doué-en-Anjou
Vihiers
Lys-Haut-Layon
CHOLET
Mortagne-sur-Sèvre
Maulévrier
Yzernay
Argentonnay
Argenton-les Vallées
les Aubiers
Nueil-
Mauléon
Bressuire
Cerizay
Pouzauges
Sèvremont
les Epesses
Moncoutant-sur-Sèvre
La Châtaigneraie
Secondigny
Vouvant
Thouars
Montilliers
Jallais
St-Laurent-sur-Sèvre
le May-sur-Evre
Trémentines
St-Macaire-en-Mauges
Bégrolles-en-Mauges
Chanzeaux
Joué-Étiau
Coron
Somloire
St-Maurice
Étusson
Val en Vignes
Massais
Courlay
l'Absie
Chanteloup
Largeasse
Terves
Chiché
St-Porchaire
Noirterre
Geay
Faye-l'Abbesse
Mouilleron-St-Germain
Réaumur
Montournais
la Caillère
Pouzacq
la Chapelle-Thémer
Beugnon-Thireuil
le Busseau
Scillé
Allonne
Vernoux-en-Gâtine

Fontenay-le-Comte
110 Niort
Niort
0 1 2 4 6 8 10 km
0 1 2 4 6 miles

SAUMUR
Parc
Naturel
Régional
Loire
Anjou
Touraine
Chinon
Montsoreau
Candes-St-Martin
Fontevraud-l'Abbaye
Montreuil-Bellay
Bourgueil
Azay-le-Rideau
L'Ile Bouchard
Richelieu
Loudun
Les Trois-Moutiers
Curçay-sur-Dive
Champigny-sur-Veude
Cravant-les-Côteaux
Crissay-sur-Manse
Rigny
Faye-la-Vineuse
Moncontour
Airvault
Mirebau
Lencloître
Vendeuvre-du-Poitou
Poitiers-Jaunay-Clan
Poitiers-Chincé
Parthenay
Lavausseau
POITIERS
Thénezay
Vouzailles
Saint Martin la Pallu
Rés. Nat. du Pinail
Forêt de Moulière
Futuroscope
65
66
67
68
69
Ste-Maure-de-Touraine
Châtellerault
Tours Châtellerault
Chauvigny

Azay-le-Rideau
Artannes-sur-Indre
Sorigny
Truyes
Cormery
St-Branchs
Tauxigny
Reignac-sur-Indre
Azay-sur-Indre
Genillé
Ste-Maure-de-Touraine
Ste-Catherine-de-Fierbois
Manthelan
Loches
Beaulieu-lès-Loches
St-Epain
Crissay-sur-Manse
Ligueil
Descartes
Nouâtre
Port-de-Piles
Châtillon-sur-Indre
Dangé-St-Romain
Le Grand-Pressigny
Preuilly-sur-Claise
Châtellerault
La Roche-Posay
Yzeures-sur-Creuse
Martizay
Angles-sur-l'Anglin
Le Blanc
St-Savin
Chauvigny
Parc Régional
Chemin de St-Jacques
Route des Dames de Touraine
Res. Nat. du Pinail

St-Aignan
Noyers-sur-Cher
Châtillon-sur-Cher
Selles-sur-Cher
Gièvres
La Chapelle-Montmartin
St-Julien-sur-Cher
Mennetou-sur-Cher
Châtres-sur-Cher
St-Loup
Maray
Thénioux
Seigy
Couffi
Meusnes
la Vernelle
Champcol
Chabris
Zoo Parc de Beauval
Châteauvieux
Lye
Fontguenand
Varennes-sur-Fouzon
Menetou-sur-Nahon
Val-Fouzon
Sembleçay
Coulommiers
Glatigny
St-Georges-sur-la-Prée
Orbigny
Lucicux
Lépina
Parpeçay
Dun-le-Poëlier
St-Christophe-en-Bazelle
Anjouin
Haut-Bourg
Genouilly
Villentrois
Forêt de Gâtine
Ste-Cécille
Bagneux
Beaumont-Village
Faverolles-en-Berry
Espaillat
Montrésor
Valençay
Poulaines
Orville
Graçay
Villeloin-Coulangé
Nouans-les-Fontaines
Route des Dames de Touraine
Luçay-le-Mâle
Fertay
Veuil
Chambon
Buxeuil
Aize
Mineaux
Reboursin
Nohant-en-Graçay
Loché-sur-Indrois
Vicq-sur-Nahon
Garsenland
Les Champs d'Amour
Vatan
Lucay-le-Libre
Meunet-sur-Vatan
Ecueillé
Entraigues
Langé
Rouvres-les-Bois
Guilly
Fontenay
Giroux
Villedômain
Gehée
Baudres
Bouges-le-Château
Jeu-Maloches
Préaux
Heugnes
Moulins-sur-Céphons
Bouffegenet
Cigognolles
Liniez
Ménétréols-sous-Vatan
Vœu
Fontbon
Paudy
Frédille
la Pierre
Bretagne
Selles-sur-Nahon
Pellevoisin
St-Martin-de-Lamps
Levroux
le Méez
St-Phalier
Route des Parcs et Jardins
Lizeray
St-Médard
Saint Pierre-de-Lamps
la Vieille-Epine
Brion
Palluau-sur-Indre
Villegouin
Sougé
Francillon
Clion
Argy
St-Genou
la Champenoise
St-Valentin
St-Aoustrille
Buzançais
Villegongis
Vineuil
Coings
Chemin de St-Jacques
Neuvy-Pailloux
Thizay
Arpheuilles
St-Lactencin
Chezelles
Villers-les-Ormes
Montierchaume
Crevant
Ste-Fauste
Saulnay
Villedieu-sur-Indre
Céré
Déols
Ste-Gemme
la Chapelle-Orthemale
Niherne
Mehun
St-Maur
CHÂTEAUROUX
Fourches
Diors
Vouillon
Mézières-en-Brenne
Vendœuvres
Lancosme
Claise
Neuillay-les-Bois
Mâron
Etrechet
Sanguille
Boisramier
Naturel
Méobecq
Poinçonné
Forêt de Châteauroux
Ardentes
Sassierges-St-Germain
Luant
Val de l'Indre
Mille Étangs
Migné
Rosnay
Lothiers
Velles
Arthon
Chemin de St-Jacques
Vauzelles
Nuret-le-Ferron
Jeu-les-Bois
Mers-sur-Indre
Montipouret
St-Gaultier
Chasseneuil
Tendu
Buxières-d'Aillac
Lys-St-Georges
Tranzault
Ciron
Scoury
Rivarennes
Thenay
Pont-Chrétien-Chabenet
Prunget
Mosnay
Bouesse
Neuvy-St-Sépulchre
Sarzay
Chitray
St-Marcel
Argenton-sur-Creuse
Le Pêchereau
Malicornay
Gournay
Fougerolles
de la Brenne
Le Menoux
Chavin
Maillet
Mouhers
Limoges

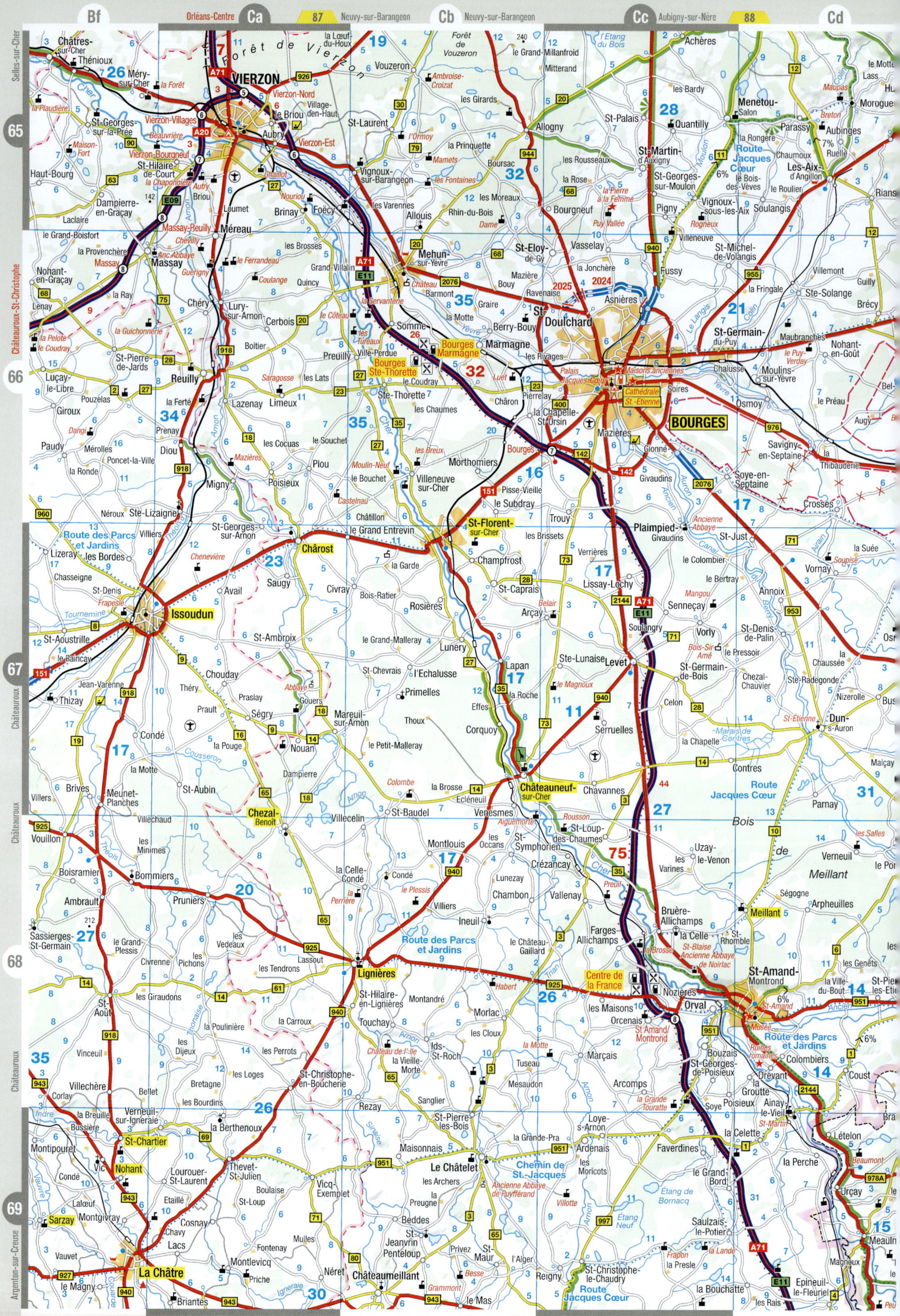
Bf
Ca
Cb
Cc
Cd
Orléans-Centre
87
Neuvy-sur-Barangeon
Aubigny-sur-Nère
88
65
66
67
68
69
Selles-sur-Cher
Châteauroux-St-Christophe
Châteauroux
Argenton-sur-Creuse
Forêt de Vierzon
Forêt de Vouzeron
Châtres-sur-Cher
Thénioux
Méry-sur-Cher
VIERZON
Vierzon-Nord
Vierzon-Villages
Vierzon-Bourgneuf
Vierzon-Est
St-Georges-sur-la-Prée
Haut-Bourg
St-Hilaire-de-Court
Dampierre-en-Graçay
Laclaire
Aubry
le Briou
Village-den-Haut
Vouzeron
St-Laurent
Vignoux-sur-Barangeon
Brinay
Foëcy
Méreau
Massay
le Grand-Boisfort
la Provenchère
Nohant-en-Graçay
la Ray
Lenay
Chéry
Lury-sur-Arnon
Cerbois
Quincy
Mehun-sur-Yèvre
Allouis
Rhin-du-Bois
les Moreaux
Boursac
Allogny
les Rousseaux
Bourgneuf
la Rose
St-Palais
Quantilly
St-Martin-d'Auxigny
St-Georges-sur-Moulon
Pigny
Vasselay
St-Eloy-de-Gy
Menetou-Salon
Parassy
Aubinges
Les-Aix-d'Angillon
Soulangis
Vignoux-sous-les-Aix
Morogues
le Grand-Millanfroid
Mitterand
Achères
les Bardy
Route Jacques Cœur
Fussy
St-Michel-de-Volangis
Villeneuve
Asnières
Ste-Solange
Villemont
Brécy
St-Germain-du-Puy
Nohant-en-Goût
Moulins-sur-Yèvre
Osmoy
BOURGES
Cathédrale St-Étienne
Maisons anciennes
St-Doulchard
Berry-Bouy
Marmagne
Bourges Marmagne
Bourges Ste-Thorette
Ste-Thorette
Preuilly
Vignoux-sous-les-Aix
Reuilly
Luçay-le-Libre
Giroux
Paudy
Pouzelas
la Ferté
Prenay
Diou
Lazenay
Limeux
les Cocuas
le Souchet
Plou
Poisieux
Migny
Mérolles
Poncet-la-Ville
la Ronde
Néroux
Ste-Lizaigne
Morthomiers
Villeneuve-sur-Cher
le Subdray
Pisse-Vieille
la Chapelle-St-Ursin
Mazières
Soye-en-Septaine
Savigny-en-Septaine
Plaimpied-Givaudins
Trouy
St-Just
Crosses
St-Florent-sur-Cher
Châtillon
le Grand Entrevin
Chârost
St-Georges-sur-Arnon
Villiers
Lizeray
les Bordes
Route des Parcs et Jardins
Chasseigne
St-Denis
Issoudun
Saugy
Civray
Avail
Bois-Ratier
la Garde
Champfrost
St-Caprais
Rosières
Arçay
Lissay-Lochy
Verrières
le Colombier
Vornay
Senneçay
Annoix
Vorly
Soulangry
St-Denis-de-Palin
St-Aoustrille
Jean-Varenne
Thizay
St-Ambroix
Chouday
Théry
Praslay
Prault
Ségry
Gouers
Mareuil-sur-Arnon
Lunery
l'Echalusse
Primelles
St-Chevrais
Lapan
la Roche
Ste-Lunaise
Levet
St-Germain-des-Bois
Chezal-Chauvier
Ste-Radegonde
Dun-sur-Auron
Serruelles
Celon
la Chapelle
Corquoy
Thoux
Condé
la Pouge
Nouan
la Motte
Brives
Meunet-Planches
St-Aubin
Dampierre
le Petit-Malleray
la Brosse
Colombe
Châteauneuf-sur-Cher
Chavannes
Contres
Route Jacques Cœur
Parnay
Bois de Meillant
Vouillon
Villechaud
Chezal-Benoît
Villecelin
St-Baudel
Venesmes
les Occans
St-Symphorien
St-Loup-des-Chaumes
Uzay-le-Venon
Verneuil
Boisramier
Bommiers
Pruniers
la Celle-Condé
Montlouis
Crézançay
Vallenay
Lunezay
Chambon
Villiers
Ineuil
Route des Parcs et Jardins
Farges-Allichamps
Bruère-Allichamps
la Celle
Meillant
St-Rhomble
Sassierges-St-Germain
Ambrault
le Grand-Plessis
Civrenne
Vedeaux
les Pichons
les Tendrons
Lassout
Lignières
St-Hilaire-en-Lignières
Montandré
Habert
Centre de la France
Nozières
Orval
St-Amand-Montrond
Orcenais
les Maisons
St-Août
les Giraudons
la Poulinière
la Carroux
Touchay
Morlac
les Cloux
Ids-St-Roch
Marçais
Colombiers
Route des Parcs et Jardins
Vinceuil
les Dijeux
les Perrots
les Loges
Bretagne
les Bourdins
St-Christophe-en-Boucherie
la Vieille-Morte
Tuseau
Mesaudon
Arcomps
Bouzais
St-Georges-de-Poisieux
Drevant
la Groutte
Ainay-le-Vieil
Coust
Villechère
Corlay
Bellet
Verneuil-sur-Igneraie
la Berthenoux
Rezay
Sanglier
St-Pierre-les-Bois
Loye-s-Arnon
Faverdines
la Celette
Lételon
Bussière
Montipouret
St-Chartier
Nohant
Vic
Condé
Lourouer-St-Laurent
Thevet-St-Julien
Maisonnais
Le Châtelet
la Grande-Pra
Ardenais
Chemin de St-Jacques
les Archers
la Preugne
Vicq-Exempiet
Boulaise
St-Loup
le Grand-Bord
la Perche
Urçay
Lacs
Montgivray
Etaillé
Cosnay
Chavy
Sarzay
Vauvet
le Magny
La Châtre
Briantes
Montlevicq
Priche
Fontenay
Mulles
Néret
Châteaumeillant
Beddes
St-Jeanvrin
Pentéloup
Privez
St-Maur
Reigny
l'Alger
St-Christophe-le-Chaudry
Route Jacques Cœur
Saulzais-le-Potier
la Presle
la Bouchatte
les Rais
Epineuil-le-Fleuriel
Meaulne
Montluçon
La Châtre
114
Gannat

0 1 2 4 6 8 10 km
0 1 2 4 6 miles

Collines du Nivernais
Pouilly-s-Loire
Gardefort
Vèvres
Vielmanay
Nannay
Arbourse
Veaugues
Garchy
Narcy
Varennes-lès-Narcy
Forêt de Bertrages
Forêt de Prémery
Prémery
La Charité-sur-Loire
Sancergues
St-Martin-des-Champs
Argenvières
Chaumoux-Marcilly
Sichamps
St-Aubin-les-Forges
Poiseux
Guérigny
Forêt des Bertranges
Champvoux
Pouges-les-Eaux
Garchizy
Fourchambault
Varennes-Vauzelles
Coulanges-lès-Nevers
NEVERS
Urzy
Montigny-aux-Amognes
St-Jean-aux-Amognes
Amognes
Avord
Nérondes
Baugy
Villequiers
Mornay-Berry
Jouet-sur-l'Aubois
Cours-les-Barres
Marzy
Challuy
Sermoise-s-Loire
Imphy
Sardolles
La Guerche-s.-l'Aubois
Cuffy
Gimouille
Apremont-s.-Allier
Magny-Cours
St-Parize-le-Châtel
St-Ouen-s-Loire
Decize
Sancoins
Mornay-s.-Allier
Langeron
St-Pierre-le-Moutier
Azy-le-Vif
Forêt du Perray
Dornes
Chantenay-St-Imbert
Lurcy-Lévis
Le Veurdre
Pouzy-Mésangy
Charenton-du-Cher
Ainay-le-Château
Couleuvre
Cérilly
Forêt de Tronçais
Bourbon-l'Archambault
St-Menoux
Villeneuve-s.-Allier
Trévol
Moulins
Yzeure
Neuvy
Avermes
Autun
Bourbon-Lancy
Varennes-s-A

65
66
67
68
69
Nevers
Bourbon-l'A.
Collines du Nivernais
Parc Naturel Régional du Morvan
Forêt de Montreuillon
Forêt de Vincence
Forêt des Minimes
Forêt de la Gravelle
Butte de Montenoise
Prémery
Corbigny
Montreuillon
Château-Chinon
Montsauche
St-Saulge
Châtillon-en-Bazois
Moulins-Engilbert
St-Benin-d'Azy
Decize
St-Léger-des-Vignes
Cercy-la-Tour
St-Honoré-les-Bains
Vieille Montagne
Luzy
Fours
Dornes
Lucenay-lès-Aix
Bourbon-Lancy
Gueugnon
Yzeure
Moulins
Chevagnes
Lusigny
Issy-l'Évêque
Mont Beuvray
Mont Préneley
Haut-Folin
Signal de Mont
Circuit du Lys
58 Nièvre
71 Saône-et-Loire
03 Allier
Loire
Aron
Digoin
116

0 1 2 4 6 8 10 km
0 1 2 4 6 miles

Saulieu
Champeau
St-Brisson
Pouilly-en-Auxois
Semarey
Montoillot
Grenand-lès-Sombernon
Arcey
Barbirey-s-Ouche
Gissey-s-Ouche
Marcilly-Ogny
Thoisy-la-Berchère
Forêt de Thoisy
Chailly-sur-Armançon
Commarin
Créancey
Châteauneuf
Vandenesse-en-Auxois
la Bussière-s-Ouche
St-Victor-sur-Ouche
St-Jean-de-Bœuf
Gergueil
Mâcon
St-Martin-de-la-Mer
Liernais
Censerey
Sussey
Beurey-Bauguay
Châtellenot
Arconcey
Mouillon
Maconge
Allerey
Huilly
Clomot
Essey
Meilly-s-Rouvres
Rouvres-sous-Meilly
Ste-Sabine
Chaudenay-le-Château
Crugey
Bouhey
Veuvey-s-Ouche
Antheuil
Détain-et-Bruant
Alligny-en-Morvan
Champcommeau
Moux-en-Morvan
Brazey-en-Morvan
Diancey
Pochey
Promenois
Chazilly
Cussy-le-Châtel
Musigny
Colombier
Pont-d'Ouche
Blanot
Chaumien
Viangees
Bard-le-Régulier
Signal de Bard
Marcheseuil
Jouey
Arnay-le-Duc
Mimeure
Longecourt-lès-Culêtre
Culêtre
Chaudenay-la-Ville
Painblanc
Thorey-s-Ouche
Bécoup
Aubaine
Bouilland
Forêt du Grand Hâ
Ménessaire
Villiers-en-Morvan
Savilly
Manlay
Sasoge
Veilly
Auxant
Oucherotte
Bligny-s-Ouche
le Creux Moreau
Abbaye Ste-Marguerite
Vaussery
Chissey-en-Morvan
Chassenay
Sansange
St-Prix-lès-Arnay
Foissy
Mercey
Antigny-la-Ville
Vic-des-Prés
Lusigny-s-Ouche
la Forêt
Bessey-en-Chaume
Anost
Cussy-en-Morvan
Barnay-Dessous
Sivry
Voudenay
Magnien
Maligny
Bessey-la-Cour
Thomirey
Ecutigny
Savigny-lès-Beaune
Lucenay-l'Evêque
Usseau
Vignerux
Dracy-Chalas
Thoreille
Lacanche
St-Pierre-en-Vaux
Champignolles
Jours-en-Vaux
Cussy-la-Colonne
Montceau-et-Echarnant
Mavilly-Mandelot
Mandelot
Bouze-lès-Beaune
Nantoux
Beaune
la Petite-Verrière
Sommant
Reclesne
les Billaudot
Visignot
Viévy
Chavenne
Val-Mont
Ivry-en-Montagne
Meloisey
Roussillon-en-Morvan
Igornay
Gordesse
Dracy-St-Loup
Grand-Moloy
Bouton
St-Léger-du-Bois
Uchey
Thury
la Chapelle
Rouvray
Molinot
Santosse
Pommard
Volnay
Taverny
Chambois
St-Forgeot
la Celle-en-Morvan
Sully
Epinac
Aubigny-la-Ronce
Cirque du Bout du Monde
St-Romain
Auxey-Duresses
Monthelie
la Côte de Beaune
Bligny-lès-Beaune
Meursault
la Commaille
Brêche
Vergoncey
Curgy
la Garenne
la Forêt
Vauchignon
Orches
Evelle
Baubigny
Millery
Roches de Glenne
Bouton
Monthelon
St-Pantaléon
Prieuré du Val St-Benoît
la Drée
Saisy
Morlet
Changey
Cormot
Nolay
la Rochepot
St-Aubin
Gamay
Puligny-Montrachet
Corcelles-les-Arts
Autun
Théâtre Romain
Cathédrale St-Lazare
Auxy
Repas
Fangy
Tintry
Quincy
Collonge-la-Madeleine
Epertully
Change
Créot
Chassagne-Montrachet
Corpeau
Ebaty
Montaigu
St-Léger-sous-Beuvray
Croix de la Libération
Etg de la Toison
Forêt de Planoise
Antully
St-Gervais-sur-Couches
Mont de Sène
Dezize-lès-M.
Santenay
Sampigny-lès-M.
Remigny
Chaudenay
Chagny
Laizy
Brion
Guenand
Fragny
Montjeu
St-Emiland
St-Martin-de-Commune
Mazenay
Paris-l'Hôpital
Mont de Rome Château
Cheilly-lès-Maranges
Chassey-le-Camp
Bouzeron
Bellecroix
Broye
Chapey
la Ruée
Epiry
Dracy-lès-Couches
St-Sernin-du-Plain
St-Gilles
Rully
Etang-s-Arroux
Mesvres
Couches
St-Maurice-lès-Couches
Nion
Dennevy
Chamilly
Fontaines
la Chapelle-sous-Uchon
Bourdeau
Drevin
St-Léger-s-Dheune
Aluze
Mercurey
la Loyère
St-Didier-s-Arroux
St-Symphorien-de-Marmagne
Marmagne
St-Sernin-du-Bois
St-Firmin
Vernotte
St-Pierre-de-Varennes
St-Jean-de-Trézy
Charrecey
Etroyes
Farges-lès-Chalon
Rivière
Le Creusot
Parc des Combes
Perreuil
St-Bérain-s-Dheune
St-Mard-de-Vaux
St-Martin-sous-Montaigu
Châtenoy-le-Royal
Uchon
Signal d'Uchon
Essertenne
le Breuil
Etang de Montaubry
Châtel-Moron
St-Jean-de-Vaux
Mellecey
Germolles
Montcenis
Torcy
Morey
Fangey
St-Denis-de-Vaux
Givry
Dracy-le-Fort
Charbonnat
la Tagnière
Barizey
Poncey
Vessey
Taisey
Monastère Tibétain
Mont Rouge
les Crots
Charmoy
Villeneuve-en-Montagne
Jambles
Dettey
St-Julien-s-Dheune
Ecuisses
Ste-Hélène
Mont Avril
St-Désert
Rosey
Granges
Cortelin
les Bizots
Montchanin
St-Laurent-d'Andenay
Moroges
Bissey-sous-Cruchaud
la Charmée
La Boulaye
St-Eugène
Montmort
St-Denis
le Breuil
Barrage de la Sorme
la Croix-des-Mâts
Bois Bretoux
Marcilly-lès-Buxy
Sassangy
Buxy
St-Germain-lès-Buxy
Toulon-sur-Arroux
la Coudraye
St-Berain-sous-Sanvignes
Blanzy
St-Eusèbe
St-Martin-d'Auxy
St-Privé
Cersot
Montagny-lès-Buxy
Radegonde
la Faye
Montceau-les-Mines
Montchevrier
Dieulegard
St-Micaud
Savianges
Rimont
St-Vallerin
Jully-lès-Buxy
la Coudre
Forêt de la Ferté
Sanvignes-les-Mines
les Georgets
le Plessis
Boucansaud
Marigny
le Puley
Germagny
Chenôves
Chaumot
Montferroux
Santagny
Fley
Genouilly
Bissy-s-Fley
Saules
Culles-les-Roches
St-Boil
Messey-le-Bois
Lalheue
St-Romain-sous-Versigny
Dompierre-sous-Sanvignes
les Essarts
les Gautherets
la Verne
les Bois-Francs
St-Vallier
Gourdon
Mont-St-Vincent
Collonge-en-Charollais
St-Martin-du-Tartre
Messey-s-Grosne
Etivau
Rozelay
Perrecy-les-Forges
Ciry-le-Noble
le Martret
St-Clément-sur-Guye
St-Maurice-des-Champs
Vaux-en-Pré
St-Gengoux-le-National
Santilly
la Chapelle-de-Bragny
Nanton
Marly-s-Arroux
Pouilloux
St-Romain-sous-Gourdon
Mary
Joncy
Sercy
Bresse-s-Grosne
Sully
Chassy
Azu
Burnand
St-Martin-de-Croix
Savigny-s-Grosne
Etrigny
Volsin
Noireux
St-Martin-la-Patrouille
Burzy
Curtil-sous-Burnand
Champagny-sous-Uxelles
Roche d'Aujoux
Génelard
Etg du Gd Baronnet
Le Rousset
Cray
St-Hurugé
St-Ythaire
Malay
Bissy-sous-Uxelles
Col des Chèvres
Clessy
Oudry
Palinges
Forge
Etg du Pit Baronnet
Marizy
St-Quentin
St-Marcelin-de-Cray
Corcelle
Sigy-le-Châtel
Bonnay
St-Hippolyte
Chapaize
Lancharre
Collonge-Royer

Dijon
Chenôve
Neuilly-Crimolois
Genlis
Longchamp
Auxonne
Gevrey-Chambertin
Nuits-St-Georges
Forêt de Cîteaux
St-Jean-de-Losne
DOLE
Tavaux
Beaune
Seurre
Pierre-de-Bresse
Verdun-s.-le-Doubs
CHALON-SUR-SAÔNE
St-Marcel
St-Germain-du-Bois
Bletterans
Louhans
Tournus
Cuisery
Montpont-en-Bresse
Simandre
Sennecey-le-Grand
St-Rémy
Chagny
Forêt de Pourlans
Mervans
Sagy
Montagny-lès-Beaune
Route des Vins du Jura

BESANÇON
Pesmes
Malans
Marnay
Sornay
Chenevrey-et-Morogne
Chazoy
Recologne
Noironte
Pelousey
École-Valentin
Pirey
Roche-lez-Beaupré
Chalèze
Chalezeule
Bois de la Côte du Mont
Vauchamps
Osse
Glamondans
Bouclans
Gennes
Nancra
Montfaucon
Morre
Saône
Naisey-les-Granges
Granges-de-Vienney
Pouilley-les-Vignes
Audeux
Champagney
Cordiron
Courchapon
Jallerange
Pagney
Thervay
Bresilley
TGV Rhin-Rhône
Ougney
Vitreux
Forêt
Saligney
Taxenne
Rouffange
Romain
Louvatange
Serre-les-Moulières
Gendrey
Offlanges
Serre
Sermange
Malange
Vriange
Auxange
Amange
Romagne
Lavans-lès-Dole
Lavangeot
Orchamps
Audelange
Rochefort-sur-Nenon
Baverans
Falletans
Ranchot
Fraisans
Rans
Etrepigney
Dampierre
la Bretenière
Plumont
Courtefontaine
Evans
Antorpe
St-Vit
Roset-Fluans
Salans
Byans-sur-Doubs
Quingey
Lavans-Quingey
Lombard
Mesmay
Liesle
Champagne-sur-Loue
Buffard
Chay
Rennes-sur-Loue
Grange-de-Vaivre
Port-Lesney
Forêt de Chaux
la Vieille-Loye
Germigney
Chatelay
Saline Royale
Arc-et-Senans
la Loye
Montbarrey
Santans
Chissey-sur-Loue
Cramans
Villers-Farlay
Belmont
Augerans
Chamblay
Ecleux
Oussières
Bans
Mont-sous-Vaudrey
Vaudrey
Villeneuve-d'Aval
Mouchard
Montmalin
St-Cyr-Montmalin
la Ferté
Molamboz
Mathenay
Vadans
Villette-lès-Arbois
Abergement-le-Grand
Abergement-le-Petit
Aumont
Montholier
Grozon
Arbois
Mesnay
les Planches-près-Arbois
Pupillin
Buvilly
Route des Vins du Jura
Poligny
Tourmont
Bersaillin
Villerserine
Chamole
Chaussenans
Forêt de Poligny
Molain
Barretaine
Miéry
Champvaux
Plasne
Passenans
St-Lamain
Toulouse-le-Château
Darbonnay
Sellières
Monay
Aiglepierre
Marnoz
Salins-les-Bains
Pretin
Bracon
Ivory
Chaux-Champagny
Chilly-sur-Salins
Montigny-lès-Arsures
les Arsures
Pagnoz
Saizenay
Clucy
Blegny
Dournon
Cernans
Thésy
Aresches
Fonteny
Montmarlon
Pont-d'Héry
Andelot-en-Montagne
Supt
Chapois
le Larderet
Vers-en-Montagne
le Latet
le Pasquier
Moutoux
les Nans
St-Germain-en-Montagne
Mournans-Charbonny
Vannoz
Equevillon
Champagnole
Sapois
Bourg-de-Sirod
Sirod
Ney
Crotenay
Ardon
Montrond
Besain
Valempoulières
Picarreau
le Fied
Fay-en-Montagne
Pont-du-Navoy
Bonnefontaine
Blois-sur-Seille
Ladoye-sur-Seille
Voiteur
Château-Chalon
Menétru-le-Vignoble
Domblans
Brery
Arlay
St-Germain-lès-Arlay
Ruffey
Mantry
le Louverot
le Vernois
Lavigny
Pannessières
Granges-sur-Baume
Baume-les-Messieurs
Mirebel
Marigny
Monnet-la-Ville
Mont-sur-Monnet
Montigny-sur-l'Ain
Loulle
Pillemoine
le Vaudioux
Cize
Syam
Crans
Chatelneuf
Saffloz
Fontenu
Lac de Chalain
Doucier
Chevrotaine
Songeson
le Frasnois
Menétrux-en-Joux
Ilay
Pic de l'Aigle
la Chaux-du-Dombief
Fort-du-Plasne
Entre-deux-Monts
les Planches-en-Montagne
Chaux-des-Crotenay
les Chalesmes
Lons-le-Saunier
Montmorot
Perrigny
Conliège
Crançot
Hauteroche
Châtillon
Verges
Publy
Binans
Revigny
Vernantois
Macornay
Courbouzon
Moiron
Bornay
St-Maur
Courbette
Poids-de-Fiole
Nogna
Mesnois
Pont-de-Poitte
Patornay
Clairvaux-les-Lacs
Cogna
Charézier
Vertamboz
Uxelles
Saugeot
Bonlieu
Bouzailles
Denezières
Charcier
Blye
Lieffenans
Hautecour
la Frasnée
St-Maurice-Crillat
St-Pierre
St-Laurent-en-Grandvaux
Marnézia
Largillay-Marsonnay
Mérona
Dompierre-sur-Mont
Présilly
Reithouse
la Chailleuse
Alièze
Essia
Rothonay
Fontainebrux
Montfleur
Lac du Vernois
Lac de Bonlieu
Morez
Thoiria
Lac de Narlay
Lac d'Ilay
Lac de Chambly
Lac du Val
Cascades du Hérisson
Boussières
Dessous Abbans
Abbans-Dessus
Charnay
Cessey
Palantine
Goux-sous-Landet
Châtillon-sur-Lison
Pessans
Pointvillers
le Val
Montfort
Cussey-sur-Lison
Ronchaux
Echay
Bartherans
Paroy
By
Myon
Alaise
Lizine
Doulaize
Refranche
Coulans-sur-Lison
Eternoz
Saraz
Nans-sous-Ste-Anne
Ivrey
St-Thiébaud
Geraise
Ste-Anne
Crouzet-Migette
Villeneuve-d'Amont
Arc-sous-Montenot
Abergement-lès-Thésy
Lemuy
Forêt de Levier
Villers-sous-Chalamont
Boujailles
Courvières
Levier
Gevresin
Montmahoux
Labergement-du-Navois
Déservillers
Reugney
Bolandoz
Amancey
Silley-Amancey
Flagey
Chantrans
Fertans
Malans
Amondans
Vallée de la Loue
Cléron
Scey-Maisières
Chassagne-St-Denis
Ornans
Montgesoye
Vuillafans
Lavans-Vuillafans
Echevannes
Lods
Mouthier-Haute-Pierre
Longeville
Amathay-Vésigneux
Evillers
Septfontaines
Bians-les-Usiers
Sombacour
le Souillot
Chapelle-d'Huin
Chaffois
Bulle
Bannans
Dompierre-les-Tilleuls
Ste-Colombe
la Rivière-Drugeon
Bouverans
Frasne
Montagne du Laveron
Vaux-et-Chantegrue
Bonnevaux
Chantegrue
Cuvier
Censeau
Bief-du-Fourg
Petit Villard
Esserval-Combe
Plénise
Communailles-en-Montagne
Onglières
Mièges
Molpré
Froidefontaine
Mignovillard
Nozeroy
Longcochon
Charbonny
Charency
Doye
Rix
Billecul
la Favière
Conte
la Latette
les Gr.ges-du-Sillet
Boujeons
Remoray-Boujeons
Brey-et-Maison-du-Bois
Gellin
Sarrageois
les Villedieu
Rondefontaine
Cerniébaud
Fraroz
Arsure-Arsurette
les Pontets
Reculfoz
Mouthe
Petite Chaux
le Crouzet
Chaux-Neuve
Châtelblanc
Gillois
Treffay
Bief-des-Maisons
les Chalesmes-Grand
la Perrena
Foncine-le-Haut
les Ruines
Foncine-le-Bas
le Cernois
Forêt du Risol
Mont Risoux
Grand Risoux
les Monnets
le Voisinal
les Thévenins
Chapelle-des-Bois
Forêt de Mont Noir
les Martins
la-Combe-de-Morbier
Bellefontaine
les Marais
Lac des Rousses
le Solliat
la Golisse
le Sentier
le Chenit
l'Orient
le Brassus
Bas du Chenit
Vallée de Joux
Col du Marchairuz
Lac de Joux
Mamirolle
le Gratteris
Trépot
l'Hôpital-du-Grosbois
Tarcenay
Foucherans
Charbonnières-les-Sapins
Etalans
Guyans-Durnes
Saules
Durnes
Voires
Bonnevaux-le-Prieuré
Malbrans
Maisières-Notre-Dame
Epeugney
Rurey
Mérey-sous-Montrond
Montrond-le-Château
Villers-sous-Montrond
Chenecey-Buillon
Granges-du-Sapin
Busy
Vorges-les-Pins
Montferrand-le-Château
Rancenay
Avanne-Aveney
Grandfontaine
Beure
Arguel
Fontain
Pugey
Larnod
la Vèze
Torpes
Thoraise
Velesmes-Essarts
Routelle
Pouilley-Français
Dannemarie-sur-Crète
Chemaudin et Vaux
Villers-Buzon
Corcondray
Corcelles-Ferrières
Ferrières-les-Bois
Berthelange
Cottier
Mercey-le-Grand
Etrabonne
le Moutherot
Lantenne-Vertière
Lavernay
Mazerolles-le-Salin
Vaux-les-Prés
Placey
Franey
Serre-les-Sapins
Champvans-les-Moulins
Franois
Château-Farine
Planoise
Le Petit-Mercey
Burgille
Morogne
Bard-lès-Pesmes
Marpain
Montagney
Brans
Champagnole
Jura
Doubs
Loue
la Loue
Lison
Furieuse
Cuisance
Orain
Ain
Seille
Angillon
Saine
Hérisson
Drouvenant
Valouse
Sirène
Clauge
Tanche
Ognon
Arne
Brême
Orbe
SCHWEIZ/SUISSE

La Chaux-de-Fonds
Le Locle
Pontarlier
Morteau
Valdahon
Orchamps-Vennes
Yverdon-les-Bains
Grandson
Orbe
Vallorbe
Boudry
Neuchâtel
Lac de Neuchâtel
Estavayer-le-Lac
Moudon
Cossonay
Romont
Valangin
Val-de-Ruz
Fleurier
Val de Travers
Col des Etroits
Ste-Croix
Le Chasseron
Mt de Baulmes
Le Pont
Dent de Vaulion
Lac de Joux
Mont Tendre
Le Brassus
Crissier
Epalinges
Lausanne
Vevey
Le Russey
Maîche
Gorges du Doubs
La Vue des Alpes
Grand' Combe-Châteleu
Lac de Saint-Point
Montagne du Laveron
Val du Saugeais
Cortaillod
Colombier
Bercher
Echallens
Penthalaz
Payerne
Fribourg
France
Schweiz/Suisse
Vaud
Neuchâtel
65
66
67
68
69

69
70
71
72
73
Les Sables d'Olonne
Olonne-sur-Mer
la Chaume
Ile-d'Olonne
St-Mathurin
Grassière
Talmont-St-Hilaire
Avrillé
Moutiers-les-Mauxfaits
St-Vincent-sur-Graon
Nieul-le-Dolent
la Boissière-des-Landes
le Girouard
Poiroux
St-Avaugourd-des-Landes
Château-Guibert
la Mainborgère
Mareuil-sur-Lay-Dissais
Moutiers-sur-le-Lay
Rosnay
la Couture
Lavaud
Péault
la Bretonnière
les Magnils-Reigniers
Luçon
St-Cyr-en-Talmon
Curzon
la Jonchère
St-Benoist-sur-Mer
Jard-sur-Mer
St-Vincent-sur-Jard
Longeville-sur-Mer
St-Hilaire-la-Forêt
Angles
la Tranche-sur-Mer
la Terrière
Pointe du Grouin du Cou
la Faute-sur-Mer
l'Aiguillon-sur-Mer
St-Michel-en-l'Herm
Grues
Triaize
St-Denis-du-Payré
Parc Interrégional du Marais Poitevin
Réserve Nat. de Chasse
Pertuis Breton
Anse de l'Aiguillon
Pointe de l'Aiguillon
Pointe du Payré
Bourgenay
la Corniche
Phare des Baleines
les Portes-en-Ré
St-Clément-des-Baleines
Ars-en Ré
Loix
St-Martin-de-Ré
la Flotte
la Couarde-sur-Mer
le Bois-Plage-en-Ré
le Morinant
Rivedoux-Plage
Ste-Marie-de-Ré
la Noue
Île de Ré
Nieul-sur-Mer
Lauzières
l'Houmeau
Lagord
La Rochelle
la Pallice
Tour du Lavardin
Phare de Chauveau
OCÉAN ATLANTIQUE
Pertuis d'Antioche
Rocher d'Antioche
Rade des Basques
Île d'Aix
Fort Boyard
Phare de Chassiron
St-Denis-d'Oléron
la Brée-les-Bains
St-Georges-d'Oléron
Boyardville
Chaucre
Domino
Chéray
St-Pierre-d'Oléron
38
Dolus-d'Oléron
la Cotinière
Vert-Bois
le Grand-Village-Plage
Le Château-d'Oléron
Île d'Oléron
Fontenay-le-Comte
Rochefort
0 1 2 4 6 8 10 km
0 1 2 4 6 miles

69
70
71
72
73
La-Roche-Sur-Yon
Talmont-St-Hilaire
St-Martin-de-Ré
Île d'Oléron
Vendée
Ste-Hermine
Ste-Pexine
Moutiers-sur-le-Lay
Bessay
Dissais
Corpe
les Mottes
Thiré
la Chapelle-Thémer
Bourg-sous-la-Roche
St-Aubin-la-Plaine
Ste-Gemme-la-Plaine
Chevrette
Nalliers
Mouzeuil-St-Martin
Pouillé
L'Hermenault
St-Étienne-de-Brillouet
Longèves
Petosse
Vouvant
Mervent
les Quillères
Pissotte
l'Orbrie
St-Michel-le-Cloucq
Fontenay-le-Comte
Xanton-Chassenon
Puy-de-Serre
Faymoreau
Foussais-Payré
Coulonges-sur-l'Autize
St-Hilaire-des-Loges
Ardin
Béceleuf
Faye-sur-Ardin
La Canepetière
La Chateaudrie
Villiers-en-Plaine
Luçon
Beugné-l'Abbé
Parc
Interrégional
du Marais
Poitevin
Moreilles
Triaize
Champagné-les-Marais
Ste-Radégonde-des-Noyers
Puyravault
Chaillé-les-Marais
Vouillé-les-Marais
le Langon
Auchay-sur-Vendée
Nieul-sur-l'Autise
Rives-d'Autise
Oulmes
Niort-Ouest
Benet
Maillezais
Doix lès Fontaines
le Poiré-sur-Velluire
Velluire
Montreuil
Vix
Maillé
Damvix
Arçais
le Mazeau
Coulon
Magné
le Vanneau
St-Georges-de-Rex
Amuré
Sansais
Frontenay-Rohan-Rohan
Bourg-Chapon
Marans
Charron
Anse de l'Aiguillon
Esnandes
Marsilly
Nieul-sur-Mer
Andilly
Villedoux
St-Ouen-d'Aunis
Longèves
Sérigny
Taugon
la Ronde
St-Jean-de-Liversay
Choupeau
Courçon
Cramahé
Ferrières
Nuaillé-d'Aunis
St-Sauveur-d'Aunis
Benon
le Gué-d'Alleré
la Laigne
Cramchaban
Mauzé-sur-le-Mignon
Prin-Deyrançon
la Rochénard
Épannes
Vallans
Usseau
Beauvoir-sur-Niort
Lagord
Puilboreau
Dompierre-sur-Mer
Périgny
LA ROCHELLE
Aytré
Angoulins
Châtelaillon-Plage
la Jarne
La Jarrie
Aigrefeuille-d'Aunis
Surgères
Vouhé
St-Georges-du-Bois
Rade des Basques
les Boucholeurs
Île d'Aix
Fort Liedot
Baye d'Yves
Fouras
Rade de l'Île d'Aix
Île Madame
Port-des-Barques
ROCHEFORT
Tonnay-Charente
Soubise
St-Nazaire-sur-Charente
Moëze
Le Château-d'Oléron
Brouage
Viaduc d'Oléron
Échillais
St-Agnant
Beaugeay
Muron
Ardillières
Landrais
Ciré-d'Aunis
Ballon
Thairé
Genouillé
Tonnay-Boutonne
St-Jean-d'Angély
Torxé
Champdolent
Bords
St-Savinien
Archingeay
la Vergne
Dœuil-sur-le-Mignon
Migré
Loulay
Nachamps
St-Crépin
Chervettes
St-Laurent-de-la-Barrière
Fenioux
Grandjean
la Frédière
A83
A10
A837
E03
E601
E602

Marennes Royan 122 Saintes Saintes Saintes Saintes
0 1 2 4 6 8 10 km
0 1 2 4 6 miles

Vasles
Lavausseau
Benassay
Boivre-la-Vallée
Montreuil-Bonnin
Vouneuil-sous-Biard
Poitiers
Allonne
Beaulieu-sous-Parthenay
Château-Bourdin
Soutiers
Chevreau
Reffannes
Vausseroux
Vautebis
les Forges
la Boissière-en-Gâtine
Mazières-en-Gâtine
St-Marc-la-Lande
les Groseillers
St-Lin
Verruyes
Champdeniers-St-Denis
les Châteliers
Coutières
Ménigoute
Sanxay
Curzay-sur-Vonne
Rouillé-Pamproux
Jazeneuil
Coulombiers
Fontaine-le-Comte
Ruffigny
L'Aquitaine
A10
E05
St-Georges-de-Noisné
Clavé
Fomperron
St-Germier
Lusignan
Cloué
Marçay
Vivonne
Marigny-Chémereau
Celle-Lévescault
Germond-Rouvre
la Chapelle-Bâton
Saivres
St-Maixent-l'École
Exireuil
Soudan
St-Maixent-Lusignan
Rouillé
la Villedieu-du-Perron
Nanteuil
Cherveux
Augé
Azay-le-Brûlé
Cerzeau
Ste-Eanne
Pamproux
Chemin de St-Jacques
Vaugeton
Echiré
St-Gelais
François
Ruffigny
Chauray
Chaban
la Crèche
Romans
Aiript
Souvigné
La Mothe-St-Héray
Salles
Bougon
Avon
Nillé
St-Sauvant
les Minières
Chavagné
Voulon
Neuil
Anché
Payré
Exoudun
Bagnault
Jassay
Pouzeau
la Chevraise
Tressauves
Chavagne
Bougouin
Aigonnay
Prailles
la Couarde
Brieuil
Chenay
Bizon
Courgé
Ceaux-en-Couhé
Châtillon
Valence-en-Poitou
Couhé
Vaux
NIORT
Vouillé
Gascougnolle
Les Ruralies
Aiffres
Aigondigné
Thorigné
Montaillon
Beaussais
Vitré
Sepvret
Pillac
Vançais
Rom
Montaigu
Mougon
Prahecq
Celles-sur-Belle
Chemin de St-Jacques
Lezay
Coudray
Bonneuil
Messé
Chez Fouché
Brux
La Rochelle / Niort
Fors
Ste-Blandine
St-Martin-de-Bernegoue
Verrines-sous-Celles
la Ronze
Melle
St-Léger-de-la-Martinière
la Grande Foye
Ste-Soline
St-Coutant
Vanzay
Pers
Epanvilliers
Juscorps
St-Romans-des-Champs
Brûlain
St-Médard
Montigné
St-Romans-lès-Melle
Mazières-sur-Béronne
Pouffonds
Chail
Fontivillié
St-Vincent-la-Châtre
Caunay
Clussais
Chaunay
Blanzay
Marigny
Périgné
Paizay-le-Tort
St-Génard
Maisonnay
Chaignepain
la Pommeraie
Champagné-le-Sec
Linazay
Vaubalier
Vernoux-sur-Boutonne
Secondigné-sur-Belle
Séligné
Brioux-sur-Boutonne
Lusseray
Sompt
Tillou
Gournay-Loizé
Les Alleuds
les Brousses
Mairé-Levescault
Pilboux
Sauzé-Vaussais
St-Pierre-d'Exideuil
St-Saviol
Forêt de Chizé
Villiers-en-Bois
Chizé
Villefollet
Juillé
Luché-sur-Brioux
Chérigné
Fontenille
Mandegault
Melleran
la Chapelle-Pouilloux
Pouilloux
Limalonges
Montalembert
Villiers-sur-Chizé
Availles-sur-Chizé
Ensigné
Vandeleigne
Paizay-le-Chapt
Crézières
St-Martin-d'Entraigues
Chef-Boutonne
Ardilleux
Bouin
Valdelaume
Hanc
la Forêt-de-Tessé
Tessé
Londigny
Montjean
Dampierre-sur-Boutonne
Blanzay-sur-Boutonne
la Villedieu
Forêt d'Aulnay
Semoussais
Aubigné
Loubigné
Loubillé
Saveille
Theil-Rabier
Embourie
la Magdeleine
Villiers-le-Roux
St-Martin-du-Clocher
Bernac
Ruffec
Condac
St-Georges-de-Longuepierre
St-Mandé-sur-Brédoire
Salles-lès-Aulnay
Aulnay
Gâtebourse
Saleignes
Vinax
Villemain
Paizay-Naudouin-Embourie
Empuré
Villefagnan
la Faye
Nuaillé-sur-Boutonne
Contré
Chantemerlière
Villemorin
Grand Virollet
Romazières
les Eduts
Couture-d'Argenson
Longré
Brettes
Raix
Courcôme
Villegats
Verteuil-sur-Charente
Paillé
le Breuil
Néré
Villiers-Couture
le Vivier
Marsillé
le Villeret
Souvigné
Tuzie
Barro
Les Eglises-d'Argenteuil
Cherbonnières
St-Pierre-de-Juillers
Seigné
Chives
le Vivier-Jusseau
les Gours
St-Fraigne
Ebréon
Bessé
Charmé
Salles-de-Villefagnan
Poursac
Chenon
St-Martin-de-Juillers
Loiré-sur-Nie
Fontaine-Chalendray
Sècheboue
Lupsault
le Bouchet
Tusson
Ligné
Lonnes
Chenommet
Aunac-sur-Charente
Courpeteau
Varaize
Gibourne
le Gicq
Breuillaud
Barbezières
Chillé
Oradour
Juillé
Fontenille
Bayers
Moutonneau
Esset
les Touches-de-Périgny
Cressé
Bazauges
Ranville-Breuillaud
Germeville
Villejésus
St-Groux
Licheres
le Treuil
les Hillairets
Reignier
Bagnizeau
la Cour
Gourvillette
Beauvais-sur-Matha
Verdille
Aigre
Fouqueure
Luxé
Fontclaireau
Mouton
la Brousse
Matha
Marestay
Blanzac-lès-Matha
Haimps
Massac
St-Ouen
Bresdon
le Breuil
Mons
Villeneuve
Villognon
Ambérac
Lanville
Echoisy
Cellettes
Mansle
Puyréaux
le Chenet
St-Ciers-sur-Bonnieure
Chagnon
Aumagne
Ebéon
la Grange-à-Robin
Freneau
Chiray

69 70 71 72 73

Lusignan Niort-Est · Couhé · Niort

POITIERS
Chauvigny
St-Savin
Montmorillon
Lussac-les-Châteaux
Gençay
Vivonne
Civray
Charroux
Availles-Limouzine
L'Isle-Jourdain
Confolens
St-Junien
Chabanais
Champagne-Mouton
Mortemart
Usson-du-Poitou
Queaux
Moulismes
Persac
Verrières
Civaux
Ligugé
Nouaillé-Maupertuis
La Villedieu-du-Clain
St-Benoît
Sommières-du-Clain
Payroux
Mauprévoir
Pressac
Abzac
St-Germain-de-Confolens
Lesterps
Exideuil
St-Claud
Lussac
Valence
Villefagnan

Angoulême Angoulême 124 Rochechouart

0 1 2 4 6 8 10 km
0 1 2 4 6 miles

Parc Naturel Régional de la Brenne
Mauvières
Béthines
St-Hilaire-sur-Benaize
Bélâbre
Chalais
Nesmes
Rocheblond
Prissac
Luzeret
Chazelet
Argenton-sur-Creuse
Le Pêchereau
Malicornay
Chavin
Le Menoux
Badecon-le-Pin
Ceaulmont
Le Pin
Pommiers
Gargilesse-Dampierre
Céion
Vigoux
Bazaiges
Liglet
Fontmorond
La Trimouille
Journet
Vouhet
Dunet
Chénier
La Forêt
Sacierges-St-Martin
St-Civran
Roussines
St-Gilles
Baraize
La Ligne
Orsennes
Eguzon-Chantôme
Lignac
Parnac
Le Fay
St-Benoît-du-Sault
Chaillac
Seillant
Passebonneau
Thollet
Coulonges
Tilly
Le Peux-de-Tilly
Brosse
La Châtre-Langlin
Mouhet
Bourg-Archambault
Brigueil-le-Chantre
St-Léomer
Crozant
Fresselines
St-Sébastien
Lignac
Azerables
Rhodes
La Chapelle-Baloue
Bazelat
Lussac-les-Eglises
St-Martin-le-Mault
Jouac
Cromac
St-Georges-les-Landes
St-Sulpice-les-Feuilles
Mailhac-sur-Benaize
Bois Mandé
Forgevieille
St-Germain-Beaupré
Dun-le-Palestel
Azat-le-Ris
Verneuil-Moustiers
Le Puy-St-Jean
St-Léger-Magnazeix
Arnac-la-Poste
Vareilles
St-Agnant-de-Versillat
Naillat
La Souterraine
Dinsac
Magnac-Laval
Le Dorat
Dompierre-les-Eglises
Lathière
St-Maurice-la-Souterraine
St-Priest-la-Feuille
St-Sornin-Leulac
St-Amand-Magnazeix
St-Priest-le-Betoux
Fromental
St-Sornin-la-Marche
Villefavard
Droux
Bellac
Blanzac
Rancon
Châteauponsac
Bessines-sur-Gartempe
Folles
St-Pierre-de-Fursac
St-Etienne-de-Fursac
Chamborand
Le Grand-Bourg
Bénévent
Berneuil
Roussac
Saint-Pardoux-le-Lac
St-Pardoux
Razès
Bersac-sur-Rivalier
Laurière
St-Sulpice-Laurière
Marsac
Breuilaufa
Nantiat
Thouron
Compreignac
St-Léger-la-Montage
Jabreilles-les-Bordes
St-Goussaud
Monts de Blond
Cieux
Chamboret
Vaulry
Blond
La Jonchère-St-Maurice
St-Sylvestre
Ambazac
Nieul
Peyrilhac
Oradour-sur-Glane
Javerdat
Bonnac-la-Côte
Beaune les Mines
Chaptelat
St-Laurent-les-Eglises
St-Martin-Terressus
Le Châtenet-en-Dognon
St-Martin-du-Fault
Nouaillas
Couzeix
Rilhac-Rancon
Beaubreuil
Palais-sur-Vienne
St-Just-le-Martel
St-Priest-Taurion
Sauviat-sur-Vige
Moissannes
St-Brice-sur-Vienne
St-Victurnien
St-Yrieix-sous-Aixe
Ste-Marie-de-Vaux
Aéroport Limoges-Bellegarde
Limoges-Nord
Guéret
Aubusson

69
70
71
72
73
La Châtre
Châteaumeillant
Culan
Cluis
Montchevrier
Orsennes
Aigurande
Ste-Sévère-sur-Indre
Préveranges
St-Marien
Boussac
Genouillac
Bonnat
la Celle-Dunoise
Dun-le-Palestel
Fresselines
Crozant
Bussière-Dunoise
Jouillat
Glénic
St-Vaury
St-Sulpice-le-Guérétois
Ajain
Jarnages
Parsac
Gouzon
Chénérailles
Guéret
Ste-Feyre
Moutier-d'Ahun
Ahun
Lavaveix-les-Mines
St-Maixant
Aubusson
Felletin
Pontarion
Bourganeuf
St-Quentin-la-Chabanne
Toulx-Ste-Croix
Chambon-Ste-Croix
Lourdoueix-St-Pierre
Fleurat
la Souterraine
Limoges
Ussel
145
E62
940
942
941

0 1 2 4 6 8 10 km
0 1 2 4 6 miles

69
70
71
72
73
Moulins
St-Pourçain-sur-Sioule
Gannat
Montluçon
Clermont-Ferrand
Aigueperse
Bourbonnais
Forêt de Gros-Bois
Vallée de l'Aumance
Combrailles
MONTLUÇON
Domérat
Désertines
Néris-les-Bains
Commentry
Montmarault
Hérisson
Cosne-d'Allier
Vallon-en-Sully
Huriel
Montaigut
St-Eloy-les-Mines
Menat
Gorges de la Sioule
Châteauneuf-les-Bains
Ebreuil
Bellenaves
Chantelle
Evaux-les-Bains
Chambon-sur-Voueize
Auzances
Pionsat
St-Gervais-d'Auvergne
Les Ancizes-Comps
Manzat
Combronde
Châtelguyon
Riom
Mozac
Volvic
Pontaumur
Pontgibaud
Parc Naturel Régional des Volcans d'Auvergne
Volcans d'Auvergne
Vulcania
L'Allier Saulzet
L'Alliers Doyet
Circuit du Lys
Circuit de Jonquilles
L'Arverne

69
70
71
72
73
Moulins
Yzeure
Souvigny
Toulon-s.-Allier
Neuilly-le-Réal
Bessay-s.-Allier
Dompierre-s.-Besbre
Diou
Gilly-s-Loire
St-Pourçain-sur-Besbre
Saligny-s-Roudon
Châtel-de-Neuvre
La Ferté-Hauterive
Varennes-sur-Allier
St-Pourçain-sur-Sioule
Jaligny-sur-Besbre
Le Donjon
Lapalisse
St-Gérand-le-Puy
Montmarault
Bourges
Chantelle
Gannat
Ebreuil
Aigueperse
VICHY
Cusset
Bellerive-sur-Allier
St-Yorre
Randan
Maringues
Riom
Mozac
Thiers
Puy-Guillaume
Châteldon
Le Mayet-de-Montagne
St-Just-en-Chevalet
Volcans d'Auvergne
Bocage Bourbonnais
Forêt de Marcenat
Limagne
Plaines de la Loire et de l'Allier
Vallée de la Besbre
Parc Nat. Rég. du Livradois-Forez
Les Bois Noirs
A71
A719
A89
E62
E11
Montluçon
Brive-la-Gaillarde
Montaigut
Pontgibaud

0 1 2 4 6 8 10 km
0 1 2 4 6 miles

69
70
71
72
73
Cluny
Le Bois-D'Oingt
Lyon
Génelard
Palinges
Oudry
Clessy
Digoin
Paray le-Monial
Charolles
Gueugnon
Molinet
Chassenard
Coulanges
Pierrefitte-sur-Loire
St-Agnan
Volesvres
Romay
Hautefond
Champlecy
Vitry-en-Charollais
St-Yan
Poisson
Nochize
Versaugues
Anzy-le-Duc
Marcigny
Semur-en-Brionnais
Montmelard
Matour
Chauffailles
La Clayette
Gibles
Vauban
Iguerande
Charlieu
St Nizier-sous-Charlieu
Pouilly-sous-Charlieu
Briennon
Vougy
Mably
ROANNE
Riorges
Le Coteau
Renaison
Ambierle
St-Haon-le-Châtel
St-André-d'Apchon
Lentigny
Villerest
Commelle
Perreux
Montagny
Thizy-les-Bourgs
Cours
Cuinzier
Belmont-de-la-Loire
Chénelette
Lamure-s-Azergues
Chambost
Chamelet
Amplepuis
Régny
St Symphorien-de-Lay
Neaux
Neulise
Tarare
Ternand
Vindry-sur-Turdine
Pontcharra-s-Turdine
St Forgeux
St Marcel-l'Eclairé
Machézal
Fourneaux
Les Sauvages
Valsonne
St-Just-en-Chevalet
Crémeaux
St-Polgues
Juré
Souternon
St Germain-Laval
St-Marcel-d'Urfé
Champoly
Cherier
Mont Groussot
Monts de la Madeleine
La Pacaudière
Changy
St-Germain-Lespinasse
St-Forgeux-Lespinasse
Urbise
Melay
Artaix
Chenay-le-Châtel
Sail-les-Bains
Le Crozet
Vivans
Neuilly-en-Donjon
Le Donjon
Luneau
Avrilly
Vindecy
Bourg-le-Comte
Céron
Chambilly
Baugy
Sarry
Oyé
Amanzé
Dyo
Ozolles
Prizy
Vareilles
Propières
Azolette
Les Echarmeaux
Poule-les-Echarmeaux
Ranchal
Claveisolles
Grandris
Mardore
Marnand
Combre
Pradines
Coutouvre
Sevelinges
Jarnosse
Boyer
Nandax
Villers
Chandon
Arcinges
Ecoche
Le Cergne
Mars
Coublanc
St Claude
Tancon
Maizilly
St Edmond
Mailly
Chassigny-s/s-Dun
Mussy sis-Dun
Anglure-sis-Dun
St Igny-de-Vers
St Bonnet-des-Bruyères
St Christophe
Aigueperse
Villard
Trambly
Dompierre-les-Ormes
Verosvres
Mont des Carges
Sivignon
Suin
Butte de Suin
Chiddes
Pressy-sous-Dondin
St-Bonnet-de-Joux
Mornay
La Guiche
Le Rousset
St-Marcelin-de-Cray
Marizy
Ballore
Martigny-le-Comte
Grandvaux
Baron
Fontenay
Viry
Lugny-lès-Charolles
Changy
Vaudebarrier
Marcilly la-Gueurce
Beaubery
Mans
Colombier-en-Brionnais
St-Julien-de-Civry
St-Germain-en-Brionnais
Varenne-l'Arconce
Briant
Montmégin
St-Martin-du-Lac
Chassereux
Jonzy
Fleury-la-Montagne
St-Pierre-la-Noaille
St Maurice-lès-Châteauneuf
Châteauneuf
Ligny-en-Brionnais
Vivans
Outre-Loire
Montilly
Chante-Oiseaux
St-Romain-la-Motte
Ouches
Pouilly-les-Nonains
St-Léger-sur-Roanne
St-Jean-St-Maurice-sur-Loire
St-Cyr-de-Favières
Cordelle
Bully
Dancé
Amions
Vézelin-sur-Loire
St-Paul-de-Vézelin
St-Priest-la-Roche
Pinay
St-Jodard
Magny
Champagny
St-Just-la-Pendue
Ste Colombe-s-Gand
St Cyr-de-Valorges
Chirassimont
Croizet-s-Gand
Lay
Vendranges
Notre Dame-de-Boisset
St-Vincent-de-Boisset
Huissel-St Claude
Ronno
St Appolinaire
Dième
St Clément-s-Valsonne
St Vérand
Dareizé
Les Olmes
St-Loup
Joux
Cuinzier
St-Hilaire-sis-Charlieu
Lafont
Thel
St Bonnet-le-Troncy
St Nizier-d'Azergues
St Vincent-de-Reins
Meaux-la-Montagne
La Chapelle-de-Mardore
Cublize
Chambost-Allières
St-Just-d'Avray
St Jean-la-Bussière
A89
E62
E607
79
7
82

Tournus
Cluny
Mâcon
Bourg-en-Bresse
Villefranche-s-Saône
Belleville-en-Beaujolais
Châtillon-sur-Chalaronne
Pont-de-Vaux
St-Trivier-de-Courtes
Montrevel-en-Bresse
Villars-les-Dombes
Trévoux
Anse
Chalamont
Pérouges
Meximieux
Neuville-s-Saône
Genay
Beaujeu
Vonnas
Replonges
Feillens
Manziat
Cuisery
St-Gengoux-de-Scissé
Lugny
La Chapelle-de-Guinchay
Romanèche-Thorins
Thoissey
Crêches-s-S
Charnay-lès-Mâcon
Pont-de-Veyle
Bâgé-le-Châtel
Attignat
Lamure-s-Azergues
Chamelet
Le Bois-d'Oingt
Chazay-d'Azergues
Marcilly
St-Germain-au-Mont-d'Or
Mionnay
Ambérieux-en-Dombes
Lyon

Louhans
Cuiseaux
St-Amour
Coligny
Orgelet
Clairvaux-les-Lacs
Moirans-en-Montagne
St-Claude
Parc Naturel Régional du Haut-Jura
Oyonnax
Nantua
Dortan
Arbent
Bourg-en-Bresse
Ceyzériat
Revonnas
Pont-d'Ain
Ambérieu-en-Bugey
Cerdon
Poncin
Valserhône
Bellegarde-sur-Valserine
Seyssel
Frangy
Rumilly
Lagnieu
Plateau d'Hauteville
Hauteville-Lompnes
Crêt de la Neige
Crêt de Chalam
Plateau de Retord
Grand Colombier
Forêt de la Réna
Montagne
Mont Myon
Revermont
Gex
Genève
Annecy
39 Jura
01 Ain
74 Haute-Savoie
73 Savoie
Autoroute Blanche
Route des Vins du Jura
Morez
St-Genis-Pouilly

69
70
71
72
73
LAUSANNE
Morges
St-Sulpice (VD)
Renens
Crissier
Bussigny
Pully
Lutry
Rolle
Allaman
Perroy
St-Prex
Aubonne
Etoy
Féchy
Gland
Prangins
Nyon
Coppet
Céligny
Versoix
Genthod
Collonge-Bellerive
GENÈVE
Chêne-Bougeries
Chêne-Bourg
Carouge (GE)
Lancy
Onex
Vernier
Meyrin
Satigny
Dardagny
Russin
Aire-la-Ville
Bernex
Plan-les-Ouates
Bardonnex
St-Julien-en-G.
ANNEMASSE
Thonon-les-Bains
Evian-les-Bains
Yvoire
Douvaine
Sciez
Bonneville
Cluses
La Roche-sur-Foron
Reignier
Cruseilles
Les Crêts Blancs
Thorens-Glières
ANNECY
Annecy-le-Vieux
Epagny
Metz-Tessy
Rumilly
Sallanches
la Clusaz
St-Jean-de-Sixt
Thônes
Gex
Divonne-les-Bains
Ferney-Voltaire
Col de la Faucille
Col de la Givrine
St-Cergue
La Dôle
Parc Naturel Régional du Haut-Jura
Vallée de Joux
Forêt du Risoux
Morez
Hauts de Bienne
Les Rousses
Mijoux
Lélex
Thoiry
Collonges
Valleiry
Frangy
Zone franche
Le Léman
Mont Salève
Chaîne des Aravis
Chaîne du Bargy
Montagne de Sous-Dine
Mont Lachat
Le Môle
Voirons
Pointe de Marcelly
Taninges
Marignier
Fillière

Le Mont-s-Lausanne
Epalinges
Savigny
Belmont
Lutry
Cully
Chexbres
Puidoux
Attalens
Châtel-Saint Denis
Semsales
Le Moléson
Gruyères
Grandvillard
Saanen
Gstaad
Zweisimmen
Château-d'Oex
Rossinière
Les Moulins
Vevey
La Tour-de-Peilz
Montreux
Blonay
St-Légier
Corsier
Corseaux
St-Saphorin (Lavaux)
Clarens
Territet
Villeneuve
St-Gingolph
Le Bouveret
Port-Valais
Noville
Rennaz
Roche (VD)
Yvorne
Aigle
Leysin
Le Sépey
Les Diablerets
Col du Pillon
Gsteig
Lauenen
Wildhorn
Ollon
Villars-sur-Ollon
Col de la Croix
Monthey
Collombey
Troistorrents
Morgins
Pas de Morgins
Champéry
Bex
St-Maurice
Lavey-les-Bains
Evionnaz
Collonges
Dorénaz
Fully
Saillon
Leytron
Riddes
Saxon
Martigny
Vernayaz
Salvan
Les Marécottes
Finhaut
Trient
Col de la Forclaz
Champex-Lac
Orsières
Sembrancher
Le Châble
Val de Bagnes
Verbier
Liddes
Bourg-St-Pierre
Grand Combin
Col du G.d St-Bernard
SION
Savièse
Conthey
Vétroz
Ardon
Chamoson
St-Pierre-de-Clages
Nendaz
Derborence
Grand Muveran
Samoëns
Sixt-Fer-à-Cheval
Les Gets
Morzine
Avoriaz
Abondance
Châtel
Col des Montets
Vallorcine
Argentière
Chamonix-Mont-Blanc
Les Houches
Servoz
Passy
Sallanches
St Gervais-les-Bains
Le Fayet
Aig. du Midi
Mont Blanc du Tacul
Grandes Jorasses
Tunnel du Mont Blanc 11,5 km
Tunnel 5,8km
Colle d. Gran S.Bernardo
Zone franche
Lac Léman

73
74
75
76
77
Île d'Oléron
Le Château-d'Oléron
Bourcefranc-le-Chapus
Marennes
Brouage
Saint-Trojan-les-Bains
Pointe de Gatseau
Pertuis de Maumusson
Ronce-les-Bains
Forêt de la Coubre
La Tremblade
Côte Sauvage
Arvert
Etaulles
Phare de la Coubre
Pointe de la Coubre
Saint Augustin
Saint Palais-sur-Mer
Grand Passe de l'Ouest
Royan
Saint Georges-de-Didonne
Phare de Cordouan
Passe Sud ou de Grave
Pointe de Grave
le Verdon-sur-Mer
Soulac-sur-Mer
Meschers-sur-Gironde
Talmont
Gironde
Saujon
Médis
Semussac
Cozes
Mortagne-sur-Gironde
Saint Fort-sur-Gironde
Saint Dizant-du-Gua
Saint Thomas-de-Conac
Saint Bonnet-sur-Gironde
Saint Ciers-sur-Gironde
Champagne
Pont-l'Abbé-d'Arnoult
Saint-Porchaire
Saintes
Taillebourg
Saint-Savinien
Pons
Gémozac
Montalivet-les-Bains
Vendays-Montalivet
Saint-Vivien-de-Médoc
Lesparre-Médoc
Saint Christoly-Médoc
Saint Yzans-de-Médoc
Saint Seurin-de-Cadourne
Saint-Estèphe
Pauillac
Saint Julien-Beychevelle
Saint Sauveur
Vertheuil
Hourtin
Hourtin-Plage
Étang d'Hourtin et de Carcans
Forêt du Flamand
Dunes des Places
Côte d'Argent
Médoc
Parc Naturel Régional Médoc
Ile Philippe
Ile Bouchaud
Blaye
Chemin de St-Jacques
L'Aquitaine

Matha
Cognac
Jarnac
Angoulême
Châteauneuf-sur-Charente
Barbezieux-St-Hilaire
Archiac
Jonzac
Pons
Montendre
Montguyon
Chalais
Saint Aulaye
Saugon
Segonzac
Rouillac
La Couronne
Baignes-Sainte Radegonde
Chevanceaux
Brossac
Montmoreau-Saint Cybard
Siecq
Burie
Saint Genis-de-Saintonge
Mirambeau
Bassac
Charente
73
74
75
76
77
La Rochefoucauld
Ruelle
Chalais
Angoulême

73
74
75
76
77
Matha
Cognac
Barbezieux-St-Hilaire
Chalais
Mansle
Echoisy
Cellettes
Puyréaux
Romefort
le Chêne
St-Ciers-sur-Bonnieure
St-Amant-de-Bonnieure
la Tâche
Chez-Robinet
Chavagnac
Lussac
Nieuil
Fontafie
Suaux
Vestiges Antiques
la Péruse
Roumazières-Loubert
Peyras
Suris
Pressac
2025
Chabanais
Beaulieu
Grenord
Villegouret
Chassenon
Thermes Romains
Pressignac
la Soutière
St-Quentin-sur-Charente
Terres-de-Haute-Charente
Genouillac
la Garde
Mazières
Puybareau
Maine-de-Boixe
Vervant
Nanclars
Ravaud
St-Angeau
Val-de-Bonnieure
Chez-Rozet
St-Mary
Burgaud
le Maine
Xambes
la Bernarde
Terrebourg
Ste-Colombe
St-Amant-de-Boixe
Villejoubert
Aussac
Vadalle
Coulgens
les Pins
Chasseneuil-sur-Bonnieure
Vitrac-St-Vincent
Chervers-Châtelars
Lézignac-Durand
Lac de Lavaud
La Moulde
la Nègrerie
Mouzon
Tourriers
Treillis
la Rochette
Quatre-Vaux
la Côte
le Pont-d'Agris
l'Ennui
Montembœuf
Massignac
Verneuil
Videix
Saint Gervais
Ménieux
Montignac-Charente
Jauldes
Agris
les Houillères
Taponnat-Fleurignac
Saint Adjutory
Chablanc
Lafaurie
Labesse
Repaire
Route Richard Cœur de Lion
Chéronnac
Vayres
Chebrac
Anais
le Breuil-d'Anais
Rivières
Puyponchet
la Belle Etoile
Chatillou
Vars
Couziers
Villeneuve
Churet
la Chignolle
Cherves
Beaumont
Yurac-et-Malleyrand
Mazerolles
Sauvagnac
le Chatelard
les Salles-Lavauguyon
Bussac
Rouhénac
Brie
Maine-Joizeau
St-Projet-St-Constant
Marillac-le-Franc
la Braconne
l'Arbre
le Lindois
Lavauguyon
Neuville
Guissalle
Chapelot
Vindelle
Argence
Champniers
la Simarde
La Rochefoucauld-en-Angoumois
Malleyrand
le Mas
Roussines
Saint Bazile
Cromières
Balzac
Saint-Yrieix-sur-Charente
Viville
Puy Vidal
Lage-Baston
la Seguinie
Rouzède
Vergnas
le Chat
Lavallade
Maisonnais-sur-Tardoire
Saint Mathieu
la Forg
Bunzac
les Deffends
Rancogne
Saint Sornin
Orgedeuil
Langlade
Reilhac
Fonsoumagne
Ruelle
les Favrauds
Mornac
Marsac
Vilhonneur
Moulins-sur-Tardoire
le Chatelard
Chatain-Besson
Ecuras
Busserolles
Champniers-et-Reilhac
Boubon
Magnac-sur-Touvre
Touvre
Pranzac
la Chaise
Vouthon
Montbron
les Defaix
Clargour
le Quéroy
Chez Manot
la Tricherie
Bussière-Badil
Régional
Milhaguet
Soyaux
Grottes du Quéroy
le Chaillat
Chazelles
Marandat
ANGOULÊME
Garat
Arsac
la Bourlie
Bandiat
Saint Germain-de-Montbron
Sainte Catherine
Puycharnaud
Piégut-Pluviers
Saint Barthélemy-de-Bussière
Marval
Pluviers
Breuty
Mougnac
la Tranchade
Bouëx
Mirande
Marthon
Feuillade
Soudat
la Crête
Labrousse
Cascade
Bellerand
Giget
Puymoyen
Dirac
Sers
Vouzan
Souffrignac
Musée Cars
Varaignes
le Chatelard
Etouars
63
Augignac
l'Etang
la Chapelle-Verlaine
Vœuil-et-Giget
Maison-Neuve
Grassac
la Bréchinie
la Chapelle-Saint Robert
Javerlhac-et-la Chapelle-Saint Robert
Teyjat
le Bourdeix
Saint Estèphe
Abjat-sur-Bandiat
le Verdoyer
la Foy
Courrière
Station Préhistorique Tour du Breuil
l'Ermite
Doumérac
Tassat
Saint Martin-le-Pin
Puybegout
Savignac-de-Nontron
Mouthiers-sur-Boëme
Caverne Préhistorique
Andole
Torsac
Pouyaud
Dignac
Beaulieu
Abbaye
Grosbot
Charras
Mainzac
Grand Gillou
l'Espinasse
Nontron
la Vallade
Champs-Romain
Saint-Laco
Nanteuillet
Cloulas
Rougnac
le Cledou
la Plaigne
Hautefaye
Fayemarteau
Périgord-
Nontronneau
Montcheuil
Saut du Chalard
Chassagne
Fouquebrune
Villars
Gardes-le-Pontaroux
Rozet
la Garde
Beauvais
Saint Martial-de-Valette
Connezac
Lussac-et-Nontronneau
Voulgézac
la Mercerie
Rodas
Magnac-Lavalette-Villars
Combiers
Les Graulges
Beaussac
Leycous
Saudie
Rapevache
Sceau-Saint Angel
Saint Pardoux-la-Rivière
Chadurie
Charmant
Edon
Rudeau-Ladosse
Bernardières
Saint Front-sur Nizonne
Morelière
Saint Angel
Boisné-La Tude
Juillaguet
Ronsenac
Villebois-Lavalette
Blanzaguet-Saint Cybard
la Rochebeaucourt-et-Argentine
Puyrenier
Puycheny
Sainte Croix-de-Mareuil
Champeaux-et-la-Chapelle-Pommier
Pommier
Saint Front-la Rivière
le Caneau
Milhac-de-Nontron
Abbaye de Puypéroux
Chavenat
Mareuil en Périgord
Saint Sulpice-de-Mareuil
la Chapelle-Pommier
la Pouyade
Lusson
Aignes-et-Puypéroux
la Jaufrenie
Beaulieu
Chaverocha
Saint-Pardoux-de-Mareuil
Vieux-Mareuil
Maraty
la Chapelle-Montmoreau
Saint Pancrace
le Sablon
Renaudie
le Cheyrou
le Cluzeau
Grottes de Villars
50
les Potiers
Charbonnier
Fontaine
Gurat
Langely
Vassalde
Beauregard
29
Saint Crépin-de-Richemont
Quinsac
Château Puyguilhem
Villars
Saint Cybard
Saint Eutrope
Montmoreau-Saint Cybard
Lataiteau
Vaux-Lavalette
Vendoire
Champagne-et-Fontaine
Gout-Rossignol
Rossignol
Bregnac
Monsec
Saint Félix-de-Bourdeilles
Richemont
Cantillac
Champagnac-de-Belair
Ancienne Abbaye de Boschaud
Lardailler
Boudeau
Saint Amant-de-Montmoreau
Salles-Lavalette
Nanteuil-Auriac-de-Bourzac
le Bourbet
Cherval
Grenouiller
la Chapelle-Montabourlet
la Gonterie-Boulouneix
Puy-Henry
Condat-sur-Trincou
Jumilhac
Saint Laurent-de-Belzagot
Juignac
Pény
Auriac-de-Bourzac
la Chapelle-Grésignac
la Sauvanie
Billac
Fongrenon
la Bonnetie
Léguillac-de-Cercles
Boulouneix
Ancienne Abbaye
Brantôme en Périgord
Puymarteau
la Chapelle-Faucher
Saint Pierre-de-Côle
les Perrotins
la Vaure
Montignac
Saint Martial-Viveyrol
La Tour-Blanche-Cercles
Donjon
la Verrerie
Saint Julien-de-Bourdeilles
Valade
le Roc
Rochevideau
Bors-de-Montmoreau
Servolle
Palluaud
Bouteilles-Saint Sébastien
Verteillac
Féraillon
le Breuil
Paussac-et-Saint Vivien
Gueyzat
les Roches
la Rivarie
la Goulandie
Montignac-le-Coq
le Bernou
Périgord
Chapdeuil
Saint Just
Peygnefort
Lombraud
le Soulard
Pillac
le Cuq
Lusignan
Saint Paul-Lizonne
Lajard
Coutures
Bourg-des-Maisons
Londet
Saint Vivien
Creyssac
Lasserre
Puychantu
Saint Front-d'Alemps
la Poterie
Saint Séverin
vert
Flayac
Marouatte
Valeuil
Bourdeilles
Puy-de-Fourches
Sencenac-Puy-de-Fourches
Eyvirat
Lafarerie
Bellon
Villedieu
la Brousse
Souvanie
Bertric-Burée
Celles
Grand Brassac
Puyblanc
Liguex
Agonac
Saint Romain
Nabinaud
Laprade
Petit Bersac
Allemans
Montardy
Renamon
Biras
Mazel
Saint Martin
Bourrou
Bournaud
Jaillac
Aubeterre-sur-Dronne
Ragot
Comberanche-et-Epeluche
Fayolle
Villetoureix
Rouvelle
Saint Victor
Montagrier
Lisle
Bussac
Moulin-du-Pont
Périgord Blanc
Saint Martial
Bonnes
Palisses
Bourg-du-Bost
Chassaignes
Faye
Rigale
Dronne
Douchapt
Tocane-Saint Apre
Dourle
Ancien Prieuré de Merlande
Château-l'Evêque
Preyssac-d'Agonac
Saleuil
Cornille
Saint Antoine-Cumond
Saint Privat en Périgord
Ramouly
Cumond
la Borderie
Ribérac
Saint Méard-de-Drône
Lembertie
la Chapelle-Gonaguet
Sourbarie
le Godet
les Essards
Saint-Privat des-Prés
le Pauly
Champagnac
Fontenilles
Saint Martin-de-Ribérac
Saint Pardoux-de-Drône
Mensignac
Abbaye Notre-Dame de Chancelade
Champcevinel
Gourdoux
Caussade
Antonne-et-Trigonant
Festalemps
Vanxains
Sebinlou
Saint Sulpice-de-Roumagnac
Segonzac
Chantepoule
les Granges
Chancelade
Trélissac
le Terme-Rouge
Saint Vincent-Jalmoutiers
Monce
Charoux
la Groze
Saint Aulaye
la Barreyrie
la Gâcherie
Ponteyraud
Siorac-de-Ribérac
la Garde
la Martinie
l'Hôpital
le Bellet
Saint Aquilin
Léguillac-de-l'Auche
Siorac
Beaulieu
Marsac-sur-l'Isle
Arènes
les Jalots
Bassilac et Auberoc
35
le Chapdeuil
Rissonne
la Lande
Boulazac
La Jemaye
la Beaume
Chantérac
le Puy
Razac-sur-l'Isle
PÉRIGUEUX
Coulounieix-Chamiers
Boulazac Isle
Lieu-Dieu
Saint Vincent-de-Connezac
Annesse et Beaulieu

LIMOGES
St-Junien
Rochechouart
Parc Naturel
Limousin
Saint Laurent-sur-Gorre
Oradour-sur-Vayres
Cussac
Châlus
Aixe-sur-Vienne
Solignac
Feytiat
Panazol
Couzeix
Isle
Nexon
Pierre-Buffière
Saint Yrieix-la-Perche
Coussac-Bonneval
Magnac-Bourg
Masseret
St-Germain-les-Belles
St-Léonard-de-Noblat
St-Just-le-Martel
Eymoutiers
Jumilhac-le-Grand
Lubersac
Ségur-le-Château
Arnac-Pompadour
Vigeois
Saint Jean-de-Côle
Thiviers
Excideuil
Sorges et Ligueux en Périgord
Lanouaille
Juillac
Hautefort
Saint Robert
St-Aulaire
Puy d'Yssandon
Objat
Allassac
Donzenac
Brive-la-Gaillarde
Pays de Brive
Route Rich. Cœur de Lion
Chemin de St-Jacques
Gorges de la Vézère
Porte de Corrèze
Puy-de-Barre
87 Haute-Vienne
24 Dordogne
19 Corrèze
Manoire
Tulle
Limoges
Brive-la-Gaillarde

73
74
75
76
77
St-Léonard-de-Noblat
Limoges
Périgueux / Montauban
Ussac
Moissannes
Auriat
St-Junien-la-Bregère
St-Martin-Château
Royère-de-Vassivière
Lac de Vassivière
Peyrat-le-Château
Eymoutiers
Bujaleuf
Masléon
Châteauneuf-la-Forêt
Nedde
Gentioux-Pigerolles
Felletin
St-Quentin-la-Chabanne
Crocq
Faux-la-Montagne
Tarnac
Signal d'Audouze
Plateau de Millevaches
Millevaches
St-Merd-les-Oussines
Bugeat
Chavanac
Sornac
Mont Gargan
Treignac
Chamberet
Masseret
Meymac
Mont Bessou
Puy Pendu
Puy de Razel
St-Angel
Puy Messou
Route de Ventadour
Suc-au-May
Chaumeil
Davignac
Soudeilles
Égletons
Chamboulive
Uzerche
Seilhac
Corrèze
Ventadour
Montaignac-St-Hippolyte
Lapleau
St-Pantaléon-de-Lapleau
Naves
Tulle
Laguenne
Gimel-les-Cascades
Marcillac-la-Croisille
Donzenac
Brive-la-Gaillarde
Aubazines
Puy de Pauliac
Cornil
Ste-Fortunade
Lagarde-Enval
Gorges de la Dordogne
Puy du Bassin
Spontour
A20
A89
E70
1089

Parc Naturel Régional des Volcans d'Auvergne
Monts Dore
Monts du Cézallier
Plateau de l'Artense
Gorges du Chavanon
Gorges de la Rhue
Gorges de la Dordogne
Gorges d'Avèze
Vallée du Falgoux
Site de St-Nazaire
Pontaumur
Pontgibaud
Puy de Dôme
Puy de Sancy
Puy Ferrand
Puy de Côme
Puy de Pariou
Puy de Louchadière
Puy de Tressous
Herment
Bourg-Lastic
Messeix
Ussel
Neuvic
Bort-les-Orgues
Ydes Bourg
Saignes
Mauriac
Riom-ès-Montagnes
Trizac
Apchon
Condat
Allanche
Murol
Besse-et-St-Anastaise
la Bourboule
le Mont-Dore
Orcival
Tauves
Rochefort-Montagne
Heume-l'Église
Crocq
Flayat
St-Georges-Nigremont
la Courtine
Port Dieux
St-Bonnet-près-Bort
Champs-s-Tarentaine-Marchal
Égliseneuve-d'Entraigues
Auzers
Laschamp
Mont Chamaroux
Puy de Manzagol
Gelles
Giat
Lastic
Bagnols
Picherande
Lanobre
Sauliac
Eygurande
Merlines
St-Sauves-d'Auvergne
Laqueuille
Puy de Montchal
Super-Besse
Chambon-sur-Lac
Vernols
Marcenat
St-Hippolyte
Cheylade
Le Claux
Dienne
Collandres
Menet
Valette
Jaleyrac
Drignac
Ally
Chambre
Sauvat
Vebret
Antignac
Madic
Lempret
Champagnac
Sérandon
Veyrières
Arches
Vendes
Valiergues
Chirac-Bellevue
Liginiac
Thalamy
Confolent-Port-Dieu
Singles
Savennes
St-Exupéry-les-Roches
Mestes
Aix
St-Rémy
Courteix
Chaveroche
Saint-Ours
Bromont-Lamothe
Montfermy
St-Pierre-le-Chastel
Mazaye
Ceyssat
Olby
Nébouzat
Vernines
Aurières
Rochefort-Montagne
Perpezat
Briffons
Prondines
Cisternes-la-Forêt
Tortebesse
Voingt
Verneugheol
Sauvagnat
Villemeyre
Beissat
Magnat-l'Étrange
Malleret
Lamazière-Haute
Feyt
Laroche-Près-Feyt
St-Oradoux-de-Chirouze
Clermont-Ferrand
Champeix
Riom
Aurillac
15 Cantal
63 Puy-de-Dôme
19 Corrèze
23 Creuse
A89
E70

139

CLERMONT-FERRAND
Montferrand
Chamalières
Royat
Aubière
Beaumont
Cournon-d'Auvergne
Pont-du-Château
Lempdes
Gerzat
Volvic
Riom
Ménétrol
St-Beauzire
Lussat
Thiers
Lezoux
Billom
Vertaizon
Courpière
Puy de Dôme
Puy de Pariou
Orcines
Ceyrat
Romagnat
Gergovie
La Roche Blanche
Veyre-Monton
Aydat
Vic-le-Comte
St-Saturnin
St-Amant-Tallende
Champeix
Issoire
Sauxillanges
Usson
St-Nectaire
Murol
Besse-et-St-Anastaise
St-Floret
Nonette
Brassac-les-Mines
Ste-Florine
Auzon
Lempdes
La Fayette
Blesle
Massiac
Brioude
Vieille-Brioude
Lavaudieu
Domeyrat
Paulhaguet
Ardes
Leyvaux
Olliergues
Cunlhat
Ambert
St-Dier-d'Auvergne
Vollore-Ville
Monts du Livradois
Parc Naturel Régional des Volcans d'Auvergne
Parc Naturel Régional Livradois-Forez
Allier
A71
A75
A89
A711
E11
E70
Puy de Mercœur
Puy de la Vache
Puy de Monchier
Col de la Ventouse
Gorges de Courgoul
Gorges de la Sianne
Circuit de Jonquilles
Circuit de la Verveine
Circuit de Gentianes
Allanche
Molompize
Saint-Poncy
Ally
Cerzat
Chavaniac-Lafayette
St-Georges-d'Aurac
Mazeyrat-Aurouze
Langeac

73
74
75
76
77
Lyon
L'Arbresle
St-Chamond-Izieux
St-Genest-Malifaux
Chabreloche
Haut Forez
Cervières
Noirétable
Champoly
St-Germain-Laval
Pommiers
Balbigny
Boën
Feurs
Montbrison
Chalain-d'Uzore
Chazelles-s-Lyon
St Galmier
Ambert
St-Anthème
St-Bonnet-le-Château
Usson-en-Forez
Andrézieux-Bouthéon
ST-ÉTIENNE
Firminy
Le Chambon-Feugerolles
St-Just-St-Rambert
La Chaise-Dieu
Craponne-sur-Arzon
Allègre
Bellevue-la-Montagne
Retournac
Monistrol-sur-Loire
Bas-en-Basset
Ste Sigolène
Montfaucon-en-Velay
Dunières
Pont-Salomon
Chalençon
Circuit de la Verveine
La Plaine du Forez
du Livradois-
Monts du Forez
Pierre sur Haute
Gorges de la Loire
Arlanc
Marsac-en-Livradois
Viverols
Vorey
Lapte
Montregard
A89
A72
E70

Ec
Tarare
Ed
Le Bois-D'Oingt
118
Anse
Ee
Anse
Genay-Massieux
Ef
Villars-les-Dombes
Clermont-Ferrand
Feurs
Montbrison
Clermont-Ferrand
Firminy
Firminy
Montfaucon-en-Velay
73
74
75
76
77
142
Tournon-sur-Rhône
Tain-l'Hermitage
Valence
LYON
VILLEURBANNE
CALUIRE-ET-CUIRE
RILLIEUX-LA-PAPE
VAULX-EN-VELIN
MEYZIEU
BRON
ST-PRIEST
VÉNISSIEUX
OULLINS
VIENNE
ST-CHAMOND
ST-ÉTIENNE
Givors
Neuville-s-Saône
L'Arbresle
Vaugneray
Brignais
Mornant
Rive-de-Gier
Chazelles-s-Lyon
St Symphorien-s-Coise
Bourg-Argental
Annonay
Serrières
St Vallier
Roussillon
St Rambert-d'Albon
Beaurepaire
Heyrieux
Mions
Feyzin
Corbas
Décines-Charpieu
Tassin-la-Demi-Lune
Ste-Foy-lès-Lyon
Pierre-Bénite
St Genis-Laval
Chaponost
Condrieu
Pélussin
St Genest-Malifaux
Riotord
Dunières
Parc
Régional
du Pilat
Mont Pilat
Crêt de l'Oeillon
Crêt de la Perdrix
Signal de St-André
Panissières
Affoux
Montrottier
Brussieu
Courzieu
Yzeron
Duerne
Meys
Virigneux
Grammond
Fontanès
St Héand
L'Etrat
La Talaudière
Sorbiers
St Jean-Bonnefonds
Terrenoire
La Ricamarie
Rochetaillée
Planfoy
Tarentaise
Jonzieux
Marlhes
St Romain-Lachalm
St Sauveur-en-Rue
Montregard
St Julien-Molhesabate
Vocance
Davézieux
Boulieu-lès-Annonay
Peyraud
Sablons
Chanas
Salaise-s-Sanne
Le Péage-de-Roussillon
Clonas-s-Varèze
Chonas-l'Amballan
Reventin-Vaugris
Septème
Estrablin
Pont-Evêque
Chuzelles
Seyssuel
Serpaize
Luzinay
Villette-de-Vienne
Marennes
Simandres
Communay
Ternay
Sérézin-du-Rhône
Solaize
St Symphorien-d'Ozon
Chaponnay
Valencin
St Just-Chaleyssin
Oytier-St Oblas
Montluel
Beynost
Miribel
Genas
Chassieu
Toussieu
St Bonnet-de-Mure
St Pierre-de-Chandieu
Lentilly
Dardilly
Limonest
Champagne-au-Mont-d'Or
Ecully
Charbonnières-les-Bains
Craponne
Francheville
Grézieu-la-Varenne
Messimy
Soucieu-en-Jarrest
Orliénas
Taluyers
Montagny
Millery
Grigny
Charly
Vourles
Irigny
Chasse-s-Rhône
Loire-s-Rhône
Echalas
Trèves
Longes
Les Haies
St Romain-en-Gal
Ampuis
Tupin-et-Semons
St Michel-s-Rhône
Chavanay
Malleval
Lupé
Maclas
Véranne
Roisey
Bessey
Graix
Thélis-la-Combe
La Versanne
St Julien-Molin-Molette
Brossainc
Savas
Peaugres
St Clair
St Marcel-lès-Annonay
Bogy
Colombier-le-Cardinal
Champagne
Andance
Andancette
Beausemblant
Laveyron
Sarras
Ardoix
Quintenas
St Romain-d'Ay
St Alban-d'Ay
Satillieu
Talencieux
Vernosc-lès-Annonay
Roiffieux
Villevocance
Vanosc
Toissieu
Burdignes
Montchal
St Julien-Vocance
St Symphorien-de-Mahun
Albon
Anneyron
Mantaille
Châteauneuf-de-Galaure
St Uze
Eclassan
Ponsas
St Barthélemy-de-Vals
Claveyson
Mureils
St Avit
Montchenu
Tersanne
Hauterives
Moras-en-Valloire
Lens-Lestang
Manthes
Epinouze
Jarcieu
Sonnay
Bougé-Chambalud
Agnin
Anjou
Ville-s/s-Anjou
Assieu
Cheyssieu
Vernioz
Auberives-s-Varèze
St Alban-de-Varèze
Monsteroux-Milieu
Montseveroux
La Chapelle-de-Surieu
Moissieu-s-Dolon
Bellegarde-Poussieu
Pact
Revel-Tourdan
Primarette
Cour-et-Buis
Meyssiès
Eyzin-Pinet
Chaumont
Moidieu-Détourbe
St Sorlin-de-Vienne
Les Côtes-d'Arey
Autoroute du Soleil
130

Lyon-Montluel
Dagneux
Béligneux
Bressolles
Balan
Pérouges
Chânes
St-Jean-de-Niost
St Maurice-de-Gourdans
Charnoz
l'Hôpital
Posafol
Proulieu
St Sorlin-en-Bugey
Vertrieu
Souclin
Brénaz
Sault-Brénaz
Villebois
Blyes
Ambérieu
la Balme-les-Grottes
Parmilieu
Porcieu-Amblagnieu
Bénonces
St Vulbas
Marcilleux
Torjonas
Montalieu-Vercieu
Serrières-de-Briord
Seillonnaz
Ordonnaz
Prémillieu
Belmont-Luthézieu
Chavornay
Artemare
Virieu-le-Grand
Armix
la Burbanche
Rossillon
Cheignieu-la-Balme
St-Martin-de-Bavel
Ardosset
Béon
Culoz
Ceyzérieu
Flaxieu
Lavours
Cressin-Rochefort
Pugieu
Cuzieu
Chazey-Bons
Marignieu
Billieu
Magnieu
Contrevoz
Andert-et-Condon
Innimond
Lompnas
Marchamp
Crept
Briord
Montagnieu
Bouvesse-Quirieu
Charette
St-Baudille-de-la-Tour
Hières-s-Amby
Vernas
Anthon
Loyettes
Villette-d'Anthon
Chavanoz
Pont-de-Chéruy
Janneyrias
Charvieu-Chavagneux
Tignieu-Jameyzieu
Montbertand
Villemoirieu
Crémieu
Dizimieu
St Romain-de-Jalionas
Leyrieu
Annoisin-Chatelans
Optevoz
Siccieu-St-Julien-et-Carisieu
Courtenay
Lancin
Faverge
Mépieu
Malville
Pusignieu
Creys-et-Pusignieu
Arandon-Passins
St Germain-les-Paroisses
Lhuis
Ambléon
Colomieu
Belley
Massignieu-de-Rives
Parves et Nattages
Virignin
Brens
Lucey
Chemillieu
la Balme
Yenne
Arbignieu
Arboys en Bugey
Peyzieu
Conzieu
Groslée
le Port-de-Groslée
St-Benoît
Crozet
Prémeyzel
Chêne
St-Paul
Bregnier-Cordon
Izieu
Murs-et-Gélignieux
Loisieux
Meyrieux-Trouet
St Pierre-d'Alvey
Champagneux
Gresin
St Maurice-de-Rotherens
Gerbaix
St Genix-s-Guiers
Saint-Genix-les-Villages
Ste-Marie-d'Alvae
Novalaise
Le Guiers
Avressieux
Ayn
St Alban-de-Montbel
Dullin
Verel-de-Montbel
Romagnieu
Le Pont-de-Beauvoisin
Domessin
Lépin-le-Lac
la Bridoire
Attignat-Oncin
St Béron
Les Abrets en Dauphiné
Pressins
Fitilieu
Chimilin
Aoste
Granieu
Corbelin
Veyrins-Thuellin
Les Avenières
St Didier
Dolomieu
Faverges-de-la-Tour
la Batie-Montgascon
la Tour-du-Pin
St Clair-de-la-Tour
St Didier-de-la-Tour
St-André-le-Gaz
Cessieu
Montceau
Ruy
Sérézin-de-la-Tour
Succieu
la Chapelle-de-la-Tour
Morestel
Vézeronce-Curtin
Sermérieu
Sablonnière
Passins
Salagnon
Vasselin
Arcisse
St Chef
Montcarra
Vignieu
St Savin
Demptézieu
Flosaille
Trept
St Hilaire-de-Brens
Soleymieu
Vénérieu
Chozeau
Frontonas
St Marcel-Bel-Accueil
Panossas
Chamagnieu
Satolas-et-Bonce
Colombier-Saugnieu
Saugnieu
Grenay
le Chaffard
St-Quentin-Fallavier
la Verpillière
Villefontaine
Vaulx-Milieu
l'Isle-d'Abeau
St Alban de Roche
Bonnefamille
Diémoz
Four
Domarin
BOURGOIN-JALLIEU
Nivolas-Vermelle
Meyrié
Chèzeneuve
Crachier
St Agnin-s-Bion
les Eparres
Culin
Charantonnay
le Baroz
Beauvoir-de-Marc
Royas
Artas
Meyrieu-les-Étangs
Tramolé
Badinières
Châteauvilain
Eclose
St-Jean-de-Bournay
Savas-Mépin
Châtonnay
St Cristophe
Villeneuve-de-Marc
Lieudieu
Porte-des-Bonnevaux
Semons
Nantoin
Commelle
Arzay
Bossieu
St-Julien-de-l'Herms
Champier
Flachères
St-Didier-de-Bizonnes
Bizonnes
Eydoche
Mottier
Longechenal
St Hilaire-de-la-Côte
Le Grand-Lemps
Bévenais
Belmont
Biol
Montrevel
Blandin
Panissage
Doissin
Val-de-Virieu
Virieu
Chassignieu
Villages du Lac de Paladru
Montferrat
Valencogne
Velanne
St Bueil
Voissant
St Geoire-en-Valdaine
Massieu
St Sixte
Merlas
Miribel-les-Échelles
Les Échelles
St Pierre-de-Genebroz
St Christophe-s-Guiers
Chirens
Charavines
Burcin
Oyeu
Apprieu
Colombe
Rives
Rives-sur-Fure
St Blaise-du-Buis
la Murette
Voiron
Coublevie
Réaumont
St-Cassien
St Nicolas-de-Macherin
St Aupre
St Étienne-de-Crossey
St Joseph-de-Rivière
St Laurent-du-Pont
Parc Naturel Régional de la Chartreuse
Ornacieux-Balbins
Faramans
Pommier-de-Beaurepaire
Pisieu
Penol
Gillonnay
La Côte-St André
Sardieu
Pajay
le Rival
Brézins
St Barthélemy
Marcilloles
St Siméon-de-Bressieux
St Étienne-de St Geoirs
Sillans
Beaucroissant
Charnècles
Renage
Izeaux
St Jean-de-Moirans
la Buisse
Moirans
Voreppe
Vourey
St Paul-d'Izeaux
Plan
St Geoirs
Beaufort
Thodure
Viriville
Châtenay
St Pierre-de-Bressieux
Marcollin
Marnans
Brion
St Michel-de-St Geoirs
la Forteresse
Tullins
Fures
Morette
Cras
Plateau de Chambaran
le Grand-Serre
Camp de Chambaran
St-Clair-s-Galaure
Montfalcon
Roybon
Chasselay
Quincieu
Vatilieu
Nerpol-et-Serres
N-D-de-l'Osier
Chantesse
Poliénas
St Quentin-s-Isère
Veurey-Voroize
Montaud
Noyarey
St Egrève
le Chevalon
Proveysieux
le Sappey-en-Chartreuse
Quaix-en-Chartreuse
Fontanil-Cornillon
Sassenage
Fontaine
GRENOBLE
Seyssinet
Seyssins
St Nizier-du-Moucherotte
Engins
Meylan
Forêt de Chambaran
St Julien
Montrigaud
Varacieux
l'Albenc
l'Allegrerie
Vinay
Murinais
Bessins
Dionay
Valherbasse
St-Christophe-et-le-Laris
Miribel
Crépol
St Bonnet-de-Valclérieux
St-Laurent-d'Onay
St Appolinard
Chevrières
St-Antoine-l'Abbaye
St Marcellin
St Vérand
Beaulieu
Têche
Rovon
St Gervais
Cognin-les-Gorges
Parc Naturel Régional du Vercors
Autrans
la Rivière
Signal de Naves
Dent du Loup
Terres Froides

73 Aix-les-Bains
74 Chambéry
75 Annecy
76 Chambéry
77 Montmélian

73
74
75
76
77
Culoz
Rumilly
Lac du Bourget
AIX-LES-BAINS
Parc Régional du Massif des Bauges
Talloires
Faverges
Seythenex
Ugine
Albertville
CHAMBERY
Challes-les-Eaux
Montmélian
Porte-de-Savoie
Les Echelles
Parc Naturel Régional de la Chartreuse
Massif de la Chartreuse
Pontcharra
Allevard
Goncelin
Le Touvet
Crolles
St-Nazaire-les-Eymes
Meylan
GRENOBLE
ST-MARTIN D'HERES
Chaîne de Belledonne
St-Jean-de-Maurienne
St-Michel-de-Maurienne
Valloire
Aiguebelle
La Chambre
St-Pierre-de-Belleville
Yenne
Lac d'Annecy
Montagne du Semnoz
Massif de la Lauzière
Mgne des Sept Laux
Vaujany
Lyon
Belley
Voiron
Vorepe
Artemare
La Tour-du-Pin
St Égrève-Sud

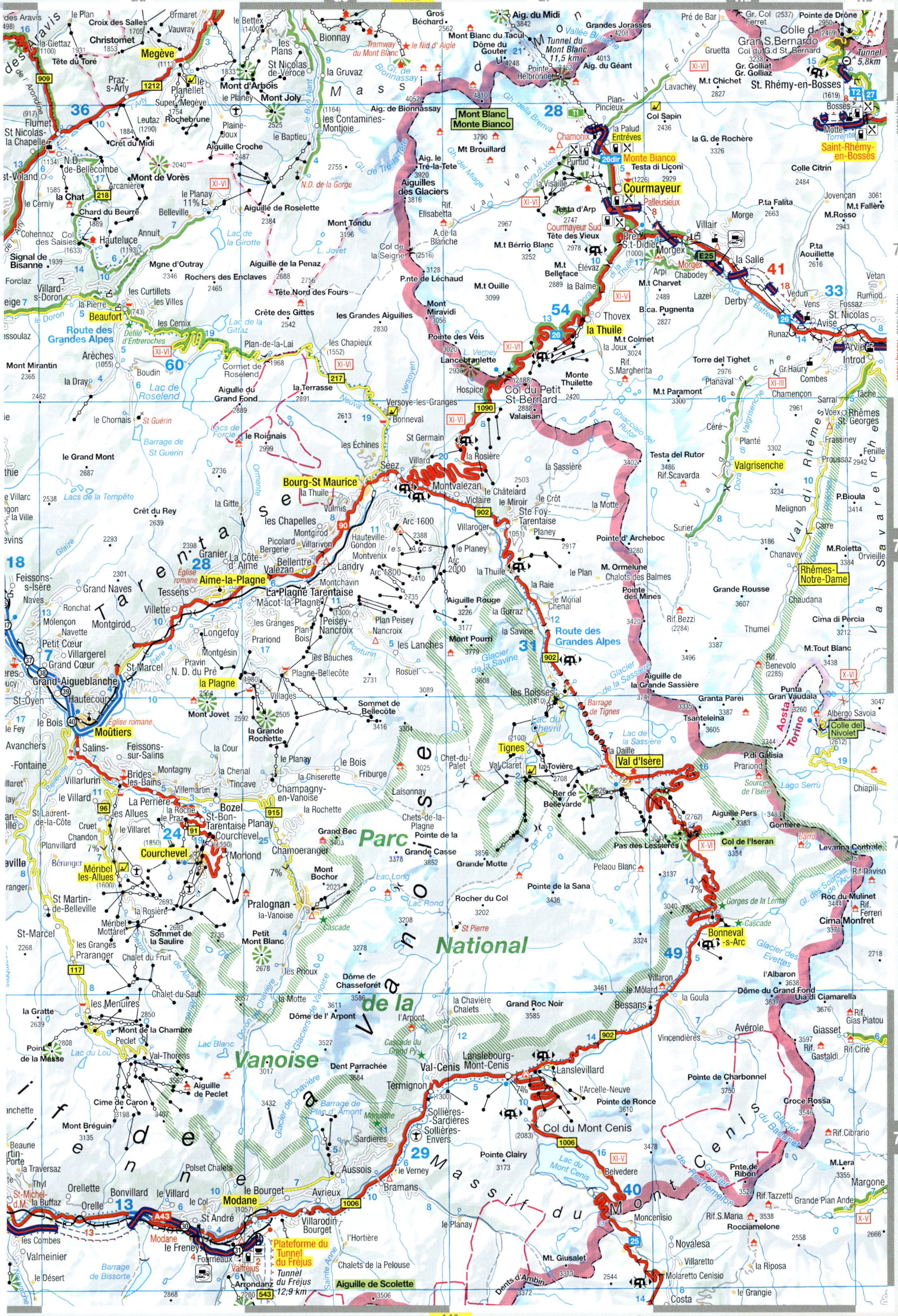

Gd
Sallanches
Ge
Gf
Ha
Hb
SCHWEIZ SUISSE
FRANCE
Megève
Praz-s-Arly
Flumet
St Nicolas-la Chapelle
Crêt du Midi
Mont de Vorès
le Chat
Hauteluce
Signal de Bisanne
Beaufort
Route des Grandes Alpes
Défilé d'Entreroches
Arèches
Mont Mirantin
Lac de Roselend
Cormet de Roseland
le Chornais
St Guérin
Barrage de St Guérin
le Grand Mont
Lacs de la Tempête
Crêt du Rey
Mont d'Arbois
Mont Joly
St Nicolas-de-Véroce
les Contamines-Montjoie
Aiguille Croche
Aiguille de Roselette
Mont Tondu
Aiguille de la Penaz
Rochers des Enclaves
Tête Nord des Fours
Crête des Gittes
Lac de la Gittaz
Plan-de-la-Lai
les Grandes Aiguilles
les Chapieux
la Terrasse
Aiguille du Grand Fond
le Roignais
Versoyen
Bonneval
Bourg-St Maurice
Séez
Montvalezan
la Rosière
Col du Petit St Bernard
Valaisan
Hospice
Lancebranlette
Pointe des Vés
Mont Miravidi
Pointe de Léchaud
Mt Ouille
Bionnay
la Gruvaz
Massif du Mont Blanc
Aig. de Bionnassay
Mont Blanc
Monte Bianco
Mt Brouillard
Aig. du Midi
Mont Blanc du Tacul
Dôme du Gouter
Tunnel du Mont Blanc 11,5 km
Aig. du Géant
Grandes Jorasses
Helbronner
Chamonix
Entrèves
la Palud
Monte Bianco
Courmayeur
Pallesieux
Testa di Liconi
Col Sapin
Aig. le Tré-la-Tete
Aiguilles des Glaciers
Rif. Elisabetta
Val Veny
la Visaille
Testa d'Arp
Courmayeur Sud
Tête des Vieux
M.t Bérrio Blanc
M.t Belleface
Élévaz
Pré-St-Didier
Morgex
Morgex
Chabodey
Arpi
la Salle
M.t Charvet
B.ca. Pugnenta
Thovex
la Thuile
M.t Colmet
la Joux
Rif. S.Margherita
Monte Thuilette
M.t Paramont
Torre del Tighet
Planaval
Testa del Rutor
Rif.Scavarda
Ghiacciaio del Rutor
Valgrisenche
Derby
Vedun
Vens
Avise
Runaz
Arvier
Introd
St. Nicolas
Fossaz
Rumiod
Vetan
Gr.Haury
Combes
Chamençon
Sarre
Voex
Rhêmes St Georges
Frassiney
Fenille
Proussaz
Gran S.Bernardo
Colle d. Gran S.Bernardo
Col du G.d St.Bernard
Tunnel 5,8km
Pointe de Drône
Gr. Golliat
Gr. Golliaz
M.t Chichet
St. Rhémy-en-Bosses
Saint-Rhémy-en-Bosses
Bosses
Lavachey
la G. de Rochère
Colle Citrin
P.ta Falita
Jovençan
M.t Fallère
M.Rosso
P.ta Aouillette
Val Ferret
Pré de Bar
Gruetta
Plan-Pincieux
Villair
Aosta/Aoste
Val di Rhêmes
Valsavarenche
Rhêmes-Notre-Dame
Chaudana
Thumel
Grande Rousse
P.Bioula
M.Roletta
Orvieille
Cima di Percia
M.Tout Blanc
Rif. Benevolo
Punta Gran Vaudala
Aosta Torino
Albergo Savoia
Colle del Nivolet
Chanavey
Meligon
Carre
Surier
Céré
Planté
Pointe d'Archeboc
M. Ormelune
Chalots des Balmes
Pointe des Mines
Rif.Bezzi
Aiguille de la Grande Sassière
Granta Parei
Tsanteleina
Glacier de la Sassière
la Sassière
la Motte
le Châtelard
Villard
Vulmis
le Miroir
Ste Foy-Tarentaise
le Crôt
Planey
la Thuile
le Plan
la Raie
le Monal
Chenal
la Gurraz
la Savine
Route des Grandes Alpes
Villaroger
Arc 1600
Hauteville-Gondon
Montvenix
Arc 1800
Arc 2000
les Arcs
Landry
Peisey-Nancroix
Plan Peisey
Aiguille Rouge
Mont Pourri
Glacier de la Savine
Tarentaise
Aime-la-Plagne
Granier
la Côte-d'Aime
Valezan
Bellentre
Montchavin
la Plagne Tarentaise
Mâcot-la-Plagne
Picolard
Bergerie
Villaroivon
Montgirod
Tessens
Villette
Longefoy
Montgésin
Pravin
N. D. du Pré
la Plagne
Plagne-Bellecôte
les Bauches
Rosuel
Ponturin
les Lanches
Grand Naves
Feissons-s-Isère
Naves
Ronchat
Molençon
Navette
Petit Cœur
Villargerel
Grand Cœur
St Marcel
Grand-Aigueblanche
Hautecour
Moûtiers
Eglise romane
St-Oyen
le Bois
le Fey
Avanchers
Salins-
Feissons-sur-Salins
la Cour
Mont Jovet
Villages
la Grande Rochette
Sommet de Bellecôte
le Planay
Montagny
le Chenal
Tincave
Brides-les-Bains
Villarlurin
le Villard
Villemartin
La Perrière
la Roche
le Praz
St-Bon-Tarentaise
Courchevel
Bozel
Champagny-en-Vanoise
la Chiserette
Friburge
le Bois
Laisonnay
la Rochette
Planay
Moriond
Champagny
Courchevel
les Allues
le Villaret
Cruet
Chandon
Planvillard
St Laurent-de-la-Côte
Méribel-les-Allues
St Martin-de-Belleville
St-Marcel
Méribel-Mottaret
la Rosière
Sommet de la Saulire
les Granges
Praranger
Chalet du Fruit
Pralognan-la-Vanoise
Petit Mont Blanc
Champeranger
Mont Bochor
Grand Bec
Parc National de la Vanoise
Vanoise
Pointe de la Grande Casse
Chets-de-la-Plagne
Grande Motte
Lac Long
Lac Rond
Rocher du Col
St Pierre
Cascade
les Prioux
Dôme de Chasseforêt
Dôme de l'Arpont
l'Arpont
la Chavière
Chalets
Grand Roc Noir
les Menuires
Chalet-du-Saut
la Gratte
Mont de la Chambre
Peclet
Lac Blanc
Val-Thorens
Aiguille de Peclet
Cime de Caron
Mont Bréguin
la Masse
Lac du Lou
Dent Parrachée
Cascade du Grand Py
Termignon
Val-Cenis
Lanslebourg-Mont-Cenis
Lanslevillard
l'Arcelle-Neuve
Pointe de Ronce
Col du Mont Cenis
Lac du Mont Cenis
Sollières-Sardières
Sollières-Envers
Sardières
Aussois
le Verney
Bramans
Pointe Clairy
Barrage de Plan d'Amont
Glacier de Chavière
Belvedere
Massif du Mont Cenis
Moncenisio
Novalesa
Venaus
Villaretto
la Riposa
Molaretto Cenisio
Mt. Giusalet
Dents d'Ambin
Costa
le Grangie
Avrieux
Villarodin-Bourget
l'Hortière
Chalets de la Pelouse
Aiguille de Scolette
le Planay
Modane
le Bourget
Orelle
Bonvillard
le Villard
le Col
St André
le Freney
Fourneaux
Valfréjus
Arrondaz
Plateforme du Tunnel du Fréjus
Tunnel du Fréjus 12,9 km
Polset Chalets
les Combes
Valmeinier
le Désert
Barrage de Bissorte
St-Michel-d.M.
la Buffaz
Thyl
la Traversaz
Beaune
Tarentaise
Tignes
les Boisses
Lac du Chevril
Barrage de Tignes
la Daille
Val d'Isère
Val Claret
la Tovière
Rocher de Bellevarde
Pas des Lessières
Col de l'Iseran
Pelaou Blanc
Pointe de la Sana
Gorges de la Lenta
Bonneval-s-Arc
Cascade
Aiguille Pers
Gontière
Levanna Centrale
Rif.Davisio
Roc du Mulinet
Rif. Ferreri
Cima Monfret
Glacier des Evettes
l'Albaron
Dôme du Grand Fond
Uja di Ciamarella
Rif. Gias Piatou
Giasset
Rif. Gastaldi
Rif.Cirié
Averole
Vincendières
Bessans
le Mollard
Villaron
la Goula
Pointe de Charbonnel
Croce Rossa
Rif.Cibrario
Glacier du Baounet
Pnte.de Ribon
M.Lera
Margone
Rif.Tazzetti
Grande Pian Ande
Rif.S.Maria
Rocciamelone
Glacier de Rochemelon
Sources de l'Isère
Lago Serrù
Chiapili
P.del Galisia
Prariond
Susa

Ye
Yf
122
Za
Zb
Lesparre-Médoc
78
79
80
81
82
OCÉAN
ATLANTIQUE
Côte d' Argent
Médoc
Régional
Parc
Naturel
Régional
des Landes
de Gascogne
Etang d'Hourtin et de Carcans
Lac de Lacanau
Bassin d' Arcachon
Ile aux Oiseaux
Étang de Cazaux et de Sanguinet
Banc d' Arguin (Réserve ornithologique)
Pointe d' Arcachon
Cap Ferret
Dune de Pyla
Forêt Nezer
Forêt du Porge
Dunes du Hugney
Dunes de Partillot
Dune du Grd. Crohot
Canal de Lège au Porge
Étang de Batourrot
Étang de Lède Basse
Étang de Batejin
Étang de Cousseau
Le Crohot-de-France
Phares d'Hourtin
le Crohot-des-Cavales
Carcans-Plage
Bombannes
Carcans
Maubuisson
le Montaut
Lacanau-Océan
le Huga
le Moutchic
Talaris
Carreyre
les Pins
le Tedey
le Port
Lacanau
le Lion
Grande Escoure
les Nerps
le Porge-Océan
le Porge
Laruau
Lauros
Grand-Crohot-Océan
Lège-Cap-Ferret
Arès
Claouey
le Petit Piquey
le Grand Piquey
le Canon
Villa-Algérienne
la Vigne
Bélisaire
Tramways du Cap-Ferret
LES ABATILLES
Arcachon
le Moulleau
Pyla-sur-Mer
Pyla-Plage
LA TESTE-DE-BUCH
Gaillouneys
Dunes de Ginestras
la Salie
Dunes des Places
Biscarrosse-Plage
Cazaux
Sanguinet
Lombard
Méoule
Louse
les Bougès
Courneilley
le Clerc
Langeot
Bernon
Andernos-les-Bains
Taussat
Cassy
Lanton
Parc d' attractions
Audenge
Vignaud
Biganos
Tagon
Gujan-Mestras
MEYRAN
Parc de loisirs
le Teich
Facture
Parc Ornithologique
Balanos
Mios
Sanguinet/Le Teich
Petit Caudos
Moura
Caudos
Caplanne
le Petit Lagnereau
Sillac
Lugos
Salles
Lanot
le Bran
Bilos
le Mayne
Castendet
Arnautille
Peylon
Argilas
Peylahon
Arnauton
l'Illet
le Voisin
les Douils
Quartier-Bas
Lacanau-de-Mios
Florence
Testarouch
Marcheprime
les Argentières
les Quatre-Routes
Croix-d'Hins
la Pointe
Lubec
Hougueyra
Mios/Lacanau-de-Mios
Caze
Arcachon
Le Barp/Marcheprime
Le Barp
Tournebride
Mougnet
Chantier
Jaugut
Castor
Baillet
Marguit
la Vignolle
Béliet
Belin-Béliet
Vieux-Lugo
Quartier-de-Joüe
Quartier l'Ambéliet
Camontès
Canet
Hostens
Saint Magne
le Frayot
Rouquet
les Arrouedys
Cès
Retis
Labouheyre
146
Hourtin
Lachanau
Sainte Hélène-de-Hourtin
Peintre
Lupian
Pey-de-Camin
Haut-Bré
le Garthieu
Sainte-Hélène-de-l'Etang
Couyras
Villeneuve
Couyrasseau
le Pouch
Cap-de-Ville
Mayne-Pauvre
Devinas
Méogas
Narsot
Méjos
Taussac
aux-Andraux
Villeneuve au Chalet
Sainte Hélène
Tronquats
Bedillon
Mistre
le Grand Courgas
Saumos
Grand Bos
Petit Bos
Serigas
Sautuges
le Temple
le Crastieu
Maisonnieu
les Dorats
Mautans
Blagon
les Nargues
Jossaume
Craste Lambert
Craste Queytive
Craste Raouset
Craste Moringout
Craste de la Levade
Craste de Castagnot
Grande Berle d' Arpech
Berdillan
Berron
Brach
Grand Ludey
Petit Ludey
Constantenins
Cordes
la Providence
les Devès
Touleron
les Lamberts
Sémignan
Villeneuve
Marsillan
Rionet
Mourlan
Saint Laurent-Médoc
Picard
Senajou
Benon
Saint Queyran
Pudos
Bernones
Bouqueyran
Devidas
Bernos
Sadouillan
Gémeillan
Maubourguet
Salaunes
le Plac
Mongarni
Leujean
les Chalets
Pimbelin
Saint Raphaël
Ségonnes
Hourton
la Main-d'Estève
Villepreux
le Tronquet
Cérillan
Issac
Astignan
Saint Aubin-de-Médoc
Germignan
Caupian
SAINT MÉDARD-EN-JALLES
le Haillan
EYSINES
BORDEAUX
Martignas-sur-Jalle
Saint Jean-d'Illac
Boulac
le Las
Berganton
Pierroton
Toctoucau
Castillonville
les Blayais
St-Jean d'Illac
Bordeaux-Cestas
Cestas
Jauge
le Puch
Bellebiste
les Gargails
Peyon
MÉRIGNAC
Aéroport Bordeaux-Mérignac
Beutre
Pessac-l'Alouette
L'ALOUETTE
MAGONTY
PESSAC
GRADIGNAN
Canéjean
Gazinet
Relais d'Aquitaine
Relais de Gironde
St-Médard
Ballac
Lamarque
Listrac-Médoc
Moulis-en-Médoc
Avensan
Castelnau-de-Médoc
Médrac
Donissan
Courbiac
Cussac
Petit-Cussac
Lamothe
Fort Médoc
Gaston
Beychevelle
Saint Julien-Beychevelle
Ile Bouchaud
Saint-Genès-de-Blaye
Saint Martin-Lacaussade
Blaye
Plassac
Port-de-Lamarque
Villeneuve
Gauriac
Poujeaux
Arcins
Tayac
Marsac
Soussans
Margaux
Issan
Cantenac
Macau
Labarde
Arsac
Ligondras
le Pyis
Vire-Fougasse
Pelin
Le Comte
Beaulieu
Louens
Bertranot
le Pian-Médoc
Paloumey
Labric
Caychac
Linas
Blanquefort
le Taillan-Médoc
Bruges
le Vigean
Régional
Jaugut
le Martat
le Désert
Teycheney
Douence
Barbey
Hazéra
Roumégous
Braut
Saucats
le Marheuil
Mémorial de Richemont
Fieuzal
Léognan
Mignoy
Bellevue
Réjouit
la House
Lestonnat
Rouillac
Moutine
Zoo

0 1 2 4 6 8 10 km
0 1 2 4 6 miles

Saint Aigulin
La Roche-Chalais
Coutras
Guîtres
Saint Savin
Cavignac
Bourg
Saint André-de-Cubzac
LIBOURNE
Saint Emilion
Fronsac
Pomerol
Castillon-la-Bataille
LE BOUSCAT
TALENCE
VILLENAVE-D'ORNON
Créon
Cadillac
Langon
Saint Macaire
La Réole
Sauveterre-de-Guyenne
La Brède
Podensac
Saint Médard-de-Guizières
Sainte Foy-la-Grande
Montpon-Ménestérol
Périgueux Est
Marmande
Saint Symphorien
Bazas
Villandraut
78
79
80
81
82

Ribérac
Nontron
Châlus
La Roche-Chalais
Libourne
Libourne-Ouest
Bordeaux
La Réole
Langon
PÉRIGUEUX
St. Laurent-sur-Manoire
Saint Astier
Razac-sur-Isle
Montanceix
Coulounieix-Chamiers
Forêt de la Double
Échourgnac
Neuvic
Mussidan
Montpon-Ménestérol
Villamblard
Vergt
Périgord
Forêt du Landais
Pourpre
BERGERAC
Sainte Foy-la-Grande
Lalinde
Baneuil
Chemin de St-Jacques
Lanquais
Issigeac
Beaumont-du-Périgord
Eymet
Duras
Lauzun
Miramont-de-Guyenne
Castillonnès
Villeréal
Monflanquin
Cancon
Marmande
Monségur
Seyches
Tonneins
Villeneuve-sur-Lot
Moulin de Malfourat
Monbazillac
Aéroport Bergerac-Périgord-Dordogne
Dordogne
Garonne
78
79
80
81
82

Boulazac Isle Manoire
Saint Laurent-sur-Manoire
Périgueux Est
Saint Pierre-de-Chignac
Saint Crépin-d'Auberoche
Saint Antoine-d'Auberoche
Fossemagne
Thenon
Azerat
Saint Rabier
Peyrignac
Beauregard-de-Terrasson
la Villedieu
Cublac
Terrasson-la-Villedieu
Pazayac
Larche
Brive-Nord
Pays de Brive
Mansac
Saint Pantaléon-de-Larche
Auriac-du-Périgord
Montignac
Grotte de Lascaux
Aubas
Coly-Saint-Amand
Saint Amand-de-Coly
Chavagnac
les Coteaux Périgourdins
la Dornac
Nadaillac
Jayac
Archignac
Rouffignac-St-Cernin-de-Reilhac
Plazac
Fleurac
Saint Léon-s-Vézère
Thonac
Valojoulx
Sergeac
Peyzac-le-Moustier
le Moustier
Tursac
Manaurie
Les Eyzies-de-Tayac-Sireuil
Périgord
Noir
Marquay
Saint Quentin
Marcillac-Saint-Quentin
Saint Geniès
Salignac-Eyvignes
Saint Crépin-et-Carlucet
Proissans
Sarlat-la-Canéda
Saint Cyprien
Le Bugue
Limeuil
Trémolat
Le Buisson-de-Cadouin
Cadouin
Siorac-en-Périgord
Beynac-et-Cazenac
Vézac
la Roque-Gageac
Montfort
Vitrac
Domme
Groléjac
Carsac-Aillac
Calviac-en-Périgord
Souillac
Lachapelle-Auzac
Cieurac
Lanzac
Nadaillac-de-Rouge
Payrac
Gourdon
Belvès
Monpazier
Montferrand-du-Périgord
Villefranche-du-Périgord
Salviac
Dégagnac
Cazals
Montcléra
Puy-l'Évêque
Fumel
Libos
Luzech
Cahors
Mercuès
Saint Médard
Catus
Saint-Germain-du-Bel-Air
Gavaudun
Lacapelle-Biron
Biron
Saint Cernin-de-l'Herm
Sauveterre-la-Lémance
Duravel
Pescadoires
Prayssac
Castelfranc
Albas
Saint Vincent-Rive-d'Olt
Douelle
Martel
Cressensac
Brive-Sud
Montauban-Nord
Brive-I.G. Cahors Montauban
Vers Arcambal
78
79
80
81
82

BRIVE-LA-GAILLARDE
Malemort
Aubazines
Noailles
Turenne
Collonges-la-Rouge
Meyssac
Beaulieu-sur-Dordogne
Argentat-sur-Dordogne
Servières-le-Château
La Chapelle-St-Géraud
St-Mathurin-Léobazel
Curemonte
Queyssac-les-Vignes
Martel
Vayrac
Floirac
Carennac
Bretenoux
St-Céré
Souillac
Creysse
Meyronne
Montvalent
Loubressac
Autoire
Alvignac
Rocamadour
Gramat
Aynac
Thémines
Lacapelle-Marival
Cardaillac
Payrac
Belcastel
Figeac
Capdenac
Capdenac-Gare
Assier
Espagnac-Ste-Eulalie
Marcilhac-sur-Célé
Cabrerets
Sauliac-sur-Célé
Larroque-Toirac
Cajarc
St-Cirq-Lapopie
Cénevières
Labastide-Murat
Jardin des Causses du Lot
Parc Naturel Régional des Causses du Quercy
Causse de Gramat
Cahors
Peyrusse-le-Roc
Villefranche-de-Rouergue

150

Villefranche-de-Rouergue

Parc Naturel
Régional
des
Volcans
d'Auvergne
Monts du Cantal
Vallée de Mandailles
Vallée du Falgoux
Route des Crêtes
Puy Mary
Puy Violent
Puy Chavaroche
Puy de Peyre-Arse
Puy du Rocher
Plomb du Cantal
Puy Gros
Puy de la Grousse
Col de Neronne
Col de Legal
Col de Bruel
Col de Fontbulin
Col d' Entremont
Pas de Peyrol
Salers
Murat
Pleaux
Tournemire
Marmanhac
St-Cernin
Vic-sur-Cère
Thiézac
Laroquebrou
AURILLAC
Arpajon-sur-Cère
Polminhac
Carlat
Mur-de-Barrez
Montsalvy
Puy de l'Arbre
Entraygues-sur-Truyère
Gorges de la Truyère
Gorges du Lot
Chemin de St-Jacques
Estaing
Espalion
St-Côme-d'Olt
Laguiole
Conques-en-Rouergue
Decazeville
Aubin
Pic de Kaymard
Marcillac-Vallon
Bozouls
Bournazel
Causse de Lanhac
Circuit des Gentianes
Maurs
Lioran
Super-Lioran
Mandailles-St-Julien
Maurs
78
79
80
81
82
Massiac
St-Flours
St-Flour
12 Aveyron
15 Cantal

Parc Nat. Régional des Volcans d'Auvergne
Murat
Neussargues en Pinatelle
St-Flour
Roffiac
Lavoûte-Chilhac
Langeac
Pinols
Ruynes-en-Margeride
Paulhac
Gorges de la Truyère
Barrage de Grandval
Chaudes-Aigues
La Lozère
Le Malzieu-Ville
St-Chély-d'Apcher
St-Alban-sur-Limagnole
Saugues
Monts de la Margeride
Aumont-Aubrac
Peyre en Aubrac
Nasbinals
Laguiole
Monts d'Aubrac
Marvejols
Bourgs sur Colagne
Le Monastier-Pin-Moriès
Mende
Chanac
St-Geniez-d'Olt et d'Aubrac
Ste-Eulalie-d'Olt
Plateau de
Causse de Changefège
la Méridienne
Chemin de St-Jacques
Aurillac
Espalion
78
79
80
81
82

0 1 2 4 6 8 10 km
0 1 2 4 6 miles

Le Puy-en-Velay
Yssingeaux
Langogne
Pradelles
Le Monastier-sur-Gazeille
St-Paulien
Polignac
Loudes
St-Vidal
Monts du Devès
Costaros
Solignac-sur-Loire
Saugues
Serre de la Croix de Bauzon
le Tanargue
Massif de Prataubérat
Montagne du Goulet
Mont Mézenc
Mont Recours
Le Lac d'Issarlès
Coucouron
Mont Lozère et Goulet
La Bastide-Puylaurent
Villefort
Joyeuse
Valgorge
Montpezat s/s-Bauzon
Thueyts
St-Julien-Chapteuil
Fay-s-Lignon
le Béage
Grandrieu
Châteauneuf-de-Randon
Chaudeyrac
St-Étienne-de-Lugdarès
Les Vans
07 Ardèche
48 Lozère
Montfaucon-en-Velay
St Agrève
Aubenas
78
79
80
81
82

Eb
Ec
Ed
Ee
Ef
130
155
Montfaucon-en-Velay
Serrières
Chanas
Lyon
Yssingeaux
Le Puy-en-Velay
Pradelles
Alès
Pont-St-Esprit
Pierrelatte
Bollène
78
79
80
81
82
Montregard
St Bonnet-le-Froid
Lalouvesc
Satillieu
St Félicien
Tence
Le Chambon s-Lignon
Devesset
Rochepaule
St Agrève
Lamastre
Désaignes
St Vallier
Tournon sur-Rhône
Tain-l'Hermitage
St Péray
VALENCE
Guilherand
Bourg-lès-Valence
Portes-lès-Valence
Le Cheylard
St Martin de-Valamas
Chalencon
Vernoux en-Vivarais
St Pierreville
La Voulte-s-Rhône
Livron-s-Drôme
Loriol
Privas
Le Pouzin
Chomérac
Cruas
Vals-les-Bains
Aubenas
Largentière
Joyeuse
Vogüé
Villeneuve-de-Berg
Rochemaure
Le Teil
MONTÉLIMAR
Viviers
Malataverne
Châteauneuf
Plateau du Coiron
07 Ardèche
43 Haute-Loire
26 Drôme
Rhône
Autoroute du Soleil
Autoroute du Soleil
Mont Gerbier de Jonc
Suc de Sara
Circuit de la Verveine
A7
E15

0 1 2 4 6 8 10 km
0 1 2 4 6 miles

Batthernay
Crépol
St-Laurent-d'Onay
Abbaye
St-Antoine-l'Abbaye
St Vérand
Cognin-les-Gorges
Autrans
Engins
St Nizier-du-Moucherotte
Charmes-s-l'Herbasse
le Chalon
St Marcellin
Chatte
Chagneux
Izeron
la Servagère
Autrans-Méaudre en Vercors
Margès
Anthémonay
St Michel-s-Savasse
Montmiral
Montagne
St Bonnet-de-Chavagne
Malleval
Méaudre
Lans-en-Vercors
le Moucherotte
St Donat-s-l'Herbasse
Geyssans
Parnans
St Romans
St Pierre-de-Chérennes
Beauvoir-en-Royans
la Rochette
Parc
Rencurel
Cochet
St Bardoux
Peyrins
Triors
Châtillon-St Jean
St Lattier
St Hilaire-du-Rosier
la Sône
Presles
Villard-de-Lans
Pic St Michel
St Paul-de-Varces
Clérieux
Mours-St Eusèbe
Génissieux
Porte de la Drôme
Royans-Vercors
Eymeux
St Just-de-Claix
St André-en-Royans
Choranche
Gorges de la Bourne
les Balmes
ROMANS-SUR-ISÈRE
la Baudière
St Nazaire-en-Royans
Auberives
Pont-en-Royans
Grotte de Bournillon
St Julien-en-Vercors
Corrençon-en-Vercors
Roc Cornafion
Granges-les-Beaumont
St Paul-lès-Romans
Pizançon
la Baume d'Hostun
Hostun
la Motte-Fanjas
Ste Eulalie-en-Royans
St Laurent-en-Royans
St Martin-en-Vercors
Bourg-de-Péage
Jaillans
Meymans
Comte Laval
St Jean-en-Royans
Grands Goulets
Nat.
Rég.
Prélenfrey
le Gua
Châteauneuf-s-Isère
Chabeuil/Crest
Romans
Papelissier
St Mamans
Chatuzange-le-Goubet
Beauregard-Baret
Oriol-en-Royans
les Barraques-en-Vercors
Tourte
la Grande Moucherolle
Col de l'Arzelier
les Soubredioux
Alixan
Marches
Rochefort-Samson
Col de la Machine
la Chapelle-en-Vercors
les Merciers
Château-Bernard
St Andéol
Miribel-Lanchâtre
les Mirabeaux
les Netits Eynards
Bésayes
-le-Bas
Chartreuse
Bouvante-
St Guillaume
Serre Brion
Sinard
St Didier
Barbières
Montélier
Charpey
St Vincent-la-Commanderie
la Charge
-le-Haut
Serre Plume
St Agnan-en-Vercors
la Tour
Sommet de Malaval
Monestier-de-Clermont
les Bérards
Peyrus
Léoncel
Église romane
la Mure
la Britière
la Combe
les Fraisses
Malissard
Chabeuil
les Faucons
Châteaudouble
Col de la Bataille
Roc de Toulau
Puy de la Gagère
Vassieux-en-Vercors
Grotte
les Deux
la Ville
Gresse-en-Vercors
Roissard
Montvendre
les Breyrons
les Caires
Combovin
Omblèze
la Cime
Col de St Alexis
Rousset
Col de l'Allimas
la Bâtie
St-Michel-les-Portes
le Grand Veymont
Barcelonne
les Ferrands
Cascades de la Pissoire
les Arbods
Vercors
Route d'Hiver des Alpes
St Martin-de-Clelles
Clelles-en-Trièves
les Dorelons
la Paillette
St Julien-en-Quint
Col de Rousset
Mont Aiguille
Trésanne
Upie
la Baume-Cornillane
la Blache
Plan-de-Baix
Ansage
les Maillets
Lallet
But de St Genis
Donnière
Chichilianne
Longefont
Percy
Montoison
Ourches
Gigors
Lozeron
Montrond
l'Escoulin
Eygluy-Escoulin
St Andéol
Marignac-en-Diois
les Granges
les Oches
les Blancs
la Rochette-s-Crest
les Gauthiers
Beaufort-sur-Gervanne
Ponet-et-St Auban
Chamaloc
Romeyer
38 Isère
26 Drôme
Serres
les Siquets
Eurre
Vaunaveys-la-Rochette
Suze
Cobonne
Vaugelas
Ste Croix
Arc de triomphe romain Cathédrale romane
Montagne de Glandasse
Cirque d'Archiane
Col de Menée
Montclar-sur-Gervanne
Véronne
Pontaix
But de l'Aiglette
Die
Valcroissant
Donjon
Crest
Aouste-sur-Sye
Mirabel et-Blacons
Barsac
Drôme
Sallières
Molières-Glandaz
Solaure en Diois
Laval d'Aix
Treschenu-Creyers
les Nonières
Vercheny
Viopis
Menée
Borne
Lambres
Divajou
Route Annibal
Saillans
Aurol
Aix-en-Diois
Châtillon-en-Diois
Glandage
Serre Chauvière
Autichamp
Piégros
Aubenasson
St Pierre
Montmaur-en-Diois
St Roman
Reychas
Col de Grimone
Roche
St Sauveur-en-Diois
Espenel
Rimon-et-Savel
St Ferréol
les Payats
Gorges des Gas
du Devès
les Auberts
St Benoit-en-Diois
Barnave
Mengion
les Gallands
Toussière
le Péage
les Lombards
Saou
Chastel-Arnaud
Recoubeau-Jansac
Luzerand
Ravel
les Tatins
Eurre Lastic
Roche Courbe
Boulc
les Avondons
Vaunières
Soyans
la Chaudière
Pennes-le-Sec
Montlaur-en-Diois
Miscon
Puy-Martin
Francillon-sur-Roubion
Mornans
Aucelon
Luc-en-Diois
Bonneval-en-Diois
Manas
le Poët-Célard
Montagne de Couspeau
Rochefourchat
Pradelle
les Raynauds
le Claps
Poyols
Saut de la Drôme
Lesches-en-Diois
le Pilhon
Pont-de-Barret
Félines
Bézaudun-sur-Bîne
la Servelle
Brette
Salles
Creyers
Truinas
Bourdeaux
les Tonils
le Monestier
Beaurières
la Haute Beaume
Rochebaudin
Eyzahut
St Maurice
Serre Gros
St Nazaire-le-Désert
Jonchères
Volvent
Beaumont-en-Diois
la Beaume
Souspierre
Vieux Village
Gorges
Crupies
Orcinas
les Roustans
Serre la Chaud
Charens
Col de Cabre
le Poët-Laval
le Plat
Dieulefit
Vesc
Guisand
Faucon
Bellegarde-en-Diois
Montlahuc
les Prés
Beau-Vallon
Bouvières
Chamauche
Gumiane-Haut
Rif
St-Dizier-en-Diois
la Bâtie-des-Fonds
Mont Rachas
le Moulin
Chalancon
Establet
26 Drôme
Rossas
Valdrôme
le Cheylard
Prieuré
Montjoux
la Paillette
Arnayon
Montagne de l'Aup
les Granges
Béconne
Roche-St Secret-Béconne
Mgne de la Lance
Chaudebonne
l'Estellon
Montagne d'Angèle
Berlières
la Motte
Rottier
la Charce
Serre Emboue
la Piarre
le Vissac
05 Hautes-Alpes
Donjon de Blaco
le Moulin
Valouse
les Chaudrons
Léoux
Cornillon-sur-l'Oule
Ste-Marie
Bruis
Valdoule Clos d'Antouret
le Duffre
Vif
Grenoble
Aspres-sur-Buëch
78
79
80
81
82

GRENOBLE
ST-MARTIN-D'HÈRES
ÉCHIROLLES
Vizille
Uriage-les-Bains
Chamrousse
Croix de Chamrousse
Rochetaillée
Le Bourg-d'Oisans
l'Alpe-d'Huez
Vaujany
les Aiguillettes
Pic de l'Etendard
Pic du Lac Blanc
Mont-de-Lans
Les Deux-Alpes
Vénosc
La Grave
Massif du Soreiller
Parc
Massif des Ecrins
National
Ecrins
Champsaur
Dévoluy
Bochaine
La Mure
Laffrey
Vif
Monestier-de-Clermont
Mens
Corps
St Firmin
St-Bonnet-en-Champsaur
Chauvet
GAP
Veynes
Aspres-sur-Buëch
Serres
Tallard
Chorges
Route Napoléon
Col Bayard
Col de la Croix Haute
Lus-la-Croix-Haute
Pic de Bure
Chabottes
Ancelle
Remollon
Théus
Espinasses
La Bréol

0 2 4 6 8 10 km
0 2 4 6 miles

Gc
Gd
Ge
Gf
Ha
FRANCE
133
Modane
Lanslebourg-Mont-Cenis
Valloire
Barrage de Bissorte
le Désert
Tunnel du Fréjus 12,9 km
Chalets de la Peclouse
Aiguille de Scolette
Mt. Giusalet
Dents d'Ambin
Molaretto Cenisio
Villaretto
Gros Grenier
les Verneys
la Rivine
Bonnenuit
Roche Noire
Arrondaz
le Jeu
Cime du Grd. Vallon
Glacier Sommeiller
Pointe Niblé
Venaus
Susa Ovest
Giaglione
Torino
Route des Grandes Alpes
Mont Thabor
l'Argentier
Rochemolles
Rif. Ambin
Punta Sommeiller
Gravere
Chiomonte
Roche Bernaude
Cima del Vallonetto
S.Colombano
Exilles
Frais
Pian Gelassa
Goléon
la charmette
Plan Lachat
les Granges
Fregiusa
Eclause
Gran Bosco di Salbertrand
Pian Mesdi
Monte Ciantiplagna
Col du Galibier
Grand Galibier
Gorges de la Vallée Étroite
Bardonecchia
Frejus
M.Jafferau
Salbertrand
Parco d. Gran Bosco
Montagne Seu
C.dell' Assietta
Usseaux
Col du Lautaret
Chalets de Laval
Ref. I Re Magi
Royeres
Oulx Est
Villar d'Arène
Lacha
Plan del Colle
Punta Colomion
Savoulx
Signols
Oulx
Gad
Monfol
Laux
Pics de Combeynot
Verney
Salle
Chap. St-Hippolyte
Beaulard
Castello
Oulx Ovest
Sauze d'Oulx
Bonafous
Pragelato
Valle del Chisone
Névache
Cascade
Madonna di Cotolivier
Sestriere
Vazon
Sportinia
Allevè
le Lauzet
Chalets des Acles
Balbieres
Traverses
Monte Albergian
Plampinet
Deserte
Chalet de l' Alpe du Villar d'Arène
le Casset
le Monêtier-les-Bains
Fenils
Colombiere
Autagne
Chezal
Plan
Monte Fraiteve
Solomiac
Laval
les Guibets
le Serre-Barbin
Granon
Mollieres
Borgata Sestriere
Alpe
Planchard
Mt. Chaberton
Eglise romane
S.Sicario
Parco
Balsiglia
Sestriere
la Grande Ruine
la Salle
le Tronchet
Val-des-Prés
Cesana Torinese
Bric Ghinivert
les Ecrins
Glacier Blanc
Pic des Agneaux
Villeneuve
les Panances
Col de Montgenèvre
Claviere
Bousson
Rollieres
Sauze di Cesana
M.Sises
Val Troncea
Roche Faurio
Glacier Blanc
Fréjus
Chantemerle
le Rosier
Montgenèvre
Brusà des Planes
Monte Pinerol
Barre des Ecrins
Pointe des Arcas
St Chaffrey
Vachette
Thures
Balma
Ref Cézanne
Rhuilles
Lause
Rocce Platasse
Temple-Ecrins
Glacier Noir
Chambran Chalets
Serre Chevalier
Puy-St Pierre
Briançon
le Chenaillet
Chabaud
Roc del Boucher
Monte Barifreddo
Orgiere
Mont Pelvoux
Ailefroide
les Combes
Fortifications (Vauban)
les Fraches
Thuras
Argentera
Pomieri
Pelvoux
Puy-St André
Villar-St Pancrace
St Michel
Lachau
Rif.M.Nero
Sélé
Ratière
Cerveyrette
Prafauchier
Punta Ramiere
la Pilatte
St Antoine
Pelvoux
Puy-Aillaud
le Mélézin-Chalets
le Laus
Cervières
les Chalps
le Clottet
Bric Froid
Eglise romane
Prelles
Chalets des Ayes
le Blétonnet
les Fonts
Pic du Grand Glaiza
Grand Queyron
le Sarret
le Villard
Vallouise-Pelvoux
Béassac
Puy-St Vincent
Bouchier
St Martin-de-Queyrières
Pointe Peygu
Grand Pic de Rochebrune
la Montette
les Bans
Entre-les-Aigues
Cascade
les Vigneaux
Queyrières
Route des Grandes Alpes
Col d' Izoard
Pic de Pit. Rochebrune
le Roux
Pra- Roubaud
Bric Bucie
Valpréveyre
Colle de Malaure
les Prés
Eglise romane
Chalets de Orceyrette
Musée du Tour de France
Chalets de Lombard
Malrif
le Villard
Eglise Saint Pierre
Chabournéou
Pointe de l' Aiglière
la Batie
Ste-Marguerite
Pic de Hl. Mouriare
Chalets de l' Fychaillon
Eygliers
Abriès
Rif. Jervis
L'Argentière-la Bessée
Eglise romane
Tête du Puy
Chalets de Clapeyto
Brunissard
la Chalp
Chalvet
Ft. de Marassan
-Ristolas
la Monta
Fournel
Parc
Aiguilles
Tête de Soulaure
le Plan-des-Léothauds
Souliers
les Meyriès
Peinin
Colle della Croce
Crête de Dourmillouse
Freissinières
les Aujards
Géro
le Lauzet
le Coudet
Pic du Béal Traversier
Arvieux
le Pasquier
Ville Vieille
les Prats
l' Echalp
Naturel
Pointes de Rougnoux
Dourmillouse
les Viollins
la Roche-de-Rame
Château Queyras
Villargaudin
Molines-en-Queyras
Pic du Fond de Peinin
Blaisse
les Mensals
Cascades
Gouffre de Gourfouran
l'Adroit
Q
u
e
y
r
a
s
Sommet Bucher
Grand Belvedere
Rif. Batt.Granero
Grand Pinier
Cascades
Prareboul
le Villard
Chalets de Furfande
les Escoyers
le Veyer
Montbardon
Pierre-Grosse
Fontgillarde
Lac Egourgeou
Champcella
Prachaval
St Crépin
Régional
Lac Foréant
Bergerie nos-Roche
Chanteloube
Bramousse
Chalets de Bramousse
St Véran
Belvedere du Cirque
Petit Pinier
les Achards
Combe du Queyras
le Pain de Sucre
Plano d'Re
Prapic
Pic de Rochelaire
l'Alp
les Eymars
Eygliers
Pointe de Rasis
du Queyras
Col Agnel
C.d.Agnello
Mont Aiguillette
Orcières
le Truchet
la Clapière
le Villard
N.D.-de-Clausis
Rif.Soustra
Tête de Fouran
Réotier
Rempart
Ceillac
St Roch
Mont Dauphin
Guillestre
Riouienc
Rif.Berardo
les Casses
Bel-Pinet
le Plan-de-Phasy
Cascade de la Pisse
Cristillan
Roc.d.Niera
Chianale
Cascade de la Pisse
Cime-du-Mélézet
St Clément
Risoul
la Raille
05 Hautes-Alpes
Rif. Savigliano
la Serre
Pointe de Saume
Pontechianale
le Mourre Froid
St Etienne
Péouvou
Bric de Rubren
Gournier
les Traverses
Chameyer
Risoul 1850
Col de Chérine
Eglise romane
Pointe de Serre
Châteauroux
Siguret
Vars
Pic de la Font Sancte
Monte Ferra
Réallon
les Fontaniers
les Charbonnières
le Forest
Combe-Brémond
Maurin
Bellino
Chiesa
Mont Guillaume
St André-d'Embrun
Ste Marie
la Barge
Maljasset
les Rousses
le Château-Caleyère
Pra Mouton
les Plans
Vars
Pic de Chabrières
les Claux
04 Alpes-de-Haute-Provence
S.Anna
Dents de Maniglia
M.Pelvo d'Elva
Puy-St Eusèbe
Embrun
Cherines
St Apollinaire
Eglise romane ancienne enceinte
la Chalp
la Blachière
Puy Sanières
St Sauveur
Crévoux
Col de Vars
St Antoine
Aiguille de Chambeyron
Monte Faraut
Rocca la Marchisa
Prunières
les Gaillards
le Poêt
Baratier
Crots
Grande Serenne
Pont du Châtel
Fouillouze
Serre-Ponçon
le Pic Haut
les Orres
Savines-le-Lac
Melezen
St Paul
Chiappera
M.Boulliagna
les Chappas
Pontis
Vachères
Mélezet
Grand Parpaillon
Tête de Sautron
Pic de Morgon
Abbaye
les Fabres
Pramouton
Pic de Boussolenc
Roche Blanche
Cava di marmo
Lausetto
l'Adroit-de-Pontis
Cirque du Bragousse
Tournoux
Meyronnes
St Ours
Villaro
Acceglio
Frere
Grande Cabane
Ste Anne-la-Condamine
la Condamine-Châtelard
Val d'Oronaye
la Batterie de Vyraysse
Lac de la Reculaye
Auto Vallonassa
le Petit Ferrand
le Grach
158
Barcelonnette
Cuneo
FRANCE
ITALIA
78
79
80
81
82

Yc
Yd
Ye
134
Yf
Za
82
83
84
85
86
OCÉAN
ATLANTIQUE
Côte d'Argent
LANDES
Étang de Cazaux et de Sanguinet
Biscarrosse-Plage
Biscarrosse
Parentis-en-Born
Étang de Biscarrosse et de Parentis
Ychoux
Liposthey
Chemin de St.Jacques
Sainte Eulalie-en-Born
Pontenx-les-Forges
Étang d' Aureilhan
Mimizan-Plage
Mimizan
Aureilhan
Lüe
Labouheyre
Escource
Solférino
Cap-de-Pin
Forêt de Mimizan
Bias
Contis-Plage
Mézos
Saint Julien-en-Born
Forêt de Lit-et-Mixe
Lit-et-Mixe
Uza
Lévignacq
Onesse-et-Laharie
Laharie
Morcenx-la-Nouvelle
Arjuzanx
Morcenx-Bourg
Sindères
Garrosse
Miquéou
Lesperon
le Souquet
Saint Girons-Plage
Saint Girons-en-Marensin
Linxe
Rion-des-Landes
Vielle-St-Girons
Lac de Léon
Réserve Naturelle du Courant d'Huchet
Léon
Saint-Michel-Escalus
Castets
Taller
Boos
Moliets-Plage
Moliets-et-Maa
Messanges
Vieux-Boucau-les-Bains
Azur
Magescq
Soustons
Herm
Gourbera
Pontonx-sur-l'Adour
Buglose
Saint Vincent-de-Paul
Bains de Préchacq
Préchacq-les-Bains
Saint Geours-d'Auribat
Centre d' Essais
La Porte de Landes
L'Océan
Musée
160
St-Geours-de Mare.
Dax

Bordeaux
Zb
Béliet
Zc
135
Zd
Ze
Langon
Zf
Parc
Naturel
Régional
des Landes
de Gascogne
Quartier
l'Ambillet
Retis
le Puch
Belin-Béliet
le Meynieu
Boutox
Peyrin
Capsus
Biganon
Saugnacq et-Muret
Mirador
Lesquire
la Nave
Belhade
Lagleyre
Hourtoy
Montauzey
Botte
Agelouse
Moustey
Vieux-Richet
Berdoy
Richet
les Ombres
Moucheruc
la Ville
Harribey
Barthe
Haut-Richet
Sore
Pissos
Bern
Gruey
Traounquet
le Thus
le Hallot
Luxey
Cantegrit
la Crotte
les Houssats
Guidenson
Trensacq
Commensacq
la Gelère
Ecomusée de Marquèze
Lesgoudies
Nan
Sabres
Perrègue
Mautoire
Lompré
Lestage (Peyticq)
Couartes
Maguide
Pouy-Blanc
Vert
Peyrau
Luglon
Garein
Parc-de-Poussade
Bezin
Moulin Vieux
Bagatelle
Castillon
Arengosse
la Chapelle
Barbet
le Fruit
Pelegarie
Geloux
Lagraulet
Ygos-Saint-Saturnin
la Bastide
Maisonnave
Matha
Marrouat
Ousse-Suzan
Suzan
Rey
Bouniart
Saint-Martin-d' Oney
Campet-et-Lamolère
Pierrot
Coumet
Pouy
Raubet
Patton
Saint Yaguen
Midouze
Barlac
Meilhan
Berteuil
Le Caloy
Saint Perdon
Loustalet
Campagne
Sainte Croix
Bourg-Neuf
Parpaillot
Ronsacq
Candille
Carcarès-Sainte Croix
Tartas
Grand Candeles
Lestronques
le Leuy
Haut-Mauco
Benquet
Jeanbidaou
Mugriet
Deyouan
Aurice
Audon
Pelin
Saint Etienne
Souprosse
Lamothe
Gouts
Cauna
Lagastet
Goudosse
Adour
Péré
Saint Sever
Laurède
Nerbis
Mugron
Toulouzette
Augreilh
Arènes
Gardit
le Pudaou
Estiou
Castelnau-de-Cernès
le Tuzan
Capdet
Saint Léger-de-Balson
Saint Symphorien
Lays
Mano
Brunet
Lassus
Villemegea
Jouanhaut
Capuron
Arrode
la Trougne
l'Abeilley
le Piada
Bourideys
Capdarrieux
les Pesoueyres
Lanan
Lagassey
Robert
Callen
Grison
Dumène
Pallas
Lesquerde
Mahan
Petit-Pedelay
Lagavarre
Couyalas
Sarroucas
Bathariére
le Houga
Lasbroudes
Pouy-Blanquine
Udreres
le Sen
Jourets
Grand-Sablis
Morin
Labrit
Lencouacq
la Place
les Plantons
Sauque
Lassalle
Cachen
Bélis
Hourats
Tauladon
Brocas
Estrigon
Gouaneyre
le Ginx
Maillères
Canenx-et-Réaut
Guillemensous
Cère
Lalanne
Lapeyre
Réaut
Bargues
Lucbardez-et-Bargues
Parentis-de-Uchacq
Bigne
Uchacq-et-Parentis
le Caloy
Saint Avit
Menjoulicq
MONT-DE-MARSAN
Bouque
Mazerolles
Laglorieuse
Arricaud
Bretagne-de-Marsan
Bostens
Artassenx
les Barrières
Lartigue
Maurrin
Bascons
Castandet
Lahemme
Jeanpierre
Pédelord
Chemin de St.Jacques
Grenade-sur-l'Adour
Saint-Maurice-sur-Adur
Larrivière
Prous
Cameiot
Robert
Montgaillard
Bordères-et-Lamensans
Renung
Cazères-sur-l'Adour
Mahon
la Burthe
Villandraut
Mouréou
Privaillet
Taris
au Ros
Préchac
Peyredieu
Luas
Merrein
Souis
Cazalis
Pechon
Targos
la Gare
Uzeste
Labardin
Lignan-de-Bazas
Pont-de-la-Trave
la Fue
Moulin-de Cossarieu
Pompéjac
la Salle
les Gillets
Cazeneuve
Paygros
Insos
Bernatge
Lucmau
Briel
Chemin de St.Jacques
le Pradia
les Deymets
Captieux
Bouchon
Rivedieu
Parsol
Publanc
33 Gironde
40 Landes
le Poteau
Traverses
Grateloup
Miquelot
Bourriot-Bergonce
Retjons
Chinanin
Estampon
Benézet-de-Guinas
Arue
Roquefort
Remparts
Perret
Nabias
Sarbazan
Douze
Loustalot
le Jay
Corbleu
Beillons
Bostens
Pouydesseaux
Caloy
Gaillères
Sainte-Foy
la Bataille
Saint-Cricq-Villeneuve
Pujo-le-Plan
le Plan
Saint Gein
Perron
Hontanx
Arbouts
Rondebœuf
Lamensans
Coumat
le Vignau
Cazats
Poussignac
Bazas
la Grange
Trazitz
Saint Côme
Gajac
Pesseau
Marimbault
Birac
Saures
Sauviac
la Potence
Labeyrie
Bernos-Beaulac
Cudos
Artiguevieille
Beaulac
Barthos
Taves
Soubiran
Mauriac
Escaudes
Lerm-et-Musset
le Trésot
Goualade
Sansin
Castelnau
Cœur d'Aquitaine
Grand-Lèbe
Giscos
Pichon
Maillas
Chalan
Hourquey
le-Pont-Long
Rieussout
47 Lot-et-Garonne
40 Landes
la Gare
Bergonce
Vialote
Lussolle
Chicoy
Lugazaut
Maison Neuve
Saint Gor
Vielle-Soubiran
Pijo
Cazaubon
Saint Martin-de-Noët
Laslangaches
Arouille
Laurel
Douzevieille
Fondat
Pagny
Labrise
Saint Justin
Bernet
Saint Julien-d'Armagnac
Betbezer-d'Armagnac
Labastide-d'Armagnac
Briat
Mauvezin-d'Armagnac
Lacquy
la Frêche
Saint Vidou
Brechan
Mauléon-d'Armagnac
Cucassé
Villeneuve-de-Marsan
Lannemaignan
Arthez-d'Armagnac
Perquie
Marcoge
Montégut
Bariquère
Soubère
Sauvagnère
Ravignan
Lusson
Castex-d'Armagnac
Gaube
Coudicons
Monguilhem
Maupas
Lacoste
Bourdalat
Monlezun-d'Armagnac
Toujouse
Loubens
Ludon
Bazibat
Villeneuve
Marquestau
Bascaules
les 4 Chemins
Laberege
Lussagnet
Mormès
Perchède
Saint Aubin
le Houga
Doat
Magnan
Daunian
Toupies
Toujun
la Hitère
Luppé-Violles
82
Casteljaloux
83
84
Lapeyrade
85
86
Nogaro
161
Orthez
162
Aire-sur-l'Adour

Ze
Zf
Aa
Ab
Ac
Langon
136
Marmande
82
83
84
85
86
Bazas
Captieux
Mont-de-Marsan
Casteljaloux
Tonneins
Aiguillon
Damazan
Nérac
Houeillès
Condom
Eauze
Vic-Fezensac
Nogaro
Cazaubon
Gabarret
Montréal
Mézin
Lavardac
Barbaste
Francescas
Le Mas-d'Agenais
Clairac
Grignols
47 Lot-et-Garonne
40 Landes
162
Auch

VILLENEUVE-SUR-LOT
AGEN
Casseneuil
Sainte Livrade-sur-Lot
Penne-d'Agenais
Tournon-d'Agenais
Montaigu-de-Quercy
Montcuq
Lauzerte
Laroque-Timbaut
Beauville
Puymirol
Castelculier
Bon-Encontre
Agen-Porte d'Aquitaine
Colayrac-Saint Cirq
Le Passage
Boé
Layrac
Astaffort
Laplume
Lamontjoie
Valence
Saint Maurin
Castelsagrat
Moissac
Auvillar
Lamagistère
Golfech
Castelsarrasin
Saint Porquier
Escatalens
Montech
Flamarens
Miradoux
Lectoure
Fleurance
Saint Clar
Lavit
Beaumont-de-Lomagne
Mas-Grenier
Montfort
Sarrant
Lavardens
Mauvezin
Autoroute des deux Mers
Chemin de St-Jacques
Garonne
Tarn
Lot
Gers
Cahors
Montauban
Toulouse
82 Tarn-et-Garonne
47 Lot-et-Garonne
46 Lot
32 Gers
Auch 163
Aubiet 164

Souillac
Figeac
Cahors
Parc Naturel Régional des Causses du Quercy
Causse de Limogne
St-Cirq-Lapopie
Cenevières
Limogne-en-Quercy
Montcuq-en-Quercy-Blanc
Chemin de St-Jacques
Lauzerte
Castelnau-Montratier
Montpezat-de-Quercy
Le Bois de Dourre
Caylus
Septfonds
Caussade
Molières
St-Antonin-Noble-Val
l'Aveyron
Gorges de l'Aveyron
Lafrançaise
Nègrepelisse
Montricoux
Bruniquel
Penne
MONTAUBAN
Puycelsi
Castelsarrasin
Nauze-Vert
Montech
Finhan
Villebrumier
Villemur-sur-Tarn
Fronton
Grisolles
Frontonnais
Castelnau-d'Estrétefonds
Grenade
Bessières
Rabastens
St-Sulpice
Lisle-sur-Tarn
Bouloc
82 Tarn-et-Garonne
31 Haute-Garonne
81 Tarn
Tournon-d'Agenais
Valence
Beaumont-de-Lomagne
L'Isle-Jourdain
Toulouse
Lavaur
82 83 84 85 86

Bf
Figeac
Ca
139
Decazeville
Cb
Decazeville
Cc
Cd
Villefranche-de-Rouergue
Gorges de l'Aveyron
Villeneuve
Rignac
Bournazel
Salles-la-Source
Balsac
Druelle
Rodez
Baraqueville
Rieupeyroux
Sauveterre-de-Rouergue
Naucelle
Najac
Cordes
Monestiés
Carmaux
Pampelonne
Gorges du Viaur
Cassagnes-Bégonhes
Réquista
Valence-d'Albigeois
Valderiès
ALBI
St-Juéry
Ambialet
Alban
Gaillac
Puygouzon
Villefranche-d'Albigeois
Réalmont
Graulhet
Varen
Verfeil-s-Seye
Laguépie
St-Martial
Montauban-de-Rouergue
Lisle-s-T
Castres
165
166
82
83
84
85
86
St-Sernin-sur-Rance

Cc
Cd
139
Ce
Cf
140
Da
Espalion
Causse de Lanhac
Causse du Comtal
Bozouls
Gabriac
Ceyrac
Cruéjouls
St-Eulalie-d'Olt
St-Geniez-d'Olt et d'Aubrac
Pomayrols
St-Saturnin-de-Lenne
Campagnac
Salles-la-Source
Sébazac-Concourès
Onet-le-Château
Rodez
Druelle
Olemps
Le Monastère
Ste-Radegonde
Montrozier
Gages-le-Haut
Laissac
Palmas
Forêt des Palanges
Puech de St-Félix
Sévérac-l'Église
Gaillac-d'Aveyron
Causse de Sévérac
Sévérac-d'Aveyron
Sévérac-le-Château
Lapanouse
Buzeins
Recoules-Prévinquières
Agen-d'Aveyron
Luc
La Primaube
Flavin
Planèzes
Pont-de-Salars
Ségur
Vézins-de-Lévézou
Parc
Puech del Pal
Decazeville
Rignac
Baraqueville
Manhac
Calmont
Magrin
Comps-la-Grand-Ville
Ste-Juliette-sur-Viaur
Trémouilles
Canet-de-Salars
Prades-Salars
Vezouillac
Arvieu
Lac de Pareloup
Salles-Curan
Plateau du Lévezou
Mont Seigne
St Léons
St Laurent-de-Lévezou
Verrières
Rivière-sur-Tarn
Fontaneilles
Tayac
Salmiech
Cassagnes-Bégonhès
St Beauzély
Aguessac
Compeyre
Paulhe
Pyramide de Lagast
Alrance
Castelnau-Pégayrols
Bouloc
Montjaux
Millau
Peyre
Viaduc de Millau
St-Georges-de-Luzençon
Réquista
Durenque
Villefranche-de-Panat
Lestrade-et-Thouels
Le Truel
St-Victor-et-Melvieu
St-Rome-de-Tarn
Broquiès
Brousse-le-Château
Connac
Régional
St-Rome-de-Cernon
Roquefort-sur-Soulzon
Tournemire
Ste-Eulalie-de-Cernon
Pic de Cougouille
St-Izaire
Bournac
Vabres-l'Abbaye
St-Affrique
Vaillauzy
St-Jean-d'Alcapiès
Viala-du-Pas-de-Jaux
Plaisance
Coupiac
Balaguier-sur-Rance
St-Sernin-sur-Rance
Alban
St-Juéry
Pousthomy
Grands-
des
Causses
Belmont-sur-Rance
Camarès
Sylvanès
Tesselièrea
Col Notre-Dame
Cenomes
Fayet
Tauriac-de-Camarès
Peux-et-Couffouleux
Merdellou
Brusque
Puy du Lion
Avène
Laval-Roquecezière
St-Sever-du Moustier
Murasson
Senaux
Montfranc
Combret
Rayssac
Versols-et-Lapeyre
St-Félix-de-Sorgues
Marnhagues-et-Latour
Fondamente
Montpaon
Tour d'Aigu
Lauras
St-Jean-d'Alcas
82
83
84
85
86
St-Juéry
166

Auxillac
Chanac
Truc de Balduc
Varazoux
les Sagnes
Étang de Barrandon
Cubières
le Crouzet
Badroux
Cadoule
Chardonnet
Tour du Choizal
Château de Montferrand
Paulhac
les Balmes
Gazy
le Cros-Bas
la Nojarède
le Faïsson
St-Etienne-du-Valdonnez
Roc de Laubies
Serviès
Lozeret
Cubiérettes
Pomaret
Bergognon
Banassac
Laumède
le Sec
le Freycinel
Chareylasse
La Canourgue
Sauveterre
la Bazalgette
la Borie
les Laubies
Mont Lozère
Sommet de Finiels
Parc
Maleville
Sabot de Malepeyre
la Rouvière
Champerboux
Col de Montmirat
Sources du Tarn
St-Saturnin
Rougesparets
Lutran
Pic Cassini
le Marguefré
Boujassac
Montredon
la Vayssière
la Brousse
la Capelle
la Périgouse
Cascade de Lozerette
Finialette
la Piguière
Roussao
Chaumels
Rûnes
Château de Roche baïve
Ispagnac
les Bondons
Fraissinet-de-Lozère
Lueysse
le Couderc
Ste-Enimie
Quézac
Cantonnet
le Viala
Villeneuve
la Lavagne
Grotte-Ermitage
Gorges du Tarn
Causses
la Vialasse
Laval-du-Tarn
Faux
Miral
Pont-de-Montvert-Sud Mont Lozère
les Vinous
Château de Prades
Cocurès
la Vernède
Troubat
Barraque-de-Trémolet
Marquayres
Prunets
Salège
Masméjan
Recoulettes
Perieyres
Blajoux
Bédouès
Grizac
Le Mazel
Bouissy
Château de la Caze
Puech d' Aluech
Montbrun
Monteils
St-Maurice-de-Ventalon
les Fonts
St-Chély-du-Tarn
la Condamine
Massegros Causses Gorges
Serres
Coquenas
Château de Castelbouc
Château de Charbonnières
Florac Trois Rivières
Montagne du Bougès
Soleyrols
St-Georges-de-Lévéjac
Cirque
Col de Cauperlac
Poujols
Fraissinet-de-Poujols
Valbelle
La Salle-Prunet
les Chazes
Le Ventalon
Point Sublime
Château Haute-Rive
Rocher de Rochefort
St-Julien-d'Arpaon
National
Le Massegros
la Malène
Caussignac
Mas-St-Chély
Vallongue
Conches
les Détroit
Montignac
Masdeval
St-Frézal-de-Ventalon
Vimbouches
Col de Jalcreste
Roc des Hourtous
Rieisse
Crosgamon
Fontaine-le-Mazet
Cans et Cévennes
St-Privat-de-Vallongue
Carnac
le Buffre
la Fajole
St-Laurent-de-Trèves
Puychauzier
Cassagnas
la Rivière
Les Vignes
St-Rome-de-Dolan
Causse Méjean
Nivoliers
Nozières
Col du Rey
St-André-de-Lancize
St-Hilaire-de-Lavit
Château de Blanquefort
le Bédos
Drigas
Hures
Salgas
Barre-des-Cévennes
la Volpilière
Hures-la-Parade
Racoules
le Vergougnous
Mont Mars
les Ayres
la Bourgarie
Chaos de Nimes le Vieux
Vébron
Masel-Rosade
Calbertette
Montbuisson
Villeneuve
les Vanels
l'Hospitalet
les Bastides
Saubert
St-Pierre-des-Tripiers
l'Hom
Veygalier
Aven Armand
St-Martin-de-Lansuscle
St-Germain-de-Calberte
Liaucous
Roc St-Gervais
Aures
Fraissinet-de-Fourques
Rousses
Molezon
Gorges de la Jonte
les Douzes
Herans
le Pompidou
Fabrègues
le Truel
le Maynial
Costeguison
la Bragouse
Corniche des Cévennes
Masaribal
Ste-Croix-Vallée-Française
Thonas
le Rozier
Grotte de Dargilan
Dargilan
Salvensac
Gatuzières
St-Etienne-Vallée-Française
Peyreleau
Sérigas
Massevaques
Moissac-Vallée-Française
Comiche du Causse Noir
Veyreau
(gall.Méro-ialo)
Gorges du Tapoul
Gabriac
Eglise de St-Jean-de-Balmes
Meyrueis
Jontanels
Pourcares
la Roujarie
Aluech
Cabrillac
St-André-de-Valborgne
St-Roman-de-Tousque
Vessac
les Mazes
Château de Roquedols
Campis
des
Montredon
St-André-de-Vézines
Causse Noir
Ferrussac
les Oubrets
le Villaret
Maubert
Chaos de Montpellier-le-Vieux
Tourgueille
St-Marcel-de-Fontfouillouse
Col de l'Exil
la Roque-Ste-Marguerite
Château de Montméjean
Lanuéjols
Col de Montjardin
Mont Aigoual
Aire-de-Côte
48 Lozère
30 Gard
Navas
Abîme du Bramabiau
Cévennes
Soumane
Peyroles
Altayrac
St-Véran
la Foulquarie
Montjardin
la Mouline
St-Sauveur-des-Pourcils
Camprieu
Col de l'Espinas
les Plantiers
L'Estréchure
Pierrefiche
Dourbie
Tour
Gorges du Trévezel
Coupiac
Col de la Séreyrède
Faveyrolle
St-Martin-de-Corconac
Vallée Obscure
Naturel
Garene
Les Monts
Col de Faubel
les Salles
Mas Laural
Millièrines
Col de Mercou
Maylet
la Granerie
Laupiettes
L'Espérou
les Anglivials
Gorges de la Dourbie
Hévens
Layolle
Trèves
Laupies
le Suquet
Valleraugue
Val-d'Aigoual
Ardailles
Corbières
Col d'Asclier
Ste-Croix-de-Caderle
Soudorgues
-du-Larzac
Causse-Bégon
Prunaret
Cantobre
Dourbies
Montals
Col du Minier
la Valette
Taleyrac
Notre-Dame-de-la-Rouvière
la Coste
le Solier
Cassanas
Rivaud
le Mazel
Les Cuns
Roc Nantais
Pont-du-Lingas
Col de la Triballe
Lasalle
les Liquisses
Les Crozes
le Viala
Montagne du Lingas
Salagosse
Arphy
la Peyre
St-Martial
Colognac
Corniliy
Nant
St-Jean-du-Bruel
St-André-de-Majencoules
les Amariniers
la Planque
le Villaret
St-Alban
Mandagout
le Savel
la Rouvière
Col du Rédares
Cavalerie
St-Michel-de-Rouviac
les Travers
Sanissac
St-Roman-de-Codières
le Jaoul
Peyraube
Aulas
Montagne de la Fage
le Liquier
le Fesc
Mas-de-Pomier
la Roquette
la Roujerie
Arrigas
Bréau-Mars
Mars
Pont d'Hérault
Cros
St-Félix-de-Pallières
l'Eglise-de-Cros
Mas-du-Prés
Sauclières
Gressentis
Bréau-et-Salagosse
Roquedur
Sumène
Cambo
Source du Durzon
le Frayssinet-Bas
la Bruguière
Aumessas
Molières-Cavaillac
Le Vigan
Cézas
St-Hippolyte-du-Fort
l'Hospitalet-du-Larzac
Alzon
Estelle
Arre
Bez-et-Esparon
Avèze
Figaret
St-Julien-de-la-Nef
la Cadière
Mandiargues
Quissac
Pommiers
St-Bresson
Moulès-et-Baucels
Comus
Campestre-et-Luc
le Quintanel
Navas
la Blaquererie
Cazejourdes
Grailhe
Mas-Gauzin
le Landre
St-Laurent-le-Minier
Ganges
Grottes
Vieux
St-Hippolyte
le Figairol
Belvezet
Abîme de St-Ferréol
Montdardier
Laroque
Montoulieu
la Masselle
la Salvetat
la Salze
la Rigaldérie
Valmale
Cazilhac-Bas
la Couvertoiraide
Régagnas
Blandas
Prádines
Mont Haut
Remparts
Luc
le Barral
Rocher de la Tude
Cazilhac-Haut
Gorge
le Triadou
les Menudes
Mas-de-Calmels
Cirque
Vissec
Assas
Coupiac
Le Trou Fumant
Cornus
les Infruts
le Camp-d'Alton
Sorbs
Cirque de Navacelles
Caverne du Maure
Soutayrol
Agonès
Grotte des Demoiselles
St-Bauzille-de-Putois
Pompignan
la Pezade
Rogues
Gorniès
Abîme de Rabanel
Canals
Latude
le Cros
Le Roc Blanc
Grottes
St-Rome
le Mas-Raynal
30 Gard
les Baumes
le Claux
Bel-Air
Brissac
Ferrières-les-Verreries
Combefère
Rochers
Plateau de Guilhaumard
Le Caylar
le Cros
la Jurade
le Viala
la Prunarède
Gorges de la Vis
Grenouillet
Madières
St-André-de-Buèges
Col de la Cardonille
St-Michel
Soulagets
Montagne de la Séranne
les Rives
le Villaret
le Pous
Labastide-des-Fonts
St-Félix-de-l'Héras
Mas-Audran
les Besses
St-Maurice-Navacelles
les Rives
St-Etienne d'Issensac
la Vernède
Mas-Hugonenq
Romiguières
St-Félix-de-l'Héras
Montmagnon
Pas de l'Escalette
la Prade
les Natges
Peyre Martine
Gorges de la Buèges
Frouzet
Notre-Dame-de-Londres
Camp-Rouch
Mas-de-Jourdes
Puech Agut
le Coulet
St-Jean-de-Buèges
Grand Arc
Rouet
les Camps
Antignaguet
les Sièges
Rouet
Gabriac
Gervais
Bertrand
Pégairolles-de-l'Escalette
Pégairolles-de-l'Escalette
Labeil
la Roque
St-Pierre-de-la-Fage
La Vacquerie et-St-Martin-de-Castries
Pégairolles-de-Buèges
Causse-de-la-Selle
la Conque
St-Martin-de-Londres
Roqueredonde
Lauroux
Gourgas
Parlatges
St-Martin-d'Azirou
les Lavagnes
le Buis
Montagne de la Celette
Mas-de-Londres
Château de Montferrand
Tréviers
Poujols
Soubès
la Trivalle
Mas-de-Bouis
Cazevieille
Mortiès
Ste-Mathieu-de-Tréviers
Joncelets
St-Sauveur
Lodève Nord
St-Etienne-de-Gourgas
Grotte de Baume Cellier
Château de Cambous
St-Jean-de-Cuculles
les Plans
St-Privat
Salces
Grotte du Sergent
Sueilles
Hérault
Alès
82
83
84
85
86

De
Df
141
Ea
Aubenas
Eb
142
Ec
82
83
84
85
86
Florac
Ganges
Parc National des Cévennes
Villefort
Génolhac
Les Vans
Naves
Vallon-Pont-d'Arc
Ruoms
Gorges
Chamborigaud
Bessèges
Barjac
St Ambroix
La Grand-Combe
St-Germain-de-Calberte
St-Martin-de-Valgalgues
Salindres
ALÈS
Lussan
St-Jean-du-Gard
Anduze
Lasalle
Vézenobres
Uzès
St-Hippolyte-du-Fort
Durfort
Sauve
Quissac
Lédignan
St Chaptes
Marguerittes
NÎMES
Sommières
Calvisson
Caveirac
Caissargues
Milhaud
Bouillargues
Garons
Camp des Garrigues
Gorges du Gardon
Crôte de Taillade
Mont Haut
Pic Cassini
Roc des Echelles
Montpellier
168
Montpellier-Sud
Montpellier
St.Gilles/Vauvert
0 1 2 4 6 8 10 km
0 1 2 4 6 miles

Donzère
Autoroute du Soleil
Grignan
Pierrelatte
Bourg-St Andéol
La Garde-Adhémar
Grillon
Valréas
St Paul-Trois-Châteaux
Nyons
Bollène
Pont-St Esprit
Mondragon
Mornas
Vaison-la-Romaine
Bagnols-sur-Cèze
Orange
Séguret
Malaucène
Dentelles de Montmirail
Châteauneuf-du-Pape
Carpentras
Sorgues
Roquemaure
Villeneuve-lès-Avignon
La Languedocienne
Remoulins
Avignon
Pernes-les-Fontaines
Venasque
Fontaine-de-Vaucluse
Gordes
Cavaillon
Noves
Châteaurenard
Tarascon
Beaucaire
St Rémy-de-Provence
Chaîne des Alpilles
Parc Naturel Régional du Luberon
Ménerbes
Oppède-le-Vieux
Sénas
Bellegarde

82
83
84
85
86
Valréas
Bollène
Vaison-la-Romaine
Carpentras
Avignon
Cavaillon
Valouse
les Chaudrons
Léoux
Cornillon-sur-l'Oule
Bruis
Valdoule
Ste-Marie
Clos d'Antouret
le Vissac
le Duffre
Montagne
le Moulin
Teyssières
Villeperdrix
le Monestier
Abbaye de Bodon
Cornillac
Pommerol
Montmorin
Serre-Boyer
Serre de la Rouisse
la Montagne
Sigottier
la Bâtie-Montsaléon
Serres
Cougoir
St Ferréol-Trente-Pas
Sahune
St May
Tamizat
Montagne de Raton
la Fromagère
Col de la Fromagère
Col des Tourettes
l'Epine
Montclus
la Flamenche
Savournon
le Sarret
St Pons
les Cognets
la Combe-de-Sauve
Condorcet
Rémuzat
Raton
Arnoux
Ribeyret
Col de la Saulce
le Bersac
les Arnaud
Montréal-les-Sources
le Chambon
Chatusse
Pigerolles
Rosans
Moydans
Esclate
la Baume
Mereuil
Montrond
Montagne
la Bonté
Verclause
Église romane
Sorbiers
les Coutilles
Rocher de Beaumont
St-Genis
Aubres
les Pilles
Curnier
Arpavon
le Poët-Sigillat
Pelonne
Chalabrus
St-André-de-Rosans
Vaucluse
Colombe
Garde-Colombe
Nyons
Pont
Baronnies
Montferrand-la-Fare
les Isnières
Sironne
Route d'Hiver des Alpes
Trescléoux
l'Ecluse
Eyguians
Les Latards
Montaulieu
Bellecombe
Montjay
Chanousse
Châteauneuf-de-Bordette
Rochebrune
Ste Jalle
Lemps
Crête de Rascuègne
Chapaisse
Église romane
St Sauveur-Gouvernet
Arzeliers
Lagrand
05 Hautes-Alpes
26 Drôme
la Fare
Roussieux
le Suillet
Saléon
la Biove
les Estangs
les Granges
St-Cyrice
Orpierre
Nossage-et-Bénévent
St Quenin
Bésignan
Autanne
Vercoiran
Chauvac
Laux-Montaux
Villebois-les-Pins
Étoile-St Cyrice
le Bachas
Beauvoisin
Montagne de la Clavelière
Piégon
les Jonchiers
Gorges d'Ubrieux
Ste Euphémie-sur-Ouvèze
Laborel
Chevalet
Buis-les-Baronnies
la Roche-sur-le-Buis
St-Auban-s-l'Ouvèze
Montguers
Col de Perty
Ruissas
la Combe
les Bègues
Puyméras
Propiac
Montagne de Chabre
Barret-le-Haut
Mérindol-les-Ulliviers
la Rochette-du-Bois
les Granges
Bons
Montauban
Ste Colombe
Faucon
les Sias
la Nible
le Poët-en-Percip
Col de St Jean
Ballons
Barret-le-Bas
Gorges de la Méouge
Antonaves
St Romain-en-Viennois
Mollans-sur-Ouvèze
Pierrelongue
Cost
Gresse
Mévouillon
Pelleret
Aumagne
Voluy
Eygalayes
St Pierre-Avez
Val
Eygaliers
Montagne de Bluye
Plaisians
Aiguières
Aulan
Pré-Rond
le Plan
le Calandre
Lachau
Salérans
Ouvèze
Entrechaux
Toulourenc
Col de Fontaube
Villefranche-le-Château
les Peyres
la Flo
Veaux
St-Léger-du-Ventoux
Crête de l'Ane
Eourres
Beaumont-du-Ventoux
les Valettes
St Basile
Brantes
Barret-de-Lioure
Séderon
la Mourier
Chante Duc
04 Alpes-de-Haute-Provence
Malaucène
N.D. du Groseau
Mont Serein
Ste Marguerite
le Contrat
Col de
Tempêtes
Savoillan
Montbrun-les-Bains
Col de Macuègne
Col de la Rigière
les Parrichaux
Montfroc
Curel
les Remises
St Martin
les Ramayettes
Mont Ventoux
Reilhanette
Montagne d'Albion
les Omergues
les Étangs
St Vincent-sur-Jabron
Lange
Route de la Lavande
le Couvent
Châteauneuf-Miravail
Gour des Oules
Col de l'Homme Mort
le Grand Terme
Crête de la Faye
la Madeleine
Jas-des-Melettes
le Ventouret
les Crottes
Ferrassières
Hautes Ferrassières
Le Tréboux
Signal de Lure
Rolland
Aurel
Néoures
Montagne de Lure
les Baux
Combe de la Canaud
Bédoin
Crillon-le-Brave
les Bruns
26 Drôme
Refuge de Lure
Carromb
N.-D.-du-Moustier
Ste-Colombe
St Esteve
Église romane
St Trinit
le Contadour
Modène
St Pierre-de-Vassols
les Maridats
le Jas
Flassan
les Abeilles
Sault
Revest-du-Bion
Vière
Saumane
N.D. de Lure
les Gaps
la Boissière
le Jonquet
Redortiers
l'Hospitalet
Mormoiron
la Gabelle
la Rochegiron
Jas-de-Berle
Mazan
Enceinte
Monieux
les Perrets
Plateau d'Albion
St Pancrace
Route de la vie Romaine
Villes-sur-Auzon
Fayol
Belair
N.D. des Anges
Lardiers
Gorges de la Nesque
Brouville
Route de la Lavande
Banon
St-Étienne-les-Orgues
Blauvac
St Jean
St Christol
Ganas
Ongles
Malemort-du-Comtat
N.D. de Vie
Méthamis
Ste Foi
St Hubert
le Crozat
Chavon
Montsalier
le Largue
le Rocher d'Ongles
Revest-St-Martin
Graille
les Bastides
Unang
Javon
Sarrasin
la Resclave
Cheyran
Granges de Dauban
Fontienne
Baptisterium
Clos de Fillol
N.D. de Lamaron
Bel-Air
Gubian
St Pierre
Venasque
le Cluyer
Lagarde-d'Apt
St Pierre
Simiane-la-Rotonde
Limans
la Pourcine
le Beaucet
Col de Murs
Route de la vie Romaine
le Buisseron
Carniol
le Plan
St Gens
Bézaure
Forcalquier
la Crémade
Pouraque
les Vergiers
les Bellons
Parc
Revest-des-Brousses
Ybourgues
Plateau de Vaucluse
Murs
le Château
Lioux
Fumeirasse
N.D. de Bellevue
Abbaye de Sénanque
Parrotes
Croagnes
St Saturnin-d'Apt
Châteauneuf
Mane
Fontaine
la Tuilière
les Grands-Cléments
Rustrel
Oppedette
Aubenas-les-Alpes
Joucas
les Cordiers
Fenouillet
Vachères
Fontaine-de-Vaucluse
Musée
les Cortasses
les Yves
Bourgane
Villars
Observatoire de Haute Provence
Sauvan
Gordes
les Sauvestres
Gargas
Jean-Jean
Colorado de Rustrel
Gignac
Pimayon
St Maime
Cabrières-d'Avignon
Village Noir (Bories)
Roussillon
Carrière d'Ocre
Viens
Ste-Croix-à-Lauze
St Michel-l'Observatoire
Lagnes
St Pantaléon
Apt
Blace
Caseneuve
Naturel
Dauphin
les Imberts
Musée des Bouillons
Perrotet
Lincel
Coustellet
les Gros
le Chêne
Reillanne
St Martin-les-Eaux
Beaumettes
Goult
Église romane
les Agnels
Église romane
Saignon
St-Martin-de-Castillon
la Bégude
St Paul
les Granons
Villemus
Maubec
les Poulivets
N.D. de Lumières
St Véran
les Tourrettes
Pont Julien (romain)
Thourame
le Boisset
Céreste
entour de murailles
Montjustin
Mont d'Or
Ménerbes
Prieuré de St Symphorien
Église romane
Buoux
Castellet
St Elzéar
Manosque
Oppède-le-Vieux
Lacoste
Auribeau
Montfuron
84 Vaucluse
la Peyrière
les Moutins
Sivergues
Bonnieux
Fort de Buoux
Mourre Nègre
Vitrolles
Régional
Bastidon du Pradon
la Roche-d'Espeil
Pierrevert
Peypin-d'Aigues
Route de la vie Romaine
Manosque
Montagne du Luberon
les Portallets
Roquefraiche (Sanatorium)
Cabrières-d'Aigues
Régusse
le Trou-du-Rat
St Tulle
Gorges de Régalon
Vaugines
la Bastide-des-Jourdans
Logis-Neuf
Cucuron
la Motte-d'Aigues
Porchière
Mérindol
les Borrys
les Baumes
Puyvert
Lourmarin
St Martin de-la-Brasque
Pradine
Corbières
Puget
Laurís
Tombe d'Albert Camus
Sannes
Étang de la Bonde
Grambois
du Luberon
Malconseil
le Seuil
Ste-Croix

0 1 2 4 6 8 10 km
0 1 2 4 6 miles

Ff
Ga
Gb
Gc
Gap
Valserres
144
82
83
84
85
86
Barcelonnette
Nice
Grasse
Vinon-sur-Verdon
171
St-Maximin
172
Tallard
Remollon
Espinasses
Rochebrune
Barrage de Serre-Ponçon
la Bréole
Ubaye-Serre-Ponçon
St Vincent-les-Forts
Le Lauzet-Ubaye
le Petit Ferrand
Route Napoléon
Fouillouse
Lardier-et-Valença
Vitrolles
Barcillonnette
Esparron
Piégut
Venterol
Curbans
Bréziers
Champdarène
Chaumenc
Bellaffaire
Gigors
Turriers
Faucon-du Caire
Col de Faye
Beaujeu
Plan-de-Vitrolles
Monêtier-Allemont
Route des Fruits et Vins
Rousset
Claret
Malaup
les Croix
le Caire
Faye
Ventavon
Lazer
Melve
Col des Sagnes
Grande Gautière
Astoin
Crête des Mélèzes
Selonnet
Chardavon-Bas
Seyne
Montclar
Dormillouse
Col St Jean
Champanastay
Chaudon
Gaudeissard
Montagne de la Blanche
Hauts-Savornins
Pompiery
Pic de Bernardez
St Pons
St Barthélemy
l'Abbaye de Laverq
la Haute Combe
Bayons
la Médecine
Graves
La Motte-du-Caire
Forest-Lacour
Tête Grosse
Laragne-Montéglin
Upaix
Thèze
Sigoyer
Clamensane
la Rouchaye
l'Oratoire
le Marzenc
Clot de Bouc
Auzet
Col de Maure
Couloubrous
Roche Close
Plan-Bas
Maure
le Poët
Vaumeilh
Valavoire
Reynier
Esparron-la-Bâtie
Baudinard
le Gayne
la Sapie
les Monges
Montagne de Jouere
Verdaches
la Sambue
la Route
le Vernet
le Haut Vernet
Tête de l'Estrop
Châteauneuf-de-Chabre
Mison
Nibles
Châteaufort
Valernes
Montagne de Gache
St Geniez
Briançon
Authon
Chabert
Chardavon
Sommet de Nibles
Barles
Clues de Verbaches
Blayeul Sommet
Clues de Barles
St Clément
Col du Labouret
Vière
Saume-Longe
Set de la Croix
les Eaux-Chaudes
la Favière
Prads-Haute-Bléone
Tercier
Sisteron
Sisteron-Nord
Sisteron-Sud
Ribiers
Route des Fruits et Vins
05 Hautes-Alpes
Plan-de-la-Baume
Mezien
Sorine
Crête de Géruen
Entrepierres
Vilhosc
le Castellard
Hautes Duyes
le Péruore
Malefiance
Le Bès
Crête de Liman
Chaudol
le Clucheret
Beaujeu
St Pierre
Sommet de Chappe
Recuit
La Javie
Blégiers
Faillefeu
Chavailles
Noyers-sur-Jabron
Bevons
Pécoule
Salignac
Sourribes
Sommet de Vaumuse
Ste-Madeleine
Thoard
les Isnards
Marcoux
le Brusquet
N.D. de Lauzière
Draix
Archail
la Rouine
Montagne du Cheval Blanc
Chanolles
la Valette
Valbelle
Peipin
Aubignosc
Volonne
Sommet du Ruth
les Bourguignons
la Pérusse
Courbons
Digne-les-Bains
le Villard
Vaumeilh
Château-Arnoux
Châteauneuf-Val-St Donat
Lure
Barras
Pic d'Oise
Champtercier
les Sieyes
Eglise romane
St Pancrace
Vaumet
Plan-de-Chaude
Tartonne
Château-Garnier
Thorame-Basse
la Bâtie
le Moustier
Notre Dame
Malefougasse
Cruis
Montfort
St Auban
l'Escale
Route Napoléon
Route de la Lavande
Garce
Mirabeau
Aiglun
Mallemoisson
Les Hostelleries
Route Napoléon
Route de la Lavande
Route d'Hiver des Alpes
les Dourbes
les Sauzeries
Lambruisse
Argens
Montlaux
Malijai
les Thumins
le Chaffaut-St Jurson
St Michel de Cousson
Entrages
les Dourbettes
Laubre
Douroulles
Montagne de l'Allier
Revest
Augès
Peyruis
Rochers des Mées
Les Mées
Chénerilles
Carmejane
Châteauredon
Chabrières
Clue de Chabrières
la Clappe
Clumanc
les Bourillons
Toueste
le Castellet
Autoroute du Val de Durance
Prieuré de Ganagobie
Espinouse
le Brusc
Mézel
N.D.-de Liesse
Beynes
Chaudon-Norante
Chaudon
St Lions
Hyèges
St André-les-Alpes
Moriez
Méouilles
Dabisse
Lurs
Pierrerue
Puimichel
Ajonc
les Cardaires
Bellegarde
St Paulus
St Jacques
Plus-Haut
Barrême
Asse de Moriez
Plateau de Valensole
les Pourcelles
le Castellet
en Sales
St Jeannet
Trévans
Gros-Jas
Gorges de Trévans
N.D. des Anges
Niozelles
La Brillanne
Oraison
Entrevennes
Estoublon
Rancure
St Julien-d'Asse
Bras-d'Asse
La Bégude-Blanche
Majastres
Crête de Montmuye
la Barre
le Riou-d'Ourgeas
Senez
Route Napoléon
Réserve Géologique de Haute Provence
Sommet du Cartellard
Blaron
la Baume
la Tuillière
la Maurellière
Villeneuve
Valbonette
les Buissonnades
la Chapelle
St Jurs
Allès
Brunet
le Grand Logisson
Pas-de-Laval
le Bas-Chaudoul
Volx
Manosque
le Bars
Andrieux
Puimoisson
Ste Apollinaire
Ségriès
Chiran
Blieux
Col des Lèques
Pré Chauvin
Castellane
le Cheiron
Col de la Blache
Parc Naturel Régional du Verdon
Valensole
N.D. de Beauvoir
Moustiers-Ste Marie
Brochiers
les Louches
Berbené
Chasteuil
Villars-Brandis
Brans
St Thyrs
St Jean
Temple romain
Baptistère
Campagne
Roumoules
Riez
Pontfrac
Ecole
le Serre
Torrent de Valonge
Châteauneuf-les-Moustiers
le Plan
Route de la Lavande
La Palud-sur-Verdon
Point Sublime
Clue de Chasteuil
Clue de Carejuan
Robion
04 Alpes-de-Haute-Provence
83 Var
Valcros
Route de la Lavande
la Trinité
Allemagne-en-Provence
Montagnac
les Roux
Aiguines
Grand Canyon du Verdon
Rousset
Gréoux-les-Bains
St Martin-de-Brômes
Laval
Ste Croix-de-Verdon
Lac de Ste Croix
les Salles-sur-Verdon
Chanteraine
Cirque de Vaumale
le Petit-St Maymes
Trigance
Riblaquon
Jabron
Montpezat
Pontoise
N.D. des Œufs
A51

Gc
Gd
FRANCE
Col de Larche
Ge
Barcelonnette 145
Gf
ITALIA
Ha
82
83
84
85
86
Montagne de Parpaillon
05 Hautes-Alpes
04 Alpes-de-Haute-Provence
le Lauzet-Ubaye
Barcelonnette
le Sauze
Super-Sauze
Jausiers
la Condamine-Châtelard
Larche
Col de Larche
Maison-Méane
Argentera
Pietraporzio
Sambuco
Monte Oronaye
Aufo Vallonasso
Vallon des Sagnes
Serre Bourdon
Montagne de l'Alpe
Gorges du Bachelard
Grande Séolane
Montagne de la Blanche
Cime de la Bonette
Col de la Bonette
Bousiéyas
Vens
Mont Ténibre
Bagni di Vinadio
Col de la Cayolle
Parc
National
Alpes
Mercantour
Route des Grandes Alpes
Allos
Colmars
Auron
St-Étienne-de-Tinée
St-Dalmas-le-Selvage
Sauma Longue
Isola
Isola 2000
les Donnes
Vallon de Demandols
Vallon de Roya
Montagne de l'Alp
Mont Mounier
Entraunes
St Martin-d'Entraunes
Châteauneuf-d'Entraunes
Villeneuve-d'Entraunes
Guillaumes
Gorges de Daluis
Daluis
Valberg
Beuil
Péone
Roubion
Roure
Gorges Supérieures du Cians
Lauvet d'Ilonse
Dôme de Barrot
Cime de Courbaissa
Puget-Théniers
Entrevaux
Touët-sur-Var
Villars-sur-Var
Thorame-Haute
Thorame-Basse
Beauvezer
Villars-Colmars
Château-Garnier
Lambruisse
Montagne de l'Allier
Méailles
Annot
St André-les-Alpes
Moriez
Route de la Lavande d'Hiver des Alpes
Réserve Géologique de Haute Provence
Barrage de Castillon
Castellane
Route Napoléon
Parc Naturel Régional du Verdon
Montagne de Charamel
Montagne du Cheiron
Cime du Cheiron
Gréolières-les-Neiges
Gréolières
Thorenc
Séranon
Valderoure
Montagne de l'Audibergue
196-197
Draguignan
Grasse
FRANCE
172

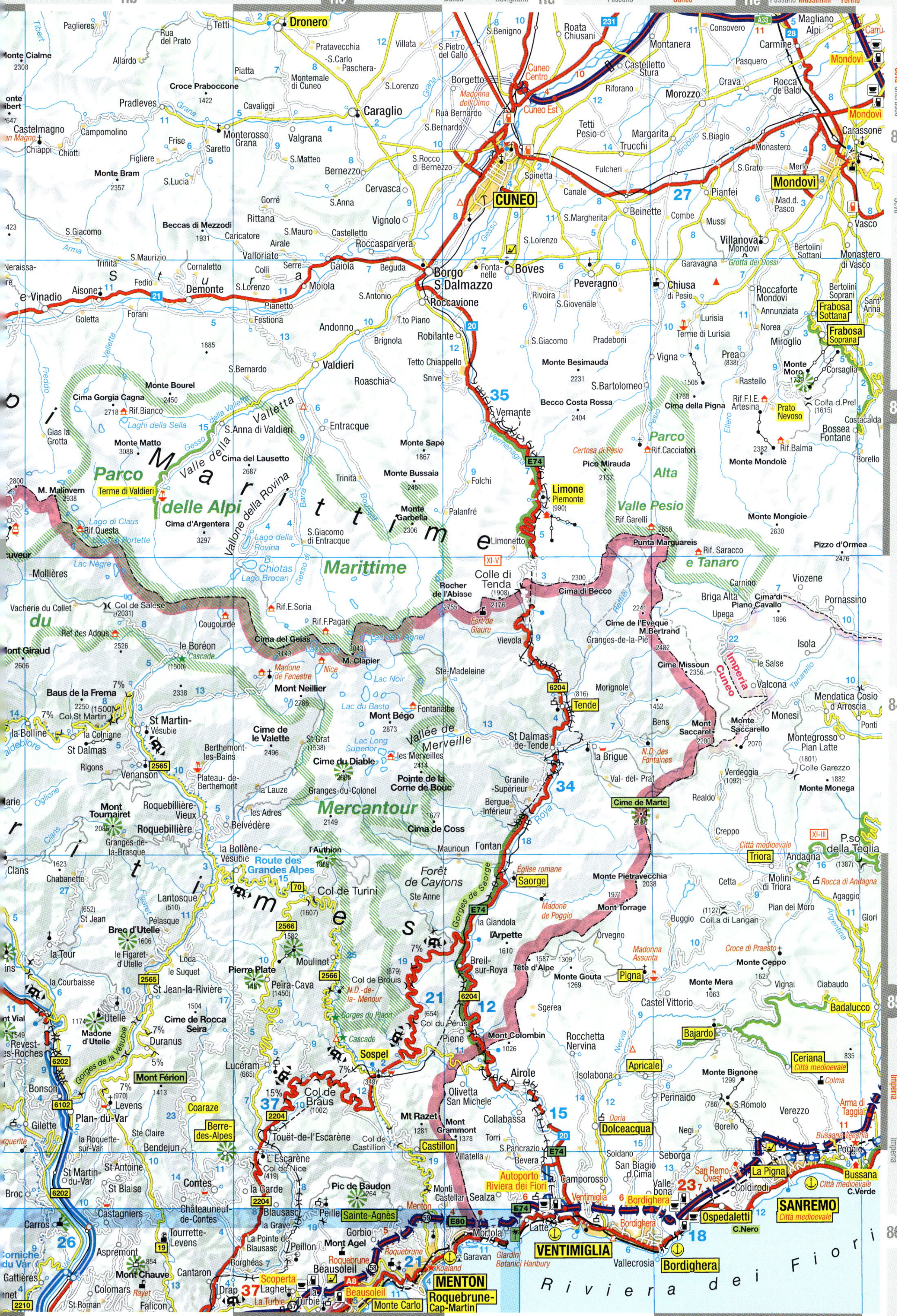
Busca
Savigliano
Fossano
Cuneo
Massimini
Torino
Dronero
Caraglio
Cuneo Centro
Cuneo Est
CUNEO
Mondovì
Carassone
Vasco
Villanova Mondovì
Borgo S.Dalmazzo
Roccavione
Boves
Peveragno
Chiusa di Pesio
Frabosa Sottana
Frabosa Soprana
Valdieri
Vinadio
Demonte
Moiola
Gaiola
Robilante
Vernante
Limone Piemonte
Colle di Tenda
Parco delle Alpi Marittime
Parco Alta Valle Pesio e Tanaro
Marittime
Mercantour
Tende
la Brigue
St Dalmas-de-Tende
Saorge
Breil-sur-Roya
Sospel
Col de Turini
Col de Braus
Triora
Pigna
Apricale
Dolceacqua
Bajardo
Ceriana
Badalucco
Castellar
Menton
MENTON
Roquebrune-Cap-Martin
VENTIMIGLIA
Bordighera
Ospedaletti
SANREMO
Bussana
La Pigna
Sainte-Agnès
Beausoleil
Monte Carlo
La Turbie
Scoperta
Contes
Coaraze
Berre-des-Alpes
Mont Férion
Lantosque
St Martin-Vésubie
Roquebillière
Utelle
Levens
Plan-du-Var
Riviera dei Fiori
Autoporto Riviera dei Fiori
Nice
173
82
83
84
85
86

Ya
Yb
Yc
Yd
146
Ye
Castets
86
87
88
89
90
OCÉAN ATLANTIQUE
Golfe de Gascogne
Côte Basque
Corniche Basque
Soustons
Tastet
Dolouets
la Bagnère
Hardy
Duha
Caplet
Guin
Gaillou-de-Pountaout
Plage des Casernes
Atlantic Park
le Penon
les Estagnots
Hossegor
Seignosse
Soorts-Hossegor
Tosse
Saubion
Saint Geours-de-Maremme
St-Geours-de-Maremme
Angresse
Capbreton
Saint Vincent-de-Tyrosse
Josse
Bénesse-Maremne
Saint Jean-de-Marsacq
Labenne
Labenne-Océan
Orx
Saubrigues
Ondres-Plage
Beyres
Ondres
Tarnos
St-Martin-de-Seignanx
St-André-de-Seignanx
Saint Martin-de-Hinx
Biarrotte
Biaudos
Sainte Marie-de-Gosse
Saint Laurent-de-Gosse
Quartier-Neuf
le Pay
Saint Barthélemy
la Barre
Chiberta
Boucau
BAYONNE
ANGLET
BIARRITZ
Plage Miramar
Grand Plage
Plage de la Côte des Basques
Lahonce
Urcuit
Urt
Lissalde
Lagaillardie
Lassarrade
Mouguerre
St-Pierre-d'Irube
Villefranque
Briscous
Bassussarry
Arcangues
Arbonne
Bidart
Guéthary
Hérauritz
Ustaritz
Jatxou
Larressore
Hatsou
Hasparren
Labastide-Clairence
Elizaberry
Saint-Jean-de-Luz
Ahetze
Cabo Higer
Hendaye-Plage
Hendaye
Ciboure
Socoa
Urrugne
Hondarribia
IRUN
Behobie
Biriatou
ERRENTERIA
Jaizkibel
Oiartzun
Olaberria
Ascain
Ibarron
Saint-Pée-sur-Nivelle
Espelette
Souraide
Cambo-les-Bains
Urcuray
Zelhay
Bonloc
Ayherre
Gréciette
Mendionde
Macaye
Saint-Esteben
Olhette
Sare
Ainhoa
Itxassou
Laxia
Louhossoa
Hélette
Mont Baygoura
Mont Atchuléguy
la Rhune
Col d'bardin
Dancharia
Dantxarinea
Urdazubi/Urdax
Zugarramurdi
Bera/Vera de Bidasoa
Artzamendi
Bidarray
Irissarry
Saint-Martin-d'Arrossa
Ossès
Lesaka
Etxalar
Berrizaun
Alcurrunz
Gorramendi
Amaiur/Maya
Erratzu
Jara
Saint-Jean-Pied-de-Port
Saint-Étienne-de-Baigorry
Irouléguy
Ascarat
Lasse
Parque Natural Aiako Harria
Parque Natural del Señorío de Bertiz
Monte Azcua
Sumbilla
Arantza
Irisarri
Yanci
Gastaroz
Goizueta
Ekaitza
Ituren
Zubieta
Santesteban
Elizondo
Elbete
Arizkun
Valle del Baztan
Oronoz
Mardea de Arráyoz
Irurita
Ziga
Berroeta
Almandoz
Abartán
Pena de Alba
Autza
Abraku
Banca
Adarza
Alduides
Urepel
Esnazu
Vallée des Aludes
Luizalde/Valcarlos
Arnéguy
Ondarolle
Gainekoleta
Ortzanzurieta
Puerto de Ibañeta
Monte Eracurri
Ezkurra
Eratsun
Saldias
Beintza-Labaien
Urrotz
Puchotecogañe
Arnaiza
ESPAÑA
Pamplona
Donostia-San Sebastian
Tolosa
0 1 2 4 6 8 10 km
0 1 2 4 6 miles

Saint-Paul-lès-Dax
Dax
Saint Sever
Hagetmau
Mugron
Montfort-en-Chalosse
Pomarez
Amou
Peyrehorade
Orthez
Salies-de-Béarn
Sauveterre-de-Béarn
Lacq
Mourenx
Navarrenx
Saint-Palais
Mauléon-Licharre
Tardets-Sorholus
Oloron-Sainte-Marie
Arthez-de-Béarn
Lacq-Audejos
Monein
Lacommande
Morlanne
Bidache
Labastide-Villefranche
Garris
l'Hôpital-d'Orion
l'Hôpital-Saint-Blaise
Pic de Belchou
Pic des Vautours
Pic des Escaliers
Pic Salhagagne
Forêt de Bugangu
Col de Marie-Blanque
Chemin de St.Jacques
86
87
88
89
90

86
87
88
89
90
Aire-sur-l'Adour
Nogaro
Geaune
Garlin
Plaisance
Castelnau-Rivière-Basse
Maubourguet
Morlanne
Arzacq-Arraziguet
Lembeye
Vic-en-Bigorre
Montaner
Morlaas
Lescar
PAU
Jurançon
Lacommande
Gan
Nay-Bourdettes
Pontacq
TARBES
Séméac
Lourdes
Saint-Pé-de-Bigorre
Arudy
Bielle
Tarbes-Ossun-Lourdes
Chemin de St-Jacques
Route des Pyrénées/ Route Thermale
La Pyrénéenne
Les Pyrénées
Orthez
Oloron-Sainte-Marie

0 1 2 4 6 8 10 km
0 1 2 4 6 miles

Ab
Ac
Condom
149
Ad
Fleurance
Ae
Vic-Fezensac
Lavardens
Jegun
Roquefort
Sainte Christie
Mirepoix
Tourrenquets
Maravat
Sérempuy
Mansempuy
Lamothe
Castillon-Debats
Roquebrune
Caillavet
Biran
Saint Jean-Poutge
Antras
Saint Lary
Castillon-Massas
Roquelaure
Preignan
Montaut-les-Créneaux
Nougaroulet
Saint Sauvy
Blanquefort
Belmont
Bazian
Ordan-Larroque
Duran
Leboulin
Montesquiou
Mirande
Barran
AUCH
Pavie
Lasseube-Propre
Auterive
Orbessan
Saramon
Faget-Abbatial
Marciac
Miramont d'Astarac
Montclar-sur-Losse
Saint Martin
Lussan
Aubiet
Marsan
Montégut
Seissan
Masseube
Simorre
Mielan
Tillac
Marseillan
Bellegarde
Villefranche
Cadeillan
L'Isle-en-Dodon
Panassac
Saint-Sever-de-Rustan
Trie-sur-Baïse
Castelnau Magnoac
Boulogne-sur-Gesse
Pouyastruc
Galan
Lannemezan
Capvern
Capvern-les-Bains
Tournay
Bagnères-de-Bigorre
La Barthe-de-Neste
Montréjeau
St Gaudens
Valentine
Labarthe-Rivière
Gourdan Polignan
Encausse-les-Thermes
Lespugue
Saint-Plancard
Montmaurin
Blajan
Cassagnabère-Tournas
Aspet
Comminges
Pic-du-Midi
Chemin de St-Jacques
86
87
88
89
90
Beaumont-de-Lomagne
L'Isle-Jourdain
Samatan
Saint-Martory
175
Arreau
Chaum
176

Mauvezin
Cologne
Grenade
Blagnac
Colomiers
Tournefeuille
Gimont
L'Isle-Jourdain
Samatan
Lombez
L'Isle-en-Dodon
Rieumes
Muret
Carbonne
Rieux-Volvestre
Montesquieu-Volvestre
Cazères
Aurignac
Saint-Martory
Salies-du-Salat
Sainte-Croix-Volvestre
Montbrun-Bocage
Lézat-sur-Lèze
Saint-Sulpice-sur-Lèze
Sainte-Suzanne
Le Mas-d'Azil
Montsaunes
Alan
Volvestre
Garonne
Saint-Girons

TOULOUSE
Montastruc-la-Conseillère
Lavaur
Graulhet
Lautrec
St-Sulpice
Gémil
Roqueserière
Azas
Lugan
Ambres
Briatexte
Cabanès
Moulayrès
Brousse
Puycalvel
Vénès
Peyregoux
Mazières
Verfeil
Bonrepos-Riquet
Gragnague
St-Marcel-Paulel
Beaupuy
Montrabé
Mondouzil
Lavalette
Teulat
Belcastel
Montcabrier
Bannières
St-Pierre
Gauré
Mons
Drémil
Vallesvilles
Saussens
Bourg-St-Bernard
Francarville
Vendine
Loubens-Lauragais
Le Faget
Cambon-lès-Lavaur
Lacroisille
Magrin
Prades
Algans
Veilhes
Viviers-lès-Lavaur
Villeneuve-lès-Lavaur
Roquevidal
Pratviel
St-Paul-Cap-de-Joux
Guitalens
Vielmur-sur-Agout
Fréjeville
Sémalens
Cambounet-sur-le-Sor
Puylaurens
St-Germain-des-Prés
Soual
Viviers-lès-Montagnes
Saïx
Longuegineste
St-Affrique-les-Montagnes
Lescout
Lempaut
Blan
St-Avit
Lagardiolle
Verdalle
Dourgne
Massaguel
Bellserre
Cahuzac
Sorèze
Durfort
Arfons
Les Escudiès
Revel
St-Ferréol
Vaudreuille
Les Brunels
Labécède-Lauragais
Les Cammazes
Saissac
Villemagne
Verdun-en-Lauragais
Cenne-Monestiés
Castelnaudary
Saint-Martin-Lalande
Villespy
Carlipa
Lasbordes
Villepinte
Pexiora
Bram
Alzonne
Sainte-Eulalie
Villasavary
Villesiscle
Montréal
Fanjeaux
Lasserre-de-Prouille
Brézilhac
Ferran
Cailhau
Cailhavel
Gramazie
Cambieure
Brugairolles
Malviès
Routier
Lauraguel
Belvèze-du-Razès
Alaigne
Bellegarde-du-Razès
Mazerolles-du-Razès
Orsans
Hounoux
Rebelle
Saint-Gaudéric
Seignalens
Escueillens-et-St-Just-de-Bélengard
Lignairolles
Gueytes-et-Labastide
Peyrefitte-du-Razès
Caudeval
Montbel
Plavilla
Mirepoix
Manses
Besset
Teilhet
Coutens
Tourtrol
Vals
Les Pujols
Pamiers
Saverdun
Mazères
Belpech
Gaudiès
Molleville
Mas-Saintes-Puelles
Villeneuve-la-Comptal
Fendeille
Laurabuc
Mireval
Lauracle
Generville
Cazalrenoux
Ribouisse
Lafage
Peyrefitte-sur-l'Hers
Mayreville
Pech-Luna
Gaja-la-Selve
Payra-sur-l'Hers
Mézerville
Sainte-Camelle
Salles-sur-l'Hers
Marquein
Gourvieille
Saint-Michel-de-Lanès
Baraigne
Avignonet-Lauragais
Port-Lauragais
Montferrand
Labastide-d'Anjou
Ricaud
Airoux
Soupex
Puginier
Peyrens
Souilhe
Issel
Montmaur
Saint-Félix-Lauragais
Roumens
Vauré
Gandels
Montégut-Lauragais
Garrevaques
Palleville
Auvezines
Montgey
Puéchoursi
Aguts
Mouzens
Cuq-Toulza
Caraman
Maureville
Auriac-sur-Vendinelle
Le Cabanial
Cambiac
Beauville
Maurens
Vaux
Cadenac
Bélesta-en-Lauragais
Villefranche-de-Lauragais
Montgiscard
Baziège
Ayguesvives
Donneville
Montlaur
Labège
Escalquens
Odars
Fourquevaux
Préserville
Aigrefeuille
Quint
Fonsegrives
Lanta
Mascarville
Albiac
Caragoudes
Mourvilles-Basses
Toutens
Varennes
Maurémont
Labastide-Beauvoir
St-Germier
Trébons-sur-la-Grasse
Cessales
St-Vincent
Lux
Montgaillard-Lauragais
Vallègue
Rieumajou
Folcarde
Mourvilles-Hautes
Les Cassés
Montesquieu-Lauragais
Vieillevigne
Renneville
Gardouch
Montclar-Lauragais
Seyre
Beauteville
Lagarde
Nailloux
Montgeard
Monestrol
Caignac
Aignes
Cintegabelle
Gibel
Calmont
Picarrou
Canté
Brie
Le Vernet
Bonnac
Salvayre
Villeneuve-du-Paréage
Tremège
La Tour-du-Crieu
Verniolle
Coussa
Rieux-de-Pelleport
Arvigna
Vira
Saint-Félix-de-Rieutord
Sainte-Foi
Lagarde
La Bastide-de-Bousignac
Roumengoux
Moulin-Neuf
Tréziers
Val de Lambronne
Villelongue-d'Aube
Courtauly
Ajac
La Digne-d'Aval
Malras
Loupia
Donazac
Pauligne
Monthaut
Gaja-et-Villedieu
Canal du Midi
Autoroute des deux-Mers
A61
A66
A68
A680
E09
E80

Réalmont
Cb
151
Cc
Cd
152
Ce
86
87
88
89
90
Lavaur
Toulouse
Soual
Castelnaudary
Castelnaudary
Toulouse
St-Lieux-Lafenasse
Montredon-Labessonnié
St-Pierre-de-Trivisy
Vabre
Lacaune
Murasson
Gorges
Sidobre
Monts de Lacaune
Parc Régional du Haut-Languedoc
Pic de Montalet
Puech du Singladou
Lacrouzette
Roquecourbe
CASTRES
Brassac
La Salvetat-sur-Agout
Labruguière
Chemin de St-Jacques
Mazamet
St-Amans-Soult
Labastide-Rouairoux
St-Pons-de-Thomières
Monts de Somail
Monts de l'Espinouse
Pic de Montaud
Montagne Noire
Pic de Nore
Roc de Peyremaux
Saissac
Mas-Cabardès
Lastours
Caunes-Minervois
Rieux-Minervois
Minerve
Olonzac
Conques-sur-Orbiel
CARCASSONNE
Trèbes
Capendu
Lézignan-Corbières
Montagne d'Alaric
Alzonne
Montréal
Limoux
Lagrasse
Pech Orre
Villebazy
Saint-Hilaire
Fabrezan
Corbières
Autoroute des deux-Mers
A61
178

0 1 2 4 6 8 10 km
0 1 2 4 6 miles

Lodève
Clermont-l'Hérault
Bédarieux
Pézenas
Béziers
Agde
Narbonne
Gruissan
St-Chinian
Capestang
Olargues
Roquebrun
Lamalou-les-Bains
St-Guilhem-le-Désert
Sérignan
Valras-Plage
Vias
Marseillan
Florensac
Servian
Montagnac
Canal du Midi
Montagne de la Clape
Parc Naturel
Golfe du Lion
MER MÉDITERRANÉE
Espinouse
86
87
88
89
90

86
87
88
89
90
Clermont-l'Hérault
Pézenas-Nord
Béziers
Agde
St-Guilhem-le-Désert
Montagne de la Celette
Gorges de l'Hérault
Grotte de Clamouse
Pont du Diable
Puéchabon
Montpeyroux
St-Jean-de-Fos
Aniane
Lagamas
Gignac
St-André-de-Sangonis
Popian
Pouzols
le Pouget
St-Bauzille-de-la-Sylve
Vendémian
Puilacher
Plaissan
St-Pargoire
St-Pons-de-Mauchiens
Villeveyrac
Poussan
Montmèze
Loupian
Bouzigues
Mèze
Pinet
Bassin de Thau
Marseillan
Marseillan-Plage
Port Ambonne
le Cap d'Agde
Fort Brescou
Chemin de St-Jacques
Mont Haut
St-Paul-et-Valmalle
Montarnaud
Argelliers
Viols-le-Fort
Cazevieille
Vailhauquès
Murles
Combaillaux
St-Gély-du-Fesc
les Matelles
Ste-Mathieu-de-Tréviers
St-Jean-de-Cuculles
le Triadou
St-Clément-de-Rivière
Montferrier-sur-Lez
Prades-le-Lez
Assas
Teyran
St Vincent-de-Barbeyrargues
Clapiers
Jacou
Castries
Vendargues
Baillargues
St-Brès
MONTPELLIER
Castelnau-le-Lez
Grabels
Montpellier-la-Paillade
St-Georges-d'Orques
Murviel-lès-Montpellier
Pignan
Lavérune
St-Jean-de-Védas
Saussan
Fabrègues
Cournonterral
Cournonsec
Montpellier-Fabrègues
Launac-St-André
Montbazin
Gigean
Montagne de la Gardiole
Mireval
Vic-la-Gardiole
Frontignan
Balaruc-le-Vieux
Balaruc-les-Bains
Frontignan-Plage
Mont St-Clair
SÈTE
Plage de la Corniche
Villeneuve-lès-Maguelonne
Cathédrale de Maguelone (ruines)
Lattes
Pérols
Maurin
Étang de Pérols
Palavas-les-Flots
Carnon Plage
Mauguio
Étang de Mauguio ou de l'Or
Aéroport Montpellier Méditerranée
la Grande-Motte
le Grau-du-Roi
Port Camargue
Phare de l'Espiguette
LUNEL
Lunel-Viel
Marsillargues
Lansargues
Mudaison
Valergues
St-Aunès
Candillargues
St-Nazaire-de-Pézan
Mas Desports
St Just
Tamariguières
Gallargues
Aimargues
Aigues-Vives
Aubais
Junas
Congénies
Saussines
Boisseron
Villetelle
Ambrussum
Saturargues
Vérargues
Entre-Vignes
St Sériès
St-Christol
Beaulieu
Restinclières
St-Geniès-des-Mourgues
St-Hilaire-de-Beauvoir
St Jean-de-Cornies
Galargues
Buzignargues
St Bauzille-de-Montmel
Montaud
St-Drézéry
Guzargues
Sussargues
Mas-de-Carrat
Golfe
MER MÉDI
Nador
A750
A9
E11
E15
E80

0 1 2 4 6 8 10 km
0 1 2 4 6 miles

Eb
Ec
Ed
Ee
Ef
Nimes
Nimes-Ouest
Avignon
155
86
87
88
89
90
Chaîne des Alpilles
Salon-de-Provence
Salon-Sud
Martigues-Ferrières
Bernis
Uchaud
Aubord
Vergèze
Vestric-et-Candiac
Codognan
Générac
Beauvoisin
Vauvert
Aimargues
le Cailar
St Gilles
Nimes-Garons
Bellegarde
Mas-du Grand Argence
la Grand-Cabane
Ms de Grille
Mas de Vert
Fourques
les Grands-Patis
Mas de Ranguy
Lansac
St Gabriel
Fontvieille
St Jean
Auge
Paradou
Maussane-les-Alpilles
Les Baux-de-Provence
les Fléchons
les Calans
Mouriès
ARLES
Arènes
les Alyscamps
St-Victor
Moulès
Raphèle-lès-Arles
Trouniaire
Caphan
Saint-Martin-de-Crau
St-Martin-de-Crau-Est
St Hippolyte
la Cabanasse
Plaine de la Crau
le Mas- d'Amphoux
le Mas-Chauvet
Mas des Aulnes
Mas de Pernes
Étang des Aulnes
Vergière
Capeau
Mas d'Icart
la Forêt
Grand Boisviel
la Petite Porcelette
la Porcelette
Rebatun
Zone Industrielle
Port-St Louis du Rhône
Phare de St Louis
Salin-de-Giraud
Faraman
Salin de Giraud
Plan du Bourg
Belvédère
Phare de Faraman
Plage de Piemancon
Grand Rhône
Petit Rhône
Parc Naturel Régional de Camargue
Étang de Vaccarès
Plaine de la Camargue
Chemin de St-Jacques
Saliers
Figarès
Stanislas
Gimeaux
Bouchaud
Albaron
Ste-Cécile
Mas du Pont de Rousty
Tour de Mondony
Gageron
Villeneuve
Grand Romieu
Mas de Cabassolle
Méjanes
le Paty-de-la-Trinité
les Bruns
le Ménage
la Capelière
le Sambuc
Tour du Valat
Friélouse
Salin-de-Badon
Reaudure
le Paradis
Badon
St Bertrand
le Grand Ponche
le Vedeau
Chamone
l'Eysselle
la Louisiana
Chartrouse
Boisverdun
le Petit Pâtis
Mas Thibert
Mas Giraud
Beynes
Mas de Ponteves
Mas de Lanau
St Laurent-d'Aigouze
Mas de Chaberton
P.des Tourradons
Mas Bourrie
Gallician
Franquevaux
Mas Blanguet
la Fosse
Étang de Scamandre
Étang du Charnier
Mas de Iscles
la Malgue
Ste Anne
Mas Neuf
Quatret
la Souteyranne
Mas de Capette
Montcalm
Aigues-Mortes
Mas du Bousquet
Mas Sénébier
Cabanes de Cambon
Mas de Pioch
Pioch Badet
Mas Badet
Pin Fourcat
Mas d'Icard
le Petit Sauvage
Pont de Gau
le Grand Radeau
Parc ornithologique
Musée du Boumian
Saintes-Maries-de-la-Mer
Phare de la Gacholle
Phare de Beauduc
Golfe de Beauduc
du Lion
TERRANÉE

86
87
88
89
90
Eygalières
Sénas
Mallemort
Charleval
Puyvert
Lourmarin
Cadenet
Parc
Régional
Pertuis
Mouriès
Eyguières
Lamanon
Alleins
Vernègues
Pont-Royal
Cazan
La Roque-d'Anthéron
St Estève-Janson
Rognes
Le Puy-Ste Réparade
SALON-DE-PROVENCE
Pélissanne
Lambesc
Chaîne de la Trévaresse
St Cannat
Grans
Lançon-Provence
Autoroute du Soleil
MIRAMAS
Entressen
Plaine de la Crau
St Chamas
Cornillon-Confoux
la Fare-les-Oliviers
Coudoux
Ventabren
Éguilles
AIX-EN-PROVENCE
Meyrargues
Venelles
Puyricard
ISTRES
Étang de Berre
Berre-l'Étang
Rognac
Chaîne de Vitrolles
VITROLLES
MARIGNANE
St Mitre-les-Remparts
Zone Industrielle
Fos-sur-Mer
Port-de-Bouc
MARTIGUES
Châteauneuf-les-Martigues
Chaîne de l'Estaque
Carry-le-Rouet
Sausset-les-Pins
Carro
Cap Couronne
Golfe de Fos
Gardanne
Les Pennes-Mirabeau
Septèmes-les-Vallons
Chaîne de l'Étoile
Allauch
MARSEILLE
(Grec: Massilia)
Île Ratonneau
Île Pomègues
Château d'If
Chaîne de St Cyr
la Madrague-de-Montredon
Cap Croisette
Massif de Marseilleveyre
Île de Planier
Île Maïre
Île de Jarre
Île Calseraigne
Île de Riou
les Calanques
Cassis
Parc National
Golfe du Lion
MER MÉDITERRANÉE
Wahrān (Oran)
Al-Jazā'ir (Alger)
Bejaïa
Skikda, Annaba
Tunis
Porto Torres
0 1 2 4 6 8 10 km
0 1 2 4 6 miles

Parc Naturel Régional du Verdon
Naturel
du Luberon
Basses Gorges du Verdon
Montagne Ste Victoire
Mont Aurélien
Massif de la Sainte Baume
des Calanques
194-195
86
87
88
89
90
Grambois
Corbières
Gréoux-les-Bains
Vinon-sur-Verdon
Esparron-de-Verdon
Albiosc
Montpezat
Ste Croix-de-Verdon
Lac de Ste Croix
Bauduen
Font-Castellan
la Tour d'Aigues
la Bastidonne
les Auquiers
Mirabeau
Beaumont-de-Pertuis
St Paul-lès-Durance
Cadarache
Pheline
St Julien
St Pierre
l'Eclou
les Rouvières
Quinson
St Laurent-du-Verdon
Baudinard-sur-Verdon
Artignosc-sur-Verdon
Fontaine
la Colle
Ginasservis
la Mourotte
la Neuve
Villeneuve
la Roquette
Régusse
Moissac-Bellevue
Aups
Montmeyan
Grand Blé
Bourdas
la Verdière
Bury
le Grand Nans
Peyrolles-en-Provence
Jouques
Traconnade
Bèdes
Forêt de Peyrolles
le Logis-d'Anne
la Bastide-Blanche
la Grande-Bastide
B. de Mont Major
St Maurin
Rians
Artigues
Esparron
St Martin
la Bréquière
Varages
Tavernes
la Curnière
le Logis
la Bréguière
Fox-Amphoux
Sillans-la Cascade
Salernes
Campagne-Neuve
le Gaudran
les Annelles
les Marreliers
Barjols
la Serre
Pontevès
Gros Bessillon
Cotignac
B. de Bessillon
Bouillidou
les Cabanons
la Tête du Marquis
Vauvenargues
le Puits-d'Auzon
le Puits-de-Rians
la Bérarde
les Vernes
Séouve Sommet
Brue-Auriac
Val-Rosé
le Pigeonnier
la Forêt
Margui
la Croix de Provence
St Antonin-sur-Bayon
Puyloubier
Pourrières
les Hermentaires
Seillons-Source-d'Argens
St Estève
Châteauvert
Correns
Montfort-sur-Argens
Carces
Miraval
Réal-Martin
Châteauneuf-le-Rouge
la Bégude
Logis-de-la-Cille
la Petite Beauquière
la Bastide-Blanche
Ollières
Rousset
Pourcieux
St-Maximin-la-Ste-Baume
Bras
Font-Couverte
Lac de Carcès
Fuveau
Peynier
Trets
Olympe
Martelle
la Grande Bastide
le Val
Vins-sur-Caramy
Belcodène
la Grande Boise
St Jean-du-Puy
Brandine
Valiancelle
Tourves
Cambarette
les Gaétans
Brignoles
La Provençale
Cabasse
Grand Candumy
la Seigneurie
la Gravière
Pas de la Couelle
Kirbon
le Pigeonnier
Baume de Marron
la Douilladoo
Boutot
Moulin-de-Redon
St Zacharie
St François
Châteauneuf
Rougier
Nans-les-Pins
Montagne de la Loube
Camps-la-Source
Pérégrinage
Flassans-sur-Issole
Peypin
la Destrousse
Auriol
le Pujol
les Bosq
la Grande-Bastide
les Glacières
Mazaugues
Bezud
La Roquebrussanne
Besse-sur-Issole
Roquevaire
Lascours
Garlaban
Daurengue
Plan-d'Aups
Signal de la Ste Baume
Forcalqueiret
Ste Anastasie-sur-Issole
Tête de Roussargue
St Pilon
la Mourré d'Agnis
le Latay
la Pied-de-la-Colle
Garéoult
Pont de l'Étoile
Col de l'Espigoulier
Néoules
Rocbaron
la Foux
Carnoules
Pignans
St Jean-de-Garguier
Gémenos
AUBAGNE
Riboux
Signes
Méounes-lès-Montrieux
Pilon St Clément
Puget-Ville
Cuges-les-Pins
Coulin
Petit Rouvière
Carnoux
Col de l'Ange
Circuit de Castellet Paul-Ricard
Chartreuse Montrieux-le-Vieux
Jas de Laure Serra
Chartreuse Montrieux-le-Jeune
Pachoquin
le Ruol
Aumerade
les Vidaux
la Portanière
la Tuilière
Roquefort
Roquefort-la-Bédoule
la Bédoule Nord
la Bédoule Sud
Grand Caunet
le Camp-du-Castellet
la Bégude
le Jas-des-Marquands
Belgentier
Cuers
Valcros
Pierrefeu-du-Var
Baisse du Castellas
Cassis
Ceyreste
les Plaines Baronnes
Mauregard
Laouque
le Brulat
Rocher de l'Aigle
Solliès-Toucas
Ste-Christine
le Maupas
Camp-Long
la Ciotat
les Lecques
le Liouquet
le Castellet
Le Beausset
Mont Caume
le Revest-les Eaux
Sollies-Pont
Sauvebonne
la Décapris
Maraval
LA CIOTAT
Île Verte
St Cyr-sur-Mer
la Cadière-d'Azur
Ste Anne-d'Evenos
Broussan
Solliès-Ville
la Farlède
Val d'Ardène
Pas-du-Cerf
Madrague
Port d'Alon
la Galère
le Gros Cerveau
Bau de 4 Heures
Mont Faron
le Coudon
la Chaberte
la Crau
le Fenouillet
HYÈRES
les Borrels
la Clapière
N.-D.-des-Maures
les Jassons
la Londe-les-Maures
Bandol
Ollioules
la Valette-du-Var
la Garde
la Bigue
LA GARDE
la Moutonne
Les Salins-d'Hyères
Île de Bendor
Sanary sur-Mer
SIX-FOURS-LES PLAGES
LA SEYNE-SUR-MER
TOULON
le Pradet
Carqueiranne
Ayguade-Ceinturon
Hyères-Plage
Grand Rouveau
Île des Embiez
le Brusc
Roche Blanche
les Sablettes
St Mandrier-sur-Mer
Presqu'île de St-Mandrier
Cap Cépet
Cap Sicié
la Garonne
Golfe de Giens
Étang des Pesquiers
la Capte
Presqu'île de Giens
Giens
la Tour-Fondue
Porto-Vecchio
Propriano
Ajaccio
Bastia, L'Île Rousse
Bastia, Civitavecchia, l'Île Rousse
Propriano, Ajaccio
Levant
Port-Cros
Le Luc
Nice
Bormes-les-Mimosas

Gb
157
Gc
Gd
Castellane
158
Ge
86
87
88
89
90
Parc Naturel Régional du Verdon
Grand Plan de Canjuers
Montagne de Barjaude
Corniche Sublime
Canyon de l'Artuby
Montagne de l'Audibergue
Route Napoléon
Trigance
Comps-s-Artuby
Bargème
Col de Valferrière
la Bastide
la Roque-Esclapon
Escragnolles
Pas de la Faye
St Vallier-de-Thiey
Col du Pilon
Mons
St Cézaire-sur-Siagne
Fayence
Tourrettes
Callian
Montauroux
Seillans
Bargemon
Claviers
Callas
Aups
Vérignon
Salernes
Villecroze
Tourtour
Ampus
Montferrat
Châteaudouble
Rebouillon
Figanières
DRAGUIGNAN
Flayosc
Lorgues
Entrecasteaux
St Antonin-du-Var
Trans-en-Provence
la Motte
Le Muy
les Arcs
Taradeau
Vidauban
Le Thoronet
Le Luc
Le Cannet-des-Maures
Roquebrune-sur-Argens
Puget-sur-Argens
FRÉJUS
ST-RAPHAËL
Golfe de Fréjus
St-Aygulf
les Issambres
Ste Maxime
Golfe de St Tropez
Port-Grimaud
St-Tropez
Grimaud
Cogolin
Gassin
Ramatuelle
La Croix-Valmer
Cavalaire-sur-Mer
Massif des Maures
La Garde-Freinet
Collobrières
Pignans
Carnoules
Gonfaron
la Sauvette
Bormes-les-Mimosas
Le Lavandou
Cap Bénat
Cap Blanc
Rade d'Hyères
Cap de Brégançon
Corniche des Maures
Cap Camarat
Cap Lardier
Cap Nègre
Île du Levant
Phare du Titan
Massif de l'Esterel
Agay
Cap du Dramont
Côte
A8
E80
A57
Porquerolles
Port Cros
Heliopolis

Gf
Ha
Puget-Théniers
Hb
159
Sospel
Hc
Ventimiglia
Ventimiglia
Hd
86
87
88
89
90
91
196-197
St Barnabé
Cascade
Col de Vence
(970)
Gattières
St Jeannet
Mont Chauve
Cantaron
Colomars
Falicon
Drap
Scoperta
Laghet
la Trinité
la Turbie
Beausoleil
MENTON
Roquebrune-Cap-Martin
Monte Carlo
Monaco
Monaco-Ville
Cap-d' Ail
Eze
Beaulieu-sur-Mer
Villefranche sur-Mer
St Jean-Cap-Ferrat
Cap Ferrat
St Lampert
St Maurice
l'Ecre
Caussols
Courmes
Gourdon
Gorges du Loup
Tourettes-sur-Loup
Vence
Eglise romane
la Gaude
Corniche du Var
la Baronne
St Roman
Nice-Nord
Nice-Est
Nice-St Isidore
Le-Bar-sur-Loup
St Cristophe
Magagnosc
GRASSE
Châteauneuf-Grasse
Opio
Rourpet
Roquefort-les-Pins
la Colle-sur-Loup
St Paul
CAGNES SUR-MER
ST-LAURENT DU-VAR
NICE
Plage de la Ville
Nice-Prom. des Anglais
St Laurent-du-Var
Aéroport Nice-Côte d'Azur
Cros-de-Cagnes
Villeneuve-Loubet
les Maillans
Plascassier
Valbonne
St Cassien-des-Bois
Biot
Sophia-Antipolis
Villeneuve-Loubet Plage
Zoo marin
la Brague
Antibes Land
Fort Carré
ANTIBES
Mouans-Sartoux
la Roquette-sur-Siagne
Mougins
Pégomas
St Jean
le Fenerie
VALLAURIS
La Provençale
LE CANNET
la Bocca
Golfe-Juan
Juan-les-Pins
Cap d'Antibes
Mandelieu-La-Napoule
CANNES
Golfe de Napoule
La Napoule
Théoule-sur Mer
la Galère
Île Ste-Marguerite
Île St-Honorat
Îles de Lérins
le Trayas
Miramar
Pic de l'Ours
Pic du Cap Roux
Anthéor Plage
Anthéor
Corniches de la Riviera
Bastia
l'Île-Rousse
Calvi
Ajaccio
Corniche de l' Esterel
du Tanneron
d ' A z u r
M E R   M É D I T E R R A N É E
172
Fréjus
Ga
Gb
Gc
Gd
Maraval
la Viet
les Borrels
la Clapière
HYÈRES
la Crau
Toulon
Centre Hospitalier
Pas-du-Cerf
N.-D.-des-Maures
les Gaouby
Jard. d'Oiseaux Tropicaux
St Honoré
les Jassons
la Londe-les-Maures
les Salins-d'Hyères
Port-de-Miramare
Berriau-Plage
Ayguade-Ceinturon
Aéroport Toulon-Hyères
Hyères-Plage
l'Almanarre
Étang des Pesquiers
la Capte
Presqu île de Giens
Giens
la Tour-Fondue
Plage Notre-Dame
Île de Porquerolles
Pointe du Grand Langoustier
Porquerolles
Semaphore
Cap d'Arme
Rade d' Hyères
Arboretum
Col de Gratteloup
(199)
Bormes-les-Mimosas
St Clair
Cavalière
Col du Canadel
(267)
Le Rayol-Canadel-sur-Mer
Cavalaire-sur-Mer
Cap Nègre
Corniche des Maures
la Fossette
Le Lavandou
la Favière
Baie du Gaou
Plage de la Faviere
Réserve du Trapan
Léoube
Brégançon
Cabasson
Fort de Brégançon
Cap de Brégançon
Cap Bénat
Cap Blanc
Grand -Avis
Héliopolis
Île du Levant
Phare du Titan
Pointe Maupertuis
Île de Bagaud
Port Cros
Vallon de la Solitude
Île de Port-Cros
Parc National de Port-Cros
Îles d' Hyères

Zb
Oloron-Sainte-Marie
Zc
162
Arudy
Zd
Ze
90
91
92
93
94
FRANCE
ESPAÑA
Garde
Pamplona
Ayerbe
Huesca
Sainte-Engrâce
Calla
Senta
Grotte historique
Eglise romane
Arette-Pierre-Saint-Martin
Col de la Pierre saint-Martin
Resera
Natural de Larra
Prov. de Navarra
Prov. de Huesca
Pic d'Anie
le Billare
Mesa de los Tres Reyes
Linza Maz
Pic Lariste
Zuriza
Parque Natural
Alano
La Mina
de los Valles
Forca
Selva de Oza
Refugio Choza Fumia
Boca del Infierno
Sierra de Bernera
Bisaurín
Sierra de Maito
La Cuta
Occidentales
Pirineos Occidentales
Ansó
San Pedro de Siresa
Siresa
Hecho (Valle de Hecho)
Valle de Echo
Sierra de los Dos Ríos
Valle de Ansó
Loma de Forcala
Urdués
Aragüés del Puerto
Sierra de la Estiba
Sierra de Lues
Jasa
Aísa
Ermita de Santa Isabel
Embún
Biniés
Lastiesas Bajas
Sierra de los Ángeles
Esposa
Sinués
Borau
Aratorés
Santa Engracia
Javierregay
Somanés
Novés
Caniás
Guasillo
Asieso
Benaguás
Ascara
Abay
Jaca
Catedral
Museo
Santa Cruz
Barós
Ulle
Puente la Reina de Jaca
Santa Cilia
Binacua
Pardina Pueyo
Pardina de Lardiés
La Canal de Berdún
Lescun
Cette-Eygun
Etsaut
Borce
Urdos
Gorges du Pont d'Enfer
Chemin de la Mâture
Larry
Lacs d'Ayous
Tunnel du Somport
Candanchú
Puerto de Somport
Fortaleza Col de Ladrones
Canfranc Estación
Camino de Santiago
Pico de la Garganta
Pico Sayerri
Canfranc
Valle de Canfranc
Ermita de San Adrián
Villanúa
Castiello de Jaca
Cenarbe
San Bartolomé
Bescós de Garcipollera
Bergosa
Villanovilla
Alharín
Ipás
Badaguás
Baraguás
Guasa
Casa de Bescansa
Gracionépel
Espuéndolas
Martillué
Orante
Bedous
Jouers
Accous
Osse-en-Aspe
Lées-Athas
Chemin de St-Jacques
l'Estanguet
Pic de Bergon
Pic de Sesques
Aydius
Pic Montagnon
Bielle
Bilhères
Bélesten
Gère-Bélesten
Rers des Cinq-Monts
Pic Lorry
Laruns
Béost
Assouste
Aas
Eaux-Bonnes
Les Eaux-Chaudes
Vallée d'Ossau
Gorges du Bitet
Pic de Goupey
Pic de la Sagette
Gabas
Lac de Bious-Artigues
Pic du Midi d'Ossau
Lac de Fabrèges
Artouste
Lac d'Artouste
Chemin de fer touristique
le Lurien
Route des Pyrénées/Route Thermale
Béon
Pic du Moulle de Jaut
Aste-Béon
Louvie-Soubiron
Cascade du Valentin
Pic de Ger
Gourette
Col d'Aubisque
Col du Soulor
Arrens-Marsous
Grand Gabizos
Pic du Midi d'Arrens
Lac de Migouélou
Lac de Suyen
Balaïtous
Larribet
Marcadau
Moun Né
Soum de Granquet
Arbéost
Ferrières
Calibet
Aucun
Gaillagos
Bun
Esplaus
Labat de Bun
Viellettes
les Colonies
Chapelle de Pouey-Laün
Parc National
Pic Chabarrou
Refugio de Alfonso XIII
Embalse de Bachimaña
Picos del Infierno
Vignemale
Balneario de Panticosa
Pico de Anayet
El Portalet
Embalse de Respumoso
El Formigal
Sallent de Gállego
Embalse de Escarra
Escarrilla
Garganta del Escalar
Ibones del Brazato
Pico de Escarra
Collarada
El Pueyo de Jaca
Panticosa
Pico de Ferreras
Tramacastilla de Tena
Piedrafita de Jaca
Embalse de Búbal
Hoz de Jaca
Peña Telera
Búbal
Polituara
Tendeñera
Valle de Tena
Cerro de las Canales
Sierra Limes
Monte Sarase
Betés de Sobremonte
Aso de Sobremonte
Acumuer
Yosa de Sobremonte
Biescas
Ermita de San Bartolomé
Gavín
Puerto de Cotefablo
Linás de Broto
Larrosa
Acín
Casas de Bolás
Isin
Escuer
Casas Bajas de Escuer
Orós Alto
Orós Bajo
Espierre
Barbenuta
Erata
Oliván
Berbusa
Aínielle
Yosa
Otal
Manchoya
Bolás
Larrés
Güe
Sorripas
Borrés
Val Ancha
Larrede
Escartín
Senegüé
Javierre del Obispo
Oturia
Basarán
Cortillas
Cillas
Bergua
Sasal
Cartirana
Latas
Satué
Aurín
Punte de la Selva
Sabiñánigo
Rapún
Isún de Basa
Santuario de Santa Orosia
Ermita de San Blas
Sardás
Osán
San Román de Basa
Sasa
Puente de Sabiñánigo
Yebra de Basa
Sobás
Fanlillo
Allué
San Julián de Basa
Orús
Ibort
Sierra de Portiello
Sierra de Picardiello
Arto
Ipiés
Hostal de Ipiés
Jabarrella
Sandiás
Fenillosa
Artosilla
Ceresola
Villacampa
Bescós de Guarga
Gillué
Abenilla
Lanave
Castillo de Guarga
Ordovés
Villobas
Valle de Serrablo
Aineto
Alavés
Belarra
Arraso
Grasa
Gésera
Lasaosa
Solanilla
Yésopla
Sierra de Belarre
Sierra de
Puerto de Monrepós
Pardina de Ubieto
Ibirque
Abellada
Azpe
Yf
Za
161
Estérençuby
Bassaburua
Hauskoa
Pic des Vautours
Ahusquy
Col d'Aphanize
Alos-Sibas-Abense
Tardets-Sorholus
Camou-Cihigue
Alçay-Alçabéhéty-Sunharette
Lacarry-Arhan-Charritte-de-Haut
Etchebar
Laguinge-Restoue
Haux
Athérey
Licq-Athérey
Montory
Etcheber
Phagalcette
Col d'Haltza
Saint-Sauveur
Behorobie
Pic des Escaliers
Chalet
Iraty
Pic Salhagagne
Sommet d'Occabe
Pedro
Penin
Larrau
la Caserne
Gorges d'Holzarté et d'Holhadubi
Sainte-Engrâce
Calla
Senta
Pic de Bizkarzé
Pantano
Embalse de Irabia
Irati
Akerrena
Pic d'Orhy
Col d'Erroymendi
Grotte historique
Gorges de Kakouetta
Gorges d'Ujarre
de Irabia
Sierra de Abodi
ESPAÑA
0 1 2 4 6 8 10 km
0 1 2 4 6 miles

Zf
Aa
Ab
Ac
Ad
163
Lourdes
Lannemezan
Bagnères-de-Bigorre
Route des Pyrénées/ Route Thermale
Campan
Vallée de Lesponne
Vallée de Campan
Pic du Midi de Bigorre
Col du Tourmalet
La Mongie
Barèges
Luz-St Sauveur
Cauterets
Pierrefitte-Nestalas
Argelès-Gazost
Hautacam
Massif de Néouvielle
Pic de Néouvielle
Arreau
Sarrancolin
Vielle-Aure
Bourisp
Saint-Lary-Soulan
Aragnouet
Tunnel de Bielsa
Túnel de Bielsa
Gavarnie
Cirque de Gavarnie
Cirque de Troumouse
Parc National des Pyrénées Occidentales
Monte Perdido
Parque Nacional de Ordesa y Monte Perdido
Pic de Montaigu
Signal de Bassia
Pic de Montaut
Montagne d'Areng
Pic d'Arrouyette
Pic de Lustou
Pic de Batoua
Pic Schrader
Parque Posets Maladeta
Sierra de las Cutas
Sierra de las Sucas
Sierra Marqués
Sierra de Chía
Sierra Sardanera
Sierra Ferrera
Sierra de Campanué
Sierra del Galardón
Valle de Pineta
Valle de Bielsa
Valle de Gistaín
Garganta de Añisclo
Parzán
Bielsa
Benasque
Broto
Torla
Ainsa
Boltaña
Campo
Castejón de Sos
El Turbón
Embalse de Mediano
Estadilla
Laspaúles
Llanos del Hospital
65 Hautes-Pyrénées
31 Haute-Garonne
ESPAÑA
90
91
92
93
94

90
91
92
93
94
HAUTES PYRÉNÉES
Saint Bertrand-de Comminges
Barbazan
Montréjeau
Saint-Béat
Aspet
Encausse-les Thermes
Castillon-en-Couserans
St Lizier
Saint-Girons
Luzenac
Sentein
Route des Pyrénées
Bagnères-de-Luchon
Superbagnères
Pic de Céciré
Canejan
Les
Bossòst
Vielha (Vielha e Mijaran)
Salardú (Naut Aran)
Arties
Baqueira
Tredòs
Serra de Guarbes
Serra deth Montlude
Serra de Pica Palomera
Sarrat d'Arròs
Serra d'Arenho
Val d'Aran
Pla de Beret
Mont Valier
Mail de Bulard
Pic de Barlonguère
Pic de Montaud
Pic de Maubermé
Parque Macizo de la Maladeta
Posets
Maladeta
Pico de Aneto
Provincia de Lleida
Provincia de Huesca
Benasque
Cerler
Túnel de Vielha
Caldes de Boí
Boí
Erill-la-vall
Taüll
Barruera (la Vall de Boí)
Durro
Parc Nacional d'Aigües-tortes i Estany de Sant Maurici
Pic de Subenuix
Tuc des Carants
Pic del Pessó
Pic de Mainera
Esterri d'Àneu
València d'Àneu (Alt Àneu)
Espot
Monestir de Sant Joan d'Isil
Isil
Alòs d'Isil
Llessui
Rialp
Sort
Serra de Sant Martí
Serra de Pernera
el Pont de Suert
Vilaller
Castanesa
Laspaúles
Serra de Sis
Pantà d'Escales
Sarroca de Bellera
la Pobleta de Bellvei
ESPAÑA
Castejón de Sos

Sopeira · ESPAÑA · La Pobla de Segur · La Pobla de Segur

0 1 2 4 6 8 10 km
0 1 2 4 6 miles

Massif de l'Arize
Foix
Varilhes
Lavelanet
Tarascon-sur-Ariège
Ax-Les-Thermes
Massat
Oust
Aulus-les-Bains
Vicdessos
Les Cabannes
Luzenac
Montségur
Mérens-les-Vals
L'Hospitalet
Porté-Puymorens
ANDORRA
Andorra La Vella
Sant Julià de Lòria
Les Escaldes-Engordany
Encamp
Canillo
Soldeu
Pas de la Casa
Ordino
La Massana
Arinsal
La Seu d'Urgell
Castellciutat
Bellver de Cerdanya
Puigcerdà
Bourg-Madame
Guils de Cerdanya
Martinet
Montellà
Tuixent
Parc Nat. de la Vall de Sorteney
Parc Natural de Coma Pedrosa
Natural
del' Alt
Pirineu
Serra de Costuix
Serra de Monteixo
Serra de Mànıga
Pica d'Estats
Pic de Certascan
Pic de Medacorba
Pic Negre
Pic de Montmalús
Tosa d'Alp
Puig Pungço
Route des Pyrénées
Tunnel de Puymorens
Túnel d'Envalira
Vall del Madriu-Perafita-Claror
Grotte de Niaux
Parc Préhistorique
Mont Fourcat
Pic de Saint Barthélemy
Pic des 3 Seigneurs
Rocher de Batail
ESPAÑA
Quillan
Puigcerdà
Adrall
90
91
92
93
94

90
91
92
93
94
Foix
Tarascon-sur-Ariège
La Seu d'Urgell
ESPAÑA
Limoux
Alet-les-Bains
Couiza
Quillan
Axat
Lavelanet
Bélesta
Chalabre
Puivert
Belcaire
Plateau de Sault
Gorges du Rebenty
Ax-Les-Thermes
Quérigut
Mont-Louis
Font-Romeu
Puigcerdà
Llívia
Bourg-Madame
Osséja
Prades
Villefranche-de-Conflent
Vernet-les-Bains
Olette
Sournia
Mosset
Pic du Canigou
Prats-De-Mollo
Pic de Bugarach
Plateau de Lacamp
Corbières
Fenouillèdes
Haut Vallespir
Massif du Canigou
Pyrénées 2000
Les Angles
Formiguères
Puigmal
Pic Carlit
Route des Pyrénées
Espéraza
Saint-Paul-de-Fenouillet
Camon
Montbel
Aude
09 Ariège
11 Aude
11 Aude
66 Pyrénées-Orientales
Pic de la Dona
Roc Colom
Pic de Tarbezou
Pic Dourmidou
Madrès
Campagne-sur-Aude
Lapradelle
Fenouillet
Caudiès-de-Fenouillèdes
Camurac
Espezel
Catllar
Fontpédrouse
Saillagouse
Err
Ripoll

Ripoll Ripoll ESPAÑA Ripoll
0 2 4 6 8 10 km
0 1 2 4 6 miles

Cd
Ce
Cf
Narbonne 167
Da
Db
90
91
92
93
94
Saint-Pierre-des-Champs
Talairan
Coustouge
Fontjoncouse
Montplaisir
les Campets
Portel-des-Corbières
le Lac
Étang de Bages et de Sigean
Saint-Martin-des-Puits
Serre de Blanes
le Razès
Jonquières
Cingle
Ripaud
Lastours
Notre-Dame des Oubiels
Ruines romaines
Gléon
Sigean
Port-la-Nouvelle
Le Languedocienne
Villesèque-des-Corbières
Montpezat
Narbonnaise
Château de Durfort
Gorges du Termenet
Villerouge-Termenès
Albas
Durban-Corbières
Termes
Félines Termenès
Pech de Guillaumet
Cascastel-des-Corbières
Roquefort-des-Corbières
La Palme
Davejean
Villeneuve-les-Corbières
Saint-Jean-de-Barrou
Quintillan
en
Laroque-de-Fa
Palairac
Fraissé-des-Corbières
Embres-et-Castelmaure
Notre-Dame de l'Olive
Castelmaure
Étang de La Palme
Col de Ferréol
Ségure
Feuilla
Leucate
La Franqui
Dernacueillette
Maisons
Massac
Montgaillard
Tour des Géographes
Notre-Dame de Faste
Caves
Treilles
Méditerranée
Leucate-Plage
Nouvelles
Château d'Aguilar
Chapelle Saint Aubin
Fitou
Tuchan
Périllos
11 Aude
66 Pyrénées-Orientales
Étang
Roc Fourcat
Rouffiac-des-Corbières
Château de Peyrepertuse
Padern
la Vall Oriole
Tour
Opoul-Périllos
Centre d'Ostréiculture
Port-Fitou
la Serre
La Catalane
Leucate
Port-Leucate
Duilhac-sous-Peyrepertuse
Cucugnan
Paziols
Château de Quéribus
Vingrau
Pas de l'Escale
Château Fort de Salses
Salses-le-Château
de Salses
Aquamagic
Paquebot Lydia
Port-Barcarès
Maury
Centre Européen de Recherches Préhistoriques
Tautavel
Camp de Rivesaltes
Serre del Clot
Port du Grau St Ange
MER
Route des Pyrénées
Cases-de-Pène
Espira-de-l'Agly
Saint-Hippolyte
Saint-Laurent-de-la-Salanque
le Barcarès
Lansac
Rasiguères
Planèzes
Latour-de-France
Estagel
Calce
Notre-Dame de Pène
Rivesaltes
Claira
Pia
Torreilles
Sainte Catherine
Cassagnes
Montner
Cuchous
Baixas
Peyrestortes
Aéroport Perpignan
Caramany
Force Réal
Bélesta
Caladroi
Ermitage
Saint-Estève
Bompas
Villelongue-de-la-Salanque
Sainte-Marie
Sainte-Marie-Plage
Château-Roussillon
Canet-en-Roussillon
Corneilla-la-Rivière
Pézilla-la-Rivière
Villeneuve-la-Rivière
Baho
Montalba-le-Château
Sybille
Néfiach
Millas
Saint-Féliu-d'Avall
le Soler
Saint-Féliu-d'Amont
Les Orgues
Hospici d'Illa
Cathédrale Palais des Rois de Majorque
PERPIGNAN
Canet-Plage
Église romane
Saint-Nazaire
Étang de Canet et de St Nazaire
Toulouges
Ille-sur-Têt
Rodès
Corbère-les Cabanes
Corbère
Perpignan-Sud
Mas-Palégry
Saleilles
MÉDITERRANÉE
Vinça
Bouleternère
Saint-Michel-de-Llotes
Bellecroze
Politg
Thuir
Canohès
Pollestres
Plaine
Théza
Alénya
Rigarda
Joch
Casefabre
Camélas
Ponteilla
Nyls
Villeneuve-de-la-Raho
Corneilla-del-Vercol
Saint Cyprien
Saint Cyprien-Plage
Parc Aquatique
Prieuré de Serrabone (romane)
Sainte-Colombe
Castelnou
Llupia
Terrats
Trouillas
Bages
Montescot
Latour-Bas-Elne
les Capellans
Sainte-Colombe-la-Commanderie
Fontcouverte
Village Catalan
Villemolaque
Cathédrale (romane)
Elne (Illiberis Ibèr.)
Côte Vermeille
Glorianes
Monestir del Camp (Ancien Prieuré)
Saint-Jean-Lasseille
Roussillon
Boule-d'Amont
Caixas
Llauro
Tordères
Brouilla
Château Pujols
Baillestavy
Prunet
Col de Fourtou
les Hostalets
Tordères
Tresserre
Saint-Génis-des-Fontaines
Argelès-sur-Mer
Argelès-Plage
la Bastide
Chapelle de la Trinité
Calmeilles
Oms
Le Boulou
Saint-André
Sorède
Fort Miradou
Collioure
Port-Vendres
Cap Béar
Saint-Marsal
Taillet
Vivès
Villelongue-dels-Monts
Laroque-des-Albères
Valmy
La Pave
Fort Saint Elm
Taulis
Notre-Dame de la Route
Aubiry
Montesquieu-des-Albères
Château d'Ultrera
Lavall
Gorges de Lavall
Notre-Dame de Consolation
Tour de Batère
Saint-Jean-Pla-de-Corts
Tunel d. Perthus
La Catalane
Tour de la Massane
Abbaye de Valbonne
Banyuls-sur-Mer
Montbolo
Céret
Maureillas-las-Illas
l'Albère
P. Neulos
la Ville-Amont
Corsavy
Reynès
Musée d'Art moderne
le Perthus
Saint-Martin
Pic des 3 Thermes
Pic des 4 Termes
Mas Atxer
Cap Rederis
Amélie-les-Bains-Palalda
Gorges de la Fou
Arles-sur-Tech
Thermes gallo-romaines
Riunoguès
Fort de Bellegarde
els Límits
Serra de l'Albera
Castell de Requesens
Grotte de Pouade
Cerbère
Montferrer
Pic de Fontfrède
Montalba-d'Amélie
Super-las-Illas
Castell de Rocabertí
Ermita de Santa Llúcia
Sant Genís d'Espraç
El Pils
Portbou
Roc de France
las Illas
Aduana
Cantallops
Mas Corbera
Le Tech
Serra Gisbert
La Jonquera
Convent de Sant Quirze de Colera
Colera
Santa Eugènia
Ermita de les Salines
Castell de Cabrera
la Vajol
Agullana
Garbet
Molinàs
Serralongue
Saint Laurent de-Cerdans
Ermita de Sant Bernabé
Autopista del Mediterraneo
Beill-lloc
Vilartoli
Espolla
Cap Ras
Grifeu
Platja de Grifeu
Sant Brici
Maçanet de Cabrenys
Menhirs i dolmens
Rabós
Vilamaniscle
Llançà
el Port de Llançà
Tapies
Castell de Bac Grillera
Ermita de Sant Esteve
Darnius
Capmany
Sant Climent Sescebes
zona de monuments megalítics
Delfià
Mont Nègre
Coustouges
Villeroge
Can Damon
Panta de Boadella
Castell de Mont-roig
Masarac
Mollet de Peralada
Garriguella
Monestir de el Camp
Valleta
Pujola
Far de s'Arnella
Sant Bartomeu de Pincaró
Carbonils
Biure
Vilarnadal
les Costes
Castell de Quermanço
el Port de la Selva
Figueres
ESPAÑA
Figueres

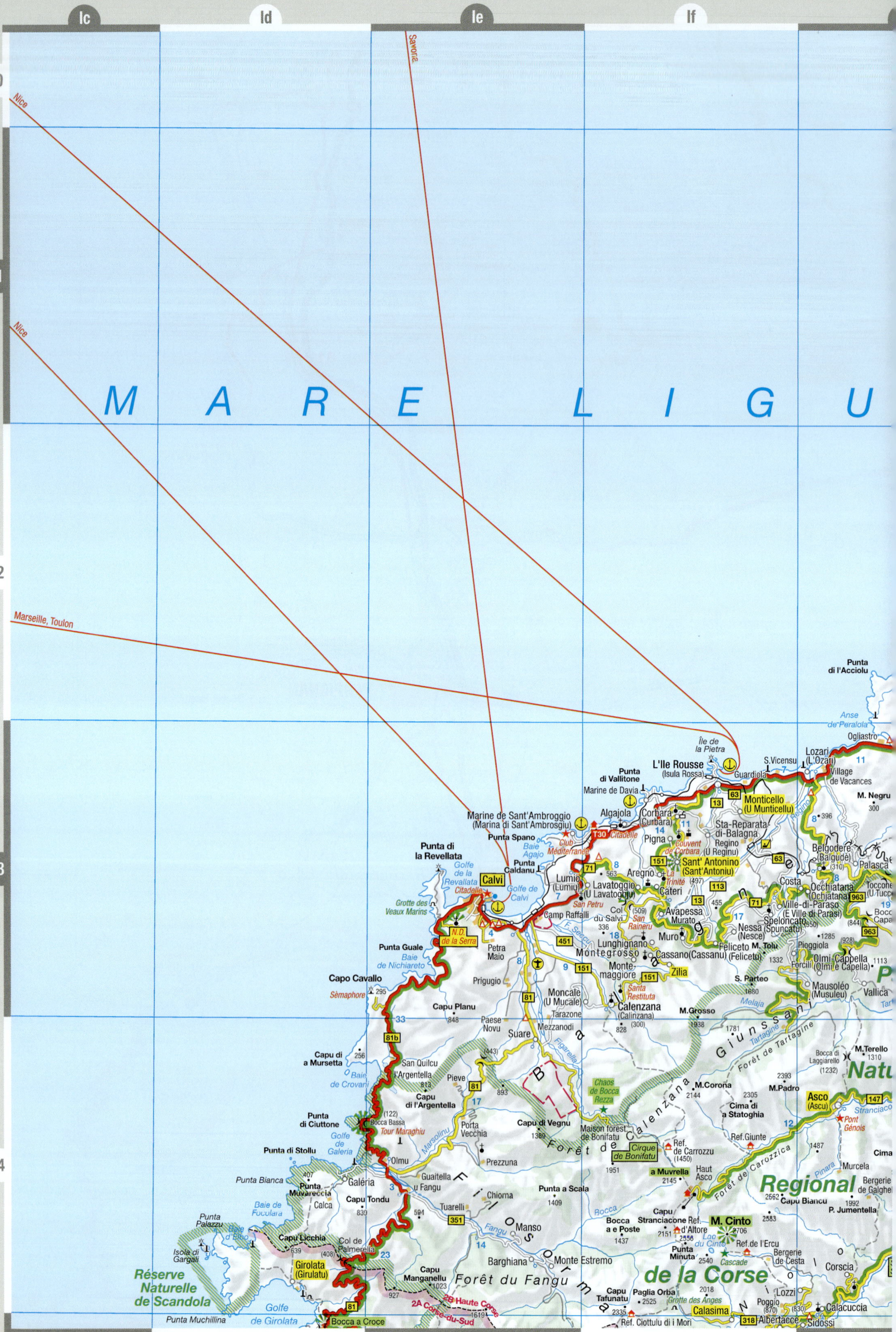
Ic
Id
Ie
If
90
91
92
93
94
Nice
Nice
Savona
Marseille, Toulon
M A R E L I G U
Punta di l'Acciolu
Anse de Peraiola
Ogliastro
Île de la Pietra
L'Ile Rousse (Isula Rossa)
Punta di Vallitone
Marine de Davia
Guardiola
S.Vicensu
Lozari (L'Ozari)
Village de Vacances
M. Negru
Monticello (U Monticellu)
Algajola
Corbara (Curbara)
Marine de Sant'Ambroggio (Marina di Sant'Ambrosgiu)
Punta Spano
Baie Agajo
Club Méditerranée
Citadelle
Pigna
Sta-Reparata-di-Balagna
Regino (U Reginu)
Couvent de Corbara
Sant' Antonino (Sant'Antoniu)
Belgodere (Balgude)
Palasca
Punta di la Revellata
Golfe de la Revellata
Punta Caldanu
Calvi
Citadelle
Golfe de Calvi
Lumio (Lumiu)
Lavatoggio (U Lavatoghju)
Aregno
Cateri
La Trinité
Costa
Occhiatana (Ochjatana)
Ville-di-Paraso (E Ville di Parasi)
Grotte des Veaux Marins
San Petru
Camp Raffalli
Col du Salvi
San Raineru
Avapessa
Muratu
Speloncato
Nessa (Nesce)
N.D. de la Serra
Petra Maio
Lunghignano
Montegrosso
Cassano (Cassanu)
Feliceto (Felicetu)
M. Tolu
Pioggiola
Olmi-Cappella (Olmi e Capella)
Punta Guale
Baie de Nichiareto
Monte-maggiore
Zilia
Capo Cavallo
Sèmaphore
Prigugio
Moncale (U Mucale)
Santa Restituta
Calenzana (Calinzana)
S. Parteo
Mausoléo (Musuleu)
Vallica
Capu Planu
Paese Novu
Suare
Mezzanodi
Tarazone
M.Grosso
Giunssani
Forêt de Tartagine
Capu di a Mursetta
Baie de Crovani
San Quilcu
l'Argentella
Pieve
Capu di l'Argentella
Chaos de Bocca Rezza
M.Corona
Cima di a Statoghia
M.Padro
M.Terello
Asco (Ascu)
Punta di Ciuttone
Bocca Bassa
Tour Maraghiu
Golfe de Galeria
Porta Vecchia
Capu di Vegnu
Maison forest. de Bonifatu
Cirque de Bonifatu
Forêt de Calenzana
Ref. de Carrozzu
Ref.Giunte
Pont Génois
Punta di Stollu
Olmu
Prezzuna
Marsolinu
Punta Bianca
Punta Muvarecciu
Galéria
Guaitella
u Fangu
Capu Tondu
Calca
Baie de Focolara
Punta a Scala
a Muvrella
Haut Asco
Forêt de Carozzica
Regional
Capu Bianco
P. Jumentella
Bergerie de Galghe
Cima
Murcella
Punta Palazzu
Isola di Gargali
Capu Licchia
Col de Palmarella
Tuarelli
Chiorna
Fangu
Bocca a e Poste
Capu Stranciacone
Ref. d'Altore
M. Cinto
Ref.de l'Ercu
Bergerie de Cesta
Corscia
Réserve Naturelle de Scandola
Girolata (Girulatu)
Capu Manganellu
Manso
Barghiana
Monte Estremo
Forêt du Fangu
Punta Minuta
Cascade
de la Corse
Capu Tafunatu
Paglia Orba
Grotte des Anges
Lozzi
Poggio
Calacuccia
Golfe de Girolata
Punta Muchillina
Bocca a Croce
2A Corse-du-Sud
2B Haute Corse
Ref. Ciottulu di i Mori
Calasima
Albertacce
Sidossi
Natu

182

Porto/Portu

0 1 2 4 6 8 10 km
0 1 2 4 6 miles

Ka
Kb
Kc
Kd
Ke
90
91
92
93
94
Cap Corse
Île de la Giraglia
Barcaggio (U Barcaghju)
Tollare
Tour d'Agnello
Capo Grosso
Capo Bianco
Marseille, Toulon, Nice
Savona
Gênova
Livorno
Piombino
Îles Finocchiarola
Rés. Nat. des Îles Finocchiarola
Moulin Mattei
Cannelle (E Canelle)
Poggio (U Poghju)
Ersa
Centuri
Col de la Serra
Centuri-Port (Cinturi Portu)
Camera
Rogliano (Ruglianu)
Macinaggio (Macinaghju)
Santa Maria
Morsiglia (Mursigliu)
M. di e Catello
Tomino (Tuminu)
Capu Corvoli
Golfu Alisu
Meria
Marine de Meria (Marina di Meria)
Pastina
Marine de Scalo (Marina di Scalu)
Col de Sta Lucia
Campu (U Campu)
Pino (U Pinu)
Tour de Sénèque
Piana
Luri
Punta Minerviu
Minerviu
Chiesa (Achjesa)
Fieno
Castello (U Castellu)
Tufo (U Tufu)
Santa Severa (Santa Suvera)
Carbonacce (E Carbunacce)
Barrettali
Ortale
Cagnano
Porticciolo (U Purticciolu)
Tour de Losse
Marine de Giottani (Marina di Giottani)
Conchigliu (U Cunchigliu)
M.Alticcione
Ghilloni
Suprana
Marinca
Lapedina
Oreta
Canari
Pietracorbara (A Petracurbara)
Marine de Pietracorbara (Marina d'Ampuglia)
Punta di Canelle
Cima di e Follicie
Ogliastro (Oligastru)
San Michele
Sisco (Siscu)
Canelle (E Canelle)
Ste Catherine
Marine de Sisco (Marina di Siscu)
Chioso (Chjosu)
u Chjusu
Moline (E Muline)
Sant' Antone
Albo (Albu)
Olcani
Tour de Sacro
M. Stello
Silgaggia
Nonza
Olmeta-di-Capocorso (Olmeta di Capicorsu)
Castello (U Castellu)
Pozzo (U Pozzu)
Poretto
Erbalunga
Golfe de St-Florent
Sta-Maria-di-Lota
Figarella (A Ficarella)
Lavasina
Negru (U Negru)
Mandriale
Partine
Corniche
Farinole (Faringule)
Miomo (Miomu)
Grigione (Grisgioni)
Marine de Farinole (Marina di Faringule)
Castagnetu (U Castagnetu)
San-Martino-di-Lota
Ville-di-Pietrabugno (E Vile de Petrabugnu)
Pietranera (Petra Nera)
Patrimonio (U Patrimoniu)
Guaitella
Serra di Pigno
Cardo (U Cardu)
BASTIA
Citadella
les Marines du Soleil
Barbaggio (Barbaghju)
Lupino (U Lupinu)
St-Florent (San Fiurenzu)
Cath. de Nebbio
Col de Teghime
Furiani
Marana (A Marana)
Poggio-d'Oletta (U Poghju d'Oletta)
Réserve naturelle de l'Étang de Biguglia
St. Francois
Oletta
Cima di u Zuccarellu
Biguglia
Casatorra
Punta di Mignola
Punta di Curza
Plage de Saleccia
Punta di Malfalcu
Plage du Loto
Alga Putrica
Peraldu
Punta Mortella
Saleccia
Cima d'Ortella
Désert des Agriates
Cima d'Ifana
M. Genova
Bartollacciu
Casta
San Pancraziu
Salone
Lavandaju
Petra Moneta
Bocca di Vezzu
Bacciulu
La Balanina
Cima di Pedi
Pilato
Nebbio
Campu Pianu
M. Ambrica
Sto-Pietro-di-Tenda (Santu Petro di Tenda)
Belle
Lasagne
Bocca di Santu Stefanu
Olmeta di Tuda
Lancone
Suariccia
Village de Vacances
Borgo (U Borgu)
Île San Damianu
Étang de Biguglia
Vallecalle
Rapale
Défilé de Lancone
Pruneta
Ortale
Urtaca
San-Gavino-di-Tenda (San Giavanu di Tenda)
Pianello
Novella (Nuvella)
Cima di Mitilelli
Lama
M. Astu
Bocca di Tenda
Sorio (Coriu)
Menhir
Pieve
San Michele
Rutali
Valroso (Valle Rose)
Lazzorotti
Murato (Muratu)
Cima di Tafloni
Borgo (U Borgu)
Rivinco
la Marana
Bastia (Poretta)
Pietralba (Petralba)
M. Reghia di Pozzo
Cima a u Spazzolu
Vignale
Lago
Pinetu
Pedano (U Pedanu)
Campitello (U Campitellu)
Scolca (A Scolca)
Lucciana
la Canonica
San Perteo
Fouilles de Mariana
Lento (Lentu)
Volpajola (A Vulpaiola)
Barchetta
Casamozza
Camp du Cap Sud
Piana
Route du Golo
Bigorno (Bigornu)
Accendi Pippa
Torra
Canavaggia (U Canavaghja)
Bertalogna
Prunelli di Casacconi
Arena
Castifao
Costa
Roda
Olmo (L'Olmu)
Vescovato (U Viscuvatu)
Moltifao (Moltifau)
Cima a Trepite
Ponte Rosso (Ponte Rossu)
Ponte Novu
Cannaja
Campile
Marina di Sorbo (Marina di Sorbu)
Divina
Venzolasca (A Vinzulasca)
Querciolo (U Querciolu)
Asco
Campu Rosu (Campu Rossu)
Castello di Rostino (Castellu di Rustinu)
Bisinchi
Carogne
Loreto-di-Casinca
Sorbo-Ocagnano (Sorbu-Ocagnanu)
Anghione (Anghjone)
Grazianaccia
Valle di Rostino (E Valle di Rustinu)
San Tomaso
Crocicchia
Monte
Castellare di Casinca
Ponte Leccia (Ponte a a Leccia)
Pastoreccia
Penta
M.S. Angelu
Taverna
Ortiporio (Ortiporiu)
Acquatella
Ferlaggia
Penta-di-Casinca
Folelli (I Fulelli)
San Pellegrinu
Gorges de l'Asco
Piedigriggio (Pedigrisgiu)
Casa Pitti
Porri
Casabianca
Giocatojo
Piano (U Pianu)
Silvareccio (Silvareccia)
Taglio-Isolaccio
Terre Rosse
Centre de Vacances
Padule
Cardu (U Cordu)
Morosaglia (Merusaglia)
Poggio-Marinaccio
Champlan (U Campu)
Casalta
Aiguilles de Popolasca
Popolasca
Prato di-Giovellina
Grisgione
Ficaja (Ficaghja)
Pianu
Pero-Casevecchie (Peru e Case Vechje)
a Mori
Castiglione
Olmi
Castineta
Quercitello
La Porta
Pruno (Prunu)
Scata
Talasani
Figareto (U Ficaretu)
Gavignano (Gavignanu)
Poggio (U Poghju)
San Damiano (S.Diamianu)
S.Gavino-d'Ampugnani
Poggio-Mezzana (U Poghju-Mezzana)
Francardo (Francardu)
Aiti
M. S. Petrone
Saliceto (U Salicetu)
Nocario
Velone-Orneto (Vilone-Ornetu)
Lavilanella
Ponte Castirla
Pont de Lano (U Ponte Lanu)
S.Lorenzo (S.Lorenzu)
Polveroso
Verdese
Piazzole
Sta Lucia-di-Moriani
Santa Regina
Caporaline
Erone
Campana
Teglia
S.Giovanni-di-Moriani (S.Ghjuvanni di Moriani)
Padullela (A Padulella)
Castirla
Omessa
Lano (Lanu)
Piedicroce
Rapaggio
Monacia-d'Orezza
Parata
S.Nicolao (S.Niculaiu)
Moriani-Plage
Scala di Sta Regina
Soveria
Rusio (Rusiu)
Cambia
Pie d'Orezza
Piedipartino (Pedipartinu)
Stazzona
Valle-d'Orezza
M.Olmelli
Sta Reparata-di-Moriani
Sta Maria-Poggio (Sta Maria-Poghju)
Bocca di Ominanda
Collo di S.Quilico
Tralonca
Carticasi
Loriani
Carcheto-Brustico
Carpineto
Felce
Piobetta
Tarrano (Tarranu)
Port de Campoloro (U Portu di u Campuloru)
Pinerole
Cervione (Cervioni)
Valle-di-Campoloro (E Valle di Campulori)
Cuticci
M. Cecu
Punta de Caldane
Pietricaggio (U Petricaghju)
Valle-d'Alesani (E Valle d'Alisgiani)
R
E

Corte
183
Aleria

94
95
96
97
98
MER
MÉDITERRANÉE
Golfe de Porto
Golfe de Sagone
Golfe d'Ajaccio
Golfe de Girolata
Réserve Naturelle de Scandola
Parc Naturel
Forêt du Fangu
Forêt de Valdu Niellu
Forêt de Bonifatu
Filosorma
Cinarca
Gravona
AJACCIO (AIACCIU)
Porto (Portu)
Cargèse (Carghjese)
Piana (A Piana)
Girolata (Girulatu)
Galéria
Osani
Partinello
Serriera
Ota
Evisa
Vico (Vicu)
Sagone
Tiuccia
Calcatoggio (Calcatoghju)
Appietto (Appiettu)
Alata
Afa
Bastelicaccia
Bastelica
Calacuccia
Albertacce
Casamaccioli
Sidossi
Orto (Ortu)
Guagno
Soccia
Renno (Rennu)
Letia
Murzo (Murzu)
Balogna
Marignana
Cristinacce
Vero
Tavera
Ucciani (Ucciana)
Carbuccia
Cuttoli-Corticchiato (Cuttuli Curtichjatu)
Peri
Sarrola-Carcopino
Cauro (Cavru)
Grosseto-Prugna
Albitreccia
Pietrosella (Pitreseda)
Porticcio (Purticciu)
Coti-Chiavari
Acqua Doria
Verghia
Mezzana
Pila-Canale
Ocana
Tolla
Eccica-Suarella
Quasquara
Zévaco
Campo
Zigliara
Moca-Croce
Bicchisano (Bicchisgia)
Petreto-Bicchisano
Casalabriva
M. Cinto
Asco (Ascu)
Capu Rossu
Punta di Cargèse
Capo di Feno
Pointe de la Parata
Îles Sanguinaires
Grande Sanguinaire
Capu di Muru
Col de Vergio
Col de Sevi
Gorges de Spelunca
Calanche
Scandola
Lac de Nino
Lac de Tolla
Capu di Muru
Chapelle des Grecs
Citadelle
Vill. Préhist. de Filitosa
Nice
Toulon
Marseille
T20
T22
T40
Propriano
184

Ponte Leccia
Gorges de l'Asco
Piedigriggio
Popolasca
Castiglione
Prato-di-Giovellina
Francardo
Omessa
Soveria
Corte (Corti)
Morosaglia
Penta-di-Casinca
Castellare-di-Casinca
Folelli
San Pellegrinu
Centre de Vacances
Taglio-Isolaccio
Pero-Casevecchie
Talasani
Poggio-Mezzana
Figareto
Lavilanella
Padulella
Moriani-Plage
Piedicroce
Cervione
Valle-di-Campoloro
Port de Campoloro
Prunete
Sta Maria-Poggio
S.Giuliano
Chiatra
Linguizzetta
Canale-di-Verde
Fratta
Tour d'Alistro
Bravone
Marine de Bravone
Village de Vacances
Pricoju
Riva Bella
Tallone
Aleria
Padulone
Caterragio
Tour de Diane
Etang de Diane
Etang del Sale
Costa Serena
Casabianda
Ruines Romaines
Venaco
Vivario
Vezzani
Forêt de Vizzavona
Ghisoni
Ghisonaccia
Tour de Viginale
Migliacciaru
Centre de Vacances
Casamozza
Prunelli-di-Fiumorbo
Fiumorbo
Plaine Orientale
Etang d'Urbino
Etang de Palu
Ventiseri
Travo
Solaro
Tovisanu
Marine de Solaro
Marine di Scaffa Rossa
Solenzara
Sari-di Solenzara
Marine de Cala d'Oru
Cannella
Anse de Cannella
St. Sébastien
Anse de Favone
Favone
Anse de Tarcu
Tarcu
Côte des Nacres
Col de Bavella
Aiguilles de Bavella
Zonza
Quenza
Aullène
Cozzano
Zicavo
Route du Col de Verde
Parc Naturel Régional de la Corse
Forêt de Tova
M. Incudine
M. Renoso
M. d'Oro
MARE TIRRENO
2A Corse-du-Sud
2B Haute-Corse
94
95
96
97
98

Ic
Id
182
Ie
If
Ajaccio
97
98
99
100
101
102
Golfe d'Ajaccio
Golfe de Valinco
Marseille
Marseille, Toulon
Porto Torres
Isolella
Punta di Belle Nave
Plage de Ruppione
Isola Piana
Punta di a Castagna
la Castagna (A Castagna)
Verghia
Portigliolo
Saparella Sottana (Saparella Suttana)
Ariezza
Acqua Doria
Coti-Chiavari
Figoni
Capu di Muru
Monte Biancu
Capu Neru
Cala di Cigliu
Baie de Cupabia
Pietra Rossa (A Petra Rossa)
Favalella
Serra-di-Ferro
Porto Pollo (Portu Polu)
Punta di Porto Pollo
Olmeto Plage
Pilusella
Tassinca
Forêt de Chiavari
Col de Cortone
Pratavone
Gradello
Mattiolo
Acelasca
le Ruppione (U Ruppione)
Pietrosella
Molini (I Mulini)
Bocca di Belle Valle
Grosseto-Prugna (Grussetu-Prugnu)
Punta Cozzanicciu
Albitreccia
Cardo-Torgia (Cardu Torgia)
Zigliara
Guargualé
Urbalacone (Urbalaconu)
Cognocoli-Monticchi
Pila-Canale
Bisinao (Bisinau)
Bocca di Chenova
Monticchi
S.Giorgio (S.Ghjorghju)
Mantarellu
Calzola
Arja Donica
Pietralta
Moca-Croce
Bicchisano (Bicchisgia)
Petreto-(Pitretu-)
Mezzana
M.San Petru
Casalabriva
Vill. Préhist. de Filitosa
Filitosa
Sollacaro (Suddaru)
Miluccia
Zoppu
Olmeto
Raja
Tour de Micalona
Castellu di a Rocca
Burgo (Burgu)
Vera Martini
Cappiciolo
Vetricella
Cipiniellu
Bains de Baraci
Sullataia
Propriano (Prupià)
Capu Lauroscu
Plage de Capu Lauroscu
Plage de Portigliolo
Portigliolo
Viggianello (Vighjaneddu)
Arbellara (Arbiddali)
Acoravo
Fozzano (Fuzzà)
Sta-Maria-Figaniella
Ste-Lucie-de-Tallano
Olmiccia (Ulmiccia)
Loreto-di-Tallano
Cargiaca
Giacomoni
Argiusta-Moriccio (Arghjusta-Muricciu)
Col de St. Eustache
Ampaza
Azilone-(Azilonu-)
Forciolo (Furciolu)
Olivese (U Livese)
Col de la Vacca
Col la Tana
Pont Genois
Granace (Granaccia)
Orio (Oriu)
Chialza (Achjalza)
Bilzese
Foce
Punta di Campomoro
Campomoro (U Campu Moru)
Belvédère-(Belvidè-)
Tivolaggio
St Margarita
Punta di Muro
Jumenta Grossa (A Ghjumenta Grossa)
Bilia
Foce di Bilia (Foci di Bila)
Site Préhist.
Grossa
Berg. Carpatulia
Cala d'Agulia
Punta d'Eccica
Sartène (Sartè)
Musée de Préhistoire Corse
Mola
Cacciabello
Aga Suttanu
Saparale
Granajola
Giuncheto (Ghjunchetu)
Capanella (A Capanella)
Cala di Conca
Alturaja
Punta Capannaccia
Bonifazinca
Acciola
Punta di Patania
Alignements de Pagliaju
Sapparella
Giovighi
Giannuccio
Capu di Senetosa
Tizzano
Golfe de Tizzano
Pastina
Pero Longo (U Peru Longo)
Tralicetu
u Chiusu di a Casa
Mégalithes de Cauria
Serragia
Capu di Zivia
Golfe de Murtoli
Plage d'Erbaju
Punta di Murtoli
Golfe de Roccapina
Rocher du Lion
Roccapina
Punta di Valanincu
Monacia d'Aullène (Munacia d'Auddè)
Capu di Roccapina
Tour de Olmeto
Punta di Caniscione
Anse d'Arbitru
Îles Bruzzi
Anse de Chevanu
Caldarello (Caldarellu)
Baie de Figari
Punta di Ventilegne
Golfe di
Pianottoli
Île des Moines
I Monachi
Capo di
0 1 2 4 6 8 10 km
0 1 2 4 6 miles

Parc Naturel Régional de la Corse
Forêt de Tova
M. Incudine
Cavallara
Punta di Giavingiolu
Berg d'Asinao
Punta Muvrareccia
Fozzaninco (Fozzinacu)
Aiguilles de Bavella
Bocca di Larone
Saparellu
Auberge du Col
Punta Tafunata
Ref. de Paliri
Col de Bavella
Lavu Donacu
Jallicu
Cantoli
Scapa di Noce
Aullène (Auddè)
Quenza
...-di-Scopamène
Sorbollano (Surbudda)
Zonza
Zerubia
Punta di Quercitella
P. Batarchione
M. Pianu
Pacciunituli
Castellu di Cucuruzzu
Riccu
S. Gavino-di-Carbini
Carabona
Luviu
Giglio (U Ciglìu)
Bocca d'Illarata
Levie (Livia)
Musée
Mela
Guldaricciu
Punta di u Diamante
Forêt de Barocaggio-Marghese
Carbini
Pantano (U Patanu)
Orone
Agnarone
Pointe de Finaggia
Punta di a Vacca Morta
L'Ospedale
Castellu d'Arraghju
Arraghju
Tirolo (Tirolu)
Bisene
Casa (A Casa)
Carpulitanu Radici
Cartalavone
Col de Bacinu
Le Moulin (U Mulinu)
Palavèse
Vignalella
Punta di Compolelli
Punta d'Ovace
Cipponu
Muratellu
Mela
Bala
Borivoli
A Vacca
Petra Longa Filippi
Ceccia
Pasciallello
Salvadilevo (Salvadilevu)
Piscia
Pruno (U Prunu)
Vallicello (U Vallicellu)
Sotta
Précoggio (Precoghju)
Cardetto (U Cardettu)
Cancaraccia
Pagliaggiolo (U Pagliaghjolu)
Canni
Usciolo
Tarrabuccetta
San Quilico
Poggiale (U Pughjale)
Ogliastrello (Ogliastrellu)
Chera
Petra Longa Salvini
Plateau d'Arapa
Poggio d'Olmo
Figari
Aéroport Figari Sud Corse
Sta-Lucia
Punta di u Mucchiu
M.Biancu
a Testa
i Frasselli
Ventilegne
la Tonnara
Îles de a Tonnara
M.Corbu
Ermitage de la Trinité
Feno
Grotte Marine du Sdragonato
Bonifacio (Bonifaziu)
Phare de Pertusato
Capo Pertusato
Cardu (u Cardu)
St-Julien
Sant'Amanza
Ricetti
Ponti di a Nava
Gurgazu
Punta di Sperone
Chiappili (Chjappili)
Solenzara (Sulinzara)
Marine di Scaffa Rossa (Marina di a Scaffa Rossa)
Marine de Manichinu (Marina di u Manichinu)
Sari-di-Solenzara
Tugna
M. Santu
Marine de Cala d'Oru (Marina di Cala d'Oru)
Cannella
Anse de Cannella
St. Sébastien
Anse de Favone
Favone
Anse de Tarcu
Tarcu
Punta d'Ortu
Conca
Livesani
Figa
Fautea
Plage de Cavu
Cavu
Ste-Lucie-de-Porto-Vecchio (Sta Lucia di Portivechju)
Punta Cocca
Tagliu Rossu
Forêt de l'Ospedale
Capu
Nevatoli
Caramontinu
Pinarellu
Golfe de Pinarellu
Île de Pinarellu
Punta Valle Maggiore
la Croix (A Croce)
Poggioli
Porto Vecchiaccio (Portu Vechjacciu)
Cirendinu
Giallà
Torre
Monument
S. Ciprianu
Punta Capicciola
Plage de S. Ciprianu
Cala Rossa
Punta S. Ciprianu
Ste Trinité
Nota
Marina di Fiori
Golfe de Porto-Vecchio
Poretta
Punta di a Chiappa
Porto-Vecchio
Piccovaggia
Punta di u Cerchiu
Bocca di l'Oru
Plage de Palombaggia
Île Pietricaggiosa
Île Piana
Îles Cerbicale
Île Forana
Village de Vacances
Golfe de Sta-Giulia
Punta di Rafaellu
Golfe de Porto Novo
Suartone
Tour de Sponsaglia
Golfe di Rondinara
Punta di Rondinara
Étang de Balistra
Golfu di Sant'Amanza
Punta di u Capicciolu
Tour de Sant'Amanza
Plage Calalonga
Île Porraggia
Île Ratino
Île Piana
Île Cavallo
Île Perduto
Pyramide de la Sémillante
Îles Lavezzi
Tour des Lavezzi
Côte des Nacres
Bocche di Bonifacio
Parco Nazionale dell' Arcipelago di La Maddalena
Isola la Presa
Isola Santa Maria
Isola Razzoli
Isola Piana
Isola Corcelli
Isola Barrettini
Isola Budelli
Punta Marginetto
Stagno Torto
P.Abbatoggia
Porto Massimo
Cala Maiore
Isola Maddalena
Punta Galera
Punta Falcone
Porto Longonsardo
Isola Monica
Rena Bianca
Isole Marmorata
Isola Spargiotto
Spiaggia di Marmorata
Cala Sambuco
Isola Spargi
Capo Testa
Ruderi romani
Santa Teresa Gallura
P.to Quadro
la Ficaccia
la Licciola
S.Reparata
la Colba
Porto Pitrosu
Buoncammino
Valle dell'Erica
Porto Puddu
Isuledda
Porto Liscia
Casa Azara
Isola Giardinelli
Guardia Vecchia
La Maddalena
Moneta
Casa di G.Garibaldi
P.Sardegna
S.Stefano
Porto Rafael
Acapulco
Porto Faro
P.ta d. Zucchero
Stagnali
Isola Caprera
Centro Velico
Cala Portese
Costa Smeralda
i Monaci
Val di Mela
Porto Pozzo
Giammaleu
P.to Puddu
M Altura
Barrabisa
Forte San-Giorgio
Palau
Capo d'Orso
Isola Porco
Punta Rossa
Isola delle Bisce
Isola dei Cappuccini
Capo Ferro
P.ta Battistone
Calagrano
Golfo di Saline
Cala Vall'Alta
Ciuchesu
Serra Pauloni
lu Banconi
San Pasquale
Santu Michele
Capannaccia
Ponte Liscia
Cant. Cuconi
Spiaggia di Rena Maiore
Rena Majore
Nur. d'Antunceddu
Litichedda
Napoli
Sassari
ITALIA
Tempio
Olbia

1:150 000, 1:100 000

CARTE D'ASSEMBLAGE | BLATTÜBERSICHT | KEY MAP | QUADRO D'UNIONE
ÍNDICE DE MAPA | MAPA ÍNDICE | OVERZICHTSKAART | SKOROWIDZ ARKUSZY
KLAD MAPOVÝCH LISTŮ | KLAD MAPOVÝCH LISTOV | PREGLED LISTOV | PREGLED LIST

Irish Sea
MANCHESTER
SHEFFIELD
North Sea
HAMBURG
UNITED KINGDOM
NORWICH
BIRMINGHAM
IJsselmeer
AMSTERDAM
HANNOVER
NEDERLAND
CARDIFF
ROTTERDAM
LONDON
DÜSSELDORF
Dover
Calais
GENT
ANTWERPEN
BRUXELLES BRUSSEL
KÖLN
SOUTHAMPTON
PLYMOUTH
DEUTSCHLAND
Boulogne-sur-Mer
LILLE
BELGIË / BELGIQUE
CHARLEROI
FRANKFURT am Main
English Channel
La Manche
Hauts-de-France
Channel Islands
Alderney
Cherbourg-Octeville
AMIENS
LËTZEBUERG LUXEMBOURG
Luxembourg
Guernsey
Sark
Jersey
Channel Islands (U.K.)
LE HAVRE
Sedan
SAARBRÜCKEN
ROUEN
STUTTGART
Golfe de St. Malo
CAEN
ÉVREUX
Normandie
198-205
PARIS
REIMS
Châlons-en-Champ.
METZ
Grand Est
Î. d'Ouessant
BREST
St.-Malo
Île de France
Nancy
190-191
STRASBOURG
RENNES
Bretagne
Chartres
Troyes
Épinal
Colmar
188-189
Quimper
Lorient
LE MANS
Pays de la Loire
Îs. de Glénan
Î. de Groix
ORLÉANS
Centre-Val de Loire
Blois
Auxerre
Bourgogne-Franche-Comté
MULHOUSE
ZÜRICH
ÖSTERREICH
LIECHTENSTEIN
Belle-Île
TOURS
St-Nazaire
NANTES
DIJON
BESANÇON
BERN
SCHWEIZ
Île de Noirmoutier
Bourges
Île d'Yeu
Chalon-sur-Saône
LAUSANNE
les Sables-d'Olonne
Poitiers
OCÉAN ATLANTIQUE
Île de Ré
la Rochelle
Montluçon
GENÈVE
Île d'Oléron
ALPS
Nouvelle-Aquitaine
Royan
LIMOGES
CLERMONT-FERRAND
LYON
Chambéry
Aosta
ST-ÉTIENNE
Auvergne-Rhône-Alpes
MILANO
Tulle
TORINO
BORDEAUX
Périgueux
Valence
GRENOBLE
ITALIA
Golfe de Gascogne
Briançon
Figeac
Mende
GENOVA
Golfo de Vizcaya
Provence-Alpes-Côte d'Azur
Mimizan
Agen
Occitanie
192-193
Avignon
196-197
Golfo di Genova
Monaco
MONACO
Albi
NÎMES
194-195
NICE
Mare Ligure
Biarritz
TOULOUSE
MONTPELLIER
Carcassonne
MARSEILLE
St-Tropez
Lourdes
Bastia
Pyrénées
Pirineos
PERPIGNAN
Îles d'Hyères
Golfe du Lion
BURGOS
ANDORRA
Corse (Fr.)
Ajaccio
Corse
ZARAGOZA
ESPAÑA
BARCELONA
MEDITERRANEAN SEA
MADRID
Sardegna (It.)
SASSARI
26 27 28 29 30 31 32 33 34 35 36 37 38 39 40 41 42 43 44 45 46 47 48 49 50 52 53 54 55 56 57 58 59 60 61 62 63 64 66 67 68 69 70 71 72 73 74 75 76 77 78 79 80 81 82 83 84 86 87 88 89 90 91 92 93 94 95 96 97 98 99 100 101 102 103 104 105 107 108 109 110 111 112 113 114 115 116 117 118 119 120 121 122 123 124 125 127 128 129 130 131 132 133 134 135 136 137 138 139 140 141 142 143 144 145 146 147 148 149 150 151 152 153 154 155 156 157 158 160 161 162 163 164 165 167 168 169 170 171 172 173 174 175 176 177 178 179 180 181 182 183 184 185

1 : 150 000

Légende / Legenda	Zeichenerklärung / Objaśnienia znaków	Legend / Vysvětlivky		Segni convenzionali / Legenda	Sinais convencionais / Legenda	Signos convencionales / Tumač znakova
F	D	UK		I	P	E
Autoroute avec point de jonction et numéro de point de jonction	Autobahn mit Anschlussstelle und Anschlussnummer	Motorway with junction and junction number	Obernai 11	Autostrada con svincolo e svincolo numerato	Auto-estrada com ramal e número de acesso	Autopista con acceso y número de acceso
Autoroute en construction, Autoroute en projet	Autobahn in Bau, Autobahn in Planung	Motorway under construction, Motorway projected		Autostrada in costruzione, Autostrada in progetto	Auto-estrada em construção, Auto-estrada em projecto	Autopista en construcción, Autopista en proyecto
Chaussée double, Chaussée double en construction	Schnellstraße, Schnellstraße in Bau	Dual carriageway, Dual carriageway under construction		Superstrada, Superstrada in costruzione	Via rápida de faixas separadas, Via rápida em construção	Autovía, Autovía en construcción
Route nationale	Bundesstraße	Federal road	N12	Strada statale	Estrada federal	Carretera federal
Route principale avec des noms des rues Route de transit avec des noms des rues	Hauptverbindungsstraße, Durchgangsstraße	Main road, Thoroughfare		Strada principale con i nomi delle strade Strada di attraversamento con i nomi delle strade	Estrada principal, Estrada de trânsito	Carretera principal Carretera de tránsito
Numéro d'autoroute, Numéro de route européenne	Autobahnnummern, Europastraßennummern	Motorway numbers, European road numbers	A35 E50	Numero di autostrada, Numero di strada europea	Número de auto-estrada Número de estrada europeia	Número de autopista, Número de carretera europea
Bac pour automobiles, Bac pour piétons	Autofähre, Personenfähre	Car ferry, Passenger ferry		Traghetto per auto, Traghetto passeggeri	Balsa para viaturas, Barca de passageiros	Transbordador para automóviles, Transbordador para pasajeros
Chemin de fer, Le trafic grandes lignes avec gare ferroviaire	Eisenbahn, Fernverkehr mit Bahnhof	Railway, Long-distance traffic with station		Ferrovia, Traffico a lunga percorrenza con stazione	Linha ferroviária, Tráfego de longa distância com estação	Ferrocarril, Tráfico de larga distancia con estación
Station service	Autobahnraststätte	Service area	„Vitrolles"	Area di servizio	Area de serviço	Área de servicio
Station d'essence d'autoroute	Autobahntankstelle	Service station		Stazione di servizio	Estação de serviço da estrada	Estación de servicio
Autoroute Parking	Autobahnparkplatz	Motorway parking place	P	Autostrada Parcheggio	Auto-estrada parque de estacionamento	Auto-estrada aparcamiento
Aéroport	Verkehrsflughafen	Airport	MRS	Aeroporto	Aeroporto	Aeropuerto
Curiosités	Sehenswürdigkeiten	Tourist attractions	Fort Carré	Interesse turistico	Locais de interesse	Puntos de interés
Zone bâtie	Bebauung	Built-up area		Caseggiato	Área urbana	Zona edificada
Eaux	Gewässer	Waters		Acque	Águas	Aguas
Frontière d'État	Staatsgrenze	National boundary		Confine di Stato	Fronteira nacional	Frontera nacional

NL	PL	CZ		SK	SLO	HR
Autosnelweg met aansluiting en aansluitingnummer	Autostrada z węzłem i numerem węzła	Dálnice přípojkou a přípojka s číslem	Obernai 11	Dial'nica s prípojka s prípojka číslo	Avtocesta s priključkom s Ivoz-številka	Autocesta sa prilazom, a Izlaz-broj
Autosnelweg in aanleg, Autosnelweg in ontwerp	Autostrada w budowie, Autostrada projektowana	Dálnice ve stavbě Dálnice plánovaná		Dial'nica vo výstavbe, Dial'nica plánovaná	Avtocesta v gradnji, Avtocesta v načrtu	Autocesta u izgradnji, Autocesta u planu
Autoweg met gescheiden rijbanen, Autoweg in anleeg	Droga, Droga ekspresowa w budowie	Rychlostní komunikace, Rychlostní komunikace ve stavbě		Dial'nice, Dial'nice vo výstavbe	Hitra cesta, Hitra cesta v gradnji	Brza cesta, Brza u izgradnji
Rijksweg	Droga państwowa	Státní silnice	N12	Hlavná dial' ková cesta	Zvezna cesta	Glavna tranzitna cesta
Hoofdweg, Weg voor doorgaand verkeer	Droga główna, Droga przelotowa	Hlavní silnice, Průjezdní silnice		Hlavná cesta, [illegible]	Glavna cesta, Tranzitna cesta	Glavna veza, [illegible]
Motorvejnummer, Europees wegnummer	Numer autostrady, Numer drogi europejskiejs	Číslo dálnice, Číslo evropské silnice	A35 E50	Číslo dial' nice, Číslo európskej cesty	Oznaka Avtocesta, Številka evropske ceste	Broj autoceste, Broj europske ceste
Autoveer, Personenveer	Prom samochodowy, Prom pasażerski	Trajekt pro auta, Osobní přívoz		Trajekt pre automobily, Prievoz	Trajekt za avtomobile, Splav za prevoz oseb	Trajekt za automobile, Osobe trajekt
Spoorweg, Langeafstandsverkeer met station	Kolej, ruchu dalekobieżnego z stacją	Dálková dopravní se stanicí		Železnica, Draha pre dial'kovú dopravu so stanicou	Železniška proga, promet na dolge razdalje z železniško postajo	Željeznica, Glavna tranzitna s stanica
Verzorgingsplaats	Miejsce obsługi podróżnych	Odpočívka	„Vitrolles"	Motorest	Avtocesta Restavracija	Restoran
Autosnelwegbenzinestation	Stacja benzynowa przy autostradzie	Čerpací stanice na dálnici		Dial'nica benzinová pumpa	Avtocesta Bencinska črpalka	Benzinska crpka
Parkeerplaats	Autostrada parking	Významné zajímavosti	P	Parkovisko	Parkirišče	Parkiralište
Luchthaven	Port lotniczy	Dopravní letiště	MRS	Dobravné letisko	Mednarodno letališče	Zračna luka
Bezienswaardigheden	Interesujące obiekty	Významné zajímavosti	Fort Carré	Zaujímavosti	Zanimivosti	Znamenitosti
Bebouwing	Obszar zabudowany	Zastavěna plochna		Zastavená plocha	Stanovanjske zgradbe	Zgrada
Wateren	Wody	Vodstvo		Vodstvo	Vodóvje	Vode
Rijksgrens	Granica państwa	Státní hranice		Štátna hranica	Državna meja	Državna granica

Landunvez
Ploudalmézeau
Côte des Abers
Ile d' Ouessant
Chenal du Four
Chenal de l 'Aber Ildut
Ile de Melon
Kermerrien
Mazou
Melon
Kerzéven
Ruludu
Porscav
Kerglonou
Kervengar
Perros
Porspaul
Rumeur
Keryével
Kerescar
Pen ar-Dreff
Phare de Trezien
Ruscumunoc
Pointe de Corsen
Porsmoguer
Kerivoret
Lossounoc
Kervezennoc
Mentiby
le Pontic
le Vern
Lanildut
Brélès
Aber-Ildut
Tréoullan
Lampaul-Plouarzel
Kerhilloc
le Vourch
Trézien
Kervinic
Kerbrima
Men ar Yar
Kergador
Kerhornou
Brenterc'h
Kerlochouarn
Illien
Lanteust
Pointe de Brenterc'h
Anse des Blancs Sablons
Plage des Blanc Sablons
Parc naturel régional d'Armorique
Ile d' Ouessant, Ile-Molène
Phare de la Grande Vinotière
Pointe de Kermorvan
Cosquiez
Trébabu
Kervan
le Conquet
le Bilou
Kerlohic
Saint-Aouen
Plage de Porz Liogan
Lochrist
Kerinou
Kermergant
Saint-Marzin
Tréméur
Plougonvelin
Saint-Mathieu
Pointe de Saint-Mathieu
Phare des Vieux Moines
Ile de Béniguet
Roche de l'Oursin
Roche de la Fourmi
Chaussée des Pierres Noires
Château de Kergroadès
Lanambroaz
Kermengam
Lézéna
Erragounan
Kervoulou
Plouarzel
Kervin
Kerdéniel
Keranguéné
Kerouidic
Menhir de Kerloas
Landonoi
Cosquer
Penhars
Plougmoguer
Pen ar C'hoat
Kerzévéon
Kermeinoc
Kerdhervé
Vourc'h
Kermorvan
Tréméal
Kergounan
Goasmeur
Kerambosquer
Berbouguis
Tréflez
Kerzavid
le Cosquer
Kerastréat
Kerouanen
Saint-Kernaët
Keruzas
Poulherbet
Pointe de Créac'h Meur
Saint-Yves
Anse de Bertheaume
Basse Beuzec
Croaz-Hent de Keryvard
Keradec
Helles
Lanrivoaré
Kerninon
Lanvénec
Kerohoc
Keramazé
Gruguellic
Lokournan
Vihan
Kerac'hréac'h
Kerborzoc
Kervéatouz
Kerloas
Lamber
Kervoquin
Pont-Hôpital
Keraliou
Kerloussouarn
Kerscao
Kervasdoué
Nevez
Goulven
Kerfily
Chapelle
Saint-Sébastien
Porsmilin
Portez
Trégana
Créac'h
Fort de Toulbroc'h
Pointe du Grand Minou
Kerhallet
Gouezou
Penn an Dreff
Treouergat
Kerveret
Kervizlou
Kergoff
Guipronvel
Kervenan
Keraody
Néven
Kerveuleugant
Trézéguier
Coatêvez
Manoir de Keranflec'h
Leuré
la Haie
Coatquénec
le Drévez
Kervinouarn
Saint-Renan
Keravel
Quillimérien
Trégorff
Saint-Fiacre
Kerionoc
Pont-Corff
Kervaziou
Keramestr
Laninguer
Kergonvel
Moguer
Plouzané
Coadénez
Castel-Névez
Locmaria-Plouzané
la Trinité
Kerjean
Institut de Recherche Océanographique
Kerourin
Kervaogon
Karaaër
Kerioual
Kerangoff
Fort du Minou
Pointe du Petit Minou
Fort du Mengant
Pointe du Diable
Kerramazé
Coatuélen
Kerdrabat
le Cosquer
Sainte-Anne du-Portzic
Fort du Portzic
Pointe de Portzic
Kerniou
le Goadec
Koriden
Tollan
Kervrlant
Kerambleau
Croas ar Roué
Milizac
Coat ar Guéveur
Bel Air
Lervir
Pouliot
Coat Laëron
Bégavel
Kerouman
Kerhuel
Kerdonval
Bohars
Kerboroné
Guilers
Penfeld
le Beuzit
Lambézellec
Quizac
Fort du Questel
Kerléo
Le Polygone
Penmesmadec
Keranroux
Recouvrance
Fort Montbarey
St-Pierre-Quilbignon
Kernein
Goulet de Brest
Pointe des Espagnols
Kergadiou
le Gouerest
Trévarguen
Pont-Scorff
Kerviniou
Roscanvel
Kerguinou
Lanvernazal
Ménez-Ar-Vel
Kervian
Baie de Roscanvel
Ile Trébéron
Ile des Morts
Pointe des Capucins
Pointe Tremet
Trégoudan
Quélern
Rostellec
Anse de Camaret
Pen-Ar-Créac'h
Persuel
Saint-Driec
Saint-Fiacre
Kerifloc'h
Taladerc
Pointe du Grand Gouin
Notre Dame de Roc'h Amadour
Styvel
Pointe du Toulinguet
Lagatjar
Alignements de Lagatjar
Camaret-sur-Mer
Rigonou
Quézédé
Tréjout
Trévoal
Kersaludu
Kerhos
Chapelle Saint-Julien
Pen-Hir
Kermeur
Lannilien
Kerguélen
Kerloc'h
Kerziguenou
Kerret
Gaoulac'h
Goandour
Chenal du Toulinguet
Phare de la Parquette
Pointe de Pen-Hir
Pointe de la Tavelle
Anse de Pen-Hir
Anse de Dinan
le Château de Dinan (Rochers)
Pointe de Dinan
Goulien
Kerguillé
Keréon
Landromiou
Kerbasguen
Tréfle
Tromel
Kertanguy
Lost Marc'h
Kerlouantec
Morgat
Kermel
Gouffre
Pointe de Lost Marc'h
Brégoulou
Montourgar
la Palue
Maison des Minéraux
Plage de la Palue
Kerdreux
Saint-Hernot
Ile Guénéron
Ménesguen
Pointe de Kerroux
Kerroux
Rostudel
Cap de la Chèvre
Anse Saint-
Ile de Sein
Presqu'île de Crozon
D27
D68
D28
D108
D3
D5
D67
D789
D30
D355
D8

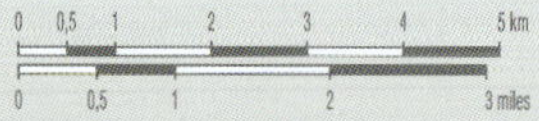
0 0,5 1 2 3 4 5 km
0 0,5 1 2 3 miles

Lesneven
Morlaix
Plabennec
Bourg-Blanc
Trémaouézan
Lanneuffret
Saint-Thonan
Plouédern
la Roche-Maurice
Ploudiry
la Martyre
Gouesnou
Aéroport régional de Brest-Guipavas
Kersaint-Plabennec
Saint-Divy
Landerneau
Pencran
Guipavas
Le Relecq-Kerhuon
la Forest-Landerneau
Tréflévénez
Dirinon
Saint-Urbain
Irvillac
Loperhet
Daoulas
BREST
Plougastel-Daoulas
Presqu'île de Plougastel
Rade de Brest
Pointe du Corbeau
Hôpital-Camfrout
Hanvec
Logonna-Daoulas
Grande Ile du Bindy
Baie de Daoulas
Ile Longue
Pointe de Lanveoc
Lanvéoc
Landévennec
le Faou
Rosnoën
Forêt Domaniale de Landévennec
Parc Naturel Régional d'Armorique
Argol
Crozon
Ile de Crozon
Telgruc-sur-Mer
Ménez-Hom
Dineault
Saint-Nic
Plomodiern
Ploéven
Anse de Morgat
Pointe de Morgat
Pointe du Bellec
Pointe de Keric
Pointe de Kereon
Pointe de Talagrip
Baie de Douarnenez
Quimper
Châteaulin

Ingwiller
Pfaffenhofen
Metz
Phalsbourg
Saint-Dié-des-Vosges
Colmar
Sélestat
Neuf-Brisach
Saint-Jean-Saverne
Circuit Touristique Franco-Allemand
Printzheim
Geiswiller
Wickersheim-Wilshausen
Bossendorf
Wittersheim
Minversheim
Hochstett
Batzendorf
Gottesheim
Autoroute de l'Est
Hochfelden
Circuit des Vosges du Nord
Monswiller
Steinbourg
Scherlenheim
Melsheim
Mommenheim
Ottersthal
Dettwiller
Wilwisheim
Schwindratzheim
Bernolsheim
Saverne
Waldolwisheim
Lupstein
Littenheim
Ingenheim
Waltenheim-sur-Zorn
Krautwiller
Mutzenhouse
Hohfranken-heim
Schaffhouse-sur-Zorn
Wingersheim les Quatre Bans
Canal de la Marne au Rhin
Otterswiller
Furchhausen
Altenheim
Gingsheim
Gottenhouse
Hohatzenheim
Donnenheim
Duntzenheim
Friedolsheim
Bilwisheim
Schwenheim
Mittelhausen
Marmoutier
Wolschheim
Saessolsheim
Mittelschaeffolsheim
Sindelsberg
Saint Maurits
Maennolsheim
Gougenheim
Lochwiller
Kleingœft
Landersheim
Rohr
Olwisheim
Reutenbourg
Westhouse-Marmoutier
Durningen
Kienheim
Rumersheim
Eckwersheim
Dimbsthal
Couvent de Reinacker
Knœrsheim
Zeinheim
Willgottheim
Berstett
Singrist
Jetterswiller
Sommerau
Crastatt
Zehnacker
Hohengœft
Rangen
Avenheim
Sonnenberg
Vendenheim
Salenthal
Birkenwald
Allenwiller
Romanswiller
Wintzenheim-Kochersberg
Neugartheim-Ittlenheim
Kleinfrankenheim
Truchtersheim
Schnersheim
Pfettisheim
Lampertheim
Pfulgriesheim
Gœftberg
Osterfeld
Kuttolsheim
Dossenheim-Kochersberg
Mundolsheim
La Mossig Ruisseau
Route Romane d'Alsace
Wasselonne
Nordheim
Wiwersheim
Griesheim-sur-Souffel
Niederhausbergen
Cosswiller
Brechlingen
Marlenheim
Fessenheim-le-Bas
Quatzenheim
Stutzheim-Offenheim
Dingsheim
Mittelhausbergen
Wangen
Hurtigheim
Furdenheim
Forêt de la Ville de Strasbourg
Seelenberg
Kirchheim
Ittenheim
Oberhausbergen
Cronenbourg
Forêt de Westhoffen
Westhoffen
Odratzheim
Handschuheim
Wolfisheim
Hautepierre
Traenheim
Scharrachbergheim-Irmstett
Osthoffen
Oberschaeffolsheim
Route du Vin
Balbronn
Irmstett
Breuschwickersheim
Eckbolsheim
Bergbieten
Dahlenheim
Achenheim
Flexbourg
Ergersheim
Strasbourg
Mullerhof
Dangolsheim
Soultz-les-Bains
Ernolsheim-Bruche
Rœthig
Avolsheim
Wolxheim
Château de Turckheim
Holtzheim
Saint Pierre
Dachstein
Kolbsheim
Still
Dachstein-Gare
Hangenbieten
Lingolsheim
Heiligenberg
Dinsheim
Molsheim
Hôtel de Ville
Jaegerhof
Aéroport de Strasbourg-Entzheim
Ostwald
Mutzig
Duttlenheim
Duppigheim
Entzheim
Geispolsheim
Gresswiller
Hermolsheim
Saint Jean Château
Altorf
Forêt de Guirbaden
Le Katzenberg
Dorlisheim
Mollkirch
Rosenwiller
Rosheim
Griesheim-près-Molsheim
Geispolsheim
Meyerhof
Laubenheim
Wolffs Chapelle
Blaesheim
Chap. St. Valentin
Château de Guirbaden
le Rosenmeer Ruisseau
Innenheim
A travers les Vosges Moyennes
Saint Pierre et Paul
Lipsheim
Bischoffsheim
Fegersheim
Ichtratzheim
Bœrsch
le Bischenberg
Krautergersheim
Heidenkopf
Saint Léonard
Obernai
Oberkirch Château
Hindisheim
Wibolsheim
Klingenthal
Château d'Ottrott
Château Koepfels
Ottrott
Route Romane d'Alsace
Hipsheim
Saint Ludan
Hagelschloss
Obernai
Meistratzheim
Limersheim
Nordhouse
Kagenfels Château
Saint Gorgon
Bernardswiller
Dreystein
Saint Nabor
Molsheim
Niedernai
Ploerlen
Route du Rhin
Sainte-Odile
Sainte Odile
Route du Vin
Goxwiller
Birkenfels
Truttenhausen Château
Heiligenstein
Saint Blaise
Schaeffersheim
Erstein
Canal du Rhône au Rhin

Haguenau
Haguenau
Lauterbourg
Rastatt
Kaltenhouse
Oberhoffen-sur-Moder
Bois de Soufflenheim
Dengelsheim
Söllingen
Marienthal
Niederschaeffolsheim
Dalhunden
Circuit Touristique Franco-Allemand
Flughafen Karlsruhe/Baden-Baden
Bischwiller
Raffinerie
Drusenheim
Rhein-münster
Stollhofen
Kriegsheim
Gries
Rohrwiller
Hanhoffen
Greffern
Weitbruch
Zwellweg
Herrlisheim
Schwarzach
Klosterkirche
Brumath
Kurtzenhouse
GRAUELSBAUM
LICHTENAU
Route des Potiers et des Villages Pittoresques
Hildmannsfeld
Geudertheim
Herrlisheim
ULM
OBERBRUCH
Weyersheim
Bietlenheim
Achern
Offendorf
MOOS
Gambsheim
SCHERZHEIM
Hœrdt
Route du Rhin
HELMLINGEN
Gambsheim
MUCKENSCHOPF
Bettenhoffen
MEMPRECHTSHOFEN
Unzhurst
Reichstett/Hoerdt
la Wantzenau
Kilstett
Michelbuch
Breithurst
HOFEN
Litzloch
Walzfeld
Raffinerie de Pétrole
la Wantzenau
RHEINAU
FREISTETT
GAMSHURST
Malghurst
Hesselbach
SASBACHRIED
Reichstett
DIERSHEIM
RHEINBISCHOFSHEIM
GROSSWEIER
Reichstett/Mundolsheim
HONAU
HAUSGEREUT
Deutsch-Französische Touristikroute
Achern
Souffelweyersheim
Wœrthel
HOHBÜHN
LEUTESHEIM
Hœnheim
LINX
HOLZHAUSEN
WAGSHURST
FAUTENBACH
Bischheim
Hanauer Land
ACHERN
SCHILTIGHEIM
AUENHEIM
ZIEROLSHOFEN
Kammbach
ÖNSBACH
MÖSBACH
Strasbourg-Centre
BODERSWEIER
RENCHEN
Palais de l'Europe
Orangerie
QUERBACH
Badische Weinstr.
Place des Halles
La Petite France
Cathédrale
Palais des Rohan
KEHL
ULM
NEUMÜHL
Legelshurst
Renchtal
Urloffen
ERLACH
HASLACH
NEUDORF
Europabrücke
TIERGARTEN
Porte de Schirmeck
KORK
ODELSHOFEN
STADELHOFEN
ZUSENHOFEN
Ostwald
Petite France
SUNDHEIM
OBERKIRCH
Neusand
Sand
Spring
NEUHOF
Appenweier
Appenweier
GAISBACH
Baggersee
Willstätt
Kinzig
NUSSBACH
la Colonne
Eckartsweier
Maisenbühl
Illkirch-Graffenstaden
STOCKFELD
Marlen
WINDSCHLÄG
Herztal
Sankt Wendelin
Ruine Fürsteneck
Hesselhurst
Nesselried
BUTSCHBACH
BOTTENAU
Albersbach
GRIESHEIM
Illental
Hesselbach
GOLDSCHEUER
BOHLSBACH
Wiedergrün
Langritt
Rhein
Schaffhardt
Ebersweier
Schloss Staufenberg
Kittersburg
WEIER
Stocken
HOHNHURST
BÜHL
Durbach
Heimbach
Ergersbach
Laibach
Im Gottwald
Oberweiler
Obertal
Hofraite
Schutter
Vollmersbach
Sendelbach
Wolfenhof
Niederau
WALTERSWEIER
RAMMERSWEIER
Lautenbach
Hasengrund
Brandeck
Oberspring
Plobsheim
Altenheim
Müllen
Langhurst
Riedle
ZELL-WEIERBACH
Brandeckkopf
Rathaus
Messe
FESSENBACH
Kempferhof
Offenburg
OFFENBURG
Hohenberg
Notre-Dame du Chêne
Schutterwald
Château de la Thumenau
Neuried
HILDBOLTSWEIER
Käfersberg
Ortenberg
Hinterohlsbach
Höllhof
Dundenheim
Höfen
Schloss
Nothalde
Schwarzenbach
Hohgrund
Mooshof
Büchen
Schlauch
Mittelbach
Ichenheim
ELGERSWEIER
Ebersweier
Ohlsbach
Sondersbach
Hofweiler
ZUNSWEIER
Badische Weinstraße
Welsenbach
REICHENBACH
Haigerach
Dreieck Karlsruhe
Bühl
Freudenstadt
Freudenstadt
Lahr/Schwarzwald
DEUTSCHLAND
Freiburg i. Breisgau
Lahr/Schwarzwald
Haslach im Kinzigtal

Bagnols-sur-Cèze
Mas Neuf
Audabiac
Valsauve
Vallerargues
Vals
Sabran
le Moulin de Descattes
Charavel
Cadignac
la Marque
Orsan
Bourdillan
Mégiers
les Imbres
Quartier de l'Estang
Courac
Bouyas
Plateau de Lacau
Mas de Lembarnès
Gaujargues
Cavillargues
Montron
Saint Pierre de Castres
la Gare
la Bruguière
Saint-Laurent-la-Vernède
Saint-Pons-la-Calm
Tresques
Laudun-l'Ardoise
Mas Mathon
Fontarèches
Mas Carrière
Bord Château
Bois de la Viéle
Moulin Martinet
le Moulin Bertrand
le Puget
Chapelle Saint Jean
Moulin d'Arène
Ribas
Belvézet
la Bastide-d'Engras
Pougnadoresse
le Pin
Connaux
Saint-Paul-les-Fonts
la Grange Noire
le Pigeonnier
Bois de Saint Quentin
Gaujac
Mas de l'Ancienne Église
Bois de Vallabrix
Pré Communal
Chapelle Saint-Jean
St-Martin
Palus
Bois de Larnac
Gastelnau Ferme
le Moutet
Campagne Athon
Saint-Victor-la-Coste
Vallabrix
Foussargues
Larnac Ferme
Labaume
Masmolène
la Capelle-et-Masmolène
Brugas
las Costes
Saint Médiers
Saint-Quentin-la-Poterie
la Rabade
Saint-Victor-des-Oules
Mas Varangle
Mas de Lyçon
Mont Aigu
Mas Cavalier
Pouzilhac
Bois de Saint Victor
Serviers-et-Labaume
Montaren-et-Saint-Médiers
Mas de Mayac
Moulin Neuf
Saint-Hippolyte-de-Montaigu
Panéty
Cave Coopérative
Moulin du Due
Forêt de Saint-Martin
Domaine de Fos
Mas d'Abauzit
Uzès
Archimbelle
Bergerie de Coulomb
Tour de l'Évêque
Saint-Siffret
Flaux
Bergerie de Campe
Mas Chapelle
Arpaillargues
Cathédrale
Château de Carrière
Valliguières
Chapelle Saint-Pierre
Jasse de Malmont
Forêt de Malmont
Brot
Forêt de Ta
Jonquerolles
Saint-Maximin
Bois de Castille
le Grand Mas
Grand Belly
Aizcn Rv
Argilliers
Aqueduc
Forêt de Rochefort
Malaigue
Sagriès
la Condamine
Vers-Pont-du-Gard
St-Capres
Saint-Hilaire-d'Ozilhan
Mas de Panissière
Blauzac
Bois de Perret
Castillon-du-Gard
les Tuileries
le Mour de la Coudette
Lavior
la Clastre
Collias
les Croisades
la Bégude Basse Ferme
Sanilhac
Saint-Pierre Chapelle
Château de Bellevue
Campagnac
Sanilhac-Sagriès
le Gard ou Gardon Riv.
Saint Privat Château
Pont du Gard
la Coussé
Mas Aberlen
Estézargues
Grotte de la Baume
Ancien prieuré
la Baume
Remoulins
Vic
Gorges du Gardon
Lafoux
Mas de Laval
Fournès
Sainte Anastasie
Saint-Bonnet-du-Gard
Saint-Pierre
Domazan
Saint Nicolas
Circuit automobile
Lédenon
Semhac
G a r d
Mas des Cabanes
Poulx
Cabrières
Aquarium Tropical
Clausonne Château
la Begude
le Castelas
les Cannebières
Théziers
Grand Mas de Seynes
Château de Roquecourbe
Mas de Dunan
Tour de Tholozan
Font Froide
le Moulin à Vent
Mas du Syndic
Mas du Niquet
les Mogues
Chapelle de Saint-Gervasy
Bezouce
Mas de Pazac
Meynes
le Rendez-vous
"Nîmes-Marguerittes"
Saint-Gervasy
Montfrin
le Mas d'Escattes
LE CREUX DE L'ASSEMBLÉE
FONTILLES
COURBESSAC
Marguerittes
Bégude Blanche
Château de Sainte M
LA GAZELLE
Mas d'Andron
Saint-Pierre-de-Mézoargues
CAMPLANIER
Maison Carrée
Mas Laurent
Nîmes-Est
Château du Luc
Mas Blanc
le Parc
Comps
Vallabrègues
NÎMES
Mas du Sacré Cœur
Mas de Marieuge
Mas du Maire
Mas du Gabriot
Les Jardin de la Fontaine
Arènes
Domaine Saint-Joseph
Redessan
Abbaye de Saint-Roman
PISSEVIN
Hippodrome
Rodilhan
Curebousset
Mas d'Auphan
Jonquières-Saint-Vincent
Grotte de Pagès
Beaucaire
SAINT CÉZAIRE
Aquatropic
La Languedocienne
les Espagnols
Manduel
Château de Tarascon
Château de Vendargues
Mas de Lapierre
le Mas Rouge
la Moulinelle
Nîmes-Ouest
Nîmes-Centre
Jasse de Goulard
la Brasserie
Caissargues
Mas de Mayan
Château Belle Coste
Bouillargues
Jasse de Massy
Campuget Château
les Sergentes
Mas Guiraud
Château de Beauvoir
Chambourdon
Arles
St-Rémy-de-Provence
Alès

Montélimar
Montélimar
Vaison-la-Romaine
ORANGE
Théâtre Antique
Arc de Triomphe
LE JONQUIER
LE RAPHAËLIS
LES SABLES
Orange-Centre
LE COUDOULET
Orange-Sud
Jonquières
Courthézon
Vacqueyras
Sarrians
Loriol-du-Comtat
Caderousse
Montfaucon
Saint-Geniès-de-Comolas
Châteauneuf-du-Pape
Roquemaure
Bédarrides
Monteux
Entraigues-sur-la-Sorgue
Sorgues
Pujaut
Villeneuve-lès-Avignon
Rochefort-du-Gard
les Angles
le Pontet
AVIGNON
Palais des Papes
Pont Saint-Bénezet
Fort Saint-André
Vedène
Saint-Saturnin-lès-Avignon
Morières-lès-Avignon
Jonquerettes
le Thor
Châteauneuf-de-Gadagne
Caumont-sur-Durance
Barbentane
Rognonas
Châteaurenard
Noves
Cabannes
Graveson
Maillane
Eyragues
Verquières
Saint-Andiol
Tarascon
Saint-Rémy-de-Provence
Mollégès
Plan-d'Orgon
Boulbon
Aramon
Saze
Tavel
la Durance Rivière
le Rhône Fleuve
Autoroute du Soleil
Aéroport d'Avignon Provence
Beaucaire
Arles
St-Rémy-de-Provence
Tarascon
Plan-d'Orgon
St-Rémy-de-Provence
Carpentras
Cavaillon
Apt
Marseille
Sénas

Miramas
Salon-de-Provence
Avignon
Istres
Arles
Miramas-le-Vieux
Cornillon-Confoux
Saint-Chamas
Coudoux
la Fare-les-Oliviers
Ventabren
Velaux
ISTRES
Étang de l'Olivier
Oppidum du Castellan
Rognac
Berre-l'Étang
Étang de Vaïne
VITROLLES
Étang de Berre
Saint-Mitre-les-Remparts
Chapelle Saint-Blaise
Étang d'Engrenier
Étang du Pourra
Aéroport de Marseille-Provence
MRS
Plage de Jaï
MARTIGUES
MARIGNANE
Saint Victoret
Canal de Marseille au Rhône
Port-de-Bouc
Gignac-la-Nerthe
Châteauneuf-les-Martigues
Vallon de Valtrède
Chaîne de l'Estaque
Ensuès-la-Redonne
Le Rove
Souterrain du Rove
Sausset-les-Pins
Carry-le-Rouet
la Couronne
Cap Couronne
Anse de Sainte-Croix
Pointe de Bonnieu
Calanque de l'Escalayolle
Niolon
Rade de Mars
MARS
Ile Ratonneau
Pointe de Brégantin
Ilot Tiboulen
Ile Pomègues
Cap Caveaux
Golfe du Lion
Parc National des Calanques
Wahran (Oran)

Saint-Cannat
Pertuis
Eguilles
Surville
Dioulouffet
Célony
Aix-en Provence
Saint-Eutrope
Vauvenargues
Montagne Sainte-Victoire
Saint-Marc-Jaumegarde
Le Tholonet
Beaurecueil
Saint-Antonin-sur-Bayon
Montagne du Cengle
Meyreuil
Châteauneuf-le-Rouge
Rousset
Les Milles
Luynes
Gardanne
Fuveau
Bouc-Bel-Air
Cabriès
Les-Pennes-Mirabeau
Simiane-Collongue
Mimet
Gréasque
Belcodène
Peynier
Saint-Savournin
Cadolive
La Bouilladisse
Septèmes-les-Vallons
Chaîne de l'Étoile
Pilon du Roi
Peypin
La Destrousse
Auriol
Roquevaire
Plan-de-Cuques
Allauch
Château-Gombert
L'Estaque
Saint-Antoine
Les Aygalades
Saint-Joseph
Saint-Jérôme
Saint-Barthélemy
Montolivet
Les Olives
La Treille
Camoins-les-Bains
La Valentine
Aubagne
Gémenos
La Penne-sur-Huveaune
Carnoux-en-Provence
Roquefort-la-Bédoule
Le Pas de Bellefille
Eille
Le Panier
Endoume
Château d'If
Rade d'Endoume
Pointe Rouge
La Madrague
Mazargues
Bonneveine
Sainte-Marguerite
Col de la Gineste
Chaîne de Saint Cyr
Mont Carpiagne
Chaîne de la Gradule
Cassis
Les Baumettes
La Cayolle
Château Pastré
Porto-Vecchio, Propriano, Ajaccio, Bastia
Aubagne
Cassis
Toulon

Digne-les-Bains
Château Gréolières
Gréolières
Saint-Pons
Coursegoules
Montagne du Chiers
Carros
Corniche du Var
Le Martinet
Aspremont
le Gros Pounch
Cipières
Saint Claude Chapelle
Bois de Garavagne
Colle de Puey Subert
Bastide de Vescagne
Carros-le-Neuf
les Selves
Signal de Perséguier
Gattières
Plateau de Calern
Bramafan
Col de Vence
Source de Riou
Saint Jeannet
le Manda
Colomars
les Cappans
Saint Lambert
Colle de Rougies
Gouffre de l'Embut
Cascade de Courmes
Saut du Loup
Courmes
Gorges du Loup
Saint-Arnoux
Pic de Courmettes
Château N.D. des Fleurs
Vence
la Gaude
Bellet
Saint Pierre
Pont du Loup
Tourrettes-sur-Loup
Chapelle du Rosaire
Saint Michel
Fondation Maeght
Sainte Pétronille
Nice-Saint Isidore
la Madeleine
le Haut Montet
Vallon de la Combe
Ferme Merle
Gourdon
le Bosquet
le-Bar-sur-Loup
Saint Paul
Allianz Riviera
Parc de miniature
le Loup Rivière
la Colle-sur-Loup
Vallon du Claret
Saint-Laurent-du-Var
Château du Rouret
Rouret
Saint Christophe
Magagnosc
le Pré
du Lac Saint-Pons
Châteauneuf-Grasse
Roquefort-les-Pins
CAGNES-sur-Mer
Nice-Saint-Augustin
Saint-Laurent du Var
le Collet
les Furons
Château Mougins
le Plan
la Grange Rimade
Notre Dame de Protection
Grimaldi
Opio
San Peyre
les Maillans
Villeneuve-Loubet
Cagnes-sur-Mer
Prom. d. Anglais
Musée de la Parfumerie
SAINT-JEAN
SAINT-JOSEPH
les Chauves
Notre-Dame du Brusc
Château de la Bégude
Tour de la Madone
Moulin du Loup
CROS-DE-CAGNES
Aéroport Nice-Côte
NCE
SAINT-CLAUDE
les Parattes
Brassauris
GRASSE
Plascassier
le Campon
Valbonne
Ville Bruc
le Terme Blanc
Villeneuve-Loubet
Flory
Hippodrome
Sainte Anne
LE PLAN
SAINT-JACQUES
SAINT-ANTOINE DE GRASSE
les Groulles
Bouches du Loup
Marina Baie des Anges
Saint-Julien
Biot
Villeneuve-Loubet-Plage
Mouans-Sartoux
les Castelaras
les Peyrouos
Bois de Valbonne
les Soullières
les Clausonnes
Musée Fernand Léger
Forêt de Peygros
Clavary
Château Notre-Dame de Valcluse
le Val Martin
Sophia Antipolis
Aquasplash
Marineland
Baie des Anges
Canal de la Siagne
Route Napoléon
le Gabre
la Moulin Vieux
la Peyrière
La Provençale
Funel Château
SUPER-ANTIBES
Moulin du Roy
LA BRAGUE
Auribeau-sur-Siagne
la Roquette-sur-Siagne
le Val de Mougins
Saint Basile
Antibes-Est
LES BREGUIERES
LES COMBES
LA FONTONNE
Antibes Land
Fort Carré
les Saussérons
Pégomas
Saint-Barthélemy
Mougins
Antibes-Ouest
LES SEMBOULES
Cabrol
le Logis
les Bastides
Pibonson
Sambourès
Anse Saint-Roch
Maubert
Saint Jean
Miracle
Cabrières
les Bréguières
Saint-Maymes
SAINT JEAN
FONTMERLE
ANTIBES
la Fenerie
Dandon
Musée
Anse de la Salis
les Marquettes
RANGUIN
LE CANNET
Vallauris
Laurent
JUAN-LES-PINS
LA SALIS
Pointe Bacon
Moulin de Labadie
LE CLAUS
ROCHEVILLE
le Pezou
Golfe-Juan
Plateau de la Garoupe
le Grand Duc
les Crottes
la Bocca
TERREFIAL
SUPER-CANNES
LA GARDIOLE
Plage de la Garoupe
Croix des Gardes
SAINT-NICOLAS
Observatoire de Super-Cannes
Jardin Thuret
Cap Gros
Mandelieu-la-Napoule
Musée Lyckiama
Palais des Festivals
LES GABRES
Golfe Juan
LES NIELLES
Hotel du Cap
LA GAROUPE
LE SUQUET
Château de la Croé
les Termes
Bd de la Croisette
Ville Eilenroc
Mandelieu
CANNES
Palm-Beach Casino
la Formigue
Cap d'Antibes
la Vaquerie
Tremblant
Minelle
Pointe de la Croisette
Pointe de la Convention
Pointe Bataignier
Ile Sainte Marguerite
Golfe de la Napoule
La Napoule
Plateau du Milieu
Pointe Barbier
Iles de Lérins
Abbaye de Lérins
Ile Saint Honorat
Saint Honorat
Maure Vieille
Théoule-sur-Mer
Pointe de l'Aiguille
la Galère
Théoule-Supérieur
Col de la Cadière
Pointe de la Galère
Col de l'Esquillon
le Trayas
Pointe de l'Esquillon
Miramar
la Figuierette
Pic de l'Ours
Espéro-Pax
Col Notre-Dame
Col des Lentisques
le Trayas
Col de l'Evêque
Pic du Cap Roux
Pointe du Cap Roux
Roc Saint Barthélemy
Corniche de l'Esterel
Côte
Draguignan
le Muy
Fréjus

0 0,5 1 2 3 4 5 km
0 0,5 1 2 3 miles

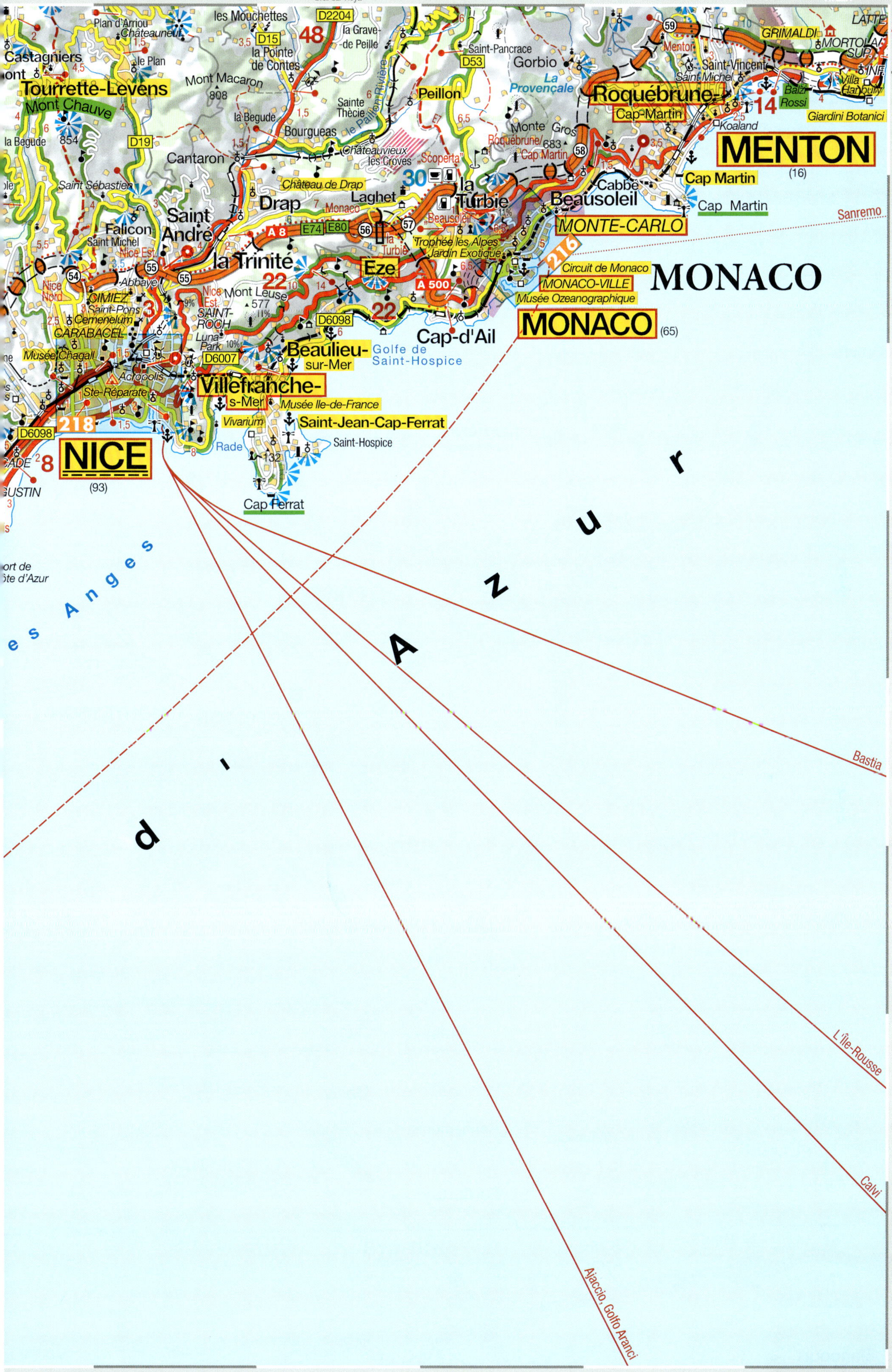
Breil-sur-Roya
ITALIA
Ventimiglia
Plan d'Arriou
Châteauneuf
les Mouchettes
D2204
la Grave-de Peille
Saint-Pancrace
Gorbio
Castagniers
le Plan
D15
la Pointe de Contes
D53
Tourrette-Levens
Mont Macaron
Sainte Thècle
Peillon
La Provençale
Roquebrune-
Cap-Martin
Mont Chauve
la Begude
Bourgueas
Monte Gros
D19
Cantaron
Châteauvieux
les Croves
Scoperta
Saint Sébastien
Château de Drap
Drap
Laghet
la Turbie
Cabbé
Beausoleil
Saint André
Falicon
Saint Michel
A 8
E74
E80
Trophée les Alpes
Jardin Exotique
MONTE-CARLO
la Trinité
Eze
A 500
Circuit de Monaco
MONACO-VILLE
Musée Ozeanographique
MONACO
MONACO
(65)
Cap-d'Ail
Mont Leuse
CIMIEZ
Saint-Pons
Cemenelum
CARABACEL
SAINT-ROCH
Luna Park
D6098
Beaulieu-sur-Mer
Golfe de Saint-Hospice
Musée Chagall
D6007
Acropolis
Ste-Réparate
Villefranche-s-Mer
Musée Ile-de-France
Vivarium
Saint-Jean-Cap-Ferrat
Saint-Hospice
D6098
NICE
(93)
Rade
Cap Ferrat
GRIMALDI
MORTOLA SUP.
Mentor
Saint-Vincent
Saint Michel
Villa Hanbury
Balzi Rossi
Giardini Botanici
Koaland
MENTON
(16)
Cap Martin
Cap Martin
Sanremo
Nice Nord
Nice Est
Abbaye
Monaco
Beausoleil
Roquebrune/Cap Martin
des Anges
Côte d'Azur
Bastia
L'Île-Rousse
Calvi
Ajaccio, Golfo Aranci

Pontoise-les-Louvrais
Méry-s-Oise
Mantes-la-Jolie
Dreux
Trappes
202
La Petit Clamart
Tessancourt-s-Aubette
MENUCOURT
Évecquemont
MEULAN
Boisemont
Vauréal
CERGY-PONTOISE
(VILLE NOUVELLE)
Eragny
Pierrelaye
NEUVILLE-S-OISE
Notre Dame de la visitation
Éragny
Cergy-Pontoise
Seine
Étang de Rouillard
Étang de la Grosse Pierre
Vaux-s-Seine
Forêt de l'Hautil
l'Hautil
JOUY-LE-MOUTIER
LES MUREAUX
TRIEL-S-SEINE
Maurecourt
Oise
Étang de la Gallardon
ANDRÉSY
Château Le Fay
CONFLANS-STE-HONORINE
St-Maclou
Garenne
VERNEUIL-S-SEINE
Chanteloup-les-Vignes
Étang du Corra
Ecquevilly
Vernouillet-s-Seine
Bouafle
Chapet
Achères
Forêt de St Germain
Brézolles
Marsinval
A13
E05
Médan
Carrières-sous-Poissy
Ecquevilly
POLICE
Morainvilliers
les Grésillons
Bures
Villenes-s-Seine
Morainvilliers
Notre Dame
Poissy
Château d'Aqueville
POISSY
184
Château du Val
les Alluets-le Roi
Orgeval
Haut Orgeval
Béthemont
13
A14
17
ST-GERMAIN-EN-LAYE
MONTESSON
Château de Boulémont
Aigremont
Chambourcy
Chât.
A13
LE PECQ
LE VÉSINET
Crespières
Forêt de Marly-le-Roi
Château de Wideville
Feucherolles
St-Gemme
Fourqueux
Mareil-Marly
le Port Marly
13
l'Etang-la-Ville
Davron
Beynes
Croissy-s-Seine
la Sucrerie
Chavenay
St-Nom-la-Bretèche
Parc de Marly
MARLY-LE-ROI
Bougival
Grignon
Louveciennes
LA CELLE-ST-CLOUD
186
Noisy-le-Roi
Château des Grands Maisons
13
Bailly
Le Chesnay
Vaucresson
Chatron
les Cent Arpents
PLAISIR
Villepreux
Rennemoulin
6,5
Arboretum de Chèvreloup
Vaucresson
LE CHESNAY-ROCQUENCOURT
Marnes-la-Coquette
Les Clayes-sous-Bois
Fontenay-le-Fleury
A12
Forêt de Bois d'Arcy
GLATIGNY
LE GÂTINES
Bois-d'Arcy
ST-CYR-L'ECOLE
VERSAILLES
Jardins
Château de Versailles
la Mare des Saules
12
MONTREUIL
Ergal
Élancourt
Étang de St Quentin
ST-LOUIS
VIROFLAY

0 500m 1km 2km 3km
0 0.5mile 1mile 2miles

Méry-s-Oise
Montsoult
Villiers-le-Sec
Z.A.Paris Nord
Bondy (RP3)
Bondy
Noisy-le-Sec
Fontenay-sous-Bois
Joinville
La Petit Clamart
203
Antony
Fresnes
Chevilly Larue
Thiais
Forêt de Montmorency
Pierrelaye
TAVERNY
Notre Dame
Bouffémont
Moisselles
le Mesnil-Aubry
Ezanville
Ecouen
DOMONT
Château de la Chasse
ST-LEU-LA-FORÊT
Château de Bois Corbon
St-Prix
Montlignon
Piscop
Château d'Ecouen
VILLIERS-LE-BEL
BEAUCHAMP
Château de Boissy
le Plessis-Bouchard
Andilly
St-Brice-sous-Forêt
Montigny-lès-Cormeilles
FRANCONVILLE
Margency
EAUBONNE
MONTMORENCY
SARCELLES
ERMONT
Groslay
Hippodr. d'Enghien
SOISY-SOUS-MONTMORENCY
Château du Duc de Dino
DEUIL-LA-BARRE
la Frette-s-Seine
CORMEILLES-EN-PARISIS
SANNOIS
ST-GRATIEN
Lac d'Enghien
Montmagny
Etablissement thermal
ARGENTEUIL
ENGHIEN-LES-BAINS
PIERREFITTE-S-SEINE
GARGES-LES-GONESSE
VILLETANEUSE
SARTROUVILLE
EPINAY-S-SEINE
Dugny
STAINS
HOUILLES
BEZONS
Seine
Parc des Chanteraines
L'Ile-St-Denis
Basilique St-Denis
Parc de la Courneuve
ST-DENIS
La Courneuve
GENNEVILLIERS
VILLENEUVE-LA-GARENNE
COLOMBES
BOIS-COLOMBES
LA COURNEUVE
Stade de France
La Prairie
LA GARENNE-COLOMBES
CARRIERES-S-SEINE
ASNIÈRES-S-SEINE
CLICHY
ST-OUEN
AUBERVILLIERS
NANTERRE
COURBEVOIS
PANTIN
Parc André Malraux
LA DÉFENSE
LEVALLOIS-PERRET
Parc de l'Amitié
RUEIL-MALMAISON
Fort du Mt Valérien
PUTEAUX
NEUILLY-S-SEINE
Sacré Cœur
la Villette
LE PRÉ-ST-GERVAIS
SURESNES
Jardin d'Acclimatation
Palais des Congrès
Arc de Triomphe
Bois de Boulogne
Hippodr. de St-Cloud
Hippodrome de Longchamp
BAGNOLET
Grand Palais
Louvre
PARIS
Tr. Eiffel
Hippodr. d'Auteuil
Centre G.Pompidou
ST-CLOUD
Mais.d. Radio-France
Invalides
Notre Dame
R. Garros
UNESCO
Parc de St-Cloud
Parc d.Princes
Panthéon
BOULOGNE-BILLANCOURT
Palais d.Sports
Palais Omnisports
ST-MANDÉ
SÈVRES
Paris Expo
VANVES
CHARENTON
Fort d'Issy
ISSY-LES-MOULINEAUX
MALAKOFF
Velodr. J.Anqueti
MEUDON
Fort de Vanves
MONTROUGE
Stade Seb. Charlety
IVRY-S-SEINE
Forêt de Meudon
GENTILLY
Fort de Montrouge
CHÂTILLON
A115
A15
A86
A13
A4
2024

Montsoult
Villiers-le-Sec
Montsoult
Senlis
Argenteuil-Coteaux
Argenteuil-Coteaux
Cergy-Pontoise
Nanterre
Porte d'Auteuil
Porte d'Auteuil

Bouffémont
Moisselles
le Mesnil-Aubry
Ezanville
Fontenay-en-Parisis
Puiseux-en-France
Louvres
Château de la Chasse
DOMONT
le Plessis-Gassot
GOUSSAINVILLE
Forêt de Montmorency
Ecouen
Montlignon
Piscop
Château d'Ecouen
Bouqueval
Andilly
VILLIERS-LE-BEL
la Thalmouse
Roissy-en-France
Margency
St-Brice-sous-Forêt
LES CARREAUX
le Thillay
EAUBONNE
MONT-MORENCY
SARCELLES
LE MARRONNIERS
Vaudherland
SOISY-SOUS-MONTMORENCY
Groslay
ARNOUVILLE-LÈS-GONESSE
GONESSE
DEUIL-LA-BARRE
ST-GRATIEN
Montmagny
Aéroport Charles de Gaulle
ENGHIEN-LES-BAINS
PIERREFITTE-S-SEINE
GARGES-LÈS-GONESSE
Bonneuil-en-France
Aéroport de Paris-Le Bourget
Circuit Carole
Parc des Expositions
VILLEPINTE
EPINAY-S-SEINE
VILLE-TANNEUSE
STAINS
Dugny
Musée de l'Air
l'Ile-St-Denis
ST-DENIS
Basilique St-Denis
Parc de la Courneuve
LE BLANC-MESNIL
AULNAY-SOUS-BOIS
VILLENEUVE-LA-GARENNE
LA COURNEUVE
LE BOURGET
DRANCY
Stade de France
LIVRY-GARGAN
CLICHY
ST-OUEN
AUBERVILLIERS
LES PAVILLONS-SOUS-BOIS
PANTIN
BOBIGNY
LE RAINCY
Sacré Cœur
la Villette
NOISY-LE-SEC
BONDY
LE PRÉ-ST-GERVAIS
ROMAIN-VILLE
VILLEMOMBLE
GAGNY
BAGNOLET
ROSNY-SOUS-BOIS
Grand Palais
Louvre
Centre G.Pompidou
PARIS
MONTREUIL
NEUILLY-PLAISANCE
Invalides
Notre Dame
NEUILLY-S-MARNE
UNESCO
Panthéon
VINCENNES
FONTENAY-SOUS-BOIS
LE PERREUX-S-MARNE
Palais Omnisports
Chât.de Vincennes
ST-MANDÉ
Bois de Vincennes
NOGENT-S-MARNE
BRY-S-MARNE
NOISY-LE-GRAND
CHARENTON
Stade Séb. Charléty
IVRY-S-SEINE
ST MAURICE
VILLIERS-S-MARNE
GENTILLY
Fort de Montrouge
JOINVILLE-LE-PONT
CHAMPIGNY-S-MARNE
Seine
Canal de l'Ourcq
A1
A3
A4
A10
A86
A103
E15
E19
E50
104
0 500m 1km 2km 3km
0 0.5mile 1mile 2miles

Chevilly Larue
Thiais
Bonneuil
Créteil
Bonneuil
204
Créteil
Pontault-Combault

Senlis
Le Plessis-Belleville
Le Plessis-Belleville
Moussy-
-le-Neuf
DAMMARTIN-
-EN-GOËLE
Rouvres
St-Pathus
Chennevières-
-lès-Louvre
Moussy-
-le-Vieux
Longperrier
Marchemoret
E19
E15
Epiais-
-lès-Louvres
A1
Mauregard
Villeneuve-
-sous-Dammartin
St-Mard
330
Meaux
2025
érogare 1
le Mesnil-
Amelot
Montgé-
-en-Goële
Aérogare 3
Thieux
Juilly
Cuisy
le Plessis-
-l'Evêque
Aérogare 2
Vinantes
COMPANS
Nantouillet
Aéroport de Paris-Charles de Gaulle
le Plessis-
-aux-Bois
TREMBLAY-
VIEUX PAYS
MITRY
Iverny
MITRY-MORY
Mémorial à
Chemin Péguy
8,5
Villepinte
St-Mesmes
MORY
Mitry-Mory/
Villeparisis
Villeroy
TREMBLAY-
-EN-FRANCE
Gressy
Messy
Charny
TGV Est
Interconnexion TGV
A104
Canal de l'Ourcq
RAN
VILLEPARISIS
Meaux
LES BOIS
FLEURI
Charmentray
CLAYE-SOUILLY
Vaujours
Bobigny
Trilbardou
Fresnes-
-s-Marne
Précy-
-s-Marne
Vignely
Coubron
le Pin
Villevaudé
Annet-
-s-Marne
Courtry
19
Montjay-
-la-Tour
Marne
Jablines
ICHY-
OUS-BOIS
Chelles/
Le Pin
ONTFERMEIL
Villevaudé
Bordeaux
Lesches
Chantereine
Esbly
Carnetin
la
Pomponette
CHELLES
Brou-
-s-Chantereine
Pomponne
Thorigny-
-s-Marne
Dampmart
934
Chalifert
Chelles
Notre Dame des
Ardents et St-Pierre
Saint-Germain-sur-Morin
VAIRES-
-S-MARNE
A104
St-Thibault-
-des-Vignes
LAGNY-
-S-MARNE
934
Montévrain
Marne-la-Vallée/
Lagny-s-Marne
Gournay-
-s-Marne
Parc
de Champs
Château
Disneyland
Paris
Magny-
-le-Hongre
CHAMPS-
-S-MARNE
NOISIEL
Gouvernes
Château de
Guermantes
Noisiel
St-Thibault-
-des-Vignes
Y-
ND
199
406
VAL
MAUBUÉE
TORCY
ST-GERMAIN-
-DES-NOYERS
Conches-
-s-Gondoire
Chanteloup
Champs
Bussy-
-St-Martin
Guermantes
Romain-
villiers
MARNE-LA-VALLÉE
(VILLE NOUVELLE)
Torcy/
Collégien-Centre
Collégien
Bussy-
-St-Georges
Serris
Noisy-
Grand
Noisiel
499
Lognes
Val de
Bussy
Notre Dame du Val
Jossigny
Bailly
Reims
MALNOUE
Château Mais.
de retraite
Lognes
Croissy-
Beaubourg
Ferrières-
-en-Brie
Bussy-St-Georges
Bussy-St-Georges
Marne-la-Vallée
Serris
Chessy Coupvray
A4
E50
Melun
205

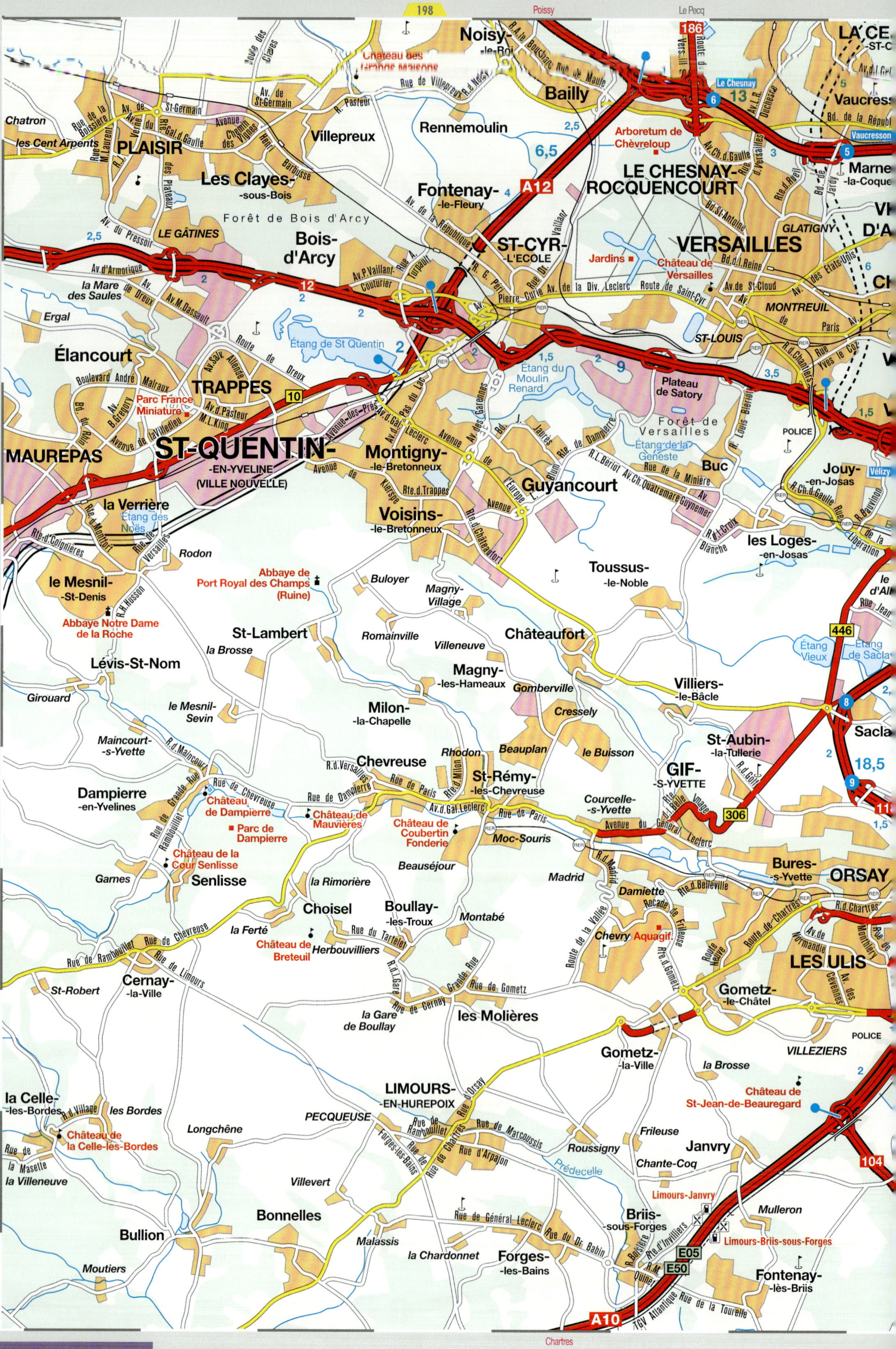
198
Poissy
Le Pecq
Dreux
Rambouillet
Chartres
Noisy-le-Roi
Bailly
Château des Grande Maisons
Rennemoulin
Villepreux
Chatron
les Cent Arpents
PLAISIR
Les Clayes-sous-Bois
Forêt de Bois d'Arcy
Fontenay-le-Fleury
A12
Arboretum de Chèvreloup
LE CHESNAY-ROCQUENCOURT
VERSAILLES
Le Chesnay
Vaucresson
Marnes-la-Coquette
GLATIGNY
LE GÂTINES
Bois-d'Arcy
ST-CYR-L'ECOLE
Jardins
Château de Versailles
MONTREUIL
ST-LOUIS
la Mare des Saules
Ergal
Élancourt
Étang de St Quentin
Étang du Moulin Renard
Plateau de Satory
Forêt de Versailles
Étang de la Geneste
TRAPPES
Parc France Miniature
MAUREPAS
ST-QUENTIN-EN-YVELINE (VILLE NOUVELLE)
Montigny-le-Bretonneux
Guyancourt
Buc
Jouy-en-Josas
Vélizy
la Verrière
Étang des Noës
Voisins-le-Bretonneux
les Loges-en-Josas
Rodon
Abbaye de Port Royal des Champs (Ruine)
Buloyer
Magny-Village
Toussus-le-Noble
le Mesnil-St-Denis
Abbaye Notre Dame de la Roche
St-Lambert
la Brosse
Romainville
Villeneuve
Châteaufort
Étang Vieux
Étang de Saclay
Lévis-St-Nom
Magny-les-Hameaux
Gomberville
Villiers-le-Bâcle
Girouard
le Mesnil-Sevin
Milon-la-Chapelle
Cressely
Saclay
St-Aubin-la-Tuillerie
Maincourt-s-Yvette
Chevreuse
Rhodon
Beauplan
le Buisson
GIF-S-YVETTE
18,5
Dampierre-en-Yvelines
Château de Dampierre
Parc de Dampierre
Château de Mauvières
St-Rémy-les-Chevreuse
Château de Coubertin Fonderie
Moc-Souris
Courcelle-s-Yvette
Château de la Cour Senlisse
Senlisse
Beauséjour
Madrid
Bures-s-Yvette
ORSAY
Garnes
la Rimorière
Damiette
Choisel
Boullay-les-Troux
Montabé
Chevry
Aquagif
LES ULIS
la Ferté
Château de Breteuil
Herbouvilliers
Cernay-la-Ville
St-Robert
Gometz-le-Châtel
la Gare de Boullay
les Molières
Gometz-la-Ville
POLICE
VILLEZIERS
la Brosse
la Celle-les-Bordes
les Bordes
LIMOURS-EN-HUREPOIX
Château de St-Jean-de-Beauregard
Château de la Celle-les-Bordes
Longchêne
PECQUEUSE
Frileuse
Janvry
Roussigny
Chante-Coq
Prédecelle
104
la Masette
la Villeneuve
Villevert
Limours-Janvry
Mulleron
Bonnelles
Briis-sous-Forges
Limours-Briis-sous-Forges
Bullion
Malassis
la Chardonnet
Forges-les-Bains
Fontenay-lès-Briis
E05
E50
A10
Moutiers
TGV Atlantique

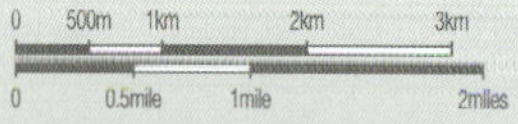
0 500m 1km 2km 3km
0 0.5mile 1mile 2miles

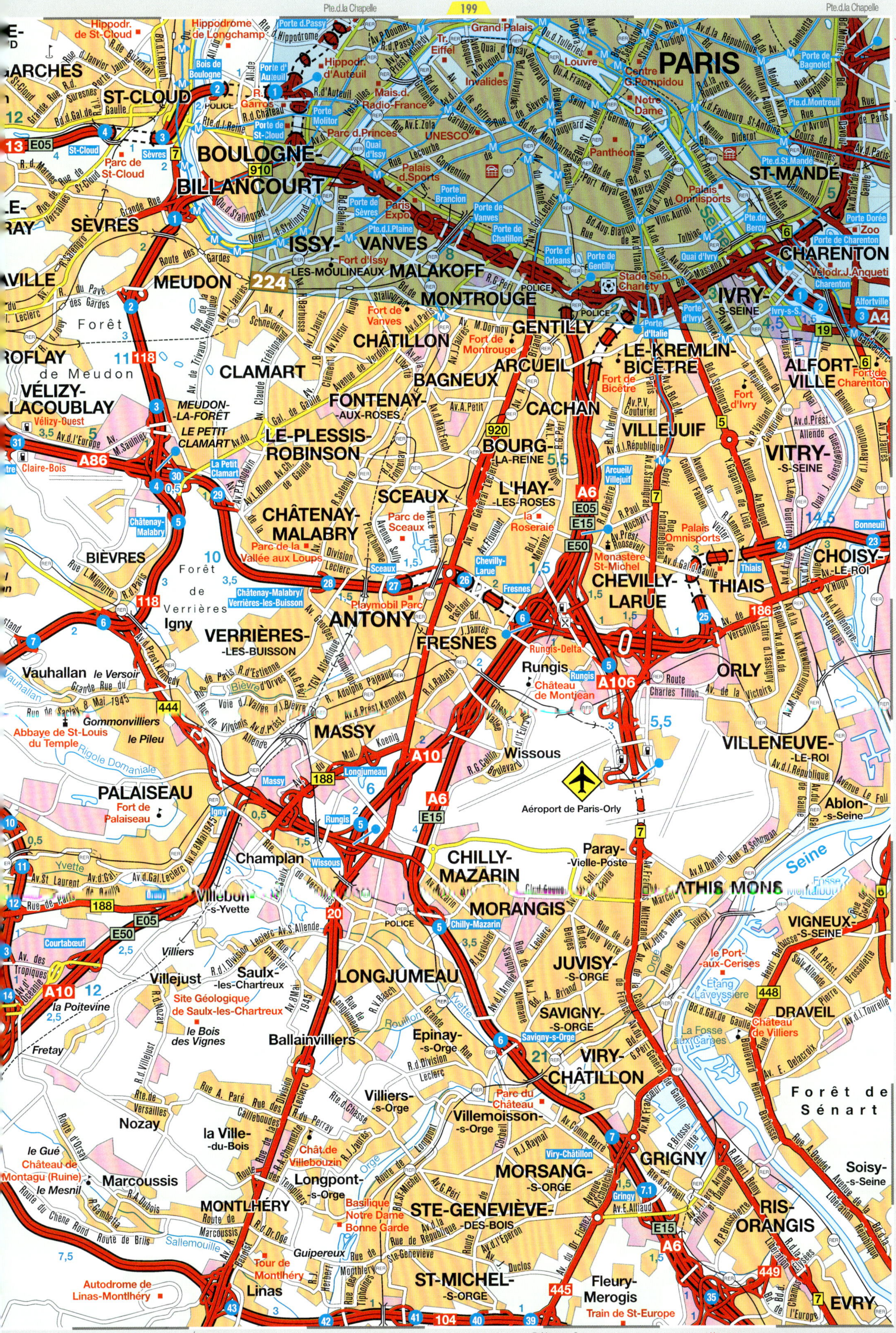

Pte.d.la Chapelle
199
Pte.d.la Chapelle
PARIS
Louvre
Centre G.Pompidou
Notre Dame
Invalides
Tr. Eiffel
Grand Palais
Panthéon
UNESCO
Palais d.Sports
Parc d.Princes
Hippodr. d'Auteuil
Mais.d. Radio-France
R.Garros
Hippodrome de Longchamp
Hippodr. de St-Cloud
ST-CLOUD
Parc de St-Cloud
BOULOGNE-BILLANCOURT
SÈVRES
MEUDON
Forêt de Meudon
ISSY-LES-MOULINEAUX
Fort d'Issy
VANVES
MALAKOFF
MONTROUGE
Paris Expo
Palais Omnisports
ST-MANDÉ
CHARENTON
Velodr.J.Anquetil
IVRY-S-SEINE
Fort d'Ivry
Stade Seb. Charlety
GENTILLY
LE-KREMLIN-BICÊTRE
Fort de Bicêtre
ALFORT-VILLE
Fort de Charenton
CHÂTILLON
Fort de Vanves
Fort de Montrouge
ARCUEIL
BAGNEUX
CACHAN
CLAMART
VÉLIZY-VILLACOUBLAY
Vélizy-Ouest
MEUDON-LA-FORÊT
LE PETIT CLAMART
FONTENAY-AUX-ROSES
LE-PLESSIS-ROBINSON
BOURG-LA-REINE
VILLEJUIF
VITRY-S-SEINE
SCEAUX
Parc de Sceaux
L'HAY-LES-ROSES
la Roseraie
CHÂTENAY-MALABRY
Parc de la Vallée aux Loups
BIÈVRES
Forêt de Verrières
Igny
VERRIÈRES-LES-BUISSON
ANTONY
Playmobil Parc
FRESNES
CHEVILLY-LARUE
Monastère St-Michel
THIAIS
Palais Omnisports
CHOISY-LE-ROI
Rungis
Château de Montjean
ORLY
VILLENEUVE-LE-ROI
Ablon-s-Seine
MASSY
Wissous
Aéroport de Paris-Orly
Vauhallan
le Versoir
Gommonvilliers
le Pileu
Abbaye de St-Louis du Temple
PALAISEAU
Fort de Palaiseau
Champlan
CHILLY-MAZARIN
Paray-Vielle-Poste
ATHIS MONS
MORANGIS
VIGNEUX-S-SEINE
Villebon-s-Yvette
Villiers
Villejust
Saulx-les-Chartreux
Site Géologique de Saulx-les-Chartreux
LONGJUMEAU
JUVISY-S-ORGE
le Port-aux-Cerises
DRAVEIL
Château de Villiers
la Poitevine
le Bois des Vignes
Ballainvilliers
Epinay-s-Orge
SAVIGNY-S-ORGE
VIRY-CHÂTILLON
Forêt de Sénart
Fretay
Nozay
la Ville-du-Bois
Villiers-s-Orge
Villemoisson-s-Orge
Parc du Château
le Gué
Château de Montagu (Ruine)
le Mesnil
Marcoussis
Chât.de Villebouzin
Longpont-s-Orge
MORSANG-S-ORGE
GRIGNY
Soisy-s-Seine
MONTLHÉRY
Basilique Notre Dame Bonne Garde
STE-GENEVIÈVE-DES-BOIS
RIS-ORANGIS
Guipereux
Tour de Montlhéry
Linas
Autodrome de Linas-Montlhéry
ST-MICHEL-S-ORGE
Fleury-Merogis
Train de St-Europe
EVRY
Noisy-le-Sec
Fontenay-sous-Bois
Joinville
Créteil
Valenton
Lieusaint
Corbeil-Essonnes
Étampes
Brétigny-sur-Orge
Nemours

PARIS
MONTREUIL
ROSNY-SOUS-BOIS
NEUILLY-PLAISANCE
NEUILLY-S-MARNE
FONTENAY-SOUS-BOIS
VINCENNES
LE PERREUX-S-MARNE
BRY-S-MARNE
ST-MANDÉ
NOGENT-S-MARNE
CHARENTON
ST MAURICE
VILLIERS-S-MARNE
IVRY-S-SEINE
GENTILLY
JOINVILLE-LE-PONT
CHAMPIGNY-S-MARNE
LE KREMLIN-BICÊTRE
ARCUEIL
ALFORTVILLE
MAISONS-ALFORT
CACHAN
VILLEJUIF
ST-MAUR-DES-FOSSES
BOURG-LA-REINE
VITRY-S-SEINE
CHENNEVIÈRES-S-MARNE
L'HAY-LES-ROSES
CRÉTEIL
Ormesson-s-Marne
CHOISY-LE-ROI
THIAIS
CHEVILLY-LARUE
BONNEUIL-S-MARNE
SUCY-EN-BRIE
Noiseau
VAL POMPADOUR
Rungis
ORLY
VALENTON
LIMEIL-BRÉVANNES
BOISSY-ST-LEGERS
Wissous
VILLENEUVE-LE-ROI
Marolles-en-Brie
Aéroport de Paris-Orly
VILLENEUVE-ST-GEORGES
Ablon-s-Seine
CHILLY-MAZARIN
Paray-Vieille-Poste
Santeny
VILLECRESNES
Crosne
ATHIS-MONS
YERRES
MORANGIS
VIGNEUX-S-SEINE
EPINAY-SOUS-SENART
MONTGERON
JUVISY-S-ORGE
Mandres-les-Roses
BRUNOY
SAVIGNY-S-ORGE
DRAVEIL
Périgny
VIRY-CHÂTILLON
Boussy-St-Antoine
Varennes-Jarcy
Villemoisson-s-Orge
Quincy-sous-Sénart
GRIGNY
Forêt de Sénart
MORSANG-S-ORGE
RIS-ORANGIS
COMBS-LA-VILLE
Soisy-s-Seine
ST-MICHEL-S-ORGE
Fleury-Merogis
Étiolles
Tigery
EVRY
Seine
Marne
Pte.d.la Chapelle
Noisy-le-Sec
Gagny
Porte d' Auteuil
Versailles
Étampes
Rungis
Linas
Nemours
Corbeil-Essonnes
Savigny-le-Temple
0 500m 1km 2km 3km
0 0.5mile 1mile 2miles

Mitry-Mory/Villeparisis 201

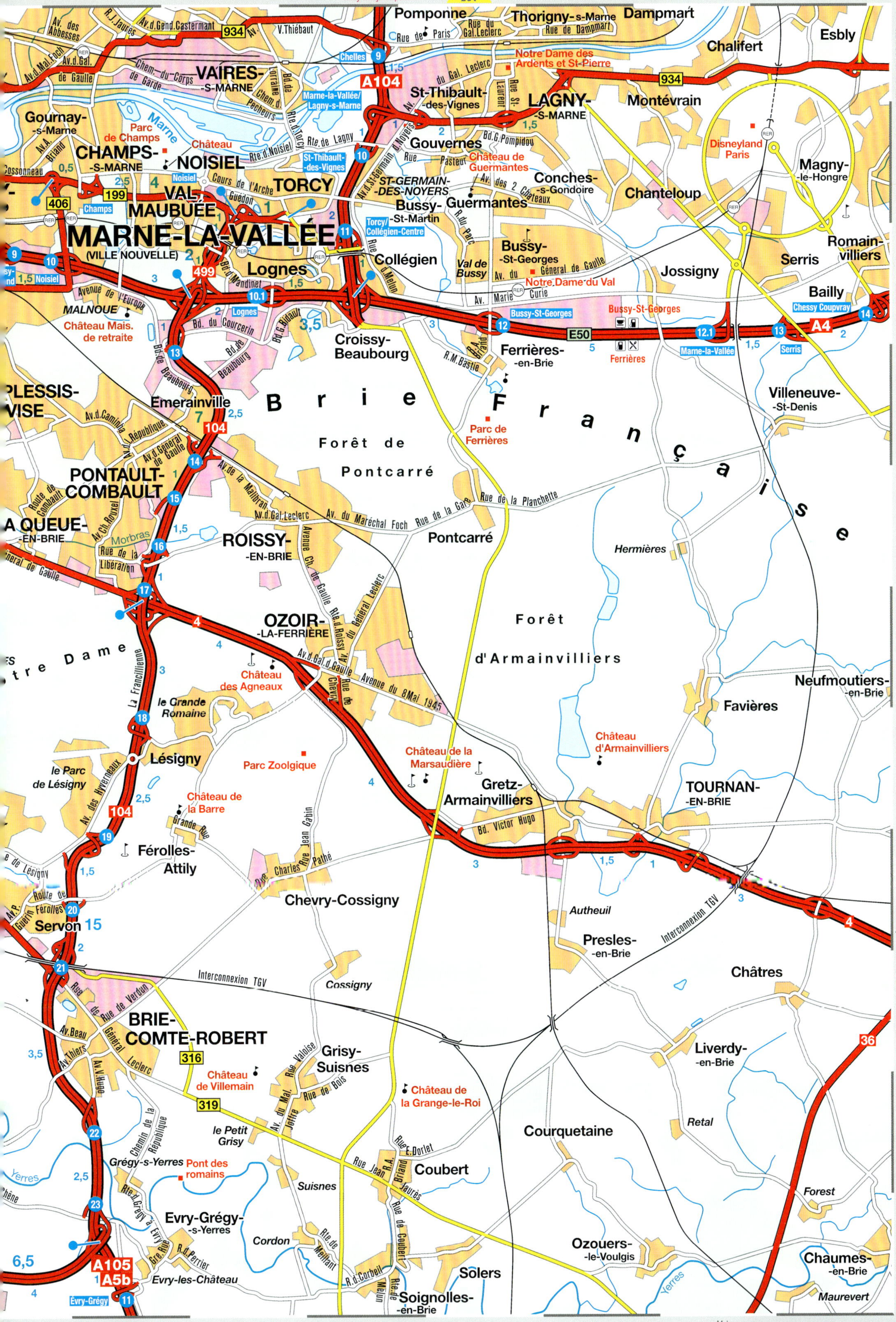
Pomponne
Thorigny-s-Marne
Dampmart
Esbly
Chalifert
VAIRES-S-MARNE
Chelles
A104
St-Thibault-des-Vignes
LAGNY-S-MARNE
Montévrain
Notre Dame des Ardents et St-Pierre
934
Gournay-s-Marne
Parc de Champs
Château
CHAMPS-S-MARNE
NOISIEL
Marne
Marne-la-Vallée/Lagny-s-Marne
St-Thibault-des-Vignes
Gouvernes
Château de Guermantes
Conches-s-Gondoire
Disneyland Paris
Magny-le-Hongre
Chanteloup
TORCY
VAL MAUBUÉE
ST-GERMAIN-DES-NOYERS
Bussy-St-Martin
Guermantes
Torcy/Collégien-Centre
MARNE-LA-VALLÉE
(VILLE NOUVELLE)
Lognes
Collégien
Val de Bussy
Bussy-St-Georges
Notre Dame du Val
Jossigny
Serris
Romainvilliers
Bailly
Chessy Coupvray
A4
E50
Noisiel
Champs
406
199
499
MALNOUE
Château Mais. de retraite
Croissy-Beaubourg
Ferrières-en-Brie
Ferrières
Bussy-St-Georges
Marne-la-Vallée
Serris
Villeneuve-St-Denis
PLESSIS-TREVISE
Emerainville
104
Brie Française
Forêt de Pontcarré
Parc de Ferrières
PONTAULT-COMBAULT
LA QUEUE-EN-BRIE
Morbras
ROISSY-EN-BRIE
Pontcarré
Hermières
OZOIR-LA-FERRIÈRE
Forêt d'Armainvilliers
Notre Dame
Château des Agneaux
le Grande Romaine
La Francilienne
Neufmoutiers-en-Brie
Favières
Château de la Marsaudière
Château d'Armainvilliers
Lésigny
Parc Zoologique
le Parc de Lésigny
Gretz-Armainvilliers
TOURNAN-EN-BRIE
Château de la Barre
Férolles-Attily
Chevry-Cossigny
Autheuil
Presles-en-Brie
Interconnexion TGV
Servon
Châtres
Cossigny
BRIE-COMTE-ROBERT
316
Grisy-Suisnes
Liverdy-en-Brie
36
Château de Villemain
319
Château de la Grange-le-Roi
Retal
le Petit Grisy
Courquetaine
Grégy-s-Yerres
Pont des romains
Coubert
Yerres
Suisnes
Forest
Evry-Grégy-s-Yerres
Cordon
Ozouers-le-Voulgis
A105
A5b
Evry-les-Château
Solers
Chaumes-en-Brie
Evry-Grégy
Soignolles-en-Brie
Maurevert

Saint-Germain-sur-Morin
Reims
Rozay-en-Brie
Saint-Germain-sur-Morin
Melun
Melun

1:20.000

CARTE D'ASSEMBLAGE · BLATTÜBERSICHT · KEY MAP · QUADRO D'UNIONE

ÍNDICE DE MAPA · MAPA ÍNDICE · OVERZICHTSKAART · SKOROWIDZ ARKUSZY

KLAD MAPOVÝCH LISTŮ · KLAD MAPOVÝCH LISTOV · PREGLED LISTOV · PREGLED LIST

Irish Sea
MANCHESTER
SHEFFIELD
North Sea
HAMBURG
UNITED KINGDOM
NORWICH
BIRMINGHAM
AMSTERDAM
NEDERLAND
HANNOVER
ROTTERDAM
CARDIFF
LONDON
DÜSSELDORF
Dover
Calais
GENT
ANTWERPEN
BRUXELLES BRUSSEL
KÖLN
SOUTHAMPTON
DEUTSCHLAND
PLYMOUTH
Boulogne-sur-Mer
LILLE
BELGIË / BELGIQUE
CHARLEROI
FRANKFURT am Main
English Channel
La Manche
Channel Islands
Alderney
Guernsey
Sark
Jersey
Cherbourg-Octeville
Hauts-de-France
AMIENS
Sedan
LËTZEBUERG LUXEMBOURG
Luxembourg
Channel Islands (U.K.)
LE HAVRE
ROUEN
Golfe de St. Malo
CAEN
ÉVREUX
Normandie
PARIS
REIMS
Châlons-en-Champ.
METZ
SAARBRÜCKEN
STUTTGART
Grand Est
Î. d'Ouessant
BREST
St.-Malo
Chartres
Île de France
Nancy
STRASBOURG
Bretagne
RENNES
Troyes
Épinal
Colmar
Quimper
Lorient
LE MANS
Pays de la Loire
ORLÉANS
Centre-Val de Loire
Blois
Auxerre
Bourgogne-Franche-Comté
MULHOUSE
ZÜRICH
Îs. de Glénan
Î. de Groix
Belle-Île
TOURS
LIECHTENSTEIN
ÖSTERREICH
St-Nazaire
NANTES
DIJON
BESANÇON
BERN
Île de Noirmoutier
Bourges
SCHWEIZ
Île d'Yeu
Chalon-sur-Saône
LAUSANNE
les Sables-d'Olonne
Poitiers
OCÉAN ATLANTIQUE
Île de Ré
la Rochelle
Montluçon
GENÈVE
Île d'Oléron
ALPS
Nouvelle-Aquitaine
LIMOGES
CLERMONT-FERRAND
LYON
Chambéry
Aosta
Royan
ST-ÉTIENNE
Auvergne-Rhône-Alpes
MILANO
Tulle
TORINO
BORDEAUX
Périgueux
Valence
GRENOBLE
ITALIA
Golfe de Gascogne
Briançon
GENOVA
Figeac
Mende
Golfo de Vizcaya
Provence-Alpes-Côte d'Azur
Mimizan
Agen
Occitanie
Avignon
Golfo di Genova
Albi
Monaco
MONACO
NÎMES
NICE
Biarritz
TOULOUSE
MONTPELLIER
Mare Ligure
Carcassonne
MARSEILLE
Lourdes
St-Tropez
Îles d'Hyères
Pyrénées
PERPIGNAN
Golfe du Lion
Bastia
BURGOS
ANDORRA
Pirineos
Corse (Fr.)
Ajaccio
ZARAGOZA
Corse
BARCELONA
ESPAÑA
MEDITERRANEAN SEA
MADRID
Sardegna (It.)
SASSARI

1 : 20 000

Légende (F)	Zeichenerklärung (D)	Legend (UK)	Segni convenzionali (I)	Sinais convencionais (P)	Signos convencionales (E)
Autoroute	Autobahn	Motorway	Autostrada	Auto-estrada	Autopista
Route à quatre voies	Vierspurige Straße	Road with four lanes	Strada a quattro corsie	Estrada com quatro faixas	Carretera de cuatro carriles
Route de transit	Durchgangsstraße	Thoroughfare	Strada di attraversamento	Estrada de trânsito	Carretera de tránsito
Route principale	Hauptstraße	Main road	Strada principale	Estrada principal	Carretera principal
Autres routes	Sonstige Straßen	Other roads	Altre strade	Outras estradas	Otras carreteras
Rue à sens unique - Zone piétonne	Einbahnstraße - Fußgängerzone	One-way street - Pedestrian zone	Via a senso unico - Zona pedonale	Rua de sentido único - Zona de peões	Calle de dirección única - Zona peatonal
Information - Parking	Information - Parkplatz	Information - Parking place	Informazioni - Parcheggio	Informação - Parque de estacionamento	Información - Aparcamiento
Chemin de fer principal avec gare	Hauptbahn mit Bahnhof	Main railway with station	Ferrovia principale con stazione	Linha principal ferroviária com estação	Ferrocarril principal con estación
Autre ligne	Sonstige Bahn	Other railway	Altra ferrovia	Linha ramal ferroviária	Otro ferrocarril
Métro	U-Bahn	Underground	Metropolitana	Metro	Metro
Tramway	Straßenbahn	Tramway	Tram	Eléctrico	Tranvía
Bus d'aéroport	Flughafenbus	Airport bus	Autobus per l'aeroporto	Autocarro c. serviço aeroporto	Autobús al aeropuerto
Poste de police - Bureau de poste	Polizeistation - Postamt	Police station - Post office	Posto di polizia - Ufficio postale	Esquadra da polícia - Correios	Comisaría de policía - Correos
Hôpital - Auberge de jeunesse	Krankenhaus - Jugendherberge	Hospital - Youth hostel	Ospedale - Ostello della gioventù	Hospital - Pousada da juventude	Hospital - Albergue juvenil
Église - Église remarquable	Kirche - Sehenswerte Kirche	Church - Church of interest	Chiesa - Chiesa interessante	Igreja - Igreja interessante	Iglesia - Iglesia de interés
Synagogue - Mosquée	Synagoge - Moschee	Synagogue - Mosque	Sinagoga - Moschea	Sinagoga - Mesquita	Sinagoga - Mezquita
Monument - Tour	Denkmal - Turm	Monument - Tower	Monumento - Torre	Monumento - Torre	Monumento - Torre
Zone bâtie, bâtiment public	Bebaute Fläche, öffentliches Gebäude	Built-up area, public building	Caseggiato, edificio pubblico	Área urbana, edifício público	Zona edificada, edificio público
Zone industrielle	Industriegelände	Industrial area	Zona industriale	Zona industrial	Zona industrial
Parc, bois	Park, Wald	Park, forest	Parco, bosco	Parque, floresta	Parque, bosque

Legenda (NL)	Objaśnienia znaków (PL)	Vysvětlivky (CZ)	Legenda (SK)	Legenda (SLO)	Tumač znakova (HR)
Autosnelweg	Autostrada	Dálnice	Diaľnica	Avtocesta	Autocesta
Weg met vier rijstroken	Droga o czterech pasach ruchu	Čtyřstopá silnice	Stvorprúdová cesta	Štiripasovna cesta	Cesta sa četiri traka
Weg voor doorgaand verkeer	Droga przelotowa	Průjezdní silnice	Prejazdná cesta	Tranzitna cesta	Tranzitna cesta
Hoofdweg	Droga główna	Hlavní silnice	Hlavná cesta	Glavna cesta	Glavna cesta
Overige wegen	Drogi inne	Ostatní silnice	Ostatné cesty	Druge ceste	Ostale ceste
Straat met eenrichtingsverkeer - Voetgangerszone	Ulica jednokierunkowa - Strefa ruchu pieszego	Jednosměrná ulice - Pěší zóna	Jednosmerná cesta - Pešia zóna	Enosmerna cesta - Površine za pešce	Jednosmjerna ulica - Pješačka zona
Informatie - Parkeerplaats	Informacja - Parking	Informace - Parkoviště	Informácie - Parkovisko	Informacije - Parkirišče	Informacije - Parkiralište
Belangrijke spoorweg met station	Kolej główna z dworcami	Hlavní železnice s stanice	Hlavná železnica so stanicou	Glavna železniška proga z železniško postajo	Glavna željeznička pruga sa kolodvorom
Overige spoorweg	Kolej drugorzędna	Ostatní železnice	Ostatné železnice	Druga železniška proga	Ostala željeznička traka
Ondergrondse spoorweg	Metro	Metro	Podzemná dráha	Podzemska železnica	Podzemna željeznica
Tram	Linia tramwajowa	Tramvaj	Električka	Tramvaj	Tramvaj
Vliegveldbus	Autobus dojazdowy na lotnisko	Letištní autobus	Letiskový autobus	Letališki avtobus	Autobus zračnog pristaništa
Politiebureau - Postkantoor	Komisariat - Poczta	Policie - Poštovní úřad	Polícia - Poštový úrad	Policijska postaja - Pošta	Policijska postaja - Pošta
Ziekenhuis - Jeugdherberg	Szpital - Schronisko młodzieżowe	Nemocnice - Ubytovna mládeže	Nemocnica - Mládežnícká ubytovňa	Bolnišnica - Mladinski hotel	Bolnica - Omladinski hotel
Kerk - Bezienswaardige kerk	Kościół - Kościół zabytkowy	Kostel - Zajímavý kostel	Kostol - Pozoruhodný kostol	Cerkev - Zanimiva cerkev	Crkva - Znamenita crkva
Synagoge - Moskee	Synagoga - Meczet	Synagoga - Mešita	Synagóga - Mešita	Sinagoga - Džamija	Sinagoga - Džamija
Monument - Toren	Pomnik - Wieża	Pomník - Věž	Pomník - Veža	Spomenik - Stolp	Spomenik - Toranj
Bebouwing, openbaar gebouw	Obszar zabudowany, budynek użyteczności publicznej	Zastavěná plocha, veřejná budova	Zastavaná plocha, verejná budova	Stanovanjske zgradbe, javna zgradba	Izgradnja, javna zgradna
Industrieterrein	Obszar przemysłowy	Průmyslová plocha	Priemyselná plocha	Industrijske zgradbe	Industrijska zona
Park, bos	Park, las	Park, les	Park, les	Park, gozd	Park, šuma

Avignon

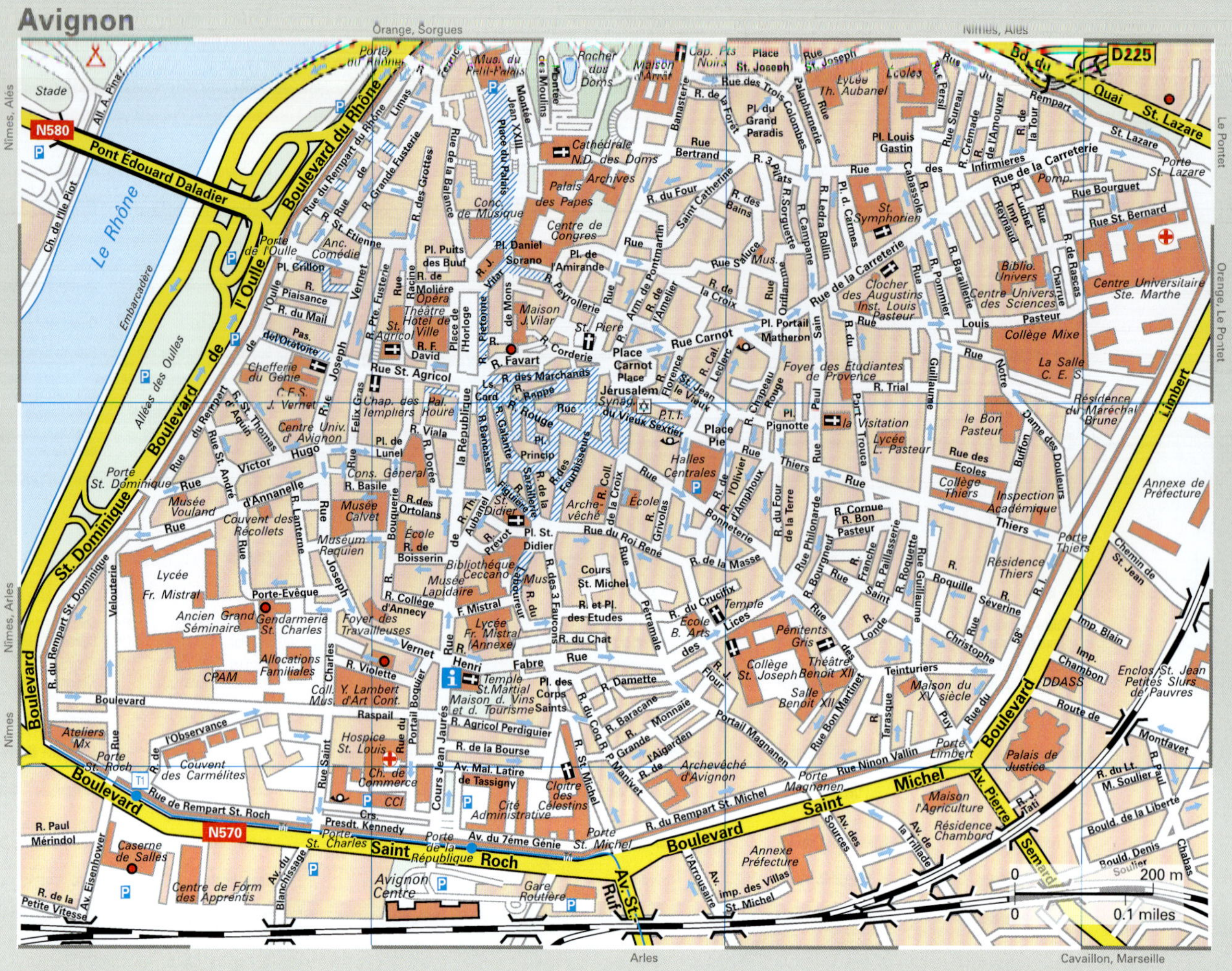

Orange, Sorgues
Nîmes, Alès
Le Pontet
Orange, Le Pontet
Nîmes, Arles
Nîmes
Arles
Cavaillon, Marseille
N580
D225
N570
Le Rhône
Pont Édouard Daladier
Boulevard du Rhône
Boulevard de l'Oulle
Boulevard St. Dominique
Allées des Oulles
Embarcadère
Stade
Cathédrale N.D. des Doms
Palais des Papes
Rocher des Doms
Pl. de l'Horloge
Théâtre Hôtel de Ville
Rue Carnot
Rue de la République
Rue des Teinturiers
Halles Centrales
Lycée Fr. Mistral
Porte St. Dominique
Porte de l'Oulle
Porte St. Charles
Porte de la République
Porte St. Michel
Porte Limbert
Porte St. Lazare
Boulevard Saint Roch
Boulevard Saint Michel
Boulevard Limbert
Quai St. Lazare
Avignon Centre
Gare Routière
Palais de Justice
Centre Universitaire Ste. Marthe
Collège Mixe
Inspection Académique
Annexe de Préfecture
Caserne de Salles
Centre de Form des Apprentis
200 m
0.1 miles

Bordeaux

Poitiers
Ambès
Libourne, Poitiers
Le Haillan
Mérignac
Le Bouscat
Bègles
Pessac, Arcachon
Talence
Villenave d'Ornon
Nansouty
Toulouse, Langon
Bergerac
Ambès, Bergerac
Lançon
La Garonne
Usines Chimiques
Minoteries
Quai de Brazza
Quai des Chartrons
Quai Louis XVIII
Quai des Queyries
Quai de la Souys
Quai de Paludate
Quai Deschamps
Pont de Pierre
Pont Saint-Jean
Place des Quinconces
Jardin Botanique
Place de la Bourse
Place de Stalingrad
Cours de Verdun
Cours Clemenceau
Cours Victor Hugo
Cours d'Alsace et Lorraine
Cours d'Albret
Cours Aristide Briand
Cours de la Somme
Cours de l'Argonne
Cours de la Marne
Cours du Médoc
Cours du Maréchal Juin
Avenue Thiers
Rue Judaïque
Rue Fondaudège
Rue Croix Blanche
Rue d'Ornano
Bd. Maréchal Leclerc
Cathédrale St. André
Grand Théâtre
Embarcadère Quinconces
Embarcadère Stalingrad
Chantiers Navals
Salle des Sports
400 m
0.2 miles

Brest

St. Renan, Lampaul-Plouarzel
Lambézellec
Landerneau
Gouesnou
Quimper
Le Conquet
LE BOUGEN
LANDEREC
KERINOU
ST. MARTIN
RECOUVRANCE
Base navale
La Penfeld
Avenue Victor le Gorgeu
Rue Tourville
R. La Motte Picquet
R. de l'Harteloire
Avenue Maréchal Foch
Av. Georges Clemenceau
Bd. Montaigne
Rue de Quimper
Rue de Valmy
Place de Strasbourg
Pl. Albert Premier
Pl. de la Liberté
Pl. de Metz
Pl. des Fusillés
Sq. Kennedy
R. D. de Lôme
Rue Général Gallieni
R. de la Porte
Rue Anatole France
Pont de Recouvrance
Pont de l'Harteloire
Rue de l'Elorn
Av. Salaun
R. J. M. Le Bris
Av. F. Roosevelt
Route du Vieux St. Marc
165
Gare S.N.C.F.
Bassin du N.° 5
Bassin du N.° 6
Port de Commerce
Gare Maritime
Médiathèque F. Mitterrand
Cimetière de Brest
Cimetière Kerfautras
Stade Jacquard
Hôpital Ponchel
Mus. des Beaux Arts
Musée de la Marine
Château
Tour Tanguy
Préfecture Maritime
0
400 m
0.2 miles

Carcassonne

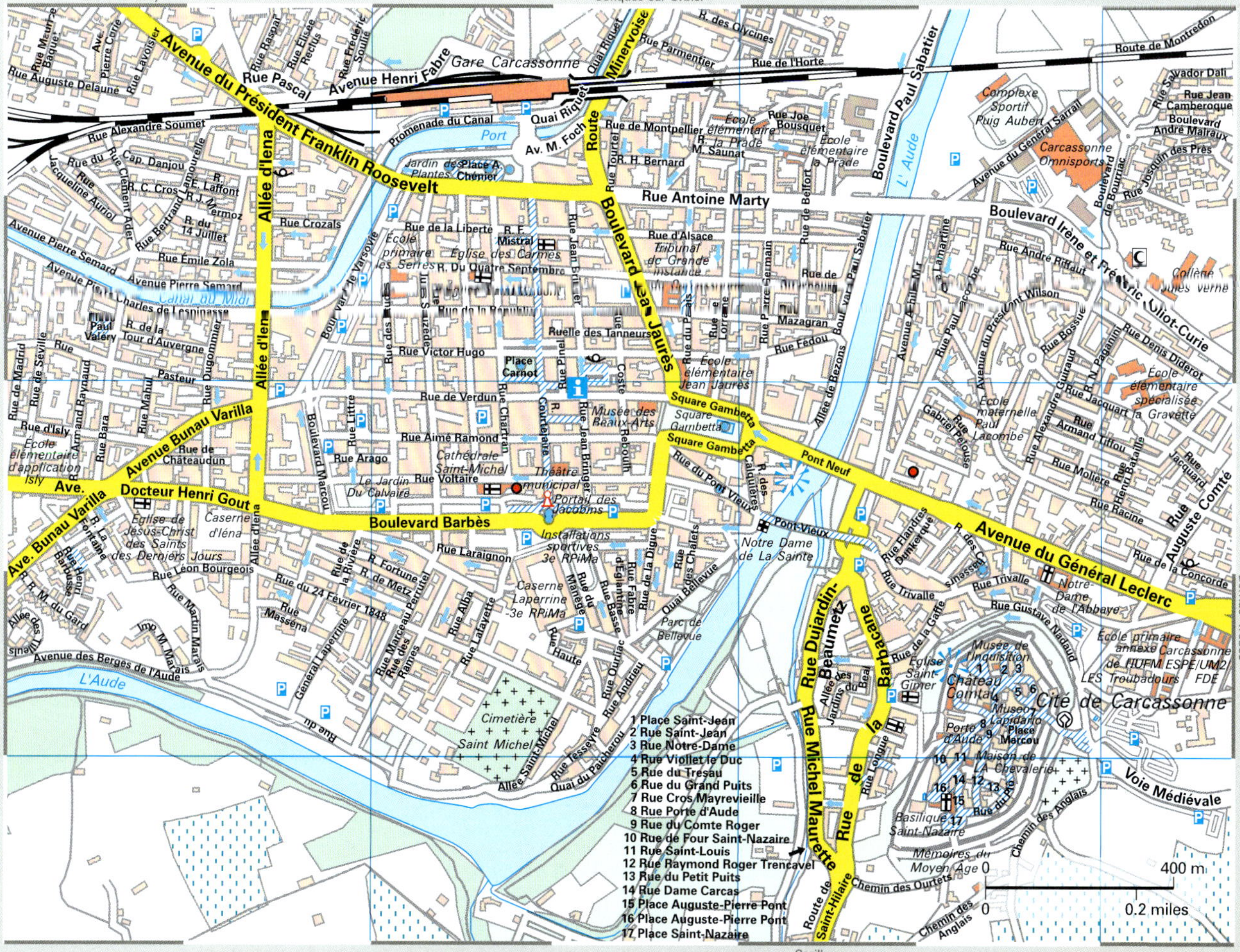
Castelnaudary
Conques-sur-Orbiel
Montréal
Limoux
Berriac, Trèbes
Cazilhac
Gare Carcassonne
Avenue Henri Fabre
Avenue du Président Franklin Roosevelt
Allée d'Iéna
Boulevard Jean Jaurès
Boulevard Barbès
Rue Antoine Marty
Boulevard Paul Sabatier
Avenue du Général Leclerc
Ave. Bunau Varilla
Avenue Bunau Varilla
Docteur Henri Gout
Square Gambetta
Pont Neuf
Pont Vieux
L'Aude
Place Carnot
Rue de Verdun
Cathédrale Saint-Michel
Cimetière Saint Michel
Château Comtal
Cité de Carcassonne
Voie Médiévale
Rue Trivalle
Rue Barbacane
Rue Michel Maurette
Rue Dujardin Beaumetz
Chemin des Anglais
1 Place Saint-Jean
2 Rue Saint-Jean
3 Rue Notre-Dame
4 Rue Viollet le Duc
5 Rue du Trésau
6 Rue du Grand Puits
7 Rue Cros Mayrevieille
8 Rue Porte d'Aude
9 Rue du Comte Roger
10 Rue du Four Saint-Nazaire
11 Rue Saint-Louis
12 Rue Raymond Roger Trencavel
13 Rue du Petit Puits
14 Rue Dame Carcas
15 Place Auguste-Pierre Pont
16 Place Auguste-Pierre Pont
17 Place Saint-Nazaire
0
400 m
0.2 miles

Chartres

Dreux, Epernon
Châteauneuf-en-Thymerais
Paris
Courville-sur-Eure
Ouarville
Illiers-Combray
Châteaudun
Morancez
Orléans
Boulevard Charles Péguy
Boulevard Jean Jaurès
Bd. du Maréchal Foch
Bd. Clemenceau
Avenue Jean Mermoz
Rue du Faubourg Guillaume
Rue du Faubourg la Grappe
Rue Gambetta
Rue du Faubourg St.-Jean
Rue du Grand Faubourg
Rue du 14 Juillet
Rue Chauveau-Lagarde
R. du Gal. Georges Patton
Rue du Maréchal Leclerc
R. du Docteur Maunoury
Rue de Sours
Boulevard
Bd. Chasles
Rue de Châteaudun
Rue Brossellette
Rue Saint-Chéron
Cathédrale Notre-Dame
Gare de Chartres
Hôpitaux De Chartres
Pl. des Epars
Institut Universitaire de Technologie
Église St.-Pierre
Halle Jean Cochet
Stade des Bas Bourgs
0 400 m
0 0.2 miles

Caen

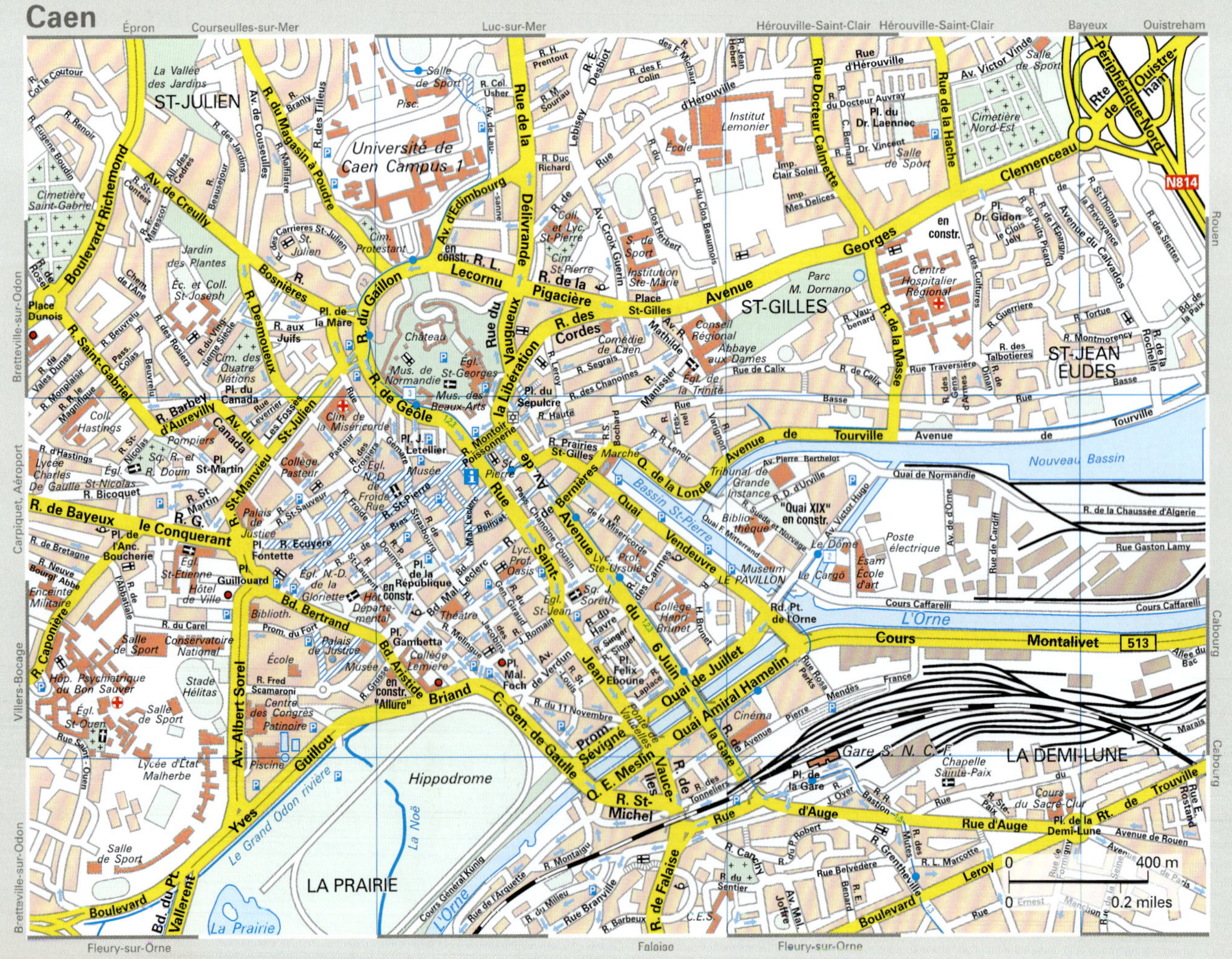
Épron
Courseulles-sur-Mer
Luc-sur-Mer
Hérouville-Saint-Clair
Bayeux
Ouistreham
Rouen
Bretteville-sur-Odon
Carpiquet, Aéroport
Villers-Bocage
Cabourg
Fleury-sur-Orne
Falaise
ST-JULIEN
ST-GILLES
ST-JEAN EUDES
LA DEMI-LUNE
LA PRAIRIE
Université de Caen Campus 1
Château
Hippodrome
Boulevard Richemond
R. de Bayeux
Le Conquérant
Av. de la Libération
Rue de la Délivrande
Avenue Georges Clemenceau
Avenue de Tourville
Cours Montalivet
Cours Caffarelli
Quai Amiral Hamelin
Av. du 6 Juin
Nouveau Bassin
L'Orne
Gare S. N. C. F.
Rue d'Auge
Boulevard Leroy
Boulevard Yves Guillou
Bd. Maréchal Leclerc
Place St-Sauveur
N814
513
0 400 m
0 0.2 miles

Dijon

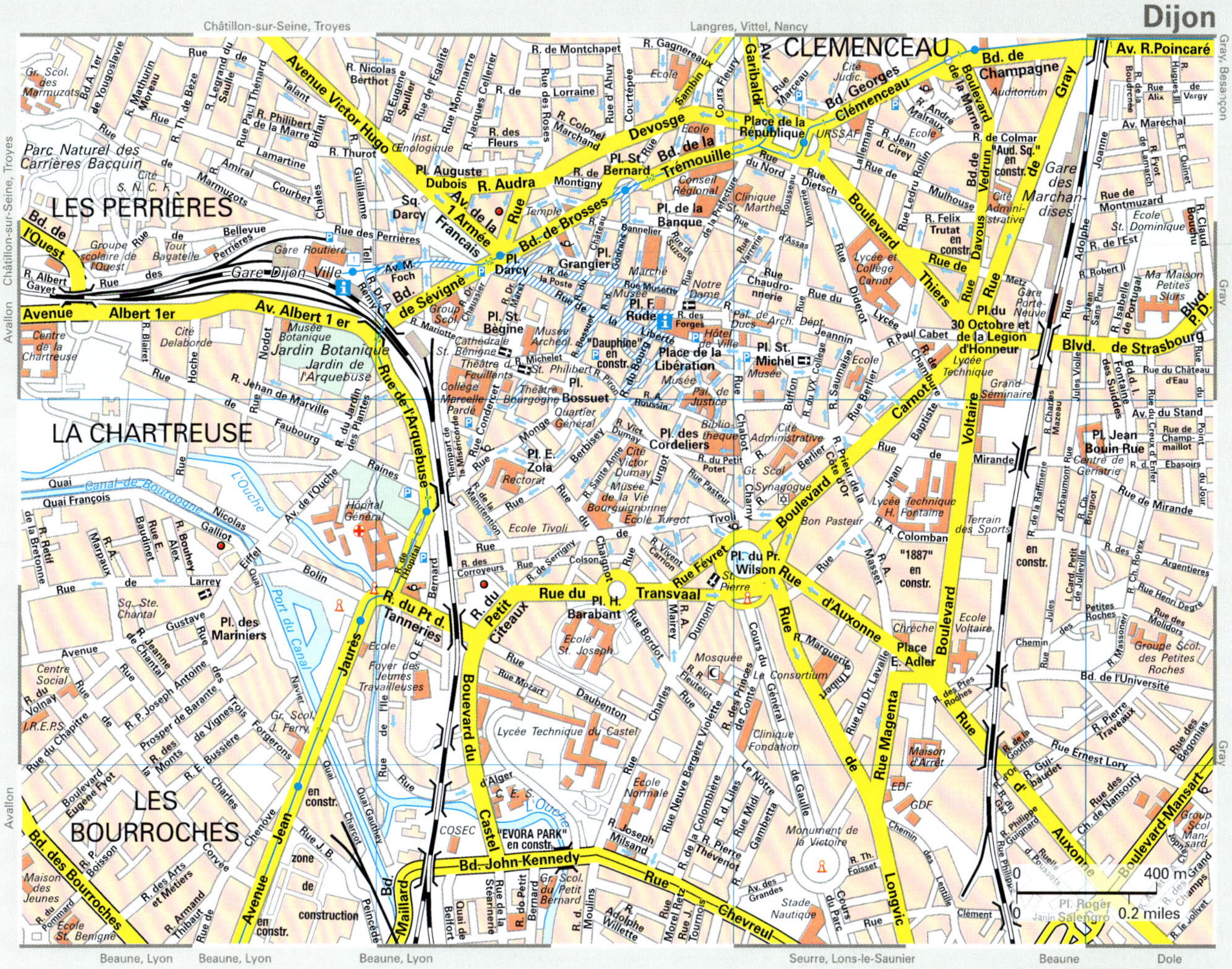
Châtillon-sur-Seine, Troyes
Langres, Vittel, Nancy
Gray, Besançon
Gray
Avallon
Beaune, Lyon
Seurre, Lons-le-Saunier
Beaune
Dole
CLEMENCEAU
LES PERRIÈRES
LA CHARTREUSE
LES BOURROCHES
Parc Naturel des Carrières Bacquin
Jardin Botanique
Jardin de l'Arquebuse
Gare Dijon Ville
Av. Victor Hugo
Av. Albert 1er
Bd. de l'Ouest
Rue de l'Arquebuse
Bd. de Sévigné
Bd. de Brosses
Bd. de la Trémouille
Rue Devosge
Bd. de Champagne
Av. R. Poincaré
Bd. Georges Clémenceau
Boulevard Thiers
Blvd. de Strasbourg
Bd. John Kennedy
Rue Chevreul
Boulevard du Castel
Rue du Transvaal
Rue d'Auxonne
Boulevard Voltaire
Rue Magenta
Boulevard Mansart
Pl. Darcy
Pl. de la Libération
Pl. de la République
Pl. du Pr. Wilson
Pl. du 30 Octobre et de la Légion d'Honneur
Canal de Bourgogne
L'Ouche
400 m
0.2 miles

Grenoble

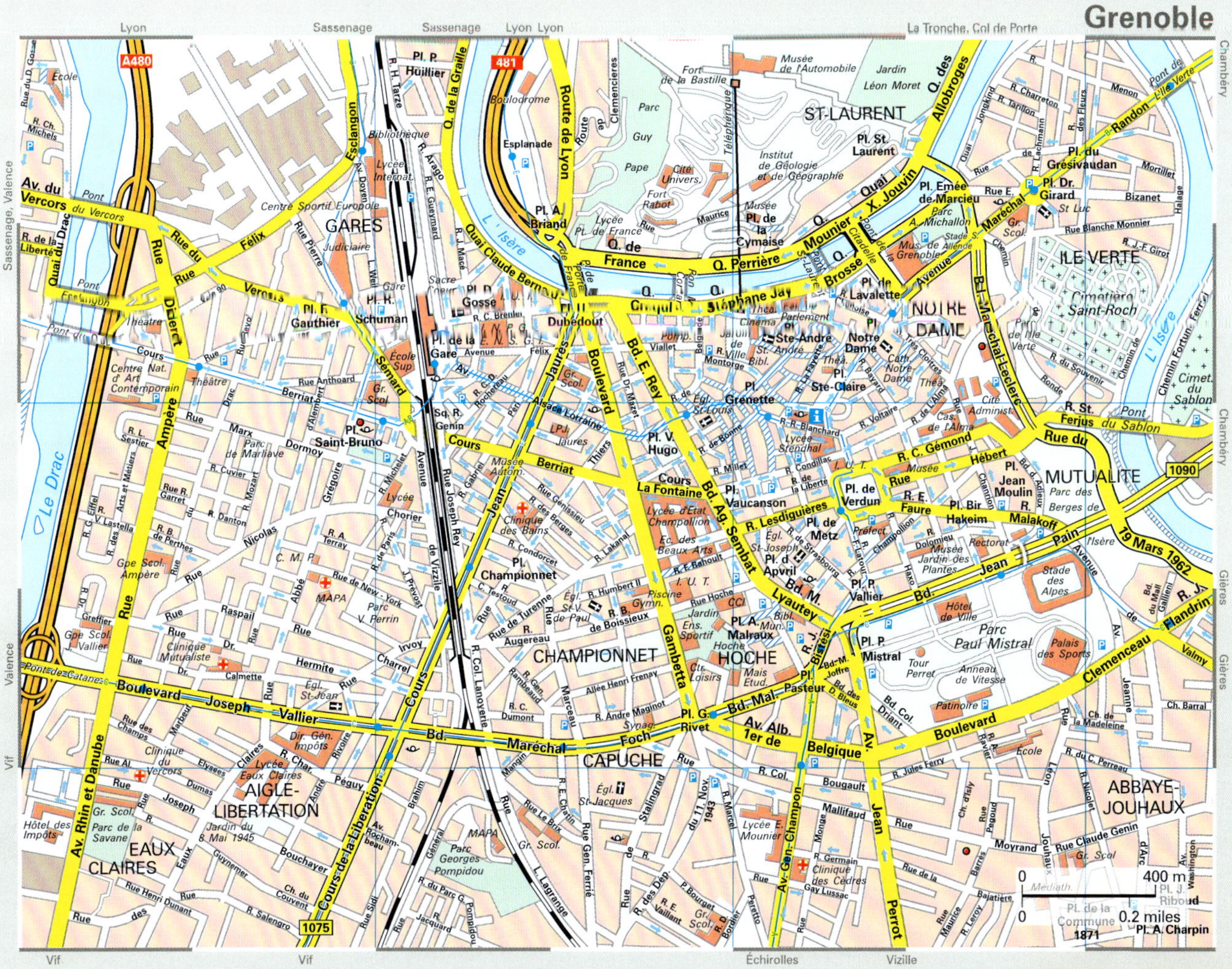
Lyon
Sassenage
La Tronche, Col de Porte
Chambéry
Sassenage, Valence
Valence
Vif
Échirolles
Vizille
Gières
A480
481
1090
1075
ST-LAURENT
GARES
ILE VERTE
NOTRE DAME
MUTUALITÉ
CHAMPIONNET
HOCHE
CAPUCHE
AIGLE-LIBERTATION
EAUX CLAIRES
ABBAYE-JOUHAUX
L'Isère
Le Drac
Fort de la Bastille
Téléphérique
Cimetière Saint-Roch
Parc Paul Mistral
Jardin des Plantes
Pl. Victor Hugo
Pl. Grenette
Pl. Notre Dame
Pl. Ste-Claire
Pl. de Verdun
Cours Jean Jaurès
Cours Berriat
Boulevard Joseph Vallier
Bd. Maréchal Foch
Bd. Gambetta
Av. Alb. 1er de Belgique
Boulevard Clémenceau
Rue Jean Perrot
Av. Rhin et Danube
Rue Ampère
Cours de la Libération
Q. Perrière
Q. Stéphane Jay
Q. de France
Q. des Allobroges
Bd. Maréchal Leclerc
Bd. Jean Pain
400 m
0.2 miles

le Havre

Étretat
Fécamp
Rouen
Sainte-Adresse
Rouen, Paris
Honfleur
Gare Maritime, Honfleur
Fort de Sainte - Adresse
Cimetière Sainte-Marie
Fort de Tourneville
Hôpital Calmette
329ème
Rue Aristide Briand
Rue Georges Lafaurie
Cours de la République
R. Jean Jacques Rousseau
Boulevard Winston Churchill
Pl. des Gobelins
Pl. St. Vinc de Paul
232
R. Fréd. Bellanger
R. Georg. Braque
Square Saint-Roch
Av. Gen. Leclerc
Hôtel de Ville
Place de l'Hôtel de Ville
Boulevard de Strasbourg
Avenue Foch
Rue de Paris
Place Aug. Perret
Place G. de Gaulle
Bassin du Commerce
Bassin Vauban
Bassin des Docks
Quai Colbert
Ch. du 24 ème Territorial
Anse des Régates
Anse de Joinville
Avant - Port
Digue Augustin Normand
Boulevard Clémenceau
Quai de Southampton
Bassin de la Manche
Bassin de l'Eure
Bassin de la Citadelle
Gare
Pl. Jean Le Brozec
Pl. des Expositions
Place Danton
Pl. Désiré Rebeuf
Pl. Caillard
Pl. Léon Carlier
Portsmouth 5 1/2 - 8h
400 m
0.2 miles

le Mans

Alençon
Mamers
Bellême
Laval
Orléans
Sablé-s-Sarthe, Tours
Sablé-sur-Sarthe
Tours
Centre Hospitalier
Avenue Rubillard
Pl. de la Boussinière
Place G. Bouttie
Pl. du 117e R. I.
Pl. du Pré
Cimetière St. Pavin
Place Gambetta
R. du Chêne Vert
Boulevard de la Libération
La Sarthe
Pl. St. Vincent
Cath. St. Julien
Place des Jacobins
Hôtel de Ville
Av. de Paderborn
Jardin de Tessé
Jardin d'Horticulture
Place de la République
Av. du G. de Gaulle
Pl. A. Briand
Pl. F. D. Roosevelt
Pl. Cust. Langevin
Bd. A. France
Rue d'Eichthal
Avenue Léon Bollée
Caserne Paixhans
Pl. du 8 Mai 1945
Gare
Bd. Robert Jarry
Boulevard Emile Zola
Pl. George Washington
Av. J. Jaurès
Bvd. du Général Patton
Cimetière St. Georges
338
309
400 m
0.2 miles

Quesnoy-sur-Deûle
Wambrechies
Verlinghem
St-Maurice Pellevoisin
Bruges (BEL)
Roubaix
Paris
Mons-en-Barœul
Hellemmes
Gent (BEL)
Villeneuve-d'Ascq
Armentières
Dunkerque
Lens
ST. ANDRÉ
LAMBERSART
LE CANON D'OR
LE CHAMP DE COURSE
Citadelle de Lille
Bois de Boulogne
Parc Zoologique
Esplanade du Champs de Mars
VAUBAN ESQUERMES
WAZEMMES
FAUBOURG DE BETHUNE
Cimetière du Sud
Canal de la Deûle
Avenue du Bois
Avenue Henri Delecaux
Boulevard Robert Schuman
Rue du Général de Gaulle
Av. Leon Jouhaux
Boulevard de la Lorraine
Boulevard Vauban
Rue Nationale
Boulevard de la Liberté
Rue de Solférino
Boulevard Victor Hugo
Rue de Cambrai
Boulevard de Strasbourg
B. d' Alsace
B. de Belfort
Boulevard de Metz
Boulevard Montebello
Rue de la Bassée
Rue de Turenne
Rue d'Isly
Rue Léon Gambetta
Bd. Louis XIV
Bd. E. Dubuisson
Av. du Président Hoover
Av. le Corbusier
Pl. de la République
Pl. du Théâtre
Place du Gen. de Gaulle
Pl. de la Gare
Pl. des Buisses
Pl. de l'Europe
Gare Lille-Flandres
Gare Lille-Europe
Euralille
Zénith Arena
Lille Grand Palais
Préfecture
Hôtel de Ville
Palais Rihour
Opéra
Vieille Bourse
Musée des Beaux-Arts
Basilique N.D. de la Treille
Hospice Comtesse Musée Rég.
Porte de Paris
Lille-Wazemmes
Lille-Sud
Lille-Hellemmes
Jardin Botanique
A25
356
549
917
400 m
0.2 miles

Neuville-s-Saône, Trévoux
Rillieux-la-Pape
Bourg-en-Bresse
Bourg-en-Bresse, Mâcon
LA CROIX-ROUSSE
Pl. de la Croix-Rousse
Parc de la Tête d'Or
Jardin Zoologique
Jardin Botanique
Vélodrome
Grande Île
Le Rhône
Cité Internationale
Palais de Congrès
Musée d'Art Contemporain
Place du Général Leclerc
LES BROTTEAUX
Cours Lafayette
LA PART-DIEU
LE VIEUX LYON
ST-JEAN
ST-GEORGES
BELLECOUR
Place Bellecour
CARNOT
LA QUILLOTIERE
La Saône
Gare de Lyon-Perrache
Gare de la Part-Dieu
Gare de la Guillotière
Cours Gambetta
Avenue Berthelot
Quai Claude Bernard
Place Carnot
Place Maréchal Lyautey
Cours Roosevelt
Cours Vitton
Pl. Jean Jaurès
"EM Lyon" zone de construction
Marché International des Négociants
Trévoux, Collonges
Clermont-F., Paris
La Confluence, Givors, St-Etienne
Crémieu
Meyzieu
Montchat
Bourgoin-Jallieu
Bron
Chambéry
Grenoble
Marseille
St-Etienne
7. Arrondissement
Vienne
Corbas
400 m
0.2 miles

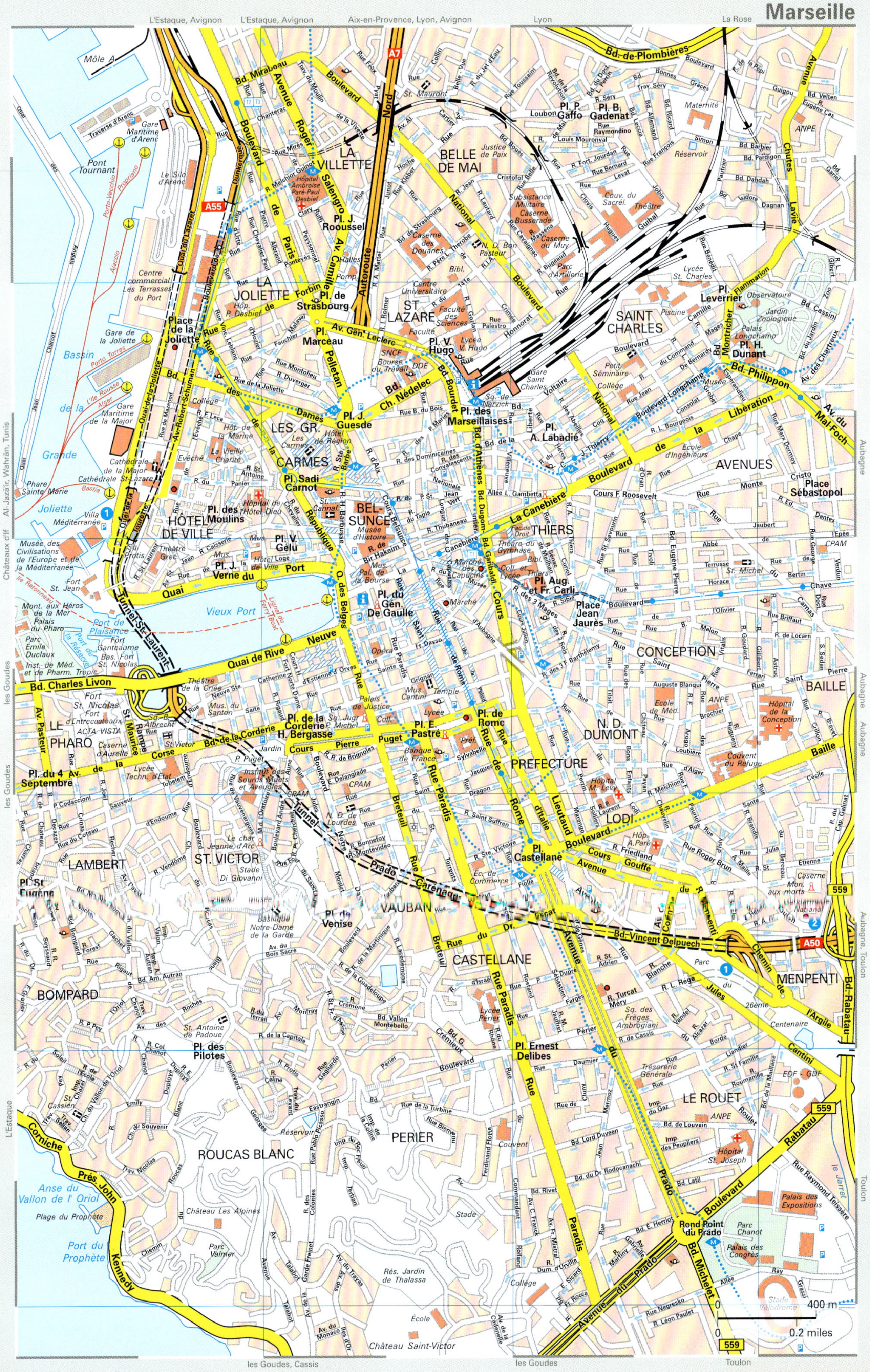
L'Estaque, Avignon
L'Estaque, Avignon
Aix-en-Provence, Lyon, Avignon
Lyon
La Rose
Bd. de Plombières
Môle A
Traverse d'Arenc
Gare Maritime d'Arenc
Pont Tournant
Le Silo d'Arenc
A55
A7
Autoroute Nord
Bd. Mirabeau
Avenue Roger Salengro
Boulevard de Paris
Boulevard National
LA VILLETTE
BELLE DE MAI
Pl. J. Roussel
Caserne des Douanes
LA JOLIETTE
Pl. de Strasbourg
Centre commercial Les Terrasses du Port
Place de la Joliette
Gare de la Joliette
Bassin de la Grande Joliette
Pl. Marceau
ST LAZARE
Pl. V. Hugo
SAINT CHARLES
Gare Saint Charles
Pl. Leverrier
Pl. H. Dunant
Jardin Zoologique
Palais Longchamp
Bd. Philippon
Av. du Mal Foch
Boulevard Longchamp
Av. Gen Leclerc
Ch. Nédélec
Bd. Bourdet
Pl. J. Guesde
LES GR. CARMES
Pl. des Marseillaises
Pl. A. Labadie
Boulevard de la Libération
AVENUES
Place Sébastopol
Cathédrale de la Major
Pl. Sadi Carnot
Pl. des Moulins
HÔTEL DE VILLE
BEL-SUNCE
La Canebière
THIERS
Musée des Civilisations de l'Europe et de la Méditerranée
Fort St. Jean
Pl. J. Verne
Pl. V. Gelu
Quai du Port
Vieux Port
Pl. Aug. et Fr. Carli
Place Jean Jaurès
Pl. du Gén. De Gaulle
Quai de Rive Neuve
Tunnel St Laurent
Bd. Charles Livon
Palais du Pharo
Port de Plaisance
Fort Ganteaume
Bas. Fort St. Nicolas
Fort St. Nicolas
LE PHARO
Av. Pasteur
Bd. de la Corderie
Pl. de la Corderie
H. Bergasse
Pl. E. Pastré
Pl. de Rome
PREFECTURE
CONCEPTION
N. D. DUMONT
BAILLE
Hôpital de la Conception
Pl. du 4 Septembre
LAMBERT
ST. VICTOR
Stade Di Giovanni
Pl. St Eugène
Basilique Notre-Dame de la Garde
Pl. de Venise
VAUBAN
Rue Breteuil
Rue Paradis
Rue de Rome
Pl. Castellane
Avenue du Prado
LODI
Bd. Vincent Delpuech
A50
559
MENPENTI
Bd. Rabatau
BOMPARD
CASTELLANE
Pl. des Pilotes
Pl. Ernest Delibes
LE ROUET
ROUCAS BLANC
PERIER
Corniche Prés. John Kennedy
Anse du Vallon de l'Oriol
Plage du Prophète
Port du Prophète
Château Les Alpines
Rés. Jardin de Thalassa
Château Saint-Victor
Rond Point du Prado
Bd. Michelet
Palais des Expositions
Parc Chanot
Palais des Congrès
Stade Vélodrome
Hôpital St. Joseph
0
400 m
0
0.2 miles
Les Goudes, Cassis
Les Goudes
Toulon
Aubagne
Aubagne, Toulon
Al-Jazā'ir, Wahrān, Tunis
Châteaux d'If
Les Goudes
L'Estaque

Limoges

Poitiers, Bellac
Châteauroux
Châteauroux
La Bastide
Rilhac-Rancon, Vierzon
Nieul, Aéro-port
Mas Blanc
Angoulême
Aixe-sur-Vienne
Isle
Le Palais-sur-Vienne
Panazol
Panazol, Clermont-Ferrand
Brive-la-Gaillarde
Isle
Périgueux
Périgueux
Saint-Yrieix-la-Perche
Périgueux
Saint-Yrieix-la-Perche
Eymoutiers
CARNOT
LES CARMES
SAINTE-CLAIRE
LA BOUCHERIE
BEAUPEYRAT
LA CITE
LA SABLARD
Pl. Carnot
Av. Baudin
Av. Georges Dumas
Av. de la Révolution
Bd. de Fleurus
Bd. Gambetta
Pl. Jourdan
Pl. Winston Churchill
Pl. de la Préfecture
Pl. de la République
Cours Gay Lussac
Av. du Gal. de Gaulle
Pont Neuf
Pont St. Etienne
La Vienne
Port du Naveix
Av. J. Gagnant
Pl. des Casseaux
Centre Commercial
Aix-sur-Vienne
Cathédrale St. Etienne
Jardin de l'Evêché
Hôtel de Ville
Parc de l'Auzette
R. Armand Dutreix
Rue Louis Casimir Ranson
Av. du Midi
Av. E. Ruben
Quai St. Martial
Quai L. Goujaud
R. Eugène Varlin
Bd. de Lattre de Tassigny
A20
0
400 m
0
0.2 miles

Monaco

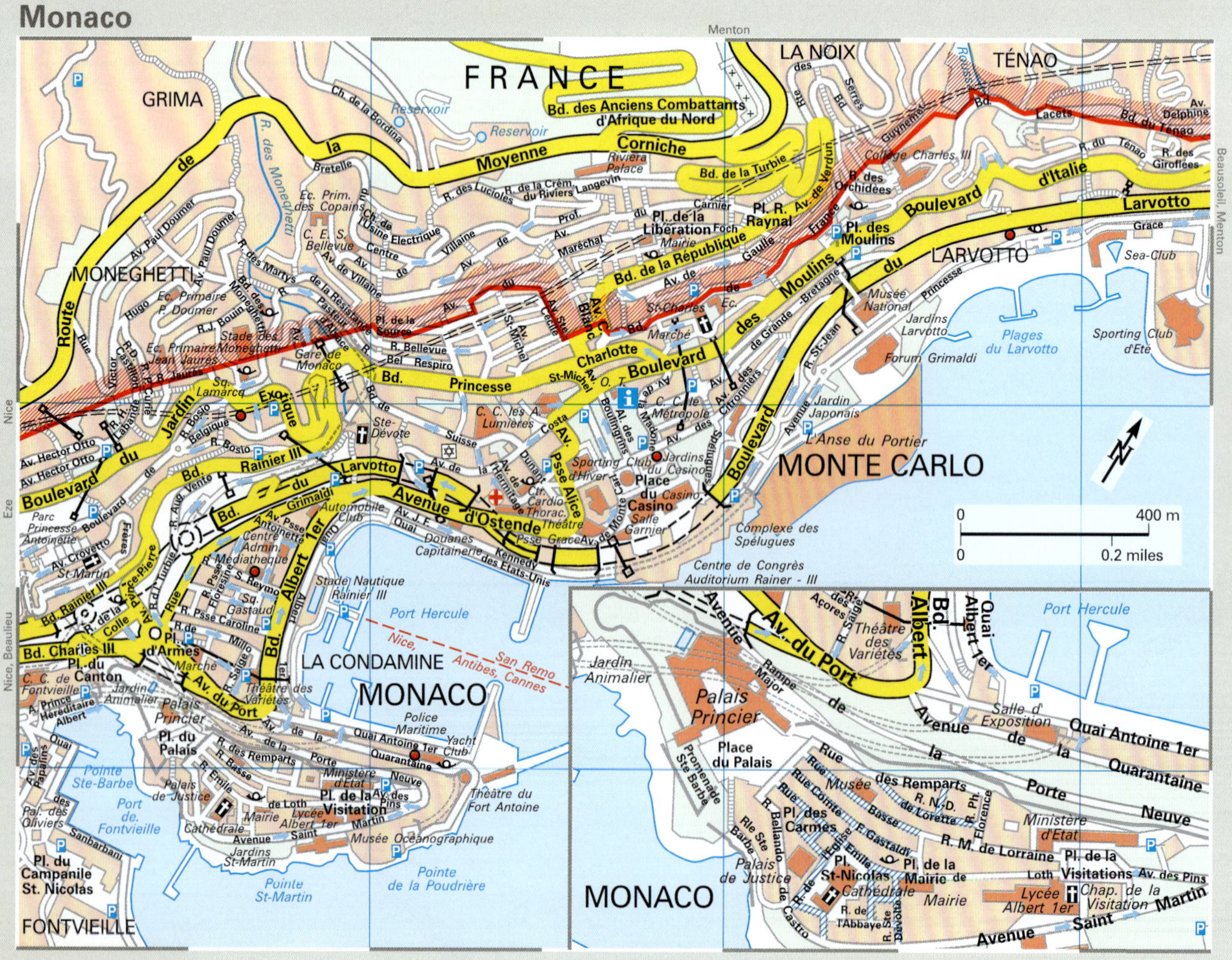

Menton
Beausoleil, Menton
Nice
Eze
Nice, Beaulieu
FRANCE
GRIMA
LA NOIX
TÉNAO
MONEGHETTI
LARVOTTO
MONTE CARLO
LA CONDAMINE
MONACO
FONTVIEILLE
Bd. des Anciens Combattants d'Afrique du Nord
Moyenne Corniche
Bd. de la Turbie
Route de la Moyenne Corniche
Bd. de la République
Bd. des Moulins
Boulevard du Larvotto
Bd. d'Italie
Boulevard Princesse Charlotte
Boulevard du Jardin Exotique
Boulevard Rainier III
Avenue d'Ostende
Bd. Albert 1er
Quai Albert 1er
Port Hercule
Plages du Larvotto
Sea-Club
Sporting Club d'Eté
Forum Grimaldi
Musée National
L'Anse du Portier
Casino
Place du Casino
Jardins du Casino
Complexe des Spélugues
Centre de Congrès Auditorium Rainier - III
Stade Nautique Rainier III
Pl. d'Armes
Palais Princier
Place du Palais
Cathédrale
Musée Océanographique
Port de Fontvieille
Pointe Ste-Barbe
Pointe St-Martin
Pointe de la Poudrière
Stade Moneghetti
Gare de Monaco
Nice, Antibes, Cannes
San Remo
Jardin Animalier
Musée des Remparts
Ministère d'Etat
Quai Antoine 1er
Avenue de la Quarantaine
Avenue de la Porte Neuve
Rue des Remparts
Pl. de la Visitation
Lycée Albert 1er
Mairie
Salle d'Exposition
Avenue du Port
0
400 m
0
0.2 miles

Montpellier

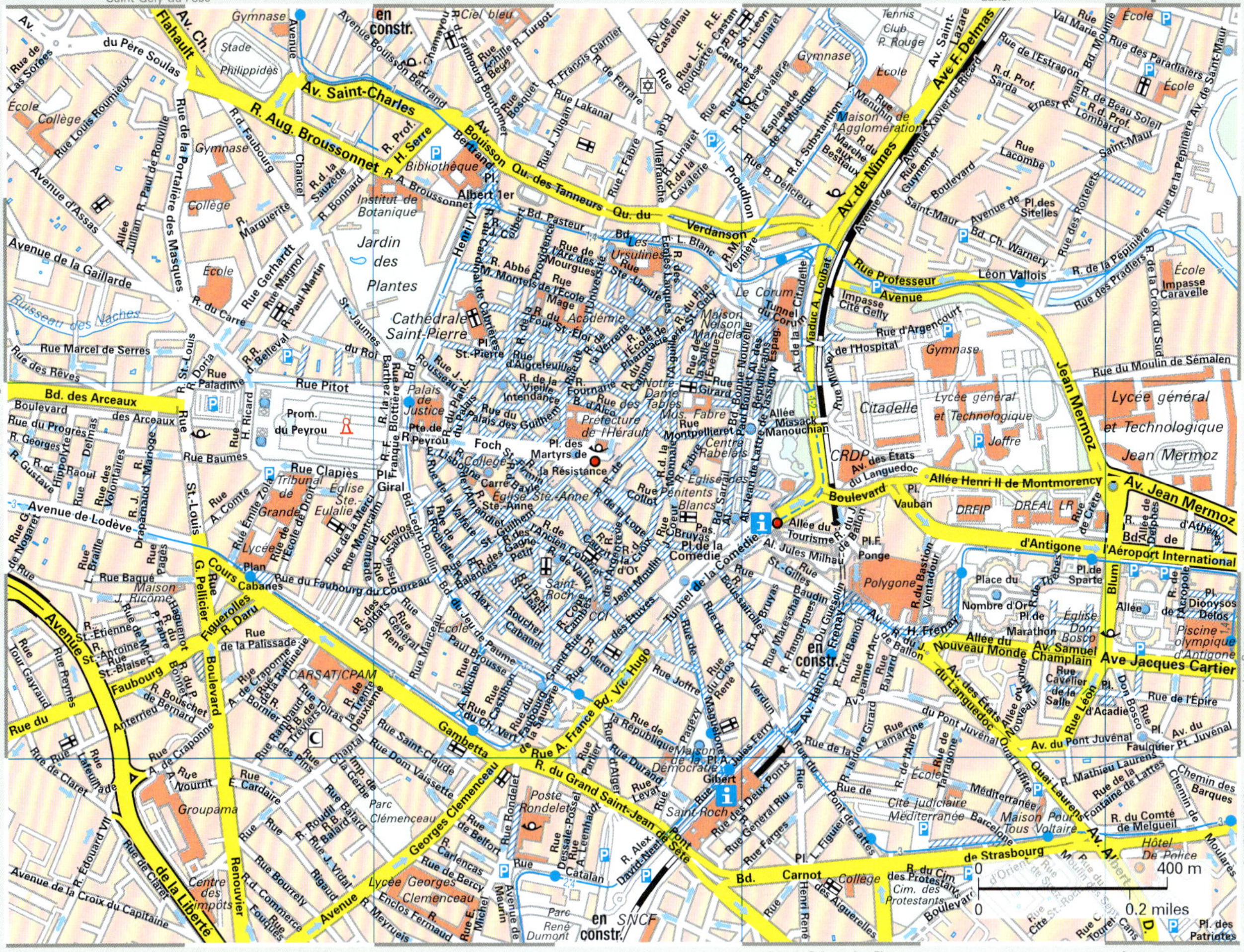

Saint-Gély-du Fesc
Lunel
Juvignac
N109
Montbazin
Nîmes
Mauguio, Lunel
Port Marianne
Lattes, Pérols
Saint-Jean-de-Védas
Lattes, Palavas-les-Flots
Lemasson
Av. Saint-Charles
R. Aug. Broussonnet
Qu. des Tanneurs
Verdanson
Av. de Nîmes
Av. F. Delmas
Jardin des Plantes
Cathédrale Saint-Pierre
Bd. des Arceaux
Prom. du Peyrou
Rue Pitot
Avenue de Lodève
Rue du Faubourg du Courreau
Citadelle
Lycée général et Technologique
Lycée général et Technologique Jean Mermoz
Jean Mermoz
Allée Henri II de Montmorency
Av. Jean Mermoz
Aéroport International
Polygone
Place du Nombre d'Or
Av. Jacques Cartier
Corum
Rue Professeur Léon Vallois
Boulevard Vauban
Gambetta
Cours Gambetta
Bd. Vic. Hugo
R. du Grand Saint-Jean
Saint Roch
Gare
Bd. Carnot
Av. Georges Clemenceau
Lycée Georges Clemenceau
Avenue de la Liberté
Groupama
Rue Saint Cléophas
Av. de Palavas
de Strasbourg
en constr.
SNCF
400 m
0.2 miles

Nancy

Metz, Luxembourg
Metz, Luxembourg
Malzéville
Lay-Saint-Christophe
Château-Salins
Château-Salins
Toul
Toul
Épinal
Épinal
Neuves-Maisons
St-Nicolas-de-Port, Lunéville
Bd. de Scarpone
R. Charles Keller
R. Sigisbert Adam
R. de Malzéville
R. Ch. de Foucauld
Louis Marin
Alexandre 1er
Av. Carnot
La Meurthe
R. des Cristalleries
Parc Zoologique
Palais du Gouverneur
Pl. de la Carrière
Place Stanislas
Place Carnot
Cours Léopold
Bd. Charles V
Av. de Boufflers
Rue Raymond Poincaré
Rue V. Hugo
R. de l'Armée Patton
Libération
Bd. Albert 1er
Place Thiers
Gare
Viaduc Kennedy
Bd. J.-Jaurès
R. Saint-Georges
Rue Saint-Dizier
Rue des Quatre Églises
Cathédrale
Parc Charles III
Bd. Lobau
R. Molitor
Av. du Gal Leclerc
Av. du Maréchal de Lattre de Tassigny
Av. de Strasbourg
Ch. E. Collignon
Plan d'Eau de la Méchelle
Faculté de Pharmacie
Université de Nancy I
Parc Olry
Parc Ste-Marie
400 m
0.2 miles

Nantes

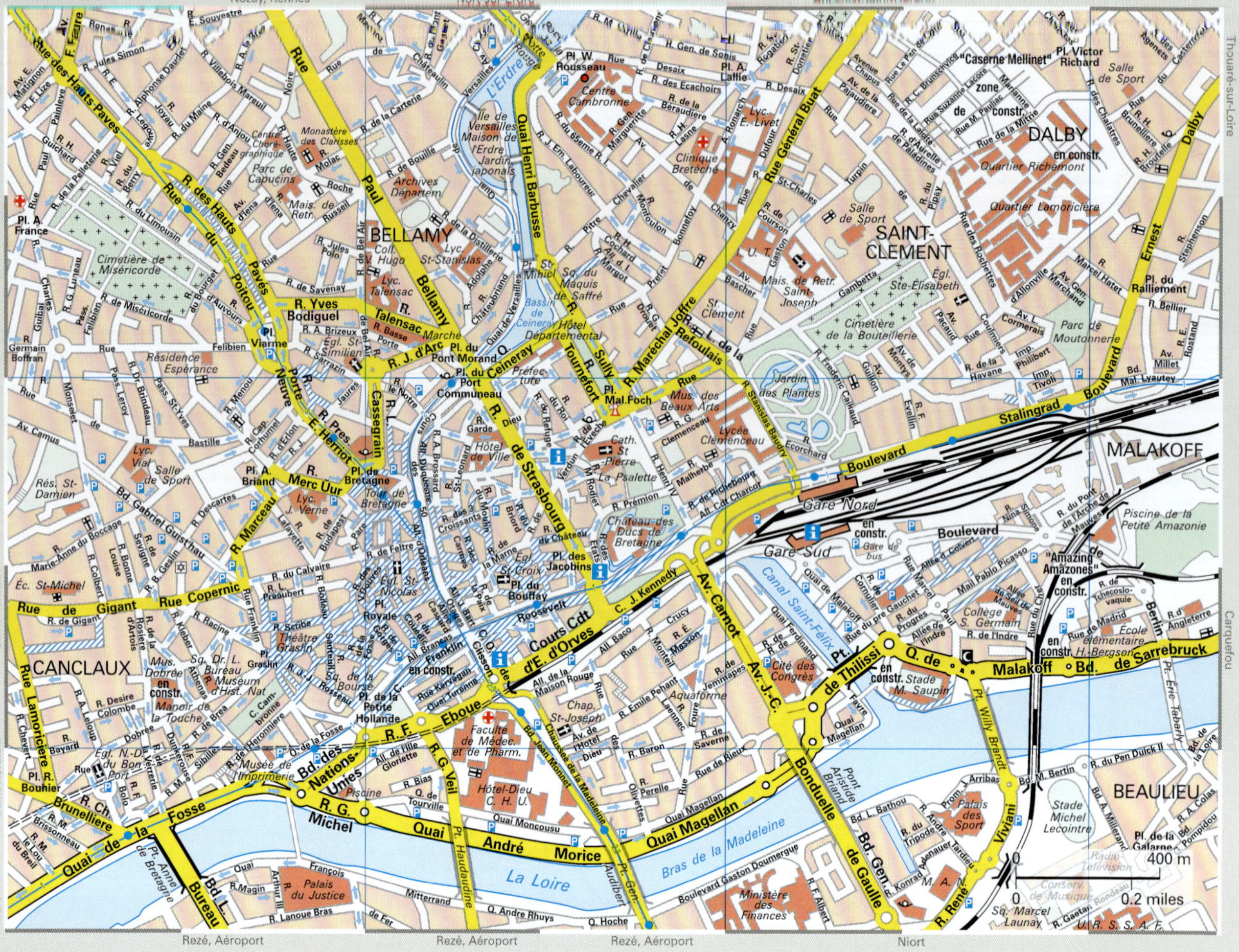
Nozay, Rennes
Nort-sur-Erdre
Ancenis-Saint-Géréon
Thouaré-sur-Loire
Carquefou
Saint-Herblain
Indre
Rezé, Aéroport
Niort
BELLAMY
SAINT-CLEMENT
DALBY
MALAKOFF
CANCLAUX
BEAULIEU
Cimetière de Miséricorde
Cimetière de la Bouteillerie
Jardin des Plantes
Gare Nord
Gare Sud
Canal Saint-Félix
La Loire
Bras de la Madeleine
Quai André Morice
Quai Magellan
Boulevard Stalingrad
Bd. de Sarrebruck
Cours Cdt. d'E. d'Orves
Rue de Strasbourg
Rue Paul Bellamy
Quai Henri Barbusse
Rue Général Buat
Av. Carnot
Rue Copernic
Rue de Gigant
Rue Lamoricière
Bd. des Nations Unies
Bd. de Gaulle
Quai de la Fosse
R. G. Michel
Palais de Justice
Hôtel-Dieu C.H.U.
Stade Michel Lecointre
400 m
0.2 miles

Nice

Antibes, Monaco
Levens, Sospel
Menton
Monaco, Menton
Cannes
Cannes, Toulon, Marseille
Ajaccio, Calvi, L'Ile Rousse, Bastia
Monte Carlo
LE RIGHI
ST. ETIENNE
CARABACEL
ST-ROCH
LE CHATEAU
Baie des Anges
Promenade des Anglais
Quai des Etats Unis
Boulevard Gambetta
Boulevard Victor Hugo
Bd. Carabacel
Bd. Dubouchage
Av. des Diables Bleus
Bd. Pierre Sola
Bd. Gén. L. Delfino
Bd. Stalingrad
Boulevard Franck Pilatte
Voie Malraux
Voie Rapide Sud
Pl. Garibaldi
Place Masséna
Bassin des Amiraux
Bassin du Commerce
M2564
M6007
M6098
400 m
0.2 miles

Nîmes

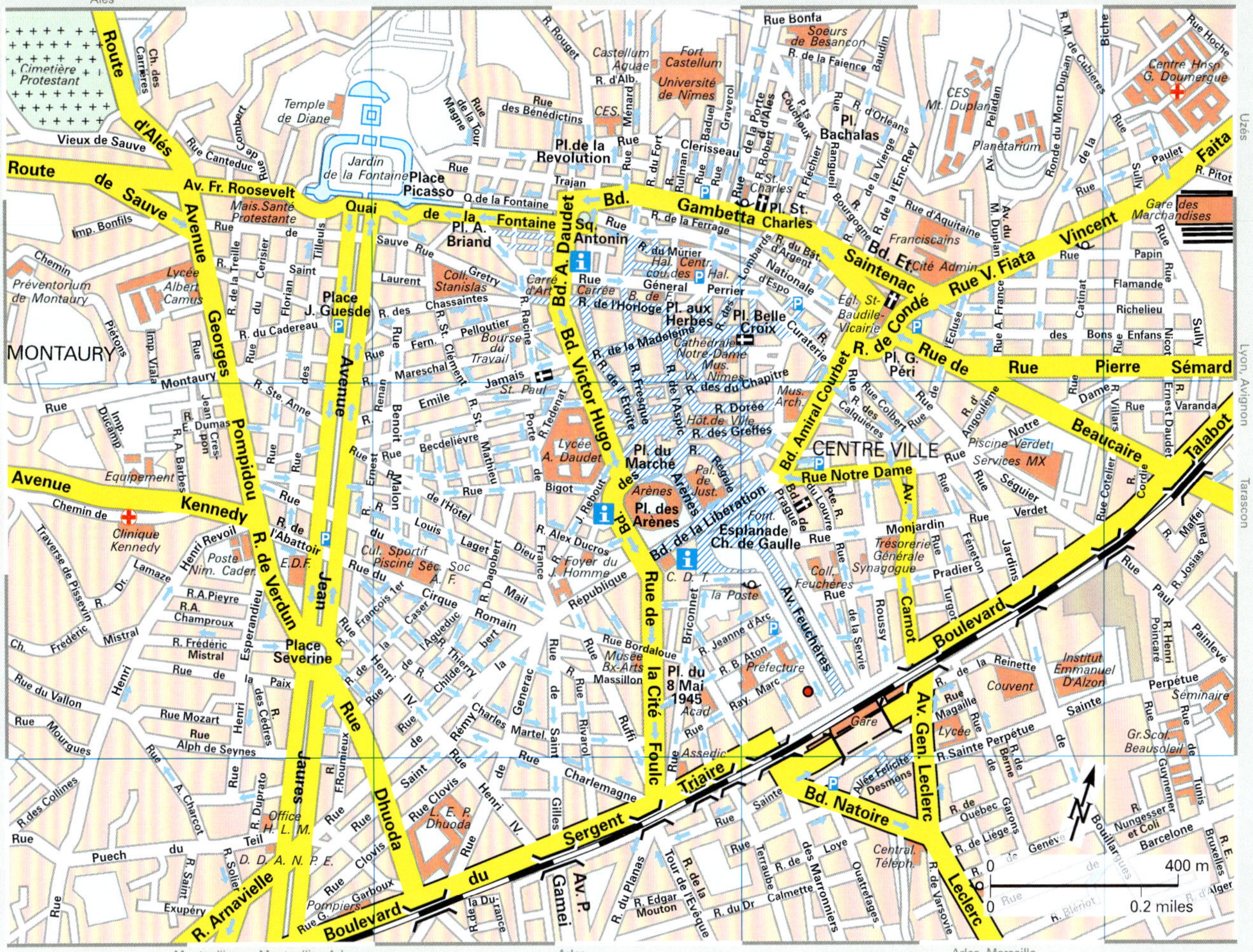
Alès
Uzès
Lyon, Avignon
Tarascon
Le Vigan
Sommières
Montpellier
Montpellier, Arles
Arles
Arles, Marseille
Cimetière Protestant
Route d'Alès
Route de Sauve
Temple de Diane
Jardin de la Fontaine
Place Picasso
Quai de la Fontaine
Av. Fr. Roosevelt
Pl. A. Briand
Sq. Antonin
Bd. Gambetta
Pl. St. Charles
Castellum Aquae
Fort Castellum
Université de Nîmes
Pl. de la Révolution
Pl. Bachalas
Planétarium
Centre Hosp. G. Doumergue
Rue Faïta
Gare des Marchandises
Rue V. Fiata
Rue Vincent
Franciscains
Bd. Ef. Saintenac
Cité Admin.
Préventorium de Montaury
MONTAURY
Lycée Albert Camus
Avenue Georges Pompidou
Place J. Guesde
Avenue Jean Jaurès
Coll. Stanislas
Carré d'Art
Maison Carrée
Pl. aux Herbes
Pl. Belle Croix
Cathédrale Notre-Dame
Bd. A. Daudet
Bd. Victor Hugo
R. de Condé
Pl. G. Péri
Rue Pierre Sémard
Rue de Beaucaire
Talabot
CENTRE VILLE
Rue Notre Dame
Bd. Amiral Courbet
Lycée A. Daudet
Pl. du Marché
Pl. des Arènes
Arènes
Bd. de la Libération
Esplanade Ch. de Gaulle
Av. Feuchères
Avenue Kennedy
Clinique Kennedy
R. de Verdun
Place Séverine
Rue Dhuoda
Rue de la Cité Foulc
Pl. du 8 Mai 1945
Préfecture
Gare
Boulevard Talabot
Av. Carnot
Av. Gén. Leclerc
Bd. Natoire
Institut Emmanuel d'Alzon
Couvent
Boulevard du Sergent Triaire
Av. P. Gamel
R. Arnavielle
Central Téléph.
0
400 m
0.2 miles

Orléans

Chartres, Paris
Étampes
Pithiviers, Montargis
Saint-Jean-de-Braye
Pithiviers
Châteaudun, le Mans
Beaugence, Blois, Tours
Cléry, Vierzon
Blois
Vierzon
Sully-sur-Loire
Centre Administratif Coligny
Etablissement Régional du Matériel
Caserne Louis Rossat
Rue du Faubourg Bannier
Avenue de Paris
Bd. de Québec
Bd. Guy-Marie Riobé
Boulevard Marie Stuart
Rue du Faubourg Saint-Vincent
Av. des Droits de l'Homme
Gendarmerie
Lycée Benjamin Franklin
Lycée Pothier
Musée des Sc. Nat.
Rue Eugène Vignat
Pl. Gambetta
Pl. Dunois
Gare SNCF
Pl. Albert 1er
Bd. Alexandre Martin
Bd. P. Ségelle
Avenue Jean Zay
Pl. du 6 Juin 44
Rue du Faubourg St. Jean
Boulevard Rocheplatte
Pl. du Moulin de l'Hôpital
Pl. Morin
Porte Madeleine
Rue du Faubourg Madeleine
Centre Hospitalier Régional
Pl. Gal. de Gaulle
Pl. du Martroi
Pl. St. Croix
Cathédrale Ste-Croix
Rue du Faubourg de Bourgogne
Quai du Roi
Quai St. Laurent
Q. Barentin
Q. Cypierre
Quai du Châtelet
R. du Fort Alleaume
La Loire
Pont Maréchal Joffre
Pont George V
Pont René Thinat
Av. de Trévise
Av. du Champ de Mars
Q. du Fort des Tourelles
Q. des Augustins
Levée des Capucins
0
400 m
0.2 miles

199
Maisons-Laffitte
Argenteuil
LEVALLOIS-PERRET
NEUILLY-SUR-SEINE
TERNES
LA DÉFENSE
Île du Pont
Île de Puteaux
Grande Jatte
Seine
Bois de Boulogne
Jardin d'Acclimatation
Porte Maillot
Porte Dauphine
Porte de Passy
Pont de Neuilly
Pont de Levallois-Bécon
Esplanade de La Défense
Anatole France
Louis Michel
Porte de Champerret
Argentine
Victor Hugo
Trocadéro
Boissière
Kléber
Les Sablons
Rue de la Pompe
Porte de la Muette
La Muette
Passy
N13
N185
D1
D6
D7
D9
D90
D908
16
Pré Catelan
Bagatelle
Allée de Longchamp
Route de la Reine Marguerite
Avenue de l'Hippodrome
Avenue Charles de Gaulle
Boulevard Bineau
Avenue de la Grande Armée
Avenue Foch
Avenue Victor Hugo
Avenue Henri Martin
Avenue Georges Mandel
Ch. de la Muette
St-Cloud
St-Germain-en-L. A14 Poissy
224

Pontoise
Clichy, St-Denis
199
SAINT-OUEN
MARCHE AUX PUCES
CLICHY
Porte de St Ouen
Boulevard Bessières
Boulevard Ney
Cimetière des Batignolles
Boulevard Berthier
Porte de Clichy
Guy Môquet
Jules Joffrin
Lamarck Caulaincourt
Brochant
La Fourche
MONTMARTRE
Cimetière de Montmartre
Sacré Cœur
Abbesses
Blanche
Pigalle
Anvers
Boulevard de Clichy
Boulevard des Batignolles
Place de Clichy
Rome
Villiers
Wagram
Pereire
17
WAGRAM
18
Malesherbes
Monceau
Parc Monceau
Courcelles
Ternes
Europe
Liège
Gare St Lazare
St Lazare
Trinité d'Estienne d'Orves
N. D. de Lorette
Le Peletier
Cadet
Havre Caumartin
Chaussée d'Antin La Fayette
Boulevard Haussmann
St Augustin
Miromesnil
St Ph. du Roule
George V
Franklin D. Roosevelt
Champs Elysées Clemenceau
Concorde
Madeleine
Opéra
Quatre Sep.
Richelieu Drouot
Grds. Boulevards
Bourse
Pyramides
Tuileries
Palais Royal Musée d. Louvre
Louvre Rivoli
Pont Neuf
Place de la Concorde
Jardin des Tuileries
Seine
Invalides
Assemblée Nationale
Solférino
Varenne
La Tour Maubourg
Rue du Bac
Alma Marceau
Musée d'Orsay
Quai d'Orsay
Quai Voltaire
Quai Malaquais
Quai François Mitterrand
Pl. de l'Alma
Av. Montaigne
Av. George V
Av. Marceau
Av. de Friedland
Av. des Champs Élysées
Rue Royale
Bd. de la Madeleine
Bd. des Capucines
Bd. Haussmann
Rue de Rivoli
Av. de l'Opéra
7
8
9
2
222
400 m
0.2 miles
225

Enghien-l.-B. 200 Charles de Gaulle, Lille

SAINT-OUEN
MARCHE AUX PUCES
Porte de Clignancourt
Porte de la Chapelle
Porte de St Ouen
Boulevard Ney
B.d Bessières
Zone de construction "Campus Condorcet"
Zone de construction "Chapelle Charbon"
Zone de construction "Zone d'Aménagement Hébert"
Guy Môquet
Simplon
Jules Joffrin
Marcadet-Poissonniers
Marx Dormoy
Lamarck Caulaincourt
La Fourche
MONTMARTRE
Basilique du Sacré Cœur
Château Rouge
Abbesses
Blanche
Pigalle
Anvers
Barbès Rochechouart
La Chapelle
Stalingrad
Place de Clichy
Boulevard de Rochechouart
Boulevard de la Chapelle
Gare du Nord
Gare de l'Est
Hôpital Lariboisière
Hôpital Fernand Widal
Louis Blanc
Château Landon
Colonel Fabien
Liège
Europe
Gare St Lazare
St Lazare
Trinité d'Est d'Orves
N.D. de Lorette
St Georges
Le Peletier
Cadet
Poissonnière
Havre Caumartin
Ch. d'Antin La Fayette
Boulevard Haussmann
Opéra
Quatre Sep.re
Rich. Drouot
Grds. Boulevards
Bonne Nouvelle
Strasbourg St Denis
Château d'Eau
Jacques Bonsergent
Madeleine
Concorde
Pyramides
Bourse
Sentier
Réaumur Sébastopol
Arts et Métiers
République
Goncourt
Temple
Oberkampf
Filles du Calvaire
St Sébastien Froissart
Tuileries
Jardin des Tuileries
Palais Royal Musée d. Louvre
Louvre Rivoli
Les Halles
É. Marcel
Rambuteau
Châtelet
Hôtel de Ville
Pont Neuf
Musée d'Orsay
Solférino
Rue du Bac
Chemin Vert
Bréguet Sabin
MARAIS
ILE DE LA CITÉ
Pl. des Vosges
Centre Pompidou
Quai François Mitterrand
Quai Voltaire
Quai Malaquais
Rue de Rivoli
Av. de la République
Bd. Beaumarchais

221

226

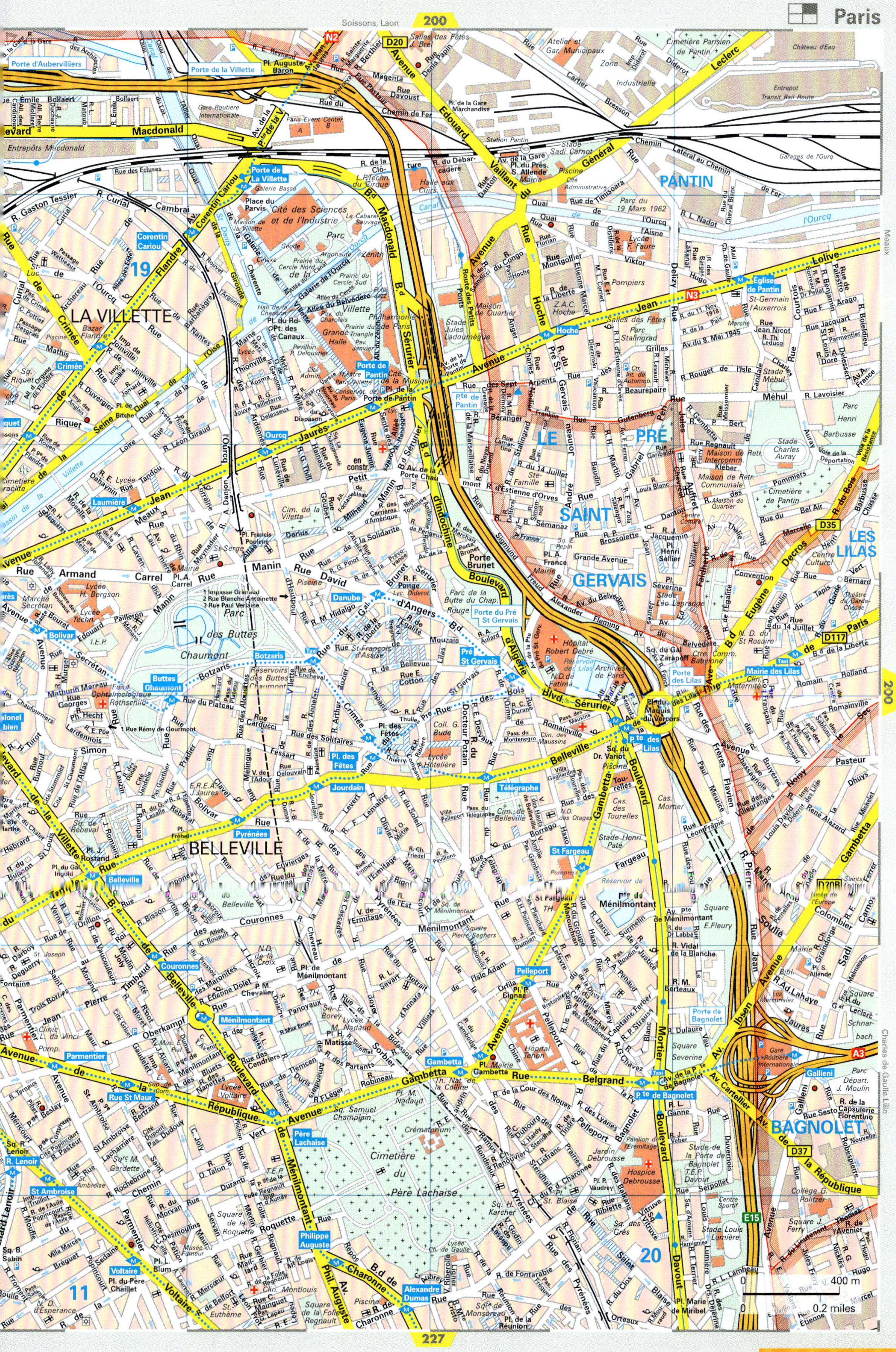
200
Soissons, Laon
Porte d'Aubervilliers
Porte de la Villette
Macdonald
Entrepôts Macdonald
PANTIN
19
LA VILLETTE
Cité des Sciences et de l'Industrie
Parc de la Villette
Grande Halle
Porte de Pantin
Canal de l'Ourcq
Crimée
Laumière
Jaurès
Jean Jaurès
Cimetière Parisien de Pantin
Stade Jules Ladoumègue
Hoche
Église de Pantin
LE PRÉ SAINT GERVAIS
LES LILAS
Mairie des Lilas
Porte des Lilas
Porte du Pré St Gervais
Pré St Gervais
Bolivar
Buttes Chaumont
Parc des Buttes Chaumont
Botzaris
Danube
Place des Fêtes
Belleville
BELLEVILLE
Pyrénées
Jourdain
Télégraphe
St Fargeau
Pelleport
Gambetta
Couronnes
Ménilmontant
Parmentier
Rue St Maur
Père Lachaise
Cimetière du Père Lachaise
Philippe Auguste
Alexandre Dumas
Voltaire
St Ambroise
Goncourt
11
20
Porte de Bagnolet
Gallieni
BAGNOLET
Avenue de la République
Boulevard Mortier
Boulevard Davout
A3
E15
Charles de Gaulle Lille
Meaux
200
227
400 m
0.2 miles

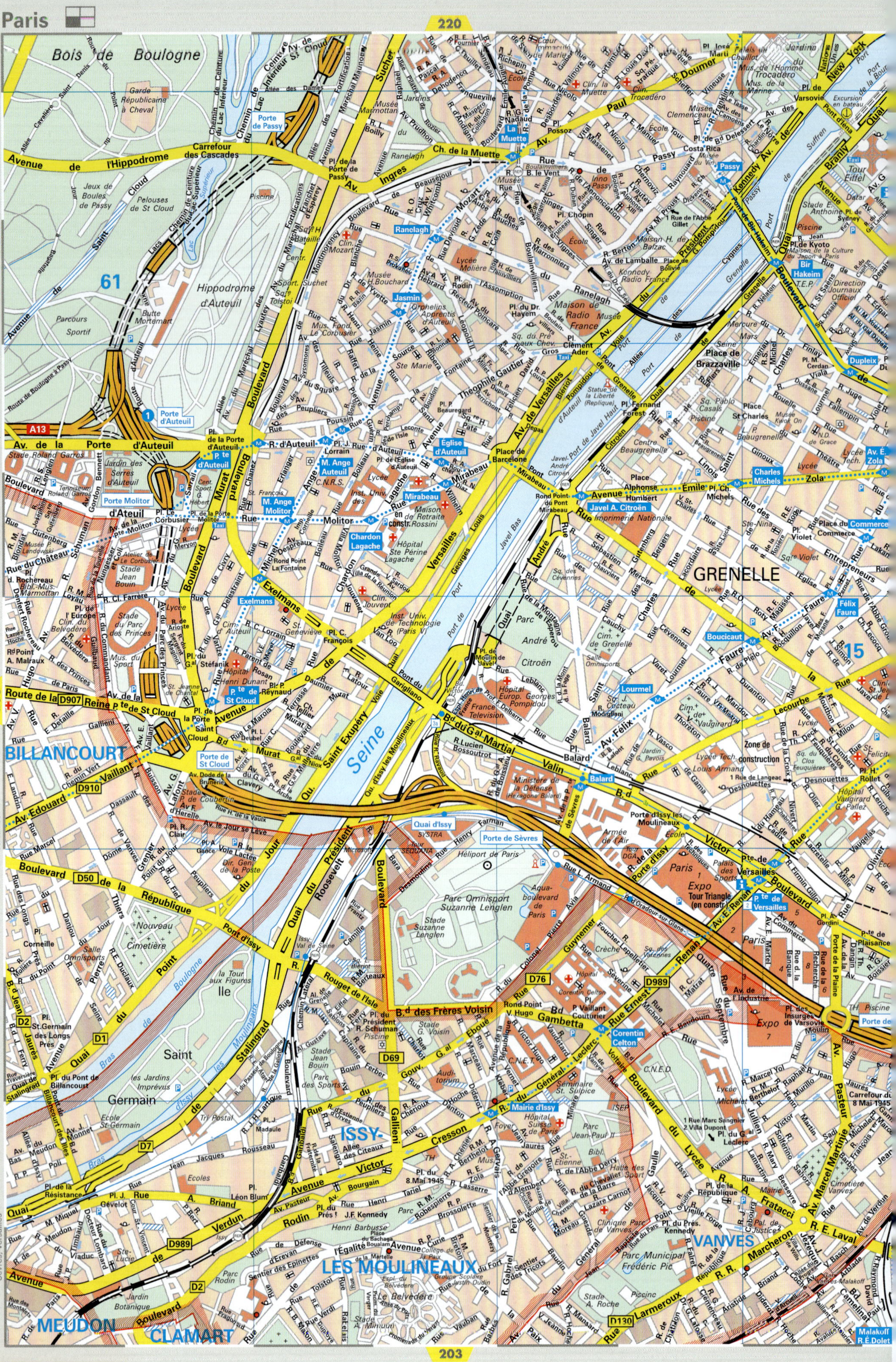
220
203
203
Bois de Boulogne
Avenue de l'Hippodrome
Hippodrome d'Auteuil
Porte de Passy
Porte d'Auteuil
Ch. de la Muette
Trocadéro
Place de Brazzaville
GRENELLE
15
BILLANCOURT
Seine
Route de la Reine
Boulevard de la République
Porte de Sèvres
Héliport de Paris
Parc Omnisport Suzanne Lenglen
Paris Expo
Porte de Versailles
ISSY-
LES MOULINEAUX
VANVES
MEUDON
CLAMART
Saint Germain
61

221

ST-GERMAIN-DES-PRES
QUARTIER LATIN
MONTPARNASSE
MALAKOFF
MONTROUGE
GENTILLY
Jardin du Luxembourg
Cimetière du Montparnasse
Esplanade des Invalides
Hôtel des Invalides
Musée de l'Armée
Ecole Militaire
Gare Montparnasse
Cité Internationale Universitaire de Paris
Parc Montsouris
Boulevard Saint-Germain
Boulevard du Montparnasse
Boulevard de Port Royal
Boulevard Raspail
Boulevard Saint-Michel
Boulevard Arago
Boulevard Jourdan
Boulevard Brune
Boulevard Lefebvre
Rue de Vaugirard
Rue de Sèvres
Rue d'Alésia
Avenue du Maine
Avenue du Général Leclerc
Quai d'Orsay
Quai des Tuileries
Quai Voltaire
Quai Malaquais
Quai de Conti
Quai des Grands Augustins
Quai François Mitterrand
Avenue de Suffren
Rue de Vouillé
Rue de la Convention
Porte de Vanves
Porte de Châtillon
Porte d'Orléans
Porte Brancion
Denfert Rochereau
Place Denfert Rochereau
Avenue Jean Moulin
Boulevard Gabriel Péri
Avenue Pierre Brossolette
400 m
0.2 miles
D906
D920
A 6A

Vélizy-Villacoublay, Rambouillet
Etampes, Orléans
Paris-Orly

226

203

222

225

ST-GERMAIN-DES-PRÉS
QUARTIER LATIN
ÎLE DE LA CITÉ
ÎLE ST LOUIS
MONTPARNASSE
MONTROUGE
GENTILLY
LE KREMLIN-BICÊTRE
Seine
Jardin du Luxembourg
Cimetière du Montparnasse
Jardin des Plantes
Place de la Bastille
Place d'Italie
Gare d'Austerlitz
Centre Hospitalier Universitaire
Pitié-Salpêtrière
Parc Montsouris
Cité Internationale Universitaire de Paris
Boulevard Saint Germain
Boulevard Saint Michel
Boulevard du Montparnasse
Boulevard de Port Royal
Boulevard Saint Marcel
Boulevard Arago
Boulevard Raspail
Boulevard Auguste Blanqui
Boulevard Vincent Auriol
Rue de Tolbiac
Rue d'Alésia
Boulevard Jourdan
Boulevard Kellermann
Quai d'Austerlitz
Quai Saint Bernard
Quai de la Tournelle
Quai des Célestins
Quai François Mitterrand
Rue de Rivoli
Musée du Louvre
Musée d'Orsay
Panthéon
Sorbonne
1
3
4
5
6
13
14

Étampes, Orléans · Paris-Orly · Paris-Orly · Corbeil-Essonnes, Fontainebleau

204

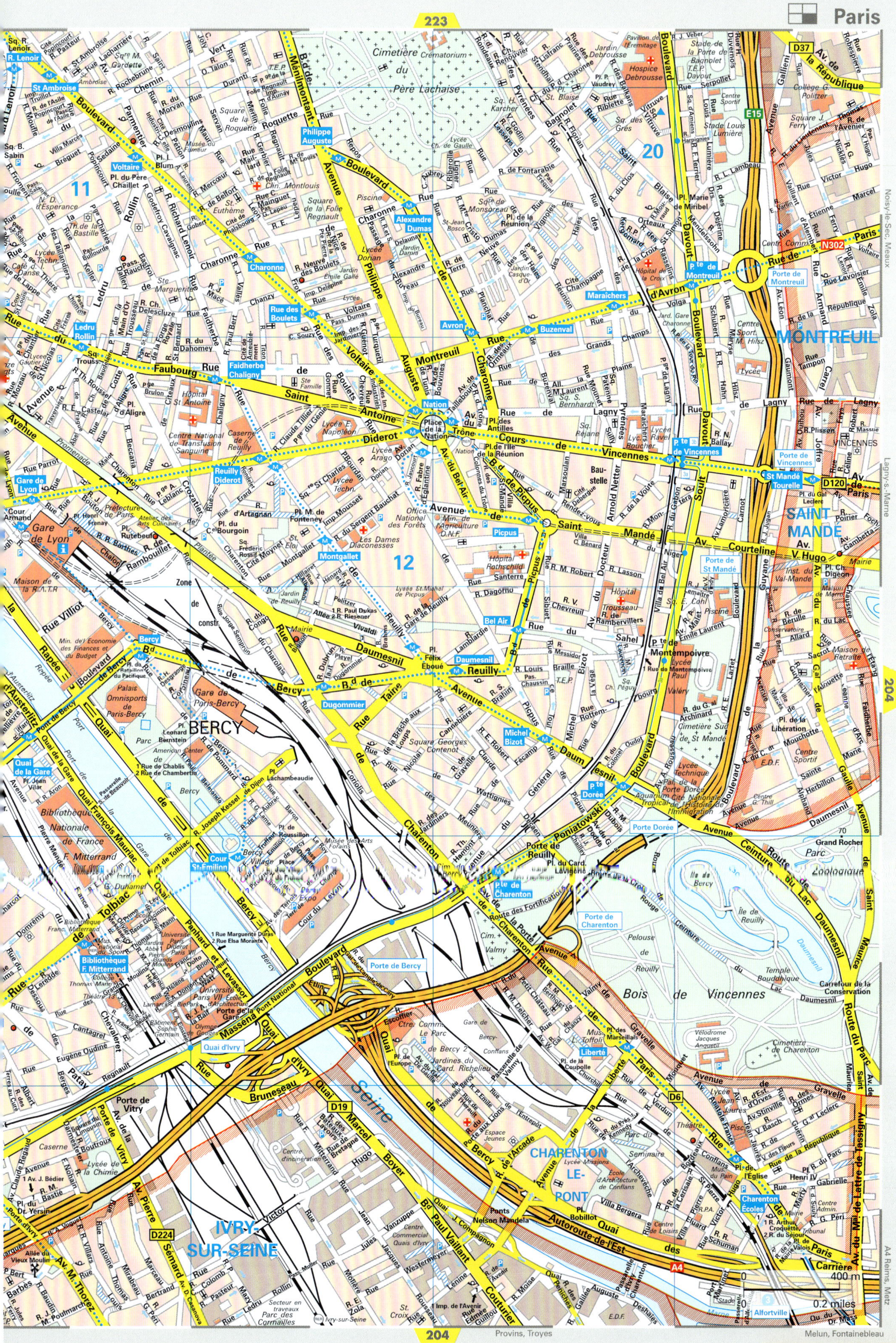
223
204
204
Cimetière du Père Lachaise
11
20
12
MONTREUIL
SAINT MANDÉ
BERCY
Gare de Lyon
Gare de Paris-Bercy
Bibliothèque Nationale de France F. Mitterrand
Palais Omnisports de Paris-Bercy
Bois de Vincennes
CHARENTON LE-PONT
IVRY-SUR-SEINE
Seine
Boulevard Périphérique
Autoroute de l'Est
Place de la Nation
Porte de Montreuil
Porte de Vincennes
Porte Dorée
Porte de Charenton
Porte de Bercy
Porte de Vitry
Lac Daumesnil
Parc Zoologique
Boulevard Davout
Boulevard Soult
Boulevard Poniatowski
Rue de Charenton
Avenue Daumesnil
Rue du Faubourg Saint Antoine
Boulevard Voltaire
Cours de Vincennes
Rue de Bercy
Quai de la Rapée
Quai d'Ivry
Quai de Bercy
Nation
Bastille
Voltaire
Charonne
Avron
Maraichers
Picpus
Bel Air
Daumesnil
Dugommier
Michel Bizot
Porte Dorée
Liberté
Charenton Écoles
Cour St Emilion
Bibliothèque F. Mitterrand
Quai de la Gare
Gare de Lyon
Reuilly Diderot
Montgallet
Faidherbe Chaligny
Ledru Rollin
Rue des Boulets
Alexandre Dumas
Philippe Auguste
St Ambroise
R. Lenoir
Buzenval
Porte de Vincennes
St Mandé Tourelle
Bercy
A4
E15
D37
N302
D120
D19
D224
D6
0 400 m
0 0.2 miles
Noisy-le-Sec, Meaux
Lagny-s.-Marne
A4 Reims, Metz
Provins, Troyes
Melun, Fontainebleau
Alfortville

Perpignan

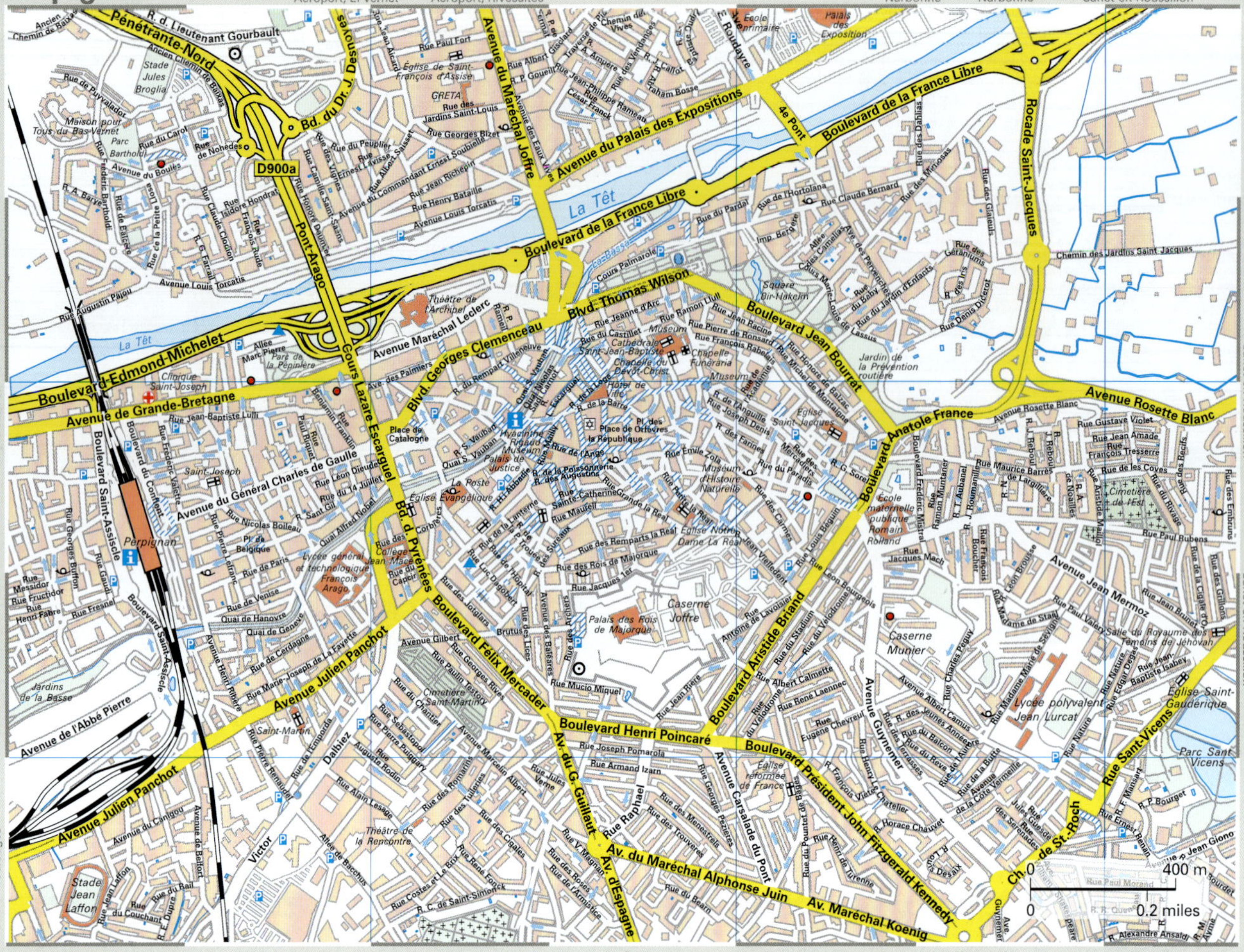

Aéroport, El Vernet
Aéroport, Rivesaltes
Narbonne
Narbonne
Canet-en-Roussillon
Ille-sur-Têt
Toulouges
Canet-en-Roussillon
Canet-en-Roussillon
Le Perthus
Argelès sur Mer
Pénétrante Nord
Bd. du Dr. J. Dessalles
D900a
Pont Arago
Avenue du Maréchal Joffre
Avenue du Palais des Expositions
Boulevard de la France Libre
Rocade Saint-Jacques
La Têt
Boulevard Edmond Michelet
Avenue de Grande-Bretagne
Cours Lazare Escarguel
Blvd. Georges Clemenceau
Blvd. Thomas Wilson
Boulevard Jean Bourrat
Avenue Rosette Blanc
Boulevard Anatole France
Bd. des Pyrénées
Boulevard Félix Mercader
Avenue Julien Panchot
Boulevard Henri Poincaré
Boulevard Aristide Briand
Boulevard Président John Fitzgerald Kennedy
Av. du Maréchal Alphonse Juin
Av. Maréchal Koenig
Rue Saint-Vicens
Ch. de St-Roch
Av. d'Espagne
Av. du G. Guillaut
Avenue du Général Charles de Gaulle
Boulevard Saint-Assiscle
Avenue de l'Abbé Pierre
Avenue Jean Mermoz
Palais des Rois de Majorque
Caserne Joffre
Caserne Munier
Stade Jean Laffon
400 m
0.2 miles

Reims

Champigny
Laon
Montcornet
Neufchâtel
Bétheny
Champigny
Paris
Château-Thierry
Épernay
Rethel
Rethel
Vouziers
Épernay
Metz Châlons en Champ.
Épernay Châlons-en-Champ.
Épernay
Rue de Courcelles
Av. de Laon
Pl. de la République
Bd. Joffre
Bd. Foch
Boulevard Lundy
Rue du Champ de Mars
Pl. A. Blanqui
Pl. du Dr Knoëri
Bd. Jamin
Pl. A. Briand
Pl. du 30 Aout 1944
Bd. Carteret
Bd. Dauphinot
Rue de Cernay
Boulevard Pommery
Boulevard Saint Marceaux
Avenue Georges Clemenceau
Boulevard de la Paix
Bd. Pasteur
Bd. V. Hugo
Rue du Venise
R. Gerbert
Bd. Dr. H. Henrot
Bd. Paul Doumer
Paul Marchandeau
Av. du Gén. de Gaulle
R. du Col. Fabien
Bd. M. Noirot
Pl. de l'Hôtel de Ville
Pl. du Forum
Pl. Royale
Pl. des Mart. de la Résistance
Pl. Card Luçon
Cathédrale N. Dame
Pl. Drouet d'Erlon
Reims-Centre
Reims-Cathédrale
A344
Parc Léo Lagrange
Canal de l'Aisne à la Marne
Vieux Port
400 m
0.2 miles

Rennes

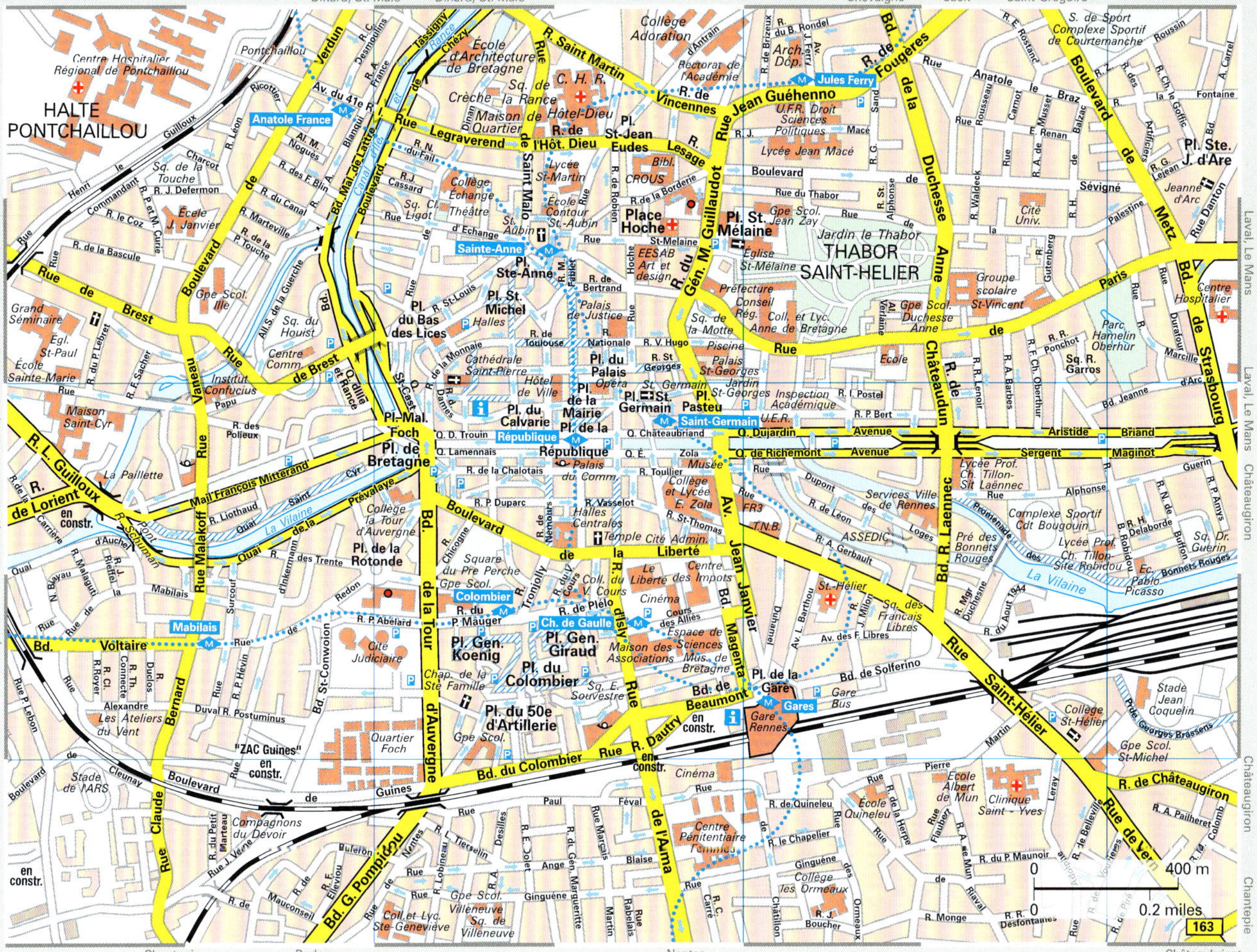

Dinard, St. Malo
Dinard, St. Malo
Chevaigné
Caen
Saint-Grégoire
HALTE PONTCHAILLOU
Centre Hospitalier Régional de Pontchaillou
Anatole France
Jules Ferry
Sainte-Anne
République
Saint-Germain
Colombier
Ch. de Gaulle
Mabilais
Gares
THABOR SAINT-HÉLIER
Jardin le Thabor
Rue Saint Martin
Rue Jean Guéhenno
Bd. de la Duchesse Anne
Boulevard de Metz
Bd. de Strasbourg
Rue de Fougères
Rue de Paris
Rue de Brest
Rue de Lorient
Bd. Voltaire
Boulevard de Verdun
Rue Legraverend
Pl. Ste-Anne
Pl. du Bas des Lices
Pl. St. Michel
Pl. Hoche
Pl. St. Mélaine
Pl. de Bretagne
Pl. de la Mairie
Pl. du Palais
Pl. St. Germain
Pl. Pasteur
Pl. de la République
Pl. de la Rotonde
Pl. Gen. Koenig
Pl. Gen. Giraud
Pl. du Colombier
Pl. du 50e d'Artillerie
Pl. de la Gare
Pl.-Mal. Foch
Q. Dujardin
Q. de Richemont
Bd. de la Tour d'Auvergne
Bd. du Colombier
Bd. G. Pompidou
Av. Janvier
Bd. Magenta
Bd. Laënnec
Rue Saint-Hélier
R. de Châteaugiron
Rue de Vern
Bd. de Beaumont
Bd. de Solferino
La Vilaine
Cathédrale Saint-Pierre
Hôtel de Ville
Palais de Justice
Opéra
Théâtre
Gare Rennes
Parc Hamelin Oberthur
Stade Jean Coquelin
"ZAC Guines" en constr.
0
400 m
0
0.2 miles
163
Chantepie
Redon
Nantes
Châteaubriant
Laval, Le Mans
Brest, Saint-Brieuc
Lorient, Vannes
Aéroport
Châteaugiron

Rouen

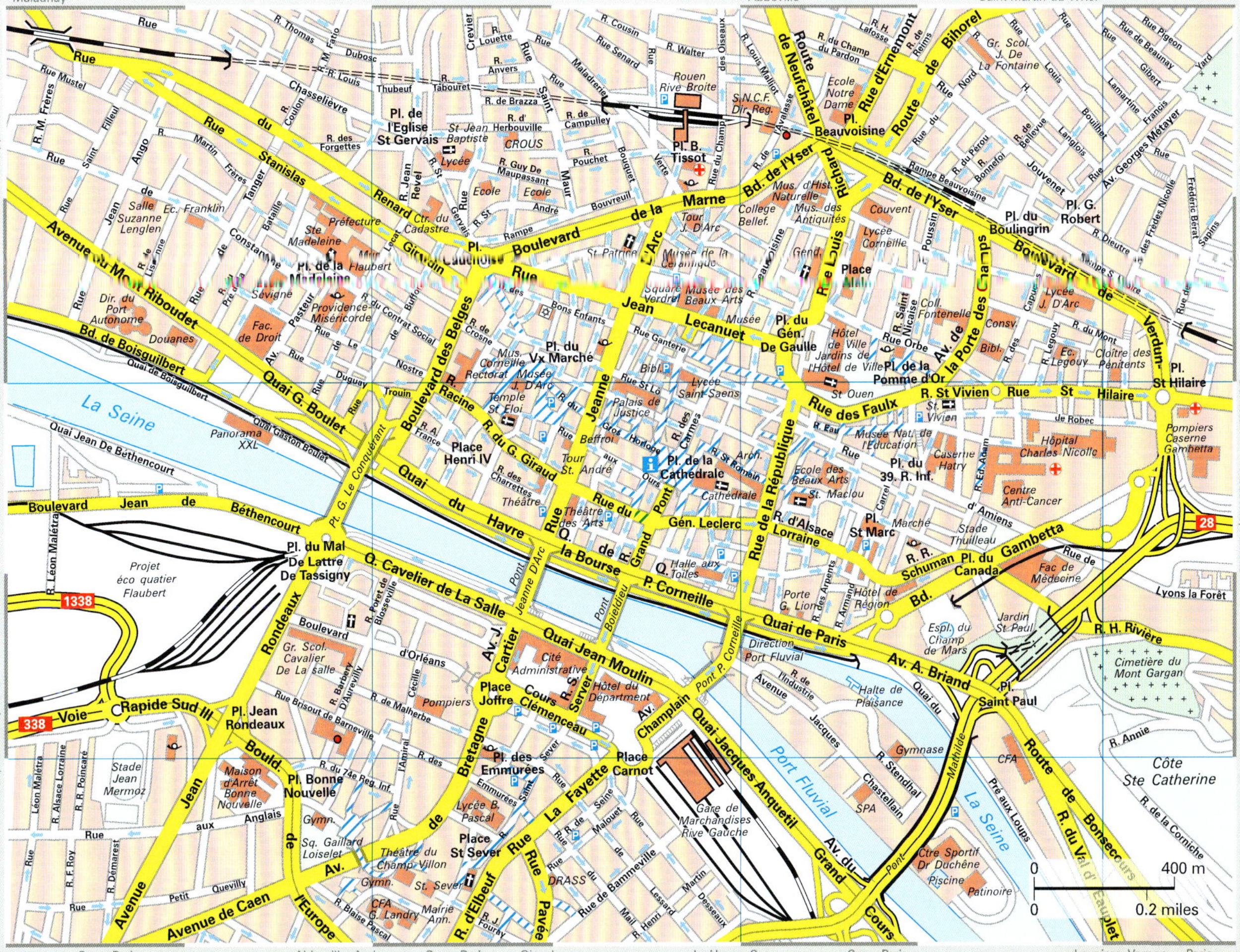

Malaunay
Abbeville
Saint-Martin-du-Vivier
Rue du Renard
Boulevard de la Marne
Bd. de l'Yser
Route de Neufchâtel
Rue d'Ernemont
Route de Bihorel
Pl. de l'Eglise St Gervais
Pl. B. Tissot
Pl. Beauvoisine
Pl. du Boulingrin
Pl. G. Robert
Pl. du Vx Marché
Pl. du Gén. De Gaulle
Pl. de la Pomme d'Or
Pl. St Hilaire
Place Henri IV
Pl. de la Cathédrale
Pl. du Mal De Lattre De Tassigny
Pl. Jean Rondeaux
Pl. Bonne Nouvelle
Pl. des Emmurées
Place Joffre
Place Carnot
Place St Sever
Pl. du 39. R. Inf.
Pl. du Gambetta
Pl. Saint Paul
Avenue du Mont Riboudet
Bd. de Boisguilbert
Quai G. Boulet
Boulevard des Belges
Rue Jeanne d'Arc
Rue Jean Lecanuet
Rue de la République
Rue des Faulx
Rue St Vivien
Quai du Havre
Quai de Paris
Quai Cavelier de La Salle
Quai Jean Moulin
Quai Jacques Anquetil
Quai Jean De Béthencourt
Boulevard Jean de Béthencourt
Voie Rapide Sud III
Avenue de Caen
Av. de l'Europe
Av. A. Briand
La Seine
Port Fluvial
Cathédrale
Gare Rive Droite
Côte Ste Catherine
Cimetière du Mont Gargan
0
400 m
0
0.2 miles
28
1338
338
Caen, Paris
Abbeville, Amiens
Oissel
Le Havre, Caen
Louviers, Vernon
Paris
Le Havre, Dieppe
Elbeuf
Darnétal
Abbeville, Amiens
Montmain

Strasbourg

Metz Schiltigheim Schiltigheim

Place de Haguenau
CENTRE
Place de la République
Place Kléber
Gare Centrale
Place de la Gare
Cronenbourg
Place des Halles
Porte Blanche
Broglie
Cathédrale
Palais Rohan
Palais Universitaire
Université
Boulevard de la Victoire
Avenue des Vosges
Av. d'Alsace
Av. d. l. Forêt-Noire
Allée de la Robertsau
R. d'Oberhausbergen
R. de Koenigshoffen
R. de Wasselonne
Quai du Général Koenig
Quai Menachem Taffel
Quai Louis-Pasteur
R. de Schirmeck
Place de l'Étoile
Avenue du Rhin
Hôpital Civil
Cimetière Central
Ile de l'Ill
Hôtel du Départem.
400 m
0.2 miles

Colmar, Mulhouse Illkirch-Graffenstaden

Toulouse

Montauban Montauban Albi, Rodez Montauban Verfeil, Lavaur

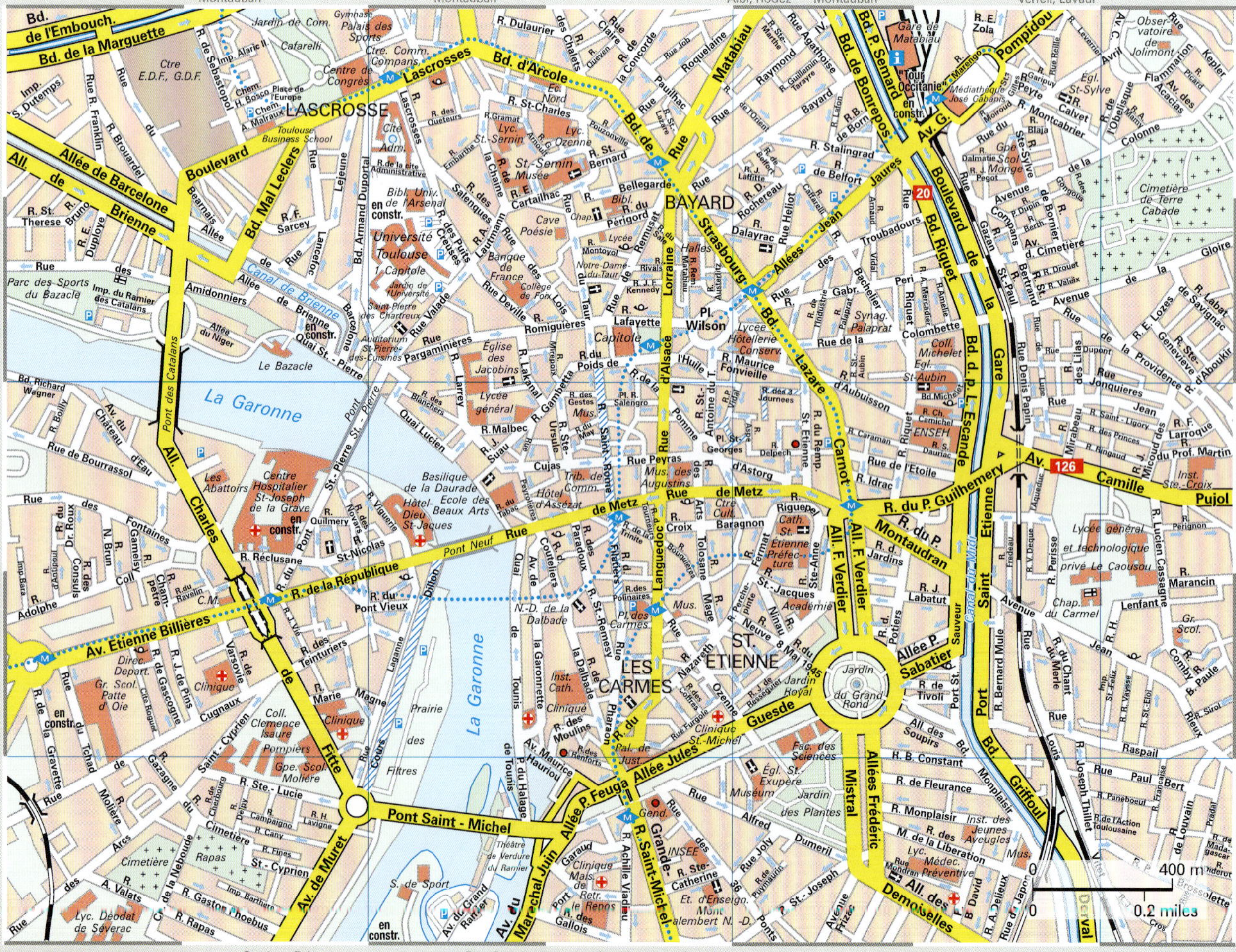

LASCROSSE
BAYARD
LES CARMES
ST. ETIENNE
La Garonne
Bd. d'Arcole
Bd. Lascrosses
Bd. de Strasbourg
Bd. Lazare Carnot
Bd. de la Gare
Allée de Barcelone
Allée de Brienne
Av. Etienne Billières
Pont Saint-Michel
Pont Neuf
Capitole
Jardin du Grand Rond
Allée Jules Guesde
Allées Frédéric Mistral
Av. C. Pujol
Av. Camille
Bd. Riquet
Canal de Brienne
Port Saint Etienne
Av. de Muret
Allée Charles de Fitte
400 m
0.2 miles

Pamiers, Foix Pau, Carcassonne Castelnaudary, Carcassonne Revel Carcassonne

F FRANCE

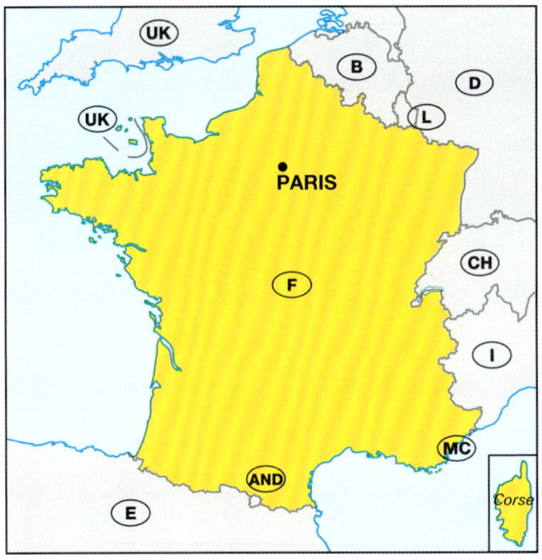

UK
UK
B
D
L
PARIS
F
CH
I
MC
AND
E
Corse

km/h				
	50	80	110	130
	50	80	110	130
	50	80	110	130
	50	80	100	110
	50	80	90	90
	50	80	80	80

543 965 km²

67 800 000

Paris 2 165 000

112/17

112/15

SOS 112/18

FRE

+33

+1h Greenwich Mean Time (GMT)

✓

✓

×

0,5‰

1 Euro (EUR) = 100 Cent

ATOUT France
+33 1 42 96 70 00
atout-france.fr

✓

24h +33 (0)9 708 08 709
SANEF

AND ANDORRA

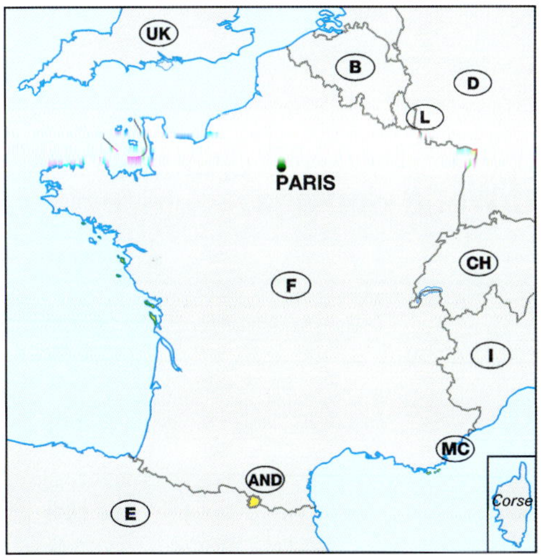

UK
B
D
L
PARIS
F
CH
I
MC
AND
E
Corse

km/h				
	40	60/90	–	–
	40	60/90	–	–
	40	60/90	–	–
	40	60/90	–	–
	40	60/90	–	–
	40	60/90	–	–

468 km²

77 000

Andorra la Vella 23 400

110

116

SOS 118

CAT

+376

+1h Greenwich Mean Time (GMT)

×

×

×

0,5‰

1 Euro (EUR) = 100 Cent

Ministeri de Turisme e Medi Ambient
+376 87 57 02
www.visitandorra.com

✓

24h +376 80 34 00
Automòbil Club d'Andorra

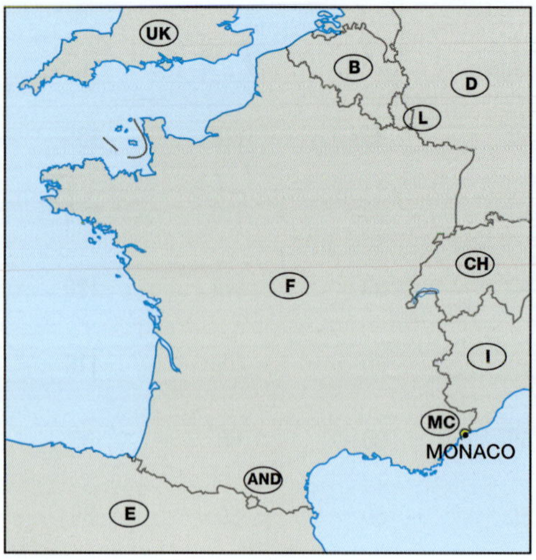
UK
B
D
L
CH
F
I
MC
MONACO
AND
E

km/h				
	50	–	–	–
	50	–	–	–
	50	–	–	–
	50	–	–	–
	50	–	–	–
	50	–	–	–

2 km²	40 000	Monaco Ville 1 000		112	112	SOS 112	
FRE	+377	+1h Greenwich Mean Time (GMT)	×	✓	×	0,5‰	
1 Euro (EUR) = 100 Cent	Direction du Tourisme et des Congres de la Principauté de Monaco +377 92 166 166 www.visitmonaco.com	✓	24h 92 05 26 60 Annuaire				

		Code		
(F)	Aéroport Bâle-Mulhouse-Fribourg	BSL, MLH, EAP	www.euroairport.com	95 Hd 63
(F)	Aéroport Paris – Charles-de-Gaulle	CDG	www.aeroportsdeparis.fr	51 Cd 54
(F)	Aéroport Paris – Orly	ORY	www.aeroportsdeparis.fr	51 Cc 56
(F)	Aéroport Lyon – Saint Exupéry	LYS	www.lyonaeroports.com	131 Fa 74
(F)	Aéroport Nice – Côte d'Azur	NCE	www.nice.aeroport.fr	173 Hb 87

		Code		
(F)	Aéroport Intern. de Montpellier Méditerranée	MPL	www.montpellier.aeroport.fr	168 Df 87
(F)	Aéroport Intern. de Strasbourg – Entzheim	SXB	www.strasbourg.aeroport.fr	60 Hd 57
(F)	Aéroport Intern. Tarbes – Lourdes – Pyrénées	LDE	www.tlp.aeroport.fr	162 Zf 89
(F)	Aéroport Marseille – Provence	MRS	www.marseille.aeroport.fr	170 Fb 88
(F)	Aéroport Nantes Atlantique	NTE	www.nantes.aeroport.fr	97 Yc 66

		Code		
(F)	Aéroport Béziers – Cap d'Agde en Languedoc	BZR	www.beziers.aeroport.fr	167 Dc 89
(F)	Aéroport Brest – Bretagne	BES	www.brest.aeroport.fr	62 Vd 58
(F)	Aéroport Calvi — Sainte Catherine	CLY	www.calvi.aeroport.fr	180 Ie 93
(F)	Aéroport d'Ajaccio – Campo dell'Oro / Ajaccio Napoleon Bonaparte	AJA	www.2a.cci.fr	182 Ie 97
(F)	Aéroport de Bastia-Poretta	BIA	www.bastia.aeroport.fr	181 Kc 93
(F)	Aéroport de Beauvais – Tillé	BVA	www.aeroportbeauvais.com	38 Ca 52
(F)	Aéroport de Bordeaux – Mérignac	BOD	www.bordeaux.aeroport.fr	134 Zb 80
(F)	Aéroport de Carcassonne en Pays Cathare	CCF	www.aeroport-carcassonne.com	166 Cb 89
(F)	Aéroport de Clermont-Ferrand Auvergne	CFE	www.clermont-aeroport.com	128 Da 74
(F)	Aéroport de La Rochelle – île de Ré	LRH	www.larochelle.aeroport.fr	109 Ye 71
(F)	Aéroport de Lille	LIL	www.lille.aeroport.fr	30 Da 45
(F)	Aéroport de Metz – Nancy – Lorraine	ETZ	www.lorraineaeroport.com	56 Gb 55
(F)	Aéroport de Pau – Pyrénées	PUF	www.pau.aeroport.fr	162 Zd 88
(F)	Aéroport de Perpignan – Rivesaltes	PGF	www.aeroport-perpignan.com	179 Cf 92
(F)	Aéroport de Rennes – Bretagne	RNS	www.rennes.aeroport.fr	65 Yb 60
(F)	Aéroport de Toulon – Hyères	TLN	www.toulon-hyeres.aeroport.fr	171 Ga 90
(F)	Aéroport de Toulouse – Blagnac	TLS	www.toulouse.aeroport.fr	164 Bc 87
(F)	Aéroport Figari – Sud-Corse	FSC	www.figari.fr/aeroport-figari-sud-corse/	184 Ka 100
(F)	Aéroport Grenoble – Isère	GNB	www.grenoble-airport.com	131 Fc 76
(F)	Aéroport Intern. de Biarritz – Anglet – Bayonne	BIQ	www.biarritz.aeroport.fr	160 Yc 88

UNESCO World Heritage

(AND)	Madriu-Perafita-Claror, Vall del	2004	177 Bd 94
(F)	Albi	2010	151 Ca 85
(F)	Amiens Cathedral	1981	38 Cb 49
(F)	Arles, Roman and Romanesque Monuments	1981	169 Ed 86
(F)	Avignon	1995	155 Ee 85
(F)	Belfries of Belgium and France = Arras etc.	1999	29 Ce 47
(F)	Bordeaux, Port of the Moon	2007	135 Zc 79
(F)	Bourges Cathedral	1992	102 Cc 66
(F)	Briançon (Fortifications of Vauban)	2008	145 Gd 79
(F)	Camaret-sur-Mer (Fortifications of Vauban)	2008	61 Vc 59
(F)	Canal du Midi	1996	165 Ca 89
(F)	Carcassonne	1997	166 Cc 89
(F)	Chaîne des Puys – Limagne fault tectonic arena	2018	127 Ce 76
(F)	Champagne Hillsides, Houses and Cellars	2015	53 Df/Ea 29
(F)	Chartres Cathedral	1979	70 Bc 58
(F)	Climats, terroirs of Burgundy = Climats du vignoble	2015	106 Ee/Ef/Fa 65-66
(F)	Fontainebleau, Palace and Park	1981	71 Cd 58
(F)	Fontenay, Abbaye de	1981	91 Ec 63
(F)	Forêts primaires de hêtres des Carpates et d'autres régions d'Europe	2021	94 Gf 61/170 Fa 88
(F)	Grandes villes d'eaux d'Europe	2021	116 Dc 72

UNESCO World Heritage

Ⓕ	Grotte Chauvet-Pont d'Arc	2014	154 Ec 82
Ⓕ	Gulf of Porto: Calanche of Piana, Gulf of Girolata, Scandola Reserve	1983	182 Id 94
Ⓕ	Lascaux, Grotte de	1979	137 Bb 78
Ⓕ	Le Havre, the City Rebuilt by Auguste Perret	2005	36 Aa 51-52
Ⓕ	Lyon (Historic Site)	1998	130 Ee 74
Ⓕ	Marseille, residential building – The Architectural Work of Le Corbusier	2016	170 Fc 89
Ⓕ	Mont-Saint-Michel, Le	1979	66 Yc 57
Ⓕ	Nancy, Place Stanislas, Place de la Carrière and Place d'Alliance	1983	56 Gb 56
Ⓕ	Neuf-Brisach (Fortifications of Vauban)	2008	60 Hd 60
Ⓕ	Nice	2021	173 Hb 86
Ⓕ	Nord-Pas de Calais Mining Basin = Bassin minier du Nord-Pas de Calais	2012	29-30 Cd-Cf 46
Ⓕ	Orange, Roman Theatre and its Surroundings and the „Triumphal Arch"	1981	155 Ee 84
Ⓕ	Palafittes du Lac de Chalain (Prehistoric Pile dwellings around the Alps)	2011	107 Fe 68
Ⓕ	Paris, Banks of the Seine	1991	51 Cb/Cc 55
Ⓕ	Phare de Cordouan	2021	122 Ye 75
Ⓕ	Pont du Gard (Roman Aqueduct)	1985	155 Ed 85
Ⓕ	Provins, Town of Medieval Fairs	2001	72 Db 57
Ⓕ	Pyrénées – Mont Perdu	1997, 1999	174-175 Ze 91-Aa 92
Ⓕ	Reims	1991	53 Ea 53
Ⓕ	Routes of Santiago de Compostela in France = Chemin de Saint-Jacques	1998	div. div.
Ⓕ	Saint-Emilion, Jurisdiction of	1999	135 Zf 79
Ⓕ	Saint-Savin, Abbey Church	1983	112 Af 69
Ⓕ	Salines Royales	1982	107 Fe 66
Ⓕ	Strasbourg – Grande île	1988	70 He 57
Ⓕ	The Causses and the Cévennes, Mediterranean agro-pastoral Cultural Landscape	2011	153 Dd 84
Ⓕ	Val de Loire (The Loire Valley between Sully-sur-Loire and Chalonnes)	2000	div. div.
Ⓕ	Versailles, Palace and Park of	1979	51 Ca 56
Ⓕ	Vézelay, Church and Hill	1979	90 De 64
Ⓕ	Vézère Valley, Prehistoric Sites and Decorated Caves	1979	137 Ba 78

		km²		
Ⓕ	Parc national de forêts	2410	www.forets-champagne-bourgogne.fr	91-92 Ed 61-Fb 62
Ⓕ	Parc national de la Vanoise	1480	www.vanoise-parcnational.fr	133 Ge 76
Ⓕ	Parc national de Port-Cros	19,88	www.portcrosparcnational.fr	173 Gc 90
Ⓕ	Parc national des Calanques	520	www.calanques-parcnational.fr	170-171 Fc-Fd 89
Ⓕ	Parc national des Cévennes	3210	www.cevennes-parcnational.fr	153 De 82-84
Ⓕ	Parc national des Écrins	1786	www.ecrins-parcnational.fr	144-145 Ga 79-Gc 81
Ⓕ	Parc national des Pyrénéés	457	www.pyrenees-parcnational.fr	174-175 Ze 91-Aa 92
Ⓕ	Parc national du Mercantour	2150	www.mercantour.eu	158-159 Ge 83-Hc 85

AND	Naturlandia	AD600	Sant Julià de Lòria	www.naturland.ad	177 Bd 94
Ⓕ	Antibes Land	06600	Antibes	www.antibesland.fr	173 Ha 87
Ⓕ	Aqualand Cap d'Agde	34300	Cap d'Agde	www.aqualand.fr	167 Dc 89
Ⓕ	Azur Park	83580	Gassin	www.azurpark.fr	172 Gd 89
Ⓕ	Bal Parc	62890	Tournehem-sur-la-Hem	www.balparc.fr	27 Ca 44
Ⓕ	Cigoland	67600	Kintzheim	www.cigoland.fr	63 Hc 59
Ⓕ	Cité de l'Espace	31506	Toulouse	www.cite-espace.com	164 Bc 87
Ⓕ	Cobac Parc	35720	Lanhelin	www.cobac-parc.com	65 Yb 58
Ⓕ	Dennlys Parc	62560	Dennebrœucq	www.dennlys-parc.com	29 Ca 45
Ⓕ	Didiland Parc d'Attractions	67360	Morsbronn-les-Bains	www.didiland.fr	58 He 55
Ⓕ	Disneyland Paris	77777	Marne-la-Vallée	www.disneylandparis.fr	52 Ce 55
Ⓕ	Fraispertuis City	88700	Jeanménil	www.fraispertuis-city.fr	77 Ge 59
Ⓕ	Futuroscope	86360	Chasseneuil-du-Poitou	www.futuroscope.com	99 Ac 68
Ⓕ	Gran Parc Puy du Fou	85590	Les Epesses	www.puydufou.com	98 Za 67
Ⓕ	gator	75016	Paris	www.jardindacclimatation.fr	51 Cb 55
Ⓕ	Kiddy Parc	83400	Hyères	www.kiddyparc.com	171 Ga 90
Ⓕ	Koaland	06500	Menton	www.parckoaland.fr	159 Hc 86
Ⓕ	La Mer de Sable	60950	Ermenonville	www.merdesable.fr	51 Ce 54
Ⓕ	La Récré des 3 Curés	29290	Milizac	www.larecredes3cures.fr	61 Vc 58
Ⓕ	Le Pal	03290	Dompierre-sur-Besbre	www.lepal.com	116 Dd 69
Ⓕ	Le Petit Paris	82800	Vaïssac	www.cite-capitales.com	150 Bd 84
Ⓕ	Luna Park Cap d'Agde	34300	Cap d'Agde	www.lunaparkcapdagde.com	167 Dd 89
Ⓕ	Luna Park Fréjus	83600	Fréjus	www.lunaparkfrejus.fr	172 Ge 88
Ⓕ	Magic Land Park	13820	Ensuès-la-Redonne	www.magic-park-land.com	170 Fb 88
Ⓕ	Magic World	83400	Hyères	www.hyeres-tourisme.com	171 Ga 90
Ⓕ	Nice Luna Park	06000	Nice	www.lunapark-nice.fr	173 Hb 86
Ⓕ	Nigloland	10200	Dolancourt	www.nigloland.fr	74 Ed 59
Ⓕ	OK Corral	13780	Cuges-les-Pins	www.okcorral.fr	171 Fe 89
Ⓕ	Papea Parc	72530	Yvré-l'Évêque	www.papeaparc.fr	68 Ab 60
Ⓕ	Parc Asterix	60128	Plailly	www.parcasterix.fr	51 Cd 54
Ⓕ	Parc Bagatelle	62155	Merlimont	www.parcbagatelle.com	28 Bd 46
Ⓕ	Parc Bellevue	87100	Limoges	www.parc-bellevue.fr	125 Bb 73
Ⓕ	Parc les Naudières	44880	Sautron	www.lesnaudieres.com	82 Yb 65
Ⓕ	Parc du Bocasse	76690	Le Bocasse	www.parcdubocasse.fr	37 Ba 51
Ⓕ	Parc du Petit Prince	68190	Ungersheim	www.parcdupetitprince.com	95 Hb 61
Ⓕ	Parc Fenestre	63150	La Bourboule	www.parcfenestre.com	127 Ce 75
Ⓕ	Parc Festyland	14760	Bretteville-sur-Odon	www.festyland.com	35 Zd 53
Ⓕ	Parc Herouval	27140	Gisors	www.herouval.com	50 Be 53
Ⓕ	Parc Saint Paul	60650	Saint Paul	www.parcsaintpaul.fr	38 Bf 52
Ⓕ	Parc des Combes	71200	Le Creusot	www.parcdescombes.com	105 Ec 68
Ⓕ	PLAYMOBIL® FunPark Paris	94260	Fresnes	www.playmobil-funpark.fr	51 Cb 56
Ⓕ	SARL Dino-zoo	25620	Charbonnières-les-Sapins	www.dino-zoo.com	107 Gb 66
Ⓕ	Touroparc	71570	Romanèche-Thorins	www.touroparc.com	118 Ee 71
Ⓕ	Vulcania	63230	Saint-Ours-les Roches	www.vulcania.com	127 Cf 73
Ⓕ	Walibi Rhône-Alpes	38630	Les Avenières	www.walibi.com/rhone-alpes/fr-fr	131 Fd 75
Ⓕ	Walibi Sud-Ouest	47310	Roquefort	www.walibi.com/sud-ouest/fr-fr	149 Ad 83
Ⓕ	Walygator Parc	57280	Maizières-lès-Metz	www.walygatorparc.com	56 Ga 53

Printed in China
© 2024 MairDumont GmbH & Co. KG, Marco-Polo-Straße 1, D-73751 Ostfildern
➡ 2028

Kartographie: © 2024 KOMPASS-Karten GmbH, A-6020 Innsbruck unter Verwendung von Kartendaten: © MairDumont, D-73751 Ostfildern

Ⓓ Unser Angebot enthält Verweise (Links) auf externe Webseiten, auf deren Inhalte wir keinen Einfluss haben. Für die Inhalte der genannten Webseiten ist stets der jeweilige Anbieter oder Betreiber verantwortlich. MairDumont kann deshalb für die Inhalte externer Webseiten keine Gewähr übernehmen.

Das Werk einschließlich aller seiner Teile ist urheberrechtlich geschützt. Jede urheberrechtswidrige Verwertung ist ohne Zustimmung des Verlages unzulässig und strafbar. Das gilt insbesondere für Vervielfältigungen, Übersetzungen, Nachahmungen, Mikroverfilmungen und die Einspeicherung und Verarbeitung in elektronischen Systemen.

Jede Auflage wird stets nach neuesten Unterlagen und unter Berücksichtigung der aktuellen politischen De-facto-Administrationen (oder Zugehörigkeiten) überarbeitet. Dies kann dazu führen, dass die Angaben von der völkerrechtlichen Lage abweichen. Irrtümer können trotzdem nicht ausgeschlossen werden.

Ihre Hinweise nehmen wir gerne postalisch oder per E-Mail **(korrekturhinweise@mairdumont.com)** entgegen.

Ⓕ Notre site web contient des références (liens) vers des sites Web externes, sur le contenu desquels nous n'avons aucune influence. Le fournisseur ou l'opérateur respectif est toujours responsable du contenu des sites Web mentionnés. MairDumont ne peut donc assumer aucune responsabilité quant au contenu des sites externes.

L'œuvre, y compris l'ensemble de ses parties, est protégée par les droits d'auteur. Toute utilisation en violation des droits d'auteur sans le consentement de la maison d'édition est inadmissible et passible de poursuites. Cela s'applique en particulier aux reproductions, traductions, imitations, microfilmages ainsi qu'à l'enregistrement et au traitement dans des systèmes électroniques.

Chaque édition est toujours révisée sous prise en compte de la documentation la plus récente et en tenant compte des administrations (ou affiliations) de facto politiques actuelles. Il peut en résulter que les informations diffèrent de la situation en vigueur en droit international. Néanmoins, des erreurs ne peuvent être exclues.

Nous acceptons volontiers vos indications par voie postale ou électronique **(korrekturhinweise@mairdumont.com)**.

Ⓤⓚ Our offer contains references (links) to external websites, on whose contents we have no influence. The respective provider or operator is always responsible for the content of the websites mentioned. MairDumont can therefore accept no responsibility for the content of external websites.

This work including all parts underlies the Copyright Act. Any use in violation of copyright law without the prior consent of the publisher is prohibited and punishable by law. This applies in particular to any reproductions, translations, imitations, microfilming, storage and processing in electronic systems existing now or hereafter invented.

Each edition is always revised according to the latest data and taking into account the current political de facto administrations (or affiliations). This may cause discrepancies from the situation under international law. Errors can nevertheless not be ruled out.

We would be pleased to receive your comments at our postal address or by e-mail **(korrekturhinweise@mairdumont.com)**.

Ⓘ La nostra offerta contiene collegamenti (link) a siti Internet esterni con contenuti che esulano dal nostro campo di influenza. Per i contenuti di tali siti Internet è responsabile il rispettivo offerente o gestore. MairDumont non può quindi assumersi alcuna responsabilità per i contenuti di siti Internet esterni.

L'opera, comprensiva di tutte le sue parti, è protetta da copyright. In mancanza dell'autorizzazione dell'editore, qualsiasi utilizzo che violi i diritti di copyright è vietato e penalmente perseguibile. Ciò vale in particolare per qualsiasi riproduzione, traduzione, imitazione, copia su microfilm, salvataggio ed elaborazione su sistemi elettronici.

Tutte le edizioni sono sempre riviste in base alla documentazione più recente e tenendo conto delle attuali amministrazioni (o affiliazioni) politiche de facto. Per questo, le informazioni possono discostarsi da quelle indicate dal diritto internazionale. Ciò nonostante, non possiamo escludere errori.

Riceviamo volentieri i vostri commenti per posta o per e-mail **(korrekturhinweise@mairdumont.com)**.

Index des localités · Ortsnamenverzeichnis · Index of place names · Elenco dei nomi di località
Índice dos topónimicos · Índice de topónimos · Register van plaatsnamen · Skorowidz miejscowości
Rejstřík sídel · Register sídiel · Kazalo naselij · Kazalo imena

①	②	③	④	⑤	⑥
75001*	Paris		75	51	Cc 55
AD500	Andorra la Vella	◘	AND	177	Bd 93
98000	Monte Carlo	◘	MC	173	Hc 86

	①	*
F	Code postal	Code postal le plus bas pour les localités à plusieurs codes posteaux
D	Postleitzahl	Niedrigste Postleitzahl bei Orten mit mehreren Postleitzahlen
UK	Postal code	Lowest postcode number for places having several postcodes
I	Codice postale	Codice di avviamento postale riferito a città comprendenti più codici di avviamento postale
P	Código postal	Código postal menor em caso de cidades com vários códigos postais
E	Código postal	Código postal más bajo en lugares con varios códigos postales
NL	Postcode	Laagste postcode bij gemeenten met meerdere postcodes
PL	Kod pocztowy	Najniższy kod pocztowy w przypadku miejscowości z wieloma kodami pocztowymi
CZ	Poštovní směrovací číslo	Nejnižší poštovní směrovací číslo v městech s vicenásobnými poštovními směrovacími čísly
SK	Poštovné smerovacie číslo	Najmenšie poštové smerovacie číslo v miestach s viacerými poštovými smerovacími číslami
SLO	Poštna številka	Najmanjša poštna številka v mestih z več poštnimi številkami
HR	Poštanski broj	Najniži poštanski broj u mjestima sa više poštanskih brojeva

	②	③	◘	◘
F	Localité	Nation	Andorre	Monaco
D	Ortsname	Nation	Andorra	Monaco
UK	Place name	Nation	Andorra	Monaco
I	Località	Nazione	Andorra	Monaco
P	Topónimo	Nação	Andorra	Mônaco
E	Topónimo	Nación	Andorra	Monaco
NL	Plaatsnaam	Natie	Andorra	Monaco
PL	Nazwa miejscowości	Naród	Andorra	Monako
CZ	Jméno obcí	Národ	Andorra	Monako
SK	Názov sídla	Národ	Andorra	Monako
SLO	Ime naselja	Národ	Andora	Monako
HR	Ime naselje	Nacija	Andora	Monako

	④	⑤	⑥
F	Département	Numéro de page	Coordonnées
D	Verwaltungseinheit	Seitenzahl	Suchfeldangabe
UK	Administrative unit	Page number	Grid reference
I	Circondario amministrativo	Numero di pagina	Riquadro nel quale si trova il nome
P	Unidade administrativa	Número da página	Coordenadas de localização
E	Unidad administrativa	Número de página	Coordenadas de localización
NL	Administratieve eenheid	Paginanummer	Zoekveld-gegevens
PL	Jednostka administracyjna	Numer strony	Współrzędne skorowidzowe
CZ	Správní jednotka	Číslo strany	Údaje hledacího čtverce
SK	Administratívnej jednotky	Číslo strany	Udanie hľadacieho štvorca
SLO	Upravna enota	Številka strani	Položajna koordinata
HR	Upravna jedinica	Broj stranica	Koordinatna podjela

A – B – C …

A – B – C – D – E – F – G – H – I – J – K – L – M – N – O – P – Q – R – S – T – U – V – W – X – Y – Z

Département · Verwaltungseinheit · Administrative unit · Circondario amministrativo Unidade administrativa · Unidad administrativa · Administratieve eenheid · Jednostka administracyjna Správní jednotka · Administratívnej jednotky · Upravna enota · Upravna jedinica

01	Ain	33	Gironde	67	Bas-Rhin
02	Aisne	34	Hérault	68	Haut-Rhin
03	Allier	35	Ille-et-Vilaine	69D	Rhône
04	Alpes-de-Haute-Provence	36	Indre	69M	Métropole de Lyon
05	Hautes-Alpes	37	Indre-et-Loire	70	Haute-Saône
06	Alpes-Maritimes	38	Isère	71	Saône-et-Loire
07	Ardèche	39	Jura	72	Sarthe
08	Ardennes	40	Landes	73	Savoie
09	Ariège	41	Loir-et-Cher	74	Haute-Savoie
10	Aube	42	Loire	75	Paris
11	Aude	43	Haute-Loire	76	Seine-Maritime
12	Aveyron	44	Loire-Atlantique	77	Seine-et-Marne
13	Bouches-du-Rhône	45	Loiret	78	Yvelines
14	Calvados	46	Lot	79	Deux-Sèvres
15	Cantal	47	Lot-et-Garonne	80	Somme
16	Charente	48	Lozère	81	Tarn
17	Charente-Maritime	49	Maine-et-Loire	82	Tarn-et-Garonne
18	Cher	50	Manche	83	Var
19	Corrèze	51	Marne	84	Vaucluse
CTC	Collectivité Territoriale	52	Haute-Marne	85	Vendée
	de Corse / Cullettività	53	Mayenne	86	Vienne
	Territuriale di Corsica	54	Meurthe-et-Moselle	87	Haute-Vienne
21	Côte-d'Or	55	Meuse	88	Vosges
22	Côtes-d'Armor	56	Morbihan	89	Yonne
23	Creuse	57	Moselle	90	Territoire de Belfort
24	Dordogne	58	Nièvre	91	Essonne
25	Doubs	59	Nord	92	Hauts-de-Seine
26	Drôme	60	Oise	93	Seine-Saint-Denis
27	Eure	61	Orne	94	Val-de-Marne
28	Eure-et-Loir	62	Pas-de-Calais	95	Val-d'Oise
29	Finistère	63	Puy-de-Dôme		
30	Gard	64	Pyrénées-Atlantiques	□	
31	Haute-Garonne	65	Hautes-Pyrénées	AND	Andorra
32	Gers	66	Pyrénées-Orientales	MC	Monaco

A

53440 Aaron 53 67 Zc 59
64440 Aas 64 174 Zd 91
64460 Aast 64 162 Zf 89
55130 Abainville 55 75 Fc 57
59268 Abancourt 59 30 Db 47
60220 Abancourt 60 38 Be 50
33120 Abatilles, les 33 134 Yf 81
54610 Abaucourt 54 56 Gb 55
55400 Abaucourt-Hautecourt 55 55 Fd 53
65200 Abay 65 175 Aa 91
25320 Abbans-Dessous 25 107 Ff 66
25440 Abbans-Dessus 25 107 Ff 66
44170 Abbaretz 44 82 Yc 63
35160 Abbaye, l' 35 65 Ya 60
49170 Abbaye, l' 49 83 Zb 64
60790 Abbaye, l' 60 38 Ca 53
86290 Abbaye, l' 86 113 Ba 70
36220 Abbaye de Fontgombault 36 100 Af 68
35470 Abbaye des Landes, l 35 82 Yb 61
51170 Abbaye-d'Igny 51 53 De 53
20243 Abbazia CTC 183 Kc 96
78660 Abbé, l' 78 70 Be 57
02300 Abbécourt 02 40 Db 51
60430 Abbecourt 60 38 Ca 52
25340 Abbenans 25 94 Gc 63
40990 Abbesse 40 161 Yf 86
80100 Abbeville 80 28 Bf 48
91150 Abbéville-la-Rivière 91 71 Cb 58
54800 Abbéville-lès-Conflans 54 56 Ff 53
25310 Abbévillers 25 94 Gf 64
60480 Abbeville-Saint-Pierre 60 38 Cb 51
34290 Abeilhan 34 167 Db 88
84390 Abeilles, les 84 156 Fb 84
33113 Abeilley, l' 33 147 Zc 82
07190 Abeillouse 07 142 Ec 80
70300 Abelcourt 70 93 Gb 62
06420 Abéliéra 06 158 Ha 84
64160 Abère 64 162 Ze 88
01400 Abergement-Clémenciat, l' 01 118 Ef 72
71290 Abergement-de-Cuisery, l' 71 106 Ef 69
01640 Abergement-de-Varey, l' 01 119 Fc 72
39500 Abergement-la-Ronce 39 106 Fc 66
39600 Abergement-le-Grand 39 107 Fe 67
39800 Abergement-le-Petit 39 107 Fe 67
39110 Abergement-lès-Thésy 39 107 Ff 67
71370 Abergement-Sainte-Colombe, l' 71 106 Fa 68
39120 Abergement-Saint-Jean 39 106 Fc 67
29870 Aber-Vrac'h 29 61 Vc 57
34210 Abeuradou 34 166 Cd 88
64150 Abidos 64 161 Zc 88
37160 Abilly 37 100 Ae 67
64390 Abitain 64 161 Za 88
24300 Abjat-sur-Bandiat 24 124 Ae 75
80320 Ablaincourt 80 39 Ce 49
80320 Ablaincourt-Pressoir 80 39 Ce 49
62153 Ablain-Saint-Nazaire 62 29 Ce 46
41240 Ablainville 41 86 Bc 61
62116 Ablainzevelle 62 29 Ce 48
51240 Ablancourt 51 54 Ed 56
95450 Ableiges 95 51 Bf 54
36100 Ablenay 36 101 Bf 67
88270 Ableuvenettes, les 88 76 Gb 59
78660 Ablis 78 70 Be 57
14600 Ablon 14 36 Ab 52
42380 Aboën 42 129 Ea 76
54115 Aboncourt 54 76 Ff 58
57920 Aboncourt 57 56 Gc 53
70500 Aboncourt 70 93 Ff 62
57590 Aboncourt-sur-Seille 57 56 Gc 56
74360 Abondance 74 121 Ge 71
28410 Abondant 28 50 Bc 56
28310 Abonville 28 70 Be 59
64350 Abos 64 162 Zf 88
64360 Abos 64 161 Zc 88
12340 Aboul 12 152 Ce 82
63390 Abouranges, les 63 115 Ce 72
57560 Abreschviller 57 57 Ha 57
03200 Abrest 03 116 Dc 72
38490 Abrets en Dauphiné, les 38 131 Fd 75
15110 Abrialots, les 15 140 Cf 80
05460 Abriès 05 145 Gf 80
58110 Abrigny 58 104 Dd 66
59215 Abscon 59 30 Db 47
79240 Absie, l' 79 98 Zc 69
16500 Abzac 16 112 Ae 72
33230 Abzac 33 135 Zf 78
20100 A Capannella = Capanella CTC 184 Ka 99
20100 A Casa = Casa CTC 185 Ka 99
20250 A Casa Nova = Casanova CTC 183 Kb 95
20138 A Castagna = la Castagna CTC 182 Ie 98
20252 Accendi Pippa CTC 181 Kb 93
20243 Acciani CTC 183 Kb 96
20100 Acciola CTC 184 If 99
28800 Acclainville 28 70 Bd 60
25250 Accolans 25 94 Gd 64
89460 Accolay 89 89 De 63
07160 Accons 07 142 Ec 79
58110 Accourt 58 104 De 67
64490 Accous 64 174 Zc 91
20166 Acelasca CTC 182 Ie 98
57340 Achain 57 57 Gd 55
38880 Achard, l' 38 131 Fd 77
05600 Achards, les 05 145 Gd 80
85150 Achards, les 85 97 Yc 69
57412 Achen 57 57 Hb 54
67204 Achenheim 67 60 Hd 57
18250 Achères 18 88 Cc 65
28170 Achères 28 69 Bc 57
78260 Achères 78 51 Ca 55
02800 Achery 02 40 Dc 50
80560 Acheux-en-Amiénois 80 29 Cd 48
80210 Acheux-en-Vimeu 80 28 Be 48
62320 Acheville 62 30 Cf 46
70180 Achey 70 92 Fd 63
62217 Achicourt 62 29 Ce 47
62121 Achiet-le-Grand 62 30 Ce 48
62121 Achiet-le-Petit 62 29 Ce 48
20112 Achjalza = Chialza CTC 184 Ka 99
20228 Achjesa = Chiesa CTC 181 Kc 91
58110 Achun 58 104 De 66
60690 Achy 60 38 Bf 51
35690 Acigné 35 66 Yc 60
27800 Aclou 27 49 Ae 53
27570 Acon 27 49 Ba 56
20110 Acoravo CTC 184 Ka 98
62144 Acq 62 29 Cd 46
20138 Acqua Doria CTC 184 Ie 98
45480 Acquebouille 45 70 Ca 59
14220 Acqueville 14 47 Zd 55
27400 Acquigny 27 49 Bb 53
62380 Acquin 62 27 Ca 44
20137 A Croce = la Croix CTC 185 Kb 98
50440 Acueville 50 33 Yb 51
02200 Acy 02 52 Dc 52
60620 Acy-en-Multien 60 52 Cf 54
08300 Acy-Romance 08 41 Ec 51
57580 Adaincourt 57 58 Gc 54
78113 Adainville 78 50 Bd 56
25360 Adam-lès-Passavant 25 93 Gc 65
25530 Adam-lès-Vercel 25 108 Gc 65
67320 Adamswiller 67 57 Hb 55
65100 Adé 65 162 Zf 90
57380 Adelange 57 57 Gd 54
70200 Adelans 70 93 Gc 62
65240 Adervielle 65 175 Ac 92
79200 Adilly 79 98 Ze 68
62116 Adinfer 62 29 Ce 47
34230 Adissan 34 167 Dc 87
16700 Adjots, les 16 111 Ab 72
88270 Adompt 88 76 Ga 59
08220 Adon 08 41 Eb 51
45230 Adon 45 88 Ce 62
88390 Adoncourt 88 76 Gb 59
05300 Adrech, l' 05 156 Fe 83
06450 Adres, les 06 159 Hc 84
83600 Adrets-de-L'Esterel, les 83 172 Ge 87
86430 Adriers 86 112 Ae 71
05600 Adroit, l' 05 145 Gd 80
05160 Adroit-de-Pontis, l' 05 145 Gc 82
20167 Afa CTC 182 Ie 97
30530 Affenadou, l' 30 154 Ea 83
19260 Affieux 19 126 Be 75
54800 Affléville 54 56 Fe 53
28170 Affonville 28 69 Bb 57
69170 Affoux 69D 130 Ec 73
54740 Affracourt 54 76 Gb 58
62380 Affringues 62 29 Ca 44
20200 A Ficarella = Figarella CTC 181 Kc 92
20219 A Foce CTC 183 Ka 96
31230 Agassac 31 164 Af 88
20100 Aga Suttanu CTC 184 If 99
83530 Agay 83 172 Gf 88
34300 Agde 34 167 Dc 89
16150 Age, l' 16 112 Ae 73
16250 Age, l' 16 123 Aa 76
23140 Age, l' 23 114 Ca 71
24800 Age, l' 24 124 Ae 76
34210 Agel 34 166 Cf 88
40430 Agelouse 40 147 Zc 82
16490 Age-Marenche, l' 16 112 Ad 72
88390 Agémont 88 76 Gb 60
47000 Agen 47 149 Ad 83
21700 Agencourt 21 106 Ef 66
12630 Agen-d'Aveyron 12 152 Ce 82
80370 Agenville 80 29 Ca 48
80150 Agenvillers 80 28 Df 47
09800 Agert 09 176 Ba 91
19600 Ages, les 19 137 Bc 78
36300 Ages, les 36 100 Ba 69
23300 Age-Troinay, l' 23 113 Bc 71
53290 Agets, les 53 84 Zd 61
60700 Ageux, les 60 39 Cd 53
52340 Ageville 52 75 Fc 60
21410 Agey 21 91 Ee 65
20242 Agheri CTC 183 Kb 96
20270 Aghione CTC 183 Kc 96
20100 A Ghjumenta Grossa = Jumenta Grossa CTC 184 If 99
19230 Agier 19 125 Bc 76
54770 Agincourt 54 56 Gb 56
43370 Agizoux 43 141 Df 79
58000 Aglan 58 103 Da 67
47350 Agmé 47 136 Ac 82
12510 Agnac 12 151 Cd 82
24500 Agnac 24 136 Ac 81
20166 Agnarellu CTC 184 Ie 97
20170 Agnarone CTC 185 Kb 98
43100 Agnat 43 128 Dc 76
20227 Agnatellu CTC 183 Kb 96
20243 Agnatellu CTC 183 Kc 97
50180 Agneaux 50 34 Yf 54
04400 Agneliers, les 04 158 Gd 82
84400 Agnels, les 84 156 Fc 85
60600 Agnetz 60 39 Cc 52
62161 Agnez-les Duisans 62 29 Cd 47
02340 Agnicourt-et-Séchelles 02 41 Df 50
05140 Agnielles 05 144 Fe 81
62690 Agnières 62 29 Cd 46
80290 Agnières 80 38 Bf 50
05250 Agnières-en-Dévoluy 05 144 Ff 80
38150 Agnin 38 130 Ef 76
64400 Agnos 64 161 Zd 90
19800 Agnoux 19 126 Bf 76
62217 Agny 62 29 Cc 47
24460 Agonac 24 124 Ae 77
50230 Agon-Coutainville 50 46 Yc 54
34190 Agonès 34 153 De 85
03210 Agonges 03 103 Da 69
17350 Agonnay 17 110 Zb 73
65170 Agos 65 175 Ab 91
65400 Agos-Vidalos 65 175 Zf 90
34330 Agoudet 34 167 Cf 87
66740 Agouillous 66 179 Cf 93
12300 Agrès 12 139 Cb 81
86110 Agressais 86 99 Ab 68
58420 Agricz 58 89 Dd 65
16110 Agris 16 124 Ac 74

17500 Agudelle 17 123 Zd 76
31110 Agudes, les 31 175 Ac 92
12520 Aguessac 12 152 Da 84
02190 Aguilcourt 02 41 Df 52
81470 Aguts 81 165 Bf 87
30170 Aguzan 30 153 Df 85
14400 Agy 14 34 Zb 53
64780 Ahaice 64 160 Ye 89
64220 Ahaxe-Alciette-Bascassan 64 161 Yf 90
64210 Ahetze 64 160 Yc 88
88500 Ahéville 88 76 Gb 59
53940 Ahuillé 53 66 Za 60
23150 Ahun 23 114 Ca 72
64130 Ahusquy 64 161 Yf 90
20000 Aiacciu = Ajaccio CTC 182 Ie 97
59149 Aibes 59 31 Ea 47
25750 Aibre 25 94 Ge 63
64120 Aïcirits-Camou-Suhast 64 161 Yf 88
57320 Aidling 57 57 Gd 53
79230 Aiffres 79 111 Zd 71
05320 Aigle, l' 05 144 Gb 78
61300 Aigle, l' 61 49 Ad 56
08090 Aiglemont 08 42 Ee 50
39110 Aiglepierre 39 107 Fe 67
27120 Aigleville 27 50 Bc 54
04510 Aiglun 04 157 Ga 84
06910 Aiglun 06 158 Gf 85
32290 Aignan 32 162 Aa 86
21510 Aignay-le-Duc 21 91 Ee 63
34210 Aigne 34 166 Ce 89
72650 Aigné 72 68 Aa 60
14710 Aignerville 14 47 Za 53
31550 Aignes 31 165 Bd 89
16190 Aignes-et-Puypéroux 16 124 Aa 76
28800 Aigneville 28 70 Bc 59
80210 Aigneville 80 38 Bd 48
88140 Aigneville 88 76 Fe 59
51150 Aigny 51 53 Eb 54
79370 Aigonnay 79 111 Ze 71
16140 Aigre 16 111 Aa 73
31280 Aigrefeuille 31 165 Bd 87
17290 Aigrefeuille-d'Aunis 17 110 Za 72
44140 Aigrefeuille-sur-Maine 44 97 Yd 66
30350 Aigremont 30 154 Ea 85
52400 Aigremont 52 75 Fe 60
78240 Aigremont 78 51 Ca 55
89800 Aigremont 89 90 Df 62
73610 Aiguebelette-le-Lac 73 132 Fe 75
30260 Aiguebelle 30 154 Df 85
73220 Aiguebelle 73 132 Gb 75
73260 Aigueblanche 73 133 Gd 75
81200 Aiguefonde 81 166 Cb 88
19470 Aiguepanade 19 126 Be 76
24550 Aigueparse 24 137 Af 81
63260 Aigueperse 63 116 Db 72
69790 Aigueperse 69D 117 Ec 71
87260 Aigueperse 87 125 Bc 74
09240 Aigues-Juntes 09 177 Bc 90
30220 Aigues-Mortes 30 168 Eb 87
09600 Aigues-Vives 09 177 Bf 91
11800 Aigues-Vives 11 166 Cd 89
30670 Aigues-Vives 30 168 Eb 86
34210 Aigues-Vives 34 166 Ce 88
34480 Aigues-Vives 34 167 Da 87
30760 Aiguèze 30 155 Ed 83
26170 Aiguières 26 156 Fc 83
33920 Aiguille, l' 33 135 Zd 78
62170 Aiguille, l' 62 28 Be 46
87110 Aiguille, l' 87 125 Bb 74
05470 Aiguilles 05 145 Gf 80
47190 Aiguillon 47 148 Ac 83
85460 Aiguillon-sur-Mer, l' 85 109 Ye 70
85220 Aiguillon-sur-Vie, l' 85 96 Yb 68
83630 Aiguines 83 157 Gb 86
09300 Aigulllon, l' 09 178 Bf 91
36140 Aigurande 36 114 Be 70
23700 Aijzances 23 115 Cd 72
05340 Ailefroide 05 145 Gc 79
40200 Ailhac 40 120 Da 77
07200 Ailhon 07 142 Ec 81
[illegible]
45230 Aillant-sur-Milleron 45 88 Cf 62
89110 Aillant-sur-Tholon 89 89 Dc 61
33124 Aillas 33 135 Zf 82
33690 Aillas-Le-Vieux 33 135 Zf 82
38090 Aillat 38 131 Fb 75
86130 Aillé 86 99 Ac 68
42130 Ailleux 42 129 Df 74
70110 Aillevans 70 93 Gc 63
10200 Ailleville 10 74 Ee 59
70320 Aillevillers-et-Lyaumont 70 93 Gb 61
52700 Aillianville 52 75 Fc 58
73340 Aillon 73 132 Ga 75
70300 Ailloncourt 70 93 Gc 62
73340 Aillon-le-Jeune 73 132 Ga 75
73340 Aillon-le-Vieux 73 132 Ga 75
27600 Ailly 27 50 Bb 54
80690 Ailly-le-Haut-Clocher 80 28 Bf 48
55300 Ailly-sur-Meuse 55 55 Fd 55
80250 Ailly-sur-Noye 80 39 Cc 50
80470 Ailly-sur-Somme 80 38 Cb 49
30470 Aimargues 30 169 Eb 86
37500 Aimé 37 99 Ab 66
73210 Aime-la-Plagne 73 133 Gd 75
03360 Ainay-le-Château 03 103 Ce 68
18200 Ainay-le-Vieil 18 102 Cd 69
64220 Aincille 64 160 Ye 90
95510 Aincourt 95 50 Be 54
55110 Aincreville 55 42 Fa 52
64120 Aincy 64 161 Yf 89
54460 Aingeray 54 56 Ff 56
52230 Aingoulaincourt 52 75 Fb 58
64130 Ainharp 64 161 Za 89
64220 Ainhice Mongelos 64 161 Yf 89
64250 Ainhoa 64 160 Yd 89
80250 Ainval 80 39 Cc 50
70800 Ainvelle 70 93 Gb 61
88320 Ainvelle 88 76 Fe 61
87700 Airain 87 125 Ba 73
80270 Airaines 80 38 Bf 49
14370 Airan 14 35 Zf 54
01550 Airans 01 119 Ff 72
08190 Aire 08 41 Ea 52
30940 Aire-de-Côte 30 153 Dd 84
42260 Aires 42 129 Ea 74
34600 Aires, les 34 167 Da 87
40800 Aire-sur-L'Adour 40 162 Ze 86
62120 Aire-sur-la-Lys 62 29 Cc 45
60600 Airion 60 39 Cc 52
79260 Aiript 79 111 Ze 70
86330 Airon 86 99 Zf 68
62180 Airon-Notre-Dame 62 28 Bd 46
62180 Airon-Saint-Vaast 62 28 Be 46
11320 Airoux 11 165 Bf 88
79600 Airvault 79 99 Zf 68
08130 Aisements, les 08 42 Ed 51
21110 Aiserey 21 106 Fa 65
70500 Aisey-et-Richecourt 70 93 Ff 61
21400 Aisey-sur-Seine 21 91 Ed 62
85450 Aisne, l' 85 110 Yf 70
02110 Aisonville-et-Bernoville 02 40 Dd 49
25360 Aïssey 25 108 Gb 65
14190 Aisy 14 48 Ze 55
21390 Aisy-sous-Thil 21 90 Eb 64
89390 Aisy-sur-Armançon 89 90 Eb 63
20244 Aiti CTC 183 Kb 94
73220 Aiton 73 132 Gb 75
19200 Aix 19 127 Cc 75
54800 Aix 54 56 Fe 53
18220 Aix-d'Angillon, les 18 102 Cd 65
26150 Aix-en-Diois 26 143 Fc 80
62650 Aix-en-Ergny 62 28 Ca 45
62170 Aix-en-Issart 62 28 Bf 46
10160 Aix-en-Othe 10 73 De 59
13100 Aix-en-Provence 13 170 Fc 87
87700 Aixe-sur-Vienne 87 125 Ba 74
87800 Aixette 87 125 Ba 74
AD600 Aixirivall ◘ AND 177 Bd 94
63980 Aix-la-Fayette 63 128 Dd 75
73100 Aix-les-Bains 73 132 Ff 74
62160 Aix-Noulette 62 29 Ce 46
AD500 Aixovall ◘ AND 177 Bc 94
10160* Aix-Villemaur-Pâlis 10 73 De 59
07530 Aizac 07 142 Eb 80
52120 Aizanville 52 74 Ef 60
36150 Aize 36 101 Be 66
80240 Aizecourt-le-Bas 80 39 Da 49
80200 Aizecourt-le-Haut 80 39 Cf 49
16700 Aizecq 16 112 Ab 73
02820 Aizelles 02 40 De 52
85190 Aizenay 85 97 Yc 68
16700 Aizie 16 111 Ab 72
27500 Aizier 27 36 Ad 52
63330 Aizier 63 115 Ce 72
02370 Aizy-Jouy 02 40 Dd 52
11300 Ajac 11 178 Ca 90
20000 Ajaccio CTC 182 Ie 97
23380 Ajain 23 114 Bf 71
24210 Ajat 24 125 Ba 78
20243 Ajola CTC 183 Kb 96
04700 Ajonc 04 157 Ga 85
59290 Ajoncourt 57 56 Gb 55
27110 Ajou 27 49 Ae 55
07000 Ajoux 07 142 Ed 80
69790 Ajoux 69D 117 Ec 71
12340 Alac 12 139 Ce 82
56350 Alaer = Allaire 56 81 Xf 63
15500 Alagnon 15 128 Da 77
11240 Alaigne 11 165 Ca 90
02240 Alaincourt 02 40 Dc 50
70210 Alaincourt 70 76 Ga 61
57590 Alaincourt-la-Côte 57 56 Gc 55
33820 Alains, les 33 122 Zc 77
11290 Alairac 11 166 Cb 89
25330 Alaise 25 107 Ff 66
54112 Alamps 54 76 Fe 57
31420 Alan 31 164 Af 89
20212 Alando CTC 183 Kb 95
20212 Alandu = Alando CTC 183 Kb 95
47450 Alary 47 149 Ad 83
[illegible]
20167 Alata CTC 182 Ie 97
11290 Alauses, les 11 166 Cb 89
12500 Alayrac 12 139 Ce 81
12800 Albagnac 12 151 Cb 83
07400 Alba-la-Romaine 07 142 Ed 81
81250 Alban 81 152 Cc 85
73870 Albannette 73 132 Gc 77
48310 Albaret-le-Comtal 48 140 Da 79
48200 Albaret-Sainte-Marie 48 140 Db 79
13123 Albaron 13 169 Ec 87
15310 Albart 15 139 Cb 78
11360 Albas 11 179 Ce 90
46140 Albas 46 137 Bb 82
67220 Albé 67 60 Hb 58
82290 Albefeuille-Lagarde 82 150 Bb 84
38470 Albenc, l' 38 131 Fc 77
73410 Albens 73 132 Ff 74
15300 Albepierre 15 139 Ce 78
66480 Albère, l' 66 179 Cf 94
15400 Alberoche 15 127 Cd 77
80300 Albert 80 39 Cd 48
20224 Albertacce CTC 180 If 95
73200 Albertville 73 132 Gc 74
12210 Albès 12 139 Ce 80
48800 Albespeyres 48 141 Df 82
12370 Albespy, l' 12 152 Ce 86
57670 Albestroff 57 57 Gf 55
81000 Albi 81 151 Ca 85
31460 Albiac 31 165 Be 87
46500 Albiac 46 138 Be 80
82350 Albias 82 150 Bc 84
11330 Albières 11 178 Cc 91
09310 Albiès 09 177 Bc 92
42260 Albieux 42 129 Df 74
73300 Albiez-le-Jeune 73 132 Gc 77
73300 Albiez-le-Vieux 73 132 Gc 77
19190 Albignac 19 138 Be 78
69770 Albigny 69M 130 Ec 74
69250 Albigny-sur-Saône 69M 130 Ee 73
81240 Albine 81 166 Cd 88
04800 Albiosc 04 171 Ga 86
15100 Albisson 15 140 Da 78
20128 Albitreccia CTC 184 If 97
20167 Albitrone CTC 182 If 96
20217 Albo CTC 181 Kc 92
07190 Albon 07 142 Ec 80
26140 Albon 26 130 Ef 77
07160 Albouret, l' 07 142 Ed 79
07440 Alboussière 07 142 Ee 79
12220 Albres, les 12 139 Cb 81
20217 Albu = Albo CTC 181 Kc 92
19380 Albussac 19 138 Bf 78
74540 Alby-sur-Chéran 74 132 Ga 74
64470 Alçay-Alçabéhéty-Sunharette 64 161 Za 90
12210 Alcorn 12 139 Ce 80
AD100 Aldosa, l' ◘ AND 177 Bd 93
AD400 Aldosa, l' ◘ AND 177 Bd 93
64430 Aldudes 64 160 Yd 90
12230 Aldues 12 153 Dc 84
12270 Alegrié 12 151 Bf 83
62850 Alembon 62 27 Bf 44
23400 Alème 23 126 Bd 73
57420 Alémont 57 56 Gb 55
61000 Alençon 61 68 Aa 58
66200 Alénya 66 179 Cf 93
20270 Aléria CTC 183 Kd 96
30100 Alès 30 154 Ea 84
11580 Alet-les-Bains 11 178 Cb 91
12200 Alets, les 12 151 Ca 83
62650 Alette 62 28 Be 45
09320 Aleu 09 177 Bb 91
49410 Aleu 49 83 Za 64
74290 Alex 74 132 Gb 73
53240 Alexain 53 67 Zb 59
42560 Alézieux 42 129 Ea 76
20220 Algajola CTC 180 If 93
81470 Algans 81 165 Bf 87
20246 Alga Putrica CTC 181 Ka 92
18270 Alger, l' 18 102 Cb 69
68600 Algolsheim 68 60 Hd 61
57440 Algrange 57 43 Ga 52
39270 Alièze 39 107 Fd 69
34290 Alignan-du-Vent 34 167 Dc 88
49320 Aligny 49 84 Zd 65
08310 Alincourt 08 41 Ec 52
62142 Alincthun 62 26 Be 44
43200 Alinhac 43 129 Ea 78
20151 Aliscia = la Liscia CTC 182 Ie 96
21150 Alise-Sainte-Reine 21 91 Ec 63
07210 Alissas 07 142 Ed 80
24130 Alix 24 136 Ac 79
69380 Alix 69D 118 Ed 73
26300 Alixan 26 143 Fa 79
27460 Alizay 27 37 Bb 53
63210 Allagnat 63 127 Cf 74
54170 Allain 54 76 Ff 57
80200 Allaines 80 39 Cf 49
28310 Allaines-Mervilliers 28 70 Be 59
28500 Allainville 28 50 Bb 56
78660 Allainville 78 70 Bf 58
45480 Allainville-en-Beauce 45 70 Ca 59
56350 Allaire 56 81 Xf 63
42400 Allaires, les 42 117 Eb 72
74340 Allamands, les 74 121 Ge 72
54800 Allamont 54 56 Fe 54
26780 Allan 26 142 Ee 82
15160 Allanche 15 128 Cf 77
08130 Alland'Huy-et-Sausseuil 08 41 Ed 51
04140 Allards, les 04 157 Gb 82
17550 Allards, les 17 109 Ye 73
88110 Allarmont 88 77 Ha 58
24200 Allas 24 137 Ba 79
17150 Allas-Bocage 17 123 Zd 76
17500 Allas-Champagne 17 123 Ze 76
24220 Allas-les-Mines 24 137 Ba 79
19240 Allassac 19 125 Bc 77
48310 Allatieux, les 48 140 Da 80
13190 Allauch 13 170 Fd 88
86290 Allay 86 113 Ba 70
[illegible]
30500 Allègre 30 154 Eb 83
43270 Allègre 43 129 De 77
38470 Allegrerie, l' 38 131 Fc 77
13980 Alleins 13 170 Fa 86
04500 Allemagne-en-Provence 04 157 Ga 86
43160 Allemances 43 129 De 77
51260 Allemanche-Launay-et-Soyer 51 73 De 57
04400 Allemands, les 04 158 Gd 82
12200 Allemands, les 12 151 Bf 82
24600 Allemans 24 124 Ab 77
47800 Allemans-du-Dropt 47 136 Ab 81
02320 Allemant 02 40 Dc 52
51120 Allemant 51 53 De 56
01450 Allement 01 119 Fc 72
01710 Allemogne 01 120 Ff 71
38114 Allemont 38 144 Ga 78
80130 Allenay 80 28 Bc 48
48190 Allenc 48 141 Dd 81
54540 Allencombe 54 77 Gf 57
25490 Allenjoie 25 94 Gf 63
59251 Allennes-les-Marais 59 30 Cf 45
67310 Allenwiller 67 58 Hc 57
15500 Alleret 15 140 Db 77
21140 Allerey 21 90 Eb 64
21230 Allerey 21 105 Ec 65
71350 Allerey-sur-Saône 71 106 Ef 67
71380 Allériot 71 106 Ef 68
80270 Allery 80 38 Bf 49
24480 Alles-sur-Dordogne 24 137 Af 79
49320 Alleuds, les 49 84 Zd 65
79190 Alleuds, les 79 111 Zf 72
08400 Alleux, les 08 42 Ee 52
35420 Alleux, les 35 66 Ye 58
15100 Alleuze 15 140 Da 79
15100 Alleuzet 15 140 Cf 79
38580 Allevard 38 132 Ga 76
74540 Allèves 74 132 Ga 74
43390 Allevier 43 128 Dc 77
26400 Allex 26 142 Ef 80
43150 Alleyrac 43 141 Df 79
43580 Alleyras 43 141 De 79
19200 Alleyrat 19 126 Cb 75
23200 Alleyrat 23 114 Ca 73
47110 Allez-et-Cazeneuve 47 149 Ad 82
51250 Alliancelles 51 54 Ef 56
10700 Allibaudières 10 73 Ea 57
52130 Allichamps 52 74 Ef 57
65360 Allier 65 162 Aa 89
09240 Allières 09 177 Bc 90
72600 Allières-Beauvoir 72 68 Ab 58
25300 Alliés, les 25 108 Gc 67
58200 Alligny-Cosne 58 89 Da 64
58230 Alligny-en-Morvan 58 105 Eb 65
82140 Alliguières, les 82 150 Bd 84
22460 Allineuc 22 64 Xa 59
74200 Allinges 74 120 Gc 70
76210 Alliquerville 76 36 Ad 51
18110 Allogny 18 102 Cb 65
79110* Alloinay 79 111 Zf 72
87400 Allois, les 87 125 Bc 74
39160 Allonal 39 119 Fc 70
25550 Allondans 25 94 Ge 63
73200 Allondaz 73 132 Gc 74
54260 Allondrelle-la-Malmaison 54 43 Fd 51
60000 Allonne 60 38 Ca 52
79130 Allonne 79 98 Zd 69
28150 Allonnes 28 70 Bd 59
45310 Allonnes 45 70 Bd 60
49650 Allonnes 49 84 Aa 65
72700 Allonnes 72 68 Aa 61
04170 Allons 04 158 Gd 85
47420 Allons 47 148 Zf 83
80260 Allonville 80 39 Cc 49
74350 Allonzier-la-Caille 74 120 Ga 72
04260 Allos 04 158 Gd 83
62157 Allouagne 62 29 Cd 45
16490 Alloue 16 112 Ad 72
18500 Allouis 18 102 Cb 65
76190 Allouville-Bellefosse 76 36 Ae 51
73550 Allues, les 73 133 Gd 76
78580 Alluets-le-Roi, les 78 50 Bf 55
58110 Alluy 58 104 Dd 66
28800 Alluyes 28 69 Bc 59
15700 Ally 15 139 Cb 77
43380 Ally 43 128 Db 78
01230 Allymes, les 01 119 Fc 73
83400 Almanarre, l' 83 172 Ga 90
81190 Almayrac 81 151 Cb 84
61570 Almenêches 61 48 Aa 56
12300 Almon-les-Junies 12 139 Cb 81
09200 Alos 09 176 Ba 91
81140 Alos 81 151 Bf 84
64470 Alos-Sibas-Abense 64 161 Za 90
03120 Alouette, l' 03 116 Dd 71
33600 Alouette, l' 33 134 Zb 80
21420 Aloxe-Corton 21 106 Ef 66
48200 Alozier 48 140 Db 80
05600 Alp, l' 05 145 Gd 80
38520 Alpe-de-Venosc, l' 38 144 Ga 78
38750 Alpe-d'Huez, l' 38 144 Ga 78
38520 Alpe du Pin, l' 38 144 Ga 79
05400 Alpe Planchard 05 145 Gc 79
48190 Alpiers, les 48 141 De 81
12210 Alpuech 12 139 Cf 80
62850 Alquines 62 27 Bf 44
12430 Alrance 12 152 Ce 84
68240 Alspach 68 60 Hb 60
57515 Alsting 57 57 Gf 53
20112 Altagène CTC 184 Ka 98
20112 Altaghjè = Altagène CTC 184 Ka 98
20240 Altana CTC 183 Kb 96
12300 Altaserre-Haute 12 139 Cb 81
12100 Altayrac 12 153 Db 84
67270 Altdorf 67 58 Hd 56
67270 Alteckendorf 67 58 Hd 56
68210 Altenach 68 94 Ha 63
68760 Altenbach, Goldbach 68 94 Hd 61
67490 Altenheim 67 58 Hc 56
[illegible]
67160 Altenstadt lès-Wissembourg 67 59 Hf 54
12150 Altès 12 152 Da 82
84210 Althen-des-Paludes 84 155 Ef 84
57620 Althorn 57 58 Hc 55
20251 Altiani CTC 183 Kb 95
48800 Altier 48 141 Df 82
19120 Altillac 19 138 Bf 79
68130 Altkirch 68 95 Hb 63
67120 Altorf 67 60 Hd 57
57660 Altrippe 57 57 Ge 54
57640 Altroff 57 56 Gb 53
57620 Altschmelz 57 58 Hc 55
20100 Alturaja CTC 184 Ie 99
57730 Altviller 57 57 Ge 54
57260 Altwiller 67 57 Gf 55
12720 Aluech 12 153 Db 83
71510 Aluze 71 105 Ee 67
46500 Alvignac 46 138 Be 80
76640 Alvimare 76 36 Ad 51
76190 Alvimbuc 76 36 Ae 51
09240 Alzen 09 177 Bc 91
20212 Alzi CTC 183 Kb 95
57320 Alzing 57 57 Gd 53
79210 Alzom 79 110 Zc 71
30770 Alzon 30 153 Dc 85
20240 Alzone CTC 183 Kb 96
11170 Alzonne 11 165 Cb 89
70280 Amage 70 94 Gc 61
08300 Amagne 08 41 Ed 51
08300 Amagne-Lucquy 08 41 Ec 51
25220 Amagney 25 93 Ga 65
20250 Amallio CTC 183 Kb 95
10140 Amance 10 74 Ed 59
54770 Amance 54 56 Gb 56
70160 Amance 70 93 Ga 62
25330 Amancey 25 107 Ga 66
74800 Amancy 74 120 Gb 72
39700 Amange 39 107 Fd 66
35150 Amanlis 35 66 Yd 60
55130 Amanty 55 75 Fd 57
57111 Amanvillers 57 56 Ga 53
71800 Amanzé 71 117 Eb 71
20000 A Marana = Marana CTC 181 Kc 93
01090 Amareins-Francelains-Cesseins 01 118 Ee 72
81170 Amarens 81 151 Bf 84
06260 Amarines 06 158 Ge 85
23100 Amarot 23 127 Cb 74
25330 Amathay-Vésigneux 25 107 Gb 66
17500 Amaudeaux, les 17 123 Zd 76
14210 Amayé-sur-Orne 14 47 Zd 54
14310 Amayé-sur-Seulles 14 47 Zb 54
58190 Amazy 58 89 Dd 64
88500 Ambacourt 88 76 Ga 58
33440 Ambarès-et-Dagrave 33 135 Zd 79
31230 Ambax 31 164 Af 88
87240 Ambazac 87 113 Bc 73
38970 Ambel 38 144 Ff 80
33830 Ambéliet, l' 33 134 Zb 82
27250 Ambenay 27 49 Ae 55
16140 Ambérac 16 123 Aa 73
01500 Ambérieu-en-Bugey 01 119 Fc 73
01330 Ambérieux-en-Dombes 01 118 Ef 73
16490 Ambernac 16 112 Ad 73
86110 Amberre 86 99 Aa 68
63600 Ambert 63 129 De 75
33810 Ambès 33 135 Zc 78
12260 Ambeyrac 12 138 Bf 81
81430 Ambialet 81 151 Cc 85
20151 Ambiegna CTC 182 Ie 96
42820 Ambierle 42 117 Df 72
70210 Ambiévillers 70 76 Ga 61
49260 Ambignon 49 99 Zf 66
37340 Ambillou 37 85 Ac 64
49700 Ambillou-Château 49 84 Zd 65
55250 Amblaincourt 55 55 Fb 55
60110 Amblainville 60 51 Ca 53
70200 Amblans-et-Velotte 70 93 Gc 62
02290 Ambleny 02 40 Db 52
01300 Ambléon 01 131 Fd 74
38390 Amblérieu 38 131 Fb 73
62164 Ambleteuse 62 26 Bd 44
16300 Ambleville 16 123 Ze 75
95710 Ambleville 95 50 Be 54
14480 Amblie 14 35 Zd 53
08210 Amblimont 08 42 Fa 51
41310 Ambloy 41 86 Af 62
08130 Ambly-Fleury 08 41 Ec 52
55300 Ambly-sur-Meuse 55 55 Fc 54
37400 Amboise 37 86 Af 64
03500 Ambon 03 116 Db 71
56190 Ambon 56 81 Xc 63
26800 Ambonil 26 142 Ef 80
51150 Ambonnay 51 53 Eb 54
52110 Ambonville 52 75 Fa 59
76480 Ambourville, Anneville- 76 37 Af 52
36120 Ambrault 36 102 Bf 68
81500 Ambres 81 165 Be 86
62310 Ambricourt 62 29 Cb 46
51290 Ambrières 51 54 Ef 57
53300 Ambrières-les-Vallées 53 67 Zc 58
62127 Ambrines 62 29 Cc 47
01500 Ambronay 01 119 Fc 72
19250 Ambrugeat 19 126 Ca 75
76550 Ambrumesnil 76 37 Af 49
47160 Ambrus 47 148 Ab 83
01500 Ambutrix 01 119 Fc 73
27140 Amécourt 27 38 Be 52
57170 Amelécourt 57 57 Gd 55
33780 Amélie, l' 33 122 Yf 76
66110 Amélie-les-Bains-Palalda 66 179 Ce 94
55230 Amel-sur-L'Étang 55 55 Fd 53
06470 Amen 06 158 Gf 84
64120 Amendeuix-Oneix 64 161 Yf 88
54450 Amenoncourt 54 57 Ge 57
95510 Amenucourt 95 50 Bd 54
88220 Amerey 88 76 Gb 60
55240 Amermont 55 56 Fe 53
[illegible]
62190 Ames 62 29 Cc 45
64310 Amespétou 64 160 Yc 89
71460 Ameugny 71 118 Ee 69
88410 Ameuvelle 88 76 Ff 61
14860 Amfréville 14 48 Ze 53
50480 Amfreville 50 33 Yd 52
27370 Amfreville-la-Campagne 27 49 Af 53
76920 Amfreville-la-Mi-Voie 76 37 Ba 52
27380 Amfreville-les-Champs 27 37 Bb 53
76560 Amfreville-les-Champs 76 37 Ae 50
27380 Amfreville-sous-les-Monts 27 50 Bb 53
27370 Amfreville-St-Armand 27 49 Af 53
27400 Amfreville-sur-Iton 27 49 Ba 54
59144 Amfroipret 59 31 De 47
80000 Amiens 80 38 Cb 49
02190 Amifontaine 02 41 Df 52
06470 Amignons, les 06 158 Gf 84
50620 Amigny 50 33 Ye 54
02700 Amigny-Rouy 02 40 Db 51
77120 Amillis 77 52 Da 56
28300 Amilly 28 70 Bc 58
45200 Amilly 45 71 Ce 61
42260 Amions 42 129 Ea 73
06910 Amirat 06 158 Ge 85
68770 Ammerschwihr 68 60 Hb 60
68210 Ammerzwiller 68 95 Hb 62
14170 Ammeville 14 48 Aa 55
72540 Amné 72 68 Zf 60
57360 Amnéville 57 56 Ga 53
28150 Amoinville 28 70 Bd 59
70170 Amoncourt 70 93 Ga 62
25330 Amondans 25 107 Ga 66
64120 Amorots-Succos 64 161 Yf 88
64310 Amotz 64 160 Yc 88
40330 Amou 40 161 Zb 87
63890 Amouillaux, les 63 128 Dd 75
48140 Amourettes 48 140 Db 79
20190 Ampaza, Azilone- CTC 184 Ka 97

32310 Ampeils 32 148 Ac 85
74500 Amphion-les-Bains 74 120 Gd 70
21450 Ampilly-les Bordes 21 91 Ed 63
21400 Ampilly-le-Sec 21 91 Ed 62
09400 Amplaing 09 177 Bd 91
69550 Amplepuis 69D 117 Eb 73
62760 Amplier 62 30 Cc 48
53200 Ampoigné 53 83 Zb 62
77760 Amponville 77 71 Cd 59
31550 Ampouillac 31 165 Bd 89
20272 Ampriani CTC 183 Kc 95
69420 Ampuis 69M 130 Ee 76
83111 Ampus 83 172 Gc 87
79210 Amuré 79 110 Zc 71
60310 Amy 60 39 Ce 51
16560 Anais 16 124 Ab 74
17540 Anais 17 110 Za 71
31230 Anan 31 164 Ae 88
64570 Ance 64 161 Zb 90
76710 Anceaumeville 76 37 Ba 51
64570 Ance Féas 64 161 Zb 90
61550 Anceins 61 49 Ac 55
05260 Ancelle 05 144 Gb 81
48600 Ancelpont 48 141 Dd 80
55320 Ancemont 55 55 Fc 54
44150 Ancenis 44 83 Ye 64
55170 Ancerville 55 55 Fa 57
57580 Ancerville 57 56 Gc 54
54450 Ancerviller 54 77 Gf 57
17700 Ances, les 17 110 Zb 72
43210 Ancette 43 129 Ea 77
48600 Ancette 48 141 Dd 80
21410 Ancey 21 91 Ee 65
08500 Anchamps 08 42 Ee 49
37500 Anché 37 99 Ab 66
86700 Anché 86 112 Ab 70
70210 Anchenoncourt-et-Chazel 70 93 Ga 61
24630 Ancheyra 24 125 Ba 76
02600 Ancienville 02 52 Db 53
70100 Ancier 70 92 Fd 64
72610 Ancinette 72 68 Ab 58
72610 Ancinnes 72 68 Ab 58
65440 Ancizan 65 175 Ac 91
63770 Ancizes-Comps, les 63 115 Ce 73
65100 Anclades 65 162 Zf 90
59263 Ancoisne 59 30 Cf 45
20111 Ancone CTC 182 Ie 96
26200 Ancône 26 142 Ee 81
76370 Ancourt 76 37 Bb 49
76560 Ancourteville-sur-Héricourt 76 36 Ad 50
58800 Ancray 58 104 Dd 65
50480 Ancres, les 50 33 Yd 52
76760 Ancretiéville-Saint-Victor 76 37 Af 51
76540 Ancretteville-sur-Mer 76 36 Ad 50
50200 Ancteville 50 33 Yd 54
14240 Anctoville 14 34 Zb 54
69490 Ancy 69D 130 Ed 73
57130 Ancy-Dornot 57 56 Ga 54
89160 Ancy-le-Franc 89 90 Ea 62
89160 Ancy-le-Libre 89 90 Ea 62
57420 Ancy-lès-Solgne 57 56 Gb 55
57130 Ancy-sur-Moselle 57 56 Ga 54
12360 Andabre-Gissac 12 152 Cf 86
80140 Andainville 80 38 Be 49
07340 Andance 07 130 Ee 77
26140 Andancette 26 130 Ee 77
49800 Andard 49 84 Zd 64
27430 Andé 27 50 Bb 53
80700 Andechy 80 39 Ce 50
22400 Andel 22 64 Xc 58
02800 Andelain 02 40 Dc 51
03120 Andelaroche 03 116 De 71
70000 Andelarre 70 93 Ga 63
70000 Andelarrot 70 93 Ga 63
15100 Andelat 15 140 Da 78
52700 Andelot-Blancheville 52 75 Fb 59
39110 Andelot-en-Montagne 39 107 Ff 67
39320 Andelot-Morval 39 119 Fc 70
78770 Andelu 78 50 Be 55
27700 Andelys, les 27 50 Bc 53
58110 Andenas 58 104 De 66
55800 Andernay 55 54 Ef 56
33510 Andernos-les-Bains 33 134 Yf 80
54560 Anderny 54 56 Ff 52
01300 Andert-et-Condon 01 131 Fd 74
63980 Andes, les 63 128 Dd 75
08240 Andevanne 08 42 Fa 52
60570 Andeville 60 51 Ca 53
49220 Andigné 49 83 Zb 63
02110 Andigny-les-Fermes 02 40 Dd 48
81140 Andillac 81 151 Bf 84
86340 Andillé 86 112 Ab 70
17230 Andilly 17 110 Yf 71
54200 Andilly 54 56 Ff 56
74350 Andilly 74 120 Ga 72
95580 Andilly 95 51 Cb 54
52360 Andilly-en-Bassigny 52 92 Fd 61
47170 Andiran 47 148 Ab 84
47220 Andiran 47 149 Ae 84
67140 Andlau 67 60 Hc 58
64420 Andoins 64 162 Ze 89
16410 Andole 16 124 Ab 75
68280 Andolsheim 68 60 Hc 60
06750 Andon 06 158 Ge 86
45480 Andonville 45 70 Ca 59
70200 Andornay 70 94 Gd 63
AD500 Andorra La Vella ◘ AND 177 Bd 93
53240 Andouillé 53 67 Zb 59
35250 Andouillé-Neuville 35 65 Yc 59
33240 Andreau 33 135 Zd 78
64390 Andrein 64 161 Za 88
62340 Andres 62 27 Bf 43
65390 Andrest 65 162 Aa 89
78570 Andrésy 78 51 Ca 55
70180 Andrevin 70 92 Fd 63
49600 Andrezé 49 97 Za 65
77390 Andrezel 77 72 Ce 57
42160 Andrézieux-Bouthéon 42 129 Eb 75
04210 Andrieux 04 157 Ff 85
47150 Andrieux 47 136 Ae 81
05230 Andrieux, les 05 144 Gb 81
05800 Andrieux, les 05 144 Gb 80
47290 Andrieux, les 47 136 Ac 81
89480 Andryes 89 89 Dc 63
30140 Anduze 30 154 Df 84
56250 An Elvon = Elvon 56 80 Xc 62
65240 Anéran-Camors 65 175 Ac 91
65150 Anères 65 163 Ac 90
28260 Anet 28 50 Bc 55
44150 Anetz 44 83 Yf 64
88380 Aneuménil 88 77 Gc 60
64510 Angaïs 64 162 Ze 89
41400 Angé 41 86 Bb 64
16130 Angeac-Champagne 16 123 Ze 75
16120 Angeac-Charente 16 123 Zf 75
08450 Angecourt 08 42 Ef 51
16300 Angeduc 16 123 Zf 76
38740 Angelas, les 38 144 Ff 79
89440 Angely 89 90 Ea 63
41400 Angeneaux, les 41 86 Ba 64
28270 Angennes 28 49 Ba 57
90150 Angeot 90 94 Ha 62
49000 Angers 49 83 Zc 64
91670 Angerville 91 70 Bf 59
76110 Angerville-Bailleul 76 36 Ac 50
27930 Angerville-la-Campagne 27 49 Ba 55
76540 Angerville-la-Martel 76 36 Ad 50
76280 Angerville-L'Orcher 76 36 Ab 51
91470 Angervilliers 91 70 Ca 57
49500 Anges, les 49 83 Za 62
82210 Angeville 82 149 Ba 85
57440 Angevillers 57 43 Ga 52
37340 Angevinière 37 85 Ac 64
85220 Angevinière, l' 85 96 Yb 68
50530 Angey 50 46 Yd 56
20213 Anghione CTC 181 Kd 94
20213 Anghjone = Anghione CTC 181 Kd 94
60940 Angicourt 60 39 Cd 53
76740 Angiens 76 36 Ae 50
23500 Angioux 23 126 Ca 74
17170 Angiré 17 110 Zb 71
70700 Angirey 70 93 Fe 64
60130 Angivillers 60 39 Cd 52
33390 Anglade 33 122 Zc 77
43580 Anglard 43 141 De 79
63610 Anglard 63 128 Cf 76
15150 Anglards 15 138 Ca 78
19170 Anglards 19 126 Bf 75
15100 Anglards-de-Saint-Flour 15 140 Da 79
15380 Anglards-de-Salers 15 127 Cc 77
03800 Anglare, l' 03 116 Db 72
12310 Anglars 12 152 Ce 82
12320 Anglars 12 139 Cc 81
12500 Anglars 12 139 Ce 81
46120 Anglars 46 138 Bf 80
46140 Anglars-Juillac 46 137 Bb 82
46300 Anglars-Nozac 46 137 Bc 80
12390 Anglars-Saint-Félix 12 151 Cb 82
12380 Anglas 12 152 Ce 85
35540 Angle 35 65 Ya 57
44470 Angle 44 82 Yc 65
76940 Angle 76 36 Ae 51
19140 Angle, l' 19 126 Bd 75
44630 Angle, l' 44 81 Ya 63
85110 Angle, l' 85 97 Yf 69
36230 Anglée, l' 36 101 Be 69
85770 Anglée, l' 85 110 Za 70
01350 Anglefort 01 119 Fe 73
88700 Anglemont 88 77 Ge 58
04170 Angles 04 158 Gd 85
16130 Angles 16 123 Ze 75
58420 Angles 58 104 Dd 65
65100 Angles 65 162 Zf 90
81260 Anglès 81 166 Cd 87
85750 Angles 85 109 Yd 70
15110 Angles, les 15 140 Cf 80
30133 Angles, les 30 155 Ee 85
63420 Angles, les 63 128 Da 76
66210 Angles, les 66 178 Ca 93
76740 Anglesqueville-la Bras-Long 76 36 Ae 50
76280 Anglesqueville-L'Esneval 76 36 Ab 51
19460 Angles-sur-Corrèze, les 19 126 Be 77
86260 Angles-sur-L'Anglin 86 100 Af 68
64600 Anglet 64 160 Yc 88
17540 Angliers 17 110 Za 71
86330 Angliers 86 99 Aa 67
51260 Anglure 51 73 De 57
71170 Anglure-sous-Dun 71 117 Ec 71
52220 Anglus 52 74 Ee 58
51230 Angluzelles 51 53 Df 57
24270 Angoisse 24 125 Ba 76
54540 Angomont 54 77 Gf 57
74290 Angon 74 132 Gb 74
65690 Angos 65 162 Aa 89
21230 Angôte 21 105 Ec 65
16000 Angoulême 16 124 Aa 75
40210 Angoulin 40 146 Yf 83
17690 Angoulins 17 110 Yf 72
40990 Angoumé 40 161 Yf 86
64190 Angous 64 161 Zb 89
66760 Angoustrine-Villeneuve-des-Escaldes 66 178 Bf 94
14220 Angoville 14 47 Zd 55
50480 Angoville-au-Plain 50 46 Ye 52
50330 Angoville-en-Saire 50 33 Yd 50
50430 Angoville-sur-Ay 50 33 Yc 53
40150 Angresse 40 160 Yd 87
76630 Angreville 76 37 Bb 49
49440 Angrie 49 83 Za 63
14610 Anguerny, Colomby- 14 47 Zd 53
02800 Anguilcourt-le-Sart 02 40 Dc 50
57930 Angviller 57 57 Gf 56
60250 Angy 60 39 Cb 53
89160 Angy 89 90 Ea 62
59194 Anhiers 59 30 Da 46
20243 Ania CTC 183 Kb 97
34150 Aniane 34 168 Dd 86
59580 Aniche 59 30 Db 47
14610 Anisy 14 47 Zd 53
02320 Anizy-le-Château 02 40 Dc 51
70800 Anjeux 70 93 Gb 61
38150 Anjou 38 130 Ef 76
36210 Anjouin 36 101 Be 65
90170 Anjoutey 90 94 Gf 62
65370 Anla 65 176 Ad 90
58270 Anlezy 58 104 Dd 67
24160 Anlhiac 24 125 Ba 77
12190 Annat 12 139 Cd 81
58450 Annay 58 88 Cf 63
62880 Annay 62 30 Cf 46
89200 Annay-la-Côte 89 90 Df 63
89310 Annay-sur-Serein 89 90 Df 62
41300 Anneaux, les 41 87 Ca 64
14430 Annebault 14 48 Aa 53
14380 Annebecq 14 47 Za 55
74000 Annecy 74 120 Ga 73
08310 Annelles 08 41 Ec 52
83670 Annelles, les 83 171 Ff 87
74100 Annemasse 74 120 Gb 71
89200 Annéot 89 90 Df 63
17350 Annepont 17 122 Zc 73
62149 Annequin 62 29 Ce 45
14430 Anneray 14 35 Zf 54
24430 Annesse-et-Beaulieu 24 124 Ad 78
77410 Annet-sur-Marne 77 51 Ce 55
59400 Anneux 59 30 Da 48
76540 Anneville 76 36 Ad 50
76480 Anneville-Ambourville 76 37 Af 52
50760 Anneville-en-Saire 50 34 Ye 51
52310 Annéville-la-Prairie 52 75 Fa 59
50560 Anneville-sur-Mer 50 33 Yc 54
76590 Anneville-sur-Scie 76 37 Ba 50
26140 Anneyron 26 130 Ef 77
17380 Annezay 17 110 Zb 72
62232 Annezin 62 29 Cd 45
59112 Annœullin 59 30 Cf 45
39120 Annoire 39 106 Fb 67
02480 Annois 02 40 Db 50
38460 Annoisin-Chatelans 38 131 Fb 74
18340 Annoix 18 102 Cd 67
07100 Annonay 07 130 Ee 77
52230 Annonville 52 75 Fb 58
04240 Annot 04 158 Gd 85
76110 Annouville-Vilmesnil 76 36 Ac 50
89440 Annoux 89 90 Ea 63
50660 Annoville 50 46 Yc 55
73620 Annuit 73 133 Gd 74
59186 Anor 59 41 Ea 49
09800 Anos 09 176 Af 91
64160 Anos 64 162 Ze 88
71550 Anost 71 105 Ea 66
88650 Anould 88 77 Gf 59
54150 Anoux 54 56 Ff 53
88650 Anoux, l' 88 77 Gf 59
54980 Anoux-la-Grange 54 56 Ff 54
64350 Anoye 64 162 Zf 88
88580 Anozel 88 77 Gf 59
76490 Anquetierville 76 36 Ad 51
52500 Anrosey 52 92 Fe 61
60250 Ansacq 60 51 Cc 52
16500 Ansac-sur-Vienne 16 112 Ad 73
26400 Ansage 26 143 Fb 80
32270 Ansan 32 163 Ae 86
54470 Ansauville 54 56 Fe 56
60120 Ansauvillers 60 39 Cc 51
69480 Anse 69D 118 Ee 73
60540 Anserville 60 51 Cb 53
66220 Ansignan 66 178 Cd 92
73410 Ansigny 73 132 Ff 74
01680 Ansolin 01 131 Fd 74
54470 Ansoncourt 54 56 Fe 55
65140 Ansost 65 162 Aa 88
84240 Ansouis 84 170 Fc 86
59152 Anstaing 59 30 Db 45
47700 Antagnac 47 148 Aa 82
63320 Antaillat 63 128 Da 75
51800 Ante 51 54 Ef 54
29880 Antéren 29 62 Vd 57
15110 Anterrieux 15 140 Da 79
25340 Anteuil 25 94 Gd 64
17400 Antezant-la-Chapelle 17 111 Zd 73
47370 Anthé 47 149 Af 82
54110 Anthelupt 54 76 Gc 57
26260 Anthémonay 26 143 Fa 78
51700 Anthenay 51 53 De 54
08260 Antheny 08 41 Eb 49
83530 Anthéor 83 173 Gf 88
21360 Antheuil 21 105 Ee 65
60162 Antheuil-Portes 60 39 Ce 52
58800 Anthien 58 90 De 65
38280 Anthon 38 131 Fb 74
70190 Anthon 70 93 Ga 64
74200 Anthy-sur-Léman 74 120 Gc 70
06600 Antibes 06 173 Ha 87
65370 Antichan 65 176 Ad 91
31510 Antichan-de-Frontignes 31 176 Ae 91
19160 Antiges 19 127 Cb 76
15240 Antignac 15 127 Cd 76
17240 Antignac 17 123 Zd 76
17240 Antignac 17 123 Zd 76
31110 Antignac 31 176 Ad 92
34650 Antignaguet 34 153 Db 86
12540 Antignes 12 152 Da 85
85120 Antigny 85 98 Zb 69
86310 Antigny 86 112 Af 69
21230 Antigny-la-Ville 21 105 Ed 66
57640 Antilly 57 56 Gb 53
60620 Antilly 60 52 Cf 54
65220 Antin 65 163 Ab 88
20270 Antisanti CTC 183 Kc 96
65200 Antist 65 162 Aa 90
37800 Antogny 37 100 Ad 67
49260 Antoigné 49 99 Zf 66
86100 Antoigne 86 100 Ad 67
61410 Antoigny 61 67 Zd 57
63340 Antoingt 63 128 Db 75
05300 Antonaves 05 156 Fe 83
24420 Antonne-et-Trigonant 24 124 Af 77
91370 Antony 91 51 Cb 56
25410 Antorpe 25 107 Fe 65
07530 Antraigues-sur-Volane 07 142 Ec 80
35560 Antrain – Entraven 35 66 Yd 58
86100 Antran 86 100 Ad 67
09000 Antras 09 177 Bd 91
09800 Antras 09 176 Af 91
32360 Antras 32 163 Ac 86
48100 Antrenas 48 140 Db 81
11190 Antugnac 11 178 Cb 91
71400 Antully 71 105 Ec 67
89560 Anus 89 89 Dd 63
76560 Anvéville 76 36 Ae 50
16170 Anville 16 123 Zf 74
62134 Anvin 62 29 Cb 46
86800 Anxaumont 86 99 Ac 69
02500 Any-Martin-Rieux 02 41 Eb 49
63420 Anzat-le-Luguet 63 128 Da 77
57320 Anzeling 57 57 Gc 53
23000 Anzême 23 114 Bf 71
47700 Anzex 47 148 Aa 83
59192 Anzin 59 30 Dd 46
62223 Anzin-Saint-Aubin 62 29 Ce 47
42130 Anzon 42 129 Df 74
71110 Anzy-le-Duc 71 117 Ea 71
38490 Aoste 38 131 Fd 75
51170 Aougny 51 53 De 53
57530 Aoury 57 57 Gc 54
08290 Aouste 08 41 Eb 50
26400 Aouste-sur-Sye 26 143 Fa 80
88170 Aouze 88 76 Ff 58
57480 Apach 57 44 Gc 52
20230 A Padulella = Padulella CTC 183 Kd 94
64240 Apairy 64 160 Ye 88
63420 Apchat 63 128 Da 76
48200 Apcher 48 140 Db 80
63420 Apcher 63 128 Da 77
15400 Apchon 15 127 Ce 77
20213 A Penta di Casinca = Penta-di-Casinca CTC 181 Kc 94
20233 A Petracurbara = Pietracorbara CTC 181 Kc 91
20230 A Petra di Verde = Pietra-di-Verde CTC 183 Kc 95
20140 A Petra Rossa = Pietra Rossa CTC 184 Ie 98
20115 A Piana = Piana CTC 182 Id 95
42550 Apinac 42 129 Df 76
69210 Apinost 69M 130 Ed 73
81700 Appelle 81 165 Bf 87
33220 Appelles 33 136 Aa 80
61130 Appenai-sous-Bellême 61 68 Ad 58
25250 Appenans 25 94 Gd 64
68280 Appenwihr 68 60 Hc 60
27290 Appetot 27 49 Ae 53
50500 Appeville 50 34 Yd 53
27290 Appeville-Annebault 27 36 Ad 53
20167 Appietto CTC 182 Ie 96
20167 Appiettu = Appietto CTC 182 Ie 96
60400 Appilly 60 40 Da 51
89380 Appoigny 89 89 Dd 61
20160 Appriciani CTC 182 Ie 96
38140 Apprieu 38 131 Fd 76
09250 Appy 09 177 Be 92
01100 Apremont 01 119 Fe 71
02360 Apremont 02 41 Ea 50
08250 Apremont 08 55 Ef 53
60300 Apremont 60 51 Cd 53
70100 Apremont 70 92 Fd 64
78200 Apremont 78 50 Bd 55
85220 Apremont 85 96 Yb 68
55300 Apremont-la-Forêt 55 55 Fd 55
18150 Apremont-sur-Allier 18 103 Da 67
52250 Aprey 52 92 Fb 62
84400 Apt 84 156 Fc 85
09000 Arabaux 09 177 Bd 91
09320 Arac 09 177 Bc 91
74300 Arâches 74 120 Gd 72
65170 Aragnouet 65 175 Ab 92
11600 Aragon 11 166 Cb 89
64570 Aramits 64 161 Zb 90
30390 Aramon 30 155 Ee 85
01110 Aranc 01 119 Fd 72
64270 Arancou 64 161 Yf 88
01230 Arandas 01 119 Fc 73
38510 Arandon-Passins 38 131 Fc 74
65100 Aranou 65 175 Aa 90
64190 Araujuzon 64 161 Zb 88
43200 Araules 43 141 Eb 78
64190 Araux 64 161 Zb 88
33640 Arbanats 33 135 Zd 80
31160 Arbas 31 176 Af 91
79330 Arbec 79 98 Ze 67
70120 Arbecey 70 93 Ff 62
58300 Arbelats, les 58 104 Dd 68
20110 Arbellara CTC 184 If 98
01100 Arbent 01 119 Fe 71
65560 Arbéost 65 174 Ze 91
01220 Arbère 01 120 Ga 70
20110 Arbiddali = Arbellara CTC 184 If 98
01300 Arbignieu 01 131 Fd 74
01190 Arbigny 01 118 Ef 70
52500 Arbigny-sous-Varennes 52 92 Fd 61
73800 Arbin 73 132 Ga 75
33760 Arbis 33 135 Ze 80
32720 Arblade-le-Bas 32 162 Ze 86
32110 Arblade-le-Haut 32 148 Zf 86
26400 Arbods, les 26 143 Fb 79
39600 Arbois 39 107 Fe 67
31160 Arbon 31 176 Ae 90
64210 Arbonne 64 160 Yc 88
77630 Arbonne-la-Forêt 77 71 Cd 58
34150 Arboras 34 167 Dc 86
20160 Arbori CTC 182 Ie 96
52160 Arbot 52 91 Fa 61
40320 Arboucave 40 162 Zd 87
64120 Arbouet-Sussaute 64 161 Yf 88
23500 Arboureix 23 127 Cb 74
44410 Arbourg 44 81 Xe 64
58350 Arbourse 58 103 Db 65
66320 Arboussols 66 178 Cc 93
28310 Arbouville 28 70 Bf 59
01300 Arboys en Bugey 01 131 Fd 74
16310 Arbre, l' 16 124 Ad 74
02360 Arbre-de-Guise, l' 02 31 Dd 48
63390 Arbres, les 63 115 Ce 72
69210 Arbresle, l' 69M 130 Ed 74
35130 Arbrissel 35 82 Ye 61
20160 Arburi = Arbori CTC 182 Ie 96
64230 Arbus 64 162 Zc 89
74930 Arbusigny 74 120 Gb 72
47170 Arbussan 47 148 Ab 84
73700 Arc 1600 73 133 Ge 75
73700 Arc 1800 73 133 Ge 75
73700 Arc 2000 73 133 Ge 75
33260 Arcachon 33 134 Yf 81
79210 Arçais 79 110 Zb 71
46090 Arcambal 46 138 Bd 82
64200 Arcangues 64 160 Yc 88
12270 Arcanhac 12 151 Ca 83
73590 Arcanière 73 133 Gd 74
18340 Arçay 18 102 Cc 67
86200 Arçay 86 99 Aa 67
21310 Arceau 21 92 Fb 64
73480 Arcelle-Neuve, l' 73 133 Gf 77
21700 Arcenant 21 106 Ef 66
52210 Arc-en-Barrois 52 75 Fa 61
07310 Arcens 07 142 Eb 79
17120 Arces 17 122 Za 75
25500 Arces, les 25 108 Gd 66
89320 Arces-Dilo 89 73 Dd 60
25610 Arc-et-Senans 25 107 Fe 66
21410 Arcey 21 106 Ee 65
25750 Arcey 25 94 Gd 63
04420 Archail 04 157 Gc 84
74160 Archamps 74 120 Ga 72
29520 Ar C'hastell-Nevez = Châteauneuf-du-Faou 29 78 Wb 59
44660 Arche 44 82 Yd 62
39290 Archelange 39 106 Fd 66
18170 Archers, les 18 102 Cb 69
15200 Arches 15 127 Cc 77
88380 Arches 88 77 Gd 60
88380 Archettes 88 77 Gd 60
17520 Archiac 17 123 Ze 75
24590 Archignac 24 137 Bb 78
03380 Archignat 03 115 Cc 70
86210 Archigny 86 100 Ad 68
05170 Archinard 05 144 Gb 80
43700 Archinaud 43 141 Df 79
17380 Archingeay 17 110 Zb 73
02360 Archon 02 41 Ea 50
52600 Archots, les 52 92 Fc 62
40200 Archus 40 146 Ye 84
74270 Arcine 74 119 Ff 72
42460 Arcinges 42 117 Eb 72
33460 Arcins 33 134 Zb 78
59310 Arcins, les 59 30 Db 46
07470 Arcis, les 07 141 Ea 79
43490 Arcis, les 43 141 Df 79
51170 Arcis-le-Ponsart 51 53 De 53
38890 Arcisse 38 131 Fc 75
10700 Arcis-sur-Aube 10 73 Ea 57
65360 Arcizac-Adour 65 162 Aa 90
65100 Arcizac-ez-Angles 65 162 Aa 90
65400 Arcizans-Avant 65 175 Zf 91
65400 Arcizans-Dessus 65 174 Zf 91
70100 Arc-lès-Gray 70 92 Fd 64
48200 Arcomie 48 140 Db 79
18200 Arcomps 18 102 Cc 68
21310 Arçon 21 92 Fb 64
25300 Arçon 25 108 Gc 67
42370 Arcon 42 117 Df 72
21320 Arconcey 21 105 Ec 65
72610 Arçonnay 72 68 Aa 58
63250 Arconsat 63 116 De 73
10200 Arconville 10 74 Ee 60
45340 Arconville 45 71 Cc 60
87190 Arcoulant 87 113 Bb 71
07340 Arcoules 07 130 Ee 76
83460 Arcs, les 83 172 Gc 88
25520 Arc-sous-Cicon 25 108 Gc 66
25270 Arc-sous-Montenot 25 107 Ga 67
21560 Arc-sur-Tille 21 92 Fb 64
02130 Arcy-Sainte-Restitue 02 52 Dc 53
89270 Arcy-sur-Cure 89 90 De 63
30570 Ardailles 30 153 De 84
58800 Ardan 58 104 Dd 65
85500 Ardelay 85 97 Yf 67
28170 Ardelles 28 69 Bb 57
28700 Ardelu 28 70 Bf 58
18170 Ardenais 18 102 Cc 69
18600 Ardenais 18 103 Ce 68
72370 Ardenay-sur-Mérize 72 68 Ac 61
65240 Ardengost 65 175 Ac 91
12120 Ardennes 12 152 Cc 84
32190 Ardens 32 163 Ab 87
36120 Ardentes 36 101 Be 68
63420 Ardes 63 128 Da 76
08400 Ardeuil-et-Montfauxelles 08 54 Ee 53
50170 Ardevon 50 66 Yd 57
31210 Ardiège 31 163 Ad 90
69430 Ardillats, les 69D 118 Ed 71
44270 Ardillé, l' 44 96 Yb 67
79110 Ardilleux 79 111 Zf 72
17290 Ardillières 17 110 Za 72
27320 Ardillières 27 49 Ba 56
87200 Ardilloux 87 125 Af 73
58120 Ardilly 58 104 Df 66
79160 Ardin 79 110 Zc 70
32430 Ardizas 32 164 Ba 86
30290 Ardoise, l' 30 155 Ed 84
07290 Ardoix 07 130 Ee 77
01200 Ardon 01 119 Fe 72
02000 Ardon 02 40 Dd 51
39300 Ardon 39 107 Ff 68
45160 Ardon 45 87 Bf 62
01350 Ardosset 01 131 Fe 73
63690 Ardot 63 127 Cd 75

34220 Ardouane 34 166 Ce 87
76680 Ardouval 76 37 Bb 50
62610 Ardres 62 27 Bf 43
73270 Arèches 73 133 Gd 74
20220 Aregno CTC 180 If 93
19160 Areil 19 126 Cb 76
41100 Areines 41 86 Ba 62
76940 Arelaune-en-Seine 76 36 Ad 51
64400 Aren 64 161 Zb 89
20215 Arena CTC 181 Kc 93
17460 Arènes, les 17 122 Zc 74
82210 Arènes, les 82 149 Af 84
40110 Arengosse 40 147 Zb 84
74800 Arenthon 74 120 Gc 72
33740 Arès 33 134 Yf 80
39110 Aresches 39 107 Ff 67
64570 Arette 64 161 Zb 90
64570 Arette-Pierre-Saint-Martin 64 174 Zb 91
29590 Ar Faou, le = Faou 29 62 Ve 59
56320 Ar Faoued, le = Le Faouët 56 79 Wd 60
23260 Arfeuille 23 127 Cb 73
23700 Arfeuille 23 115 Cc 72
23700 Arfeuille-Châtain 23 115 Cc 72
03120 Arfeuilles 03 116 De 72
63470 Arfeuilles 63 127 Cd 74
81110 Arfons 81 166 Ca 88
64300 Argagnon 64 161 Zb 88
31310 Argain 31 164 Bb 90
14400 Arganchy 14 34 Zb 53
57640 Argancy 57 56 Gb 53
35370 Argantred-ar-Genkiz = Argentré-du-Plessis 35 66 Yf 60
09800 Argein 09 176 Af 91
65200 Argelès 65 163 Ab 90
65400 Argelès-Gazost 65 175 Zf 90
66700 Argelès-Plage 66 179 Da 93
66700 Argelès-sur-Mer 66 179 Da 93
11120 Argeliers 11 167 Cf 89
34380 Argelliers 34 168 De 86
40700 Argelos 40 161 Zc 87
64450 Argelos 64 162 Zd 88
29730 Ar-Gelveneg = Guilvinec 29 78 Ve 62
16430 Argence 16 124 Aa 74
14370 Argences 14 35 Zf 54
12210* Argences-en-Aubrac 12 139 Ce 80
60130 Argenlieu 60 39 Cc 52
58310 Argenoux 58 89 Da 63
04170 Argens 04 158 Gd 84
11200 Argens-Minervois 11 166 Ce 89
61200 Argentan 61 48 Zf 56
19400 Argentat 19 138 Bf 78
20214 Argentella, l' CTC 180 Ie 94
89160 Argentenay 89 90 Ea 62
95100 Argenteuil 95 51 Ca 55
89160 Argenteuil-sur-Armançon 89 90 Ea 62
74400 Argentière 74 121 Gf 73
05120 Argentière-la-Bessée, l' 05 145 Gd 80
43500 Argentières 43 129 De 77
77390 Argentières 77 52 Cf 57
33380 Argentières, les 33 134 Za 80
73220 Argentine 73 132 Gb 76
52330 Argentolles 52 74 Ef 59
04240 Argenton 04 158 Gd 84
29840 Argenton 29 61 Vb 57
47250 Argenton 47 148 Aa 82
79150 Argenton-Château 79 98 Zd 67
79290 Argenton-L'Église 79 98 Ze 66
79150 Argentonnay 79 98 Zd 67
53290 Argenton-Notre-Dame 53 83 Zc 62
36200 Argenton-sur-Creuse 36 101 Bd 69
53210 Argentré 53 67 Zc 60
35370 Argentré-du-Plessis = Argantred-ar-Genkiz 35 66 Yf 60
18410 Argent-sur-Sauldre 18 88 Cc 63
18140 Argenvières 18 103 Da 66
28480 Argenvilliers 28 69 Af 59
[illegible]
51800 Argers 51 54 Ef 54
64410 Arget 64 162 Zc 87
20140 Arghjusta-Muricciu = Argiusta-Moriccio CTC 182 Ka 98
90800 Argièsans 90 94 Ge 63
33770 Argilas 33 134 Za 81
70600 Argillières 70 92 Fd 62
30210 Argilliers 30 155 Ed 85
21700 Argilly 21 106 Fa 66
70190 Argirey 70 93 Ga 64
01230 Argis 01 119 Fc 73
20140 Argiusta-Moriccio CTC 182 Ka 98
63530 Argnat 63 128 Da 73
80470 Argœves 80 38 Cb 49
29560 Argol 29 62 Ve 59
74370 Argonay 74 120 Ga 73
10140 Argonçon 10 74 Ed 59
50240 Argouges 50 66 Yd 57
80120 Argoules 80 28 Bf 46
32230 Argounès 32 163 Ab 88
76780 Argueil 76 37 Bd 51
25720 Arguel 25 107 Ga 65
80430 Arguel 80 38 Be 49
31160 Arguenos 31 176 Ae 91
29530 ar Guily 29 62 Wa 59
31440 Argut-Dessous 31 176 Ae 91
31440 Argut-Dessus 31 176 Ae 91
36500 Argy 36 101 Bc 67
64120 Arhansus 64 161 Yf 89
65230 Ariès-Espénan 65 163 Ad 89
20138 Ariezza CTC 182 Ie 98
81360 Arifat 81 151 Cc 86
09400 Arignac 09 177 Bd 91
09320 Arils, les 09 177 Bb 91
01380 Aringe 01 118 Ef 71
AD400 Arinsal ◘ AND 177 Bc 93
39240 Arinthod 39 119 Fd 70
73340 Arith 73 132 Ga 74
65150 Arize 65 175 Ac 91
12320 Arjac 12 139 Cc 81
20123 Arja Donica CTC 182 If 98
40110 Arjuzanx 40 146 Za 84
64120 Arla 64 161 Yf 89
63220 Arlanc 63 129 De 76
57170 Arlange 57 57 Ge 55
39140 Arlay 39 107 Fd 68
07410 Arlebosc 07 142 Ed 78
13200 Arles 13 169 Ed 86
46120 Arles 46 138 Bf 80
66150 Arles-sur-Tech 66 179 Cd 94
43380 Arlet 43 140 Dc 78
58430 Arleuf 58 104 Ea 66
59151 Arleux 59 30 Da 47
62580 Arleux-en-Gohelle 62 30 Cf 46
30500 Arlinde 30 154 Eb 83
03300 Arloings, les 03 116 Dc 72
31440 Arlos 31 176 Ae 91
32330 Armagnac 32 148 Ab 85
49420 Armaillé 49 83 Yf 62
80700 Armancourt 80 39 Ce 50
04200 Armands, les 04 157 Ff 83
50710 Armanville-Plage 50 33 Yc 53
54760 Armaucourt 54 56 Gb 56
59380 Armbouts-Cappel 59 27 Cc 43
64640 Armendarits 64 161 Ye 89
28320 Armenonville-les-Gâtineaux 28 70 Bd 57
65510 Armenteule 65 175 Ac 92
38520 Armentier 38 144 Ga 78
59280 Armentières 59 30 Cf 44
77440 Armentières-en-Brie 77 52 Da 55
27820 Armentières-sur-Avre 27 49 Ae 56
02210 Armentières-sur-Ourcq 02 52 Dc 53
32230 Armentieux 32 162 Aa 87
58500 Armes 58 89 Dd 64
45480 Armeville 45 71 Ca 59
47800 Armillac 47 136 Ac 81
11110 Armissan 11 167 Da 89
01510 Armix 01 131 Fd 73
28310 Armonville-le-Sablon 28 70 Bf 59
22610 Armor, l 22 63 Wf 55
32230 Armous-et-Cau 32 163 Ab 87
74200 Armoy 74 120 Gd 70
15150 Arnac 15 139 Cb 78
82330 Arnac 82 151 Bf 84
87160 Arnac-la-Poste 87 113 Bc 71
19230 Arnac-Pompadour 19 125 Bc 76
12360 Arnac-sur-Dourdou 12 167 Cf 86
72230 Arnage 72 84 Ab 61
12260 Arnal 12 138 Ca 82
52110 Arnancourt 52 74 Ef 58
01250 Arnans 01 119 Fc 71
40560 Arnaoutchoc 40 146 Yd 85
69400 Arnas 69D 118 Ee 72
69490 Arnas, les 69D 130 Ed 73
63710 Arnats, les 63 128 Cf 75
31360 Arnaud-Guillhem 31 164 Af 90
43530 Arnauds 43 129 Ea 77
63330 Arnauds 63 115 Ce 72
05700 Arnauds, les 05 156 Fe 82
33380 Arnautille 33 134 Za 81
33380 Arnauton 33 134 Za 81
13014 Arnavaux, les 13 170 Fc 88
09400 Arnave 09 177 Bd 91
54530 Arnaville 54 56 Ga 54
21230 Arnay-le-Duc 21 105 Ec 66
21350 Arnay-sous-Vitteaux 21 91 Ec 64
65670 Arné 65 163 Ad 89
64220 Arnéguy 64 160 Ye 90
59285 Arnèke 59 27 Cc 44
62260 Arnettes 62 29 Cc 45
08300 Arnicourt 08 41 Ec 51
27180 Arnières-sur-Iton 27 49 Ba 55
52400 Arnoncourt-sur-Apance 52 75 Fe 60
64370 Arnos 64 162 Zc 88
28310 Arnouville 28 70 Bf 59
95400 Arnouville-lès-Gon 95 51 Cc 55
78790 Arnouville-lès-Mantes 78 50 Be 55
05150 Arnoux 05 156 Fd 82
58380 Arnoux, les 58 104 Dc 68
[illegible]
39240 Aromas 39 119 Fc 71
09240 Aron 09 177 Bc 90
58290 Aron 58 104 De 67
64120 Aroue-Ithorots-Olhaïby 64 161 Za 89
40240 Arouille 40 148 Ze 84
70360 Aroz 70 93 Ga 63
30700 Arpaillargues-et-Aureillac 30 154 Ec 84
91290 Arpajon 91 71 Cb 57
15130 Arpajon-sur-Cère 15 139 Cc 79
26110 Arpavon 26 156 Fb 82
23460 Arpeix 23 126 Bf 73
70200 Arpenans 70 93 Gc 63
47360 Arpens 47 149 Ad 83
03360 Arpens, les 03 102 Cd 69
28170 Arpentigny 28 69 Bb 57
70170 Arpents, les 70 93 Ff 62
85180 Arpents, les 85 109 Yb 70
18200 Arpheuilles 18 102 Cd 68
36700 Arpheuilles 36 101 Bb 67
03420 Arpheuilles-Saint-Priest 03 115 Ce 71
30120 Arphy 30 153 Dd 84
73500 Arpont, l' 73 133 Ge 77
53170 Arquenay 53 67 Zc 61
11190 Arques 11 178 Cc 91
12290 Arques 12 152 Ce 83
62510 Arques 62 27 Cb 44
46250 Arques, les 46 137 Bb 81
76880 Arques-la-Bataille 76 37 Ba 49
11220 Arquettes-en-Val 11 166 Cd 90
80560 Arquèves 80 29 Cc 48
58310 Arquian 58 89 Cf 63
32250 Arquizan 32 148 Aa 85
45500 Arrabloy 45 88 Ce 62
54370 Arracourt 54 57 Gd 56
56610 Arradon 56 80 Xb 63
20170 Arraghju CTC 185 Kb 99
57380 Arraincourt 57 57 Gd 55
32600 Arramons, les 32 164 Ba 87
55230 Arrancy-sur-Crusne 55 43 Fd 52
21500 Arrans 21 90 Eb 62
62000 Arras 62 30 Ce 47
65400 Arras-en-Lavedan 65 175 Zf 91
07370 Arras-sur-Rhône 07 142 Ee 78
64130 Arrast-Larrebieu 64 161 Za 89
64120 Arraute-Charritte 64 161 Yf 88
54760 Array-et-Han 54 56 Gb 55
65100 Arrayou 65 162 Aa 90
65100 Arrayou-Lahitte 65 162 Aa 90
30120 Arre 30 153 Dd 85
65240 Arreau 65 175 Ac 91
22780 Ar-Réchou 22 63 Wc 57
64420 Arrèen 64 162 Zf 89
29490 Ar-Releg-Kerhuon = Le Relecq-Kerhuon 29 62 Vd 58
10340 Arrelles 10 74 Eb 60
10330 Arrembécourt 10 74 Ed 57
23210 Arrènes 23 113 Bd 72
65400 Arrens-Marsous 65 174 Ze 91
88430 Arrentès-de-Corcieux 88 77 Gf 60
10200 Arrentières 10 74 Ee 59
43250 Arrest 43 128 Db 76
80820 Arrest 80 28 Bd 48
33590 Arrestieux, les 33 122 Yf 76
08090 Arreux 08 42 Ed 50
57580 Arriancy 57 57 Gc 54
64350 Arricau-Bordes 64 162 Zf 88
09800 Arrien 09 176 Ba 91
30770 Arrigas 30 153 Dc 85
51290 Arrigny 51 54 Ee 57
64390 Arrive-Munein 64 161 Za 88
65700 Arrlagosse 65 162 Zf 88
20151 Arro CTC 182 Ie 96
56130 Ar-Roc'h Bernez = La Roche-Bernard 56 81 Xe 63
22450 Ar Roc'h-Derrien = La Roche-Derrien 22 63 We 56
33113 Arrode 33 147 Zc 82
65130 Arrodets 65 175 Ab 90
65100 Arrodets-ez-Angles 65 162 Aa 90
32730 Arrolans 32 163 Ab 88
14117 Arromanches-les-Bains 14 47 Zc 52
03250 Arronnes 03 116 Dd 72
95810 Arronville 95 51 Ca 53
64120 Arros 64 161 Yf 89
64800 Arros-de-Nay 64 162 Ze 89
64660 Arros-d'Oloron 64 161 Zd 90
64350 Arrosès 64 162 Zf 87
28290 Arrou 28 69 Ba 60
33125 Arroudeys, les 33 134 Zb 82
32140 Arrouède 32 163 Ad 88
09800 Arrout 09 176 Ba 91
31230 Arrouy 31 163 Ae 88
20151 Arru = Arro CTC 182 Ie 96
57680 Arry 57 56 Ga 55
80120 Arry 80 28 Be 47
16130 Ars 16 123 Zd 75
23480 Ars 23 114 Ca 72
60290 Ars 60 39 Cc 53
66730 Arsa 66 178 Cc 92
16410 Arsac 16 124 Ab 75
33460 Arsac 33 134 Zb 79
43700 Arsac-en-Velay 43 141 Df 79
40330 Arsague 40 161 Zb 87
23340 Arsaillier 23 126 Bf 74
37530 Arsanderie 37 86 Ba 64
79170 Arsanges 79 111 Ze 72
70100 Arsans 70 92 Fd 64
38850 Arsenal, l' 38 131 Fd 76
17590 Ars-en Ré 17 109 Yc 71
57530 Ars-Laquenexy 57 56 Gb 54
63700 Ars-les-Favets 63 115 Ce 71
10200 Arsonval 10 74 Ed 59
01480 Ars-sur-Formans 01 118 Ee 73
57130 Ars-sur-Moselle 57 56 Ga 54
39250 Arsure-Arsurette 39 107 Ga 68
39600 Arsures, les 39 107 Fe 67
60190 Arsy 60 39 Ce 52
65500 Artagnan 65 162 Aa 88
08390 Artaise-le-Vivier 08 42 Ef 51
71110 [illegible] 71 117 Ea 71
[illegible]
37260 Artannes-sur-Indre 37 85 Ad 65
49260 Artannes-sur-Thouet 49 99 Zf 65
38440 Artas 38 131 Fb 75
40090 Artassenx 40 147 Zd 85
01510 Artemare 01 131 Fe 73
02480 Artemps 02 40 Db 50
09700 Artenac 09 165 Bd 89
45410 Artenay 45 70 Bf 60
74380 Arthaz-Pont-Notre-Dame 74 120 Gb 72
58700 Arthel 58 104 Dc 65
17520 Arthenac 17 123 Ze 75
39270 Arthenas 39 107 Fd 69
81160 Arthès 81 151 Cb 85
40190 Arthez-d'Armagnac 40 147 Ze 85
64800 Arthez-d'Asson 64 162 Ze 90
64370 Arthez-de-Béarn 64 161 Zc 88
72270 Arthezé 72 84 Zf 62
95420 Arthies 95 50 Be 54
36330 Arthon 36 101 Be 68
44320 Arthon-en-Retz 44 96 Ya 66
89740 Arthonnay 89 90 Eb 61
42130 Arthun 42 129 Ea 74
09220 Artiès 09 177 Bc 92
09130 Artigat 09 164 Bc 90
19240 Artige, l' 19 125 Bc 77
19220 Artiges 19 126 Ca 78
83630 Artignosc-sur-Verdon 83 171 Ga 86
31110 Artigue 31 176 Ad 91
32260 Artiguedieu 32 163 Ad 88
64420 Artigueloutan 64 162 Ze 89
64230 Artiguelouve 64 162 Zd 89
65130 Artiguemy 65 163 Ab 90
09460 Artigues 09 178 Ca 92
11140 Artigues 11 178 Cb 92
12470 Artigues 12 140 Cf 81
32300 Artigues 32 163 Ac 87
33250 Artigues 33 122 Zb 77
33720 Artigues 33 135 Zd 81
47510 Artigues 47 149 Ae 83
47600 Artigues 47 148 Ac 84
65100 Artigues 65 162 Aa 90
83560 Artigues 83 171 Fe 87
31260 Artigues, les 31 164 Af 90
33570 Artigues-de-Lussac, les 33 135 Zf 79
33370 Artigues-près-Bordeaux 33 135 Zd 79
33430 Artiguevieille 33 147 Zf 82
33340 Artiguillon 33 122 Za 77
31220 Artiguon 31 164 Ba 89
87470 Artin 87 126 Be 73
41800 Artins 41 85 Ae 62
09120 Artix 09 165 Bd 90
34210 Artix 34 166 Ce 89
46360 Artix 46 138 Bd 81
64170 Artix 64 161 Zc 88
67390 Artolsheim 67 60 Hd 59
89310 Arton 89 90 Df 62
02330 Artonges 02 53 Dd 55
63460 Artonne 63 116 Da 72
17320 Artouan 17 122 Yf 74
64440 Artouste 64 174 Zd 91
59269 Artres 59 31 Dd 47
54510 Art-sur-Meurthe 54 56 Gb 57
01510 Arturieux 01 119 Fc 72
68320 Artzenheim 68 60 Hd 60
31580 Aruats 31 163 Ac 90
64260 Arudy 64 162 Zd 90
40120 Arue 40 147 Zd 84
43360 Arvant 43 128 Db 76
17530 Arvert 17 122 Yf 74
33500 Arveyres 33 135 Ze 79
12120 Arvieu 12 152 Cd 83
05350 Arvieux 05 145 Ge 80
09100 Arvigna 09 177 Be 90
73110 Arvillard 73 132 Ga 76
41170 Arville 41 69 Af 60
77890 Arville 77 71 Cd 59
80910 Arvillers 80 39 Cd 50
40310 Arx 40 148 Aa 84
43810 Arzac 43 129 Df 77
81140 Arzac 81 151 Bf 85
64410 Arzacq-Arraziguet 64 162 Zd 87
56190 Arzal 56 81 Xd 63
29300 Arzano 29 79 Wd 61
38260 Arzay 38 131 Fb 76
05300 Arzeliers 05 156 Fe 82
58700 Arzembouy 58 103 Dc 65
48170 Arzenc-de-Randon 48 141 Dd 81
11290 Arzens 11 166 Cb 89
51290 Arzillières-Neuville 51 54 Ed 57
56640 Arzon 56 80 Xa 63
57405 Arzviller 57 57 Ha 56
74330 Arzy 74 120 Ga 73
64660 Asasp-Arros 64 161 Zd 90
64310 Ascain 64 160 Yc 88
64220 Ascarat 64 160 Ye 89
67250 Aschbach 67 59 Hf 55
45170 Aschères-le-Marché 45 70 Ca 60
20276 Asco CTC 180 Ka 94
20290 A Scolca = Scolca CTC 181 Kc 93
64640 Ascombéguy 64 160 Ye 89
09110 Ascou 09 177 Bf 92
45300 Ascoux 45 71 Cb 60
06260 Ascros 06 158 Ha 85
20276 Ascu = Asco CTC 180 Ka 94
46210 Asfaux-Haut 46 138 Ca 79
08190 Asfeld 08 41 Ea 52
43230 Asinière 43 140 Dd 77
86340 Aslonnes 86 112 Ab 70
64120 Asme-Chilo 64 161 Yf 89
58420 Asnan 58 89 Dd 65
39120 Asnans-Beauvoisin 39 106 Fc 67
14960 Asnelles 14 47 Zc 52
18000 Asnières 18 102 Cc 66
27260 Asnières 27 48 Ac 53
41360 Asnières 41 86 Af 62
14710 Asnières-en-Bessin 14 47 Za 52
21500 Asnières-en-Montagne 21 90 Eb 62
17400 Asnières-la-Giraud 17 110 Zc 73
21380 Asnières-lès-Dijon 21 91 Fa 64
[illegible]
86430 Asnières-sur-Blour 86 112 Ae 72
16290 Asnières-sur-Nouère 16 123 Aa 74
95270 Asnières-sur-Oise 95 51 Cc 54
01570 Asnières-sur-Saône 01 118 Ef 70
92600 Asnieres-sur-Seine 92 51 Cb 55
72430 Asnières-sur-Vègre 72 84 Ze 61
18140 Asnins 18 103 Cf 66
58190 Asnois 58 89 Dd 64
86250 Asnois 86 112 Ac 72
57790 Aspach 57 57 Gf 57
68700 Aspach-le-Bas 68 95 Ha 62
68700 Aspach-le-Haut 68 94 Ha 62
68700 Aspach-Michelbach 68 94 Ha 62
30250 Aspères 30 154 Ea 86
46500 Aspes, les 46 138 Bd 80
31160 Aspet 31 176 Ae 90
65240 Aspin-Aure 65 175 Ab 91
34490 Aspiran 34 167 Da 88
34800 Aspiran 34 167 Dc 87
12550 Aspires 12 151 Cd 85
12700 Asplos 12 138 Ca 81
05140 Aspremont 05 144 Fe 82
06790 Aspremont 06 159 Hb 86
61270 Aspres, les 61 49 Ad 56
05800 Aspres-lès-Corps 05 144 Ff 80
05140 Aspres-sur-Buëch 05 144 Fe 81
31800 Aspret-Sarrat 31 163 Ae 90
12700 Asprières 12 138 Ca 81
65130 Asque 65 175 Ab 90
33240 Asques 33 135 Zd 79
82120 Asques 82 149 Af 85
89450 Asquins 89 90 De 64
81340 Assac 81 151 Cc 85
80500 Assainvillers 80 39 Cd 51
79600 Assais-les-Jumeaux 79 99 Zf 68
58420 Assars 58 104 Dd 65
34820 Assas 34 168 Df 86
45410 Assas 45 70 Bf 60
64510 Assat 64 162 Ze 89
37120 Assay 37 99 Ab 66
45630 Assay 45 88 Cc 63
53600 Assé-le-Bérenger 53 67 Ze 60
72130 Assé-le-Boisne 72 68 Zf 59
72170 Assé-le-Riboul 72 68 Aa 59
50250 Asselines, les 50 46 Yd 53
10320 Assenay 10 73 Ea 59
10220 Assencières 10 73 Eb 58
57260 Assenoncourt 57 57 Ge 56
44410 Assérac 44 81 Xd 64
64990 Asserol 64 160 Yd 88
80200 Assevillers 80 39 Cf 49
46320 Assier 46 138 Bf 80
38150 Assieu 38 130 Ef 76
34360 Assignan 34 167 Cf 88
18260 Assigny 18 88 Ce 64
76630 Assigny 76 37 Bb 49
01260 Assin 01 119 Fe 73
16150 Assis 16 112 Ad 73
02270 Assis-sur-Serre 02 40 Dd 50
64800 Asson 64 162 Ze 90
62560 Assonval 62 29 Ca 45
67320 Asswiller 67 57 Hb 55
14190 Assy 14 48 Ze 55
47220 Astaffort 47 149 Ad 84
19120 Astaillac 19 138 Be 79
32190 Aste 32 163 Ab 86
65200 Asté 65 175 Ab 90
65400 Aste 65 174 Ze 91
64260 Aste-Béon 64 174 Zd 90
07330 Astet 07 141 Ea 80
43150 Astiers, les 43 141 Ea 79
33160 Astignan 33 134 Zb 79
53230 Astillé 53 66 Za 61
64450 Astis 64 162 Ze 88
04250 Astoin 04 157 Gb 82
09310 Aston 09 177 Be 92
65200 Astugue 65 162 Aa 90
06660 Asuéros 06 158 Gf 83
58160 Atelier, l' 58 103 Db 67
20114 A Testa CTC 185 Ka 100
21130 Athée 21 106 Fc 65
53400 Athée 53 83 Za 61
58140 Athée 58 90 Df 64
37270 Athée-sur-Cher 37 86 Af 65
72210 Athenay 72 68 Zf 61
64560 Athérey 64 174 Za 90
70110 Athesans-Étroitefontaine 70 93 Gd 63
21500 Athie 21 90 Eb 63
89440 Athie 89 90 Df 63
54370 Athienville 54 57 Gc 56
62223 Athies 62 30 Cf 47
80200 Athies 80 39 Cf 49
02840 Athies-sous-Laon 02 40 De 51
51150 Athis 51 53 Ea 54
61430 Athis-de-L'Orne 61 47 Zd 56
91200 Athis-Mons 91 51 Cc 56
61430 Athis-Val de Rouvre 61 47 Zd 56
64390 Athos-Aspis 64 161 Za 88
25580 Athose 25 108 Gb 66
09240 Atiels, les 09 177 Bc 90
85310 Atiers, les 85 97 Ye 68
45480 Atraps 45 70 Bf 60
95570 Attainville 95 51 Cc 54
52130 Attancourt 52 74 Ef 57
62730 Attaques, les 62 27 Bf 43
59551 Attiches 59 30 Da 45
60350 Attichy 60 39 Da 52
01340 Attignat 01 118 Fa 71
73610 Attignat-Oncin 73 132 Fe 75
88300 Attignéville 88 76 Fe 58
08130 Attigny 08 41 Ed 52
88260 Attigny 88 76 Ga 60
57170 Attilloncourt 57 56 Gc 56
02490 Attilly 02 40 Db 49
62170 Attin 62 28 Be 46
64240 Attisanne 64 160 Ye 88
54700 Atton 54 56 Ga 55
45170 Attray 45 71 Ca 60
70100 Attricourt 70 92 Fc 64
[illegible]
24750 Atur 24 136 Ae 78
47420 Auba 47 148 Aa 83
15230 Aubac 15 140 Cf 79
40700 Aubagnan 40 162 Zd 86
13400 Aubagne 13 171 Fd 89
21360 Aubaine 21 105 Ee 66
30250 Aubais 30 168 Ea 86
65350 Aubarède 65 163 Ab 89
30190 Aubarne 30 154 Ec 85
24290 Aubas 24 137 Bb 78
19190 Aubazines 19 138 Be 77
57580 Aube 57 56 Gc 54
61270 Aube 61 49 Ad 56
76390 Aubéguimont 76 38 Be 50
07200 Aubenas 07 142 Ec 81
04110 Aubenas-les-Alpes 04 156 Fd 85
26340 Aubenasson 26 143 Fa 80
59265 Aubencheul-au-Bac 59 30 Da 47
02420 Aubencheul-aux-Bois 02 40 Db 48
02500 Aubenton 02 41 Eb 49
77720 Aubepierre-Ozouer-le-Repos 77 52 Cf 57
52210 Aubepierre-sur-Aube 52 91 Ef 61
39160 Aubépin, l' 39 119 Fc 70
69590 Aubépin, l' 69M 130 Ec 75
28800 Aubépine, l' 28 69 Bb 59
43380 Auberat 43 128 Dc 77
59165 Auberchicourt 59 30 Db 47
80110 Aubercourt 80 39 Cd 50
37370 Auberderie 37 85 Ad 62
20122 Auberge du Col CTC 183 Kb 98
78410 Aubergenville 78 50 Bf 55
51600 Aubérive 51 54 Ec 53
52160 Auberive 52 91 Fa 62
38680 Auberives 38 143 Fb 78
38550 Auberives-sur-Varèze 38 130 Ee 76
76550 Aubermesnil-Beaumais 76 37 Ba 49
76340 Aubermesnil-aux-Erables 76 37 Bd 50

12150 Auberoques 12 152 Da 82
59249 Aubers 59 30 Ce 45
70190 Aubertans 70 93 Ga 64
17220 Aubertière, l' 17 110 Za 72
64290 Aubertin 64 162 Zd 89
05260 Auberts, les 05 144 Gb 80
26340 Auberts, les 26 143 Fb 81
14640 Auberville 14 48 Zf 53
76170 Auberville-la-Campagne 76 36 Ad 51
76450 Auberville-la-Manuel 76 36 Ad 50
76110 Auberville-la-Renault 76 36 Ac 50
93300 Aubervilliers 93 51 Cc 55
32420 Aubes, les 32 163 Ae 88
15120 Aubespeyre 15 139 Cc 80
48600 Aubespeyre 48 141 Dd 80
10150 Aubeterre 10 73 Ea 58
03110 Aubeterre 03 116 Db 71
16210 Aubeterre-sur-Dronne 16 124 Ab 77
16250 Aubeville 16 123 Zf 76
27940 Aubevoye 27 50 Bb 53
33430 Aubiac 33 135 Ze 82
46110 Aubiac 46 138 Bd 78
47310 Aubiac 47 149 Ad 84
19380 Aubiat 19 138 Be 78
63260 Aubiat 63 116 Db 73
33240 Aubie-et-Espessas 33 135 Zd 78
63170 Aubière 63 128 Da 74
86320 Aubière 86 112 Ae 70
32270 Aubiet 32 163 Ae 87
48130 Aubigeyres 48 140 Db 80
30140 Aubignac 30 154 Df 84
43350 Aubignac 43 129 De 77
84810 Aubignan 84 155 Fa 84
07400 Aubignas 07 142 Ed 81
63420 Aubignat 63 128 Da 76
35250 Aubigné 35 65 Yc 59
49540 Aubigné 49 98 Zd 65
79110 Aubigné 79 111 Zf 72
72800 Aubigné-Racan 72 85 Ab 62
42940 Aubigneux 42 129 Df 74
70140 Aubigney 70 92 Fd 65
04200 Aubignosc 04 157 Ff 84
03460 Aubigny 03 103 Da 68
14700 Aubigny 14 48 Ze 55
36210 Aubigny 36 101 Be 66
77950 Aubigny 77 71 Ce 57
79390 Aubigny 79 99 Zf 68
80400 Aubigny 80 40 Da 50
80800 Aubigny 80 39 Cc 49
89560 Aubigny 89 89 Dc 63
59265 Aubigny-au-Bac 59 30 Da 47
02590 Aubigny-aux-Kaisnes 02 40 Da 50
62690 Aubigny-en-Artois 62 29 Cd 46
02820 Aubigny-en-Laonnois 02 40 De 52
21170 Aubigny-en-Plaine 21 106 Fb 66
21340 Aubigny-la-Ronce 21 105 Ed 67
85430 Aubigny-les-Clouzeaux 85 97 Yd 69
08150 Aubigny-les-Pothées 08 41 Ec 50
21540 Aubigny-lès-Sombernon 21 91 Ed 65
52190 Aubigny-sur-Badin 52 92 Fb 62
18700 Aubigny-sur-Nère 18 88 Cc 64
51170 Aubilly 51 53 Df 53
12110 Aubin 12 139 Cb 81
64230 Aubin 64 162 Zd 88
18220 Aubinges 18 102 Cd 65
72270 Aubinière, l' 72 84 Zf 62
62140 Aubin-Saint-Vaast 62 28 Bf 46
66490 Aubiry 66 179 Ce 93
08270 Auboncourt-Vauzelles 08 41 Ec 51
25520 Aubonne 25 108 Gb 66
30620 Aubord 30 169 Eb 86
54580 Auboué 54 56 Ff 53
79100 Auboué 79 99 Zf 67
64330 Aubous 64 162 Zf 87
12470 Aubrac 12 140 Cf 81
26110 Aubres 26 155 Fb 82
85140 Aubretière, l' 85 97 Ye 68
55120 Aubréville 55 55 Fa 54
35470 Aubriais, l' 35 82 Yb 61
36370 Aubris, les 36 113 Bb 69
08320 Aubrives 08 42 Ee 48
62390 Aubrometz 62 29 Cb 47
18100 Aubry 18 102 Ca 65
59135 Aubry-du-Hainaut 59 30 Dc 46
61160 Aubry-en-Exmes 61 48 Aa 56
61120 Aubry-le-Panthou 61 48 Ab 55
58400 Aubues, les 58 103 Da 66
68150 Aubure 68 60 Hb 59
30190 Aubussargues 30 154 Eb 84
23200 Aubusson 23 114 Cb 73
61100 Aubusson 61 47 Zc 56
63120 Aubusson-d'Auvergne 63 128 Dd 74
80110 Aubvillers 80 39 Cc 50
59950 Auby 59 30 Da 46
22100 Aucaleuc 22 65 Xf 58
31140 Aucamville 31 164 Bc 87
82600 Aucamville 82 150 Bb 86
09800 Aucazein 09 176 Af 91
20133 Auccià = Ucciani CTC 182 If 96
26340 Aucelon 26 143 Fc 81
50170 Aucey-la-Plaine 50 66 Yd 57
32000 Auch 32 163 Ad 87
23460 Auchaise 23 126 Bf 74
33480 au Chalet 33 134 Za 79
85200 Auchay-sur-Vendée 85 110 Za 70
62260 Auchel 62 29 Cc 45
80560 Auchonvillers 80 29 Cd 48
59310 Auchy 59 30 Db 46
62190 Auchy-au-Bois 62 29 Cc 45
60360 Auchy-la-Montagne 60 38 Ca 51
62770 Auchy-lès-Hesdin 62 29 Ca 46
62138 Auchy-les-Mines 62 30 Ce 45
55400 Aucourt 55 55 Fe 53
65400 Aucun 65 174 Ze 91
30580 Audabiac 30 154 Ec 84
64190 Audaux 64 161 Zb 88
20116 Auddè = Aullène CTC 183 Ka 98
17770 Audebert 17 123 Zd 73
79150 Audebert, La Brousse- 79 98 Zd 66
64170 Audéjus 64 161 Zc 88
39700 Audelange 39 107 Fd 66
52240 Audeloncourt 52 75 Fd 60
62250 Audembert 62 26 Be 43
59540 Audencourt 59 30 Dc 48
33980 Audenge 33 134 Yf 80
50440 Auderville 50 33 Ya 50
03190 Audes 03 115 Cd 70
25170 Audeux 25 93 Ff 65
45300 Audeville 45 71 Cb 59
06750 Audibergue, l' 06 158 Ge 86
36180 Audière 36 101 Bc 67
29770 Audierne 29 61 Vc 60
02300 Audignicourt 02 40 Da 52
40500 Audignon 40 161 Zc 86
02120 Audigny 02 40 Dd 49
25400 Audincourt 25 94 Gf 64
62560 Audincthun 62 29 Ca 45
62179 Audinghen 62 26 Bd 43
40400 Audon 40 146 Zb 86
50480 Audouville-la-Hubert 50 33 Ye 52
62890 Audrehem 62 27 Bf 44
09800 Audressein 09 176 Ba 91
62164 Audresselles 62 26 Bd 44
14250 Audrieu 14 47 Zc 53
24260 Audrix 24 137 Af 79
62370 Audruicq 62 27 Ca 43
54560 Audun-le-Roman 54 43 Ff 52
57390 Audun-le-Tiche 57 43 Ff 52
31360 Audureaux 31 164 Ae 90
67480 Auenheim 67 59 Ia 56
31580 Auérets 31 163 Ac 90
28150 Auffains 28 70 Bd 59
78610 Auffargis 78 50 Bf 56
76720 Auffay 76 37 Ba 50
28360 Aufferville 28 69 Bc 59
77570 Aufferville 77 71 Cd 59
78930 Auffreville-Brasseuil 78 50 Be 55
08370 Auflance 08 42 Fb 51
64450 Auga 64 162 Zd 88
56800 Augan 56 81 Xe 61
08380 Auge 08 41 Eb 49
13990 Auge 13 155 Ee 86
16170 Augé 16 123 Zf 73
23170 Auge 23 114 Cb 71
39130 Auge 39 119 Fe 69
79400 Augé 79 111 Ze 70
39190 Augea 39 119 Fc 69
43370 Augeac 43 141 De 79
39380 Augerans 39 107 Fd 66
63740 Augère 63 127 Ce 74
03210 Augère, l' 03 103 Da 69
23210 Augères 23 114 Be 72
23400 Augères 23 114 Be 73
63680 Augères-Haute 63 127 Ce 76
63930 Augerolles 63 128 Dd 74
17800 Augers, les 17 123 Zc 75
60800 Auger-Saint-Vincent 60 52 Ce 53
77560 Augers-en-Brie 77 52 Dc 56
45330 Augerville-la-Rivière 45 71 Cc 59
04230 Augès 04 157 Ff 84
42460 Auges, les 42 117 Ea 72
86160 Augest 86 112 Ac 70
36160 Augette, l' 36 114 Ca 70
76850 Augeville 76 37 Bb 51
70500 Augicourt 70 93 Ff 62
24300 Augignac 24 124 Ae 75
09800 Augirein 09 176 Af 91
33820 Augirons, les 33 122 Zc 77
39270 Augisey 39 119 Fc 69
63340 Augnat 63 128 Db 76
32120 Augnax 32 163 Ae 86
87120 Augne 87 126 Be 74
57685 Augny 57 56 Ga 54
28800 Augonville 28 70 Bc 59
72600 Augotterie, l' 72 68 Ab 59
40500 Augreilh 40 161 Zc 86
61270 Auguaise 61 49 Ad 56
13500 Auguette 13 170 Ef 88
02220 Augy 02 53 Dd 52
18800 Augy 18 102 Cd 66
89290 Augy 89 89 Dd 62
18600 Augy-sur-Aubois 18 103 Cf 68
17770 Aujac 17 123 Zd 73
30200 Aujac 30 155 Ed 83
30450 Aujac 30 154 Ea 82
32300 Aujan-Mournède 32 163 Ad 88
05310 Aujards, les 05 145 Gd 80
30250 Aujargues 30 154 Ea 86
52190 Aujeurres 52 92 Fb 62
12630 Aujols 12 152 Ce 82
46090 Aujols 46 150 Bd 82
07600 Aulagnet, l' 07 142 Eb 80
05500 Aulagnier, l' 05 144 Ga 80
72110 Aulaines 72 68 Ac 59
30120 Aulas 30 153 Dd 84
63500 Aulhat-Flat 63 128 Db 75
19800 Auliat 19 126 Bf 76
20116 Aullène CTC 183 Ka 98
63510 Aulnat 63 127 Cd 75
10240 Aulnay 10 74 Ec 58
17470 Aulnay 17 111 Zd 72
86330 Aulnay 86 99 Aa 67
51130 Aulnay-aux-Planches 51 53 Df 56
51240 Aulnay-l'Aître 51 54 Ed 56
45390 Aulnay-la-Rivière 45 71 Cc 59
93600 Aulnay-sous-Bois 93 51 Cc 55
27180 Aulnay-sur-Iton 27 49 Ba 55
51150 Aulnay-sur-Marne 51 53 Eb 54
78126 Aulnay-sur-Mauldre 78 50 Bf 55
72600 Aulneaux, les 72 68 Ac 58
51130 Aulnizeux 51 53 Df 56
88300 Aulnois 88 76 Fe 59
55170 Aulnois-en-Perthois 55 55 Fa 57
02000 Aulnois-sous-Laon 02 40 Dd 51
55200 Aulnois-sous-Vertuzey 55 55 Fe 56
57590 Aulnois-sur-Seille 57 56 Gb 55
77120 Aulnoy 77 52 Da 55
59620 Aulnoye-Aymeries 59 31 Df 47
59300 Aulnoy-lez-Valenciennes 59 30 Dd 47
52160 Aulnoy-sur-Aube 52 91 Fa 62
23210 Aulon 23 113 Be 72
31420 Aulon 31 164 Ae 89
65240 Aulon 65 175 Ab 91
80460 Ault 80 28 Bc 48
09140 Aulus-les-Bains 09 177 Bc 92
70190 Aulx-lès-Cromary 70 93 Ga 64
17770 Aumagne 17 123 Zd 73
26560 Aumagne 26 156 Fd 83
76390 Aumale 76 38 Be 50
31160 Aumassère 31 163 Af 90
80140 Aumâtre 80 38 Be 49
51110 Auménancourt 51 41 Ea 52
51110 Auménancourt-le-Petit 51 41 Ea 52
83390 Aumérade 83 171 Ga 89
62550 Aumerval 62 29 Cc 45
34530 Aumes 34 167 Dc 88
30770 Aumessas 30 153 Dd 85
57710 Aumetz 57 43 Ff 52
50630 Aumeville-Lestre 50 34 Ye 51
23300 Aumône, l' 23 113 Bd 71
12300 Aumont 12 139 Cb 81
19160 Aumont 19 126 Cb 76
19400 Aumont 19 138 Bf 78
39800 Aumont 39 107 Fd 67
80640 Aumont 80 38 Bf 49
48130 Aumont-Aubrac 48 140 Db 80
60300 Aumont-en-Halatte 60 51 Cd 53
88640 Aumontzey, Granges- 88 77 Ge 59
28250 Aumoy 28 69 Ba 57
39410 Aumur 39 106 Fc 66
09140 Aunac 09 176 Ba 91
12470 Aunac 12 139 Ce 81
43370 Aunac 43 141 Df 79
16460 Aunac-sur-Charente 16 111 Ab 73
28700 Aunainville 28 70 Be 58
11140 Aunat 11 178 Ca 92
45130 Aunay 45 87 Be 61
76220 Aunay 76 38 Be 52
53260 Aunay, l' 53 67 Zb 61
85140 Aunay, l' 85 97 Yf 68
58110 Aunay-en-Bazois 58 104 De 66
61500 Aunay-les-Bois 61 68 Ab 57
53100 Aunay-Play, l' 53 67 Zb 59
28700 Aunay-sous-Auneau 28 70 Be 58
28500 Aunay-sous-Crécy 28 50 Bb 56
14260 Aunay-sur-Odon 14 47 Zc 54
28700 Auneau 28 70 Be 58
60390 Auneuil 60 38 Bf 52
46300 Auniac 46 137 Bc 80
61200 Aunou-le-Faucon 61 48 Aa 56
61500 Aunou-sur-Orne 61 68 Ab 57
77710 Aunoy, l' 77 72 Da 59
87470 Auphelle 87 126 Be 74
81530 Aupilières 81 152 Cc 86
43260 Aupinhac 43 141 Ea 78
76730 Auppegard 76 37 Ba 50
83630 Aups 83 171 Gb 87
63660 au Puy 63 129 Df 76
14140 Auquainville 14 48 Ab 54
76630 Auquemesnil 76 37 Bb 49
84120 Auquiers, les 84 171 Fd 86
32600 Auradé 32 164 Ba 87
47140 Auradou 47 149 Ae 82
31190 Auragne 31 164 Bd 88
79350 Auraire, l' 79 98 Zd 67
56400 Auray 56 79 Xa 63
08400 Aure 08 54 Ed 53
43110 Aurec-sur-Loire 43 129 Eb 76
87220 Aureil 87 125 Bc 74
40200 Aureilhan 40 146 Ye 83
13930 Aureille 13 170 Ef 86
88320 Aureil-Maison 88 76 Fe 60
26340 Aurel 26 143 Fb 80
84390 Aurel 84 156 Fc 84
12130 Aurelle-Verlac 12 140 Da 81
17260 Aurenne 17 122 Zb 75
32500 Aurenque 32 149 Ad 85
32100 Aurens 32 148 Ac 85
32400 Aurensan 32 162 Ze 87
65390 Aurensan 65 162 Aa 89
04320 Aurent 04 158 Ge 84
48150 Aures 48 153 Dc 83
14520* Aure sur Mer 14 47 Za 52
31320 Aureville 31 164 Bc 88
50390 Aureville 50 33 Yc 52
11330 Auriac 11 178 Cc 91
12210 Auriac 12 139 Ce 80
19220 Auriac 19 126 Ca 77
64450 Auriac 64 162 Ze 88
24320 Auriac-de-Bourzac 24 124 Ab 76
24290 Auriac-du-Périgord 24 137 Ba 78
12120 Auriac-Lagast 12 152 Cd 84
15500 Auriac-L'Église 15 128 Da 77
47120 Auriac-sur-Dropt 47 136 Ab 81
31460 Auriac-sur-Vendinelle 31 165 Be 87
23400 Auriat 23 126 Bd 73
31190 Auribail 31 164 Bc 88
06810 Auribeau 06 173 Gf 87
84400 Auribeau 84 156 Fc 85
40500 Aurice 40 147 Zc 86
65700 Auriébat 65 162 Aa 88
63210 Aurières 63 127 Cf 74
31260 Auriet 31 164 Ba 90
31420 Aurignac 31 164 Af 89
15000 Aurillac 15 139 Cc 79
32450 Aurimont 32 164 Ae 87
31570 Aurin 31 165 Be 87
13390 Auriol 13 171 Fd 88
34210 Auriol, l' 34 166 Cd 88
07120 Auriolles 07 154 Eb 82
33790 Auriolles 33 135 Aa 80
64350 Aurions-Idernes 64 162 Zf 87
38142 Auris 38 144 Ga 78
06660 Auron 06 158 Gf 83
13121 Aurons 13 170 Fa 87
33124 Auros 33 135 Zf 82
33730 au Ros 33 147 Zd 82
03460 Aurouer 03 103 Db 68
48600 Auroux 48 141 De 80
15500 Aurouze 15 128 Da 77
48300 Aurouzet 48 141 De 80
14240* Aurseulles 14 34 Zb 54
85670 Auspierre, l' 85 97 Yc 68
16560 Aussac 16 124 Ab 74
81600 Aussac 81 151 Ca 85
32170 Aussat 32 163 Ab 88
31260 Ausseing 31 164 Ba 90
64230 Aussevielle 64 162 Zd 88
12390 Aussibal 12 139 Cb 82
81200 Aussillon 81 166 Cb 88
81200 Aussillon-Village 81 166 Cb 88
73500 Aussois 73 133 Ge 77
08310 Aussonce 08 41 Eb 52
31840 Aussonne 31 164 Bb 86
32140 Aussos 32 163 Ad 88
64130 Aussurucq 64 161 Za 90
41240 Autainville 41 86 Bc 61
26110 Autanne 26 156 Fb 83
25110 Autechaux 25 93 Gc 64
25150 Autechaux-Roide 25 94 Ge 64
28330 Autels-Villevillon, les 28 69 Af 59
31190 Autérive 31 164 Bc 88
32550 Auterive 32 163 Ad 87
82500 Auterive 82 149 Af 85
64270 Auterrive 64 161 Yf 88
02360 Autes, les 02 41 Eb 50
70180 Autet 70 92 Fe 63
60390 Auteuil 60 51 Ca 52
78770 Auteuil 78 50 Be 55
64390 Autevielle-Saint-Martin-Bideren 64 161 Za 88
08240 Authe 08 42 Ef 52
28220 Autheuil 28 69 Bb 60
61190 Autheuil 61 69 Ae 57
27490 Autheuil-Authouillet 27 50 Bb 54
60890 Autheuil-en-Valois 60 52 Da 53
80600 Autheux 80 29 Cb 48
27420 Authevernes 27 50 Bd 53
63114 Authezat 63 128 Db 75
14280 Authie 14 35 Zd 53
80560 Authie 80 29 Cc 48
80600 Authieule 80 29 Cc 48
27170 Authieux, les 27 49 Af 54
27220 Authieux, les 27 50 Bb 55
76520 Authieux, les 76 49 Ba 52
76750 Authieux, les 76 37 Bb 51
61240 Authieux-du-Puits, les 61 48 Ab 56
14140 Authieux-Papion, les 14 48 Aa 54
76690 Authieux-Ratiéville 76 37 Ba 51
14130 Authieux-sur-Calonne, les 14 48 Ab 53
58700 Authiou 58 89 Dc 65
70190 Authoison 70 93 Ga 64
04200 Authon 04 157 Ga 83
41310 Authon 41 85 Af 63
28330 Authon-du-Perche 28 69 Af 59
17770 Authon-Ebéon 17 123 Zd 73
91410 Authon-la-Plaine 91 70 Bf 58
27290 Authou 27 49 Ae 53
80300 Authuille 80 29 Ce 48
39100 Authume 39 106 Fd 66
71270 Authumes 71 106 Fb 67
26400 Autichamp 26 143 Ef 80
34480 Autignac 34 167 Db 88
76740 Autigny 76 37 Af 50
88300 Autigny-la-Tour 88 76 Fe 58
52300 Autigny-le-Grand 52 75 Fa 58
52300 Autigny-le-Petit 52 75 Fa 58
62610 Autingues 62 27 Bf 43
46400 Autoire 46 138 Be 79
70700 Autoreille 70 93 Fe 64
78770 Autouillet 78 50 Be 55
43450 Autrac 43 128 Da 77
38880 Autrans 38 143 Fd 77
38112* Autrans-Méaudre en Vercors 38 143 Fc 78
09800 Autrech 09 176 Af 91
37110 Autrèche 37 86 Af 63
90140 Autrechêne 90 94 Gf 63
60350 Autrêches 60 40 Da 52
55120 Autrécourt-sur-Aire 55 55 Fa 54
02250 Autremencourt 02 40 De 50
54450 Autrepierre 54 77 Ge 57
02580 Autreppes 02 41 Df 49
76190 Autretot 76 36 Ae 51
02300 Autreville 02 40 Db 51
88300 Autreville 88 76 Ff 58
55700 Autréville-Saint-Lambert 55 42 Fa 51
52120 Autreville-sur-la-Renne 52 74 Ef 60
54380 Autreville-sur-Moselle 54 56 Ga 56
54160 Autrey 54 76 Ga 57
88700 Autrey 88 77 Ge 59
70110 Autrey-lès-Cerre 70 93 Gc 63
70100 Autrey-lès-Gray 70 92 Fc 64
21570 Autricourt 21 74 Ed 61
08240 Autruche 08 42 Ef 52
45480 Autruy-sur-Juine 45 71 Ca 59
08250 Autry 08 54 Ef 53
03210 Autry-Issards 03 116 Da 69
45500 Autry-le-Châtel 45 88 Cd 63
71400 Autun 71 105 Eb 67
82220 Auty 82 150 Bc 83
06260 Auvare 06 158 Gf 85
51800 Auve 51 54 Ee 54
33910 Auvergnats, les 33 135 Ze 78
27250 Auvergny 27 49 Ae 55
91830 Auvernaux 91 71 Cc 57
43300 Auvers 43 140 Dc 79
50500 Auvers 50 33 Ye 53
49490 Auverse 49 84 Aa 63
72300 Auvers-le-Hamon 72 84 Zd 61
91580 Auvers-Saint-Georges 91 71 Cb 58
72540 Auvers-sous-Montfaucon 72 68 Zf 60
95430 Auvers-sur-Oise 95 51 Cb 54
70100 Auvet-et-la-Chapelotte 70 92 Fd 63
81470 Auvezines 81 165 Bf 87
44410 Auvière, l' 44 96 Xf 66
72300 Auvière, l' 72 84 Zd 61
17800 Auvignac 17 123 Zc 75
87600 Auvignac 87 125 Af 73
82340 Auvillar 82 149 Af 84
14340 Auvillars 14 48 Aa 53
21250 Auvillars-sur-Saône 21 106 Fa 66
60290 Auvillers 60 39 Cc 52
08260 Auvillers-les-Forges 08 41 Ec 49
28360 Auvilliers 28 70 Bc 59
76270 Auvilliers 76 38 Bd 50
45270 Auvilliers-en-Gâtinais 45 71 Cd 61
AD600 Auvinyà ◘ AND 177 Bd 94
50500 Auxais 50 33 Ye 53
33680 aux Andraux 33 134 Yf 79
39700 Auxange 39 107 Fd 65
47150 Aux Anjeaux 47 137 Af 81
21360 Auxant 21 105 Ed 66
32170 Aux-Aussat 32 163 Ab 88
87130 Aux-Barres 87 126 Bd 75
90200 Auxelles-Bas 90 94 Ge 62
90200 Auxelles-Haut 90 94 Ge 62
89000 Auxerre 89 89 Dd 62
21190 Auxey-Duresses 21 105 Ee 67
42990 aux Gouttes 42 129 Df 74
62390 Auxi-le-Château 62 29 Ca 47
15300 Auxillac 15 139 Cf 78
48500 Auxillac 48 140 Db 82
60000 Aux Marais 60 38 Ca 52
58800 Auxois 58 89 De 65
10130 Auxon 10 73 Df 60
70000 Auxon 70 93 Gb 62
89630 Auxon 89 90 Df 64
25870 Auxon-Dessous 25 93 Ff 65
25870 Auxon-Dessus 25 93 Ff 65
21130 Auxonne 21 106 Fc 65
25870 Auxons, les 25 93 Ff 65
71520 Aux Truges 71 117 Ec 70
45340 Auxy 45 71 Cc 60
71400 Auxy 71 105 Ec 67
33690 Auzac 33 148 Zf 82
46300 Auzac 46 138 Bd 80
88140 Auzainvilliers 88 76 Ff 59
30140 Auzas 30 154 Ea 84
31360 Auzas 31 164 Af 89
09220 Auzat 09 177 Bc 92
63570 Auzat-sur-Allier 63 128 Db 76
85200 Auzay 85 110 Za 70
76190 Auzebosc 76 36 Ae 51
55800 Auzécourt 55 55 Ef 55
63590 Auzelles 63 128 Dd 75
81800 Auzérals, les 81 150 Be 85
15240 Auzers 15 127 Cc 77
04140 Auzet 04 157 Gb 83
55120 Auzéville-en-Argonne 55 55 Fa 54
31320 Auzeville-Tolosane 31 164 Bc 87
34390 Auziale 34 167 Cf 87
31650 Auzielle 31 165 Bd 87
87290 Auzillac 87 113 Bb 72
12390 Auzits 12 139 Cb 81
63320 Auzolette 63 128 Da 75
15110 Auzolles 15 140 Cf 79
63420 Auzolles 63 128 Cf 76
43390 Auzon 43 128 Dc 76
37110 Auzouer-en-Touraine 37 86 Af 63
76640 Auzouville-Auberbosc 76 36 Ad 51
76760 Auzouville-L'Esneval 76 37 Af 51
76116 Auzouville-sur-Ry 76 37 Bb 52
76730 Auzouville-sur-Saâne 76 37 Af 50
20146 A Vacca CTC 185 Ka 99
36100 Avail 36 102 Ca 67
86270 Availlé 86 100 Ae 68
86530 Availles-en-Châtellerault 86 100 Ad 68
86460 Availles-Limouzine 86 112 Ad 72
79170 Availles-sur-Chizé 79 111 Zd 72
35130 Availles-sur-Seiche 35 66 Ye 61
79600 Availles-Thouarsais 79 99 Zf 67
42840 Avaize 42 117 Ea 72
65240 Avajan 65 175 Ac 91
81160 Avalats, les 81 151 Cb 85
10110 Avaleur 10 74 Ec 60
17530 Avallon 17 122 Yf 74
89200 Avallon 89 90 Df 64
73260 Avanchers, les 73 132 Gc 76
05230 Avançon 05 144 Gb 81
08300 Avançon 08 41 Eb 52
57640 Avancy 57 56 Gb 53
25720 Avanne-Aveney 25 107 Ff 65
10400 Avant-lès-Marcilly 10 73 Dd 58
10240 Avant-lès-Ramerupt 10 74 Eb 58
86170 Avanton 86 99 Ab 69
20225 Avapessa CTC 180 If 93
41500 Avaray 41 86 Bd 62
08190 Avaux 08 41 Ea 52
69610 Aveize 69M 130 Ec 74
42330 Aveizieux 42 129 Ec 75
30430 Avejan 30 154 Eb 83
83310 Avelan, l' 83 172 Gd 89
21120 Avelanges 21 91 Fa 63
80270 Avelesges 80 38 Bf 49
59710 Avelin 59 30 Da 45
60650 Avelon 60 38 Bf 52
80300 Aveluy 80 39 Cd 48
69430 Avenas 69D 118 Ed 71
14210 Avenay 14 35 Zd 54
51160 Avenay-Val-d'Or 51 53 Ea 54
34260 Avène 34 152 Da 86
61160 Avenelles 61 48 Aa 56
25720 Aveney 25 107 Ff 65
67370 Avenheim 67 58 Hd 56
38630 Avenières Veyrins-Thuellin, les 38 131 Fd 75
06260 Avenos 06 158 Gf 85
32120 Avensac 32 149 Af 86
33480 Avensan 33 134 Zb 78
87370 Avent 87 113 Bc 72
65660 Aventignan 65 163 Ad 90
27630 Aveny 27 50 Bd 54
65380 Averan 65 162 Aa 90
62127 Averdoingt 62 29 Cc 46
41330 Averdon 41 86 Bb 62
03000 Avermes 03 103 Db 69
95450 Avernes 95 50 Bf 54
61470 Avernes-Saint-Gourgon 61 48 Ab 55
61310 Avernes-sous-Exmes 61 48 Ab 56
73480 Avérole 73 133 Ha 77
32310 Avéron 32 148 Ac 85
32290 Avéron-Bergelle 32 162 Aa 86

38930 Avers 38 144 Fe 80
53700 Averton 53 67 Ze 59
59440 Avesnelles 59 31 Df 48
62650 Avesnes 62 28 Bf 45
80140 Avesnes-Chaussoy 80 38 Bf 49
70220 Avesnes-en-Bray 76 38 Be 52
72260 Avesnes-en-Saosnois 72 68 Ac 59
76630 Avesnes-en-Val 76 37 Bc 49
62810 Avesnes-le-Comte 62 29 Cd 47
59129 Avesnes-lès-Aubert 59 30 Dc 47
59296 Avesnes-le-Sec 59 30 Dc 47
59440 Avesnes-sur-Helpe 59 31 Df 48
44460 Avessac 44 81 Ya 63
72350 Avessé 72 67 Ze 61
65370 Aveux 65 176 Ad 90
31350 Avezac 31 163 Ad 89
65130 Avezac-Prat-Lahitte 65 163 Ac 90
32380 Avezan 32 149 Ae 85
30120 Avèze 30 153 Dd 85
63690 Avèze 63 127 Cd 75
72400 Avezé 72 69 Ae 59
74570 Aviernoz 74 120 Gb 73
89240 Avigneau 89 89 Dc 62
84000 Avignon 84 155 Ee 85
38650 Avignonet 38 144 Fd 79
31290 Avignonet-Lauragais 31 165 Be 88
39200 Avignon-lès-Saint-Claude 39 119 Ff 70
89270 Avigny 89 89 De 63
54490 Avillers 54 43 Fe 53
88500 Avillers 88 76 Gb 59
55210 Avillers-Sainte-Croix 55 55 Fe 54
25680 Avilley 25 93 Gb 64
60300 Avilly 60 51 Cd 53
60300 Avilly-Saint-Léonard 60 51 Cd 53
20215 A Vinzulasca = Venzolasca CTC 181 Kc 94
62210 Avion 62 30 Ce 46
55600 Avioth 55 43 Fc 51
49500 Aviré 49 83 Zb 62
10340 Avirey-Lingey 10 74 Eb 60
27930 Aviron 27 49 Ba 54
51190 Avize 51 53 Ea 55
55270 Avocourt 55 55 Fa 53
37420 Avoine 37 99 Ab 65
61150 Avoine 61 48 Zf 56
72430 Avoise 72 84 Ze 61
77300 Avon 77 71 Ce 58
79800 Avon 79 111 Zf 70
62310 Avondance 62 29 Ca 46
26410 Avondons, les 26 143 Fd 81
10290 Avon-la-Pèze 10 73 Dd 58
37220 Avon-les-Roches 37 100 Ac 66
18520 Avord 18 103 Cd 66
74110 Avoriaz 74 121 Ge 71
21350 Avosnes 21 91 Ed 64
21580 Avot 21 91 Fa 63
25690 Avoudrey 25 108 Gc 66
01170 Avouzon 01 120 Ga 71
52130 Avrainville 52 75 Fa 57
54385 Avrainville 54 56 Ff 56
88130 Avrainville 88 76 Gb 58
91630 Avrainville 91 71 Cb 57
50300 Avranches 50 46 Yd 56
81190 Avraniers, les 81 151 Ca 84
88630 Avranville 88 75 Fd 58
80500 Avre 80 39 Cd 50
60130 Avrechy 60 39 Cc 52
52140 Avrecourt 52 75 Fd 61
58170 Avrée 58 104 Df 68
74350 Avregny 74 120 Ga 72
76730 Avremesnil 76 37 Af 49
73240 Avressieux 73 131 Fe 75
10130 Avreuil 10 73 Ea 60
60310 Avricourt 60 39 Cf 51
54450 Avricourt (Meurthe et Moselle) 54 57 Ge 57
57810 Avricourt (Moselle) 57 57 Ge 57
73500 Avrieux 73 133 Ge 77
70150 Avrigney-Virey 70 93 Fe 64
89660 Avrigny 89 90 Dd 64
54150 Avril 54 56 Ff 53
[illegible]
85440 Avrillé 85 109 Yd 70
37340 Avrillé-les-Ponceaux 37 85 Ab 64
03130 Avrilly 03 117 Df 70
27240 Avrilly 27 49 Ba 55
61700 Avrilly 61 67 Zc 57
77760 Avrilmont 77 71 Cd 59
58300 Avril-sur-Loire 58 103 Dc 68
89600 Avrolles 89 73 De 60
62560 Avroult 62 29 Ca 45
74330 Avully 74 120 Ga 73
20290 A Vulpaiola = Volpajola CTC 181 Kc 93
20167 A Vulpaja CTC 182 Ie 97
17800 Avy 17 123 Zc 75
59400 Awoingt 59 30 Db 48
11140 Axat 11 178 Cb 92
09250 Axiat 09 177 Be 92
09110 Ax-les-Thermes 09 177 Bf 92
51160 Ay 51 53 Ea 54
63390 Ayat-sur-Sioule 63 115 Cf 72
51150* Aÿ-Champagne 51 53 Ea 54
63970 Aydat 63 128 Cf 75
64330 Aydie 64 162 Zf 87
64490 Aydius 64 174 Zc 90
88600 Aydoilles 88 77 Gd 59
19310 Ayen 19 125 Bb 77
80500 Ayencourt 80 39 Cd 51
09800 Ayer 09 176 Ba 91
63560 Ayes, les 63 115 Ce 72
47400 Ayet 47 148 Ab 82
62116 Ayette 62 29 Ce 47
13015 Aygalades, les 13 170 Fc 88
83400 Ayguade-Ceinturon 83 171 Gb 90
66360 Ayguatébia 66 178 Cb 93
33640 Ayguemorte-les-Graves 33 135 Zd 80
32120 Aygues-Mortes 32 149 Ae 86
31450 Ayguesvives 31 165 Bd 88
32410 Ayguetinte 32 148 Ac 86
64240 Ayherre 64 160 Ye 88
63470 Aymards, les 63 127 Cd 74
15200 Aymons 15 127 Cb 77
73470 Ayn 73 131 Fe 75
46120 Aynac 46 138 Bf 80
70200 Aynans, les 70 94 Gc 63
09400 Aynat 09 177 Bd 91
15250 Ayrens 15 139 Cb 79
12240 Ayres 12 151 Ca 83
48240 Ayres, les 48 153 Df 83
12310 Ayrinhac 12 152 Ce 82
11430 Ayrolle, l' 11 167 Da 90
86190 Ayron 86 99 Aa 69
65400 Ayros-Arbouis 65 175 Zf 90
65120 Ayrues 65 175 Zf 92
74130 Ayse 74 120 Gc 72
12430 Ayssènes 12 152 Ce 84
12510 Ayssiols 12 152 Cc 82
57300 Ay-sur-Moselle 57 56 Gb 53
17440 Aytré 17 110 Yf 72
08000 Ayvelles, les 08 42 Ee 50
65400 Ayzac-Ost 65 175 Zf 90
32800 Ayzieu 32 148 Zf 85
33820 Azac 33 122 Zc 77
55150 Azannes-et-Soumazannes 55 55 Fc 53
39100 Azans 39 106 Fd 66
31380 Azas 31 165 Be 86
23800 Azat 23 113 Bd 71
23210 Azat-Châtenet 23 114 Be 72
87360 Azat-le-Ris 87 113 Ba 71
79400 Azay-le-Brulé 79 111 Ze 70
36290 Azay-le-Ferron 36 100 Ba 67
37190 Azay-le-Rideau 37 100 Ac 65
37270 Azay-sur-Cher 37 85 Af 64
37310 Azay-sur-Indre 37 100 Af 65
79130 Azay-sur-Thouet 79 98 Zd 69
41100 Azé 41 86 Af 61
71260 Azé 71 118 Ee 70
54210 Azelot 54 76 Gb 57
12130 Azémars, les 12 140 Cf 82
23160 Azerables 23 113 Bc 70
54122 Azerailles 54 77 Ge 58
24210 Azerat 24 137 Ba 78
43390 Azérat 43 128 Dc 76
65380 Azereix 65 162 Zf 89
65170 Azet 65 175 Ac 92
50310 Azeville 50 34 Ye 52
34210 Azillanet 34 166 Ce 89
11700 Azille 11 166 Cd 89
20190 Azilone-Apaza CTC 184 Ka 97
20190 Azilonu = Azilone CTC 184 Ka 97
62310 Azincourt 62 29 Ca 46
12620 Azinières 12 152 Cf 84
85490 Aziré 85 110 Zc 70
69790 Azolette 69D 117 Ec 71
57810 Azoudange 57 57 Ge 56
71230 Azu 71 105 Ec 69
40140 Azur 40 146 Ye 86
18220 Azy 18 103 Ce 65
58600 Azy 58 103 Da 66
58240 Azy-le-Vif 58 103 Db 68
02400 Azy-sur-Marne 02 52 Dc 54
20121 Azzana CTC 182 If 96

B

55700 Baâlon 55 42 Fb 52
08430 Baâlons 08 42 Ee 51
34360 Babeau-Bouldoux 34 167 Cf 88
86300 Babijère, la 86 112 Ae 69
24170 Babiot 24 137 Ba 80
60400 Babœuf 60 40 Da 51
43170 Babonnés 43 141 Dd 79
03470 Babus, les 03 116 De 70
19140 Baby 19 125 Bd 76
77480 Baby 77 72 Dc 58
15190 Bac, le 15 127 Ce 76
24630 Bac, le 24 125 Ba 75
[illegible]
59147 Bac-à-Wavrin 59 30 Cf 45
54120 Baccarat 54 77 Ge 58
31550 Baccarets, les 31 165 Bd 89
20246 Baccialu CTC 181 Ka 93
45130 Baccon 45 87 Bd 61
02300 Bac-d'Arblincourt, le 02 40 Db 51
46230 Bach 46 150 Be 82
59138 Bachant 59 31 Df 47
31420 Bachas 31 164 Af 89
05700 Bachas, le 05 156 Fe 83
19290 Bachelerie, la 19 126 Cb 75
24210 Bachellerie, la 24 137 Ba 78
62390 Bachimont 62 29 Ca 47
60240 Bachivillers 60 50 Bf 53
31440 Bachos 31 176 Ad 91
59830 Bachy 59 30 Db 45
50530 Bacilly 50 46 Yd 56
51400 Baconnes 51 54 Ec 54
44210 Baconnière 44 96 Xf 65
44210 Baconnière 44 96 Xf 66
53240 Baconnière, la 53 66 Za 59
43230 Bacou 43 128 Dd 77
60120 Bacouel 60 39 Cc 51
80480 Bacouel-sur-Selle 80 38 Cb 50
57590 Bacourt 57 56 Gc 55
27930 Bacquepuis 27 49 Ba 54
27440 Bacqueville 27 37 Bc 53
76730 Bacqueville-en-Caux 76 37 Ba 50
62840 Bac-Saint-Maur 62 30 Ce 45
15800 Badailhac 15 139 Cd 79
24120 Badaillac 24 137 Bb 78
48000 Badaroux 48 140 Dd 81
13410 Badasset 13 170 Fb 87
12370 Badassou 12 166 Ce 86
36200 Badecon-le-Pin 36 113 Bd 69
24390 Badefols-d'Ans 24 125 Bb 77
24150 Badefols-sur-Dordogne 24 137 Ae 79
56870 Baden 56 80 Xa 63
11800 Badens 11 166 Cd 89
86460 Badeuil 86 112 Ad 71
58330 Badières, les 58 104 Dc 66
38300 Badinières, Eclose- 38 131 Fb 75
43150 Badioux, les 43 141 Df 79
54122 Badménil 54 77 Ge 58
88330 Badménil-aux-Bois 88 77 Gd 59
13129 Badon 13 169 Ee 88
54540 Badonviller 54 77 Gf 58
24130 Badoux 24 136 Ab 79
48340 Badroux 48 140 Db 82
35470 Baen = Bain-de-Bretagne 35 82 Yb 61
67320 Baerendorf 67 57 Ha 55
57230 Baerenthal 57 58 Hd 55
03390 Bæut 03 115 Cf 71
33620 Bafave 33 135 Ze 78
88460 Baffe, la 88 77 Gd 60
63600 Baffie 63 129 De 76
44680 Baffrie, la 44 96 Yb 66
30140 Bagard 30 154 Ea 84
33190 Bagas 33 135 Zf 81
40110 Bagatelle 40 147 Zb 84
72200 Bagatelle 72 84 Ze 62
46800 Bagat-en-Quercy 46 150 Bb 82
01380 Bâgé-Dommartin 01 118 Ef 71
01380 Bâgé-le-Châtel 01 118 Ef 71
31510 Bagen 31 176 Ae 90
09230 Bagert 09 164 Ba 90
11100 Bages 11 167 Cf 90
12400 Bages 12 152 Cf 85
66670 Bages 66 179 Cf 93
15190 Bagil 15 127 Ce 77
31510 Bagiry 31 176 Ad 91
46270 Bagnac-sur-Célé 46 138 Ca 81
15190 Bagnard 15 127 Ce 76
24750 Bagnas 24 136 Ae 78
79800 Bagnault 79 111 Zf 70
86350 Bagné 86 112 Ad 71
77720 Bagneaux 77 72 Cf 57
89190 Bagneaux 89 73 Dd 59
77167 Bagneaux-sur-Loing 77 71 Ce 59
40140 Bagnère, la 40 160 Ye 86
31230 Bagnères, les 31 163 Ae 88
65200 Bagnères-de-Bigorre 65 162 Aa 90
31110 Bagnères-de-Luchon 31 176 Ad 92
02290 Bagneux 02 40 Db 52
03460 Bagneux 03 103 Db 69
36210 Bagneux 36 101 Be 65
54170 Bagneux 54 76 Ff 57
79290 Bagneux 79 99 Ze 66
92320 Bagneux 92 51 Cb 56
10340 Bagneux-la-Fosse 10 74 Eb 61
20270 Bagni di Puzzichellu = Bains de Puzzichellu CTC 183 Kc 96
17160 Bagnizeau 17 111 Ze 73
87370 Bagnol 87 113 Bd 72
11600 Bagnoles 11 166 Cc 89
61140 Bagnoles-de-l'Orne Normandie 61 67 Zd 57
03240 Bagnolets, les 03 116 Da 71
63810 Bagnols 63 127 Cd 76
69620 Bagnols 69D 118 Ed 73
83600 Bagnols-en-Forêt 83 172 Ge 87
48190 Bagnols-les-Bains 48 141 Dd 81
30200 Bagnols-sur-Cèze 30 155 Ed 84
21700 Bagnot 21 106 Fa 66
51260 Bagrieux 51 73 De 57
27700 Baguelande, la 27 50 Bc 53
35120 Baguer-Morvan 35 65 Yb 57
35120 Baguer-Pican 35 65 Yb 57
83440 Baguier, le 83 172 Gd 87
66540 Baho 66 179 Ce 92
40500 Bahus 40 162 Zd 86
40320 Bahus-Soubiran 40 162 Zd 86
28140 Baigneaux 28 70 Be 60
28360 Baigneaux 28 70 Bd 58
33760 Baigneaux 33 135 Ze 80
41290 Baigneaux 41 86 Bb 62
[illegible]
70000 Baignes 70 93 Ga 63
16360 Baignes-Sainte-Radegonde 16 123 Ze 76
21450 Baigneux-les-Juifs 21 91 Ed 63
28150 Baignolet 28 70 Bd 59
40380 Baigts 40 161 Zb 86
64300 Baigts-de-Béarn 64 161 Za 87
87380 Baile 87 125 Bc 75
34670 Baillargues 34 168 Ea 87
32420 Baillasbat 32 163 Ae 88
35460 Baillé 35 66 Yd 58
37260 Baillé 37 85 Ad 65
28320 Bailleau-Armenonville 28 70 Bd 57
28120 Bailleau-le-Pin 28 70 Bb 58
28300 Bailleau-l'Evêque 28 70 Bc 58
66320 Baillestavy 66 178 Cd 93
33114 Baillet 33 134 Zb 81
95560 Baillet-en-France 95 51 Cb 54
61160 Bailleuil 61 48 Zf 56
27220 Bailleul 27 49 Bb 55
59270 Bailleul 59 30 Ce 44
80490 Bailleul 80 38 Bf 48
72200 Bailleul, le 72 84 Zf 62
62127 Bailleul-aux-Cornailles 62 29 Cc 46
27260 Bailleul-la-Cormeilles 27 48 Ac 53
60190 Bailleul-le-Soc 60 39 Cd 52
62550 Bailleul-lès-Pernes 62 29 Cc 45
62123 Bailleulmont 62 29 Cd 47
76660 Bailleul-Neuville 76 37 Bc 50
62580 Bailleul-Sir-Berthoult 62 30 Cf 46
60930 Bailleul-sur-Thérain 60 38 Cb 52
60140 Bailleval 60 39 Cc 52
22380 Baillie, la 22 64 Xe 57
76660 Baillolet 76 37 Bc 50
95270 Baillon 95 51 Cc 54
41170 Baillou 41 69 Af 61
41320 Bailly 41 87 Bf 65
58800 Bailly 58 90 De 65
60170 Bailly 60 39 Cf 52
78870 Bailly 78 51 Ca 55
89530 Bailly 89 90 Dd 62
52130 Bailly-aux-Forges 52 74 Ef 58
77720 Bailly-Carrois 77 72 Cf 57
76660 Bailly-en-Campagne 76 37 Bc 49
76630 Bailly-en-Rivière 76 37 Bc 49
10330 Bailly-le-Franc 10 74 Ed 57
77700 Bailly-Romainvilliers 77 52 Ce 55
80870 Bainast 80 28 Be 48
62360 Baincthun 62 28 Be 44
35470 Bain-de-Bretagne 35 82 Yb 61
62850 Bainghen 62 27 Bf 44
43370 Bains 43 141 De 78
23240 Bains, les 23 114 Bd 72
20113 Bains de Baraci CTC 184 If 98
20153 Bains de Guitera CTC 183 Ka 97
66500 Bains-de-Molitg, les 66 178 Cc 93
20270 Bains de Puzzichellu CTC 183 Kc 96
88240 Bains-les-Bains 88 76 Gb 60
35600 Bains-sur-Oust 35 81 Xf 62
54290 Bainville-aux-Miroirs 54 76 Gb 58
88270 Bainville-aux-Saules 88 76 Ga 59
54550 Bainville-sur-Madon 54 76 Ga 57
45390 Bainvilliers 45 71 Cc 59
10410 Baires 10 73 Ea 59
06420 Bairols 06 158 Ha 85
08390 Bairon et ses environs 08 42 Ee 51
35680 Bais 35 66 Ye 60
53160 Bais 53 67 Zd 59
61210 Baise 61 48 Ze 56
59780 Baisieux 59 30 Db 45
13680 Baisses, les 13 170 Fa 87
34330 Baïssescure 34 166 Ce 87
59132 Baives 59 31 Eb 48
07210 Baix 07 142 Ee 80
38118 Baix 38 131 Fc 74
66390 Baixas 66 179 Ce 92
80300 Baizieux 80 39 Cd 49
51270 Baizil, le 51 53 De 55
32140 Bajon 32 163 Ad 88
32120 Bajonnette 32 149 Ae 86
81470 Bajos 81 165 Bf 87
09130 Bajou 09 164 Bc 89
62150 Bajus 62 29 Cc 46
20137 Bala CTC 185 Kb 99
09800 Balacet 09 176 Af 91
46230 Balach 46 150 Bd 83
46600 Baladou 46 138 Bd 79
15170 Baladour, le 15 128 Cf 77
60250 Balagny-sur-Thérain 60 51 Cc 53
09800 Balaguères 09 176 Ba 91
09700 Balaguier 09 165 Be 90
12260 Balaguier-d'Olt 12 138 Bf 81
12380 Balaguier-sur-Rance 12 152 Cd 85
47250 Balahade 47 148 Aa 82
39120 Balaiseaux 39 106 Fc 67
65400 Balaïtous 65 174 Ze 91
08160 Balaives-et-Butz 08 42 Ee 50
01360 Balan 01 131 Fa 73
39160 Balanod 39 119 Fc 70
33470 Balanos 33 134 Za 81
64300 Balansun 64 161 Zb 88
17600 Balanzac 17 122 Za 74
32250 Balarin 32 148 Ab 85
34540 Balaruc-les-Bains 34 168 De 88
34540 Balaruc-le-Vieux 34 168 De 88
44160 Balasson 44 81 Xf 64
80700 Balâtre 80 39 Cf 50
35500 Balazé 35 66 Ye 59
07120 Balazuc 07 142 Ec 81
15150 Balbarie, la 15 138 Ca 79
42510 Balbigny 42 129 Eb 74
38260 Balbins 38 131 Fb 76
67310 Balbronn 67 60 Hc 57
67600 Baldenheim 67 60 Hd 59
68270 Baldersheim 68 95 Hc 62
77320 Baleine 77 52 Dc 56
50450 Baleine, la 50 46 Ye 55
64460 Baleix 64 162 Zf 88
40240 Balen 40 148 Zf 84
87470 Balendeix 87 126 Be 74
[illegible]
82120 Baléry 82 149 Af 85
09420 Balès 09 177 Bc 91
37160 Balesmes 37 100 Ae 67
52200 Balesmes-sur-Marne 52 92 Fc 62
31580 Balesta 31 163 Ad 89
32390 Baleyron 32 149 Ad 86
47120 Baleyssagues 47 136 Aa 80
68740 Balgau 68 95 Hd 61
20226 Balgudè = Belgodere CTC 180 Ka 93
82120 Balignac 82 149 Af 85
10330 Balignicourt 10 74 Ec 57
27130 Balines 27 49 Af 56
62610 Balinghem 62 27 Bf 43
64330 Baliracq-Maumusson 64 162 Ze 87
64510 Baliros 64 162 Ze 89
33730 Balizac 33 135 Zd 82
33112 Ballac 33 134 Zb 77
91160 Ballainvilliers 91 51 Cb 56
74140 Ballaison 74 120 Gb 71
91610 Ballancourt-sur-Essonne 91 71 Cc 57
37510 Ballan-Miré 37 85 Ad 64
17160 Ballans 17 123 Ze 74
03130 Ballans, les 03 116 De 70
50170 Ballant 50 66 Yd 57
08400 Ballay 08 42 Ee 52
87290 Balledent 87 113 Bb 72
53340 Ballée 53 84 Zd 61
58130 Balleray 58 103 Db 66
14490 Balleroy-sur-Drôme 14 34 Za 53
68210 Ballersdorf 68 95 Ha 63
88170 Balléville 88 76 Ff 59
49260 Balloire 49 99 Zf 66
17290 Ballon 17 110 Za 72
37600 Ballon 37 100 Ba 66
72290 Ballon 72 68 Ab 59
26560 Ballons 26 156 Fd 83
72290 Ballon-Saint Mars 72 68 Ab 59
71220 Ballore 71 117 Ec 69
63230 Ballot 63 127 Ce 73
53350 Ballots 53 83 Yf 61
77118 Balloy 77 72 Da 58
31130 Balma 31 164 Bc 87
01430 Balmay, le 01 119 Fd 72
38142 Balme, la 38 144 Ga 78
73170 Balme, la 73 131 Fe 74
00020 Balme-d'Epy, la 39 119 Fc 70
74330 Balme-de-Sillingy, la 74 120 Ga 73
74230 Balme-de-Thuy, la 74 120 Gb 73
38390 Balme-les-Grottes, la 38 131 Fc 73
26100 Balmes, les 26 143 Fa 78
48500 Balmes, les 48 153 Db 82
74600 Balmont 74 132 Ga 74
10210 Balnot-la-Grange 10 73 Eb 61
10110 Balnot-sur-Laignes 10 74 Ec 60
20160 Balogna CTC 182 Ie 95
21330 Balot 21 91 Ec 62
24580 Balou 24 137 Af 78
12510 Balsac 12 151 Cc 82
23320 Balsac 23 114 Be 71
68210 Balschwiller 68 95 Hb 62
68320 Baltzenheim 68 60 Hd 60
01340 Balvay 01 118 Fb 71
16430 Balzac 16 124 Aa 74
59470 Bambecque 59 27 Cd 43
57690 Bambiderstroff 57 57 Gd 54
88260 Bambois, le 88 76 Ff 60
29380 Banaleg = Bannalec 29 79 Wb 61
48500 Banassac-Canilhac 48 153 Db 82
09400 Banat 09 177 Bd 91
12310 Banc 12 152 Ce 82
64430 Banca 64 160 Yd 90
05130 Banchet, le 05 157 Ga 82
02140 Bancigny 02 41 Ea 50
62450 Bancourt 62 30 Cf 48
70290 Ban-de-Champagney, le 70 94 Ge 62
67130 Ban-de-la-Roche, le 67 60 Hb 58
88520 Ban-de-Laveline 88 77 Ha 59
88210 Ban-de-Sapt 88 77 Ha 58
83150 Bandol 83 171 Fe 90
01990 Baneins 01 118 Ef 72
63330 Baneize 63 115 Cd 72
24150 Baneuil 24 136 Ae 79
56360 Bangor 56 80 We 65
12140 Banhars 12 139 Cd 80
63230 Banière 63 127 Cf 74
65200 Banios 65 175 Ab 90
23120 Banize 23 114 Ca 73
86550 Banlègre 86 112 Ac 69
30450 Banlève, la 30 154 Df 82
59600 Banlieue, la 59 31 Df 47
29380 Bannalec 29 79 Wb 61
25560 Bannans 25 107 Gb 67
89400 Bannard 89 89 Dd 61
18300 Bannay 18 88 Cf 64
51270 Bannay 51 53 De 55
57220 Bannay 57 57 Gc 54
07460 Banne 07 154 Ea 82
07510 Banne 07 141 Ea 80
18210 Bannegon 18 103 Ce 68
50440 Bannery 50 33 Ya 50
46400 Bannes 46 138 Bf 80
51230 Bannes 51 53 Df 56
52360 Bannes 52 92 Fc 61
53340 Bannes 53 67 Zd 61
13790 Bannettes, les 13 171 Fd 88
14940 Banneville-la-Campagne 14 48 Ze 53
14260 Banneville-sur-Ajon 14 47 Zc 54
81500 Bannières 81 165 Be 87
18300 Bannon 18 88 Ce 65
55300 Bannoncourt 55 55 Fd 55
77970 Bannost-Villagnon 77 52 Db 56
04150 Banon 04 156 Fd 84
40500 Banos 40 161 Zc 86
81240 Banquet, le 81 166 Cc 87
39380 Bans 39 107 Fd 67
05290 Bans, les 05 144 Gb 79
57220 Ban Saint-Jean, le 57 57 Gd 53
57050 Ban-Saint Martin, le 57 56 Ga 54
63570 Bansat 63 128 Dc 76
63740 Banson 63 127 Ce 74
71500 Bantanges 71 106 Fa 69
23140 Bantardeix 23 114 Ca 72
[illegible]
95420 Banthelu 95 50 Be 54
55110 Bantheville 55 42 Fa 52
59554 Bantigny 59 30 Db 47
59266 Bantouzelle 59 30 Db 48
68490 Bantzenheim 68 95 Hd 62
15270 Banut, la 15 127 Cd 76
90800 Banvillars 90 94 Ge 63
14480 Banville 14 35 Zd 53
61450 Banvou 61 47 Zc 57
66300 Banyuls-dels-Aspres 66 179 Cf 93
66650 Banyuls-sur-Mer 66 179 Da 94
56150 Baod = Baud 56 80 Wf 61
89430 Baon 89 90 Ea 61
76190 Baons-le-Comte 76 36 Ae 51
28200 Bapaume 28 69 Bb 60
62450 Bapaume 62 30 Cf 48
74170 Baptieu, le 74 133 Ge 74
12270 Bar 12 151 Ca 83
19800 Bar 19 126 Be 76
49430 Baracé 49 84 Zd 63
63660 Baracucher 63 129 Df 75
47420 Baradé 47 148 Aa 83
63480 Baraduc 63 129 De 74
30140 Barafort 30 154 Df 84
11410 Baraigne 11 165 Be 89
09350 Baraillas 09 164 Bb 90
21350 Barain 21 91 Ed 64
36270 Baraize 36 113 Bd 70
62860 Baralle 62 30 Da 47
24220 Baran 24 137 Ba 79
88230 Barançon 88 77 Ha 60
88310 Baranges, les 88 77 Ge 61
32430 Baraque, la 32 164 Af 86
87310 Baraque, la 87 125 Ba 74
48700 Baraque-de-Boislong 48 140 Dd 80
48300 Baraque-de-L'Air 48 141 De 80
48170 Baraque-de-la-Motte 48 141 Dd 80
48100 Baraque-du-Plo 48 140 Db 81
07240 Baraques, les 07 142 Ed 79

43210 Baraques, les 43 129 Ea 77
54890 Baraques, les 54 56 Ff 54
88240 Baraques, les 88 76 Gb 60
88250 Baraques, les 88 77 Gf 60
12800 Baraque-Saint-Jean 12 151 Cb 84
70800 Baraques-Chardin, les 70 93 Gb 61
70000 Baraques-de-Borey, les 70 93 Gb 63
26420 Baraques-en-Vercors, les 26 143 Fc 78
12160 Baraqueville 12 151 Cc 83
13011 Barasse, la 13 170 Fc 89
62124 Barastre 62 30 Cf 48
31160 Barat 31 176 Af 90
81310 Barat 81 150 Be 85
05200 Baratier 05 145 Gc 81
36500 Baratte 36 101 Bc 68
65140 Barbachen 65 162 Aa 88
20253 Barbaggio CTC 181 Kc 92
20253 Barbaghju = Barbaggio CTC 181 Kc 92
50170 Barbaie, la 50 66 Yd 58
11000 Barbaira 11 166 Cd 89
08430 Barbaise 08 42 Ed 50
86300 Barbalières, les 86 100 Ad 69
54450 Barbas 54 77 Gf 57
47230 Barbaste 47 148 Ab 83
12200 Barbat 12 151 Bf 82
85630 Barbâtre 85 96 Xe 67
31510 Barbazan 31 176 Ad 90
65690 Barbazan-Debat 65 162 Aa 89
65360 Barbazan-Dessus 65 162 Aa 89
19390 Barbazange 19 126 Bf 76
44370 Barbe-Chat 44 83 Yf 64
44450 Barbechat 44 82 Ye 65
13330 Barben, la 13 170 Fb 87
13570 Barbentane 13 155 Ee 85
10180 Barberey-aux-Moines 10 73 Df 58
10600 Barberey-Saint-Sulpice 10 73 Ea 58
03140 Barberier 03 116 Db 71
74660 Barberine 74 121 Gf 72
14220 Barbery 14 47 Zd 54
60810 Barbery 60 51 Cd 53
33840 Barbes, les 33 148 Zf 83
40110 Barbet 40 147 Zb 84
14400 Barbeville 14 47 Zb 53
33125 Barbey 33 134 Zc 81
77130 Barbey 77 72 Da 58
24590 Barbeyroux 24 137 Bc 79
88640 Barbey-Seroux 88 77 Gf 60
16140 Barbezières 16 111 Zf 73
16300 Barbezieux-Saint-Hilaire 16 123 Zf 76
26300 Barbières 26 143 Fa 79
58300 Barbiers, les 58 104 Dd 67
69440 Barbieux 69M 130 Ed 75
03140 Barbignat 03 116 Da 71
21410 Barbirey-sur-Ouche 21 105 Ee 65
77630 Barbizon 77 71 Cd 58
88390 Barbonfaing 88 76 Gb 60
51120 Barbonne-Fayel 51 53 De 57
54360 Barbonville 54 76 Gc 57
32150 Barbotan-les-Thermes 32 148 Zf 85
25210 Barboux, le 25 108 Ge 66
10400 Barbuise 10 73 Dd 57
08300 Barby 08 41 Eb 51
27170 Barc 27 49 Ae 54
20275 Barcaggio CTC 181 Kc 90
66420 Barcarès, le 66 179 Da 92
26120 Barcelonne 26 143 Fa 79
32720 Barcelonne-du-Gers 32 162 Ze 86
04400 Barcelonnette 04 158 Gd 82
67140 Barchain 57 57 Gf 56
03380 Barchaux, les 03 115 Cc 70
03500 Barchères 03 116 Db 70
20290 Barchetta CTC 181 Kc 93
05110 Barcillonnette 05 157 Ff 82
32170 Barcugnan 32 163 Ac 88
64130 Barcus 64 161 Zb 89
77910 Barcy 77 52 Cf 54
42600 Bard 42 129 Ea 75
43360 Bard 43 128 Dc 76
09100 Bardaille, la 09 165 Be 90
03360 Bardais 03 103 Ce 68
16500 Barde, la 16 112 Ad 72
17360 Barde, la 17 135 Zf 78
23300 Barde, la 23 113 Bd 71
40200 Barde, la 40 146 Yf 83
17120 Bardécille 17 122 Za 75
42310 Bardet 42 117 Df 72
09200 Bardies 09 176 Bb 90
82340 Bardigues 82 149 Af 84
58210 Bardins, les 58 89 Db 64
21430 Bard-le-Régulier 21 105 Eb 66
21460 Bard-lès-Epoisses 21 90 Eb 63
70140 Bard-lès-Pesmes 70 92 Fd 65
45130 Bardon, le 45 87 Bd 61
03250 Bardonnet, le 03 116 De 72
85150 Bardonnière, la 85 97 Yc 69
64520 Bardos 64 160 Ye 88
24560 Bardou 24 136 Ae 80
76480 Bardouville 76 37 Af 52
18110 Bardy, les 18 102 Cc 65
87480 Bardys, les 87 113 Bc 73
39700 Baree, la 39 107 Fe 66
65120 Barèges 65 175 Aa 91
65120 Bareilles 65 175 Zf 92
65240 Bareilles 65 175 Ac 91
06470 Barels 06 158 Gf 84
67130 Barembach 67 60 Hb 58
31440 Baren 31 176 Ad 91
76360 Barentin 76 37 Af 51
50720 Barenton 50 66 Zb 57
02000 Barenton-Bugny 02 40 Dd 51
02000 Barenton-Cel 02 40 Dd 51
02270 Barenton-sur-Serre 02 40 De 50
31580 Barères 31 163 Ad 89
39130 Barésia-sur-L'Ain 39 119 Fe 69
50760 Barfleur 50 33 Ye 50
42600 Barge 42 129 Ea 75
04530 Barge, la 04 145 Ge 81
63600 Barge, la 63 129 De 75
83840 Bargème 83 172 Gd 86
03250 Bargeon 03 116 Dd 72
21910 Barges 21 106 Fa 65
43340 Barges 43 141 Df 79
70500 Barges 70 93 Ff 61
43340 Bargettes 43 141 Df 79
20245 Barghiana CTC 182 Ie 94
63380 Bargignat 63 127 Cd 73
60620 Bargny 60 52 Cf 53
45740 Bargoudière, la 45 87 Be 62
63940 Bargues 63 129 De 76
07450 Barjacaude, la 07 141 Eb 80
33190 Barie 33 135 Zf 81
85500 Barillère, la 85 97 Yf 67
27130 Barils, les 27 49 Ae 56
64160 Barinque 64 162 Ze 88
19410 Bariolct, le 19 126 Bd 76
02700 Barisis 02 40 Db 51
71640 Barizey 71 105 Ee 68
09230 Barjac 09 164 Ba 90
30430 Barjac 30 154 Ec 83
48000 Barjac 48 140 Dc 81
83670 Barjols 83 171 Ga 87
21580 Barjon 21 91 Ef 63
24440 Barjou 24 137 Ae 80
40990 Barlac 40 147 Zb 85
64570 Barlanes 64 161 Zb 90
55000 Bar-le-Duc 55 55 Fb 56
04140 Barles 04 157 Gb 83
08240 Bar-lès-Buzancy 08 42 Ef 52
65100 Barlest 65 162 Zf 90
80200 Barleux 80 39 Cf 49
79400 Barlière, la 79 111 Ze 70
18260 Barlieu 18 88 Cd 64
62620 Barlin 62 29 Cd 46
62810 Barly 62 29 Cd 47
80600 Barly 80 29 Cb 47
18500 Barmont 18 102 Cb 66
87130 Barnagaud 87 126 Bd 75
07330 Barnas 07 141 Eb 81
04240 Barnaud 04 158 Ge 85
71340 Barnaudière, la 71 117 Ea 71
26310 Barnave 26 143 Fc 81
71540 Barnay-Dessous 71 105 Ec 66
63310 Barnazat 63 116 Dc 73
77111 Barneau 77 51 Ce 57
50270 Barneville-Carteret 50 33 Yb 52
14600 Barneville-la-Bertran 14 35 Ab 52
50270 Barneville-Plage 50 46 Yb 52
27310 Barneville-sur-Seine 27 37 Af 52
53110 Baroche-Gondouin, la 53 67 Zd 58
54150 Baroches, les 54 56 Ff 53
61330 Baroche-sous-Lucé, la 61 67 Zc 57
76260 Baromesnil 76 37 Bc 49
30700 Baron 30 154 Eb 84
33750 Baron 33 135 Ze 80
60300 Baron 60 51 Ce 53
71120 Baron 71 117 Eb 70
06700 Baronne, la 06 173 Ha 86
27220 Baronnie, la 27 50 Bb 55
14210 Baron-sur-Odon 14 35 Zd 54
57340 Baronville 57 57 Gd 55
14620 Barou-en-Auge 14 48 Zf 55
47290 Barouille 47 136 Ad 81
10200 Baroville 10 74 Ee 59
38790 Baroz, le 38 131 Fa 75
33114 Barp, le 33 134 Zb 81
13710 Barque, la 13 170 Fc 88
76390 Barques 76 38 Be 50
27170 Barquet 27 49 Af 54
26130 Barquets, les 26 155 Ee 82
67140 Barr 67 60 Hc 58
12440 Barraban 12 151 Cb 83
33420 Barrade, la 33 135 Zd 79
42370 Barrage du Rouchain 42 117 Df 72
03120 Barrais-Bussolles 03 116 De 71
30770 Barral, le 30 153 Dd 85
32350 Barran 32 163 Ac 87
65240 Barrancoueu 65 175 Ac 91
48500 Barraque-de-Trémolet 48 153 Db 82
63440 Barraques 63 115 Cf 72
05500 Barraques, les 05 144 Ga 80
04380 Barras 04 157 Ga 84
24130 Barrat 24 136 Ab 79
89260 Barrault 89 72 Db 59
64390 Barraute-Camu 64 161 Za 88
38530 Barraux 38 132 Ff 76
81320 Barre 81 166 Ce 86
17450 Barre, la 17 110 Yf 72
41360 Barre, la 41 85 Af 62
44330 Barre, la 44 97 Ye 66
44520 Barre, la 44 82 Yd 63
58110 Barre, la 58 104 Dd 66
64600 Barre, la 64 160 Yc 87
70190 Barre, la 70 93 Gb 64
85250 Barre, la 85 97 Ye 67
86300 Barre, la 86 100 Ad 69
86500 Barre, la 86 112 Ae 71
87520 Barre, la 87 113 Ba 73
85550 Barre-de-Monts, la 85 96 Xf 67
48400 Barre-des-Cévennes 48 153 Dd 83
50810 Barre-de-Semilly, la 50 34 Yf 54
27330 Barre-en-Ouche, la 27 49 Ad 55
44130 Barrel 44 82 Ya 64
04330 Barrême 04 157 Gc 85
86160 Barrerie, la 86 112 Ac 70
45140 Barres, les 45 70 Be 61
45760 Barres, les 45 87 Ca 61
53300 Barres, les 53 67 Zc 58
70400 Barres, les 70 94 Ge 63
40700 Barrescles 40 161 Zc 87
85700 Barres, les 85 98 Zb 60
89520 Barres, les 89 89 Db 63
16300 Barret 16 123 Ze 76
39800 Barretaine 39 107 Fe 68
26570 Barret-de-Lioure 26 156 Fc 83
05300 Barret-le-Bas 05 156 Fe 83
05300 Barret-le-Haut 05 156 Fe 83
20228 Barrettali CTC 181 Kc 91
24410 Barreyrie 24 123 Aa 77
12290 Barri 12 152 Ce 82
15800 Barriac 15 139 Ce 79
15700 Barriac-les-Bosquets 15 139 Cb 78
43270 Barribas 43 129 De 77
08240 Barricourt 08 42 Fa 52
24190 Barrière, la 24 136 Ab 78
19330 Barrières, les 19 126 Bd 77
40270 Barrières, les 40 147 Zd 85
81140 Barrières, les 81 150 Be 85
44530 Barrisset 44 81 Xf 63
16700 Barro 16 111 Ab 73
63330 Barrot 63 115 Ce 72
69440 Barrot 69M 130 Ed 75
32230 Barrottes 32 163 Ab 87
37350 Barrou 37 100 Ae 67
47500 Barrou 47 137 Af 82
24800 Barroutie, la 24 125 Ba 76
84330 Barroux, le 84 155 Fa 84
82160 Barry 82 150 Be 83
82150 Barry, le 82 149 Ba 82
82290 Barry-d'Islemade 82 150 Bb 84
12600 Bars 12 139 Cd 80
24210 Bars 24 137 Ba 78
32300 Bars 32 163 Ab 87
04210 Bars, le 04 157 Ff 85
26150 Barsac 26 143 Fb 80
33720 Barsac 33 135 Ze 81
19170 Barsanges 19 126 Ca 75
57450 Barst 57 57 Ge 54
10200 Bar-sur-Aube 10 74 Ee 59
06620 Bar-sur-Loup, le 06 173 Gf 86
10110 Bar-sur-Seine 10 74 Ec 60
25420 Bart 25 94 Ge 64
87200 Bart 87 125 Af 73
68870 Bartenheim 68 95 Hc 63
68870 Bartenheim-la-Chaussée 68 95 Hd 63
40430 Barthe 40 147 Zc 83
65230 Barthe 65 163 Ac 89
12600 Barthe, la 12 139 Ce 80
46230 Barthe, la 46 150 Bd 83
81700 Barthe, la 81 165 Ca 87
65250 Barthe-de-Neste, la 65 163 Ac 90
25440 Barthérans 25 107 Ff 66
09500 Barthes 09 165 Be 90
82100 Barthes, les 82 149 Bb 84
09700 Barthète, la 09 165 Bd 89
12120 Barthie, la 12 152 Cc 84
03380 Bartillat 03 115 Cc 71
20246 Bartolaccio CTC 181 Kb 92
82270 Bartou 82 150 Bd 83
65100 Bartrès 65 162 Zf 90
27230 Barville 27 49 Ac 54
61170 Barville 61 68 Ac 58
88300 Barville 88 76 Fe 58
76450 Barville, Cany- 76 36 Ad 50
45340 Barville-en-Gâtinais 45 71 Cc 60
17120 Barzan 17 122 Za 75
64530 Barzum 64 162 Zf 89
02170 Barzy-en-Thiérache 02 31 De 48
02850 Barzy-sur-Marne 02 53 Dd 54
70270 Bas, le 70 94 Gd 62
59310 Bas-Aix 59 30 Db 45
63210 Bas-Angle 63 127 Ce 74
49440 Bas-Aunay 49 83 Ye 63
86260 Bas-Bourg 86 100 Ae 68
44430 Bas-Briacé 44 97 Yd 65
64220 Bascassan 64 161 Ye 90
04330 Bas-Chaudol, le 04 157 Gb 85
40090 Bascons 40 147 Zd 86
82110 Bascoulesse 82 149 Bb 83
50220 Bas-Courtils 50 66 Yd 57
32190 Bascous 32 148 Aa 86
18700 Bascule, la 18 87 Cb 64
14860 Bas-de-Bréville 14 48 Ze 53
58700 Bas-de-la-Celle, le 58 103 Db 65
71110 Bas-des-Augères, le 71 117 Ea 71
43210 Bas-en-Basset 43 129 Ea 77
85190 Baserière, la 85 97 Yc 68
18220 Bas-Fouillet 18 103 Ce 65
72130 Bas-Frété 72 68 Aa 59
54620 Baslieux 54 43 Fe 52
51170 Baslieux-lès-Fismes 51 40 De 53
51700 Baslieux-sous-Châtillon 51 53 De 54
14610 Basly 14 47 Zd 53
56620 Bas-Pont-Scorff, le 56 79 Wd 61
62190 Bas-Rieux 62 29 Cd 45
88400 Bas-Rupts 88 77 Gf 60
73410 Bassa 73 132 Ff 74
64220 Bassaburua 64 161 Yf 90
16120 Bassac 16 123 Zf 75
87130 Bassade, la 87 126 Bd 74
34290 Bassan 34 167 Db 88
33190 Bassanne 33 135 Zf 81
16570 Basse 16 123 Aa 74
34800 Basse 34 167 Db 87
23500 Basse, la 23 126 Cb 73
50500 Basse-Addeville, la 50 46 Ye 52
86150 Basse-Barbade, la 86 112 Ad 71
79270 Bassée 79 110 Zc 71
59480 Bassée, la 59 30 Ce 45
12200* Bas Ségala, le 12 151 Ca 83
44115 Basse-Goulaine 44 97 Yd 65
61360 Basse-Gravelle 61 68 Ac 58
57970 Basse Ham 57 44 Gb 52
67220 Bassemberg 67 60 Hb 58
23300 Basseneuille 23 113 Bc 71
14670 Basseneville 14 35 Zf 53
71130 Bassenier 71 104 Df 69
33530 Bassens 33 135 Zc 79
73000 Bassens 73 132 Ff 75
40700 Bassercles 40 161 Zc 87
57570 Basse-Rentgen 57 44 Gb 52
86200 Basses 86 99 Aa 66
89260 Basses-Bergeries, les 89 72 Dc 59
20132 Bassetta CTC 183 Ka 97
62123 Basseux 62 29 Cd 47
70210 Basse-Vaivre, la 70 76 Ga 61
77750 Basseville 77 52 Db 55
83340 Basse-Verrerie, la 83 172 Gc 88
57690 Basse-Vigneulles 57 57 Gd 54
01260 Bassieu 01 119 Fd 73
15240 Bassignac 15 127 Cc 77
19430 Bassignac-le-Bas 19 138 Bf 78
19220 Bassignac-le-Haut 19 126 Ca 77
70800 Bassigney 70 93 Gb 62
24330 Bassilac et Auberoche 24 124 Ae 77
18260 Bassinerie, la 18 88 Cd 64
57260 Bassing 57 57 Ge 55
02380 Bassoles-Aulers 02 40 Dc 51
52240 Bassoncourt 52 75 Fd 60
89400 Bassou 89 89 Dd 61
32320 Bassoues 32 163 Ab 87
51300 Bassu 51 54 Ee 56
51300 Bassuet 51 54 Ee 56
64200 Bassussarry 64 160 Yc 88
74910 Bassy 74 119 Fe 73
64190 Bastanès 64 161 Zb 88
32170 Bastanous 32 163 Ac 88
20119 Bastelica CTC 182 Ka 96
20129 Bastelicaccia CTC 182 If 97
40360 Bastennes 40 161 Zb 87
20200 Bastia CTC 181 Kc 92
20200 Bastia = Bastia CTC 181 Kc 92
12120 Bastide, la 12 152 Cd 83
12470 Bastide, la 12 140 Cf 81
15400 Bastide, la 15 127 Ce 77
15500 Bastide, la 15 140 Db 78
24240 Bastide, la 24 136 Ac 80
30630 Bastide, la 30 154 Ec 83
33460 Bastide, la 33 134 Zc 78
33730 Bastide, la 33 147 Zd 82
40110 Bastide, la 40 147 Zb 85
43580 Bastide, la 43 141 Dd 79
48700 Bastide, la 48 140 Dd 80
64430 Bastide, la 64 160 Yd 89
66110 Bastide, la 66 179 Cd 93
83840 Bastide, la 83 172 Gd 86
13220 Bastide-Blanche 13 170 Fa 88
83560 Bastide-Blanche 83 171 Fe 87
83420 Bastide-Blanche, la 83 172 Gd 89
83470 Bastide-Blanche, la 83 171 Fe 88
12200 Bastide-Capdenac, la 12 151 Bf 82
12470 Bastide-d'Aubrac, la 12 139 Ce 81
09350 Bastide-de-Besplas, la 09 164 Bb 89
09500 Bastide-de-Bousignac, la 09 177 Bf 90
11420 Bastide-de-Couloumat, la 11 165 Be 89
09700 Bastide-de-Lordat, la 09 165 Be 90
30330 Bastide-d'Engras, la 30 154 Ec 84
09240 Bastide-de-Sérou, la 09 177 Bc 90
84240 Bastide-des-Jourdans, la 84 156 Fd 86
09160 Bastide-du-Salat, la 09 176 Af 90
12200 Bastide-l'Evêque, la 12 151 Ca 82
12490 Bastide-Pradines, la 12 152 Da 84
48250 Bastide-Puylaurent, la 48 141 Df 81
48150 Bastides, les 48 153 Db 83
84570 Bastides, les 84 156 Fb 84
12550 Bastide-Solages, la 12 151 Cd 85
09600 Bastide-sur-l'Hers, la 09 178 Bf 91
84580 Bastidon-du-Pradon 84 156 Fa 86
84120 Bastidonne, la 84 171 Fd 86
12290 Bastié, la 12 152 Cd 83
17120 Bastille, la 17 122 Zb 75
46350 Bastit, le 46 138 Bd 79
46500 Bastit, le 46 138 Bd 80
21121 Bas-Val-Suzon 21 91 Ef 64
23260 Basville 23 127 Cc 73
31160 Bataille 31 176 Af 90
48600 Bataille, la 48 141 Dd 80
79110 Bataille, la 79 111 Zf 72
88260 Bataille, la 88 76 Ga 60
36700 Bataillerie, la 36 100 Ba 67
38270 Bataillouse 38 130 Ef 76
57810 Bataville 57 57 Ge 56
32130 Batcrabère, la 32 164 Af 87
78730 Bâte, la 78 70 Ca 57
40430 Batharière 40 147 Zc 83
54370 Bathelémont-lès-Bauzemont 54 57 Gd 56
26260 Bathernay 26 143 Ef 77
73540 Bâthie, la 73 132 Gc 75
04170 Bâtie 04 158 Gc 84
04120 Bâtie, la 04 158 Gd 86
05120 Bâtie, la 05 145 Gd 80
38650 Bâtie, la 38 143 Fd 79
26310 Bâtie-des-Fonds, la 26 143 Fd 81
38490 Bâtie-Divisins, la 38 131 Fd 75
38110 Bâtie-Montgascon, la 38 131 Fd 75
05700 Bâtie-Montsaléon, la 05 144 Fe 82
05230 Bâtie-Neuve, la 05 144 Gb 81
26160 Bâtie-Rolland, la 26 142 Ef 81
70130 Bâties, les 70 93 Ff 63
05000 Bâtie-Vieille, la 05 144 Ga 81
27220 Bâtigny 27 50 Bb 55
37310 Batilly 37 100 Af 65
54980 Batilly 54 56 Ff 53
61150 Batilly 61 48 Ze 56
45340 Batilly-en-Gâtinais 45 71 Cc 60
45420 Batilly-en-Puisaye 45 88 Cf 63
56500 Bâtiment, le 56 80 Xa 61
32410 Bâtisse, la 32 148 Ac 85
40320 Bats 40 162 Zd 87
65130 Batsère 65 163 Ab 90
33720 Batsères 33 135 Zd 81
25640 Battenans-les-Mines 25 93 Gb 64
25380 Battenans-Varin 25 108 Ge 65
68390 Battenheim 68 95 Hc 62
88130 Battexey 88 76 Gb 58
54115 Battigny 54 76 Ff 58
70100 Battrans 70 92 Fd 64
19600 Battut 19 137 Bc 78
32600 Battut 32 164 Bb 87
15230 Battut, le 15 139 Ce 79
19550 Battut, le 19 126 Ca 76
12800 Batut, le 12 151 Cb 83
46600 Batut, le 46 138 Bc 78
67500 Batzendorf 67 58 He 56
44740 Batz-sur-Mer 44 81 Xd 65
63950 Bauberty 63 127 Cd 75
21340 Baubigny 21 105 Ee 67
44860 Bauche 44 97 Yc 66
44520 Bauche, la 44 82 Ye 63
73360 Bauche, la 73 132 Fe 76
73210 Bauches, les 73 133 Ge 75
37600 Bauchetière, la 37 100 Ba 67
56150 Baud = Badd 56 80 Wf 61
51260 Baudement 51 73 De 57
71800 Baudemont 71 117 Eb 71
95710 Baudemont 95 50 Bd 54
33650 Baudes 33 135 Zc 81
78120 Baudicourt 78 70 Bf 57
50480 Baudienville 50 33 Ye 52
38840 Baudière, la 38 143 Fb 78
89550 Baudières, les 89 90 Dd 61
40310 Baudignan 40 148 Aa 84
55130 Baudignécourt 55 75 Fc 57
04250 Baudinard 04 157 Ga 83
83630 Baudinard-sur-Verdon 83 171 Ga 86
09200 Baudis, les 09 176 Ba 90
70300 Baudoncourt 70 93 Gc 62
55170 Baudonvilliers 55 55 Fa 56
50000 Baudre 50 34 Yf 54
52110 Baudrecourt 52 74 Ef 58
57580 Baudrecourt 57 56 Gc 55
64800 Baudreix 64 162 Ze 89
55260 Baudrémont 55 55 Fc 55
36110 Baudres 36 101 Bd 66
28310 Baudreville 28 70 Bf 59
50250 Baudreville 50 33 Yc 53
76560 Baudribosc 76 37 Af 50
88500 Baudricourt 88 76 Ga 59
71370 Baudrières 71 106 Fa 68
36220 Baudrussais 36 100 Ba 68
83630 Bauduen 83 171 Gb 86
85340 Bauduère, la 85 109 Ya 69
49150 Baugé-en-Anjou 49 84 Zf 63
36700 Baugerai 36 101 Bb 67
87370 Baugiraud 87 113 Bc 72
18800 Baugy 18 103 Ce 66
71110 Baugy 71 117 Ea 71
32160 Baulat 32 162 Aa 87
70160 Baulay 70 93 Ga 62
45130 Baule 45 87 Bd 62
47600 Baulens 47 148 Ac 84
31550 Baulias 31 165 Bd 89
21410 Baulme-la-Roche 21 91 Ee 64
02330 Baulne-en-Brie 02 53 Dd 55
55270 Baulny-Charpentry 55 55 Fa 53
35580 Baulon 35 65 Ya 61
09000 Baulou 09 177 Bd 90
04120 Baume, la 04 158 Gc 85
04260 Baume, la 04 158 Gd 83
05150 Baume, la 05 156 Fd 82
30480 Baume, la 30 154 Ea 84
74430 Baume, la 74 120 Gd 71
26120 Baume-Cornillane, la 26 143 Fa 80
26790 Baume-de-Transit, la 26 155 Ef 82
26730 Baume d'Hostun, la 26 143 Fb 78
25110 Baume-les-Dames 25 93 Gc 64
39210 Baume-les-Messieurs 39 107 Fd 68
04260 Baumelle, la 04 158 Gd 83
30770 Baumes 30 153 Dc 85
84360 Baumes 84 156 Fb 86
05260 Baumes, les 05 144 Gb 80
06470 Baumette, la 06 158 Gf 84
13890 Baumettes, les 13 170 Ef 86
05140 Baumugne 05 144 Fe 81
16140 Baunac 16 111 Aa 73
49140 Bauné 49 84 Ze 64
50500 Baupte 50 33 Yd 53
14260 Bauquay 14 47 Zc 54
89500 Bauquins, les 89 72 Dc 60
33880 Baurech 33 135 Zd 80
35190 Baussaine, la 35 65 Ya 59
86200 Baussay 86 99 Aa 66
59221 Bauvin 59 30 Cf 45
84410 Baux, les 84 156 Fb 84
27160 Baux-de-Breteuil, les 27 49 Ae 55
27180 Baux-Sainte-Croix, les 27 49 Ba 55
54370 Bauzemont 54 57 Gd 56
56300 Bauzo, le 56 64 Wf 60
41250 Bauzy 41 86 Bd 63
25550 Bavans 25 94 Ge 64
59570 Bavay 59 31 De 47
80260 Bavelincourt 80 39 Cc 49
14860 Bavent 14 48 Ze 53
39100 Baverans 39 107 Fd 66
90800 Bavilliers 90 94 Ge 63
59670 Bavinchove 59 27 Cc 44
62158 Bavincourt 62 29 Cd 47
31310 Bax 31 164 Bb 89
40210 Baxente 40 146 Yf 83
08290 Bay 08 41 Eb 50
70150 Bay 70 92 Fe 65
74190 Bay 74 121 Ge 73
24150 Bayac 24 136 Ae 80
63570 Bayard 63 128 Db 76
52170 Bayard-sur-Marne 52 75 Fa 57
33230 Bayas 33 135 Ze 78
04400 Bayasse 04 158 Ge 83
29300 Baye 29 79 Wc 61
51270 Baye 51 53 De 55
58110 Baye 58 104 Dd 66
88150 Bayecourt 88 77 Gc 59
10310 Bayel 10 74 Ee 59
80560 Bayencourt 80 29 Cd 48
62910 Bayenghem-lès-Eperlesques 62 27 Ca 44
16460 Bayers 16 111 Ab 73
03500 Bayet 03 116 Db 71
16700 Bayette, la 16 112 Ab 72
14400 Bayeux 14 47 Zb 53
47120 Bayle 47 136 Ab 80
07220 Bayne 07 142 Ed 82
14330 Baynes 14 34 Za 53
54290 Bayon 54 76 Gb 58
26230 Bayonne 26 155 Ef 82
64100 Bayonne 64 160 Yd 88
04250 Bayons 04 157 Ga 82
63700 Bayons, les 63 115 Cf 71
71340 Bayons, les 71 117 Df 71
33710 Bayon-sur-Gironde 33 135 Zc 78
08240 Baynnville 08 42 Fa 52

80170 Bayonvillers 80 39 Cd 49
54890 Bayonville-sur-Mad 54 56 Ff 54
34500 Bayssan 34 167 Db 89
52160 Bay-sur-Aube 52 91 Fa 62
16210 Bazac 16 123 Aa 77
36270 Bazaiges 36 113 Bd 70
54620 Bazailles 54 43 Fe 52
78550 Bazainville 78 50 Be 56
48000 Bazalgette, la 48 153 Dd 82
51110 Bazancourt 51 41 Eb 52
60380 Bazancourt 60 38 Be 51
89460 Bazarnes 89 90 Dd 63
33430 Bazas 33 147 Ze 82
17490 Bazauges 17 111 Ze 73
88270 Bazegney 88 76 Gb 59
08140 Bazeilles 08 42 Ef 50
55600 Bazeilles-sur-Othain 55 43 Fc 52
23160 Bazelat 23 113 Bd 70
78580 Bazemont 78 50 Bf 55
47130 Bazens 47 148 Ac 83
80300 Bazentin 80 39 Ce 48
14480 Bazenville 14 47 Zc 53
03600 Bazergues 03 115 Ce 71
65460 Bazet 65 162 Aa 89
87210 Bazeuge, la 87 113 Ba 71
32320 Bazian 32 163 Ab 86
40190 Bazibat 40 147 Ze 86
60700 Bazicourt 60 51 Cd 52
31450 Baziège 31 165 Bd 88
88700 Bazien 88 77 Ge 58
65140 Bazillac 65 162 Aa 88
27140 Bazincourt-sur-Epte 27 38 Be 53
55170 Bazincourt-sur-Saulx 55 55 Fa 56
62250 Bazinghen 62 26 Bd 44
76340 Bazinval 76 37 Bd 49
28140 Bazoche-en-Dunois 28 70 Bd 60
28330 Bazoche-Gouët, la 28 69 Af 60
58190 Bazoches 58 90 De 64
78490 Bazoches 78 50 Bf 56
61210 Bazoches-au-Houlme 61 48 Ze 56
77118 Bazoches-lès-Bray 77 72 Db 58
45480 Bazoches-les-Gallérandes 45 70 Ca 60
28140 Bazoches-les-Hautes 28 70 Be 60
61560 Bazoches-sur-Hoëne 61 68 Ac 57
45210 Bazoches-sur-le-Betz 45 72 Cf 60
02220 Bazoches-sur-Vesle 02 40 Dd 53
50520 Bazoge, la 50 66 Yf 57
72650 Bazoge, la 72 68 Aa 60
53470 Bazoge-des-Alleux, la 53 67 Zc 59
53440 Bazoge-Montpinçon, la 53 67 Zc 59
85130 Bazoges-en-Paillers 85 97 Yf 67
85390 Bazoges-en-Pareds 85 98 Za 69
85130 Bazoilles-et-Menil 88 76 Ga 59
88300 Bazoilles-sur-Meuse 88 75 Fd 59
58110 Bazolles 58 104 Dd 66
57530 Bazoncourt 57 56 Gc 54
14490 Bazoque, la 14 34 Za 54
61100 Bazoque, la 61 47 Zc 56
27230 Bazoques 27 49 Ad 53
65670 Bazordan 65 163 Ad 89
53170 Bazouge-du-Chémeré, la 53 67 Zd 60
35420 Bazouge-du-Désert, la 35 66 Yf 58
53170 Bazougers 53 67 Zc 60
53200 Bazouges 53 83 Zb 61
72200 Bazouges Cré sur Loir 72 84 Ze 62
35560 Bazouges-la-Pérouse 35 65 Yc 58
72200 Bazouges-sur-le-Lair 72 84 Zf 62
59360 Bazuel 59 31 Dd 48
32170 Bazugues 32 163 Ac 88
31380 Bazus 31 165 Bd 86
65170 Bazus-Aure 65 175 Ac 91
65250 Bazus-Neste 65 175 Ac 90
07630 Béage, le 07 141 Ea 79
80370 Béalcourt 80 29 Cb 47
62770 Béalencourt 62 29 Ca 46
22140 Bear = Begard 22 63 We 57
01460 Béard 01 119 Fd 71
58160 Béard 58 103 Db 67
[illegible]
[illegible]
76440 Beaubec-la-Rosière 76 37 Bd 51
71220 Beaubery 71 117 Ec 70
50270 Beaubigny 50 33 Yb 52
27190 Beaubray 27 49 Af 55
87280 Beaubreuil 87 113 Bb 73
18140 Beaucaire 18 103 Cf 65
30300 Beaucaire 30 155 Ed 86
32410 Beaucaire 32 148 Ac 85
71160 Beaucaires, les 71 117 Df 69
02170 Beaucamp 02 31 De 48
59231 Beaucamp 59 30 Da 48
80430 Beaucamps-le-Jeune 80 38 Be 50
80430 Beaucamps-le-Vieux 80 38 Be 49
59134 Beaucamps-Lingy 59 30 Cf 45
35133 Beaucé 35 66 Yf 58
41160 Beauce la Romaine 41 86 Bc 61
65400 Beaucens 65 175 Zf 91
84210 Beaucet, le 84 156 Fa 85
31360 Beauchalot 31 164 Af 90
95250 Beauchamp 95 51 Cb 54
50320 Beauchamps 50 46 Yd 55
80770 Beauchamps 80 37 Bd 48
45270 Beauchamps-sur-Huillard 45 88 Cc 61
52400 Beaucharmoy 52 75 Fd 61
07800 Beauchastel 07 142 Ee 80
28270 Beauche 28 49 Af 56
52260 Beauchemin 52 92 Fb 61
41140 Beauchêne 41 86 Bc 64
41170 Beauchêne 41 69 Af 61
53800 Beauchêne 53 83 Yf 62
61800 Beauchêne 61 47 Zb 56
79140 Beau-Chêne 79 98 Zb 68
85540 Beauchêne 85 109 Yd 69
49400 Beaucheron 49 84 Ze 65
77560 Beauchery 77 72 Dc 57
77560 Beauchery-Saint-Martin 77 72 Dc 57
58350 Beauchot, le 58 89 Db 65
89320 Beauciard 89 73 Dd 60
55700 Beauclair 55 42 Fa 52
49390 Beaucornu 49 84 Aa 64
62830 Beaucorroy 62 28 Be 45
50420 Beaucoudray 50 46 Yf 55
90500 Beaucourt 90 94 Gf 64
80110 Beaucourt-en-Santerre 80 39 Cd 50
80300 Beaucourt-sur-l'Ancre 80 29 Ce 48
80260 Beaucourt-sur-L'Hallue 80 39 Cc 49
49070 Beaucouzé 49 83 Zc 64
38140 Beaucroissant 38 131 Fc 76
65710 Beaudéan 65 175 Aa 90
60210 Beaudéduit 60 38 Ca 50
59530 Beaudignies 59 31 Dd 47
58290 Beaudin 58 104 De 67
58460 Beaudions, les 58 89 Db 64
62810 Beaudricourt 62 29 Cc 47
04380 Beaudruns, les 04 157 Ga 84
61270 Beaufai 61 49 Ad 56
72110 Beaufay 72 68 Ac 60
27800 Beauficel 27 49 Ae 53
50150 Beauficel 50 47 Za 56
27480 Beauficel-en-Lyons 27 37 Bd 52
38970 Beaufin 38 144 Ff 80
13090 Beaufort 13 170 Fc 87
31370 Beaufort 31 164 Ba 88
34210 Beaufort 34 166 Ce 89
38270 Beaufort 38 131 Fa 77
39190 Beaufort 39 119 Fc 69
59330 Beaufort 59 31 Df 47
73270 Beaufort 73 133 Gd 74
62810 Beaufort-Blavincourt 62 29 Cd 47
49250 Beaufort-en-Anjou 49 84 Ze 64
55700 Beaufort-en-Argonne 55 42 Fa 52
80170 Beaufort-en-Santerre 80 39 Cd 50
49250 Beaufort-en-Vallée 49 84 Ze 64
26400 Beaufort-sur-Gervanne 26 143 Fa 80
85170 Beaufou 85 97 Yc 68
27110 Beaufour 27 49 Af 53
27580 Beaufour 27 49 Ae 56
14340 Beaufour-Druval 14 48 Aa 53
27240 Beaufre 27 49 Ba 56
88300 Beaufremont 88 76 Fe 59
76390 Beaufresne 76 38 Be 50
47290 Beaugas 47 136 Ad 81
04240 Beauge, la 04 158 Gd 84
17620 Beaugeay 17 122 Za 73
45190 Beaugency 45 87 Bd 62
60640 Beaugies-sous-Bois 60 40 Da 51
22580 Beaugouyen 22 63 Xa 57
60240 Beaugrenier 60 50 Be 53
89500 Beaujard 89 72 Db 60
04420 Beaujeu 04 157 Gc 83
05300 Beaujeu 05 157 Ff 82
69430 Beaujeu 69D 118 Ed 72
70100 Beaujeu-Saint-Vallier-Pierrejux-et-Quitteur 70 92 Fe 63
33430 Beaulac 33 147 Zc 82
61140 Beaulandais 61 67 Zc 57
62450 Beaulencourt 62 30 Cf 48
03120 Beaulieu 03 116 Dd 71
07460 Beaulieu 07 154 Eb 82
08380 Beaulieu 08 41 Ec 49
14350 Beaulieu 14 47 Zb 55
15270 Beaulieu 15 127 Cd 76
16150 Beaulieu 16 124 Ae 73
16410 Beaulieu 16 124 Ab 75
21510 Beaulieu 21 91 Ee 62
26110 Beaulieu 26 155 Fa 83
27180 Beaulieu 27 49 Af 54
32550 Beaulieu 32 163 Ad 87
33290 Beaulieu 33 134 Zb 79
34160 Beaulieu 34 168 Ea 86
36310 Beaulieu 36 113 Bb 70
38470 Beaulieu 38 131 Fc 77
43800 Beaulieu 43 141 Df 78
45630 Beaulieu 45 88 Ce 63
47250 Beaulieu 47 135 Zf 82
50390 Beaulieu 50 46 Yc 52
53270 Beaulieu 53 67 Zd 60
58420 Beaulieu 58 104 Dd 65
[illegible]
[illegible]
55250 Beaulieu-en-Argonne 55 55 Fa 54
60310 Beaulieu-les-Fontaines 60 39 Cf 51
37600 Beaulieu-lès-Loches 37 100 Ba 66
79300 Beaulieu-sous-Bressuire 79 98 Zc 67
85190 Beaulieu-sous-la-Roche 85 97 Yc 68
79420 Beaulieu-sous-Parthenay 79 111 Ze 69
19120 Beaulieu-sur-Dordogne 19 138 Bf 79
49750 Beaulieu-sur-Layon 49 83 Zc 65
06310 Beaulieu-sur-Mer 06 173 Hc 86
53320 Beaulieu-sur-Oudon 53 66 Za 60
16450 Beaulieu-sur-Sonnette 16 112 Ac 73
03230 Beaulon 03 104 De 69
63230 Beauloup 63 127 Cf 73
14620 Beaumais 14 48 Zf 55
76550 Beaumais 76 37 Ba 49
62730 Beau Marais, le 62 27 Bf 43
77280 Beaumarchais 77 51 Cd 54
32160 Beaumarchés 32 162 Aa 87
46240 Beaumat 46 138 Bd 81
02500 Beaumé 02 41 Ea 49
05140 Beaume, la 05 144 Fd 81
24410 Beaume, la 24 136 Ab 77
88600 Beauménil 88 77 Ge 59
37260 Beaumer 37 85 Ad 65
62170 Beaumerie-Saint-Martin 62 28 Be 46
18370 Beaumerle 18 114 Cb 69
26300 Beaumes, les 26 143 Ef 78
48800 Beaumes, les 48 141 Df 81
84190 Beaumes-de-Venise 84 155 Fa 84
14380 Beaumesnil 14 47 Za 55
27410 Beaumesnil 27 49 Ae 54
84220 Beaumettes 84 155 Fb 85
80370 Beaumetz 80 29 Ca 48
62960 Beaumetz-lès-Aire 62 29 Cb 45
62124 Beaumetz-lès-Cambrai 62 30 Cf 48
62123 Beaumetz-lès-Loges 62 29 Cd 47
03380 Beaumont 03 115 Cd 70
14240 Beaumont 14 47 Zb 54
16110 Beaumont 16 124 Ac 74
19390 Beaumont 19 126 Be 76
32100 Beaumont 32 148 Ab 85
36400 Beaumont 36 114 Ca 69
43100 Beaumont 43 128 Dc 77
44520 Beaumont 44 82 Yd 63
45190 Beaumont 45 86 Bd 62
54470 Beaumont 54 56 Fe 55
54580 Beaumont 54 56 Ff 53
62110 Beaumont 62 30 Cf 46
63110 Beaumont 63 128 Da 74
63310 Beaumont 63 116 Dc 73
74160 Beaumont 74 120 Ga 72
76680 Beaumont 76 37 Bb 51
76890 Beaumont 76 37 Ba 50
79330 Beaumont 79 98 Ze 67
86490 Beaumont 86 99 Ac 68
89250 Beaumont 89 89 Dd 61
82500 Beaumont-de-Lomagne 82 149 Af 85
84120 Beaumont-de-Pertuis 84 171 Fe 86
77890 Beaumont-du-Gâtinais 77 71 Cc 60
87120 Beaumont-du-Lac 87 126 Bf 74
24440 Beaumont-du-Périgord 24 136 Ae 80
84340 Beaumont-du-Ventoux 84 156 Fa 83
27170 Beaumontel 27 49 Ae 54
08210 Beaumont-en-Argonne 08 42 Fa 51
14950 Beaumont-en-Auge 14 48 Aa 53
02300 Beaumont-en-Beine 02 40 Da 50
26310 Beaumont-en-Diois 26 143 Fc 81
37420 Beaumont-en-Véron 37 99 Aa 65
50440 Beaumont-Hague 50 33 Ya 51
80300 Beaumont-Hamel 80 29 Cd 48
58700 Beaumont-la-Ferrière 58 103 Db 65
37360 Beaumont-la-Ronce 37 85 Ae 63
27170 Beaumont-la-Ville 27 49 Ae 54
76850 Beaumont-le-Hareng 76 37 Bb 50
27170 Beaumont-le-Roger 27 49 Ae 54
28480 Beaumont-les-Autels 28 69 Af 59
60390 Beaumont-les-Nonains 60 38 Ca 53
26760 Beaumont-lès-Valence 26 142 Ef 79
37360 Beaumont-Louestault 37 85 Ae 63
26600 Beaumont-Monteux 26 142 Ef 78
24440 Beaumontois en Périgord 24 136 Ae 80
53290 Beaumont-Pied-de-Bœuf 53 84 Zd 61
72500 Beaumont-Pied-de-Bœuf 72 85 Ac 62
58270 Beaumont-Sardolles 58 104 Dc 67
72340 Beaumont-sur-Dême 72 85 Ad 62
71240 Beaumont-sur-Grosne 71 106 Ef 69
31870 Beaumont-sur-Lèze 31 164 Bc 88
95260 Beaumont-sur-Oise 95 51 Cb 54
72170 Beaumont-sur-Sarthe 72 68 Aa 59
51360 Beaumont-sur-Vesle 51 53 Eb 53
21310 Beaumont-sur-Vingeanne 21 92 Fc 64
37460 Beaumont-Village 37 101 Bb 65
70190 Beaumotte-Aubertans 70 93 Gb 64
17600 Beaunant 17 122 Za 75
51270 Beaunay 51 53 Df 55
76890 Beaunay 76 37 Ba 50
19290 Beaune 19 126 Cb 74
21200 Beaune 21 106 Ef 66
43420 Beaune 43 141 Df 80
63122 Beaune 63 128 Cf 74
73140 Beaune 73 133 Gc 77
03390 Beaune-d'Allier 03 115 Cf 71
45340 Beaune-la-Rolande 45 71 Cc 60
63790 Beaune-le-Froid 63 127 Cf 75
87280 Beaune-les-Mines 87 113 Bb 73
43500 Beaune-sur-Arzon 43 129 De 77
63410 Beaunit 63 115 Cf 73
21510 Beaunotte 21 91 Ee 62
33750 Beaupied 33 135 Zd 79
24400 Beaupouyet 24 136 Ab 79
83870 Beaupre 83 171 Ff 89
49600 Beaupréau-en-Mauges 49 97 Za 65
60190 Beaupuits 60 39 Cd 52
27320 Beau-Puits, le 27 50 Bb 56
31850 Beaupuy 31 165 Bd 87
[illegible]
47200 Beaupuy 47 136 Aa 81
82600 Beaupuy 82 149 Ba 86
80600 Beauquesne 80 29 Cc 48
02120 Beaurain 02 40 De 49
59730 Beaurain 59 31 Dd 47
62217 Beaurains 62 30 Ce 47
60400 Beaurains-lès-Noyon 60 39 Cf 51
62990 Beaurainville 62 28 Bf 46
13100 Beaurecueil 13 171 Fd 87
01480 Beauregard 01 118 Ee 72
23600 Beauregard 23 114 Cb 71
31480 Beauregard 31 164 Ba 86
41160 Beauregard 41 86 Ba 61
46260 Beauregard 46 150 Be 82
46310 Beauregard 46 137 Bc 80
47290 Beauregard 47 136 Ae 81
48130 Beauregard 48 140 Db 80
58400 Beauregard 58 103 Da 65
63230 Beauregard 63 127 Cf 73
77970 Beauregard 77 52 Db 57
86150 Beauregard 86 112 Ad 70
26300 Beauregard-Baret 26 143 Fb 79
24120 Beauregard-de-Terrason 24 137 Bb 78
24140 Beauregard-et-Bassac 24 136 Ad 79
63116 Beauregard-l'Evèque 63 128 Db 74
63460 Beauregard-Vendon 63 116 Da 73
18320 Beaurenard 18 103 Cf 66
28240 Beaurepaire 28 69 Ba 58
38270 Beaurepaire 38 130 Fa 76
76280 Beaurepaire 76 35 Ab 50
85500 Beaurepaire 85 97 Yf 67
71580 Beaurepaire-en-Bresse 71 106 Fc 68
59550 Beaurepaire-sur-Sambre 59 31 De 48
02110 Beaurevoir 02 40 Db 49
26310 Beaurières 26 143 Fd 81
02160 Beaurieux 02 40 De 52
59740 Beaurieux 59 31 Ea 47
24400 Beauronne 24 136 Ac 78
04250 Beauséjour 04 157 Ff 83
26240 Beausemblant 26 130 Ee 77
55250 Beausite = Beauzée-sur-Aire 55 55 Fb 55
03300 Beausoleil 03 116 Dc 72
06190 Beausoleil 06 159 Hc 86
24340 Beaussac 24 124 Ac 76
22650 Beaussais-sur-Mer 22 65 Xf 57
79370 Beaussais-Vitré 79 111 Zf 71
80560 Beaussart 80 29 Cd 48
76870 Beaussault 76 37 Bd 50
49410 Beausse 49 83 Za 65
83330 Beausset, le 83 171 Fe 89
19510 Beau-Suleil, le 19 125 Bc 76
63270 Beauté, la 63 128 Db 75
31290 Beauteville 31 165 Be 88
77120 Beautheil 77 52 Da 56
33640 Beautiran 33 135 Zd 80
02800 Beautor 02 40 Dc 51
76890 Beautot 76 37 Ba 51
18600 Beauvais 18 103 Cf 67
35380 Beauvais 35 65 Xe 60
36230 Beauvais 36 101 Bf 69
36300 Beauvais 36 113 Af 69
36370 Beauvais 36 113 Bb 70
37310 Beauvais 37 100 Af 65
51310 Beauvais 51 53 Dd 56
60000 Beauvais 60 38 Ca 52
62130 Beauvais 62 29 Cb 46
79160 Beauvais 86 99 Aa 68
91750 Beauvais 91 71 Cc 58
17490 Beauvais-sur-Matha 17 123 Ze 73
81630 Beauvais-sur-Tescou 81 150 Bd 85
80630 Beauval 80 29 Cc 48
26220 Beau-Vallon 26 143 Fa 81
26800 Beauvallon 26 142 Ef 79
69700 Beauvallon 69M 130 Ee 75
83310 Beauvallon 83 172 Gd 89
49140 Beauvau 49 84 Ze 63
07190 Beauvène 07 142 Ed 79
72800 Beau-Verger 72 84 Ab 63
71270 Beauvernois 71 106 Fc 67
07160 Beauvert 07 142 Ec 79
87190 Beauvert, le 87 113 Bb 71
04370 Beauvezer 04 158 Gd 84
31460 Beauville 31 165 Be 88
47470 Beauville 47 149 Af 83
28150 Beauvilliers 28 70 Bd 59
41290 Beauvilliers 41 86 Bb 61
89630 Beauvilliers 89 90 Ea 64
28290 Beauvoir 28 69 Bb 60
50170 Beauvoir 50 66 Yc 57
60120 Beauvoir 60 39 Cb 51
62270 Beauvoir 62 29 Cb 47
77390 Beauvoir 77 52 Cf 57
89240 Beauvoir 89 89 Dc 62
38440 Beauvoir de Marc 38 131 Fa 76
76220 Beauvoir-en-Lyons 76 37 Bd 52
38160 Beauvoir-en-Royans 38 143 Fc 78
85230 Beauvoir-sur-Mer 85 96 Xf 67
79360 Beauvoir-sur-Niort 79 110 Zd 71
10340 Beauvoir-sur-Sarce 10 74 Eb 61
62390 Beauvoir-Wavans 62 29 Ca 47
37230 Beauvois 37 85 Ac 64
59157 Beauvois-en-Cambrésis 59 30 Dc 48
02590 Beauvois-en-Vermandois 02 40 Da 49
26170 Beauvoisin 26 155 Fb 83
30640 Beauvoisin 30 169 Eb 86
39120 Beauvoisin 39 106 Fc 67
43200 Beaux 43 129 Ea 77
43590 Beauzac 43 129 Ea 77
55250 Beauzée-sur-Aire = Beausite 55 55 Fb 55
31700 Beauzelle 31 164 Bc 87
24210 Beauzens 24 137 Ba 77
47700 Beauziac 47 148 Aa 83
57830 Bébing 57 57 Gf 56
68980 Beblenheim 68 60 Hb 60
32730 Béccas 32 162 Aa 88
76110 Bec-de-Mortagne 76 36 Ac 50
70100 [illegible]
87110 Bechadie 87 125 Bb 74
54800 Béchamps 54 56 Fe 53
27800 Bec-Hellouin, le 27 49 Ae 53
35190 Bécherel = Begrel 35 65 Ya 59
16250 Bécheresse 16 123 Aa 75
57580 Béchy 57 56 Gc 55
57320 Beckerholz 57 44 Gd 53
49370 Bécon-les-Granits 49 83 Zb 63
26770 Béconne 26 143 Fa 82
80300 Bécordel 80 39 Ce 49
21360 Bécoup 21 105 Ee 66
62240 Bécourt 62 28 Bf 45
80300 Bécourt 80 39 Ce 48
09000 Becq 09 177 Bd 91
60650 Becquet, le 60 38 Bf 52
02110 Becquigny 02 40 Dc 48
80500 Becquigny 80 39 Cd 50
80980 Becquincourt, Dompierre- 80 39 Ce 49
27370 Bec-Thomas, le 27 49 Af 53
48310 Bécus 48 140 Da 80
34600 Bédarieux 34 167 Da 87
84370 Bédarrides 84 155 Ef 84
47450 Bédat 47 149 Ad 83
18370 Beddes 18 102 Cb 69
32450 Bédéchan 32 163 Ae 87
35137 Bédée 35 65 Ya 59
09400 Bédeilhac 09 177 Bd 91
09230 Bédeille 09 164 Ba 90
64460 Bédeille 64 162 Zf 88
17210 Bédenac 17 123 Ze 78
13490 Bèdes 13 171 Fd 87
46500 Bèdes 46 138 Be 80
16370 Bédie, la 16 123 Ze 74
33480 Bédillon 33 134 Za 79
84410 Bédoin 84 155 Fb 84
37600 Bédonnières, les 37 100 Ba 67
48150 Bédos, le 48 153 Db 83
48400 Bédouès-Cocurès 48 153 Dd 82
64490 Bedous 64 174 Zc 91
07140 Bedousse 07 154 Ea 82
46100 Béduer 46 138 Bf 81
74130 Beffay 74 120 Gc 72
47800 Deffery 47 136 Ac 81
18320 Beffes 18 103 Da 66
39270 Beffia 39 119 Fd 69
22780 Beffou 22 63 Wc 58
08250 Beffu-et-le-Morthomme 08 42 Ef 52
40400 Bégaar 40 146 Za 86
33340 Bégadanet 33 122 Za 76
33340 Bégadan 33 122 Za 76
56350 Béganne 56 81 Xe 63
22140 Begard = Bear 22 63 We 57
22300 Beg-Léguer 22 63 Wc 56
33010 Bègles 33 135 Zc 80
29170 Beg-Meil 29 78 Wa 61
29940 Beg-Menez 29 78 Wa 61
88270 Begnécourt 88 76 Ga 59
65190 Bégole 65 163 Ab 90
12170 Bégon 12 152 Cd 84
47150 Bégou 47 136 Ae 81
23110 Bégouneix 23 114 Cc 72
81350 Begous 81 151 Cb 84
46000 Bégoux 46 138 Bc 82
35190 Begrel = Bécherel 35 65 Ya 59
79160 Bégrolle 79 110 Zc 69
49122 Bégrolles-en-Mauges 49 97 Za 66
13790 Bégude, la 13 171 Fd 88
83740 Bégude, la 83 171 Fe 89
84750 Bégude, la 84 156 Fd 85
83440 Bégude, le 83 172 Gd 87
04270 Bégude-Blanche, la 04 157 Ga 85
26160 Bégude-de-Mazenac, le 26 142 Ef 81
07690 Bègue 07 130 Ec 77
03800 Bègues 03 116 Da 72
17170 Bègues 17 110 Zb 71
05700 Bègues, les 05 156 Fd 83
33410 Béguey 33 135 Ze 81
16370 Béguillères, les 16 123 Zd 74
64120 Béguios 64 161 Yf 88
62121 Béhagnies 62 30 Cf 48
64120 Béhasque-Lapiste 64 161 Yf 89
64640 Béhaune 64 161 Yf 89
80870 Béhen 80 28 Be 48
80260 Béhencourt 80 39 Cc 49
60400 Béhéricourt 60 39 Da 51
64220 Beherobie 64 174 Ye 90
67370 Behlenheim 67 58 Hd 57
64700 Béhobie 64 160 Yb 88
55000 Behonne 55 55 Fb 56
64220 Béhorléguy 64 161 Yf 90
78910 Béhoust 78 50 Be 56
57460 Behren-lès-Forbach 57 57 Gf 53
49170 Béhuard 49 83 Zc 64
56380 Beignon 56 65 Xe 61
85160 Boignon, lo 85 97 Yo 69
72160 Beillé 72 68 Ad 60
40120 Beillons 40 147 Zd 85
84220 Beilons, les 84 156 Fb 85
89800 Beine 89 89 De 62
51490 Beine-Nauroy 51 53 Eb 53
60640 Beines 60 40 Da 50
67930 Beinheim 67 59 Ia 55
21310 Beire-le-Châtel 21 92 Fb 64
21110 Beire-le-Fort 21 106 Fb 65
23260 Beissat 23 127 Cb 74
63230 Beissat 63 127 Ce 74
44290 Beix 44 82 Ya 62
36370 Bélâbre 36 113 Ba 69
15310 Bel-Air 15 139 Cc 78
16500 Bel-Air 16 112 Ad 72
18800 Bel-Air 18 102 Cd 66
22510 Bel-Air 22 64 Xc 59
35330 Bel-Air 35 81 Ya 61
37290 Bel-Air 37 100 Af 68
37330 Bel-Air 37 85 Ac 63
44522 Bel-Air 44 82 Ye 64
44530 Bel-Air 44 81 Ya 63
44630 Bel-Air 44 81 Ya 63
49520 Bel-Air 49 [illegible]
[illegible]
56230 Bel-Air 56 81 Xd 62
64110 Bel-Air 64 162 Zd 89
71140 Bel-Air 71 104 De 69
84390 Bel-Air 84 156 Fc 85
85500 Bel-Air 85 97 Za 67
85670 Bel-Air 85 96 Yb 68
87300 Bel-Air 87 112 Af 72
34330 Belaman 34 166 Ce 87
21570 Belan-sur-Ource 21 74 Ed 61
34230 Bélarga 34 167 Dc 87
46140 Bélaye 46 137 Bb 82
81140 Belaygue 81 150 Be 84
31450 Belberaud 31 165 Bd 87
82500 Belbèse 82 149 Ba 85
76240 Belbeuf 76 37 Ba 52
31450 Belbèze-de-Lauragais 31 165 Bd 88
31260 Belbèze-en-Comminges 31 164 Ba 90
11340 Belcaire 11 178 Bf 92
12390 Belcastel 12 151 Cc 82
46200 Belcastel 46 138 Bd 79
81500 Belcastel 81 165 Be 87
11300 Belcastel-et-Buc 11 178 Cc 90
68530 Belchenthal 68 94 Ha 61
13720 Belcodène 13 171 Fd 88
56890 Bélean 56 80 Xb 62
09300 Bélesta 09 178 Bf 91
66720 Bélesta 66 179 Cd 92
31540 Bélesta-en-Lauragais 31 165 Be 88
64260 Bélesten 64 174 Zd 90
24140 Beleymas 24 136 Ad 79
70290 Belfahy 70 94 Ge 62
25470 Belfays 25 108 Gf 65
11410 Belflou 11 165 Be 89
52500 Belfond 52 92 Fd 62
61500 Belfonds 61 68 Aa 57
61130 Belforêt-en-Perche 61 68 Ad 58
81260 Belfort 81 166 Cc 87
90000 Belfort 90 94 Gf 63

46230 Belfort-du-Quercy 46 150 Bd 83
11140 Belfort-sur-Rebeteny 11 178 Ca 92
53440 Belgeard 53 67 Zc 59
83210 Belgentier 83 171 Ga 89
20226 Belgodere CTC 180 Ka 93
15600 Belguiral, le 15 139 Cb 80
40410 Belhade 40 147 Zb 82
28240 Belhomert-Guéhouville 28 69 Ba 57
87260 Bélie 87 125 Bc 75
33830 Béliet 33 134 Zb 81
25500 Belieu, le 25 108 Gd 66
01360 Béligneux 01 131 Fa 73
46320 Belinac 46 138 Bf 81
44130 Belinais, la 44 82 Ya 64
15430 Bélinay 15 139 Cf 78
33830 Belin-Béliet 33 134 Zb 82
40120 Bélis 40 147 Zd 84
33970 Bélisaire 33 134 Ye 81
45300 Bélistard 43 141 Ea 78
87300 Bellac 87 113 Ba 72
04250 Bellaffaire 04 157 Gb 82
59135 Bellaing 59 30 Dc 46
80132 Bellancourt 80 28 Bf 48
57340 Bellange 57 57 Gd 55
49490 Bellardière, la 49 84 Aa 64
12150 Bellas 12 152 Da 83
16240 Bellavau 16 111 Zf 72
61360 Bellavilliers 61 68 Ac 58
95750 Bellay-en-Vexin, le 95 50 Bf 54
02400 Belleau 02 52 Db 54
54610 Belleau 54 56 Ga 56
33760 Bellebat 33 135 Ze 80
33114 Bellebiste 33 134 Zb 80
62142 Bellebrune 62 26 Be 44
19290 Bellechassagne 19 126 Cb 75
89210 Bellechaume 89 73 Dd 60
39260 Bellecin 39 119 Fd 70
12440 Belle-Combe 12 151 Ca 83
26110 Bellecombe 26 156 Fc 82
73340 Bellecombe-en-Bauges 73 132 Ga 74
78200 Belle Côte, la 78 50 Bd 55
17139 Belle-Croix 17 110 Yf 71
71150 Bellecroix 71 105 Ee 67
35270 Belle-Croix, la 56 80 Xb 63
66300 Bellecroze 66 179 Cd 93
60540 Belle-Église 60 51 Cb 53
22260 Belle-Église, la 22 63 We 56
85140 Belle-Entrée 85 97 Ye 68
10220 Belle Epine, la 10 73 Eb 58
62142 Belle-et-Houllefort 62 26 Be 44
16310 Belle Etoile, la 16 124 Ad 74
35390 Belle-Etoile, la 35 82 Yb 62
72230 Belle-Etoile, la 72 84 Aa 61
23600 Bellefaye 23 114 Cc 71
70310 Bellefleur 70 94 Gc 61
86170 Bellefois 86 99 Ab 68
21490 Bellefond 21 91 Fa 64
33760 Bellefond 33 135 Ze 80
71620 Bellefond 71 106 Fa 68
80132 Bellefonds 86 100 Ad 69
39400 Bellefontaine 39 120 Ga 69
50190 Bellefontaine 50 33 Yd 53
50520 Bellefontaine 50 47 Za 56
55120 Bellefontaine 55 55 Fa 54
60650 Bellefontaine 60 38 Be 51
88370 Bellefontaine 88 76 Gc 60
95270 Bellefontaines 95 51 Cc 54
46090 Bellefont-La Rauze 46 138 Bc 81
67130 Bellefosse 67 60 Hb 58
04270 Bellegarde 04 157 Ga 85
19370 Bellegarde 19 126 Be 75
30127 Bellegarde 30 169 Ed 86
32140 Bellegarde 32 163 Ad 88
45270 Bellegarde 45 71 Cc 61
81360 Bellegarde 81 166 Cc 86
82230 Bellegarde 82 150 Bc 85
11240 Bellegarde-du-Razès 11 165 Ca 90
26470 Bellegarde-en Diois 26 143 Fc 81
42210 Bellegarde-en Forez 42 129 Eb 75
23190 Bellegarde-en-Marche 23 114 Cb 73
81430 Bellegarde-Marsal 81 151 Cb 85
38270 Bellegarde-Poussieu 38 130 Ef 76
31530 Bellegarde-Sainte Marie 31 164 Ba 86
01200 Bellegarde-sur-Valserine 01 119 Fe 72
63610 Belleguette 63 128 Cf 76
25380 Belleherbe 25 94 Gd 65
88250 Belle-Hutte 88 77 Gf 60
22810 Belle-Isle-en-Terre 22 63 Wd 57
20232 Belle Lasagne CTC 181 Kb 93
61130 Bellême 61 68 Ad 58
03330 Bellenaves 03 115 Da 71
76680 Bellencombre 76 37 Bb 50
21310 Belleneuve 21 92 Fb 64
02420 Bellenglise 02 40 Db 49
14370 Bellengreville 14 35 Ze 54
76630 Bellengreville 76 37 Bb 49
21510 Bellenod-sur-Seine 21 91 Ed 62
21320 Bellenot-sous-Pouilly 21 91 Ed 65
85320 Bellenoue 85 109 Ye 69
70240 Bellenoye 70 93 Gb 62
73210 Bellentre 73 133 Ge 75
55100 Belleray 55 55 Fc 54
03700 Bellerive-sur-Allier 03 116 Dc 72
42670 Belleroche 42 117 Ec 71
45330 Bellesauve, Orveau- 45 71 Cb 59
57930 Belles-Forêts 57 57 Gf 56
31480 Bellesserre 31 149 Ba 86
36400 Bellet 36 102 Bf 68
37290 Bélletière, la 37 100 Af 67
82150 Belletrie, la 82 149 Af 83
02200 Belleu 02 40 Dc 52
80160 Belleuse 80 38 Ca 50
74470 Bellevaux 74 120 Gd 71
71270 Bellevesvre 71 106 Fc 67
16120 Bellevigne 16 123 Zf 75
49380 Bellevigne-en-Layon 49 83 Zc 65
85170 Bellevigny 85 97 Yd 68
10350 Belleville 10 73 De 58
54940 Belleville 54 56 Ga 56
69220 Belleville 69D 118 Ee 72
73620 Belleville 73 133 Gd 74
79360 Belleville 79 110 Zc 72
91400 Belleville 91 51 Ca 56
73440* Belleville, les 73 132 Gc 76
76890 Belleville-en-Caux 76 37 Af 50
08240 Belleville-et-Châtillon-sur-Bar 08 42 Ee 52
18240 Belleville-sur-Loire 18 88 Cf 63
76370 Belleville-sur-Mer 76 37 Ba 49
55430 Belleville-sur-Meuse 55 55 Fc 53
85170 Belleville-sur-Vie 85 97 Yd 68
02500 Bellevue 02 41 Eb 49
03150 Bellevue 03 116 Dc 71
07110 Bellevue 07 142 Eb 81
22610 Bellevue 22 63 We 56
33610 Bellevue 33 134 Zc 80
34290 Bellevue 34 167 Db 88
34340 Bellevue 34 168 Dd 88
35330 Bellevue 35 81 Ya 61
44310 Belle-Vue 44 96 Yb 66
44460 Bellevue 44 81 Ya 63
51130 Bellevue 51 53 Eb 55
74380 Bellevue 74 120 Gc 71
85230 Bellevue 85 96 Xf 67
59470 Belle-Vue, la 59 27 Cc 43
56380 Bellevue-Goëtquidan 56 81 Xf 61
43350 Bellevue-la-Montagne 43 129 De 77
01300 Belley 01 131 Fe 74
10410 Belley 10 73 Ea 59
01130 Belleydoux 01 119 Fe 71
41320 Belliards, les 41 101 Bf 65
02140 Bellicourt 02 40 Db 49
86110 Bellien 86 99 Aa 68
61570 Bellière, la 61 48 Zf 57
76440 Bellière, la 76 38 Bd 51
44370 Belligné 44 83 Yf 64
59570 Bellignies 59 31 De 47
62129 Bellinghem 62 29 Cb 45
89150 Belliole, la 89 72 Da 60
09160 Belloc 09 164 Ba 90
09600 Belloc 09 178 Bf 90
32160 Belloc 32 162 Aa 87
64270 Bellocq 64 161 Za 87
65700 Bellocq 65 162 Zf 88
16210 Bellon 16 124 Aa 77
34340 Bellonette, la 34 168 Dd 88
62490 Bellonne 62 30 Da 47
74150 Bellossy 74 120 Ff 73
74160 Bellossy 74 120 Ff 72
77510 Bellot 77 52 Db 55
14140 Bellou 14 48 Ab 55
27410 Bellou, le 27 49 Ad 55
61220 Bellou-en-Houlme 61 47 Zd 56
61130 Bellou-le-Trichard 61 68 Ad 59
61110 Bellou-sur-Huisne 61 69 Ae 58
60490 Belloy 60 39 Cd 51
95270 Belloy-en-France 95 51 Cc 54
80270 Belloy-Saint-Leonard 80 38 Bf 49
80310 Belloy-sur-Somme 80 38 Ca 49
76220 Bellozane 76 38 Bd 51
17800 Belluire 17 123 Zc 75
76590 Bellmesnil 76 37 Ba 50
25530 Belmont 25 108 Gc 65
32190 Belmont 32 163 Ab 86
38690 Belmont 38 131 Fc 76
39380 Belmont 39 107 Fd 66
52500 Belmont 52 92 Fd 62
67130 Belmont 67 60 Hb 58
70270 Belmont 70 93 Gd 62
46130 Belmont-Bretenoux 46 138 Bf 79
42670 Belmont-de-la-Loire 42 117 Ec 72
46800 Belmontet 46 150 Ba 82
82230 Belmontet 82 150 Bc 85
88260 Belmont-lès-Darney 88 76 Ga 60
01260 Belmont-Luthézieu 01 131 Fe 73
46230 Belmont-Sainte-Foi 46 150 Bd 83
88600 Belmont-sur-Buttant 88 77 Ge 59
12370 Belmont-sur-Rance 12 152 Ce 86
88800 Belmont-sur-Vair 88 76 Ff 59
12470 Belnom 12 140 Cf 81
17132 Beloire 17 122 Za 75
29350 Bélon 29 79 Wb 62
70270 Belonchamp 70 94 Gd 62
87800 Belour 87 125 Bb 75
11420 Belpech 11 165 Be 89
19430 Belpeuch 19 138 Bf 79
05380 Bel-Pinet 05 145 Gd 81
55260 Belrain 55 55 Fb 55
88260 Belrupt 88 76 Ga 60
55100 Belrupt-en-Verdunois 55 55 Fc 54
09320 Bels, les 09 177 Bc 91
81120 Belsoleil 81 151 Ca 86
40300 Bélus 40 161 Yf 87
08090 Belval 08 42 Ed 50
50210 Belval 50 46 Yd 54
62130 Belval 62 29 Cc 46
88210 Belval 88 77 Ha 58
51330 Belval-en-Argonne 51 55 Fa 55
51480 Belval-sous-Châtillon 51 53 Df 54
79130 Belveder, le 79 111 Zd 69
06450 Belvédère 06 159 Hb 84
13129 Belvédère 13 169 Ee 88
73480 Belvedere 73 133 Gf 77
20110 Belvédère-Campomoro CTC 184 If 99
05460 Belvédère du Cirque 05 145 Ha 80
70400 Belverne 70 94 Gd 63
24170 Belvès 24 137 Ba 80
33350 Belvès-de-Castillon 33 135 Zf 79
19600 Belveyre 19 138 Bc 78
82150 Belvèze 82 149 Ba 83
11240 Belvèze-du-Razès 11 165 Ca 90
12230 Belvezet 12 153 Db 85
12470 Belvezet 12 140 Cf 81
30580 Belvézet 30 154 Ec 84
43510 Belvezet 43 141 De 79
48170 Belvezet 48 141 De 81
11500 Belvianes-et-Cavirac 11 178 Cb 91
20110 Belvidè-U Campu Moru CTC 184 If 99
11500 Belvis 11 178 Ca 91
25430 Belvoir 25 94 Gd 65
56550 Belz 56 80 We 63
27160 Bémécourt 27 49 Af 55
66760 Béna 66 178 Bf 94
09000 Benac 09 177 Bd 91
65380 Bénac 65 162 Aa 90
09100 Benagues 09 165 Bd 90
37140 Benais 37 84 Ab 65
09300 Bénaix 09 177 Bf 91
54450 Bénaménil 54 77 Ge 57
56370 Bénance 56 80 Xb 63
53220 Benardière, la 53 66 Yf 58
76110 Bénarville 76 36 Ac 50
86470 Benassay 86 111 Aa 69
85260 Benaston 85 97 Yd 67
22250 Benâte 22 64 Xe 58
17400 Benâte, la 17 110 Zc 72
44650 Bénate, la 44 97 Yc 67
63270 Benaud 63 128 Db 74
36300 Bénavant 36 100 Ba 69
12420 Benaven 12 139 Ce 80
02440 Benay 02 40 Db 50
19510 Benayes 19 125 Bc 75
31420 Bencassès, les 31 164 Af 89
06390 Bendejun 06 159 Hb 85
46260 Bench 46 150 Be 82
82300 Benèche, la 82 150 Bd 84
87150 Bénéchie, la 87 125 Af 74
64800 Bénéjacq 64 162 Zc 89
14910 Bénerville-sur-Mer 14 48 Aa 52
40180 Bénesse-lès-Dax 40 161 Yf 87
40230 Bénesse-Maremne 40 160 Yd 87
16350 Benest 16 112 Ac 72
57670 Bénestroff 57 57 Ge 55
76560 Bénesville 76 37 Af 50
85490 Benet 85 110 Zc 70
21290 Beneuvre 21 91 Ef 62
24700 Benévent 24 136 Ab 78
05500 Bénévent-et-Charbillac 05 144 Ga 80
23210 Bénévent-L'Abbaye 23 113 Bd 72
55210 Beney-en-Woëvre 55 56 Fe 55
40120 Benézet-de-Guinas 40 147 Zd 84
67230 Benfeld 67 60 Hd 58
58640 Bengy, le 58 103 Da 66
18520 Bengy-sur-Craon 18 103 Ce 66
54610 Bénicourt 54 56 Gb 55
88650 Bénifosse 88 77 Gf 59
57340 Béning 57 57 Gd 55
57800 Béning-lès-Saint-Avold 57 57 Gf 54
82100 Benis 82 150 Ba 84
42720 Bénisson-Dieu, la 42 117 Ea 72
78270 Bennecourt 78 50 Bd 54
76640 Bennetot 76 36 Ad 50
76720 Bennetot 76 37 Ba 50
24230 Benneville-at-Saint-Avit-de-Fumadières 24 136 Aa 79
54740 Benney 54 76 Gb 57
68630 Bennwihr 68 60 Hc 60
29950 Bénodet 29 78 Vf 61
21500 Benoisey 21 90 Ec 63
55220 Benoîte-Vaux 55 55 Fc 55
50340 Benoîtville 50 33 Yb 51
17170 Benon 17 110 Zb 71
33112 Benon 33 134 Za 78
01470 Bénonces 01 131 Fc 74
35120 Benouis 35 65 Yb 57
14970 Bénouville 14 47 Ze 53
76790 Bénouville 76 36 Ab 50
31420 Benque 31 164 Af 89
31430 Benque 31 164 Ba 89
31110 Benque-Dessous-et-Dessus 31 176 Ad 92
65130 Benqué-Molère 65 163 Ab 90
40280 Benquet 40 147 Zc 86
06430 Bens 06 159 He 84
64460 Bentayou-Sérée 64 162 Zf 88
64410 Bentéyou 64 162 Zd 87
01370 Beny 01 119 Fb 71
14350 Bény-Bocage, le 14 47 Za 55
14440 Bény-sur-Mer 14 47 Zd 53
40390 Benzin 40 160 Ye 87
01350 Béon 01 131 Fe 73
64260 Béon 64 174 Zd 90
89410 Béon 89 72 Db 61
64440 Béost 64 174 Zd 91
47130 Béquin 47 148 Ac 83
73440 Béranger 73 133 Gd 76
83560 Bérarde 83 171 Fe 87
38520 Bérarde, la 38 144 Gb 79
26120 Bérards, les 26 143 Ef 79
31370 Bérat 31 164 Bb 88
32100 Béraut 32 148 Ac 85
31310 Berbaux 31 164 Ba 89
65100 Berbérust 65 175 Zf 90
43160 Berbezit 43 128 Dd 77
26740 Berbières 26 142 Ee 81
24220 Berbiguières 24 137 Ba 79
48200 Berc 48 140 Db 79
40990 Berceau-de-Saint Vincent-de-Paul 40 161 Yf 86
10190 Bercenay-en-Othe 10 73 Df 59
10290 Bercenay-le-Hayer 10 73 Dd 58
43220 Berche, la 43 130 Ec 77
28630 Berchères-les-Pierres 28 70 Bd 58
28560 Berchères-Saint-Germain 28 70 Bc 57
28260 Berchères-sur-Vesgre 28 50 Bd 55
63460 Bercias, les 63 116 Da 73
28800 Bercis 28 70 Bd 59
62600 Berck-Plage 62 28 Bd 46
62600 Berck-sur-Mer 62 28 Bd 46
17770 Bercloux 17 123 Zd 73
59310 Bercu 59 30 Db 45
44680 Berderie, la 44 96 Yb 66
47430 Berdery 47 148 Ab 82
61340 Berd'huis 61 69 Ae 58
33121 Berdillan 33 134 Za 78
00100 Berdot 00 104 Bc 09
32300 Berdoues-Ponsampère 32 163 Ac 88
40410 Berdoy 40 147 Zb 82
32240 Berduquet 32 147 Zf 85
59740 Bérelles 59 31 Ea 47
68130 Berentzwiller 68 95 Hc 63
64300 Bérenx 64 161 Za 88
01340 Béréziat 01 118 Fa 70
72320 Berfay 72 69 Ae 61
57570 Berg 57 44 Gb 52
67320 Berg 67 57 Ha 55
33127 Berganton 33 134 Zb 80
33930 Berganton 33 122 Yf 77
46090 Berganty 46 150 Bd 82
67310 Bergbieten 67 60 Hc 57
20122 Berg d'Asinao CTC 185 Kb 97
83830 Bergemon 83 172 Gd 87
24100 Bergerac 24 136 Ac 79
10200 Bergères 10 74 Ed 59
36140 Bergères, les 36 114 Bf 70
51130 Bergères-lès-Vertus 51 53 Ea 55
51210 Bergères-sous-Montmirail 51 53 Dd 55
73210 Bergerie 73 133 Ge 75
17240 Bergerie, la 17 122 Zc 76
28120 Bergerie, la 28 69 Ba 58
61160 Bergerie, la 61 48 Zf 56
20224 Bergerie de Cesta CTC 182 If 94
20276 Bergerie de Galghellu CTC 182 Ka 94
20231 Bergerie de Puzzatellu CTC 183 Ka 95
05460 Bergerie-sous-Roche 05 145 Gf 80
37150 Bergers, les 37 86 Ba 65
89130 Bergers, les 89 89 Da 62
58140 Berges 58 90 Df 64
71250 Bergesserin 71 118 Ed 70
68750 Bergheim 68 60 Hc 59
68500 Bergholtz 68 95 Hb 61
68500 Bergholtzzell 68 95 Hb 61
80290 Bergicourt 80 38 Ca 50
08300 Bergnicourt 08 41 Eb 52
42660 Bergognon 42 129 Eb 77
48800 Bergognon 48 141 Df 82
40120 Bergonce 40 148 Ze 84
63500 Bergonne 63 128 Db 75
01260 Bergonnes, les 01 119 Fe 72
40250 Bergouey 40 161 Zb 86
64270 Bergouey-Viellenare 64 161 Yf 88
74380 Bergue, la 74 120 Gb 71
06540 Bergue-Inférieur 06 159 Hd 84
62134 Bergueneuse 62 29 Cb 46
02450 Bergues 02 40 De 48
59380 Bergues 59 27 Cc 43
06430 Bergue-Supérieur 06 159 Hd 84
22140 Berhet 22 63 We 56
57660 Bérig-Vintrange 57 57 Ge 55
37600 Berjottière, la 37 100 Ba 67
61430 Berjou 61 47 Zd 55
59145 Berlaimont 59 31 De 47
02250 Berlancourt 02 40 De 50
60640 Berlancourt 60 39 Da 50
81260 Berlats 81 166 Cd 86
62810 Berlencourt-le-Cauroy 62 29 Cc 47
62123 Berles-au-Bois 62 29 Cd 47
08240 Berlière, la 08 42 Ef 51
59750 Berlière, la 59 31 Df 47
26470 Berlières 26 143 Fb 82
04340 Berlies, les 04 157 Gb 82
57370 Berling 57 58 Hb 56
02340 Berlise 02 41 Ea 51
22110 Berlivet 22 63 Wd 59
57530 Berlize 57 56 Gc 54
41800 Berloquet, le 41 85 Ae 62
34360 Berlou 34 167 Cf 88
59213 Bermerain 59 30 Dd 47
51220 Berméricourt 51 41 Ea 52
59570 Bermeries 59 31 De 47
57340 Bermering 57 57 Ge 55
80140 Bermesnil 80 38 Be 49
62130 Bermincourt 62 29 Cb 46
76640 Bermonville 76 36 Ad 51
33460 Bern 33 134 Zc 78
40410 Bern 40 147 Zb 83
16700 Bernac 16 111 Ab 72
47120 Bernac 47 136 Ab 80
81150 Bernac 81 151 Ca 85
65360 Bernac-Debat 65 162 Aa 89
65360 Bernac-Dessus 65 162 Aa 90
09160 Bernadat 09 164 Ba 90
33112 Bernadet 33 134 Za 77
64160 Bernadets 64 162 Ze 88
65220 Bernadets-Debat 65 163 Ab 88
65190 Bernadets-Dessus 65 163 Ab 89
40260 Bernadic 40 146 Yf 85
46120 Bernadie, la 46 138 Bf 80
34650 Bernagues 34 167 Db 86
86160 Bernais 86 112 Ac 71
81190 Bernard 81 151 Cb 84
85560 Bernard, le 85 109 Yd 70
16330 Bernarde, la 16 123 Aa 74
81100 Bernardié, la 81 166 Cb 87
85610 Bernardière, la 85 97 Ye 66
03130 Bernardins, les 03 117 De 71
36500 Bernards, les 36 101 Bc 68
67210 Bernardswiller 67 60 Hc 58
67140 Bernardville 67 60 Hc 58
30630 Bernas 30 154 Ec 83
37190 Bernassière, la 37 85 Ad 65
33730 Bernatgé 33 147 Zd 82
80370 Bernâtre 80 29 Ca 47
80370 Bernaville 80 29 Ca 48
27300 Bernay 27 49 Ad 54
58110 Bernay 58 104 De 67
72240 Bernay 72 68 Zf 60
86240 Bernay 86 112 Ab 69
77540 Bernay-en-Brie 77 52 Cf 56
80120 Bernay-en-Ponthieu 80 28 Be 47
17330 Bernay-Saint-Martin 17 110 Zc 72
77540 Bernay-Vilbert 77 52 Cf 56
08120 Bernazay 08 99 Zf 66
56240 Berné 56 79 Wd 61
82340 Berne 82 149 Ae 84
54470 Bernécourt 54 56 Ff 55
32400 Bernède 32 162 Ze 86
44760 Bernerie-en-Retz, la 44 96 Xf 66
62250 Bernes 62 26 Be 43
80240 Bernes 80 40 Da 49
09230 Bernès, le 09 164 Ba 90
83560 Bernes, les 83 171 Ff 86
14710 Bernesq 14 47 Za 53
95340 Bernes-sur-Oise 95 51 Cb 54
40120 Bernet 40 147 Ze 85
65150 Bernet 65 163 Ac 90
16480 Berneuil 16 123 Zf 76
17460 Berneuil 17 122 Zc 75
80620 Berneuil 80 29 Cb 48
87300 Berneuil 87 113 Ba 72
60390 Berneuil-en-Bray 60 51 Ca 52
60350 Berneuil-sur-Aisne 60 39 Da 52
76370 Berneval-le-Grand 76 37 Bb 49
62123 Berneville 62 29 Ce 47
74500 Bernex 74 121 Ge 70
27180 Bernienville 27 49 Ba 54
36370 Bornior 36 113 Ba 70
58110 Bernière 58 104 Dd 66
76210 Bernières 76 36 Ac 51
14250 Bernières-Bocage 14 34 Zb 53
14170 Bernières-d'Ailly 14 48 Zf 55
14410 Bernières-le-Patry 14 47 Zb 56
14990 Bernières-sur-Mer 14 47 Zd 52
27700 Bernières-sur-Seine 27 50 Bc 53
62170 Bernieulles 62 28 Be 45
38190 Bernin 38 132 Ff 77
30620 Bernis 30 154 Eb 86
67170 Bernolsheim 67 58 He 56
10130 Bernon 10 73 Df 61
33910 Bernon 33 135 Ze 78
40460 Bernon 40 134 Yf 81
33480 Bernones 33 134 Za 78
33112 Bernos 33 134 Za 78
33430 Bernos-Beaulac 33 147 Ze 82
02120 Bernot 02 40 Dd 49
16390 Bernou, le 16 124 Ab 77
89360 Bernouil 89 90 Df 61
27660 Bernouville 27 50 Be 53
35660 Bernuit 35 81 Ya 62
68210 Bernwiller 68 95 Hb 62
80200 Berny-en-Santerre 80 39 Cf 49
02290 Berny-Rivière 02 40 Da 52
80250 Berny-sur-Noye 80 39 Cc 50
40800 Béros 40 162 Ze 87
27930 Bérou 27 49 Bb 55
28270 Bérou-la-Mulotière 28 49 Ba 56
32480 Berrac 32 149 Ad 84
64120 Berraute 64 161 Za 89
44160 Berreau 44 81 Xf 64
06390 Berre-des-Alpes 06 159 Hb 86
13130 Berre-l'Étang 13 170 Fb 88
11000 Berriac 11 166 Cc 89
07460 Berrias 07 154 Eb 82
56230 Berric 56 81 Xc 63
86120 Berrie 86 99 Zf 66
29690 Berrien 29 62 Wb 58
02820 Berrieux 02 41 Df 52
64130 Berrogain-Laruns 64 161 Za 89
33121 Berron 33 134 Za 78
51420 Berru 51 53 Ea 53
68500 Berrwiller 68 95 Hb 61
18800 Berry 18 103 Ce 66
02190 Berry au Bac 02 41 Df 52
18500 Berry-Bouy 18 102 Cb 66
63260 Bers 63 116 Da 72
05700 Bersac, le 05 156 Fe 82
87370 Bersac-sur-Rivalier 87 113 Bc 72
39800 Bersaillin 39 107 Fd 67
59235 Bersée 59 30 Da 46
59600 Bersillies 59 31 Ea 47
33390 Berson 33 135 Zc 78
67370 Berstett 67 58 Hd 56
03130 Bert 03 116 De 71
44570 Bert 44 81 Xe 65
02120 Bertaignemont 02 40 Dd 49
48250 Bertail 48 141 Df 81
20252 Bertalogna CTC 181 Kb 93
80260 Bertangles 80 38 Cb 49
02800 Bertaucourt-Épourdon 02 40 Dc 51
80110 Berteaucourt 80 39 Cc 50
80850 Berteaucourt-lès-Dames 80 29 Ca 48
35760 Bertèche, la 35 65 Yb 59
86210 Bertenou 86 100 Ad 68
87310 Berthe 87 125 Af 73
24140 Berthe, la 24 136 Ad 79
76450 Bertheauville 76 36 Ad 50
60370 Berthecourt 60 38 Cb 52
86420 Berthegon 86 99 Ab 67
25410 Berthelange 25 107 Fe 65
72340 Berthellière, la 72 85 Ad 62
57930 Berthelming 57 57 Ha 56
62610 Berthem 62 27 Ca 43
06450 Berthemont-les-Bains 06 159 Hb 84
59270 Berthen 59 30 Ce 44
37510 Berthenay 37 85 Ac 64
02240 Berthenicourt 02 40 Dc 50
27630 Berthenonville 27 50 Bd 53
36400 Berthenoux, la 36 102 Ca 69
33124 Berthez 33 135 Zf 82
22230 Berthière, la 22 64 Xc 59
58150 Berthiers, les 58 88 Cf 65
12310 Bertholène 12 152 Ce 82
07320 Berthouse 07 142 Ec 78
27800 Berthouville 27 49 Ad 53
63480 Bertignat 63 129 De 75
10110 Bertignolles 10 74 Ed 60
62124 Bertincourt 62 30 Cf 48
33570 Bertineau 33 135 Ze 79
44290 Bertinerie, la 44 82 Yb 62
37370 Bertinières, les 37 85 Ac 63
58400 Bertins, les 58 103 Da 65
24540 Bertis 24 137 Af 81
08300 Bertoncourt 08 41 Ec 51
54480 Bertrambois 54 77 Gf 57
76680 Bertramesnil 76 37 Bb 51
80560 Bertrancourt 80 29 Cd 48

34380 Bertrand 34 153 Dd 86
11310 Bertrande 11 166 Cb 88
81440 Bertrandié 81 165 Ca 86
83340 Bertrands, le 83 172 Gb 88
57310 Bertrange 57 56 Gb 53
33290 Bertranot 33 134 Zb 79
18340 Bertray, le 18 102 Cc 67
81700 Bertre 81 165 Bf 87
65370 Bertren 65 176 Ad 91
48160 Bertresque, la 48 154 Df 83
76450 Bertreville 76 36 Ad 50
76590 Bertreville-Saint-Ouen 76 37 Ba 50
24320 Bertric-Burée 24 124 Ac 77
54120 Bertrichamps 54 77 Ge 58
02190 Berticourt 02 41 Ea 52
76890 Bertrimont 76 37 Ba 50
88520 Bertrimoutier 88 77 Ha 59
59980 Bertry 59 30 Dc 48
89700 Béru 89 90 Df 62
10160 Bérulle 10 73 Dd 59
72610 Bérus 72 68 Aa 58
29440 Berven 29 62 Vf 57
76560 Berville 76 37 Ae 50
95810 Berville 95 51 Ca 53
27520 Berville-en-Roumois 27 49 Ae 53
27170 Berville-la-Campagne 27 49 Af 54
57550 Berviller-en-Moselle 57 57 Gd 53
14170 Bervilles 14 48 Zf 54
27210 Berville-sur-Mer 27 36 Ac 52
76480 Berville-sur-Seine 76 37 Af 52
71960 Berzé-la-Ville 71 118 Ee 70
71960 Berzé-le-Châtel 71 118 Ee 70
07580 Berzème 07 142 Ed 81
51800 Berzieux 51 54 Ee 54
02200 Berzy-le-Sec 02 52 Db 52
04420 Bès 04 157 Gb 83
48310 Bès, le 48 140 Da 80
08450 Besace, la 08 42 Ef 51
08460 Besace, la 08 41 Ec 50
39800 Besain 39 107 Fe 68
25000 Besançon 25 107 Ga 65
26300 Bésayes 26 143 Fa 79
46260 Bescat 64 162 Zd 90
26110 Bésignan 26 156 Fb 83
44650 Bésillère, la 44 97 Yc 67
64150 Besingrand 64 161 Zc 88
44290 Beslé 44 82 Ya 62
50800 Beslon 50 46 Yf 55
02300 Besmé 02 40 Da 51
02500 Besmont 02 41 Ea 49
70230 Besnans 70 93 Gb 64
50640 Besnardière, la 50 66 Yf 57
44160 Besné 44 81 Xf 64
50390 Besneville 50 46 Yc 52
28190 Besnez 28 69 Bb 57
53500 Besnières 53 66 Za 58
02870 Besny-et-Loizy 02 40 Dd 51
16250 Bessac 16 123 Zf 76
44750 Bessac 44 81 Ya 64
15320 Bessaire-de-Lair 15 140 Db 79
18210 Bessais-le-Fromental 18 103 Ce 68
43200 Bessamorel 43 141 Ea 78
34550 Bessan 34 167 Dc 88
95550 Bessancourt 95 51 Cb 54
74140 Dessans 73 133 Gf 77
43370 Bessarioux 43 141 Df 79
07150 Bessas 07 154 Eb 82
23460 Bessat 23 126 Bf 73
63210 Bessat 63 127 Cf 74
42660 Bessat, le 42 130 Ed 76
03000 Bessay 03 103 Db 69
28150 Bessay 28 70 Bd 59
85320 Bessay 85 109 Yf 69
03340 Bessay-sur-Allier 03 116 Dc 70
19140 Bessde, la 19 126 Bd 75
15140 Besse 15 139 Cc 78
16140 Bessé 16 111 Aa 73
24550 Besse 24 137 Ba 80
38142 Besse 38 144 Gb 78
43130 Besse 43 129 Df 77
49350 Besse 49 84 Ze 64
12430 Besse, la 12 152 Gc 84
19150 Besse, la 19 126 Bf 77
63660 Besse, la 63 129 Df 75
81310 Bessède 81 150 Be 85
11140 Bessède-de-Sault 11 178 Ca 92
63610 Besse-et-Saint-Anastaise 63 128 Cf 75
30160 Bessèges 30 154 Ea 83
23170 Besse-Mathieu 23 114 Cc 71
69690 Bessenay 69M 130 Ed 74
82170 Bessens 82 150 Bb 85
15220 Besserols 15 139 Cc 80
30450 Besses 30 154 Ea 82
46100 Besses 46 138 Ca 80
34190 Besses, les 34 153 Dc 85
72310 Bessé-sur-Braye 72 85 Ae 61
83890 Besse-sur-Issole 83 171 Gb 88
09500 Besset 09 165 Bf 90
43150 Besset 43 141 Ea 79
48340 Besset, le 48 140 Da 82
19170 Bessette, la 19 126 Bf 74
48300 Bessettes 48 141 De 80
42520 Bessey 42 130 Ee 76
21360 Bessey-en-Chaume 21 105 Ee 66
21360 Bessey-la-Cour 21 105 Ed 66
21110 Bessey-lès-Cîteaux 21 106 Fa 66
43170 Besseyre-Saint-Mary, la 43 140 Dc 79
81320 Bessière 81 167 Cf 86
12130 Bessière, la 12 140 Da 82
48340 Bessière, la 48 140 Da 81
31660 Bessières 31 150 Bd 86
48130 Bessils 48 140 Db 80
79000 Bessines 79 110 Zc 71
87250 Bessines-sur-Gartempe 87 113 Bc 72
38160 Bessins 38 131 Fb 77
19200 Bessole 19 127 Cc 76
63790 Bessolles 63 127 Cf 75
15100 Bessols 15 140 Da 79
03210 Besson 03 116 Db 70
90160 Bessoncourt 90 94 Gf 63
46210 Bessonies 46 138 Ca 80
48200 Bessons, les 48 140 Db 80
77760 Bessonville 77 71 Cd 59
46310 Bessous 46 137 Bc 80
09500 Bessous, les 09 165 Be 90
10170 Bessy 10 73 Ea 57
89270 Bessy-sur-Cure 89 90 De 63
40200 Bestaven 40 146 Yf 83
23100 Besth, le 23 127 Cc 74
09250 Bestiac 09 177 Be 92
57670 Besville 57 57 Ge 55
19380 Bétaille 19 138 Bf 77
46110 Bétaille 46 138 Be 79
70500 Betaucourt 70 93 Ff 61
65230 Betbèze 65 163 Ad 89
40240 Betbezer-d'Armagnac 40 148 Ze 85
32420 Betcave-Aguin 32 163 Ae 88
09160 Betchat 09 164 Ba 90
12270 Bételle 12 151 Bf 83
23270 Bétête 23 114 Ca 70
08190 Béthancourt 08 41 Ea 51
60129 Béthancourt-en-Valois 60 52 Cf 53
02300 Béthancourt-en-Vaux 02 40 Da 51
87120 Bethe 87 126 Be 74
55100 Béthelainville 55 55 Fb 53
78300 Béthemont 78 51 Bf 55
95840 Béthemont-la-Forêt 95 51 Cb 54
59540 Béthencourt 59 30 Dc 48
60140 Béthencourt 60 39 Cc 52
62127 Béthencourt 62 29 Cd 46
76340 Béthencourt 76 37 Bd 49
80130 Béthencourt-sur-Mer 80 28 Bd 48
80190 Béthencourt-sur-Somme 80 39 Cf 50
36190 Bethenet 36 114 Bd 70
51490 Bétheniville 51 54 Ec 53
51450 Bétheny 51 53 Ea 53
55270 Béthincourt 55 55 Fb 53
86310 Béthines 86 113 Af 69
60320 Béthisy-Saint-Martin 60 52 Ce 53
60320 Béthisy-Saint-Pierre 60 52 Ce 53
09800 Bethmale 09 176 Ba 91
51260 Béthon 51 73 Dd 57
72610 Béthon 72 68 Aa 58
70400 Béthoncourt 70 94 Ge 63
62690 Bethonsart 62 29 Cd 46
28330 Béthonvilliers 28 69 Af 59
90150 Bethonvilliers 90 94 Gf 62
63260 Bethueix, le 63 116 Db 72
62400 Béthune 62 29 Cd 45
10500 Bétignicourt 10 74 Ec 58
65220 Betmont 65 163 Ab 89
77320 Béton-Bazoches 77 52 Db 56
70120 Betoncourt-les-Ménétriers 70 93 Fe 62
70210 Betoncourt-Saint-Pancras 70 93 Gb 61
70500 Betoncourt-sur-Mance 70 92 Fe 62
23160 Bétoulle, le 23 113 Bd 70
87620 Betoulles, les 87 125 Ba 74
32110 Bétous 32 162 Aa 86
40550 Betoy 40 146 Ye 85
32730 Betplan 32 163 Ab 88
65120 Betpouey 65 175 Aa 91
65230 Betpouy 65 163 Ac 89
64350 Bétracq 64 162 Zf 87
67660 Betschdorf 67 58 Hf 55
54640 Bettainvillers 54 56 Ff 53
51330 Bettancourt-la-Longue 51 54 Ef 56
57220 Bettange 57 57 Gc 53
01500 Bettant 01 119 Fc 73
57930 Bettborn 57 57 Ha 56
88450 Bettegney-Saint-Brice 88 76 Gb 59
57640 Bettelainville 57 56 Gb 53
80290 Bettembos 80 38 Bf 50
80270 Bettencourt-Rivière 80 28 Bf 49
80610 Bettencourt-Saint-Ouen 80 38 Ca 48
68560 Bettendorf 68 95 Hb 63
65130 Bettes 65 163 Ab 90
76190 Betteville 76 36 Ae 51
74170 Bettex, le 74 121 Gd 73
59600 Bettignies 59 31 Df 47
57480 Betting 57 44 Gd 52
57800 Betting 57 57 Ge 54
68480 Bettlach 68 95 Hc 63
35830 Betton 35 65 Yc 59
73390 Betton-Bettonet 73 132 Gb 75
88500 Bettoncourt 88 76 Ga 58
52230 Bettoncourt-le-Haut 52 75 Fb 58
59570 Bettrechies 59 31 De 47
57510 Bettring 57 57 Gf 54
57410 Bettviller 57 58 Hb 54
67320 Bettwiller 67 57 Hb 55
60620 Betz 60 52 Cf 54
43260 Betz, le 43 141 Ea 78
37600 Betz-le-Château 37 100 Af 67
62150 Beugin 62 29 Cd 46
35350 Beuglais, la 35 65 Ya 57
62450 Beugnâtre 62 30 Cf 48
85400 Beugné-L'Abbé 85 110 Ye 70
02210 Beugneux 02 52 Dc 53
59216 Beugnies 59 31 Ea 48
89570 Beugnon 89 73 De 60
79130 Beugnon, le 79 98 Zc 69
79310 Beugnon, le 79 111 Ze 69
85390 Beugnon, le 85 98 Zb 69
62124 Beugny 62 30 Cf 48
06470 Beuil 06 158 Gf 84
88490 Beulay, le 88 77 Ha 59
70310 Beulotte-la-Guillaume 70 94 Gd 61
70310 Beulotte-Saint-Laurent 70 94 Ge 61
25720 Beure 25 107 Ga 65
10140 Beurey 10 74 Ec 59
21320 Beurey-Bauguay 21 105 Ec 65
55000 Beurey-sur-Saulx 55 55 Fa 56
63220 Beurières 63 129 De 76
21350 Beurizot 21 91 Ec 64
17250 Beurlay 17 122 Zb 73
56130 Beurnais 56 81 Xe 64
52110 Beurville 52 74 Ee 59
64390 Beüsse 64 161 Za 88
62170 Beussent 62 28 Be 45
64800 Beuste 64 162 Ze 89
62170 Beutin 62 28 Be 46
33700 Beutre 33 134 Zb 80
57100 Beuvange-sous-Saint-Michel 57 43 Ga 52
02130 Beuvardes 02 53 Dc 54
54620 Beuveille 54 43 Fe 52
54115 Beuvezin 54 76 Ff 58
76890 Beuville 76 37 Ba 50
14100 Beuvillers 14 48 Ab 54
54560 Beuvillers 54 43 Ff 52
80700 Beuvraignes 80 39 Ce 51
62250 Beuvrequen 62 26 Be 44
76220 Beuvreuil 76 38 Bd 51
50420 Beuvrigny 50 47 Yf 55
58210 Beuvron 58 89 Dc 64
14430 Beuvron-en-Auge 14 35 Zf 53
62660 Beuvry 62 29 Ce 45
59310 Beuvry-la-Forêt 59 30 Db 46
57580 Beux 57 56 Gb 55
86120 Beuxes 86 99 Ab 66
29120 Beuzec 29 78 Ve 61
29790 Beuzec-Cap-Sizun 29 61 Vc 60
29900 Beuzec-Conq 29 78 Wa 61
27210 Beuzeville 27 48 Ac 52
50480 Beuzeville-au-Plain 50 33 Ye 52
50360 Beuzeville-la-Bastille 50 46 Yd 52
76850 Beuzeville-la-Giffarde 76 37 Bb 51
76210 Beuzeville-la-Grenier 76 36 Ac 51
76450 Beuzeville-la-Guérard 76 36 Ad 50
76210 Beuzevillette 76 36 Ad 51
57175 Bevange 57 56 Ga 53
38690 Bévenais 38 131 Fc 76
70110 Beveuge 70 94 Gc 63
57645 Béville 57 56 Gb 54
28700 Béville-le-Comte 28 70 Be 58
59217 Bévillers 59 30 Dc 48
04200 Bevons 04 157 Ff 83
21220 Bévy 21 106 Ef 65
15130 Bex, le 15 139 Cc 79
01290 Bey 01 118 Ef 71
71620 Bey 71 106 Ef 68
33450 Beychac-et-Caillau 33 135 Zd 79
33250 Beychevelle 33 134 Zb 78
19330 Beylie, la 19 126 Bd 77
40370 Beylongue 40 147 Zb 85
15170 Beynac 15 140 Cf 78
87700 Beynac 87 125 Bb 74
24220 Beynac-et-Cazenac 24 137 Ba 79
19190 Beynat 19 138 Be 78
19250 Beynat 19 126 Ca 75
04270 Beynes 04 157 Gb 85
13104 Beynes 13 169 Ee 87
78650 Beynes 78 50 Bf 55
19250 Beynette 19 126 Ca 75
01700 Beynost 01 130 Fa 73
65410 Beyrède-Jumet 65 175 Ac 91
57570 Beyren-lès-Sierck 57 44 Gb 52
40440 Beyres 40 160 Yd 87
64230 Beyrie-en-Béarn 64 162 Zd 88
40700 Beyries 40 161 Zc 87
64120 Beyrie-sur-Joyeuse 64 161 Yf 89
19230 Beyssac 19 125 Bc 76
19390 Beyssac 19 126 Bf 76
43320 Beyssac 43 141 De 78
47200 Beyssac 47 136 Aa 81
19230 Beyssenac 19 125 Bb 76
54760 Bey-sur-Seille 54 56 Gb 56
33230 Beytoure 33 135 Zf 78
12700 Bez 12 138 Ca 81
12300 Bez, le 12 139 Cb 81
81260 Bez, le 81 166 Cc 87
09100 Bézac 09 165 Bd 90
24240 Bézage 24 136 Ac 80
36340 Bézagette 36 101 Be 69
77970 Bezalles 77 52 Db 56
12190 Bézamat 12 139 Ce 81
76220 Bézancourt 76 38 Bd 52
54370 Bézange-la-Grande 54 57 Gc 56
57630 Bezange-la-Petite 57 57 Gd 56
51430 Bezannes 51 53 Df 53
36800 Bezarde, la 36 101 Bb 69
45290 Bézards, les 45 88 Ce 62
06510 Bézaudun 06 158 Ha 86
26460 Bézaudun-sur-Bine 26 143 Fb 81
54380 Bezaumont 54 56 Ga 55
21310 Bèze 21 92 Fb 64
19170 Bezeau 19 126 Bf 75
24220 Bézenac 24 137 Ba 79
80640 Bézencourt 80 38 Bf 49
03170 Bézenet 03 115 Cf 71
32130 Bézéril 32 164 Af 87
24550 Bezet 24 137 Ba 81
30120 Bez-et-Esparon 30 153 Dd 85
34500 Béziers 34 167 Db 88
40110 Bezin 40 147 Zb 84
62650 Bezinghem 62 28 Be 45
31440 Bezins-Garraux 31 176 Ae 91
56500 Bézo, le 56 80 Xb 61
11300 Bezole, la 11 178 Ca 90
32310 Bezolles 32 148 Ab 86
12340 Bezonnes 12 152 Cd 82
95100 Bezons 95 51 Cb 55
30320 Bezouce 30 154 Ec 85
21310 Bézouotte 21 92 Fc 64
30450 Bézout 30 154 Df 82
11500 Bézu, le 11 178 Cb 91
83136 Bezud 83 171 Ff 88
32140 Bézues-Bajon 32 163 Ad 88
27480 Bézu-la-Forêt 27 38 Bd 52
02310 Bézu-le-Guéry 02 52 Db 54
27660 Bézu-Saint-Eloi 27 50 Be 53
02400 Bézu-Saint-Germain 02 52 Dc 54
09800 Biac 09 176 Af 91
80200 Biaches 80 39 Cf 49
62118 Biache-Saint-Vaast 62 30 Cf 47
63750 Bialon 63 127 Cd 75
39290 Biame 39 106 Fc 66
25520 Bians-les-Usiers 25 108 Gb 67
86580 Biard 86 112 Ab 69
50540 Biards, les 50 66 Ye 57
46230 Biargues 46 150 Bd 82
80190 Biarre 80 39 Cf 50
64200 Biarritz 64 160 Yc 88
40390 Biarrotte 40 160 Ye 87
46130 Biars 46 138 Bf 79
46130 Biars-sur-Cère 46 138 Bf 79
88470 Biarville 88 77 Gf 58
40170 Bias 40 146 Ye 84
47300 Bias 47 149 Ae 82
42380 Biaud 42 129 Ea 76
40390 Biaudos 40 160 Ye 87
87500 Biaugeas 87 125 Bb 75
81190 Bibel 81 151 Cb 84
57870 Biberkirch 57 57 Ha 57
57320 Bibiche 57 44 Gc 53
67360 Biblisheim 67 58 He 55
69690 Bibost 69M 130 Ed 74
20140 Bicchisano, Petreto- CTC 182 If 98
20140 Bicchisgià, Pitretu- CTC 182 If 98
94800 Bicêtre 94 51 Cc 56
43800 Bichaix 43 141 Df 78
02300 Bichancourt 02 40 Db 51
01480 Bicheron 01 118 Ee 72
58110 Biches 58 104 Dd 66
87290 Bicheuil 87 113 Bb 72
31530 Bichou 31 164 Bb 87
57635 Bickenholtz 57 57 Hb 56
63460 Bicom 63 116 Db 72
54200 Bicqueley 54 56 Ff 57
64520 Bidache 64 161 Yf 88
09230 Bidaousse, la 09 164 Ba 90
64780 Bidarray 64 160 Yd 89
64210 Bidart 64 160 Yc 88
41270 Bidaudières, les 41 69 Af 60
57260 Bidestroff 57 57 Ge 55
57660 Biding 57 57 Ge 54
18370 Bidoire, la 18 114 Cb 69
07700 Bidon 07 155 Ed 82
88170 Biécourt 88 76 Ff 59
68480 Biederthal 68 95 Hc 64
39150 Bief-des-Maisons 39 107 Ga 68
39250 Bief-du-Fourg 39 107 Ga 68
39800 Biefmorin 39 107 Fd 67
42310 Biefs, les 42 116 De 72
62450 Biefvillers-lès-Bapaume 62 30 Ce 48
09140 Bielle 09 177 Bb 92
64260 Bielle 64 174 Zd 90
76210 Bielleville 76 36 Ac 51
17600 Bien-Assis 17 122 Yf 74
80140 Biencourt 80 38 Be 49
55290 Biencourt-sur-Orge 55 75 Fc 57
28120 Bienfol 28 69 Bb 58
87600 Biennac 87 125 Af 74
76850 Biennais 76 37 Ba 51
62570 Bientques 62 27 Cb 44
60280 Bienville 60 39 Ce 52
62111 Bienvillers-au-Bois 62 29 Cd 47
77750 Biercy 77 52 Da 55
32160 Bières-d'Armagnac 32 162 Aa 87
08300 Biermes 08 41 Ec 52
60490 Biermont 60 39 Ce 51
10800 Bierne 10 73 Ea 59
53290 Bierné 53 84 Zc 62
59380 Bierne 59 27 Cc 43
61160 Bierre 61 48 Zf 55
21390 Bierre-lès-Semur 21 90 Eb 64
89420 Bierry 89 90 Df 63
89420 Bierry-les-Belles-Fontaines 89 90 Eb 63
09320 Biert 09 177 Bb 91
76750 Bierville 76 37 Bb 51
68600 Biesheim 68 60 Hd 60
52340 Biesles 52 75 Fb 60
67720 Bietlenheim 67 58 He 56
33210 Bieujac 33 135 Zf 81
02290 Bieuxy 02 40 Db 52
56310 Bieuzy 56 79 Wf 61
56330 Bieuzy-Lanvaux 56 80 Xa 62
50160 Biéville 50 47 Za 54
14112 Biéville-Beuville 14 47 Zd 53
14270 Biéville-en-Auge 14 35 Zf 54
14270 Biéville-Quétiéville 14 35 Zf 54
02860 Bièvres 02 40 De 52
08370 Bièvres 08 42 Fb 51
91570 Bièvres 91 51 Cb 56
88430 Biffontaine 88 77 Ge 59
40410 Biganon 40 147 Zb 82
33380 Biganos 33 134 Za 81
24260 Bigaroque 24 137 Af 79
16170 Bignac 16 123 Aa 74
33230 Bignac 33 135 Zf 78
56500 Bignan 56 80 Xb 61
17400 Bignay 17 110 Zc 73
14260 Bigne, la 14 47 Zb 54
08310 Bignicourt 08 41 Ec 52
51300 Bignicourt-sur-Marne 51 54 Ed 56
51340 Bignicourt-sur-Saulx 51 54 Ee 56
35000 Bignon 35 65 Yb 60
44140 Bignon, le 44 97 Yd 66
53170 Bignon-du-Maine, le 53 67 Zc 61
45210 Bignon-Mirabeau, le 45 72 Cf 60
35137 Bignonnet, le 35 65 Ya 59
86800 Bignoux 86 100 Ac 69
20252 Bigorno CTC 181 Kb 93
20252 Bigornu = Bigorno CTC 181 Kb 93
53240 Bigottière, la 53 67 Zb 59
53440 Bigottière, la 53 67 Zd 59
24130 Bigounin, le 24 136 Ab 79
20620 Biguglia CTC 181 Kc 93
02490 Bihécourt 02 40 Da 49
76420 Bihorel 76 37 Ba 52
62121 Bihucourt 62 30 Ce 48
44117 Bilac 44 81 Xe 65
79100 Bilazais 79 99 Zf 67
43000 Bilhac 43 141 Df 78
64260 Bilhères 64 174 Zd 90
28170 Bilheux 28 69 Bc 57
20100 Bilia CTC 184 If 99
19120 Billac 19 138 Be 79
24320 Billac 24 124 Ac 76
28190 Billancelles 28 69 Bb 58
80190 Billancourt 80 39 Cf 50
92170 Billancourt 92 51 Cb 56
87340 Billanges, les 87 113 Bd 73
85230 Billarderies, les 85 96 Xf 67
71540 Billaudot, les 71 105 Ec 66
33500 Billaux, les 33 135 Ze 79
35133 Billé 35 66 Ye 59
17920 Billeau, le 17 122 Yf 74
39250 Billecul 39 107 Ga 68
55100 Billemont 55 55 Fc 54
60890 Billemont 60 52 Da 53
64140 Billère 64 162 Zd 89
21130 Billey 21 106 Fc 66
03120 Billezois 03 116 Dd 71
22230 Billiaie 22 64 Xe 59
01200 Billiat 01 119 Fe 72
73170 Billième 73 132 Fe 74
56190 Billiers 56 81 Xd 63
01300 Billieu 01 131 Fe 74
56420 Billio 56 80 Xc 61
56190 Billion 56 80 Xc 63
63160 Billom 63 128 Dc 74
52220 Billory 52 74 Ee 58
46270 Billoux 46 138 Ca 81
03260 Billy 03 116 Dc 71
14370 Billy 14 48 Ze 54
41130 Billy 41 86 Bd 65
79600 Billy 79 98 Ze 68
62138 Billy-Berclau 62 30 Cf 45
58270 Billy-Chevannes 58 104 Dc 66
51400 Billy-le-Grand 51 53 Eb 54
21450 Billy-lès-Chanceaux 21 91 Ee 63
62420 Billy-Montigny 62 30 Cf 46
55210 Billy-sous-les-Côtes 55 55 Fe 54
55230 Billy-sous-Mangiennes 55 43 Fd 53
02200 Billy-sur-Aisne 02 40 Dc 52
58500 Billy-sur-Oisy 58 89 Dc 64
02210 Billy-sur-Ourcq 02 52 Db 53
33770 Bilos 33 134 Za 81
62570 Bilques 62 29 Cb 44
68340 Bilsteinthal 68 60 Hb 59
68127 Biltzheim 68 60 Hc 61
67170 Bilwisheim 67 58 Hd 56
20100 Bilzese CTC 184 Ka 99
62650 Bimont 62 28 Bf 45
39570 Binans 39 107 Fd 69
51800 Binarville 51 54 Ef 53
41240 Binas 41 86 Bc 61
60850 Binaux, les 60 38 Be 52
67600 Bindernheim 67 60 Hd 59
36150 Binfou 36 101 Be 66
50490 Bingard, le 50 33 Yc 54
21270 Binges 21 92 Fb 65
22520 Binic-Étables-sur-Mer 22 64 Xb 57
57410 Bining 57 58 Hb 54
50390 Biniville 50 33 Yd 52
31440 Binos 31 176 Ad 91
51700 Binson-et-Orquigny 51 53 De 54
46500 Bio 46 138 Be 80
82000 Bio 82 150 Bc 85
74500 Bioge 74 120 Gd 71
38690 Biol 38 131 Fc 76
39190 Biolee, la 39 119 Fc 69
73410 Biolle, la 73 132 Ff 74
63640 Biollet 63 115 Ce 73
50140 Bion 50 66 Za 57
57170 Bioncourt 57 56 Gc 56
74170 Bionnay 74 133 Ge 73
57220 Bionville-sur-Nied 57 57 Gc 54
73540 Biorges 73 132 Gc 75
06410 Biot 06 173 Ha 87
81260 Biot 81 166 Cd 87
74430 Biot, le 74 120 Gd 71
82800 Bioule 82 150 Bd 84
12500 Biounac 12 139 Ce 82
16700 Bioussac 16 112 Ab 72
07130 Biousse 07 142 Ee 79
26110 Biove, la 26 156 Fb 83
03800 Biozat 03 116 Db 72
16130 Birac 16 123 Zf 75
33430 Birac 33 147 Zf 82
82000 Birac 82 150 Bc 84
47200 Birac-sur-Trec 47 136 Ab 82
32350 Biran 32 163 Ac 86
24310 Biras 24 124 Ad 77
24220 Birat 24 137 Ba 79
33840 Biret 33 148 Zf 83
64700 Biriatou 64 160 Yb 88
01330 Birieux 01 118 Fa 73
67440 Birkenwald 67 58 Hb 57
67160 Birlenbach, Drachenbronn- 67 58 Hf 55
44210 Birochère, la 44 96 Xf 66
17310 Biroire, la 17 109 Yd 73
17800 Biron 17 123 Zd 75
24540 Biron 24 137 Af 81
40600 Biscarrosse 40 146 Yf 82
40600 Biscarrosse-Plage 40 146 Ye 82
64120 Biscay 64 161 Yf 88
57660 Bischdorf = Bistroff 57 57 Ge 55
67800 Bischheim 67 60 He 57
67340 Bischholtz 67 58 Hd 55
67870 Bischoffsheim 67 60 Hc 58
67260 Bischtroff-sur-Sarre 67 57 Ha 55
68320 Bischwihr 68 60 Hc 60
67240 Bischwiller 67 58 He 56
64190 Bisduyeys 64 161 Za 89
07530 Bise 07 142 Ec 80
74360 Bise 74 121 Ge 70
68580 Bisel 68 95 Hb 63
20112 Bisene CTC 185 Ka 99
16360 Bises, les 16 123 Ze 77
20128 Bisinao CTC 184 If 97
20128 Bisinau = Bisinao CTC 184 If 97
20235 Bisinchi CTC 181 Kb 94
55300 Bislée 55 55 Fc 55
28150 Bisseau 28 70 Bd 59
67260 Bissert 67 57 Ha 55
51150 Bisseuil 51 53 Ea 54

A
B
C
D
E
F
G
H
I
J
K
L
M
N
O
P
Q
R
S
T
U
V
W
X
Y
Z

21520 Bissey-la-Côte 21 91 Ee 61
21330 Bissey-la-Pierre 21 91 Ec 61
71390 Bissey-sous-Cruchaud 71 105 Ee 68
59380 Bissezeele 59 27 Cc 43
19430 Bissière, la 19 138 Bf 79
14370 Bissières 14 35 Zf 54
14380 Bisson, le 14 46 Yf 55
02830 Bissy 02 41 Ea 49
71260 Bissy-la-Mâconnaise 71 118 Ee 70
71460 Bissy-sous-Uxelles 71 118 Ee 69
71460 Bissy-sur-Fley 71 105 Ed 69
17490 Bistandille, la 17 123 Ze 73
47400 Bistauzac 47 136 Ab 82
57220 Bisten-en-Lorraine 57 57 Gd 54
57660 Bistroff = Bischdorf 57 57 Ge 55
19320 Bitarelle, la 19 126 Ca 77
19800 Bitarelle, la 19 126 Be 77
57230 Bitche = Bitsch 57 58 Hc 54
33730 Biton 33 135 Zd 82
45300 Bitry 45 71 Cb 59
58310 Bitry 58 89 Da 64
60350 Bitry 60 40 Da 52
57230 Bitsch = Bitche 57 58 Hc 54
67350 Bitschhoffen 67 58 Hd 55
68620 Bitschwiller-lès-Thann 68 94 Ha 62
32380 Bivès 32 149 Ae 85
38330 Biviers 38 132 Fe 77
50440 Biville 50 33 Yb 51
76890 Biville-la-Baignarde 76 37 Ba 50
76730 Biville-la-Rivière 76 37 Af 50
76630 Biville-sur-Mer 76 37 Bb 49
61190 Bivilliers 61 68 Ad 57
AD600 Bixessarri ◘ AND 177 Bc 94
30420 Bizac 30 154 Eb 86
43370 Bizac 43 141 De 79
60130 Bizancourt 60 39 Cc 52
11200 Bizanet 11 167 Cf 90
64320 Bizanos 64 162 Zd 89
52500 Bize 52 92 Fd 61
65150 Bize 65 175 Ac 90
11120 Bize-Minervois 11 167 Cf 89
03170 Bizeneuille 03 115 Ce 70
01290 Biziat 01 118 Ef 71
57480 Bizing 57 44 Gd 52
56250 Bizole 56 80 Xc 62
79120 Bizon 79 111 Zf 71
38690 Bizonnes 38 131 Fc 76
25210 Bizot, le 25 108 Ge 66
71710 Bizots, les 71 105 Ec 68
61290 Bizou 61 69 Ae 58
65150 Bizous 65 163 Ac 90
41240 Bizy 41 86 Bd 61
69460 Blacé 69D 118 Ed 72
84750 Blace 84 156 Fc 85
69460 Blaceret 69D 118 Ee 72
05230 Blache 05 144 Gb 81
04230 Blache, la 04 157 Fe 84
26400 Blache, la 26 143 Fa 80
26700 Blaches, les 26 155 Ee 82
04530 Blachière, la 04 145 Ge 81
60650 Blacourt 60 38 Bf 52
76190 Blacqueville 76 37 Af 51
51300 Blacy 51 54 Ed 56
89440 Blacy 89 90 Ea 63
63640 Bladeix, le 63 115 Ce 73
67113 Blaesheim 67 60 Hd 57
31700 Blagnac 31 164 Bc 87
08110 Blagny 08 42 Fb 51
21310 Blagny-sur-Vingeanne 21 92 Fc 64
13830 Blagon 33 134 Za 80
33190 Blaignac 33 135 Zf 81
33340 Blaignan 33 122 Za 77
44130 Blain 44 82 Yb 64
60460 Blaincourt 60 51 Cc 53
10500 Blaincourt-sur-Aube 10 74 Ec 58
71160 Blainville-Crevon 76 37 Bb 51
54360 Blainville-sur-L'Eau 54 76 Gc 57
50560 Blainville-sur-Mer 50 46 Yc 54
14550 Blainville-sur-Orne 14 47 Ze 53
62173 Blairville 62 29 Ce 47
08400 Blaise 08 42 Ed 52
52330 Blaise 52 74 Ef 59
51300 Blaise-sous-Arzillières 51 54 Ed 56
51290 Blaise-sous-Hauteville 51 74 Fe 57
49320 Blaison-Saint-Sulpice 49 84 Zd 64
52330 Blaisy 52 75 Ef 59
21540 Blaisy-Bas 21 91 Ee 64
21540 Blaisy-Haut 21 91 Ee 64
07000 Blaizac 07 142 Ec 80
31350 Blajan 31 163 Ad 89
48320 Blajoux 48 153 Dc 82
17700 Blameré 17 110 Za 72
49440 Blamerie, la 49 83 Yf 63
25310 Blamont 25 94 Gf 64
54450 Blâmont 54 77 Gf 57
81700 Blan 81 165 Ca 87
46500 Blanat 46 138 Be 80
01230 Blanaz 01 119 Fc 73
12360 Blanc 12 167 Cf 86
24440 Blanc 24 136 Ae 80
33340 Blanc 33 122 Yf 77
18410 Blancafort 18 88 Cd 63
36300 Blanc Coubernard, le 36 100 Ba 69
50220 Blancdinière, la 50 46 Ye 57
21320 Blancey 21 91 Ec 65
60120 Blancfosse 60 38 Cb 51
59223 Blanc-Four 59 30 Da 44
72000 Blanchardière, la 72 68 Ac 59
85710 Blanchardière, la 85 96 Yb 67
86100 Blanchards, les 86 100 Ac 67
57260 Blanche Église 57 57 Ge 56
91530 Blancheface 91 71 Ca 57
08290 Blanche-et-Bay 08 41 Eb 50
44521 Blanche-Lande 44 82 Ye 64
24660 Blancherie, la 24 136 Ae 78
67130 Blancherupt 67 77 Hb 58
72270 Blanchetière, la 72 84 Zf 62
52700 Blancheville 52 75 Fb 59
93150 Blanc-Mesnil, le 93 51 Cc 55
31220 Blancotte 31 164 Ba 89
62370 Blanc-Pignon 62 27 Ca 43
38930 Blancs, les 38 143 Fd 80
51130* Blancs-Coteaux 51 53 Df 55
28120 Blandainville 28 69 Bb 59
30770 Blandas 30 153 Dd 85
38730 Blandin 38 131 Fc 76
53270 Blandouet-Saint Jean 53 67 Ze 60
31310 Blandy 31 164 Bb 90
77115 Blandy 77 72 Cc 57
91150 Blandy 91 71 Cb 59
62270 Blangerval-Blangermont 62 29 Cb 47
80430 Blangiel 80 38 Be 50
14130 Blangy-le-Château 14 48 Ab 53
80290 Blangy-sous-Poix 80 38 Ca 50
76340 Blangy-sur-Bresle 76 38 Bd 49
62770 Blangy-sur-Ternoise 62 29 Cb 46
80440 Blangy-Tronville 80 39 Cc 49
43800 Blanlhac 43 129 Df 78
22600 Blanlin 22 64 Xb 60
89200 Blannay 89 90 De 63
21430 Blanot 21 105 Eb 65
71250 Blanot 71 118 Ee 70
32270 Blanquefort 32 164 Ae 86
32600 Blanquefort 32 164 Ba 87
33290 Blanquefort 33 134 Zc 79
47500 Blanquefort-sur-Briolance 47 137 Af 81
28500 Blanville 28 50 Bc 56
71870 Blany 71 118 Ee 70
24640 Blanzac 24 125 Af 77
43350 Blanzac 43 141 Df 78
87300 Blanzac 87 113 Ba 72
17160 Blanzac-lès-Matha 17 123 Zd 73
16250 Blanzac-Porcheresse 16 123 Aa 76
46200 Blanzaguet 46 138 Bd 79
16320 Blanzaguet-Saint-Cybard 16 124 Ab 76
63112 Blanzat 63 128 Da 74
86400 Blanzay 86 112 Ab 71
17470 Blanzay-sur-Boutonne 17 111 Zd 72
55400 Blanzée 55 55 Fd 54
71450 Blanzy 71 105 Ec 68
08190 Blanzy-la-Salonnaise 08 41 Eb 52
02160 Blanzy-lès-Fismes 02 53 De 52
12230 Blaquererie, la 12 153 Db 85
12100 Blaquière, la 12 152 Da 84
60220 Blargies 60 38 Be 50
25640 Blarians 25 93 Gb 64
59173 Blaringhem 59 29 Cc 44
04120 Blaron 04 158 Gd 85
46330 Blars 46 138 Be 81
78270 Blaru 78 50 Bc 54
48000 Blasièges 48 140 Dc 82
33540 Blasimon 33 135 Zf 80
86170 Blaslay 86 99 Ab 68
43380 Blassac 43 140 Dc 77
07110 Blat, le 07 141 Eb 81
59126 Blaton, le 59 30 Da 44
48100 Blatte, la 48 140 Da 81
81360 Blaucau 81 166 Cc 86
23140 Blaudeix 23 114 Ca 71
50390 Blauderie, la 50 33 Yc 52
38690 Blaune 38 131 Fc 76
06440 Blausasc 06 159 Hc 86
84570 Blauvac 84 155 Fb 84
12440 Blauzac 12 151 Cb 83
30700 Blauzac 30 154 Ec 85
23700 Blavepeyre 23 115 Cc 72
19190 Blavignac 19 138 Be 78
48200 Blavignac 48 140 Db 79
62810 Blavincourt, Beaufort- 62 29 Cc 47
43700 Blavozy 43 141 Df 78
14400 Blay 14 47 Za 53
33600 Blayais, les 33 134 Zb 80
12170 Blaye 12 151 Cc 84
33113 Blaye 33 135 Zc 81
33390 Blaye 33 134 Zc 78
81400 Blaye-les-Mines 81 151 Ca 84
47470 Blaymont 47 149 Af 83
32100 Blaziert 32 148 Ac 85
52300 Blécourt 52 75 Fa 58
59268 Blécourt 59 30 Db 47
04420 Blégiers 04 157 Gc 83
39110 Blegny 39 107 Ff 67
50500 Bléhou 50 46 Yd 53
89230 Bleigny-le-Carreau 89 89 De 61
54450 Blémerey 54 77 Ge 57
88500 Blémerey 88 76 Ga 58
58470 Blénay, le 58 103 Da 67
62575 Blendecques 62 29 Cb 44
89220 Bléneau 89 88 Cf 62
77940 Blennes 77 72 Da 59
54700 Blénod-lès-Pont-à-Mousson 54 56 Ga 55
54113 Blénod-lès-Toul 54 76 Fe 57
60240 Bléquencourt 60 51 Ca 53
62380 Bléquin 62 28 Bf 45
02300 Blérancourdelle 02 40 Da 51
02300 Blérancourt 02 40 Da 51
55120 Blercourt 55 55 Fb 54
37150 Bléré 37 86 Af 65
62231 Blériot-Plage 62 27 Be 43
35750 Bléruais 35 65 Xf 60
33670 Blésignac 33 135 Ze 80
43450 Blesle 43 128 Db 77
02400 Blesmes 02 52 Dc 54
51340 Blesmes 51 54 Ee 56
23200 Blessac 23 114 Ca 73
21690 Blessey 21 91 Ee 64
52120 Blessonville 52 75 Fa 60
62120 Blessy 62 29 Cb 45
18350 Blet 18 103 Ce 67
05100 Blétonnet, le 05 145 Ge 79
39140 Bletterans 39 106 Fc 68
43000 Bleu 43 141 De 78
88410 Bleurville 88 76 Ff 60
89110 Bleury 89 89 Dc 61
28700 Bleury-Saint-Symphorien 28 70 Be 57
88320 Blévaincourt 88 75 Fe 60
72600 Blèves 72 68 Ac 58
45300 Bléville 45 71 Cb 59
28170 Blévy 28 49 Bb 57
48190 Bleymard, le 48 141 De 82
12240 Bleys 12 151 Cb 83
81170 Bleys 81 151 Bf 84
60860 Blicourt 60 38 Ca 51
67650 Blienschwiller 67 60 Hc 58
57200 Bliesbruck 57 57 Hb 54
57200 Blies-Ebersing 57 57 Ha 54
57200 Blies-Guersviller 57 57 Ha 54
57200 Blies-Schweyen 57 57 Ha 54
04330 Blieux 04 157 Gc 85
10500 Blignicourt 10 74 Ed 58
10200 Bligny 10 74 Ed 59
51170 Bligny 51 53 Df 53
58270 Bligny 58 103 Dc 66
89210 Bligny-en-Othe 89 73 Dd 60
21200 Bligny-lès-Beaune 21 106 Ee 67
21440 Bligny-le-Sec 21 91 Ee 64
21360 Bligny-sur-Ouche 21 105 Ee 66
60190 Blincourt 60 39 Cd 52
02770 Blingel 62 29 Ca 46
49120 Blinière, la 49 83 Zb 65
49620 Blinière, la 49 83 Za 65
53320 Blinière-Rogat, la 53 66 Za 60
24330 Blis-et-Born 24 137 Af 77
58120 Blismes 58 104 De 66
36300 Blizon, le 36 101 Bb 68
53400 Blochet 53 83 Za 61
68740 Blodelsheim 68 95 Hd 61
41000 Blois 41 86 Bb 63
39210 Blois-sur-Seille 39 107 Fe 68
11700 Blomac 11 166 Cd 89
03390 Blomard 03 115 Cf 71
08260 Blombay-Morency 08 41 Ec 50
56800 Blond 56 81 Xd 61
87300 Blond 87 113 Ba 72
70500 Blondefontaine 70 93 Ff 61
41210 Blondellerie, la 41 87 Bf 63
74230 Blonniere, la 74 120 Gb 73
14910 Blonville 14 36 Aa 53
14910 Blonville-sur-Mer 14 48 Aa 52
36120 Blord 36 101 Bf 68
76460 Blosseville 76 36 Ae 49
50480 Blosville 50 46 Ye 52
79360 Blotière, la 79 111 Zd 71
63440 Blot-L'Église 63 115 Cf 72
68730 Blotzheim 68 95 Hc 63
49160 Blou 49 84 Zf 64
32230 Blousson-Sérian 32 163 Ab 88
50800 Bloutière, la 50 46 Ye 55
03320 Bloux 03 103 Cf 68
74150 Bloye 74 132 Ff 74
82300 Bloyne, la 82 150 Bd 84
74290 Bluffy 74 132 Gb 73
52110 Blumeray 52 74 Ef 58
77171 Blunay 77 72 Dc 57
25250 Blussans 25 94 Gd 64
39130 Blye 39 107 Fe 69
01150 Blyes 01 131 Fb 73
14690 Bô, le 14 47 Zd 55
64160 Boast 64 162 Ze 88
12360 Bobes 12 167 Da 86
93000 Bobigny 93 51 Cc 55
22100 Bobital 22 65 Xf 58
27330 Bocage, le 27 49 Ae 55
76690 Bocasse, le 76 37 Ba 51
06150 Bocca, la 06 173 Gf 87
20137 Bocca di l'Oru CTC 185 Kb 99
49150 Bocé 49 84 Zf 63
57220 Bockange 57 56 Gc 53
20136 Bocognano CTC 182 Ka 96
88270 Bocquegney 88 76 Gb 59
61550 Bocquence 61 48 Ac 55
56350 Bocquéreux 56 81 Xe 63
22980 Boculé, le 22 65 Xe 58
56390 Bodéan 56 80 Xa 62
22210 Bodéléno 22 64 Xc 60
22320 Bodéo, la 22 64 Xa 59
56370 Bodérin 56 80 Xb 63
29460 Bodévintin 29 62 Ve 58
29400 Bodilis 29 62 Vf 57
03270 Bodiment 03 116 Dd 72
53420 Bodinière, la 53 66 Za 59
56930 Bodion 56 64 Xa 61
29540 Bodizel 29 63 Wb 59
56480 Boduic 56 79 Wf 60
47550 Boé 47 149 Ad 84
61560 Boëcé 61 68 Ac 57
74420 Boëge 74 120 Gc 71
64510 Boeil-Bezing 64 162 Ze 89
42130 Boën 42 129 Ea 74
03450 Boënat 03 115 Cf 71
80870 Boëncourt 80 28 Be 48
67530 Bœrsch 67 60 Hc 58
59299 Boeschepe 59 30 Ce 44
59189 Boëseghem 59 29 Cc 45
67390 Bœsenbiesen 67 60 Hd 59
45390 Boësse 45 71 Cc 60
79150 Boësse 79 98 Zd 67
72400 Boëssé-le-Sec 72 68 Ad 60
89770 Bœurs-en-Othe 89 73 De 60
62390 Boffles 62 29 Cb 47
07440 Boffres 07 142 Ee 79
74250 Bogève 74 120 Gc 71
08120 Bogny-sur-Meuse 08 42 Ee 49
63750 Bogros 63 127 Cd 75
07340 Bogy 07 130 Ee 77
02110 Bohain-en-Vermandois 02 40 Dc 49
56140 Bohal 56 81 Xd 62
49800 Bohalle, la 49 84 Zd 64
29820 Bohars 29 61 Vc 58
01250 Bohas 01 119 Fc 72
44540 Bohinière, la 44 83 Ye 63
28130 Boigneville 28 70 Bd 57
91720 Boigneville 91 71 Cc 58
45760 Boigny-sur-Bionne 45 87 Ca 61
65150 Boila 65 163 Ac 90
28310 Boinville 28 70 Be 59
28700 Boinville-au-Chemin 28 70 Bd 58
78930 Boinville-en-Mantois 78 50 Be 55
55400 Boinville-en-Woëvre 55 55 Fe 53
78660 Boinville-le-Gaillard 78 70 Bf 58
78200 Boinvilliers 78 50 Bd 55
07590 Boiray 07 130 Ed 77
58110 Boire 58 104 Dd 67
44450 Boire-Courant 44 97 Yd 65
48200 Boirelac 48 140 Dd 80
45720 Boires-d'en-Haut, les 45 88 Cd 63
18370 Boiron, le 18 114 Cb 70
28200 Boirreville 28 69 Bc 60
56460 Boiry 56 81 Xd 62
62156 Boiry-Notre-Dame 62 30 Cf 47
62175 Boiry-Saint-Martin 62 29 Ce 47
17240 Bois 17 122 Zc 76
64270 Bois 64 161 Za 88
44440 Bois, le 44 82 Yd 63
73260 Bois, le 73 133 Gc 76
73350 Bois, le 73 133 Ge 76
22630 Bois, les 22 65 Xf 58
36300 Bois, les 36 101 Bb 69
71130 Bois, les 71 117 Df 69
27330 Bois-Anzeray 27 49 Ae 55
27250 Bois-Arnault 27 49 Ae 56
60650 Bois-Aubert 60 38 Bf 51
85310 Bois-aux-Moines 85 97 Ye 68
23290 Bois-Auzareix 23 113 Bd 72
77510 Bois-Baudry 77 52 Db 55
86170 Bois-Baudry 86 99 Zf 68
18250 Boisbelle 18 88 Cd 65
80600 Boisbergues 80 29 Cb 48
62320 Bois-Bernard 62 30 Cf 46
37270 Bois-Bidault 37 85 Af 65
03250 Bois-Blanc 03 116 Dd 72
85480 Bois-Bonnaud, le 85 97 Ye 69
16480 Boisbreteau 16 123 Zf 77
71210 Bois-Bretoux 71 105 Ec 68
61570 Boischampré 61 48 Zf 56
41320 Bois-Chavant 41 87 Bf 65
45340 Boiscommun 45 71 Cc 60
59144 Boiscrête, la 59 31 De 47
39220 Bois-d'Amont 39 120 Ga 69
29370 Bois-Daniel 29 78 Wa 60
49250 Bois d'Anjou, les 49 84 Ze 64
78390 Bois-d'Arcy 78 51 Ca 56
89660 Bois-d'Arcy 89 89 De 63
49390 Bois-de-Boulogne, le 49 84 Zf 64
19410 Bois-de-Bourzat 19 125 Bc 76
85710 Bois-de-Céné 85 96 Ya 67
88600 Bois-de-Champ 88 77 Ge 59
80460 Bois-de-Cise, le 80 28 Bc 48
28800 Bois-de-Feugères 28 70 Bc 59
88390 Bois-de-Girancourt, le 88 76 Gc 60
39230 Bois-de-Grand 39 106 Fd 68
85330 Bois-de-la-Chaise 85 96 Xe 66
16480 Bois-Delage 16 123 Zf 76
89450 Bois-de-la-Madeleine, les 89 90 Dd 64
31390 Bois-de-la-Pierre 31 164 Ba 88
29610 Bois-de-la-Roche 29 62 Wb 57
33240 Bois-de-Lion, le 33 135 Zd 78
28630 Bois-de-Mivoie 28 70 Bc 58
76160 Bois-d'Ennebourg 76 37 Bb 52
71600 Bois-de-Paray, le 71 117 Ea 70
58400 Bois-de-Raveau, le 58 103 Da 65
10160 Bois-de-Rigny, le 10 73 Dd 59
38090 Bois-de-Roche, le 38 131 Fa 75
45260 Bois-de-Romaison, les 45 88 Cd 61
70200 Bois-Derrière 70 94 Gc 62
37350 Bois-des-Cours, le 37 100 Ae 67
63460 Bois-des-Lapins 63 115 Da 72
76390 Bois-des-Puits 76 38 Be 50
18220 Bois-des-Vèves, le 18 102 Cc 65
03120 Bois-Dieu 03 116 Dd 72
62500 Boisdinghem 62 27 Ca 44
69620 Bois-d'Oingt, le 69D 118 Ed 73
77970 Boisdon 77 52 Db 56
12780 Bois-du-Four 12 152 Cf 83
51340 Bois-du-Roi, le 51 54 Ef 56
27150 Boisemont 27 50 Bc 53
95000 Boisemont 95 51 Bf 54
62610 Bois-en-Ardres 62 27 Bf 43
28270 Bois-Fautray 28 49 Ba 56
44680 Bois-Flamberge 44 96 Yb 66
71230 Bois-Francs, les 71 105 Ec 69
49610 Bois-Garreau 49 83 Zc 65
28220 Boisgasson 28 69 Ba 60
76780 Bois-Gaultier 76 37 Bc 51
35360 Boisgervilly 35 65 Xf 60
58150 Bois-Gibault 58 88 Cf 65
37370 Bois-Girault 37 85 Ad 63
59280 Bois-Grenier 59 30 Cf 45
50500 Bois-Grimot 50 34 Ye 53
76750 Bois-Guilbert 76 37 Bc 51
76420 Bois-Guillaume 76 37 Ba 52
60240 Bois-Guillaume, le 60 50 Bf 53
35134 Bois-Guy, le 35 82 Yd 61
14220 Bois-Halbout 14 47 Zd 55
27260 Bois-Hellain, le 27 48 Ac 53
76750 Bois-Héroult 76 37 Bc 51
91150 Bois-Herpin 91 71 Cb 58
76190 Bois-Himont 76 36 Ae 51
27180 Bois-Hubert 27 49 Af 54
76590 Bois-Hulin 76 37 Ba 50
49500 Bois II 49 83 Za 62
62170 Boisjean 62 28 Be 46
27620 Bois-Jérôme-Saint-Ouen 27 50 Bd 54
87190 Bois-Jeune 87 113 Bb 71
16490 Bois-Jura 16 112 Ac 72
41100 Bois-la-Barbe 41 86 Ba 62
07310 Bois-Lantal 07 142 Eb 79
80150 Boisle, le 80 28 Bf 47
27220 Bois-le-Roi 27 50 Bc 55
77590 Bois-le-Roi 77 71 Ce 58
02770 Bois-lès-Pargny 02 40 Dd 50
62175 Boisleux-au-Mont 62 30 Ce 47
62175 Boisleux-Saint-Marc 62 30 Ce 47
76160 Bois-l'Evêque 76 37 Bb 52
87160 Bois-Mandé 87 113 Bc 71
72560 Bois-Martin 72 68 Ab 61
79300 Boismé 79 98 Zd 68
27910 Bois Meigle 27 37 Bb 52
54620 Boismont 54 43 Fe 52
80230 Boismont 80 28 Be 48
45290 Boismorand 45 88 Ce 62
44130 Bois-Morinet, le 44 82 Yb 64
79110 Bois-Naudouin 79 111 Zf 72
16320 Boisné-La Tude 16 124 Ab 76
27800 Boisney 27 49 Ad 54
04250 Bois-Noir 04 157 Gb 82
27330 Bois-Normand-près-Lyre 27 49 Ae 55
14380 Bois-Olivier, le 14 46 Yf 55
17580 Bois-Plage-en-Ré, le 17 109 Yd 71
79260 Boisragon 79 111 Ze 70
36120 Boisramier 36 102 Bf 68
03700 Bois-Randenay, le 03 116 Dc 72
62650 Bois Ratel, le 62 28 Be 45
18290 Bois-Ratier 18 102 Cb 67
80640 Boisrault 80 38 Bf 49
17150 Boisredon 17 123 Zc 77
18410 Bois-Renard 18 87 Cb 63
28350 Bois-Renault, le 28 49 Ba 56
76600 Bois-Robert, loc 76 37 Ba 49
50200 Boisroger 50 46 Yc 54
77710 Boisroux 77 72 Cf 59
24170 Boissac 24 137 Ba 80
87110 Boissac 87 125 Bb 74
71800 Bois-Sainte-Marie 71 117 Ec 71
48170 Boissanfeuilles 48 141 De 81
28800 Boissay 28 70 Bd 59
45410 Boissay 45 70 Be 60
76660 Boissay 76 37 Bc 49
76750 Boissay 76 37 Bc 51
27490 Boissaye, la 27 50 Bb 54
17700 Boisse 17 110 Zc 72
24560 Boisse 24 136 Ad 80
01120 Boisse, la 01 130 Fa 73
28120 Boisseau 28 69 Bb 58
41290 Boisseau 41 86 Bb 62
45480 Boisseaux 45 70 Bf 59
31230 Boissède 31 164 Ae 88
61570 Boissei-la-Lande 61 48 Aa 56
63122 Boisséjour 63 128 Da 74
42990 Boissel 42 129 Df 74
49230 Bosselière, la 49 97 Yf 66
80300 Boisselle, la 80 39 Ce 48
12300 Boisse-Penchot 12 139 Cb 81
36700 Boisse-Septier 36 101 Bb 67
43300 Boisserette 43 140 Dc 78
79360 Boisserolles 79 110 Zd 72
34160 Boisseron 34 154 Ea 86
77120 Boisserotte, la 77 52 Da 56
73320 Boisses, les 73 133 Gf 75
15600 Boisset 15 139 Cb 80
30210 Boisset 30 154 Ec 85
34220 Boisset 34 166 Ce 88
43500 Boisset 43 129 Df 77
84750 Boisset, le 84 156 Fd 85
42210 Boisset-lès-Montrond 42 129 Eb 75
27120 Boisset-les-Prévanches 27 50 Bb 55
78910 Boissets 78 50 Bd 55
42560 Boisset-Saint-Priest 42 129 Ea 75
77350 Boissettes 77 71 Cd 57
63420 Boisseuge 63 128 Da 76
43450 Bosseuges 43 128 Db 77
17700 Boisseuil 17 110 Zb 72
24390 Boisseuilh 24 125 Bb 77
01190 Boissey 01 118 Ef 70
14170 Boissey 14 48 Aa 54
34390 Boissezon 34 167 Cf 87
81490 Boissezon 81 166 Cc 87
81320 Boissezon-de-Masviel 81 167 Cf 86
47110 Boissie 47 149 Ad 82
27220 Boissière 27 50 Bc 55
34150 Boissière 34 168 Dd 87
39240 Boissière 39 119 Fd 70
46330 Boissière 46 138 Be 81
53160 Boissière 53 67 Ze 59
14340 Boissière, la 14 35 Aa 54
29710 Boissière, la 29 76 We 60
53800 Boissière, la 53 83 Za 62
24640 Boissière-d'Ans, la 24 125 Af 77
85600 Boissière-de-Montaigu, la 85 97 Ye 67
85430 Boissière-des-Landes, la 85 109 Yd 69
44430 Boissière-du-Doré, la 44 97 Ye 65
78125 Boissière-École, la 78 50 Bd 56
79310 Boissière-en-Gâtine, la 79 111 Zd 69
30114 Boissières 30 154 Eb 86
43130 Boissières 43 129 Ea 77
46150 Boissières 46 137 Bc 81
49110 Boissière-sur-Evre, la 49 83 Yf 65
79200 Boissière-Thouarsaise, la 79 98 Ze 68
77350 Boissise-la-Bertrand 77 71 Cd 57
77310 Boissise-le-Roi 77 71 Cd 57
30500 Boisson 30 154 Eb 83
15300 Boissonière, la 15 127 Cf 78
12350 Boissonnade, la 12 151 Cb 82
87150 Boissonnie, la 87 125 Af 74
28210 Boissy 28 50 Bd 56
56430 Boissy 56 64 Xd 61
77760 Boissy-aux-Cailles 77 71 Cd 59
60440 Boissy-Fresnoy 60 52 Cf 54
95650 Boissy-L'Aillerie 95 51 Ca 54
27300 Boissy-Lamberville 27 49 Ad 53
91690 Boissy-la-Rivière 91 71 Ca 58
60240 Boissy-le-Bois 60 50 Bf 53
27520 Boissy-le-Châtel 27 49 Ae 53
77169 Boissy-le-Châtel 77 52 Da 56
91590 Boissy-le-Cutte 91 71 Cb 58
51210 Boissy-le-Repos 51 53 Dd 55
91870 Boissy-le-Sec 91 70 Ca 58
28340 Boissy-lès-Perche 28 49 Af 56
61110 Boissy-Maugis 61 69 Ae 58
78200 Boissy-Mauvoisin 78 50 Bd 55
94470 Boissy-Saint-Léger 94 51 Cd 56
78490 Boissy-sans-Avoir 78 50 Be 56
91790 Boissy-sous-Saint-Yon 91 71 Cb 57
27240 Boissy-sur-Damville 27 49 Ba 55
35150 Boistrudan 35 66 Yd 61
44260 Boistuaud 44 82 Ya 64

13200 Boisverdun 13 169 Ee 88
16360 Bois-Vert 16 123 Ze 76
28150 Boisville-la-Saint-Père 28 70 Be 59
74570 Boisy 74 120 Ga 72
50800 Boisyvon 50 46 Yf 56
18120 Boitier 18 102 Ca 66
61500 Boitron 61 68 Ab 57
77750 Boitron 77 52 Db 55
56130 Boizeul, le 56 81 Xe 63
25330 Bolandoz 25 107 Ga 66
29640 Bolazec 29 63 Wc 58
76210 Bolbec 76 36 Ac 51
57570 Boler 57 44 Gb 52
88100 Bolle, la 88 77 Gf 59
84500 Bollène 84 155 Ee 83
06450 Bollène-Vesubie, la 06 159 Hc 85
50250 Bolleville 50 33 Yc 53
76210 Bolleville 76 36 Ad 51
59470 Bollezeele 59 27 Cb 43
06420 Bolline, la 06 159 Hb 84
68540 Bollwiller 68 95 Hb 61
52310 Bologne 52 75 Fa 59
22740 Boloi 22 63 Wf 56
01450 Bolozon 01 119 Fc 71
66210 Bolquère 66 178 Ca 93
67150 Bolsenheim 67 60 Hd 58
15170 Bolzat 15 140 Da 78
76110 Bomambusc 76 36 Ac 51
33121 Bombannes 33 134 Yf 78
48500 Bombes 48 152 Da 83
77720 Bombon 77 71 Cf 57
33210 Bommes 33 135 Zd 81
36120 Bommiers 36 102 Bf 68
37800 Bommiers 37 100 Ad 66
13510 Bompard 13 170 Fc 87
09400 Bompas 09 177 Bd 91
66430 Bompas 66 179 Cf 92
03160 Bomplein 03 103 Da 69
62960 Bomy 62 29 Cb 45
58330 Bona 58 104 Dc 66
35350 Bonaban 35 65 Ya 57
09800 Bonac-Irazein 09 176 Af 91
82230 Bonanech 82 150 Bd 85
32410 Bonas 32 148 Ac 86
12500 Bonauberg 12 139 Cf 81
59258 Bonavis 59 30 Db 48
01100 Bonaz 01 119 Fd 71
70150 Bonboillon 70 92 Fe 64
28150 Boncé 28 70 Bd 59
38290 Bonce 38 131 Fa 74
53960 Bonchamp-lès-Laval 53 67 Zb 60
02350 Boncour 02 41 Df 51
27120 Boncourt 27 50 Bb 54
28260 Boncourt 28 50 Bc 55
54800 Boncourt 54 56 Fe 53
21700 Boncourt-le-Bois 21 106 Ef 66
55200 Boncourt-sur-Meuse 55 55 Fd 56
45300 Bondaroy 45 71 Cb 59
25230 Bondeval 25 94 Gf 64
76400 Bondeville 76 36 Ac 50
58220 Bondieuse 58 89 Db 65
31340 Bondigoux 31 150 Bd 85
86130 Bondilly 86 100 Ac 68
37320 Bondis, les 37 100 Ae 65
40400 Bondons, les 40 153 Dd 82
17150 Bondou 17 123 Zc 77
91070 Bondoufle 91 71 Cc 57
59910 Bondues 59 30 Da 44
87510 Bondy 87 125 Ba 73
93140 Bondy 93 51 Cc 55
22110 Bonen 22 63 We 59
47240 Bon-Encontre 47 149 Ae 83
30450 Bonevaux 30 154 Ea 82
77720 Bonfruit 77 52 Cf 57
60000 Bongenoult 60 38 Ca 52
63160 Bongheat 63 128 Dc 74
63290 Bonhomme 63 116 Dd 73
68650 Bonhomme, le 68 77 Ha 59
48600 Boniac 48 141 Dd 80
20169 Bonifacio CTC 185 Kc 100
20100 [illegible] CTC 184 If 99
58140 Bonin 58 104 Df 65
60510 Bonlier 60 38 Ca 52
39130 Bonlieu 39 107 Ff 69
26160 Bonlieu-sur-Roubion 26 142 Ef 81
64240 Bonloc 64 160 Ye 88
23340 Bon-Martin 23 126 Bf 74
09100 Bonnac 09 165 Bd 89
15500 Bonnac 15 128 Da 77
87270 Bonnac-la-Côte 87 113 Bb 73
63620 Bonnafond 63 127 Cd 74
81330 Bonnaigue, la 81 151 Cc 86
25680 Bonnal 25 93 Gc 63
48100 Bonnalbert 48 140 Da 81
59242 Bonnance 59 30 Db 45
86400 Bonnardelière, la 86 111 Ab 71
19370 Bonnat 19 126 Be 75
23220 Bonnat 23 114 Bf 71
63310 Bonnat 63 116 Dc 73
74140 Bonnatrait 74 120 Gc 70
39190 Bonnaud 39 106 Fc 69
25870 Bonnay 25 93 Ga 64
71460 Bonnay 71 118 Ed 69
80800 Bonnay 80 39 Cd 49
74380 Bonne 74 120 Gb 71
36500 Bonneau 36 101 Bc 67
27500 Bonnebos 27 36 Ad 52
14340 Bonnebosq 14 48 Aa 53
58190 Bonneçon 58 89 De 64
52360 Bonnecourt 52 75 Fc 61
45460 Bonnée 45 88 Cc 62
56130 Bonne-Façon, la 56 81 Xe 63
38090 Bonnefamille 38 131 Fa 75
61270 Bonnefoi 61 49 Ad 56
12470 Bonnefon 12 140 Cf 81
03440 Bonnefond 03 115 Cf 70
19170 Bonnefond 19 126 Bf 75
48200 Bonnefons 48 140 Db 80
23250 Bonnefont 23 114 Be 72
32350 Bonnefont 32 163 Ac 87
43510 Bonnefont 43 141 De 79
65220 Bonnefont 65 163 Ac 89
87130 Bonnefont 87 125 Bd 74
39800 Bonnefontaine 39 107 Fe 68
57370 Bonne-Fontaine 57 58 Hb 56
40330 Bonnegarde 40 161 Zb 87
74150 Bonneguète 74 119 Ff 73
02400 Bonneil 02 52 Dc 54
23500 Bonneix, le 23 126 Ca 74
78830 Bonnelles 78 70 Ca 57
80860 Bonnelle Sailly-Bray 80 28 Be 47
35270 Bonnemain 35 65 Yb 58
14260 Bonnemaison 14 47 Zc 54
27380 Bonnemare 27 37 Bc 53
15600 Bonnemayoux 15 139 Cb 80
65130 Bonnemazon 65 163 Ab 90
21250 Bonnencontre 21 106 Fa 66
47150 Bonnenouvelle 47 137 Af 81
73450 Bonnenuit 73 145 Gc 78
37290 Bonnerie, la 37 100 Af 68
81260 Bonnéry 81 166 Cc 87
11270 Bonnérys 11 165 Bf 89
16390 Bonnes 16 124 Aa 77
86300 Bonnes 86 100 Ad 69
19250 Bonnesaigne 19 126 Cb 76
44380 Bonne-Source 44 96 Xd 65
02400 Bonnesvalyn 02 52 Db 54
55130 Bonnet 55 75 Fc 57
72110 Bonnétable 72 68 Ac 59
25210 Bonnétage 25 108 Ge 65
33370 Bonnetan 33 135 Zd 80
12560 Bonneterre 12 152 Da 82
24320 Bonnetie, la 24 124 Ac 76
16120 Bonneuil 16 123 Zf 75
36310 Bonneuil 36 113 Bb 70
79120 Bonneuil 79 111 Aa 71
79370 Bonneuil 79 111 Ze 71
86300 Bonneuil 86 112 Ad 69
60123 Bonneuil-en-Valois 60 52 Cf 53
60120 Bonneuil-les-Eaux 60 38 Cb 50
86210 Bonneuil-Matours 86 100 Ad 68
94380 Bonneuil-sur-Marne 94 51 Cc 56
28800 Bonneval 28 69 Bc 59
43160 Bonneval 43 129 De 77
73260 Bonneval 73 132 Gc 75
73480 Bonneval 73 133 Ha 76
73700 Bonneval 73 133 Ge 75
26410 Bonneval-en-Diois 26 143 Fd 81
25560 Bonnevaux 25 107 Gb 68
74360 Bonnevaux 74 121 Ge 71
25620 Bonnevaux-le-Prieuré 25 107 Gb 66
41800 Bonneveau 41 85 Ae 62
70700 Bonnevent-Velloreille 70 93 Ff 64
12120 Bonneviale 12 152 Ce 83
16170 Bonneville 16 123 Zf 73
23250 Bonneville 23 114 Be 72
74130 Bonneville 74 120 Gc 72
80670 Bonneville 80 29 Cb 48
50360 Bonneville, la 50 33 Yd 52
27290 Bonneville-Aptot 27 49 Ae 53
14130 Bonneville-la-Louvet 14 48 Ac 53
27190 Bonneville-sur-Iton, la 27 49 Ba 55
14800 Bonneville-sur-Touques 14 48 Aa 52
49380 Bonnezeaux 49 83 Zd 65
36800 Bonnière, la 36 101 Bb 68
60112 Bonnières 60 38 Bf 51
78270 Bonnières-sur-Seine 78 50 Bd 54
16230 Bonnieure 16 124 Ab 73
84480 Bonnieux 84 156 Fb 86
62890 Bonningues-les-Ardres 62 27 Ca 44
62340 Bonningues-lès-Calais 62 26 Be 43
14700 Bonnœil 14 47 Zd 55
44540 Bonnœuvre 44 82 Ye 63
36190 Bonnu 36 113 Bd 70
64300 Bonnut 64 161 Zb 87
45420 Bonny-sur-Loire 45 88 Cf 63
56400 Bono 56 80 Xa 63
09160 Bonrepaux 09 176 Ba 90
65330 Bonrepos 65 163 Ac 89
31590 Bonrepos-Riquet 31 165 Bd 86
31170 Bonrepos-sur-Aussonnelle 31 164 Bb 87
22570 Bon Repos sur Blavet 22 63 Wf 60
89630 Bon-Ru, le 89 90 Ea 64
26170 Bons 26 156 Fd 83
AD200 Bons, les ◘ AND 177 Bd 93
12150 Bonsecours 12 152 Da 82
76240 Bonsecours 76 37 Ba 52
74890 Bons-en-Chablais 74 120 Gc 71
04200 Bons-Eufants, les 04 157 Ff 84
61380 Bonsmoulins 61 49 Ad 57
42160 Bonson 42 129 Eb 75
06830 Bonsons 06 159 Hb 85
14420 Bons-Tassilly 14 48 Ze 55
15310 Bontat, la 15 139 Cb 78
26110 Bonté, la 26 156 Fa 82
79390 Bontellerie, la 79 99 Zf 68
04240 Bontes 04 158 Gd 85
89140 Bonval 89 72 Da 59
72800 Bon-Verger, le 72 84 Aa 63
73130 Bonvillard 73 132 Gc 76
73140 Bonvillard 73 133 Gd 77
73460 Bonvillard 73 132 Gb 75
73220 Bonvillaret 73 132 Gb 75
28630 Bonville 28 70 Bd 58
54300 Bonviller 54 57 Gc 57
54300 Bonviller-la-Petite 54 57 Gd 57
60120 Bonvillers 60 39 Cc 51
60730 Bonvillers 60 51 Cb 53
88260 Bonvillet 88 76 Ga 60
02420 Bony 02 40 Db 49
33910 Bonzac 33 135 Ze 78
55160 Bonzée-en-Woëvre 55 55 Fd 54
40160 Bôo, le 40 146 Yf 82
67860 Boofzheim 67 60 He 59
40370 Boos 40 146 Za 85
76520 Boos 76 37 Bb 52
65400 Boô-Silhent 65 175 Zf 90
67390 Bootzheim 67 60 Hd 59
22170 Boqueho 22 63 Xa 58
60820 Boran-sur-Oise 60 51 Cc 53
64490 Borce 64 174 Zc 91
79600 Borcq-sur-Airvault 79 99 Zf 68
23210 Bord 23 113 Bd 72
36340 Bord 36 114 Be 69
87290 Bord 87 113 Bb 72
87500 Bord 87 125 Ba 75
56360 Bordardué 56 80 Wf 65
24380 Burdas 24 136 Ad 78
23220 Bordat 23 114 Bf 71
10110 Borde, la 10 74 Ec 60
19140 Borde, la 19 125 Bd 76
19140 Borde, la 19 126 Bd 76
71140 Borde, la 71 104 De 69
77820 Borde, la 77 71 Cf 57
33000* Bordeaux 33 135 Zc 79
27420 Bordeaux-Saint-Clair 27 50 Bd 53
76790 Bordeaux-Saint-Clair 76 36 Ab 50
56360 Bordelanne 56 80 We 64
33580 Bordepaille 33 135 Aa 81
64800 Bordères 64 162 Ze 89
40270 Bordères-et-Lamensans 40 147 Zd 86
65590 Bordères-Louron 65 175 Ac 91
65320 Bordères-sur-L'Echez 65 162 Aa 89
56360 Borderhouat 56 80 Wf 65
19120 Borderie, la 19 138 Be 79
24600 Borderie, la 24 124 Ab 77
19600 Borderies, les 19 137 Bc 78
12310 Bordes 12 152 Cf 82
32330 Bordes 32 148 Ab 86
64350 Bordes 64 162 Zf 88
64510 Bordes 64 162 Ze 89
65190 Bordes 65 163 Ab 89
03350 Bordes, les 03 115 Ce 69
11230 Bordes, les 11 178 Bf 91
19160 Bordes, les 19 126 Cb 76
23460 Bordes, les 23 126 Bf 73
28360 Bordes, les 28 70 Bc 59
36100 Bordes, les 36 102 Bf 67
37600 Bordes, les 37 100 Ba 66
45460 Bordes, les 45 88 Cc 62
58420 Bordes, les 58 104 Dd 65
58800 Bordes, les 58 89 De 65
71350 Bordes, les 71 106 Fa 67
77120 Bordes, les 77 52 Da 56
77120 Bordes, les 77 52 Da 56
78720 Bordes, les 78 50 Bf 57
86320 Bordes, les 86 112 Ae 70
89500 Bordes, les 89 72 Dc 60
89520 Bordes, les 89 89 Db 63
10800 Bordes-Aumont, les 10 73 Ea 59
31210 Bordes-de-Rivière 31 163 Ad 90
40300 Bordes-du-Ba 40 161 Yf 87
31110 Bordes-du-Lys 31 176 Ad 92
21440 Bordes Pillot 21 91 Ee 64
23300 Bordessoule 23 113 Bc 71
09350 Bordes-sur-Arize, les 09 164 Bc 90
09800 Bordes-sur-Lez, les 09 176 Ba 91
09800 Bordes-Uchentein 09 176 Ba 91
31830 Bordettes, les 31 164 Bb 87
30160 Bordezac 30 154 Ea 83
47340 Bordiels, les 47 149 Ae 83
17430 Bords 17 110 Zb 73
23230 Bord-Saint-Georges 23 114 Cb 71
07310 Borée 07 141 Eb 79
85480 Borélière, la 85 97 Yf 69
04200 Borelly 04 157 Ff 83
05230 Borels, les 05 144 Gb 81
06450 Boréon, le 06 159 Hb 84
17270 Boresse-et-Marton 17 123 Zf 77
60300 Borest 60 51 Ce 53
70110 Borey 70 93 Gc 63
74230 Borgeal, le 74 120 Gc 73
06440 Borghéas 06 159 Hb 86
20290 Borgo CTC 181 Kc 93
20290 Borgo CTC 181 Kd 93
20290 Borgo = U Borgu CTC 181 Kd 93
12120 Borie, la 12 152 Cd 83
12390 Borie, la 12 151 Cb 82
19210 Borie, la 19 125 Bc 76
40310 Borie, la 40 137 Bc 81
48000 Borie, la 48 153 Dd 82
01000 Borie, la 01 131 Df 83
34480 Borie-Nouvelle, la 34 167 Da 87
46260 Bories 46 150 Be 82
74930 Boringes 74 120 Gb 72
20146 Borivoli CTC 185 Ka 99
83230 Bormes-les-Mimosas 83 172 Gc 90
12470 Born 12 140 Cf 81
47210 Born 47 136 Ae 81
31340 Born, le 31 150 Bd 85
48000 Born, le 48 141 Dd 81
39570 Bornay 39 107 Fd 69
24440 Born-de-Champs 24 136 Ae 80
26410 Borne 26 143 Fd 80
43350 Borne 43 141 De 78
18250 Borne, la 18 88 Cd 65
23200 Borne, la 23 114 Ca 73
41300 Borne, la 41 87 Ca 65
74130 Borne, le 74 120 Gc 73
60540 Bornel 60 51 Cb 53
90100 Boron 90 94 Ha 63
59190 Borre 59 30 Cd 44
82270 Borredon 82 150 Bd 83
83400 Borrels, les 83 171 Ga 90
24590 Borrèze 24 137 Bc 79
62128 Borry-Becquerelle 62 30 Ce 47
84360 Borrys, les 84 156 Fb 86
16360 Bors-de-Baigne 16 123 Ze 77
16190 Bors-de-Montmoreau 16 124 Ab 76
19700 Bort 19 126 Be 76
56360 Borticado 56 80 We 64
19110 Bort-les-Orgues 19 127 Cd 76
63160 Bort-L'Étang 63 128 Dc 74
54290 Borville 54 76 Gc 58
56360 Borvran 56 80 Wf 65
19290 Bos, le 19 126 Ca 74
34700 Bosc 34 167 Dc 86
09000 Bosc, le 09 177 Bc 91
17360 Boscamnant 17 123 Zf 77
76780 Bosc-Asselin 76 37 Bc 51
27520 Bosc-Bénard-Commin 27 37 Af 53
76680 Bosc-Bérenger 76 37 Bb 51
76750 Bosc-Bordel 76 37 Bc 51
76720 Bosc-de-Sévis, le 76 37 Ba 50
27370 Bosc du Theil, le 27 49 Ae 53
76750 Bosc-Edolino 76 37 Bo 61
76710 Bosc-Guérard-Saint-Adrien 76 37 Ba 51
22250 Boschais, le 22 64 Xd 59
27520 Boscherville 27 49 Af 53
76220 Bosc-Hyons 76 38 Bd 52
76850 Bosc-le-Hard 76 37 Bb 51
76680 Bosc-Mesnil 76 37 Bc 51
61470 Bosc-Renoult, le 61 48 Ab 55
27330 Bosc-Renoult-en-Ouche 27 49 Ae 55
27520 Bosc-Renoult-en-Rumois 27 49 Ae 53
76260 Boscrocourt 76 37 Bc 48
27670 Bosc-Roger-en-Roumois, le 27 49 Af 53
76750 Bosc-Roger-sur-Buchy 76 37 Bc 51
64290 Bosdarros 64 162 Zd 89
27310 Bosgouet 27 37 Af 52
27520 Bosguérard-de-Marcouville 27 49 Ae 53
27190 Boshion, le 27 49 Ba 55
71330 Bosjean 71 106 Fc 68
02250 Bosmont-sur-Serre 02 41 Df 50
23400 Bosmoreau-les-Mines 23 114 Be 72
27670 Bosnormand 27 49 Af 53
13390 Bosq, le 13 171 Fd 88
14210 Bosq, le 14 35 Zc 54
40600 Bosque 40 146 Yf 82
13130 Bosque, la 13 170 Fa 87
34360 Bosque, le 34 167 Cf 88
80160 Bosquel 80 38 Cb 50
27480 Bosquentin 27 38 Bd 52
50270 Bosquet, le 50 33 Yb 52
50580 Bosqueville 50 46 Yb 52
27800 Bosrobert 27 49 Ae 53
23200 Bosroger 23 114 Cb 73
27670 Bosroumois 27 49 Af 53
10140 Bossancourt 10 74 Ed 59
37240 Bossard, le 37 100 Ae 66
44590 Bossardais, la 44 82 Yc 62
37290 Bossay-sur-Claise 37 100 Af 68
25210 Bosse 25 108 Gd 66
41290 Bosse 41 86 Bb 61
12350 Bosse, la 12 151 Ca 82
72400 Bosse, la 72 68 Ad 59
35320 Bosse-de-Bretagne, la 35 82 Yc 61
37240 Bossée 37 100 Ae 66
67330 Bosselshausen 67 58 Hd 56
67270 Bossendorf 67 58 Hd 56
72300 Bosses 72 84 Ze 62
24130 Bosset 24 136 Ac 79
08350 Bosseval-et-Briancourt 08 42 Ef 50
74160 Bossey 74 120 Ga 72
38260 Bossieu 38 131 Fa 76
74400 Bossons, les 74 121 Ge 73
33350 Bossugan 33 135 Zf 80
29930 Bossulan 29 78 Wb 61
08290 Bossus-lès-Rumigny 08 41 Eb 49
03300 Bost 03 116 Dd 71
03390 Bost 03 115 Cf 70
63300 Bost 63 128 Dd 74
71320 Bost 71 104 Ea 68
24560 Bost, le 24 136 Ad 80
24700 Bost, le 24 135 Aa 78
56490 Bos-Tarju, le 56 64 Xd 60
40090 Bostens 40 147 Zd 85
87230 Bosvieux 87 125 Ba 74
76450 Bosville 76 36 Ae 50
50430 Bot, le 50 46 Yc 53
61340 Botagne, la 61 69 Ae 58
90400 Botans 90 94 Gf 63
29370 Botbodern 29 78 Wa 61
29540 Bot-Carrec 29 63 Wb 59
22320 Bothan, le 22 63 Wf 59
19120 Bothies, les 19 138 Be 79
22480 Botmoa 22 63 Wf 58
22140 Botlézan 22 63 We 57
22160 Botmel 22 63 Wd 58
29690 Botmeur 29 62 Wa 58
29910 Botquélen 29 78 Wb 61
56630 Botquelvez 56 63 Wd 60
56320 Botquenven 56 79 Wd 60
29650 Botsorhel 29 63 Wc 57
20129 Bottacina CTC 182 If 97
40410 Botte 40 147 Zb 82
47120 Botte 47 136 Ab 80
27250 Bottereaux, les 27 49 Ae 55
56500 Bottine, la 56 80 Xb 61
49110 Botz-en-Mauges 49 83 Yf 65
45430 Bou 45 87 Ca 61
78410 Bouafle 78 50 Bf 55
27700 Bouafles 27 50 Bc 53
76390 Bouafles 76 38 Be 49
09310 Bouan 09 177 Bd 92
37110 Bouardière, la 37 85 Ae 62
40310 Bouau 40 148 Aa 85
44830 Bouaye 44 96 Yb 66
62990 Boubers-lès-Hesmond 62 28 Bf 46
62270 Boubers-sur-Canche 62 29 Cb 47
80210 Boubert, Mons- 80 28 Bd 48
60240 Boubiers 60 50 Bf 53
77470 Boubigny 77 52 Cf 55
87150 Bouboн 87 124 Ae 74
19200 Bouboulеix, le 19 127 Cc 75
32550 Boucagnères 32 163 Ad 87
30240 Boucanet, le 30 168 Ea 87
71300 Boucansaud 71 105 Ec 68
40260 Boucau 40 146 Yf 85
18260 Boucard 18 88 Ce 64
64340 Boucau 64 160 Yd 87
50250 Boucaux, les 50 33 Yd 53
13320 Bouc-Bel-Air 13 170 Fc 88
03150 Boucé 03 116 Dc 71
61570 Boucé 61 48 Zf 57
50240 Bouceel 50 66 Yd 57
16350 Bouchage, le 16 112 Ac 72
38510 Bouchage, le 38 131 Fd 74
87320 Bouchage, le 87 112 Af 71
59111 Bouchain 59 30 Db 47
42110 Bouchala 42 130 Ec 74
53800 Bouchamps-lès-Craon 53 83 Za 62
00470 Douchanières 00 158 Gf 84
43520 Bouchat, le 43 141 Eb 78
71480 Bouchat, le 71 118 Fb 70
87700 Bouchats, les 87 125 Ba 74
18360 Bouchatte, la 18 115 Cd 69
13200 Bouchaud 13 169 Ed 87
03130 Bouchaud, le 03 117 Df 71
16170 Bouchauds, les 16 123 Zf 74
36230 Bouchauds, les 36 114 Be 69
63390 Bouchauds, les 63 115 Ce 72
86210 Bouchaux, les 86 100 Ae 68
80200 Bouchavesnes-Bergen 80 39 Cf 49
58240 Bouché, la 58 103 Da 68
28220 Bouche-d'Aigre 28 69 Bb 61
87120 Bouchefarol 87 126 Be 74
63770 Boucheix, le 63 115 Ce 73
63850 Boucheix, le 63 127 Ce 76
49080 Bouchemaine 49 83 Zc 64
57220 Boucheporn 57 57 Gd 54
77710 Bouchereau 77 72 Ce 59
23500 Boucheresse 23 126 Cb 74
74110 Boucherie, la 74 121 Ge 72
24270 Boucheron, le 24 125 Ba 76
26790 Bouchet 26 155 Ef 83
15100 Bouchet, le 15 140 Da 78
16140 Bouchet, le 16 111 Zf 73
18290 Bouchet, le 18 102 Cb 66
36300 Bouchet, le 36 100 Bb 68
43200 Bouchet, le 43 129 Ea 77
58370 Bouchet, le 58 104 Df 67
63580 Bouchet, le 63 128 Dc 75
74230 Bouchet, le 74 132 Gc 74
86140 Bouchet, le 86 99 Ab 68
86200 Bouchet, le 86 99 Aa 67
43510 Bouchet-Saint-Nicolas, le 43 141 De 79
27150 Bouchevilliers 27 38 Be 52
04260 Bouchier 04 158 Gd 83
05120 Bouchier 05 145 Gd 79
80910 Bouchoir 80 39 Ce 50
17340 Boucholeurs, les 17 110 Yf 72
33840 Bouchon 33 147 Zd 83
80830 Bouchon 80 38 Ca 48
55500 Bouchon-sur-Saulx, le 55 75 Fb 57
58150 Bouchot 58 88 Cf 65
39370 Bouchoux, les 39 119 Fe 71
51310 Bouchy-Saint-Genest 51 53 Dd 57
07270 Boucieux-le-Roi 07 142 Ee 78
25360 Bouclans 25 107 Gb 65
30190 Boucoiran 30 154 Eb 85
08250 Bouconville 08 54 Ee 53
60240 Bouconvillers 60 50 Bf 53
55300 Bouconville-sur-Madt 55 55 Fe 55
02860 Bouconville-Vauclair 02 40 De 52
46350 Boucot 46 137 Bc 80
31510 Boucou 31 176 Ad 90
76560 Boucourt 76 36 Ae 50
54200 Boucq 54 56 Fe 56
24800 Boudeau 24 124 Ae 76
24580 Bouderie, la 24 137 Af 78
35270 Boudcrie, la 35 65 Yb 58
63340 Boudes 63 128 Db 76
76560 Boudeville 76 37 Af 50
12110 Boudie, la 12 139 Cb 81
73270 Boudin 73 133 Gd 74
36300 Boudinière, la 36 100 Ba 68
82200 Boudou 82 149 Ba 84
31580 Boudrac 31 163 Ad 89
36800 Boudre, la 36 113 Bc 69
21520 Boudreville 21 91 Ee 61
54560 Boudrezy 54 43 Fe 52
47290 Boudy-de-Beauregard 47 136 Ae 81
02450 Boué 02 40 De 48
31360 Boué, le 31 164 Af 90
44260 Bouée 44 81 Ya 65
36170 Bouee, la 36 113 Bc 70
64330 Boueilh-Boueilho-Lasque 64 162 Ze 87
64330 Boueilho 64 162 Zd 87
19160 Boueix 19 126 Cb 76
63380 Boueix, le 63 127 Cd 73
76270 Bouelles 76 37 Bc 50
72390 Bouër 72 68 Ad 60
53290 Bouère 53 83 Zd 61
53290 Bouessay 53 84 Zd 61
36200 Bouesse 36 101 Be 69
31190 Bouet 31 164 Bc 89
03380 Bouets, les 03 114 Cc 70
16410 Bouëx 16 124 Ab 75
35340 Bouëxière, la 35 66 Yd 59
35133 Bouëxière, le 35 66 Ye 58
36110 Bouffegenet 36 101 Bd 66
95570 Bouffémont 95 51 Cb 54
85600 Boufféré 85 97 Yd 67
82440 Bouffière, la 82 150 Bd 84
02160 Bouffignereux 02 41 Df 52
41270 Bouffry 41 69 Ba 60
80540 Bougainville 80 38 Ca 49
64230 Bougarber 64 162 Zd 88
09320 Bougarelt 09 177 Bc 91
46200 Bougayrou, le 46 138 Bd 79
23160 Bougazeau, le 23 113 Bd 70
28160 Bougeâtre 28 69 Bb 59
38150 Bougé-Chambalud 38 130 Ef 77
71590 Bougerot 71 106 Ef 67
40460 Bougès, le 40 134 Yf 82
36110 Bouges-le-Château 36 101 Be 66
70500 Bougey 70 93 Ff 62
28130 Bouglainval 28 70 Bd 57
77570 Bougligny 77 71 Cd 59
47250 Bouglon 47 148 Aa 82
17800 Bougneau 17 123 Zc 75
31470 Bougnol 31 164 Ba 88
70170 Bougnon 70 93 Ga 62
79800 Bougon 79 111 Zf 70
79260 Bougouin 79 111 Ze 71
29233 Bougourouan 29 62 Vf 56

40090 Bougue 40 147 Zd 85
44340 Bouguenais 44 97 Yc 65
14210 Bougy 14 35 Zc 54
45170 Bougy-lez-Neuville 45 70 Ca 60
71330 Bouhans 71 106 Fb 68
70100 Bouhanset-et-Feurg 70 92 Fd 64
70200 Bouhans-lès-Lure 70 93 Gc 62
70230 Bouhans-lès-Montbozon 70 93 Gb 64
40210 Bouheben 40 146 Yf 84
17540 Bouhet 17 110 Za 72
21360 Bouhey 21 105 Ee 65
32170 Bouhobent 32 163 Ab 88
58310 Bouhy 58 89 Db 64
87360 Bouiges, les 87 113 Bb 71
19700 Bouilhac 19 126 Bd 76
65140 Bouilh-Devant 65 163 Ab 89
11800 Bouilhonnac 11 166 Cc 89
65350 Bouilh-Péreuilh 65 162 Aa 89
83420 Bouillabaisse, la 83 172 Gd 89
12300 Bouillac 12 138 Ca 81
24480 Bouillac 24 137 Af 80
82600 Bouillac 82 149 Ba 85
13720 Bouilladisse, la 13 171 Fd 88
80870 Bouillancourt 80 28 Be 48
80220 Bouillancourt-en-Séry 80 38 Bd 49
80500 Bouillancourt-la-Bataille 80 39 Cd 50
00020 Bouillancy 60 52 Cf 54
21420 Bouilland 21 106 Ee 66
10160 Bouillant, la 10 73 De 59
29640 Bouillard 29 62 Wb 58
30230 Bouillargues 30 154 Ec 86
50300 Bouillé 50 46 Yd 56
76530 Bouille, la 76 37 Af 52
85420 Bouillé-Courdault 85 110 Zb 70
79290 Bouillé-Loretz 79 98 Ze 66
49520 Bouillé-Ménard 49 83 Za 62
72200 Bouillerie, la 72 84 Ze 62
79290 Bouillé-Saint-Paul 79 98 Zd 66
79330 Bouillé-Saint-Varent 79 99 Ze 67
83570 Bouillidou 83 171 Gb 87
22240 Bouillie, la 22 64 Xd 57
50290 Bouillon 50 46 Yc 55
50610 Bouillon 50 46 Yc 56
64410 Bouillon 64 162 Zc 88
54470 Bouillonville 54 56 Ff 55
76190 Bouillot, le 76 36 Ad 51
10320 Bouilly 10 73 Df 59
38250 Bouilly 38 143 Fd 78
45410 Bouilly 45 70 Bf 60
51390 Bouilly 51 53 Df 53
89600 Bouilly 89 73 De 61
45300 Bouilly-en-Gâtinais 45 71 Cb 60
79110 Bouin 79 111 Zf 72
79130 Bouin 79 98 Zd 69
85230 Bouin 85 96 Ya 67
09200 Bouinéous 09 177 Bb 90
33820 Bouinot 33 122 Zc 77
62140 Bouin-Plumoisin 62 28 Bf 46
03360 Bouis 03 103 Ce 68
11330 Bouisse 11 178 Cc 91
15380 Bouisse 15 127 Cc 77
06420 Bouisses, les 06 158 Ha 84
81260 Bouisset 81 166 Cc 87
32110 Bouit 32 148 Zf 86
33410 Bouit 33 135 Zd 80
21330 Bouix 21 91 Ec 61
51480 Boujacourt 51 53 De 54
25560 Boujailles 25 107 Ga 67
34760 Boujan-sur-Libron 34 167 Db 88
48500 Boujassac 48 153 Db 82
25160 Boujeons 25 107 Gb 68
02620 Boujon, le 02 41 Df 49
33127 Boulac 33 134 Zb 80
10380 Boulages 10 73 Df 57
49390 Boulaie, la 49 84 Ab 64
88500 Boulaincourt 88 76 Ga 58
80640 Boulainvillers 80 38 Bf 50
37350 Boulairies, la 37 100 Ae 67
72500 Boulairies, les 72 85 Ac 63
35140 Boulais, la 35 66 Yd 59
72560 Boulais, les 72 68 Ab 61
36400 Boulaise 36 102 Ca 69
24580 Boulanchie, la 24 137 Af 78
52220 Boulancourt 52 74 Ed 58
77760 Boulancourt 77 71 Cc 59
57655 Boulange 57 43 Ff 52
17840 Boulassiers, les 17 109 Yd 72
32450 Boulaur 32 163 Ae 87
22400 Boulay 22 64 Xd 57
44350 Boulay 44 81 Xd 64
27330 Boulay, le 27 49 Ad 55
28800 Boulay, le 28 70 Bc 59
35640 Boulay, le 35 82 Yd 61
37110 Boulay, le 37 85 Af 63
44850 Boulay, le 44 82 Ye 64
72440 Boulay, le 72 85 Ad 61
78950 Boulay, le 78 50 Bd 56
28300 Boulay d'Achères, le 28 70 Bc 57
44710 Boulaye, la 44 96 Yb 66
71320 Boulaye, la 71 105 Ea 68
45140 Boulay-les-Barres 45 70 Be 61
28170 Boulay-les-Deux-Eglises, le 28 70 Bb 57
53370 Boulay-les-Ifs 53 67 Zf 58
27930 Boulay-Morin, le 27 49 Bb 54
57220 Boulay-Moselle 57 57 Gc 53
24750 Boulazac 24 136 Ae 77
24750 Boulazac Isle Manoire 24 136 Ae 77
13150 Boulbon 13 155 Ee 85
26410 Boulc 26 143 Fd 81
12190 Bouldoire, la 12 139 Ce 81
12310 Bouldoire, la 12 152 Ce 82
57810 Boule 57 57 Ge 56
63560 Boule 63 115 Cf 72
24130 Boule, la 24 136 Ac 79
85250 Boule, la 85 97 Ye 67
85480 Boule, la 85 97 Ye 69
66130 Boule-d'Amont 66 179 Cd 93
47150 Boulede 47 136 Ae 81
12130 Boulesq, la 12 140 Da 82
66130 Bouleternère 66 179 Cd 93
77580 Bouleurs-le-Mont 77 52 Cf 55
51170 Bouleuse 51 53 Df 53
35270 Boulhard, le 35 65 Yb 58
33270 Bouliac 33 135 Zc 80
38510 Boulieu 38 131 Fc 74
07100 Boulieu-lès-Annonay 07 130 Ee 77
01330 Bouligneux 01 118 Ef 72
70800 Bouligney 70 93 Gb 61
55240 Bouligny 55 56 Fe 53
65350 Boulin 65 162 Aa 89
49440 Boulinaie, la 49 83 Za 63
60600 Boulincourt 60 39 Cc 52
10160 Boulins, les 10 73 Df 60
60620 Boullarre 60 52 Da 54
89570 Boullay 89 73 De 60
91470 Boullay-les-Troux 91 51 Ca 56
28210 Boullay-Mivoye, le 28 50 Bc 57
28210 Boullay-Thierry, le 28 50 Bc 57
18240 Boulleret 18 88 Cf 64
27210 Boulleville 27 36 Ac 52
12410 Bouloc 12 152 Cf 84
31620 Bouloc 31 150 Bc 86
82110 Bouloc 82 150 Ba 83
85140 Boulogne 85 97 Ye 68
92210 Boulogne 92 51 Cb 55
60490 Boulogne-la-Grasse 60 39 Ce 51
31350 Boulogne-sur-Gesse 31 163 Ad 89
59440 Boulogne-sur-Helpe 59 31 Df 48
62200 Boulogne-sur-Mer 62 26 Bd 44
72440 Bouloire 72 68 Ad 61
14220 Boulon 14 47 Zd 54
58700 Boulon 58 103 Dc 65
58640 Boulorges 58 103 Da 66
70190 Boulot 70 93 Ff 64
79600 Boulou, le 66 179 Cf 93
24310 Boulouneix 24 124 Ad 76
83700 Boulouris 83 172 Ge 88
19260 Bouloux 19 126 Be 76
50220 Boulouze, la 50 46 Ye 56
70190 Boult 70 93 Ga 64
08240 Boult-au-Bois 08 42 Ef 52
51110 Boult-sur-Suippe 51 41 Ea 52
48500 Boulvé, le 46 150 Ba 82
82110 Boulvères 82 150 Bb 83
22390 Boulvriag = Bourbriac 22 63 We 58
08410 Boulzicourt 08 42 Ee 50
64370 Boumourt 64 162 Zc 88
24560 Bouniagues 24 136 Ad 80
40090 Bouniart 40 147 Zc 85
89560 Bounon 89 89 Dc 63
85510 Boupère, le 85 98 Za 68
62340 Bouquehault 62 27 Bf 44
27500 Bouquelon 27 36 Ac 52
80600 Bouquemaison 80 29 Cc 47
55300 Bouquemont 55 55 Fc 55
13130 Bouquet 13 170 Fa 87
27310 Bouquetot 27 36 Ae 52
58210 Bouquettes, les 58 89 Dc 65
95720 Bouqueval 95 51 Cc 54
33480 Bouqueyran 33 134 Zb 78
10270 Bouranton 10 73 Eb 59
91850 Bouray-sur-Juine 91 71 Cb 57
68290 Bourbach-le-Bas 68 94 Ha 62
68290 Bourbach-le-Haut 68 94 Ha 62
62110 Bourberain 21 92 Fb 64
70500 Bourbévelle 70 93 Ff 61
71140 Bourbon-Lancy 71 104 De 69
03160 Bourbon-l'Archambault 03 103 Da 69
52400 Bourbonne-les-Bains 52 76 Fe 61
63150 Bourboule, la 63 127 Ce 75
59630 Bourbourg 59 27 Cb 43
22390 Bourbriac 22 63 We 58
03130 Bource, la 03 115 Cf 71
15140 Bourcenac 15 139 Cc 78
09200 Bourch 09 177 Bb 90
39320 Bourcia 39 119 Fc 70
76760 Bourdainville 76 37 Af 50
40190 Bourdalat 40 147 Ze 85
31210 Bourdalats, les 31 163 Ad 90
23400 Bourdaleix 23 114 Be 72
41370 Bourdaloue 41 87 Ca 64
83560 Bourdas 83 171 Ff 87
71710 Bourdeau 71 105 Ec 67
73370 Bourdeau 73 132 Ff 74
26460 Bourdeaux 26 143 Fa 81
37600 Bourdeaux, les 37 100 Ba 67
24310 Bourdeilles 24 124 Ad 77
24300 Bourdeix, le 24 124 Ad 75
37160 Bourdel 37 100 Ae 67
18350 Bourdelins, les 18 103 Ce 67
82800 Bourdelle 82 150 Bd 84
33190 Bourdelles 33 135 Aa 81
63590 Bourdelles 63 128 Dd 75
10290 Bourdenay 10 73 Dd 58
79210 Bourdet, le 79 110 Zc 71
31550 Bourdette, la 31 164 Bc 89
31790 Bourdette, la 31 164 Bb 86
64800 Bourdettes 64 162 Ze 89
30190 Bourdic 30 154 Eb 85
40410 Bourdieu 40 146 Za 83
30700 Bourdiguet 30 154 Eb 84
47410 Bourdillot 47 136 Ac 81
28360 Bourdinière, la 28 70 Bc 59
36400 Bourdins, les 36 102 Ca 68
13010 Bourdon 80 38 Ca 49
82140 Bourdoncle 82 150 Be 84
57810 Bourdonnay 57 57 Ge 56
78113 Bourdonné 78 50 Bd 56
29000 Bourdonnel 29 78 Vf 61
50140 Bourdonnière 50 46 Yf 57
50750 Bourdonnière 50 46 Ye 54
14620 Bourdonnière, la 14 48 Zf 55
52700 Bourdons-sur-Rognon 52 75 Fc 60
40320 Bourdos 40 162 Zd 87
24450 Bourdoux 24 125 Ba 75
62190 Bourecq 62 29 Cc 45
86260 Bourelière, la 86 100 Ae 68
02400 Bouresches 02 52 Db 54
86410 Bouresse 86 112 Ad 70
15250 Bouret, le 15 139 Cc 79
62270 Bouret-sur-Canche 62 29 Cb 47
55270 Boureuilles 55 55 Fa 53
50510 Bourey 50 46 Yd 55
33710 Bourg 33 135 Zc 78
49460 Bourg 49 83 Zc 63
52200 Bourg 52 92 Fb 62
64150 Bourg 64 161 Zc 88
67420 Bourg 67 77 Ha 58
05800 Bourg, le 05 144 Gb 80
46120 Bourg, le 46 138 Bf 80
50210 Bourg, le 50 46 Ye 55
64520 Bourgade, la 64 160 Ye 87
40330 Bourgadot, le 40 161 Zb 87
57260 Bourgaltroff 57 57 Ge 55
23400 Bourganeuf 23 114 Be 73
86390 Bourg-Archambault 86 113 Ba 70
42220 Bourg-Argental 42 130 Ed 77
48210 Bourgarie, la 48 153 Db 83
35230 Bourgbarré 35 65 Yc 61
27380 Bourg-Beaudouin 27 37 Bb 52
29860 Bourg-Blanc 29 61 Vc 58
07420 Bourg Druche 67 60 Ha 68
17230 Bourg-Chapon 17 110 Yf 71
16200 Bourg-Charente 16 123 Ze 74
44440 Bourg-Chevreuil 44 82 Yd 63
37250 Bourg-Cocu 37 100 Ae 65
24130 Bourg-d'Abren 24 136 Ac 79
50190 Bourg-d'Aubigny, le 50 34 Yd 53
65130 Bourg-de-Bigorre 65 163 Ab 90
50310 Bourg-de-Lestre 50 33 Ye 51
26300 Bourg-de-Péage 26 143 Fa 78
35890 Bourg-des-Comptes 35 82 Yb 61
39300 Bourg-de-Sirod 39 107 Ff 68
24320 Bourg-des-Maisons 24 124 Ac 76
16200 Bourg-des-Oames 16 123 Ze 74
69240 Bourg-de-Thizy 69D 117 Eb 72
82190 Bourg-de-Visa 82 149 Af 83
23220 Bourg-d'Hem, le 23 114 Be 71
49520 Bourg-d'Iré, le 49 83 Za 62
38520 Bourg-d'Oisans, le 38 144 Ga 78
31110 Bourg-d'Oueil 31 175 Ad 91
24600 Bourg-du-Bost 24 124 Ab 77
76740 Bourg-Dun 76 37 Af 49
63390 Bourgeade 63 115 Cd 72
63820 Bourgeade 63 127 Ce 74
19340 Bourgeade, le 19 127 Cc 74
24330 Bourgearie 24 137 Ae 78
14430 Bourgeauville 14 48 Aa 53
85440 Bourgenay 85 109 Yb 70
01000 Bourg-en-Bresse 01 119 Fb 71
28800 Bourgeray 28 69 Bb 59
56190 Bourgerelle 56 81 Xd 63
18000 Bourges 18 102 Cc 66
41190 Bourges 41 86 Bb 63
04400 Bourget, le 04 158 Gd 82
05230 Bourget, le 05 144 Gb 81
73500 Bourget, le 73 133 Ge 77
73370 Bourget-du-Lac, le 73 132 Ff 75
73110 Bourget-en-Huile 73 132 Gb 76
08230 Bourg-Fidèle 08 41 Ed 49
67140 Bourgheim 67 60 Hc 58
59830 Bourghelles 59 30 Db 45
63270 Bourgis 63 128 Dc 75
27650 Bourg-l'Abbé, le 27 50 Bb 56
63760 Bourg-Lastic 63 127 Cd 75
19170 Bourg-le-Bec 19 126 Bf 75
71110 Bourg-le-Comte 71 117 Df 71
72610 Bourg-le-Roi 72 68 Aa 58
26500 Bourg-lès-Valence 26 142 Ef 79
49520 Bourg-l'Evêque 49 83 Yf 62
16120 Bourgliuoux 16 123 Zf 75
66760 Bourg-Madame 66 178 Bf 94
24400 Bourgnac 24 136 Ac 78
17220 Bourgneuf 17 110 Yf 72
17400 Bourgneuf 17 110 Zc 73
18110 Bourgneuf 18 102 Cc 65
36600 Bourgneuf 36 101 Bd 66
37600 Bourg-Neuf 37 100 Ba 66
40400 Bourg-Neuf 40 147 Zb 85
41230 Bourg-Neuf 41 87 Be 64
45300 Bourg-Neuf 45 71 Cb 60
45430 Bourg-Neuf 45 87 Ca 61
49140 Bourgneuf 49 84 Ze 63
73390 Bourgneuf 73 132 Gb 75
79100 Bourg-Neuf 79 99 Zf 67
85120 Bourg-Neuf 85 98 Zb 69
85150 Bourgneuf 85 109 Yb 69
22160 Bourg-Neuf, le 22 63 Wd 58
22520 Bourgneuf, le 22 64 Xa 57
53640 Bourg-Neuf, le 53 67 Zc 58
79240 Bourgneuf, le 79 98 Zc 69
49290 Bourgneuf-en-Mauges 49 83 Za 65
44580 Bourgneuf-en-Retz 44 96 Ya 66
53200 Bourgneuf-la-Forêt, le 53 83 Zb 61
53410 Bourgneuf-la-Forêt, le 53 66 Za 60
41210 Bourgnouveau 41 87 Be 64
53440 Bourg-Nouvel, le 53 67 Zc 59
50770 Bourgogne 50 46 Yc 53
51110 Bourgogne 51 41 Ea 52
28480 Bourgogne, la 28 69 Ba 58
51110 Bourgogne-Fresne 51 53 Ea 52
38300 Bourgoin-Jallieu 38 131 Fb 75
53410 Bourgon 53 66 Yf 59
88470 Bourgonce, la 88 77 Ge 59
53200 Bourg-Philippe 53 83 Zb 62
07700 Bourg-Saint-Andéol 07 155 Ed 82
31570 Bourg-Saint-Bernard 31 165 Be 87
01800 Bourg-Saint-Cristophe 01 118 Fa 73
52150 Bourg-Sainte-Marie 52 75 Fd 59
61310 Bourg-Saint-Léonard, le 61 48 Aa 56
14690 Bourg-Saint-Marc 14 47 Zd 55
73700 Bourg-Saint-Maurice 73 133 Ge 75
50660 Bourg-Sey, le 50 46 Yd 55
48100 Bourgs sur Colagne 48 140 Db 81
27520 Bourgtheroulde-Infreville 27 49 Af 53
14540 Bourguébus 14 35 Ze 54
37140 Bourgueil 37 84 Ab 65
50800 Bourguenolles 50 46 Ye 56
15230 Bourguet 15 139 Ce 78
06660 Bourguet, le 06 158 Gf 83
83840 Bourguet, le 83 158 Gd 86
25150 Bourguignon 25 94 Ge 64
70800 Bourguignon-lès-Conflans 70 93 Ga 62
70190 Bourguignon-les-la-Charité 70 93 Ff 63
70120 Bourguignon-lès-Morey 70 92 Fe 62
10110 Bourguignons 10 74 Ec 60
04380 Bourguignons, les 04 157 Ga 84
50750 Bourgvallées 50 46 Yf 54
71520 Bourgvillain 71 118 Ed 70
15200 Bourians 15 127 Cc 77
41370 Bourichard 41 86 Bc 62
40200 Bouricos 40 146 Yf 83
33113 Bourideys 33 147 Zd 82
11300 Bouriège 11 178 Cb 91
16120 Bouriès, les 16 123 Zf 75
11300 Bourigeole 11 178 Ca 91
04330 Bourillons, les 04 157 Gc 84
69700 Bourin, le 69M 130 Ee 75
65170 Bourisp 65 175 Ac 92
07310 Bourlatier 07 141 Eb 80
47370 Bourlens 47 149 Af 82
19510 Bourliateau 19 126 Bd 75
16410 Bourlie, la 16 124 Ab 75
24310 Bourliou 24 124 Ad 77
62860 Bourlon 62 30 Da 47
52150 Bourmont 52 75 Fd 59
52150 Bourmont-entre-Meuse-et-Mouzon 52 75 Fd 59
12400 Bournac 12 152 Ce 85
82150 Bournac 82 149 Af 82
27230 Bournainville-Faverolles 27 49 Ac 54
37240 Bournan 37 100 Ae 66
86120 Bournand 86 99 Aa 66
19300 Bournas, les 19 126 Bf 76
24420 Bournaud 24 124 Ae 77
23250 Bournazeau 23 114 Bf 72
12390 Bournazel 12 139 Cb 82
81170 Bournazel 81 151 Bf 84
85200 Bourneau 85 110 Zb 69
49700 Bournée, la 49 98 Ze 65
87500 Bourneix 87 125 Ba 75
47210 Bournel 47 136 Ae 81
19170 Bournel, le 19 126 Bf 75
19110 Bournerie, la 19 127 Cc 76
03330 Bournets, les 03 115 Da 71
27500 Bourneville-Sainte Croix 27 36 Ad 52
85480 Bournezeau 85 97 Ye 69
86110 Bournezeau 86 99 Ab 68
24150 Bourniquel 24 136 Ae 80
46600 Bournissard 46 138 Bd 79
25250 Bournois 25 94 Gc 64
15320 Bournoncles 15 140 Db 79
43360 Bournoncle-Saint-Pierre 43 128 Db 76
62240 Bournonville 62 28 Bf 44
64450 Bournos 64 162 Zd 88
90140 Bourogne 90 94 Gf 63
19290 Bouroux 19 126 Ca 74
47320 Bourran 47 148 Ac 82
16200 Bourras 16 123 Zf 74
58210 Bourras-la-Grange 58 89 Dc 65
41400 Bourré 41 86 Bb 64
65100 Bourréac 65 162 Zf 90
86110 Bourrelière, la 86 99 Aa 68
82700 Bourret 82 150 Ba 85
09350 Bourrets, les 09 164 Bb 90
33910 Bourricaud 33 135 Ze 78
33340 Bourries 33 122 Za 77
40120 Bourriot-Bergonce 40 147 Ze 84
77780 Bourron-Marlotte 77 71 Ce 58
24110 Bourrou 24 136 Ad 78
32370 Bourrouillan 32 148 Zf 86
40160 Bourruque 40 146 Yf 82
62550 Bours 62 29 Cc 46
65460 Bours 65 162 Aa 89
18110 Boursac 18 102 Cb 65
03130 Boursauds, les 03 117 Df 70
51480 Boursault 51 53 Df 54
41270 Boursay 41 69 Af 60
57370 Bourscheid 57 57 Hb 56
17560 Bourseffranc-le-Chapus 17 122 Yf 73
85200 Bourséguin 85 110 Zb 69
22130 Bourseul 22 65 Xe 58
80130 Bourseville 80 28 Bd 48
70000 Boursières 70 93 Ga 63
62147 Boursies 62 30 Da 48
62132 Boursin 62 27 Bf 44
63190 Boursis, les 63 128 Dc 74
60141 Boursonne 60 52 Da 53
36250 Bourtadière, la 36 101 Bc 68
27580 Bourth 27 49 Ae 56
62650 Bourthes 62 28 Bf 45
76740 Bourville 76 37 Ae 50
60240 Boury-en-Vexin 60 50 Be 53
24150 Bourzac 24 136 Ae 80
03260 Bourzat 03 116 Dc 71
03370 Bourzeau 03 115 Cc 70
46200 Bourzoles 46 137 Bc 79
57460 Bousbach 57 57 Gf 54
59166 Bousbecque 59 30 Da 44
24370 Bouscandier, le 24 137 Bc 79
33110 Bouscat, le 33 135 Zc 79
40260 Bouscat, le 40 146 Yf 85
59222 Bousies 59 31 Dd 48
06660 Bousiéyas 06 158 Gf 83
59170 Bousignies 59 30 Dc 46
59149 Bousignies-sur-Roc 59 31 Eb 47
09120 Bousquet, le 09 177 De 91
11140 Bousquet, le 11 178 Ca 92
12120 Bousquet, le 12 151 Cd 83
12210 Bousquet, le 12 139 Ce 81
12330 Bousquet, le 12 139 Cc 82
12350 Bousquet, le 12 151 Cb 82
24290 Bousquet, le 24 137 Bb 78
81330 Bousquet, le 81 166 Cc 86
81990 Bousquet, le 81 151 Cb 85
82160 Bousquet, le 82 151 Bf 83
34260 Bousquet-d'Orb, le 34 167 Db 86
15150 Bousquin 15 138 Ca 79
12160 Boussac 12 151 Cc 83
12400 Boussac 12 152 Cf 85
19390 Boussac 19 126 Be 76
23600 Boussac 23 114 Cb 70
46100 Boussac 46 138 Bf 81
46700 Boussac 46 137 Ba 81
82160 Boussac 82 150 Be 83
35120 Boussac, la 35 65 Yc 57
23600 Boussac-Bourg 23 114 Cb 70
34260 Boussagues 34 167 Da 87
79600 Boussais 79 98 Ze 68
09320 Boussan 09 177 Bb 91
31420 Boussan 31 164 Af 89
57175 Boussange 57 56 Ga 53
37290 Boussay 37 100 Af 67
44190 Boussay 44 97 Ye 66
57310 Bousse 57 56 Gb 53
72270 Bousse 72 84 Zf 62
21250 Bousselange 21 106 Fb 67
43450 Bousselargues 43 128 Da 76
21260 Boussenois 21 92 Fb 63
31360 Boussens 31 164 Af 89
70500 Bousseraucourt 70 76 Ff 61
47420 Boussès 47 148 Aa 84
57230 Bousseviller 57 58 Hc 54
21350 Boussey 21 91 Ed 64
27750 Boussey 27 50 Bc 55
80500 Boussicourt 80 39 Cd 50
35210 Boussière, la 35 66 Ye 59
23700 Boussière-Nouvelle 23 115 Cc 72
25320 Boussières 25 107 Ff 66
59330 Boussières 59 31 Df 47
59217 Boussières-en-Cambrésis 59 30 Dc 48
23360 Boussige, la 23 114 Be 70
59168 Boussois 59 31 Ea 47
43430 Boussoulet 43 141 Ea 78
74150 Boussy 74 132 Ff 73
91860 Boussy-Saint-Antoine 91 51 Cd 56
57570 Boust 57 44 Gb 52
57380 Boustroff 57 57 Gd 55
03240 Bout, le 03 116 Da 70
08160 Boutancourt 08 42 Ee 50
63420 Boutaresse 63 128 Cf 76
27250 Bout-au-Grain, le 27 49 Ad 55
60220 Boutavent 60 38 Be 51
33290 Bout-de-l'Ile, le 33 135 Zc 79
62136 Bout-Delville 62 29 Ce 45
62650 Bout-Dessous 62 28 Bf 45
62215 Bout-d'Oye, le 62 27 Ca 43
35120 Bout-du-Chemin, le 35 65 Yb 57
14190 Bout-du-Haut 14 48 Ze 54
81660 Bout-du-Pont-de-Larn 81 166 Cc 87
31580 Bout-du-Tépè, le 31 163 Ad 90
89660 Bouteau 89 90 Dd 63
45600 Bouteille 45 88 Cb 62
02140 Bouteille, la 02 41 Df 49
24320 Bouteilles-Saint-Sébastien 24 124 Ab 76
11200 Boutenac 11 166 Ce 90
17120 Boutenac 17 122 Zb 76
17120 Boutenac-Touvent 17 122 Zb 75
60590 Boutencourt 60 38 Bf 53
42130 Bouteresse, la 42 129 Ea 74
91150 Boutervilliers 91 70 Ca 58
22600 Bout-ès-Loup, le 22 64 Xb 59
12330 Boutets, les 12 139 Cd 81
16120 Bouteville 16 123 Zf 75
53250 Boutevillière, la 53 67 Ze 58
42160 Bouthéon 42 129 Eb 75
16100 Boutiers-Saint-Trojan 16 123 Ze 74
28410 Boutigny-Prouais 28 50 Bd 56
91820 Boutigny-sur-Essonne 91 71 Cc 58
72250 Boutinières, les 72 85 Ac 61
71360 Bouton 71 105 Ec 66
71990 Bouton 71 105 Eb 67
13390 Boutot 13 171 Fd 88
49410 Boutouchère, la 49 83 Za 65
33830 Boutox 33 147 Zb 82
80220 Bouttencourt 80 38 Bd 49
17700 Boutterie 17 110 Zb 72
50480 Boutteville 50 33 Ye 52
31440 Boutx 31 176 Ae 91
80220 Bouvaincourt-sur-Bresle 80 37 Bc 48
51140 Bouvancourt 51 53 Df 52
26190 Bouvante-le-Bas 26 143 Fb 79
26190 Bouvante-le-Haut 26 143 Fb 79
32120 Bouvées 32 149 Af 86
08430 Bouvellemont 08 42 Ed 51
01100 Bouvent 01 119 Fd 71
25560 Bouverans 25 107 Gb 67
17390 Bouverie 17 122 Ye 74
83520 Bouverie, la 83 172 Gd 87
12800 Bouvert 12 151 Cb 83
38390 Bouvesse-Quirieu 38 131 Fc 74
49640 Bouvet 49 84 Zd 62
12330 Bouviala 12 151 Cc 82
26460 Bouvières 26 143 Fb 81
39150 Bouviers, les 39 119 Ff 69
59870 Bouvignies 59 30 Db 46
62172 Bouvigny 62 29 Ce 46
28800 Bouville 28 69 Bc 59
76360 Bouville 76 37 Af 51
91880 Bouville 91 71 Cb 58
80200 Bouvincourt-en-Vermandois 80 39 Da 49
59830 Bouvines 59 30 Db 45
60220 Bouvresse 60 38 Be 51
44130 Bouvron 44 82 Ya 64
54200 Bouvron 54 56 Ff 56
46210 Bouxal 46 138 Ca 80
88270 Bouxières-aux-Bois 88 76 Gb 59
54770 Bouxières-aux-Chênes 54 56 Gb 56
54136 Bouxières-aux-Dames 54 56 Ga 56
54700 Bouxières-sous-Froidmont 54 56 Ga 55
81430 Bouxoulic 81 151 Cb 85
21690 Boux-sous-Salmaise 21 91 Ed 64
88130 Bouxurulles 88 76 Gb 59
67330 Bouxwiller = Buchsweiler 67 58 Hc 56
18500 Bouy 18 102 Cb 66
51400 Bouy 51 54 Ec 54

81800 Bouyayo 81 150 Be 86
09220 Bouychet 09 177 Bd 92
17100 Bouyers, les 17 122 Zb 74
10220 Bouy-Luxembourg 10 73 Eb 58
06510 Bouyon 06 158 Ha 86
46130 Bouyrissac 46 138 Be 79
81360 Bouyrol 81 166 Cb 86
82440 Bouyrolle 82 150 Bc 84
81630 Bouysse, la 81 150 Bd 85
46120 Bouyssou, le 46 138 Bf 80
10400 Bouy-sur-Orvin 10 72 Dc 58
39130 Bouzailles 39 107 Fe 69
18200 Bouzais 18 102 Cc 68
52110 Bouzancourt 52 74 Ef 59
54930 Bouzanville 54 76 Ga 58
63910 Bouzel 63 128 Db 74
21200 Bouze-lès-Beaume 21 105 Ee 66
88270 Bouzemont 88 76 Gb 59
44350 Bouzeray 44 81 Xd 64
71150 Bouzeron 71 105 Ee 67
88390 Bouzey 88 76 Gc 60
24250 Bouzic 24 137 Bb 80
46330 Bouziès 46 138 Bd 82
46330 Bouziès-Bas 46 138 Bd 82
32500 Bouzigue, la 32 149 Ae 86
34140 Bouzigues 34 168 Dd 88
49530 Bouzillé 49 83 Yf 64
31420 Bouzin 31 164 Af 89
80300 Bouzincourt 80 39 Cd 48
43700 Bouzols 43 141 Df 78
32290 Bouzon-Gellenave 32 162 Aa 86
46600 Bouzonie, la 46 138 Bd 78
54800 Bouzonville 54 56 Fe 54
57320 Bouzonville 57 57 Gd 53
45300 Bouzonville-aux-Bois 45 71 Cb 60
45300 Bouzonville-en-Beauce 45 71 Cb 59
04400 Bouzoulières 04 158 Gd 82
51150 Bouzy 51 53 Ea 54
45460 Bouzy-la-Forêt 45 88 Cc 61
55190 Bovée-sur-Barboure 55 55 Fd 57
35330 Bovel 35 81 Ya 61
80540 Bovelles 80 38 Ca 49
74250 Bovère 74 120 Gc 72
80440 Boves 80 39 Cc 49
02870 Bovette, la 02 40 Dc 51
40800 Bovila 46 149 Bb 82
01300 Bovinel 01 131 Fe 74
55500 Boviolles 55 55 Fc 57
64400 Boy 64 161 Zd 90
81190 Boyals 81 151 Cb 84
17190 Boyardville 17 109 Ye 73
62134 Boyaval 62 29 Cb 46
49390 Boye, la 49 84 Aa 64
62128 Boyelles 62 30 Ce 47
44170 Boyenne 44 82 Yb 63
42460 Boyer 42 117 Eb 72
71700 Boyer 71 106 Ef 69
71740 Boyer 71 117 Eb 71
37340 Boyères 37 85 Ac 64
01640 Boyeux-Saint-Jérôme 01 119 Fc 72
12640 Boyne 12 152 Da 83
45300 Boynes 45 71 Cc 60
01190 Boz 01 118 Ef 70
07410 Bozas 07 142 Ed 78
70050 Bozel 73 133 Gd 70
12340 Bozouls 12 139 Ce 82
55120 Brabant-en-Argonne 55 55 Fa 54
55800 Brabant-le-Roi 55 55 Ef 55
55100 Brabant sur-Meuse 55 55 Fb 53
19800 Brach 19 126 Bf 77
33480 Brach 33 134 Za 78
52110 Brachay 52 75 Fa 58
38790 Brachet, le 38 131 Fa 75
76730 Brachy 76 37 Af 50
41250 Bracieux 41 86 Bd 63
39110 Bracon 39 107 Ff 67
15290 Braconat 15 139 Cb 79
16110 Braconne, la 16 124 Ac 74
76370 Bracquemont 76 37 Ba 49
76850 Bracquetuit 76 37 Ba 51
76680 Bradiancourt 76 37 Bc 51
50870 Braffais 50 46 Ye 56
01090 Bragards, les 01 130 Bd 89
30260 Bragassargues 30 154 Ea 85
31470 Bragayrac 31 164 Ba 88
15700 Brageac 15 127 Cb 77
10340 Bragelogne 10 74 Eb 61
71350 Bragny-sur-Saône 71 106 Fa 67
48150 Bragouse, la 48 153 Dc 83
06600 Brague, la 06 173 Ha 87
07140 Brahic 07 154 Ea 82
25640 Braillans 25 93 Ga 65
80150 Brailly-Cornehotte 80 28 Bf 47
21350 Brain 21 91 Ed 64
39800 Brainans 39 107 Fd 67
02220 Braine 02 53 Dd 52
44830 Brains 44 96 Yb 65
72550 Brains-sur-Gée 72 68 Zf 60
53350 Brains-sur-les-Marches 53 83 Ye 61
49650 Brain-sur-Allonnes 49 84 Aa 65
49800 Brain-sur-l'Authion 49 84 Zd 64
49220 Brain-sur-Longuenée 49 83 Zb 63
35660 Brain-sur-Vilaine 35 82 Ya 62
50200 Brainville 50 46 Yd 54
54800 Brainville 54 56 Fe 54
52150 Brainville-sur-Meuse 52 75 Fd 59
35490 Brais 35 66 Yc 58
44600 Brais 44 81 Xe 65
54170 Braisey-au-Plain 54 76 Ff 57
54170 Braisey-la-Côte 54 76 Ff 57
03360 Braize 03 103 Cd 69
54740 Bralleville 54 76 Gb 58
11150 Bram 11 165 Ca 89
68550 Bramaly 68 94 Ha 61
73500 Bramans 73 133 Ge 77
46240 Bramarie 46 138 Bd 81
63210 Bramauds, les 63 127 Cf 74
13370 Brame-Jean 13 170 Fb 86
81310 Brames-Aigues 81 151 Bf 85
76740 Brametot 76 37 Af 50
65370 Bramevaque 65 176 Ad 91
48000 Bramonas 48 140 Dc 82
05600 Bramousse 05 145 Ge 80
17210 Bran 17 123 Ze 76
33830 Bran, le 33 134 Za 81
64200 Brana 64 162 Zd 89
19500 Branceilles 19 138 Be 78
53400 Brancherie, la 53 83 Za 61
89113 Branches 89 89 Dc 61
88630 Brancourt 88 75 Fe 58
02320 Brancourt-en-Laonnois 02 40 Dc 51
02110 Brancourt-le-Grand 02 40 Dc 49
44590 Brand, le 44 82 Yb 62
44320 Brandais, le 44 96 Ya 66
86200 Brandallière, la 86 99 Ab 67
44680 Branday, le 44 96 Yb 66
24380 Brande, la 24 136 Ad 79
28140 Brandelon 28 70 Be 60
35390 Brandeneuf 35 82 Yb 62
56700 Brandérion 56 80 We 62
17110 Brandes, les 17 122 Za 75
17139 Brandes, les 17 110 Yf 71
86400 Brandes, les 86 112 Ab 72
83470 Brandine 83 171 Fe 88
56390 Brandivy 56 80 Xa 62
71520 Brandon 71 118 Ed 70
12350 Brandonnet 12 151 Ca 82
51290 Brandonvillers 51 74 Ed 57
02130 Branges 02 53 Dc 53
71500 Branges 71 106 Fb 69
38510 Brangues 38 131 Fd 74
44530 Branleix 44 81 Xf 63
70320 Branleure, la 70 93 Gc 61
89150 Brannay 89 72 Da 59
25340 Branne 25 94 Gc 64
33420 Branne 33 135 Ze 80
33124 Brannens 33 135 Zf 81
30110 Branoux-les-Taillades 30 154 Df 83
04120 Brans 04 158 Gc 86
39290 Brans 39 107 Fd 65
03500 Bransat 03 116 Db 71
51140 Branscourt 51 53 De 53
77620 Bransles 77 71 Cf 60
86480 Brantelay 86 111 Aa 70
84390 Brantes 84 156 Fc 83
10220 Brantigny 10 74 Ec 58
88130 Brantigny 88 76 Gb 58
33910 Brantirat 33 135 Zf 78
24310 Brantôme 24 124 Ad 76
24310 Brantôme en Périgord 24 124 Ad 76
14430 Branville 14 35 Aa 53
50440 Branville-Hague 50 33 Yb 51
55400 Braquis 55 55 Fd 54
14123 Bras 14 35 Ze 54
83149 Bras 83 171 Ff 88
12550 Brasc 12 152 Cd 85
04270 Bras-d'Asse 04 157 Ga 85
40330 Brasempouy 40 161 Zb 87
02400 Brasles 02 52 Dc 54
37120 Braslou 37 99 Ac 66
29190 Brasparts 29 62 Wa 59
09000 Brassac 09 177 Bd 91
24440 Brassac 24 137 Ae 80
34220 Brassac 34 166 Ce 87
81260 Brassac 81 166 Cd 87
82190 Brassac 82 149 Af 83
63570 Brassac-les-Mines 63 128 Db 76
72360 Brassardière 72 85 Ab 62
17160 Brasseau 17 122 Zb 74
55300 Brasseitte 55 55 Fd 55
33590 Brasserie, la 33 122 Za 76
12470 Brasses, les 12 140 Cf 81
60810 Brasseuse 60 51 Ce 53
43100 Brassey 43 140 Db 77
55100 Bras-sur-Meuse 55 55 Fc 53
58140 Brassy 58 90 Df 65
80160 Brassy 80 38 Ca 50
54610 Bratte 54 56 Gb 56
52290 Braucourt 52 74 Ee 57
85200 Braud, la 85 110 Zb 69
10160 Braud, le 10 107 Cb 77
33820 Braud-et-Saint-Louis 33 122 Zc 77
54260 Braumont 54 43 Fd 52
33125 Brault 33 134 Zb 81
55170 Brauvilliers 55 75 Fa 57
04240 Braux 04 158 Ge 85
08120 Braux 08 42 Ee 49
10500 Braux 10 74 Ec 58
21390 Braux 21 91 Ec 64
52120 Braux-le-Châtel 52 74 Ef 60
51800 Braux-Sainte-Cohière 51 54 Ee 54
51800 Braux-Saint-Rémy 51 54 Ef 54
69610 Bravarel, la 69M 130 Ec 74
20230 Bravone CTC 183 Kd 95
31490 Brax 31 164 Bb 87
47310 Brax 47 149 Ad 83
10800 Bray 10 73 Ea 59
14740 Bray 14 35 Zd 53
27170 Bray 27 49 Af 54
60810 Bray 60 51 Ce 53
63560 Bray 63 115 Cf 72
71250 Bray 71 118 Ee 69
72240 Bray, le 72 67 Zf 60
59123 Bray-Dunes 59 27 Cd 42
02880 Braye 02 40 Dc 52
02000 Braye-en-Laonnois 02 40 Dd 52
02140 Braye-en-Thiérache 02 41 Df 50
14190 Bray-en-Cinglais 14 47 Ze 55
45460 Bray-en-Val 45 87 Cc 62
37120 Braye-sous-Faye 37 99 Ac 67
37330 Braye-sur-Maulne 37 85 Ab 63
95710 Bray-et-Lû 95 50 Be 54
14190 Bray-la-Campagne 14 48 Ze 54
80580 Bray-lès-Mareuil 80 28 Bf 48
03350 Brays, les 03 103 Ce 69
45460 Bray-Saint-Aignan 45 87 Cc 62
02480 Bray-Saint-Christophe 02 40 Da 50
77480 Bray-sur-Seine 77 72 Db 58
80340 Bray-sur-Somme 80 39 Ce 49
21430 Brazey-en-Morvan 21 105 Eb 65
21470 Brazey-en-Plaine 21 106 Fb 66
33990 Bré 33 122 Yf 77
35310 Bréal-sous-Montfort 35 65 Ya 60
35370 Bréal-sous-Vitré 35 66 Yf 60
95640 Bréançon 95 51 Ca 54
77720 Bréau 77 72 Cf 57
30120 Bréau-et-Salagosse 30 153 Dd 85
76110 Bréauté 76 36 Ac 51
51320 Bréban 51 74 Ec 57
62117 Brebières 62 30 Da 46
90140 Brebotte 90 94 Gf 63
44410 Bréca 44 81 Xe 64
35530 Brécé 35 66 Yd 60
53120 Brecé 53 67 Zb 58
50370 Brécey 50 46 Yf 56
47260 Brech 47 136 Ac 82
56400 Brech 56 79 Xa 62
88300 Bréchaincourt 88 75 Fe 59
88350 Brechainville 88 75 Fc 58
28210 Bréchamps 28 50 Bd 56
32240 Bréchan 32 148 Ze 85
47600 Bréchan 47 148 Ab 83
68210 Bréchaumont 68 94 Ha 62
71400 Brêche 71 105 Ec 67
37330 Brèches 37 85 Ac 63
58420 Brèches 58 104 Dd 65
43270 Bréchiniac 43 129 De 77
57220 Brecklange 57 57 Gc 53
74550 Brécorens 74 120 Gc 71
50160 Brectouville 50 47 Yf 54
02210 Brécy 02 52 Dc 54
18220 Brécy 18 102 Cd 66
89113 Brécy 89 89 Dc 62
08400 Brécy-Brières 08 42 Ee 53
74410 Brédannaz 74 132 Ga 74
33650 Brède, la 33 135 Zc 80
19200 Brédèche, la 19 127 Cb 75
50390 Brédonchel 50 33 Yc 52
50170 Brée 50 66 Yd 57
53150 Brée 53 67 Zc 60
61100 Bréel 61 47 Zd 56
17840 Brée-les-Bains, la 17 109 Yd 72
49500 Brège 49 83 Za 62
87380 Bregeat 87 126 Bd 75
24290 Bregegère 24 137 Bb 78
44210 Bregeonnière, la 44 96 Xf 66
03310 Brégère, la 03 115 Ce 71
24340 Bregnac 24 124 Ac 76
09000 Brègne 09 177 Bc 91
01300 Brégnier-Cordon 01 131 Fd 75
74250 Brégny 74 120 Gc 72
83670 Bréguière, la 83 171 Ga 87
60440 Brégy 60 52 Cf 54
44290 Bréhain 44 82 Yb 63
57340 Bréhain 57 57 Gd 55
54190 Bréhain-la-Ville 54 43 Ff 52
50290 Bréhal 50 46 Yc 55
56580 Bréhan 56 64 Xb 60
22510 Bréhand 22 64 Xc 58
22580 Brehec-en-Plouha 22 63 Xa 56
37130 Bréhémont 37 85 Ac 65
55150 Bréhéville 55 42 Fb 52
29170 Bréhoulou 29 78 Vf 61
57720 Breidenbach 57 58 Hc 54
49490 Breil 49 84 Aa 64
44310 Breil, le 44 97 Yc 66
44590 Breil, le 44 82 Yb 63
44680 Breil, le 44 96 Ya 66
44880 Breil, le 44 82 Yb 65
35140 Breil-Bernier, le 35 66 Yd 59
79220 Breilbon 79 111 Zd 70
49390 Breille-les-Pins, la 49 84 Aa 64
22230 Breil-Pignard 22 64 Xd 59
72370 Breil-sur-Mérize, le 72 68 Ac 60
06540 Breil-sur-Roya 06 159 Hd 85
15250 Breisse 15 139 Cc 78
57570 Breistroff-la-Grande 57 44 Gb 52
57970 Breistroff-la-Petite 57 44 Gb 52
67220 Breitenau 67 60 Hb 59
67220 Breitenbach 67 60 Hb 58
68380 Breitenbach-Haut-Rhin 68 77 Ha 60
07100 [illegible] 07 128 Bd 74
15230 Bréjal, le 15 139 Ce 79
23140 Brejassoux 23 114 Bf 71
29810 Brélès 29 61 Vb 58
36130 Brélet 36 101 Bd 67
22140 Brélidy 22 63 We 57
80470 Brely 80 38 Cb 49
35470 Brémalin 35 82 Yb 61
57230 Bremendehlerhof 57 58 Hd 54
54540 Bréménil 54 77 Gf 57
27770 Brémien, le 27 50 Bb 56
67160 Bremmelbach 67 58 Hf 55
25190 Brémoncourt 25 94 Ha 64
54290 Brémoncourt 54 76 Gc 58
25530 Bremondans 25 108 Gc 65
76220 Brémontier-Merval 76 38 Bd 51
14260 Brémoy 14 47 Zb 55
85470 Brem-sur-Mer 85 96 Yb 69
21400 Brémur-et-Vaurois 21 91 Ed 62
26260 Bren 26 143 Ef 78
56120 Bréna 56 81 Xc 61
11500 Brenac 11 178 Ca 91
12420 Brenac 12 139 Ce 80
48600 Brenac 48 140 Dd 80
34650 Brenas 34 167 Db 87
16290 Brénat 16 123 Aa 74
63500 Brenat 63 128 Db 75
01150 Brénaz 01 131 Fc 73
01260 Brénaz 01 119 Fe 73
29880 Brendaouez 29 62 Vd 57
02220 Brenelle 02 40 Dd 52
29250 Brenesquen 29 62 Vf 56
12430 Brengues 12 152 Ce 84
46320 Brengues 46 138 Be 81
52200 Brennes 52 92 Fb 62
76720 Brennetuit 76 37 Ba 50
29690 Brennilis 29 62 Wa 58
01110 Brénod 01 119 Fd 72
83840 Brenon 83 158 Gd 86
60870 Brenouille 60 51 Cd 53
48000 Brenoux 48 140 Dd 82
01300 Brens 01 131 Fe 74
74890 Brens 74 120 Gc 71
74890 Brenthonne 74 120 Gc 71
04340 Bréole, la 04 157 Gb 82
43230 Brequeille, la 43 141 Dd 77
83560 Brequière, la 83 171 Ff 87
56920 Brérec 56 64 Xb 60
25440 Brères 25 107 Ff 66
39230 Bréry 39 107 Fd 68
07230 Brès 07 141 Ea 82
12120 Brès 12 152 Cd 83
17490 Bresdon 17 123 Zf 73
25120 Bréseux, les 25 94 Ge 65
70140 Bresilley 70 107 Fd 65
30450 Brésis 30 154 Df 82
80300 Bresle 80 39 Cd 49
60510 Bresles 60 38 Cb 52
03210 Bresnay 03 116 Db 70
61190 Bresolettes 61 49 Ad 57
46320 Bresquéjouls 46 138 Bf 81
33990 Bresquette, la 33 122 Yf 77
88250 Bresse, la 88 77 Gf 60
71460 Bresse-sur-Grosne 71 105 Ee 69
21560 Bressey-sur-Tille 21 92 Fb 65
03000 Bressolles 03 116 Db 69
01360 Bressolles 01 131 Fa 73
43450 Bressolles 43 128 Da 76
81320 Bressolles 81 166 Cf 86
82710 Bressols 82 150 Bc 85
38320 Bresson 38 144 Fe 78
52230 Bressoncourt 52 75 Fc 58
79300 Bressuire 79 98 Zd 67
13840 Brest 13 170 Fc 87
29200 Brest 29 61 Vd 58
70300 Brest 70 93 Gc 62
27350 Brestot 27 36 Ae 52
74500 Bret 74 121 Ge 70
79110 Bret 79 111 Zf 72
36110 Bretagne 36 101 Be 66
36400 Bretagne 36 102 Ca 68
87200 Bretagne 87 112 Af 73
90130 Bretagne 90 94 Ha 63
27300 Bretagne, la 27 49 Ad 54
32800 Bretagne-d'Armagnac 32 148 Aa 85
40280 Bretagne-de-Marsan 40 147 Zd 85
27220 Bretagnolles 27 50 Bc 55
45250 Breteau 45 88 Cf 62
35160 Bréteil 35 65 Ya 60
21110 Bretenière 21 106 Fa 65
25640 Bretenière, la 25 93 Gb 64
39700 Bretenière, la 39 107 Fd 66
39120 Bretenières 39 107 Fd 67
46130 Bretenoux 46 138 Bf 79
41320 Bretets, les 41 87 Bf 65
27160 Breteuil 27 49 Af 55
60120 Breteuil 60 38 Cb 51
61270 Bréthel 61 49 Ad 56
52000 Brethenay 52 75 Fa 60
78660 Bréthencourt 78 70 Bf 57
03350 Brethon, le 03 115 Ce 69
58200 Brétignelle 58 89 Da 64
25110 Bretigney-Notre-Dame 25 93 Gb 65
79140 Bretignolle 79 98 Zc 67
53110 Bretignolles-le-Moulin 53 67 Zc 58
85470 Brétignolles-sur-Mer 85 96 Ya 69
01210 Brétigny 01 120 Ga 71
21490 Bretigny 21 92 Fa 64
27800 Brétigny 27 49 Ae 53
28630 Brétigny 28 70 Bd 58
60400 Brétigny 60 40 Da 51
86380 Brétigny 86 99 Ac 68
91220 Brétigny-sur-Orge 91 71 Cb 57
61110 Bretoncelles 61 69 Af 58
10200 Bretonnière, la 10 74 Ee 59
27190 Bretonnière, la 27 49 Ba 54
28500 Bretonnière, la 28 50 Bb 56
44390 Bretonnière, la 44 82 Yb 63
50290 Bretonnière, la 50 46 Yc 55
58330 Bretonnière, la 58 104 Dc 66
77120 Bretonnière, la 77 52 Da 56
[illegible] Bretonnière, la 85 109 Yb 70
25380 Bretonvillers 25 108 Gd 65
17700 Brette 17 110 Za 72
72250 Brette-les-Pins 72 85 Ac 61
68780 Bretten 68 94 Ha 62
80290 Brettencourt 80 38 Bf 50
16240 Brettes 16 111 Aa 72
50110 Bretteville 50 33 Yc 51
76890 Bretteville 76 37 Ba 51
76110 Bretteville-du-Grand-Caux 76 36 Ac 51
14190 Bretteville-le-Rabet 14 48 Ze 54
14740 Bretteville-l'Orgueilleuse 14 35 Zc 53
76560 Bretteville-Saint-Laurent 76 37 Af 50
50430 Bretteville-sur-Ay 50 33 Yc 53
14170 Bretteville-sur-Dives 14 48 Zf 54
14680 Bretteville-sur-Laize 14 47 Ze 54
14760 Bretteville-sur-Odon 14 35 Zd 54
57320 Brettnach 57 57 Gd 53
31530 Bretx 31 164 Bb 86
70300 Breuches 70 93 Gb 62
58460 Breugnon 58 89 Dc 64
58140 Breugny 58 90 Df 64
17330 Breuil 17 111 Zd 72
22350 Breuil 22 65 Xf 59
23220 Breuil 23 114 Bf 71
29590 Breuil 29 62 Vf 59
51140 Breuil 51 40 De 53
60350 Breuil 60 39 Cf 52
80400 Breuil 80 39 Cf 50
88340 Breuil 88 77 Gd 61
95770 Breuil 95 50 Be 53
23400 Breuil, la 23 114 Be 73
03120 Breuil, le 03 116 Dd 71
03420 Breuil, le 03 115 Cd 71
10130 Breuil, le 10 73 Df 60
14170 Breuil, le 14 48 Zf 55
16140 Breuil, le 16 123 Zf 73
16170 Breuil, le 16 123 Zf 74
16330 Breuil, le 16 123 Aa 74
17470 Breuil, le 17 111 Ze 73
17570 Breuil, le 17 122 Yf 74
17600 Breuil, le 17 122 Za 74
19510 Breuil, le 19 126 Bd 75
22980 Breuil, le 22 64 Xe 58
23190 Breuil, le 23 115 Cc 73
24210 Breuil, le 24 137 Af 78
24270 Breuil, le 24 125 Bb 76
24310 Breuil, le 24 124 Ac 76
28120 Breuil, le 28 69 Bb 58
36300 Breuil, le 36 100 Af 69
36310 Breuil, le 36 113 Bb 70
41330 Breuil, le 41 86 Bb 62
44140 Breuil, le 44 97 Yd 66
44270 Breuil, le 44 96 Yb 66
49750 Breuil, le 49 83 Zc 65
50160 Breuil, le 50 47 Za 54
50850 Breuil, le 50 47 Zb 57
51210 Breuil, le 51 53 Dd 55
69620 Breuil, le 69D 118 Ed 73
71300 Breuil, le 71 105 Eb 68
71670 Breuil, le 71 105 Ec 68
79130 Breuil, le 79 98 Zd 69
79220 Breuil, le 79 111 Zd 70
79260 Breuil, le 79 111 Zd 70
87300 Breuilaufa 87 113 Ba 72
85120 Breuil-Barret 85 98 Zb 69
17490 Breuil-Bâtard, le 17 123 Zf 73
79320 Breuil-Bernard, le 79 98 Zc 68
78930 Breuil-Bois-Robert 78 50 Be 55
35720 Breuil-Caulnette, le 35 65 Ya 58
79300 Breuil-Chaussée 79 98 Zc 67
79110 Breuil-Coiffaud, le 79 111 Aa 72
16560 Breuil-d'Anais, le 16 124 Ab 74
86400 Breuil-d'Haleine, le 86 112 Ab 72
14130 Breuil-en-Auge, le 14 48 Ab 53
14330 Breuil-en-Bessin, le 14 47 Za 53
24380 Breuilh 24 136 Ae 78
24230 Breuilh, le 24 136 Aa 79
17700 Breuil-la-Réorte 17 110 Zb 72
16140 Breuillaud 16 111 Zf 73
23100 Breuille, la 23 127 Cc 74
36400 Breuille, la 36 102 Bf 69
89520 Breuille, la 89 89 Db 63
17330 Breuilles 17 110 Zc 72
60840 Breuil-le-Sec 60 39 Cc 52
17920 Breuillet 17 122 Yf 74
91650 Breuillet 91 71 Cb 57
60600 Breuil-le-Vert 60 39 Cc 52
03500 Breuilly 03 116 Db 71
17870 Breuil-Magné 17 110 Za 73
27640 Breuilpont 27 50 Bc 55
79150 Breuil-sous-Argenton, le 79 98 Zd 67
63340 Breuil-sur-Couze, le 63 128 Db 76
52300 Breuil-sur-Marne 52 75 Fa 57
70190 Breurey 70 93 Ga 64
70160 Breurey-lès-Faverney 70 93 Ga 62
67112 Breuschwickersheim 67 60 Hd 57
16400 Breuty 16 124 Aa 75
52240 Breuvannes-en-Bassigny 52 75 Fd 60
71500 Breuve 71 106 Fb 68
51240 Breuvery-sur-Coole 51 54 Eb 55
50260 Breuville 50 33 Yb 51
55600 Breux 55 43 Fc 51
91650 Breux-Jouy 91 71 Cb 57
27570 Breux-sur-Avre 27 49 Ba 56
41160 Brévainville 41 69 Bb 61
78980 Bréval 78 50 Bd 55
50500 Brévands 50 46 Ye 53
39100 Brevans 39 106 Fd 66
38380 Brévardière 38 132 Fe 77
14130 Brévedent, le 14 48 Ab 53
29260 Breventoc 29 62 Vd 57
58530 Brèves 58 89 Dd 64
78610 Bréviaires, les 78 50 Be 56
10450 Bréviandes 10 73 Ea 59
14140 Brévière, la 14 48 Aa 55
14860 Bréville 14 48 Ze 53
16370 Bréville 16 123 Ze 74
62140 Brévillers 62 29 Ca 46
80600 Brévillers 80 29 Cc 47
50290 Bréville-sur-Mer 50 46 Yc 55
70400 Brevilliers 70 94 Ge 63
08140 Brévilly 08 42 Fa 51
52200 Brévoines 52 92 Fb 61
50630 Brevolle 50 33 Yd 51
10220 Brévonnes 10 74 Ec 58
62170 Bréxent-Enocq 62 28 Be 45
25240 Brey-et-Maison-du-Bois 25 107 Gb 68
33650 Breyra 33 135 Zc 80
26120 Breyrons, les 26 143 Fa 79
49260 Brézé 49 99 Zf 65
29450 Brézéhant 29 62 Wa 58
05190 Bréziers 05 157 Gb 82
11270 Brézilhac 11 165 Ca 89
17120 Brézillas 17 122 Za 75
38590 Brézins 38 131 Fb 76
28270 Brézolles 28 49 Ba 56
28270 Brezolles 28 50 Bf 55
15230 Brezons 15 139 Ce 79
12600 Brézou, le 12 139 Ce 80
17600 Briagne 17 122 Za 75
03500 Briailles 03 116 Db 71
82710 Brial 82 150 Bb 85
34220 Brian 34 166 Ce 88
04200 Briançon 04 157 Ga 83
05100 Briançon 05 145 Gd 79
37500 Briançon 37 99 Ab 66
06850 Briançonnet 06 158 Ge 85
50620 Briandière, la 50 46 Ye 53
34650 Briandes 34 167 Db 86
21390 Brianny 21 90 Ec 64
71110 Briant 71 117 Ea 71
36400 Briantes 36 114 Ca 69
44850 Briantière, la 44 82 Yd 64
45250 Briare 45 88 Ce 63
45390 Briarres-sur-Essonne 45 71 Cc 59
04200 Briasc 04 157 Ff 83
59730 Briastre 59 30 Dc 48
81390 Briatexte 81 165 Bf 86
52700 Briaucourt 52 75 Fb 59

A B C D E F G H I J K L M N O P Q R S T U V W X Y Z

70800 Briaucourt 70 93 Gb 62
37340 Briche, la 37 85 Ab 64
52120 Bricon 52 74 Ef 60
28300 Briconville 28 69 Bc 57
51310 Bricot-la-Ville 51 53 Dd 56
50260 Bricquebec-en-Cotentin 50 33 Yc 52
50340 Bricqueboscq 50 33 Yb 51
14710 Bricqueville 14 47 Za 53
50290 Bricqueville-sur-Mer 50 46 Yc 55
45310 Bricy 45 70 Be 60
73570 Brides-les-Bains 73 133 Gd 76
73520 Bridoire, la 73 131 Fe 75
49390 Bridonnières, la 49 84 Aa 64
37600 Bridoré 37 100 Ba 66
02870 Brie 02 40 Dc 51
09700 Brie 09 165 Bd 89
16590 Brie 16 124 Ab 74
35150 Brie 35 66 Yc 61
79100 Brie 79 99 Zf 67
80200 Brie 80 39 Cf 49
16210 Brie-Bardenac 16 123 Zf 77
29510 Briec 29 78 Wa 60
77170 Brie-Comte-Robert 77 51 Cd 56
38320 Brié-et-Angonnes 38 144 Fe 78
50450 Brief, le 50 46 Yd 55
33840 Briel 33 147 Ze 82
35370 Brielles 35 66 Yf 60
10140 Briel-sur-Barse 10 74 Ec 59
71290 Brienne 71 118 Fa 69
10500 Brienne-la-Vieille 10 74 Ed 58
10500 Brienne-le-Château 10 74 Ed 58
08190 Brienne-sur-Aisne 08 41 Ea 52
42720 Briennon 42 117 Ea 72
89210 Brienon-sur-Armançon 89 73 Dd 61
08240 Brières 08 54 Ee 52
91150 Brières-les-Scellés 91 71 Ca 58
42620 Brierette 42 117 Df 71
89380 Bries, les 89 89 Dd 61
17520 Brie-sous-Archiac 17 123 Ze 76
16300 Brie-sous-Barbezieux 16 123 Zf 76
16210 Brie-sous-Chalais 16 123 Aa 77
17160 Brie-sous-Matha 17 123 Ze 74
17120 Brie-sous-Mortagne 17 122 Zb 76
14410 Brieu, le 14 47 Zb 55
79800 Brieuil 79 111 Zf 71
08240 Brieulles-sur-Bar 08 42 Ef 52
55110 Brieulles-sur-Meuse 55 55 Fb 52
61160 Brieux 61 48 Zf 55
43700 Brieves-Charensac 43 141 Df 78
54150 Briey 54 56 Ff 53
63820 Briffons 63 127 Cd 74
48600 Briges 48 141 De 80
80410 Brighton 80 28 Bd 47
33860 Brignac 33 123 Zd 77
34800 Brignac 34 167 Dc 87
49430 Brignac 49 84 Zd 63
56430 Brignac 56 64 Xd 60
19310 Brignac-la-Plaine 19 125 Bc 77
69530 Brignais 69M 130 Ee 74
95640 Brignancourt 95 50 Bf 54
49700 Brigné 49 98 Zd 65
29950 Brigneau 29 79 Wb 62
31480 Brignemont 31 149 Af 86
29560 Brigneun 29 62 Ve 59
29890 Brignogan-Plage 29 62 Ve 57
83170 Brignoles 83 171 Ga 88
47140 Brignols 47 149 Ae 82
30190 Brignon 30 154 Eb 85
43370 Brignon, le 43 141 Df 79
58470 Brignon, le 58 103 Db 67
38190 Brignoud 38 132 Ff 77
23250 Brigoux 23 114 Bf 73
06430 Brigue, la 06 159 Hd 84
86290 Brigueil-le-Chantre 86 113 Ba 70
16420 Brigueuil 16 112 Af 73
91640 Briis-sous-Forges 91 51 Ca 57
16500 Brillac 16 112 Ae 72
56370 Brillac 56 80 Xb 63
85200 Brillac 85 110 Za 70
04700 Brillanne, la 04 157 Ff 85
10240 Brillecourt 10 74 Ec 58
50330 Brillevast 50 33 Yd 51
59178 Brillon 59 30 Db 46
55000 Brillon-en-Barrois 55 55 Fa 56
33920 Brillouet 33 135 Zc 78
85320 Brillouet 85 110 Yf 69
45310 Brilly 45 70 Be 60
62170 Brimeux 62 28 Bf 46
51220 Brimont 51 53 Ea 52
18120 Brinay 18 102 Ca 65
58110 Brinay 58 104 De 67
68870 Brinckheim 68 95 Hc 63
69126 Brindas 69M 130 Ee 74
22170 Bringolo 22 63 Xa 57
58420 Brinon-sur-Beuvron 58 89 Dc 65
18410 Brinon-sur-Sauldre 18 87 Cb 63
54280 Brin-sur-Seille 54 56 Gc 56
77930 Brinvillé 77 71 Cd 57
39570 Briod 39 107 Fd 69
49125 Briollay 49 84 Zc 63
12400 Briols 12 152 Cf 85
01460 Brion 01 119 Fd 71
36110 Brion 36 101 Be 67
38590 Brion 38 131 Fc 77
48310 Brion 48 140 Da 80
49250 Brion 49 84 Zf 64
63610 Brion 63 128 Cf 76
71190 Brion 71 105 Eb 67
86160 Brion 86 112 Ac 70
89400 Brion 89 72 Dc 61
27800 Brionne 27 49 Ae 53
23000 Brionne, la 23 114 Be 71
79290 Brion-près-Thouet 79 99 Ze 66
21570 Brion-sur-Ource 21 91 Ed 61
48310 Brion-Vieux 48 140 Da 80
01470 Briord 01 131 Fc 74
72110 Briosne-lès-Sables 72 68 Ac 59
60210 Briot 60 38 Bf 51
18120 Briou 18 102 Ca 65
41370 Briou 41 86 Bc 62
18100 Briou, le 18 102 Ca 65
18140 Briou, le 18 103 Ce 65
18140 Briou, le 18 103 Cf 66
18300 Briou, le 18 88 Ce 65
45460 Briou, le 45 88 Cc 61
43100 Brioude 43 128 Dc 77
63190 Brioux 63 128 Dc 73
18140 Brioux, le 18 103 Cf 65
79170 Brioux-sur-Boutonne 79 111 Ze 72
61220 Briouze 61 47 Zd 56
80540 Briquemesnil-Floxicourt 80 38 Ca 49
08240 Briquenay 08 42 Ef 52
14240 Briquessard 14 34 Zb 54
50200 Briqueville-la-Blouette 50 46 Yd 54
64240 Briscous 64 160 Ye 88
64240 Briscous-les Salines 64 160 Yd 88
73100 Brison 73 132 Ff 74
74130 Brison 74 120 Gc 72
73100 Brison-Saint-Innocent 73 132 Ff 74
17390 Brisquettes 17 122 Ye 74
34190 Brissac 34 153 De 85
49320* Brissac Loire Aubance 49 83 Zd 64
37600 Brissandière, la 37 100 Af 67
28410 Brissard 28 50 Bc 56
49330 Brissarthe 49 83 Zd 62
02240 Brissay-Choigny 02 40 Dc 50
18340 Brissets, les 18 102 Cb 67
36110 Brissonnière, la 36 101 Bd 66
02240 Brissy-Hamégicourt 02 40 Dc 50
26420 Britière, la 26 143 Fc 79
44530 Brivé 44 81 Xf 64
82600 Brivecastel 82 149 Ba 85
19100 Brive-la-Gaillarde 19 125 Bd 78
36100 Brives 36 102 Bf 67
72150 Brives 72 85 Ad 62
17800 Brives-sur-Charente 17 123 Zd 74
19120 Brivezac 19 138 Bf 78
50700 Brix 50 33 Yc 51
55140 Brixey-aux-Chanoines 55 75 Fe 58
17770 Brizambourg 17 123 Zd 74
37220 Brizay 37 99 Ac 66
86110 Brizay 86 99 Ab 67
55250 Brizeaux 55 55 Fa 54
58140 Brizon 58 90 Df 65
49490 Broc 49 84 Aa 63
63500 Broc 63 128 Db 76
06510 Broc, le 06 159 Hb 86
40420 Brocas 40 147 Zc 84
40500 Brocas 40 161 Zb 86
61290 Brochard 61 69 Ae 57
27150 Broche, la 27 38 Bd 53
33920 Brochet 33 123 Zd 77
85230 Brochets, les 85 96 Xf 67
04120 Brochiers, les 04 157 Gb 85
21220 Brochon 21 106 Ef 65
14430 Brocottes 14 35 Zf 53
80430 Brocourt 80 38 Be 49
55120 Brocourt-en-Argonne 55 55 Fb 54
19380 Brocs-Haut, les 19 126 Be 78
29870 Broënnou 29 61 Vc 57
27270 Broglie 27 49 Ad 54
25600 Brognard 25 94 Gf 63
08380 Brognon 08 41 Eb 49
21490 Brognon 21 92 Fb 64
21250 Broin 21 106 Fa 66
21220 Broindon 21 106 Fa 65
39320 Broissia 39 119 Fc 70
73340 Broissieux 73 132 Ga 74
60210 Brombos 60 38 Bf 51
15320 Bromesterie, la 15 140 Db 79
45390 Bromilles 45 71 Cc 59
12600 Brommat 12 139 Ce 79
12600 Brommes 12 139 Ce 79
63230 Bromont-Lamothe 63 127 Ce 73
69500 Bron 69M 130 Ef 74
52500 Broncourt 52 92 Fd 62
22250 Bronn = Broons 22 65 Xe 59
51330 Bronne 51 54 Ed 55
57535 Bronvaux 57 56 Ga 53
28800 Bronville 28 70 Bc 59
22250 Broons = Bronn 22 65 Xe 59
35220 Broons-sur-Vilaine 35 66 Yd 60
19400 Broquerie, la 19 138 Bf 78
60220 Broquiers 60 38 Be 51
12480 Broquiès 12 152 Ce 84
16480 Brossac 16 123 Zf 77
07340 Brossainc 07 130 Ee 77
03120 Brossards, les 03 116 Dd 71
49700 Brossay 49 99 Ze 66
36310 Brosse 36 113 Bb 70
03120 Brosse, la 03 116 Dd 71
10130 Brosse, la 10 73 Df 60
18190 Brosse, la 18 102 Cb 67
28160 Brosse, la 28 69 Bb 59
44320 Brosse, la 44 96 Xf 65
49360 Brosse, la 49 98 Zc 66
71140 Brosse, la 71 116 De 69
77460 Brosse, la 77 72 Ce 59
27160 Brosse, les 27 49 Af 56
77940 Brosse-Montceaux, la 77 72 Da 58
03500 Brosses 03 116 Db 71
89660 Brosses 89 89 De 63
18120 Brosses, les 18 102 Ca 66
41300 Brosses, les 41 87 Ca 65
49370 Brosses, les 49 83 Zb 63
79350 Brosses, les 79 98 Zd 67
85250 Brossière, la 85 97 Yf 68
58440 Brossiers, les 58 88 Cf 64
27930 Brosville 27 49 Ba 54
30210 Brot 30 155 Ed 84
33720 Brot 33 135 Zd 81
70300 Brotte-lès-Luxeuil 70 93 Gc 62
70180 Brotte-lès-Ray 70 92 Fe 63
52000 Brottes 52 75 Fa 60
28160 Brou 28 69 Bb 59
17320 Brouage 17 122 Yf 73
50150 Brouains 50 47 Za 56
35120 Broualan 35 65 Yc 58
89500 Brouarde, les 89 72 Da 60
14250 Brouay 14 47 Zc 53
05800 Brouce, la 05 144 Ff 80
24210 Brouchaud 24 125 Ba 77
80400 Brouchy 80 40 Da 50
57220 Brouck 57 57 Gd 54
59630 Brouckerque 59 27 Cb 43
57565 Brouderdorff 57 57 Ha 56
33840 Broudon, le 33 148 Zf 83
17620 Broue 17 122 Za 74
28410 Broué 28 50 Bd 56
46090 Brouelles 46 137 Bc 81
56780 Brouel Mones 56 80 Xb 63
55700 Brouennes 55 42 Fb 51
32350 Brouilh-Monbert, le 32 163 Ac 87
66560 Brouilla 66 179 Cf 93
43500 Brouillac 43 129 Df 77
01430 Brouillat 01 119 Fd 72
51170 Brouillet 51 53 De 53
87800 Brouillet 87 125 Bb 74
33210 Brouquet 33 135 Ze 81
33720 Brouquet 33 135 Zd 81
33124 Brouqueyran 33 135 Ze 82
83330 Broussan 83 171 Ff 89
23340 Broussas 23 126 Bf 74
15250 Brousse 15 139 Cc 79
23360 Brousse 23 114 Be 70
23700 Brousse 23 115 Cc 73
63490 Brousse 63 128 Dc 75
81440 Brousse 81 165 Ca 86
15150 Brousse, la 15 138 Ca 78
16390 Brousse, la 16 124 Ab 77
17160 Brousse, la 17 111 Zd 73
19450 Brousse, la 19 126 Bd 76
24450 Brousse, la 24 125 Af 75
48220 Brousse, la 48 153 De 82
63410 Brousse, la 63 115 Cf 73
79150 Brousse, la 79 98 Zd 66
12480 Brousse-le-Château 12 152 Cd 85
79190 Brousses, les 79 111 Aa 72
11390 Brousses-et-Villaret 11 166 Cb 88
52130 Brousseval 52 74 Ef 58
33410 Broussey 33 135 Ze 80
55190 Broussey-en-Blois 55 55 Fd 57
55200 Broussey-en-Woëvre 55 55 Fe 56
15240 Broussoles 15 127 Cc 77
63850 Broussoux-le-Lac 63 127 Ce 76
51230 Broussy-le-Grand 51 53 Df 56
51230 Broussy-le-Petit 51 53 De 56
77177 Brou-sur-Chantereine 77 51 Cd 55
52230 Brouthières 52 75 Fb 58
88600 Brouvelieures 88 77 Ge 59
54120 Brouville 54 77 Ge 58
84390 Brouville 84 156 Fc 84
57635 Brouviller 57 57 Ha 56
91150 Brouy 91 71 Cb 59
09240 Brouzenac 09 177 Bc 90
30580 Brouzet-lès-Alès 30 154 Eb 84
30260 Brouzet-lès-Quissac 30 154 Df 85
85260 Brouzils, les 85 97 Ye 67
59470 Broxeele 59 27 Cb 44
71190 Broye 71 105 Eb 67
70140 Broye-Aubigney-Montseugny 70 92 Fd 65
70100 Broye-les-Loups-et-Verfontaine 70 92 Fc 64
51120 Broyes 51 53 De 56
60120 Broyes 60 39 Cc 51
88700 Brû 88 77 Ge 58
15500 Bru, le 15 128 Da 77
43210 Bruaille 43 129 Ea 76
71500 Bruailles 71 106 Fb 69
07270 Bruas, le 07 142 Ee 78
62700 Bruay-la-Buissière 62 29 Cd 46
59860 Bruay-l'Escaut 59 31 Dd 46
24110 Bruc 24 136 Ad 78
80690 Brucamps 80 29 Ca 48
47130 Bruch 47 148 Ac 83
57350 Bruch 57 57 Gf 53
42130 Bruchet 42 129 Df 74
50480 Brucheville 50 46 Ye 52
50500 Brucholerie, la 50 33 Ye 53
14160 Brucourt 14 35 Zf 53
35550 Bruc-sur-Aff 35 81 Xf 62
83119 Brue-Auriac 83 171 Ff 87
68440 Bruebach 68 95 Hc 62
78440 Brueil-en-Vexin 78 50 Be 54
12330 Bruéjouls 12 151 Cc 82
15220 Bruel 15 139 Cc 80
15310 Bruel 15 139 Cd 78
48100 Bruel 48 140 Db 81
48230 Bruel 48 140 Db 82
12220 Bruel, le 12 151 Cb 82
45130 Bruère, la 45 87 Bd 62
18200 Bruère-Allichamps 18 102 Cc 68
37120 Bruères, les 37 99 Ac 66
72500 Bruère-sur-Loir, la 72 85 Ac 63
85530 Bruffière, la 85 97 Ye 66
11300 Brugairolles 11 165 Ca 90
43170 Brugeire, la 43 140 Dd 79
24160 Brugère, la 24 125 Bb 77
48260 Brugère, la 48 140 Da 80
63880 Brugeron, le 63 129 De 74
64800 Bruges-Capbis-Mifaget 64 162 Ze 90
03700 Brugheas 03 116 Dc 72
63340 Brugière 63 128 Da 76
47260 Brugnac 47 148 Ac 82
81140 Brugnac 81 150 Be 85
23000 Brugnat 23 114 Bf 71
32500 Brugnens 32 149 Ae 85
51530 Brugny-Vaudancourt 51 53 Df 55
30580 Bruguière, la 30 154 Ec 84
30770 Bruguière, la 30 153 Dc 85
31150 Bruguières 31 164 Bc 86
59490 Bruille-lez-Marchiennes 59 30 Db 46
59199 Bruille-Saint-Amand 59 30 Dd 46
05150 Bruis 05 143 Fd 82
07150 Brujas 07 154 Eb 82
79230 Brûlain 79 111 Ze 71
35330 Brulais, les 35 81 Xf 61
57340 Brulange 57 57 Gd 55
83330 Brulat, le 83 171 Fe 89
53410 Brûlatte-Saint-Isle, la 53 66 Za 60
02120 Brûlé, le 02 40 De 49
18150 Brulès, les 18 103 Cf 67
27570 Brulés, les 27 49 Ba 56
88600 Bruleux, le 88 77 Gd 60
54200 Bruley 54 56 Fe 56
61390 Brullemail 61 48 Ab 57
69690 Brullioles 69M 130 Ec 74
72350 Brûlon 72 67 Ze 61
87230 Brumas 87 125 Ba 75
67170 Brumath 67 58 He 56
02810 Brumetz 02 52 Da 54
29710 Brumphuez 29 78 Vd 61
81600 Brunarié, la 81 151 Bf 86
12100 Brunas 12 152 Da 84
07210 Brune 07 142 Ee 80
02360 Brunehamel 02 41 Eb 50
28400 Brunelles 28 69 Af 59
11400 Brunels, les 11 165 Ca 88
62240 Brunembert 62 28 Bf 44
59151 Brunémont 59 30 Da 47
04210 Brunet 04 157 Ga 85
04250 Brunet 04 157 Ff 83
33113 Brunet 33 147 Zd 82
06850 Brunet, le 06 158 Ge 85
86350 Brunetière, la 86 112 Ad 71
36800 Brunets, les 36 101 Bc 69
15220 Brunie, la 15 139 Cb 80
46500 Brunie, la 46 138 Be 80
82800 Bruniquel 82 150 Bd 84
05350 Brunissard 05 145 Ge 80
91800 Brunoy 91 51 Cd 56
13460 Bruns, les 13 169 Ec 87
16300 Bruns, les 16 123 Ze 75
84410 Bruns, les 84 156 Fb 84
68350 Brunstatt 68 95 Hb 62
76630 Brunville 76 37 Bb 49
60130 Brunvillers-la-Motte 60 39 Cc 51
76780 Bruquedalle 76 37 Bc 51
04270 Brusc 04 157 Ga 85
83140 Brusc, le 83 171 Fe 90
80200 Brusle 80 39 Da 49
12360 Brusque 12 152 Cf 86
04420 Brusquet, le 04 157 Gb 84
12340 Brussac 12 139 Ce 81
70150 Brussey 70 93 Fe 65
69690 Brussieu 69M 130 Ed 74
51300 Brusson 51 54 Ee 56
22100 Brusvily 22 65 Xf 58
56360 Bruté 56 80 We 64
80230 Brutelles 80 28 Bd 48
54113 Bruville 54 56 Ff 54
86510 Brux 86 111 Ab 71
55300 Bruxières-sous-les-Côtes 55 55 Fe 55
03120 Bruyère, la 03 116 Dd 72
42130 Bruyère, la 42 129 Df 74
42600 Bruyère, la 42 129 Df 75
69850 Bruyère, la 69M 130 Ed 75
71600 Bruyère, la 71 117 Ea 70
71110 Bruyère-Bresson, la 71 117 Df 71
61120 Bruyère-Fresnay, la 61 48 Ab 55
88600 Bruyères 88 77 Ge 59
03120 Bruyères, les 03 116 Dc 71
03150 Bruyères, les 03 116 Dc 70
18140 Bruyères, les 18 103 Cf 66
71220 Bruyères, les 71 117 Ec 70
58240 Bruyères-de-Fleury 58 103 Db 68
58390 Bruyères-des-Desrues 58 103 Dc 68
58300 Bruyères-des-Lices 58 103 Db 68
02860 Bruyères-et-Montbérault 02 40 Dd 51
91680 Bruyères-le-Châtel 91 71 Cb 57
58240 Bruyères-Radon, les 58 103 Db 68
02000 Bruyères-sur-Fère 02 40 Dd 52
02130 Bruyères-sur-Fère 02 52 Dc 53
95820 Bruyères-sur-Oise 95 51 Cb 54
02220 Bruys 02 53 Dd 53
35170 Bruz 35 65 Yb 60
31190 Bruzes, les 31 164 Bc 88
59144 Bry 59 31 De 47
28410 Bû 28 50 Bc 56
50640 Buais-Les-Monts 50 66 Za 57
40320 Buanes 40 162 Zd 86
50540 Buat, le 50 66 Ye 57
61300 Buat, le 61 49 Ad 56
61190 Bubertré 61 68 Ad 57
56310 Bubry 56 79 We 61
78530 Buc 78 51 Ca 56
90800 Buc 90 94 Ge 63
50500 Bucaille 50 46 Ye 52
27700 Bucaille, la 27 50 Bc 53
60480 Bucamps 60 39 Cb 51
78200 Bucehlay 78 50 Be 55
10190 Bucey-en-Othe 10 73 Df 59
70700 Bucey-lès-Gy 70 93 Ff 64
70360 Bucey-lès-Traves 70 93 Ff 63
62310 Buchamps 62 29 Ca 46
03440 Buchatière 03 115 Cf 70
10800 Buchères 10 73 Ea 59
37460 Bucherons, les 37 101 Bb 65
52330 Buchey 52 74 Ef 59
60640 Buchoire 60 39 Da 51
67330 Buchsweiler = Bouxwiller 67 58 Hc 56
57420 Buchy 57 56 Gb 55
76750 Buchy 76 37 Bc 51
02500 Bucilly 02 41 Ea 49
62116 Bucquoy 62 29 Ce 48
20136 Bucugnà = Bocognano CTC 182 Ka 96
02880 Bucy-le long 02 40 Dc 52
45410 Bucy-le-Roy 45 70 Bf 60
02870 Bucy-lès-Cerny 02 40 Dd 51
02350 Bucy-lès-Pierrepont 02 41 Df 51
45140 Bucy-Saint-Liphard 45 87 Be 61
57920 Budange 57 56 Gb 53
57270 Budange-sous-Justemont 57 56 Ga 53
23170 Budelière 23 115 Cc 71
57920 Buding 57 44 Gb 53
57970 Budling 57 56 Gb 52
33720 Budos 33 135 Zd 81
18300 Bué 18 88 Ce 65
65120 Bué 65 175 Zf 92
57370 Buechelberg 57 58 Hb 56
27730 Bueil 27 50 Bc 55
37370 Bueil-en-Touraine 37 85 Ad 63
01310 Buellas 01 118 Fa 71
74660 Buet, le 74 121 Gf 72
68210 Buethwiller 68 95 Ha 63
87130 Buffangeas 87 126 Bd 74
25440 Buffard 25 107 Fe 66
73140 Buffaz, la 73 133 Gc 77
86270 Bufferières, les 86 100 Ae 68
44390 Buffets, les 44 82 Yc 63
12210 Buffières 12 140 Cf 80
12370 Buffières 12 152 Ce 85
71250 Buffières 71 117 Ed 70
70500 Buffignécourt 70 93 Ga 62
21500 Buffon 21 90 Eb 63
48150 Buffre, le 48 153 Dc 83
11190 Bugarach 11 178 Cc 91
65220 Bugard 65 163 Ab 89
82190 Bugat, le 82 149 Af 83
43170 Bugeac 43 140 Dc 79
19170 Bugeat 19 126 Bf 75
19410 Bugénie, la 19 125 Bd 76
45120 Buges 45 71 Ce 60
16200 Buges, les 16 123 Ze 74
63210 Buges, les 63 127 Ce 74
76930 Buglise 76 36 Aa 51
40990 Buglose 40 146 Za 86
64190 Bugnein 64 161 Zb 88
59151 Bugnicourt 59 30 Da 47
52210 Bugnières 52 75 Fa 61
25520 Bugny 25 108 Gc 67
24260 Bugue, le 24 137 Af 79
22710 Buguélès 22 63 We 55
67470 Buhl 67 59 Ia 55
68530 Buhl 68 95 Hb 61
57400 Buhl-Lorraine 57 57 Ha 56
14170 Buhot, le 14 48 Zf 54
22300 Buhulien 22 63 Wd 56
95770 Buhy 95 50 Be 53
60380 Buicourt 60 38 Be 51
80132 Buigny-L'Abbé 80 28 Bf 48
80220 Buigny-lès-Gamaches 80 37 Bd 48
80132 Buigny-Saint-Maclou 80 28 Be 48
11140 Buillac 11 178 Cb 92
61500 Buillon, le 61 68 Aa 57
02500 Buire 02 41 Ea 49
62390 Buire-au-Bois 62 29 Ca 47
80200 Buire-Courcelles 80 39 Da 49
62870 Buire-le-Sec 62 28 Be 46
80300 Buire-sous-L'Ancre 80 39 Cd 49
02620 Buironfosse 02 41 Df 49
38122 Buis 38 130 Fa 76
87140 Buis 87 113 Bb 72
34380 Buis, le 34 153 Dd 86
26170 Buis-les-Baronnies 26 156 Fb 83
05500 Buissard 05 144 Ga 81
38500 Buisse, la 38 131 Fd 76
38530 Buissière, la 38 132 Ff 76
87500 Buisson 87 125 Ba 75
89440 Buisson 89 90 Df 63
19320 Buisson, le 19 126 Ca 77
48100 Buisson, le 48 140 Db 81
51300 Buisson, le 51 54 Ee 56
84110 Buisson, le 84 155 Fa 83
59610 Buisson-Barbet 59 31 Df 48
54110 Buissoncourt 54 56 Gc 56
27220 Buisson-Crosson 27 50 Bb 55
24480 Buisson-de-Cadouin, le 24 137 Af 79
04700 Buissonnades, les 04 157 Ff 85
28100 Buissons, les 28 50 Bc 56
88220 Buissons, les 88 76 Gc 60
15350 Buissou 15 127 Cc 76
27240 Buis-sur-Damville 27 49 Ba 56
62860 Buissy 62 30 Da 47
24420 Bujadelle 24 125 Af 77
87460 Bujaleuf 87 126 Bd 74
50530 Bulaine, la 50 46 Yd 54
55250 Bulainville 55 55 Fb 55
65130 Bulan 65 175 Ab 90
22160 Bulat-Pestivien 22 63 We 58
58400 Bulcy 58 103 Da 65
56420 Buléon 56 80 Xb 61
88140 Bulgnéville 88 76 Ff 59
63350 Bulhon 63 116 Dc 73
28800 Bullainville 28 70 Bd 59
25560 Bulle 25 107 Gb 67
62128 Bullecourt 62 30 Cf 47
60130 Bulles 60 39 Cb 52
73400 Bulles 73 132 Gc 74
54113 Bulligny 54 76 Ff 57
78830 Bullion 78 51 Bf 57
28160 Bullou 28 69 Bb 59
14320 Bully 14 35 Zd 54
42260 Bully 42 117 Ea 73
69210 Bully 69M 130 Ed 73
76270 Bully 76 37 Bc 50
62160 Bully-les-Mines 62 29 Ce 46
08450 Bulson 08 42 Ef 51
88700 Bult 88 77 Gd 59
65400 Bun 65 174 Zf 91
33125 Bun, le 33 135 Zc 82
11340 Bunague, la 11 178 Bf 91
63600 Bunanges 63 129 De 75
21400 Buncey 21 91 Ed 62
36500 Bunes, les 36 101 Bd 67
62130 Buneville 62 29 Cc 47
20169 Bunifaziu = Bonifacio CTC 185 Ka 100
23500 Bunleix 23 126 Ca 74
91720 Buno-Bonnevaux 91 71 Cc 58
64120 Bunus 64 161 Yf 89
80400 Buny 80 39 Cf 50
16110 Bunzac 16 124 Ac 74
84480 Buoux 84 156 Fc 85
20240 Bura CTC 183 Kb 97
27320 Buray 27 49 Bb 56
67260 Burbach 67 57 Ha 55
01510 Burbanche, la 01 131 Fd 73
62151 Burbure 62 29 Cc 45
38690 Burcin 38 131 Fc 76

14410 Burcy 14 47 Zb 55
77760 Burcy 77 71 Cd 59
42220 Burdignes 42 130 Ed 77
74420 Burdignin 74 120 Gc 71
38580 Burdin, le 38 132 Ga 77
55290 Bure 55 75 Fc 57
57710 Bure 57 43 Ff 52
61170 Buré 61 68 Ac 57
54730 Buré-la-Ville 54 43 Fd 51
21290 Bure-les-Templiers 21 91 Ef 62
85340 Burelière, la 85 109 Yb 69
02140 Burelles 02 41 Df 50
50420 Burellière, la 50 46 Yf 55
54370 Bures 54 57 Gd 56
61170 Bures 61 68 Ac 57
72130 Bures 72 68 Zf 59
78630 Bures 78 50 Bf 55
76660 Bures-en-Bray 76 37 Bc 50
14350 Bures-les-Monts 14 47 Za 55
14670 Bures-sur-Dives 14 48 Ze 53
91190 Bures-sur-Yvette 91 51 Ca 56
53170 Buret, le 53 84 Zc 61
27190 Burey 27 49 Af 55
55140 Burey-en-Vaux 55 75 Fe 57
55140 Burey-la-Côte 55 75 Fe 57
65190 Burg 65 163 Ab 89
31440 Burgalays 31 176 Ad 91
64390 Burgaronne 64 161 Za 88
16260 Burgaud 16 124 Ac 73
31330 Burgaud, le 31 150 Ba 86
25170 Burgille 25 93 Fe 65
87800 Burgnec 87 125 Ba 74
20143 Burgo CTC 184 If 98
20143 Burgu = Burgo CTC 184 If 98
31190 Burguerolles 31 164 Bc 88
12290 Burguière, la 12 152 Cf 83
71260 Burgy 71 118 Ee 70
17770 Burie 17 123 Zd 74
38122 Burin, le 38 130 Fa 76
54450 Buriville 54 77 Ge 57
81100 Burlats 81 166 Cb 87
57170 Burlioncourt 57 57 Gd 55
71460 Burnand 71 105 Ed 69
25470 Burnevillers 25 94 Ha 65
68520 Burnhaupt-le-Bas 68 95 Ha 62
68520 Burnhaupt-le-Haut 68 95 Ha 62
14610 Buron 14 35 Zd 53
63270 Buron 63 128 Db 75
72400 Buron, le 72 68 Ad 60
64160 Buros 64 162 Ze 88
64330 Burosse-Mendousse 64 162 Ze 87
64520 Burre 64 161 Yf 87
09000 Burret 09 177 Bc 91
61500 Bursard 61 68 Ab 57
33730 Burthe, la 33 147 Zd 82
54210 Burthecourt-aux-Chênes 54 76 Gb 57
22160 Burthulet 22 63 Wd 58
57220 Burtoncourt 57 56 Gc 53
41190 Bury 41 86 Bb 63
57420 Bury 57 56 Ga 54
60250 Bury 60 39 Cc 53
83560 Bury 83 171 Ga 87
07450 Burzet 07 141 Eb 80
71460 Burzy 71 105 Ed 69
62124 Bus 62 30 Cf 48
68220 Buschwiller 68 95 Hd 63
59137 Busigny 59 40 Dc 48
80700 Bus-la-Mesiere 80 39 Ce 51
80560 Bus-lès-Artois 80 29 Cd 48
41160 Busloup 41 86 Ba 61
80140 Busménard 80 38 Bd 49
62350 Busnes 62 29 Cd 45
62920 Busnettes 62 29 Cd 45
81300 Busque 81 151 Bf 86
15500 Bussac 15 128 Da 77
24350 Bussac 24 124 Ad 77
43300 Bussac 43 141 Dd 78
87600 Bussac 87 124 Ae 74
17210 Bussac-Forêt 17 123 Zd 77
17100 Bussac-sur-Charente 17 122 Zc 74
20147 Bussaglia CTC 182 Id 95
27630 Bus-Saint-Rémy 27 50 Bd 54
88540 Bussang 88 94 Gf 61
23150 Busseau 23 114 Ca 72
79240 Busseau, le 79 98 Zc 69
21510 Busseaut 21 91 Ed 62
19200 Bussejoux 19 127 Cc 75
63270 Busséol 63 128 Db 74
23320 Busserolles 23 114 Be 72
24360 Busserolles 24 124 Ad 74
21580 Busserotte-et-Montenaille 21 91 Ef 63
86350 Busseroux 86 112 Ac 71
48500 Busses 48 140 Db 82
03270 Busset 03 116 Dd 72
02810 Bussiares 02 52 Db 54
03380 Bussière 03 115 Cc 71
12600 Bussière 12 139 Ce 80
23700 Bussière 23 115 Cd 72
36230 Bussière 36 101 Bf 69
58170 Bussière 58 104 Df 68
63380 Bussière 63 127 Cd 73
63440 Bussière 63 115 Cf 72
18250 Bussière, la 18 88 Ce 65
45230 Bussière, la 45 88 Ce 62
86310 Bussière, la 86 100 Ae 69
89520 Bussière, la 89 89 Db 63
24360 Bussière-Badil 24 124 Ad 75
87330 Bussière-Boffy 87 112 Af 72
23320 Bussière-Dunoise 23 114 Be 71
87230 Bussière-Galant 87 125 Ba 75
23300 Bussière-Madeleine, la 23 113 Bc 71
23260 Bussière-Maraud 23 114 Cb 73
87320 Bussière-Poitevine 87 112 Af 71
21580 Bussières 21 91 Ef 63
42510 Bussières 42 129 Eb 73
58340 Bussières 58 104 Dd 67
63330 Bussières 63 115 Cd 72
70190 Bussières 70 93 Ff 64
71960 Bussières 71 118 Ee 70
77750 Bussières 77 52 Db 55
89630 Bussières 89 90 Ea 64
23130 Bussières, les 23 114 Cb 72
23600 Bussière-Saint-Georges 23 114 Ca 70
52500 Bussières-Champesvaine 52 92 Fd 62
63260 Bussières-et-Pruns 63 116 Db 72
21360 Bussière-sur-Ouche, la 21 105 Ee 65
52700 Busson 52 75 Fc 59
56380 Busson, le 56 81 Xf 61
20136 Bussu CTC 182 Ka 96
80200 Bussu 80 39 Cf 49
64220 Bussunarits-Sarrasquette 64 161 Ye 90
80135 Bussus-Bussuel 80 28 Ca 48
18130 Bussy 18 102 Cd 67
58120 Bussy 58 104 Df 66
60400 Bussy 60 39 Cf 51
71550 Bussy 71 104 Ea 66
87120 Bussy 87 126 Be 74
42260 Bussy-Albieux 42 129 Ea 74
51290 Bussy-aux-Bois 51 74 Ed 57
89400 Bussy-en-Othe 89 72 Dd 60
55000 Bussy-la-Côte 55 55 Fa 56
21540 Bussy-la-Pesle 21 91 Ee 64
58420 Bussy-la-Pesle 58 89 Dc 65
51600 Bussy-le-Château 51 54 Ed 54
21150 Bussy-le-Grand 21 91 Ed 63
51330 Bussy-le-Repos 51 54 Ee 55
89500 Bussy-le-Repos 89 72 Db 60
80800 Bussy-lès-Daours 80 39 Cc 49
80290 Bussy-lès-Poix 80 38 Ca 50
51320 Bussy-Lettrée 51 54 Eb 56
77600 Bussy-Saint-Georges 77 51 Ce 55
67320 Bust 67 58 Hb 56
20212 Bustanico CTC 183 Kb 95
20212 Bustanicu = Bustanico CTC 183 Kb 95
64220 Bustince-Iriberry 64 161 Ye 89
14190 Bû-sur-Rouvres, le 14 48 Ze 54
67350 Buswiller 67 58 Hd 56
25320 Busy 25 107 Ff 65
24190 But, le 24 136 Ac 78
61570 But, le 61 48 Zf 56
58430 Buteaux, les 58 104 Df 67
55160 Butgnéville 55 55 Fe 54
70190 Buthiers 70 93 Ga 64
77760 Buthiers 77 71 Cc 59
76890 Butot 76 37 Ba 51
76450 Butot-Vénesville 76 36 Ad 50
95430 Butry-sur-Oise 95 51 Cb 54
19170 Butte, la 19 126 Bf 75
50250 Butte, la 50 46 Yd 53
89360 Butteaux 89 73 De 61
18140 Butteaux, les 18 88 Cf 65
55270 Butte de Montfaucon 55 55 Fa 53
72240 Butte-de-Saint-Calais, la 72 67 Ze 60
67430 Butten 67 57 Hb 55
56120 Buttes-de-Couessou, les 56 64 Xc 61
80400 Buverchy 80 39 Cf 50
39800 Buvilly 39 107 Fe 67
38630 Buvin 38 131 Fd 75
36140 Buxerette, la 36 114 Be 70
21290 Buxerolles 21 91 Ef 62
63720 Buxerolles 63 116 Db 73
86180 Buxerolles 86 99 Ac 69
55300 Buxerulles 55 55 Fd 55
10110 Buxeuil 10 74 Ec 60
36150 Buxeuil 36 101 Be 66
37160 Buxeuil 37 100 Ae 67
36230 Buxières-d'Aillac 36 101 Be 69
52240 Buxières-lès-Clefmont 52 75 Fc 60
52320 Buxières-lès-Froncles 52 75 Fa 59
03440 Buxières-les-Mines 03 115 Cf 70
52000 Buxières-lès-Villiers 52 75 Fa 60
63700 Buxières-sous-Montaigut 63 115 Cf 71
10110 Buxières-sur-Arce 10 74 Ec 60
71390 Buxy 71 105 Ee 68
42200 Buy 42 129 Ea 73
59285 Buysscheure 59 27 Cc 44
09800 Buzan 09 176 Af 91
36500 Buzançais 36 101 Bc 67
02200 Buzancy 02 40 Dc 53
08240 Buzancy 08 42 Ef 52
12150 Buzareingues 12 152 Cf 82
63210 Buzaudon 63 127 Cc 74
88220 Buzegney 88 76 Gc 60
12150 Buzeins 12 152 Cf 82
47160 Buzet-sur-Baïse 47 148 Ab 83
31660 Buzet-sur-Tarn 31 150 Bd 86
64680 Buziet 64 162 Zd 90
34160 Buzignargues 34 154 Ea 86
44140 Buzinières, les 44 97 Yc 66
65140 Buzon 65 162 Aa 88
55400 Buzy 55 55 Fe 53
58210 Buzy 58 89 Dc 64
64260 Buzy 64 162 Zd 90
25440 By 25 107 Ff 66
33340 By 33 122 Za 76
25320 Byans-sur-Doubs 25 107 Ff 66
62130 Byras 62 29 Cc 46
59380 Byssaert 59 27 Cc 43

C

29270 Caarhaix-Plouguer 29 63 Wc 59
65710 Cabadur 65 175 Ab 91
12500 Cabanac 12 140 Cf 82
65350 Cabanac 65 163 Ab 89
31160 Cabanac-Cazaux 31 176 Ae 90
33650 Cabanac-et-Villagrains 33 135 Zc 81
31480 Cabanac-Séguenville 31 149 Ba 86
13310 Cabanasse, la 13 169 Ef 87
24130 Cabane, la 24 136 Ab 79
63420 Cabane, la 63 128 Cf 76
65170 Cabane, la 65 175 Ab 92
81190 Cabane, la 81 151 Cb 84
04320 Cabane-des-Bas-Pasqueires 04 158 Ge 84
12240 Cabanelles 12 151 Cb 82
85580 Cabane-Neuve 85 109 Ye 70
12290 Cabanes 12 152 Cf 83
12800 Cabanès 12 151 Cb 83
81500 Cabanès 81 165 Bf 86
34130 Cabanes, les 34 168 Ea 87
13460 Cabanes-de-Cambon 13 169 Ec 87
65440 Cabanes-de-Camoudiet 65 175 Ab 91
11560 Cabanes-de-Fleury, les 11 167 Db 89
31460 Cabanial, le 31 165 Bf 87
81140 Cabanne 81 150 Be 84
13440 Cabannes 13 155 Ef 85
15150 Cabannes 15 138 Ca 79
81320 Cabannes 81 166 Ce 86
09310 Cabannes, les 09 177 Be 92
81170 Cabannes, les 81 151 Bf 84
83670 Cabanons, les 83 171 Ga 87
12100 Cabanous 12 152 Cf 84
33420 Cabara 33 135 Zf 80
17430 Cabariot 17 110 Za 73
83340 Cabasse 83 171 Gb 88
83230 Cabasson 83 172 Gb 90
40310 Cabeil 40 148 Aa 85
12210 Cabels 12 139 Ce 80
81330 Cabès 81 151 Cc 86
66330 Cabestany 66 179 Cf 92
58220 Cabets, les 58 89 Da 64
30430 Cabiac 30 154 Eb 83
64410 Cabidos 64 162 Zd 87
41150 Cabinette 41 86 Ba 63
47380 Cabirol 47 136 Ad 81
14260 Cabosse, la 14 47 Zb 54
14390 Cabourg 14 48 Zf 53
49510 Cabournes, les 49 98 Zb 65
46330 Cabrerets 46 138 Bd 81
34480 Cabrerolles 34 167 Da 87
11160 Cabrespine 11 166 Cc 88
46170 Cabrette, la 46 150 Bc 83
12220 Cabriac 12 139 Cb 81
30210 Cabrières 30 154 Ec 85
34800 Cabrières 34 167 Dc 87
84240 Cabrières-d'Aigues 84 156 Fc 86
84220 Cabrières-d'Avignon 84 156 Fa 85
13480 Cabriès 13 170 Fc 88
48400 Cabrillac 48 153 Dd 84
06530 Cabris 06 172 Gf 87
09400 Cabus 09 177 Bd 91
32190 Cacarens 32 148 Ab 85
20100 Cacciabello CTC 184 If 99
94230 Cachan 94 51 Cc 56
40120 Cachen 40 147 Zd 84
63580 Cacherat 63 128 Dc 76
80800 Cachy 80 39 Cc 49
81600 Cadalen 81 151 Bf 85
09240 Cadarcet 09 177 Bd 90
33750 Cadarsac 33 135 Ze 79
31550 Cadau 31 165 Bd 88
33140 Cadaujac 33 135 Zc 80
12330 Cadayrac 12 139 Cd 82
65240 Cadéac 65 175 Ac 91
32380 Cadeilhan 32 149 Ae 86
32220 Cadeillan 32 163 Af 88
22600 Cadélac 22 64 Xb 59
56220 Caden 56 81 Xe 63
31540 Cadenac 31 165 Bf 88
57990 Cadenbronn 57 57 Gf 54
13170 Cadeneaux, les 13 170 Fc 88
12490 Cadenède 12 152 Cf 84
84160 Cadenet 84 170 Fc 86
84860 Caderousse 84 155 Ee 84
17600 Cadeuil 17 122 Za 74
83740 Cadière-d'Azur, la 83 171 Fe 89
30200 Cadignac 30 155 Ed 84
32330 Cadignan 32 148 Ab 85
24130 Cadillac 24 136 Ab 79
33410 Cadillac 33 135 Ze 81
33240 Cadillac-en-Fronsadais 33 135 Zd 79
64330 Cadillon 64 162 Zf 87
32300 Cadiran-de-Bas 32 163 Ac 87
81340 Cadix 81 152 Cc 85
81470 Cadix 81 165 Bf 87
29140 Cadol 29 78 Wa 61
13950 Cadolive 13 171 Fd 88
56860 Cadouarn 56 80 Xb 63
56420 Cadoudal 56 80 Xb 62
24480 Cadouin 24 137 Af 80
48500 Cadoule 48 153 Db 82
12440 Cadoulette 12 151 Cb 83
33180 Cadourne 33 122 Zb 77
12200 Cadours 12 151 Ca 82
31480 Cadours 31 164 Ba 86
86500 Cadrie, la 86 112 Af 70
46160 Cadrieu 46 138 Bf 82
14123 Caen 14 35 Ze 54
27930 Caër 27 49 Bb 54
29390 Caëro 29 78 Wb 60
59190 Caëstre 59 30 Cd 44
37310 Café-Brûlé, le 37 100 Af 65
62132 Caffiers 62 26 Be 43
33350 Cafol 33 135 Zf 79
82110 Cagnac 82 150 Bb 83
81130 Cagnac-les-Mines 81 151 Ca 85
20228 Cagnano CTC 181 Kc 91
06800 Cagnes-sur-Mer 06 173 Ha 87
64370 Cagnez 64 161 Zc 88
62182 Cagnicourt 62 30 Cf 47
59161 Cagnoncles 59 30 Db 47
40300 Cagnotte 40 161 Yf 87
14630 Cagny 14 35 Ze 54
80330 Cagny 80 39 Cc 49
14240 Cahagnes 14 47 Zb 54
14490 Cahagnolles 14 34 Zb 54
27420 Cahaignes 27 50 Bd 53
61430 Cahan 61 47 Zd 55
44390 Caharel 44 82 Yc 63
65190 Caharet 65 163 Ab 90
80132 Cahon 80 28 Be 48
46000 Cahors 46 150 Bc 82
46130 Cahus 46 138 Bf 79
11420 Cahuzac 11 165 Bf 89
47330 Cahuzac 47 136 Ad 81
81540 Cahuzac 81 165 Ca 88
32400 Cahuzac-sur-Adour 32 162 Zf 87
81140 Cahuzac-sur-Vère 81 151 Bf 85
32290 Cahuzères 32 163 Aa 86
31560 Caignac 31 165 Be 89
12120 Caihole, la 12 152 Cd 84
30740 Cailar, le 30 169 Eb 86
11240 Cailhau 11 165 Ca 90
11240 Cailhavel 11 165 Ca 90
34390 Cailho 34 166 Cf 87
34210 Cailhol 34 166 Ce 88
11140 Cailla 11 178 Cb 92
46140 Caillac 46 137 Bc 82
34550 Caillan 34 167 Dc 88
31420 Caillaouet 31 164 Af 89
33750 Caillau 33 135 Zd 79
40260 Caillaube 40 146 Ye 85
17120 Caillaud, le 17 122 Za 75
36500 Caillaudière 36 101 Bc 68
32190 Caillavet 32 163 Ab 86
06750 Caille 06 158 Ge 86
85410 Caillère-Saint-Hilaire, la 85 98 Za 69
16170 Cailletières, les 16 123 Zf 74
76460 Cailleville 76 36 Ae 50
31620 Caillol 31 150 Bc 85
36290 Caillonnière, la 36 100 Ba 67
45560 Caillot, le 45 87 Bf 61
36800 Caillots, les 36 101 Bc 68
02300 Caillouël 02 40 Da 51
27120 Caillouët 27 50 Bb 54
27120 Caillouet-Orgeville 27 50 Bb 55
59250 Cailloux, Triez- 59 30 Da 44
69270 Cailloux-sur-Fontaines 69M 130 Ef 73
76690 Cailly 76 37 Bb 51
27490 Cailly-sur-Eure 27 49 Bb 54
14480 Cainet 14 35 Zc 53
81390 Caïpho, le 81 151 Bf 86
11190 Cairac 11 178 Cb 91
84290 Cairanne 84 155 Ef 83
26620 Caire, la 26 144 Fd 81
04250 Caire, le 04 157 Ga 82
26120 Caires, les 26 143 Fa 79
14610 Cairon 14 35 Zd 53
60400 Caisnes 60 39 Da 51
30132 Caissargues 30 154 Ec 86
46140 Caix 46 137 Bb 82
80170 Caix 80 39 Cd 50
66300 Caixas 66 179 Ce 93
65500 Caixon 65 162 Aa 88
46160 Cajarc 46 138 Bf 82
31870 Calac 31 164 Bc 88
20224 Calacuccia CTC 182 Ka 94
13090 Calade, la 13 170 Fc 87
20138 Cala di Cigliu CTC 184 Ie 98
62100 Calais 62 27 Bf 43
46150 Calamane 46 137 Bc 81
56240 Calan 56 80 We 61
56400 Calan 56 79 Wf 62
26560 Calandre, le 26 156 Fd 83
22160 Calanhel 22 63 Wd 58
13520 Calans, les 13 169 Ef 86
20137 Cala Rossa CTC 185 Kc 99
13480 Calas 13 170 Fc 88
20224 Calasima CTC 180 If 95
15700 Calau 15 139 Cb 78
65190 Calavanté 65 163 Aa 89
20245 Calca CTC 182 Id 94
20111 Calcatoggio CTC 182 Ie 96
20111 Calcatoghju = Calcatoggio CTC 182 Ie 96
66600 Calce 66 179 Ce 92
12200 Calcomier 12 151 Bf 83
20131 Caldarello, Piianotolli- CTC 184 Ka 100
66760 Caldégas 66 178 Bf 94
33650 Calenta 33 135 Zc 81
20214 Calenzana CTC 180 If 93
24150 Calès 24 137 Ae 79
46350 Calès 46 138 Bd 80
47230 Calezun 47 148 Ab 83
64800 Calibet 64 174 Ze 90
47600 Calignac 47 148 Ac 84
61100 Caligny 61 47 Zc 56
20214 Calinzana = Calenzana CTC 180 If 93
64560 Calla 64 174 Zb 91
44160 Callac 44 81 Xf 64
56420 Callac 56 81 Xc 62
22160 Callac = Kallag 22 63 Wd 58
83830 Callas 83 172 Gd 87
40430 Callen 40 147 Zd 83
76270 Callengeville 76 37 Bd 50
27800 Calleville 27 49 Ae 53
76890 Calleville-les-Deux-Eglises 76 37 Ba 50
32190 Callian 32 163 Ab 87
83440 Callian 83 172 Ge 87
59270 Callicanes 59 30 Cd 44
12170 Calm, la 12 152 Cd 84
81430 Calm, la 81 151 Cc 85
66400 Calmeilles 66 179 Ce 93
12410 Calmejane 12 152 Ce 84
46120 Calméjanne 46 138 Bf 80
81260 Calmels 81 166 Cd 86
12400 Calmels-et-le-Viala 12 152 Ce 85
81350 Calmette 81 151 Cb 84
11340 Calmette, la 11 178 Ca 91
30190 Calmette, la 30 154 Eb 85
34330 Calmette, la 34 167 Cf 87
12450 Calmont 12 151 Cd 83
31560 Calmont 31 165 Bd 89
70240 Calmoutier 70 93 Gb 63
42240 Caloire 42 129 Eb 76
47430 Calonges 47 148 Ab 82
24410 Calonie, la 24 136 Ab 78
62160 Calonne 62 29 Ce 46
62260 Calonne-Ricouart 62 29 Cd 45
62350 Calonne-sur-la-Lys 62 29 Cd 45
22100 Calorguen 22 65 Xf 58
62170 Calotterie, la 62 28 Be 46
40090 Caloy, le 40 147 Zd 85
37460 Caltière, la 37 101 Bb 66
69300 Caluire-et-Cuire 69M 130 Ef 74
56310 Calvaire 56 79 Wf 61
44170 Calvernais, la 44 82 Yb 63
20260 Calvi CTC 180 Ie 93
12120 Calviac 12 152 Cc 83
46190 Calviac 46 138 Ca 79
47150 Calviac 47 136 Ae 81
24370 Calviac-en-Périgord 24 137 Bb 79
20270 Calviani CTC 183 Kc 96
12320 Calvignac 12 139 Cc 81
46160 Calvignac 46 138 Be 82
15340 Calvinet 15 139 Cc 80
30420 Calvisson 30 154 Eb 86
09120 Calzan 09 177 Be 90
20243 Calzarellu CTC 183 Kc 97
20123 Calzola CTC 182 If 98
13510 Camaisse 13 170 Fb 87
65500 Camalès 65 162 Aa 88
12440 Camalet 12 151 Cb 83
81330 Camalières 81 166 Cd 86
09290 Camarade 09 164 Bb 90
12360 Camarès 12 152 Cf 86
56250 Camaret 56 80 Xc 62
84850 Camaret-sur-Aigues 84 155 Ef 83
29570 Camaret-sur-Mer 29 61 Vc 59
33750 Camarsac 33 135 Zd 80
81500 Cambards, les 81 165 Be 86
46140 Cambayrac 46 150 Bb 82
14230 Cambe, la 14 47 Yf 52
27170 Cambe, la 27 49 Ae 54
61160 Cambe, la 61 48 Aa 55
46340 Cambelève 46 137 Bb 81
31470 Cambernard 31 164 Bb 88
50200 Cambernon 50 46 Yd 54
81320 Cambert 81 166 Cf 86
33880 Cambes 33 135 Zd 80
46100 Cambes 46 138 Bf 81
47350 Cambes 47 136 Ab 81
14610 Cambes-en-Plaine 14 47 Zd 53
20244 Cambia CTC 183 Kb 94
31460 Cambiac 31 165 Be 88
12360 Cambias 12 167 Cf 86
81430 Cambieu 81 151 Cb 85
11240 Cambieure 11 165 Ca 90
62470 Camblain-Châtelain 62 29 Cc 46
62690 Camblain-L'Abbé 62 29 Cd 46
33360 Camblanes-et-Meynac 33 135 Zd 80
62690 Cambligneul 62 29 Cd 46
30170 Cambo 30 154 De 85
64250 Cambo-les-Bains 64 160 Yd 88
81990 Cambon 81 151 Cb 85
12400 Cambon, le 12 152 Ce 85
12500 Cambon, le 12 139 Cf 81
81430 Cambon-du-Temple 81 151 Cc 85
34330 Cambon-et-Salvergues 34 167 Cf 87
81470 Cambon-lès-Lavaur 81 165 Bf 87
24540 Cambou, le 24 137 Af 81
12260 Camboulan 12 138 Bf 81
12290 Camboulas 12 152 Cd 83
12160 Camboulazet 12 151 Cc 83
46100 Camboulit 46 138 Bf 81
81580 Cambounet-sur-le-Sor 81 165 Ca 87
81260 Cambournès 81 166 Cc 87
81260 Cambous 81 166 Cd 86
81360 Camboussié, la 81 166 Cb 86
22210 Cambout, le 22 64 Xc 60
11320 Camboyer 11 165 Be 88
59400 Cambrai 59 30 Db 47
14340 Cambremer 14 35 Aa 54
62149 Cambrin 62 29 Ce 45
02140 Cambron 02 41 Df 50
80132 Cambron 80 28 Be 48
60290 Cambronne-lès-Clermont 60 39 Cc 53
60170 Cambronne-lès-Ribécourt 60 39 Cf 51
46100 Camburat 46 138 Bf 81
64520 Came 64 161 Yf 88
66300 Camelas 66 179 Ce 93
02300 Camelin 02 40 Da 51
40500 Camelot 40 147 Zc 86
61120 Camembert 61 48 Ab 55
44410 Camer 44 81 Xe 64
20238 Camera CTC 181 Kc 91
44410 Camerun 44 81 Xe 64
50570 Cametours 50 46 Ye 54
27470 Camfleur 27 49 Ad 54
33420 Camiac-et-Saint-Denis 33 135 Ze 80
62176 Camiers 62 28 Bd 45
46800 Caminel 46 150 Ba 83
33190 Camiran 33 135 Zf 81
22450 Camlez 22 63 We 56
81540 Cammazes, les 81 165 Ca 88
56130 Camoël 56 81 Xd 64
13011 Camoins, les 13 170 Fd 89
13011 Camoins-les-Bains 13 170 Fd 89
09500 Camon 09 178 Bf 90
80330 Camon Longueau 80 39 Cc 49
33830 Camontès 33 134 Za 82
64470 Camou-Cihigue 64 161 Za 90
64120 Camou-Mixe-Suhast 64 161 Yf 88
65410 Camous 65 175 Ac 91
63820 Camp, le 63 127 Cd 74
12560 Campagnac 12 152 Da 82
47470 Campagnac 47 149 Af 83
81140 Campagnac 81 151 Bf 84
24550 Campagnac-lès-Quercy 24 137 Bb 80
34230 Campagnan 34 167 Dc 87
32800 Campagne-d'Armagnac 32 148 Zf 85
24260 Campagne 24 137 Af 79
34160 Campagne 34 154 Ea 86
40090 Campagne 40 147 Zc 85
60640 Campagne 60 39 Cf 51
80132 Campagne 80 28 Be 48

A B C D E F G H I J K L M N O P Q R S T U V W X Y Z

11140 Campagne-de-Sault 11 178 Ca 92
62650 Campagne-lès-Boulonnais 62 28 Ca 45
62340 Campagne-lès-Guînes 62 27 Bf 43
62870 Campagne-lès-Hesdin 62 28 Bf 46
83690 Campagne-Neuve 83 171 Gb 87
09350 Campagne-sur-Arize 09 164 Bc 90
11260 Campagne-sur-Aude 11 178 Cb 91
12160 Campagnet 12 151 Cc 83
62380 Campagnette 62 29 Ca 44
14500 Campagnolles 14 47 Za 55
12160 Campan 12 151 Cc 83
65710 Campan 65 175 Ab 90
20229 Campana CTC 183 Kc 94
14260 Campandré-Valcongrain 14 47 Zc 55
13650 Campane, la 13 171 Fd 87
20227 Campanella CTC 183 Ka 96
65170 Camparan 65 175 Ac 91
32420 Campardon 32 163 Ae 88
44750 Campbon 44 81 Ya 64
34520 Camp-d'Alton, le 34 153 Dc 85
57570 Camp de Cattenom 57 44 Gb 52
06660 Camp-des-Fourches 06 158 Gf 82
60112 Campdeville 60 38 Ca 52
76190 Campdos, le 76 38 Bd 50
20215 Camp du Cap Sud CTC 181 Kd 93
83330 Camp-du-Castellet, le 83 171 Fe 89
67130 Camp du Struthof 67 60 Hb 58
14350 Campeaux 14 47 Za 55
60220 Campeaux 60 38 Be 51
76360 Campeaux, les 76 37 Af 51
35330 Campel 35 81 Xf 61
34390 Campels 34 167 Cf 87
27950 Campenard 27 50 Bc 54
56800 Campénéac 56 81 Xe 61
30770 Campestre-et-Luc 30 153 Dc 85
40090 Campet-et-Lamolère 40 147 Zc 85
11490 Campets, les 11 166 Cf 90
32200 Campezaygues 32 163 Ae 87
11230 Camp-Ferrier 11 178 Ca 91
72610 Campfleur 72 68 Aa 58
59133 Camphin-en-Carembault 59 30 Cf 45
59780 Camphin-en-Pévèle 59 30 Db 45
20270 Campi CTC 183 Kc 95
62170 Campigneulles-les-Grandes 62 28 Be 46
62170 Campigneulles-les-Petites 62 28 Be 46
14490 Campigny 14 34 Zb 53
27500 Campigny-la-Futelaye 27 36 Ad 53
20290 Campile CTC 181 Kc 94
65300 Campistrous 65 163 Ac 90
20252 Campitello CTC 181 Kb 93
34210 Camplong 34 166 Cd 88
34260 Camplong 34 167 Da 86
83250 Camp-Long 83 172 Gb 89
11200 Camplong-d'Aude 11 166 Cd 90
76340 Campneuseville 76 38 Bd 49
20142 Campo CTC 182 Ka 97
20229 Campo d'Onico CTC 183 Kb 94
64122 Campoito 64 160 Yb 88
66500 Campôme 66 178 Cc 93
20110 Campomoro, Belvédère- CTC 184 Ie 99
32300 Campouran 32 163 Ac 88
12460 Campouriez 12 139 Cd 80
66730 Campoussy 66 178 Cc 92
59570 Camp-Perdu, le 59 31 Df 47
34360 Camprafaud 34 167 Cf 88
20260 Camp Raffalli CTC 180 Ie 93
09300 Camp-Redon 09 178 Bf 91
34210 Campredon 34 166 Cd 88
60480 Campremy 60 38 Cb 51
30750 Camprieu 30 153 Dc 84
50210 Camprond 50 34 Yd 54
28240 Camprond-en-Gâtine 28 69 Ba 58
34700 Camp-Rouch 34 153 Dc 86
14350 Camps 19 138 Bf 79
12370 Camps, les 12 152 Ce 85
34380 Camps, les 34 154 De 86
83170 Campsas 82 150 Bb 85
11230 Camp-Saure 11 178 Ca 91
24140 Campsegret 24 136 Ad 79
80540 Camps-en-Amiénois 80 38 Bf 49
83170 Camps-la-Source 83 171 Ga 88
11190 Camps-sur-l'Agly 11 178 Cc 91
33660 Camps-sur-l'Isle 33 135 Zf 78
11230 Camp-Sylvestre 11 178 Ca 91
64270 Camptort 64 161 Zb 89
20287 Campu CTC 181 Kc 91
12580 Campuac 12 139 Cd 81
20270 Campu a u Quarciu CTC 183 Kc 96
33390 Campugnan 33 135 Zc 77
20218 Campu Pianu CTC 181 Ka 93
20235 Campu Rossu = Campu Rosu CTC 181 Kb 94
20235 Campu Rosu CTC 181 Kb 94
65230 Campuzan 65 163 Ac 89
56330 Camros 56 80 Wf 61
11340 Camurac 11 178 Bf 92
39140 Camus, les 39 106 Fc 68
46140 Camy 46 137 Bb 82
46350 Camy 46 137 Bc 80
64490 Camy 64 174 Zc 91
12410 Canabières, les 12 152 Ce 84
12740 Canabols 12 152 Cd 82
12560 Canac 12 152 Da 82
81320 Canac 81 167 Cf 86
49250 Canada, le 49 84 Ze 64
83390 Canadel 83 171 Ga 89
20219 Canaglia CTC 183 Ka 96
20230 Canale-di-Verde CTC 183 Kc 95
09130 Canalès 09 164 Bc 89
12540 Canals 12 153 Db 85
82170 Canals 82 150 Bb 85
80670 Canaples 80 29 Cb 48
27400 Canappeville 27 49 Ba 54
14800 Canapville 14 36 Aa 53
61120 Canapville 61 48 Ab 55
19800 Canard 19 126 Bf 76
20217 Canari CTC 181 Kc 91
30350 Canaules-et-Argentières 30 154 Ea 85
06750 Canaux 06 158 Ge 86
20235 Canavaggia CTC 181 Kb 93
66360 Canaveilles 66 178 Cb 93
35260 Cancale = Kankaven 35 65 Ya 56
20146 Canaraccia CTC 185 Kb 99
14230 Canchy 14 47 Za 53
80150 Canchy 80 28 Bf 47
47290 Cancon 47 136 Ad 81
46120 Cancros 46 138 Bf 80
40990 Candale 40 146 Yf 86
66260 Can Damon 66 179 Cd 94
12490 Candas 12 152 Cf 84
80750 Candas 80 29 Cb 48
64570 Candau 64 174 Zb 90
40440 Condé 49 83 Yf 63
32400 Candelle 32 162 Zf 87
37500 Candes-Saint-Martin 37 99 Aa 65
41120 Candé-sur-Beuvron 41 86 Bb 64
34130 Candillargues 34 168 Ea 87
40280 Candille 40 147 Zc 85
60310 Candor 60 39 Cf 51
40180 Candresse 40 161 Za 86
24300 Caneau, le 24 124 Ae 76
24200 Canéda, la 24 137 Bb 79
76260 Canehan 76 37 Bc 49
33610 Canéjean 33 134 Zc 80
20217 Canelle CTC 181 Kb 92
31310 Canens 31 164 Bb 89
40090 Canenx-et-Réaut 40 147 Zd 84
11200 Canet 11 166 Cf 89
33125 Canet 33 134 Zb 82
34800 Canet 34 167 Dc 87
12290 Canet-de-Salars 12 152 Ce 83
12560 Canet-d'Olt 12 152 Da 82
66140 Canet-en-Roussillon 66 179 Da 92
66140 Canet-Plage 66 179 Da 92
60600 Canettecourt 60 39 Cc 52
62270 Canettemont 62 29 Cc 47
81190 Canezac 81 151 Ca 83
37270 Cangé 37 85 Af 64
37530 Cangey 37 86 Ba 64
40400 Cangrand 40 146 Za 85
15220 Canhac 15 139 Cc 80
56310 Caniac 56 79 We 61
46240 Caniac-du-Causse 46 138 Bd 81
48500 Canilhac 48 152 Da 82
48500 Canilhac, Banassac- 48 152 Da 82
AD100 Canillo ◘ AND 177 Bd 93
50750 Canisy 50 46 Ye 54
80400 Canizy 80 39 Da 50
02800 Canlers 02 40 Db 50
62310 Canlers 62 29 Ca 46
12420 Canloin 12 139 Ce 79
60680 Canly 60 39 Ce 52
12170 Cannac 12 152 Cd 84
20290 Cannaja CTC 181 Kc 94
60310 Cannectancourt 60 39 Cf 51
20145 Cannella CTC 183 Kc 98
20151 Cannelle CTC 182 Ie 96
20238 Cannelle CTC 181 Kb 91
14100 Cannerie, la 14 48 Ac 54
06400 Cannes 06 173 Ha 87
20090 Cannes, les CTC 182 Ie 97
77130 Cannes-Ecluse 77 72 Cf 58
30260 Cannes-et-Clairan 30 154 Ea 85
80140 Cannessières 80 38 Be 49
32400 Cannet 32 162 Zf 87
06110 Cannet, le 06 173 Ha 87
83340 Cannet-des-Maures, le 83 172 Gc 88
20146 Canni CTC 185 Kb 99
60310 Canny-sur-Matz 60 39 Ce 51
60220 Canny-sur-Thérain 60 38 Be 51
66680 Canohès 66 179 Cf 93
14270 Canon 14 48 Zf 54
33950 Canon, le 33 134 Ye 80
09270 Canou, le 09 165 Bd 89
34700 Canourgue, la 34 153 Dc 86
48500 Canourgue, la 48 153 Db 82
46150 Canourgues 46 137 Bb 81
76450 Canouville 76 36 Ad 50
33340 Canquillac 33 122 Za 77
56540 Canquisquélen 56 79 We 61
48400 Cans et Cévennes 48 153 Dd 83
12150 Cantabel 12 152 Da 83
34380 Cantagrils 34 168 De 86
59267 Cantaing-sur-Escaut 59 30 Da 48
12470 Cantaloube 12 140 Cf 82
65150 Cantaous 65 163 Ac 90
06340 Cantaron 06 159 Hb 86
40210 Cantaure 40 146 Za 83
09700 Canté 09 165 Bd 89
31330 Cantegrit 31 164 Bb 86
40210 Cantegrit 40 147 Zb 83
24510 Cantelaube 24 136 Ae 79
76380 Canteleu 76 37 Ba 52
80600 Canteleux 80 29 Cb 47
47150 Canteloube 47 137 Af 81
14370 Canteloup 14 35 Zf 54
50330 Canteloup 50 34 Yd 51
62380 Cantemerie 62 29 Ca 44
24130 Cante-Merle 24 136 Ac 79
33460 Cantenac, Margaux- 33 134 Zc 78
49460 Cantenay 49 83 Zc 63
49460 Cantenay-Epinard 49 83 Zc 63
14620 Cantepie 14 48 Zf 55
50500 Cantepie 50 46 Ye 53
49440 Canteries, les 49 83 Za 63
27420 Cantiers 27 50 Bd 53
80500 Cantigny 80 39 Cc 51
24530 Cantillac 24 124 Ad 76
59169 Cantin 59 30 Da 47
17380 Cantinauds, les 17 110 Zc 72
37370 Cantinière, la 37 85 Ad 63
32110 Cantiran 32 148 Zf 86
12230 Cantobre 12 153 Db 84
33760 Cantois 33 135 Ze 80
20122 Cantoli CTC 183 Ka 98
48320 Cantonnet 48 153 Dd 82
22480 Canuhuel 22 63 Wf 58
27500 Canurie, la 27 49 Ac 53
50580 Canville-la-Rocque 50 46 Yc 52
76560 Canville-les-Deux-Eglises 76 37 Af 50
76450 Cany-Barville 76 36 Ad 50
27300 Caorches-Saint-Nicolas 27 49 Ad 54
22300 Caouënnec-Lanvézéac 22 63 Wd 56
40170 Caoule 40 146 Ye 84
47510 Caoulet, le 47 149 Ad 83
80132 Caours 80 28 Bf 48
50620 Cap 50 46 Ye 53
20100 Capanella CTC 184 Ka 99
64130 Caparnia 64 161 Za 89
40170 Capas 40 146 Ye 84
15230 Capat, le 15 139 Ce 79
88152 Capavenir Vosges 88 76 Gc 59
64800 Capbic 64 162 Ze 90
40130 Capbreton 40 160 Yd 87
47420 Capchicot 47 148 Zf 83
29170 Cap-Coz 29 78 Wa 61
34300 Cap-d'Agde, le 34 168 Dd 89
06320 Cap-d'Ail 06 173 Hc 86
33113 Capdarrieux 33 147 Zd 82
33860 Cap-d'Avias, le 33 123 Zd 77
31370 Capdebat 31 164 Bb 88
47430 Cap-de-Bosc 47 148 Aa 82
40240 Cap-de-la-Hargue 40 148 Zf 85
40170 Cap-de-L'Homy 40 146 Yd 84
40350 Cap-de-Monpeyroux 40 161 Yf 87
46100 Capdenac 46 138 Ca 81
12700 Capdenac-Gare 12 138 Ca 81
12510 Capdenaguet 12 152 Cc 82
40210 Cap-de-Pin 40 146 Za 84
09140 Cap de Siguens 09 176 Ba 91
33113 Capdet 33 147 Zc 82
33121 Cap-de Ville 33 134 Yf 78
81250 Capdos 81 152 Cc 86
24540 Capdrot 24 137 Af 80
33125 Cap-du-Bos 33 134 Zc 82
47160 Cap-du-Bosc 47 148 Ab 83
32260 Cape, le 32 163 Ad 87
13104 Capeau 13 169 Ee 87
66750 Capellans, les 66 179 Da 93
12850 Capelle 12 152 Cc 82
59213 Capelle 59 31 Dd 47
02260 Capelle, la 02 41 Df 49
46000 Capelle, la 46 150 Bc 82
48500 Capelle, la 48 153 Db 82
81140 Capelle, la 81 150 Be 85
12260 Capelle-Balaguier, la 12 151 Bf 82
12240 Capelle-Bleys, la 12 151 Cb 83
12130 Capelle-Bonance, la 12 152 Da 82
12430 Capelle-Farcel, la 12 152 Cd 84
62690 Capelle-Fermont 62 29 Cd 46
62360 Capelle-lès-Boulogne, la 62 26 Be 44
27270 Capelle-les-Grands 27 49 Ac 54
62140 Capelle-lès-Hesdin 62 28 Bf 46
12140 Capelle-Neuve-Eglise 12 139 Ce 81
12450 Capelle-Saint-Martin, la 12 151 Cd 83
12450 Capelle-Viaur, la 12 152 Cd 83
13460 Capellière, la 13 169 Ed 87
11700 Capendu 11 166 Cd 89
76116 Capendu 76 37 Bb 52
31410 Capens 31 164 Bb 88
34310 Capestang 34 167 Da 89
24490 Capet 24 135 Zf 78
81260 Capette 81 166 Cd 86
33970 Cap Ferret 33 134 Ye 81
13310 Caphan 13 169 Ee 87
33550 Capian 33 135 Ze 80
20000 Capigliolo CTC 182 Id 97
83600 Capitou, le 83 172 Ge 88
33770 Caplanne 33 134 Za 81
40230 Caplet 40 160 Ye 86
33220 Caplong 33 136 Aa 80
12120 Caplongue 12 152 Cd 83
60120 Caply 60 38 Cb 51
06190 Cap-Martin 06 159 Hc 86
46170 Capmié 46 150 Bc 83
20236 Caporaline CTC 183 Kb 94
09400 Capoulet 09 177 Bd 92
57450 Cappel 57 57 Gf 54
32800 Cap-Pelat 32 148 Aa 85
59630 Cappelle-Brouck 59 27 Cb 43
59242 Cappelle-en-Pévèle 59 30 Db 45
59180 Cappelle-la-Grande 59 27 Cc 43
20113 Cappiciolo CTC 184 If 98
80340 Cappy 80 39 Ce 49
40410 Capsus 40 147 Zb 82
83400 Capte, la 83 172 Ga 90
33840 Captieux 33 147 Ze 83
20137 Capu CTC 185 Kb 98
33113 Capuron 33 147 Zc 82
76660 Capval 76 37 Bc 49
65130 Capvern 65 163 Ab 90
65130 Capvern-les-Bains 65 163 Ab 90
20124 Carabona CTC 185 Kb 98
22320 Caradeuc 22 64 Wf 58
31460 Caragoudes 31 165 Be 88
31460 Caraman 31 165 Be 87
66720 Caramany 66 179 Cd 92
20144 Caramontinu CTC 185 Kc 98
46600 Caran 46 138 Bc 79
29660 Carantec 29 62 Wa 56
50570 Carantilly 50 46 Ye 54
81100 Carauce 81 166 Cc 87
24540 Caravelle 24 137 Af 80
46160 Carayac 46 138 Bf 81
47500 Carayac 47 137 Af 81
09000 Caraybat 09 177 Bd 91
81530 Carayon 81 166 Cd 86
50190 Carbasse 50 46 Yd 53
49420 Carbay 49 82 Ye 62
20170 Carbini CTC 185 Ka 98
20167 Carbinica CTC 182 Ie 97
20228 Carbonacce CTC 181 Kc 91
33560 Carbon-Blanc 33 135 Zd 79
31390 Carbonne 31 164 Bb 89
20133 Carbuccia CTC 182 If 96
14740 Carcagny 14 34 Zc 53
11190 Carcanet 11 178 Cc 91
09460 Carcanières 09 178 Ca 92
11140 Carcanières-les-Bains 11 178 Ca 92
33121 Carcans 33 134 Yf 78
33121 Carcans-Plage 33 134 Ye 78
40400 Carcarès-Sainte-Croix 40 147 Zb 85
11000* Carcassonne 11 166 Cc 89
12120 Carcenac 12 152 Cd 83
12160 Carcenac-Peyralès 12 151 Cc 83
40400 Carcen-Ponson 40 147 Zb 85
83570 Carcès 83 171 Gb 88
20229 Carcheto-Brustico CTC 183 Kc 94
20167 Carcopino, Sarrola- CTC 182 If 96
20167 Carcopinu, Sarrula = Carcopino, Sarrola- CTC 182 If 96
27400 Carcouet 27 49 Ba 54
35680 Carcraon 35 66 Ye 61
12340 Carcuac 12 139 Cd 82
46100 Cardaillac 46 138 Bf 80
04270 Cardaires, les 04 157 Ga 85
33410 Cardan 33 135 Zd 80
47290 Cardayres 47 136 Ad 81
31350 Cardeilhac 31 163 Ae 89
64360 Cardesse 64 161 Zc 89
30350 Cardet 30 154 Ea 84
20146 Cardetto CTC 185 Kb 99
20200 Cardo CTC 181 Kc 92
80260 Cardonette 80 39 Cc 49
47450 Cardonnet 47 149 Ad 83
80500 Cardonnois, le 80 39 Cc 51
14230 Cardonville 14 46 Yf 52
20190 Cardo-Torgia CTC 184 If 97
35190 Cardroc 35 65 Ya 59
20169 Cardu CTC 185 Ka 100
20218 Cardu CTC 181 Kb 94
44170 Cardunel 44 82 Yc 63
20190 Cardu Torgia = Cardo-Torgia CTC 184 If 97
14170 Carel 14 48 Zf 54
53120 Carelles 53 66 Za 58
82140 Carême 82 150 Be 84
56490 Carénan 56 64 Xc 60
62144 Carency 62 29 Ce 46
46110 Carennac 46 138 Be 79
50500 Carentan-les-Marais 50 46 Ye 53
47500 Carentas 47 137 Af 82
56910 Carentoir 56 81 Xf 62
22800 Carestremble 22 64 Xa 58
35120 Carfantin 35 65 Yb 57
22800 Carfot 22 64 Xa 58
20130 Cargèse CTC 182 Id 96
20130 Carghjese = Cargèse CTC 182 Id 96
20164 Cargiaca CTC 184 Ka 98
62340 Carhaule 82 149 Ae 84
22150 Caribet 22 64 Xb 58
08110 Carignan 08 42 Fb 51
33360 Carignan-de-Bordeaux 33 135 Zd 80
22130 Carimel 22 65 Xf 58
89360 Carisey 89 90 Df 61
38460 Carisieu 38 131 Fb 74
20115 Cariu CTC 182 Id 95
33720 Carjuzan 33 135 Zd 81
09130 Carla-Bayle 09 164 Bc 90
09300 Carla-de-Roquefort 09 177 Be 91
31250 Carlat 15 139 Cd 79
34600 Carlencas-et-Levas 34 167 Db 87
60170 Carlepont 60 39 Da 51
73630 Carlet 73 132 Gb 75
57490 Carling 57 57 Ge 53
11170 Carlipa 11 165 Ca 89
24590 Carlucet 24 137 Bb 79
46500 Carlucet 46 138 Bd 80
81990 Carlus 81 151 Ca 85
24370 Carlux 24 137 Bc 79
62830 Carly 62 28 Be 45
81400 Carmaux 81 151 Ca 84
81250 Carmenel 81 152 Cc 85
56480 Carmès 56 64 Wf 60
50390 Carmesnil 50 46 Yc 52
48210 Carnac 48 153 Dc 83
56470 Carnac 56 80 Wf 63
56340 Carnac-Plage 56 80 Wf 63
46140 Carnac-Rouffiac 46 150 Bb 82
30260 Carnas 30 154 Df 86
61100 Carneille, la 61 47 Zd 56
56230 Carnély 56 81 Xd 63
50240 Carnet 50 66 Yd 57
50330 Carneville 50 33 Yd 50
47500 Carnicot 47 136 Ac 81
59217 Carnières 59 30 Dc 47
59112 Carnin 59 30 Cf 45
04150 Carniol 04 156 Fd 85
22160 Carnoët 22 63 Wc 58
34280 Carnon-Plage 34 168 Df 87
30140 Carnoulès 30 154 Df 84
83660 Carnoules 83 171 Gb 89
13470 Carnoux en-Provence 13 171 Fd 89
59144 Carnoy 59 31 De 47
80300 Carnoy 80 39 Ce 49
29470 Caro 29 61 Vd 58
56140 Caro 56 81 Xe 61
64220 Caro 64 160 Ye 90
20290 Carogne CTC 181 Kc 94
09120 Carol 09 177 Bd 90
66760 Carol 66 177 Bf 93
09320 Carol, le 09 177 Bc 91
32300 Carole 32 163 Ac 87
50740 Carolles 50 46 Yc 56
84330 Caromb 84 155 Fa 84
29370 Caront-Lutin 29 78 Wa 60
22430 Caroual 22 64 Xc 57
44680 Carouère, la 44 96 Ya 66
20110 Carpatulia, Bergerie CTC 184 If 99
84200 Carpentras 84 155 Fa 84
20229 Carpineto CTC 183 Kc 94
14650 Carpiquet 14 35 Zd 53
40170 Carpit 40 146 Ye 85
20170 Carpulitanu Radici CTC 185 Ka 99
50480 Carquebut 50 46 Ye 52
44470 Carquefou 44 82 Yd 65
83320 Carqueiranne 83 171 Ga 90
22240 Carquois, la 22 64 Xd 57
34490 Carratiers, les 34 167 Da 88
76220 Carreaux, les 76 38 Bd 52
89130 Carreaux, les 89 89 Db 62
49530 Carrée, la 49 82 Ye 65
49390 Carrefour, le 49 84 Aa 64
50260 Carrefour, le 50 33 Yc 52
50860 Carrefour-de-Paris, le 50 46 Yf 55
73470 Carrel, le 73 131 Fe 75
81190 Carrelie, le 81 151 Cb 84
82140 Carrendier 82 150 Be 84
80700 Carrépuis 80 39 Ce 50
40310 Carrère 40 148 Aa 84
64160 Carrère 64 162 Ze 88
32170 Carrère, la 32 163 Ac 88
58350 Carrés, les 58 89 Db 65
64270 Carresse-Cassaber 64 161 Za 88
31430 Carretère 31 164 Ba 89
82000 Carreyrat 82 150 Bc 84
33680 Carreyre 33 134 Ye 79
46090 Carrières, les 46 137 Bc 81
55200 Carrières, les 55 55 Fd 56
78955 Carrières-sous-Poissy 78 51 Ca 55
47450 Carritor 47 149 Ad 83
13500 Carro 13 170 Fa 89
36180 Carroir 36 101 Bc 66
86200 Carroir, le 86 99 Aa 66
37240 Carroir-Jodel, le 37 100 Ae 66
01160 Carronnières, les 01 119 Fb 72
06510 Carros 06 159 Hb 86
45730 Carrouge, le 45 88 Cb 62
61320 Carrouges 61 67 Zf 57
18160 Carroux, la 18 102 Ca 68
49270 Carroye, le 49 83 Yf 65
74300 Carroz d'Arâches, les 74 120 Gd 72
13620 Carry-le-Rouet 13 170 Fa 89
33390 Cars 33 134 Zc 78
87230 Cars, les 87 125 Ba 74
15290 Carsac 15 139 Cb 79
24200 Carsac-Aillac 24 137 Bb 79
24610 Carsac-de-Gurson 24 136 Aa 79
30130 Carsan 30 155 Ed 83
27300 Carsix 27 49 Ae 54
68130 Carspach 68 95 Hb 63
20137 Cartalavone CTC 185 Ka 99
37350 Carte, la 37 100 Af 67
33390 Cartelègue 33 122 Zc 77
50270 Carteret 50 46 Yb 52
72800 Cartes, les 72 84 Aa 63
20244 Carticasi CTC 183 Kb 94
33990 Cartignac 33 122 Yf 77
59244 Cartignies 59 31 Df 48
80200 Cartigny 80 39 Da 49
14330 Cartigny-L'Epinay 14 47 Yf 53
34220 Cartouyre 34 166 Ce 88
28480 Cartrais, la 28 69 Af 59
56110 Carvarno 56 79 Wc 60
24170 Carves 24 137 Ba 80
14350 Carville 14 47 Za 55
79170 Carville 79 111 Zd 72
76190 Carville-la-Folletière 76 37 Ae 51
76560 Carville-Pot-de-Fer 76 36 Ae 50
62220 Carvin 62 30 Cf 46
20100 Casa CTC 185 Ka 99
20270 Casabertola CTC 183 Kc 96
20237 Casabianca CTC 181 Kc 94
20270 Casabianda CTC 183 Kd 96
20111 Casagliò = Casaglione CTC 182 Ie 96
20111 Casaglione CTC 182 Ie 96
20140 Casalabriva CTC 184 If 98
20215 Casalta CTC 181 Kc 94
20224 Casamaccioli CTC 182 Ka 95
20243 Casamozza CTC 183 Kc 97
20290 Casamozza CTC 181 Kc 93
20230 Casani CTC 183 Kd 95
20250 Casanova CTC 183 Kb 95
20235 Casa Pitti CTC 181 Kb 94
20620 Casatorra CTC 181 Kc 93
64360 Casaubieil 64 161 Zb 89
29390 Cascadec 29 79 Wb 61
11360 Cascastel-des-Corbières 11 179 Ce 91
46250 Cascavel 46 137 Bb 81
15120 Case, la 15 139 Cc 80
66130 Casefabre 66 179 Cd 93
40700 Casenave 40 161 Zc 87
13680 Caseneuve 13 170 Fb 87
84750 Caseneuve 84 156 Fc 85
64560 Caserne, la 64 174 Za 90
66600 Cases-de-Pène 66 179 Ce 92
20270 Casevecchie CTC 183 Kc 96
20147 Caspiu CTC 182 Id 95
64270 Cassaber 64 161 Yf 88
31420 Cassagnabère-Tournas 31 163 Ae 89
48400 Cassagnas 48 153 De 83
31260 Cassagne 31 164 Af 90
24120 Cassagne, la 24 137 Bb 78
32220 Cassagne, la 32 164 Af 88
46700 Cassagnes 46 137 Ba 81
66720 Cassagnes 66 179 Cd 92
12120 Cassagnes-Bégonhès 12 151 Cd 83
12340 Cassagnoles 12 152 Cf 82
30350 Cassagnoles 30 154 Ea 84
34210 Cassagnoles 34 166 Cd 88
32100 Cassaigne 32 148 Ac 85
11270 Cassaigne, la 11 165 Bf 89
11190 Cassaignes 11 178 Cb 91
56130 Cassan 56 81 Xe 63
30750 Cassanas 30 153 Dc 84
15340 Cassaniouze 15 139 Cc 80
20214 Cassano CTC 180 If 93
20214 Cassanu = Cassano CTC 180 If 93
32320 Cassebertats 32 163 Ac 87
59670 Cassel 59 27 Cc 44
40380 Cassen 40 146 Za 86
47440 Casseneuil 47 149 Ad 82
41310 Cassereau, le 41 85 Af 62
05600 Casses, les 05 145 Gd 81
11320 Cassés, les 11 165 Bf 88
05220 Casset, le 05 145 Gc 79

33190 Casseuil 33 135 Zf 81
63970 Cassière, la 63 128 Cf 74
15150 Cassiès 15 139 Cb 79
08160 Cassine, la 08 42 Ee 51
13260 Cassis 13 171 Fd 89
44390 Casson 44 82 Yc 64
47240 Cassou 47 149 Ae 83
12210 Cassuéjouls 12 139 Ce 80
33138 Cassy 33 134 Yf 80
29150 Cast 29 78 Vf 60
13910 Cast, le 13 155 Ee 86
20246 Casta CTC 181 Kb 93
20138 Castagna, la CTC 182 Ie 98
31310 Castagnac 31 164 Bc 89
47260 Castagnade, la 47 148 Ac 82
31260 Castagnède 31 176 Af 90
64270 Castagnède 64 161 Za 88
32350 Castagnère, la 32 163 Ac 87
20200 Castagnetu CTC 181 Kc 92
06670 Castagniers 06 159 Hb 86
40700 Castaignos-Souslens 40 161 Zb 87
47200 Castaing 47 136 Ab 81
40270 Castandet 40 147 Zd 86
82270 Castanède 82 150 Bc 83
12240 Castanet 12 151 Cb 83
81150 Castanet 81 151 Ca 85
81330 Castanet 81 152 Cc 86
82160 Castanet 82 151 Bf 83
34610 Castanet-le-Bas 34 167 Da 87
34610 Castanet-le-Haut 34 167 Cf 86
31320 Castanet-Tolosan 31 164 Bc 87
24100 Castang 24 136 Ac 80
24290 Castang 24 137 Ba 78
24370 Castang 24 137 Bc 79
46210 Castanie 46 138 Ca 80
11160 Castans 11 166 Cc 88
34630 Castans, les 34 167 Dc 88
11160 Castanviels 11 166 Cc 89
64170 Casteide-Cami 64 162 Zc 88
64370 Casteide-Candau 64 161 Zc 87
64460 Casteide-Doat 64 162 Zf 88
66360 Casteil 66 178 Cc 93
34570 Castel 34 168 De 86
80110 Castel 80 39 Cc 50
22560 Castel, le 22 63 Wc 56
65330 Castelbajac 65 163 Ac 89
31160 Castelbiague 31 176 Af 90
82100 Castelferrus 82 149 Ba 84
32170 Castelfranc 32 163 Ab 88
46140 Castelfranc 46 137 Bb 81
31230 Castelgaillard 31 164 Af 88
31780 Castelginest 31 164 Bc 86
32390 Casteljaloux 32 149 Ad 86
47700 Casteljaloux 47 148 Aa 83
07460 Casteljau 07 154 Eb 82
47340 Castella 47 149 Ae 83
04120 Castellane 04 157 Gd 85
06500 Castellar 06 159 Hc 86
04380 Castellard, le 04 157 Ga 83
20213 Castellare di Casinca CTC 181 Kc 94
20212 Castellare-di-Mercurio CTC 183 Kb 95
34200 Castellas, le 34 168 Dd 88
84400 Castellet 84 156 Fc 85
04170 Castellet, le 04 158 Gc 84
04700 Castellet, le 04 157 Ff 85
83330 Castellet, le 83 171 Fe 89
20236 Castirla CTC 183 Ka 94
20222 Castello CTC 181 Kc 92
20228 Castello CTC 181 Kc 91
20235 Castello di Rustino CTC 181 Kb 94
20235 Castello di Rustinu = Castello di Rustino CTC 181 Kb 94
12800 Castelmary 12 151 Cb 83
31180 Castelmaurou 31 165 Bd 86
82210 Castelmayran 82 149 Ba 84
33540 Castelmoron-d'Albret 33 135 Zf 80
47260 Castelmoron-sur-Lot 47 148 Ac 82
12620 Castelmus 12 152 Cf 84
12800 Castelnau 12 151 Cb 83
33840 Castelnau 33 147 Zf 83
40410 Castelnau 40 147 Zb 83
32450 Castelnau-Barbarens 32 163 Ae 87
40360 Castelnau-Chalosse 40 161 Za 87
32320 Castelnau-d'Anglès 32 163 Ab 87
32500 Castelnau-d'Arbieu 32 149 Ae 85
11400 Castelnaudary 11 165 Bf 89
11700 Castelnau-d'Aude 11 166 Ce 89
32440 Castelnau-d'Auzan 32 148 Aa 85
47290 Castelnaud-de-Gratecambe 47 136 Ae 82
81260 Castelnau-de-Brassac 81 166 Cc 87
34120 Castelnau-de-Guers 34 167 Dc 88
81150 Castelnau-de-Lévis 81 151 Ca 85
12500 Castelnau-de-Mandailles 12 139 Cf 81
33480 Castelnau-de-Médoc 33 134 Zb 78
81140 Castelnau-de-Montmiral 81 150 Be 85
31620 Castelnau-d'Estrétefonds 31 150 Bc 86
24250 Castelnaud-la-Chapelle 24 137 Ba 80
09420 Castelnau-Durban 09 177 Bc 91
34170 Castelnau-le-Lez 34 168 Df 87
65230 Castelnau-Magnoac 65 163 Ad 89
46170 Castelnau-Montratier-Sainte Alauzie 46 150 Bc 83
12620 Castelnau-Pégayrols 12 152 Cf 84
31430 Castelnau-Picampeau 31 164 Ba 89
65700 Castelnau-Rivière-Basse 65 162 Zf 87
47180 Castelnau-sur-Gupie 47 136 Aa 81
32100 Castelnau-sur-L'Auvignon 32 148 Ac 85
40320 Castelnau-Tursan 40 162 Zd 87
30190 Castelnau-Valence 30 154 Eb 84
32290 Castelnavet 32 163 Aa 86
40700 Castelner 40 161 Zc 87
29280 Castel-Nevez 29 61 Vc 58
66300 Castelnou 66 179 Ce 93
12800 Castelpers 12 151 Cc 84
11300 Castelreng 11 178 Ca 90
82400 Castelsagrat 82 149 Af 83
32350 Castel-Saint-Louis 32 163 Ac 87
82100 Castelsarrasin 82 149 Ba 84
40330 Castel-Sarrazin 40 161 Zb 87
34320 Castelsec 34 167 Db 87
24220 Castels et Bézenac 24 137 Ba 79
24220 Castels et Bézenac 24 137 Ba 79
65350 Castelvieilh 65 163 Ab 89
33540 Castelviel 33 135 Zf 80
33380 Castendet 33 134 Za 81
31530 Castéra, le 31 164 Ba 86
82120 Castéra-Bouzet 82 149 Af 85
32700 Castéra-Lectourois 32 149 Ad 85
65350 Castéra-Lou 65 162 Aa 89
64460 Castéra-Loubix 64 162 Zf 88
09130 Castéras 09 164 Bc 90
32410 Castéra-Verduzan 32 148 Ac 86
31350 Castéra-Vignoles 31 163 Ae 89
32380 Castéron 32 149 Af 85
64260 Castet 64 162 Zd 90
64360 Castet 64 161 Zc 89
64300 Castétarbe 64 161 Zb 87
32340 Castet-Arrouy 32 149 Ae 85
64190 Castetbon 64 161 Zb 88
09320 Castet-d'Aleu 09 177 Bb 91
64300 Castétis 64 161 Zb 88
64190 Castetnau-Camblong 64 161 Zb 89
64300 Castetner 64 161 Zb 88
64330 Castetpugon 64 162 Ze 87
31390 Castets 31 164 Ba 88
40260 Castets 40 146 Yf 85
40300 Castets 40 161 Yf 87
33210 Castets-en-Dorthe 33 135 Zf 81
33210 Castets et Castillon 33 135 Ze 81
09350 Castex 09 164 Bb 89
31410 Castex 31 164 Bb 88
32170 Castex 32 163 Ab 88
32240 Castex-d'Armagnac 32 147 Zf 85
31430 Casties-Labrande 31 164 Ba 89
20218 Castifao CTC 181 Ka 93
20218 Castiglione CTC 181 Ka 94
65130 Castillon 65 163 Ab 90
47320 Castille 47 148 Ac 82
06500 Castillon 06 159 Hc 85
14490 Castillon 14 34 Zb 53
14570 Castillon 14 47 Zc 55
64350 Castillon 64 162 Zf 88
64370 Castillon 64 161 Zc 88
50510 Castillon, le 50 46 Yd 55
32190 Castillon-Debats 32 163 Ab 86
33210 Castillon-de-Castets 33 135 Zf 81
31110 Castillon-de-Larboust 31 175 Ad 92
31360 Castillon-de-Saint-Martory 31 164 Af 90
30210 Castillon-du-Gard 30 155 Ed 85
14140 Castillon-en-Auge 14 48 Aa 54
09800 Castillon-en-Couserans 09 176 Ba 91
33350 Castillon-la-Bataille 33 135 Zf 79
32360 Castillon-Massas 32 163 Ad 86
47330 Castillonnès 47 136 Ad 81
32490 Castillon-Savès 32 164 Af 87
33610 Castillonville 33 134 Za 80
14330 Castilly 14 34 Yf 53
32810 Castin 32 163 Ad 86
20218 Castineta CTC 181 Kb 94
20236 Castirla CTC 183 Ka 94
33114 Castor 33 134 Zb 81
63680 Castreix-Sancy 63 127 Ce 75
02680 Castres 02 40 Db 50
81100 Castres 81 166 Cb 87
33640 Castres-Gironde 33 135 Zd 80
34160 Castries 34 168 Df 86
12780 Castrieux 12 152 Cf 83
57510 Castviller 57 57 Gf 54
01110 Catagnolles, les 01 119 Fd 73
59178 Catarne 59 30 Dc 46
83490 Catchéou 83 172 Gd 87
59360 Cateau-Cambrésis, le 59 31 Dd 48
02420 Catelet, le 02 40 Db 48
76590 Catelier, le 76 37 Ba 50
76116 Catenay 76 37 Bb 51
60840 Catenoy 60 39 Cd 52
20270 Catéri CTC 180 If 93
20270 Caterragio CTC 183 Kd 96
18000 Cathédrale Saint-Étienne 18 102 Cc 66
33230 Catherineau 33 135 Zf 78
31110 Cathervielle 31 175 Ad 92
60360 Catheux 60 38 Ca 51
60640 Catigny 60 39 Cf 51
44530 Catiho 44 81 Xf 64
60130 Catillon-Fumechon 60 39 Cc 51
59360 Catillon-sur-Sambre 59 31 Dd 48
66500 Catllar 66 178 Cc 93
12130 Cats, les 12 140 Da 81
59148 Cattelet 59 30 Db 46
59217 Cattenières 59 30 Db 48
57570 Cattenom 57 44 Gb 52
50390 Catteville 50 46 Yc 52
32200 Cattonvielle 32 164 Af 87
46150 Catus 46 137 Bc 81
46400 Catusse, la 46 138 Bf 79
50500 Catz 50 46 Ye 53
82120 Caubel 82 149 Af 84
47160 Caubeyres 47 148 Aa 83
31480 Caubiac 31 164 Ba 86
64370 Caubin 64 161 Zc 88
64230 Caubios-Loos 64 162 Zd 88
47120 Caubon-Saint-Sauveur 47 136 Ab 81
32700 Caubouе 32 148 Ad 85
31110 Caubous 31 176 Ad 91
65230 Caubous 65 163 Ac 89
81200 Caucalières 81 166 Cb 87
12120 Caucart 12 152 Cc 83
62129 Cauchie 62 29 Cb 45
62158 Cauchie, la 62 29 Cd 47
62260 Cauchy-à-la-Tour 62 29 Cc 45
62150 Caucourt 62 29 Cd 46
19260 Caud 19 126 Be 75
56850 Caudan 56 79 Wd 62
76490 Caudebec-en-Caux 76 36 Ae 51
76320 Caudebec-lès-Elbeuf 76 49 Ba 53
11390 Caudebronde 11 166 Cb 88
47220 Caudecoste 47 149 Ae 84
47230 Cauderoue 47 148 Ab 84
59660 Caudescure 59 29 Cd 44
11230 Caudeval 11 165 Bf 90
34330 Caudezaures 34 166 Ce 87
66210 Caudiès-de-Conflent 66 178 Ca 93
11140 Caudiès-de-Fenouillèdes 11 178 Cc 92
33380 Caudos 33 134 Za 81
33490 Caudrot 33 135 Zf 81
59540 Caudry 59 30 Dc 48
34360 Cauduro 34 167 Cf 88
60290 Cauffry 60 39 Cc 53
27180 Caugé 27 49 Ba 54
31210 Cauhapé 31 163 Ad 90
31190 Caujac 31 164 Bc 89
02490 Caulaincourt 02 40 Da 49
76390 Caule-Sainte-Beuve, le 76 38 Bd 50
80290 Caulières 80 38 Bf 50
59191 Caullery 59 30 Dc 48
22350 Caulnes = Kaon 22 65 Xf 59
54800 Caulre 54 56 Ff 54
12560 Caumel 12 152 Da 82
02300 Caumont 02 40 Db 51
09160 Caumont 09 176 Ba 90
27310 Caumont 27 37 Af 52
32400 Caumont 32 162 Zf 86
33540 Caumont 33 135 Zf 81
62140 Caumont 62 29 Ca 47
82210 Caumont 82 149 Af 84
14240 Caumont-L'Eventé 14 47 Zb 54
14240 Caumont-sur-Aure 14 34 Za 54
84510 Caumont-sur-Durance 84 155 Ef 85
47430 Caumont-sur-Garonne 47 148 Ab 82
14220 Caumont-sur-Orne 14 47 Zd 55
40500 Cauna 40 147 Zc 86
81290 Caunan 81 166 Cb 87
34650 Caunas 34 167 Db 86
79190 Caunay 79 111 Aa 71
11160 Caunes-Minervois 11 166 Cd 89
34210 Caunette 34 166 Ce 88
11220 Caunettes-en-Val 11 166 Cd 90
11250 Caunette-sur-Lauquet 11 178 Cc 90
40250 Caupenne 40 161 Zb 86
32110 Caupenne-d'Armagnac 32 148 Zf 86
33160 Caupian 33 134 Zb 79
50480 Cauquigny 50 33 Yd 52
51270 Caure, la 51 53 De 55
22530 Caurel 22 63 Wf 59
51110 Caurel 51 53 Ea 53
20117 Cauro CTC 182 If 97
59400 Cauroir 59 30 Db 47
08310 Cauroy 08 41 Ec 52
51220 Cauroy-lès-Hermonville 51 41 Df 52
62810 Caurroy, le 62 29 Cc 47
82500 Causé, le 82 149 Af 86
24150 Cause-de-Clérans 24 136 Ae 79
82300 Caussade 82 150 Bd 84
33180 Caussade, la 33 122 Za 77
65700 Caussade-Rivière 65 162 Aa 87
12260 Caussanels 12 138 Bf 82
09700 Caussatière, la 09 165 Bd 89
82290 Caussé 82 150 Bb 85
46110 Causse, le 46 138 Bc 79
30750 Causse-Bégon 30 153 Dc 84
34380 Causse-de-la-Selle 34 153 Dd 86
12260 Causse-de-Saujac 12 138 Bf 82
12700 Causse-et-Diège 12 138 Ca 81
32100 Caussens 32 148 Ac 85
34490 Causses-et-Veyran 34 167 Da 88
82160 Causseviel 82 151 Bf 83
31560 Caussidières 31 165 Bd 88
48210 Caussignac 48 153 Dc 83
34600 Caussiniojouls 34 167 Da 87
06460 Caussols 06 173 Gf 86
09250 Caussou 09 177 Be 92
65110 Cauterets 65 175 Zf 91
19220 Cautine 19 138 Ca 78
86700 Cautronnières, les 86 100 Ba 67
30340 Cauvas 30 154 Eb 83
27350 Cauverville-en-Roumois 27 36 Ad 52
30430 Cauviac 30 154 Eb 83
14190 Cauvicourt 14 48 Ze 54
33690 Cauvignac 33 148 Zf 82
14270 Cauvigny 14 48 Zf 54
60730 Cauvigny 60 51 Cb 53
14770 Cauville 14 47 Zc 55
76930 Cauville 76 36 Aa 51
50390 Cauvinerie, la 50 46 Yc 52
19290 Caux 19 126 Ca 74
34720 Caux 34 167 Dc 87
46800 Caux 46 150 Ba 82
63680 Caux 63 127 Ce 76
11170 Caux-et-Sauzens 11 166 Cb 89
47470 Cauzac 47 149 Af 83
46110 Cavagnac 46 138 Bd 78
46700 Cavagnac 46 137 Ba 81
47250 Cavagnan 47 148 Aa 82
82160 Cavaille 82 150 Be 83
84300 Cavaillon 84 155 Fa 85
83240 Cavalaire-sur-Mer 83 172 Gd 89
44130 Cavalais 44 81 Ya 64
81350 Cavalarié, la 81 151 Cb 84
12230 Cavalerie, la 12 152 Da 84
83980 Cavalière 83 172 Gc 90
20132 Cavallara CTC 185 Kb 97
22140 Cavan 22 63 Wd 56
11570 Cavanac 11 166 Cb 89
19430 Cavanet 19 138 Ca 78
46210 Cavanie 46 138 Ca 80
47330 Cavarc 47 136 Ad 80
32190 Cavé, le 32 148 Ab 86
30820 Caveirac 30 154 Eb 86
34220 Cavenac 34 166 Ce 88
11510 Caves 11 179 Cf 91
37340 Caves, les 37 84 Ab 64
89100 Caves, les 89 72 Db 59
37140 Cave-Vandelet, la 37 84 Ab 64
33620 Cavignac 33 135 Zd 78
50620 Cavigny 50 46 Yf 53
30330 Cavillargues 30 155 Ed 84
60730 Cavillon 60 51 Cb 53
80310 Cavillon 80 38 Ca 49
62140 Cavron-Saint-Martin 62 28 Ca 46
20117 Cavru = Cauro CTC 182 If 97
20144 Cavu CTC 185 Kc 98
20227 Cavu CTC 183 Kb 96
33290 Caychac 33 134 Zc 79
09250 Caychax 09 177 Be 92
80800 Cayeux-en-Santerre 80 39 Cd 50
80410 Cayeux-sur-Mer 80 28 Bc 47
12550 Cayla, le 12 152 Cd 85
30480 Cayla, le 30 154 Df 84
34520 Caylar, le 34 153 Db 85
12400 Caylus 12 152 Ce 85
82160 Caylus 82 150 Be 83
12260 Cayrac 12 138 Ca 81
12450 Cayrac 12 152 Cd 83
82440 Cayrac 82 150 Bc 84
46230 Cayran, le 46 150 Bc 82
46160 Cayre, le 46 138 Bf 81
81350 Cayre, le 81 151 Cc 85
33930 Cayrehours 33 122 Yf 77
81260 Cayrélié, la 81 166 Cc 86
43510 Cayres 43 141 De 79
81990 Cayre, la 81 151 Cb 85
82240 Cayriech 82 150 Bd 83
15290 Cayrols 15 139 Cb 80
12500 Cayrol, le 12 139 Ce 81
12450 Cayrou 12 152 Cd 83
12390 Cayrou, le 12 151 Cb 82
12740 Cayssac 12 152 Cd 82
12370 Cayzac 12 152 Cd 85
31230 Cazac 31 164 Af 88
46160 Cazal 46 138 Be 81
34210 Cazal, le 34 166 Ce 88
81360 Cazalie, la 81 166 Cb 86
33113 Cazalis 33 147 Zd 82
40700 Cazalis 40 161 Zc 87
40700 Cazalon 40 161 Zc 87
11270 Cazalrenoux 11 165 Bf 89
09000 Cazals 09 177 Bd 91
46250 Cazals 46 137 Bb 81
82140 Cazals 82 150 Be 84
12140 Cazals, les 12 139 Cd 81
09500 Cazals-des-Baylès 09 165 Bf 90
34460 Cazals-Vieil 34 167 Da 88
13116 Cazan 13 170 Fb 86
65370 Cazarilh 65 176 Ad 91
31580 Cazaril-Tambourès 31 163 Ad 89
33430 Cazats 33 135 Ze 82
32150 Cazaubon 32 148 Zf 85
40240 Cazaubon 40 147 Ze 84
40500 Cazaubon 40 161 Zc 86
33790 Cazaugitat 33 135 Aa 80
31160 Cazaunous 31 176 Ae 91
09120 Cazaux 09 177 Bd 90
09160 Cazaux 09 176 Ba 91
33260 Cazaux 33 134 Yf 81
32190 Cazaux-d'Anglès 32 163 Ab 87
65590 Cazaux-Debat 65 175 Ac 91
65240 Cazaux-Dessus 65 175 Ac 91
65240 Cazaux-Fréchet-Anéran-Camors 65 175 Ac 92
31440 Cazaux-Layrisse 31 176 Ad 91
32130 Cazaux-Savès 32 164 Af 87
32230 Cazaux-Villecomtal 32 163 Ab 88
09160 Cazavet 09 176 Ba 90
11420 Cazazils, les 11 165 Bf 90
33380 Caze 33 134 Za 81
46190 Caze, la 46 138 Ca 79
82300 Caze, la 82 150 Bc 84
34460 Cazedarnes 34 167 Da 88
12230 Cazejourdes 12 153 Db 85
34210 Cazelles 34 166 Ce 88
24220 Cazenac 24 137 Ba 79
09400 Cazenave 09 177 Be 91
32800 Cazeneuve 32 148 Aa 85
47110 Cazeneuve 47 149 Ad 83
31420 Cazeneuve-Montaut 31 164 Ae 89
31220 Cazères 31 164 Ba 89
40270 Cazères-sur-L'Adour 40 147 Ze 86
12200 Cazes, les 12 151 Bf 83
82110 Cazes-Mondenard 82 149 Bb 83
34270 Cazevieille 34 153 De 86
47370 Cazideroque 47 149 Af 82
11570 Cazilhac 11 166 Cc 89
34220 Cazilhac 34 166 Ce 88
34190 Cazilhac-Bas 34 153 De 85
34190 Cazilhac-Haut 34 153 De 85
46600 Cazillac 46 138 Bd 79
82110 Cazillac 82 149 Bb 83
34360 Cazo 34 167 Cf 88
12480 Cazotte, la 12 152 Ce 84
24370 Cazoulès 24 137 Bc 79
34120 Cazouls-d'Hérault 34 167 Dc 87
34370 Cazouls-lès-Béziers 34 167 Da 88
61330 Ceaucé 61 67 Zc 58
36200 Ceaulmont 36 113 Bd 69
19800 Céaux 19 126 Be 76
50220 Céaux 50 66 Yd 57
43270 Céaux-d'Allègre 43 141 De 77
86700 Ceaux-en-Couhé 86 111 Ab 71
86200 Ceaux-en-Loudun 86 99 Ab 66
34360 Cébazan 34 167 Cf 88
63118 Cébazat 63 128 Da 74
20137 Ceccia CTC 185 Kb 99
34270 Ceceles 34 154 Df 86
39240 Ceffia 39 119 Fd 71
52220 Ceffonds 52 74 Ee 58
12450 Ceignac 12 151 Cd 83
34260 Ceilhes-et-Rocozels 34 152 Da 86
05600 Ceillac 05 145 Ge 80
48170 Ceiller, le 48 141 De 80
63520 Ceilloux 63 128 Dd 75
46100 Ceint-d'Eau 46 138 Bf 81
54134 Ceintrey 54 76 Ga 57
29920 Célan 29 78 Wb 62
35170 Celar 35 65 Yb 61
30340 Celas 30 154 Eb 84
26770 Célas, le 26 155 Fa 82
18360 Celette, la 18 102 Cd 69
03600 Celle 03 115 Ce 71
19250 Celle 19 126 Ca 75
41360 Cellé 41 85 Ae 61
63620 Celle 63 127 Cc 73
18200 Celle, la 18 102 Cc 68
18160 Celle-Condé, la 18 102 Cb 68
23800 Celle-Dunoise, la 23 114 Be 71
71400 Celle-en-Morvan, la 71 105 Eb 66
16260 Cellefrouin 16 112 Ac 73
37350 Celle-Guenand, la 37 100 Af 67
78720 Celle-les-Bordes, la 78 50 Bf 57
86600 Celle-Lévescault 86 111 Ab 70
49330 Cellère 49 84 Zc 63
09000 Celles 09 177 Be 91
15170 Celles 15 140 Cf 78
15170 Celles 15 140 Cf 78
17520 Celles 17 123 Zd 75
24600 Celles 24 124 Ac 77
34800 Celles 34 167 Dc 86
37160 Celle-Saint-Avant, la 37 100 Ad 66
78170 Celle-Saint-Cloud, la 78 51 Ca 55
89116 Celle-Saint-Cyr, la 89 72 Db 61
52360 Celles-en-Bassigny 52 92 Fd 61
02330 Celles-lès-Condé 02 53 Dd 54
51260 Celle-sous-Chantemerle, la 51 73 De 57
23230 Celle-sous-Gouzon, la 23 114 Cb 71
02540 Celle-sous-Montmirail, la 02 52 Dc 55
02370 Celles-sur-Aisne 02 40 Dc 52
79370 Celles-sur-Belle 79 111 Ze 71
63250 Celles-sur-Durolle 63 128 Dd 73
10110 Celles-sur-Ource 10 74 Ec 60
88110 Celles-sur-Plaine 88 77 Gf 58
58440 Celle-sur-Loire, la 58 88 Cf 64
58700 Celle-sur-Nièvre, la 58 103 Db 65
63330 Cellette 63 115 Ce 72
85490 Cellette 85 110 Zc 70
23350 Cellette, la 23 114 Ca 70
16230 Cellettes 16 124 Aa 73
41120 Cellettes 41 86 Bc 63
30200 Cellettes, les 30 155 Ed 83
12380 Cellier, le 12 152 Cd 86
44850 Cellier, le 44 82 Yd 65
07590 Cellier-du-Luc 07 141 Df 80
03440 Cellière 03 115 Cf 69
73260 Celliers 73 132 Gc 76
42320 Cellieu 42 130 Ed 75
76520 Celloville 76 37 Ba 52
63200 Cellule 63 116 Da 73
18340 Celon 18 102 Cc 67
36200 Celon 36 113 Bc 69
13090 Celony 13 170 Fc 87
15500 Celoux 15 140 Db 78
52600 Celsoy 52 92 Fc 61
77930 Cély 77 71 Cd 58
70500 Cemboing 70 93 Ff 61
60210 Cempuis 60 38 Bf 51
12260 Cenac 12 151 Bf 82
33360 Cénac 33 135 Zd 80
43440 Cenac 43 128 Dd 77
46140 Cenac 46 150 Bb 82
86260 Cenan 86 100 Ae 69
70230 Cenans 70 93 Gb 64
30480 Cendras 30 154 Ea 84
63670 Cendre, le 63 128 Db 74
70500 Cendrecourt 70 93 Ff 61
25640 Cendrey 25 93 Gb 64
24380 Cendrieux 24 137 Ae 79
46330 Cénevières 46 138 Be 82
11170 Cenne-Monestiès 11 165 Ca 88
12360 Cenomes 12 152 Da 86
33150 Cenon 33 135 Zc 79
86530 Cenon-sur-Vienne 86 100 Ad 68
39250 Censeau 39 107 Ga 68
51300 Cense-des-Prés, la 51 54 Ed 55
21430 Censerey 21 105 Ec 65
89310 Censy 89 90 Ea 62
76590 Cent-Acres, les 76 37 Ba 50
09220 Centraux 09 177 Bd 92
12120 Centrès 12 151 Cc 84
20238 Centuri CTC 181 Kc 91
20238 Centuri-Port CTC 181 Kc 91
69840 Cenves 69D 118 Ed 71
31620 Cépet 31 164 Bc 86
11300 Cépie 11 166 Cb 90
45120 Cepoy 45 71 Ce 60
19200 Ceppe 19 126 Cb 75
34400 Ceps 34 167 Cf 87
32500 Céran 32 149 Ae 86
72330 Cérans 72 84 Aa 62
72330 Cérans-Foulletourte 72 84 Aa 62
20160 Cerasa CTC 182 Ie 96
66290 Cerbère 66 179 Da 94
18120 Cerbois 18 102 Ca 66
40370 Cerboueyre 40 146 Za 85
89200 Cerce, la 89 90 Df 64
16170 Cerceville 16 123 Aa 74
21320 Cercey 21 105 Ec 65
69220 Cercié 69D 118 Ee 72
74350 Cercier 74 120 Ga 72
24320 Cercles, La Tour-Blanche- 24 124 Ac 76
45520 Cercottes 45 70 Bf 61
17270 Cercoux 17 135 Ze 78
61500 Cercueil, le 61 68 Aa 57
10400 Cercy 10 72 Dc 58
71350 Cercy 71 106 Ef 67
58340 Cercy-la-Tour 58 104 Dd 67
01450 Cerdon 01 119 Fc 72
45620 Cerdon 45 87 Cc 63
36130 Céré 36 101 Be 67
40090 Cere 40 147 Zc 85
37460 Céré-la-Ronde 37 100 Bb 65
37390 Cérelles 37 85 Ae 63
50510 Cérences 50 46 Yd 55
04280 Céreste 04 156 Fd 85
66400 Céret 66 179 Ce 94
59680 Cerfontaine 59 31 Ea 47
42460 Cergne, la 42 117 Eb 72

95000 Cergy 95 51 Ca 54
33160 Cérillan 33 134 Zb 79
03350 Cérilly 03 103 Ce 69
21330 Cérilly 21 91 Ec 61
89320 Cérilly 89 73 Dd 59
01680 Cerin 01 131 Fd 74
31160 Cériros 31 176 Af 90
61000 Cerisé 61 68 Aa 58
77460 Ceriseaux 77 71 Ce 59
50220 Cerisel 50 66 Ye 57
52320 Cerisières 52 75 Fa 59
89320 Cerisiers 89 72 Dc 60
80800 Cerisy 80 39 Cd 49
61100 Cerisy-Belle-Etoile 61 47 Zc 56
80140 Cérisy-Buleux 80 38 Be 49
50680 Cerisy-la-Forêt 50 34 Za 53
50210 Cerisy-la-Salle 50 46 Ye 54
79140 Cerizay 79 98 Zb 68
09230 Cérizols 09 164 Ba 90
02240 Cerizy 02 40 Db 50
76430 Cerlangue, la 76 36 Ac 51
08290 Cerleau, la 08 41 Ec 50
39110 Cernans 39 107 Ff 67
14290 Cernay 14 48 Ab 54
28120 Cernay 28 69 Bb 58
45190 Cernay 45 86 Bd 62
68700 Cernay 68 95 Hb 62
86140 Cernay 86 99 Ab 67
51800 Cernay-en-Dormois 51 54 Ee 53
78720 Cernay-la-Ville 78 51 Bf 56
25120 Cernay-L'Eglise 25 108 Ge 65
51420 Cernay-lès-Reims 51 53 Ea 53
77320 Cerneux 77 52 Dc 56
25210 Cerneux-Monnots, les 25 108 Ge 65
74350 Cernex 74 120 Ga 72
39250 Cerniébaud 39 107 Ga 68
08260 Cernion 08 41 Ec 50
73270 Cernix, les 73 133 Gd 74
73590 Cerniy, le 73 133 Gc 74
25240 Cernois, le 25 107 Ga 69
39240 Cernon 39 119 Fd 70
51240 Cernon 51 54 Ec 55
60190 Cernoy 60 39 Cd 52
45360 Cernoy-en-Berry 45 88 Cd 63
49310 Cernusson 49 98 Zd 65
91590 Cerny 91 71 Cb 58
02860 Cerny-en-Laonnois 02 40 De 52
02870 Cerny-lès-Bucy 02 40 Dd 51
19460 Céron 19 126 Be 77
71110 Céron 71 117 Df 71
33720 Cérons 33 135 Zd 81
78125 Cerqueuse 78 70 Be 57
14290 Cerqueux 14 48 Ac 55
45130 Cerqueux 45 70 Bd 61
49360 Cerqueux-de-Maulevrier, les 49 98 Zc 67
49310 Cerqueux-sous-Passavant 49 98 Zd 66
70000 Cerre-lès-Noroy 70 93 Gb 63
34420 Cers 34 167 Db 89
79290 Cersay 79 98 Zd 66
02220 Cerseuil 02 40 Dd 53
51700 Cerseuil 51 53 De 54
71390 Cersot 71 105 Ed 68
58800 Certaines 58 104 De 65
77840 Certigny 77 52 Da 54
88300 Certilleux 88 75 Fe 59
01240 Certines 01 119 Fb 72
87290 Cerveix, le 87 113 Bb 71
58210 Cervenon 58 89 Dd 64
58700 Cervenon 58 103 Db 66
74550 Cervens 74 120 Gc 71
05100 Cervières 05 145 Ge 79
42440 Cervières 42 129 De 73
54420 Cerville 54 56 Gb 56
20221 Cervione CTC 181 Kc 95
20221 Cervioni = Cervione CTC 181 Kc 95
55700 Cervisy 55 42 Fb 51
58800 Cervon 58 104 De 65
43380 Cerzat 43 128 Dc 78
79190 Cerzé 79 111 Aa 71
79400 Cerzeau 79 111 Ze 70
33830 Cès 33 134 Zb 81
39570 Cesancey 39 106 Fd 69
73200 Césarches 73 132 Gc 74
73530 César-Durand 73 132 Gb 77
05230 Césaris, les 05 144 Gb 81
45300 Césarville-Dossainville 45 71 Cb 59
09800 Cescau 09 176 Ba 91
64170 Cescau 64 162 Zc 88
14270 Cesny-aux-Vignes-Ouezy 14 48 Zf 54
14220 Cesny-Bois-Halbout 14 47 Zd 55
19410 Cessac 19 125 Bd 77
33760 Cessac 33 135 Ze 80
31290 Cessales 31 165 Be 88
55700 Cesse 55 42 Fa 51
01090 Cesseins 01 118 Ef 72
34460 Cessenon-sur-Orb 34 167 Da 88
73260 Cessens 73 132 Ff 74
34210 Cesseras 34 166 Ce 89
03500 Cesset 03 116 Db 71
27110 Cesseville 27 49 Af 53
21450 Cessey 21 91 Ed 63
25440 Cessey 25 107 Ff 66
21350 Cessey-lès-Vitteaux 21 91 Ed 64
21110 Cessey-sur-Tille 21 92 Fb 65
02320 Cessières 02 40 Dc 51
38110 Cessieu 38 131 Fc 75
22190 Cesson 22 64 Xb 57
77240 Cesson 77 71 Cd 57
35510 Cesson-Sévigné 35 65 Yc 60
01560 Cessort 01 118 Fa 70
77520 Cessoy-en-Montois 77 72 Da 57
01170 Cessy 01 120 Ga 71
58220 Cessy-les-Bois 58 89 Db 64
33610 Cestas 33 134 Zb 80
81150 Cestayrols 81 151 Bf 85
21440 Cestres 21 91 Ee 64
42110 Cétéraud 42 129 Ea 74
61260 Ceton 61 69 Ae 59
64490 Cette-Eygun 64 174 Zc 91
05400 Céüze 05 144 Ff 81
73730 Cevins 73 132 Gc 75
12340 Ceyrac 12 139 Ce 82
30170 Ceyrac 30 154 Df 85
34800 Ceyras 34 167 Dc 87
19130 Ceyrat 19 125 Bc 77
63122 Ceyrat 63 128 Da 74
13600 Ceyreste 13 171 Fd 89
23210 Ceyroux 23 114 Bd 72
63210 Ceyssat 63 127 Cf 74
63800 Ceyssat 63 128 Db 74
23200 Ceyvat 23 114 Ca 72
01250 Ceyzériat 01 119 Fb 71
01350 Ceyzérieu 01 131 Fe 73
33620 Cézac 33 135 Zd 78
40170 Cézac 46 150 Bc 82
85410 Cezais 85 98 Zb 69
32410 Cézan 32 148 Ac 86
30440 Cézas 30 153 De 85
42130 Cezay 42 129 Df 74
19290 Cezayrat 19 126 Ca 74
15230 Cézens 15 139 Cf 79
15160 Cézérat 15 127 Cf 77
39240 Cézia 39 119 Fd 70
89410 Cézy 89 72 Dc 61
10190 Chaast, le 10 73 Df 59
64570 Chabalgoïti 64 161 Zb 90
48250 Chabalier 48 141 De 81
79180 Chaban 79 111 Zd 70
16150 Chabanais 16 124 Ae 73
48230 Chabanes 48 140 Db 82
36370 Chabanet 36 113 Bb 70
06420 Chabanette 06 159 Hb 85
69440 Chabanière 69M 130 Ed 75
19550 Chabanne 19 126 Ca 77
23290 Chabanne 23 113 Bc 72
36310 Chabanne 36 113 Bb 70
63450 Chabanne 63 128 Da 75
03250 Chabanne, la 03 116 De 72
63600 Chabanne, la 63 129 Df 75
63820 Chabanne, la 63 127 Ce 74
48000 Chabannes 48 140 Dc 81
19170 Chabannes, les 19 126 Bf 75
70220 Chabannes, les 70 93 Gc 61
15320 Chabanol 15 140 Db 79
04140 Chabanon 04 157 Gb 82
42380 Chabany, le 42 129 Ea 76
15230 Chabasses 15 139 Ce 78
36800 Chabenet 36 101 Bc 69
04200 Chabert 04 157 Ga 83
07200 Chaberterie, la 07 142 Ec 81
05400 Chabestan 05 144 Fe 82
48600 Chabestras 48 141 Dd 80
26120 Chabeuil 26 143 Fa 79
30700 Chabian, le 30 154 Eb 84
45500 Chabinerie, la 45 88 Cd 63
16310 Chablanc 16 124 Ad 74
74160 Châble, le 74 120 Ga 72
89800 Chablis 89 90 De 62
44330 Chaboissière, les 44 97 Ye 65
38690 Châbons 38 131 Fc 76
17700 Chabosse 17 110 Zb 72
44220 Chabossière, la 44 96 Yb 65
61320 Chabossière, la 61 48 Zf 57
05260 Chabottes 05 144 Gb 81
05140 Chabottes, les 05 144 Fe 81
46200 Chabournac, le 46 138 Bc 79
86380 Chabournay 86 99 Ab 68
16150 Chabrac 16 112 Ae 73
19160 Chabrat 19 127 Cb 76
24120 Chabrat 24 137 Bb 78
63250 Chabreloche 63 129 De 73
63440 Chabrepine 63 115 Da 72
63580 Chabreyras 63 128 Dc 75
04000 Chabrières 04 157 Gb 84
19350 Chabrignac 19 125 Bc 77
15100 Chabrillac 15 140 Db 78
26400 Chabrillan 26 142 Ef 80
36210 Chabris 36 101 Bd 65
24130 Chabrouillas 24 136 Ac 79
49400 Chacé 49 99 Zf 65
10110 Chacenay 10 74 Ed 60
43510 Chacornac 43 141 Df 79
02200 Chacrise 02 52 Dc 53
19170 Chadebec 19 126 Ca 75
87500 Chadefaine 87 125 Bb 75
63320 Chadeleuf 63 128 Db 75
07160 Chadenac 07 142 Ec 79
17800 Chadenac 17 123 Zd 75
07150 Chadenède, la 07 142 Ec 82
48190 Chadenet 48 141 Dd 81
17260 Chadeniers 17 122 Zb 75
24700 Chadenne 24 136 Aa 78
43270 Chadernac 43 129 De 78
16120 Chadeuil 16 123 Zf 75
23800 Chadeurniat 23 113 Bd 70
19220 Chadirac 19 138 Ca 77
17520 Chadon 17 123 Zd 75
43150 Chadron 43 141 Df 79
16250 Chadurie 16 124 Aa 76
38290 Chaffard, le 38 131 Fa 74
85110 Chaffauds, les 85 97 Yf 68
04510 Chaffaut-Saint Jurson, le 04 157 Ga 84
25300 Chaffois 25 108 Gb 67
70400 Chagey 70 94 Ge 63
33860 Chagnas 33 123 Zc 77
79200 Chagnelle, la 79 99 Ze 68
38160 Chagneux 38 143 Fc 78
17139 Chagnolet 17 110 Yf 71
17770 Chagnon 17 123 Zd 73
42800 Chagnon 42 130 Ed 75
58120 Chagnon 58 104 Df 66
85710 Chagnon 85 96 Ya 67
08430 Chagny 08 42 Ee 51
71150 Chagny 71 105 Ee 67
72340 Chahaignes 72 85 Ad 62
61320 Chahains 61 67 Zf 57
28160 Chahuteau 28 69 Bb 59
21120 Chaignay 21 91 Fa 64
85770 Chaignée, la 85 110 Za 70
79190 Chaignepain 79 111 Zf 71
27120 Chaignes 27 50 Bc 54
19450 Chaillac 19 126 Be 76
36310 Chaillac 36 113 Bb 70
87200 Chaillac-sur-Vienne 87 125 Af 73
53420 Chailland 53 66 Za 59
04170 Chaillans, les 04 158 Gc 85
16380 Chaillat, le 16 124 Ac 75
17260 Chaillaud, le 17 122 Zb 75
17700 Chaillé 17 110 Zb 72
70290 Chaillée, la 70 94 Ge 62
85450 Chaillé-les-Marais 85 110 Yf 70
41120 Chailles 41 86 Bb 63
85310 Chaillé-sous-les-Ormeaux 85 97 Yd 69
39270* Chailleuse, la 39 106 Fd 69
17890 Chaillevette 17 122 Yf 74
02000 Chaillevois 02 40 Dd 51
89770 Chailley 89 73 De 60
05260 Chaillol 05 144 Gb 80
55210 Chaillon 55 55 Fd 55
28160 Chaillou, le 28 69 Af 59
61500 Chailloué 61 48 Ab 57
77930 Chailly-en-Bière 77 71 Cd 58
77120 Chailly-en-Brie 77 52 Da 56
45260 Chailly-en-Gâtinais 45 71 Cd 61
57365 Chailly-lès-Ennery 57 56 Gb 53
21320 Chailly-sur-Armançon 21 91 Ec 65
74540 Chainaz-les-Frasses 74 132 Ff 74
39120 Chaînée-des-Coupis 39 106 Fc 67
45380 Chaingy 45 87 Be 61
71570 Chaintré 71 118 Ee 71
77140 Chaintreauville 77 71 Ce 59
77460 Chaintreaux 77 72 Ce 59
51130 Chaintrix-Bierges 51 53 Ea 55
23500 Chairavaux 23 126 Cb 74
03190 Chaise 03 115 Ce 70
10500 Chaise 10 74 Ed 58
37240 Chaise 37 100 Ae 66
58230 Chaise 58 104 Ea 66
86300 Chaise 86 100 Ae 69
16220 Chaise, la 16 124 Ac 75
86320 Chaise, la 86 112 Ae 70
50370 Chaise-Baudouin, la 50 46 Ye 56
43160 Chaise-Dieu, la 43 129 De 77
27580 Chaise-Dieu-du-Theil 27 49 Ae 56
28250 Chaises, les 28 69 Ba 57
78125 Chaises, les 78 50 Be 57
85200 Chaix 85 110 Za 70
50600 Chaize, la 50 66 Yf 57
85220 Chaize-Giraud, la 85 96 Yb 69
85310 Chaize-le-Vicomte, la 85 97 Ye 68
73130 Chal 73 132 Gb 77
64410 Chalabart 64 162 Zd 87
11230 Chalabre 11 178 Ca 91
26510 Chalabrus 26 156 Fc 82
24380 Chalagnac 24 136 Ae 78
42600 Chalain-d'Uzore 42 129 Ea 74
55140 Chalaines 55 75 Fe 57
42600 Chalain-le-Comtal 42 129 Eb 75
16210 Chalais 16 123 Aa 77
36370 Chalais 36 113 Bb 69
85420 Chalais 85 110 Zb 70
86200 Chalais 86 99 Aa 67
01320 Chalamont 01 118 Fb 73
68490 Chalampé 68 95 Hd 62
40120 Chalan 40 148 Ze 83
52160 Chalancey 52 92 Fa 62
26470 Chalancon 26 143 Fc 81
86190 Chalandray 86 99 Zf 69
50540 Chalandrey 50 66 Ye 57
02270 Chalandry 02 40 Dd 50
08160 Chalandry-Elaire 08 42 Ee 50
61390 Chalange, le 61 68 Ab 57
04850 Chalannette, la 04 158 Ge 82
87500 Chalard, le 87 125 Ba 75
77171 Chalautre-la-Grande 77 72 Dc 57
77160 Chalautre-la-Petite 77 72 Db 57
77520 Chalautre-la-Reposte 77 72 Da 58
58140 Chalaux 58 90 Df 64
07570 Chalayes, les 07 142 Ec 79
48310 Chaldette, la 48 140 Da 80
49610 Chalé 49 83 Zd 64
01480 Chaleins 01 118 Ee 72
24800 Chaleix 24 125 Af 75
07240 Chalencon 07 142 Ed 79
43130 Chalençon 43 129 Df 77
43220 Chalençonnoère, la 43 142 Ec 77
43530 Chales 43 129 Ea 77
39150 Chalesmes-Grand, les 39 107 Ga 68
39150 Chalesmes-Petit, les 39 107 Ff 68
05480 Chalet de l'Alpe du Villar d'Arène 05 145 Gc 79
73550 Chalet du Fruit 73 133 Gd 76
05800 Chalet-du-Gioberney 05 144 Gb 79
73210 Chalet-du-Palet 73 133 Ge 76
73550 Chalet-du-Saut 73 133 Gd 76
33480 Chalets, les 33 134 Zb 79
05100 Chalets-de-Ayes 05 145 Gd 79
05600 Chalets-de-Bramousse 05 145 Ge 80
74470 Chalets-de-Buchille 74 120 Gd 71
05350 Chalets-de-Clapeyto 05 145 Gd 80
05350 Chalets-de-Furands 05 145 Gd 80
73500 Chalets-de-la-Pelouse 73 133 Ge 77
73350 Chalets-de-la-Plagne 73 133 Ge 76
05100 Chalets-de-Laval 05 145 Gc 78
05350 Chalets-de-L'Eychaillon 05 145 Gd 80
05470 Chalets-de-Lombard 05 145 Gf 80
05100 Chalets-de-L'Orceyrette 05 145 Gd 80
05100 Chalets des Acle 05 145 Ge 78
73640 Chalets-des-Balmes 73 133 Gf 75
74740 Chalets-du-Fardelet 74 121 Ge 72
45120 Châlette-sur-Loing 45 71 Ce 60
10500 Chalette-sur-Voire 10 74 Ec 58
01230 Chaley 01 119 Fd 73
25220 Chalèze 25 93 Ga 65
25220 Chalezeule 25 107 Ga 65
15320 Chaliers 15 140 Db 79
54230 Chaligny 54 56 Ga 57
15170 Chalinargues 15 140 Cf 78
52600 Chalindrey 52 92 Fc 62
18130 Chalivoy-Milon 18 103 Ce 67
49440 Challain-la-Potherie 49 83 Yf 63
85300 Challans 85 96 Ya 67
15320 Challèles 15 140 Db 79
58420 Challement 58 89 Dd 65
08400 Challerange 08 42 Ee 53
01450 Challes 01 119 Fc 72
72250 Challes 72 85 Ac 61
73190 Challes-les-Eaux 73 132 Ff 75
28300 Challet 28 70 Bc 57
01630 Challex 01 120 Ff 71
16300 Challignac 16 123 Zf 76
74910 Challonges 74 119 Ff 72
58000 Challuy 58 103 Da 67
77650 Chalmaison 77 72 Db 58
42920 Chalmazel-Jeansagnière 42 129 Df 74
52160 Chalmessin 52 91 Fa 62
73530 Chalmieu, le 73 144 Gb 77
71140 Chalmoux 71 104 Df 69
26350 Chalon, le 26 143 Fa 78
49490 Chalonnes-sous-le-Lude 49 84 Ab 63
49290 Chalonnes-sur-Loire 49 83 Zb 64
17600 Chalons 17 122 Za 74
38122 Châlons 38 130 Ef 76
19200 Châlons-d'Alx 19 127 Cc 75
53470 Châlons-du-Maine 53 67 Zc 60
51000 Châlons-en-Champagne 51 54 Ec 55
51140 Châlons-sur-Vesle 51 53 Df 53
71100 Chalon-sur-Saône 71 106 Ef 68
70400 Châlonvillars-Mandrevillars 70 94 Ge 63
91780 Chalo-Saint-Mars 91 70 Ca 58
91740 Chalou-Moulineux 91 70 Ca 58
44330 Chalousière, la 44 97 Ye 66
05200 Chalp, la 05 145 Gd 81
05350 Chalp, la 05 145 Ge 80
38740 Chalp, la 38 144 Ff 79
05100 Chalps, les 05 145 Ge 79
51130 Chaltrait 51 53 Df 55
03150 Chalus 03 116 Dc 71
63340 Chalus 63 128 Db 76
63620 Chalus 63 127 Cc 73
87230 Châlus 87 125 Af 75
18390 Chalusse 18 102 Cc 66
63210 Chalusset 63 127 Ce 74
05470 Chalvet 05 145 Ge 80
15200 Chalvignac 15 127 Cb 77
52700 Chalvraines 52 75 Fc 59
58190 Chalvron 58 90 De 64
15170 Cham, la 15 140 Cf 78
33230 Chamadelle 33 135 Zf 78
88130 Chamagne 88 76 Gb 58
38460 Chamagnieu 38 131 Fa 74
63400 Chamalières 63 128 Da 74
43800 Chamalières-sur-Loire 43 129 Df 77
26150 Chamaloc 26 143 Fc 80
01340 Chamandre 01 118 Fb 70
60300 Chamant 60 51 Cd 53
91730 Chamarande 91 71 Cb 57
52000 Chamarandes-Choignes 52 75 Fa 60
26230 Chamaret 26 155 Ef 82
26470 Chamauche 26 143 Fb 81
42440 Chamba, la 42 129 De 74
21290 Chambain 21 91 Ef 62
43270 Chambarel 43 141 De 77
63200 Chambaron sur Morge 63 116 Da 73
43620 Chambaud 43 129 Ec 77
24120 Chambaudie, la 24 137 Bb 78
58150 Chambeau 58 89 Cf 65
21110 Chambeire 21 92 Fb 65
49220 Chambellay 49 83 Zb 62
42110 Chambeon 42 129 Eb 74
03370 Chambérat 03 115 Cc 70
23480 Chamberaud 23 114 Ca 72
19370 Chamberet 19 126 Be 75
39270 Chambéria 39 119 Fd 70
49260 Chambernou 49 98 Zd 66
82130 Chambert 82 150 Bc 84
33140 Chambéry 33 135 Zc 80
73000 Chambéry 73 132 Ff 75
89120 Chambeugle 89 89 Da 61
43000 Chambeyrac 43 141 Df 78
43270 Chambeyrac 43 129 De 77
43410 Chambezon 43 128 Db 76
19200 Chambige 19 126 Cb 75
71110 Chambilly 71 117 Ea 71
21250 Chamblanc 21 106 Fa 66
28630 Chamblay 28 70 Bd 58
36110 Chamblay 36 101 Bd 67
39380 Chamblay 39 107 Fe 67
42170 Chambles 42 129 Eb 76
03170 Chamblet 03 115 Ce 70
54890 Chambley-Bussières 54 56 Ff 54
60230 Chambly 60 51 Cb 54
21220 Chambœuf 21 106 Ef 65
42330 Chambœuf 42 129 Eb 75
27240 Chambois 27 49 Ba 55
61160 Chambois 61 48 Aa 56
71400 Chambois 71 105 Eb 66
63230 Chambois-Grand 63 127 Cf 74
63230 Chambois-Petit 63 127 Cf 74
21220 Chambolle-Musigny 21 106 Ef 65
15240 Chambon 15 127 Cd 76
17290 Chambon 17 110 Za 72
18190 Chambon 18 102 Cb 68
24270 Chambon 24 125 Bb 76
24290 Chambon 24 137 Ba 78
36210 Chambon 36 101 Bd 66
36270 Chambon 36 113 Bd 70
36320 Chambon 36 101 Bc 67
37290 Chambon 37 100 Ae 67
58240 Chambon 58 103 Da 68
07160 Chambon, le 07 142 Eb 79
15380 Chambon, le 15 127 Cc 77
19400 Chambon, le 19 138 Bf 78
26510 Chambon, le 26 156 Fc 82
30450 Chambon, le 30 154 Df 82
43300 Chambon, le 43 140 Db 78
43380 Chambon, le 43 140 Dc 78
48130 Chambon, le 48 140 Db 80
73530 Chambon, le 73 132 Gb 77
07140 Chambonas 07 154 Ea 82
23110 Chambonchard 23 115 Cd 71
42500 Chambon-Feugerolles, le 42 129 Eb 76
42440 Chambonie, la 42 129 De 74
45340 Chambon-la-Forêt 45 71 Cb 60
48600 Chambon-le-Château 48 141 Dd 79
43580 Chambonnet 43 141 Dd 79
07310 Chambonnet-Haut 07 142 Eb 79
07380 Chambons, les 07 141 Eb 81
23220 Chambon-Sainte-Croix 23 114 Be 70
41190 Chambon-sur-Cisse 41 86 Bb 63
63980 Chambon-sur-Dolore 63 128 Dd 76
63790 Chambon-sur-Lac 63 127 Cf 75
43400 Chambon-sur-Lignon, le 43 142 Eb 78
23170 Chambon-sur-Voueize 23 115 Cc 71
23240 Chamborand 23 113 Bd 72
27250 Chambord 27 49 Ad 55
27270 Chambord 27 49 Ad 55
41250 Chambord 41 86 Bd 63
87140 Chamborêt 87 113 Ba 72
30530 Chamborigaud 30 154 Df 83
70190 Chambornay-lès-Bellevaux 70 93 Ga 64
70150 Chambornay-lès-Pins 70 93 Ff 64
60240 Chambors 60 50 Be 53
69870 Chambost 69D 117 Ed 72
69870 Chambost-Allières 69D 117 Ed 72
69770 Chambost-Longessaigne 69M 129 Ec 74
73410 Chambotte, la 73 132 Ff 74
19450 Chamboulive 19 126 Be 76
43800 Chamboulive 43 129 Df 77
78240 Chambourcy 78 51 Ca 55
37310 Chambourg-sur-Indre 37 100 Af 65
05340 Chambran-Chalets 05 145 Gc 79
27120 Chambray 27 50 Bb 54
37170 Chambray-lès-Tours 37 85 Ae 64
15200 Chambre 15 127 Cc 77
58200 Chambre 58 89 Da 64
73130 Chambre, la 73 132 Gb 76
51170 Chambrecy 51 53 De 53
63580 Chambrefaite 63 128 Dc 76
50320 Chambres, les 50 46 Yd 56
85500 Chambretaud 85 97 Za 67
57170 Chambrey 57 57 Gc 56
72510 Chambriant 72 84 Aa 62
52700 Chambroncourt 52 75 Fc 58
79300 Chambroutet 79 98 Zd 67
23200 Chambroutière 23 114 Ca 73
02000 Chambry 02 40 Dd 51
77910 Chambry 77 52 Cf 55
86320 Chambu, la 86 112 Ae 70
63580 Chaméane 63 128 Dc 75
89430 Chamelard 89 90 Ea 61
69620 Chamelet 69D 117 Ed 73
01190 Chamerande 01 118 Ef 70
52210 Chameroy 52 92 Fa 61
02130 Chamery 02 53 Dd 53
51500 Chamery 51 53 Df 53
58350 Chamery 58 89 Db 65
07150 Chames 07 154 Ec 82
25380 Chamesey 25 108 Gd 65
25190 Chamesol 25 94 Ge 64
21400 Chamesson 21 91 Ed 62
05380 Chameyer 05 145 Gc 81
19330 Chameyrat 19 126 Be 77
18140 Chamignons, les 18 103 Cf 66
77260 Chamigny 77 52 Da 55
71510 Chamilly 71 105 Ee 67
53270 Chammes 53 67 Zd 60
19290 Chammet 19 126 Bf 74
58290 Chamnay 58 104 De 66
73350 Chamoeranger 73 133 Ge 76
39800 Chamole 39 107 Fe 67
38890 Chamon 38 131 Fc 75
13129 Chamone 13 169 Ee 88
74400 Chamonix-Mont-Blanc 74 121 Gf 73
21530 Chamont 21 90 Eb 64
17130 Chamouillac 17 123 Zd 77
02860 Chamouille 02 40 Dd 52
52410 Chamouilley 52 75 Fa 57
69930 Chamousset 69M 130 Ec 74
73390 Chamousset 73 132 Gb 75
89660 Chamoux 89 90 Dd 64
73390 Chamoux-sur-Gelon 73 132 Gb 75
10130 Chamoy 10 73 Df 60
55100 Champ 55 55 Fb 53
04320 Champ, le 04 158 Ge 85
73340 Champ, le 73 132 Ga 74
15350 Champagnac 15 127 Cc 76
17500 Champagnac 17 123 Zd 76
24600 Champagnac 24 124 Ab 77
43580 Champagnac 43 141 Dd 79
87380 Champagnac 87 125 Bb 75
24530 Champagnac-de-Belair 24 124 Ae 76
19320 Champagnac-la-Noaille 19 126 Ca 77
19320 Champagnac-la-Prune 19 126 Bf 77
87150 Champagnac-la-Rivière 87 125 Af 74
43440 Champagnac-le-Vieux 43 128 Dd 76
23190 Champagnat 23 114 Cb 72
71480 Champagnat 71 119 Fc 70
87120 Champagnat 87 126 Bf 74
63580 Champagnat-le-Jeune 63 128 Dc 76
01440 Champagné 01 118 Fb 71
07340 Champagne 07 130 Ee 77
07380 Champagne 07 141 Eb 80
17360 Champagne 17 123 Aa 77
17380 Champagné 17 110 Zc 73
17620 Champagne 17 122 Za 74
28410 Champagne 28 50 Bd 56
36220 Champagne 36 100 Af 68
39320 Champagne 39 119 Fc 70
50100 Champagne 58 90 Dd 64
72470 Champagné 72 68 Ab 60

69410 Champagne au-Mont d'Or 69M 130 Ee 74
01260 Champagne-en-Valromey 01 110 Fd 73
24320 Champagne-et-Fontaine 24 124 Ab 76
86510 Champagne-le-Sec 86 111 Ab 71
85450 Champagné-les-Marais 85 110 Yf 70
86400 Champagné-Lureau 86 112 Ab 71
16350 Champagne-Mouton 16 112 Ac 73
86160 Champagné-Saint-Hilaire 86 112 Ab 71
39600 Champagne-sur-Loue 39 107 Fe 66
95660 Champagne-sur-Oise 95 51 Cb 54
77430 Champagne-sur-Seine 77 72 Ce 58
21310 Champagne-sur-Vingeanne 21 92 Fc 64
73240 Champagneux 73 131 Fe 75
16250 Champagne-Vigny 16 123 Aa 75
25170 Champagney 25 107 Ff 65
39290 Champagney 39 106 Fd 65
70290 Champagney 70 94 Ge 62
38800 Champagnier 38 144 Fe 78
81120 Champagnol 81 151 Cb 86
17200 Champagnole 17 122 Yf 74
39300 Champagnole 39 107 Ff 68
17240 Champagnolles 17 122 Zc 75
21440 Champagny 21 91 Ee 64
42590 Champagny 42 129 Eb 73
73350 Champagny-en-Vanoise 73 133 Ge 76
71460 Champagny-sous-Uxelles 71 105 Ee 69
72110 Champaissant 72 68 Ac 59
18140 Champalais 18 103 Cf 65
58420 Champallement 58 104 Dc 65
04340 Champanastay 04 157 Gc 82
42600 Champanet 42 129 Ea 75
74500 Champanges 74 120 Gd 70
42990 Champas, le 42 129 Df 74
51270 Champaubert 51 53 De 55
16370 Champblanc 16 123 Zd 74
63680 Champ-Bourguet 63 127 Ce 75
02260 Champ-Bouvier 02 41 Df 49
28200 Champbuisson 28 69 Ba 60
58150 Champcelée 58 89 Da 65
05310 Champcella 05 145 Gd 80
77560 Champcenest 77 52 Db 56
61210 Champcerie 61 48 Ze 56
50320 Champcervon 50 46 Yd 56
24750 Champcevinel 24 124 Ae 77
89220 Champcevrais 89 88 Cf 62
50530 Champcey 50 46 Yd 56
43260 Champclause 43 141 Eb 78
30110 Champclauson 30 154 Ea 83
48000 Champclos 48 140 Dc 81
36600 Champcol 36 101 Bd 65
58230 Champcommeau 58 105 Eb 65
77560 Champcouelle 77 52 Dc 56
52330 Champcourt 52 74 Ef 59
91750 Champcueil 91 71 Cc 57
05190 Champdarène 05 157 Gb 82
38980 Champ-de-Chambaran 38 131 Fb 77
44860 Champ-de-Foire, le 44 97 Yc 66
86130 Champ-de-Grain 86 99 Ac 68
61320 Champ-de-la-Pierre, le 61 67 Ze 57
41310 Champ-Delay 41 86 Ba 62
79220 Champdeniers-Saint-Denis 79 111 Zd 70
77390 Champdeuil 77 51 Ce 57
42600 Champdieu 42 129 Ea 75
39500 Champdivers 39 106 Fc 66
21500 Champ-d'Oiseau 21 90 Ec 63
17430 Champdolent 17 110 Zb 73
27190 Champ-Dolent 27 49 Ba 55
27240 Champ-Dominel 27 49 Ba 55
01110 Champdor-Corcelles 01 119 Fd 72
21130 Champdôtre 21 106 Fb 65
36290 Champ-d'Oul 36 100 Ba 60
88640 Champdray 88 77 Ge 60
14380 Champ-du-Boult 14 [illegible]
21210 Champeau 21 90 Ea 65
58210 Champeau 58 89 Dc 65
19400 Champeaux 19 138 Bf 78
35500 Champeaux 35 66 Ye 60
77720 Champeaux 77 72 Ce 57
79220 Champeaux 79 111 Zd 70
87330 Champeaux 87 112 Af 72
61120 Champeaux, les 61 48 Aa 55
24340 Champeaux-et-la-Chapelle-Pommier 24 124 Ad 76
61560 Champeaux-sur-Sarthe 61 68 Ac 57
23600 Champeix 23 114 Cb 71
63320 Champeix 63 128 Da 75
43580 Champels 43 141 Dd 79
67420 Champenay 67 77 Ha 58
36100 Champenoise, la 36 101 Be 67
54280 Champenoux 54 56 Gc 56
53640 Champéon 53 67 Zc 58
48210 Champerboux 48 153 Dc 82
63600 Champétières 63 129 De 75
50530 Champeux 50 46 Yc 56
70400 Champey 70 94 Ge 63
63720 Champeyroux 63 116 Db 73
54700 Champey-sur-Moselle 54 56 Ga 55
10700 Champfleury 10 73 Ea 57
51500 Champfleury 51 53 Ea 53
86100 Champ-Fleury 86 100 Ad 68
53370 Champfrémont 53 67 Zf 58
01410 Champfromier 01 119 Fe 71
18400 Champfrost 18 102 Cb 67
58230 Champgazon 58 104 Ea 65
53160 Champgénéteux 53 67 Zd 59
52130 Champ-Gerbeau 52 74 Ef 57
85210 Champgillon 85 97 Yf 69
10130 Champgiron 10 73 De 60
51310 Champguyon 51 53 Dd 56
61240 Champ Haut 61 48 Ab 56
28300 Champhol 28 70 Bd 58
59740 Champiau 59 31 Ea 48
80700 Champien 80 39 Cf 50
38260 Champier 38 131 Fb 76
49330 Champigné 49 83 Zc 63
89350 Champignelles 89 89 Da 62
51150 Champigneul-Champagne 51 53 Eb 55
08250 Champigneulle 08 42 Ef 52
54250 Champigneulles 54 56 Ga 56
52150 Champigneulles-en-Bassigny 52 75 Fd 60
08430 Champigneul-sur-Vence 08 42 Ed 50
21230 Champignolles 21 105 Ed 66
27330 Champignolles 27 49 Ae 55
10200 Champignol-lez-Mondeville 10 74 Ee 60
49400 Champigny 49 99 Zf 65
51370 Champigny 51 53 Df 53
89340 Champigny 89 72 Da 59
41330 Champigny-en-Beauce 41 86 Bb 62
27220 Champigny-la-Futelaye 27 50 Bb 55
86170 Champigny-le-Sec 86 99 Aa 68
52200 Champigny-lès-Langres 52 92 Fc 61
52400 Champigny-sous-Varennes 52 92 Fd 61
10700 Champigny-sur-Aube 10 73 Ea 57
94500 Champigny-sur-Marne 94 51 Cd 56
37120 Champigny-sur-Veude 37 99 Ab 66
63230 Champille 63 127 Cf 74
36160 Champillet 36 114 Ca 69
51160 Champillon 51 53 Df 54
49520 Champiré 49 83 Za 62
07440 Champis 07 142 Ee 79
41100 Champlain 41 86 Bb 61
20213 Champlan CTC 181 Kc 94
91160 Champlan 91 51 Cb 56
51480 Champlat-et-Boujacourt 51 53 Df 54
73390 Champ-Laurent 73 132 Gb 75
89300 Champlay 89 72 Dc 61
71120 Champlecy 71 117 Eb 70
88600 Champ-le-Duc 88 77 Ge 59
58210 Champlemy 58 89 Dc 65
38190 Champ-les Adrets, le 38 132 Ff 77
08260 Champlin 08 41 Ec 49
58700 Champlin 58 104 Dc 65
70600 Champlitte 70 92 Fd 63
70600 Champlitte-la-Ville 70 92 Fd 63
25360 Champlive 25 93 Gb 65
55160 Champlon 55 55 Fd 54
43100 Champlong 43 128 Dc 77
63310 Champlong 63 116 Dc 72
37360 Champlonnière 37 85 Ad 63
89210 Champlost 89 73 De 60
16290 Champmillon 16 123 Aa 75
89420 Champmorlin 89 90 Ea 64
91150 Champmotteux 91 71 Cb 58
27100 Champ Mottoux, le 27 49 Af 55
87400 Champnétery 87 126 Bd 74
55100 Champneuville 55 55 Fb 53
16430 Champniers 16 124 Ab 74
86400 Champniers 86 112 Ac 71
24360 Champniers-et-Reilhac 24 124 Ae 74
05260 Champoléon 05 144 Gb 80
42430 Champoly 42 129 Df 73
61120 Champosoult 61 48 Aa 55
23800 Champotier 23 114 Be 71
55140 Champougny 55 75 Fe 57
25640 Champoux 25 93 Ga 64
21690 Champrenault 21 91 Ee 64
50800 Champrepus 50 46 Ye 55
01350 Champriond 01 119 Fe 73
58370 Champrobert 58 104 Df 67
28400 Champrond-en-Perchet 28 69 Af 59
91210 Champrosay 91 51 Cc 57
39230 Champrougier 39 106 Fd 67
03320 Champroux 03 103 Cf 68
02670 Champs 02 40 Db 51
42600 Champs 42 129 Ea 75
45310 Champs 45 70 Bd 61
54890 Champs 54 56 Ff 54
61190 Champs 61 69 Ad 57
63440 Champs 63 115 Da 72
86300 Champs 86 113 Af 70
87130 Champs 87 126 Bd 75
16500 Champs, les 16 112 Ae 72
23220 Champs, les 23 114 Bf 71
73220 Champs, les 73 132 Gb 76
87260 Champs, les 87 125 Bb 74
87230 Champsac 87 125 Af 74
23220 Champsanglard 23 114 Bf 71
50620 Champs-de-Losque, les 50 34 Ye 53
61700 Champsecret 61 67 Zc 57
19170 Champseix 19 126 Bf 75
28700 Champseru 28 70 Bd 58
17430 Champservé 17 110 Za 73
22630 Champs-Géraux, les 22 65 Ya 58
63220 Champsiaux 63 129 Dd 76
24470 Champs-Romain 24 124 Ae 75
15270 Champs-sur-Tarentaine-Marchal 15 127 Cd 76
89290 Champs-sur-Yonne 89 89 Dd 62
10140 Champ-sur-Barse 10 74 Ec 59
38560 Champ-sur-Drac 38 144 Fe 78
49380 Champ-sur-Layon, le 49 83 Zc 65
04660 Champtercier 04 157 Ga 84
49220 Champteussé-sur-Baconne 49 83 Zc 62
49270 Champtoceaux 49 82 Ye 64
49123 Champtocé-sur-Loire 49 83 Za 64
70100 Champtonnay 70 92 Fe 64
89710 Champvallon 89 89 Dc 61
39100 Champvans 39 106 Fc 66
70100 Champvans 70 92 Ff 64
25170 Champvans-les-Moulins 25 107 Ff 65
39800 Champvaux 39 107 Fe 68
43350 Champvert 43 141 Df 77
58300 Champvert 58 104 Dd 67
51700 Champvoisy 51 53 Dd 54
58400 Champvoux 58 103 Da 66
08240 Champy-Haut, le 08 42 Fa 52
38410 Chamrousse 38 144 Ff 78
48600 Chams 48 141 Dd 80
89300 Chamvres 89 72 Dc 61
48230 Chanac 48 140 Dc 82
19150 Chanac-les-Mines 19 126 Be 77
44119 Chanais 44 82 Yc 64
43170 Chanaleilles 43 140 Dc 79
63610 Chananeille 63 128 Cf 75
38150 Chanas 38 130 Ee 77
63530 Chanat-la-Mouteyre 63 128 Da 74
01420 Chanay 01 119 Fe 72
73310 Chanaz 73 132 Fe 74
37210 Chançay 37 85 Af 64
35680 Chancé 35 66 Yd 60
21440 Chanceaux 21 91 Ee 63
43000 Chanceaux 43 141 Df 78
37600 Chanceaux-près-Loches 37 100 Af 66
37390 Chanceaux-sur-Choisille 37 85 Ae 64
24650 Chancelade 24 124 Ad 77
63640 Chancelade 63 115 Cd 73
52100 Chancenay 52 55 Ef 56
70140 Chancey 70 92 Fe 65
40260 Chanchon 40 146 Ye 85
01590 Chancia 01 119 Fd 70
61300 Chandai 61 49 Ae 56
33860 Chandas 33 123 Zd 77
63610 Chandelière 63 128 Cf 76
28210 Chandelles 28 50 Bd 57
07230 Chandolas 07 154 Eb 82
42190 Chandon 42 117 Eb 72
73550 Chandon 73 133 Gd 76
41240 Chandry 41 86 Bd 61
07310 Chanéac 07 142 Eb 79
01990 Chaneins 01 118 Ef 72
04340 Chanenche, le 04 158 Gc 82
01360 Chânes 01 131 Fa 73
21340 Change 21 105 Ed 67
53810 Changé 53 67 Zb 60
72560 Changé 72 68 Ab 61
24640 Change, le 24 125 Af 77
52360 Changey 52 92 Fc 61
71360 Changey 71 105 Ed 67
77660 Changis-sur-Marne 77 52 Da 55
42310 Changy 42 117 Df 72
51300 Changy 51 54 Ee 56
71120 Changy 71 117 Eb 70
43100 Chaniat 43 128 Dc 77
17610 Chaniers 17 123 Zc 74
21330 Channay 21 90 Ec 61
37330 Channay-sur-Lathan 37 85 Ab 64
10340 Channes 10 90 Eb 61
50400 Channière, la 50 46 Yc 55
04420 Chanolles 04 157 Gc 84
23600 Chanon 23 114 Cb 71
63450 Chanonat 63 128 Da 74
26600 Chanos-Curson 26 142 Ef 78
43130 Chanou 43 141 Df 77
05700 Chanousse 05 156 Fd 82
45360 Chanoy 45 88 Ce 63
52260 Chanoy 52 92 Fb 61
01400 Chanoz-Châtenay 01 118 Fa 71
64500 Chantaco 64 160 Yc 88
18370 Chantafret 18 114 Cb 69
15140 Chantal-Péricot 15 139 Cb 78
19380 Chantarel 19 126 Be 78
23150 Chantaud 23 114 Ca 72
21210 Chanteau 21 90 Eb 65
45400 Chanteau 45 70 Bf 61
79420 Chantebuzin 79 111 Ze 69
45320 Chantecoq 45 72 Cf 60
19350 Chantecorps 19 125 Bb 77
79340 Chantecorps 79 111 Zf 70
25160 Chantegrue 25 107 Gb 68
54300 Chanteheux 54 77 Gd 57
19330 Chanteix 19 126 Bd 77
43380 Chantel 43 128 Dc 77
63650 Chantelause 63 128 Dd 73
03140 Chantelle 03 116 Da 71
05600 Chanteloub 05 145 Gd 80
05230 Chanteloube 05 144 Gb 81
77100 Chanteloube 77 113 Bc 70
23220 Chanteloube 23 114 Bf 71
27240 Chanteloup 27 49 Ba 55
27930 Chanteloup 27 [illegible]
35150 Chanteloup 35 65 Yc 61
50510 Chanteloup 50 46 Yd 55
58420 Chanteloup 58 104 Dd 65
72460 Chanteloup 72 68 Ab 60
77600 Chanteloup 77 52 Ce 55
79320 Chanteloup 79 98 Zc 68
86410 Chanteloup 86 112 Ad 70
49340 Chanteloup-les-Bois 49 98 Zb 66
78570 Chanteloup-les-Vignes 78 51 Ca 55
38740 Chantelouve 38 144 Ff 79
05330 Chantemerle 05 145 Gd 79
10500 Chantemerle 10 74 Ec 58
51260 Chantemerle 51 73 Dd 57
79320 Chantemerle 79 98 Zc 68
26600 Chantemerle-les-Blés 26 142 Ef 78
26230 Chantemerle-lès-Grignan 26 155 Ef 82
17470 Chantemerlière 17 111 Ze 72
58240 Chantenay-Saint-Imbert 58 103 Db 68
72430 Chantenay-Villedieu 72 84 Zf 61
42640 Chante-Oiseaux 42 117 Ea 72
35135 Chantepie 35 65 Yc 60
24350 Chantepoule 24 124 Ad 77
24190 Chantérac 24 136 Ac 77
55500 Chanteraine 55 55 Fc 56
15190 Chanterelle 15 127 Ce 76
48100 Chanteruéjols 48 140 Dc 81
70360 Chantes 70 93 Ff 63
38470 Chantesse 38 131 Fc 77
43300 Chanteuges 43 140 Dd 78
33114 Chantier 33 134 Zb 81
43000 Chantilhac 43 141 De 78
16360 Chantillac 16 123 Ze 77
60500 Chantilly 60 51 Cc 53
36270 Chantôme 36 113 Bd 70
41240 Chantôme 41 86 Bc 61
85110 Chantonnay 85 97 Yf 68
36150 Chantorin 36 101 Be 66
87160 Chantouant 87 113 Bb 70
88000 Chantraine 88 76 Gc 59
52700 Chantraines 52 75 Fb 59
25330 Chantrans 25 107 Ga 66
16270 Chantrezac 16 112 Ad 73
53300 Chantrigné 53 67 Zc 58
27640 Chanu 27 50 Bc 55
61800 Chanu 61 47 Zb 56
57580 Chanville 57 56 Gc 54
49750 Chanzeaux 49 83 Zc 65
41600 Chaon 41 87 Cb 63
54330 Chaouilley 54 76 Ga 58
10210 Chaource 10 73 Ea 60
02340 Chaourse 02 41 Df 50
05150 Chapaisse 05 156 Fd 82
71460 Chapaize 71 118 Ee 69
38530 Chapareillan 38 132 Ff 76
74210 Chaparon 74 132 Gb 74
64430 Chapatendéguia 64 160 Yd 89
48130 Chapchiniès 48 140 Db 81
63230 Chapdes-Beaufort 63 115 Cf 73
24320 Chapdeuil 24 124 Ac 76
24600 Chapdeuil, le 24 124 Ab 77
03340 Chapeau 03 116 Dd 70
59360 Chapeau-Rouge 59 31 De 48
48600 Chapeauroux 48 141 De 79
74540 Chapeiry 74 132 Ga 73
51290 Chapelaine 51 74 Ed 57
03380 Chapelaude, la 03 115 Cd 70
13010 Chapelette, la 13 170 Fc 89
24470 Chapellas 24 125 Af 75
40110 Chapelle 40 147 Zb 84
01160 Chapelle, la 01 119 Fb 72
03300 Chapelle, la 03 116 Dd 72
04140 Chapelle, la 04 157 Gb 82
04210 Chapelle, la 04 157 Ga 85
08200 Chapelle, la 08 42 Fa 50
16140 Chapelle, la 16 123 Aa 73
16300 Chapelle, la 16 123 Zf 76
17460 Chapelle, la 17 122 Zb 75
18340 Chapelle, la 18 102 Cc 67
19270 Chapelle, la 19 126 Bd 77
21340 Chapelle, la 21 105 Ed 66
23200 Chapelle, la 23 114 Ca 73
24260 Chapelle, la 24 137 Af 79
27560 Chapelle, la 27 49 Ac 53
31220 Chapelle, la 31 164 Ba 89
33240 Chapelle, la 33 135 Zd 79
35620 Chapelle, la 35 82 Yc 62
35800 Chapelle, la 35 65 Xf 57
36140 Chapelle, la 36 114 Be 70
38490 Chapelle, la 38 131 Fd 75
38620 Chapelle, la 38 131 Fe 76
44110 Chapelle, la 44 82 Yc 62
56460 Chapelle, la 56 81 Xd 61
63200 Chapelle, la 63 116 Da 72
64240 Chapelle, la 64 160 Ye 88
69650 Chapelle, la 69M 118 Ee 73
71340 Chapelle, la 71 117 Df 71
72130 Chapelle, la 72 68 Zf 59
73660 Chapelle, la 73 132 Gb 76
87110 Chapelle, la 87 125 Bb 74
87190 Chapelle, la 87 113 Bb 71
87380 Chapelle, la 87 125 Bc 75
88420 Chapelle, la 88 77 Gf 58
89340 Chapelle, la 89 72 Da 59
85150 Chapelle-Achard, la 85 97 Yc 69
63590 Chapelle-Agnon, la 63 128 Dd 75
53950 Chapelle-Anthenaise, la 53 67 Zb 60
24290 Chapelle-Aubareil, la 24 137 Bb 78
49110 Chapelle-Aubry, la 49 97 Za 65
53100 Chapelle-au-Grain, la 53 67 Zb 59
71130 Chapelle-au-Mans, la 71 104 Df 69
61100 Chapelle-au-Moine 61 47 Zc 56
53440 Chapelle-au-Riboul, la 53 67 Zd 59
88240 Chapelle-aux-Bois, la 88 76 Gb 60
19360 Chapelle-aux-Brocs, la 19 138 Bd 78
03230 Chapelle-aux-Chasses, la 03 104 Dd 68
72800 Chapelle-aux-Choux, la 72 [illegible]
35190 Chapelle-aux-Filtzméens, la 35 65 Ya 58
37130 Chapelle-aux-Naux, la 37 85 Ac 65
19120 Chapelle-aux-Saints 19 138 Be 79
23160 Chapelle-Baloue, la 23 113 Bd 70
44450 Chapelle-Basse-Mer, la 44 82 Yd 65
17400 Chapelle-Bâton, la 17 110 Zd 72
79220 Chapelle-Bâton, la 79 111 Ze 70
86250 Chapelle-Bâton, la 86 112 Ac 71
27260 Chapelle-Bayvel, la 27 48 Ac 53
86200 Chapelle-Bellouin, la 86 99 Ab 67
43270 Chapelle-Bertin, la 43 128 Dd 77
79200 Chapelle-Bertrand, la 79 99 Ze 69
61100 Chapelle-Biche, la 61 47 Zc 56
22350 Chapelle-Blanche, la 22 65 Xf 59
73110 Chapelle-Blanche, la 73 132 Ga 76
37240 Chapelle-Blanche-Saint-Martin, la 37 100 Ae 66
35330 Chapelle-Bouëxic, la 35 81 Ya 61
44850 Chapelle-Breton, la 44 82 Ye 64
19240 Chapelle-Brochas, la 19 125 Bc 77
50800 Chapelle-Cécelin, la 50 46 Yf 56
35630 Chapelle-Chaussée, la 35 65 Ya 59
53230 Chapelle-Craonnaise, la 53 83 Za 61
74360 Chapelle-d'Abondance 74 121 Ge 71
15300 Chapelle-d'Alagon, la 15 140 Cf 78
72300 Chapelle-d'Aligné, la 72 84 Ze 62
61140 Chapelle-d'Andaine, la 61 67 Zd 57
18380 Chapelle-d'Angillon, la 18 88 Cc 64
59930 Chapelle-d'Armentières, la 59 30 Cf 44
28700 Chapelle-d'Aunainville, la 28 70 Be 58
43120 Chapelle-d'Aurec, la 43 129 Eb 76
71240 Chapelle-de-Bragny, la 71 105 Ee 69
38110 Chapelle-de-la-Tour, la 38 131 Fc 75
69240 Chapelle-de-Mardore, la 69D 117 Ec 72
25240 Chapelle-des-Bois 25 107 Ga 69
35520 Chapelle-des-Fougeretz, la 35 65 Yb 59
44410 Chapelle-des-Marais, la 44 81 Xe 64
17100 Chapelle-des-Pots, la 17 123 Zc 74
38150 Chapelle-de-Surieu, la 38 130 Ef 76
88600 Chapelle-devant-Bruyères, la 88 77 Ge 59
25270 Chapelle-d'Huin 25 107 Gb 67
38580 Chapelle-du-Bard, la 38 132 Ga 76
72400 Chapelle-du-Bois, la 72 68 Ad 59
27930 Chapelle-du-Bois-des-Faulx, la 27 49 Ba 54
76590 Chapelle-du-Bourgay, la 76 37 Ba 50
01240 Chapelle-du-Châtelard, la 01 118 Fa 72
53320 Chapelle-du-Chêne, la 53 66 Za 60
72300 Chapelle-du-Chêne, la 72 84 Ze 62
50160 Chapelle-du-Fest, la 50 47 Za 54
49600 Chapelle-du-Genêt, la 49 97 Yf 65
35360 Chapelle du Lou du Lac, la 35 65 Ya 59
71520 Chapelle-du-Mont-de-France, la 71 117 Ed 70
73370 Chapelle-du-Mont-du-Chat, la 73 132 Fe 74
29610 Chapelle-du-Mur, la 29 62 Wb 57
28200 Chapelle-du-Noyer, la 28 69 Bb 60
41290 Chapelle-Enchérie, la 41 86 Bb 62
14770 Chapelle-Engerbold, la 14 47 Zc 55
50570 Chapelle-en-Juger, la 50 33 Ye 54
42380 Chapelle-en-Lafaye, la 42 129 Df 76
60520 Chapelle-en-Serval, la 60 51 Cd 54
05800 Chapelle-en-Valgaudémar, la 05 144 Gb 80
38740 Chapelle-en-Valjouffrey, la 38 144 Ga 79
26420 Chapelle-en-Vercors, la 26 143 Fc 79
95420 Chapelle-en-Vexin, la 95 50 Be 53
35500 Chapelle-Erbrée, la 35 66 Yf 60
30700 Chapelle-et-Masmolène, la 30 155 Ed 84
24530 Chapelle-Faucher, la 24 124 Ae 76
51800 Chapelle-Felcourt, la 51 54 Ee 54
28500 Chapelle-Forainvilliers, la 28 50 Bd 56
28340 Chapelle-Fortin, la 28 49 Af 57
56200 Chapelle-Gaceline, la 56 81 Xf 62
79300 Chapelle-Gaudin, la 79 98 Zd 67
72310 Chapelle-Gaugain, la 72 85 Ae 62
27270 Chapelle-Gauthier, la 27 48 Ac 55
77720 Chapelle-Gauthier, la 77 72 Cf 57
43160 Chapelle-Geneste, la 43 129 De 76
44670 Chapelle-Glain, la 44 82 Ye 63
24350 Chapelle-Gonaguet, la 24 124 Ad 77
24320 Chapelle-Grésignac, la 24 124 Ac 76
28330 Chapelle-Guillaume, la 28 69 Af 60
27230 Chapelle-Hareng, la 27 48 Ac 54
14140 Chapelle-Haute-Grue, la 14 48 Aa 55
85220 Chapelle-Hermier, la 85 96 Yb 68
44330 Chapelle-Heulin, la 44 97 Yd 65
18150 Chapelle-Hugon, la 18 103 Cf 67
49420 Chapelle-Hullin, la 49 83 Yf 62
72310 Chapelle-Huon, la 72 85 Ae 61
51700 Chapelle-Hurlay, la 51 53 Dd 54
77540 Chapelle-Iger, la 77 52 Cf 57
35133 Chapelle-Janson, la 35 66 Yf 58
77760 Chapelle-la-Reine, la 77 71 Cd 59
79700 Chapelle-Largeau, la 79 98 Za 67
51260 Chapelle-Lasson, la 51 53 De 57
44260 Chapelle-Launay, la 44 81 Ya 64
15500 Chapelle-Laurent, la 15 140 Db 77
70300 Chapelle-lès-Luxeuil, la 70 93 Gc 62
27950 Chapelle-Longueville, la 27 50 Bc 54
63420 Chapelle-Marcousse, la 63 128 Da 76
24320 Chapelle-Montabourlet, la 24 124 Ac 76
87440 Chapelle-Montbrandeix, la 87 125 Af 75
02330 Chapelle-Monthodon, la 02 53 Dd 54
61400 Chapelle-Montligeon, la 61 69 Ad 58
18140 Chapelle-Montlinard, la 18 103 Cf 65
41320 Chapelle-Montmartin, la 41 87 Be 65
24300 Chapelle-Montmoreau, la 24 124 Ad 76
86470 Chapelle-Montreuil, la 86 111 Aa 69
86300 Chapelle-Morthemer 86 112 Ad 70
86210 Chapelle-Moulière, la 86 100 Ad 69
24120 Chapelle-Mouret, la 24 137 Bb 78
77320 Chapelle-Moutils, la 77 52 Dc 56
71500 Chapelle-Naude, la 71 106 Fb 69
22160 Chapelle-Neuve, la 22 63 Wd 58
56500 Chapelle-Neuve, la 56 80 Xa 61
45310 Chapelle-Onzerain, la 45 70 Bd 60
36500 Chapelle-Orthemale, la 36 101 Bc 67
85670 Chapelle-Palluau, la 85 97 Yc 68
24250 Chapelle-Péchaud, la 24 137 Ba 80
24340 Chapelle-Pommier, la 24 124 Ad 76
79190 Chapelle-Pouilloux, la 79 111 Aa 72
61500 Chapelle-Près-Sees, la 61 68 Aa 57
77370 Chapelle-Rablais, la 77 72 Cf 57
53150 Chapelle-Rainsouin, la 53 67 Zc 60
74800 Chapelle-Rambaud, la 74 120 Gb 72
27950 Chapelle-Réanville, la 27 50 Bc 54
44522 Chapelle-Rigaud, la 44 82 Ye 64
49120 Chapelle-Rousselin, la 49 98 Zb 65
28290 Chapelle-Royale 28 69 Ba 60
18800 Chapelles 18 103 Ce 66
53250 Chapelles 53 67 Zd 58
85160 Chapelles 85 96 Xf 68
87800 Chapelles 87 125 Bb 74
73700 Chapelles, les 73 133 Ge 75
58210 Chapelle-Saint-André, la 58 89 Dc 64
35140 Chapelle-Saint-Aubert, la 35 66 Ye 59
72650 Chapelle-Saint-Aubin, la 72 68 Aa 60
37190 Chapelle-Saint-Blaise, la 37 100 Ac 65
79240 Chapelle-Saint-Étienne, la 79 98 Zc 68
49410 Chapelle-Saint-Florent, la 49 83 Yf 65
72240 Chapelle Saint Fray, la 72 68 Aa 60

19430 Chapelle-Saint-Géraud, la 19 138 Bf 78
24390 Chapelle-Saint Jean, la 24 125 Bb 77
79430 Chapelle-Saint-Laurent, la 79 98 Zd 68
10600 Chapelle-Saint-Luc, la 10 73 Ea 59
23250 Chapelle-Saint-Martial, la 23 114 Bf 72
79350 Chapelle-Saint-Martin 79 98 Zd 68
41500 Chapelle-Saint-Martin-en-Plaine, la 41 86 Bc 62
74410 Chapelle-Saint-Maurice 74 132 Ga 74
35660 Chapelle-Saint-Melaine, la 35 81 Ya 62
45380 Chapelle-Saint-Mesmin, la 45 87 Bf 61
27620 Chapelle-Saint-Ouen, la 27 50 Bd 54
70700 Chapelle-Saint-Quillain, la 70 93 Fe 64
72160 Chapelle-Saint-Rémy, la 72 68 Ac 60
24300 Chapelle-Saint-Robert, la 24 124 Ad 75
44370 Chapelle-Saint-Sauveur, la 44 83 Yf 64
71310 Chapelle-Saint-Sauveur, la 71 106 Fb 67
45210 Chapelle-Saint-Sépulcre, la 45 71 Cf 60
77160 Chapelle-Saint-Sulpice, la 77 72 Db 57
18570 Chapelle-Saint-Ursin, la 18 102 Cb 66
19130 Chapelle-Salamard 19 125 Bc 77
77610 Chapelles-Bourbon, les 77 52 Cf 56
79240 Chapelle-Seguin, la 79 98 Zc 69
61130 Chapelle-Souëf, la 61 68 Ad 59
71700 Chapelle-sous-Brancion, la 71 118 Ee 69
51270 Chapelle-sous-Orbais, la 51 53 De 55
07520 Chapelle-sous-Rochepaule, la 07 142 Ec 78
71190 Chapelle-sous-Uchon, la 71 105 Eb 67
19300 Chapelle-Spinasse 19 126 Ca 76
45230 Chapelle-sur-Aveyron, la 45 88 Cf 61
02570 Chapelle-sur-Chézy, la 02 52 Dc 55
69590 Chapelle-sur-Coise, la 69M 130 Ec 75
77580 Chapelle-sur-Crécy, la 77 52 Cf 55
71800 Chapelle-sur-Dun, la 71 117 Eb 71
76740 Chapelle-sur-Dun, la 76 37 Af 49
44240 Chapelle-sur-Erdre, la 44 82 Yc 65
39110 Chapelle-sur-Furieuse, la 39 107 Ff 67
37140 Chapelle-sur-Loire, la 37 99 Ab 65
89260 Chapelle-sur-Oreuse, la 89 72 Db 59
49500 Chapelle-sur-Oudon, la 49 83 Zb 62
63580 Chapelle-sur-Usson, la 63 128 Dc 76
50420 Chapelle-sur-Vire, la 50 46 Yf 54
23000 Chapelle-Taillefert, la 23 114 Bf 72
71470 Chapelle-Thècle, la 71 118 Fa 69
85210 Chapelle-Thémer, la 85 110 Za 69
79160 Chapelle-Thireuil, la 79 110 Zc 69
35590 Chapelle-Thouarault, la 35 65 Ya 60
35190 Chapelle-Trévinal, la 35 65 Ya 58
50370 Chapelle-Urée, la 50 46 Yf 56
10700 Chapelle-Vallon 10 73 Ea 58
89800 Chapelle-Vaupelteigne, la 89 90 De 61
41330 Chapelle-Vendômoise, la 41 86 Bb 62
24300 Chapelle-Verlaine, la 24 124 Ae 75
41270 Chapelle-Vicomtesse, la 41 69 Ba 61
61270 Chapelle-Viel, la 61 49 Ad 56
42410 Chapelle-Villars, la 42 130 Ee 76
86300 Chapelle-Viviers 86 112 Ae 70
39140 Chapelle-Voland 39 106 Fc 68
14290 Chapelle-Yvon, la 14 48 Ac 54
45270 Chapelon 45 71 Cd 60
16430 Chapelot 16 124 Aa 74
18250 Chapelotte, la 18 88 Cd 64
19320 Chapeloune, la 19 126 Ca 77
64420 Chaperot 64 162 Ze 89
78130 Chapet 78 50 Bf 55
71190 Chapey 71 105 Eb 67
07120 Chapias 07 142 Eb 82
73700 Chapieux, les 73 133 Ge 74
38110 Chapite, la 38 131 Fc 75
39300 Chapois 39 107 Ff 67
69970 Chaponnay 69M 130 Ef 75
63190 Chaponnier 63 128 Dc 73
69630 Chaponost 69M 130 Ee 74
19120 Chapoulie, la 19 138 Be 78
89560 Chapoux 89 89 Dc 63
05160 Chappas, les 05 145 Gc 81
03390 Chappes 03 115 Cf 70
08220 Chappes 08 41 Eb 51
10260 Chappes 10 73 Eb 59
63720 Chappes 63 128 Db 73
87270 Chaptelat 87 113 Bb 73
63260 Chaptuzat 63 116 Db 72
26350 Charaix, le 26 130 Fa 77
09120 Charameau 09 177 Bd 90
38490 Charancieu 38 131 Fd 75
01260 Charancin 01 119 Fd 73
87500 Charannat 87 125 Ba 75
38790 Charantonnay 38 131 Fa 75
86360 Charasse 86 100 Ac 69
38850 Charavines 38 131 Fd 76
08370 Charbeaux 08 42 Fb 51
67220 Charbes 67 60 Hb 58
05500 Charbillac 05 144 Ga 80
08130 Charbogne 08 42 Ed 51
71320 Charbonnat 71 105 Ea 68
49123 Charbonnerie, la 49 83 Za 64
16320 Charbonnier 16 124 Ab 76
23250 Charbonnier 23 114 Bf 73
43340 Charbonnier 43 141 De 79
63980 Charbonnier 63 128 Dd 75
28330 Charbonnières 28 69 Af 59
71260 Charbonnières 71 118 Ef 70
05200 Charbonnières, les 05 145 Gd 81
69260 Charbonnières-les-Bains 69M 130 Ee 74
25620 Charbonnières-les-Sapins 25 107 Gb 66
63410 Charbonnières-les-Varennes 63 115 Da 73
63410 Charbonnières-les-Vieilles 63 115 Cf 73
63340 Charbonnier-les-Mines 63 128 Db 76
88560 Charbonniers, les 88 94 Gf 61
39250 Charbonny 39 107 Ga 68
43270 Charbounouze 43 128 Dd 77
89113 Charbuy 89 89 Dc 62
70700 Charcenne 70 93 Fe 64
49320 Charcé-Saint-Ellier-sur-Aubance 49 84 Zd 64
53250 Charchigné 53 67 Zd 58
39260 Charchilla 39 119 Fe 70
39130 Charcier 39 107 Fe 69
23700 Chard 23 115 Cc 73
43270 Chardas 43 129 De 77
16500 Chardat 16 112 Ae 72
04200 Chardavon 04 157 Ff 83
04140 Chardavon-Bas 04 157 Gb 82
04140 Chardavon-Haut 04 157 Gb 82
48120 Chardenoux 48 140 Dc 80
87290 Chardent 87 113 Ba 72
08400 Chardeny 08 42 Ed 52
24420 Chardeuil 24 125 Af 77
16440 Chardin 16 123 Zf 75
55000 Chardogne 55 55 Fa 56
71700 Chardonnay 71 118 Ef 69
03600 Chardonneau 03 115 Ce 71
48500 Chardonnet 48 140 Db 82
03140 Chareil 03 116 Db 71
63490 Charel 63 128 Dc 75
21690 Charencey 21 91 Ee 64
61190 Charencey 61 49 Ae 57
39250 Charency 39 107 Ff 68
26310 Charens 26 143 Fd 81
87640 Charensannes 87 113 Bc 72
63640 Charensat 63 115 Cd 73
69220 Charentay 69D 118 Ee 72
17700 Charentenay 17 110 Zb 72
70130 Charentenay 70 93 Ff 63
89580 Charentenay 89 89 Dd 63
37390 Charentilly 37 85 Ad 64
18210 Charenton-du-Cher 18 103 Cd 68
94220 Charenton-le-Pont 94 51 Cc 56
18140 Charentonnay 18 103 Cf 66
38390 Charette 38 131 Fc 74
71270 Charette 71 106 Fb 67
54470 Charey 54 56 Ff 55
48800 Chareylasse 48 154 De 82
39130 Charézier 39 107 Fe 69
37530 Chargé 37 86 Ba 64
26190 Charge, la 26 143 Fb 79
70100 Chargey-lès-Grey 70 92 Fd 64
70170 Chargey-lès-Ports 70 93 Ff 62
70000 Chariez 70 93 Ga 63
21140 Charigny 21 91 Ec 64
58400 Charité-sur-Loire, la 58 103 Da 65
01130 Charix 01 119 Fe 71
42155 Charizet 42 117 Df 73
31350 Charlas 31 163 Ae 89
58210 Charlay 58 89 Dc 64
12260 Charlet 12 138 Ca 82
13350 Charleval 13 170 Fb 86
27380 Charleval 27 37 Bc 52
51800 Charlevaux 51 54 Ef 53
51120 Charleville 51 53 De 56
08000 Charleville-Mézières 08 42 Ee 50
57220 Charleville-sous-Bois 57 56 Gc 53
42190 Charlieu 42 117 Eb 72
18350 Charly 18 103 Ce 67
69390 Charly 69M 130 Ee 75
74350 Charly 74 120 Ga 72
57640 Charly-Oradour 57 56 Gb 53
02310 Charly-sur-Marne 02 52 Db 55
16320 Charmant 16 124 Ab 76
25470 Charmauvillers 25 108 Gf 65
16140 Charmé 16 111 Aa 73
39230 Charme, la 39 107 Fd 67
45230 Charme, le 45 89 Cf 62
71100 Charmée, la 71 106 Ee 68
89190 Charmée, la 89 72 Dd 59
03110 Charmeil 03 116 Dc 72
02850 Charmel, le 02 53 Dd 54
15500 Charmensac 15 128 Da 77
77410 Charmentray 77 52 Ce 55
02800 Charmes 02 40 Dc 51
03800 Charmes 03 116 Db 72
21310 Charmes 21 92 Fc 64
52360 Charmes 52 92 Fc 61
88130 Charmes 88 76 Gb 58
52110 Charmes-en-L'Angle 52 75 Fa 58
54113 Charmes-la-Côte 54 56 Fe 57
52110 Charmes-la-Grande 52 74 Ef 58
70120 Charmes-Saint-Valbert 70 92 Fe 62
26260 Charmes-sur-L'Herbasse 26 143 Fa 78
07800 Charmes-sur-Rhône 07 142 Ee 79
73450 Charmette, la 73 145 Gc 78
74230 Charmette, la 74 132 Gc 73
70000 Charmoille 70 93 Ga 63
52260 Charmoilles 52 75 Fc 61
54360 Charmois 54 76 Gc 57
55700 Charmois 55 42 Fb 52
58500 Charmois 58 89 Dc 64
90140 Charmois 90 94 Gf 63
88460 Charmois-devant-Bruyères 88 77 Gd 59
88270 Charmois-L'Orgueilleux 88 76 Gb 60
25380 Charmonle 25 108 Ge 65
51330 Charmont 51 54 Ef 55
95420 Charmont 95 50 Be 54
45480 Charmont-en-Beauce 45 71 Ca 59
51330 Charmontois, les 51 55 Ef 55
10150 Charmont-sous-Barbuise 10 73 Eb 58
10290 Charmoy 10 73 Dd 58
52500 Charmoy 52 92 Fd 62
71710 Charmoy 71 105 Ec 68
89400 Charmoy 89 72 Dc 61
28250 Charmoy-Gontier, le 28 69 Bb 57
07340 Charnas 07 130 Ee 76
63290 Charnat 63 116 Dc 73
25440 Charnay 25 107 Ff 66
69380 Charnay 69D 118 Ee 73
58250 Charnay, le 58 104 De 68
71110 Charnay, les 71 117 Df 71
71800 Charnay-en-Vaux 71 117 Eb 70
71350 Charnay-lès-Chalon 71 106 Fa 67
71850 Charnay-lès-Mâcon 71 118 Ee 71
38140 Charnècles 38 131 Fd 76
19310 Charniac 19 125 Bb 77
37290 Charnizay 37 100 Af 67
39240 Charnod 39 119 Fc 71
08600 Charnois 08 42 Ee 48
03360 Charnoux 03 103 Ce 68
77580 Charnoy, le 77 52 Cf 55
01800 Charnoz 01 131 Fb 73
21350 Charny 21 91 Ec 64
77410 Charny 77 52 Ce 55
80290 Charny 80 38 Be 50
89120 Charny 89 89 Da 61
74110 Charny, le 74 121 Ge 72
10380 Charny-le-Bachot 10 73 Df 57
89120* Charny Orée de Puisaye 89 89 Da 61
55100 Charny-sur-Meuse 55 55 Fc 53
26450 Charois 26 143 Ef 81
71120 Charolles 71 117 Eb 70
18500 Châron 18 102 Cb 66
63640 Charonnet 63 115 Cd 72
36210 Charons, les 36 101 Bd 66
28120 Charonville 28 69 Bb 59
82370 Charos 82 150 Bc 85
17570 Charosson 17 122 Yf 74
18290 Chârost 18 102 Ca 67
24110 Charoux 24 124 Ac 77
85530 Charpe 85 97 Ye 66
24570 Charpenet 24 137 Bb 78
55270 Charpentry 55 55 Fa 53
26300 Charpey 26 143 Fa 79
38830 Charpieux, le 38 132 Ga 76
18260 Charpignon 18 88 Ce 64
28500 Charpont 28 50 Bc 56
85140 Charprais, la 85 97 Ye 68
85110 Charpre, le 85 97 Yf 69
25140 Charquemont 25 108 Ge 65
86170 Charrais 86 99 Ab 68
43300 Charraix 43 141 Dd 78
43800 Charraix 43 141 Df 78
16380 Charras 16 124 Ac 75
28220 Charray 28 69 Bb 61
64190 Charre 64 161 Za 89
86300 Charreau, le 86 100 Ad 69
71510 Charrecey 71 105 Ee 67
43130 Charrées 43 129 Ea 77
21170 Charrey-sur-Saône 21 106 Fa 66
21400 Charrey-sur-Seine 21 74 Ed 61
03250 Charrier 03 116 De 73
03330 Charrière, la 03 115 Da 71
58300 Charrin 58 104 Dd 68
64130 Charritte-de-Bas 64 161 Za 89
64470 Charritte-de-Haut 64 161 Za 90
64120 Charritte-Mixe 64 161 Yf 88
17230 Charron 17 110 Yf 71
23700 Charron 23 115 Cd 72
03140 Charroux 03 116 Da 71
86250 Charroux 86 112 Ac 72
87110 Charroux 87 125 Bb 74
95750 Chars 95 50 Bf 54
74430 Chars, les 74 120 Gd 71
45130 Charsonville 45 86 Bd 61
28130 Chartainvilliers 28 70 Bd 57
02400 Chartèves 02 53 Dd 54
49150 Chartrené 49 84 Zf 64
28000 Chartres 28 70 Bc 58
35131 Chartres-de-Bretagne 35 65 Yb 60
72340 Chartre-sur-le-Loir, la 72 85 Ad 62
77590 Chartrettes 77 71 Ce 58
72350 Chartreux, les 72 67 Ze 60
19600 Chartrier-Ferrière 19 138 Bc 78
77320 Chartronges 77 52 Db 56
19240 Chartroulle, la 19 125 Bc 77
13200 Chartrouse 13 169 Ee 88
17130 Chartuzac 17 123 Zd 76
38230 Charvieu Chavagneux 38 131 Fa 74
01230 Charvieux 01 131 Fd 73
74370 Charvonnex 74 120 Ga 73
85200 Charzais 85 110 Zb 70
79500 Charzay 79 111 Ze 71
48120 Charzel, le 48 140 Dc 80
63160 Chas 63 128 Db 74
19300 Chasalnoël 19 126 Bf 76
71240 Chasaux 71 106 Ef 68
15500 Chaselles 15 128 Da 77
07590 Chase-Neuve 07 141 Df 80
10210 Chaserey-Bas 10 73 Ea 61
10210 Chaserey-Haut 10 73 Ea 61
48600 Chases, les 48 141 Dd 80
85400 Chasnais 85 109 Ye 70
25580 Chasnans 25 108 Gb 66
58350 Chasnay 58 103 Db 65
35250 Chasné-sur-Illet 35 66 Yc 59
49370 Chasnière 49 83 Za 63
43700 Chaspinhac 43 141 Df 78
43320 Chaspuzac 43 141 De 78
87130 Chassagnas 87 126 Bd 75
87380 Chassagnas 87 125 Bd 75
01310 Chassagne 01 118 Fa 71
16410 Chassagne 16 124 Ab 75
63320 Chassagne 63 128 Da 76
21190 Chassagne-Montrachet 21 105 Ee 67
07140 Chassagnes 07 154 Eb 82
43230 Chassagnes 43 128 Dd 77
48700 Chassagnes 48 140 Dc 81
25290 Chassagne-Saint-Denis 25 107 Ga 66
23700 Chassagnette 23 115 Cd 73
42560 Chassagnieux 42 129 Ea 75
15190 Chassagny 15 127 Ce 77
69700 Chassagny 69M 130 Ee 75
39230 Chassague, la 39 106 Fc 67
24600 Chassaignes 24 124 Ab 77
19290 Chassain, le 19 126 Cb 75
19290 Chassaing, le 19 126 Ca 74
19300 Chassaing, le 19 126 Bf 76
23700 Chassaing, le 23 115 Cc 73
39360 Chassal 39 119 Fe 70
43350 Chassaleuil 43 141 Df 78
19190 Chassancot 19 138 Be 78
28480 Chassant 28 69 Ba 59
87120 Chassat 87 126 Be 74
19400 Chassat-de-Bourdet 19 138 Bf 78
04370 Chasse 04 158 Gd 83
72600 Chassé 72 68 Ab 58
50520 Chasseguey 50 66 Yf 57
36100 Chasseigne 36 101 Bf 67
86200 Chasseigne 86 99 Aa 67
86290 Chasseigne, la 86 113 Ba 70
71570 Chasselas 71 118 Ee 71
38470 Chasselay 38 131 Fc 77
69380 Chasselay d'Azergues 69M 130 Ee 73
02370 Chassemy 02 40 Dd 52
03510 Chassenard 03 117 Df 70
21230 Chassenay 21 105 Ec 66
63260 Chassenet 63 116 Db 73
36800 Chasseneuil 36 101 Bc 69
86360 Chasseneuil-du-Poitou 86 99 Ac 69
16310 Chasseneuil-sur-Bonnieure 16 124 Ac 74
16150 Chassenon 16 124 Ae 73
85240 Chassenon-le-Bourg 85 110 Zb 70
48250 Chasseradès 48 141 De 81
71340 Chassereux 71 117 Ea 71
10330 Chassericourt 10 74 Ed 57
38670 Chasse-sur-Rhône 38 130 Ee 75
21150 Chassey 21 91 Ec 64
39290 Chassey 39 92 Fd 65
55130 Chassey-Beaupré 55 75 Fc 58
71150 Chassey-le-Camp 71 105 Ee 67
70230 Chassey-lès-Moutbozon 70 93 Gc 63
70360 Chassey-lès-Scey 70 93 Ff 63
16350 Chassiecq 16 112 Ac 73
36160 Chassière 36 114 Ca 70
17260 Chassières, les 17 122 Zb 75
07110 Chassiers 07 142 Eb 81
69680 Chassieu 69M 130 Ef 74
89160 Chassignelles 89 90 Eb 62
03140 Chassignet 03 116 Db 71
38730 Chassignieu 38 131 Fd 76
43300 Chassignoles 43 140 Dc 78
36400 Chassignolles 36 114 Bf 69
43440 Chassignolles 43 128 Dc 76
86200 Chassigny 86 99 Zf 67
52190 Chassigny-Aisey 52 92 Fc 62
71170 Chassigny-sous-Dun 71 117 Eb 71
72540 Chassillé 72 67 Zf 60
36230 Chassin, le 36 101 Bf 69
02850 Chassins 02 53 Dd 54
26600 Chassis, les 26 142 Ee 78
63930 Chassonnerix 63 128 Dd 74
16120 Chassors 16 123 Zf 75
16200 Chassors 16 123 Ze 74
18800 Chassy 18 103 Cf 66
58110 Chassy 58 104 Dd 66
58270 Chassy 58 104 Dc 67
71130 Chassy 71 105 Ea 69
89110 Chassy 89 89 Dc 61
19160 Chastagner 19 126 Cb 76
19190 Chastagnol 19 138 Be 77
19390 Chastagnol 19 126 Bf 76
07110 Chastanet 07 141 Ea 81
19700 Chastanet, le 19 126 Be 76
19190 Chastang, le 19 138 Be 77
48300 Chastanier 48 141 De 80
43230 Chastanuel 43 141 Dd 78
19600 Chasteaux 19 138 Bc 78
43300 Chastel 43 140 Db 78
63690 Chastel, le 63 127 Cd 75
26340 Chastel-Arnaud 26 143 Fb 81
04320 Chastellet-lès-Sausses 04 158 Ge 85
89630 Chastellux-sur-Cure 89 90 Df 64
15240 Chastel-Merlhac 15 127 Cd 77
48000 Chastel-Nouvel 48 140 Dd 81
06470 Chastelonnette 06 158 Ge 84
03190 Chasteloy 03 115 Ce 69
89560 Chastenay 89 89 Dc 63
04120 Chasteuil 04 157 Gc 85
63680 Chastreix 63 127 Ce 75
63420 Chastrix 63 128 Da 76
58400 Chasue 58 103 Da 65
32190 Chat 32 163 Ab 86
16220 Chat, le 16 124 Ad 74
36200 Chataigne, la 36 113 Bd 69
16220 Châtaigner, le 16 124 Ac 74
85110 Châtaigneraie, la 85 97 Yf 69
85120 Châtaigneraie, la 85 98 Zb 69
85130 Châtaigneraie, la 85 97 Yf 67
10330 Chataignier, le 19 126 Be 77
23110 Châtaignier, le 23 115 Cc 72
87400 Châtaignier, le 87 126 Bd 74
36230 Châtaigniers, les 36 114 Be 69
23340 Chatain 23 126 Bf 74
23460 Chatain 23 114 Bf 73
86250 Chatain 86 112 Ac 72
87400 Chatain, le 87 125 Bc 74
87440 Chatain, le 87 124 Ae 75
16220 Chatain-Besson 16 124 Ad 74
28270 Châtaincourt 28 49 Bb 56
38142 Châtains 38 144 Ga 78
38110 Chatanay 38 131 Fc 75
88210 Châtas 88 77 Ha 58
71250 Château 71 118 Ed 70
04140 Château, le 04 157 Gb 83
04380 Château, le 04 157 Ga 83
05700 Château, le 05 144 Fd 82
53270 Château, le 53 67 Zd 61
56130 Château, le 56 81 Xe 63
04160 Château-Arnoux 04 157 Ga 84
38710 Château-Bas, le 38 144 Fe 80
16100 Châteaubernard 16 123 Ze 74
38650 Château-Bernard 38 143 Fd 79
77370 Châteaubleau 77 72 Da 57
44340 Château-Bougon 44 97 Yc 66
79310 Château-Bourdin 79 111 Zd 69
07300 Châteaubourg 07 142 Ef 78
35220 Châteaubourg 35 66 Yd 60
57340 Château-Bréhain 57 57 Gd 55
44110 Châteaubriant 44 82 Yd 62
56500 Châteaubriant 56 80 Xb 61
05200 Château-Caléyère 05 145 Gc 81
39210 Château-Chalon 39 107 Fd 68
87380 Château-Chervix 87 125 Bc 75
58120 Château-Chinon 58 104 Df 66
87120 Châteaucourt 87 126 Bf 74
61570 Château-d'Almenêches, le 61 48 Aa 56
05260 Château-d'Ancelle 05 144 Gb 81
61400 Château de la Pélonnière 61 68 Ad 58
46500 Château de Rocamadour 46 138 Bd 80
39150 Château-des-Prés 39 119 Ff 69
17480 Château-d'Oléron, le 17 122 Ye 73
26120 Châteaudouble 26 143 Fa 79
83300 Châteaudouble 83 172 Gc 87
58410 Château-du-Bois 58 89 Db 64
56460 Château du Crévy 56 81 Xd 61
72500 Château-du-Loir 72 85 Ac 62
28200 Châteaudun 28 70 Bb 60
25000 Château-Farine 25 107 Ff 65
04250 Châteaufort 04 157 Ga 83
78117 Châteaufort 78 51 Ca 56
85000 Château-Fromage 85 97 Yd 68
01500 Château-Gaillard 01 119 Fb 73
28310 Château Gaillard 28 70 Bf 60
86150 Château-Gaillard 86 112 Ad 71
18170 Château-Gaillard, le 18 102 Cb 68
04170 Château-Garnier 04 158 Gc 84
86350 Château-Garnier 86 112 Ac 71
63119 Châteaugay 63 128 Da 73
35410 Châteaugiron 35 66 Yc 60
13013 Château-Gombert 13 170 Fc 88
53200 Château-Gontier 53 83 Zb 62
70240 Château-Grenouille 70 93 Gb 63
85320 Château-Guibert 85 97 Ye 69
61310 Château Haras du Pin 61 48 Aa 56
59230 Château-L'Abbaye 59 30 Dc 46
70440 Château-Lambert, Haut-du-Them- 70 94 Ge 61
77570 Château-Landon 77 71 Ce 60
86370 Château-Larcher 86 112 Ab 70
37330 Château-la-Vallière 37 85 Ab 63
42240 Château-le-Bois 42 129 Eb 76
24460 Château-l'Évêque 24 124 Ae 77
29150 Châteaulin = Kastellin 29 62 Ve 59
35400 Château-Malo 35 65 Ya 57
38710 Château-Méa 38 144 Fe 80
18370 Châteaumeillant 18 114 Cb 69
24380 Château-Missier 24 137 Ae 78
85700 Châteaumur 85 98 Za 67
04300 Châteauneuf 04 156 Fe 85
21320 Châteauneuf 21 105 Ed 65
71740 Châteauneuf 71 117 Eb 71
73390 Châteauneuf 73 132 Gb 75
79240 Château-Neuf 79 98 Zc 68
83860 Châteauneuf 83 171 Fe 88
84190 Château-Neuf 84 155 Fa 83
85710 Châteauneuf 85 96 Ya 67
26110 Châteauneuf-de-Bordette 26 156 Fa 82
84470 Châteauneuf-de-Cadagne 84 155 Ef 85
06390 Châteauneuf-de-Contes 06 159 Hb 86
26330 Châteauneuf-de-Galaure 26 130 Ef 77
06470 Châteauneuf-d'Entraunes 06 158 Ge 84
48170 Châteauneuf-de-Randon 48 141 Dd 81
07240 Châteauneuf-de-Vernoux 07 142 Ed 79
35430 Châteauneuf-d'Ille-et-Vilaine 35 65 Ya 57
05400 Châteauneuf-d'Oze 05 144 Ff 81
29520 Châteauneuf-du-Faou 29 78 Wb 59
84230 Châteauneuf-du-Pape 84 155 Ee 84
26780 Châteauneuf-du-Rhône 26 142 Ee 82
28170 Châteauneuf-en-Thymerais 28 69 Bb 57
06740 Châteauneuf-Grasse 06 173 Gf 86
87130 Châteauneuf-la-Forêt 87 126 Bd 74
13790 Châteauneuf-le-Rouge 13 171 Fd 88
63390 Châteauneuf-les-Bains 63 115 Cf 72
13220 Châteauneuf-les-Martigues 13 170 Fa 88
04200 Châteauneuf-Miravail 04 156 Fe 84
16120 Châteauneuf-sur-Charente 16 123 Zf 75
18190 Châteauneuf-sur-Cher 18 102 Cb 67
26300 Châteauneuf-sur-Isère 26 143 Ef 78
45110 Châteauneuf-sur-Loire 45 87 Cb 61
49330 Châteauneuf-sur-Sarthe 49 83 Zd 62
58350 Châteauneuf-Val-de-Bargis 58 89 Db 65
04200 Châteauneuf-Val-Saint-Donnat 04 157 Ff 84
49570 Châteaupanne 49 83 Za 64
87290 Châteauponsac 87 113 Bb 72
08360 Château-Porcien 08 41 Eb 51
05350 Château-Queyras 05 145 Ge 80
04270 Châteauredon 04 157 Gb 84
08120 Château-Regnault 08 42 Ed 49
13160 Châteaurenard 13 155 Ef 85
45220 Châteaurenard 45 88 Cf 61

71500 Châteaurenaud 71 106 Fb 69
37110 Château-Renault 37 85 Af 63
57320 Château-Rouge 57 57 Gd 53
66000 Château-Roussillon 66 179 Cf 92
05380 Châteauroux 05 145 Gd 81
36000 Châteauroux 36 101 Be 68
61200 Châteauroux 61 69 Ae 59
43300 Château Saint-Romain 43 141 Dd 78
57170 Château-Salins 57 57 Gd 56
72200 Château-Sénéchal 72 84 Aa 62
03320 Château-sur-Allier 03 103 Da 68
63330 Château-sur-Cher 63 115 Cd 72
27420 Château-sur-Epte 27 50 Bd 53
44690 Châteauthébaud 44 97 Yd 66
02400 Château-Thierry 02 52 Dc 54
09310 Château-Verdun 09 177 Be 92
83670 Châteauvert 83 171 Ga 88
05000 Châteauvieux 05 144 Ga 82
41110 Châteauvieux 41 101 Bc 65
83840 Châteauvieux 83 158 Gd 86
38300 Châteauvilain 38 131 Fb 75
52120 Châteauvillain 52 74 Ef 60
83350 Château-Volterra 83 172 Gd 89
57170 Château-Voué 57 57 Gd 55
84220 Châteaux, le 84 156 Fb 85
70400 Chatebier 70 94 Ge 63
01350 Châtel 01 132 Fe 73
74390 Châtel 74 121 Gf 71
22250 Châtel, le 22 64 Xe 59
73300 Châtel, le 73 132 Gc 77
17340 Châtelaillon-Plage 17 110 Yf 72
53200 Châtelain 53 83 Zc 62
39600 Châtelaine, la 39 107 Fe 67
49520 Châtelais 49 83 Za 62
38460 Chatelans 38 131 Fb 74
04530 Châtelard 04 158 Ge 82
23700 Châtelard 23 115 Cc 73
73630 Châtelard, le 73 132 Ga 74
73700 Châtelard, le 73 133 Gf 75
22170 Châtelaudren = Kastelladdren 22 63 Xa 57
39380 Chatelay 39 107 Fe 66
25240 Châtelblanc 25 107 Ga 68
89660 Châtel-Censoir 89 90 Dd 63
08250 Châtel-Chéhéry 08 54 Ef 53
39130 Châtel-de-Joux 39 119 Fe 69
03500 Châtel-de-Neuvre 03 116 Db 70
63290 Châteldon 63 116 Dd 73
38710 Châtel-en-Trièves 38 144 Fe 79
58350 Châtelet 58 89 Db 64
18170 Châtelet, le 18 102 Cb 69
22350 Châtelet, le 22 65 Xe 59
62179 Châtelet, le 62 26 Bd 43
77820 Châtelet-en-Brie, le 77 72 Ce 57
18250 Châtelets, les 18 88 Cd 65
28190 Châtelets, les 28 69 Bb 58
28270 Châtelets, les 28 49 Ba 57
08300 Châtelet-sur-Retourne, le 08 41 Eb 52
08150 Châtelet-sur-Sormonne, le 08 41 Ed 50
89310 Châtel-Gérard 89 90 Ea 63
63140 Châtelguyon 63 115 Da 73
35133 Châtelier, le 35 66 Ye 58
36370 Châtelier, le 36 113 Bb 70
51330 Châtelier, le 51 54 Ef 55
61450 Châtelier, le 61 47 Zc 56
45520 Châteliers, les 45 70 Bf 60
28120 Châteliers-Notre-Dame, les 28 69 Bb 58
03500 Châtelins, les 03 116 Dc 71
21320 Châtellenot 21 105 Ec 65
86100 Châtellerault 86 100 Ad 68
38520 Châtelleret, le 38 144 Gb 79
14380 Châtellerie, la 14 47 Yf 56
27410 Chatellier-Saint-Pierre, la 27 49 Ae 54
85700 Châtelliers-Châteaumur, les 85 98 Zb 67
03250 Châtel-Montagne 03 116 De 72
71510 Châtel-Moron 71 106 Ed 68
39300 Châtelneuf 39 107 Ff 68
[illegible]
03220 Châtelperron 03 116 Dd 70
51300 Châtelraould-Saint-Louvent 51 54 Ed 56
57160 Châtel-Saint-Germain 57 56 Ga 54
88330 Châtel-sur-Moselle 88 76 Gc 59
23220 Chatelus 23 114 Be 70
42680 Châtelus 42 129 Ea 76
23430 Châtelus-le-Marcheix 23 113 Bd 73
23270 Châtelus-Malvaleix 23 114 Ca 71
01320 Châtenay 01 118 Fb 72
28700 Châtenay 28 70 Bf 58
38980 Châtenay 38 131 Fb 77
71800 Châtenay 71 117 Ec 71
52200 Châtenay-Mâcheron 52 92 Fc 61
77126 Châtenay-sur-Seine 77 72 Da 58
52360 Châtenay-Vaudin 52 92 Fc 61
87110 Chatenet 87 125 Bb 74
17210 Chatenet 17 123 Ze 77
23210 Chatenet 23 114 Be 72
87290 Chatenet 87 113 Bb 71
19370 Chatenet, le 19 126 Be 75
24160 Chatenet, le 24 125 Ba 77
24270 Chatenet, le 24 125 Ba 76
24410 Chatenet, le 24 125 Af 77
87400 Chatenet, le 87 125 Bd 74
87400 Châtenet-en-Dognon, le 87 113 Bd 73
39700 Châtenois 39 107 Fd 66
70240 Châtenois 70 93 Gb 62
88170 Châtenois 88 76 Ff 59
67730 Châtenois = Kestenholz 67 60 Hc 59
90700 Châtenois-les-Forges 90 94 Gf 63
45260 Châtenoy 45 88 Cc 61
77167 Châtenoy 77 71 Cd 59
71380 Châtenoy-en-Bresse 71 106 Ef 68
71880 Châtenoy-le-Royal 71 106 Ee 68
16480 Châtignac 16 123 Zf 76
91410 Chatignonville 91 70 Bf 58
18290 Châtillon 18 102 Cb 66
25190 Châtillon 25 94 Ge 65
39130 Châtillon 39 107 Fe 69
69380 Châtillon 69D 130 Ed 73
74300 Châtillon 74 120 Gd 72
45230 Châtillon-Coligny 45 88 Cf 62
01450 Châtillon-de-Cornelle 01 119 Fc 72
01200 Châtillon-en-Michaille 01 119 Fe 72
58110 Châtillon-en-Bazois 58 104 Dd 66
26410 Châtillon-en-Diois 26 143 Fc 80
28290 Châtillon-en-Dunois 28 69 Bb 60
35210 Châtillon-en-Vendelais 35 66 Ye 59
25640 Châtillon-Guyotte 25 93 Gb 65
77820 Châtillon-la-Borde 77 72 Ce 57
01320 Châtillon la Palud 01 119 Fb 73
25870 Châtillon-le-Duc 25 93 Ga 65
45480 Châtillon-le-Roi 45 71 Ca 60
02270 Châtillon-lès-Sons 02 40 De 50
26750 Châtillon-Saint-Jean 26 143 Fa 78
55400 Châtillon-sous-les-Côtes 55 55 Fd 54
08240 Châtillon-sur-Bar 08 42 Ee 52
51290 Châtillon-sur-Broué 51 74 Ee 57
01400 Châtillon-sur-Chalaronne 01 118 Ef 72
41130 Châtillon-sur-Cher 41 86 Bc 65
53100 Châtillon-sur-Colmont 53 67 Zb 58
36700 Châtillon-sur-Indre 36 100 Bb 67
25440 Châtillon-sur-Lison 25 107 Ff 66
45360 Châtillon-sur-Loire 45 88 Ce 63
51700 Châtillon-sur-Marne 51 53 De 54
51310 Châtillon-sur-Morin 51 53 Dd 56
02240 Châtillon-sur-Oise 02 40 Dc 50
88410 Châtillon-sur-Saône 88 76 Ff 61
35230 Châtillon-sur-Seiche 35 65 Yb 60
21400 Châtillon-sur-Seine 21 91 Ed 61
87600 Chatillou 87 124 Ae 74
58120 Châtin 58 104 Df 66
07100 Chatinais 07 130 Ed 77
52190 Chatoillenot 52 92 Fb 62
77440 Chaton 77 52 Da 54
38440 Chatonnay 38 131 Fb 76
39240 Chatonnay 39 119 Fd 70
63470 Chatonnier 63 127 Cd 74
52300 Chatonrupt 52 75 Fa 58
52300 Chatonrupt-Sommermont 52 75 Fa 58
78400 Chatou 78 51 Ca 55
15230 Chatour 15 139 Ce 79
69620 Châtoux, le 69D 118 Ed 73
36120 Châtre 36 101 Bf 68
45190 Châtre 45 87 Bd 61
87290 Châtre 87 113 Bb 72
89500 Châtre 89 72 Db 60
36400 Châtre, la 36 102 Bf 69
86390 Châtre, la 86 112 Af 71
36170 Châtre-Langlin, la 36 113 Bc 70
10510 Châtres 10 73 Df 57
24120 Châtres 24 125 Bb 77
77610 Châtres 77 52 Ce 56
53600 Châtres-la-Forêt 53 67 Zd 60
17890 Chatressac 17 122 Yf 74
41320 Châtres-sur-Cher 41 87 Bf 65
51800 Châtrices 51 54 Ef 54
55100 Chattancourt 55 55 Fb 53
38160 Chatte 38 143 Fb 78
53640 Chatté 53 67 Zd 58
53250 Chattemoue 53 67 Ze 58
72130 Chatterie, la 72 68 Aa 59
89210 Chatton 89 73 Dd 60
28200 Chattonville 28 70 Bc 60
26510 Chatusse 26 156 Fc 82
26300 Chatuzange-le-Goubet 26 143 Fa 78
05400 Chau, la 05 144 Ga 81
09300 Chaubets, les 09 177 Be 91
71350 Chaublanc 71 106 Ef 67
25170 Chaucenne 25 93 Ff 65
48310 Chauchailles 48 140 Da 80
85140 Chauché 85 97 Ye 68
23130 Chauchet, le 23 114 Cc 72
10170 Chauchigny 10 73 Df 58
22150 Chauchix, la 22 64 Xb 59
77124 Chauconin 77 52 Cf 55
[illegible]
17190 Chaucre 17 109 Yd 73
23150 Chaud, la 23 114 Bf 72
23320 Chaud, la 23 114 Be 72
38350 Chaud, la 38 144 Ff 79
02160 Chaudardes 02 40 De 52
43550 Chaudayrac 43 141 Ea 79
43800 Chaud-de-Rougeac, la 43 141 Df 78
49290 Chaudefonds-sur-Layon 49 83 Zb 65
51800 Chaudefontaine 51 54 Ef 54
25360 Chaudefontaine, Marchaux- 25 93 Ga 64
52600 Chaudenay 52 92 Fd 62
71150 Chaudenay 71 106 Ee 67
21360 Chaudenay-la-Ville 21 105 Ed 66
21360 Chaudenay-le-Château 21 105 Ed 65
54200 Chaudenay-sur-Moselle 54 56 Ff 57
43430 Chauderolles 43 141 Eb 79
15110 Chaudes-Aigues 15 140 Da 79
43510 Chaudeyrac 43 141 De 79
48170 Chaudeyrac 48 141 De 81
48170 Chaudeyraguet 48 141 De 81
26340 Chaudière, la 26 143 Fb 81
08360 Chaudion 08 41 Eb 51
04420 Chaudol 04 157 Gb 83
04330 Chaudon 04 157 Gc 85
04340 Chaudon 04 158 Gc 82
28210 Chaudon 28 50 Bc 57
04330 Chaudon-Norante 04 157 Gb 85
07330 Chaudons 07 141 Ea 80
07460 Chaudouillet 07 154 Ea 83
18300 Chaudoux 18 88 Ce 64
10240 Chaudrey 10 74 Eb 57
16370 Chaudrolles, les 16 123 Zd 74
25160 Chaudron 25 108 Gb 68
02550 Chaudron, le 02 41 Ea 49
49110 Chaudron-en-Mauges 49 83 Za 65
26110 Chaudrons, les 26 143 Fb 82
02200 Chaudun 02 40 Db 53
05000 Chaudun 05 144 Ga 81
71170 Chauffailles 71 117 Ec 71
25130 Chauffaud 25 108 Ge 66
23220 Chauffaux, les 23 114 Bf 70
05800 Chauffayer 05 144 Ga 80
88500 Chauffecourt 88 76 Ga 59
16700 Chauffour 16 111 Ab 72
58210 Chauffour 58 89 Db 64
63500 Chauffour 63 128 Db 75
10110 Chauffour-lès-Bailly 10 74 Eb 59
91580 Chauffour-lès-Étréchy 91 71 Cb 57
28120 Chauffours 28 69 Bc 58
19500 Chauffour-sur-Vell 19 138 Be 78
52140 Chauffourt 52 75 Fc 61
77169 Chauffry 77 52 Db 56
45340 Chaufour 45 71 Cc 60
78270 Chaufour-lès-Bonnières 78 50 Bc 54
72550 Chaufour-Notre-Dame 72 68 Aa 60
23230 Chauges 23 114 Cb 71
21170 Chaugey 21 106 Fb 66
21290 Chaugey 21 91 Ef 62
86420 Chauleries, les 86 99 Aa 67
71620 Chauley 71 106 Fa 67
58400 Chaulgnes 58 103 Da 66
48140 Chaulhac 48 140 Db 79
63660 Chaulme, la 63 129 Df 76
80320 Chaulnes 80 39 Ce 50
31440 Chaum 31 176 Ad 91
58120 Chaumard 58 104 Df 66
43190 Chaumargeais 43 142 Eb 78
86150 Chaume 86 112 Ad 71
03600 Chaume, la 03 115 Cf 71
21520 Chaume, la 21 91 Ef 61
23160 Chaume, la 23 113 Bc 70
23600 Chaume, la 23 114 Cb 71
37230 Chaume, la 37 85 Ad 64
37240 Chaume, la 37 100 Ae 66
41800 Chaume, la 41 85 Ad 62
58150 Chaume, la 58 89 Da 65
87360 Chaume, la 87 113 Bb 70
89190 Chaume, la 89 72 Dc 59
21610 Chaume-et-Courchamp 21 92 Fc 63
19170 Chaumeil 19 126 Ca 75
19390 Chaumeil 19 126 Bf 76
21450 Chaume-les-Baigneux 21 91 Ed 63
71140 Chaumelle 71 104 De 69
48210 Chaumels 48 153 Dc 82
05190 Chaumenc 05 157 Gb 82
35480 Chaumeray 35 82 Ya 61
70140 Chaumercenne 70 92 Fd 65
35113 Chaumeré 35 66 Yd 60
39230 Chaumergy 39 106 Fc 67
19160 Chaumerliac 19 127 Cb 76
17430 Chaumes, les 17 110 Zb 73
18500 Chaumes, les 18 102 Cb 66
23360 Chaumes, les 23 114 Bf 70
86700 Chaumes, les 86 111 Ab 71
18140 Chaumes-de-Loudin, les 18 103 Cf 66
18150 Chaumes-de-Saint-Agnan, les 18 103 Cf 67
77390 Chaumes-en-Brie 77 52 Cf 57
44320 Chaumes-en-Retz 44 96 Ya 66
10500 Chaumesnil 10 74 Ed 58
74570 Chaumet, le 74 120 Gb 72
63380 Chaumette 63 127 Cd 73
63660 Chaumette 63 129 Df 75
36700 Chaumette, la 36 101 Bb 67
63640 Chaumette, la 63 115 Ce 73
23260 Chaumettes, les 23 127 Cc 73
58230 Chaumien 58 105 Ea 66
23170 Chauminelle, la 23 114 Cb 72
89520 Chauminet 89 89 Db 63
08350 Chaumont 08 42 Ef 51
18350 Chaumont 18 103 Ce 67
23340 Chaumont 23 126 Ca 74
36230 Chaumont 36 101 Be 69
38780 Chaumont 38 130 Ef 76
39200 Chaumont 39 119 Ff 70
52000 Chaumont 52 75 Fa 60
61230 Chaumont 61 48 Ab 56
74270 Chaumont 74 120 Ff 72
[illegible]
49140 Chaumont-d'Anjou 49 84 Ze 63
55150 Chaumont-devant-Damvillers 55 55 Fc 53
95270 Chaumontel 95 51 Cc 54
60240 Chaumont-en-Vexin 60 50 Bf 53
52150 Chaumont-la-Ville 52 75 Fd 60
21400 Chaumont-le-Bois 21 91 Ed 61
63220 Chaumont-le-Bourg 63 129 De 76
08220 Chaumont-Porcien 08 41 Eb 51
55260 Chaumont-sur-Aire 55 55 Fb 55
41150 Chaumont-sur-Loire 41 86 Bb 64
41600 Chaumont-sur-Tharonne 41 87 Bf 63
58800 Chaumot 58 104 Dd 65
71420 Chaumot 71 105 Eb 68
89500 Chaumot 89 72 Db 60
88390 Chaumousey 88 76 Gc 59
18220 Chaumoux 18 102 Cd 65
18140 Chaumoux-Marcilly 18 103 Ce 66
89340 Chaumuont 89 72 Da 59
37350 Chaumussay 37 100 Af 67
51170 Chaumuzy 51 53 Df 53
17130 Chaunac 17 123 Zd 76
19460 Chaunac 19 126 Be 77
71760 Chaunat 71 104 Df 68
86510 Chaunay 86 111 Ab 71
02300 Chauny 02 40 Db 51
05800 Chaup, la 05 144 Ga 80
58700 Chauprix 58 103 Dc 66
79180 Chauray 79 111 Zd 70
63117 Chauriat 63 128 Db 74
23250 Chaussadas 23 114 Bf 72
23200 Chaussade, la 23 114 Cb 73
49600 Chaussaire, la 49 97 Yf 65
69440 Chaussan 69M 130 Ed 75
79210 Chausse 79 110 Zc 71
46320 Chausse-de-Brengues, le 46 138 Be 81
18130 Chaussée, la 18 102 Cd 67
50480 Chaussée, la 50 34 Ye 52
76590 Chaussée, la 76 37 Ba 50
86330 Chaussée, la 86 99 Aa 67
89360 Chaussée, la 89 73 Df 61
28260 Chaussée-d'Ivry, la 28 50 Bc 55
41350 Chaussée-le-Comte, la 41 86 Bc 63
85580 Chaussées, les 85 109 Ye 70
41260 Chaussée-Saint-Victor, la 41 86 Bc 63
51240 Chaussée-sur-Marne, la 51 54 Ed 55
80310 Chaussée-Tirancourt, la 80 38 Ca 49
15700 Chaussenac 15 139 Cb 77
39800 Chaussenans 39 107 Fe 68
79350 Chausserais 79 98 Ze 68
42430 Chausseterre 42 116 De 73
39120 Chaussin 39 106 Fc 67
05230 Chaussins, les 05 144 Gb 81
80250 Chaussoy-Epagny 80 39 Cb 50
45480 Chaussy 45 70 Bf 59
95710 Chaussy 95 50 Be 54
18150 Chautay, le 18 103 Cf 67
26510 Chauvac 26 156 Fd 83
44320 Chauvé 44 96 Ya 66
17610 Chauveau 17 123 Zc 74
15320 Chauvel, le 15 140 Da 79
36220 Chauvellière, la 36 100 Ba 68
53250 Chauvellière, la 53 67 Ze 58
55600 Chauvency-le-Château 55 42 Fb 51
55600 Chauvency-Saint-Hubert 55 42 Fb 51
05000 Chauvet 05 144 Ga 81
48000 Chauvet 48 140 Dc 81
79170 Chauvière, la 79 111 Ze 72
35490 Chauvigné 35 66 Yd 58
49250 Chauvigné 49 84 Zd 64
86300 Chauvigny 86 112 Ad 69
41270 Chauvigny-du-Perche 41 69 Ba 61
25470 Chauvilliers 25 94 Gf 65
27150 Chauvincourt-Provemont 27 50 Bd 53
39150 Chauvins, les 39 119 Ff 69
21430 Chauvirey 21 105 Ec 65
70500 Chauvirey-le-Châtel 70 92 Fe 62
70500 Chauvirey-le-Vieil 70 93 Fe 62
55300 Chauvoncourt 55 55 Fd 55
95560 Chauvry 95 51 Cb 54
21700 Chaux 21 106 Ef 66
70190 Chaux 70 93 Ff 64
74600 Chaux 74 132 Ga 73
90330 Chaux 90 94 Gf 62
25300 Chaux, la 25 108 Gc 67
25650 Chaux, la 25 108 Gc 66
61600 Chaux, la 61 67 Ze 57
63270 Chaux, la 63 128 Db 75
63940 Chaux, la 63 129 De 76
71310 Chaux, la 71 106 Fb 68
63600 Chaux, les 63 129 De 75
39110 Chaux-Champagny 39 107 Ff 67
39150 Chaux-des-Crotenay 39 107 Ff 69
39150 Chaux-des-Prés 39 119 Ff 69
39150 Chaux-du-Dombief, la 39 107 Ff 69
39230 Chaux-en-Bresse, la 39 106 Fc 68
25340 Chaux-lès-Clerval 25 94 Gd 64
25530 Chaux-lès-Passavant 25 108 Gc 65
70170 Chaux-lès-Port 70 93 Ga 62
25240 Chaux-Neuve 25 107 Ga 68
24210 Chauze, la 24 137 Ba 78
19150 Chauzeix 19 126 Be 77
19390 Chauzeix 19 126 Be 76
07120 Chauzon 07 142 Ec 82
63610 Chavade 63 128 Da 76
39240 Chavagna 39 119 Fd 71
15300 Chavagnac 15 139 Cf 78
16260 Chavagnac 16 124 Ac 73
19140 Chavagnac 19 126 Bd 75
24120 Chavagnac 24 137 Bb 78
30160 Chavagnac 30 154 Ea 83
87380 Chavagnac 87 125 Bc 75
35310 Chavagne 35 65 Yb 60
79260 Chavagné 79 111 Ze 70
86370 Chavagné 86 111 Ab 70
40380 Chavagnes 40 [illegible]
85250 Chavagnes-en-Paillers 85 97 Ye 67
[illegible]
01800 Chavagnieux 01 118 Fb 73
49490 Chavaignes 49 84 Aa 63
04420 Chavailles 04 158 Gc 83
19290 Chavanac 19 126 Ca 75
23250 Chavanat 23 114 Bf 73
90100 Chavanatte 90 94 Ha 63
42410 Chavanay 42 130 Ee 76
10330 Chavanges 10 74 Ed 57
43230 Chavaniac-Lafayette 43 128 Dd 78
74270 Chavannaz 74 120 Ga 72
42400 Chavanne 42 130 Ec 76
42940 Chavanne 42 129 Df 75
70400 Chavanne 70 94 Gd 63
73800 Chavanne, la 73 132 Ga 76
18190 Chavannes 18 102 Cc 67
26260 Chavannes 26 142 Ef 78
37140 Chavannes 37 84 Ab 65
38390 Chavannes 38 131 Fc 74
49260 Chavannes 49 99 Ze 66
71110 Chavannes, les 71 117 Ea 71
73660 Chavannes-en-Maurienne, les 73 132 Gb 76
90100 Chavannes-les-Grands 90 94 Ha 63
68210 Chavannes-sur-l'Etang 68 94 Ha 63
01190 Chavannes-sur-Reyssouze 01 118 Ef 70
01250 Chavannes-sur-Suran 01 119 Fc 71
74140 Chavannex 74 120 Gc 71
74650 Chavanod 74 120 Ga 73
42740 Chavanol 42 130 Ed 76
15160 Chavanon 15 128 Cf 77
38230 Chavanoz 38 131 Fb 74
63720 Chavaroux 63 128 Db 73
80700 Chavatte, la 80 39 Ce 50
37120 Chaveignes 37 99 Ac 66
88150 Chavelot 88 76 Gc 59
16320 Chavenat 16 124 Ab 76
51700 Chavenay 51 53 Dd 54
78450 Chavenay 78 51 Bf 55
60240 Chavençon 60 51 Bf 53
87240 Chavennat 87 113 Bc 73
21230 Chavenne 21 105 Ec 66
03440 Chavenon 03 115 Cf 70
36500 Chaventon 36 101 Bc 67
15700 Chavergne 15 127 Cb 78
39270 Chavéria 39 119 Fd 69
19200 Chaveroche 19 127 Cb 75
19250 Chavetourte 19 126 Ca 76
01660 Chaveyriat 01 118 Fa 71
39270 Chavia 39 119 Fe 70
73500 Chavière-Chalets, la 73 133 Gf 77
18300 Chavignol 18 88 Ce 64
02000 Chavignon Pargny-Filain 02 40 Dd 52
02880 Chavigny 02 40 Db 52
54230 Chavigny 54 56 Ga 57
79100 Chavigny 79 99 Zf 66
27220 Chavigny-Bailleul 27 49 Bb 55
36200 Chavin 36 113 Bd 69
18210 Chavis, les 18 103 Ce 68
74290 Chavoire 74 120 Gb 73
04150 Chavon 04 156 Fd 84
02370 Chavonne 02 40 Dd 52
74340 Chavonnes, les 74 121 Ge 72
01510 Chavornay 01 131 Fe 73
51530 Chavot-Courcourt 51 53 Df 54
50870 Chavoy 50 46 Yd 56
60117 Chavres 60 52 Cf 53
03640 Chavroche 03 116 De 72
03220 Chavroches 03 116 Dd 70
03320 Chavy 03 103 Cf 68
36400 Chavy 36 102 Ca 69
25440 Chay 25 107 Ff 66
17600 Chay, la 17 122 Za 75
48600 Chayla, la 48 141 Dd 80
63320 Chaynat 63 128 Da 75
15400 Chayrouse 15 127 Cd 77
24120 Chazal 24 137 Bb 78
43200 Chazalis, les 43 129 Eb 77
43200 Chazaux 43 141 Eb 78
28300 Chazay 28 69 Bc 58
69380 Chazay-d'Azergues 69D 130 Ee 73
15380 Chaze, la 15 139 Cd 78
48300 Chaze, la 48 141 De 80
42990 Chazeau 42 129 Df 74
58400 Chazeau, le 58 103 Da 66
07110 Chazeaux 07 142 Eb 81
43200 Chazeaux 43 141 Ea 78
19290 Chazeaux, les 19 126 Cb 74
48170 Chazeaux, les 48 141 De 81
48130 Chaze-de-Peyre, la 48 140 Db 80
49420 Chazé-Henry 49 83 Yf 62
36170 Chazelet 36 113 Bc 69
05320 Chazelet, le 05 144 Gb 78
71460 Chazelle 71 118 Ee 69
21390 Chazelle-l'Echo 21 90 Ec 64
15500 Chazelles 15 140 Dc 78
16380 Chazelles 16 124 Ac 75
39160 Chazelles 39 119 Fc 70
42130 Chazelles 42 129 Df 74
43300 Chazelles 43 140 Dc 78
63260 Chazelles 63 116 Db 73
89240 Chazelles 89 89 Dc 62
54450 Chazelles-sur-Albe 54 77 Ge 57
42560 Chazelles-sur-Lavieu 42 129 Ea 75
42140 Chazelles-sur-Lyon 42 130 Ec 75
70000 Chazelot 70 93 Ga 63
15500 Chazeloux 15 128 Da 77
03370 Chazemais 03 115 Cd 70
48400 Chazes, les 48 153 De 83
49500 Chazé-sur-Argos 49 83 Za 63
87460 Chazetas 87 126 Bd 74
21260 Chazeuil 21 92 Fb 63
58700 Chazeuil 58 89 Dc 65
01300 Chazey-Bons 01 131 Fe 74
01150 Chazey-sur-Ain 01 119 Fb 73
21320 Chazilly 21 105 Ed 65
25430 Chazot 25 94 Gd 65
71000 Chazotte, la 71 104 Ea 67
25170 Chazoy 25 93 Fe 65
86250 Chebassière, la 86 112 Ac 71
[illegible]
45430 Chécy 45 87 Ca 61
74190 Chedde 74 121 Ge 73
37310 Chédigny 37 100 Af 65
79110 Chef-Boutonne 79 111 Zf 72
50480 Chef-du-Pont 50 34 Yd 52
49125 Cheffes 49 84 Zc 63
85390 Cheffois 85 98 Zb 68
14140 Cheffreville-Tonnencourt 14 48 Ab 54
88500 Chef-Haut 88 76 Ga 58
50410 Chefresne, le 50 46 Yf 55
87290 Chégurat 87 113 Bb 72
08350 Chéhéry, Chémery- 08 42 Ef 51
01510 Cheignieu-la-Balme 01 131 Fd 74
71150 Cheilly-lès-Maranges 71 105 Ee 67
31160 Chein-Dessus 31 176 Af 90
04120 Cheiron, le 04 158 Gc 85
87460 Cheissoux 87 126 Bd 73
86170 Cheives 86 99 Aa 68
63200 Cheix, le 63 116 Db 73
63320 Cheix, le 63 128 Da 75
63470 Cheix, le 63 127 Cd 74
63640 Cheix, le 63 115 Cd 72
44640 Cheix-en-Retz 44 96 Yb 65
32140 Chélan 32 163 Ad 88
62127 Chelers 62 29 Cc 46
38730 Chélieu 38 131 Fc 76
53160 Chellé 53 67 Zd 59
65350 Chelle-Debat 65 163 Ab 89
60350 Chelles 60 39 Da 52
77500 Chelles 77 51 Cd 55
65130 Chelle-Spou 65 163 Ab 90
35640 Chelun 35 82 Ye 61
71990 Chemardin 71 105 Ea 67
25320 Chemaudin et Vaux 25 107 Ff 65
45340 Chemault 45 71 Cc 60
53200 Chemazé 53 83 Zb 62
49320 Chemellier 49 84 Zd 64
39230 Chemenot 39 107 Fd 67

A B C D E F G H I J K L M N O P Q R S T U V W X Y Z

44680 Chéméré 44 96 Ya 66
53340 Chémeré-le-Roi 53 67 Zd 61
41700 Chémery 41 86 Bc 64
57380 Chemery 57 57 Gd 55
08450 Chémery-Chéhéry 08 42 Ef 51
57320 Chémery-les-Deux 57 56 Gc 53
39240 Chemilla 39 119 Fd 70
01560 Chemillat 01 118 Fa 70
49120 Chemillé-en-Anjou 49 98 Zb 65
37370 Chemillé-sur-Dême 37 85 Ad 63
37460 Chemillé-sur-Indrois 37 100 Bb 66
61360 Chemilli 61 68 Ac 58
01300 Chemillieu 01 131 Fe 74
03210 Chemilly 03 116 Db 70
70360 Chemilly 70 93 Ga 63
89800 Chemilly-sur-Serein 89 90 Df 62
89250 Chemilly-sur-Yonne 89 89 Dd 61
39120 Chemin 39 106 Fb 67
52150 Chemin 52 75 Fd 59
28170 Chemin, le 28 69 Bb 57
51800 Chemin, le 51 55 Ef 54
58800 Chemin, le 58 89 De 65
07300 Cheminas 07 142 Ee 78
21400 Chemin-d'Aisey 21 91 Ed 62
14490 Chemin-de-Saint-Lô, le 14 34 Za 54
19320 Chemineaux, les 19 126 Bf 77
44470 Chemin-Nantais, le 44 82 Yd 65
57420 Cheminot 57 56 Ga 55
72540 Chemiré-en-Charnie 72 67 Ze 60
72210 Chemiré-le-Gaudin 72 84 Zf 61
49640 Chemiré-sur-Sarthe 49 84 Zd 62
88630 Chemisey 88 75 Fd 58
59147 Chemy 59 30 Cf 45
17120 Chenac-sur-Gironde 17 122 Zb 75
37350 Chênaie, la 37 100 Af 66
19120 Chenailler-Mascheix 19 138 Bf 78
73640 Chenal 73 133 Gf 75
73350 Chenal, la 73 133 Gd 76
25500 Chenalotte, la 25 108 Ge 66
69840 Chénas 69D 118 Ee 71
24410 Chenaud, Parcoul- 24 123 Aa 77
17120 Chênaumoine 17 122 Za 75
51140 Chenay 51 53 Df 53
72610 Chenay 72 68 Aa 58
79120 Chenay 79 111 Zf 71
37370 Chenaye, la 37 85 Ae 63
71340 Chenay-le-Châtel 71 117 Df 71
01300 Chêne 01 131 Fd 74
10700 Chêne 10 73 Eb 57
14410 Chêne 14 47 Zb 56
18140 Chêne 18 103 Cf 65
37120 Chêne 37 99 Ac 66
58140 Chêne 58 104 Df 65
44170 Chêne, le 44 82 Yb 63
84400 Chêne, le 84 156 Fc 85
88360 Chêne, le 88 94 Ge 61
89120 Chêne-Arnoult 89 89 Da 61
89520 Chêneau, le 89 89 Da 63
39120 Chêne Bernard 39 106 Fc 67
70400 Chenebier 70 94 Ge 63
02140 Chêne-Bourdon 02 41 Ea 49
25440 Chenecey-Buillon 25 107 Ff 66
86380 Chenechè 86 99 Ab 68
28170 Chêne-Chenu 28 70 Bb 57
14410 Chênedollé 14 47 Zb 55
61210 Chènedouit 61 47 Zd 56
74270 Chêne-en-Semine 74 119 Ff 72
49350 Chênehutte-Trèves-Cunault 49 84 Zf 65
69430 Chênelette 69D 118 Ec 71
37170 Chêne-Pendu 37 85 Ae 65
87520 Chêne-Pignier 87 112 Af 73
28160 Chêne-Pulvé, le 28 69 Ba 59
23130 Chénérailles 23 114 Cb 72
42380 Chenereilles 42 129 Ea 76
42560 Chenereilles 42 129 Ea 76
43190 Chenereilles 43 142 Eb 78
21440 Chenerailles 21 91 Ee 64
18140 Chênes, les 18 103 Ce 66
39230 Chênes-Sec 39 106 Fc 67
83460 Chênes-Verts, les 83 172 Gc 88
16230 Chênet, le 16 124 Ab 73
86450 Chenevelles 86 100 Ad 68
72300 Chênevert 72 84 Ze 62
54122 Chenevières 54 77 Gd 57
70150 Chenevrey-et-Morogne 70 92 Fe 65
74520 Chênex 74 120 Ga 72
89700 Cheney 89 90 Df 61
28210 Chenicourt 28 50 Bd 57
54610 Chenicourt 54 56 Gb 55
36170 Chénier 36 113 Bc 70
54720 Chenières 54 43 Fe 52
85150 Chênières, les 85 96 Yb 69
23220 Chéniers 23 114 Be 70
51510 Cheniers 51 54 Eb 55
35270 Chenillé 35 65 Yb 58
49220 Chenillé-Champteussé 49 83 Zb 62
49220 Chenillé-Changé 49 83 Zc 62
88460 Cheniménil 88 77 Gd 60
27820 Chennebrun 27 49 Ae 56
10190 Chennegy 10 73 Df 59
28170 Chennevières 28 49 Ba 57
55500 Chennevières 55 55 Fc 57
95380 Chennevières-lès-Louvres 95 51 Cd 54
57580 Chenois 57 57 Gc 55
77160 Chenoise 77 72 Db 57
16460 Chenommet 16 111 Ab 73
16460 Chenon 16 111 Ab 73
37150 Chenonceaux 37 86 Ba 65
28360 Chenonville 28 70 Bc 58
77570 Chenou 77 71 Cd 60
87400 Chénour 87 125 Bc 74
21300 Chenôve 21 91 Ef 65
71390 Chenôves 71 105 Ee 68
45490 Chênoy, le 45 71 Cd 60
74140 Chens-sur-Léman 74 120 Gb 71
72500 Chenu 72 85 Ac 63
37380 Chonusson 37 85 Ae 63
89400 Cheny 89 72 Dd 61
17210 Chepniers 17 123 Ze 77
60120 Chepoix 60 39 Cc 51
51600 Cheppe, la 51 54 Ec 54
51240 Cheppes-la-Prairie 51 54 Ec 56
55270 Cheppy 55 55 Fa 53
91630 Cheptainville 91 71 Cb 57
51240 Chepy 51 54 Ec 55
80210 Chépy 80 28 Bd 48
15300 Cher, le 15 139 Cf 78
17290 Cher, le 17 110 Za 72
20146 Chera CTC 185 Kb 99
17610 Chérac 17 123 Zd 74
53400 Chérancé 53 83 Za 62
72170 Chérancé 72 68 Ab 59
64130 Chéraute 64 161 Za 89
17190 Chéray 17 109 Yd 73
03470 Cherbeix 03 115 Cd 71
17470 Cherbonnières 17 111 Zd 73
23260 Cherboucheix 23 127 Cb 74
50100* Cherbourg-en-Cotentin 50 33 Yc 51
64310 Cherchebruit 64 160 Yc 89
07170 Cherdenas 07 142 Ed 82
95510 Chérence 95 50 Be 54
50800 Chérence-le-Héron 50 46 Ye 56
50520 Chérence-le-Roussel 50 47 Yf 56
59152 Chéreng 59 30 Db 45
69380 Chères, les 69M 118 Ee 73
02860 Chérêt 02 40 De 51
62140 Chériennes 62 29 Ca 47
42430 Cherier 42 117 Df 73
79170 Chérigné 79 111 Zf 72
05160 Chérines 05 145 Gc 81
50220 Chéris, Ducey-, les 50 66 Ye 57
72610 Chérisay 72 68 Aa 58
57420 Chérisey 57 56 Gb 54
28500 Chérisy 28 50 Bc 56
62128 Chérisy 62 30 Cf 47
71250 Chérizet 71 118 Ed 69
88310 Cherménil 88 77 Gf 61
17460 Chermignac 17 122 Zc 74
02860 Chermizy-Ailles 02 40 De 52
87600 Chéronnac 87 124 Ae 74
27250 Chéronvilliers 27 49 Ae 56
89690 Chéroy 89 72 Da 59
49330 Cherré 49 83 Zc 62
72400 Cherré 72 69 Ad 59
72800 Cherré 72 84 Ab 63
72400 Cherreau 72 69 Ae 59
18300 Cherriers, les 18 88 Cd 65
35120 Cherrueix 35 65 Yb 57
15380 Chersoubro 15 139 Cd 78
24320 Cherval 24 124 Ac 76
79270 Cherve 79 110 Zd 71
24160 Cherveix 24 125 Af 76
24390 Cherveix-Cubas 24 125 Ba 77
16310 Chervers-Châtelars 16 124 Ad 74
16560 Cherves 16 124 Ab 74
36300 Cherves 36 100 Ba 68
16370 Cherves-Richemont 16 123 Zd 74
17380 Chervettes 17 110 Zb 72
79410 Cherveux 79 111 Zd 70
10110 Chervey 10 74 Ec 60
28210 Cherville 28 50 Bc 57
28700 Cherville 28 70 Be 58
51150 Cherville 51 53 Ea 54
69400 Chervinges 69D 118 Ee 73
18120 Chéry 18 102 Ca 66
02220 Chéry-Chartreuve 02 53 Dd 53
02000 Chéry-lès-Pouilly 02 40 Dd 51
02360 Chéry-lès-Rozoy 02 41 Ea 50
10210 Chesley 10 73 Ea 61
35120 Chesnardais, la 35 65 Yc 57
27160 Chesnay 27 49 Af 55
41230 Chesnay 41 87 Bd 64
50380 Chesnay 50 46 Yc 56
78150 Chesnay, le 78 51 Ca 56
22350 Chesnay-Barbot 22 65 Xe 59
79260 Chesnaye, la 79 111 Ze 70
08390 Chesne, le 08 42 Ee 51
27160 Chesne, le 27 49 Af 55
58410 Chesnois, le 58 89 Db 64
08270 Chesnois-Auboncourt 08 41 Ed 51
57245 Chesny 57 56 Gb 54
74270 Chessenaz 74 119 Ff 72
74230 Chesseney 74 120 Gb 73
69380 Chessy 69D 130 Ed 73
77700 Chessy 77 52 Ce 55
10130 Chessy-les-Prés 10 73 Df 60
08400 Chestres 08 42 Ee 52
03120 Chételus 03 116 De 71
49400 Chétigné 49 99 Zf 65
74360 Chets-de-Lens 74 121 Ge 71
74390 Chets-de-Plaine-Dranse 74 121 Ge 71
89600 Chéu 89 73 De 61
57640 Cheuby 57 56 Gb 54
21310 Cheuge 21 92 Fc 64
89460 Cheuilly 89 90 De 62
14210 Cheux 14 35 Zc 54
03230 Chevagnes 03 104 Dd 69
71960 Chevagny-les-Chevrières 71 118 Ee 71
71220 Chevagny-sur-Guye 71 117 Ed 69
35250 Chevaigné 35 65 Yc 59
53250 Chevaigné-du-Maine 53 67 Zd 58
72610 Chevain, Saint-Paterne-, le 72 68 Aa 58
35460 Chevalais, la 35 66 Yc 58
84460 Cheval-Blanc 84 155 Fa 86
08230 Cheval-Blanc, le 08 41 Ed 49
59440 Cheval-Blanc, le 59 31 Df 48
17480 Chevalerie, la 17 122 Ye 73
72270 Chevalerie, la 72 84 Zf 62
69930 Chevaleron 69M 130 Ec 74
05700 Chevalet 05 156 Fe 83
74210 Chevaline 74 132 Gb 74
44810 Chevallerais, la 44 82 Yb 64
38340 Chevalon, le 38 131 Fd 77
03250 Cheval-Rigond 03 116 Dd 72
17210 Chevanceaux 17 123 Ze 77
21540 Chevannay 21 91 Ed 64
21220 Chevannes 21 106 Ef 66
45210 Chevannes 45 72 Cf 60
58250 Chevannes 58 104 De 67
58270 Chevannes 58 104 Dc 66
89240 Chevannes 89 89 Dc 62
89420 Chevannes 89 90 Ea 64
91750 Chevannes 91 71 Cc 57
58420 Chevannes-Changy 58 89 Dc 65
45410 Chevaux 45 70 Be 60
42920 Chevelière 42 129 Df 74
73170 Chevelu 73 132 Fe 74
02250 Chevennes 02 40 De 50
58160 Chevenon 58 103 Db 67
74500 Chevenoz 74 121 Gd 70
41700 Cheverny 41 86 Bc 64
70290 Chevestraye, la 70 94 Ge 62
08350 Cheveuges-Saint-Aignan 08 42 Ef 51
08250 Chevières 08 42 Ef 53
01370 Chevignat 01 119 Fc 71
25530 Chevigney 25 108 Gc 66
70140 Chevigney 70 92 Fd 64
25170 Chevigney-sur-L'Ognon 25 93 Ff 65
21140 Chevigny 21 90 Eb 63
21310 Chevigny 21 92 Fb 64
21600 Chevigny 21 106 Fa 65
39290 Chevigny 39 106 Fc 65
51130 Chevigny 51 53 Ea 55
58320 Chevigny 58 103 Da 66
21200 Chevigny-en-Valière 21 106 Ef 67
21800 Chevigny-Saint-Sauveur 21 92 Fa 65
01430 Chevillard 01 119 Fd 72
16120 Cheville 16 123 Zf 74
72350 Chevillé 72 67 Ze 61
52170 Chevillon 52 75 Fa 57
57530 Chevillon 57 56 Gc 54
89120 Chevillon 89 89 Db 61
45700 Chevillon-sur-Huillard 45 71 Cd 61
45520 Chevilly 45 70 Bf 60
74140 Chevilly 74 120 Gb 70
69210 Chevinay 69M 130 Ed 74
60150 Chevincourt 60 39 Cf 51
49150 Cheviré-le-Rouge 49 84 Ze 63
77760 Chevrainvilliers 77 71 Cd 59
86600 Chevraise, la 86 111 Aa 70
58800 Chevré 58 104 De 66
58250 Chèvre, la 58 104 De 67
79310 Chevreau 79 111 Ze 69
39190 Chevreaux 39 119 Fc 69
10160 Chevreaux, les 10 73 De 60
02000 Chevregny 02 40 Dd 52
90340 Chèvremont 90 94 Gf 63
42190 Chevrenay 42 117 Ea 71
16240 Chèvrerie, la 16 111 Aa 72
74470 Chèvrerie, la 74 120 Gd 71
02270 Chevresis 02 40 Dd 50
02270 Chevresis-lès-Dames 02 40 Dd 50
37140 Chevrette 37 84 Aa 65
58170 Chevrette 58 104 Df 68
85370 Chevrette 85 110 Yf 70
78460 Chevreuse 78 51 Ca 56
50600 Chèvreville 50 66 Yf 57
60440 Chèvreville 60 52 Cf 54
74520 Chevrier 74 119 Ff 72
38160 Chevrières 38 131 Fb 77
42140 Chevrières 42 130 Ec 75
60710 Chevrières 60 51 Ce 52
58500 Chevroches 58 89 Dd 64
44118 Chevrolière, la 44 97 Yc 66
73200 Chevronnet 73 132 Gc 74
39130 Chevrotaine 39 107 Ff 69
01190 Chevroux 01 118 Ef 70
18140 Chevroux 18 103 Cf 66
25870 Chevroz 25 93 Ff 64
77320 Chevru 77 52 Db 56
01170 Chevry 01 120 Ga 71
50420 Chevry 50 46 Yf 55
88100 Chevry 88 77 Gf 59
91400 Chevry2 91 51 Ca 56
77173 Chevry-Cossigny 77 51 Cd 56
77710 Chevry-en-Sereine 77 72 Cf 59
45210 Chevry-sous-le-Bignon 45 72 Cf 60
33640 Chey 33 135 Zd 80
79120 Chey 79 111 Zf 71
15270 Cheylade 15 127 Cd 76
15400 Cheylade 15 127 Ce 77
07160 Cheylard, le 07 142 Ec 79
26310 Cheylard, le 26 143 Fd 81
48300 Cheylard-L'Evêque 48 141 De 81
38570 Cheylas, le 38 132 Ff 76
43000 Cheyrac 43 141 Df 78
43500 Cheyrac 43 129 De 76
04150 Cheyran 04 156 Fd 84
07460 Cheyrès 07 154 Eb 82
24420 Cheyron, le 24 124 Ae 77
24530 Cheyrou, le 24 124 Ae 76
38550 Cheyssieu 38 130 Ef 76
18160 Chezal-Benoît 18 102 Ca 68
18130 Chezal-Chauvier 18 102 Cd 67
18300 Chezal-Reine 18 88 Ce 64
16480 Chez-Baudet 16 123 Zf 76
17240 Chez-Bizet 17 122 Zb 76
16480 Chez-Bobe 16 123 Zf 76
03320 Chez-Bois 03 103 Cf 68
17150 Chez-Bondut 17 122 Zc 76
17520 Chez-Bouchet 17 123 Zd 75
74490 Chez-Chométy 74 120 Gd 71
16250 Chez-Chotard 16 123 Zf 75
65120 Chèze 65 175 Zf 91
43520 Chèze, la 43 141 Eb 78
87240 Chèze, la 87 113 Bc 73
22210 Chèze, la = Kez 22 64 Xc 60
36800 Chézeau-Chrétien 36 101 Bb 68
52400 Chézeaux 52 92 Fd 61
36300 Chézeaux, les 36 100 Ba 69
86380 Chézeaux, les 86 99 Ac 68
03140 Chezelle 03 116 Da 71
03800 Chezelle 03 116 Db 72
36500 Chezelles 36 101 Bd 67
37220 Chézelles 37 99 Ac 66
38300 Chézeneuve 38 131 Fb 75
23700 Chézérade 23 115 Cd 72
01410 Chézery-Forens 01 119 Ff 71
71550 Chézet 71 105 Ea 66
87230 Chez-Eymard 87 125 Af 74
86510 Chez Fouché 86 111 Ab 71
16200 Chez-Froin 16 123 Ze 74
17100 Chez-Fruger 17 123 Zc 74
63120 Chez-Gagnat 63 128 Dc 74
17150 Chez-Gentet 17 123 Zd 76
16300 Chez-Grassin 16 123 Zf 76
17520 Chez-Grimard 17 123 Zd 75
74130 Chez-la-Jode 74 120 Gb 73
16190 Chez-le-Blais 16 123 Aa 76
58300 Chez-le-Bourg 58 104 Dc 68
58250 Chez-Legendre 58 104 De 68
16100 Chez-les-Rois 16 123 Zd 74
19210 Chez-le-Turc 19 125 Bc 76
87120 Chez-Lissandre 87 126 Be 74
16220 Chez-Manot 16 124 Ad 75
63810 Chez-Morissoux 63 127 Cd 75
87310 Chez-Moutaud 87 125 Af 74
17800 Chez-Nolin 17 123 Zc 75
17100 Chez-Portier 17 123 Zc 74
16350 Chez-Pouvaraud 16 112 Ac 73
17770 Chez-Quimand 17 123 Zd 74
86430 Chez-Range 86 112 Ae 71
16130 Chez-Richon 16 123 Ze 75
16450 Chez-Robinet 16 124 Ac 73
16220 Chez-Rozet 16 124 Ac 73
16360 Chez-Saillant 16 123 Zf 76
17460 Chez-Salignac 17 122 Zc 75
17100 Chez-Texier 17 122 Zc 74
16210 Chez-Tureau 16 123 Zf 77
16140 Chez-Veillon 16 123 Zf 73
87330 Chez-Vignan 87 112 Ae 71
03230 Chézy 03 104 Dc 69
02810 Chézy-en-Orxois 02 52 Db 54
02570 Chézy-sur-Marne 02 52 Dc 55
27120 Chiagnolles 27 50 Bc 54
20112 Chialza CTC 184 Ka 99
20169 Chiappili CTC 185 Kb 100
20230 Chiatra CTC 183 Kc 95
64600 Chiberta 64 160 Yc 87
83870 Chibron 83 171 Fe 89
79350 Chiché 79 98 Zd 68
14370 Chicheboville 14 35 Ze 54
89800 Chichée 89 90 Df 62
41100 Chicheray 41 86 Ba 61
89400 Chichery 89 89 Dd 61
51120 Chichey 51 53 De 56
38930 Chichilianne 38 143 Fd 80
89250 Chichy 89 73 Dd 61
40120 Chicot 40 148 Zf 85
57590 Chicourt 57 57 Gd 55
40120 Chicoy 40 148 Ze 84
20141 Chidazzu CTC 182 Ie 95
58170 Chiddes 58 104 Df 67
71220 Chiddes 71 117 Ed 70
63320 Chidrac 63 128 Da 75
94430 Chiennevières-sur-Marne 94 51 Cd 56
43580 Chier, le 43 141 De 79
02400 Chierry 02 52 Dc 54
17210 Chierzac 17 123 Ze 77
20228 Chiesa CTC 181 Kc 91
57070 Chieulles 57 56 Gb 54
26740 Chiffe 26 142 Ef 81
34210 Chiffre 34 166 Cd 88
20160 Chigliani CTC 182 Ie 95
19350 Chignac 19 125 Bb 76
23250 Chignal 23 114 Be 73
23000 Chignaroche 23 114 Bf 71
63910 Chignat 63 128 Db 74
49490 Chigné 49 84 Aa 63
16430 Chignolle, la 16 124 Ab 74
02120 Chigny 02 40 De 49
51500 Chigny-les-Roses 51 53 Ea 54
89190 Chigy 89 72 Dc 59
43380 Chilhac 43 140 Dc 78
16480 Chillac 16 123 Zf 76
79100 Chillas, le 79 99 Ze 67
37220 Chillaudières, les 37 100 Ac 66
16140 Chillé 16 111 Zf 73
39570 Chille 39 107 Fd 68
45170 Chilleurs-aux-Bois 45 71 Ca 60
49370 Chillon, le 49 83 Za 64
49110 Chillou 49 97 Yf 65
86260 Chillou 86 100 Ae 69
79600 Chillou, le 79 99 Zf 68
08260 Chilly 08 41 Ec 49
74270 Chilly 74 120 Ff 73
80170 Chilly 80 39 Ce 50
39570 Chilly-le-Vignoble 39 106 Fc 69
91420 Chilly-Mazarin 91 51 Cb 56
39110 Chilly-sur-Salins 39 107 Ff 67
38490 Chimilin 38 131 Fd 75
74450 Chinaillon, le 74 120 Gc 73
40120 Chinanin 40 147 Zd 84
86130 Chincé 86 99 Ac 68
73310 Chindrieux 73 132 Ff 74
19260 Chingeat 19 126 Be 75
37500 Chinon 37 99 Ab 66
20245 Chiorna CTC 182 Ie 94
20233 Chioso CTC 181 Kc 92
88520 Chipal, le 88 77 Ha 59
80800 Chipilly 80 39 Cd 49
70220 Chiquerie, la 70 93 Gc 61
16150 Chirac 16 112 Ad 73
48100 Chirac 48 140 Db 81
19160 Chirac-Bellevue 19 127 Cb 76
42114 Chirassimont 42 117 Eb 73
03330 Chirat-l'Eglise 03 115 Da 71
86190 Chiré-en-Montreuil 86 99 Aa 69
86340 Chiré-les-Bois 86 112 Ac 70
38850 Chirens 38 131 Fd 76
80250 Chirmont 80 39 Cc 50
07380 Chirols 07 142 Eb 80
18300 Chiron 18 103 Ce 65
17510 Chiron, la 17 111 Ze 73
69115 Chiroubles 69D 118 Ee 71
23500 Chiroux, le 23 126 Ca 74
63810 Chirouzes, les 63 126 Cf 76
60138 Chiry-Ourscamps 60 39 Cf 51
65800 Chis 65 162 Aa 89
20240 Chisa CTC 183 Kb 97
20240 Chisà = Chisa CTC 183 Kb 97
73350 Chiserette, la 73 133 Ge 76
23500 Chissac 23 126 Ca 74
41400 Chissay-en-Touraine 41 86 Ba 64
37150 Chisseaux 37 86 Ba 65
39240 Chisséria 39 119 Fd 70
71540 Chissey-en-Morvan 71 105 Eb 66
71460 Chissey-lès-Mâcon 71 118 Ee 69
39380 Chissey-sur-Loue 39 107 Fe 66
41350 Chîteau, le 41 86 Bc 63
41120 Chitenay 41 86 Bc 64
36800 Chitray 36 101 Bc 69
89530 Chitry 89 89 De 62
58800 Chitry-les-Mines 58 90 Dd 65
20121 Chiusa CTC 182 If 96
17510 Chives 17 111 Zf 73
21820 Chivres 21 106 Fa 67
58210 Chivres 58 89 Dc 64
02350 Chivres-en-Laonnais 02 41 Df 51
02880 Chivres-Val 02 40 Dc 52
02000 Chivy-lès-Étouvelles 02 40 Dd 51
79170 Chizé 79 111 Zd 72
20169 Chjappili = Chiappili CTC 185 Kb 100
20230 Chjatra = Chiatra CTC 183 Kc 95
20233 Chjosu u Chjusu = Chioso CTC 181 Kc 92
62920 Chocques 62 29 Cd 45
52190 Choilley-Dardenay 52 92 Fc 63
78460 Choisel 78 51 Ca 56
52240 Choiseul 52 75 Fd 60
39100 Choisey 39 106 Fc 66
59740 Choisies 59 31 Ea 47
48300 Choisinès, le 48 141 Df 80
19310 Choisne, la 19 125 Bc 77
74330 Choisy 74 120 Ga 73
60750 Choisy-au-Bac 60 39 Cf 52
77320 Choisy-en-Brie 77 52 Db 56
60190 Choisy-la-Victoire 60 39 Cd 52
94600 Choisy-le-Roi 94 51 Cc 56
49300 Cholet 49 98 Za 66
49220 Chollaie, la 49 83 Za 63
17360 Chollet 17 135 Zf 78
89100 Chollets, les 89 72 Db 59
38220 Cholonge 38 144 Fe 78
54200 Choloy-Ménillot 54 56 Fe 57
43500 Chomelix 43 129 De 77
07210 Chomérac 07 142 Ed 80
23700 Chomette, la 23 114 Cb 72
43230 Chomette, la 43 128 Dc 77
42660 Chomey 42 130 Ec 77
38121 Chonas-L'Amballan 38 130 Ee 76
55200 Chonville-Malaumont 55 55 Fc 56
08600 Chooz 08 42 Ee 48
36220 Chopinerie, la 36 100 Ba 68
31540 Choples 31 165 Bf 87
62360 Choquel, le 62 28 Bd 45
60380 Choqueuse 60 38 Bf 51
60360 Choqueuse-les-Bénards 60 38 Ca 51
38680 Choranche 38 143 Fc 78
21200 Chorey 21 106 Ef 66
05230 Chorges 05 144 Gb 81
63950 Choriol 63 127 Cd 75
73270 Chornais, le 73 133 Gd 75
24210 Chosedie, la 24 137 Af 77
63120 Chossière 63 128 Dd 74
07270 Chossons 07 142 Ee 78
14250 Chouain 14 34 Zc 53
35560 Chouannière, la 35 65 Yb 58
82800 Chouastrac 82 150 Bd 84
36100 Chouday 36 102 Ca 67
41170 Choue 41 69 Af 61
58110 Chougny 58 104 De 66
80340 Chouignolles 80 39 Ce 49
51530 Chouilly 51 53 Ea 54
01450 Chouin 01 119 Fc 72
17170 Choupeau 17 110 Za 71
63220 Choupeire 63 129 De 76
86110 Chouppes 86 99 Aa 68
24640 Chourgnac 24 125 Ba 77
15340 Chourlie, la 15 139 Cc 80
41700 Choussy 41 86 Bc 64
41500 Chousy 41 86 Bc 62
33570 Chouteau 33 135 Zf 79
03450 Chouvigny 03 115 Cf 72
39370 Choux 39 119 Fe 71
45290 Choux, les 45 88 Ce 62
02210 Chouy 02 52 Db 53
37140 Chouzé-sur-Loire 37 99 Aa 65
19290 Chouziou 19 126 Ca 74
41150 Chouzy-sur-Cisse 41 86 Bb 63
70700 Choye 70 93 Fe 64
74350 Chozal 74 120 Ga 72
38460 Chozeau 38 131 Fb 74
22340 C'hra, le 22 63 Wd 59
78660 Chraches 78 70 Be 57
76740 Chrashville-la-Rocqueville 76 37 Af 50
27800 Chrétienville 27 49 Ae 54
22300 Christ 22 63 Wc 56
28260 Christophes, les 28 50 Bc 56
45220 Chuelles 45 72 Cf 60
08130 Chuffilly-Roche 08 42 Ed 52
80340 Chuignes 80 39 Ce 49
28190 Chuisnes 28 69 Bb 58
16430 Churet 16 124 Ab 74
30200 Chusclan 30 155 Ee 84
42410 Chuyer 42 130 Ee 76
38200 Chuzelles 38 130 Ef 75
31350 Ciadoux 31 163 Ae 89
20134 Ciamannacce CTC 183 Ka 97
64120 Cibits 64 161 Yf 89
64500 Ciboure 64 160 Yb 88
76570 Cideville 76 37 Af 51
71350 Ciel 71 106 Fa 67
31110 Cier-de-Luchon 31 176 Ad 91
31510 Cier-de-Rivière 31 163 Ad 90
02130 Cierges 02 53 Dd 53
55270 Cierges-sous-Montfaucon 55 55 Fa 53

03150 Ciernat 03 116 Dc 71
31440 Cierp-Gaud 31 176 Ad 91
27930 Cierrey 27 50 Bb 54
17520 Cierzac 17 123 Ze 75
16200 Ciourao 16 137 Bc 79
46230 Cieurac 46 150 Bd 82
47170 Cieuse 47 148 Ab 84
65200 Cieutat 65 163 Ab 90
87520 Cieux 87 113 Ba 73
58220 Ciez 58 89 Db 64
53300 Cigné 53 67 Zc 58
17290 Cigogne 17 110 Za 72
37310 Cigogné 37 86 Af 65
37240 Cigogne, la 37 100 Ae 66
36110 Cigognolles 36 101 Be 66
64470 Chigue 64 161 Za 90
02250 Cilly 02 41 Df 50
18130 Cilly 18 103 Cd 67
26150 Cime, la 26 143 Fb 79
05600 Cime-du-Mélezet 05 145 Ge 81
73340 Cimeteret, le 73 132 Ga 74
37500 Cinais 37 99 Ab 66
03220 Cindré 03 116 Dd 71
61800 Cingallière, la 61 47 Zb 56
11360 Cingle, le 11 179 Ce 90
64520 Cinq-Cantons, les 64 161 Yf 88
59122 Cinq-Chemins, les 59 27 Cd 43
37130 Cinq-Mars-la-Pile 37 85 Ac 64
36170 Cinq-Routes, les 36 113 Bc 70
44270 Cinq-Routes, les 44 96 Yb 67
17460 Cinq-Timbres, les 17 122 Zb 75
39200 Cinquetral 39 119 Ff 70
60940 Cinqueux 60 39 Cd 53
31550 Cintegabelle 31 165 Bd 89
14680 Cintheaux 14 47 Ze 54
27160 Cintray 27 49 Af 56
28300 Cintray 28 69 Bc 58
35310 Cintré 35 65 Ya 60
70120 Cintrey 70 92 Fe 62
20238 Cinturi Portu = Centuri-Port CTC 181 Kc 91
13600 Ciotat, la 13 171 Fd 89
13600 Ciotat-Plage, la 13 171 Fd 89
06620 Cipières 06 158 Gf 86
20113 Cipiniellu CTC 184 If 98
20137 Cipponu CTC 185 Kb 99
61320 Ciral 61 67 Zf 58
37240 Ciran 37 100 Af 66
87380 Cirat 87 126 Bd 75
88270 Circourt 88 76 Gb 59
88300 Circourt-sur-Mouzon 88 75 Fe 59
17290 Ciré-d'Aunis 17 110 Za 72
20144 Cirendinu CTC 185 Kc 99
31110 Cirès 31 175 Ad 91
60660 Cires-lès-Mello 60 51 Cc 53
70190 Cirey 70 93 Ga 64
19800 Cireygeade, la 19 126 Bf 77
52700 Cirey-lès-Mareilles 52 75 Fb 59
21340 Cirey-lès-Pontailler 21 92 Fb 65
52110 Cirey-sur-Blaise 52 74 Ef 59
54480 Cirey-sur-Vezouze 54 77 Gf 57
52370 Cirfontaines-en-Azois 52 74 Ef 60
52230 Cirfontaines-en-Ornois 52 75 Fc 58
79140 Cirière 79 98 Zc 67
36300 Ciron 36 101 Bb 69
34800 Cirque de Mourèze 34 167 Dc 87
71420 Ciry-le-Noble 71 105 Eb 69
02220 Ciry-Salsogne 02 40 Dc 52
61230 Cisai-Saint-Aubin 61 48 Ac 56
59189 Ciseaux, les 59 29 Cc 44
89420 Cisery 89 90 Ea 63
33250 Cissac-Médoc 33 122 Zb 77
86170 Cissé 86 99 Ab 69
27220 Cissey 27 49 Bb 55
19250 Cisterne 19 126 Ca 75
63740 Cisternes-la-Forêt 63 127 Ce 74
63630 Cistrière 63 128 Dd 76
43160 Cistrières 43 128 Dd 77
68310 Cité-Amélie 68 95 Hb 62
13120 Cité-Biver 13 170 Fc 88
54640 Cité d'Arderny-Chevillon 54 43 Ff 53
42230 Cité-de-Beaulieu 42 129 Eb 76
36130 Cité-de-Brassioux 36 101 Be 67
20240 Cité de l'Air CTC 183 Kc 97
30960 Cité-de-L'Aubradou 30 154 Ea 83
84500 Cité de l'Usine 84 155 Ee 83
57730 Cité-de-Valmond 57 57 Ge 54
57500 Cité-Emile-Huchet 57 57 Ge 54
68260 Cité Fernand-Anna 68 95 Hc 62
68310 Cité-Graffenwald 68 95 Hb 62
57500 Cité Jeanne d'Arc 57 57 Ge 54
68270 Cité Jeune-Bois 68 95 Hb 62
80490 Citerne 80 38 Be 49
68310 Cité Rossallmend 68 95 Hb 62
70300 Citers 70 93 Gc 62
58470 Cités, les 58 103 Da 67
57500 Cité Sainte-Fontaine 57 57 Ge 53
57350 Cité Wendel 57 57 Gf 53
70700 Citey 70 93 Fe 64
33360 Citon 33 135 Zd 80
11160 Citou 11 166 Cd 88
77730 Citry 77 52 Db 55
86320 Civaux 86 112 Ad 70
42110 Civens 42 129 Eb 74
43320 Civeyrac 43 141 De 78
48200 Civeyrac 48 140 Db 80
27630 Civières 27 50 Bd 53
33920 Civrac-de-Blaye 33 135 Zd 78
33350 Civrac-de-Dordogne 33 135 Zf 80
33340 Civrac-en-Médoc 33 122 Za 76
18290 Civray 18 102 Cb 67
86400 Civray 86 112 Ab 72
37150 Civray-de-Touraine 37 86 Ba 64
86190 Civray-les-Essarts 86 99 Aa 69
37160 Civray-sur-Esves 37 100 Ae 66
36120 Civrenne 36 102 Bf 68
01390 Civrieux 01 118 Ef 73
69380 Civrieux-d'Azergues 69M 130 Ee 73
28200 Civry 28 70 Bc 60
21320 Civry-en-Montagne 21 91 Ed 65
78910 Civry-la-Forêt 78 50 Bd 55
89440 Civry-sur-Serein 89 90 Df 63
49700 Cizay-la-Madeleine 49 99 Ze 65
01250 Cize 01 119 Fc 71
39300 Cize 39 107 Ff 68
58270 Cizely 58 104 Dc 67
65230 Cizos 65 160 Ac 89
02000 Clacy-et-Thierret 02 40 Dd 51
24170 Cladech 24 137 Ba 80
24540 Cladech 24 137 Af 81
56250 Claies, les 56 81 Xc 62
14210 Claine, la 14 47 Zc 54
66530 Claira 66 179 Cf 92
34260 Clairac 34 167 Da 87
47320 Clairac 47 148 Ac 82
30260 Clairan 30 154 Ea 85
19150 Clairat 19 126 Be 77
49350 Clairay, le 49 84 Ze 64
23300 Clairbize 23 113 Bc 71
78120 Clairefontaine-en-Yvelines 78 70 Bf 57
61800 Clairefougère, Montsecret- 61 47 Zb 56
70200 Clairegoutte 70 94 Gd 63
88260 Clairey 88 76 Ga 60
59740 Clairfayts 59 31 Ea 48
02260 Clairfontaine 02 41 Df 49
54600 Clairlieu 54 56 Ga 57
62500 Clairmarais 62 27 Cb 44
71110 Clairmatin 71 117 Fb 71
60280 Clairoix 60 39 Cf 52
03450 Clairs, les 03 115 Da 72
49110 Clairtière, la 49 83 Za 65
12330 Clairvaux-d'Aveyron 12 151 Cc 82
39130 Clairvaux-les-Lacs 39 107 Fe 69
24160 Clairvivre 24 125 Bb 77
80540 Clairy-Saulchoix 80 38 Cb 49
76660 Clais 76 37 Bc 50
36500 Claise 36 101 Bc 68
16440 Claix 16 123 Aa 75
38640 Claix 38 144 Fe 78
17500 Clam 17 123 Zd 76
51130 Clamanges 51 53 Ea 56
92140 Clamart 92 51 Cb 56
02880 Clamecy 02 40 Dc 52
58500 Clamecy 58 89 Dd 64
11190 Clamenès, les 11 178 Cb 91
12550 Clamensac 12 152 Cd 85
04250 Clamensane 04 157 Ga 83
21390 Clamerey 21 91 Ec 64
43360 Clamont 43 128 Db 77
58320 Clamour 58 103 Da 66
18800 Clanay 18 103 Ce 66
56500 Clandy, le 56 64 Xa 61
56920 Clandy, le 56 64 Xa 60
06420 Clans 06 159 Ha 85
70000 Clans 70 93 Ga 63
26130 Clansayes 26 155 Ee 82
55120 Claon, le 55 55 Ef 54
33950 Claouey 33 134 Ye 80
30430 Clap, le 30 154 Ec 83
12380 Claparède, la 12 152 Cd 86
12540 Clapier, le 12 153 Db 86
05600 Clapière 05 145 Ge 80
83400 Clapière, la 83 172 Ga 90
34830 Clapiers 34 168 Df 87
04200 Clapisse, la 04 157 Ff 83
04330 Clappe, la 04 157 Gb 84
66500 Clara 66 178 Cc 93
31210 Clarac 31 163 Ad 90
32390 Clarac 32 149 Ad 86
65190 Clarac 65 163 Ab 89
64330 Claracq 64 162 Ze 87
73420 Clarafond 73 132 Ff 75
74270 Clarafond 74 119 Ff 72
14130 Clarbec 14 35 Aa 53
65300 Clarens 65 163 Ac 90
30870 Clarensac 30 154 Eb 86
05110 Claret 05 157 Ff 82
34270 Claret 34 154 Df 85
73670 Clarets, les 73 132 Ff 76
24360 Clargour 24 124 Ad 75
62129 Clarques 62 29 Cb 45
22480 Clarté 22 63 Wf 58
22700 Clarté, la 22 63 Wd 56
59225 Clary 59 30 Dc 48
40320 Classun 40 162 Zd 86
31460 Clastre, la 31 165 Be 87
02440 Clastres 02 40 Db 50
83920 Clastron 83 172 Gd 88
76450 Clasville 76 36 Ad 50
11140 Clat, le 11 178 Cb 92
12780 Clau, la 12 152 Cf 83
88410 Claudon 88 76 Ga 60
86200 Claunay 86 99 Ab 67
12260 Claunhac 12 138 Ca 82
04530 Clausal 04 158 Ge 82
31470 Claussade 31 164 Ba 87
63330 Clautrier 63 115 Cd 72
15150 Claux, le 15 139 Cb 78
15400 Claux, le 15 127 Ce 78
19400 Claux, le 19 138 Bf 78
34190 Claux, le 34 153 Dd 85
05560 Claux, les 05 145 Ge 81
47140 Clauzade 47 149 Af 82
43170 Clauze, la 43 140 Dd 79
24620 Clauzel 24 137 Ba 79
43700 Clauzel, le 43 141 Df 79
12120 Clauzelles 12 152 Cd 83
38142 Clavans-en-Haut-Oisans 38 144 Ga 78
38142 Clavans-le-Haut 38 144 Ga 78
43220 Clavas 43 130 Ec 77
79420 Clavé 79 111 Ze 70
79400 Claveau 79 111 Ze 70
69870 Claveisolles 69D 118 Ec 72
63740 Claveix 63 127 Ce 74
46240 Clavel 46 138 Be 81
87120 Clavérolas 87 126 Be 74
23000 Clavérolles 23 114 Bf 71
17220 Clavette 17 110 Yf 72
26240 Claveyson 26 142 Ef 77
36120 Clavière 36 101 Be 68
63600 Clavière 63 129 De 75
15320 Clavières 15 140 Db 79
15320 Clavières-d'Outre 15 140 Db 79
83830 Claviers 83 172 Gd 87
16100 Clavion 16 138 Bf 81
27100 Claville 27 49 Ba 54
76690 Claville-Motteville 76 37 Bb 51
08460 Clavy-Warby 08 41 Ed 50
49610 Claye 49 83 Zc 64
85320 Claye, la 85 109 Ye 70
35590 Clayes 35 65 Ya 59
77410 Claye-Souilly 77 51 Ce 55
78450 Clayes-sous-Bois, les 78 51 Ca 56
54290 Clayeures 54 76 Gc 58
79300 Clazay 79 98 Zc 68
56580 Clebzur 56 64 Xb 60
14570 Clécy 14 47 Zd 55
29770 Cléden-Cap-Sizun 29 61 Vc 60
29270 Cléden-Poher 29 63 Wb 59
29233 Cléder 29 62 Vf 57
40320 Clèdes 40 162 Zd 87
83830 Clèdes, les 83 172 Gd 87
10320 Cledou, le 16 124 Ac 75
67160 Cleebourg 67 58 Hf 54
88230 Clefcy 88 77 Gf 59
52240 Clefmont 52 75 Fd 60
74230 Clefs, les 74 132 Gb 73
49150 Clefs-Val d'Anjou 49 84 Zf 63
27490 Clef Vallée d'Eure 27 49 Bb 54
56620 Cléguer 56 79 Wd 61
56480 Cléguerec = Klegereg 56 79 Wf 60
38930 Clelles-en-Trièves 38 144 Fd 80
61130 Clémance 61 69 Ad 59
85440 Clémantinière, la 85 109 Yc 70
37460 Clémencerie, la 37 100 Ba 65
21220 Clémencey 21 106 Ef 65
63320 Clémensat 63 128 Da 75
63540 Clémensat 63 128 Da 74
63310 Clémenter 63 116 Db 73
54610 Clémery 54 56 Gb 55
18410 Clémont 18 88 Cb 63
21490 Clénay 21 92 Fa 64
62650 Clenleu 62 28 Bf 45
76410 Cléon 76 37 Ba 53
26450 Cléon-d'Andran 26 142 Ef 81
42110 Cleppé 42 129 Eb 74
17270 Clérac 17 135 Ze 77
24150 Clérans 24 136 Ad 79
44450 Cleray, le 44 97 Yd 65
14230 Clerbosq, les 14 34 Yf 53
40460 Clerc, le 40 134 Yf 82
17350 Cleré 17 122 Zb 73
36700 Cléré-du-Bois 36 100 Ba 67
37340 Cléré-les-Pins 37 85 Ac 64
76690 Clères 76 37 Ba 51
49560 Cléré-sur-Layon 49 98 Zd 66
10390 Clérey 10 73 Eb 59
88630 Clérey-la-Côte 88 76 Fe 58
54330 Clérey-sur-Brénon 54 76 Ga 57
44850 Clergerie, la 44 82 Yd 64
19320 Clergoux 19 126 Bf 77
26260 Clérieux 26 143 Ef 78
89190 Clérimois, les 89 72 Dc 59
88240 Clerjus, le 88 76 Gb 61
63720 Clerlande 63 116 Db 73
71520 Clermain 71 118 Ed 70
09420 Clermont 09 177 Bb 90
40180 Clermont 40 161 Za 87
60600 Clermont 60 39 Cc 52
74270 Clermont 74 119 Ff 73
72200 Clermont-Créans 72 84 Zf 62
24140 Clermont-de-Beauregard 24 136 Ad 79
24160 Clermont-d'Excideuil 24 125 Ba 76
55120 Clermont-en-Argonne 55 55 Fa 54
14430 Clermont-en-Auge 14 35 Zf 53
63000* Clermont-Ferrand 63 128 Da 74
31810 Clermont-le-Fort 31 164 Bc 88
02340 Clermont-lès-Fermes 02 41 Df 50
34800 Clermont-L'Hérault 34 167 Dc 87
32300 Clermont-Pouyguillès 32 163 Ad 88
32600 Clermont-Savès 32 164 Ba 87
47270 Clermont-Soubiran 47 149 Ae 84
11250 Clermont-sur-Lauquet 11 178 Cc 90
25330 Cléron 25 107 Ga 66
62890 Clerques 62 27 Bf 44
43160 Clersange 43 128 Dd 77
25340 Clerval 25 94 Gc 64
21270 Cléry 21 92 Fc 65
73460 Cléry 73 132 Gb 75
95420 Cléry-en-Vexin 95 50 Bf 54
55110 Cléry-Grand 55 42 Fa 52
55110 Cléry-Petit 55 42 Fb 52
45370 Cléry-Saint-André 45 87 Be 62
80200 Cléry-sur-Somme 80 39 Cf 49
01960 Clés, les 01 118 Fa 71
51260 Clesles 51 73 De 57
56450 Clesse 56 80 Xc 63
71260 Clessé 71 118 Ee 70
79350 Clessé 79 98 Zd 68
71130 Clessy 71 117 Ea 69
30410 Clet 30 154 Ea 83
62380 Cléty 62 29 Cb 45
56140 Cleu, la 56 81 Xe 62
29390 Cleumérien 29 79 Wb 60
76450 Cleuville 76 36 Ad 50
14370 Cléville 14 35 Zf 54
76640 Cléville 76 36 Ad 51
28300 Clévilliers 28 69 Bc 57
33540 Cleyrac 33 135 Zf 80
01230 Cleyzieu 01 119 Fc 73
88700 Clézentaine 88 77 Gd 58
54113 Clézilles 54 76 Ff 57
92110 Clichy 92 51 Cb 55
04370 Clignon 04 158 Gd 83
67510 Climbach 67 58 Hf 54
52700 Clinchamp 52 75 Fc 59
14320 Clinchamps-sur-Orne 14 47 Zd 54
17240 Clion 17 123 Zc 76
36700 Clion 36 101 Bb 67
44210 Clion-sur-Mer, le 44 96 Xf 66
26270 Cliousclat 26 142 Ef 80
59279 Clipon, le 59 27 Cb 42
76640 Cliponville 76 36 Ad 50
21150 Clirey 21 91 Ed 64
08090 Cliron 08 42 Ed 50
44350 Clis 44 81 Xd 64
17600 Clisse, la 17 122 Zb 74
44190 Clisson 44 97 Ye 66
50330 Clitourps 50 33 Yd 51
28240 Cloche, la 28 69 Af 58
59470 Cloche, la 59 27 Cc 43
29360 Clohars-Carnoët 29 79 Wc 62
29950 Clohars-Fouesnant 29 78 Vf 61
29190 Cloître-Pleyben, le 29 62 Wa 59
29410 Cloître-Saint-Thégonnec 29 62 Wb 58
21230 Clomot 21 105 Ec 65
38550 Clonas-sur-Varèze 38 130 Ec 76
62560 Cloquant 62 29 Ca 45
16120 Clos, le 16 123 Zf 76
35210 Clos, le 35 66 Ye 59
38550 Clos, le 38 130 Ee 76
44530 Clos, le 44 81 Xf 64
05150 Clos d'Antouret 05 143 Fc 82
84220 Clos-de-Filliol 84 156 Fb 85
37210 Closeaux, les 37 85 Ae 64
77370 Clos-Fontaine 77 72 Da 57
51120 Clos-le-Roi, le 51 53 Dd 56
22550 Clos-Noël, le 22 64 Xd 57
38520 Clot-d'en-Haut, le 38 144 Gb 79
34710 Clotinières 34 167 Da 89
04400 Clot-Meyran 04 158 Gd 82
17360 Clotte, la 17 135 Zf 78
05100 Clottet, le 05 145 Ge 79
87360 Clotures, les 87 113 Ba 71
57185 Clouange-sur-Orne 57 56 Ga 53
86600 Cloué 86 111 Aa 70
16410 Cloulas 16 124 Ab 75
41700 Clouseau, le 41 86 Bc 64
71960 Cloux, le 71 118 Ee 70
03600 Cloux, les 03 115 Ce 71
18170 Cloux, les 18 102 Cb 68
85430 Clouzeaux, Aubigny-, les 85 97 Yc 69
28220 Cloyes-les-Trois-Rivières 28 69 Bb 60
28220 Cloyes-sur-le-Loir 28 69 Bb 61
51300 Cloyes-sur-Marne 51 54 Ed 57
07270 Cluac 07 142 Ed 79
04420 Clucheret, le 04 157 Gb 83
39110 Clucy 39 107 Ff 67
23270 Clugnat 23 114 Ca 71
36340 Cluis 36 114 Be 69
04330 Clumanc 04 157 Gc 84
71250 Cluny 71 118 Ed 70
23210 Cluptat 23 114 Bd 72
40990 Cluquetardit 40 146 Yf 86
74220 Clusaz, la 74 120 Gc 73
01460 Cluse, la 01 119 Fd 71
05250 Cluse, la 05 144 Ff 81
25300 Cluse, la 25 108 Gc 67
03190 Cluseau, le 03 115 Cd 69
25300 Cluse-et-Mijoux, la 25 108 Gc 67
74300 Cluses 74 120 Gd 72
79190 Clussais 79 111 Aa 71
71270 Clux-Villeneuve 71 106 Fb 67
24530 Cluzeau 24 124 Ae 76
03250 Cluzel 03 116 Dd 72
12200 Cluzel, le 12 151 Ca 83
46090 Cluzel, le 46 150 Bc 82
24800 Cluzelet, le 24 125 Af 76
63640 Cluzet 63 115 Ce 73
29246 Coadigou 29 63 Wc 58
29390 Coadigou 29 78 Wb 60
29390 Coadry 29 78 Wb 60
22970 Coadut 22 63 We 57
06390 Coaraze 06 159 Hb 85
64800 Coarraze 64 162 Ze 89
22140 Coatascorn 22 63 We 56
29140 Coat-Canton 29 78 Wb 61
56520 Coat-Coff 56 79 Wd 62
29640 Coatélan 29 62 Wb 57
56520 Coatermalo 56 79 Wd 62
22390 Coat-Forn 22 63 We 58
29400 Coativellec 29 62 Vf 57
22160 Coatleau 22 63 Wc 58
29870 Coat-Méal 29 61 Vc 57
29140 Coat-Meur 29 78 Wb 61
29460 Coat-Nant 29 62 Ve 58
29340 Coat-Pin 29 79 Wb 62
22480 Coat-Piquet 22 63 We 58
29640 Coat-Quéau 29 63 Wb 58
22450 Coatréven 22 63 Wd 56
29670 Cobalon 29 62 Wa 57
26400 Cobonne 26 143 Fa 80
59830 Cobrieux 59 30 Db 45
36500 Cocatrix, la 36 101 Bb 67
09200 Coch, le 09 176 Bb 91
05260 Coche, la 05 144 Gb 80
77440 Cocherel 77 52 Da 54
61310 Cochère, la 61 48 Aa 56
57800 Cocheren 57 57 Gf 54
38112 Cochet 38 143 Fc 78
10240 Coclois 10 74 Ec 58
80510 Cocquerel 80 28 Bf 48
18120 Cocuas, les 18 102 Ca 66
47250 Cocumont 47 148 Aa 82
12460 Cocural 12 139 Ce 80
48400 Cocurès, Bédouès- 48 153 Dd 82
30920 Codognan 30 169 Eb 86
30200 Codolet 30 155 Ee 84
51170 Coëmy 51 53 De 53
35134 Coësmes 35 82 Yd 61
56230 Coët-Bihan 56 81 Xd 63
22240 Coëtbily 22 64 Xd 57
56120 Coët-Bugat 56 80 Xc 61
22210 Coëtlogon 22 64 Xc 60
22400 Coëtmieux 22 64 Xc 58
56540 Coët-Milin 56 79 Wd 60
56310 Coët-Organ 56 80 We 61
46240 Cœur-de-Causse 46 138 Bd 80
23250 Cœurgne 23 114 Be 72
58210 Cœurs 58 89 Dc 65
85220 Coëx 85 96 Yb 68
77320 Coffery 77 52 Db 56
35300 Coganne 35 65 Xf 60
20160 Coggia CTC 182 Ie 96
35460 Coglès 35 66 Yd 58
39130 Cogna 39 107 Fe 69
16100 Cognac 16 123 Ze 74
87310 Cognac-la-Forêt 87 125 Ba 73
58130 Cognan 58 103 Db 66
03110 Cognat-Lyonne 03 116 Db 72
28120 Cogné 28 69 Bb 58
72310 Cogners 72 85 Ad 61
38350 Cognet 38 144 Fe 79
26110 Cognets, les 26 156 Fa 82
70230 Cognières 70 93 Gb 64
38470 Cognin-les-Gorges 38 143 Fc 77
20123 Cognocoli-Monticchi CTC 182 If 98
63990 Cognol 63 129 De 75
63300 Cognord 63 116 Dc 73
18130 Cogny 18 103 Cd 67
69640 Cogny 69D 118 Ed 73
83310 Cogolin 83 172 Gd 89
24500 Cogulot 24 136 Ac 80
43100 Cohade 43 128 Dc 76
02130 Cohan 02 53 Dd 53
02270 Cohartille 02 40 De 50
63310 Cohat, le 63 116 Db 73
73400 Cohennoz 73 133 Gc 74
22800 Cohiniac 22 64 Xa 58
52600 Cohons 52 92 Fc 62
44530 Coiffy 44 81 Xf 64
52400 Coiffy-le-Bas 52 92 Fe 61
52400 Coiffy-le-Haut 52 92 Fe 61
19170 Coignac 19 126 Be 75
53100 Coignardière, la 53 67 Zb 59
32270 Coignax 32 163 Ae 86
80560 Coigneux 80 29 Cd 48
78310 Coignières 78 50 Bf 56
50250 Coigny 50 33 Yd 53
33210 Coimères 33 135 Ze 82
26140 Coinaud 26 143 Ef 77
45310 Coinces 45 70 Be 60
88100 Coinches 88 77 Ha 59
54370 Coincourt 54 57 Gd 56
02210 Coincy 02 52 Dc 54
57530 Coincy 57 56 Gb 54
49270 Coindassière, la 49 82 Ye 65
79100 Coindrie, la 79 99 Ze 67
36130 Coings 36 101 Be 67
02360 Coingt 02 41 Ea 50
57420 Coin-lès-Cuvry 57 56 Ga 54
57420 Coin-sur-Seille 57 56 Ga 54
33540 Coirac 33 135 Ze 80
38110 Coiranne 38 131 Fc 75
38220 Coirelle, la 38 144 Fe 78
69590 Coise 69M 130 Ec 75
73800 Coise 73 132 Ga 75
39200 Coiserette 39 119 Ff 70
70400 Coisevaux 70 94 Ge 63
39240 Coisia, Thoirette- 39 119 Fd 71
44460 Coisnauté 44 81 Ya 63
19170 Coissac 19 126 Bf 75
00200 Coisy 80 39 Cb 49
17330 Coivert 17 111 Zd 72
60420 Coivrel 60 39 Cd 51
51270 Coizard-Joches 51 53 Df 56
73500 Col, le 73 133 Gd 77
47450 Colayrac-Saint-Cirq 47 149 Ad 83
22480 Coldabry 22 63 Wf 58
09300 Col-del-Teil 09 178 Bf 91
62142 Colembert 62 27 Bf 44
89150 Coleuvrat 89 72 Da 60
01270 Coligny 01 119 Fc 70
80560 Colincamps 80 29 Cd 48
89700 Collan 89 90 Df 61
58800 Collancelle, la 58 104 Dd 65
15400 Collandres 15 127 Cd 77
27190 Collandres-Quincarnon 27 49 Af 55
15300 Collanges 15 127 Ce 78
63220 Collanges 63 129 De 76
63340 Collanges 63 128 Db 76
63940 Collanges 63 129 Dd 76
17210 Collardeau 17 123 Ze 77
43230 Collat 43 128 Dd 77
83440 Colle, la 83 172 Gd 86
83630 Colle, la 83 171 Gb 86
77090 Collégien 77 51 Ce 55
47320 Colleignes 47 148 Ac 83
89100 Collemiers 89 72 Db 60
69660 Collonges-au-Mont-d'Or 69M 130 Ef 74
83440 Colle-Noire, la 83 172 Ge 87
59680 Colleret 59 31 Ea 47
06480 Colle-sur-Loup, la 06 173 Ha 86
05260 Collet 05 144 Gb 81
42130 Collet 42 129 Df 74
73300 Collet 73 132 Gb 77
05250 Collet, le 05 144 Ff 80
44760 Collet, le 44 96 Xf 66
38580 Collet d'Allevard, le 38 132 Ga 76
48160 Collet-de-Dèze, le 48 154 Df 83
27500 Colletot 27 36 Ad 52
76400 Colleville 76 36 Ac 50
14880 Colleville-Montgomery 14 47 Ze 53
14710 Colleville-sur-Mer 14 47 Za 52
30210 Collias 30 154 Ec 85
02860 Colligis 02 40 Dd 52
57530 Colligny-Maizery 57 56 Gb 54
62180 Colline-Beaumont 62 28 Be 46
22330 Collinée = Koedlinez 22 64 Xc 59
66190 Collioure 66 179 Da 93
83610 Collobrières 83 172 Gb 89
71250 Collonge 71 118 Ed 70
71700 Collonge 71 118 Ee 69
71460 Collonge-en-Charollais 71 105 Ed 69
71360 Collonge-la-Madeleine 71 105 Ed 67
01550 Collonges 01 119 Ff 72
19500 Collonges-la-Rouge 19 138 Bd 78
21220 Collonges-lès-Bevy 21 106 Ef 65

21110 Collonges-lès-Premières 21 106 Fb 65
74160 Collonges-sous-Salève 74 120 Ga 72
06910 Collongues 06 158 Gf 85
65350 Collongues 65 163 Aa 89
29530 Collorec 29 62 Wb 59
30190 Collorgues 30 154 Eb 84
68000 Colmar 68 60 Hc 60
76690 Colmare 76 37 Bb 51
04370 Colmars 04 158 Gd 83
57320 Colmen 57 44 Gd 52
58350 Colméry 58 89 Db 64
76550 Colmesnil-Manneville 76 37 Ba 49
54260 Colmey 54 43 Fd 52
52160 Colmier-le-Bas 52 91 Ef 62
52160 Colmier-le-Haut 52 91 Ef 62
06420 Colniane, la 06 159 Hb 84
30460 Colognac 30 154 De 84
32430 Cologne 32 164 Af 86
06670 Colomars 06 159 Hb 86
81170 Colombarie, la 81 151 Bf 84
05300 Colombe 05 156 Fe 82
38690 Colombe 38 131 Fc 76
41160 Colombe, la 41 86 Bc 61
50800 Colombe, la 50 46 Ye 55
48000 Colombèche, la 48 140 Dd 81
23400 Colombeix 23 114 Be 73
10200 Colombé-la-Fosse 10 74 Ee 59
70200 Colombe-lès-Bithaine 70 93 Gc 62
10200 Colombé-le-Sec 10 74 Ee 59
70000 Colombe-lès-Vesoul 70 93 Gb 63
14460 Colombelles 14 47 Ze 53
92700 Colombes 92 51 Cb 55
71370 Colombey 71 106 Ef 68
54170 Colombey-les-Belles 54 76 Ff 57
52240 Colombey-lès-Choiseul 52 75 Fd 60
03600 Colombier 03 115 Ce 71
21360 Colombier 21 105 Ee 65
24480 Colombier 24 137 Af 80
24560 Colombier 24 136 Ad 80
30200 Colombier 30 155 Ed 84
42220 Colombier 42 130 Ed 76
43500 Colombier 43 129 De 76
59118 Colombier 59 30 Da 44
70000 Colombier 70 93 Gb 63
18340 Colombier, le 18 102 Cc 67
19120 Colombier, le 19 138 Be 78
26160 Colombier, le 26 142 Ee 82
36170 Colombier, le 36 113 Bc 69
25260 Colombier-Châtelot 25 94 Gd 64
25500 Colombière 25 108 Gd 66
71800 Colombier-en-Brionnais 71 117 Ec 70
34390 Colombières-sur-Orb 34 167 Da 87
25260 Colombier-Fontaine 25 94 Ge 64
07430 Colombier-le-Cardinal 07 130 Ee 77
07270 Colombier-le-Jeune 07 142 Ee 78
07410 Colombier-le-Vieux 07 142 Ee 78
17460 Colombiers 17 123 Zc 75
18200 Colombiers 18 102 Cd 68
34440 Colombiers 34 167 Da 89
61250 Colombiers 61 68 Aa 58
86490 Colombiers 86 99 Ac 68
69124 Colombier-Saugnieu 69M 131 Fa 74
53120 Colombiers-du-Plessis 53 66 Za 58
14480 Colombiers-sur-Seulles 14 35 Zc 53
12240 Colombiès 12 151 Cc 82
20167 Colombina CTC 182 If 97
14710 Colombrières 14 34 Za 53
50700 Colomby 50 33 Yd 52
14610 Colomby-Anguerny 14 47 Zd 53
14610 Colomby-sur-Thaon 14 47 Zd 53
31770 Colomiers 31 164 Bc 87
01300 Colomieu 01 131 Fd 74
61340 Colonard-Corubert 61 69 Ad 58
23800 Colondannes 23 113 Bd 71
02120 Colonfay 02 40 De 49
37390 Colonie, la 37 85 Ad 64
65400 Colonies, les 65 174 Ze 91
39800 Colonne 39 107 Fd 67
26120 Colonzelle 26 155 Ef 82
71580 Colots, les 71 106 Fc 69
56390 Colpo 56 80 Xb 62
88490 Colroy-la-Grande 88 77 Ha 59
67420 Colroy-la-Roche 67 77 Hb 58
28300 Coltainville 28 70 Bd 58
15170 Coltines 15 140 Cf 78
24120 Coly 24 137 Bb 78
34980 Combaillaux 34 168 De 86
15220 Combaldie, la 15 139 Cb 79
43450 Combalibœuf 43 128 Da 77
30250 Combas 30 154 Ea 85
12800 Combe 12 151 Cc 83
30200 Combe 30 155 Ed 84
42440 Combe 42 116 De 73
63320 Combe 63 128 Da 76
15130 Combe, la 15 139 Cd 80
19270 Combe, la 19 126 Bd 77
24290 Combe, la 24 137 Bb 78
26170 Combe, la 26 156 Fc 83
38300 Combe, la 38 131 Fb 75
38650 Combe, la 38 143 Fd 79
48100 Combe, la 48 140 Db 80
63260 Combe, la 63 116 Db 72
73300 Combe, la 73 132 Gb 77
73610 Combe, la 73 132 Fe 75
74330 Combe, la 74 120 Ga 73
74970 Combe, la 74 120 Gc 72
87140 Combe, la 87 113 Bb 72
70120 Combeaufontaine 70 93 Ff 62
25650 Combe-Benoit 25 108 Gd 67
04530 Combe-Brémond 04 145 Gf 81
25500 Combe-d'Abondance 25 108 Gd 66
39400 Combe-de-Morbier, la 39 107 Ga 69
26110 Combe-de-Sauve, la 26 155 Fa 82
81640 Combefa 81 151 Ca 84
05140 Combe-Fère 05 144 Fd 81
34520 Combefère 34 153 Db 85
34360 Combejean 34 167 Cf 88
34220 Combeliobert 34 166 Ce 88
63570 Combelle, la 63 128 Db 76
09420 Combelongue 09 177 Bb 91
48100 Combe-Maury 48 140 Dc 81
24600 Comberanche-et-Epeluche 24 124 Ab 77
70000 Comberjon 70 93 Gb 63
82600 Comberouger 82 149 Ba 85
21200 Combertault 21 106 Ef 67
34240 Combes 34 167 Da 87
01130 Combes, les 01 119 Fe 71
01570 Combes, les 01 118 Ef 70
05100 Combes, les 05 145 Gd 79
05110 Combes, les 05 157 Ff 82
07130 Combes, les 07 142 Ee 79
23500 Combes, les 23 114 Cb 73
42440 Combes, les 42 129 De 74
48600 Combes, les 48 140 Dd 80
73450 Combes, les 73 133 Gc 77
74210 Combes, les 74 132 Gb 74
74210 Combes, les 74 132 Gb 74
87340 Combes, les 87 113 Bc 72
87600 Combes, les 87 125 Af 74
46240 Combescure 46 138 Bd 80
81360 Combessié, la 81 151 Cb 86
63600 Combest 63 129 De 76
82800 Combettes 82 150 Bd 84
16320 Combiers 16 124 Ac 76
21700 Comblanchien 21 106 Ef 66
80360 Combles 80 39 Cf 48
55000 Combles-en-Barrois 55 55 Fa 56
35330 Comblessac 35 81 Xf 61
45800 Combleux 45 87 Bf 61
51700 Comblizy 51 53 De 54
61400 Comblot 61 68 Ad 58
74920 Combloux 74 121 Gd 73
27170 Combon 27 49 Af 54
86460 Combourg 86 112 Ad 72
35270 Combourg = Komborn 35 65 Yb 58
35210 Combourtillé 35 66 Ye 59
26120 Combovin 26 143 Fa 79
12170 Combradet 12 151 Cc 85
63380 Combrailles 63 127 Cd 73
79140 Combrand 79 98 Zb 67
14220 Combray 14 47 Zd 55
42840 Combre 42 117 Eb 72
49520 Combrée 49 83 Yf 62
28480 Combres 28 69 Ba 59
43130 Combres 43 129 Df 77
43160 Combres 43 128 Dd 77
43590 Combres 43 129 Ea 77
19250 Combressol 19 126 Cb 76
55160 Combres-sous-les-Côtes 55 55 Fd 54
12370 Combret 12 152 Ce 85
43300 Combret 43 141 Dd 78
48340 Combret 48 140 Da 81
48800 Combret 48 141 Df 82
87400 Combret 87 126 Bd 74
45530 Combreux 45 71 Cb 61
19320 Combrignac 19 126 Ca 77
88490 Combrimont 88 77 Ha 59
29120 Combrit 29 78 Vf 61
63460 Combronde 63 115 Da 73
12240 Combrouze 12 151 Cb 83
87210 Combrun 87 113 Ba 71
77380 Combs-la-Ville 77 51 Cd 57
74230 Comburce 74 132 Gc 73
71990 Comelle, la 71 105 Ea 67
87160 Comergnac 87 113 Bb 71
66500 Comes 66 178 Cc 92
46190 Comiac 46 138 Bf 79
11700 Comigne 11 166 Cd 89
09320 Cominac 09 177 Bb 91
59560 Comines 59 30 Da 44
71500 Commagne, la 71 106 Fa 69
71400 Commaille, la 71 105 Eb 67
29450 Commana 29 62 Wa 58
21320 Commarin 21 105 Ed 65
21320 Comme, la 21 91 Ec 65
58430 Comme, la 58 104 Df 66
61200 Commeaux 61 48 Zf 56
38260 Commelle 38 131 Fb 76
42120 Commelle 42 117 Ea 73
39140 Commenailles 39 106 Fc 68
02300 Commenchon 02 40 Da 51
40210 Commensacq 40 147 Zb 83
03600 Commentry 03 115 Ce 71
95450 Commeny 95 50 Bf 54
85220 Commequiers 85 96 Ya 68
53470 Commer 53 67 Zc 59
55200 Commercy 55 55 Fd 56
19300 Commerly 19 126 Bf 76
72560 Commerreries, les 72 68 Ac 61
72600 Commerveil 72 68 Ac 59
14520 Commes 14 47 Zb 52
89430 Commissey 89 90 Ea 61
45700 Commodité, la 45 88 Ce 61
39250 Communailles-en-Montagne 39 107 Ga 68
62910 Communal, le 62 27 Ca 44
69360 Communay 69M 130 Ef 75
71220 Commune 71 117 Eb 69
37110 Commune, la 37 85 Ae 63
30190 Commune de Sainte-Anastasie 30 154 Eb 85
28290 Commune nouvelle d'Arrou 28 69 Ba 60
18150 Communes, les 18 103 Ce 67
42123 Communes, les 42 117 Ea 73
24200 Compagnoles 24 137 Bb 79
63610 Compains 63 127 Cf 76
76440 Compainville 76 37 Bd 51
32260 Compans 32 163 Ad 88
77290 Compans 77 51 Cd 55
23700 Compas, le 23 115 Cc 73
23460 Compeix, le 23 114 Bf 73
51510 Compertrix 51 54 Ec 55
35330 Compessy 35 81 Ya 61
12520 Compeyre 12 152 Da 84
60200 Compiègne 60 39 Ce 52
19800 Compiène 19 126 Bf 76
89140 Compigny 89 72 Db 58
17132 Compin, le 17 122 Za 75
44310 Compointrie, la 44 96 Yb 66
12350 Compolibat 12 151 Cb 82
73630 Compôte, la 73 132 Gb 74
12100 Comprégnac 12 152 Cf 84
87140 Compreignac 87 113 Bb 73
07120 Comps 07 154 Eb 82
12450 Comps 12 152 Cd 83
19290 Comps 19 126 Ca 74
30300 Comps 30 155 Ed 85
33710 Comps 33 135 Zc 78
12120 Comps-la-Grand-Ville 12 152 Cd 83
83840 Comps-sur-Artuby 83 172 Gd 86
33460 Comte 33 134 Zb 79
62150 Comté, la 62 29 Cd 46
32410 Comte, le 32 148 Ac 86
82200 Comtesse, la 82 149 Ba 83
11340 Comus 11 178 Bf 92
17150 Conac 17 122 Zb 76
43580 Conac 43 141 Dd 79
41290 Conan 41 86 Bb 62
01230 Conand 01 119 Fc 73
66500 Conat 66 178 Cc 93
20135 Conca CTC 185 Kc 98
29900 Concarneau = Konk-Kerne 29 78 Wa 61
02160 Concevreux 02 40 De 52
19350 Concèze 19 125 Bc 76
04400 Conche, la 04 158 Ge 82
48240 Conchès 48 153 Df 83
77600 Conches 77 51 Ce 55
85560 Conches, les 85 109 Yd 70
27190 Conches-en-Ouche 27 49 Af 55
04400 Conchette, la 04 158 Gd 82
27170 Conchez 27 49 Ae 54
64330 Conchez-de-Béarn 64 162 Ze 87
20228 Conchigliu CTC 181 Kc 91
62180 Conchil-le-Temple 62 28 Bd 46
07200 Conchy, la 07 142 Ec 80
60490 Conchy-les-Pots 60 39 Ce 51
62270 Conchy-sur-Canche 62 29 Cb 47
43370 Concis 43 141 Df 79
12520 Conclus 12 152 Da 83
46310 Concorès 46 137 Bc 81
56430 Concoret 56 65 Xe 60
46260 Concots 46 150 Bd 82
30450 Concoules 30 154 Df 82
12740 Concourès 12 152 Cd 82
49700 Concourson-sur-Layon 49 98 Zd 65
36300 Concremiers 36 100 Ba 69
18260 Concressault 18 88 Cd 64
41370 Concriers 41 86 Bc 62
16700 Condac 16 111 Ab 72
34220 Condades 34 166 Ce 88
71480 Condal 71 119 Fb 70
01430 Condamine 01 119 Fd 72
39570 Condamine 39 106 Fc 69
42230 Condamine 42 129 Eb 76
48210 Condamine, la 48 153 Dd 83
04530 Condamine-Châtelard, la 04 145 Ge 82
12500 Condamines 12 140 Cf 81
15190 Condat 15 127 Ce 76
46110 Condat 46 138 Bd 79
47500 Condat 47 137 Af 81
63380 Condat-en-Combraille 63 127 Cd 73
63490 Condat-lès-Montboissier 63 128 Dd 75
19140 Condat-sur-Ganaveix 19 126 Bd 76
24530 Condat-sur-Trincou 24 124 Ae 76
24570 Condat-sur-Vézère 24 137 Bb 78
87920 Condat-sur-Vienne 87 125 Bb 74
19170 Condau 19 126 Bf 75
34330 Condax 34 166 Cd 87
18160 Condé 18 102 Cb 68
36100 Condé 36 102 Bf 67
36230 Condé 36 102 Bf 69
61110 Condeau 61 69 Af 58
95450 Condécourt 95 50 Bf 54
55000 Condé-en-Barrois 55 55 Fa 55
02330 Condé-en-Brie 02 53 Dd 54
14110 Condé-en-Normandie 14 47 Zc 55
01400 Condeissiat 01 118 Fa 72
81800 Condel 81 150 Bd 86
08250 Condé-lès-Autry 08 54 Ef 53
08360 Condé-lès-Herpy 08 41 Eb 51
57220 Condé-Northen 57 56 Gc 54
16360 Condéon 16 123 Zf 76
39240 Condes 39 119 Fd 70
52000 Condes 52 75 Fa 60
77450 Condé-Sainte-Libiaire 77 52 Ce 55
02370 Condé-sur-Aisne 02 40 Dc 52
61110 Condé-sur-Huisne 61 69 Af 58
14270 Condé-sur-Ifs 14 48 Zf 54
27160 Condé-sur-Iton 27 49 Af 55
59163 Condé-sur-L'Escaut 59 31 Dd 46
51150 Condé-sur-Marne 51 53 Eb 54
14110 Condé-sur-Noireau 14 47 Zc 55
27290 Condé-sur-Risle 27 36 Ad 53
61250 Condé-sur-Sarthe 61 68 Aa 58
14400 Condé-sur-Seulles 14 34 Zc 53
02190 Condé-sur-Suippe 02 41 Df 52
78113 Condé-sur-Vesgre 78 50 Bd 56
50890 Condé-sur-Vire 50 46 Yf 54
62360 Condette 62 28 Bd 45
47500 Condezaygues 47 137 Af 82
32100 Condom 32 148 Ac 85
12470 Condom-d'Aubrac 12 139 Cf 81
81320 Condomines 81 166 Ce 86
26110 Condorcet 26 155 Fb 82
47290 Condou 47 136 Ad 81
02700 Condren 02 40 Db 51
69420 Condrieu 69M 130 Ee 76
74220 Confins, les 74 120 Gc 73
70170 Conflandey 70 93 Ga 62
73790 Conflans 73 132 Gc 74
54800 Conflans-en-Jarnisy 54 56 Ff 53
78700 Conflans-Sainte-Honorine 78 51 Ca 55
72120 Conflans-sur-Anille 72 69 Ae 61
70800 Conflans-sur-Lanterne 70 93 Gb 62
45700 Conflans-sur-Loing 45 72 Ce 61
51260 Conflans-sur-Seine 51 73 De 57
16500 Confolens 16 112 Ae 72
38740 Confolens 38 144 Ff 79
19200 Confolent-Port-Dieu 19 127 Cc 75
01200 Confort 01 119 Fe 72
22140 Confort 22 63 We 56
29790 Confort 29 78 Vd 60
70120 Confracourt 70 93 Ff 62
01310 Confrançon 01 118 Fa 71
72170 Congé-les-Guérets 72 68 Aa 59
30111 Congénies 30 154 Ea 86
91740 Congerville-Thionville 91 70 Bf 58
72290 Congé-sur-Orne 72 68 Ab 59
77440 Congis-sur-Thérouanne 77 52 Cf 54
53800 Congrier 53 83 Yf 62
51270 Congy 51 53 De 55
58150 Congy 58 89 Cf 65
28200 Conie-Molitard 28 70 Bc 60
43510 Conil 43 141 De 79
11200 Conilhac-Corbières 11 166 Ce 89
11190 Conilhac-de-la-Montagne 11 178 Cb 91
36800 Conives 36 101 Bc 69
73310 Conjux 73 132 Fe 74
56000 Conleau 56 80 Xb 63
72240 Conlie 72 68 Zf 60
39570 Conliège 39 107 Fd 69
12170 Connac 12 152 Cd 84
43350 Connac 43 141 De 78
08450 Connage 08 42 Ef 51
43160 Connangles 43 128 Dd 77
51230 Connantray-Vaurefroy 51 53 Ea 56
51230 Connantre 51 53 Df 56
30330 Connaux 30 155 Ed 84
15150 Conne 15 138 Ca 79
24100 Conne-de-Bergerac, la 24 136 Ad 80
24560 Conne-de-Labarde 24 136 Ad 80
81190 Connelié 81 151 Ca 84
27430 Connelles 27 50 Bb 53
72160 Connerré 72 68 Ac 60
12410 Connes 12 152 Ce 83
62350 Connet-Malo, le 62 29 Cd 45
24300 Connezac 24 124 Ad 75
02330 Connigis 02 53 Dd 54
87510 Conore 87 113 Ba 73
34380 Conque, la 34 153 De 86
44290 Conquereuil 44 82 Yb 63
12320 Conques-en-Rouergue 12 139 Cc 81
11600 Conques-sur-Orbiel 11 166 Cc 89
29217 Conquet, le 29 61 Vb 58
12290 Conquettes 12 152 Ce 83
17150 Consac 17 122 Zc 76
06510 Conségudes 06 158 Ha 85
55110 Consenvoye 55 55 Fb 53
52700 Consigny 52 75 Fc 60
54870 Cons-la-Grandville 54 43 Fe 52
74210 Cons-Sainte-Colombe 74 132 Gb 74
46090 Constans 46 137 Bc 81
33480 Constantenins 33 134 Za 78
55230 Constantine-Ferme 55 43 Fd 52
04150 Contadour, le 04 156 Fd 84
80300 Contalmaison 80 39 Ce 48
46200 Contaloube 46 138 Bd 80
74130 Contamines, les 74 120 Gc 73
74270 Contamine-Sarzin 74 120 Ff 72
74170 Contamines-Montjoie, les 74 133 Ge 74
74130 Contamine-sur-Arve 74 120 Gc 72
24210 Contarie, la 24 137 Ba 77
51330 Contault 51 54 Ee 55
33990 Contaut, le 33 122 Yf 77
80560 Contay 80 39 Cc 48
39300 Conte 39 107 Ga 68
17120 Conteneuil 17 122 Za 75
31550 Contery 31 164 Bc 89
06390 Contes 06 159 Hb 86
62990 Contes 62 28 Bf 46
53100 Contest 53 67 Zc 59
14540 Conteville 14 48 Ze 54
27210 Conteville 27 36 Ac 52
60360 Conteville 60 38 Ca 51
62130 Conteville 62 29 Cb 46
76390 Conteville 76 38 Bd 50
76450 Conteville 76 36 Ad 49
80370 Conteville 80 29 Ca 47
62126 Conteville-lez-Boulogne 62 26 Be 44
57340 Conthil 57 57 Gd 55
24400 Contie, la 24 136 Ac 79
82330 Contie, la 82 151 Bf 83
49330 Contigné 49 84 Zc 62
03500 Contigny 03 116 Db 70
72600 Contilly 72 68 Ac 58
37340 Continvoir 37 85 Ab 64
40170 Contis-les-Marais 40 146 Ye 84
40170 Contis-Plage 40 146 Ye 84
80500 Contoire 80 39 Cd 50
63160 Contournat 63 128 Db 74
47390 Contras 47 149 Ad 83
09230 Contrazy 09 177 Bb 90
17470 Contré 17 111 Ze 72
80160 Contre 80 38 Ca 50
70160 Contréglise 70 93 Ga 62
76400 Contremoulins 76 36 Ac 50
18130 Contres 18 102 Cc 67
41700 Contres 41 86 Bc 64
72110 Contres-en-Vairais 72 68 Ac 59
08400 Contreuve 08 42 Ed 52
01300 Contrevoz 01 131 Fd 74
88140 Contrexéville 88 76 Ff 59
50660 Contrières 50 46 Yd 55
55800 Contrisson 55 54 Ef 56
29300 Controal 29 79 Wc 61
80160 Conty 80 38 Ca 50
57480 Contz-les-Bains 57 44 Gc 52
48800 Conzes 48 141 Df 81
01300 Conzieu 01 131 Fd 74
69210 Conzy 69D 130 Ed 73
51320 Coole 51 54 Ec 56
51510 Coolus 51 54 Ec 55
85260 Copechagnière, la 85 97 Yd 67
95770 Copierres 95 50 Be 54
59279 Coppenaxfort 59 27 Cb 43
74350 Copponex 74 120 Ga 72
34360 Copujol 34 166 Cc 88
14130 Coquainvilliers 14 35 Ab 53
50500 Coquebourg 50 46 Ye 52
62231 Coquelles 62 26 Be 43
48210 Coquenas 48 153 Db 83
24450 Coquille, la 24 125 Af 75
28630 Corancez 28 70 Bd 58
58120 Corancy 58 104 Df 66
29370 Coray 29 78 Wb 60
36290 Corbançon 36 101 Bb 68
20256 Corbara CTC 180 If 93
82370 Corbarieu 82 150 Bc 85
69960 Corbas 69M 130 Ef 74
62112 Corbehem 62 30 Da 46
51320 Corbeil 51 74 Ec 57
60110 Corbeil-Cerf 60 51 Ca 53
91250 Corbeil-Essonnes 91 71 Cc 57
45490 Corbeilles 45 71 Cd 60
38630 Corbelin 38 131 Fd 75
44330 Corbellières, les 44 97 Ye 66
70320 Corbenay 70 93 Gb 61
02820 Corbeny 02 41 De 52
66130 Corbère 66 179 Cd 93
64350 Corbère-Abères 64 162 Zf 88
66130 Corbère-les-Cabanes 66 179 Ce 93
21250 Corberon 21 106 Ef 66
80800 Corbie 80 39 Cd 49
19210 Corbier 19 125 Bc 76
74650 Corbier 74 132 Ga 73
70300 Corbière, la 70 94 Gc 62
86310 Corbière, la 86 100 Ae 69
04220 Corbières 04 156 Fe 86
30570 Corbières 30 153 De 84
58800 Corbigny 58 89 De 65
53700 Corbinière, la 53 67 Ze 59
56200 Corblaie, la 56 81 Xe 62
40120 Corbleu 40 147 Zd 85
14340 Corbon, Notre-Dame-d'Estrées- 14 35 Zf 54
01420 Corbonod 01 119 Fe 73
56480 Corboulo, le 56 79 Wf 59
91410 Corbreuse 91 70 Bf 57
50490 Corbuchon 50 33 Yc 54
89260 Corceaux 89 72 Dc 58
58360 Corcelle 58 104 Df 67
71250 Corcelle 71 118 Ed 69
25640 Corcelle-Mieslot 25 93 Gb 64
01290 Corcelles 01 118 Ef 71
01340 Corcelles 01 118 Fb 70
21550 Corcelles 21 106 Ef 66
58180 Corcelles 58 103 Da 67
70400 Corcelles 70 94 Gd 63
71760 Corcelles 71 104 Df 68
01110 Corcelles, Champdor- 01 119 Fd 72
69220 Corcelles-en-Beaujolais 69D 118 Ee 72
25410 Corcelles-Ferrières 25 107 Fe 65
21190 Corcelles-les-Arts 21 106 Ee 67
21910 Corcelles-lès-Cîteaux 21 106 Fa 65
21160 Corcelles-les-Monts 21 91 Ef 65
21540 Corcelotte 21 91 Ed 64
88430 Corcieux 88 77 Gf 59
17270 Corcin 17 135 Ze 78
47150 Corconat 47 136 Ae 82
25410 Corcondray 25 107 Fe 65
30260 Corconne 30 154 Df 85
44650 Corcoué-sur-Logne 44 97 Yc 67
02600 Corcy 02 52 Db 53
36290 Cordassière, la 36 100 Ba 67
49640 Cordé 49 84 Zd 62
72140 Cordé 72 68 Zf 59
38710 Cordéac 38 144 Ff 80
14100 Cordebugle 14 48 Ac 54
89113 Cordeil 89 89 Dc 61
42123 Cordelle 42 117 Ea 73
87310 Cordelle, la 87 125 Af 73
44360 Cordemais 44 82 Ya 65
22170 Corderie, la 22 64 Xa 57
33480 Cordes 33 134 Za 78
71540 Cordesse 71 105 Ec 66
81170 Cordes-sur-Ciel 81 151 Bf 84
14700 Cordey 14 48 Ze 55
61570 Cordey 61 48 Aa 56
84490 Cordiers, les 84 156 Fc 85
01120 Cordieux 01 118 Fa 73
25170 Cordiron 25 93 Fe 65
74700 Cordon 74 120 Gd 73
77166 Cordon 77 51 Ce 57
07000 Cordon-Blanc 07 142 Ed 80
70190 Cordonnet 70 93 Ff 64
15100 Coren 15 140 Da 78
63730 Corent 63 128 Da 75
23220 Corets, les 23 114 Bf 70
51210 Corfélix 51 53 De 55
45310 Corfeu 45 70 Bd 60
21250 Corgengoux 21 106 Ef 67
52500 Corgirnon 52 92 Fc 62
24800 Corgnac-sur-l'Isle 24 125 Af 76
21700 Corgoloin 21 106 Ef 66
17130 Corignac 17 123 Zd 77
36230 Corlay 36 101 Bf 68
22320 Corlay = Korle 22 63 Wf 59
01110 Corlier 01 119 Fc 72
28140 Cormainville 28 70 Bd 60
01110 Cormaranche-en-Bugey 01 119 Fd 73
89420 Cormarin 89 90 Ea 63
71400 Cormatin 71 118 Ee 69
17600 Corme-Ecluse 17 122 Za 75
27260 Cormeilles 27 48 Ac 53
60120 Cormeilles 60 38 Cb 51
95240 Cormeilles-en-Par 95 51 Cb 55
95830 Cormeilles-en-Vexin 95 51 Ca 54
79360 Cormenier, le 79 110 Zd 71
41170 Cormenon 41 69 Af 61
41120 Cormeray 41 86 Bc 64
50170 Cormeray 50 66 Yd 57
17600 Corme-Royal 17 122 Zb 74
37320 Cormery 37 85 Af 65
72400 Cormes 72 69 Ae 59

62500 Cormette 62 27 Ca 44
51220 Cormicy 51 41 Df 52
27120 Cormier 27 50 Bb 55
44770 Cormier 44 96 Xe 66
72220 Cormier 72 85 Ab 62
37270 Cormier, le 37 85 Af 64
79360 Cormière 79 110 Zd 72
14240 Cormolain 14 34 Za 54
01190 Cormomble 01 118 Fa 70
62630 Cormont 62 28 Bc 45
51350 Cormontreuil 51 53 Ea 53
01290 Cormoranche-sur-Saône 01 110 Ef 71
10800 Cormost 10 73 Ea 59
21340 Cormot-Vauchignon 21 105 Ed 67
51480 Cormoyeux 51 53 Df 54
01270 Cormoz 01 119 Fb 70
46100 Corn 46 138 Bf 81
46130 Cornac 46 138 Bf 79
89500 Cornant 89 72 Db 60
07130 Cornas 07 142 Ef 79
08250 Cornay 08 54 Ef 53
49630 Corné 49 84 Zd 64
14100 Corne, la 14 35 Aa 54
02360 Corneaux 02 41 Ea 50
31700 Cornebarrieu 31 164 Bb 87
10160 Cornées-Laliat, les 10 73 De 59
31160 Corneil 31 176 Af 91
34490 Corneilhan 34 167 Db 88
66820 Corneilla-de-Conflent 66 178 Cc 93
66200 Corneilla-del-Vercol 66 179 Cf 93
66550 Corneilla-la-Rivière 66 179 Ce 92
32250 Corneillan 32 148 Aa 85
32400 Corneillan 32 162 Ze 87
24800 Cornélie, la 24 125 Af 76
33570 Cornemps 33 135 Zf 79
03320 Corne-Rollay, la 03 103 Cf 68
63230 Cornet 63 127 Ce 73
85170 Cornetière, la 85 97 Yc 67
37290 Cornettière, la 37 100 Af 67
27240 Corneuil 27 49 Ba 55
27300 Corneville-le-Fouquetière 27 49 Ae 54
27500 Corneville-sur-Risle 27 49 Ad 52
11250 Cornèze 11 166 Cb 90
74800 Cornier 74 120 Gb 72
55200 Corniéville 55 55 Fe 56
19150 Cornil 19 126 Be 77
26510 Cornillac 26 156 Fc 82
24750 Cornille 24 124 Ae 77
35500 Cornillé 35 66 Ye 60
49140 Cornillé-les-Caves 49 84 Ze 64
30630 Cornillon 30 154 Ec 83
63250 Cornillon 63 129 De 73
13250 Cornillon-Confoux 13 170 Fa 87
38710 Cornillon-en-Trièves 38 144 Fe 79
26510 Cornillon-sur-L'Oule 26 143 Fc 82
41700 Cornilly 41 86 Bb 64
88310 Cornimont 88 77 Gf 61
39240 Cornod 39 119 Fd 71
70120 Cornot 70 93 Fe 62
46320 Cornouiller, le 46 138 Be 80
49540 Cornu 49 98 Zd 65
49440 Cornuaille, la 49 83 Za 63
12540 Cornus 12 153 Db 85
46330 Cornus 46 138 Be 82
18350 Cornusse 18 103 Ce 67
44690 Cornvillere, la 44 97 Yd 66
27700 Corny 27 50 Bc 53
08270 Corny-Macheroménil 08 41 Ec 51
57680 Corny-sur-Moselle 57 56 Ga 54
49690 Coron 49 98 Zc 66
46090 Coronnelle, la 46 150 Bc 82
85320 Corpe 85 110 Ye 69
21190 Corpeau 21 106 Ee 67
21150 Corpoyer-la-Chapelle 21 91 Ed 63
38970 Corps 38 144 Ff 80
35150 Corps-Nuds 35 65 Yc 61
45120 Corquilleroy 45 71 Ce 60
18190 Corquoy 18 102 Cb 67
20168 Corrano CTC 182 Ka 97
20168 Corranu = Corrano CTC 182 Ka 97
70310 Corravillers 70 94 Gd 61
70500 Corre 70 93 Ff 61
38250 Corrençon-en-Vercors 38 143 Fd 78
83570 Correns 83 171 Ga 88
05400 Corréo 05 144 Ga 81
02140 Correrie, la 02 41 Df 50
73340 Correrie, la 73 132 Ga 75
03270 Corres 03 116 Dc 72
24610 Corres, les 24 135 Aa 79
19800 Corrèze 19 126 Bf 76
51270 Corribert 51 53 De 55
51210 Corrobert 51 53 Dd 55
21460 Corrombles 21 90 Eb 63
31450 Corronsac 31 164 Bc 88
51230 Corroy 51 53 Df 56
80210 Corroy 80 28 Bd 48
16200 Cors 16 123 Zf 74
36800 Cors 36 101 Bb 69
66150 Corsavy 66 179 Cd 94
20224 Corscia CTC 182 Ka 94
44560 Corsept 44 81 Xf 65
86530 Corset 86 100 Ac 68
22130 Corseul 22 65 Xe 58
71250 Cortambert 71 118 Ee 70
84220 Cortasses, les 84 156 Fb 85
20250 Corte CTC 183 Ka 95
71100 Cortelin 71 106 Ee 68
71460 Cortevaix 71 118 Ed 69
20250 Corti = Corte CTC 183 Ka 95
45700 Cortrat 45 88 Ce 61
28240 Corvées-les-Yys, les 28 69 Ba 58
01250 Corveissiat 01 119 Fc 71
70300 Corvcrainc, la 70 93 Gc 62
37150 Corviers 37 100 Ba 65
89630 Corvignot 89 90 Ea 64
58210 Corvol-d'Embernard 58 89 Dc 65
58460 Corvol-L'Orgueilleux 58 89 Dc 64
49140 Corzé 49 84 Zd 63
09000 Cos 09 177 Bd 91
82130 Cos 82 150 Bc 84
40465 Cos, le 40 146 Za 85
39140 Cosges 39 106 Fc 68
64160 Coslédaà-Lube-Boast 64 162 Ze 88
53230 Cosmes 53 83 Za 61
19360 Cosnac 19 138 Bd 78
50250 Cosnardière, la 50 33 Yc 53
23250 Cosnat 23 114 Bf 73
36400 Cosnay 36 102 Ca 69
21510 Cosne 21 91 Ed 62
58200 Cosne-Cours-sur-Loire 58 88 Cf 64
03430 Cosne-d'Allier 03 115 Ce 70
54400 Cosnes-et-Romain 54 43 Fc 51
29560 Cosquer 29 62 Vd 59
22460 Cosquer, le 22 64 Xa 59
22480 Cosquer-Jehan 22 63 We 58
50330 Cosqueville 50 33 Yd 50
29190 Cosquinquis 29 62 Wa 59
58300 Cossaye 58 104 Dc 68
49120 Cossé-d'Anjou 49 98 Zb 66
53340 Cossé-en-Champagne 53 67 Zd 61
53230 Cossé-le-Vivien 53 66 Za 61
36310 Cosses, les 36 113 Bb 70
14690 Cossesseville 14 47 Zd 55
18210 Cossonnais 18 103 Ce 68
67310 Cosswiller 67 58 Hc 57
26170 Cost 26 156 Fb 83
20226 Costa CTC 180 Ka 93
20290 Costa CTC 181 Kb 94
20235 Costa Roda CTC 181 Kb 94
43490 Costaros 43 141 Df 79
07140 Coste 07 154 Ea 82
19250 Coste 19 126 Ca 76
30460 Coste 30 153 De 84
46100 Coste 46 138 Bf 81
24290 Coste, la 24 137 Ba 78
12430 Costecalde 12 152 Ce 84
48150 Costeguison 48 153 Dc 83
48800 Costeilades 48 154 Df 82
46300 Costeraste 46 137 Bc 80
09140 Costes 09 177 Bb 91
47150 Costes 47 136 Ae 82
05500 Costes, les 05 144 Ga 80
12400 Costes-Gozon, les 12 152 Ce 84
88400 Costet, le 88 77 Ge 60
15120 Costever 15 139 Cc 80
09200 Cot-de-Jou 09 176 Ba 91
16110 Côte, la 16 124 Ab 74
24400 Côte, la 24 136 Ac 78
27680 Côte, la 27 36 Ac 52
36700 Côte, la 36 100 Bb 67
38250 Côte, la 38 143 Fd 78
70200 Côte, la 70 94 Gd 62
70210 Côte, la 70 76 Ga 61
87310 Côte, la 87 125 Af 74
88430 Côte, la 88 77 Gf 59
42120 Coteau, le 42 117 Ea 72
37500 Côteaux-de-Reuffe, le 37 99 Ab 66
16250 Côteaux du Blanzacais 16 123 Aa 76
39170 Coteaux du Lizon 39 119 Fe 70
24120 Coteaux Périgourdins (Chavanac), les 24 137 Bc 78
24120 Coteaux Périgourdins, les 24 137 Bb 78
37170* Coteaux-sur-Loire 37 85 Ab 65
21190 Côte Beaune, la 21 105 Ee 67
74110 Côte-d'Abroz, la 74 121 Ge 71
73210 Côte-d'Aime, la 73 133 Gd 75
05000 Côte-de-Neffe, la 05 144 Ff 82
74130 Côte-d'Hyot 74 120 Gc 72
22400 Cotentin, la 22 64 Xc 57
74370 Côtes, les 74 120 Gb 73
85520 Côtes, les 85 109 Yc 70
38260 Côte-Saint-André, la 38 131 Fb 76
38138 Côtes-d'Arey, les 38 130 Ef 76
38970 Côtes-de-Corps, les 38 144 Ff 79
03310 Côtes-Rousses, les 03 115 Ce 71
20138 Coti-Chiavari CTC 182 Ie 98
83570 Cotignac 83 171 Ga 87
17310 Cotinière, la 17 109 Ye 73
42360 Cottance 42 129 Eb 74
80440 Cottenchy 80 39 Cc 50
18260 Cottereaux, les 18 88 Ce 64
76850 Cottévrard 76 37 Bb 51
25410 Cottier 25 107 Fe 65
14400 Cottun 14 47 Zb 53
66800 Cotzé 66 178 Ca 94
56130 Couarde, la 56 81 Xe 63
79800 Couarde, la 79 111 Zf 71
17670 Couarde-sur-Mer, la 17 109 Yd 71
56800 Couardière, la 56 81 Xd 61
18300 Couargues 18 88 Cf 65
03250 Couarle, la 03 116 Dd 72
40630 Couartes 40 147 Zb 84
17600 Couasse, la 17 122 Zb 74
32270 Couayroux 32 163 Ae 86
77170 Coubert 77 51 Ce 56
19430 Coubertergue 19 138 Ca 78
33890 Coubeyrac 33 135 Aa 80
12190 Coubisou 12 139 Ce 81
24390 Coubjours 24 125 Bb 77
43320 Coubladour 43 141 De 78
52500 Coublanc 52 92 Fc 62
71170 Coublanc 71 117 Eb 71
38500 Coublevie 38 131 Fd 76
64410 Coublucq 64 162 Zd 87
43700 Coubon 43 141 Df 79
93470 Coubron 93 51 Cd 55
62129 Coubronne 62 29 Cb 44
23600 Couchardon 23 114 Ca 70
71490 Couches 71 105 Ed 67
21160 Couchey 21 91 Ef 65
01190 Couchoux, les 01 118 Ef 70
26740 Coucourde, la 26 142 Ee 81
07470 Coucouron 07 141 Df 80
08300 Coucy 08 41 Ec 51
74270 Coucy 74 120 Ff 73
02380 Coucy-la-Ville 02 40 Db 51
02380 Coucy-le-Château-Auffrique 02 40 Db 51
02840 Coucy-lès-Eppes 02 40 De 51
41700 Couddes 41 86 Bc 64
59210 Coudekerque-Branche 59 27 Cc 42
59380 Coudekerque-Village 59 27 Cc 43
46300 Couderc 46 138 Bd 80
15270 Couderc, le 15 127 Cd 76
40140 Coudère 40 146 Yd 86
19170 Coudert 19 126 Bf 75
19220 Coudert, le 19 138 Ca 78
19320 Coudert, le 19 126 Bf 77
19450 Coudort, lo 19 126 Be 76
63114 Coudes 63 128 Db 75
50290 Coudeville-sur-Manche 50 46 Yc 55
40190 Coudicons 40 147 Zc 85
12490 Coudols 12 152 Ce 84
11500 Coudons 11 178 Ca 91
13111 Coudoux 13 170 Fb 87
72610 Coudrai, le 72 68 Ab 58
36300 Coudraie, la 36 100 Ba 68
44521 Coudraie, la 44 82 Ye 64
44270 Coudrais, le 44 96 Ya 67
27150 Coudray 27 50 Bd 52
37150 Coudray 37 100 Ba 65
37290 Coudray 37 100 Af 68
45330 Coudray 45 71 Cc 59
53200 Coudray 53 83 Zc 62
79500 Coudray 79 111 Zf 71
18500 Coudray, le 18 102 Cb 66
22330 Coudray, le 22 64 Xc 59
22800 Coudray, le 22 64 Xa 58
27930 Coudray, le 27 49 Bb 54
28130 Coudray, le 28 70 Bd 57
28630 Coudray, le 28 70 Bc 58
37120 Coudray, le 37 99 Ab 66
37310 Coudray, le 37 86 Af 65
44630 Coudray, le 44 82 Ya 63
76750 Coudray, le 76 37 Bb 51
77620 Coudray, le 77 72 Cf 59
28330 Coudray-au-Perche 28 69 Af 59
56430 Coudray-Baillet, le 56 64 Xd 60
58190 Coudraye, la 58 89 Dd 64
71300 Coudraye, la 71 105 Eb 68
49260 Coudray-Macouard, le 49 99 Zf 65
91830 Coudray-Montceaux, le 91 71 Cc 57
60850 Coudray-Saint-Germer, le 60 38 Bf 52
60790 Coudray-sur-Thelle, le 60 51 Ca 53
10130 Coudre, la 10 73 Df 60
36500 Coudre, la 36 101 Bc 67
71390 Coudre, la 71 105 Ee 68
79150 Coudre, la 79 98 Zd 67
89770 Coudre, la 89 73 De 60
36300 Coudreau, le 36 101 Bb 68
85420 Coudreau, le 85 110 Zb 70
28400 Coudreceau 28 69 Af 58
72440 Coudrecieux 72 68 Ad 61
27220 Coudres 27 50 Bb 55
17700 Coudret, le 17 110 Zb 72
45260 Coudroy 45 88 Cc 61
60150 Coudun 60 39 Ce 52
33920 Coudurat 33 135 Zc 78
40500 Coudures 40 162 Zc 86
35720 Couëdan 35 65 Ya 58
31160 Coue-du-Casse 31 176 Ae 91
31230 Coueilles 31 164 Af 88
31440 Couéou, le 31 176 Ae 91
44220 Couëron 44 96 Yb 65
37500 Couesmé 37 99 Ab 66
37330 Couesmes 37 85 Ac 63
53300 Couesmes-Vaucé 53 67 Zb 58
44520 Couetreux 44 82 Yd 63
41170 Couëtron-au-Perche 41 69 Af 60
44521 Couffé 44 82 Ye 64
41110 Couffi 41 101 Bc 65
15130 Couffins 15 139 Cc 79
11250 Couffoulens 11 166 Cb 90
48140 Couffours-Hauts 48 140 Dc 79
19170 Couffy 19 126 Bf 74
19340 Couffy-sur-Sarsonne 19 127 Cb 75
48130 Coufinet 48 140 Db 80
09140 Couflens 09 176 Bb 92
81800 Coufouleux 81 150 Be 86
46300 Cougnac 46 137 Bc 80
40400 Cougnala 40 146 Za 85
32170 Cougnan 32 163 Ab 88
05310 Cougnet, le 05 145 Gd 80
47350 Cougouille 47 136 Ab 81
03410 Cougour 03 115 Cd 71
81340 Cougoureux 81 151 Cc 84
12620 Cougoussac 12 152 Cf 83
86700 Couhé 86 111 Ab 71
63230 Couhei 63 127 Cf 74
19170 Couignoux 19 126 Bf 75
31160 Couillas 31 176 Af 90
77860 Couilly-Pont-aux-Dames 77 52 Cf 55
62760 Couin 62 29 Cd 48
11190 Couiza 11 178 Cb 91
31220 Couladère 31 164 Ba 89
72190 Coulaines 72 68 Ab 60
03000 Coulandon 03 116 Db 69
37460 Coulangé 37 101 Bb 66
89580 Coulangeron 89 89 Dc 62
03470 Coulanges 03 117 Df 70
41150 Coulanges 41 86 Bb 63
89580 Coulanges-la-Vineuse 89 89 Dd 62
58660 Coulanges-lès-Nevers 58 103 Db 66
89480 Coulanges-sur-Yonne 89 89 Dd 63
72550 Coulans-sur-Gée 72 68 Aa 60
25330 Coulans-sur-Lison 25 107 Ga 66
22230 Coulardière, la 22 64 Xe 59
24420 Coulaures 24 125 Af 77
31160 Couledoux 31 176 Ae 91
45310 Coulemelle 45 70 Bd 61
34520 Coulet, le 34 153 Dd 86
03320 Couleuvre 03 103 Cf 68
70000 Coulevon 70 93 Gb 63
16560 Coulgens 16 124 Ab 74
61360 Coulimer 61 68 Ac 58
13420 Coulin 13 171 Fd 89
80250 Coullemelle 80 39 Cc 50
62158 Coullemont 62 29 Cc 47
45720 Coullons 45 88 Cc 63
21400 Coulmier-le-Sec 21 91 Ec 62
45130 Coulmiers 45 87 Bd 61
34290 Coulobres 34 167 Db 88
62137 Coulogne 62 27 Bf 43
60350 Couloisy 60 39 Da 52
72130 Coulombiers 72 68 Aa 59
86600 Coulombiers 86 111 Ab 70
14480 Coulombs 14 47 Zc 53
28210 Coulombs 28 50 Bd 57
77840 Coulombs-en-Valois 77 52 Da 54
62380 Coulomby 62 28 Ca 44
77580 Coulommes 77 52 Cf 55
08130 Coulommes-et-Marqueny 08 41 Ed 52
51390 Coulommes la-Montagne 51 53 Df 53
28800 Coulommier 28 69 Bc 59
36210 Coulommiers 36 101 Be 65
77120 Coulommiers 77 52 Da 56
41100 Coulommiers-la-Tour 41 86 Ba 62
49260 Coulon 49 99 Zf 66
79510 Coulon 79 110 Zc 71
24540 Coulon, le 24 137 Af 81
14500 Coulonces 14 47 Za 55
61160 Coulonces 61 48 Aa 55
61220 Coulonche, la 61 67 Zd 57
17350 Coulonge 17 122 Zb 73
72800 Coulongé 72 84 Ab 62
16330 Coulonges 16 123 Aa 73
17800 Coulonges 17 123 Zd 75
86290 Coulonges 86 113 Ba 70
02130 Coulonges-Cohan 02 53 Dd 53
61110 Coulonges-les-Sablons 61 69 Af 58
79160 Coulonges-sur-L'Autize 79 110 Zc 70
61170 Coulonges-sur-Sarthe 61 68 Ac 57
79330 Coulonges-Thouarsais 79 98 Ze 67
30630 Coulongres 30 154 Ec 84
80135 Coulonvillers 80 28 Ca 48
04140 Couloubrous 04 157 Gc 83
29830 Couloudouarn 29 61 Vc 57
34360 Coulouma 34 166 Cf 88
32160 Couloumé-Mondebat 32 162 Aa 87
24660 Coulounieix-Chamiers 24 124 Ae 78
89320 Coulours 89 73 Dd 60
82150 Couloussac 82 149 Ba 82
58220 Couloutre 58 89 Db 64
50670 Coulouvray-Boîsbenâtre 50 46 Yf 56
39260 Coulouvre 39 119 Fe 70
51300 Coulvagny 51 54 Ed 56
14310 Coulvain 14 47 Zb 54
47260 Coulx 47 136 Ac 82
40270 Coumat 40 147 Ze 86
47210 Coumbet 47 136 Ae 81
57220 Coume 57 57 Gd 53
66500 Coume, la 66 178 Cb 92
40090 Coumet 40 147 Zb 85
11140 Counozouls 11 178 Cb 92
77154 Countençon 77 72 Cf 58
74310 Coupeau, le 74 121 Ge 73
85230 Coupelasse 85 96 Xf 66
35500 Coupelière, la 35 66 Yf 59
62310 Coupelle-Neuve 62 29 Ca 45
62310 Coupelle-Vieille 62 29 Ca 46
14140 Coupesarte 14 48 Aa 54
51240 Coupetz 51 54 Ec 56
51240 Coupéville 51 54 Ed 55
12550 Coupiac 12 152 Cd 85
34190 Coupiac 34 153 De 85
28160 Coupigny 28 69 Bb 59
76390 Coupigny 76 38 Bd 50
47380 Coupine 47 136 Ac 81
35600 Couplais, la 35 81 Ya 62
59132 Couplevoire 59 31 Ea 48
52210 Coupray 52 74 Ef 61
85610 Couprie 85 97 Ye 66
02310 Coupru 02 52 Db 54
53250 Couptrain 53 67 Ze 58
77700 Coupvary 77 52 Ce 55
33340 Couquèques 33 122 Za 76
17160 Cour, la 17 111 Ze 73
19290 Cour, la 19 126 Ca 74
22380 Cour, la 22 64 Xe 57
23500 Cour, la 23 127 Cb 73
36400 Cour, la 36 114 Bf 69
50360 Cour, la 50 46 Yd 52
73350 Cour, la 73 133 Gd 76
89440 Cour, la 89 90 Df 63
91490 Courances 91 71 Cc 58
84150 Courançonne, la 84 155 Ef 83
17330 Courant 17 110 Zc 72
27250 Courant, le 27 49 Ae 56
06710 Courbaisse, la 06 159 Hb 85
21520 Courban 21 91 Ee 61
47210 Courbarieu 47 136 Ae 81
09120 Courbas, le 09 177 Bd 90
61150 Courbe 61 48 Ze 56
72800 Courbe, la 72 84 Aa 62
87230 Courbefy 87 125 Ba 75
28140 Courbehaye 28 70 Bd 60
70110 Courbenans 70 94 Gd 63
27300 Courbépine 27 49 Ad 54
53110 Courberie 53 67 Zd 58
19150 Courberie, la 19 126 Bf 77
54110 Courbesseaux 54 56 Gc 56
10260 Courbeton 10 73 Eb 59
39570 Courbette 39 107 Fd 69
53230 Courbeveille 53 66 Za 61
92250 Courbevoie 92 51 Cb 55
33112 Courbiac 33 134 Zb 78
47370 Courbiac 47 149 Ba 82
33340 Courbian 33 122 Za 76
19150 Courbiat 19 126 Bf 77
16200 Courbillac 16 123 Ze 74
02330 Courboin 02 53 Dd 55
04000 Courbons 04 157 Gb 84
46330 Courbous 46 138 Bd 81
70190 Courboux 70 93 Ga 64
39570 Courbouzon 39 107 Fd 69
41500 Courbouzon 41 86 Bd 62
03370 Courçais 03 115 Cc 70
37310 Courçay 37 100 Af 65
72290 Courcebœufs 72 68 Ab 60
58800 Courcelanges 58 89 De 65
80300 Courcelette 80 29 Ce 48
17400 Courcelles 17 110 Zd 73
23480 Courcelles 23 114 Ca 73
25440 Courcelles 25 107 Ff 66
45300 Courcelles 45 71 Cb 60
51230 Courcelles 51 53 Df 57
54930 Courcelles 54 76 Ga 58
58210 Courcelles 58 89 Dc 64
60540 Courcelles 60 51 Cb 53
62970 Courcelles 62 30 Da 46
70160 Courcelles 70 93 Ga 62
77710 Courcelles 77 72 Cf 59
89570 Courcelles 89 73 De 60
90100 Courcelles 90 94 Ha 64
95590 Courcelles 95 51 Cb 54
80560 Courcelles-au-Bois 80 29 Cd 48
57530 Courcelles-Chaussy 57 56 Gc 54
37330 Courcelles-de-Touraine 37 85 Ab 64
55260 Courcelles-en-Barrois 55 55 Fc 56
77126 Courcelles-en-Bassée 77 72 Da 58
52200 Courcelles-en-Montagne 52 92 Fb 61
60420 Courcelles-Epayelles 60 39 Cd 51
21460 Courcelles-Frémoy 21 90 Eb 64
72270 Courcelles-la-Forêt 72 84 Zf 62
62121 Courcelles-le-Comte 62 30 Ce 48
60240 Courcelles-lès-Gisors 60 50 Be 53
21500 Courcelles-lès-Montbard 21 91 Ec 63
21140 Courcelles-lès-Semur 21 90 Eb 64
60220 Courcelles-Rancon 60 38 Bd 51
51140 Courcelles-Sapicourt 51 53 Df 53
88170 Courcelles-sous-Châtenois 88 76 Fe 59
80290 Courcelles-sous-Moyencourt 80 38 Ca 50
80160 Courcelles-sous-Thoix 80 38 Ca 50
55260 Courcelles-sur-Aire 55 55 Fb 55
52110 Courcelles-sur-Blaise 52 74 Ef 58
57530 Courcelles-sur-Nied 57 56 Gb 54
27940 Courcelles-sur-Seine 27 50 Bc 53
02220 Courcelles-sur-Vesle 02 53 Dd 52
95650 Courcelles-sur-Viosne 95 51 Ca 54
10500 Courcelles-sur-Voire 10 74 Ed 58
52190 Courcelles-Val-d'Esnoms 52 92 Fb 62
51260 Courcemain 51 73 Df 57
72110 Courcemont 72 68 Ac 59
17160 Courcerac 17 123 Zd 73
61340 Courcerault 61 69 Ad 58
10400 Courceroy 10 72 Dc 58
21610 Courchamp 21 92 Fc 63
77560 Courchamp 77 52 Db 57
02810 Courchamps 02 52 Db 54
49260 Courchamps 49 99 Zf 65
25170 Courchapon 25 107 Fe 65
70110 Courchaton 70 94 Gd 63
59552 Courchelettes 59 30 Da 46
73120 Courchevel 1550 73 133 Gd 76
73120 Courchevel 1850 73 133 Gd 76
41700 Cour-Cheverny 41 86 Bc 63
04170 Courchons 04 158 Gc 85
17100 Courcion 17 122 Zc 74
53700 Courcité 53 67 Ze 59
72110 Courcival 72 68 Ac 59
16240 Courcôme 16 111 Aa 73
17170 Courçon 17 110 Zb 71
37120 Courcoué 37 99 Ac 66
63116 Courcour 63 128 Db 74
91080 Courcouronnes 91 71 Cc 57
17100 Courcoury 17 122 Zc 74
33550 Courcouyac 33 135 Zd 80
70150 Courcuire 70 93 Fe 64
14170 Courcy 14 48 Zf 55
50200 Courcy 50 46 Yd 54
51220 Courcy 51 41 Ea 53
45300 Courcy-aux-Loges 45 71 Cb 60
85420 Courdault 85 110 Zb 70
49350 Cour-d'Avort, la 49 84 Ze 65
32110 Courdé, le 32 148 Zf 86
61160 Courdehard 61 48 Aa 55
72150 Courdemanche 72 85 Ad 62
51300 Courdemanges 51 54 Ed 56
07110 Courderc 07 141 Ea 81
95800 Courdimanche 95 51 Bf 54
91720 Courdimanche-sur-Essonne 91 71 Cc 58
50840 Cour-d'Intheville 50 33 Yd 50
02210 Courdoux 02 52 Dc 53
72200 Cour-du-Bois, la 72 84 Ze 62
61160 Cour-du-Bosq, la 61 48 Aa 55
23400 Cour-du-Rozet, la 23 114 Be 73
33620 Coureaux, les 33 135 Zd 78
56270 Couregant, le 56 79 Wc 62
31160 Couret 31 176 Ae 90
38122 Cour-et-Buis 38 130 Fa 76
72260 Courgains 72 68 Ab 59
79120 Courgé 79 111 Aa 71
16190 Courgeac 16 123 Aa 76
72320 Courgenard 72 69 Ae 60
89190 Courgenay 89 73 Dd 59
78790 Courgent 78 50 Bd 55
27570 Courgeon 27 49 Af 56
61400 Courgeon 61 68 Ad 58
61560 Courgeoût 61 68 Ac 57
10800 Courgerennes 10 73 Ea 59
89800 Courgis 89 90 De 62
51310 Courgivaux 51 53 Dc 56
63320 Courgoul 63 128 Da 75
03700 Courie, la 03 116 Dc 72
19510 Courie, la 19 125 Bc 75
51270 Courjeonnet 51 53 Df 56
16210 Courlac 16 123 Aa 77
51170 Courlandon 51 40 De 53
63440 Courlange 63 115 Cf 72
39570 Courlans 39 106 Fc 68
39570 Courlaoux 39 106 Fc 68
79440 Courlay 79 98 Zc 68
17420 Courlay-sur-Mer 17 122 Yf 75
52210 Cour-L'Evêque 52 74 Ef 61
21580 Courlon 21 91 Fa 63
89140 Courlon-sur-Yonne 89 72 Da 58

01370 Courmangoux 01 119 Fc 71
45260 Cour-Marigny, la 45 88 Cd 61
51390 Courmas 51 53 Df 53
61110* Cour-Maugis sur Huisne 61 69 Ae 58
02200 Courmelles 02 52 Db 52
51360 Courmelois 51 53 Eb 54
41230 Courmemin 41 87 Bd 64
61310 Courménil 61 48 Ab 56
06620 Courmes 06 173 Ha 86
02130 Courmont 02 53 Dd 54
70400 Courmont 70 94 Gd 63
11300 Cournanel 11 178 Cb 90
46300 Cournazac 46 137 Bc 80
40460 Courneilley 40 134 Yf 82
87380 Courneix 87 125 Bc 75
34220 Courniou 34 166 Ce 88
63450 Cournols 63 128 Da 75
56200 Cournon 56 81 Xf 62
63800 Cournon-d'Auvergne 63 128 Db 74
34660 Cournonsec 34 168 De 87
34660 Cournonterral 34 168 De 87
12150 Cournuéjouls 12 152 Cf 82
83840 Courmuelle, la 83 172 Gc 86
85170 Courollière, la 85 97 Yc 68
16400 Couronne, la 16 123 Aa 75
13500 Couronne-Carro, la 13 170 Fa 88
55260 Courouvre 55 55 Fc 55
89260 Couroy 89 72 Dc 59
77540 Courpalay 77 52 Cf 57
17400 Courpeteau 17 111 Zd 73
63120 Courpière 63 128 Dd 74
17130 Courpignac 17 123 Zd 77
77390 Courquetaine 77 52 Ce 56
42940 Courreau, le 42 129 Df 75
32330 Courrensan 32 148 Ab 85
44330 Courrères, les 44 97 Ye 65
16410 Courrière 16 124 Ab 75
14220 Courrière, la 14 47 Zd 55
62710 Courrières 62 30 Cf 46
81340 Courris 81 151 Cc 85
71110 Courroile 71 117 Ea 71
60112 Courroy 60 38 Ca 51
83120 Courrueres 83 172 Gd 89
30500 Courry 30 154 Ea 83
46090 Cours 46 138 Bd 81
47360 Cours 47 149 Ad 83
58200 Cours 58 88 Cf 64
69470 Cours 69D 117 Eb 72
89310 Cours 89 90 Ea 62
56230 Cours, le 56 81 Xc 62
46210 Cours, les 46 138 Ca 80
24430 Coursac 24 136 Ad 78
46320 Coursac 46 138 Be 81
03380 Coursage 03 115 Cd 71
38350 Cour-Saint-Maurice 25 108 Ge 65
10130 Coursan-en-Othe 10 73 Df 60
33580 Cours-de-Monségur 33 136 Aa 81
24520 Cours-de-Pile 24 136 Ad 79
06140 Coursegoules 06 158 Ha 86
62240 Courset 62 28 Bf 45
14470 Courseulles-sur-Mer 14 47 Zd 52
12190 Coursière, la 12 139 Ce 81
50240 Coursinière, la 50 66 Yd 57
79220 Cours-la-Véquière 79 111 Zd 70
33690 Cours-les-Bains 33 148 Zf 82
18320 Cours-les-Barres 18 103 Da 66
02380 Courson 02 40 Dc 52
14380 Courson 14 46 Yf 55
89560 Courson-les-Carrières 89 89 Dd 63
91680 Courson-Monteloup 91 71 Ca 57
41500 Cour-sur-Loire 41 86 Bc 63
77560 Courtacon 77 52 Db 56
63250 Courtade, la 63 129 De 73
51480 Courtagnon 51 53 Df 54
28290 Courtalain 28 69 Ba 60
09320 Courtal-de-Lers 09 177 Bc 92
12800 Courtalesque 12 151 Cc 83
10130 Courtaoult 10 73 Df 60
11230 Courtauly 11 178 Ca 90
10400 Courtavant 10 73 Dd 57
68480 Courtavon 68 95 Hb 64
25470 Courtefontaine 25 94 Gf 65
39700 Courtefontaine 39 107 Fe 66
27130 Courteilles 27 49 Ba 56
61210 Courteilles 61 48 Ze 56
19340 Courteix 19 127 Cc 75
25530 Courtelain-et-Salans 25 108 Gc 65
90100 Courtelevant 90 94 Ha 63
80500 Courtemanche 80 39 Cd 51
45320 Courtemaux 45 72 Cf 60
51800 Courtémont 51 54 Ee 54
02850 Courtemont-Varennes 02 53 Dd 54
51800 Courtenay 38 131 Fc 74
45320 Courtenay 45 72 Da 60
10260 Courtenot 10 74 Eb 60
10270 Courteranges 10 73 Eb 59
10250 Courteron 10 74 Ec 60
01560 Courtes 01 118 Fa 70
70600 Courtesoult-et-Gatey 70 92 Fd 63
77580 Courte-Soupe 77 52 Da 55
63120 Courtessere 63 128 Dc 74
11240 Courtète, la 11 165 Ca 90
60300 Courteuil 60 51 Cd 53
84350 Courthézon 84 155 Ef 84
51700 Courthiézy 51 53 Dd 54
32230 Courties 32 162 Aa 87
60350 Courtieux 60 40 Da 52
72300 Courtillers 72 84 Ze 62
12400 Courtilles 12 152 Ce 85
36230 Courtillets, les 36 101 Bf 69
50220 Courtils 50 66 Yd 57
23100 Courtine, la 23 127 Cb 74
15100 Courtines 15 140 Cf 78
10400 Courtioux 10 72 Dc 57
63190 Courtioux, les 63 128 Dc 74
51460 Courtisols 51 54 Ed 55
21120 Courtivron 21 91 Ef 63
45700 Courtoin 45 88 Ce 61
89100 Courtois-sur-Yonne 89 72 Db 59
61390 Courtomer 61 48 Ac 57
77390 Courtomer 77 52 Cf 57
77650 Courton 77 72 Db 57
14100 Courtonne-la-Meurdrac 14 48 Ab 54
14290 Courtonne-les-Deux-Eglises 14 48 Ac 54
02820 Courtrizy-et-Fussigny 02 40 De 51
77115 Courtry 77 71 Ce 57
77181 Courtry 77 51 Cd 55
46240 Courty 46 138 Bd 81
14260 Courvaudon 14 47 Zc 54
25560 Courvières 25 107 Ga 67
51170 Courville 51 53 De 53
72140 Courville 72 67 Zf 60
28190 Courville-sur-Eure 28 69 Bb 58
03370 Courzat 03 114 Cc 70
69690 Courzieu 69M 130 Ed 74
39190 Cousance 39 119 Fc 69
55500 Cousances-aux-Bois 55 55 Fc 56
55170 Cousances-les-Forges 55 75 Fa 57
55500 Cousances-lès-Triconville 55 55 Fc 56
19800 Cousin 19 126 Be 76
12550 Cousinie, la 12 152 Cd 85
60730 Cousnicourt 60 51 Cb 53
59149 Cousolre 59 31 Ea 47
09120 Coussa 09 177 Be 90
87240 Cousse, la 87 113 Bc 73
87500 Coussac-Bonneval 87 125 Bb 75
47200 Coussan 47 136 Aa 82
65350 Coussan 65 163 Ab 89
63470 Coussat 63 127 Cc 74
86110 Coussay 86 99 Ab 67
86270 Coussay-les-Bois 86 100 Ae 68
33660 Cousseau 33 135 Aa 78
10210 Coussegrey 10 73 Ea 61
12310 Coussergues 12 152 Cf 82
88630 Coussey 88 75 Fe 58
18210 Coust 18 102 Cd 68
11190 Coustaussa 11 178 Cb 91
84220 Coustellet 84 156 Fa 85
34330 Coustorgues 34 166 Ce 87
11220 Coustouge 11 179 Ce 90
66260 Coustouges 66 179 Cd 94
14430 Coustranville 14 35 Zf 53
12350 Cout, la 12 151 Cb 82
40170 Cout, le 40 146 Yf 84
64270 Cout, le 64 161 Za 88
50230 Coutainville, Agon- 50 46 Yc 54
50200 Coutances 50 46 Yd 54
35210 Coutancière, la 35 66 Ye 59
03330 Coutansouze 03 115 Da 71
49800 Coutardière 49 84 Zd 64
89440 Coutarnoux 89 90 Df 63
43260 Couteaux 43 141 Ea 79
01500 Coutelieu 01 119 Fc 73
85710 Coutellerie, la 85 96 Ya 67
09500 Coutens 09 165 Be 90
02140 Coutenval 02 41 Ea 50
61410 Couterne 61 67 Zd 57
21560 Couternon 21 92 Fa 65
13540 Couteron 13 170 Fc 87
43230 Couteuges 43 128 Dc 77
77580 Coutevroult 77 52 Cf 55
70400 Couthenans 70 94 Ge 63
47700 Couthures 47 148 Aa 83
47180 Couthures-sur-Garonne 47 135 Aa 81
59310 Coutiches 59 30 Db 46
79340 Coutières 79 111 Zf 69
85200 Coutigny 85 110 Za 70
05700 Coutillets, les 05 156 Fd 82
42460 Coutouvre 42 117 Eb 72
33230 Coutras 33 135 Zf 78
28400 Coutretot 28 69 Af 59
22250 Coutûme, la 22 65 Xe 58
19170 Couturas 19 126 Be 75
09320 Coutural-de-Lers
16460 Couture 16 112 Ab 73
24240 Couture 24 136 Ab 80
86380 Couture 86 99 Ab 68
18370 Couture, la 18 114 Cb 70
62136 Couture, la 62 29 Ce 45
85320 Couture, la 85 109 Ye 69
27750 Couture-Boussey, la 27 50 Bc 55
79110 Couture-d'Argenson 79 111 Zf 73
62158 Couturelle 62 29 Cd 47
24320 Coutures 24 124 Ac 77
33580 Coutures 33 135 Aa 81
49320 Coutures 49 84 Zd 64
57170 Coutures 57 57 Gc 56
82210 Coutures 82 149 Af 85
82400 Coutures 82 149 Af 84
41800 Couture-sur-Loir 41 85 Ae 62
50680 Couvains 50 34 Yf 54
61550 Couvains 61 49 Ad 55
04200 Couvent, le 04 156 Fe 84
14250 Couvert 14 47 Zb 53
12230 Couvertoirade, la 12 153 Db 85
55290 Couvertpuis 55 75 Fb 57
10200 Couvignon 10 74 Ed 59
50690 Couville 50 33 Yb 51
55800 Couvonges 55 55 Fa 56
02220 Couvrelles 02 53 Dc 52
02600 Couvres-et-Valsery 02 52 Da 52
02270 Couvron-et-Aumencourt 02 40 Dd 51
51300 Couvrot 51 54 Ed 56
07000 Coux 07 142 Ed 80
17130 Coux 17 123 Zd 77
17530 Coux 17 122 Yf 74
24220 Coux-et-Bigaroque-Mouzens 24 137 Af 79
18140 Couy 18 103 Ce 66
40430 Couyalas 40 147 Zc 83
35320 Couyère, la 35 82 Yc 61
24400 Couyet 24 136 Ab 78
33121 Couyras 33 134 Yf 78
33121 Couyrasseau 33 134 Yf 78
24150 Couze-et-Saint-Front 24 136 Ae 80
87270 Couzeix 87 125 Bb 73
16330 Couziers 16 124 Aa 74
37500 Couziers 37 99 Aa 66
03160 Couzon 03 103 Da 69
52190 Couzon-sur-Coulange 52 92 Fb 63
46500 Couzou 46 138 Bd 80
31480 Cox 31 149 Ba 86
62560 Coyecques 62 29 Cb 45
60580 Coye-la-Forêt 60 51 Cc 54
02600 Coyolles 02 52 Da 53
39200 Coyrière 39 119 Ff 70
39260 Coyron 39 119 Fe 69
54210 Coyviller 54 76 Gb 57
38460 Cozance 38 131 Fb 74
17120 Cozes 17 122 Zb 75
20148 Cozzano CTC 183 Ka 97
23100 Crabanat 23 126 Ca 74
31430 Crabères 31 164 Ba 89
40410 Crabette, la 40 146 Za 82
32420 Crabots 32 163 Ae 88
82800 Craboula 82 150 Bd 84
56950 Crac'h 56 79 Xa 63
38300 Crachier 38 131 Fb 75
89660 Crai 89 90 Dd 64
89480 Crain 89 89 Dd 63
57590 Craincourt 57 56 Gb 55
42210 Craintilleux 42 129 Eb 75
88140 Crainvilliers 88 76 Fe 60
17170 Cramahé 17 110 Za 71
02130 Cramaille 02 52 Dc 53
39600 Cramans 39 107 Fe 66
51530 Cramant 51 53 Df 55
86190 Cramard 86 99 Aa 69
87380 Cramarigeas 87 125 Bc 75
87600 Cramaud 87 125 Af 74
35580 Crambert, le 35 65 Ya 60
17170 Cramchaban 17 110 Zb 71
61220 Craménil 61 47 Zd 56
60660 Cramoisy 60 51 Cc 53
80370 Cramont 80 29 Ca 48
09120 Crampagna 09 177 Bd 90
62179 Cran-aux-Oufs 62 26 Bd 43
37350 Crançay, le 37 100 Af 67
10100 Crancey 10 73 Dd 57
39570 Crançot 39 107 Fd 68
15250 Crandelles 15 139 Cc 79
56150 Crann 56 80 Wf 61
72240 Crannes 72 68 Zf 60
72540 Crannes-en-Champagne 72 68 Zf 61
01320 Crans 01 118 Fb 73
39300 Crans 39 107 Ff 68
12110 Cransac 12 139 Cb 81
74380 Cranves-Sales 74 120 Gb 71
53400 Craon 53 83 Za 61
86110 Craon 86 99 Aa 68
02160 Craonne 02 40 De 52
60310 Crapeaumesnil 60 39 Ce 51
69290 Craponne 69M 130 Ee 74
43500 Craponne-sur-Arzon 43 129 Df 77
74140 Crapons, les 74 120 Gc 71
38210 Cras 38 131 Fc 77
46360 Cras 46 138 Bd 81
12170 Crassous 12 152 Cd 84
12400 Crassous 12 152 Cf 85
01340 Cras-sur-Reyssouze 01 118 Fb 71
67310 Crastatt 67 58 Hc 57
32270 Crastes 32 163 Ae 86
33680 Crastieu, le 33 134 Yf 79
27400 Crasville 27 49 Ba 53
50630 Crasville 50 34 Yd 51
76450 Crasville-la-Mallet 76 36 Ae 50
83260 Crau, la 83 171 Ga 90
14240 Crauville 14 34 Zb 54
17260 Cravans 17 122 Zb 75
45190 Cravant 45 86 Bd 62
89460 Cravant 89 89 De 62
37500 Cravant-les-Côteaux 37 99 Ac 66
32110 Cravencères 32 148 Aa 86
78270 Cravent 78 50 Bc 55
71460 Cray 71 118 Ec 69
46100 Crayssac 46 138 Bf 81
46150 Crayssac 46 137 Bb 81
59279 Craywick 59 27 Cb 43
01200 Craz 01 119 Fe 72
03300 Cruzjer-le-Vieux 03 116 Dc 71
72200 Cré 72 84 Zf 62
29440 Creac'h 29 62 Vf 57
29390 Creac'h Courant 29 78 Wb 60
22610 Creac'h Maout 22 63 Wf 55
29880 Créach-Pont 29 62 Vd 57
50710 Créances 50 46 Yc 53
21320 Créancey 21 105 Ed 65
52120 Créancey 52 74 Ef 60
58210 Créantay 58 89 Db 64
21120 Crécey-sur-Tille 21 92 Fa 63
23290 Créchat 23 113 Bc 72
79260 Crèche, la 79 111 Ze 70
27190 Crèches 27 49 Af 54
71680 Crèches-sur-Saône 71 118 Ee 71
22720 Crec'h Metern 22 63 Wf 58
63700 Créchol 63 115 Ce 71
03150 Créchy 03 116 Dc 71
62120 Crecques 62 29 Cb 45
02380 Crécy-au-Mont 02 40 Db 52
28500 Crécy-Couvé 28 50 Bb 56
80150 Crécy-en-Ponthieu 80 28 Bf 47
77580 Crécy-la-Chapelle 77 52 Cf 55
02270 Crécy-sur-Serre 02 40 Dd 50
56580 Crédin 56 64 Xb 60
46330 Crégols 46 138 Be 82
77124 Crégy-lès-Meaux 77 52 Cf 55
22950 Créhac, le 22 64 Xb 58
57690 Créhange 57 57 Gd 54
57385 Créhange-Citex 57 57 Gd 54
22130 Créhen 22 65 Xe 57
60100 Creil 60 51 Cc 53
34370 Creissan 34 167 Da 88
84800 Crémade, la 84 155 Fa 85
62240 Crémarest 62 28 Be 44
42260 Crémeaux 42 117 Df 73
56800 Créménan 56 81 Xd 61
80700 Crémery 80 39 Ce 50
38460 Crémieu 38 131 Fb 74
86450 Crémille 86 100 Ae 68
74150 Crempigny 74 119 Ff 73
46230 Cremps 46 150 Bd 82
39260 Crenans 39 119 Fe 70
52000 Crenay 52 75 Fa 60
10150 Crency-près-Troyes 10 73 Ea 59
50170 Crenne, la 50 66 Yd 57
61200 Crennes 61 48 Aa 56
53700 Crennes-sur-Fraubée 53 67 Ze 58
29390 Crénorien 29 78 Wb 60
33670 Créon 33 135 Zd 80
40240 Créon-d'Armagnac 40 148 Zf 85
71490 Créot 71 105 Ed 67
28200 Crépainville 28 69 Bb 60
21500 Crépand 21 90 Eb 63
54170 Crépey 54 76 Ff 57
23290 Crépiat 23 113 Bd 72
69140 Crépieux 69M 130 Ef 74
02300 Crépigny 02 40 Da 51
03300 Crépin 03 116 Dc 72
55150 Crépion 55 55 Fc 53
77440 Crépoil 77 52 Da 54
26350 Crépol 26 143 Fa 77
14480 Crépon 14 35 Zc 53
01470 Crept 01 131 Fc 74
02870 Crépy 02 40 Dd 51
62310 Crépy 62 29 Cb 46
60800 Crépy-en-Valois 60 52 Cf 53
62310 Créquy 62 29 Ca 46
34920 Crès, le 34 168 Df 87
70100 Cresancey 70 92 Fd 64
10320 Crésantignes 10 73 Ea 60
50370 Cresnays, les 50 46 Yf 56
63310 Cresneuil 63 116 Db 73
22120 Crésouard 22 64 Xc 58
44310 Crespelière, la 44 96 Yb 66
12290 Crespiaguet 12 152 Ce 83
30260 Crespian 30 154 Ea 85
78121 Crespières 78 50 Bf 55
12800 Crespin 12 151 Cb 84
59154 Crespin 59 31 Dd 46
81350 Crespin 81 151 Cb 84
81350 Crespinet 81 151 Cb 85
10500 Crespy-le-Neuf 10 74 Ed 58
17360 Cressac 17 123 Zf 77
87190 Cressac 87 113 Bb 71
16250 Cressac-Saint-Génis 16 123 Aa 76
03240 Cressanges 03 116 Da 70
23140 Cressat 23 114 Ca 72
17160 Cressé 17 111 Ze 73
12640 Cresse, la 12 152 Da 83
46600 Cressensac 46 138 Bd 78
27440 Cressenville 27 50 Bc 52
14440 Cresserons 14 47 Zd 53
14430 Cresseveuille 14 48 Aa 53
39270 Cressia 39 119 Fc 69
01350 Cressin-Rochefort 01 132 Fe 74
17380 Cresson 17 110 Zb 73
14420 Cressonière, la 14 47 Zd 55
60190 Cressonsacq 60 39 Cd 52
76720 Cressy 76 37 Ba 50
80190 Cressy-Omencourt 80 39 Cf 50
71760 Cressy-sur-Somme 71 104 Df 68
26400 Crest 26 143 Fa 80
63450 Crest, le 63 128 Da 74
63320 Creste 63 128 Da 75
12140 Crestes 12 139 Cc 81
84110 Crestet 84 155 Fa 83
07270 Crestet, le 07 142 Ed 78
27110 Crestot 27 49 Af 53
82220 Crestou 82 150 Bb 84
73590 Crest-Voland 73 133 Gd 74
01550 Crêt 01 120 Ff 72
24360 Crête, la 24 124 Ad 75
94000 Créteil 94 51 Cc 56
01130 Crêtet, le 01 119 Fe 71
27250 Crétil, le 27 49 Ae 56
27240 Créton 27 49 Ba 55
39200 Crêt Pourri, le 39 119 Ff 70
38570* Crêts en Belledonne 38 132 Ff 76
50250 Cretteville 50 46 Yd 52
55210 Creuë 55 55 Fe 55
58250 Creuille 58 104 De 67
14480 Creully 14 35 Zc 53
14480 Creully sur Seulles 14 47 Zc 53
80480 Creuse 80 38 Ca 49
71200 Creusot, le 71 105 Ec 68
57150 Creutzwald 57 57 Ge 53
58500 Creux 58 89 Dd 64
22100 Creux, le 22 65 Xf 58
45130 Creux, le 45 87 Bd 61
56420 Creux, le 56 80 Xc 61
26140 Creux-de-la-Thine, le 26 130 Ee 77
69460 Creuze, la 69D 118 Ed 72
03300 Creuzjer-le-Neuf 03 116 Dc 71
45520 Creuzy 45 70 Bf 60
70400 Crevans-et-la-Chapelle-lès-Granges 70 94 Gd 63
03410 Crevant 03 115 Cd 70
36130 Crevant 36 101 Be 67
36140 Crevant 36 114 Bf 70
63350 Crevant-Laveine 63 116 Dc 73
54290 Crévéchamps 54 76 Gb 57
27490 Crevecœur 27 50 Bb 54
60360 Crèvecœur-le-Grand 60 38 Ca 51
60420 Crèvecœur-le-Petit 60 39 Cd 51
59258 Crèvecœur-sur-l'Escaut 59 30 Db 48
14340 Crèvecour-en-Auge 14 35 Aa 54
77610 Crèvecour-en-Brie 77 52 Cf 56
27490 Creveney 70 93 Gb 62
54110 Crévic 54 56 Gc 57
38510 Crevières 38 131 Fc 74
35320 Crévin 35 82 Yc 61
76750 Crevon 76 37 Bb 51
05200 Crévoux 05 145 Gd 81
24100 Crevsse 24 136 Ad 79
73260 Crey, le 73 132 Gc 76
05140 Creyers 05 144 Fd 81
38510 Creys-et-Pusignieu 38 131 Fc 74
24350 Creyssac 24 124 Ad 77
46600 Creysse 46 138 Bd 79
07000 Creysseilles 07 142 Ed 80
81990 Creyssens 81 151 Cb 85
24380 Creyssensac-et-Pissot 24 136 Ad 78
18190 Crézancay 18 102 Cc 68
02650 Crézancy 02 53 Dd 54
18300 Crézancy-en-Sancerre 18 88 Ce 65
62610 Crézeeques 62 27 Bf 44
87620 Crezeunet 87 125 Ba 74
79110 Crézières 79 111 Zf 72
03240 Criards, les 03 116 Db 70
12360 Cribas 12 152 Cf 86
14430 Cricqueville-en-Auge 14 35 Zf 53
14450 Cricqueville-en-Bessin 14 47 Za 52
13610 Cride, la 13 170 Fc 87
76910 Criel-Plage 76 28 Bb 48
76910 Criel-sur-Mer 76 37 Bb 48
58270 Criens 58 104 Dc 66
40260 Criéré 40 146 Yf 85
09700 Crieu 09 165 Be 90
58110 Crieur 58 104 De 66
17700 Crignolée, la 17 110 Zb 72
39130 Crillat 39 107 Fe 69
60112 Crillon 60 38 Bf 51
84410 Crillon-le-Brave 84 156 Fa 84
21800 Crimolois 21 92 Fa 65
29180 Crinquellic 29 78 Ve 60
54300 Crion 54 57 Gd 57
76850 Crique, la 76 37 Bb 50
27110 Criquebeuf-la-Campagne 27 49 Ba 53
27340 Criquebeuf-sur-Seine 27 49 Ba 53
14600 Criquebœuf 14 36 Aa 52
27110 Criquetot 27 49 Ba 54
76540 Criquetot-le-Mauconduit 76 36 Ad 50
76280 Criquetot-L'Esneval 76 36 Ab 51
76590 Criquetot-sur-Longueville 76 37 Ba 50
76760 Criquetot-sur-Ouville 76 37 Af 50
76390 Criquiers 76 38 Be 50
50310 Crisbec 50 33 Ye 52
77390 Crisenoy 77 71 Ce 57
60400 Crisolles 60 39 Da 51
37220 Crissay-sur-Manse 37 100 Ac 66
72140 Crissé 72 68 Zf 59
39100 Crissey 39 106 Fc 66
71530 Crissey 71 106 Ef 68
20126 Cristinacce CTC 182 If 95
81260 Cristol 81 166 Cd 87
14250 Cristot 14 47 Zc 53
16300 Criteuil-la-Magdeleine 16 123 Ze 75
76680 Critot 76 37 Bb 51
54120 Criviller 54 77 Ge 58
84490 Croagnes 84 156 Fb 85
56560 Croajou 56 79 Wc 60
29420 Croas-ar-Born 29 62 Wa 57
29940 Croas-Avalou 29 78 Wa 61
29910 Croaz-Hent-Bouillet 29 78 Wa 61
29260 Croaz-Kerduff 29 62 Vd 57
29890 Croazou 29 62 Vd 57
29430 Croazu 29 62 Ve 57
36160 Crobonne 36 114 Ca 70
20237 Croce CTC 181 Kc 94
20140 Croce, Moca- CTC 182 Ka 98
73340 Crochère, la 73 132 Ga 75
24150 Crocherie 24 136 Ad 79
53380 Crochetières, les 53 66 Za 59
59380 Crochte 59 27 Cc 43
20290 Crocicchia CTC 181 Kc 94
23260 Crocq 23 127 Cc 73
60120 Crocq, le 60 38 Cb 51
14620 Crocy 14 48 Zf 55
29180 Croëzou, le 29 78 Ve 60
61200 Crogny 61 48 Zf 56
33990 Crohot-de-France, le 33 134 Ye 78
33121 Crohot-des-Cavales, le 33 134 Ye 78
43580 Croisances 43 141 Dd 79
62130 Croisette 62 29 Cb 46
56350 Croisette, la 56 81 Xe 63
59230 Croisette, la 59 30 Dc 46
74560 Croisette, la 74 120 Gb 72
88340 Croisette, la 88 91 Gc 61
61260 Croisettes, les 61 69 Ae 59
76870 Croisettes, les 76 38 Bd 51
44490 Croisic, le 44 81 Xc 65
48600 Croisières 48 141 Dd 79
19430 Croisille 19 138 Bf 78
27190 Croisille, la 27 49 Af 55
14220 Croisilles 14 47 Zd 55
28210 Croisilles 28 50 Bc 56
61230 Croisilles 61 48 Ab 56
62128 Croisilles 62 30 Cf 47
87130 Croisille-sur-Briance, la 87 126 Bd 75
54300 Croismare 54 77 Gd 57
29470 Croisquer 29 62 Ve 58
50380 Croissant, le 50 46 Yc 56
29246 Croissant-Marie-Jaffré 29 63 Wc 58
14370 Croissanville 14 35 Zf 54
77183 Croissy-Beaubourg 77 51 Cd 56
78560 Croissy-sur-Seine 78 51 Ca 55
60120 Croissy-sur-Selle 60 38 Cb 50
56540 Croisty, le 56 79 Wd 60
18350 Croisy 18 103 Ce 67
76780 Croisy-sur-Andelle 76 37 Bc 52
27120 Croisy-sur-Eure 27 50 Bc 54
59170 Croix 59 30 Da 44
90100 Croix 90 94 Gf 64
19260 Croix, la 19 126 Be 75
20137 Croix, la CTC 185 Kb 98
44210 Croix, la 44 96 Xf 66
44650 Croix, la 44 97 Yc 67
46200 Croix, la 46 138 Bc 79
49400 Croix, la 49 84 Zc 65
71170 Croix, la 71 117 Eb 71
71500 Croix, la 71 106 Fa 69
73800 Croix, la 73 132 Ga 76
85350 Croix, la 85 96 Xe 68
85450 Croix, la 85 110 Yf 70
56120 Croix, les 56 64 Xc 61
56920 Croixanvec 56 64 Xa 60
08400 Croix-au-Bois, la 08 42 Ee 52
23190 Croix-au-Bost, la 23 114 Cb 72
22380 Croix-aux-Merles, la 22 64 Xe 57
88520 Croix-aux-Mines, la 88 77 Ha 59
50240 Croix-Avranchin, la 50 66 Yd 57

62136 Croix-Barbet 62 29 Ce 45
22200 Croix-Blanche 22 63 Wf 57
32700 Croix-Blanche, la 32 140 Ad 84
46240 Croix-Blanche, la 46 138 Bd 81
47340 Croix-Blanche, la 47 149 Ae 83
59223 Croix-Blanche, la 59 30 Da 44
71960 Croix-Blanche, la 71 118 Ee 70
49630 Croix-Boujuau, la 49 84 Ze 64
45520 Croix-Briquet, la 45 70 Bf 60
22320 Croix-Durlot, la 22 64 Wf 58
59222 Croix-Caluyau 59 31 Dd 48
72320 Croix-Champagne 72 69 Af 60
22600 Croix-Chanvril, la 22 64 Xb 59
17220 Croix-Chapeau 17 110 Yf 72
61190 Croix-Chemin, le 61 69 Ae 57
17330 Croix-Comtesse, la 17 110 Zd 72
73390 Croix-d'Aiguebelle, la 73 132 Gb 75
76660 Croixdalle 76 37 Bc 50
42122 Croix-de-Bard, la 42 129 Eb 73
56390 Croix-de-Bois 56 80 Xa 62
49250 Croix-de-Bois-Maudet, la 49 84 Zf 64
72500 Croix-de-Bonlieu, la 72 85 Ac 62
13310 Croix-de-Crau 13 170 Ef 87
03130 Croix-de-la-Fée, la 03 117 De 71
19270 Croix-de-la-Maleyire 19 125 Bd 77
63980 Croix-de-la-Paix 63 128 Dd 76
49400 Croix-de-la-Voulte, la 49 84 Zf 65
71220 Croix-de-Mornay, la 71 117 Ec 69
46300 Croix-de-Pech 46 137 Bb 80
53220 Croix-de-Pierre, la 53 66 Za 58
22960 Croix-de-Piruit, la 22 64 Xb 58
35350 Croix-Desilles, la 35 65 Ya 57
44430 Croix-des-Landes, la 44 82 Ye 65
71450 Croix-des-Mâts, la 71 105 Ec 68
49270 Croix-des-Victoires 49 83 Yf 65
15120 Croix-de-Thérondels, la 15 139 Cc 80
03460 Croix-de-Vaux, la 03 103 Db 69
85800 Croix-de-Vie 85 96 Ya 68
33380 Croix-d'Hins 33 134 Za 80
56490 Croix-d'Iff, la 56 64 Xc 60
59181 Croix-du-Bac 59 30 Ce 44
19300 Croix-du-Bourg 19 126 Ca 76
28480 Croix-du-Perche, la 28 69 Ba 59
42370 Croix-du-Sud, la 42 117 Df 72
77370 Croix-en-Brie, la 77 72 Da 57
51600 Croix-en-Champagne, la 51 54 Ed 54
62130 Croix-en-Ternois 62 29 Cb 46
37150 Croix-en-Touraine, la 37 86 Af 64
02110 Croix-Fonsommes 02 40 Dc 49
56230 Croix-Galle, la 56 81 Xd 62
26620 Croix-Haute, la 26 144 Fe 80
56120 Croix-Hélléan, la 56 81 Xd 61
53380 Croixille, la 53 66 Yf 59
50260 Croix-Jacob 50 33 Yc 51
22130 Croix-Janet, la 22 65 Xe 57
03110 Croix-Jardot, la 03 116 Db 71
35720 Croix-Juhel, la 35 65 Ya 58
87130 Croix-Lattée, la 87 126 Bd 74
76190 Croix-Mare 76 37 Af 51
44130 Croix-Michéon, la 44 82 Ya 64
80400 Croix-Moligneaux 80 39 Da 50
50260 Croix-Morain, la 50 33 Yb 52
29410 Croix-Neuve 29 62 Wa 57
22340 Croix-Neuve, la 22 63 Wd 59
29190 Croix-Nu 29 62 Wa 59
29640 Croixp-de-Pierre, la 29 62 Wb 57
80290 Croixrault 80 38 Bf 50
71140 Croix-Récy 71 104 De 68
85390 Croix-Renard, le 85 98 Zb 69
03120 Croix-Rouge 03 116 Dd 72
12800 Croix-Rouge 12 151 Cc 83
13013 Croix-Rouge 13 170 Fc 88
27160 Croix-Rouge 27 49 Ae 56
29640 Croix-Rouge 29 63 Wb 58
03510 Croix-Rouge, la 03 117 Df 70
31570 Croix-Rouge, la 31 165 Be 87
36250 Croix-Rouge, la 36 101 Bd 68
24580 Croix-Ruchal, la 24 137 Ba 78
77123 Croix-Saint-Jérôme, la 77 71 Cd 58
27490 Croix-Saint-Leufroy, la 27 50 Bb 54
63250 Croix-Saint-Martin 63 129 De 73
87210 Croix-sur-Gartempe, la 87 113 Af 72
02210 Croix-sur-Ourcq, la 02 52 Dc 53
06260 Croix-sur-Roudoule, la 06 158 Gf 85
83420 Croix-Valmer, la 83 172 Gd 89
63390 Croizet 63 115 Ce 72
63410 Croizet 63 115 Cf 73
42540 Croizet-sur-Gand 42 117 Eb 73
38920 Crolles 38 132 Ff 77
50220 Crollon 50 66 Yd 57
87160 Cromac 87 113 Bb 70
70190 Cromary 70 93 Ga 64
56190 Cromenach 56 81 Xc 63
87150 Cromière 87 124 Ae 74
71760 Crona 71 104 Df 68
71140 Cronat 71 104 De 68
43300 Cronce 43 140 Dc 78
67000 Cronenbourg 67 60 He 57
74230 Cropt, le 74 132 Gb 73
53170 Cropte, la 53 67 Zd 61
76720 Cropus 76 37 Ba 50
44590 Croquemais 44 82 Yb 63
09400 Croquié 09 177 Bd 91
19200 Cros 19 127 Cc 76
23290 Cros 23 113 Bd 71
30170 Cros 30 154 De 85
63810 Cros 63 127 Cd 76
05500 Cros, le 05 144 Ga 81
12370 Cros, le 12 152 Ce 86
30120 Cros, le 30 153 Dd 85
34520 Cros, le 34 153 Dc 85
43150 Cros, le 43 141 Df 79
43340 Cros, le 43 141 De 79
46100 Cros, le 46 138 Bf 81
46190 Cros, le 46 138 Ca 79
46260 Cros, le 46 150 Be 83
48160 Cros, le 48 154 Df 83
63210 Cros, le 63 127 Ce 75
63600 Cros, le 63 129 De 76
87190 Cros, le 87 113 Bb 71
48230 Cros-Bas, le 48 153 Db 82
06800 Cros-de-Cagnes 06 173 Hb 87
07510 Cros-de-Géorand 07 141 Ea 80
16160 Croc de Montvort 16 138 Ca 78
83340 Cros-de-Mouton 83 172 Gb 89
15130 Cros-de-Ronesque 15 139 Cd 79
43230 Crose-Marie 43 128 Dd 77
25340 Crosey-le-Grand 25 94 Gd 64
25340 Crosey-le-Petit 25 94 Gc 64
48400 Crosgarnon 48 153 Dd 83
70220 Croslières 70 94 Gc 61
72200 Crosmières 72 84 Zf 62
91560 Crosne 91 51 Cc 56
44160 Crossac 44 81 Xc 64
43600 Crossacs 43 129 Eb 77
18340 Crosses 18 102 Cd 66
27110 Crosville-la-Vienne 27 49 Af 54
50360 Crosville-sur-Douve 50 33 Yd 52
76590 Crosville-sur-Scie 76 37 Ba 50
73640 Crôt, le 73 133 Gf 75
89450 Crot, le 89 90 De 64
71990 Crot-au-Meunier, le 71 105 Ea 67
58000 Crot-de-Savigny 58 103 Db 67
37380 Crotelles 37 85 Af 63
39300 Crotenay 39 107 Fe 68
27530 Croth 27 50 Bc 55
80550 Crotoy, le 80 28 Bd 47
05200 Crots 05 145 Gc 81
71190 Crots, les 71 105 Eb 68
58300 Crots-Maillots, les 58 104 Dc 68
40410 Crotte, la 40 147 Zb 83
58220 Crotte, la 58 89 Db 64
07150 Crottes 07 154 Ec 82
83310 Crottes 83 172 Gc 89
83700 Crottes 83 172 Ge 88
84390 Crottes 84 156 Fc 84
45170 Crottes-en-Pithiverais 45 70 Ca 60
01290 Crottet 01 118 Ef 71
35290 Crouais, le 35 65 Xf 59
14400 Crouay 14 34 Zb 53
37320 Croule, la 37 85 Ae 65
14140 Croupte, la 14 48 Ab 54
64350 Crouseilles 64 162 Zf 87
07530 Crouset, le 07 142 Ec 80
53600 Crousille, la 53 67 Zd 60
32230 Crousse 32 162 Aa 87
86240 Croutelle 86 112 Ab 69
10130 Croûtes, les 10 73 Df 61
60350 Croutoy 60 39 Da 52
61120 Crouttes 61 48 Aa 55
02310 Crouttes-sur-Marne 02 52 Db 55
11190 Croux 11 178 Cb 91
02880 Crouy 02 40 Dc 52
60530 Crouy-en-Thelle 60 51 Cb 53
80310 Crouy-Saint-Pierre 80 38 Ca 49
41220 Crouy-sur-Cosson 41 86 Bd 63
77840 Crouy-sur-Ourcq 77 52 Da 54
07690 Crouzet 07 130 Ed 77
87220 Crouzet 87 125 Bc 74
12110 Crouzet, le 12 139 Cb 81
25240 Crouzet, le 25 107 Ga 68
43150 Crouzet, le 43 141 Ea 79
43170 Crouzet, le 43 140 Dd 79
43170 Crouzet, le 43 141 Dd 79
48190 Crouzet, le 48 141 De 82
48700 Crouzet, le 48 140 Dc 80
48700 Crouzet, le 48 140 Dc 81
25270 Crouzet-Migette 25 107 Ga 67
48700 Crouzet-Plo, le 48 140 Dc 80
12470 Crouzets, les 12 140 Cf 81
09230 Crouzette, la 09 176 Ba 90
31310 Crouzettes, les 31 164 Bb 90
81260 Crouzettes, les 81 166 Cd 87
47150 Crouzillac 47 136 Ae 82
63700 Crouzille, la 63 115 Ce 71
87240 Crouzille, la 87 113 Bb 73
37220 Crouzilles 37 100 Ac 66
43150 Crouziols 43 141 Ea 79
15200 Crouzit 15 127 Cb 77
23160 Crozant 23 113 Bd 70
03410 Crozardais 03 115 Cd 70
84400 Crozat, le 84 156 Fc 84
23500 Croze 23 126 Cb 74
48130 Crozes 48 140 Db 80
12230 Crozes, les 12 153 Dc 84
34800 Crozes, les 34 167 Db 87
81320 Crozes, les 81 166 Ce 87
26600 Crozes-Hermitage 26 142 Ef 78
01170 Crozet 01 120 Ff 71
01300 Crozet 01 131 Fd 74
01851 Crozet, le 01 119 Fb 70
42310 Crozet, le 42 117 Df 71
39260 Crozets, les 39 119 Fe 70
12210 Crozillac 12 139 Ce 81
29160 Crozon = Kraozon 29 61 Vd 59
36140 Crozon-sur-Vauvre 36 114 Bf 70
07350 Cruas 07 142 Ee 81
28270 Crucey 28 49 Ba 56
41100 Crucheray 41 86 Ba 62
21500 Cruchy 21 90 Eb 62
20166 Cruciata CTC 184 Ie 97
20160 Cruciate CTC 182 Ie 96
37230 Crucifix, le 37 85 Ad 64
20133 Crucoli CTC 182 If 96
56410 Crucuno 56 80 Wf 63
86200 Crué 86 99 Ab 66
53800 Crue, la 53 83 Yf 62
36310 Cruet 36 113 Bb 70
73550 Cruet 73 133 Gd 76
73800 Cruet 73 132 Ga 75
87360 Cruet 87 113 Ba 71
74410 Cruet, le 74 132 Ga 74
21360 Crugey 21 105 Ee 65
51170 Crugny 51 53 De 53
56420 Cruguel 56 80 Xc 61
04230 Cruis 04 157 Ff 84
61300 Crulai 61 49 Ae 56
53600 Crun 53 67 Zd 59
12330 Cruou 12 139 Cc 82
26460 Crupies 26 143 Fa 81
02120 Crupilly 02 40 De 49
11200 Cruscades 11 166 Ce 89
74350 Cruseilles 74 120 Ga 72
54680 Crusnes 54 43 Ff 52
12190 Crussac 12 139 Cd 81
30360 Cruviers-Lascours 30 154 Eb 84
18800 Crux 18 103 Ce 66
58330 Crux-la-Ville 58 104 Dd 66
71260 Cruzille 71 118 Ee 69
01290 Cruzilles-lès-Mépillat 01 118 Ef 71
81330 Cruzis 81 166 Cc 86
34310 Cruzy 34 167 Cf 88
89740 Cruzy-le-Châtel 89 90 Eb 61
89390 Cry 89 90 Eb 62
43170 Cubelles 43 141 Dd 78
63220 Cubelles 63 129 De 76
48190 Cubières 48 141 De 82
11190 Cubières-sur-Cinoble 11 178 Cc 91
48190 Cubiérettes 48 141 De 82
24640 Cubjac-Auvézère-Val d'Ans 24 125 Af 77
19520 Cublac 19 137 Bb 78
43200 Cublaise 43 129 Ea 77
69550 Cublize 69D 117 Ec 72
33620 Cubnezais 33 135 Zd 78
86300 Cubord 86 112 Ad 70
59230 Cubray 59 30 Dc 46
25680 Cubrial 25 93 Gc 64
25680 Cubry 25 93 Gc 64
70160 Cubry-lès-Faverney 70 93 Ga 62
70130 Cubry-lès-Soing 70 93 Ff 63
33240 Cubzac-les-Ponts 33 135 Zd 79
32240 Cucassé 32 147 Zf 85
77160 Cucharmoy 77 72 Db 57
51480 Cuchery 51 53 De 54
66720 Cuchous 66 179 Cd 92
62780 Cucq 62 28 Bd 46
11350 Cucugnan 11 179 Cd 91
84160 Cucuron 84 156 Fc 86
29540 Cudef 29 79 Wb 60
33430 Cudos 33 147 Ze 82
89116 Cudot 89 72 Db 61
06910 Cuébris 06 158 Ha 85
03140 Cueillat 03 116 Db 71
36120 Cueille, la 36 101 Be 68
35340 Cueillerais, la 35 66 Yd 59
18800 Cueilly 18 103 Ce 66
32300 Cuélas 32 163 Ac 88
83390 Cuers 83 171 Ga 89
01340 Cuet 01 118 Fa 71
02880 Cuffies 02 40 Db 52
18150 Cuffy 18 103 Da 67
85610 Cugand 85 97 Ye 66
13780 Cuges-les-Pins 13 171 Fe 89
31270 Cugnaux 31 164 Bb 87
17220 Cugné 17 110 Za 72
70700 Cugney 70 92 Fe 64
02480 Cugny 02 40 Da 50
77690 Cugny 77 71 Ce 59
35270 Cuguen 35 65 Yc 58
31210 Cuguron 31 163 Ad 90
62960 Cuhem 62 29 Cb 45
86110 Cuhon 86 99 Aa 68
61200 Cui 61 48 Zf 56
60130 Cuignères 60 39 Cc 52
61200 Cuigny 61 48 Zf 56
60850 Cuigny-en-Bray 60 38 Be 52
53540 Cuillé 53 66 Yf 61
38530 Cuiller, la 38 132 Ff 76
09420 Cuillére 09 177 Bb 91
76390 Cuillère 76 38 Be 50
62149 Cuinchy 62 29 Ce 45
59553 Cuincy 59 30 Da 46
31210 Cuing, le 31 163 Ad 90
42460 Cuinzier 42 117 Eb 72
02350 Cuirieux 02 40 De 50
02220 Cuiry-Housse 02 53 Dc 53
02160 Cuiry-lès-Chaudardes 02 40 De 52
02360 Cuiry-lès-Iviers 02 41 Ea 50
51530 Cuis 51 53 Df 55
71480 Cuiseaux 71 119 Fc 70
60350 Cuise-la-Motte 60 39 Da 52
21310 Cuiserey 21 92 Fb 64
71290 Cuisery 71 118 Fa 69
39190 Cuisia 39 119 Fc 69
01370 Cuisiat 01 119 Fc 71
51700 Cuisles 51 53 De 54
61250 Cuissai 61 68 Aa 58
55270 Cuisy 55 55 Fb 53
77165 Cuisy 77 52 Ce 54
02200 Cuisy-en-Almont 02 40 Db 52
46230 Cujoul, le 46 150 Bd 83
18270 Culan 18 114 Cc 69
35500 Culaudière, la 35 66 Yf 59
74490 Culaz, la 74 120 Gc 71
73630 Cul-du-Bois, le 73 132 Gb 74
49370 Culée, la 49 83 Za 63
21230 Culètre 21 105 Ed 66
89450 Culêtre 89 90 De 64
55000 Culey 55 55 Fb 56
14220 Culey-le-Patry 14 47 Zc 55
63350 Culhat 63 128 Db 73
38300 Culin 38 131 Fb 75
71460 Culles-les-Roches 71 105 Ed 69
14480 Cully 14 35 Zc 53
52600 Culmont 52 92 Fc 62
50500 Culot 50 33 Ye 53
01350 Culoz 01 132 Fe 73
70150 Cult 70 92 Fe 65
48230 Cultures 48 140 Dc 82
20167 Culumbina = Colombina CTC 182 If 97
42890 Culvé 42 129 Df 74
51480 Cumières 51 53 Df 54
11410 Cumiès 11 165 Bf 89
24410 Cumond 24 124 Ab 77
82500 Cumont 82 149 Af 85
81990 Cunac 81 151 Cb 85
49350 Cunault 49 84 Ze 65
58210 Cuncy-lès-Varzy 58 89 Dc 64
24240 Cunèges 24 136 Ac 80
55110 Cunel 55 55 Fa 52
90150 Cunelières 90 94 Gf 63
27240 Cunelle, la 27 49 Ba 56
10360 Cunfin 10 74 Ed 60
63590 Cunlhat 63 128 Dd 75
12230 Cuns, les 12 153 Db 84
49150 Cuon 49 84 Zf 64
51400 Cuperly 51 54 Ec 54
11380 Cupserviès 11 166 Cc 88
47220 Cuq 47 149 Ae 84
16390 Cuq, le 16 124 Ab 77
81470 Cuq-Toulza 81 165 Bf 87
64360 Cuqueron 64 161 Zc 89
16210 Curac 16 123 Aa 77
46270 Curade, la 46 138 Ca 80
12410 Curan 12 152 Cf 83
05110 Curbans 05 157 Ga 82
20256 Curbara = Corbara CTC 180 If 93
71800 Curbigny 71 117 Eb 71
86120 Curçay-sur-Dive 86 99 Zf 66
80190 Curchy 80 39 Cf 50
71470 Curciat 71 118 Fa 69
01560 Curciat-Dongalon 01 118 Fa 70
71130 Curdin 71 104 Df 69
17700 Curé 17 110 Zb 72
89450 Cure 89 90 De 64
52300 Curel-Autigny 52 75 Fa 58
19500 Curemonte 19 138 Be 79
72240 Cures 72 68 Zf 60
50170 Curey 50 66 Yd 57
59990 Curgies 59 31 Dd 47
71400 Curgy 71 105 Ec 67
73190 Curienne 73 132 Ga 75
12210 Curières 12 139 Cf 81
12340 Curlande 12 152 Ce 82
21220 Curley 21 106 Ef 65
80360 Curlu 80 39 Ce 49
24450 Curmont 24 125 Af 75
24800 Curmont 24 125 Af 76
52330 Curmont 52 74 Ef 59
05110 Curnerie, la 05 157 Ga 82
29880 Curnic, le 29 61 Vd 57
26110 Curnier 26 156 Fb 82
83670 Curnière, la 83 171 Ga 87
87380 Cursac 87 125 Bd 75
20270 Cursigliese CTC 183 Kc 95
01310 Curtafond 01 118 Fa 71
01440 Curtaringe 01 118 Fb 71
71340 Curtil, le 71 117 Df 71
38580 Curtillard, le 38 132 Ga 77
73270 Curtillets, les 73 133 Gd 74
21380 Curtil-Saint-Seine 21 91 Ef 64
71520 Curtil-sous-Buffières 71 117 Ed 70
71460 Curtil-sous-Burnand 71 105 Ed 69
21220 Curtil-Vergy 21 106 Ef 65
38510 Curtin 38 131 Fc 75
33125 Curton 33 135 Zc 82
27700 Curverville 27 50 Bc 53
86600 Curzay-sur-Vonne 86 111 Aa 70
85540 Curzon 85 109 Ye 70
20147 Curzu CTC 182 Ie 95
25110 Cusance 25 93 Gc 65
86120 Cusay 86 99 Aa 66
25680 Cuse-et-Adrisans 25 93 Gc 64
52190 Cusey 52 92 Fc 63
12600 Cussac 12 139 Ce 79
15400 Cussac 15 140 Cf 79
19200 Cussac 19 126 Cb 76
24480 Cussac 24 137 Af 79
33460 Cussac 33 134 Zb 78
87150 Cussac 87 125 Af 74
43370 Cussac-sur-Loire 43 141 Df 79
12160 Cussan 12 151 Cc 83
10210 Cussangy 10 73 Ea 60
37240 Cussay 37 100 Ae 66
31700 Cussecs 31 164 Bb 87
03170 Cusséjat 03 115 Cd 70
12360 Cusses 12 152 Cf 86
03300 Cusset 03 116 Dc 72
21580 Cussey-les-Forges 21 92 Fa 63
25440 Cussey-sur-Lison 25 107 Ff 66
25870 Cussey-sur-L'Ognon 25 93 Ff 64
21700 Cussigny 21 106 Ef 66
14280 Cussy 14 35 Zd 53
14400 Cussy 14 47 Zb 53
58470 Cussy 58 103 Db 67
71550 Cussy-en-Morvan 71 105 Ea 66
21360 Cussy-la-Colonne 21 105 Ed 66
21230 Cussy-le-Châtel 21 105 Ed 66
89420 Cussy-les-Forges 89 90 Ea 64
54670 Custines 54 56 Ga 56
74540 Cusy 74 132 Ga 74
89160 Cusy 89 90 Ea 62
20250 Cuticci CTC 183 Ka 94
77520 Cutrelles 77 72 Da 58
02600 Cutry 02 52 Db 52
54720 Cutry 54 43 Fe 52
60400 Cuts 60 40 Da 51
57260 Cutting 57 57 Gf 55
20167 Cuttoli-Corticchiato CTC 182 If 97
20167 Cuttoli Curtichjatu = Cuttoli-Corticchiato CTC 182 If 97
39170 Cuttura 39 119 Fe 70
32150 Cutxan 32 148 Zf 85
74350 Cuvat 74 120 Ga 73
70800 Cuve 70 93 Gb 61
60620 Cuvergnon 60 52 Cf 53
14840 Cuverville 14 35 Ze 53
76280 Cuverville 76 36 Ab 51
76260 Cuverville-sur-Yères 76 37 Bc 49
50670 Cuves 50 46 Yf 56
52240 Cuves 52 75 Fc 60
39250 Cuvier 39 107 Ga 68
59268 Cuvillers 59 30 Db 47
60490 Cuvilly 60 39 Ce 51
80400 Cuvilly 80 39 Da 50
57420 Cuvry 57 56 Ga 54
11390 Cuxac-Cabardès 11 166 Cb 88
11590 Cuxac-Coursan d'Aude 11 167 Cf 89
60310 Cuy 60 39 Cf 51
89140 Cuy 89 72 Db 59
76220 Cuy-Saint-Fiacre 76 38 Be 51
46270 Cuzac 46 138 Ca 81
46600 Cuzance 46 138 Bd 79
44160 Cuziac 44 81 Xe 64
01300 Cuzieu 01 131 Fe 74
42330 Cuzieu 42 129 Eb 75
47500 Cuzorn 47 137 Af 81
40500 Cuzoul 40 100 Dc 00
82160 Cuzoul, le 82 151 Bf 83
58190 Cuzy 58 90 Dd 64
58800 Cuzy 58 90 De 65
71320 Cuzy 71 104 Ea 68
20148 Cuzzà = Cozzano CTC 183 Ka 97
59285 Cygne, le 59 27 Cc 43
02220 Cys-la-Commune 02 40 Dd 52
59830 Cysoing 59 30 Db 45

D

04190 Dabisse 04 157 Ff 85
57850 Dabo = Dagsburg 57 58 Hb 57
67120 Dachstein 67 60 Hd 57
03110 Dacs, les 03 116 Db 71
24250 Daglan 24 137 Bb 80
16210 Dagnaud 16 123 Aa 77
01120 Dagneux 01 131 Fa 73
77320 Dagny 77 52 Db 56
02140 Dagny-Lambercy 02 41 Ea 50
55500 Dagonville 55 55 Fc 56
57850 Dagsburg = Dabo 57 58 Hb 57
49800 Daguenière, la 49 84 Zd 64
46500 Dagues 46 138 Bd 80
12360 Daguette, la 12 167 Da 86
67310 Dahlenheim 67 60 Hd 57
22370 Dahouët 22 64 Xc 57
33420 Daignac 33 135 Ze 80
08140 Daigny 08 42 Ef 50
52110 Daillancourt 52 74 Ef 59
73150 Daille, la 73 133 Gf 76
52240 Daillecourt 52 75 Fd 60
57580 Dain-en-Saulnois 57 56 Gc 54
62000 Dainville 62 29 Ce 47
55130 Dainville-Bertheléville 55 75 Fd 58
29252 Dalar 29 62 Wa 57
46260 Dalat 46 150 Be 82
57550 Dalem 57 57 Gd 53
57340 Dalhain 57 57 Gd 55
67770 Dalhunden 67 59 Hf 56
04400 Dalis, les 04 158 Gd 82
63460 Dallages, les 63 115 Da 73
43580 Dallas 43 141 De 78
62830 Dalles 62 28 Be 45
63111 Dallet 63 128 Db 74
02680 Dallon 02 40 Db 50
19430 Dalmasane 19 138 Bf 78
34650 Dalmerie, la 34 152 Da 86
09120 Dalou 09 177 Bd 90
57320 Dalstein 57 44 Gc 53
06470 Daluis 06 158 Ge 84
88330 Damas-aux-Bois 88 77 Gc 58
88270 Damas-et-Bettegney 88 76 Gb 59
47160 Damazan 47 148 Ab 83
67110 Dambach 67 58 Hd 54
67650 Dambach-la-Ville 67 60 Hc 58
25150 Dambelin 25 94 Ge 64
70200 Dambenoît-lès-Colombes 70 93 Gc 62
88320 Damblain 88 75 Fd 60
14620 Damblainville 14 48 Zf 55
28140 Dambron 28 70 Bf 60
54360 Damelevières 54 76 Gc 57
37110 Dame-Maire-les-Bois 37 86 Ba 63
27160 Dame-Marie 27 49 Af 56
61130 Dame-Marie 61 68 Ad 58
60210 Daméraucourt 60 38 Bf 50
71620 Damerey 71 106 Ef 67
51480 Damery 51 53 Df 54
80700 Damery 80 39 Ce 50
[illegible] Dames aux Cordiers, la 25 108 Gc 66
56750 Damgan 56 80 Xc 63
61250 Damigny 61 68 Aa 58
55400 Damloup 55 55 Fc 53
02470 Dammard 02 52 Db 54
28360 Dammarie 28 70 Bc 58
45420 Dammarie-en-Puisaye 45 88 Cf 63
77190 Dammarie-les-Lys 77 71 Cd 57
45230 Dammarie-sur-Loing 45 88 Cf 62
55500 Dammarie-sur-Saulx 55 75 Fb 57
77230 Dammartin-en-Goële 77 52 Ce 54
78111 Dammartin-en-Serve 78 50 Bd 55
25110 Dammartin-les-Templiers 25 93 Gb 65
39290 Dammartin-Marpain 39 107 Fd 65
52140 Dammartin-sur-Meuse 52 75 Fd 61
77163 Dammartin-sur-Tigeaux 77 52 Cf 56
59680 Damousies 59 31 Ea 47
08090 Damouzy 08 42 Ee 50
39500 Damparis 39 106 Fc 66
02300 Dampcourt 02 40 Da 51
10240 Dampierre 10 74 Ec 57
14350 Dampierre 14 47 Za 54
18160 Dampierre 18 102 Ca 67
28800 Dampierre 28 70 Bc 59
39700 Dampierre 39 107 Fe 66
52360 Dampierre 52 75 Fc 61
51400 Dampierre-au-Temple 51 54 Ec 54
76220 Dampierre-en-Bray 76 38 Bd 51
71310 Dampierre-en-Bresse 71 106 Fb 68
45570 Dampierre-en-Burly 45 88 Cd 62
18260 Dampierre-en-Crot 18 88 Cd 64
18310 Dampierre-en-Graçay 18 102 Bf 65
21350 Dampierre-en-Montagne 21 91 Ed 64
78720 Dampierre-en-Yvelines 78 51 Bf 56
21310 Dampierre-et-Flée 21 92 Fc 64
36190 Dampierre-Gargilesse 36 113 Bd 69
51330 Dampierre-le-Château 51 54 Ee 54
25490 Dampierre-les-Bois 25 94 Gf 63
70800 Dampierre-lès-Conflans 70 93 Gb 61
76510 Dampierre-Saint-Nicolas 76 37 Bb 49

58310 Dampierre-sous-Bouhy 58 89 Da 64
28160 Dampierre-sous-Brou 28 69 Ba 59
28350 Dampierre-sur-Avre 28 49 Ba 56
28170 Dampierre-sur-Blévy 28 49 Ba 57
17470 Dampierre-sur-Boutonne 17 111 Zd 72
70230 Dampierre-sur-Linotte 70 93 Gb 63
49400 Dampierre-sur-Loire 49 99 Zf 65
51240 Dampierre-sur-Moivre 51 54 Ed 55
25190 Dampjoux 25 94 Ge 64
02600 Dampleux 02 52 Da 53
77400 Dampmart 77 52 Ce 55
19360 Dampniat 19 138 Bd 77
25450 Damprichard 25 108 Gf 65
27340 Damps, les 27 49 Bb 53
27630 Dampsmesnil 27 50 Bd 53
70000 Dampvalley-lès-Colombe 70 93 Gb 63
70210 Dampvalley-Saint-Pancras 70 93 Gb 61
54470 Dampvitoux 54 56 Ff 54
52400 Damrémont 52 75 Fd 61
27240 Damville 27 49 Ba 55
55150 Damvillers 55 55 Fc 52
85420 Damvix 85 110 Zb 71
42260 Dancé 42 117 Ea 73
61340 Dancé 61 69 Ae 58
52210 Dancevoir 52 91 Ef 61
38520 Danchère, la 38 144 Ga 79
28210 Dancourt 28 50 Bd 57
76340 Dancourt 76 37 Bd 49
80700 Dancourt-Popincourt 80 39 Ce 51
28800 Dancy 28 70 Bc 60
86420 Dandesigny 86 99 Aa 67
14430 Danestal 14 35 Aa 53
28160 Dangeau 28 69 Bb 59
28190 Dangers 28 69 Bc 57
86220 Dangé-Saint-Romain 86 100 Ad 67
72260 Dangeul 72 68 Ab 59
67310 Dangolsheim 67 60 Hc 57
27720 Dangu 27 50 Be 53
50310 Dangueville 50 33 Ye 52
50750 Dangy 50 46 Ye 54
02800 Danizy 02 40 Dc 50
84240 Danjotte, la 84 170 Fc 86
90400 Danjoutin 90 94 Gf 63
57370 Danne-et-Quatre-Vents 57 58 Hb 56
57820 Dannelbourg 57 58 Hb 56
25310 Dannemarie 25 94 Gf 64
68210 Dannemarie 68 94 Ha 63
78550 Dannemarie 78 50 Bd 56
25410 Dannemarie-sur-Crète 25 107 Ff 65
89700 Dannemoine 89 90 Df 61
91490 Dannemois 91 71 Cc 58
62187 Dannes 62 28 Bd 45
55110 Dannevoux 55 55 Fb 53
14770 Danvou-la-Ferrière 14 47 Zb 55
41160 Danzé 41 86 Ba 61
53200 Daon 53 83 Zc 62
29460 Daoulas 29 62 Ve 58
80800 Daours 80 39 Cc 49
19220 Darazac 19 138 Ca 77
74360 Darbon 74 121 Ge 70
39230 Darbonnay 39 107 Fd 68
07170 Darbres 07 142 Ed 81
21150 Darcey 21 91 Ed 63
33420 Dardenac 33 135 Ze 80
52190 Dardenay, Choilley- 52 92 Fc 63
27930 Dardez 27 49 Bb 54
69570 Dardilly 69M 130 Ee 74
69490 Dareizé 69D 118 Ec 73
60210 Dargies 60 38 Bf 50
48150 Dargilan 48 153 Dc 83
80570 Dargnies 80 28 Bd 48
42800 Dargoire 42 130 Ee 75
18370 Dargout 18 114 Cb 69
52700 Darmannes 52 75 Fb 59
55400 Darmont 55 55 Fe 53
87320 Darnac 87 112 Af 71
24490 Darnat 24 135 Aa 78
43300 Darnes 43 140 Dd 78
76160 Darnétal 76 37 Ba 52
19300 Darnets 19 126 Ca 76
88260 Darney 88 76 Ga 60
88170 Darney-aux-Chênes 88 76 Fe 59
88390 Darnieulles 88 76 Gc 59
21121 Darois 21 91 Ef 64
43270 Darsac 43 141 De 78
77140 Darvault 77 71 Ce 59
87330 Darvizat 87 112 Af 72
45150 Darvoy 45 87 Ca 61
25230 Dasle 25 94 Gf 64
44290 Dastres 44 82 Yb 63
19200 Daubech 19 127 Cb 75
67150 Daubensand 67 60 He 58
27110 Daubeuf-la-Campagne 27 49 Ba 53
27430 Daubeuf-près-Vatteville 27 50 Bb 53
76110 Daubeuf-Serville 76 36 Ac 50
33540 Daubèze 33 135 Zf 80
47310 Daubèze 47 149 Ad 84
51800 Daucourt 51 54 Ef 54
10270 Daudes 10 73 Eb 59
79340 Daudinière, la 79 99 Zf 69
67350 Dauendorf 67 58 Hd 56
48250 Daufage 48 141 De 81
28120 Dauffrais, les 28 69 Bb 59
87210 Dauge, la 87 113 Ba 71
40410 Daugnague 40 147 Zb 83
32190 Daugue 32 148 Ab 86
31190 Daujas 31 165 Bd 88
09350 Daumazan-sur-Arize 09 164 Bb 90
49640 Daumeray 49 84 Zd 62
49640 Daumeray, Morannes-sur-Sarthe- 49 84 Zd 62
32110 Daunian 32 147 Zf 86
85600 Daunière, la 85 97 Ye 67
04300 Dauphin 04 156 Fe 85
13390 Daurengue 13 171 Fd 88
38740 Daurens, les 38 144 Ff 79
47140 Dausse 47 149 Af 82
31700 Daux 31 164 Bb 86
63340 Dauzat-sur-Vodable 63 128 Da 76
63200 Davayat 63 116 Da 73
71960 Davayé 71 118 Ee 71
11330 Davejean 11 179 Cd 91
80500 Davenescourt 80 39 Cd 50
07430 Davézieux 07 130 Ee 77
04850 Davids, les 04 158 Ge 82
44580 Davière, la 44 96 Ya 66
85190 Davière, la 85 97 Yc 68
19250 Davignac 19 126 Ca 76
58210 Davion 58 89 Dc 64
10130 Davrey 10 73 Df 60
78810 Davron 78 50 Bf 55
40100 Dax 40 161 Yf 86
08130 Day 08 42 Ee 51
14800 Deauville 14 35 Aa 52
30360 Deaux 30 154 Ea 84
42130 Débats-Rivière-d'Orpra 42 129 Df 74
83400 Décapris, la 83 171 Ga 89
12300 Decazeville 12 139 Cb 81
59187 Déchy 59 30 Da 46
69150 Décines-Charpieu 69M 130 Ef 74
58300 Decize 58 104 Dc 68
16220 Defaix, les 16 124 Ad 74
03110 Défant, le 03 116 Db 71
89520 Défens, le 89 89 Db 63
71330 Deffait, le 71 106 Fb 68
79350 Deffant, le 79 98 Zd 68
27240 Deffend, le 27 49 Ba 55
46340 Dégagnac 46 137 Bb 80
72550 Degré 72 68 Aa 60
72400 Dehault 72 68 Ad 59
67430 Dehlingen 67 57 Hb 55
88700 Deinvillers 88 77 Gd 58
18800 Déjointes 18 103 Cf 66
70180 Delain 70 92 Fd 63
89350 Delétangs, les 89 89 Db 62
62129 Delettes 62 29 Cb 45
60240 Delincourt 60 50 Be 53
90100 Delle 90 94 Gf 63
57590 Delme 57 56 Gc 55
55130 Delouze-Rosières 55 75 Fd 57
60790 Déluge, le 60 51 Ca 53
55150 Delut 55 43 Fc 52
25960 Deluz 25 93 Gb 65
06660 Demandols 06 158 Ge 83
04120 Demandolx 04 158 Gd 85
55130 Demange-aux-Eaux 55 75 Fc 57
70210 Demangevelle 70 93 Ga 61
89200 Demecy-sur-le-Vault 89 90 De 64
44440 Demenure, la 44 82 Yd 63
71190 Démetry 71 105 Ea 68
58130 Demeurs 58 103 Da 66
70000 Demie, la 70 93 Gb 63
71150 Demigny 71 106 Ef 67
62147 Demincourt 62 30 Da 48
63350 Demolle 63 116 Dc 73
23320 Demorange 23 114 Be 71
14840 Démouville 14 47 Ze 53
38300 Demptézieu 38 131 Fb 75
32190 Dému 32 163 Aa 86
80110 Démuin 80 39 Cd 50
59220 Denain 59 30 Dc 47
17240 Denat 17 122 Zc 76
81120 Dénat 81 151 Cb 85
53400 Denazé 53 83 Za 61
49190 Deneé 49 83 Zc 64
76590 Dénestanville 76 37 Ba 50
03140 Deneuille-lès-Chantelle 03 116 Da 71
03170 Deneuille-les-Mines 03 115 Ce 70
54120 Deneuvre 54 77 Ge 58
70180 Denèvre 70 92 Fd 63
49700 Dénezé-sous-Doué 49 98 Ze 65
49490 Dénezé-sous-le-Lude 49 84 Aa 63
39130 Denezières 39 107 Fe 69
64230 Denguin 64 162 Zc 88
69640 Denice 69D 118 Ed 72
80200 Deniecourt 80 39 Ce 49
62810 Denier 62 29 Cc 47
35133 Denillière, la 35 66 Yf 59
88210 Denipaire 88 77 Gf 58
91410 Denisy 91 70 Bf 57
62560 Dennebroeucq 62 29 Ca 45
78520 Dennemont 78 50 Be 54
50580 Denneville 50 33 Yc 53
50580 Denneville-la Plage 50 46 Yb 53
71510 Dennevy 71 105 Ed 67
90160 Denney 90 94 Gf 63
63260 Denone 63 116 Db 72
28700 Denonville 28 70 Be 58
46210 Dental, le 46 138 Ca 80
84190 Dentelles de Montmirailles 84 155 Fa 84
57220 Denting 57 57 Gd 53
36130 Déols 36 101 Be 67
88270 Derbamont 88 76 Gb 59
84430 Derboux 84 155 Ee 83
86420 Dercé 86 99 Ab 67
76370 Derchigny 76 37 Bb 49
17600 Dercie 17 122 Za 74
02270 Dercy 02 40 De 50
59310 Dérègnaucourt 59 30 Db 46
11330 Dernacueillette 11 179 Cd 91
80300 Dernancourt 80 39 Cd 49
22230 Derrien 22 64 Xc 59
25500 Derrière-le-Mont 25 108 Gd 66
44590 Derval 44 82 Yc 62
07570 Désaignes 07 142 Ed 79
25750 Désandans 25 94 Ge 63
37160 Descartes 37 100 Ae 67
39120 Deschaux, le 39 106 Fd 67
14350 Désert, le 14 47 Zb 55
24700 Désert, le 24 135 Aa 78
33125 Désert, le 33 134 Zb 81
38740 Désert, le 38 144 Ga 79
73450 Désert, le 73 145 Gc 77
44130 Désertais, la 44 81 Ya 64
03630 Désertines 03 115 Cd 70
53190 Désertines 53 66 Za 58
73230 Déserts, les 73 132 Ga 75
25330 Déservillers 25 107 Ga 66
43300 Desges 43 140 Dc 78
87800 Deshaies 87 125 Bb 75
74270 Desingy 74 119 Ff 73
45390 Desmonts 45 71 Cc 59
39140 Desnes 39 106 Fc 68
57260 Desseling 57 57 Gf 56
68600 Dessenheim 68 60 Hc 61
39320 Dessia 39 119 Fd 70
25320 Dessous 25 107 Ff 66
38740 Dessous-la-Roche 38 144 Ff 79
88600 Destord 88 77 Gd 59
33840 Destrac 33 148 Zf 83
02100 Destres 02 40 Db 50
13112 Destrousse, la 13 171 Fd 88
57340 Destry 57 57 Gd 55
62240 Desvres 62 28 Be 44
21220 Détain-et-Bruant 21 106 Ee 65
76390 Detends, les 76 38 Bd 50
73110 Détrier 73 132 Ga 76
14690 Détroit, le 14 47 Zd 55
02520 Détroit d'Annois 02 40 Db 50
71190 Dettey 71 105 Eb 68
67490 Dettwiller 67 58 Hc 56
02700 Deuillet 02 40 Dc 51
38650 Deux, les 38 143 Fd 79
38860 Deux-Alpes, les 38 144 Ga 78
07110 Deux-Aygues, les 07 141 Eb 81
03240 Deux-Chaises 03 115 Da 70
53150 Deux-Evailles 53 67 Zc 59
39230 Deux-Fays, les 39 106 Fc 67
14230 Deux-Jumeaux 14 47 Za 52
73440 Deux-Nants 73 132 Gc 76
55300 Deuxnouds-aux-Bois 55 55 Fd 55
55250 Deuxnouds-devant-Beauzée 55 55 Fb 55
54370 Deuxville 54 77 Gc 57
08110 Deux-Villes-Basse, les 08 42 Fb 51
08110 Deux-Villes-Haute, les 08 42 Fb 51
71330 Devant, le 71 106 Fb 68
58300 Devay 58 104 Dd 68
25870 Devecey 25 93 Ga 65
33480 Devès, le 33 134 Za 79
07320 Devesset 07 142 Ec 78
43210 Devey, le 43 129 Ea 76
65230 Devèze 65 163 Ad 89
11420 Devèze, la 11 165 Be 89
39370 Dèvia, la 39 119 Fe 71
33112 Devidas 33 134 Zb 78
47210 Dévillac 47 137 Ae 81
08800 Deville 08 42 Ee 49
76250 Déville-lès-Rouen 76 37 Ba 52
33121 Devinas 33 134 Yf 78
61300 Devinière, la 61 49 Ae 56
80200 Devise 80 39 Da 49
17380* Devise, la 17 110 Zb 72
16190 Devlat 16 123 Aa 76
05250 Dévoluy 05 144 Ff 80
71330 Devrouze 71 106 Fa 68
88600 Deycimont 88 77 Gd 59
31450 Deyme 31 165 Bd 88
33840 Deymets, les 33 147 Ze 83
40500 Deyouan 40 147 Zc 86
07410 Deyras 07 142 Ee 78
88000 Deyvillers 88 77 Gd 59
03220 Dezards 03 116 Dd 70
19220 Dezéjoul 19 126 Ca 77
50620 Dézert, le 50 34 Ye 53
71150 Dezize-lès-Maranges 71 105 Ed 67
91590 d'Huison-Longueville 91 71 Cb 58
77440 Dhuisy 77 52 Da 54
02220 Dhuizel 02 40 Dd 52
41220 Dhuizon 41 87 Bd 63
01250 Dhuys 01 119 Fc 71
02540 Dhuys et Morin-en-Brie 02 53 Dc 55
14260 Dialan sur Chaîne 14 47 Zb 55
21430 Diancey 21 105 Ec 65
57830 Diane-Capelle 57 57 Gf 56
77940 Diant 77 72 Cf 59
54930 Diarville 54 76 Ga 58
29630 Diben, le 29 62 Wb 56
71330 Diconne 71 106 Fa 68
89120 Dicy 89 89 Da 61
68350 Didenheim 68 95 Hb 62
26150 Die 26 143 Fc 80
57980 Diebling 57 57 Gf 54
67230 Diebolsheim 67 60 Hd 59
67260 Diedendorf 67 57 Ha 55
57905 Diedling 57 57 Ha 54
67220 Dieffenbach-au-Val 67 60 Hb 59
67360 Dieffenbach-lès-Worth 67 58 He 55
67650 Dieffenthal 67 60 Hc 59
68780 Diefmatten 68 94 Ha 62
50340 Diélette 50 33 Ya 51
69170 Dième 69D 117 Ec 73
67430 Diemeringen 67 57 Hb 55
38790 Diémoz 38 131 Fa 75
21120 Diénay 21 91 Fa 63
15300 Dienne 15 127 Ce 78
86410 Dienné 86 112 Ad 70
58340 Diennes-Aubigny 58 104 Dd 67
10500 Dienville 10 74 Ed 58
76200 Dieppe 76 37 Ba 49
55400 Dieppe-sous-Douaumont 55 55 Fd 53
37150 Dierre 37 86 Af 64
10190 Dierrey-Saint-Julien 10 73 De 59
10190 Dierrey-Saint-Pierre 10 73 De 59
57890 Diesen 57 57 Ge 53
68440 Dietwiller 68 95 Hc 62
60530 Dieudonné 60 51 Cb 53
55320 Dieue-sur-Meuse 55 55 Fc 54
26220 Dieulefit 26 143 Fa 81
71460 Dieulegard 71 105 Ec 68
33580 Dieulivol 33 136 Aa 80
54380 Dieulouard 54 56 Ga 55
82170 Dieupentale 82 150 Bb 85
30450 Dieusses 30 154 Ea 83
57260 Dieuze 57 57 Ge 56
62460 Diéval 62 29 Cc 46
57660 Diffembach-lès-Hellimer 57 57 Gf 54
57510 Diffembach-lès-Puttelange 57 57 Gf 54
80290 Digeon 80 38 Be 50
89240 Diges 89 89 Dc 62
39190 Digna 39 119 Fc 69
16410 Dignac 16 124 Ab 75
33590 Dignac 33 122 Za 76
11300 Digne-d'Amont, la 11 178 Ca 90
11300 Digne-d'Aval, la 11 178 Cb 90
04000 Digne-les-Bains 04 157 Gb 84
88000 Dignonville 88 77 Gd 59
28250 Digny 28 69 Ba 57
74230 Digny-Saint-Clair 74 120 Gb 73
71160 Digoin 71 117 Df 70
50110 Digosville 50 33 Yc 51
81330 Digounès 81 151 Cc 86
50440 Digulleville 50 33 Ya 50
36400 Dijeux, les 36 102 Ca 68
63580 Dijoly 63 128 Dc 75
15240 Dijon 15 127 Cc 77
21000 Dijon 21 91 Fa 65
63630 Dijuste 63 128 Dd 76
19320 Dillanges 19 126 Ca 77
89320 Dilo 89 73 Dd 60
67440 Dimbsthal 67 58 Hc 56
59740 Dimechaux 59 31 Ea 47
59216 Dimont 59 31 Ea 47
23260 Dimpoux 23 127 Cc 73
22100 Dinan 22 65 Xf 58
29160 Dinan 29 61 Vc 59
35800 Dinard 35 65 Xf 57
35800 Dinarzh = Dinard 35 65 Xf 57
29150 Dinéhault 29 62 Vf 59
35440 Dingé 35 65 Yb 58
67370 Dingsheim 67 60 Hd 57
50210 Dinière, la 50 34 Yd 54
88000 Dinozé 88 77 Gc 60
87210 Dinsac 87 113 Ba 71
67190 Dinsheim 67 60 Hc 57
36300 Dinte 36 100 Ba 68
52120 Dinteville 52 74 Ee 60
28700 Dinville-sous-Auneau 28 70 Be 58
47300 Diodé 47 149 Ae 82
34650 Dio-et-Valquières 34 167 Da 86
38160 Dionay 38 131 Fb 77
49140 Dionière, la 49 83 Zd 63
30190 Dions 30 154 Eb 85
36130 Diors 36 101 Be 68
13105 Diote, la 13 170 Fd 88
03290 Diou 03 116 De 69
36260 Diou 36 102 Ca 66
16410 Dirac 16 124 Ab 75
29460 Dirinon 29 62 Ve 58
58190 Dirol 58 90 Dd 65
50450 Diseau 50 46 Yd 55
74370 Disonche 74 120 Gb 73
85320 Dissais 85 110 Ye 69
89440 Dissangis 89 90 Df 63
86130 Dissay 86 99 Ac 68
72500 Dissay-sous-Courcillon 72 85 Ac 63
17700 Dissé 17 110 Zb 72
72260 Dissé-sous-Ballon 72 68 Ab 59
72800 Dissé-sous-le-Lude 72 84 Aa 63
71270 Dissey 71 106 Fc 67
67510 Disteldorf 67 58 He 54
49400 Distré 49 99 Zf 65
57925 Distroff 57 44 Gb 53
64330 Diusse 64 162 Ze 87
26400 Divajeu 26 143 Fa 80
44450 Divatte-sur-Loire 44 82 Ye 65
85580 Dive, la 85 109 Ye 71
60400 Dive-le-Franc 60 39 Cf 51
60310 Dives 60 39 Cf 51
14160 Dives-sur-Mer 14 48 Zf 53
20290 Divina CTC 181 Kc 94
19350 Divinie, la 19 125 Bc 77
62460 Divion 62 29 Cd 46
07460 Divols, les 07 154 Eb 82
01220 Divonne-les-Bains 01 120 Ga 70
79330 Dixmé 79 98 Ze 67
89500 Dixmont 89 72 Dc 60
41500 Diziers 41 86 Bc 62
38460 Dizimieu 38 131 Fb 74
51530 Dizy 51 53 Df 54
02340 Dizy-le-Gros 02 41 Ea 51
32440 Doat 32 148 Aa 85
40700 Doazit 40 161 Zc 86
64370 Doazon 64 161 Zc 88
88460 Docelles 88 77 Gd 60
57330 Dodenom 57 44 Gb 52
49410 Dodineau 49 83 Za 64
17210 Dodins, les 17 123 Ze 77
29360 Doëlan 29 79 Wc 62
17330 Dœuil-sur-le-Mignon 17 110 Zc 72
64190 Dognen 64 161 Zb 89
88000 Dogneville 88 77 Gc 59
24420 Dognon 24 125 Af 77
23300 Dognon, le 23 113 Bc 71
86160 Dognon, le 86 112 Ac 70
87200 Dognon, le 87 125 Af 73
87420 Dognon, le 87 125 Ba 73
87500 Dognon, le 87 125 Bb 76
62380 Dohem 62 29 Cb 45
02360 Dohis 02 41 Ea 50
62147 Doignies 62 30 Da 48
80200 Doingt 80 39 Cf 49
24170 Doissat 24 137 Ba 80
38730 Doissin 38 131 Fc 76
85200 Doix lès Fontaines 85 110 Zb 70
42740 Doizieux 42 130 Ed 76
23170 Dol 23 114 Cc 72
88170 Dolaincourt 88 76 Fe 58
10200 Dolancourt 10 74 Ed 59
54170 Dolcourt 54 76 Ff 58
35120 Dol-de-Bretagne 35 65 Yb 57
39100 Dole 39 106 Fc 66
02360 Dolignon 02 41 Ea 50
57720 Dollenbach 57 58 Hc 54
68290 Dolleren 68 94 Gf 62
72390 Dollon 72 68 Ad 60
89150 Dollot 89 72 Da 59
03200 Dollots, les 03 116 Dc 72
47110 Dolmayrac 47 149 Ad 82
41330 Dolmen 41 86 Bb 63
38110 Dolomieu 38 131 Fd 75
40140 Dolouets 40 160 Yd 86
17550 Dolus-d'Oléron 17 109 Ye 73
37310 Dolus-le-Sec 37 100 Af 66
57400 Dolving 57 57 Ha 56
35113 Domagné 35 66 Yd 60
89150 Domaine-de-Clairis 89 72 Da 60
28140 Domainville 28 70 Be 60
63520 Domaize 63 128 Dd 74
35680 Domalain 35 66 Ye 61
74700 Domancy 74 121 Gd 73
57530 Domangeville 57 56 Gc 54
38300 Domarin 38 131 Fb 75
80620 Domart-en-Ponthieu 80 29 Ca 48
80110 Domart-sur-la-Luce 80 39 Cc 50
89150 Domats 89 72 Da 60
30390 Domazan 30 155 Ed 85
88260 Dombasle-devant-Darney 88 76 Ga 60
55120 Dombasle-en-Argonne 55 55 Fb 54
88500 Dombasle-en-Xaintois 88 76 Ff 59
54110 Dombasle-sur-Meurthe 54 56 Gc 57
52130 Domblain 52 74 Ef 58
39210 Domblans 39 107 Fd 68
55150 Dombras 55 43 Fc 52
88140 Dombrot-le-Sec 88 76 Ff 60
88170 Dombrot-sur-Vair 88 76 Ff 59
89450 Domecy-sur-Cure 89 90 De 64
60360 Doméliers 60 38 Ca 51
46360 Domenac 46 138 Bd 81
38420 Domène 38 132 Ff 77
03410 Domérat 03 115 Cd 70
80370 Domesmont 80 29 Ca 48
30350 Domessargues 30 154 Eb 85
73330 Domessin 73 131 Fe 75
54385 Domèvre-en-Haye 54 56 Ff 56
88500 Domèvre-sous-Montfort 88 76 Ga 59
88390 Domèvre-sur-Avière 88 76 Gc 59
88330 Domèvre-sur-Durbion 88 77 Gc 59
54450 Domèvre-sur-Vezouze 54 77 Ge 57
43230 Domeyrat 43 128 Dd 77
23140 Domeyrot 23 114 Ca 71
64120 Domezain-Berraute 64 161 Za 89
88600 Domfaing 88 77 Ge 59
67430 Domfessel 67 57 Ha 55
60420 Domfront 60 39 Cd 51
72240 Domfront-en-Champagne 72 68 Aa 60
61700 Domfront en Poiraie 61 67 Zc 57
54119 Domgermain 54 56 Fe 57
35390 Dominelais, la 35 82 Yb 62
17190 Domino 17 109 Yd 73
80120 Dominois 80 28 Bf 47
50420 Domjean 50 46 Yf 55
54450 Domjevin 54 77 Ge 57
88800 Domjulien 88 76 Ff 59
80370 Domléger-Longvillers 80 29 Ca 48
08160 Dom-le-Mesnil 08 42 Ee 50
35410 Domloup 35 66 Yc 60
54115 Dommarie-Eulmont 54 76 Ga 58
52190 Dommarien 52 92 Fc 62
54130 Dommartemont 54 56 Gb 56
25300 Dommartin 25 108 Gb 67
58120 Dommartin 58 104 Df 66
69380 Dommartin 69M 130 Ee 73
80440 Dommartin 80 39 Cc 50
01380 Dommartin, Bâgé- 01 118 Ef 70
88390 Dommartin-aux-Bois 88 76 Gb 60
51800 Dommartin-Dampierre 51 54 Ee 54
54470 Dommartin-la-Chaussée 54 56 Ff 54
55160 Dommartin-la-Montagne 55 55 Fd 54
10240 Dommartin-le-Coq 10 74 Ec 57
52110 Dommartin-le-Franc 52 74 Ef 58
52110 Dommartin-le-Saint-Père 52 74 Ef 58
71480 Dommartin-lès-Cuiseaux 71 119 Fb 70
88200 Dommartin-lès-Remiremont 88 77 Gd 61
54200 Dommartin-lès-Toul 54 56 Ff 56
88260 Dommartin-lès-Vallois 88 76 Ga 60
51320 Dommartin-Lettrée 51 54 Eb 56
54770 Dommartin-sous-Amance 54 56 Gb 56
51800 Dommartin-sous-Hans 51 54 Ee 54
88170 Dommartin-sur-Vraine 88 76 Ff 58
51330 Dommartin-Varimont 51 54 Ee 55
55240 Dommary-Baroncourt 55 55 Fe 53
24250 Domme 24 137 Bb 80
57260 Dommenheim = Domnon-lès-Dieuze 57 57 Ge 55
08460 Dommery 08 41 Ec 50
02600 Dommiers 02 40 Db 53
57260 Domnon-lès-Dieuze = Dommenheim 57 57 Ge 55
21600 Domois 21 91 Fa 65
56360 Domois 56 80 We 65
95330 Domont 95 51 Cb 54
88270 Dompaire 88 76 Gb 59
55300 Dompcevrin 55 55 Fc 55
54800 Dompierre 54 56 Fe 54
59440 Dompierre 59 31 Df 48
60420 Dompierre 60 39 Cd 51
61350 Dompierre 61 66 Za 58
61700 Dompierre 61 67 Zc 57
88600 Dompierre 88 77 Gd 59
55300 Dompierre-aux-Bois 55 55 Fd 55
80980 Dompierre-Becquincourt 80 39 Ce 49
35210 Dompierre-du-Chemin 35 66 Yf 59
21390 Dompierre-en-Morvan 21 90 Eb 64
87190 Dompierre-les-Églises 87 113 Bb 71
71520 Dompierre-les-Ormes 71 118 Ec 70
25560 Dompierre-les-Tilleuls 25 107 Gb 67
71420 Dompierre-sous-Sanvignes 71 105 Eb 69
80150 Dompierre-sur-Authie 80 28 Bf 47
03290 Dompierre-sur-Besbre 03 116 De 69
01400 Dompierre-sur-Chalaronne 01 118 Ef 72

17610 Dompierre-sur-Charente 17 123 Zd 74
58420 Dompierre-sur-Héry 58 89 Dd 65
17139 Dompierre-sur-Mer 17 110 Yf 71
39270 Dompierre-sur-Mont 39 119 Fd 69
58350 Dompierre-sur-Nièvre 58 103 Db 65
01240 Dompierre-sur-Veyle 01 118 Fb 72
85170 Dompierre-sur-Yon 85 97 Yd 68
07260 Dompnac 07 141 Ea 81
25510 Domprel 25 108 Gc 65
51300 Dompremy 51 54 Ee 56
54490 Domprix 54 43 Fe 53
87120 Domps 87 126 Be 75
88700 Domptail 88 77 Gd 58
54290 Domptail-en-L'Air 54 76 Gb 57
02310 Domptin 02 52 Db 54
80620 Domqueur 80 29 Ca 48
55500 Domrémy-aux-Bois 55 55 Fc 56
55240 Domrémy-la-Canne 55 55 Fe 53
52270 Domremy-Landéville 52 75 Fb 58
88630 Domrémy-la-Pucelle 88 75 Fe 58
01270 Domsure 01 119 Fb 70
88500 Domvallier 88 76 Ga 59
80150 Domvast 80 28 Bf 47
59272 Don 59 30 Cf 45
08350 Donchery 08 42 Ef 50
88700 Doncières 88 77 Gd 58
55160 Doncourt-aux-Templiers 55 55 Fe 54
54800 Doncourt-lès-Conflans 54 56 Ff 54
54620 Doncourt-lès-Longuyon 54 43 Fe 52
52150 Doncourt-sur-Meuse 52 75 Fd 60
47470 Dondas 47 149 Af 83
44480 Donges 44 81 Xf 65
12780 Donhès-Basses, les 12 152 Cf 83
12780 Donhès-Hautes, les 12 152 Cf 83
33480 Donissan 33 134 Zb 78
52300 Donjeux 52 75 Fa 58
57590 Donjeux 57 56 Gc 55
03130 Donjon, le 03 116 De 70
34360 Donnadieu 34 167 Cf 88
18210 Donnais, les 18 103 Ce 68
56360 Donnant 56 80 We 65
30200 Donnat 30 155 Ed 83
14220 Donnay 14 47 Zd 55
81170 Donnazac 81 151 Bf 84
57810 Donnelay 57 57 Ge 56
28200 Donnemain-Saint-Mamès 28 69 Bc 60
52800 Donnemarie 52 75 Fc 60
77520 Donnemarie-Dontilly 77 72 Da 58
10330 Donnement 10 74 Ec 57
67170 Donnenheim 67 58 Hd 56
48170 Donnepau 48 141 Dd 81
45450 Donnery 45 87 Ca 61
31450 Donneville 31 165 Bd 88
50350 Donneville-les-Bains 50 46 Yc 55
33860 Donnezac 33 123 Zd 77
38930 Donnière 38 143 Fd 80
11200 Donos 11 166 Ce 90
23700 Dontreix 23 115 Cd 73
51490 Dontrien 51 54 Ec 53
33410 Donzac 33 135 Ze 81
82340 Donzac 82 149 Ae 84
40360 Donzacq 40 161 Zb 87
23480 Donzeil, le 23 114 Bf 72
19270 Donzenac 19 125 Bd 77
26290 Donzère 26 155 Ee 82
58220 Donzy 58 89 Da 64
71250 Donzy-le-National 71 118 Ed 70
71250 Donzy-le-Pertuis 71 118 Ee 70
58220 Donzy-le-Pré 58 89 Da 64
63220 Doranges 63 128 Dd 76
90400 Dorans 90 94 Gf 63
63300 Dorat 63 116 Dc 73
87210 Dorat, le 87 113 Ba 71
04250 Dorats, les 04 157 Gb 82
33138 Dorats, les 33 134 Yf 80
61110 Dorceau 61 69 Ae 58
45680 Dordives 45 71 Ce 60
58400 Dordues 58 89 Db 64
49600 Doré, le 49 97 Ye 65
53190 Dorée, la 53 66 Za 58
63220 Dore-L'Eglise 63 129 De 76
26120 Dorelons, les 26 143 Ef 79
02450 Dorengt 02 40 De 49
59500 Dorignies 59 30 Da 46
67120 Dorlisheim 67 60 Hc 57
51700 Dormans 51 53 Dd 54
77130 Dormelles 77 72 Cf 59
69720 Dormont 69M 130 Fa 74
24120 Dornac, la 24 137 Bc 78
07160 Dornas 07 142 Ec 79
58530 Dornecy 58 89 Dd 64
58390 Dornes 58 103 Dc 68
57130 Dornot, Ancy- 57 56 Ga 54
66760 Dorres 66 178 Bf 94
57720 Dorst 57 58 Hc 54
01590 Dortan 01 119 Fd 71
57690 Dorviller 57 57 Gd 54
10220 Dosches 10 73 Eb 59
10700 Dosnon 10 73 Eb 57
45300 Dossainville, Césarville- 45 71 Cb 59
29250 Dossen 29 62 Vf 56
67117 Dossenheim-Kochersberg 67 58 Hd 57
67330 Dossenheim-sur-Zinsel 67 58 Hc 56
49750 Doua 49 83 Zc 65
36300 Douadic 36 100 Ba 68
59553 Douai 59 30 Da 46
74470 Douai, la 74 120 Gd 71
27120 Douains 27 50 Bc 54
06660 Douans 06 158 Gf 83
13740 Douard, le 13 170 Fb 88
29100 Douarnenez 29 78 Ve 60
50800 Doublière, la 50 46 Ye 55
23500 Doubs 25 108 Gc 67
39700 Doubs 39 107 Fe 66
49640 Doucé 49 84 Zd 63
72170 Doucelles 72 68 Ab 59
34610 Douch 34 167 Cf 87
24350 Douchapt 24 124 Ac 77
02590 Douchy 02 40 Da 50
62116 Douchy-lès-Ayette 62 29 Ce 47
59282 Douchy-les-Mines 59 30 Dc 47
45220 Douchy-Montcorbon 45 72 Da 61
39130 Doucier 39 107 Fe 69
73260 Doucy 73 133 Gc 75
73630 Doucy-en-Bauges 73 132 Gb 74
62830 Doudeauville 62 28 Bf 45
76220 Doudeauville 76 38 Bc 51
27150 Doudeauville-en-Vexin 27 38 Bd 53
80140 Doudelainville 80 38 Be 48
76560 Doudeville 76 36 Ae 50
47210 Doudrac 47 136 Ac 81
77510 Doue 77 52 Da 55
49700 Doué-en-Anjou 49 98 Ze 66
49700 Doué-la-Fontaine 49 98 Ze 65
46140 Douelle 46 137 Bc 82
33125 Douence 33 134 Zc 81
14250 Douesnols, les 14 34 Zb 54
14450 Douet, le 14 46 Yf 52
44530 Douettée, la 44 81 Ya 63
17100 Douhet, le 17 123 Zc 74
35420 Douillet 35 66 Yf 57
72130 Douillet 72 68 Zf 59
80400 Douilly 80 39 Da 50
33380 Douils, les 33 134 Za 81
52270 Doulaincourt-Saucourt 52 75 Fb 59
25330 Doulaize 25 107 Ff 66
55110 Doulcon 55 42 Fa 52
19220 Doulet 19 138 Ca 78
52110 Doulevant-le-Château 52 74 Ef 58
52130 Doulevant-le-Petit 52 74 Ef 58
33350 Doulezon 33 135 Zf 80
59940 Doulieu, le 59 29 Ce 44
43500 Doulioux 43 129 Df 77
80600 Doullens 80 29 Cc 48
19320 Doumail 19 126 Bf 77
12290 Doumazergues 12 152 Ce 83
08220 Doumely-Bégny 08 41 Eb 51
16380 Doumérac 16 124 Ac 75
87300 Doumezy 87 113 Ba 72
15200 Doumis 15 126 Cb 77
64450 Doumy 64 162 Zd 88
88220 Dounoux 88 76 Gc 60
04000 Dourbes, les 04 157 Gb 84
04330 Dourbettes, les 04 157 Gb 84
30750 Dourbies 30 153 Dc 84
35450 Dourdain 35 66 Yd 59
91410 Dourdan 91 70 Ca 57
57500 Dourd'hal 57 57 Gd 54
29252 Dourduff-en-Mer, le 29 62 Wa 57
62119 Dourges 62 30 Cf 46
81110 Dourgne 81 165 Ca 88
44190 Dourie, la 44 97 Ye 66
62870 Douriez 62 28 Bf 47
24350 Dourle 24 124 Ad 77
59440 Dourlers 59 31 Df 47
22560 Dourlin 22 63 Wc 56
05310 Dourmillouse 05 145 Gc 80
81340 Dourn, le 81 152 Cc 84
87230 Dournazac 87 125 Af 75
39110 Dournon 39 107 Ff 67
79600 Douron 79 99 Zf 67
04330 Douroulles 04 157 Gc 84
12120 Dours 12 152 Cd 83
65350 Dours 65 162 Aa 89
49460 Doussai, le 49 84 Zc 63
74210 Doussard 74 132 Gb 74
58800 Doussas 58 104 De 65
86140 Doussay 86 99 Ab 67
44650 Douteries, les 44 97 Yc 67
74140 Douvaine 74 120 Gb 71
80200 Douvieux 80 39 Da 49
24140 Douville 24 136 Ad 79
14430 Douville-en-Auge 14 48 Zf 53
27380 Douville-sur-Andelle 27 50 Bb 52
01370 Douvre, le 01 119 Fc 71
76630 Douvrend 76 37 Bb 49
01500 Douvres 01 119 Fc 73
14440 Douvres-la-Délivrande 14 47 Zd 53
62138 Douvrin 62 30 Ce 45
49260 Douvy 49 99 Zf 66
08300 Doux 08 41 Ec 51
79390 Doux 79 99 Aa 68
85200 Doux 85 110 Zb 70
85170 Doux, la 85 97 Yd 68
28220 Douy 28 69 Bb 60
77139 Douy-la-Ramée 77 52 Cf 54
47330 Douzains 47 136 Ad 81
12600 Douzalbats 12 139 Ce 79
16290 Douzat 16 123 Aa 74
15430 Douze 15 140 Cf 79
24330 Douze, la 24 137 Af 78
11700 Douzens 11 166 Cd 89
48150 Douzes, les 48 153 Db 83
07570 Douzet 07 142 Ec 78
40240 Douzevieille 40 147 Ze 85
24190 Douzillac 24 136 Ac 78
08140 Douzy 08 42 Fa 50
42600 Doyzy 42 129 Df 75
50250 Doville 50 33 Yc 53
03250 Doyat 03 116 Dd 72
39250 Doye 39 107 Ga 68
39400 Doye, la 39 120 Ff 70
03170 Doyet 03 115 Ce 70
14430 Dozulé 14 35 Zf 53
69220 Dracé 69D 118 Ee 72
37800 Draché 37 100 Ad 66
67160 Drachenbronn-Birlenbach 67 58 Hf 55
21350 Dracy 21 91 Ed 64
89130 Dracy 89 89 Db 62
21230 Dracy-Chalas 21 105 Ec 66
71640 Dracy-le-Fort 71 105 Ee 68
71490 Dracy-lès-Couches 71 105 Ed 67
71400 Dracy-Saint-Loup 71 105 Ec 66
50530 Dragey-Ronthon 50 46 Yd 56
83300 Draguignan 83 172 Gc 87
74550 Draillant 74 120 Gc 71
49530 Drain 49 82 Ye 64
04420 Draix 04 157 Gc 84
08220 Draize 08 41 Ec 51
21270 Drambon 21 92 Fc 64
39240 Dramelay 39 119 Fd 70
83530 Dramont, le 83 172 Gf 88
93700 Drancy 93 51 Cc 55
60350 Dranguerie, la 60 40 Yd 50
70070 Dranville 70 30 Dd 30
06340 Drap 06 173 Hb 86
76890 Draqueville 76 37 Af 50
02130 Dravegny 02 53 Dd 53
91210 Draveil 91 51 Cc 56
73270 Dray, la 73 133 Gd 74
21540 Drée 21 91 Ee 64
71360 Drée, la 71 105 Ed 67
44530 Drefféac 44 81 Xf 64
58220 Dreigny 58 89 Db 65
24700 Dreilles 24 136 Ab 78
15190 Dreils 15 127 Cf 76
31280 Drémil 31 165 Bd 87
60790 Drenne, la 60 51 Ca 53
29860 Drennec, le 29 62 Vd 57
44630 Dreny 44 81 Ya 63
60170 Dreslincourt 60 39 Cf 51
22780 Dresnay, le 22 63 Wd 57
36120 Dressais, le 36 101 Be 68
63850 Dressondeix 63 127 Ce 76
73410 Dressy 73 132 Ff 74
80470 Dreuil-lès-Amiens 80 38 Cb 49
80540 Dreuil-lès-Molliens 80 38 Ca 49
28100 Dreux 28 50 Bc 56
18200 Drevant 18 102 Cd 68
71670 Drevin 71 105 Ed 67
31380 Drian 31 165 Bd 86
08310 Dricourt 08 41 Ed 52
80240 Driencourt 80 39 Da 49
48150 Drigas 48 153 Dc 83
03250 Drigeard 03 116 De 72
15700 Drignac 15 139 Cc 77
55110 Drillancourt 55 55 Fb 53
59630 Drincham 59 27 Cb 43
65380 Drincles 65 162 Aa 90
62560 Drionville 62 29 Ca 45
62320 Drocourt 62 30 Cf 46
78440 Drocourt 78 50 Be 54
27320 Droisy 27 49 Ba 56
74270 Droisy 74 119 Ff 73
54800 Droitaumont 54 56 Fe 54
25380 Droitfontaine 25 94 Ge 65
03120 Droiturier 03 116 De 71
60440 Droizelles 60 52 Ce 54
02210 Droizy 02 52 Dc 53
01250 Drom 01 119 Fc 71
80640 Dromesnil 80 38 Bf 49
59114 Droogland 59 27 Cd 43
76460 Drosay 76 36 Ae 50
51290 Drosnay 51 74 Ed 57
41270 Droué 41 69 Ba 60
28230 Droue-sur-Drouette 28 70 Be 57
35130 Drouges 35 82 Ye 61
30160 Drouilhèdes 30 154 Ea 83
36800 Drouillé 36 101 Bb 69
87300 Drouilles 87 113 Ba 72
51300 Drouilly 51 54 Ed 56
10170 Droupt-Saint-Basle 10 73 Df 58
10170 Droupt-Sainte-Marie 10 73 Df 58
54370 Drouville 54 56 Gc 56
87190 Droux 87 113 Ba 72
52220 Droyes 52 74 Ee 57
14130 Drubec 14 48 Aa 53
27230 Drucourt 27 48 Ac 54
31480 Drudas 31 149 Ba 86
12510 Druelle 12 151 Cd 82
15140 Drugeac 15 139 Cc 77
01160 Druillat 01 119 Fb 72
12350 Drulhe 12 138 Ca 82
67320 Drulingen 67 57 Hb 55
73420 Drumettaz-Clarafond 73 132 Ff 75
67410 Drusenheim 67 59 Hf 56
14340 Druval, Beaufour- 14 48 Aa 53
37190 Druyé 37 85 Ad 65
89560 Druyes-les-Belles-Fontaines 89 89 Dc 63
58160 Druy-Parigny 58 103 Dc 67
45370 Dry 45 87 Be 62
22160 Dualult 22 63 Wd 58
47400 Dubédat 47 136 Ab 82
49123 Duberie, la 49 83 Za 64
12210 Duc, le 12 140 Cf 81
50220 Ducey-Les Chéris 50 66 Ye 57
76480 Duclair 76 37 Af 52
48140 Ducs, les 48 140 Dc 79
60800 Ducy 60 52 Ce 53
14250 Ducy-Sainte-Marguerite 14 34 Zc 53
69850 Duerne 69M 130 Ed 74
21510 Duesme 21 91 Ee 63
32170 Duffort 32 163 Ac 88
82160 Duges 82 151 Bf 83
93440 Dugny 93 51 Cc 55
55100 Dugny-sur-Meuse 55 55 Fc 54
40140 Duha 40 160 Ye 86
40800 Duhort-Bachen 40 162 Ze 86
11350 Duilhac-sous-Peyrepertuse 11 179 Cd 91
74410 Duingt 74 132 Gb 74
62161 Duisans 62 29 Ce 47
73610 Dullin 73 131 Fe 75
71240 Dulphey 71 118 Ef 69
40430 Dumène 40 147 Zd 83
40500 Dumes 40 161 Zc 86
09600 Dun 09 177 Be 90
72160 Duneau 72 68 Ad 60
82340 Dunes 82 149 Ae 84
62215 Dunes-d'Oye, les 62 27 Ca 42
36310 Dunet 36 113 Bb 70
14710 Dungy 14 47 Za 53
43220 Dunières 43 129 Ec 77
07360 Dunière-sur-Eyrieux 07 142 Ed 80
59140 Dunkerque 59 27 Cc 42
23800 Dun-le-Palestel 23 114 Bd 71
36210 Dun-le-Poëlier 36 101 Be 65
58230 Dun-les-Places 58 90 Ea 65
18130 Dun-sur-Auron 18 102 Cd 67
58110 Dun-sur-Grandry 58 104 De 66
55110 Dun-sur-Meuse 55 42 Fb 52
67270 Duntzenheim 67 58 Hd 56
40160 Dupouy 40 146 Yf 83
67120 Duppigheim 67 60 Hd 57
31230 Duprat 31 164 Af 88
58350 Duprés, les 58 89 Db 64
32810 Duran 32 163 Ad 86
47420 Durance 47 148 Aa 84
86300 Durands, les 86 112 Ae 70
32230 Duransan 32 162 Aa 87
06670 Durandus 06 159 Hb 85
27230 Duranville 27 49 Ad 54
47120 Duras 47 136 Ab 80
86100 Durauderie, la 86 100 Ad 67
46700 Duravel 46 137 Ba 81
23480 Durazat 23 114 Ca 72
65130 Durban 65 163 Ab 90
81140 Durban 81 151 Bf 85
11360 Durban-Corbières 11 179 Ce 91
46320 Durbans 46 138 Be 80
09240 Durban-sur-Arize 09 177 Bc 90
05140 Durbon 05 144 Fe 81
61100 Durcet 61 47 Zd 56
03310 Durdat 03 115 Ce 71
03310 Durdat-Larequille 03 115 Ce 71
72270 Dureil 72 84 Zf 61
12170 Durenque 12 152 Cd 84
33620 Duret 33 135 Zd 78
32800 Duret, le 32 148 Aa 85
09130 Durfort 09 164 Bc 89
81540 Durfort 81 165 Ca 88
30170 Durfort-et-Saint-Martin-de-Sossenac 30 154 Df 85
82390 Durfort-Lacapelette 82 150 Ba 83
32260 Durhan 32 163 Ad 87
01370 Durlande 01 119 Fb 71
68480 Durlinsdorf 68 95 Hb 64
68480 Durmenach 68 95 Hc 63
63700 Durmignat 63 115 Cf 71
25580 Durnes 25 107 Gb 66
67270 Durningen 67 58 Hd 56
67360 Durrenbach 67 58 He 55
68320 Durrenentzen 68 60 Hd 60
67320 Durstel 67 57 Hb 55
49430 Durtal 49 84 Ze 62
63830 Durtol 63 128 Da 74
02480 Dury 02 40 Da 50
62156 Dury 62 30 Da 47
80480 Dury 80 38 Cb 49
24270 Dussac 24 125 Ba 76
58800 Dussy 58 104 De 65
67120 Duttlenheim 67 60 Hd 57
60800 Duvy 60 52 Cf 53
55230 Duzey 55 43 Fd 52
89360 Dyé 89 90 Df 61
71800 Dyo 71 117 Eb 70

E

33220 Ealues, les 33 136 Aa 80
35640 Eancé 35 82 Ye 62
02480 Eaucourt 02 40 Da 50
80580 Eaucourt-sur-Somme 80 28 Bf 48
31600 Eaunes 31 164 Bc 88
79130 Eaux, les 79 98 Zd 69
64440 Eaux-Bonnes 64 174 Zd 91
04420 Eaux-Chaudes, les 04 158 Gc 83
64440 Eaux-Chaudes, les 64 174 Zd 91
10130 Eaux-Puiseaux 10 73 Df 60
32800 Eauze 32 148 Aa 85
21190 Ebaty 21 105 Ee 67
44750 Ebaupin, l' 44 81 Ya 64
59173 Ebblinghem 59 27 Cc 44
17770 Ebéon 17 123 Zd 73
07470 Eberbach-Seltz 67 59 Ia 55
67110 Eberbach-Wœrth 67 58 He 55
67600 Ebersheim 67 60 Hc 59
67600 Ebersmunster 67 60 Hd 59
57320 Ebersviller 57 56 Gc 53
38880 Ebertière 38 143 Fd 77
25380 Ebey 25 94 Gd 65
57220 Eblange 57 57 Gc 53
02350 Ebouleau 02 41 Df 50
16140 Ebréon 16 111 Aa 73
03450 Ébreuil 03 116 Da 72
57980 Ebring 57 57 Gf 54
62170 Ebruyères 62 28 Be 46
08300 Écaille, l' 08 41 Eb 52
59176 Écaillon 59 30 Db 46
14270 Ecajeul 14 48 Zf 54
76750 Ecalles 76 37 Bb 51
76190 Écalles-Alix 76 37 Ae 51
20217 E Canelle = Canelle CTC 181 Kb 92
20238 E Canelle = Cannelle CTC 181 Kb 91
20151 E Cannelle = Cannelle CTC 182 Ie 96
27290 Ecaquelon 27 49 Ae 53
20228 E Carbunacce = Carbonacce CTC 181 Kc 91
27170 Ecardenville-la-Campagne 27 49 Af 54
27490 Ecardenville-sur-Eure 27 50 Bb 54
44460 Ecare, l' 44 81 Ya 63
20270 E Case Vechje = Casevecchie CTC 183 Kc 96
60210 Ecâtelet 60 38 Bf 51
62360 Écault 62 28 Bd 45
50310 Ecausseville 50 33 Yd 52
27110 Écauville 27 49 Af 54
20117 Eccica-Suarella CTC 182 If 97
59740 Eccles 59 31 Ea 47
39270 Echailla 39 119 Fd 70
45390 Echainvilliers 45 71 Cb 59
69700 Echalas 69M 130 Ee 75
16170 Échallat 16 123 Zf 74
01130 Echallon 01 119 Fe 71
21510 Echalot 21 91 Ef 63
61440 Echalou 61 47 Zd 56
05460 Echalp, l' 05 145 Gf 80
18400 Echalusse, l' 18 102 Cb 67
77440 Échampeu 77 52 Da 54
07310 Echamps 07 141 Eb 79
63980 Échandelys 63 128 Dd 75
21540 Echannay 21 91 Ee 65
91540 Echarcon 91 71 Cc 57
69870 Echarmeaux, les 69D 117 Ec 72
49300 Echasserie, l' 49 98 Zb 66
03330 Échassières 03 115 Cf 71
61370 Echauffour 61 48 Ac 56
25440 Echay 25 107 Ff 66
17800 Echebrune 17 123 Zd 75
08150 Echelle, l' 08 41 Ec 50
80700 Échelle, l' 80 39 Ce 50
51210 Echelle-le-Franc, l' 51 53 Dd 55
28140 Echelles 28 70 Be 60
73360 Echelles, les 73 131 Fe 76
10350 Échemines 10 73 Df 58
49150 Echemiré 49 84 Ze 63
25550 Echenans 25 94 Ge 63
70400 Echenans 70 94 Ge 63
52230 Echenay 52 75 Fb 58
01170 Échenevex 01 120 Ga 71
21170 Echenon 21 106 Fb 66
70000 Echenoz-la-Méline 70 93 Ga 63
70000 Echenoz-le-Sec 70 93 Ga 63
68160 Echery 68 60 Ha 59
01700 Echets, les 01 130 Ef 73
70100 Echevanne 70 92 Fe 64
21120 Echevannes 21 92 Fb 63
25580 Echevannes 25 107 Gb 66
21420 Echevronne 21 106 Ef 66
21110 Echigey 21 106 Fb 65
49150 Echigné 49 84 Ze 63
17620 Echillais 17 110 Za 73
45390 Echilleuses 45 71 Cc 60
73700 Échines, les 73 133 Ge 75
62360 Echinghem 62 28 Bd 44
79410 Echiré 79 111 Zd 70
38130 Echirolles 38 144 Fe 78
16230 Echoisy 16 124 Aa 73
79110 Echorigné 79 111 Ze 72
77830 Echou 77 72 Cf 58
77830 Échouboulains 77 72 Cf 58
24410 Echourgnac 24 136 Ab 78
67201 Eckbolsheim 67 60 He 57
67550 Eckwersheim 67 58 He 56
28350 Eclache, l' 28 49 Ba 56
63470 Eclache, l' 63 127 Ce 74
51800 Eclaires 51 55 Fa 54
10200 Éclance 10 74 Ed 59
39700 Eclans-Nenon 39 107 Fd 66
52290 Éclaron-Braucourt-Sainte-Livière 52 74 Ef 57
07370 Eclassan 07 130 Ee 78
18190 Ecléneuil 18 102 Cb 67
39600 Ecleux 39 107 Fe 66
62770 Eclimeux 62 29 Cb 46
55270 Eclisfontaine 55 55 Fa 53
38300 Eclose-Badinières 38 131 Fb 75
83560 Eclou, l' 83 171 Ff 86
42380 Eclunes 42 129 Ea 76
05300 Ecluse, l' 05 156 Fe 82
87160 Ecluse, l' 87 113 Bb 71
28500 Ecluzelles 28 50 Bc 56
08300 Ecly 08 41 Eb 51
42670 Ecoche 42 117 Eb 72
62144 Écoivres 62 29 Ce 46
62270 Ecoivres 62 29 Cb 47
04360 Ecole 04 157 Gb 86
27130 Ecole 27 49 Af 56
73630 École 73 132 Gb 75
29590 Ecole d'Agriculture du Nivot 29 62 Vf 59
25480 Ecole-Valentin 25 93 Ff 65
51290 Ecollemont 51 54 Ee 57
41290 Ecoman 41 86 Bb 61
72220 Ecommoy 72 85 Ab 62
01560 Ecopets, les 01 118 Fa 70
50480 Ecoquenéauville 50 34 Ye 52
01550 Ecorans 01 119 Ff 72
61270 Ecorcei 61 49 Ad 56
25140 Ecorces, les 25 108 Ge 65
76550 Ecorchebœuf 76 37 Ba 49
61160 Ecorches 61 48 Aa 55
27480 Ecorcheval 27 37 Bd 52
08130 Ecordal 08 42 Ed 51
72120 Ecorpain 72 85 Ad 61
21150 Ecorsaint 21 91 Ed 64
27630 Ecos 27 50 Bd 54
25150 Ecot 25 94 Ge 64
42600 Ecotay-l'Olme 42 129 Ea 75
74360 Ecotex 74 121 Gd 71
41160 Ecotière, l' 41 86 Ba 61
52700 Ecot-la-Combe 52 75 Fc 59
14170 Ecots 14 48 Aa 55
62850 Ecottes 62 27 Bf 44
86450 Ecoubesse 86 100 Ae 68
61150 Écouché-les-Vallées 61 48 Zf 56
85200 Ecoué 85 110 Za 70
95440 Ecouen 95 51 Cc 54
49000 Ecouflant 49 84 Zc 63
27440 Ecouis 27 37 Bc 53
62860 Ecourt-Saint-Quentin 62 30 Da 47
62128 Écoust-Saint-Mein 62 30 Cf 47
61250 Écouves 61 68 Aa 57
55600 Ecouviez 55 43 Fc 51
25640 Ecouvotte, l' 25 93 Gb 64
17770 Ecoyeux 17 123 Zc 74
62190 Ecquedeques 62 29 Cc 45
62990 Ecquemicourt 62 28 Bf 46
27110 Ecquetot 27 49 Ba 53
76930 Ecqueville 76 35 Aa 51
78920 Ecquevilly 78 50 Bf 55
76110 Ecrainville 76 36 Ab 51
14710 Ecrammeville 14 47 Za 53
06460 Ecre, l' 06 173 Gf 86
77820 Ecrennes, les 77 71 Cf 57
76890 Ecrépigny 76 37 Ba 50

76190 Ecretteville-lès-Baons 76 36 Ae 51
76540 Ecretteville-sur-Mer 76 36 Ac 50
51300 Ecriennes 51 54 Ee 56
28320 Ecrignolles 28 70 Be 57
39270 Ecrille 39 119 Fd 69
05340 Ecrins, les 05 145 Gc 79
70270 Ecromagny 70 94 Gd 62
28320 Ecrosnes 28 70 Be 57
54200 Écrouves 54 56 Ff 56
76760 Ectot-L'Auber 76 37 Af 51
76970 Ectot-lès-Baons 76 37 Ae 51
28170 Ecublé 28 69 Bb 57
51500 Ecueil 51 53 Df 53
36240 Ecueillé 36 101 Bc 66
59620 Ecuélin 59 31 Df 47
54770 Écuelle 54 56 Gb 56
70600 Ecuelle 70 92 Fd 63
71350 Écuelles 71 106 Fa 67
77250 Écuelles 77 72 Ce 58
49460 Ecuillé 49 83 Zc 63
62170 Ecuires 62 28 Be 46
71210 Écuisses 71 105 Ed 68
50440 Eculleville 50 33 Yb 50
69130 Ecully 69M 130 Ee 74
76280 Ecuquetot 76 36 Ab 51
16220 Ecuras 16 124 Ad 74
17810 Ecurat 17 122 Zb 74
25150 Ecurcey 25 94 Ge 64
55290 Ecurey 55 75 Fb 57
55150 Ecurey-en-Verdunois 55 43 Fc 52
62223 Écurie 62 30 Ce 47
28120 Ecurolles 28 69 Bb 59
51230 Ecury-le-Repos 51 53 Ea 56
51240 Ecury-sur-Coole 51 54 Ec 55
21360 Ecutigny 21 105 Ed 66
60310 Ecuvilly 60 39 Cf 51
29510 Edern 29 78 Wa 60
57320 Edling 57 56 Gc 53
16320 Edon 16 124 Ac 76
17510 Eduts, les 17 111 Ze 73
59114 Eécke 59 30 Cd 44
18190 Effes 18 102 Cb 67
63260 Effiat 63 116 Db 72
52300 Effincourt 52 75 Fb 58
62720 Effroy, Wierre- 62 26 Be 44
02500 Effry 02 41 Df 49
36500 Egaillé, l' 36 101 Bc 67
66120 Egat 66 178 Ca 93
63530 Egaule 63 128 Cf 73
65170 Eget 65 175 Ab 92
01510 Egieu 01 131 Fd 73
12490 Egines, les 12 152 Cf 84
79320 Eglaudière, l' 79 98 Zc 68
89110 Egleny 89 89 Dc 62
19300 Egletons 19 126 Ca 76
77126 Égligny 77 72 Da 58
67320 Eglingen 68 95 Hb 63
38440 Église, l' 38 131 Fa 76
68910 Église, l' 68 77 Hb 60
83600 Église, l' 83 172 Ge 87
19170 Église-aux-Bois, l' 19 126 Be 75
30170 Église-de-Cros, l' 30 153 Df 85
63850 Égliseneuve-d'Entraigues 63 127 Ce 76
63490 Égliseneuve-des-Liards 63 128 Dc 75
24380 Église-Neuve-de-Vergt 24 136 Ae 78
24400 Église-Neuve-d'Issac 24 136 Ac 79
63160 Égliseneuve-près-Billom 63 128 Dc 74
17400 Églises-d'Argenteuil, les 17 111 Zd 73
63840 Églisolles 63 129 Df 76
33230 Églisottes-et-Chalaures, les 33 135 Zf 78
85120 Egluère, l' 85 98 Zb 69
91520 Egly 91 71 Cb 57
38390 Egnieu 38 131 Fc 74
44310 Egonnière, l' 44 97 Yb 67
77620 Égreville 77 72 Cf 59
89290 Egriselles 89 90 Dd 62
89500 Egriselles-le-Bocage 89 72 Db 60
45340 Egry 45 71 Cc 60
57230 Eguelshardt 57 58 Hc 54
17600 Éguille, l' 17 122 Za 74
13510 Éguilles 13 170 Fc 87
70190 Eguilley 70 93 Ff 64
21320 Eguilly 21 91 Ec 65
10110 Eguilly-sous-Bois 10 74 Ed 60
68420 Eguisheim 68 60 Hb 60
36270 Eguzon-Chantôme 36 113 Bd 70
67600 Ehnwihr 67 60 Hd 59
70300 Ehuns 70 93 Gb 62
57430 Eich 57 57 Gf 55
67140 Eichhoffen 67 60 Hc 58
57340 Eincheville 57 57 Gd 55
54360 Einvaux 54 76 Gc 58
54370 Einville-au-Jard 54 57 Gc 57
55400 Eix 55 55 Fd 53
08160 Élan 08 42 Ee 51
78990 Elancourt 78 50 Bf 56
57100 Elange 57 44 Ga 52
68210 Elbach 68 94 Ha 63
12200 Elbes 12 151 Bf 82
76500 Elbeuf 76 49 Af 53
76220 Elbeuf-en-Bray 76 38 Bd 52
76780 Elbeuf-sur-Andelle 76 37 Bc 52
60210 Elencourt 60 38 Bf 50
59600 Elesmes 59 31 Ea 47
76540 Eletot 76 36 Ac 50
62300 Éleu 15 62 30 Ce 46
59127 Élincourt 59 30 Dc 48
60157 Elincourt-Sainte-Marguerite 60 39 Ce 51
60157 Elincourt Ste Marguerite 60 52 Cf 53
62250 Elinghen 62 26 Be 44
78440 Elicabothville 78 50 Be 55
51800 Elise-Daucourt 51 54 Ef 54
64990 Élizaberry 64 160 Yd 88
76390 Ellecourt 76 38 Be 50
29370 Elliant 29 78 Wa 61
14250 Ellon 14 47 Zb 53
57510 Elvillter 57 57 Gf 54
67310 Elmersforst 67 60 Hc 57
66200 Elne 66 179 Cf 93
62380 Elnes 62 29 Ca 44
90300 Eloie 90 94 Gf 62
01200 Eloise 01 119 Ff 72
88510 Eloyes 88 77 Gd 60
AD200 els Cortals ◘ AND 177 Bd 93
67390 Elsenheim 67 60 Hd 60
AD300 El Serrat ◘ AND 177 Bd 93
AD100 Els Plans ◘ AND 177 Bd 94
74580 Eluiset, l' 74 120 Ga 72
57690 Elvange 57 57 Gd 54
56250 Elven = An Elven 56 80 Xc 62
57970 Elzange 57 44 Gb 52
57920 Elzing 57 44 Gb 53
25170 Emagny 25 93 Ff 65
27930 Emalleville 27 49 Ba 54
78125 Emancé 78 70 Be 57
27190 Emanville 27 49 Af 54
76570 Emanville 76 37 Af 51
32380 Embarthe 32 149 Ae 85
32000 Embats 32 163 Ad 87
81580 Embayssière 81 165 Ca 87
32360 Embegué 32 149 Ad 86
54370 Emberménil 54 57 Ge 57
24590 Embes 24 137 Bb 78
15270 Embort 15 127 Cd 76
16240 Embourie 16 111 Aa 72
49160 Embranchard 49 84 Zf 64
11360 Embres-et-Castelmaure 11 179 Ce 91
80570 Embreville 80 37 Bd 48
12300 Embrousse 12 139 Cc 81
05200 Embrun 05 145 Gc 81
34270 Embruscalles, les 34 154 Df 85
62990 Embry 62 28 Bf 46
35380 Emeheuc, l' 35 81 Xf 61
77184 Emerainville 77 51 Cd 56
59580 Émerchicourt 59 30 Db 47
85440 Emerière, l' 85 109 Yc 69
69840 Emeringes 69D 118 Ed 71
60123 Éméville 60 52 Da 53
05000 Emeyères, les 05 144 Ga 81
14630 Emiéville 14 35 Ze 54
68130 Emlingen 68 95 Hb 63
59320 Emmerin 59 30 Da 45
28330 Emonderies, les 28 69 Af 59
50310 Emondeville 50 34 Yd 52
21450 Emorots 21 91 Ed 63
31470 Empeaux 31 164 Ba 87
07270 Empurany 07 142 Ed 78
16240 Empuré 16 111 Aa 72
58140 Empury 58 90 De 64
20233 E Muline = Moline CTC 181 Kc 92
06470 Enaux 06 158 Ge 84
81700 en Barthe 81 165 Bf 87
40600 En-Bergoin 40 146 Yf 82
32220 en Bernadas 32 163 Ae 88
32450 en Brusc 32 163 Ae 87
AD200 Encamp ◘ AND 177 Bd 93
32430 Encausse 32 164 Ba 86
31160 Encausse-les-Thermes 31 176 Ae 90
09320 Encenou 09 177 Bc 91
15700 Enchanet 15 139 Cb 78
57415 Enchenberg 57 58 Hc 54
05250 Enclus, l' 05 144 Ff 81
32360 Encondesse 32 149 Ad 86
74110 Encrenaz, l' 74 120 Gd 71
32600 Endoufielle 32 164 Ba 87
60590 Enencourt-Léage 60 50 Bf 53
60240 Enencourt-le-Sec 60 50 Bf 53
81350 Energues 81 151 Cb 85
95420 Enfer 95 50 Be 54
52400 Enfonvelle 52 93 Ff 61
32120 en Galin 32 164 Af 86
47470 Engayrac 47 149 Af 83
10200 Engente 10 74 Ee 59
67710 Engenthal, Wangenbourg- 67 58 Hb 57
45300 Engenville 45 71 Cb 59
62170 Enginehaut 62 28 Be 45
38360 Engins 38 144 Fd 77
02260 Englancourt 02 40 De 49
80300 Englebelmer 80 29 Cd 48
59530 Englefontaine 59 31 Dd 47
14800 Englesqueville-en-Auge 14 48 Aa 52
14710 Englesqueville-la-Percée 14 47 Za 52
59320 Englos 59 30 Cf 45
09800 Engomer 09 176 Ba 91
43150 Engoyaux, les 43 141 Df 79
46090 Engrange 46 138 Bc 81
09600 Engraviès 09 177 Be 90
62145 Enguine-lez-Guinegatte 62 29 Cb 45
67350 Engwiller 67 58 Hd 55
40600 en Hill 40 146 Yf 82
32450 Enjouet 32 163 Ae 87
40600 en Mayotte 40 146 Yf 82
80200 Ennemain 80 39 Cf 49
57365 Ennery 57 56 Gb 53
95300 Ennóry 95 51 Ca 54
59320 Ennetières-en-Weppes 59 30 Cf 45
63720 Ennezat 63 116 Db 73
18380 Ennordres 18 88 Cc 64
16310 Ennul, l' 16 124 Ad 74
62170 Enocq 62 28 Be 46
31540 en Peyrilhe 31 165 Bf 88
09500 en Peyrotte 09 165 Be 90
62145 Enquin-les-Mines 62 29 Cb 45
62650 Enquin-sur-Baillons 62 28 Bf 45
04320 Enriez 04 158 Ge 85
04700 en Sales 04 157 Ga 85
64240 Enseigne, l' 64 160 Yd 88
29520 Enseigne-Verte, l' 29 78 Wa 60
79170 Ensigné 79 111 Ze 72
68190 Ensisheim 68 95 Hc 61
13820 Ensuès-la-Redonne 13 170 Fb 88
80200 Enterpigny 80 39 Cf 49
32600 Entiau 32 164 Ba 87
31340 en Tourettes 31 150 Bc 86
04000 Entrages 04 157 Gb 84
87800 Entraigas 87 125 Bb 75
36600 Entraigues 36 101 Bd 66
38740 Entraigues 38 144 Ff 79
63720 Entraigues 63 116 Db 73
73530 Entraigues 73 132 Gb 77
83340 Entraigues 83 172 Gc 88
84320 Entraigues 84 155 Ef 84
58410 Entrains-sur-Nohain 58 89 Db 64
53260 Entrammes 53 67 Zb 61
57330 Entrange 57 44 Ga 52
06470 Entraunes 06 158 Ge 83
35560 Entraven = Antrain 35 66 Yd 58
12140 Entraygues-sur-Truyère 12 139 Cd 81
83570 Entrecasteaux 83 172 Gb 87
84340 Entrechaux 84 156 Fa 83
87340 Entrecolle 87 113 Bd 73
88650 Entre-deux-Eaux 88 77 Gf 59
39150 Entre-Deux-Monts 39 107 Ff 69
73410 Entrelacs 73 132 Ff 74
05290 Entre-les-Aigues 05 145 Gc 80
25370 Entre-les-Fourgs 25 108 Gc 68
43100 Entremont 43 128 Dc 77
74130 Entremont 74 120 Gc 72
73670 Entremont-le-Vieux 73 132 Ff 76
04200 Entrepierres 04 157 Ff 83
50700 Entreprise, l' 50 33 Yc 51
13118 Entressen 13 170 Ef 87
04700 Entrevennes 04 157 Ga 85
74410 Entrevernes 74 132 Gb 74
67960 Entzheim 67 60 Hd 57
19150 Enval 19 126 Be 78
19700 Enval 19 126 Bd 76
63530 Enval 63 115 Da 73
47150 Envals 47 136 Ae 81
66760 Enveitg 66 178 Bf 94
76630 Envermeu 76 37 Bb 49
38114 Enversin, l' 38 144 Ga 78
71430 en Vèvre 71 117 Ea 69
76640 Envronville 76 36 Ae 51
28140* Éole-en-Beauce 28 70 Bd 59
04120 Eoulx 04 158 Gd 86
05300 Eourres 05 156 Fe 83
31420 Eoux 31 164 Af 89
23120 Epagnat 23 114 Ca 73
10500 Épagne 10 74 Ec 58
85120 Epagne 85 110 Zb 69
80580 Epagne-Epagnette 80 28 Bf 48
02290 Epagny 02 40 Db 52
21380 Epagny 21 91 Fa 64
74320 Epagny 74 132 Ga 73
74330 Épagny- 74 120 Ga 73
74520 Epagny 74 120 Ff 72
80250 Epagny, Chaussoy- 80 39 Cc 50
27260 Epaignes 27 48 Ac 53
14170 Epaney 14 48 Zf 55
79270 Epannes 79 110 Zc 71
86400 Epanvilliers 86 111 Ab 71
02500 Eparcy 02 41 Ea 49
55160 Eparges, les 55 55 Fd 54
17120 Epargnes 17 122 Zb 75
38300 Eparres, les 38 131 Fb 75
44530 Epaud, l' 44 81 Ya 64
53340 Epaul 53 67 Ze 61
80140 Epaumesnil 80 38 Bf 49
02400 Epaux-Bézu 02 52 Dc 54
88430 Epaxe, l' 88 77 Gf 59
28120 Epeautrolles 28 70 Bb 59
60220 Epeaux 60 38 Be 51
17120 Epeaux, les 17 122 Zb 75
80370 Epécamps 80 29 Ca 48
61210 Epée, l' 61 47 Ze 56
27110 Epégard 27 49 Af 53
80740 Epéhy 80 40 Da 48
37150 Epeigné-les-Bois 37 86 Ba 65
37370 Epeigné-sur-Dême 37 85 Ad 62
24600 Epeluche 24 124 Ab 77
80190 Epénancourt 80 39 Cf 50
16490 Epenède 16 112 Ad 72
86120 Epennes 86 99 Aa 66
70000 Épenoux 70 93 Gb 62
25800 Epenoy 25 108 Gc 66
51330 Epense 51 54 Ef 55
42110 Epercieux-Saint-Paul 42 129 Eb 74
62910 Eperleques 62 27 Ca 44
51200 Épernay 51 53 Df 54
73630 Épernay 73 132 Ga 75
21220 Épernay-sous-Gevrey 21 106 Fa 65
28230 Epernon 28 70 Be 57
61400 Eperrais 61 68 Ad 58
01410 Eperry, l' 01 119 Ff 71
73410 Epersy 73 132 Ff 74
71360 Épertully 71 105 Ed 67
71380 Épervans 71 106 Ef 68
71240 Epervière, l' 71 106 Ef 69
85590 Epesses, les 85 98 Za 67
25290 Epeugney 25 107 Ga 66
42990 Epezy 42 129 Df 74
67680 Epfig 67 60 Hc 58
41290 Epiais 41 86 Bb 62
95380 Epiais-lès-Louvres 95 51 Cd 54
95810 Epiais-Rhus 95 51 Ca 54
20121 E Piane = Piane CTC 182 If 96
02400 Epieds 02 52 Dc 54
27730 Epieds 27 50 Bc 55
49260 Epieds 49 99 Zf 66
45130 Epieds-en-Beauce 45 70 Bd 61
73220 Epierre 73 132 Gb 76
41500 Epiez 41 86 Bc 62
54260 Épiez-sur-Chiers 54 43 Fd 52
55140 Epiez-sur-Meuse 55 75 Fd 57
71360 Épinac 71 105 Ed 67
88000 Épinal 88 77 Gc 59
52140 Epinant 52 75 Fc 61
42830 Epinat 42 116 De 73
27330 Epinay 27 49 Ad 55
76160 Epinay 76 37 Bb 52
76890 Epinay 76 37 Ba 50
27700 Epinay, l' 27 50 Bc 53
76116 Epinay, l' 76 37 Bb 52
61350 Epinay-le-Comte, l' 61 66 Zb 58
91330 Epinay-sous-Sénart 91 51 Cc 56
76480 Epinay-sur-Duclair 76 37 Af 51
14310 Epinay-sur-Odon 14 47 Zc 54
91360 Epinay-sur-Orge 91 51 Cb 56
93800 Epinay-sur-Seine 93 51 Cb 55
28150 Epincy 28 70 Be 59
05700 Epine, l' 05 156 Fd 82
23340 Epine, l' 23 126 Bf 74
35340 Epine, l' 35 66 Yc 59
44130 Epine, l' 44 82 Yb 64
50240 Epine, l' 50 66 Yd 57
50800 Épine, l' 50 46 Ye 56
51460 Épine, l' 51 54 Ec 55
59740 Epine, l' 59 31 Ea 48
85740 Epine, l' 85 96 Xe 67
91760 Epine, l' 91 71 Cc 57
89400 Epineau-les-Voves 89 72 Dc 61
02540 Epine-aux-Bois, l' 02 52 Dc 55
28250 Epineraises, les 28 69 Ba 57
63360 Epinet 63 128 Db 73
86410 Epinet, l' 86 112 Ad 70
02140 Epinette, l' 02 41 Ea 49
78125 Epinette, l' 78 50 Bd 56
85150 Epinette, l' 85 109 Yb 69
89700 Epineuil 89 90 Df 61
18360 Epineuil-le-Fleuriel 18 115 Cd 69
72540 Epineu-le-Chevreuil 72 67 Zf 60
60190 Epineuse 60 39 Cd 52
28170 Epineux 28 49 Bb 57
53340 Epineux-le-Seguin 53 67 Zd 61
35120 Epiniac 35 65 Yb 57
49140 Epinière, l' 49 84 Zd 63
55270 Epinonville 55 55 Fa 53
26210 Epinouze 26 130 Ef 77
62860 Epinoy 62 30 Da 47
18370 Epirange 18 114 Cb 70
17250 Epirard, l' 17 122 Za 73
49170 Epiré 49 83 Zc 64
58800 Epiry 58 104 De 65
77250 Épisy 77 72 Ce 58
52230 Epizon 52 75 Fc 58
80290 Eplessier 80 38 Bf 50
54610 Éply 54 56 Gb 55
85230 Epoids, l' 85 96 Xf 67
21460 Epoisses 21 90 Eb 63
78680 Epône 78 50 Be 55
74130 Eponnet, l' 74 120 Gc 72
36330 Epôt, l' 36 101 Be 68
10500 Epothémont 10 74 Ed 58
76133 Epouville 76 35 Ab 51
51490 Epoye 51 54 Eb 53
02840 Eppes 02 40 De 51
59132 Eppe-Sauvage 59 31 Eb 48
80400 Eppeville 80 39 Da 50
57720 Epping 57 58 Hb 54
76430 Epretot 76 36 Ab 51
76116 Epreville 76 37 Bb 52
76400 Epreville 76 36 Ac 50
27560 Epreville-en-Lieuvin 27 49 Ad 53
27310 Epréville-en-Roumois 27 36 Ae 53
27110 Epreville-près-le-Neubourg 27 49 Af 54
14610 Epron 14 35 Zd 53
35410 Epron 35 66 Yc 60
62134 Eps 62 29 Cb 46
41360 Epuisay 41 86 Af 61
03190 Equaloup 03 115 Ce 70
80360 Équancourt 80 30 Da 48
14600 Equemauville 14 35 Ab 52
80290 Equennes-Eramécourt 80 38 Bf 50
50120 Equeurdreville-Hainneville 50 33 Yc 51
70160 Equevilley 70 93 Ga 62
39300 Equevillon 39 107 Ff 68
62224 Equihen-Plage 62 28 Bd 44
50320 Equilly 50 46 Yd 55
62134 Equirre 62 29 Cb 46
95610 Eragny 95 51 Ca 54
60590 Eragny-sur-Epte 60 38 Be 53
60190 Eraine 60 39 Cd 52
14700 Eraines 14 48 Zf 55
80290 Eramécourt 80 38 Bf 50
16120 Eraville 16 123 Zf 75
20212 Erbajolo CTC 183 Kb 95
20222 Erbalonga = Erbalunga CTC 181 Kc 92
20222 Erbalunga CTC 181 Kc 92
54280 Erbéviller-sur-Amezule 54 56 Gc 56
44110 Erbray 44 82 Ye 63
35500 Erbrée 35 66 Yf 60
57230 Erbsenthal 57 58 Hd 54
09140 Ercé 09 177 Bb 91
35620 Ercé-en-Lamée 35 82 Yc 62
35340 Ercé-près-Liffré 35 66 Yc 59
45480 Erceville 45 70 Ca 59
80500 Erches 80 39 Ce 50
80400 Ercheu 80 39 Cf 50
59169 Erchin 59 30 Db 47
57720 Erching 57 58 Hb 54
24420 Erchose 24 125 Af 77
67290 Erckartswiller 67 58 Hc 55
80210 Ercourt 80 28 Be 48
60530 Ercuis 60 51 Cb 53
56410 Erdeven 56 79 Wf 63
49220* Erdre-en-Anjou 49 [illegible]
22250 Eréac 22 64 Xd 59
02580 Éréaupont 02 41 Df 49
67120 Ergersheim 67 60 Hd 57
80690 Ergnies 80 29 Ca 48
62650 Ergny-en-Ergny 62 28 Bf 45
29000 Ergué-Armel 29 78 Vf 61
29500 Ergué-Gabéric 29 78 Vf 61
62134 Erin 62 29 Cb 46
21500 Eringes 21 91 Ec 63
59470 Eringhem 59 27 Cc 43
52210 Eriseul 52 91 Fa 61
55260 Erize-la-Brûlée 55 55 Fb 55
55260 Erize-la-Grande 55 55 Fb 55
55260 Erize-la-Petite 55 55 Fb 55
55000 Erize-Saint-Dizier 55 55 Fb 56
59470 Erkelsbrugge, l' 59 27 Cc 43
02250 Erlon 02 40 De 50
02260 Erloy 02 41 De 49
60950 Ermenonville 60 51 Ce 54
28120 Ermenonville-la-Grande 28 69 Bc 58
28120 Ermenonville-la-Petite 28 69 Bc 59
76740 Ermenouville 76 36 Ae 50
68290 Ermensbach 68 94 Gf 62
34150 Ermitage, l' 34 168 Dd 87
50410 Ermitage, l' 50 46 Ye 55
16380 Ermite, l' 16 124 Ac 75
95120 Ermont 95 51 Cb 55
74470 Ermont, l' 74 120 Gd 71
45320 Ernauville 45 72 Cf 60
53500 Ernée 53 66 Za 59
20251 Ernella CTC 183 Kc 95
60380 Ernemont-Boutavent 60 38 Be 51
76220 Ernemont-la-Villette 76 38 Be 52
76750 Ernemont-sur-Buchy 76 37 Bc 51
14270 Ernes 14 48 Zf 54
57510 Ernestviller 57 57 Gf 54
55500 Erneville-aux-Bois 55 55 Fc 56
67120 Ernolsheim 67 60 Hd 57
67330 Ernolsheim-lès-Saverne 67 58 Hc 56
62960 Erny-Saint-Julien 62 29 Cb 45
26600 Erôme 26 142 Ee 78
80580 Erondelle 80 28 Bf 48
20244 Erone CTC 183 Kb 94
50310 Eroudeville 50 33 Yd 52
09200 Erp 09 177 Bb 91
60600 Erquery 60 39 Cc 52
62140 Erquières 62 29 Ca 47
59280 Erquinghem 59 30 Cf 44
59320 Erquinghem-le-sec 59 30 Cf 45
60130 Erquinvillers 60 39 Cc 52
22430 Erquy 22 64 Xd 57
66800 Err 66 178 Ca 94
64220 Erratchuenea 64 160 Ye 90
59171 Erre 59 30 Db 46
54680 Errouville 54 43 Ff 52
20275 Ersa CTC 181 Kc 91
67150 Erstein 67 60 Hd 58
57660 Erstroff 57 57 Ge 55
AD400 Erts ◘ AND 177 Bc 93
62121 Ervillers 62 30 Ce 48
27180 Ervolus, les 27 49 Ba 55
10130 Ervy-le-Châtel 10 73 Df 60
65370 Esbareich 65 176 Ad 91
21170 Esbarres 21 106 Fb 66
77450 Esbly 77 52 Ce 55
45480 Esbordes 45 70 Bf 59
70300 Esboz-Brest 70 94 Gc 62
34460 Escagnès 34 167 Cf 87
65250 Escala 65 163 Ac 90
40310 Escalans 40 148 Aa 85
04160 Escale, l' 04 157 Ga 84
11200 Escales 11 166 Ce 89
09140 Escales, les 09 177 Bb 92
83350 Escalet, l' 83 172 Gd 89
62179 Escalles 62 26 Be 43
60380 Escames 60 38 Be 51
46230 Escamps 46 150 Bd 82
89240 Escamps 89 89 Dc 62
64220 Escanda 64 160 Ye 90
81230 Escandé 81 166 Cd 87
31350 Escanecrabe 31 163 Ae 89
47400 Escapols 47 136 Ab 82
19120 Escaravages 19 138 Be 78
51310 Escardes 51 53 Dd 56
06440 Escarène, l' 06 159 Hc 85
59213 Escarmain 59 31 Dd 47
66360 Escaro 66 178 Cb 93
46270 Escaroutat 46 138 Ca 81
47350 Escassefort 47 136 Ab 81
82700 Escatalens 82 149 Bb 85
59124 Escaudain 59 30 Dc 46
33840 Escaudes 33 148 Ze 83
59161 Escaudœuvres 59 30 Db 47
59360 Escaufourt 59 30 Dd 48
11140 Escauloubre-les-Bains 11 178 Ca 92
65500 Escaunets 65 162 Zf 88
59278 Escautpont 59 31 Dd 46
46800 Escayrac 46 150 Bb 83
09210 Escayre 09 164 Bc 89
82500 Escazeaux 82 149 Ba 85
21210 Eschamps 21 90 Ea 65
67114 Eschau 67 60 He 58
67360 Eschbach 67 58 He 55
68140 Eschbach-au-Val 68 60 Ha 60
67320 Eschbourg 67 58 Hb 56
68440 Eschentzwiller 68 95 Hc 62
57330 Escherange 57 43 Ga 52
60110 Esches 60 51 Cb 53
57720 Eschviller 57 58 Hc 54
67320 Eschwiller 67 57 Ha 55
80250 Esclainvillers 80 39 Cc 50
48230 Esclanèdes 48 140 Dc 82
83440 Esclapon 83 172 Gd 86
32140 Esclassan-Labastide 32 163 Ad 88
63850 Esclauze, l' 63 127 Ce 76
46090 Esclauzels 46 150 Bd 82
76270 Esclavelles 76 37 Bc 50
51260 Esclavolles-Lurey 51 73 Dd 57
88260 Escles 88 76 Gb 60
60220 Escles-Saint-Pierre 60 38 Bc 50
47120 Esclottes 47 [illegible]
59320 Escobecques 59 30 Cf 45
62850 Escœuilles 62 27 Bf 44
04200 Escoffiers, les 04 157 Ff 84
24420 Escoire 24 125 Af 77
89290 Escolives-Sainte-Camille 89 89 Dd 62
63160 Escolore 63 128 Dc 74
08110 Escombres-et-le-Chesnois 08 42 Fa 50
65140 Escondeaux 65 162 Aa 88
65130 Esconnets 65 163 Ab 90
15700 Escorailles 15 139 Cb 77

32200 Escornebœuf 32 164 Af 87
28270 Escorpain 28 49 Bb 56
64270 Escos 64 161 Za 88
09100 Escosse 09 165 Bd 90
64490 Escot 64 161 Zd 90
09140 Escots 09 177 Bb 93
65130 Escots 65 175 Ab 90
64870 Escou 64 161 Zc 89
19300 Escouadisse 19 126 Ca 76
64160 Escoubès 64 162 Ze 88
65100 Escoubès-Pouts 65 162 Aa 90
15130 Escoubiac 15 139 Cd 79
01230 Escoubilhac 01 100 Cd 00
44500 Escoublac 44 81 Xd 65
26400 Escoulin, l' 26 143 Fb 80
31260 Escoulis 31 164 Ba 90
11140 Escouloubre 11 178 Ca 92
40210 Escource 40 146 Yf 84
40410 Escoursolles 40 148 Za 83
31580 Escourtats 31 163 Ac 90
19220 Escoussac 19 138 Ca 77
33760 Escoussans 33 135 Ze 80
81290 Escoussens 81 166 Cb 87
64870 Escout 64 161 Zc 89
63300 Escoutoux 63 128 Dd 74
14850 Escoville 14 48 Ze 53
05350 Escoyers, les 05 145 Ge 80
06460 Escragnolles 06 172 Ge 86
45300 Escrennes 45 71 Cb 60
45250 Escrignelles 45 88 Ce 62
81530 Escroux 81 166 Cd 86
43340 Escublac 43 141 De 79
81110 Escudiès, les 81 165 Cb 88
11240 Escueillens-et-Saint-Just-de-Bélengard 11 165 Ca 90
82600 Escufcs 82 149 Bb 86
14520 Escures 14 47 Zb 52
14170 Escures-sur-Favières 14 48 Zf 54
03110 Escurolles 03 116 Db 72
74930 Esery 74 120 Gb 72
43230 Esfacy 43 128 Dd 77
50620 Esglandes 50 33 Ye 53
20118 Esigna CTC 182 Ie 96
57570 Esing 57 44 Gb 52
76710 Eslettes 76 37 Ba 51
88260 Esley 88 76 Ga 59
40160 Esleys 40 146 Yf 83
64420 Eslourenties-Daban 64 162 Zf 89
77940 Esmans 77 72 Cf 58
80400 Esmery-Hallon 80 39 Da 50
82200 Esmes 82 149 Ba 83
70310 Esmoulières 70 94 Gd 61
70100 Esmoulins 70 92 Fd 64
17490 Esnandes 17 110 Yf 71
25110 Esnans 25 93 Gb 65
64430 Esnazu 64 160 Yd 90
59127 Esnes 59 30 Db 48
55100 Esnes-en-Argonne 55 55 Fb 53
52190 Esnoms-au-Val 52 92 Fb 62
89210 Esnon 89 73 Dd 61
52340 Esnouveaux 52 75 Fc 60
19150 Espagnac 19 126 Bf 77
46320 Espagnac-Sainte-Eulalie 46 138 Bf 81
40310 Espagne 40 148 Aa 84
19190 Espagnogol 19 138 Be 78
82160 Espagots 82 150 Be 83
36210 Espaillat 36 101 Bd 65
82400 Espalais 82 149 Af 84
43450 Espalem 43 128 Db 77
12500 Espalion 12 139 Ce 81
03120 Espalus, les 03 116 Dd 71
82220 Espanel 82 150 Bc 83
31450 Espanès 31 164 Bc 88
32220 Espaon 32 164 Af 88
05800 Esparcelet, l' 05 144 Ga 80
05110 Esparron 05 157 Ff 82
31420 Esparron 31 163 Ae 89
83560 Esparron 83 171 Ff 87
04800 Esparron-de-Verdon 04 171 Ff 86
04250 Esparron-la-Bâtie 04 157 Ga 83
65130 Esparros 65 175 Ab 90
82500 Esparsac 82 149 Af 85
19140 Espartignac 19 126 Bd 76
83690 Esparus, les 83 172 Gb 87
32370 Espas 32 148 Aa 86
60650 Espaubourg 60 38 Bf 52
65130 Espèche 65 175 Ab 90
64160 Espéchède 64 162 Ze 89
46320 Espédaillac 46 138 Be 81
12220 Espeillac 12 151 Cb 82
15130 Espeils 15 139 Cd 79
64250 Espelette 64 160 Yd 88
26780 Espeluche 26 142 Ee 81
65230 Espénan 65 163 Ad 89
26340 Espenel 26 143 Fb 80
72170 Espérance 72 68 Aa 59
02250 Espérance, l' 02 41 Df 50
44110 Espérance, l' 44 82 Yd 62
44360 Espérance, l' 44 82 Yb 65
49750 Espérance, l' 49 83 Zc 65
81260 Espérausses 81 166 Cd 86
11260 Espéraza 11 178 Cb 91
31190 Esperce 31 164 Bc 89
46090 Espère 46 137 Bc 81
31370 Espérès 31 164 Ba 88
41160 Espéreuse 41 86 Ba 61
83550 Espérifets, les 83 172 Gc 88
24540 Espéronies, les 24 137 Af 80
30750 Espérou, l' 30 153 Dd 84
64130 Espès-Undurein 64 161 Za 89
12140 Espeyrac 12 139 Cd 81
46120 Espeyroux 46 138 Bf 80
19270 Espeyrut 19 125 Bd 77
11340 Espezel 11 178 Ca 92
15500 Espezolles 15 140 Da 78
65710 Espiadet 65 175 Ab 91
65170 Espiaube 65 175 Ab 92
65130 Espieilh 65 163 Ab 90
47600 Espiens 47 148 Ac 83
19410 Espieussas 19 126 Bd 76
82160 Espinas 82 150 Be 83
48000 Espinas, l' 48 140 Dc 81
15110 Espinasse 15 140 Cf 79
43150 Espinasse 43 141 Df 79
63390 Espinasse 63 115 Ce 72
60600 Espinasse 60 100 Da 71
00040 Espinasse 03 129 Df 70
63940 Espinasse 63 129 De 76
63970 Espinasse 63 127 Cf 75
24300 Espinasse, l' 24 124 Ad 75
05190 Espinasses 05 144 Gb 82
12290 Espinassettes 12 152 Ce 83
03110 Espinasse-Vozelle 03 116 Db 72
12260 Espinassière, l' 12 151 Df 82
19300 Espinassouse, l' 19 126 Ca 76
15130 Espinat 15 139 Cc 79
63850 Espinat 63 127 Cf 76
63850 Espinchal 63 127 Cf 76
09300 Espine, l' 09 178 Bf 91
46330 Espinières 46 138 Be 81
04510 Espinouse 04 157 Ga 84
15380 Espinouse 15 139 Cd 77
48600 Espinouse 48 141 Dd 80
14220 Espins 14 47 Zd 54
66320 Espira-de-Conflent 66 178 Cc 93
66600 Espira-de-L'Agly 66 179 Cf 92
63160 Espirat 63 128 Dc 74
64390 Espiute 64 161 Za 88
63420 Esplantade, l' 63 128 Da 76
43170 Esplantas-Vazeilles 43 140 Dd 79
09700 Esplas 09 164 Bc 89
12550 Esplas 12 152 Cd 85
09420 Esplas-de-Sérou 09 177 Bc 91
12400 Esplas-la-Trivalle 12 152 Ce 85
65400 Esplaus 65 174 Ze 91
64420 Espoey 64 162 Zf 89
34290 Espondeilhan 34 167 Db 88
09200 Espou 09 176 Ba 91
48250 Espradels 48 141 De 81
70110 Esprels 70 93 Gc 63
45480 Espreux 45 70 Bf 59
14210 Esquay-Notre-Dame 14 35 Zd 54
02170 Esquéhéries 02 40 De 49
59470 Esquelbecq 59 27 Cc 43
60120 Esquennoy 60 38 Cb 51
47250 Esquerdes 47 148 Aa 82
62380 Esquerdes 62 29 Cb 44
62129 Esques 62 29 Cb 44
29770 Esquibien 29 61 Vc 60
64400 Esquiule 64 161 Zb 89
16210 Essards, les 16 124 Aa 77
17250 Essards, les 17 122 Zb 74
37130 Essards, les 37 85 Ab 64
49370 Essards, les 49 83 Zb 64
39120 Essards-Taignevaux, les 39 106 Fc 67
21290 Essarois 21 91 Ee 62
62400 Essars 62 29 Cd 45
62116 Essarts 62 29 Ce 48
27240 Essarts, les 27 49 Af 55
41800 Essarts, les 41 85 Ae 62
42430 Essarts, les 42 117 Df 73
58160 Essarts, les 58 103 Db 67
70600 Essarts, les 70 92 Fd 62
71110 Essarts, les 71 105 Eb 69
85140 Essarts en Bocage 85 97 Ye 68
78690 Essarts-le-Roi, les 78 50 Bf 56
51120 Essarts-lès-Sézanne, les 51 53 Dd 56
51310 Essarts-le-Vicomte, les 51 53 Dd 57
76270 Essarts-Varimpré, les 76 37 Bd 50
61500 Essay 61 68 Ab 57
16500 Esse 16 112 Ae 72
35150 Essé 35 66 Yd 61
88130 Essegney 88 76 Gb 58
33190 Esseintes, les 33 135 Zf 81
70000 Essernay 70 93 Gb 63
74140 Essert 74 120 Gb 70
89270 Essert 89 90 De 63
90850 Essert 90 94 Ge 63
17250 Essert, l' 17 122 Za 73
41160 Essert, l' 41 86 Ba 61
80160 Essertaux 80 38 Cb 50
71510 Essertenne 71 105 Ed 68
70100 Essertenne-et-Cecey 70 92 Fc 64
42600 Essertines-en-Châtelneuf 42 129 Df 75
42360 Essertines-en-Donzy 42 129 Ec 74
74110 Essert-Romand 74 121 Ge 71
73540 Esserts-Blay 73 132 Gc 75
39250 Esserval-Combe 39 107 Ga 68
17160 Esset 17 111 Zd 73
21320 Essey 21 105 Ed 65
54470 Essey-et-Maizerais 54 56 Fe 55
54830 Essey-la-Côte 54 77 Gc 58
52800 Essey-les-Eaux 52 75 Fc 60
54130 Essey-lès-Nancy 54 56 Gb 56
52120 Essey-les-Ponts 52 74 Ef 60
39270 Essia 39 107 Fd 69
02690 Essigny-le-Grand 02 40 Db 50
02100 Essigny-le-Petit 02 40 Dc 49
02570 Essises 02 52 Dc 55
02400 Essômes-sur-Marne 02 52 Dc 54
14220 Esson 14 47 Zd 55
17400 Essouvert 17 110 Zc 73
10360 Essoyes 10 74 Ed 60
60510 Essuiles 60 38 Cb 52
12560 Estables 12 152 Da 82
43500 Estables 43 129 De 77
48700 Estables 48 140 Dc 80
43150 Estables, les 43 141 Ea 79
66230 Estables, les 66 178 Cc 94
26470 Establet 26 143 Fc 81
66310 Estagel 66 179 Ce 92
40510 Estagnots, les 40 160 Yd 86
12190 Estaing 12 139 Ce 81
59940 Estaires 59 29 Ce 45
46130 Estal 46 138 Bf 79
46190 Estal 46 138 Ca 80
12620 Estalane 12 152 Cf 84
32170 Estampes 32 163 Ab 88
40240 Estampon 40 148 Zf 84
65220 Estampures 65 163 Ab 88
31800 Estancarbon 31 163 Ae 90
63520 Estandeuil 63 128 Dc 74
32240 Estang 32 148 Zf 85
26110 Estangs, les 26 156 Fb 83
64490 Estanguet, l' 64 174 Zc 91
31600 Estantens 31 164 Bb 88
13016 Estaque, l' 13 170 Fb 88
11100 Estarac 11 167 Cf 90
65240 Estarvielle 65 175 Ac 92
34390 Estaussan 34 167 Da 87
66800 Estavar 66 178 Ca 94
63570 Esteil 63 128 Dc 76
30770 Estelle 30 153 Dc 85
26110 Estellon, l' 26 143 Fb 82
06470 Estenc 06 158 Ge 83
31440 Esténos 31 176 Ad 91
65170 Estensan 65 175 Ac 92
64220 Estérençuby 64 174 Ye 90
64220 Estérenguibel 64 161 Ye 90
31580 Estères 31 163 Ad 89
51310 Esternay 51 53 Dd 56
62880 Estevelles 62 30 Cf 46
76690 Esteville 76 37 Bb 51
19160 Esteyriches 19 126 Cb 77
30390 Estézargues 30 155 Ed 85
64290 Estialescq 64 161 Zc 89
40290 Estibeaux 40 161 Za 87
40240 Estigarde 40 148 Zf 84
47310 Estillac 47 149 Ad 84
09140 Estillon 09 177 Bb 92
40200 Esting 40 146 Ye 83
33113 Estiou 33 135 Zd 82
32300 Estipouy 32 163 Ac 87
65700 Estirac 65 162 Aa 88
10190 Estissac 10 73 De 59
63220 Estival 63 129 Df 76
48120 Estival, l' 48 140 Dc 79
19600 Estivals 19 138 Bc 78
03190 Estivareillees 03 115 Cd 70
42380 Estivareilles 42 129 Ea 76
32330 Estivau 32 148 Ab 85
19410 Estivaux 19 125 Bc 77
18140 Estiveaux, les 18 103 Ce 66
66320 Estoher 66 178 Cc 93
02480 Estoilly 02 40 Da 50
64400 Estos 64 161 Zc 89
04270 Estoublon 04 157 Gb 85
91660 Estouches 91 71 Ca 59
09800 Estouéou 09 176 Af 91
59400 Estourmel 59 30 Db 48
09140 Estours 09 176 Ba 92
76750 Estouteville-Ecalles 76 37 Bb 51
45300 Estouy 45 71 Cb 59
38780 Estrablin 38 130 Ef 75
36700 Estrac, l' 36 100 Ba 67
47210 Estrade 47 136 Ae 81
12500 Estrade, l' 12 139 Cf 81
19200 Estrade, l' 19 127 Cb 75
19250 Estrade, l' 19 126 Ca 75
32380 Estramiac 32 149 Af 85
08260 Estrebay 08 41 Ec 50
80230 Estrébœuf 80 28 Bd 48
30124 Estréchure, l' 30 153 De 84
28480 Estre des Champs, l' 28 69 Ba 59
62170 Estrée 62 28 Be 46
62145 Estrée-Blanche 62 29 Cb 45
62690 Estrée-Cauchy 62 29 Cd 46
62170 Estréelles 62 28 Be 45
02420 Estrées 02 40 Db 49
36500 Estrées 36 101 Bb 67
59151 Estrées 59 30 Da 47
80200 Estrées 80 39 Ce 49
14190 Estrées-la-Campagne 14 48 Ze 54
80150 Estrées-lès-Crécy 80 28 Bf 47
60190 Estrées-Saint-Denis 60 39 Cd 52
80250 Estrées-sur-Noye 80 39 Cb 50
62810 Estrée-Wamin 62 29 Cc 47
88500 Estrennes 88 76 Ga 59
86200 Estrepieds 86 99 Ab 66
32480 Estrépouy 32 148 Ac 84
48700 Estrets, les 48 140 Dc 80
59990 Estreux 59 31 Dd 46
14410 Estry 14 47 Zb 55
43270 Estublac 43 129 De 77
37240 Esves-le-Moutier 37 100 Af 66
37320 Esvres 37 85 Ae 65
59161 Eswars 59 30 Db 47
23270 Etable 23 114 Ca 71
73110 Etable 73 132 Ga 76
37350 Etableaux 37 100 Ae 67
01430 Etables 01 119 Fc 72
07300 Etables 07 142 Ee 78
86170 Etables 86 99 Ab 68
22680 Étables-sur-Mer, Binic- 22 64 Xa 57
16150 Etagnac 16 112 Ae 73
36400 Etaillé 36 102 Ca 69
76850 Etaimpuis 76 37 Ba 51
55400 Étain 55 55 Fd 53
62156 Etaing 62 30 Da 47
76430 Etainhus 76 36 Ab 51
21500 Etais 21 91 Ec 62
89480 Etais-la-Sauvin 89 89 Dc 63
25580 Etalans 25 108 Gb 66
21510 Etalante 21 91 Ee 63
08260 Etalle 08 41 Ec 49
76560 Étalleville 76 37 Ae 50
80190 Etalon 80 39 Cf 50
76260 Etalondes 76 37 Bc 48
91150 Étampes 91 71 Ca 58
02400 Étampes-sur-Marne 02 52 Dc 54
13100 Étang, l' 13 171 Fd 87
41360 Etang, l' 41 85 Af 61
45630 Etang, l' 45 88 Ce 63
63530 Etang, l' 63 128 Da 74
50260 Étang-Bertrand, l' 50 33 Yc 52
22480 Etang-Neuf, l' 22 63 Wf 58
04200 Etangs, les 04 156 Fd 83
57530 Étangs, les 57 56 Gc 54
71190 Étang-sur-Arroux 71 105 Eb 67
21220 Étang-Vergy, l' 21 106 Ef 65
10500 Etape, l' 10 74 Ec 58
62630 Étaples 62 28 Bd 45
89200 Etaule 89 90 Df 63
17750 Étaules 17 122 Yf 74
21121 Étaules 21 91 Ef 64
33820 Étauliers 33 122 Zc 77
14320 Etavaux 14 35 Zd 54
02110 Etaves-et-Bocquiaux 02 40 Dc 49
60620 Etavigny 60 52 Cf 54
64120 Etcharry 64 161 Za 89
64440 Etchartes 64 174 Ze 90
64470 Etchebar 64 161 Za 90
64470 Etcheber 64 174 Za 90
28200 Eteauville 28 70 Bc 60
08260 Eteignières 08 41 Ec 49
63600 Eteignons, les 63 129 De 75
68210 Eteimbes 68 94 Ha 62
56410 Étel 56 80 We 63
80500 Etelfay 80 39 Cd 51
74340 Etelley, l' 74 121 Ge 72
74150 Etercy 74 120 Ga 73
25330 Eternoz 25 107 Ga 66
62156 Éterpingy 62 30 Cf 47
14930 Eterville 14 35 Zd 54
21270 Etevaux 21 92 Fb 65
59144 Eth 59 31 De 47
49670 Etiau 49 98 Zc 65
80510 Etigny 80 72 Db 60
28330 Etilleux, les 28 69 Ae 59
80340 Étinehem-Méricourt 80 39 Ce 49
91450 Etiolles 91 51 Cc 57
08000 Etion 08 42 Ee 50
39130 Etival 39 119 Fe 69
72540 Etival 72 67 Zf 60
88480 Etival-Clairefontaine 88 77 Gf 58
72700 Etival-lès-le-Mans 72 68 Aa 61
71390 Etivau 71 105 Ee 69
63550 Etivaux, les 63 116 Dd 73
89310 Etivey 89 90 Ea 62
70400 Etobon 70 94 Ge 63
76260 Etocquigny 76 37 Bc 49
51270 Étoges 51 53 Df 55
09270 Étoile, l' 09 165 Bd 89
39570 Étoile, l' 39 107 Fd 68
80830 Étoile, l' 80 38 Ca 48
05700 Etoile-Saint-Cyrice 05 156 Fd 83
26800 Étoile-sur-Rhône 26 142 Ef 79
55240 Eton 55 55 Fe 53
21450 Etormay 21 91 Ed 63
24360 Etouars 24 124 Ad 75
10210 Étourvy 10 73 Ea 61
76190 Etoutteville 76 36 Ae 50
25260 Etouvans 25 94 Ge 64
02000 Etouvelles 02 40 Dd 51
14350 Etouvy 14 47 Za 55
60600 Etouy 60 39 Cc 52
74270 Etrables 74 119 Ff 72
25170 Etrabonne 25 107 Fe 65
25300 Étraches, les 25 108 Gc 67
42170 Étrat, l' 42 129 Eb 76
42580 Etrat, l' 42 130 Ec 76
25800 Etray 25 108 Gc 66
55150 Etraye-Wavrille 55 55 Fc 52
36120 Etrechet 36 101 Be 68
36230 Etrechet 36 101 Be 69
18800 Etréchy 18 103 Ce 66
51130 Etréchy 51 53 Df 55
91580 Etréchy 91 71 Cb 58
89200 Etrée 89 90 Df 64
14400 Etréham 14 47 Zb 53
02590 Etreillers 02 40 Da 50
80140 Etréjust 80 38 Bf 49
35370 Étrelles 35 66 Ye 60
70700 Etrelleset-la-Mombleuse 70 93 Ff 64
10170 Étrelle-sur-Aube 10 73 Df 57
27150 Etrépagny 27 50 Bd 53
39700 Etrepigney 39 107 Fe 66
08160 Etrépigny 08 42 Ee 50
02400 Etrépilly 02 52 Dc 54
77139 Étrépilly 77 52 Cf 54
51340 Etrepy 51 54 Ee 56
01500 Etre-Hagaine, l' 01 08 Aa 57
72360 Etre-Richard, l' 72 85 Ab 62
76790 Étretat 76 35 Ab 50
02510 Étreux 02 40 Dd 49
54330 Étreval 54 76 Ga 58
27350 Étréville 27 36 Ad 52
01340 Etrez 01 118 Fb 70
16250 Etriac 16 123 Zf 75
49330 Etriché 49 83 Zd 63
80360 Etricourt-Manancourt 80 30 Cf 48
71240 Etrigny 71 106 Ee 69
21400 Etrochey 21 91 Ed 61
79500 Etrochon 79 111 Ze 71
59219 Etrœungt 59 31 Df 48
53940 Etrogne 53 66 Za 61
70110 Étroitefontaine 70 94 Gc 63
03140 Étroussat 03 116 Db 71
71640 Etroyes 71 105 Ee 67
59295 Étrun 59 30 Db 47
64490 Etsaut 64 174 Zc 91
67350 Ettendorf 67 58 Hd 56
57412 Etting 57 57 Hb 54
25460 Etupes 25 94 Gf 63
27350 Eturqueraye 27 36 Ae 52
79150 Étusson 79 98 Zc 66
70150 Etuz 70 93 Ff 64
76260 Eu 76 28 Bc 48
52000 Euffigneix 52 75 Fa 60
40320 Eugénie-les-Bains 40 162 Zd 86
08210 Euilly-et-Lombut 08 42 Fa 51
54115 Eulmont 54 76 Ff 58
54690 Eulmont 54 56 Gb 56
31440 Eup 31 176 Ae 91
55230 Eurantes, les 55 43 Fe 52
27120 Eure 27 50 Bc 55
26400 Eurre 26 143 Ef 80
76890 Eurville 76 37 Af 50
52410 Eurville-Bienville 52 75 Fa 57
66500 Eus 66 178 Cc 93
54470 Euvezin 54 56 Ff 55
55200 Euville 55 55 Fd 56
51230 Euvy 51 53 Ea 56
34220 Euzèdes 34 166 Cf 88
30360 Euzet 30 154 Eb 84
72120 Évaillé 72 85 Ad 61
20234 E Valle d'Alisgiani = Valle-d'Alesani CTC 181 Kc 95
20221 E Valle di Campulori = Valle-di-Campoloro CTC 183 Kc 94
20235 E Valle di Rustinu = Valle-di-Rostino CTC 181 Kb 94
57570 Evange 57 44 Gb 52
39700 Evans 39 107 Fe 65
88450 Evaux-et-Ménil 88 76 Gb 59
23110 Evaux-les-Bains 23 115 Cc 71
60330 Eve 60 51 Ce 54
78740 Évecquemont 78 50 Bf 54
21340 Evelle 21 105 Ee 67
56500 Évellys 56 64 Xa 61
57480 Evendorff 57 44 Gc 52
02190 Evergnicourt 02 41 Ea 52
77157 Éverly 77 72 Db 58
90350 Évette-Salbert 90 94 Ge 62
69210 Eveux 69M 130 Ed 74
74500 Évian-les-Bains 74 120 Gd 70
01300 Evieu 01 131 Fd 74
08090 Evigny 08 42 Ee 50
20200 E Vile de Petrabugnu = Ville-di-Pietrabugno CTC 181 Kc 92
20279 E Ville di Parasi = Ville-di-Paraso CTC 180 If 93
25520 Evillers 25 107 Gb 66
62141 Evin Malmaison 62 30 Da 46
74570 Evires 74 120 Gb 72
20126 Evisa CTC 182 Ie 95
66360 Evol 66 178 Cb 93
01230 Evosges 01 119 Fd 73
22630 Evran 22 65 Ya 58
57570 Evrange 57 44 Gb 52
14210 Evrecy 14 35 Zd 54
55250 Evres 55 55 Fa 55
27000 Évreux 27 49 Ba 54
60310 Evricourt 60 39 Cf 51
38110 Evrieu 38 131 Fd 76
56490 Evriguet 56 64 Xd 60
53600 Évron 53 67 Zd 60
85290 Evrunes 85 97 Za 66
89140 Evry 89 72 Db 59
91000 Évry 91 51 Cc 57
77166 Évry-Grégy-sur-Yerre 77 51 Cd 57
77166 Évry-les-Châteaux 77 51 Cd 57
74140 Excenevex 74 120 Gc 70
16150 Exideuil 16 112 Ae 73
24160 Excideuil 24 125 Ba 76
08250 Exermont 08 55 Fa 53
25400 Exincourt 25 94 Gf 64
79400 Exireuil 79 111 Ze 70
61310 Exmes 61 48 Ab 56
79800 Exoudun 79 111 Zf 70
33720 Expert 33 135 Zd 81
17130 Expiremont 17 123 Zd 77
24590 Eybènes 24 137 Bc 79
38320 Eybens 38 144 Fe 78
87400 Eyboulcuf 87 125 Bc 74
19140 Eyburie 19 126 Bd 76
43370 Eycenac 43 141 Df 78
09200 Eycheil 09 176 Ba 91
09110 Eycherque, l' 09 178 Bf 92
38690 Eydoche 38 131 Fb 76
26560 Eygalayes 26 156 Fd 83
13810 Eygalières 13 155 Ef 86
26170 Eygaliers 26 156 Fb 83
04340 Eygave, l' 04 157 Gb 82
05470 Eygliers 05 145 Gf 80
05600 Eygliers 05 145 Gd 80
26400 Eygluy-Escoulin 26 143 Fb 80
05300 Eyguians 05 156 Fe 82
13430 Eyguières 13 170 Fa 86
19340 Eygurande 19 127 Cc 75
24700 Eygurande-Gardedeuil 24 136 Aa 78
64780 Eyharce 64 160 Ye 89
64430 Eyhéralde 64 160 Yd 89
87220 Eyjeaux 87 125 Bc 74
24330 Eyliac 24 125 Af 78
09800 Eylie 09 176 Af 91
05600 Eymars, les 05 145 Gd 80
33910 Eymerits, les 33 135 Ze 79
24500 Eymet 24 136 Ac 80
26730 Eymeux 26 143 Fb 78
87120 Eymoutiers 87 126 Be 74
66800 Eyne 66 178 Ca 94
33220 Eynesse 33 136 Aa 80
38730 Eynoud 38 131 Fc 75
13630 Eyragues 13 155 Ef 85
33390 Eyrans 33 122 Zc 77
33650 Eyrans 33 135 Zd 80
40990 Eyranx 40 161 Yf 86
19800 Eyrein 19 126 Bf 77
24560 Eyrenville 24 136 Ad 80
40500 Eyres-Moncube 40 161 Zc 86
07160 Eyriac 07 142 Ec 79
33320 Eysines 33 134 Zb 79
13230 Eysselle, l' 13 169 Ee 88
25530 Eysson 25 108 Gc 65
64400 Eysus 64 161 Zd 90
38350 Eyverras, les 38 144 Ff 79
24590 Eyvignes-et-Eybènes 24 137 Bc 79
24460 Eyvirat 24 124 Ae 77
67320 Eywiller 67 57 Ha 55
26160 Eyzahut 26 143 Fa 81
24800 Eyzerac 24 125 Af 76
24620 Eyzies-de-Tayac-Sireuil, les 24 137 Ba 79
38780 Eyzin-Pinet 38 130 Fa 76
95460 Ezanville 95 51 Cc 54
06360 Eze 06 173 Hc 86
45300 Ezerville 45 71 Cb 59
38300 Ezy 38 131 Fd 77
27530 Ezy-sur-Eure 27 50 Bc 55

A
B
C
D
E
F
G
H
I
J
K
L
M
N
O
P
Q
R
S
T
U
V
W
X
Y
Z

F

11260 Fa 11 178 Cb 91
09230 Fabas 09 164 Ba 90
31230 Fabas 31 164 Af 89
81430 Fabas 81 151 Cb 85
82170 Fabas 82 150 Bc 85
65170 Fabian 65 175 Ab 92
07380 Fabras 07 142 Eb 81
12410 Fabrègue, la 12 152 Cf 83
34690 Fabrègues 34 168 De 87
48110 Fabrègues 48 153 Dc 83
12290 Fabrèque, la 12 152 Ce 83
05200 Fabres, les 05 145 Gc 82
11200 Fabrezan 11 166 Ce 90
12160 Fabrie, la 12 151 Cc 83
81190 Fabrié, la 81 151 Ca 84
87200 Fabrique, la 87 112 Af 73
58270 Faches 58 104 Dd 67
59155 Faches-Thumesnil 59 30 Da 45
58430 Fâchin 58 104 Df 66
33380 Facture 33 134 Za 81
34340 Fadèze, la 34 167 Dd 88
83510 Fadons, les 83 172 Gc 88
46360 Fage 46 138 Bd 81
11500 Fage, la 11 178 Ca 91
12270 Fage, la 12 151 Bf 83
15400 Fage, la 15 127 Cd 77
43100 Fage, la 43 128 Db 77
48170 Fage, la 48 141 Dd 81
48310 Fage-Montivernoux, la 48 140 Da 80
15500 Fageole, la 15 140 Da 78
09240 Fages 09 177 Bc 91
24590 Fages 24 137 Bb 79
46140 Fages 46 137 Bb 81
47200 Faget 47 136 Ab 81
31460 Faget, le 31 165 Be 87
64400 Faget, le 64 161 Zc 89
32450 Faget-Abbatial 32 163 Ae 87
48500 Fagette, la 48 152 Da 82
51510 Fagnières 51 54 Eb 55
08090 Fagnon 08 42 Ed 50
54120 Fagnoux 54 77 Ge 58
63550 Fagot 63 116 Dd 73
70100 Fahy-lès-Autrey 70 92 Fc 63
72510 Faigne, la 72 84 Ab 62
63940 Faillargues 63 129 De 76
04420 Faillefeu 04 158 Gc 83
02700 Faillouël 02 40 Db 50
57640 Failly 57 56 Gb 54
27240 Failly, le 27 49 Bb 55
25250 Faimbe 25 94 Gd 64
21500 Fain-lès-Montbard 21 91 Ec 63
21500 Fain-lès-Moutiers 21 90 Eb 63
27120 Fains 27 50 Bc 55
28150 Fains-la-Folie 28 70 Bd 59
55000 Fains-Véel 55 55 Fa 56
15320 Fairollettes 15 140 Db 79
08270 Faissault 08 41 Ed 51
48140 Faissinet-Langlade 48 140 Dc 79
01560 Faissolles 01 118 Fa 70
11220 Fajac-en-Val 11 166 Cc 90
11540 Fajac-la-Relenque 11 165 Be 89
48400 Fajole, la 48 153 Dd 83
46300 Fajoles 46 137 Bc 80
43150 Fajolette, la 43 140 Dd 79
11140 Fajolle, la 11 178 Bf 92
82210 Fajolles 82 149 Ba 85
08400 Falaise 08 42 Ee 52
14700 Falaise 14 48 Ze 55
27940 Falaise, la 27 50 Bc 53
78410 Falaise, la 78 50 Be 55
63113 Falaitouze 63 127 Ce 76
57570 Falck 57 57 Gd 53
33760 Faleyras 33 135 Ze 80
31540 Falga 31 165 Bf 88
81800 Falgade 81 150 Bd 85
15380 Falgoux, le 15 139 Cd 78
12420 Falgueyras 24 137 Af 79
24560 Falgueyrat 24 136 Ad 80
24510 Falgueyret 24 137 Ae 79
12170 Falguières 12 151 Cc 84
82000 Falguières 82 150 Bc 84
12130 Falguières, les 12 140 Da 82
06950 Falicon 06 173 Hb 86
48000 Falisson, le 48 153 Dc 82
15230 Falitoux 15 139 Cf 79
68210 Falkwiller 68 94 Ha 62
38480 Fallamieux 38 131 Fd 75
76340 Fallencourt 76 37 Bd 49
25580 Fallerans 25 108 Gb 66
85670 Falleron 85 96 Yb 67
39700 Falletans 39 107 Fd 66
88200 Fallières 88 77 Gd 60
70110 Fallon 70 94 Gc 63
80250 Faloise, la 80 39 Cc 50
47220 Fals 47 149 Ae 84
46600 Falsemoyer 46 137 Bc 79
80190 Falvy 80 39 Cf 50
59300 Famars 59 30 Dd 47
62760 Famechon 62 29 Cc 48
80290 Famechon 80 38 Ca 50
57290 Fameck 57 56 Ga 53
14290 Familly 14 48 Ac 55
62118 Fampoux 62 30 Cf 47
87240 Fanay 87 113 Bc 72
15200 Fanc, le 15 127 Cb 77
66760 Fanès 66 178 Bf 94
57510 Fangey 71 105 Ed 68
71490 Fangy 71 105 Ec 67
11270 Fanjeaux 11 165 Ca 89
24290 Fanlac 24 137 Ba 78
63690 Fanostre 63 127 Cd 75
77515 Fans, les 77 52 Db 55
36170 Fant 36 113 Bc 70
12150 Fantayrou 12 152 Da 82
29590 Fao, le 29 62 Wb 58
29460 Faou, le 29 62 Ve 59
56500 Faouët 56 80 Xb 61
22290 Faouët, le 22 63 Wf 56
56320 Faouët, Le 56 79 Wd 60
52500 Faraincourt 52 92 Fd 62
13129 Faraman 13 169 Ee 88
01800 Faramans 01 118 Fa 73
38260 Faramans 38 131 Fb 76
62580 Farbus 62 30 Ce 46
27150 Farceaux 27 50 Bd 53
24450 Farcie, la 24 125 Af 75
26510 Fare, la 26 156 Fc 83
57450 Farébersviller = Pfarrebersweiler 57 57 Gf 54
05500 Fare-en-Cros, la 05 144 Ga 81
01480 Fareins 01 118 Ee 72
13580 Fare-les-Oliviers, la 13 170 Fb 87
05500 Farelles, les 05 144 Ga 81
77515 Faremoutiers 77 52 Cf 56
07190 Fargatte, la 07 142 Ed 79
12200 Fargayrolles 12 151 Ca 83
19390 Farge, la 19 126 Be 76
42470 Farge, la 42 117 Eb 73
63930 Farge, la 63 129 De 74
19210 Fargeas 19 125 Bc 76
87260 Fargeas 87 125 Bc 74
01550 Farges 01 119 Ff 71
15300 Farges 15 140 Cf 78
19600 Farges 19 138 Bc 78
23200 Farges 23 114 Ca 73
45240 Farges 45 87 Bf 62
63770 Farges 63 115 Ce 73
23500 Farges, les 23 126 Ca 74
24290 Farges, les 24 137 Bb 78
18200 Farges-Allichamps 18 102 Cc 68
18800 Farges-en-Septaine 18 103 Cd 66
71150 Farges-lès-Chalon 71 106 Ee 67
71700 Farges-lès-Mâcon 71 118 Ef 69
02700 Fargniers 02 40 Db 51
82130 Fargue 82 149 Bb 84
82220 Fargue 82 150 Bc 84
24620 Fargue, la 24 137 Ba 79
15290 Fargues 15 138 Ca 79
33210 Fargues 33 135 Ze 81
40500 Fargues 40 162 Zd 86
46800 Fargues 46 149 Bb 82
33370 Fargues-Saint-Hilaire 33 135 Zd 80
47700 Fargues-sur-Ourbise 47 148 Aa 83
81100 Farguettes, les 81 166 Ca 87
81190 Farguettes, les 81 151 Cb 84
43370 Farigoules 43 141 De 79
34450 Farinette-Plage 34 167 Dc 89
20253 Faringule = Farinole CTC 181 Kc 92
20253 Farinole CTC 181 Kc 92
84100 Farjons, les 84 155 Ee 83
83210 Farlède, la 83 171 Ga 90
42320 Farnay 42 130 Ed 76
12550 Farret 12 152 Cd 85
15230 Farreyrie 15 139 Ce 79
12200 Farrou 12 151 Ca 82
57450 Farschviller 57 57 Gf 54
72470 Fatines 72 68 Ac 60
27210 Fatouvill-Grestain 27 36 Ab 52
02120 Faty 02 40 De 49
04140 Fau, le 04 157 Gc 82
07160 Fau, le 07 142 Ec 79
12780 Fau, le 12 152 Cf 83
15140 Fau, le 15 139 Cd 78
46210 Fau, le 46 138 Ca 80
82000 Fau, le 82 150 Bc 85
32720 Faubourg, le 32 162 Ze 86
02000 Faubourg-de-Leuilly 02 40 Dd 51
81120 Fauch 81 151 Cb 86
24380 Faucherias 24 136 Ae 78
74130 Faucigny 74 120 Gc 72
70310 Faucogney-et-la-Mer 70 94 Gd 61
88460 Faucompierre 88 77 Ge 60
04400 Faucon 04 158 Ge 82
26470 Faucon 26 143 Fb 81
84110 Faucon 84 156 Fa 83
88700 Fauconcourt 88 77 Gd 58
04250 Faucon-du Caire 04 157 Ga 82
26120 Fauconnières 26 143 Ef 79
26120 Faucons, les 26 143 Fa 79
02320 Faucoucourt 02 40 Dc 51
02270 Faucouzy 02 40 Dd 50
48130 Fau-de-Peyre 48 140 Db 80
82500 Faudoas 82 149 Af 86
31410 Fauga, le 31 164 Bb 88
31600 Faugarouse 31 164 Bb 88
19600 Faugère 19 138 Bd 78
07230 Faugères 07 141 Ea 82
34600 Faugères 34 167 Db 87
79270 Faugerit 79 110 Zc 71
14100 Fauguernon 14 48 Ab 53
47400 Fauguerolles 47 148 Ab 82
47400 Fauillet 47 148 Ab 82
77320 Faujus 77 52 Db 56
57570 Faulbach 57 44 Gb 52
14130 Faulq, le 14 48 Ab 53
57380 Faulquemont 57 57 Gd 54
57690 Faulquemont-Citex 57 57 Gd 54
54760 Faulx 54 56 Gb 56
59310 Faumont 59 30 Da 46
81240 Faumontagne 81 166 Cd 88
09140 Faup 09 176 Ba 92
62560 Fauquembergues 62 29 Ca 45
62840 Fauquissart 62 30 Ce 45
33550 Faure 33 135 Zd 80
05190 Faure, la 05 144 Gb 82
38740 Faures, les 38 144 Ga 79
43520 Faurie 43 141 Eb 78
05140 Faurie, la 05 144 Fe 81
19130 Faurie, la 19 125 Bc 77
19190 Faurie, la 19 138 Be 78
19510 Faurie, la 19 126 Bd 75
24560 Faurilles 24 136 Ae 80
82190 Fauroux 82 149 Ba 83
42600 Faury 42 129 Ea 75
81340 Fausergues 81 151 Cc 84
28120 Fausserville 28 69 Bb 58
20135 Fautea CTC 185 Kc 98
85460 Faute-sur-Mer, la 85 109 Ye 70
37350 Fauvellière, la 37 100 Af 67
21110 Fauverney 21 106 Fa 65
87520 Fauvette, la 87 113 Ba 73
63390 Fauvielle, la 63 115 Ce 72
76640 Fauville-en-Caux 76 36 Ad 51
50250 Fauvrerie, la 50 46 Yd 53
08270 Faux 08 41 Ed 51
19340 Faux 19 127 Cc 75
24560 Faux 24 136 Ad 80
48320 Faux 48 153 Dd 82
23170 Faux, le 23 114 Cc 71
35550 Faux, le 35 81 Xf 62
42440 Faux, le 42 129 De 74
43230 Faux, le 43 128 Dd 77
27400 Faux, les 27 49 Bb 54
48120 Faux, les 48 140 Dc 80
58330 Faux, les 58 104 Dd 66
51230 Faux-Fresnay 51 53 Df 57
23340 Faux-la-Montagne 23 126 Bf 74
23400 Faux-Mazuras 23 114 Be 73
51320 Faux-Vésigneul 51 54 Ec 56
10290 Faux-Villecerf 10 73 De 59
34210 Fauzan 34 166 Ce 88
20140 Favalella CTC 184 Ie 98
20212 Favalello CTC 183 Kb 95
15310 Favard 15 139 Cc 78
19330 Favars 19 126 Be 77
19600 Favars 19 138 Bc 78
34220 Favayroles 34 166 Cd 88
30110 Favède, la 30 154 Ea 83
45130 Favelles 45 70 Bd 61
49380 Faveraye 49 98 Zc 65
49380 Faveraye-Mâchelles 49 98 Zd 65
18360 Faverdines 18 102 Cc 69
45420 Faverelles 45 88 Cf 63
38510 Faverge 38 131 Fc 74
42940 Faverge 42 129 Df 74
38110 Faverges-de-la-Tour 38 131 Fd 75
74210 Faverges-Seythenex 74 132 Gb 74
85220 Faverie, la 85 96 Yb 68
70160 Faverney 70 93 Ga 62
90100 Faverois 90 94 Ha 63
63630 Faverol 63 128 Dd 76
02600 Faverolles 02 52 Db 53
15230 Faverolles 15 139 Cf 79
15320 Faverolles 15 140 Da 79
28140 Faverolles 28 70 Be 60
28210 Faverolles 28 50 Bd 56
36360 Faverolles 36 101 Bc 65
52260 Faverolles 52 75 Fb 61
61600 Faverolles 61 47 Ze 56
80500 Faverolles 80 39 Cd 51
51170 Faverolles-et-Coëmy 51 53 De 53
27190 Faverolles-la-Campagne 27 49 Af 54
21290 Faverolles-lès-Lucey 21 91 Ef 61
41400 Faverolles-sur-Cher 41 86 Bb 65
30122 Faveyrolle 30 153 De 84
12480 Faveyrolles 12 152 Ce 85
39250 Favière 39 107 Ga 68
83230 Favière 83 172 Gc 90
04420 Favière, la 04 158 Gc 83
28170 Favières 28 69 Bb 57
54115 Favières 54 76 Ff 58
77220 Favières 77 52 Ce 56
80120 Favières 80 28 Bd 47
01130 Favillon, le 01 119 Fe 71
20135 Favone CTC 183 Kc 98
41120 Favras 41 86 Bc 64
16600 Favrauds, les 16 124 Ab 74
51300 Favresse 51 54 Ee 56
62450 Favreuil 62 30 Cf 48
27230 Favril, le 27 49 Ad 53
28120 Favril, le 28 69 Bb 59
28190 Favril, le 28 69 Ba 58
59550 Favril, le 59 31 De 48
78200 Favrieux 78 50 Bd 55
61390 Fay 61 48 Ac 57
72550 Fay 72 68 Aa 60
80200 Fay 80 39 Ce 49
71290 Fay, la 71 106 Fa 69
36170 Fay, le 36 113 Bc 70
36230 Fay, le 36 101 Be 69
71580 Fay, le 71 106 Fb 68
80270 Fay, le 80 38 Be 49
44850 Fayau, le 44 82 Yd 64
45450 Fay-aux-Loges 45 87 Ca 61
46100 Faycelles 46 138 Bf 81
44130 Fay-de-Bretagne 44 82 Yb 64
63550 Faydit 63 116 Dd 73
05300 Faye 05 157 Ff 82
24600 Faye 24 124 Ab 77
41100 Faye 41 86 Bb 62
71550 Faye 71 105 Eb 66
16700 Faye, la 16 111 Aa 72
19510 Faye, la 19 126 Bd 75
24750 Faye, la 24 136 Ae 78
42660 Faye, la 42 130 Ec 77
63640 Faye, la 63 115 Ce 73
63980 Faye, la 63 128 Dd 75
71410 Faye, la 71 105 Eb 68
71520 Faye, la 71 117 Ec 70
79140 Faye, la 79 98 Zc 67
49380 Faye-d'Anjou 49 84 Zc 65
60730 Fayel 60 38 Cb 53
27380 Fayel, le 27 37 Bc 52
27480 Fayel, le 27 37 Bd 52
79350 Faye-L'Abbesse 79 98 Zd 68
37120 Faye-la-Vineuse 37 99 Ac 67
24300 Fayemarteau 24 124 Ac 75
83440 Fayence 83 172 Ge 87
39800 Fay-en-Montagne 39 107 Fe 68
63480 Fayes, les 63 129 De 74
79160 Faye-sur-Ardin 79 110 Zc 70
02100 Fayet 02 40 Db 49
03250 Fayet 03 116 De 73
12360 Fayet 12 152 Cf 86
63590 Fayet 63 128 Dd 75
63610 Fayet 63 128 Cf 76
15100 Fayet, le 15 140 Da 79
15190 Fayet, le 15 127 Cf 76
38540 Fayet, le 38 130 Fa 75
74190 Fayet, le 74 121 Ge 73
63160 Fayet-le-Château 63 128 Dc 74
63630 Fayet-Ronaye 63 128 Dd 76
71160 Fayette, la 71 117 Df 69
46120 Fayfol 46 138 Bf 80
52500 Fayl-Billot 52 92 Fd 62
26240 Fay-le-Clos 26 130 Ef 77
60240 Fay-les-Etangs 60 50 Bf 53
10290 Fay-lès-Marcilly 10 73 Dd 58
77167 Faÿ-lès-Nemours 77 71 Ce 59
70200 Faymont 70 94 Gd 63
88340 Faymont 88 77 Gd 61
85240 Faymoreau 85 110 Zc 69
84570 Fayol 84 156 Fb 84
01190 Fayolle 01 118 Ef 70
24600 Fayolle 24 124 Ac 77
63220 Fayolle, la 63 129 De 76
63660 Fayolle, la 63 129 Df 75
03250 Fayot 03 116 De 72
89570 Fays, le 89 73 De 60
60510 Fay-Saint-Quentin, le 60 38 Cb 52
10320 Fays-la-Chapelle 10 73 Ea 60
81600 Fayssac 81 151 Bf 85
43430 Fay-sur-Lignon 43 141 Eb 79
63660 Fayt, le 63 129 Df 75
64570 Féas 64 161 Zb 90
62960 Febvin-Palfart 62 29 Cb 45
76400 Fécamp 76 36 Ac 50
59247 Féchain 59 30 Db 47
63420 Féchal 63 128 Da 76
90100 Fèche-l'Eglise 90 94 Gf 63
73230 Féclaz, la 73 132 Ff 75
54115 Fécocourt 54 76 Ga 58
70120 Fédry 70 93 Ff 63
28290 Fée 28 69 Bb 60
18350 Feez 18 103 Ce 67
67640 Fegersheim 67 60 He 58
44460 Fégréac 44 81 Xf 63
74160 Feigères 74 120 Ga 72
60800 Feigneux 60 52 Cf 53
01570 Feillens 01 118 Ef 70
09420 Feillet 09 177 Bb 91
05230 Fein, le 05 144 Gb 81
41120 Feings 41 86 Bc 64
61400 Feings 61 68 Ad 57
35440 Feins 35 65 Yc 59
45230 Feins-en-Gâtinais 45 88 Cf 62
73260 Feissons-sur-Isère 73 133 Gc 75
73350 Feissons-sur-Salins 73 133 Gd 76
61160 Fel 61 48 Aa 56
12140 Fel, le 12 139 Cc 81
20234 Felce CTC 183 Kc 94
68640 Feldbach 68 95 Hb 63
68540 Feldkirch 68 95 Hb 61
35300 Felger = Fougères 35 66 Ye 58
35390 Felgerieg = Grand-Fougeray 35 82 Yb 62
20225 Feliceto CTC 180 If 93
20225 Felicetu = Feliceto CTC 180 If 93
07340 Félines 07 130 Ee 77
26160 Félines 26 143 Fa 81
43160 Félines 43 129 De 77
63320 Félines 63 128 Da 75
82160 Félines 82 150 Be 83
34210 Félines-Minervois 34 166 Cd 89
11330 Félines-Termenès 11 179 Cd 91
24520 Félix, les 24 136 Ad 80
59740 Felleries 59 31 Ea 48
68470 Fellering 68 94 Gf 61
23500 Felletin 23 114 Cb 73
66730 Felluns 66 178 Cc 92
90110 Felon 90 94 Gf 62
46270 Felzins 46 138 Ca 81
86700 Fémolant 86 112 Ab 71
24490 Fénage, la 24 135 Aa 78
59179 Fenain 59 30 Db 46
21600 Fénay 21 106 Fa 65
11400 Fendeille 11 165 Bf 89
06580 Fénerier, le 06 173 Gf 87
63440 Fénérol 63 115 Da 72
79450 Fénery 79 98 Zd 68
57930 Fénétrange = Finstingen 57 57 Ha 55
36500 Fenets, les 36 101 Bc 68
49460 Feneu 49 83 Zc 63
19110 Feneyrol 19 127 Cc 76
43380 Feneyroles 43 128 Dc 77
43160 Feneyrolles 43 128 Dd 77
82140 Féneyrols 82 150 Be 84
63570 Fenier 63 128 Db 76
01710 Fénières 01 120 Ff 71
23100 Féniers 23 126 Ca 74
17350 Fenioux 17 110 Zc 73
79160 Fenioux 79 110 Zd 69
88320 Fenneciere, la 88 75 Fe 60
54540 Fenneviller 54 77 Gf 58
81600 Fénols 81 151 Ca 85
85800 Fenouiller, le 85 96 Ya 68
04110 Fenouillet 04 156 Fd 85
31150 Fenouillet 31 164 Bc 86
66220 Fenouillet 66 178 Cc 92
11240 Fenouillet-du-Razès 11 165 Ca 90
20212 Feo CTC 183 Kb 95
85210 Féole 85 97 Yf 69
86400 Féolle, la 86 112 Ab 71
08170 Fépin 08 42 Ee 48
86160 Féraboeuf 86 112 Ac 70
50260 Férage, le 50 33 Yc 52
24320 Féraillon 24 124 Ac 76
78770 Féranville 78 50 Be 55
47150 Feratie 47 137 Ae 81
81340 Feraudie, la 81 151 Cc 84
44660 Fercé 44 82 Yd 62
72430 Fercé-sur-Sarthe 72 84 Zf 61
33820 Ferchaud 33 122 Zc 77
60730 Fercourt 60 38 Cb 53
88360 Ferdrupt 88 94 Ge 61
02800 Fère, la 02 40 Dc 51
51270 Fèrebrianges 51 53 Df 55
51230 Fère-Champenoise 51 53 Df 56
08290 Férée, la 08 41 Eb 50
02130 Fère-en-Tardenois 02 53 Dd 53
56130 Férel 56 81 Xd 64
47240 Féréol 47 149 Ae 83
63680 Férérolles 63 127 Ce 75
07140 Féreyrolles 07 141 Df 81
62260 Ferfay 62 29 Cc 45
77133 Féricy 77 72 Ce 58
59169 Férin 59 30 Da 47
20290 Ferlaggia CTC 181 Kc 94
48120 Ferluc 48 140 Dc 80
28500 Fermaincourt 28 50 Bc 56
50840 Fermanville 50 33 Yd 50
32600 Ferme-des-Loups 32 164 Ba 87
58160 Fermeté, la 58 103 Db 67
04340 Fermeyer 04 157 Gb 82
05260 Fermons, les 05 144 Gb 80
54870 Fermont 54 43 Fd 52
47320 Fernand 47 148 Ab 82
01280 Ferney-Voltaire 01 120 Ga 71
63620 Fernoël 63 127 Cc 74
74220 Fernuy, le 74 120 Gc 73
45150 Férolles 45 87 Ca 61
77150 Férolles-Attilly 77 51 Cd 56
59610 Féron 59 31 Ea 48
02140 Féronval 02 40 De 49
62250 Ferques 62 26 Be 44
11200 Ferrals-les-Corbières 11 166 Ce 90
34210 Ferrals-les-Montagnes 34 166 Cd 88
11240 Ferran 11 165 Ca 90
40270 Ferran 40 147 Zd 86
79800 Ferrandière, la 79 111 Zf 70
26120 Ferrands, les 26 143 Fa 79
26570 Ferrassières 26 156 Fc 84
35420 Ferré, le 35 66 Ye 58
47330 Ferrensac 47 136 Ad 81
63660 Ferréol 63 129 Df 76
65370 Ferrère 65 175 Ad 91
06510 Ferres, les 06 158 Ha 85
33820 Ferrés, les 33 122 Zc 77
68480 Ferrette 68 95 Hb 64
28350 Ferrette, la 28 49 Bb 56
10400 Ferreux-Quincey 10 73 Dd 58
02270 Ferrière 02 40 Dd 50
03440 Ferrière 03 115 Cf 70
19600 Ferrière 19 137 Bc 78
06750 Ferrière, la 06 158 Ge 86
22210 Ferrière, la 22 64 Xc 60
24240 Ferrière, la 24 136 Ac 80
37110 Ferrière, la 37 85 Ae 63
38580 Ferrière, la 38 132 Ga 77
56930 Ferrière, la 56 64 Xa 61
85280 Ferrière, la 85 97 Ye 68
86390 Ferrière, la 86 112 Af 71
86160 Ferrière-Airoux, la 86 112 Ac 71
14350 Ferrière-au-Doyen, la 14 47 Zb 54
61380 Ferrière-au-Doyen, la 61 49 Ac 57
61450 Ferrière-aux-Etangs, la 61 47 Zc 57
61500 Ferrière-Béchet, la 61 68 Aa 57
61420 Ferrière-Bochard, la 61 68 Zf 58
49500 Ferrière-de-Flée, la 49 83 Za 62
79390 Ferrière-en-Parthenay, la 79 99 Zf 69
52300 Ferrière-et-Lafolie 52 75 Fa 58
14350 Ferrière-Harang, la 14 47 Za 55
59680 Ferrière-la-Grande 59 31 Df 47
59680 Ferrière-la-Petite 59 31 Ea 47
37350 Ferrière-Larçon 37 100 Af 67
17170 Ferrières 17 110 Za 71
21530 Ferrières 21 90 Ea 64
45210 Ferrières 45 72 Ce 60
50640 Ferrières 50 66 Za 57
54210 Ferrières 54 76 Gb 57
60420 Ferrières 60 39 Cd 51
65560 Ferrières 65 174 Ze 90
74370 Ferrières 74 120 Ga 73
80470 Ferrières 80 38 Cb 49
81260 Ferrières 81 166 Cc 87
89480 Ferrières 89 89 Dc 63
77164 Ferrières de Forrières 77 51 Ce 56
76220 Ferrières-en-Bray 76 38 Be 52
27190 Ferrières-Haut-Clocher 27 49 Af 54
61390 Ferrières-la-Verrerie 61 48 Ac 57
25470 Ferrières-le-Lac 25 94 Gf 65
25410 Ferrières-les-Bois 25 107 Fe 65
70130 Ferrières-lès-Ray 70 93 Fe 63
70360 Ferrières-lès-Scey 70 93 Ga 63
34190 Ferrières-les-Verreries 34 154 De 85
34360 Ferrières-Poussarou 34 167 Cf 88
27270 Ferrières-Saint-Hilaire 27 49 Ad 54
15170 Ferrières-Saint-Mary 15 128 Da 77
03250 Ferrières-sur-Sichon 03 116 Dd 72
37600 Ferrière-sur-Beaulieu 37 100 Ba 66
27760 Ferrière-sur-Risle, la 27 49 Ae 55
63290 Ferriers, les 63 116 Dc 73
43300 Ferrussac 43 140 Dc 78
48150 Ferrussac 48 153 Dc 84
25330 Fertans 25 107 Ga 66
36360 Fertay 36 101 Bc 66
36260 Ferté, la 36 102 Ca 66
39600 Ferté, la 39 107 Fd 67
91590 Ferté-Alais, la 91 71 Cc 58
41210 Ferté-Beauharnais, la 41 87 Bf 63
72400 Ferté-Bernard, la 72 69 Ad 59
02270 Ferté-Chevresis, la 02 40 Dd 50
61470* Ferté-en-Ouche, la 61 48 Ac 55
61550 Ferté-Frenel, la 61 49 Ad 55
77320 Ferté-Gaucher, la 77 52 Db 56
03340 Ferté-Hauterive, la 03 116 Dc 70
41300 Ferté-Imbault, la 41 87 Bf 64
89110 Ferté-Loupière, la 89 89 Db 61
61600 Ferté-Macé, la 61 67 Zd 57
02460 Ferté-Milon, la 02 52 Da 53
45240 Ferté-Saint-Aubin, la 45 87 Bf 62
41220 Ferté-Saint-Cyr, la 41 87 Be 63
76440 Ferté-Saint-Samson, la 76 37 Bd 51
77260 Ferté-sous-Jouarre, la 77 52 Da 55
08370 Ferté-sur-Chiers, la 08 42 Fb 51
28340 Ferté-Vidame, la 28 69 Af 57
28220 Ferté-Villeneuil, la 28 69 Bc 61
58270 Fertrève 58 104 Dd 67
68160 Fertrupt 68 77 Hb 59
82150 Férussac 82 149 Af 83
50420 Fervaches 50 46 Yf 55

14140 Fervaques 14 48 Ab 54
80500 Fescamps 80 39 Ce 51
25490 Fesches-le-Châtel 25 94 Gf 63
02450 Fesmy-le-Sart 02 31 De 48
43270 Fespescle 43 141 De 78
28270 Fessanvilliers-Mattanvilliers 28 49 Ba 56
68740 Fessenheim 68 95 Hd 61
67117 Fessenheim-le-Bas 67 58 Hd 57
25470 Fessevillers 25 94 Gf 65
74890 Fessy 74 120 Gc 71
24410 Festalemps 24 124 Ab 77
11300 Festes-et-Saint-André 11 178 Ca 91
02840 Festieux 02 40 De 51
51700 Festigny 51 53 De 54
89480 Festigny 89 89 Dd 63
38119 Festinière, la 38 144 Fe 79
62149 Festubert 62 29 Ce 45
74500 Féternes 74 120 Gd 70
39240 Fétigny 39 119 Fd 70
03130 Fétroz, le 03 116 Dc 71
08160 Feuchères 08 42 Ee 50
78810 Feucherolles 78 51 Bf 55
62223 Feuchy 62 30 Cf 47
47230 Feugarolles 47 148 Ac 83
19470 Feugeas 19 126 Be 76
50190 Feugères 50 34 Ye 54
27170 Feugérolles 27 49 Ae 54
10150 Feuges 10 73 Ea 58
50360 Feugrey, le 50 46 Yd 52
27110 Feuguerolles 27 49 Ba 54
14320 Feuguerolles-Bully 14 35 Zd 54
14240 Feuguerolles-sur-Seulles 14 34 Zb 54
11510 Feuilla 11 179 Cf 91
16380 Feuillade 16 124 Ac 75
44320 Feuillardais, le 44 96 Ya 65
18320 Feuillarde 18 103 Cf 66
21130 Feuillée, la 21 106 Fc 65
29690 Feuillée, la 29 62 Wa 58
80200 Feuillères 80 39 Cf 49
28170 Feuilleuse 28 69 Ba 57
50190 Feuillie, la 50 33 Yd 53
76220 Feuillie, la 76 37 Bd 52
60300 Feuquières 60 38 Bf 51
80210 Feuquières-en-Vimeu 80 28 Bd 48
70100 Feurg 70 92 Fc 64
42110 Feurs 42 129 Eb 74
36160 Feusines 36 114 Ca 69
29242 Feuteunvelen 29 61 Uf 58
44290 Feuvrais, la 44 82 Yd 62
18300 Feux 18 103 Cf 65
23140 Feuyas 23 114 Ca 71
57280 Fèves 57 56 Ga 53
57420 Féy 57 56 Ga 54
73260 Fey, le 73 133 Gc 76
46300 Feydedie, la 46 137 Bc 80
15160 Feydit 15 128 Da 77
54470 Fey-en-Haye 54 56 Ff 55
38830 Feyjoux, le 38 132 Ga 76
19290 Feyssac 19 126 Ca 74
19340 Feyt 19 127 Cc 74
19320 Feyt, le 19 126 Bf 77
23250 Feyte, la 23 114 Bf 72
87220 Feytiat 87 125 Bb 74
69320 Feyzin 69M 130 Ef 74
18300 Fez 18 103 Ce 65
81500 Fiac 81 165 Bf 86
81490 Fiallesuch 81 166 Cc 87
87150 Fiateau 87 125 Af 74
20117 Fica CTC 182 If 97
20237 Ficaghja = Ficaja CTC 181 Kc 94
20237 Ficaja CTC 181 Kc 94
16330 Fichère, la 16 123 Aa 74
62173 Ficheux 62 29 Ce 47
64410 Fichous-Riumayou 64 162 Zd 88
27190 Fidelaire, le 27 49 Ae 55
39800 Fied, le 39 107 Fe 68
85310 Fief, le 85 109 Ye 69
86450 Fief-Batard 86 100 Ad 68
80670 Fieffes-Montrelet 80 29 Cb 48
62134 Fiefs 62 29 Cb 45
40600 Fief Sauvin, le 40 97 Yf 65
62132 Fiennes 62 27 Be 44
20228 Fieno CTC 181 Kc 91
80750 Fienvillers 80 29 Cb 48
85680 Fier, le 85 96 Xe 67
14190 Fierville-Bray 14 48 Ze 54
50580 Fierville-les-Mines 50 33 Yb 52
14130 Fierville-les-Parcs 14 48 Ab 53
24140 Fieu, le 24 136 Ac 79
33230 Fieu, le 33 135 Zf 78
02110 Fieulaine 02 40 Dc 49
47600 Fieux 47 148 Ac 84
33850 Fieuzal 33 134 Zc 80
89150 Fièvres, les 89 89 Db 61
19800 Fieyre, la 19 126 Bf 76
20135 Figa CTC 185 Kc 98
12450 Figairol, le 12 153 Db 85
83830 Figanières 83 172 Gc 87
20200 Figarella CTC 181 Kc 92
13123 Figarès 13 169 Ec 87
30440 Figaret 30 153 Dd 85
06450 Figaret-d'Utella, le 06 159 Hb 85
20230 Figareto CTC 181 Kd 94
20114 Figari CTC 185 Ka 100
31160 Figarol 31 164 Af 90
46100 Figeac 46 138 Ca 81
12430 Figeaguet 12 152 Ce 84
87500 Figeas 87 125 Bc 76
17800 Figers 17 123 Zc 75
15380 Fignac 15 127 Cd 77
88410 Fignévelle 88 76 Ff 61
80500 Fignières 80 39 Cd 50
20290 Figoni CTC 184 Ie 98
13510 Figons, les 13 170 Fc 87
47250 Figuès 47 148 Aa 82
12330 Fijaguet 12 152 Cc 82
02000 Filain 02 40 Dd 52
70230 Filain 70 93 Gb 63
18370 Filaine, la 18 114 Cb 69
47110 Filhol 47 149 Ad 82
20140 Filitosa CTC 184 If 98
72210 Fillé 72 84 Aa 61
33840 Fille, la 33 148 Zf 83
74370* Fillière 74 120 Gb 73
54560 Fillières 54 43 Ff 52
62770 Fillièvres 62 29 Ca 47
74250 Fillinges 74 120 Gc 72
66820 Fillols 66 178 Cc 93
74140 Filly 74 120 Gc 71
57320 Filstroff 57 44 Gd 53
88600 Fiménil 88 77 Ge 59
66320 Finestret 66 178 Cd 93
82700 Finhan 82 150 Bb 85
48220 Finialette 48 153 De 82
20090 Finosello, le CTC 182 Ie 97
81440 Finotes 81 165 Cb 86
80360 Fins 80 30 Da 48
25500 Fins, les 25 108 Gd 66
57930 Finstingen = Fénétrange 57 57 Ha 55
58230 Fiole, la 58 104 Df 66
74500 Fion, le 74 121 Gd 71
19300 Fioux 19 126 Ca 76
27210 Fiquefleur-Equainville 27 36 Ab 52
54800 Fiquelmont 54 56 Fe 53
24450 Firbeix 24 125 Af 75
14100 Firfol 14 48 Ab 54
12300 Firmi 12 139 Cb 81
42700 Firminy 42 129 Eb 76
67110 Fischeracker 67 58 Hd 54
51170 Fismes 51 40 De 53
71260 Fissy 71 118 Fe 70
01260 Fitignieu 01 119 Fe 73
38490 Fitilieu 38 131 Fd 75
11510 Fitou 11 179 Cf 91
60600 Fitz-James 60 39 Cc 52
57570 Fixem 57 44 Gb 52
21220 Fixin 21 106 Ef 65
43320 Fix-Saint-Geneys 43 141 De 78
08450 Flaba 08 42 Ef 51
55150 Flabas 55 55 Fc 53
54260 Flabeuville 54 43 Fd 52
72210 Flacé 72 68 Aa 61
21490 Flacey 21 92 Fa 64
28800 Flacey 28 69 Bc 60
71580 Flacey-en-Bresse 71 106 Fc 69
85190 Flachausières, les 85 96 Yb 68
38530 Flachère, la 38 132 Ff 76
38690 Flachères 38 131 Fb 76
44270 Flachou, le 44 96 Yb 67
88120 Flaconnières 88 77 Gd 60
78200 Flacourt 78 50 Bd 55
89190 Flacy 89 73 Dd 59
25330 Flagey 25 107 Ga 66
52250 Flagey 52 92 Fb 62
21640 Flagey-Echézeaux 21 106 Ef 66
21130 Flagey-lès-Auxonne 21 106 Fc 66
12300 Flagnac 12 139 Cb 81
25640 Flagney-Rigney 25 93 Gb 64
70000 Flagy 70 93 Gb 62
71250 Flagy 71 118 Ed 70
77940 Flagy 77 72 Cf 59
08260 Flaignes-Havys 08 41 Ec 50
74300 Flaine 74 121 Ge 72
54110 Flainval 54 76 Gc 57
76740 Flainville 76 37 Af 49
63940 Flaittes 63 129 De 75
50340 Flamanville 50 33 Ya 51
76970 Flamanville 76 37 Af 51
76450 Flamanvillette 76 36 Ae 50
32340 Flamarens 32 149 Ae 84
77114 Flamboin 77 72 Db 58
05700 Flamenche, la 05 156 Fe 82
02260 Flamengrie, la 02 41 Df 48
59570 Flamengrie, la 59 31 De 47
76270 Flaments-Frétils 76 38 Bd 50
21130 Flammerans 21 106 Fc 65
52110 Flammerécourt 52 75 Fa 58
27310 Flancourt-Catelon 27 49 Ae 52
27310 Flancourt-Crescy-en-Roumois 27 37 Ae 53
80120 Flandre 80 28 Be 47
25390 Flangebouche 25 108 Gc 66
84410 Flassan 84 156 Fb 84
83340 Flassans-sur-Issole 83 171 Gb 88
55600 Flassigny 55 43 Fc 52
58420 Flassy 58 104 Dd 65
57320 Flastroff 57 44 Gd 52
63500 Flat, Aulhat- 63 128 Db 75
80200 Flaucourt 80 39 Cf 49
24240 Flaugeac 24 136 Ac 80
46170 Flaugnac, Saint-Paul- 46 150 Bc 83
46320 Flaujac-Gare 46 138 Be 80
46090 Flaujac-Poujols 46 150 Bd 82
33350 Flaujagues 33 135 Aa 80
59440 Flaumont-Waudrechies 59 31 Df 48
81530 Flausines 81 152 Cd 86
30700 Flaux 30 154 Ed 84
12440 Flauzins 12 151 Ca 83
60590 Flavacourt 60 50 Be 52
07000 Flaviac 07 142 Ee 80
87230 Flavignac 87 125 Ba 74
21160 Flavignerot 21 91 Ef 65
02120 Flavigny 02 40 Dd 49
18350 Flavigny 18 103 Ce 67
51190 Flavigny 51 53 Ea 55
57130 Flavigny 57 56 Ff 54
54630 Flavigny-sur-Moselle 54 76 Gb 57
21150 Flavigny-sur-Ozerain 21 91 Ed 63
12450 Flavin 12 152 Cd 83
02520 Flavy-le-Martel 02 40 Db 50
60640 Flavy-le-Meldeux 60 39 Da 50
01350 Flaxieu 01 131 Fe 74
68720 Flaxlanden 68 95 Hb 62
17290 Flay 17 110 Za 72
24600 Flayac 24 124 Ac 77
23260 Flayat 23 127 Cc 74
83780 Flayosc 83 172 Gc 87
83300 Flayosquet, le 83 172 Gc 87
16730 Fléac 16 123 Aa 75
17800 Fléac-sur-Seugne 17 123 Zc 75
72200 Flèche, la 72 84 Zf 62
62960 Fléchin 62 29 Cb 45
80240 Fléchin 80 40 Da 49
62145 Fléchinelle 62 29 Cb 45
13520 Fléchons, les 13 169 Ef 86
60120 Fléchy 60 38 Cb 51
49500 Flée 49 83 Za 62
72500 Flée 72 85 Ac 62
08200 Fleigneux 08 42 Ef 50
57635 Fleisheim 57 57 Ha 56
86300 Fleix 86 112 Ae 69
24130 Fleix, le 24 136 Ab 79
36700 Fléré-la-Rivière 36 100 Ba 66
61100 Flers 61 47 Zc 56
62270 Flers 62 29 Cb 47
80360 Flers 80 30 Ce 48
80160 Flers-sur-Noye 80 38 Cb 50
59267 Flesquières 59 30 Da 48
80260 Flesselles 80 29 Cb 49
57690 Flétrange 57 57 Gd 54
59270 Flêtre 59 30 Cd 44
58170 Fléty 58 104 Df 68
12800 Fleur, la 12 151 Cc 84
16200 Fleurac 16 123 Zf 74
24580 Fleurac 24 137 Ba 78
32500 Fleurance 32 149 Ad 85
86350 Fleuransan 86 112 Ad 71
23320 Fleurat 23 113 Be 71
37530 Fleuray 37 86 Ba 63
62840 Fleurbaix 62 30 Cf 45
61200 Fleuré 61 48 Zf 56
86340 Fleuré 86 112 Ad 70
21320 Fleurey 21 91 Ec 65
70160 Fleurey-lès-Faverney 70 93 Ga 62
70120 Fleurey-lès-Lavoncourt 70 93 Fe 63
70800 Fleurey-lès-Saint-Loup 70 93 Gb 61
21410 Fleurey-sur-Ouche 21 91 Ef 65
28190 Fleurfontaine 28 69 Bb 58
69820 Fleurie 69D 118 Ee 71
03140 Fleuriel 03 116 Db 71
74800 Fleuries, les 74 120 Gb 72
69210 Fleurieux-sur-L'Arbresle 69M 130 Ed 73
89260 Fleurigny 89 72 Dc 59
60700 Fleurines 60 51 Cd 53
35133 Fleurigné 35 66 Yf 58
71260 Fleurville 71 118 Ef 70
02600 Fleury 02 52 Da 53
11560 Fleury 11 167 Da 89
41500 Fleury 41 86 Bc 62
50800 Fleury 50 46 Ye 55
54800 Fleury 54 56 Ff 53
57420 Fleury 57 56 Gb 54
60240 Fleury 60 51 Bf 53
62134 Fleury 62 29 Cb 46
77540 Fleury 77 52 Cf 57
79110 Fleury 79 111 Ze 72
80160 Fleury 80 38 Ca 50
77930 Fleury-en-Bière 77 71 Cd 58
27480 Fleury-la-Forêt 27 37 Bd 52
71340 Fleury-la-Montagne 71 117 Ea 71
51480 Fleury-la-Rivière 51 53 Df 54
58110 Fleury-la-Tour 58 104 Dd 67
89113 Fleury-la-Vallée 89 89 Dc 61
45400 Fleury-les-Aubrais 45 87 Bf 61
91700 Fleury-Mérogis 91 51 Cc 57
55250 Fleury-sur-Aire 55 55 Fa 54
27380 Fleury-sur-Andelle 27 37 Bc 52
58240 Fleury-sur-Loire 58 103 Db 67
14123 Fleury-sur-Orne 14 35 Zd 54
01470 Flévieu 01 131 Fc 74
08250 Fléville 08 55 Ef 53
54710 Fléville-devant-Nancy 54 56 Gb 57
54150 Fléville-Lixières 54 56 Fe 53
57365 Flévy 57 56 Gb 53
78910 Flexanville 78 50 Be 55
67310 Flexbourg 67 60 Hc 57
71390 Fley 71 105 Ed 68
89800 Fleys 89 90 Df 62
58190 Flez 58 90 Dd 64
58210 Flez 58 89 Dc 64
58190 Flez-Cuzy 58 90 Dd 64
86460 Flier 86 112 Ad 72
08380 Fligny 08 41 Eb 49
38380 Flin 38 132 Fe 77
54122 Flin 54 77 Gd 58
59148 Flines-lez-Raches 59 30 Db 46
78790 Flins-Neuve-Église 78 50 Bd 55
78410 Flins-sur-Seine 78 50 Bf 55
27380 Flipou 27 37 Bb 53
54470 Flirey 54 56 Ff 55
80420 Flixecourt 80 38 Ca 48
08160 Flize 08 42 Ee 50
85300 Flocellière 85 96 Yb 67
85700 Flocellière, la 85 98 Za 68
57580 Flocourt 57 56 Gc 55
76260 Flocques 76 28 Bc 48
05300 Flogère, la 05 156 Fe 83
89360 Flogny-la-Chapelle 89 73 Df 61
08600 Flohimont 08 42 Ef 48
08200 Floing 08 42 Ef 50
12200 Floirac 12 151 Bf 83
17120 Floirac 17 122 Zb 76
46600 Floirac 46 138 Bd 79
47360 Floiras 47 149 Ad 83
28100 Flonville 28 50 Bc 56
33270 Florac 33 135 Zc 79
48600 Florac 48 141 De 80
48400 Florac Trois Rivières 48 153 Dd 83
57190 Florange 57 44 Ga 53
88130 Florémont 88 76 Gb 58
33380 Florence 33 134 Za 81
34510 Florensac 34 167 Dc 88
48600 Florensac 48 141 De 80
51800 Florent-en-Argonne 51 54 Ef 54
39320 Florentia 39 119 Fc 70
81150 Florentin 81 151 Ca 85
12140 Florentin-la-Capelle 12 139 Cd 81
46700 Floressas 46 150 Ba 82
83690 Florielle 83 172 Gc 87
33290 Florimond 33 135 Zc 79
90100 Florimont 90 94 Ha 63
24250 Florimont-Gaumier 24 137 Bb 80
64350 Floris 64 162 Zf 88
52130 Flornoy 52 74 Ef 57
38300 Flosaille 38 131 Fb 75
17630 Flotte, la 17 109 Ye 71
50690 Flottemanville-Hague 50 33 Yb 51
46090 Flottes 46 150 Bc 82
33190 Floudès 33 135 Zf 81
11800 Floure 11 166 Cc 89
72800 Flourière, la 72 84 Aa 62
59440 Floursies 59 31 Df 47
59219 Floyon 59 31 Df 48
73590 Flumet 73 133 Gd 74
02590 Fluquières 02 40 Da 50
01140 Fluriex 01 118 Ee 72
80540 Flury 80 38 Ca 49
58210 Fly 58 89 Dc 64
55400 Foameix-Ornel 55 55 Fd 53
20100 Foce CTC 184 Ka 99
20100 Foce di Bilia CTC 184 If 99
20212 Focicchia CTC 183 Kb 95
20100 Foci di Bila = Foce di Bilia CTC 184 If 99
18500 Foëcy 18 102 Ca 65
22800 Fœil, le 22 64 Xa 58
29252 Foën, le 29 62 Wb 57
63970 Fohet 63 128 Da 75
02140 Foigny 02 41 Df 49
22600 Foil-Marreuc 22 64 Xb 59
08600 Foisches 08 42 Ee 48
12260 Foissac 12 138 Ca 81
30700 Foissac 30 154 Eb 84
01340 Foissiat 01 118 Fb 70
21230 Foissy 21 105 Ed 66
89450 Foissy-lès-Vézelay 89 90 De 64
89190 Foissy-sur-Vanne 89 72 Dd 59
42260 Foix 42 117 Ea 73
09000 Foix 09 177 Bd 91
37150 Foix 37 86 Ba 65
23270 Folbeix 23 114 Ca 71
31290 Folcarde 31 165 Be 88
07140 Folcheran 07 154 Ea 82
20213 Folelli CTC 181 Kd 94
02670 Folembray 02 40 Db 51
68220 Folgensbourg 68 95 Hc 63
22200 Folgoat 22 63 Wf 57
29260 Folgoët, le 29 62 Vd 57
14710 Folie, la 14 34 Za 53
27220 Folie, la 27 50 Bb 55
52500 Folie, la 52 92 Fd 62
89160 Folie, la 89 90 Eb 62
28150 Folie-Herbault, la 28 70 Bd 59
80170 Folies 80 39 Ce 50
77140 Foljuif 77 71 Ce 59
57600 Folkling 57 57 Gf 54
78520 Follainville-Dennemont 78 50 Be 54
87250 Folles 87 113 Bc 72
41240 Folletière, la 41 86 Bc 61
76190 Folletière, la 76 36 Ae 51
14290 Folletière-Abenon, la 14 48 Ac 55
27190 Folleville 27 49 Af 54
27230 Folleville 27 49 Ad 54
56580 Folleville 56 64 Xb 60
80250 Folleville 80 39 Cc 50
50320 Folligny 50 46 Yd 56
76660 Folny 76 37 Bc 49
57200 Folpersviller 57 57 Ha 54
57730 Folschviller 57 57 Ge 54
87380 Fombelaux 87 125 Bc 75
19410 Fombiardes, les 19 125 Bc 76
24240 Fomboise 24 136 Ac 80
88390 Fomerey 88 76 Gc 59
79340 Fomperron 79 111 Zf 70
31140 Fonbeauzard 31 164 Bc 86
12190 Fonbillou 12 139 Cd 81
21260 Foncegrive 21 92 Fa 63
80700 Fonches 80 39 Ce 50
39520 Foncine-le-Bas 39 107 Ga 69
39460 Foncine-le-Haut 39 107 Ga 69
81430 Foncouvete 81 151 Cb 85
62111 Foncquevillers 62 29 Cd 48
12540 Fondamente 12 152 Da 85
38580 Fond-de-France, le 38 132 Ga 77
32810 Fond-du-Bois 32 163 Ad 86
33220 Fondefière 33 136 Ab 80
58500 Fondelin 58 89 Dc 64
37230 Fondettes 37 85 Ad 64
62140 Fondeval, le 62 28 Bf 47
37140 Fondis, les 37 84 Aa 65
70190 Fondremand 70 93 Ga 64
12150 Fonds, les 12 152 Da 82
86460 Fonfadour, la 86 112 Ad 72
58350 Fonfaye 58 89 Db 65
19170 Fonfreyde 19 126 Ca 75
18150 Fonfrin 18 103 Cf 67
24170 Fongalop 24 137 Af 80
47260 Fongrave 47 149 Ad 82
76280 Fonguesemare 76 36 Ab 50
24400 Fonmoure 24 136 Ac 78
82000 Fonneuve 82 150 Bc 84
24500 Fonroque 24 136 Ac 80
07200 Fons 07 142 Ec 81
30730 Fons 30 154 Eb 85
46100 Fons 46 138 Bf 81
31130 Fonsegrives 31 165 Bd 87
02110 Fonsommes 02 40 Dc 49
31470 Fonsorbes 31 164 Bb 87
87440 Fonsoumagne 87 124 Ae 74
30580 Fons-sur-Lussan 30 154 Eb 83
16270 Fontafie 16 124 Ad 73
38350 Fontagnieu 38 144 Ff 79
25660 Fontain 25 107 Ga 65
10200 Fontaine 10 74 Ee 59
24320 Fontaine 24 124 Ac 76
27320 Fontaine 27 50 Bb 56
28500 Fontaine 28 50 Bc 56
38600 Fontaine 38 131 Fe 77
45130 Fontaine 45 87 Dd 61
59330 Fontaine 59 31 Df 47
73460 Fontaine 73 132 Gb 75
77570 Fontaine 77 71 Ce 60
79190 Fontaine 79 111 Ab 72
83630 Fontaine 83 171 Ga 86
85560 Fontaine 85 109 Yd 70
86130 Fontaine 86 99 Ac 69
90150 Fontaine 90 94 Ha 62
50500 Fontaine, la 50 33 Ye 53
76400 Fontaine, la 76 37 Af 52
73600 Fontaine, Salins- 73 133 Gd 76
59550 Fontaine-au-Bois 59 31 Dd 48
51210 Fontaine-au-Bron 51 53 Dd 55
59157 Fontaine-au-Pire 59 30 Dc 48
27600 Fontaine-Bellenger 27 50 Bb 53
77300 Fontainebleau 77 71 Ce 58
60360 Fontaine-Bonneleau 60 38 Ca 51
39140 Fontainebrux 39 106 Fc 68
60300 Fontaine-Châalis 60 51 Ce 53
17510 Fontaine-Chalendray 17 111 Ze 73
32360 Fontaine-Chaude 32 148 Ac 86
53350 Fontaine-Couverte 53 83 Yf 61
51120 Fontaine-Denis-Nuisy 51 53 De 57
84800 Fontaine-de-Vaucluse 84 156 Fa 85
76440 Fontaine-en-Bray 76 37 Bc 50
51800 Fontaine-en-Dormois 51 54 Ee 53
14790 Fontaine-Etoupefour 14 35 Zd 54
77480 Fontaine-Fourches 77 72 Dc 58
21610 Fontaine-Française 21 92 Fc 63
49250 Fontaine-Guérin 49 84 Ze 64
14220 Fontaine-Halbout 14 47 Zd 55
14610 Fontaine-Henry 14 35 Zd 53
27490 Fontaine-Heudebourg 27 49 Bb 54
27470 Fontaine-L'Abbé 27 49 Ae 54
89100 Fontaine-la-Gaillarde 89 72 Dc 59
28190 Fontaine-la-Guyon 28 69 Bb 58
27230 Fontaine-la-Louvet 27 48 Ac 54
76290 Fontaine-la-Mallet 76 36 Aa 51
27550 Fontaine-la-Soret 27 49 Ae 54
60690 Fontaine-Lavaganne 60 38 Bf 51
76690 Fontaine-le-Bourg 76 37 Ba 51
86240 Fontaine-le-Comte 86 112 Ab 69
76740 Fontaine-le-Dun 76 37 Af 50
48400 Fontaine-le-Mazet 48 153 Dd 83
14190 Fontaine-le-Pin 14 47 Ze 55
77590 Fontaine-le-Port 77 71 Ce 58
61160 Fontaine-les-Bassets 61 48 Aa 55
62134 Fontaine-lès-Boulans 62 29 Cb 46
80340 Fontaine-lès-Cappy 80 39 Ce 49
02680 Fontaine-lès-Clercs 02 40 Db 50
25340 Fontaine-lès-Clerval 25 94 Gc 64
41800 Fontaine-les-Côteaux 41 85 Ae 62
62128 Fontaine-lès-Croisilles 62 30 Cf 47
21121 Fontaine-lès-Dijon 21 91 Fa 64
80140 Fontaine-le-Sec 80 38 Be 49
10280 Fontaine-les-Grès 10 73 Df 58
62550 Fontaine-lès-Hermans 62 29 Cc 45
70800 Fontaine-lès-Luxeuil 70 93 Gc 61
28170 Fontaine-les-Ribouts 28 50 Bb 57
02140 Fontaine-lès-Vervins 02 41 Df 49
62390 Fontaine-L'Etalon 62 29 Ca 47
10150 Fontaine-Luyères 10 73 Eb 58
10400 Fontaine-Mâcon 10 72 Dd 58
49140 Fontaine-Milon 49 84 Ze 63
02110 Fontaine-Notre-Dame 02 40 Dc 49
59400 Fontaine-Notre-Dame 59 30 Da 48
41270 Fontaine-Raoul 41 69 Ba 61
71150 Fontaines 71 105 Ec 67
89130 Fontaines 89 89 Db 62
89150 Fontaines 89 72 Da 59
85200 Fontaines, Doix lès 85 110 Zb 70
22170 Fontaines, les 22 64 Xa 57
50340 Fontaines, les 50 33 Yb 51
60480 Fontaine-Saint-Lucien 60 38 Ca 51
72330 Fontaine-Saint-Martin, la 72 84 Aa 62
21450 Fontaines-en-Duesmois 21 91 Ed 63
41250 Fontaines-en-Sologne 41 86 Bd 63
28240 Fontaine-Simon 28 69 Ba 57
21330 Fontaines-les-Sèches 21 90 Ec 62
27120 Fontaine-sous-Jouy 27 50 Bb 54
77560 Fontaine-sous-Montaiguillon 77 72 Dd 57
80500 Fontaine-sous-Montdidier 80 39 Cd 51
76160 Fontaine-sous-Préaux 76 37 Bb 52
55110 Fontaines-Saint-Clair 55 42 Fb 52
69270 Fontaines-Saint-Martin 69M 130 Ef 73
52170 Fontaines-sur-Marne 52 75 Fa 57
69270 Fontaines-sur-Saône 69M 130 Ef 73
51160 Fontaine-sur-Ay 51 53 Ea 54
51320 Fontaine-sur-Coole 51 54 Ec 56
80150 Fontaine-sur-Maye 80 28 Bf 47
02110 Fontaine-Uterte 02 40 Dc 49
74570 Fontaine-Vive 74 120 Gb 72
77370 Fontains 77 72 Da 57
06540 Fontan 06 159 Hd 84
34310 Fontanche 34 167 Cf 88
AD600 Fontaneda ◘ AND 177 Bc 94
12640 Fontaneilles 12 152 Da 83
15230 Fontanes 15 139 Cf 79
30250 Fontanès 30 154 Ea 86
34270 Fontanès 34 154 Df 86
42140 Fontanès 42 130 Ec 75
46230 Fontanes 46 150 Bc 83
48300 Fontanes, Naussac- 48 141 De 80
11140 Fontanès-de-Sault 11 178 Ca 92
46240 Fontanes-du-Causse 46 138 Bd 81
15140 Fontanges 15 139 Cd 78
21390 Fontangy 21 90 Ec 64
23110 Fontanières 23 115 Cd 72
05200 Fontaniers, les 05 145 Gc 81
38120 Fontanil-Cornillon 38 131 Fe 77
42600 Fontannes 42 129 Ea 75
43100 Fontannes 43 128 Dc 77
43320 Fontannes 43 141 De 78
43500 Fontannes 43 129 De 77
48700 Fontans 48 140 Dc 80
10110 Fontarce 10 74 Ed 60
30580 Fontarèches 30 154 Ec 84
47310 Fontarède 47 148 Ac 84
23110 Fontauble 23 115 Cc 72
17200 Fontbedeau 17 122 Za 74

81260 Fontbelle 81 166 Cc 87
36150 Fontbon 36 101 Be 66
07240 Fontbonne 07 142 Ed 79
81140 Fontbonne 81 150 Be 84
83320 Fontbrun 83 171 Ga 90
83630 Font-Castellan 83 171 Gb 86
43300 Fontchave 43 140 Dc 78
63970 Fontclairant 63 127 Cf 74
16230 Fontclaireau 16 111 Ab 73
63630 Fontcourbe 63 128 Dd 76
11700 Fontcouverte 11 166 Ce 89
17100 Fontcouverte 17 122 Zc 74
66300 Fontcouverte 66 179 Cd 93
73300 Fontcouverte 73 132 Gb 77
83149 Font-Couverte 83 171 Ff 88
26110 Font-de-Barrat 26 155 Fa 82
31160 Font-de-la-Vielle 31 176 Af 90
34150 Font-du-Griffe, la 34 167 Dc 86
76790 Fontelaye, la 76 37 Af 50
61420 Fontenai-les-Louvets 61 68 Zf 57
37370 Fontenaille 37 85 Ad 63
14400 Fontenailles 14 47 Zb 53
77370 Fontenailles 77 72 Cf 57
89480 Fontenailles 89 89 Dc 63
89560 Fontenailles 89 89 Dc 63
61200 Fontenai-sur-Orne 61 48 Zf 56
18330 Fontenay 18 87 Cb 65
27510 Fontenay 27 50 Bd 53
36150 Fontenay 36 101 Be 66
36400 Fontenay 36 102 Ca 69
50140 Fontenay 50 66 Yf 57
71120 Fontenay 71 117 Eb 70
76290 Fontenay 76 35 Ab 51
79100 Fontenay 79 98 Ze 67
88600 Fontenay 88 77 Gd 59
10400 Fontenay-de-Bossery 10 72 Dc 58
95190 Fontenay-en-Parisis 95 51 Cc 54
85200 Fontenay-le-Comte 85 110 Zb 70
78330 Fontenay-le-Fleury 78 51 Ca 56
14320 Fontenay-le-Marmion 14 47 Zd 54
14250 Fontenay-le-Pesnel 14 47 Zc 53
91640 Fontenay-lès-Briis 91 71 Ca 57
91540 Fontenay-le-Vicomte 91 71 Cc 57
78200 Fontenay-Mauvoisin 78 50 Bd 55
89800 Fontenay-près-Chablis 89 90 De 61
89450 Fontenay-près-Vézelay 89 90 De 64
78440 Fontenay-Saint-Père 78 50 Be 54
89660 Fontenay-sous-Fouronnes 89 89 Dd 63
28140 Fontenay-sur-Conie 28 70 Bd 60
28630 Fontenay-sur-Eure 28 70 Bc 58
45210 Fontenay-sur-Loing 45 71 Ce 60
50310 Fontenay-sur-Mer 50 34 Ye 52
72350 Fontenay-sur-Vègre 72 84 Ze 61
60380 Fontenay-Torcy 60 38 Be 51
77610 Fontenay-Trésigny 77 52 Cf 56
16300 Fonteneaux, les 16 123 Ze 76
77460 Fonte-Neilles 77 71 Ce 59
02170 Fontenelle 02 41 Df 48
08260 Fontenelle 08 41 Eb 49
16170 Fontenelle 16 123 Zf 74
21610 Fontenelle 21 92 Fc 63
24700 Fontenelle 24 135 Aa 78
89140 Fontenelle 89 72 Da 59
90340 Fontenelle 90 94 Gf 63
35560 Fontenelle, la 35 66 Yc 58
37530 Fontenelle, la 37 86 Af 64
41270 Fontenelle, la 41 69 Ba 60
02540 Fontenelle-en-Brie 02 53 Dc 55
25340 Fontenelle-Montby 25 93 Gc 64
25210 Fontenelles, les 25 108 Ge 65
88240 Fontenelles, les 88 76 Gb 61
14380 Fontenermont 14 46 Yf 56
17400 Fontenet 17 111 Zd 73
71430 Fontenette 71 117 Ea 69
16230 Fontenille 16 111 Aa 73
24480 Fontenille 24 137 Af 79
63320 Fontenille 63 128 Da 75
79110 Fontenille 79 111 Zf 72
89660 Fontenille 89 89 De 63
31470 Fontenilles 31 164 Bb 87
24550 Fontenilles-d'Aigueparse 24 137 Ba 81
70190 Fontenis, les 70 93 Ga 64
70210 Fontenois-la-Ville 70 93 Ga 61
70230 Fontenois-lès-Montbozon 70 93 Gb 64
25130 Fontenottes, les 25 108 Gd 66
89120 Fontenouilles 89 89 Da 61
02290 Fontenoy 02 40 Db 52
89520 Fontenoy 89 89 Db 63
54122 Fontenoy-la-Joûte 54 77 Gd 58
88240 Fontenoy-le-Château 88 76 Gb 61
54840 Fontenoy-sur-Moselle 54 56 Ff 56
39130 Fontenu 39 107 Fe 68
17190 Fonteny 39 107 Ff 67
57590 Fonteny 57 57 Gc 55
34320 Fontès 34 167 Dc 87
24510 Fontesteyenie 24 137 Af 79
33190 Fontet 33 135 Zf 81
71160 Fontête 71 117 De 69
10360 Fontette 10 74 Ed 60
21540 Fontette 21 91 Ee 64
19170 Fontevialle 19 126 Be 75
49590 Fontevraud-L'Abbaye 49 99 Aa 65
63122 Fontfreide 63 128 Da 74
05350 Fontgillarde 05 145 Gf 80
36220 Fontgombault 36 100 Af 68
36600 Fontguenand 36 101 Bd 66
04230 Fontienne 04 156 Fe 84
11310 Fontiers-Cabardès 11 166 Cb 88
30000 Fontilles, les 30 154 Ec 85
11360 Fontjoncouse 11 179 Ce 90
63710 Fontmarcel 63 128 Cf 75
19120 Fontmerle 19 138 Bf 79
86250 Fontmoran 86 112 Ac 71
86290 Fontmorond 86 113 Ba 70
42130 Fontobé 42 129 Ea 74
60650 Fontomettes, les 60 38 Bf 52
19190 Fontourcy 19 138 Be 78
57650 Fontoy 57 43 Ga 52
66360 Fontpédrouse 66 178 Cb 93
03160 Font-Picard, la 03 115 Cf 69
86300 Fontprévoir 86 112 Ae 69
66210 Fontrabiouse 66 178 Ca 93
65220 Fontrailles 65 163 Ac 88
81260 Fontrieu 81 166 Cd 87
66120 Font-Romeu 66 178 Bf 93
05100 Fonts, les 05 145 Ge 79
48500 Fonts, les 48 153 Db 82
17150 Fontsablouse 17 122 Zc 76
63210 Fontsalive 63 127 Cf 75
07250 Fonts-du-Pouzin, les 07 142 Ee 80
38740 Font-Turbat 38 144 Gb 79
10190 Fontvannes 10 73 Df 59
13990 Fontvieille 13 169 Ee 86
23300 Font-Vieillé 23 113 Bc 71
28210 Fonville 28 50 Bc 56
57600 Forbach 57 57 Gf 53
29430 Forban 29 62 Ve 56
83136 Forcalqueiret 83 171 Ga 88
04300 Forcalquier 04 156 Fe 85
53260 Forcé 53 67 Zb 60
11270 Force, la 11 165 Ca 89
24130 Force, la 24 136 Ac 79
54330 Forcelles-Saint-Gorgon 54 76 Ga 58
54930 Forcelles-sous-Gugney 54 76 Ga 58
32170 Forcets 32 163 Ab 88
80560 Forceville 80 29 Cd 48
80140 Forceville-en-Vimeu 80 38 Be 49
52700 Forcey 52 75 Fc 60
20259 Forcili CTC 180 If 93
20190 Forciolo CTC 184 Ka 97
74200 Forclaz, la 74 120 Gd 71
58330 Forcy 58 104 Dc 65
08220 Forest 08 41 Eb 51
04140 Forest, le 04 157 Gb 83
04200 Forest, le 04 157 Ff 84
05560 Forest, le 05 145 Gd 81
05700 Forest, le 05 144 Fe 82
56550 Forest, le 56 79 Wf 62
02590 Foreste 02 40 Da 50
62560 Forestel 62 29 Ca 45
59222 Forest-en-Cambrésis 59 31 Dd 48
87500 Foresterie, la 87 125 Ba 75
51120 Forestière, la 51 53 Dd 57
80150 Forest-L'Abbaye 80 28 Be 47
04250 Forest-Lacour 04 157 Ga 82
29800 Forest-Landerneau, la 29 62 Ve 58
80120 Forest-Montiers 80 28 Be 47
05260 Forest-Saint-Julien 05 144 Ga 81
59510 Forest-sur-Marque 59 30 Db 45
03420 Forêt, la 03 115 Cd 71
13104 Forêt, la 13 169 Ee 87
14330 Forêt, la 14 34 Yf 53
17460 Forêt, la 17 122 Zb 74
21290 Forêt, la 21 91 Ef 62
23400 Forêt, la 23 113 Bd 73
24380 Forêt, la 24 137 Ae 78
24590 Forêt, la 24 137 Bc 78
24700 Forêt, la 24 136 Aa 78
27180 Forêt, la 27 49 Af 54
33660 Forêt, la 33 135 Aa 78
36310 Forêt, la 36 113 Bb 70
49640 Forêt, la 49 84 Zd 62
53700 Forêt, la 53 67 Ze 59
54480 Forêt, la 54 77 Gf 57
58240 Forêt, la 58 89 Dc 64
63740 Forêt, la 63 127 Ce 74
71360 Forêt, la 71 105 Ed 67
83670 Forêt, la 83 171 Ff 87
88240 Forêt, la 88 76 Gb 60
61210 Forêt-Auvray, la 61 47 Zd 56
89310 Forêt-Bréault 89 90 Df 62
10130 Forêt-Chenu 10 73 Df 60
02510 Forêt d'Andigny 02 40 Dd 48
16240 Forêt-de-Tessé, la 16 111 Aa 72
27220 Forêt-du-Parc, la 27 50 Bb 55
23360 Forêt-du-Temple, la 23 114 Bf 70
29940 Forêt-Fouesnant, la 29 78 Wa 61
27510 Forêt-la-Folie 27 50 Bd 53
91410 Forêt-le-Roi, la 91 70 Ca 58
01340 Forêts, les 01 118 Fa 70
91150 Forêt-Sainte-Croix, la 91 71 Cb 58
79380 Forêt-sur-Sèvre, la 79 98 Zc 68
77165 Forfry 77 52 Cf 54
58160 Forge 58 103 Db 67
71220 Forge 71 117 Ec 69
09110 Forge, la 09 178 Bf 92
14350 Forge, la 14 47 Za 55
24580 Forge, la 24 137 Ba 78
44520 Forge, la 44 82 Yd 63
47700 Forge, la 47 148 Aa 83
87440 Forge, la 87 124 Ae 74
88530 Forge, la 88 77 Ge 60
24630 Forge-des-Feynières 24 125 Ba 75
88270 Forge-de-Thunimont, la 88 76 Gb 60
50680 Forge Fallot, la 50 34 Yf 53
87200 Forgeix 87 112 Ae 73
17290 Forges 17 110 Za 72
19380 Forges 19 138 Bf 78
49700 Forges 49 99 Ze 65
58310 Forges 58 89 Db 64
61250 Forges 61 68 Aa 58
08270 Forges, les 08 41 Ec 51
17430 Forges, les 17 110 Zb 73
21120 Forges, les 21 91 Fa 63
22460 Forges, les 22 64 Xb 59
23160 Forges, les 23 113 Bd 70
23230 Forges, les 23 114 Cb 71
23450 Forges, les 23 114 Be 70
40160 Forges, les 40 146 Za 83
42720 Forges, les 42 117 Ea 72
49370 Forges, les 49 83 Za 63
50480 Forges, les 50 33 Ye 52
50500 Forges, les 50 46 Yd 53
56120 Forges, les 56 64 Xc 60
76170 Forges, les 76 36 Ac 51
79340 Forges, les 79 111 Zf 69
88390 Forges, les 88 76 Gc 59
89160 Forges, les 89 90 Eb 62
35380 Forges-de-Paimpont, les 35 65 Xf 61
35640 Forges-la-Forêt 35 82 Ye 61
91470 Forges-les-Bains 91 51 Ca 57
76440 Forges-les-Eaux 76 37 Bd 51
55110 Forges-sur-Meuse 55 55 Fb 53
23220 Forgette, la 23 114 Bf 70
23160 Forgevielle 23 113 Bd 71
31370 Forgues 31 164 Ba 88
63600 Forie, la 63 129 De 75
63890 Forie, la 63 128 Dd 75
21460 Forléans 21 90 Eb 64
14340 Formentin 14 35 Aa 53
60220 Formerie 60 38 Be 51
14710 Formigny 14 47 Za 52
14710 Formigny La Bataille 14 47 Za 52
66210 Formiguères 66 178 Ca 93
74490 Fornets, les 74 120 Gd 71
79230 Fors 79 111 Zd 71
68320 Forschwihr 68 60 Hc 60
29460 Forsqully 29 62 Vf 58
67480 Forstfeld 67 59 Ia 55
67580 Forstheim 67 58 He 55
29710 Fort, le 29 78 Ve 60
77320 Fortail 77 52 Db 56
41360 Fortan 41 86 Af 61
31560 Fortanié 31 165 Bd 89
62162 Fort-Bâtard 62 27 Ca 43
56270 Fort-Bloqué, le 56 79 Wd 62
11330 Fort de Razouls 11 178 Cc 91
39150 Fort-du-Plasne 39 107 Ff 69
62270 Fortel-en-Artois 62 29 Cb 47
52150 Fortelle, la 52 75 Fc 59
17700 Fortenuzay 17 110 Zb 71
38590 Forteresse, la 38 131 Fc 77
67480 Fort-Louis 67 59 Ia 56
80120 Fort-Mahon-Plage 80 28 Bd 46
59430 Fort-Mardyck 59 27 Cb 42
27210 Fort-Moville 27 48 Ac 52
62370 Fort-Saint-Jean, le 62 27 Ca 43
15300 Fortuniez 15 127 Cf 77
62730 Fort-Vert, le 62 27 Bf 43
31440 Fos 31 176 Ae 91
34320 Fos 34 167 Db 87
46310 Fos 46 137 Bc 81
56120 Fossac 56 64 Xc 61
09130 Fossat, le 09 164 Bc 89
48800 Fossat, le 48 141 Df 81
08240 Fossé 08 42 Fa 52
41330 Fossé 41 86 Bb 63
58430 Fosse 58 104 Ea 66
66220 Fosse 66 178 Cc 92
30800 Fosse, la 30 169 Ec 87
53100 Fosse, la 53 67 Zb 59
62136 Fosse, la 62 29 Ce 45
72430 Fosse, la 72 84 Zf 61
85630 Fosse, la 85 96 Xe 67
88240 Fosse, la 88 76 Gb 61
76440 Fossé, le 76 38 Bd 51
08430 Fosse-à-L'Eau, la 08 41 Ed 50
49700 Fosse-Bellay 49 99 Ze 65
10100 Fosse-Corduan, la 10 73 Dd 58
41100 Fosse-Courtin, la 41 85 Ba 62
49540 Fosse-de-Tigné, la 49 98 Zd 65
24210 Fossemagne 24 137 Af 78
80160 Fossemanant 80 38 Cb 50
60620 Fosse-Martin 60 52 Cf 54
44170 Fossé-Neuf, le 44 82 Yb 63
85600 Fossé-Neuf, le 85 97 Ye 67
49150 Fosse-Porée 49 84 Zf 63
88100 Fosses 88 77 Gf 59
95470 Fosses 95 51 Cd 54
10360 Fosses, les 10 74 Ed 60
23700 Fosses, les 23 115 Cd 72
79360 Fosses, les 79 111 Zd 72
79800 Fosses, les 79 111 Zf 70
60530 Fosse-Saint-Clair, la 60 51 Cb 53
33190 Fossès-et-Baleyssac 33 135 Aa 81
08380 Fosses-Rousseaux 08 41 Eb 49
83980 Fossette, la 83 172 Gc 90
60540 Fosseuse 60 51 Cb 53
62810 Fosseux 62 29 Cd 47
57590 Fossieux 57 56 Gb 55
02650 Fossoy 02 53 Dc 54
89140 Fossoy 89 72 Da 59
13270 Fos-sur-Mer 13 170 Ef 88
50680 Fotelaie, la 50 34 Yf 53
41310 Fouasserie, la 41 85 Af 62
42400 Fouay 42 130 Ec 76
03230 Foubrac 03 116 Dc 69
89520 Foucards, les 89 89 Db 63
76340 Foucarmont 76 37 Bd 49
76640 Foucart 76 36 Ad 51
50480 Foucarville 50 34 Ye 52
80340 Foucaucourt-en-Santerre 80 39 Ce 49
80140 Foucaucourt-Hors-Nesle 80 38 Be 49
55250 Foucaucourt-sur-Thabas 55 55 Fa 54
16620 Foucaud 16 123 Aa 77
44670 Foucaudais, la 44 82 Ye 63
53160 Foucault 53 67 Zd 59
18240 Fouchards, les 18 88 Cf 64
70160 Fouchécourt 70 93 Ff 62
88320 Fouchécourt 88 76 Ff 60
25620 Foucherans 25 107 Ga 66
39100 Foucherans 39 106 Fc 66
10260 Fouchères 10 74 Eb 60
77171 Fouchères 77 72 Dc 57
55500 Fouchères-aux-Bois 55 55 Fb 57
45320 Foucherolles 45 72 Da 60
89150 Fouchères 89 72 Da 59
88650 Fouchifol 88 77 Ha 59
67220 Fouchy 67 60 Hb 59
27220 Foucrainville 27 50 Bb 55
03390 Foucrière, la 03 115 Cf 70
67130 Fouday 67 77 Hb 58
49124 Foudon 49 84 Zd 64
29170 Fouenant = Fouesnant 29 78 Vf 61
80440 Fouenchamps 80 39 Cc 50
70600 Fouent-le-Bas 70 92 Fe 63
70600 Fouent-Saint-Andoche 70 92 Fd 63
29170 Fouesnant 29 78 Vf 61
73540 Fouette, la 73 132 Gc 75
62130 Foufflin-Ricametz 62 29 Cc 46
54570 Foug 54 56 Fe 56
31160 Fougaron 31 176 Af 91
09300 Fougax-et-Barrineuf 09 178 Bf 91
50530 Fougeray, le 50 46 Yd 56
49150 Fougeré 49 84 Zf 63
85480 Fougeré 85 97 Ye 69
86160 Fougeré 86 112 Ab 71
73230 Fougère, la 73 132 Ga 75
33230 Fougereau 33 135 Aa 78
37290 Fougereau 37 100 Ba 67
19560 Fougères 19 126 Bd 77
35300 Fougères = Felger 35 66 Ye 58
41120 Fougères-sur-Bièvres 41 86 Bc 64
56200 Fougerêts, les 56 81 Xe 62
79150 Fougereuse, la 79 98 Zd 66
17380 Fougerolle 17 110 Zb 73
36170 Fougerolles 36 113 Bb 70
36230 Fougerolles 36 114 Bf 69
37140 Fougerolles 37 84 Ab 65
70220 Fougerolles 70 93 Gc 61
70220 Fougerolles-le-Château 70 93 Gc 61
89520 Fougilet 89 89 Dc 63
33220 Fougueyrolles 33 136 Ab 79
12270 Fouillade, la 12 151 Ca 83
88490 Fouillaupré 88 77 Hb 59
36500 Fouillereau 36 101 Bd 67
05130 Fouillouse 05 144 Ga 82
26300 Fouillouse 26 143 Fb 79
42480 Fouillouse, la 42 129 Eb 75
86370 Fouilloux 86 111 Ab 70
16140 Fouilloux, le 16 123 Aa 73
17270 Fouilloux, le 17 123 Zf 77
04530 Fouillouze 04 145 Ge 81
80800 Fouilloy 80 39 Cc 49
60220 Fouilly 60 38 Be 50
77390 Foujou 77 72 Ce 57
52800 Foulain 52 75 Fb 60
15130 Foulan 15 139 Cc 79
60250 Foulanges 60 51 Cb 53
47370 Foulanou 47 149 Af 82
47510 Foulayronnes 47 149 Ad 83
27210 Foulbec 27 36 Ac 52
57830 Foulcrey 57 57 Gf 57
24380 Fouleix 24 136 Ae 79
39230 Foulenay 39 106 Fc 67
57220 Fouligny 57 57 Gd 54
15400 Foulioux 15 139 Cd 77
60190 Foullieuse 60 39 Cd 52
14240 Foulognes 14 34 Zb 54
36200 Foulon 36 101 Bd 69
50680 Foulons, les 50 34 Yf 53
30750 Foulquarie, la 30 153 Db 84
87190 Foulventour 87 113 Bb 71
08260 Foulzy 08 41 Ec 49
43430 Foumourette 43 141 Eb 78
16410 Fouquebrune 16 124 Ab 75
62232 Fouquereuil 62 29 Cd 45
60510 Fouquerolles 60 38 Cb 52
80170 Fouquescourt 80 39 Ce 50
16140 Fouqueure 16 111 Aa 73
27370 Fouqueville 27 49 Af 53
62640 Fouquières 62 30 Cf 46
62232 Fouquières-les-Béthune 62 29 Cd 45
14540 Four 14 35 Ze 54
38080 Four 38 131 Fb 75
43290 Four 43 142 Eb 78
36370 Four, le 36 113 Bb 70
31550 Fourane, la 31 164 Bc 89
17450 Fouras 17 110 Yf 73
35800 Fourberie, la 35 65 Xf 57
47400 Fourbihan 44 81 Xd 64
32250 Fourcès 32 148 Ab 85
58600 Fourchambault 58 103 Da 66
71120 Fourche, la 71 117 Ec 70
14620 Fourches 14 48 Zf 55
36130 Fourches 36 101 Be 68
66300 Fourches 66 179 Ce 93
63940 Fourcheval 63 129 De 76
89400 Fourchotte, la 89 72 Dc 60
80290 Fourcigny 80 38 Be 50
62380 Fourdebecques 62 29 Ca 44
02870 Fourdrain 02 40 Dc 51
80310 Fourdrinoy 80 38 Ca 49
07290 Fourel 07 142 Ed 78
32600 Fourès 32 164 Ba 87
25440 Fourg 25 107 Fe 66
27630 Fourges 27 50 Bd 54
63420 Fourges 63 128 Da 76
25300 Fourgs, les 25 108 Gc 67
37400 Fourille, la 34 167 Db 86
03140 Fourilles 03 116 Db 71
03140 Fourillette 03 116 Da 71
46100 Fourmagnac 46 138 Bf 81
59440 Fourmanoir 59 31 Df 48
27500 Fourmetot 27 36 Ad 52
59610 Fourmies 59 41 Ea 48
33250 Fournas 33 122 Zb 77
89320 Fournaudin 89 73 Dd 60
17250 Fourne 17 122 Zb 74
23200 Fourneaux 23 114 Ca 72
42470 Fourneaux 42 117 Eb 73
45380 Fourneaux 45 87 Be 61
50420 Fourneaux 50 46 Yf 55
73500 Fourneaux 73 145 Gd 77
89210 Fourneaux 89 73 Dd 60
45210 Fourneaux, les 45 72 Cf 60
14700 Fourneaux-le-Val 14 48 Ze 55
48310 Fournels 48 140 Da 80
41310 Fournerie, la 41 85 Af 63
11380 Fournès 11 166 Cc 88
30210 Fournès 30 155 Ed 85
11600 Fournes-Cabardès 11 166 Cc 88
59134 Fournes-en-Weppes 59 30 Cf 45
73230 Fournet 73 132 Ff 75
87120 Fournet, le 87 126 Bf 74
25140 Fournet-Blancheroche 25 108 Ge 65
25390 Fournets, les 25 108 Gd 66
46230 Fournets, les 46 150 Bd 82
25390 Fournets-Luisans 25 108 Gd 66
14600 Fourneville 14 36 Ab 52
81210 Fournials, les 81 165 Cb 86
12200 Fourniès 12 151 Ca 82
36220 Fournioux 36 100 Af 68
60130 Fournival 60 39 Cc 52
19170 Fournol 19 126 Ca 75
63980 Fournols 63 128 Dd 75
15600 Fournoulès, St.-Constant 15 139 Cb 80
89560 Fouronnes 89 89 Dd 63
30300 Fourques 30 169 Ed 86
43340 Fourques 43 141 Df 79
47200 Fourques-sur-Garonne 47 148 Aa 82
82400 Fourquet 82 149 Af 83
78112 Fourqueux 78 51 Ca 55
31450 Fourquevaux 31 165 Bd 87
63690 Fourroux 63 127 Cd 75
33390 Fours 33 134 Zc 77
58250 Fours 58 104 De 68
27630 Fours-en-Vexin 27 50 Bd 53
11190 Fourtou 11 178 Cc 91
34800 Fouscais 34 167 Dc 87
85240 Foussais-Payré 85 110 Zb 69
30700 Foussargues 30 154 Eb 84
90150 Foussemagne 90 94 Ha 63
31430 Fousseret, le 31 164 Ba 89
16200 Foussignac 16 123 Zf 74
04120 Foux, la 04 158 Ge 86
83310 Foux, la 83 172 Gd 89
83390 Foux, la 83 171 Ga 89
04260 Foux-d'Allos, la 04 158 Gd 83
44520 Fouy, le 44 82 Yd 63
34480 Fouzilhon 34 167 Db 87
57420 Foville 57 56 Gb 55
83670 Fox-Amphoux 83 171 Ga 87
49560 Foye 49 98 Zd 66
17240 Foye, la 17 122 Zb 76
36150 Foye, la 36 101 Bf 66
79200 Foye, la 79 98 Ze 69
79360 Foye-Monjault, la 79 110 Zc 71
50260 Foyer, le 50 33 Yc 52
56660 Foz, le 56 80 Xb 61
34700 Fozières 34 167 Dc 86
20116 Fozzaninco CTC 183 Ka 98
20143 Fozzano CTC 184 Ka 98
20116 Fozzinacu = Fozzaninco CTC 183 Ka 98
19310 Frabet 19 125 Bb 77
89160 Frace 89 90 Eb 62
05100 Fraches, les 05 145 Ge 79
74130 Frachets, les 74 120 Gc 72
17270 Fradon 17 123 Ze 77
89520 Fragnes, les 89 89 Db 63
71530 Fragnes-La Loyère 71 106 Ef 67
58370 Fragny 58 104 Df 67
71400 Fragny 71 105 Eb 67
71330 Fragny-en-Bresse 71 106 Fc 68
70400 Frahier-et-Chatebier 70 94 Ge 63
24400 Fraicherode 24 136 Ab 78
85110 Fraigne 85 97 Yf 68
85200 Fraigneau 85 110 Za 70
21580 Fraignot-et-Vesvrotte 21 91 Ef 63
08220 Fraillicourt 08 41 Ea 50
54300 Fraimbois 54 77 Gd 57
88320 Frain 88 76 Ff 60
33860 Fraineau 33 123 Zc 77
28360 Frainville 28 70 Bd 58
88700 Fraipertuis 88 77 Ge 59
90150 Frais 90 94 Gf 63
23480 Frais, le 23 114 Ca 72
39700 Fraisans 39 107 Fe 66
59500 Frais-Marais 59 30 Da 46
54930 Fraisnes-en-Saintois 54 76 Ga 58
15270 Fraisse 15 127 Cd 76
24130 Fraisse 24 136 Ab 79
43500 Fraisse 43 129 Df 77
47360 Fraisse 47 149 Ad 83
81530 Fraisse 81 152 Cd 86
12290 Fraisse, la 12 152 Ce 83
12350 Fraisse, la 12 151 Ca 82
43170 Fraisse, la 43 140 Dd 79
63980 Fraisse, le 63 128 Dd 75
11600 Fraisse-Cabardès 11 166 Cb 89
11360 Fraissé-des-Corbières 11 179 Cf 91
63880 Fraisses 63 128 Dd 75
38650 Fraisses, les 38 143 Fd 79
34330 Fraisse-sur-Agout 34 166 Ce 87
81340 Fraissines 81 152 Cc 85
12130 Fraissinet 12 152 Da 82
15100 Fraissinet 15 140 Da 78
48100 Fraissinet 48 140 Db 81
48140 Fraissinet-Chazalais 48 140 Dc 79
48400 Fraissinet-de-Fourques 48 153 Dd 83
48220 Fraissinet-de-Lozère 48 153 De 82
48210 Fraissinet-de-Poujols 48 153 Dc 83
12290 Fraissinhes 12 152 Cd 83
48310 Fraissinoux 48 140 Da 80
15700 Fraissy 15 139 Cb 78
88230 Fraize 88 77 Gf 59
10110 Fralignes 10 74 Ec 60
28250 Framboisière, la 28 69 Ba 57
25140 Frambouhans 25 108 Ge 65
25300 Frambourg, le 25 108 Gc 67
62130 Framecourt 62 29 Cb 47
80131 Framerville-Rainecourt 80 39 Ce 49
80140 Framicourt 80 38 Be 49
70600 Framont 70 92 Fd 63
52220 Frampas 52 74 Ee 57
62179 Framzelle 62 26 Bd 43
57670 Francaltroff 57 57 Ge 55
20236 Francardo CTC 183 Kb 94
20236 Francardu = Francardo CTC 183 Kb 94
31460 Francarville 31 165 Be 87
60480 Francastel 60 38 Ca 51
41190 Françay 41 86 Ba 63
31100 Francazal 31 164 Bc 87
31260 Francazal 31 176 Af 90
47600 Francescas 47 148 Ac 84
44440 Franchaud 44 82 Yc 64
01090 Francheleins 01 118 Ee 72
03160 Franchesse 03 103 Da 69

08140 Francheval 08 42 Fa 50
70200 Franchevelle 70 94 Gc 62
18220 Francheville 18 103 Ce 68
21440 Francheville 21 91 Ef 64
27160 Francheville 27 49 Af 56
27220 Francheville 27 49 Bb 55
39230 Francheville 39 106 Fd 67
51240 Francheville 51 54 Ed 55
54200 Francheville 54 56 Ff 56
61570 Francheville 61 48 Zf 57
69340 Francheville 69M 130 Ee 74
08000 Francheville, la 08 42 Ee 50
29810 Franchise, la 29 61 Vb 58
60190 Francières 60 39 Ce 52
80690 Francières 80 28 Df 48
36110 Francillon 36 101 Bd 67
26400 Francillon-sur-Roubion 26 143 Fa 81
02760 Francilly-Selency 02 40 Db 49
73800 Francin 73 132 Ga 75
15230 Francio, la 15 139 Ce 79
74910 Franclens 74 119 Fe 72
79260 François 79 111 Zd 70
31420 Francon 31 164 Af 89
15380 Franconeche 15 139 Cd 78
54830 Franconville 54 77 Gc 58
95130 Franconville 95 51 Cb 54
46090 Francoulès 46 138 Bc 81
47290 Francoulon 47 136 Ad 82
70180 Francourt 70 92 Fe 63
28700 Francourville 28 70 Bd 58
33570 Francs 33 135 Zf 79
23800 Francs, les 23 114 Be 71
37150 Francueil 37 86 Ba 65
85300 Frandière 85 96 Ya 67
85630 Frandière, la 85 96 Xf 67
25170 Franey 25 93 Fe 65
74270 Frangy 74 120 Ff 72
68130 Franken 68 95 Hc 63
80210 Franleu 80 28 Bd 48
25770 Franois 25 107 Ff 65
88200 Franould 88 77 Gd 60
30640 Franquevau 30 169 Ec 87
31210 Franquevielle 31 163 Ad 90
02140 Franqueville 02 40 De 50
27800 Franqueville 27 49 Ae 53
80620 Franqueville 80 29 Ca 48
76520 Franqueville-Saint-Pierre 76 37 Bb 52
11370 Franqui, la 11 179 Da 91
01480 Frans 01 118 Ee 73
28120 Fransache 28 69 Bb 59
80700 Fransart 80 39 Ce 50
23480 Fransèches 23 114 Ca 72
80620 Fransu 80 29 Ca 48
80160 Fransures 80 38 Cb 50
80800 Franvillers 80 39 Cd 49
21170 Franxault 21 106 Fb 66
88490 Frapelle 88 77 Ha 59
33230 Frappier, le 33 135 Aa 78
57790 Fraquelfing 57 57 Gf 57
15600 Fraquier 15 139 Cb 80
39250 Fraroz 39 107 Ga 68
58270 Frasnay-Reugny 58 104 Dd 67
25560 Frasne 25 107 Ga 67
39290 Frasne 39 106 Fd 65
39130 Frasnée, la 39 119 Fe 69
70700 Frasne-le-Château 70 93 Ff 64
39130 Frasnois, le 39 107 Ff 69
59530 Frasnoy 59 31 De 47
74300 Frasse, la 74 120 Gd 72
20157 Frasseto CTC 182 Ka 97
20121 Frassetu CTC 182 If 96
20270 Frassiccia CTC 183 Kc 96
20230 Fratta CTC 183 Kd 95
57200 Frauenberg 57 57 Ha 54
81170 Frausseilles 81 151 Bf 84
10200 Fravaux 10 74 Ed 59
33125 Frayot, le 33 134 Zb 81
52130 Frays 52 75 Fa 58
12600 Fraysse 12 139 Cd 80
81430 Fraysse 81 151 Cc 85
12370 Fraysse, le 12 152 Ce 86
12410 Fraysse, le 12 152 Ce 83
19380 Fraysse, le 19 138 Bf 77
19430 Fraysse, le 19 138 Ca 78
26230 Fraysse, le 26 142 Ef 82
43260 Fraysse, le 43 141 Ea 78
15800 Fraysse-Haut 15 139 Cd 79
12130 Frayssinède, la 12 140 Da 81
46310 Frayssinet 46 138 Bc 81
12230 Frayssinet-Bas, le 12 153 Db 85
46250 Frayssinet-le-Gélat 46 137 Ba 81
46400 Frayssinhes 46 138 Bf 79
04250 Frayssinie, la 04 157 Ga 82
28160 Frazé 28 69 Ba 59
76660 Fréauville 76 37 Bc 50
88630 Frebécourt 88 75 Fe 58
39570 Frébuans 39 106 Fc 69
40190 Frêche, le 40 147 Ze 85
65220 Fréchède 65 163 Ab 88
80260 Fréchencourt 80 39 Cc 49
65130 Fréchendets 65 163 Ab 90
31360 Fréchet, le 31 164 Af 89
57480 Freching 57 44 Gc 52
47600 Fréchou 47 148 Ab 84
65190 Fréchou-Fréchet 65 163 Aa 89
67130 Fréconrupt 67 77 Hb 58
52360 Frécourt 52 75 Fc 61
57530 Frécourt 57 56 Gc 54
28140 Frécul 28 70 Be 60
65170 Frédançon 65 175 Ab 92
70200 Frédéric-Fontaine 70 94 Gd 63
23700 Frédeval 23 115 Cd 73
36180 Frédille 36 101 Bc 66
87620 Fregefont 87 125 Ba 74
81300 Frégère, la 81 151 Ca 86
28480 Fregigny 28 69 Af 58
47360 Frégimont 47 148 Ac 83
32490 Frégouville 32 164 Af 87
22240 Fréhel 22 64 Xd 57
49440 Freigné 49 83 Yf 63
56800 Freique, le 56 64 Xd 61
05310 Freissinières 05 145 Gd 80
05000 Freissinouse, la 05 144 Ga 81
57320 Freistroff 57 57 Gc 53
15310 Freix-Anglards 15 139 Cc 78
81000 Fréjairolles 81 151 Cb 85
81570 Fréjeville 81 165 Ca 87
05240 Fréjus 05 145 Gd 79
83600 Fréjus 83 172 Ge 88
68240 Fréland 68 77 Hb 59
85170 Frelandière, la 85 97 Yd 68
59236 Frelinghien 59 30 Cf 44
41120 Frelonnière, la 41 86 Bb 64
95450 Frémainville 95 50 Bf 54
95830 Frémécourt 95 51 Ca 54
55200 Fréméréville-sous-les-Côtes 55 55 Fd 56
57590 Frémery 57 57 Gc 55
57660 Frémestroff 57 57 Ge 54
62450 Frémicourt 62 30 Cf 48
88600 Fremifontaine-la-Basse 88 77 Ge 59
80260 Frémont 80 38 Cb 49
80160 Frémontiers 80 38 Ca 50
54450 Frémonville 54 77 Gf 57
76170 Frenaye, la 76 36 Ad 51
76680 Frénaye, la 76 37 Bb 50
76750 Frénaye, la 76 37 Bc 51
62630 Frencq 62 28 Be 45
72510 Frêne, le 72 84 Aa 62
33820 Fréneau 33 122 Zb 77
17160 Fréneau 17 123 Ze 73
61500 Fréneaux 61 48 Ab 57
79250 Frêne-Chabot, le 79 98 Zc 67
88500 Frenelle-la-Grande 88 76 Ga 58
88500 Frenelle-la-Petite 88 76 Ga 58
61800 Frênes 61 47 Zb 56
76410 Freneuse 76 37 Ba 53
78840 Freneuse 78 50 Bd 54
27290 Freneuse-sur-Risle 27 49 Ae 53
73500 Freney, le 73 133 Gd 77
38142 Freney-d'Oisans, le 38 144 Ga 78
60640 Fréniches 60 39 Da 50
08200 Frénois 08 42 Ef 50
21120 Frénois 21 91 Ef 63
88270 Frénois 88 76 Ga 59
14630 Frénouville 14 35 Ze 54
95740 Frépillon 95 51 Cb 54
15170 Frerissinet 15 140 Cf 78
76270 Fresles 76 37 Bc 50
28220 Freslonnière, la 28 69 Ba 60
61230 Fresnaie-Fayel, la 61 48 Ab 55
35111 Fresnais, la 35 65 Ya 57
10200 Fresnay 10 74 Ee 59
51230 Fresnay 51 53 Df 57
27480 Fresnay, le 27 37 Bc 52
61210 Fresnaye-au-Sauvage, la 61 48 Ze 56
44580 Fresnay-en-Retz 44 96 Ya 66
72600 Fresnaye-sur-Chédouet, la 72 68 Ab 58
28360 Fresnay-le-Comte 28 70 Bc 59
28300 Fresnay-le-Gilmert 28 70 Bc 57
76850 Fresnay-le-Long 76 37 Ba 51
61120 Fresnay-le-Samson 61 48 Ab 55
45300 Fresnay-les-Chaumes 45 71 Cb 59
28310 Fresnay-L'Evêque 28 70 Be 59
72130 Fresnay-sur-Sarthe 72 68 Aa 59
45300 Fresne 45 71 Cb 59
80120 Fresne 80 28 Be 46
27190 Fresne, le 27 49 Af 55
51240 Fresne, le 51 54 Ed 55
76260 Fresne, le 76 37 Bc 48
60240 Fresneaux-Montchevreuil 60 51 Ca 53
14480 Fresne-Camilly, le 14 35 Zd 53
27260 Fresne-Cauverville 27 48 Ac 53
14700 Fresné-la-Mère 14 48 Zf 55
27700 Fresne-l'Archevêque 27 50 Bc 53
60240 Fresne-Léguillon 60 51 Bf 53
76520 Fresne-le-Plan 76 37 Bb 52
50850 Fresne-Poret, le 50 47 Zb 56
02380 Fresnes 02 40 Dc 51
21500 Fresnes 21 91 Ec 63
41700 Fresnes 41 86 Bc 64
89310 Fresnes 89 90 Df 62
94260 Fresnes 94 51 Cb 56
70130 Fresne-Saint-Mamès 70 93 Ff 63
55260 Fresnes-au-Mont 55 55 Fc 55
57170 Fresnes-en-Saulnois 57 56 Gc 55
02130 Fresnes-en-Tardenois 02 53 Dd 54
55160 Fresnes-en-Woëvre 55 55 Fd 54
62490 Fresnes-lès-Montauban 62 30 Cf 46
51110 Fresnes-lès-Reims 51 53 Ea 52
80320 Fresnes-Mazancourt 80 39 Cf 49
52400 Fresnes-sur-Apance 52 76 Ff 61
59970 Fresnes-sur-Escaut 59 31 Dd 46
77410 Fresnes-sur-Marne 77 52 Ce 55
80140 Fresnes-Tilloloy 80 38 Be 49
49123 Fresne-sur-Loire, Ingrandes-, le 49 83 Za 64
80140 Fresneville 80 38 Be 49
27220 Fresney 27 50 Bb 55
14680 Fresney-le-Puceux 14 47 Zd 54
14220 Fresney-le-Vieux 14 47 Zd 54
62150 Fresnicourt 62 29 Cd 46
60310 Fresnières 60 39 Ce 51
55600 Fresnois 55 43 Fc 51
54260 Fresnois-la-Montagne 54 43 Fd 52
62770 Fresnoy 62 29 Ca 46
80140 Fresnoy 80 38 Be 49
80290 Fresnoy-au-Val 80 38 Ca 49
52400 Fresnoy-en-Bassigny 52 75 Fd 60
80110 Fresnoy-en-Chaussée 80 39 Cd 50
62580 Fresnoy-en-Gohelle 62 30 Cf 46
60530 Fresnoy-en-Thelle 60 51 Cb 53
76660 Fresnoy-Folny 76 37 Bc 49
10270 Fresnoy-le-Château 10 73 Eb 59
02230 Fresnoy-le-Grand 02 40 Dc 49
60800 Fresnoy-le-Luat 60 52 Ce 53
02100 Fresnoy-le-Petit 02 40 Db 49
80700 Fresnoy-lès-Roye 80 39 Ce 50
46260 Frespech 46 151 Bf 82
47140 Frespech 47 149 Ae 83
76270 Fresques 76 37 Bc 50
76570 Fresquiennes 76 37 Ba 51
30170 Fressac 30 154 Df 85
59234 Fressain 59 30 Db 47
02800 Fressancourt 02 40 Dc 51
15380 Fressange 15 127 Cc 77
15260 Fressanges 15 140 Cf 79
43320 Fressanges 43 141 Dd 78
70270 Fresse 70 94 Gd 62
23130 Fresse, la 23 114 Cb 72
23450 Fresselines 23 113 Be 70
23130 Fressenède 23 114 Cb 72
80390 Fresseneville 80 28 Bd 48
88160 Fresse-sur-Moselle 88 94 Ge 61
59268 Fressies 59 30 Db 47
62140 Fressin 62 29 Ca 46
79370 Fressines 79 111 Ze 71
42440 Fressinie, la 42 129 De 74
42380 Fressonnet 42 129 Ea 76
60420 Frestoy, le 60 39 Cd 51
50310 Fresville 50 34 Yd 52
29160 Fret, le 29 61 Vc 59
37600 Fretay 37 100 Af 66
91140 Fretay 91 51 Cb 56
23270 Freteix 23 114 Ca 70
63380 Freteix 63 115 Cd 73
73250 Fréterive 73 132 Gb 75
41160 Fréteval 41 86 Bb 61
62185 Fréthun 62 27 Be 43
70130 Fretigney-et-Velloreille 70 93 Ff 64
59710 Fretin Ennevelin 59 30 Da 45
60380 Frétoy 60 38 Bf 51
77320 Frétoy 77 52 Db 56
60640 Frétoy-le-Château 60 39 Cf 51
71440 Frette 71 106 Fa 69
38260 Frette, la 38 131 Fc 76
80140 Frettecuisse 80 38 Be 49
80220 Frettemeule 80 38 Bd 48
71270 Fretterans 71 106 Fb 67
70600 Frettes 70 92 Fd 62
95530 Frette-sur-Seine, la 95 51 Cb 55
27430 Fretteville 27 50 Bb 53
08290 Fréty, le 08 41 Eb 50
76510 Freulleville 76 37 Bb 50
62270 Frévent 62 29 Cb 47
27170 Fréville 27 49 Ae 54
76190 Fréville 76 37 Ae 51
88350 Fréville 88 75 Fd 59
45270 Fréville-du-Gâtinais 45 71 Cc 60
62127 Frévillers 62 29 Cd 46
57660 Freybouse 57 57 Ge 54
43170 Freycenet 43 141 Dd 79
43190 Freycenet 43 142 Eb 78
43200 Freycenet 43 141 Eb 78
43340 Freycenet 43 141 De 80
43420 Freycenet 43 141 Df 80
43150 Freycenet-la-Cuche 43 141 Ea 79
43150 Freycenet-la-Tour 43 141 Ea 79
09300 Freychenet 09 177 Be 91
63710 Freydefond 63 128 Cf 75
07190 Freydier, le 07 142 Ec 80
19320 Freygnac 19 138 Bf 78
57800 Freyming-Merlebach 57 57 Ge 54
48320 Freysinel, le 48 153 Dc 82
19390 Freysselines 19 126 Bf 76
07000 Freyssenet 07 142 Ed 80
07600 Freyssenet 07 142 Eb 80
19250 Freyte 19 126 Cb 75
09400 Freyte, la 09 177 Bc 91
81440 Frezouls 81 166 Ca 86
28240 Friaize 28 69 Ba 58
25160 Friard 25 108 Gb 67
14290 Friardel, La Vespière- 14 48 Ac 54
80460 Friaucourt 80 28 Bc 48
87250 Friaudour 87 113 Bb 72
54800 Friauville 54 56 Ff 54
57810 Fribourg 57 57 Gf 56
73350 Friburge 73 133 Ge 76
80290 Fricamps 80 38 Bf 50
79360 Fricaudière, la 79 110 Zd 72
17250 Frichebois 17 122 Zb 73
76690 Frichemesnil 76 37 Ba 51
80300 Fricourt 80 29 Ce 49
15110 Fridefont 15 140 Da 79
67490 Friedolsheim 67 58 Hc 56
59750 Friegnies 59 31 Df 47
13460 Friélouse 13 169 Ed 87
02700 Frières-Faillouël 02 40 Db 50
68580 Friesen 68 95 Ha 63
67860 Friesenheim 67 60 He 59
51300 Frignicourt 51 54 Ed 56
30630 Frigoulet 30 154 Ec 83
28140 Frileuse, la 28 70 Bd 60
50800 Friloux, le 50 46 Ye 56
18390 Fringale 18 102 Cd 66
77640 Fringale, la 77 52 Da 55
31660 Friques, les 31 150 Bd 86
80132 Frireulle 80 28 Bd 48
80340 Frise 80 39 Ce 49
88260 Frison, la 88 76 Ga 60
43160 Frissonnet 43 128 Dd 77
36310 Frissonnette, la 36 113 Bb 70
50340 Fritot 50 33 Yb 52
80130 Friville-Escarbotin 80 28 Bd 48
88440 Frizon 88 76 Gc 59
76400 Froberville 76 36 Ab 50
60000 Frocourt 60 38 Ca 52
68720 Frœningen 68 95 Hb 62
67360 Frœschwiller 67 58 He 55
38190 Froges 38 132 Ff 77
80370 Frohen-le-Grand 80 29 Cb 47
80370 Frohen-le-Petit 80 29 Cb 47
67290 Frohmuhl 67 58 Hb 55
70300 Froideconche 70 93 Gc 62
39250 Froidefontaine 39 107 Ga 68
90140 Froidefontaine 90 94 Gf 63
50760 Froide-Rue, la 50 34 Ye 51
02260 Froidestrées 02 41 Df 49
70200 Froideterre 70 94 Gd 62
25190 Froidevaux 25 94 Ge 65
22410 Froideville, la 22 64 Xa 57
39230 Froideville, Vincent- 39 106 Fc 68
85300 Froidfond 85 96 Yb 67
53170 Froid-Fonds 53 66 Zc 61
60930 Froidmont 60 38 Cb 52
02270 Froidmont-Cohartille 02 40 De 50
55120 Froidos 55 55 Fa 54
48700 Froid-Viala 48 140 Dc 81
80120 Froise 80 28 Bd 47
21150 Frôlois 21 91 Ed 63
54160 Frolois 54 76 Ga 57
26470 Fromagère, la 26 156 Fc 82
49670 Fromagère, la 49 98 Zc 65
08600 Fromelennes, Rancennes 08 42 Ee 48
59249 Fromelles 59 30 Cf 45
87250 Fromental 87 113 Bc 72
12510 Fromentals 12 151 Cc 82
61210 Fromentel 61 47 Ze 56
62850 Fromentel 62 28 Bf 44
51210 Fromentières 51 53 De 55
53200 Fromentières 53 83 Zc 61
85550 Fromentine 85 96 Xf 67
55100 Fromeréville-les-Vallons 55 55 Fb 54
55400 Fromezey 55 55 Fd 53
77760 Fromont 77 71 Cd 59
08370 Fromy 08 42 Fb 51
52320 Froncles 52 75 Fa 59
70130 Frondey, les 70 93 Ff 64
67680 Fronholtz 67 60 Hc 58
12600 Frons 12 139 Ce 79
12800 Frons 12 151 Cc 83
31440 Fronsac 31 176 Ad 91
33126 Fronsac 33 135 Ze 79
19290 Fronsergues 19 126 Ca 74
30450 Frontal, le 30 154 Ea 82
33760 Frontenac 33 135 Zf 80
46160 Frontenac 46 138 Bf 81
71270 Frontenard 71 106 Fa 67
69620 Frontenas 69D 118 Ed 73
03380 Frontenat 03 115 Cc 70
03420 Frontenat 03 115 Ce 71
71580 Frontenaud 71 119 Fb 69
79270 Frontenay-Rohan-Rohan 79 110 Zc 71
86330 Frontenay-sur-Dive 86 99 Aa 67
88210 Frontenelle, la 88 77 Gf 58
73460 Frontenex 73 132 Gb 75
74210 Frontenex 74 132 Gb 74
34110 Frontignan 34 168 De 88
31510 Frontignan-de-Comminges 31 176 Ad 91
34110 Frontignan-Plage 34 168 De 88
31230 Frontignan-Savès 31 164 Af 88
57245 Frontigny 57 56 Gb 54
31620 Fronton 31 150 Bc 85
38290 Frontonas 38 131 Fb 75
87800 Frontouin 87 125 Ba 75
52300 Fronville 52 75 Fa 58
44320 Frossay 44 96 Ya 65
85320 Frosse 85 110 Ye 69
60480 Frossy 60 38 Cb 51
70200 Frotey-lès-Lure 70 94 Gd 63
70000 Frotey-lès-Vesoul 70 93 Gb 63
28120 Frou, le 28 69 Bb 58
54390 Frouard 54 56 Ga 56
40560 Frouas 40 146 Ye 85
95690 Frouville 95 51 Ca 54
34380 Frouzet 34 153 De 86
31270 Frouzins 31 164 Bb 87
54290 Froville 54 76 Gc 58
80150 Froyelles 80 28 Bf 47
86190 Frozes 86 99 Aa 69
80490 Frucourt 80 28 Be 49
43250 Frugères-les-Mines 43 128 Db 76
62310 Fruges 62 29 Ca 45
43230 Frugières-le-Pin 43 128 Dc 77
29242 Frugullou 29 61 Uf 58
40110 Fruit, le 40 147 Zb 85
65110 Fruitière, la 65 175 Zf 91
36190 Frulon 36 113 Be 69
28190 Fruncé 28 69 Bb 58
76780 Fry 76 37 Bd 51
22260 Fry Quemper 22 63 Wf 56
25390 Fuans 25 108 Gd 66
77470 Fublaines 77 52 Cf 55
43150 Fugères 43 141 Df 79
04240 Fugeret, le 04 158 Gd 84
53190 Fugerolles-du-Plessis 53 66 Za 58
38350 Fugière 38 144 Fe 79
49270 Fuilet, le 49 83 Yf 65
66820 Fuilla 66 178 Cc 93
71960 Fuissé 71 118 Ee 71
85110 Fuiteau, le 85 97 Yf 69
10200 Fuligny 10 74 Ee 59
68210 Fulleren 68 95 Ha 63
76560 Fultot 76 36 Ae 50
89160 Fulvy 89 90 Ea 62
30500 Fumades-les-Bains, les 30 154 Eb 83
08170 Fumay 08 42 Ee 49
29600 Fumé, le 29 62 Wb 57
27170 Fumechon 27 49 Ae 54
76260 Fumechon 76 37 Bc 49
27930 Fumeçon 27 49 Ba 55
17450 Fumée, la 17 110 Yf 72
84400 Fumeirasse 84 156 Fc 85
47500 Fumel 47 137 Af 82
14590 Fumichon 14 48 Ac 53
87120 Fumouse 87 126 Bf 74
63350 Fumoux, les 63 116 Dc 73
67700 Furchhausen 67 58 Hc 56
20190 Furciolu = Forciolo CTC 184 Ka 97
67117 Furdenheim 67 60 Hd 57
38210 Fures 38 131 Fc 77
20600 Furiani CTC 181 Kc 93
86170 Furigny 86 99 Ab 68
05400 Furmeyer 05 144 Ff 81
31260 Furne 31 164 Af 90
23290 Fursac 23 113 Bd 72
87370 Fursannes 87 113 Bc 72
58110 Fusilly 58 104 De 66
63260 Fusse 63 116 Db 72
21700 Fussey 21 106 Ef 66
18110 Fussy 18 102 Cc 66
58800 Fussy 58 104 Dd 65
32400 Fustérouau 32 162 Aa 86
09130 Fustié, le 09 164 Bc 90
31430 Fustignac 31 164 Af 89
55120 Futeau 55 55 Fa 54
13710 Fuveau 13 171 Fd 88
37340 Fuye 37 85 Ab 64
86110 Fuye, la 86 99 Ab 67
20143 Fuzzà = Fozzano CTC 184 Ka 98
72610 Fyé 72 68 Aa 59
89800 Fyé 89 90 De 62

G

40350 Gaas 40 161 Yf 87
82700 Gabachoux 82 150 Ba 85
33410 Gabarnac 33 135 Ze 81
40310 Gabarret 40 148 Aa 85
64440 Gabas 64 174 Zd 91
64160 Gabaston 64 162 Ze 88
64120 Gabat 64 161 Yf 88
09200 Gabats, les 09 176 Ba 90
46500 Gabaudet 46 138 Be 80
84390 Gabelle, la 84 156 Fb 84
34320 Gabian 34 167 Db 87
87380 Gabie-de-la-Poule, la 87 125 Bc 75
24210 Gabillou 24 125 Ba 77
88370 Gabiotte, la 88 76 Gc 60
33860 Gablezac 33 123 Zd 77
09290 Gabre 09 164 Bc 90
12340 Gabriac 12 152 Ce 82
34380 Gabriac 34 153 De 86
48110 Gabriac 48 153 De 83
48100 Gabrias 48 140 Dc 81
36220 Gabriau 36 100 Ba 68
16190 Gabrielle, la 16 123 Zf 76
61230 Gacé 61 48 Ab 56
58300 Gachat 58 104 Dd 68
85470 Gachère, la 85 96 Ya 69
24410 Gacherie, la 24 124 Ab 77
87230 Gacherie, la 87 125 Ba 75
72800 Gachetière 72 84 Aa 63
50600 Gachetière, la 50 66 Yf 57
56200 Gacilly, La 56 81 Xf 62
58140 Gâcogne 58 104 Df 65
03300 Gacon 03 116 Dd 72
17480 Gaconnière 17 109 Ye 73
85170 Gaconnière, la 85 97 Yc 67
95450 Gadancourt 95 50 Bf 54
17270 Gadebourg 17 123 Ze 77
27120 Gadencourt 27 50 Bc 55
33690 Gadine 33 148 Zf 82
35290 Gaël 35 65 Xe 60
83170 Gaëtans, les 83 171 Ga 88
47440 Gaffarot 47 136 Ad 82
87290 Gaffary 87 113 Bb 72
24240 Gageac-et-Rouillac 24 136 Ac 80
13200 Gageron 13 169 Ed 87
12630 Gages-le-Haut 12 152 Ce 82
81190 Gagets, les 81 151 Ca 84
12310 Gagnac 12 152 Cf 82
46130 Gagnac-sur-Cère 46 138 Bf 79
31150 Gagnac-sur-Garonne 31 164 Bc 86
63660 Gagnère 63 129 Df 75
30160 Gagnières 30 154 Ea 83
93220 Gagny 93 51 Cd 55
58700 Gagy 58 103 Db 65
41160 Gahandière, la 41 86 Bc 61
35490 Gahard 35 66 Yc 59
64780 Gahardou 64 160 Ye 89
09800 Gaiey 09 176 Af 91
30260 Gailhan 30 154 Ea 85
81600 Gaillac 81 151 Bf 85
12310 Gaillac-d'Aveyron 12 152 Cf 82
46160 Gaillac Monastère 46 138 Be 82
31550 Gaillac-Toulza 31 164 Bc 89
65400 Gaillagos 65 174 Ze 91
33340 Gaillan-en-Médoc 33 122 Za 77
40210 Gaillard 40 146 Za 83
27440 Gaillardbois-Cressenville 27 50 Bc 52
76740 Gaillarde 76 37 Af 49
83380 Gaillarde, la 83 172 Ge 88
05200 Gaillards, les 05 145 Gd 81
37290 Gaillards, les 37 100 Af 67
76870 Gaillefontaine 76 38 Bd 51
40090 Gaillères 40 147 Zd 85
27600 Gaillon 27 50 Bc 54
78250 Gaillon-sur-Montcient 78 50 Bf 54
40140 Gaillou-de-Pountaout 40 160 Yd 86
33260 Gaillouneys 33 134 Ye 81
16500 Gain 16 112 Ae 72
53220 Gainé 53 66 Yf 58
76700 Gainneville 76 36 Ab 51
12740 Gajac 12 152 Cd 82
33430 Gajac 33 147 Zf 82
11300 Gaja-et-Villedieu 11 165 Cb 90
11270 Gaja-la-Selve 11 165 Bf 89
09190 Gajan 09 176 Ba 90
30730 Gajan 30 154 Eb 85
87330 Gajoubert 87 112 Ae 72
32600 Galabart 32 164 Ba 87
65710 Galade 65 175 Ab 91
12400 Galamans 12 152 Ce 85
62770 Galametz 62 29 Ca 47
65330 Galan 65 163 Ac 89
47190 Galapian 47 148 Ac 83
49620 Galardières, les 49 83 Za 65
34160 Galargues 34 154 Ea 86
84800 Galas 84 155 Fa 85
65330 Galave, la 65 163 Ac 89
31330 Galembrun 31 150 Ba 86
12210 Galens, les 12 139 Ce 81

06590 Galère, la 06 173 Gf 88
83270 Galère, la 83 171 Fe 90
20245 Galéria CTC 182 Id 94
46090 Galessie 46 138 Bd 82
65330 Galez 65 163 Ac 89
68990 Galfingue 68 95 Hb 62
12220 Galgan 12 139 Cb 81
59229 Galghouck, le 59 27 Cc 42
33133 Galgon 33 135 Ze 79
32160 Galiax 32 162 Aa 87
31510 Galié 31 176 Ad 91
47340 Galimas 47 149 Ae 83
11140 Galinagues 11 178 Ca 92
24620 Galinat 24 137 Ba 79
34220 Galinié 34 166 Cd 88
24550 Galinier, le 24 137 Ba 81
81500 Galiniers 81 151 Bf 86
26410 Gallands, les 26 143 Fc 81
32380 Gallardon 28 70 Be 57
30660 Gallargues-le-Monteux 30 168 Ea 86
84100 Galle, la 84 155 Ee 83
45170 Gallerand 45 71 Cb 60
35270 Gallerie, la 35 65 Yb 58
60360 Gallet, le 60 38 Ca 51
30600 Gallician 30 169 Eb 87
36210 Galliers, les 36 87 Be 65
33580 Gallochet 33 136 Aa 81
78490 Galluis 78 50 Be 56
57530 Galonnière, la 57 57 Gd 54
40550 Galoppe 40 146 Ye 85
80220 Gamaches 80 37 Bd 49
27150 Gamaches-en-Vexin 27 50 Bd 53
40380 Gamarde-les-Bains 40 161 Za 86
64220 Gamarthe 64 161 Yf 89
21190 Gamay 21 105 Ee 67
78950 Gambais 78 50 Be 56
78490 Gambaiseuil 78 50 Be 56
50480 Gambosville 50 33 Yd 52
67760 Gambsheim 67 58 Hf 56
30410 Gammal 30 154 Ea 83
63380 Gamy 63 127 Cd 74
64290 Gan 64 162 Zd 89
04230 Ganas 04 156 Fe 84
76220 Gancourt-Saint-Étienne 76 38 Be 51
82100 Gandalou 82 149 Ba 84
61420 Gandelain 61 67 Zf 58
81700 Gandels 81 165 Bf 88
02810 Gandelu 02 52 Db 54
91720 Gandevilliers 91 71 Cb 58
63640 Gandichoux 63 115 Ce 73
24330 Gandillie, la 24 137 Af 78
82270 Gandoules 82 150 Bc 83
57570 Gandren 57 44 Gb 52
24270 Gandumas 24 125 Ba 76
34190 Ganges 34 153 De 85
46160 Ganic 46 150 Bc 83
03800 Gannat 03 116 Db 72
03230 Gannay-sur-Loire 03 104 Dd 68
26300 Gannes 60 39 Cc 51
63750 Gannes, les 63 127 Cd 75
33430 Gans 33 135 Zf 82
62910 Ganspette 62 27 Ca 44
31160 Ganties 31 163 Af 90
67400 Ganzau, la 67 60 He 57
76400 Ganzeville 76 36 Ac 50
13170 Gaotte, la 13 170 Fc 88
83250 Gaouby, les 83 172 Gb 90
29160 Gaoulac'h 29 61 Vc 59
05000 Gap 05 144 Ga 81
80150 Gapennes 80 28 Bf 47
05190 Gapian 05 144 Gb 81
61230 Gâprée 61 48 Ab 57
84570 Gaps, les 84 156 Fb 84
31480 Garac 31 164 Ba 86
78890 Garancières 78 50 Be 56
28700 Garancières-en-Beauce 28 70 Bf 58
28500 Garancières-en-Drouais 28 50 Bb 56
63970 Garandie, la 63 127 Cf 75
85300 Garanger 85 96 Yb 68
16410 Garat 16 124 Ab 75
06500 Garavan 06 159 Hd 86
64130 Garaybie 64 161 Yf 90
32490 Garbic 32 164 Af 87
04510 Garce 04 157 Ga 84
14540 Garcelles-Secqueville 14 47 Ze 54
57100 Garche 57 44 Gb 52
92380 Garches 92 51 Cb 55
58600 Garchizy 58 103 Da 66
58150 Garchy 58 89 Da 65
47130 Garcine, la 47 148 Ac 83
28480 Gardais 28 69 Ba 59
13120 Gardanne 13 170 Fc 88
03120 Garde 03 116 De 71
04340 Garde 04 157 Gb 82
15110 Garde 15 140 Cf 80
16270 Garde 16 124 Ad 73
18290 Garde 18 102 Cb 67
24340 Garde 24 124 Ac 75
24600 Garde 24 124 Ac 77
38520 Garde 38 144 Ga 78
48200 Garde 48 140 Db 79
63220 Garde 63 129 Df 76
63310 Garde 63 116 Dc 73
82400 Garde 82 149 Af 83
86400 Garde 86 112 Ab 71
04120 Garde, la 04 158 Gd 86
06390 Garde, la 06 159 Hc 86
07100 Garde, la 07 130 Ed 77
12170 Garde, la 12 152 Cd 84
12260 Garde, la 12 151 Bf 82
23600 Garde, la 23 114 Cb 71
24210 Garde, la 24 137 Ba 78
63760 Garde, la 63 127 Cd 74
79170 Garde, la 79 111 Zd 72
83130 Garde, la 83 171 Ga 90
26700 Garde-Adhémar, la 26 155 Ee 82
05300 Garde-Colombe 05 156 Fe 82
24700 Gardedeuil 24 136 Aa 78
18300 Gardefort 18 88 Ce 65
83680 Garde-Freinet, la 83 172 Gc 89
33350 Gardegan-et-Tourtirac 33 135 Zf 79
48800 Garde-Guérin, la 48 141 Df 82
16320 Garde-le-Pontaroux 16 124 Ab 75
12200 Gardelle, la 12 151 Bf 82
48140 Gardelle, la 48 140 Dc 80
77130 Gardeloup 77 72 Cf 58
65320 Gardères 65 162 Zf 89
49120 Gardes, les 49 98 Zb 66
63590 Gardette, la 63 128 Dd 75
82150 Gardette, la 82 149 Af 82
81190 Garde-Viaur, la 81 151 Ca 83
11250 Gardie 11 166 Cb 90
48600 Gardilles, les 48 141 Dd 80
33113 Gardit 33 135 Zc 82
36180 Gardon-Frit, le 36 101 Bb 66
24680 Gardonne 24 136 Ab 79
31290 Gardouch 31 165 Be 88
20270 Gare, la CTC 183 Kc 96
22720 Gare, la 22 63 We 58
22780 Gare, la 22 63 Wc 57
29180 Gare, la 29 78 Vf 60
33430 Gare, la 33 135 Ze 82
40120 Gare, la 40 147 Ze 84
70500 Gare, la 70 93 Ff 61
87230 Gare, la 87 125 Ba 75
19800 Gare-de-Corrèze, la 19 126 Bf 77
29300 Gare-de-la-Forêt, la 29 79 Wc 61
33830 Gare-de-Lugos, la 33 146 Za 82
19800 Gare-d'Eyrein, la 19 126 Bf 76
22120 Gare-d'Yffiniac, la 22 64 Xc 58
40420 Garein 40 147 Zc 84
19400 Garel 19 138 Bf 78
27180 Garel 27 49 Ba 55
27220 Garencières 27 50 Bb 55
71360 Garenne, la 71 105 Ed 67
89140 Garenne, la 89 72 Db 58
27780 Garennes-sur-Eure 27 50 Bc 55
49610* Garennes sur Loire, les 49 84 Zc 64
77890 Garentreville 77 71 Cd 59
83136 Garéoult 83 171 Ga 89
31220 Gargaillous 31 164 Ba 89
33114 Gargails, les 33 134 Zb 81
63350 Gargantias 63 128 Dc 73
82100 Garganvillar 82 149 Ba 85
12120 Gargaros 12 151 Cc 83
31620 Gargas 31 150 Bc 86
84400 Gargas 84 156 Fc 85
78440 Gargenville 78 50 Be 55
95140 Garges-lès-Gonesse 95 51 Cc 55
36190 Gargilesse-Dampierre 36 113 Bd 69
31220 Gariat 31 164 Ba 89
31380 Garidech 31 165 Bd 86
82500 Garies 82 149 Ba 86
33420 Gariga 33 135 Ze 80
18140 Garigny 18 103 Cf 66
64130 Garindein 64 161 Za 89
31110 Garin de Larboust 31 175 Ad 92
24380 Garissoux, les 24 136 Ae 79
29610 Garlan 29 62 Wb 57
64450 Garlède-Mondebat 64 162 Zd 88
47600 Garlies 47 148 Ac 84
64330 Garlin 64 162 Ze 87
02170 Garmouzet 02 41 Df 48
30760 Garn, le 30 154 Ec 83
85710 Garnache, la 85 96 Yb 67
03230 Garnat-sur-Engièvre 03 104 Dd 69
05260 Garnauds, les 05 144 Gb 80
28500 Garnay 28 50 Bc 56
01140 Garnerans 01 118 Ef 71
85370 Garnerie, la 85 110 Za 70
19120 Garnie, la 19 138 Be 78
63980 Garnisson 63 128 Dd 75
83220 Garonne, la 83 171 Ga 90
30128 Garons 30 154 Ec 86
64410 Garos 64 162 Zd 87
09400 Garrabet 09 177 Bd 91
32260 Garrane 32 163 Ad 87
32220 Garravet 32 164 Af 88
57820 Garrebourg 57 58 Hb 56
44650 Garrelière, la 44 97 Yc 67
64640 Garreta 64 160 Ye 89
81700 Garrevaques 81 165 Bf 88
15190 Garrey 15 127 Cf 76
40180 Garrey 40 161 Za 86
12390 Garric, la 12 139 Cb 82
15130 Garric, le 15 139 Cc 79
81450 Garric, le 81 151 Ca 84
12450 Garrigous 12 152 Cd 83
24620 Garrigue 24 137 Ba 79
33910 Garrigue, la 33 135 Ze 78
34210 Garrigue, la 34 166 Ce 88
34360 Garrigue, la 34 166 Ce 88
30190 Garrigues 30 154 Eb 85
34160 Garrigues 34 154 Ea 86
81500 Garrigues 81 165 Be 86
82800 Garrigues 82 150 Bd 84
64120 Garris 64 161 Yf 88
12170 Garrissous 12 152 Cd 84
83830 Garron 83 172 Gd 87
32600 Garros, le 32 164 Af 87
40110 Garrosse 40 146 Za 84
06850 Gars 06 158 Ge 85
37150 Gars, les 37 86 Ba 65
09310 Garsan 09 177 Be 93
29190 Gars-ar-Goff 29 62 Wa 59
36600 Garsenland 36 101 Bd 66
23320 Gartempe 23 114 Be 72
33990 Garthieu, le 33 134 Yf 78
28320 Gas 28 70 Bd 57
79230 Gascougnolle 79 111 Zd 71
23500 Gasne-Claire 23 126 Ca 74
27620 Gasny 27 50 Bd 54
11200 Gasparets 11 166 Ce 90
82400 Gasques 82 149 Af 84
33650 Gassies 33 135 Zc 81
83580 Gassin 83 172 Gd 89
14380 Gast, le 14 46 Yf 56
40160 Gastes 40 146 Yf 83
15320 Gastier, le 15 140 Db 79
53540 Gastines 53 66 Yf 61
35430 Gastines, les 35 65 Ya 57
72300 Gastines-sur-Erve 72 84 Zd 61
77370 Gastins 77 52 Da 57
33460 Gaston 33 134 Zb 78
83120 Gastons, les 83 172 Gd 88
22210 Gastry 22 64 Xc 60
28300 Gasville 28 70 Bd 58
17270 Gat, le 17 123 Zf 77
23800 Gat, le 23 114 Bd 71
87320 Gatebourg 87 112 Af 71
17470 Gâtebourse 17 111 Ze 72
28170 Gâtelles 28 69 Bb 57
39120 Gatey 39 106 Fc 67
70600 Gatey 70 92 Fd 63
50150 Gathemo 50 47 Za 56
17150 Gâtine, la 17 123 Zc 76
49600 Gâtine, la 49 97 Yf 65
28380 Gâtines, les 28 49 Bb 56
35270 Gâts, les 35 65 Ya 58
85170 Gâts, les 85 97 Yd 68
85480 Gats, les 85 97 Ye 68
50760 Gatteville-le-Phare 50 33 Ye 50
06510 Gattières 06 159 Hb 86
30700 Gattigues 30 154 Eb 84
48150 Gatuzières 48 153 Dc 83
40190 Gaube 40 147 Ze 85
28140 Gaubert 28 70 Bd 60
79210 Gaubertière, la 79 110 Zc 72
45340 Gaubertin 45 71 Cc 60
57600 Gaubiving 57 57 Gf 54
85130 Gaubretière, la 85 97 Yf 67
33920 Gauchere, la 33 135 Zd 78
18260 Gaucherie, la 18 88 Cd 64
41250 Gaucherie, la 41 86 Bc 64
24230 Gauchers, les 24 135 Aa 79
62130 Gauchin 62 29 Cc 46
62150 Gauchin-Légal 62 29 Cd 46
62130 Gauchin-Verloingt 62 29 Cb 46
02430 Gauchy 02 40 Db 50
27930 Gauciel 27 50 Bb 54
28400 Gaudaine, la 28 69 Af 59
06610 Gaude, la 06 173 Ha 86
60210 Gaudechart 60 38 Bf 51
04340 Gaudeissard 04 158 Gc 82
65370 Gaudent 65 176 Ad 91
38660 Gaudes, les 38 132 Ff 77
19210 Gaudie, la 19 125 Bc 76
62760 Gaudiempré 62 29 Cd 47
35520 Gaudière, la 35 65 Yb 59
37390 Gaudières, les 37 85 Ae 64
09700 Gaudiès 09 165 Be 89
35190 Gaudinais, la 35 65 Ya 58
31800 Gaudines 31 163 Ae 90
18380 Gaudins, les 18 88 Cc 65
03110 Gaudons, les 03 116 Db 72
32380 Gaudonville 32 149 Af 85
32810 Gaudoux 32 163 Ad 86
83690 Gaudran, le 83 171 Gb 87
28310 Gaudreville 28 70 Bf 58
24540 Gaugeac 24 137 Af 80
30330 Gaujac 30 155 Ed 84
32220 Gaujac 32 164 Ae 88
47200 Gaujac 47 136 Aa 82
40330 Gaujacq 40 161 Zb 87
32420 Gaujan 32 163 Ae 88
81340 Gaulène 81 151 Cc 84
41270 Gault-du-Perche, le 41 69 Af 60
28800 Gault-Saint-Denis, le 28 70 Bc 59
51210 Gault-Soigny, le 51 53 Dd 56
63700 Gaumes, les 63 115 Ce 71
24250 Gaumier 24 137 Bb 80
31590 Gauré 31 165 Bd 87
33710 Gauriac 33 134 Zc 78
33240 Gauriaguet 33 135 Zd 78
65670 Gaussan 65 163 Ac 89
22150 Gausson 22 64 Xb 59
87520 Gautaud, le 87 125 Ba 73
71230 Gautherets, les 71 105 Eb 69
19300 Gautherie, la 19 126 Ca 76
26400 Gauthiers 26 143 Fa 80
58200 Gauthiers 58 88 Cf 64
33500 Gauthiers, les 33 135 Ze 79
17100 Gautiers, les 17 122 Zb 74
49170 Gautraie, la 49 83 Zb 64
35450 Gautrais, la 35 66 Yd 59
17360 Gautreau, le 17 135 Ze 78
17650 Gautrie, la 17 109 Yd 72
27130 Gauville 27 49 Af 56
61550 Gauville 61 49 Ad 56
80290 Gauville 80 38 Be 50
27930 Gauville-la-Campagne 27 49 Ba 54
45630 Gauvins, les 45 88 Ce 63
85220 Gauvrière, la 85 96 Yb 68
81290 Gaux, les 81 166 Cb 87
09290 Gauziats 09 164 Bb 90
46120 Gauzinie, la 46 138 Bf 80
65120 Gavarnie-Gèdre 65 175 Zf 92
32390 Gavarret-sur-Aulouste 32 149 Ad 86
47150 Gavaudun 47 137 Af 81
50430 Gaverie, la 50 33 Yc 53
12620 Gaverlac 12 152 Cf 83
38220 Gavet 38 144 Ff 78
20218 Gavignano CTC 181 Kb 94
20218 Gavignanu = Gavignano CTC 181 Kb 94
57570 Gavisse 57 44 Gb 52
50450 Gavray 50 46 Yd 55
44130 Gâvre, le 44 82 Yb 63
62580 Gavrelle 62 30 Cf 47
14210 Gavrus 14 35 Zc 54
65320 Gayan 65 162 Aa 89
81340 Gaycre 81 151 Cc 85
40210 Gaye 40 146 Yf 83
51120 Gaye 51 53 De 56
04250 Gayne, le 04 157 Ga 83
64350 Gayon 64 162 Ze 88
82110 Gayraud 82 149 Ba 83
31370 Gayrimont 31 164 Af 88
63310 Gays, les 63 116 Dc 72
82210 Gayssanès 82 149 Af 84
32480 Gazaupouy 32 148 Ac 84
65250 Gazave 65 175 Ac 90
32230 Gazax-et-Baccarisse 32 163 Ab 87
34330 Gazel, le 34 166 Cd 87
15300 Gazelle, la 15 127 Cf 77
43130 Gazelle, la 43 129 Df 77
78125 Gazéran 78 50 Be 57
47200 Gazette, la 47 136 Ab 81
56200 Gazilieg = La Gacilly 56 81 Xf 62
33610 Gazinet 33 134 Zb 80
65100 Gazost 65 175 Aa 90
48230 Gazy 48 153 Db 82
71350 Géanges 71 106 Ef 67
71700 Geatay 71 118 Ee 69
40320 Geaune 40 162 Zd 87
17250 Geay 17 122 Zb 73
79330 Geay 79 98 Ze 67
57430 Geblingen = Le Val-de-Guéblange 57 57 Gf 55
65120 Gèdre, Garvanie- 65 175 Aa 92
49250 Gée 49 84 Ze 64
32720 Gée-Rivière 32 162 Ze 86
50560 Geffosses 50 33 Yc 54
14230 Géfosse-Fontenay 14 46 Yf 52
31510 Gège 31 176 Ad 90
36240 Gehée 36 101 Bd 66
68690 Geishouse 68 94 Ha 61
68510 Geispitzen 68 95 Hc 62
67118 Geispolsheim 67 60 Hd 57
67310 Geissweg 67 60 Hc 57
68600 Geiswasser 68 60 Hd 61
67270 Geiswiller 67 58 Hc 56
54120 Gélacourt 54 77 Ge 58
13400 Gélade, la 13 170 Fc 89
10100 Gelannes 10 73 De 58
54115 Gélaucourt 54 76 Ff 58
09160 Gèle 09 176 Ba 90
40630 Gelère, la 40 147 Zb 83
24580 Gélie, la 24 137 Af 78
28630 Gellainville 28 70 Bd 58
12700 Gelle 12 138 Ca 81
32290 Gellenave 32 162 Aa 86
54110 Gellenoncourt 54 56 Gc 56
63740 Gelles 63 127 Ce 74
25240 Gellin 25 107 Gb 68
40090 Geloux 40 147 Zc 85
40300 Geloux 40 160 Ye 87
57260 Gelucourt 57 57 Ge 56
88270 Gelvécourt-et-Adompt 88 76 Gb 59
61130 Gémages 61 68 Ad 59
88520 Gemaingoutte 88 77 Ha 59
21120 Gemeaux 21 92 Fa 64
33480 Géméillan 33 134 Za 79
13420 Gémenos 13 171 Fd 89
45310 Gémigny 45 70 Be 61
31380 Gémil 31 165 Bd 86
73200 Gémilly 73 132 Gc 75
88170 Gemmelaincourt 88 76 Ff 59
25250 Gémonval 25 94 Gd 63
54115 Gémonville 54 76 Ff 58
17260 Gémozac 17 122 Zb 75
16170 Genac 16 123 Aa 74
95420 Genainville 95 50 Be 54
28190 Genainvilliers 28 69 Bc 58
28800 Genarville 28 69 Bc 59
33790 Génas 33 136 Aa 80
69740 Genas 69M 130 Ef 74
54150 Génaville 54 56 Ff 53
21140 Genay 21 90 Eb 63
69730 Genay 69M 118 Ef 73
79170 Genay 79 111 Ze 72
86160 Gençay 86 112 Ac 70
86230 Gençay 86 99 Ab 67
41130 Gendretière, la 41 87 Bd 65
88140 Gendreville 88 75 Fe 59
39350 Gendrey 39 107 Fe 65
49220 Gené 49 83 Zb 63
03380 Génébrière, la 03 115 Cc 70
82230 Génébrières 82 150 Bc 85
59242 Genech 59 30 Db 45
71420 Génelard 71 105 Eb 69
63340 Genelières 63 128 Da 76
30510 Générac 30 169 Ec 86
33920 Générac 33 135 Zc 77
30140 Générargues 30 154 Df 84
65150 Générest 65 175 Ad 90
11270 Generville 11 165 Bf 89
28630 Génerville 28 70 Bd 58
61140 Geneslay 61 67 Zd 57
87500 Geneste, la 87 125 Bb 76
07530 Genestelle 07 142 Ec 80
19300 Genestine, la 19 126 Ca 76
44140 Geneston 44 97 Yc 66
63150 Genestoux, le 63 127 Ce 75
53940 Genest-Saint-Isle, le 53 66 Za 60
36160 Genet 36 114 Ca 70
37260 Genetay, le 37 100 Ad 65
71290 Genête, la 71 118 Fa 69
23800 Genêtes, les 23 113 Bd 71
42990 Genetey, le 42 129 De 74
17360 Génétouze, la 17 123 Zf 77
85190 Génétouze, la 85 97 Yc 68
23160 Genêts 23 113 Bc 70
50530 Genêts 50 46 Yd 56
18210 Genêts, les 18 102 Cd 68
61270 Genettes, les 61 49 Ad 57
25870 Geneuille 25 93 Ff 65
02110 Genève 02 40 Db 49
42380 Geneviecq 42 129 Ea 76
49350 Genevraie, la 49 84 Ze 65
61240 Genevraie, la 61 48 Ab 56
77580 Génevray 77 52 Cf 56
38450 Genevray, le 38 143 Fd 78
77690 Genevraye, la 77 71 Ce 59
70240 Genevreuille 70 93 Gc 62
70240 Genevrey 70 93 Gb 62
52500 Genevrières 52 92 Fd 62
52320 Genevroye, la 52 75 Fa 59
25250 Geney 25 94 Gd 64
87400 Geneytouse, la 87 125 Bc 74
95650 Génicourt 95 51 Ca 54
55000 Génicourt-sous-Condé 55 55 Fa 55
55320 Génicourt-sur-Meuse 55 55 Fc 54
85580 Génie, le 85 109 Ye 71
37460 Genillé 37 100 Ba 65
24160 Génis 24 125 Ba 77
33420 Génissac 33 135 Ze 79
01200 Génissiat 01 119 Fe 72
26750 Génissieux 26 143 Fa 78
21110 Genlis 21 106 Fb 65
25660 Gennes 25 107 Ga 65
62390 Gennes-Ivergny 62 29 Ca 47
53200 Gennes-sur-Glaize 53 83 Zc 61
35370 Gennes-sur-Seiche 35 66 Yf 61
49350 Gennes-Val-de-Loire 49 84 Ze 64
49490 Genneteil 49 84 Aa 63
03400 Gennetines 03 104 Dc 69
79150 Genneton 79 98 Zd 66
76550 Gennetuit 76 37 Af 49
14600 Genneville 14 36 Ab 52
92270 Genne-Villiers 92 51 Cb 55
39240 Genod 39 119 Fd 70
30450 Génolhac 30 154 Df 82
28150 Genonville 28 70 Bd 59
31510 Genos 31 176 Ae 91
65240 Génos 65 175 Ac 92
16270 Genouillac 16 124 Ad 73
23350 Genouillac 23 114 Bf 70
17430 Genouillé 17 110 Zb 72
86250 Genouillé 86 112 Ac 72
01090 Genouilleux 01 118 Ee 72
18310 Genouilly 18 101 Bf 65
21390 Genouilly 21 90 Eb 64
71460 Genouilly 71 105 Ed 69
52400 Genrupt 52 92 Fe 61
32220 Gensac 32 164 Af 88
33890 Gensac 33 135 Aa 80
65140 Gensac 65 162 Aa 88
82120 Gensac 82 149 Af 85
31350 Gensac-de-Boulogne 31 163 Ad 89
16130 Gensac-la-Pallue 16 123 Ze 75
31310 Gensac-sur-Garonne 31 164 Ba 89
83170 Gensiès, les 83 171 Ff 88
16130 Genté 16 123 Ze 75
35150 Genteg 35 66 Yd 61
80800 Gentelles 80 39 Cc 49
35270 Gentière, la 35 65 Yb 58
03420 Gentioux, le 03 115 Cd 71
23340 Gentioux-Pigerolles 23 126 Bf 74
60400 Genvry 60 39 Cf 51
09100 George 09 165 Bd 90
03450 Georges, les 03 116 Da 72
86310 Georgets 86 112 Af 69
71410 Georgets, les 71 105 Eb 68
01100 Géovreisset 01 119 Fd 71
50850 Ger 50 47 Zb 56
64530 Ger 64 162 Zf 89
39110 Geraise 39 107 Ff 67
71330 Gérand 71 106 Fb 68
03120 Géranton 03 116 De 72
35500 Gérard 35 66 Ye 60
35560 Gerardais, le 35 66 Yc 58
27240 Gerarderie, la 27 49 Af 55
50810 Gerardière, la 50 47 Yf 54
88400 Gérardmer 88 77 Gf 60
10220 Géraudot 10 74 Eb 59
55130 Gérauvilliers 55 75 Fd 57
55130 Gerauvilliers 55 75 Fd 57
73470 Gerbaix 73 131 Fe 75
42590 Gerbe 42 117 Ea 73
57170 Gerbécourt 57 57 Gd 55
54740 Gerbécourt-et-Haplemont 54 76 Ga 58
88430 Gerbépal 88 77 Gf 60
60380 Gerberoy 60 38 Bf 51
54830 Gerbéviller 54 77 Gd 58
55110 Gercourt-et-Drillancourt 55 55 Fb 53
02140 Gercy 02 41 Df 50
31440 Ger de Boutx 31 176 Ae 91
64160 Gerderest 64 162 Ze 88
64260 Gère-Béleston 64 174 Zd 90
02260 Gergny 02 41 Df 49
63670 Gergovie 63 128 Da 74
21410 Gergueil 21 106 Ee 65
56140 Gerguy 56 81 Xe 61
71590 Gergy 71 106 Ef 67
21700 Gerland 21 106 Fa 66
13490 Gerle 13 171 Fd 87
65240 Germ 65 175 Ac 92
01250 Germagnat 01 119 Fc 71
42940 Germagneux 42 129 Df 75
71460 Germagny 71 105 Ed 68
02590 Germaine 02 40 Da 50
51160 Germaine 51 53 Ea 54
52160 Germaines 52 91 Fa 62
28500 Germainville 28 50 Bc 56
52150 Germainvilliers 52 75 Fd 60
52230 Germay 52 75 Fc 58
71640 Germdles 71 105 Ee 68
25510 Germéfontaine 25 108 Gc 65
58800 Germenay 58 89 Dd 65
24210 Germenie, la 24 125 Ba 77
16140 Germeville 16 111 Zf 73
86200 Germier 86 99 Aa 66
17520 Germignac 17 123 Zd 75
33320 Germignan 33 134 Zb 79
39380 Germigney 39 107 Fe 66
70100 Germigney 70 92 Fd 64
28140 Germignonville 28 70 Be 59
51390 Germigny 51 53 Df 53
89600 Germigny 89 73 De 61
45110 Germigny-des-Prés 45 88 Cb 61
77910 Germigny-L'Evêque 77 52 Cf 55
18150 Germigny-L'Exempt 18 103 Cf 67
77840 Germigny-sous-Coulombs 77 52 Da 54
58320 Germigny-sur-Loire 58 103 Da 66
51130 Germinon 51 53 Ea 55
54170 Germiny 54 76 Ff 57
52230 Germisay 52 75 Fc 58
71520 Germolles-sur-Grosne 71 118 Ed 71
25640 Germondans 25 93 Gb 64
79220 Germond-Rouvre 79 111 Zd 70
08240 Gormont 08 42 Ef 52
45480 Germonville 45 70 Bf 59

54740 Germonville 54 76 Gb 58
08440 Gernelle 08 42 Ee 50
19500 Gernes 19 138 Bd 78
02160 Gernicourt 02 41 Df 52
05310 Géro 05 145 Gd 80
88220 Géroménil 88 77 Gc 60
64400 Géronce 64 161 Zb 89
18350 Gérots, les 18 103 Cf 67
76540 Gerponville 76 36 Ad 50
14430 Gerrots 14 35 Zf 53
24480 Gers, le 24 137 Af 79
16440 Gersac 16 123 Aa 75
27770 Gersey 27 50 Db 55
67150 Gerstheim 67 60 He 58
67140 Gertwiller 67 60 Hc 58
39570 Geruge 39 107 Fd 69
34380 Gervais 34 153 Dd 86
13090 Gervais, les 13 170 Fc 87
26600 Gervans 26 142 Ef 78
76790 Gerville 76 36 Ab 50
50430 Gerville-la-Forêt 50 46 Yd 53
47410 Gervinie 47 136 Ad 81
62530 Gervins 62 29 Cd 46
55000 Géry 55 55 Fb 56
63360 Gerzat 63 128 Da 74
70500 Gésincourt-Oboncourt 70 93 Ff 62
53150 Gesnes 53 67 Zc 60
55110 Gesnes-en-Argonne 55 55 Fa 53
72130 Gesnes-le-Gandelin 72 68 Aa 58
08700 Gespunsart 08 42 Ee 50
31510 Gesset 31 176 Ae 90
64190 Gestas 64 161 Za 88
49600 Gesté 49 97 Yf 65
56530 Gestel 56 79 Wd 62
09220 Gestiès 09 177 Bd 92
53370 Gesvres 53 67 Zf 58
44190 Gétigné 44 97 Ye 66
74260 Gets, les 74 121 Ge 72
65100 Geu 65 175 Zf 90
67170 Geudertheim 67 58 He 56
64370 Géus-d'Arzacq 64 162 Zc 88
64400 Géüs-d'Oloron 64 161 Zb 89
65200 Gèvézé 35 65 Yb 59
70500 Gevigney-et-Mercey 70 93 Ff 62
55200 Geville 55 55 Fe 56
39570 Gevingey 39 106 Fd 69
73300 Gévoudaz 73 132 Gb 77
25270 Gevresin 25 107 Ga 67
21220 Gevrey-Chambertin 21 106 Ef 65
21520 Gevrolles 21 74 Ee 61
39100 Gevry 39 106 Fc 66
01170 Gex 01 120 Ga 70
26750 Geyssans 26 143 Fa 78
80600 Gézaincourt 80 29 Cb 48
65100 Gez-ez-Angles 65 162 Aa 90
70700 Gezier-et-Fontenelay 70 93 Ff 64
54380 Gézoncourt 54 56 Ff 55
20121 Ghigliazza CTC 182 If 96
20228 Ghilloni Suprana CTC 181 Kc 91
20240 Ghisonaccia CTC 183 Kc 96
20240 Ghisonaccia Gare CTC 183 Kc 96
20227 Ghisoni CTC 183 Kb 96
59530 Ghissignies 59 31 Dd 47
20240 Ghisunaccia = Ghisonaccia CTC 183 Kc 96
20100 Ghjunchetu = Giuncheto CTC 184 If 99
59254 Ghyvelde 59 27 Cd 42
20143 Giacomoni CTC 184 Ka 98
20170 Gialla CTC 185 Kb 99
06540 Giandola, la 06 159 Hd 85
20171 Giannuccio CTC 184 Ka 99
63620 Giat 63 127 Cc 74
17270 Gibeau, le 17 135 Zf 77
54112 Gibeaumeix 54 75 Fe 57
31560 Gibel 31 165 Be 89
02440 Gibercourt 02 40 Db 50
55150 Gibercy 55 43 Fc 53
37340 Giberdière, la 37 85 Ac 64
10500 Giberie, la 10 74 Ed 58
48100 Gibertés, le 48 140 Db 81
14730 Giberville 14 47 Ze 53
19150 Gibiat 19 126 Be 77
19300 Gibiat 19 126 Ca 76
71800 Gibles 71 117 Ec 71
03210 Gibons, les 03 116 Db 70
17160 Gibourne 17 111 Ze 73
23700 Gibreix 23 115 Cd 72
40380 Gibret 40 161 Zb 86
17160 Gicq, le 17 111 Ze 73
22650 Giclais, la 22 65 Xe 57
44440 Gicquelière, la 44 82 Yd 63
45520 Gidy 45 70 Bf 61
61210 Giel-Gourteilles 61 48 Ze 56
45500 Gien 45 88 Cd 62
83400 Giens 83 172 Ga 90
58230 Gien-sur-Cure 58 105 Ea 66
38610 Gières 38 144 Fe 77
73590 Giettaz, la 73 133 Gd 73
50160 Giéville 50 47 Za 54
41130 Gièvres 41 87 Be 65
52210 Giey-sur-Aujon 52 91 Fa 61
74210 Giez 74 132 Gb 74
51290 Giffaumont-Champaubert 51 74 Ee 57
91440 Gif-sur-Yvette 91 51 Ca 56
83420 Gigaro 83 172 Gd 89
34770 Gigean 34 168 De 88
16400 Giget 16 124 Aa 75
47300 Giget 47 149 Ae 82
20170 Giglio CTC 185 Kb 98
34150 Gignac 34 167 Dd 87
46600 Gignac 46 138 Bc 78
84400 Gignac 84 156 Fd 85
13180 Gignac-la-Nerthe 13 170 Fb 88
63340 Gignat 63 128 Db 76
88320 Gignéville 88 76 Ff 60
88390 Gigney 88 76 Gc 59
21200 Gigny 21 106 Ef 66
39320 Gigny 39 119 Fc 70
89160 Gigny 89 90 Eb 62
51290 Gigny-Bussy 51 74 Ed 57
71240 Gigny-sur-Saône 71 106 Ef 69
84190 Gigondas 84 155 Ef 84
04250 Gigors 04 157 Ga 82
26400 Gigors 26 143 Fa 80
46150 Gigouzac 46 137 Bc 81
81330 Gijounet 81 166 Cd 86
76630 Gilcourt 76 37 Bb 49
06830 Gilette 06 159 Hb 85
07270 Gilhoc-sur-Ormèze 07 142 Ee 79
52330 Gillancourt 52 74 Ef 60
35160 Gillard, le 35 65 Ya 60
31100 Gillard Tournié 31 164 Bc 88
52230 Gillaumé 52 75 Fc 58
28260 Gilles 28 50 Bd 55
40210 Gillet 40 146 Yf 83
33730 Gillets, les 33 147 Ze 82
25650 Gilley 25 108 Gc 66
52500 Gilley 52 92 Fd 62
17590 Gillieux, le 17 109 Yc 71
39250 Gillois 39 107 Ga 68
38260 Gillonnay 38 131 Fb 76
12340 Gillorgues 12 152 Ce 82
21640 Gilly-lès-Cîteaux 21 106 Ef 65
73200 Gilly-sur-Isère 73 132 Gc 75
71160 Gilly-sur-Loire 71 116 De 69
60129 Gilocourt 60 52 Cf 53
82500 Gimat 82 149 Af 85
32340 Gimbrède 32 149 Ae 84
67370 Gimbrett 67 58 Hd 56
13200 Gimeaux 13 169 Ed 87
63200 Gimeaux 63 115 Da 73
55260 Gimécourt 55 55 Fc 55
19800 Gimel-les-Cascades 19 126 Bf 77
16130 Gimeux 16 123 Zd 75
54170 Gimeys 54 56 Ff 57
42140 Gimond, la 42 130 Ec 75
18250 Gimonets, les 18 88 Cd 65
32200 Gimont 32 164 Af 87
58470 Gimouille 58 103 Da 67
65220 Gimous 65 163 Ab 88
61310 Ginai 61 48 Ab 56
82330 Ginals 82 151 Bf 83
83560 Ginasservis 83 171 Ff 86
80360 Ginchy 80 39 Cf 48
11140 Gincla 11 178 Cb 92
55400 Gincrey 55 55 Fd 53
46250 Gindou 46 137 Bb 81
11120 Ginestas 11 167 Cf 89
12160 Gineste 12 152 Cc 83
12120 Ginestet 12 151 Cc 84
24130 Ginestet 24 136 Ac 79
34610 Ginestet 34 167 Cf 86
07660 Ginestet, le 07 141 Df 80
12170 Ginestous 12 152 Cd 84
48260 Ginestouse, la 48 140 Cf 81
67270 Gingsheim 67 58 Hd 56
12140 Ginolhac 12 139 Cd 81
46300 Ginouillac 46 138 Bd 80
46320 Ginouillac 46 138 Be 81
46130 Gintrac 46 138 Be 79
40120 Ginx, le 40 147 Zd 84
20237 Giocatojo CTC 181 Kc 94
51130 Gionges 51 53 Df 55
18000 Gionne 18 102 Cc 66
15130 Giou-de-Mamou 15 139 Cc 79
23500 Gioux 23 126 Ca 74
63690 Gioux 63 127 Cd 75
63810 Gioux 63 127 Cd 76
20134 Giovicacce CTC 183 Ka 97
20100 Giovighi CTC 184 Ka 99
58700 Gipy 58 103 Dc 65
48170 Giraldès 48 141 Dd 80
88390 Girancourt 88 76 Gb 60
33133 Girard 33 135 Ze 79
33790 Girard 33 135 Aa 80
73660 Girard, le 73 132 Gb 76
36290 Girardetterie, la 36 101 Bb 67
37600 Girardière, la 37 100 Af 66
86210 Girardière, la 86 100 Ad 68
05700 Girards, les 05 156 Fe 82
18110 Girards, les 18 102 Cb 65
18300 Girarmes, les 18 88 Cf 65
41210 Giraudière 41 87 Be 63
53470 Giraudière, la 53 67 Zb 59
36120 Giraudons, les 36 102 Bf 68
03120 Girauds, les 03 116 Dd 71
08460 Giraumont 08 41 Ed 50
54780 Giraumont 54 56 Ff 54
60150 Giraumont 60 39 Ce 52
55200 Girauvoisin 55 55 Fd 56
07800 Girbaud 07 142 Ee 79
88500 Gircourt-lès-Viéville 88 76 Gb 58
88600 Girecourt-sur-Durbion 88 77 Gd 59
70210 Girefontaine 70 93 Gb 61
77120 Giremoutiers 77 52 Da 55
12240 Giret 12 151 Cb 83
32600 Girette, la 32 164 Ba 87
15310 Girgols 15 139 Cc 78
38140 Girin 38 131 Fc 77
54830 Giriviller 54 77 Gc 58
81260 Girmanes, les 81 166 Cd 87
88150 Girmont 88 76 Gc 59
88340 Girmont-Val-d'Ajol 88 77 Gd 61
20147 Girolata CTC 182 Id 94
45120 Girolles 45 71 Ce 60
89200 Girolles 89 90 Df 63
90200 Giromagny 90 94 Ge 62
01130 Giron 01 119 Fe 71
88170 Gironcourt-sur-Vraine 88 76 Ff 59
07160 Girond 07 142 Ec 79
08260 Girondelle 08 41 Ec 49
33190 Gironde-sur-Dropt 33 135 Zf 81
28170 Gironville 28 50 Bc 57
77890 Gironville 77 71 Cd 59
55200 Gironville-sous-les-Côtes 55 55 Fe 56
91720 Gironville-sur-Essonne 91 71 Cc 58
31160 Girosp 31 176 Ae 90
85150 Girouard, le 85 109 Yc 69
81500 Giroussens 81 150 Be 86
15140 Giroux 15 139 Cc 78
36150 Giroux 36 101 Bf 66
20147 Girulatu = Girolata CTC 182 Id 94
85340 Girvière, la 85 109 Ya 69
58700 Giry 58 103 Dc 65
27330 Gisay-la-Coudre 27 49 Ad 55
32200 Giscaro 32 164 Af 87
33840 Giscos 33 148 Ze 83
50190 Gislarderie, la 50 46 Yd 53
27140 Gisors 27 50 Be 53
12360 Gissac 12 152 Cf 85
21350 Gissey-le-Vieil 21 91 Ec 65
21150 Gissey-sous-Flavigny 21 91 Ed 63
21410 Gissey-sur-Ouche 21 91 Ee 65
71190 Gissy 71 105 Ea 67
89140 Gisy-les-Nobles 89 72 Db 59
73210 Gitte, la 73 133 Gd 75
20251 Giuncaggio CTC 183 Kc 95
20100 Giuncheto CTC 184 If 99
18600 Givardon 18 103 Ce 67
03190 Givarlais 03 115 Cd 70
84500 Givaudan 84 155 Ee 83
18340 Givaudins 18 102 Cc 66
62149 Givenchy 62 29 Ce 45
62580 Givenchy-en-Gohelle 62 30 Ce 46
62810 Givenchy-le-Noble 62 29 Cc 47
58330 Giverdy 58 104 Dc 66
27620 Giverny 27 50 Bd 54
27560 Giverville 27 49 Ad 53
08600 Givet 08 42 Ee 48
08200 Givonne 08 42 Ef 50
69700 Givors 69M 130 Ee 75
45300 Givraines 45 71 Cc 60
85800 Givrand 85 96 Ya 68
55500 Givrauval 55 55 Fb 57
85540 Givre, le 85 109 Yd 70
03410 Givrette 03 115 Cd 70
17260 Givrezac 17 122 Zc 75
39240 Givria 39 119 Fd 70
08220 Givron 08 41 Eb 51
08130 Givry 08 41 Ed 52
71640 Givry 71 105 Ee 68
89200 Givry 89 90 De 63
57670 Givrycourt 57 57 Gf 55
51330 Givry-en-Argonne 51 54 Ef 55
51130 Givry-lès-Loisy 51 53 Df 55
46150 Gizard 46 137 Bb 81
51800 Gizaucourt 51 54 Ee 54
86340 Gizay 86 112 Ac 70
37340 Gizeux 37 84 Ab 64
39190 Gizia 39 119 Fc 69
46240 Gizot 46 138 Bd 81
02350 Gizy 02 40 De 51
50470 Glacerie, la 50 33 Yc 51
05340 Glacier Blanc 05 145 Gc 79
83136 Glacières, les 83 171 Fe 88
59132 Glageon 59 31 Ea 48
60129 Glaignes 60 52 Cf 53
25340 Glainans 25 94 Gd 64
63160 Glaine-Montaigut 63 128 Dc 74
08200 Glaire 08 42 Ef 50
05400 Glaise 05 144 Fe 81
33620 Glaive, la 33 135 Ze 78
05800 Glaizil, le 05 144 Ff 80
25360 Glamondans 25 93 Gb 65
02400 Gland 02 52 Dc 54
42240 Gland 42 129 Eb 76
89740 Gland 89 90 Eb 62
26410 Glandage 26 143 Fd 80
77167 Glandelles 77 71 Ce 59
79290 Glandes 79 98 Ze 66
41200 Glandier 41 87 Be 64
19230 Glandier, le 19 125 Bc 76
01300 Glandieu 01 131 Fd 74
87500 Glandon 87 125 Bb 76
02810 Glandons, les 02 52 Db 54
53110 Glandsemé 53 67 Zd 58
46130 Glanes 46 138 Bf 79
44390 Glanet 44 82 Yc 64
87380 Glanges 87 125 Bc 74
51300 Glannes 51 54 Ed 56
21250 Glanon 21 106 Fa 66
14950 Glanville 14 48 Aa 53
73340 Glapigny 73 132 Ga 74
82500 Glatens 82 149 Af 85
36210 Glatigny 36 101 Be 65
50250 Glatigny 50 33 Yc 53
57530 Glatigny 57 56 Gc 54
60650 Glatigny 60 38 Bf 52
46160 Glaudet 46 138 Bf 81
55200 Glaudon?

55230 Gouraincourt 55 55 Fd 53
22330 Gouray, le 22 64 Xd 59
40990 Gourbera 40 146 Yf 86
50480 Gourbesville 50 33 Yd 52
09400 Gourbit 09 177 Bd 91
60220 Gourchelles 60 38 Be 50
31210 Gourdan-Polignan 31 163 Ad 90
15230 Gourdièges 15 139 Cf 79
06620 Gourdon 06 173 Gf 86
19170 Gourdon 19 126 Bf 75
46300 Gourdon 46 137 Bc 80
71300 Gourdon 71 105 Ec 69
19170 Gourdon-Murat 19 126 Bf 75
24750 Gourdoux 24 124 Ae 77
64440 Gourette 64 174 Ze 91
50750 Gourfaleur 50 46 Yf 54
51230 Gourgançon 51 53 Ea 56
79200 Gourgé 79 99 Ze 68
70120 Gourgeon 70 93 Ff 62
42240 Gourgois 42 129 Eb 76
48170 Gourgons 48 141 Dd 81
31160 Gourgue 31 176 Af 91
65130 Gourgue 65 163 Ab 90
56800 Gourhel 56 81 Xd 61
56110 Gourin 56 79 Wc 60
29710 Gourlizon 29 78 Ve 60
40370 Gournau 40 146 Yf 85
27120 Gournay 27 50 Bc 54
36230 Gournay 36 101 Be 69
62560 Gournay 62 29 Ca 45
76700 Gournay 76 36 Ab 51
76970 Gournay 76 37 Ae 50
79110 Gournay 79 111 Zf 72
76220 Gournay-en-Bray 76 38 Be 52
27580 Gournay-le-Guérin 27 49 Ae 56
60190 Gournay-sur-Aronde 60 39 Ce 52
03310 Gournet 03 115 Ce 71
27380 Gournets 27 37 Bc 52
05160 Gournier 05 144 Gb 81
61120 Gourquesalles 61 48 Ab 55
33660 Gours 33 135 Aa 79
16140 Gours, les 16 111 Zf 73
15170 Gourt 15 128 Cf 77
11410 Gourvieille 11 165 Be 88
16170 Gourville 16 123 Zf 74
78660 Gourville 78 70 Be 57
17490 Gourvillette 17 111 Ze 73
52170 Gourzon 52 75 Fa 57
29510 Gousgatel 29 78 Vf 60
28410 Goussainville 28 50 Bd 56
95190 Goussainville 95 51 Cc 54
02130 Goussancourt 02 53 De 53
30630 Goussargues 30 154 Ec 83
81640 Goussaudié, la 81 151 Ca 84
40465 Gousse 40 146 Za 86
78930 Goussonville 78 50 Be 55
19300 Goute, la 19 126 Bf 76
63230 Goutelle, la 63 127 Ce 73
09210 Goutemajou 09 164 Bb 89
31310 Goutevernisse 31 164 Bb 89
12390 Goutrens 12 151 Cc 82
24320 Gout-Rossignol 24 124 Ac 76
40400 Gouts 40 147 Zb 86
82150 Gouts 82 149 Ba 82
63880 Goutte, la 63 129 De 74
42990 Goutte-Claire 42 129 Df 74
88560 Goutte-du-Rieux 88 94 Gf 61
23320 Gouttes 23 114 Be 71
48130 Gouttes 48 140 Db 80
03290 Gouttes, les 03 116 De 70
88650 Gouttes, les 88 77 Gf 59
79300 Gouttevive 79 98 Zd 68
27410 Gouttières 27 49 Ae 54
63390 Gouttières 63 115 Ce 72
32500 Goutz 32 149 Ae 86
47250 Goutz 47 148 Aa 82
56480 Gouvello, la 56 79 Wf 59
82140 Gouvern 82 150 Be 84
77400 Gouvernes 77 51 Ce 55
62123 Gouves 62 29 Cd 47
50420 Gouvets 50 46 Yf 55
60270 Gouvieux 60 51 Cc 53
27240 Gouville 27 49 Af 55
50560 Gouville-sur-Mer 50 33 Yc 54
14680 Gouvix 14 47 Ze 54
38510 Gouvoux 38 131 Fc 74
17380 Goux 17 110 Zc 72
17800 Goux 17 123 Zd 75
32400 Goux 32 162 Zf 87
39100 Goux 39 106 Fd 66
49490 Goux, les 49 84 Aa 64
25150 Goux-lès-Dambelin 25 94 Ge 64
25520 Goux-les-Usiers 25 108 Gb 67
25440 Goux-sous-Landet 25 107 Ff 66
02420 Gouy 02 40 Db 48
76520 Gouy 76 37 Ba 52
62123 Gouy-en-Artois 62 29 Cd 47
62127 Gouy-en-Ternois 62 29 Cc 47
60120 Gouy-les-Groseillers 60 38 Cb 50
80640 Gouy-L'Hôpital 80 38 Bf 49
62870 Gouy-Saint-André 62 28 Bf 46
62530 Gouy-Servins 62 29 Cd 46
62112 Gouy-sous-Bellonne 62 30 Da 47
95450 Gouzangrez 95 50 Bf 54
64300 Gouze 64 161 Zb 88
59231 Gouzeaucourt 59 30 Da 48
31310 Gouzens 31 164 Bb 89
63410 Gouzet 63 115 Cf 73
23230 Gouzon 23 114 Cb 71
63300 Gouzon 63 128 Dd 74
23230 Gouzougnat 23 114 Cb 72
35580 Goven 35 65 Ya 60
54330 Goviller 54 76 Ga 58
56160 Govran 56 79 Wf 60
67210 Goxwiller 67 60 Hc 58
80700 Goyencourt 80 39 Ce 50
31120 Goyrans 31 164 Bc 88
34790 Grabels 34 168 De 87
22630 Grabuisson 22 65 Ya 58
18310 Graçay 18 101 Bf 66
47300 Grâce, la 47 149 Ae 82
22200 Grâces 22 63 We 57
22460 Grâce-Uzel 22 64 Xb 59
04530 Grach, le 04 145 Ge 82
48130 Grach, le 48 140 Db 81
70700 Grachaux 70 93 Ff 64
40560 Gracian 40 146 Yd 85
33990 Gracieuse, la 33 134 Yf 78
23500 Gradeix 23 126 Ca 74
20123 Gradello CTC 182 Ie 98
33170 Gradignan 33 134 Zc 80
87150 Grafeuil 87 124 Af 74
72150 Graffardières, les 72 85 Ac 61
52150 Graffigny-Chemin 52 75 Fd 59
49150 Grafinière, la 49 84 Zf 64
19190 Grafouillière, la 19 138 Be 78
31380 Gragnague 31 165 Bd 86
74430 Graidon 74 120 Gd 71
65170 Grailhen 65 175 Ac 91
86500 Graillé 86 112 Ae 70
76430 Graimbouville 76 36 Ab 51
76370 Graincourt 76 37 Bb 49
62147 Graincourt-lès-Havrincourt 62 30 Da 48
27380 Grainville 27 37 Bc 52
14190 Grainville-Langannerie 14 47 Ze 54
76450 Grainville-la-Teinturière 76 36 Ad 50
14210 Grainville-sur-Odon 14 35 Zc 54
76116 Grainville-sur-Ry 76 37 Bb 52
76110 Grainville-Ymauville 76 36 Ac 51
18500 Graire 18 102 Cb 66
37270 Grais, le 37 85 Af 65
61600 Grais, le 61 67 Ze 57
12420 Graissac 12 139 Ce 80
12420 Graissac 12 139 Ce 80
34260 Graissessac 34 167 Da 86
42220 Graix 42 130 Ed 76
47370 Gral, le 47 149 Af 82
17920 Grallet, le 17 122 Yf 74
46500 Gramat 46 138 Be 80
11240 Gramazie 11 165 Ca 90
84240 Grambois 84 156 Fd 86
42140 Grammond 42 130 Ec 75
70110 Grammont 70 94 Gd 63
12160 Gramond 12 151 Cc 83
19320 Gramont 19 138 Ca 77
32550 Gramont 32 163 Ad 87
82120 Gramont 82 149 Ae 85
20100 Granaccia = Granace CTC 184 Ka 99
20100 Granace CTC 184 Ka 99
20100 Granajola CTC 184 Ka 99
21580 Grancey-le-Château-Neuvelle 21 91 Fa 62
21570 Grancey-sur-Durce 21 74 Ed 60
89100 Granchette 89 72 Db 59
76660 Grancourt 76 37 Bc 49
88350 Grand 88 75 Fc 58
01260 Grand-Abergement, le 01 119 Fd 72
17290 Grand-Agère 17 110 Za 72
44520 Grand-Auverné 44 82 Ye 63
83230 Grand-Avis 83 172 Gc 90
89116 Grand-Bailly, le 89 89 Db 61
37420 Grand Ballet 37 99 Ab 65
89520 Grand-Banny, le 89 89 Db 63
59550 Grand-Béart 59 31 De 48
85130 Grand-Belon 85 97 Ye 67
05460 Grand Belvedere 05 145 Gf 80
19290 Grand-Billoux 19 126 Ca 75
28800 Grand-Bois 28 69 Bb 59
59219 Grand Bois 59 31 Df 48
18310 Grand-Boisfort, le 18 101 Bf 66
13104 Grand-Boisviel 13 169 Ee 87
18360 Grand-Bord, le 18 102 Cc 69
74450 Grand-Bornand, le 74 120 Gc 73
33680 Grand-Bos 33 134 Yf 79
23240 Grand-Bourg, le 23 113 Bd 72
27520 Grand Bourgtheroulde 27 49 Af 53
24350 Grand Brassac 24 124 Ac 77
59178 Grand-Bray 59 30 Dc 46
13310 Grand-Brays 13 170 Ef 86
16300 Grand-Breuil, le 16 123 Ze 75
86480 Grand-Breuil, le 86 111 Aa 70
19410 Grand-Brugeron 19 125 Bc 76
87130 Grand-Bueix 87 126 Bd 74
30300 Grand-Cabane, la 30 169 Ec 86
27270 Grand-Camp 27 49 Ad 54
76170 Grand-Camp 76 36 Ad 51
14450 Grandcamp-Maisy 14 34 Yf 52
40400 Grand-Candeles 40 147 Zb 85
83340 Grand Candumy 83 171 Gb 88
24150 Grand-Castang 24 136 Ae 79
13830 Grand Caunet 13 171 Fd 89
50370 Grand-Celland 50 46 Ye 56
27410 Grandchain 27 49 Ad 54
08270 Grandchamp 08 41 Ec 51
19380 Grandchamp 19 138 Bf 78
52600 Grandchamp 52 92 Fc 62
58110 Grand-Champ 58 104 Dd 66
72610 Grandchamp 72 68 Ab 59
89350 Grandchamp 89 89 Da 62
56390 Grand-Champ = Gregam 56 80 Xa 62
14140 Grandchamp-le-Château 14 48 Aa 54
44119 Grandchamps-des-Fontaines 44 82 Yc 64
25200 Grand-Charmont 25 94 Ge 63
39260 Grand-Châtel 39 119 Fe 70
86150 Grand-Chaume 86 112 Ad 71
25390 Grand-Chaux 25 108 Gd 65
28150 Grand-Chavernay, le 28 70 Bd 59
19270 Grand-Chemin 19 126 Bd 77
33550 Grand-Chemin, le 33 135 Zd 80
73260 Grand-Cœur 73 133 Gd 75
63300 Grand-Cognet 63 128 Dd 74
30110 Grand-Combe, la 30 154 Ea 83
25570 Grand' Combe-Châteleu 25 108 Gd 66
25210 Grand'Combe-des-Bois 25 108 Ge 66
25210 Grand-Communal, le 25 108 Ge 65
01250 Grand-Corent 01 119 Fc 71
40110 Grand-Coulin 40 146 Yf 84
33000 Grand-Courgas, le 33 134 Yf 79
76530 Grand-Couronne 76 37 Ba 52
80300 Grandcourt 80 29 Ce 48
33950 Grand-Crohot-Océan 33 134 Ye 80
42320 Grand-Croix, la 42 130 Ed 75
77510 Grand-Doucy 77 52 Db 55
87140 Grande, la 87 113 Bb 72
23140 Grande Balleyte 23 114 Ca 72
81140 Grande-Baraque, la 81 150 Be 84
83143 Grande-Bastide 83 171 Ff 88
83560 Grande-Bastide, la 83 171 Fe 87
83640 Grande-Bastide, la 83 171 Fe 88
84460 Grande Bastide, la 84 155 Fa 86
13530 Grande-Boise, la 13 171 Fe 88
18240 Grande-Borne, la 18 88 Ce 64
58220 Grande-Brosse, la 58 89 Da 64
05200 Grande-Cabane 05 145 Gc 82
88410 Grande-Catherine, la 88 76 Ga 60
08230 Grande-Chaudière 08 41 Ed 49
86330 Grande-Chaussée 86 99 Aa 67
85260 Grande-Chevasse, la 85 97 Yd 67
19290 Grande-Combe 19 126 Ca 74
17420 Grande-Côte, la 17 122 Yf 75
70120 Grandecourt 70 93 Ff 63
85690 Grande-Croix 85 96 Xf 67
02140 Grande Denteuse, la 02 41 Df 50
33680 Grande-Escoure 33 134 Yf 79
88490 Grande-Fosse 88 77 Ha 58
88240 Grande-Fosse, la 88 76 Gb 60
79120 Grande-Foye, la 79 111 Zf 71
87800 Grande-Garde, la 87 125 Bb 75
17600 Grande Gorce, la 17 122 Za 75
89770 Grande Jaronnée, la 89 73 Dd 60
89150 Grande-Justice, la 89 72 Da 59
37800 Grande-Maison 37 100 Ad 65
36500 Grande-Maison, la 36 101 Bb 67
27160 Grande-Mare, la 27 49 Af 56
86290 Grande-Mothe, la 86 113 Ba 70
34280 Grande-Motte, la 34 168 Ea 87
59710 Grand-Ennetières 59 30 Da 45
18290 Grande-Entrevin, le 18 102 Cb 67
77130 Grande-Paroisse, la 77 72 Cf 58
18170 Grande-Pra, la 18 102 Cb 69
70140 Grande-Résie, la 70 92 Fd 64
83111 Grande-Rimande, la 83 172 Gc 87
77150 Grande-Romaine, la 77 51 Cd 56
27350 Grande Rue, la 27 36 Ad 52
50700 Grande-Rue, la 50 33 Yd 51
10170 Grandes-Chapelles, les 10 73 Ea 58
76540 Grandes-Dalles, les 76 36 Ac 50
04530 Grande-Serenne 04 145 Ge 81
51400 Grandes-Loges, les 51 54 Eb 54
37370 Grandes Maisons, les 37 85 Ad 62
76520 Grandes Masures, les 76 37 Bb 52
76530 Grand Essart, le 76 49 Ba 52
38490 Grandès-Ternes, les 38 131 Fd 75
76950 Grandes-Ventes, les 76 37 Bb 50
59760 Grande-Synthe 59 27 Cb 42
68150 Grande-Verrerie, La 68 60 Hb 59
71990 Grande-Verrière, la 71 105 Ea 67
37340 Grande-Vignellerie, la 37 85 Ab 64
85670 Grande-Villeneuve, la 85 97 Yc 67
63320 Grandeyrolles 63 128 Da 75
54260 Grand-Failly 54 43 Fd 52
70220 Grand-Fays, le 70 93 Gc 61
59244 Grand-Fayt 59 31 De 48
47240 Grandfonds 47 149 Ae 83
24700 Grand-Fonmassonnade 24 136 Aa 78
25320 Grandfontaine 25 107 Ff 65
67130 Grandfontaine 67 60 Ha 58
25510 Grandfontaine-sur-Creuse 25 108 Gc 65
59153 Grand-Fort-Philippe 59 27 Ca 42
35390 Grand-Fougeray = Felgerig 35 82 Yb 62
60680 Grandfresnoy 60 39 Cd 52
45760 Grand Gharmoy, le 45 70 Ca 61
24300 Grand-Gillou 24 124 Ad 75
58350 Grand-Guichy 58 89 Da 65
08250 Grandham 08 54 Ef 53
50700 Grand-Hameau 50 33 Yc 52
14520 Grand Hameau, le 14 47 Za 52
88420 Grand-Himbaumont, le 88 77 Gf 58
33490 Grand-Housteau, le 33 135 Ze 81
28120 Grandhoux 28 69 Ba 59
86220 Grandins, les 86 100 Ad 67
86200 Grand-Insay, le 86 99 Aa 66
89200 Grand-Island, le 89 90 Df 64
23460 Grand-Janoit, le 23 114 Bf 73
33230 Grand-Jard, le 33 135 Ze 78
17350 Grandjean 17 122 Zc 73
28200 Grand-Juday, le 28 69 Bb 60
85670 Grand'Landes 85 97 Yc 68
18150 Grand-Laubray, le 18 103 Da 67
80132 Grand Lavuers 80 28 Be 48
37150 Grandlay 37 86 Af 65
33840 Grand-Lèbe 33 148 Ze 83
38690 Grand-Lemps, le 38 131 Fc 76
40210 Grand-Ligautenx 40 146 Yf 83
04210 Grand-Logisson, le 04 157 Ga 85
89300 Grand-Longueron, le 89 72 Dc 61
72150 Grand-Lucé, le 72 85 Ac 61
33480 Grand-Ludey 33 134 Za 78
02350 Grandlup-et-Fay 02 40 De 51
16450 Grand Madieu, le 16 112 Ac 73
18400 Grand-Malleray, le 18 102 Cb 67
12330 Grand-Mas 12 139 Cc 82
14170 Grandmesnil 14 48 Aa 55
18110 Grand-Millanfroid, le 18 88 Cb 65
59380 Grand Millebrugghe 59 27 Cb 43
79600 Grand-Moiré, le 79 99 Ze 67
71360 Grand-Moloy 71 105 Ec 66
50570 Grand-Moulin, le 50 33 Ye 53
83670 Grand-Nans 83 171 Ga 87
73260 Grand Naves 73 133 Gd 75
23240 Grand-Nérat 23 113 Bd 71
50600 Grandparigny 50 66 Yf 57
44850 Grand-Pâtis, le 44 82 Yd 64
16500 Grand-Peaupiquet 16 112 Ad 73
03350 Grand-Pernier 03 103 Ce 69
24440 Grand-Peyssou 24 137 Af 80
33950 Grand-Piquey, le 33 134 Ye 80
23360 Grand-Plaix, le 23 114 Be 70
36120 Grand-Plessis, le 36 102 Bf 68
70320 Grand-Poirmont 70 76 Gc 61
85480 Grand-Poiron, le 85 97 Ye 69
89113 Grand-Ponceau, le 89 89 Dc 61
13129 Grand-Ponche, la 13 169 Ed 88
86360 Grand-Pont 86 99 Ac 69
85230 Grand-Pont, le 85 96 Xf 67
08250 Grandpré 08 54 Ef 52
51480 Grand-Pré 51 53 Df 54
37350 Grand-Pressigny, le 37 100 Ae 67
53210 Grand-Puits, le 53 67 Zc 60
77720 Grandpuits-Bailly-Carrois 77 72 Cf 57
71350 Grand-Pussey 71 106 Ef 67
42290 Grand-Quartier, le 42 130 Ec 75
76140 Grand-Quevilly, le 76 37 Ba 52
13460 Grand-Radeau, le 13 169 Ec 88
57175 Grandrange 57 56 Ga 53
56440 Grand-Resto 56 80 Wf 61
48600 Grandrieu 48 141 Dd 80
02360 Grandrieux 02 41 Eb 50
63600 Grandrif 63 129 De 75
44660 Grand-Rigné, le 44 82 Yd 62
42940 Grand-Ris 42 129 Df 74
69870 Grandris 69D 117 Ec 72
19270 Grand-Roche 19 125 Bd 77
68160 Grand-Rombach 68 60 Hb 59
13460 Grand-Romieu 13 169 Ed 87
02210 Grand-Rozoy 02 52 Dc 53
60400 Grandrû 60 40 Da 51
62810 Grand-Rullecourt 62 29 Cc 47
88210 Grandrupt 88 77 Ha 58
88240 Grandrupt-de-Bains 88 76 Gb 60
58110 Grandry 58 104 De 66
58290 Grandry 58 104 De 66
40420 Grand-Sablis 40 147 Zd 84
23220 Grandsagne 23 114 Be 71
19300 Grandsaigne 19 126 Bf 76
27680 Grand-Saint-Aubin, le 27 36 Ad 52
80490 Grandsart 80 38 Bf 48
87160 Grands-Chézeaux, les 87 113 Bc 70
84400 Grands-Cléments, les 84 156 Fc 85
59232 Grand-Sec-Bois 59 29 Cd 44
71600 Grand-Sélore 71 117 Ea 70
82600 Grand-Selve 82 149 Ba 85
26530 Grand-Serre, le 26 131 Fa 77
83920 Grands-Esclans 83 172 Gd 87
45220 Grands-Moreaux, les 45 89 Da 61
42370 Grands-Murcins, les 42 117 Df 72
57560 Grand-Soldat 57 60 Ha 57
18240 Grand-Sort, le 18 88 Cf 64
41210 Grand-Soupeau, le 41 87 Bf 63
58400 Grand-Soury, le 58 103 Da 66
30300 Grands-Patis, les 30 169 Ed 86
12320 Grand-Vabre 12 139 Cc 81
15260 Grandval 15 140 Da 79
63890 Grandval 63 128 Dd 75
23250 Grandvallée 23 114 Be 73
37110 Grand-Vallée, la 37 85 Af 63
48260 Grandvals 48 140 Da 80
88230 Grand-Valtin, le 88 77 Gf 60
71430 Grandvaux 71 117 Eb 69
03320 Grand-Veau 03 103 Cf 68
70190 Grandvelle-et-le-Perrenot 70 93 Ff 63
02120 Grand-verly 02 40 Dd 49
42111 Grand-Vernay 42 129 Df 74
85330 Grand-Viel, le 85 96 Xe 66
56360 Grand-Village 56 80 We 65
85140 Grand Village 85 97 Ye 68
17270 Grand-Village, le 17 135 Ze 77
33860 Grand-Village, le 33 123 Zc 77
37530 Grand-Village, le 37 86 Ba 64
17370 Grand-Village-Plage, le 17 122 Ye 73
18120 Grand-Villain 18 102 Ca 66
90600 Grandvillars 90 94 Gf 63
10700 Grandville 10 73 Eb 57
22120 Grandville 22 64 Xc 57
77720 Grandvillé 77 52 Cf 57
08700 Grandville, la 08 42 Ee 50
44170 Grandville, la 44 82 Yc 63
28310 Grandville-Gaudreville 28 70 Bf 58
88600 Grandvillers 88 77 Ge 59
03350 Grand-Villers, le 03 115 Cd 69
27240 Grandvilliers 27 49 Ba 56
60210 Grandvilliers 60 38 Bf 51
89700 Grand-Virey, le 89 90 Ea 61
17470 Grand-Virollet 17 111 Zd 73
02170 Grand-Wez, le 02 40 De 49
26400 Grâne 26 142 Ef 80
46170 Granéjouls 46 150 Bc 82
46140 Granels, les 46 150 Bb 82
30750 Granenie, la 30 153 Db 84
11500 Granès 11 178 Cb 91
33450 Graney 33 135 Zd 79
63690 Grange 63 127 Cd 75
16350 Grange, la 16 112 Ac 72
17700 Grange, la 17 110 Zb 71
24640 Grange, la 24 125 Af 77
25380 Grange, la 25 94 Ge 65
31330 Grange, la 31 164 Bb 86
33290 Grange, la 33 135 Zc 79
33430 Grange, la 33 148 Ze 82
63630 Grange, la 63 128 Dd 76
83111 Grange, la 83 172 Gc 87
17770 Grange-à-Robin, la 17 123 Zd 73
88260 Grange-au-Bois, la 88 76 Ga 60
60190 Grange au Diable 60 39 Cd 52
89510 Grange-au-Doyen, la 89 72 Dc 60
10300 Grange-au-Rez 10 73 Df 59
51800 Grange aux-Bois, la 51 54 Ef 54
57070 Grange-aux-Bois, la 57 56 Gb 54
87520 Grange-de-Beuil, la 87 113 Ba 73
39600 Grange-de-Vaive 39 107 Ff 66
89260 Grange-le-Bocage 89 72 Dc 59
10300 Grange-L'Evêque 10 73 Df 59
58350 Grange-Mouton, la 58 103 Db 66
40990 Grangeon 40 146 Ye 86
89500 Grange-Pourrain 89 72 Dc 60
45390 Grangermont 45 71 Cc 59
07500 Granges 07 142 Ef 79
71390 Granges 71 105 Ee 68
88220 Granges 88 76 Gc 60
03500 Granges, les 03 116 Db 70
05700 Granges, les 05 144 Fd 82
10210 Granges, les 10 73 Ea 60
10510 Granges, les 10 73 De 57
21150 Granges, les 21 91 Ec 63
24350 Granges, les 24 124 Ad 77
24400 Granges, les 24 136 Ab 78
26110 Granges, les 26 156 Fb 83
26150 Granges, les 26 143 Fc 80
26170 Granges, les 26 156 Fc 83
36200 Granges, les 36 113 Bd 69
43320 Granges, les 43 141 De 78
46110 Granges, les 46 138 Be 79
52220 Granges, les 52 74 Ee 58
56190 Granges, les 56 81 Xd 63
65100 Granges, les 65 162 Zf 90
73210 Granges, les 73 133 Ge 75
73440 Granges, les 73 133 Gd 76
74470 Granges, les 74 120 Gd 71
82140 Granges, les 82 150 Bd 84
85340 Granges, les 85 96 Ya 69
88640 Granges-Aumontzey 88 77 Ge 60
24390 Granges-d'Ans 24 125 Ba 77
31110 Granges-d'Astau 31 175 Ad 92
04150 Granges de Dauban 04 156 Fd 84
31110 Granges-de-Labach 31 176 Ad 92
06450 Granges-de-la-Brasque 06 159 Hb 84
06430 Granges-de-la-Pie 06 159 Hd 84
25360 Granges-de-Vienney 25 107 Gb 65
06450 Granges-du-Colonel 06 159 Hc 84
65170 Granges-du-Moudang 65 175 Ab 92
25440 Granges-du-Sapin 25 107 Ff 66
39250 Granges-du-Sillet, les 39 107 Ga 68
26290 Granges-Gontardes, les 26 155 Ee 82
70270 Granges-Guenin, les 70 94 Gd 62
70400 Granges-la-Ville 70 94 Gd 63
70400 Granges-le-Bourg 70 94 Gd 63
91410 Granges-le-Roi, les 91 70 Ca 57
26600 Granges-les-Beaumont 26 143 Ef 78
25300 Granges-Narboz 25 108 Gb 67
88220 Granges-Richard, les 88 76 Gc 60
51260 Granges-sur-Aube 51 73 Df 57
39210 Granges-sur-Baume 39 107 Fd 68
47260 Granges-sur-Lot 47 148 Ac 82
88640 Granges-sur-Vologne 88 77 Ge 60
89520 Grangette 89 89 Db 63
31310 Grangette, la 31 164 Bb 89
25160 Grangettes, les 25 108 Gb 67
14160 Grangues 14 48 Zf 53
73210 Granier 73 133 Gd 75
30170 Graniers 30 154 Df 85
38490 Granieu 38 131 Fd 75
05100 Granon 05 145 Gd 79
04110 Granons, les 04 156 Fd 85
13450 Grans 13 170 Fa 87
50400 Granville 50 46 Yc 55
79360 Granzay-Gript 79 110 Zd 71
07260 Granzial 07 141 Ea 81
41100 Grapperie, la 41 86 Ba 62
07700 Gras 07 155 Ed 82
25790 Gras, les 25 108 Gd 67
12120 Grascazes 12 151 Cc 84
16380 Grassac 16 124 Ac 75
06130 Grasse 06 173 Gf 87
67350 Grassendorf 67 58 Hd 56
34420 Grassette, la 34 167 Dc 88
85150 Grassière 85 96 Yb 69
38380 Grassotière, la 38 131 Fe 76
27210 Grasville 27 36 Ac 52
23500 Gratade, la 23 126 Ca 74
63210 Gratade, la 63 127 Ce 75
20147 Gratelle CTC 182 Id 95
20250 Gratelle CTC 182 Ka 95
87310 Grateloube 87 125 Af 74
40120 Grateloup 40 147 Zd 84
47400 Grateloup 47 148 Ac 82
31430 Gratens 31 164 Ba 89
31150 Gratentour 31 164 Bc 86
27220 Gratheuil 27 50 Bb 55
80500 Gratibus 80 39 Cd 50
33910 Gratien 33 135 Ze 78
24130 Grationie, la 24 136 Ab 79
50200 Gratot 50 46 Yc 54
51800 Gratreuil 51 54 Ee 53
02360 Gratreux 02 41 Eb 50
80680 Grattepanche 80 38 Cb 50
25620 Gratteris, le 25 107 Ga 65
70170 Grattery 70 93 Ga 62
53100 Grattoir, le 53 66 Zb 58
34300 Grau-d'Agde, le 34 167 Dc 89
30240 Grau-du-Roi, le 30 168 Ea 87
67320 Graufthal 67 58 Hb 56
46500 Graules 46 138 Bd 80
24340 Graulges, les 24 124 Ac 76
81300 Graulhet 81 151 Bf 86
09420 Grausse, la 09 177 Bb 90
51190 Grauves 51 53 Df 55
88300 Graux 88 76 Ff 58
76270 Graval 76 37 Bd 50
12260 Grave 12 138 Bf 82
33230 Grave 33 135 Zf 78
05320 Grave, la 05 144 Gb 78
06440 Grave, la 06 159 Hc 86
24490 Grave, la 24 135 Aa 78
39190 Graveleuse 39 119 Fc 69
59820 Gravelines 59 27 Ca 43
17290 Gravelle, la 17 110 Za 72
53410 Gravelle, la 53 66 Yf 60
01160 Gravelles 01 119 Fc 72
57130 Gravelotte 57 56 Ga 54
50720 Gravengerie, la 50 66 Za 57
14350 Graverie, la 14 47 Za 55
63110 Gravorolloc, loc 63 116 Cf 73
27110 Graveron-Sémerville 27 49 Af 54
04250 Graves 04 157 Ga 82
12200 Graves 12 151 Bf 82
10120 Graves 10 123 Zf 75

03500 Graves, les 03 116 Db 71
13690 Graveson 13 155 Ee 85
21400 Gravotto, la 24 136 Ac 78
41170 Gravier 41 69 Af 61
18150 Gravier, le 18 103 Cf 67
61310 Gravière, la 61 48 Ab 56
83340 Gravière, la 83 171 Gb 88
07140 Gravières 07 154 Ea 81
27930 Gravigny 27 49 Ba 54
24130 Gravillac 24 136 Ac 79
74300 Gravin 74 120 Gd 72
77118 Gravon 77 72 Da 58
35480 Gravot 35 82 Ya 62
70100 Gray 70 92 Fd 64
33590 Grayan-et-L'Hôpital 33 122 Yf 76
39320 Graye et Charnay 39 119 Fc 70
14470 Graye-sur-Mer 14 47 Zd 53
70100 Gray-la-Ville 70 92 Fd 64
47270 Grayssas 47 149 Af 83
31190 Grazac 31 164 Bc 89
43200 Grazac 43 129 Eb 77
81800 Grazac 81 150 Bd 85
53440 Grazay 53 67 Zd 59
20218 Grazianaccia CTC 181 Ka 94
48120 Grazières-Mages 48 140 Dc 80
46160 Gréalou 46 138 Bf 81
13850 Gréasque 13 171 Fd 88
56840 Gréavo 56 80 Xb 63
80140 Grebault-Mesnil 80 38 Be 48
64240 Gréciette 64 160 Ye 88
80400 Grécourt 80 39 Cf 50
39290 Gredisans 39 106 Fd 66
35380 Grée, la 35 81 Xf 61
44410 Grée, la 44 81 Xe 63
56120 Grée-Saint-Laurent, le 56 64 Xd 61
72320 Gréez-sur-Roc 72 69 Ae 60
11250 Greffeil 11 166 Cc 90
01440 Greffets, les 01 118 Fb 71
78120 Greffiers 78 70 Bf 57
56140 Greffins, les 56 81 Xe 62
56390 Gregam = Grand-Champ 56 80 Xa 62
76370 Grèges 76 37 Ba 49
63580 Grégottier 63 115 Ce 73
77166 Grégy-sur-Yerres 77 51 Cd 56
24800 Grelière 24 125 Ba 76
57170 Grémecey 57 56 Gc 56
60380 Grémevillers 60 38 Bf 51
88240 Grémifontaine 88 76 Gb 60
55150 Gremilly 55 55 Fc 53
76970 Grémonville 76 37 Ae 50
13300 Grenade 31 150 Bb 86
40270 Grenade-sur-L'Adour 40 147 Zd 86
21540 Grenand-lès-Sombernon 21 91 Ee 65
52500 Grenant 52 92 Fd 62
62760 Grenas 62 29 Cc 47
38540 Grenay 38 131 Fa 75
62160 Grenay 62 29 Ce 46
67190 Grendelbruch 67 60 Hb 58
87800 Grenerie, la 87 125 Ba 75
17740 Grenettes, les 17 109 Yd 72
45480 Greneville-en-Beauce 45 71 Ca 59
43450 Grenier-Montgon 43 128 Db 77
63410 Greniers, les 63 115 Cf 73
42510 Grénieux 42 129 Ea 74
57660 Grening 57 57 Gf 55
38000 Grenoble 38 131 Fe 77
16150 Grenois 58 89 Dd 65
16150 Grenord 16 124 Ae 73
34190 Grenouillet 34 153 Dd 85
24320 Grenouillier 24 124 Ac 76
35270 Grenouillière, la 35 65 Yb 58
53940 Grenoux 53 66 Za 60
14540 Grentheville 14 35 Ze 54
68960 Grentzingen 68 95 Hb 63
76630 Greny 76 37 Bb 49
44530 Grény, le 44 81 Ya 63
06620 Gréolières 06 158 Gf 86
06620 Gréolières-les-Neiges 06 158 Gf 85
04800 Gréoux-les-Bains 04 157 Ff 86
31190 Grépiac 31 164 Bc 88
31480 Grès, le 31 164 Ba 86
07000 Grès, les 07 142 Ed 80
33570 Grésard 33 135 Zf 79
13750 Grès-Hauts 13 155 Fa 86
21150 Grésigny-Sainte-Reine 21 91 Ed 63
49700 Grésille, la 49 98 Zd 65
73240 Gresin 73 131 Fd 75
42460 Gresle, la 42 117 Eb 72
26560 Gresse 26 156 Fc 83
38650 Gresse-en-Vercors 38 143 Fd 79
12230 Gressentis 12 153 Dc 85
78550 Gressey 78 50 Bd 55
44390 Gressin, le 44 82 Yd 64
67190 Gresswiller 67 60 Hc 57
77410 Gressy 77 51 Ce 55
73100 Grésy-sur-Aix 73 132 Ff 74
73460 Grésy-sur-Isère 73 132 Gb 75
35690 Gretais, la 35 66 Yc 59
77220 Gretz-Armainvilliers 77 52 Ce 56
70130 Greucourt 70 93 Ff 63
76810 Greuville 76 37 Af 50
88630 Greux 88 75 Fe 58
17330 Grève 17 111 Zd 72
44310 Grève, la 44 97 Yc 66
52220 Grève, la 52 74 Ee 58
76480 Greve, la 76 37 Af 52
85140 Grève, la 85 97 Ye 68
17170 Grève-sur-Mignon, la 17 110 Zb 71
50440 Gréville-Hague 50 33 Yb 50
62450 Grévillers 62 30 Ce 48
71700 Grevilly 71 118 Ee 69
07000 Greytus 07 142 Ec 80
60210 Grez 60 38 Bf 51
82270 Grez 82 150 Bd 83
72140 Grez, le 72 67 Zf 59
17120 Grézac 17 122 Za 75
46350 Grezal 46 137 Bc 80
24250 Grèze, la 24 137 Bb 80
24250 Grézelle 24 137 Ba 80
46700 Grézels 46 137 Ba 82
53290 Grez-en-Bouère 53 84 Zc 61
11000 Grèzes 11 166 Cb 89
24120 Grèzes 24 137 Bc 78
43170 Grèzes 43 140 Dc 79
46320 Grèzes 46 138 Be 81
48100 Grèzes 48 140 Dc 81
46140 Grèzes, les 46 150 Bb 82
47250 Grézet-Cavagnan 47 148 Aa 82
03410 Grézilles 03 115 Ce 71
69290 Grézieu-la-Varenne 69M 130 Ee 74
69610 Grézieu-le-Marché 69M 130 Ec 75
42600 Grézieux-le-Fromental 42 129 Ea 75
33420 Grézillac 33 135 Ze 80
49320 Grézillé 49 84 Zd 65
49220 Grez-Neuville 49 83 Zb 63
42260 Grézolles 42 129 Df 73
77880 Grez-sur-Loing 77 71 Ce 59
12170 Griac 12 152 Cd 84
02100 Gricourt 02 40 Db 49
01290 Grièges 01 118 Ef 71
85360 Grière, la 85 109 Yd 70
67240 Gries 67 58 He 56
67110 Griesbach 67 58 He 55
68140 Griesbach-au-Val 68 77 Hb 60
67330 Griesbach-le-Bastberg 67 58 Hc 56
67870 Griesheim-près-Molsheim 67 60 Hd 57
67370 Griesheim-sur-Souffel 67 58 He 57
15220 Griffeuilles 15 139 Cc 79
20200 Grigione CTC 181 Kc 92
26230 Grignan 26 155 Ef 82
76850 Grigneuseville 76 37 Bb 51
24110 Grignols 24 136 Ad 78
33690 Grignols 33 148 Zf 82
21150 Grignon 21 91 Ec 63
45260 Grignon 45 88 Cc 61
73200 Grignon 73 132 Gc 75
37160 Grignon, le 37 100 Ad 66
88410 Grignoncourt 88 76 Ff 61
51800 Grigny 51 55 Fa 54
62140 Grigny 62 29 Ca 46
62650 Grigny 62 28 Bf 45
69520 Grigny 69M 130 Ee 75
91350 Grigny 91 51 Cc 57
44170 Grignonnais, la 44 82 Yb 63
57245 Grigy 57 56 Gb 54
15700 Grillère, la 15 139 Cb 77
89240 Grilletière, la 89 89 Dc 62
84600 Grillon 84 155 Ef 82
01220 Grilly 01 120 Ga 71
12200 Grimals, les 12 151 Bf 82
33910 Grimard 33 135 Ze 78
55400 Grimaucourt-en-Woëvre 55 55 Fd 53
55500 Grimaucourt-près-Sampigny 55 55 Fc 56
83310 Grimaud 83 172 Gd 89
82230 Grimaudié, la 82 150 Bd 85
86330 Grimaudière, la 86 99 Aa 68
89310 Grimault 89 90 Df 63
14220 Grimbosq 14 47 Zd 54
50450 Grimesnil 50 46 Yd 55
82160 Grimmaudie, la 82 151 Bf 83
54115 Grimonviller 54 76 Ga 58
50590 Grimouville 50 46 Yc 54
62760 Grincourt-lès-Pas 62 29 Cc 47
57480 Grindorff 57 44 Gd 52
15130 Grinhac 15 139 Cd 79
12630 Grioudas 12 152 Ce 82
79150 Gripière, la 79 98 Zc 66
65710 Gripp 65 175 Ab 91
58130 Grippe, la 58 103 Db 66
17620 Gripperie-Saint-Symphorien, la 17 122 Za 74
50320 Grippon, le 50 46 Yd 56
54290 Gripport 54 76 Gb 58
79360 Gript 79 110 Zd 71
86700 Gris 86 112 Ab 71
54380 Griscourt 54 56 Ga 55
21330 Griselles 21 90 Ec 61
45210 Griselles 45 72 Ce 60
20218 Grisgione CTC 181 Kb 94
20200 Grisgioni = Grigione CTC 181 Kc 92
59600 Grisoëlle, la 59 31 Df 47
02210 Grisolles 02 52 Dc 54
82170 Grisolles 82 150 Bb 86
40430 Grison 40 147 Zd 83
14170 Grisy 14 48 Zf 54
95810 Grisy-les-Plâtres 95 51 Ca 54
77166 Grisy-Suisnes 77 51 Cd 56
77480 Grisy-sur-Seine 77 72 Db 58
38300 Grive, la 38 131 Fb 75
24170 Grives 24 137 Ba 80
80250 Grivesnes 80 39 Cc 50
80700 Grivillers 80 39 Ce 51
38460 Grivoux 38 131 Fc 74
08400 Grivy-Loisy 08 42 Ed 52
48220 Grizac 48 153 De 82
56700 Groac'h Carnet 56 79 We 62
29520 Groas-Brenn 29 78 Wa 60
46110 Groches 46 138 Be 79
67470 Grœttwiller 67 59 Ia 55
48170 Grofau 48 141 De 81
62600 Groffliers 62 28 Bd 46
28190 Grognault 28 69 Bb 58
16200 Groie, la 16 123 Ze 74
28630 Groindreville 28 70 Bc 58
63790 Groire 63 128 Cf 75
85110 Grois, les 85 97 Yf 68
59360 Groise, la 59 31 De 48
18140 Groises 18 103 Ce 65
01100 Groissiat 01 119 Fd 71
74570 Groisy 74 120 Ga 72
56590 Groix 56 79 Wd 63
24250 Groléjac 24 137 Bb 80
19320 Grolier, le 19 126 Ca 77
16490 Grolière, la 16 112 Ac 72
16360 Grolle, la 16 123 Ze 76
85190 Grolle, la 85 97 Yc 69
18800 Gron 18 103 Ce 66
89100 Gron 89 72 Db 60
02140 Gronard 02 41 Df 50
17100 Gros-, le 17 123 Zc 74
84220 Gros, les 84 155 Fb 85
57520 Grosbliederstroff 57 57 Gf 53
21540 Grosbois-en-Montagne 21 91 Ed 65
21250 Grosbois-lès-Tichey 21 106 Fb 66
17100 Gros-Bonnet, le 17 123 Zc 74
16380 Grosbot 16 124 Ac 75
16570 Grosbot 16 123 Aa 74
05440 Grosbreuil 85 109 Yc 70
19320 Gros-Chastang 19 126 Bf 77
71220 Gros-Chigy, le 71 118 Ed 69
79220 Groseillers, les 79 111 Zd 69
62134 Groseillier, le 62 29 Cb 45
04330 Gros-Jas 04 157 Gb 85
36160 Groslards, les 36 114 Ca 70
95410 Groslay 95 51 Cb 55
01680 Groslée-Saint-Benoît 01 131 Fd 74
27170 Grosley-sur-Risle 27 49 Ae 54
63140 Grosliers, les 63 115 Da 73
28170 Groslu-Saint-Ange 28 49 Bb 57
90200 Grosmagny 90 94 Gf 62
90100 Grosne 90 94 Ha 63
23350 Grospeaux 23 114 Bf 70
07120 Grospierres 07 154 Eb 82
57410 Gros-Réderching 57 57 Hb 54
78490 Grosrouvre 78 50 Be 56
54470 Grosrouvres 54 56 Ff 56
20100 Grossa CTC 184 If 99
55140 Grossaincourt 55 75 Fe 58
20128 Grosseto Prugna CTC 184 If 97
79150 Grossinière, la 79 98 Zc 66
47110 Grossis 47 149 Ad 82
27220 Grossœuvre 27 49 Bb 55
18600 Grossouvre 18 103 Cf 67
57660 Grostenquin 57 57 Ge 55
27370 Gros-Theil, le 27 49 Af 53
16170 Grosville 16 123 Zf 74
50340 Grosville 50 33 Yb 51
73360 Grotte, la 73 132 Fe 76
09400 Grotte de Niaux 09 177 Bd 92
01450 Grotte du Cerdon 01 119 Fc 72
38390 Grottes de la Balme 38 131 Fc 73
31260 Grottes de Marsoulas 31 164 Af 90
09400 Grotte Soudour 09 177 Bd 91
29880 Grouannec, le 29 61 Vd 57
80600 Grouches-Luchuel 80 29 Cc 47
45380 Groue, la 45 87 Be 61
02110 Grougis 02 40 Dd 49
81600 Groulrère, la 81 150 Be 85
18240 Grouseau, le 18 88 Cf 64
50610 Groussey 50 46 Yc 56
72610 Groutel 72 68 Aa 58
18200 Groutte, la 18 102 Cd 68
86100 Groyes, les 86 100 Ae 68
24350 Groze, la 24 124 Ad 77
07270 Grozon 07 142 Ee 79
39800 Grozon 39 107 Fe 67
76760 Gruchet 76 37 Af 50
76210 Gruchet-le-Valasse 76 36 Ac 51
76810 Gruchet-Saint-Siméon 76 37 Af 50
14740 Gruchy 14 35 Zd 53
50440 Gruchy 50 33 Yb 50
40210 Gruë 40 146 Za 83
08380 Gruerie, la 08 41 Ec 49
85580 Grues 85 109 Ye 70
40410 Gruey 40 147 Zb 83
88240 Gruey-lès-Surance 88 76 Gb 60
74540 Gruffy 74 132 Ga 74
49520 Grugé-L'Hôpital 49 83 Yf 62
02680 Grugies 02 40 Db 50
76690 Grugny 76 37 Ba 51
11430 Gruissan 11 167 Da 90
11430 Gruissan-Plage 11 167 Da 90
76440 Grumesnil 76 38 Be 51
24380 Grun 24 136 Ad 78
57510 Grundviller 57 57 Gf 54
63490 Gruns, les 63 128 Dc 75
80700 Gruny 80 39 Ce 50
71760 Grury 71 104 Df 68
59152 Gruson 59 30 Db 45
39190 Grusse 39 106 Fd 69
68320 Grussenheim 68 60 Hc 60
20128 Grussetu-Prugnu = Grosseto-Prugna CTC 184 If 97
74170 Gruvaz, la 74 133 Ge 73
08430 Gruyères 08 42 Ed 50
33590 Gua, la 33 122 Yf 76
17600 Gua, le 17 122 Za 74
38450 Gua, le 38 144 Fd 78
20160 Guagno CTC 182 If 95
20125 Guagno les Bains CTC 182 If 95
20160 Guagnu = Guagno CTC 182 If 95
28260 Guainville 28 50 Bc 55
20200 Guaitella CTC 181 Kc 92
20245 Guaitella u Fangu CTC 180 Ie 94
20121 Guarchetta CTC 182 Ka 96
20220 Guardiola CTC 180 If 93
20128 Guargualé CTC 184 If 97
24370 Guarrigues, les 24 137 Bb 79
04150 Gubian 04 156 Fd 85
65170 Guchan 65 175 Ac 91
65240 Guchen 65 175 Ac 91
09120 Gudas 09 177 Be 90
47220 Gudech 47 149 Ad 84
52320 Gudmont-Villiers 52 75 Fa 58
79270 Gué 79 110 Zc 71
86380 Gué, le 86 99 Ab 68
57510 Guebenhouse 57 57 Gf 54
68420 Gueberschwihr 68 60 Hb 60
57260 Guébestroff 57 57 Ge 56
57260 Guéblange-lès-Dieuze 57 57 Ge 56
57260 Guébling 57 57 Ge 55
68500 Guebwiller 68 95 Hb 61
72230 Guécélard 72 84 Aa 61
17540 Gué-d'Alleré, le 17 110 Za 71
61130 Gué-de-la-Chaîne, le 61 68 Ad 58
49390 Gué-de-Lauet, le 49 84 Aa 64
72320 Gué-de-Launay 72 69 Ae 60
28700 Gué-de-Longroi, le 28 70 Be 57
49650 Gué-de-Louet, le 49 84 Zf 65
72500 Gué-de-Mézières, le 72 85 Ac 63
49150 Guédéniau, le 49 84 Zf 64
49390 Gué-de-Ray 49 84 Aa 64
85770 Gué-de Velluire, le 85 110 Za 70
08230 Gué-d'Hossus 08 41 Ed 49
41100 Gué-du-Loir, le 41 86 Af 62
56120 Guégon 56 81 Xc 61
35111 Guéhaire, la 35 65 Yb 57
50210 Guéhébert 50 46 Yd 55
56420 Guéhenno 56 80 Xc 61
85640 Gué-Jourdain, le 85 97 Yf 68
57310 Guélange 57 56 Gb 53
56300 Gueltas 56 79 Wf 60
56920 Gueltas 56 64 Xb 60
72110 Guémançais 72 68 Ac 59
62128 Guémappe 62 30 Cf 47
68970 Guémar 68 60 Hc 59
44290 Guémené-Penfao 44 82 Ya 63
56160 Guémené-sur-Scorff 56 79 We 60
80430 Guémicourt 80 38 Be 50
49490 Gué-Morin 49 84 Ab 64
62370 Guemps 62 27 Bf 43
62890 Guémy 62 27 Bf 44
29190 Guénaléguen 29 62 Wa 59
71190 Guenand 71 105 Eb 67
57310 Guénange 57 44 Gb 53
22140 Guénézan 22 63 We 57
29180 Guengat 29 78 Ve 60
56150 Guénin 56 79 Xa 61
56920 Guénolay 56 64 Xa 60
44290 Guénouvry 44 82 Yb 63
22350 Guenroc 22 65 Xf 59
44530 Guenrouet 44 81 Ya 63
57470 Guenviller 57 57 Ge 54
72130 Gué-Ory 72 68 Zf 59
61160 Guêprei 61 48 Zf 55
56380 Guer 56 81 Xf 61
44350 Guérande 44 81 Xd 65
27310 Guérard 27 37 Ae 52
77580 Guérard 77 52 Cf 56
81710 Guéraudarre, la 81 165 Cb 87
80500 Guerbigny 80 39 Cd 50
37350 Guerche, la 37 100 Ae 67
86420 Guerche, la 86 99 Ab 67
35130 Guerche-de-Bretagne, la 35 66 Ye 61
18150 Guerche-sur-L'Aubois, la 18 103 Cf 67
77760 Guercheville 77 71 Cd 59
89113 Guerchy 89 89 Dc 61
01090 Guéreins 01 118 Ee 72
23000 Guéret 23 114 Bf 71
71620 Guerfand 71 106 Fa 68
22210 Guerfiac 22 64 Xc 60
58330 Guérignaults 58 104 Dd 66
58130 Guérigny 58 103 Db 66
56660 Guérihuel, le 56 80 Xb 62
47250 Guérin 47 148 Aa 82
63310 Guerinet, le 63 116 Dc 72
85680 Guerinière, la 85 96 Xe 67
04400 Guérins, les 04 158 Gd 82
22530 Guerlédan 22 64 Xa 59
29650 Guerlesquin 29 63 Wc 57
57260 Guermange 57 57 Ge 56
77600 Guermantes 77 51 Ce 55
29410 Guern 29 62 Wa 57
56310 Guern 56 79 Wf 60
27160 Guernanville 27 49 Af 55
78520 Guernes 78 50 Bd 54
56130 Guernet 56 81 Xd 64
56500 Guernic 56 80 Xa 61
29160 Guernigenet 29 62 Vd 59
29410 Guernigou 29 62 Wa 58
56190 Guerno, le 56 81 Xd 63
27720 Guerny 27 50 Be 53
14400 Guéron 14 47 Zb 53
53290 Guérouillère, la 53 84 Zc 62
27160 Guéroulde, la 27 49 Af 56
55000 Guerpont 55 55 Fb 56
71160 Guerreaux, les 71 117 Df 69
29400 Guerruas 29 62 Vf 57
57320 Guerstling 57 44 Gd 53
57880 Guerting 57 57 Gd 53
56400 Guerveur 56 80 Wf 62
76340 Guerville 76 37 Bd 49
78930 Guerville 78 50 Be 55
80150 Gueschart 80 28 Ca 47
59287 Guesnain 59 30 Da 46
86420 Guesnes 86 99 Aa 67
57380 Guessling-Hémering 57 57 Gd 54
56190 Guet, le 56 81 Xd 63
40170 Guetch 40 146 Ye 84
64210 Guéthary 64 160 Yc 88
89570 Guette 89 73 De 60
21430 Guette, la 21 105 Eb 65
36500 Guette, la 36 101 Bb 67
80360 Gueudecourt 80 30 Cf 48
45480 Gueudreville 45 70 Ca 59
45480 Gueudreville 45 71 Ca 60
71130 Gueugnon 71 104 Ea 69
76730 Gueures 76 37 Af 49
50360 Gueutteville 50 33 Yd 52
76890 Gueutteville 76 37 Ba 51
76460 Gueutteville-les-Grès 76 36 Ae 49
51390 Gueux 51 53 Df 53
68210 Guevenatten 68 94 Ha 62
68116 Guewenheim 68 94 Ha 62
33240 Gueynard 33 135 Zd 78
11230 Gueytes-et-Labastide 11 165 Ca 90
24310 Gueyzat 24 124 Ad 76
47170 Gueyze 47 148 Aa 84
88600 Gugnécourt 88 77 Gd 59
54930 Gugney 54 76 Ga 58
88450 Gugney-aux-Aulx 88 76 Gb 59
39190 Gugniots, les 39 119 Fc 69
33620 Guibard 33 135 Zd 78
64250 Guibelarte 64 160 Yd 89
53110 Guiberdière, la 53 67 Zd 58
80430 Guibermesnil 80 38 Bf 49
05220 Guiberts, les 05 145 Gd 79
35460 Guiborel 35 66 Yd 58
44440 Guibretière, la 44 82 Ye 64
44680 Guibretière, la 44 96 Yb 66
27930 Guichainville 27 49 Bb 55
64520 Guiche 64 160 Ye 87
71220 Guiche, la 71 117 Ec 69
35580 Guichen = Gwizien 35 65 Yb 61
85130 Guicherie, la 85 97 Yf 67
29410 Guiclan 29 62 Wa 57
71130 Guide, la 71 117 Df 69
56520 Guidel 56 79 Wc 62
56520 Guidel-Plages 56 79 Wc 62
57720 Guiderkirch 57 58 Hb 54
45230 Guidus, les 45 88 Cf 61
72380 Guierche, la 72 68 Ab 60
60480 Guignecourt 60 38 Ca 52
10140 Guignefolle 10 111 Zf 70
80540 Guignemicourt 80 38 Cb 49
35580 Guignen 35 82 Ya 61
77390 Guignes 77 52 Ce 57
45300 Guigneville 45 71 Cb 59
91590 Guigneville-sur-Essonne 91 71 Cc 58
02190 Guignicourt 02 41 Df 52
08430 Guignicourt-sur-Vence 08 42 Ed 50
45480 Guignonville 45 71 Ca 59
62140 Guigny 62 28 Ca 47
50160 Guilberville 50 47 Za 55
29820 Guilers 29 61 Vc 58
29710 Guiler-sur-Goyen 29 78 Vd 60
86120 Guilgaudrie, la 86 99 Aa 66
64270 Guilhat 64 161 Za 88
07500 Guilherand 07 142 Ef 79
33420 Guillac 33 135 Ze 80
56800 Guillac 56 81 Xd 61
31420 Guillanat 31 164 Af 89
22470 Guillardon 22 63 Wf 56
82240 Guillau 82 150 Bd 84
80170 Guillaucourt 80 39 Cd 49
06470 Guillaumes 06 158 Gf 84
33720 Guillaumes, les 33 135 Zc 81
03390 Guillaumets, les 03 115 Cf 71
44360 Guillaumière, la 44 96 Yb 65
46330 Guillayne 46 150 Bd 82
40090 Guillemensous 40 147 Zc 84
33720 Guillemin 33 135 Zc 81
47170 Guillemont 47 148 Ab 84
80360 Guillemont 80 39 Ce 48
32730 Guilleri 32 163 Ab 88
03250 Guillermie, la 03 116 Dd 73
03120 Guillermin 03 116 Dd 71
91690 Guillerval 91 70 Ca 58
14630 Guillerville 14 35 Ze 54
05600 Guillestre 05 145 Gd 81
28310 Guilleville 28 70 Be 59
56490 Guilliers 56 64 Xd 60
29300 Guilligomarc'h 29 79 Wd 61
32720 Guillon 32 162 Ze 86
89420 Guillon 89 90 Ea 63
25110 Guillon-les-Bains 25 93 Gc 65
28140 Guillonville 28 70 Bd 60
33720 Guillos 33 135 Zc 81
58240 Guillot, le 58 103 Da 68
79420 Guillotière, la 79 111 Zf 69
50500 Guillotterie, la 50 34 Yd 53
32600 Guilloutets, les 32 164 Ba 86
24380 Guilloux, les 24 136 Ae 78
18220 Guilly 18 102 Cd 66
36150 Guilly 36 101 Be 66
45600 Guilly 45 88 Cb 62
29246 Guilly, le 29 63 Wc 58
29730 Guilvinec = Ar-Gelveneg 29 78 Ve 62
29620 Guimaëc 29 63 Wb 56
76630 Guimécourt 76 37 Bb 49
76340 Guimerville 76 38 Be 49
29400 Guimiliau 29 62 Wa 58
61700 Guimondières, les 61 67 Zb 57
35350 Guimorais, la 35 65 Ya 56
16300 Guimps 16 123 Ze 76
40140 Guin 40 160 Yd 86
64390 Guinarthe-Parentis 64 161 Za 88
08130 Guincourt 08 42 Ed 51
52300 Guindrecourt-aux-Ormes 52 75 Fa 58
52330 Guindrecourt-sur-Blaise 52 74 Ef 59
44450 Guineau, le 44 82 Yd 65
62130 Guinecourt 62 29 Cb 46
47350 Guine-du-Bois 47 136 Ac 81
62340 Guînes 62 27 Bf 43
22200 Guingamp = Gwengamp 22 63 Wf 57
57690 Guinglange 57 57 Gd 54
57220 Guinkirchen 57 56 Gc 53
31330 Guinot 31 164 Bb 86
57670 Guinzeling 57 57 Gf 55
83310 Guiols, les 83 172 Gc 89
29490 Guipavas 29 62 Vd 58
35440 Guipel 35 65 Yb 59
78125 Guiperreux 78 50 Be 57
29290 Guipronvel 29 61 Vc 58
29290 Guipronvel, Milizac- 29 61 Vc 58
35480 Guipry-Messac 35 82 Ya 62
58420 Guipy 58 104 Dd 65
46270 Guirande 46 138 Ca 81
19800 Guirande, la 19 126 Bf 77
33230 Guirande, la 33 135 Ze 78
34300 Guirandette, la 34 167 Dc 89
33125 Guirdeyre 33 135 Zc 81
32490 Guironne, la 32 164 Af 87
40200 Guirosse 40 146 Ye 83
95450 Guiry-en-Vexin 95 50 Bf 54
26460 Guisand 26 143 Fb 81
57415 Guisberg 57 58 Hb 54
60640 Guiscard 60 39 Da 51
56560 Guiscriff 56 79 Wc 60
02120 Guise 02 40 Dd 49
27700 Guiseniers 27 50 Bc 53
57410 Guising 57 58 Hb 54
16430 Guissalle 16 124 Aa 74
29880 Guissény 29 62 Vd 57
50410 Guistain, le 50 46 Ye 55
62140 Guisy 62 28 Ca 46
81220 Guitalens 81 165 Ca 87
20153 Guitera-les-Bains CTC 183 Ka 97
17500 Guitinières 17 123 Zc 76
78440 Guitrancourt 78 50 Be 54
33230 Guîtres 33 135 Ze 78
27510 Guitry 27 50 Bd 53

22350 Guitté 22 65 Xf 59
03430 Guittonnière, la 03 115 Ce 70
03300 Guittons, les 03 116 Dc 71
02300 Guivry 02 40 Da 51
80290 Guizancourt 80 38 Bf 50
80400 Guizancourt 80 39 Da 50
65230 Guizerix 65 163 Ac 89
33470 Gujan-Mestras 33 134 Yf 81
20170 Guldariccíu CTC 185 Ka 98
29510 Gulvain 29 78 Wa 60
67110 Gumbrechtshoffen 67 58 Hd 55
88220 Guménil 88 77 Gc 60
10400 Gumery 10 72 Dc 58
26470 Gumiane-Haut 26 143 Fb 81
42560 Gumières 42 129 Df 75
19600 Gumond 19 126 Bf 77
19600 Gumond 19 125 Bc 78
67110 Gundershoffen 67 58 Hd 55
68250 Gundolsheim 68 95 Hb 61
67320 Gungwiller 67 57 Ha 55
46250 Gunies, les 46 137 Ba 81
68140 Gunsbach 68 77 Hb 60
67360 Gunstett 67 58 He 55
57405 Guntzviller 57 57 Ha 56
02300 Guny 02 40 Db 51
31440 Guran 31 176 Ad 91
16320 Gurat 16 124 Ab 76
77520 Gurcy-le-Châtel 77 72 Da 58
20169 Gurgazu CTC 185 Kb 100
89250 Gurgy 89 89 Dd 61
21290 Gurgy-la-Ville 21 91 Ef 61
21290 Gurgy-le-Château 21 91 Ef 62
64400 Gurmençon 64 161 Zd 90
33590 Gurp, le 33 122 Yf 76
73640 Gurraz, la 73 133 Gf 75
64190 Gurs 64 161 Zb 89
22390 Gurunhuel 22 63 We 57
29510 Gurvennou 29 78 Wa 60
60310 Gury 60 39 Ce 51
55400 Gussainville 55 55 Fe 53
59570 Gussignies 59 31 De 46
78280 Guyancourt 78 51 Ca 56
25580 Guyans-Durnes 25 107 Gb 66
25390 Guyans-Vennes 25 108 Gd 66
85300 Guy-Ayraud, le 85 96 Ya 68
02160 Guyencourt 02 41 Df 52
80240 Guyencourt-Saulcourt 80 40 Da 49
80250 Guyencourt-sur-Noye 80 39 Cc 50
85260 Guyonnière, la 85 97 Yc 67
85600 Guyonnière, la 85 97 Ye 67
52400 Guyonvelle 52 92 Fe 61
81260 Guyor 81 166 Cc 87
81260 Guzanes 81 166 Cc 87
34820 Guzargues 34 168 Df 86
09140 Guzet-Neige 09 177 Bb 92
22570 Gwareg = Gouarec 22 63 We 59
56000 Gwened = Vannes 56 80 Xb 63
22200 Gwengamp = Guingamp 22 63 Wf 57
56380 Gwen-Porc'hoed = Guer 56 81 Xf 61
35130 Gwerc'h-Breizh = La Guerche-de-Bretagne 35 66 Ye 61
29490 Gwipavaz = Guipavas 29 62 Vd 58
29830 Gwitalmeze = Ploudalmézeau 29 61 Vc 57
35500 Gwitreg = Vitré 35 66 Ye 60
35580 Gwizien = Guichen 35 65 Yb 61
70700 Gy 70 93 Fe 64
54113 Gye 54 76 Ff 57
41230 Gy-en-Sologne 41 86 Bd 64
10250 Gyé-sur-Seine 10 74 Ec 60
45220 Gy-les-Nonains 45 71 Cf 61
89580 Gy-L'évêque 89 89 Dd 62

H

62123 Habarcq 62 29 Cd 47
40290 Habas 40 161 Za 87
64400 Habas 64 161 Zc 89
88230 Habeaurupt 88 77 Ha 60
74420 Habère-Lullin 74 120 Gc 71
74420 Habère-Poche 74 120 Gc 71
19150 Habilis 19 126 Bf 77
27210 Habit, l' 27 50 Bc 55
85220 Habites, les 85 96 Yb 68
54120 Hablainville 54 77 Ge 57
27600 Habloville 27 50 Bc 54
61210 Habloville 61 48 Ze 56
54450 Habonville 54 56 Ff 53
57340 Haboudange 57 57 Gd 55
68440 Habsheim 68 95 Hc 62
65230 Hachan 65 163 Ac 89
59530 Hachette 59 31 De 48
68650 Hachimette 68 77 Hb 60
52150 Hâcourt 52 75 Fd 60
27150 Hacqeville 27 50 Bd 53
60240 Hadancourt-le-Haut-Clocher 60 50 Bf 53
88330 Hadigny-lès-Verrières 88 77 Gc 59
88220 Hadol 88 77 Gc 60
55210 Hadonville-lès-Lachaussée 55 56 Fe 54
67700 Haegen 67 58 Hc 56
88270 Hagécourt 88 76 Ga 59
65700 Hagedet 65 162 Zf 87
57570 Hagen 57 44 Gb 52
68210 Hagenbach 68 95 Ha 63
68220 Hagenthal-le-Bas 68 95 Hc 63
68220 Hagenthal-le-Haut 68 95 Hc 63
32730 Haget 32 163 Aa 88
64370 Hagetaubin 64 161 Zc 87
40700 Hagetmau 40 161 Zc 87
54470 Hagéville 54 56 Ff 54
88300 Hagnéville-et-Roncourt 88 76 Fe 59
08430 Hagnicourt 08 42 Ed 51
57300 Hagondange 57 56 Gb 53
50440* Hague, la 50 33 Yb 51
67500 Haguenau 67 58 He 56
40140 Haie, la 40 83 Yf 63
41100 Haie-de-Champ 41 86 Ba 61
49370 Haie-Diot, la 49 83 Za 63
35560 Haie-d'Irée, la 35 65 Yc 58
35450 Haie d'Izé 35 66 Ye 59
44690 Haie-Fouassière, la 44 97 Yd 66
49190 Haie-Longue, la 49 83 Zb 64
59360 Haie-Mennerresse, la 59 30 Dd 48
44390 Haie-Pacoret, la 44 82 Yc 64
89100 Haie-Pélegrine, la 89 72 Db 60
53390 Haie-Rouge, la 53 82 Ye 61
17540 Haies 17 110 Za 72
69420 Haies 69M 130 Ee 75
22350 Haies, les 22 65 Xf 59
41160 Haies, les 41 86 Bb 61
53300 Haie-Traversaine, la 53 67 Zc 58
54290 Haigneville 54 76 Gc 58
65200 Hailla, la 65 163 Ab 90
88330 Haillainville 88 77 Gc 58
33160 Haillan, le 33 134 Zb 79
80440 Hailles 80 39 Cc 50
62940 Haillicourt 62 29 Cd 46
17160 Haimps 17 123 Ze 73
86310 Haims 86 112 Af 69
60380 Haincourt 60 38 Be 51
50120 Hainneville 50 33 Yb 51
60490 Hainvillers 60 39 Ce 51
55000 Haironville 55 55 Fa 56
62138 Haisnes 62 30 Ce 45
14290 Halboudière, la 14 48 Ab 55
60210 Haleine 60 38 Bf 50
61410 Haleine 61 67 Zd 57
62830 Halinghen 62 28 Be 45
36190 Halle 36 113 Be 69
80490 Hallencourt 80 38 Bf 49
59320 Hallennes-lez-Haubourdin 59 30 Cf 45
57690 Hallering 57 57 Gd 54
80250 Halles 80 39 Cf 49
69610 Halles, les 69M 130 Ec 74
72500 Halles, les 72 85 Ab 63
55700 Halles-sous-les-Côtes 55 42 Fa 52
52100 Hallignicourt 52 54 Ef 57
62570 Hallines 62 29 Cb 44
57570 Halling 57 44 Gb 52
57220 Halling-lès-Boulay 57 57 Gd 54
80250 Hallivillers 80 38 Cb 50
80640 Hallivillers 80 38 Bf 49
28160 Hallonière, la 28 69 Ba 60
40430 Hallot, le 40 147 Zc 83
76780 Hallotière, la 76 37 Bc 51
54450 Halloville 54 77 Gf 57
60210 Halloy 60 38 Bf 51
62760 Halloy 62 29 Cc 48
80670 Halloy-lès-Pernois 80 29 Cb 48
80320 Hallu 80 39 Ce 50
59250 Halluin 59 30 Da 44
57480 Halstroff 57 44 Gc 52
08600 Ham 08 42 Ee 48
80400 Ham 80 39 Da 50
14430 Ham, le 14 35 Zf 53
50310 Ham, le 50 33 Yd 52
53250 Ham, le 53 67 Zd 58
88340 Hamanxard 88 94 Gd 61
14220 Hamars 14 47 Zc 55
50340 Ham-au-Conte 50 33 Yb 52
57910 Hambach 57 57 Ha 54
53160 Hambers 53 67 Zd 59
62118 Hamblain-les-Prés 62 30 Cf 47
50450 Hambye 50 46 Ye 55
53140 Hameau, le 53 67 Ze 58
50270 Hameau-Bonnard 50 33 Yb 52
14370 Hameau-de-Franqueville 14 35 Ze 54
50120 Hameau-de-la-Mer, le 50 33 Yb 51
59279 Hameau-des-Dunes 59 27 Cb 42
50260 Hameau-du-Mesnil 50 33 Yc 52
50310 Hameau-du-Nord 50 33 Ye 52
14710 Hameau-Minet 14 47 Yf 53
14210 Hameau-Neuf 14 34 Zc 54
76780 Hameaux, les 76 37 Bc 52
20166 Hameaux de P. Buselica, les CTC 184 Ie 97
59151 Hamel 59 30 Da 47
80300 Hamel 80 29 Cd 48
60210 Hamel, le 60 38 Bf 51
76660 Hamel, le 76 37 Bb 49
80800 Hamel, le 80 39 Cd 49
50410 Hamel-aux-Hervy 50 46 Ye 55
80800 Hamelet 80 39 Cd 49
27160 Hamelet, le 27 49 Ae 55
80120 Hamelet, le 80 28 Bd 47
50730 Hamelin 50 66 Ye 57
62121 Hamelincourt 62 30 Ce 47
62190 Ham-en-Artois 62 29 Cc 45
62340 Hames-Boucles 62 27 Bf 43
08090 Ham-lès-Moines 08 42 Ed 50
54330 Hammeville 54 76 Ga 58
22650 Hamonais, le 22 65 Xf 57
54470 Hamonville 54 56 Fe 56
10500 Hampigny 10 74 Ed 58
57170 Hampont 57 57 Gd 55
57880 Ham-sous-Varsberg 57 57 Gd 53
54760 Han 54 56 Gb 55
79110 Hanc 79 111 Zf 72
28130 Hanches 28 70 Bd 57
80135 Hanchy 80 29 Ca 48
80240 Hancourt 80 39 Da 49
54620 Han-devant-Pierrepont 54 43 Fe 52
55230 Handeville 55 43 Fd 52
67117 Handschuheim 67 60 Hd 57
80110 Hangard 80 39 Cd 50
67980 Hangenbieten 67 60 Hd 57
80134 Hangest-en-Santerre 80 39 Cd 50
80310 Hangest-sur-Somme 80 38 Ca 49
57370 Hangviller 57 58 Hb 56
55600 Han-lès-Juvigny 55 43 Fc 52
60650 Hannaches 60 38 Be 52
02510 Hannapes 02 40 Dd 49
08290 Hannappes 08 41 Eb 50
62111 Hannescamps 62 29 Cd 47
57590 Hannocourt 57 56 Gc 55
08160 Hannogne-Saint-Martin 08 42 Ee 50
08220 Hannogne-Saint-Rémy 08 41 Ea 51
55210 Hannonville-sous-les-Côtes 55 55 Fd 54
54800 Hannonville-Suzémont 54 56 Ff 54
76450 Hanouard, le 76 36 Ad 50
51800 Hans 51 54 Ee 54
55300 Han-sur-Meuse 55 55 Fd 55
57580 Han-sur-Nied 57 56 Gc 55
59496 Hantay 59 30 Cf 45
29460 Hanvec 29 62 Vf 59
57230 Hanviller 57 58 Hc 54
60650 Hanvoile 60 38 Bf 51
62124 Haplincourt 62 30 Cf 48
62650 Happe 62 28 Bf 45
02480 Happencourt 02 40 Db 50
28480 Happonvilliers 28 69 Ba 59
56440 Haquéla 56 80 We 62
02600 Haramont 02 52 Da 53
08450 Haraucourt 08 42 Ef 51
54110 Haraucourt 54 56 Gc 57
57630 Haraucourt-sur-Seille 57 57 Gd 56
55110 Haraumont 55 55 Fb 52
62390 Haravesnes 62 29 Ca 47
95640 Haravilliers 95 51 Ca 53
51800 Harazée, la 51 54 Ef 53
80131 Harbonnières 80 39 Ce 49
27160 Harboudière, la 27 49 Af 56
54450 Harbouey 54 77 Gf 57
28200 Harbouville 28 70 Bc 60
76560 Harcanville 76 36 Ae 50
88300 Harchéchamp 88 76 Fe 58
54480 Harcholins, les 54 77 Ha 57
02140 Harcigny 02 41 Df 50
27800 Harcourt 27 49 Ae 53
08150 Harcy 08 41 Ed 49
88700 Hardancourt 88 77 Gd 58
53640 Hardanges 53 67 Zd 58
80360 Hardecourt-aux-Bois 80 39 Ce 49
62152 Hardelot-Plage 62 28 Bd 45
88240 Hardémont 88 76 Gb 60
60140 Hardencourt 60 51 Cd 52
27120 Hardencourt-Cocherel 27 50 Bb 54
61370 Hardière, la 61 48 Ac 56
59670 Hardifort 59 27 Cc 44
62132 Hardinghen 62 26 Be 44
50690 Hardinvast 50 33 Yc 51
60120 Hardivillers 60 38 Cb 51
60240 Hardivillers-en-Vexin 60 50 Bf 53
08150 Hardoncelle 08 41 Ed 50
08220 Hardoye, la 08 41 Eb 50
78250 Hardricourt 78 50 Bf 54
57230 Hardt 57 58 Hd 54
40140 Hardy 40 160 Yd 86
27370 Harengère, la 27 49 Af 53
40110 Harenoin 40 146 Yf 84
88800 Haréville 88 76 Ga 59
76610 Harfleur 76 36 Aa 51
37530 Hargandière, la 37 86 Ba 64
57550 Hargarten-aux-Mines 57 57 Gd 53
78790 Hargeville 78 50 Be 55
55000 Hargeville-sur-Chée 55 55 Fb 55
02420 Hargicourt 02 40 Db 49
80500 Hargicourt 80 39 Cd 50
08170 Hargnies 08 42 Ee 48
59138 Hargnies 59 31 Df 47
45320 Haricot, les 45 72 Cf 60
62380 Harlettes 62 28 Ca 44
02100 Harly 02 40 Db 49
52230 Harméville 52 75 Fc 58
72290 Harmonerie, la 72 68 Ab 60
88300 Harmonville 88 76 Ff 58
22320 Harmoye, la 22 63 Xa 58
62440 Harnes 62 30 Cf 46
88270 Harol 88 76 Gb 60
54740 Haroué 54 76 Gb 58
03420 Harpe, l' 03 115 Cd 71
80560 Harponville 80 39 Cd 48
57340 Harprich 57 57 Gd 55
27700 Harquency 27 50 Bc 53
57870 Harreberg 57 57 Hb 56
52150 Harréville-les-Chanteurs 52 75 Fd 59
40430 Harribey 40 147 Zc 82
08240 Harricourt 08 42 Ef 52
52330 Harricourt 52 74 Ef 59
88240 Harsault 88 76 Gb 60
67260 Harskirchen 67 57 Ha 55
22230 Hartelois, le 22 64 Xd 59
02210 Hartennes-et-Taux 02 52 Dc 53
68500 Hartmannswiller 68 95 Hb 61
57870 Hartzviller 57 57 Ha 56
28120 Harville 28 69 Bb 58
28200 Harville 28 70 Bc 60
55160 Harville 55 55 Fe 54
02140 Hary 02 41 Df 50
57850 Haselbourg 57 57 Hb 56
59178 Hasnon 59 30 Dc 46
64240 Hasparren 64 160 Ye 88
57230 Haspelschiedt 57 58 Hc 54
59198 Haspres 59 30 Dc 47
40300 Hastingues 40 161 Yf 87
44110 Hatais, la 44 82 Yc 62
58230 Hâte-au-Sergent, l' 58 105 Ea 65
88240 Hatrey, Le 88 76 Ga 60
54800 Hatrize 54 56 Ff 53
64480 Hatsou 64 160 Yd 88
67690 Hatten 67 59 Hf 55
80700 Hattencourt 80 39 Ce 50
76640 Hattenville 76 36 Ad 51
57790 Hattigny 57 57 Gf 57
67330 Hattmatt 67 58 Hc 56
55210 Hattonchâtel 55 55 Fd 55
55210 Hattonville 55 55 Fe 55
14250 Hattot-les-Bagues 14 34 Zc 54
68420 Hattstatt 68 60 Hb 60
65200 Hauban 65 162 Aa 90
59320 Haubourdin 59 30 Da 45
57280 Hauconcourt 57 56 Gb 53
60112 Haucourt 60 38 Bf 51
62156 Haucourt 62 30 Cf 47
76440 Haucourt 76 38 Bd 51
02420 Haucourt, le 02 40 Db 49
59191 Haucourt-en-Cambrésis 59 30 Dc 48
55230 Haucourt-la-Rigole 55 43 Fe 53
54860 Haucourt-Moulaine 54 43 Fe 52
55100 Haudainville 55 55 Fc 54
55130 Haudelaincourt 55 75 Fc 57
55160 Haudiomont 55 55 Fd 54
60510 Haudivillers 60 38 Cb 52
88240 Haudompré 88 76 Gc 60
54830 Haudonville 54 77 Gd 57
53140 Haudre 53 67 Ze 57
08090 Haudrecy 08 42 Ed 50
76390 Haudricourt 76 38 Be 50
02260 Haudroy 02 41 Df 49
59121 Haulchin 59 30 Dc 47
32550 Haulies 32 163 Ae 87
08800 Haulmé 08 42 Ee 49
55210 Haumont-lès-Lachaussée 55 56 Fe 54
40250 Hauriet 40 161 Zb 86
68130 Hausgauen 68 95 Hb 63
76440 Haussez 76 38 Be 51
51300 Haussignémont 51 54 Ee 56
51320 Haussimont 51 53 Eb 56
54290 Haussonville 54 76 Gb 57
59294 Haussy 59 30 Dc 47
65400 Hautacam 65 175 Zf 91
65150 Hautaget 65 175 Ac 90
63210 Haut-Angle 63 127 Ce 74
20276 Haut Asco CTC 180 If 94
38690 Haut-Biol 38 131 Fc 75
03190 Haut-Bocage 03 115 Ce 70
27120 Haut-Boisset, le 27 50 Bc 55
60210 Hautbos 60 38 Bf 51
22400 Haut-Boulay 22 64 Xd 57
18310 Haut-Bourg 18 101 Bf 65
79140 Haut-Bourg, le 79 98 Zc 67
33990 Haut-Bré 33 134 Za 77
53400 Haut-Breuil, le 53 83 Za 61
89570 Haut-Chainq 89 73 De 60
61700 Haut-Chapelle, la 61 67 Zb 57
10270 Haut-Chêne, le 10 74 Eb 59
57400 Haut-Clocher 57 57 Gf 56
22320 Haut-Corlay, le 22 63 Wf 59
39200 Haut-Crêt 39 120 Ff 70
64800 Haut-de-Bosdarros 64 162 Ze 89
64290 Haut-de-Gan 64 162 Zd 89
14170 Haut-de-Tôtes, le 14 48 Zf 55
14420 Haut-de-Villiers 14 47 Ze 55
14240 Haut-Digny, le 14 34 Za 54
70440 Haut-du-Them-Château-Lambert 70 94 Ge 61
62144 Haute-Avesnes 62 29 Cd 47
37360 Haute-Barde, la 37 85 Ad 63
05140 Haute Beaume, la 05 144 Fd 81
72400 Haute-Biche 72 68 Ad 59
03500 Haute Brenne 03 116 Db 70
19220 Haute-Brousse 19 138 Ca 78
80460 Hautebut 80 28 Bc 48
72170 Haut-Éclair 72 68 Zf 59
62130 Hautecloque 62 29 Cb 46
04250 Haute-Combe, la 04 157 Gb 82
39130 Hautecour 39 119 Fe 69
73600 Hautecour 73 133 Gd 75
55400 Hautecourt-lès-Broville 55 55 Fd 53
01250 Hautecourt-Romanèche 01 119 Fc 72
04380 Haute-Duyes 04 157 Ga 83
37320 Hautée 37 100 Ae 65
60690 Haute-Épine 60 38 Ca 51
02540 Haute-épine, la 02 52 Dc 55
19400 Hautefage 19 138 Bf 78
47340 Hautefage-la-Tour 47 149 Ae 83
24300 Hautefaye 24 124 Ac 75
71600 Hautefond 71 117 Eb 70
60350 Hautefontaine 60 39 Da 52
24390 Hautefort 24 125 Ba 77
44115 Haute-Goulaine 44 97 Yd 65
57100 Haute-Ham 57 44 Gb 52
95780 Haute-Isle 95 50 Bd 54
57480 Haute-Kontz 57 44 Gb 52
73620 Hauteluce 73 133 Gd 74
77580 Haute-Maison, la 77 52 Cf 55
62890 Haute Pannée 62 27 Ca 44
57570 Haute-Parthe 57 44 Gb 52
44320 Haute-Perche 44 96 Ya 66
25580 Hautepierre-le-Châtelet 25 108 Gb 66
57570 Haute-Rentgen 57 44 Gb 52
01640 Hauterive 01 119 Fc 72
03270 Hauterive 03 116 Dc 72
28170 Hauterive 28 69 Bb 57
59230 Hauterive 59 30 Dc 46
61250 Hauterive 61 68 Ab 58
70190 Hauterive 70 93 Ff 64
81100 Hauterive 81 166 Cb 87
89250 Hauterive 89 89 Dd 61
25650 Hauterive-la-Flesse 25 108 Gc 67
26390 Hauterives 26 130 Fa 77
69610 Haute-Rivoire 69M 130 Ec 74
21150 Hauteroche 21 91 Ed 64
39177 Hauteroche 39 107 Fe 68
89260 Hautes-Bergeries, les 89 72 Dc 59
81140 Haute-Serre 81 150 Be 84
26570 Hautes-Ferrassières 26 156 Fc 84
57480 Haute Sierck 57 44 Gc 52
37130 Hautes-Martinières, les 37 85 Ab 64
08800 Hautes-Rivières, les 08 42 Ef 49
70400 Hautes-Valettes, les 70 94 Gd 63
01560 Hautes-Varennes 01 118 Fa 70
47400 Hautesvignes 47 136 Ac 82
35250 Haute-Touche, la 35 65 Yb 59
35500 Haute-Touche, la 35 66 Ye 59
07200 Haute-Valette 07 141 Eb 81
70800 Hautevelle 70 93 Gb 61
04140 Haute-Vernet, le 04 157 Gc 83
83340 Haute Verrerie, la 83 172 Gc 88
02810 Hautevesnes 02 52 Db 54
43000 Haute-Vialle 43 141 Df 78
57690 Haute-Vigneulles 57 57 Gd 54
02120 Hauteville 02 40 Dd 49
08300 Hauteville 08 41 Eb 51
50270 Hauteville 50 33 Yb 52
51290 Hauteville 51 54 Ee 57
62810 Hauteville 62 29 Cd 47
73390 Hauteville 73 132 Gb 75
44660 Haute-Ville, la 44 82 Yc 62
78113 Hauteville, la 78 50 Bd 56
88700 Haute-Ville, la 88 77 Ge 59
21121 Hauteville-Ahuy 21 91 Fa 64
73700 Hauteville-Gondon 73 133 Ge 75
50570 Hauteville-la-Guichard 50 34 Ye 54
21121 Hauteville-lès-Dijon 21 91 Ef 64
01110 Hauteville-Lompnes 01 119 Fd 73
74150 Hauteville-sur-Fier 74 120 Ff 73
50590 Hauteville-sur-Mer 50 46 Yc 55
50590 Hauteville-sur-Mer-Plage 50 46 Yc 55
80600 Haute-Visée 80 29 Cb 47
53410 Haut-Feil 53 66 Yf 60
18220 Haut-Fouillet 18 103 Ce 65
43170 Haut-Hontès 43 140 Dc 79
78510 Hautil, l' 78 51 Ca 54
02140 Haution 02 41 Df 49
40280 Haut-Mauco 40 147 Zc 86
50390 Hautmesnil 50 46 Yc 52
59330 Hautmont 59 31 Df 47
82500 Hautmont 82 149 Af 85
17360 Haut-Mont, le 17 123 Zf 77
88240 Hautmougey 88 76 Gb 60
65150 Haut-Nistos 65 175 Ac 91
76450 Hautot-l'Auvray 76 36 Ae 50
76190 Hautot-le-Vatois 76 36 Ae 51
76190 Hautot-Saint-Sulpice 76 36 Ae 50
76550 Hautot-sur-Mer 76 37 Ba 49
76113 Hautot-sur-Seine 76 37 Af 52
62830 Haut-Pichot 62 28 Be 45
81200 Hautpoul 81 166 Cc 88
40410 Haut-Richet 40 147 Zb 83
62190 Haut-Rieux 62 29 Cc 45
08800 Hauts-Buttés, les 08 42 Ee 49
49600 Hauts-Champs, les 49 97 Ye 65
49330 Hauts d'Anjou, les 49 83 Zc 62
39400 Hauts de Bienne 39 120 Ff 69
55000 Hauts-de-Chée, les 55 55 Fb 55
52250 Hauts-de-Vingeanne, les 52 92 Fb 62
52600 Hauts-le-Palliy 52 92 Fc 62
68780 Haut Soultzbach, le 68 94 Ha 62
04140 Hauts-Savornins 04 157 Gc 82
14250 Hauts-Vents, les 14 34 Zc 53
50390 Hauts-Vents, les 50 33 Yd 52
50390 Hautteville-Bocage 50 33 Yd 52
01260 Haut Valromey 01 119 Fe 72
21121 Haut-Val-Suzon 21 91 Ef 64
50620 Haut-Vernay, le 50 46 Ye 53
51160 Hautvillers 51 53 Df 54
80132 Hautvillers-Ouville 80 28 Be 47
27350 Hauville 27 36 Ae 52
08310 Hauviné 08 54 Ec 53
33550 Haux 33 135 Zd 80
64470 Haux 64 174 Za 90
57650 Havange 57 43 Ff 52
28410 Havelu 28 50 Bd 56
59255 Haveluy 59 30 Dc 46
80670 Havernas 80 29 Cb 48
59660 Haverskerque 59 29 Cd 45
14240 Havetot 14 34 Zb 54
76600 Havre, le 76 36 Aa 52
62147 Havrincourt 62 30 Da 48
08260 Havys 08 41 Ec 50
57700 Hayange 57 43 Ff 53
08170 Haybes 08 42 Ee 48
28410 Haye, la 28 50 Bd 56
41270 Haye, la 41 69 Ba 60
50450 Haye, la 50 46 Ye 55
76780 Haye, la 76 37 Bc 52
88270 Haye, la 88 76 Gb 60
50250* Haye, la 50 46 Yc 53
27350 Haye-Aubrée, la 27 36 Ae 52
50410 Haye-Bellefond, la 50 46 Ye 55
27800 Haye-de-Calleville, la 27 49 Ae 53
50270 Haye-d'Ectot, la 50 33 Yb 52
27350 Haye-de-Routot, la 27 36 Ae 52
50250 Haye-du-Puits, la 50 33 Yc 53
27370 Haye-du-Theil, la 27 49 Af 53
27400 Haye-le-Comte, la 27 49 Ba 53
27400 Haye-Malherbe, la 27 49 Ba 53
50320 Haye-Pesnel, la 50 46 Yd 56
57530 Hayes 57 56 Gc 53
41800 Hayes, les 41 85 Ae 62
27330 Haye-Saint-Sylvestre, la 27 49 Ad 55
02260 Hayettes, les 02 41 Df 48
92340 Hay-les-Roses, l' 92 51 Cb 56
59268 Haynecourt 59 30 Da 47
39120 Hays, les 39 106 Fc 67
40200 Haza 40 146 Yf 83
59190 Hazebrouck 59 27 Cd 44
57430 Hazembourg 57 57 Gf 55
33125 Hazéra 33 134 Zc 81
59114 Hazewinde, l' 59 27 Cd 44
65120 Hèas 65 175 Aa 92
95640 Heaulme, le 95 51 Bf 54
53220 Heaumes, les 53 66 Za 58
41160 Héauville 41 69 Bb 61
50340 Héauville 50 33 Yb 51
27150 Hébécourt 27 38 Be 52
80680 Hébécourt 80 38 Cb 50
50180 Hébécrevon 50 33 Ye 54
76740 Héberville 76 37 Ae 50
62111 Hébuterne 62 29 Cd 48
65250 Hèches 65 175 Ac 90
68210 Hecken 68 95 Ha 62
57510 Heckenransbach 57 57 Gf 54
57320 Heckling 57 57 Gd 53
27800 Hecmanville 27 49 Ad 53
27120 Hécourt 27 50 Bc 55
60380 Hécourt 60 38 Be 51
27110 Hectomare 27 49 Af 53
80560 Hédauville 80 29 Cd 48
35630 Hédé Hazou 35 65 Yb 59
95690 Hédouville 95 51 Ca 54
67360 Hegeney 67 58 He 55
68220 Hégenheim 68 95 Hd 63
64990 Héguia 64 160 Yd 88
67390 Heidolsheim 67 60 Hd 59

68720 Heidwiller 68 95 Hb 63
67190 Heiligenberg 67 60 Hc 57
67140 Heiligenstein 67 60 Hc 58
57560 Heille 57 57 Ha 57
54180 Heillecourt 54 56 Gb 57
60250 Heilles 60 51 Cb 52
80800 Heilly 80 39 Cd 49
51300 Heiltz-le-Houtier 51 54 Ee 56
51340 Heiltz-le-Maurupt 51 54 Ee 56
51340 Heiltz-L'Evêque 51 54 Ee 56
68560 Heimersdorf 68 95 Hb 63
68990 Heimsbrunn 68 95 Hb 62
55220 Heippes 55 55 Fb 55
68600 Heiteren 68 60 Hd 61
68130 Heiwiller 68 95 Hb 63
59171 Hélesmes 59 30 Dc 46
64640 Hélette 64 160 Ye 89
62570 Helfaut 62 29 Cb 44
68510 Helfrantzkirch 68 95 Hc 63
56120 Helléan 56 64 Xd 61
59800 Hellemmes 59 30 Da 45
29510 Hellen 29 78 Wa 60
27240 Hellenvilliers 27 49 Ba 56
57930 Hellering-lès-Fénétrange 57 57 Ha 56
57050 Hellert 57 58 Hb 56
29640 Helles 29 63 Wc 58
29620 Hellès, le 29 63 Wb 57
50340 Helleville 50 33 Yb 51
57660 Hellimer 57 57 Ge 55
57920 Helling 57 44 Gc 53
57810 Hellocourt 57 57 Ge 56
61250 Héloup 61 68 Aa 58
57220 Helstroff 57 57 Gc 54
59510 Hem 59 30 Db 45
50700 Hémevez 50 33 Yd 52
60190 Hémévillers 60 39 Ce 52
80600 Hem-Hardinval 80 29 Cb 48
34700 Hémiès, les 34 167 Db 86
57690 Hémilly 57 57 Gd 54
57830 Héming 57 57 Gf 56
59247 Hem-Lenglet 59 30 Db 47
62730 Hemmes, les 62 27 Bf 43
22600 Hémonstoir 22 64 Xb 60
59390 Hempempont, l' 59 30 Db 44
54370 Hénaménil 54 57 Gd 56
22550 Hénanbihen 22 64 Xd 57
22400 Hénansal 22 64 Xd 57
56700 Henbont 56 79 We 62
64700 Hendaye 64 160 Yb 88
64700 Hendaye-Plage 64 160 Yb 88
62182 Hendecourt-lès-Cagnicourt 62 30 Cf 47
62175 Hendecourt-les-Ransart 62 29 Ce 47
80300 Hénencourt 80 29 Cd 49
68960 Henflingen 68 95 Hb 63
22450 Hengoat 22 63 We 56
67440 Hengwiller 67 58 Hc 56
62110 Hénin-Beaumont 62 30 Cf 46
62128 Héninel 62 30 Cf 47
62128 Hénin-sur-Cojeul 62 30 Cf 47
56800 Henlé 56 64 Xd 61
48300 Henn, l' 48 141 De 80
56700 Hennebont 56 79 Wd 62
88270 Hennecourt 88 76 Gb 59
55160 Hennemont 55 55 Fd 54
14360 Hennequeville 14 36 Aa 52
62142 Henneveux 62 27 Bf 44
88260 Hennezel 88 76 Ga 60
27700 Hennezis 27 50 Bc 53
60220 Hennicourt 60 38 Be 50
22150 Hénon 22 64 Xb 58
60119 Hénonville 60 51 Ca 53
76840 Hénouville 76 37 Af 52
62650 Hénoville 62 28 Bf 45
18250 Henrichemont 18 88 Cd 65
57820 Henridorff 57 57 Hb 56
57450 Henriville 57 57 Gf 54
78320 Henriville 78 50 Bf 56
03470 Henry, les 03 116 De 70
29710 Hent-Meur 29 78 Ve 60
62760 Henu 62 29 Cd 48
29670 Henvic 29 62 Wa 57
01070 Hôpital, l' 01 120 Bd 70
57635 Hérange 57 57 Hb 56
48150 Herans 48 153 Dc 83
64480 Hérauritz 64 160 Yd 88
64640 Hérauritz 64 160 Ye 89
53300 Herbaine 53 67 Zc 58
16490 Herbaudie 16 112 Ad 72
85330 Herbaudière, l' 85 96 Xd 66
41190 Herbault 41 86 Ba 63
88470 Herbaville 88 77 Gf 59
77760 Herbeauvilliers 77 71 Cc 59
80200 Herbécourt 80 39 Cf 49
19550 Herbeil, l' 19 126 Ca 77
62129 Herbelles 62 29 Cb 45
38650 Herbelon 38 144 Fd 79
85260 Herbergement, l' 85 97 Yd 67
08370 Herbeuval 08 43 Fc 51
55210 Herbeuville 55 55 Fd 54
78580 Herbeville 78 50 Bf 55
54450 Herbéviller 54 77 Ge 57
38320 Herbeys 38 144 Fe 78
85500 Herbiers, les 85 97 Yf 67
44410 Herbignac 44 81 Xe 64
59530 Herbignies 59 31 De 47
08270 Herbigny 08 41 Eb 51
41500 Herbilly 41 86 Bd 62
62850 Herbinghen 62 27 Bf 44
10700 Herbisse 10 53 Ea 57
67260 Herbitzheim 67 57 Ha 54
95220 Herblay 95 51 Ca 55
67230 Herbsheim 67 60 Hd 58
53120 Hercé 53 66 Za 58
60112 Herchies 60 38 Ca 52
36160 Héréat 36 114 Ca 70
32450 Héréchou 32 163 Ae 87
60120 Hérelle, la 60 39 Cc 51
50660 Hérenguerville 50 46 Yc 55
34600 Hérépian 34 167 Da 87
65700 Héres 65 162 Aa 87
59570 Hergies 59 31 De 46
59199 Hergnies 59 30 Dd 46
88130 Hergugney 88 76 Gb 58
44810 Héric 44 82 Yc 64
44390 Héricher, le 44 82 Yc 64
77850 Héricy 77 71 Ce 58
02130 Héricourt 02 29 Cb 46
70400 Héricourt 70 94 Ge 63
76560 Héricourt-en-Caux 76 36 Ae 50
60380 Héricourt-sur-Thérain 60 38 Be 51
02500 Herie, la 02 41 Ea 49
02120 Hérie-La-Viéville, la 02 40 Dd 50
54300 Hériménil 54 77 Gc 57
25310 Hérimoncourt 25 94 Gf 64
59195 Hérin 59 30 Dc 46
14670 Heriot 14 35 Zf 54
80260 Hérissart 80 39 Cc 48
03190 Hérisson 03 115 Ce 69
79130 Hérisson 79 98 Zd 68
80340 Herlevillers 80 39 Ce 49
62158 Herlière, la 62 29 Cd 47
59134 Herlies 59 30 Cf 45
62130 Herlincourt 62 29 Cb 46
62130 Herlin-le-Sec 62 29 Cb 46
62650 Herly 62 28 Bf 45
80190 Herly 80 39 Cf 50
09000 Herm, l' 09 177 Be 91
12440 Herm, l' 12 151 Cb 83
15700 Herm, l' 15 139 Cb 78
40990 Herm, l' 40 146 Yf 86
43200 Herm, l' 43 141 Ea 78
48600 Herm, l' 48 141 De 80
76730 Hermanville 76 37 Af 50
14880 Hermanville-sur-Mer 14 47 Ze 53
48340 Hermaux, les 48 140 Da 81
62690 Hermaville 62 29 Cd 47
77114 Hermé 77 72 Dc 58
57790 Hermelange 57 57 Ha 56
62132 Hermelinghen 62 27 Bf 44
85570 Hermenault, l' 85 110 Za 69
63470 Herment 63 127 Cd 74
83910 Hermentaires, les 83 171 Fe 87
78125 Hermeray 78 50 Be 57
67250 Hermerswiller 67 58 Hf 55
60370 Hermes 60 38 Cb 52
12330 Hermets, les 12 139 Cc 82
76280 Hermeville 76 36 Ab 51
55400 Herméville-en-Woëvre 55 55 Fd 53
62147 Hermies 62 30 Da 48
53380 Hermillon 53 66 Yf 59
73300 Hermillon 73 132 Gc 77
62150 Hermin 62 29 Cd 46
11000 Herminis 11 166 Cb 89
11190 Hermita 11 178 Cc 91
05000 Hermitage, l' 05 144 Ga 81
22250 Hermitage, l' 22 65 Xe 59
35590 Hermitage, l' 35 65 Yb 60
22150 Hermitage-Lorge, l' 22 64 Xb 59
43440 Hermitagne, l' 43 128 Dd 77
87270 Hermiterie, l' 87 125 Bb 73
37110 Hermites, les 37 85 Ae 63
61260 Hermitière, l' 61 68 Ad 59
14100 Hermival-les-Vaux 14 48 Ab 53
51220 Hermonville 51 53 Df 52
62130 Hernicourt 62 29 Cb 46
57580 Herny 57 57 Gc 54
86290 Herolles, les 86 113 Bb 70
76780 Héron, le 76 37 Bc 52
76750 Héronchelles 76 37 Bc 51
95300 Hérouville 95 51 Ca 54
14200 Hérouville-Saint-Clair 14 47 Ze 53
14850 Hérouvillette 14 48 Ze 53
88600 Herpelmont 88 77 Ge 59
53440 Herperie, la 53 67 Zc 59
16200 Herpes 16 123 Ze 74
51460 Herpine 51 54 Ee 55
51460 Herpont 51 54 Ee 55
08360 Herpy-L'Arlésienne 08 41 Eb 51
27430 Herqueville 27 50 Bb 53
50440 Herqueville 50 33 Ya 50
31160 Herran 31 176 Af 91
40160 Herran 40 146 Yf 83
40310 Herré 40 148 Zf 84
57380 Herrenwald 57 57 Gd 54
64680 Herrère 64 162 Zc 89
65560 Herrère, la 65 174 Ze 90
32100 Herret 32 148 Ac 85
59147 Herrin 59 30 Cf 45
67850 Herrlisheim 67 58 Hf 56
68420 Herrlisheim-près-Colmar 68 60 Hb 60
18140 Herry 18 103 Cf 65
34330 Hers, les 34 166 Cc 87
67130 Hersbach 67 60 Hb 58
54440 Herserange 54 43 Fe 51
62530 Hersin-Coupigny 62 29 Cd 46
57815 Hertzing 57 57 Gf 56
36240 Hervault 36 101 Bb 66
62179 Hervelinghen 62 26 Be 43
22100 Herviais, le 22 65 Xf 58
28150 Herville 28 70 Be 59
80240 Hervilly 80 40 Da 49
58800 Héry 58 89 Dd 65
73400 Héry 73 132 Gc 74
89550 Héry 89 90 Dd 61
74540 Héry-sur-Alby 74 132 Ga 74
59470 Herzeele 59 27 Cd 43
80240 Hesbécourt 80 40 Da 49
80290 Hescamps 80 38 Bf 50
62196 Hesdigneul 62 29 Cd 45
62360 Hesdigneul-lès-Boulogne 62 28 Be 45
62140 Hesdin 62 29 Ca 46
62360 Hesdin-L'Abbé 62 28 Be 44
62720 Hesdres 62 26 Be 44
68220 Hésingue 68 95 Hd 63
62990 Hesmond 62 28 Bf 46
76660 Hesmy 76 37 Bc 49
57640 Hessange 57 56 Gb 53
57400 Hesse 57 57 Ha 56
67390 Hessenheim 67 60 Hd 59
57320 Hestroff 57 56 Gc 53
59740 Hestrud 59 31 Ea 47
62550 Hestrus 62 29 Cb 46
79150 Hétivault 79 98 Zc 67
60360 Hétomesnil 60 38 Ca 51
57330 Hettange-Grande 57 44 Ga 52
68600 Hettenschlag 68 60 Hc 60
67114 Hetzlader 67 60 He 58
27630 Heubécourt-Haricourt 27 50 Bd 54
62134 Heuchin 62 29 Cb 46
80270 Heucourt-Croquoison 80 38 Bf 49
27400 Heudebouville 27 50 Bb 53
76260 Heudelimont 76 37 Bc 48
27860 Heudicourt 27 50 Bd 52
80122 Heudicourt 80 40 Da 48
55210 Heudicourt-sous-les-Côtes 55 55 Fe 55
27230 Heudreville-en-Lieuvin 27 49 Ad 53
27400 Heudreville-sur-Eure 27 49 Bb 54
40180 Heugas 40 161 Yf 87
76720 Heugleville-sur-Scie 76 37 Ba 50
36180 Heugnes 36 101 Bc 66
61470 Heugon 61 48 Ac 55
32700 Heuguère 32 149 Ad 84
50200 Heugueville-sur-Sienne 50 46 Yc 54
52600 Heuilley-Cotton 52 92 Fc 62
52600 Heuilley-le-Grand 52 92 Fc 62
21270 Heuilley-sur-Saône 21 92 Fc 65
14430 Heuland 14 35 Aa 53
47700 Heulies 47 148 Zf 82
63210 Heume-L'Eglise 63 127 Ce 74
27950 Heunière, la 27 50 Bc 54
27700 Heuqueville 27 50 Bc 53
76280 Heuqueville 76 36 Aa 51
32380 Heure-et-Bartens 32 149 Ae 85
62575 Heuringhem 62 29 Cb 44
89320 Heurtebise 89 72 Dd 60
14140 Heurtevent 14 48 Aa 55
50640 Heussé 50 66 Za 57
67150 Heussern 67 60 Hd 58
51110 Heutrégiville 51 41 Eb 53
32100 Heux 32 148 Ab 85
80370 Heuzecourt 80 29 Cb 47
60380 Hévécourt 60 38 Be 51
55290 Hévilliers 55 75 Fc 57
01460 Heyriat 01 119 Fc 71
38540 Heyrieux 38 131 Fa 75
62310 Hézecques 62 29 Cb 45
56450 Hézo, le 56 80 Xb 63
65380 Hibarette 65 162 Aa 90
38118 Hières-sur-Amby 38 131 Fb 74
08320 Hierges 08 42 Ee 48
80370 Hiermont 80 29 Ca 47
72430 Hierray 72 84 Ze 61
16290 Hiersac 16 123 Aa 74
17320 Hiers-Brouage 17 122 Yf 73
16490 Hiesse 16 112 Ad 72
50480 Hiesville 50 46 Ye 52
14170 Hiéville 14 48 Zf 54
54490 Higny 54 43 Fe 52
64160 Higuères-Souye 64 162 Ze 88
65200 Hiis 65 162 Aa 90
49700 Hilay 49 98 Zd 65
57400 Hilbesheim 57 57 Ha 56
17770 Hillairets, les 17 123 Zd 73
40160 Hillan 40 146 Ye 83
31310 Hillet 31 164 Bb 90
32300 Hillet 32 163 Ad 87
09120 Hillette, la 09 164 Bc 90
22120 Hillion 22 64 Xc 57
32300 Hillougros 32 163 Ac 88
67600 Hilsenheim 67 60 Hd 59
57510 Hilsprich 57 57 Gf 54
57570 Himeling 57 44 Gb 52
02440 Hinacourt 02 40 Db 50
57220 Hinckange 57 56 Gc 53
67150 Hindisheim 67 60 Hd 58
68580 Hindlingen 68 95 Ha 63
62232 Hinges 62 29 Cd 45
22100 Hinglé, le 22 65 Xf 58
22100 Hinglé-les-Granits, le 22 65 Xf 58
44170 Hingué 44 82 Yb 63
67290 Hinsbourg 67 58 Hb 55
57510 Hinsing 57 57 Gf 55
67260 Hinsingen 67 57 Gf 55
67360 Hinterfeld 67 58 He 55
40180 Hinx 40 161 Za 86
47360 Hiot 47 149 Ad 83
67150 Hipsheim 67 60 He 58
57510 Hirbach 57 57 Gf 54
35120 Hirel 35 65 Yb 57
22960 Hirel, le 22 64 Xb 58
67320 Hirschland 67 57 Ha 55
68560 Hirsingue 68 95 Hb 63
02500 Hirson 02 41 Ea 49
68118 Hirtzbach 68 95 Hb 63
67220 Hirtzelbach 67 60 Hb 59
68740 Hirtzfelden 68 95 Hc 61
31260 His 31 164 Af 90
31210 Hite, la 31 163 Ad 90
32460 Hitère, la 32 162 Ze 86
09230 Hitte 09 164 Ba 90
65190 Hitte 65 163 Aa 90
67270 Hochfelden 67 58 Hd 56
68720 Hochstatt 68 95 Hb 62
67170 Hochstett 67 58 He 56
62650 Hocqueliers 62 28 Bf 45
80210 Hocquélus 80 28 Bd 48
02340 Hocquet, le 02 41 Ea 50
50320 Hocquigny 50 46 Yd 56
80490 Hocquincourt 80 28 Bf 49
62850 Hocquinghen 62 27 Bf 44
60650 Hodenc-en-Bray 60 38 Bf 52
60430 Hodenc-L'Évêque 60 51 Ca 52
76340 Hodeng-au-Bosc 76 38 Be 49
76780 Hodenger 76 38 Bd 51
76780 Hodeng-Hodenger 76 38 Bd 51
95420 Hodent 95 50 Be 54
57410 Hœlling 57 58 Hb 54
67250 Hœlschloch 67 58 He 55
67800 Hœnheim 67 58 He 57
67720 Hœrdt 67 58 He 56
54370 Hoëville 54 56 Gc 56
67250 Hoffen 67 58 Hf 55
27910 Hogues, les 27 37 Bc 52
14700 Hoguette, la 14 48 Zf 55
67170 Hohatzenheim 67 58 Hd 56
67310 Hohengœft 67 58 Hc 57
67270 Hohfrankenheim 67 58 Hd 56
68140 Hohrod 68 77 Ha 60
68140 Hohrodberg 68 77 Ha 60
67140 Hohwald, le 67 60 Hb 58
67220 Hohwarth 67 60 Hc 58
67250 Hohwiller 67 58 Hf 55
57380 Holacourt 57 57 Gc 55
57410 Holbach 57 58 Hc 54
57730 Holbach 57 57 Ge 54
88470 Hollande, la 88 77 Gf 58
57220 Holling 57 57 Gc 53
63470 Holmes, les 63 127 Cd 74
02760 Holnon 02 40 Db 49
59143 Holque 59 27 Cb 43
67230 Holtzbad 67 60 Hd 58
67810 Holtzheim 67 60 Hd 57
68320 Holtzwihr 68 60 Hc 60
57510 Holving 57 57 Gf 54
48400 Hom, l' 48 153 Dc 83
14220 Hom, le 14 47 Zc 55
02720 Homblières 02 40 Dc 49
80400 Homblieux 80 39 Cf 50
57470 Hombourg 57 57 Ge 54
68490 Hombourg 68 95 Hc 62
57920 Hombourg-Budange 57 56 Gc 53
82800 Hombrails 82 150 Bd 84
61290 Hôme-Chamondot, l' 61 69 Ae 57
54310 Homecourt 54 56 Ff 53
14390 Hôme-sur-Mer, la 14 48 Zf 53
37320 Hommais, l' 37 85 Ae 65
57405 Hommarting 57 57 Ha 56
58120 Homme, l' 58 104 Df 66
53320 Hommeau, l' 53 66 Yf 61
26740 Homme-d'Armes, l' 26 142 Ee 81
57870 Hommert 57 57 Hb 56
37340 Hommes 37 85 Ab 64
50620 Hommet-d'Arthenay, le 50 33 Ye 53
11200 Homps 11 166 Ce 89
32120 Homps 32 149 Af 86
81130 Homps, les 81 151 Ca 84
59190 Hondeghem 59 27 Cd 44
77510 Hondevilliers 77 52 Db 55
27400 Hondouville 27 49 Ba 54
59122 Hondschoote 59 27 Cd 43
14600 Honfleur 14 36 Ab 52
27310 Honguemare-Guenouville 27 37 Ae 52
59980 Honnechy 59 30 Dc 48
59266 Honnecourt-sur-Escaut 59 30 Db 48
82130 Honor-de-Cos, l' 82 150 Bc 84
57670 Honskirch 57 57 Gf 55
40190 Hontanx 40 147 Ze 86
28150 Honville 28 70 Be 58
01150 Hôpital, l' 01 131 Fb 73
15130 Hôpital, l' 15 139 Cc 79
15140 Hôpital, l' 15 139 Cc 78
15250 Hôpital, l' 15 139 Cb 79
19300 Hôpital, l' 19 126 Ca 76
19400 Hôpital, l' 19 138 Bf 78
22120 Hôpital, l' 22 64 Xb 58
22550 Hôpital, l' 22 64 Xe 57
24600 Hôpital, l' 24 124 Ac 77
33590 Hôpital, l' 33 122 Yf 76
46500 Hôpital, l' 46 138 Be 80
57490 Hôpital, l' = Spittel 57 57 Ge 54
12170 Hôpital-Bellegarde, l' 12 152 Cd 84
29460 Hôpital-Camfrout 29 62 Ve 59
64270 Hôpital-d'Orion, l' 64 161 Za 88
25620 Hôpital-du-Grosbois, l' 25 107 Gb 65
42210 Hôpital-le-Grand, l' 42 129 Eb 75
71600 Hôpital-le-Mercier, l' 71 117 Ea 70
64130 Hôpital-Saint-Blaise, l' 64 161 Zb 89
46600 Hôpital-Saint-Jean 46 138 Bd 78
25340 Hôpital-Saint-Lieffroy, l' 25 94 Gc 64
42130 Hôpital-sous-Rochefort, l' 42 129 Df 74
85250 Hôpitaud, l' 85 97 Ye 67
22430 Hôpitaux, les 22 64 Xd 57
25370 Hôpitaux-Neufs, les 25 108 Gc 68
25370 Hôpitaux-Vieux, les 25 108 Gc 68
58350 Hopitot, l' 58 103 Db 65
27210 Hopsores, le 27 48 Ac 53
64130 Hoquy 64 161 Za 89
37260 Horaie, la 37 85 Ad 65
68180 Horbourg-Wihr 68 60 Hc 60
59111 Hordain 59 30 Db 47
40390 Horgave 40 160 Ye 87
08430 Horgne, la 08 42 Ee 51
65310 Horgues 65 162 Aa 89
59171 Hornaing 59 30 Dc 46
80640 Hornoy-le-Bourg 80 38 Bf 49
53640 Horps, le 53 67 Zd 58
63950 Hors 63 127 Ce 75
40700 Horsarrieu 40 161 Zc 86
52600 Hortes 52 92 Fd 61
73500 Hortière, l' 73 133 Ge 77
80250 Hortoy, l' 80 38 Cb 50
55130 Horville-en-Ornois 55 75 Fc 58
44410 Hoscas 44 81 Xe 64
27570 Hosmes, l' 27 49 Ba 56
63980 Hospeux, l' 63 128 Dc 75
31110 Hospice de France 31 176 Ad 92
04150 Hospitalet, l' 04 156 Fe 84
12510 Hospitalet, l' 12 151 Cc 82
42680 Hospitalet, l' 42 129 Eb 76
46500 Hospitalet, l' 46 138 Bd 80
48110 Hospitalet, l' 48 153 Dd 83
12230 Hospitalet-du-Larzac, l' 12 153 Db 85
09390 Hospitalet-près-L'Andorre, l' 09 177 Be 93
40150 Hossegor 40 160 Yd 87
64120 Hosta 64 161 Yf 90
66300 Hostalets, les 66 179 Ce 93
57510 Hoste-Bas 57 57 Gf 54
57510 Hoste-Haut 57 57 Gf 54
04000 Hostelleries, les 04 157 Gb 84
33125 Hostens 33 134 Zc 82
43200 Hostes, les 43 141 Eb 78
01110 Hostiaz 01 119 Fd 73
26730 Hostun 26 143 Fb 78
50370 Hôtel-d'Anhay, l' 50 34 Ye 54
22550 Hôtel-Juhel, l' 22 64 Xd 57
14100 Hôtellerie, l' 14 48 Ac 54
53160 Hôtellerie, l' 53 67 Zd 59
53410 Hotellerie, l' 53 66 Yf 59
49500 Hôtellerie-de-Flée, l' 49 83 Za 62
61120 Hotellerie-Farault, l' 61 48 Aa 55
01260 Hôtonnes 01 119 Fe 73
14430 Hotot-en-Auge 14 35 Zf 53
57720 Hottviller 57 58 Hc 54
15590 Houade 15 139 Cd 78
56170 Houat 56 80 Xa 64
57850 Hoube, la 57 58 Hb 57
14340 Houblonnière, la 14 35 Aa 54
74310 Houches, les 74 121 Ge 73
62620 Houchin 62 29 Cd 46
59570 Houdain 59 31 De 47
62150 Houdain 62 29 Cd 46
78550 Houdan 78 50 Bd 56
60710 Houdancourt 60 51 Cd 52
55230 Houdelaucourt-sur-Othain 55 43 Fe 53
54330 Houdelmont 54 76 Ga 57
54180 Houdemont 54 56 Gb 57
76740 Houdetot 76 36 Ae 50
08190 Houdilcourt 08 41 Ea 52
40140 Houdin 40 146 Ye 86
61270 Houdonnière, la 61 49 Ad 56
54330 Houdreville 54 76 Ga 57
88170 Houécourt 88 76 Ff 59
32440 Houeillère 32 148 Aa 85
47420 Houeillès 47 148 Aa 83
50480 Houesville 50 46 Ye 52
27400 Houetteville 27 49 Ba 54
88300 Houéville 88 76 Fe 58
65330 Houeydets 65 163 Ac 90
32460 Houga, le 32 148 Ze 86
40120 Houga, le 40 147 Zd 83
33980 Hougueyra 33 134 Za 80
16110 Houillères, les 16 124 Ac 74
78800 Houilles 78 51 Ca 55
57830 Houillons 57 57 Gf 56
27120 Houlbec-Cocherel 27 50 Bc 54
27370 Houlbec-près-le-Gros-Theil 27 49 Ae 53
08090 Houldizy 08 42 Ee 50
16200 Houlette 16 123 Ze 74
59236 Houlette, la 59 30 Cf 44
14510 Houlgate 14 48 Zf 53
62910 Houlle 62 27 Cb 44
76770 Houlme, le 76 37 Ba 51
86250 Houmaillerie, l' 86 112 Ab 72
36500 Houme 36 101 Bc 68
17137 Houmeau, l' 17 110 Ye 71
31530 Hounédis 31 164 Bb 86
11240 Hounoux 11 165 Ca 90
64220 Hountto 64 160 Ye 90
55170 Houpette, la 55 55 Fa 57
59263 Houplin 59 30 Da 45
59116 Houplines 59 30 Cf 44
76770 Houppeville 76 37 Ba 51
40420 Hourats 40 147 Zc 84
65350 Hourc 65 163 Aa 89
65330 Hourcaud 65 163 Ac 89
80410 Hourdel, le 80 28 Bd 47
33930 Hourean 33 122 Yf 76
51140 Hourges 51 53 De 53
47420 Hourquey 47 147 Zf 83
40110 Hourre 40 146 Za 84
64420 Hours 64 162 Ze 89
40410 Hourson 40 146 Zb 82
33990 Hourtin 33 122 Yf 77
33990 Hourtin-Plage 33 122 Yf 77
31370 Hourton 31 164 Ba 88
33160 Hourton 33 134 Zb 79
40410 Hourtoy 40 147 Zb 82
02140 Houry 02 41 Df 50
33610 House, la 33 134 Zc 80
44440 Houssaie, la 44 82 Ye 63
35460 Houssais, la 35 66 Yd 58
40630 Houssats, les 40 147 Zb 83
41800 Houssay 41 86 Af 62
53360 Houssay 53 83 Zb 61
41310 Houssay, le 41 85 Af 62
27220 Houssaye 27 50 Bc 55
27410 Houssaye 27 49 Ae 55
41250 Houssaye 41 86 Bd 64
22120 Houssaye, la 22 64 Xb 58
50200 Houssaye, la 50 33 Yd 54
76690 Houssaye-Béranger, la 76 37 Ba 51
77610 Houssaye-en-Brie, la 77 52 Cf 56
53110 Housseau-Bretignolles, le 53 67 Zc 58
68125 Houssen 68 60 Hc 60
88700 Housseras 88 77 Ge 59
02250 Housset 02 40 De 50
54930 Housséville 54 76 Ga 58
88220 Houssière, la 88 76 Gc 60
88430 Houssière, la 88 77 Gf 59
62870 Houssoye 62 28 Be 46
60390 Houssoye, la 60 38 Bf 52
60112 Houssoy-le-Farcy 60 38 Ca 52
25300 Houtaud 25 108 Gb 67
59470 Houtkerque 59 27 Cd 43
50250 Houtteville 50 46 Yd 52
27440 Houville-en-Vexin 27 50 Bc 53
28700 Houville-la-Branche 28 70 Bd 58
62270 Houvin-Houvigneul 62 29 Cc 47
28130 Houx 28 70 Bd 57
88640 Houx 88 77 Ge 60
44522 Houx, la 44 82 Ye 64
44170 Houx, le 44 82 Yd 63
59492 Hoymille 59 27 Cc 43
25680 Huanne-Montmartin 25 93 Gc 64
50580 Huanville 50 46 Yc 52
50800 Huardière, la 50 46 Ye 55

A B C D E F G H I J K L M N O P Q R S T U V W X Y Z

58420 Hubans 58 89 Dd 65
50800 Huberdière, la 50 46 Ye 55
62630 Hubersent 62 28 Be 45
88410 Hubert, le 88 76 Ga 60
14540 Hubert-Folie 14 47 Ze 54
50700 Huberville 50 33 Yd 51
19800 Hublange 19 126 Be 77
62140 Huby-Saint-Leu 62 29 Ca 46
12380 Hucaloup 12 152 Cd 84
80132 Huchenneville 80 28 Be 48
40560 Huchet 40 146 Yd 85
21110 Huchey 21 106 Fb 65
62130 Huclier 62 29 Cc 46
50510 Hudimesnil 50 46 Yd 55
54110 Hudiviller 54 76 Gc 57
07590 Huédour 07 141 Df 81
29690 Huelgoat 29 62 Wb 58
27930 Huest 27 49 Bb 54
45520 Huêtre 45 70 Be 60
41320 Huets, les 41 101 Be 65
33680 Huga, le 33 134 Ye 78
70150 Hugier 70 92 Fe 65
76570 Hugleville-en-Caux 76 37 Af 51
07320 Hugons 07 142 Eb 79
12150 Huguiés 12 152 Da 83
71500 Huichards, les 71 106 Fb 69
49430 Huillé 49 84 Ze 63
52150 Huilliécourt 52 75 Fd 60
21230 Huilly 21 105 Ec 65
71290 Huilly-sur-Seille 71 106 Fa 69
51300 Huiron 51 54 Ed 56
58140 Huis-Bobin, l' 58 90 Df 64
58140 Huis-Bouché, l' 58 90 Df 65
58230 Huis-Gaumont, l' 58 104 Ea 65
58230 Huis-Laurent, l' 58 90 Ea 65
37420 Huismes 37 99 Ab 65
50170 Huisnes-sur-Mer 50 66 Yd 57
41310 Huisseau-en-Beauce 41 86 Ba 62
41350 Huisseau-sur-Cosson 41 86 Bc 63
45130 Huisseau-sur-Mauves 45 87 Be 61
69550 Huissel-Saint-Claude 69D 117 Eb 73
53970 Huisserie, l' 53 67 Zb 60
62410 Hulluch 62 30 Ce 46
57820 Hultehouse 57 58 Hb 56
51320 Humbauville 51 54 Ec 57
52290 Humbécourt 52 74 Ef 57
62158 Humbercamps 62 29 Cd 47
80600 Humbercourt 80 29 Cc 47
62650 Humbert 62 28 Bf 45
52700 Humberville 52 75 Fc 59
18250 Humbligny 18 103 Cd 65
37370 Humeau 37 100 Ae 65
62130 Humerœuile 62 29 Cb 46
52200 Humes-Jorquenay 52 92 Fb 61
62130 Humières 62 29 Cb 46
72230 Hunaudières, les 72 68 Ab 61
68330 Hunawihr 68 60 Hb 59
57990 Hundling 57 57 Gf 54
68130 Hundsbach 68 95 Hb 63
78120 Hunière, la 78 70 Bf 57
68128 Huningue 68 95 Hd 63
67250 Hunspach 67 58 Hf 55
57480 Hunting 57 44 Gb 52
31210 Huos 31 163 Ad 90
12460 Huparlac 12 139 Ce 80
80140 Huppy 80 38 Be 48
88210 Hurbache 88 77 Gf 58
33190 Hure 33 135 Zf 81
70210 Hurecourt 70 93 Ga 61
48150 Hures 48 153 Dc 83
48150 Hures-la-Parade 48 153 Dc 83
03380 Huriel 03 115 Cc 70
71870 Hurigny 71 118 Ee 70
35490 Hurlais, la 35 65 Yc 59
67730 Hurst 67 60 Hc 59
02500 Hurtebise 02 41 Eb 50
67117 Hurtigheim 67 60 Hd 57
37270 Husseau 37 85 Af 64
68420 Husseren-les-Châteaux 68 60 Hb 60
68470 Husseren-Wesserling 68 94 Gf 61
54590 Hussigny-Godbrange 54 43 Ff 52
50640 Husson 50 66 Za 57
53250 Hussonière, la 53 67 Zd 58
22800 Hutte, la 22 64 Xa 58
72130 Hutte, la 72 68 Aa 59
88540 Hutte, la 88 94 Gf 61
22330 Hutte-à-L'Anguille, la 22 64 Xc 59
67270 Huttendorf 67 58 Hd 56
67230 Huttenheim 67 60 Hd 58
41400 Hutterie, la 41 86 Ba 64
17650 Huttes, les 17 109 Yd 72
33123 Huttes, les 33 122 Yf 75
48300 Huttes, les 48 141 De 80
61150 Huttière, la 61 48 Ze 56
03600 Hyds 03 115 Ce 71
04170 Hyèges 04 157 Gc 85
25250 Hyémondans 25 94 Gd 64
80320 Hyencourt-le-Grand 80 39 Ce 50
80320 Hyencourt-le-Petit 80 39 Cf 50
50660 Hyenville 50 46 Yd 55
83400 Hyères 83 172 Ga 90
83400 Hyères-Plage 83 172 Ga 90
70190 Hyet 70 93 Ga 64
25110 Hyèvre-Paroisse 25 94 Gc 64
88500 Hymont 88 76 Ga 59
80320 Hypercourt 80 39 Cf 50
37460 Hys 37 100 Ba 65

I

60880 Iaux 60 39 Ce 52
20125 I Bagni di Guagnu = Guagno les Bains CTC 182 If 95
20153 I Bagni di Vuttera = Bains de Guitera CTC 183 Ka 97
64120 Ibarre 64 161 Yf 89
64120 Ibarrolle 64 161 Yf 89
64310 Ibarron 64 160 Yc 88
57830 Ibigny 57 57 Gf 57
65420 Ibos 65 162 Aa 89
67640 Ichtratzheim 67 60 He 58
77890 Ichy 77 71 Cd 59
64130 Idaux-Mendy 64 161 Za 89
32300 Idrac-Respaillès 32 163 Ac 87
64320 Idron-Lée-Ousse-Sendets 64 162 Ze 89
18170 Ids-Saint-Roch 18 102 Cb 68
20246 Ifana CTC 181 Ka 92
35750 Iffendic 35 65 Xf 60
47800 Iffour 47 136 Ac 81
35630 Iffs, les 35 65 Ya 59
20169 i Frasselli CTC 185 Ka 100
14123 Ifs 14 35 Zd 54
85390 Ifs, les 85 98 Zb 68
14270 Ifs-sur-Laizon 14 48 Zf 54
20213 i Fulelli = Folelli CTC 181 Kd 94
61130 Igé 61 68 Ad 59
71960 Igé 71 118 Ee 70
08200 Iges 08 42 Ef 50
80800 Ignaucourt 80 39 Cd 50
09110 Ignaux 09 177 Be 92
54450 Igney 54 57 Ge 57
88150 Igney 88 76 Gc 59
18350 Ignol 18 103 Cf 67
70700 Igny 70 93 Fe 64
91370 Igny 91 51 Cb 56
51700 Igny-Comblizy 51 53 De 54
64800 Igon 64 162 Ze 90
71540 Igornay 71 105 Ec 66
27460 Igoville 27 37 Ba 53
71340 Iguerande 71 117 Ea 71
09300 Ihat 09 177 Be 91
64640 Iholoy 64 161 Ye 89
39150 Ilay 39 107 Ff 69
81640 Ilchardié 81 151 Ca 84
17190 Ile, l' 17 109 Yd 73
17310 Ileau, l' 17 109 Yd 73
56780 Ile-aux-Kerno 56 80 Xa 63
79210 Ile-Bapaume, l' 79 110 Zc 71
37220 Île-Bouchard, l' 37 99 Ac 66
29120 Île Chevalier 29 78 Ve 61
44720 Ile-d'Aignac 44 81 Xe 64
17123 Île-d'Aix 17 110 Ye 72
17430 Ile-d'Albe, l' 17 110 Za 72
83230 Île de Bagaud 83 172 Gc 90
22870 Île-de-Bréhat 22 63 Wf 55
44720 Ile-de-Fédrun 44 81 Xe 64
85770 Ile-d'Elle, l' 85 110 Za 71
44720 Ile-de-Mazin 44 81 Xe 64
44720 Ile-de-Ménac 44 81 Xe 64
29259 Île de Molène 29 61 Va 58
44550 Ile-d'Errand 44 81 Xf 64
17750 Ile-d'Étaules, l' 17 122 Yf 74
85340 Ile-d'Olonne, l' 85 109 Yb 69
20220 Ile Rousse, l' CTC 180 If 93
37420 Ile-Saint-Martin 37 85 Ab 65
29980 Île Tudy 29 78 Vf 61
65590 Ilhan 65 175 Ac 91
64120 Ilharre 64 161 Yf 88
11380 Ilhes, les 11 166 Cc 88
65410 Ilhet 65 175 Ac 91
65370 Ilheu 65 176 Ad 91
57110 Illange 57 44 Gb 53
33720 Illats 33 135 Zd 81
29810 Illen 29 61 Vb 58
66130 Ille-sur-Têt 66 179 Cd 92
33380 Illet, l' 33 134 Za 81
27290 Illeville-sur-Montfort 27 36 Ae 53
68720 Illfurth 68 95 Hb 62
68970 Illhaeusern 68 60 Hc 59
01140 Illiat 01 118 Ef 71
09220 Illier-et-Laramade 09 177 Bd 92
28120 Illiers-Combray 28 69 Bb 59
27770 Illiers-L'Évêque 27 50 Bb 56
59480 Illies 59 30 Ce 45
22230 Illifaut 22 64 Xd 60
38200 Illins 38 130 Ef 75
67400 Illkirch-Graffenstaden 67 60 He 57
76390 Illois 76 38 Bd 50
52150 Illoud 52 75 Fd 59
68960 Illtal 68 95 Hb 63
08200 Illy 08 42 Ef 50
68110 Illzach 68 95 Hc 62
06420 Ilonse 06 158 Ha 84
14480 Ily 14 35 Zd 53
63740 Imbauds, les 63 127 Ce 74
28500 Imbermais 28 50 Bc 56
84220 Imberts, les 84 156 Fa 85
76760 Imbleville 76 37 Af 50
88170 Imbrécourt 88 76 Fe 58
30200 Imbres, les 30 155 Ed 84
67330 Imbsheim 67 58 Hc 56
08240 Imécourt 08 42 Ef 52
57310 Imeldange 57 44 Gb 53
57400 Imling 57 57 Ha 56
44600 Immaculée, l' 44 81 Xe 65
54150 Immonville 54 56 Ff 53
58160 Imphy 58 103 Db 67
08300 Inaumont 08 41 Eb 51
76520 Incarville 76 37 Ba 52
76117 Incheville 76 37 Bc 48
59540 Inchy 59 30 Dc 48
62860 Inchy-en-Artois 62 30 Da 47
62770 Incourt 62 29 Ca 46
25470 Indevillers 25 94 Gf 65
18160 Ineuil 18 102 Cb 68
05500 Infournas, les 05 144 Ga 80
80220 Infray 80 38 Bd 49
43150 Infruits, les 43 141 Ea 79
12230 Infruts, les 12 153 Db 85
67270 Ingenheim 67 58 Hd 56
68040 Ingersheim 68 60 Hb 60
62129 Inghem 62 29 Cb 44
57970 Inglange 57 56 Gb 52
07200 Ingolsheim 67 60 Hf 66
76460 Ingouville 76 36 Ae 49
36300 Ingrandes 36 100 Af 69
86220 Ingrandes 86 100 Ad 67
37140 Ingrandes-de-Touraine 37 85 Ab 65
49123 Ingrandes-Le Fresne sur Loire 49 83 Za 64
45450 Ingrannes 45 71 Cb 61
45140 Ingré 45 87 Be 61
27600 Ingremare 27 49 Bb 53
56240 Inguiniel 56 79 We 61
67340 Ingwiller 67 58 Hc 55
12850 Inières 12 152 Cd 83
01200 Injoux-Génissiat 01 119 Fe 72
67880 Innenheim 67 60 Hd 58
01680 Innimond 01 131 Fd 74
55700 Inor 55 42 Fa 51
48500 Inos 48 152 Da 83
63330 Insacq 63 115 Cd 72
57670 Insming 57 57 Gf 55
33840 Insos 33 147 Ze 82
57670 Insviller 57 57 Gf 55
07400 Intras 07 142 Ed 82
76630 Intraville 76 37 Bb 49
07310 Intres 07 142 Ec 79
28310 Intréville 28 70 Bf 59
01580 Intriat 01 119 Fd 71
45300 Intville-la-Guétard 45 71 Cb 59
58800 Inty 58 89 Dd 65
80580 Inval 80 28 Be 48
80430 Inval-Boiron 80 38 Be 49
45300 Invault 45 71 Cc 59
45300 Invilliers 45 71 Cc 60
62170 Inxent 62 28 Be 45
56650 Inzinzac-Lochrist 56 80 We 61
20234 i Perelli = Perelli CTC 183 Kc 95
55220 Ippécourt 55 55 Fb 54
61190 Irai 61 49 Ae 56
79600 Irais 79 99 Zf 67
89290 Irancy 89 89 De 62
64560 Iraty 64 174 Yf 90
55600 Iré-le-Sec 55 43 Fc 52
69540 Irigny 69M 130 Ee 74
64780 Irissarry 64 160 Ye 89
80300 Irles 80 29 Ce 48
67310 Irmstedt 67 60 Hc 57
35850 Irodouër 35 65 Ya 59
02510 Iron 02 40 Dd 49
15100 Ironde 15 140 Da 79
64220 Irouléguy 64 160 Ye 89
27930 Irreville 27 49 Bb 54
29460 Irvillac 29 62 Ve 58
65240 Is 65 175 Ac 91
62330 Isbergues 62 29 Cc 45
88320 Isches 88 76 Fe 60
04170 Iscle, l' 04 158 Gd 85
45620 Isdes 45 87 Cb 62
58290 Isenay 58 104 De 67
52140 Is-en-Bassigny 52 75 Fc 60
50540 Isigny-le-Buat 50 66 Yf 57
14230 Isigny-sur-Mer 14 46 Yf 53
57320 Ising 57 56 Gc 53
21210 Island 21 105 Eb 65
89200 Island 89 90 Df 64
87170 Isle 87 125 Bb 74
22160 Isle, l' 22 63 Wd 58
50290 Isle, l' 50 46 Yc 55
56130 Isle, l' 56 81 Xd 63
95290 Isle-Adam, l' 95 51 Cb 54
32270 Isle-Arné, l' 32 163 Ae 87
17250 Isleau, l' 17 122 Zb 74
10240 Isle-Aubigny 10 74 Eb 57
10800 Isle-Aumont 10 73 Ea 59
32380 Isle-Bouzon, l' 32 149 Ae 85
38080 Isle-d'Abeau, l' 38 131 Fb 75
32300 Isle-de-Noé, l' 32 163 Ac 87
31230 Isle-en-Dodon, l' 31 163 Af 88
03360 Isle-et-Bardais 03 103 Ce 68
32600 Isle-Jourdain, l' 32 164 Ba 87
86150 Isle-Jourdain, l' 86 112 Ae 71
33640 Isle-Saint-Georges 33 135 Zd 80
14690 Isles-Barde, les 14 47 Zd 55
77440 Isles-les-Meldeuses 77 52 Da 55
89630 Isles-Ménéfrier, les 89 90 Df 64
51110 Isles-sur-Suippe 51 41 Eb 52
84800 Isle-sur-la-Sorgue, l' 84 155 Fa 85
25250 Isle-sur-le-Doubs, l' 25 94 Gd 64
51290 Isle-sur-Marne 51 54 Ee 57
89440 Isle-sur-Serein, l' 89 90 Ea 63
55120 Islettes, les 55 55 Fa 54
04000 Isnards, les 04 157 Gb 84
76230 Isneauville 76 37 Ba 52
05150 Isnières, les 05 156 Fc 82
06420 Isola 06 158 Ha 83
06420 Isola 2000 06 159 Ha 83
20230 Isolaccio, Taglio- CTC 181 Kc 94
20243 Isolaccio-di-Fiumorbo CTC 183 Kb 96
52190 Isômes 52 92 Fb 63
48320 Ispagnac 48 153 Dd 82
62360 Isques 62 28 Bd 44
12190 Issac 12 139 Cd 81
24400 Issac 24 136 Ac 78
33160 Issac 33 134 Zb 79
83380 Issambres, les 83 172 Ge 88
33460 Issan 33 134 Zb 78
08440 Issancourt-et-Rumel 08 42 Ee 50
07660 Issanlas 07 141 Ea 80
25550 Issans 25 94 Ge 63
09100 Issards, les 09 165 Be 90
63940 Issards, les 63 129 De 76
07470 Issarlès 07 141 Ea 79
28160 Issay 28 69 Bb 59
44520 Issé 44 82 Yd 63
11400 Issel 11 165 Bf 88
46500 Issendolus 46 138 Be 80
67330 Issenhausen 67 58 Hd 56
68500 Issenheim 68 95 Hb 61
46320 Issepts 46 138 Bf 80
03120 Isserpent 03 116 Dd 72
63270 Isserteaux 63 128 Dc 75
67390 Isserts, les 63 115 Cd 73
43100 Isseuge 43 128 Dc 77
24560 Issigeac 24 136 Ad 80
30760 Issirac 30 154 Ec 83
63500 Issoire 63 128 Db 75
64570 Issor 64 161 Zd 90
78440 Issou 78 50 Be 55
36100 Issoudun 36 102 Bf 67
23130 Issoudun-Letrieix 23 114 Ca 72
21120 Is-sur-Tille 21 92 Fa 63
31450 Issus 31 164 Bd 88
51150 Issy 51 53 Eb 54
92130 Issy-les-Moulineaux 92 51 Cb 56
71760 Issy-L'Evêque 71 104 Df 68
38970 Istiers, les 38 144 Ff 79
51190 Istres-et-Bury, les 51 53 Ea 55
64240 Isturits 64 160 Ye 88
20220 Isula Rossa = L'Ile Rousse CTC 180 If 93
41370 Isy 41 86 Bd 62
02240 Itancourt 02 40 Dc 50
09140 Itès 09 177 Bb 92
86240 Iteuil 86 112 Ab 70
67117 Ittenheim 67 60 Hd 57
68160 Ittenheim la Petite-Liepvre 68 60 Ha 59
67680 Itterswiller 67 60 Hc 58
91760 Itteville 91 71 Cc 57
64250 Itxassou 64 160 Yd 89
81170 Itzac 81 151 Bf 84
62810 Ivergny 62 29 Cc 47
77165 Iverny 77 52 Ce 55
02360 Iviers 02 41 Ea 50
27110 Iville 27 49 Af 53
55270 Ivoiry 55 55 Fa 53
60141 Ivors 60 52 Da 53
39110 Ivory 39 107 Ff 67
88600 Ivoux 88 77 Ge 59
18380 Ivoy-le-Pré 18 88 Cc 64
17380 Ivraie 17 110 Zb 72
39110 Ivrey 39 107 Ff 67
21340 Ivry-en-Montagne 21 105 Ed 66
27540 Ivry-la-Bataille 27 50 Bc 55
60173 Ivry-le-Temple 60 51 Ca 53
94200 Ivry-sur-Seine 94 51 Cc 56
59141 Iwuy 59 30 Db 47
65370 Izaourt 65 176 Ad 90
31160 Izaut-de-L'Hôtel 31 176 Ae 90
65250 Izaux 65 163 Ac 90
53160 Izé 53 67 Ze 59
38140 Izeaux 38 131 Fc 76
62490 Izel-lès-Équerchin 62 30 Cf 46
62690 Izel-les-Hameaux 62 29 Cd 47
01430 Izenave 01 119 Fd 72
56130 Izernac 56 81 Xe 63
01580 Izernore 01 119 Fd 71
38160 Izeron 38 143 Fc 78
64260 Izeste 64 162 Zd 90
21110 Izeure 21 106 Fa 65
21110 Izier 21 92 Fb 65
01300 Izieu 01 131 Fd 75
33450 Izon 33 135 Zd 79
32400 Izotges 32 162 Zf 87
45480 Izy 45 70 Ca 60

J

24380 Jabaux 24 136 Ae 78
43370 Jabier 43 141 De 79
77450 Jablines 77 52 Ce 55
87370 Jabreilles-les-Bordes 87 113 Bd 72
83840 Jabron 83 158 Gc 86
15110 Jabrun 15 140 Cf 80
34830 Jacou 34 168 Df 87
09320 Jacoy 09 177 Bc 91
65350 Jacque 65 163 Ab 89
45320 Jacqueminière, la 45 72 Da 61
59310 Jacques-Varlet 59 30 Db 46
38630 Jacquet, le 38 131 Fd 75
77760 Jacqueville 77 71 Cd 59
05100 Jadis, le 05 145 Gd 78
95850 Jagny-sous-Bois 95 51 Cc 54
87160 Jagon, le 87 113 Bc 70
43340 Jagonzac 43 141 De 79
77440 Jaignes 77 52 Da 55
26300 Jaillans 26 143 Fb 78
49500 Jaillette, la 49 83 Zb 62
01120 Jailleux 01 130 Fa 73
49220 Jaille-Yvon, la 49 83 Zb 62
54200 Jaillon 54 56 Ff 56
58110 Jailly 58 104 Dd 66
58330 Jailly 58 104 Dc 66
21150 Jailly-les-Moulins 21 91 Ed 64
88300 Jainvillotte 88 75 Fe 59
07510 Jalades, les 07 141 Ea 80
81260 Jaladieu 81 166 Cd 87
19220 Jaladis 19 138 Ca 78
23270 Jalesches 23 114 Ca 71
15200 Jaleyrac 15 127 Cc 77
03220 Jaligny-sur-Besbre 03 116 Dd 70
01260 Jalinard 01 119 Fd 72
23340 Jallagnat 23 126 Bf 74
49510 Jallais 49 98 Za 65
21250 Jallanges 21 106 Fa 67
28200 Jallans 28 69 Bc 60
57590 Jallaucourt 57 56 Gc 55
25170 Jallerange 25 107 Fe 65
15150 Jalles 15 139 Cb 79
20122 Jallicu CTC 183 Ka 98
18300 Jalognes 18 103 Ce 65
71250 Jalogny 71 118 Ed 70
51150 Jâlons 51 53 Eb 54
87460 Jalouneix 87 126 Bd 74
74470 Jambaz 74 120 Gd 71
42600 Jambin 42 129 Ea 75
71640 Jambles 71 105 Ee 68
46260 Jamblusse 46 150 Be 83
78440 Jambville 78 50 Bf 54
60240 Jaméricourt 60 50 Bf 53
55600 Jametz 55 43 Fc 52
65220 Jammets 65 163 Ab 88
09140 Jammets, les 09 177 Bb 92
87800 Janailhac 87 125 Bb 75
23250 Janaillat 23 114 Be 72
57410 Janau 57 58 Hb 54
21310 Jancigny 21 92 Fc 64
08430 Jandun 08 41 Ed 50
33125 Janic 33 135 Zc 81
49170 Janière, la 49 83 Zb 64
38280 Janneyrias 38 131 Fa 74
87400 Janouzeix 87 125 Bc 74
44170 Jans 44 82 Yc 63
19700 Jante, la 19 126 Be 76
14670 Janville 14 35 Zf 54
28310 Janville 28 70 Bf 59
60150 Janville 60 39 Cf 52
76450 Janville 76 36 Ad 49
91510 Janville-sur-Juine 91 71 Cb 57
51210 Janvilliers 51 53 Dd 55
51390 Janvry 51 53 Df 53
91640 Janvry 91 51 Ca 57
35150 Janzé 35 66 Yd 61
12230 Jaoul, le 12 153 Dc 84
38270 Jarcieu 38 130 Ef 76
17210 Jarculet, le 17 123 Ze 77
17460 Jard, la 17 122 Zc 75
41000 Jarday 41 86 Bb 63
33920 Jard-de-Bourdillas, le 33 123 Zd 77
19300 Jardin, le 19 126 Ca 77
86800 Jardres 86 112 Ad 69
85520 Jard-sur-Mer 85 109 Yc 70
19390 Jarenne 19 126 Be 76
45150 Jargeau 45 87 Ca 61
85600 Jarie, la 85 97 Ye 66
23130 Jarige, la 23 114 Cb 72
26620 Jarjatte, la 26 144 Fe 80
05130 Jarjayes 05 144 Ga 81
17800 Jarlac 17 123 Zc 74
88550 Jarménil 88 77 Gd 60
16200 Jarnac 16 123 Ze 74
33620 Jarnac 33 135 Ze 78
17520 Jarnac-Champagne 17 123 Zd 75
23140 Jarnages 23 114 Ca 71
18140 Jarnay 18 103 Cf 65
22480 Jarnay 22 63 Wf 58
17220 Jarne, la 17 110 Yf 72
69640 Jarnioux 69D 118 Ed 73
58230 Jarnois, le 58 90 Ea 64
42460 Jarnosse 42 117 Eb 72
54800 Jarny 54 56 Ff 54
24630 Jarousse, la 24 125 Ba 75
71480 Jarrey 71 119 Fc 69
17220 Jarrie, la 17 110 Yf 72
85170 Jarrie, la 85 97 Yd 68
17330 Jarrie-Audouin, la 17 110 Zd 72
38560 Jarrie-les-Chaberts 38 144 Fe 78
73300 Jarrier 73 132 Gb 77
44590 Jarrier, le 44 82 Yc 63
24210 Jarripigier, le 24 137 Ba 78
25650 Jarrons, les 25 108 Gd 66
85120 Jarrousselière, la 85 98 Zb 68
15300 Jarry, le 15 139 Cf 78
50720 Jarry, le 50 66 Za 57
18260 Jars 18 88 Ce 64
18260 Jarsot 18 88 Ce 64
73630 Jarsy 73 132 Gb 75
23400 Jartaud 23 114 Be 73
54140 Jarville-la-Malgrange 54 56 Gb 56
86170 Jarzay 86 99 Aa 68
49140 Jarzé Villages 49 84 Ze 63
42110 Jas 42 129 Eb 74
84410 Jas, le 84 156 Fb 84
04230 Jas-de-Berle 04 156 Fe 84
13170 Jas-de-Rhodes 13 170 Fb 88
83920 Jas-d'Esclans 83 172 Gd 87
83870 Jas-des-Marquands, le 83 171 Ff 89
84410 Jas-des-Melettes 84 156 Fb 84
70800 Jasney 70 93 Gb 61
01480 Jassans-Riottier 01 118 Ee 73
79120 Jassay 79 111 Aa 70
13430 Jasse 13 170 Ef 86
19290 Jasse 19 126 Ca 74
46250 Jasse 46 137 Ba 81
12100 Jasse, la 12 152 Da 84
30560 Jasse-de-Bernard, la 30 154 Ea 84
10330 Jasseines 10 74 Ec 57
42740 Jasserie, la 42 130 Ed 76
01250 Jasseron 01 119 Fb 71
64190 Jasses 64 161 Zb 89
44830 Jasson 44 96 Yb 65
83250 Jassons, les 83 171 Gb 90
63420 Jassy 63 128 Cf 76
64480 Jatxou 64 160 Yd 88
10200 Jaucourt 10 74 Ed 59
33590 Jau-Dignac-et-Loirac 33 122 Za 76
85110 Jaudonnière, la 85 97 Za 69
28250 Jaudrais 28 69 Ba 57
24320 Jaufrenie, la 24 124 Ab 76
33610 Jauge 33 134 Zb 80
21410 Jaugey 21 105 Ee 65
33114 Jaugut 33 134 Zb 81
07380 Jaujac 07 142 Eb 81
16560 Jauldes 16 124 Ab 74
89360 Jaulges 89 73 De 61
02850 Jaulgonne 02 53 Dd 54
37120 Jaulnay 37 99 Ac 67
77480 Jaulnes 77 72 Db 58
54470 Jaulny 54 56 Ff 55
60350 Jaulzy 60 39 Da 52
65150 Jaunac 65 176 Ad 90
86130 Jaunay-Clan 86 99 Ac 68
03700 Jaunet, le 03 116 Db 72
78113 Jaunière, la 78 50 Be 56
24400 Jaunies, les 24 136 Ab 79
24100 Jaure 24 136 Ad 79
24140 Jaure 24 136 Ad 78
04850 Jausier 04 158 Ge 82
04240 Jaussiers 04 158 Ge 85
12350 Jaux 12 151 Cb 82
72110 Jauzé 72 68 Ac 59
43100 Javaugues 43 128 Dc 77
07270 Javelat, la 07 142 Ed 78
35133 Javené 35 66 Ye 59
87520 Javerdat 87 113 Af 73

24300 Javerlhac-et-la-Chapelle-Saint-Robert 24 124 Ad 75
04420 Javie, la 04 157 Gc 83
48130 Javols 48 140 Dc 80
79320 Javrelière, la 79 98 Zc 68
16100 Javrezac 16 123 Zd 74
17120 Javrezac 17 122 Za 75
53250 Javron-les-Chapelles 53 67 Zd 58
43230 Jax 43 141 Dd 77
64220 Jaxu 64 161 Ye 89
40120 Jay, le 40 147 Zd 84
24590 Jayac 24 137 Bc 78
01340 Jayat 01 118 Fa 70
63260 Jayet 63 116 Db 72
86600 Jazeneuil 86 111 Aa 70
17260 Jazennes 17 122 Zc 75
40250 Jeanbidau 40 147 Zb 86
25210 Jean-Chevaux, les 25 108 Ge 66
17360 Jeancoin 17 123 Zf 78
38190 Jean Collet 38 132 Ff 77
02490 Jeancourt 02 40 Da 49
47290 Jean-d'Ardot 47 136 Ad 81
32330 Jeandaugé 32 148 Ab 85
40200 Jean-de-Crabe 40 146 Yf 83
54114 Jeandelaincourt 54 56 Gb 55
54800 Jeandelize 54 56 Fe 54
84400 Jean-Jean 84 156 Fc 85
88700 Jeanménil 88 77 Ge 58
40270 Jeanpierre 40 147 Zc 86
42920 Jeansagnière, Chalmazel- 42 129 Df 74
63410 Jeansol 63 115 Cf 73
33650 Jeansotte 33 135 Zd 81
02140 Jeantes 02 41 Ea 50
33390 Jeantie 33 135 Zc 81
40560 Jeantot 40 146 Ye 85
36100 Jean-Varenne 36 101 Bf 67
58140 Jeaux 58 104 Df 65
68320 Jebsheim 68 60 Hc 60
32360 Jegun 32 148 Ac 86
24410 Jemaye-Ponteyraud, la 24 136 Ab 77
86290 Jemelle 86 113 Ba 69
54490 Jenduffe 24 136 Aa 79
59144 Jenlain 59 31 Dd 47
03800 Jenzat 03 116 Db 72
02510 Jérusalem 02 40 Dd 49
88260 Jésonville 88 76 Ga 60
10140 Jessains 10 74 Ed 59
67440 Jetterswiller 67 58 Hc 56
68130 Jettingen 68 95 Hc 63
73500 Jeu, le 73 145 Gd 78
78270 Jeufosse 78 50 Bd 54
10320 Jeugny 10 73 Ea 60
89110 Jeully 89 89 Db 62
36120 Jeu-les-Bois 36 101 Be 68
36240 Jeu-Maloches 36 101 Bc 66
59460 Jeumont 59 31 Ea 47
19150 Jeune 19 126 Bf 77
33780 Jeune-Soulac 33 122 Yf 75
39360 Jeurre 39 119 Fe 70
19110 Jeux 19 127 Cc 76
88000 Jeuxey 88 77 Gc 59
21460 Jeux-lès-Bard 21 90 Eb 63
54740 Jevoncourt 54 76 Gb 58
54700 Jezainville 54 56 Ga 55
65240 Jézeau 65 175 Ac 91
07110 Joannas 07 142 Eb 81
42380 Joansiecq 42 129 Df 76
82140 Joany-et-Roubert 82 150 Be 83
63990 Job 63 129 De 75
50440 Jobourg 50 33 Ya 50
66320 Joch 66 178 Cd 93
54240 Jœf 54 56 Ga 53
42155 Jœuvre 42 117 Ea 73
50310 Joganville 50 34 Yd 52
89300 Joigny 89 72 Dc 61
08700 Joigny-sur-Meuse 08 42 Ee 49
52300 Joinville 52 75 Fa 58
51310 Joiselle 51 53 Dd 56
59530 Jolimetz 59 31 Dd 47
54300 Jolivet 54 77 Gd 57
63210 Jollere 63 127 Ce 74
[illegible] Jonage [illegible] 100 Fa 74
34650 Joncelets 34 153 Db 86
34650 Joncels 34 167 Db 86
66360 Joncet 66 178 Cb 93
03140 Jonchère 03 116 Db 71
18110 Jonchère, la 18 102 Cc 66
85540 Jonchère, la 85 109 Yd 70
21430 Jonchères 21 105 Eb 65
26310 Jonchères 26 143 Fc 81
87340 Jonchère-Saint-Maurice, la 87 113 Bc 72
53190 Joncherets, les 53 66 Za 58
43340 Joncherette 43 141 De 80
90100 Joncherey 90 94 Ha 63
52000 Jonchery 52 75 Fa 60
51600 Jonchery-sur-Suippe 51 54 Ec 54
51140 Jonchery-sur-Vesle 51 53 De 53
26170 Jonchiers, les 26 156 Fb 83
02420 Joncourt 02 40 Db 49
10330 Joncreuil 10 74 Ed 57
71460 Joncy 71 105 Ed 69
73170 Jongieux 73 132 Fe 74
27410 Jonquerets-de-Livet, les 27 49 Ad 54
84450 Jonquerettes 84 155 Ef 85
51700 Jonquery 51 53 De 54
04150 Jonquet, le 04 156 Fd 84
27210 Jonquets, les 27 36 Ab 53
02120 Jonqueuse 02 40 Dd 49
11220 Jonquières 11 179 Ce 90
34725 Jonquières 34 167 Dc 86
60680 Jonquières 60 39 Ce 52
81440 Jonquières 81 165 Ca 87
84150 Jonquières 84 155 Ef 84
30300 Jonquières-Saint-Vincent 30 155 Ed 86
69330 Jons 69M 131 Fa 74
48150 Jontanels 48 153 Dc 83
08130 Jonval 08 42 Ed 51
70500 Jonvelle 70 93 Ff 61
28800 Jonville 28 70 Bd 59
50760 Jonville 50 33 Ye 51
55160 Jonville-en-Woëvre 55 56 Fe 54
28320 Jonvilliers 28 70 Be 57
17500 Jonzac 17 123 Zd 76
74520 Jonzier-Epagny 74 120 Ff 72
42660 Jonzieux 42 [illegible] 77
71110 Jonzy 71 117 Ea 71
54620 Joppécourt 54 43 Fe 52
19150 Jordes, les 19 126 Be 77
31810 Jordi 31 164 Bc 88
33125 Jordis 33 134 Zc 81
17260 Jorignac 17 122 Zb 75
28190 Jornad 28 69 Bb 58
14170 Jort 14 48 Zf 55
88500 Jorxey 88 76 Gb 59
43230 Josat 43 128 Dd 77
64190 Josbaig, Préchacq- 64 161 Zb 89
56120 Josilin = Josselin 56 81 Xc 61
41370 Josnes 41 86 Bd 62
33138 Jossaume 33 134 Za 80
40230 Josse 40 160 Ye 87
56120 Josselin 56 81 Xc 61
21820 Jossigny 21 106 Fa 67
77600 Jossigny 77 52 Ce 55
74200 Jotty, le 74 120 Gd 71
12600 Jou 12 139 Ce 79
87890 Jouac 87 113 Bb 70
02220 Jouaignes 02 53 Dd 53
89310 Jouancy 89 90 Ea 62
33113 Jouanhaut 33 147 Zc 82
40210 Jouanicot 40 146 Yf 84
31800 Jouanicou 31 163 Ad 90
41290 Jouannière, la 41 86 Bc 61
40170 Jouanon 40 146 Ye 84
07190 Jouanvins 07 142 Ec 79
86340 Jouarenne 86 112 Ab 70
77640 Jouarre 77 52 Da 55
78760 Jouars-Pontchartrain 78 50 Bf 56
54800 Jouaville 54 56 Ff 54
24380 Joubertie 24 136 Ad 78
89120 Joubins, les 89 89 Db 61
84220 Joucas 84 156 Fb 85
09100 Joucla 09 165 Bd 90
11140 Joucou 11 178 Ca 92
71480 Joudes 71 119 Fc 70
54490 Joudreville 54 56 Fe 53
86200 Joué 86 99 Ab 66
61320 Joué-du-Bois 61 67 Ze 57
61150 Joué-du-Plain 61 48 Zf 56
72540 Joué-en-Charnie 72 67 Ze 60
49670 Joué-Étiau 49 98 Zc 65
72380 Joué-L'Abbé 72 68 Ab 60
37300 Joué-lès-Tours 37 85 Ad 64
12800 Jouels 12 151 Cb 83
32190 Jouéou 32 148 Ab 86
64490 Jouers 64 174 Zc 91
44440 Joué-sur-Erdre 44 82 Yd 64
18320 Jouet-sur-L'Aubois 18 103 Cf 66
31110 Jouéu 31 176 Ad 92
21230 Jouey 21 105 Ec 66
25370 Jougne 25 108 Gc 68
34490 Jougrand 34 167 Da 88
39100 Jouhe 39 106 Fc 66
79110 Jouhé 79 111 Aa 72
86500 Jouhet 86 112 Af 70
23220 Jouillat 23 114 Bf 71
35133 Jouillère, la 35 66 Ye 59
86300 Joumé 86 112 Ae 69
34330 Jounié, le 34 166 Cd 87
13490 Jouques 13 171 Fd 87
12440 Jouqueviel 12 151 Ca 83
47480 Jourda 47 149 Ae 83
17360 Jourdain 17 123 Zf 77
32120 Jourdain 32 149 Af 86
12480 Jourdanie, la 12 152 Ce 84
40120 Jourets 40 147 Zd 84
87800 Jourgnac 87 125 Bb 74
58140 Jourland 58 90 Df 65
01250 Journans 01 119 Fc 72
85320 Journée 85 110 Ye 69
86290 Journet 86 113 Af 70
[illegible]
19370 Journiac 19 126 Be 75
24260 Journiac 24 137 Af 79
62850 Journy 62 27 Bf 44
15170 Joursac 15 140 Da 78
21340 Jours-en-Vaux 21 105 Ed 66
21450 Jours-lès-Baigneux 21 91 Ed 63
86350 Joussé 86 112 Ac 71
85300 Jousselandière, la 85 96 Yb 67
15800 Jou-sur-Monjou 15 139 Cd 79
27260 Jouveaux, Morainville- 27 48 Ac 53
39220 Jouvencelles, les 39 120 Ff 70
71290 Jouvençon 71 118 Fa 69
81530 Jouvens 81 152 Cd 85
74550 Jouvernesinaz 74 120 Gd 71
74200 Jouvernex 74 120 Gc 71
69170 Joux 69D 117 Ec 73
74230 Joux 74 132 Gc 73
74500 Joux, la 74 121 Ge 70
74520 Joux, la 74 120 Ff 72
36170 Joux, le 36 113 Bc 70
89440 Joux-la-Ville 89 90 Df 63
18600 Jouy 18 103 Cf 68
28300 Jouy 28 70 Bd 57
89150 Jouy 89 72 Cf 60
91650 Jouy 91 71 Ca 57
57130 Jouy-aux-Arches 57 56 Ga 54
55120 Jouy-en-Argonne 55 55 Fb 54
78350 Jouy-en-Josas 78 51 Cb 56
45480 Jouy-en-Pithiverais 45 71 Ca 60
77970 Jouy-le-Châtel 77 52 Da 57
95620 Jouy-le-Comte 95 51 Cb 54
95280 Jouy-le-Moutier 95 51 Ca 54
45370 Jouy-le-Potier 45 87 Be 62
51390 Jouy-lès-Reims 51 53 Df 53
78200 Jouy-Mauvoisin 78 50 Bd 55
60240 Jouy-sous-Thelle 60 38 Bf 53
27120 Jouy-sur-Eure 27 50 Bb 54
77320 Jouy-sur-Morin 77 52 Db 56
07260 Joyeuse 07 141 Eb 82
15130 Joyeuse, la 15 139 Cd 79
01800 Joyeux 01 118 Fa 73
63350 Joze 63 128 Db 73
63460 Jozerand 63 116 Da 72
06160 Juan-les-Pins 06 173 Ha 87
[illegible]
88630 Jubainville 88 76 Fe 58
49510 Jubaudière, la 49 98 Za 65
55120 Jubécourt 55 55 Fa 54
32160 Jù-Belloc 32 162 Aa 87
AD100 Juberri ◘ AND 177 Bc 94
53160 Jublains 53 67 Zd 59
29100 Juch, le 29 78 Ve 60
87230 Judie, la 87 125 Af 74
74250 Juffly 74 120 Gc 71
33420 Jugazan 33 135 Zf 80
12200 Juge, le 12 151 Bf 82
19500 Jugeals-Nazareth 19 138 Bd 78
63380 Jugie, la 63 115 Cd 73
87500 Jugie, la 87 125 Bc 76
87800 Jugie, la 87 125 Bb 75
35134 Jugon 35 82 Yd 61
22270 Jugon-les-Lacs = Lanyugon 22 64 Xe 58
71240 Jugy 71 106 Ef 69
39140 Juhans 39 107 Fd 68
17770 Juicq 17 123 Zc 73
71440 Juif 71 106 Fa 68
16190 Juignac 16 124 Ab 76
49640 Juigné 49 84 Zd 62
49460 Juigné-Bené 49 83 Zc 63
44670 Juigné-des-Moutiers 44 82 Ye 62
49610 Juigné-sur-Loire 49 83 Zd 64
72300 Juigné-sur-Sarthe 72 84 Ze 61
27250 Juignettes 27 49 Ad 55
19350 Juillac 19 125 Bb 77
32230 Juillac 32 162 Aa 87
33890 Juillac 33 135 Aa 80
46140 Juillac 46 137 Bb 82
16130 Juillac-le-Coq 16 123 Ze 75
64350 Juillacq 64 162 Zf 88
16320 Juillaguet 16 124 Ab 76
65290 Juillan 65 162 Aa 89
16230 Juillé 16 111 Aa 73
72170 Juillé 72 68 Aa 59
79170 Juillé 79 111 Ze 72
21210 Juillenay 21 90 Eb 64
32200 Juilles 32 164 Ae 87
50220 Juilley 50 66 Yd 57
21140 Juilly 21 91 Ec 64
77230 Juilly 77 51 Ce 54
66360 Jujols 66 178 Cb 93
01640 Jujurieux 01 119 Fc 72
48140 Julianges 48 140 Db 79
16200 Julienne 16 123 Ze 74
88120 Julienrupt 88 77 Ge 60
69840 Juliénas 69D 118 Ee 71
43500 Jullianges 43 129 De 77
69840 Jullié 69D 118 Ee 71
42130 Jullieux 42 129 Ea 74
50610 Jullouville 50 46 Yc 56
71390 Jully-lès-Buxy 71 105 Ee 68
10260 Jully-sur-Sarce 10 74 Eb 60
65100 Julos 65 162 Zf 90
55120 Julvécourt 55 55 Fb 54
28800 Jumainville 28 70 Bd 60
78580 Jumeauville 78 50 Be 55
28200 Jumeaux 28 69 Bc 60
63570 Jumeaux 63 128 Dc 76
79600 Jumeaux, le 79 99 Zf 68
80250 Jumel 80 39 Cc 50
27220 Jumelles 27 49 Bb 55
49120 Jumellière, la 49 83 Zb 65
20100 Jumenta Grossa CTC 184 If 99
65410 Jumet 65 175 Ac 91
76480 Jumièges 76 37 Ae 52
02160 Jumigny 02 40 De 52
24530 Jumilhac 24 124 Ae 76
24630 Jumilhac-le-Grand 24 125 Ba 76
09400 Junac 09 177 Bd 92
30250 Junas 30 154 Ea 86
[illegible]
65100 Juncalas 65 175 Aa 90
68500 Jungholtz 68 95 Hb 61
15120 Junhac 15 139 Cc 80
46150 Junies, les 46 137 Bb 81
08310 Juniville 08 41 Ec 52
09130 Junquière, la 09 164 Bc 89
72500 Jupilles 72 85 Ac 62
30120 Jurade, la 30 153 Dd 85
64110 Jurançon 64 162 Zd 89
45340 Juranville 45 71 Cd 60
42430 Juré 42 129 Df 73
15500 Jureuge 15 128 Da 77
16250 Jurignac 16 123 Zf 75
23600 Jurigny 23 114 Cb 70
14260 Jurques 14 47 Zb 54
31110 Jurvielle 31 175 Ac 92
02200 Jury 02 40 Dc 52
57245 Jury 57 56 Gb 54
36500 Juscop 36 101 Bc 67
79230 Juscorps 79 111 Zd 71
47180 Jusix 47 135 Aa 81
15250 Jussac 15 139 Cc 79
43130 Jussac 43 129 Ea 77
88640 Jussarupt 88 77 Ge 60
17130 Jussas 17 123 Zd 77
63310 Jussat 63 116 Dc 73
63450 Jussat 63 128 Da 74
51340 Jussecourt-Minecourt 51 54 Ee 56
70500 Jussey 70 93 Ff 62
02480 Jussy 02 40 Db 50
57130 Jussy 57 56 Ga 54
58220 Jussy 58 89 Db 64
74930 Jussy 74 120 Gb 72
89290 Jussy 89 89 Dd 62
18130 Jussy-Champagne 18 103 Cd 67
18140 Jussy-le-Chaudrier 18 103 Cf 66
32190 Justian 32 148 Ab 86
08270 Justine-Herbigny 08 41 Eb 51
09700 Justiniac 09 164 Bc 89
50720 Jutigny 50 67 Zb 57
77650 Jutigny 77 72 Db 58
88500 Juvaincourt 88 76 Ga 59
10310 Juvancourt 10 74 Ee 60
10140 Juvanzé 10 74 Ed 59
[illegible] Juvardeil [illegible]
57630 Juvelize 57 57 Gd 56
53380 Juvigné 53 66 Yf 59
60112 Juvignes 60 38 Ca 51
02880 Juvigny 02 40 Db 52
51150 Juvigny 51 54 Eb 54
55170 Juvigny-en-Perthois 55 75 Fa 57
50520 Juvigny les Vallées 50 46 Yf 56
50520 Juvigny-le-Tertre 50 47 Yf 56
61140 Juvigny-sous-Andaine 61 67 Zc 57
55600 Juvigny-sur-Loison 55 43 Fc 52
61200 Juvigny-sur-Orne 61 48 Aa 56
14250 Juvigny-sur-Seulles 14 34 Zc 54
61140* Juvigny Val d'Andaine 61 67 Zc 57
57590 Juville 57 56 Gc 55
07600 Juvinas 07 142 Eb 80
02190 Juvincourt-et-Damary 02 41 Df 52
91260 Juvisy-sur-Orge 91 51 Cc 56
28200 Juvrainville 28 70 Bd 60
54370 Juvrecourt 54 57 Gd 56
64120 Juxue 64 161 Yf 89
08190 Juzancourt 08 41 Ea 52
10500 Juzanvigny 10 74 Ed 58
52330 Juzennecourt 52 74 Ef 59
31540 Juzes 31 165 Be 88
31110 Juzet-de-Luchon 31 176 Ad 92
31160 Juzet-d'Izaut 31 176 Ae 91
78820 Juziers 78 50 Bf 55

K

67160 Kaidenbourg 67 59 Ia 55
50380 Kairon 50 46 Yc 56
50380 Kairon-Plage 50 46 Yc 56
57480 Kalembourg 57 44 Gc 52
57412 Kalhausen 57 57 Ha 54
22160 Kallag = Callac 22 63 Wd 58
67240 Kaltenhouse 67 58 Hf 56
57480 Kaltweiller 57 44 Gc 52
57330 Kanfen 57 44 Ga 52
35260 Kankaven = Cancale 35 65 Ya 56
22350 Kaon = Caulnes 22 65 Xf 59
68510 Kappelen 68 95 Hc 63
57430 Kappelkinger 57 57 Gf 55
22340 Karhaez Plougêr 22 63 Wc 59
29890 Karrec'h Hir 29 62 Vd 57
22170 Kastelladdren = Châtelaudren 22 63 Xa 57
35220 Kastell-Bourc'h = Châteaubourg 35 66 Yd 60
35410 Kastell-Geron = Châteaugiron 35 66 Yc 60
29150 Kastellin = Châteaulin 29 62 Ve 59
29250 Kastell-Paol = Saint-Pol-de-Léon 29 62 Wa 56
35430 Kastel-Noez = Châteauneuf-d'Ille-et-Vilaine 35 65 Ya 57
64430 Katalinaenea 64 160 Yd 90
68230 Katzenthal 68 60 Hb 60
67480 Kauffenheim 67 59 Ia 55
68240 Kaysersberg Vignoble 68 60 Hb 60
57920 Kédange-sur-Canner 57 56 Gc 53
67250 Keffenach 67 58 Hf 55
29880 Kélerdut 29 61 Vc 57
68680 Kembs 68 95 Hd 62
29000 Kemper = Quimper 29 78 Vf 61
29300 Kemperle = Quimperlé 29 79 Wc 61
57920 Kemplich 57 44 Gc 53
56250 Kerabus 56 80 Xb 62
29410 Keradalan 29 62 Wa 58
29250 Keradenec 29 62 Vf 56
29180 Kéradily 29 78 Vf 60
29640 Keradily 29 63 Wc 58
[illegible]
56240 Keraize 56 79 We 61
29470 Keralcun 29 62 Vd 59
22820 Keralio 22 63 We 56
29470 Keraliou 29 62 Vd 58
29390 Kerallé 29 78 Wb 60
29850 Kérallenoc 29 61 Vd 58
29830 Kéraloret 29 61 Vc 57
22810 Keramanac'h 22 63 Wd 57
22390 Kerambuan 22 63 Wd 58
29000 Kerancloarec 29 78 Vf 60
29140 Kerancornec 29 78 Wb 61
29460 Kérancurru 29 62 Vf 59
56240 Kerandal 56 79 We 61
29530 Kerandouaré 29 62 Wa 59
29100 Kerandraon 29 61 Vd 60
29770 Kerandraon 29 61 Vc 60
29390 Kérandréo 29 78 Wb 60
56440 Kerandué 56 80 Wf 61
29920 Kerangall 29 78 Wb 62
22300 Keranglas 22 63 Wc 56
29390 Keranglay 29 78 Wb 60
29640 Keranguéven 29 62 Wb 57
29860 Keranguéven 29 62 Vd 57
22480 Ker-Anna 22 63 Wf 58
56480 Kerannroué 56 79 Wf 60
29930 Keranperchec 29 78 Wb 61
29380 Keranquelven 29 79 Wb 61
29420 Keranton 29 62 Wa 57
56630 Kerantonze 56 79 Wd 59
29870 Kerantour 29 61 Vc 57
56860 Kerarden 56 80 Xb 63
29860 Keraredeau 29 61 Vd 57
29770 Keraudierne 29 61 Vc 60
22300 Keraudy 22 63 Wc 57
22300 Kerauzen 22 63 Wd 57
29190 Keravon 29 62 Vf 59
29630 Kerbabu 29 62 Wa 56
57460 Kerbach 57 57 Gf 54
22720 Kerbaëlen 22 63 Wf 57
29530 Kerbalaun 29 62 Wa 59
29120 Kerbascol 29 78 Ve 61
29160 Kerbastun 29 62 Vd 59
29560 Kerbéron 29 62 Ve 59
[illegible]
[illegible]
56560 Kerbiquel 56 79 Wb 60
29246 Kerbizien 29 63 Wb 59
29690 Kerbizien 29 62 Wb 58
22300 Kerblat 22 63 Wd 56
56310 Kerboharn 56 79 We 61
29150 Kerbolé 29 78 Vf 59
22610 Kerbors 22 63 We 56
85350 Ker-Bossy 85 96 Xd 68
29241 Kerboulic 29 63 Wb 56
44410 Kerbourg 44 81 Xd 64
29250 Kerbrat 29 62 Vf 56
[illegible] Kerbrat 29 [illegible] Wb 59
56930 Kerbrégent 56 79 Wf 61
29890 Kerbrézant 29 62 Vd 57
44420 Kercabellec 44 81 Xd 64
22410 Kercadoret 22 64 Xa 56
56730 Kercambre 56 80 Xa 64
85350 Ker-Châlon 85 96 Xd 68
56230 Kercohan 56 81 Xc 63
22310 Kercoz 22 63 Wc 56
29860 Kerdalaes 29 62 Vd 57
56520 Kerdalhué 56 79 Wd 62
29910 Kerdallé 29 78 Wa 62
22720 Kerdanielou 22 63 Wf 58
29430 Kerdanné 29 62 Ve 56
29800 Kerdaoulas 29 62 Ve 58
56700 Kerdavid 56 80 We 62
56150 Kerdéhel 56 79 Xa 61
29410 Kerdéland 29 62 Wa 57
29880 Kerdelant 29 62 Vd 57
29370 Kerden 29 78 Wa 60
29470 Kerdéniel 29 61 Vd 58
29500 Kerdévot 29 78 Wa 60
29430 Kerdézant 29 62 Ve 57
29500 Kerdilès 29 78 Wa 61
29260 Kerdivès 29 62 Ve 57
29310 Kerdonars 29 79 Wd 61
29246 Kerdoncuff 29 63 Wb 59
56550 Kerdonnerch 56 80 We 63
56330 Kerdosso 56 80 Wf 62
29350 Kerdoualen 29 78 Wb 62
22110 Kerdouc'h 22 63 Wd 59
29310 Kerdoudu 29 79 Wc 61
22480 Kerdrain 22 63 Wf 57
56480 Kerdréan 56 79 Wf 60
56400 Kerdrec'h 56 80 Xa 63
29630 Kerdrein 29 62 Wb 56
29160 Kerdreux 29 61 Vc 59
56390 Kerdroguen 56 80 Xb 62
29920 Kerdruc 29 78 Wb 62
56530 Kerdual 56 79 Wd 62
29150 Kérédan 29 62 Vf 59
22580 Kérégal 22 64 Xa 56
29690 Kerelcun 29 62 Wb 58
29430 Ker-Emma 29 62 Ve 57
29630 Kerénot 29 62 Wb 56
29810 Kerescart 29 61 Vb 58
29390 Kerescun 29 78 Wb 60
29800 Kerezellec 29 62 Ve 58
56760 Kerfalher 56 81 Xc 64
29350 Kerfany-les-Pins 29 79 Wb 62
22330 Kerfiac 22 64 Xc 59
29280 Kerfily 29 61 Vc 58
29970 Kerfinous 29 78 Wa 60
29233 Kerfissien 29 62 Vf 56
56370 Kerfontaine 56 80 Xb 64
22500 Kerfot 22 63 Wf 56
56920 Kerfourn 56 64 Xb 60
29540 Kerfranc 29 78 Wb 59
29140 Kerfrancès 29 78 Wb 61
29410 Kerfrecq 29 62 Wa 58
29690 Kergadiou 29 62 Wb 59
22390 Kerguër 22 63 We 57
56300 Kergal 56 64 Xa 60
56500 Kergal 56 80 Xb 61
[illegible]
56270 Kergantic 56 79 Wd 62
29150 Kergaradec 29 78 Vf 60
29370 Kergariou 29 78 Wa 60
29840 Kergastel 29 61 Vb 57
56500 Kergauthier 56 80 Xa 61
56500 Kergilet 56 80 Xa 61
29350 Kerglien 29 79 Wb 62
29160 Kerglintin 29 61 Vc 59
29270 Kergloff 29 63 Wc 59
29350 Kerglouanou 29 79 Wb 62
56360 Kergo 56 80 We 62
29430 Kergoarat 29 62 Ve 56
29150 Kergoat 29 62 Ve 59
29180 Kergoat 29 78 Ve 60
29860 Kergoat 29 61 Vd 58
56110 Kergoat 56 79 Wc 60
56320 Kergoat 56 79 Wd 60
29270 Kergoff 29 63 Wc 59
29400 Kergoff 29 62 Ve 57
29880 Kergoff 29 61 Vc 57
29260 Kergolestroc 29 62 Vd 57
22320 Kergonan 22 64 Xa 59
29810 Kergonan 29 61 Vb 58
56620 Kergonan 56 79 Wd 61
29260 Kergongar 29 62 Ve 57
29380 Kergonval 29 78 Wb 61
22480 Kergoten 22 63 Wf 57
29420 Kergoulouarn 29 62 Vf 57
29970 Kergréac'h 29 78 Wa 60
22570 Kergrenel 22 63 Wf 59
29410 Kergrenn 29 62 Wa 58
29400 Kergréven 29 62 Vf 58
22290 Kergrist 22 63 Wf 56
22500 Kergrist 22 63 Wf 56
56300 Kergrist 56 64 Xa 60
22110 Kergrist-Moëlou 22 63 We 59
29260 Kergroas 29 62 Ve 57
56150 Kergroix 56 79 Wf 61

56330 Kergroix 56 79 Wf 62
29260 Kergüaoc 29 62 Vd 57
29260 Kerguélen 29 62 Ve 57
29720 Kerguellec 29 78 Vd 61
29590 Kerguellen 29 62 Vf 59
56650 Kerguer 56 80 We 61
56240 Kerguescanff 56 79 Wd 61
56370 Kerguet 56 80 Xb 63
29250 Kerguiduff 29 62 Vf 57
56660 Kerguillerme 56 80 Xb 62
29260 Kergunic 29 62 Vd 57
22340 Kerguz 22 63 Wd 59
56770 Kerguzul 56 79 Wd 60
22170 Kerhamon 22 64 Wf 57
56420 Kerhello 56 80 Xb 61
22720 Kerhenry 22 63 We 58
56500 Kerhero 56 80 Xa 61
29270 Kerhervé 29 63 Wb 59
29170 Kerho 29 78 Wa 61
29530 Kerhoaden 29 62 Wa 59
29540 Kerholen 29 79 Wb 59
22200 Kerhonn 22 63 We 57
29810 Kerhornou 29 61 Vb 58
56370 Kerhostin 56 80 Wf 63
29233 Kérider 29 62 Ve 56
22660 Kériec 22 63 Wd 56
22480 Kerien 22 63 We 58
56920 Keriffé 56 64 Xb 60
29530 Kériffin 29 62 Wb 59
29160 Kerifloch 29 61 Vc 59
56370 Kerignard 56 80 Xb 63
29490 Kérigoualch 29 62 Vd 58
56240 Kérihuel 56 79 We 61
29410 Kerilly 29 62 Wa 57
22320 Kerimard 22 64 Wf 59
56500 Kerimars 56 80 Xb 61
29217 Kerinou 29 61 Vb 58
56580 Kério 56 64 Xb 60
29510 Kériou 29 78 Wa 60
56470 Kerisper 56 80 Wf 63
22500 Kerity 22 63 Wf 56
29760 Kérity 29 78 Vd 62
29530 Kerivarc'h 29 62 Wb 59
29860 Kérivinoc 29 61 Vc 57
29460 Kerivoal 29 62 Ve 58
29290 Kerivot 29 61 Vc 58
29430 Kerizinen 29 62 Ve 57
29280 Kerjean 29 61 Vc 58
56640 Kerjouanno 56 80 Xa 63
29400 Kerlaer 29 62 Ve 57
29830 Kerlanou 29 61 Vb 57
29100 Kerlaz 29 78 Ve 60
56160 Kerlénant 56 79 We 60
29200 Kerléo 29 61 Vc 58
29190 Kerlesquin 29 62 Vf 59
56920 Kerlezan 56 64 Xb 60
29420 Kerlidou 29 62 Vf 57
56620 Kerliff 56 79 Wd 62
29910 Kerlin 29 78 Wa 62
57480 Kerling-lès-Sierck 57 44 Gc 52
29390 Kerliou 29 78 Wb 60
29233 Kerlissien 29 62 Vf 57
56160 Kerlividic 56 79 We 60
29350 Kerliviou 29 79 Wb 62
29450 Kerlodezan 29 62 Vf 58
56420 Kerlois 56 80 Xb 61
29890 Kerlouan 29 62 Vd 57
22480 Kerlouët 22 63 We 58
22500 Kerloury 22 63 Wf 56
22610 Kermagen 22 63 Wf 55
29910 Kermao 29 78 Wa 61
29890 Kermarguel 29 62 Vd 57
22580 Kermaria 22 64 Xa 56
29120 Kermaria 29 78 Ve 61
22450 Kermaria-Sulard 22 63 Wd 56
29410 Kermat 29 62 Wa 57
56500 Kermaux 56 64 Xa 61
29660 Kermen 29 62 Wa 57
29920 Kermen 29 78 Wb 62
22320 Kermenguy 22 63 Wf 59
29100 Kermenguy 29 78 Ve 60
29250 Kermenguy 29 62 Vf 57
29830 Kermenguy 29 78 Vd 60
29870 Kermenguy 29 61 Vc 57
29840 Kermerrien 29 61 Vb 58
22140 Kermeur 22 63 Wd 56
29640 Kermeur 29 62 Wb 58
29770 Kermeur 29 61 Vc 60
29490 Kermeur-Saint-Yves 29 62 Vd 58
22200 Kermilon 22 63 Wf 57
56780 Kermoisan 56 80 Xb 61
56370 Kermoizan 56 80 Xb 63
22140 Kermoroc'h 22 63 We 57
22740 Kermouster 22 63 Wf 56
22140 Kernalégan 22 63 Wd 57
44780 Kernan 44 81 Xf 63
29150 Kernaou 29 78 Vf 60
56540 Kernascléden 56 79 We 60
56450 Kernau 56 80 Xc 63
56170 Kerné 56 79 Wf 64
29410 Kernelecq 29 62 Wa 58
29252 Kernéléhen 29 62 Wa 57
56670 Kerner 56 79 We 62
56640 Kernors 56 80 Xa 63
29390 Kernescop 29 78 Wb 60
56150 Kernestic 56 79 Wf 61
29140 Kernével 29 78 Wb 61
29510 Kernévez 29 78 Wa 60
29690 Kernèvez 29 62 Wa 58
29690 Kernévez 29 62 Wb 58
29830 Kernevez 29 61 Vc 57
29430 Kernic 29 62 Ve 57
29470 Kernie 29 61 Vd 58
29260 Kernilis 29 62 Vd 57
29510 Kerninou 29 78 Wa 60
29470 Kernisi 29 62 Vd 58
29510 Kernon 29 78 Vf 60
29400 Kernonen 29 62 Vf 58
29440 Kernoter 29 62 Vf 57
29310 Kernouarn 29 79 Wc 61
29260 Kernouës 29 62 Vd 57
56800 Kernoul 56 64 Xd 60
44420 Kero 44 81 Xc 64
22290 Kerognan 22 63 Wf 56
22340 Keroguiou 22 63 Wd 59
29420 Kerohantiou 29 62 Vf 57
29250 Keromnes 29 62 Vf 56
29970 Kéroret 29 78 Wa 60
29400 Keroual 29 62 Vf 58
29290 Keroudy 29 61 Vc 58
29710 Kerougou 29 78 Ve 60
29860 Kérouné 29 61 Vd 57
29840 Keroustat 29 61 Vb 57
29590 Kerouzarc'h 29 62 Ve 59
22160 Kerouzérien 22 63 Wd 58
22580 Kerouziel 22 64 Xa 56
56220 Kerpaillard 56 81 Xd 62
56260 Kerpape 56 79 Wd 62
56740 Kerpenhir 56 80 Xa 63
22480 Kerpert 22 63 Wf 58
57830 Kerpich-aux-Bois 57 57 Gf 56
56730 Kerpont 56 80 Xa 63
29660 Kerprigent 29 62 Wa 57
29590 Kerrec 29 62 Ve 59
29600 Kerret 29 62 Wa 57
29640 Kerrgorre 29 62 Wb 58
56500 Kerrob 56 80 Xb 61
29400 Kerroch 29 62 Vf 58
56270 Kerroc'h 56 79 Wd 62
22450 Kerrod 22 63 We 56
56590 Kerrohet 56 79 Wd 63
22170 Kerronniou 22 63 Wf 57
22780 Kerroué 22 63 Wc 57
29780 Kerruc 29 61 Vd 61
29700 Kersabiec 29 78 Ve 61
29630 Kersaint 29 62 Wb 56
29830 Kersaint 29 61 Vb 57
29860 Kersaint-Plabennec 29 62 Vd 58
56800 Kersamson 56 64 Xd 60
29160 Kersaniou 29 62 Vd 59
29800 Kersaos 29 62 Vd 58
29350 Kersauz 29 79 Wc 62
29630 Kersco 29 62 Wb 57
22540 Kerscoul 22 63 Wd 57
56240 Kerscoulic 56 79 Wd 61
29160 Kerséguénou 29 61 Vc 59
22480 Kersolec 22 63 We 58
56400 Kerstran 56 80 Wf 62
29710 Kerstridic 29 78 Vd 61
29420 Kertanguy 29 62 Vf 57
29610 Kertanguy 29 62 Wb 57
56130 Kertouard 56 81 Xd 63
44410 Kertrait 44 81 Xd 64
22410 Kertugal 22 64 Xa 57
67230 Kertzfeld 67 60 Hd 58
56310 Kervalan 56 79 We 61
56400 Kervaly 56 80 Xa 62
29710 Kervargon 29 78 Ve 61
56360 Kervarijon 56 80 Wf 65
56680 Kervarlay 56 79 We 62
29390 Kervars 29 78 Wb 60
29830 Kervasdué 29 61 Vc 57
29630 Kervebel 29 62 Wa 56
22140 Kervec 22 63 We 57
22560 Kervégan 22 63 Wc 56
56530 Kervégant 56 79 Wd 62
56550 Kervéhél 56 80 Xb 61
29550 Kervel 29 78 Ve 60
22290 Kervélard 22 63 Xa 57
29630 Kervélégant 29 62 Wb 57
29690 Kervélen 29 62 Wb 59
29830 Kerveltec 29 61 Vc 57
29520 Kerven 29 78 Wa 60
29790 Kerven 29 61 Vc 60
29410 Kervenarc'hant 29 62 Wa 57
56870 Kervenir 56 80 Xa 63
56270 Kervenois 56 79 Wd 62
29890 Kerverven 29 62 Vd 56
29710 Kerveyen 29 78 Vd 61
29590 Kervez 29 62 Vf 59
29410 Kervian 29 62 Wa 58
29550 Kervigen 29 78 Ve 60
56700 Kervignac 56 80 We 62
56500 Kervihan 56 80 Xa 61
56360 Kervilahouen 56 80 We 65
29290 Kerviniou 29 61 Vc 58
29520 Kerviniou 29 62 Wa 60
56560 Kerviniou 56 79 Wc 60
22200 Kervir 22 63 We 57
29390 Kervir 29 78 Wb 60
29610 Kervolaugar 29 62 Wb 57
29000 Kervouyec 29 78 Vf 60
56750 Kervoyal 56 81 Xc 63
56170 Kervozès 56 79 We 64
29380 Kervran 29 79 Wb 61
56760 Kervraud 56 81 Xc 64
56440 Kervréhan 56 79 Wf 62
22300 Kervren 22 63 Wd 56
22530 Keryhouée 22 64 Wf 59
29190 Keryvarc'h 29 62 Wa 59
29520 Keryvon-Bourg 29 78 Wa 59
56110 Kerzallec 56 79 Wb 60
29233 Kerzean 29 62 Vf 57
29470 Kerziou 29 62 Vd 58
67260 Keskastel 67 57 Ha 55
67930 Kesseldorf 67 59 Ia 55
67730 Kestenholz = Châtenois 67 60 Hc 59
56530 Kevenn = Quéven 56 79 Wd 62
22210 Kez = La Chèze 22 64 Xc 60
56170 Kiberen = Quiberon 56 79 Wf 64
67270 Kienheim 67 58 Hd 56
68240 Kientzheim 68 60 Hb 60
67750 Kientzville 67 60 Hc 59
68480 Kiffis 68 95 Hc 64
59122 Killem 59 27 Cd 43
59122 Killem-Linde 59 27 Cd 43
67840 Kilstett 67 58 Hf 56
67350 Kindwiller 67 58 Hd 55
68390 Kingersheim 68 95 Hc 62
22800 Kintin = Quintin 22 64 Xa 58
67600 Kintzheim 67 60 Hc 59
13530 Kirbon 13 171 Fd 88
67520 Kirchheim 67 60 Hc 57
88400 Kirchompré 88 77 Gf 60
67320 Kirrberg 67 57 Ha 56
67330 Kirrwiller 67 58 Hd 56
57935 Kirsch-lès-Luttange 57 56 Gb 53
57480 Kirsch-lès-Sierck 57 44 Gc 52
57480 Kirschnaumen 57 44 Gc 52
57430 Kirviller 57 57 Gf 55
56230 Kistreberzh = Questrembert 56 81 Xd 63
57480 Kitzing 57 44 Gc 52
57920 Klang 57 44 Gc 53
56480 Klegereg = Cléguérec 56 79 Wf 60
57740 Kleindal 57 57 Gd 54
67370 Kleinfrankenheim 67 58 Hd 57
67440 Kleingœft 67 58 Hc 56
57410 Kleinmühle 57 58 Hb 54
22160 Klempétu 22 63 Wc 58
67530 Klingenthal 67 60 Hc 58
68220 Knœringue 68 95 Hc 63
67310 Knœrsheim 67 58 Hc 56
57240 Knutange 57 56 Ga 52
22330 Koedlinez = Colinnée 22 64 Xc 59
57100 Kœking 57 44 Gb 52
67000* Koenigshoffen 67 60 He 57
57970 Kœnigsmacker 57 44 Gb 52
68480 Kœstlach 68 95 Hb 63
68510 Kœtzingue 68 95 Hc 63
55300 Kœur-la-Petite 55 55 Fc 55
67230 Kogenheim 67 60 Hd 58
67120 Kolbsheim 67 60 Hd 57
35270 Komborn = Combourg 35 65 Yb 58
29900 Konk-Kerne = Concarneau 29 78 Wa 61
22320 Korle = Corlay 22 63 Wf 59
55300 Kour-la-Grande 55 55 Fc 55
67150 Krafft 67 60 He 58
29160 Kraozon = Crozon 29 61 Vd 59
67118 Kratz 67 60 He 57
67880 Krautergersheim 67 60 Hd 58
67170 Krautwiller 67 58 He 56
94270 Kremlin-sur-Seine, le 94 51 Cc 56
59190 Kreule, la 59 27 Cd 44
67170 Kriegsheim 67 58 He 56
68820 Kruth 68 94 Gf 61
59470 Kruystraete, la 59 27 Cd 43
67660 Kuhlendorf 67 58 Hf 55
68320 Kunheim 68 60 Hd 60
57970 Kuntzig 57 56 Gb 52
67240 Kurtzenhouse 67 58 He 56
67520 Kuttolsheim 67 58 Hd 57
67250 Kutzenhausen 67 58 Hf 55

L

49360 La, la 49 98 Zb 66
64300 Laà-Mondrans 64 161 Zb 88
32170 Laas 32 163 Ab 88
45300 Laas 45 71 Cb 60
64390 Laàs 64 161 Za 88
29710 Lababan 29 78 Vd 61
31440 Labach 31 176 Ae 91
24560 Labadie 24 136 Ad 80
32700 Labadie 32 149 Ad 85
24550 Labardamier 24 137 Ba 81
33460 Labarde 33 134 Zc 78
33730 Labardin 33 147 Ze 82
68910 Labaroche 68 77 Hb 60
47290 Labarque 47 136 Ad 81
09000 Labarre 09 177 Bd 91
32250 Labarrère 32 148 Aa 85
32260 Labarthe 32 163 Ad 88
46090 Labarthe 46 137 Bc 81
47150 Labarthe 47 136 Ae 82
64290 Labarthe 64 162 Zd 89
82220 Labarthe 82 150 Bb 83
65140 Labarthe, Trouley- 65 163 Ab 89
31800 Labarthe-Inard 31 163 Af 90
31800 Labarthe-Rivière 31 163 Ae 90
31860 Labarthe-sur-Lèze 31 164 Bc 88
32400 Labarthète 32 162 Zf 87
65200 Labassère 65 162 Aa 90
40260 Labaste 40 146 Ye 85
07600 Labastide 07 142 Eb 80
32140 Labastide 32 163 Ad 88
65130 Labastide 65 175 Ab 90
31450 Labastide-Beauvoir 31 165 Be 88
64170 Labastide-Cézéracq 64 162 Zc 88
40700 Labastide-Chalosse 40 161 Zc 87
64240 Labastide-Clairence 64 160 Ye 88
31370 Labastide-Clermont 31 164 Ba 88
11320 Labastide-d'Anjou 11 165 Bf 88
40240 Labastide-d'Armagnac 40 148 Ze 85
81150 Labastide-de-Lévis 81 151 Ca 85
81120 Labastide-Dénat 81 151 Cb 85
82240 Labastide-de-Penne 82 150 Bd 83
12540 Labastide-des-Fonts 12 153 Db 85
07150 Labastide-de-Virac 07 154 Ec 82
46210 Labastide-du-Haut-Mont 46 138 Ca 79
82100 Labastide-du-Temple 82 149 Bb 84
46150 Labastide-du-Vert 46 137 Bb 81
11220 Labastide-en-Val 11 166 Cc 90
11380 Labastide-Esparbairenque 11 166 Cc 88
81400 Labastide-Gabausse 81 151 Ca 84
46090 Labastide-Marnhac 46 150 Bc 82
64170 Labastide-Monréjeau 64 162 Zc 88
46240 Labastide-Murat 46 138 Bd 81
31230 Labastide-Paumès 31 164 Af 88
81270 Labastide-Roualroux 81 166 Cd 88
82370 Labastide-Saint-Pierre 82 150 Bc 85
31620 Labastide-Saint-Sernin 31 164 Bc 86
32130 Labastide-Savès 32 164 Af 87
31600 Labastidette 31 164 Bb 88
64270 Labastide-Villefranche 64 161 Yf 88
09000 Labat 09 177 Be 91
65400 Labat-de-Bun 65 174 Ze 91
46120 Labathude 46 138 Bf 80
07570 Labatie-d'Andaure 07 142 Ec 78
32360 Labâtisse 32 163 Ac 86
64530 Labatmale 64 162 Zf 89
09700 Labatut 09 164 Bd 89
40300 Labatut 40 161 Za 87
64460 Labatut 64 162 Zf 88
65700 Labatut-Rivière 65 162 Aa 87
43320 Labauche 43 141 De 78
44500 La-Baule-Escoublac 44 81 Xd 65
30700 Labaume 30 154 Ec 84
95690 Labbeville 95 51 Ca 54
32270 Labbubée 32 163 Ae 86
11400 Labécède-Lauragais 11 165 Ca 88
31670 Labège 31 165 Bd 87
34700 Labeil 34 153 Db 86
32300 Labéjan 32 163 Ad 87
32350 Labenne 32 163 Ac 87
40530 Labenne 40 160 Yd 87
40530 Labenne-Océan 40 160 Yd 87
46090 Labéraudie 46 137 Bc 82
25270 Labergement-du-Navois 25 107 Ga 67
21110 Labergement-Foigney 21 106 Fb 65
21130 Labergement-lès-Auxonne 21 106 Fc 66
21820 Labergement-lès-Seurre 21 106 Fa 67
25160 Labergement-Sainte-Marie 25 108 Gb 68
60310 Laberlière 60 39 Ce 51
31530 Labesque 31 164 Ba 86
87600 Labesse 87 124 Ae 74
15120 Labesserette 15 139 Cc 80
63690 Labessette 63 127 Cd 76
81300 Labessière-Candeil 81 151 Ca 86
64120 Labets-Biscay 64 161 Yf 88
55160 Labeuville 55 56 Fe 54
62122 Labeuvrière 62 29 Cd 45
64300 Labeyrie 64 161 Zc 87
34600 la-Billière 34 167 Da 87
12360 Labiras 12 152 Da 86
07230 Lablachère 07 141 Eb 82
80500 Laboissière-en-Santerre 80 39 Ce 51
60570 Laboissière-en-Thelle 60 51 Ca 53
80430 Laboissière-Saint-Martin 80 38 Be 49
19330 Laborde 19 126 Bd 77
47210 Laborde 47 136 Ae 81
65130 Laborde 65 175 Ab 90
89000 Laborde 89 90 Dd 62
26560 Laborel 26 156 Fd 83
09420 Laborie 09 177 Bb 91
19330 Laborie 19 126 Bd 77
47800 Laborie 47 136 Ac 81
60590 Labosse 60 50 Bf 52
40210 Labouheyre 40 146 Za 83
07110 Laboule 07 141 Eb 81
24440 Labouquerie 24 137 Ae 80
04420 Labouret, le 04 157 Gb 83
82100 Labourgade 82 149 Ba 85
62113 Labourse 62 29 Ce 45
23220 Laboutant 23 114 Bf 70
81120 Laboutarie 81 151 Ca 86
43800 Labraud 43 129 Df 78
47350 Labretonie 47 136 Ac 82
33460 Labric 33 134 Zc 79
32120 Labrihe 32 149 Af 86
40420 Labrit 40 147 Zc 84
15380 Labro 15 127 Cc 77
31510 Labroquère 31 176 Ad 90
45330 Labrosse 45 71 Cc 59
15130 Labrousse 15 139 Cd 79
24590 Labrousse 24 137 Bb 78
87190 Labrousse 87 113 Ba 71
87440 Labrousse 87 124 Ae 75
87600 Labrousse 87 125 Af 73
62140 Labroye 62 28 Bf 47
81290 Labruguière 81 166 Cb 87
21250 Labruyère 21 106 Fa 66
60140 Labruyère 60 39 Cd 52
31190 Labruyère-Dorsa 31 164 Bc 88
54800 Labry 54 56 Ff 53
62700 Labuissière 62 29 Cd 46
46230 Laburgade 46 150 Bd 82
62150 La-Bussière 62 29 Cd 46
11130 Lac, le 11 179 Cf 90
12160 Lac, le 12 152 Cc 83
15170 Lac, le 15 128 Cf 77
19270 Lac, le 19 125 Bd 77
40160 Lac, le 40 146 Yf 82
71110 Lac, le 71 117 Ea 71
83340 Lac, le 83 172 Gb 88
87230 Lac, le 87 125 Af 75
81240 Lacabarède 81 166 Cd 88
64300 Lacadée 64 161 Zc 87
40320 Lacajunte 40 162 Zd 87
12210 Lacalm 12 139 Cf 80
81200 Lacalmille 81 166 Cb 88
46190 Lacam-d'Ourcet 46 138 Ca 79
34360 Lacan 34 166 Ce 88
33680 Lacanau 33 134 Yf 79
33380 Lacanau-de-Mios 33 134 Za 81
33680 Lacanau-Océan 33 134 Ye 78
21230 Lacanche 21 105 Ed 66
15230 Lacapelle-Barrès 15 139 Ce 79
47150 Lacapelle-Biron 47 137 Af 81
46700 Lacapelle-Cabanac 46 137 Ba 82
15120 Lacapelle-del-Fraisse 15 139 Cc 80
15130 Lacapelle-en-Vézie 15 139 Cc 80
82160 Lacapelle-Livron 82 150 Be 83
46120 Lacapelle-Marival 46 138 Bf 80
81340 Lacapelle-Pinet 81 151 Cc 84
81170 Lacapelle-Ségalar 81 151 Bf 84
15150 Lacapelle-Viescamp 15 139 Cb 79
64220 Lacarre 64 161 Yf 89
64470 Lacarry-Arhan-Charritte-de-Haut 64 174 Za 90
32300 Lacassagne 32 163 Ac 87
65140 Lacassagne 65 162 Aa 88
82160 Lacau 82 151 Bf 83
31390 Lacaugne 31 164 Bb 89
81230 Lacaune 81 166 Ce 86
32400 Lacaussade 32 162 Zf 86
47150 Lacaussade 47 137 Ae 81
09160 Lacave 09 176 Ba 90
46200 Lacave 46 138 Bd 79
40260 Lacay 40 146 Yf 85
81330 Lacaze 81 166 Cd 86
12800 Lac-Blanc 12 151 Cc 83
15270 Lac de Crégut 15 127 Cd 76
07470 Lac-d'Issarlès, le 07 141 Ea 80
69640 Lacenas 69D 118 Ed 73
47360 Lacenne 47 149 Ad 83
47360 Lacépède 47 148 Ac 83
05100 Lacha 05 145 Gd 78
24390 Lachabroulie 24 125 Ba 77
16300 Lachaise 16 123 Ze 75
55120 Lachalade 55 54 Ef 53
57730 Lachambre 57 57 Ge 54
48100 Lachamp 48 140 Dc 81
07530 Lachamp-Raphaël 07 142 Eb 80
33990 Lachanau 33 122 Yf 78
47350 Lachapelle 47 136 Ab 81
54120 Lachapelle 54 77 Ge 58
80290 Lachapelle 80 38 Bf 50
82120 Lachapelle 82 149 Af 85
85120 La-Chapelle-aux-Lys 85 98 Zc 69
60650 Lachapelle-aux-Pots 60 38 Bf 52
46200 Lachapelle-Auzac 46 138 Bc 79
71570 Lachapelle-de-Guinchay, la 71 118 Ee 71
52330 Lachapelle-en-Blaisy 52 74 Ef 59
07470 Lachapelle-Graillouse 07 141 Ea 80
60730 Lachapelle-Saint-Pierre 60 51 Cb 53
07200 Lachapelle-sous-Aubenas 07 142 Ec 81
07310 Lachapelle-sous-Chanéac 07 142 Eb 79
90300 Lachapelle-sous-Chaux 90 94 Ge 62
60380 Lachapelle-sous-Gerberoy 60 38 Bf 51
90360 Lachapelle-sous-Rougemont 90 94 Gf 62
69480 Lachassagne 69D 118 Ee 73
74540 Lachat 74 132 Ga 74
05100 Lachau 05 145 Ge 79
26560 Lachau 26 156 Fd 83
19380 Lachaud 19 138 Be 78
19510 Lachaud 19 126 Be 75
23340 Lachaud 23 126 Bf 74
23460 Lachaud 23 114 Bf 73
87120 Lachaud 87 126 Be 74
05250 Lachaup 05 144 Fe 80
55210 Lachaussée 55 56 Fe 54
60480 Lachaussée-du-Bois-d'écu 60 38 Cb 51
63290 Lachaux 63 116 Dd 73
58420 Laché 58 104 Dd 65
60190 Lachelle 60 39 Ce 52
51120 Lachy 51 53 De 56
46600 Lacisque 46 138 Bc 79
18310 Laclaire, le 18 102 Bf 65
71800 Laclayette 71 117 Eb 71
87290 Laclotre 87 113 Bb 72
90150 Lacollonge 90 94 Gf 63
11310 Lacombe 11 166 Cb 88
19170 Lacombe 19 126 Bf 74
81320 Lacombe 81 166 Ce 86
64360 Lacommande 64 162 Zc 89
09130 Lacoste 09 164 Bc 90
24520 Lacoste 24 136 Ad 79
34800 Lacoste 34 167 Dc 87
40190 Lacoste 40 147 Ze 85
84480 Lacoste 84 156 Fb 86
05500 Lacoue 05 144 Ga 80
81500 Lacougotte-Cadoul 81 165 Be 87
24270 Lacour 24 125 Ba 76
82190 Lacour 82 149 Af 83
21210 Lacour-d'Arcenay 21 90 Eb 64
09200 Lacourt 09 176 Bb 91
82290 Lacourt-Saint-Pierre 82 150 Bb 85
01110 Lacoux 01 119 Fd 73
23220 Lacoux 23 114 Bf 71
87210 Lacoux 87 113 Ba 71
64170 Lacq 64 161 Zc 88
40120 Lacquy 40 147 Ze 85
40700 Lacrabe 40 161 Zc 87
62830 Lacres 62 28 Be 45
52700 Lacrête 52 75 Fb 59
81470 Lacroisille 81 165 Bf 87
57320 Lacroix 57 44 Gc 52
12600 Lacroix-Barrez 12 139 Cd 80
31120 Lacroix-Falgarde 31 164 Bc 88
60610 Lacroix-Saint-Ouen 60 39 Ce 52
55300 Lacroix-sur-Meuse 55 55 Fd 55
24380 Lacropte 24 137 Ae 78
71700 Lacrost 71 118 Ef 69
81210 Lacrouzette 81 166 Cc 87
15500 Lacroze 15 128 Da 77
36400 Lacs 36 102 Ca 69
89270 Lac-Sauvin 89 90 De 63
23270 Ladapeyre 23 114 Ca 71
33760 Ladaux 33 135 Ze 80
12490 Ladepeyre 12 152 Ce 84
11250 Ladern-sur-Lauquet 11 166 Cc 90
24330 Ladeuil 24 137 Af 78
32230 Ladevèze-Rivière 32 162 Aa 87
32230 Ladevèze-Ville 32 162 Aa 87
12600 Ladignac 12 139 Ce 79
46320 Ladignac 46 138 Be 80
87500 Ladignac-le-Long 87 125 Ba 75
19150 Ladignac-sur-Rondelles 19 126 Bf 77
43100 Ladignat 43 128 Db 77
43100 Ladignat 43 128 Dc 77
81310 Ladin 81 150 Be 85
15120 Ladinhac 15 139 Cd 80
46400 Ladirat 46 138 Bf 80
16120 Ladiville 16 123 Zf 75
21550 Ladoix-Serrigny 21 106 Ef 66
45270 Ladon 45 71 Cd 60
33124 Lados 33 135 Zf 82
63980 Ladoux 63 128 Dc 75

39210 Ladoye-sur-Seille 39 107 Fe 68
87460 Ladrat 87 126 Be 73
89110 Laduz 89 89 Dc 61
89110 Laduz 89 89 Dc 61
77720 Lady 77 72 Cf 57
11420 Lafage 11 165 Bf 89
48200 La Fage-Saint-Julien 48 140 Db 80
19320 Lafage-sur-Sombre 19 126 Ca 77
07700 Lafaro 07 142 Ed 82
84190 Lafare 84 155 Fa 84
24460 Lafarerie 24 124 Ae 77
19370 Lafarge 19 126 Bd 75
24800 Lafarge 24 125 Af 75
87800 Lafarge 87 125 Ba 75
43490 Lafarre 43 141 Df 79
23800 Lafat 23 113 Bd 70
52700 Lafauche 52 75 Fd 59
15310 Lafaurge 15 139 Cc 78
16310 Lafaurie 16 124 Ad 74
03500 Laféline 03 116 Db 70
52500 Laferté-sur-Amance 52 92 Fe 61
52120 Laferté-sur-Aube 52 76 Ee 60
15130 Lafeuillade-en-Vézie 15 139 Cc 80
43500 Laffarge 43 129 De 77
07520 Lafforre 07 142 Ed 70
02880 Laffaux 02 40 Dc 52
63840 Laffix 63 129 Df 76
38220 Laffrey 38 144 Fe 78
07140 Lafigère 07 154 Ea 82
65700 Lafitole 65 162 Aa 88
82340 Lafitte 82 149 Af 84
82700 Lafitte 82 149 Ba 85
47320 Lafitte-sur-Lot 47 148 Ac 82
31360 Lafitte-Toupière 31 164 Af 89
31390 Lafitte-Vigordane 31 164 Ba 89
52300 Lafolie 52 75 Fa 58
19250 Lafond 19 126 Ca 75
17570 Lafont 17 122 Yf 74
33460 Lafont 33 135 Zc 79
40200 Lafont 40 146 Ye 83
69870 Lafont 69D 118 Ec 72
33710 Lafosse 33 135 Zc 78
47240 Lafox 47 149 Ae 83
82130 Lafrançaise 82 150 Bb 84
60510 Lafraye 60 38 Cb 52
80430 Lafresguimont-Saint-Martin 80 38 Be 50
57560 Lafrimbolle 57 77 Ha 57
47380 Lagaillardie 47 136 Ac 81
64520 Lagaillardie 64 160 Ye 88
34150 Lagamas 34 167 Dd 86
09500 Lagarde 09 178 Bf 90
12150 Lagarde 12 152 Da 82
15310 Lagarde 15 139 Cc 78
31230 Lagarde 31 164 Ae 88
31290 Lagarde 31 165 Be 88
32500 Lagarde 32 149 Ad 86
32700 Lagarde 32 149 Ad 85
57810 Lagarde 57 57 Ge 56
65320 Lagarde 65 162 Aa 89
84400 Lagarde-d'Apt 84 156 Fc 85
19150 Lagarde-Enval 19 126 Be 77
32300 Lagarde-Hachan 32 163 Ac 88
46220 Lagardelle 46 137 Bb 82
31870 Lagardelle-sur-Lèze 31 164 Bc 88
84290 Lagarde-Paréol 84 155 Ef 83
32310 Lagardère 32 148 Ab 85
16300 Lagarde-sur-le-Né 16 123 Ze 75
81110 Lagardiolle 81 165 Ca 87
47190 Lagarrigue 47 148 Ac 83
40430 Lagassey 40 147 Zd 83
40500 Lagastet 40 147 Zc 86
40430 Lagavarre 40 147 Zd 83
47210 Lage-Haute 47 136 Ae 81
79200 Lageon 79 99 Ze 68
87230 Lagérat 87 125 Af 74
77460 Lagerville 77 72 Ce 59
51170 Lagery 51 53 De 53
10210 Lagesse 10 73 Ea 60
06340 Laghet 06 159 Hc 86
19500 Lagleygeolle 19 138 Be 78
19600 Lagleygeolles 19 138 Bd 78
40410 Lagleyre 40 147 Zc 82
40090 Laglorieuse 40 147 Zd 85
12340 Lagnac 12 139 Cd 82
84800 Lagnes 84 156 Fa 85
54200 Lagney 54 56 Ff 56
62159 Lagnicourt-Marcel 62 30 Cf 48
01150 Lagnieu 01 119 Fc 73
73170 Lagnieu 73 132 Fe 74
60310 Lagny 60 39 Cf 51
60330 Lagny-le-Sec 60 52 Ce 54
36100 Lagnys, les 36 101 Be 67
77400 Lagny-sur-Marne 77 51 Ce 55
20290 Lago CTC 181 Kc 93
29460 Lagonna-Daoulas 29 62 Ve 59
64150 Lagor 64 161 Zc 88
07150 Lagorce 07 154 Ec 82
33230 Lagorce 33 135 Zf 78
17140 Lagord 17 109 Yf 71
64800 Lagos 64 162 Ze 89
31190 Lagrace-Dieu 31 164 Bc 88
19430 Lagrange 19 138 Bf 78
40240 Lagrange 40 148 Zf 85
65300 Lagrange 65 163 Ac 90
81260 Lagrange 81 166 Cd 87
11220 Lagrasse 11 166 Cd 90
32190 Lagraulas 32 148 Ab 86
40090 Lagraulet 40 147 Zb 85
32330 Lagraulet-du-Gers 32 148 Ab 85
31480 Lagraulet-Saint Nicolas 31 149 Ba 86
19700 Lagraulière 19 126 Bd 76
81150 Lagrave 81 151 Bf 85
12360 Lagraverie 12 152 Cf 86
47400 Lagruère 47 148 Ab 82
19150 Laguenne 19 126 Be 77
82250 Laguépie 82 151 Bf 84
64470 Laguinge-Restoue 64 161 Za 90
12210 Laguiole 12 139 Cf 80
32170 Laguian-Mazous 32 163 Ab 88
33990 Lagunan 33 122 Za 77
33340 Lagune 33 122 Za 77
33340 Lagune, la 33 122 Za 76
47180 Lagupie 47 136 Aa 81
31370 Lahage 31 164 Ba 88
64120 Laharanne 64 161 Yf 88
40110 Laharie 40 146 Yf 84
52000 Laharmand 52 75 Fa 60
32130 Lahas 32 164 Af 87
80290 Lahaye-Saint-Romain 80 38 Bf 50
55260 Lahaymeix 55 55 Fd 55
55300 Lahayville 55 56 Fe 55
40270 Lahemme 40 147 Zd 86
55800 Laheycourt 55 55 Fa 55
31310 Lahitère 31 164 Bb 90
32810 Lahitte 32 163 Ae 87
40160 Lahitte 40 146 Yf 82
65130 Lahitte 65 163 Ab 90
65220 Lahitte 65 163 Ac 89
65700 Lahitte-Toupière 65 162 Zf 88
64990 Lahonce 64 160 Yd 88
64270 Lahontan 64 161 Za 87
40250 Lahosse 40 161 Zb 86
64150 Lahourcade 64 161 Zc 88
80800 Lahoussoye 80 39 Cc 49
08800 Laifour 08 42 Ee 49
53200 Laigné 53 83 Zb 61
17170 Laigne, la 17 110 Zb 71
17400 Laigne, la 17 110 Zc 73
72220 Laigné-en-Belin 72 85 Ab 61
35133 Laignelet 35 66 Yf 58
21330 Laignes 21 90 Ec 61
60290 Laigneville 60 51 Cc 53
02140 Laigny 02 41 Df 49
35890 Laillé 35 65 Yb 61
72220 Laillé 72 85 Ac 62
87340 Lailloux 87 113 Bc 72
89190 Lailly 89 72 Dd 59
45740 Lailly-en-Val 45 87 Be 62
79440 Laimière, la 79 98 Zc 68
55800 Laimont 55 55 Fa 55
89560 Lain 89 89 Dc 63
10120 Laines-aux-Bois 10 73 Df 59
33230 Lainier 33 135 Ze 78
39320 Lains 39 119 Fc 70
89520 Lainsecq 89 89 Db 63
78440 Lainville 78 50 Be 54
42550 Lair 42 129 Df 76
79100 Laire 79 99 Zf 67
62960 Laires 62 29 Cb 45
11330 Lairière 11 178 Cc 90
85280 Lairière 85 97 Ye 68
85400 Lairoux 85 109 Ye 70
73350 Laisonnay 73 133 Ge 76
12310 Laissac-Sévérac-L'Eglise 12 152 Ce 82
73800 Laissaud 73 132 Ga 76
25820 Laissey 25 93 Gb 65
74490 Laitraz 74 120 Gd 71
54770 Laître-sous-Amance 54 56 Gb 56
71240 Laives 71 106 Ef 69
54720 Laix 54 43 Fe 52
01290 Laiz 01 118 Ef 71
71870 Laizé 71 118 Ee 70
14320 Laize-Clinchamps 14 35 Zd 54
14320 Laize-la-Ville 14 47 Zd 54
71190 Laizy 71 105 Eb 67
24320 Lajard 24 124 Ac 77
24260 Lajarthe 24 137 Af 78
48120 Lajo 48 140 Dc 79
39310 Lajoux 39 120 Ff 70
61320 Lalacelle 61 67 Zf 58
82400 Lalande 82 149 Af 84
89130 Lalande 89 89 Db 62
33500 Lalande-de-Pomerol 33 135 Ze 79
60590 Lalande-en-Son 60 38 Be 52
60850 Lalandelle 60 38 Bf 52
47330 Lalandusse 47 136 Ad 81
32500 Lalanne 32 149 Ae 86
40090 Lalanne 40 147 Zd 85
65230 Lalanne 65 163 Ad 89
32140 Lalanne-Arqué 32 163 Ad 89
65220 Lalanne-Trie 65 163 Ac 89
67220 Lalaye 67 60 Hb 59
12420 Lalbaret 12 139 Ce 80
46230 Lalbenque 46 150 Bd 82
30140 Lale 30 154 Df 84
31530 Lalenne 31 164 Ba 87
61170 Laleu 61 68 Ac 57
80270 Laleu 80 38 Bf 49
07380 Lalevade-d'Ardèche 07 142 Eb 81
71240 Lalheue 71 106 Ee 69
24150 Lalinde 24 136 Ae 79
24700 Lalinde 24 136 Ab 79
46320 Lalinié 46 138 Be 80
03450 Lalizolle 03 115 Da 72
59167 Lallaing 59 30 Db 46
26150 Lallet 26 143 Fb 80
35320 Lalleu 35 82 Yc 61
41400 Lalleu 41 86 Bb 64
38930 Lalley 38 144 Fe 80
01130 Lalleyriat, Le Poizat- 01 119 Fe 72
07510 Lalligie 07 141 Ea 80
12160 Lalo 12 151 Cc 83
12350 Lalo 12 151 Ca 82
12560 Lalo 12 140 Da 82
15130 Lalo 15 139 Cd 79
08460 Lalobbe 08 41 Ec 50
54115 Laloëf 54 76 Ga 58
36400 Lalœuf 36 102 Bf 69
64350 Lalongue 64 162 Ze 88
64350 Lalonquère 64 162 Zf 88
64450 Lalonquette 64 162 Ze 88
19220 Lalot 19 126 Ca 77
65310 Laloubère 65 162 Aa 89
31800 Lalouret-Laffiteau 31 163 Ae 89
07520 Lalouvesc 07 142 Ed 78
02170 Lalouzy 02 31 De 48
40465 Laluque 40 146 Za 85
20218 Lama CTC 181 Kb 93
90170 Lamadeleine-Val-des-Anges 90 94 Gf 62
46090 Lamagdelaine 46 138 Bc 82
82360 Lamagistère 82 149 Ae 84
32260 Lamaguère 32 163 Ae 88
03380 Lamaids 03 115 Cc 71
79600 Lamairé 79 99 Zf 68
63120 Lamalle 63 128 Dd 74
[illegible] Lamalou-les-Bains [illegible]
52310 Lamancine 52 75 Fa 59
82160 Lamandine 82 150 Bd 83
66230 Lamanère 66 178 Cd 94
13113 Lamanon 13 170 Fa 86
29410 Lamarc'h 29 62 Wa 58
88320 Lamarche 88 76 Fe 60
55210 Lamarche-en-Woëvre 55 56 Fe 55
21760 Lamarche-sur-Saône 21 92 Fc 65
21440 Lamargelle 21 91 Ef 63
52160 Lamargelle-aux-Bois 52 91 Fa 62
80290 Lamaronde 80 38 Bf 50
33460 Lamarque 33 134 Zb 78
47400 Lamarque 47 148 Ab 82
64530 Lamarque-Pontacq 64 162 Zf 89
65220 Lamarque-Rustaing 65 163 Ab 89
71480 Lamarre 71 119 Fc 70
31600 Lamasquère 31 164 Bb 88
07270 Lamastre 07 142 Ed 79
54300 Lamath 54 76 Gc 57
46190 Lamativie 46 138 Ca 79
24410 Lamaure 24 123 Aa 77
47110 Lamaurelle 47 149 Ad 82
64460 Lamayou 64 162 Zf 88
81340 Lamayoux 81 151 Cc 84
11340 Lamayrède 11 178 Ca 91
81660 Lamays 81 166 Cc 87
32300 Lamazère 32 163 Ac 87
19160 Lamazière-Basse 19 126 Cb 76
19340 Lamazière-Haute 19 127 Cc 74
57410 Lambach 57 58 Hc 54
29420 Lambader 29 62 Vf 57
29780 Lambadu 29 61 Vd 60
22400 Lambal = Lamballe 22 64 Xc 58
22400 Lamballe = Lambal 22 64 Xc 58
56330 Lambel 56 80 Wf 61
56320 Lambélléguic 56 79 Wc 60
29810 Lamber 29 61 Vb 58
02140 Lambercy 02 41 Ea 50
59130 Lambersart 59 30 Da 45
87500 Lambertie 87 125 Bb 75
86460 Lambertière 86 112 Ac 72
33480 Lamberts, les 33 134 Za 78
50160 Lamberville 50 47 Za 54
76730 Lamberville 76 37 Ba 50
13410 Lambesc 13 170 Fb 87
56440 Lambézégan 56 80 Wf 61
29570 Lambézen 29 61 Vc 59
28340 Lamblore 28 49 Af 57
26400 Lambres 26 143 Fa 80
62120 Lambres 62 29 Cc 45
59500 Lambres-lez-Douai 59 30 Da 46
70500 Lambrey 70 93 Ff 62
04170 Lambruisse 04 157 Gc 84
65140 Laméac 65 163 Ab 89
60600 Lamécourt 60 39 Cc 52
30110 Lamelouze 30 154 Df 83
58300 Lamenay-sur-Loire 58 104 Dd 68
88380 Laménil 88 77 Gc 60
40270 Lamensans 40 147 Zd 86
16300 Lamérac 16 123 Ze 76
46330 Lamerlie 46 138 Be 81
55250 Lamermont 55 55 Fa 55
81390 Lames 81 151 Bf 86
08130 Lametz 08 42 Ee 51
81120 Lamillarié 81 151 Ca 85
76730 Lammerville 76 37 Af 50
72320 Lamnay 72 69 Ae 60
19510 Lamongerie 19 126 Bd 75
81260 Lamontélarié 81 166 Cd 87
63570 Lamontgie 63 128 Db 76
47310 Lamontjoie 47 149 Ad 84
24520 Lamonzie-Montastruc 24 136 Ad 79
24680 Lamonzie-Saint-Martin 24 136 Ac 79
60260 Lamorlaye 60 51 Cc 54
55300 Lamorville 55 55 Fd 55
09290 Lamothe 09 177 Bb 90
32120 Lamothe 32 163 Af 86
32800 Lamothe 32 148 Aa 85
40250 Lamothe 40 147 Zc 86
43100 Lamothe 43 128 Dc 77
82130 Lamothe-Capdeville 82 150 Bc 84
46240 Lamothe-Cassel 46 138 Bd 81
82500 Lamothe-Cumont 82 149 Af 85
47800 Lamothe-d'Alles 47 136 Ac 81
52330 Lamothe-en-Blaisy 52 74 Ef 59
46350 Lamothe-Fénelon 46 137 Bc 79
47150 Lamothefey 47 136 Ae 82
32500 Lamothe-Goas 32 149 Ad 85
33190 Lamothe-Landerron 33 135 Aa 81
24230 Lamothe-Montravel 24 135 Aa 79
33660 Lamothe-Soudanne 33 135 Aa 78
33450 Lamotte 33 135 Zd 79
41600 Lamotte-Beuvron 41 87 Ca 63
80450 Lamotte-Brebière 80 39 Cc 49
80150 Lamotte-Buleux 80 28 Bf 47
80800 Lamotte-Warfusée 80 39 Cd 49
55700 Lamouilly 55 42 Fb 51
39310 Lamoura 39 120 Ff 70
47210 Lamoure 47 136 Ae 81
24800 Lamouretie 24 125 Af 76
29242 Lampaul 29 61 Uf 58
29400 Lampaul-Guimiliau 29 62 Vf 58
29810 Lampaul-Plouarzel 29 61 Vb 58
29830 Lampaul-Ploudalmézeau 29 61 Vc 57
67450 Lampertheim 67 58 He 57
67250 Lampertsloch 67 58 He 55
17270 Lampiat 17 123 Zf 77
63113 Lamur 63 127 Ce 76
43210 Lamure 43 129 Ea 77
69590 Lamure 69M 130 Ed 75
69870 Lamure-sur-Azergues 69D 118 Ec 72
33113 Lanan 33 147 Zd 83
25360 Lanans 25 94 Gc 65
07660 Lanarce 07 141 Ea 80
29860 Lanarvily 29 62 Vd 57
07200 Lanas 07 142 Ec 81
22860 Lancerf 22 63 Wf 56
57245 Lanceumont 57 56 Gb 54
28190 Lancey 28 69 Bb 58
38190 Lancey 38 132 Ff 77
71400 Lancharre 71 118 Ee 69
38520 Lanchâtra 38 144 Ga 79
80230 Lanchères 80 28 Bd 48
80620 Lanches 80 29 Ca 48
73210 Lanches, les 73 133 Ge 75
02590 Lanchy 02 40 Da 50
69220 Lancié 69D 118 Ee 71
22770 Lancieux 22 65 Xf 57
38510 Lancin 38 131 Fc 74
28290 Lancisière 28 69 Ba 60
41190 Lancôme 41 86 Ba 63
08250 Lançon 08 54 Ef 53
32700 Lançon 32 149 Ad 85
65240 Lançon 65 175 Ac 91
13680 Lançon-Provence 13 170 Fa 87
36500 Lancosme 36 101 Bc 68
51120 Lancourt 51 53 De 57
45120 Lancy 45 71 Ce 60
34270 Lancyre 34 154 Df 86
57830 Landange 57 57 Gf 56
29160 Landaoudec 29 61 Vc 59
59310 Landas 59 30 Db 46
56690 Landaul 56 80 Wf 62
88300 Landaville-le-Bas 88 75 Fe 59
88300 Landaville-le-Haut 88 76 Fe 59
35450 Landavran 35 66 Ye 60
14330 Lande 14 34 Yf 53
15310 Lande 15 139 Cc 78
22100 Lande 22 65 Xf 58
36160 Lande 36 114 Ca 69
44650 Lande 44 97 Yc 67
50590 Lande 50 46 Yc 55
50670 Lande 50 46 Yf 56
60110 Lande 60 51 Cb 53
82240 Lande 82 150 Bd 83
24700 Lande, la 24 135 Aa 79
36130 Lande, la 36 101 Be 67
36170 Lande, la 36 113 Bb 69
79200 Lande, la 79 99 Ze 68
82200 Lande, la 82 150 Ba 84
86110 Lande, la 86 99 Zf 68
86700 Lande, la 86 112 Ab 71
35133 Landéan 35 66 Yf 58
22140 Landebaëron 22 63 We 57
22130 Landébia 22 64 Xd 57
22980 Landec, la 22 65 Xe 58
49150 Lande Chasles, la 49 84 Zf 64
54360 Landécourt 54 76 Gc 57
29870 Landéda 29 61 Vc 57
50800 Lande-d'Airou, la 50 46 Ye 56
50700 Lande-de-Beaumont 50 33 Yc 51
33240 Lande-de-Fronsac, la 33 135 Zd 79
61320 Lande-de-Goult, la 61 68 Zf 57
61210 Lande-de-Lougé, la 61 48 Ze 56
29930 Landédéo 29 78 Wb 61
22630 Lande-du-Tournay, la 22 65 Xf 58
50500 Lande-Godard, la 50 34 Ye 53
22400 Landéhen 22 64 Xc 58
29530 Landeleau 29 63 Wb 59
28190 Landelles 28 69 Bb 58
44110 Landelles, les 44 82 Yd 62
14380 Landelles-et-Coupigny 14 47 Za 55
14110 Landemeure 14 47 Zc 55
49270 Landemont 49 82 Ye 65
61100 Lande-Patry, la 61 47 Zc 56
27410 Landepereuse 27 49 Ad 54
29800 Landerneau 29 62 Vd 58
35140 Landeronde 35 66 Yc 59
85150 Landeronde 85 97 Yc 69
33790 Landerrouat 33 136 Aa 80
33540 Landerrouet-sur-Ségur 33 135 Zf 81
68380 Landersen 68 77 Ha 61
67700 Landersheim 67 58 Hc 56
[illegible] Landou [illegible] 177 [illegible]
17380 Landes 17 110 Zc 73
36800 Landes 36 101 Bc 69
46120 Landes, les 46 138 Bf 80
49170 Landes, les 49 83 Zb 64
60590 Landes, les 60 38 Be 52
61350 Landes, les 61 66 Za 57
72170 Landes, les 72 68 Zf 59
72270 Landes, les 72 84 Aa 61
85710 Landes, les 85 96 Yb 67
27210 Lande-Saint-Léger, la 27 48 Ac 53
61100 Lande-Saint-Siméon, la 61 47 Zd 56
14330 Landes-du-Rosey, les 14 47 Yf 53
85130 Landes-Genusson, les 85 97 Yf 67
41190 Landes-le-Gaulois 41 86 Bb 63
14310 Landes-sur-Ajon 14 47 Zc 54
14240 Lande-sur-Drôme, la 14 47 Za 54
61290 Lande-sur-Eure, la 61 69 Af 57
76390 Landes-Vieilles-et-Neuves 76 38 Bd 50
85430 Landette, la 85 97 Yc 69
56690 Landévant 56 80 Wf 62
14500 Lande-Vaumont, la 14 47 Za 56
29560 Landévennec 29 62 Ve 59
85220 Landevieille 85 96 Yb 69
52270 Landéville 52 75 Fb 58
15160 Landeyrat 15 127 Cf 77
02120 Landifay-et-Bertaignemant 02 40 Dd 50
61100 Landigou 61 47 Zd 56
27350 Landin, le 27 36 Ae 52
33720 Landiras 33 135 Zd 81
61100 Landisacq 61 47 Zc 56
29510 Landivigen 29 78 Wa 60
29400 Landivisiau = Landivizio 29 62 Vf 57
29400 Landivizio = Landivisiau 29 62 Vf 57
53190 Landivy 53 66 Yf 58
63380 Landogne 63 127 Cd 73
57530 Landonvillers 57 56 Gc 54
31800 Landorthe 31 163 Ae 90
43340 Landos 43 141 De 79
87100 Landouge 87 125 Bb 73
33230 Landournerie 33 135 Ze 78
02140 Landouzy-la-Cour 02 41 Df 49
02140 Landouzy-la-Ville 02 41 Ea 49
77370 Landoy 77 72 Db 57
17200 Landrais 17 110 Za 72
[illegible] Landre, la [illegible] 70 Gb 61
30770 Landre, le 30 153 Dd 85
44320 Landreau, le 44 96 Xf 65
44430 Landreau, le 44 97 Ye 65
59550 Landrecies 59 31 De 48
55100 Landrecourt-Lempire 55 55 Fc 54
22220 Landreger = Treguier 22 63 We 56
54380 Landremont 54 56 Ga 55
57530 Landremont 57 56 Gc 54
54970 Landres 54 43 Fe 53
08240 Landres-et-Saint-Georges 08 42 Fa 52
25530 Landresse 25 94 Gc 65
62250 Landrethun-le-Nord 62 26 Be 43
62610 Landrethun-lès-Ardres 62 27 Bf 44
29510 Landrévarzec 29 78 Vf 60
08240 Landreville 08 42 Fa 52
10110 Landreville 10 74 Ec 60
08600 Landrichamps 08 42 Ee 48
02380 Landricourt 02 40 Dc 51
51290 Landricourt 51 74 Ee 57
57340 Landroff 57 57 Gd 55
49600 Landronnière 49 97 Yf 65
73210 Landry 73 133 Ge 75
68440 Landser 68 95 Hc 62
29510 Landudal 29 78 Wa 60
29710 Landudec 29 78 Vd 60
22160 Landugen 22 63 Wd 58
35360 Landujan 35 65 Ya 59
29840 Landunvez 29 61 Vb 57
77140 Landy, le 77 71 Ce 59
37140 Lane, le 37 84 Ab 65
65190 Lanespède 65 163 Ab 89
56600 Lanester = Lannarstêr 56 79 Wd 62
11330 Lanet 11 178 Cc 91
52400 Laneuvelle 52 92 Fe 61
54280 Laneuvelotte 54 56 Gb 56
54370 Laneuveville-aux-Bois 54 77 Gd 57
54570 Laneuveville-derrière-Foug 54 56 Fe 56
54740 Laneuveville-devant-Bayon 54 76 Gb 58
54410 Laneuveville-devant-Nancy 54 56 Gb 57
57590 Laneuveville-en-Saulnois 57 56 Gc 55
57790 Laneuveville-lès-Lorquin 57 57 Ha 57
55130 Laneuville 55 75 Fc 57
57640 Laneuville 57 56 Gc 53
52170 Laneuville-à-Bayard 52 75 Fa 57
52220 Laneuville-à-Rémy 52 74 Ef 58
52100 Laneuville-au-Pont 52 54 Ef 57
55190 Laneuville-au-Rupt 55 55 Fd 56
52230 Laneuville-aux-Bois 52 75 Fc 58
60190 Laneuvilleroy 60 39 Cd 52
55700 Laneuville-sur-Meuse 55 42 Fa 52
22800 Lanfains 22 64 Xa 58
29810 Lanfeust 29 61 Vb 58
54760 Lanfroicourt 54 56 Gb 56
22360 Langaeg = Langueux 22 64 Xb 58
29530 Langalet 29 62 Wa 59
35850 Langan 35 65 Ya 59
22150 Langast 22 64 Xc 59
57400 Langatte 57 57 Gf 56
22460 Langaury 22 64 Xa 59
88170 Langchamp-sous-Châtenois 88 76 Fe 59
04200 Lange 04 156 Fe 84
36600 Langé 36 101 Bd 66
43300 Langeac 43 140 Dc 78
37130 Langeais 37 85 Ac 65
16320 Langely 16 124 Ab 76
37390 Langennerie 37 85 Ae 64
67360 Langensoultzbach 67 58 He 55
29440 Langeoguer 29 62 Vf 57
40460 Langeot 40 134 Yf 81
18600 Langeron 18 103 Cf 68
58240 Langeron 58 103 Da 68
45290 Langesse 45 88 Cd 62
28220 Langey 28 69 Bb 60
74890 Langin 74 120 Gc 71
19100 Langlade 19 137 Bc 78
24360 Langlade 24 124 Ad 74
24590 Langlade 24 137 Bb 79
30980 Langlade 30 154 Eb 86
34220 Langlade 34 166 Ce 87
43170 Langlade 43 140 Dd 78
87460 Langlard 87 126 Be 74
29360 Langlazic 29 79 Wc 62
56860 Langle 56 80 Xb 63
44130 Langlechais 44 82 Yb 63
23320 Langledure 23 114 Be 71
88130 Langley 88 76 Gb 58
58250 Langlois 58 104 De 68
22450 Langoat 22 63 We 56
56160 Langoëlan 56 79 We 60
48300 Langogne 48 141 Df 80
33550 Langoiran 33 135 Zd 80
29510 Langolen 29 78 Wa 60
56690 Langombrac'h 56 80 Wf 62
33210 Langon 33 135 Ze 81
35660 Langon 35 82 Ya 62
41320 Langon 41 87 Be 65
73730 Langon 73 132 Gc 75
85370 Langon, le 85 110 Za 70
56630 Langonnet 56 79 Wd 60
35630 Langouet 35 65 Yb 59
22330 Langourla 22 64 Xd 59
52200 Langres Corlée 52 92 Fb 61
56400 Langroix 56 80 Xa 62
56650 Langroix 56 80 We 62
22490 Langrolay-sur-Rance 22 65 Xf 57
14750 Langrune-sur-Mer 14 47 Zd 53
22980 Languédias 22 65 Xe 58
22130 Languénan 22 65 Xf 57
44440 Langueurs 44 82 Yd 63

22360 Langueux = Langaeg 22 64 Xb 58
80190 Languevoisin 80 39 Cf 50
56440 Languidic 56 79 Wf 62
57810 Languimberg 57 57 Gf 56
44390 Languin 44 82 Yc 64
29720 Languivoa 29 78 Ve 61
03150 Langy 03 116 Dc 71
35720 Lanhélin 35 65 Yb 58
22110 Lanhellen 22 63 Wd 59
55400 Lanhères 55 55 Fe 53
29890 Lanhir 29 62 Vd 57
29430 Lanhouarneau 29 62 Ve 57
29530 Lanignac 29 62 Wb 59
47700 Lanin, le 47 148 Aa 83
57660 Laning 57 57 Ge 54
22570 Laniscat 22 63 Wf 59
02000 Laniscourt 02 40 Dd 51
22290 Lanleff 22 63 Wf 56
29610 Lanleya 29 63 Wb 57
22580 Lanloup 22 63 Xa 56
60650 Lanlu 60 38 Bf 52
22300 Lanmérin 22 63 Wd 56
29340 Lanmeur 29 79 Wb 61
56480 Lanmeur 56 79 Wf 59
29620 Lanmeur = Lanneur 29 63 Wb 57
22610 Lanmodez 22 63 Wf 55
29530 Lannac'h 29 63 Wb 59
56600 Lannarstêr = Lanester 56 79 Wd 62
59310 Lannay 59 30 Db 45
65380 Lanne 65 162 Aa 90
29640 Lannéanou 29 63 Wb 58
22290 Lannebert 22 64 Wf 57
29880 Lannebeur 29 61 Vd 57
64350 Lannecaube 64 162 Ze 88
29190 Lannédern 29 62 Wa 59
64570 Lanne-en-Barétous 64 161 Zb 90
64350 Lannegrasse 64 162 Zf 88
29340 Lannéguy 29 79 Wb 62
29190 Lannelec 29 62 Wa 59
32240 Lannemaignan 32 147 Ze 85
65300 Lannemezan 65 163 Ac 90
56270 Lannénec 56 79 Wc 62
32190 Lannepax 32 148 Ab 86
64300 Lanneplaà 64 161 Zb 88
28200 Lanneray 28 69 Bb 60
31160 Lannes 31 176 Af 90
47170 Lannes 47 148 Ab 84
52260 Lannes 52 75 Fb 61
65190 Lannés 65 163 Ab 89
32550 Lannes, les 32 163 Ad 87
32110 Lanne-Soubiran 32 162 Zf 86
29400 Lanneuffret 29 62 Ve 58
29260 Lanneunval 29 62 Vd 57
29620 Lanneur = Lanmeur 29 63 Wb 57
29233 Lanneusfeld 29 62 Vf 57
22620 Lannevez 22 63 Wf 56
29570 Lannilien 29 61 Vc 59
29870 Lannilis = Lanniliz 29 61 Vc 57
29870 Lanniliz = Lannilis 29 61 Vc 57
22300 Lannion = Lannuon 22 63 Wd 56
29340 Lann-Lothan 29 78 Wb 62
56440 Lann-Menhir 56 80 Wf 61
29260 Lannoazoc 29 62 Vd 57
22290 Lannolon = Lannvollon 22 63 Xa 57
29860 Lannon 29 62 Vd 58
22350 Lannouée 22 65 Xe 58
59390 Lannoy 59 30 Db 45
60220 Lannoy-Cuillère 60 38 Be 50
29790 Lannuign 29 61 Vc 60
56110 Lannuon 56 63 Wc 60
22300 Lannuon = Lannion 22 63 Wd 56
29430 Lannurien 29 62 Ve 57
32400 Lannux 32 162 Ze 87
20244 Lano CTC 183 Kb 94
15270 Lanobre 15 127 Cd 76
29380 Lanorgar 29 79 Wc 61
33770 Lanot 33 134 Za 81
24270 Lanouaille 24 125 Ba 76
56120 Lanouée 56 64 Xc 60
19300 Lanour 19 126 Bf 76
09130 Lanoux 09 164 Bc 90
24150 Lanquais 24 136 Ae 80
52800 Lanques-sur-Rognon 52 75 Fc 60
76210 Lanquetot 76 36 Ad 51
22250 Lanrelas 22 64 Xe 59
29900 Lanriec 29 78 Wa 61
35270 Lanrigan 35 65 Yb 58
22480 Lanrivain 22 63 We 58
29290 Lanrivoaré 29 61 Vc 58
22170 Lanrodec 22 64 Wf 57
71380 Lans 71 106 Ef 68
13150 Lansac 13 155 Ed 86
33710 Lansac 33 135 Zc 78
66720 Lansac 66 179 Cd 92
22340 Lansalaün 22 63 Wd 59
34130 Lansargues 34 168 Ea 87
38250 Lans-en-Vercors 38 143 Fd 78
73480 Lanslebourg-Mont-Cenis 73 133 Gf 77
73480 Lanslevillard 73 133 Gf 77
31570 Lanta 31 165 Bd 87
10210 Lantages 10 73 Eb 60
18130 Lantan 18 103 Cd 67
54150 Lantéfontaine 54 56 Ff 53
01430 Lantenay 01 119 Fd 72
21370 Lantenay 21 91 Ef 64
25170 Lantenne-Vertière 25 107 Fe 65
70200 Lantenot 70 94 Gc 62
70270 Lanterne-et-les-Armonts, la 70 94 Gd 62
19190 Lanteuil 19 138 Bd 78
22210 Lanthenac 22 64 Xc 60
43320 Lanthenas 43 141 De 78
21250 Lanthes 21 106 Fb 67
14480 Lantheuil 14 35 Zc 53
22410 Lantic 22 64 Xa 57
56190 Lantiern 56 81 Xd 63
69430 Lantignié 69D 118 Ed 72
56120 Lantillac 56 80 Xc 61
21140 Lantilly 21 91 Ec 63
16200 Lantin 16 123 Zf 74
33138 Lanton 33 134 Yf 80
06450 Lantosque 06 159 Hb 85
22830 Lantran 22 65 Ya 59
43260 Lantriac 43 141 Ea 78
58250 Lanty 58 104 Df 68
52120 Lanty-sur-Aube 52 74 Ee 60
20244 Lanu = Lano CTC 183 Kb 94
30750 Lanuéjols 30 153 Dc 84
48000 Lanuéjols 48 141 Dd 81
12350 Lanuéjouls 12 151 Ca 82
65190 Lanusse 65 163 Ab 90
22100 Lanvallay 22 65 Xf 58
29880 Lanvaon 29 61 Vc 57
56240 Lanvaudan 56 80 We 61
22420 Lanvellec 22 63 Wc 57
29550 Lanvelliau 29 62 Vd 60
29290 Lanvenec 29 61 Vc 58
56320 Lanvénégen 56 79 Wc 61
29160 Lanvéoc 29 61 Vd 59
29233 Lanveur 29 62 Vf 57
56440 Lanveur 56 80 Wf 61
22300 Lanvézéac 22 63 Wd 56
22800 Lanvia 22 64 Xa 58
22470 Lanvian 22 63 Wf 56
29150 Lanvian 29 62 Ve 59
29800 Lanviguer 29 62 Ve 58
16140 Lanville 16 123 Aa 73
22290 Lanvollon 22 63 Xa 57
29460 Lanvoy 29 62 Ve 59
29470 Lanvrizan 29 62 Vd 58
22270 Lanyugon = Jugon-les-Lacs 22 64 Xe 58
46200 Lanzac 46 138 Bc 79
02000 Laon 02 40 Dd 51
28270 Laons 28 49 Bb 56
47230 Laou 47 148 Ab 84
83330 Laouque 83 171 Fe 89
03120 Lapalisse 03 116 Dd 71
84840 Lapalud 84 155 Ee 83
18340 Lapan 18 102 Cb 67
12150 Lapanouse 12 152 Da 82
12230 Lapanouse-de-Cernon 12 152 Da 85
47260 Laparade 47 148 Ac 82
81640 Laparrouquial 81 151 Ca 84
56550 Lapaul 56 79 Wf 62
20233 Lapedina CTC 181 Kc 91
09400 Lapège 09 177 Bd 92
63390 Lapeize 63 115 Ce 72
82240 Lapenche 82 150 Bd 83
65220 Lapène 65 163 Ac 89
09500 Lapenne 09 165 Be 90
50600 Lapenty 50 66 Yf 57
47800 Laperche 47 136 Ac 81
26210 Laperouse-Mornay 26 130 Ef 77
21450 Laperrière 21 91 Ee 63
21170 Laperrière-sur-Saône 21 106 Fc 66
40240 Lapeyrade 40 148 Zf 84
12400 Lapeyre 12 152 Cf 85
40090 Lapeyre 40 147 Zd 85
65220 Lapeyre 65 163 Ac 89
31310 Lapeyrère 31 164 Bb 89
81310 Lapeyrière 81 150 Be 85
82170 Lapeyrière 82 150 Bb 85
01330 Lapeyrouse 01 118 Ef 73
63700 Lapeyrouse 63 115 Cf 71
31180 Lapeyrouse-Fossat 31 165 Bd 86
15120 Lapeyrugue 15 139 Cd 80
24800 Lapeyzie 24 125 Ba 76
33190 Lapierre 33 135 Zf 81
47500 Lapile 47 137 Ba 81
64120 Lapiste 64 161 Yf 89
16270 Laplaud 16 112 Ad 73
19550 Lapleau 19 126 Cb 77
47310 Laplume 47 149 Ad 84
46140 Lapoujade 46 137 Bc 82
24510 Lapouleille 24 136 Ad 79
33570 Lapourcaud 33 135 Zf 79
68650 Lapoutroie 68 60 Ha 60
33620 Lapouyade 33 135 Ze 78
02150 Lappion 02 41 Df 51
11390 Laprade 11 166 Cb 88
16390 Laprade 16 124 Ab 77
11390 Laprade-Basse 11 166 Cb 88
11140 Lapradelle 11 178 Cb 92
43500 Laprat 43 129 Df 77
35640 Lâpre 35 82 Yd 61
03250 Laprugne 03 116 De 73
63270 Laps 63 128 Db 74
87380 Laps 87 125 Bc 75
43200 Lapte 43 129 Eb 77
62122 Lapugnoy 62 29 Cd 45
57530 Laquenexy 57 56 Gb 54
63820 Laqueuille 63 127 Ce 75
63820 Laqueuille-Gare 63 127 Ce 75
11560 Laquirou 11 167 Da 89
09200 Lara 09 176 Ba 90
05300 Laragne-Montéglin 05 157 Fe 83
69590 Larajasse 69M 130 Ed 75
46260 Laramière 46 151 Bf 82
31700 Laran 31 164 Bb 87
65670 Laran 65 163 Ac 89
40250 Larbey 40 161 Zb 86
24130 Larbogne 24 136 Ab 79
60400 Larbroye 60 39 Cf 51
31800 Larcan 31 163 Ae 89
09310 Larcat 09 177 Bd 92
17520 Larceau-les-Corbinaux 17 123 Zd 75
43800 Larcenac 43 141 Df 78
64120 Larceveau-Arros-Cibits 64 161 Yf 89
53220 Larchamp 53 66 Yf 58
61800 Larchamp 61 47 Zb 56
77760 Larchant 77 71 Cd 59
04530 Larche 04 158 Gf 82
19600 Larche 19 137 Bc 78
47210 Larche 47 137 Ae 80
46240 Larcher 46 138 Bd 80
33650 Larchey 33 135 Zc 80
21580 Larçon 21 91 Ef 63
24530 Lardailler 24 124 Ae 76
82330 Lardailles 82 151 Bf 83
12240 Lardayrolles 12 151 Cc 83
39300 Larderet, le 39 107 Ff 68
35450 Larderie, la 35 66 Ye 59
60110 Lardières 60 51 Ca 53
05110 Lardier-et-Valença 05 157 Ff 82
04230 Lardiers 04 156 Fe 84
87260 Lardimalie 87 125 Bc 75
24570 Lardin-Saint-Lazare, le 24 137 Bb 78
91510 Lardy 91 71 Cb 57
81290 Larécuquèle 81 166 Cb 87
11700 Laredorte 11 166 Cd 89
32150 Larée 32 148 Zf 85
31480 Laréole 31 164 Ba 86
19170 Larfeuil 19 126 Bf 75
19170 Larfeuil 19 126 Bf 75
79240 Largeasse 79 98 Zd 68
07110 Largentière 07 142 Eb 81
85220 Largerie, la 85 96 Yb 68
03130 Larges, les 03 117 Df 70
39130 Largillay-Marsonnay 39 119 Fe 69
68580 Largitzen 68 95 Hb 63
02600 Largny-sur-Automne 02 52 Da 53
22970 Largoat 22 63 We 57
04150 Largue, le 04 156 Fe 84
70230 Larians-et-Munans 70 93 Gb 64
46270 Larive 46 139 Cb 80
24150 Larives 24 137 Ae 79
33290 Larivière 33 134 Zc 79
90150 Larivière 90 94 Gf 62
52400 Larivière-Arnoncourt 52 75 Fe 60
31230 Larjo 31 163 Ae 88
31530 Larmont 31 164 Bb 87
56550 Larmor 56 80 We 62
56690 Larmor 56 79 Wf 62
56870 Larmor-Baden 56 80 Xa 63
56260 Larmor-Plage 56 79 Wd 62
30700 Larnac 30 154 Ec 84
33340 Larnac 33 122 Za 76
26600 Larnage 26 142 Ef 78
46160 Larnagol 46 138 Be 82
12290 Larnaldesq 12 152 Ce 83
07220 Larnas 07 155 Ed 82
09310 Larnat 09 177 Bd 92
39140 Larnaud 39 106 Fc 68
25720 Larnod 25 107 Ff 65
24440 Larocal 24 136 Ae 80
43360 Laroche 43 128 Db 77
58370 Larochemillay 58 104 Ea 67
19340 Laroche-près-Feyt 19 127 Cd 74
89400 Laroche-Saint-Cydroine 89 72 Dc 61
85000 La-Roche-sur-Yon 85 97 Yd 68
63690 Larodde 63 127 Cd 75
64110 Laroin 64 162 Zd 89
54950 Laronxe 54 77 Gd 57
12360 Laroque 12 152 Cf 86
24550 Laroque 24 137 Ba 80
33410 Laroque 33 135 Ze 81
33910 Laroque 33 135 Ze 78
34190 Laroque 34 153 De 85
15150 Laroquebrou 15 139 Cb 79
11330 Laroque-de-Fa 11 179 Cd 91
66740 Laroque-des-Albères 66 179 Cf 93
46090 Laroque-des-Arcs 46 138 Bc 82
09600 Laroque-d'Olmes 09 177 Bf 91
47340 Laroque-Timbaut 47 149 Ae 83
15250 Laroquevieille 15 139 Cc 78
47410 Larougie 47 136 Ac 81
59219 Larouillies 59 31 Df 48
24800 Laroulandie 24 125 Af 75
32360 Larrama 32 163 Ad 86
64120 Larrandaberry 64 161 Za 89
64560 Larrau 64 174 Za 90
82500 Larrazet 82 149 Ba 85
24120 Larre 24 125 Bb 77
56230 Larré 56 81 Xc 62
61250 Larré 61 68 Aa 58
32100 Larressingle 32 148 Ab 85
64480 Larressore 64 160 Yd 88
29840 Larret 29 61 Vb 57
33660 Larret 33 135 Zf 78
70600 Larret 70 92 Fd 63
64410 Larreule 64 162 Zd 88
65700 Larreule 65 162 Aa 88
21330 Larrey 21 91 Ec 61
29160 Larrial 29 61 Vc 59
64120 Larribar-Sorhapuru 64 161 Yf 89
65400 Larribet 65 174 Ze 91
31160 Larrigau 31 176 Af 90
74500 Larringes 74 120 Gd 70
40270 Larrivière 40 147 Zd 86
39360 Larrivoire 39 119 Fe 70
31580 Larroque 31 163 Ad 89
32700 Larroque 32 149 Ad 85
65230 Larroque 65 163 Ac 89
81140 Larroque 81 150 Be 84
81270 Larroque 81 166 Cd 88
32480 Larroque-Engalin 32 149 Ad 85
32410 Larroque-Saint-Sernin 32 148 Ac 86
32100 Larroque-sur-L'Osse 32 148 Ab 85
46160 Larroque-Toirac 46 138 Bf 81
64130 Larrory 64 161 Za 89
32220 Larroucau 32 164 Ae 88
32800 Larroudé 32 148 Aa 85
32450 Larrouly 32 163 Ae 87
32500 Larroumiouac 32 149 Ad 85
40200 Larrousseau 40 146 Yf 83
64490 Larry 64 174 Zc 91
24400 Lartige 24 136 Ab 78
87400 Lartige 87 125 Bd 74
32290 Lartigue 32 162 Aa 86
32450 Lartigue 32 163 Ae 87
33220 Lartigue 33 136 Ab 79
33840 Lartigue 33 148 Zf 83
40090 Lartigue 40 147 Zd 86
33680 Laruau 33 134 Yf 79
64440 Laruns 64 174 Zd 91
33620 Laruscade 33 135 Zd 78
24170 Larzac 24 137 Ba 80
51290 Larzicourt 51 54 Ee 57
02580 Larzille 02 41 Df 49
32190 Las 32 163 Ab 86
33127 Las, le 33 134 Za 80
30460 Lasalle 30 153 Df 84
65190 las Barthes 65 163 Ab 89
12500 Lasbinals 12 139 Ce 81
11400 Lasbordes 11 165 Ca 89
64270 Lasbordes 64 161 Za 88
46800 Lasbouygues 46 149 Bb 82
12470 Lasbros 12 139 Cf 81
40420 Lasbroudes 40 147 Zd 84
46800 Lascabanes 46 150 Bb 82
09200 las Cabesses 09 177 Bb 91
23170 Lascau 23 115 Cc 71
23500 Lascaud-Maury 23 126 Ca 73
23500 Lascaus 23 127 Cb 74
19130 Lascaux 19 125 Bc 76
65700 Lascazères 65 162 Zf 87
63122 Laschamp 63 128 Cf 74
64450 Lasclaveries 64 162 Ze 88
24800 las Combas 24 125 Af 76
13360 Lascours 13 171 Fd 88
09800 Lascoux 09 176 Af 91
16450 Lascoux 16 112 Ad 73
87290 Lascoux 87 113 Bb 72
24700 Laser 24 135 Aa 78
24270 las Fargeas 24 125 Ba 76
09240 Lasfittes 09 177 Bc 90
48130 Lasfonds 48 140 Db 80
16490 Lasfont 16 112 Ad 72
81300 Lasgraisses 81 151 Ca 86
66480 las Illas 66 179 Ce 94
65350 Laslades 65 163 Ab 89
40240 Laslangaches 40 148 Ze 84
15190 Lasparet 15 127 Ce 76
32250 Laspeyres 32 148 Ab 85
47270 Laspeyres 47 149 Ae 84
81190 las Planques 81 151 Cb 84
64330 Lasque 64 162 Zd 87
18220 Lass 18 102 Cd 65
11600 Lassac 11 166 Cc 89
65670 Lassales 65 163 Ac 89
64520 Lassarrade 64 160 Ye 88
53110 Lassay-les-Châteaux 53 67 Zd 58
41230 Lassay-sur-Croisne 41 87 Bd 64
49490 Lasse 49 84 Aa 63
64220 Lasse 64 160 Ye 90
32550 Lasséran 32 163 Ad 87
09230 Lassere 09 164 Bb 90
44370 Lasseron 44 83 Za 64
01250 Lasserra 01 119 Fc 71
64300 Lasserrade 64 161 Zb 88
24310 Lasserre 24 124 Ad 77
32350 Lasserre 32 163 Ac 86
32400 Lasserre 32 162 Ze 87
47420 Lasserre 47 148 Aa 83
47600 Lasserre 47 148 Ac 84
64350 Lasserre 64 162 Zf 87
11270 Lasserre-de-Prouille 11 165 Ca 89
31530 Lasserre-Pradère 31 164 Bb 87
64290 Lasseube 64 162 Zd 89
32550 Lasseube-Propre 32 163 Ad 87
32430 Lasseubes 32 164 Af 86
64290 Lasseubetat 64 162 Zd 89
63160 Lassias 63 128 Db 74
10500 Lassicourt 10 74 Ec 58
60310 Lassigny 60 39 Ce 51
14740 Lasson 14 35 Zd 53
89570 Lasson 89 73 De 60
18160 Lassout 18 102 Ca 68
12500 Lassouts 12 139 Cf 82
81260 Lassouts 81 166 Cd 87
09310 Lassur 09 177 Be 92
33113 Lassus 33 147 Zd 82
88240 Lassus 88 76 Gc 61
14770 Lassy 14 47 Zb 55
35580 Lassy 35 65 Ya 61
50250 Lastelle 50 46 Yd 53
09200 Lastès 09 177 Bb 91
19240 Lasteyrie 19 125 Bc 77
15500 Lastic 15 140 Db 78
63760 Lastic 63 127 Cd 74
15500 Lastiguet 15 140 Db 78
11490 Lastours 11 179 Cf 90
46800 Lastours 46 150 Ba 82
82440 Lastours 82 150 Bc 84
87800 Lastours 87 125 Ba 75
47500 Lastreilles 47 137 Af 81
16190 Lataiteau 16 124 Ab 76
26110 Latards, les 26 155 Fb 82
60490 Lataule 60 39 Ce 51
83870 Latay, le 83 171 Ff 89
39300 Latet, le 39 107 Ff 68
39250 Latette, la 39 107 Ga 68
15100 Latga 15 140 Cf 78
87190 Lathière 87 113 Ba 71
74210 Lathuile 74 132 Gb 74
86390 Lathus-Saint-Rémy 86 112 Af 71
86190 Latillé 86 99 Aa 69
02210 Latilly 02 52 Db 54
45430 Latingy 45 87 Ca 61
31800 Latoue 31 163 Ae 89
46400 Latouille-Lentillac 46 138 Bf 79
12540 Latour 12 152 Da 85
31310 Latour 31 164 Bb 89
43700 Latour 43 141 Df 78
66200 Latour-Bas-Elne 66 179 Da 93
66760 Latour-de-Carol 66 178 Bf 94
66720 Latour-de-France 66 179 Cd 92
55160 Latour-en-Woëvre 55 56 Fe 54
24800 Latrade 24 125 Ba 76
31310 Latrape 31 164 Bb 89
52120 Latrecey-Ormoy 52 74 Ef 61
33360 Latresne 33 135 Zd 80
40800 Latrille 40 162 Ze 87
19160 Latronche 19 126 Cb 77
46210 Latronquière 46 138 Ca 80
18120 Lats, les 18 102 Ca 66
60240 Lattainville 60 50 Be 53
87310 Latterie 87 125 Af 74
34970 Lattes 34 168 Df 87
06850 Lattes, les 06 158 Ge 86
62810 Lattre-Saint-Quentin 62 29 Cd 47
34520 Latude 34 153 Dc 85
72300 laTuilerie 72 84 Ze 62
32110 Lau 32 148 Zf 86
34390 Lau, le 34 167 Da 87
67580 Laubach 67 58 He 55
31160 Laubague 31 176 Ae 91
24130 Laubanie 24 136 Ac 79
19250 Laubard 19 126 Ca 75
48300 Laubarnès 48 141 De 81
67190 Laubenheim 67 60 Hc 58
48170 Laubert 48 141 Dd 81
16170 Laubertière 16 123 Zf 74
48700 Laubespin 48 140 Dc 81
15320 Laubie, la 15 140 Db 79
48000 Laubies, les 48 153 Dd 82
48700 Laubies, les 48 140 Dc 80
64230 Laubiosse 64 162 Zd 88
04330 Laubre 04 157 Gc 84
79350 Laubreçais 79 98 Zd 68
10270 Laubressel 10 73 Eb 59
41140 Laubrière 41 86 Bc 65
53540 Laubrières 53 66 Yf 61
09200 Lauch 09 177 Bb 91
80700 Laucourt 80 39 Ce 50
03300 Laudemarière 03 116 Dc 71
76220 Laudencourt 76 38 Be 51
24290 Laudigerie 24 137 Ba 78
28250 Laudigerie 28 69 Ba 57
32420 Laudine 32 164 Ae 88
24420 Laudinie 24 125 Af 77
24210 Laudonnie 24 125 Ba 77
57385 Laudrefang 57 57 Gd 54
30290 Laudun 30 155 Ed 84
47360 Laugnac 47 149 Ad 83
50380 Laugny 50 46 Yd 56
33340 Laujac 33 122 Za 76
32110 Laujuzan 32 148 Zf 86
33210 Laulan 33 135 Zd 81
50430 Laulne 50 33 Yd 53
34700 Laulo 34 167 Dc 86
46200 Laumède 46 138 Bd 79
48230 Laumède 48 153 Dc 82
21150 Laumes, les 21 91 Ec 63
57480 Laumesfeld 57 44 Gc 52
46500 Laumière 46 138 Be 80
85710 Laumière, la 85 96 Ya 67
19190 Laumont 19 138 Be 78
31330 Launac 31 149 Bb 86
34690 Launac-Saint-André 34 168 De 87
31140 Launaguet 31 164 Bc 86
22210 Launay 22 64 Xc 60
22240 Launay 22 64 Xd 57
36500 Launay 36 101 Bc 67
36600 Launay 36 101 Bd 65
44640 Launay 44 96 Yb 65
45190 Launay 45 86 Bd 61
79100 Launay 79 99 Ze 67
53410 Launay-Villiers 53 66 Yf 60
06470 Launes, les 06 158 Gf 84
08430 Launois-sur-Vence 08 41 Ed 51
02210 Launoy 02 52 Dc 53
57480 Launstroff 57 44 Gc 52
26740 Laupie, la 26 142 Ef 81
30750 Laupies 30 153 Dc 84
30750 Laupiettes 30 153 Dc 84
11400 Laurabuc-et-Mireval 11 165 Bf 89
11270 Laurac 11 165 Bf 89
32130 Laurac 32 164 Ae 87
07110 Laurac-en-Vivarais 07 142 Eb 81
32330 Lauraët 32 148 Ab 85
11300 Lauraguel 11 165 Cb 90
12250 Lauras 12 152 Cf 85
13180 Laure 13 170 Fb 88
40250 Laurède 40 147 Zb 86
11800 Laure-Minervois 11 166 Cd 89
22230 Laurenan 22 64 Xc 59
34480 Laurens 34 167 Db 87
81200 Laurens 81 166 Cb 88
24330 Laurent 24 136 Ae 78
42830 Laurent 42 116 De 73
19400 Laurent, le 19 138 Bf 78
03250 Laurents, les 03 116 De 72
47150 Laures 47 136 Ae 81
46210 Lauresses 46 138 Ca 80
34270 Lauret 34 154 Df 85
40320 Lauret 40 162 Zd 87
15500 Laurie 15 128 Da 77
46140 Laurie, la 46 149 Bb 82
59630 Laurier, le 59 27 Cb 43
87500 Lauriéras 87 125 Bb 75
87370 Laurière 87 113 Bc 72
84360 Lauris 84 170 Fb 86
33680 Lauros 33 134 Yf 79
34700 Lauroux 34 153 Db 86
05100 Laus, le 05 145 Ge 79
12600 Laussac 12 139 Ce 79
47230 Lausseignan 47 148 Ab 83
82140 Laussier 82 150 Be 84
43150 Laussonne 43 141 Ea 79
47150 Laussou 47 137 Ae 81
04340 Lautaret 04 157 Gb 82
43620 Lautat 43 129 Eb 77
68610 Lautenbach 68 60 Ha 61
68610 Lautenbachzell 68 95 Ha 61
67630 Lauterbourg 67 59 Ib 55
24420 Lauterie 24 125 Af 77
88520 Lauterupt 88 77 Ha 59
86300 Lauthiers 86 100 Ae 69
31370 Lautignac 31 164 Ba 88
16200 Lautrait 16 123 Zf 74
81440 Lautrec 81 165 Ca 86
89630 Lautreville 89 90 Df 64
24510 Lauturie 24 136 Ae 79
19270 Lauvinerie 19 126 Bd 77
33230 Lauvirat 33 135 Zf 78
68290 Lauw 68 94 Ha 62
59553 Lauwin 59 30 Da 46
26510 Laux-Montaux 26 156 Fd 83
56190 Lauzach 56 81 Xc 63
83340 Lauzade, la 83 172 Gb 88
07120 Lauzat 07 120 Df 74
06450 Lauze, la 06 159 Hc 84

24380 Lauzellie 24 136 Ae 78
46270 Lauzeral 46 138 Ca 81
82110 Lauzerte 82 150 Ba 83
31650 Lauzerville 31 165 Bd 87
46360 Lauzès 46 138 Bd 81
05220 Lauzet, le 05 145 Gc 78
05310 Lauzet, le 05 145 Gd 80
04340 Lauzet-Ubaye, le 04 157 Gc 82
17137 Lauzières 17 110 Ye 71
17260 Lauzignac 17 122 Zc 75
23450 Lauzine 23 113 Be 70
47410 Lauzun 47 136 Ac 81
60120 Lavacquerie 60 38 Ca 50
12360 Lavagne 12 152 Da 86
48500 Lavagne, la 48 153 Db 82
34150 Lavagnes, les 34 153 Dc 86
09110 Lavail 09 178 Bf 92
81260 Lavaissière 81 166 Cc 86
07210 Laval 07 142 Ed 80
07250 Laval 07 142 Ee 80
12360 Laval 12 152 Da 85
19250 Laval 19 126 Ca 75
19290 Laval 19 126 Ca 75
24590 Laval 24 137 Bc 78
31290 Laval 31 165 Bd 88
38190 Laval 38 132 Ff 77
42131 Laval 42 130 Ec 76
53000 Laval 53 67 Zb 60
63700 Laval 63 115 Ce 72
81140 Laval 81 150 Be 85
81340 Laval 81 152 Cc 85
24260 Lavalade 24 137 Ae 79
24540 Lavalade 24 137 Af 80
48600 Laval-Atger 48 141 De 80
26150 Laval-d'Aix 26 143 Fb 80
07590 Laval-d'Aurelle 07 141 Df 81
38350 Lavaldens 38 144 Ff 79
08260 Laval-d'Estrebay 08 41 Ec 50
08800 Laval-Dieu 08 42 Ee 49
48500 Laval-du-Tarn 48 153 Dc 82
77148 Laval-en-Brie 77 72 Cf 58
02860 Laval-en-Laonnois 02 40 Dd 51
11290 Lavalette 11 166 Cb 89
31590 Lavalette 31 165 Bd 87
34700 Lavalette 34 167 Db 86
19330 Lavalgrière 19 126 Be 77
29140 Lavalhars 29 78 Wb 61
66690 Lavall 66 179 Cf 93
16510 Lavallade 16 124 Ad 74
63320 Lavalle 63 128 Da 75
55260 Lavallée 55 55 Fc 56
08150 Laval-Morency 08 41 Ec 50
12380 Laval-Roquecezière 12 152 Cd 86
30760 Laval-Saint Roman 30 155 Ed 83
43440 Laval-sur-Doulon 43 128 Dd 76
19550 Laval-sur-Luzège 19 126 Cb 77
51600 Laval-sur-Tourbe 51 54 Ee 54
88600 Laval-sur-Vologne 88 77 Ge 59
74400 Lavancher, le 74 121 Gf 73
01590 Lavancia-Epercy 01 119 Fe 71
20246 Lavandaghju = Lavandaju CTC 181 Kb 93
20246 Lavandaju CTC 181 Kb 93
83980 Lavandou, le 83 172 Gc 90
39700 Lavangeot 39 107 Fd 66
51110 Lavannes 51 41 Eb 50
39700 Lavans-lès-Dole 39 107 Fd 66
39170 Lavans-lès-Saint-Claude 39 119 Fe 70
25440 Lavans-Quingey 25 107 Ff 66
39240 Lavans-sur-Valouse 39 119 Fd 70
25580 Lavans-Vuillafans 25 107 Gb 66
02450 Lavaqueresse 02 40 De 49
47230 Lavardac 47 148 Ab 83
32360 Lavardens 32 149 Ad 86
41800 Lavardin 41 85 Af 62
72240 Lavardin 72 68 Aa 60
72390 Lavaré 72 69 Ad 60
38710 Lavars 38 144 Fe 79
20222 Lavasina CTC 181 Kc 92
19300 Lavastre, la 19 126 Bf 76
15260 Lavastrie 15 140 Da 79
20225 Lavatoggio CTC 180 If 93
10150 Lavau 10 73 Ea 59
41370 Lavau 41 86 Bd 62
89170 Lavau 89 88 Cf 63
16700 Lavaud 16 111 Ab 72
23800 Lavaud 23 114 Be 71
79320 Lavaud 79 98 Zc 68
85320 Lavaud 85 109 Ye 69
87130 Lavaud 87 126 Bd 74
87270 Lavaud 87 113 Bb 73
43100 Lavaudieu 43 128 Dc 77
23600 Lavaufranche 23 114 Cb 71
58140 Lavault 58 104 Df 65
58230 Lavault-de-Frétoy 58 104 Ea 66
03100 Lavault-Sainte Anne 03 115 Cd 71
19250 Lavaur 19 126 Ca 75
24550 Lavaur 24 137 Ba 81
81500 Lavaur 81 165 Be 86
24400 Lavaure 24 136 Ac 78
82240 Lavaurette 82 150 Be 83
03410 Lavaury 03 115 Cc 71
86470 Lavausseau 86 111 Aa 69
44260 Lavau-sur-Loire 44 81 Ya 65
89630 Lavauts, les 89 90 Ea 65
71120 Lavaux 71 117 Eb 70
23150 Lavaveix-les-Mines 23 114 Ca 72
33690 Lavazan 33 148 Zf 82
36340 Laveau 36 114 Be 69
15300 Laveissenet 15 139 Cf 78
15300 Laveissière 15 139 Ce 78
09300 Lavelanet 09 177 Bf 91
31220 Lavelanet-de-Comminges 31 164 Ba 89
88600 Laveline-devant-Bruyères 88 77 Ge 59
88640 Laveline-du-Houx 88 77 Ge 60
72310 Lavenay 72 85 Ae 62
12100 Lavencas 12 152 Da 84
29260 Lavengat 29 62 Vd 57
62840 Laventie 62 30 Ce 45
13117 Lavéra 13 170 Fa 88
32230 Laveraët 32 163 Ab 87
46340 Lavercantière 46 137 Bb 81
18800 Laverdines 18 103 Ce 66
56450 Laverdon 56 80 Xc 63
[illegible]
15190 Lavergne 15 127 Cc 76
19700 Lavergne 19 126 Be 76
24270 Lavergne 24 125 Ba 76
46500 Lavergne 46 138 Be 80
47800 Lavergne 47 136 Ac 81
72500 Lavernat 72 85 Ab 62
25170 Lavernay 25 107 Fe 65
12150 Lavernhe 12 152 Da 83
31410 Lavernose-Lacasse 31 164 Bb 88
52140 Lavernoy 52 92 Fd 61
86340 Laverré 86 112 Ab 70
60210 Laverrière 60 38 Ca 50
02600 Laversine 02 52 Db 52
60510 Laversines 60 38 Cb 52
34880 Lavérune 34 168 De 87
38520 Lavey, la 38 144 Gb 79
26240 Laveyron 26 130 Ee 77
48250 Laveyrune 48 141 Df 81
24130 Laveyssière 24 136 Ac 79
63570 Lavialle 63 128 Dc 76
42560 Lavieu 42 129 Ea 75
80300 Laviéville 80 39 Cd 49
15300 Lavigerie 15 139 Ce 78
24330 Lavignac 24 137 Af 78
87230 Lavignac 87 125 Ba 74
40160 Lavigne 40 146 Za 83
06470 Lavigné, le 06 158 Gf 84
55300 Lavignéville 55 55 Fd 55
70120 Lavigney 70 93 Fe 62
39210 Lavigny 39 107 Fd 68
20230 Lavilanella CTC 183 Kd 94
74800 Lavillat 74 120 Gb 72
07660 Lavillatte 07 141 Df 80
52000 Laville-aux-Bois 52 75 Fb 60
07170 Lavilledieu 07 142 Ec 81
81360 Lavilledieu 81 151 Cc 86
52140 Lavilleneuve 52 75 Fd 60
52120 Lavilleneuve-au-Roi 52 74 Ef 60
52330 Lavilleneuve-aux-Fresnes 52 74 Ef 59
60240 Lavillertertre 60 50 Bf 53
55170 Lavincourt 55 55 Fa 57
07530 Laviolle 07 142 Eb 80
25510 Laviron 25 108 Gd 65
82120 Lavit 82 149 Af 85
03250 Lavoine 03 116 De 73
44240 Lavoir, le 44 82 Yc 64
70120 Lavoncourt 70 93 Fe 63
74470 Lavouet, le 74 120 Gd 71
01350 Lavours 01 132 Fe 74
43380 Lavoûte-Chilhac 43 140 Dc 78
43800 Lavoûte-sur-Loire 43 141 Df 78
86800 Lavoux 86 100 Ad 69
55120 Lavoye 55 55 Fa 54
20127 Lavu Donacu CTC 183 Ka 98
80250 Lawarde-Mauger-L'Hortoy 80 38 Cb 50
12160 Lax 12 152 Cc 83
[illegible]
54520 Laxou 54 56 Ga 56
42470 Lay 42 117 Eb 73
38730 Layat 38 131 Fc 76
21520 Layer-sur-Roche 21 91 Ee 61
64190 Lay-Lamidou 64 161 Zb 89
32220 Laymont 32 164 Af 88
30750 Layolle 30 153 Dc 84
47390 Layrac 47 149 Ad 84
31340 Layrac-sur-Tarn 31 150 Bd 85
65380 Layrisse 65 162 Aa 90
40410 Lays 40 147 Zb 82
54690 Lay-Saint-Christophe 54 56 Gb 56
54570 Lay-Saint-Rémy 54 56 Fe 56
71270 Lays-sur-le-Doubs 71 106 Fb 67
29520 Laz 29 78 Wa 60
48190 Lazalier 48 141 De 81
18120 Lazenay 18 102 Ca 66
05300 Lazer 05 157 Ff 82
20290 Lazzarotti CTC 181 Kc 93
80560 Léalvillers 80 29 Cd 48
14340 Léaupartie 14 48 Aa 53
01200 Léaz 01 119 Ff 72
68660 Leberau = Lièpvre 68 60 Hb 59
90100 Lebetain 90 94 Gf 64
54740 Lebeuville 54 76 Gb 58
62990 Lebiez 62 28 Bf 46
40140 Leborde 40 161 Ye 86
32810 Leboulin 32 163 Ae 86
12170 Lebous 12 152 Cd 84
81140 Lèbre, la 81 150 Be 85
46800 Lebreil 46 149 Bb 83
62124 Lebucquière 62 30 Cf 48
14140 Lécaude 14 35 Aa 54
59226 Lecelles 59 30 Dc 46
85540 le-Champ Saint-Père 85 109 Yd 69
65250 Léchan 65 175 Ac 90
21250 Lechâtelet 21 106 Fa 66
32270 Léchaux 32 163 Ae 86
02200 Léchelle 02 40 Db 53
62124 Léchelle 62 30 Cf 48
77171 Léchelle 77 72 Dc 57
73260 Lechères, la 73 132 Gc 75
24400 Lèches, les 24 136 Ac 79
73130 Léchet 73 132 Gb 77
29730 Léchiagat 29 78 Ve 62
59259 Lécluse 59 30 Da 47
52140 Lécourt 52 75 Fd 60
35133 Lécousse 35 66 Ye 58
30250 Lecques 30 154 Ea 85
83270 Lecques, les 83 171 Fe 89
39260 Lect 39 119 Fe 70
32700 Lectoure 32 149 Ad 85
64220 Lecumberry 64 161 Yf 90
31580 Lécussan 31 163 Ad 90
81340 Lédas-et-Penthiès 81 151 Cc 84
47300 Lédat 47 149 Ae 82
21390 Ledavrée 21 91 Ec 64
30210 Lédenon 30 155 Ed 85
12170 Lédergues 12 151 Cc 84
59143 Lederzeele 59 27 Cb 44
64400 Ledeuix 64 161 Zc 89
[illegible] Lédignan 30 154 Ea 85
62300 Ledinghem 62 28 Bf 45
59470 Ledringhem 59 27 Cc 43
64320 Lée 64 162 Zc 80
64320 Lée-Ousse-Sendets 64 162 Ze 89
59115 Leers 59 30 Db 44
64490 Lées-Athas 64 174 Zc 91
22250 Léez, le 22 65 Xe 59
62630 Lefaux 62 28 Bd 45
14700 Leffard 14 47 Ze 55
08310 Leffincourt 08 41 Ed 52
70600 Leffond 70 92 Fc 63
52210 Leffonds 52 75 Fa 61
59240 Leffrinckoucke 59 27 Cc 42
59495 Leffrinckoucke-Village 59 27 Cc 42
29460 Léflez, les 29 62 Vf 58
62790 Leforest 62 30 Da 46
87120 Légaud 87 126 Be 74
31440 Lège 31 176 Ad 91
44650 Legé 44 97 Yc 67
33950 Lège-Cap-Ferret 33 134 Yf 80
58250 Legendre 58 104 De 68
88270 Légéville-et-Bonfays 88 76 Ga 59
56690 Légevin 56 79 Wf 62
60420 Léglantiers 60 39 Cd 52
39240 Légna 39 119 Fd 70
69620 Légny 69D 118 Ed 73
31490 Léguevin 31 164 Bb 87
24340 Léguillac-de-Cercles 24 124 Ad 76
24110 Léguillac-de-L'Auche 24 124 Ad 77
22100 Léhon 22 65 Xf 58
03320 Leige 03 103 Cf 68
86400 Leigné 86 112 Ab 71
42380 Leignecq 42 129 Ea 76
86450 Leigné-les-Bois 86 100 Ae 68
86300 Leignes-sur-Fontaine 86 112 Ae 69
86230 Leigné-sur-Usseau 86 100 Ac 67
42130 Leigneux 42 129 Df 74
68800 Leimbach 68 94 Ha 62
54450 Leintrey 54 57 Ge 57
67250 Leiterswiller 67 58 Hf 55
88120 Lejole 88 77 Ge 60
01410 Lélex 01 120 Ff 71
32400 Lelin-Lapujolle 32 162 Zf 86
57660 Lelling 57 57 Ge 54
50570 Le-Lozon, Marigny- 50 34 Ye 54
54740 Lemainville 54 76 Gb 57
67510 Lembach 67 58 He 54
82200 Lembenne 82 150 Ba 84
57620 Lemberg 57 58 Hc 54
24350 Lembertie 24 124 Ad 77
40360 Lembeye 40 161 Za 87
64350 Lembeye 64 162 Zf 88
24100 Lembras 24 136 Ad 79
02140 Lemé 02 40 De 49
64450 Lème 64 162 Zd 88
54740 Leménil-Mitry 54 76 Gb 58
37120 Lémeré 37 99 Ac 66
57970 Lemestroff 57 44 Gc 52
88300 Lemmecourt 88 75 Fe 59
55220 Lemmes 55 55 Fb 54
57590 Lemoncourt 57 56 Gc 55
81700 Lempaut 81 165 Ca 87
43410 Lempdes 43 128 Db 76
63370 Lempdes 63 128 Db 74
02420 Lempire 02 40 Db 49
55100 Lempire-aux-Bois 55 55 Fb 54
15350 Lempret 15 127 Cc 76
07610 Lemps 07 142 Ee 78
26510 Lemps 26 156 Fc 82
63190 Lempty 63 128 Db 74
24800 Lempzours 24 124 Ae 76
57580 Lemud 57 56 Gc 54
39110 Lemuy 39 107 Ff 67
14770 Lénault 14 47 Zc 55
03130 Lenax 03 117 Dc 71
18310 Lenay 18 101 Bf 66
86140 Lencloître 86 99 Ab 68
45410 Lencorme 45 70 Be 60
40120 Lencouacq 40 147 Zd 84
46800 Lendou-en-Quercy 46 149 Bb 83
64300 Lendresse 64 161 Zb 88
35380 Lenéheuc 35 65 Xf 60
86500 Lenest 86 112 Af 70
57720 Lengelsheim 57 58 Hc 54
50450 Lengronne 50 46 Yd 55
51230 Lenharrée 51 53 Ea 56
57670 Léning 57 57 Ge 55
52140 Lénizeul 52 75 Fd 60
12130 Lenne 12 152 Cf 82
29190 Lennon 29 62 Wa 59
54110 Lenoncourt 54 56 Gb 57
62800 Lens 62 30 Ce 46
26210 Lens-Lestang 26 130 Fa 77
01240 Lent 01 118 Fb 72
63710 Lenteuges 63 128 Da 75
34480 Lenthéric 34 167 Da 87
83111 Lentier 83 172 Gc 87
47290 Lentignac 47 136 Ad 81
42155 Lentigny 42 117 Df 73
46330 Lentillac-Lauzès 46 138 Bd 81
46100 Lentillac-Saint-Blaise 46 138 Ca 81
07200 Lentillères 07 142 Eb 81
10330 Lentilles 10 74 Ed 58
69210 Lentilly 69M 130 Ed 74
12170 Lentin 12 151 Cc 84
38270 Lentiol 38 131 Fa 77
20252 Lento CTC 181 Kb 93
43100 Lentre 43 128 Dc 77
20252 Lentu = Lento CTC 181 Kb 93
46300 Léobard 46 137 Bb 80
33210 Léogeats 33 135 Zd 81
33850 Léognan 33 135 Zc 80
82000 Léojac 82 150 Bc 84
27150 Léomesnil 27 50 Bc 53
40550 Léon 40 146 Ye 85
26190 Léoncel 26 143 Fb 79
23200 Léon-le-Franc 23 114 Cb 72
43410 Léotoing 43 128 Db 76
31260 Leoudary 31 164 Af 90
06260 Léouvé 06 159 Gf 84
45480 Léouville 45 70 Ca 59
26510 Léoux 26 143 Fb 82
17500 Léoville 17 123 Zd 76
88600 Lépanges 88 77 Gd 61
88600 Lépanges-sur-Vologne 88 77 Ge 59
24490 Léparon 24 123 Aa 78
44320 le-Pas-Bochet 44 96 Ya 65
23170 Lépaud 23 115 Cc 71
36210 Lépina 36 101 Bd 65
23150 Lépinas 23 114 Bf 72
10120 Lépine 10 73 Ea 59
62170 Lépine 62 28 Be 46
73610 Lépin-le-Lac 73 132 Fe 75
85770 le-Pont-aux-Chèvres 85 110 Za 70
08150 Lépron-les-Vallées 08 41 Ec 50
90200 Lepuix-Gy 90 94 Ge 62
90100 Lepuix-Neuf 90 94 Ha 63
30580 Lèque, la 30 154 Ec 83
09600 Léran 09 178 Bf 91
44420 Lerat 44 81 Xc 64
09220 Lercoul 09 177 Bd 92
18240 Léré 18 88 Cf 64
64270 Léren 64 161 Yf 87
42600 Lérigneux 42 129 Df 75
33840 Lerm-et-Musset 33 147 Zf 83
22120 Lermot 22 64 Xb 57
49260 Lernay 49 99 Zf 66
55200 Lérouville 55 55 Fd 56
88260 Lerrain 88 76 Ga 60
44270 Lerrière 44 96 Yb 67
21440 Léry 21 91 Ef 63
27690 Léry 27 49 Bb 53
63210 Léry 63 127 Ce 74
02260 Lerzy 02 41 Df 49
43300 Lesbinières 43 140 Dc 78
80360 Lesbœufs 80 30 Cf 48
53120 Lesbois 53 67 Zb 58
33730 Lesbordes 33 135 Zd 82
40110 Lesbordes 40 146 Yf 84
11340 Lescale 11 178 Ca 91
64230 Lescar 64 162 Zd 89
56250 Lescastel 56 80 Xc 62
74320 Leschaux 74 132 Ga 74
02170 Leschelles 02 40 De 49
73340 Lescheraines 73 132 Ga 74
39170 Leschères 39 119 Fe 70
52110 Leschères-sur-le-Blaiseron 52 75 Fa 58
77320 Lescherolles 77 52 Dc 56
01560 Lescheroux 01 118 Fa 70
26310 Lesches-en-Diois 26 143 Fd 81
29770 Lescleden 29 61 Vb 60
77450 Lescnes 77 52 Ce 55
29770 Lescoff 29 61 Vb 60
29790 Lescogan 29 61 Vd 60
05500 les-Combes 05 144 Ga 80
29740 Lesconil 29 78 Ve 62
22570 Lescouët-Gouarec 22 79 We 60
09100 Lescousse 09 165 Bd 90
81110 Lescout 81 165 Ca 87
64490 Lescun 64 174 Zc 91
31220 Lescuns 31 164 Ba 89
09420 Lescure 09 177 Bb 90
15300 Lescure 15 139 Cf 78
81380 Lescure-d'Albigeois 81 151 Cb 85
12440 Lescure-Jaoul 12 151 Ca 83
65140 Lescurry 65 162 Aa 88
59258 Lesdain 59 30 Db 48
02100 Lesdins 02 40 Db 49
02220 Lesges 02 53 Dd 53
40400 Lesgor 40 146 Za 85
40630 Lesgoudies 40 147 Zb 84
08390 les-Grandes-Armoises 08 42 Ef 51
16500 Lésignac 16 112 Ae 73
77150 Lésigny 77 51 Cd 56
86270 Lésigny 86 100 Ae 67
22800 Leslay, le 22 63 Xa 58
63730 les-Martres-de-Veyro 63 128 Db 74
71140 Lesme 71 104 De 69
27160 Lesme, le 27 49 Af 55
54700 Lesménils 54 56 Ga 55
10500 Lesmont 10 74 Ec 58
29260 Lesneven 29 62 Ve 57
59610 Les-Noires-Terres 59 41 Ea 48
56230 Lesnoyal 56 81 Xd 62
82270 Lesparre 82 150 Bc 83
33340 Lesparre-Médoc 33 122 Za 77
09300 Lesparrou 09 178 Bf 91
40200 Lespecier 40 146 Ye 84
07660 Lespéron 07 141 Df 80
40260 Lesperon 40 146 Yf 85
62190 Lespesses 62 29 Cc 45
24490 Lespic 24 135 Aa 78
64350 Lespielle 64 162 Zf 88
34710 Lespignan 34 167 Db 89
24380 Lespinasse 24 136 Ae 78
24480 Lespinasse 24 136 Ae 80
11160 Lespinassière 11 166 Cd 88
12800 Lespinassolle 12 151 Cb 84
43160 Lespinasson 43 129 De 77
19500 Lespinassou 19 138 Be 78
62990 Lespinoy 62 28 Bf 46
43300 Lespitallet 43 141 Dd 78
31160 Lespiteau 31 163 Ae 90
29410 Lespodou 29 62 Wa 57
65710 Lesponne 65 175 Aa 90
64160 Lespourcy 64 162 Zf 88
31350 Lespugue 31 163 Ae 89
29860 Lesquelen 29 62 Vd 58
33113 Lesquerde 33 147 Zd 83
66220 Lesquerde 66 179 Cd 92
29170 Lesquidic 29 78 Vf 61
02120 Lesquielles-Saint-Germain 02 40 Dd 49
59810 Lesquin 59 30 Da 45
40410 Lesquire 40 147 Zb 82
29520 Lesren 29 62 Wa 60
16500 Lessac 16 112 Ae 72
15340 Lessal 15 139 Cb 80
71440 Lessard-en-Bresse 71 106 Fa 68
14140 Lessard-et-le-Chêne 14 48 Aa 54
71530 Lessard-le-National 71 106 Ef 67
60130 Lessay 60 46 Yc 53
57580 Lesse 57 57 Gd 55
85490 Lesson 85 110 Zc 70
71470 Lessot 71 118 Fb 69
71590 Lessu 71 106 Ef 67
57160 Lessy 57 56 Ga 54
40370 Lestage 40 146 Za 85
40630 Lestage 40 147 Zb 84
40110 Lestajaou 40 146 Yf 84
29860 Lestanet 29 62 Vd 57
24500 Lestang 24 136 Ac 80
76730 Lestanville 76 37 Af 50
19170 Lestards 19 126 Bf 75
64800 Lestelle-Bétharram 64 162 Ze 90
31360 Lestelle-de-Saint-Martory 31 164 Af 90
16420 Lesterps 16 112 Ae 72
33550 Lestiac 33 135 Zd 80
43300 Lestigeollet 43 140 Dc 78
24240 Lestignac 24 136 Ac 80
41500 Lestiou 41 86 Bd 62
43300 Lestival 43 140 Dc 78
43300 Lestival 43 140 Dc 78
19370 Lestivalerie 19 126 Be 75
29500 Lestonan 29 78 Vf 60
80160 l,Estox 80 38 Cb 50
19500 Lestrade 19 138 Bd 78
23400 Lestrade 23 114 Be 73
47700 Lestrade 47 148 Zf 82
63300 Lestrade 63 128 Dd 74
12430 Lestrade-et-Thouels 12 152 Cd 84
23700 Lestrades 23 115 Cc 72
50310 Lestre 50 34 Yd 51
22160 Lestrédiec 22 63 Wc 58
62136 Lestrem 62 29 Ce 45
29450 Lestrémélard 29 62 Vf 58
29260 Lestreonec 29 62 Ve 58
29550 Lestrevet 29 78 Vd 59
56400 Lestréviau 56 80 Xa 63
29600 Lestrézec 29 62 Wb 57
29120 Lestriguiou 29 78 Vd 62
29100 Lestrivin 29 78 Vd 60
40400 Lestronques 40 147 Zb 86
29710 Lestuyen 29 78 Vd 61
29790 Lesven 29 61 Vc 60
29780 Lesvénez 29 61 Vd 60
29440 Lesvéoc 29 62 Ve 57
08210 Létanne 08 42 Fa 51
03360 Lételon 03 102 Cd 69
28700 Lethuin 28 70 Bf 58
20160 Letia CTC 182 If 95
69620 Létra 69D 117 Ed 73
71290 Letrey 71 106 Fa 69
54610 Létricourt 54 56 Gb 55
23130 Létrieix 23 114 Cb 72
40170 Lette, la 40 146 Ye 84
27910 Letteguives 27 37 Bb 52
57560 Lettenbach 57 77 Ha 57
74320 Lettraz 74 132 Ga 73
51320 Lettrée 51 54 Eb 56
20242 Lettu Majo CTC 183 Kc 96
29950 Letty, le 29 78 Vf 61
62250 Leubringhen 62 26 Be 43
11250 Leuc 11 166 Cb 90
15120 Leucamp 15 139 Cd 80
11370 Leucate 11 179 Da 91
11370 Leucate-Plage 11 179 Da 91
52190 Leuchey 52 92 Fb 62
91630 Leudeville 91 71 Cb 57
77370 Leudon 77 72 Da 57
77320 Leudon-en-Brie 77 52 Db 56
85210 Leue, la 85 97 Yf 69
21290 Leuglay 21 91 Ee 62
21150 Leugny 21 91 Ed 64
79100 Leugny 79 99 Zf 67
86220 Leugny 86 100 Ac 67
86330 Leugny 86 99 Aa 68
89130 Leugny 89 89 Dc 62
29390 Leuhan 29 78 Wb 60
02380 Leuilly-sous-Coucy 02 40 Dc 52
33480 Leujean 33 134 Zb 79
62500 Leuline 62 27 Cb 44
62500 Leulinghem 62 27 Ca 44
62250 Leulinghen 62 26 Be 44
76660 Leuqueue, la 76 37 Bc 49
29880 Leuré 29 61 Vd 57
52700 Leurville 52 75 Fc 59
02880 Leury 02 40 Dc 52
74120 Leutaz 74 133 Gd 74
67480 Leutenheim 67 59 Ia 55
91310 Leuville-sur-Orge 91 71 Cb 57
51700 Leuvrigny 51 53 De 54
18210 Leux, la 18 103 Ce 67
40250 Leuy, le 40 147 Zc 86
58330 Leuzat 58 104 Dc 66
02500 Leuze 02 41 Ea 49
30110 Levade, la 30 154 Ea 83
48310 Levades, les 48 140 Da 80
28700 Levainville 28 70 Be 58
59620 Leval 59 31 De 47
90110 Leval 90 94 Gf 62
52140 Le-Val-de-Musée 52 75 Fd 61
53120 Levaré 53 66 Za 58
28170 Levasville 28 50 Bb 57
52150 Levécourt 52 75 Fd 60
81570 Levéjac 81 165 Ca 87
77710 Levelay 77 72 Ce 59
06670 Levens 06 159 Hb 85
02420 Levergies 02 40 Db 49
21200 Levernois 21 106 Ef 67
28300 Lèves 28 70 Bc 58
79190 Levescault 79 111 Aa 72
33220 Lèves-et-Thoumeyragues, les 33 136 Ab 80

28310 Levesville-la-Chenard 28 70 Be 59
18340 Levet 18 102 Cc 67
20170 Levie CTC 185 Ka 98
25270 Levier 25 107 Ga 67
31530 Lévignac 31 164 Bb 87
47120 Lévignac-de-Guyenne 47 136 Ab 81
40170 Lévignacq 40 146 Yf 84
60800 Lévignen 60 52 Cf 53
10200 Lévigny 10 74 Ee 59
18600 Lévigny 18 103 Cf 68
71850 Lévigny 71 118 Ee 71
89520 Levis 89 89 Db 63
78320 Lévis-Saint-Nom 78 50 Bf 56
55260 Levoncourt 55 55 Fc 56
68480 Levoncourt 68 95 Hb 64
17170 Levrault 17 135 Ze 78
70000 Levrecey 70 93 Ga 63
36110 Levroux 36 101 Bd 67
59287 Lewarde 59 30 Db 46
15400 Lextrait 15 127 Ce 77
54720 Lexy 54 43 Fe 52
57810 Ley 57 57 Gd 56
74440 Ley 74 120 Gc 72
87800 Leybardie 87 125 Ba 74
09300 Leychert 09 177 Be 91
87260 Leycuras 87 125 Bc 74
46120 Leyme 46 138 Bf 80
68220 Leymen 68 95 Hc 64
01150 Leyment 01 119 Fb 73
01140 Leynards, les 01 118 Ef 71
71570 Leynes 71 118 Ee 71
15600 Leynhac 15 139 Cb 80
23240 Leyport 23 113 Bd 71
54760 Leyr 54 56 Gb 56
19460 Leyrat 19 126 Be 77
23600 Leyrat 23 114 Cb 70
38460 Leyrieu 38 131 Fb 74
47700 Leyritz-Moncassin 47 148 Ab 82
33180 Leyssac 33 122 Zb 77
43130 Leyssac 43 129 Df 77
87260 Leyssenne 87 125 Bb 74
43450 Leyvaux 43 128 Da 77
57660 Leyviller 57 57 Gf 54
31440 Lez 31 176 Ae 91
82250 Lez 82 151 Bf 84
30350 Lézan 30 154 Ea 84
22740 Lézardrieux 22 63 Wf 56
29550 Lezargol 29 62 Ve 59
29780 Lezarouen 29 61 Vc 60
23300 Lezat 23 113 Bc 71
39400 Lézat 39 119 Ff 70
09210 Lézat-sur-Lèze 09 164 Bc 89
22780 Lezauregan 22 63 Wc 58
79120 Lezay 79 111 Zf 71
35150 Lezé 35 66 Yd 61
59260 Lezennes 59 30 Da 45
29310 Lezennet 29 79 Wc 61
09290 Lézères 09 164 Bb 90
52250 Lezéville 52 75 Fc 58
57630 Lezey 57 57 Gd 56
59740 Lez-Fontaine 59 31 Ea 47
32360 Lézian 32 163 Ac 86
16310 Lézignac-Durand 16 124 Ad 74
65100 Lézignan 65 162 Zf 90
11200 Lézignan-Corbières 11 166 Ce 89
34120 Lézignan-la-Cèbe 34 167 Dc 88
49430 Lézigné 49 84 Ze 63
42600 Lézigneux 42 129 Ea 75
29620 Lezingar 29 63 Wb 56
48120 Lézinier 48 154 Df 83
89160 Lézinnes 89 90 Ea 62
23340 Lézioux, la 23 126 Ca 74
29890 Lézirider 29 62 Vd 56
56420 Lezourdan 56 80 Xc 62
63190 Lezoux 63 128 Dc 74
56450 Lezuis 56 80 Xb 63
60650 Lhéraule 60 38 Bf 52
12240 Lherm 12 151 Cb 83
31600 Lherm 31 164 Bb 88
46150 Lherm 46 137 Bb 81
64490 Lhers 64 174 Zc 91
51170 Lhéry 51 53 De 53
86410 Lhommaizé 86 112 Ad 70
72340 Lhomme 72 85 Ad 62
01420 Lhôpital 01 119 Fe 72
79600 Lhopiteau 79 98 Ze 68
57670 Lhor 57 57 Gf 55
46170 Lhospitalet 46 150 Bc 82
79390 Lhoumois 79 99 Zf 68
01680 Lhuis 01 131 Fd 74
10700 Lhuître 10 73 Eb 57
02220 Lhuys 02 53 Dd 53
65140 Liac 65 162 Aa 88
19320 Liac, le 19 126 Bf 77
03270 Liages, les 03 116 Dd 72
82230 Lials 82 150 Bd 84
12420 Liamontou 12 139 Ce 80
60140 Liancourt 60 39 Cc 53
80700 Liancourt-Fosse 80 39 Ce 50
60240 Liancourt-Saint-Pierre 60 50 Bf 53
33340 Liard 33 122 Za 77
08290 Liart 08 41 Ec 50
32600 Lias 32 164 Ba 87
65100 Lias 65 175 Zf 90
32240 Lias-d'Armagnac 32 148 Zf 85
32100 Liatores 32 148 Ac 84
24250 Liaubou-Bas 24 137 Bb 80
12720 Liaucous 12 153 Db 83
34800 Liausson 34 167 Dc 87
65330 Libaros 65 163 Ac 89
64130 Libarrenx 64 161 Za 89
85210 Libaud 85 97 Yf 69
62820 Libercourt 62 30 Da 46
60640 Libermont 60 39 Cf 50
47500 Libos 47 137 Af 82
32260 Libou 32 163 Ae 88
17120 Liboulas 17 122 Za 75
33500 Libourne 33 135 Ze 79
28200 Libouville 28 69 Bb 60
08460 Librecy 08 41 Ec 50
21610 Licey-sur-Vingeanne 21 92 Fc 64
64470 Lichans-Sunhars 64 161 Za 90
43620 Lichemialle 43 129 Eb 77
29260 Lichen 29 62 Ve 57
16460 Lichères 16 111 Ab 73
89800 Lichères-près-Aigremont 89 90 Df 62
89660 Lichères-sur-Yonne 89 89 Dd 63
07320 Lichessol 07 142 Ec 79
64130 Lichos 64 161 Za 89
67340 Lichtenberg 67 58 Hc 55
58330 Lichy 58 103 Dc 66
45310 Liconcy 45 70 Bd 60
43100 Licoulne, la 43 140 Dc 77
80320 Licourt 80 39 Cf 50
64560 Licq-Athérey 64 174 Za 90
62850 Licques 62 27 Bf 44
02810 Licy-Clignon 02 52 Db 54
57340 Lidrezing 57 57 Ge 55
68220 Liebenswiller 68 95 Hc 64
68480 Liebsdorf 68 95 Hb 64
57230 Liederschiedt 57 58 Hd 54
39130 Lieffenans 39 107 Fe 69
70190 Lieffrans 70 93 Ff 63
37460 Liège, le 37 100 Ba 65
57420 Liéhon 57 56 Gb 55
62810 Liencourt 62 29 Cc 47
31800 Lieoux 31 163 Ae 90
68660 Lièpvre = Leberau 68 60 Hb 59
80240 Liéramont 80 39 Da 49
80580 Liercourt 80 28 Bf 48
62190 Lières 62 29 Cc 45
69400 Liergues 69D 118 Ed 73
21430 Liernais 21 105 Eb 65
03130 Liernolles 03 116 De 70
09320 Liers 09 177 Bc 91
02860 Lierval 02 40 Dd 52
41240 Lierville 41 86 Bc 61
60240 Lierville 60 50 Bf 53
65200 Lies 65 163 Ab 90
25440 Liesle 25 107 Fe 66
02350 Liesse-Notre-Dame 02 40 De 51
59740 Liessies 59 31 Ea 48
50480 Liesville-sur-Douve 50 46 Ye 52
62145 Liettres 62 29 Cc 45
37190 Lieubardière, la 37 99 Ac 65
03160 Lieu-Bourdon 03 103 Cf 69
12700 Lieucamp 12 138 Ca 81
06260 Lieuche 06 158 Ha 85
15400 Lieuchy 15 127 Cd 77
70140 Lieucourt 70 92 Fd 64
34800 Lieude, la 34 167 Db 87
38440 Lieudieu 38 131 Fb 76
09300 Lieurac 09 177 Be 91
34800 Lieuran-Cabrières 34 167 Dc 87
34290 Lieuran-lès-Béziers 34 167 Db 88
27560 Lieurey 27 49 Ac 53
35550 Lieuron 35 81 Ya 61
14170 Lieury 14 48 Zf 55
50700 Lieusaint 50 33 Yd 52
77127 Lieusaint 77 51 Cd 57
59111 Lieu-Saint-Amand 59 30 Dc 47
15110 Lieutadès 15 140 Cf 79
60130 Lieuvillers 60 39 Cc 52
70240 Liévans 70 93 Gc 63
62143 Liévin 62 29 Ce 46
25650 Lièvremont 25 108 Gc 67
02700 Liez 02 40 Db 50
19200 Liez 19 127 Cb 76
85420 Liez 85 110 Zb 70
37220 Lièze 37 99 Ac 66
88400 Liézey 88 77 Ge 60
88350 Liffol-le-Grand 88 75 Fd 59
52700 Liffol-le-Petit 52 75 Fd 59
35340 Liffré = Liverieg 35 66 Yc 59
79100 Ligaine 79 99 Zf 67
32480 Ligardes 32 148 Ac 84
48600 Ligeac 48 141 De 80
33620 Ligers, les 33 135 Zd 78
80150 Ligescourt 80 28 Bf 47
19110 Liginiac 19 127 Cc 76
19160 Liginiac 19 127 Cc 76
86290 Liglet 86 113 Ba 69
36370 Lignac 36 113 Bb 70
87340 Lignac 87 113 Bd 73
11240 Lignairolles 11 165 Bf 90
34490 Lignan 34 167 Db 88
33430 Lignan-de-Bazas 33 147 Ze 82
33360 Lignan-de-Bordeaux 33 135 Zd 80
13090 Lignane 13 170 Fc 87
19200 Lignareix 19 127 Cb 75
23160 Lignat 23 113 Bc 70
63800 Lignat 63 128 Db 74
23360 Lignaud 23 114 Be 70
16140 Ligné 16 111 Aa 73
44850 Ligné 44 82 Yd 64
62120 Ligne 62 29 Cb 45
85570 Ligné 85 110 Za 69
36270 Ligne, la 36 113 Bd 70
86260 Ligne, la 86 100 Ae 68
76660 Lignemare 76 37 Bc 49
79250 Ligner 79 98 Zc 67
61240 Lignères 61 48 Ab 56
53140 Lignères-Orgères 53 67 Ze 57
62810 Lignereuil 62 29 Cc 47
61160 Lignerits, les 61 48 Aa 55
03410 Lignerolles 03 115 Cd 71
21520 Lignerolles 21 91 Ef 61
27220 Lignerolles 27 50 Bb 55
36160 Lignerolles 36 114 Ca 70
45310 Lignerolles 45 70 Be 60
61190 Lignerolles 61 68 Ad 57
86110 Ligners 86 99 Aa 68
87190 Lignes, les 87 113 Bb 71
88800 Lignéville 88 76 Ff 60
19500 Ligneyrac 19 138 Bd 78
10130 Lignières 10 73 Df 61
18160 Lignières 18 102 Cb 68
34330 Lignières 34 166 Ce 87
41160 Lignières 41 86 Bb 61
80500 Lignières 80 39 Cd 50
80290 Lignières-Châtelain 80 38 Bf 50
37130 Lignières-de-Touraine 37 85 Ac 65
80140 Lignières-en-Vimeu 80 38 Be 49
72610 Lignières-la-Carelle 72 68 Ab 58
16130 Lignières-Sonneville 16 123 Ze 75
55260 Lignières-sur-Aire 55 55 Fc 56
56160 Lignol 56 79 We 60
10200 Lignol-le-Château 10 74 Ee 59
51290 Lignon 51 74 Ed 57
89800 Lignorelles 89 90 De 61
61220 Lignou 61 47 Zd 56
61410 Lignou 61 67 Zd 57
58150 Lignou, le 58 89 Da 65
55500 Ligny-en-Barrois 55 55 Fb 56
71110 Ligny-en-Brionnais 71 117 Eb 71
59191 Ligny-en-Cambrésis 59 30 Dc 48
89144 Ligny-le-Châtel 89 90 De 61
59480 Ligny-le-Grand 59 30 Ce 45
62840 Ligny-le-Petit 62 30 Ce 45
45240 Ligny-le-Ribault 45 87 Be 62
62960 Ligny-lès-Aire 62 29 Cc 45
62127 Ligny-Saint-Flochel 62 29 Cc 46
62270 Ligny-sur-Canche 62 29 Cb 47
62450 Ligny-Thiolly 62 30 Ce 48
33460 Ligondras 33 134 Zb 78
87130 Ligonnat 87 125 Bd 74
81350 Ligots 81 151 Cb 84
37500 Ligré 37 99 Ab 66
72270 Ligron 72 84 Aa 62
68480 Ligsdorf 68 95 Hb 64
37240 Ligueil 37 100 Ae 66
17330 Ligueuil 17 110 Zc 72
24460 Ligueux 24 124 Ae 77
33220 Ligueux 33 136 Ab 80
86240 Ligugé 86 112 Ab 69
80320 Lihons 80 39 Ce 50
60360 Lihus 60 38 Ca 51
17800 Lijardière 17 123 Zc 75
33830 Lilaire 33 146 Za 82
20220 L'Ile Rousse CTC 180 If 93
37160 Lilette 37 100 Ad 67
31230 Lilhac 31 163 Ae 89
29880 Lilia 29 61 Vc 57
01260 Lilignod 01 119 Fe 73
33780 Lillan 33 122 Yf 76
59800 Lille 59 30 Da 45
76170 Lillebonne 76 36 Ad 51
59273 Lille-Lesquin 59 30 Da 45
35111 Lillemer 35 65 Ya 57
62190 Lillers 62 29 Cc 45
27480 Lilly 27 37 Bd 52
79190 Limalonges 79 111 Ab 72
43320 Limandre 43 141 De 78
04300 Limans 04 156 Fe 85
58290 Limanton 58 104 De 67
76450 Limanville 76 36 Ae 50
69400 Limas 69D 118 Ee 73
78520 Limay 78 50 Be 55
12240 Limayrac 12 151 Cc 83
27110 Limbeuf 27 49 Af 53
09600 Limbrassac 09 177 Bf 90
02220 Limé 02 40 Dd 53
44590 Limèle, la 44 82 Yc 62
64420 Limendous 64 162 Ze 89
37290 Limeray 37 100 Ba 67
37530 Limeray 37 86 Ba 64
67150 Limersheim 67 60 Hd 58
56220 Limerzel 56 81 Xd 63
76570 Limésy 76 37 Af 51
78270 Limetz-Villez 78 50 Bd 54
24510 Limeuil 24 137 Af 79
86200 Limeuil 86 99 Ab 67
18120 Limeux 18 102 Ca 66
27160 Limeux 27 49 Af 55
80490 Limeux 80 38 Be 48
24210 Limeyrat 24 125 Af 78
54470 Limey-Remenauville 54 56 Ff 55
87000* Limoges 87 125 Bb 74
77550 Limoges-Fourches 77 51 Cd 57
46260 Limogne-en-Quercy 46 150 Be 82
03320 Limoise 03 103 Da 68
47230 Limon 47 148 Ac 83
58270 Limon 58 103 Dc 67
86120 Limon 86 99 Zf 66
71240 Limone 71 106 Ef 69
69760 Limonest 69M 130 Ee 73
63290 Limons 63 116 Dc 73
77169 Limons, les 77 52 Db 56
59330 Limont-Fontaine 59 31 Df 47
07340 Limony 07 130 Ee 76
79190 Limort 79 111 Aa 71
79360 Limouillas 79 110 Zd 71
91470 Limours 91 51 Ca 57
12330 Limouse 12 139 Cd 82
11600 Limousis 11 166 Cc 88
11300 Limoux 11 178 Cb 90
07250 Limouze 07 142 Ee 80
47350 Limouzin 47 136 Ac 82
44310 Limouzinière, la 44 97 Yc 67
85310 Limouzinière, la 85 97 Ye 69
22600 Limpiguet 22 64 Xb 59
76540 Limpiville 76 36 Ad 50
35290 Limplet 35 65 Xe 60
46270 Linac 46 138 Ca 81
89570 Linant 89 73 De 60
23220 Linard 23 114 Bf 70
24270 Linard 24 125 Bb 76
46310 Linards 46 137 Bc 80
87130 Linards 87 125 Bd 74
12210 Linars 12 139 Cf 81
16730 Linars 16 123 Aa 75
12100 Linas 12 152 Cf 84
33290 Linas 33 134 Zc 79
91310 Linas 91 51 Cb 57
11190 Linas, le 11 178 Cc 91
08110 Linay 08 42 Fb 51
86400 Linazay 86 111 Ab 72
81150 Lincarque 81 151 Bf 85
04870 Lincel 04 156 Fe 85
08800 Linchamps 08 42 Ef 49
80640 Lincheux-Hallivillers 80 38 Bf 49
12170 Linco 12 152 Cd 85
60590 Lincourt 60 50 Bf 52
50580 Lindberg-Plage 50 46 Yb 53
76760 Lindebeuf 76 37 Af 50
43390 Lindes 43 128 Dc 76
16310 Lindois, le 16 124 Ad 74
57260 Lindre-Basse 57 57 Ge 56
57260 Lindre-Haute 57 57 Ge 56
28140 Lindron 28 70 Bd 60
17320 Lindron, le 17 122 Yf 74
89240 Lindry 89 89 Dc 62
79260 Lineau 79 111 Ze 70
50560 Linerville 50 46 Yc 54
48160 Linès, le 48 154 Df 83
36220 Lingé 36 100 Ba 68
50670 Lingeard 50 47 Yf 56
14250 Lingèvres 14 34 Zb 53
10340 Lingey 10 74 Eb 60
62120 Linghem 62 29 Cc 45
67380 Lingolsheim 67 60 He 57
49620 Lingrée 49 83 Za 64
50660 Lingreville 50 46 Yc 55
20230 Linguizzetta CTC 183 Kc 95
86310 Linier 86 100 Af 69
49700 Linière 49 84 Zd 65
79450 Linière 79 98 Zd 69
44440 Linières, les 44 82 Yd 64
49490 Linières-Bouton 49 84 Aa 64
36290 Liniers 36 100 Ba 67
86170 Liniers 86 99 Aa 68
86800 Liniers 86 100 Ad 69
36150 Liniez 36 101 Be 66
68480 Linsdorf 68 95 Hc 63
59126 Linselles 59 30 Da 44
24190 Linseuil 24 136 Ad 78
57660 Linstroff 57 57 Ge 55
68610 Linthal 68 77 Ha 61
51230 Linthelles 51 53 De 56
51230 Linthes 51 53 Df 56
87470 Lintignat 87 126 Be 74
81140 Lintin 81 151 Bf 84
76210 Lintot 76 36 Ad 51
76590 Lintot-les-Bois 76 37 Ba 50
40260 Linxe 40 146 Ye 85
29530 Liny 29 62 Wb 59
55110 Liny-devant-Dun 55 42 Fb 52
62270 Linzeux 62 29 Cb 46
57590 Liocourt 57 56 Gc 55
80430 Liomer 80 38 Be 49
64350 Lion 64 162 Zf 88
33680 Lion, le 33 134 Ye 79
49220 Lion-d'Angers, le 49 83 Zb 63
55110 Lion-devant-Dun 55 42 Fb 52
45410 Lion-en-Beauce 45 70 Bf 60
45600 Lion-en-Sullias 45 88 Cc 62
14780 Lion-sur-Mer 14 47 Ze 53
24520 Liorac-sur-Louyre 24 136 Ad 79
30260 Liouc 30 154 Df 85
12740 Lioujas 12 152 Cd 82
19120 Liourdres 19 138 Be 79
55300 Liouville 55 55 Fd 56
84220 Lioux 84 156 Fb 85
23700 Lioux-les-Monges 23 115 Cc 73
15100 Liozargues 15 140 Cf 78
40410 Liposthey 40 146 Za 83
67640 Lipsheim 67 60 He 58
12230 Liquier, le 12 153 Db 85
34480 Liquière, la 34 167 Da 87
12230 Liquisses, les 12 153 Db 84
30126 Lirac 30 155 Ee 84
49530 Liré 49 83 Yf 64
17870 Liron 17 110 Za 72
88410 Lironcourt 88 76 Ff 61
54470 Lironville 54 56 Ff 55
34820 Lirou 34 168 Df 86
08400 Liry 08 42 Ed 53
40170 Lisacq 40 146 Yf 84
33990 Lisan 33 122 Yf 77
62134 Lisbourg 62 29 Cb 45
20151 Liscia, la CTC 182 Ie 96
70130 Lisey 70 93 Ff 63
10160 Lisière-des-Bois, la 10 73 De 60
14100 Lisieux 14 48 Ab 54
24350 Lisle 24 124 Ad 77
41100 Lisle 41 86 Ba 61
55250 Lisle-en-Barrois 55 55 Fa 55
55000 Lisle-en-Rigault 55 55 Fa 56
25250 L'Isle-sur-le-Doubs 25 94 Gd 64
81310 Lisle-sur-Tarn 81 150 Be 85
02340 Lislet 02 41 Ea 50
14330 Lison 14 34 Yf 53
14140 Lisores 14 48 Ab 55
27440 Lisors 27 37 Bc 52
09700 Lissac 09 165 Bd 89
19170 Lissac 19 126 Ca 75
42550 Lissac 42 129 Df 76
43350 Lissac 43 141 De 78
46100 Lissac-et-Mouret 46 138 Bf 81
19600 Lissac-sur-Couze 19 138 Bc 78
64240 Lissalde 64 160 Ye 87
47260 Lissandre 47 148 Ad 82
18340 Lissay-Lochy 18 102 Cc 67
51300 Lisse-en-Champagne 51 54 Ed 56
91090 Lisses 91 71 Cc 57
63440 Lisseuil 63 115 Cf 72
55150 Lissey 55 43 Fc 52
69380 Lissieu 69M 130 Ee 73
77550 Lissy 77 51 Ce 57
33790 Listrac-de-Durèze 33 135 Aa 80
33480 Listrac-Médoc 33 134 Zb 78
56410 Lisveur 56 80 We 63
40170 Lit-et-Mixe 40 146 Ye 84
50250 Lithaire 50 33 Yd 53
24610 Litout 24 135 Aa 79
14490 Litteau 14 34 Za 54
67490 Littenheim 67 58 Hc 56
76910 Litteville 76 37 Bb 49
14330 Littry 14 34 Za 53
60510 Litz 60 39 Cb 52
61420 Livaie 61 68 Zf 57
14140 Livarot 14 48 Aa 54
14140 Livarot-Pays-d'Auge 14 48 Aa 54
54460 Liverdun 54 56 Ga 56
77220 Liverdy-en-Brie 77 52 Ce 56
35340 Liverieg = Liffré 35 66 Yc 59
46320 Livernon 46 138 Bf 81
20135 Livesani CTC 185 Kc 98
53150 Livet 53 67 Zd 60
72610 Livet-en-Saosnois 72 68 Ab 58
38220 Livet-et-Gavet 38 144 Ff 78
27800 Livet-sur-Authou 27 49 Ad 53
20170 Livia = Levie CTC 185 Ka 98
95300 Livilliers 95 51 Ca 54
12300 Livinhac-le-Haut 12 139 Cb 81
34210 Livinière, la 34 166 Cd 89
62960 Livossart 62 29 Cb 45
53400 Livré 53 83 Za 61
35450 Livré-sur-Changeon 35 66 Yd 59
64530 Livron 64 162 Zf 89
26250 Livron-sur-Drôme 26 142 Ef 80
14240 Livry 14 34 Zb 54
58240 Livry 58 103 Da 68
93390 Livry-Gargan 93 51 Cd 55
51400 Livry-Louvercy 51 54 Eb 54
77000 Livry-sur-Seine 77 71 Ce 57
67270 Lixhausen 67 58 Hd 56
54150 Lixières 54 56 Fe 53
54610 Lixières 54 56 Gb 55
57520 Lixing-lès-Rouhling 57 57 Gf 54
57660 Lixing-lès-Saint-Avold 57 57 Ge 54
89140 Lixy 89 72 Da 59
82200 Lizac 82 149 Bb 84
86400 Lizant 86 112 Ab 72
36100 Lizeray 36 101 Bf 67
23240 Lizières 23 113 Bd 71
25330 Lizine 25 107 Ff 66
77650 Lizines 77 72 Db 57
56460 Lizio 56 81 Xc 61
24320 Lizonne 24 124 Ab 77
65350 Lizos 65 162 Aa 89
02320 Lizy 02 40 Dc 51
77440 Lizy-sur-Ourcq 77 52 Da 54
66210 Llagonne, la 66 178 Ca 93
66360 Llar 66 178 Cb 93
66230 Llau, la 66 178 Cc 94
66300 Llauro 66 179 Ce 93
66800 Llo 66 178 Ca 94
AD300 Llorts ◘ AND 177 Bd 93
66800 Llous 66 178 Ca 94
66300 Llupia 66 179 Ce 93
20128 I Mulini = Molini CTC 184 Ie 97
59440 Lobiette, la 59 31 Df 48
67250 Lobsann 67 58 Hf 55
56700 Locadour 56 79 We 62
56550 Local 56 80 Wf 62
22340 Locarn 22 63 Wd 59
29260 Loc-Brévalaire 29 62 Vd 57
29400 Loc-Eguiner 29 62 Vf 58
29410 Loc-Eguiner-Saint-Thégonnac 29 62 Wa 58
22810 Loc-Envel 22 63 Wd 57
29530 Loc-Guénolé 29 62 Wa 59
22480 Loc'h 22 63 We 58
29560 Loc'h, le 29 62 Vd 59
71000 Loché 71 118 Ee 71
37600 Loches 37 100 Af 66
10110 Loches-sur-Ource 10 74 Ed 60
37460 Loché-sur-Indrois 37 101 Bb 66
14210 Locheur, le 14 35 Zc 54
01260 Lochieu 01 119 Fe 73
22450 Lochrist 22 63 We 56
29430 Lochrist 29 62 Ve 57
56240 Lochrist 56 79 We 61
67440 Lochwiller 67 58 Hc 56
29450 Loc-Ildut 29 62 Vf 58
29300 Loc-Ivy 29 79 Wc 61
56670 Locjan 56 79 We 62
29140 Locjean 29 78 Wb 61
56160 Locmalo 56 79 We 60
56500 Locmalo 56 64 Xb 60
22810 Locmaria 22 63 Wd 57
22970 Locmaria 22 63 Wf 57
29860 Loc-Maria 29 62 Vd 57
56240 Locmaria 56 79 We 61
56310 Locmaria 56 79 Wf 61
56360 Locmaria 56 80 Wf 65
56400 Locmaria 56 79 Wf 63
56400 Locmaria 56 80 Xa 62
56480 Locmaria 56 79 Wf 60
56500 Locmaria 56 80 Xa 61
56520 Locmaria 56 79 Wc 62
56590 Locmaria 56 79 Wd 63
29690 Locmaria-Berrien 29 63 Wb 58
56240 Locmaria-Grâce 56 79 Wd 61
56390 Locmaria-Grand-Champ 56 80 Xb 62
29140 Loc-Maria-Hent 29 78 Wa 61
29280 Locmaria-Plouzané 29 61 Vc 58
56740 Locmariaquer 56 80 Xa 63
29400 Locmélar 29 62 Ve 57
29400 Locmélar 29 62 Vf 58
29410 Locmenven 29 62 Wa 57
56390 Locméren-des-Bois 56 80 Xb 62
56390 Locméren-des-Prés 56 80 Xb 62
56500 Locminé = Logunec'h 56 80 Xa 61
56870 Locmiquel 56 80 Xa 63
56570 Locmiquelic 56 79 Wd 62
56330 Locoal-Camors 56 79 Wf 62
56550 Locoal-Mendon 56 79 Wf 62
56240 Locolven 56 79 We 61
62400 Locon 62 29 Cd 45
60240 Loconville 60 50 Bf 53
56390 Locqueltas 56 80 Xb 62
56590 Locqueltas 56 79 Wd 63
22300 Locquémeau 22 63 Wc 56
29670 Locquénolé 29 62 Wa 57
59530 Locquignol 59 31 De 47
62720 Locquinghen 62 26 Be 44
29241 Locquirec 29 63 Wc 56
56310 Locrio 56 79 Wf 60
29180 Locronan 29 78 Ve 60
41170 Loctière, la 41 86 Af 61
29340 Loctudy 29 79 Wb 61
29750 Loctudy 29 78 Ve 62
74500 Locum 74 121 Ge 70

29140 Locunduff 29 78 Wb 60
29310 Locunolé 29 79 Wd 61
56310 Locunolé 56 80 We 61
56160 Locuon 56 79 We 60
06450 Loda 06 159 Hb 85
03130 Loddes 03 116 De 71
31800 Lodes 31 163 Ae 89
34700 Lodève 34 167 Db 86
50250 Loduy, lu 60 104 Dc 00
29750 Lodonnec 29 78 Ve 62
25930 Lods 25 107 Gb 66
68680 Loechle 68 95 Hd 63
70100 Lœuilley 70 92 Fc 64
80160 Lœuilly 80 38 Cb 50
29380 Logan 29 79 Wb 61
36800 Loge, la 36 101 Bc 68
41300 Loge, la 41 87 Ca 64
62140 Loge, la 62 29 Ca 46
63700 Loge, la 63 115 Cf 71
70100 Loge, la 70 92 Fd 64
89160 Loge, la 89 90 Eb 62
10140 Loge-aux-Chèvres, la 10 74 Ec 59
85120 Loge-Fougereuse 85 98 Zb 69
68280 Logelheim 68 60 Hc 60
10210 Loge-Pomblin, la 10 73 Ea 60
08230 Loge-Rosette, la 08 41 Ec 49
18140 Loges 18 103 Cf 65
18320 Loges 18 103 Cf 66
36400 Loges 36 102 Ca 68
52500 Loges 52 92 Fc 62
77720 Loges 77 72 Da 57
80700 Loges 80 39 Ce 51
85240 Loges 85 110 Zb 70
87240 Loges 87 113 Bc 73
87330 Loges 87 112 Af 72
89320 Loges 89 73 Dd 60
03220 Loges, les 03 116 Dd 70
14240 Loges, les 14 47 Zb 54
41300 Loges, les 41 87 Ca 64
49150 Loges, les 49 84 Zf 63
49390 Loges, les 49 84 Aa 64
58110 Loges, les 58 104 Dc 66
72440 Loges, les 72 68 Ad 61
76790 Loges, les 76 36 Ab 50
85140 Loges, les 85 97 Ye 68
36330 Loges-Brûlées, les 36 101 Be 69
36340 Loges-de-Bonavois, les 36 101 Be 69
36120 Loges-de-Champ, les 36 101 Be 68
58390 Loges-des-Bruyères 58 103 Db 68
78350 Loges-en-Josas, les 78 51 Ca 56
50600 Loges-Marchis, les 50 66 Yf 57
10210 Loges-Margueron, les 10 73 Ea 60
14700 Loges-Saulces, les 14 47 Ze 55
50800 Loges-sur-Brécey, les 50 46 Yf 56
83670 Logis 83 171 Ga 87
13490 Logis-d'Anne, le 13 171 Fd 87
13114 Logis-de-la-Colle 13 171 Fd 88
17430 Logis-du-Péré 17 110 Zb 73
84460 Logis-Neuf 84 156 Fa 86
13190 Logis-Neuf, le 13 170 Fc 88
26740 Logis-Neuf, le 26 142 Ee 81
37460 Logny 37 100 Ba 66
08150 Logny-Bogny 08 41 Ec 50
02500 Logny-lès-Aubenton 02 41 Eb 50
08220 Logny-lès-Chaumont 08 41 Eb 51
29590 Logonna-Quimerch 29 62 Vf 59
22390 Logoray 22 63 We 58
56190 Logorenhe 56 81 Xc 63
01630 Logras 01 119 Ff 71
30610 Logrian-Florian 30 154 Ea 85
28200 Logron 28 69 Bb 60
22480 Logueltas 22 63 Wf 58
22620 Loguivy 22 63 Wf 56
22300 Loguivy-lès-Lannion 22 63 Wd 56
22780 Loguivy-Plougras 22 63 Wd 57
56500 Logunec'h = Locminé 56 80 Xa 61
35550 Lohéac 35 82 Ya 61
64120 Lohitzun-Oyherq 64 161 Za 89
67290 Lohr 67 58 Hb 55
22160 Lohuec 22 63 Wc 58
53200 Loigné-sur-Mayenne 53 83 Zb 61
28140 Loigny-la-Bataille 28 70 Be 60
33590 Loirac 33 122 Za 76
34700 Loiras 34 167 Dc 86
17540 Loiré 17 110 Za 71
49440 Loiré 49 83 Za 63
71290 Loire 71 106 Ef 69
49140* Loire-Authion 49 84 Zd 64
44370 Loireauxence 44 83 Yf 64
17870 Loire-les-Marais 17 110 Za 73
72310* Loir en Vallée 72 85 Ad 62
17470 Loiré-sur-Nie 17 111 Ze 73
69700 Loire-sur-Rhône 69M 130 Ee 75
53320 Loiron-Ruillé 53 66 Za 60
61400 Loisail 61 68 Ad 57
61400 Loisé 61 68 Ad 57
55000 Loisey-Culey 55 55 Fb 56
39320 Loisia 39 119 Fc 70
73170 Loisieux 73 131 Fe 75
74140 Loisin 74 120 Gb 71
74930 Loisinges-le-Châtelet 74 120 Gb 72
55230 Loison 55 43 Fd 53
62990 Loison-sur-Créquoise 62 28 Bf 46
28160 Loisville 28 69 Bb 59
54700 Loisy 54 56 Ga 55
71290 Loisy 71 106 Fa 69
51130 Loisy-en-Brie 51 53 Df 55
51300 Loisy-sur-Marne 51 54 Ed 56
51220 Loivre 51 53 Df 52
17111 Loix 17 109 Yd 71
79110 Loizé 79 111 Zf 72
71470 Loizette 71 118 Fa 69
63250 Lojardie 63 129 De 74
29390 Loj-Goar 29 78 Wb 60
41300 Lojon 41 87 Ca 65
29290 Lokournan 29 61 Vc 58
24510 Lol 24 136 Ae 79
45300 Lolainville 45 71 Cb 59
50530 Lolif 50 46 Yd 56
24540 Lolme 24 137 Af 80
28800 Lolon 28 70 Bc 60
25440 Lombard 25 107 Ff 66
39230 Lombard 39 106 Fd 68
40460 Lombard 40 134 Yf 82
87220 Lombardie 87 125 Bc 74
40460 Lombard-Méoule 40 134 Yf 82
26400 Lombards, les 26 143 Ef 81
81120 Lombers 81 151 Ca 86
32220 Lombez 32 164 Af 88
64160 Lombia 64 162 Zf 80
24310 Lombraud 24 124 Ad 76
02300 Lombray 02 40 Da 51
65150 Lombrès 65 175 Ac 90
45700 Lombreuil 45 71 Cd 61
72450 Lombron 72 68 Ac 60
56240 Lomelec 56 80 We 61
56270 Lomener 56 79 Wd 62
59160 Lomme 59 30 Da 45
57650 Lommerange 57 43 Ff 53
78270 Lommoye 78 50 Bd 55
65130 Lomné 65 175 Ab 90
70200 Lomont 70 94 Gd 63
70200 Lomontot 70 94 Gd 63
25110 Lomont-sur-Crête 25 94 Gc 64
12200 Lompla 12 151 Bf 83
01680 Lompnas 01 131 Fd 74
01260 Lompnieu 01 119 Fd 73
40630 Lompré 40 147 Zc 84
59840 Lompret 59 30 Cf 44
86170 Lonchard 86 99 Ab 69
64410 Lonçon 64 162 Zd 88
50430 Londe, la 50 33 Yc 53
61160 Londe, la 61 48 Zf 56
76500 Londe, la 76 49 Af 53
83250 Londe-les-Maures, la 83 172 Gb 90
24320 Londet 24 124 Ac 77
16700 Londigny 16 111 Aa 72
76660 Londinières 76 37 Bc 50
29100 Lonévry 29 78 Ve 60
18600 Long 18 103 Cf 67
19500 Long 19 138 Be 78
80510 Long 80 28 Bf 48
31410 Longages 31 164 Bb 88
12480 Longagnes, les 12 152 Cd 84
35190 Longaulnay 35 65 Ya 59
60380 Longavesne 60 38 Be 51
80240 Longavesnes 80 39 Da 49
46500 Longayries 46 138 Be 80
15150 Longayroux 15 139 Cb 78
21110 Longchamp 21 92 Fb 65
52240 Longchamp 52 75 Fc 60
63340 Longchamp 63 128 Da 76
88000 Longchamp 88 77 Gd 59
02120 Longchamps 02 40 Dd 49
27150 Longchamps 27 38 Bd 52
55260 Longchamps-sur-Aire 55 55 Fb 55
10310 Longchamp-sur-Aujon 10 74 Ee 60
39400 Longchaumois 39 120 Ff 70
39250 Longcochon 39 107 Ga 68
10260 Long-du-Bois 10 73 Ea 60
27160 Long-du-Bois, le 27 49 Ae 56
03350 Longe, la 03 115 Ce 69
21110 Longeault 21 106 Fb 65
52250 Longeau-Percey 52 92 Fb 62
55500 Longeaux 55 55 Fc 57
23000 Longechaud 23 114 Be 71
25690 Longechaux 25 108 Gc 66
38690 Longechenal 38 131 Fc 76
01110 Longecombe 01 119 Fd 73
21110 Longecourt-en-Plaine 21 106 Fa 65
21230 Longecourt-lès-Culêtre 21 105 Ed 66
38930 Longefont 38 143 Fd 80
73210 Longefoy 73 133 Gd 75
25690 Longemaison 25 108 Gc 66
71270 Longepierre 71 106 Fb 67
49710 Longeron, le 49 97 Yf 66
88270 Longeroye 88 76 Gb 60
69420 Longes 69M 130 Ee 75
69770 Longessaigne 69M 130 Ec 74
51240 Longevas 51 54 Ec 55
70110 Longevelle 70 94 Gc 63
70700 Longevelle 70 93 Fe 64
25380 Longevelle-lès-Russey 25 108 Gd 65
25200 Longevelle-sur-Doubs 25 94 Cd 64
17230 Longèves 17 110 Za 71
85200 Longèves 85 110 Za 70
25330 Longeville 25 107 Gb 66
55000 Longeville-en-Barrois 55 55 Fb 56
57740 Longeville-lès-Saint-Avold 57 57 Gd 54
25370 Longevilles-Hautes 25 108 Gb 68
25370 Longevilles-Mont-d'Or 25 108 Gb 68
10170 Longeville-sur-Aube 10 73 Df 57
52220 Longeville-sur-la-Laines 52 74 Ee 58
85560 Longeville-sur-Mer 85 109 Yd 70
10320 Longeville-sur-Mogne 10 73 Ea 60
62240 Longfossé 62 28 Be 45
70310 Longine, la 70 94 Gd 61
91160 Longjumeau 91 51 Cb 56
54810 Longlaville 54 43 Fe 51
76440 Longmesnil 76 38 Bd 51
72540 Longnes 72 68 Zf 60
78980 Longnes 78 50 Bd 55
61290 Longny-au-Perche 61 69 Ae 57
61290 Longny les Villages 61 69 Ae 57
77230 Longperrier 77 51 Cd 54
02600 Longpont 02 52 Db 53
91310 Longpont-sur-Orge 91 51 Cb 57
43380 Longpral 43 140 Dc 78
41310 Longpré 41 86 Af 63
80510 Longpré-les-Corps-Saints 80 38 Bf 48
10140 Longpré-le-Sec 10 74 Ed 59
44470 Longrais 44 82 Yd 64
14250 Longraye 14 34 Zb 54
16240 Longré 16 111 Zf 72
76260 Longroy 76 37 Bc 49
04400 Longs, les 04 158 Ge 83
59127 Longsart 59 30 Db 48
10240 Longsols 10 74 Eb 58
59190 Longue-Croix 59 27 Cc 44
53200 Longuefuye 53 83 Zc 61
81710 Longuegineste 81 165 Ca 87
76860 Longueil 76 37 Af 49
60150 Longueil-Annel 60 39 Cf 52
60126 Longueil-Sainte-Marie 60 39 Ce 52
49100 Longué-Jumelles 49 84 Zf 64
27180 Longuelune 27 49 Ba 56
49770 Longuenée-en-Anjou 49 83 Zb 63
62219 Longuenesse 62 27 Cb 44
61320 Longuenoë 61 68 Zf 57
10100 Longueperle 10 73 Dd 58
76750 Longuerue 76 37 Bb 51
02140 Longue-Rue-de-Haut 02 41 Ea 50
63270 Longues 63 128 Db 75
95450 Longuesse 95 50 Bf 54
14400 Longues-sur-Mer 14 47 Zb 52
88200 Longuet 88 77 Gd 60
80360 Longueval 80 39 Ce 48
02160 Longueval-Barbonval 02 40 Dd 52
14230 Longueville 14 47 Za 52
47200 Longueville 47 136 Ab 82
50290 Longueville 50 46 Yc 55
62142 Longueville 62 27 Bf 44
77650 Longueville 77 72 Db 57
59570 Longueville, la 59 31 Df 47
76590 Longueville-sur-Scie 76 37 Ba 50
80600 Longuevillette 80 29 Cb 48
12100 Longuiers 12 152 Da 84
54260 Longuyon 54 43 Fd 52
21700 Longvay 21 106 Ef 66
19160 Longvert 19 127 Cc 76
48500 Longviala 48 152 Da 82
21600 Longvic 21 91 Fa 65
57160 Longville-lès-Metz 57 56 Ga 54
14310 Longvillers 14 47 Zc 54
62630 Longvillers 62 28 Be 45
80370 Longvillers 80 29 Ca 48
78730 Longvilliers 78 70 Bf 57
08400 Longwé 08 42 Ee 52
54440 Longwy 54 43 Fe 51
39120 Longwy-sur-le-Doubs 39 106 Fc 67
19290 Longy, le 19 126 Ca 75
19110 Lonjard, le 19 127 Cc 76
61700 Lonlay-L'Abbaye 61 67 Zb 57
61600 Lonlay-le-Tesson 61 67 Zd 57
23110 Lonlevade 23 115 Cd 72
12200 Lonnac 12 151 Ca 83
16230 Lonnes 16 111 Aa 73
08150 Lonny 08 42 Ed 50
61250 Lonrai 61 68 Aa 58
39000 Lons-le-Saunier 39 107 Fd 68
19250 Lontrade 19 126 Ca 75
17520 Lonzac 17 123 Zd 75
19470 Lonzac, le 19 126 Be 76
03260 Lonzat, le 03 116 Dc 71
31510 Lôo 31 176 Ae 90
59630 Looberghe 59 27 Cb 43
59279 Loon-Plage 59 27 Cb 43
59120 Loos 59 30 Da 45
64230 Loos 64 162 Zd 88
62750 Loos-en-Gohelle 62 30 Ce 46
89300 Looze 89 72 Dc 61
56390 Lopabu 56 80 Xa 62
64780 Lopeinea 64 160 Ye 89
29590 Lopérec 29 62 Vf 59
29470 Loperhet 29 62 Ve 58
56390 Loperhet 56 80 Xa 62
56410 Loperhet 56 80 We 63
20139 Lopigna CTC 182 If 96
29420 Lopréden 29 62 Wa 57
29530 Loqueffret 29 62 Wa 59
29242 Loqueltas 29 61 Uf 58
56680 Loquénin 56 79 We 62
62850 Loquin-Haut 62 27 Bf 44
02190 Lor 02 41 Ea 51
71270 Lorances, les 71 106 Fb 68
25390 Loray 25 108 Gc 66
15320 Lorcières 15 140 Db 79
09250 Lordat 09 177 Be 92
61330 Loré 61 67 Zc 58
67430 Lorentzen 67 57 Hb 55
16170 Loret 16 123 Zf 74
20215 Loreto-di-Casinca CTC 181 Kc 94
20166 Loreto di Tallano CTC 184 Ka 98
29380 Loretta 29 78 Wb 61
42420 Lorette 42 130 Ed 75
59163 Lorette 59 31 Dd 46
50510 Loreur, le 50 46 Yd 55
41200 Loreux 41 87 Be 64
27640 Lorey 27 50 Bc 55
45490 Lorey 45 71 Cd 60
54290 Lorey 54 76 Gb 58
50570 Lorey, le 50 34 Ye 54
41370 Lorges 41 86 Bc 62
62840 Lorgies 62 30 Ce 45
83510 Lorgues 83 172 Gc 88
35150 Loriais 35 66 Yd 61
20244 Loriani CTC 183 Kb 94
33670 Lorient 33 135 Zd 80
56100 Lorient An Oriant 56 79 Wd 62
03500 Loriges 03 116 Dc 71
17240 Lorignac 17 122 Zb 76
79190 Lorigné 79 111 Aa 72
43100 Lorillot 43 128 Db 77
84870 Loriol-du-Comtat 84 155 Fa 84
26270 Loriol-sur-Drôme 26 142 Ee 80
23160 Lorioux 23 113 Bd 71
43360 Lorlanges 43 128 Db 76
27480 Lorleau 27 37 Bd 52
60110 Lormaison 60 51 Ca 53
28210 Lormaye 28 50 Bd 57
58140 Lormes 58 90 De 65
33310 Lormont 33 135 Zc 79
19410 Lornac 19 125 Bd 76
74150 Lornay 74 119 Ff 73
54290 Loromontzey 54 76 Gc 58
35133 Loroux, le 35 66 Yf 58
49390 Loroux, le 49 84 Zf 64
44430 Loroux-Bottereau, le 44 97 Yd 65
09190 Lorp 09 176 Ba 90
09190 Lorp-Sentaraille 09 176 Ba 90
57790 Lorquin 57 57 Gf 56
22640 Lorrain, le 22 64 Xd 58
45230 Lorrains, les 45 88 Ce 61
77710 Lorrez-le-Bocage 77 72 Cf 59
45260 Lorris 45 88 Cd 61
57050 Lorry-lès-Metz 57 56 Ga 54
57420 Lorry-Mardigny 57 56 Ga 55
60130 Lorteil 60 39 Cc 52
65250 Lortet 65 175 Ac 90
22230 Loscouët-sur-Meu 22 65 Xe 59
70400 Loslière 70 06 Ac 51
21170 Losne 21 106 Fb 66
29150 Lospars 29 62 Vf 59
37140 Lossay 37 85 Ab 65
40240 Losse 40 148 Zf 84
19500 Lostanges 19 138 Be 78
56250 Lostihuel 56 80 Xc 63
29160 Lost-Marc'h 29 61 Vc 59
62610 Lostrat 62 27 Ca 43
57670 Lostroff 57 57 Gf 55
56220 Lot, le 56 81 Xe 63
29300 Lothéa 29 79 Wc 61
29190 Lothey 29 78 Vf 59
36330 Lothiers 36 101 Bd 68
62240 Lottinghen 62 28 Bf 44
56700 Lotuën 56 79 We 62
72300 Louailles 72 84 Ze 62
77560 Louan 77 53 Dc 57
22700 Louannec 22 63 Wd 56
37320 Louans 37 100 Ae 65
77560 Louan-Villegruis-Fontaine 77 72 Dc 57
22540 Louargat 22 63 Wd 57
02600 Louâtre 02 52 Db 53
65100 Loubajac 65 162 Zf 90
79700 Loubande 79 98 Za 67
07110 Loubaresse 07 141 Ea 81
15320 Loubaresse 15 140 Db 79
15320 Loubaresse 15 140 Db 79
12220 Loubatie 12 138 Ca 82
09350 Loubaut 09 164 Bb 89
63680 Loubazet 63 127 Ce 75
32110 Loubédat 32 162 Aa 86
64160 Loubée 64 162 Ze 88
24550 Loubejac 24 137 Ba 81
82130 Loubéjac 82 150 Bc 84
09120 Loubens 09 177 Bd 90
33190 Loubens 33 135 Zf 81
31460 Loubens-Lauragais 31 165 Be 87
09800 Loubères, les 09 176 Af 91
81190 Louberquet 81 151 Ca 84
81170 Loubers 81 151 Bf 84
32300 Loubersan 32 163 Ac 88
09420 Loubersenac 09 177 Bb 90
16270 Loubert 16 112 Ad 73
47120 Loubès-Bernac 47 136 Ab 80
63410 Loubeyrat 63 115 Da 73
64300 Loubieng 64 161 Zb 88
87420 Loubier, le 87 113 Af 73
12740 Loubière, la 12 152 Ce 82
09000 Loubières 09 177 Bd 90
19520 Loubignac 19 137 Bb 78
79110 Loubigné 79 111 Zf 72
79800 Loubigné 79 111 Zf 70
79110 Loubillé 79 111 Zf 72
64460 Loubix 64 162 Zf 88
46130 Loubressac 46 138 Be 79
17780 Loubresse 17 122 Yf 73
48240 Loubreyroux 48 154 Df 83
61150 Loucé 61 48 Zf 56
14250 Loucelles 14 47 Zc 53
33125 Louchats 33 135 Zc 81
52500 Loucheroy 52 92 Fd 62
04120 Louches 04 157 Gb 85
62610 Louches 62 27 Ca 44
70600 Louches, les 70 92 Fc 63
03500 Louchy-Montfand 03 116 Db 71
65200 Loucrup 65 162 Aa 90
22600 Loudéac = Loudieg 22 64 Xb 59
65510 Loudenvielle 65 175 Ac 92
43320 Loudes 43 141 Dc 70
31580 Loudet 31 163 Ad 90
22600 Loudieg = Loudéac 22 64 Xb 59
15430 Loudier 15 140 Cf 78
15100 Loudières 15 140 Db 78
15700 Loudiès 15 126 Cb 78
23340 Loudouéneix 23 126 Bf 74
57670 Loudrefing 57 57 Gf 55
86200 Loudun 86 99 Aa 66
72540 Loué 72 67 Zf 61
33290 Louens 33 134 Zb 79
40380 Louer 40 146 Za 86
03430 Louère 03 115 Cf 69
49700 Louerre 49 84 Ze 65
21520 Louesme 21 91 Ee 61
89350 Louesme 89 89 Da 62
37370 Louestault, Beaumont- 37 85 Ad 63
60380 Loueuse 60 38 Be 51
65290 Louey 65 162 Aa 89
18330 Louf-du-Houx, la 18 87 Ca 65
61150 Lougé-sur-Maire 61 48 Ze 56
47290 Lougratte 47 136 Ad 81
25260 Lougres 25 94 Ge 64
71500 Louhans 71 106 Fb 69
64250 Louhossoa 64 160 Yd 89
19310 Louignac 19 125 Bb 77
79600 Louin 79 99 Zf 68
40170 Louise 40 146 Ye 85
44110 Louisfert 44 82 Yd 62
13129 Louisiana, la 13 169 Ee 88
65350 Louit 65 162 Aa 89
70230 Loulans-Verchamp 70 93 Gb 64
28190 Loulappe 28 69 Bb 58
17330 Loulay 17 110 Zc 72
31190 Loulé 31 164 Bc 89
47170 Loulie 47 148 Aa 84
39300 Loulle 39 107 Ff 68
40310 Lou Maïsouot 40 148 Zf 84
18120 Loumet 18 102 Ca 65
64360 Loune-Laheuguère 64 162 Zc 89
86130 Louneuil 86 99 Ab 68
64370 Loup 64 161 Zc 87
28240 Loupe, la 28 69 Ba 58
02130 Loupeigne 02 53 Dd 53
57510 Loupershouse 57 57 Gf 54
33370 Loupes 33 135 Zd 80
53700 Loupfougères 53 67 Zd 58
11300 Loupia 11 165 Ca 90
12700 Loupiac 12 138 Ca 81
15700 Loupiac 15 139 Cc 78
33410 Loupiac 33 135 Ze 81
46260 Loupiac 46 151 Bf 82
46350 Loupiac 46 138 Bc 80
46700 Loupiac 46 137 Ba 81
81800 Loupiac 81 150 Be 86
33190 Loupiac-de-la-Réole 33 135 Zf 81
34140 Loupian 34 168 Dd 88
28140 Loupille 28 70 Bd 60
72210 Louplande 72 68 Aa 61
55300 Loupmont 55 55 Fe 55
55000 Louppy-le-Château 55 55 Fa 55
55000 Louppy-sur-Chée 55 55 Fa 55
55600 Louppy-sur-Loison 55 43 Fc 52
10400 Louptière-Thénard, la 10 72 Dc 58
59156 Lourches 59 30 Dc 47
31510 Lourde 31 176 Ad 91
65100 Lourdes 65 162 Zf 90
64570 Lourdios-Ichere 64 174 Zc 90
36140 Lourdoueix-Saint-Michel 36 114 Be 70
23360 Lourdoueix-Saint-Pierre 23 114 Be 70
03110 Lourdy 03 116 Dc 71
64420 Lourenties 64 162 Zf 89
65370 Loures-Barousse 65 176 Ad 90
49700 Louresse-Rochemenier 49 98 Ze 65
40800 Lourine 40 162 Ze 86
35270 Lourmais 35 65 Yb 58
84160 Lourmarin 84 156 Fc 86
35230 Lourme 35 65 Yc 61
71250 Lournand 71 118 Ed 70
65380 Louroes 65 162 Zf 89
36400 Lourouer-Saint-Laurent 36 102 Ca 69
37240 Louroux, le 37 100 Ae 66
49370 Louroux-Béconnais, le 49 83 Za 63
03350 Louroux-Bourbonnais 03 115 Cf 69
03600 Louroux-de-Beaune 03 115 Cf 71
03330 Louroux-de-Bouble 03 115 Cf 71
03190 Louroux-Hodement 03 115 Ce 70
40250 Lourquen 40 161 Zb 86
32140 Lourties-Monbrun 32 163 Ad 88
45470 Loury 45 70 Ca 61
40460 Louse 40 134 Yf 82
85640 Lousigny 85 97 Yf 68
32230 Louslitges 32 163 Aa 87
32290 Loussous-Débat 32 162 Aa 87
40090 Loustalet 40 147 Zc 85
40120 Loustalot 40 147 Zd 84
32490 Loustaou 32 164 Af 87
47170 Loustaunau 47 148 Aa 84
35330 Loutehel 35 81 Xf 61
57220 Loutremange 57 56 Gc 54
57720 Loutzviller 57 58 Hc 54
23100 Louvage 23 126 Ca 74
14170 Louvagny 14 48 Zf 55
49500 Louvaines 49 83 Zb 62
39350 Louvatange 39 107 Fe 65
78430 Louveciennes 78 51 Ca 55
52130 Louvemont 52 74 Ef 57
80560 Louvencourt 80 29 Cd 48
39320 Louvenne 39 119 Fc 70
51400 Louvercy, Livry- 51 54 Eb 54
08390 Louvergny 08 42 Ee 51
53950 Louverné 53 67 Zb 60
39210 Louverot, le 39 107 Fd 68
27190 Louversay 27 49 Af 55
62147 Louverval 62 30 Da 48
76490 Louvetot 76 36 Ae 51
76850 Louvetot 76 37 Bb 50
64260 Louvie-Juzon 64 162 Zd 90
22350 Louvière, la 22 65 Xf 58
11410 Louvière-Lauragais, la 11 165 Be 89
14710 Louvières 14 47 Za 52
52800 Louvières 52 75 Fb 60
61160 Louvières-en-Auge 61 48 Aa 55
27400 Louviers 27 49 Bb 53
64440 Louvie-Soubiron 64 174 Zd 90
53210 Louvigné 53 67 Zc 60
35680 Louvigné-de-Bais 35 66 Ye 60
35420 Louvigné-du-Désert 35 66 Yf 58
35420 Louvigneg an-Dezerezh 35 66 Yf 58
59530 Louvignies 59 31 Dd 47
14111 Louvigny 14 35 Zd 54
57420 Louvigny 57 56 Gb 55
64410 Louvigny 64 162 Zd 87
72600 Louvigny 72 68 Ab 58
59830 Louvil 59 30 Db 45
28150 Louville-la-Chenard 28 70 Be 59
28500 Louvilliers-en-Drouais 28 50 Bb 56
28250 Louvilliers-lès-Perche 28 49 Ba 57
51150 Louvois 51 53 Ea 54
80250 Louvrechy 80 39 Cc 50
95380 Louvres 95 51 Cd 54
59720 Louvroil 59 31 Df 47
27650 Louye 27 50 Bb 56
16100 Louzac-Saint-André 16 123 Zd 74
52220 Louze 52 74 Ee 58
72600 Louzes 72 68 Ab 58
17160 Louzignac 17 123 Ze 73
79100 Louzy 79 99 Ze 66
74330 Lovagny 74 120 Ga 73
55500 Loxéville 55 55 Fc 56
35290 Loya, le 35 65 Xe 60
56800 Loyat 56 64 Xd 61
39380 Loye, la 39 107 Fd 66
74890 Loyer 74 120 Gc 71
71530 Loyère, Fragnes-, la 71 106 Ee 67
01800 Loyes 01 119 Fb 73
43410 Loyes, les 43 128 Db 76
18170 Loye-sur-Arnon 18 102 Cc 69
01360 Loyettes 01 131 Fb 74
45190 Loynes 45 86 Bd 62
17330 Lozay 17 110 Zc 72

82160 Loze 82 150 Be 83
48190 Lozeret 48 141 De 82
26400 Lozeron 26 143 Fa 80
62540 Lozinghem 62 29 Cd 45
20130 Lozzi CTC 182 Id 96
20224 Lozzi CTC 182 Ka 94
74570 Lua, la 74 120 Gb 72
35540 Luant 36 101 Bd 68
72390 Luart, le 72 68 Ad 60
33730 Luas 33 147 Zd 82
60800 Luat, le 60 52 Ce 53
28500 Luat-sur-Vert, le 28 50 Bb 56
40190 Lubatas 40 147 Zd 85
40240 Lubbon 40 148 Zf 84
33980 Lubec 33 134 Za 80
57170 Lubécourt 57 57 Gd 55
19210 Lubersac 19 125 Bc 76
86460 Lubert 86 112 Ae 72
54150 Lubey 54 56 Ff 53
43360 Lubière 43 128 Dc 76
63700 Lubière, la 63 115 Cf 72
43100 Lubilhac 43 128 Db 77
88490 Lubine 88 60 Ha 59
40160 Lubiosse 40 146 Yf 82
37330 Lublé 37 85 Ab 63
65220 Lubret-Saint-Luc 65 163 Ab 89
65220 Luby-Betmont 65 163 Ab 89
12310 Luc 12 152 Ce 82
12440 Luc 12 151 Cb 83
12450 Luc 12 151 Cd 83
15300 Luc 15 140 Cf 78
15500 Luc 15 140 Da 78
19220 Luc 19 138 Ca 78
19430 Luc 19 138 Bf 79
30770 Luc 30 153 Dc 85
48250 Luc 48 141 Df 81
65190 Luc 65 163 Ab 90
12390 Luc, le 12 151 Cc 82
47200 Luc, le 47 136 Aa 82
83340 Luc, le 83 172 Gb 88
12800 Lucante 12 151 Cb 83
64350 Luc-Armau 64 162 Zf 88
64350 Lucarré 64 162 Zf 88
87330 Lucas 87 112 Af 72
40160 Lucats 40 146 Yf 83
36150 Luçay-le-Libre 36 101 Bf 66
36360 Luçay-le-Mâle 36 101 Bc 66
40090 Lucbardez-et-Bargues 40 147 Zd 85
20290 Lucciana CTC 181 Kc 93
28110 Lucé 28 70 Bc 58
42260 Lucé 42 117 Df 73
61330 Lucé 61 67 Zc 57
72500 Luceau 72 85 Ac 62
68480 Lucelle 68 95 Hb 64
69480 Lucenay 69D 118 Ee 73
21150 Lucenay-le-Duc 21 91 Ed 63
58380 Lucenay-lès-Aix 58 104 Dc 68
71540 Lucenay-L'évêque 71 105 Eb 66
26310 Luc-en-Diois 26 143 Fc 81
42560 Lucenol 42 129 Ea 75
06440 Lucéram 06 159 Hc 85
50320 Lucerne-d'Outremer, la 50 46 Yd 56
72290 Lucé-sous-Ballon 72 68 Ab 59
21290 Lucey 21 91 Ef 61
52360 Lucey 52 92 Fc 61
54200 Lucey 54 56 Ff 56
73170 Lucey 73 132 Fe 74
64420 Lucgarier 64 162 Ze 89
16200 Luchac 16 123 Ze 74
86430 Luchapt 86 112 Ae 71
17600 Luchat 17 122 Zb 74
23320 Luchat 23 113 Be 72
17170 Luché 17 110 Za 71
36700 Luché 36 101 Bb 67
72800 Luché-Pringé 72 84 Aa 62
79170 Luché-sur-Brioux 79 111 Zf 72
79330 Luché-Thouarsais 79 98 Zd 67
80600 Lucheux 80 29 Cc 47
16140 Lucheville 16 111 Zf 73
60360 Luchy 60 38 Ca 51
60840 Luchy 60 39 Cd 52
36600 Lucicux 36 101 Bd 65
24330 Lucie, la 24 137 Af 78
74380 Lucinges 74 120 Gb 71
33840 Lucmau 33 147 Ze 82
12120 Luçon 28 69 Bc 58
85400 Luçon 85 109 Yf 70
64360 Lucq-de-Béarn 64 161 Zc 89
08300 Lucquy 08 41 Ec 51
44290 Lucrais, la 44 82 Ya 63
85170 Lucs-sur-Boulogne, les 85 97 Yd 67
11190 Luc-sur-Aude 11 178 Cb 91
14530 Luc-sur-Mer 14 47 Zd 53
11200 Luc-sur-Orbieu 11 166 Ce 89
32270 Lucvielle 32 163 Ae 86
02240 Lucy 02 40 Dc 50
51270 Lucy 51 53 De 55
57590 Lucy 57 57 Gc 55
76270 Lucy 76 37 Bc 50
02400 Lucy-le-Bocage 02 52 Db 54
89200 Lucy-le-Bois 89 90 Df 63
89270 Lucy-sur-Cure 89 90 De 63
89480 Lucy-sur-Yonne 89 89 Dd 63
72800 Lude, le 72 84 Aa 63
57710 Ludelange 57 43 Ff 52
51500 Ludes 51 53 Ea 54
33210 Ludesse 63 128 Da 75
09100 Ludiès 09 165 Be 90
28800 Ludon 28 69 Bb 59
33290 Ludon-Médoc 33 135 Zc 79
54710 Ludres 54 56 Ga 57
40210 Lüe 40 146 Za 83
49140 Lué-en-Baugeois 49 84 Ze 63
68720 Luemschwiller 68 95 Hb 63
09000 Luentein 09 176 Af 91
28700 Luet, le 28 70 Be 58
48500 Lueysse 48 153 Db 82
17360 Luez 17 110 Zb 72
40170 Lugadets 40 146 Ye 85
33180 Lugagnac 33 122 Za 77
46260 Lugagnac 46 150 Be 82
65100 Lugagnan 65 175 Zf 90
33420 Lugaignac 33 135 Ze 80
12220 Lugan 12 139 Cb 82
12800 Lugan 12 151 Cc 83
81500 Lugan 81 165 Be 86
15190 Lugarde 15 127 Ce 77
33760 Lugasson 33 135 Zf 80
40240 Lugazaut 40 147 Ze 84
43440 Lugeastre 43 128 Dd 77
79110 Lugée 79 111 Aa 72
17210 Lugéras 17 135 Zd 77
40630 Luglon 40 147 Zb 84
34460 Lugné 34 167 Da 88
02140 Lugny 02 40 De 50
71260 Lugny 71 118 Ee 70
18350 Lugny-Bourbonnais 18 103 Ce 67
18140 Lugny-Champagne 18 103 Ce 65
71120 Lugny-lès-Charolles 71 117 Eb 70
20240 Lugo-di-Nazza CTC 183 Kb 96
33240 Lugon-et-L'Ile-du-Carney 33 135 Zd 79
33830 Lugos 33 134 Za 82
74500 Lugrin 74 121 Gd 70
63420 Luguet, le 63 128 Da 76
29160 Luguniat 29 62 Vd 59
62310 Lugy 62 29 Cb 45
64160 Luhe 64 162 Ze 88
25210 Luhier, le 25 108 Gd 65
49320 Luigné 49 84 Zd 65
28480 Luigny 28 69 Ba 59
25390 Luisans 25 108 Gd 66
28600 Luisant 28 70 Bc 58
77520 Luisetaines 77 72 Db 58
35133 Luitré-Dompierre 35 66 Yf 59
74470 Lullin 74 120 Gd 71
74890 Lully 74 120 Gc 71
62380 Lumbres 62 29 Ca 44
38660 Lumbin 38 132 Ff 77
28140 Lumeau 28 70 Be 60
08440 Lumes 08 42 Ee 50
55130 Luméville-en-Ornois 55 75 Fc 58
77540 Lumigny 77 52 Cf 56
13009 Luminy 13 170 Fc 89
20260 Lumio CTC 180 If 93
20260 Lumiu = Lumio CTC 180 If 93
12270 Lunac 12 151 Ca 83
81190 Lunaguet 81 151 Cb 84
24130 Lunas 24 136 Ac 79
34650 Lunas 34 167 Db 86
31350 Lunax 31 163 Ae 88
41360 Lunay 41 85 Af 62
23200 Lune 23 114 Ca 73
72800 Lune 72 84 Aa 63
72540 Lune, la 72 67 Ze 60
03130 Luneau 03 117 Df 70
79600 Luneaux, les 79 98 Ze 68
46240 Lunegarde 46 138 Be 80
12320 Lunel 12 139 Cc 81
34400 Lunel 34 168 Ea 86
34590 Lunel 34 168 Ea 87
82130 Lunel 82 149 Bb 84
34400 Lunel-Viel 34 168 Ea 86
76810 Luneray 76 37 Af 50
18400 Lunery 18 102 Cb 67
12470 Lunet 12 140 Cf 81
54300 Lunéville 54 77 Gc 57
18190 Lunezay 18 102 Cb 68
20214 Lunghignano CTC 180 If 93
04240 Lunières 04 158 Gd 85
50870 Luot, le 50 46 Ye 56
54210 Lupcourt 54 76 Gb 57
42520 Lupé 42 130 Ee 76
32290 Lupiac 32 163 Ab 86
33990 Lupian 33 122 Yf 78
20600 Lupino CTC 181 Kc 92
28360 Luplanté 28 70 Bc 59
32110 Luppé-Violles 32 162 Zf 86
57580 Luppy 57 56 Gc 55
16140 Lupsault 16 111 Zf 73
67490 Lupstein 67 58 Hc 56
65320 Luquet 65 162 Zf 89
36220 Lurais 36 100 Af 68
28500 Luray 28 50 Bc 56
40380 Lurbe 40 161 Zb 86
64660 Lurbe-Saint-Christau 64 161 Zd 90
58700 Lurcy-le-Bourg 58 103 Dc 66
37190 Luré 37 85 Ac 65
42260 Luré 42 129 Df 73
70200 Lure 70 94 Gc 62
36220 Lureuil 36 100 Ba 68
20228 Luri CTC 181 Kc 91
42380 Luriecq 42 129 Ea 76
04700 Lurs 04 157 Ff 85
18120 Lury-sur-Arnon 18 102 Ca 66
44590 Lusanger 44 82 Yc 62
25640 Lusans 25 93 Gb 64
31510 Luscan 31 176 Ad 90
12350 Lusclade 12 151 Ca 82
63150 Lusclade 63 127 Ce 75
24320 Lusignan 24 124 Ab 77
86600 Lusignan 86 111 Aa 70
47450 Lusignan-Grand 47 149 Ad 83
03230 Lusigny 03 104 Dc 69
10270 Lusigny-sur-Barse 10 74 Eb 59
21360 Lusigny-sur-Ouche 21 105 Ee 66
26620 Lus-la-Croix-Haute 26 144 Fe 81
16450 Lussac 16 124 Ac 73
17500 Lussac 17 123 Zd 76
24220 Lussac 24 137 Ba 79
33570 Lussac 33 135 Zf 79
24300 Lussac-et-Nontronneau 24 124 Ad 76
86320 Lussac-les-Châteaux 86 112 Ae 70
87360 Lussac-les-Eglises 87 113 Bb 70
40270 Lussagnet 40 147 Ze 86
64160 Lussagnet-Lusson 64 162 Ze 88
30580 Lussan 30 154 Ec 84
32270 Lussan 32 163 Ae 87
31430 Lussan-Adeilhac 31 164 Af 89
17430 Lussant 17 110 Zb 73
07170 Lussas 07 142 Ec 81
23170 Lussat 23 114 Cc 71
63360 Lussat 63 128 Db 73
15500 Lussaud 15 128 Da 77
37400 Lussault-sur-Loire 37 86 Af 64
41500 Lussay 41 86 Bd 62
88490 Lusse 88 77 Ha 59
79170 Lusseray 79 111 Zf 72
40240 Lussolle 40 148 Ze 84
24300 Lusson 24 124 Ae 76
40190 Lusson 40 147 Ze 85
65220 Lustar 65 163 Ac 89
20240 Lustinchellu CTC 183 Kc 97
47140 Lustrac 47 149 Af 82
22110 Lustruyen 22 63 We 59
23170 Lut 23 115 Cc 71
67430 Luterbach 67 57 Ha 55
74300 Luth 74 121 Gd 73
17240 Luth, le 17 122 Zc 76
58240 Luthenay-Uxeloup 58 103 Db 67
01260 Luthézieu 01 119 Fd 73
65190 Lutilhous 65 163 Ab 90
48500 Lutran 48 153 Db 82
57935 Luttange 57 56 Gb 53
68140 Luttenbach-près-Munster 68 77 Ha 60
68480 Lutter 68 95 Hc 64
68460 Lutterbach 68 95 Hb 62
28150 Lutz 28 70 Be 59
57820 Lutzelbourg 57 58 Hb 56
67290 Lützelstein = La Petite-Pierre 67 58 Hb 55
28200 Lutz-en-Dunois 28 70 Bc 60
88110 Luvigny 88 77 Ha 58
20124 Luviu CTC 185 Kb 98
21120 Lux 21 92 Fb 64
31290 Lux 31 165 Be 88
71100 Lux 71 106 Ef 68
48310 Luxal 48 140 Da 80
16230 Luxé 16 111 Aa 73
51300 Luxémont-et-Villotte 51 54 Ed 56
21120 Luxerois 21 91 Fa 63
58140 Luxery 58 90 De 65
64120 Luxe-Sumberraute 64 161 Yf 88
70300 Luxeuil-les-Bains 70 93 Gc 62
40430 Luxey 40 147 Zc 83
25110 Luxiol 25 93 Gc 64
10150 Luyères 10 73 Eb 58
13080 Luynes 13 170 Fc 88
37230 Luynes 37 85 Ad 64
17320 Luzac 17 122 Yf 74
77138 Luzancy 77 52 Db 55
95270 Luzarches 95 51 Cc 54
65120 Luz-Ardiden 65 175 Zf 91
79100 Luzay 79 99 Ze 67
37120 Luzé 37 100 Ac 66
70400 Luze 70 94 Ge 63
46140 Luzech 46 137 Bb 82
09200 Luzenac 09 176 Ba 91
12100 Luzençon 12 152 Cf 84
26410 Luzerand 26 143 Fc 81
36800 Luzeret 36 113 Bc 69
50680 Luzerne, la 50 34 Yf 54
74700 Luzier 74 121 Gd 73
80160 Luzières 80 38 Ca 50
46340 Luziers 46 137 Bb 80
63350 Luzillat 63 116 Dc 73
37150 Luzillé 37 86 Ba 65
38200 Luzinay 38 130 Ef 75
29610 Luzivilly 29 63 Wc 57
02500 Luzoir 02 41 Df 49
65120 Luz-Saint-Sauveur 65 175 Zf 91
58170 Luzy 58 104 Df 68
55700 Luzy-Saint-Martin 55 42 Fa 51
52000 Luzy-sur-Marne 52 75 Fb 60
07000 Lyas 07 142 Ed 80
74200 Lyaud 74 120 Gd 70
70320 Lyaumont 70 93 Gb 61
36600 Lye 36 101 Bc 65
02440 Ly-Fontaine 02 40 Db 50
59173 Lynde 59 29 Cc 44
70200 Lyoffans 70 94 Gd 63
69001* Lyon 69M 130 Ef 74
03110 Lyonne 03 116 Db 72
74500 Lyonnet 74 120 Gd 70
27480 Lyons-la-Forêt 27 37 Bc 52
44580 Lyorne 44 96 Xf 66
58190 Lys 58 89 Dd 64
59390 Lys 59 30 Db 45
64260 Lys 64 162 Zd 90
71390 Lys 71 105 Ed 68
71460 Lys 71 118 Ee 69
60260 Lys, le 60 51 Cc 54
60500 Lys-Chantilly 60 51 Cc 53
49310* Lys-Haut-Layon 49 98 Zd 66
36230 Lys-Saint-Georges 36 101 Be 69

M

40660 Maa 40 146 Yd 85
02220 Maast-et-Violaine 02 52 Dc 53
52500 Maâtz 52 92 Fc 62
24470 Maberout 24 124 Af 75
42300 Mably 42 117 Ea 72
33460 Macau 33 134 Zc 78
64240 Macaye 64 160 Ye 89
61500 Macé 61 48 Aa 57
10300 Macey 10 73 Df 59
50170 Macey 50 66 Yd 57
43650 Machabert 43 141 Ca 79
08310 Machault 08 41 Ed 52
77133 Machault 77 72 Ce 58
85190 Maché 85 96 Yb 68
44270 Machecoul-Saint-Même 44 96 Yb 67
02350 Mâchecourt 02 41 Df 51
60150 Machemont 60 39 Cf 51
17800 Machennes 17 122 Zc 75
57730 Machoren 57 57 Ge 54
77630 Macherin 77 71 Cd 58
74200 Mâcheron 74 120 Gc 71
91640 Machery 91 70 Ca 57
42114 Machézal 42 117 Eb 73
80150 Machiel 80 28 Be 47
74140 Machilly 74 120 Gb 71
58260 Machine, la 58 104 Dc 67
10320 Machy 10 73 Ea 60
80150 Machy 80 28 Be 47
20248 Macinaggio CTC 181 Kc 91
20248 Macinaghju = Macinaggio CTC 181 Kc 91
67390 Mackenheim 67 60 Hd 59
57220 Macker 57 57 Gc 54
67430 Mackwiller 67 57 Hb 55
42520 Maclas 42 130 Ee 76
51210 Maclaunay 51 53 Dd 55
51220 Mâco 51 53 Df 53
02470 Macogny 02 52 Db 54
21210 Mâcon 21 105 Eb 65
71000 Mâcon 71 118 Ee 71
52300 Maconcourt 52 75 Fb 58
88170 Maconcourt 88 76 Ff 58
21320 Maconge 21 105 Ed 65
71110 Mâconnais, le 71 117 Df 71
39570 Macornay 39 107 Fd 69
73210 Mâcot-la-Plagne 73 133 Ge 75
60620 Macquelines 60 52 Cf 53
17490 Macqueville 17 123 Ze 74
02120 Macquigny 02 40 Dd 49
49630 Macrère, la 49 84 Ze 64
88270 Madecourt 88 76 Ga 59
88450 Madegney 88 76 Gb 59
14230 Madeleine, la 14 46 Yf 53
22470 Madeleine, la 22 63 Xa 56
27160 Madeleine, la 27 49 Af 56
30140 Madeleine, la 30 154 Ea 84
44160 Madeleine, la 44 81 Xe 64
44350 Madeleine, la 44 81 Xd 64
50480 Madeleine, la 50 33 Ye 52
56520 Madeleine, la 56 79 Wc 62
59110 Madeleine, la 59 30 Da 45
70700 Madeleine, la 70 93 Fe 63
84410 Madeleine, la 84 156 Fa 84
85330 Madeleine, la 85 96 Xe 66
61110 Madeleine-Bouvet, la 61 69 Af 58
82270 Madeleine-d'Aussac, la 82 150 Bc 83
27320 Madeleine-de-Nonancourt, la 27 49 Bb 56
62170 Madeleine-sous-Montreuil, la 62 28 Be 46
77570 Madeleine-sur-Loing, la 77 71 Ce 59
41370 Madeleine-Villefrouin, la 41 86 Bc 62
15210 Madic 15 127 Cc 76
09100 Madière 09 165 Bd 90
34190 Madières 34 153 Dd 85
16270 Madieu 16 112 Ad 73
33670 Madirac 33 135 Zd 80
65700 Madiran 65 162 Zf 87
01750 Madleine, la 01 118 Ef 71
41120 Madon 41 86 Bb 63
06710 Madone, la 06 158 Ha 85
88270 Madonne-et-Lamerey 88 76 Gb 59
13015 Madragne-de-la-Ville, la 13 170 Fb 88
83270 Madrague, la 83 171 Fe 90
13820 Madrague-de-Gignac 13 170 Fb 89
13008 Madrague-de-Montredon, la 13 170 Fc 89
19470 Madranges 19 126 Be 76
22960 Madray, le 22 64 Xb 58
53250 Madré 53 67 Zd 58
63340 Madriat 63 128 Db 76
43170 Madrière 43 140 Dc 79
22340 Maël-Carhaix 22 63 Wd 59
22160 Maël-Pestivien 22 63 We 58
67700 Maennolsheim 67 58 Hc 56
35460 Maen Roch 35 66 Yd 58
44170 Maffay, le 44 82 Yd 63
95560 Maffliers 95 51 Cb 54
51800 Maffrécourt 51 54 Ee 54
19170 Magadoux, le 19 126 Bf 75
33990 Magagnan 33 122 Yf 77
06520 Magagnosc 06 173 Gf 86
34480 Magalas 34 167 Db 88
47200 Magdelaine, la 47 136 Ab 81
16240 Magdeleine, la 16 111 Aa 72
16300 Magdeleine, la 16 123 Ze 75
44130 Magdeleine, la 44 82 Yb 63
31340 Magdeleine-sur-Tarn, la 31 150 Bd 86
28170 Mage 28 69 Bb 57
79100 Mage 79 99 Ze 66
61290 Mage, le 61 69 Ae 57
17120 Mageloup 17 122 Zb 76
51530 Magenta 51 53 Df 54
30960 Mages, les 30 154 Eb 83
40140 Magescq 40 146 Ye 86
74300 Magland 74 120 Gd 72
33690 Magnac 33 148 Zf 82
87380 Magnac-Bourg 87 125 Bc 75
87190 Magnac-Laval 87 113 Bb 71
16320 Magnac-Lavalette-Villars 16 124 Ab 76
16600 Magnac-sur-Touvre 16 124 Ab 74
46110 Magnagues 46 138 Be 79
32110 Magnan 32 147 Zf 86
31340 Magnanac 31 150 Bc 85
10110 Magnant 10 74 Ec 59
78930 Magnanville 78 50 Be 55
32380 Magnas 32 149 Ae 85
23400 Magnat 23 114 Be 73
23260 Magnat-L'Etrange 23 127 Cb 74
03250 Magnaud 03 116 Dd 73
79460 Magné 79 110 Zc 71
86160 Magné 86 112 Ac 70
73340 Magne, la 73 132 Ga 74
74410 Magne, la 74 132 Ga 74
23320 Magnenon, le 23 114 Be 71
03260 Magnet 03 116 Dc 71
51170 Magneux 51 53 De 53
52130 Magneux 52 75 Fa 57
42600 Magneux-Haute-Rive 42 129 Eb 75
10240 Magnicourt 10 74 Ec 58
62127 Magnicourt-en-Comte 62 29 Cc 46
62270 Magnicourt-sur-Canche 62 29 Cc 47
21230 Magnien 21 105 Ec 66
54129 Magnières 54 77 Gd 58
01300 Magnieu 01 131 Fe 74
85400 Magnils-Reigniers, les 85 109 Ye 70
95420 Magnitot 95 50 Be 54
70300 Magnivray 70 94 Gc 62
70800 Magnoncourt 70 93 Gb 61
70000 Magnoray, le 70 93 Ga 63
03360 Magnoux 03 102 Cd 69
36160 Magnoux, le 36 114 Cb 69
03430 Magnoux, les 03 115 Cf 70
28120 Magny 28 69 Bb 58
28270 Magny 28 49 Af 56
42590 Magny 42 117 Ea 73
57000 Magny 57 56 Gb 54
68210 Magny 68 94 Ha 63
89200 Magny 89 90 Df 64
36400 Magny, le 36 114 Bf 69
70190 Magny, le 70 93 Ga 64
70290 Magny, le 70 94 Ge 62
79300 Magny, le 79 98 Zc 68
85210 Magny, le 85 110 Yf 69
88240 Magny, le 88 76 Gb 61
70110 Magny, les 70 94 Gc 63
58470 Magny-Cours 58 103 Da 67
70200 Magny-Danigon 70 94 Gd 62
14400 Magny-en-Bessin 14 34 Zc 53
95420 Magny-en-Vexin 95 50 Be 54
10140 Magny-Fouchard 10 74 Ed 59
14270 Magny-la-Campagne 14 48 Zf 54
02420 Magny-la-Fosse 02 40 Db 49
21450 Magny-Lambert 21 91 Ed 62
21140 Magny-la-Ville 21 91 Ec 64
61600 Magny-le-Désert 61 67 Ze 57
14270 Magny-le-Freule 14 35 Zf 54
77700 Magny-le-Hongre 77 52 Ce 55
21170 Magny-lès-Aubigny 21 106 Fb 66
78114 Magny-les-Hameaux 78 51 Ca 56
70500 Magny-lès-Jussey 70 93 Ff 61
21700 Magny-lès-Villers 21 106 Ef 66
58800 Magny-Lormes 58 90 De 65
21130 Magny-Montarlot 21 106 Fc 65
77470 Magny-Saint-Loup 77 52 Cf 55
21310 Magny-Saint-Médard 21 92 Fb 64
21110 Magny-sur-Tille 21 92 Fb 65
70200 Magny-Vernois 70 94 Gc 62
22480 Magoar 22 63 We 58
33600 Magonty 33 134 Zb 80
79420 Magot 79 99 Zf 69
56680 Magouëro 56 80 We 62
22600 Magouet, le 22 64 Xb 60
19370 Magoutière 19 126 Be 75
11300 Magrie 11 178 Cb 90
12200 Magrin 12 151 Bf 83
12450 Magrin 12 152 Cd 83
81220 Magrin 81 165 Bf 87
12120 Magrinet 12 151 Cc 83
68510 Magstatt-le-Bas 68 95 Hc 63
68510 Magstatt-le-Haut 68 95 Hc 63
40420 Maguide 40 147 Zc 84
29790 Mahalon 29 78 Vd 60
40430 Mahan 40 147 Zc 83
61380 Mahéru 61 48 Ac 57
33730 Mahon 33 135 Zd 82
40180 Mahourat 40 161 Yf 87
25120 Maîche 25 108 Ge 65
54700 Maidières 54 56 Ga 55
07320 Maifraiches 07 142 Ec 78
32310 Maignaut-Tauzia 32 148 Ac 85
72210 Maigné 72 68 Zf 61
60420 Maignelay-Montigny 60 39 Cd 51
43150 Maiguezin 43 141 Df 79
11120 Mailhac 11 166 Ce 89
31310 Mailhac 31 164 Bb 90
87160 Mailhac-sur-Benaize 87 113 Bb 71
63570 Mailhat 63 128 Db 76
65220 Mailhes 65 163 Ab 89
81130 Mailhoc 81 151 Ca 84
31310 Mailholas 31 164 Bb 89
13910 Maillane 13 155 Ee 85
06270 Maillans, les 06 173 Ha 87
44250 Maillardière, la 44 96 Xf 65
58290 Maillards, les 58 104 Df 66
15160 Maillargues 15 128 Cf 77
40120 Maillas 40 148 Ze 83
01430 Maillat 01 119 Fd 72
37800 Maillé 37 100 Ad 66
79170 Maillé 79 111 Ze 72
85420 Maillé 85 110 Zb 70
86190 Maillé 86 99 Aa 68
33670 Mailleau 33 135 Ze 80
28170 Maillebois 28 49 Ba 57
76940 Mailleraye-sur-Seine, la 76 36 Ae 52
40120 Maillères 40 147 Zd 84
70240 Mailleroncourt-Charette 70 93 Gb 62
70210 Mailleroncourt-Saint-Pancras 70 93 Ga 61
03190 Maillet 03 115 Cd 70
36340 Maillet 36 113 Be 69
26400 Maillets, les 26 143 Fb 80
86800 Maillets, les 86 100 Ad 69
70000 Mailley-et-Chazelot 70 93 Ga 63
85420 Maillezais 85 110 Zb 70
87370 Maillofargueix 87 113 Bc 72
24290 Maillol 24 137 Ba 78
64510 Maillon 64 162 Ze 89
89100 Maillot 89 72 Db 59
37360 Maillotière, la 37 85 Ad 63
71340 Mailly 71 117 Ea 71
51500 Mailly-Champagne 51 53 Ea 54
89270 Mailly-la-Ville 89 89 De 63
10230 Mailly-le-Camp 10 53 Eb 56
89660 Mailly-le-Château 89 90 Dd 63
80560 Mailly-Maillet 80 29 Cd 48
80110 Mailly-Raineval 80 39 Cc 50
21130 Maillys, les 21 106 Fc 66
54610 Mailly-sur-Seille 54 56 Gb 55

60600 Maimbeville 60 39 Cd 52
45630 Maimbray 45 88 Cf 63
77700 Mainbervilliers 77 71 Cc 59
85320 Mainborgère, la 85 109 Ye 69
18300 Mainbré 18 88 Ce 64
08220 Mainbresson 08 41 Eb 50
08220 Mainbressy 08 41 Eb 50
70720 Maincourt 78 50 Bf 56
77950 Maincy 77 71 Ce 57
33160 Main-d'Estève, la 33 134 Zb 79
89160 Maine, la 89 90 Eb 62
16260 Maine, le 16 124 Ac 73
24170 Maine, le 24 137 Ba 80
24460 Maine, le 24 125 Af 76
17610 Maine-Allain, le 17 123 Zc 74
17890 Maine-Auriou, le 17 122 Yf 74
16230 Maine-de-Boixe 16 124 Ab 73
17260 Maine-Fleuret 17 122 Zc 75
16590 Maine-Joizeau 16 124 Ab 74
24400 Maine-Lava 24 136 Ab 79
76440 Mainemare 76 37 Bc 51
16130 Maine-Neuf, le 16 123 Zd 75
28160 Maineuf 28 69 Ba 59
16250 Mainfonds 16 123 Aa 75
59233 Maing 59 30 Dc 47
27150 Mainneville 27 38 Be 52
23700 Mainsat 23 114 Cc 72
62870 Maintenay 62 28 Be 46
28130 Maintenon 28 70 Bd 57
28270 Mainterne 28 49 Ba 56
76660 Maintru 76 37 Bb 50
54150 Mainville 54 56 Ff 53
57380 Mainvillers 57 57 Gd 54
28300 Mainvilliers 28 70 Bc 58
45330 Mainvilliers 45 71 Cb 59
16200 Mainxe 16 123 Ze 75
16380 Mainzac 16 124 Ac 75
79190 Mairé 79 111 Aa 72
86270 Mairé 86 100 Ae 67
79230 Mairé-Bas 79 111 Zd 71
21500 Mairie, la 21 90 Ec 63
12260 Mairinhagues 12 151 Bf 82
08140 Mairy 08 42 Fa 51
54150 Mairy-Mainville 54 56 Ff 53
51240 Mairy-sur-Marne 51 54 Ec 55
44690 Maisdon-sur-Sévre 44 97 Yd 66
21400 Maisey-le-Duc 21 91 Ee 61
25290 Maisières-Notre-Dame 25 107 Ga 66
80220 Maisnières 80 38 Bd 48
62130 Maisnil 62 29 Cc 46
62380 Maisnil 62 29 Ca 45
59134 Maisnil, le 59 30 Cf 45
62380 Maisnil-Boutry, le 62 28 Bf 45
62620 Maisnil-lès-Ruitz 62 29 Cd 46
39260 Maisod 39 119 Fe 70
59190 Maison-Blance, la 59 27 Cc 44
44850 Maison-Blanche 44 82 Yd 65
35760 Maison-Blanche, la 35 65 Yc 60
42130 Maison-Blanche, la 42 129 Ea 74
63190 Maison-Blanche, la 63 128 Dc 74
71570 Maison-Blanche, la 71 118 Ee 71
62310 Maisoncelle 62 29 Ca 46
79600 Maisoncelle 79 99 Zf 68
08450 Maisoncelle-et-Villers 08 42 Ef 51
52240 Maisoncelles 52 75 Fd 60
72440 Maisoncelles 72 85 Ad 61
60112 Maisoncelle-Saint-Pierre 60 38 Ca 51
53170 Maisoncelles-du-Maine 53 67 Zc 61
77570 Maisoncelles-en-Gâtinais 77 71 Cd 59
14500 Maisoncelles-la-Jordan 14 47 Za 56
14310 Maisoncelles-Pelvey 14 47 Zb 54
60480 Maisoncelle-Tuilerie 60 38 Cb 51
10140 Maison-des-Champs 10 74 Ed 59
70230 Maison-des-Vaux, la 70 93 Gb 63
89420 Maison-Dieu 89 90 Ea 63
58190 Maison-Dieu, la 58 90 Dd 64
60590 Maisonettes, les 60 50 Bf 52
23800 Maison-Feyne 23 113 Be 70
20214 Maison forest. de Bonifatu CTC 180 Ie 94
57230 Maison Forestière Biesenberg 57 58 Hd 54
57230 Maison Forestière Dauenthal 57 58 Hd 54
57230 Maison Forestière Erlenmoos 57 58 Hd 54
24140 Maison-Jeannette 24 136 Ad 78
61110 Maison-Maugis 61 69 Ae 58
04530 Maison-Méane 04 158 Gf 82
18170 Maisonnais 18 102 Cb 69
87440 Maisonnais-sur-Tardoire 87 124 Ae 74
40090 Maisonnave 40 147 Zc 85
79500 Maisonnay 79 111 Zf 71
07230 Maison-Neuve 07 154 Eb 82
16410 Maison-Neuve 16 124 Ac 75
19400 Maison-Neuve 19 138 Ca 78
35500 Maison-Neuve 35 66 Yf 60
40240 Maison-Neuve 40 147 Ze 84
67130 Maison-Neuve 67 77 Hb 58
86170 Maisonneuve 86 99 Aa 68
53320 Maison-Neuve, la 53 66 Za 60
33138 Maisonnieu 33 134 Yf 80
23150 Maisonnisses 23 114 Bf 72
20242 Maison Pierraggi CTC 183 Kc 96
80150 Maison-Ponthieu 80 29 Ca 47
80135 Maison-Roland 80 29 Ca 48
23600 Maison-Rouge 23 114 Cb 70
24800 Maison-Rouge 24 125 Af 76
59530 Maison-Rouge 59 31 De 47
63210 Maison-Rouge 63 127 Cf 75
77370 Maison-Rouge 77 72 Da 57
41300 Maison-Rouge, la 41 87 Ca 64
11330 Maisons 11 179 Cd 91
14400 Maisons 14 47 Zb 53
28700 Maisons 28 70 Bf 58
18200 Maisons, les 18 102 Cc 68
19170 Maisons, les 19 126 Ca 75
24160 Maisons, les 24 125 Af 76
94700 Maisons-Alfort 94 51 Cc 56
25650 Maisons-du-Bois 25 108 Gc 67
51300 Maisons-en-Champagne 51 54 Ec 56
67220 Maisonsgoutte 67 60 Hb 58
78600 Maisons-Laffitte 78 51 Ca 55
10210 Maisons-lès-Chaource 10 73 Eb 60
10200 Maisons-lès-Soulaines 10 74 Ee 59
10130 Maisons-Rouges, les 10 73 Df 60
72800 Maisons-Rouges, les 72 84 Ab 62
[illegible] Maisons-Rouges les Fontêtes, les 63 127 Cf 74
24590 Maisons-Selves 24 137 Bb 78
79600 Maisontiers 79 98 Ze 68
91720 Maisse 91 71 Cc 58
02490 Maissemy 02 40 Db 49
64360 Maissonave 64 161 Zc 89
14450 Maisy 14 46 Yf 52
54370 Maixe 54 56 Gc 57
54470 Maizerais 54 56 Fe 55
55160 Maizeray 55 55 Fe 54
71460 Maizeray 71 105 Ed 69
57530 Maizeroy 57 56 Gc 54
57530 Maizery, Colligny- 57 56 Gc 54
14210 Maizet 14 47 Zd 54
55300 Maizey 55 55 Fd 55
58150 Maizière 58 89 Da 65
14190 Maizières 14 48 Zf 54
52300 Maizières 52 75 Fa 58
54550 Maizières 54 76 Ga 57
62127 Maizières 62 29 Cc 47
70190 Maizières 70 93 Ga 64
10510 Maizières-la-Grande-Paroise 10 73 De 57
10500 Maizières-lès-Brienne 10 74 Ed 58
57280 Maizières-lès-Metz 57 56 Ga 53
57810 Maizières-lès-Vic 57 57 Ge 56
52500 Maizières-sur-Amance 52 92 Fd 62
42750 Maizilly 42 117 Eb 71
36170 Maizotin 36 113 Bc 70
02160 Maizy 02 40 De 52
82160 Majac 82 151 Be 83
04270 Majastres 04 157 Gb 85
46160 Majourals 46 138 Be 81
32730 Malabat 32 163 Ab 88
81490 Malacan 81 166 Cc 87
56330 Malachappe 56 80 Wf 62
70190 Malachère, la 70 93 Ga 64
28140 Maladrerie, la 28 70 Be 60
89710 Maladrerie, la 89 89 Dc 61
01340 Malafretaz 01 118 Fa 71
24210 Malagnac 24 137 Ba 78
74580 Malagny 74 120 Ga 72
17620 Malaigre 17 122 Yf 73
21410 Mâlain 21 91 Ee 65
88140 Malaincourt 88 76 Fe 59
52150 Malaincourt-sur-Meuse 52 75 Fd 60
87520 Malaise, la 87 113 Af 73
55270 Malancourt 55 55 Fb 53
57360 Malancourt-la-Montagne 57 56 Ga 53
08370 Malandry 08 42 Fb 51
39700 Malange 39 107 Fd 65
19150 Malangle 19 126 Be 77
16500 Malanguin 16 112 Ae 72
25330 Malans 25 107 Ga 66
70140 Malans 70 92 Fd 65
56220 Malansac 56 81 Xe 62
63250 Malaptie, la 63 129 De 74
07140 Malarce-sur-la-Thines 07 154 Ea 82
91470 Malassis 91 51 Ca 57
56140 Malastraed = Malestroit 56 81 Xd 62
46600 Malastrèges 46 138 Bd 79
26780 Malataverne 26 142 Ee 82
30580 Malataverne 30 154 Ec 83
43200 Malataverne 43 141 Ea 77
16300 Malatret 16 123 Zf 76
84340 Malaucène 84 156 Fa 83
57590 Malaucourt-sur-Seille 57 56 Gc 55
55200 Malaumont 55 55 Fc 56
35330 Malaunay 35 81 Xf 61
35460 Malaunay 35 66 Yd 58
76770 Malaunay 76 37 Ba 51
82200 Malause 82 149 Af 84
64410 Malaussanne 64 162 Zd 87
06710 Malaussène 06 158 Ha 85
63200 Malauzat 63 128 Da 73
48100 Malavielle 48 140 Db 81
54560 Malavillers 54 43 Ff 52
71460 Malay 71 118 Ee 69
12220 Malayal 12 139 Cb 81
89100 Malay-le-Grand 89 72 Dc 59
89100 Malay-le-Petit 89 72 Dc 59
15230 Malbo 15 139 Ce 79
07140 Malbosc 07 154 Ea 82
07140 Malbosquet 07 154 Ea 82
70200 Malbouhans 70 94 Gd 62
48270 Malbouzon, Prinsuéjols- 48 140 Da 80
25620 Malbrans 25 107 Ga 66
25160 Malbuisson 25 108 Gb 68
18130 Malçay 18 102 Cd 67
19340 Malcornet 19 127 Cc 74
57560 Malcôte 57 77 Ha 57
61260 Mâle 61 69 Ae 59
04000 Malefiance 04 157 Gb 83
09500 Malegoude 09 165 Bf 90
19360 Malemort 19 138 Bd 77
84570 Malemort-du-Comtat 84 156 Fa 84
48210 Malène, la 48 153 Db 83
19290 Malepouge 19 126 Ca 75
33133 Maleret 33 135 Ze 79
44390 Malescot 44 82 Yc 63
45330 Malesherbes 45 71 Cc 59
45300* Malesherbois, le 45 71 Cc 59
19160 Malesoute 19 126 Ca 76
56140 Malestroit = Malastraed 56 81 Xd 62
40400 Malet 40 147 Zb 85
61290 Malétable 61 69 Ae 57
86160 Maleuf 86 112 Ab 70
63840 Maleval 63 129 Df 76
07660 Malevielle 07 141 Df 80
12350 Maleville 12 151 Ca 82
48500 Maleville 48 153 Db 82
19300 Maleyre 19 126 Ca 76
43230 Malgascon 43 141 Dd 78
15140 Malgorse 15 139 Cc 78
30600 Malgue, la 30 169 Eb 87
56300 Malguénac 56 79 Wf 60
14260 Malherbe-sur-Ajon 14 47 Zc 54
22640 Malhourne, la 22 64 Xd 58
36340 Malicornay 36 114 Bd 69
03600 Malicorne 03 115 Ce 71
37310 Malicorne 37 100 Ae 65
89120 Malicorne 89 89 Da 62
72270 Malicorne-sur-Sarthe 72 84 Zf 62
48120 Malige, la 48 140 Dc 80
49540 Maligné 49 98 Zd 65
21230 Maligny 21 105 Ed 66
89800 Maligny 89 90 De 61
04350 Malijai 04 157 Ga 84
59127 Malincourt 59 30 Db 48
03510 Malintrat 03 120 Db 74
26120 Malissard 26 143 Ef 79
37230 Malitourne 37 85 Ad 64
13115 Mallabré 13 171 Fe 86
16120 Mallaville 16 123 Zf 75
04230 Mallefougasse 04 157 Ff 84
54670 Malleloy 54 56 Ga 56
04510 Mallemoisson 04 157 Ga 84
13370 Mallemort 13 170 Fb 86
09120 Malléon 09 177 Be 90
19500 Mallepeyre 19 138 Bd 78
23260 Malleret 23 127 Cb 74
23600 Malleret-Boussac 23 114 Ca 70
39190 Mallerey 39 106 Fc 69
15100 Mallesaignes 15 140 Cf 79
07320 Malleval 07 142 Ec 78
38470 Malleval 38 143 Fc 78
42520 Malleval 42 130 Ee 76
24200 Mallevergne 24 137 Bb 79
17360 Malleville 17 135 Zf 77
76450 Malleville-les-Grès 76 36 Ad 50
27800 Malleville-sur-le-Bec 27 49 Ae 53
16110 Malleyrand 16 124 Ac 74
85590 Mallièvre 85 98 Za 67
38460 Mallin 38 131 Fb 74
57480 Malling 57 44 Gb 52
03250 Mallot, le 03 116 De 72
14350 Malloué 14 47 Za 55
57130 Malmaison 57 56 Ga 54
02190 Malmaison, la 02 41 Df 51
54150 Malmaison, la 54 56 Ff 53
68550 Malmerspach 68 94 Ha 61
08450 Malmy 08 42 Ef 51
51800 Malmy 51 54 Ee 53
63320 Malnon, le 63 128 Da 75
85300 Malnoue 85 96 Ya 67
59240 Malo-les-Bains 59 27 Cc 42
14280 Mâlon 14 35 Zd 53
13090 Malouesse, la 13 170 Fc 88
30450 Malous-et-Elze 30 154 Ea 82
27300 Malouy 27 49 Ad 54
80250 Malpart 80 39 Cc 50
25160 Malpas 25 108 Gb 68
31380 Malpas 31 150 Bd 86
43370 Malpas 43 141 Df 79
82160 Malpérie 82 150 Be 83
12800 Malphettes 12 151 Cc 84
63490 Malpie 63 128 Dc 75
59570 Malplaquet 59 31 Df 47
46400 Malpuch 46 138 Bf 80
11300 Malras 11 165 Cb 90
43800 Malrevers 43 141 Df 78
05460 Malrif 05 145 Gf 80
52140 Malroy 52 75 Fd 61
57640 Malroy 57 56 Gb 53
89520 Malrue, la 89 89 Db 63
19290 Malsagne 19 126 Ca 74
71140 Maltat 71 104 De 68
58150 Maltaverne 58 88 Cf 64
73390 Maltaverne 73 132 Gb 75
14930 Maltot 14 35 Zd 54
50760 Maltot 50 33 Ye 51
23220 Malval 23 114 Bf 70
70400 Malval 70 94 Gd 63
43210 Malvalette 43 129 Ea 76
87250 Malvat 87 113 Bc 71
02140 Malvaux 02 41 Ea 50
90200 Malvaux 90 94 Gf 62
11600 Malves-en-Minervois 11 166 Cc 89
11120 Malvesi 11 167 Cf 89
31510 Malvezie 31 176 Ae 90
16290 Malvieille 16 123 Zf 74
63980 Malvieille 63 129 Dd 75
43160 Malvières 43 129 De 76
11300 Malviès 11 165 Cb 90
38510 Malville 38 131 Fc 74
44260 Malville 44 82 Ya 64
70120 Malvillers 70 93 Fe 62
89120 Malvrain 89 89 Da 61
56480 Malvran 56 63 Wf 59
54220 Malzéville 54 56 Gb 56
43340 Malzieu, le 43 141 Df 80
48140 Malzieu-Forain, le 48 140 Dc 79
48140 Malzieu-Ville, le 48 140 Dc 79
02120 Malzy 02 40 De 49
25150 Mambouhans 25 94 Gd 64
43190 Mamea 43 141 Eb 78
87500 Mameix 87 125 Bb 75
72600 Mamers 72 68 Ac 58
62120 Mametz 62 29 Cb 45
80300 Mametz 80 29 Ce 49
54470 Mamey 54 56 Ff 55
25620 Mamirolle 25 107 Ga 65
80360 Manancourt 80 39 Cf 48
26160 Manas 26 143 Ef 81
32170 Manas-Bastanous 32 163 Ac 88
22540 Manaty, le 22 63 We 57
54150 Mance 54 56 Ff 53
50540 Mancellière, la 50 66 Yf 57
50750 Mancellière-sur-Vire, la 50 46 Yf 54
25250 Mancenans 25 94 Gd 64
34210 Mancès 34 166 Cd 88
71240 Mancey 71 106 Ee 69
28700 Manchainville 28 70 Be 58
45300 Manchecourt 45 71 Cc 59
32370 Manciet 32 148 Aa 86
54790 Mancieulles 54 56 Ff 53
01000 Mancioux 31 164 Af 90
49350 Mancoliers, les 49 84 Ze 64
51530 Mancy 51 53 Df 55
57640 Mancy 57 56 Gb 53
24560 Mandacou 24 136 Ad 80
30120 Mandagout 30 153 Dd 84
12500 Mandailles 12 139 Cf 81
15590 Mandailles-Saint-Julien 15 139 Cd 78
30480 Mandajors 30 154 Df 84
74350 Mandallaz 74 120 Ga 73
79190 Mandegault 79 111 Zf 72
06210 Mandelieu-La-Napoule 06 173 Gf 87
63630 Mandelles 63 128 Dd 76
21190 Mandelot 21 105 Ee 66
23800 Mandomont, le 23 113 Bd 71
57480 Manderen 57 44 Gc 52
25350 Mandeure 25 94 Gf 64
27370 Mandeville 27 49 Ba 53
14710 Mandeville-en-Bessin 14 47 Za 53
30170 Mandiargues 30 154 Df 85
83690 Mandins, les 83 172 Gb 87
88650 Mandray 88 77 Gf 59
27130 Mandres 27 49 Af 56
54470 Mandres-aux-Quatres-Tours 54 56 Fe 55
55290 Mandres-en-Barrois 55 75 Fc 58
52800 Mandres-la-Côte 52 75 Fb 60
94520 Mandres-les-Roses 94 51 Cd 56
88800 Mandres-sur-Vair 88 76 Ff 59
20200 Mandriale CTC 181 Kc 92
20167 Mandriolo CTC 182 Ie 96
20167 Mandriolu – Mandriolo CTC 182 Ic 96
30129 Manduel 30 154 Ec 86
04300 Mane 04 156 Fe 85
31260 Mane 31 164 Af 90
56440 Mané-er-Ven 56 80 We 61
76133 Manéglise 76 36 Ab 51
29300 Mane-Guégan 29 79 Wc 61
56680 Manéguen 56 79 We 62
76590 Manéhouville 76 37 Ba 50
32140 Manent-Montané 32 163 Ad 88
14340 Manerbe 14 35 Ab 53
35360 Manezelaban 35 65 Xf 59
58430 Manges, les 58 104 Df 66
55150 Mangiennes 55 43 Fd 52
63270 Manglieu 63 128 Dc 75
54290 Mangonville 54 76 Gb 58
12160 Manhac 12 152 Cc 83
15220 Manhes 15 139 Cb 79
55160 Manheulles 55 55 Fd 54
33210 Manhot 33 135 Zd 81
57590 Manhoué 57 56 Gc 56
02300 Manicamp 02 40 Db 51
34620 Manière, la 34 167 Da 88
74230 Manigod 74 132 Gc 73
62810 Manin 62 29 Cd 47
87380 Manin 87 125 Bd 75
38650 Maninaire 38 143 Fd 79
62650 Maninghem 62 28 Bf 45
62250 Maninghen-Henne 62 26 Be 44
69800 Manissieux 69M 130 Ef 74
21430 Manlay 21 105 Ec 66
76110 Mannevil-la-Goupil 76 36 Ac 51
76460 Manneville-ès-Plains 76 36 Ae 49
14130 Manneville-la-Pipard 14 48 Ab 53
27210 Manneville-la-Raoult 27 36 Ab 52
27500 Manneville-sur-Risle 27 36 Ad 52
76290 Mannevillette 76 35 Ab 51
40410 Mano 40 147 Zb 82
24370 Manobre 24 137 Bb 80
14400 Manoir, le 14 47 Zc 53
27460 Manoir, les 27 37 Bb 53
76510 Manoir-du-Val 76 37 Bb 50
52700 Manois 52 75 Fc 59
57100 Manom 57 44 Gb 52
05220 Manoncères 05 163 Ac 89
54210 Manoncourt-en-Vermois 54 76 Cb 57
54385 Manoncourt-en-Woëvre 54 56 Ff 56
54610 Manoncourt-sur-Seille 54 56 Ga 55
54385 Manonville 54 56 Ff 56
54300 Manonviller 54 77 Gd 57
04100 Manosque 04 156 Fe 86
16500 Manot 16 112 Ad 73
28240 Manou 28 69 Af 57
58210 Manou 58 89 Db 64
08400 Manre 08 54 Ed 53
43130 Mans 43 129 Df 77
71800 Mans 71 117 Eb 70
72000 Mans, le 72 68 Ab 60
19520 Mansac 19 137 Bc 77
65140 Mansan 65 163 Ab 88
23400 Mansat-la-Courrière 23 114 Be 73
27410 Manselles 27 49 Ae 55
32120 Mansempuy 32 164 Ae 86
32310 Mansencôme 32 148 Ac 85
40560 Mansenes 40 146 Yd 85
46110 Mansergues 46 138 Be 79
09500 Manses 09 165 Be 90
72510 Mansigné 72 84 Aa 62
16230 Mansle 16 124 Ab 73
20245 Manso CTC 182 Ie 94
63122 Manson 63 128 Da 74
82120 Mansonville 82 149 Af 84
68210 Manspach 68 94 Ha 63
40700 Mant 40 162 Zc 87
26140 Mantaille 26 130 Ef 77
22450 Mantallot 22 63 We 56
20123 Mantarellu CTC 182 If 98
28700 Mantarville 28 70 Bf 58
58270 Mantelet 58 103 Dc 66
01560 Mantenay-Montlin 01 118 Fa 70
38350 Mantes-en-Ratier 38 144 Fe 79
78200 Mantes-la-Jolie 78 50 Be 55
78711 Mantes-la-Ville 78 50 Be 55
66360 Mantet 66 178 Cb 94
64300 Mantette 64 161 Zb 88
05400 Manteyer 05 144 Ff 81
37240 Manthelan 37 100 Ae 66
27240 Manthelon 27 49 Ba 55
26210 Manthes 26 130 Fa 77
41240 Manthierville 41 70 Bc 61
61350 Mantilly 61 67 Zb 57
70100 Mantoche 70 92 Fd 64
39230 Mantry 39 107 Fd 68
88240 Manufacture, la 88 76 Gb 61
14117 Manvieux 14 47 Zc 52
07150 Manvin 07 126 Af 74
57380 Many 57 57 Gd 54
41320 Many, le 41 87 Bf 65
57420 Many-aux-Bois 57 56 Ga 55
24110 Manzac-sur-Vern 24 136 Ad 78
63410 Manzat 63 115 Cf 73
01570 Manziat 01 118 Ef 70
56430 Maoron = Mauron 56 64 Xe 60
83510 Mappe 83 172 Gb 88
12480 Mappen 12 152 Ce 85
62360 Maquinghen 62 28 Be 44
52260 Marac 52 92 Fb 61
54300 Marainviller 54 77 Gd 57
88130 Marainville-sur-Madon 88 76 Gb 58
62360 Marais, le 62 28 Be 44
74230 Marais, le 74 132 Gc 74
91530 Marais, le 91 71 Ca 57
03170 Marais, les 03 115 Ce 71
39400 Marais, les 39 120 Ga 69
14620 Marais-la-Chapelle, le 14 48 Zf 55
85350 Marais-Salé 85 96 Xe 68
27680 Marais-Vernier 27 36 Ac 52
32190 Marambat 32 148 Ab 86
20600 Marana CTC 181 Kc 93
20290 Marana, la CTC 181 Kd 93
16290 Marange 16 123 Aa 74
39270 Marangea 39 119 Fd 70
57535 Marange-Silvange 57 56 Ga 53
57690 Marange-Zondrage 57 57 Gd 54
17230 Marans 17 110 Za 71
49500 Marans 49 83 Za 63
33230 Maransin 33 135 Ze 78
47230 Maransin, le 47 148 Ab 84
62170 Marant 62 28 Bf 46
52370 Maranville 52 74 Ef 60
08460 Maranwez 08 41 Ec 50
79100 Maranzais 79 99 Zf 67
70110 Marast 70 93 Gc 63
63480 Marat 63 129 De 75
55000 Marats, les 55 55 Fb 55
52310 Marault 52 75 Fa 59
24620 Maraurie 24 137 Af 79
34370 Maraussan 34 167 Da 88
24400 Maraval 24 136 Ac 78
83260 Maraval 83 171 Ga 89
31450 Maravals 31 165 Bd 88
32120 Maravat 32 149 Ae 86
41320 Maray 41 101 Bf 65
10160 Maraye-en-Othe 10 73 Df 60
68420 Marbach 68 60 Hb 60
54820 Marbache 54 56 Ga 56
59440 Marbaix 59 31 Df 48
27110 Marbeuf 27 49 Af 54
52320 Marbéville 52 75 Fa 59
44140 Marbœuf 44 97 Yc 66
09230 Marbois 09 176 Bb 90
27160 Marbois 27 49 Af 55
55300 Marbotte 55 55 Fd 55
28200 Marboué 28 70 Bb 60
01851 Marboz 01 119 Fb 70
31440 Marbre 31 176 Ad 91
33180 Marbuzet 33 122 Zb 77
08260 Marby 08 41 Ec 50
09220 Marc 09 177 Bc 92
65110 Marcadau 65 174 Ze 92
18170 Marçais 18 102 Cc 68
37500 Marçay 37 99 Ab 66
86370 Marçay 86 111 Ab 70
35133 Marcé 35 66 Ye 58
41800 Marcé 41 85 Ae 62
40110 Marcé 40 81 Zc 63
74210 Marceau 74 132 Gb 74
61570 Marcei 61 48 Aa 57
80800 Marcelcave 80 39 Cd 49
14740 Marcelet 14 35 Zd 53
74250 Marcellaz 74 120 Gc 72
74150 Marcellaz-Albanais 74 132 Ff 73
21350 Marcellois 21 91 Ed 64
47200 Marcellus 47 135 Aa 82
33620 Marcenais 33 135 Zd 78
03260 Marcenat 03 116 Dc 71
15150 Marcenat 15 139 Cb 78
15190 Marcenat 15 127 Ce 77
63530 Marcenat-Moullet 63 115 Da 73
21330 Marcenay 21 91 Ec 61
42140 Marcenod 42 130 Ec 75
24590 Marces 24 137 Bb 79
37160 Marcé-sur-Esves 37 100 Ad 66
66320 Marcevol 66 178 Cd 92
50300 Marcey-les-Grèves 50 46 Yd 56
61290 Marchainville 61 69 Ae 57
02350 Marchais 02 40 De 51
91410 Marchais 91 70 Ca 57
91820 Marchais 91 71 Cc 58
41160 Marchais, le 41 86 Ba 61
41300 Marchais, les 41 87 Ca 63
89190 Marchais, les 89 73 Dd 59
89120 Marchais-Beton 89 89 Da 61
02540 Marchais-en-Brie 02 53 Dc 55
15270 Marchal 15 127 Cd 76
01680 Marchamp 01 131 Fd 74
69430 Marchampt 69D 118 Ed 72
44390 Marchanderie, la 44 82 Yd 64
21270 Marchandeuil 21 92 Fc 64
15400 Marchastel 15 127 Ce 77
48260 Marchastel 48 140 Da 81
25360 Marchaux-Chaudefontaine 25 93 Ga 65
41190 Marché 41 86 Ba 63
33910 Marche, la 33 135 Ze 79
58400 Marche, la 58 103 Da 66
28260 Marchefroy 28 50 Bd 55

A B C D E F G H I J K L M N O P Q R S T U V W X Y Z

80200 Marchélepot 80 39 Cf 49
61170 Marchemaisons 61 68 Ab 57
77230 Marchémoret 77 52 Ce 54
44140 Marché-Neuf, le 44 97 Yd 66
15210 Marchenoir 41 86 Bc 62
33380 Marcheprime 33 134 Za 80
08270 Marchéroménil 08 41 Ec 51
15210 Marches 26 143 Fa 79
45290 Marches, les 45 88 Ce 62
73800 Marches, les 73 132 Ga 76
77510 Marchés, les 77 52 Db 55
20130 Marchese CTC 182 Id 96
21430 Marcheseuil 21 105 Ec 66
50190 Marchésieux 50 33 Ye 53
70310 Marchessant, le 70 94 Gd 61
28120 Marchéville 28 69 Bb 58
80150 Marcheville 80 28 Bf 47
55160 Marchéville-en-Woëvre 55 55 Fe 54
47120 Marchezais 28 50 Bd 56
59870 Marchiennes 59 30 Db 46
41700 Marchigny 41 86 Bc 64
59990 Marchipont 59 31 De 46
01100 Marchon 01 119 Fe 71
15210 Marchot 15 140 Db 78
44540 Marchy 44 82 Ye 63
32230 Marciac 32 163 Aa 87
38350 Marcieu 38 144 Fe 79
59149 Marcignies 59 31 Eb 47
71110 Marcigny 71 117 Ea 71
21390 Marcigny-sous-Thil 21 91 Ec 64
43350 Marcilhac 43 141 De 78
46160 Marcilhac-sur-Célé 46 138 Be 81
16500 Marcillac 16 112 Ae 72
24700 Marcillac 24 136 Aa 78
33860 Marcillac 33 123 Zc 77
19320 Marcillac-la-Croisille 19 126 Ca 77
19500 Marcillac-la-Croze 19 138 Be 78
16140 Marcillac-Lanville 16 123 Aa 73
24200 Marcillac-Saint-Quentin 24 137 Bb 79
12330 Marcillac-Vallon 12 139 Cc 82
63440 Marcillat 63 115 Da 72
03420 Marcillat-en-Combraille 03 115 Cd 71
53440 Marcillé-la-Ville 53 67 Zd 59
35560 Marcillé-Raoul 35 65 Yc 58
35240 Marcillé-Robert 35 66 Yd 61
01150 Marcilleux 01 131 Fb 74
38260 Marcilloles 38 131 Fb 76
18140 Marcilly 18 103 Ce 66
42130 Marcilly 42 129 Ea 74
45340 Marcilly 45 71 Cc 60
50220 Marcilly 50 66 Ye 57
58270 Marcilly 58 104 Dc 67
58800 Marcilly 58 104 De 65
61130 Marcilly 61 68 Ad 59
77139 Marcilly 77 52 Cf 54
89200 Marcilly 89 90 Df 63
69380 Marcilly-d'Azergues 69M 130 Ee 73
41100 Marcilly-en-Beauce 41 86 Ba 62
41210 Marcilly-en-Gault 41 87 Bf 64
45240 Marcilly-en-Villette 45 87 Ca 62
27320 Marcilly-la-Campagne 27 49 Bb 55
71120 Marcilly-la-Gueurce 71 117 Eb 70
42130 Marcilly-le-Châtel 42 129 Ea 74
10290 Marcilly-le-Hayer 10 73 Dd 58
71390 Marcilly-lès-Buxy 71 105 Ed 68
21350 Marcilly-lès-Vitteaux 21 91 Ed 64
21120 Marcilly-Ogny 21 105 Ec 65
52360 Marcilly-Plesnoy 52 92 Fd 61
27810 Marcilly-sur-Eure 27 50 Bc 56
37330 Marcilly-sur-Maulne 37 85 Ab 63
51260 Marcilly-sur-Seine 51 73 De 57
21120 Marcilly-sur-Tille 21 92 Fa 63
37800 Marcilly-sur-Vienne 37 100 Ad 66
62730 Marck 62 27 Bf 43
67390 Marckolsheim 67 60 Hd 59
19150 Marc-la-Tour 19 126 Bf 77
19150 Marc-le-Vieux 19 126 Bf 77
42210 Marclopt 42 129 Eb 75
40190 Marcoge 40 147 Ze 85
59159 Marcoing 59 30 Db 48
15220 Marcolès 15 139 Cc 80
63380 Marcollange 63 127 Cd 73
38270 Marcollin 38 131 Fa 77
07190 Marcols-les-Eaux 07 142 Ec 80
72340 Marçon 72 85 Ad 62
62140 Marconne 62 29 Ca 46
62140 Marconnelle 62 28 Ca 46
74140 Marcorens 74 120 Gb 71
11120 Marcorignan 11 167 Cf 89
91460 Marcoussis 91 51 Cb 57
27520 Marcouville 27 49 Af 53
04420 Marcoux 04 157 Gb 84
42130 Marcoux 42 129 Ea 74
19300 Marcouyeux 19 126 Ca 77
08250 Marcq 08 42 Ef 53
78770 Marcq 78 50 Be 55
59700 Marcq-en-Barœul 59 30 Da 44
59252 Marcq-en-Ostrevent 59 30 Db 47
02720 Marcy 02 40 Dc 49
19170 Marcy 19 126 Ca 75
58130 Marcy 58 103 Db 66
58210 Marcy 58 89 Dc 65
69480 Marcy 69D 118 Ee 73
69280 Marcy-L'Etoile 69M 130 Ee 74
02250 Marcy-sous-Marle 02 40 De 50
36220 Mardelle, la 36 100 Ba 68
41130 Mardelles, les 41 86 Bc 65
45170 Mardelles, les 45 70 Bf 60
51530 Mardeuil 51 53 Df 54
45430 Mardié 45 87 Ca 61
57420 Mardigny 57 56 Ga 55
61230 Mardilly 61 48 Ab 55
52200 Mardor 52 92 Fb 61
69240 Mardore 69D 117 Ec 72
59279 Mardyck 59 27 Cb 42
27940 Mare, la 27 50 Bb 53
35540 Mare, la 35 65 Ya 57
37290 Mare, la 37 100 Ae 68
45300 Mareau-aux-Bois 45 71 Cb 60
45370 Mareau-aux-Prés 45 87 Be 61
40350 Maréchal 40 161 Za 87
58190 Maréchal, le 58 89 De 65
33180 Maréchale, la 33 122 Zb 77
14240 Maréchaux, les 14 34 Zb 54
77560 Maréchère 77 52 Db 57
60540 Mare-d'Ovillers, la 60 51 Cb 53
50270 Mare-du-Parc, la 50 33 Yb 52
72540 Mareil-en-Champagne 72 67 Ze 61
95850 Mareil-en-France 95 51 Cc 54
23150 Mareille 23 114 Bf 72
78490 Mareil-le-Guyon 78 50 Bf 56
52700 Mareilles 52 75 Fb 59
72200 Mareil-sur-Loir 72 84 Aa 62
78124 Mareil-sur-Mauldre 78 50 Bf 55
36160 Marembert, le 36 114 Ca 70
62990 Marenla 62 28 Bf 46
17320 Marennes 17 122 Yf 74
69970 Marennes 69M 130 Ef 75
17560 Marennes-Plage 17 122 Yf 74
72110 Mare-Pineau, la 72 68 Ac 59
27160 Mares 27 49 Af 55
85490 Mares 85 110 Zc 70
14230 Mares, les 14 47 Yf 53
27500 Mares, les 27 49 Ac 52
72170 Mareschè 72 68 Aa 59
59990 Maresches 59 31 Dd 47
01440 Marest 01 118 Fb 71
62990 Maresquel-Ecquemicourt 62 28 Bf 46
50770 Maresquière, la 50 33 Yc 54
62550 Marest 62 29 Cc 46
32490 Marestaing 32 164 Ba 87
17160 Marestay 17 123 Ze 73
02300 Marest-Dampcourt 02 40 Da 51
80500 Marestmontiers 80 39 Cd 50
60490 Marest-sur-Matz 60 39 Ce 51
62630 Maresville 62 28 Be 45
77560 Marêts, les 77 52 Db 56
63290 Marette 63 116 Dd 73
59238 Maretz 59 30 Dc 48
63710 Mareuge 63 127 Cf 75
63850 Mareuge, la 63 127 Ce 76
63340 Mareugheol 63 128 Da 76
16170 Mareuil 16 123 Zf 74
33210 Mareuil 33 135 Zd 81
80132 Mareuil-Caubert 80 28 Bf 48
51270 Mareuil-en-Brie 51 53 De 55
02130 Mareuil-en-Dôle 02 53 Dd 53
24340 Mareuil en Périgord 24 124 Ac 76
60490 Mareuil-la-Motte 60 39 Ce 51
51700 Mareuil-le-Port 51 53 De 54
77100 Mareuil-lès-Meaux 77 52 Cf 55
18290 Mareuil-sur-Arnon 18 102 Ca 67
51160 Mareuil-sur-Ay 51 53 Ea 54
41110 Mareuil-sur-Cher 41 86 Bb 65
85320 Mareuil-Sur-Lay-Dissais 85 109 Ye 69
60890 Mareuil-sur-Ourca 60 52 Da 54
88320 Marey 88 76 Ff 60
21700 Marey-lès-Fussey 21 106 Ef 66
21120 Marey-sur-Tille 21 92 Fa 63
51170 Marfaux 51 53 Df 54
02140 Marfontaine 02 40 De 50
33570 Margagne, la 33 135 Zf 79
34600 Margal 34 167 Da 87
12440 Margat 12 151 Cb 83
33460 Margaux-Cantenac 33 134 Zb 78
95580 Margency 95 51 Cb 55
19200 Margerides 19 127 Cc 76
26230 Margerie 26 155 Ef 82
15400 Margerie, la 15 127 Cd 77
42560 Margerie-Chantagret 42 129 Ea 75
51290 Margerie-Hancourt 51 74 Ed 57
26260 Margès 26 143 Fa 78
70600 Margilley 70 92 Fd 63
02880 Margival 02 40 Dc 52
08370 Margny 08 43 Fc 51
51210 Margny 51 53 Dd 55
60310 Margny-aux-Cerises 60 39 Cf 50
60200 Margny-lès-Compiègne 60 39 Ce 52
60490 Margny-sur-Matz 60 39 Ce 51
74350 Margolliets, les 74 120 Gb 72
28400 Margon 28 69 Ae 58
34320 Margon 34 167 Db 88
32290 Margouët-Meymes 32 162 Aa 86
83440 Margoutons, les 83 172 Ge 87
48500 Margueffé, le 48 153 Db 82
50410 Margueray 50 46 Yf 55
16250 Marguerie, la 16 123 Zf 75
30320 Marguerittes 30 154 Ec 85
33220 Margueron 33 136 Ab 80
32150 Marguestau 32 148 Zf 85
83670 Margui 83 171 Ga 87
33830 Margut 33 134 Zb 81
08370 Margut 08 42 Fb 51
08270 Margy 08 41 Ec 51
33650 Marheuil, le 33 134 Zc 80
07160 Mariac 07 142 Ec 79
32170 Mariachous 32 163 Ac 88
33830 Marian 33 146 Za 82
41230 Mariaville 41 87 Be 64
54800 Mariaville 54 56 Fe 54
80360 Maricourt 80 39 Ce 49
84410 Maridats, les 84 155 Fb 84
06420 Marie 06 158 Ha 84
81240 Mariech, le 81 166 Cc 87
57455 Marienthal 57 57 Ge 54
67500 Marienthal 67 58 He 56
17200 Maries, les 17 122 Za 75
57420 Marieulles 57 56 Ga 54
80560 Marieux 80 29 Cc 48
17800 Marignac 17 123 Zd 75
30700 Marignac 30 154 Eb 84
31440 Marignac 31 176 Ad 91
82500 Marignac 82 149 Af 85
26150 Marignac-en-Diois 26 143 Fc 80
31430 Marignac-Lasclares 31 164 Ba 89
31220 Marignac-Laspeyres 31 164 Af 89
20141 Marignana CTC 182 Ie 95
13700 Marignane 13 170 Fb 88
39240 Marigna-sur-Valouse 39 119 Fd 70
49330 Marigné 49 83 Zc 62
49410 Marigné 49 83 Za 65
72220 Marigné-Laillé 72 85 Ac 62
53200 Marigné-Peuton 53 83 Zb 61
74970 Marignier 74 120 Gd 72
01300 Marignieu 01 131 Fe 74
03210 Marigny 03 103 Db 69
21400 Marigny 21 91 Ed 61
39130 Marigny 39 107 Fe 68
51230 Marigny 51 53 Df 57
58160 Marigny 58 103 Db 67
71300 Marigny 71 105 Ec 68
79360 Marigny 79 111 Zd 71
86380 Marigny-Brizay 86 99 Ac 68
86370 Marigny-Chémereau 86 111 Ab 70
58140 Marigny-la-Ville 58 90 Df 64
21150 Marigny-le-Cahouët 21 91 Ec 64
10350 Marigny-le-Châtel 10 73 De 58
58140 Marigny-L'Eglise 58 90 Df 64
50570 Marigny-Le-Lozon 50 33 Ye 54
21200 Marigny-lès-Reullée 21 106 Ef 67
45760 Marigny-les-Usages 45 70 Ca 61
37120 Marigny-Marmande 37 100 Ac 67
74150 Marigny-Saint-Marcel 74 132 Ff 74
58800 Marigny-sur-Yonne 58 90 Dd 65
16110 Marillac-le-Franc 16 124 Ac 74
49410 Marillais, le 49 83 Yf 64
01440 Marillat 01 118 Fb 71
85240 Marillet 85 110 Zc 69
33430 Marimbault 33 147 Ze 82
57810 Marimont 57 57 Ge 56
24800 Marimont, les 24 125 Af 76
57670 Marimont-lès-Bénestroff 57 57 Ge 55
12260 Marin 12 151 Bf 82
74200 Marin 74 120 Gd 70
20233 Marina d'Ampuglia = Marine de Pietracorbara CTC 181 Kc 91
20287 Marina de Meria = Marine di Meria CTC 181 Kc 91
20240 Marina di a Scaffa Rossa = Marine di Scaffa Rossa CTC 185 Kc 97
20145 Marina di Cala d'Oru = Marine de Cala d'Oru CTC 183 Kc 98
20253 Marina di Faringule = Marine de Farinole CTC 181 Kb 92
20137 Marina di Fiori CTC 185 Kb 99
20228 Marina di Giottani = Marine de Giottani CTC 181 Kb 91
20111 Marina di Pévani CTC 182 Ie 96
20260 Marina di Sant'Ambrogiu = Marine de Sant'Ambroggio CTC 180 Ie 93
20233 Marina di Siscu = Marine de Sisco CTC 181 Kc 92
20213 Marina di Sorbo CTC 181 Kd 94
20213 Marina di Sorbo = Marina di Sorbo CTC 181 Kd 94
20145 Marina di u Manichinu = Marine de Manichinu CTC 185 Kc 97
20240 Marina di u Sulaghju = Marine de Solaro CTC 183 Kc 97
20166 Marina Viva CTC 182 Ie 97
20217 Marinca CTC 181 Kb 91
40210 Mariné 40 146 Za 83
30460 Marine, la 30 154 De 84
20230 Marine de Bravone CTC 183 Kd 95
20145 Marine de Cala d'Oru CTC 183 Kc 98
20256 Marine de Davia CTC 180 Ie 93
20253 Marine de Farinole CTC 181 Kb 92
20228 Marine de Giottani CTC 181 Kb 91
20145 Marine de Manichinu CTC 185 Kc 97
20233 Marine de Pietracorbara CTC 181 Kc 91
20260 Marine de Sant'Ambroggio CTC 180 Ie 93
20228 Marine de Scalo CTC 181 Kb 91
20228 Marine de Scalo = Marina di Scalu CTC 181 Kb 91
20233 Marine de Sisco CTC 181 Kc 92
20240 Marine de Solaro CTC 183 Kc 97
20287 Marine di Meria CTC 181 Kc 91
20240 Marine di Scaffa Rossa CTC 185 Kc 97
95640 Marines 95 51 Bf 54
20253 Marines du Soleil, les CTC 181 Kb 92
42140 Maringes 42 130 Ec 74
71140 Maringes 71 104 De 69
63350 Maringues 63 116 Db 73
85480 Marinière, la 85 97 Ye 69
03270 Mariol 03 116 Dc 72
44540 Mariolle, la 44 83 Yf 63
43440 Marion 43 128 Dc 76
33690 Marions 33 148 Zf 82
57530 Marivaux 57 56 Gc 53
02300 Marizelle 02 40 Db 51
71220 Marizy, Le Rousset- 71 117 Ec 69
02470 Marizy-Sainte-Geneviève 02 52 Db 53
02470 Marizy-Saint-Mard 02 52 Db 53
83440 Marjoris, les 83 172 Ge 87
68470 Markstein, le 68 94 Ha 61
44117 Marland 44 81 Xe 65
36290 Marlanges 36 101 Bb 67
15240 Marlat 15 127 Cc 77
70500 Marlay 70 93 Fe 62
02250 Marle 02 40 De 50
73190 Marle 73 132 Ga 75
08290 Marlemont 08 41 Ec 50
67520 Marlenheim 67 60 Hc 57
74210 Marlens 74 132 Gc 74
80290 Marlers 80 38 Bf 50
77610 Marles-en-Brie 77 52 Cf 56
62170 Marles-sur-Canche 62 28 Be 46
48120 Marlet, le 48 140 Dc 80
23430 Marlhac 23 113 Bd 73
42660 Marlhes 42 130 Ec 77
19700 Marliac 19 126 Be 76
31550 Marliac 31 164 Bc 89
21110 Marliens 21 106 Fb 65
59680 Marlière 59 31 Df 47
01240 Marlieux 01 118 Fa 72
74270 Marlioz 74 120 Ga 72
17290 Marlonges 17 110 Za 72
57155 Marly 57 56 Ga 54
59770 Marly 59 31 Dd 46
02120 Marly-Gomont 02 40 De 49
95670 Marly-la-Ville 95 51 Cc 54
78160 Marly-le-Roi 78 51 Ca 55
71760 Marly-sous-Issy 71 104 Df 68
71420 Marly-sur-Arroux 71 105 Ea 69
18500 Marmagne 18 102 Cb 66
21500 Marmagne 21 90 Ec 63
71710 Marmagne 71 105 Ec 67
43300 Marmaisse 43 140 Dc 78
47200 Marmande 47 136 Aa 82
15250 Marmanhac 15 139 Cc 78
58330 Marmantray 58 104 Dd 66
89420 Marmeaux le Pâtis 89 90 Ea 63
52120 Marmesse 52 74 Ef 60
03630 Marmignolles 03 115 Cd 70
46250 Marminiac 46 137 Bb 81
63410 Marmoizoux 63 115 Cf 73
12200 Marmon 12 151 Ca 83
47220 Marmont-Pachas 47 149 Ad 84
11110 Marmorières 11 167 Da 89
61240 Marmouillé 61 48 Ab 56
16370 Marmounier 16 123 Ze 74
67440 Marmoutier 67 58 Hc 56
24220 Marnac 24 137 Ba 80
69240 Marnand 69D 117 Eb 72
38980 Marnans 38 131 Fb 77
81170 Marnaves 81 151 Bf 84
18300 Marnay 18 103 Cf 65
37190 Marnay 37 85 Ac 65
70150 Marnay 70 93 Fe 65
71240 Marnay 71 106 Ef 68
86160 Marnay 86 112 Ac 70
52800 Marnay-sur-Marne 52 75 Fb 60
10400 Marnay-sur-Seine 10 73 Dd 57
74460 Marnaz 74 120 Gd 72
44270 Marne, la 44 96 Yb 67
61550 Marnefer 61 49 Ad 55
77185 Marne-la-Valle 77 51 Cd 55
79600 Marnes 79 99 Zf 67
39270 Marnézia 39 107 Fd 69
43200 Marnhac 43 129 Ea 78
12540 Marnhagues 12 152 Da 85
12540 Marnhagues-et-Latour 12 152 Da 85
27330 Marnières, les 27 49 Ae 55
36290 Marnoux 36 101 Bb 68
39110 Marnoz 39 107 Fe 67
62161 Marœuil 62 29 Ce 47
59550 Maroilles 59 31 De 48
41210 Marolle-en-Sologne, la 41 87 Be 63
14100 Marolles 14 48 Ac 54
28410 Marolles 28 50 Bd 56
41330 Marolles 41 86 Bb 63
51300 Marolles 51 54 Ed 56
58700 Marolles 58 104 Dc 65
60890 Marolles 60 52 Da 53
91150 Marolles-en-Beauce 91 71 Cb 58
77120 Marolles-en-Brie 77 52 Da 56
94440 Marolles-en-Brie 94 51 Cd 56
91630 Marolles-en-Hurepoix 91 71 Cb 57
10110 Marolles-lès-Bailly 10 74 Ec 59
72260 Marolles-les-Braults 72 68 Ab 59
28400 Marolles-les-Buis 28 69 Af 58
72120 Marolles-lès-Saint-Calais 72 85 Ae 61
10130 Marolles-sous-Lignières 10 73 Df 61
77130 Marolles-sur-Seine 77 72 Da 58
72600 Marollette 72 68 Ac 58
76150 Marolles 42 129 Ea 76
76150 Maromme 76 37 Ba 52
33720 Maron 33 135 Zd 81
36120 Mâron 36 101 Bf 68
54230 Maron 54 56 Ga 57
88270 Maroncourt 88 76 Ga 59
24410 Marot 24 136 Ab 78
47800 Marot 47 136 Ac 81
19170 Marouby 19 126 Bf 75
22400 Maroué 22 64 Xc 58
17340 Marouillet, le 17 110 Yf 72
16420 Marousse, la 16 112 Af 72
39290 Marpain 39 92 Fd 65
40330 Marpaps 40 161 Zb 87
59164 Marpent 59 31 Ea 47
35220 Marpiré 35 66 Yd 60
80240 Marquaix 80 39 Da 49
24620 Marquay 24 137 Ba 79
62127 Marquay 62 29 Cc 46
40090 Marquayres 40 153 Db 82
23250 Marque 23 114 Be 72
33180 Marque 33 122 Zb 77
65800 Marque-Debat 65 162 Aa 89
31390 Marquefave 31 164 Bb 89
60490 Marqueglise 60 39 Ce 51
11410 Marquein 11 165 Be 89
65350 Marquerie 65 163 Ab 89
76390 Marques 76 38 Be 50
40190 Marquestau 40 147 Ze 86
59252 Marquette-en-Ostrevent 59 30 Db 47
59520 Marquette-lez-Lille 59 30 Da 44
08390 Marquigny 08 42 Ee 51
59274 Marquillies 59 30 Cf 45
62860 Marquion 62 30 Da 47
40550 Marquis 40 146 Yd 85
62250 Marquise 62 26 Be 44
80700 Marquivillers 80 39 Ce 50
66320 Marquixanes 66 178 Cc 93
32420 Marrast 32 163 Ae 88
89200 Marrault 89 90 Df 64
37370 Marray 37 85 Ac 63
55100 Marre 55 55 Fb 53
30210 Marre, la 30 107 Fe 60
83670 Marreliers, les 83 171 Ff 87
13105 Marres, les 13 170 Fc 88
40110 Marrouat 40 147 Zb 85
12200 Marroule 12 151 Bf 82
24170 Marroux, les 24 137 Ba 80
07320 Mars 07 142 Eb 78
30120 Mars 30 153 Dd 84
42750 Mars 42 117 Eb 72
87380 Mars 87 125 Bc 75
01410 Mars, les 01 120 Ff 71
23700 Mars, les 23 115 Cc 73
11140 Marsa 11 178 Ca 92
16110 Marsac 16 124 Ac 74
16570 Marsac 16 123 Aa 74
19210 Marsac 19 125 Bc 76
23210 Marsac 23 113 Bd 72
33460 Marsac 33 134 Zb 78
47320 Marsac 47 148 Ac 82
47360 Marsac 47 149 Ad 83
65500 Marsac 65 162 Aa 88
82120 Marsac 82 149 Ae 85
63940 Marsac-en-Livradois 63 129 De 76
44170 Marsac-sur-Don 44 82 Yb 63
24430 Marsac-sur l'Isle 24 124 Ad 77
45300 Marsainvilliers 45 71 Cb 59
03390 Marsais 03 115 Cf 70
17700 Marsais 17 110 Zc 72
85570 Marsais-Sainte-Radégonde 85 110 Za 69
57630 Marsal 57 57 Gd 56
81430 Marsal, Bellegarde- 81 151 Cb 85
24540 Marsalès 24 137 Af 80
19200 Marsalouse, la 19 127 Cc 75
32270 Marsan 32 163 Ae 87
45700 Marsan 45 71 Cd 61
24750 Marsaneix 24 137 Ae 78
51260 Marsangis 51 73 Df 57
89500 Marsangy 89 72 Db 60
21160 Marsannay-la-Côte 21 91 Ef 65
21380 Marsannay-le-Bois 21 92 Fa 64
26740 Marsanne 26 142 Ef 81
33620 Marsas 33 135 Zd 78
65200 Marsas 65 175 Ab 90
63200 Marsat 63 128 Da 73
26260 Marsaz 26 143 Ef 78
03220 Marseigne 03 116 Dd 70
32170 Marseillan 32 163 Ab 88
34340 Marseillan 34 167 Dd 88
65350 Marseillan 65 163 Ab 89
34340 Marseillan-Plage 34 167 Dd 89
13001* Marseille 13 170 Fc 89
60690 Marseille-en-Beauvaisis 60 38 Bf 51
18320 Marseilles-lès-Aubigny 18 103 Da 66
11800 Marseillette 11 166 Cd 89
23800 Marseuil 23 114 Be 71
15320 Marsillac 15 140 Db 79
33112 Marsillan 33 122 Za 78
34590 Marsillargues 34 168 Eb 87
23270 Marsillat 23 114 Ca 71
23700 Marsillat 23 115 Cc 72
16240 Marsillé 16 111 Aa 73
17137 Marsilly 17 110 Yf 71
57530 Marsilly 57 56 Gb 54
86260 Marsilly 86 100 Af 69
54800 Mars-la-Tour 54 56 Ff 54
63610 Marsol 63 128 Cf 76
32700 Marsolan 32 149 Ad 85
51240 Marson 51 54 Ed 55
01340 Marsonnas 01 118 Fa 70
39240 Marsonnas 39 119 Fc 71
55190 Marson-sur-Barboure 55 55 Fc 57
65400 Marsous 65 174 Ze 91
57700 Marspich 57 56 Ga 52
81150 Marssac-sur-Tarn 81 151 Ca 85
08400 Mars-sous-Bourcq 08 42 Ed 52
58240 Mars-sur-Allier 58 103 Da 67
87130 Martageix 87 125 Bd 75
27150 Martagny 27 38 Bd 52
80460 Martaigneville 80 28 Bc 48
47250 Martaillac 47 148 Aa 82
71700 Martailly-lès-Brancion 71 118 Ee 69
80140 Martainneville 80 38 Be 48
14220 Martainville 14 47 Zd 55
27210 Martainville 27 36 Ac 53
76116 Martainville-Epreville 76 37 Bb 52
86330 Martaizé 86 99 Aa 67
58700 Martangy 58 103 Dc 66
33125 Martat, le 33 134 Zc 81
36700 Marteau 36 101 Bb 67
19250 Marteaux, les 19 126 Ca 76
63410 Marteaux, les 63 115 Cf 73
46600 Martel 46 138 Bd 79
83470 Martelle 83 171 Ff 88
38510 Marteray, le 38 131 Fc 75
12240 Martes, les 12 151 Cb 83
32550 Martet 32 163 Ae 87
10500 Marthaux 10 74 Ec 58
54330 Marthemont 54 76 Ga 57
62120 Marthes 62 29 Cb 45
57340 Marthille 57 57 Gd 55
34220 Marthomis 34 166 Ce 87
16380 Marthon 16 124 Ac 75
73400 Marthou 73 132 Gc 74
24590 Marthres 24 137 Bb 79
63330 Marthuret 63 115 Ce 72
12200 Martiel 12 151 Bf 82
39260 Martigna 39 119 Fe 70
46700 Martignac 46 137 Ba 81
84100 Martignan 84 155 Ee 84
30360 Martignargues 30 154 Eb 84
33127 Martignas-sur-Jalle 33 134 Zc 79
01100 Martignat 01 119 Fd 71
63250 Martignat 63 128 Dd 73
49540 Martigné-Briand 49 98 Zd 65
35640 Martigné-Ferchaud 35 82 Ye 62
53470 Martigné-sur Mayenne 53 67 Zc 59
02500 Martigny 02 41 Ea 49
50600 Martigny 50 66 Yf 57
76000 Martigny 76 37 Ba 49
86170 Martigny 86 99 Ab 69
02860 Martigny-Courpierre 02 40 De 52
71220 Martigny-le-Comte 71 117 Ec 69
88320 Martigny-les-Bains 88 76 Fe 60
88300 Martigny-lès-Gerbonvaux 88 76 Fe 58
14700 Martigny-sur-L'Ante 14 47 Ze 55
13500 Martigues 13 170 Fa 88
33650 Martillac 33 135 Zc 80
88430 Martimpré 88 77 Gf 60
56130 Martinais 56 81 Xe 63
76270 Martincamp 76 37 Bc 50

54380 Martincourt 54 56 Ff 55
60112 Martincourt 60 38 Bf 51
55700 Martincourt-sur-Meuse 55 42 Fb 51
76370 Martin-Église 76 37 Bb 49
23250 Martineiche 23 114 Be 73
50190 Martinerie, la 50 46 Yc 53
85150 Martinet 85 96 Yb 68
85700 Martinet 85 98 Zb 68
30960 Martinet, le 30 154 Ea 83
12800 Martinie, la 12 151 Cb 84
81250 Martinie, la 81 152 Cd 85
17220 Martinière 17 110 Za 72
44640 Martinière 44 96 Yb 65
50660 Martinière 50 46 Yc 55
17600 Martinière, la 17 122 Zb 74
45210 Martinière, la 45 72 Cf 61
79600 Martinière, la 79 99 Ze 68
32350 Martinique, la 32 163 Ac 87
62450 Martinpuich 62 30 Ce 48
39150 Martins 39 107 Ff 69
05260 Martins, les 05 144 Gb 80
59113 Martinsart 59 30 Da 45
80300 Martinsart 80 29 Cd 48
50690 Martinvast 50 33 Yb 51
88410 Martinvelle 88 76 Ff 61
50000 Martinville 50 34 Yf 54
82110 Martissan 82 150 Bb 83
36220 Martizay 36 100 Ba 68
49240 Martoisière 49 84 Aa 63
15800 Martons 15 139 Cd 79
71960 Martoret, le 71 118 Ee 70
27340 Martot 27 49 Ba 53
14740 Martragny 14 47 Zc 53
83840 Martre, la 83 158 Gd 86
33760 Martres 33 135 Ze 80
63430 Martres-d'Artières, les 63 128 Db 73
31210 Martres-de-Rivière 31 163 Ad 90
63720 Martres-sur-Morge 63 116 Db 73
31220 Martres-Tolesane 31 164 Ba 89
86290 Martreuil 86 113 Ba 70
12550 Martrin 12 152 Cd 85
21320 Martrois 21 91 Ed 65
17270 Martron 17 123 Zf 77
09500 Marty 09 165 Bf 90
29800 Martyre, la 29 62 Vf 58
23400 Martyrs, les 23 113 Bd 73
11390 Martys, les 11 166 Cb 88
81440 Martys, les 81 151 Ca 86
30870 Maruéjols 30 154 Eb 86
30350 Maruéjols-lès-Gardon 30 154 Ea 84
87440 Marval 87 124 Ae 75
08400 Marvaux-Vieux 08 54 Ee 53
48100 Marvejols 48 140 Db 81
25250 Marvelise 25 94 Gd 63
55600 Marville 55 43 Fc 52
28170 Marville-les-Bois 28 69 Bb 57
28500 Marville-Moutiers-Brûlé 28 50 Bc 56
67500 Marxenhouse 67 58 He 56
71300 Mary 71 105 Ec 69
77440 Mary-sur-Marne 77 52 Da 54
56130 Marzan 56 81 Xe 63
19300 Marzeix 19 126 Bf 76
23700 Marzelle, la 23 115 Cd 73
44680 Marzelle, la 44 96 Yb 66
49610 Marzelle, la 49 83 Zc 64
85110 Marzelle, la 85 97 Yf 68
81500 Marzens 81 165 Be 87
12490 Marzials 12 152 Cf 84
43450 Marzun 43 128 Da 76
58180 Marzy 58 103 Da 67
06910 Mas, le 06 158 Gf 85
16310 Mas, le 16 124 Ad 74
18270 Mas, le 18 114 Cb 69
19170 Mas, le 19 126 Be 75
19220 Mas, le 19 126 Ca 77
19230 Mas, le 19 125 Bc 76
01700 Mas, le 01 130 Ab 70
32350 Mas, le 32 163 Ac 86
48250 Mas, le 48 141 De 81
63200 Mas, le 63 116 Da 73
63330 Mas, le 63 115 Ce 72
63550 Mas, le 63 116 Dd 73
19700 Masaleix 19 126 Bd 76
48110 Masaribal 48 153 De 83
66650 Mas-Atxer 66 179 Da 94
34520 Mas-Audran 34 153 Db 85
13460 Mas-Bade 13 169 Ec 87
23400 Masbaraud-Mérignat 23 114 Be 73
34260 Mas-Blanc, le 34 167 Db 87
13103 Mas-Blanc-des-Alpilles 13 155 Ee 86
30800 Mas-Blanquet 30 169 Ec 87
26620 Mas-Bourget 26 144 Fe 80
30740 Mas-Bourrie 30 169 Eb 87
11380 Mas-Cabardès 11 166 Cc 88
64330 Mascaraàs-Haron 64 162 Ze 87
32230 Mascaras 32 163 Ab 87
65190 Mascaras 65 163 Ab 89
31460 Mascarville 31 165 Be 87
13890 Mas-Chauvet, le 13 169 Ef 87
19120 Mascheix 19 138 Be 78
19170 Mas-Chevalier, le 19 126 Ca 75
46350 Masclat 46 137 Bc 79
87360 Mascornu, le 87 113 Ba 71
64370 Mascouette 64 161 Zc 87
12400 Mascourbe 12 152 Cf 85
47430 Mas-d'Agenais, le 47 148 Ab 82
13200 Mas-d'Agon 13 169 Ed 87
34700 Mas-d'Alary 34 167 Db 86
13800 Mas-d'Amphoux, le 13 170 Ef 87
34230 Mas-d'Arnaud 34 168 Dd 87
23100 Mas-d'Artige, le 23 126 Cb 74
34520 Mas-d'Auvignon 32 148 Ad 85
09290 Mas-d'Azil, le 09 164 Bc 90
13310 Mas-de-Aulnes 13 169 Ee 87
46330 Mas-de-Bassoul 46 150 Be 82
34380 Mas-de-Bouis 34 153 De 86
13200 Mas-de-Cabassolle 13 169 Ed 87
34520 Mas-de-Calmels 34 153 Dc 85
46150 Mas-de-Camp 46 137 Bc 81
30800 Mas-de-Capette 30 169 Ec 87
34160 Mas-de-Carrat 34 168 Df 86
30220 Mas-de-Chaberton 30 169 Eb 87
46320 Mas-de-Chaupet 46 138 Be 81
11570 Mas-de-Cours 11 166 Cc 90
13200 Mas-de-Grille 13 169 Ec 86
46260 Mas-de-Cuiralet 46 150 Be 82
34520 Mas-de-Jourdes 34 153 Dc 86
13104 Mas de Lanau 13 169 Ee 87
30580 Mas-de-la-Vieille-église, la 30 154 Ec 84
13200 Mas de la Ville 13 169 Ed 87
19380 Masdelbos 19 138 Bf 78
34380 Mas-de-Londres 34 153 De 86
34160 Mas de Martin 34 154 Df 86
46160 Mas-de-Pégourié 46 138 Bf 81
13310 Mas de Pernes 13 169 Ee 87
46150 Mas-de-Peyrou 46 137 Bb 81
13460 Mas de Pioch 13 169 Fc 87
12230 Mas-de-Pomier 12 153 Db 85
13200 Mas-de-Pontevès 13 169 Ed 87
46090 Mas-de-Proupo 46 138 Bd 81
30300 Mas de Ranguy 30 155 Fd 86
30600 Mas-des-Iscles 30 169 Ec 87
87170 Mas-des-Landes, le 87 125 Ba 74
12360 Mas-de-Soulier 12 152 Cf 85
34590 Mas-Desports 34 168 Ea 87
43190 Mas-de-Tence, le 43 142 Ec 78
48210 Masdeval 48 153 Dc 83
46230 Mas-de-Vers 46 150 Bd 82
13200 Mas-de-Vert 13 169 Ed 86
13460 Mas-d'Icard 13 169 Ec 88
13104 Mas-d'Icart 13 169 Ee 87
30110 Mas-Dieu, le 30 154 Ea 83
48190 Mas-d'Orcières 48 141 De 82
87300 Mas-du-Bost 87 112 Af 71
30220 Mas-du-Bousquet 30 168 Eb 87
07700 Mas du Gras 07 155 Ed 82
13200 Mas-du-Pont-de-Pousty 13 169 Ed 87
12230 Mas-du-Pré 12 153 Db 85
13200 Mas-du-Tort 13 169 Ed 86
48370 Masel-Rosade 48 153 De 83
68290 Masevaux-Niederbruck 68 94 Gf 62
87220 Mas-Gauthier 87 125 Bb 74
30770 Mas-Gauzin 30 153 Dc 85
13200 Mas-Giraud 13 169 Ee 87
23460 Masgrangeas 23 126 Bf 74
82600 Mas-Grenier 82 149 Bb 85
12540 Mas-Hugonenq 12 153 Db 86
38190 Mas-Julien, le 38 132 Ff 77
64300 Maslacq 64 161 Zb 88
46600 Maslaton 46 138 Bd 79
30122 Mas-Lautal 30 153 De 84
87130 Masléon 87 126 Bd 74
41250 Maslives 41 86 Bc 63
24380 Maslussun 24 137 Ae 78
23320 Masmeau 23 114 Be 71
48220 Masméjan 48 154 De 82
07590 Masméjean 07 141 Df 81
30700 Masmolène 30 155 Ed 84
34210 Masnaguine 34 166 Cd 88
12400 Mas-Nau 12 152 Cf 85
81530 Masnau-Massuguiès, le 81 152 Cd 86
30600 Mas-Neuf 30 169 Eb 87
59241 Masnières 59 30 Db 48
59176 Masny 59 30 Db 46
81500 Masos, les 66 178 Cc 93
66100 Mas-Palégry 66 179 Cf 93
64120 Masparraute 64 161 Yf 88
87120 Maspecout, le 87 126 Be 74
47370 Masquières 47 149 Ba 82
12540 Mas-Raynal, le 12 153 Db 85
01700 Mas-Rillier, le 01 130 Ef 74
23110 Masroudier, le 23 115 Cc 72
32360 Massa 32 148 Ac 86
11330 Massac 11 179 Cd 91
17490 Massac 17 122 Ze 72
87510 Massac 87 113 Bb 73
81500 Massac-Séran 81 165 Bf 87
63210 Massagues 63 127 Ce 74
63210 Massagettes 63 127 Ce 74
81110 Massaguel 81 166 Ca 88
48210 Mas-Saint-Chély 48 153 Dc 83
11400 Mas-Saintes-Puelles 11 165 Bf 89
79150 Massais 79 98 Zd 66
81250 Massals 81 151 Cd 85
AD400 Massana, la ◘ AND 177 Bd 93
13920 Massane 13 170 Fa 88
30350 Massanes 30 154 Ea 84
89440 Massangis 89 90 Df 63
07310 Massas 07 142 Eb 79
47340 Massas, la 47 149 Ae 82
09320 Massat 09 177 Bc 91
18120 Massay 18 102 Bf 66
86510 Massay 86 111 Aa 71
46150 Masse, la 46 137 Bb 81
12100 Massebiau 12 152 Da 84
48500 Massegros, le 48 153 Db 83
48500 Massegros Causses Gorges 48 153 Db 83
33690 Masseilles 33 148 Zf 82
47140 Masseis 47 149 Ae 83
63220 Massélèbre 63 129 De 76
30170 Masselle 30 153 Df 85
13460 Mas Sénébier 13 169 Ec 87
44290 Massérac 44 81 Ya 62
19510 Masseret 19 125 Bd 75
24130 Masseries, les 24 136 Ab 79
46330 Masseries, les 46 138 Bd 82
58420 Masserons, les 58 89 Dc 65
32140 Masseube 32 163 Ad 88
48400 Massevaques 48 153 Dd 83
15500 Massiac 15 128 Db 77
24490 Massias, le 24 135 Aa 78
43150 Massibrand 43 141 Ea 79
17270 Massicot 17 123 Ze 78
38620 Massieu 38 131 Fd 76
51800 Massiges 51 54 Ee 53
16310 Massignac 16 124 Ad 74
01300 Massignieu-de-Rives 01 132 Fe 74
21350 Massigny-lès-Vitteaux 21 91 Ed 64
30000 Massillan 30 154 Ec 85
30140 Massillargues 30 154 Df 84
71250 Massilly 71 118 Ee 70
21400 Massingy 21 91 Ed 61
74150 Massingy 74 132 Ff 74
21140 Massingy-lès-Semur 21 91 Ec 63
86170 Massognes 86 99 Aa 68
06710 Massoins 06 158 Ha 85
74140 Massongy 74 120 Gb 71
44160 Massonnais, la 44 81 Xf 64
05230 Massots 05 144 Gb 81
23460 Massoubrot, le 23 126 Be 74
47140 Massoulès 47 149 Af 82
21330 Massoult 21 91 Ec 62
19170 Massoutre 19 126 Bf 75
28800 Massuère 28 70 Bc 59
33790 Massugas 33 136 Aa 80
71250 Massy 71 118 Ed 70
76270 Massy 76 37 Bc 50
91300 Massy 91 51 Cb 56
59172 Mastaing 59 30 Db 47
46340 Mas-Teulat 46 137 Bb 80
13104 Mas-Thibert, le 13 169 Ee 87
64300 Mastrot 64 161 Zb 87
07590 Mas-Vendran 07 141 Df 80
01580 Matafelon-Granges 01 119 Fd 71
63440 Matas 63 115 Da 72
47800 Matelis 47 136 Ac 81
34270 Matelles, les 34 168 De 86
66210 Matemale 66 178 Ca 93
17160 Matha 17 123 Ze 73
40090 Matha 40 147 Zc 85
82200 Mathaly 82 149 Ba 84
42260 Mathaude, la 42 117 Df 73
25700 Mathay 25 94 Ge 64
49140 Matheflon 49 84 Zd 63
39600 Mathenay 39 107 Fe 67
17570 Mathes, les 17 122 Yf 74
14920 Mathieu 14 47 Zd 53
31470 Mathieu 31 164 Bb 88
73460 Mathiez, le 73 132 Gc 75
40560 Mathiouic 40 146 Ye 85
07270 Mathon 07 142 Ed 79
74340 Mathonex 74 121 Ge 72
03190 Mathonnière 03 115 Ce 69
52300 Mathons 52 75 Fa 58
76450 Mathonville 76 36 Ae 50
76590 Mathonville 76 37 Bb 50
76680 Mathonville 76 37 Bc 51
73310 Mathy 73 119 Fe 73
51300 Matignicourt-Goncourt 51 54 Ee 56
22550 Matignon 22 64 Xe 57
80400 Matigny 80 39 Da 50
40320 Matilas 40 162 Ze 87
51510 Matougues 51 54 Eb 55
71520 Matour 71 117 Ec 71
83780 Matourne 83 172 Gc 87
20270 Matra CTC 183 Kc 95
74440 Matringes 74 120 Gd 72
62310 Matringhem 62 29 Ca 45
88500 Mattaincourt 88 76 Ga 59
15110 Matte, la 15 140 Cf 80
37260 Mattès, les 37 85 Ad 65
85270 Mattes, les 85 96 Ya 68
54830 Mattexey 54 77 Gd 58
20123 Mattiolo CTC 182 If 98
08110 Matton-et-Clemency 08 42 Fb 51
67510 Mattstall 67 58 He 55
67150 Matzenheim 67 60 Hd 58
82500 Maubec 82 149 Af 86
84660 Maubec 84 156 Fa 85
12100 Maubert 12 153 Db 84
08260 Maubert-Fontaine 08 41 Ec 49
59600 Maubeuge 59 31 Df 47
43200 Mauborg 43 129 Ea 77
05250 Maubourg 05 144 Ff 80
33160 Maubourguet 33 134 Za 79
65700 Maubourguet 65 162 Aa 88
18390 Maubranches 18 102 Cd 66
23240 Maubrant 23 113 Bd 71
33121 Maubuisson 33 134 Yf 70
79600 Maucarrière, la 79 99 Ze 68
91730 Mauchamps 91 71 Cb 57
76680 Maucomble 76 37 Bb 50
64160 Maucor 64 162 Ze 88
80170 Maucourt 80 39 Ce 50
55400 Maucourt-sur-Orne 55 55 Fd 53
95420 Maudétour-en-Vexin 95 50 Be 54
61110 Maufaise, la 61 69 Ae 58
19460 Maugein 19 126 Be 77
49110 Mauges-sur-Loire 49 83 Za 64
74550 Maugny 74 120 Gc 71
34130 Mauguio 34 168 Ea 87
52140 Maulain 52 75 Fd 60
79100 Maulais 79 99 Ze 67
55500 Maulan 55 55 Fb 56
86200 Maulay 86 99 Ab 67
59158 Maulde 59 30 Dc 45
78580 Maule 78 50 Bf 55
72650 Maule, la 72 68 Aa 60
79700 Mauléon 79 98 Zb 67
65370 Mauléon-Barousse 65 176 Ad 91
32240 Mauléon-d'Armagnac 32 147 Zf 85
64130 Mauléon-Licharre 64 161 Za 89
60480 Maulers 60 38 Ca 51
78550 Maulette 78 50 Bd 56
49360 Maulévrier 49 98 Zb 66
76490 Maulévrier-Sainte-Gertrude 76 36 Ae 51
32400 Maulichères 32 162 Zf 86
89740 Maulnes 89 90 Eb 61
28150 Mauloup 28 70 Bd 59
87800 Maumond 87 125 Bb 75
19300 Maumont 19 126 Ca 76
44540 Maumusson 44 83 Yf 64
82120 Maumusson 82 149 Af 85
32400 Maumusson-Laguian 32 162 Zf 87
89190 Mauny 89 72 Dd 58
22630 Mauny, le 22 65 Ya 58
10320 Maupas 10 73 Ea 60
32240 Maupas 32 147 Zf 85
76580 Maupas, le 76 37 Ac 52
83390 Maupas, le 83 171 Ga 89
77120 Mauperthuis 77 52 Da 56
50410 Maupertuis 50 46 Ye 55
58110 Maupertuis 58 104 Dd 66
50330 Maupertus-sur-Mer 50 33 Yd 51
06910 Maupoil 06 158 Ge 85
88260 Maupotel 88 76 Gb 60
86460 Mauprévoir 86 112 Ad 71
76440 Mauquency 76 37 Bc 51
23380 Mauques 23 114 Bf 71
13130 Mauran 13 170 Fa 87
31220 Mauran 31 164 Ba 89
32230 Maurar 32 163 Ab 87
47380 Maurasse 47 136 Ad 82
31870 Maurat 31 164 Bc 88
04140 Maure 04 157 Gc 83
42130 Maure 42 129 Df 74
04400 Maure, la 04 158 Gd 82
46200 Maure, le 46 138 Bc 79
78780 Maurecourt 78 51 Ca 55
35330 Maure-de-Bretagne 35 81 Ya 61
13600 Mauregard 13 171 Fd 89
77990 Mauregard 77 51 Cd 54
02820 Mauregny-en-Haye 02 40 De 51
34370 Maureilhan 34 167 Da 88
66480 Maureillas-las-Illas 66 179 Ce 94
04330 Maurelière, la 04 157 Gc 85
12400 Maurelle, la 12 152 Ce 84
31290 Mauremont 31 165 Be 88
12260 Maurenque, la 12 151 Bf 82
24140 Maurens 24 136 Ac 79
31540 Maurens 31 165 Be 88
32200 Maurens 32 164 Af 87
78310 Maurepas 78 50 Bf 56
80360 Maurepas 80 39 Cf 49
31190 Mauressac 31 164 Bc 89
30350 Mauressargues 30 154 Ea 85
32350 Mauret 32 163 Ac 86
77390 Maurevert 77 52 Ce 57
06210 Maure-Vieil 06 173 Gf 87
31460 Maureville 31 165 Be 87
12620 Mauriac 12 152 Cf 83
15200 Mauriac 15 127 Cc 77
33540 Mauriac 33 135 Zf 80
33840 Mauriac 33 147 Ze 83
47120 Maurice 47 136 Ab 80
47260 Maurice 47 136 Ac 82
19300 Maurie, la 19 126 Ca 76
40320 Mauries 40 162 Ze 87
32110 Mauriet 32 162 Zf 86
04530 Maurin 04 145 Ge 81
34970 Maurin 34 168 Df 87
15110 Maurines 15 140 Da 79
06540 Mauriou 06 159 Hc 84
59980 Maurois 59 30 Dc 48
56430 Mauron 56 64 Xe 60
12350 Mauron, le 12 151 Ca 82
32380 Mauroux 32 149 Ae 85
46700 Mauroux 46 149 Ba 82
40270 Maurrin 40 147 Zd 86
15600 Maurs 15 139 Cb 80
67440 Maursmünster = Marmoutier 67 58 Hc 56
51340 Maurupt-le-Montois 51 54 Ef 56
09290 Maury 09 177 Bc 90
12800 Maury 12 151 Cc 83
66460 Maury 66 179 Cd 92
20259 Mausoléo CTC 180 Ka 93
12360 Maussac 12 152 Cf 86
19250 Maussac 19 126 Ca 76
19250 Maussac-Gare 19 126 Ca 76
13520 Maussane-les-Alpilles 13 169 Ee 86
70230 Maussans 70 93 Gb 64
03700 Maussans, les 03 116 Dc 72
64360 Mautalen 64 161 Zc 89
33138 Mautans 33 134 Za 80
23190 Mautes 23 114 Cc 73
40420 Mautoire 40 147 Zc 84
55130 Mauvages 55 75 Fd 57
43100 Mauvagnat 43 128 Dc 77
31190 Mauvaisin 31 165 Bd 88
07300 Mauves 07 142 Ee 78
61400 Mauves-sur-Huisne 61 68 Ad 58
44470 Mauves-sur-Loire 44 82 Yd 65
31230 Mauvezin 31 164 Af 88
32120 Mauvezin 32 164 Af 86
42400 Mauvezin-d'Armagnac 40 148 Zf 85
09160 Mauvezin-de-Prat 09 176 Af 90
09230 Mauvezin-de-Sainte-Croix 09 164 Bb 90
47200 Mauvezin-sur-Gupie 47 136 Aa 81
36370 Mauvières 36 113 Ba 69
21510 Mauvilly 21 91 Ee 62
41370 Mauvoy 41 86 Bc 62
58700 Mauvrain 58 103 Da 65
24150 Maux 24 136 Ae 79
58290 Maux 58 104 De 66
65130 Mauzac 65 163 Ab 90
17320 Mauzac 17 122 Yf 74
31410 Mauzac 31 164 Bb 88
31560 Mauzac 31 165 Bd 88
24150 Mauzac-et-Grand-Castang 24 137 Ae 79
24260 Mauzens-et-Miremont 24 137 Af 79
79210 Mauzé-sur-le-Mignon 79 110 Zb 71
33230 Mauzet 33 135 Zf 78
79100 Mauzé-Thouarsais 79 98 Ze 67
63160 Mauzun 63 128 Dc 74
24800 Mavaleix 24 125 Af 75
41500 Maves 41 86 Bc 62
21190 Mavilly-Mandelot 21 105 Ee 66
57140 Maxe, la 57 56 Gb 53
35380 Maxent 35 65 Xf 61
54320 Maxéville 54 56 Ga 56
88630 Maxey-sur-Meuse 88 75 Fe 58
55140 Maxey-sur-Vaise 55 75 Fd 57
74500 Maxilly-Petite-Rive 74 120 Gd 70
74500 Maxilly-sur-Lac 74 120 Gd 70
21270 Maxilly-sur-Saône 21 92 Fc 64
46090 Maxou 46 137 Bc 81
57660 Maxstadt 57 57 Ge 54
24420 Mayac 24 125 Af 77
33930 Mayan 33 122 Yf 76
79100 Mayé 79 99 Zf 66
42111 Mayen 42 129 Df 74
77145 May-en-Multien 77 52 Da 54
53100 Mayenne 53 67 Zc 59
24400 Mayet 24 136 Ab 78
72360 Mayet 72 85 Ab 62
03800 Mayet-d'Ecole, le 03 116 Db 72
03250 Mayet-de-Montagne, le 03 116 De 72
42370 Mayeuvre 42 117 Df 72
40250 Maylis 40 161 Zb 86
12340 Maymac 12 152 Ce 82
40160 Maynage 40 146 Yf 83
39190 Maynal 39 119 Fc 69
04250 Maynard 04 157 Ga 83
33770 Mayne, le 33 134 Za 81
47150 Mayne-de-Bosq 47 136 Ae 81
33121 Mayne-Pauvre 33 134 Yf 78
48150 Maynial, le 48 153 Db 83
43210 Mayol 43 129 Eb 76
83340 Mayons, les 83 172 Gc 89
02800 Mayot 02 40 Dc 50
12550 Mayous, les 12 152 Cd 85
46200 Mayrac 46 138 Bd 79
12390 Mayran 12 151 Cc 82
63420 Mayrand, la 63 128 Da 76
31110 Mayrègne 31 175 Ad 91
07270 Mayres 07 142 Ee 79
07330 Mayres 07 141 Ea 81
63220 Mayres 63 129 De 76
38350 Mayres-Savel 38 144 Fe 79
11420 Mayreville 11 165 Bf 89
12310 Mayrinhac 12 152 Cf 82
12600 Mayrinhac 12 139 Ce 80
46500 Mayrinhac-le-Francal 46 138 Bd 79
46500 Mayrinhac-Lentour 46 138 Be 80
11220 Mayronnes 11 178 Cd 90
49122 May-sur-Evre, le 49 98 Za 66
14320 May-sur-Orne 14 35 Zd 54
44410 Mayun 44 81 Xe 64
07570 Mazabrard 07 142 Ec 78
08400 Mazagran 08 42 Ed 52
63780 Mazal, le 63 115 Cf 73
19170 Mazaleyrat, les 19 126 Bf 75
43520 Mazalibrand 43 141 Eb 78
81200 Mazamet 81 166 Cc 88
63330 Mazan 63 115 Cd 72
84380 Mazan 84 156 Fa 84
41100 Mazangé 41 86 Af 62
07510 Mazan-L'Abbaye 07 141 Ea 80
13008 Mazargues 13 170 Fc 89
19170 Mazau, le 19 126 Bf 75
83136 Mazaugues 83 171 Ff 88
86200 Mazault 86 99 Aa 67
63230 Mazaye 63 127 Cf 74
19390 Mazeau 19 126 Bf 76
85420 Mazeau, le 85 110 Zb 70
87340 Mazeaud, le 87 113 Bc 72
87380 Mazeaud, le 87 125 Bc 75
43190 Mazeaux 43 142 Eb 78
43220 Mazeaux, les 43 130 Ec 77
23170 Mazeiras 23 114 Cc 72
23150 Mazeirat 23 114 Bf 72
23000 Mazeire, la 23 114 Bf 72
23140 Mazeires, les 23 114 Ca 72
24460 Mazel 24 124 Ae 77
30570 Mazel, le 30 153 De 84
48190 Mazel, le 48 141 De 82
48700 Mazel, le 48 140 Dc 80
48210 Mazel-Bouissy, le 48 153 Db 82
88150 Mazeley 88 76 Gc 59
43520 Mazelgirard 43 142 Eb 78
43340 Mazemblard 43 141 De 79
49630 Mazé-Milon 49 84 Ze 64
71510 Mazenay 71 105 Ed 67
23260 Mazendreau, le 23 114 Cc 73
63340 Mazérat 63 128 Da 76
17400 Mazeray 17 110 Zc 73
23400 Mazère 23 114 Bd 72
37460 Mazère, la 37 101 Bb 66
09270 Mazères 09 165 Be 89
32450 Mazères 32 163 Ae 87
33210 Mazères 33 135 Ze 82
47370 Mazères 47 149 Ba 82
65700 Mazeres 65 162 Zf 87
82110 Mazères 82 149 Bb 83
65150 Mazères-de-Neste 65 163 Ad 90
64110 Mazères-Lezons 64 162 Zd 89
31260 Mazères-sur-Salat 31 164 Af 90
23100 Mazergue, la 23 127 Cc 74
03800 Mazerier 03 116 Db 72
87130 Mazermaud 87 125 Bc 74
08430 Mazerny 08 42 Ed 51
09500 Mazeroles 09 177 Be 90
33390 Mazerolle 33 134 Zc 78
36170 Mazerolle 36 113 Bc 70
16310 Mazerolles 16 124 Ad 74
17800 Mazerolles 17 122 Zc 75
40090 Mazerolles 40 147 Zd 85
64230 Mazerolles 64 162 Zd 88
65220 Mazerolles 65 163 Ab 88
86320 Mazerolles 86 112 Ad 70
11240 Mazerolles-du-Razès 11 165 Ca 90
25170 Mazerolles-le-Salin 25 107 Ff 65
46270 Mazers, le 46 152 Ca 81
54280 Mazerulles 54 56 Gc 56
12130 Mazes 12 140 Cf 81
30750 Mazes, les 30 153 Dc 84
46090 Mazet, le 46 150 Bd 82
48100 Mazet, le 48 140 Dc 81
63390 Mazet, le 63 115 Cd 72
87150 Mazet, le 87 125 Af 74
87470 Mazet, le 87 126 Be 74
43520 Mazet-Saint Voy 43 141 Eb 78
86110 Mazeuil 86 99 Aa 68
48200 Mazeyrac 48 140 Db 79
43230 Mazeyrat-Aurouze 43 128 Dd 77
43300 Mazeyrat-d'Allier 43 140 Dd 78
24550 Mazeyrolles 24 137 Ba 80

A B C D E F G H I J K L M N O P Q R S T U V W X Y Z

19260 Maziéras 19 126 Bd 75
87500 Maziéras 87 125 Bb 75
18500 Mazière 18 102 Cb 66
63640 Mazière, la 63 115 Ce 73
23260 Mazière-aux-Bons-Hommes, la 23 127 Cc 73
16270 Mazières 16 124 Ad 73
18000 Mazières 18 102 Cc 66
81100 Mazières 81 165 Cb 86
12240 Mazières, les 12 151 Ca 83
37130 Mazières-de-Touraine 37 85 Ac 64
79310 Mazières-en-Gâtine 79 111 Ze 69
49280 Mazières-en-Mauges 49 98 Zb 66
47210 Mazières-Naresse 47 136 Ae 80
58250 Mazille 58 104 De 67
71250 Mazille 71 118 Ed 70
79210 Mazin 79 110 Zb 71
62670 Mazingarbe 62 29 Ce 46
62120 Mazinghem 62 29 Cc 45
59360 Mazinghien 59 31 Dd 48
58140 Mazinien 58 90 Df 65
33390 Mazion 33 122 Zc 78
03420 Mazirat 03 115 Cd 71
88500 Mazirot 88 76 Ga 59
80430 Mazis, le 80 38 Be 49
76220 Mazis, les 76 37 Bd 52
23200 Mazobouyer 23 114 Cb 72
63420 Mazoires 63 128 Da 76
38350 Mazoirs, les 38 144 Ff 79
87150 Mazorie, la 87 125 Af 74
65250 Mazouau 65 175 Ac 90
32170 Mazous 32 163 Ab 88
11140 Mazuby 11 178 Ca 92
44770 Mazure, la 44 96 Xe 66
08500 Mazures, les 08 42 Ed 49
23600 Mazurier, le 23 114 Cc 71
46090 Mazuts, les 46 150 Bd 82
20212 Mazzola CTC 183 Kb 95
04240 Méailles 04 158 Gd 84
43500 Méalet 43 129 Df 76
15200 Méallet 15 127 Cc 77
23360 Méasnes 23 114 Be 70
28240 Meaucé 28 69 Af 58
58470 Meauce 58 103 Da 67
38112 Méaudre 38 143 Fd 78
50800 Meauffe, la 50 46 Yf 53
22440 Méaugon, la 22 64 Xa 58
03360 Meaulne-Vitray 03 102 Cd 69
80300 Méaulte 80 39 Cd 49
85250 Meauregard 85 97 Ye 67
50500 Méautis 50 33 Ye 53
63700 Meaux 63 115 Ce 72
77100 Meaux 77 52 Cf 55
69550 Meaux-la-Montagne 69D 117 Ec 72
82290 Meauzac 82 150 Bb 84
35450 Mecé 35 66 Ye 59
46150 Mechmont 46 137 Bc 81
57640 Méchy 57 56 Gb 53
34610 Mècle 34 167 Da 86
57245 Mécleuves 57 56 Gb 54
59570 Mecquignies 59 31 De 47
55300 Mécrin 55 55 Fd 56
78670 Médan 78 51 Bf 55
61570 Medavy 61 48 Aa 56
13220 Mède, la 13 170 Fa 88
04250 Médecine, la 04 157 Ga 82
63220 Medeyrolles 63 129 De 76
25250 Médière 25 94 Gd 64
16210 Médillac 16 123 Aa 77
17600 Médis 17 122 Za 75
74920 Médonnet, le 74 120 Gd 73
88140 Médonville 88 75 Fe 59
40210 Médous 40 146 Yf 83
33480 Médrac 33 134 Zb 78
35360 Médréac 35 65 Xf 59
22230 Medrigneg = Medrignac 22 64 Xd 59
53400 Mée 53 83 Za 62
28220 Mée, le 28 70 Bc 61
50240 Mée, le 50 66 Yd 58
04190 Mées, le 04 157 Ff 84
72260 Mées, les 72 68 Ab 59
86200 Mées, les 86 99 Ab 66
77350 Mée-sur-Seine, le 77 71 Cd 57
36110 Méez, le 36 101 Bd 67
57220 Mégange 57 56 Gc 53
82200 Mégère, la 82 150 Ba 84
46150 Mèges 46 137 Bc 81
74120 Megève 74 133 Gd 73
74490 Mégevette 74 120 Gd 71
30200 Mégier 30 155 Ed 84
22270 Megrit 22 65 Xe 58
80170 Méharicourt 80 39 Ce 50
64120 Méharin 64 161 Yf 88
41140 Méhers 41 86 Bc 65
54360 Méhoncourt 54 76 Gc 57
61410 Méhoudin 61 67 Zd 57
36320 Mehun 36 101 Bd 67
18500 Mehun-sur-Yèvre 18 102 Cb 66
49770 Meignanne, la 49 83 Zc 63
49700 Meigné 49 99 Ze 65
44130 Meignelais, la 44 82 Yb 64
49490 Meigné-le-Vicomte 49 84 Ab 63
77520 Meigneux 77 72 Da 57
80290 Meigneux 80 38 Bf 50
28150 Meigneville 28 70 Bd 59
29790 Meilars 29 78 Vd 60
19400 Meilhac 19 138 Ca 78
87800 Meilhac 87 125 Ba 74
32420 Meilhan 32 163 Ae 88
40400 Meilhan 40 147 Zb 85
47180 Meilhan-sur-Garonne 47 135 Aa 81
19510 Meilhards 19 126 Bd 75
63320 Meilhaud 63 128 Da 75
35270 Meillac 35 65 Yb 58
18200 Meillant 18 102 Cd 68
03500 Meillard 03 116 Db 70
80370 Meillard, le 80 29 Cb 47
73260 Meiller, le 73 132 Gc 76
85700 Meilleraie-Tillay, la 85 98 Za 68
77320 Meilleray 77 52 Dc 56
79420 Meilleraye 79 99 Ze 64
85200 Meilleraye, la 85 110 Zb 70
44520 Meilleraye-de-Bretagne, la 44 82 Yd 63
74500 Meillerie 74 121 Ge 70
03210 Meillers 03 116 Da 69
08700 Meillier-Fontaine 08 42 Ee 50
01370 Meillonnas 01 119 Fc 71
21320 Meilly-sur-Rouvres 21 105 Ed 65
57960 Meisenthal 57 58 Hc 55
67210 Meistratzheim 67 60 Hd 58
21250 Meix, le 21 106 Fb 66
21580 Meix, le 21 91 Ef 63
58140 Meix, le 58 90 Df 64
89630 Meix, le 89 90 Df 64
88360 Meix, les 88 77 Gd 61
51120 Meix-Saint-Epoing, le 51 53 Dd 56
51320 Meix-Tiercelin, le 51 54 Ec 57
71330 Meix-Vallant 71 106 Fa 68
12150 Méjanel, le 12 152 Cf 83
13460 Méjanes 13 169 Ed 87
63950 Mejanesse 63 127 Ce 75
30430 Méjannes-le-Clap 30 154 Ec 83
30340 Méjannes-lès-Alès 30 154 Ea 84
33680 Méjos 33 134 Yf 79
29120 Méjou-Roz 29 78 Ve 61
20112 Mela CTC 185 Ka 98
20137 Mela CTC 185 Kb 99
12490 Mélac 12 152 Cf 84
33370 Mélac 33 135 Zd 79
12360 Mélagues 12 167 Da 86
76170 Mélamare 76 36 Ac 51
61130 Melarbière, la 61 68 Ac 58
49120 Melay 49 98 Zb 65
52400 Melay 52 93 Fe 61
70270 Melay 70 94 Gd 62
71340 Melay 71 117 Ea 71
67340 Melch 67 58 Hc 55
70110 Mélecey 70 94 Gc 63
77970 Mélenfroy 77 52 Da 57
35520 Melesse 35 65 Yb 59
61170 Mêle-sur-Sarthe, le 61 68 Ac 57
51460 Melette 51 54 Ec 55
04530 Melezen 04 145 Ge 81
05200 Mélezet, le 05 145 Gd 81
05100 Mélézin, le 05 145 Gd 79
29140 Melgven 29 78 Wa 61
60150 Mélicocq 60 39 Cf 52
27390 Mélicourt 27 49 Ad 55
24410 Mélier, le 24 136 Ab 78
55190 Méligny-le-Grand 55 55 Fc 56
55190 Méligny-le-Petit 55 55 Fc 57
70120 Melin 70 93 Fe 62
70210 Melincourt 70 93 Ga 61
44420 Méliniac 44 81 Xd 64
70270 Mélisey 70 94 Gd 62
89430 Mélisey 89 90 Ea 61
12120 Méljac 12 151 Cc 84
29300 Mellac 29 79 Wc 61
35420 Mellé 35 66 Ye 58
79500 Melle 79 111 Zf 71
71640 Mellecey 71 105 Ee 68
79190 Melleran 79 111 Aa 72
28310 Melleray 28 70 Bf 59
72320 Melleray 72 69 Ae 60
53110 Melleray-la-Vallée 53 67 Zc 58
35270 Mellerie, la 35 65 Yc 58
45220 Melleroy 45 88 Cf 61
31440 Melles 31 176 Ae 91
28800 Melleville 28 70 Bc 59
76260 Melleville 76 37 Bc 49
22110 Mellionnec 22 79 We 59
60660 Mello 60 51 Cc 53
21190 Meloisey 21 105 Ee 66
88220 Méloménil 88 76 Gb 60
29840 Melon 29 61 Vb 58
74360 Melon 74 121 Ge 71
56310 Melrand 56 79 Wf 61
46090 Mels 46 138 Bd 82
67270 Melsheim 67 58 Hd 56
77000 Melun 77 71 Cd 57
77176 Melun-Senart 77 71 Cd 57
04250 Melve 04 157 Ff 82
12400 Melvieu 12 152 Ce 84
71170 Mély 71 117 Eb 71
15290 Membert 15 138 Ca 79
12160 Membre 12 151 Cc 83
70180 Membrey 70 92 Fe 63
37390 Membrolle-sur-Choisille, la 37 85 Ad 64
49770 Membrolle-sur-Longuenée, la 49 83 Zb 63
88600 Méménil 88 77 Gd 59
12200 Memer 12 151 Bf 83
46160 Memerlin 46 138 Be 82
28800 Mémillon 28 69 Bc 60
67250 Memmelshoffen 67 58 Hf 55
25210 Mémont, le 25 108 Ge 66
52330 Mémorial Charles de Gaulle 52 74 Ef 59
89450 Menades 89 90 De 64
13460 Ménage, le 13 169 Ec 87
28200 Menainville 28 70 Bc 60
41240 Ménainville 41 86 Bc 61
44119 Ménardais, la 44 82 Yc 65
85480 Ménardière, la 85 97 Ye 68
88700 Ménarmont 88 77 Gd 58
63560 Menat 63 115 Cf 72
55500 Menaucourt 55 55 Fc 57
40200 Menaut 40 146 Yf 83
09130 Menay 09 164 Bc 90
41240 Menbrolles 41 70 Bc 61
62310 Mencas 62 29 Ca 45
67340 Menchhoffen 67 58 Hc 55
48000 Mende 48 140 Dc 81
64130 Mendibieu 64 161 Za 89
64240 Mendionde 64 160 Ye 88
64130 Menditte 64 161 Za 90
64220 Mendive 64 161 Yf 90
29520 Mendy 29 78 Wb 60
64130 Mendy 64 161 Za 89
22510 Mené, le 22 64 Xc 59
56490 Ménéac 56 64 Xd 60
47230 Ménéaux 47 148 Ac 83
56340 Ménec 56 80 Wf 63
56550 Ménec 56 79 Wf 63
26410 Menée 26 143 Fd 80
56530 Mené-Guen 56 79 Wd 62
29890 Ménéham 29 62 Vd 56
56490 Ménéhy, le 56 64 Xd 60
40200 Ménéou 40 146 Yf 83
84560 Ménerbes 84 156 Fb 85
76220 Ménerval 76 38 Bd 51
21290 Menesble 21 91 Ef 62
80520 Méneslies 80 28 Bd 48
24700 Ménesplet 24 136 Aa 78
27850 Menesqueville 27 37 Bc 52
21430 Ménessaire 21 105 Ea 66
58410 Menestreau 58 89 Db 64
45240 Ménestreau-en-Villette 45 87 Ca 62
80290 Menesvillers 80 38 Ca 50
15400 Menet 15 127 Cd 77
18320 Menetou-Couture 18 103 Cf 66
18300 Menetou-Râtel 18 88 Ce 64
18510 Menetou-Salon 18 102 Cc 65
36210 Menetou-sur-Nahon 36 101 Bd 65
21140 Ménétoy 21 90 Eb 64
18300 Ménétréol-sous-Sancerre 18 88 Cf 65
36150 Ménétréols-sous-Vatan 36 101 Bf 66
18700 Ménétréol-sur-Sauldre 18 88 Cb 64
71470 Ménetreuil 71 106 Fa 69
21150 Ménétreux-le-Pitois 21 91 Ec 63
63200 Ménétrol 63 128 Da 73
39210 Menétru-le-Vignoble 39 107 Fd 68
39130 Menétrux-en-Joux 39 107 Fe 69
60420 Ménévillers 60 39 Cd 51
19700 Meneyrol 19 126 Be 76
63600 Méneyrolles 63 129 De 76
29000 Ménez Bily 29 78 Vf 61
29780 Ménez-Drégan 29 61 Vd 61
29120 Menez-Kerdréanton 29 78 Ve 61
29370 Ménez-Meur 29 78 Wa 60
29460 Ménez-Meur 29 62 Vf 58
29950 Menez-Saint-Jean 29 78 Vf 61
38710 Menglas 38 144 Fe 80
29440 Mengleuz 29 62 Ve 57
29410 Mengleuz, le 29 62 Wa 58
26410 Menglon 26 143 Fc 81
31420 Mengué 31 163 Ae 89
61560 Ménière, la 61 68 Ac 57
87600 Ménieux 87 124 Ae 74
45360 Ménigaults, les 45 88 Ce 63
65350 Ménigot 65 163 Ab 89
79340 Ménigoute 79 111 Zf 70
53200 Ménil 53 83 Zb 62
88160 Ménil, le 88 94 Ge 61
88270 Ménil, le 88 76 Gb 60
88370 Ménil, le 88 76 Gc 60
88450 Ménil, le 88 76 Gb 59
88480 Ménil, le 88 77 Gf 58
08310 Ménil-Annelles 08 41 Ec 52
55260 Ménil-aux-Bois 55 55 Fc 56
61270 Ménil-Bérard, le 61 49 Ad 56
61250 Ménil-Broût, le 61 68 Ab 58
61800 Ménil-Ciboult, le 61 47 Zb 56
61220 Ménil-de-Briouze, le 61 47 Zd 56
88210 Ménil-de-Senones 88 77 Gf 58
88500 Ménil-en-Xaintois 88 76 Ff 59
61250 Ménil-Erreux 61 68 Ab 57
61240 Ménil-Froger 61 48 Ab 56
61150 Ménil-Glaise 61 48 Ze 56
61210 Ménil-Gondouin 61 47 Ze 56
78270 Ménil-Guyon 78 50 Bd 55
61170 Ménil-Guyon, le 61 68 Ab 57
61210 Ménil-Hermei 61 47 Ze 56
61230 Ménil-Hubert-en-Exmes 61 48 Ab 56
61430 Ménil-Hubert-sur-Orne 61 47 Zd 55
61210 Ménil-Jean 61 48 Ze 56
55190 Ménil-la-Horgne 55 55 Fd 56
54200 Ménil-la-Tour 54 56 Ff 56
08310 Ménil-Lépinois 08 41 Eb 52
27120 Ménilles 27 50 Bc 54
61320 Ménil-Scelleur, le 61 67 Zf 57
88700 Ménil-sur-Belvitte 88 77 Ge 58
55500 Ménil-sur-Saulx 55 55 Fb 57
61240 Ménil-Vicomte, le 61 48 Ab 56
61210 Ménil-Vin 61 47 Ze 55
49250 Ménitré, la 49 84 Ze 64
31370 Menjotte, la 31 164 Ba 88
47420 Menjoue 47 148 Aa 83
40090 Menjoulicq 40 147 Zd 85
91540 Mennecy 91 71 Cc 57
35140 Mennerais, la 35 66 Yd 59
35620 Mennerie, la 35 82 Yc 62
02700 Mennessis 02 40 Db 50
41320 Mennetou-sur-Cher 41 87 Bf 65
27300 Menneval 27 49 Ad 54
02190 Menneville 02 41 Ea 52
62240 Menneville 62 28 Bf 44
62550 Menneville 62 29 Cc 46
02630 Mennevret 02 40 Dd 49
52240 Mennouveaux 52 75 Fc 60
19190 Ménoire 19 138 Be 78
10800 Menois 10 73 Ea 59
85700 Menomblet 85 98 Zb 68
33720 Menon 33 135 Zd 81
90150 Menoncourt 90 94 Gf 62
76270 Ménonval 76 37 Bc 50
31330 Menot 31 164 Bb 86
39290 Menotey 39 106 Fc 66
39240 Menouille 39 119 Fd 70
95810 Ménouville 95 51 Ca 54
70100 Menoux 70 93 Ga 62
36200 Menoux, le 36 113 Bd 69
38710 Mens 38 144 Fe 80
05310 Mensals, les 05 145 Gc 80
24350 Mensignac 24 124 Ad 77
57320 Menskirch 57 44 Gc 53
51240 Mentarah 51 54 Ed 55
43270 Menteyres 43 141 De 77
76110 Mentheville 76 36 Ac 50
74350 Menthonnex-en-Bornes 74 120 Gb 72
74270 Menthonnex-sous-Clermont 74 120 Ff 73
74290 Menthon-Saint-Bernard 74 132 Gb 73
15100 Mentières 15 140 Da 78
06500 Menton 06 159 Hd 86
83510 Mentone 83 172 Gb 87
62890 Mentque 62 27 Ca 44
22150 Mentrel, le 22 64 Xc 59
62830 Menty 62 28 Be 45
95180 Menucourt 95 51 Bf 54
12540 Menudes, les 12 153 Db 85
73440 Menuires, les 73 133 Gd 77
61290 Menus, les 61 69 Af 57
31530 Menville 31 164 Bb 86
36500 Méobecq 36 101 Bc 68
33680 Méogas 33 134 Yf 78
05170 Méollion 05 144 Gb 80
49490 Méon 49 84 Aa 64
04170 Méouilles 04 158 Gd 85
83136 Méounes-lès-Montrieux 83 171 Ff 89
23100 Méouze 23 127 Cc 74
38510 Mépieu 38 131 Fc 74
41500 Mer 41 86 Bd 62
70310 Mer, la 70 94 Gd 62
64410 Méracq 64 162 Zd 87
53230 Méral 53 66 Za 61
28500 Mérangle 28 50 Bc 56
32360 Mérans 32 149 Ad 86
60250 Mérard 60 39 Cb 53
09350 Méras 09 164 Bb 89
15250 Mercadier, le 15 139 Cc 79
62217 Mercatel 62 30 Ce 47
09160 Mercenac 09 176 Ba 90
36600 Mercerie, la 36 101 Bc 66
21190 Merceuil 21 106 Ef 67
21230 Mercey 21 105 Ed 66
27950 Mercey 27 50 Bc 54
70500 Mercey 70 93 Ff 62
71260 Mercey 71 118 Ee 70
25410 Mercey-le-Grand 25 107 Fe 65
70130 Mercey-sur-Saône 70 92 Fe 63
55250 Merchines, les 55 55 Fa 55
86270 Merci-Dieu, le 86 100 Ae 68
19260 Merciel 19 126 Be 76
26420 Merciers, les 26 143 Fc 79
02200 Mercin-et-Vaux 02 40 Db 52
59470 Merckeghem 59 27 Cb 43
62560 Merck-Saint-Liévin 62 29 Ca 45
19430 Mercœur 19 138 Bf 78
43100 Mercœur 43 128 Db 77
43580 Mercœur 43 141 Dd 78
07200 Mercuer 07 142 Ec 81
46090 Mercuès 46 137 Bc 82
71640 Mercurey 71 105 Ee 67
03450 Mercurol, le 03 115 Da 72
26600 Mercurol-Veaunes 26 142 Ef 78
73200 Mercury 73 132 Gc 74
09400 Mercus-Garrabet 09 177 Bd 91
03340 Mercy 03 116 Dd 70
89210 Mercy 89 73 Dd 60
54620 Mercy-le-Bas 54 43 Fe 52
54560 Mercy-le-Haut 54 43 Fe 52
22230 Merdrignac = Medrigneg 22 64 Xd 59
29790 Merdy, le 29 78 Ve 60
78490 Méré 78 50 Be 56
79150 Méré 79 98 Zd 66
89144 Méré 89 90 De 61
18120 Méreau 18 102 Ca 66
80290 Méréaucourt 80 38 Bf 50
28120 Méréglise 28 69 Bb 59
80490 Mérélessart 80 38 Bf 49
09110 Mérens-les-Vals 09 177 Bf 93
31530 Mérenvielle 31 164 Ba 87
05700 Mereuil 05 156 Fe 82
54850 Méréville 54 76 Ga 57
91660 Méréville 91 70 Ca 59
27640 Merey 27 50 Bc 55
25660 Mérey-sous-Montrond 25 107 Ga 66
25870 Merey-Vieilley 25 93 Ga 64
51220 Merfy 51 53 Df 53
10600 Mergey 10 73 Ea 58
12240 Merguie, la 12 151 Cb 83
35470 Merhaulé, le 35 82 Yb 62
20287 Meria CTC 181 Kc 91
56850 Mériadec 56 80 Xa 62
56870 Mériadec 56 80 Xa 63
11140 Mérial 11 178 Bf 92
73550 Méribel-les Allues 73 133 Gd 76
73550 Méribel Mottaret 73 133 Gd 76
12160 Mérican 12 151 Cc 83
02110 Méricourt 02 40 Dc 49
62680 Méricourt 62 30 Ce 46
78270 Méricourt 78 50 Bd 54
80340 Méricourt, Étinehem- 80 39 Ce 49
80640 Méricourt-en-Vimeu 80 38 Bf 49
80800 Méricourt-L'Abbé 80 39 Cd 49
95630 Mériel 95 51 Cb 54
73200 Mérier 73 132 Gc 74
34800 Mérifons 34 167 Db 87
16200 Mérignac 16 123 Zf 74
17210 Mérignac 17 123 Ze 77
33700 Mérignac 33 134 Zc 79
87170 Mérignac 87 125 Bb 74
33350 Mérignas 33 135 Zf 80
01450 Mérignat 01 119 Fc 72
59710 Mérignies 59 30 Da 45
36220 Mérigny 36 100 Af 69
33230 Mérigot 33 135 Ze 78
65200 Mérilhèu 65 163 Aa 90
22230 Mérillac 22 64 Xd 59
24130 Mériller, le 24 136 Ab 79
41100 Merillière, la 41 86 Ba 61
44130 Mérimont, le 44 82 Yb 64
23420 Mérinchal 23 115 Cc 73
84360 Mérindol 84 155 Fb 86
13090 Mérindolle, la 13 170 Fb 87
26170 Mérindol-les-Oliviers 26 156 Fa 83
45210 Mérinville 45 72 Cf 60
24270 Mériol 24 125 Ba 76
64190 Méritein 64 161 Zb 89
67250 Merkwiller-Pechelbronn 67 58 He 55
13014 Merlan, le 13 170 Fc 88
38620 Merlas 38 131 Fd 76
85140 Merlatière, la 85 97 Ye 68
03270 Merlaude, la 03 116 Dc 72
51300 Merlaut 51 54 Ed 56
07260 Merle 07 141 Ea 81
42380 Merle 42 129 Ea 76
24700 Merle, le 24 136 Ab 79
22460 Merléac 22 64 Xa 59
60430 Merlemont 60 38 Cb 52
61240 Merlerault, le 61 48 Ab 56
82210 Merles 82 149 Af 84
55150 Merles-sur-Loison 55 43 Fc 52
82400 Merlet 82 149 Af 83
05170 Merlette 05 144 Gb 80
33390 Merlette, la 33 122 Zc 77
17260 Merletterie, la 17 122 Zb 75
56700 Merlevenez 56 80 We 62
15140 Merlhac 15 139 Cc 78
24270 Merlie, la 24 125 Ba 76
02000 Merlieux-et-Fouquerolles 02 40 Dd 51
62155 Merlimont 62 28 Bd 46
62155 Merlimont-Plage 62 28 Bd 46
19340 Merlines 19 127 Cc 75
03600 Merlon 03 115 Ce 71
44170 Mernais, les 44 82 Yc 63
35330 Mernel 35 81 Ya 61
91780 Mérobert 91 70 Ca 58
28800 Méroger 28 70 Bc 59
36260 Mérolles 36 101 Bf 66
49260 Méron 49 99 Zf 66
39270 Mérona 39 119 Fd 69
28310 Mérouville 28 70 Bf 59
90400 Meroux-Moval 90 94 Gf 63
16100 Merpins 16 123 Zd 74
33730 Merrein 33 147 Zd 82
52240 Merrey 52 75 Fd 60
10110 Merrey-sur-Arce 10 74 Ec 60
61160 Merri 61 48 Zf 55
59270 Merris 59 29 Cd 44
89110 Merry-la-Vallée 89 89 Dc 62
89560 Merry-Sec 89 89 Dc 63
89660 Merry-sur-Yonne 89 90 Dd 63
36500 Mersan 36 101 Bc 68
28220 Mersante 28 69 Bb 60
57480 Merschweiller 57 44 Gc 52
80350 Mers-les-Bains 80 28 Bc 48
36230 Mers-sur-Indre 36 101 Bf 69
70160 Mersuay 70 93 Ga 62
57550 Merten 57 57 Gd 53
52110 Mertrud 52 74 Ef 58
68210 Mertzen 68 94 Ha 63
67580 Mertzwiller 67 58 He 55
60110 Méru 60 51 Ca 53
20218 Merusaglia = Morosaglia CTC 181 Kb 94
02160 Merval 02 40 De 52
76220 Merval 76 38 Bd 51
71310 Mervans 71 106 Fb 68
85200 Mervent 85 110 Zb 69
09600 Merviel 09 177 Be 90
31320 Mervilla 31 164 Bc 87
27320 Merville 27 50 Bb 56
31330 Merville 31 164 Bb 86
59660 Merville 59 29 Cd 45
80250 Merville-au-Bois 80 39 Cc 50
14810 Merville-Franceville-Plage 14 48 Ze 53
54120 Merviller 54 77 Ge 58
28310 Mervilliers 28 70 Be 59
68500 Merxheim 68 95 Hb 61
38850 Méry 38 131 Fd 76
73420 Méry 73 132 Ff 75
14370 Méry-Bissières-en-Auge 14 35 Zf 54
14370 Méry-Corbon 14 35 Zf 54
18380 Méry-ès-Bois 18 88 Cc 65
60420 Méry-la-Bataille 60 39 Cd 51
51390 Méry-Premecy 51 53 Df 53
18100 Méry-sur-Cher 18 102 Bf 65
95540 Méry-sur-Oise 95 51 Cb 54
10170 Méry-sur-Seine 10 73 Df 57
56160 Merzer 56 79 We 60
22200 Merzer, le 22 63 Wf 57
25680 Mésandans 25 93 Gc 64
44522 Mésanger 44 82 Ye 64
76780 Mésangueville 76 37 Bd 51
03320 Mésangy 03 103 Da 68
29430 Mesaonan 29 62 Ve 57
18170 Mesaudon 18 102 Cb 68
02270 Mesbrecourt-Richecourt 02 40 Dd 50
17132 Meschers-sur-Gironde 17 122 Yf 75
24240 Mescoules 24 136 Ac 80
80310 Mesge, le 80 38 Ca 49
50170 Mesgnier 50 66 Yd 57
10170 Mesgrigny 10 73 Df 58
74330 Mésigny 74 120 Ga 73
03150 Mesiles, les 03 116 Dc 70
74200 Mésinges 74 120 Gc 71
56320 Meslan 56 79 Wd 61
41150 Mesland 41 86 Ba 63
14220 Meslay 14 47 Zd 55
41100 Meslay 41 86 Ba 62
53170 Meslay-du-Maine 53 67 Zc 61
28120 Meslay-le-Grenet 28 69 Bc 58
28360 Meslay-le-Vidame 28 70 Bc 59
78113 Mesle, le 78 50 Be 56
36170 Meslier, le 36 113 Bb 70
44440 Meslière, la 44 82 Ye 64
25310 Meslières 25 94 Gf 64
22400 Meslin 22 64 Xc 58
56540 Meslouan 56 79 Wd 60
17360 Mesmain 17 135 Zf 78
25440 Mesmay 25 107 Ff 66
08270 Mesmont 08 41 Ec 51
21540 Mesmont 21 91 Ee 65
16370 Mesnac 16 123 Zd 74
85500 Mesnard-la-Barotière 85 97 Yf 67

39600 Mesnay 39 107 Fe 67
51370 Mesneux, les 51 53 Df 53
76270 Mesnières-en-Bray 76 37 Bc 50
14270 Mesnil 14 48 Ze 54
27430 Mesnil 27 50 Bb 53
27570 Mesnil 27 49 Ba 56
28800 Mesnil 28 70 Bc 60
45110 Mesnil 45 87 Cb 61
50190 Mesnil 50 33 Ye 53
51230 Mesnil 51 53 Df 56
60240 Mesnil 60 50 Bf 53
80300 Mesnil 80 29 Cd 48
14210 Mesnil, le 14 47 Zd 54
27300 Mesnil, le 27 49 Ad 54
50500 Mesnil, le 50 46 Yd 53
50580 Mesnil, le 50 46 Yb 52
50660 Mesnil, le 50 46 Yc 55
50520 Mesnil-Adelée, le 50 46 Yf 56
50450 Mesnil-Amand, le 50 46 Yd 55
77990 Mesnil-Amelot, le 77 51 Cd 54
50570 Mesnil-Amey, le 50 33 Ye 54
50620 Mesnil-Angot, le 50 34 Ye 53
50510 Mesnil-Aubert, le 50 46 Yd 55
95720 Mesnil-Aubry, le 95 51 Cc 54
14260 Mesnil-au-Grain, le 14 47 Zc 54
50110 Mesnil-au-Val, le 50 33 Yc 51
14260 Mesnil-Auzouf, le 14 47 Zb 55
14140 Mesnil-Bacley, le 14 48 Aa 55
14380 Mesnil-Benoist, le 14 47 Za 55
50540 Mesnil-Bœufs, le 50 66 Yf 57
27110 Mesnil-Broquet, le 27 49 Af 54
80200 Mesnil-Bruntel 80 39 Cf 49
50490 Mesnilbus, le 50 34 Yd 54
14380 Mesnil-Caussois, le 14 47 Yf 55
14380 Mesnil-Clinchamps 14 47 Za 55
60210 Mesnil-Conteville, le 60 38 Ca 50
76390 Mesnil-David 76 38 Bd 50
14860 Mesnil-de-Bures, le 14 48 Ze 53
80620 Mesnil-Domqueur 80 29 Ca 48
50320 Mesnil-Drey, le 50 46 Yd 56
14140 Mesnil-Durand, le 14 48 Aa 54
76460 Mesnil-Durdent, les 76 36 Ae 50
80360 Mesnil-en-Arrouaise 80 30 Cf 48
50380 Mesnil-en-Caux 76 37 Bb 49
24710* Mesnil-en-Ouche 24 49 Ad 54
60530 Mesnil-en-Thelle, le 60 51 Cb 53
49410 Mesnil-en-Vallée, le 49 83 Za 64
76240 Mesnil-Esnard, le 76 37 Ba 52
14100 Mesnil-Eudes, le 14 35 Ab 54
80140 Mesnil-Eudin 80 38 Be 49
50570 Mesnil-Eury, le 50 33 Ye 54
76660 Mesnil-Follemprise 76 37 Bb 50
27930 Mesnil-Fuquet, le 27 49 Ba 54
50450 Mesnil-Garnier, le 50 46 Ye 55
50510 Mesnilgé 50 46 Yc 55
14140 Mesnil-Germain, le 14 48 Ab 54
27660 Mesnil-Gilbert, le 27 50 Be 53
50670 Mesnil-Gilbert, le 50 46 Yf 56
14100 Mesnil-Guillaume, le 14 48 Ab 54
27190 Mesnil-Hardray, le 27 49 Af 55
50750 Mesnil-Hermann, le 50 46 Yf 54
50450 Mesnil-Hue, le 50 46 Ye 55
27400 Mesnil-Jourdain, les 27 49 Ba 53
10700 Mesnil-la-Comtesse 10 73 Eb 58
50600 Mesnillard, le 50 66 Yf 57
80190 Mesnil-le-Petit 80 39 Cf 50
78600 Mesnil-le-Roi, le 78 51 Ca 55
10240 Mesnil-Lettre 10 74 Eb 58
76780 Mesnil-Lieubray, le 76 37 Bd 51
76440 Mesnil-Mauger 76 37 Bd 50
14270 Mesnil-Mauger, le 14 48 Aa 54
27620 Mesnil-Milon, les 27 50 Bd 54
50860 Mesnil-Opac, le 50 46 Yf 54
50220 Mesnil-Ozenne, le 50 46 Ye 57
76570 Mesnil-Panneville 76 37 Af 51
14740 Mesnil-Patry, le 14 35 Zc 53
27110 Mesnil-Péan 27 49 Ba 54
27910 Mesnil-Perruel, le 27 37 Bc 52
01580 Mesnil-Racoin 91 71 Cb 58
50520 Mesnil-Rainfray, le 50 46 Yf 56
76520 Mesnil-Raoul 76 37 Bb 52
50420 Mesnil-Raoult, le 50 46 Yf 54
76260 Mesnil-Réaume, le 76 37 Bc 49
14380 Mesnil-Robert, le 14 47 Za 55
50450 Mesnil-Rogues 50 46 Yd 55
27390 Mesnil-Rousset 27 49 Ad 55
50000 Mesnil-Rouxelin, le 50 34 Yf 54
76560 Mesnil-Rury, le 76 37 Af 50
27250 Mesnils, les 27 49 Ae 55
76730 Mesnils, les 76 37 Af 50
78320 Mesnil-Saint-Denis, le 78 51 Bf 56
60120 Mesnil-Saint-Firmin, le 60 39 Cc 51
80500 Mesnil-Saint-Georges 80 39 Cd 51
02720 Mesnil-Saint-Laurent 02 40 Dc 50
10190 Mesnil-Saint-Loup 10 73 De 59
10140 Mesnil-Saint-Père 10 74 Ec 59
50410 Mesnil-Sauvage, le 50 46 Yf 55
10220 Mesnil-Sellières 10 73 Eb 58
28260 Mesnil-Simon, le 28 50 Bd 55
14140 Mesnil-Simon, les 14 48 Aa 54
76480 Mesnil-sous-Jumièges, les 76 37 Af 52
55160 Mesnil-sous-les-Côtes 55 55 Fd 54
27150 Mesnil-sous-Vienne 27 38 Be 52
27160* Mesnils-sur-Iton 27 49 Af 56
54740 Mesnils-sur-Madon 54 76 Gb 58
14130 Mesnil-sur-Blangy, le 14 48 Ab 53
60130 Mesnil-sur-Bulles, le 60 39 Cc 52
27650 Mesnil-sur-L'Estrée 27 50 Bb 56
51190 Mesnil-sur-Oger, le 51 53 Ea 55
50540 Mesnil-Thébault, le 50 66 Ye 57
60240 Mesnil-Théribus, le 60 51 Bf 53
28250 Mesnil-Thomas, le 28 69 Ba 57
14220 Mesnil-Touffay, le 14 47 Ze 54
50520 Mesnil-Tôve, le 50 47 Yf 56
76470 Mesnil-Val 76 28 Bb 48
10300 Mesnil-Vallon 10 73 Df 59
50620 Mesnil-Véneron, le 50 34 Ye 53
27440 Mesnil-Verclives 27 37 Bc 53
50570 Mesnil-Vigot, le 50 34 Ye 54
50450 Mesnil-Villeman, le 50 46 Ye 55
14690 Mesnil-Villement, le 14 47 Zd 55
39130 Mesnois 39 107 Fe 69
78490 Mesnuls, les 78 50 Bf 56
29420 Mespaul 29 62 Vf 57
81140 Mespel 81 150 Be 84
64370 Mesplède 64 161 Zc 88
03370 Mesples 03 114 Cc 70
46250 Mespouillé 46 137 Ba 81
12220 Mespoulières 12 139 Cb 81
91150 Mespuits 91 71 Cb 58
44420 Mesquer 44 81 Xd 64
44410 Mesquery 44 81 Xd 64
17130 Messac 17 123 Ze 76
35480 Messac, Guipry- 35 82 Yb 62
86330 Messais 86 99 Aa 67
21220 Messanges 21 106 Ef 66
40660 Messanges 40 146 Yd 86
40660 Messanges-Plage 40 146 Yd 86
45190 Messas 45 87 Bd 62
79120 Messé 79 111 Aa 71
61440 Messei 61 47 Zc 56
54850 Messein 54 76 Ga 57
63750 Messeix 63 127 Cd 75
49260 Messemé 49 98 Ze 66
86200 Messemé 86 99 Ab 66
19300 Messence 19 126 Ca 76
74140 Messery 74 120 Gb 70
16700 Messeux 16 112 Ac 72
71390 Messey-le-Bois 71 105 Ee 69
71390 Messey-sur-Grosne 71 105 Ee 69
39270 Messia 39 119 Fd 70
39570 Messia-sur-Sorne 39 106 Fd 69
21380 Messigny-et-Vantoux 21 91 Fa 64
69510 Messimy 69M 130 Ee 74
01480 Messimy-sur-Saône 01 118 Ee 72
08110 Messincourt 08 42 Fa 50
43200 Messinhac 43 141 Ea 78
10190 Messon 10 73 Df 59
74440 Messy 74 120 Gd 72
77410 Messy 77 51 Ce 55
33540 Mesterrieux 33 135 Zf 81
19200 Mestes 19 127 Cb 75
14330 Mestry 14 34 Za 53
58400 Mesves-sur-Loire 58 103 Cf 65
71190 Mesvres 71 105 Eb 67
25370 Métabief 25 108 Gc 68
16200 Métairies, les 16 123 Zf 74
59270 Méteren 59 30 Ce 44
84570 Méthamis 84 156 Fb 84
53100 Métière, la 53 67 Zb 59
80270 Métigny 80 38 Bf 49
01400 Métras, les 01 118 Ef 71
57970 Métrich 57 44 Gb 52
57410 Metschbruch 57 57 Hb 54
57370 Metting 57 57 Hb 56
37390 Mettray 37 85 Ad 64
57000 Metz 57 56 Gb 54
62124 Metz-en-Couture 62 30 Da 48
68380 Metzeral 68 77 Ha 60
57920 Metzeresche 57 56 Gb 53
57940 Metzervisse 57 44 Gb 53
57980 Metzing 57 57 Gf 54
58190 Metz-le-Comte 58 90 Dd 64
10210 Metz-Robert 10 73 Ea 60
74370 Metz-Tessy, Épagny 74 120 Ga 73
56890 Meucon 56 80 Xb 62
92140 Meudon 92 51 Cb 56
89520 Meugnes 89 89 Db 63
21700 Meuilley 21 106 Ef 66
78250 Meulan 78 50 Bf 54
53380 Meule, la 53 66 Za 59
76510 Meulers 76 37 Bb 49
14290 Meulles 14 48 Ab 55
21510 Meulson 21 91 Ee 62
77760 Meun 77 71 Cd 58
36100 Meunet-Planches 36 102 Bf 67
36150 Meunet-sur-Vatan 36 101 Bf 66
45130 Meung-sur-Loire 45 87 Be 62
74300 Meuniers, les 74 120 Gd 72
72170 Meurce 72 68 Ab 59
62410 Meurchin 62 30 Cf 46
70000 Meurcourt 70 93 Gb 62
60810 Meurdraquière, la 50 40 Yd 55
58110 Meuré 58 104 Dd 66
52310 Meures 52 75 Fa 59
02160 Meurival 02 40 De 52
17120 Meursac 17 122 Zb 75
21200 Meursanges 21 106 Ef 67
21450 Meursauge 21 91 Ed 63
21190 Meursault 21 105 Ee 67
10200 Meurville 10 74 Ed 59
52140 Meuse 52 75 Fd 61
41130 Meusnes 41 101 Bc 65
17800 Meussac 17 123 Zd 75
39260 Meussia 39 119 Fe 70
14960 Meuvaines 14 47 Zc 53
41150 Meuves 41 86 Ba 64
52240 Meuvy 52 75 Fd 60
17500 Meux 17 123 Zd 76
60880 Meux, le 60 39 Ce 52
87380 Meuzac 87 125 Bc 75
28130 Mévoisins 28 70 Bd 57
26560 Mévouillon 26 156 Fc 83
01800 Meximieux 01 118 Fb 73
54135 Mexy 54 43 Fe 52
57070 Mey 57 56 Gb 54
65170 Méyabat 65 175 Ab 92
68890 Meyenheim 68 95 Hc 61
57410 Meyerhof 57 58 Hb 54
38700 Meylan 38 131 Fe 77
47170 Meylan 47 148 Aa 84
42210 Meylieu 42 129 Eb 75
19250 Meymac 19 126 Ca 75
26300 Meymans 26 143 Fa 78
12340 Meynac 12 139 Cd 82
24220 Meynard 24 137 Af 79
30840 Meynes 30 155 Ed 85
15230 Meynial, le 15 139 Cf 79
19160 Meynle, la 19 126 Ca 76
33830 Meynieu, le 33 147 Zb 82
46200 Meyraguet 46 138 Bd 79
24220 Meyrals 24 137 Ba 79
33470 Meyran 33 134 Yf 81
30410 Meyrannes 30 154 Eb 83
13650 Meyrargues 13 170 Fd 87
07380 Meyras 07 142 Eb 80
13590 Meyreuil 13 170 Fc 88
01250 Meyriat 01 119 Fc 72
38300 Meyrié 38 131 Fb 75
05350 Meyriès, les 05 145 Ge 80
38440 Meyrieu-les-Étangs 38 131 Fb 75
42380 Meyrieux 42 129 Eb 76
73170 Meyrieux-Trouet 73 132 Fe 75
19800 Meyrignac-l'Église 19 126 Bf 76
43170 Meyronne 43 140 Dc 78
46200 Meyronne 46 138 Bd 79
04530 Meyronnes 04 145 Ge 82
40150 Meyrucia 40 153 Do 83
69610 Meys 69M 130 Ec 74
19500 Meyssonnade, la 19 126 Dd 77
19500 Meyssac 19 138 Be 78
07400 Meysse 07 142 Ee 81
38440 Meyssiès 38 130 Fa 76
87800 Meyze, la 87 125 Bb 75
69330 Meyzieu 69M 130 Fa 74
53600 Mézangers 53 67 Zd 59
34140 Mèze 34 168 Dd 88
34390 Mézeilles 34 167 Cf 87
04270 Mézel 04 157 Gb 85
63115 Mezel 63 128 Db 74
46110 Mézels 46 138 Be 79
81800 Mézens 81 150 Bd 86
12310 Mezerac 12 152 Cf 82
81260 Mezerac 81 166 Cd 87
72270 Mézeray 72 84 Zf 62
43800 Mézères 43 129 Ea 78
01660 Mézériat 01 118 Fa 71
80600 Mézerolles 80 29 Cb 47
11410 Mézerville 11 165 Be 89
07660 Mézeyrac 07 141 Df 80
43150 Mezeyrac 43 141 Ea 79
14270 Mézidon-Canon 14 48 Zf 54
14270 Mézidon Vallée d'Auge 14 48 Zf 54
04200 Mezien 04 157 Ga 83
35520 Mézière, la 35 65 Yb 59
10130 Mézières 10 73 Df 60
28800 Mézières 28 70 Bc 59
41240 Mézières 41 69 Bc 61
41330 Mézières 41 86 Bc 62
45410 Mézières 45 70 Bf 60
72290 Mézières 72 68 Ab 59
50480 Mézières, les 50 33 Ye 52
28160 Mézières-au-Perche 28 69 Bb 59
36290 Mézières-en-Brenne 36 101 Bb 68
28500 Mézières-en-Drouais 28 50 Bc 56
80110 Mézières-en-Santerre 80 39 Cd 50
27510 Mézières-en-Vexin 27 50 Bd 53
45370 Mézières-lez-Cléry 45 87 Be 62
72240 Mézières-sous-Lavardin 72 68 Aa 60
35140 Mézières-sur-Couesnon 35 66 Yd 59
87330 Mézières-sur-Issoire 87 112 Af 72
02240 Mézières-sur-Oise 02 40 Dc 50
78970 Mézières-sur-Seine 78 50 Be 55
07530 Mézilhac 07 142 Ec 80
89130 Mézilles 89 89 Db 62
47170 Mézin 47 148 Ab 84
77570 Mézin 77 71 Ce 60
90120 Méziré 90 94 Gf 63
40170 Mézos 40 146 Yf 84
78250 Mézy-sur-Seine 78 50 Bf 54
20140 Mezzana CTC 184 If 98
20230 Mezzana, Poggio- CTC 183 Kc 94
20230 Mezzana, U Poghju- = Mezzana, Poggio- CTC 183 Kc 94
20214 Mezzanoli CTC 180 Ie 94
20167 Mezzavia CTC 182 Ie 97
58140 Mhère 58 104 Df 65
58210 Mhers 58 89 Dc 64
48140 Mialanes 48 140 Dc 79
19430 Mialaret 19 138 Bf 78
24450 Mialet 24 125 Af 75
30140 Mialet 30 154 Df 84
64410 Mialos 64 162 Zd 88
00100 Miannay 80 28 Be 48
65400 Miaous 65 174 Ze 91
24560 Micalie, la 24 136 Ae 80
31310 Micas 31 164 Bb 90
42640 Michaude, la 42 117 Df 72
58420 Michaugues 58 89 Dd 65
58230 Michaux, les 58 90 Ea 65
68700 Michelbach, Aspach- 68 94 Ha 62
68730 Michelbach-le-Bas 68 95 Hc 63
68220 Michelbach-le-Haut 68 95 Hc 63
89140 Michery 89 72 Db 59
03600 Michet 03 115 Cf 71
36150 Michots, les 36 101 Be 66
33330 Micoulau 33 135 Zf 79
31350 Micous 31 163 Ae 89
88630 Midrevaux 88 75 Fd 58
39250 Mièges 39 107 Ga 68
32170 Miélan 32 163 Ab 88
70440 Miellin, Servance- 70 94 Ge 62
76340 Mienval 76 38 Bd 49
50150 Mière, la 50 47 Za 56
28480 Miermaigne 28 69 Af 59
19220 Miermont 19 138 Ca 78
46500 Miers 46 138 Be 79
39800 Miéry 39 107 Fe 68
67580 Mietesheim 67 58 Hd 55
62650 Mieurles 62 28 Bf 45
74440 Mieussy 74 120 Gd 72
61250 Mieuxcé 61 68 Aa 58
64800 Mifaget 64 162 Ze 90
28160 Mifoucher 28 69 Bb 59
24160 Migaudie, la 24 125 Af 77
79150 Migaudon 79 98 Zd 67
28800 Migaudry 28 70 Bc 59
89580 Migé 89 89 Dd 62
89400 Migennes 89 72 Dd 61
19020 Miginiac 19 126 Bf 77
20243 Migliacciaru CTC 183 Kc 97
09400 Miglos 09 177 Bd 92
70110 Mignafans 70 94 Gd 63
86550 Mignaloux-Beauvoir 86 112 Ac 69
38350 Mignanne 38 144 Fe 79
20240 Mignataja CTC 183 Kc 97
70400 Mignavillers 70 94 Cd 63
36800 Migné 36 101 Bb 68
86440 Migné-Auxances 86 99 Ab 69
41190 Migneray 41 86 Ba 62
45490 Mignères 45 71 Cd 60
45490 Mignerette 45 71 Cd 60
54540 Mignéville 54 77 Ge 57
28630 Mignières 28 70 Bc 58
24190 Mignots, les 24 136 Ac 78
39250 Mignovillard 39 107 Ga 68
33850 Mignoy 33 134 Zc 80
36260 Migny 36 102 Ca 66
58210 Migny 58 89 Dc 64
17330 Migré 17 110 Zc 72
17770 Migron 17 123 Zd 71
09400 Mijanès 09 178 Ca 92
01410 Mijoux 01 120 Ff 70
56700 Miledec 56 80 We 62
20090 Milelli, les CTC 182 Ie 97
72650 Milesse, la 72 68 Aa 60
46300 Milhac 46 137 Bc 80
24330 Milhac-d'Auberoche 24 137 Af 78
24470 Milhac-de-Nontron 24 124 Ae 76
87440 Milhaguet 87 124 Ae 75
81170 Milhars 81 151 Bf 84
31160 Milhas 31 176 Ae 91
30540 Milhaud 30 154 Eb 86
81130 Milhavet 81 151 Ca 84
29290 Milizac-Guipronvel 29 61 Vc 58
24150 Millac 24 136 Ae 79
24370 Millac 24 137 Bc 79
86150 Millac 86 112 Ae 71
59143 Millam 59 27 Cb 43
41200 Millançay 41 87 Be 64
40600 Millas 40 146 Yf 82
66170 Millas 66 179 Ce 92
11200 Millau 12 152 Da 84
34620 Millau 34 167 Da 88
58170 Millay 58 104 Ea 67
76260 Millebosc 76 37 Bc 49
11800 Millegrand 11 166 Cc 89
78940 Millemont 78 50 Be 56
80300 Millencourt 80 29 Cd 49
80135 Millencourt-en-Ponthieu 80 28 Bf 48
27240 Millerette, la 27 49 Ba 55
50190 Milleries, le 50 46 Yd 53
78790 Millerus, les 78 50 Bd 55
21140 Millery 21 90 Eb 63
54670 Millery 54 56 Ga 56
69390 Millery 69M 130 Ee 75
13090 Milles, les 13 170 Fc 87
17270 Millet 17 123 Ze 77
49122 Millet, le 49 98 Za 66
19290 Millevaches 19 126 Ca 75
86160 Millière, la 86 112 Ab 71
50190 Millières 50 46 Yd 53
52240 Millières 52 75 Fc 60
30124 Millièrines 30 153 De 84
01680 Millieu 01 131 Fd 74
71400 Milliore 71 105 Eb 67
95510 Millonets, les 95 50 Be 54
36310 Milloux 36 113 Bb 70
18350 Milly 18 103 Ce 66
50600 Milly 50 66 Yf 57
89800 Milly 89 90 De 62
91490 Milly-la-Forêt 91 71 Cc 58
71960 Milly-Lamartine 71 118 Ee 70
49350 Milly-le-Meugon 49 84 Ze 65
55110 Milly-sur-Bradon 55 42 Fb 52
60112 Milly-sur-Thérain 60 38 Ca 51
78470 Milon-la-Chapelle 78 51 Ca 56
31230 Milor 31 163 Ae 89
44130 Miltais, la 44 82 Yb 64
20140 Miluccia CTC 184 If 98
40350 Mimbaste 40 161 Za 87
01160 Mimbéville 01 48 Ab 56
13105 Mimet 13 170 Fd 88
21230 Mimeure 21 105 Ec 66
40200 Mimizan 40 146 Ye 83
40200 Mimizan-Plage 40 146 Ye 83
32290 Mimort 32 162 Aa 86
51800 Minaucourt-le-Mesnil-lès-Hurlus 51 54 Ee 53
63310 Minaux, les 63 116 Dc 73
63350 Minaux, les 63 116 Dc 73
44250 Mindin 44 81 Xf 65
29246 Mine, la 29 63 Wc 58
36150 Mineaux 36 101 Be 66
39700 Minerais, les 39 107 Fe 65
34210 Minerve 34 166 Ce 88
20228 Minerviu CTC 181 Kb 91
63880 Mines, les 63 129 Dd 74
29390 Miné Tréouzal 29 78 Wb 60
19130 Mingedeloup 19 125 Bb 77
65140 Mingot 65 163 Ab 88
62690 Mingoval 62 29 Cd 46
35540 Miniac-Morvan 35 65 Ya 57
35190 Miniac-sous-Becherel 35 65 Ya 59
36170 Minière, la 36 113 Bb 69
27190 Minières, les 27 49 Af 55
86700 Minières, les 86 111 Ab 70
35400 Minihic, le 35 65 Xf 56
35870 Minihic-sur-Rance, le 35 65 Xf 57
22220 Minihy-Tréguier 22 63 We 56
36120 Minimes, les 36 102 Bf 68
74270 Minizier 74 120 Ff 72
40260 Minjouay 40 146 Yf 85
64400 Minone 64 161 Zb 90
54385 Minorville 54 56 Ff 56
21510 Minot 21 91 Ef 62
29710 Minven 29 78 Ve 61
67270 Minversheim 67 58 Hd 56
24610 Minzac 24 135 Aa 79
81250 Miolles 81 152 Cd 85
43500 Miollet 43 129 Df 77
20200 Miomo CTC 181 Kc 92
20200 Miomu = Miomo CTC 181 Kc 92
01390 Mionnay 01 118 Ef 73
69780 Mions 69M 130 Ef 75
33380 Mios 33 134 Za 81
64450 Miossens-Lanusse 64 162 Ze 88
63740 Miouze, la 63 127 Ce 74
38690 Mi-Plaine 38 131 Fc 76
69800 Mi-Plaine 69M 130 Ef 74
83510 Miquelets, les 83 172 Gb 88
83550 Miquelette, la 83 172 Gc 88
34500 Miquelle, la 34 167 Db 89
40120 Miquelot 40 147 Ze 84
12240 Miquels 12 151 Cb 82
40170 Miquéou 40 146 Yc 85
04510 Mirabeau 04 157 Ga 84
84120 Mirabeau 84 171 Fd 86
26320 Mirabeaux, les 26 143 Ef 79
07170 Mirabel 07 142 Ed 81
82440 Mirabel 82 150 Bc 84
26110 Mirabel-aux-Baronnies 26 155 Fa 83
26400 Mirabel-et-Blacons 26 143 Fa 80
40410 Mirador 40 147 Zb 82
32340 Miradoux 32 149 Ae 85
31100 Mirail, le 31 164 Bc 87
06590 Miramar 06 173 Gf 88
13140 Miramas 13 170 Fa 87
13140 Miramas-le-Vieux 13 170 Fa 87
17150 Mirambeau 17 122 Zc 76
17270 Mirambeau 17 135 Ze 78
31230 Mirambeau 31 164 Af 88
32300 Miramont-d'Astarac 32 163 Ac 87
31800 Miramont-de-Comminges 31 163 Ae 90
47800 Miramont-de-Guyenne 47 136 Ac 81
82190 Miramont-de-Quercy 82 149 Ba 83
65380 Miramontès 65 162 Zf 89
32390 Miramont-Latour 32 149 Ae 86
40320 Miramont-Sensacq 40 162 Ze 87
32190 Miran 32 148 Ab 86
16410 Mirande 16 124 Ac 75
32300 Mirande 32 163 Ac 87
81190 Mirandol-Bourgnounac 81 151 Ca 84
32350 Mirannes 32 163 Ac 87
80300 Miraumont 80 29 Ce 48
83570 Miraval 83 171 Ga 88
11380 Miraval-Cabardès 11 166 Cc 88
52320 Mirbel 52 75 Fa 59
37510 Miré 37 85 Ad 65
49330 Miré 49 83 Zd 62
86110 Mirebeau 86 99 Ab 68
21310 Mirebeau-sur-Bèze 21 92 Fb 64
39570 Mirebel 39 107 Fe 68
88500 Mirecourt 88 76 Ga 59
63730 Mirefleurs 63 128 Db 74
24260 Miremont 24 137 Af 79
31190 Miremont 31 164 Bc 88
63380 Miremont 63 115 Ce 73
11120 Mirepeisset 11 167 Cf 89
64800 Mirepeix 64 162 Ze 89
09500 Mirepoix 09 165 Bf 90
32390 Mirepoix 32 163 Ae 86
31340 Mirepoix-sur-Tarn 31 150 Bd 86
34110 Mireval 34 168 De 87
15110 Mirial, le 15 140 Da 79
01700 Miribel 01 130 Ef 74
26350 Miribel 26 131 Fa 77
38450 Miribel-Lanchâtre 38 144 Fd 79
38380 Miribel-les-Echelles 38 131 Fe 76
26270 Mirmande 26 142 Ee 80
71480 Miroir, le 71 119 Fc 69
73640 Miroir, le 73 133 Gf 75
80260 Mirvaux 80 39 Cc 48
76210 Mirville 76 36 Ac 51
31550 Mis 31 165 Bd 88
26310 Miscon 26 143 Fd 81
27930 Miserey 27 50 Bb 54
25480 Miserey-Salines 25 93 Ff 65
01600 Misérieux 01 118 Ee 73
80320 Misery 80 39 Cf 49
89480 Misery 89 89 Dd 63
01200 Misoux 01 157 Ff 83
02800 Missancourt 02 40 Dc 51
79100 Missé 79 99 Ze 67
81300 Missècle 81 165 Bf 86
11580 Missègre 11 178 Cc 90
21210 Missery 21 90 Ec 65
44780 Missillac 44 81 Xf 64
56140 Missiriac 56 81 Xd 61
40290 Misson 40 161 Za 87
14210 Missy, Noyers- 14 35 Zc 54
02200 Missy-aux-Bois 02 52 Db 52
02350 Missy-lès-Pierrepont 02 40 De 51
02880 Missy-sur-Aisne 02 40 Dc 52
33680 Mistre 33 134 Yf 79
77130 Misy-sur-Yonne 77 72 Da 58
83920 Mitan, le 83 172 Gd 88
36800 Mitatis, les 36 101 Bd 69
77290 Mitry-Mory 77 51 Cd 55
67360 Mitschdorf 67 58 He 55
78125 Mittainville 78 50 Bd 56
28190 Mittainvilliers 28 69 Bb 57
67140 Mittelbergheim 67 60 Hc 58
57370 Mittelbronn 57 58 Hb 56
67170 Mittelhausen 67 58 Hd 56
67170 Mittelschaeffolsheim 67 58 Hd 56
68630 Mittelwihr 68 60 Hb 60
18110 Mitterand 18 87 Cc 65
57930 Mittersheim 57 57 Gf 55
68380 Mittlach 68 77 Ha 61
67206 Mittelhausbergen 67 60 He 57
14170 Mittois 14 48 Aa 54
33690 Mitton 33 148 Zf 82
68470 Mitzach 68 94 Ha 61
64520 Mixe 64 161 Ye 88
28120 Mizeray 28 69 Bc 59
01140 Mizériat 01 118 Ee 71
42110 Mizérieux 42 129 Eb 74
38142 Mizoën 38 144 Ga 78
50250 Mobecq 50 46 Yc 53
20140 Moca-Croce CTC 182 Ka 98
45700 Mocquepoix 45 88 Ce 61
32300 Mocuhès 32 163 Ac 87

73500 Modane 73 133 Ge 77
84330 Modène 84 156 Fa 84
29350 Moëlan-sur-Mer 29 79 Wc 62
29190 Moënnec, le 29 62 Wa 59
59122 Moëres, les 59 27 Cd 42
68480 Moernach 68 95 Hb 63
52100 Moëslains 52 74 Ef 57
51120 Mœurs-Verdey 51 53 De 56
62147 Mœuvres 62 30 Da 48
17780 Moëze 17 110 Yf 73
70200 Moffans-et-Vacheresse 70 94 Gd 63
88220 Moge, la 88 76 Gb 60
55400 Mogeville 55 55 Fd 53
14770 Mogisière, la 14 47 Zc 55
01140 Mogneneins 01 118 Ee 72
55800 Mognéville 55 55 Fa 56
60140 Mogneville 60 39 Cc 53
71500 Mogny 71 106 Fa 69
29250 Moguériec 29 62 Vf 56
08110 Mogues 08 42 Fb 51
56490 Mohon 56 64 Xc 60
38440 Moidieu-Détourbe 38 130 Fa 75
50170 Moidrey 50 66 Yc 57
69330 Moifono 69M 131 Fa 74
35650 Moigné 35 65 Yb 60
63560 Moignons, les 63 115 Cf 72
91490 Moigny-sur-Ecole 91 71 Cc 58
70110 Moimay 70 93 Gc 63
17360 Moinet 17 135 Ze 78
54580 Moineville 54 56 Ff 53
17500 Moings 17 123 Zd 76
79390 Moinie, la 79 99 Zf 68
28700 Moinville-la-Jeulin 28 70 Be 58
38430 Moirans 38 131 Fd 77
39260 Moirans-en-Montagne 39 119 Fe 70
47310 Moirax 47 149 Ad 84
47800 Moirax 47 136 Ac 81
69620 Moiré 69D 118 Ed 73
51800 Moiremont 51 54 Ef 54
01350 Moiret 01 119 Fe 73
28200 Moireville 28 70 Bc 60
55150 Moirey-Flabas-Crépion 55 55 Fc 53
39570 Moiron 39 107 Fd 69
08370 Moiry 08 42 Fb 51
58490 Moiry 58 103 Da 67
86700 Moisais 86 111 Ab 70
44520 Moisdon-la-Rivière 44 82 Yd 63
77950 Moisenay 77 71 Ce 57
80200 Moislains 80 39 Cf 49
15130 Moissac 15 139 Cd 79
15170 Moissac 15 140 Cf 78
15170 Moissac 15 140 Da 78
82200 Moissac 82 149 Ba 84
87500 Moissac 87 125 Bb 76
43440 Moissac-Bas 43 128 Dd 77
83630 Moissac-Bellevue 83 171 Ga 87
48110 Moissac-Vallée-Française 48
153 De 83
82190 Moissaguet 82 149 Ba 83
87400 Moissannes 87 126 Bd 73
63190 Moissat 63 128 Dc 74
63190 Moissat-Bas 63 128 Dc 74
95570 Moisselles 95 51 Cc 54
39290 Moissey 39 106 Fd 65
38270 Moissieu-sur-Dolon 38 130 Ef 76
78840 Moisson 78 50 Be 54
14220 Moissonnière, la 14 47 Zd 54
77550 Moissy-Cramayel 77 51 Cd 57
58190 Moissy-Moulinot 58 89 De 65
27320 Moisville 27 49 Bb 55
41160 Moisy 41 86 Bb 61
20270 Moita CTC 183 Kc 95
50270 Moitiers-d'Allonne, les 50 33 Yb 52
50360 Moitiers-en-Bauptois 50 46 Yd 52
21510 Moitron 21 91 Ee 62
72170 Moitron-sur-Sarthe 72 68 Aa 59
51240 Moivre 51 54 Ed 55
54760 Moivrons 54 56 Gb 56
20110 Mola CTC 184 If 99
56230 Molac 56 81 Xd 62
76220 Molagnies 76 38 Be 51
02110 Molain 02 40 Dd 48
39800 Molain 39 107 Fe 68
39500 Molamboz 39 107 Fe 67
11420 Molándier 11 165 Be 89
04400 Molanès 04 158 Gd 82
38114 Molard, le 38 132 Ga 78
71290 Molard, le 71 106 Fa 69
73480 Mólard, le 73 133 Gf 76
31230 Molas 31 163 Ae 88
39500 Molay 39 106 Fc 66
70120 Molay 70 92 Fe 62
89310 Mólay 89 90 Df 62
14330 Molay, le 14 47 Za 53
14330 Molay-Littry, le 14 47 Za 53
46170 Molayrette, la 46 150 Bc 83
18320 Môle, la 18 103 Da 66
81660 Môle, la 81 166 Cc 87
83310 Môle, la 83 172 Gc 89
28200 Moléans 28 69 Bc 60
15500 Molèdes 15 128 Da 77
73260 Molençon 73 133 Gd 75
65190 Molère, Benqué- 65 163 Ab 90
21330 Molesmes 21 90 Ec 61
89560 Molesmes 89 89 Dc 63
12330 Molet 12 139 Cd 81
48800 Molette, la 48 141 Df 81
73800 Molettes, les 73 132 Ga 76
48110 Molezon 48 153 De 83
63840 Molhiac 63 129 Df 76
60220 Moliens 60 38 Be 50
07270 Molière 07 142 Ed 78
53200 Molière 53 83 Zb 62
36300 Molière, la 36 100 Ba 69
46300 Molière, la 46 137 Bc 80
80410 Molière, la 80 30 Bd 47
13450 Molières 13 170 Ef 87
24480 Molières 24 137 Ae 80
46120 Molières 46 130 Df 80
82220 Molières 82 150 Bc 83
91470 Molières, les 91 51 Ca 56

30120 Molières-Cavaillac 30 153 Dd 85
26150 Molières-Glandaz 26 143 Fc 80
30410 Molières-sur-Ceze 30 154 Ea 83
40660 Moliets-et-Maa 40 146 Yd 85
40660 Moliets-Plage 40 146 Yd 85
88240 Molieu, le 88 76 Gc 61
02000 Molinchart 02 40 Dd 51
20233 Moline CTC 181 Kc 92
05500 Molines-en-Champsaur 05 144 Ga 80
05350 Molines-en-Queyras 05 145 Gf 80
03510 Molinet 03 117 Df 70
41190 Molineuf 41 86 Bb 63
39360 Molinges 39 119 Fe 70
62330 Molinghem 62 29 Cc 45
20128 Molini CTC 184 Ie 97
89190 Molinons 89 72 Dd 59
21340 Molinot 21 105 Ed 66
10500 Molins-sur-Aube 10 74 Ec 58
28200 Molitard 28 70 Bc 60
66500 Molitg-les-Bains 66 178 Cc 93
70240 Mollans 70 93 Gc 63
26170 Mollans-sur-Ouvèze 26 155 Fb 83
73300 Mollard, le 73 132 Gc 77
68470 Mollau 68 94 Gf 61
49260 Mollay 49 99 Zf 65
24700 Molle, la 24 136 Aa 78
13940 Mollegès 13 155 Ef 86
03300 Molles 03 116 Dd 72
18260 Mollets, les 18 88 Cd 64
11410 Molleville 11 165 Bf 89
80260 Molliens-au-Bois 80 39 Cc 49
80540 Molliens-Dreuil 80 38 Ca 49
06420 Mollières 06 159 Hb 84
73720 Molliessoulaz 73 132 Gc 74
67190 Mollkirch 67 60 Hc 57
01800 Mollon 01 119 Fb 73
15500 Molompize 15 128 Da 77
89700 Molosmes 89 90 Ea 61
87130 Molou 87 126 Bd 75
21120 Moloy 21 91 Ef 63
21210 Molphey 21 90 Eb 64
39250 Molpré 39 107 Ga 68
57670 Molring 57 57 Ge 55
67120 Molsheim 67 60 Hc 57
20218 Moltifao CTC 181 Ka 94
20218 Moltifau = Moltifao CTC 181 Ka 94
39310 Molunes, les 39 120 Ff 70
57330 Molvange 57 43 Ga 52
64230 Momas 64 162 Zd 88
33710 Mombrier 33 135 Zc 78
65360 Momères 65 162 Aa 89
57220 Momerstroff 57 57 Gd 54
12210 Mommaton 12 139 Cf 80
67670 Mommenheim 67 58 Hd 56
24700 Momtpon-Ménestérol 24 136 Aa 78
40700 Momuy 40 161 Zc 87
64350 Momy 64 162 Zf 88
20171 Monacia d'Aullène CTC 184 Ka 99
20229 Monacia-d'Orezza CTC 183 Kc 94
98000* Monaco ◘ MC 173 Hc 86
98000 Monaco-Ville ◘ MC 173 Hc 86
73640 Monal, le 73 133 Gf 75
02000 Monampteuil 02 40 Dd 52
17120 Monards, les 17 122 Za 75
64160 Monassut-Audiracq 64 162 Ze 88
12000 Monastère, le 12 152 Cd 82
12190 Monastère, le 12 139 Ce 81
48100 Monastier-Pin-Moriès, le 48
140 Db 81
43150 Monastier-sur-Gazeille, le 43
141 Df 79
63790 Monaux 63 127 Cf 75
39230 Monay 39 107 Fd 67
33570 Monbadon 33 135 Zf 79
47290 Monbahus 47 136 Ad 81
47340 Monbalen 47 149 Ae 83
47320 Monbarbat 47 148 Ac 82
32420 Monbardon 32 163 Ae 88
24240 Monbazillac 24 136 Ac 80
47370 Monbeau 47 149 Af 82
82170 Monbéqui 82 150 Bb 85
32130 Monblanc 32 164 Af 88
24240 Monbos 24 136 Ac 80
47510 Monbran 47 149 Ad 83
32600 Monbrun 32 164 Ba 87
20214 Moncale CTC 180 If 93
24250 Moncalou 24 137 Bb 80
12130 Moncan 12 140 Da 81
32300 Moncassin 32 163 Ac 88
47700 Moncassin 47 148 Aa 83
31160 Moncaup 31 176 Ae 91
64350 Moncaup 64 162 Zf 88
47310 Moncaut 47 148 Ad 84
45740 Monçay 45 87 Be 62
64130 Moncayolle-Larrory-Mendibieu 64
161 Za 89
49800 Monceau 49 84 Zd 64
03380 Monceau, le 03 114 Cc 71
02270 Monceau-le-Neuf 02 40 Dd 50
02270 Monceau-lès-Leups 02 40 Dc 50
02840 Monceau-le-Waast 02 40 De 51
59620 Monceau-Saint-Waast 59 31 Df 47
02120 Monceau-sur-Oise 02 40 De 49
19170 Monceaux 19 126 Bf 75
60940 Monceaux 60 39 Cd 53
14100 Monceaux, les 14 35 Aa 54
23270 Monceaux, les 23 114 Ca 71
61290 Monceaux-au-Perche 61 69 Ae 58
14400 Monceaux-en-Bessin 14 47 Zb 53
60220 Monceaux-l'Abbaye 60 38 Be 51
58190 Monceaux-le-Comte 58 90 Dd 65
19400 Monceaux-sur-Dordogne 19
138 Bf 78
72230 Moncé-en-Belin 72 84 Ab 61
72260 Moncé-en-Saosnois 72 68 Ac 59
00000 Moncel 00 75 Fe 50
08140 Moncelle, la 08 42 Ef 50
54300 Moncel-lès-Lunéville 54 77 Gd 57
54280 Moncel-sur-Seille 54 56 Gc 56
88630 Moncel-sur-Vair 88 75 Fe 58
51290 Moncetz-L'Abbaye 51 54 Ed 57

51470 Moncetz-Longevas 51 54 Ec 55
25870 Moncey 25 93 Ga 64
76340 Monchaux-Soreng 76 38 Bd 49
59224 Monchaux-sur-Écaillon 59 30 Dc 47
59283 Moncheaux 59 30 Da 46
80120 Moncheaux 80 28 Bd 47
62270 Moncheaux-lès-Frévent 62 29 Cc 47
59234 Monchecourt 59 30 Db 47
80220 Monchelet 80 38 Bd 48
62270 Monchel-sur-Canche 62 29 Cb 47
37310 Monchenin 37 100 Af 65
24160 Monchenit 24 125 Ba 77
57420 Moncheux 57 56 Gc 55
62123 Monchiet 62 29 Cd 47
62111 Monchy-au-Bois 62 29 Cd 47
62127 Monchy-Breton 62 29 Cc 46
62134 Monchy-Cayeux 62 29 Cb 46
60113 Monchy-Humières 60 39 Ce 52
80200 Monchy-Lagache 80 39 Da 49
62118 Monchy-le-Preux 62 30 Cf 47
76340 Monchy-le-Preux 76 38 Bd 49
60290 Monchy-Saint-Eloy 60 51 Cc 53
76260 Monchy-sur-Eu 76 28 Bc 49
64330 Moncla 64 162 Ze 87
32150 Monclar 32 148 Zf 85
47380 Monclar 47 149 Ad 82
82230 Monclar-de-Quercy 82 150 Bd 85
32300 Monclar-sur-Losse 32 163 Ab 87
25170 Moncley 25 93 Ff 65
08270 Monclin 08 41 Ed 51
22510 Moncontour 22 64 Xb 58
86330 Moncontour 86 99 Zf 67
32260 Moncorneil-Grazan 32 163 Ad 88
29510 Moncouar 29 78 Vf 60
19410 Moncoulon 19 125 Bc 77
57810 Moncourt 57 57 Gd 56
79320 Moncoutant-sur-Sèvre 79 98 Zc 68
46090 Moncoutié 46 138 Bc 81
47600 Moncrabeau 47 148 Ac 84
61800 Moncy 61 47 Zb 56
12330 Mondalazac 12 139 Cd 82
31220 Mondavezan 31 164 Ba 89
14250 Mondaye 14 34 Zb 53
32160 Mondebat 32 162 Aa 87
64450 Mondebat 64 162 Zd 87
57300 Mondelange 57 56 Gb 53
51120 Mondement-Montgivroux 51
53 De 56
82110 Mondenard 82 149 Bb 83
44450 Monderie, la 44 82 Yd 65
60400 Mondescourt 60 40 Da 51
91690 Mondésir 91 70 Ca 58
28170 Mondétour 28 50 Bb 57
35370 Mondevert 35 66 Yf 60
14120 Mondeville 14 47 Ze 53
91590 Mondeville 91 71 Cc 58
62760 Mondicourt 62 29 Cc 47
08430 Mondigny 08 42 Ed 50
31350 Mondilhan 31 163 Ae 89
31420 Mondine 31 163 Ae 89
40800 Mondine 40 162 Ze 87
86230 Mondion 86 100 Ac 67
25680 Mondon 25 93 Gb 64
31700 Mondonville 31 164 Bb 86
28150 Mondonville-Sainte-Barbe 28
70 Be 59
28700 Mondonville-Saint-Jean 28 70 Be 58
41170 Mondoubleau 41 69 Af 61
43500 Mondoulioux 43 129 Df 77
31850 Mondouzil 31 165 Bd 87
84430 Mondragon 84 155 Ee 83
14210 Mondrainville 14 35 Zc 54
55220 Mondrecourt 55 55 Fb 55
02500 Mondrepuis 02 41 Ea 49
77570 Mondreville 77 71 Cd 60
78980 Mondreville 78 50 Bd 55
35680 Mondron 35 66 Ye 60
43260 Monedeyres 43 141 Ea 78
64360 Monein 64 161 Zc 89
31370 Monès 31 164 Ba 88
09130 Monesple 09 164 Bc 90
03140 Monestier 03 116 Da 71
07690 Monestier 07 130 Ed 77
24240 Monestier 24 136 Ab 80
26110 Monestier, le 26 156 Fb 82
26340 Monestier, le 26 143 Fb 81
63890 Monestier, le 63 129 Dd 75
38970 Monestier-d'Ambel 38 144 Ff 80
38650 Monestier-de-Clermont 38 144 Fd 79
38930 Monestier-du-Percy, le 38 144 Fd 80
19340 Monestier-Merlines 19 127 Cc 75
19110 Monestier-Port-Dieu 19 127 Cd 76
81640 Monestiés 81 151 Ca 84
31560 Monestrol 31 165 Be 88
03500 Monétay-sur-Allier 03 116 Db 70
03470 Monétay-sur-Loire 03 117 De 70
89470 Monéteau 89 89 Dd 61
05110 Monêtier-Allemont 05 157 Ff 82
05220 Monêtier-les-Bains, le 05 145 Gd 79
24130 Monfaucon 24 136 Ab 79
24140 Monfaucon 24 136 Ad 78
65140 Monfaucon 65 162 Aa 88
32260 Monferran-Plavès 32 163 Ad 88
32490 Monferran-Savès 32 164 Af 87
47150 Monflanquin 47 136 Ae 81
32120 Monfort 32 149 Ae 86
35160 Monforzh = Montfort 35 65 Ya 60
72300 Monfrou 72 84 Ze 61
40200 Mongaillard 40 146 Ye 83
47230 Mongaillard 47 148 Ab 83
33480 Mongarnl 33 134 Zb 79
32220 Mongausy 32 163 Ae 87
33190 Mongauzy 33 135 Aa 81
09300 Monges 09 177 Be 91
11100 Monges 11 167 Da 90
63740 Monges 63 127 Ce 74
40700 Mongot 40 162 Ze 87
33240 Mongie, la 33 135 Ze 78
65200 Mongie, la 65 175 Ab 91
86300 Mongodar, la 86 112 Ae 70
32240 Monguilhem 32 148 Ze 85

53500 Monhages, les 53 66 Zb 59
47160 Monheurt 47 148 Ab 82
72260 Monhoudou 72 68 Ab 59
08260 Mon-Idée 08 41 Ec 49
84390 Monieux 84 156 Fc 84
71160 Monins, les 71 117 De 69
43580 Monistrol-d'Allier 43 141 Dd 79
43120 Monistrol-sur-Loire 43 129 Eb 77
22510 Monkontour = Moncontour 22
64 Xb 58
32140 Monlaur-Bernet 32 163 Ad 88
41290 Monlavy 41 86 Bb 61
65670 Monléon-Magnoac 65 163 Ad 89
43270 Monlet 43 129 De 77
32230 Monlezun 32 163 Ab 88
32240 Monlezun-d'Armagnac 32 147 Zf 86
15120 Monlogis 15 139 Cd 80
65670 Monlong 65 163 Ac 89
12240 Monloube 12 151 Ca 83
47160 Monluc 47 148 Ab 83
24560 Monmadalès 24 136 Ad 80
24560 Monmarvès 24 136 Ad 80
12100 Monna, le 12 152 Da 84
61470 Monnai 61 48 Ac 55
37380 Monnaie 37 85 Ae 63
63710 Monne 63 128 Cf 75
02400 Monneaux 02 52 Db 54
23320 Monnéger 23 114 Be 71
57920 Monneren 57 56 Gc 52
72300 Monnerie, la 72 84 Zd 61
63650 Monnerie-le-Montel, la 63 128 Dd 73
91930 Monnerville 91 70 Ca 58
02470 Monnes 02 52 Db 54
48100 Monnet 48 140 Db 81
39320 Monnetay 39 119 Fd 70
74410 Monnetier 74 132 Ga 74
74560 Monnetier-Mornex 74 120 Gb 72
39300 Monnet-la-Ville 39 107 Fe 68
39150 Monnets, les 39 107 Ga 69
60240 Monneville 60 51 Bf 53
39100 Monnières 39 106 Fc 66
44690 Monnières 44 97 Yd 66
82200 Monniés 82 150 Ba 84
30170 Monoblet 30 154 Df 84
82140 Monpalach 82 150 Bd 83
79800 Monpalais 79 99 Zf 67
32170 Monpardiac 32 163 Ab 88
24540 Monpazier 24 137 Af 80
64350 Monpezat 64 162 Zf 87
24170 Monplaisant 24 137 Af 80
02390 Monplaisir 02 40 Dd 50
31590 Monplaisir 31 165 Bd 87
41170 Mon-Plaisir 41 85 Af 61
33410 Monprimblanc 33 135 Ze 81
16140 Mons 16 123 Zf 73
17160 Mons 17 123 Zd 74
30340 Mons 30 154 Eb 84
31280 Mons 31 165 Bd 87
32270 Mons 32 163 Ae 86
34390 Mons 34 167 Cf 87
63310 Mons 63 116 Dc 72
69330 Mons 69M 131 Fa 74
83440 Mons 83 172 Ge 86
87310 Mons 87 125 Af 74
19220 Mons, le 19 138 Ca 77
19550 Mons, le 19 126 Cb 77
63600 Mons, le 63 129 De 75
24440 Monsac 24 136 Ae 80
24560 Monsaguel 24 136 Ad 80
80210 Mons-Boubert 80 28 Be 48
24340 Monsec 24 124 Ad 76
33580 Monségur 33 135 Aa 81
40700 Monségur 40 162 Zc 87
47150 Monségur 47 137 Af 82
64460 Monségur 64 162 Zf 88
15240 Monselie, le 15 127 Cd 77
47500 Monsempron-Libos 47 137 Af 82
59370 Mons-en-Barœul 59 30 Da 45
80200 Mons-en-Chaussée 80 39 Da 49
02000 Mons-en-Laonnois 02 40 Dd 51
77520 Mons-en-Montois 77 72 Da 58
59246 Mons-en-Pévèle 59 30 Da 46
33240 Monsieur-Dubois 33 135 Zd 78
85110 Monsireigne 85 97 Za 68
69860 Monsols 69D 117 Ed 71
24450 Monssigoux 24 125 Ba 75
38122 Monsteroux-Milieu 38 130 Ef 76
80160 Monsures 80 38 Cb 50
67700 Monswiller 67 58 Hc 56
36500 Mont 36 101 Bb 67
64300 Mont 64 161 Zc 88
74230 Mont 74 132 Gc 74
01400 Mont, le 01 118 Ef 72
23200 Mont, le 23 114 Cb 73
23600 Mont, le 23 114 Ca 70
42560 Mont, le 42 129 Ea 76
43170 Mont, le 43 140 Dc 79
50390 Mont, le 50 33 Yc 52
62910 Mont, le 62 27 Ca 44
63310 Mont, le 63 128 Cf 75
70290 Mont, le 70 94 Ge 62
74310 Mont, le 74 121 Ge 73
74360 Mont, le 74 121 Ge 71
74740 Mont, le 74 121 Ge 72
87460 Mont, le 87 126 Bd 74
88210 Mont, le 88 77 Ha 58
61160 Montabard 61 48 Zf 56
72500 Montabon 72 85 Ac 62
50410 Montabots 50 46 Yf 55
89150 Montacher-Villegardin 89 72 Da 59
13190 Montade, la 13 170 Fc 88
34600 Montades, les 34 167 Db 87
32220 Montadet 32 164 Af 88
34310 Montady 34 167 Da 89
09240 Montagagne 09 177 Bc 91
04500 Montagnac 04 157 Ga 86
12500 Montagnac 12 152 Cf 82
30350 Montagnac 30 154 Ea 85
34530 Montagnac 34 167 Dc 88
43270 Montagnac 43 141 De 78
43370 Montagnac 43 141 Df 79

48170 Montagnac 48 141 Dd 80
24210 Montagnac-d'Auberoche 24
125 Af 77
24140 Montagnac-la-Crempse 24
136 Ad 79
47600 Montagnac-sur-Auvignon 47
148 Ac 84
47150 Montagnac-sur-Lède 47 137 Af 81
39160 Montagna-le-Reconduit 39 119 Fc 70
39320 Montagna-le-Templier 39 119 Fc 70
32170 Montagnan 32 163 Ac 88
81110 Montagnarie, la 81 165 Ca 88
01250 Montagnat 01 119 Fb 71
33570 Montagne 33 135 Zf 79
38160 Montagne 38 143 Fb 78
05400 Montagne, la 05 144 Ff 81
05400 Montagne, la 05 144 Ff 81
05700 Montagne, la 05 144 Fd 82
44620 Montagne, la 44 96 Yb 65
70310 Montagne, la 70 94 Gd 61
71760 Montagne, la 71 104 Df 68
91150 Montagne, la 91 71 Cb 58
80540 Montagne-Fayel 80 38 Bf 49
73400 Montagnes, les 73 132 Gc 74
81200 Montagnés, les 81 166 Cb 88
42560 Montagneux 42 129 Df 75
70140 Montagney 70 92 Fd 65
01470 Montagnieu 01 131 Fc 74
38110 Montagnieu 38 131 Fc 75
12360 Montagnol 12 152 Da 85
73000 Montagnole 73 132 Ff 75
01990 Montagnuex 01 118 Ef 72
42840 Montagny 42 117 Eb 72
69700 Montagny 69M 130 Ee 75
73000 Montagny 73 132 Ff 75
73340 Montagny 73 132 Ga 74
73350 Montagny 73 133 Gd 76
60240 Montagny-en-Vexin 60 50 Be 53
21200 Montagny-lès-Beaune 21 106 Ef 67
71390 Montagny-lès-Buxy 71 105 Ee 68
74600 Montagny-les-Lanches 74 132 Ga 73
21250 Montagny-lès-Seurre 21 106 Fb 66
71500 Montagny-près-Louhans 71
106 Fb 69
60950 Montagny-Sainte-Félicité 60
52 Ce 54
71520 Montagny-sur-Grosne 71 118 Ed 70
33190 Montagoudin 33 135 Zf 81
24350 Montagrier 24 124 Ac 77
48340 Montagudet 48 140 Da 82
82110 Montagudet 82 149 Ba 83
48340 Montagut 48 152 Da 82
64410 Montagut 64 162 Zc 87
19300 Montaignac 19 126 Bf 76
19300 Montaignac Saint-Hippolyte 19
126 Ca 76
50700 Montaigu-la-Brisette 50 33 Yd 51
02820 Montaigu 02 41 De 51
39570 Montaigu 39 107 Fd 69
48310 Montaigu 48 140 Da 79
53160 Montaigu 53 67 Zd 59
79120 Montaigu 79 111 Ab 71
85600 Montaigu 85 97 Ye 67
82150 Montaigu-de-Quercy 82 149 Ba 82
03130 Montaiguët-en-Forez 03 116 De 71
03150 Montaigu-le-Blin 03 116 Dd 71
50450 Montaigu-les-Bois 50 46 Ye 55
12360 Montaigut 12 152 Cf 85
63700 Montaigut 63 115 Ce 71
81320 Montaigut 81 167 Cf 86
23320 Montaigut-le-Blanc 23 114 Be 72
63320 Montaigut-le-Blanc 63 128 Da 75
31530 Montaigut-sur-Save 31 164 Bb 86
47120 Montaillac 47 136 Ab 80
72120 Montaillé 72 85 Ae 61
73460 Montailleur 73 132 Gb 75
79370 Montaillon 79 111 Ze 71
09110 Montaillou 09 178 Bf 92
73130 Montaimont 73 132 Gc 76
39210 Montain 39 107 Fd 68
82100 Montain 82 149 Ba 85
28150 Montainville 28 70 Bd 59
78124 Montainville 78 50 Bf 55
66110 Montalba-d'Amélie 66 179 Ce 94
66130 Montalba-le-Château 66 179 Cd 92
79190 Montalembert 79 111 Aa 72
23400 Montaletang 23 114 Be 73
78440 Montalet-le-Bois 78 50 Be 54
38390 Montalieu-Vercieu 38 131 Fc 74
33930 Montalivet-les-Bains 33 122 Yf 76
89290 Montallery 89 89 De 62
30120 Montals 30 153 Dd 84
82270 Montalzat 82 150 Bc 83
05140 Montamat 05 144 Fd 81
32220 Montamat 32 163 Af 88
58250 Montambert 58 104 De 68
46310 Montamel 46 137 Bc 81
86360 Montamisé 86 99 Ac 69
14260 Montamy 14 47 Zb 55
69250 Montanay 69M 130 Ef 73
24110 Montanceix 24 136 Ad 78
25190 Montancy 25 94 Ha 64
25190 Montandon 25 94 Gf 65
18170 Montandré 18 102 Cb 68
73300 Montandré 73 132 Gc 77
50240 Montanel 50 66 Yd 58
64460 Montaner 64 162 Zf 88
10220 Montangon 10 74 Ec 58
87290 Montannaud 87 113 Bb 72
81600 Montans 81 151 Bf 85
58110 Montapas 58 104 Dd 66
03230 Montapoino 03 104 Dd 60
24800 Montardie 24 125 Ba 76
09230 Montardit 09 164 Bb 90
64121 Montardon 64 162 Zd 88
24350 Montardy 24 124 Ac 77
24130 Montarel 24 136 Ab 79
30700 Montaren-et-Saint-Médiers 30
154 Ec 84
19700 Montargis 19 126 Be 76
45200 Montargis 45 71 Ce 61

77250 Montarlot 77 71 Cf 58
70600 Montarlot-lès-Champlitte 70 92 Fd 63
70190 Montarlot-lès-Rioz 70 93 Ff 64
09200 Montarna 09 176 Ba 91
34570 Montarnaud 34 168 De 87
58250 Montaron 58 104 De 67
58360 Montarons, les 58 104 De 67
47380 Montastruc 47 136 Ad 82
65330 Montastruc 65 163 Ac 89
82130 Montastruc 82 150 Bb 84
31380 Montastruc-la-Conseillère 31 165 Bd 86
42830 Montat 42 116 De 73
46090 Montat 46 150 Bc 82
58140 Montat, le 58 90 Df 64
60160 Montataire 60 51 Cc 53
26170 Montauban 26 156 Fd 83
82000 Montauban 82 150 Bc 84
35360 Montauban-de-Bretagne 35 65 Xf 59
31110 Montauban-de-Luchon 31 176 Ad 92
80300 Montauban-de-Picardie 80 39 Ce 48
34160 Montaud 34 168 Df 86
38210 Montaud 38 131 Fd 77
53220 Montaudin 53 66 Za 58
70270 Montaujeux, le 70 94 Gd 62
26110 Montaulieu 26 156 Fb 82
10270 Montaulin 10 73 Eb 59
27400 Montaure 27 49 Ba 53
63380 Montaurier 63 127 Cd 73
11410 Montauriol 11 165 Be 89
31280 Montauriol 31 165 Bd 87
47330 Montauriol 47 136 Ad 81
66300 Montauriol 66 179 Ce 93
83440 Montauroux 83 172 Ge 87
09160 Montaut 09 164 Ba 90
09700 Montaut 09 165 Bd 89
24560 Montaut 24 136 Ad 80
31310 Montaut 31 164 Bb 90
32300 Montaut 32 163 Ac 88
40500 Montaut 40 161 Zc 86
47210 Montaut 47 136 Ae 81
64800 Montaut 64 162 Ze 90
33121 Montaut, le 33 134 Yf 78
12170 Montautat 12 151 Cd 84
32810 Montaut-les-Créneaux 32 163 Ad 86
35210 Montautour 35 66 Yf 59
54700 Montauville 54 56 Ga 55
40410 Montauzey 40 147 Zb 82
59360 Montay 59 31 Dd 48
47500 Montayral 47 137 Af 82
24230 Montazeau 24 136 Aa 79
81330 Montazel 81 166 Cd 86
11190 Montazels 11 178 Cb 91
21500 Montbard 21 90 Ec 63
05350 Montbardon 05 145 Ge 80
82110 Montbarla 82 149 Ba 83
39380 Montbarrey 39 107 Fd 66
45340 Montbarrois 45 71 Cc 60
82700 Montbartier 82 150 Bb 85
12220 Montbazens 12 139 Cb 82
34560 Montbazin 34 168 De 87
37250 Montbazon 37 85 Ae 65
09500 Montbel 09 165 Bf 90
09600 Montbel 09 178 Bf 91
48170 Montbel 48 141 De 81
25600 Montbéliard 25 94 Ge 63
25210 Montbéliardot 25 108 Gd 65
71260 Montbellet 71 118 Ef 70
25650 Montbenoît 25 108 Gc 67
62350 Mont-Bernanchon 62 29 Cd 45
31230 Montbernard 31 163 Ae 89
31140 Montberon 31 164 Bc 86
44140 Montbert 44 97 Yd 66
38230 Montbertand 38 131 Fa 74
21460 Montberthault 21 90 Ea 64
14350 Mont-Bertrand 14 47 Za 55
82290 Montbeton 82 150 Bb 84
12160 Montbétou 12 152 Cc 83
03340 Montbeugny 03 116 Dc 69
72380 Montbizot 72 68 Ab 60
55270 Montblainville 55 55 Fa 53
04320 Montblanc 04 158 Ge 85
31230 Mont-Blanc 31 164 Ae 89
34290 Montblanc 34 167 Dc 88
45290 Montblin 45 88 Ce 61
70700 Montboillon 70 93 Ff 64
14190 Montboint 14 48 Ze 55
28800 Montboissier 28 69 Bc 59
63490 Montboissier 63 128 Dc 75
66110 Montbolo 66 179 Cd 94
43370 Montbonnet 43 141 De 79
38330 Montbonnot 38 132 Fe 77
54111 Mont-Bonvillers 54 43 Ff 53
23400 Montboucher 23 113 Be 73
26740 Montboucher-sur-Jabron 26 142 Ee 81
15190 Montboudif 15 127 Ce 76
90500 Montbouton 90 94 Gf 64
45230 Montbouy 45 88 Ce 61
16620 Montboyer 16 123 Aa 77
70230 Montbozon 70 93 Gb 64
43550 Montbrac 43 141 Ea 79
22550 Montbran 22 64 Xd 57
05140 Montbrand 05 144 Fe 81
55140 Montbras 55 75 Fe 57
50410 Montbray 50 46 Yf 55
51500 Montbré 51 53 Ea 53
02110 Montbrehain 02 40 Dc 49
26770 Montbrison 26 155 Fa 82
42600 Montbrison 42 129 Ea 75
16220 Montbron 16 124 Ac 75
57415 Montbronn 57 58 Hb 55
87160 Montbrugnaud 87 113 Bb 71
46160 Montbrun 46 138 Bf 81
48210 Montbrun 48 153 Dd 82
73200 Montbrunal 73 132 Gb 77
31310 Montbrun-Bocage 31 164 Bb 90
11700 Montbrun-des-Corbières 11 166 Ce 89
31450 Montbrun-Lauragais 31 165 Bd 88
26570 Montbrun-les-Bains 26 156 Fc 83
25340 Montby 25 94 Gc 64
09500 Montcabirol 09 177 Be 90
46700 Montcabrier 46 137 Ba 81
81500 Montcabrier 81 165 Be 87
09220 Montcalm 09 177 Bc 92
30600 Montcalm 30 169 Eb 87
24230 Montcaret 24 135 Aa 79
38890 Montcarra 38 131 Fc 75
50500 Montcarville 50 33 Yc 54
76690 Mont-Cauvaire 76 37 Ba 51
62170 Montcavrel 62 28 Be 45
38300 Montceau 38 131 Fc 75
21360 Montceau-et-Echarnant 21 105 Ed 66
71300 Montceau-les-Mines 71 105 Ec 68
01090 Montceaux 01 118 Ee 72
77470 Montceaux 77 52 Cf 55
77151 Montceaux-lès-Provins 77 52 Dc 56
10260 Montceaux-lès-Vaudes 10 73 Ea 60
71110 Montceaux-L'Etoile 71 117 Ea 70
71240 Montceaux-Ragny 71 106 Ef 69
63460 Montcel 63 115 Da 72
73100 Montcel 73 132 Ff 74
02540 Mont-Cel-Enger 02 52 Dc 55
71710 Montcenis 71 105 Ec 68
01310 Montcet 01 118 Fa 71
70000 Montcey 70 93 Gb 63
38220 Montchaboud 38 144 Fe 78
02860 Montchâlons 02 40 De 51
14350 Montchamp 14 47 Zb 55
15100 Montchamp 15 140 Db 78
48700 Montchamp 48 140 Dc 80
71210 Montchanin 71 105 Ec 68
15320 Mont-Chanson 15 140 Da 79
43500 Montchany 43 129 Df 76
58370 Montcharlon 58 104 Df 67
52400 Montcharvot 52 92 Fe 61
50660 Montchaton 50 46 Yc 54
16300 Montchaude 16 123 Ze 76
14350 Montchauvet 14 47 Zb 55
78790 Montchauvet 78 50 Bd 55
73210 Montchavin 73 133 Ge 75
26350 Montchenu 26 130 Fa 77
23270 Montcheny 23 114 Bf 71
08250 Montcheutin 08 54 Ee 53
61170 Montchevral 61 68 Ac 57
36140 Montchevrier 36 114 Be 70
71450 Montchevrier 71 105 Ec 68
48100 Montchiroux 48 140 Dc 81
01340 Montcindroux 01 118 Fa 70
04140 Montclar 04 157 Gc 82
11250 Montclar 11 166 Cb 90
12550 Montclar 12 152 Cd 85
43230 Montclard 43 128 Dd 77
31220 Montclar-de-Comminges 31 164 Ba 89
31290 Montclar-Lauragais 31 165 Be 88
26400 Montclar-sur-Gervanne 26 143 Fa 80
46250 Montcléra 46 137 Bb 81
05700 Montclus 05 156 Fe 82
30630 Montclus 30 154 Ec 83
63330 Montcocu 63 115 Ce 71
03130 Montcombroux-les-Mines 03 116 De 70
03130 Montcombroux-Vieux-Bourg 03 116 De 70
71500 Montcony 71 106 Fb 68
23190 Montcor 23 114 Cc 73
45220 Montcorbon, Douchy- 45 72 Da 61
02340 Montcornet 02 41 Ea 50
08090 Montcornet 08 42 Ed 50
42380 Montcoudiol 42 129 Ea 76
02400 Montcourt 02 52 Dc 54
70500 Montcourt 70 93 Ff 61
77140 Montcourt-Fromonville 77 71 Ce 59
71620 Montcoy 71 106 Ef 68
45700 Montcresson 45 88 Ce 61
01380 Mont-Crozier 01 118 Ef 71
50490 Montcuit 50 34 Yd 54
38230 Montcul 38 131 Fb 74
46800 Montcuq-en-Quercy-Blanc 46 149 Bb 82
39260 Montcusel 39 119 Fd 70
08090 Montcy-Notre-Dame 08 42 Ee 50
30120 Montdardier 30 153 Dd 85
32140 Mont-d'Astarac 32 163 Ad 89
05600 Mont-Dauphin 05 145 Gd 81
77320 Montdauphin 77 52 Dc 55
38860 Mont-de-Lans 38 144 Ga 78
25210 Mont-de-Laval 25 108 Gd 65
76190 Mont-de-L'If 76 37 Ae 51
32170 Mont-de-Marrast 32 163 Ac 88
40000 Mont-de-Marsan 40 147 Zd 85
71130 Montdemot 71 104 Ea 69
73870 Mont-Denis 73 132 Gc 77
59690 Mont-de-Péruwelz 59 31 Dd 46
88410 Mont-de-Savillon 88 76 Ff 60
73400 Mont-Dessus 73 132 Gc 74
55110 Mont-devt-Sassey 55 42 Fb 52
57670 Montdidier 57 57 Ge 55
80500 Montdidier 80 39 Cd 51
64330 Mont-Disse 64 162 Zf 87
35120 Mont-Dol 35 65 Yb 57
63240 Mont-Dore 63 127 Ce 75
70210 Montdoré 70 93 Ga 61
02390 Mont-d'Origny 02 40 Dd 49
46230 Montdoumerc 46 150 Bd 83
81440 Montdragon 81 151 Ca 86
39260 Mont-du-Cerf 39 119 Fe 70
02500 Mont-du-Faux, le 02 41 Ea 50
20290 Monte CTC 181 Kc 94
41150 Monteaux 41 86 Ba 64
20138 Monte Biancu CTC 184 Ie 98
50310 Montebourg 50 33 Yd 52
23600 Montebras 23 114 Cb 71
98000 Monte Carlo ◘ MC 173 Hc 86
82700 Montech 82 150 Bb 85
25190 Montécheroux 25 94 Ge 64
59258 Montecouvez 59 30 Db 48
20245 Monte Estremo CTC 182 Ic 94
02600 Montefontaine 02 40 Da 53
20214 Montegrosso CTC 180 Ie 93
40190 Montégut 40 147 Ze 85
65150 Montégut 65 163 Ad 90
32730 Montégut-Arros 32 163 Ab 88
31430 Montégut-Bourjac 31 164 Af 89
09200 Montégut-en-Couserans 09 176 Ba 91
31540 Montégut-Lauragais 31 165 Bf 88
09120 Montégut-Plantaurel 09 164 Bd 90
32220 Montégut-Savès 32 164 Af 88
03800 Monteignet-sur-L'Andelot 03 116 Db 72
15240 Monteil 15 127 Cd 77
15700 Monteil 15 139 Cb 78
19170 Monteil 19 126 Ca 74
23220 Monteil 23 114 Bf 71
23320 Monteil 23 114 Be 72
24680 Monteil 24 136 Ac 80
43380 Monteil 43 140 Db 77
43700 Monteil 43 141 Df 78
79600 Monteil 79 99 Zc 67
87200 Monteil 87 112 Ae 73
24390 Monteil, le 24 125 Bb 77
36370 Monteil, le 36 113 Bb 70
43340 Monteil, le 43 141 De 79
23460 Monteil-au-Vicomte, la 23 114 Bf 73
14270 Monteille 14 35 Aa 54
12290 Monteillets 12 152 Cf 83
12160 Monteils 12 151 Cc 83
12200 Monteils 12 151 Bf 83
12380 Monteils 12 152 Cd 85
30360 Monteils 30 154 Eb 84
30630 Monteils 30 154 Ec 83
46330 Monteils 46 138 Be 81
48400 Monteils 48 153 Dd 82
82300 Monteils 82 150 Bd 83
63480 Monteix, le 63 129 De 75
63700 Monteix, les 63 115 Cf 71
63740 Montel, le 63 127 Ce 74
89210 Monteland, le 89 73 Dd 60
23700 Montel-au-Temple, le 23 115 Cc 73
63380 Montel-de-Gelat 63 115 Cd 73
26760 Montéléger 26 142 Ef 79
26120 Montélier 26 143 Fa 79
26200 Montélimar 26 142 Ee 81
01800 Montellier, le 01 118 Fa 73
30580 Montellier, le 30 154 Eb 84
09240 Montels 09 177 Bc 90
34310 Montels 34 167 Da 89
81140 Montels 81 151 Bf 85
23700 Montely 23 115 Cc 72
20214 Montemaggiore CTC 180 If 93
16310 Montembœuf 16 124 Ad 74
57480 Montenach 57 44 Gc 52
53500 Montenay 53 66 Za 59
17130 Montendre 17 123 Zd 77
73390 Montendry 73 132 Gb 75
62123 Montenescourt 62 29 Cd 47
56380 Monteneuf 56 81 Xe 61
77320 Montenils 77 53 Dc 55
25260 Montenois 25 94 Ge 64
58700 Montenoison 58 104 Dc 65
54760 Montenoy 54 56 Gb 56
80540 Montenoy 80 38 Bf 49
60810 Montépilloy 60 51 Ce 53
51320 Montépreux 51 53 Ea 56
86430 Monterbean 86 112 Ae 71
56250 Monterblanc 56 80 Xb 62
45260 Montereau 45 88 Cd 61
77130 Montereau-Fault-Yonne 77 72 Cf 58
77950 Montereau-sur-le-Jard 77 71 Ce 57
35160 Monterfil 35 65 Ya 60
41400 Monteriou 41 86 Ba 65
76680 Montérolier 76 37 Bc 51
20128 Monte Rosso CTC 182 If 97
20128 Monte Rossu = Monte Rosso CTC 182 If 97
74470 Monterrebout 74 120 Gc 71
56800 Monterrein 56 81 Xd 61
56800 Montertelot 56 81 Xd 61
12100 Montès 12 152 [illegible]
66200 Montescot 66 179 Cf 93
82200 Montescot 82 150 Ba 84
02440 Montescourt-Lizerolles 02 40 Db 50
31260 Montespan 31 163 Af 90
47130 Montesquieu 47 148 Ac 83
82200 Montesquieu 82 149 Ba 83
09200 Montesquieu-Avantès 09 176 Bb 90
66740 Montesquieu-des-Albères 66 179 Cf 93
31230 Montesquieu-Guittaut 31 163 Ae 88
31450 Montesquieu-Lauragais 31 165 Bd 88
31310 Montesquieu-Volvestre 31 164 Bb 89
32320 Montesquiou 32 163 Ab 87
70270 Montessaux 70 94 Gd 62
52500 Montesson 52 92 Fe 62
64300 Montestrucq 64 161 Zb 88
32390 Montestruc-sur-Gers 32 149 Ad 86
24450 Montet 24 125 Af 75
24560 Montet 24 136 Ad 80
42220 Montet 42 130 Ed 77
03240 Montet, le 03 115 Da 70
58110 Mont-et-Marré 58 104 Dd 66
47120 Monteton 47 136 Ab 81
05460 Montette, la 05 145 Gf 79
84170 Monteux 84 155 Ef 84
77144 Montévrain 77 52 Ce 55
70140 Montey-Besuche 70 92 Fe 65
38770 Monteynard 38 144 Fe 79
70130 Montey-sur-Saône 70 92 Fe 63
30170 Montèzes, les 30 154 Df 85
12460 Montézic 12 139 Cd 80
09350 Montfa 09 164 Bb 90
38940 Montfalcon 38 131 Fb 77
48340 Montfalgoux 48 140 Da 81
50760 Montfarville 50 34 Ye 51
25660 Montfaucon 25 107 Ga 65
30150 Montfaucon 30 155 Ee 84
46240 Montfaucon 46 138 Bd 80
49230 Montfaucon 49 97 Yf 66
55270 Montfaucon 55 55 Fa 53
43290 Montfaucon-en-Velay 43 129 Eb 77
84140 Montfavet 84 155 Ef 85
87400 Montfayon 87 113 Bc 73
93370 Montfermeil 93 51 Cd 55
82270 Montfermier 82 150 Bc 83
63230 Montfermy 63 127 Ce 73
31590 Montferran 31 165 Bd 88
11320 Montferrand 11 165 Bc 88
63510 Montferrand 63 128 Da 74
24440 Montferrand-du-Périgord 24 137 Af 80
26510 Montferrand-la-Fare 26 156 Fc 82
25320 Montferrand-le-Château 25 107 Ff 65
38620 Montferrat 38 131 Fd 76
83131 Montferrat 83 172 Gc 87
66150 Montferrer 66 179 Cd 94
09300 Montferrier 09 177 Be 91
34980 Montferrier-sur-Lez 34 168 Df 86
71300 Montferroux 71 105 Ec 69
10130 Montfey 10 73 Df 60
14490 Montfiquet 14 34 Za 53
01250 Montfleur 01 119 Fc 71
07470 Montflor 07 141 Df 80
25650 Montflovin 25 108 Gc 67
04600 Montfort 04 157 Ff 84
24200 Montfort 24 137 Bb 79
25440 Montfort 25 107 Ff 66
35160 Montfort 35 65 Ya 60
49700 Montfort 49 99 Ze 65
64190 Montfort 64 161 Za 88
73160 Montfort 73 132 Ff 75
40380 Montfort-en-Chalosse 40 161 Za 86
78490 Montfort-l'Amaury 78 50 Be 56
72450 Montfort-le-Gesnois 72 68 Ac 60
83570 Montfort-sur-Argens 83 171 Ga 88
11140 Montfort-sur-Boulzane 11 178 Cb 92
27290 Montfort-sur-Risle 27 49 Ad 53
12380 Montfranc 12 152 Cd 85
23500 Montfranc, le 23 126 Ca 74
81600 Montfrays 81 151 Bf 85
23110 Montfrialoux 23 115 Cc 72
30490 Montfrin 30 155 Ed 85
26560 Montfroc 26 156 Fd 83
04110 Montfuron 04 156 Fe 86
63350 Montgacon 63 116 Db 73
09330 Montgaillard 09 177 Bd 91
11350 Montgaillard 11 179 Cd 91
32190 Montgaillard 32 163 Ab 87
40500 Montgaillard 40 162 Zd 86
65200 Montgaillard 65 162 Aa 90
81630 Montgaillard 81 150 Bd 85
82120 Montgaillard 82 149 Af 85
31260 Montgaillard-de-Salies 31 164 Af 90
31290 Montgaillard-Lauragais 31 165 Be 88
31350 Montgaillard-sur-Save 31 163 Ae 89
86210 Montgamé 86 100 Ad 68
05230 Montgardin 05 144 Gb 81
50250 Montgardon 50 33 Yc 53
37160 Mont-Garni 37 100 Ae 67
61150 Montgaroult 61 48 Zf 56
09160 Montgauch 09 176 Ba 90
61360 Montgaudry 61 68 Ac 58
31410 Montgazin 31 164 Bb 89
31560 Montgeard 31 165 Bd 88
77230 Montgé-en-Goële 77 52 Ce 54
73130 Montgellafrey 73 132 Gb 76
05100 Montgenèvre 05 145 Ge 79
51260 Montgenost 51 73 Dd 57
60420 Montgérain 60 39 Cd 51
35760 Montgermont 35 65 Yb 60
91230 Montgeron 91 51 Cc 56
95650 Montgeroult 95 51 Ca 54
35520 Montgerval 35 65 Yb 59
73210 Montgésin 73 133 Gd 75
25111 Montgesoye 25 107 Gb 66
46150 Montgesty 46 137 Bb 81
81470 Montgey 81 165 Bf 87
63890 Montghéol 63 128 Dd 75
19210 Montgibaud 19 125 Bc 75
73220 Montgilbert 73 132 Gb 75
73210 Montgirod 73 133 Gd 75
73700 Montgirod 73 133 Ge 75
31450 Montgiscard 31 165 Bd 88
36400 Montgivray 36 102 Bf 69
02600 Montgobert 02 40 Da 53
63600 Montgolfier 63 129 De 75
08390 Montgon 08 42 Ee 51
50540 Montgothier 50 66 Ye 57
38830 Montgoutoux 38 132 Ga 76
11240 Montgradail 11 165 Bf 90
31370 Montgras 31 164 Ba 88
15190 Montgreleix 15 127 Cf 76
01230 Montgriffon 01 119 Fc 72
15110 Montgros 15 140 Cf 80
26170 Montguers 26 156 Fc 83
10300 Montgueux 10 73 Df 59
49500 Montguillon 49 83 Zb 62
24500 Montguyard 24 136 Ac 80
17270 Montguyon 17 123 Ze 77
55320 Monthairons, les 55 55 Fc 54
28800 Montharville 28 70 Bb 59
35420 Monthault 35 66 Ye 57
41200 Monthault 41 87 Be 64
11240 Monthaut 11 165 Ca 90
21190 Monthelie 21 105 Ee 67
51530 Monthelon 51 53 Df 55
71400 Monthelon 71 105 Eb 67
02860 Monthenault 02 40 De 52
77580 Monthérand 77 52 Cf 56
52330 Montheries 52 74 Ef 59
60790 Montherlant 60 51 Ca 53
08800 Monthermé 08 42 Ee 49
02400 Monthiers 02 52 Db 54
01390 Monthieux 01 118 Ef 73
73200 Monthion 73 132 Gc 75
37110 Monthodon 37 85 Af 63
86210 Monthoiron 86 100 Ad 68
08400 Monthois 08 42 Ee 53
39800 Montholier 39 107 Fd 67
77750 Monthomé 77 52 Db 55
41120 Monthou-sur-Bièvre 41 86 Bb 64
41400 Monthou-sur-Cher 41 86 Bb 64
50200 Monthuchon 50 46 Yd 54
02330 Monthurel 02 53 Dd 54
88800 Monthureux-le-Sec 88 76 Ga 59
88410 Monthureux-sur-Saône 88 76 Ff 60
77122 Monthyon 77 52 Ce 54
06500 Monti 06 159 Hc 86
24150 Montibus, le 24 125 Af 75
20123 Monticchi CTC 182 If 98
20220 Monticello CTC 180 If 93
10270 Montièramey 10 74 Eb 59
36130 Montierchaume 36 101 Be 67
52220 Montier-en-Der 52 74 Ee 58
10200 Montier-en-L'Isle 10 74 Ed 59
17620 Montierneuf 17 122 Za 73
60190 Montiers 60 39 Cd 52
55290 Montiers-sur-Saulx 55 75 Fb 57
32420 Monties 32 163 Ad 88
33230 Montigaud 33 135 Ze 78
12320 Montignac 12 139 Cc 81
17800 Montignac 17 123 Zc 75
24290 Montignac 24 137 Ba 78
24320 Montignac 24 124 Ab 76
24700 Montignac 24 136 Ab 78
33760 Montignac 33 135 Ze 80
48210 Montignac 48 153 Dc 83
65690 Montignac 65 162 Aa 89
16330 Montignac-Charente 16 124 Aa 74
47800 Montignac-de-Lauzun 47 136 Ac 81
16390 Montignac-le-Coq 16 124 Ab 76
47350 Montignac-Toupinerie 47 136 Ac 81
30190 Montignargues 30 154 Eb 85
23140 Montignat 23 114 Ca 71
16170 Montigné 16 123 Zf 74
79370 Montigné 79 111 Ze 71
53970 Montigné-le-Brillant 53 66 Zb 60
49430 Montigné-lès-Rairies 49 84 Ze 63
49230 Montigné-sur-Moine 49 97 Yf 66
14210 Montigny 14 47 Zc 54
18250 Montigny 18 103 Ce 65
45170 Montigny 45 71 Ca 60
50540 Montigny 50 66 Yf 57
51700 Montigny 51 53 De 54
54540 Montigny 54 77 Ge 57
72600 Montigny 72 68 Ab 58
76380 Montigny 76 37 Af 52
79380 Montigny 79 98 Zc 68
80240 Montigny 80 40 Da 49
89630 Montigny 89 90 Df 64
58130 Montigny-aux-Amognes 58 103 Db 66
55110 Montigny-devant-Sassey 55 42 Fa 52
02110 Montigny-en-Arrouaise 02 40 Dc 49
59225 Montigny-en-Cambrésis 59 30 Dc 48
62640 Montigny-en-Gohelle 62 30 Cf 46
58120 Montigny-en-Morvan 58 104 Df 66
59182 Montigny-en-Ostrevent 59 30 Db 46
02810 Montigny-l'Allier 02 52 Da 54
89230 Montigny-la-Resle 89 89 De 61
78180 Montigny-le-Bretonneux 78 51 Ca 56
28120 Montigny-le-Chartif 28 69 Ba 59
02250 Montigny-le-Franc 02 41 Df 50
28220 Montigny-le-Gannelon 28 69 Bb 60
77480 Montigny-le-Guesdier 77 72 Db 58
77520 Montigny-Lencoup 77 72 Da 58
02290 Montigny-Lengrain 02 40 Da 52
52140 Montigny-le-Roi 52 75 Fc 61
39600 Montigny-lèsArsures 39 107 Fe 67
70500 Montigny-lès-Cherlieu 70 93 Fe 62
02330 Montigny-lès-Condé 02 53 Dd 55
95370 Montigny-les-Cormeilles 95 51 Cb 55
80370 Montigny-les-Jongleurs 80 29 Ca 47
57160 Montigny-lès-Metz 57 56 Ga 54
10130 Montigny-les-Monts 10 73 Df 60
55140 Montigny-lès-Vaucouleurs 55 75 Fd 57
70000 Montigny-lès-Vesoul 70 93 Ga 63
21500 Montigny-Montfort 21 90 Ec 63
21610 Montigny-Mornay-Villeneuve-sur-Vingeanne 21 92 Fc 63
21390 Montigny-Saint-Barthélemy 21 90 Eb 64
02250 Montigny-sous-Marle 02 40 De 50
21140 Montigny-sur-Armançon 21 90 Ec 64
21520 Montigny-sur-Aube 21 74 Ee 61
28270 Montigny-sur-Avre 28 49 Ba 56
58340 Montigny-sur-Canne 58 104 Dd 67
54870 Montigny-sur-Chiers 54 43 Fe 52
39300 Montigny-sur-L'Ain 39 107 Fe 68
80260 Montigny-sur-L'Hallue 80 39 Cc 49
77690 Montigny-sur-Loing 77 71 Ce 58
08170 Montigny-sur-Meuse 08 42 Ee 48
08430 Montigny-sur-Vence 08 42 Ed 51
51140 Montigny-sur-Vesle 51 40 De 53
49250 Montil, le 49 84 Ze 64
72150 Montillés, les 72 85 Ac 61
71520 Montillet 71 118 Ed 71
49310 Montilliers 49 98 Zc 65
89660 Montillot 89 89 De 63
03000 Montilly 03 103 Db 69
42720 Montilly 42 117 Ea 71
61100 Montilly-sur-Noireau 61 47 Zc 56
17800 Montils 17 123 Zc 75
77370 Montils 77 72 Cf 57
41120 Montils, les 41 86 Bb 64
36230 Montipouret 36 101 Bf 69
11800 Montirat 11 166 Cc 89
81190 Montirat 81 151 Ca 84
28240 Montireau 28 69 Ba 58
32200 Montiron 32 163 Af 87
76290 Montivilliers 76 35 Ab 51
74800 Montizel 74 120 Gb 72
89200 Montjalin 89 90 Df 63
11230 Montjardin 11 178 Ca 91
30750 Montjardin 30 153 Dc 84
12490 Montjaux 12 152 Cf 84
60240 Montjavoult 60 50 Be 53
05150 Montjay 05 156 Fd 82
71310 Montjay 71 106 Fb 68
77410 Montjay-la-Tour 77 51 Ce 55
16240 Montjean 16 111 Aa 72

53320 Montjean 53 66 Za 61
49570 Montjean-sur-Loire 49 83 Za 64
48500 Montjézieu 48 140 Db 82
11330 Montjoi 11 178 Cc 91
82400 Montjoi 82 149 Af 83
09200 Montjoie-en-Couserans 09 176 Ba 90
25190 Montjoie-le-Château 25 94 Gf 64
50240 Montjoie-Saint-Martin 50 66 Ye 57
31380 Montjoire 31 150 Bd 86
26220 Montjoux 26 143 Fa 82
38440 Montjoux 38 131 Fa 75
26230 Montjoyer 26 142 Ef 82
04110 Montjustin 04 156 Fd 85
70110 Montjustin-et-Velotte 70 93 Gc 63
43200 Montjuvin 43 129 Eb 78
63740 Mont-la-Côte 63 127 Ce 74
26470 Montlahuc 26 143 Fc 81
39320 Montlainsia 39 119 Fc 70
28240 Montlandon 28 69 Ba 58
52600 Montlandon 52 92 Fc 61
11220 Montlaur 11 166 Cd 90
12400 Montlaur 12 152 Cf 85
31450 Montlaur 31 165 Bd 88
26310 Montlaur-en-Diois 26 143 Fc 81
08130 Mont-Laurent 08 41 Ec 52
04230 Montlaux 04 157 Ff 84
46800 Montlauzun 46 149 Bb 83
60550 Mont-la-Ville 60 51 Cd 53
21210 Montlay-en-Auxois 21 90 Eb 64
25500 Montlebon 25 108 Gd 66
11000 Montlegun 11 166 Cc 89
88320 Mont-lès-Lamarche 88 76 Fe 60
88300 Mont-lès-Neufchâteau 88 75 Fd 58
71270 Mont-lès-Seurre 71 106 Fa 67
54170 Mont-L'Etroit 54 76 Fe 58
70000 Mont-le-Vernois 70 93 Ga 63
36400 Montlevicq 36 102 Ca 69
54113 Mont-le-Vignoble 54 76 Ff 57
02330 Montlevon 02 53 Dd 55
91310 Montlhéry 91 51 Cb 57
45340 Montliard 45 71 Cc 60
17210 Montlieu-la Grade 17 123 Ze 77
58800 Montliffe 58 104 De 65
95680 Montlignon 95 51 Cb 54
21400 Montliot-et-Courcelles 21 91 Ed 61
41350 Montlivault 41 86 Bc 63
60300 Montlognon 60 51 Ce 54
02340 Montloué 02 41 Ea 50
28320 Montlouet 28 70 Be 57
18160 Montlouis 18 102 Cb 68
66210 Mont-Louis 66 178 Ca 93
37270 Montlouis-sur-Loire 37 85 Ae 64
48170* Mont Lozère et Goulet 48 141 De 82
03100 Montluçon 03 115 Cd 70
01120 Montluel 01 131 Fa 73
77940 Montmachoux 77 72 Cf 59
60150 Montmacq 60 39 Cf 52
25270 Montmahoux 25 107 Ga 67
21250 Montmain 21 106 Fa 66
76520 Montmain 76 37 Bb 52
34370 Montmajou 34 167 Da 88
39600 Montmalin 39 107 Fe 67
21270 Montmançon 21 92 Fc 64
03390 Montmarault 03 115 Cf 71
89630 Montmardelin 89 90 Df 64
39110 Montmarlon 39 107 Ff 67
80430 Montmarquet 80 38 Be 50
60190 Montmartin 60 39 Ce 52
50620 Montmartin-en-Graignes 50 46 Yf 53
10140 Montmartin-le-Haut 10 74 Ed 59
50590 Montmartin-sur-Mer 50 46 Yc 55
05400 Montmaur 05 144 Ff 81
11320 Montmaur 11 165 Bf 88
26150 Montmaur-en-Diois 26 143 Fc 80
31350 Montmaurin 31 163 Ad 89
53700 Mont-Méard 53 67 Ze 59
55600 Montmédy 55 43 Fc 51
71110 Montmégin 71 117 Ea 71
08220 Montmeillant 08 41 Eb 50
71520 Montmelard 71 117 Ec 71
69640 Montmelas-Saint-Sorlin 69D 118 Ed 72
73800 Montmélian 73 132 Ga 75
16300 Montmérac 16 123 Ze 76
01370 Montmerle 01 119 Fc 71
01090 Montmerle-sur-Saône 01 118 Ee 72
12310 Montmerlhe 12 152 Ce 82
61570 Montmerrei 61 48 Aa 57
83670 Montmeyan 83 171 Ga 87
26120 Montmeyran 26 143 Ef 79
34140 Montmèze 34 167 Dd 88
87330 Montmézéry 87 112 Af 72
11500 Montmija 11 178 Ca 91
21530 Montmillien 21 90 Ea 64
74210 Montmin, Talloires- 74 132 Gb 74
51210 Montmirail 51 53 Dd 55
72320 Montmirail 72 69 Ae 60
26750 Montmiral 26 143 Fa 78
30260 Montmirat 30 154 Ea 85
39290 Montmirey-la-Ville 39 106 Fd 65
39290 Montmirey-le-Château 39 107 Fd 65
77320 Montmogis 77 52 Db 56
43450 Montmoirat 43 128 Da 76
16190 Montmoreau 16 124 Aa 76
16190 Montmoreau-Saint-Cybard 16 124 Aa 76
95160 Montmorency 95 51 Cb 55
10330 Montmorency-Beaufort 10 74 Ed 58
86500 Montmorillon 86 112 Af 70
05150 Montmorin 05 156 Fd 82
63160 Montmorin 63 128 Dc 74
39570 Montmorot 39 107 Fd 68
71020 Montmort 71 105 Ea 68
51270 Montmort-Lucy 51 53 De 55
88240 Montmotier 88 76 Gb 61
21290 Montmoyen 21 91 Ee 62
15600 Montmurat 15 139 Cb 81
28270 Montmureau 28 49 Af 57
66310 Montner 66 179 Ce 92
02220 Mont-Notre-Dame 02 53 Dd 53
70000 Montoille 70 93 Ga 63
21540 Montoillot 21 91 Ed 65
44550 Montoir-de-Bretagne 44 81 Xf 65
41800 Montoire-sur-le-Loir 41 85 Af 62
57860 Montois-la-Montagne 57 56 Ga 53
26800 Montoison 26 143 Ef 80
03150 Montoldre 03 116 Dc 70
11170 Montolieu 11 166 Cb 89
77320 Montolivert 77 52 Dc 56
80260 Montonvillers 80 38 Cb 49
03500 Montord 03 116 Db 71
02830 Montorieux 02 41 Ea 49
61160 Mont-Ormel 61 48 Aa 55
52190 Montormentier 52 92 Fc 63
64470 Montory 64 174 Zb 90
21170 Montot 21 106 Fb 66
70180 Montot 70 92 Fd 63
89420 Montot 89 90 Ea 63
58000 Montots 58 103 Da 67
71270 Montots, les 71 106 Fa 67
52700 Montot-sur-Rognon 52 75 Fb 59
12440 Montou 12 151 Ca 83
23500 Montoulier 23 126 Ca 73
34310 Montouliers 34 167 Cf 88
09000 Montoulieu 09 177 Bd 91
34190 Montoulieu 34 153 De 85
31420 Montoulieu-Saint-Bernard 31 164 Af 89
37420 Montour 37 99 Aa 65
85700 Montournais 85 98 Zb 68
35460 Montours 35 66 Ye 58
53150 Montourtier 53 67 Zc 59
65250 Montoussé 65 163 Ac 90
31430 Montoussin 31 164 Ba 89
73190 Montoux 73 132 Ga 75
57645 Montoy-Flanville, Ogy- 57 56 Gb 54
12540 Montpaon 12 152 Da 85
73300 Montpascal 73 132 Gc 77
34000* Montpellier 34 168 Df 87
17260 Montpellier-de-Médillan 17 122 Zb 75
34080 Montpellier-la-Paillade 34 168 De 87
63260 Montpensier 63 116 Db 72
58230 Montpensy 58 104 Df 65
25160 Montperreux 25 108 Gc 68
16130 Montperron 16 123 Ze 75
61500 Montperroux 61 68 Ab 57
12210 Montpeyroux 12 139 Ce 81
24610 Montpeyroux 24 135 Aa 79
34150 Montpeyroux 34 167 Dd 86
63114 Montpeyroux 63 128 Db 75
04500 Montpezat 04 171 Ga 86
11540 Montpezat 11 179 Cf 90
30730 Montpezat 30 154 Ea 85
32220 Montpézat 32 164 Af 88
47360 Montpezat 47 149 Ad 82
82270 Montpezat-de-Quercy 82 150 Bc 83
07560 Montpezat-sous-Bauzon 07 141 Eb 80
50210 Montpinchon 50 46 Ye 54
14170 Montpinçon 14 48 Aa 55
31380 Montpitol 31 165 Bd 86
74570 Mont-Piton 74 120 Gb 72
11340 Montplaisir 11 178 Bf 91
11360 Montplaisir 11 179 Ce 90
19500 Montplaisir 19 138 Bd 78
31310 Montplaisir 31 164 Bb 89
34310 Montplo-le-Bas 34 167 Cf 88
55000 Montplonne 55 55 Fb 56
49150 Montpollin 49 84 Zf 63
24700 Montpon-Ménestérol 24 136 Aa 78
71470 Montpont-en-Bresse 71 118 Fa 69
10400 Montpothier 10 72 Dd 57
47200 Montpouillan 47 136 Aa 82
87310 Montpoutier 87 125 Af 74
41250 Mont-près-Chambord 41 86 Bc 63
31850 Montrabé 31 165 Bd 87
01310 Montracol 01 118 Fa 71
19510 Montraire, le 19 126 Bd 75
31370 Montrastruc-Savès 31 164 Ba 88
79140 Montravers 79 98 Zb 68
07110 Montréal 07 142 Eb 81
07320 Montréal 07 142 Eb 78
11290 Montréal 11 165 Ca 89
32250 Montréal 32 148 Ab 85
76220 Mont-Réal 76 38 Bd 52
89420 Montréal 89 90 Ea 63
01460 Montréal-la-Cluse 01 119 Fd 71
26510 Montréal-les-Sources 26 156 Fb 82
91660 Montreau 91 70 Ca 59
59227 Montrécourt 59 30 Dc 47
11000 Montredon 11 166 Cc 89
30940 Montredon 30 153 Dd 84
46270 Montredon 46 139 Cb 81
48500 Montredon 48 153 Dc 82
63610 Montredon 63 128 Cf 75
81250 Montredon 81 152 Cc 85
11100 Montredon-des-Corbières 11 167 Cf 89
81360 Montredon-Labessonié 81 166 Cb 86
43290 Montregard 43 129 Ec 78
31210 Montréjeau 31 163 Ad 90
56220 Montrel 56 81 Xd 62
44370 Montrelais 44 83 Za 64
24110 Montrem 24 136 Ad 78
74230 Montremont 74 132 Gb 73
72600 Montrenault 72 68 Ab 59
57310 Montrequienne 57 56 Gb 53
37460 Montrésor 37 101 Bb 66
71440 Montret 71 106 Fa 68
28500 Montreuil 28 50 Bc 56
62170 Montreuil 62 28 Be 46
72190 Montreuil 72 68 Ab 60
85200 Montreuil 85 110 Za 70
93100 Montreuil 93 51 Cc 55
61210 Montreuil-au-Houlme 61 47 Ze 56
02310 Montreuil-aux-Lions 02 52 Db 54
61160 Montreuil-Beauvais 61 48 Aa 55
49260 Montreuil-Bellay 49 99 Zf 66
86470 Montreuil-Bonnin 86 111 Aa 69
35210 Montreuil-des-Landes 35 66 Ye 59
14340 Montreuil-en-Auge 14 35 Aa 53
76850 Montreuil-en-Caux 76 37 Ba 50
37530 Montreuil-en-Touraine 37 86 Af 64
49460 Montreuil-Juigné 49 83 Zc 63
27390 Montreuil-L'Argillé 27 49 Ac 55
72130 Montreuil-le-Chétif 72 68 Zf 59
35520 Montreuil-le-Gast 35 65 Yb 59
72150 Montreuil-le-Henri 72 85 Ad 61
58800 Montreuillon 58 104 De 65
53640 Montreuil-Poulay 53 67 Zc 58
35500 Montreuil-sous-Pérouse 35 66 Ye 60
10270 Montreuil-sur-Barse 10 74 Eb 59
52130 Montreuil-sur-Blaise 52 74 Ef 58
60480 Montreuil-sur-Brêche 60 38 Cb 51
95770 Montreuil-sur-Epte 95 50 Be 53
35440 Montreuil-sur-Ille 35 65 Yc 59
49140 Montreuil-sur-Loir 49 84 Zd 63
50570 Montreuil-sur-Lozon 50 33 Ye 54
49220 Montreuil-sur-Maine 49 83 Zb 63
60134 Montreuil-sur-Thérain 60 38 Cb 52
52230 Montreuil-sur-Thomance 52 75 Fb 58
54450 Montreux 54 77 Gf 57
90130 Montreux-Château 90 94 Ha 63
68210 Montreux-Jeune 68 94 Ha 63
68210 Montreux-Vieux 68 94 Ha 63
49110 Montrevault-sur-Èvre 49 83 Yf 65
38690 Montrevel 38 131 Fc 76
39320 Montrevel 39 119 Fc 70
01340 Montrevel-en-Bresse 01 118 Fa 70
85260 Montréverd 85 97 Yd 67
05230 Montreviol 05 144 Gb 81
43170 Montrezon 43 140 Dd 79
02270 Montrgny-sur-Crécy 02 40 Dd 50
52120 Montribourg 52 74 Ef 61
41400 Montrichard Val de Cher 41 86 Bb 64
73870 Montricher 73 132 Gc 77
73870 Montricher-Albanne 73 132 Gc 77
82800 Montricoux 82 150 Bd 84
41100 Montrieux 41 86 Ba 62
41210 Montrieux-en-Sologne 41 87 Be 63
26350 Montrigaud 26 131 Fa 77
74110 Montriond 74 121 Ge 71
03420 Montrobert 03 115 Cd 71
81120 Mont-Roc 81 151 Cc 86
74400 Montroc-le-Planet 74 121 Gf 73
48100 Montrodat 48 140 Db 81
63870 Montrodeix 63 128 Cf 74
16420 Montrollet 16 112 Af 73
87330 Montrol-Sénard 87 113 Af 72
35133 Mont-Romain 35 66 Yf 58
69610 Montromant 69M 130 Ed 74
30330 Montron 30 155 Ed 84
05700 Montrond 05 156 Fe 82
39300 Montrond 39 107 Fe 68
61500 Montrond 61 48 Ab 57
73530 Montrond 73 132 Gb 77
25660 Montrond-le-Château 25 107 Ga 66
42210 Montrond-les-Bains 42 129 Eb 75
81170 Montrosier 81 151 Bf 84
52210 Montrot 52 91 Fa 61
69770 Montrottier 69M 130 Ec 74
50760 Mont-Roty 50 34 Yd 51
76220 Montroty 76 38 Be 52
92120 Montrouge 92 51 Cb 56
29600 Montroulez = Morlaix 29 62 Wb 57
41800 Montrouveau 41 85 Ae 62
17220 Montroy 17 110 Yf 72
12630 Montrozier 12 152 Ce 82
77450 Montry 77 52 Ce 55
37260 Monts 37 85 Ad 65
60119 Monts 60 51 Ca 53
81500 Monts 81 165 Be 87
30750 Monts, les 30 153 Dc 84
35470 Monts, les 35 82 Yb 62
61310 Monts, les 61 48 Ab 56
60650 Monts-Saint-Adrien, la 60 38 Ca 52
76230 Mont-Saint-Aignan 76 37 Ba 52
62144 Mont-Saint-Éloi 62 29 Ce 46
02360 Mont-Saint-Jean 02 41 Eb 50
21320 Mont-Saint-Jean 21 91 Ec 65
72140 Mont-Saint-Jean 72 67 Zf 59
02220 Mont-Saint-Martin 02 53 Dd 53
08400 Mont-Saint-Martin 08 54 Ed 52
38120 Mont-Saint-Martin 38 131 Fd 77
54400 Mont-Saint-Martin 54 43 Fe 51
02400 Mont-Saint-Père 02 53 Dc 54
80200 Mont-Saint-Quentin 80 39 Cf 49
08310 Mont-Saint-Rémy 08 41 Ec 52
89250 Mont-Saint-Sulpice 89 73 Dd 61
71300 Mont-Saint-Vincent 71 105 Ec 69
12260 Montsalès 12 138 Bf 82
04150 Montsalier 04 156 Fd 84
15120 Montsalvy 15 139 Cc 80
17600 Montsanson 17 122 Za 74
52000 Montsaon 52 75 Fa 60
73220 Montsapey 73 132 Gc 75
58230 Montsauche-les-Settons 58 104 Ea 65
52190 Montsaugeon 52 92 Fb 63
52190 Montsaugeonnais, le 52 92 Fb 62
31260 Montsaunès 31 164 Af 90
74130 Mont-Saxonnex 74 120 Gc 72
61600 Monts d'Andaine, les 61 67 Zd 57
14260* Monts d'Aunay, les 14 47 Zb 55
09300 Monts-d'Olmes, les 09 177 Be 91
27370* Monts-du-Roumois, les 27 49 Ae 53
55300 Montsec 55 55 Fe 55
61800 Montsecret-Clairefougère 61 47 Zb 56
09300 Montségur 09 177 Be 91
26130 Montségur-sur-Lauzon 26 155 Ef 82
57530 Montséjour 57 56 Gc 54
07140 Montselgues 07 141 Ea 81
14310 Monts-en-Bessin 14 34 Zc 54
50250 Montsenelle 50 33 Yd 53
62130 Monts-en-Ternois 62 29 Cc 47
11200 Montséret 11 166 Ce 90
65150 Montsérié 65 175 Ac 90
09240 Montseron 09 177 Bb 90
36140 Montservet 36 114 Bf 70
70140 Montseugny 70 92 Fd 64
38122 Montseveroux 38 130 Ef 76
49730 Montsoreau 49 99 Zf 65
40500 Montsoué 40 162 Zc 86
95560 Montsoult 95 51 Cb 54
39380 Mont-sous-Vaudrey 39 107 Fd 67
86420 Monts-sur-Guesnes 86 99 Ab 67
61150 Monts-sur-Orne 61 48 Zf 56
51170 Mont-sur-Courville 51 53 De 53
72500 Mont-Sureau 72 85 Ab 63
54360 Mont-sur-Meurthe 54 76 Gc 57
39300 Mont-sur-Monnet 39 107 Ff 68
53150 Montsûrs-Saint-Céneré 53 67 Zc 60
50200 Montsurvent 50 33 Yd 54
10150 Montsuzain 10 73 Ea 58
48200 Monts-Verts, les 48 140 Db 79
87290 Montulat 87 113 Bb 71
70100 Montureux-et-Prantigny 70 92 Fd 63
70500 Montureux-lès-Baulay 70 93 Ff 62
47420 Monturon 47 148 Zf 83
43260 Montusclat 43 141 Ea 78
33450 Montussan 33 135 Zd 79
33390 Montuzet 33 134 Zc 78
81630 Montvalen 81 150 Bd 85
46600 Montvalent 46 138 Bd 79
73700 Montvalezan 73 133 Gf 75
72500 Montval-sur-Èvre 72 85 Ac 62
70600 Montvaudon 70 92 Fc 63
26120 Montvendre 26 143 Fa 79
73700 Montvenix 73 133 Ge 75
42130 Montverdun 42 129 Ea 74
12450 Montvert 12 152 Cc 83
15150 Montvert 15 138 Ca 79
03170 Montvicq 03 115 Ce 71
14140 Montviette 14 48 Aa 54
76710 Montville 76 37 Ba 51
55160 Montvillers 55 55 Fd 54
50530 Montviron 50 46 Yd 56
51480 Montvoisin 51 53 De 54
03320 Montvrin 03 103 Cf 68
55100 Montzéville 55 55 Fb 53
47290 Monviel 47 136 Ad 81
28700 Monvilliers 28 70 Be 58
50680 Moon-sur-Elle 50 34 Yf 53
68690 Moosch 68 94 Ha 61
68580 Mooslargue 68 95 Hb 63
58420 Moraches 58 89 Dd 65
17430 Moragne 17 110 Zb 73
51130 Morains 51 53 Df 56
27260 Morainville-Jouveaux 27 48 Ac 53
78630 Morainvilliers 78 50 Bf 55
69480 Morancé 69D 118 Ee 73
28630 Morancez 28 70 Bc 58
52110 Morancourt 52 75 Fa 58
03250 Morand 03 116 Dd 72
37110 Morand 37 86 Ba 63
37600 Morand 37 100 Af 66
42111 Morand 42 129 De 74
44210 Morandière, la 44 96 Ya 66
61330 Morandière, la 61 67 Zc 57
63680 Morangie, la 63 127 Ce 75
51530 Morangis 51 53 Df 55
60530 Morangles 60 51 Cb 53
49640 Morannes-sur-Sarthe-Daumeray 49 84 Zd 62
55400 Moranville 55 55 Fd 53
38460 Moras 38 131 Fb 74
26210 Moras-en-Valloire 26 130 Ef 77
19170 Moratille, la 19 126 Bf 75
86270 Moraux, les 86 100 Ae 68
59190 Morbecque 59 29 Cd 44
56390 Morbouleau 56 80 Xb 62
40110 Morcenx 40 146 Za 84
40110 Morcenx-Bourg 40 146 Za 84
80190 Morchain 80 39 Cf 50
62124 Morchies 62 30 Cf 48
02100 Morcourt 02 40 Db 49
60800 Morcourt 60 52 Cf 53
80340 Morcourt 80 39 Cd 49
82160 Mordagne 82 150 Be 83
35310 Mordelles 35 65 Ya 60
22490 Mordeuc 22 65 Ya 57
56500 Moréac 56 80 Xb 61
18110 Moreaux, les 18 102 Cb 65
41160 Morée 41 86 Bb 61
41370 Morée 41 86 Bc 62
85450 Moreilles 85 110 Yf 70
24300 Morelière 24 124 Ae 76
88170 Morelmaison 88 76 Ff 59
10240 Morembert 10 74 Eb 57
59400 Morenchies 59 30 Db 47
31580 Morère, la 31 163 Ad 89
41350 Morest 41 86 Bc 63
38510 Morestel 38 131 Fc 74
28800 Moresville 28 69 Bb 60
38570 Morêtel-de-Mailles 38 132 Ga 76
38570 Morêtel-de-Mailles 38 132 Ga 76
77250 Moret-Loing-et-Orvanne 77 72 Ce 58
77250 Moret-sur-Loing 77 72 Ce 58
38210 Morette 38 131 Fc 77
80110 Moreuil 80 39 Cc 50
54610 Morey 54 56 Gb 56
71510 Morey 71 105 Ed 68
21220 Morey-Saint-Denis 21 106 Ef 65
39400 Morez 39 120 Ga 69
54920 Morfontaine 54 43 Fe 52
40700 Morganx 40 161 Zc 87
55400 Morgemoulin 55 55 Fd 53
27150 Morgny 27 38 Bd 52
02360 Morgny-en-Thiérache 02 41 Ea 50
76750 Morgny-la-Pommeraye 76 37 Bb 51
69910 Morgon 69D 118 Ee 72
28200 Morgues 28 70 Bc 60
57340 Morhange 57 57 Gd 55
20230 Moriani-Plage CTC 183 Kd 94
63340 Moriat 63 128 Db 76
18170 Moricots, les 18 102 Cc 69
85750 Moricq 85 109 Yd 70
70390 Morienne 76 38 Be 50
60127 Morienval 60 52 Cf 53
14170 Morières 14 48 Zf 55
84310 Morières-lès-Avignon 84 155 Ef 85
28800 Moriers 28 70 Bc 59
22400 Morieux 22 64 Xc 57
04170 Moriez 04 158 Gc 85
06430 Morignole 06 159 Hd 84
50410 Morigny 50 46 Yf 55
91150 Morigny-Champigny 91 71 Cb 58
74440 Morillon 74 121 Ge 72
70210 Morillon, le 70 76 Ga 60
03250 Morin, le 03 116 De 72
44110 Morinais, la 44 82 Yd 62
17580 Morinant, le 17 109 Yd 71
62910 Moringhem 62 27 Ca 44
73120 Moriond 73 133 Gd 76
52700 Morionvilliers 52 75 Fc 58
80110 Morisel 80 39 Cc 50
80140 Morival 80 38 Bd 49
88330 Moriville 88 76 Gc 58
54830 Moriviller 54 76 Gc 58
88320 Morizécourt 88 76 Ff 60
33190 Morizès 33 135 Zf 81
64160 Morlaas 64 162 Ze 88
18170 Morlac 18 102 Cb 68
60000 Morlaine 60 38 Ca 52
29600 Morlaix = Montroulez 29 62 Wb 57
80300 Morlancourt 80 39 Cd 49
57220 Morlange 57 57 Gc 54
57290 Morlange 57 56 Ga 53
64370 Morlanne 64 162 Zc 87
80860 Morlay 80 28 Be 47
15320 Morle, le 15 140 Db 78
71360 Morlet 71 105 Ed 67
55290 Morley 55 75 Fb 57
12200 Morlhon-le-Bas 12 151 Ca 83
12200 Morlhon-le-Haut 12 151 Ca 83
60400 Morlincourt 60 39 Da 51
85260 Mormaison 85 97 Yd 67
52210 Mormant 52 75 Fa 61
77720 Mormant 77 72 Cf 57
45700 Mormant-sur-Vernisson 45 71 Ce 61
32240 Mormès 32 147 Zf 86
84570 Mormoiron 84 155 Fb 84
89110 Mormont 89 89 Dc 62
16600 Mornac 16 124 Ab 74
17113 Mornac-sur-Seudre 17 122 Yf 74
42600 Mornand-en-Forez 42 129 Ea 74
26460 Mornans 26 143 Fa 81
69440 Mornant 69M 130 Ee 75
84550 Mornas 84 155 Ee 83
01460 Mornay 01 119 Fc 71
21610 Mornay 21 92 Fc 63
71220 Mornay 71 117 Ec 69
18350 Mornay-Berry 18 103 Cf 66
18600 Mornay-sur-Allier 18 103 Da 68
71390 Moroges 71 105 Ee 68
70150 Morogne 70 92 Fe 65
18220 Morogues 18 102 Cd 65
20218 Morosaglia CTC 181 Kb 94
25660 Morre 25 107 Ga 65
02290 Morsain 02 40 Db 52
51210 Morsains 51 53 Dd 56
50630 Morsalines 50 34 Ye 51
27800 Morsan 27 49 Ad 53
91390 Morsang-sur-Orge 91 51 Cc 57
91250 Morsang-sur-Seine 91 71 Cc 57
28800 Morsans 28 70 Bd 59
57600 Morsbach 57 57 Gf 53
57510 Morsbronn 57 57 Gf 55
67360 Morsbronn-les-Bains 67 58 He 55
67350 Morschwiller 67 58 Hd 56
68790 Morschwiller-le-Bas 68 95 Hb 62
20238 Morsiglia = Morsigliu CTC 181 Kc 91
74130 Morsullaz 74 120 Gc 72
20243 Morta CTC 183 Kc 97
17290 Mortagne 17 110 Yf 72
88600 Mortagne 88 77 Ge 59
61400 Mortagne-au-Perche 61 68 Ad 57
59158 Mortagne-du-Nord 59 30 Dc 45
17120 Mortagne-sur-Gironde 17 122 Zb 76
85290 Mortagne-sur-Sèvre 85 97 Za 67
50140 Mortain-Bocage 50 66 Za 57
77163 Mortcerf 77 52 Cf 56
38350 Morte, la 38 144 Ff 78
25500 Morteau 25 108 Gd 66
52700 Morteau 52 75 Fb 59
14620 Morteaux-Coulibœuf 14 48 Zf 55
60128 Mortefontaine 60 51 Cd 54
60570 Mortefontaine-en-Thelle 60 51 Cb 53
19300 Mortegoutte 19 126 Ca 76
24260 Mortemart 24 137 Af 78
87330 Mortemart 87 112 Af 72
60490 Mortemer 60 39 Ce 51
76270 Mortemer 76 37 Bd 50
23400 Morterolles 23 114 Be 73
87250 Morterolles-sur-Semme 87 113 Bc 72
77160 Mortery 77 72 Db 57
43200 Mortesagne 43 141 Ea 78
86300 Morthemer 86 112 Ad 70
18570 Morthomiers 18 102 Cb 66
19150 Mortier, le 19 126 Bf 77
37370 Mortier, le 37 85 Ae 63
02270 Mortiers 02 40 Dd 50
17500 Mortiers 17 123 Ze 76
44540 Mortiers, les 44 83 Yf 63
34270 Mortiès 34 153 De 86
86120 Morton 86 99 Zf 66
61570 Mortrée 61 48 Aa 57
50220 Mortrie, la 50 46 Ye 57
23220 Mortroux 23 114 Bf 70
68780 Mortzwiller 68 94 Ha 62
60700 Moru 60 39 Ce 53
39320 Morval 39 119 Fc 70
62450 Morval 62 39 Cf 48
28170 Morvilette 28 50 Bb 57
90120 Morvillars 90 94 Gf 63
50700 Morville 50 33 Yd 52
88140 Morville 88 76 Fe 59
45300 Morville-en-Beauce 45 71 Cb 59
57170 Morville-lès-Vic 57 57 Gd 56
60380 Morvillers 60 38 Bf 51
80290 Morvillers-Saint-Saturnin 80 38 Be 50
76780 Morville-sur-Andelle 76 37 Bc 52
57590 Morville-sur-Nied 57 56 Gc 55
54700 Morville-sur-Seille 54 56 Ga 55

10500 Morvilliers 10 74 Ed 58
28340 Morvilliers 28 49 Af 57
41500 Morvilliers 41 86 Bc 62
17170 Morvins 17 110 Zb 71
62159 Mory 62 30 Cf 48
60120 Mory-Montcrux 60 39 Cc 51
35310 Morzhell = Mordelles 35 65 Ya 60
74110 Morzine 74 121 Ge 71
88240 Moscou 88 76 Ga 60
14400 Mosles 14 34 Zb 53
51530 Moslins 51 53 Df 55
02460 Mosloy 02 52 Da 53
16120 Mosnac 16 123 Zf 75
17240 Mosnac 17 123 Zc 75
36200 Mosnay 36 101 Bd 69
37530 Mosnes 37 86 Ba 64
36300 Mossay 36 101 Bc 65
66500 Mosset 66 178 Cc 92
21400 Mosson 21 91 Ed 61
37120 Mosson 37 00 Ab 67
88460 Mossoux 88 77 Gd 60
12720 Mostuéjouls 12 153 Db 83
12800 Mothe, la 12 151 Cc 83
24120 Mothe, la 24 137 Bb 77
47260 Mothe, la 47 148 Ac 82
85150 Mothe-Achard, la 85 97 Yc 69
67470 Mothern 67 59 Ia 55
40160 Mothes 40 146 Za 82
79800 Mothe-Saint-Héray, la 79 111 Zf 70
74190 Motte, la 74 121 Ge 73
29270 Motreff 29 63 Wc 59
17250 Motte, la 17 122 Zb 73
18500 Motte, la 18 102 Cb 66
22240 Motte, la 22 64 Xe 57
22600 Motte, la 22 64 Xb 59
25500 Motte, la 25 108 Gd 66
35430 Motte, la 35 65 Ya 57
36100 Motte, la 36 102 Bf 67
49440 Motte, la 49 83 Za 63
53250 Motte, la 53 67 Zd 58
58270 Motte, la 58 103 Dc 66
60350 Motte, la 60 39 Da 52
70110 Motte, la 70 93 Gc 61
73640 Motte, la 73 133 Gf 75
73710 Motte, la 73 133 Ge 77
74350 Motte, la 74 120 Ga 72
83920 Motte, la 83 172 Gd 88
89520 Motte, la 89 89 Db 63
59190 Motte-au-Bois, la 59 29 Cd 44
36700 Motte-Blanche, la 36 100 Bb 66
49260 Motte-Bourbon, la 49 99 Zf 66
26470 Motte-Chalancon, la 26 143 Fc 82
84240 Motte-d'Aigues, la 84 156 Fd 86
38770 Motte-d'Aveillans, la 38 144 Fe 79
26240 Motte-de-Galaure, la 26 130 Ef 77
86370 Motte-de-Ganne, la 86 112 Ab 70
18220 Motte d' Humbligny 18 88 Cd 65
04250 Motte-du-Caire, la 04 157 Ga 82
73340 Motte-en-Bauges, la 73 132 Ga 74
05500 Motte-en-Champsaur, la 05
144 Ga 80
26190 Motte-Fanjas, la 26 143 Fb 78
36160 Motte-Feuilly, la 36 114 Ca 69
61600 Motte-Fouquet, la 61 67 Ze 57
28160 Mottereau 28 69 Bb 59
59750 Mottes, les 59 31 Df 47
85210 Mottes, les 85 110 Yf 69
85750 Mottes, les 85 109 Yd 70
71160 Motte-Saint-Jean, la 71 117 Df 70
38770 Motte-Saint-Martin, la 38 144 Fe 79
73290 Motte-Servolex, la 73 132 Ff 75
21210 Motte-Ternant, la 21 90 Eb 65
10400 Motte-Tilly, la 10 72 Dc 58
17270 Mottets, les 17 135 Ze 78
76970 Motteville 76 37 Af 51
38260 Mottier 38 131 Fb 76
28220 Mottraye, la 28 69 Bc 61
73310 Motz 73 119 Ff 73
[illegible]
44590 Mouais 44 82 Yc 62
06370 Mouans-Sartoux 06 173 Gf 87
58800 Mouas 58 104 Dd 66
54800 Mouaville 54 56 Fe 53
35250 Mouazé 35 65 Yc 59
85640 Mouchamps 85 97 Yf 68
32330 Mouchan 32 148 Ab 85
39330 Mouchard 39 107 Fe 67
50320 Mouche, la 50 46 Yd 56
73260 Mouche, la 73 132 Gc 75
50700 Mouchel, le 50 33 Yc 51
40430 Moucheruc 40 147 Zc 82
58800 Mouches 58 104 Dd 65
36400 Mouches, les 36 114 Bf 69
59310 Mouchin 59 30 Db 45
31160 Mouchous 31 176 Ae 90
58420 Mouchy 58 89 Dd 65
60250 Mouchy-la-Ville 60 38 Cb 53
60250 Mouchy-le-Châtel 60 38 Cb 53
15160 Moudet 15 128 Cf 77
43150 Moudeyres 43 141 Ea 79
47140 Moudoulens 47 149 Af 82
14790 Mouen 14 35 Zd 54
27220 Mouettes 27 50 Bc 55
89560 Mouffy 89 89 Dd 63
27420 Mouflaines 27 50 Bd 53
80690 Mouflers 80 29 Ca 48
80140 Mouflières 80 38 Be 49
64460 Mougaston 64 162 Zf 88
29450 Mougau-Bian 29 62 Wa 58
06250 Mougins 06 173 Gf 87
16400 Mougnac 16 124 Aa 75
33114 Mougnet 33 134 Zb 81
40370 Mougnoc 40 146 Za 85
79370 Mougon-Thorigné 79 111 Ze 71
64990 Mouguerre 64 160 Yd 88
36340 Mouhers 36 114 Be 69
36170 Mouhet 36 113 Bc 70
64330 Mouhous 64 162 Ze 88
82160 Mouillac 82 150 Bd 83
33240 Mouillac 33 135 Zd 78
71600 Mouillargue 71 117 Ea 70
22600 Mouille 22 64 Xb 59
39400 Mouille, la 39 120 Ff 69
74250 Mouille, la 74 120 Gc 71
52160 Mouilleron 52 92 Fa 62
85390 Mouilleron-en-Pareds 85 98 Za 68
85000 Mouilleron-le-Captif 85 97 Yd 68
85390 Mouilleron-Saint Germain 85
98 Za 68
21320 Mouillon 21 105 Ec 65
55320 Mouilly 55 55 Fd 54
61330 Moujonnière, la 61 67 Zc 57
54860 Moulaine 54 43 Fe 51
55400 Moulainville 55 55 Fc 54
81190 Moularès 81 151 Cb 84
53100 Moulay 53 67 Zc 59
81300 Moulayrès 81 165 Ca 86
65190 Moulédous 65 163 Ab 89
[illegible]
13280 Moulès 13 169 Ee 87
34190 Moulès-et-Baucels 34 153 De 85
63340 Moulet 63 128 Da 76
24520 Mouleydier 24 136 Ad 79
33410 Mouleyre 33 135 Ze 80
30350 Moulézan 30 154 Ea 85
28160 Moulhard 28 69 Ba 59
48700 Moulhet, le 48 140 Dd 81
12620 Moulibez 12 152 Cf 84
61290 Moulicent 61 69 Ae 57
16290 Moulidars 16 123 Zf 75
23340 Moulières 23 126 Bf 74
85150 Moulières, les 85 97 Yc 69
40360 Moulièron 40 161 Za 87
33350 Mouliets-et-Villemartin 33 135 Zf 79
33730 Mouliey 33 135 Zc 82
77310 Moulignon 77 71 Cd 57
58110 Mouligny 58 104 De 66
49390 Mouliherne 49 84 Aa 64
43520 Moulin 43 142 Eb 78
54770 Moulin 54 56 Gb 56
20137 Moulin, le CTC 185 Kb 99
26220 Moulin, le 26 143 Fa 82
26770 Moulin, le 26 143 Fa 81
48700 Moulin, le 48 140 Dc 80
07200 Moulin-Artige 07 142 Ec 80
07800 Moulin-à-Vent, le 07 142 Ee 79
29790 Moulin-Castel 29 61 Vc 60
01430 Moulin-Chabaud 01 119 Fd 72
31870 Moulin-d'Augé 31 164 Bc 88
12170 Moulin-de-Clary, le 12 152 Cd 84
17870 Moulin-de-la-Croisée 17 110 Yf 72
12270 Moulin de Martre 12 151 Ca 83
13390 Moulin-de-Redon 13 171 Fd 88
85440 Moulin-des-Landes 85 109 Yc 69
59230 Moulin-des-Loups 59 30 Dc 46
49330 Moulin-d'Ivray 49 83 Zd 63
24350 Moulin-du-Pont 24 124 Ac 77
44240 Mouline 44 82 Yc 65
30750 Mouliné, la 30 153 Dc 84
64570 Mouline, la 64 174 Zb 90
14610 Moulineaux 14 35 Zc 53
76530 Moulineaux 76 49 Af 52
62170 Moulinel, le 62 28 Bd 46
37110 Moulinerie, la 37 86 Af 63
87500 Moulinerie, la 87 125 Ba 76
14220 Moulines 14 47 Zd 55
50600 Moulines 50 66 Yf 57
11190 Moulines, les 11 178 Cc 91
06380 Moulinet 06 159 Hc 85
30500 Moulinet 30 154 Eb 83
47290 Moulinet 47 136 Ad 81
86440 Moulinet 86 99 Ab 69
34330 Moulinet, le 34 166 Ce 87
45290 Moulinet-sur-Solin, le 45 88 Cd 61
17600 Moulinette, la 17 122 Za 74
33930 Moulineyre 33 122 Yf 76
09140 Moulin-Lauga 09 177 Bb 91
58200 Moulin-L'Evêque 58 88 Cf 64
81320 Moulin-Mage 81 166 Ce 86
09500 Moulin-Neuf 09 165 Bf 90
24700 Moulin-Neuf 24 135 Aa 78
30700 Moulin-Neuf 30 154 Ec 84
43700 Moulin-Neuf 43 141 Ea 78
81300 Moulin-Neuf, le 81 151 Bf 86
12110 Moulinou, le 12 139 Cb 81
02160 Moulins 02 40 De 52
02650 Moulins 02 53 Dd 54
03400 Moulins 03 116 Db 69
35680 Moulins 35 66 Yd 60
79700 Moulins 79 98 Zb 67
14710 Moulins, les 14 47 Za 52
22210 Moulins, les 22 64 Xc 60
42430 Moulins, les 42 117 Df 73
61120 Moulins, les 61 48 Ab 55
87800 Moulins, les 87 125 Bb 75
14470 Moulins en Bessin 14 47 Zc 53
58290 Moulins-Engilbert 58 104 De 67
89310 Moulins-en-Tonnerrois 89 90 Ea 62
61380 Moulins-la-Marche 61 49 Ac 57
72130 Moulins-le-Carbonnel 72 68 Zf 58
57130 Moulins-lès-Metz 57 56 Ga 54
60350 Moulin-sous-Touvent 60 39 Da 52
55700 Moulins-Saint-Hubert 55 42 Fa 51
36110 Moulins-sur-Céphons 36 101 Bd 66
61200 Moulins-sur-Orne 61 48 Zf 56
89130 Moulins-sur-Ouanne 89 89 Dc 62
18390 Moulins-sur-Yèvre 18 102 Cd 66
07170 Moulin-Valade 07 142 Ec 82
38350 Moulin-Vieux 38 144 Ff 78
40170 Moulin-Vieux 40 146 Ye 85
40420 Moulin-Vieux 40 147 Zc 84
09200 Moulis 09 176 Ba 91
82370 Moulis 82 150 Bc 85
33480 Moulis-en-Médoc 33 134 Zb 78
86500 Moulismes 86 112 Ae 71
62910 Moulle 62 27 Cb 44
33120 Moulleau, le 33 134 Ye 81
33420 Moulon 33 135 Ze 79
45270 Moulon 45 71 Cd 60
58500 Moulot 58 89 Dc 64
55160 Moulotte 55 56 Fe 54
14370 Moult 14 35 Zf 54
12200 Mouly 12 151 Ca 83
63390 Mouly 63 115 Cf 72
65140 Moumoulous 65 163 Ab 88
64400 Moumour 64 161 Zc 89
07270 Mounens 07 142 Ed 79
12370 Mounes-Prohencoux 12 152 Cf 86
09290 Mounet 09 177 Bb 90
47350 Mounet 47 136 Ab 81
32140 Mounet, le 32 163 Ad 88
33380 Moura 33 134 Za 81
31420 Mouran 31 163 Ae 89
40180 Mouras 40 161 Za 86
23100 Mourcy, le 23 127 Cc 74
83680 Moure, la 83 172 Gc 88
32190 Mourède 32 148 Ab 86
85700 Mourenière, la 85 98 Zb 68
33410 Mourens 33 135 Ze 81
64150 Mourenx 64 161 Zc 88
[illegible]
[illegible]
09320 Mourès 09 177 Bb 91
15170 Mouret 15 140 Cf 77
46100 Mouret 46 138 Bf 81
63700 Moureuille 63 115 Cf 72
01220 Mourex 01 120 Ga 70
34800 Mourèze 34 167 Dc 87
46190 Mourèze 46 138 Bf 79
47350 Mourgue 47 136 Ab 81
26560 Mourier, la 26 156 Fd 83
19170 Mouriéras 19 126 Bf 75
55240 Mourière, la 55 43 Fe 53
13890 Mouriès 13 169 Ef 86
31450 Mouriès 31 165 Bd 87
62140 Mouriez 62 28 Bf 46
32170 Mourillon 32 163 Ab 88
83000 Mourillon, le 83 171 Ff 90
23210 Mourioux 23 113 Bd 72
15340 Mourjou 15 139 Cb 80
33112 Mourlan 33 134 Za 78
34220 Mourlarié, la 34 166 Ce 88
51400 Mourmelon-le-Grand 51 54 Ec 54
51400 Mourmelon-le-Petit 51 54 Eb 54
39250 Mournans-Charbonny 39 107 Ff 68
32300 Mournède 32 163 Ac 88
08250 Mouron 08 42 Ee 53
58800 Mouron-sur-Yonne 58 104 De 65
83560 Mourotte, la 83 171 Ff 86
77120 Mouroux 77 52 Da 56
58380 Mouroux, le 58 104 Dd 68
34140 Mourre-Blanc, le 34 168 Dd 88
37190 Mours 07 142 Ed 79
95260 Mours 95 51 Cb 54
26540 Mours-Saint-Eusèbe 26 143 Fa 78
31440 Mourtis, le 31 176 Ae 91
31460 Mourvilles-Basses 31 165 Be 88
31540 Mourvilles-Hautes 31 165 Be 88
40290 Mouscardès 40 161 Za 87
39310 Mousières, les 39 119 Ff 71
30190 Moussac 30 154 Eb 85
86150 Moussac 86 112 Ae 71
86500 Moussac 86 112 Af 70
15380 Moussages 15 127 Cc 77
03370 Moussais 03 115 Cc 69
86210 Moussais-la-Bataille 86 100 Ac 68
11120 Moussan 11 167 Cf 89
58150 Moussard 58 88 Cf 64
35130 Moussé 35 82 Ye 61
86220 Mousseau 86 100 Ad 67
86270 Mousseau 86 100 Ae 68
58270 Mousseaux 58 104 Dc 67
78760 Mousseaux, les 78 50 Bf 56
77480 Mousseaux-lès-Bray 77 72 Db 58
27220 Mousseaux-Neuville 27 50 Bc 55
78270 Mousseaux-sur-Seine 78 50 Bd 54
28260 Moussel-ou-Saint-Roch, le 28
50 Bc 55
12330 Mousset 12 139 Cd 81
10800 Moussey 10 73 Ea 59
57770 Moussey 57 57 Ge 56
88210 Moussey 88 77 Ha 58
54700 Mousson 54 56 Ga 55
61190 Moussonvilliers 61 49 Ae 57
11170 Moussoulens 11 166 Cb 89
63290 Moussouve, les 63 116 Dc 73
09140 Moussures 09 177 Bb 92
51530 Moussy 51 53 Df 54
58700 Moussy 58 104 Dc 65
74800 Moussy 74 120 Gb 72
95640 Moussy 95 50 Bf 54
77230 Moussy-le-Neuf 77 51 Cd 54
77230 Moussy-le-Vieux 77 51 Cd 54
02160 Moussy-Verneuil 02 40 Dd 52
04120 Mousteiret, le 04 158 Gd 86
29870 Mousterlin 29 78 Vf 61
22200 Moustéru 22 63 We 57
33890 Moustet 33 135 Aa 80
40410 Moustey 40 147 Zb 82
47800 Moustier 47 136 Ab 81
04170 Moustier, le 04 157 Gc 84
24620 Moustier, le 24 137 Ba 79
59132 Moustier-en-Fagne 59 31 Eb 48
87360 Moustiers 87 113 Ba 70
04360 Moustiers-Sainte-Marie 04 157 Gb 85
19300 Moustier-Ventadour 19 126 Ca 76
29370 Moustoir 29 78 Wa 60
56110 Moustoir 56 79 Wb 60
22340 Moustoir, le 22 63 Wc 59
22570 Moustoir, le 22 63 We 59
29140 Moustoir, le 29 78 Wb 61
29310 Moustoir, le 29 79 Wc 61
56300 Moustoir, le 56 64 Xa 60
56330 Moustoir, le 56 80 Xa 62
56550 Moustoir, le 56 80 Wf 62
56610 Moustoir, le 56 80 Xa 63
56660 Moustoir, le 56 80 Xb 62
56500 Moustoir-Ac 56 80 Xa 61
56390 Moustoir-des-Fleurs 56 80 Xb 62
56530 Moustoiric 56 79 Wd 62
56230 Moustoir-Maria 56 81 Xc 62
56500 Moustoir-Remungol 56 64 Xa 61
56630 Moustriziac 56 79 Wc 60
63200 Moutade, la 63 116 Da 73
16700 Moutardon 16 112 Ab 72
38580 Moutaret, le 38 132 Ga 76
03370 Moutats, les 03 114 Cc 70
33680 Moutchic, le 33 134 Yf 78
57620 Mouterhouse 57 58 Hc 55
86200 Mouterre-Silly 86 99 Aa 67
86430 Mouterre-sur-Blourde 86 112 Ae 71
82210 Moutet, le 82 149 Ba 84
83840 Moutet, le 83 172 Gd 86
43340 Mouteyre, la 43 141 Df 80
25240 Mouthe 25 107 Gb 68
25170 Moutherot, le 25 107 Fe 65
71270 Mouthier-en-Bresse 71 106 Fc 67
25920 Mouthier-Haute-Pierre 25 108 Gb 66
16440 Mouthiers-sur-Boëme 16 124 Aa 75
11330 Mouthoumet 11 178 Cd 91
14340 Moutier 14 48 Aa 53
[illegible] Moutier, le 78 60 Be 56
23150 Moutier-d'Ahun 23 114 Ca 72
04170 Moutière, la 04 158 Gd 86
14220 Moutier-en-Ginglais, le 14 47 Zd 54
23220 Moutier-Malcard 23 114 Bf 70
23200 Moutier-Rozeille 23 114 Cb 73
14620 Moutiers 14 48 Zf 55
28150 Moutiers 28 70 Be 59
35130 Moutiers 35 66 Ye 61
54660 Moutiers 54 56 Ff 53
73600 Moûtiers 73 133 Gd 76
78830 Moutiers 78 70 Bf 57
89520 Moutiers 89 89 Db 63
14950 Moutiers, les 14 35 Aa 53
44760 Moutiers, les 44 96 Xf 66
61110 Moutiers-au-Perche 61 69 Af 58
14140 Moutiers-Hubert, les 14 48 Ab 55
85540 Moutiers-les-Mauxfaits 85 109 Yd 70
21500 Moutiers-Saint-Jean 21 90 Eb 63
79150 Moutiers-sous-Argenton 79 98 Zd 67
79320 Moutiers-sous-Chantemerle 79
98 Zc 68
85320 Moutiers-sur-le-Lay 85 109 Yf 69
77320 Moutils 77 52 Dc 56
84560 Moutins, les 84 156 Fb 86
16460 Mouton 16 111 Ab 73
39270 Moutonne 39 119 Fd 69
83260 Moutonne, la 83 171 Ga 90
16460 Moutonneau 16 111 Ab 73
46110 Moutou 46 138 Be 79
39300 Moutoux 39 107 Ff 68
54113 Moutrot 54 76 Ff 57
59420 Mouvaux 59 30 Da 44
11700 Moux 11 166 Cd 89
58230 Moux-en-Morvan 58 105 Ea 65
73100 Mouxy 73 132 Ff 74
60250 Mouy 60 39 Cb 53
77480 Mouy-sur-Seine 77 72 Db 58
37600 Mouzay 37 100 Af 66
55700 Mouzay 55 42 Fb 52
44850 Mouzeil 44 82 Yd 64
81470 Mouzens 81 165 Bf 87
24220 Mouzens, Coux-et-Bigaroque- 24
137 Ba 79
85370 Mouzeuil-Saint-Martin 85 110 Za 70
81170 Mouzieys-Panens 81 151 Bf 84
81430 Mouzieys-Teulet 81 151 Cb 85
44330 Mouzillon 44 97 Yc 66
08210 Mouzon 08 42 Fa 51
16310 Mouzon 16 124 Ad 74
82130 Mouzy, le 82 150 Bb 84
74920 Mowgli 74 104 Gd 73
11560 Moyau 11 167 Da 89
14590 Moyaux 14 48 Ac 53
05150 Moydans 05 156 Fd 82
02610 Moy-de-l'Aisne 02 40 Dc 50
74150 Moye 74 132 Ff 73
88700 Moyemont 88 77 Gd 58
54118 Moyen 54 77 Gd 58
80400 Moyencourt 80 39 Cf 50
80290 Moyencourt-lès-Poix 80 38 Ca 50
[illegible] Moyenmoutier 88 [illegible]
68640 Moyen Muespach 68 95 Hc 63
88220 Moyennal 88 76 Gc 60
60190 Moyenneville 60 39 Cd 52
62121 Moyenneville 62 30 Ce 47
80870 Moyenneville 80 28 Be 48
57630 Moyenvic 57 57 Gd 56
57250 Moyeuvre-Grande 57 56 Ga 53
57250 Moyeuvre-Petite 57 56 Ga 53
50860 Moyon Villages 50 46 Yf 54
12160 Moyrazès 12 151 Cc 82
60190 Moyvillers 60 39 Cd 52
63200 Mozac 63 116 Da 73
38300 Mozas 38 131 Fb 75
49610 Mozé-sur-Louet 49 83 Zc 64
36300 Muant 36 100 Ba 69
76590 Muchedent 76 37 Bb 50
67190 Muckenbach 67 60 Hb 57
34130 Mudaison 34 168 Ea 87
35290 Muel 35 65 Xf 60
68640 Muespach-le-Haut 68 95 Hc 63
76230 Muette, la 76 37 Ba 51
40250 Mugriet 40 147 Zb 86
40250 Mugron 40 161 Zb 86
67130 Muhlbach-sur-Bruche 67 60 Hb 57
68380 Muhlbach-sur-Munster 68 77 Ha 60
41500 Muides-sur-Loire 41 86 Bd 62
60480 Muidorge 60 38 Ca 51
27430 Muids 27 50 Bb 53
80400 Muille 80 39 Da 50
60640 Muirancourt 60 39 Da 51
51140 Muizon 51 53 Df 53
06910 Mujouls, les 06 158 Gf 85
19000 Mulatet 19 126 Be 77
78790 Mulcent 78 50 Bd 55
57260 Mulcey 57 57 Gd 56
67350 Mulhausen 67 58 Hd 55
68100 Mulhouse 68 95 Hc 62
36400 Mulles 36 102 Ca 69
72230 Mulsanne 72 85 Ab 61
41500 Mulsans 41 86 Bc 62
65350 Mun 65 163 Ab 89
20160 Muna CTC 182 If 96
20171 Munacià d'Auddè = Monacia
d'Aullène CTC 184 Ka 99
67470 Munchhausen 67 59 Ia 55
68740 Munchhouse 68 95 Hc 61
62890 Muncq Nieurlet 62 27 Ca 43
67450 Mundolsheim 67 58 He 57
50490 Muneville-le-Bingard 50 33 Yd 54
50290 Muneville-sur-Mer 50 46 Yd 55
17350 Mung, le 17 122 Zb 73
57670 Munster 57 57 Gf 55
68140 Munster 68 77 Ha 60
68320 Muntzenheim 68 60 Hc 60
68250 Munwiller 68 95 Hc 61
57620 Münzthal = Saint-Louis-lès-Bitche 57
58 Hc 55
17250 Mur, le 17 122 Za 74
20219 Muracciole CTC 183 Kb 95
12370 Murasson 12 152 Ce 86
03390 Murat 03 115 Cf 70
15300 Murat 15 139 Cf 78
23400 Murat 23 113 Be 72
63290 Murat 63 116 Dd 73
74540 Murat 74 132 Ff 73
63820 Murale, le 63 127 Cd 74
20137 Muratellu CTC 185 Kb 99
63150 Murat-le-Quaire 63 127 Ce 75
20225 Murato CTC 180 If 93
20239 Murato CTC 181 Kb 93
81320 Murat-sur-Vèbre 81 166 Cf 86
20239 Muratu = Murato CTC 181 Kb 93
74560 Muraz, la 74 120 Gb 72
68530 Murbach 68 95 Ha 61
20276 Murcela CTC 180 Ka 94
74520 Murcier 74 120 Ff 72
12600 Mur-de-Barrez 12 139 Cd 79
22530 Mûr-de-Bretagne 22 63 Xa 59
41230 Mur-de-Sologne 41 86 Bd 64
04170 Mure 04 158 Gd 85
26420 Mure 26 143 Fc 79
69720 Mure 69M 130 Fa 74
38350 Mure, la 38 144 Fe 79
60220 Mureaumont 60 38 Be 51
78130 Mureaux, les 78 50 Bf 55
26240 Mureils 26 130 Ef 77
46600 Murel 46 138 Bd 79
74540 Mûres 74 132 Ga 74
31600 Muret 31 164 Bb 88
40410 Muret, le 40 147 Zb 82
02210 Muret-et-Crouttes 02 52 Dc 53
12330 Muret-le-Château 12 139 Cd 82
38140 Murette, la 38 131 Fd 76
38420 Murianette 38 132 Fe 77
38160 Murinais 38 131 Fb 77
34980 Murles 34 168 De 86
58700 Murlin 58 103 Db 65
20225 Muro CTC 180 If 93
63790 Murol 63 128 Cf 75
12600 Murols 12 139 Cd 80
12600 Murols-Soubeyre 12 139 Cd 80
17430 Muron 17 110 Zb 72
36700 Murs 36 100 Ba 67
84220 Murs 84 156 Fb 85
49610 Mûrs-Erigne 49 83 Zc 64
01300 Murs-et-Gélignieux 01 131 Fd 75
20238 Mursigliu = Morsiglia CTC 181 Kc 91
08150 Murtin-et-Bogny 08 41 Ed 50
55110 Murvaux 55 42 Fb 52
34490 Murviel-lès-Béziers 34 167 Da 88
34570 Murviel-lès-Montpellier 34 168 De 87
54490 Murville 54 56 Fe 52
23260 Murzeix 23 114 Cb 73
20160 Murzo CTC 182 Ie 96
20160 Murzu = Murzo CTC 182 Ie 96
64130 Musculdy 64 161 Za 89
21230 Musigny 21 105 Ed 66
68660 Musloch 68 60 Hb 59
28410 Musse, la 28 50 Bd 56
52160 Musseau 52 92 Fa 62
01200 Mussel 01 115 Fe 72
33840 Mussel 33 148 Zf 82
52300 Mussey-sur-Marne 52 75 Fa 50
24400 Mussidan 24 136 Ac 78
67600 Mussig 67 60 Hd 59
39150 Mussillons, les 39 120 Ff 69
17600 Musson 17 122 Za 75
33690 Mussotte 33 148 Zf 82
58240 Mussy 58 103 Db 68
71800 Mussy 71 117 Eb 71
21150 Mussy-la-Fosse 21 91 Ec 63
57220 Mussy-l'Evêque 57 56 Gc 53
71170 Mussy-sous-Dun 71 117 Ec 71
10250 Mussy-sur-Seine 10 74 Ec 61
20259 Musuleu = Mausoléo CTC 180 Ka 93
39290 Mutigney 39 92 Fd 65
51160 Mutigny 51 53 Ea 54
14220 Mutrécy 14 47 Zd 54
67600 Muttersholtz 67 60 Hd 59
67270 Mutzenhouse 67 58 Hd 56
67190 Mutzig 67 60 Hc 57
83490 Muy, le 83 172 Gd 88
28140 Muzelles 28 70 Be 60
55230 Muzeray 55 55 Fd 52
56190 Muzillhac = Muzillac 56 81 Xd 63
56190 Muzillac = Muzillhac 56 81 Xd 63
27650 Muzy 27 50 Bc 56
73800 Myans 73 132 Ff 75
58440 Myennes 58 88 Cf 64
25440 Myon 25 107 Ff 66

N

64190 Nabas 64 161 Zb 89
40120 Nabias 40 147 Ze 84
16390 Nabinaud 16 124 Ab 77
24250 Nabirat 24 137 Bb 80
09800 Nabos 09 176 Af 91
40170 Naboude 40 146 Ye 85

87380 Naboulieras 87 125 Bc 75
62142 Nabringhen 62 27 Bf 44
49490 Nac 49 84 Aa 63
17380 Nachamps 17 110 Zc 72
03340 Naconne 03 116 Dc 70
42110 Naconne 42 129 Eb 74
12580 Nacoulorgues 12 139 Cd 81
24590 Nadaillac 24 137 Bc 78
46300 Nadaillac 46 137 Bc 80
46350 Nadaillac-de-Rouge 46 137 Bc 79
12522 Nadaillat 63 128 Da 74
47120 Nadau 47 136 Ab 81
03450 Nades 03 115 Cf 72
46360 Nadillac 46 138 Bd 81
27190 Nagel-Séez-Mesnil 27 49 Af 55
67110 Nagelsthal 67 58 He 55
81320 Nages 81 166 Ce 86
30114 Nages-et-Solorgues 30 154 Eb 86
88270 Naglaincourt 88 76 Gb 59
AD600 Nagol ◘ AND 177 Bd 94
31370 Nagut 31 164 Bb 88
66340 Nahuja 66 178 Bf 94
79600 Naide 79 99 Ze 68
63880 Naidie, la 63 128 Dd 74
24390 Nailhac 24 125 Ba 77
23800 Naillat 23 113 Bd 71
31560 Nailloux 31 165 Bd 88
89100 Nailly 89 72 Db 59
89270 Nailly 89 90 De 63
86530 Naintré 86 100 Ac 68
91750 Nainville-les-Roches 91 71 Cc 57
25360 Naisey-les-Granges 25 107 Gb 65
55190 Naives-en-Blois 55 55 Fd 57
55000 Naives-Rosières 55 55 Fb 56
55500 Naix-aux-Forges 55 55 Fc 57
56500 Naizin 56 64 Xb 61
12270 Najac 12 151 Bf 83
23260 Naleichard 23 114 Cc 73
85370 Nalliers 85 110 Yf 70
86310 Nalliers 86 100 Af 69
09300 Nalzen 09 177 Be 91
68740 Nambsheim 68 95 Hd 61
60400 Nampcel 60 40 Da 52
02140 Nampcelles-la-Cour 02 41 Ea 50
80120 Nampont-Saint-Martin 80 28 Be 46
80290 Namps-au-Mont 80 38 Ca 50
80290 Namps-Maisnil 80 38 Ca 50
02200 Nampteuil-sous-Muret 02 52 Dc 53
80160 Nampty 80 38 Cb 50
40630 Nan 40 147 Zc 84
18330 Nançay 18 87 Cb 64
39140 Nance 39 106 Fc 68
71960 Nancelle 71 118 Ee 70
73200 Nances 73 132 Fe 75
39150 Nanchez 39 119 Ff 69
16230 Nanclars 16 124 Ab 73
39160 Nanc-lès-Saint-Amour 39 119 Fc 70
55500 Nançois-le-Grand 55 55 Fc 56
55500 Nançois-sur-Ornain 55 55 Fb 56
17600 Nancras 17 122 Za 74
25360 Nancray 25 107 Gb 65
45340 Nancray-sur-Rimarde 45 71 Cc 60
73210 Nancroix 73 133 Ge 75
39270 Nancuise 39 119 Fd 70
54000 Nancy 54 56 Gb 56
74300 Nancy-sur-Cluses 74 120 Gd 72
42720 Nandax 42 117 Ea 72
77176 Nandy 77 71 Cd 57
45330 Nangeville 45 71 Cb 59
77370 Nangis 77 72 Da 57
89290 Nangis 89 90 Dd 62
58350 Nannay 58 89 Db 65
06460 Nans 06 172 Gf 86
25680 Nans 25 93 Gc 64
30130 Nans, les 39 107 Ff 68
83860 Nans-les-Pins 83 171 Fe 88
21390 Nan-sous-Thil 21 90 Ec 64
25330 Nans-sous-Sainte-Anne 25
107 Ga 67
12230 Nant 12 153 Db 84
74740 Nant-Bride 74 121 Ge 72
77760 Nanteau-sur-Essonne 77 71 Cc 59
77710 Nanteau-sur-Lunain 77 72 Ce 59
92800 Nanterre 92 51 Cb 55
44000 Nantes 44 97 Yc 65
58220 Nanteuil 58 104 Dc 66
79400 Nanteuil 79 111 Ze 70
24320 Nanteuil-Auriac-de-Bourzac 24
124 Ab 76
16700 Nanteuil-en-Vallée 16 112 Ab 73
51480 Nanteuil-la-Forêt 51 53 Df 54
02880 Nanteuil-la-Fosse 02 40 Dc 52
60440 Nanteuil-le-Haudouin 60 52 Ce 54
77100 Nanteuil-lès-Meaux 77 52 Cf 55
16250 Nanteuillet 16 124 Aa 75
02210 Nanteuil-Notre-Dame 02 52 Dc 53
08300 Nanteuil-sur-Aisne 08 41 Eb 51
77730 Nanteuil-sur-Marne 77 52 Db 55
39160 Nantey 39 119 Fc 70
24800 Nantheuil 24 125 Af 76
24800 Nanthiat 24 125 Af 76
87140 Nantiat 87 113 Ba 72
17770 Nantillé 17 123 Zd 73
55270 Nantillois 55 55 Fa 53
17137 Nantilly 17 110 Yf 71
28260 Nantilly 28 50 Bc 55
70100 Nantilly 70 92 Fd 64
79350 Nantilly 79 98 Zd 68
86110 Nantilly 86 99 Ab 68
55500 Nant-le-Grand 55 55 Fb 56
55500 Nant-le-pit 55 55 Fb 57
38260 Nantoin 38 131 Fb 76
55500 Nantois 55 55 Fc 57
58270 Nanton 58 104 Dc 66
71240 Nanton 71 106 Ee 69
89240 Nantou 89 89 Dc 62
77230 Nantouillet 77 51 Ce 54
21190 Nantoux 21 105 Ee 66
01130 Nantua 01 119 Fd 72
01110 Nantuy 01 119 Fd 73
80260 Naours 80 38 Cb 48
31330 Naples 31 149 Ba 86
13400 Napollon 13 170 Fd 89
06210 Napoule, la 06 173 Gf 87
38630 Nappes, les 38 131 Fd 75
01580 Napt 01 119 Fd 71
57220 Narbéfontaine 57 57 Gd 54
25210 Narbiet 25 108 Ge 66
11100 Narbonne 11 167 Da 89
79800 Narbonneau 79 111 Zf 70
11100 Narbonne-Plage 11 167 Da 90
64510 Narcastet 64 162 Ze 89
37500 Narcay 37 99 Ab 65
38250 Narce, la 38 143 Fd 78
52170 Narcy 52 75 Fa 57
58400 Narcy 58 103 Da 65
71290 Narfoux 71 118 Fa 69
45210 Nargis 45 71 Ce 60
33138 Nargues, les 33 134 Yf 80
15230 Narnhac 15 139 Ce 79
40600 Narp 40 146 Yf 82
64190 Narp 64 161 Zb 88
40180 Narrosse 40 161 Yf 86
63740 Narse, la 63 127 Ce 74
33680 Narsot 33 134 Yf 79
83120 Nartelle, la 83 172 Ge 89
81190 Narthoux 81 151 Ca 84
48260 Nasbinals 48 140 Da 81
27550 Nassandres-sur-Risle 27 49 Ae 54
40330 Nassiet 40 161 Zb 87
03190 Nassigny 03 115 Cd 70
12240 Nasties 12 151 Cb 82
24230 Nastringues 24 136 Aa 79
34520 Natges, les 34 153 Dd 86
01300 Nattages, Parves et 01 132 Fe 74
50540 Nattel 50 66 Yf 57
67130 Natzwiller 67 60 Hb 58
11800 Naucadéry 11 166 Cc 89
12800 Naucelle 12 151 Cc 83
12800 Naucelle-Gare 12 151 Cc 83
15250 Naucelles 15 139 Cc 79
19170 Naucodie, la 19 126 Ca 75
19250 Naudeix, le 19 126 Ca 76
18700 Naudins, les 18 88 Cc 64
09230 Naudot 09 164 Ba 90
47500 Naugarède 47 137 Af 81
33990 Naujac-sur-Mer 33 122 Yf 77
33420 Naujan-et-Postiac 33 135 Ze 80
02420 Nauroy 02 40 Db 49
31470 Nauses 31 164 Bb 88
12700 Naussac 12 138 Ca 81
48300 Naussac-Fontanes 48 141 Df 80
24440 Naussannes 24 136 Ae 80
40310 Nautin 40 148 Aa 84
72260 Nauvay 72 68 Ac 59
33860 Nauve, la 33 123 Zd 77
12330 Nauviale 12 139 Cc 81
15230 Nauvialles 15 139 Ce 79
30580 Navacelles 30 154 Eb 84
64450 Navailles-Angos 64 162 Zd 88
29690 Navalennou 29 63 Wb 58
64190 Navarrenx 64 161 Zb 89
64190 Navarrenx, Préchacq- 64 161 Zb 89
40600 Navarrosse 40 146 Ye 82
12720 Navas 12 153 Db 84
30120 Navas 30 153 Dd 85
63500 Nave 63 128 Db 75
40410 Nave, la 40 147 Zb 82
41100 Naveil 41 86 Ba 62
70000 Navenne 70 93 Ga 63
03330 Naves 03 116 Da 71
07140 Naves 07 154 Ea 82
12130 Naves 12 140 Da 81
19460 Naves 19 126 Be 77
59161 Naves 59 30 Db 47
73260 Naves 73 133 Gc 75
74370 Nâves-Parmelan 74 120 Gb 73
05800 Navette 05 144 Gb 80
73260 Navette 73 133 Gd 75
71270 Navilly 71 106 Fa 67
50190 Nay 50 46 Yd 53
64800 Nay-Bourdettes 64 162 Ze 89
88210 Nayemont 88 77 Ha 58
88100 Nayemont-les-Fosses 88 77 Ha 59
88220 Naymont 88 76 Gc 60
12190 Nayrac, le 12 139 Cd 81
74560 Naz 74 120 Gb 72
22130 Nazareth 22 65 Xe 57
01170 Naz-Dessous 01 120 Ga 71
37530 Nazelles-Négron 37 86 Af 64
33500 Néac 33 135 Ze 79
56430 Néant-sur-Yvel 56 64 Xe 60
53150 Neau 53 67 Zd 60
27250 Neaufles-Auvergny 27 49 Ae 55
27830 Neaufles-Saint-Martin 27 50 Be 53
61500 Neauphe-sous-Essai 61 68 Ab 57
61160 Neauphe-sur-Dive 61 48 Aa 55
78640 Neauphle-le-Château 78 50 Bf 56
78640 Neauphle-le-Vieux 78 50 Bf 56
78980 Neauphlette 78 50 Bd 55
42470 Neaux 42 117 Eb 73
34800 Nébian 34 167 Dc 87
11500 Nébias 11 178 Ca 91
36800 Nébilons, les 36 101 Bc 69
57670 Nébing 57 57 Ge 55
04330 Nébles, les 04 157 Gc 84
63210 Nébouzat 63 127 Cf 74
73260 Necuday 73 132 Gc 75
71580 Nécudols 71 106 Fc 69
61160 Nécy 61 48 Zf 56
87120 Nedde 87 126 Be 74
62550 Nédon 62 29 Cc 45
62550 Nédonchel 62 29 Cc 45
67630 Neewiller-près-Lauterbourg 67
59 Ia 55
05000 Neffes 05 144 Ff 81
34320 Neffiès 34 167 Db 87
66170 Néfiach 66 179 Cd 92
19290 Négarioux 19 126 Ca 74
39240 Néglia 39 119 Fd 70
81430 Négrarie, la 81 151 Cb 85
81250 Négremont 81 152 Cc 85
87120 Négremont 87 126 Bf 74
82800 Nègrepelisse 82 150 Bd 84
16150 Négrerie, la 16 124 Ae 74
16700 Nègres, les 16 111 Ab 73
16450 Negret 16 112 Ac 73
50260 Négreville 50 33 Yc 52
87120 Négrignas 87 126 Bd 74
37530 Négron 37 86 Af 64
24460 Négrondes 24 125 Af 76
20217 Negru CTC 181 Kc 92
56390 Néherlann 56 80 Xa 62
50390 Néhou 50 33 Yc 52
67110 Nehwiller-près-Wœrth 67 58 He 55
29890 Neis-Vran 29 62 Vd 57
57670 Nelling 57 57 Gf 55
37420 Néman 37 99 Ab 65
77140 Nemours 77 71 Ce 59
62180 Nempont-Saint-Firmin 62 28 Be 46
56310 Nénec 56 79 Wf 61
31230 Nénigan 31 163 Ae 88
39700 Nenon 39 107 Fd 66
29190 Nenvez 29 62 Wa 59
36220 Néons-sur-Creuse 36 100 Af 68
83136 Néoules 83 171 Ga 89
23200 Néoux 23 114 Cb 73
55700 Nepvant 55 42 Fb 51
44460 Nérac 44 81 Xf 63
47600 Nérac 47 148 Ac 84
40250 Nerbis 40 147 Zb 86
16200 Nercillac 16 123 Ze 74
50250 Nerduit 50 33 Yd 53
17510 Néré 17 111 Ze 73
36400 Néret 36 114 Ca 69
44130 Néricou 44 82 Yb 63
33750 Nérigean 33 135 Ze 79
86150 Nérignac 86 112 Ae 71
03500 Nérigners 03 116 Db 71
03310 Néris-les-Bains 03 115 Cd 71
39270 Nermier 39 119 Fd 70
36140 Nermond 36 114 Bf 69
42920 Nermond 42 129 De 74
74140 Nernier 74 120 Gb 70
16130 Nérolle, la 16 123 Ze 75
28210 Néron 28 70 Bd 57
35150 Néron 35 66 Yd 61
42510 Néronde 42 129 Eb 73
18350 Nérondes 18 103 Ce 67
63120 Néronde-sur-Dore 63 128 Dd 74
36260 Néroux 36 102 Bf 66
38470 Nerpol-et-Serres 38 131 Fc 77
33680 Nerps, les 33 134 Yf 79
14700 Ners 14 48 Zf 55
30360 Ners 30 154 Ea 84
16440 Nersac 16 123 Aa 75
67170 Nerstheim 67 58 He 56
40140 Nerthe 40 146 Yf 86
13016 Nerthe, la 13 170 Fb 88
36300 Nervaux 36 100 Ba 69
42510 Nervieux 42 129 Ea 74
95590 Nerville-la-Forêt 95 51 Cb 54
60320 Néry 60 52 Ce 53
20160 Nesa CTC 182 Ie 96
20160 Nesce = Nesa CTC 182 Ie 96
20225 Nesce = Nessa CTC 180 If 93
63320 Neschers 63 128 Da 75
09240 Nescus 09 177 Bc 91
80190 Nesle 80 39 Cf 50
21330 Nesle-et-Massoult 21 91 Ec 62
76270 Nesle-Hodeng 76 37 Bd 50
51120 Nesle-la-Reposte 51 53 Dd 57
51700 Nesle-le-Repons 51 53 De 54
80140 Nesle-L'Hôpital 80 38 Be 49
76340 Nesle-Normandeuse 76 38 Be 49
02130 Nesles 02 53 Dd 53
62152 Nesles 62 28 Bd 45
77540 Nesles 77 52 Cf 56
02400 Nesles-la-Montagne 02 52 Dc 54
95690 Nesles-la-Vallée 95 51 Cb 54
80140 Neslette 80 38 Be 49
36370 Nesmes 36 113 Bb 69
85310 Nesmy 85 97 Yd 69
45270 Nesploy 45 71 Cc 61
19600 Nespouls 19 138 Bd 78
19170 Nespoux 19 126 Bf 75
20225 Nessa CTC 180 If 93
22320 Nessaden 22 64 Wf 59
56680 Nestadic 56 80 We 62
65150 Nestier 65 163 Ac 90
26320 Netits Eynards, les 26 143 Ef 79
55800 Nettancourt 55 54 Ef 55
39120 Neublans-Abergement 39 106 Fb 67
67220 Neubois 67 60 Hc 59
67350 Neubourg 67 58 He 55
27110 Neubourg, le 27 49 Af 54
67110 Neudœrfel 67 58 Hd 54
57320 Neudorff 57 44 Gc 53
59940 Neuf-Berquin 59 29 Ce 45
76680 Neufbosc 76 37 Bc 51
50140 Neufbourg, le 50 47 Za 57
68600 Neuf-Brisach 68 60 Hd 60
88300 Neufchâteau 88 75 Fe 58
76270 Neufchâtel-en-Bray 76 37 Bc 50
72600 Neufchâtel-en-Saosnois 72 68 Ab 58
62152 Neufchâtel-Hardelot 62 28 Bd 45
02190 Neufchâtel-sur-Aisne 02 41 Ea 52
57700 Neufchef 57 43 Ga 53
60890 Neufchelles 60 52 Da 54
63560 Neuf-Église 63 115 Cf 72
33580 Neuffons 33 135 Aa 81
58190 Neuffontaines 58 90 De 64
57910 Neufgrange 57 57 Ha 54
02300 Neuflieux 02 40 Da 51
08300 Neuflize 08 41 Eb 52
08460 Neufmaison 08 41 Ed 50
54540 Neufmaisons 54 77 Gf 58
00700 Neufmanil 08 42 Ee 50
62380 Nouf Manoir 62 20 Df 45
76220 Neuf-Marché 76 38 Be 52
50250 Neufmesnil 50 46 Yc 53
80132 Neufmoulin 80 28 Bf 48
57830 Neufmoulins 57 57 Gf 56
77610 Neufmoutiers-en-Brie 77 52 Ce 56
63740 Neufonds 63 127 Ce 74
55120 Neufour, le 55 55 Ef 54
57670 Neufvillage 57 57 Ge 55
60190 Neufvy-sur-Aronde 60 39 Cd 52
67370 Neugartheim 67 58 Hd 57
67370 Neugartheim-Ittlenheim 67 58 Hd 57
67480 Neuhaeusel 67 59 Ia 56
67100 Neuhof 67 60 He 57
37190 Neuil 37 100 Ad 65
86700 Neuil 86 111 Ab 70
65200 Neuilh 65 162 Aa 90
16290 Neuillac 16 123 Aa 74
17520 Neuillac 17 123 Zd 75
36500 Neuillay-les-Bois 36 101 Bc 68
49680 Neuillé 49 84 Zf 64
37380 Neuillé-le-Lierre 37 85 Af 63
21580 Neuille-lès-Grancey 21 91 Ef 62
37360 Neuillé-Pont-Pierre 37 85 Ad 63
56300 Neuilliac 56 79 Xa 60
27730 Neuilly 27 50 Bc 55
58420 Neuilly 58 104 Dd 65
89113 Neuilly 89 89 Dc 61
03130 Neuilly-en-Donjon 03 117 Df 70
18600 Neuilly-en-Dun 18 103 Ce 68
18250 Neuilly-en-Sancerre 18 88 Ce 65
60530 Neuilly-en-Thelle 60 51 Cb 53
95640 Neuilly-en-Vexin 95 51 Bf 53
14230 Neuilly-la-Forêt 14 46 Yf 53
61250 Neuilly-le-Bisson 61 68 Ab 57
37160 Neuilly-le-Brignon 37 100 Ae 67
80150 Neuilly-le-Dien 80 29 Ca 47
14210 Neuilly-le-Malherbe 14 35 Zc 54
03340 Neuilly-le-Réal 03 116 Dc 70
21800 Neuilly-lès-Dijon 21 92 Fa 65
53250 Neuilly-le-Vendin 53 67 Zd 58
52360 Neuilly-L'Évêque 52 92 Fc 61
80132 Neuilly-L'Hôpital 80 28 Bf 47
94170 Neuilly-Plaisance 94 51 Cd 55
02470 Neuilly-Saint-Front 02 52 Db 53
60290 Neuilly-sous-Clermont 60 51 Cc 52
61290 Neuilly-sur-Eure 61 69 Af 57
93330 Neuilly-sur-Marne 93 51 Cd 55
92200 Neuilly-sur-Seine 92 51 Cb 55
52000 Neuilly-sur-Suize 52 75 Fa 60
86200 Neuil-sous-Faye 86 99 Ab 67
62770 Neulette 62 29 Cb 46
42590 Neulise 42 117 Eb 73
17500 Neulles 17 123 Zd 75
41210 Neung-sur-Beuvron 41 87 Be 63
67110 Neunhoffen 67 58 Hd 54
57200 Neunkirch 57 57 Ha 54
67860 Neunkirch 67 60 Hd 59
57320 Neunkirchen-lès-Bouzonville 57
44 Gd 52
03320 Neure 03 103 Cf 68
70160 Neurey-en-Vaux 70 93 Gb 62
70000 Neurey-lès-la-Demie 70 93 Gb 63
57230 Neuschmelz 57 58 Hc 55
15170 Neussargues-en-Pinatelle 15
140 Cf 78
83560 Neuve, la 83 171 Ff 86
62840 Neuve-Chapelle 62 30 Ce 45
15100* Neuvéglise-sur-Truyère 15 140 Cf 79
88210 Neuve-Grange 88 77 Ha 58
27150 Neuve-Grange, la 27 37 Bd 52
70600 Neuvelle-lès-Champlitte 70 92 Fd 63
70190 Neuvelle-lès-Cromary 70 93 Ga 64
70130 Neuvelle-lès-la-Charité 70 93 Ff 63
70200 Neuvelle-lès-Lure, la 70 94 Gd 62
70360 Neuvelle-lès-Scey, la 70 93 Ff 62
52400 Neuvelle-lès-Voisey 52 93 Fe 61
27330 Neuve-Lyre, la 27 49 Ae 55
02500 Neuve-Maison 02 41 Ea 49
70190 Neuves-Granges 70 93 Ga 64
54230 Neuves-Maisons 54 76 Ga 57
88600 Neuveville-devant-Lépanges, la 88
77 Gd 60
88170 Neuveville-sous-Châtenois, la 88
76 Ff 59
88800 Neuveville-sous-Montfort, la 88
76 Ga 59
15400 Neuvialle 15 127 Cd 77
19290 Neuvialle 19 126 Ca 74
23700 Neuvialle 23 115 Cc 72
19160 Neuvic 19 127 Cb 76
24190 Neuvic 24 136 Ac 78
87130 Neuvic-Entier 87 126 Bd 74
17270 Neuvicq 17 123 Ze 77
17490 Neuvicq-le-Château 17 123 Zf 74
76630 Neuvilette 76 37 Bb 48
72240 Neuvillalais 72 68 Zf 60
87510 Neuvillas 87 113 Bb 73
19380 Neuville 19 138 Be 78
27180 Neuville 27 49 Ba 54
27220 Neuville 27 50 Bb 55
35250 Neuville 35 65 Yc 59
58210 Neuville 58 89 Dc 65
58400 Neuville 58 103 Da 65
63160 Neuville 63 128 Dc 74
63210 Neuville 63 127 Cf 74
63590 Neuville 63 128 Dd 75
76660 Neuville 76 37 Bc 50
80135 Neuville 80 28 Bf 48
86200 Neuville 86 99 Ab 67
87440 Neuville 87 124 Ae 74
27170 Neuville, la 27 49 Af 54
59239 Neuville, la 59 30 Da 46
60220 Neuville, la 60 38 Be 50
08450 Neuville-à-Maire, la 08 42 Ef 51
80140 Neuville-au-Bois 80 38 Be 49
62130 Neuville-au-Cornet 62 29 Cc 46
50480 Neuville-au-Plain 50 33 Ye 52
51800 Neuville-au-Pont, la 51 54 Ef 54
45170 Neuville-aux-Bois 45 70 Ca 60
51330 Neuville-aux-Bois, la 51 54 Ef 55
08380 Neuville-aux-Joûtes, la 08 41 Eb 49
51480 Neuville-aux-Larris, la 51 53 Df 54
60119 Neuville-Bosc 60 51 Ca 53
02250 Neuville-Bosmont, la 02 41 Df 50
62124 Neuville-Bourjonval 62 30 Da 48
76520 Neuville-Chant-d'Oisel, la 76
37 Bb 52
80430 Neuville-Coppegueule 80 38 Be 49
60790 Neuville-d'Aumont, la 60 38 Ca 53
08130 Neuville-Day 08 42 Ee 52
86170 Neuville-de-Poitou 86 99 Ab 68
27890 Neuville-du-Bosc, la 27 49 Ae 53
59218 Neuville-en-Avesnois 59 31 Dd 47
50250 Neuville-en-Beaumont 50 46 Yc 52
02300 Neuville-en-Beine, la 02 40 Da 50
51150 Neuville-en-Chaillois, la 51 53 Ea 54
59960 Neuville-en-Ferrain 59 30 Da 44
60510 Neuville-en-Hez, la 60 39 Cb 52
08310 Neuville-en-Tourne-à-Fuy, la 08
54 Ec 52
55260 Neuville-en-Verdunois 55 55 Fb 55
76270 Neuville-Ferrières 76 37 Bc 50
60390 Neuville-Garnier, la 60 38 Ca 53
02250 Neuville-Housset, la 02 40 De 50
28170 Neuville-la-Mare 28 50 Bc 57
28270 Neuville-le-Bois 28 49 Bb 56
01400 Neuville-les-Dames 01 118 Fa 72
58300 Neuville-lès-Decize 58 103 Db 68
76370 Neuville-lès-Dieppe 76 37 Ba 49
02450 Neuville-lès-Dorengt, la 02 40 De 49
80160 Neuville-lès-Lœuilly 80 38 Cb 50
08090 Neuville-lès-This 08 42 Ed 50
55140 Neuville-lès-Vaucouleurs 55 75 Fe 57
08270 Neuville-lès-Wasigny, la 08 41 Ec 51
08380 Neuville-lez-Beaulieu, la 08 41 Eb 49
80120 Neuville-Marais 80 28 Be 47
61500 Neuville-Près-Sées 61 48 Ab 57
67130 Neuviller-la-Roche 67 60 Hb 58
54540 Neuviller-lès-Bandonviller 54
77 Gf 57
88100 Neuvillers-sur-Fave 88 77 Ha 59
54290 Neuviller-sur-Moselle 54 76 Gb 58
02100 Neuville-Saint-Amand 02 40 Db 50
60480 Neuville-Saint-Pierre, la 60 38 Cb 51
59554 Neuville-Saint-Rémy 59 30 Db 47
62580 Neuville-Saint-Vaast 62 30 Ce 46
80110 Neuville-sire-Bernard, la 80 39 Cd 50
62170 Neuville-sous-Montreuil 62 28 Be 46
02860 Neuville-sur-Ailette 02 40 De 52
01160 Neuville-sur-Ain 01 119 Fc 72
27800 Neuville-sur-Authou 27 49 Ad 53
37110 Neuville-sur-Brenne 37 85 Af 63
45390 Neuville-sur-Essonne, la 45 71 Cc 59
02880 Neuville-sur-Margival 02 40 Dc 52
55800 Neuville-sur-Ornain 55 55 Fa 56
60690 Neuville-sur-Oudeuil, la 60 38 Ca 51
69250 Neuville-sur-Saône 69M 130 Ef 73
72190 Neuville-sur-Sarthe 72 68 Ab 60
10250 Neuville-sur-Seine 10 74 Ec 60
61120 Neuville-sur-Touques 61 48 Ab 55
10190 Neuville-sur-Vannes 10 73 De 59
02390 Neuvillette 02 40 Dc 49
80600 Neuvillette 80 29 Cb 47
72140 Neuvillette-en-Charnie 72 67 Ze 60
60112 Neuville-Vault, la 60 38 Bf 52
62217 Neuville-Vitasse 62 30 Ce 47
39800 Neuvilley 39 107 Fd 67
28140 Neuvilliers 28 70 Be 60
59360 Neuvilly 59 30 Dd 48
55120 Neuvilly-en-Argonne 55 55 Fa 54
62580 Neuvireuil 62 30 Cf 46
08430 Neuvizy 08 41 Ed 51
77480 Neuvry 77 72 Db 58
03000 Neuvy 03 116 Db 69
41250 Neuvy 41 86 Bd 63
51310 Neuvy 51 53 Dd 56
61210 Neuvy-au-Houlme 61 48 Ze 56
79130 Neuvy-Bouin 79 98 Zd 68
18250 Neuvy-Deux-Clochers 18 88 Ce 65
28310 Neuvy-en-Beauce 28 70 Bf 59
72240 Neuvy-en-Champagne 72 68 Zf 60
28800 Neuvy-en-Dunois 28 70 Bd 59
49120 Neuvy-en-Mauges 49 83 Zb 65
45510 Neuvy-en-Sullias 45 87 Cb 62
71130 Neuvy-Grandchamp 71 104 Df 69
18600 Neuvy-le-Barrois 18 103 Da 67
37370 Neuvy-le-Roi 37 85 Ad 63
36100 Neuvy-Pailloux 36 101 Bf 67
36230 Neuvy-Saint-Sépulchre 36 101 Be 69
89570 Neuvy-Sautour 89 73 De 60
18330 Neuvy-sur-Barangeon 18 87 Cb 65
58450 Neuvy-sur-Loire 58 88 Cf 63
67260 Neuweyerhof 67 57 Ha 55
67330 Neuwiller-lès-Saverne 67 58 Hc 56
58110 Neuzilly 58 104 Dd 66
71160 Neuzy 71 117 Ea 69
05100 Névache 05 145 Gd 78
20137 Nevatoli CTC 185 Kb 98
73200 Neveau 73 132 Gc 75
58000 Nevers 58 103 Da 67
29920 Névez 29 78 Wb 62
11200 Névian 11 167 Cf 89
76460 Néville 76 36 Ae 50
50330 Néville-sur-Mer 50 34 Yd 50
45500 Nevoy 45 88 Cd 62
39380 Nevy-lès-Dole 39 106 Fd 66
39210 Nevy-sur-Seille 39 107 Fd 68
87800 Nexon 87 125 Bb 74
39300 Ney 39 107 Ff 68
74160 Neydens 74 120 Ga 72
12410 Neyrac 12 152 Cf 83
07380 Neyrac-les-Bains 07 142 Eb 80
33780 Neyran 33 122 Yf 75
42140 Neyrieux 42 129 Eb 74
01130 Neyrolles, les 01 119 Fd 72
27510 Nézé 27 50 Bc 53
78410 Nézel 78 50 Bf 55
22340 Nézert, le 22 63 Wc 59
34120 Nézignan-l'Evèque 34 167 Dc 88
53400 Niafles 53 83 Yf 61
46220 Niaudon 46 137 Bb 81
80390 Nibas 80 28 Bd 48
55290 Nibeaucourt 55 75 Fc 57
45340 Nibelle 45 71 Cb 60
26170 Nible, la 26 156 Fb 83
04250 Nibles 04 157 Ga 83

47120 Nicaud 47 136 Ab 81
06000* Nice 06 173 Hb 86
10260 Nicey 10 73 Eb 60
21330 Nicey 21 90 Eb 61
55260 Nicey-sur-Aire 55 55 Fc 55
74430 Nicodex 74 120 Gd 71
47190 Nicole 47 148 Ac 83
28360 Nicorbin 28 70 Bd 59
50200 Nicorps 50 46 Yd 54
14260 Nidalos 14 47 Zc 54
57560 Niderhoff 57 57 Ha 57
57565 Niderviller 57 57 Ha 56
45310 Nids 45 70 Bd 61
67350 Niederaltdorf 67 58 Hd 56
67110 Niederbronn-les-Bains 67 58 Hd 55
68290 Niederbruck, Masevaux- 68 94 Gf 62
68127 Niederentzen 68 60 Hc 61
67280 Niederhaslach 67 60 Hc 57
67207 Niederhausbergen 67 60 He 57
68127 Niederhergheim 68 60 Hc 61
68580 Niederlarg 68 95 Hb 63
67630 Niederlauterbach 67 59 Ia 55
67350 Niedermodern 67 58 Hd 55
68230 Niedermorschwihr 68 60 Hb 60
67210 Niedernai 67 60 Hd 58
67470 Niederrœdern 67 59 Ia 55
67500 Niederschaeffolsheim 67 58 He 56
67160 Niederseebach 67 59 Hf 55
67330 Niedersoultzbach 67 58 Hc 55
67510 Niedersteinbach 67 58 He 54
57930 Niederstinzel 57 57 Ha 55
57220 Niedervisse 57 57 Gd 53
67350 Nieffern 67 58 Hd 55
62610 Nielles-lès-Ardres 62 27 Ca 43
62380 Nielles-lès-Bléquin 62 29 Ca 44
62185 Nielles-lès-Calais 62 27 Be 43
59850 Nieppe 59 30 Cf 44
59173 Nieppe, le 59 27 Cc 44
59400 Niergnies 59 30 Db 48
15150 Nieudan 15 139 Cb 79
16270 Nieuil 16 124 Ad 73
86340 Nieuil-L'Espoir 86 112 Ac 70
86400 Nieuillet 86 112 Ab 72
87510 Nieul 87 113 Bb 73
85430 Nieul-le-Dolent 85 109 Yc 69
17810 Nieul-lès-Saintes 17 122 Zb 74
17600 Nieulle-sur-Seudre 17 122 Yf 74
17150 Nieul-le-Virouil 17 123 Zc 76
85240 Nieul-sur-L'Autise 85 110 Zb 70
17137 Nieul-sur-Mer 17 109 Ye 71
59143 Nieurlet 59 27 Cb 44
01120 Niévroz 01 131 Fa 74
68680 Niffer 68 95 Hd 62
33830 Nigon 33 146 Za 82
12600 Nigresserre 12 139 Ce 79
36250 Niherne 36 101 Bd 68
52150 Nijon 52 75 Fd 59
86600 Nillé 86 111 Aa 70
49360 Nillière, la 49 98 Zb 66
57240 Nilvange 57 56 Ga 52
30000 Nîmes 30 154 Ec 86
33124 Nine, la 33 135 Zf 82
56630 Ninijou 56 79 Wd 60
33650 Ninon 33 135 Zc 80
52800 Ninville 52 75 Fc 60
13740 Niolon 13 170 Fb 89
58130 Nion 58 103 Db 66
71510 Nion 71 105 Ed 67
79000 Niort 79 111 Zd 71
11140 Niort-de-Sault 11 178 Ca 92
53110 Niort-la-Fontaine 53 67 Zc 58
29242 Niou 29 61 Uf 58
58470 Nioux 58 103 Da 67
04300 Niozelles 04 157 Ff 85
86200 Niré-le-Dolent 86 99 Aa 66
34440 Nissan-lez-Enserune 34 167 Da 89
65150 Nistos-Bas 65 175 Ac 90
65150 Nistos-Haut 65 175 Ac 91
89310 Nitry 89 90 Df 63
57790 Nitting 57 57 Ha 56
59230 Nivelle 59 30 Dc 46
82000 Nivelle 82 150 Bb 84
29510 Nivot, le 29 78 Wa 60
24330 Niversac 24 137 Ae 78
01250 Nivigne et Suran 01 119 Fc 71
56130 Nivillac 56 81 Xe 63
60510 Nivillers 60 38 Ca 52
38300 Nivolas-Vermelle 38 131 Fb 75
48150 Nivoliers 48 153 Dc 83
01230 Nivollet-Montgriffon 01 119 Fc 73
55120 Nixéville-Blercourt 55 55 Fb 54
33430 Nizan, le 33 135 Ze 82
31350 Nizan-Gesse 31 163 Ad 89
32130 Nizas 32 164 Af 87
34320 Nizas 34 167 Dc 87
01190 Nizerel 01 118 Ef 70
18130 Nizerolle 18 102 Cd 67
03250 Nizerolles 03 116 Dd 72
56310 Niziao-d'en-Bas 56 79 Wf 60
29930 Nizon 29 78 Wb 61
02150 Nizy-le-Comte 02 41 Ea 51
06000* Nizza = Nice 06 173 Hb 86
12320 Noailhac 12 139 Cc 81
19500 Noailhac 19 138 Bd 78
81490 Noailhac 81 166 Cc 87
32300 Noailhan 32 163 Ad 88
33190 Noaillac 33 135 Zf 81
47300 Noaillac 47 149 Ad 82
33730 Noaillan 33 135 Zd 82
09420 Noailles 09 177 Bb 91
19600 Noailles 19 138 Bd 78
60430 Noailles 60 38 Cb 53
81170 Noailles 81 151 Bf 84
48310 Noalhac 48 140 Da 80
63290 Noalhat 63 116 Dc 73
27560 Noards 27 49 Ad 53
64300 Noarrieu 64 161 Zb 88
88270 Nobaimont 88 76 Gb 60
20229 Nocario CTC 183 Kc 94
61340 Nocé 61 69 Ae 58
20242 Noceta CTC 183 Kb 95
71600 Nochize 71 117 Eb 70
58250 Nocle-Maulaix, la 58 104 De 68
29880 Nodéven 29 62 Vd 57
25580 Nods 25 108 Gc 66
21400 Nod-sur-Seine 21 91 Ed 62
31410 Noé 31 164 Bb 88
89320 Noé 89 72 Dc 60
27170 Noe, la 27 49 Ae 54
44160 Noë, la 44 81 Xf 64
44850 Noë, la 44 82 Yd 64
35470 Noë-Blanche, la 35 82 Yb 62
25500 Noël-Cerneux 25 108 Ge 66
10360 Noë-les-Mallets 10 74 Ed 60
49520 Noëllet 49 83 Yf 62
41350 Noëls, les 41 86 Bc 63
27560 Noë-Poulain, la 27 49 Ad 53
54260 Noërs 54 43 Fd 52
42370 Noës, les 42 117 Df 73
10600 Noës-près-Troyes, les 10 73 Df 59
62390 Nœux-lès-Auxi 62 29 Cb 47
32110 Nogaro 32 148 Zf 86
02140 Nogémont 02 41 Ea 50
51500 Nogent 51 53 Df 54
58300 Nogent 58 104 Dd 68
02400 Nogentel 02 52 Dc 54
52800 Nogent-en-Bassigny 52 75 Fc 60
10160 Nogent-en-Othe 10 73 De 60
51420 Nogent-L'Abbesse 51 53 Ea 53
02310 Nogent-l'Artaud 02 52 Db 55
72110 Nogent-le-Bernard 72 68 Ac 59
28630 Nogent-le-Phaye 28 70 Bd 58
28210 Nogent-le-Roi 28 50 Bd 57
28400 Nogent-le-Rotrou 28 69 Ae 59
27190 Nogent-le-Sec 27 49 Ba 55
21500 Nogent-lès-Montbard 21 91 Ec 63
10240 Nogent-sur-Aube 10 74 Eb 58
28120 Nogent-sur-Eure 28 69 Bc 58
72500 Nogent-sur-Loir 72 85 Ac 62
94130 Nogent-sur-Marne 94 51 Cc 55
60180 Nogent-sur-Oise 60 51 Cc 53
10400 Nogent-sur-Seine 10 72 Dd 58
45290 Nogent-sur-Vernisson 45 88 Ce 61
39570 Nogna 39 107 Fd 69
64150 Noguères 64 161 Zc 88
64520 Nogues 64 160 Ye 88
08800 Nohan 08 42 Ee 49
63830 Nohanent 63 128 Da 74
18390 Nohant-en-Goût 18 102 Cd 66
36400 Nohant-Vic 36 102 Bf 69
66500 Nohèdes 66 178 Cb 93
82370 Nohic 82 150 Bc 85
18310 Nohnat-en-Graçay 18 101 Bf 66
21390 Noidan 21 91 Ec 64
70130 Noidans-le-Ferroux 70 93 Ff 63
70000 Noidans-lès-Vesoul 70 93 Ga 63
52600 Noidant-Chatenoy 52 92 Fc 62
52200 Noidant-le-Rocheux 52 92 Fb 62
32130 Noilhan 32 164 Af 87
33590 Noillac 33 122 Yf 76
60840 Nointel 60 39 Cc 52
95590 Nointel 95 51 Cb 54
76210 Nointot 76 36 Ac 51
73290 Noiray, le 73 132 Fe 75
73340 Noiray, le 73 132 Ga 74
67220 Noirceux 67 60 Hb 59
02340 Noircourt 02 41 Ea 50
59570 Noire-Bouteille, la 59 31 Df 46
25190 Noirefontaine 25 94 Ge 64
60480 Noirémont 60 38 Cb 51
42440 Noirétable 42 129 De 74
49140 Noirettes, les 49 84 Zd 63
71220 Noireux 71 105 Ec 69
73300 Noirey, le 73 132 Gc 77
51330 Noirlieu 51 54 Ee 55
79300 Noirlieu 79 98 Zd 67
85330 Noirmoutier-en-l'Île 85 96 Xe 66
70100 Noiron 70 92 Fd 64
85000 Noiron 85 97 Yd 68
21910 Noiron-sous-Gevrey 21 106 Fa 65
21310 Noiron-sur-Bèze 21 92 Fb 64
21400 Noiron-sur-Seine 21 91 Ec 61
25170 Noironte 25 93 Ff 65
50320 Noirpalu 50 46 Ye 56
79300 Noirterre 79 98 Zd 67
08400 Noirval 08 42 Ee 52
71290 Noiry 71 106 Ef 69
94880 Noiseau 94 51 Cd 56
77420 Noisel 77 51 Cd 55
44140 Noisetterie, la 44 97 Yd 66
58700 Noison 58 103 Dc 65
57645 Noisseville 57 56 Gb 54
93160 Noisy-le-Grand 93 51 Cd 55
78590 Noisy-le-Roi 78 51 Ca 55
77940 Noisy-Rudignon 77 72 Cf 58
77123 Noisy-sur-Ecole 77 71 Cc 58
95270 Noisy-sur-Oise 95 51 Cb 54
03210 Noix, la 03 116 Db 69
37210 Noizay 37 85 Af 64
79100 Noizé 79 99 Zf 67
24440 Nojals-et-Clottes 24 136 Ae 80
48230 Nojarède, la 48 153 Dc 82
48000 Nojaret 48 141 Dd 81
48220 Nojaret 48 154 Df 82
27150 Nojean-en-Vexin 27 37 Bd 53
21340 Nolay 21 105 Ed 67
58700 Nolay 58 103 Db 66
80860 Nolette 80 28 Be 47
43350 Nolhac 43 141 De 78
76780 Nolléval 76 37 Bc 52
42260 Nollieux 42 129 Ea 74
17430 Nolon 17 110 Zb 72
59310 Nomain 59 30 Db 45
47600 Nomdieu 47 148 Ac 84
52300 Noméourt 52 75 Fa 58
54610 Nomeny 54 56 Gb 55
88440 Nomexy 88 76 Gc 59
88470 Nompatelize 88 77 Gf 59
16190 Nonac 16 123 Aa 76
27320 Nonancourt 27 49 Bb 56
14400 Nonant 14 34 Zc 53
61240 Nonant-le-Pin 61 48 Ab 56
87380 Nonardie 87 125 Bb 75
19120 Nonards 19 138 Be 78
16120 Nonaville 16 123 Zf 75
58390 Nonay 58 103 Db 68
88300 Noncourt 88 75 Fd 58
52230 Noncourt-sur-le-Rongeant 52 75 Fb 58
57840 Nondkeil 57 43 Ga 52
63340 Nonette-Orsonnette 63 128 Db 76
74330 Nonglard 74 120 Ga 73
54450 Nonhigny 54 77 Gf 57
07270 Nonières 07 142 Ec 79
26410 Nonières, les 26 143 Fd 80
28140 Nonneville 28 70 Be 60
55210 Nonsard 55 56 Fe 55
24300 Nontron 24 124 Ad 75
24300 Nontronneau 24 124 Ad 75
77140 Nonville 77 72 Ce 59
88260 Nonville 88 76 Ff 60
28120 Nonvilliers-Grandhoux 28 69 Bb 58
20217 Nonza CTC 181 Kc 92
88600 Nonzeville 88 77 Gd 59
59670 Noordpeene 59 27 Cc 44
62890 Nordausques 62 27 Ca 44
67520 Nordheim 67 58 Hd 57
67150 Nordhouse 67 60 He 58
62128 Noreuil 62 30 Cf 47
09400 Norgeat 09 177 Bd 92
21490 Norge-la-Ville 21 92 Fa 64
61190 Normandel 61 49 Ae 57
37340 Normandellerie, la 37 84 Ab 64
27930 Normanville 27 49 Ba 54
76640 Normanville 76 36 Ad 50
51230 Normée 51 53 Ea 56
21390 Normier 21 91 Ec 64
14100 Norolles 14 48 Ab 53
14410 Noron 14 47 Zb 56
14700 Noron-L'Abbaye 14 48 Ze 55
14490 Noron-la-Poterie 14 34 Zb 53
60130 Noroy 60 39 Cd 52
70000 Noroy-le-Bourg 70 93 Gb 63
70500 Noroy-lès-Jussey 70 93 Ff 62
02600 Noroy-sur-Ourcq 02 52 Db 53
47340 Norpech 47 149 Ae 83
09400 Norrat 09 177 Bd 92
62120 Norrent-Fontes 62 29 Cc 45
14620 Norrey-en-Auge 14 48 Zf 55
14740 Norrey-en-Bessin 14 35 Zc 53
51300 Norrois 51 54 Ed 57
88800 Norroy 88 76 Ff 59
54150 Norroy-le-Sec 54 56 Fe 53
54700 Norroy-lès-Pont-à-Mousson 54 56 Ga 55
57140 Norroy-le-Veneur 57 56 Ga 53
62890 Nortbécourt 62 27 Ca 44
62370 Nortkerque 62 27 Ca 43
62890 Nort-Leulinghem 62 27 Ca 44
44390 Nort-sur-Erdre 44 82 Yc 64
76330 Norville 76 36 Ad 52
91290 Norville, la 91 71 Cb 57
88700 Nossoncourt 88 77 Ge 58
56690 Nostang 56 80 We 62
20137 Nota CTC 185 Kb 99
23300 Noth 23 113 Bd 71
67680 Nothalten 67 60 Hc 58
22480 Nothéret 22 63 We 59
73300 Notre-Dame 73 132 Gb 77
76510 Notre-Dame-d'Aliermont 76 37 Bb 49
49380 Notre-Dame-d'Allençon 49 83 Zd 65
73590 Notre-Dame-de-Bellecombe 73 133 Gd 74
76940 Notre-Dame-de-Bliquetuit 76 36 Ae 52
42120 Notre-Dame-de-Boisset 42 117 Ea 73
76960 Notre-Dame-de-Bondeville 76 37 Ba 52
07230 Notre-Dame-de-Bon-Secours 07 141 Eb 82
50210 Notre-Dame-de-Cenilly 50 46 Yc 55
38450 Notre-Dame-de-Commiers 38 144 Fe 78
14140 Notre-Dame-de-Courson 14 48 Ab 55
14170 Notre-Dame-de-Fresnay 14 48 Aa 55
76330 Notre-Dame-de-Gravenchon 76 36 Ad 52
22410 Notre-Dame-de-la-Cour 22 64 Xa 57
82600 Notre-Dame-de-la-Croix 82 149 Bb 85
78270 Notre-Dame-de-la-Mer 78 50 Bd 54
30570 Notre-Dame-de-la-Rouvière 30 153 De 84
27940 Notre-Dame-de-L'Isle 27 50 Bc 54
14340 Notre-Dame-de-Livaye 14 35 Aa 54
50370 Notre-Dame-de-Livoye 50 46 Ye 56
50810 Notre-Dame-d'Elle 50 34 Za 54
34380 Notre-Dame-de-Londres 34 153 De 86
38470 Notre-Dame-de-l'Osier 38 131 Fc 77
84220 Notre-Dame-de-Lumières 84 156 Fb 85
38560 Notre-Dame-de-Mésage 38 144 Fe 78
63600 Notre-Dame-de-Mons 63 128 Dd 75
85690 Notre-Dame-de-Monts 85 96 Xf 68
27800 Notre-Dame-d'Epine 27 49 Ad 53
22720 Notre-Dame-de-Restudo 22 63 Wf 58
85270 Notre-Dame-de-Riez 85 96 Ya 68
24660 Notre-Dame-de-Sanilhac 24 136 Ae 78
62380 Notre-Dame-des-Ardents 62 29 Ca 44
44130 Notre-Dame-des-Landes 44 82 Yb 64
49510 Notre-Dame-des-Mauges 49 98 Zb 65
83250 Notre-Dame-des-Maures 83 171 Gb 90
73460 Notre-Dame-des-Millières 73 132 Gc 75
56390 Notre-Dame-des-Pins 56 80 Xa 62
27320 Notre-Dame-des-Puits 27 49 Ba 56
14340 Notre-Dame-d'Estrées-Corbon 14 35 Aa 54
38144 Notre-Dame-de-Vaulx 38 144 Fe 79
37390 Notre-Dame-d'Oé 37 85 Ae 64
86330 Notre-Dame-d'Or 86 99 Aa 68
22380 Notre-Dame-du-Guildo 22 65 Xe 57
27390 Notre-Dame-du-Hamel 27 49 Ad 55
05130 Notre-Dame-du-Laus 05 144 Ga 81
84410 Notre-Dame-du-Moustier 84 156 Fa 84
76590 Notre-Dame-du-Parc 76 37 Ba 50
72300 Notre-Dame-du-Pé 72 84 Ze 62
73600 Notre-Dame-du-Pré 73 133 Gd 75
61100 Notre-Dame-du-Rocher 61 47 Zd 56
50140 Notre-Dame-du-Touchet 50 66 Za 57
28140 Nottonville 28 70 Bd 60
36130 Notz 36 101 Be 67
87270 Nouailbas 87 113 Bb 73
87260 Nouaillas 87 125 Bc 75
19170 Nouaille, la 19 126 Bf 75
19510 Nouaille, la 19 126 Bd 75
23500 Nouaille, la 23 126 Ca 73
86340 Nouaillé-Maupertuis 86 112 Ac 69
87370 Nouailloc 87 113 Bc 72
50690 Nouainville 50 33 Yb 51
19490 Noual 19 126 Be 77
82800 Noual 82 150 Bd 84
18160 Nouan 18 102 Ca 67
41600 Nouan-le-Fuzelier 41 87 Ca 63
72260 Nouans 72 68 Ab 59
37460 Nouans-les-Fontaines 37 101 Bb 66
41220 Nouan-sur-Loire 41 86 Bd 62
08240 Nouart 08 42 Fa 52
37800 Nouâtre 37 100 Ad 66
35137 Nouaye, la 35 65 Ya 60
17430 Noue, la 17 110 Za 73
17740 Noue, la 17 109 Ye 72
51310 Noue, la 51 53 Dd 56
44390 Noue-Durandière, la 44 82 Yc 64
31450 Noueilles 31 165 Bd 88
85660 Noue-Morin, la 85 97 Yc 66
16290 Nouère 16 123 Aa 74
14380 Noues de Sienne 14 46 Yf 56
33910 Nouet 33 135 Ze 79
32270 Nougaroulet 32 163 Ae 86
46330 Nougayrac 46 138 Be 82
19320 Nougein 19 126 Ca 77
23170 Nouhant 23 115 Cc 71
23400 Nouhaut, le 23 113 Bd 73
87330 Nouic 87 112 Af 72
65500 Nouilhan 65 162 Aa 88
72800 Nouillay 72 84 Ab 63
17380 Nouillers, les 17 110 Zc 73
57645 Nouilly 57 56 Gb 54
12370 Nouis 12 152 Ce 86
32800 Noulens 32 148 Aa 86
55230 Noullonpont 55 43 Fd 52
35390 Nourais 35 82 Yb 62
60130 Nourard-le Franc 60 39 Cc 52
02300 Noureuil 02 40 Db 51
83460 Nourradons, les 83 172 Gc 88
41310 Nourray 41 86 Ba 62
58290 Nourry 58 104 De 67
40380 Nousse 40 161 Zb 86
57720 Nousseviller-lès-Bitche 57 58 Hc 54
57990 Nousseviller-Saint-Nabor 57 57 Gf 54
64420 Nousty 64 162 Ze 89
59230 Nouveau-Jeu 59 30 Dc 46
62370 Nouvelle-église 62 27 Ca 43
11350 Nouvelles 11 179 Ce 91
15300 Nouvialle 15 140 Cf 78
80860 Nouvion 80 28 Be 47
02170 Nouvion-en-Thiérache, le 02 40 De 48
02270 Nouvion-et-Catillon 02 40 Dc 50
02800 Nouvion-le-Comte 02 40 Dc 50
02860 Nouvion-le-Vineux 02 40 Dd 51
08160 Nouvion-sur-Meuse 08 42 Ee 50
35410 Nouvoitou 35 66 Yc 60
02290 Nouvron-Vingré 02 40 Db 52
15380 Noux 15 127 Cc 77
19170 Noux 19 126 Be 75
62290 Noux-les-Mines 62 29 Cd 46
41160 Nouzay 41 86 Bb 61
23600 Nouzerines 23 114 Ca 70
23360 Nouzerolles 23 114 Be 70
86170 Nouzières 86 99 Aa 68
23350 Nouziers 23 114 Bf 70
87310 Nouzille, la 87 125 Af 74
37380 Nouzilly 37 85 Ae 63
86200 Nouzilly 86 99 Aa 67
08700 Nouzonville 08 42 Ee 50
63220 Novacelles 63 128 Dd 76
73470 Novalaise 73 132 Fe 75
20234 Novale CTC 183 Kc 95
73440 Novallay 73 132 Gc 76
57680 Novéant-sur-Moselle 57 56 Ga 54
74500 Novel 74 121 Ge 70
20226 Novella CTC 181 Ka 93
13550 Noves 13 155 Ef 85
26110 Novézan 26 155 Fa 82
54385 Noviant-aux-Prés 54 56 Ff 55
25220 Novillars 25 93 Ga 65
60730 Novillers 60 51 Cb 53
08270 Novion-Porcien 08 41 Ec 51
12150 Novis 12 152 Da 83
08300 Novy-Chevrières 08 41 Ec 51
40350 Noy 40 161 Yf 87
22400 Noyal 22 64 Xd 58
35550 Noyal 35 81 Xf 62
02120 Noyales 02 40 Dd 49
56190 Noyal-Muzillac 56 81 Xd 63
56450 Noyalo, Theix- 56 80 Xb 63
56920 Noyal-Pontivy 56 64 Xa 60
35560 Noyal-sous-Bazouges 35 65 Yc 58
44110 Noyal-sur-Brutz 44 82 Yd 62
35230 Noyal-sur-Seiche 35 65 Yb 60
35530 Noyal-sur-Vilaine 35 66 Yc 60
49460 Noyant 49 83 Zc 63
03210 Noyant-d'Allier 03 116 Da 70
37800 Noyant-de-Touraine 37 100 Ad 66
02200 Noyant-et-Aconin 02 52 Dc 52
49520 Noyant-la-Gravoyère 49 83 Za 62
49700 Noyant-la-Plaine 49 84 Zd 65
49490 Noyant Villages 49 84 Aa 63
38360 Noyarey 38 131 Fd 77
72210 Noyeau 72 68 Zf 61
59139 Noyelles 59 30 Da 45
62130 Noyelles 62 30 Cf 46
62980 Noyelles 62 29 Ce 46
80150 Noyelles-en-Chaussée 80 28 Bf 47
62950 Noyelles-Godault 62 30 Cf 46
62770 Noyelles-lès-Humières 62 29 Cb 46
62490 Noyelles-sous-Bellonne 62 30 Da 47
59159 Noyelles-sur-Escaut 59 30 Db 48
80860 Noyelles-sur-Mer 80 28 Be 47
59550 Noyelles-sur-Sambre 59 31 De 48
59282 Noyelles-sur-Selle 59 30 Dc 47
62810 Noyelle-Vion 62 29 Cd 47
72430 Noyen-sur-Sarthe 72 84 Zf 61
77114 Noyen-sur-Seine 77 72 Dc 58
46100 Noyer 46 138 Bf 81
05500 Noyer, le 05 144 Ga 80
18260 Noyer, le 18 88 Ce 64
53700 Noyer, le 53 67 Ze 59
73340 Noyer, le 73 132 Ga 74
87160 Noyer, le 87 113 Bc 71
27410 Noyer-en-Ouche, le 27 49 Ae 54
27700 Noyers 27 50 Bc 53
45260 Noyers 45 88 Cd 61
52240 Noyers 52 75 Fc 60
89310 Noyers 89 90 Df 62
27720 Noyers, le 27 50 Be 53
44310 Noyers, les 44 97 Yc 66
55800 Noyers-Auzécourt 55 55 Ef 55
14210 Noyers-Bocage 14 34 Zc 54
14210 Noyers-Missy 14 34 Zc 54
08350 Noyers-Pont-Maugis 08 42 Ef 51
60480 Noyers-Saint-Martin 60 38 Cb 51
41140 Noyers-sur-Cher 41 86 Bc 65
04200 Noyers-sur-Jabron 04 157 Fe 83
12160 Noyez 12 151 Cc 83
60130 Noyon 60 39 Da 51
10700 Nozay 10 73 Ea 57
44170 Nozay 44 82 Yc 63
91620 Nozay 91 51 Cb 57
48140 Nozeirolles 48 140 Db 79
15500 Nozerolles 15 140 Da 77
43300 Nozerolles 43 140 Dc 79
39250 Nozeroy 39 107 Ga 68
51230 Nozet 51 53 Df 56
07270 Nozières 07 142 Ed 78
18200 Nozières 18 102 Cc 68
47350 Nozières 47 136 Ab 81
48400 Nozières 48 153 Dd 83
49340 Nuaillé 49 98 Zb 66
17540 Nuaillé-d'Aunis 17 110 Za 71
17470 Nuaillé-sur-Boutonne 17 111 Zd 72
18800 Nuainté, le 18 103 Cd 66
58190 Nuars 58 89 De 64
55250 Nubécourt 55 55 Fb 55
12330 Nuces 12 151 Cc 82
95420 Nucourt 95 50 Bf 54
79250 Nueil-les-Aubiers 79 98 Zc 67
49560 Nueil-sur-Layon 49 98 Zd 66
69210 Nuelles, Saint-Germain- 69M 130 Ed 73
72370 Nuillé-le-Jalais 72 68 Ac 60
53210 Nuillé-sur-Ouette 53 67 Zc 60
53970 Nuillé-sur-Vicoin 53 67 Zb 61
10140 Nuisement 10 74 Ed 59
51240 Nuisement-sur-Coole 51 54 Eb 55
89390 Nuits 89 90 Eb 62
21700 Nuits-Saint-Georges 21 106 Ef 66
76390 Nullemont 76 38 Bd 50
71240 Nully 71 106 Ef 69
52110 Nully-Trémilly 52 74 Ee 58
62270 Nuncq-Hautecôte 62 29 Cb 47
36800 Nuret-le-Ferron 36 101 Bc 68
01460 Nurieux-Volognat 01 119 Fd 71
80240 Nurlu 80 39 Da 48
42380 Nus 42 129 Ea 76
20226 Nuvella = Novella CTC 181 Ka 93
46150 Nuzéjouls 46 137 Bc 81
19110 Nuzéjoux 19 127 Cc 76
66300 Nyls 66 179 Cf 93
49500 Nyoiseau 49 83 Za 62
26110 Nyons 26 156 Fa 82

O

36290 Oasis, l' 36 100 Ba 67
67230 Obenheim 67 60 He 58
67110 Oberbronn 67 58 Hd 55
68290 Oberbruck 68 94 Gf 62
68960 Oberdorf 68 95 Hb 63
57320 Oberdorff 57 57 Gd 53
67360 Oberdorf-Spachbach 67 58 He 55
57720 Oberecke 57 58 Hc 54
67210 Oberehnheim = Obernai 67 60 Hc 58
68127 Oberentzen 68 60 Hc 61
57720 Obergailbach 57 57 Hb 54
67280 Oberhaslach 67 60 Hb 57
67205 Oberhausbergen 67 60 He 57
68127 Oberhergheim 68 60 Hc 61
67160 Oberhoffen-lès-Wissembourg 67 58 Hf 54
67240 Oberhoffen-sur-Moder 67 58 Hf 56
67250 Oberkutzenhausen 67 58 Hf 55
68480 Oberlarg 68 95 Hb 64
67160 Oberlauterbach 67 59 Ia 55
67330 Obermodern-Zutzendorf 67 58 Hd 55
68420 Obermorschwihr 68 60 Hb 60
68130 Obermorschwiller 68 95 Hb 63
57230 Obermuhltal 57 58 Hd 55
67210 Obernai 67 60 Hc 58
57480 Obernaumen 57 44 Gc 52
67250 Oberrœdern 67 59 Hf 55
68600 Obersaasheim 68 60 Hd 61

A B C D E F G H I J K L M N O P Q R S T U V W X Y Z

67203 Oberschaeffolsheim 67 60 Hd 57
67330 Obersoultzbach 67 58 Hc 55
67710 Obersteigen 67 58 Hb 57
67510 Obersteinbach 67 58 He 54
57930 Oberstinzel 57 57 Ha 56
57220 Obervisse 57 57 Gd 54
59570 Obies 59 31 De 47
19130 Objat 19 125 Bc 77
62920 Oblinghem 62 29 Cd 45
59680 Obrechies 59 31 Ea 47
57170 Obreck 57 57 Gd 55
57340 Obrick 57 57 Ge 55
77890 Obsonville 77 71 Cd 59
63250 Obstancie, l' 63 128 Dd 73
36290 Obterre 36 100 Ba 67
21400 Obtrée 21 91 Ed 61
78660 Obville 78 70 Bf 58
20117 Ocana CTC 182 If 97
61200 Occagnes 61 48 Zf 56
18190 Occans, les 18 102 Cb 68
52190 Occey 52 92 Fb 63
20226 Occhiatana CTC 180 Ka 93
80600 Occoches 80 29 Cb 47
80210 Ochancourt 80 28 Bd 48
08240 Oches 08 42 Ef 51
38930 Oches, les 38 143 Fd 80
54170 Ochey-Thuilley 54 76 Ff 57
01200 Ochiaz 01 119 Fe 72
20226 Ochjatana = Occhiatana CTC 180 Ka 93
59670 Ochtezeele 59 27 Cc 44
77440 Ocquerre 77 52 Da 54
76450 Ocqueville 76 36 Ae 50
50630 Octeville-L'Avenel 50 34 Yd 51
76930 Octeville-sur-Mer 76 36 Aa 51
34800 Octon 34 167 Db 87
31450 Odars 31 165 Bd 87
66210 Odeillo 66 178 Ca 93
69460 Odenas 69D 118 Ed 72
57320 Odenhoven 57 57 Gd 53
68830 Oderen 68 94 Gf 61
52800 Odival 52 75 Fc 60
59970 Odomez 59 30 Dd 46
65310 Odos 65 162 Aa 89
67520 Odratzheim 67 60 Hc 57
88500 Oëlleville 88 76 Ga 58
67970 Oermingen 67 57 Ha 55
28200 Oessainville 28 70 Bd 60
57600 Œting 57 57 Gf 53
62130 Œuf-en-Ternois 62 29 Cb 46
57100 Œutrange 57 44 Ga 52
74300 Oëx 74 120 Gd 73
55500 Oëy 55 55 Fc 56
40180 Œyreluy 40 161 Yf 86
81190 Oëzes 81 151 Cb 84
62370 Offekerque 62 27 Ca 43
90300 Offémont 90 94 Gf 63
67850 Offendorf 67 58 Hf 56
67370 Offenheim, Stutzheim- 67 58 Hd 57
80290 Offignies 80 38 Bf 50
62990 Offin 62 28 Bf 46
39290 Offlanges 39 107 Fd 65
60210 Offoy 60 38 Ca 50
80400 Offoy 80 39 Da 50
76550 Offranville 76 37 Ba 49
62250 Offrethun 62 26 Be 44
88500 Offroicourt 88 76 Ga 59
67340 Offwiller 67 58 Hd 55
64190 Ogenne-Camptort 64 161 Zb 89
51190 Oger 51 53 Ea 55
64680 Ogeu-les-Bains 64 162 Zc 90
54450 Ogéviller 54 77 Ge 57
20114 Ogliastrello CTC 185 Ka 99
20114 Ogliastrellu = Ogliastrello CTC 185 Ka 99
20217 Ogliastro CTC 181 Kc 92
20226 Ogliastro CTC 180 Ka 93
02300 Ognes 02 40 Db 51
51230 Ognes 51 53 Df 56
60440 Ognes 60 52 Ce 54
54330 Ognéville 54 76 Ga 58
60310 Ognolles 60 39 Cf 50
60810 Ognon 60 51 Cd 53
21320 Ogny 21 105 Ee 65
24160 Ogre 24 125 Af 77
57530* Ogy-Montoy-Flanville 57 56 Gb 54
59132 Ohain 59 31 Ea 48
28150 Ohé 28 70 Be 59
58240 Ohéré 58 103 Da 68
76560 Oherville 76 36 Ae 50
02500 Ohis 02 41 Ea 49
67590 Ohlungen 67 58 He 56
67390 Ohnenheim 67 60 Hd 59
67640 Ohnheim 67 60 He 58
18370 Oianne 18 114 Cb 70
85140 Oie, l' 85 97 Yf 68
70120 Oigney 70 93 Ff 62
62590 Oignies 62 30 Cf 46
21450 Oigny 21 91 Ee 63
41170 Oigny 41 69 Af 60
02600 Oigny-en-Valois 02 52 Da 53
69620 Oingt 69D 118 Ed 73
28310 Oinville-Saint-Liphard 28 70 Bf 59
78250 Oinville-sur-Montcient 78 50 Bf 54
37120 Oiré 37 99 Ac 66
79100 Oiron 79 99 Zf 67
51530 Oiry 51 53 Ea 54
70700 Oiselay-et-Grachaux 70 93 Ff 64
28300 Oisème 28 70 Bd 58
80140 Oisemont 80 38 Be 49
21310 Oisilly 21 92 Fc 64
41700 Oisly 41 86 Bc 64
45170 Oison 45 70 Bf 60
53300 Oisseau 53 67 Zb 58
72610 Oisseau-le-Petit 72 68 Aa 58
76350 Oissel 76 49 Ba 52
77178 Oissery 77 52 Ce 54
80540 Oissy 80 38 Ca 49
02450 Oisy 02 40 De 48
60600 Oisy 60 00 Dc 04
62860 Oisy-le-Verger 62 30 Da 47
72330 Oizé 72 84 Aa 62
18700 Oizon 18 88 Cd 64
34390 Olargues 34 167 Cf 87
79210 Olbreuse 79 110 Zc 71
63210 Olby 63 127 Cf 74
20217 Olcani CTC 181 Kc 92
65350 Oléac-Deblat 65 162 Aa 89
65190 Oléac-Dessus 65 163 Ab 90
12510 Olemps 12 152 Cd 82
14170 Olendon 14 48 Zf 55
20232 Oletta CTC 181 Kc 93
66360 Olette 66 178 Cb 93
64120 Olhaïby 64 161 Za 89
62150 Olhain 62 29 Cd 46
63260 Olhat 63 116 Db 72
64122 Olhette 64 160 Yb 88
20217 Oligastru = Ogliastro CTC 181 Kc 92
80260 Olincourt 80 38 Cb 48
13013 Olives, les 13 170 Fc 89
20140 Olivese CTC 184 Ka 97
45160 Olivet 45 87 Bf 61
53410 Olivet 53 66 Za 60
51700 Olizy 51 53 De 54
08250 Olizy-Primat 08 54 Ee 52
55700 Olizy-sur-Chiers 55 42 Fb 51
88170 Ollainville 88 76 Fe 59
91340 Ollainville 91 71 Cb 57
25640 Ollans 25 93 Gb 64
28120 Ollé 28 69 Bb 58
60170 Ollencourt 60 39 Cf 52
54800 Olley 54 56 Fe 54
02480 Ollezy 02 40 Da 50
55230 Ollières 55 43 Fe 52
83470 Ollières 83 171 Fe 88
74370 Ollières, les 74 120 Gb 73
87150 Ollières, les 87 125 Af 74
07360 Ollières-sur-Eyrieux, les 07 142 Ed 80
63880 Olliergues 63 128 Dd 74
83190 Ollioules 83 171 Fe 90
31360 Ollivès 31 164 Af 90
05230 Olliviers, les 05 144 Gb 81
63450 Olloix 63 128 Da 75
42600 Olme, l' 42 129 Ea 75
69490 Olmes, les 69D 117 Ed 73
15800 Olmet 15 139 Cd 79
63880 Olmet 63 129 Dd 74
20217 Olmeta di Capicorsu = Olmeta-di-Capocorso CTC 181 Kc 92
20217 Olmeta-di-Capocorso CTC 181 Kc 92
20232 Olmeta di Tuda Lancone CTC 181 Kc 93
34700 Olmet-et-Villecun 34 167 Db 86
20113 Olmeto CTC 184 If 98
20113 Olmeto Plage CTC 184 Ie 98
20218 Olmi CTC 181 Kb 94
20259 Olmi-Cappella CTC 180 Ka 93
20112 Olmiccia CTC 184 Ka 98
20259 Olmi è Capella = Olmi-Cappella CTC 180 Ka 93
20290 Olmo CTC 181 Kc 94
20167 Olmo = l'Olmu CTC 182 If 97
63210 Olmont 63 127 Cf 74
20245 Olmu CTC 180 Ie 94
20290 Olmu = Olmo, l' CTC 181 Kc 94
85340 Olonne-sur-Mer 85 109 Yb 69
34210 Olonzac 34 166 Ce 89
64400 Oloron-Sainte-Marie 64 161 Zc 89
38510 Olouise 38 131 Fc 75
57720 Olsberg 57 58 Hc 54
12260 Ols-et-Rinhodes 12 138 Bf 82
83111 Olves 83 172 Gc 87
67170 Olwisheim 67 58 He 56
26400 Omblèze 26 143 Fb 79
74210 Ombre 74 132 Gb 74
49420* Ombrée d'Anjou 49 83 Yf 62
35270 Ombres, les 35 65 Yb 58
40430 Ombres, les 40 147 Zb 82
60220 Omécourt 60 38 Bf 51
61160 Oméel 61 48 Aa 56
54330 Omelmont 54 76 Ga 58
04200 Omergues, les 04 156 Fd 83
95420 Omerville 95 50 Be 54
20236 Omessa CTC 183 Kb 94
33410 Omet 33 135 Ze 81
65100 Omex 65 162 Zf 90
51240 Omey 51 54 Ec 55
08450 Omicourt 08 42 Ee 51
80320 Omiécourt 80 39 Cf 50
02100 Omissy 02 40 Db 49
57810 Ommeray 57 57 Ge 56
61160 Ommoy 61 48 Zf 55
08430 Omont 08 42 Ee 51
27110 Omonville 27 49 Af 54
76730 Omonville 76 37 Ba 50
50440 Omonville-la-Petite 50 33 Ya 50
50440 Omonville-la-Rogue 50 33 Ya 50
15290 Omps 15 139 Cb 79
66400 Oms 66 179 Ce 93
25250 Onans 25 94 Gd 63
40380 Onard 40 146 Za 86
70100 Onay 70 92 Fe 64
85630 Onchères, les 85 96 Xe 67
01230 Oncieu 01 119 Fc 73
88150 Oncourt 88 76 Gc 59
91490 Oncy-sur-Ecole 91 71 Cc 58
64220 Ondarolle 64 160 Ye 90
14260 Ondefontaine 14 47 Zb 55
31330 Ondes 31 150 Bb 86
04170 Ondres 04 158 Gd 84
40440 Ondres 40 160 Yd 87
40440 Ondres-Plage 40 160 Yc 87
45390 Ondreville-sur-Essonne 45 71 Cc 59
20230 Oneo CTC 183 Kc 95
40110 Onesse-et-Laharie 40 146 Yf 84
12850 Onet-le-Château 12 151 Cd 82
12740 Onet-L'Eglise 12 152 Cd 82
80135 Oneux 80 28 Bf 48
79300 Ongée, l' 79 98 Zd 67
04230 Ongles 04 156 Fe 84
39250 Onglières 39 107 Ga 68
58110 Ongny 58 104 De 66
80140 Onicourt 80 38 Be 48
01380 Onjard 01 118 Ef 70
10220 Onjon 10 74 Eb 58
58370 Onlay 58 104 Df 67
59880 Onnaing 59 31 Dd 46
74490 Onnion 74 120 Gc 71
39270 Onoz 39 119 Fd 70
60650 Ons-en-Bray 60 38 Bf 52
54890 Onville 54 56 Ff 54
80500 Onvillers 80 39 Ce 51
41150 Onzain 41 86 Bb 64
36500 Onzay 36 101 Bb 67
43150 Onzillon 43 141 Df 79
31110 Oô 31 175 Ad 92
59122 Oost-Cappel 59 27 Cd 43
06650 Opio 06 173 Gf 86
63540 Opme 63 128 Da 74
66600 Opoul-Périllos 66 179 Cf 91
84580 Oppède-le-Vieux 84 156 Fa 86
04110 Oppedette 04 156 Fd 85
70110 Oppenans 70 93 Gc 63
62580 Oppy 62 30 Cf 46
38460 Optevoz 38 131 Fb 74
64390 Oraàs 64 161 Za 88
15260 Oradour 15 140 Cf 79
16140 Oradour 16 111 Zf 73
16500 Oradour-Fanais 16 112 Ae 72
87210 Oradour-Saint-Genest 87 113 Ba 71
87520 Oradour-sur-Glane 87 113 Ba 73
87150 Oradour-sur-Vayres 87 125 Af 74
50450 Orail, l' 50 46 Ye 55
21610 Orain 21 92 Fc 63
02190 Orainville 02 41 Ea 52
04700 Oraison 04 157 Ff 85
74800 Orange 74 120 Gb 72
84100 Orange 84 155 Ee 84
39190 Orbagna 39 106 Fc 69
48130 Orbagnac 48 140 Db 80
51270 Orbais 51 53 De 55
81120 Orban 81 151 Ca 85
79100 Orbé 79 99 Zf 67
14290 Orbec 14 48 Ac 54
58700 Orbec 58 103 Dc 66
50450 Orbehaye, l' 50 46 Ye 55
63500 Orbeil 63 128 Db 75
32260 Orbessan 32 163 Ad 87
68370 Orbey 68 60 Ha 60
37460 Orbigny 37 101 Bb 65
52360 Orbigny-au-Mont 52 92 Fc 61
52360 Orbigny-au-Val 52 92 Fc 61
27230 Orbiquet 27 48 Ac 54
14240 Orbois 14 34 Zb 54
85200 Orbrie, l' 85 110 Zb 70
41300 Orçay 41 87 Ca 65
78125 Orcemont 78 70 Be 57
18200 Orcenais 18 102 Cc 68
15500 Orcerolles 15 140 Db 78
63670 Orcet 63 128 Db 74
52250 Orcevaux 52 92 Fb 62
41190 Orchaise 41 86 Bb 63
39700 Orchamps 39 107 Fd 66
25390 Orchamps-Vennes 25 108 Gd 66
21340 Orches 21 105 Ee 67
86230 Orches 86 99 Ab 67
59310 Orchies 59 30 Db 46
74550 Orcier 74 120 Gc 71
05170 Orcières 05 144 Gb 80
15260 Orcières 15 140 Cf 79
26220 Orcinas 26 143 Fa 81
63870 Orcines 63 128 Da 74
63210 Orcival 63 127 Cf 74
51300 Orconte 51 54 Ee 56
32310 Ordac 32 148 Ac 85
32350 Ordan-Larroque 32 163 Ac 86
64130 Ordiarp 64 161 Za 89
AD300 Ordino ◘ AND 177 Bd 93
65200 Ordizan 65 162 Aa 90
33340 Ordonnac 33 122 Zb 77
01510 Ordonnaz 01 131 Fd 74
89144 Ordonnois, l' 89 73 De 61
31510 Ore 31 176 Ad 91
49270* Orée d'Anjou 49 82 Ye 65
64120 Orègue 64 161 Yf 88
66360 Oreilla 66 178 Cb 93
73140 Orelle 73 133 Gd 77
73140 Orellette 73 133 Gd 77
80160 Oresmaux 80 38 Cb 50
20233 Oreta CTC 181 Kc 91
65230 Organ 65 163 Ac 89
16220 Orgedeuil 16 124 Ac 74
09110 Orgeix 09 177 Bf 92
39270 Orgelet 39 119 Fd 69
91590 Orgemont 91 71 Cb 58
77310 Orgenoy 77 71 Cd 57
35230 Orgères 35 65 Yb 61
61230 Orgères 61 48 Ac 56
28140 Orgères-en-Beauce 28 70 Be 60
53140 Orgères-la-Roche 53 67 Ze 57
41100 Orgerie, l' 41 86 Af 61
36150 Orgeries, les 36 101 Be 66
78910 Orgerus 78 50 Be 55
52120 Orges 52 74 Ef 60
82370 Orgeuil 82 150 Bc 85
21490 Orgeux 21 92 Fa 64
02860 Orgeval 02 40 De 51
78630 Orgeval 78 51 Bf 55
09800 Orgibet 09 176 Af 91
50390 Orglandes 50 33 Yd 52
07150 Orgnac-L'Aven 07 154 Ec 83
19410 Orgnac-sur-Vézère 19 125 Bc 77
13660 Orgon 13 155 Fa 86
65190 Orieux 65 163 Ab 89
65200 Orignac 65 163 Aa 90
33113 Origne 33 135 Zc 82
53360 Origné 53 67 Zb 61
17210 Orignolles 17 123 Ze 77
21510 Origny 21 91 Ed 62
41370 Origny 41 86 Bd 62
02550 Origny-en-Thiérache 02 41 Ea 49
61130 Origny-le-Butin 61 68 Ac 58
61130 Origny-le-Roux 61 68 Ac 58
10510 Origny-le-Sec 10 73 De 58
02390 Origny-Sainte-Benoîte 02 40 Dc 49
64400 Orin 64 161 Zb 89
20112 Orio CTC 184 Ka 99
57590 Oriocourt 57 56 Gc 55
26190 Oriol-en-Royans 26 143 Fb 79
16480 Oriolles 16 123 Zf 76
64390 Orion 64 161 Za 88
38350 Oris-en-Ratier 38 144 Ff 79
40300 Orist 40 161 Ye 87
20112 Oriu = Orio CTC 184 Ka 99
16210 Orival 16 123 Aa 77
76500 Orival 76 49 Af 53
76680 Orival 76 37 Bb 50
80640 Orival 80 38 Bf 50
17610 Orlac 17 123 Zc 74
45140 Orléans 45 87 Be 61
63190 Orléat 63 128 Dc 73
65800 Orleix 65 162 Aa 89
12420 Orlhaguet 12 139 Ce 80
12200 Orlhonac 12 151 Bf 83
19170 Orliac 19 126 Bf 74
24170 Orliac 24 137 Ba 80
19390 Orliac-de-Bar 19 126 Be 76
24370 Orliaguet 24 137 Bc 79
69530 Orliénas 69M 130 Ee 75
09110 Orlu 09 178 Bf 92
28700 Orlu 28 70 Bf 58
19170 Orluc 19 126 Bf 75
16200 Orlut 16 123 Zf 74
16370 Orlut 16 123 Ze 74
94310 Orly 94 51 Cc 56
77750 Orly-sur-Morin 77 52 Db 55
21320 Ormancey 21 90 Ec 65
52200 Ormancey 52 92 Fb 61
74920 Ormaret 74 133 Gd 73
01800 Orme, l' 01 131 Fb 74
10400 Ormeaux, les 10 73 Dd 58
49310 Ormeaux, les 49 98 Zc 65
50430 Ormeaux, les 50 46 Yc 53
58220 Ormeaux, les 58 89 Da 64
72610 Ormeaux, les 72 68 Aa 58
77540 Ormeaux, les 77 52 Cf 56
36110 Orme-Dur, l' 36 101 Be 66
41160 Orme-Guignard 41 86 Bb 61
70230 Ormenans 70 93 Gb 64
18600 Ormenay, l' 18 103 Ce 68
57720 Ormersviller 57 58 Hb 54
10700 Ormes 10 73 Ea 57
27190 Ormes 27 49 Af 54
33340 Ormes 33 122 Yf 76
45140 Ormes 45 87 Be 61
51370 Ormes 51 53 Df 53
71290 Ormes 71 106 Ef 69
86220 Ormes, les 86 100 Ad 67
89110 Ormes, les 89 89 Db 61
54740 Ormes-et-Ville 54 76 Gb 58
76390 Ormesnil 76 38 Bd 50
77167 Ormesson 77 71 Cd 59
77134 Ormes-sur-Voulzie, les 77 72 Db 58
28310 Ormeville 28 70 Bf 59
70300 Ormoiche 70 93 Gb 62
28140 Ormoy 28 70 Bd 60
28210 Ormoy 28 50 Bc 57
28360 Ormoy 28 70 Bd 59
70500 Ormoy 70 93 Ff 61
89400 Ormoy 89 73 Dd 61
91100 Ormoy 91 71 Cc 57
91150 Ormoy-la-Rivière 91 71 Ca 58
60620 Ormoy-le-Davien 60 52 Cf 53
52310 Ormoy-lès-Sexfontaines 52 75 Fa 59
52120 Ormoy-sur-Aube 52 74 Ee 60
60800 Ormoy-Villers 60 52 Cf 53
38260 Ornacieux 38 131 Fb 76
11200 Ornaisons 11 166 Cf 89
25290 Ornans 25 107 Ga 66
55400 Ornel 55 55 Fd 53
20230 Orneto, Velone- CTC 183 Kc 94
20230 Ornetu, Vilone- = Orneto, Velone- CTC 183 Kc 94
01280 Ornex 01 120 Ga 71
74930 Ornex 74 120 Gb 72
32260 Ornézan 32 163 Ad 87
46330 Orniac 46 138 Be 81
09400 Ornolac-Ussat-les-Bains 09 177 Bd 92
38520 Ornon 38 144 Ff 78
63190 Ornon 63 128 Dc 73
57420 Orny 57 56 Gb 54
60510 Oroër 60 38 Cb 52
65320 Oroix 65 162 Zf 89
57590 Oron 57 57 Gc 55
20170 Orone CTC 185 Ka 98
85160 Orouet 85 96 Ya 68
79390 Oroux 79 99 Zf 68
63320 Orphange 63 128 Da 75
78125 Orphin 78 70 Be 57
05700 Orpierre 05 156 Fe 83
52700 Orquevaux 52 75 Fc 59
05200 Orres, les 05 145 Gd 81
21450 Orret 21 91 Ee 63
09220 Orrhys-de-Carla 09 177 Bc 93
64390 Orriule 64 161 Za 88
28190 Orrouer 28 69 Bb 58
60129 Orrouy 60 52 Cf 53
60560 Orry-la-Ville 60 51 Cd 54
17480 Ors 17 122 Ye 73
59360 Ors 59 31 Dd 48
30200 Orsan 30 155 Ee 84
64120 Orsanco 64 161 Yf 89
11270 Orsans 11 165 Bf 90
25530 Orsans 25 108 Gc 65
91400 Orsay 91 51 Cb 56
67600 Orschwiller 67 60 Hc 59
20227 Orsona CTC 183 Kb 96
36190 Orsennes 36 113 Be 70
60650 Orsimont 60 38 Be 52
17800 Orsin 17 123 Zd 75
59530 Orsinval 59 31 Dd 47
63340 Orsonnette, Nonette- 63 128 Db 76
28200 Orsonville 28 69 Bc 60
78660 Orsonville 78 70 Bf 58
66560 Ortaffa 66 179 Cf 93
20228 Ortale CTC 181 Kc 91
20234 Ortale CTC 183 Kc 95
20620 Ortale CTC 181 Kc 93
53160 Orthe 53 67 Ze 59
40300 Orthevielle 40 161 Yf 87
64300 Orthez 64 161 Zb 88
12740 Ortholès 12 152 Cd 82
30260 Orthoux-Sérignac-Quilhan 30 154 Ea 85
45320 Orties, les 45 72 Cf 61
10700 Ortillon 10 73 Eb 57
20290 Ortiporio CTC 181 Kc 94
20290 Ortiporiu = Ortiporio CTC 181 Kc 94
20125 Orto CTC 182 If 95
88700 Ortoncourt 88 77 Gd 58
20125 Ortu = Orto CTC 182 If 95
77710 Ortures, les 77 72 Ce 59
80132 Orucat 80 28 Bf 48
09220 Orus 09 177 Bd 92
18200 Orval 18 102 Cc 68
50660 Orval sur Sienne 50 46 Yd 54
44700 Orvault 44 82 Yc 65
27190 Orvaux 27 49 Ba 55
91590 Orveau 91 71 Cb 58
45330 Orveau-Bellesauve 45 71 Cb 59
21260 Orville 21 92 Fb 63
36210 Orville 36 101 Be 66
45390 Orville 45 71 Cc 59
61120 Orville 61 48 Ab 55
62760 Orville 62 29 Cc 48
60130 Orvillers 60 39 Ce 51
77520 Orvilliers 77 72 Da 58
78910 Orvilliers 78 50 Bd 55
10170 Orvilliers-Saint-Julien 10 73 De 58
40230 Orx 40 160 Yd 87
43700 Orzilhac 43 141 Df 78
20147 Osani CTC 182 Id 95
55220 Osches 55 55 Fb 54
68570 Osenbach 68 60 Hb 61
71380 Oslon 71 106 Ef 68
02290 Osly-Courtil 02 40 Db 52
14230 Osmanville 14 34 Yf 53
64150 Os-Marsillon 64 161 Zc 88
78910 Osmay 78 50 Be 55
18130 Osmery 18 103 Cd 67
65350 Osmets 65 163 Ab 89
18390 Osmoy 18 102 Cd 66
52300 Osne-le-Val 52 75 Fb 58
08110 Osnes 08 42 Fa 51
95520 Osny 95 51 Ca 54
20137 Ospedale, l' CTC 185 Kb 99
40290 Ossages 40 161 Za 87
64470 Ossas-Suhare 64 161 Za 90
25360 Osse 25 93 Gb 65
35410 Ossé 35 66 Yd 60
64490 Osse-en-Aspe 64 174 Zc 91
66340 Osséja 66 178 Bf 94
25320* Osselle-Routelle 25 107 Ff 66
65100 Ossen 65 162 Zf 90
64190 Ossenx 64 161 Zb 88
64390 Osserain-Rivareyte 64 161 Za 88
64780 Ossès 64 160 Ye 89
09140 Ossèse 09 177 Bb 92
10100 Ossey-les-Trois-Maisons 10 73 De 58
28150 Ossonville 28 70 Be 58
65100 Ossu 65 162 Aa 90
55100 Ossuaire 55 55 Fc 53
65380 Ossun 65 162 Zf 89
64120 Ostabat-Asme 64 161 Yf 89
02370 Ostel 02 40 Dd 52
59680 Ostergnies 59 31 Ea 47
68150 Ostheim 68 60 Hc 60
67990 Osthoffen 67 60 Hd 57
67150 Osthouse 67 60 Hd 58
62370 Ostove 62 27 Ca 43
62130 Ostreville 62 29 Cc 46
59162 Ostricourt 59 30 Da 46
67540 Ostwald 67 60 He 57
20150 Ota CTC 182 Ie 95
54260 Othe 54 43 Fc 52
77280 Othis 77 51 Ce 54
57840 Ottange 57 43 Ga 52
67700 Ottersthal 67 58 Hc 56
67700 Otterswiller 67 58 Hc 56
68490 Ottmarsheim 68 95 Hc 62
57220 Ottonville 57 57 Gd 53
67530 Ottrott 67 60 Hc 58
67320 Ottwiller 67 58 Hb 55
58500 Ouagne 58 89 Dc 64
89560 Ouanne 89 89 Dc 63
28150 Ouarville 28 70 Be 58
14230 Oubeaux, les 14 34 Yf 53
48150 Oubrets, les 48 153 Dd 84
07600 Oubreyts 07 142 Eb 80
41120 Ouchamps 41 86 Bb 64
49680 Oucheray, l' 49 84 Zf 64
21360 Oucherotte 21 105 Ee 66
37150 Ouches 37 86 Af 65
42155 Ouches 42 117 Df 72
89240 Ouches, les 89 89 Dc 62
41290 Oucques 41 86 Bb 62
41290 Oucques La Nouvelle 41 86 Bb 62
76430 Oudalle 76 36 Ab 51
58210 Oudan 58 89 Dc 64
14170 Oudan, l' 14 48 Aa 55
60860 Oudeuil 60 38 Ca 51
59670 Oudezeele 59 30 Cd 43
58300 Oudilles, les 58 104 Dc 68
52310 Oudincourt 52 75 Fa 59
44521 Oudon 44 82 Ye 64
57970 Oudrenne 57 44 Gb 52
71420 Oudry 71 105 Ea 69
65190 Oueilloux 65 163 Ab 89
87470 Ouenouille 87 126 Be 74
28300 Ouerray 28 70 Dc 50
28500 Ouerre 28 50 Bc 56
14220 Ouffières 14 47 Zd 54
70500 Ougo 70 92 Fe 62

21600 Ouges 21 92 Fa 65
38520 Ougiers, les 38 144 Ga 79
39350 Ougney 39 107 Fd 65
25640 Ougney-Douvot 25 93 Gb 65
25520 Ouhans 25 108 Cb 67
10510 Ouidou 12 141 Dc 70
43110 Ouillas 43 129 Fb 76
81260 Ouillats 81 166 Cd 87
58300 Ouillères, les 58 104 Dd 68
64160 Ouillon 64 162 Ze 89
02160 Ouilly 02 40 De 52
51480 Ouilly 51 53 De 54
14590 Ouilly-du-Houley 14 48 Ab 53
14190 Ouilly-le-Tesson 14 48 Ze 55
14100 Ouilly-le-Vicomte 14 48 Ab 53
14880 Ouistreham 14 47 Ze 53
36800 Oulches 36 101 Bb 69
02210 Oulchy-la-Ville 02 52 Dc 53
02210 Oulchy-le-Château 02 52 Dc 53
81260 Oulés 81 166 Cd 87
82500 Oulès, les 82 149 Ba 86
65110 Oulettes, les 65 175 Zf 92
43100 Ouliandre 43 128 Dc 76
28260 Oulins 28 50 Bc 55
38520 Oulles 38 144 Ff 78
69600 Oullins 69M 130 Ee 74
85420 Oulmes 85 110 Zc 70
58700 Oulon 58 104 Dc 65
64570 Oulon 64 174 Zb 90
49190 Oultet 48 141 Dd 82
43290 Oumey 43 142 Eb 77
39380 Ounans 39 107 Fe 67
34210 Oupia 34 166 Ce 89
39700 Our 39 107 Fd 66
81190 Ouradou, l' 81 151 Ca 83
43430 Ourbe 43 141 Eb 78
60480 Ourcel-Maison 60 38 Cb 51
26510 Ourches 26 143 Fa 80
55190 Ourches-sur-Meuse 55 55 Fe 57
45130 Ourcis 45 86 Bd 61
32300 Ourdan 32 163 Ac 88
65370 Ourde 65 176 Ad 91
65100 Ourdis-Cotdoussan 65 175 Aa 90
65100 Ourdon 65 175 Zf 90
04240 Ourges 04 158 Ge 85
58340 Ourgneaux, les 58 104 De 67
07140 Ourlette 07 141 Df 81
86170 Ourly 86 99 Aa 68
35360 Ourme-Guillaume 35 65 Xf 59
46100 Ournes 46 138 Ca 81
58130 Ourouer 58 103 Db 66
18350 Ourouër-les-Bourdelins 18 103 Ce 67
69860 Ouroux 69D 118 Ed 71
58230 Ouroux-en-Morvan 58 104 Df 65
71800 Ouroux-sous-le-Bois-Sainte-Marie 71 117 Eb 70
71370 Ouroux-sur-Saône 71 106 Ef 68
65490 Oursbelille 65 162 Aa 89
32700 Ourtiguet 32 149 Ad 84
62460 Ourton 62 29 Cc 46
76450 Ourville-en-Caux 76 36 Ad 50
15310 Ourzeau 15 139 Cc 78
64320 Ousse 64 162 Ze 89
40110 Ousse-Suzan 40 147 Zb 85
01160 Oussiat 01 119 Fc 72
39800 Oussières 39 107 Fd 67
45250 Ousson-sur-Loire 45 88 Ce 63
45290 Oussoy-en-Gâtinais 45 88 Cd 61
09140 Oust 09 177 Bb 91
65100 Ousté 65 175 Zf 90
80460 Oust-Marest 80 28 Bc 48
45480 Outarville 45 70 Ca 59
12210 Outhou 12 139 Ce 80
72220 Outillé 72 85 Ab 61
51290 Outines 51 74 Ed 57
02820 Outre 02 41 Df 51
62230 Outreau 62 28 Bd 44
80600 Outrebois 80 29 Cb 47
71340 Outre Loire 71 117 Ea 71
52150 Outremécourt 52 75 Fe 59
88340 Outremont 88 94 Gc 61
51300 Outrepont 51 54 Ee 56
01430 Outriaz 01 119 Fd 72
28310 Outrouville 28 70 Bf 59
59270 Outtersteene 59 29 Ce 44
25530 Ouvans 25 94 Gc 65
11590 Ouveillan 11 167 Cf 89
62380 Ouve-Wirquin 62 29 Ca 45
59310 Ouvignies 59 30 Db 45
50210 Ouville 50 46 Yd 54
76760 Ouville-L'Abbaye 76 37 Af 50
14170 Ouville-la-Bien-Tournée 14 48 Zf 54
76860 Ouville-la-Rivière 76 37 Af 49
16250 Ouvrards, les 16 123 Zf 75
45150 Ouvrouer-les-Champs 45 87 Cb 61
12360 Ouyre 12 152 Cf 86
86380 Ouzilly 86 99 Ac 68
86330 Ouzilly-Vignolles 86 99 Aa 67
45290 Ouzouer-des-Champs 45 88 Ce 61
41160 Ouzouer-le-Doyen 41 69 Bc 61
41240 Ouzouer-le-Marché 41 86 Bd 61
45570 Ouzouer-sur-Loire 45 88 Cc 62
45250 Ouzouer-sur-Trézée 45 88 Ce 62
65400 Ouzous 65 175 Zf 90
70360 Ovanches 70 93 Ff 63
59730 Ovillers 59 31 Dd 48
80300 Ovillers 80 39 Ce 48
31600 Ox 31 164 Bb 88
59670 Oxelaëre 59 27 Cc 44
71800 Oyé 71 117 Eb 71
25160 Oye-et-Pallet 25 108 Gb 67
62215 Oye-Plage 62 27 Ca 43
16700 Oyer 16 112 Ab 72
51120 Oyes 51 53 De 56
38690 Oyeu 38 131 Fc 76
64120 Oyhercq 64 161 Za 89
01100 Oyonnax 01 119 Fd 71
86220 Oyré 86 100 Ad 67
70600 Oyrières 70 92 Fd 63
28700 Oysonville 28 70 Bf 58
38780 Oytier-Saint-Oblas 38 130 Fa 75
01190 Ozan 01 118 Ef 70
20226 Ozari, l' CTC 180 Ka 93
20226 Ozari = Lozari, l' CTC 180 Ka 93
05400 Oze 05 144 Fe 81
71700 Ozenay 71 118 Ef 69
64300 Ozenx-Montestrucq 64 161 Zb 88
54150 Ozerailles 54 56 Ff 53
50310 Ozeville 50 33 Ye 52
52700 Ozières 52 75 Fc 59
17500 Ozillac 17 123 Zd 76
77330 Ozoir-la-Ferrière 77 51 Ce 56
28200 Ozoir-le-Breuil 28 70 Bc 60
71120 Ozolles 71 117 Ec 70
65190 Ozon 65 163 Ab 89
65190 Ozon-Darré 65 163 Ab 89
77720 Ozouer-le-Repos 77 72 Cf 57
77390 Ozouer-le-Voulgis 77 52 Ce 57
40380 Ozourt 40 161 Za 87

P

02220 Paars 02 53 Dd 52
22200 Pabu 22 63 Wf 57
59890 Pacau, la 59 30 Da 44
24410 Pacaud, le 24 123 Aa 77
42310 Pacaudère, la 42 117 Df 71
62350 Pacaut 62 29 Cd 45
20124 Paccinuniti CTC 185 Kb 98
35740 Pacé 35 65 Yb 60
61250 Pacé 61 68 Zf 58
32550 Pachères, les 32 163 Ad 87
83136 Pachoquin 83 171 Ff 89
38270 Pact 38 130 Ef 76
89160 Pacy-sur-Armançon 89 90 Ea 62
27120 Pacy-sur-Eure 27 50 Bc 54
40170 Padaou 40 146 Ye 84
33250 Padarnac 33 122 Zb 77
11350 Padern 11 179 Cd 91
34320 Paders 34 167 Db 87
46500 Padirac 46 138 Be 79
88700 Padoux 88 77 Gd 59
20243 Padula CTC 183 Kb 96
20218 Padule CTC 181 Kb 94
20230 Padulella CTC 183 Kd 94
20270 Padulone CTC 183 Kd 96
20214 Paese Novu CTC 180 Ie 94
08220 Pagan 08 41 Eb 51
32420 Pagatets 32 163 Ae 88
87230 Pageas 87 125 Ba 74
41290 Pagerie, la 41 86 Bb 61
79340 Pagerie, la 79 111 Zf 69
81100 Pagès 81 166 Cb 87
11320 Pagès, les 11 165 Bf 88
11560 Pagèze, la 11 167 Da 89
20146 Pagliaggiolo CTC 185 Kb 99
63310 Pagnant 63 116 Db 73
39350 Pagney 39 107 Fe 65
54200 Pagney-derrière-Barine 54 56 Ff 56
39330 Pagnoz 39 107 Fe 67
55140 Pagny-la-Blanche-Côte 55 75 Fe 57
21250 Pagny-la-Ville 21 106 Fb 66
21250 Pagny-le-Château 21 106 Fb 66
57420 Pagny-lès-Goin 57 56 Gb 55
55190 Pagny-sur-Meuse 55 55 Fe 56
54530 Pagny-sur-Moselle 54 56 Ga 55
64120 Pagolle 64 161 Za 89
15100 Pagros 15 140 Da 78
34210 Paguignan 34 166 Cf 88
65240 Pailhac 65 175 Ac 91
07410 Pailharès 07 142 Ed 78
15800 Pailherols 15 139 Ce 79
09130 Pailhès 09 164 Bc 90
34490 Pailhès 34 167 Db 88
63840 Paillange 63 129 Df 76
60120 Paillart 60 39 Cb 50
31160 Paillas 31 176 Af 90
46230 Paillas 46 150 Bd 83
63990 Paillat 63 129 De 75
17470 Paillé 17 111 Zd 73
59295 Paillencourt 59 30 Db 47
33550 Paillet, la 33 135 Zd 80
26120 Paillette, la 26 143 Fa 79
26220 Paillette, la 26 143 Fa 82
23340 Paillier 23 126 Ca 74
15140 Pailliez 15 139 Cd 77
82290 Paillole, la 82 150 Bb 84
47440 Pailloles 47 136 Ad 82
89140 Pailly 89 72 Db 58
01170 Pailly, le 01 120 Ga 70
44320 Paimbœuf 44 81 Xf 65
22500 Paimpol = Pempoull 22 63 Wf 56
35380 Paimpont 35 65 Xe 60
85540 Pain, le 85 109 Yd 69
21360 Painblanc 21 105 Ed 66
50540 Pain d'Avaine 50 66 Ye 57
88420 Pair, le 88 77 Gf 58
88100 Paire, le 88 77 Gf 59
88100 Pair-et-Grandrupt 88 77 Ha 59
68370 Pairis 68 77 Ha 60
89740 Paisson 89 90 Eb 61
14114 Paisty-Vert, le 14 47 Zc 52
10160 Paisy-Cosdon 10 73 De 59
79170 Paizay-le-Chapt 79 111 Ze 72
86300 Paizay-le-Sec 86 112 Ae 69
79500 Paizay-le-Tort 79 111 Zf 71
16240 Paizay-Naudouin-Embourie 16 111 Zf 72
38260 Pajay 38 131 Fa 76
AD400 Pal ◘ AND 177 Bc 93
09100 Pal, le 09 164 Bc 90
48140 Paladines 48 140 Db 79
38850 Paladru 38 131 Fd 76
11330 Palairac 11 179 Cd 91
56360 Palais, le 56 80 Wf 64
11220 Palais, les 11 166 Cd 90
42660 Palais, les 42 130 Ec 76
91120 Palaiseau 91 51 Cb 56
52600 Palaiseul 52 92 Fc 62
87410 Palais-sur-Vienne 87 125 Bb 73
11570 Palaja 11 166 Cc 89
31220 Palaminy 31 164 Ba 89
25440 Palantine 25 107 Ff 66
20226 Palasca CTC 180 Ka 93
66340 Palau-de-Cerdagne 66 178 Bf 94
66690 Palau-del-Vidre 66 179 Cf 93
34250 Palavas-les-Flots 34 168 Df 87
20137 Palavèsa CTC 185 Kb 99
12500 Palays 12 139 Ce 81
19190 Palazinges 19 126 Be 78
60350 Palesne 60 39 Cf 53
77710 Paley 77 72 Cf 59
24420 Paleyrac 24 125 Af 77
24480 Paleyrac 24 137 Af 80
48800 Palhère 48 154 Df 82
48100 Palhers 48 140 Db 81
71430 Palinges 71 117 Eb 69
10190 Pâlis 10 73 De 59
25870 Palise 25 93 Ga 64
19160 Palisse 19 126 Cb 76
07510 Palisse, la 07 141 Ea 80
12480 Palisse, la 12 152 Cd 84
19160 Palisse-Haut 19 126 Ca 76
24600 Palisses 24 124 Ab 77
24420 Palissoux, les 24 125 Af 77
19290 Pallacœur 19 126 Ca 74
63550 Palladuc 63 116 Dd 73
32230 Pallanne 32 163 Ab 87
40430 Pallas 40 147 Zd 83
85580 Palle, la 85 109 Yd 70
71350 Palleau 71 106 Fa 67
88330 Pallegney 88 76 Gc 59
44330 Pallet, le 44 97 Yd 66
81700 Palleville 81 165 Bf 87
17000 Pallice, la 17 109 Ye 72
53140 Pallu, la 53 67 Ze 57
85670 Palluau 85 97 Yc 68
16390 Palluaud 16 124 Ab 76
36500 Palluau-sur-Indre 36 101 Bb 67
72450 Pallud 74 120 Gc 71
16130 Pallue, la 16 123 Ze 75
62860 Palluel 62 30 Da 47
85110 Pally, le 85 97 Yf 68
12310 Palmas 12 152 Cf 82
12310* Palmas d'Aveyron 12 152 Cf 82
11480 Palme, la 11 179 Cf 91
17570 Palmyre, la 17 122 Ye 74
20114 Palneca CTC 183 Kb 97
42890 Palogneux 42 129 Df 74
33290 Paloumey 33 134 Zc 79
17420 palud, la 17 122 Yf 75
38530 Palud, la 38 132 Ff 76
29750 Palud-du-Cosquer 29 78 Ve 62
13210 Paludes, les 13 155 Ef 86
13550 Paluds-de-Noves 13 155 Ef 86
04120 Palud-sur-Verdon, la 04 157 Gc 86
29160 Palue, la 29 61 Vc 59
76450 Paluel 76 36 Ad 50
77830 Pamfou 77 72 Cf 58
09100 Pamiers 09 165 Bd 90
81190 Pampelonne 81 151 Cb 84
79220 Pamplie 79 111 Zd 69
79800 Pamproux 79 111 Zf 70
05330 Pananches, les 05 145 Gd 79
24420 Panassac 24 125 Af 77
32140 Panassac 32 163 Ad 88
12330 Panat 12 151 Cc 82
87350 Panazol 87 125 Bb 73
35320 Pancé 35 82 Yc 61
52230 Pancey 52 75 Fb 58
20251 Pancheraccia CTC 183 Kc 95
19150 Pandrignes 19 126 Bf 77
79190 Panessac 79 111 Ab 72
22810 Panfourby 22 63 Wd 57
57530 Pange 57 56 Gc 54
21540 Panges 21 91 Ee 64
86510 Panièvre 86 111 Ab 71
27510 Panilleuse 27 50 Bd 54
38730 Panissage 38 131 Fc 76
71330 Panissière 71 106 Fb 68
42360 Panissières 42 129 Ec 74
32110 Panjas 32 148 Zf 86
27320 Panlatte 27 49 Ba 56
44440 Pannecé 44 82 Ye 64
45300 Pannecières 45 71 Ca 59
58290 Pannecot 58 104 De 67
45700 Pannes 45 71 Ce 60
54470 Pannes 54 56 Fe 55
39570 Pannessières 39 107 Fd 68
72600 Panon 72 68 Ab 58
38460 Panossas 38 131 Fb 74
48600 Panouse, la 48 141 Dd 80
20170 Pantano CTC 185 Ka 98
86120 Panthenay 86 99 Aa 66
93500 Pantin 93 51 Cc 55
37220 Panzoult 37 99 Ac 66
22300 Papelissier 26 143 Fa 78
35340 Papillon 35 66 Yc 59
02260 Papleux 02 41 Df 48
03120 Papon 03 116 Dd 71
44360 Pâquelais, la 44 82 Yb 64
38650 Paquier 38 144 Fe 79
65700 Parabère 65 162 Aa 88
23460 Parade, la 23 114 Bf 73
17510 Paradis 17 111 Ze 73
64130 Paradis 64 161 Zb 89
13129 Paradis, le 13 169 Ed 88
16460 Paradis, le 16 112 Ab 73
22200 Paradis, le 22 63 Wf 57
54980 Paradis, le 54 56 Ff 53
62136 Paradis, le 62 29 Cd 45
13520 Paradou 13 169 Ee 86
82110 Paradou 82 149 Bb 83
82000 Parages 82 150 Bc 85
11500 Parahou-Grand 11 178 Cc 91
58240 Paraise 58 103 Da 68
35100 Paramé 35 65 Ya 57
59164 Parapette, la 59 31 Ea 47
20160 Parapoggio CTC 182 Ie 96
20160 Parapoghju = Parapoggio CTC 182 Ie 96
18220 Parassy 18 102 Cd 65
20229 Parata CTC 183 Kc 94
20240 Parata CTC 183 Kb 97
78660 Paray-Douaville 78 70 Bf 50
03230 Paray-le-Frésil 03 101 Dd 69
71600 Paray-le-Monial 71 117 Ea 70
31470 Parayre 31 164 Ba 88
03500 Paray-sous-Briailles 03 116 Dc 71
91550 Paray-Vieille-Poste 91 51 Cc 56
11200 Paraza 11 166 Ce 89
23700 Parazeix 23 115 Cd 73
27220 Parc, le 27 50 Bb 55
49270 Parc, le 49 82 Ye 65
50870 Parc, le 50 46 Ye 56
58230 Parc, le 58 104 Ea 65
59190 Parc, le 59 29 Cd 44
86600 Parc, le 86 111 Aa 70
41400 Parçay 41 86 Ba 65
49390 Parçay-les-Pins 49 84 Aa 64
37210 Parçay-Meslay 37 85 Ae 64
37220 Parçay-sur-Vienne 37 100 Ac 66
76210 Parc d'Anxot 76 36 Ac 51
40420 Parc-de-Poussade 40 147 Zc 84
35210 Parcé 35 66 Ye 59
56400 Parc-er-Menarch 56 80 Xa 62
72300 Parcé-sur-Sarthe 72 84 Ze 61
39100 Parcey 39 106 Fc 66
01600 Parcieux 01 118 Ee 73
29500 Parc-Land 29 78 Vf 60
24410 Parcoul-Chenaud 24 123 Aa 77
62770 Parcq, le 62 29 Ca 46
02210 Parcy-Tigny 02 52 Db 53
34360 Pardailhan 34 166 Cf 88
47120 Pardaillan 47 136 Ab 81
23260 Pardanaud 23 127 Cb 73
32410 Pardeilhan 32 148 Ac 85
32800 Pardeillan 32 148 Aa 85
63380 Pardellières, les 63 127 Cd 74
03370 Pardeus 03 115 Cc 70
64150 Pardies 64 161 Zc 88
64800 Pardies-Piétat 64 162 Ze 89
63270 Pardines 63 128 Db 75
63500 Pardines 63 128 Db 75
65100 Paréac 65 162 Aa 90
28200 Pareau 28 70 Bc 60
85470 Parée, la 85 96 Ya 69
55160 Pareid 55 55 Fe 54
33290 Parempuyre 33 135 Zc 79
72530 Parence 72 68 Ab 60
72140 Parennes 72 67 Ze 60
63270 Parent 63 128 Db 75
63500 Parentignat 63 128 Db 75
40090 Parentis-de-Uchacq 40 147 Zc 85
40160 Parentis-en-Born 40 146 Yf 82
62650 Parenty 62 28 Be 45
51700 Pareuil 51 53 De 54
54330 Parey-Saint-Césaire 54 76 Ga 57
88800 Parey-sous-Montfort 88 76 Ff 59
17150 Parfaite, la 17 122 Zb 76
02360 Parfondeval 02 41 Ea 50
60570 Parfondeval 60 51 Ca 53
61400 Parfondeval 61 68 Ad 58
02840 Parfondru 02 40 De 51
55400 Parfondrupt 55 55 Fc 54
14240 Parfouru-L'Eclin 14 34 Zb 54
14310 Parfouru-sur-Odon 14 34 Zc 54
12220 Pargasan 12 138 Ca 82
02160 Pargnan 02 40 De 52
63120 Pargnien 63 128 Dd 74
88350 Pargni-sous-Mureau 88 75 Fd 58
80190 Pargny 80 39 Cf 50
02330 Pargny-la-Dhuis 02 53 Dd 55
02270 Pargny-les-Bois 02 40 Dd 50
51390 Pargny-lès-Reims 51 53 Df 53
08300 Pargny-Resson 08 41 Ec 51
51340 Pargny-sur-Saulx 51 54 Ef 56
10210 Pargues 10 73 Eb 60
88210 Parière, la 88 77 Ha 58
30730 Parignargues 30 154 Eb 85
35133 Parigné 35 66 Ye 58
72330 Parigné-le-Pôlin 72 84 Aa 61
72250 Parigné-L'Évêque 72 85 Ac 61
53100 Parigné-sur-Braye 53 67 Zc 59
42120 Parigny 42 117 Ea 73
50600 Parigny 50 66 Yf 57
58200 Parigny 58 89 Da 64
86130 Parigny 86 99 Ac 68
58210 Parigny-la-Rose 58 89 Dc 65
58320 Parigny-les-Vaux 58 103 Da 66
12370 Parinet 12 152 Ce 85
31360 Paris 31 164 Af 89
64330 Paris 64 162 Ze 88
75001* Paris 75 51 Cc 55
71150 Paris-L'Hôpital 71 105 Ed 67
47210 Parisot 47 136 Ae 81
81310 Parisot 81 151 Be 86
82160 Parisot 82 151 Bf 83
15290 Parlan 15 139 Cb 80
26120 Parlanges 26 143 Ef 79
34520 Parlatges 34 153 Dc 86
40310 Parleboscq 40 148 Aa 85
89240 Parly 89 89 Dc 62
95620 Parmain 95 51 Ca 54
38390 Parmilieu 38 131 Fc 73
36170 Parnac 36 113 Bc 70
46140 Parnac 46 137 Bb 82
26750 Parnans 26 143 Fa 78
18130 Parnay 18 102 Cd 67
49730 Parnay 49 99 Zf 65
60240 Parnes 60 50 Be 53
53260 Parné-sur-Roc 53 67 Zb 60
52400 Parnot 52 75 Fd 60
55300 Paroches, les 55 55 Fd 55
55120 Parois 55 55 Fa 54
89100 Paron 89 72 Db 59
33840 Paropy 33 148 Zf 83
25440 Parcy 25 107 Ff 66
58500 Paroy 58 89 Dc 64
77520 Paroy 77 72 Db 58
89210 Paroy-en-Othe 89 73 Dd 60
52300 Paroy-sur-Saulx 52 75 Fb 57
89300 Paroy-sur-Tholon 89 72 Dc 61
40400 Parpaillot 40 147 Zb 85
36210 Parpeçay 36 101 Bd 65
02240 Parpeville 02 40 Dd 50
47210 Parranquet 47 137 Ae 81
46090 Parrayne 46 138 Bd 82
32290 Parre, la 32 162 Aa 86
32300 Parribets 32 163 Ac 88
04200 Parrichaux, les 04 156 Fd 83
77120 Parrichets, les 77 52 Da 56
84220 Parroties 84 156 Fb 85
54370 Parroy 54 57 Gd 56
87130 Parsac 87 126 Be 74
23140 Parsac-Rimondeix 23 114 Ca 71
63380 Parsange 63 127 Cd 73
10330 Pars-lès-Chavanges 10 74 Ec 57
10100 Pars-lès-Romilly 10 73 De 58
33840 Parsol 33 147 Ze 83
03600 Part 03 115 Ce 71
79200 Parthenay 79 98 Ze 69
35850 Parthenay-de-Bretagne 35 65 Yb 59
79200 Parthenay-le-Vieux 79 98 Ze 69
20200 Partine CTC 181 Kc 92
20147 Partinello CTC 182 Ie 95
07690 Parts 07 130 Ed 77
54480 Parux 54 77 Gf 57
01300 Parves et 01 131 Fe 74
27180 Parville 27 49 Ba 54
80700 Parvillers 80 39 Ce 50
16450 Parzac 16 112 Ac 73
12510 Pas, le 12 151 Cc 82
22800 Pas, le 22 64 Xa 58
50170 Pas, le 50 66 Yd 57
53300 Pas, le 53 67 Zb 58
35610 Pas-au-Bœuf, le 35 66 Yc 57
56120 Pas-aux-Biches, le 56 64 Xc 60
43200 Pascal 43 141 Ea 78
34650 Pascals, les 34 167 Db 86
05400 Pascaux, les 05 144 Fe 81
20137 Pasciallelo CTC 185 Kb 99
33860 Pas-de-Bert, le 33 123 Zd 77
17210 Pas-de-Bussac, le 17 123 Zd 77
79100 Pas-de-Jeu 79 99 Zf 67
06220 Pas-des Champs, le 06 100 Ad 67
13700 Pas-des-Lanciers 13 170 Fb 88
33820 Pas-d'Ozelle, le 33 122 Zc 77
83250 Pas-du-Cerf 83 172 Gb 89
11390 Pas-du-Rieu 11 166 Cb 88
62760 Pas-en-Artois 62 29 Cc 48
35610 Pasgérault, la 35 65 Yc 57
89310 Pasilly 89 90 Ea 62
63290 Paslières 63 116 Dc 73
02200 Pasly 02 40 Db 52
58430 Pasquelins, les 58 104 Ea 66
21370 Pasques 21 91 Ef 64
05350 Pasquier, le 05 145 Ge 80
39300 Pasquier, le 39 107 Ff 68
29470 Passage 29 62 Vd 58
38490 Passage, le 38 131 Fd 75
35430 Passagère, la 35 65 Xf 57
61290 Pas-Saint-L'Homer, le 61 69 Af 58
79290 Passais 79 99 Ze 66
61350 Passais la Conception 61 67 Zb 57
61350 Passais Villages 61 66 Zb 57
66300 Passa-Llauro-Tordères 66 179 Ce 93
12400 Passaret 12 152 Cf 85
25360 Passavant 25 93 Gc 65
51800 Passavant-en-Argonne 51 55 Fa 54
70210 Passavant-la-Rochère 70 76 Ga 61
49560 Passavant-sur-Layon 49 98 Zd 66
44118 Passay 44 97 Yc 66
36170 Passebonneau 36 113 Bc 70
60400 Passel 60 39 Cf 51
39230 Passenans 39 107 Fd 68
07800 Passevite 07 142 Ee 79
17520 Passignac 17 123 Ze 76
01260 Passin 01 119 Fe 73
38510 Passins, Arandon- 38 131 Fc 74
16480 Passirac 16 123 Zf 76
25690 Passonfontaine 25 108 Gc 66
71220 Passy 71 117 Ed 69
74190 Passy 74 121 Ge 73
77620 Passy 77 72 Cf 59
89510 Passy 89 72 Db 60
02470 Passy-en-Valois 02 52 Db 53
51700 Passy-Grigny 51 53 De 54
58400 Passy-les-Tours 58 103 Da 65
02850 Passy-sur-Marne 02 53 Dd 54
77480 Passy-sur-Seine 77 72 Dc 58
20100 Pastina CTC 184 If 99
20287 Pastina CTC 181 Kc 91
20235 Pastoreccia CTC 181 Kb 94
31540 Pastourié, la 31 165 Bf 88
20121 Pastricciola CTC 182 If 96
81190 Pastrié, la 81 151 Ca 84
46090 Pasturat 46 138 Bd 82
46500 Patan 46 138 Be 79
45310 Patay 45 70 Be 60
45130 Pater, le 45 87 Bd 61
18320 Patinges 18 103 Cf 66
44116 Pâtis 44 97 Yd 66
72430 Pâtis 72 84 Zf 61
53270 Pâtis, le 53 67 Zd 60
39130 Patornay 39 107 Fe 69
47290 Patots 47 136 Ad 81
16170 Patreville 16 123 Zf 73
61420 Patrie, la 61 67 Zf 58
20253 Patrimonio CTC 181 Kc 92
76550 Patteville 76 37 Ba 49
40090 Patton 40 147 Zc 85
13123 Paty-de-la-Trinité, le 13 169 Ec 87
64000 Pau 64 162 Zd 89
45200 Paucourt 45 72 Ce 60
36260 Paudy 36 102 Bf 66
12170 Pauget, le 12 151 Cd 85
63410 Paugnat 63 115 Cf 73
32500 Pauilhac 32 149 Ad 85
24250 Paulliac 24 137 Ba 80
33250 Pauillac 33 122 Zb 77

A B C D E F G H I J K L M N O P Q R S T U V W X Y Z

15230 Paulbagol 15 139 Cf 79
22340 Paule 22 63 Wd 59
15110 Paulhac 15 140 Da 79
15430 Paulhac 15 140 Cf 78
23290 Paulhac 23 113 Bd 72
31380 Paulhac 31 150 Bd 84
48500 Paulhac 48 153 Db 82
48140 Paulhac-en-Margeride 48 140 Dc 79
43230 Paulhaguet 43 128 Dd 77
34230 Paulhan 34 167 Dc 87
12520 Paulhe 12 152 Da 84
81360 Paulhe 81 166 Cc 86
15230 Paulhenc 15 139 Ce 79
12120 Paulhe-Rouby 12 152 Ce 83
47150 Paulhiac 47 137 Ae 81
24450 Pauliac 24 125 Af 75
24590 Paulin 24 137 Bc 78
33720 Paulin 33 135 Zd 81
81250 Paulin 81 151 Cc 85
81500 Paulin 81 165 Be 87
81250 Paulinet 81 151 Cc 85
37350 Paulmy 37 100 Af 67
36290 Paulnay 36 100 Ba 67
04200 Paulons, les 04 157 Ff 84
76360 Paulu, le 76 37 Af 51
44270 Paulx 44 96 Yb 67
24600 Pauly, le 24 124 Ab 77
23100 Paumet, le 23 126 Cb 74
24510 Paunat 24 137 Af 79
81430 Pause, la 81 151 Cc 85
24310 Paussac-et-Saint-Vivien 24
124 Ad 76
52270 Pautaines-Augeville 52 75 Fb 58
38520 Paute, la 38 144 Ff 78
44320 Pauvredrie, la 44 96 Xf 65
08310 Pauvres 08 41 Ec 52
07110 Pauzes, les 07 141 Ea 81
50210 Pavage, le 50 46 Yd 54
63630 Pavagnat 63 129 Dd 76
84260 Pavane 84 155 Ef 84
02310 Pavant 02 52 Db 55
66700 Pave, la 66 179 Cf 93
45340 Pavé-de-Juranville, le 45 71 Cc 60
50200 Pavement, le 50 46 Yd 54
42410 Pavezin 42 130 Ee 76
32550 Pavie 32 163 Ad 87
43300 Pavillon, le 43 140 Dc 78
10350 Pavillon-Sainte-Julie, le 10 73 Df 58
76570 Pavilly 76 37 Af 51
44750 Paviotais, la 44 81 Ya 64
37110 Pavot, le 37 86 Ba 63
40390 Pay, le 40 160 Yd 87
44190 Pay, le 44 97 Yd 66
26410 Payats, les 26 143 Fc 80
33730 Paygros 33 147 Zd 82
10600 Payns 10 73 Df 58
46350 Payrac 46 138 Bc 80
11410 Payra-sur-l'Hers 11 165 Bf 89
86700 Payré 86 111 Ab 70
85240 Payré-sur-Vendée 85 110 Zb 69
46300 Payrignac 46 137 Bc 80
81660 Payrin-Augmontel 81 166 Cc 87
40320 Payros-Cazautets 40 162 Zd 87
86350 Payroux 86 112 Ac 71
24170 Pays de Belvès 24 137 Ba 80
25340 Pays-de-Clerval 25 94 Gc 64
31510 Payssous 31 176 Ae 90
07230 Payzac 07 154 Ea 82
24270 Payzac 24 125 Bb 76
07140 Pazanan 07 154 Eb 82
87110 Pazat 87 125 Bb 74
24120 Pazayac 24 137 Bc 78
11350 Paziols 11 179 Ce 91
58800 Pazy 58 104 Dd 65
03510 Péage, le 03 117 Df 70
26400 Péage, le 26 143 Ef 81
28170 Péage, le 28 70 Bc 57
38780 Péage-de-Oytier 38 130 Fa 75
38550 Péage-de-Roussillon, le 38
130 Ee 76
38220 Péage-de-Vizille, le 38 144 Fe 78
63980 Péagier 63 128 Dd 75
63610 Péalat 63 127 Cf 76
51120 Péas 51 53 De 56
32330 Péatgé 32 148 Ab 85
07340 Peaugres 07 130 Ee 77
56130 Péaule 56 81 Xd 63
85320 Péault 85 109 Ye 69
32130 Pébées 32 164 Ba 88
43300 Pébrac 43 140 Dd 78
31320 Péchabuou 31 164 Bd 87
47800 Péchalbet 47 136 Ac 81
11420 Pécharic-et-le-Py 11 165 Be 89
81470 Péchaudier 81 165 Bf 87
46310 Pechaulejal 46 137 Bc 81
46150 Pêchaurié 46 137 Bb 81
47360 Pech-Bardat 47 149 Ad 83
82160 Pech-Bernou 82 151 Bf 83
31140 Pechbonnieu 31 164 Bc 86
24220 Pechboutier 24 137 Ba 79
31320 Pechbusque 31 164 Bc 87
82300 Pech-del-Barry 82 150 Bd 84
36200 Pêchereau, le 36 101 Bd 69
41130 Pêcherie, la 41 87 Be 65
49140 Pechevêque 49 83 Zd 63
40320 Péchevin 40 162 Zd 87
46500 Pech-Farrat 46 138 Be 80
46220 Pech-Gris 46 137 Bb 81
82160 Pech-Laumet 82 151 Bf 83
11420 Pech-Luna 11 165 Bf 89
33113 Pechon 33 147 Zd 82
47500 Pech-Peyrou 47 137 Af 81
46170 Pechpeyroux 46 150 Bb 82
24250 Pechpialat 24 137 Bb 80
11100 Pech-Redon 11 167 Da 90
47290 Pech-Redon 47 136 Ae 81
11430 Pech-Rouge, le 11 167 Da 90
46360 Pechs du Vers, les 46 138 Bd 81
28150 Péclainville 28 70 Be 58
73440 Peclet 73 133 Gd 77
78110 Peco, le 78 51 Ca 55
26800 Pécolets, les 26 142 Ef 80
40320 Pécorade 40 162 Zd 87
59146 Pecquencourt 59 30 Db 46
91470 Pecqueuse 91 51 Ca 57
20250 Pecurellu CTC 183 Kb 95
77970 Pécy 77 52 Da 57
20218 Pedano CTC 181 Ka 93
64260 Pé-de-Hourat 64 162 Zd 90
40270 Pédelord 40 147 Zc 86
22540 Pédernec 22 63 We 57
64260 Pédestarrès 64 162 Zd 90
20218 Pedigrisgiu = Piedigriggio CTC
181 Kb 94
20167 Pedi Morella CTC 182 If 97
20229 Pedipartinu = Piedipartino CTC
183 Kc 94
20240 Pedi Querciu CTC 183 Kc 97
20270 Pedi Vassalu CTC 183 Kc 96
78550 Pedrauville 78 50 Be 56
64220 Pedro 64 174 Yf 90
32420 Pé-du-Bosc 32 163 Ad 88
34380 Pégairolles-de-Buèges 34 153 Dd 86
34700 Pégairolles-de-L'Escalette 34
153 Db 86
85270 Pège, la 85 96 Xf 68
63630 Pégoire 63 128 Dd 76
06580 Pégomas 06 173 Gf 87
13124 Pégoulières, les 13 170 Fd 88
26770 Pègue, le 26 155 Fa 82
36360 Peguets, les 36 101 Bc 65
31350 Péguilhan 31 163 Ae 89
33620 Péguille, la 33 135 Zd 78
22190 Peignard 22 64 Xb 57
44370 Peignerie, la 44 83 Za 64
61700 Peignerie, la 61 47 Zb 56
52200 Peigney 52 92 Fc 61
83120 Peigros 83 172 Gd 88
56220 Peillac 56 81 Xe 62
06440 Peille 06 159 Hc 86
06440 Peillon 06 159 Hc 86
74250 Peillonnex 74 120 Gc 72
04330 Peine, la 04 157 Gc 84
05470 Peinin 05 145 Gf 80
33990 Peintre 33 134 Yf 78
39290 Peintre 39 106 Fc 65
33230 Peintures, les 33 135 Zf 78
04200 Peipin 04 157 Ff 84
06440 Peïra-Cava 06 159 Hc 85
87120 Peireix 87 125 Bb 74
73210 Peisey-Nancroix 73 133 Ge 75
47190 Péjouans 47 148 Aa 83
47160 Péjouant 47 148 Ab 83
46090 Pélacoy 46 138 Bc 81
09300 Pelail 09 177 Bf 91
73150 Pelaou Blanc 73 133 Gf 76
06450 Pélasque 06 159 Hb 85
31350 Pélechenne 31 164 Bc 89
85370 Pelées, les 85 110 Za 70
40090 Pelegarie 40 147 Zc 85
10500 Pel-et-Der 10 74 Ec 58
33480 Pelin 33 134 Zb 78
40400 Pelin 40 147 Zb 86
43200 Pelinac 43 141 Eb 78
32330 Pelinguette, la 32 148 Ab 85
40260 Péliou 40 146 Yf 85
13330 Pélissanne 13 170 Fa 87
46230 Pelissié 46 150 Bd 83
24100 Pelissous 24 136 Ad 79
38970 Pellafol 38 144 Ff 80
46700 Pellatou 46 149 Ba 82
29710 Pellay 29 78 Vd 60
05000 Pelleautier 05 144 Ga 81
32500 Pellebit 32 148 Ad 85
32420 Pellefigue 32 163 Ae 88
86350 Pellegrin 86 112 Ac 71
33790 Pellegrue 33 135 Aa 80
31480 Pelleport 31 164 Ba 86
26560 Pelleret 26 156 Fd 83
21440 Pellerey 21 91 Ee 63
44640 Pellerin, le 44 96 Yb 65
49490 Pellerine, la 49 84 Aa 64
53220 Pellerine, la 53 66 Yf 59
38440 Pellet 38 131 Fb 76
76590 Pelletot 76 37 Ba 50
36180 Pellevoisin 36 101 Bc 67
49112 Pellouailles-les-Vignes 49 84 Zd 63
26510 Pelonne 26 156 Fc 82
40200 Pelouche 40 146 Ye 83
48000 Pelouse 48 141 Dd 81
25170 Pelousey 25 93 Ff 65
57245 Peltre 57 56 Gb 54
35270 Peltrie, la 35 65 Ya 58
01560 Pelus, les 01 118 Fa 70
42410 Pélussin 42 130 Ee 76
62118 Pelves 62 30 Cf 47
24290 Pelvési 24 137 Bb 79
05340 Pelvoux 05 145 Gc 79
40800 Pémau 40 162 Zd 86
22500 Pempoull = Paimpol 22 63 Wf 56
29290 Pen-an-Dreff 29 61 Vc 58
29160 Pen-an-Ero 29 61 Vd 59
29900 Penanguer 29 78 Wa 61
22540 Pen-an-Stang 22 63 We 57
29410 Penarhoat 29 62 Vf 57
29460 Pen-ar-Hoat-ar-Garne 29 62 Vf 58
29550 Pen-ar-Prat 29 78 Vf 59
29450 Pen-ar-Valy 29 62 Vf 58
47180 Penaud 47 136 Aa 81
15110 Penaveyre 15 140 Cf 80
44410 Pen-Bé 44 81 Xd 64
77124 Penchard 77 52 Cf 55
29800 Pencran 29 62 Ve 58
80230 Pendé 80 28 Bd 48
48800 Penderie, la 48 141 Df 81
29770 Pendreff 29 61 Vb 60
03120 Pendries, les 03 116 Dd 71
29910 Pendruc 29 78 Wa 61
81800 Pendut, le 81 150 Be 86
56750 Pénerf 56 80 Xc 63
56760 Pénestin 56 81 Xd 64
56160 Pénéty, le 56 79 We 61
29140 Penfrat 29 78 Wb 61
29420 Penfrat 29 62 Wa 57
33710 Pengeais 33 135 Zc 78
29880 Pengouvern 29 61 Vd 57
22510 Penguily 22 64 Xd 58
29770 Penharn 29 61 Vc 60
22860 Penhoat 22 63 Wf 56
29180 Penhoat 29 78 Ve 60
29670 Penhoat 29 62 Wa 57
29400 Penhoat-Huon 29 62 Wa 58
29710 Penhors 29 78 Vd 61
56340 Penhouet 56 79 Wf 63
56580 Penhouët 56 64 Xb 60
56800 Penhouët 56 64 Xd 61
56300 Penhouët-Maro 56 79 Xa 60
43260 Pénide, la 43 141 Ea 78
62127 Penin 62 29 Cc 47
64560 Penin 64 174 Za 90
50440 Pénitot 50 33 Yb 51
29530 Pénity-Saint-Laurent 29 63 Wb 59
29260 Penlan 29 62 Vd 57
22810 Pen-lan-Steunou 22 63 Wd 58
76630 Penly 76 37 Bb 49
56570 Pen-Mané 56 79 Wd 62
29760 Penmarc'h 29 78 Vd 62
56500 Penmene 56 80 Xa 61
29590 Pennaguer 29 62 Ve 59
29530 Pennalann-Méros 29 62 Wb 59
29530 Pennarroz 29 62 Wb 59
29690 Penn-ar-Voaz 29 63 Wb 59
11610 Pennautier 11 166 Cb 89
81140 Penne 81 150 Be 84
06260 Penne, la 06 158 Gf 85
47140 Penne-d'Agenais 47 149 Ae 82
14600 Pennedepie 14 35 Ab 52
70190 Pennesières 70 93 Ga 64
26340 Pennes-le-Sec 26 143 Fb 81
13170 Pennes-Mirabeau, les 13 170 Fb 88
13821 Penne-sur-Huveaune, la 13
170 Fd 89
56110 Pennhoat-Bever 56 79 Wc 60
38260 Penol 38 131 Fb 76
40510 Penon, le 40 160 Yd 86
73340 Penon, le 73 132 Ga 75
47250 Penot 47 135 Aa 82
56850 Penprat 56 79 Wd 62
22420 Penquer 22 63 Wd 57
29560 Penquer 29 62 Vd 59
29530 Penquer-Loïs 29 62 Wb 59
56650 Penquesten 56 80 We 61
18360 Penserole 18 115 Cd 69
58230 Pensière 58 105 Eb 65
87440 Pensol 87 124 Ae 75
20290 Penta-Acquatella CTC 181 Kc 94
20213 Penta-di-Casinca CTC 181 Kc 94
18370 Penteloup 18 102 Cb 69
12120 Pentezac 12 152 Cd 83
56510 Penthièvre 56 79 Wf 63
29860 Pentreff 29 62 Vd 57
29550 Pentrez-Plage 29 62 Ve 59
22710 Penvénan 22 63 We 56
22560 Penvern 22 63 Wc 56
29410 Penvern 29 62 Wa 57
56370 Penvis 56 80 Xb 63
16190 Pény 16 124 Ab 76
29420 Penzé 29 62 Wa 57
06470 Péone 06 158 Gf 84
11700 Pépieux 11 166 Ce 89
17360 Pépin 17 135 Zf 78
20246 Peraldu CTC 181 Kb 92
36160 Pérassay 36 114 Ca 70
16480 Pérat, le 16 123 Zf 77
72260 Peray 72 68 Ac 59
82710 Pérayrols 82 150 Bb 85
81660 Perboles 81 166 Cc 87
86190 Percerie, la 86 99 Aa 69
89360 Percey 89 73 De 61
70600 Percey-le-Grand 70 92 Fc 63
52250 Percey-le-Pautel 52 92 Fb 62
52190 Percey-sous-Montormentier 52
92 Fc 63
95450 Perchay, le 95 50 Bf 54
18200 Perche, la 18 102 Cd 69
32460 Perchède 32 147 Zf 86
61340 Perche en Nocé 61 69 Ae 58
38930 Percy 38 144 Fd 80
14270 Percy-en-Auge 14 48 Zf 54
50410 Percy-en-Normandie 50 46 Ye 55
78200 Perdreauville 78 50 Bd 55
76680 Perduville 76 37 Bc 50
17700 Péré 17 110 Zb 72
40500 Péré 40 147 Zc 86
79360 Péré 79 111 Zd 71
83170 Pérégrinage 83 171 Ga 88
09300 Péreille 09 177 Be 91
20234 Perelli CTC 183 Kc 95
56270 Pérello 56 79 Wd 62
59840 Pérenchies 59 30 Cf 44
60420 Pérennes 60 39 Cd 51
56240 Perenno, les 56 80 We 61
34800 Péret 34 167 Dc 87
43500 Péret 43 129 Df 76
19300 Péret-Bel-Air 19 126 Ca 76
16250 Péreuil 16 123 Zf 76
65350 Péreuilh 65 163 Ab 89
07450 Péreyres 07 141 Eb 80
32700 Pergain-Taillac 32 149 Ad 84
50260 Pergues 50 33 Yc 52
29950 Perguet, le 29 78 Vf 61
20167 Peri CTC 182 If 96
40400 Perichon 40 146 Za 85
42110 Périchons, les 42 129 Ea 74
24400 Périer, le 24 136 Ab 70
38740 Périer, le 38 144 Ff 79
50190 Périers 50 33 Yd 53
14112 Périers-sur-le-Dan 14 47 Zd 53
48500 Périeyres 48 153 Db 82
16250 Pérignac 16 123 Aa 76
17800 Pérignac 17 123 Zd 75
47360 Pérignac 47 149 Ad 82
63690 Pérignat 63 127 Cd 75
63170 Pérignat-lès-Sarliève 63 128 Da 74
63800 Pérignat-sur-Allier 63 128 Db 74
79170 Périgné 79 111 Ze 71
42380 Périgneux 42 129 Ea 76
03120 Périgny 03 116 Dd 71
14770 Périgny 14 47 Zc 55
17180 Périgny 17 110 Yf 72
41100 Périgny 41 86 Ba 62
89420 Périgny 89 90 Ea 63
94520 Périgny 94 51 Cd 56
10400 Périgny-la-Rose 10 73 Dd 57
48210 Périgouse, la 48 153 Dc 82
24000 Périgueux 24 136 Ae 77
33240 Périssac 33 135 Ze 78
02160 Perles 02 40 Dd 53
46170 Pern 46 150 Bc 83
21420 Pernand-Vergelesses 21 106 Ef 66
02200 Pernant 02 40 Db 52
37230 Pernay 37 85 Ac 64
50630 Pernelle, la 50 34 Ye 51
62550 Pernes 62 29 Cc 46
84210 Pernes-les-Fontaines 84 155 Fa 85
62126 Pernes-lez-Boulogne 62 26 Be 44
80670 Pernois 80 29 Cb 48
44780 Perny 44 81 Xf 63
20230 Pero-Casevecchie CTC 181 Kc 94
63470 Pérol 63 127 Ce 74
20100 Pero Longo CTC 184 If 99
34470 Pérols 34 168 Df 87
19170 Pérols-sur-Vézère 19 126 Bf 75
01630 Péron 01 119 Ff 71
01960 Péronnas 01 118 Fb 71
71260 Péronne 71 118 Ee 70
80200 Péronne 80 39 Cf 49
59273 Péronne-en-Mélantois 59 30 Db 45
18210 Pérons, les 18 103 Ce 68
28140 Péronville 28 70 Bd 60
01800 Pérouges 01 118 Fb 73
36350 Pérouille, la 36 101 Bd 68
04000 Pérouré, le 04 157 Gb 83
90160 Pérouse 90 94 Gf 63
17240 Péroutière, la 17 122 Zc 76
26750 Peroux 26 143 Fa 78
35140 Perouzel 35 66 Yd 59
60440 Péroy-les-Gombries 60 52 Cf 54
19310 Perpezac-le-Blanc 19 125 Bc 77
19410 Perpezac-le-Noir 19 125 Bd 77
63210 Perpezat 63 127 Ce 74
66000 Perpignan 66 179 Cf 92
40190 Perquie 40 147 Ze 85
52200 Perrancey-les-Vieux-Moulins 52
92 Fb 61
58110 Perranges 58 104 Dd 66
47250 Perrau, le 47 135 Aa 82
35380 Perray, le 35 65 Xf 60
78610 Perray-en-Yvelines, le 78 50 Bf 56
41190 Perré, le 41 86 Ba 63
71420 Perrecy-les-Forges 71 105 Eb 69
40630 Perrègue 40 147 Zb 84
39150 Perrena, la 39 107 Ga 68
70190 Perrenot, le 70 93 Ff 63
69460 Perréon, le 69D 118 Ed 72
73460 Perrerrette 73 132 Gb 75
37380 Perrés, les 37 85 Ae 64
22570 Perret 22 79 Wf 59
40120 Perret 40 147 Zd 84
84390 Perrets, les 84 156 Fc 84
71510 Perreuil 71 105 Ed 68
89520 Perreuse 89 89 Db 63
42120 Perreux 42 117 Ea 72
89120 Perreux 89 89 Da 61
94170 Perreux-sur-Marne, le 94 51 Cd 55
01540 Perrex 01 118 Ef 71
63490 Perrier 63 128 Dc 75
63500 Perrier 63 128 Db 75
63600 Perrier 63 129 De 75
73340 Perrier 73 132 Ga 74
38710 Perrier, le 38 144 Fe 80
85300 Perrier, le 85 96 Ya 68
38460 Perrière 38 131 Fb 74
45370 Perrière 45 87 Be 61
52800 Perrière, la 52 75 Fb 60
61360 Perrière, la 61 68 Ac 58
73130 Perrière, la 73 132 Gc 76
73600 Perrière, la 73 133 Gd 76
14170 Perrières 14 48 Zf 55
50150 Perriers-en-Beauficel 50 47 Za 56
27170 Perriers-la-Campagne 27 49 Ae 54
27910 Perriers-sur-Andelle 27 37 Bc 52
74550 Perrignier 74 120 Gc 71
39570 Perrigny 39 107 Fd 69
71620 Perrigny 71 106 Fa 68
89000 Perrigny 89 89 Dd 62
21160 Perrigny-lès-Dijon 21 91 Fa 65
89390 Perrigny-sur-Armançon 89 90 Eb 62
21270 Perrigny-sur-L'Ognon 21 92 Fc 65
71160 Perrigny-sur-Loire 71 117 Df 69
50620 Perrine, la 50 46 Yf 53
17310 Perroche, la 17 109 Ye 73
52160 Perrogney-les-Fontaines 52 92 Fb 62
37380 Perroi, le 37 85 Ae 63
31420 Perron 31 164 Af 89
33126 Perron 33 135 Ze 79
36500 Perron 36 101 Bc 68
38142 Perron 38 144 Gb 78
40270 Perron 40 147 Ze 86
50160 Perronl, le 50 47 Za 54
29880 Perros 29 61 Vc 57
56300 Perros 56 79 Wf 60
22700 Perros Gulrec 22 63 Wd 56
84400 Perrotet 84 156 Fb 85
16190 Perrotins, les 16 124 Aa 76
36400 Perrots, les 36 102 Ca 68
33660 Perrotte, la 33 135 Aa 78
61700 Perrou 61 67 Zc 57
70190 Perrouse 70 93 Ga 64
58220 Perroy 58 89 Da 64
28120 Perruches, les 28 69 Bb 59
27910 Perruel 27 37 Bc 52
52240 Perrusse 52 75 Fc 60
37600 Perrusson 37 100 Ba 66
82300 Perry 82 150 Bd 84
12240 Pers 12 151 Cb 82
79190 Pers 79 111 Aa 71
15290 Pers, Le Rouget- 15 139 Cb 79
86320 Persac 86 112 Ae 70
95340 Persan 95 51 Cb 54
45210 Pers-en-Gâtinais 45 72 Cf 60
63260 Persignat 63 116 Db 73
74930 Pers-Jussy 74 120 Gb 72
56160 Persquen 56 79 We 60
58140 Pert 58 104 Df 65
87120 Pert 87 126 Be 74
80320 Pertain 80 39 Cf 50
08300 Perthes 08 41 Ec 52
52100 Perthes 52 54 Ee 57
77930 Perthes 77 71 Cd 58
10500 Perthes-lès-Brienne 10 74 Ed 58
14700 Pertheville-Ners 14 48 Zf 55
66480 Perthus, le 66 179 Cf 94
51210 Perthuy 51 53 Dd 56
35370 Pertre, le 35 66 Yf 60
84120 Pertuis 84 170 Fd 86
37460 Pertuis, le 37 101 Bb 65
43200 Pertuis, le 43 141 Ea 78
71220 Pertuis-Froid, le 71 117 Eb 69
35380 Pertuis-Nanty, le 35 64 Xe 60
20230 Peru è Case Vechje =
Pero-Casevecchie CTC 181 Kc 94
16270 Péruse, la 16 124 Ad 73
86260 Pérusse 86 100 Ae 68
04380 Pérusse, la 04 157 Ga 84
61360 Pervenchères 61 68 Ac 58
15230 Pervilhergues 15 139 Ce 79
82150 Pervillac 82 149 Ba 82
82400 Perville 82 149 Af 83
63410 Péry 63 115 Cf 72
33180 Pes 33 122 Zb 77
46220 Pescadoires 46 137 Ba 81
19190 Pescher, le 19 138 Be 78
63920 Pescnadoires 63 128 Dc 74
74230 Pesetz, les 74 132 Gb 73
25190 Péseux 25 94 Ge 65
39120 Peseux 39 106 Fc 67
44530 Peslan 44 82 Ya 64
63580 Peslières 63 128 Dc 76
70140 Pesmes 70 92 Fd 65
40430 Pesoueyres, les 40 147 Zc 82
31370 Pesquières 31 164 Ba 88
33600 Pessac 33 134 Zc 80
33890 Pessac-sur-Dordogne 33 135 Aa 80
63970 Pessade 63 127 Cf 75
32190 Pessalle 32 148 Ab 86
32550 Pessan 32 163 Ad 87
25440 Pessans 25 107 Ff 66
64240 Pessarou 64 160 Ye 88
63200 Pessat-Villeneuve 63 116 Da 73
39370 Pesse, la 39 119 Ff 71
33430 Pessec 33 147 Ze 82
89520 Pesselière 89 89 Dc 63
18300 Pesselières 18 103 Ce 65
17810 Pessines 17 122 Zb 74
32380 Pessoulens 32 149 Af 85
44130 Pessuais, le 44 82 Ya 64
89560 Pesteau 89 89 Dc 62
24200 Pet, le 24 137 Bb 79
87320 Petavaud 87 112 Af 71
58400 Peteloup 58 103 Da 65
67290 Petersbach 67 58 Hb 55
38119 Petichet 38 144 Fe 79
16250 Pétignac 16 123 Zf 75
62960 Pétigny 62 29 Cb 45
23000 Petillat 23 114 Bf 72
37350 Petit, le 37 100 Af 67
01260 Petit-Abergement, le 01 119 Fd 72
01260 Petit-Abergement, le 01 119 Fd 72
76550 Petit-Appeville 76 37 Ba 49
13090 Petit Arbois, le 13 170 Fb 88
30300 Petit Argence 30 169 Ed 86
89240 Petit-Arran, le 89 89 Dc 62
24410 Petit-Aubry 24 135 Aa 77
44670 Petit-Auverné 44 82 Ye 63
59138 Petit-Bavai, le 59 31 De 47
33220 Petit-Bérard 33 136 Ab 80
24600 Petit-Bersac 24 124 Ab 77
38850 Petit-Bilieu 38 131 Fd 76
17770 Petit-Bois 17 123 Zd 74
74130 Petit-Bornand-les-Glières 74
120 Gc 73
33680 Petit-Bos 33 134 Yf 79
85220 Petit-Bourg, le 85 96 Yb 68
24220 Petit-Bout 24 137 Ba 79
79210 Petit-Breuil-Deyrançon 79 110 Zc 71
87130 Petit-Bueix 87 126 Bd 74
37140 Petit-Buton, le 37 84 Aa 65
33380 Petit Caudos 33 134 Za 81
76370* Petit-Caux 76 37 Ba 49
50370 Petit-Celland, le 50 46 Ye 56
57320 Petit-Chémery 57 56 Gc 53
80120 Petit-Chemin 80 28 Be 47
73260 Petit-Cœur 73 133 Gc 75
38580 Petit-Collet 38 132 Ga 76
14620 Petit-Coulibœuf, le 14 48 Zf 55
90130 Petit-Croix 90 94 Gf 63
33460 Petit-Cussac 33 134 Zb 78
91530 Petite-Beauce, la 91 71 Ca 57
13114 Petite-Beauquière, la 13 171 Fe 88
57730 Petit-Ebersviller 57 57 Ge 54
79700 Petite-Boissière, la 79 98 Zb 67
89116 Petite-Celle, la 89 72 Db 61
25240 Petite-Chaux 25 107 Gb 68
33230 Petite-Chaux, le 33 135 Aa 78
25370 Petite-Echelle, la 25 108 Gb 68
90360 Petitefontaine 90 94 Ha 62
88490 Petite-Fosse, la 88 77 Ha 60
86220 Petite-Querche, la 86 100 Ae 67
57480 Petite Hettange 57 44 Gb 52
03420 Petite-Marche, la 03 115 Cd 71
67290 Petite-Pierre, la = Lützelstein 67
58 Hb 55
13104 Petite Porcelette, la 13 169 Ee 88
88210 Petite-Raon, la 88 77 Gf 58

36110 Petite Roche, la 36 101 Bd 66
57540 Petite-Rosselle 57 57 Gf 53
53300 Petit-Ervault 53 67 Zb 58
08390 Petites Armoises, les 08 42 Ee 51
27160 Petites-Bruyères, les 27 49 Af 55
76540 Petites-Dalles, les 76 36 Ad 50
50340 Petite Siouville, la 50 33 Yb 51
51400 Petites-Loges, les 51 53 Eb 54
76530 Petit-Essart, le 76 49 Ba 52
59640 Petite-Synthe 59 27 Cc 43
17250 Petite-Vergne, la 17 122 Za 74
68150 Petite-Verrerie, La 68 60 Hb 59
71400 Petite-Verrière, la 71 105 Ea 66
54260 Petit-Failly 54 43 Fc 52
59244 Petit-Fayt 59 31 De 48
60730 Petit-Fercourt, le 60 51 Cb 53
59820 Petit-Fort-Philippe 59 27 Ca 42
35320 Petit-Fougeray, le 35 82 Yc 61
22640 Petit-Gardisseul 22 64 Xd 58
59406 Petit Hantay 59 30 Cf 45
62130 Petit Houvin 62 29 Cb 47
21500 Petit-Jailly, le 21 91 Ec 63
33770 Petit Lagnereau, le 33 134 Yf 81
68490 Petit-Landau 68 95 Hd 62
40210 Petit-Ligautenx 40 146 Yf 83
33480 Petit-Ludey 33 134 Za 78
18290 Petit-Malleray, le 18 102 Cb 67
85300 Petit-Mariau, le 85 96 Ya 68
40990 Petit-Marquis 40 146 Yf 86
44390 Petit-Mars 44 82 Yd 64
39350 Petit-Mercey, le 39 107 Fe 65
10500 Petit-Mesnil 10 74 Ed 58
54480 Petitmont 54 77 Gf 57
88340 Petit-Moulin, le 88 77 Gc 61
17150 Petit-Niort 17 122 Zc 76
39120 Petit-Noir 39 106 Fc 67
58370 Petiton 58 104 Ea 67
21600 Petit-Ouges 21 106 Fa 65
33570 Petit-Palais-et-Cornemps 33 135 Zf 79
07140 Petit-Paris 07 141 Ea 81
25580 Petit-Paris, le 25 108 Gb 66
49170 Petit-Paris, le 49 83 Zb 64
77970 Petit-Paris, le 77 52 Da 57
13200 Petit Pâtis, le 13 169 Ee 87
40430 Petit-Pedelay 40 147 Zd 83
72500 Petit Perray, le 72 85 Ab 63
33950 Petit-Piquey, le 33 134 Ye 80
36140 Petit-Plaix, le 36 114 Be 70
87360 Petit-Poirier, le 87 113 Ba 71
37350 Petit-Pressigny, le 37 100 Af 67
76120 Petit-Quevilly, le 76 37 Ba 52
57410 Petit-Réderching 57 58 Hb 54
08450 Petit-Remilly 08 42 Fa 51
57670 Petit-Rohrbach 57 57 Gf 55
13830 Petit Rouvière 13 171 Fd 89
22470 Petit-Saint-Loup, le 22 63 Wf 56
04120 Petit-Saint-Maymes, le 04 157 Gc 86
13460 Petit-Sauvage, le 13 169 Ec 88
18380 Petits-Bas, les 18 87 Cb 64
18410 Petits-Bouffards, les 18 87 Ca 63
87190 Petits-Caires, les 87 115 Bb 71
14330 Petits-Carreaux, les 14 47 Za 53
18330 Petits-Coulons, les 18 87 Cb 64
38710 Petits Moulins, les 38 144 Fe 80
37360 Petit-Souper 37 85 Ac 63
28240 Petits-Pavillons, les 28 69 Ba 58
26250 Petits-Robins, les 26 142 Ee 80
57660 Petit-Tenquin 57 57 Gf 55
24400 Petit-Tillet 24 136 Ac 79
71490 Petit-Trézy, le 71 105 Ed 67
39250 Petit-Villard 39 107 Ga 68
73370 Petit-Villard 73 132 Fe 74
51130 Petit-Vouzy, le 51 53 Ea 55
54260 Petit-Xivry 54 43 Fd 52
14390 Petiville 14 48 Ze 53
76330 Petiville 76 36 Ad 52
85570 Petosse 85 110 Za 70
20218 Petralba = Pietralba CTC 181 Kb 93
20146 Petra Longa Filippi CTC 185 Kb 99
20137 Petra Longa Salvini CTC 185 Kb 99
20260 Petra Maio CTC 180 Ic 93
20226 Petra Moneta CTC 181 Ka 93
20200 Petra Nera = Pietranera CTC 181 Kc 92
20140 Petreto-Bicchisano CTC 182 If 98
59239 Pétrie, la 59 30 Da 46
33500 Pétrus 33 135 Ze 79
57170 Pettoncourt 57 56 Gc 56
54120 Pettonville 54 77 Ge 57
79140 Peu, le 79 98 Zc 67
19220 Peuch, le 19 138 Ca 77
19470 Peuch, le 19 126 Be 76
70210 Peu-d'Acquet 70 76 Ga 61
16190 Peudry 16 123 Aa 76
33240 Peujard 33 135 Zd 78
03370 Peumant 03 114 Cc 70
29710 Peumérit 29 78 Ve 61
22480 Peumerit-Quintin 22 63 We 58
63210 Peumont 63 127 Ce 74
62231 Peuplingues 62 26 Be 43
16360 Peurché 16 123 Ze 76
53360 Peuton 53 83 Zb 61
71330 Peutots, les 71 106 Fb 68
55150 Peuvillers 55 43 Fc 52
23220 Peux, le 23 114 Be 70
79390 Peux, le 79 99 Zf 68
86290 Peux-de-Tilly, le 86 113 Bb 70
12360 Peux-et-Couffouleux 12 152 Cf 86
57340 Pévange 57 57 Gd 55
20111 Pévani CTC 182 Ie 96
22980 Pévrie, la 22 64 Xe 58
51140 Pévy 51 41 Df 53
11150 Pexiora 11 165 Ca 89
54540 Pexonne 54 77 Gf 58
40300 Pey 40 160 Ye 87
33990 Pey-de-Camin 33 134 Yf 77
33770 Peylahon 33 134 Za 81
33000 Peylon 33 134 Za 81
32170 Peymarchand 32 163 Ac 88
06530 Peymeinade 06 172 Gf 87
24130 Peymilou 24 136 Ac 79
13790 Peynier 13 171 Fd 88
33650 Peyon 33 134 Zb 80
13124 Peypin 13 171 Fd 88
84240 Peypin-d'Aigues 84 156 Fd 86
23000 Peyrabout 23 114 Bf 72
32700 Peyradis 32 149 Ad 85
81260 Peyrarque 81 166 Cc 87
65710 Peyras 65 175 Ab 91
09600 Peyrat, le 09 178 Bf 91
87300 Peyrat-de-Bellac 87 113 Ba 72
23130 Peyrat-la-Nonière 23 114 Cb 72
87470 Peyrat-le-Château 87 126 Be 74
79200 Peyratte, la 79 99 Zf 68
40420 Peyrau 40 147 Zc 84
30770 Peyraube 30 153 Dc 84
65190 Peyraube 65 163 Ab 89
07340 Peyraud 07 130 Ee 77
07140 Peyre 07 141 Ea 82
12100 Peyre 12 152 Da 84
40700 Peyre 40 161 Zc 87
43200 Peyre 43 129 Ea 77
82800 Peyre 82 150 Bd 84
07190 Peyre, la 07 142 Ec 79
11500 Peyre, la 11 178 Ca 91
30570 Peyre, la 30 153 De 84
46330 Peyre, la 46 138 Bd 82
09320 Peyre-Auselère 09 177 Bc 92
12240 Peyrebosc 12 151 Cb 83
46300 Peyrebrune 46 138 Bd 80
32340 Peyrecave 32 149 Ae 85
33730 Peyredieu 33 147 Zd 82
48130 Peyre en Aubrac 48 140 Db 80
34210 Peyrefiche 34 166 Cd 88
46090 Peyrefite 46 150 Bd 82
11230 Peyrefitte-du-Razès 11 178 Ca 90
11420 Peyrefitte-sur-L'Hers 11 165 Be 89
32730 Peyréga 32 163 Ab 88
09300 Peyregade, la 09 177 Be 91
81440 Peyregoux 81 165 Cb 86
09220 Peyregrand 09 177 Bd 92
40300 Peyrehorade 40 161 Yf 87
12720 Peyreleau 12 153 Db 83
19290 Peyrelevade 19 126 Ca 74
46600 Peyre-Levade 46 138 Bd 79
64350 Peyrelongue-Abos 64 162 Zf 88
81340 Peyrelous 81 151 Cc 84
07660 Peyremont, la 07 141 Df 80
11400 Peyrens 11 165 Bf 88
05300 Peyres, les 05 156 Fe 83
65240 Peyresourde-Balestas 65 175 Ac 92
04170 Peyresq 04 158 Gd 84
33340 Peyressan 33 122 Za 77
66600 Peyrestortes 66 179 Cf 92
24550 Peyret 24 137 Ba 80
87400 Peyret 87 125 Bd 74
13240 Peyrets, les 13 170 Fc 88
32140 Peyret-Saint-André 32 163 Ad 89
11160 Peyriac-Minervois 11 166 Cd 89
01430 Peyriat 01 119 Fd 72
47350 Peyrière 47 136 Ab 81
63380 Peyrière, la 63 115 Cd 73
84560 Peyrière, la 84 156 Fb 86
47350 Peyriès 47 136 Ac 81
01300 Peyrieu 01 131 Fe 74
19120 Peyrigot 19 138 Be 78
24210 Peyrignac 24 137 Bb 78
32130 Peyrigué, le 32 164 Ba 87
87510 Peyrilhac 87 113 Ba 73
24370 Peyrillac-et-Millac 24 137 Bc 79
46310 Peyrilles 46 137 Bc 81
40410 Peyrin 40 147 Zb 82
26380 Peyrins 26 143 Fa 78
19260 Peyrissac 19 126 Be 75
19430 Peyrissac 19 138 Bf 79
31420 Peyrissas 31 164 Af 89
81310 Peyrole 81 151 Bf 86
30270 Peyroles 30 154 De 84
15190 Peyrolnt 15 127 Ce 77
11190 Peyrolles 11 178 Cb 91
13860 Peyrolles-en-Provence 13 171 Fd 87
33650 Peyron 33 135 Zc 81
07570 Peyron, le 07 142 Ec 79
82170 Peyronnets 82 150 Db 85
12800 Peyrou 12 151 Cb 83
47200 Peyrou 47 136 Ab 81
04120 Peyroules 04 158 Gd 86
31620 Peyrouliès 31 150 Bc 85
24510 Peyrouse 24 136 Ae 79
65270 Peyrouse 65 162 Zf 90
63230 Peyrouses, les 63 127 Ce 74
23320 Peyroux, le 23 114 Be 71
31420 Peyrouzet 31 164 Ae 89
04310 Peyruis 04 157 Ff 84
65140 Peyrun 65 163 Ab 89
26120 Peyrus 26 143 Fa 79
15170 Peyrusse 15 128 Da 77
32320 Peyrusse-Grande 32 163 Ab 87
12220 Peyrusse-le-Roc 12 138 Ca 82
32360 Peyrusse-Massas 32 163 Ad 86
43380 Peyrusses 43 140 Dc 78
32230 Peyrusse-Vieille 32 163 Ab 87
05110 Peyssier 05 157 Ff 82
31390 Peyssies 31 164 Bb 89
24420 Peytelie, la 24 125 Af 77
40630 Peyticq 40 147 Zb 84
24620 Peyzac-le-Moustier 24 137 Ba 79
01300 Peyzieu 01 131 Fd 74
01140 Peyzieux-sur-Saône 01 118 Ee 72
12230 Pezade, la 12 153 Db 85
77131 Pézarches 77 52 Cf 56
74150 Pezay, le 74 120 Ff 73
72140 Pezé-le-Robert 72 68 Zf 59
34120 Pézenas 34 167 Dc 88
34600 Pézènes-les-Mines 34 167 Db 87
11170 Pezens 11 166 Cb 89
36300 Péziers 36 100 Ba 68
66730 Pézilla-de-Conflent 66 178 Cc 92
66370 Pézilla-la-Rivière 66 179 Ce 92
41100 Pezou 41 86 Ba 61
24510 Pezuls 24 137 Ae 79
28150 Pézy 28 70 Bd 59
20227 Pezzu CTC 183 Kb 96
67250 Pfaffenbronn 67 58 He 55
68250 Pfaffenheim 68 60 Hb 61
67350 Pfaffenhoffen 67 58 Hd 55
67320 Pfalzweyer 67 58 Hb 56
57450 Pfarrebersweiler = Farébersviller 57 57 Gf 54
68120 Pfastatt 68 95 Hb 62
68480 Pfetterhouse 68 95 Ha 64
67370 Pfettisheim 67 58 Hd 57
68480 Pfirt = Ferrette 68 95 Hb 64
67370 Pfulgriesheim 67 58 He 57
90150 Phaffans 90 94 Gf 63
64220 Phagalcette 64 161 Ye 90
41400 Phages 41 86 Bb 64
59133 Phalempin 59 30 Da 45
57370 Phalsbourg 57 58 Hb 56
08560 Pholino 08 171 Ff 86
63970 Phialeix 63 128 Cf 75
63550 Phillbin 63 116 Du 73
57230 Philippsbourg 57 58 Hd 55
40320 Philondenx 40 162 Zd 87
79220 Phlé 79 111 Zd 70
54610 Phlin 54 56 Gb 55
66380 Pia 66 179 Cf 92
82400 Piac 82 149 Ba 84
72170 Piacé 72 68 Aa 59
33113 Piada, le 33 147 Zd 82
20115 Piana CTC 182 Id 95
20218 Piana CTC 181 Ka 93
20228 Piana CTC 181 Kc 91
20240 Piana CTC 183 Kc 96
20121 Piane CTC 182 If 96
20246 Pianello CTC 181 Kb 93
20272 Pianello CTC 183 Kc 95
20167 Pianiccia CTC 182 If 97
20270 Pianiccia CTC 183 Kc 95
33290 Pian-Médoc, le 33 134 Zc 79
20215 Piano CTC 181 Kc 94
20131 Pianotolli-Caldarello CTC 184 Ka 100
20131 Pianottuli-Caldarellu = Pianotolli-Caldarello CTC 184 Ka 100
20213 Pianu CTC 181 Kc 94
44630 Piardière, la 44 82 Ya 63
39150 Piards, les 39 119 Fe 70
05700 Piarre, la 05 144 Fd 82
41190 Pias 41 86 Ba 63
20140 Piattone CTC 184 If 98
65170 Piau-Engaly 65 175 Aa 92
20234 Piazzali CTC 183 Kc 95
20229 Piazzole CTC 183 Kc 94
57220 Piblange 57 56 Gc 53
12120 Piboul, le 12 152 Cc 83
46230 Piboulède 46 150 Bd 83
31820 Pibrac 31 164 Bb 87
87130 Pic 87 126 Bd 74
23460 Pic, le 23 126 Bf 73
87520 Pic, le 87 113 Af 73
81530 Picamoure 81 152 Cd 86
62840 Picantin 62 30 Ce 45
33112 Picard 33 134 Za 78
37110 Picardière, la 37 86 Ba 63
39800 Picarreau 39 107 Fe 68
31550 Picarrou 31 165 Bd 89
50360 Picauville 50 33 Yd 52
20137 Piccovaggia CTC 185 Kc 99
21120 Pichanges 21 92 Fa 64
28290 Pichardière, la 28 69 Ba 60
44521 Pichaudière, la 44 82 Ye 64
40660 Pichelèbe 40 146 Yd 85
63113 Picherande 63 127 Ce 76
20167 Pichio CTC 182 Ie 97
20167 Pichju = Pichio CTC 182 Ie 97
33840 Pichon 33 147 Zf 83
44390 Pichon 44 82 Yc 63
36120 Pichons, les 36 102 Ca 68
73700 Picolard 73 133 Ge 75
13114 Piconin 13 171 Fe 87
78910 Picotière, la 78 60 Ma 66
80310 Picquigny 80 38 Ca 49
22340 Pie, la 22 63 Wd 59
07470 Piébre, le 07 141 Df 80
43110 Pied 43 129 Eb 76
48800 Pied-de-Borne 48 141 Df 82
83870 Pied-de-la-Colle, la 83 171 Fe 89
59212 Pied-du-Terne 59 31 Df 49
49500 Piedgermé 49 83 Za 63
20251 Piedicorte-di-Gaggio CTC 183 Kb 95
20229 Piedicroce CTC 183 Kc 94
20218 Piedigriggio CTC 181 Kb 94
20229 Piedipartino CTC 183 Kc 94
36800 Pied-Monant 36 101 Bc 68
20229 Pie d'Orezza CTC 183 Kc 94
49390 Pieds-Fourchés, les 49 84 Aa 64
26110 Piégon 26 156 Fa 83
26400 Piégros-la-Clastre 26 143 Fa 80
05130 Piégut 05 157 Ga 82
24360 Piégut-Pluviers 24 124 Ae 75
31600 Pielle, la 31 164 Bb 88
20240 Pielza CTC 183 Kc 97
17730 Piemont 17 110 Yf 73
27230 Piencourt 27 48 Ac 53
06540 Piene 06 159 Hd 85
54490 Piennes 54 56 Fe 53
80500 Piennes 80 39 Cd 51
52190 Piépape 52 92 Fb 62
06260 Pierlas 06 158 Ha 84
73270 Pierre 73 133 Gd 74
36110 Pierre, la 36 101 Bd 66
69310 Pierre-Bénite 69M 130 Ee 74
37530 Pierre-Bise 37 86 Af 63
06420 Pierre Blanche 06 158 Ha 84
33620 Pierrebrune 33 135 Zd 78
87260 Pierre-Buffière 87 125 Bc 74
38119 Pierre-Châtel 38 144 Fe 79
71960 Pierreclos 71 118 Ee 71
70600 Pierrecourt 70 92 Fd 63
76660 Pierrecourt 76 37 Bd 49
71270 Pierre-de-Bresse 71 106 Fb 67
87130 Pierre-de-Neuvic, la 87 126 Bd 74
52500 Pierrefaites 52 92 Fd 62
06510 Pierrefeu 06 158 Ha 85
06910 Pierrefeu (Ancien Village) 06 158 Ha 85
83390 Pierrefeu-du-Var 83 171 Ga 89
12100 Pierrefiche 12 153 Db 84
12130 Pierrefiche 12 152 Cf 82
12600 Pierrefiche 12 139 Cd 80
15260 Pierrefiche 15 139 Cf 79
24800 Pierrefiche 24 125 Af 76
48000 Pierre-Fiche 48 140 Dc 81
48100 Pierrefiche 48 140 Db 81
48300 Pierrefiche 48 141 De 80
23150 Pierrefite 23 114 Bf 72
15170 Pierrefitte 15 140 Da 78
19450 Pierrefitte 19 126 Bd 76
23130 Pierrefitte 23 114 Cb 72
61160 Pierrefitte 61 48 Zf 56
63820 Pierrefitte 63 127 Cd 75
79330 Pierrefitte 79 98 Ze 67
88270 Pierrefitte 88 76 Gb 59
89560 Pierrefitte 89 89 Dc 63
91150 Pierrefitte 91 71 Ca 58
14130 Pierrefitte-en-Auge 14 35 Ab 53
60112 Pierrefitte-en-Beauvaisis 60 38 Bf 52
14690 Pierrefitte-en-Cinglais 14 47 Zd 55
45360 Pierrefitte-lès-Bois 45 88 Ce 63
65260 Pierrefitte-Nestalas 65 175 Zf 91
55260 Pierrefitte-sur-Aire 55 55 Fb 55
03470 Pierrefitte-sur-Loire 03 117 De 69
41300 Pierrefitte-sur-Sauldre 41 87 Ca 63
93380 Pierrefitte-sur-Seine 93 51 Cc 55
60350 Pierrefonds 60 39 Cf 52
25310 Pierrefontaine-lès-Blamont 25 94 Gf 64
25510 Pierrefontaine-les-Varans 25 108 Gd 65
52160 Pierrefontaines 52 92 Fa 62
15230 Pierrefort 15 139 Cf 79
80260 Pierregot 80 39 Cc 48
05350 Pierre-Grosse 05 145 Gf 80
54200 Pierre-la-Treiche 54 56 Ff 57
26700 Pierrelatte 26 155 Ee 82
18000 Pierrelay 18 102 Cb 66
95480 Pierrelaye 95 51 Ca 54
77580 Pierre-Levée 77 52 Da 55
26170 Pierrelongue 26 156 Fb 83
02300 Pierremande 02 40 Db 51
76390 Pierrement 76 38 Bd 50
62130 Pierremont 62 29 Cb 46
51130 Pierre-Morains 51 53 Ea 55
54540 Pierre-Percée 54 77 Gf 58
17520 Pierre-Percée, la 17 123 Zd 75
89450 Pierre-Perthuis 89 90 De 64
02350 Pierrepont 02 40 De 51
14690 Pierrepont 14 47 Ze 55
54620 Pierrepont 54 43 Fe 52
60430 Pierrepont 60 38 Cb 52
80500 Pierrepont-sur-Avre 80 39 Cd 50
88600 Pierrepont-sur-L'Arentèle 88 77 Gd 59
04300 Pierrerue 04 157 Ff 85
34360 Pierrerue 34 167 Cf 88
14410 Pierres 14 47 Zb 55
28130 Pierres 28 70 Bd 57
31020 Pierrès 31 150 Bc 85
76750 Pierreval 76 37 Bb 51
04860 Pierrevert 04 156 Fe 86
50340 Pierreville 50 33 Yb 52
54160 Pierreville 54 76 Ga 57
76730 Pierreville 76 37 Ba 50
57120 Pierrevillers 57 56 Ga 53
44290 Pierric 44 82 Yb 62
62350 Pierrière, la 62 29 Cd 45
83120 Pierrons, les 83 172 Gd 88
40090 Pierrot 40 147 Zb 85
33610 Pierroton 33 134 Zb 80
09240 Pierroutous 09 177 Bc 90
51530 Pierry 51 53 Df 54
20290 Pietracorbara CTC 181 Kc 91
20230 Pietra-di-Verde CTC 183 Kc 95
20218 Pietralba CTC 181 Kb 93
20200 Pietranera CTC 181 Kc 92
20243 Pietrapola CTC 183 Kb 97
20140 Pietra Rossa CTC 184 Ie 98
20251 Pietraserena CTC 183 Kc 95
20234 Pietricaggio CTC 183 Kc 94
20166 Pietrosella CTC 184 If 97
20242 Pietroso CTC 183 Kb 96
64410 Piets-Plasence-Moustrou 64 161 Zd 87
11300 Pieusse 11 166 Cb 90
50340 Pieux, les 50 33 Yb 51
20214 Pieve CTC 180 Ie 94
20246 Pieve CTC 181 Kb 93
89330 Piffonds 89 72 Da 60
09130 Pigailh 09 164 Bc 90
09300 Pigaillous 09 177 Be 91
09350 Pigeon, le 09 164 Bb 89
05800 pigeonnier, le 05 144 Gb 79
13720 Pigeonnier, le 13 171 Fd 88
83670 Pigeonnier, le 83 171 Ga 87
05150 Pigerolles 05 156 Fc 82
23340 Pigerolles 23 126 Ca 74
43370 Pigeyres 43 141 De 79
43500 Pigeyres 43 129 De 77
48700 Pigeyres 48 140 Dc 81
20220 Pigna CTC 180 If 93
34570 Pignan 34 168 De 87
83790 Pignans 83 171 Gb 89
40110 Pignats, les 40 146 Za 84
47350 Pignéra 47 136 Ac 81
02190 Pignicourt 02 41 Ea 52
36360 Pignolière, la 36 101 Bc 65
63270 Pignols 63 128 Db 75
22150 Pignon Blanc 22 64 Xb 59
71550 Pignots, les 71 105 Ea 66
18110 Pigny 18 102 Cc 65
81600 Pigots, les 81 151 Bf 85
48500 Piguière, la 48 153 Db 82
10130 Pigy 10 73 Df 60
62570 Pihem 62 29 Cb 44
62340 Pihen-lès-Guînes 62 26 Be 43
47210 Piis 47 136 Ae 81
40240 Pijo 40 147 Zf 84
20123 Pila-Canale CTC 182 If 98
33115 Pilat-Plage 33 134 Ye 81
38520 Pilatte, la 38 144 Gb 79
26310 Pilhon, le 26 143 Fd 81
16390 Pillac 16 124 Ab 77
79120 Pillac 79 111 Zf 71
85500 Pillaudière 85 97 Yf 68
16360 Pilledou 16 123 Ze 76
39300 Pillemoine 39 107 Ff 68
24420 Pilles, les 24 124 Ae 77
26110 Pilles, les 26 155 Fb 82
18220 Pillets 18 103 Cd 65
33125 Pillon 33 135 Zc 81
55230 Pillon 55 43 Fd 52
44640 Pilon, le 44 96 Yb 65
41200 Pilourdière, la 41 86 Bd 64
20140 Pilusella CTC 184 Ie 98
77570 Pilvernier 77 71 Cd 60
35470 Pily 35 82 Yb 62
04110 Pimayon 04 156 Fd 85
33480 Pimbelin 33 134 Zb 79
40320 Pimbo 40 162 Zd 87
89740 Pimelles 89 90 Eb 61
39270 Pimorin 39 119 Fd 69
23120 Pimpérigeas 23 114 Bf 73
60170 Pimprez 60 39 Cf 51
70150 Pin 70 93 Ff 65
03130 Pin, le 03 117 Df 70
07130 Pin, le 07 142 Ee 79
14590 Pin, le 14 48 Ac 53
17210 Pin, le 17 123 Ze 77
30330 Pin, le 30 155 Ed 84
32800 Pin, le 32 148 Zf 85
33230 Pin, le 33 135 Zf 78
33540 Pin, le 33 135 Zf 80
34390 Pin, le 34 167 Da 87
35610 Pin, le 35 65 Yc 57
36200 Pin, le 36 113 Bd 69
38730 Pin, le 38 131 Fd 76
39210 Pin, le 39 107 Fd 68
41800 Pin, le 41 85 Ae 62
43190 Pin, le 43 142 Ec 78
44540 Pin, le 44 83 Yf 63
44550 Pin, le 44 81 Xe 64
45490 Pin, le 45 71 Ce 60
49123 Pin, le 49 83 Za 64
77181 Pin, le 77 51 Cd 55
79140 Pin, le 79 98 Zc 67
82340 Pin, le 82 149 Af 84
20144 Pinarellu CTC 185 Kc 98
65300 Pinas 65 163 Ac 90
31800 Pinat 31 163 Ae 89
33910 Pinaud 33 135 Ze 79
61310 Pin-au-Haras, le 61 48 Aa 56
42590 Pinay 42 129 Ea 73
58320 Pinay 58 103 Da 66
31130 Pin-Balma 31 165 Bd 87
72300 Pincé 72 84 Zd 62
80230 Pinchefalise 80 28 Bd 47
13127 Pinchinades, les 13 170 Fb 88
74130 Pincru 74 120 Gc 72
47700 Pindères 47 148 Aa 83
86500 Pindray 86 112 Ae 70
85320 Pineaux, les 85 97 Ye 69
48130 Pinède, la 48 140 Db 80
47380 Pinel 47 149 Ad 82
47380 Pinel-Hauterive 47 149 Ad 82
20243 Pinellu CTC 183 Kc 97
49110 Pin-en-Mauges, le 49 98 Za 65
33720 Pinesse, la 33 135 Ze 81
12490 Pinet 12 152 Ce 84
12640 Pinet 12 152 Da 83
34850 Pinet 34 167 Dd 88
43810 Pinet 43 129 Df 77
63840 Pinet, le 63 129 Df 76
20290 Pinetu CTC 181 Kd 93
33220 Pineuilh 33 136 Ab 80
10220 Piney 10 74 Ec 58
13460 Pin Fourcat 13 169 Ec 87
47350 Pinie, la 47 136 Ab 81
61400 Pin-la-Garenne, le 61 68 Ad 58
31370 Pin-Murelet, le 31 164 Ba 88
20228 Pino CTC 181 Kc 91
43300 Pinols 43 140 Dc 78
02320 Pinon 02 40 Dc 52
36800 Pinons, les 36 101 Bd 68
33730 Pinot 33 135 Zd 82
24110 Pinquat 24 136 Ad 78
01120 Pins, les 01 130 Fa 73
16260 Pins, les 16 124 Ac 74
33680 Pins, les 33 134 Yf 79
46200 Pinsac 46 138 Bd 79
31120 Pinsaguel 31 164 Bc 87
33990 Pin-sec, le 33 122 Yf 77
17470 Pinsenelle 17 111 Zd 72
31860 Pins-Justaret 31 164 Bc 88
27770 Pinson 27 50 Bb 56
32140 Pinson 32 163 Ad 88
37530 Pinson 37 85 Af 64
24580 Pinsonnie, la 24 137 Af 78
38580 Pinsot 38 132 Ga 76
83520 Pins Parasols, les 83 172 Gd 88
65320 Pintac 65 162 Zf 89
27400 Pinterville 27 49 Bb 53
55160 Pintheville 55 55 Fd 54
28210 Pinthières, les 28 50 Bd 56
22250 Pintray 22 64 Xd 59
85500 Pintrolière, la 85 97 Yf 67
20227 Pinzalone CTC 183 Kb 96
12450 Piô, le 12 152 Cc 83
20234 Piobetta CTC 183 Kc 94
13460 Pioch Badet 13 169 Ec 87
17530 Piochet, le 17 122 Yf 74
20259 Pioggiola CTC 180 If 93
84420 Piolenc 84 155 Ee 83
63310 Pioliers, les 63 116 Dc 72
23140 Pionnat 23 114 Ca 71

79200 Pionnière, la 79 99 Zf 68
63330 Pionsat 63 115 Ce 72
24800 Pioriol 24 124 Af 76
63460 Piory 63 116 Da 72
87300 Piotaix, le 87 113 Ba 72
39140 Piotelats, les 39 106 Fc 68
36120 Piou 36 101 Be 68
79110 Pioussay 79 111 Aa 72
38190 Pipay 38 132 Ff 77
17600 Piphanes, les 17 122 Za 74
62960 Pippemont 62 29 Cb 45
35550 Pipriac = Prespiereg 35 81 Ya 62
82130 Piquecos 82 150 Bb 84
47340 Piquepoule 47 149 Ae 82
63230 Piquets, les 63 127 Ce 74
87380 Piquette 87 125 Bd 75
33580 Piquetuille 33 136 Aa 81
33990 Piqueyrot 33 122 Yf 77
01270 Pirajoux 01 119 Fb 70
33730 Pirec 33 135 Zd 82
35150 Piré-sur-Seiche 35 66 Yd 60
25480 Pirey 25 93 Ff 65
44420 Piriac-sur-Mer 44 81 Xc 64
72430 Pirmil 72 84 Zf 61
43590 Pirolles 43 129 Ea 77
19310 Pirondeaux, les 19 125 Bc 77
50770 Pirou 50 46 Yc 53
15100 Pirou, le 15 140 Db 78
50770 Pirou-Plage 50 46 Yc 53
44170 Pirudel 44 82 Yb 63
32320 Pis 32 163 Ac 87
32500 Pis 32 149 Ae 86
17600 Pisany 17 122 Zb 74
20114 Piscia CTC 185 Ka 99
20167 Piscia CTC 182 Ie 96
20117 Pisciatella CTC 182 Ie 97
27130 Piseux 27 49 Af 56
38270 Pisieu 38 131 Fa 76
72600 Pisieux 72 68 Ac 59
20000 Pisinale CTC 182 Id 97
60860 Pisseleu 60 38 Ca 51
02310 Pisseloup 02 52 Db 55
52500 Pisseloup 52 92 Fe 62
70120 Pisseloup 70 92 Fe 62
25520 Pissenavache 25 108 Gb 67
70800 Pisseure, la 70 93 Gb 61
18570 Pisse-Vieille 18 102 Cb 66
74540 Pissieux, le 74 132 Ga 73
40410 Pissos 40 147 Zb 83
24380 Pissot 24 136 Ad 78
50430 Pissot 50 33 Yd 53
85270 Pissot, le 85 96 Ya 68
85200 Pissotte 85 110 Zb 70
25130 Pissoux, le 25 108 Ge 66
80540 Pissy 80 38 Ca 49
76360 Pissy-Pôville 76 37 Af 51
89420 Pisy 89 90 Ea 63
31410 Pitchous, les 31 164 Bb 88
76650 Pit-Couronne 76 37 Ba 52
59284 Pitgam 59 27 Cb 43
45300 Pithiviers 45 71 Cb 59
45300 Pithiviers-le-Vieil 45 71 Cb 60
02480 Pithon 02 40 Da 50
22110 Pitiè, la 22 63 We 59
40320 Pitocq 40 162 Zd 87
27590 Pîtres 27 37 Bb 53
20140 Pitretu-Bicchisgià = Petreto-Bicchisano CTC 182 If 98
20166 Pitrusedda = Pietrosella CTC 184 If 97
62126 Pittefaux 62 26 Be 44
53290 Piverdière, la 53 83 Zd 62
26300 Pizançon 26 143 Fa 78
01120 Pizay 01 118 Fa 73
69220 Pizay 69D 118 Ee 72
43210 Pizet 43 129 Ea 76
24700 Pizou, le 24 135 Aa 78
09460 Pla, le 09 178 Ca 92
29860 Plabennec = Plabenneg 29 62 Vd 57
29860 Plabenneg = Plabennec 29 62 Vd 57
33160 Plac, le 33 134 Za 79
29350 Placamen 29 79 Wc 62
53240 Placé 53 67 Zb 59
40420 Place, la 40 147 Zc 84
42990 Place, la 42 129 Df 74
45150 Place, la 45 87 Ca 61
47120 Place, la 47 136 Ab 80
76280 Place, la 76 35 Ab 50
79110 Place-Jouhé, la 79 111 Aa 72
42110 Places 42 129 Eb 74
46250 Places 46 137 Bb 81
86300 Places 86 112 Ae 69
27230 Places, les 27 48 Ac 54
49360 Places, les 49 98 Zb 66
25170 Placey 25 107 Ff 65
80160 Plachy-Buyon 80 38 Cb 50
14220 Placy 14 47 Zd 55
50160 Placy-Montaigu 50 47 Za 54
28290 Plafus 28 69 Ba 60
22170 Plagad = Plouagat 22 64 Wf 57
50560 Plage, la 50 33 Yc 54
62176 Plage-Sainte-Cécile 62 28 Bd 45
07590 Plagnal, le 07 141 Df 80
01130 Plagne 01 119 Fe 71
31220 Plagne 31 164 Ba 90
73210 Plagne, la 73 133 Ge 75
87220 Plagne, la 87 125 Bb 74
87380 Plagne, la 87 125 Bc 75
73210 Plagne-Bellecôte 73 133 Ge 75
12420 Plagnes 12 139 Ce 80
46120 Plagnes 46 138 Bf 80
48340 Plagnes 48 140 Da 81
81250 Plagnes 81 151 Cc 86
74360 Plagnes-de-Charmy 74 121 Ge 71
73210 Plagne Tarentaise, la 73 133 Ge 75
31370 Plagnole 31 164 Ba 88
11420 Plaigne 11 165 Be 89
16380 Plaigne, la 16 124 Ac 75
60128 Plailly 60 51 Cd 54
25210 Plaimbois-du-Miroir 25 108 Gd 65
25390 Plaimbois-Vennes 25 108 Gd 65
18340 Plaimpied-Givaudins 18 102 Cc 66
87120 Plainartige 87 126 Be 74
60310 Plaine 60 39 Cf 51
49360 Plaine, la 49 98 Zc 66
69740 Plaine, la 69M 130 Fa 74
87800 Plaine, la 87 125 Bb 74
79360 Plaine-d'Argenson 79 110 Zd 72
57870 Plaine-de-Walsch 57 57 Ha 56
58140 Plainefas 58 90 Df 65
36240 Plaineffe 36 101 Bc 66
22800 Plaine Haute 22 64 Xa 58
74120 Plaine-Joux 74 133 Gd 74
74250 Plaine-Joux 74 120 Gc 71
13480 Plaines-d'Arbois, les 13 170 Fb 88
10250 Plaines-Saint-Lange 10 74 Ec 61
44770 Plaine-sur-Mer, la 44 96 Xe 66
88230 Plainfaing 88 77 Ha 59
88230 Plainfaing, le 88 77 Gf 60
39210 Plainoiseau 39 107 Fd 68
73230 Plainpalais 73 132 Ga 75
50190 Plains, le 50 33 Yd 53
25470 Plains-et-Grands-Essarts, les 25 94 Gf 65
22940 Plaintel 22 64 Xb 58
60130 Plainval 60 39 Cc 51
27300 Plainville 27 49 Ac 54
60120 Plainville 60 39 Cc 51
12550 Plaisance 12 152 Cd 85
17190 Plaisance 17 109 Ye 72
17780 Plaisance 17 110 Yf 73
32160 Plaisance 32 162 Aa 87
81260 Plaisance 81 166 Cc 87
86500 Plaisance 86 112 Af 71
87130 Plaisance 87 125 Bd 74
31830 Plaisance-du-Touch 31 164 Bb 87
39270 Plaisia 39 119 Fd 69
26170 Plaisians 26 156 Fb 83
78370 Plaisir 78 51 Bf 56
34230 Plaissan 34 167 Dd 87
03360 Plaix, le 03 102 Cd 69
36230 Plaix, les 36 101 Be 69
16170 Plaizac 16 123 Zf 74
24590 Plamont 24 137 Bb 79
05100 Plampinet 05 145 Gd 79
38590 Plan 38 131 Fc 77
04120 Plan, le 04 157 Gb 86
04150 Plan, le 04 156 Fe 85
04320 Plan, le 04 158 Ge 85
26560 Plan, le 26 156 Fd 83
31220 Plan, le 31 164 Ba 90
40190 Plan, le 40 147 Ze 85
73590 Plan, le 73 133 Gd 73
83830 Plan, le 83 172 Gd 87
86350 Plan, le 86 112 Ad 70
34330 Planacan 34 166 Cd 87
73800 Planaise 73 132 Ga 75
04380 Planas, le 04 157 Ga 84
26450 Planas, le 26 142 Ef 81
21500 Planay 21 91 Ec 62
73350 Planay 73 133 Ge 76
73350 Planay, le 73 133 Ge 76
73500 Planay, le 73 133 Ge 77
73620 Planay, le 73 133 Gd 74
04340 Plan-Bas 04 157 Gc 83
73210 Plan-Bois 73 133 Ge 75
81190 Plancade, la 81 151 Cb 84
58400 Planchards, les 58 103 Da 65
43550 Planchas, le 43 141 Ea 79
42940 Planchat 42 129 Df 75
44140 Planche, la 44 97 Yd 66
50660 Planche-Guillemette, la 50 46 Yc 55
70290 Plancher-Bas 70 94 Ge 62
73200 Plancherine 73 132 Gb 74
70290 Plancher-les-Mines 70 94 Ge 62
61370 Planches 61 48 Ac 56
71760 Planches, les 71 104 Df 68
74430 Planches, les 74 120 Gd 71
39150 Planches-en-Montagne, les 39 107 Ga 69
39600 Planches-près-Arbois, les 39 107 Fe 67
73140 Planchette 73 132 Gc 77
28800 Plancheville 28 70 Bd 59
28150 Planchevilliers 28 70 Be 59
58230 Planchez 58 104 Ea 66
58230 Planchot 58 104 Ea 66
88260 Planchotte, la 88 76 Ga 60
22130 Plancoët = Plangoed 22 65 Xe 57
10380 Plancy-L'Abbaye 10 73 Df 57
83640 Plan-d'Aups 83 171 Fe 89
26400 Plan-de-Baix 26 143 Fa 80
13480 Plan-de-Campagne 13 170 Fb 88
74360 Plan-de-Charmy 74 121 Ge 71
04330 Plan-de-Chaude 04 157 Gb 84
13380 Plan-de-Cuques 13 170 Fc 88
04200 Plan-de-la-Baume 04 157 Ff 83
73270 Plan-de-la-Lai 73 133 Ge 74
83120 Plan-de-la-Tour 83 172 Gd 88
84110 Plan de Mirabel 84 155 Fa 83
05600 Plan-de-Phasy, le 05 145 Gd 81
05120 Plan-des-Léothauds 05 145 Gd 80
05110 Plan-de-Vitrolles 05 157 Ff 82
13750 Plan-d'Orgon 13 155 Ef 86
74740 Plan-du-Lac 74 121 Gf 72
06670 Plan-du-Var 06 159 Hb 85
12260 Plane, la 12 138 Bf 82
63210 Plane, la 63 127 Ce 75
74120 Planellet, le 74 133 Gd 73
66210 Planès 66 178 Ca 94
66800 Planes 66 178 Ca 94
34260 Planes, les 34 167 Da 86
73640 Planey 73 133 Gf 75
73640 Planey, le 73 133 Gf 75
74120 Planey, le 74 133 Gd 73
24190 Planèze 24 136 Ac 78
12440 Planézes 12 151 Ca 83
12450 Planèzes 12 151 Cd 83
66720 Planèzes 66 179 Cd 92
42660 Planfoy 42 130 Ec 76
22130 Plangoed = Plancoët 22 65 Xe 57
22400 Planguenoual 22 64 Xc 57
46100 Planioles 46 138 Ca 81
26790 Plan Julièras 26 155 Ee 83
73450 Plan-Lachat 73 145 Gc 78
88120 Planois 88 77 Ge 61
71330 Planois, le 71 106 Fb 68
25000 Planoise 25 107 Ff 65
73210 Plan-Peisey 73 133 Ge 75
27230 Planquay, le 27 48 Ac 54
12240 Planque 12 151 Cb 83
30120 Planque, la 30 153 Dd 84
50620 Planque, la 50 46 Ye 53
14490 Planquery 14 34 Za 54
62310 Planques 62 29 Ca 46
52220 Planrupt 52 74 Ee 57
05560 Plans, les 05 145 Gd 81
16700 Plans, les 16 111 Ab 72
30340 Plans, les 30 154 Eb 84
34700 Plans, les 34 167 Db 86
74170 Plans, les 74 133 Ge 73
74450 Plans, les 74 120 Gc 73
83780 Plans, les 83 172 Gc 87
33490 Plan-sur-Garonne, le 33 135 Ze 81
24380 Plantade, la 24 137 Af 79
19470 Plantadis, le 19 126 Be 76
01330 Plantay, le 01 118 Fa 72
74500 Plantaz, la 74 120 Gd 70
47250 Plantey 47 148 Aa 82
33370 Planteyre, la 33 135 Zd 79
30122 Plantiers, les 30 153 De 84
49450 Plantis, le 49 97 Yf 66
61170 Plantis, le 61 68 Ac 57
40420 Plantons, les 40 147 Zc 84
10160 Planty 10 73 Dd 59
73440 Planvillard 73 133 Gd 76
07230 Planzolles 07 141 Ea 82
57050 Plappeville 57 56 Ga 54
06740 Plascassier 06 173 Gf 87
39800 Plasne 39 107 Fe 68
27300 Plasnes 27 49 Ad 54
17240 Plassac 17 122 Zc 76
33390 Plassac 33 134 Zc 78
16250 Plassac-Rouffiac 16 123 Aa 75
33340 Plassan 33 122 Za 77
17250 Plassay 17 122 Zb 74
26160 Plat, le 26 143 Fa 81
17250 Plat-d'Etain, le 17 122 Zb 74
74480 Plateau-d'Assy 74 121 Ge 73
64260 Plateau-de-Bénou 64 162 Zd 90
12320 Plateau-d'Himes 12 139 Cc 81
43190 Platespinat 43 142 Ec 78
07300 Plats 07 142 Ee 78
19700 Plats, les 19 126 Bd 77
85160 Plaud, le 85 96 Xf 68
56420 Plaudren 56 80 Xb 62
05300 Plaugiers 05 157 Fe 83
34390 Plaussenous 34 167 Cf 87
63730 Plauzat 63 128 Da 75
32450 Plavès 32 163 Ad 87
11270 Plavilla 11 165 Bf 90
24580 Plazac 24 137 Ba 78
64120 Plazagaina 64 161 Yf 89
19290 Plazanet 19 126 Ca 74
23340 Plazanet 23 126 Bf 74
15700 Pleaux 15 139 Cb 78
22550 Pléboule 22 64 Xd 57
35470 Pléchâtel 35 82 Yb 61
22270 Plédéliac 22 64 Xd 58
22960 Plédran 22 64 Xb 58
22290 Pléguien 22 64 Xa 57
32190 Pléhaut 32 148 Ac 86
22290 Pléhédel 22 63 Wf 56
22240 Pléherel-Plage (Vieux-Bourg) 22 64 Xd 57
29190 Pleiben = Pleyeben 29 62 Wa 59
47310 Pleichac 47 149 Ad 84
35610 Pleine-Fougères 35 65 Yc 57
02240 Pleine-Selve 02 40 Dd 50
33820 Pleine-Selve 33 122 Zc 77
24410 Pleine-Serve 24 136 Ab 78
76460 Pleine-Sève 76 36 Ae 50
76460 Pleine-Sévette 76 36 Ae 50
14380 Pleines-Ouvres 14 47 Yf 55
35380 Plélan-le-Grand = Plelann-veur 35 65 Xf 60
22980 Plélan-le-Petit = Plelann-Vihan 22 65 Xe 58
35380 Plelann-veur = Plélan-le-Grand 35 65 Xf 60
22980 Plelann-Vihan = Plélan-le-Petit 22 65 Xe 58
22570 Plélauff 22 63 We 59
22170 Plélo 22 64 Xa 57
22210 Plémet 22 64 Xc 59
22150 Plémy 22 64 Xb 58
22640 Plenée-Jugon 22 64 Xd 58
22370 Pleneg-Nantraezh = Pléneuf-Val-Andre 22 64 Xc 57
22370 Pléneuf-Val-Andre 22 64 Xc 57
39250 Plénise 39 107 Ga 68
07460 Pléoux 07 154 Eb 82
35540 Plerguer 35 65 Ya 57
22190 Plérin 22 64 Xb 57
22190 Plerin = Plérin 22 64 Xb 57
22170 Plerneuf 22 64 Xa 57
56890 Plescop 56 80 Xb 62
35720 Plesder 35 65 Ya 58
22720 Plesidy 22 63 Wf 58
22490 Pleslin-Trigavou 22 65 Xf 57
57140 Plesnois 57 56 Ga 53
52360 Plesnoy 52 92 Fd 61
22330 Plessals 22 64 Xc 59
44630 Plessé 44 82 Ya 63
80132 Plessiel, le 80 28 Bf 48
80260 Plessier, le 80 39 Cc 50
02210 Plessier-Huleu, le 02 52 Dc 53
80110 Plessier-Rozainvillers, le 80 39 Cd 50
60130 Plessier-sur-Bulles, le 60 39 Cb 52
60130 Plessier-sur-Saint-Just, le 60 39 Cc 51
36200 Plessis 36 101 Bc 69
36230 Plessis 36 101 Be 69
37370 Plessis 37 85 Ad 63
41100 Plessis 41 86 Ba 62
44630 Plessis 44 82 Ya 63
51120 Plessis 51 53 De 56
56430 Plessis 56 64 Xe 60
61100 Plessis 61 47 Zb 56
72300 Plessis 72 84 Ze 61
76940 Plessis 76 36 Ae 52
79250 Plessis 79 98 Zc 67
16170 Plessis, le 16 123 Zf 74
22230 Plessis, le 22 64 Xe 59
22800 Plessis, le 22 64 Xa 58
27170 Plessis, le 27 49 Af 54
28200 Plessis, le 28 69 Bb 60
72200 Plessis, le 72 84 Zf 62
79400 Plessis, le 79 111 Ze 70
85640 Plessis, le 85 97 Yf 68
36210 Plessis, les 36 101 Bd 66
85140 Plessis-Allaire, les 85 97 Ye 68
77160 Plessis-aux-Tournelles, le 77 72 Db 57
22650 Plessis-Balisson 22 65 Xf 57
10400 Plessis-Barbuise 10 73 Dd 57
60330 Plessis-Belleville, le 60 52 Ce 54
49110 Plessis-Boiteau, le 49 83 Za 65
60150 Plessis-Brion, le 60 39 Cf 52
60800 Plessis-Cornefroy, le 60 52 Ce 53
85140 Plessis-Cosson, le 85 97 Ye 68
60310 Plessis-de-Roye 60 39 Ce 51
41170 Plessis-Dorin, le 41 69 Af 60
89260 Plessis-du-Mée 89 72 Dc 58
77540 Plessis-Feu-Aussoux, le 77 52 Da 56
95720 Plessis-Gassot, le 95 51 Cc 54
49124 Plessis-Grammoire, les 49 84 Zd 64
14770 Plessis-Grimoult, le 14 47 Zc 55
27180 Plessis-Grohan, le 27 49 Ba 55
27120 Plessis-Hébert, le 27 50 Bc 55
50250 Plessis-Lastelle, le 50 33 Yd 53
41370 Plessis-l'Echelle, le 41 86 Bc 62
77165 Plessis-l'Evêque, le 77 52 Ce 54
95270 Plessis-Luzarches, le 95 51 Cc 54
49770 Plessis-Macé, le 49 83 Zb 63
35270 Plessis-Margat, le 35 65 Yb 58
10400 Plessis-Mériot, le 10 72 Dc 57
49360 Plessis-Neuf, le 49 98 Zc 66
91220 Plessis-Pâté, le 91 71 Cb 57
77440 Plessis-Placy, le 77 52 Cf 54
92330 Plessis-Robinson, le 92 51 Cb 56
91410 Plessis-Saint-Benoist 91 70 Ca 58
89140 Plessis-Saint-Jean 89 72 Db 58
22640 Plestan 22 64 Xd 58
22310 Plestin-les-Grèves 22 63 Wc 57
22610 Pleubian 22 63 Wf 55
56140 Pleucadeuc 56 81 Xd 62
22740 Pleudaniel 22 63 Wf 56
22690 Pleudihen-sur-Rance 22 65 Ya 57
56120 Pleugriffet 56 64 Xb 61
35720 Pleugueneuc 35 65 Ya 58
86450 Pleumartin 86 100 Ae 68
35137 Pleumeleuc 35 65 Ya 59
22560 Pleumeur-Bodou 22 63 Wc 56
22740 Pleumeur-Gautier 22 63 Wf 56
39120 Pleure 39 106 Fc 67
51230 Pleurs 51 53 Df 56
35730 Pleurtuit 35 65 Xf 57
29170 Pleuven 29 78 Vf 61
88170 Pleuvezain 88 76 Ff 58
16490 Pleuville 16 112 Ac 72
22130 Pléven 22 64 Xe 58
22240 Plevenon 22 64 Xe 57
22340 Plévin 22 63 Wc 59
29410 Pleyber-Christ 29 62 Wa 57
29190 Pleyeben 29 62 Wa 59
43190 Pleyne 43 142 Ec 78
79190 Pliboux 79 111 Aa 71
51300 Plichancourt 51 54 Ee 56
32340 Plieux 32 149 Ae 85
22310 Plistin = Plestin-les-Grèves 22 63 Wc 57
51150 Plivot 51 53 Ea 54
29100 Ploaré 29 78 Ve 60
29740 Plobannalec 29 78 Ve 62
67115 Plobsheim 67 60 He 58
81700 Plo-de-Blan, le 81 165 Bf 87
56400 Ploemel 56 79 Wf 63
56270 Ploemeur 56 79 Wd 62
56160 Ploërdut 56 79 We 60
56880 Ploeren 56 80 Xa 63
56800 Ploermael = Ploërmel 56 81 Xd 61
56800 Ploërmel = Ploermael 56 81 Xd 61
22150 Plœuc-L'Hermitage 22 64 Xb 58
22150 Ploeuc-sur-Lié 22 64 Xb 58
29550 Ploéven 29 78 Ve 60
22260 Ploëzal 22 63 We 56
29710 Plogastel-Saint-Germain 29 78 Ve 61
29770 Plogoff 29 61 Vc 60
29180 Plogonnec 29 78 Ve 60
22150 Ploheg = Ploeuc-sur-Lié 22 64 Xb 58
50870 Plomb 50 46 Ye 56
88370 Plombières-les-Bains 88 77 Gc 61
21370 Plombières-lès-Dijon 21 91 Ef 64
29700 Plomelin 29 78 Vf 61
29120 Plomeur 29 78 Ve 61
02140 Plomion 02 41 Ea 50
29550 Plomodiern 29 78 Ve 59
21440 Ploncey-sur-L'Ignon 21 91 Ee 64
29710 Ploneis 29 78 Ve 60
29720 Plonéour-Lanvern 29 78 Ve 61
29550 Plonévez-Porzay 29 78 Ve 60
17113 Plordonnier 17 122 Yf 74
22130 Plorec-sur-Arguenon 22 64 Xe 58
81320 Plos 81 166 Cf 86
71700 Plottes 71 118 Ef 69
18290 Plou 18 102 Ca 66
22170 Plouagat = Plagad 22 64 Wf 57
22420 Plouared = Plouaret 22 63 Wd 57
22420 Plouaret = Plouared 22 63 Wd 57
29810 Plouarzel 29 61 Vb 58
22830 Plouasne 22 65 Xf 59
56240 Plouay = Ploue 56 79 We 61
22650 Ploubalay 22 65 Xf 57
22620 Ploubazlanec 22 63 Wf 56
86110 Ploube 86 99 Ab 67
22300 Ploubezre 22 63 Wd 56
29830 Ploudalmézeau = Gwitalmeze 29 61 Vc 57
29260 Ploudaniel 29 62 Ve 57
29800 Ploudiry = Plouziri 29 62 Vf 58
56240 Ploue = Plouay 56 79 We 61
22260 Plouëc-du-Trieux 22 63 We 56
29800 Plouédern 29 62 Ve 58
29620 Plouégat-Guérand 29 63 Wb 57
29650 Plouégat-Movsan 29 63 Wc 57
29420 Plouénan 29 62 Wa 57
22490 Plouër-sur-Rance 22 65 Xf 57
29430 Plouescat = Ploueskad 29 62 Ve 57
29430 Ploueskad = Plouescat 29 62 Ve 57
22470 Plouézec 22 63 Xa 56
29252 Plouézoch 29 62 Wb 57
22440 Ploufragan 22 64 Xb 58
29440 Plougar 29 62 Vf 57
29630 Plougasnou 29 62 Wb 56
29470 Plougastel-Daoulas 29 62 Vd 58
29217 Plougonvelin 29 61 Vb 58
29640 Plougonven 29 63 Wb 57
22810 Plougonver 22 63 Wd 58
22150 Plougonwaz = Plouguenast 22 64 Xb 59
29250 Plougoulm 29 62 Vf 57
56400 Plougoumelen 56 80 Xa 63
29400 Plougourvest 29 62 Vf 57
22780 Plougras 22 63 Wc 57
22820 Plougrescant 22 63 We 55
22150 Plouguenast 22 64 Xb 59
29880 Plouguerneau 29 61 Vc 57
22110 Plouguernével 22 63 We 59
22220 Plouguiel 22 63 We 56
29830 Plouguin 29 61 Vc 57
22580 Plouha 22 64 Xa 56
56340 Plouhamel 56 80 Wf 63
29780 Plouhinec 29 61 Vd 60
56680 Plouhinec 56 79 We 62
29260 Plouider 29 62 Ve 57
29610 Plouigneau = Plouigno 29 63 Wb 57
29610 Plouigno = Plouigneau 29 63 Wb 57
22200 Plouisy 22 63 We 57
29600 Ploujean 29 62 Wb 57
22300 Ploulec'h 22 63 Wc 56
22970 Ploumagoar 22 63 Wf 57
22700 Ploumanac'h 22 63 Wd 56
22300 Ploumilliau 22 63 Wc 56
29810 Ploumoguer 29 61 Vb 58
29890 Plounéour-Brignogan-Plage 29 62 Ve 57
29410 Plounéour-Menez 29 62 Wa 58
29890 Plounéour-Trez 29 62 Ve 57
22780 Plounérin 22 63 Wc 57
29400 Plounéventer 29 62 Ve 57
29530 Plounévez-du-Faou 29 62 Wb 59
29270 Plounévézel 29 63 Wc 59
29430 Plounevez-Lochrist 29 62 Ve 57
22810 Plounevez-Moëdec 22 63 Wd 57
22110 Plounévez-Quintin 22 63 We 59
22500 Plounez 22 63 Wf 56
22160 Plourac'h 22 63 Wc 58
56770 Plouray 56 79 Wd 60
22410 Plourhan 22 64 Xa 57
29830 Plourin 29 61 Vb 57
29600 Plourin-lès-Morlaix 29 62 Wb 57
22860 Plourivo 22 63 Wf 56
35440 Plousière, la 35 65 Yb 59
62118 Plouvain 62 30 Cf 47
22650 Plouvalae = Ploubalay 22 65 Xf 57
22170 Plouvara 22 64 Xa 57
29860 Plouvien 29 61 Vd 57
29420 Plouvorn 29 62 Vf 57
62380 Plouy 62 29 Ca 45
29690 Plouyé 29 62 Wb 59
29280 Plouzané 29 61 Vc 58
22420 Plouzélambre 22 63 Wc 57
29440 Plouzévédé 29 62 Vf 57
29800 Plouziri = Ploudiry 29 62 Vf 58
29720 Plovan 29 78 Vd 61
02860 Ployart-et-Vaurseine 02 40 De 52
60420 Ployron, le 60 39 Cd 51
29710 Plozévet 29 78 Vd 61
22290 Pludal 22 64 Xa 56
22130 Pluduno 22 64 Xe 57
22310 Plufur 22 63 Wc 57
29700 Pluguffan 29 78 Ve 61
56220 Pluherlin 56 81 Xd 62
22350 Plumaudan 22 65 Xf 58
22250 Plumaugat 22 65 Xe 59
19700 Plumausel 19 126 Be 76
56420 Plumelec 56 80 Xc 61
56930 Pluméliau 56 79 Xa 61
56500 Plumelin 56 80 Xa 61
56400 Plumergat 56 80 Xa 62
14440 Plumetot 14 47 Zd 53
22210 Plumieux 22 64 Xc 60
39700 Plumont 39 107 Fe 66
56400 Pluneret 56 80 Xa 62
22240 Plurien 22 64 Xd 57
22160 Plusquellec 22 63 Wd 58
22320 Plussulien 22 63 Wf 59
21110 Pluvault 21 106 Fb 65
21110 Pluvet 21 106 Fb 65
24360 Pluviers 24 124 Ae 75
22140 Pluzunet 22 63 Wd 57
51130 Pocancy 51 53 Ea 55
35500 Pocé-les-Bois 35 66 Ye 60
37530 Pocé-sur-Cisse 37 86 Af 64
72380 Poche 72 68 Aa 60
56420 Poche, la 56 80 Xc 62
21230 Pochoy 21 105 Ec 65
44220 Pociou 44 96 Yb 65
33720 Podensac 33 135 Zd 81
05200 Poët 05 145 Gc 81
05300 Poët, le 05 157 Ff 83
26460 Poët-Célard, le 26 143 Fa 81
26170 Poët-en-Percip, le 26 156 Fc 83
26160 Poët-Laval, le 26 143 Fa 81

26110 Poët-Sigillat, le 26 156 Fb 82
80240 Pœuilly 80 40 Da 49
64230 Poey-de-Lescar 64 162 Zd 88
64400 Poey-d'Oloron 64 161 Zc 89
03800 Poëzat 03 116 Db 72
20114 Poggiale CTC 185 Ka 99
20218 Poggio CTC 181 Kb 94
20224 Poggio CTC 182 If 94
20275 Poggio CTC 181 Kc 91
20240 Poggio-di-Nazza CTC 183 Kb 96
20250 Poggio-di-Venaco CTC 183 Kb 95
20232 Poggio-d'Oletta CTC 181 Kc 93
20169 Poggio d'Olmo CTC 185 Kb 100
20144 Poggioli CTC 185 Kc 98
20125 Poggiolo CTC 182 If 95
20237 Poggio-Marinaccio CTC 181 Kc 94
20230 Poggio-Mezzana CTC 183 Kc 94
51240 Pogny 51 54 Ec 55
39570 Poids-de-Fiole 39 107 Fd 69
50190 Poignavanderie, la 50 46 Yd 53
77160 Poigny 77 72 Db 57
78125 Poigny-la-Forêt 78 50 Be 56
58170 Poil 58 104 Ea 67
89630 Poil-Chevré 89 90 Ea 64
08190 Poilcourt-Sydney 08 41 Ea 52
34310 Poilhes 34 167 Da 89
86500 Poilieu 86 112 Ae 70
72350 Poillé-sur-Vègre 72 84 Ze 61
35420 Poilley 35 66 Ye 58
50220 Poilley 50 66 Ye 57
51170 Poilly 51 53 De 53
45500 Poilly-lez-Gien 45 88 Cd 62
89310 Poilly-sur-Serein 89 90 Df 62
89110 Poilly-sur-Tholon 89 89 Dc 61
17470 Poimier, le 17 111 Zd 72
89800 Poinchy 89 90 De 62
21330 Poinçon-lès-Larrey 21 91 Ec 61
36330 Poinçonnet, le 36 101 Be 68
77470 Poincy 77 52 Cf 55
85710 Poinière, la 85 96 Ya 67
52160 Poinsenot 52 91 Fa 62
52500 Poinson-lès-Fayl 52 92 Fd 62
52160 Poinson-lès-Grancey 52 91 Ef 62
52800 Poinson-lès-Nogent 52 75 Fc 61
72510 Point-du-Jour, le 72 84 Aa 62
33980 Pointe 33 134 Za 80
49080 Pointe 49 83 Zc 64
06440 Pointe, la 06 159 Hc 86
56140 Pointe, la 56 81 Xe 62
82200 Pointe, la 82 149 Ba 84
85330 Pointe de L' Herbaudière 85 96 Xe 66
56190 Pointe-de-Pen-Lan 56 81 Xc 63
61220 Pointel 61 47 Zd 56
45150 Pointes, les 45 87 Ca 61
09160 Pointis 09 164 Ba 90
31210 Pointis-de-Rivière 31 163 Ad 90
31800 Pointis-Inard 31 163 Ae 90
39290 Pointre 39 106 Fd 65
25440 Pointvillers 25 107 Ff 66
28310 Poinville 28 70 Bf 59
85770 Poiré-sur-Velluire, le 85 110 Za 70
85170 Poiré-sur-Vie, le 85 97 Yc 68
61430 Poirier 61 47 Zc 56
22400 Poirier, le 22 64 Xc 57
62890 Poirier, le 62 27 Bf 44
49770 Poiriers, les 49 83 Zb 63
86400 Poiriers, les 86 111 Ab 72
36140 Poirond 36 114 Be 70
58230 Poirot 58 104 Df 66
85230 Poirot, le 85 96 Xf 67
85440 Poiroux, le 85 109 Yc 69
45130 Poiseaux 45 70 Bd 61
52360 Poiseul 52 92 Fc 61
21440 Poiseul-la-Grange 21 91 Ee 63
21450 Poiseul-la-Ville-et-Laperrière 21 91 Ed 63
21120 Poiseul-lès-Saulx 21 91 Ef 63
58130 Poiseux 58 103 Db 66
58170 Poiseux 58 104 Df 67
18200 Poisieux 18 102 Cc 68
18290 Poisieux 18 102 Ca 66
41270 Poislay, le 41 69 Ba 60
41240 Poisly 41 86 Bd 61
39160 Poisoux 39 119 Fc 70
19330 Poissac 19 126 Be 77
58130 Poisson 58 103 Db 66
71600 Poisson 71 117 Ea 70
52230 Poissons 52 75 Fb 58
78300 Poissy 78 51 Ca 55
28300 Poisvilliers 28 70 Bc 57
74330 Poisy 74 120 Ga 73
44440 Poitevinière, la 44 82 Ye 63
49510 Poitevinière, la 49 98 Za 65
23140 Poitiere Marsat 23 114 Ca 71
86000 Poitiers 86 99 Ac 69
39130 Poitte 39 119 Fe 69
10700 Poivres 10 54 Eb 56
51460 Poix 51 54 Ed 55
80290 Poix-de-Picardie 80 38 Bf 50
59218 Poix-du-Nord 59 31 Dd 47
08430 Poix-Terron 08 42 Ed 51
01130 Poizat-Lalleyriat, le 01 119 Fe 72
86220 Poizay 86 100 Ad 67
38460 Poizieu 38 131 Fb 74
70210 Polaincourt-et-Clairefontaine 70 93 Ga 61
31430 Polastron 31 164 Af 89
32130 Polastron 32 163 Af 87
17700 Poléon 17 110 Zb 72
60690 Polhoy 60 38 Bf 51
38210 Poliénas 38 131 Fc 77
03310 Polier 03 115 Cd 71
15260 Polignac 15 140 Da 79
17210 Polignac 17 123 Ze 77
43000 Polignac 43 141 Df 78
35320 Poligné 35 82 Yb 61
05500 Poligny 05 144 Ga 80
10110 Poligny 10 74 Eb 59
39800 Poligny 39 107 Fe 67
77167 Poligny 77 71 Ce 59
62370 Polincove 62 27 Ca 43
10110 Polisot 10 74 Ec 60
12330 Polissat 12 139 Cd 81
10110 Polisy 10 74 Ec 60
66300 Politg 66 179 Ce 93
86200 Polka, la 86 99 Ab 66
66450 Pollestres 66 179 Cf 93
01800 Pollet 01 131 Fa 74
01310 Polliat 01 118 Fa 71
01350 Pollieu 01 131 Fe 74
69290 Pollionnay 69M 130 Ed 74
15800 Polminhac 15 139 Cd 79
19220 Polprat 19 138 Ca 77
73500 Polsets Chalets 73 133 Gd 77
20229 Polveroso CTC 183 Kc 94
51110 Pomacle 51 53 Ea 52
12150 Pomairols 12 152 Cf 83
38120 Pomaray 38 131 Fe 77
46250 Pomarède 46 137 Bb 81
09140 Pomarède, la 09 177 Bb 92
11400 Pomarède, la 11 165 Df 88
48190 Pomaret 48 141 De 82
40360 Pomarez 40 161 Zb 87
11250 Pomas 11 166 Cb 90
12160 Pomayret 12 151 Cc 82
12130 Pomayrols 12 140 Da 82
09420 Pombole 09 177 Bb 91
24100 Pombonne 24 136 Ad 79
24160 Pomélie, la 24 125 Ba 76
42240 Pomerley 42 129 Ea 76
33500 Pomerol 33 135 Ze 79
34810 Pomérols 34 167 Dc 88
48300 Pomeyrols 48 141 De 80
69590 Pomeys 69M 130 Ec 75
32430 Pominet 32 164 Af 86
61200 Pommainville 61 48 Zf 56
21630 Pommard 21 106 Ee 66
81250 Pommardelle 81 152 Cc 85
28140 Pommay 28 70 Bd 60
47170 Pomme-d'Or, la 47 148 Ab 84
62760 Pommera 62 29 Cc 47
79190 Pommeraie, la 79 111 Aa 71
85700 Pommeraie-sur-Sèvre, la 85 98 Zb 67
28120 Pommeray 28 69 Bb 58
14100 Pommeraye, la 14 35 Ab 54
14690 Pommeraye, la 14 47 Zd 55
49360 Pommeraye, la 49 98 Zc 67
49620 Pommeraye, la 49 83 Za 64
76750 Pommeraye, la 76 37 Bb 51
22120 Pommeret 22 64 Xc 58
59360 Pommereuil 59 31 Dd 48
60590 Pommereux 60 38 Bf 53
76440 Pommereux 76 38 Bd 51
76680 Pommeréval 76 37 Bb 50
19290 Pommerie, la 19 126 Ca 74
53400 Pommerieux 53 83 Za 62
57420 Pommérieux 57 56 Gb 55
22450 Pommerit-Jaudy 22 63 We 56
22200 Pommerit-le-Vicomte 22 63 Wf 57
77515 Pommeuse 77 52 Da 56
82400 Pommevic 82 149 Af 84
24340 Pommier 24 124 Ad 76
38280 Pommier 38 131 Fa 74
46600 Pommier 46 138 Bd 79
62111 Pommier 62 29 Cd 47
71120 Pommier 71 117 Ec 70
23300 Pommier, le 23 113 Bc 71
23400 Pommier, le 23 114 Be 72
23400 Pommier, le 23 126 Be 73
38260 Pommier-de-Beaurepaire 38 131 Fa 76
02200 Pommiers 02 40 Db 52
12320 Pommiers 12 139 Cc 81
30120 Pommiers 30 153 Dd 85
36190 Pommiers 36 114 Bd 69
42260 Pommiers 42 129 Ea 74
69480 Pommiers 69D 118 Ee 73
38340 Pommiers-la-Placette 38 131 Fd 77
17130 Pommiers-Moulons 17 123 Zd 77
70240 Pomoy 70 93 Gc 63
79200 Pompaire 79 99 Ze 69
44410 Pompas 44 81 Xd 64
33730 Pompéjac 33 147 Ze 82
31450 Pompertuzat 31 165 Bd 88
54340 Pompey 54 56 Ga 56
43170 Pompeyrin 43 140 Dc 79
32130 Pompiac 32 164 Ba 87
47330 Pompiac 47 136 Ad 81
48110 Pompidou, le 48 153 Dd 83
49350 Pompierre 49 84 Ze 65
88300 Pompierre 88 75 Fe 59
25340 Pompierre-sur-Doubs 25 94 Gd 64
04140 Pompiéry 04 157 Gc 82
47230 Pompiey 47 148 Ab 83
33370 Pompignac 33 135 Zd 79
30170 Pompignan 30 153 Df 85
82170 Pompignan 82 150 Bb 86
47420 Pompogne 47 148 Aa 83
79100 Pompois 79 98 Ze 66
24240 Pomport 24 136 Ac 80
64370 Pomps 64 162 Zc 88
40160 Poms 40 146 Yf 82
72340 Poncé-sur-le-Loir 72 85 Ad 62
36260 Poncet-la-Ville 36 102 Bf 66
71640 Poncey 71 105 Ee 68
21130 Poncey-lès-Athée 21 106 Fc 65
33220 Ponchapt 33 136 Ab 79
62390 Ponchel, le 62 29 Ca 47
80150 Ponches-Estruval 80 28 Bf 47
60430 Ponchon 60 51 Cb 52
01450 Poncin 01 119 Fc 72
42110 Poncins 42 129 Ea 74
33190 Pondaurat 33 135 Zf 81
24430 Pondemaux 24 136 Ad 78
36230 Ponderon, le 36 101 Bf 69
16440 Pondeville 16 123 Zf 75
56300 Pondivi = Pontivy 56 79 Xa 60
35720 Pondolay 35 65 Ya 58
18210 Pondy, le 18 103 Cd 68
26150 Ponet-et-Saint Auban 26 143 Fb 80
31210 Ponlat-Taillebourg 31 163 Ad 90
62270 Ponnières 62 29 Cb 47
12140 Pons 12 139 Cd 80
15400 Pons 15 127 Cd 77
17800 Pons 17 123 Zc 75
32300 Ponsampère 32 163 Ac 88
32300 Ponsan-Soubiran 32 163 Ac 88
26240 Ponsas 26 130 Ef 78
23250 Ponsat 23 114 Df 72
40400 Ponson 40 146 Zb 85
64460 Ponson-Debat-Pouts 64 162 Zf 89
64460 Ponson-Dessus 64 162 Zf 89
38350 Ponsonnas 38 144 Fe 79
09800 Pont, le 09 176 Af 91
17600 Pont, le 17 122 Za 74
21130 Pont, le 21 106 Fb 65
43260 Pont, le 42 117 Df 73
45640 Pont, le 45 87 Ca 61
50770 Pont, le 50 46 Yc 53
79210 Pont, le 79 110 Zc 71
02270 Pont-à-Bucy 02 40 Dc 50
64530 Pontacq 64 162 Zf 89
17640 Pontaillac 17 122 Yf 75
21270 Pontailler-sur-Saône 21 92 Fc 65
26150 Pontaix 26 143 Fb 80
43170 Pontajou 43 140 Dc 79
87200 Pont-à-la-Planche 87 112 Af 73
02500 Pont-à-L'Ecu 02 41 Ea 49
86120 Pontalon 86 99 Aa 66
73300 Pontamafrey 73 132 Gc 77
59710 Pont-à-Marcq 59 30 Da 45
54700 Pont-À-Mousson 54 56 Ga 55
02160 Pont-Arcy 02 40 Dd 52
23250 Pontarion 23 114 Bf 73
25300 Pontarlier 25 108 Gc 67
60520 Pontarmé 60 51 Cd 54
22650 Pont-Arson 22 65 Xe 57
63190 Pont-Astier 63 128 Dc 73
89200 Pontaubert 89 90 Df 64
27500 Pont-Audemer 27 36 Ad 52
56440 Pont-Augen 56 80 Wf 61
28140 Pontault 28 70 Bd 60
94510 Pontault-Combault 94 51 Cd 56
63380 Pontaumur 63 127 Ce 73
50250 Pont-Auny 50 46 Yd 53
27290 Pont-Authou 27 49 Ae 53
50390 Pont-aux-Moines, le 50 33 Yc 52
29930 Pont-Aven 29 78 Wb 61
62880 Pont-à-Vendin 62 30 Cf 46
02160 Pontavert 02 41 De 52
14380 Pont-Bellanger 14 47 Za 55
53500 Pontbellon 53 66 Yf 59
44640 Pont-Béranger, le 44 96 Yb 66
50380 Pont-Bleu, le 50 46 Yc 56
37130 Pont-Boutard 37 85 Ab 64
50750 Pont-Brocard, le 50 46 Ye 54
46340 Pont-Carral 46 137 Bb 80
77135 Pontcarré 77 51 Ce 56
70360 Pontcey 70 93 Ga 63
61120 Pontchardon 61 48 Ab 55
38530 Pontcharra 38 132 Ga 76
69490 Pontcharra-sur-Turdine 69D 118 Ec 73
23260 Pontcharraud 23 127 Cb 73
85120 Pont-Chartran, le 85 109 Yb 69
44160 Pontchâteau 44 81 Xf 64
36800 Pont-Chrétien-Chabenet 36 101 Bc 69
46150 Pontcirq 46 137 Bb 81
29190 Pont-Coblant 29 78 Wa 59
22650 Pont-Cornou 22 65 Xe 57
19500 Pont-Coudert, le 19 138 Bd 78
29790 Pont-Croix 29 61 Vd 60
16110 Pont-d'Agris, le 16 124 Ab 74
01160 Pont-d'Ain 01 119 Fc 72
21390 Pont-d'Aisy 21 90 Eb 64
43580 Pont-d'Alleyras, le 43 141 Dd 79
08380 Pont-d'Any 08 41 Ec 49
62610 Pont d'Ardres, le 62 27 Bf 43
83510 Pont-d'Argens 83 172 Gc 88
44410 Pont-d'Armes 44 81 Xd 64
68520 Pont d'Aspach 68 95 Ha 62
59173 Pont-d'Asquin 59 29 Cc 44
30340 Pont-d'Avène, le 30 154 Ea 83
26160 Pont-de-Barret 26 143 Fa 81
73330 Pont-de-Beauvoisin, le 73 131 Fe 75
07000 Pont-de-Boyon, le 07 142 Ed 80
29590 Pont-de-Buis-lès-Quimerch 29 62 Vf 59
24250 Pont-de-Cause 24 137 Ba 80
38230 Pont-de-Chéruy 38 131 Fb 74
38800 Pont-de-Claix, le 38 144 Fe 78
63920 Pont-de-Dore 63 128 Dc 73
13460 Pont-de-Gau 13 169 Ec 88
50250 Pont-de-Glatigny, le 50 33 Yc 53
07380 Pont-de-Labeaume 07 142 Eb 81
33220 Pont-de-la-Beauze 33 136 Ab 80
20244 Pont de Lano CTC 183 Kb 94
27340 Pont-de-L'Arche 27 49 Ba 53
09140 Pont-de-la-Taule 09 177 Bb 92
33730 Pont-de-la-Trave 33 147 Zd 82
26260 Pont-de-L'Herbasse 26 142 Ef 78
26600 Pont-de-L'Isère 26 142 Ef 78
63560 Pont-de-Menat 63 115 Cf 72
80480 Pont-de-Metz 80 38 Cb 49
48220 Pont-de-Montvert, le 48 153 De 82
59850 Pont-de-Nieppe 59 30 Cf 44
21410 Pont-de-Pany 21 91 Ee 65
20251 Pont de Piedicorte CTC 183 Kb 95
21130 Pont-de-Pierre 21 106 Fc 65
70130 Pont-de-Planches, le 70 93 Ff 63
39130 Pont-de-Poitte 39 107 Fe 69
46310 Pont-de-Rhodes 46 138 Bc 81
25150 Pont-de-Roide 25 94 Ge 64
37260 Pont-de-Ruan 37 85 Ad 65
59177 Pont-de-Sains 59 31 Ea 48
12290 Pont-de-Salars 12 152 Ce 83
01200 Pont-des-Pierres 01 119 Fe 72
01190 Pont-de-Vaux 01 118 Ef 70
01290 Pont-de-Veyle 01 118 Ef 71
30440 Pont-d'Hérault 30 153 Dd 85
39110 Pont-d'Héry 39 107 Ff 67
44170 Pont-d'Indre, le 44 82 Yc 63
21360 Pont-d'Ouche 21 105 Ee 65
14690 Pont-d'Ouilly 14 47 Zd 55
62215 Pont-d'Oye 62 27 Ca 43
60127 Pontdron 60 52 Cf 53
70210 Pont-du-Bois 70 76 Ga 61
47400 Pont-du-Casse 47 149 Ae 83
20133 Pont d'Ucciani, le CTC 182 If 96
19320 Pont du Chambon 19 126 Ca 77
63430 Pont-du-Château 63 128 Db 74
29260 Pont-du-Chatel 29 62 Ve 57
05260 Pont-du-Fossé 05 144 Gb 80
85230 Pont-du-Fresne, le 85 96 Ya 66
74490 Pont-du-Giffre 74 120 Gc 72
62370 Pont-du-Halot 62 27 Ca 43
30750 Pont du Lingas 30 153 Dc 84
56390 Pont-du-Luc 56 80 Xb 62
64000 Pont du Moulin 64 162 Ze 90
39300 Pont-du-Navoy 39 107 Fe 68
13250 Pont-du-Raud, le 13 170 Fa 87
20218 Ponte a a Leccia = Ponte Leccia CTC 181 Kb 94
29430 Pontéalet 29 62 Ve 57
20236 Ponte Castirla CTC 183 Ka 94
14110 Pontécoulant 14 47 Zc 55
66300 Ponteilla 66 179 Ce 93
43150 Ponteils 43 141 Df 79
30450 Ponteils-et-Brésis 30 154 Df 82
63970 Pontex 63 128 Da 75
29790 Pontekroaz = Pont-Croix 29 61 Vd 60
20218 Ponte Leccia CTC 181 Kb 94
42550 Pontempeyrat 42 129 Df 76
20235 Ponte Novu CTC 181 Kb 94
38680 Pont-en-Royans 38 143 Fc 78
40200 Pontenx-les-Forges 40 146 Yf 83
14110 Pont-Erambourg 14 47 Zc 55
19130 Ponterie, la 19 125 Bc 77
20235 Ponte Rosso CTC 181 Kb 94
20235 Ponte Rossu = Ponte Rosso CTC 181 Kb 94
13090 Pontès 13 170 Fc 87
44522 Pont-Esnaud 44 82 Ye 64
07320 Pontet, le 07 142 Ec 79
15130 Pontet, le 15 139 Cc 79
33390 Pontet, le 33 122 Zc 77
73110 Pontet, le 73 132 Gb 76
84130 Pontet, le 84 155 Ef 85
21140 Pont-et-Massène 21 90 Ec 64
25240 Pontets, les 25 107 Gb 68
38780 Pont-Évêque 38 130 Ef 75
83670 Pontevès 83 171 Ga 87
24410 Ponteyraud, La Jemaye- 24 124 Ab 77
14380 Pont-Farcy 14 46 Yf 55
51490 Pontfaverger-Moronvilliers 51 54 Eb 53
14430 Pontfol 14 35 Aa 54
63230 Pontgibaud 63 127 Cf 74
44770 Pont-Giraud 44 96 Xe 66
28190 Pontgouin 28 69 Ba 58
61220 Pont-Guillaume, le 61 67 Zd 57
50880 Pont-Hébert 50 46 Yf 53
21470 Pont-Hémery 21 106 Fb 66
78730 Ponthévrard 78 70 Bf 57
77310 Ponthierry 77 71 Cd 57
01110 Ponthieu 01 131 Fd 73
51300 Ponthion 51 54 Ee 56
80860 Ponthoile 80 28 Be 47
29650 Ponthou, le 29 63 Wc 57
72290 Ponthouin 72 68 Ab 59
39170 Ponthoux 39 119 Fe 70
64460 Pontiacq-Viellepinte 64 162 Zf 88
32350 Pontic 32 163 Ac 87
20169 Ponti di a Nava CTC 185 Kb 100
49150 Pontigné 49 84 Zf 63
89230 Pontigny 89 89 De 61
41500 Pontijou 41 86 Bb 62
05160 Pontis 05 145 Gc 81
56300 Pontivy = Pondivi 56 79 Xa 60
88170 Pont-Jaunay, le 88 [illegible]
29120 Pont-l'Abbe 29 78 Ve 61
50360 Pont-L'Abbé 50 33 Yd 52
17250 Pont-L'Abbé-d'Arnoult 17 122 Za 74
52120 Pont-la-Ville 52 74 Ef 60
85600 Pont-Legé, le 85 97 Ye 67
88260 Pont-lès-Bonfays 88 76 Ga 59
25110 Pont-les-Moulins 25 93 Gc 65
14130 Pont-L'Évêque 14 35 Ab 53
41400 Pontlevoy 41 86 Bb 64
29810 Pont-L'Hôpital 29 61 Vc 58
40120 Pont-Long, le 40 148 Ze 83
53220 Pontmain 53 66 Yf 58
08350 Pont-Maugis 08 42 Ef 50
19800 Pont-Maure 19 126 Bf 76
22390 Pont-Melvez 22 63 We 58
29620 Pont-Menou 29 63 Wb 57
29390 Pont-Meur 29 79 Wb 60
29120 Pont-'N-Abad = Pont-l'Abbe 29 78 Ve 61
12390 Pont-Neuf, le 12 151 Cb 82
80115 Pont-Noyelles 80 39 Cc 49
04800 Pontoise 04 157 Fe 86
95520 Pontoise 95 51 Ca 54
60400 Pontoise-lès-Noyon 60 39 Da 51
40465 Pontonx-sur-L'Adour 40 146 Za 86
50170 Pontorson 50 66 Yc 57
24150 Pontours 24 136 Ae 79
71270 Pontoux 71 106 Fa 67
57420 Pontoy 57 56 Gb 54
35131 Pont-Péan 35 65 Yb 60
57380 Pontpierre 57 57 Gd 54
60700 Pontpoint 60 51 Cd 53
35580 Pont-Réan 35 65 Yb 60
17350 Pontreau, le 17 110 Zb 73
80580 Pont-Rémy 80 28 Bf 48
22260 Pontrev = Pontrieux 22 63 Wf 56
22260 Pontrieux 22 63 Wf 56
59253 Pont-Riqueul 59 29 Ce 45
14250 Pont-Roc, le 14 34 Zc 53
04340 Pont romain 04 157 Gc 82
87260 Pont-Hoy 87 125 Bc 75
13370 Pont-Royal 13 170 Fb 86
02490 Pontru 02 40 Db 49
02490 Pontruet 02 40 Db 49
50300 Ponts 50 46 Yd 56
60700 Pont-Sainte-Maxence 60 51 Cd 53
30130 Pont-Saint-Esprit 30 155 Ed 83
24140 Pont-Saint-Mamet 24 136 Ad 79
02380 Pont-Saint-Mard 02 40 Db 52
10150 Pont-Sainte-Marie 10 73 Ea 59
44860 Pont-Saint-Martin 44 97 Yc 66
87300 Pont-Saint-Martin 87 112 Af 71
27360 Pont-Saint-Pierre 27 37 Bb 53
54550 Pont-Saint-Vincent 54 76 Ga 57
43330 Pont-Salomon 43 129 Eb 76
05000 Pont-Sarrazin 05 144 Ga 81
56620 Pont-Scorff 56 79 Wd 61
49130 Ponts-de-Cé, les 49 84 Zc 64
02250 Pontséricourt 02 41 Df 50
76260 Ponts-et-Marais 76 28 Bc 48
22400 Ponts Neufs 22 64 Xc 57
14480 Ponts sur Seulles 14 35 Zc 53
70110 Pont-sur-l'Ognon 70 93 Gc 63
88500 Pont-sur-Madon 88 76 Ga 58
59138 Pont-sur-Sambre 59 31 Df 47
10400 Pont-sur-Seine 10 73 Dd 57
89190 Pont-sur-Vanne 89 72 Dc 59
89140 Pont-sur-Yonne 89 72 Db 59
69240 Pont-Trambouze 69D 117 Eb 72
47380 Pont-Trancat 47 136 Ad 82
28630 Pont-Tranche-Fétu 28 69 Bc 58
72510 Pontvallain 72 84 Ab 62
52130 Pont-Varin 52 74 Ef 57
15290 Pontverny 15 138 Ca 79
53400 Pont-Vien, le 53 83 Za 61
81440 Pont-Vieux, le 81 151 Ca 86
23130 Ponty 23 114 Ca 72
58140 Ponty 58 90 De 65
34230 Popian 34 167 Dd 87
80700 Popincourt, Dancourt- 80 39 Ce 51
20218 Popolasca CTC 181 Ka 94
56380 Porcaro 56 81 Xe 61
86320 Porcelaine, la 86 112 Ae 70
13104 Porcelette 13 169 Ee 88
57890 Porcelette 57 57 Gd 54
44520 Porche, le 44 82 Ye 63
54800 Porcher 54 56 Fe 54
33660 Porchères 33 135 Aa 78
86160 Porcherie, la 86 112 Ab 71
87380 Porcherie, la 87 125 Bd 75
28200 Porcheronville 28 70 Bd 61
60390 Porcheux 60 50 Bf 52
78440 Porcheville 78 50 Be 55
84120 Porchière 84 156 Fe 86
38390 Porcieu-Amblagnieu 38 131 Fc 74
58140 Porcmignon 58 90 Df 65
22590 Pordic 22 64 Xb 57
20137 Poretta CTC 185 Kb 99
20222 Poretto CTC 181 Kc 92
33680 Porge, le 33 134 Yf 79
33680 Porge-Océan, le 33 134 Ye 79
29260 Porléach 29 62 Ve 57
58330 Pornas 58 104 Dc 66
44210 Pornic 44 96 Xf 66
44380 Pornichet 44 81 Xd 65
60400 Porquéricourt 60 39 Cf 51
83400 Porquerolles 83 172 Gb 91
37330 Porrerie, la 37 85 Ab 63
20215 Porri CTC 181 Kc 94
29242 Porsguen 29 61 Uf 58
29280 Porsmilin 29 61 Vb 58
29810 Porsmoguer 29 61 Vb 58
29360 Porsmoric 29 79 Wc 62
29840 Porspoder 29 61 Vb 57
01460 Port 01 119 Fd 72
09320 Port, le 09 177 Bc 91
33680 Port, le 33 134 Yf 79
85440 Port, le 85 109 Yc 70
66760 Porta 66 177 Bf 93
20237 Porta, la CTC 181 Kc 94
16330 Portal, le 16 [illegible]
34300 Port-Ambonne 34 167 Dd 89
83390 Portanière, la 83 171 Gb 89
83390 Portaniere, la 83 171 Gb 89
44420 Port-au-Loup 44 81 Xc 64
20245 Porta Vecchia CTC 180 Ie 94
50580 Portbail 50 46 Yb 52
66420 Port-Barcarès 66 179 Da 92
22610 Port-Béni 22 63 We 55
22710 Port-Blanc 22 63 We 55
56870 Port-Blanc 56 80 Xa 63
37140 Port-Boulet, le 37 99 Aa 65
53410 Port-Brillet 53 66 Za 60
30240 Port-Camargue 30 168 Ea 87
34420 Port-Cassafières 34 167 Dc 89
83400 Port-Cros 83 172 Gc 90
37140 Port-d'Ablevois, le 37 99 Ab 65
83270 Port-d'Alon 83 171 Fd 90
81500 Port-d'Ambres 81 165 Be 86
70160 Port-d'Atelier-Amance 70 93 Ga 62
13110 Port-de-Bouc 13 170 Ef 88
33340 Port-de-By 33 122 Za 76
20221 Port de Campoloro CTC 183 Kd 94
17150 Port-de-Cônac 17 122 Zb 76
33420 Port-de-Génissac 33 135 Ze 79
33590 Port-de-Goulée 33 122 Za 76
33290 Port-de-Grattequina 33 135 Zc 79
01680 Port-de-Groslée 01 131 Fd 74
85540 Port-de-la-Claye 85 109 Ye 70
33460 Port-de-Lamarque 33 134 Zb 78
33340 Port-de-Lamena 33 122 Zb 76
85350 Port-de-la-Meule 85 96 Xd 68
40300 Port-de-Lanne 40 161 Ye 87
83250 Port-de-Miramare 83 172 Gb 90
AD200 Port d'Envalira ◘ AND 177 Be 93
17350 Port-d'Envaux 17 122 Zb 73
09110 Port-de-Pailhères 09 178 Bf 92
47140 Port-de-Penne 47 149 Ae 82
86220 Port-de-Piles 86 100 Ad 66
33590 Port-de-Richard 33 122 Za 76
63290 Port-de-Ris 63 116 Dc 73
35600 Port-de-Roche 35 82 Ya 62

33590 Port-de-Saint-Vivien 33 122 Yf 76
86150 Port-de-Salles 86 112 Ad 71
17730 Port-des-Barques 17 110 Yf 73
33820 Port-des-Callonges 33 122 Zb 77
13800 Port-des-Heures-Claires 13 170 Fa 88
19200 Port-Dieux 19 127 Cc 75
56640 Port-du-Crouesty 56 80 Xa 63
17840 Port-du-Douhet 17 109 Ye 72
37230 Port-du-Luynes, le 37 85 Ad 64
64530 Porte 64 162 Zf 89
73140 Porte 73 132 Gc 77
74930 Porte 74 120 Gb 72
19220 Porte, la 19 138 Ca 78
79340 Porteau, le 79 99 Zf 69
49250 Porteaux 49 84 Ze 64
50400 Porte-aux-Hogais, la 50 46 Yd 56
22320 Porte-aux-Moines, la 22 64 Xa 59
85420 Porte-de-L'Ile, la 85 110 Zb 70
27430 Porte-de-Seine 27 50 Bb 53
69400 Porte des Pierres Dorées 69D 118 Ed 73
52220 Porte du Der, la 52 74 Ee 58
68320 Porte du Ried 68 60 Hc 60
27430 Porte-Joie 27 50 Bb 53
62480 Portel, le 62 28 Bd 44
11490 Portel-des-Corbières 11 179 Cf 90
14520 Port-en-Bessin-Huppain 14 47 Zb 52
66760 Porté-Puymorens 66 177 Bf 93
27190 Portes 27 49 Af 54
30530 Portes 30 154 Ea 83
23700 Portes, les 23 114 Cc 72
42260 Portes, les 42 117 Df 73
85450 Portes-des-Grands-Greniers 85 110 Yf 71
35460 Portes du Coglais, les 35 66 Yd 58
17880 Portes-en-Ré, les 17 109 Yd 71
26160 Portes-en-Valdaine 26 142 Ef 81
26000 Portes-lès-Valence 26 142 Ef 79
64330 Portet 64 162 Ze 87
31160 Portet-d'Aspet 31 176 Af 91
31800 Porteteny 31 163 Ae 90
33640 Portets 33 135 Zd 80
31120 Portet-sur-Garonne 31 164 Bc 87
11510 Port-Fitou 11 179 Da 91
56360 Port-Fouquet 56 80 We 64
01800 Port-Galand, le 01 131 Fb 74
49170 Port-Girault, le 49 83 Zb 64
83310 Port-Grimaud 83 172 Gd 89
56170 Port-Haliguen 56 79 Wf 64
20166 Porticcio CTC 182 Ie 97
20228 Porticciolo CTC 181 Kc 91
88330 Portieux 88 76 Gc 58
20110 Portigliolo CTC 184 If 99
20138 Portigliolo CTC 182 Ie 98
34340 Portillon 31 176 Ae 91
34420 Portiragnes 34 167 Dc 89
56510 Portivy 56 79 Wf 63
76170* Port-Jérôme sur-Seine 76 36 Ad 51
11210 Port-la-Nouvelle 11 179 Da 90
17380 Port-L'Aubier, le 17 110 Zb 73
29150 Port-Launay 29 62 Vf 59
56590 Port-Lay 56 79 Wd 63
22470 Port-Lazo 22 63 Xa 56
80132 Port-le-Grand 80 28 Be 48
39600 Port-Lesney 39 107 Fe 67
11370 Port-Leucate 11 179 Da 91
56290 Port-Louis 56 79 Wd 62
22410 Portmain 44 96 Xe 66
29920 Port-Manec'h 29 78 Wb 62
56360 Port-Maria 56 80 Wf 65
78560 Port-Marly, le 78 51 Ca 55
17240 Port-Maubert 17 122 Zb 76
77114 Port-Montain, le 77 72 Dc 58
27940 Port-Mort 27 50 Bc 53
76270 Portmort 76 38 Bd 50
56640 Port-Navalo 56 80 Xa 63
20150 Porto CTC 182 Ie 95
20150 Porto Marina CTC 182 Ie 95
20140 Porto Pollo CTC 184 Ie 98
73310 Portout 73 132 Fe 74
20137 Porto Vecchiaccio CTC 185 Kb 99
20137 Porto-Vecchio CTC 185 Kb 99
50440 Port-Racine 50 32 Ya 50
37800 Ports 37 100 Ad 66
47130 Port-Sainte-Marie 47 148 Ac 83
38470 Port-Saint-Gervais 38 131 Fc 77
13230 Port-Saint-Louis-du-Rhône 13 169 Ee 88
56590 Port-Saint-Nicolas 56 79 Wc 63
76520 Port-Saint-Ouen, le 76 37 Ba 52
44710 Port-Saint-Père 44 96 Yb 66
50620 Port-Saint-Pierre, le 50 46 Ye 53
29830 Portsall 29 61 Vb 57
70170 Port-sur-Saône 70 93 Ga 62
54700 Port-sur-Seille 54 56 Ga 55
56590 Port-Tudy 56 79 Wd 63
20150 Portu = Porto CTC 182 Ie 95
20130 Portu Monachi CTC 182 Id 96
20140 Portu Polu = Porto Pollo CTC 184 Ie 98
20137 Portu Vechjacciu = Porto Vecchiaccio CTC 185 Kb 99
66660 Port-Vendres 66 179 Da 93
85770 Port-Vieux, le 85 110 Za 70
22620 Porz-Even 22 63 Wf 56
22820 Porz-Hir 22 63 We 55
01150 Posafol 01 119 Fb 73
21350 Posanges 21 91 Ed 64
27740 Poses 27 50 Bb 53
62240 Possart, le 62 28 Be 44
51330 Possesse 51 54 Ee 55
49170 Possonières, la 49 83 Zb 64
14340 Poste, la 14 35 Aa 54
40990 Poste, la 40 161 Yf 86
38970 Posterle, la 38 144 Ff 80
89260 Postolle, la 89 72 Dc 59
57930 Postroff 57 57 Ha 55
29160 Postudel 29 61 Vc 60
51260 Potangis 51 73 Dd 57
22530 Poteau, le 22 63 Xa 59
33710 Poteau, le 33 135 Zc 78
35550 Poteau, le 35 81 Xf 62
40120 Poteau, le 40 147 Ze 83
42120 Poteau, le 42 117 Ea 72
50570 Poteau, le 50 46 Ye 54
56130 Poteau, le 56 81 Xd 63
56390 Poteau, le 56 80 Xa 62
85220 Poteau, le 85 109 Yc 70
19550 Poteau-du-Gay, le 19 126 Ca 77
33370 Poteau-d'Yvrac, le 33 135 Zd 79
29900 Poteau-Vert 29 78 Wa 61
30500 Potelières 30 154 Eb 83
33430 Potence, la 33 148 Ze 82
33340 Potensac 33 122 Za 77
14710 Poterie, la 14 47 Za 53
16390 Poterie, la 16 124 Aa 77
18310 Poterie, la 18 101 Bf 66
22400 Poterie, la 22 64 Xd 58
28400 Poterie, la 28 69 Af 58
29410 Poterie, la 29 62 Vf 57
44690 Poterie, la 44 97 Yd 66
49230 Poterie, la 49 97 Yf 66
49440 Poterie, la 49 83 Za 63
89480 Poterie, la 89 89 Dc 63
61190 Poterie-au-Perche, la 61 49 Ae 57
76280 Poterie-Cap-d'Antifer, la 76 35 Ab 50
27560 Poterie-Mathieu, la 27 49 Ad 53
49340 Poteries, les 49 98 Zb 66
21400 Pothières 21 91 Ed 61
60310 Poterie, la 60 39 Cf 51
16190 Potiers, les 16 123 Aa 76
14420 Potigny 14 48 Ze 55
85640 Potrie, la 85 97 Yf 68
80190 Potte 80 39 Cf 50
86120 Pouançay 86 99 Zf 66
49420 Pouancé 49 83 Ye 62
10700 Pouan-les-Vallées 10 73 Ea 57
86200 Pouant 86 99 Ab 66
58700 Poucelange 58 103 Db 66
24120 Pouch, la 24 137 Bc 78
33121 Pouch, le 33 134 Yf 78
31370 Poucharramet 31 164 Bb 88
31420 Pouche, la 31 163 Ae 89
12170 Poudac 12 152 Cd 84
46090 Poudans 46 150 Bb 82
47170 Poudenas 47 148 Ab 84
40700 Poudenx 40 161 Zc 87
81700 Poudis 81 165 Bf 87
46500 Poudurac 46 138 Bd 80
86110 Poué 86 99 Aa 68
35150 Pouez 35 82 Yc 61
49370 Pouëze, la 49 83 Zb 63
79500 Pouffonds 79 111 Zf 71
23250 Pouge, la 23 114 Bf 73
36100 Pouge, la 36 102 Ca 67
87310 Pouge, la 87 125 Af 74
19330 Pouget, le 19 126 Be 77
34230 Pouget, le 34 167 Dd 87
43170 Pouget, le 43 140 Dd 79
30330 Pougnadoresse 30 155 Ed 84
16700 Pougné 16 112 Ab 73
79130 Pougne-Hérisson 79 98 Zd 69
01550 Pougny 01 120 Ff 72
58200 Pougny 58 89 Da 64
58320 Pougues-les-Eaux 58 103 Da 66
10240 Pougy 10 74 Ec 58
07690 Pouilla 07 130 Ed 77
17210 Pouillac 17 123 Ze 77
19170 Pouillac 19 126 Be 75
86430 Pouillac 86 112 Ae 71
05800 Pouillardenc 05 144 Ff 80
41110 Pouillé 41 86 Bb 65
53220 Pouillé 53 66 Za 58
85570 Pouillé 85 110 Za 69
86800 Pouillé 86 112 Ad 69
43440 Pouille, la 43 128 Dd 76
44522 Pouillé-les-Côteaux 44 83 Yf 64
21150 Pouillenay 21 91 Ec 63
25410 Pouilley-Français 25 107 Ff 65
25115 Pouilley-les-Vignes 25 107 Ff 65
40350 Pouillon 40 161 Za 87
51220 Pouillon 51 41 Df 53
63340 Pouilloux 63 128 Da 76
71230 Pouilloux 71 105 Ec 69
79190 Pouilloux 79 111 Aa 72
57420 Pouilly 57 56 Gb 54
60790 Pouilly 60 51 Ca 53
71960 Pouilly 71 118 Ee 71
74130 Pouilly 74 120 Gc 72
74490 Pouilly 74 120 Gc 72
21320 Pouilly en-Auxois 21 91 Ed 65
52400 Pouilly-en-Bassigny 52 75 Fd 61
77240 Pouilly-le-Fort 77 71 Cd 57
69400 Pouilly-le-Monial 69D 118 Ed 73
42155 Pouilly-les-Nonains 42 117 Df 72
42720 Pouilly-sous-Charlieu 42 117 Ea 72
58150 Pouilly-sur-Loire 58 88 Cf 65
55700 Pouilly-sur-Meuse 55 42 Fa 51
21250 Pouilly-sur-Saône 21 106 Fa 66
02270 Pouilly-sur-Serre 02 40 Dd 50
21610 Pouilly-sur-Vingeanne 21 92 Fc 63
40260 Pouin 40 146 Yf 85
19190 Poujade, la 19 138 Be 78
46120 Poujade, la 46 138 Bf 80
46260 Poujade, la 46 150 Be 82
33480 Poujeaux 33 134 Zb 78
19230 Poujol 19 125 Bc 76
24590 Poujol, le 24 137 Bb 79
34700 Poujols 34 153 Db 86
48210 Poujols 48 153 Dc 83
34600 Poujol-sur-Orb, le 34 167 Da 87
36210 Poulaines 36 101 Bd 66
80260 Poulainville 80 39 Cb 49
52800 Poulangy 52 75 Fb 60
81120 Poulan-Pouzols 81 151 Ca 85
29710 Poul-ar-Marquis 29 78 Vd 60
53640 Poulay 53 67 Zc 58
29100 Pouldergat 29 78 Ve 60
22450 Pouldouran 22 63 We 56
29710 Pouldreuzic 29 78 Vd 61
29360 Pouldu, le 29 79 Wc 62
87220 Pouleina 87 125 Bc 74
69870 Poule-les-Écharmeaux 69D 117 Ec 72
29430 Poulfoën 29 62 Vf 56
29770 Poulgoazec 29 61 Vc 60
56160 Poul-Grellec 56 79 We 60
29780 Poulhan 29 61 Vd 61
33790 Pouliac 33 135 Zf 80
88600 Poulières, les 88 77 Ge 59
25640 Pouligney-Lusans 25 93 Gb 65
36110 Pouligny 36 101 Be 66
58250 Pouligny 58 104 De 67
36160 Pouligny-Notre-Dame 36 114 Ca 70
36160 Pouligny-Saint-Martin 36 114 Ca 69
36300 Pouligny-Saint-Pierre 36 100 Ba 68
44510 Pouliguen, le 44 81 Xd 65
36400 Poulinière, la 36 102 Ca 68
41360 Poulinière, la 41 85 Af 61
84580 Poulivets, les 84 155 Fb 85
29100 Poullan-sur-Mer 29 78 Vd 60
29246 Poullaouen 29 63 Wc 58
16190 Poullignac 16 123 Zf 76
35610 Poultière, la 35 65 Yc 57
56920 Poulvern 56 64 Xa 60
30320 Poulx 30 154 Ec 85
65190 Poumarous 65 163 Ab 90
36400 Poumoué 36 114 Bf 69
82120 Poupas 82 149 Af 85
50480 Pouppeville 50 34 Ye 52
28140 Poupry 28 70 Bf 60
58140 Pouques-Lormes 58 90 De 65
32190 Pouquet 32 163 Ab 86
84210 Pouraque 84 156 Fa 85
48150 Pourcarès 48 153 Dc 83
24610 Pourcaud 24 136 Ab 79
04190 Pourcelles, les 04 157 Ff 85
31470 Pourcet 31 164 Ba 88
48800 Pourcharesse 48 141 Df 82
07000 Pourchères 07 142 Ed 80
43580 Pourcheresse 43 141 Dd 79
83470 Pourcieux 83 171 Fe 88
04300 Pourcine, la 04 156 Fe 85
51480 Pourcy 51 53 Df 54
81530 Pourencas 81 152 Cd 86
40800 Pourin 40 162 Ze 87
71270 Pourlans 71 106 Fb 67
46320 Pournel 46 138 Bf 81
57420 Pournoy-la-Chétive 57 56 Ga 54
57420 Pournoy-la-Grasse 57 56 Gb 54
89240 Pourrain 89 89 Dc 62
43220 Pourrat 43 130 Ec 77
83910 Pourrières 83 171 Fe 87
23430 Pourrioux 23 113 Bd 73
08210 Pourron 08 42 Fa 51
16700 Poursac 16 112 Ab 73
17400 Poursay-Garnaud 17 111 Zd 73
64410 Poursiugues-Boucoue 64 162 Zd 87
08140 Pouru-aux-Bois 08 42 Fa 50
08140 Pouru-Saint-Rémy 08 42 Fa 50
76550 Pourville-sur-Mer 76 37 Ba 49
34380 Pous, le 34 153 De 85
43130 Poussac 43 129 Df 77
34560 Poussan 34 168 De 88
23500 Poussanges 23 126 Cb 74
88500 Poussay 88 76 Ga 59
58500 Pousseaux 58 89 Dd 63
34600 Pous-Sec 34 167 Db 87
10510 Poussey 10 73 De 57
33430 Poussignac 33 135 Ze 82
47700 Poussignac 47 148 Aa 82
24750 Poussonneix 24 136 Ae 78
14540 Poussy-la-Campagne 14 48 Ze 54
12380 Pousthomy 12 152 Cd 85
33670 Pout, le 33 135 Zd 80
67420 Poutay 67 60 Ha 58
38250 Pouteils, les 38 143 Fd 78
65300 Poutge 65 163 Ac 90
61130 Pouvrai 61 68 Ad 59
23700 Poux 23 115 Cc 72
43320 Poux 43 141 De 78
63440 Poux 63 115 Da 72
81430 Poux 81 151 Cb 85
87190 Poux 87 113 Bb 71
15400 Poux, le 15 127 Ce 78
88550 Pouxeux 88 77 Gd 60
40370 Pouy 40 147 Zb 85
65230 Pouy 65 163 Ad 89
65240 Pouy 65 175 Ac 91
40330 Pouy, le 40 161 Zb 87
17520 Pouyadé, la 17 123 Zd 75
17520 Pouyade, la 17 123 Zd 76
65350 Pouyastruc 65 163 Ab 89
40420 Pouy-Blanc 40 147 Zc 84
40120 Pouy-Blanquine 40 147 Zd 84
40120 Pouydesseaux 40 147 Ze 85
40400 Pouy-des-Trucs 40 146 Za 85
31430 Pouy-de-Touges 31 164 Ba 88
32290 Pouydraguin 32 162 Aa 87
32320 Pouylebon 32 163 Ab 87
32260 Pouy-Loubrin 32 163 Ad 88
19800 Pouymas-Bas 19 126 Bf 77
19800 Pouymas-Haut 19 126 Bf 77
32480 Pouy-Roquelaure 32 149 Ad 84
10290 Pouy-sur-Vannes 10 73 Dd 59
65200 Pouzac 65 162 Aa 90
85210 Pouzacq 85 97 Za 69
07320 Pouzat, le 07 142 Ec 79
85700 Pouzauges 85 98 Za 68
37800 Pouzay 37 100 Ad 66
31450 Pouze 31 164 Bd 88
86600 Pouzeau 86 111 Aa 70
63340 Pouzeix 63 128 Da 76
24660 Pouzelande 24 136 Ae 78
36150 Pouzelas 36 102 Bf 66
36340 Pouzet 36 114 Be 69
30210 Pouzilhac 30 155 Ed 84
07250 Pouzin, le 07 142 Ee 80
86330 Pouziou 86 99 Aa 68
86300 Pouzioux 86 112 Ae 69
86580 Pouzioux 86 99 Ab 69
63440 Pouzol 63 115 Cf 72
34480 Pouzolles 34 167 Db 88
34230 Pouzols 34 167 Dd 87
43200 Pouzols 43 141 Eb 78
81120 Pouzols 81 151 Ca 85
11120 Pouzols-Minervois 11 166 Ce 89
79170 Pouzou 79 111 Ze 71
03120 Pouzoux, le 03 116 Dd 71
03320 Pouzy-Mésangy 03 103 Da 68
40250 Poyaller 40 161 Zb 86
40380 Poyanne 40 147 Zb 86
70100 Poyans 70 92 Fc 64
40380 Poyartin 40 161 Za 86
72510 Poyer, le 72 84 Aa 62
42111 Poyet, le 42 129 Df 74
63930 Poyet-Haut, le 63 128 Dd 74
26310 Poyols 26 143 Fc 81
80300 Pozières 80 29 Ce 48
20222 Pozzo CTC 181 Kc 92
07270 Pra, la 07 142 Ed 79
38190 Pra, la 38 144 Ff 77
06660 Pra, le 06 158 Gf 83
38190 Prabert 38 132 Ff 77
43340 Praclaux 43 141 Df 80
32420 Praconteau 32 163 Ae 88
32800 Prada, le 32 148 Aa 85
81130 Pradagouche 81 151 Ca 85
06470 Pra-d'Airand 06 158 Ge 84
15600 Pradairols 15 139 Cb 80
82270 Pradal 82 150 Bd 83
09290 Pradals 09 164 Bb 90
82300 Pradals 82 150 Bd 84
12400 Pradat, le 15 140 Db 78
07000 Prade, la 07 142 Ed 80
32220 Prade, la 32 164 Af 88
33460 Prade, la 33 134 Zc 78
33650 Prade, la 33 135 Zc 80
34210 Prade, la 34 166 Ce 89
34520 Prade, la 34 153 Dc 86
23500 Pradeau, le 23 127 Cb 73
63500 Pradeaux, les 63 128 Db 75
81360 Pradel 81 166 Cc 86
30110 Pradel, le 30 154 Ea 83
26340 Pradèle 26 143 Fb 81
46320 Pradelle 46 138 Be 80
63320 Pradelle 63 128 Da 75
12390 Pradelle, la 12 151 Cb 82
24510 Pradelles 24 137 Ae 79
43420 Pradelles 43 141 Df 80
59190 Pradelles 59 30 Cd 44
63750 Pradelles 63 127 Cd 75
18260 Pradelles, les 18 88 Ce 64
11380 Pradelles-Cabardès 11 166 Cc 88
11220 Pradelles-en-Val 11 166 Cd 90
31530 Pradère, Lasserre- 31 164 Ba 87
07380 Prades 07 142 Eb 81
09110 Prades 09 177 Bf 92
43300 Prades 43 141 Dd 78
63970 Prades 63 128 Cf 75
66500 Prades 66 178 Cc 93
81220 Prades 81 165 Bf 87
81260 Prades 81 166 Cd 86
12470 Prades-d'Aubrac 12 140 Cf 81
34730 Prades-le-Lez 34 168 Df 86
12290 Prades-Salars 12 152 Ce 83
34360 Prades-sur-Vernazobre 34 167 Cf 88
83220 Pradet, le 83 171 Ga 90
43260 Pradette, la 43 141 Ea 78
09600 Pradettes 09 177 Be 91
33840 Pradia, le 33 147 Zd 83
12440 Pradials 12 151 Cb 83
09000 Pradières 09 177 Bd 91
09220 Pradières 09 177 Bc 92
15160 Pradiers 15 127 Cf 77
56310 Pradigo 56 79 Wf 60
12240 Pradinas 12 151 Cb 83
19170 Pradines 19 126 Bf 75
19300 Pradines 19 126 Ca 76
42630 Pradines 42 117 Eb 73
46090 Pradines 46 137 Bc 82
12320 Pradinie, la 12 139 Cd 81
19400 Pradis 19 138 Bf 78
23220 Pradon 23 114 Bf 70
07120 Pradons 07 142 Ec 82
04420 Prads-Haute-Bléone 04 158 Gc 83
05100 Prafauchier 05 145 Ge 79
65120 Pragnères 65 175 Aa 92
42440 Pragniot 42 129 De 74
79230 Prahecq 79 111 Zd 71
35530 Praie, la 35 66 Yd 60
74140 Prailles 74 120 Gc 71
79290 Prailles 79 99 Ze 66
79370 Prailles 79 111 Ze 71
21440 Prairay 21 91 Ef 64
29170 Prajou 29 78 Vf 61
29620 Prajou 29 63 Wb 56
15400 Prallac 15 127 Cd 77
73710 Pralognan-la-Vanoise 73 133 Ge 76
21410 Prâlon 21 91 Ee 65
42600 Pralong 42 129 Ea 74
04400 Pra-Loup 04 158 Gd 82
05200 Pra-Mouton 05 145 Gd 81
05200 Pramouton 05 145 Gd 82
63230 Pranal 63 127 Ce 73
46500 Prangères 46 138 Be 80
52190 Prangey 52 92 Fb 62
07000 Pranles 07 142 Ed 80
88220 Pransieux, le 88 76 Gc 60
15220 Prantignac 15 139 Cc 79
16110 Pranzac 16 124 Ac 74
06470 Pra-Pelet 06 158 Ge 84
05170 Prapic 05 145 Gc 80
38190 Prapoutel 38 132 Ff 77
73110 Praranger 73 133 Gd 76
05310 Prareboul 05 145 Gd 80
73150 Prariond 73 133 Ha 76
73210 Prariond 73 133 Ge 75
05460 Pra-Rouhaud 05 145 Gf 80
38970 Pras, les 38 144 Ff 80
36100 Praslay 36 102 Ca 67
52160 Praslay 52 92 Fa 62
10210 Praslin 10 73 Eb 60
04400 Pra Soubeiran 04 158 Gd 82
63420 Prassinet 63 128 Da 76
28150 Prasville 28 70 Be 59
22140 Prat 22 63 We 56
32240 Prat 32 148 Zf 85
65130 Prat 65 175 Ac 90
15340 Prat, le 15 139 Cc 81
29460 Prat-an-Dour 29 62 Ve 58
20123 Pratavone CTC 182 Ie 98
09160 Prat-Bonrepaux 09 176 Ba 90
43580 Pratclaux 43 141 Dd 79
09400 Prat-Communal 09 177 Bc 91
15430 Prat de Bouc 15 139 Ce 78
11100 Prat-de-Crest 11 167 Cf 90
65130 Prat-Lahitte 65 163 Ac 90
15320 Prat-Long 15 140 Db 79
11800 Prat-Majou 11 166 Cc 89
09140 Prat-Mataou 09 177 Bb 92
20218 Prato-di-Giovellina CTC 181 Ka 94
29880 Prat-Paul 29 61 Vd 57
19140 Prats 19 126 Bd 75
24230 Prats 24 135 Aa 80
04400 Prats, les 04 158 Gd 82
05350 Prats, les 05 145 Gf 80
66360 Prats-Balaguer 66 178 Cb 94
24370 Prats-de-Carlux 24 137 Bb 79
66230 Prats-de-Mollo-la-Preste 66 178 Cc 94
66730 Prats-de-Sournia 66 178 Cc 92
24550 Prats-du-Périgord 24 137 Ba 80
03250 Pratte, la 03 116 Dd 72
20167 Pratu-Tondu CTC 182 If 97
81500 Pratviel 81 165 Bf 87
39170 Pratz 39 119 Fe 70
52330 Pratz 52 74 Ef 59
36100 Prault 36 102 Ca 67
52190 Prauthoy 52 92 Fb 62
19320 Prauvialle 19 126 Ca 77
43130 Pravel 43 129 Ea 77
73210 Pravin 73 133 Gd 75
41190 Pray 41 86 Ba 62
54116 Praye 54 76 Ga 58
09000 Prayols 09 177 Bd 91
12320 Prayssac 12 139 Cb 81
46220 Prayssac 46 137 Bb 81
47360 Prayssas 47 149 Ad 83
73310 Praz 73 132 Fe 74
73120 Praz, le 73 133 Gd 76
74400 Praz-de-Chamonix, les 74 121 Gf 73
74440 Praz-de-Lys, le 74 120 Gd 72
41360 Prazerie, la 41 85 Af 62
74120 Praz-sur-Arly 74 133 Gd 73
58420 Pré, le 58 104 Dd 65
45130 Préau 45 87 Be 61
18390 Préau, le 18 102 Cd 66
36240 Préaux 36 101 Bb 66
42220 Préaux 42 130 Ec 77
53340 Préaux 53 83 Zd 61
76160 Préaux 76 37 Bb 52
77710 Préaux 77 72 Cf 59
07290 Préaux, les 07 142 Ed 78
07690 Préaux, les 07 130 Ed 77
27500 Préaux, les 27 36 Ac 53
14210 Préaux-Bocage 14 35 Zc 54
61340 Préaux-du-Perche 61 69 Ae 59
85550 Pré-aux-Filles, le 85 96 Xf 67
14290 Préaux-Saint-Sebastien 14 48 Ab 55
70290 Pré-Besson, le 70 94 Ge 62
38710 Prébois 38 144 Fe 80
85190 Précanteau, le 85 97 Yc 68
50220 Précey 50 66 Yd 57
32390 Préchac 32 149 Ad 86
33730 Préchac 33 147 Zd 82
65400 Préchac 65 175 Zf 91
40465 Préchacq 40 161 Za 86
64190 Préchacq-Josbaig 64 161 Zb 89
64190 Préchacq-Navarrenx 64 161 Zb 89
32160 Préchac-sur-Adour 32 162 Zf 87
73630 Précherel 73 132 Gb 75
42600 Précieux 42 129 Ea 75
72300 Précigné 72 84 Ze 62
64400 Précilhon 64 161 Zc 89
18350 Précilly 18 103 Ce 66
44650 Pré-Clos, le 44 97 Yc 67
20137 Precoggio CTC 185 Kb 99
20137 Precoghju = Precoggio CTC 185 Kb 99
83120 Préconil 83 172 Gd 89
50810 Précorbin 50 47 Za 54
18140 Précy 18 103 Cf 66
58120 Précy 58 104 Df 66
58800 Précy 58 104 De 65
60890 Précy-à-Mont 60 52 Da 53
89450 Précy-le-Moult 89 90 De 64
89440 Précy-le-Sec 89 90 Df 63
10500 Précy-Notre-Dame 10 74 Ec 58
10500 Précy-Saint-Martin 10 74 Ec 58
21390 Précy-sous-Thil 21 90 Eb 64
77410 Précy-sur-Marne 77 52 Ce 55
60460 Précy-sur-Oise 60 51 Cc 53
89116 Précy-sur-Vrin 89 72 Db 61
14340 Pré-d'Auge, le 14 35 Aa 54
62134 Prédefin 62 29 Cb 45
70220 Pré-du-Rupt 70 94 Gc 61
44270 Prée, la 44 96 Ya 67
76680 Prée, la 76 37 Bb 51
53200 Prée-d'Anjou 53 83 Zb 62
53140 Pré-en-Pail Saint-Samson 53 67 Ze 58
44770 Préfailles 44 96 Xe 66
45490 Préfontaines 45 71 Ce 60
44850 Préfoure 44 82 Yd 64
43140 Prégé, la 43 129 Eb 77
89460 Prégilbert 89 89 De 63
01630 Prégnin 01 120 Ga 71
17460 Préguillac 17 122 Zc 74
89800 Préhy 89 90 De 62
33210 Preignac 33 135 Ze 81
32810 Preignan 32 163 Ad 86
70120 Preigney 70 93 Fe 62

11250 Preixan 11 166 Cb 90
49370 Préjean, le 49 83 Zb 63
38450 Prélenfrey 38 144 Fd 78
58800 Prélichy 58 104 Dd 65
42130 Prélion 42 129 Df 74
05120 Prelles 05 145 Gd 79
70600 Prélot, le 70 92 Fc 63
58140 Prélouis 58 104 Df 65
34390 Prémain 34 166 Cf 87
39220 Prémanon 39 120 Ga 70
21700 Premeaux-Prissey 21 106 Ef 66
58700 Prémery 58 103 Db 65
59840 Premesques 59 30 Cf 45
01300 Prémeyzel 01 131 Fd 74
21110 Premières 21 106 Fb 65
10170 Prémierfait 10 73 Ea 57
25500 Premiers Sapins, les 25 108 Gb 66
73130 Prémier-Villard, le 73 132 Gb 77
03410 Prémilhat 03 115 Cd 71
24800 Prémillac 24 125 Af 76
01110 Prémillieu 01 131 Fd 73
02110 Prémont 02 40 Dc 48
02320 Prémontré 02 40 Dc 51
36260 Prenay 36 102 Ca 66
41370 Prenay 41 86 Bd 62
46270 Prendeignes 46 138 Ca 80
07110 Prends-toi-gardes 07 142 Eb 81
32190 Préneron 32 163 Ab 86
22210 Prénessaye, la 22 64 Xc 59
21370 Prenois 21 91 Ef 64
41240 Prénouvellon 41 70 Bd 61
39150 Prénovel 39 119 Ff 69
54530 Prény 54 56 Ff 55
36220 Pré-Picault 36 100 Af 68
73530 Pré-Plan 73 132 Gb 77
58360 Préporché 58 104 Df 67
61190 Préportin 61 68 Ad 57
35330 Pré-Quérat, le 35 81 Ya 61
26560 Pré-Rond 26 156 Fd 83
26310 Prés 26 143 Fd 81
05290 Prés, les 05 145 Gc 80
43150 Présailles 43 141 Ea 79
28800 Pré-Saint-Evroult 28 70 Bc 59
28800 Pré-Saint-Martin 28 70 Bc 59
18140 Prés-du-Bois, les 89 90 De 61
59990 Préseau 59 31 Dd 47
25550 Présentevillers 25 94 Ge 63
37530 Préserville 31 165 Bd 87
05800 Près-Hauts, la 05 144 Ga 80
46200 Présignac 46 137 Bc 79
39270 Présilly 39 119 Fd 69
74160 Présilly 74 120 Ga 72
42123 Presle 42 117 Ea 73
70230 Presle 70 93 Gb 63
73110 Presle 73 132 Ga 76
18360 Presle, la 18 102 Cc 69
14410 Presles 14 47 Zb 55
38680 Presles 38 143 Fc 78
95590 Presles 95 51 Cb 54
77220 Presles-en-Brie 77 52 Ce 56
02370 Presles-et-Boves 02 40 Dd 52
02860 Presles-et-Thierny 02 40 Dd 51
18380 Presly 18 87 Cc 64
45260 Presnoy 45 71 Cd 61
43100 Proccac 43 128 Dc 77
86460 Pressac 86 112 Ad 72
27940 Pressagny-le-Val 27 50 Bc 54
27510 Pressagny-L'Orgueilleux 27 50 Bc 54
45130 Pressailles 45 70 Bd 61
86800 Préssec 86 112 Ad 69
19150 Presset 19 126 Be 77
01370 Pressiat 01 119 Fc 71
16150 Pressignac 16 124 Ae 74
24150 Pressignac-Vicq 24 136 Ae 79
52500 Pressigny 52 92 Fd 62
79390 Pressigny 79 99 Zf 68
45290 Pressigny-les-Pins 45 88 Ce 61
38480 Pressins 38 131 Fd 75
18340 Pressoir, le 18 102 Cc 67
79200 Pressoux, le 79 99 Ze 68
62550 Pressy 62 29 Cc 46
74300 Pressy 74 120 Gd 72
71220 Pressy-sous-Dondin 71 117 Ed 70
22120 Prest, le 22 64 Xb 58
66230 Preste, la 66 178 Cc 94
39110 Pretin 39 107 Ff 67
50250 Prétot-Sainte-Suzanne 50 46 Yd 53
76560 Prétot-Vicquemare 76 37 Af 50
14140 Prêtreville 14 48 Ab 54
80290 Prettemolle 80 38 Bf 50
71290 Préty 71 118 Ef 69
55250 Pretz-en-Argonne 55 55 Fa 55
18370 Preugne, la 18 102 Cb 69
36400 Preugné, la 36 114 Ca 69
18120 Preuilly 18 102 Cb 66
86360 Preuilly 86 99 Ab 69
85250 Preuilly, le 85 97 Ye 67
36220 Preuilly-la-Ville 36 100 Af 68
37290 Preuilly-sur-Claise 37 100 Af 67
62650 Preures 62 28 Bf 45
67250 Preuschdorf 67 58 He 55
76660 Preuseville 76 38 Bd 49
54490 Preutin-Higny 54 56 Fe 52
59288 Preux-au-Bois 59 31 Dd 48
59144 Preux-au-Sart 59 31 De 47
72400 Préval 72 68 Ad 59
18300 Prévant 18 88 Cf 65
72110 Prévelles 72 68 Ac 60
48800 Prévenchères 48 141 Df 81
18370 Préveranges 18 114 Cb 70
01280 Prévessin-Moëns 01 120 Ga 71
12120 Préviala 12 152 Cd 83
49420 Previère, la 49 83 Ye 62
62116 Prévillers 60 38 Bf 51
77470 Prévilliers 77 52 Cf 55
12350 Prévinquières 12 151 Cb 82
57590 Prévocourt 57 56 Gc 55
22770 Prévotais, la 22 65 Xf 57
59840 Prévôté, la 59 30 Cf 44
27220 Prey 27 49 Bb 55
88600 Prey 88 77 Ge 59
24460 Preyssac-d'Agonac 24 124 Ae 77
24160 Preyssac-d'Excideuil 24 125 Ba 76
08290 Prez 08 41 Ec 50
52700 Prez-sous-Lafauche 52 75 Fc 59
52170 Prez-sur-Marne 52 75 Fa 57
20245 Prezzuna CTC 180 Ie 94
70210 Priaires 70 110 Zc 72
01160 Priay 01 119 Fb 73
36400 Priche 36 114 Ca 69
20230 Pricoju CTC 183 Kd 95
66130 Prieuré de Serrabone (romane) 66 179 Cd 93
02470 Priez 02 52 Db 54
17160 Prignac 17 123 Zd 74
33710 Prignac-et-Marcamps 33 135 Zd 78
33340 Prignac-en-Médoc 33 122 Za 77
06850 Prignolet, le 06 158 Ge 85
44760 Prigny 44 96 Ya 66
24130 Prigonrieux 24 136 Ac 79
20260 Prigugio CTC 180 Ie 93
38270 Primarette 38 130 Fa 76
08250 Primat 08 42 Ee 52
12450 Primaube, la 12 152 Cd 83
17810 Primaudières, les 17 122 Zb 74
29770 Primelin 29 61 Vc 60
18400 Primelles 18 102 Cb 67
29630 Primel-Trégastel 29 62 Wb 56
86420 Prinçay 86 99 Ab 67
35210 Princé 35 66 Yf 59
44680 Princé 44 96 Ya 66
56230 Prince, la 56 81 Xc 62
79210 Prin-Deyrançon 79 110 Zc 71
72800 Pringé 72 84 Aa 62
51300 Pringy 51 54 Ed 56
74370 Pringy 74 120 Ga 73
77310 Pringy 77 71 Cd 57
18110 Prinquette, la 18 102 Cb 65
44260 Prinquiau 44 81 Xf 64
48100 Prinsuéjols-Malbouzon 48 140 Db 80
85170 Printemps, le 85 97 Yc 68
67490 Printzheim 67 58 Hc 56
34360 Priou, le 34 167 Cf 88
73710 Prioux, les 73 133 Ge 76
02140 Prisces 02 41 Df 50
59550 Prisches 59 31 De 48
33990 Prise, la 33 122 Yf 77
36370 Prissac 36 113 Bb 69
24580 Prisse 24 137 Af 78
71960 Prissé 71 118 Ee 71
79360 Prissé-la-Charrière 79 110 Zd 72
33730 Privaillet 33 147 Zd 82
07000 Privas 07 142 Ed 80
30630 Privat 30 154 Ec 83
18370 Privat 18 102 Cb 69
12350 Privezac 12 151 Cb 82
12700 Prix 12 138 Ca 81
37240 Prix 37 100 Ae 66
56320 Priziac 56 79 Wd 60
71800 Prizy 71 117 Eb 70
22510 Probrien, le 22 64 Xc 58
74110 Prodains 74 121 Ge 71
12370 Prohencoux 12 152 Ce 86
70310 Proiselière-et-Langle, la 70 93 Gd 62
24200 Proissans 24 137 Bb 79
02120 Proisy 02 40 De 49
02120 Proix 02 40 Dd 49
32400 Projan 32 162 Ze 87
42560 Prolanges 42 129 Df 75
21230 Promenois 21 105 Ec 65
46260 Promilhanes 46 150 Be 82
38520 Promontoire 38 144 Gb 79
63200 Prompsat 63 115 Da 73
71380 Prondevaux 71 106 Ef 68
63470 Prondines 63 127 Ce 74
60190 Pronleroy 60 39 Cd 52
47370 Pronquière, la 47 149 Af 82
02800 Prouvilly 02 40 Da 47
26170 Propiac 26 155 Fb 83
69790 Propières 69D 117 Ec 71
20110 Propriano CTC 184 If 98
51400 Prosnes 51 54 Eb 53
36370 Prots, les 36 113 Bb 69
28410 Prouais 28 50 Bd 56
44320 Prouaud, le 44 96 Xf 65
34220 Prouilhe 34 166 Cd 87
51140 Prouilly 51 53 Df 53
01150 Proulieu 01 131 Fb 73
31360 Proupiary 31 163 Af 90
31210 Proupiary 31 163 Ad 90
37160 Prouray 37 100 Ad 66
14110 Proussy 14 47 Zc 55
02190 Prouvais 02 41 Df 52
35490 Prouverie, la 35 65 Yc 59
80370 Prouville 80 29 Ca 48
59121 Prouvy 59 30 Dc 47
89130 Proux, les 89 89 Db 62
18140 Prouze, la 18 103 Cf 66
80160 Prouzel 80 38 Cb 50
74700 Provence, la 74 120 Gd 73
25380 Provenchère 25 94 Gd 65
70170 Provenchère 70 93 Ga 62
18120 Provenchère, la 18 102 Bf 66
88490 Provenchères-et-Colroy 88 77 Ha 59
88260 Provenchères-lès-Darney 88 76 Ff 60
88490 Provenchères-sur-Fave 88 77 Ha 59
52320 Provenchères-sur-Marne 52 75 Fa 59
52140 Provenchères-sur-Meuse 52 75 Fd 60
45520 Provenchèrie, la 45 70 Be 60
89200 Provency 89 90 Df 63
10200 Proverville 10 74 Ee 59
38120 Proveysieux 38 131 Fe 77
33480 Providence, la 33 134 Za 78
59267 Proville 59 30 Db 48
59185 Provin 59 30 Cf 45
77160 Provins 77 72 Db 57
02190 Proviseux-et-Plesnoy 02 41 Ea 52
35580 Provostais, la 35 65 Yb 61
44440 Provostière, la 44 82 Yd 63
80340 Proyart 80 39 Ce 49
28270 Prudemanche 28 49 Ba 56
46130 Prudhomat 46 138 Be 79
20128 Prugna, Grosseto- CTC 184 If 97
11140 Prugnanes 11 178 Cc 92
03370 Prugne, la 03 115 Cd 70
12360 Prugnes-les-Eaux 12 152 Cf 86
10190 Prugny 10 73 Df 59
49220 Pruillé 49 83 Zc 63
72700 Pruillé-le-Chétif 72 68 Aa 61
72150 Pruillé-L'Eguillé 72 85 Ac 61
12320 Pruines 12 139 Cd 81
63590 Prulhière, la 63 128 Dc 75
86430 Prun 86 112 Ae 71
34190 Prunarède, la 34 153 Dc 85
30750 Prunaret 30 153 Dc 84
51360 Prunay 51 53 Eb 53
10350 Prunay-Belleville 10 73 De 58
41310 Prunay-Cassereau 41 86 Af 62
78660 Prunay-en-Yvelines 78 70 Be 57
28360 Prunay-le-Gillon 28 70 Bd 58
78910 Prunay-le-Temple 78 50 Be 55
36200 Prune, la 36 113 Bd 69
17800 Prunelas, le 17 123 Zd 75
20290 Prunelli di Casacconi CTC 181 Kc 93
20243 Prunelli-di-Fiumorbo CTC 183 Kb 96
63580 Prunerette, la 63 128 Dc 76
03410 Prunet 03 115 Cd 70
07110 Prunet 07 142 Eb 81
15130 Prunet 15 139 Cc 80
31460 Prunet 31 165 Be 87
66130 Prunet 66 179 Cd 93
81190 Prunet 81 151 Cb 84
20232 Pruneta CTC 181 Kc 93
20221 Prunete CTC 183 Kd 95
48210 Prunets 48 153 Dc 82
28140 Pruneville 28 70 Bd 60
36290 Prung 36 100 Ba 68
36200 Prunget 36 101 Bd 69
12210 Prunhes, les 12 140 Cf 80
05230 Prunières 05 145 Gb 81
38350 Prunières 38 144 Fe 79
48200 Prunières 48 140 Dc 80
36120 Pruniers 36 102 Ca 68
49080 Pruniers 49 83 Zc 64
86500 Pruniers 86 112 Ae 70
41200 Pruniers-en-Sologne 41 87 Be 65
20114 Pruno CTC 185 Ka 99
20167 Pruno CTC 182 Ie 97
20213 Pruno CTC 181 Kc 94
20114 Pruno = U Prunu CTC 185 Ka 99
89120 Prunoy 89 89 Da 61
12160 Pruns 12 151 Cc 83
12290 Pruns 12 152 Ce 83
15150 Pruns 15 139 Cb 78
63260 Pruns 63 116 Db 72
20213 Prunu = Pruno CTC 181 Kc 94
20110 Prupia = Propriano CTC 184 If 98
21400 Prusly-sur-Ource 21 91 Ed 61
10210 Prusy 10 73 Ea 61
58160 Prye 58 103 Db 67
85320 Pû, le 85 109 Yf 69
67290 Puberg 67 58 Hb 55
33840 Publanc 33 147 Ze 83
74500 Publier 74 120 Gd 70
39570 Publy 39 107 Fd 69
72450 Puce, la 72 68 Ac 60
09800 Pucelle, la 09 176 Af 91
44390 Puceul 44 82 Yc 63
33610 Puch 33 134 Zb 80
33830 Puch 33 147 Zb 82
09460 Puch, le 09 178 Ca 92
33540 Puch, le 33 135 Zf 80
33650 Puch, le 33 135 Zc 81
27150 Puchay 27 50 Bd 52
47160 Puch-d'Agenais 47 148 Ab 83
76340 Puchervin 76 37 Bd 49
64260 Pucheux 64 162 Zd 90
80560 Puchevillers 80 29 Cc 48
33113 Pudaou, le 33 135 Zc 82
33112 Pudos 33 134 Za 78
12150 Puech 12 152 Da 83
30580 Puech, la 30 154 Eb 84
12290 Puech, le 12 152 Ce 83
12390 Puech, le 12 151 Cc 82
34700 Puech, le 34 167 Db 86
34150 Puéchabon 34 168 Dd 86
12290 Puech-Arnal, le 12 152 Ce 83
81100 Puech-Auriol 81 166 Cb 87
12340 Puech-Gros 12 139 Cd 82
12270 Puechiguier 12 151 Bf 83
82250 Puech-Mignon 82 151 Bf 84
81470 Puéchoursi 81 165 Bf 87
30610 Puechredon 30 154 Ea 85
12390 Puechs 12 151 Cc 82
30140 Puechs, les 30 154 Df 84
52220 Puellemontier 52 74 Ee 58
28140 Puerthe 28 70 Bd 60
84360 Puget 84 156 Fb 86
06260 Puget-Rostange 06 158 Gf 85
31250 Pugets 31 165 Ca 88
83480 Puget-sur-Argens 83 172 Ge 88
06260 Puget-Théniers 06 158 Gf 85
83390 Puget-Ville 83 171 Ga 89
25720 Pugey 25 107 Ff 65
01510 Pugieu 01 131 Fd 74
11400 Puginier 11 165 Bf 88
49440 Pugle, la 49 83 Yf 63
33710 Pugnac 33 135 Zd 78
79320 Pugny 79 98 Zc 68
73100 Pugny-Chatenod 73 132 Ff 74
11700 Puichéric 11 166 Cd 89
88210 Puid, le 88 77 Ha 58
23200 Puids, les 23 114 Cb 73
34230 Puilacher 34 167 Dd 87
11140 Puilaurens 11 178 Cb 92
17138 Puilboreau 17 110 Yf 71
08370 Puilly-et-Charbeaux 08 42 Fb 51
42110 Puilly-lès-Feurs 42 129 Eb 74
07140 Puimoncier 87 113 Bb 72
04700 Puimichel 04 157 Ga 85
34480 Puimisson 34 167 Db 88
04410 Puimoisson 04 157 Ga 85
79350 Puiravault 79 98 Ze 68
86250 Puiraveau 86 112 Ac 71
10130 Puiseaux 10 73 Df 60
45390 Puiseaux 45 71 Cc 59
45480 Puicolet 45 70 Ca 59
77140 Puiselet 77 71 Cd 59
91150 Puiselet-le-Marais 91 71 Cb 58
76660 Puisenval 76 37 Bc 49
21400 Puiset, le 21 91 Ee 62
28310 Puiset, le 28 70 Bf 59
49600 Puiset-Doré, le 49 97 Yf 65
08270 Puiseux 08 41 Ed 51
28170 Puiseux 28 50 Bc 57
60850 Puiseux-en-Bray 60 38 Be 52
95380 Puiseux-en-France 95 51 Cc 54
95380 Puiseux-en-France le Village 95 51 Cc 54
02600 Puiseux-en-Retz 02 52 Da 53
60540 Puiseux-le-Hauberger 60 51 Cb 53
51500 Puisieulx 51 53 Ea 53
62116 Puisieux 62 29 Ce 48
77139 Puisieux 77 52 Cf 54
02120 Puisieux-et-Clanlieu 02 40 De 49
34480 Puissalicon 34 167 Db 88
28250 Puissaye, la 28 69 Af 57
33570 Puisseguin 33 135 Zf 79
34620 Puisserguier 34 167 Da 88
21400 Puits 21 91 Ec 62
17400 Puits, le 17 110 Zd 73
76780 Puits, le 76 37 Bc 52
62170 Puits-Bérault, le 62 28 Be 46
86200 Puits-d'Ardanne 86 99 Aa 67
13126 Puits-d'Auzon, le 13 171 Fe 87
45630 Puits-d'Avenat 45 88 Ce 63
89310 Puits-de-Bon 89 90 Df 62
89800 Puits-de-Courson 89 90 De 62
83560 Puits-de-Rians, le 83 171 Fe 87
52340 Puits-des-Mèzes, le 52 75 Fb 60
10140 Puits-et-Nuisement 10 74 Ed 59
76113 Puits-Fouquet, les 76 37 Af 52
77171 Puits-Froux 77 72 Dc 57
60480 Puits-la-Vallée 60 38 Cb 51
85480 Puits-Pellerin, le 85 97 Ye 69
11340 Puivert 11 178 Ca 91
32600 Pujaudran 32 164 Ba 87
30131 Pujaut 30 155 Ee 84
65500 Pujo 65 162 Aa 88
12380 Pujol, le 12 152 Cd 86
13390 Pujol, le 13 171 Fd 88
11160 Pujol-de-Bosc 11 166 Cc 88
40190 Pujo-le-Plan 40 147 Zd 85
33350 Pujols 33 135 Zf 80
47300 Pujols 47 149 Ae 82
81310 Pujols 81 150 Be 85
09100 Pujols, les 09 165 Be 90
33210 Pujols-sur-Ciron 33 135 Zd 81
31160 Pujos 31 176 Ae 90
32290 Pujos 32 163 Ab 86
71460 Puley, le 71 105 Ed 68
21190 Puligny-Montrachet 21 105 Ee 67
27130 Pullay 27 49 Af 56
54160 Pulligny 54 76 Ga 57
54115 Pulney 54 76 Ga 58
54425 Pulnoy 54 56 Gb 56
85390 Pulteau 85 98 Za 69
63230 Pulvériès 63 115 Cf 73
68840 Pulversheim 68 95 Hb 61
56330 Pulvigner 56 79 Wf 62
80320 Punchy 80 39 Ce 50
20240 Punta CTC 183 Kc 97
65230 Puntous 65 163 Ac 89
63490 Pupidon 63 128 Dc 75
39600 Pupillin 39 107 Fe 67
08110 Pure 08 42 Fb 50
20290 Purettone CTC 181 Kc 93
70160 Purgerot 70 93 Ff 62
20166 Purtichju = Porticcio CTC 182 Ie 97
20137 Purtivechju = Porto-Vecchio CTC 185 Kb 99
70000 Pusey 70 93 Ga 63
69330 Pusignan 69M 131 Fa 74
38510 Pusignieu 38 131 Fc 74
33125 Pussac 33 135 Zc 81
91740 Pussay 91 70 Bf 58
37800 Pussigny 37 100 Ad 67
73260 Pussy 73 132 Gc 75
70000 Pusy-et-Épenoux 70 93 Ga 62
61210 Putanges-le-Lac 61 47 Ze 56
61210 Putanges-Pont-Écrepin 61 48 Ze 56
27170 Puthenaye, la 27 49 Af 54
01420 Puthier 01 119 Fe 73
88120 Putières 88 77 Gd 60
13109 Putis, les 13 170 Fc 88
14430 Putot-en-Auge 14 35 Zf 53
14740 Putot-en-Bessin 14 35 Zc 53
88270 Puttegney 88 76 Gb 60
57510 Puttelange-aux-Lacs = Püttlingen 57 57 Gf 54
57570 Puttelange-lès-Thionville 57 44 Gb 52
57170 Puttigny 57 57 Gd 55
57510 Püttlingen = Puttelange-aux-Lacs 57 57 Gf 54
54115 Puxe 54 76 Ff 58
54800 Puxe 54 56 Fe 54
54800 Puxieux 54 56 Ff 54
03800 Puy, le 03 116 Da 72
16420 Puy, le 16 112 Ae 73
24210 Puy, le 24 137 Ba 78
25640 Puy, le 25 93 Gb 64
33580 Puy, le 33 135 Aa 81
42155 Puy, le 42 117 Df 73
42210 Puy, le 42 129 Eb 75
50540 Puy, le 50 66 Ye 57
77460 Puy, le 77 72 Ce 59
87500 Puy, le 87 125 Ba 75
05290 Puy-Aillaud 05 145 Gc 79
63230 Puy-à-L'Ane 63 127 Ce 74
40230 Puyau 40 160 Ye 87
33190 Puybarban 33 135 Zf 81
16270 Puybareau 16 124 Ad 73
19100 Puybaret 19 138 Bc 78
81390 Puybegon 81 151 Bf 86
24300 Puybegout 24 124 Ad 75
85110 Puybelliard 85 97 Yf 68
24460 Puyblanc 24 124 Ae 77
46320 Puy-Blanc 46 138 Bf 81
16130 Puybrun 46 138 Be 79
81440 Puycalvel 81 165 Ca 86
32120 Puycasquier 32 163 Ae 86
87330 Puycatelin 87 112 Af 71
81140 Puycelsi 81 150 Be 85
23350 Puy-Cesset 23 114 Ca 70
24460 Puychantu 24 124 Ae 76
16210 Puychaud 16 123 Aa 77
48400 Puychauzier 48 153 Dd 83
87230 Puyconnieux, le 87 125 Af 75
31190 Puydaniel 31 164 Bc 88
19120 Puy-d'Arnac 19 138 Be 78
65220 Puydarrieux 65 163 Ac 89
33720 Puy-de-Cornac 33 135 Zd 81
24310 Puy-de-Fourches 24 124 Ad 77
85240 Puy-de-Sèrre 85 110 Zc 69
17290 Puydrouard 17 110 Za 72
63980 Puy du-Sapt 63 128 Dd 75
86260 Puye, la 86 100 Ae 69
43000 Puy-en-Velay, le 43 141 Df 78
23380 Puy-Gaillard 23 114 Bf 71
82120 Puygaillard-de-Lomagne 82 149 Af 85
82800 Puygaillard-de-Quercy 82 150 Bd 84
17490 Puygard 17 123 Zf 74
26160 Puygiron 26 142 Ef 81
81990 Puygouzon 81 151 Cb 85
73190 Puygros 73 132 Ga 75
24240 Puyguilhem 24 136 Ac 80
63290 Puy-Guillaume 63 116 Dc 73
19300 Puyhabilier 19 126 Ca 77
79160 Puyhardy 79 110 Zc 69
24310 Puy-Henry 24 124 Ad 76
46260 Puyjourdes 46 151 Bf 82
19410 Puy-Juge 19 125 Bc 76
87380 Puy-la-Brune 87 125 Bc 75
82160 Puylagarde 82 151 Bf 83
19190 Puy-la-Mouche 19 138 Bd 78
82240 Puylaroque 82 150 Bd 83
81700 Puylaurens 81 165 Ca 87
48250 Puylaurent 48 141 Df 81
32220 Puylausic 32 164 Af 88
63820 Puy-Lavèze 63 127 Ce 74
46700 Puy-l'Évêque 46 137 Ba 81
86170 Puy-Lonchard 86 99 Ab 69
13114 Puyloubier 13 171 Fe 87
63230 Puy-Maladroit 63 127 Ce 73
23130 Puy-Malsignat 23 114 Cb 72
24410 Puymangou, Saint-Aulaye- 24 123 Aa 77
87290 Puymarron 87 113 Bb 72
31230 Puymaurin 31 163 Ae 88
84110 Puyméras 84 156 Fa 83
87500 Puy-Merle 87 125 Ba 75
47350 Puymiclan 47 136 Ab 81
47270 Puymirol 47 149 Ae 83
17400 Puymoreau 17 110 Zc 72
87150 Puymoreau 87 125 Af 74
87260 Puymoret 87 125 Bc 74
23140 Puy-Mouillera 23 114 Ca 71
16400 Puymoyen 16 124 Ab 75
19800 Puynèdre 19 126 Be 76
33660 Puynormand 33 135 Aa 79
49260 Puy-Notre-Dame, le 49 99 Ze 66
40320 Puyol-Cazalet 40 162 Zd 87
64270 Puyoô 64 161 Za 87
16310 Puyponchet 16 124 Ac 74
24400 Puyrajou 24 136 Ab 78
17700 Puyravault 17 110 Zb 72
79100 Puyravault 79 99 Zf 67
85450 Puyravault 85 110 Yf 70
03250 Puyravel 03 116 Dd 73
19510 Puy-Razit 19 126 Bd 75
16230 Puyréaux 16 124 Ab 73
24340 Puyrenier 24 124 Ac 76
13540 Puyricard 13 170 Fc 87
37420 Puy-Rigaud 37 99 Aa 65
17380 Puyrolland 17 110 Zc 72
76200 Puys 76 37 Ba 49
05100 Puy-Saint-André 05 145 Gd 79
49300 Puy-Saint-Bonnet, le 49 98 Za 67
13610 Puy-Sainte-Réparade, le 13 170 Fc 87
05200 Puy-Saint-Eusèbe 05 145 Gc 81
63470 Puy-Saint-Gulmier 63 127 Cd 74
87190 Puy-Saint-Jean, le 87 113 Bb 71
26450 Puy-Saint-Martin 26 143 Ef 81
05100 Puy-Saint-Pierre 05 145 Gd 79
05290 Puy-Saint-Vincent 05 145 Gc 80
79390 Puysan 79 99 Zf 68
85200 Puy-Sec 85 110 Zb 70
32390 Puységur 32 149 Ad 86
24160 Puyssegeney 24 125 Ba 76
31480 Puysségur 31 164 Ba 86
47800 Puysserampion 47 136 Ab 81
66210 Puyvalador 66 178 Ca 93
24260 Puyvendran 24 137 Af 79
84160 Puyvert 84 156 Fc 86
17220 Puyvineux 17 110 Za 72
74130 Puze 74 120 Gc 72
86170 Puzé 86 99 Ab 68
80320 Puzeaux 80 39 Ce 50
57590 Puzieux 57 56 Gc 55
88500 Puzieux 88 76 Ga 58
66360 Py 66 178 Cc 94
12240 Py, le 12 151 Cb 83
33460 Pyis, le 33 134 Zb 78
33115 Pyla-sur-Mer 33 134 Ye 81
27370 Pyle, la 27 49 Af 53
66210 Pyrénées 2000 66 178 Ca 93
31490 Pyrolet 31 164 Bb 87
80300 Pys 80 29 Ce 48

A B C D E F G H I J K L M N O P Q R S T U V W X Y Z

Q

33360 Qinsac 33 135 Zd 80
64270 Qr des Antys 64 161 Za 88
59380 Quaëdypre 59 27 Cc 43
76450 Quainville 76 36 Ad 50
44410 Quair 44 81 Xd 64
38950 Quaix-en-Chartreuse 38 131 Fe 77
18110 Quantilly 18 102 Cc 65
34310 Quarante 34 167 Cf 88
59243 Quarouble 59 31 Dd 46
89630 Quarré-les-Tombes 89 90 Df 64
70120 Quarte, la 70 92 Fe 62
33830 Quartier 33 134 Zb 82
63330 Quartier, le 63 115 Ce 72
33380 Quartier-Bas 33 134 Za 81
40660 Quartier-Caliot 40 146 Yd 86
33830 Quartier-de-Joue 33 134 Zb 82
40370 Quartier-de-Marcel 40 146 Za 85
40390 Quartier-Neuf 40 160 Yd 87
57230 Quartier Pagezy 57 58 Hc 54
20142 Quasquara CTC 182 Ka 97
59680 Quatre-Bras, les 59 31 Ea 47
08400 Quatre-Champs 08 42 Ee 52
16500 Quatre-Chemins 16 112 Ae 72
12500 Quatre-Chemins, les 12 139 Ce 81
19130 Quatre-Chemins, les 19 125 Bc 77
32270 Quatre-Chemins, les 32 163 Ae 86
40270 Quatre Chemins, les 40 147 Ze 86
71330 Quatre-Chemins, les 71 106 Fb 68
83830 Quatre-Chemins, les 83 172 Gd 87
85220 Quatre-Chemins-de-Buron, les 85 96 Yb 68
85190 Quatre-Chemins-de-la-Boule, les 85 96 Yb 68
27400 Quatremare 27 49 Ba 53
19210 Quatre-Moulins, les 19 125 Bc 76
44640 Quatre-Peux, les 44 96 Ya 66
19380 Quatre-Routes 19 138 Be 78
33380 Quatre-Routes, les 33 134 Za 80
45530 Quatre-Routes, les 45 87 Cb 61
63210 Quatre-Routes, les 63 127 Cf 74
63940 Quatre-Routes, les 63 129 De 76
72380 Quatre-Routes, les 72 68 Ab 60
46110 Quatre-Routes-du-Lot, les 46 138 Bd 79
35610 Quatre-Salines 35 65 Yc 57
30600 Quatret 30 169 Ec 87
13330 Quatre-Termes, les 13 170 Fb 87
16260 Quatre-Vaux 16 124 Ac 74
16270 Quatre Vents, les 16 112 Ad 73
58120 Quatre-Vents, les 58 104 Df 66
63810 Quatre-Vents, les 63 127 Cd 75
67117 Quatzenheim 67 58 Hd 57
62860 Quéant 62 30 Cf 47
29450 Queau 29 62 Vf 58
86150 Queaux 86 112 Ad 71
44410 Quebitre 44 81 Xe 64
35190 Québriac 35 65 Yb 58
88520 Québrux 88 77 Ha 59
35290 Quédillac 35 65 Xf 59
56590 Quéhello 56 79 Wd 63
44130 Quehillac 44 82 Ya 64
73720 Queige 73 132 Gc 74
53360 Quelaines-Saint-Gault 53 83 Zb 61
29500 Quelennec 29 78 Vf 60
56110 Quelennec 56 79 Wc 60
29570 Quélern 29 61 Vc 59
29600 Quelern 29 62 Wb 57
56540 Quelhuit 56 79 Wd 63
56440 Quellenec 56 80 We 61
62500 Quelmes 62 27 Ca 44
56910 Quelneuc 56 81 Xf 62
56310 Quelven 56 79 Wf 60
29180 Quéménéven 29 78 Vf 60
29740 Quémeur 29 78 Ve 62
21510 Quemignerot 21 91 Ee 63
21220 Quemigny-Poisot 21 106 Ef 65
21510 Quemigny-sur-Seine 21 91 Ee 63
22260 Quemper-Guézennec 22 63 Wf 56
22450 Quemperven 22 63 We 56
56230 Quénahé 56 81 Xd 62
80120 Quend 80 28 Bd 47
80120 Quend-Plage-les-Pins 80 28 Bd 47
59570 Quène-au-Leu 59 31 De 47
29640 Quénéguen 29 63 Wc 58
22250 Quénélec 22 65 Xe 59
56160 Quénépévan 56 79 We 60
89290 Quenne 89 90 Dd 62
70190 Quenoche 70 93 Ga 64
50300 Quenoy, le 50 46 Yd 56
20122 Quenza CTC 185 Ka 98
29440 Quéran 29 62 Vf 57
12400 Querbes 12 152 Ce 85
62380 Quercamps 62 27 Ca 44
20237 Quercitello CTC 181 Kc 94
22240 Quercy 22 64 Xd 58
35133 Quéré 35 66 Ye 58
59269 Quérénaing 59 30 Dd 47
42600 Quérézieux 42 129 Ea 75
82140 Quergoalle 82 150 Be 84
23500 Quériaux 23 126 Cb 74
20213 Quericiolo CTC 181 Kc 94
09460 Quérigut 09 178 Ca 92
62120 Quernes 62 29 Cc 45
23270 Quéroix 23 114 Bf 71
16600 Quéroy, le 16 124 Ab 75
50460 Querqueville 50 33 Yb 51
49330 Querré 49 83 Zc 62
63560 Querriaux 63 115 Cf 72
22210 Querrien 22 64 Xc 59
29310 Querrien 29 79 Wc 61
80115 Querrieu 80 39 Cc 49
70200 Quers 70 93 Gc 62
23220 Quérut, le 23 114 Bf 70
66760 Quès 66 177 Bf 94
60640 Quesmy 60 39 Da 51
14190 Quesnay 14 48 Ze 54
59310 Quesne 59 30 Db 46
80430 Quesne, le 80 38 Be 49
80118 Quesnel, le 80 39 Cd 50
60480 Quesnel-Aubry, le 60 38 Cb 51
14410 Quesnelière, la 14 47 Zc 55
50700 Quesnes, les 50 33 Yc 51
50340 Quesney 50 33 Ya 51
59530 Quesnoy, le 59 31 Dd 47
80700 Quesnoy, le 80 39 Ce 50
62140 Quesnoy-en-Artois, le 62 29 Ca 46
80132 Quesnoy-le-Montant 80 28 Be 48
80270 Quesnoy-sur-Airaines 80 38 Bf 49
59890 Quesnoy-sur-Deûle 59 30 Cf 44
22270 Quesny 22 64 Xe 58
62240 Quesques 62 28 Bf 44
27220 Quessigny 27 50 Bb 55
22120 Quessoy 22 64 Xc 58
02700 Quessy 02 40 Db 50
22470 Questel, le 22 63 Xa 56
56230 Questembert = Kistreberzh 56 81 Xd 63
62360 Questinghen 62 28 Be 44
62830 Questreques 62 28 Be 45
38970 Quet-en-Beaumont 38 144 Ff 79
21800 Quetigny 21 92 Fa 65
45360 Quétins, les 45 88 Ce 63
50630 Quettehou 50 33 Ye 51
50260 Quettetot 50 33 Yb 52
14130 Quetteville 14 48 Ab 52
50660 Quettreville-sur-Sienne 50 46 Yd 55
51120 Queudes 51 53 De 57
37230 Queue-de-Merluche, la 37 85 Ac 64
17250 Queue-des-Marais, la 17 122 Zb 73
27630 Queue-d'Haye, la 27 50 Bd 54
78940 Queue-les-Yvelines, la 78 50 Be 56
63780 Queuille 63 115 Cf 73
44290 Queux, le 44 82 Yb 62
58140 Queuzon 58 90 Df 64
80710 Queveauvillers 80 38 Ca 50
56530 Quéven = Kevenn 56 79 Wd 62
22100 Quévert 22 65 Xf 58
76840 Quevillon 76 37 Af 52
54330 Quevilloncourt 54 76 Ga 58
22230 Quevran 22 64 Xc 59
76160 Quévreville 76 37 Bb 52
76520 Quévreville-la-Poterie 76 37 Bb 52
47360 Quey, le 47 149 Ad 83
33340 Queyrac 33 122 Za 76
05120 Queyrières 05 145 Gd 80
43260 Queyrières 43 141 Ea 78
24140 Queyssac 24 136 Ad 79
19120 Queyssac-les-Vignes 19 138 Be 79
47410 Queyssei 47 136 Ac 81
15600 Quézac 15 139 Cb 80
48320 Quézac 48 153 Dd 82
56170 Quiberon 56 79 Wf 64
76860 Quiberville 76 37 Af 49
50750 Quibou 50 46 Ye 54
46120 Quie, le 46 138 Bf 80
77720 Quiers 77 72 Cf 57
62490 Quiéry-la-Motte 62 30 Cf 46
02300 Quierzy 02 40 Da 51
62120 Quiéstede 62 29 Cc 44
59680 Quiévelon 59 31 Ea 47
76270 Quièvrecourt 76 37 Bc 50
59214 Quiévy 59 30 Dc 47
50490 Quièze, la 50 33 Yc 54
29510 Quiguen 29 78 Vf 60
62650 Quilen 62 28 Bf 45
29410 Quilien 29 62 Wb 58
29510 Quilinen 29 78 Vf 60
29590 Quiliou 29 62 Vf 59
11500 Quillan 11 178 Cb 91
27680 Quillebeuf-sur-Seine 27 36 Ad 52
29190 Quillégou 29 62 Vf 59
85200 Quillères, les 85 110 Zb 69
29450 Quillidiec 29 62 Vf 58
29860 Quillien 29 61 Vd 58
22230 Quillieu, le 22 64 Xd 59
29180 Quillihouarn 29 78 Ve 60
22460 Quillio, le 22 64 Xa 59
29530 Quilliou, le 29 62 Wb 59
29770 Quillivic 29 61 Vc 60
56320 Quilloten, le 56 79 Wc 61
29100 Quillouarn 29 78 Vd 60
44750 Quilly 44 81 Ya 64
22150 Quilmin 22 64 Xb 59
56800 Quily 56 81 Xd 61
29590 Quimerch 29 62 Vf 59
44420 Quimiac 44 81 Xd 64
29000 Quimper 29 78 Vf 61
29300 Quimperlé 29 79 Wc 61
76230 Quincampoix 76 37 Bb 51
60220 Quincampoix-Fleuzy 60 38 Be 50
27170 Quincarnon 27 49 Af 55
86190 Quinçay 86 99 Ab 69
21500 Quincerot 21 90 Eb 63
89740 Quincerot 89 73 Ea 61
10400 Quincey 10 73 Dd 58
21700 Quincey 21 106 Ef 66
70000 Quincey 70 93 Gb 63
69430 Quincié-en-Beaujolais 69D 118 Ed 72
38470 Quincieu 38 131 Fc 77
69740 Quincieu 69M 130 Fa 74
69650 Quincieux 69M 118 Ee 73
18120 Quincy 18 102 Ca 66
71490 Quincy 71 105 Ec 67
74440 Quincy 74 120 Gc 72
02380 Quincy-Basse 02 40 Dc 51
55600 Quincy-Landzécourt 55 42 Fb 52
21500 Quincy-le-Vicomte 21 90 Eb 63
02220 Quincy-sous-le-Mont 02 40 Dd 53
91480 Quincy-sous-Sénart 91 51 Cc 56
77860 Quincy-Voisins 77 52 Cf 55
50310 Quinéville 50 33 Yc 51
25440 Quingey 25 107 Ff 66
44530 Quinhu 44 82 Ya 64
29690 Quinoualc'h 29 62 Wb 58
60130 Quinquempoix 60 39 Cc 51
44270 Quinquenevent 44 96 Ya 67
29190 Quinquis-Yven 29 62 Wa 59
12800 Quins 12 151 Cc 83
24530 Quinsac 24 124 Ae 76
32450 Quinsac 32 163 Ae 86
87500 Quinsac 87 125 Bb 76
04500 Quinson 04 171 Ga 86
19500 Quinsou 19 138 Be 78
87140 Quinssac 87 113 Bb 72
03380 Quinssaines 03 115 Cd 71
31130 Quint 31 165 Bd 87
71260 Quintaine 71 118 Ef 70
81330 Quintaine, la 81 151 Cc 86
74600 Quintal 74 132 Ga 73
30770 Quintanel, le 30 153 Dc 85
72550 Quinte, la 72 68 Aa 60
07290 Quintenas 07 130 Ee 77
22400 Quintenic 22 64 Xd 57
39570 Quintigny 39 106 Fd 68
11360 Quintillan 11 179 Ce 91
71270 Quintin 71 106 Fb 67
22800 Quintin = Kintin 22 64 Xa 58
22630 Quiou, le 22 65 Xf 58
09310 Quioulès 09 177 Bd 92
11500 Quirbajou 11 178 Cb 92
80250 Quiry-le-Sec 80 39 Cc 50
30260 Quissac 30 154 Ea 85
46320 Quissac 46 138 Be 81
29530 Quistillic 29 62 Wb 59
56310 Quistinic 56 80 Wf 61
29140 Quistinit 29 78 Wb 61
27110 Quittebeuf 27 49 Ba 54
70100 Quitteur 70 92 Fe 63
80400 Quivières 80 39 Da 50
62390 Quœux-Haut-Maînil 62 29 Ca 47

R

79500 Rabalot 79 111 Zf 71
81800 Rabastens 81 150 Be 86
65140 Rabastens-de-Bigorre 65 162 Aa 88
85250 Rabatelière, la 85 97 Ye 67
09400 Rabat-les-Trois-Seigneurs 09 177 Bd 91
19490 Rabes 19 138 Be 77
11220 Rabet, le 11 166 Ce 90
48800 Rabeyral 48 154 Df 82
56420 Rabine 56 80 Xc 61
53500 Rabine, la 53 66 Yf 59
49490 Rabion 49 84 Aa 64
49750 Rablay-sur-Layon 49 83 Zc 65
28340 Rableaux, les 28 49 Af 57
61210 Rabodanges 61 47 Ze 56
41600 Rabot, le 41 87 Bf 63
05400 Rabou 05 144 Ff 81
86340 Raboué 86 112 Ac 70
85560 Rabouillères, les 85 109 Yd 70
66730 Rabouillet 66 178 Cc 92
12260 Raboy 12 138 Bf 82
88270 Racécourt 88 76 Gb 59
52170 Rachecourt-sur-Marne 52 75 Fa 57
52130 Rachecourt-Suzemont 52 74 Ef 58
03500 Racherie, la 03 116 Db 70
59194 Râches 59 30 Da 46
62140 Rachinette 62 28 Bf 47
50490 Rachinière, la 50 33 Yd 54
88220 Racine, la 88 77 Gc 60
10130 Racines 10 73 Df 60
71310 Racineuse, la 71 106 Fa 68
73260 Racla 73 132 Gc 76
48400 Racoules 48 153 Dd 83
62120 Racquinghem 62 29 Cc 44
57340 Racrange 57 57 Ge 55
70280 Raddon-et-Chapendu 70 94 Gc 61
19140 Rade, la 19 125 Bd 76
77440 Rademont 77 52 Da 54
29390 Raden 29 79 Wb 60
56500 Radenac 56 80 Xb 61
27380 Radepont 27 37 Bb 52
20119 Radicale CTC 182 If 97
62310 Radinghem 62 29 Ca 45
59320 Radinghem-en-Weppes 59 30 Cf 45
61250 Radon 61 68 Aa 57
10500 Radonvilliers 10 74 Ed 58
68480 Raedersdorf 68 95 Hc 64
68190 Raedersheim 68 95 Hb 61
76210 Raffetot 76 36 Ad 51
50500 Raffoville 50 34 Yd 53
15500 Rageade 15 140 Db 78
14310 Ragny 14 47 Zc 54
50700 Ragonde 50 33 Yc 51
16390 Ragot 16 124 Ab 77
35580 Ragotière, la 35 81 Ya 61
17220 Raguenaud, le 17 110 Yf 71
29920 Raguénez 29 78 Wa 62
49700 Raguenière, la 49 98 Zd 65
41160 Rahart 41 86 Ba 61
72120 Rahay 72 69 Ae 61
57410 Rahling 57 57 Hb 55
25430 Rahon 25 94 Gd 65
39120 Rahon 39 106 Fc 67
61270 Rai 61 49 Ad 56
62380 Raiderie, la 62 29 Ca 44
50500 Raids 50 34 Yd 53
73640 Raie, la 73 133 Gf 75
05600 Raille, la 05 145 Ge 81
59554 Raillencourt-Saint-Olle 59 30 Db 47
66360 Railleu 66 178 Cb 93
08430 Raillicourt-Barbaise 08 42 Ed 51
02360 Raillimont 02 41 Ea 50
49310 Raimbaudière, la 49 98 Zc 66
59283 Raimbeaucourt 59 30 Da 46
71290 Raimbos 71 106 Ef 69
70750 [illegible] 76 37 Bb 51
39290 Rainans 39 106 Fc 66
36100 Raincay, le 36 101 Bf 67
80600 Raincheval 80 29 Cc 48
70500 Raincourt 70 93 Ff 61
93340 Raincy, le 93 51 Cd 55
80131 Rainecourt 80 39 Ce 49
76730 Rainfreville 76 37 Af 50
45220 Raingnaults, les 45 72 Cf 61
80260 Rainneville 80 39 Cc 49
71460 Rains 71 105 Ed 69
59177 Rainsars 59 31 Df 48
88170 Rainville 88 76 Ff 58
60155 Rainvilliers 60 38 Ca 52
50410 Rairie, la 50 46 Ye 55
49430 Rairies, les 49 84 Ze 63
18360 Rais, les 18 115 Cd 69
59590 Raismes 59 30 Dd 46
11200 Raissac-d'Aude 11 167 Cf 89
11170 Raissac-sur-Lampy 11 166 Ca 89
55260 Raival 55 55 Fb 55
16240 Raix 16 111 Aa 73
78125 Raizeux 78 50 Be 57
20113 Raja CTC 184 If 98
42720 Rajasse 42 117 Ea 72
85700 Ralière, la 85 98 Zb 68
09300 Raissac 09 177 Be 91
12780 Ram, le 12 152 Cf 83
41370 Ramage, le 41 86 Bc 61
24390 Ramail, le 24 125 Bb 77
01250 Ramasse 01 119 Fb 71
83350 Ramatuelle 83 172 Gd 89
84340 Ramayettes, les 84 155 Fa 83
05000 Rambaud 05 144 Ga 81
88430 Rambaville 88 77 Gf 60
88700 Rambervillers 88 77 Gd 58
55220 Rambluzin-et-Benoite-Vaux 55 55 Fb 55
55300 Rambucourt 55 56 Fe 55
80140 Ramburelles 80 38 Be 49
80140 Rambures 80 38 Be 49
89700 Rameau 89 90 De 62
02820 Ramecourt 02 41 Df 51
62130 Ramecourt 62 29 Cb 46
88500 Ramecourt 88 76 Ga 59
89400 Ramée 89 72 Dd 60
36290 Ramée, la 36 100 Ba 68
23380 Rameix 23 114 Ca 71
81500 Ramel, le 81 165 Be 86
32350 Ramensan 32 163 Ac 86
10240 Ramerupt 10 74 Eb 57
09200 Rames 09 176 Ba 91
62179 Ramesault 62 26 Be 43
03210 Ramet 03 116 Db 69
02110 Ramicourt 02 40 Db 49
32500 Ramier, le 32 149 Ad 85
82000 Ramier, le 82 150 Bc 84
24270 Ramières, les 24 125 Ba 76
81260 Ramis 81 166 Cd 87
59161 Ramillies 59 30 Db 47
68800 Rammersmatt 68 94 Ha 62
88160 Ramonchamp 88 94 Ge 61
81340 Ramondié, la 81 151 Cc 85
82390 Ramonds, les 82 150 Ba 83
31520 Ramonville-Saint-Agne 31 164 Bc 87
45300 Ramoulu 45 71 Cb 59
24410 Ramouly 24 124 Ab 77
43370 Ramourouscle 43 141 De 79
64270 Ramous 64 161 Za 87
59177 Ramousies 59 31 Ea 48
32800 Ramouzens 32 148 Ab 86
50000 Rampan 50 34 Yf 54
24440 Rampieux 24 137 Ae 80
77370 Rampillon 77 72 Da 57
55220 Rampont 55 55 Fb 54
46340 Rampoux 46 137 Bb 81
12440 Ran, le 12 151 Cb 83
06910 Ranc 06 158 Ha 85
30140 Ranc, le 30 154 Df 84
01390 Rancé 01 118 Ef 73
58330 Ranceau 58 104 Dd 66
25320 Rancenay 25 107 Ff 65
10500 Rances 10 74 Ed 58
69470 Ranchal 69D 117 Ec 72
43210 Ranchevoux 43 129 Ea 77
39700 Ranchot 39 107 Fe 66
14400 Ranchy 14 47 Zb 53
03420 Ranciat 03 115 Cd 71
18270 Rancier 18 114 Cb 69
12800 Rancillac 12 151 Cc 83
87290 Rancon 87 113 Bb 72
52140 Rançonnières 52 92 Fd 61
50140 Rancoudray 50 66 Za 57
80360 Rancourt 80 39 Cf 48
88270 Rancourt 88 76 Ga 59
55800 Rancourt-sur-Ornain 55 54 Ef 56
85600 Rancunelière, la 85 97 Yf 67
71290 Rancy 71 106 Fa 69
63310 Randan 63 116 Dc 72
63970 Randanne 63 127 Cf 74
73220 Randens 73 132 Gb 75
25430 Randevillers 25 94 Gd 65
61190 Randonnai 61 49 Ae 57
61150 Rânes 61 48 Ze 57
09220 Ranet 09 177 Bc 92
25250 Rang 25 94 Gd 64
22290 Rangaré 22 63 Wf 57
62180 Rang-du-Fliers 62 28 Bd 46
52140 Rangecourt 52 75 Fc 60
67310 Rangen 67 58 Hc 57
56190 Rangornan 56 81 Xd 63
29560 Rangourlic 29 62 Ve 59
31400 Rangueuil 31 164 Bc 87
57700 Ranguevaux 57 56 Ga 53
35130 Rannée 35 82 Ye 61
67420 Ranrupt 67 77 Hb 58
39700 Rans 39 107 Fe 66
62173 Ransart 62 29 Ce 47
80600 Ransart 80 29 Cb 47
AD100 Ransol □ AND 177 Bd 93
68470 Ranspach 68 94 Ha 61
68730 Ranspach-le-Bas 68 95 Hc 63
68220 Ranspach-le-Haut 68 95 Hc 63
25580 Rantechaux 25 108 Gc 66
60290 Rantigny 60 39 Cc 53
86200 Ranton 86 99 Zf 66
68510 Rantzwiller 68 95 Hc 63
20167 Ranuchiettu CTC 182 Ie 97
20167 Ranuchjettu = Ranuchiettu CTC 182 Ie 97
29160 Ranvédan 29 61 Vd 59
14860 Ranville 14 35 Ze 53
16140 Ranville-Breuillaud 16 111 Zf 73
70500 Ranzevelle 70 93 Ff 61
55300 Ranzières 55 55 Fc 54
88220 Raon-aux-Bois 88 77 Gd 60
88220 Raon-Basse 88 77 Gd 60
54540 Raon-lès-Leau 54 77 Ha 57
88110 Raon-l'Étape 88 77 Gf 58
88110 Raon-sur-Plaine 88 77 Ha 57
31160 Raoux 31 176 Ae 90
20229 Rapaggio CTC 183 Kc 94
20229 Rapaghju = Rapaggio CTC 183 Kc 94
20246 Rapale CTC 181 Kb 93
12350 Rapassie, la 12 151 Cb 82
80150 Rapechy 80 28 Bf 47
24300 Rapevache 24 124 Ad 76
88130 Rapey 88 76 Gb 59
13280 Raphèle-lès-Arles 13 169 Ee 87
14690 Rapilly 14 47 Zd 55
36170 Rapissac 36 113 Bc 70
68150 Rappoltsweiler 68 60 Hb 59
09300 Rappy 09 177 Be 91
51330 Rapsécourt 51 54 Ee 54
60810 Raray 60 51 Ce 53
55120 Rarécourt 55 55 Fa 54
88220 Rasey 88 76 Gb 60
66720 Rasiguères 66 179 Cd 92
86120 Raslay 86 99 Aa 66
40300 Rasport 40 160 Ye 87
46090 Rassiels 46 150 Bc 82
13800 Rassuen 13 170 Ef 87
84110 Rasteau 84 155 Ef 83
31620 Rastel 31 150 Bc 85
47380 Rastel 47 136 Ac 82
19290 Rat, le 19 126 Ca 74
89190 Rateau 89 73 Dd 59
86310 Rateau, le 86 100 Ae 69
71290 Ratenelle 71 118 Fa 69
50390 Raterie 50 46 Yc 52
72140 Raterie, la 72 67 Ze 60
67600 Rathsamhausen 67 60 Hd 59
05120 Ratière 05 145 Gd 79
76690 Ratiéville 76 37 Ba 51
05150 Raton 05 156 Fc 82
71500 Ratte 71 106 Fb 69
33790 Raty 33 135 Aa 80
67430 Ratzwiller 67 58 Hb 55
40400 Raubet 40 147 Zb 85
43290 Raucoules 43 129 Eb 77
54610 Raucourt 54 56 Gb 55
70180 Raucourt 70 92 Fe 63
59530 Raucourt-au-Bois 59 31 Dd 47
08450 Raucourt-et-Flaba 08 42 Ef 51
55200 Raulecourt 55 56 Fe 56
47370 Raulet 47 149 Af 82
15800 Raulhac 15 139 Cd 79
43340 Rauret 43 141 De 80
50260 Rauville-la-Bigot 50 33 Yb 51
50390 Rauville-la-Place 50 33 Yc 52
67320 Rauwiller 67 57 Ha 56
19170 Raux, les 19 126 Bf 75
33420 Rauzan 33 135 Zf 80
88240 Raval, le 88 76 Gb 61
46270 Ravanel 46 138 Ca 80
03000 Ravard 03 103 Db 69
16230 Ravaud 16 124 Ab 73
58400 Raveau 58 103 Da 65
26410 Ravel 26 143 Fd 81
63190 Ravel 63 128 Dc 74
18230 Ravenaise 18 102 Cc 66
60130 Ravenel 60 39 Cd 51
52140 Ravennefontaines 52 75 Fd 60
50480 Ravenoville 50 34 Ye 52
50480 Ravenoville-Plage 50 34 Ye 52
62164 Raventhun 62 26 Bd 44
88520 Raves 88 77 Ha 59
58310 Ravière 58 89 Da 64
89390 Ravières 89 90 Eb 62
61420 Ravigny 61 68 Zf 58
28500 Raville 28 50 Bc 56
57530 Raville 57 57 Gc 54
54370 Raville-sur-Sânon 54 57 Gd 57
39170 Ravilloles 39 119 Fe 70
24420 Ravine 24 124 Ae 77
18120 Ray, la 18 102 Bf 66
61130 Ray, le 61 68 Ac 59
62140 Raye-sur-Authie 62 28 Bf 47
47210 Rayet 47 136 Ae 81
25390 Rayières 25 108 Gc 66
18130 Raymond 18 103 Ce 67
32170 Raymond 32 163 Ab 88
15700 Raynal, le 15 139 Cb 78
09350 Raynaude 09 164 Bb 90
26340 Raynauds, les 26 143 Fb 81
83820 Rayol-Canadel-sur-Mer, le 83 172 Gc 90
12120 Rayret 12 152 Cc 83
12400 Rayssac 12 152 Cf 85
81330 Rayssac 81 151 Cc 86
70130 Ray-sur-Saône 70 93 Fe 63
36350 Raz, le 36 101 Bd 68
01370 Raza, la 01 119 Fc 71
24240 Razac-de-Saussignac 24 136 Ab 80
24500 Razac-d'Eymet 24 136 Ac 80
24430 Razac-sur-L'Isle 24 124 Ad 78
70000 Raze 70 93 Ga 63
31160 Razecueillé 31 176 Ae 91
32600 Razengues 32 164 Af 87
87640 Razès 87 113 Bc 72
11220 Razès, le 11 179 Ce 90
81330 Razigade, la 81 166 Cc 86
47160 Razimet 47 148 Ab 82
37120 Razines 37 99 Ac 67
17620 Razour 17 122 Za 73
79170 Ré 79 111 Ze 72
66210 Réal 66 178 Ca 93
63580 Réal, le 63 128 Dc 75

76340 Réalcamp 76 38 Bd 49
05160 Réallon 05 145 Gc 81
83143 Réal-Martin 83 171 Ga 88
81120 Réalmont 81 151 Cb 86
34490 Réals 34 167 Da 88
82130 Réalville 82 150 Bb 84
82440 Réalville 82 150 Bc 84
32800 Réans 32 140 Aa 85
77550 Réau 77 71 Cd 57
33860 Réaud 33 123 Zc 77
13200 Reaudure 13 169 Ee 88
38140 Réaumont 38 131 Fd 76
85700 Réaumur 85 98 Zb 68
47170 Réaup-Lisse 47 148 Ab 84
44390 Réauté, la 44 82 Yd 64
26230 Réauville 26 155 Ef 82
17500 Réaux sur Trèfle 17 123 Zd 76
43190 Rebauze 43 142 Eb 78
77510 Rebais 77 52 Db 55
13230 Robatun 13 169 Ee 88
62120 Rebecques 62 29 Cb 45
11240 Rebelle 11 165 Ca 90
64260 Rébénacq 64 162 Zd 90
62850 Rebergues 62 27 Bf 44
76750 Rebets 76 37 Bc 51
88300 Rebeuville 88 75 Fe 59
23250 Rebeyrolle 23 114 Be 72
33990 Rebichette 33 122 Yf 77
31320 Rebigue 31 164 Bc 88
31350 Rebirechioulet 31 163 Ae 89
88270 Reblangotte 88 76 Gb 60
83580 Rebois 83 172 Gd 89
83111 Rebouillon 83 172 Gc 87
12400 Rebourguil 12 152 Ce 85
77250 Rebours 77 72 Ce 59
89600 Rebourseaux 89 73 De 61
36150 Reboursin 36 101 Be 66
45470 Rebréchien 45 70 Ca 61
62150 Rebreuve 62 29 Cd 46
62270 Rebreuve-sur-Canche 62 29 Cc 47
62270 Rebreuviette 62 29 Cc 47
42310 Rebrun 42 117 Df 72
39230 Recanoz 39 106 Fd 68
31100 Recebedou 31 164 Bc 87
46700 Recès 46 137 Ba 82
21290 Recey-sur-Ource 21 91 Ef 62
57430 Rech 57 57 Gf 55
43200 Recharinges 43 141 Ea 78
90370 Réchésy 90 94 Ha 63
32190 Réchet 32 162 Aa 86
86250 Réchez, les 86 112 Ab 72
55230 Réchicourt 55 55 Fe 52
54370 Réchicourt-la-Petite 54 57 Gd 56
57810 Réchicourt-le-Château 57 57 Gf 57
55120 Récicourt 55 55 Fa 54
28140 Réclainville 28 70 Bd 60
71540 Reclesne 71 105 Eb 66
62560 Réclinghem 62 29 Cb 45
54450 Réclonville 54 77 Ge 57
77760 Recloses 77 71 Cd 58
49270 Recoins, les 49 83 Yf 65
63580 Recolles 63 128 Dc 76
25170 Recologne 25 93 Fe 65
70130 Recologne 70 93 Fe 63
70190 Recologne-lès-Rioz 70 93 Ff 64
26310 Recoubeau-Jansac 26 143 Fc 81
51210 Recoude, le 51 53 Dd 56
12160 Recoules 12 152 Cc 83
12350 Recoules 12 151 Cb 82
15170 Recoules 15 140 Da 77
15260 Recoules 15 140 Cf 79
43170 Recoules 43 140 Dc 79
48200 Recoules 48 140 Db 79
48260 Recoules-d'Aubrac 48 140 Da 80
48500 Recoules-de-L'Hon 48 152 Da 83
48100 Recoules-du-Fumas 48 140 Dc 81
12150 Recoules-Prévinquières 12 152 Cf 82
48500 Recoulettes 48 153 Db 82
19290 Recounergues 19 126 Cb 74
08220 Recouvrance 08 41 Ea 51
52140 Récourt 52 75 Fd 61
55220 Récourt-le-Creux 55 55 Fc 54
62860 Récourt-Saint-Quentin 62 30 Da 47
08220 Recouvrance 08 41 Ea 51
90140 Recouvrance 90 94 Gf 63
48700 Recoux 48 140 Dc 80
48500 Recoux, le 48 152 Da 82
62170 Recques-sur-Course 62 28 Be 45
62890 Recques-sur-Hem 62 27 Ca 43
59245 Recquignies 59 31 Ea 47
04420 Recuit 04 157 Gc 83
26380 Reculais 26 143 Fa 78
35360 Reculais, la 35 65 Xf 59
18250 Reculée, la 18 103 Ce 65
38110 Reculefort 38 131 Fc 75
14350 Reculey, le 14 47 Za 55
25240 Reculfoz 25 107 Ga 68
65330 Recurt 65 163 Ac 89
53510 Récussonnier, la 53 67 Zc 60
51520 Recy 51 54 Eb 55
57390 Rédange 57 43 Ff 52
33240 Reden 33 135 Zd 78
19220 Redenat 19 126 Ca 77
29300 Rédené 29 79 Wd 61
60210 Réderle 60 38 Bf 50
30129 Redessan 30 154 Ec 86
57445 Réding 57 57 Ha 56
35600 Redon 35 81 Xf 63
34420 Redoute-Plage 34 167 Dc 89
85390 Redoux, les 85 98 Za 68
79420 Reffannes 79 111 Ze 69
55190 Reffroy 55 55 Fc 57
50520 Reffuveille 50 46 Yf 56
25330 Refranche 25 107 Ga 66
05340 Refuge Cézanne 05 145 Gc 79
20224 Refuge Ciottulu di i Mori CTC 180 If 95
20276 Refuge d'Altore CTC 182 If 94
20214 Refuge de Carrozzu CTC 180 If 94
20224 Refuge de l'Ercu CTC 182 If 94
20219 Refuge de l'Onda CTC 183 Ka 96
04230 Refuge de Lure 04 156 Fe 84
20148 Refuge de l'Usciolu CTC 183 Kb 97
20125 Refuge de Manganu CTC 182 If 95
20135 Refuge de Paliri CTC 183 Kb 90
20231 Refuge de Pietra-Piana CTC 182 Ka 95
20250 Refuge de Sega CTC 182 Ka 95
20134 Refuge de Vizzilucu CTC 183 Ka 97
81200 Réfuge du Col du Tap 81 166 Cc 88
81200 Réfuge du Triby 81 166 Cc 88
31800 Régades 31 176 Ae 90
13124 Régage, le 13 171 Fd 88
12360 Regagnarie, le 12 152 Cf 86
30770 Régagnas 30 153 Dc 85
09600 Régat 09 177 Bf 91
12470 Regaussou 12 139 Cf 81
85670 Régeasse, la 85 96 Yb 67
35160 Rogère, la 35 82 Yc 61
44522 Regencerie, la 44 83 Yc 64
47380 Réginat 47 149 Ad 82
12800 Réginie, la 12 151 Cc 84
20226 Regino CTC 180 If 93
89500 Régipaux, les 89 72 Db 60
58230 Réglois 58 105 Eb 65
63310 Régnat 63 116 Db 72
62140 Regnauville 62 28 Ca 47
88410 Regnevelle 88 76 Ff 61
50590 Regnéville-sur-Mer 50 46 Yc 54
55110 Regnéville-sur-Meuse 55 55 Fb 53
88450 Regney 88 76 Gb 59
02110 Régnicourt 02 40 Dd 49
69430 Régnié-Durette 69D 118 Ed 72
80120 Regnière-Ecluse 80 28 Be 47
54470 Regniéville (détruit) 54 56 Ff 55
08230 Regniowez 08 41 Ec 49
60860 Regnonval 60 38 Ca 51
02240 Regny 02 40 Dc 50
18220 Regny 18 103 Ce 65
42630 Régny 42 117 Eb 73
48100 Regourdel, le 48 140 Db 81
55100 Regret 55 55 Fb 54
44330 Regrippière, la 44 97 Ye 65
47500 Regrunel 47 137 Af 81
56500 Réguiny 56 64 Xb 61
68890 Réguisheim 68 95 Hc 61
04860 Régusse 04 156 Fe 86
83630 Régusse 83 171 Ga 87
88330 Rehaincourt 88 77 Gc 58
54300 Rehainviller 54 77 Gc 57
88640 Rehaupal 88 77 Ge 60
54120 Reherrey 54 77 Ge 57
88200 Reherrey 88 77 Ge 61
54430 Rehon 54 43 Fe 51
67140 Reichsfeld 67 60 Hc 58
67110 Reichshoffen 67 58 Hd 55
67116 Reichstett 67 58 He 57
16360 Reignac 16 123 Ze 76
33860 Reignac 33 123 Zc 77
37310 Reignac-sur-Indre 37 100 Af 65
63160 Reignat 63 128 Dc 74
63320 Reignat 63 128 Da 75
79260 Reigne 79 111 Ze 70
23170 Reignemours 23 114 Cc 71
50390 Reigneville-Bocage 50 33 Yd 52
17160 Reignier 17 111 Zd 73
74930 Reignier 74 120 Gb 72
18270 Reigny 18 114 Cc 69
15250 Reilhac 15 139 Cc 79
24360 Reilhac 24 124 Ae 74
24480 Reilhac 24 137 Af 79
43300 Reilhac 43 140 Dc 78
46500 Reilhac 46 138 Be 80
87130 Reilhac 87 126 Bd 74
46350 Reilhaguet 46 138 Bc 80
26570 Reilhanette 26 156 Fc 83
04110 Reillanne 04 156 Fd 85
54450 Reillon 54 77 Ge 57
60240 Reilly 60 50 Bf 53
67660 Reimerswiller 67 58 Hf 55
51100 Reims 51 53 Ea 53
51300 Reims-la-Brûlée 51 54 Ee 56
57940 Reinange 57 56 Gb 53
67440 Reinhardsmunster 67 58 Hb 56
68950 Reiningue 68 95 Hb 62
67340 Reipertswiller 67 58 Hc 55
39270 Reithouse 39 119 Fd 69
67370 Reitwiller 67 58 Hd 56
23210 Reix 23 113 Bd 72
23340 Réjat 23 126 Bf 74
32390 Réjaumont 32 149 Ad 86
65300 Réjaumont 65 163 Ac 90
59360 Rejet-de-Beaulieu 59 31 Dd 48
33610 Réjouit 33 134 Zc 80
31530 Relais, le 31 164 Ba 86
88260 Relanges 88 76 Ga 60
39140 Relans 39 106 Fc 68
29410 Relecq, le 29 62 Wb 58
29490 Relecq-Kerhuon, le 29 62 Vd 58
01990 Relevant 01 118 Ef 72
62120 Rely 62 29 Cc 45
80600 Remaisnil 80 29 Cb 47
61110 Rémalard-en-Perche 61 69 Ae 58
88160 Remanvillers 88 94 Ge 61
02100 Remaucourt 02 40 Dc 49
44430 Remaudière, la 44 97 Ye 65
80500 Remaugies 80 39 Ce 51
77710 Remauville 77 72 Ce 59
55250 Rembercourt-Sommaisne 55 55 Fb 55
54470 Rembercourt-sur-Mad 54 56 Ff 55
60600 Rémécourt 60 39 Cc 52
57320 Rémeldorff 57 57 Gd 52
57320 Rémelfang 57 57 Gd 53
57200 Rémelfing 57 57 Ha 54
57480 Rémeling 57 44 Gc 52
88650 Remémont 88 77 Gf 59
54470 Remenauville (détruit) 54 56 Ff 55
55800 Remennecourt 55 54 Ef 56
54830 Remenoville 54 77 Gc 58
60510 Rémérangles 60 38 Cb 52
54110 Réméréville 54 56 Gc 56
37250 Rèmerie, la 37 100 Ae 65
57550 Rémering-lès-Hargarten 57 57 Gd 53
57510 Rémering-lès-Puttelange 57 57 Gf 54
51330 Remicourt 51 54 Ef 55
88500 Remicourt 88 76 Ga 59
80250 Remiencourt 80 39 Cc 50
02270 Remies 02 40 Dd 50
17550 Remigeasse, la 17 109 Yc 73
02440 Remigny 02 40 Db 50
71150 Remigny 71 105 Ee 67
57580 Rémilly 57 56 Gc 54
58250 Rémilly 58 104 De 68
08450 Rémilly-Aillicourt 08 42 Ef 51
21540 Remilly-en-Montagne 21 91 Ee 65
50570 Remilly Les Marais 50 34 Ye 54
08150 Remilly-lès-Pothées 08 41 Ed 50
50570 Remilly-sur-Lozon 50 33 Ye 53
21560 Remilly-sur-Tille 21 92 Fb 65
62380 Remilly-Wirquin 62 29 Cb 44
56140 Réminiac 56 81 Xe 61
88200 Remiremont 88 77 Gd 60
11420 Remise 11 165 Bf 89
12390 Remise 12 151 Cb 82
09310 Remise, la 09 177 Be 92
46120 Remise, la 46 138 Bf 80
04200 Remises, les 04 156 Fe 83
88170 Remois 88 76 Fe 59
55600 Remoiville 55 43 Fc 52
05190 Remollon 05 144 Gb 82
88100 Remomeix 88 77 Gf 59
54370 Remoncourt 54 57 Ge 57
88800 Remoncourt 88 76 Ga 59
41270 Remonnerie, la 41 69 Ba 61
08240 Rémonville 08 42 Fa 52
25160 Remoray-Boujeons 25 107 Gb 68
62650 Remortier 62 28 Bf 45
44140 Remouillé 44 97 Yd 66
30210 Remoulins 30 155 Ed 85
88170 Removille 88 76 Ff 58
87120 Rempnat 87 126 Bf 74
76430 Remuée, la 76 36 Ac 51
56500 Remungol 56 80 Xa 61
26510 Rémuzat 26 156 Fc 82
60190 Remy 60 39 Ce 52
62156 Rémy 62 30 Cf 47
35660 Renac 35 81 Ya 62
38140 Renage 38 131 Fc 77
42370 Renaison 42 117 Df 72
17620 Renaissance, la 17 110 Za 73
24350 Renamon 24 124 Ac 77
80000 Renancourt 80 38 Cb 49
02240 Renansart 02 40 Dc 50
17270 Renard 17 123 Ze 77
35720 Renardières, les 35 65 Ya 58
70120 Renaucourt 70 93 Fe 63
63930 Renaudie, la 63 129 De 74
49450 Renaudière, la 49 97 Yf 66
50250 Renaudière, la 50 46 Yb 53
10270 Renault 10 73 Eb 59
88390 Renauvoid 88 76 Gc 60
41100 Renay 41 86 Ba 61
56380 Renaye, la 56 81 Xe 61
53800 Renazé 53 83 Yf 62
38680 Rencurel 38 143 Fc 78
49630 Rendus, les 49 84 Ze 64
72260 René 72 68 Ab 59
25520 Renédale 25 108 Gb 66
59173 Renescure 59 27 Cc 44
21310 Renève 21 92 Fc 64
08220 Reniaucourt 08 41 Eb 51
57670 Réning 57 57 Gf 55
58170 Renisot 58 104 Df 68
52370 Rennepont 52 74 Ef 60
35000 Rennes 35 65 Yb 60
53110 Rennes-en-Grenouilles 53 67 Zc 58
11190 Rennes-le-Château 11 178 Cb 91
11190 Rennes-les-Bains 11 178 Cb 91
25440 Rennes-sur-Loue 25 107 Ff 66
02340 Renneval 02 41 Ea 50
08220 Renneville 08 41 Ea 51
27910 Renneville 27 37 Bb 52
31290 Renneville 31 165 Be 88
45310 Renneville 45 70 Bd 60
51130 Ronnoville 51 53 Ea 55
20160 Renno CTC 182 Ie 95
20160 Rennu = Renno CTC 182 Ie 95
61120 Renouard, le 61 48 Aa 55
86330 Renoué 86 99 Aa 67
35470 Renoulais, la 35 82 Yb 61
27240 Renoulet 27 49 Ba 55
70100 Rente-Rouge, la 70 92 Fd 63
12430 Rentières 12 152 Ce 84
63420 Rentières 63 128 Da 76
62560 Renty 62 29 Ca 45
40270 Renung 40 162 Zd 86
08150 Renwez 08 42 Ed 49
33190 Réole, la 33 135 Zf 81
85210 Réorthe, la 85 97 Yf 69
05600 Réotier 05 145 Gd 80
87520 Repaire, le 87 113 Af 73
16490 Repaires, les 16 112 Ad 72
54450 Repaix 54 77 Gf 57
16200 Réparsac 16 123 Ze 74
71400 Repas 71 105 Ec 67
50510 Repas, le 50 46 Yd 55
88500 Repel 88 76 Ff 58
19430 Répenelaie, la 53 83 Yf 62
83590 Repenti 83 172 Gb 88
14340 Repentigny 14 48 Aa 53
01630 Replats, les 01 119 Ff 71
01750 Replonges 01 118 Ef 71
61570 Repos, le 61 48 Aa 57
74950 Reposoir-Pralong, le 74 120 Gd 72
39140 Repôts, les 39 106 Fc 68
90150 Reppe 90 94 Ha 63
72510 Requeil 72 84 Aa 62
56120 Requémian 56 64 Xb 61
27420 Réquiecourt 27 50 Bd 53
12170 Réquista 12 152 Cd 84
15110 Requistat 15 140 Cf 80
11220 Réquy 11 166 Cd 90
34330 Resclause, la 34 166 Cd 87
84390 Resclave, la 84 156 Fc 84
34330 Rescol 34 166 Ce 87
70140 Résie Saint Martin, la 70 92 Fd 65
02360 Résigny 02 41 Eb 50
01110 Résinand 01 119 Fc 73
50000 Résordoué 50 00 Xa 62
81310 Respech 81 151 Bf 86
57420 Ressaincourt 57 56 Gb 55
86150 Ressière, la 86 112 Ad 71
55000 Resson 55 55 Fb 56
60790 Ressons 60 51 Ca 53
02290 Ressons-le-Long 02 40 Da 52
60490 Ressons-sur-Matz 60 39 Ce 51
29270 Rèstamenac'h 29 63 Wc 59
35240 Rester = Retiers 35 82 Yd 61
56540 Restergant 56 79 Wd 60
37140 Restigné 37 85 Ab 65
34160 Restinclières 34 168 Ea 86
29270 Restinez 29 63 Wb 59
56400 Resto 56 80 Xa 62
56600 Resto 56 79 We 62
56420 Resto, le 56 80 Xb 61
31510 Reston 31 176 Ac 90
79130 Retail, le 79 111 Zd 69
17460 Rétaud 17 122 Zb 74
59219 Reteaux, les 59 31 Df 48
44130 Retentais, la 44 82 Yb 64
23110 Reterre 23 115 Cc 72
08300 Rethel 08 41 Ec 51
02600 Retheuil 02 39 Da 53
60153 Rethondes 60 39 Cf 52
80700 Rethonvillers 80 39 Cf 50
50330 Réthoville 50 34 Yd 50
85120 Retière, la 85 98 Zb 69
35240 Retiers = Rester 35 82 Yd 61
33125 Retis 33 134 Zb 82
01290 Rétissinge 01 118 Ef 71
33230 Rétiveau 33 135 Zf 78
40120 Retjons 40 147 Ze 84
57645 Retonfey 57 56 Gb 54
76340 Rétonval 76 38 Bd 50
03330 Retour 03 115 Cf 71
43130 Retournac 43 129 Ea 77
43130 Retournaguet 43 129 Ea 77
67250 Retschwiller 67 58 Hf 55
57480 Rettel 57 44 Gb 52
62720 Réty 62 26 Be 44
68210 Retzwiller 68 94 Ha 63
25330 Reugney 25 107 Ga 66
59149 Reugnies 59 31 Eb 47
03190 Reugny 03 115 Cd 70
37380 Reugny 37 85 Af 64
51480 Reuil 51 53 De 54
77260 Reuil-en-Brie 77 52 Da 55
27930 Reuilly 27 49 Bb 54
36260 Reuilly 36 102 Ca 66
60480 Reuil-sur-Brêche 60 38 Cb 51
21220 Reulle-Vergy 21 106 Ef 65
59980 Reumont 59 30 Dc 48
47700 Réunion, la 47 148 Aa 83
67440 Reutenbourg 67 58 Hc 56
76460 Reutteville 76 36 Ae 49
51120 Reuves 51 53 De 56
76560 Reuville 76 37 Af 50
14130 Reux 14 35 Aa 53
81320 Revalès 81 167 Cf 86
49310 Reveillère, la 49 98 Zc 66
50470 Réveillérie, la 50 33 Yc 51
14170 Réveillon 14 48 Aa 55
46500 Reveillon 46 138 Be 80
51310 Réveillon 51 52 Dc 56
61400 Réveillon 61 68 Ad 58
31250 Revel 31 165 Ca 88
38420 Revel 38 132 Ff 77
82800 Revel 82 150 Bd 84
80540 Revelles 80 38 Ca 49
38270 Revel Tourdan 38 130 Fa 76
54260 Revémont 54 43 Fd 52
30750 Revens 30 153 Db 84
38121 Reventin-Vaugris 38 130 Ef 76
28270 Revercourt 28 49 Ba 56
04150 Revest-des-Brousses 04 156 Fe 85
04150 Revest-du-Bion 04 156 Fd 84
83200 Revest-les-Eaux, le 83 171 Ff 89
06830 Revest-les-Roches 06 159 Ha 85
04230 Revest-Saint-Martin 04 157 Fe 84
79360 Revêtizon, la 79 110 Zd 71
14470 Reviers 14 47 Zd 53
39570 Revigny 39 107 Fd 69
55800 Revigny-sur-Ornain 55 55 Ef 56
50760 Réville 50 34 Ye 51
55150 Réville-aux-Bois 55 55 Fc 52
02160 Révillon 02 40 De 52
08500 Revin 08 42 Ed 49
44480 Revin 44 81 Xf 64
20141 Revinda CTC 182 Id 95
69740 Revolère 69M 130 Fa 74
01250 Revonnas 01 119 Fb 72
46200 Revrevignes 46 137 Bc 79
67320 Rexingen 67 57 Hb 55
59122 Rexpoëde 59 27 Cd 43
40110 Rey 40 147 Zb 85
50590 Rey, le 50 46 Yc 54
26410 Reychas 26 143 Fd 80
57230 Reyersviller 57 58 Hc 54
19430 Reygade 19 138 Bf 78
24590 Reymondie, la 24 137 Bc 78
43170 Reynaldès 43 140 Dd 79
12350 Reynaldie, la 12 151 Cb 82
33250 Reynals, les 33 122 Za 77
52700 Reynel 52 75 Fc 59
66400 Reynès 66 179 Ce 94
04250 Reynier 04 157 Ga 83
82370 Reyniès 82 150 Bc 85
07700 Reynouard 07 154 Ec 82
46320 Reyrevignes 46 138 Bf 81
01600 Reyrieux 01 118 Ee 73
82800 Reys 82 150 Bd 84
26270 Reys-de-Saulce, les 26 142 Fe 80
01190 Reyssouze 01 118 Ef 70
74200 Reyvroz 74 120 Gd 71
18170 Rezay 18 102 Cb 68
44400 Rezé 44 97 Yc 65
16170 Rézentières 15 140 Da 78
57130 Rezonville 57 56 Ff 54
20121 Rezza CTC 182 If 96
10170 Rhèges Bessy 10 70 Df 57
67860 Rheinau = Rhinau 67 60 He 59
68740 Rheinfelderhof 68 60 Hc 61
35650 Rheu, le 35 65 Yb 60
01590 Rhien 01 119 Fe 71
67860 Rhinau = Rheinau 67 60 He 59
18500 Rhin-du-Bois 18 102 Cb 65
36170 Rhodes 36 113 Bc 70
57810 Rhodes 57 57 Gf 56
24200 Rhodes, les 24 137 Bb 79
41290 Rhodon 41 86 Bb 62
50140 Rhuère 50 104 Df 65
60410 Rhuis 60 39 Ce 53
12200 Rhule 12 151 Ca 82
61210 Ri 61 48 Zf 56
34340 Riac 34 167 Dd 88
12320 Riach 12 139 Cc 81
44440 Riaillé 44 82 Yc 63
07150 Riailles, les 07 142 Ec 82
81240 Rialet, le 81 166 Cc 87
18220 Rians 18 102 Cd 65
83560 Rians 83 171 Fe 87
56670 Riantec 56 79 We 62
66500 Ria-Sirach 66 178 Cc 93
52000 Riaucourt 52 75 Fa 59
55160 Riaville 55 55 Fd 54
24240 Ribagnac 24 136 Ac 80
43340 Ribains 43 141 De 79
64330 Ribarrouy 64 162 Ze 87
11220 Ribaute 11 166 Cd 90
30720 Ribaute-les-Tavernes 30 154 Ea 84
53640 Ribay, le 53 67 Zd 58
63690 Ribbes 63 127 Cd 75
24400 Ribe 24 136 Ab 78
80620 Ribeaucourt 80 29 Ca 48
68650 Ribeaugoutte 68 60 Ha 59
02110 Ribeauville 02 31 Dd 48
02500 Ribeauville 02 41 Eb 50
60860 Ribeauville 60 38 Ca 51
68150 Ribeauvillé 68 60 Hb 59
60170 Ribécourt-Dreslincourt 60 39 Cf 51
59159 Ribécourt-la-Tour 59 30 Da 48
58260 Ribelets, les 58 104 Dc 67
02240 Ribemont 02 40 Dc 50
80800 Ribemont-sur-Ancre 80 39 Cd 49
48700 Ribennes 48 140 Dc 81
24600 Ribérac 24 124 Ac 77
31160 Ribereuille 31 176 Af 90
07260 Ribes 07 141 Eb 82
15170 Ribes 15 140 Cf 78
15240 Ribes 15 127 Cd 77
86210 Ribes 86 100 Ad 68
05150 Ribeyret 05 156 Fd 82
15100 Ribeyrevielle 15 140 Da 78
23140 Ribière, la 23 114 Ca 71
87120 Ribière, la 87 126 Be 74
87800 Ribière, la 87 125 Bb 75
87260 Ribières, les 87 125 Bc 74
05300 Ribiers 05 157 Ff 83
79330 Ribiaire 79 99 Ze 67
83840 Riblaquon 83 158 Gc 86
85170 Ribotière, la 85 97 Yd 68
11270 Ribouisse 11 165 Bf 89
13780 Riboux 13 171 Fe 89
42150 Ricamarie, la 42 129 Ec 76
42310 Ricarde, la 42 117 Df 72
11100 Ricardella 11 167 Da 90
81120 Ricardié, la 81 151 Cb 86
83120 Ricards, les 83 172 Gd 88
76640 Ricarville 76 36 Ad 51
76660 Ricarville-du-Val 76 37 Bb 50
32160 Ricau 32 162 Aa 87
11400 Ricaud 11 165 Bf 88
65190 Ricaud 65 163 Ab 90
20170 Riccu CTC 185 Ka 98
20169 Ricetti CTC 185 Kb 100
10340 Ricey-Bas 10 74 Ec 60
10340 Riceys, les 10 74 Ec 61
85150 Richard, la 85 96 Yb 69
35780 Richardais, la 35 65 Xf 57
54630 Richardménil 54 76 Gb 57
91410 Richarville 91 70 Bf 58
36700 Richaudière, la 36 100 Ba 67
57340 Riche 57 57 Gd 55
23170 Richebœuf 23 115 Cc 71
25470 Richebourg 25 94 Ha 65
35240 Richebourg 35 82 Ye 61
49140 Richebourg 49 84 Ze 63
52120 Richebourg 52 75 Fa 60
62136 Richebourg 62 29 Ce 45
77171 Richebourg 77 72 Dc 57
78550 Richebourg 78 50 Bd 56
55300 Richecourt 55 56 Fe 55
37120 Richelieu 37 99 Ab 66
57510 Richeling 57 57 Gf 54
16370 Richemont 16 123 Zd 74
57270 Richemont 57 56 Ga 53
76390 Richemont 76 38 Bd 50
44850 Richerais, la 44 82 Ye 64
84600 Richerenches 84 155 Ef 82
40410 Richet 40 147 Zb 82
57830 Richeval 57 57 Gf 57
27420 Richeville 27 50 Bd 53
67390 Richtolsheim 67 60 Hd 59
68120 Richwiller 68 95 Hb 62
50600 Ricolais, le 50 66 Yf 57
53640 Ricordeau 53 67 Zd 58
53950 Ricoulière, la 53 67 Zb 60
28120 Ricourd 28 69 Bb 59
32230 Ricourt 32 163 Ab 88
03410 Ricros 03 115 Cd 70
15400 Ridoux 15 127 Cd 76
29340 Riec-sur-Belon 29 79 Wb 61
67330 Riedheim 67 58 Hc 56
68400 Riedisheim 68 95 Hc 62

A B C D E F G H I J K L M N O P Q R S T U V W X Y Z

67160 Riedseltz 67 59 Hf 55
68320 Riedwihr 68 60 Hc 60
48210 Reisse 48 153 Db 83
21570 Riel-les-Eaux 21 74 Ee 61
80310 Riencourt 80 38 Ca 49
62182 Riencourt-lès-Cagnicourt 62 30 Cf 47
23170 Riérette 23 114 Cc 71
90200 Riervescemont 90 94 Gf 62
68640 Riespach 68 95 Hb 63
59470 Riet-Veld 59 27 Cc 43
34330 Rieu, le 34 166 Ce 87
09310 Rieubel 09 177 Bd 92
31800 Rieucazé 31 163 Ae 90
09500 Rieucros 09 165 Be 90
59870 Rieulay 59 30 Db 46
31290 Rieumajou 31 165 Be 88
31370 Rieumes 31 164 Ba 88
81320 Rieu-Montagne 81 166 Ce 87
12240 Rieupeyroux 12 151 Cb 83
12240 Rieupresens 12 151 Ca 83
34220 Rieussec 34 166 Ce 88
34360 Rieussec 34 166 Cf 88
47420 Rieussout 47 147 Zf 83
07510 Rieutord 07 141 Ea 80
66210 Rieutord 66 178 Ca 93
48260 Rieutort 48 140 Da 80
48700 Rieutort-de-Randon 48 140 Dc 81
81320 Rieuviel 81 166 Ce 86
51210 Rieux 51 53 Dc 55
56200 Rieux 56 81 Xe 62
56350 Rieux 56 81 Xf 63
60210 Rieux 60 38 Ca 51
60870 Rieux 60 51 Cd 53
76340 Rieux 76 38 Bd 49
19220 Rieux, le 19 138 Ca 77
19240 Rieux, le 19 125 Bc 77
09120 Rieux-de-Pelleport 09 177 Bd 90
59277 Rieux-en-Cambrésis 59 30 Dc 47
11220 Rieux-en-Val 11 166 Cd 90
11160 Rieux-Minervois 11 166 Cd 89
31310 Rieux-Volvestre 31 164 Bb 89
04500 Riez 04 157 Ga 86
02480 Riez-de-Cugny, les 02 40 Da 50
26470 Rif 26 143 Fc 81
44522 Rifaudières, les 44 82 Ye 64
28160 Riffaudière, la 28 69 Bb 59
24470 Riffes, les 24 125 Af 76
12160 Rigal 12 152 Cf 85
30770 Rigalderie, la 30 153 Dc 85
66320 Rigarda 66 179 Cd 93
06260 Rigaud 06 158 Gf 85
22400 Rigaudais, les 22 64 Xc 57
36160 Rigaudière, la 36 114 Ca 70
81660 Rigautou 81 166 Cc 87
12390 Rignac 12 151 Cb 82
32480 Rignac 32 149 Ad 84
46500 Rignac 46 138 Be 80
46600 Rignac 46 138 Bd 79
01250 Rignat 01 119 Fc 72
55220 Rignaucourt 55 55 Fb 55
79100 Rigné 79 98 Ze 67
47360 Rigne, la 47 148 Ac 82
25640 Rigney 25 93 Gb 64
01150 Rignieu-le-Désert 01 119 Fb 73
01800 Rignieux-le-Franc 01 118 Fb 73
25640 Rignosot 25 93 Gb 64
70200 Rignovelle 70 94 Gc 62
37600 Rigny 37 100 Ba 66
70100 Rigny 70 92 Fd 64
77540 Rigny 77 52 Cf 56
86110 Rigny 86 99 Aa 68
86110 Rigny 86 99 Ab 67
86110 Rigny, le 86 99 Ab 68
10290 Rigny-la-Nonneuse 10 73 Dd 58
55140 Rigny-la-Salle 55 55 Fe 57
10160 Rigny-le-Ferron 10 73 Dd 59
55140 Rigny-Saint-Martin 55 75 Fe 57
71160 Rigny-sur-Arroux 71 117 Ea 69
37420 Rigny-Ussé 37 99 Ab 65
63130 Rigodanches 63 116 Dc 72
06450 Rigons 06 159 Hb 84
47140 Rigoulières 47 149 Af 82
32320 Riguepeu 32 163 Ac 87
43360 Rilhac 43 128 Db 76
87800 Rilhac-Lastours 87 125 Ba 74
87570 Rilhac-Rancon 87 113 Bb 73
19260 Rilhac-Treignac 19 126 Be 75
19220 Rilhac-Xaintrie 19 139 Cb 77
37340 Rillé 37 85 Ab 64
86500 Rillé 86 112 Af 70
69140 Rillieux-la-Pape 69M 130 Ef 74
51500 Rilly-a-Montagne 51 53 Ea 54
10280 Rilly-Sainte-Syre 10 73 Df 58
08130 Rilly-sur-Aisne 08 42 Ed 52
41150 Rilly-sur-Loire 41 86 Ba 64
37220 Rilly-sur-Vienne 37 100 Ac 66
83111 Rimade 83 172 Gc 87
52700 Rimaucourt 52 75 Fb 59
83780 Rimauresq 83 172 Gb 89
68500 Rimbach-près-Guebwiller 68
95 Ha 61
68290 Rimbach-près-Masevaux 68 94 Gf 62
68500 Rimbachzell 68 95 Hb 61
63600 Rimbaud 63 129 De 75
44850 Rimbertière, la 44 82 Yd 64
40310 Rimbez-et-Baudiets 40 148 Aa 84
62990 Rimboval 62 28 Bf 45
48200 Rimeize 48 140 Db 80
48130 Rimeizenc 48 140 Db 80
57720 Rimling 57 58 Hb 54
08150 Rimogne 08 41 Ed 49
23140 Rimondeix, Parsac- 23 114 Ca 71
26340 Rimon-et-Savel 26 143 Fb 81
33580 Rimons 33 135 Aa 80
09420 Rimont 09 177 Bb 91
71390 Rimont 71 105 Ed 68
07700 Rimouren 07 155 Ed 82
35560 Rimoux 35 66 Yc 58
06420 Rimplas 06 158 Ha 84
67260 Rimsdorf 67 57 Ha 55
62120 Rincq 62 29 Cc 45
02360 Ringeat 02 41 Ea 50
67350 Ringeldorf 67 58 Hd 56
67350 Ringendorf 67 58 Hd 56
86190 Ringère 86 99 Ab 69
62720 Rinxent 62 26 Be 44
33220 Riocaud 33 136 Ab 80
04340 Rioclai 04 158 Gd 82
63630 Riodange 63 129 Dd 76
31290 Riolas 31 164 Af 88
56490 Riolo 56 64 Xd 60
34220 Riols 34 166 Ce 87
81170 Riols, le 81 151 Bf 84
63200 Riom 63 116 Da 73
15400 Riom-ès-Montagnes 15 127 Cd 77
40370 Rion-des-Landes 40 146 Za 85
33112 Rionet 33 134 Za 78
33410 Rions 33 135 Zd 81
57220 Riorange 57 57 Gd 53
42153 Riorges 42 117 Ea 72
89240 Riot 89 89 Dc 62
43220 Riotord 43 130 Ec 77
81430 Riou 81 151 Cc 85
43800 Riou, le 43 141 Df 78
33920 Rioucreux 33 135 Zc 78
04330 Riou-d'Ourgeas, le 04 157 Gc 85
05600 Rioufenc 05 145 Gf 81
19330 Rioulat, le 19 126 Bd 77
38220 Rioupéroux 38 144 Ff 78
58240 Riousse 58 103 Da 68
54370 Riouville 54 57 Gd 56
17460 Rioux 17 122 Zb 75
17540 Rioux 17 110 Za 71
23270 Rioux 23 114 Bf 71
19170 Rioux, les 19 126 Ca 75
16210 Rioux-Martin 16 123 Aa 77
70190 Rioz 70 93 Ga 64
11360 Ripaud 11 179 Cf 90
79600 Ripère 79 98 Ze 68
60490 Riquebourg 60 39 Ce 51
02420 Riqueval 02 40 Db 49
68340 Riquewihr 68 60 Hb 60
63290 Ris 63 116 Dd 73
65590 Ris 65 175 Ac 91
32400 Riscle 32 162 Zf 87
04140 Risolet, le 04 157 Gb 82
91130 Ris-Orangis 91 51 Cc 57
05600 Risoul 05 145 Gd 81
38760 Risset 38 144 Fd 78
05460 Ristolas 05 145 Gf 80
28260 Ritoire 28 50 Bc 55
67690 Rittershoffen 67 59 Hf 55
57480 Ritzing 57 44 Gc 52
66480 Riunoguès 66 179 Ce 94
64160 Riupeyrous 64 162 Ze 88
14150 Riva-Bella 14 35 Ze 53
20230 Riva Bella CTC 183 Kd 96
50630 Rivage, le 50 34 Ye 51
18230 Rivages, les 18 102 Cb 66
38260 Rival, le 38 131 Fb 76
63320 Rivalet 63 128 Da 75
12200 Rivals 12 151 Bf 82
36800 Rivarennes 36 101 Bc 69
37190 Rivarennes 37 85 Ac 65
24800 Rivarie, la 24 124 Ae 76
42340 Rivas 42 129 Eb 75
30120 Rivaud 30 153 Dd 84
49430 Rivaudière, la 49 84 Ze 62
36220 Rive 36 100 Af 69
50170 Rive, la 50 66 Yd 57
50480 Rive, la 50 46 Ye 52
24700 Riveaud, le 24 135 Aa 78
60126 Rivecourt 60 52 Ce 52
42800 Rive-de-Gier 42 130 Ed 75
33840 Rivedieu 33 147 Ze 83
17940 Rivedoux-Plage 17 109 Ye 72
64190 Rivehaute 64 161 Za 88
11230 Rivel 11 178 Ca 91
59114 Riveld, le 59 27 Cd 44
20250 Riventosa CTC 183 Kb 95
09200 Rivèrenert 09 177 Bb 91
69440 Riverie 69M 130 Ed 75
80136 Rivery 80 39 Cb 49
12420 Rives 12 139 Ce 80
34380 Rives, les 34 153 Dd 85
34520 Rives, les 34 153 Db 85
66600 Rivesaltes 66 179 Ce 92
61140* Rives-d'Andaine 61 67 Zd 57
85310 Rives de l'Yon 85 97 Yd 69
52220 Rives Dervoises 52 74 Ee 58
76490 Rives-en-Seine 76 36 Ae 51
38140 Rives-sur-Fure 38 131 Fd 76
05320 Rivet 05 144 Gb 78
15100 Rivet 15 140 Da 78
50620 Rivet, le 50 34 Ye 53
38114 Rivier, le 38 132 Ga 77
38140 Rivier, le 38 131 Fc 76
06530 Riviera 06 172 Gf 87
12240 Rivière 12 151 Cb 82
19320 Rivière 19 138 Bf 78
62173 Rivière 62 29 Ce 47
71190 Rivière 71 105 Eb 68
05400 Rivière, la 05 144 Ga 81
31310 Rivière, la 31 164 Bb 90
37500 Rivière, la 37 99 Ab 66
38210 Rivière, la 38 131 Fd 77
44530 Rivière, la 44 81 Xf 64
44650 Rivière, la 44 97 Yc 67
48240 Rivière, la 48 154 De 83
61800 Rivière, la 61 47 Zb 56
65230 Rivière, la 65 163 Ac 89
79210 Rivière, la 79 110 Zb 71
83610 Rivière, la 83 172 Gb 89
86260 Rivière, la 86 100 Af 69
10440 Rivière-de-Corps, la 10 73 Fa 59
19520 Rivière-de-Mansac, la 19 137 Bc 78
25560 Rivière-Drugeon, la 25 107 Gb 67
81110 Rivière-du-Sant 81 165 Cb 88
74440 Rivière-Enverse, la 74 121 Gd 72
52190 Rivière-les-Fosses 52 92 Fb 63
16110 Rivières 16 124 Ac 74
19390 Rivières 19 126 Be 76
30430 Rivières 30 154 Eb 83
81600 Rivières 81 151 Bf 85
50270 Rivières, les 50 46 Yb 52
40180 Rivière-Saas-et-Gourby 40 161 Yf 86
14600 Rivière-Saint-Sauveur, la 14
36 Ab 52
51300 Rivières-Henruel, les 51 54 Ed 57
52600 Rivières-le-Bois 52 92 Fc 62
12640 Rivière-sur-Tarn 12 152 Da 83
27550 Rivière-Thibouville, la 27 49 Ae 54
76540 Riville 76 36 Ad 50
20290 Rivinco CTC 181 Kc 93
73450 Rivine, la 73 145 Gc 78
38620 Rivoires, les 38 131 Fd 76
69640 Rivolet 69D 118 Ed 72
01680 Rix 01 131 Fd 74
39250 Rix 39 107 Ga 68
58500 Rix 58 89 Dd 64
68170 Rixheim 68 95 Hc 62
46210 Rixou 46 138 Ca 80
39200 Rixouse, la 39 119 Ff 70
52330 Rizaucourt-Buchey 52 74 Ef 59
33210 Roaillan 33 135 Ze 82
84110 Roaix 84 155 Fa 83
42300 Roanne 42 117 Ea 72
15220 Roannes-Saint-Mary 15 139 Cc 79
35000 Roazhon = Rennes 35 65 Yb 60
88100 Robache 88 77 Gf 59
88320 Robécourt 88 75 Fe 60
62350 Robecq 62 29 Cd 45
14860 Robehomme 14 35 Zf 53
79340 Robelière, la 79 111 Zf 70
37500 Roberderie, la 37 99 Ab 66
59550 Robersart 59 31 Dd 48
40430 Robert 40 147 Zc 83
55000 Robert-Espagne 55 55 Fa 56
24260 Robertie, la 24 137 Af 79
44170 Robertière, la 44 82 Yd 63
52220 Robert-Magny 52 74 Ef 58
76560 Robertot 76 36 Ae 50
67000 Robertsau, la 67 60 He 57
60410 Roberval 60 51 Ce 53
30730 Robiac 30 154 Ea 85
30160 Robiac-Rochessadoule 30 154 Ea 83
35111 Robin, le 35 65 Ya 57
04000 Robine, la 04 157 Gb 83
32490 Robineau 32 164 Ba 87
44850 Robinière, la 44 82 Yd 64
04120 Robion 04 158 Gc 86
84440 Robion 84 155 Fa 85
24530 Roc 24 124 Ae 76
46200 Roc, le 46 137 Bc 79
24560 Rocal, le 24 136 Ad 80
83136 Rocbaron 83 171 Ga 89
20171 Roccapina CTC 184 If 99
17260 Roc-des-Aires, le 17 122 Zb 75
41100 Rocé 41 86 Ba 62
56580 Roc'han = Rohan 56 64 Xb 60
56220 Roc'h-an-Argoed = Rochfort-en-Terre
56 81 Xd 62
04850 Rochas, les 04 158 Ge 82
29450 Roc'h-Cléguer 29 62 Vf 58
08130 Roche 08 42 Ed 52
15400 Roche 15 127 Cd 77
38090 Roche 38 131 Fa 75
58110 Roche 58 104 Dd 66
63160 Roche 63 128 Db 74
70700 Roche 70 93 Fe 64
86430 Roche 86 112 Ae 71
16120 Roche, la 16 123 Zf 75
17250 Roche, la 17 122 Za 73
17450 Roche, la 17 110 Yf 73
17770 Roche, la 17 123 Zc 73
18190 Roche, la 18 102 Cb 67
19600 Roche, la 19 137 Bc 78
24550 Roche, la 24 137 Bb 80
26400 Roche, la 26 143 Ef 80
35190 Roche, la 35 65 Ya 58
36300 Roche, la 36 101 Bb 69
37130 Roche, la 37 85 Ac 64
37150 Roche, la 37 100 Ba 65
41100 Roche, la 41 86 Ba 62
42600 Roche, la 42 129 Df 75
42680 Roche, la 42 129 Ea 76
43210 Roche, la 43 129 Ea 77
44270 Roche, la 44 96 Yb 66
48120 Roche, la 48 140 Dc 80
48200 Roche, la 48 140 Db 79
50440 Roche, la 50 32 Ya 50
50800 Roche, la 50 46 Ye 55
53100 Roche, la 53 67 Zb 59
56430 Roche, la 56 65 Xe 60
63410 Roche, la 63 115 Cf 73
73120 Roche, la 73 133 Gd 76
79350 Roche, la 79 98 Zd 68
86330 Roche, la 86 99 Aa 67
86800 Roche, la 86 112 Ad 70
87120 Roche, la 87 126 Be 74
87160 Roche, la 87 113 Bc 71
26160 Rochebaudin 26 143 Fa 81
24340 Rochebeaucourt-et-Argentine, la 24
124 Ac 76
38410 Roche-Béranger 38 144 Ff 78
56130 Roche-Bernard, la = Ar-Roc'h Bernez
56 81 Xe 63
63670 Roche-Blanche 63 128 Da 74
83140 Roche-Blanche 83 171 Fe 90
44522 Roche-Blanche, la 44 83 Yf 64
36370 Rocheblond 36 113 Bb 69
48170 Roche Branlante 48 141 De 81
05190 Rochebrune 05 157 Gb 82
26110 Rochebrune 26 156 Fb 82
15110 Roche-Canillac, la 15 140 Da 80
19320 Roche-Canillac, la 19 126 Bf 77
24490 Roche-Chalais, la 24 135 Aa 78
63420 Roche-Charles 63 128 Da 76
87600 Rochechouart 87 124 Ae 74
37500 Roche-Clermault, la 37 99 Ab 66
07200 Rochecolombe 07 142 Ec 81
37210 Rochecorbon 37 85 Ae 64
63330 Roche-d'Agoux 63 115 Cd 72
72300 Roche-Davy 72 84 Zd 62
79120 Roche-de-Bord, la 79 111 Aa 71
26600 Roche-de-Glun, la 26 142 Ef 78
05310 Roche-de-Rame, la 05 145 Gd 80
22450 Roche-Derrien, la = Ar Roc'h-Derrien
22 63 We 56
05400 Roche-des-Arnauds, la 05 144 Ff 81
49440 Roche-d'Iré 49 83 Za 63
79120 Roche-Elie, la 79 111 Aa 71
21530 Roche-en-Brenil, la 21 90 Eb 64
43810 Roche-en-Reignier 43 129 Df 77
70180 Roche-et-Raucourt 70 92 Fe 63
03800 Rochefort 03 116 Da 72
17300 Rochefort 17 110 Za 73
21510 Rochefort 21 91 Ee 62
42130 Rochefort 42 129 Df 74
30650 Rochefort-du-Gard 30 155 Ee 85
26160 Rochefort-en-Valdaine 26 142 Ef 81
78730 Rochefort-en-Yvelines 78 70 Bf 57
63210 Rochefort-Montagne 63 127 Ce 74
52700 Rochefort-sur-la-Côte 52 75 Fb 59
49190 Rochefort-sur-Loire 49 83 Zc 64
39700 Rochefort-sur-Nenon 39 107 Fd 66
16110 Rochefoucauld, la 16 124 Ac 74
49140 Rochefoulques, la 49 83 Zd 63
26340 Rochefourchat 26 143 Fb 81
04150 Rochegiron, la 04 156 Fd 84
26790 Rochegude 26 155 Ee 83
30430 Rochegude 30 154 Eb 83
43580 Rochegude 43 141 Dd 79
42380 Rochegut 42 129 Ea 76
95780 Roche-Guyon, la 95 50 Bd 54
22220 Roche-Jaune, la 22 63 We 56
25370 Rochejean 25 108 Gb 68
87800 Roche-L'Abeille, l' 87 125 Bb 75
42230 Roche-la-Molière 42 129 Eb 76
19160 Roche-le-Peyroux 19 127 Cc 76
25340 Roche-lès-Clerval 25 94 Gc 64
44250 Rochelets, les 44 96 Xe 65
25220 Roche-lez-Beaupré 25 93 Ga 65
43000 Rochelimagne 43 141 De 78
17000 Rochelle, la 17 109 Yf 72
70120 Rochelle, la 70 92 Fe 62
50530 Rochelle-Normandie, la 50 46 Yd 56
86170 Rochelles, les 86 99 Aa 68
34300 Rochelongue 34 167 Dc 89
61420 Roche-Mabile, la 61 68 Zf 58
86700 Rochemairant, la 86 112 Ac 71
07400 Rochemaure 07 142 Ee 81
29800 Roche-Maurice, la 29 62 Ve 58
49700 Rochemenier 49 98 Ze 65
70120 Roche-Morey, la 70 92 Fe 62
79270 Rochénard, la 79 110 Zc 71
63800 Roche-Noire, la 63 128 Db 74
07320 Rochepaule 07 142 Ec 78
86270 Roche-Posay, la 86 100 Ae 68
21340 Rochepot, la 21 105 Ee 67
07110 Rocher 07 142 Eb 81
04230 Rocher-d'Ongles, le 04 156 Fe 84
70210 Rochère, la 70 76 Ga 61
86170 Rochereau, le 86 99 Aa 68
35460 Rocher-Hue, le 35 66 Yd 58
53380 Rocherie, la 53 66 Yf 59
86200 Rocher-Rigault, la 86 99 Ab 67
23250 Rocherolle 23 114 Bf 72
63790 Roche-Romaine 63 128 Cf 75
23270 Roches 23 114 Bf 71
36700 Roches 36 101 Bb 67
41370 Roches 41 86 Bc 62
24310 Roches, les 24 124 Ad 76
73130 Roches, les 73 132 Gb 77
73370 Roche-Saint-Alban, la 73 132 Fe 75
26770 Roche-Saint-Secret-Béconne 26
143 Fa 82
52270 Roches-Bettaincourt 52 75 Fb 59
20115 Roches Bleues, les CTC 182 Id 95
38370 Roches-de-Condrieu, les 38
130 Ee 76
85620 Rocheservière 85 97 Yc 67
25310 Roches-lès-Blamont 25 94 Gf 64
41800 Roches-L'Evêque, les 41 85 Af 62
86340 Roches-Prémarie-Andillé 86
112 Ac 70
30160 Rochessadoule 30 154 Ea 83
07210 Rochessauve 07 142 Ed 80
88120 Rochesson 88 77 Ge 60
52410 Roches-sur-Marne 52 75 Fa 57
52270 Roches-sur-Rognon 52 75 Fb 59
74800 Roche-sur-Foron, la 74 120 Gb 72
26170 Roche-sur-le-Buis, la 26 156 Fb 83
70230 Roche-sur-Linotte 70 93 Gb 64
23220 Rochetaillade 23 114 Be 70
38520 Rochetaillée 38 144 Ga 78
42100 Rochetaillée 42 130 Ec 76
52210 Rochetaillée 52 92 Fa 61
85510 Rochetrejoux 85 97 Za 68
05000 Rochette, la 05 144 Ga 81
05140 Rochette, la 05 144 Fe 81
06260 Rochette, la 06 158 Gf 85
07310 Rochette, la 07 141 Eb 79
15270 Rochette, la 15 127 Cd 76
16110 Rochette, la 16 124 Ab 74
23200 Rochette, la 23 114 Ca 72
38680 Rochette, la 38 143 Fc 78
43100 Rochette, la 43 128 Dc 77
73110 Rochette, la 73 132 Ga 76
73300 Rochette, la 73 132 Gb 77
73350 Rochette, la 73 133 Ge 76
77000 Rochette, la 77 71 Cd 57
26170 Rochette-du-Bois, la 26 156 Fc 83
26400 Rochette-sur-Crest, la 26 143 Fa 80
41160 Rocheux 41 86 Bb 61
21150 Roche-Vanneau, la 21 91 Ed 64
24530 Rochevideau 24 124 Ae 76
50260 Rocheville 50 33 Yc 51
52210 Rochevilliers 52 75 Fb 60
71960 Roche-Vineuse, la 71 118 Fe 70
26300 Rochfort-Samson 26 143 Fa 79
57840 Rochonvillers 57 43 Ga 52
70310 Rochotte, la 70 94 Gd 61
88400 Rochotte, la 88 77 Gf 60
60510 Rochy-Condé 60 38 Cb 52
03240 Rocles 03 115 Da 70
07110 Rocles 07 141 Eb 81
48300 Rocles 48 141 De 80
62223 Roclincourt 62 30 Ce 47
88320 Rocourt 88 76 Fe 60
02210 Rocourt-Saint-Martin 02 52 Dc 54
34260 Rocozels 34 152 Da 86
14540 Rocquancourt 14 47 Ze 54
14410 Rocque, la 14 47 Zb 55
76640 Rocquefort 76 36 Ae 50
60800 Rocquemont 60 52 Ce 53
76680 Rocquemont 76 37 Bb 51
60120 Rocquencourt 60 39 Cc 51
14100 Rocques 14 48 Ab 53
02260 Rocquigny 02 41 Df 48
08220 Rocquigny 08 41 Eb 50
62450 Rocquigny 62 30 Cf 48
08230 Rocroi 08 41 Ec 49
56460 Roc-Saint-André, le 56 81 Xd 61
57340 Rodalbe 57 57 Ge 55
16320 Rodas 16 124 Ab 75
19270 Rodde, la 19 125 Bc 77
63380 Rodde, la 63 127 Cd 73
57340 Rode 57 57 Gd 55
47700 Rode, la 47 148 Zf 82
83610 Rode, la 83 172 Gb 89
62610 Rodelinghem 62 27 Bf 43
12340 Rodelle 12 139 Cd 82
57570 Rodemack 57 44 Gb 52
68800 Roderen 68 94 Ha 62
68590 Rodern 68 60 Hc 59
66320 Rodès 66 179 Cd 93
12000 Rodez 12 152 Cd 82
63160 Rodier, le 63 128 Dc 74
69700 Rodière, la 69M 130 Ee 75
30230 Rodilhan 30 154 Ec 86
57320 Rodlach 57 57 Gc 52
11140 Rodome 11 178 Ca 92
20121 Rodone CTC 182 If 96
53350 Roë, la 53 83 Yf 61
62130 Roëllecourt 62 29 Cc 46
67480 Rœschwoog 67 59 Ia 56
59293 Rœulx 59 30 Dc 47
59158 Rœux 59 30 Dc 45
62118 Rœux 62 30 Cf 47
72210 Roëzé-sur-Sarthe 72 84 Aa 61
89700 Roffey 89 90 Df 61
15100 Roffiac 15 140 Da 78
43550 Roffiac 43 141 Eb 79
44740 Roffiat 44 81 Xd 65
09140 Rogalle 09 176 Bb 91
31430 Rogé 31 164 Ba 89
02800 Rogécourt 02 40 Dc 51
44760 Rogère, la 44 96 Xf 66
76700 Rogerville 76 36 Ab 51
54380 Rogéville 54 56 Ff 56
68740 Roggenhouse 68 95 Hc 61
77154 Roggenvilliers 77 72 Da 57
20247 Rogliano CTC 181 Kc 91
39360 Rogna 39 119 Fe 71
13340 Rognac 13 170 Fb 88
43170 Rognac 43 141 Dd 79
43300 Rognac 43 141 Dd 78
73730 Rognaix 73 132 Gc 75
13840 Rognes 13 170 Fc 87
18240 Rognon 18 88 Cf 64
13870 Rognonas 13 155 Ee 85
02140 Rogny 02 40 De 50
89220 Rogny-les-Sept-Écluses 89 88 Cf 62
30120 Rogues 30 153 Dd 85
74930 Roguets, les 74 120 Gb 72
37420 Roguinet 37 99 Aa 65
80160 Rogy 80 38 Cb 50
28340 Rohaire 28 49 Af 56
44460 Rohan 44 82 Ya 63
56580 Rohan 56 64 Xb 60
22320 Rohanno, le 22 63 Wf 59
67270 Rohr 67 58 Hd 56
57410 Rohrbach-lès-Bitche 57 58 Hb 54
57260 Rohrbach-lès-Dieuze 57 57 Gf 56
67410 Rohrwiller 67 58 Hf 56
36210 Roichère, la 36 101 Be 65
86120 Roiffé 86 99 Aa 66
07100 Roiffieux 07 130 Ed 77
80700 Roiglise 80 39 Ce 50
21390 Roilly 21 90 Ec 64
28700 Roinville 28 70 Be 58
91410 Roinville 91 70 Ca 57
91150 Roinvilliers 91 71 Cb 58
80240 Roisel 80 40 Da 49
55130 Roises, les 55 75 Fd 58
42520 Roisey 42 130 Ee 76
16130 Roissac 16 123 Ze 75
16570 Roissac 16 123 Aa 74
38650 Roissard 38 144 Fd 79
77680 Roissy-en-Brie 77 51 Cd 56
95700 Roissy-en-France 95 51 Cd 54
61120 Roiville 61 48 Ab 55
38350 Roizon 38 144 Fe 79
08190 Roizy 08 41 Eb 52
46160 Rojouls 46 150 Be 82
52260 Rolampont 52 75 Fb 61
57720 Rolbing 57 58 Hc 53
19220 Rolière 19 139 Cb 78
88300 Rollainville 88 76 Fe 58
62770 Rollancourt 62 29 Ca 46
33230 Rolland 33 135 Zf 78
84410 Rolland 84 156 Fb 84
78270 Rolleboise 78 50 Bd 54
76133 Rolleville 76 35 Ab 51
62560 Rollez 62 29 Ca 45
01290 Rollière, la 01 118 Ef 71
36230 Rollins, les 36 101 Dc 60
80500 Rollot 80 39 Cd 51
36300 Rolnier 36 100 Ba 69
79120 Rom 79 111 Aa 71
17460 Romade 17 122 Zb 74
63540 Romagnat 63 128 Da 74
33760 Romagne 33 135 Ze 80
35133 Romagné 35 66 Ye 58

39700 Romagne 39 107 Fd 66
86700 Romagne 86 112 Ab 71
08220 Romagne, la 08 41 Eb 50
49740 Romagne, la 49 97 Yf 66
55110 Romagne-Gesnes 55 42 Fa 53
55150 Romagne-sous-les-Côtes 55 43 Fc 53
38480 Romagnieu 38 131 Fd 75
50140 Romagny 50 66 Za 57
68210 Romagny 68 94 Ha 63
25680 Romain 25 93 Gc 64
39350 Romain 39 107 Fe 65
51140 Romain 51 53 De 52
54360 Romain 54 76 Gc 57
88320 Romain-aux-Bois 88 75 Fe 60
80860 Romaine 80 28 Bc 47
70130 Romaine, la 70 93 Ff 63
52150 Romain-sur-Meuse 52 75 Fd 59
75019 Romainville 75 51 Cc 55
27240 Roman 27 49 Ba 55
01250 Romanèche 01 119 Fc 71
71570 Romanèche-Thorins 71 118 Ee 71
20167 Romanetti CTC 182 Ie 97
15160 Romaniargues 15 127 Cf 77
07790 Romanieux 07 142 Ed 77
01400 Romans 01 118 Fa 72
79260 Romans 79 111 Ze 70
26100 Romans-sur-Isère 26 143 Fa 78
67310 Romanswiller 67 58 Hc 57
17120 Romarin, le 17 122 Zb 74
17520 Romas 17 123 Zd 75
71600 Romay 71 117 Ea 70
17510 Romazières 17 111 Ze 73
35490 Romazy 35 65 Yd 58
68660 Rombach-le-Franc 68 60 Hb 59
57120 Rombas 57 56 Ga 53
59990 Rombies-et-Marchipont 59 31 Dd 46
19470 Rome 19 126 Be 76
37190 Rome 37 85 Ad 65
16460 Romefort 16 124 Ab 73
17250 Romegoux 17 122 Zb 73
57930 Romelfing 57 57 Ha 56
58110 Romenay 58 104 Dd 66
71470 Romenay 71 118 Fa 69
77640 Romeny 77 52 Da 55
02310 Romeny-sur-Marne 02 52 Dc 55
44440 Romerai, la 44 82 Yd 63
59730 Romeries 59 30 Dd 47
51480 Romery 51 53 Df 54
60220 Romescamps 60 38 Be 50
47250 Romestaing 47 148 Aa 82
05000 Romette 05 144 Ga 81
12440 Romette 12 151 Cb 83
26150 Romeyer 26 143 Fc 80
43400 Romières 43 142 Eb 78
32480 Romieu, la 32 148 Ac 85
51170 Romigny 51 53 De 53
12430 Romiguière, la 12 152 Ce 84
46270 Romiguière, la 46 138 Ca 81
34650 Romiguières 34 153 Db 86
35850 Romillé 35 65 Ya 59
27170 Romilly 27 49 Af 54
41270 Romilly 41 69 Ba 61
28220 Romilly-sur-Aigre 28 69 Bb 61
27610 Romilly-sur-Andelle 27 50 Bb 52
10100 Romilly-sur-Seine 10 73 De 57
74300 Romme 74 120 Gd 72
88700 Romont 88 77 Gd 58
41200 Romorantin-Lanthenay 41 87 Be 64
07250 Rompoi 07 142 Ee 80
21290 Romprey 21 91 Ef 62
61160 Rônai 61 48 Zf 56
63630 Ronaye 63 128 Dd 76
28800 Ronce, la 28 69 Bc 59
17390 Ronce-les-Bains 17 122 Yf 74
10130 Roncenay 10 73 Df 60
27240 Roncenay-Authenay, le 27 49 Ba 55
50210 Ronchey 50 46 Yd 55
70250 Ronchamp 70 94 Gd 62
73260 Ronchat 73 133 Gd 75
25440 Ronchaux 25 107 Ff 66
39130 Ronchaux, les 39 119 Fe 70
02130 Ronchères 02 53 Dd 54
89170 Ronchères 89 89 Da 63
76440 Roncherolles-en-Bray 76 37 Bc 51
76160 Roncherolles-sur-le-Vivier 76 37 Bb 52
59790 Ronchin 59 30 Da 45
76390 Ronchois 76 38 Bd 50
22150 Roncière, la 22 64 Xb 59
57860 Roncourt 57 56 Ga 53
88300 Roncourt 88 76 Fe 59
59223 Roncq 59 30 Da 44
17170 Ronde, la 17 110 Zb 71
36260 Ronde, la 36 101 Bf 66
36500 Ronde, la 36 101 Bb 67
79380 Ronde, la 79 98 Zc 68
40270 Rondebœuf 40 147 Zd 86
25240 Rondefontaine 25 107 Ga 68
50490 Ronde-Haye, la 50 33 Yd 54
27290 Rondemare 27 49 Ad 52
45130 Rondonneau 45 87 Bd 61
20130 Rondulinu CTC 182 Id 96
81120 Ronel 81 151 Cb 86
61100 Ronfeugerai 61 47 Zd 56
34610 Rongas 34 167 Da 86
03430 Rongère 03 115 Cf 70
18220 Rongère 18 102 Cc 65
71380 Rongère, la 71 106 Ef 68
87260 Rongère, la 87 125 Bc 74
03150 Rongères 03 116 Dc 71
36160 Rongères 36 114 Ca 69
24380 Ronlet, le 24 136 Ae 78
03420 Ronnet 03 115 Ce 71
69550 Ronno 69D 117 Ec 73
60600 Ronquerolles 60 39 Cc 52
95340 Ronquerolles 95 51 Cb 53
62129 Ronc 62 29 Cb 44
40400 Ronsacq 40 147 Zb 85
16320 Ronsenac 16 124 Ab 76
12410 Ronsignac 12 152 Cf 84
80740 Ronssoy 80 40 Da 49
69510 Rontalon 69M 130 Ed 75
50530 Ronthon 50 46 Yd 56
64110 Rontignon 64 162 Ze 89
55160 Ronvaux 55 55 Fd 54
24490 Ronze, la 24 135 Aa 78
79370 Ronze, la 79 111 Zc 71
63470 Ronzet 63 127 Cd 74
15100 Ronzière, la 15 140 Db 78
42470 Ronzières 42 117 Eb 73
63320 Ronzières 63 128 Da 75
52310 Roôcourt-la-Côte 52 75 Fa 59
59286 Roost-Warendin 59 30 Da 46
90380 Roppe 90 94 Gf 62
67480 Roppenheim 67 59 Ia 55
68480 Roppentzwiller 68 95 Hc 63
57230 Roppeviller 57 58 Hd 54
12540 Roquarbol, la 12 152 Da 85
12500 Roque, la 12 152 Da 82
34290 Roque, la 34 167 Db 88
84190 Roque-Alric, la 84 155 Fa 84
14340 Roque-Bainard, la 14 48 Aa 53
06450 Roquebillière 06 159 Hb 84
06450 Roquebillière-Vieux 06 159 Hb 84
46270 Roque-Bouillac, la 46 139 Cb 81
34460 Roquebrun 34 167 Da 87
06190 Roquebrune 06 159 Hc 86
32190 Roquebrune 32 163 Ab 86
33580 Roquebrune 33 135 Aa 81
83520 Roquebrune-sur-Argens 83 172 Gd 88
83136 Roquebrussanne, la 83 171 Ff 88
81330 Roquecave 81 152 Cc 86
82150 Roquecor 82 149 Af 83
81170 Roquecourbe 81 151 Bf 84
81210 Roquecourbe 81 166 Cb 87
11700 Roquecourbe-Minervois 11 166 Cd 89
13640 Roque-d'Anthéron, la 13 170 Fb 86
30440 Roquedur 30 153 Dd 85
46240 Roquedure 46 138 Bc 80
83840 Roque-Esclapon, la 83 172 Gd 86
11380 Roquefère 11 166 Cc 88
11340 Roquefeuil 11 178 Bf 92
09300 Roquefixade 09 177 Be 91
12320 Roquefort 12 139 Cc 81
13830 Roquefort 13 171 Fd 89
32390 Roquefort 32 149 Ad 86
40120 Roquefort 40 147 Ze 84
47310 Roquefort 47 149 Ad 83
11140 Roquefort-de-Sault 11 178 Cb 92
11540 Roquefort-des-Corbières 11 179 Cf 91
13830 Roquefort-la-Bédoule 13 171 Fd 89
06330 Roquefort-les-Pins 06 173 Ha 86
31360 Roquefort-sur-Garonne 31 164 Af 90
12250 Roquefort-sur-Soulzon 12 152 Cf 85
24250 Roque-Gageac, la 24 137 Bb 80
12200 Roque-Jammé, la 12 151 Bf 83
32810 Roquelaure 32 163 Ad 86
32430 Roquelaure-Saint-Aubin 32 164 Af 86
30150 Roquemaure 30 155 Ee 84
81800 Roquemaure 81 150 Bd 86
24130 Roquepine 24 136 Ac 79
32100 Roquepine 32 148 Ac 85
34650 Roqueredonde 34 153 Db 86
31570 Roques 31 165 Bd 87
32310 Roques 32 148 Ab 85
34800 Roques 34 167 Db 87
46140 Roques, les 46 150 Bb 82
84260 Roques, les 84 155 Ef 84
12100 Roque-Sainte-Marguerite, la 12 153 Db 84
31380 Roqueserière 31 165 Bd 86
34320 Roquessels 34 167 Db 87
06910 Roquesteron 06 158 Ha 85
30200 Roque-sur-Cèze, la 30 155 Ed 83
84210 Roque-sur-Pernes 84 155 Fa 85
11300 Roquetaillade 11 178 Cb 91
12490 Roquetaillade 12 152 Cf 84
62120 Roquetoire 62 29 Cc 44
12850 Roquette 12 152 Cd 82
24330 Roquette 24 137 Af 78
27700 Roquette 27 50 Bc 53
12230 Roquette, la 12 153 Dc 84
83670 Roquette, la 83 171 Ga 87
31120 Roquettes 31 164 Bc 88
06550 Roquette-sur-Siagne, la 06 173 Gf 87
06670 Roquette-sur-Var, la 06 159 Hb 85
22230 Roquetton 22 64 Xc 59
13360 Roquevaire 13 171 Fd 88
81470 Roquevidal 81 165 Bf 87
64130 Roquiague 64 161 Za 89
33220 Roquille, la 33 136 Ab 80
68590 Rorschwihr 68 60 Hc 59
79700 Rorthais 79 98 Zb 67
22190 Rosaires, les 22 64 Xb 57
05150 Rosans 05 156 Fc 82
28410 Rosay 28 50 Bd 56
39190 Rosay 39 119 Fc 69
51340 Rosay 51 54 Ee 56
76680 Rosay 76 37 Bb 50
78790 Rosay 78 50 Be 55
28360 Rosay-au-Val 28 70 Bd 58
27790 Rosay-sur-Lieure 27 37 Bc 52
20121 Rosazia CTC 182 If 96
57800 Rosbruck 57 57 Gf 54
29570 Roscanvel 29 61 Vc 59
22390 Roscaradec 22 63 We 58
56500 Roscoët-Fily, le 56 64 Xb 61
29680 Roscoff 29 62 Wa 56
18110 Rose 18 102 Cc 65
13013 Rose, la 13 170 Fc 89
14740 Rosel 14 35 Zd 53
68128 Rosenau 68 95 Hd 63
67490 Rosenwiller 67 58 Hc 56
67560 Rosenwiller 67 60 Hc 57
49250 Roseray 49 84 Ze 64
50500 Roserie, la 50 33 Ye 53
56300 Roserière 56 80 Wf 64
13110 Roseron 13 170 Ef 88
58340 Roses, les 58 104 Dd 68
25410 Roset-Fluans 25 107 Fe 66
70000 Rosey 70 93 Ga 63
71390 Rosey 71 105 Ee 68
67560 Rosheim 67 60 Hc 58
17520 Rosier 17 123 Zd 75
05100 Rosier, le 05 145 Ge 79
18300 Rosière 18 103 Cf 65
38780 Rosière 38 130 Ef 76
70310 Rosière, la 70 94 Gd 61
73550 Rosière, la 73 133 Gd 76
73700 Rosière, la 73 133 Gf 75
07260 Rosières 07 142 Eb 82
18400 Rosières 18 102 Cb 67
43800 Rosières 43 141 Df 78
60440 Rosières 60 52 Ce 53
54110 Rosières-aux-Salines 54 76 Gb 57
55000 Rosières-devant-Bar 55 55 Fb 56
55130 Rosières-en-Blois 55 75 Fd 57
54385 Rosières-en-Haye 54 56 Ff 56
80170 Rosières-en-Santerre 80 39 Ce 50
10430 Rosières-près-Troyes 10 73 Ea 59
25190 Rosières-sur-Barbèche 25 94 Gd 65
70500 Rosières-sur-Mance 70 93 Fe 61
63230 Rosiers 63 127 Ce 74
77167 Rosiers 77 72 Ce 59
49350 Rosiers, les 49 84 Ze 64
19300 Rosiers-d'Egletons 19 126 Ca 76
19350 Rosiers-de-Juillac 19 125 Bb 77
34610 Rosis 34 167 Da 87
36300 Rosnay 36 101 Bb 68
51390 Rosnay 51 53 Df 53
85320 Rosnay 85 109 Ye 69
10500 Rosnay-L'Hôpital 10 74 Ec 58
29590 Rosnoën 29 62 Ve 59
93250 Rosny-sous-Bois 93 51 Cd 55
78710 Rosny-sur-Seine 78 50 Bd 55
60140 Rosoy 60 51 Cc 52
89100 Rosoy 89 72 Db 60
60620 Rosoy-en-Multien 60 52 Cf 54
45210 Rosoy-le-Vieil 45 72 Cf 60
52600 Rosoy-sur-Amance 52 92 Fd 62
22300 Rospez 22 63 Wd 56
20242 Rospigliani CTC 183 Kb 95
29140 Rosporden 29 78 Wa 61
22570 Rosquelfen 22 63 Wf 59
20167 Rossa = Piscia CTC 182 Ie 96
26310 Rossas 26 143 Fd 82
72470 Rossay 72 68 Ac 61
86200 Rossay 86 99 Aa 67
20227 Rosse CTC 183 Kb 96
57780 Rosselange 57 56 Ga 53
67230 Rossfeld 67 60 Hd 58
24320 Rossignol 24 124 Ac 76
24380 Rossignol 24 136 Ae 78
01510 Rossillon 01 131 Fd 74
10220 Rosson 10 73 Eb 59
20144 Rossu CTC 185 Kb 98
74350 Rossy 74 120 Ga 72
46150 Rostassac 46 137 Bb 81
29560 Rostegoff 29 62 Vd 59
67290 Rosteig 67 58 Hc 55
29160 Rostellec 29 61 Vc 59
27300 Rostes 27 49 Ae 54
29470 Rostiviec 29 62 Ve 58
22110 Rostrenen 22 63 We 59
44420 Rostu, le 44 81 Xd 64
73210 Rosuel 73 133 Ge 75
59230 Rosult 59 30 Dc 46
25380 Rosureux 25 108 Ge 65
39190 Rotalier 39 106 Fc 69
60360 Rotangy 60 38 Ca 51
57910 Roth 57 57 Ha 54
67570 Rothau 67 77 Hb 58
67340 Rothbach 67 58 Hd 55
35400 Rothéneuf 35 65 Ya 56
73110 Rotherens 73 132 Ga 76
10500 Rothière, la 10 74 Ed 58
60690 Rothois 60 38 Bf 51
39270 Rothonay 39 119 Fd 69
60130 Rotibéquet 60 39 Cc 52
91870 Rotoir, le 91 70 Ca 58
61210 Rotours, les 61 48 Ze 56
14980 Rots 14 35 Zd 53
67160 Rott 67 58 Hf 54
20270 Rottani CTC 183 Kc 96
67170 Rottelsheim 67 58 He 56
26470 Rottier 26 143 Fc 82
49630 Rouages, les 49 84 Zd 64
04240 Rouaine 04 158 Gd 85
04240 Rouainette 04 158 Gd 85
81240 Rouairoux 81 166 Cd 88
44640 Rouans 44 96 Ya 65
22310 Rouaric, la 22 64 Xd 59
53390 Rouaudière, la 53 82 Ye 62
88210 Rouaux, le 88 77 Ha 58
59100 Roubaix 59 30 Db 44
47260 Roubertou 47 148 Ad 82
11200 Roubia 11 166 Ce 89
83510 Roubine 83 172 Gc 88
06420 Roubion 06 158 Ha 84
14260 Roucamps 14 47 Zc 55
17800 Rouchave 17 123 Zd 75
04250 Rouchaye, la 04 157 Gb 83
15230 Rouches 15 139 Ce 79
41300 Rouches, les 41 87 Ca 63
85270 Rouches, les 85 96 Ya 68
87130 Rouchoux 87 126 Bd 75
37130 Rouchouze, la 37 85 Ac 64
15190 Roucoule 15 127 Ce 76
59169 Roucourt 59 30 Da 47
12780 Roucous, le 12 152 Cf 83
02160 Roucy 02 41 De 52
23380 Roudeau 23 114 Bf 71
15150 Roudettes 15 138 Ca 79
31330 Roudié 31 164 Bb 86
87620 Roudie, la 87 125 Ba 74
33340 Roudillac 33 122 Yf 77
89520 Roudons, les 89 89 Db 63
56110 Roudouallec 56 79 Wb 60
22820 Roudour, le 22 63 We 55
29260 Roudoushil 29 62 Vd 57
52320 Rouécourt 52 75 Fa 59
31160 Rouède 31 176 Af 90
61700 Rouellé 61 67 Zb 57
14260 Rouelle, la 14 47 Zc 54
52160 Rouelles 52 92 Fa 62
76130 Rouen 76 37 Ba 52
12140 Rouens 12 139 Cd 80
36300 Rouère, la 36 100 Bb 69
72610 Rouessé-Fontaine 72 68 Aa 59
72140 Rouessé-Vassé 72 67 Ze 60
12800 Rouet 12 151 Cc 84
34380 Rouet 34 153 De 86
13620 Rouet-Plage, le 13 170 Fb 88
11120 Roueyre, la 11 167 Cf 88
72140 Rouez 72 67 Zf 60
68250 Rouffach 68 60 Hb 61
39350 Rouffange 39 107 Fe 65
87380 Rouffiardie 87 125 Bc 75
15130 Rouffiac 15 139 Cd 79
15150 Rouffiac 15 138 Ca 78
16210 Rouffiac 16 123 Aa 75
16210 Rouffiac 16 123 Aa 77
17800 Rouffiac 17 123 Zd 74
46140 Rouffiac 46 149 Bb 82
81150 Rouffiac 81 151 Ca 85
11250 Rouffiac-d'Aude 11 166 Cb 90
11350 Rouffiac-des-Corbières 11 179 Cd 91
31180 Rouffiac-Tolosan 31 165 Bd 87
19250 Rouffiat 19 126 Ca 75
19800 Rouffiat 19 126 Bf 76
17130 Rouffignac 17 123 Zd 76
24240 Rouffignac-de-Sigoulès 24 136 Ac 80
24580 Rouffignac-Saint-Cernin-de-Reilhac 24 137 Af 78
50800 Rouffigny, Villedieu-les-Poêles- 50 46 Ye 56
46300 Rouffilhac 46 137 Bc 80
24370 Rouffillac 24 137 Bb 79
19160 Roufflanges 19 126 Cb 77
51130 Rouffy 51 53 Ea 55
61210 Roufigny 61 48 Ze 56
09420 Rougé 09 177 Bc 91
31870 Rouge 31 164 Bb 88
44660 Rougé 44 82 Yd 62
61260 Rouge, la 61 69 Ae 59
59190 Rouge-Croix 59 30 Cd 44
62840 Rouge-Croix 62 29 Ce 45
62390 Rougefay 62 29 Cb 47
90200 Rougegoutte 90 94 Gf 62
76220 Rouge-Mare 76 38 Bd 52
45300 Rougement 45 71 Cb 60
01110 Rougemont 01 119 Fd 72
21500 Rougemont 21 90 Eb 62
25680 Rougemont 25 93 Gc 64
27350 Rougemontiers 27 36 Ae 52
90110 Rougemont-le-Château 90 94 Gf 62
25640 Rougemontot 25 93 Gb 64
41230 Rougeou 41 86 Bd 64
27110 Rouge-Perriers 27 49 Af 54
24390 Rougerie, la 24 125 Ba 77
24800 Rougerie, la 24 125 Af 76
02140 Rougeries 02 40 De 50
13500 Rouges, les 13 170 Fa 88
88600 Rouges-Eaux, les 88 77 Ge 59
48500 Rougesparets 48 153 Db 82
15290 Rouget-Pers, le 15 139 Cb 79
52500 Rougeux 52 92 Fd 62
83170 Rougier 83 171 Ff 88
04140 Rougiers, les 04 157 Gb 82
88100 Rougiville 88 77 Gf 59
16320 Rougnac 16 124 Ac 75
23700 Rougnat 23 115 Cd 72
25440 Rouhe 25 107 Ff 66
16330 Rouhénac 16 124 Aa 74
57520 Rouhling 57 57 Ha 54
63970 Rouilhas-Haut 63 128 Da 74
16170 Rouillac 16 123 Zf 74
22250 Rouillac 22 64 Xd 59
63070 Rouillas-Bas 63 128 Da 74
86480 Rouillé 86 111 Aa 70
36110 Rouillecouteau 36 101 Bd 66
10800 Rouillerot 10 73 Ea 59
88140 Rouillie, la 88 76 Fe 60
41160 Rouillis, le 41 86 Ba 61
72270 Rouillis, les 72 84 Zf 62
59158 Rouillon 59 30 Dd 45
72700 Rouillon 72 68 Aa 60
37500 Rouilly 37 99 Ab 66
77160 Rouilly 77 72 Db 57
08230 Rouilly, le 08 41 Ec 49
10220 Rouilly-Sacey 10 74 Eb 58
10800 Rouilly-Saint-Loup 10 73 Ea 59
04420 Rouine, la 04 157 Gc 84
34320 Roujan 34 167 Db 87
12720 Roujarie, la 12 153 Db 83
12230 Roujerie, la 12 153 Dc 85
35390 Roulais, la 35 82 Yb 62
31530 Roulan 31 164 Ba 86
25640 Roulans 25 93 Gb 65
18220 Roulier, le 18 102 Cd 65
88220 Roulier, le 88 77 Gc 60
88460 Roulier, le 88 77 Gd 59
72600 Roullée 72 68 Ab 58
11290 Roullens 11 166 Cb 90
03380 Roullet, le 03 115 Cc 71
16440 Roullet-Saint-Estèphe 16 123 Aa 75
14500 Roullours 14 47 Za 56
87920 Roulouzat 87 125 Bb 74
47800 Roumagne 47 136 Ac 81
81150 Roumanou 81 151 Bf 85
76480 Roumare 76 37 Af 51
49400 Rou-Marson 49 99 Zf 65
16270 Roumazières-Loubert 16 124 Ad 73
33125 Roumégous 33 134 Zc 81
15290 Roumégoux 15 139 Cb 79
81120 Roumégoux 81 151 Cb 86
81350 Roumégoux 81 151 Cc 84
09500 Roumengoux 09 165 Bf 90
31540 Roumens 31 165 Bf 88
07240 Roumézoux 07 142 Ed 79
19200 Roumignac 19 126 Cb 75
04500 Roumoules 04 157 Ga 86
67480 Rountzenheim 67 59 Ia 56
57220 Roupeldange 57 57 Gc 53
61320 Roupperroux 61 67 Zf 57
72110 Roupperroux-le-Coquet 72 68 Ac 59
29250 Rouplouenan 29 62 Vf 57
15230 Roupons 15 139 Ce 79
02590 Roupy 02 40 Db 50
33125 Rouquet 33 134 Zb 81
24500 Rouquette 24 136 Ac 80
12200 Rouquette, la 12 151 Bf 83
33220 Rouquette, la 33 136 Ab 79
34700 Rouquette, la 34 167 Dc 86
33550 Rouquey 33 135 Zd 80
82370 Rouqueyral 82 150 Bd 85
46120 Rouqueyroux 46 138 Ca 80
81260 Rouquié 81 166 Cd 87
06420 Roura 06 158 Ha 84
63230 Roure 63 127 Ce 74
43260 Roure, le 43 141 Df 78
06260 Rourebel 06 158 Gf 85
79130 Rourie, la 79 98 Zc 69
06650 Rourpet 06 173 Ha 86
59131 Rousies 59 31 Ea 47
86310 Roussac 86 100 Af 69
87140 Roussac 87 113 Bb 72
22100 Roussais, la 22 65 Xf 58
85600 Roussais, les 85 97 Yd 66
48210 Roussao 48 153 Dc 82
13390 Roussargue 13 171 Fd 89
26230 Roussas 26 155 Ee 82
49450 Roussay 49 97 Yf 66
63220 Roussay 63 129 De 76
81140 Roussayrolles 81 150 Be 84
12780 Rousseaup 12 152 Cf 83
18110 Rousseaux 18 102 Cc 65
33860 Rousseaux, les 33 122 Zc 77
82400 Roussel 82 149 Ba 84
24540 Roussel, le 24 137 Af 81
17700 Rousselière, la 17 110 Zb 72
60660 Rousseloy 60 51 Cc 53
89500 Roussemeau 89 72 Db 60
12220 Roussenac 12 151 Cb 82
62870 Roussent 62 28 Be 46
49370 Rousserie, la 49 83 Za 63
48400 Rousses 48 153 Dd 83
05160 Rousses, les 05 145 Gc 81
39220 Rousses, les 39 120 Ga 70
05110 Rousset 05 157 Ff 82
05190 Rousset 05 144 Gb 82
12260 Rousset 12 138 Ca 82
13790 Rousset 13 171 Fd 88
26420 Rousset 26 143 Fc 79
27570 Rousset, le 27 49 Ba 56
26770 Rousset-les-Vignes 26 155 Fa 82
71220 Rousset-Marizy, le 71 117 Ec 69
38420 Roussets, les 38 132 Ff 77
76440 Rousseville 76 38 Bd 51
27270 Roussière 27 49 Ad 55
85670 Roussière 85 96 Yb 68
85280 Roussière, la 85 97 Yd 68
79250 Roussières, les 79 98 Zc 67
26510 Roussieux 26 156 Fc 82
91470 Roussigny 91 51 Ca 57
16360 Roussillères, les 16 123 Ze 76
38150 Roussillon 38 130 Ee 76
84220 Roussillon 84 156 Fb 85
71550 Roussillon-en-Morvan 71 105 Ea 66
15230 Roussinches, les 15 139 Ce 78
16310 Roussines 16 124 Ad 74
36170 Roussines 36 113 Bc 70
89500 Rousson 89 72 Db 60
15130 Roussy 15 139 Cd 80
57330 Roussy-le-Bourg 57 44 Gb 52
57330 Roussy-le-Village 57 44 Gb 52
26470 Roustans, les 26 143 Fc 81
04140 Route, la 04 157 Gc 83
72610 Route, la 72 68 Aa 59
77220 Route, la 77 52 Ce 56
25410 Routelle, Osselle- 25 107 Ff 65
76560 Routes 76 36 Ae 50
11240 Routier 11 165 Ca 90
60850 Routis, les 60 38 Be 52
27350 Routot 27 36 Ae 52
53370 Rouvadin 53 67 Ze 58
12150 Rouvayre, la 12 152 Da 83
43170 Rouve, le 43 140 Dc 79
24350 Rouveille 24 124 Ac 77
24270 Rouveire 24 125 Bb 76
11260 Rouvenac 11 178 Ca 91
22150 Rouvenaie, la 22 64 Xa 59
87500 Rouverat 87 125 Bb 75
24390 Rouverel 24 125 Bb 77
12130 Rouveret 12 140 Da 82
54610 Rouves 54 56 Gb 55
19310 Rouvet, le 19 137 Bb 77
63980 Rouvet, le 63 128 Dd 75
48200 Rouveyret 48 140 Db 79
30190 Rouvière 30 154 Eb 85
30170 Rouvière, la 30 154 De 84
48000 Rouvière, la 48 141 Dd 81
48230 Rouvière, la 48 153 Dc 82
48800 Rouvière, la 48 141 Df 82
83560 Rouvières, les 83 171 Ff 86
34260 Rouvignac 34 152 Da 86
34460 Rouvignou 34 167 Da 87
60800 Rouville 60 52 Cf 53
76210 Rouville 76 36 Ac 51
60190 Rouvillers 60 39 Cd 52
21340 Rouvray 21 105 Ed 66
21530 Rouvray 21 90 Ea 64
27120 Rouvray 27 50 Bc 54
89230 Rouvray 89 89 De 61
28170 Rouvray, le 28 69 Bb 57
76440 Rouvray-Catillon 76 37 Bc 51
28310 Rouvray-Saint-Denis 28 70 Bf 59
45310 Rouvray-Sainte-Croix 45 70 Be 60
28150 Rouvray-Saint-Florentin 28 70 Bd 59
37310 Rouvre 37 100 Af 65
79220 Rouvre 79 111 Zd 70

80250 Rouvrel 80 39 Cc 50
14190 Rouvres 14 48 Ze 54
28260 Rouvres 28 50 Bc 55
60620 Rouvres 60 52 Da 54
77230 Rouvres 77 51 Ce 54
21110 Rouvres-en-Plaine 21 106 Fa 65
55400 Rouvres-en-Woëvre 55 55 Fe 53
88500 Rouvres-en-Xaintois 88 76 Ga 59
88170 Rouvres-la-Chétive 88 76 Fe 59
36110 Rouvres-les-Bois 36 101 Bd 66
10200 Rouvres-les-Vignes 10 74 Ee 59
45300 Rouvres-Saint-Jean 45 71 Cb 59
21320 Rouvres-sous-Meilly 21 105 Ed 65
52160 Rouvres-sur-Aube 52 91 Ef 61
55300 Rouvrois-sur-Meuse 55 55 Fd 55
55230 Rouvrois-sur-Othain 55 43 Fd 52
02100 Rouvroy 02 40 Db 49
62320 Rouvroy 62 30 Cf 46
80170 Rouvroy-en-Santerre 80 39 Ce 50
60120 Rouvroy-les-Merles 60 39 Cc 51
51800 Rouvroy-Ripont 51 54 Ee 53
08150 Rouvroy-sur-Audry 08 41 Ec 50
52300 Rouvroy-sur-Marne 52 75 Fa 58
02360 Rouvroy-sur-Serre 02 41 Eb 50
43800 Roux, la 43 141 Df 77
05460 Roux, le 05 145 Gf 80
07560 Roux, le 07 141 Ea 80
04500 Roux, les 04 157 Ga 86
17210 Roux, les 17 123 Ze 77
24500 Roux, les 24 136 Ac 80
50810 Rouxeville 50 34 Za 54
44370 Rouxière, la 44 83 Yf 64
76370 Rouxmesnil-Bouteilles 76 37 Ba 49
76370 Rouxmesnil-le-Haut 76 37 Ba 49
58110 Rouy 58 104 Dd 66
80190 Rouy-le-Grand 80 39 Cf 50
80190 Rouy-le-Petit 80 39 Cf 50
09460 Rouze 09 178 Ca 92
16220 Rouzède 16 124 Ad 74
48120 Rouzerie, la 48 140 Dc 80
12370 Rouzet 12 152 Ce 86
82220 Rouzet 82 150 Bb 84
43800 Rouzeyroux, les 43 141 Df 78
15600 Rouziers 15 139 Cb 80
37360 Rouziers-de-Touraine 37 85 Ad 63
13740 Rove, le 13 170 Fb 88
50760 Roville 50 33 Ye 50
54290 Roville-devant-Bayon 54 76 Gb 58
38470 Rovon 38 131 Fc 77
33650 Roy, le 33 135 Zc 81
06660 Roya 06 158 Gf 83
60200 Royalieu 60 39 Ce 52
17200 Royan 17 122 Yf 75
33123 Royannais, le 33 122 Yf 75
38440 Royas 38 131 Fa 75
63130 Royat 63 128 Da 74
60420 Royaucourt 60 39 Cd 51
02000 Royaucourt-et-Chailvet 02 40 Dd 51
54200 Royaumeix 54 56 Ff 56
60690 Roy-Boissy 60 38 Bf 51
38940 Roybon 38 131 Fb 77
70200 Roye 70 94 Gd 62
80700 Roye 80 39 Ce 50
71700 Royer 71 118 Ee 69
23460 Royère-de-Vassivière 23 126 Bf 73
19800 Royères 19 126 Bf 77
87400 Royères 87 125 Bc 73
60310 Roye-sur-Matz 60 39 Ce 51
26450 Roynac 26 142 Ef 81
62990 Royon 62 28 Bf 46
02600 Roy-Saint-Nicolas 02 52 Da 52
76730 Royville 76 37 Af 50
56300 Roz, le 56 64 Xa 60
44630 Rozay 44 81 Ya 63
77540 Rozay-en-Brie 77 52 Cf 56
56450 Roze 56 80 Xc 63
56530 Roze, le 56 79 Wd 62
50340 Rozel, le 50 33 Yb 52
71420 Rozelay 71 105 Eb 69
54290 Rozelieures 54 76 Gc 58
57160 Rozérieulles 57 56 Ga 54
88500 Rozerotte 88 76 Ga 59
32190 Rozès 32 148 Ac 86
16320 Rozet 16 124 Ac 75
63820 Rozet 63 127 Cd 74
02210 Rozet-Saint-Albin 02 52 Db 53
12720 Rozier, le 12 153 Db 83
42380 Rozier-Côtes-d'Aurec 42 129 Ea 76
46000 Rozière, la 46 150 Bc 82
42810 Rozier-en-Donzy 42 129 Eb 74
03320 Rozières 03 103 Cf 69
52220 Rozières 52 74 Ee 58
45130 Rozières-en-Beauce 45 70 Be 61
02200 Rozières-sur-Crise 02 40 Dc 53
88320 Rozières-sur-Mouzon 88 75 Fe 60
87130 Roziers-Saint-Georges 87 125 Bd 74
35120 Roz-Landrieux 35 65 Yb 57
29370 Rozmeur 29 78 Wa 60
02540 Rozoy-Bellevalle 02 52 Dc 55
02360 Rozoy-sur-Serre 02 41 Ea 50
35610 Roz-sur-Couesnon 35 65 Yc 57
58190 Ruages 58 89 De 65
45410 Ruan 45 70 Bf 60
41270 Ruan-sur-Egvonne 41 69 Ba 60
29260 Ruat 29 62 Vd 57
29910 Ruat 29 78 Wa 62
72230 Ruaudin 72 68 Ab 61
88370 Ruaux 88 76 Gc 61
41210 Ruaux, les 41 87 Be 63
23460 Rubaine 23 126 Bf 73
89116 Ruban 89 72 Db 60
08140 Rubécourt 08 42 Fa 50
77950 Rubelles 77 71 Ce 57
80260 Rubempré 80 39 Cc 48
14710 Rubercy 14 47 Za 53
80500 Rubescourt 80 39 Cd 51
06260 Rubi 06 158 Gf 84
08220 Rubigny 08 41 Eb 50
59285 Rubrouck 59 27 Cc 43
22550 Ruca 22 64 Xd 57
33350 Ruch 33 135 Zf 80
38570 Ruche 38 132 Ga 77
38380 Ruchère, la 38 132 Fe 76
14480 Rucqueville 14 47 Zc 53
24340 Rudeau-Ladosse 24 124 Ad 76
46120 Rudelle 46 138 Bf 80
24630 Rue 24 125 Ba 76
33910 Rue 33 135 Ze 78
50330 Rue 50 33 Yd 51
50480 Rue 50 46 Ye 52
50700 Rue 50 33 Yd 52
80120 Rue 80 28 Be 47
86500 Rue 86 112 Af 70
88270 Rue 88 76 Gb 60
28250 Rue, la 28 49 Ba 57
50250 Rue-Capelot, la 50 46 Yd 53
09800 Ruech 09 176 Af 91
02500 Rue-Charles, la 02 41 Ea 50
02500 Rue-d'Ardenne 02 41 Ea 49
50440 Rue-de-Beaumont, la 50 33 Ya 51
59226 Rue-de-Chorette 59 30 Dc 46
27210 Rue-de-Fort-Moville, la 27 36 Ac 53
50710 Rue-de-la-Mer 50 33 Yc 53
68560 Ruederbach 68 95 Hb 63
50330 Rue-de-Sauxtour, la 50 33 Yd 51
02500 Rue-des-Lamberts 02 41 Ea 50
02500 Rue-des-Marais 02 41 Ea 49
50390 Rue-de-Tourville, la 50 33 Yd 52
50440 Rue-d'Ozouville 50 33 Yb 51
50250 Rue-du-Bocage, la 50 33 Yc 53
59550 Rue-du-Bois 59 31 De 48
08290 Rue-du-Moulin, la 08 41 Eb 50
59230 Rue-du-Rosult 59 30 Dc 46
21150 Rue-du-Vau 21 91 Ed 63
22240 Ruée, la 22 64 Xd 57
71400 Ruée, la 71 105 Ec 67
81250 Ruèges 81 152 Cc 86
02500 Rue-Grande-Jeanne 02 41 Ea 49
02140 Rue-Heureuse 02 41 Ea 49
95450 Rueil 95 50 Bf 54
28270 Rueil-la-Gadelière 28 49 Af 56
92500 Rueil-Malmaison 92 51 Cb 55
95640 Ruel, le 95 51 Ca 53
02260 Rue-Lagasse, la 02 40 De 49
68270 Ruelisheim 68 95 Hc 62
18220 Ruelle 18 102 Cd 65
78125 Ruelles, les 78 50 Bd 56
16600 Ruelle-sur-Touvre 16 124 Ab 74
50500 Rue-Mary, la 50 46 Ye 53
49730 Rue-Neuve 49 99 Aa 65
31420 Ruère 31 164 Ae 89
63750 Ruère 63 127 Cd 75
69860 Ruère 69D 117 Ed 71
35210 Rues, les 35 66 Ye 59
35730 Rues, les 35 65 Xf 57
60510 Rue-Saint-Pierre, la 60 38 Cb 52
76690 Rue-Saint-Pierre, la 76 37 Bb 51
59258 Rues-des-Vignes, les 59 30 Db 48
59530 Ruesnes 59 31 Dd 47
46120 Rueyres 46 138 Bf 80
87160 Rufasson 87 113 Bc 71
27350 Rufaux, le 27 36 Ae 52
39140 Ruffay-sur-Seille 39 106 Fc 68
16700 Ruffec 16 111 Ab 72
36300 Ruffec 36 100 Bb 69
12390 Ruffepeyre 12 151 Cc 82
25170 Ruffey-le-Château 25 93 Fe 65
21200 Ruffey-lès-Beaune 21 106 Ef 66
21490 Ruffey-lès-Echirey 21 92 Fa 64
47700 Ruffiac 47 148 Aa 82
56140 Ruffiac 56 81 Xe 62
01260 Ruffieu 01 119 Fe 73
73310 Ruffieux 73 132 Ff 73
44660 Ruffigné 44 82 Yd 62
79260 Ruffigny 79 111 Ze 70
86240 Ruffigny 86 112 Ab 70
81360 Ruffis 81 166 Cb 86
27250 Rugles 27 49 Ae 56
20247 Rugliano = Rogliano CTC 181 Kc 91
88130 Rugney 88 76 Gb 58
89690 Rugny 89 90 Ea 61
29690 Ruguellou 29 62 Wb 58
70190 Ruhans 70 93 Ga 64
53320 Ruillé, Loiron- 53 66 Za 60
72240 Ruillé-en-Champagne 72 67 Zf 60
53170 Ruillé-Froid-Fonds 53 83 Zc 61
53320 Ruillé-le-Gravelais 53 66 Za 60
72340 Ruillé-sur-Loir 72 85 Ad 62
39460 Ruines, les 39 107 Ga 69
15500 Ruinet 15 128 Db 77
26170 Ruissas 26 156 Fc 83
50250 Ruisseau, le 50 46 Yd 52
62310 Ruisseauville 62 29 Ca 46
62620 Ruitz 62 29 Cd 46
12120 Rullac Saint-Ciro 12 152 Cc 84
16200 Rulle 16 123 Ze 74
56890 Rulliac 56 80 Xb 62
14410 Rully 14 47 Zb 56
60810 Rully 60 51 Ce 53
71150 Rully 71 105 Ee 67
17810 Rulon 17 122 Zb 74
80290 Rumaisnil 80 38 Ca 50
62860 Rumaucourt 62 30 Da 47
59226 Rumegies 59 30 Dc 46
08440 Rumel 08 42 Ee 50
29590 Rumengol 29 62 Vf 59
29460 Rumenguy 29 62 Ve 59
29380 Rumérou 29 79 Wb 61
67370 Rumersheim 67 58 Hd 56
68740 Rumersheim-le-Haut 68 95 Hd 61
14340 Rumesnil 14 35 Aa 53
08290 Rumigny 08 41 Eb 50
80680 Rumigny 80 38 Cb 50
62650 Rumilly 62 29 Ca 45
74150 Rumilly 74 132 Ff 73
59281 Rumilly-en-Cambrésis 59 30 Db 48
10260 Rumilly-lès-Vaudes 10 73 Eb 60
62370 Ruminghem 62 27 Ca 43
55000 Rumont 55 55 Fb 56
77760 Rumont 77 71 Cc 59
29800 Runaher 29 62 Ve 58
22260 Runan 22 63 We 56
88630 Runerot 88 76 Fe 58
48220 Rûnes 48 153 De 82
22200 Runévarec 22 63 We 57
94150 Rungis 94 51 Cc 56
83390 Ruol, la 83 171 Ga 89
12450 Ruols 12 151 Cd 83
07120 Ruoms 07 154 Ec 82
62126 Rupembert 62 26 Bd 44
77560 Rupéreux 77 52 Dc 57
88630 Ruppes 88 76 Fe 58
20166 Ruppione, le CTC 184 Ie 97
52300 Rupt 52 75 Fa 58
55170 Rupt-aux-Nonains 55 55 Fa 56
55260 Rupt-devant-Saint-Mihiel 55 55 Fc 55
55320 Rupt-en-Woëvre 55 55 Fc 54
88360 Rupt-sur-Moselle 88 94 Gd 61
55150 Rupt-sur-Othain 55 43 Fc 52
70360 Rupt-sur-Saône 70 93 Ff 63
57220 Rurange 57 56 Gc 53
57310 Rurange-lès-Thionville 57 56 Gb 53
25290 Rurey 25 107 Ga 66
20121 Rusazia = Rosazia CTC 182 If 96
20244 Rusio CTC 183 Kb 94
67130 Russ 67 60 Hb 58
86450 Russais 86 100 Ae 68
30190 Russan 30 154 Eb 85
57390 Russange 57 43 Ff 52
49650 Russé 49 84 Aa 65
65110 Russel-Culaous 65 175 Zf 92
25210 Russey, le 25 108 Ge 66
20244 Russiu = Rusio CTC 183 Kb 94
14710 Russy 14 34 Zb 53
41330 Russy 41 86 Bb 63
68740 Rustenhart 68 60 Hc 61
11800 Rustiques 11 166 Cc 89
84400 Rustrel 84 156 Fc 85
20239 Rutali CTC 181 Kc 93
77620 Ruth, le 77 72 Cf 59
38930 Ruthière 38 143 Fd 80
10410 Ruvigny 10 73 Eb 59
88430 Ruxurieux 88 77 Gf 59
38300 Ruy 38 131 Fb 75
62124 Ruyaulcourt 62 30 Da 48
14270 Ruyer, le 14 35 Zf 54
15320 Ruynes-en-Margeride 15 140 Db 78
29510 Ruzaden 29 78 Wa 60
76116 Ry 76 37 Bc 52
39230 Rye 39 106 Fc 67
14400 Ryes 14 34 Zc 53

S

77730 Saâcy-sur-Marne 77 52 Db 55
67420 Saales 67 77 Ha 58
76730 Saâne-Saint-Just 76 37 Af 50
57430 Saaralben = Sarralbe 57 57 Ha 55
57200 Saargemünd = Sarreguemines 57 57 Ha 54
40180 Saas 40 161 Ye 86
67390 Saasenheim 67 60 Hd 59
46210 Sabadel-Latronquière 46 138 Ca 80
46360 Sabadel-Lauzès 46 138 Bd 81
32420 Sabaillan 32 163 Ae 88
65350 Sabalos 65 162 Aa 89
09350 Sabarat 09 164 Bc 90
65330 Sabarros 65 163 Ac 89
09120 Sabarthès 09 164 Bc 90
32290 Sabazan 32 162 Aa 86
81260 Sabayrolles 81 166 Cc 86
85450 Sableau, le 85 110 Za 70
72110 Sables 72 68 Ac 59
85100 Sables-d'Olonne, les 85 109 Yb 70
22240 Sables-d'Or-les-Pins 22 64 Xd 57
38520 Sables-en-Oisans, les 38 144 Ga 78
72300 Sablé-sur-Sarthe 72 84 Ze 61
84110 Sablet 84 155 Fa 83
83500 Sablettes, les 83 171 Ff 90
07260 Sablières 07 141 Ea 81
33230 Sablon 33 135 Zf 78
24300 Sablon, le 24 124 Ae 76
72290 Sablon, le 72 68 Ab 59
17600 Sablonceaux 17 122 Za 74
62129 Sablonière 62 29 Cb 44
02310 Sablonnière 02 52 Db 54
38460 Sablonnière 38 131 Fc 74
02140 Sablonnière, la 02 41 Ea 50
49390 Sablonnière, la 49 84 Aa 64
77510 Sablonnières 77 52 Db 55
33910 Sablons 33 135 Ze 78
38550 Sablons 38 130 Ee 77
03390 Sablons, les 03 115 Cf 71
36300 Sablons, les 36 100 Ba 68
84260 Sablons, les 84 155 Ef 84
85460 Sablons, les 85 109 Ye 71
61110 Sablons-sur-Huisne 61 69 Af 58
24120 Sabloux, le 24 137 Bb 78
34220 Sabo 34 166 Cd 88
31370 Sabonnères 31 164 Ba 88
44410 Sabot-d'Or, le 44 81 Xe 64
08130 Sabotterie, la 08 42 Ee 51
40630 Sabres 40 147 Zb 84
31110 Saccourvielle 31 176 Ad 92
53470 Sacé 53 67 Zb 59
10220 Sacey 10 74 Eb 58
50170 Sacey 50 66 Yd 57
37190 Saché 37 100 Ad 65
88230 Sachemont 88 77 Gf 60
62550 Sachin 62 29 Cc 46
08110 Sachy 08 42 Fa 50
36170 Sacierges-Saint-Martin 36 113 Bc 70
91400 Saclay 91 51 Cb 56
91690 Saclas 91 71 Ca 58
02200 Saconin-et-Breuil 02 40 Db 52
65370 Sacoué 65 176 Ad 91
27240 Sacq, le 27 49 Ba 55
21260 Sacquenay 21 92 Fb 63
27930 Sacquenville 27 49 Ba 54
62240 Sacriquier 62 28 Bf 45
51500 Sacy 51 53 Df 53
89270 Sacy 89 90 De 62
60700 Sacy-le-Grand 60 39 Cd 52
60190 Sacy-le-Petit 60 39 Cd 52
32170 Sadeillan 32 163 Ab 88
24500 Sadillac 24 136 Ac 80
33670 Sadirac 33 135 Zd 80
33690 Sadirac 33 148 Zf 82
33480 Sadouillan 33 134 Za 79
65220 Sadournin 65 163 Ac 89
19270 Sadroc 19 125 Bd 77
67270 Saessolsheim 67 58 Hd 56
54210 Saffais 54 76 Gb 57
39130 Saffloz 39 107 Ff 68
44390 Saffré 44 82 Yc 64
21350 Saffres 21 91 Ed 64
24170 Sagelat 24 137 Ba 80
23170 Saget 23 115 Cc 71
23800 Sagnat 23 113 Bd 71
06850 Sagne 06 158 Gd 85
24290 Sagne, la 24 137 Bb 78
81230 Sagnens 81 166 Cd 86
48190 Sagnes, les 48 141 Dd 82
07450 Sagnes-et-Goudoulet 07 141 Eb 80
15430 Sagnette, la 15 139 Ce 78
20118 Sagone CTC 182 Ie 96
18600 Sagonne 18 103 Ce 67
30700 Sagriès 30 154 Ec 85
71260 Sagy 71 118 Ee 70
71580 Sagy 71 106 Fb 69
95450 Sagy 95 50 Bf 54
66360 Sahorre 66 178 Cc 93
09000 Sahuc 09 177 Bc 91
34390 Sahuc 34 166 Cf 87
26510 Sahune 26 156 Fb 82
76113 Sahurs 76 37 Af 52
09140 Sahusset 09 176 Ba 92
61200 Sai 61 48 Aa 56
15240 Saignes 15 127 Cc 77
46500 Saignes 46 138 Be 80
63710 Saignes 63 127 Cf 75
80230 Saigneville 80 28 Be 48
84400 Saignon 84 156 Fc 85
31470 Saiguède 31 164 Ba 87
19500 Saillac 19 138 Bd 78
46260 Saillac 46 150 Be 83
82160 Saillagol 82 150 Be 83
66800 Saillagouse 66 178 Ca 94
26340 Saillans 26 143 Fb 80
33141 Saillans 33 135 Ze 79
63710 Saillant 63 128 Da 75
63840 Saillant 63 129 Df 76
15190 Saillant, le 15 127 Cf 76
19130 Saillant, le 19 125 Bc 77
87720 Saillat-sur-Vienne 87 124 Ae 73
44510 Saillé 44 81 Xd 65
71580 Saillenard 71 106 Fc 68
42310 Sail-les-Bains 42 117 Df 71
08110 Sailly 08 42 Fb 51
52230 Sailly 52 75 Fb 58
59390 Sailly 59 30 Db 45
59554 Sailly 59 30 Db 47
62113 Sailly 62 29 Ce 45
71250 Sailly 71 118 Ed 69
78440 Sailly 78 50 Be 54
57420 Sailly-Achâtel 57 56 Gb 55
62111 Sailly-au-Bois 62 29 Cd 48
80860 Sailly-Bray, Bonnelle 80 28 Be 47
62490 Sailly-en-Ostrevent 62 30 Cf 47
80970 Sailly-Flibeaucourt 80 28 Be 47
80800 Sailly-Laurette 80 39 Cd 49
80800 Sailly-le-Sec 80 39 Cd 49
80360 Sailly-Saillisel 80 39 Cf 48
62840 Sailly-sur-la-Lys 62 30 Ce 45
42890 Sail-sous-Couzan 42 129 Df 74
69210 Sain-Bel 69M 130 Ed 74
58470 Saincaize-Meauce 58 103 Da 67
84290 Saine Cécile-les-Vignes 84 155 Ef 83
59262 Sainghin-en-Mélantois 59 30 Da 45
59184 Sainghin-en-Weppes 59 30 Cf 45
76430 Sainneville 76 36 Ab 51
89520 Sainpuits 89 89 Db 63
35610 Sains 35 65 Yc 57
62130 Sains 62 29 Cb 46
59177 Sains-du-Nord 59 31 Ea 48
80680 Sains-en-Amiénois 80 39 Cb 50
62114 Sains-en-Gohelle 62 29 Ce 46
62310 Sains-lès-Fressin 62 29 Ca 46
62860 Sains-lès-Marquion 62 30 Da 47
62550 Sains-lès-Pernes 62 29 Cc 46
60420 Sains-Morainvillers 60 39 Cc 51
02120 Sains-Richaumont 02 40 De 49
44630 Saint, le 44 81 Ya 63
56110 Saint, le 56 79 Wc 60
22400 Saint-Aaron 22 64 Xd 57
64800 Saint-Abit 64 162 Ze 89
56140 Saint-Abraham 56 81 Xd 61
07200 Saint Abtoine 07 142 Ec 81
80370 Saint-Acheul 80 29 Ca 47
16310 Saint-Adjutory 16 124 Ac 74
22390 Saint-Adrien 22 63 Wf 58
22740 Saint-Adrien 22 63 Wf 56
29300 Saint-Adrien 29 79 Wc 61
29470 Saint-Adrien 29 62 Vd 58
56150 Saint-Adrien 56 80 Wf 61
12400 Saint-Affrique 12 152 Cf 85
12340 Saint-Affrique-du-Causse 12 139 Ce 82
81290 Saint-Affrique-les-Montagnes 81 165 Cb 87
22200 Saint-Agathon 22 63 Wf 57
41170 Saint-Agil 41 69 Af 60
02330 Saint-Agnan 02 53 Dd 54
12290 Saint-Agnan 12 152 Cf 83
24390 Saint-Agnan 24 125 Ba 77
58230 Saint-Agnan 58 90 Ea 65
71160 Saint-Agnan 71 117 Df 69
81500 Saint-Agnan 81 165 Be 86
89340 Saint-Agnan 89 72 Da 59
27390 Saint-Agnan-de-Cernières 27 49 Ad 55
26420 Saint-Agnan-en-Vercors 26 143 Fc 79
14260 Saint-Agnan-le-Malherbe 14 47 Zc 54
61340 Saint-Agnan-sur-Erre 61 69 Ae 59
61170 Saint-Agnan-sur-Sarthe 61 68 Ac 57
17620 Saint-Agnant 17 122 Za 73
23300 Saint-Agnant-de-Versillat 23 113 Bd 71
23260 Saint-Agnant-près-Crocq 23 127 Cc 74
55300 Saint-Agnant-sous-les-Côtes 55 55 Fd 55
24520 Saint-Agne 24 136 Ad 79
40800 Saint-Agnet 40 162 Ze 87
38300 Saint-Agnin-sur-Bion 38 131 Fb 75
63260 Saint-Agoulin 63 116 Da 72
07320 Saint-Agrève 07 142 Ec 78
32600 Saint-Aguets 32 164 Ba 87
08350 Saint-Aignan 08 42 Ef 51
33126 Saint-Aignan 33 135 Ze 79
41110 Saint-Aignan 41 86 Bc 65
47140 Saint-Aignan 47 149 Ae 82
53200 Saint-Aignan 53 83 Zc 61
56480 Saint-Aignan 56 79 Wf 59
72110 Saint-Aignan 72 68 Ac 59
76630 Saint-Aignan 76 37 Bc 49
82100 Saint-Aignan 82 149 Ba 84
53250 Saint-Aignan-de-Couptrain 53 67 Ze 58
14540 Saint-Aignan-de-Cramesnil 14 47 Ze 54
45460 Saint-Aignan-des-Gués 45 88 Cb 61
18600 Saint-Aignan-des-Noyers 18 103 Ce 68
44860 Saint-Aignan-Grandlieu 44 97 Yc 66
45600 Saint-Aignan-le-Jaillard 45 88 Cc 62
53390 Saint Aignan sur Roë 53 83 Yf 61
76116 Saint-Aignan-sur-Ry 76 37 Bc 51
36300 Saint-Aigny 36 100 Ba 69
17360 Saint-Aigulin 17 123 Zf 78
54580 Saint-Ail 54 56 Ff 53
71260 Saint-Albain 71 118 Ef 70
01450 Saint-Alban 01 119 Fc 72
07220 Saint Alban 07 142 Ed 81
22400 Saint-Alban 22 64 Xc 57
73230 Saint Alban 73 132 Ff 75
07120 Saint-Alban-Auriolles 07 154 Eb 82
07790 Saint-Alban-d'Ay 07 130 Ed 77
73610 Saint-Alban-de-Montbel 73 132 Fe 75
38080 Saint-Alban-de-Roche 38 131 Fb 75
73220 Saint-Alban-des-Hurtières 73 132 Gb 76
73130 Saint-Alban-des-Villards 73 132 Gb 77
38150 Saint-Alban-de-Varèze 38 130 Ef 76
38370 Saint-Alban-du-Rhône 38 130 Ee 76
07590 Saint-Alban-en-Montagne 07 141 Df 80
42370 Saint-Alban-les-Eaux 42 117 Df 72
48120 Saint-Alban-sur-Limagnole 48 140 Dc 80
29180 Saint-Albin 29 78 Vf 60
38480 Saint-Albin-de-Vaulserre 38 131 Fe 75
81200 Saint-Alby 81 166 Cb 87
30130 Saint-Alexandre 30 155 Ed 83
02260 Saint-Algis 02 41 De 49
56500 Saint-Allouestre 56 80 Xb 61
29180 Saint-Alouarn 29 78 Ve 60
23200 Saint-Alpinien 23 114 Cb 73
23260 Saint-Alvard 23 127 Cc 73
63220 Saint-Alyre-d'Arlanc 63 128 Dd 76
63420 Saint-Alyre-ès-Montagne 63 128 Cf 76
09100 Saint-Amadou 09 165 Be 90
81110 Saint-Amancet 81 165 Ca 88
23200 Saint-Amand 23 114 Cb 73
62760 Saint-Amand 62 29 Cd 48
24170 Saint-Amand-de-Belvès 24 137 Ba 80
24290 Saint-Amand-de-Coly 24 137 Bb 78
27370 Saint-Amand-des-Hautes-Terres 27 49 Af 53
24380 Saint-Amand-de-Vergt 24 136 Ae 79
58310 Saint-Amand-en-Puisaye 58 89 Da 63
15190 Saint-Amandin 15 127 Ce 76
23400 Saint-Amand-Jartoudeix 23 113 Bd 73
87120 Saint-Amand-le-Petit 87 126 Be 74
59230 Saint-Amand-les-Eaux 59 30 Dc 46
41310 Saint-Amand-Longpré 41 86 Ba 62
87290 Saint-Amand-Magnazeix 87 113 Bc 71
18200 Saint-Amand-Montrond 18 102 Cd 68
51300 Saint-Amand-sur-Fion 51 54 Ed 56
55500 Saint-Amand-sur-Ornain 55 55 Fc 57
79700 Saint-Amand-sur-Sèvre 79 98 Zb 67
50160 Saint-Amand-Villages 50 47 Za 54
09100 Saint-Amans 09 165 Bd 90
11270 Saint-Amans 11 165 Bf 89
12370 Saint-Amans 12 152 Ce 86
12400 Saint-Amans 12 152 Ce 85
47240 Saint-Amans 47 149 Ae 83
48700 Saint-Amans 48 140 Dc 81
82200 Saint-Amans 82 149 Bb 84
82220 Saint-Amans 82 150 Bc 83
34610 Saint-Amans-de-Mounis 34 167 Cf 86
81360 Saint-Amans-de-Négrin 81 166 Cb 86
82110 Saint-Amans-de-Pellagal 82 149 Ba 83
12460 Saint-Amans-des-Cots 12 139 Cd 80
12150 Saint-Amans-de-Varès 12 152 Cf 82
82150 Saint-Amans-du-Pech 82 140 Af 83
81240 Saint-Amans-Soult 81 166 Cc 88
81240 Saint-Amans-Valtoret 81 166 Cc 88
16330 Saint-Amant-de-Boixe 16 124 Aa 74
16230 Saint-Amant-de-Bonnieure 16 124 Ab 73

16120 Saint-Amant-de-Graves 16 123 Zf 75
16190 Saint-Amant-de-Montmoreau 16
124 Aa 76
16170 Saint-Amant-de-Nouère 16
123 Aa 74
63890 Saint-Amant-Roche-Savine 63
128 Dd 75
63450 Saint-Amant-Tallende 63 128 Da 74
68550 Saint-Amarin 68 94 Ha 61
71240 Saint-Ambreuil 71 106 Ef 68
29690 Saint-Ambroise 29 63 Wb 58
18290 Saint-Ambroix 18 102 Ca 67
30500 Saint-Ambroix 30 154 Eb 83
88120 Saint-Amé 88 77 Gd 60
56890 Saint-Amon 56 80 Xb 62
39160 Saint-Amour 39 119 Fc 70
63810 Saint-Anastaise 63 128 Cf 76
81500 Saint-Anatole 81 150 Be 86
58150 Saint-Andelain 58 88 Cf 65
26150 Saint-Andéol 26 143 Fb 80
26240 Saint-Andéol 26 130 Ef 78
38650 Saint-Andéol 38 143 Fd 79
07170 Saint-Andéol-de-Berg 07 142 Ed 81
48160 Saint-Andéol-de-Clerguemort 48
154 Df 83
48160 Saint-Andéol-de-Clerguemort 48
154 Df 83
07160 Saint-Andéol-de-Fourchades 07
142 Eb 79
07600 Saint-Andéol-de-Vals 07 142 Ec 80
21530 Saint-Andeux 21 90 Ea 64
13670 Saint-Andiol 13 155 Ef 85
70600 Saint-Andoche 70 92 Fe 63
11300 Saint-André 11 178 Ca 91
14250 Saint-André 14 34 Zb 53
16100 Saint-André 16 123 Zd 74
31420 Saint-André 31 163 Af 89
32200 Saint-André 32 163 Af 87
32330 Saint-André 32 148 Ab 85
38530 Saint-André 38 132 Ff 76
47270 Saint-André 47 149 Ae 83
59520 Saint-André 59 30 Da 44
66690 Saint-André 66 179 Cf 93
73500 Saint-André 73 133 Gd 77
81220 Saint-André 81 165 Bf 87
81250 Saint-André 81 151 Cc 85
24200 Saint-André-d'Allas 24 137 Ba 79
42370 Saint-André-d'Apchon 42 117 Df 72
01380 Saint-André-de-Bâgé 01 118 Ef 71
74420 Saint-André-de-Boëge 74 120 Gc 71
50500 Saint-André-de-Bohon 50 34 Ye 53
61220 Saint-André-de-Briouze 61 47 Ze 56
34190 Saint-André-de-Buèges 34
153 Dd 85
43130 Saint-André-de-Chalençon 43
129 Df 77
01390 Saint-André-de-Corcy 01 118 Ef 73
07460 Saint-André-de-Cruzières 07
154 Eb 83
33240 Saint-André-de-Cubzac 33 135 Zd 79
24190 Saint-André-de-Double 24 136 Ab 78
49450 Saint-André-de-la-Marche 49
97 Za 66
48240 Saint-André-de-Lancize 48
154 De 83
27220 Saint-André-de-l'Eure 27 50 Bb 55
17260 Saint-André-de-Lidon 17 122 Zb 75
30570 Saint-André-de-Majencoules 30
153 Dd 84
05200 Saint-André-d'Embrun 05 145 Gd 81
61440 Saint-André-de-Messei 61 47 Zc 56
12270 Saint-André-de-Najac 12 151 Ca 83
11200 Saint-André-de-Roquelongue 11
166 Cf 90
30630 Saint-André-de-Roquepertuis 30
154 Ec 83
05150 Saint-André-de-Rosans 05 156 Fd 82
34725 Saint-André-de-Sangonis 34
167 Dd 87
22630 Saint-André-des-Eaux 22 65 Xf 58
44117 Saint-André-des-Eaux 44 81 Xe 65
40390 Saint-André-de-Seignanx 40
160 Yd 87
30940 Saint-André-de-Valborgne 30
153 De 84
12720 Saint-André-de-Vézines 12
153 Db 84
14130 Saint-André-d'Hébertot 14 36 Ab 53
01290 Saint-André-d' Huiriat 01 118 Ef 71
30330 Saint-André-d'Olérargues 30
154 Ec 84
33490 Saint-André-du-Bois 33 135 Ze 81
55220 Saint-André-en-Barrois 55 55 Fb 54
71440 Saint-André-en-Bresse 71 106 Fa 69
58140 Saint-André-en-Morvan 58 90 Df 64
38680 Saint-André-en-Royans 38 143 Fc 78
89420 Saint-André-en-Terre-Plaine 89
90 Ea 64
07690 Saint-André-en-Vivarais 07
142 Ec 78
60480 Saint-André-Farivillers 60 38 Cb 51
85250 Saint-André-Goule-d'Oie 85 97 Ye 67
07230 Saint-André-Lachamp 07 141 Eb 81
69440 Saint-André-la-Côte 69M 130 Ed 75
01240 Saint-André-le-Bouchoux 01
118 Fa 72
69700 Saint-André-le-Château 69M
130 Ee 75
63310 Saint-André-le-Coq 63 116 Db 73
71220 Saint-André-le-Désert 71 117 Ed 70
38490 Saint-André-le-Gaz 38 131 Fd 75
42210 Saint-André-le-Puy 42 129 Eb 75
04170 Saint-André-les-Alpes 04 157 Gd 85
10120 Saint-André-les-Vergers 10 73 Ea 59
76690 Saint-André-sur-Cailly 76 37 Bb 51
14320 Saint-André-sur-Orne 14 35 Zd 54
79380 Saint-André-sur-Sèvre 79 98 Zb 68
01960 Saint-André-sur-Vieux-Jonc 01
118 Fa 72
85260 Saint-André-Treize-Voies 85
97 Yd 67
76930 Saint-Andrieux 76 36 Aa 51
33390 Saint-Androny 33 122 Zb 77
16230 Saint-Angeau 16 124 Ab 73
03170 Saint-Angel 03 115 Ce 70
19200 Saint-Angel 19 126 Cb 75
24300 Saint-Angel 24 124 Ac 76
63410 Saint-Angel 63 115 Cf 73
77710 Saint-Ange-le-Viel 77 72 Cf 59
63660 Saint-Anthème 63 129 Df 75
21540 Saint-Anthot 21 91 Ed 65
04530 Saint-Antoine 04 145 Ge 81
05340 Saint-Antoine 05 145 Gc 79
06670 Saint Antoine 06 159 Hb 86
15220 Saint-Antoine 15 139 Cc 80
17240 Saint Antoine 17 122 Zc 76
18350 Saint-Antoine 18 103 Ce 67
19270 Saint-Antoine 19 126 Bd 77
20167 Saint Antoine CTC 182 If 96
20240 Saint Antoine CTC 183 Kc 98
22610 Saint-Antoine 22 63 Wf 55
25370 Saint-Antoine 25 108 Gc 68
32340 Saint-Antoine 32 149 Af 84
33240 Saint-Antoine 33 135 Zd 78
24410 Saint-Antoine-Cumond 24 124 Ab 77
24330 Saint-Antoine-d'Auberoche 24
137 Af 78
24230 Saint-Antoine-de-Breuilh 24
136 Aa 79
47340 Saint-Antoine-de-Ficalba 47
149 Ae 82
81100 Saint-Antoine-de-la-Verdarié 81
166 Cb 87
33790 Saint-Antoine-du-Queyret 33
135 Aa 80
37360 Saint-Antoine-du-Rocher 37
85 Ad 64
38160 Saint-Antoine-l'Abbaye 38 143 Fb 77
76170 Saint-Antoine-la-Forêt 76 36 Ac 51
33660 Saint Antoine-sur-l'Isle 33 135 Aa 78
13015 Saint Antonie 13 170 Fc 88
22480 Saint-Antoine 22 63 We 58
06260 Saint-Antonin 06 158 Gf 85
32120 Saint-Antonin 32 164 Ae 86
81120 Saint-Antonin-de-Lacalm 81
151 Cb 86
27250 Saint-Antonin-de-Sommaire 27
49 Ae 56
83510 Saint-Antonin-du-Var 83 172 Gb 87
82140 Saint-Antonin-Noble-Val 82
150 Be 84
36100 Saint-Aoustrille 36 102 Bf 67
36120 Saint-Août 36 102 Bf 68
05160 Saint Apollinaire 05 145 Gc 81
21850 Saint-Apollinaire 21 92 Fa 64
69170 Saint-Appolinaire 69D 117 Ec 73
07240 Saint-Appolinaire-de-Rias 07
142 Ed 79
38160 Saint-Appolinard 38 131 Fb 77
42520 Saint Appolinard 42 130 Ed 76
24110 Saint Aquilin 24 124 Ac 77
61380 Saint-Aquilin-de-Corbion 61 49 Ad 57
27120 Saint-Aquilin-de-Pacy 27 50 Bb 54
31430 Saint-Araille 31 164 Af 88
32170 Saint-Arailles 32 163 Ac 88
32350 Saint-Arailles 32 163 Ac 87
43300 Saint-Arcons-d'Allier 43 140 Dd 78
43420 Saint-Arcons-de-Barges 43 141 Df 79
35230 Saint-Armel 35 65 Yc 60
56310 Saint-Armel 56 79 We 61
56450 Saint-Armel 56 80 Xb 63
64160 Saint-Armou 64 162 Ze 88
66220 Saint-Arnac 66 179 Cd 92
47480 Saint-Arnaud 47 149 Ae 83
14800 Saint-Arnoult 14 48 Aa 52
41800 Saint-Arnoult 41 85 Af 62
60220 Saint-Arnoult 60 38 Be 51
76490 Saint Arnoult 76 36 Ae 51
28190 Saint-Arnoult-des-Bois 28 69 Bb 58
78730 Saint-Arnoult-en-Yvelines 78
70 Bf 57
32300 Saint-Arroman 32 163 Ad 88
65250 Saint-Arroman 65 175 Ac 90
82210 Saint Arroumex 82 149 Af 85
82220 Saint-Arthémie 82 150 Bb 83
24110 Saint-Astier 24 136 Ad 78
47120 Saint Astier 47 136 Ab 80
04600 Saint-Auban 04 157 Ff 84
06850 Saint-Auban 06 158 Ge 85
05400 Saint-Auban-d'Oze 05 144 Ff 82
26170 Saint-Auban-sur-L'Ouvèze 26
156 Fc 83
59188 Saint-Aubert 59 30 Dc 47
61210 Saint-Aubert-sur-Orne 61 47 Ze 56
02300 Saint-Aubin 02 40 Db 51
10400 Saint-Aubin 10 73 Dd 58
21190 Saint-Aubin 21 105 Ee 67
22270 Saint-Aubin 22 64 Xd 58
27410 Saint-Aubin 27 49 Ae 55
32460 Saint-Aubin 32 147 Ze 86
36100 Saint-Aubin 36 102 Ca 67
39410 Saint-Aubin 39 106 Fb 66
40250 Saint-Aubin 40 161 Zb 86
47150 Saint-Aubin 47 137 Af 82
49420 Saint-Aubin 49 83 Ye 62
56420 Saint-Aubin 56 80 Xc 61
59440 Saint-Aubin 59 31 Df 47
62170 Saint-Aubin 62 28 Bd 46
76220 Saint-Aubin 76 38 Be 52
86330 Saint-Aubin 86 99 Aa 67
89630 Saint-Aubin 89 90 Ea 64
91190 Saint-Aubin 91 51 Ca 56
62223 Saint-Aubin, Anzin- 62 29 Ce 47
76520 Saint-Aubin-Celloville 76 37 Ba 52
89110 Saint-Aubin-Château-Neuf 89
89 Db 62
61170 Saint-Aubin-d'Appenai 61 68 Ac 57
14970 Saint-Aubin-d'Arquenay 14 47 Ze 53
35250 Saint-Aubin-d'Aubigné =
Sant-Albin-Elviniéq 35 65 Yc 59
79700 Saint-Aubin-de-Baubigné 79
98 Zb 67
33820 Saint-Aubin-de-Blaye 33 123 Zc 77
61470 Saint-Aubin-de-Bonneval 61
48 Ac 55
33420 Saint Aubin-de-Branne 33 135 Ze 80
24520 Saint-Aubin-de-Cadelech 24
136 Ac 80
61560 Saint-Aubin-de-Courteraie 61
68 Ac 57
27110 Saint-Aubin-d'Ecrosville 27 49 Af 54
24560 Saint-Aubin-de-Lanquais 24
136 Ad 80
72130 Saint-Aubin de Locquenay 72
68 Aa 59
49190 Saint-Aubin-de-Luigné 49 83 Zc 65
33160 Saint-Aubin-de Médoc 33 134 Zb 79
14380 Saint-Aubin-des-Bois 14 46 Yf 56
28300 Saint-Aubin-des-Bois 28 69 Bc 58
27230 Saint-Aubin-de-Scellon 27 49 Ac 53
44110 Saint-Aubin-des-Châteaux 44
82 Yd 62
58190 Saint-Aubin-des-Chaumes 58
90 De 64
72400 Saint-Aubin des-Coudrais 72
68 Ad 59
61340 Saint-Aubin-des-Grois 61 69 Ad 58
27410 Saint-Aubin-des-Hayes 27 49 Ae 54
35500 Saint-Aubin-des-Landes 35 66 Ye 60
85130 Saint-Aubin-des-Ormeaux 85
97 Yf 67
50380 Saint-Aubin-des-Préaux 50 46 Yc 56
50240 Saint-Aubin-de-Terregatte 50
66 Ye 57
35140 Saint-Aubin-du-Cormier 35 66 Yd 59
53700 Saint-Aubin-du-Désert 53 67 Ze 59
35410 Saint-Aubin-du-Pavail 35 66 Yd 60
49500 Saint-Aubin-du-Pavoil 49 83 Za 62
50490 Saint-Aubin-du-Perron 50 33 Yd 54
79300 Saint-Aubin-du-Plain 79 98 Zd 67
27270 Saint-Aubin-du-Thenney 27 49 Ac 54
27930 Saint-Aubin-du-Vieil-Evreux 27
49 Bb 54
60650 Saint-Aubin-en-Bray 60 38 Bf 52
71430 Saint-Aubin-en-Charollais 71
117 Eb 70
76160 Saint-Aubin-Epinay 76 37 Bb 52
53120 Saint-Aubin-Fosse-Louvain 53
66 Zb 58
85210 Saint-Aubin-la-Plaine 85 110 Yf 69
76510 Saint-Aubin-le-Cauf 76 37 Bb 49
79450 Saint-Aubin-le-Cloud 79 98 Zd 69
37370 Saint-Aubin-le-Dépeint 37 85 Ac 63
27410 Saint-Aubin-le-Guichard 27 49 Ae 54
03160 Saint-Aubin-le-Monial 03 115 Da 69
76410 Saint-Aubin-lès-Elbeuf 76 49 Ba 53
58130 Saint-Aubin-les-Forges 58 103 Db 66
27300 Saint-Aubin-le-Vertueux 27 49 Ad 54
80540 Saint-Aubin-Montenoy 80 38 Bf 49
80430 Saint-Aubin-Rivière 80 38 Be 49
76430 Saint-Aubin-Routot 76 36 Ab 51
60600 Saint-Aubin-sous-Erquery 60
39 Cc 52
55500 Saint-Aubin-sur-Aire 55 55 Fc 56
27600 Saint-Aubin-sur-Gaillon 27 50 Bb 54
71140 Saint-Aubin-sur-Loire 71 116 De 69
14750 Saint-Aubin-sur-Mer 14 47 Zd 52
76740 Saint-Aubin-sur-Mer 76 37 Af 49
27680 Saint-Aubin-sur-Quillebeuf 27
36 Ad 52
76550 Saint-Aubin-sur-Scie 76 37 Ba 49
89300 Saint-Aubin-sur-Yonne 89 72 Dc 60
17570 Saint-Augustin 17 122 Yf 74
19390 Saint-Augustin 19 126 Bf 76
77515 Saint-Augustin 77 52 Da 56
62120* Saint Augustin 62 29 Cb 45
49170 Saint-Augustin-des-Bois 49 83 Zb 64
19130 Saint-Aulaire 19 125 Bc 77
16300 Saint-Aulais-la-Chapelle 16 123 Zf 76
24230 Saint-Aulaye-de-Breuilh 24
136 Aa 80
24410 Saint-Aulaye-Puymangou 24
124 Aa 77
09500 Saint-Aulin 09 165 Bf 90
34130 Saint-Aunès 34 168 Df 87
32160 Saint-Aunix-Lengros 32 162 Aa 87
38960 Saint Aupre 38 131 Fe 76
46170 Saint-Aureil 46 150 Bb 83
43380 Saint-Austremoine 43 140 Dc 78
87310 Saint-Auvent 87 125 Af 74
85540 Saint-Avaugourd-des-Landes 85
109 Yd 69
56890 Saint-Ave = Saint-Trve 56 80 Xb 62
10390 Saint-Aventin 10 73 Eb 59
31110 Saint-Aventin 31 176 Ad 92
37550 Saint-Aventin 37 85 Ae 64
16210 Saint-Avit 16 123 Aa 77
26330 Saint Avit 26 130 Ef 77
40090 Saint-Avit 40 147 Zd 85
41170 Saint-Avit 41 69 Af 60
47150 Saint-Avit 47 137 Af 81
47350 Saint-Avit 47 136 Ab 81
53120 Saint-Avit 53 67 Zb 58
63380 Saint-Avit 63 127 Cd 73
81110 Saint-Avit 81 165 Ca 87
82200 Saint-Avit 82 149 Ba 84
33220 Saint-Avit-de-Soulège 33 136 Aa 80
23200 Saint-Avit-de-Tardes 23 114 Cb 73
24260 Saint-Avit-de-Vialard 24 137 Af 79
32700 Saint-Avit-Frandat 32 149 Ad 85
23480 Saint-Avit-le-Pauvre 23 114 Ca 73
28120 Saint-Avit-les-Guespières 28
69 Bb 59
24540 Saint-Avit-Rivière 24 137 Af 80
33220 Saint-Avit-Saint-Nazaire 33
136 Ab 79
24440 Saint-Avit-Sénieur 24 137 Ae 80
57500 Saint-Avold 57 57 Ge 54
73130 Saint-Avre 73 132 Gb 76
45130 Saint-Ay 45 87 Be 61
59163 Saint-Aybert 59 31 Dd 46
22130 Saint-Ayes 22 64 Xe 57
83370 Saint-Aygulf 83 172 Ge 88
63500 Saint-Babel 63 128 Db 75
73190 Saint Baldoph 73 132 Ff 75
02290 Saint-Bandry 02 40 Db 52
39120 Saint-Baraing 39 106 Fc 67
87330 Saint-Barbant 87 112 Af 71
23260 Saint-Bard 23 115 Cc 73
63380 Saint-Bard 63 115 Cd 73
26260 Saint-Bardoux 26 143 Ef 78
26400 Saint-Bardoux 26 142 Ef 80
06140 Saint-Barnabe 06 173 Gf 86
13012 Saint Barnabe 13 170 Fc 89
22410 Saint-Barnabé 22 64 Xa 57
22600 Saint-Barnabé 22 64 Xb 60
04340 Saint-Barthélemy 04 157 Gc 82
34260 Saint-Barthélémy 34 167 Da 86
35750 Saint-Barthelemy 35 65 Xf 60
38270 Saint-Barthélemy 38 131 Fa 76
38450 Saint-Barthélemy 38 143 Fd 78
40390 Saint Barthélemy 40 160 Ye 87
45520 Saint-Barthélémy 46 70 Bf 60
50140 Saint Barthélemy 50 47 Za 56
56150 Saint-Barthélemy 56 79 Wf 61
70270 Saint-Barthélemy 70 94 Gd 62
76930 Saint-Barthélemy 76 36 Aa 51
77320 Saint-Barthélemy 77 52 Dc 56
82440 Saint-Barthélémy 82 150 Bc 84
47350 Saint-Barthélemy-d'Agenais 47
136 Ac 81
24700 Saint-Barthélemy-de-Bellegarde 24
136 Ab 78
24360 Saint Barthélemy-de-Bussière 24
124 Ae 75
26240 Saint-Barthélemy-de-Vals 26
142 Ef 77
07270 Saint-Barthélemy-Grozon 07
142 Ed 79
07160 Saint-Barthélemy-le-Meil 07
142 Ec 79
07300 Saint-Barthélemy-le-Plain 07
142 Ee 78
42110 Saint-Barthélemy-Lestra 42
129 Ec 74
38220 Saint-Barthélmy-de-Séchilienne 38
144 Fe 78
07270 Saint-Basile 07 142 Ed 79
88260 Saint-Baslemont 88 76 Ff 60
18160 Saint-Baudel 18 102 Cb 67
53100 Saint-Baudelle 53 67 Zc 59
58180 Saint-Baudière 58 103 Da 67
81660 Saint-Baudille 81 166 Cc 87
38118 Saint-Baudille-de-la-Tour 38
131 Fc 74
38710 Saint-Baudille-et-Pipet 38 144 Fe 80
37310 Saint-Bauld, Tauxigny- 37 100 Af 65
54470 Saint-Baussant 54 56 Fe 55
09120 Saint-Bauzeil 09 165 Bd 90
30730 Saint-Bauzély 30 154 Eb 85
48000 Saint-Bauzile 48 140 Dc 82
07210 Saint-Bauzille 07 142 Ee 80
34500 Saint-Bauzille 34 167 Db 88
34230 Saint-Bauzille-de-la-Sylve 34
167 Dd 87
34160 Saint-Bauzille-de-Montmel 34
154 Df 86
34190 Saint-Bauzille-de-Putois 34
153 De 85
14140 Saint-Bazile 14 48 Aa 55
87150 Saint-Bazile 87 124 Ae 74
19320 Saint-Bazile-de-la-Roche 19
126 Bf 78
19500 Saint-Bazile-de-Meyssac 19
138 Be 78
31440 Saint-Béat 31 176 Ae 91
12540 Saint-Beaulize 12 152 Da 85
82150 Saint-Beauzeil 82 149 Af 82
12620 Saint-Beauzély 12 152 Cf 84
81140 Saint-Beauzile 81 151 Be 84
43100 Saint-Beauzire 43 128 Db 77
63360 Saint Beauzire 63 128 Db 73
30350 Saint-Bénézet 30 154 Ea 85
01190 Saint-Bénigne 01 118 Ef 70
59360 Saint-Benin 59 30 Dd 48
58270 Saint-Benin-d'Azy 58 104 Dc 66
58330 Saint-Benin-de-Bois 58 104 Dc 66
28290 Saint-Benoist 28 69 Ba 60
85540 Saint-Benoist-sur-Mer 85 109 Yd 70
10160 Saint-Benoist-sur-Vanne 10 73 De 59
04240 Saint-Benoit 04 158 Ge 85
11230 Saint-Benoît 11 178 Ca 90
47200 Saint Benoit 47 136 Ab 82
50240 Saint-Benoit 50 66 Ye 57
72210 Saint-Benoit 72 84 Aa 61
78610 Saint-Benoît 78 50 Bf 56
81400 Saint-Benoît 81 151 Ca 84
82200 Saint-Benoit 82 149 Ba 84
86280 Saint-Benoît 86 112 Ac 69
01300 Saint-Benoît, Groslée- 01 131 Fd 74
81120 Saint-Benoît-de-Frédefonds 81
151 Ca 85
27450 Saint-Benoît-des-Ombres 27
49 Ad 53
35114 Saint-Benoît-des-Ondes 35 65 Ya 57
14130 Saint-Benoît-d' Hébertot 14 36 Ab 53
36170 Saint-Benoît-du-Sault 36 113 Bc 70
26340 Saint-Benoit-en-Diois 26 143 Fb 81
55210 Saint-Benoît-en-Woëvre 55 56 Fe 55
88700 Saint-Benoît-la-Chipotte 88 77 Ge 58
37500 Saint-Benoît-la-Forêt 37 99 Ab 65
45730 Saint-Benoît-sur-Loire 45 88 Cb 62
10180 Saint-Benoît-sur-Seine 10 73 Ea 58
43300 Saint-Berain 43 141 Dd 78
71300 Saint-Bérain-sous-Sanvignes 71
105 Eb 68
71510 Saint-Bérain-sur-Dheune 71
105 Ed 68
01600 Saint-Bernard 01 118 Ee 73
10310 Saint-Bernard 10 74 Ee 59
21700 Saint-Bernard 21 106 Fa 66
38660 Saint-Bernard 38 132 Ff 77
57220 Saint Bernard 57 56 Gc 53
68720 Saint-Bernard 68 95 Hb 62
73520 Saint-Béron 73 131 Fe 75
53940 Saint-Berthevin 53 66 Za 60
53220 Saint-Berthevin-la-Tannière 53
66 Za 58
13129 Saint-Bertrand 13 169 Ed 88
31510 Saint-Bertrand-de-Comminges 31
176 Ad 90
72220 Saint-Biez-en-Belin 72 85 Ab 62
22800 Saint-Bihy 22 63 Xa 58
06670 Saint-Blaise 06 159 Hb 86
22120 Saint-Blaise 22 64 Xc 58
22170 Saint-Blaise 22 64 Xa 57
74350 Saint-Blaise 74 120 Ga 72
82230 Saint-Blaise 82 150 Bd 85
88420 Saint-Blaise 88 77 Gf 58
38140 Saint-Blaise-du-Buis 38 131 Fd 76
67420 Saint-Blaise-la-Roche 67 77 Hb 58
32140 Saint-Blancard 32 163 Ad 88
80960 Saint-Blimont 80 28 Bd 48
52700 Saint-Blin-Semilly 52 75 Fc 59
64300 Saint-Boès 64 161 Zb 87
41330 Saint-Bohaire 41 86 Bb 63
71390 Saint-Boil 71 105 Ee 69
54290 Saint Boingt 54 76 Gc 58
01300 Saint-Bois 01 131 Fd 74
28330 Saint-Bomer 28 69 Ae 59
61700 Saint-Bômer-les-Forges 61 67 Zc 57
51310 Saint-Bon 51 52 Dc 56
16300 Saint-Bonnet 16 123 Zf 76
38090 Saint-Bonnet 38 131 Fa 75
46600 Saint-Bonnet 46 137 Bc 79
19150 Saint-Bonnet-Avalouze 19 126 Bf 77
87260 Saint-Bonnet-Briance 87 125 Bc 74
87300 Saint-Bonnet-de-Bellac 87 112 Af 71
38840 Saint-Bonnet-de-Chavagne 38
143 Fb 78
15190 Saint-Bonnet-de-Condat 15
127 Ce 77
71340 Saint-Bonnet-de-Cray 71 117 Ea 71
03390 Saint-Bonnet-de-Four 03 115 Cf 71
26330 Saint-Bonnet-de-Galaure 26
130 Ef 77
71220 Saint-Bonnet-de-Joux 71 117 Ec 70
48600 Saint-Bonnet-de-Montauroux 48
141 De 80
69720 Saint-Bonnet-de-Mure 69M 130 Ef 74
03800 Saint-Bonnet-de-Rochefort 03
116 Da 72
15140 Saint-Bonnet-de-Salers 15 127 Cc 78
69790 Saint-Bonnet-des-Bruyères 69D
117 Ec 71
42310 Saint-Bonnet-des-Quarts 42
117 Df 72
26350 Saint-Bonnet-de-Valclérieux 26
131 Fa 77
71430 Saint-Bonnet-de-Vieille-Vigne 71
117 Eb 69
30210 Saint-Bonnet-du-Gard 30 155 Ed 85
19380 Saint-Bonnet-Elvert 19 126 Bf 78
71310 Saint-Bonnet-en-Bresse 71
106 Fb 67
05500 Saint-Bonnet-en-Champsaur 05
144 Ga 80
19130 Saint-Bonnet-la-Rivière 19 125 Bc 77
48600 Saint Bonnet-Laval 48 141 Dd 80
63630 Saint-Bonnet-le-Bourg 63 128 Dd 76
63630 Saint-Bonnet-le-Chastel 63
128 Dd 76
42380 Saint-Bonnet-le-Château 42
129 Ea 76
42940 Saint-Bonnet-le-Courreau 42
129 Df 75
43290 Saint-Bonnet-le-Froid 43 142 Ec 78
19410 Saint-Bonnet-L'Enfantier 19
125 Bd 77
63800 Saint-Bonnet-lès-Allier 63 128 Db 74
42330 Saint-Bonnet-les-Oules 42 129 Eb 75
19430 Saint-Bonnet-les-Tours-de-Merle 19
138 Ca 78
69870 Saint-Bonnet-le-Troncy 69D
117 Ec 72
19200 Saint-Bonnet-près-Bort 19 127 Cc 75
63210 Saint-Bonnet-près-Orcival 63
127 Cf 74
63200 Saint-Bonnet-près-Riom 63
116 Da 73
17150 Saint-Bonnet-sur-Gironde 17
122 Zc 76
03330 Saint-Bonnet-Tison 03 116 Da 71
03360 Saint-Bonnet-Tronçais 03 103 Ce 69
58700 Saint-Bonnot 58 103 Db 65
73120 Saint-Bon-Tarentaise 73 133 Gd 76
18300 Saint-Boulze 18 88 Cf 65
71120 Saint-Brancher 71 117 Ec 70
89630 Saint-Brancher 89 90 Df 64
37320 Saint-Branchs 37 100 Ae 65
22800 Saint-Brandan 22 64 Xa 58
30500 Saint-Brès 30 154 Eb 83
32120 Saint-Brès 32 149 Ae 86
34670 Saint-Brès 34 168 Ea 87
30440 Saint-Bresson 30 153 Dd 85
70280 Saint-Bresson 70 93 Gd 61
46120 Saint-Breussou 46 138 Bf 80
44250 Saint-Brevin-les-Pins 44 96 Xf 65
44250 Saint-Brevin-L'Océan 44 96 Xe 65
35800 Saint-Briac-sur-Mer 35 65 Xf 57
16100 Saint-Brice 16 123 Ze 74
33540 Saint-Brice 33 135 Zf 80
50300 Saint-Brice 50 46 Ye 56
53290 Saint-Brice 53 83 Zd 61
61700 Saint-Brice 61 67 Zc 57
77160 Saint-Brice 77 72 Db 57
95350 Saint Brice 95 51 Cc 54
51370 Saint-Brice-Courcelles 51 53 Df 53
50730 Saint-Brice-de-Landelles 50 66 Yf 57
35460 Saint-Brice-en-Coglès 35 66 Yd 58
61150 Saint-Brice-sous-Rânes 61 48 Ze 56
87200 Saint-Brice-sur-Vienne 87 125 Af 73
22000 Saint-Brieg = Saint-Brieuc 22
64 Xb 57
22000 Saint-Brieuc 22 64 Xb 57

A B C D E F G H I J K L M N O P Q R S T U V W X Y Z

56430 Saint-Brieuc-de-Mauron 56 64 Xd 60
22230 Saint-Brieuc-des-Bois 22 64 Xd 59
35630 Saint-Brieuc-des-Iffs 35 65 Ya 59
17770 Saint-Bris-des-Bois 17 123 Zd 74
89530 Saint-Bris-le-Vineux 89 90 Dd 62
58230 Saint-Brisson 58 90 Ea 65
45500 Saint-Brisson-sur-Loire 45 88 Ce 63
70100 Saint-Broing 70 92 Fe 64
21290 Saint-Broing-les-Moines 21 91 Ef 62
52190 Saint-Broingt-le-Bois 52 92 Fc 62
52190 Saint-Broingt-les-Fosses 52 92 Fb 62
35120 Saint-Broladre 35 65 Yc 57
38620 Saint-Bueil 38 131 Fe 76
22300 Saint-Cado 22 63 Wc 56
29350 Saint-Cado 29 79 Wc 62
56400 Saint-Cado 56 79 Wf 63
56550 Saint-Cado 56 80 We 62
29450 Saint-Cadou 29 62 Vf 58
28220 Saint-Calais 28 69 Bb 61
72120 Saint-Calais 72 85 Ae 61
53140 Saint-Calais-du-Désert 53 67 Ze 58
72600 Saint-Calez-en-Saosnois 72 68 Ab 59
13610 Saint-Canadet 13 170 Fc 87
13760 Saint-Cannat 13 170 Fb 87
03190 Saint-Caprais 03 115 Ce 69
18400 Saint-Caprais 18 102 Cb 67
31330 Saint-Caprais 31 150 Bb 86
32200 Saint-Caprais 32 163 Ae 87
32480 Saint-Caprais 32 148 Ac 84
46250 Saint-Caprais 46 137 Ba 81
47430 Saint-Caprais 47 148 Ab 82
82370 Saint-Caprais 82 150 Bc 85
33820 Saint-Caprais-de-Blaye 33 123 Zc 77
33880 Saint-Caprais-de-Bordeaux 33 135 Zd 80
47270 Saint-Caprais-de-Lerm 47 149 Ae 83
24150 Saint-Capraise-de-Lalinde 24 136 Ad 79
24500 Saint-Capraise-d'Eymet 24 136 Ad 80
22600 Saint-Caradec 22 64 Xa 59
56540 Saint-Caradec-Trégomel 56 79 Wd 60
22100 Saint-Carné 22 65 Xf 58
22420 Saint-Carré 22 63 Wc 57
22150 Saint-Carreuc 22 64 Xb 58
24540 Saint-Cassien 24 137 Af 80
38500 Saint-Cassien 38 131 Fd 76
86330 Saint-Cassien 86 99 Aa 67
06130 Saint-Cassien-de-Bois 06 173 Gf 87
73160 Saint-Cassin 73 132 Ff 75
64160 Saint-Castin 64 162 Ze 88
22380 Saint-Cast-le-Guildo 22 65 Xe 57
72110 Saint-Célerin 72 68 Ac 60
53150 Saint-Céneré, Montsûrs- 53 67 Zc 60
61250 Saint-Céneri-le-Gérei 61 68 Zf 58
18220 Saint-Céols 18 102 Cd 65
46400 Saint-Céré 46 138 Bf 79
74140 Saint Cergues 74 120 Gb 71
15310 Saint-Cernin 15 139 Cc 78
24540 Saint-Cernin 24 137 Af 81
46360 Saint-Cernin 46 138 Bd 81
24560 Saint-Cernin-de-Labarde 24 136 Ad 80
19600 Saint-Cernin-de-Larche 19 137 Bc 78
24550 Saint-Cernin-de-L'Herm 24 137 Ba 81
24580 Saint Cernin-de-Reillac 24 137 Af 78
17770 Saint-Césaire 17 123 Zd 74
30360 Saint-Césaire-de-Gauzignan 30 154 Eb 84
46230 Saint-Cevef 46 150 Bc 82
06530 Saint-Cézaire-sur-Siagne 06 172 Ge 87
31330 Saint-Cézert 31 149 Bb 86
23130 Saint-Chabrais 23 114 Cb 72
05330 Saint-Chaffrey 05 145 Gd 79
47500 Saint-Chalies 47 137 Af 81
15140 Saint-Chamant 15 139 Cc 78
19380 Saint-Chamant 19 138 Bf 78
46310 Saint-Chamarand 46 138 Bc 80
13250 Saint-Chamas 13 170 Fa 87
24260 Saint Chamassy 24 137 Af 79
42400 Saint Chamond 42 130 Ed 76
01300 Saint-Champ 01 131 Fe 74
30190 Saint-Chaptes 30 154 Eb 85
54860 Saint-Charles 54 43 Fe 51
57365 Saint Charles 57 56 Gb 53
14350 Saint-Charles-de-Percy 14 47 Zb 55
53170 Saint-Charles-la-Forêt 53 83 Zc 61
36400 Saint-Chartier 36 102 Bf 69
86330 Saint-Chartres 86 99 Zf 67
24120 Saint-Chaubran 24 137 Bb 78
38890 Saint Chef 38 131 Fc 75
46160 Saint-Chels 46 138 Be 81
48200 Saint-Chély-d'Apcher 48 140 Db 80
12470 Saint-Chély-d'Aubrac 12 140 Cf 81
48210 Saint-Chély-du-Tarn 48 153 Dc 82
27640 Saint-Chéron 27 50 Bc 55
51290 Saint-Chéron 51 54 Ed 57
91530 Saint-Chéron 91 71 Ca 57
28170 Saint-Chéron-des-Champs 28 70 Bc 57
18400 Saint-Chevrais 18 102 Cb 67
46500 Saint-Chignes 46 138 Be 80
34360 Saint-Chinian 34 167 Cf 88
31310 Saint-Christaud 31 164 Ba 89
32320 Saint-Christaud 32 163 Ab 87
80200 Saint-Christ-Briost 80 39 Cf 49
42320 Saint-Christo-en-Jarez 42 130 Ec 75
07160 Saint-Christol 07 142 Ec 79
34400 Saint-Christol 34 168 Ea 86
84390 Saint-Christol 84 156 Fc 84
30760 Saint-Christol-de-Rodières 30 155 Ed 83
00000 Saint-Christol-lès-Alès 30 154 Ea 84
33920 Saint-Christoly-de-Blaye 33 135 Zc 78
33340 Saint-Christoly-Médoc 33 122 Zb 76
03120 Saint-Christophe 03 116 Dd 71
12380 Saint-Christophe 12 152 Cd 85
14690 Saint-Christophe 14 47 Zd 55
16420 Saint-Christophe 16 112 Af 72
17220 Saint-Christophe 17 110 Za 72
23000 Saint-Christophe 23 114 Bf 72
28200 Saint-Christophe 28 69 Bc 60
39270 Saint-Christophe 39 119 Fd 69
47400 Saint-Christophe 47 148 Ab 82
53800 Saint-Christophe 53 83 Za 62
56250 Saint-Christophe 56 81 Xc 62
69860 Saint-Christophe 69D 117 Ed 71
81190 Saint-Christophe 81 151 Ca 84
82200 Saint Christophe 82 149 Ba 84
82220 Saint-Christophe 82 150 Bc 83
86230 Saint-Christophe 86 99 Ac 67
02290 Saint-Christophe-a-berry 02 40 Da 52
43340 Saint-Christophe-d'Allier 43 141 De 79
61800 Saint-Christophe-de-Chaulieu 61 47 Zb 56
33230 Saint-Christophe-de-Double 33 135 Aa 78
33330 Saint-Christophe-des-Bardes 33 135 Zf 79
35210 Saint-Christophe-des-Bois 35 66 Ye 59
35140 Saint-Christophe-de-Valains 35 66 Yd 58
10500 Saint-Christophe-Dodinicourt 10 74 Ec 58
49280 Saint-Christophe-du-Bois 49 97 Za 66
50340 Saint-Christophe-du-Foc 50 33 Yb 51
72170 Saint-Christophe-du-Jambet 72 68 Aa 59
85670 Saint-Christophe-du-Ligneron 85 96 Yb 68
53150 Saint-Christophe-du-Luat 53 67 Zd 60
36210 Saint-Christophe-en-Bazelle 36 101 Be 65
36400 Saint-Christophe-en-Boucherie 36 102 Ca 68
71370 Saint-Christophe-en-Bresse 71 106 Ef 68
71800 Saint-Christophe-en-Brionnais 71 117 Eb 71
72540 Saint-Christophe-en-Champagne 72 67 Zf 61
38520 Saint-Christophe-en-Oisans 38 144 Gb 79
26350 Saint-Christophe-et-le-Laris 26 131 Fa 77
49270 Saint-Christophe-la-Couperie 49 97 Ye 65
73360 Saint-Christophe-la-Grotte 73 132 Fe 76
18270 Saint-Christophe-le-Chaudry 18 114 Cc 69
61570 Saint-Christophe-le-Jajolet 61 48 Aa 56
15700 Saint-Christophe-les-Gorges 15 139 Cb 78
27820 Saint-Christophe-sur-Avre 27 49 Ae 56
27450 Saint-Christophe-sur-Condé 27 49 Ad 53
43370 Saint-Christophe-sur-Dolaison 43 141 De 79
37370 Saint-Christophe-sur-le-Nais 37 85 Ac 63
79220 Saint-Christophe-sur-Roc 79 111 Zd 70
12330 Saint-Christophe-Vallon 12 139 Cc 82
33570 Saint-Cibard 33 135 Zf 79
07800 Saint-Cierge-la-Serre 07 142 Ee 80
07160 Saint-Cierge-sous-le-Chelard 07 142 Ec 79
52200 Saint-Ciergues 52 92 Fb 61
17520 Saint-Ciers-Champagne 17 123 Ze 76
33910 Saint-Ciers-d'Abzac 33 135 Ze 78
33710 Saint-Ciers-de-Canesse 33 134 Zc 78
17240 Saint-Ciers-du-Taillon 17 122 Zc 76
16230 Saint-Ciers-sur-Bonnieure 16 124 Ab 73
33820 Saint-Ciers-sur-Gironde 33 122 Zc 77
09000 Saint-Cirac 09 177 Be 91
81340 Saint-Cirgue 81 151 Cc 85
46210 Saint-Cirgues 46 138 Ca 80
15590 Saint-Cirgues-de-Jordanne 15 139 Cd 78
15140 Saint-Cirgues-de-Malbert 15 139 Cc 78
07380 Saint-Cirgues-de-Prades 07 142 Eb 81
07510 Saint-Cirgues-en-Montagne 07 141 Ea 80
19220 Saint-Cirgues-la-Loutre 19 138 Ca 78
63320 Saint-Cirgues-sur-Couze 63 128 Da 75
43380 Saint-Cirguest 43 140 Dc 78
46000 Saint-Cirice 46 150 Bc 82
47600 Saint-Cirice 47 148 Ac 84
82340 Saint-Cirice 82 149 Af 84
12120 Saint-Cirq 12 151 Cc 84
24260 Saint-Cirq 24 137 Af 79
47450 Saint-Cirq 47 149 Ad 83
82300 Saint-Cirq 82 150 Bd 84
46330 Saint-Cirq-Lapopie 46 138 Be 82
46300 Saint-Cirq-Madelon 46 137 Bb 80
46300 Saint-Cirq-Souillaguet 46 137 Bc 80
36170 Saint-Civran 36 113 Bc 70
07430 Saint-Clair 07 130 Ee 77
14430 Saint-Clair 14 35 Zf 53
14700 Saint-Clair 14 48 Ze 55
46300 Saint-Clair 46 137 Bc 80
46330 Saint-Clair 46 150 Be 82
50390 Saint-Clair 50 33 Yd 52
61500 Saint-Clair 61 68 Aa 57
69620 Saint-Clair 69D 118 Ed 73
80290 Saint-Clair 80 38 Bf 50
82400 Saint-Clair 82 149 Af 84
83980 Saint Clair 83 172 Gc 90
86330 Saint-Clair 86 99 Aa 67
27300 Saint-Clair-d'Arcey 27 49 Ad 54
61490 Saint-Clair-de-Halouze 61 47 Zc 56
38110 Saint-Clair-de-la-Tour 38 131 Fc 75
12260 Saint-Clair-de-Marque 12 151 Bf 82
38370 Saint-Clair-du-Rhône 38 130 Ee 76
06670 Saint-Claire 06 159 Hb 85
95770 Saint-Clair-sur-Epte 95 50 Be 53
38940 Saint-Clair-sur-Galaure 38 131 Fa 77
50680 Saint-Clair-sur-L'Elle 50 34 Yf 53
76190 Saint-Clair-sur-les-Monts 76 36 Ae 51
32300 Saint-Clamens 32 163 Ac 88
32380 Saint-Clar 32 149 Ae 85
31600 Saint-Clar-de-Rivière 31 164 Bb 88
16450 Saint-Claud 16 112 Ac 73
39200 Saint-Claude 39 119 Ff 70
41160 Saint-Claude 41 69 Bb 61
42670 Saint-Claude 42 117 Ec 71
60250 Saint-Claude 60 51 Cc 53
41350 Saint-Claude-de-Diray 41 86 Bc 63
02360 Saint-Clément 02 41 Ea 50
03250 Saint-Clément 03 116 De 72
04140 Saint-Clément 04 157 Gb 83
05600 Saint-Clément 05 145 Gd 81
07310 Saint-Clément 07 142 Eb 79
12490 Saint-Clément 12 152 Cf 84
14230 Saint-Clément 14 46 Yf 52
19700 Saint-Clément 19 126 Be 76
30260 Saint-Clément 30 154 Ea 86
42130 Saint-Clément 42 129 Ea 74
54950 Saint-Clément 54 77 Gd 57
56310 Saint-Clément 56 79 Wf 60
89100 Saint-Clément 89 72 Db 59
08310 Saint-Clément-à-Arnes 08 54 Ec 53
49370 Saint-Clément-de-la-Place 49 83 Zb 63
63310 Saint-Clément-de-Régnat 63 116 Db 73
34980 Saint-Clément-de-Rivière 34 168 Df 86
17590 Saint-Clément-des-Baleines 17 109 Yc 71
49350 Saint-Clément-des-Levées 49 84 Ze 65
63660 Saint-Clément-de-Valorgue 63 129 Df 76
69790 Saint-Clément-de-Vers 69D 117 Ec 71
79150 Saint-Clémentin 79 98 Zc 67
69930 Saint-Clément-les-Places 69M 130 Ec 74
50140 Saint-Clément-Rancoudray 50 47 Za 56
71460 Saint-Clément-sur-Guye 71 105 Ed 69
69170 Saint-Clément-sur-Valsonne 69D 117 Ec 73
22260 Saint-Clet 22 63 Wf 57
24610 Saint-Cloud 24 135 Aa 79
92150 Saint-Cloud 92 51 Cb 55
28200 Saint-Cloud-en-Dunois 28 70 Bc 60
44310 Saint-Colomban 44 97 Yc 66
56340 Saint-Colomban 56 80 Wf 63
56400 Saint-Colomban 56 80 Xa 62
73130 Saint-Colomban-des-Villards 73 132 Gb 77
47410 Saint-Colomb-de-Lauzun 47 136 Ac 81
56370 Saint-Colombier 56 80 Xb 63
29550 Saint-Côme 29 78 Ve 59
33430 Saint-Côme 33 148 Ze 82
14960 Saint-Côme-de-Fresne 14 47 Zc 52
12500 Saint-Côme-d'Olt 12 139 Ce 81
50500 Saint-Côme-du-Mont 50 46 Ye 52
30870 Saint-Côme-et-Maruéjols 30 154 Eb 86
22540 Saint-Conéry 22 63 We 57
56140 Saint-Congard 56 81 Xe 62
22480 Saint-Connan 22 63 Wf 58
22530 Saint-Connec 22 64 Xa 59
15600 Saint-Constant-Fournoulès 15 139 Cb 80
14280 Saint-Contest 14 35 Zd 53
33180 Saint-Corbian 33 122 Za 77
72460 Saint-Corneille 72 68 Ac 60
61800 Saint-Cornier-des-Landes 61 47 Zb 56
68210 Saint-Cosme 68 94 Ha 62
72110 Saint-Cosme-en-Vairais 72 68 Ac 59
11700 Saint-Couat-d'Aude 11 166 Cd 89
11300 Saint-Couat-du-Razès 11 178 Ca 90
29150 Saint-Coulitz 29 78 Vf 59
35350 Saint-Coulomb 35 65 Ya 56
16350 Saint-Coutant 16 112 Ac 72
79120 Saint-Coutant 79 111 Zf 71
17430 Saint-Coutant-le-Grand 17 110 Zb 73
32380 Saint-Créac 32 149 Ae 85
05600 Saint-Crépin 05 145 Gd 80
12380 Saint-Crépin 12 152 Cd 86
17380 Saint-Crépin 17 110 Zb 72
60170 Saint-Crépin-aux-Bois 60 39 Cf 52
24330 Saint-Crépin-d'Auberoche 24 137 Af 78
24310 Saint-Crépin-de-Richemont 24 124 Ad 76
24590 Saint-Crépin-et-Carlucet 24 137 Bb 79
60149 Saint-Crépin-Ibouvillers 60 51 Ca 53
14270 Saint-Crespin 14 48 Aa 54
49230 Saint-Crespin-sur-Moine 49 97 Ye 66
32430 Saint-Cricq 32 164 Ba 86
40700 Saint-Cricq-Chalosse 40 161 Zb 87
40300 Saint-Cricq-du-Gave 40 161 Yf 87
40190 Saint-Cricq-Villeneuve 40 147 Zd 85
06520 Saint Cristophe 06 173 Gf 86
38440 Saint Cristophe 38 131 Fb 76
56130 Saint-Cry 56 81 Xe 63
16190 Saint-Cybard 16 124 Aa 76
16170 Saint-Cybardeaux 16 123 Zf 74
24250 Saint-Cybranet 24 137 Bb 80
89400 Saint-Cydroine 89 72 Dc 61
19130 Saint-Cyprien 19 125 Bc 77
24220 Saint-Cyprien 24 137 Ba 79
42160 Saint-Cyprien 42 129 Eb 75
46800 Saint-Cyprien 46 150 Bb 83
66750 Saint-Cyprien 66 179 Cf 93
66750 Saint-Cyprien-Plage 66 179 Da 93
12320 Saint-Cyprien-sur-Dourdou 12 139 Cc 81
07430 Saint-Cyr 07 130 Ee 77
50310 Saint-Cyr 50 33 Yd 52
71240 Saint-Cyr 71 106 Ef 68
86130 Saint-Cyr 86 99 Ac 68
87310 Saint-Cyr 87 125 Af 74
36700 Saint-Cyran-du-Jambot 36 100 Ba 66
69450 Saint-Cyr-au-Mont-d'Or 69M 130 Ee 74
42123 Saint-Cyr-de-Favières 42 117 Ea 73
27800 Saint-Cyr-de-Salerne 27 49 Ad 53
85410 Saint-Cyr-des-Gâts 85 110 Za 69
61470 Saint-Cyr-d'Estrancourt 61 48 Ac 55
42114 Saint-Cyr-de-Valorges 42 117 Eb 73
50720 Saint-Cyr-du-Bailleul 50 67 Zb 57
41190 Saint-Cyr-du-Gault 41 86 Ba 63
14290 Saint-Cyr-du-Ronceray 14 48 Ab 54
95510 Saint-Cyr-en-Arthies 95 50 Be 54
49260 Saint-Cyr-en-Bourg 49 99 Zf 65
53140 Saint-Cyr-en-Pail 53 67 Ze 58
44580 Saint-Cyr-en-Retz 44 96 Ya 66
85540 Saint-Cyr-en-Talmondais 85 109 Yd 70
45590 Saint-Cyr-en-Val 45 87 Bf 61
05700 Saint-Cyrice 05 156 Fd 83
27370 Saint-Cyr-la-Campagne 27 49 Ba 53
79100 Saint-Cyr-la-Lande 79 99 Zf 66
91690 Saint-Cyr-la-Rivière 91 71 Ca 58
19130 Saint-Cyr-la-Roche 19 125 Bc 77
61130 Saint-Cyr-la-Rosière 61 68 Ad 59
69870 Saint-Cyr-le-Chatoux 69D 118 Ed 72
78210 Saint-Cyr-L'École 78 51 Ca 56
53320 Saint-Cyr-le-Gravelais 53 66 Yf 60
24270 Saint-Cyr-les-Champagnes 24 125 Bb 76
89800 Saint-Cyr-les-Colons 89 90 De 62
42210 Saint-Cyr-les-Vignes 42 129 Eb 74
39600 Saint-Cyr-Montmalin 39 107 Fe 67
91410 Saint-Cyr-sous-Dourdan 91 70 Ca 57
37540 Saint-Cyr-sur-Loire 37 85 Ad 64
01380 Saint-Cyr-sur-Menthon 01 118 Ef 71
83270 Saint-Cyr-sur-Mer 83 171 Fe 89
77750 Saint-Cyr-sur-Morin 77 52 Db 55
06420 Saint-Dalmas 06 159 Hb 84
06430 Saint-Dalmas-de-Tende 06 159 Hd 84
06660 Saint-Dalmas-le-Selvage 06 158 Gf 83
46800 Saint-Daunès 46 150 Bb 82
56400 Saint-Degan 56 79 Wf 62
29710 Saint-Demet 29 78 Vd 61
03470 Saint-Denis 03 116 De 70
11310 Saint-Denis 11 166 Cb 88
23100 Saint-Denis 23 126 Cb 74
30500 Saint-Denis 30 154 Eb 83
35340 Saint-Denis 35 65 Yc 59
36100 Saint-Denis 36 102 Bf 67
71160 Saint-Denis 71 117 Df 69
71320 Saint-Denis 71 105 Eb 68
72130 Saint-Denis 72 68 Zf 59
74440 Saint-Denis 74 120 Gc 72
77240 Saint-Denis 77 71 Cd 57
79220 Saint-Denis 79 111 Zd 70
89100 Saint-Denis 89 72 Db 59
93450 Saint-Denis 93 51 Cc 55
46150 Saint-Denis-Catus 46 137 Bc 81
63310 Saint-Denis-Combarnazat 63 116 Dc 73
60380 Saint-Deniscourt 60 38 Bf 51
76860 Saint-Denis-d'Aclon 76 37 Af 49
53290 Saint-Denis-d'Anjou 53 83 Zd 62
27390 Saint-Denis-d'Augerons 27 48 Ac 55
28480 Saint-Denis-d'Authou 28 69 Af 58
27160 Saint-Denis-de-Béhélan 27 49 Af 55
42750 Saint-Denis-de-Cabanne 42 117 Eb 71
53500 Saint-Denis-de-Gastines 53 66 Za 58
36230 Saint-Denis-de-Jouhet 36 114 Bf 69
45550 Saint-Denis-de-l'Hôtel 45 87 Ca 61
14100 Saint-Denis-de-Mailloc 14 48 Ab 54
14110 Saint-Denis-de-Méré 14 47 Zc 55
18130 Saint-Denis-de-Palin 18 102 Cd 67
33910 Saint-Denis-de-Pile 33 135 Ze 79
72110 Saint-Denis-des-Coudrais 72 68 Ad 60
27520 Saint-Denis-des-Monts 27 49 Ae 53
87400 Saint-Denis-des-Murs 87 125 Bd 74
28190 Saint-Denis-des-Puits 28 69 Bb 58
71640 Saint-Denis-de-Vaux 71 105 Ee 68
61330 Saint-Denis-de-Villenette 61 67 Zc 57
17650 Saint-Denis-d'Oléron 17 109 Yd 72
72350 Saint-Denis-d'Orques 72 67 Ze 60
53170 Saint-Denis-du-Maine 53 67 Zc 61
85580 Saint-Denis-du-Payré 85 109 Ye 70
17400 Saint-Denis-du-Pin 17 110 Zc 73
01500 Saint-Denis-en-Bugey 01 119 Fb 73
48700 Saint-Denis-en-Margeride 48 140 Dc 80
45560 Saint-Denis-en-Val 45 87 Bf 61
85170 Saint-Denis-la-Chevasse 85 97 Yd 68
50210 Saint-Denis-la-Vêtu 50 46 Yd 55
27140 Saint-Denis-le-Ferment 27 38 Be 53
50450 Saint-Denis-le-Gast 50 46 Ye 55
01310 Saint-Denis-lès-Bourg 01 118 Fa 71
85170 Saint-Denis-les-Lucs 85 97 Yd 67
46600 Saint-Denis-lès-Martel 46 138 Bd 79
28200 Saint-Denis-les-Ponts 28 69 Bb 60
77510 Saint-Denis-lès-Rebais 77 52 Db 55
76116 Saint-Denis-le-Thiboult 76 37 Bc 52
14350 Saint-Denis-Maisoncelles 14 47 Za 55
42140 Saint-Denis-sur-Coise 42 130 Ec 75
41000 Saint-Denis-sur-Loire 41 86 Bc 63
89120 Saint-Denis-sur-Ouanne 89 89 Da 62
61420 Saint-Denis-sur-Sarthon 61 68 Zf 58
76890 Saint-Denis-sur-Scie 76 37 Ba 50
62990 Saint-Denœux 62 28 Bf 46
22400 Saint-Denoual 22 64 Xd 57
71390 Saint-Désert 71 105 Ee 68
14100 Saint-Désir 14 35 Ab 54
07340 Saint Désirat 07 130 Ee 77
03370 Saint-Désiré 03 115 Cc 70
19200 Saint-Dézery 19 127 Cc 75
30190 Saint-Dézéry 30 154 Eb 84
21210 Saint-Didier 21 90 Eb 65
26300 Saint-Didier 26 143 Fa 79
35220 Saint-Didier 35 66 Yd 60
38490 Saint-Didier 38 131 Fd 75
58190 Saint-Didier 58 89 Dd 64
84210 Saint-Didier 84 155 Fa 84
69370 Saint-Didier-au-Mont-d'Or 69M 130 Ee 74
43580 Saint-Didier-d'Allier 43 141 De 79
01340 Saint-Didier-d'Aussiat 01 118 Fa 71
38690 Saint-Didier-de-Bizonnes 38 131 Fc 76
01600 Saint-Didier-de-Formans 01 118 Ee 73
38110 Saint-Didier-de-la-Tour 38 131 Fc 75
27370 Saint-Didier-des-Bois 27 49 Ba 53
71620 Saint-Didier-en-Bresse 71 106 Fa 67
71110 Saint-Didier-en-Brionnais 71 117 Ea 70
03130 Saint-Didier-en-Donjon 03 117 Df 70
43140 Saint-Didier-en-Velay 43 129 Eb 77
03110 Saint-Didier-la-Forêt 03 116 Dc 71
07200 Saint-Didier-sous-Aubenas 07 142 Ec 81
61320 Saint-Didier-sous-Écouves 61 68 Zf 57
69440 Saint-Didier-sous-Riverie 69M 130 Ed 75
71190 Saint-Didier-sur-Arroux 71 105 Ea 67
69430 Saint-Didier-sur-Beaujeu 69D 118 Ed 72
01140 Saint-Didier-sur-Chalaronne 01 118 Ee 71
43440 Saint-Didier-sur-Doulon 43 128 Dd 77
42111 Saint-Didier-sur-Rochefort 42 129 Df 74
88100 Saint-Dié-des-Vosges 88 77 Gf 59
63520 Saint-Dier-d'Auvergne 63 128 Dc 74
63320 Saint-Diéry 63 128 Da 75
30980 Saint Dionisy' 30 154 Eb 86
05250 Saint-Disdier 05 144 Ff 80
29800 Saint-Divy 29 62 Vd 58
17150 Saint-Dizant-du-Bois 17 122 Zc 76
17240 Saint-Dizant-du-Gua 17 122 Zb 76
47330 Saint-Dizier 47 136 Ad 81
52100 Saint Dizier 52 55 Ef 57
26310 Saint-Dizier-en-Diois 26 143 Fc 81
23130 Saint-Dizier-la-Tour 23 114 Ca 72
23270 Saint-Dizier-les-Domaines 23 114 Ca 71
90100 Saint-Dizier-L'Evêque 90 94 Gf 64
23400 Saint-Dizier-Leyrenne 23 114 Be 72
22300 Saint-Dogmaël 22 63 Wd 56
56130 Saint-Dolay 56 81 Xf 63
23190 Saint-Domet 23 114 Cb 72
35190 Saint-Domineuc 35 65 Ya 58
34150 Saint-Dominique 34 168 Dd 86
22800 Saint-Donan 22 64 Xa 58
63680 Saint-Donat 63 127 Ce 76
26260 Saint-Donat-sur-L'Herbasse 26 143 Ef 78
64270 Saint-Dos 64 161 Yf 88
18230 Saint-Doulchard 18 102 Cc 66
29780 Saint-Dreyer 29 61 Vc 60
34160 Saint-Drézéry 34 168 Df 86
41500 Saint-Dyé-sur-Loire 41 86 Bc 63
47200 Sainte-Abondance 47 136 Ab 81
76310 Sainte-Adresse 76 35 Aa 51
32430 Sainte Agathe 32 164 Ba 86
42130 Sainte-Agathe 42 129 Ea 74
63120 Sainte-Agathe 63 128 Dd 74
76660 Sainte-Agathe-d'Aliermont 76 37 Bb 50
42510 Sainte-Agathe-en-Donzy 42 129 Eb 73
06500 Sainte Agnès 06 159 Hc 86
38190 Sainte-Agnès 38 132 Ff 77
39190 Sainte-Agnès 39 106 Fc 69
46170 Sainte Alauzie, Castelnau-Montratier- 46 150 Bb 83
24510 Sainte Alvère-Saint-Laurent Les Bâtons 24 137 Ae 79
15170 Sainte-Anastasie 15 140 Cf 77
83136 Sainte-Anastasie-sur-Issole 83 171 Ga 88
06420 Sainte-Anne 06 158 Ha 84
06540 Sainte-Anne 06 159 Hc 85
22160 Sainte-Anne 22 63 Wd 58
22310 Sainte-Anne 22 63 Wc 57
25270 Sainte-Anne 25 107 Ff 67
27190 Sainte-Anne 27 49 Ae 55
29170 Sainte-Anne 29 78 Vf 61
29880 Sainte-Anne 29 61 Vd 57
30600 Sainte Anne 30 169 Eb 87
32430 Sainte-Anne 32 164 Af 86
35120 Sainte-Anne 35 65 Yb 57
41100 Sainte-Anne 41 86 Ba 62
45320 Sainte-Anne 45 72 Da 60
56130 Sainte-Anne 56 81 Xe 63
56420 Sainte-Anne 56 80 Xc 61
56800 Sainte-Anne 56 81 Xe 61
61190 Sainte-Anne 61 69 Ae 57
68500 Sainte-Anne 68 95 Ha 61
74700 Sainte-Anne 74 120 Gd 73

83510 Sainte-Anne 83 172 Gc 88
87330 Sainte-Anne 87 112 Af 72
29200 Sainte-Anne-Cosquer-du-Portzic 29 61 Vc 58
56400 Sainte-Anne-d'Auray 56 80 Xa 62
14170 Sainte-Anne-d'Entremont 14 48 Zf 55
83330 Sainte-Anne-d'Evenos 83 171 Fe 89
04530 Sainte-Anne-la-Condamine 04 145 Gd 82
29550 Sainte-Anne la Palud 29 78 Ve 60
87120 Sainte-Anne-Saint-Priest 87 126 Be 74
44160 Sainte-Anne-sur-Brivet 44 81 Xf 64
38440 Sainte-Anne-sur-Gervonde 38 131 Fb 75
35390 Sainte-Anne-sur-Vilaine 35 81 Yb 62
31570 Sainte-Apollonie 31 165 Be 87
77260 Sainte-Aulde 77 52 Db 55
32300 Sainte-Aurence-Cazaux 32 163 Ac 88
62140 Sainte-Austreberthe 62 29 Ca 46
76570 Sainte-Austreberthe 76 37 Af 51
12330 Sainte-Austremoine 12 152 Cc 82
56400 Sainte-Avoye 56 80 Xa 63
29630 Sainte-Barbe 29 62 Wb 56
56310 Sainte-Barbe 56 80 Wf 61
56340 Sainte-Barbe 56 79 Wf 63
57640 Sainte-Barbe 57 56 Gb 54
88700 Sainte-Barbe 88 77 Ge 58
27600 Sainte-Barbe-sur-Gaillon 27 50 Bb 54
47180 Sainte-Bazeille 47 136 Aa 81
27270 Sainte-Beuve-en-Rivière 76 37 Bd 50
68160 Sainte-Blaise 68 60 Hb 59
38110 Sainte Blandine 38 131 Fc 75
79370 Sainte-Blandine 79 111 Ze 71
43300 Saint-Eble 43 141 Dd 78
50750 Saint-Ebremond-de-Bonfossé 50 46 Yf 54
04260 Sainte-Brigitte 04 158 Gd 83
29410 Sainte-Brigitte 29 62 Wa 58
56480 Sainte-Brigitte 56 63 Wf 60
11410 Sainte-Camelle 11 165 Be 89
58800 Sainte-Camille 58 104 Dd 65
16170 Sainte-Catherine 16 123 Zf 74
16410 Sainte-Catherine 16 124 Ab 75
29270 Sainte-Catherine 29 63 Wc 59
29420 Sainte-Catherine 29 62 Vf 57
44430 Sainte-Catherine 44 97 Ye 65
62223 Sainte-Catherine 62 30 Ce 47
63580 Sainte-Catherine 63 128 Dc 76
69440 Sainte-Catherine 69M 130 Ed 75
81140 Sainte-Catherine 81 150 Bd 85
81630 Sainte-Catherine 81 150 Bd 85
87230 Sainte Catherine 87 125 Ba 74
37800 Sainte-Catherine-de-Fierbois 37 100 Ad 66
29510 Sainte-Cecile 29 78 Vf 60
71250 Sainte-Cécile 71 118 Ed 70
85110 Sainte-Cécile 85 97 Yf 68
30110 Sainte-Cécile-d'Andorge 30 154 Df 83
81140 Sainte-Cécile-du-Cayrou 81 150 Be 84
13200 Sainte-Cécile Musée 13 169 Ed 87
36210 Sainte-Cécille 36 101 Bd 65
61380 Sainte-Céronne-lès-Mortagne 61 68 Ad 57
72120 Sainte-Cérotte 72 85 Ae 61
32390 Sainte-Christie 32 149 Ad 86
32370 Sainte-Christie-d'Armagnac 32 148 Zf 86
29470 Sainte-Christine 29 62 Vd 58
49120 Sainte-Christine 49 83 Za 65
63390 Sainte-Christine 63 115 Cf 72
01851 Sainte-Colombe 01 118 Fb 70
05700 Sainte-Colombe 05 156 Fe 83
16230 Sainte-Colombe 16 124 Ab 73
17210 Sainte-Colombe 17 123 Ze 77
21350 Sainte-Colombe 21 91 Ec 64
24150 Sainte-Colombe 24 136 Ae 79
25300 Sainte-Colombe 25 108 Gb 67
27110 Sainte Colombe 27 49 Af 54
33350 Sainte-Colombe 33 135 Zf 79
34220 Sainte-Colombe 34 166 Ce 88
35134 Sainte-Colombe 35 82 Yd 61
40700 Sainte-Colombe 40 161 Zc 86
46120 Sainte-Colombe 46 138 Ca 80
50390 Sainte-Colombe 50 33 Yc 52
58220 Sainte-Colombe 58 89 Da 65
66300 Sainte-Colombe 66 179 Cd 93
76460 Sainte-Colombe 76 36 Ae 50
77650 Sainte-Colombe 77 72 Db 57
84410 Sainte-Colombe 84 156 Fb 84
89440 Sainte-Colombe 89 90 Df 63
47120 Sainte-Colombe-de-Duras 47 136 Aa 80
48600 Sainte-Colombe-de-Montauroux 48 141 De 80
48130 Sainte-Colombe-de-Peyre 48 140 Db 80
47300 Sainte-Colombe-de-Villeneuve 47 149 Ad 82
47310 Sainte-Colombe-en-Bruilhois 47 149 Ad 83
27110 Sainte-Colombe-la-Commanderie 27 49 Af 54
66300 Sainte-Colombe-la-Commanderie 66 179 Ce 93
42540 Sainte-Colombe-sur-Gand 42 129 Eb 73
11140 Sainte-Colombe-sur-Guette 11 178 Cb 92
11230 Sainte-Colombe-sur-L'Hers 11 178 Bf 91
89520 Sainte-Colombe-sur-Loing 89 89 Db 63
21400 Sainte-Colombe-sur-Seine 21 91 Ed 61
64260 Sainte-Colome 64 162 Zd 90
01120 Sainte-Croix 01 118 Fa 73
02820 Sainte-Croix 02 40 De 52
12260 Sainte-Croix 12 151 Bf 82
13500 Sainte-Croix 13 170 Fa 88
24440 Sainte-Croix 24 137 Ae 80
26150 Sainte-Croix 26 143 Fb 80
40400 Sainte-Croix 40 147 Zb 85
46800 Sainte-Croix 46 149 Bb 82
47120 Sainte-Croix 47 136 Ab 81
71470 Sainte-Croix 71 106 Fb 69
81150 Sainte-Croix 81 151 Ca 85
04120 Sainte-Croix 84 171 Fe 86
27500 Sainte-Croix, Bourneville- 27 36 Ad 52
04110 Sainte-Croix-à-Lauze 04 156 Fd 85
68160 Sainte-Croix-aux-Mines 68 60 Hb 59
30460 Sainte-Croix-de-Caderle 30 153 Df 84
24340 Sainte-Croix-de-Mareuil 24 124 Ac 76
34270 Sainte-Croix-de-Quintillargues 34 154 Df 86
04500 Sainte-Croix-de-Verdon 04 157 Ga 86
33410 Sainte-Croix-du-Mont 33 135 Ze 81
42800 Sainte-Croix-en-Jarez 42 130 Ed 76
68127 Sainte-Croix-en-Plaine 68 60 Hc 60
14740 Sainte-Croix-Grand-Tonne 14 47 Zc 53
50440 Sainte-Croix-Hague 50 33 Yb 51
27500 Sainte-Croix-sur-Aizier 27 36 Ad 52
76750 Sainte-Croix-sur-Buchy 76 37 Bc 51
14480 Sainte-Croix-sur-Mer 14 35 Zc 53
61210 Sainte-Croix-sur-Orne 61 47 Ze 56
48110 Sainte-Croix-Vallée-Française 48 153 De 83
09230 Sainte-Croix-Volvestre 09 164 Bb 90
29430 Saint-Eden 29 62 Ve 56
71740 Saint-Edmond 71 117 Eb 71
32170 Sainte-Dode 32 163 Ac 88
80112 Sainte-Emilie 80 40 Da 49
48210 Sainte-Enimie 48 153 Dc 82
43230 Sainte-Eugénie-de-Villeneuve 43 141 Dd 78
50870 Sainte-Eugienne 50 46 Ye 56
07510 Sainte-Eulalie 07 141 Eb 80
11170 Sainte-Eulalie 11 166 Cb 89
19140 Sainte-Eulalie 19 126 Bd 76
33560 Sainte-Eulalie 33 135 Zd 79
46320 Sainte-Eulalie 46 138 Bf 81
48120 Sainte-Eulalie 48 140 Dc 80
12230 Sainte-Eulalie-de-Cernon 12 152 Da 85
24500 Sainte-Eulalie-d'Eymet 24 136 Ac 80
12130 Sainte-Eulalie-d'Olt 12 140 Cf 82
40200 Sainte-Eulalie-en-Born 40 146 Ye 83
01600 Sainte-Euphémie 01 118 Ee 73
60480 Sainte-Eusoye 60 38 Cb 51
32150 Sainte-Fauste 32 148 Zf 85
36100 Sainte-Fauste 36 101 Bf 67
19270 Sainte-Féréole 19 126 Bd 77
23000 Sainte-Feyre 23 114 Bf 72
23500 Sainte-Feyre-la-Montagne 23 114 Cb 73
22540 Sainte-Efflam 22 63 We 57
56160 Saint-Efflam 56 79 We 60
85150 Sainte-Flaive-des-Loups 85 97 Yc 69
33350 Sainte-Florence 33 135 Zf 80
85140 Sainte-Florence 85 97 Yf 68
43250 Sainte-Florine 43 128 Db 76
09500 Sainte-Foi 09 165 Bf 90
47370 Sainte-Foi 47 149 Af 82
19490 Sainte-Fortunade 19 126 Be 77
17800 Sainte-Foy 17 123 Zd 75
24100 Sainte-Foy 24 136 Ac 79
40190 Sainte-Foy 40 147 Ze 85
71110 Sainte-Foy 71 117 Ea 71
76590 Sainte-Foy 76 37 Ba 50
85160 Sainte-Foy 85 109 Yb 69
31570 Sainte-Foy-d'Aigrefeuille 31 165 Bd 87
24170 Sainte Foy-de-Belvès 24 137 Ba 80
24510 Sainte-Foy-de-Longas 24 136 Ae 79
14140 Sainte-Foy-de-Montgommery 14 48 Ab 55
47140 Sainte-Foy-de-Penne 47 149 Ae 82
31470 Sainte-Foy-de-Peyrolières 31 164 Ba 88
33220 Sainte-Foy-la-Grande 33 136 Ab 79
33490 Sainte-Foy-la-Longue 33 135 Zf 81
69610 Sainte-Foy-L'Argentière 69M 130 Ec 74
69110 Sainte-Foy-lès-Lyon 69M 130 Ee 74
47120 Sainte-Foy-Petit 47 136 Ab 81
42110 Sainte-Foy-Saint-Sulpice 42 129 Ea 74
73640 Sainte-Foy-Tarentaise 73 133 Gf 75
29890 Saint-Egarec 29 62 Vd 57
61130 Sainte-Gauburge 61 69 Ad 59
61370 Sainte-Gauburge-Sainte-Colombe 61 48 Ac 56
17170 Sainte-Gemme 17 110 Zb 71
17250 Sainte-Gemme 17 122 Za 74
32120 Sainte-Gemme 32 149 Ae 86
33580 Sainte-Gemme 33 135 Aa 81
36500 Sainte-Gemme 36 101 Bc 67
51700 Sainte-Gemme 51 53 De 54
79330 Sainte-Gemme 79 98 Ze 67
81190 Sainte-Gemme 81 151 Cb 84
18240 Sainte-Gemme-en-Sancerrois 18 88 Ce 64
85400 Sainte-Gemme-la-Plaine 85 110 Yf 70
47250 Sainte-Gemme-Martaillac 47 148 Aa 82
28500 Sainte-Gemme-Moronval 28 50 Bc 56
41290 Sainte-Gemmes 41 86 Bb 62
53600 Sainte-Gemmes-le-Robert 53 67 Zd 59
49130 Sainte-Gemmes-sur-Loire 49 83 Zc 64
02340 Sainte-Geneviève 02 41 Ea 50
29600 Sainte-Geneviève 29 62 Wb 57
50760 Sainte-Geneviève 50 33 Ye 51
54700 Sainte-Geneviève 54 56 Ga 55
60730 Sainte-Geneviève 60 51 Cb 53
76440 Sainte-Geneviève 76 37 Bc 51
45230 Sainte-Geneviève-des-Bois 45 88 Ce 62
91700 Sainte-Geneviève-des-Bois 91 51 Cb 57
12420 Sainte-Geneviève-sur-Argence 12 139 Ce 80
81340 Sainte-Germaine 81 151 Cc 84
29310 Sainte-Gertrude 29 79 Wc 61
38120 Saint-Égrève 38 131 Fe 77
33480 Sainte Hélène 33 134 Za 79
56700 Sainte-Hélène 56 80 We 62
58400 Sainte-Hélène 58 103 Da 65
71390 Sainte-Hélène 71 105 Ed 68
88700 Sainte-Hélène 88 77 Gd 59
76400 Sainte-Hélène Bondeville 76 36 Ac 50
33990 Sainte-Hélène-de-Hourtin 33 134 Yf 78
33121 Sainte-Hélène-de-L'Étang 33 134 Yf 78
73800 Sainte-Hélène-du-Lac 73 132 Ga 76
73460 Sainte-Hélène-sur-Isère 73 132 Gb 75
85210 Sainte-Hermine 85 110 Yf 69
14240 Sainte-Honorine-de-Ducy 14 34 Zb 54
14520 Sainte Honorine des Pertes 14 47 Zb 52
14210 Sainte-Honorine-du-Fay 14 47 Zd 54
61430 Sainte-Honorine-la-Chardonne 61 47 Zd 56
61210 Sainte-Honorine-la-Guillaume 61 47 Zd 56
24500 Sainte-Innocence 24 136 Ac 80
26110 Sainte-Jalle 26 156 Fb 82
72380 Sainte-Jamme-sur-Sarthe 72 68 Aa 60
01150 Sainte-Julie 01 119 Fb 73
56110 Sainte-Julienne 56 79 Wc 60
82110 Sainte-Juliette 82 149 Bb 83
12120 Sainte-Juliette-sur-Viaur 12 151 Cd 83
37600 Sainte-Jullitte 37 100 Af 67
17520 Sainte-Lheurine 17 123 Zd 75
27190 Saint-Elier 27 49 Af 55
63390 Sainte-Linge 63 115 Ce 72
28240 Saint-Eliph 28 69 Ba 58
52290 Sainte-Livière 52 74 Ee 57
31530 Sainte-Livrade 31 164 Ba 87
82200 Sainte-Livrade 82 150 Ba 84
47110 Sainte-Livrade-sur-Lot 47 149 Ad 82
32450 Saint-Elix 32 163 Ae 88
31430 Saint-Elix-le-Château 31 164 Ba 89
31420 Saint-Elix-Séglan 31 163 Af 89
32300 Saint-Elix-Theux 32 163 Ac 88
36260 Sainte-Lizaigne 36 102 Ca 66
53220 Saint-Ellier-du-Maine 53 66 Yf 58
61320 Saint-Ellier-les-Bois 61 67 Zf 57
01800 Saint Éloi 01 118 Fa 73
22540 Saint-Eloi 22 63 Wd 57
23000 Saint-Eloi 23 114 Bf 72
58000 Saint-Eloi 58 103 Db 67
71430 Saint-Eloi 71 117 Ea 69
27800 Saint-Eloi-de-Fourques 27 49 Ae 53
88630 Saint-Elophe 88 76 Fe 58
22190 Saint-Eloy 22 64 Xb 57
22800 Saint-Eloy 22 64 Xa 58
29460 Saint-Eloy 29 62 Vf 58
29610 Saint-Eloy 29 63 Wc 57
57140 Saint-Eloy 57 56 Ga 54
03370 Saint-Eloy-d'Allier 03 114 Cc 70
18110 Saint-Eloy-de-Gy 18 102 Cc 66
63890 Saint-Eloy-la-Glacière 63 128 Dd 75
63700 Saint-Eloy-les-Mines 63 115 Cf 72
19210 Saint-Eloy-les-Tuileries 19 125 Bb 76
38970 Sainte Luce 38 144 Ff 79
48100 Sainte-Lucie 48 140 Db 81
20144 Sainte-Lucie-de-Porto-Vecchio CTC 185 Kc 98
20112 Sainte-Lucie-de-Tallano CTC 184 Ka 98
18340 Sainte-Lunaise 18 102 Cc 67
03300 Sainte-Madeleine 03 116 Dc 72
06430 Sainte-Madeleine 06 159 Hd 84
89420 Sainte-Magnance 89 90 Ea 64
28120 Saint-Eman 28 69 Bb 59
05000 Sainte Marguerite 05 144 Ga 81
05120 Sainte-Marguerite 05 145 Gd 80
13009 Sainte-Marguerite 13 170 Fc 89
22520 Sainte-Marguerite 22 64 Xb 57
43230 Sainte-Marguerite 43 128 Dd 77
44380 Sainte-Marguerite 44 96 Xd 65
57920 Sainte-Marguerite 57 44 Gc 52
59560 Sainte-Marguerite 59 30 Da 44
84340 Sainte Marguerite 84 155 Fa 83
88100 Sainte Marguerite 88 77 Gf 59
61320 Sainte-Marguerite-de-Carrouges 61 67 Zf 57
27160 Sainte-Marguerite-de-L'Autel 27 49 Af 55
14330 Sainte-Marguerite-d'Elle 14 47 Yf 53
14140 Sainte-Marguerite-des-Loges 14 48 Ab 54
14140 Sainte-Marguerite-de-Viette 14 48 Aa 54
27410 Sainte-Marguerite-en-Ouche 27 49 Ad 54
07140 Sainte-Marguerite-Lafigère 07 141 Df 82
76480 Sainte-Marguerite-sur-Duclair 76 37 Af 51
76640 Sainte-Marguerite-sur-Fauville 76 36 Ad 50
76119 Sainte-Marguerite-sur-Mer 76 37 Af 49
05150 Sainte-Marie 05 143 Fc 82
05560 Sainte-Marie 05 145 Ge 81
08400 Sainte-Marie 08 42 Ee 52
15230 Sainte-Marie 15 139 Cf 79
25113 Sainte-Marie 25 94 Ge 63
32200 Sainte-Marie 32 164 Af 87
35600 Sainte-Marie 35 81 Xf 62
44210 Sainte-Marie 44 96 Xf 66
58330 Sainte-Marie 58 104 Dc 66
66470 Sainte-Marie 66 179 Da 92
85580 Sainte-Marie 85 109 Ye 70
51600 Sainte-Marie-à-Py 51 54 Ed 53
76280 Sainte-Marie-au-Bosc 76 35 Ab 50
14270 Sainte-Marie-aux-Anglais 14 48 Aa 54
57255 Sainte-Marie-aux-Chênes 57 56 Ga 53
68160 Sainte-Marie-aux-Mines 68 77 Hb 59
59070 Sainte-Marie-Cappel 59 27 Cd 44
38660 Sainte-Marie-d'Alloix 38 132 Ff 76
73240 Sainte-Marie-d'Alvey 73 131 Fe 75
27160 Sainte-Marie-d'Attez 27 49 Af 56
65710 Sainte-Marie-de-Campan 65 175 Ab 91
24330 Sainte-Marie-de-Chignac 24 137 Ae 78
73130 Sainte-Marie-de-Cuines 73 132 Gb 76
40390 Sainte-Marie-de-Gosse 40 160 Ye 87
17740 Sainte-Marie-de-Ré 17 109 Yc 72
76190 Sainte-Marie-des-Champs 76 36 Ae 51
43300 Sainte-Marie-des-Chazes 43 141 Dd 78
87420 Sainte-Marie-de-Vaux 87 125 Ba 73
50640 Sainte-Marie-du-Bois 50 66 Za 57
53110 Sainte-Marie-du-Bois 53 67 Zd 58
51290 Sainte-Marie-du-Lac-Nuisement 51 74 Ee 57
29550 Sainte-Marie-du-Menez-Hom 29 62 Ve 59
50480 Sainte-Marie-du-Mont 50 34 Ye 52
70310 Sainte-Marie-en-Chanois 70 94 Gd 62
62370 Sainte-Marie-Kerque 62 27 Ca 43
21200 Sainte-Marie-la-Blanche 21 106 Ef 67
19160 Sainte-Marie-Lapanouze 19 127 Cc 76
61320 Sainte-Marie-la-Robert 61 48 Zf 57
14350 Sainte-Marie-Laumont 14 47 Za 55
14380 Sainte-Marie-Outre-L'Eau 14 47 Yf 55
66470 Sainte-Marie-Plage 66 179 Da 92
21410 Sainte-Marie-sur-Ouche 21 91 Ee 65
29120 Sainte-Marine 29 78 Vf 61
27190 Sainte-Marthe 27 49 Af 55
47430 Sainte-Marthe 47 148 Aa 82
10150 Sainte-Maure 10 73 Ea 58
47170 Sainte-Maure-de-Peyriac 47 148 Aa 84
37800 Sainte-Maure-de-Touraine 37 100 Ad 66
83120 Sainte-Maxime 83 172 Gd 89
17770 Sainte-Même 17 123 Zd 73
51000 Sainte-Menehould 51 54 Ef 54
32700 Sainte-Mère 32 149 Ae 84
50480 Sainte-Mère-Église 50 34 Ye 52
78730 Sainte-Mesme 78 70 Bf 57
71490 Saint-Emiland 71 105 Ec 67
44130 Saint-Emilien-de-Blain 44 82 Yb 64
33330 Saint-Émilion 33 135 Zf 79
24370 Sainte-Mondane 24 137 Bb 79
18700 Sainte-Montaine 18 88 Cb 64
24200 Sainte-Nathalène 24 137 Bb 79
79260 Sainte-Neomaye 79 111 Ze 70
03400 Saint-Ennemond 03 104 Dc 68
56920 Sainte-Noyale 56 64 Xa 60
50500 Sainteny 50 34 Ye 53
67530 Sainte-Odile 67 60 Hc 58
01330 Sainte-Olive 01 118 Ef 72
27170 Sainte-Opportune 27 49 Af 54
61100 Sainte-Opportune 61 47 Zd 56
27110 Sainte Opportune-du-Bosc 27 49 Af 54
24210 Sainte-Orse 24 125 Ba 77
72120 Sainte-Osmane 72 85 Ad 61
79220 Sainte-Ouenne 79 111 Zd 70
37800 Saint-Epain 37 100 Ad 66
89460 Sainte-Pallaye 89 89 De 63
69620 Sainte-Paule 69D 118 Ed 73
44680 Sainte-Pazanne 44 96 Yb 66
85320 Sainte-Pexine 85 110 Yf 69
50870 Sainte-Pience 50 46 Ye 56
54540 Sainte-Pôle 54 77 Ge 57
02350 Sainte-Preuve 02 41 Df 51
57580 Saint-Epvre 57 56 Gc 55
81800 Sainte-Quitterie 81 150 Be 86
12850 Sainte-Radegonde 12 152 Cd 82
17250 Sainte-Radegonde 17 122 Za 73
18130 Sainte-Radegonde 18 102 Cd 67
19510 Sainte-Radegonde 19 126 Bd 75
24560 Sainte-Radegonde 24 136 Ae 80
32500 Sainte-Radegonde 32 149 Ad 85
33350 Sainte-Radegonde 33 135 Aa 80
71320 Sainte-Radegonde 71 104 Ea 68
79100 Sainte-Radegonde 79 98 Ze 67
85570 Sainte-Radégonde 85 110 Za 69
86300 Sainte Radegonde 86 100 Ae 69
85450 Sainte-Radégonde-des-Noyers 85 110 Yf 70
47190 Sainte-Radegonde-sur-Lot 47 148 Ac 83
17240 Sainte-Ramée 17 122 Zc 76
35230 Saint-Erblon 35 65 Yc 60
53390 Saint-Erblon 53 83 Ye 62
43110 Sainte-Reine 43 129 Ea 76
43130 Sainte-Reine 43 129 Df 77
73630 Sainte-Reine 73 132 Ga 75
44160 Sainte-Reine-de-Bretagne 44 81 Xe 64
02820 Saint-Erme-Outre-et-Ramecourt 02 41 Df 51
22110 Saint-Erwan 22 63 We 59
17100 Saintes 17 122 Zc 74
31190 Saintes 31 164 Bc 88
32420 Saintes 32 163 Ae 88
21320 Sainte-Sabine 21 105 Ed 65
82140 Sainte-Sabine 82 150 Be 84
24440 Sainte-Sabine-Born 24 136 Ae 80
72380 Sainte-Sabine-sur-Longève 72 68 Aa 60
10000 Sainte-Savine 10 73 Ea 59
45730 Sainte-Scholastique 45 88 Cb 62
91410 Saint-Escobille 91 70 Bf 58
61170 Sainte-Scolasse-sur-Sarthe 61 68 Ac 57
80290 Sainte-Segrée 80 38 Bf 50
16200 Sainte-Sévère 16 123 Ze 74
36160 Sainte-Sévère-sur-Indre 36 114 Ca 70
43600 Sainte Sigolène 43 129 Eb 77
13460 Saintes-Maries-de-la-Mer 13 169 Ec 88
18220 Sainte Solange 18 102 Cd 66
79120 Sainte-Soline 79 111 Aa 71
16480 Sainte-Souline 16 123 Zf 76
17220 Sainte-Soulle 17 110 Yf 71
22100 Saint-Esprit 22 65 Xf 58
22270 Saint-Esprit, le 22 64 Xd 58
64640 Saint-Esteben 64 160 Ye 88
16440 Saint-Estèphe 16 123 Aa 75
24360 Saint-Estèphe 24 124 Ad 75
33180 Saint-Estèphe 33 122 Zb 77
11200 Saint-Estève 11 166 Ce 90
66240 Saint-Estève 66 179 Ce 92
83470 Saint-Estève 83 171 Ff 87
84410 Saint-Estève 84 156 Fb 84
13610 Saint-Estève-Janson 13 170 Fc 86
09130 Sainte-Suzanne 09 164 Bc 89
27160 Sainte-Suzanne 27 49 Ae 55
53270 Sainte-Suzanne 53 67 Zd 60
64300 Sainte-Suzanne 64 161 Zb 88
50750 Sainte-Suzanne-sur-Vice 50 46 Yf 54
33350 Sainte-Terre 33 135 Zf 80
82200 Sainte-Thècle 82 149 Ba 83
03420 Sainte-Thérence 03 115 Cd 71
18500 Sainte-Thorette 18 102 Cb 66
05380 Saint-Étienne 05 145 Gd 81
12290 Saint-Étienne 12 152 Cf 83
12490 Saint-Étienne 12 152 Cf 84
15500 Saint-Étienne 15 128 Db 77
36500 Saint-Étienne 36 101 Bc 67
40250 Saint-Étienne 40 147 Zb 86
42100 Saint-Étienne 42 130 Ec 76
46170 Saint-Étienne 46 150 Bc 83
56440 Saint-Étienne 56 80 We 62
56620 Saint-Étienne 56 79 Wd 61
64640 Saint-Étienne 64 161 Yf 89
76760 Saint-Étienne 76 37 Af 51
08310 Saint-Étienne-à-Arnes 08 41 Ec 53
62360 Saint-Étienne-au-Mont 62 28 Bd 44
51460 Saint-Étienne-au-Temple 51 54 Ec 54
19200 Saint-Étienne-aux-Clos 19 127 Cc 75
15150 Saint-Étienne-Cantalès 15 139 Cb 79
34390 Saint-Étienne-d'Albagnan 34 166 Cf 87
64430 Saint-Étienne-de-Baïgorry 64 160 Yd 89
07200 Saint-Étienne-de-Boulogne 07 142 Ec 80
85210 Saint-Étienne-de-Brillouet 85 110 Za 69
15130 Saint-Étienne-de-Carlat 15 139 Cd 79
37230 Saint-Étienne-de-Chigny 37 85 Ad 64
15400 Saint-Étienne-de-Chomeil 15 127 Cd 76
38960 Saint-Étienne-de-Crossey 38 131 Fd 76
73130 Saint-Étienne-de-Cuines 73 132 Gb 76
07200 Saint-Étienne-de-Fontbellon 07 142 Ec 81
47380 Saint-Étienne-de-Fougères 47 149 Ad 82
23290 Saint-Étienne-de-Fursac 23 113 Bd 72
34700 Saint-Étienne-de-Gourgas 34 153 Dc 86
22210 Saint-Étienne-de-Gué-de-l'Isle 22 64 Xc 60
33330 Saint-Étienne-de-Lisse 33 135 Zf 79
30360 Saint-Étienne-de-L'Olm 30 154 Eb 84
07590 Saint-Étienne-de-Lugdarès 07 141 Df 81
15600 Saint-Étienne-de-Maurs 15 139 Cb 80
44270 Saint-Étienne-de-Mer-Morte 44 96 Yb 67
44360 Saint-Étienne-de-Montluc 44 82 Yb 65
24400 Saint-Étienne-de-Puycorbier 24 136 Ab 78
38590 Saint-Étienne-de-Saint-Geoirs 38 131 Fc 76
30250 Saint-Étienne-d'Escattes 30 154 Ea 86
63380 Saint-Étienne-des-Champs 63 127 Cd 74
07190 Saint-Étienne-de-Serre 07 142 Ed 80
41190 Saint-Étienne-des-Guérets 41 86 Ba 63
24550 Saint-Étienne-des-Landes 24 137 Ba 81
69460 Saint-Étienne-des-Oullières 69D 118 Ed 72
30200 Saint-Étienne-des-Sorts 30 155 Ee 83
81250 Saint-Étienne-de-Tarabuset 81 151 Cb 85
06660 Saint-Étienne-de-Tinée 06 158 Gf 83

82410 Saint-Étienne-de-Tulmont 82 150 Bc 84
03300 Saint-Étienne-de-Vicq 03 116 Dd 71
47210 Saint-Étienne-de-Villeréal 47 136 Ae 81
81310 Saint-Étienne-de-Vionan 81 150 Be 85
40300 Saint-Étienne-d'Orthe 40 161 Ye 87
01370 Saint-Étienne-du-Bois 01 119 Fb 71
85670 Saint-Étienne-du-Bois 85 97 Yc 68
13103 Saint-Étienne-du-Grès 13 155 Ee 86
76800 Saint-Étienne-du-Rouvray 76 37 Ba 52
48000 Saint-Étienne-du-Valdonnez 48 153 Dd 82
27430 Saint-Étienne-du-Vauvray 27 49 Bb 53
43420 Saint-Étienne-du-Vigan 43 141 Df 80
71370 Saint-Étienne-en-Bresse 71 106 Fa 68
35460 Saint-Étienne-en-Coglès 35 66 Ye 58
05250 Saint-Étienne-en-Dévoluy 05 144 Ff 80
34260 Saint-Étienne-Estréchoux 34 167 Da 87
79360 Saint-Étienne-la-Cigogne 79 110 Zc 72
19160 Saint-Étienne-la-Geneste 19 127 Cc 76
27450 Saint-Étienne-L'Allier 27 49 Ad 53
43260 Saint-Étienne Lardeyrol 43 141 Df 78
14950 Saint-Étienne-la-Thillaye 14 35 Aa 53
69460 Saint-Étienne-la-Varenne 69D 118 Ed 72
05130 Saint-Étienne-le-Laus 05 144 Ga 81
42130 Saint-Étienne-le-Molard 42 129 Ea 74
04230 Saint-Étienne-les-Orgues 04 156 Fe 84
88200 Saint-Étienne-lès-Remiremont 88 77 Gd 60
60350 Saint-Étienne-Roilaye 60 39 Da 52
27920 Saint-Étienne-sous-Bailleul 27 50 Bc 54
10700 Saint-Étienne-sous-Barbuise 10 73 Ea 57
43450 Saint-Étienne-sur-Blesle 43 128 Da 77
01140 Saint-Étienne-sur-Chalaronne 01 118 Ef 72
01190 Saint-Étienne-sur-Reyssouze 01 118 Ef 70
51110 Saint-Étienne-sur-Suippe 51 41 Ea 52
80200 Saint-Étienne-sur-Suippe 80 39 Cf 49
63580 Saint-Étienne-sur-Usson 63 128 Dc 75
48330 Saint-Étienne-Vallée-Française 48 153 Df 83
22480 Sainte-Tréphine 22 63 Wf 59
56300 Sainte-Tréphine 56 79 Xa 60
24160 Sainte-Trie 24 125 Bb 77
20137 SainteTrinité CTC 185 Kb 99
02330 Saint-Eugène 02 53 Dd 54
14130 Saint-Eugène 14 35 Aa 53
17520 Saint-Eugène 17 123 Ze 75
71320 Saint-Eugène 71 105 Eb 68
24640 Saint-Eulalie-d'Ans 24 125 Ba 77
26190 Saint-Eulalie-en-Royans 26 143 Fc 78
52100 Saint-Eulien 52 54 Ef 56
26170 Saint-Euphème-sur-Ouvèze 26 156 Fc 83
51390 Saint-Euphraise-et-Clairizet 51 53 Df 53
21140 Saint-Euphrône 21 91 Ec 64
71210 Saint-Eusèbe 71 105 Ec 68
74150 Saint-Eusèbe 74 120 Ff 73
05500 Saint-Eusèbe-en-Champsaur 05 144 Ga 80
74410 Saint-Eustache 74 132 Ga 74
76210 Saint-Eustache-la-Forêt 76 36 Ac 51
16190 Saint-Eutrope 16 124 Aa 76
22800 Saint-Eutrope 22 64 Xa 58
29640 Saint-Eutrope 29 62 Wb 57
56350 Saint-Eutrope 56 81 Xe 63
47210 Saint-Eutrope-de-Born 47 136 Ae 81
11120 Sainte-Valière 11 166 Cf 89
29170 Saint-Evarzec 29 78 Vf 61
08130 Sainte-Vaubourg 08 42 Ed 52
79100 Sainte-Verge 79 99 Ze 66
89310 Sainte-Vertu 89 90 Df 62
61230 Saint-Evroult-de-Montfort 61 48 Ab 56
61550 Saint-Evroult-Notre-Dame-du-Bois 61 48 Ac 56
12550 Saint-Exupère 12 152 Cd 85
33190 Saint-Exupéry 33 135 Zf 81
19200 Saint-Exupéry-les-Roches 19 127 Cc 75
89170 Saint-Fargeau 89 89 Da 63
77310 Saint-Fargeau-Ponthierry 77 71 Cd 57
03420 Saint-Fargeol 03 115 Cd 72
64110 Saint-Faust 64 162 Zd 89
07410 Saint-Félicien 07 142 Ed 78
66170 Saint-Féliu-d'Amont 66 179 Ce 92
66170 Saint-Féliu-d'Avall 66 179 Ce 92
03260 Saint-Félix 03 116 Dc 71
16480 Saint-Félix 16 123 Aa 76
17330 Saint-Félix 17 110 Zc 72
46100 Saint-Félix 46 138 Ca 81
40800 Saint Félix 46 150 Ba 83
60370 Saint-Félix 60 38 Cb 52
74540 Saint-Félix 74 132 Ff 74
24340 Saint-Félix-de-Bourdoilles 24 124 Ad 76
33540 Saint-Félix-de-Foncaude 33 135 Zf 81
34520 Saint-Félix-de-l'Héras 34 153 Db 85
34725 Saint-Felix-de-Lodez 34 167 Dc 87
12320 Saint-Félix-de-Lunel 12 139 Cd 81
30140 Saint-Félix-de-Pallières 30 154 Df 84
24260 Saint-Félix-de-Reillac-et-Mortemart 24 137 Af 78
09120 Saint-Félix-de-Rieutord 09 177 Be 90
12400 Saint-Félix-de-Sorgues 12 152 Cf 85
09500 Saint-Félix-de-Tournegat 09 165 Be 90
24510 Saint-Félix-de-Villadeix 24 136 Ae 79
31540 Saint-Félix-Lauragais 31 165 Bf 88
08360 Saint-Fergeux 08 41 Eb 51
33580 Saint-Ferme 33 135 Aa 80
31250 Saint-Ferréol 31 165 Ca 88
31350 Saint-Ferréol 31 163 Ae 88
74210 Saint-Ferréol 74 132 Gb 74
43330 Saint-Ferréol-d'Aurore 43 129 Eb 76
63600 Saint-Ferréol-des-Côtes 63 129 De 75
26110 Saint-Ferréol-Trente-Pas 26 156 Fb 82
11500 Saint-Ferriol 11 178 Cb 91
22720 Saint-Fiacre 22 63 Wf 58
56320 Saint-Fiacre 56 79 Wd 60
77470 Saint-Fiacre 77 52 Cf 55
44690 Saint-Fiacre-sur-Maine 44 97 Yd 66
56310 Saint-Ficare 56 79 Wf 61
23000 Saint-Fiel 23 114 Bf 71
05800 Saint-Firmin 05 144 Ga 80
54930 Saint-Firmin 54 76 Ga 58
58270 Saint-Firmin 58 104 Dc 66
71670 Saint-Firmin 71 105 Ec 67
80550 Saint-Firmin 80 28 Bd 47
45220 Saint-Firmin-des-Bois 45 72 Cf 61
41100 Saint-Firmin-des-Prés 41 86 Ba 61
45200 Saint-Firmin-des-Vignes 45 71 Ce 61
45360 Saint-Firmin-sur-Loire 45 88 Ce 63
04850 Saint-Flavi 04 158 Ge 82
10350 Saint-Flavy 10 73 De 58
20217 Saint Florent CTC 181 Kb 92
45600 Saint-Florent 45 88 Cc 62
85310 Saint-Florent-des-Bois 85 97 Ye 69
89600 Saint-Florentin 89 73 De 60
49410 Saint-Florent-le-Vieil 49 83 Yf 64
30960 Saint-Florent-sur-Auzonnet 30 154 Ea 83
18400 Saint-Florent-sur-Cher 18 102 Cb 67
63320 Saint-Floret 63 128 Da 75
62350 Saint-Floris 62 29 Cd 45
15100 Saint-Flour 15 140 Da 78
31470 Saint-Flour 31 164 Bb 87
63520 Saint-Flour 63 128 Dd 74
63840 Saint-Flour 63 129 De 76
48300 Saint-Flour-de-Mercoire 48 141 De 80
37600 Saint-Flovier 37 100 Ba 67
50310 Saint-Floxel 50 34 Yd 52
62370 Saint-Folquin 62 27 Ca 43
69190 Saint-Fons 69M 130 Ef 74
71400 Saint-Forgeot 71 105 Eb 66
69490 Saint-Forgeux 69D 130 Ec 73
42640 Saint-Forgeux-Lespinasse 42 117 Df 72
53200 Saint-Fort 53 83 Zb 62
17240 Saint-Fort-sur-Gironde 17 122 Zb 76
16130 Saint-Fort-sur-le-Né 16 123 Ze 75
07360 Saint-Fortunat-sur-Eyrieux 07 142 Ee 80
16140 Saint-Fraigne 16 111 Zf 73
61350 Saint-Fraimbault 61 67 Zb 58
53300 Saint-Fraimbault-de-Prières 53 67 Zc 58
31230 Saint-Frajou 31 163 Af 88
58330 Saint-Franchy 58 104 Dc 66
83860 Saint-François 83 171 Fe 88
73340 Saint-François-de-Sales 73 132 Ga 74
57320 Saint-François-Lacroix 57 56 Gc 52
73130 Saint-François-Longchamp 73 132 Gc 76
29260 Saint-Frégant 29 62 Vd 57
19200 Saint-Fréjoux 19 127 Cc 75
48170 Saint-Frézal-d'Albuges 48 141 De 81
48240 Saint-Frézal-de-Ventalon 48 154 Df 83
11800 Saint-Frichoux 11 166 Cd 89
72150 Saint-Frimbault 72 85 Ad 62
23500 Saint-Frion 23 126 Cb 73
50620 Saint-Fromond 50 46 Yf 53
16460 Saint-Front 16 112 Ab 73
24150 Saint-Front 24 136 Ae 80
43550 Saint-Front 43 141 Ea 79
47120 Saint-Front 47 136 Ab 80
24460 Saint-Front-d'Alemps 24 124 Ae 77
24400 Saint-Front-de-Pradoux 24 136 Ac 78
24300 Saint-Front-la-Rivière 24 124 Ae 76
47500 Saint-Front-sur-Lémance 47 137 Af 81
24300 Saint-Front-sur-Nizonne 24 124 Ad 76
17780 Saint-Froult 17 110 Yf 73
85250 Saint-Fulgent 85 97 Ye 67
61130 Saint-Fulgent-des-Ormes 61 68 Ac 59
80680 Saint-Fuscien 80 39 Cb 49
14480 Saint-Gabriel-Brécy 14 47 Zc 53
48700 Saint-Gal 48 140 Dc 80
67440 Saint-Gall 67 58 Hb 56
56610 Saint-Galles 56 80 Xb 63
42330 Saint Galmier 42 129 Eb 75
63440 Saint-Gal-sur-Sioule 63 115 Da 72
70130 Saint-Gand 70 93 Ff 63
68570 Saint-Gangolf 68 77 Hb 61
35550 Saint-Ganton 35 82 Ya 62
14130 Saint-Gatien-des-Bois 14 48 Ab 52
31800 Saint Gaudens 31 163 Ae 90
86400 Saint-Gaudent 86 112 Ab 72
11270 Saint-Gaudéric 11 165 Bf 90
53300 Saint-Gault 53 83 Zb 61
36800 Saint-Gaultier 36 101 Bc 69
33340 Saint-Gaux 33 122 Za 77
81390 Saint-Gauzens 81 165 Bf 86
40190 Saint Gein 40 147 Ze 85
79410 Saint-Gelais 79 111 Zd 70
22570 Saint-Gelven 22 63 Wf 59
30630 Saint Gély 30 154 Ec 83
34980 Saint-Gély-du-Fesc 34 168 De 86
49500 Saint-Gemmes-d'Andigné 49 83 Za 62
79500 Saint-Génard 79 111 Zf 71
87510 Saint-Gence 87 113 Ba 73
79600 Saint-Généroux 79 99 Zf 67
63122 Saint-Genès-Champanelle 63 128 Da 74
63850 Saint-Genès-Champespe 63 127 Ce 76
33390 Saint-Genès-de-Blaye 33 122 Zc 78
33350 Saint-Genès-de-Castillon 33 135 Zf 79
33240 Saint-Genès-de-Fronsac 33 135 Zd 78
33670 Saint-Genès-de-Lombaud 33 135 Zd 80
63260 Saint-Genès-du-Retz 63 116 Db 72
63580 Saint-Genès-la-Tourette 63 128 Dc 75
03310 Saint-Genest 03 115 Cd 71
19500 Saint-Genest 19 138 Be 78
51310 Saint-Genest 51 53 Dc 57
88700 Saint Genest 88 77 Gd 58
86140 Saint-Genest-d'Ambière 86 99 Ac 68
07230 Saint Genest-de-Beauzon 07 141 Ea 82
81440 Saint-Genest-de-Contest 81 151 Ca 86
42530 Saint-Genest-Lerpt 42 129 Ec 76
42660 Saint-Genest-Malifaux 42 130 Ec 76
87260 Saint-Genest-sur-Roselle 87 125 Bc 74
43350 Saint-Geneys-près-Saint-Paulien 43 129 De 78
02810 Saint-Gengoulph 02 52 Db 54
58370 Saint-Gengoult 58 104 Df 67
71260 Saint-Gengoux-de-Scissé 71 118 Ee 70
71460 Saint-Gengoux-le-National 71 105 Ed 69
07460 Saint-Geniès 07 154 Eb 83
24590 Saint-Geniès 24 137 Bb 79
31180 Saint-Geniès-Bellevue 31 164 Bc 86
30150 Saint-Geniès-de-Comolas 30 155 Ee 84
30190 Saint-Geniès-de-Malgoire 30 154 Eb 85
12190 Saint-Geniès-des-Ers 12 139 Cd 81
34160 Saint-Geniès-des-Mourgues 34 168 Ea 86
34610 Saint-Geniès-de-Varensal 34 167 Da 86
34480 Saint-Geniès-le-Bas 34 167 Db 88
04200 Saint Geniez 04 157 Ga 83
12100 Saint-Geniez-de-Bertrand 12 152 Da 84
12130 Saint-Geniez-d'Olt et d'Aubrac 12 140 Cf 82
05300 Saint-Genis 05 156 Fe 82
05300 Saint-Genis 05 156 Fe 82
17240 Saint-Genis-de-Saintonge 17 123 Zc 76
66740 Saint-Génis-des-Fontaines 66 179 Cf 93
16570 Saint-Genis-d'Hiersac 16 123 Aa 74
33760 Saint-Genis-du-Bois 33 135 Ze 80
69610 Saint-Genis-L'Argentière 69M 130 Ec 74
69230 Saint-Genis-Laval 69M 130 Ee 74
69290 Saint-Genis-les-Ollières 69M 130 Ee 74
01630 Saint-Genis-Pouilly 01 120 Ga 71
01380 Saint-Genis-sur-Menthon 01 118 Fa 71
42800 Saint-Genis-Terrenoire 42 130 Ed 75
73240 Saint-Genix-sur-Guiers 73 131 Fd 75
36500 Saint-Genou 36 101 Bc 67
37510 Saint-Genouph 37 85 Ad 64
84210 Saint-Gens 84 156 Fa 85
47250 Saint-Gény 47 148 Aa 82
26250 Saint-Genys 26 142 Ef 80
38620 Saint-Geoire-en-Valdaine 38 131 Fd 76
38590 Saint-Geoirs 38 131 Fc 77
35430 Saint-George 35 65 Ya 57
08240 Saint-Georges 08 55 Ef 52
15140 Saint-Georges 15 139 Cd 78
16700 Saint-Georges 16 112 Ab 73
19510 Saint-Georges 19 125 Bc 76
24220 Saint-Georges 24 137 Af 79
32430 Saint-Georges 32 164 Af 86
33570 Saint-Georges 33 135 Zf 79
35490 Saint-Georges 35 66 Yd 58
47370 Saint-Georges 47 149 Af 82
54380 Saint-Georges 54 56 Ga 56
56320 Saint-Georges 56 79 Wc 60
57830 Saint-Georges 57 57 Gf 57
62770 Saint-Georges 62 29 Ca 46
82240 Saint-Georges 82 150 Bd 83
89150 Saint-Georges 89 72 Da 59
25340 Saint-Georges-Armont 25 94 Gd 64
24130 Saint-Georges-Blancaneix 24 136 Ac 79
53100 Saint-Georges-Buttavent 53 67 Zb 59
61600 Saint-Georges-d'Annebecq 61 48 Ze 57
14260 Saint-Georges-d' Aunay 14 47 Zb 54
43230 Saint-Georges-d'Aurac 43 128 Dd 78
42510 Saint-Georges-de-Baroille 42 129 Ea 73
50500 Saint-Georges-de-Bohon 50 33 Ye 53
35140 Saint-Georges-de-Chesné 35 66 Ye 59
38450 Saint-Georges-de-Commiers 38 144 Fe 78
17240 Saint-Georges-de-Cubillac 17 123 Zd 76
17110 Saint-Georges-de-Didonne 17 122 Za 75
35610 Saint-Georges-de-Gréhaigne 35 66 Yc 57
72150 Saint-Georges-de-la-Couée 72 85 Ad 61
50270 Saint-Georges-de-la-Rivière 50 46 Yb 52
48500 Saint-Georges-de-Lévéjac 48 153 Db 83
50370 Saint-Georges-de-Livoye 50 46 Ye 56
50680 Saint-Georges-d'Elle 50 34 Za 54
17470 Saint-Georges-de-Longuepierre 17 111 Zd 72
12100 Saint-Georges-de-Luzençon 12 152 Cf 84
63780 Saint-Georges-de-Mons 63 115 Cf 73
85600 Saint-Georges-de-Montaigu 85 97 Ye 67
24140 Saint-Georges-de-Montclard 24 136 Ad 79
79400 Saint-Georges-de-Noisné 79 111 Ze 70
85150 Saint-Georges-de-Pointindoux 85 97 Yc 69
18200 Saint-Georges-de-Poisieux 18 102 Cc 68
35420 Saint-Georges-de-Reintembault 35 66 Ye 57
69830 Saint-Georges-de-Reneins 69D 118 Ee 72
79210 Saint-Georges-de-Rex 79 110 Zc 71
50720 Saint-Georges-de-Rouelley 50 67 Zb 57
17150 Saint-Georges-des-Agoûts 17 122 Zc 76
17810 Saint-Georges-des-Côteaux 17 122 Zb 74
49120 Saint-Georges-des-Gardes 49 98 Zb 66
61100 Saint-Georges-des-Groseillers 61 47 Zc 56
73220 Saint-Georges-des-Hurtières 73 132 Gb 75
38790 Saint-Georges-d'Espérance 38 131 Fa 75
49350 Saint-Georges-des-Sept-Voies 49 84 Ze 64
17190 Saint-Georges-d'Oléron 17 109 Ye 73
34680 Saint-Georges-d'Orques 34 168 De 87
17700 Saint-Georges-du-Bois 17 110 Zb 72
49250 Saint-Georges-du-Bois 49 84 Ze 64
72700 Saint-Georges-du-Bois 72 68 Aa 61
27560 Saint-Georges-du-Mesnil 27 49 Ad 53
72700 Saint-Georges-du-Plain 72 68 Aa 61
72110 Saint-Georges-du-Rosay 72 68 Ad 59
27450 Saint-Georges-du-Vièvre 27 49 Ad 53
14140 Saint-Georges-en-Auge 14 48 Aa 55
42990 Saint-Georges-en-Couzan 42 129 Df 74
42610 Saint-Georges-Haute-Ville 42 129 Ea 75
43500 Saint-Georges-Lagricol 43 129 Df 77
23250 Saint-Georges-la-Pouge 23 114 Bf 73
53480 Saint-Georges-le-Fléchard 53 67 Zc 60
72130 Saint-Georges-le-Gaultier 72 67 Zf 59
86130 Saint-Georges-les-Baillargeaux 86 99 Ac 68
07800 Saint-Georges-les-Bains 07 142 Ee 79
87160 Saint-Georges-les-Landes 87 113 Bc 70
50000 Saint-Georges-Montcocq 50 34 Yf 54
27710 Saint-Georges-Motel 27 50 Bc 56
23500 Saint-Georges-Nigremont 23 127 Cb 73
63800 Saint-Georges-sur-Allier 63 128 Db 74
36100 Saint-Georges-sur-Arnon 36 102 Ca 67
89000 Saint-Georges-sur-Baulche 89 89 Dd 62
41400 Saint-Georges-sur-Cher 41 86 Ba 65
53600 Saint-Georges-sur-Erve 53 67 Ze 59
28190 Saint-Georges-sur-Eure 28 69 Bc 58
76690 Saint-Georges-sur-Fontaine 76 37 Bb 51
59820 Saint-Georges-sur-L'Aa 59 27 Cb 43
18100 Saint-Georges-sur-la-Prée 18 102 Bf 65
49700 Saint-Georges-sur-Layon 49 98 Zd 65
49170 Saint-Georges-sur-Loire 49 83 Zb 64
18110 Saint-Georges-sur-Moulon 18 102 Cc 65
01400 Saint-Georges-sur-Renon 01 118 Fa 72
40380 Saint-Geours-d'Auribat 40 146 Za 86
40230 Saint-Geours-de-Maremne 40 160 Ye 86
56920 Saint-Gerand 56 64 Xa 60
03340 Saint-Gérand-de-Vaux 03 116 Dc 70
03150 Saint-Gérand-le-Puy 03 116 Dd 71
81310 Saint-Gérard-d'Armissart 81 150 De 83
47120 Saint-Géraud 47 136 Aa 81
81350 Saint-Géraud 81 151 Cb 84
24700 Saint Géraud-de-Crops 24 136 Ab 79
07170 Saint-Germain 07 142 Ec 81
10120 Saint-Germain 10 73 Ea 59
12100 Saint Germain 12 152 Da 84
22550 Saint-Germain 22 64 Xe 57
26300 Saint-Germain 26 130 Fa 77
27150 Saint-Germain 27 37 Bd 52
29710 Saint-Germain 29 78 Ve 61
37600 Saint-Germain 37 100 Ba 66
49640 Saint-Germain 49 84 Zd 62
54290 Saint-Germain 54 76 Gc 58
70200 Saint-Germain 70 94 Gd 62
73700 Saint-Germain 73 133 Ge 75
69650 Saint-Germain-au-Mont-d'Or 69M 130 Ee 73
23160 Saint-Germain-Beaupré 23 113 Bd 71
58300 Saint-Germain-Chassenay 58 104 Dc 68
53240 Saint-Germain-d'Anxure 53 67 Zb 59
72800 Saint-Germain-d'Arcé 72 85 Ab 63
61470 Saint-Germain-d' Aunay 61 48 Ac 55
24170 Saint-Germain-de-Belvès 24 137 Ba 80
18340 Saint-Germain-de-Bois 18 102 Cc 67
48370 Saint-Germain-de-Calberte 48 154 De 83
61370 Saint-Germain-d'Echaffour 61 48 Ac 56
61240 Saint-Germain-de-Clairefeuille 61 48 Ab 56
16500 Saint-Germain-de-Confolens 16 112 Ae 72
53700 Saint-Germain-de-Coulamer 53 67 Ze 59
14240 Saint-Germain-d'Ectot 14 34 Zb 54
27220 Saint-Germain-de-Fresney 27 50 Bb 55
33490 Saint-Germain-de-Grave 33 135 Ze 81
01130 Saint-Germain-de-Joux 01 119 Fe 71
61130 Saint-Germain-de-la-Coudre 61 68 Ad 59
78640 Saint-Germain-de-la-Grange 78 50 Bf 55
33240 Saint-Germain-de-la-Rivière 33 135 Ze 79
53200 Saint-Germain-de-L'Hommel 53 83 Zb 61
14100 Saint-Germain-de-Livet 14 48 Ab 54
50810 Saint-Germain-d'Elle 50 34 Za 54
79200 Saint-Germain-de-Longue-Chaume 79 98 Zd 68
17500 Saint-Germain-de-Lusignan 17 123 Zd 76
17700 Saint-Germain-de-Marencennes 17 110 Zb 72
61560 Saint-Germain-de-Martigny 61 68 Ac 57
21530 Saint-Germain-de-Modéon 21 90 Ea 64
16380 Saint-Germain-de-Montbron 16 124 Ac 75
14140 Saint-Germain-de-Montgommery 14 48 Ab 55
27370 Saint-Germain-de-Pasquier 27 49 Ba 53
85110 Saint-Germain-de-Prinçay 85 97 Yf 68
03140 Saint-Germain-de-Salles 03 116 Db 71
27930 Saint-Germain-des-Angles 27 49 Ba 54
58210 Saint-Germain-des-Bois 58 89 Dd 64
89630 Saint-Germain-des Champs 89 90 Df 64
76750 Saint-Germain-des-Essourts 76 37 Bb 51
03260 Saint-Germain-des-Fossés 03 116 Dc 71
61110 Saint-Germain-des-Grois 61 69 Ae 58
24160 Saint-Germain-des-Prés 24 125 Af 76
45220 Saint-Germain-des-Prés 45 71 Cf 61
49170 Saint-Germain-des-Prés 49 83 Zb 64
81700 Saint-Germain-des-Prés 81 165 Ca 87
71600 Saint-Germain-des-Rives 71 117 Ea 70
33340 Saint-Germain-d'Esteuil 33 122 Za 77
50440 Saint-Germain-des-Vaux 50 33 Ya 50
76590 Saint-Germain-d'Etables 76 37 Bb 49
14500 Saint-Germain-de-Tallevende 14 47 Za 56
50700 Saint-Germain-de-Tournebut 50 33 Yd 51
50480 Saint-Germain-de-Varreville 50 33 Ye 52
17500 Saint-Germain-de-Vibrac 17 123 Ze 76
46310 Saint-Germain-du-Bel-Air 46 137 Bc 81
71330 Saint-Germain-du-Bois 71 106 Fb 68
61000 Saint-Germain-du-Corbéis 61 68 Aa 58
14110 Saint-Germain-du-Crioult 14 47 Zc 55
14230 Saint-Germain-du-Pert 14 46 Yf 52
35370 Saint-Germain-du-Pinel 35 66 Yf 60
71370 Saint-Germain-du-Plain 71 106 Ef 68
33750 Saint-Germain-du-Puch 33 135 Ze 79
18390 Saint-Germain-du-Puy 18 102 Cc 66
24190 Saint-Germain-du-Salembre 24 136 Ac 78
17240 Saint-Germain-du-Seudre 17 122 Zc 75
48340 Saint-Germain-du-Teil 48 140 Db 82
72200 Saint-Germain-du-Val 72 84 Zf 62
71800 Saint-Germain-en-Brionnais 71 117 Eb 70
35133 Saint-Germain-en-Coglès 35 66 Yc 58
78100 Saint-Germain-en-Laye 78 51 Ca 55
39300 Saint-Germain-en-Montagne 39 107 Ff 68
24520 Saint-Germain-et-Mons 24 136 Ad 79
14280 Saint-Germain-la-Blanche-Herbe 14 35 Zd 53

27230 Saint-Germain-la-Campagne 27 48 Ac 54
73410 Saint-Germain-la-Chambotte 73 132 Ff 74
28300 Saint-Germain-la-Gâtine 28 70 Bc 57
85390 Saint-Germain-L'Aiguiller 85 98 Za 68
42670 Saint-Germain-la-Montagne 42 117 Ec 71
14700 Saint-Germain-Langot 14 47 Ze 55
60650 Saint-Germain-la-Poterie 60 38 Bf 52
43700 Saint-Germain-Laprade 43 141 Df 78
42260 Saint-Germain-Laval 42 129 Ea 74
77130 Saint-Germain-Laval 77 72 Cf 58
51240 Saint-Germain-la-Ville 51 54 Ec 55
19290 Saint-Germain-Lavolps 19 126 Cb 75
77950 Saint-Germain-Laxis 77 71 Ce 57
90110 Saint-Germain-le-Châtelet 90 94 Gf 62
53240 Saint-Germain-le-Fouilloux 53 67 Zb 60
28190 Saint-Germain-le-Gaillard 28 69 Bb 58
50340 Saint-Germain-le-Gaillard 50 33 Yb 52
53240 Saint-Germain-le-Guillaume 53 66 Zb 59
19250 Saint-Germain-le-Lièvre 19 126 Cb 75
63340 Saint-Germain-Lembron 63 128 Db 76
21510 Saint-Germain-le-Rocheux 21 91 Ee 62
39210 Saint-Germain-lès-Arlay 39 107 Fd 68
91180 Saint-Germain-les-Arpajon 91 71 Cb 57
87380 Saint-Germain-les-Belles 87 125 Bc 75
71390 Saint-Germain-lès-Buxy 71 105 Ee 68
91250 Saint-Germain-lès-Corbeil 91 51 Cc 57
01300 Saint-Germain-les-Paroisses 01 131 Fd 74
42640 Saint-Germain-Lespinasse 42 117 Df 72
21500 Saint-Germain-lès-Senailly 21 90 Eb 63
19330 Saint-Germain-les-Vergnes 19 126 Bd 77
14190 Saint-Germain-le-Vasson 14 47 Ze 54
61390 Saint-Germain-le-Vieux 61 68 Ab 57
63630 Saint-Germain-L'Herm 63 128 Dd 76
08190 Saint-Germainmont 08 41 Ea 51
69210 Saint-Germain-Nuelles 69M 130 Ed 73
63470 Saint-Germain-près-Herment 63 127 Cd 74
21690 Saint-Germain-source-Seine 21 91 Ee 64
76690 Saint-Germain-sous-Cailly 76 37 Bb 51
77169 Saint-Germain-sous-Doue 77 52 Da 55
50190 Saint-Germains-sur-Sèves 50 46 Yd 53
27320 Saint-Germain-sur-Avre 27 50 Bb 56
50430 Saint-Germain-sur-Ay 50 46 Yc 53
50430 Saint-Germain-sur-Ay-Plage 50 46 Yc 53
80430 Saint-Germain-sur-Bresle 80 38 Be 50
76270 Saint-Germain-sur-Eaulne 76 37 Bd 50
77930 Saint-Germain-sur-École 77 71 Cd 58
35250 Saint-Germain-sur-Ille 35 65 Yc 59
55140 Saint-Germain-sur-Meuse 55 55 Fe 57
49230 Saint-Germain-sur-Moine 49 97 Yf 66
77860 Saint-Germain-sur-Morin 77 52 Cf 55
01240 Saint-Germain-sur-Renon 01 118 Fa 72
72130 Saint-Germain-sur-Sarthe 72 68 Aa 59
37500 Saint-Germain-sur-Vienne 37 99 Aa 65
27500 Saint-Germain-Village 27 36 Ad 52
32400 Saint-Germé 32 162 Zf 86
60850 Saint-Germer-de-Fly 60 38 Be 52
31290 Saint-Germier 31 165 Be 88
32200 Saint-Germier 32 164 Af 86
79340 Saint-Germier 79 111 Zf 70
81210 Saint-Germier 81 166 Cb 86
81220 Saint-Germier 81 165 Bf 87
43360 Saint-Géron 43 128 Db 76
15150 Saint-Gérons 15 139 Cb 79
16700 Saint-Gervais 16 112 Ac 73
30200 Saint Gervais 30 155 Ed 83
33240 Saint-Gervais 33 135 Zd 78
38470 Saint-Gervais 38 131 Fc 77
85230 Saint-Gervais 85 96 Xf 67
87600 Saint-Gervais 87 124 Ae 74
95420 Saint-Gervais 95 50 Be 53
63390 Saint-Gervais-d'Auvergne 63 115 Ce 72
61160 Saint-Gervais-des-Sablons 61 48 Aa 55
72120 Saint-Gervais-de-Vic 72 85 Ae 61
61500 Saint-Gervais-du-Perron 61 68 Aa 57
72220 Saint-Gervais-en-Belin 72 85 Ab 61
71350 Saint-Gervais-en-Vallière 71 106 Ef 67
41350 Saint-Gervais-la-Forêt 41 86 Bc 63
74170 Saint-Gervais-les-Bains 74 121 Ge 73
86230 Saint-Gervais-les-Trois-Clochers 86 99 Ac 67
63880 Saint-Gervais-sous-Meymont 63 120 Dd 74
71490 Saint-Gervais-sur-Couches 71 105 Ed 67
34610 Saint-Gervais-sur-Mare 34 167 Da 87
26160 Saint-Gervais-sur-Roubion 26 142 Ef 81
30320 Saint-Gervasy 30 154 Ec 85
63340 Saint-Gervazy 63 128 Db 76
24400 Saint-Géry 24 136 Ab 79
81800 Saint Géry 81 150 Be 86
46330 Saint-Géry-Vers 46 138 Bd 82
24330 Saint-Geyrac 24 137 Af 78
51510 Saint-Gibrien 51 54 Eb 55
22800 Saint-Gildas 22 64 Wf 58
56730 Saint-Gildas-de-Rhuys 56 80 Xa 63
44530 Saint-Gildas-des-Bois 44 81 Xf 63
17310 Saint-Gilles 17 109 Yd 73
22940 Saint-Gilles 22 64 Xa 58
30800 Saint-Gilles 30 169 Ec 86
35590 Saint-Gilles 35 65 Yb 60
36170 Saint Gilles 36 113 Bc 70
49520 Saint-Gilles 49 83 Yf 62
50180 Saint-Gilles 50 33 Ye 54
51170 Saint-Gilles 51 53 De 53
56560 Saint-Gilles 56 79 Wc 60
71510 Saint-Gilles 71 105 Ed 67
85800 Saint-Gilles-Croix-de-Vie 85 96 Ya 68
76490 Saint-Gilles-de-Crétot 76 36 Ad 51
76430 Saint-Gilles-de-la-Neuville 76 36 Ac 51
61700 Saint-Gilles-des-Marais 61 67 Zb 57
22330 Saint-Gilles-du-Mené 22 64 Xc 59
22290 Saint-Gilles-les-Bois 22 63 Wf 57
87130 Saint-Gilles-les-Forêts 87 126 Be 75
22480 Saint-Gilles-Pligeaux 22 63 Wf 58
22530 Saint-Gilles-Vieux-Marché 22 63 Xa 59
07580 Saint-Gineis-en-Coiron 07 142 Ed 81
13007 Saint Giniez 13 170 Fc 89
73410 Saint-Girod 73 132 Ff 74
09200 Saint-Girons 09 176 Ba 91
64300 Saint-Girons 64 161 Za 87
33920 Saint-Girons-d'Aiguevives 33 135 Zc 78
40560 Saint-Girons-en-Marensin 40 146 Ye 85
40560 Saint-Girons-Plage 40 146 Yd 85
64390 Saint-Gladie-Arrive-Munein 64 161 Za 88
22510 Saint-Glen 22 64 Xc 58
29520 Saint-Goazec 29 62 Wb 60
02410 Saint-Gobain 02 40 Dc 51
02700 Saint Gobain 02 40 Db 51
02140 Saint-Gobert 02 40 De 50
56120 Saint Gobrien 56 81 Xc 61
64400 Saint-Goin 64 161 Zb 89
45500 Saint-Gondon 45 88 Cd 62
35630 Saint-Gondran 35 65 Ya 59
22820 Saint-Gonery 22 63 We 56
35750 Saint-Gonlay 35 65 Xf 60
56920 Saint-Gonnery 56 64 Xb 60
40120 Saint-Gor 40 147 Ze 84
56350 Saint-Gorgon 56 81 Xe 63
88700 Saint-Gorgon 88 77 Gd 59
25520 Saint-Gorgon-Main 25 108 Gb 66
22330 Saint-Gouéno 22 64 Xc 59
41310 Saint-Gourgon 41 86 Ba 63
16700 Saint-Gourson 16 112 Ab 73
23430 Saint-Goussaud 23 113 Bd 72
56400 Saint-Goustan 56 80 Xa 63
56580 Saint-Gouvry 56 64 Xb 60
06450 Saint-Grat 06 159 Hc 84
12200 Saint-Grat 12 151 Bf 83
80260 Saint-Gratien 80 39 Cc 49
95210 Saint Gratien 95 51 Cb 55
58340 Saint-Gratien-Savigny 58 104 De 67
56220 Saint-Gravé 56 81 Xe 62
12150 Saint-Grégoire 12 152 Da 83
35760 Saint-Grégoire 35 65 Yb 60
47500 Saint-Grégoire 47 100 Ad 81
81350 Saint-Grégoire 81 151 Cb 85
17240 Saint-Grégoire-d'Ardennes 17 123 Zd 75
27450 Saint-Grégoire-du-Vièvre 27 49 Ad 53
32110 Saint-Griède 32 162 Zf 86
16230 Saint-Groux 16 111 Aa 73
22530 Saint-Guen 22 64 Xa 59
56000 Saint-Guen 56 80 Xb 62
56600 Saint-Guénaël 56 79 Wd 62
56620 Saint-Guénaël 56 79 Wd 61
22660 Saint-Guénole 22 63 Wd 56
29390 Saint-Guénolé 29 78 Wb 61
29760 Saint-Guénolé 29 78 Vd 62
22170 Saint-Guignan 22 64 Wf 57
22150 Saint-Guihen 22 64 Xb 58
34150 Saint-Guilhem-le-Désert 34 167 Dd 86
38650 Saint-Guillaume 38 143 Fd 79
44160 Saint-Guillaume 44 81 Xf 64
35430 Saint-Guinoux 35 65 Ya 57
32450 Saint-Guiraud 32 163 Ae 87
34725 Saint-Guiraud 34 167 Dc 86
56460 Saint-Guyomard 56 81 Xc 62
43340 Saint-Haon 43 141 De 79
42370 Saint-Haon-le-Châtel 42 117 Df 72
42370 Saint-Haon-le-Vieux 42 117 Df 72
42570 Saint Héand 42 129 Ec 75
22100 Saint-Helen 22 65 Ya 58
21690 Saint-Hélier 21 91 Ee 64
76680 Saint-Hellier 76 37 Bb 50
46000 Saint-Henri 46 137 Bc 81
44800 Saint-Herblain 44 97 Yc 65
44150 Saint-Herblon 44 83 Yf 64
29530 Saint-Herbot 29 62 Wb 59
63340 Saint-Hérent 63 128 Da 76
22970 Saint-Hernin 22 63 Wf 57
29270 Saint-Hernin 29 63 Wc 59
22440 Saint-Hervé 22 64 Xb 57
22460 Saint-Hervé 22 64 Xb 59
56110 Saint-Hervé 56 79 Wc 59
56160 Saint-Hervezen 56 79 We 60
03440 Saint-Hilaire 03 115 Da 70
05260 Saint-Hilaire 05 144 Gb 81
11250 Saint-Hilaire 11 166 Cb 90
12290 Saint-Hilaire 12 152 Cd 83
23240 Saint-Hilaire 23 113 Bd 71
25640 Saint-Hilaire 25 93 Gb 64
31410 Saint-Hilaire 31 164 Bb 88
34530 Saint-Hilaire 34 167 Dd 88
43390 Saint-Hilaire 43 120 Dc 76
46230 Saint-Hilaire 46 150 Bd 83
56930 Saint-Hilaire 56 79 Wf 61
63330 Saint Hilaire 63 115 Cd 72
80620 Saint-Hilaire 80 29 Ca 48
82000 Saint-Hilaire 82 150 Bb 84
91780 Saint-Hilaire 91 70 Ca 58
51400 Saint-Hilaire-au-Temple 51 54 Ec 54
87260 Saint-Hilaire-Bonneval 87 125 Bc 74
62120 Saint-Hilaire-Cottes 62 29 Cc 45
42380 Saint-Hilaire-Cusson-la-Valmitte 42 129 Ea 76
34160 Saint-Hilaire-de-Beauvoir 34 154 Ea 86
38460 Saint-Hilaire-de-Brens 38 131 Fb 74
30560 Saint-Hilaire-de-Brethmas 30 154 Ea 84
61220 Saint-Hilaire-de-Briouze 61 47 Ze 56
44680 Saint-Hilaire-de-Chaléons 44 96 Ya 66
44190 Saint-Hilaire-de-Clisson 44 97 Ye 66
18100 Saint-Hilaire-de-Court 18 102 Ca 65
82390 Saint-Hilaire-de-Durfort 82 149 Ba 83
18320 Saint-Hilaire-de-Gondilly 18 103 Cf 66
38260 Saint-Hilaire-de-la-Côte 38 131 Fb 76
33190 Saint-Hilaire-de-la-Noaille 33 135 Aa 81
48160 Saint-Hilaire-de-Lavit 48 153 Df 83
85600 Saint-Hilaire-de-Loulay 85 97 Ye 66
47450 Saint-Hilaire-de-Lusignan 47 149 Ad 83
49300 Saint-Hilaire-de-Mortagne 49 97 Za 67
85270 Saint-Hilaire-de-Riez 85 96 Ya 68
35140 Saint-Hilaire-des-Landes 35 66 Yd 58
85240 Saint-Hilaire-des-Loges 85 110 Zc 70
24140 Saint-Hilaire-d'Estissac 24 136 Ad 78
17770 Saint-Hilaire-de-Villefranche 17 123 Zc 73
85120 Saint-Hilaire-de-Voust 85 98 Zc 69
30210 Saint-Hilaire-d'Ozilhan 30 155 Ed 85
17500 Saint-Hilaire-du-Bois 17 123 Zd 76
33540 Saint-Hilaire-du-Bois 33 135 Zf 81
49310 Saint-Hilaire-du-Bois 49 98 Zc 66
85410 Saint-Hilaire-du-Bois 85 97 Za 69
50600 Saint-Hilaire-du-Harcouët 50 66 Yf 57
53380 Saint-Hilaire-du-Maine 53 66 Za 59
38840 Saint-Hilaire-du-Rosier 38 143 Fb 78
18160 Saint-Hilaire-en-Lignières 18 102 Cb 68
58120 Saint-Hilaire-en-Morvan 58 104 Df 66
55160 Saint-Hilaire-en-Woëvre 55 55 Fe 54
19550 Saint-Hilaire-Foissac 19 126 Ca 77
58300 Saint-Hilaire-Fontaine 58 104 Dd 68
63440 Saint-Hilaire-la-Croix 63 115 Da 72
85440 Saint-Hilaire-la-Forêt 85 109 Yc 70
61500 Saint-Hilaire-la-Gérard 61 68 Aa 57
41160 Saint-Hilaire-la-Gravelle 41 86 Bb 61
79210 Saint-Hilaire-la-Palud 79 110 Zb 71
23150 Saint-Hilaire-la-Plaine 23 114 Bf 72
87190 Saint-Hilaire-la-Treille 87 113 Bb 71
23250 Saint-Hilaire-le-Château 23 114 Bf 73
61400 Saint-Hilaire-le-Châtel 61 68 Ad 57
51600 Saint-Hilaire-le-Grand 51 54 Ec 53
72160 Saint-Hilaire-le-Lierru 72 68 Ad 60
51490 Saint-Hilaire-le-Petit 51 54 Ec 53
45320 Saint-Hilaire-les-Andrésis 45 72 Da 60
19170 Saint-Hilaire-les-Courbes 19 126 Be 76
63380 Saint-Hilaire-les-Monges 63 127 Cd 74
87800 Saint-Hilaire-les-Places 87 125 Ba 75
85480 Saint-Hilaire-le-Vouhis 85 97 Yf 68
59292 Saint-Hilaire-lez-Cambrai 59 30 Dc 47
19160 Saint-Hilaire-Luc 19 126 Cb 76
50500 Saint-Hilaire-Petitville 50 46 Ye 53
19560 Saint-Hilaire-Peyroux 19 126 Bd 77
49400 Saint-Hilaire-Saint-Florent 49 84 Zf 65
45160 Saint-Hilaire-Saint-Mesmin 45 87 Be 61
42190 Saint-Hilaire-sous-Charlieu 42 117 Eb 72
10100 Saint-Hilaire-sous-Romilly 10 73 Dd 57
36370 Saint-Hilaire-sur-Benaize 36 113 Ba 69
61340 Saint-Hilaire-sur-Erre 61 69 Ae 59
59440 Saint-Hilaire-sur-Helpe 59 31 Df 48
45700 Saint-Hilaire-sur-Puiseaux 45 88 Ce 61
61270 Saint-Hilaire-sur-Risle 61 49 Ac 56
28220 Saint-Hilaire-sur-Yerre 28 69 Bb 60
19400 Saint-Hilaire-Taurieux 19 138 Bf 78
78125 Saint-Hilarion 78 50 Be 57
77160 Saint-Hilliers 77 52 Db 57
12140 Saint-Hippolyte 12 139 Cd 80
13280 Saint-Hippolyte 13 169 Ee 87
15400 Saint-Hippolyte 15 127 Ce 77
17430 Saint-Hippolyte 17 110 Za 73
25190 Saint-Hippolyte 25 94 Ge 65
37600 Saint-Hippolyte 37 100 Ba 66
63140 Saint-Hippolyte 63 115 Da 73
66510 Saint-Hippolyte 66 179 Cf 92
71460 Saint-Hippolyte 71 118 Ed 69
30360 Saint-Hippolyte-de-Caton 30 154 Eb 84
30700 Saint-Hippolyte-de-Montaigue 30 154 Ec 84
30170 Saint-Hippolyte-du-Fort 30 153 Df 85
84330 Saint Hippolyte-le-Gravoron 84 155 Fa 84
38350 Saint-Honoré 38 144 Fe 79
76590 Saint-Honoré 76 37 Ba 50
83250 Saint-Honoré 83 172 Gb 90
58360 Saint-Honoré-les-Bains 58 104 Df 67
43260 Saint-Hostien 43 141 Ea 78
22390 Saint-Houameau 22 63 We 58
56100 Saint-Houarno 56 79 Wc 60
57640 Saint-Hubert 57 56 Gc 53
72360 Saint-Hubert 72 85 Ac 62
84390 Saint-Hubert 84 156 Fb 84
78690 Saint-Hubert-le-Roi 78 50 Bf 56
82240 Saint-Hugues 82 150 Bd 83
71460 Saint-Huruge 71 105 Ed 69
14130 Saint-Hymer 14 35 Ab 53
39240 Saint Hymetière 39 119 Fd 70
68590 Saint-Hippolyte 68 60 Hc 59
22570 Saint-Igeaux 22 63 Wf 59
12260 Saint-Igest 12 151 Ca 82
31800 Saint-Ignan 31 163 Ae 90
63720 Saint-Ignat 63 116 Db 73
82330 Saint-Igne 82 151 Bf 83
22270 Saint-Igneuc 22 64 Xd 58
18800 Saint-Igny 18 103 Ce 66
71170 Saint-Igny-de-Roche 71 117 Eb 71
69790 Saint-Igny-de-Vers 69D 117 Ec 71
22360 Saint-Illan 22 64 Xb 57
15310 Saint-Illide 15 139 Cb 78
78980 Saint-Illiers-la-Ville 78 50 Bd 55
78980 Saint-Illiers-le-Bois 78 50 Bd 55
51160 Saint-Imoges 51 53 Df 54
60410 Saintines 60 52 Ce 53
62250 Saint-Inglevert 62 26 Be 43
33990 Saint Isidore 33 122 Yf 77
53940 Saint-Isle 53 66 Za 60
38330 Saint-Ismier 38 132 Fe 77
12480 Saint-Izaire 12 152 Ce 85
04330 Saint-Jacques 04 157 Gc 85
22290 Saint-Jacques 22 63 Wf 56
22400 Saint-Jacques 22 64 Xc 57
29380 Saint-Jacques 29 79 Wb 61
76510 Saint-Jacques-d'Aliermont 76 37 Bb 49
63230 Saint-Jacques-d'Ambur 63 115 Ce 73
35136 Saint-Jacques-de-la-Landes 35 65 Yb 60
50390 Saint-Jacques-de-Néhou 50 33 Yc 52
69860 Saint-Jacques-des-Arrêts 69D 118 Ed 71
15800 Saint-Jacques-des-Blats 15 139 Ce 78
41800 Saint-Jacques-des-Guérets 41 85 Ae 62
79100 Saint-Jacques-de-Thouars 79 99 Ze 67
05800 Saint-Jacques-en-Valgodemard 05 144 Ga 80
76160 Saint-Jacques-sur-Darnetal 76 37 Bb 52
22750 Saint-Jacut-de-la-Mer 22 65 Xe 57
22330 Saint-Jacut-du-Mené 22 64 Xd 59
56220 Saint-Jacut-les-Pins 56 81 Xe 62
22300 Saint-Jaguel 22 65 Xe 57
19700 Saint-Jal 19 126 Bd 76
36190 Saint-Jallet 36 113 Bd 70
22100 Saint-James 22 65 Xf 58
50240 Saint-James 50 66 Ye 57
64160 Saint-Jammes 64 162 Ze 88
59270 Saint-Jans-Cappel 59 30 Ce 44
06210 Saint Jean 06 172 Gf 87
06420 Saint Jean 06 159 Hb 85
06550 Saint-Jean 06 173 Gf 87
12170 Saint-Jean 12 151 Cc 84
12400 Saint-Jean 12 152 Ce 85
13150 Saint Jean 13 169 Ee 86
20251 Saint Jean CTC 183 Kb 95
22200 Saint-Jean 22 63 We 57
22940 Saint-Jean 22 63 Wd 59
22860 Saint-Jean 22 63 Wf 56
27260 Saint-Jean 27 48 Ac 53
29390 Saint-Jean 29 78 Wb 60
29390 Saint-Jean 29 79 Wb 60
31240 Saint-Jean 31 164 Bd 87
34290 Saint-Jean 34 167 Db 88
46700 Saint-Jean 46 137 Ba 82
47200 Saint-Jean 47 136 Aa 82
54470 Saint-Jean 54 56 Ff 55
56230 Saint-Jean 56 81 Xd 63
56440 Saint-Jean 56 80 Wf 61
84390 Saint-Jean 84 156 Fc 84
53270 Saint Jean, Blandouet- 53 67 Zd 60
58270 Saint-Jean-aux-Amognes 58 103 Dc 66
08220 Saint-Jean-aux-Bois 08 41 Eb 50
60350 Saint-Jean-aux-Bois 60 52 Cf 52
29860 Saint-Jean-Balanant 29 62 Vd 57
42650 Saint-Jean-Bonnefonds 42 130 Ec 76
56660 Saint-Jean-Brévelay 56 80 Xb 61
06230 Saint-Jean-Cap-Ferrat 06 173 Hb 86
07240 Saint-Jean-Chambre 07 142 Ed 79
76430 Saint-Jean-d'Abbetot 76 36 Ac 51
12250 Saint-Jean-d'Alcapiès 12 152 Cf 85
12250 Saint-Jean-d'Alcas 12 152 Da 85
17400 Saint-Jean-d'Angély 17 110 Zc 73
17620 Saint-Jean-d'Angle 17 122 Za 74
69220 Saint-Jean-d'Ardières 69D 118 Ee 72
73530 Saint-Jean-d'Arves 73 132 Gb 77
73230 Saint-Jean-d'Arvey 73 132 Ff 75
72380 Saint-Jean-d'Assé 72 68 Aa 60
43500 Saint-Jean-d'Aubrigoux 43 129 De 76
74430 Saint-Jean-d'Aulps 74 121 Gd 71
38480 Saint-Jean-d'Avelanne 38 131 Fe 75
11360 Saint-Jean-de-Barrou 11 179 Cf 91
57930 Saint-Jean-de-Bassel 57 57 Gf 56
73440 Saint-Jean-de-Belleville 73 133 Gc 76
85210 Saint-Jean-de-Beugné 85 110 Yf 69
33420 Saint-Jean-de-Blaignac 33 135 Zf 80
44640 Saint-Jean-de-Boiseau 44 96 Yb 65
10320 Saint-Jean-de-Bonneval 10 73 Ea 60
21410 Saint-Jean-de-Bouf 21 105 Ee 65
38440 Saint-Jean-de-Bournay 38 131 Fa 75
45800 Saint-Jean-de-Braye 45 87 Bf 61
34380 Saint-Jean-de-Buèges 34 153 Dd 86
82500 Saint-Jean-de-Cauquessac 82 149 Ba 85
30360 Saint-Jean-de-Ceyrargues 30 154 Eb 84
73170 Saint-Jean-de-Chevelu 73 132 Fe 74
24800 Saint-Jean-de-Côle 24 125 Af 76
82400 Saint Jean-de-Cornac 82 149 Ba 84
34160 Saint-Jean-de-Cornies 34 168 Ea 86
73160 Saint-Jean-de-Couz 73 132 Fe 76
30610 Saint-Jean-de-Crieulon 30 154 Df 85
34270 Saint-Jean-de-Cuculles 34 153 Df 86
50620 Saint-Jean-de-Daye 50 46 Yf 53
47120 Saint-Jean-de-Duras 47 136 Ab 80
76170 Saint-Jean-de-Folleville 76 36 Ad 51
34150 Saint-Jean-de-Fos 34 167 Dd 86
27150 Saint-Jean-de-Frenelles 27 50 Bc 53
01630 Saint-Jean-de-Gonville 01 120 Ff 71
81250 Saint-Jean-de-Jeannes 81 151 Cc 86
34700 Saint-Jean-de-la-Blaquière 34 167 Dc 86
49130 Saint-Jean-de-la-Croix 49 83 Zc 64
61340 Saint-Jean-de-la-Forêt 61 68 Ad 58
50300 Saint-Jean-de-la-Haize 50 46 Yd 56
72510 Saint-Jean-de-la-Motte 72 84 Aa 62
76210 Saint-Jean-de-la-Neuville 76 36 Ac 51
73250 Saint-Jean-de-la-Porte 73 132 Ga 75
50270 Saint-Jean-de-la-Rivière 50 46 Yb 52
45140 Saint-Jean-de-la-Ruelle 45 87 Bf 61
46260 Saint-Jean-de-Laur 46 151 Bf 82
40380 Saint-Jean-de-Lier 40 146 Za 86
49070 Saint-Jean-de-Linières 49 83 Zc 64
17170 Saint-Jean-de-Liversay 17 110 Za 71
14100 Saint-Jean-de-Livet 14 48 Ab 54
50810 Saint-Jean-d'Elle 50 47 Yf 54
12170 Saint-Jean-Delnous 12 152 Cc 84
21170 Saint-Jean-de-Losne 21 106 Fb 66
64500 Saint-Jean-de-Luz 64 160 Yc 88
81350 Saint-Jean-de-Marcel 81 151 Cb 84
40230 Saint-Jean-de-Marsacq 40 160 Ye 87
30430 Saint-Jean-de-Maruéjols-et-Avéjan 30 154 Eb 83
73300 Saint-Jean-de-Maurienne 73 132 Gc 77
82240 Saint-Jean-de-Mazérac 82 150 Bd 83
34360 Saint-Jean-de-Minervois 34 166 Cf 88
38430 Saint-Jean-de-Moirans 38 131 Fd 76
85160 Saint-Jean-de-Monts 85 96 Xf 68
27180 Saint-Jean-de-Morsent 27 49 Ba 54
07300 Saint-Jean-de-Muzols 07 142 Ee 78
43320 Saint-Jean-de-Nay 43 141 De 78
01800 Saint-Jean-de-Niost 01 131 Fb 73
11260 Saint-Jean-de-Paracol 11 178 Ca 91
82220 Saint-Jean-de-Perges 82 150 Bb 83
28170 Saint-Jean-de-Rebervilliers 28 69 Bb 57
81500 Saint-Jean-de-Rives 81 165 Be 86
86330 Saint-Jean-de-Sauves 86 99 Aa 67
50680 Saint-Jean-de-Savigny 50 34 Za 53
50810 Saint-Jean-des-Balsants 50 47 Za 54
61800 Saint-Jean-des-Bois 61 47 Zb 56
50320 Saint-Jean-des-Champs 50 46 Yd 56
72320 Saint-Jean-des-Echelles 72 69 Ae 60
81630 Saint-Jean-de-Senespe 81 150 Bd 85
30350 Saint-Jean-de-Serres 30 154 Ea 85
14350 Saint-Jean-des-Essartiers 14 47 Za 54
74450 Saint-Jean-de-Sixt 74 120 Gc 73
49370 Saint-Jean-des-Marais 49 83 Zb 63
49320 Saint-Jean-des-Mauvrets 49 83 Zd 64
28240 Saint-Jean-des-Murgers 28 69 Af 58
63520 Saint-Jean-des-Ollières 63 128 Dc 75
24140 Saint-Jean-d'Estissac 24 136 Ad 78
69380 Saint-Jean-des-Vignes 69D 130 Ed 73
74250 Saint Jean-de-Tholome 74 120 Gc 72
47270 Saint-Jean-de-Thurac 47 149 Ae 84
01390 Saint-Jean-de-Thurigneux 01 118 Ef 73
69700 Saint-Jean-de-Touslas 69M 130 Ed 75
39160 Saint-Jean-d'Etreux 39 119 Fc 70
71490 Saint-Jean-de-Trézy 71 105 Ed 67
30960 Saint-Jean-de-Valériscle 30 154 Ea 83
81210 Saint-Jean-de-Vals 81 166 Cb 86
51330 Saint-Jean-devant-Possesse 51 54 Ee 55
38220 Saint-Jean-de-Vaulx 38 144 Fe 78
34430 Saint-Jean-de-Védas 34 168 De 87
09000 Saint-Jean-de-Verges 09 177 Bd 90
24140 Saint Jean-d'Eyraud 24 136 Ac 79
38710 Saint-Jean-d'Herans 38 144 Fe 79
63190 Saint-Jean-d'Heurs 63 128 Dc 74
33127 Saint-Jean-d'Illac 33 134 Zb 80
88210 Saint-Jean-d'Ormont 88 77 Gf 59
72430 Saint-Jean-du-Bois 72 84 Zf 61
82120 Saint-Jean-du-Bouzet 82 149 Af 85
12230 Saint-Jean-du-Bruel 12 153 Dc 84
76150 Saint-Jean-du-Cardonnay 76 37 Ba 51
09800 Saint-Jean-du-Castillonnais 09 176 Af 91
50140 Saint-Jean-du-Corail 50 66 Za 57
50370 Saint-Jean-du-Corail-des-Bois 50 46 Ye 56
04320 Saint-Jean-du-Désert 04 158 Ge 85
29630 Saint-Jean-du-Doigt 29 62 Wb 56
09100 Saint-Jean-du-Falga 09 165 Bd 90
30270 Saint-Jean-du-Gard 30 154 Df 84
88600 Saint-Jean-du-Marché 88 77 Ge 60
30140 Saint-Jean-du-Pin 30 154 Ea 84
27270 Saint-Jean-du-Thenney 27 48 Ac 54

81600 Saint-Jean-du-Vigan 81 151 Bf 86
26190 Saint-Jean-en-Royans 26 143 Fb 78
63490 Saint-Jean-en-Val 63 128 Dc 75
41160 Saint-Jean-Froidmentel 41 69 Bb 61
22170 Saint-Jean-Kerdaniel 22 64 Wf 57
57370 Saint-Jean-Kourtzerode 57 57 Hb 56
69550 Saint-Jean-la-Bussière 69D 117 Eb 73
43510 Saint-Jean-Lachalm 43 141 De 79
48170 Saint-Jean-la-Fouillouse 48 141 De 80
46400 Saint-Jean-Lagineste 46 138 Bf 80
56350 Saint-Jean-la-Poterie 56 81 Xf 63
06450 Saint-Jean-la-Rivière 06 159 Hb 85
66300 Saint-Jean-Lasseille 66 179 Cf 93
42440 Saint-Jean-la-Vêtre 42 129 De 74
14770 Saint-Jean-le-Blanc 14 47 Zc 55
45650 Saint-Jean-le-Blanc 45 87 Bf 61
07580 Saint-Jean-le-Centenier 07 142 Ed 81
32550 Saint-Jean-le-Comtal 32 163 Ad 87
12410 Saint-Jean-le-Froid 12 152 Ce 84
71000 Saint-Jean-le-Priche 71 118 Ef 70
55400 Saint-Jean-lès-Buzy 55 55 Fe 53
77660 Saint-Jean-les-Deux-Jumeaux 77 52 Cf 55
46400 Saint-Jean-Lespinasse 46 138 Bf 79
50530 Saint-Jean-le-Thomas 50 46 Yc 56
01640 Saint-Jean-le-Vieux 01 119 Fc 72
38420 Saint-Jean-le-Vieux 38 132 Ff 77
64220 Saint-Jean-le-Vieux 64 160 Ye 90
87260 Saint-Jean-Ligoure 87 125 Bb 74
46270 Saint-Jean-Mirabel 46 138 Ca 81
04270 Saint Jeannet 04 157 Ga 85
06640 Saint Jeannet 06 173 Ha 86
64220 Saint-Jean-Pied-de-Port 64 160 Ye 89
28400 Saint-Jean-Pierre-Fixte 28 69 Ae 59
66490 Saint-Jean-Pla-de-Corts 66 179 Ce 93
64330 Saint-Jean-Poudge 64 162 Ze 87
32190 Saint-Jean-Poutge 32 163 Ac 86
57510 Saint-Jean-Rohrbach 57 57 Gf 54
07160 Saint-Jean-Roure 07 142 Ec 79
37600 Saint-Jean-Saint-Germain 37 100 Ba 66
42155 SaintJean-Saint-Maurice-sur-Loire 42 117 Ea 73
05260 Saint-Jean-Saint Nicolas 05 144 Gb 80
67700 Saint-Jean-Saverne 67 58 Hc 56
42560 Saint-Jean-Soleymieux 42 129 Ea 75
35140 Saint-Jean-sur-Couesnon 35 66 Yd 59
53270 Saint-Jean-sur-Erve 53 67 Zd 60
53240 Saint-Jean-sur-Mayenne 53 67 Zb 60
51240 Saint-Jean-sur-Moivre 51 54 Ed 55
01560 Saint-Jean-sur-Reyssouze 01 118 Fa 70
51600 Saint-Jean-sur-Tourbe 51 54 Ee 54
01290 Saint-Jean-sur-Veyle 01 118 Ef 71
35220 Saint-Jean-sur-Vilaine 35 66 Yd 60
29120 Saint-Jean-Trolimon 29 78 Ve 61
18370 Saint-Jeanvrin 18 102 Cb 69
74490 Saint-Jeoire 74 120 Gc 72
73190 Saint-Jeoire-Prieuré 73 132 Ff 75
01640 Saint-Jérôme 01 119 Fc 72
81140 Saint-Jérome 81 150 Be 85
07320 Saint-Jeure-d'Andaure 07 142 Ec 78
07290 Saint-Jeure-d'Ay 07 142 Ee 78
43200 Saint-Jeures 43 141 Eb 78
63160 Saint-Jilien-de-Coppel 63 128 Db 74
44720 Saint-Joachim 44 81 Xe 64
42590 Saint-Jodard 42 129 Ea 73
55200 Saint-Joire 55 75 Fc 57
50250 Saint-Jores 50 46 Yd 53
74410 Saint-Jorioz 74 132 Ga 74
31790 Saint-Jory 31 164 Bc 86
24800 Saint-Jory-de-Chalais 24 125 Af 76
24160 Saint-Jory-las-Bloux 24 125 Af 76
13015 Saint-Joseph 13 170 Fc 88
22330 Saint-Joseph 22 64 Xd 59
29830 Saint-Joseph 29 78 Ve 61
44300 Saint-Joseph 44 82 Yc 65
50700 Saint-Joseph 50 33 Yc 51
86390 Saint-Joseph 86 113 Ba 70
38134 Saint-Joseph-de-Rivière 38 131 Fe 76
07530 Saint-Joseph-des-Barics 07 142 Ec 80
69910 Saint-Joseph-en-Beaujolais 69D 118 Ed 71
42800 Saint Josepll 42 130 Ed 75
62170 Saint-Josse 62 28 Bd 46
35260 Saint-Jouan 35 65 Ya 56
22350 Saint-Jouan-de-L'Isle 22 65 Xf 59
35430 Saint-Jouan-des-Guérets 35 65 Ya 57
14430 Saint-Jouin 14 35 Zf 53
76280 Saint-Jouin-Bruneval 76 36 Aa 51
61360 Saint-Jouin-de-Blavou 61 68 Ac 58
79600 Saint-Jouin-de-Marnes 79 99 Zf 67
79380 Saint-Jouin-de-Milly 79 98 Zc 68
87510 Saint-Jouvent 87 113 Bb 73
25360 Saint-Juan 25 93 Gc 65
22630 Saint-Judoce 22 65 Ya 58
12460 Saint-Juéry 12 139 Ce 80
12550 Saint-Juéry 12 152 Ce 85
48310 Saint-Juéry 48 140 Da 80
81990 Saint-Juéry 81 151 Cb 85
85210 Saint-Juire-Champgillon 85 97 Yf 69
31540 Saint-Julia 31 165 Bf 88
11500 Saint-Julia-de-Bec 11 170 Cb 91
11200 Saint-Julien 11 167 Cf 90
12170 Saint-Julien 12 151 Cd 84
12290 Saint-Julien 12 152 Ce 83
12340 Saint-Julien 12 139 Cd 81
13012 Saint-Julien 13 170 Fc 89
21490 Saint-Julien 21 92 Fa 64
22210 Saint-Julien 22 64 Xc 59
22940 Saint-Julien 22 64 Xb 58
25210 Saint-Julien 25 108 Ge 65
26530 Saint-Julien 26 131 Fa 77
30340 Saint-Julien 30 154 Ea 83
31220 Saint-Julien 31 164 Ba 89
31550 Saint-Julien 31 164 Bc 89
39320 Saint-Julien 39 119 Fc 70
47700 Saint-Julien 47 148 Ab 83
51460 Saint-Julien 51 54 Ed 55
63320 Saint-Julien 63 128 Da 75
69640 Saint-Julien 69D 118 Ed 72
70120 Saint-Julien 70 92 Fe 62
81350 Saint Julien 81 151 Cb 84
82200 Saint-Julien 82 149 Ba 84
83560 Saint-Julien 83 171 Ff 86
88410 Saint-Julien 88 76 Ff 60
19110 Saint-Julien, Sarroux- 19 127 Cc 76
19220 Saint-Julien-aux-Bois 19 138 Ca 78
33250 Saint-Julien-Beychevelle 33 122 Zb 78
07310 Saint-Julien-Boutières 07 142 Ec 79
43260 Saint-Julien-Chapteuil 43 141 Ea 78
43500 Saint-Julien-d'Ance 43 129 Df 77
40240 Saint-Julien-d'Armagnac 40 147 Zf 85
48400 Saint-Julien-d'Arpaon 48 153 De 83
04270 Saint-Julien-d'Asse 04 157 Ga 85
24310 Saint-Julien-de-Bourdeilles 24 124 Ad 76
11270 Saint-Julien-de-Briola 11 165 Bf 90
30500 Saint-Julien-de-Cassagnes 30 154 Eb 83
41400 Saint-Julien-de-Chédon 41 86 Bb 65
71800 Saint-Julien-de-Civry 71 117 Eb 70
44450 Saint-Julien-de-Concelles 44 97 Yd 65
24140 Saint-Julien-de-Crempse 24 136 Ad 79
09500 Saint-Julien-de-Gras-Capou 09 177 Bf 90
71110 Saint-Julien-de-Jonzy 71 117 Ea 71
15590 Saint-Julien-de-Jordanne 15 139 Cd 78
27600 Saint-Julien-de-la-Liegue 27 50 Bb 54
24370 Saint-Julien-de-Lampon 24 137 Bc 79
30440 Saint-Julien-de-la-Nef 30 153 De 85
17400 Saint-Julien-de-l'Escap 17 110 Zd 73
38122 Saint-Julien-de-L'Herms 38 131 Fa 76
14290 Saint-Julien-de-Mailloc 14 48 Ab 54
12320 Saint-Julien-de-Malnon 12 139 Cc 81
34210 Saint-Julien-de-Molières 34 166 Cd 88
30760 Saint-Julien-de-Peyrolas 30 155 Ed 83
12300 Saint-Julien-de-Piganiol 12 139 Cb 81
38134 Saint-Julien-de-Raz 38 131 Fd 76
43300 Saint-Julien-des-Chazes 43 141 Dd 78
53140 Saint-Julien-des-Eglantiers 53 67 Ze 58
85150 Saint-Julien-des-Landes 85 96 Yb 69
48160 Saint-Julien-des-Points 48 154 Df 83
47510 Saint-Julien-de-Terre-Fosse 47 149 Ad 83
15600 Saint-Julien-de-Toursac 15 139 Cb 80
44670 Saint-Julien-de-Vouvantes 44 82 Ye 63
24500 Saint-Julien-d'Eymet 24 136 Ac 80
42260 Saint-Julien-d'Oddes 42 129 Df 73
07190 Saint-Julien-du-Gua 07 142 Ec 80
43200 Saint-Julien-du-Pinet 43 141 Ea 78
81440 Saint-Julien-du-Puy 81 151 Ca 86
89330 Saint-Julien-du-Sault 89 72 Db 60
07200 Saint-Julien-du Serre 07 142 Ec 81
53110 Saint-Julien-du-Terroux 53 67 Zd 58
48190 Saint-Julien-du-Tournel 48 141 De 82
04170 Saint-Julien-du-Verdon 04 158 Gd 85
05140 Saint-Julien-en-Beauchêne 05 144 Fe 81
40170 Saint-Julien-en-Born 40 146 Ye 84
05500 Saint-Julien-en-Champsaur 05 144 Ga 81
74160 Saint-Julien-en-Genevois 74 120 Ga 72
26150 Saint-Julien-en-Quint 26 143 Fb 79
07000 Saint-Julien-en-Saint-Alban 07 142 Ee 80
26420 Saint-Julien-en-Vercors 26 143 Fc 78
81340 Saint-Julien-Gaulène 81 151 Cb 85
07160 Saint-Julien-Labrousse 07 142 Ed 79
63390 Saint-Julien-la-Geneste 63 115 Ce 72
23110 Saint-Julien-la-Genête 23 115 Cc 72
86800 Saint-Julien-L'Ars 86 112 Ad 69
42440 Saint-Julien-la-Vêtre 42 129 De 74
23130 Saint-Julien-le-Châtel 23 114 Cb 72
14140 Saint-Julien-le-Faucon 14 48 Aa 54
72240 Saint-Julien-le-Pauvre 72 68 Zf 60
19430 Saint-Julien-le-Pèlerin 19 138 Ca 78
87460 Saint-Julien-le-Petit 87 126 Be 74
07240 Saint-Julien-le-Roux 07 142 Ee 79
54470 Saint Julien-lès-Gorze 54 56 Ff 54
57000 Saint-Julien-lès-Metz 57 56 Gb 54
25550 Saint-Julien-lès-Montbéliard 25 94 Ge 63
30340 Saint-Julien-les-Rosiers 30 154 Ea 83
10800 Saint-Julien-les-Villas 10 73 Ea 59
10210 Saint-Julien-le-Vendômois 19 125 Bb 76
19500 Saint-Julien-Maumont 19 138 Be 78
43220 Saint-Julien-Molhesabate 43 130 Ec 77
42220 Saint-Julien-Molins-Molette 42 130 Ed 77
73870 Saint-Julien-Mont-Denis 73 132 Gc 77
63820 Saint-Julien-Puy-Larèze 63 127 Ce 75
55200 Saint-Julien-sous-les-Côtes 55 55 Fd 56
69690 Saint-Julien-sur-Bibost 69M 130 Ed 74
14130 Saint-Julien-sur-Calonne 14 48 Ab 53
41320 Saint-Julien-sur-Cher 41 87 Be 65
71210 Saint-Julien-sur-Dheune 71 105 Ed 68
01560 Saint-Julien-sur-Reyssouze 01 118 Fa 70
61170 Saint-Julien-sur-Sarthe 61 68 Ac 58
01540 Saint-Julien-sur Veyle 01 118 Ef 71
07690 Saint-Julien-Vocance 07 142 Ed 77
87200 Saint-Junien 87 112 Af 73
87300 Saint-Junien-les-Combes 87 113 Ba 72
23400 Saint-Junier-la-Bregère 23 126 Be 73
57420 Saint-Jure 57 56 Gb 55
04410 Saint Jurs 04 157 Gb 85
01250 Saint-Just 01 119 Fb 71
07700 Saint-Just 07 155 Ed 83
13014 Saint-Just 13 170 Fc 89
15320 Saint-Just 15 140 Db 79
18340 Saint-Just 18 102 Cd 67
24320 Saint-Just 24 124 Ad 76
27950 Saint-Just 27 50 Bc 54
34400 Saint-Just 34 168 Ea 87
35550 Saint-Just 35 81 Ya 62
63600 Saint-Just 63 129 De 76
38540 Saint-Just-Chaleyssin 38 130 Ef 75
69870 Saint-Just-d'Avray 69D 117 Ec 72
38680 Saint-Just-de-Claix 38 143 Fb 78
42990 Saint-Just-en-Bas 42 129 Df 74
60130 Saint-Just-en-Chaussée 60 39 Cc 51
42430 Saint-Just-en-Chevalet 42 117 Df 73
42740 Saint-Just-en-Doizieux 42 130 Ed 76
11500 Saint-Just-et-le-Bézu 11 178 Cb 91
30580 Saint-Just-et-Vacquières 30 154 Eb 84
64120 Saint-Just-Ibarre 64 161 Yf 89
32230 Saint-Justin 32 162 Aa 88
40240 Saint-Justin 40 147 Ze 85
42540 Saint-Just-la-Pendue 42 117 Eb 73
87590 Saint-Just-le-Martel 87 125 Bc 73
17320 Saint-Just-Luzac 17 122 Yf 74
43240 Saint-Just-Malmont 43 129 Eb 76
43100 Saint-Just-près-Brioude 43 128 Dc 77
42170 Saint-Just-Saint-Rambert 42 129 Eb 76
51260 Saint-Just-Sauvage 51 73 De 57
42170 Saint-Just-sur-Loire 42 129 Eb 75
22630 Saint-Juvat 22 65 Xf 58
08250 Saint-Juvin 08 42 Ef 53
36500 Saint-Lactencin 36 101 Bc 67
69220 Saint-Lager 69D 118 Ee 72
07210 Saint-Lager-Bressac 07 142 Ee 80
39230 Saint-Lamain 39 107 Fd 68
14570 Saint-Lambert 14 47 Zc 55
78470 Saint-Lambert 78 51 Ca 56
49750 Saint-Lambert-du-Lattay 49 83 Zc 65
08130 Saint-Lambert-et-Mont-de-Jeux 08 42 Ed 52
49070 Saint-Lambert-la-Potherie 49 83 Zb 64
61160 Saint-Lambert-sur-Dive 61 48 Aa 56
61400 Saint-Langis-lès-Mortagne 61 68 Ad 57
65700 Saint-Lanne 65 162 Zf 87
86200 Saint-Laon 86 99 Zf 67
09800 Saint-Lary 09 176 Af 91
32360 Saint-Lary 32 163 Ad 86
31350 Saint-Lary-Boujean 31 163 Ae 89
65170 Saint-Lary-Soulan 65 175 Ab 92
38840 Saint-Lattier 38 143 Fb 78
22230 Saint-Launeuc 22 64 Xd 59
63350 Saint-Laure 63 116 Db 73
05130 Saint-Laurent 05 144 Ff 82
08090 Saint-Laurent 08 42 Ee 50
11320 Saint-Laurent 11 165 Be 88
18330 Saint-Laurent 18 102 Cb 65
19130 Saint-Laurent 19 125 Bc 77
22140 Saint-Laurent 22 63 We 57
22150 Saint-Laurent 22 64 Xb 58
22240 Saint-Laurent 22 64 Xd 57
22580 Saint-Laurent 22 64 Xa 56
23000 Saint-Laurent 23 114 Bf 71
28240 Saint-Laurent 28 69 Ba 58
31230 Saint-Laurent 31 163 Ae 89
33790 Saint-Laurent 33 136 Aa 80
40250 Saint-Laurent 40 161 Zb 86
42340 Saint-Laurent 42 129 Eb 75
47130 Saint-Laurent 47 148 Ac 83
56400 Saint-Laurent 56 79 Wf 63
56800 Saint-Laurent 56 81 Xd 61
58150 Saint-Laurent 58 89 Cf 64
59114 Saint-Laurent 59 30 Cd 43
74800 Saint-Laurent 74 120 Gc 72
81310 Saint-Laurent 81 151 Bf 86
82200 Saint-Laurent 82 149 Ba 84
82270 Saint-Laurent 82 150 Bc 83
88000 Saint-Laurent 88 76 Gc 60
89500 Saint-Laurent 89 72 Db 60
62223 Saint-Laurent-Blagny 62 30 Ce 47
64160 Saint-Laurent-Bretagne 64 162 Ze 88
43100 Saint-Laurent-Chabreuges 43 128 Dc 77
69440 Saint-Laurent-d'Agny 69M 130 Ee 75
30220 Saint-Laurent-d'Aigouze 30 169 Eb 87
71210 Saint-Laurent-d'Andenay 71 105 Ed 68
33240 Saint Laurent-d'Arce 33 135 Zd 78
61500 Saint-Laurent-de-Beauménil 61 68 Aa 57
16190 Saint-Laurent-de-Belzagot 16 124 Aa 76
76700 Saint-Laurent-de-Brévedent 76 36 Ab 51
30200 Saint-Laurent-de-Carnols 30 155 Ed 83
66260 Saint-Laurent-de-Cerdans 66 179 Cd 94
16450 Saint-Laurent-de-Céris 16 112 Ac 73
69930 Saint-Laurent-de-Chamousset 69M 130 Ec 74
16100 Saint Laurent-de-Charente 16 123 Zd 74
14220 Saint-Laurent-de-Condel 14 47 Zd 54
50670 Saint-Laurent-de-Cuves 50 46 Yf 56
40390 Saint-Laurent-de-Gosse 40 160 Ye 87
86410 Saint-Laurent-de-Jourdes 86 112 Ad 70
17380 Saint-Laurent-de-la-Barrière 17 110 Zb 72
11220 Saint-Laurent-de-la-Cabrerisse 11 166 Ce 90
73440 Saint-Laurent-de-la-Côte 73 133 Gc 76
22190 Saint-Laurent-de-la-Mer 22 64 Xb 57
49290 Saint-Laurent-de-la-Plaine 49 83 Zb 65
17450 Saint-Laurent-de-la-Prée 17 110 Yf 73
66250 Saint-Laurent-de-la-Salanque 66 179 Cf 92
85410 Saint-Laurent-de-la-Salle 85 110 Za 69
12620 Saint-Laurent-de-Lévézou 12 152 Cf 83
37330 Saint-Laurent-de-Lin 37 85 Ab 63
82800 Saint-Laurent-de-Maynet 82 150 Bd 84
69720 Saint Laurent-de-Mure 69M 130 Fa 74
48100 Saint-Laurent-de-Muret 48 140 Db 81
65150 Saint-Laurent-de-Neste 65 163 Ac 90
30126 Saint-Laurent-des-Arbres 30 155 Ee 84
49270 Saint-Laurent-des-Autels 49 82 Ye 65
24510 Saint-Laurent-des-Bâtons 24 136 Ae 79
27220 Saint-Laurent-des-Bois 27 50 Bb 55
41240 Saint-Laurent-des-Bois 41 86 Bc 61
16480 Saint-Laurent-des-Combes 16 123 Aa 76
33330 Saint Laurent-des-Combes 33 135 Zf 79
27270 Saint-Laurent-des-Grès 27 48 Ac 55
24400 Saint-Laurent-des-Hommes 24 136 Ab 78
53290 Saint-Laurent-des-Mortiers 53 83 Zc 62
24100 Saint-Laurent-des-Vignes 24 136 Ac 80
50240 Saint-Laurent-de-Terregatte 50 66 Ye 57
48400 Saint-Laurent-de-Trèves 48 153 Dd 83
69670 Saint-Laurent-de-Vaux 69M 130 Ed 74
48310 Saint-Laurent-de-Veyrès 48 140 Da 80
69620 Saint-Laurent-d'Oingt 69D 118 Ed 73
12560 Saint-Laurent d'Olt 12 152 Da 82
26350 Saint-Laurent-d'Onay 26 143 Fa 77
33540 Saint-Laurent-du-Bois 33 135 Zf 81
05500 Saint-Laurent-du-Cros 05 144 Ga 81
49410 Saint-Laurent-du-Mottay 49 83 Za 64
07800 Saint-Laurent-du-Pape 07 142 Ee 80
33190 Saint-Laurent-du-Plan 33 135 Zf 81
38380 Saint-Laurent-du-Pont 38 131 Fe 76
61470 Saint-Laurent-du-Tencement 61 48 Ac 55
06700 Saint-Laurent-du-Var 06 173 Hb 86
04500 Saint Laurent du-Verdon 04 171 Ga 86
38350 Saint-Laurent-en-Beaumont 38 144 Ff 79
71800 Saint-Laurent-en-Brionnais 71 117 Eb 71
76560 Saint-Laurent-en-Caux 76 37 Af 50
37380 Saint-Laurent-en-Gâtines 37 85 Ae 63
39150 Saint-Laurent-en-Grandvaux 39 120 Ff 69
26190 Saint-Laurent-en-Royans 26 143 Fb 78
42210 Saint-Laurent-la-Conche 42 129 Eb 74
28210 Saint-Laurent-la-Gâtine 28 50 Bd 56
39570 Saint-Laurent-la-Roche 39 106 Fd 69
24170 Saint-Laurent-la-Vallée 24 137 Ba 80
30330 Saint-Laurent-la-Vernède 30 154 Ec 84
30440 Saint-Laurent-le-Minier 30 153 Dd 85
07590 Saint-Laurent-les-Bains 07 141 Df 81
87240 Saint-Laurent-les-Églises 87 113 Bc 73
46400 Saint-Laurent-les-Tours 46 138 Bf 79
46800 Saint-Laurent-Lolmie 46 150 Bb 83
33112 Saint-Laurent-Médoc 33 134 Zb 78
41220 Saint-Laurent-Nouan 41 86 Bd 62
07170 Saint-Laurent-sous-Coiron 07 142 Ec 81
87310 Saint-Laurent-sur-Gorre 87 125 Af 74
24330 Saint Laurent-sur-Manoire 24 137 Ac 78
14710 Saint-Laurent-sur-Mer 14 47 Za 52
55150 Saint-Laurent-sur-Othain 55 43 Fd 52
56140 Saint-Laurent-sur-Oust 56 81 Xe 62
01750 Saint-Laurent-sur-Saône 01 118 Ef 71
85290 Saint-Laurent-sur-Sèvre 85 98 Za 67
79160 Saint-Laurs 79 110 Zc 69
58350 Saint-Lay 58 103 Db 65
22210 Saint-Leau 22 64 Xc 60
06260 Saint-Léger 06 158 Ge 84
14740 Saint-Léger 14 47 Zc 53
17800 Saint-Léger 17 122 Zc 75
47140 Saint-Léger 47 149 Af 82
47160 Saint Léger 47 148 Ab 83
53480 Saint-Léger 53 67 Zd 60
62128 Saint-Léger 62 30 Cf 47
68210 Saint-Léger 68 94 Ha 63
86380 Saint-Léger 86 99 Ac 68
60170 Saint-Léger-aux-Bois 60 39 Cf 52
76340 Saint-Léger-aux-Bois 76 38 Bd 50
23300 Saint-Léger-Bridereix 23 113 Bd 71
33113 Saint-Léger-de-Balson 33 147 Zd 82
58120 Saint-Léger-de-Fougeret 58 104 Df 66
21210 Saint-Léger-de-Fourches 21 105 Ea 65
79500 Saint-Léger-de-la-Martinière 79 111 Zf 71
86120 Saint-Léger-de-Montbrillais 86 99 Zf 66
79100 Saint-Léger-de-Montbrun 79 99 Zf 66
48100 Saint-Léger-de-Peyre 48 140 Db 81
27300 Saint-Léger-de-Rôtes 27 49 Ad 54
28700 Saint-Léger-des-Aubées 28 70 Be 58
49170 Saint-Léger-des-Bois 49 83 Zb 64
35270 Saint-Léger-des-Prés 35 65 Yc 58
58300 Saint-Léger-des-Vignes 58 104 Dc 67
33540 Saint Léger-de-Vignague 33 135 Zf 80
71360 Saint-Léger-du-Bois 71 105 Ec 66
14430 Saint-Léger-Dubosq 14 35 Zf 53
76160 Saint-Léger-du-Bourg-Denis 76 37 Ba 52
27520 Saint-Léger-du-Gennetey 27 49 Ae 53
48140 Saint-Léger-du-Malzieu 48 140 Db 79
84390 Saint-Léger-du-Ventoux 84 156 Fb 83
60155 Saint-Léger-en-Bray 60 38 Ca 52
78610 Saint-Léger-en-Yvelines 78 50 Be 56
87340 Saint-Léger-la-Montagne 87 113 Bc 72
23000 Saint-Léger-le-Guéretois 23 114 Be 72
18140 Saint-Léger-le-Petit 18 103 Da 66
80560 Saint-Léger-lès-Authie 80 29 Cd 48
80780 Saint-Léger-lès-Domart 80 29 Ca 48
05260 Saint-Léger-les-Melèzes 05 144 Gb 81
44710 Saint-Léger-les-Vignes 44 96 Yb 66
87190 Saint-Léger-Magnazeix 87 113 Bb 71
10800 Saint-Léger-Près-Troyes 10 73 Ea 59
71990 Saint-Léger-sous-Beuvray 71 105 Ea 67
10500 Saint-Léger-sous-Brienne 10 74 Ed 58
49280 Saint-Léger-sous-Cholet 49 98 Za 66
71520 Saint-Léger-sous-la-Bussière 71 118 Ed 71
10330 Saint-Léger-sous-Margerie 10 74 Ec 57
80140 Saint-Léger-sur-Bresle 80 38 Be 49
71510 Saint-Léger-sur-Dheune 71 105 Ed 67
42155 Saint-Léger-sur-Roanne 42 117 Df 72
61170 Saint-Léger-sur-Sarthe 61 68 Ac 57
03130 Saint-Léger-sur-Vouzance 03 117 Df 70
21270 Saint-Léger-Triey 21 92 Fc 65
89630 Saint-Léger-Vauban 89 90 Ea 64
86290 Saint-Léomer 86 113 Af 70
03220 Saint-Léon 03 116 De 70
22460 Saint-Léon 22 64 Xa 59
31560 Saint-Léon 31 165 Bd 88
33670 Saint-Léon 33 135 Ze 80
36190 Saint-Léon 36 114 Bd 70
47160 Saint-Léon 47 148 Ab 83
57870 Saint-Leon 57 57 Ha 57
28140 Saint-Léonard 28 70 Be 59
32380 Saint-Léonard 32 149 Ae 85
35120 Saint-Léonard 35 65 Yb 58
50300 Saint-Léonard 50 46 Yd 56
51500 Saint-Léonard 51 53 Ea 53
62360 Saint-Léonard 62 28 Bd 44
76400 Saint-Léonard 76 36 Ac 50
88650 Saint-Léonard 88 77 Gf 59
87400 Saint-Léonard-de-Noblat 87 125 Bc 73
72130 Saint-Léonard-des-Bois 72 68 Zf 58
61390 Saint-Léonard-des-Parcs 61 48 Ab 57
41370 Saint-Léonard-en-Beauce 41 86 Bc 61
24560 Saint Léon-d'Issigeac 24 136 Ae 80
12780 Saint-Léons 12 152 Cf 83
24110 Saint-Léon-sur-L'Isle 24 136 Ad 78
24290 Saint-Léon-sur-Vézère 24 137 Ba 78
03160 Saint-Leopardin 03 103 Db 68
03160 Saint-Léopardin-d'Augy 03 103 Da 68
56430 Saint-Léry 56 65 Xe 60
60340 Saint-Leu-d'Esserent 60 51 Cc 53
95320 Saint-Leu-la-Forêt 95 51 Cb 54
65500 Saint-Lézer 65 162 Aa 88
49120 Saint-Lézin 49 98 Zb 65
81120 Saint-Lieux-Lafenasse 81 151 Cb 86
81500 Saint-Lieux-lès-Lavour 81 150 Be 86
79000 Saint-Liguaire 79 110 Zc 71
79420 Saint-Lin 79 111 Ze 69
04330 Saint Lions 04 157 Gc 85
09140 Saint-Lizier 09 177 Bb 92
09190 Saint-Lizier 09 176 Ba 90
32220 Saint-Lizier-du-Planté 32 164 Af 88
43380 Saint-Ilpize 43 128 Dc 77
50000 Saint-Lô 50 34 Yf 54
50580 Saint-Lô-d'Ourville 50 46 Yb 52
44530 Saint-Lomer 44 81 Xf 64
72600 Saint-Longis 72 68 Ac 58
40300 Saint-Lon-les-Mines 40 161 Yf 87
22130 Saint-Lormel 22 65 Xe 57
39230 Saint-Lothain 39 107 Fd 68

37500 Saint-Louand 37 99 Ab 65
32220 Saint-Loube 32 164 Af 88
33690 Saint-Loubert 33 148 Zf 82
33450 Saint-Loubès 33 135 Zd 79
40320 Saint-Loubouer 40 162 Zd 86
14310 Saint-Louet-sur-Seulles 14 34 Zc 54
50420 Saint-Louet-sur-Vire 50 47 Za 55
34610 Saint-Louis 34 167 Dc 88
44440 Saint-Louis 44 82 Yc 64
57820 Saint-Louis 57 57 Hb 56
57970 Saint-Louis 57 44 Gb 52
68300 Saint-Louis 68 95 Hd 63
33440 Saint-Louis-de-Montferrand 33 135 Zc 79
11500 Saint-Louis-et-Parahou 11 170 Cb 91
68300 Saint-Louis-la-Chaussée 68 95 Hd 63
57620 Saint-Louis-lès-Bitche = Munzthal 57 58 Hc 55
03150 Saint-Loup 03 116 Dc 70
17380 Saint-Loup 17 110 Zc 73
23130 Saint-Loup 23 114 Cb 72
28360 Saint-Loup 28 70 Bc 59
36400 Saint-Loup 36 102 Ca 69
39120 Saint-Loup 39 106 Fb 66
41320 Saint-Loup 41 101 Bf 65
50300 Saint-Loup 50 46 Ye 56
51120 Saint-Loup 51 53 De 56
58200 Saint-Loup 58 89 Da 64
69490 Saint-Loup 69D 118 Ec 73
82340 Saint-Loup 82 149 Af 84
31140 Saint-Loup-Cammas 31 164 Bc 86
08300 Saint-Loup-Champagne 08 41 Eb 52
10100 Saint-Loup-de-Buffigny 10 73 Dd 58
14340 Saint-Loup-de-Fribois 14 35 Aa 54
71350 Saint-Loup-de-la-Salle 71 106 Ef 67
77650 Saint-Loup-de-Naud 77 72 Db 57
18190 Saint-Loup-des-Chaumes 18 102 Cc 68
45340 Saint-Loup-des-Vignes 45 71 Cc 60
71240 Saint-Loup-de-Varennes 71 106 Ef 68
89330 Saint-Loup-d'Ordon 89 72 Da 60
53290 Saint-Loup-du-Dorat 53 84 Zd 61
53300 Saint-Loup-du-Gast 53 67 Zc 58
31350 Saint-Loup-en-Comminges 31 163 Ad 89
14400 Saint-Loup-Hors 14 47 Zb 53
79600 Saint-Loup-Lamaire 79 99 Zf 68
70100 Saint-Loup-Nantouard 70 92 Fe 64
52210 Saint-Loup-sur-Aujon 52 92 Fa 61
70800 Saint-Loup-sur-Semouse 70 93 Gb 61
08130 Saint-Loup-Terrier 08 42 Ed 51
61570 Saint-Loyer-des-Champs 61 48 Aa 56
22110 Saint-Lubin 22 63 We 59
22210 Saint-Lubin 22 64 Xc 59
28270 Saint-Lubin-de-Cravant 28 49 Ba 56
28410 Saint-Lubin-de-la-Haye 28 50 Bd 56
28330 Saint-Lubin-des-cinq-Fonds 28 69 Af 59
28350 Saint-Lubin-des-Joncherets 28 49 Bb 56
41190 Saint-Lubin-en-Vergonnois 41 86 Bb 63
27930 Saint-Luc 27 50 Bb 55
28210 Saint-Lucien 28 50 Bd 57
76780 Saint-Lucien 76 37 Bc 51
51300 Saint-Lumier-en-Champagne 51 54 Ed 56
51340 Saint-Lumier-la-Populeuse 51 54 Ee 56
44190 Saint-Lumine-de-Clisson 44 97 Yd 66
44310 Saint-Lumine-de-Coutais 44 96 Yb 66
35800 Saint-Lunaire 35 65 Xf 57
28190 Saint-Luperce 28 69 Bb 58
39170 Saint-Lupicin 39 119 Fe 70
10350 Saint-Lupien 10 73 De 58
10180 Saint-Lyé 10 73 Ea 58
45170 Saint-Lyé-la-Forêt 45 70 Bf 60
44410 Saint-Lyphard 44 81 Xe 64
31470 Saint-Lys 31 164 Bb 87
49260 Saint-Macaire-du-Bois 49 98 Ze 66
49450 Saint-Macaire-en-Mauges 49 97 Za 66
27210 Saint-Maclou 27 36 Ac 52
76890 Saint-Maclou-de-Folleville 76 37 Ba 50
76110 Saint-Maclou-la-Brière 76 36 Ac 51
86400 Saint-Macoux 86 111 Ab 72
22350 Saint-Maden 22 65 Xf 59
82800 Saint-Mafre 82 150 Bd 84
33125 Saint Magne 33 134 Zc 81
33350 Saint-Magne-de-Castillon 33 135 Zf 79
63330 Saint-Maigner 63 115 Ce 72
17520 Saint-Maigrin 17 123 Ze 76
04300 Saint-Maime 04 156 Fe 85
23200 Saint-Maixant 23 114 Cb 73
33490 Saint-Maixant 33 135 Ze 81
72320 Saint-Maixent 72 69 Ad 60
79160 Saint-Maixent-de-Beugné 79 110 Zc 69
79400 Saint-Maixent-l'Ecole 79 111 Ze 70
85220 Saint-Maixent-sur-Vie 85 96 Yb 68
28170 Saint-Maixme-Hauterive 28 69 Bb 57
35400 Saint-Malo 35 65 Xf 57
35620 Saint-Malo 35 82 Yc 62
56380 Saint-Malo-de-Beignon 56 81 Xf 61
44550 Saint-Malo-de-Guersac 44 81 Xe 64
50200 Saint-Malo-de-la-Lande 50 46 Yc 54
35480 Saint-Malo-de-Phily 35 82 Yb 61
56490 Saint-Malo-des-Trois-Fontaines 56 64 Xd 60
85590 Saint-Malô-du-Bois 85 98 Za 67
58350 Saint-Malo-en-Donziois 58 89 Db 65
35400 Saint-Malou = Saint-Malo 35 65 Xf 57
26300 Saint Mamans 26 143 Fa 78
69860 Saint-Mamert 69D 118 Ed 71
30730 Saint-Mamert-du-Gard 30 154 Eb 85
31110 Saint-Mamet 31 176 Ad 92
15220 Saint-Mamet-la-Salvetat 15 139 Cb 79
77670 Saint-Mammès 77 72 Ce 58
17470 Saint Mandé-sur-Brédoire 17 111 Ze 72
83430 Saint-Mandrier-sur-Mer 83 171 Ff 90
14380 Saint-Manvieu-Bocage 14 47 Za 56
14740 Saint-Manvieu Norrey 14 35 Zd 53
15320 Saint-Marc 15 140 Db 79
22400 Saint-Marc 22 64 Xc 57
36300 Saint-Marc 36 100 Ba 68
44600 Saint-Marc 44 96 Xe 65
79160 Saint-Marc 79 110 Zd 69
83310 Saint-Marc 83 172 Gc 89
23200 Saint-Marc-à-Frongier 23 114 Ca 73
[illegible] 179 Cd 93
23460 Saint-Marc-à-Loubaud 23 126 Ca 73
35120 Saint-Marcan 35 65 Yc 57
41170 Saint-Marc-du Cor 41 60 Af 61
08160 Saint Marceau 08 42 Ee 50
72170 Saint-Marceau 72 68 Aa 59
01390 Saint-Marcel 01 118 Ef 73
08460 Saint-Marcel 08 41 Ed 50
12320 Saint-Marcel 12 139 Cc 81
13011 Saint-Marcel 13 170 Fc 89
27950 Saint-Marcel 27 50 Bc 54
36200 Saint-Marcel 36 101 Bd 69
54800 Saint-Marcel 54 56 Ff 54
56140 Saint-Marcel 56 81 Xd 62
70500 Saint-Marcel 70 93 Fe 62
71380 Saint-Marcel 71 106 Ef 68
73440 Saint-Marcel 73 133 Gd 76
73600 Saint-Marcel 73 133 Gd 75
81170 Saint-Marcel 81 151 Bf 84
38080 Saint-Marcel-Bel-Accueil 38 131 Fb 75
07700 Saint-Marcel-d'Ardèche 07 155 Ed 83
30330 Saint-Marcel-de-Careinet 30 154 Ec 84
42122 Saint-Marcel-de-Félines 42 129 Eb 73
30122 Saint-Marcel-de-Fontfouillouse 30 153 De 84
24510 Saint-Marcel-du-Périgord 24 136 Ae 79
42430 Saint-Marcel-d'Urfé 42 129 Df 73
03420 Saint-Marcel-en-Marcillat 03 115 Cd 72
03390 Saint-Marcel-en-Murat 03 115 Da 71
71460 Saint-Marcelin-de-Cray 71 117 Ed 69
69170 Saint-Marcel L'Eclairé 69D 130 Ec 73
07100 Saint-Marcel-lès-Annonay 07 130 Ed 77
26740 Saint-Marcel-lès-Sauzet 26 142 Ee 81
26320 Saint-Marcel-lès-Valence 26 143 Ef 79
35600 Saint-Marcellin 35 81 Xf 62
38160 Saint-Marcellin 38 143 Fb 78
42680 Saint-Marcellin-en-Forez 42 129 Eb 76
31590 Saint-Marcel-Paulel 31 165 Bd 87
11120 Saint-Marcel-sur-Aude 11 167 Cf 89
31800 Saint-Marcet 31 163 Ae 89
13100 Saint-Marc-Jaumegarde 13 170 Fd 87
79310 Saint-Marc-la-Lande 79 111 Zd 69
35460 Saint-Marc-le-Blanc 35 66 Yd 58
24540 Saint-Marcory 24 137 Af 80
14330 Saint-Marcouf 14 34 Za 53
50310 Saint-Marcouf 50 33 Ye 52
35140 Saint-Marc-sur-Couesnon 35 66 Yd 59
21450 Saint-Marc-sur-Seine 21 91 Ed 62
02220 Saint-Mard 02 40 Dd 52
17700 Saint-Mard 17 110 Zb 72
54290 Saint-Mard 54 76 Gb 57
77230 Saint-Mard 77 51 Ce 54
80700 Saint-Mard 80 39 Ce 50
61400 Saint-Mard-de-Reno 61 68 Ad 57
71640 Saint-Mard-de-Vaux 71 105 Ee 68
51130 Saint-Mard-lès-Rouffy 51 53 Ea 55
76730 Saint-Mards 76 37 Ba 50
27500 Saint-Mards-de-Blacarville 27 36 Ad 52
27230 Saint-Mards-de-Fresne 27 48 Ac 54
10160 Saint-Mards-en-Othe 10 73 De 59
51800 Saint-Mard-sur-Auve 51 54 Ee 54
51330 Saint-Mard-sur-le-Mont 51 54 Ef 55
27150 Saint-Marie-de-Vatimesnil 27 50 Bd 53
23600 Saint-Marien 23 114 Cb 70
33620 Saint-Mariens 33 135 Zd 78
36200 Saint-Marin 36 101 Bc 69
43260 Saint-Marsal 43 141 Ea 78
79380 Saint-Marsault 79 98 Zc 68
44680 Saint-Mars-de-Coutais 44 96 Yb 66
72440 Saint-Mars-de-Locquenay 72 85 Ac 61
61350 Saint-Mars-d'Ergenne 61 67 Zb 57
85110 Saint-Mars-des-Pres 85 97 Za 68
72220 Saint-Mars-d'Outillé 72 85 Ab 61
44850 Saint-Mars-du-Désert 44 82 Yd 64
53700 Saint-Mars-du-Désert 53 67 Zf 59
77320 Saint-Mars-en-Brie 77 52 Db 56
72470 Saint-Mars-la-Brière 72 68 Ac 60
44540 Saint-Mars-la-Jaille 44 82 Ye 63
85590 Saint-Mars-la-Réorthe 85 98 Za 67
72290 Saint-Mars-sous-Ballon 72 68 Ab 59
53300 Saint-Mars-sur-Colmont 53 67 Zb 58
53220 Saint-Mars-sur-la-Futaie 53 66 Yf 58
77320 Saint-Mars-Vieux-Maisons 77 52 Db 56
07310 Saint-Martial 07 142 Eb 79
12800 Saint-Martial 12 151 Cc 84
15110 Saint-Martial 15 140 Da 79
16190 Saint-Martial 16 123 Aa 76
16210 Saint-Martial 16 124 Aa 77
17330 Saint-Martial 17 110 Zd 72
23600 Saint-Martial 23 114 Cb 71
30440 Saint-Martial 30 153 De 84
33220 Saint-Martial 33 136 Ab 80
33490 Saint-Martial 33 135 Ze 81
34360 Saint-Martial 34 166 Ce 88
46800 Saint-Martial 46 150 Bb 82
81100 Saint-Martial 81 165 Cb 87
24160 Saint-Martial-d'Albarède 24 125 Ba 77
24700 Saint Martial-d'Artenset 24 136 Ab 78
19150 Saint-Martial-de-Gimel 19 126 Bf 77
24250 Saint-Martial-de-Nabirat 24 137 Bb 80
24300 Saint-Martial-de-Valette 24 124 Ad 75
17500 Saint-Martial-de-Vitaterne 17 123 Zd 76
19400 Saint-Martial-Entraygues 19 138 Bf 78
24390 Saint-Martial-Laborie 24 125 Ba 77
23150 Saint-Martial-le-Mont 23 114 Ca 72
23100 Saint-Martial-le-Vieux 23 127 Cb 74
87330 Saint-Martial-sur-Isop 87 112 Af 71
17520 Saint-Martial-sur-Né 17 123 Zd 75
24320 Saint-Martial-Viveyrol 24 124 Ac 76
04200 Saint-Martin 04 156 Fe 83
04290 Saint-Martin 04 157 Ga 84
12100 Saint-Martin 12 152 Da 84
12310 Saint-Martin 12 152 Ce 82
17600 Saint-Martin 17 122 Za 74
23320 Saint-Martin 23 114 Be 71
24680 Saint-Martin 24 136 Ac 79
31310 Saint-Martin 31 164 Af 90
32300 Saint-Martin 32 163 Ac 87
32300 Saint-Martin 32 163 Ac 87
34150 Saint-Martin 34 168 Dd 87
34700 Saint-Martin 34 167 Dc 86
47350 Saint-Martin 47 136 Ab 81
47430 Saint-Martin 47 148 Ab 82
48000 Saint-Martin 48 140 Dd 81
50410 Saint-Martin 50 46 Yf 55
51460 Saint-Martin 51 54 Ed 55
54450 Saint-Martin 54 77 Ge 57
56200 Saint-Martin 56 81 Xe 62
64390 Saint-Martin 64 161 Za 88
64640 Saint-Martin 64 161 Yf 89
65360 Saint-Martin 65 162 Aa 90
66220 Saint-Martin 66 178 Cc 92
66480 Saint-Martin 66 179 Cf 94
67220 Saint-Martin 67 60 Hb 58
69770 Saint-Martin 69M 130 Ec 74
76680 Saint-Martin 76 37 Bb 50
81390 Saint-Martin 81 165 Bf 86
81600 Saint-Martin 81 151 Bf 85
82160 Saint-Martin 82 151 Be 83
82240 Saint-Martin 82 150 Bd 83
83460 Saint-Martin 83 172 Gc 88
83520 Saint-Martin 83 172 Gd 88
83560 Saint-Martin 83 171 Ff 87
76340 Saint-Martin-au-Bosc 76 38 Bd 50
76760 Saint-Martin-aux-Arbres 76 37 Af 51
60420 Saint-Martin-aux-Bois 60 39 Cd 51
76450 Saint-Martin-aux-Buneaux 76 36 Ad 50
51240 Saint-Martin-aux-Champs 51 54 Ec 56
14800 Saint-Martin-aux-Chartrains 14 36 Aa 53
71118 Saint-Martin-Belle-Roche 71 118 Ef 70
74370 Saint-Martin-Bellevue 74 120 Ga 73
62280 Saint-Martin-Boulogne 62 26 Bd 44
15140 Saint-Martin-Cantalès 15 139 Cb 78
23460 Saint-Martin-Château 23 126 Be 73
77560 Saint-Martin-Chennetron 77 72 Dc 57
62240 Saint-Martin-Chocquel 62 28 Bf 44
47700 Saint-Martin-Curton 47 148 Aa 82
45110 Saint-Martin-d'Abbat 45 87 Cb 61
51530 Saint-Martin-d'Ablois 51 53 Df 54
26330 Saint-Martin-d'Août 26 130 Ef 77
64640 Saint-Martin-d'Arberoue 64 160 Ye 88
49150 Saint-Martin-d'Arcé 49 84 Zf 63
07700 Saint-Martin-d'Ardèche 07 155 Ed 83
32110 Saint-Martin-d'Armagnac 32 162 Zf 86
64780 Saint-Martin-d'Arrossa 64 160 Ye 89
17270 Saint-Martin-d'Ary 17 123 Ze 77
50190 Saint-Martin-d'Aubigny 50 33 Yd 54
50310 Saint-Martin-d'Audouville 50 33 Yd 51
18110 Saint-Martin-d'Auxigny 18 102 Cc 65
71390 Saint-Martin-d'Auxy 71 105 Ed 68
34520 Saint-Martin-d'Azirou 34 153 Dd 86
01510 Saint-Martin-de-Bavel 01 131 Fe 73
47270 Saint-Martin-de-Beauville 47 149 Ae 83
73440 Saint-Martin-de-Belleville 73 133 Gd 76
79230 Saint-Martin-de-Bernegoue 79 111 Zd 71
14290 Saint-Martin-de-Bienfaite-la-Cressonnière 14 48 Ac 54
14710 Saint-Martin-de-Blagny 14 34 Za 53
42155 Saint-Martin-de-Boisy 42 117 Df 72
50750 Saint-Martin-de-Bonfossé 50 46 Ye 54
76840 Saint-Martin-de-Boscherville 76 37 Af 52
10100 Saint-Martin-de-Bossenay 10 73 De 58
48160 Saint-Martin-de-Boubaux 48 154 Df 83
50290 Saint-Martin-de-Bréhal 50 46 Yc 55
78660 Saint-Martin-de-Bréthencourt 78 70 Bf 57
04800 Saint-Martin-de-Brômes 04 157 Ff 86
82240 Saint-Martin-de-Caissac 82 150 Bd 83
81360 Saint-Martin-de-Calmes 81 166 Cb 86
09000 Saint-Martin-de-Caralp 09 177 Bd 91
84750 Saint-Martin-de Castillon 84 156 Fd 85
38930 Saint-Martin-de-Celles 38 144 Fd 79
50210 Saint-Martin-de-Cenilly 50 46 Ye 55
50150 Saint-Martin-de-Chaulieu 50 47 Za 56
71490 Saint-Martin de Commune 71 105 Ed 67
53160 Saint-Martin-de-Connée 53 67 Ze 59
30124 Saint-Martin-de-Corconac 30 154 De 84
17360 Saint-Martin-de-Coux 17 135 Zf 78
13310 Saint-Martin-de-Crau 13 169 Ee 87
71460 Saint-Martin-de-Croix 71 105 Ed 69
14320 Saint-Martin-de-Fontenage 14 35 Zd 54
85200 Saint Martin de Fraigneau 85 110 Zb 70
14170 Saint-Martin-de-Fresnay 14 48 Aa 55
24800 Saint-Martin-de-Fressengeas 24 125 Af 76
43150 Saint-Martin-de-Fugères 43 141 Df 79
32480 Saint-Martin-de-Goyne 32 149 Ad 84
24610 Saint Martin-de-Gurçon 24 136 Aa 79
40390 Saint-Martin-de-Hinx 40 160 Ye 87
17400 Saint-Martin-de-Juillers 17 111 Zd 73
87200 Saint-Martin-de-Jussac 87 125 Af 73
84760 Saint-Martin-de-la-Brasque 84 156 Fd 86
81630 Saint-Martin-de-la-Cesquière 81 150 Be 85
38650 Saint-Martin-de-la-Cluze 38 144 Fd 79
17330 Saint-Martin-de-la-Coudre 17 110 Zc 72
14100 Saint-Martin-de-la-Lieue 14 48 Ab 54
21210 Saint-Martin-de-la-Mer 21 105 Eb 65
36110 Saint-Martin-de-Lamps 36 101 Bd 67
50730 Saint-Martin-de-Landelles 50 66 Ye 57
48110 Saint-Martin-de-Lansuscle 48 153 De 83
49160 Saint-Martin-de-la-Place 49 84 Zf 65
73140 Saint-Martin-de-la-Porte 73 132 Gc 77
34390 Saint-Martin-de-L'Arçon 34 167 Cf 87
32380 Saint-Martin-de-las-Oumettes 32 149 Af 85
33910 Saint-Martin-de-Laye 33 135 Ze 78
12130 Saint-Martin-de-Lenne 12 152 Cf 82
33540 Saint-Martin-de-Lerm 33 135 Zf 81
76190 Saint Martin de l'If 76 36 Ae 51
71740 Saint-Martin-de-Lixy 71 117 Eb 71
34380 Saint-Martin-de-Londres 34 153 De 86
79100 Saint-Martin-de-Mâcon 79 99 Zf 66
14100 Saint-Martin-de-Mailloc 14 48 Ab 54
14700 Saint-Martin-de-Mieux 14 48 Ze 55
28130 Saint-Martin-de-Nigelles 28 70 Bd 57
40240 Saint-Martin-de-Noët 40 147 Ze 84
79110 Saint-Martin-d'Entraigues 79 111 Zf 72
06470 Saint-Martin-d'Entraunes 06 158 Ge 84
05120 Saint-Martin-de-Queyrières 05 145 Gd 79
17410 Saint-Martin-de-Ré 17 109 Yd 71
24600 Saint-Martin-de-Ribérac 24 124 Ac 77
79400 Saint-Martin-de-Saint-Maixent 79 111 Ze 70
71220 Saint-Martin-de-Salencey 71 117 Ed 69
14220 Saint-Martin-de-Sallen 14 47 Zc 55
79290 Saint-Martin-de-Sanzay 79 99 Ze 66
14350 Saint-Martin-des-Besaces 14 47 Za 54
41800 Saint-Martin-des-Bois 41 85 Ae 62
18140 Saint-Martin-des-Champs 18 103 Cf 66
29600 Saint-Martin-des-Champs 29 62 Wa 57
50300 Saint-Martin-des-Champs 50 46 Yd 56
77320 Saint-Martin-des-Champs 77 52 Dc 56
77560 Saint-Martin-des-Champs 77 72 Dc 57
78790 Saint-Martin-des-Champs 78 50 Be 55
89170 Saint-Martin-des-Champs 89 89 Da 63
24140 Saint-Martin-des-Combes 24 136 Ad 79
40390 Saint-Martin-de-Seignanx 40 160 Yd 87
14400 Saint-Martin-des-Entrées 14 47 Zb 53
33490 Saint-Martin-de-Sescas 33 135 Zf 81
12410 Saint-Martin-des-Faux 12 152 Ce 83
85570 Saint-Martin-des-Fontaines 85 110 Za 69
03230 Saint-Martin-des-Lais 03 104 Dd 68
61320 Saint-Martin-des-Landes 61 67 Zf 57
72400 Saint-Martin-des-Monts 72 68 Ad 60
85140 Saint-Martin-des-Noyers 85 97 Ye 68
63600 Saint-Martin-des-Olmes 63 129 De 75
61380 Saint-Martin-des-Pézerits 61 49 Ac 57
63570 Saint-Martin-des-Plains 63 128 Db 76
22320 Saint-Martin-des-Prés 22 64 Xa 59
11220 Saint-Martin-des-Puits 11 179 Cd 90
26140 Saint-Martin-des-Rosiers 26 130 Ef 77
85130 Saint-Martin-des-Tilleuls 85 97 Yf 67
42620 Saint-Martin-d'Estréaux 42 116 De 71
14500 Saint-Martin-de-Tallevende 14 47 Za 55
63210 Saint-Martin-de-Tours 63 127 Ce 74
07310 Saint Martin de-Valamas 07 142 Ec 79
30520 Saint-Martin-de-Valgalgues 30 154 Ea 84
50480 Saint-Martin-de-Varreville 50 33 Ye 52
46360 Saint-Martin-de-Vers 46 138 Bd 81
53290 Saint-Martin-de-Ville-Anglose 53 83 Zd 62
47210 Saint Martin-de-Villeréal 47 137 Ae 81
11300 Saint-Martin-de-Villereglan 11 166 Cb 90
38320 Saint-Martin-d'Hères 38 132 Fe 78
58130 Saint-Martin-d'Heuille 58 103 Db 66
63580 Saint-Martin-d'Ollières 63 128 Dc 76
14350 Saint-Martin-Don 14 47 Za 55
40090 Saint-Martin-d'Oney 40 147 Zc 85
89330 Saint Martin-d'Ordon 89 72 Db 60
09100 Saint-Martin-d'Oydes 09 164 Bc 89
76133 Saint-Martin-du-Bec 76 35 Ab 51
33910 Saint-Martin-du-Bois 33 135 Ze 78
49500 Saint-Martin-du-Bois 49 83 Zb 62
77320 Saint-Martin-du-Boschet 77 52 Dc 56
16700 Saint-Martin-du-Clocher 16 111 Aa 72
87510 Saint-Martin-du-Fault 87 113 Bb 73
49170 Saint-Martin-du-Fouilloux 49 83 Zb 64
79420 Saint-Martin-du-Fouilloux 79 99 Zf 69
01430 Saint-Martin-du-Frêne 01 119 Fd 72
32200 Saint-Martin-du-Hour 32 164 Af 86
71110 Saint-Martin-du-Lac 71 117 Ea 71
12100 Saint-Martin-du-Larzac 12 152 Da 84
53800 Saint-Martin-du-Limet 53 83 Yf 62
76290 Saint-Martin-du-Manoir 76 36 Ab 51
14140 Saint-Martin-du-Mesnil-Oury 14 48 Aa 54
01160 Saint-Martin-du-Mont 01 119 Fb 72
21440 Saint-Martin-du-Mont 21 91 Ee 64
71580 Saint-Martin-du-Mont 71 106 Fb 69
76750 Saint-Martin-du-Plessis 76 37 Bc 51
33540 Saint-Martin-du-Puy 33 135 Zf 80
58140 Saint-Martin-du-Puy 58 90 Df 65
81140 Saint-Martin-d'Urbens 81 150 Be 84
38410 Saint-Martin-d'Uriage 38 144 Ff 78
71460 Saint-Martin-du-Tartre 71 105 Ed 69
89100 Saint-Martin-du-Tertre 89 72 Db 59
27300 Saint-Martin-du-Tilleul 27 49 Ad 54
06670 Saint-Martin-du-Var 06 159 Hb 86
61130 Saint-Martin-du-Vieux-Bellême 61 68 Ad 58
76160 Saint-Martin-du-Vivier 76 37 Ba 52
77630 Saint-Martin-en-Bière 77 71 Cd 58
71620 Saint-Martin-en-Bresse 71 106 Fa 68
76370 Saint-Martin-en-Campagne 76 37 Bb 49
71350 Saint-Martin-en-Gâtinois 71 106 Fa 67
69850 Saint-Martin-en-Haut 69M 130 Ed 75
26420 Saint-Martin-en-Vercors 26 143 Fc 78
32450 Saint-Martin-Gimois 32 163 Ae 87
50690 Saint-Martin-Gréard 50 33 Yc 51
03380 Saint Martinien 03 115 Cc 70
07400 Saint-Martin-l'Inférieur 07 142 Ee 81
46330 Saint-Martin-Labouval 46 138 Be 82
27930 Saint-Martin-la-Campagne 27 49 Ba 54
33390 Saint-Martin-Lacaussade 33 134 Zc 78
78520 Saint-Martin-la-Garenne 78 50 Be 54
61320 Saint-Martin-L'Aiguillon 61 67 Ze 57
11400 Saint-Martin-Lalande 11 165 Ca 89
19320 Saint-Martin-la-Méanne 19 126 Bf 78
71460 Saint-Martin-la-Patrouille 71 105 Ed 69
42800 Saint-Martin-la-Plaine 42 130 Ed 75
86350 Saint-Martin-L'Ars 86 112 Ad 71
85210 Saint-Martin-Lars-en-Sainte-Hermine [illegible]
42260 Saint-Martin-la-Sauveté 42 129 Df 73
24400 Saint-Martin-L'Astier 24 136 Ac 78
37270 Saint-Martin-le-Beau 37 85 Af 64
50800 Saint-Martin-le-Bouillant 50 46 Ye 56
01310 Saint-Martin-le-Châtel 01 118 Fa 71
76260 Saint-Martin-le-Gaillard 76 37 Bc 49
34500 Saint Martin-le Grand 34 167 Db 89
50260 Saint-Martin-le-Hébert 50 33 Yc 51
87360 Saint-Martin-le-Mault 87 113 Bb 70
60000 Saint-Martin-le-Nœud 60 38 Ca 52
24300 Saint-Martin-le-Pin 24 124 Ad 75
46700 Saint-Martin-le-Redon 46 137 Ba 81
04300 Saint-Martin-les-Eaux 04 156 Fe 85
52200 Saint-Martin-lès-Langres 52 92 Fb 61
79500 Saint-Martin-lès-Melles 79 111 Zf 71
81140 Saint-Martin-L'Espinas 81 150 Be 85
04140 Saint-Martin-lès-Seyne 04 157 Gb 82
42110 Saint-Martin-Lestra 42 129 Ec 74
11170 Saint-Martin-le-Vieil 11 165 Ca 89
87700 Saint-Martin-le-Vieux 87 125 Ba 74
62500 Saint-Martin-lez-Tatinghem 62 27 Cb 44
51490 Saint-Martin-L'Heureux 51 54 Ec 53
76270 Saint-Martin-L'Hortier 76 37 Bc 50
60700 Saint-Martin-Longueau 60 51 Cd 52
11500 Saint-Martin-Lys 11 178 Cb 92
76680 Saint-Martin-Osmonville 76 37 Bb 51
47180 Saint-Martin-Petit 47 135 Aa 81
76370 Saint-Martin-Plage 76 37 Ba 49
02110 Saint-Martin-Rivière 02 31 Dd 48
23430 Saint-Martin-Sainte-Catherine 23 113 Bd 73
27450 Saint-Martin-Saint-Firmin 27 49 Ad 53
19210 Saint-Martin-Sepert 19 125 Bc 76
71640 Saint-Martin-sous-Montaigu 71 105 Ee 68
15230 Saint-Martin-sous-Vigouroux 15 139 Ce 79
89700 Saint-Martin-sur-Armançon 89 90 Ea 61

74700 Saint-Martin-sur-Arve 74 121 Gd 73
62128 Saint-Martin-sur-Cojeul 62 30 Cf 47
59213 Saint-Martin-sur-Ecaillon 59 30 Dd 47
73130 Saint-Martin-sur-la-Chambre 73 132 Gb 76
52120 Saint-Martin-sur-la-Renne 52 74 Ef 60
07400 Saint-Martin-sur-Lavezon 07 142 Ed 81
51520 Saint-Martin-sur-le-Pré 51 54 Ec 55
58150 Saint-Martin-sur-Nohain 58 88 Cf 64
45500 Saint-Martin-sur-Ocre 45 88 Cd 63
89110 Saint-Martin-sur-Ocre 89 89 Dc 62
89110 Saint-Martin-sur-Ocre 89 89 Dc 62
89260 Saint-Martin-sur-Oreuse 89 72 Dc 59
89120 Saint-Martin-sur-Ouanne 89 89 Da 61
87400 Saint-Martin-Terressus 87 113 Bc 73
15140 Saint-Martin-Valmeroux 15 139 Cc 78
06450 Saint-Martin-Vésubie 06 159 Hb 84
31360 Saint-Martory 31 164 Af 90
16260 Saint-Mary 16 124 Ac 73
15170 Saint-Mary-le-Gros 15 128 Da 77
15500 Saint-Mary-le-Plain 15 128 Da 77
51490 Saint-Masmes 51 41 Eb 53
29217 Saint-Mathieu 29 61 Vb 59
29600 Saint-Mathieu 29 62 Wb 57
56520 Saint-Mathieu 56 79 Wd 62
87440 Saint-Mathieu 87 124 Ae 74
34270 Saint-Mathieu-de-Tréviers 34 153 Df 86
22590 Saint-Mathurin 22 64 Xa 57
85150 Saint-Mathurin 85 109 Yb 69
19430 Saint-Mathurin-Léobazel 19 138 Ca 78
49250 Saint-Mathurin-sur-Loire 49 84 Ze 64
46800 Saint-Matré 46 150 Ba 82
22600 Saint-Maudan 22 64 Xb 60
56120 Saint-Maudé 56 81 Xc 61
22980 Saint-Maudez 22 65 Xe 58
29510 Saint-Maudez 29 78 Wa 60
35750 Saint-Maugan 35 65 Xf 60
80140 Saint-Maulvis 80 38 Bf 49
18270 Saint-Maur 18 102 Cb 69
32300 Saint-Maur 32 163 Ac 88
36250 Saint-Maur 36 101 Bd 68
39570 Saint-Maur 39 107 Fd 69
60190 Saint-Maur 60 39 Ce 51
60210 Saint-Maur 60 38 Bf 51
83310 Saint-Maur 83 172 Gc 89
50800 Saint-Maur-des-Bois 50 46 Yf 56
94210 Saint-Maur-des-Fossés 94 51 Cd 56
06460 Saint Maurice 06 158 Gf 86
12380 Saint-Maurice 12 152 Cd 85
12540 Saint-Maurice 12 152 Da 85
17130 Saint-Maurice 17 123 Zd 76
22310 Saint-Maurice 22 63 Wc 57
22320 Saint-Maurice 22 64 Wf 59
22400 Saint-Maurice 22 64 Xc 57
22600 Saint-Maurice 22 64 Xb 60
52200 Saint-Maurice 52 92 Fc 61
56240 Saint-Maurice 56 79 We 61
58300 Saint-Maurice 58 104 Dc 68
58330 Saint-Maurice 58 104 Dd 66
63270 Saint-Maurice 63 128 Db 74
67220 Saint-Maurice 67 60 Hc 59
70700 Saint-Maurice 70 93 Ff 64
79150 Saint-Maurice 79 98 Zc 66
81310 Saint-Maurice 81 151 Bf 86
82130 Saint-Maurice 82 150 Bb 84
54540 Saint-Maurice-aux-Forges 54 77 Gf 57
89190 Saint-Maurice-aux-Riches-Hommes 89 72 Dd 58
25260 Saint-Maurice-Colombier 25 94 Gd 64
39130 Saint-Maurice-Crillat 39 119 Fe 69
07200 Saint-Maurice-d'Ardèche 07 142 Ec 81
01700 Saint-Maurice de Beynost 01 130 Ef 73
30360 Saint-Maurice-de-Cazevieille 30 154 Eb 84
01800 Saint-Maurice-de-Gourdans 01 131 Fb 74
47290 Saint-Maurice-de-Lestapel 47 136 Ad 81
43200 Saint-Maurice-de-Lignon 43 129 Ea 77
01500 Saint-Maurice-de-Rémens 01 119 Fb 73
43810 Saint-Maurice-de-Roche 43 129 Df 77
73240 Saint-Maurice-de-Rotherens 73 131 Fe 75
71260 Saint-Maurice-de-Satonnay 71 118 Ee 70
71460 Saint-Maurice-des-Champs 71 105 Ed 69
16500 Saint-Maurice-des-Lions 16 112 Ae 73
85120 Saint-Maurice-des-Noues 85 98 Zb 69
17500 Saint Maurice-de-Tavernole 17 123 Zd 76
76330 Saint-Maurice-d'Etelan 76 36 Ad 52
48220 Saint-Maurice-de-Ventalon 48 154 De 83
07170 Saint-Maurice-d'Ibie 07 142 Ec 81
61600 Saint-Maurice-du-Désert 61 67 Zd 57
50270 Saint-Maurice-en-Cotentin 50 33 Yb 52
42240 Saint-Maurice-en-Gourgois 42 129 Eb 76
46120 Saint-Maurice-en-Quercy 46 138 Bf 80
71620 Saint-Maurice-en-Rivière 71 106 Fa 67
38930 Saint Maurice-en-Trièves 38 144 Fe 80
05800 Saint-Maurice-en-Valgodemard 05 144 Ga 80
86160 Saint-Maurice-la-Clouère 86 112 Ac 70
23300 Saint-Maurice-la-Souterraine 23 113 Bc 71
85390 Saint-Maurice-le-Girard 85 98 Zb 69
87800 Saint-Maurice-les-Brousses 87 125 Bb 74
61190 Saint-Maurice-lès-Charencey 61 49 Ae 57
71740 Saint-Maurice-lès-Châteauneuf 71 117 Eb 71
71490 Saint-Maurice-lès-Couches 71 105 Ed 67
89110 Saint-Maurice-le-Vieil 89 89 Dc 62
38550 Saint-Maurice-L'Exil 38 130 Ee 76
91530 Saint-Maurice-Montcouronne 91 71 Ca 57
34190 Saint-Maurice-Navacelles 34 153 Dd 85
23260 Saint-Maurice-près-Crocq 23 127 Cb 73
63330 Saint-Maurice-près-Pionsat 63 115 Cd 72
28240 Saint-Maurice-Saint-Germain 28 69 Ba 58
55210 Saint-Maurice-sous-les-Côtes 55 55 Fe 54
40270 Saint-Maurice-sur-Adur 40 147 Zd 86
45230 Saint-Maurice-sur-Aveyron 45 88 Cf 61
69440 Saint-Maurice-sur-Dargoire 69M 130 Ed 75
26110 Saint-Maurice-sur-Eygues 26 155 Fa 83
45700 Saint-Maurice-sur-Fessard 45 71 Cd 61
61110 Saint-Maurice-sur-Huisne 61 69 Ae 58
42155 Saint-Maurice-sur-Loire 42 117 Ea 73
88700 Saint-Maurice-sur-Mortagne 88 77 Gd 58
88560 Saint-Maurice-sur-Moselle 88 94 Ge 61
21610 Saint-Maurice-sur-Vingeanne 21 92 Fc 63
89110 Saint-Maurice-Thizouaille 89 89 Dc 62
47270 Saint-Maurin 47 149 Af 83
83560 Saint-Maurin 83 171 Fe 87
28800 Saint-Maur-sur-le-Loir 28 70 Bc 60
54130 Saint Max 54 56 Gb 56
80140 Saint-Maxent 80 38 Be 48
30700 Saint-Maximin 30 154 Ec 85
38530 Saint-Maximin 38 132 Ga 76
60740 Saint-Maximin 60 51 Cc 53
83470 Saint-Maximin-la-Sainte-Baume 83 171 Ff 88
79410 Saint-Maxire 79 110 Zd 70
26510 Saint-May 26 156 Fb 82
22320 Saint-Mayeux 22 64 Wf 59
24380 Saint-Mayme-de-Péreyrol 24 136 Ad 78
87130 Saint-Méard 87 125 Bd 74
24600 Saint-Méard-de-Drône 24 124 Ac 77
24610 Saint-Méard-de-Gurçon 24 136 Ab 79
16300 Saint-Médard 16 123 Zf 75
17500 Saint-Médard 17 123 Zd 76
31360 Saint-Médard 31 163 Ae 90
32300 Saint-Médard 32 163 Ac 88
36700 Saint-Médard 36 101 Bb 67
46150 Saint-Médard 46 137 Bb 81
47130 Saint-Médard 47 148 Ac 83
47360 Saint-Médard 47 149 Ad 82
57260 Saint-Médard 57 57 Gd 56
64370 Saint-Médard 64 161 Zc 87
79370 Saint-Médard 79 111 Ze 71
17220 Saint-Médard-d'Aunis 17 110 Za 72
33230 Saint-Médard-de-Guizières 33 135 Zf 78
24400 Saint-Médard-de-Mussidan 24 136 Ac 78
46400 Saint-Médard-de-Presque 46 138 Bf 79
24160 Saint-Médard-d'Excideuil 24 125 Ba 76
33650 Saint-Médard-d'Eyrans 33 135 Zc 80
42330 Saint-Médard-en-Foerz 42 129 Eb 75
33160 Saint Médard-en-Jalles 33 134 Zb 79
23200 Saint-Médard-la-Rochette 23 114 Ca 72
46210 Saint-Médard-Nicourby 46 138 Ca 80
35250 Saint-Médard-sur-Ille 35 65 Yc 59
16170 Saint-Médart 16 123 Zf 73
12360 Saint-Méen 12 166 Cf 86
29260 Saint-Méen 29 62 Ve 57
56380 Saint-Méen 56 81 Xe 61
35290 Saint-Méen-le-Grand 35 65 Xe 59
40310 Saint Meille 40 148 Aa 84
35220 Saint-Melaine 35 66 Yd 60
49610 Saint-Melaine-sur-Aubance 49 83 Zd 64
07260 Saint-Mélany 07 141 Ea 81
22980 Saint-Méloir 22 65 Xe 58
35350 Saint-Meloir-des-Ondes 35 65 Ya 57
16720 Saint-Même-les-Carrières 16 123 Zf 75
44270 Saint-Même-le-Tenu 44 96 Yb 66
51000 Saint-Memmie 51 54 Ec 55
51460 Saint-Memmie 51 54 Ed 55
88170 Saint-Menge 88 76 Ff 59
08200 Saint-Menges 08 42 Ef 50
03210 Saint-Menoux 03 103 Da 69
19320 Saint-Merd-de-Lapleau 19 126 Ca 77
23100 Saint-Merd-la-Breuille 23 127 Cc 74
19170 Saint-Merd-les-Oussines 19 126 Ca 75
56300 Saint-Méroo 56 79 Xa 60
77720 Saint-Méry 77 72 Ce 57
27370 Saint-Meslin-du-Bosc 27 49 Af 53
77410 Saint-Mesmes 77 51 Ce 55
10280 Saint-Mesmin 10 73 Df 58
21540 Saint-Mesmin 21 91 Ed 64
24270 Saint-Mesmin 24 125 Bb 76
85700 Saint-Mesmin 85 98 Zb 68
19330 Saint-Mexant 19 126 Bd 77
32700 Saint-Mézard 32 149 Ad 84
35500 Saint-M'Hervé 35 66 Yf 59
35360 Saint-M'Hervon 35 65 Xf 59
71460 Saint-Micaud 71 105 Ed 68
02830 Saint-Michel 02 41 Ea 49
09100 Saint-Michel 09 164 Bd 90
12100 Saint-Michel 12 152 Da 84
22110 Saint-Michel 22 79 Wd 59
29880 Saint-Michel 29 61 Vc 57
31220 Saint Michel 31 164 Ba 89
32300 Saint-Michel 32 163 Ac 88
34520 Saint-Michel 34 153 Dc 85
37290 Saint-Michel 37 100 Af 67
38650 Saint-Michel 38 144 Fd 79
40550 Saint-Michel 40 146 Ye 85
45340 Saint-Michel 45 71 Cc 60
46090 Saint-Michel 46 138 Bd 81
52190 Saint-Michel 52 92 Fb 62
64220 Saint-Michel 64 160 Ye 90
82340 Saint-Michel 82 149 Af 84
44730 Saint-Michel-Chef-Chef 44 96 Xf 65
07160 Saint-Michel-d'Aurence 07 142 Ec 79
46110 Saint-Michel-de-Bannières 46 138 Be 79
33840 Saint-Michel-de-Castelnau 33 148 Zf 83
07360 Saint-Michel-de-Chabrillanoux 07 142 Ed 79
05260 Saint-Michel-de-Chaillol 05 144 Gb 80
72440 Saint-Michel-de-Chavaignes 72 68 Ad 60
48160 Saint-Michel-de-Dèze 48 154 Df 83
24400 Saint-Michel-de-Double 24 136 Ab 78
53290 Saint-Michel-de-Feins 53 83 Zc 62
33126 Saint-Michel-de-Fronsac 33 135 Ze 79
12400 Saint-Michel-de-Landesque 12 152 Ce 85
11410 Saint-Michel-de-Lanès 11 165 Be 89
50490 Saint-Michel-de-la-Pierre 50 33 Yd 54
33190 Saint-Michel-de-Lapujade 33 135 Aa 81
53350 Saint-Michel-de-la-Roë 53 83 Yf 61
81530 Saint-Michel-de-Léon 81 151 Cc 86
14140 Saint-Michel-de-Livet 14 48 Aa 54
66130 Saint-Michel-de-Llotes 66 179 Cd 93
73140 Saint-Michel-de-Maurienne 73 133 Gc 77
24230 Saint-Michel-de-Montaigne 24 135 Aa 79
50670 Saint-Michel-de-Montjoie 50 46 Yf 56
22980 Saint-Michel-de-Plélan 22 65 Xe 58
33720 Saint-Michel-de-Rieufret 33 135 Zd 81
24490 Saint-Michel-de-Rivière 24 135 Zf 78
12230 Saint-Michel-de-Rouviac 12 153 Db 84
38590 Saint-Michel-de-Saint-Geoirs 38 131 Fc 77
83920 Saint Michel-d'Esclans 83 172 Gd 87
50610 Saint-Michel-des-Loups 50 46 Yc 56
30200 Saint-Michel-d'Euzet 30 155 Ed 83
81140 Saint-Michel-de-Vax 81 150 Be 84
23480 Saint-Michel-de-Veisse 23 114 Ca 73
24380 Saint-Michel-de-Villadeix 24 136 Ae 79
18390 Saint-Michel-de-Volangis 18 102 Cc 66
76440 Saint-Michel-d'Halescourt 76 38 Be 51
44522 Saint-Michel-du-Bois 44 83 Yf 64
38350 Saint-Michel-en-Beaumont 38 144 Ff 79
36290 Saint-Michel-en-Brenne 36 100 Ba 68
22300 Saint-Michel-en-Grève 22 63 Wc 56
85580 Saint-Michel-en-L'Herm 85 109 Ye 70
40550 Saint-Michel-Escalus 40 146 Ye 85
49420 Saint-Michel-et-Chanveaux 49 83 Yf 62
81340 Saint-Michel-Labadié 81 151 Cc 84
85200 Saint-Michel-le-Cloucq 85 110 Zb 70
24490 Saint-Michel-l'Ecluse 24 135 Aa 78
61600 Saint-Michel-les-Andaines 61 67 Zd 57
38650 Saint-Michel-les-Portes 38 143 Fd 79
04870 Saint-Michel-l'Observatoire 04 156 Fe 85
46130 Saint-Michel-Loubéjou 46 138 Bf 79
85700 Saint-Michel-Mont-Mercure 85 98 Za 68
62650 Saint-Michel-sous-Bois 62 28 Bf 45
37130 Saint-Michel-sur-Loire 37 85 Ac 65
88470 Saint-Michel-sur-Meurthe 88 77 Gf 59
42410 Saint-Michel-sur-Rhône 42 130 Ee 76
26750 Saint-Michel-sur-Savasse 26 143 Fa 78
62130 Saint-Michel-sur-Ternoise 62 29 Cc 46
61300 Saint-Michel-Tubœuf 61 49 Ae 56
55300 Saint-Mihiel 55 55 Fd 55
13920 Saint-Mitre-les-Remparts 13 170 Fa 88
44350 Saint-Molf 44 81 Xd 64
56300 Saint-Molvan 56 79 Wf 00
59143 Saint-Momelin 59 27 Cb 44
32400 Saint-Mont 32 162 Zf 87
07220 Saint-Montant 07 155 Ed 82
89270 Saint-Moré 89 90 De 63
23400 Saint-Moreil 23 126 Be 73
08400 Saint-Morel 08 54 Ee 52
33650 Saint-Morillon 33 135 Zd 81
38190 Saint-Mury-Monteymond 38 132 Ff 77
63460 Saint-Myon 63 116 Da 73
67530 Saint-Nabor 67 60 Hc 58
88200 Saint-Nabord 88 77 Gd 60
10700 Saint-Nabord-sur-Aube 10 73 Eb 57
17600 Saint-Nadeau 17 122 Za 74
82370 Saint-Nauphary 82 150 Bc 85
30200 Saint-Nazaire 30 155 Ed 83
36800 Saint-Nazaire 36 101 Bb 69
38330 Saint-Nazaire 38 132 Ff 77
44600 Saint-Nazaire 44 81 Xe 65
47410 Saint-Nazaire 47 136 Ac 81
66570 Saint-Nazaire 66 179 Cf 92
11120 Saint-Nazaire-d'Aude 11 167 Cf 89
34490 Saint-Nazaire-de-Ladarez 34 167 Da 87
34400 Saint-Nazaire-de-Pézan 34 168 Ea 87
82190 Saint Nazaire-de-Valentane 82 149 Ba 83
26190 Saint-Nazaire-en-Royans 26 143 Fb 78
26340 Saint-Nazaire-le-Désert 26 143 Fb 81
17780 Saint-Nazaire-sur-Charente 17 110 Yf 73
33490 Saint-Nectaire 33 135 Ze 81
63710 Saint-Nectaire 63 128 Cf 75
24520 Saint-Nexans 24 136 Ad 80
29550 Saint-Nic 29 62 Ve 59
80190 Saint-Nicaise-le-Grand 80 39 Cf 50
22160 Saint-Nicodème 22 63 Wd 58
22220 Saint-Nicolas 22 63 We 56
22450 Saint-Nicolas 22 63 We 56
22960 Saint-Nicolas 22 64 Xb 58
56110 Saint-Nicolas 56 79 Wc 60
62223 Saint-Nicolas 62 30 Ce 47
90110 Saint-Nicolas 90 94 Gf 62
02410 Saint-Nicolas-aux-Bois 02 40 Dc 51
87230 Saint-Nicolas-Courbefy 87 125 Ba 75
76510 Saint-Nicolas-d'Aliermont 76 37 Bb 49
27160 Saint-Nicolas-d'Attez 27 49 Af 56
76940 Saint-Nicolas-de-Bliquetuit 76 36 Ae 51
37140 Saint-Nicolas-de-Bourgueil 37 84 Aa 65
85470 Saint-Nicolas-de-Brem 85 96 Ya 69
47220 Saint Nicolas-de-la-Balerme 47 149 Ae 84
82210 Saint Nicolas-de-la-Grave 82 149 Ba 84
76490 Saint-Nicolas-de-la-Haie 76 36 Ad 51
76170 Saint-Nicolas-de-la-Taille 76 36 Ac 51
38500 Saint-Nicolas-de-Macherin 38 131 Fd 76
50250 Saint-Nicolas-de-Pierrepont 50 33 Yc 53
54210 Saint-Nicolas-de-Port 54 56 Gb 57
44460 Saint-Nicolas-de-Redon 44 81 Xf 63
03250 Saint-Nicolas-des-Biefs 03 116 De 72
50370 Saint-Nicolas-des-Bois 50 46 Ye 56
61250 Saint-Nicolas-des-Bois 61 68 Aa 58
56930 Saint-Nicolas-des-Eaux 56 79 Wf 61
61550 Saint-Nicolas-des-Laitiers 61 48 Ac 55
37110 Saint-Nicolas-des-Motets 37 86 Ba 63
61550 Saint-Nicolas-de-Sommaire 61 49 Ad 56
74170 Saint-Nicolas-de-Véroce 74 133 Ge 73
27370 Saint-Nicolas-du-Bosc 27 49 Af 53
22480 Saint-Nicolas-du-Pélem 22 63 Wf 59
56910 Saint-Nicolas-du-Tertre 56 81 Xe 62
57700 Saint-Nicolas-en-Forêt 57 43 Ga 53
10400 Saint-Nicolas-la-Chapelle 10 72 Dc 57
73590 Saint-Nicolas-la-Chapelle 73 133 Gc 74
21700 Saint-Nicolas-lès-Cîteaux 21 106 Fa 66
50400 Saint-Nicolas-près-Granville 50 46 Yc 55
38410 Saint-Nizier 38 132 Ff 78
69870 Saint-Nizier-d'Azergues 69D 117 Ec 72
42380 Saint-Nizier-de-Fornas 42 129 Ea 76
38250 Saint-Nizier-du-Moucherotte 38 144 Fd 77
01560 Saint-Nizier-le-Bouchoux 01 118 Fa 70
01320 Saint-Nizier-le-Désert 01 118 Fa 72
42190 Saint-Nizier-sous-Charlieu 42 117 Ea 72
71190 Saint-Nizier-sur-Arroux 71 105 Ea 68
56300 Saint-Nizon 56 79 Wf 60
56250 Saint-Nolff 56 80 Xc 62
78860 Saint-Nom-la-Bretèche 78 51 Ca 55
22480 Saint-Norgant 22 63 We 58
29440 Saint-Oerrien 29 62 Ve 57
73100 Saint-Offenge 73 132 Ga 74
39570 Saint-Oidier 39 106 Fd 68
14220 Saint-Omer 14 47 Zd 55
44130 Saint-Omer 44 82 Ya 64
62500 Saint-Omer 62 27 Cb 44
62162 Saint-Omer-Capelle 62 27 Ca 43
60860 Saint-Omer-en-Chaussée 60 38 Ca 51
38490 Saint Ondras 38 131 Fd 75
35290 Saint-Onen-la-Chapelle 35 65 Xe 59
82200 Saint-Onge 82 149 Bb 84
27680 Saint-Opportune-la-Marne 27 36 Ad 52
23100 Saint-Oradoux-de-Chirouze 23 127 Cb 74
23260 Saint-Oradoux-près-Crocq 23 127 Cc 73
32120 Saint-Orens 32 164 Af 86
31650 Saint-Orens-de-Gameville 31 165 Bd 87
32100 Saint-Orens-Pouy-Petit 32 148 Ac 85
32300 Saint-Ost 32 163 Ac 88
76590 Saint-Ouen 76 37 Ba 50
80610 Saint-Ouen 80 29 Ca 48
85480 Saint-Ouen 85 97 Yf 69
93400 Saint-Ouen 93 51 Cc 55
27160 Saint-Ouen-d'Attez 27 49 Af 56
17230 Saint-Ouen-d'Aunis 17 110 Yf 71
61130 Saint-Ouën-de-la-Cour 61 68 Ad 58
27330 Saint-Ouen-de-Mancelles 27 49 Ad 55
72130 Saint-Ouen-de-Mimbré 72 68 Aa 59
27370 Saint-Ouen-de-Pontcheuil 27 49 Af 53
35140 Saint-Ouen-des-Alleux 35 66 Yd 59
14350 Saint-Ouen-des-Besaces 14 47 Za 54
27680 Saint-Ouen-des-Champs 27 36 Ad 52
61560 Saint-Ouen-de-Sécherouvre 61 68 Ac 57
53410 Saint-Ouën-des-Toits 53 66 Za 60
53150 Saint-Ouën-des-Vallons 53 67 Zc 59
27310 Saint-Ouen-de-Thouberville 27 37 Af 52
51320 Saint-Ouen-Domprot 51 74 Ec 57
76890 Saint-Ouen-du-Breuil 76 37 Ba 51
14670 Saint-Ouen-du-Mesnil-Oger 14 35 Zf 54
27670 Saint-Ouen-du-Tilleul 27 49 Af 53
72220 Saint-Ouen-en-Belin 72 84 Ab 62
77720 Saint-Ouen-en-Brie 77 72 Cf 57
72350 Saint-Ouen-en-Champagne 72 67 Ze 61
35460 Saint-Ouen-la-Rouërie 35 66 Yd 58
95310 Saint-Ouen-l'Aumône 95 51 Ca 54
61410 Saint-Ouen-le-Brisoult 61 67 Zd 57
14140 Saint-Ouen-le-Houx 14 48 Ab 55
76730 Saint-Ouen-le-Mauger 76 37 Af 50
14340 Saint-Ouen-le-Pin 14 35 Aa 54
88140 Saint-Ouen-lès-Parey 88 76 Fe 59
37530 Saint-Ouen-les-Vignes 37 86 Af 64
28260 Saint-Ouen-Marchefroy 28 50 Bd 55
76630 Saint-Ouen-sous-Bailly 76 37 Bb 49
87300 Saint-Ouen-sur-Gartempe 87 113 Ba 72
61300 Saint-Ouen-sur-Iton 61 49 Ae 56
58160 Saint-Ouen-sur-Loire 58 103 Db 67
61150 Saint-Ouen-sur-Maire 61 48 Ze 56
77750 Saint-Ouen-sur-Morin 77 52 Db 55
10170 Saint-Oulph 10 73 Df 57
47600 Saint-Ourens 47 148 Ac 84
04530 Saint-Ours 04 145 Ge 82
04530 Saint Ours 04 145 Ge 82
63230 Saint-Ours 63 127 Cf 73
73410 Saint-Ours 73 132 Ff 74
18310 Saint-Outrille 18 101 Be 66
50300 Saint-Ovin 50 46 Ye 56
73260 Saint-Oyen 73 133 Gc 75
71260 Saint-Oyen-Montbellet 71 118 Ef 70
22430 Saint-Pabu 22 64 Xd 57
29830 Saint-Pabu 29 61 Vc 57
76480 Saint-Paër 76 37 Af 51
14670 Saint-Pair 14 48 Ze 53
14340 Saint-Pair-du-Mont 14 35 Aa 54
50380 Saint-Pair-sur-Mer 50 46 Yc 56
03370 Saint-Palais 03 114 Cb 70
18110 Saint-Palais 18 102 Cc 65
33820 Saint Palais 33 122 Zc 77
64120 Saint-Palais 64 161 Yf 89
17210 Saint-Palais-de-Négrignac 17 123 Ze 77
17800 Saint-Palais-de-Phiolin 17 122 Zc 75
16300 Saint-Palais-du-Né 16 123 Ze 75
17420 Saint-Palais-sur-Mer 17 122 Yf 75
46110 Saint-Palavy 46 138 Bd 78
43620 Saint-Pal-de-Mons 43 129 Eb 77
43160 Saint-Pal-de-Senouire 43 128 Dd 77
04150 Saint-Pancrace 04 156 Fd 84
24530 Saint Pancrace 24 124 Ae 76
73300 Saint-Pancrace 73 132 Gb 77
11330 Saint-Pancrasse 11 178 Cc 91
38660 Saint-Pancrasse 38 132 Ff 77
54730 Saint-Pancré 54 43 Fd 51
40180 Saint-Pandelon 40 161 Yf 86
46800 Saint-Pantaléon 46 150 Bb 82
71400 Saint-Pantaléon 71 105 Eb 67
84220 Saint-Pantaléon 84 156 Fb 85
19160 Saint-Pantaléon-de-Lapleau 19 126 Cb 77
19600 Saint-Pantaléon-de-Larche 19 137 Bc 78
26770 Saint-Pantaléon-les-Vignes 26 155 Fa 82
24640 Saint-Pantaly-d'Ans 24 125 Af 77
11400 Saint-Papoul 11 165 Ca 89
33870 Saint-Pardon 33 135 Ze 79
33210 Saint-Pardon-de-Comques 33 135 Ze 81
17400 Saint-Pardoult 17 111 Zd 73
23110 Saint-Pardoux 23 114 Cc 72
63440 Saint-Pardoux 63 115 Da 72
63680 Saint-Pardoux 63 127 Ce 75
79310 Saint-Pardoux 79 98 Ze 69
87250 Saint-Pardoux 87 113 Bb 72
47410 Saint Pardoux-Bourgougnague 47 136 Ac 81
19210 Saint-Pardoux-Corbier 19 125 Bc 76
23260 Saint-Pardoux-d'Arnet 23 114 Cc 73
24600 Saint-Pardoux-de-Drône 24 124 Ae 77
47200 Saint-Pardoux-du-Breuil 47 136 Ab 82
24170 Saint-Pardoux-et-Vielvic 24 137 Af 80
47800 Saint-Pardoux-Isaac 47 136 Ac 81
19320 Saint-Pardoux-la-Croisille 19 126 Bf 77
24470 Saint-Pardoux-la-Rivière 24 124 Ae 76

19200 Saint-Pardoux-le-Neuf 19 127 Cb 75
23200 Saint-Pardoux-le-Neuf 23 114 Cb 73
23150 Saint-Pardoux-les-Cards 23 114 Ca 72
19200 Saint-Pardoux-le-Vieux 19 127 Cb 75
19270 Saint-Pardoux-L'Ortigier 19 126 Bd 77
23400 Saint-Pardoux-Morterolles 23 114 Be 73
34230 Saint-Pargoire 34 167 Dd 87
58300 Saint-Parize-en-Viry 58 103 Dc 68
58490 Saint-Parize-le-Châtel 58 103 Db 67
10410 Saint-Parres-aux-Tertres 10 73 Ea 59
10260 Saint-Parres-lès-Vaudes 10 73 Eb 59
12300 Saint-Parthem 12 139 Cb 81
17290 Saint-Pastour 47 136 Ad 82
00010 Saint Pastour 83 172 Gf 88
65400 Saint-Pastous 65 175 Zf 90
31350 Saint-Patatin 31 163 Ae 89
72610 Saint-Paterne-Le Chevain 72 68 Aa 58
37370 Saint-Paterne-Racan 37 85 Ac 63
77178 Saint-Pathus 77 52 Cc 54
37130 Saint Patrice 37 85 Ab 65
50190 Saint-Patrice-de-Claids 50 33 Yd 53
61600 Saint-Patrice-du-Désert 61 67 Ze 57
04530 Saint-Paul 04 145 Ge 81
06570 Saint-Paul 06 173 Ha 86
19150 Saint-Paul 19 126 Bf 77
22470 Saint-Paul 22 63 Xa 56
31550 Saint-Paul 31 164 Bc 89
33390 Saint-Paul 33 135 Zc 78
60650 Saint-Paul 60 38 Ca 52
61100 Saint-Paul 61 47 Zc 56
65150 Saint-Paul 65 163 Ac 90
73170 Saint-Paul 73 132 Fe 74
76580 Saint-Paul 76 37 Ae 52
81360 Saint-Paul 81 151 Cc 86
81530 Saint-Paul 81 151 Cd 86
84750 Saint-Paul 84 156 Fd 85
87260 Saint-Paul 87 125 Bc 74
88170 Saint-Paul 88 76 Ff 59
03110 Saint-Paul, les 03 116 Db 71
02300 Saint-Paul-aux-Bois 02 40 Db 51
81220 Saint-Paul-Cap-de-Joux 81 165 Bf 87
32190 Saint-Paul-de-Baïse 32 148 Ac 86
82390 Saint-Paul-de-Burgues 82 149 Bb 83
66220 Saint-Paul-de-Fenouillet 66 178 Cd 92
27800 Saint-Paul-de-Fourques 27 49 Ae 53
09000 Saint-Paul-de-Jarrat 09 177 Bd 91
81140 Saint-Paul-de-Mamiac 81 150 Be 84
15140 Saint-Paul-de-Salers 15 139 Cd 78
24380 Saint-Paul-de-Serre 24 136 Ad 78
12250 Saint-Paul-des-Fonts 12 152 Da 85
15250 Saint-Paul-des-Landes 15 139 Cb 79
82400 Saint-Paul-d'Espis 82 149 Af 84
43420 Saint-Paul-de-Tartas 43 141 Df 80
01240 Saint-Paul-de-Varax 01 118 Fa 72
38760 Saint-Paul-de-Varces 38 144 Fd 78
46400 Saint-Paul-de-Vern 46 138 Bf 79
42590 Saint-Paul-de-Vézelin 42 129 Ea 73
38140 Saint-Paul-d'Izeaux 38 131 Fc 77
31110 Saint-Paul-d'Oueil 31 176 Ad 91
49310 Saint-Paul-du-Bois 49 98 Zc 66
14490 Saint-Paul-du-Vernay 14 34 Zb 53
42600 Saint-Paul-d'Uzore 42 129 Ea 74
40200 Saint Paul-en-Born 40 146 Yf 83
74500 Saint-Paul-en-Chablais 74 120 Gd 70
83440 Saint-Paul-en-Forêt 83 172 Ge 87
79240 Saint-Paul-en-Gâtine 79 98 Zc 69
42740 Saint-Paul-en-Jarez 42 130 Ed 76
85500 Saint-Paul-en-Pareds 85 97 Za 68
11320 Saint-Paulet 11 165 Bf 88
30130 Saint-Paulet-de-Caisson 30 155 Ed 83
09000 Saint-Paulet-de-Jarrat 09 177 Bd 91
34570 Saint-Paul-et-Valmalle 34 168 De 87
46170 Saint-Paul-Flaugnac 46 150 Bc 83
43350 Saint-Paulien 43 141 De 78
30480 Saint-Paul-la-Coste 30 154 Df 84
24800 Saint-Paul-la-Roche 24 125 Ba 76
48600 Saint-Paul-le-Froid 48 141 Dd 80
72130 Saint-Paul-le-Gaultier 72 67 Zf 59
07460 Saint-Paul-le-Jeune 07 154 Ea 82
40990 Saint-Paul-lès-Dax 40 161 Yf 86
13115 Saint-Paul-lès-Durance 13 171 Fe 86
30330 Saint-Paul-les-Font 30 155 Ed 84
26750 Saint-Paul-les-Romans 26 143 Fa 78
24320 Saint-Paul-Lizonne 24 124 Ab 77
85670 Saint-Paul-Mont-Penit 85 97 Yc 68
73730 Saint-Paul-sur-Isère 73 132 Gc 75
59430 Saint-Paul-sur-Mer 59 27 Cc 42
27500 Saint-Paul-sur-Risle 27 49 Ad 52
31530 Saint-Paul-sur-Save 31 164 Bb 86
26130 Saint-Paul-Trois-Châteaux 26 155 Ee 82
04270 Saint Paulus 04 157 Gb 85
72190 Saint-Pavace 72 68 Ab 60
31480 Saint-Pé 31 164 Ba 86
32190 Saint-Pé 32 163 Ab 86
31510 Saint-Pé-d'Ardet 31 176 Ae 91
65270 Saint-Pé-de-Bigorre 65 162 Zf 90
31350 Saint-Pé-Delbosc 31 163 Ae 89
64270 Saint-Pé-de-Léren 64 161 Yf 88
64400 Saint-Pée-d'en-Bas 64 161 Zb 89
64400 Saint-Pée-d'en-Haut 64 161 Zb 89
64310 Saint-Pée-sur-Nivelle 64 160 Yc 88
28290 Saint-Pellerin 28 69 Ba 60
50500 Saint-Pellerin 50 46 Ye 53
35380 Saint-Péran 35 65 Xf 60
58270 Saint-Péraville 58 103 Db 66
45480 Saint-Péravy-Epreux 45 70 Bf 59
45310 Saint-Péravy-la-Colombe 45 70 Be 60
07130 Saint-Péray 07 142 Ef 79
40090 Saint-Perdon 40 147 Zc 85
24560 Saint-Perdoux 24 136 Ad 80
46100 Saint-Perdoux 46 138 Ca 80
35430 Saint-Père 35 65 Ya 57
58200 Saint-Père 58 88 Cf 64
89450 Saint-Père 89 90 De 64
44320 Saint-Père-eb-Retz 44 96 Xf 65
45600 Saint-Père-sur-Loire 45 88 Cc 62
58110 Saint-Péreuse 58 104 De 66
35190 Saint-Pern 35 65 Ya 59
56350 Saint-Perreux 56 81 Xf 62
47170 Saint-Pé-Saint-Simon 47 148 Aa 84
22720 Saint-Péver 22 63 Wf 58
33330 Saint Pey-d'Armens 33 135 Zf 79
33350 Saint-Pey-de-Castets 33 135 Zf 80
82160 Saint-Peyronis 82 150 Be 83
10130 Saint-Phal 10 73 Ea 60
36110 Saint-Phalier 36 101 Bd 67
37340 Saint-Philbert 37 84 Aa 64
85660 Saint-Philbert-de-Bouaine 85 97 Yc 67
44310 Saint Philbert de Grand-Lieu 44 97 Yc 66
14130 Saint-Philbert-des-Champs 14 48 Ab 53
49160 Saint-Philbert-du-Peuple 49 84 Zf 64
85110 Saint-Philbert-du-Pont-Charrault 85 97 Za 69
49600 Saint-Philbert-en-Mauges 49 97 Yf 66
61430 Saint-Philbert-sur-Orne 61 47 Zd 55
27290 Saint-Philbert-sur-Risle 27 49 Ad 53
14130 Saint-Philibert 14 36 Aa 62
21220 Saint-Philibert 21 106 Fa 65
29910 Saint-Philibert 29 78 Wb 62
56470 Saint-Philibert 56 79 Wf 63
73670 Saint Philibert 73 132 Ff 76
33350 Saint-Philippe-d'Aiguille 33 135 Zf 79
33220 Saint-Philippe-du-Seignal 33 136 Ab 80
22100 Saint-Piat 22 65 Ya 58
28130 Saint-Piat 28 70 Bd 57
02140 Saint-Pierre 02 41 De 50
04300 Saint-Pierre 04 157 Ff 85
04420 Saint-Pierre 04 157 Gc 83
06260 Saint-Pierre 06 158 Gf 85
09140 Saint-Pierre 09 177 Bb 91
12400 Saint-Pierre 12 152 Ce 85
14250 Saint-Pierre 14 34 Zc 53
15350 Saint-Pierre 15 127 Cc 76
26340 Saint-Pierre 26 143 Fb 80
31590 Saint-Pierre 31 165 Bd 87
32430 Saint-Pierre 32 149 Af 86
38850 Saint-Pierre 38 131 Fd 76
39150 Saint-Pierre 39 120 Ff 69
47270 Saint-Pierre 47 149 Af 83
51510 Saint-Pierre 51 54 Eb 55
56740 Saint-Pierre 56 80 Wf 63
59219 Saint-Pierre 59 31 Df 48
62380 Saint-Pierre 62 29 Ca 44
67140 Saint-Pierre 67 60 Hc 58
81390 Saint-Pierre 81 151 Bf 86
82300 Saint-Pierre 82 150 Bd 83
83560 Saint-Pierre 83 171 Ff 86
84600 Saint-Pierre 84 155 Fa 82
08310 Saint-Pierre-à-Arnes 08 54 Ec 53
79290 Saint-Pierre-à-Champ 79 98 Zd 66
02600 Saint-Pierre-Aigle 02 40 Db 53
05300 Saint-Pierre-Avez 05 156 Fe 83
14950 Saint-Pierre-Azif 14 35 Aa 53
23460 Saint-Pierre-Bellevue 23 114 Bf 73
76890 Saint-Pierre-Bénouville 76 37 Af 50
67220 Saint-Pierre-Bois 67 60 Hc 59
59630 Saint-Pierre-Brouck 59 27 Cb 43
14700 Saint-Pierre-Canivet 14 48 Ze 55
23430 Saint-Pierre-Chérignat 23 113 Bd 73
63320 Saint-Pierre-Colamine 63 128 Cf 75
73250 Saint-Pierre-d'Albigny 73 132 Ga 75
73170 Saint-Pierre-d'Alvey 73 131 Fe 75
17700 Saint-Pierre-d'Amilly 17 110 Zb 71
05140 Saint-Pierre-d'Argençon 05 144 Fe 81
50270 Saint-Pierre-d'Arthéglise 50 33 Yb 52
32190 Saint Pierre d'Aubézies 32 163 Aa 87
33490 Saint-Pierre-d'Aurillac 33 135 Ze 81
27950 Saint-Pierre-d'Autils 27 50 Bc 54
38830 Saint-Pierre-d'Avellard 38 132 Ga 76
27920 Saint-Pierre-de-Bailleul 27 50 Bc 54
33760 Saint Pierre-de-Bat 33 135 Ze 80
73220 Saint-Pierre-de Belleville 73 132 Gb 76
12400 Saint-Pierre-de-Bétirac 12 152 Ce 85
42520 Saint-Pierre-de-Bœuf 42 130 Ee 76
38870 Saint-Pierre-de-Bressieux 38 131 Fb 77
47160 Saint Pierre-de-Buzet 47 148 Ab 83
47380 Saint-Pierre-de-Caubel 47 136 Ad 82
27390 Saint-Pierre-de-Cernières 27 49 Ad 55
69780 Saint-Pierre-de-Chandieu 69M 130 Fa 75
38380 Saint-Pierre-de-Chartreuse 38 132 Fe 76
38160 Saint-Pierre-de-Chérennes 38 143 Fc 78
72500 Saint-Pierre-de-Chevillé 72 85 Ac 63
24330 Saint-Pierre-de-Chignac 24 137 Af 78
47270 Saint-Pierre-de-Clairac 47 149 Ae 83
24800 Saint-Pierre-de-Côle 24 124 Ae 76
07450 Saint-Pierre-de-Colombier 07 142 Eb 80
81330 Saint-Pierre-de-Combejac 81 152 Cd 86
38450 Saint-Pierre-de-Commiers 38 144 Fe 78
27260 Saint-Pierre-de-Cormeilles 27 48 Ac 53
73310 Saint-Pierre-de-Curtille 73 132 Fe 74
24450 Saint-Pierre-de-Frugie 24 125 Ba 75
23290 Saint-Pierre-de-Fursac 23 113 Bd 72
73360 Saint-Pierre-de-Genebroz 73 131 Fe 76
36260 Saint-Pierre-de-Jards 36 102 Bf 66
17400 Saint-Pierre-de-Juillers 17 111 Zd 73
34520 Saint-Pierre-de-la-Fage 34 153 Dc 86
31570 Saint-Pierre-de-Lages 31 165 Bd 87
66210 Saint-Pierre-dels-Forcats 66 178 Ca 94
86260 Saint-Pierre-de-Maillé 86 100 Af 68
14290 Saint-Pierre-de-Mailloc 14 48 Ab 54
76113 Saint-Pierre-de-Manneville 76 37 Af 52
38760 Saint-Pierre-de-Mésage 38 144 Fe 79
81170 Saint-Pierre-de-Mercens 81 151 Bf 84
82190 Saint-Pierre-de-Nazac 82 149 Ba 83
48340 Saint-Pierre-de-Nogaret 48 140 Da 82
61800 Saint-Pierre-d'Entremont 61 47 Zc 56
73670 Saint-Pierre-d'Entremont 73 132 Ff 76
35720 Saint-Pierre-de-Plesguen 35 65 Ya 58
09000 Saint-Pierre-de-Rivière 09 177 Bd 91
27800 Saint-Pierre-de-Salerne 27 49 Ad 53
72430 Saint-Pierre-des-Bois 72 67 Zf 61
12360 Saint-Pierre-des-Cats 12 167 Cf 86
11220 Saint-Pierre-des-Champs 11 179 Cd 90
37700 Saint-Pierre-des-Corps 37 85 Ae 64
79700 Saint-Pierre-des-Echaubrognes 79 98 Zb 67
50810 Saint-Pierre-de-Semilly 50 47 Yf 54
27370 Saint-Pierre-des-Fleurs 27 49 Af 53
14100 Saint-Pierre-des-Ifs 14 35 Ab 54
27450 Saint-Pierre-des-Ifs 27 49 Ad 53
76660 Saint-Pierre-des-Jonquières 76 37 Bc 49
53500 Saint-Pierre-des-Landes 53 66 Yf 59
53370 Saint-Pierre-des-Nids 53 67 Zf 58
61550 Saint-Pierre-de-Sommaire 61 49 Ad 56
72600 Saint-Pierre-des-Ormes 72 68 Ac 59
73800 Saint-Pierre-de-Soucy 73 132 Ga 76
48150 Saint-Pierre-des-Tripiers 48 153 Db 83
83690 Saint-Pierre-de-Tourtour 83 172 Gc 87
81330 Saint-Pierre-de-Trivisy 81 151 Cc 86
76480 Saint-Pierre-de-Varengeville 76 37 Af 51
71670 Saint-Pierre-de-Varennes 71 105 Ed 67
84330 Saint-Pierre-de-Vassols 84 156 Fa 84
86400 Saint-Pierre-d'Exideuil 86 112 Ab 72
24130 Saint-Pierre-d'Eyraud 24 136 Ab 79
64990 Saint-Pierre-d'Irube 64 160 Yd 88
17310 Saint-Pierre-d'Oléron 17 109 Ye 73
27370 Saint-Pierre-du-Bosguérard 27 49 Af 53
14700 Saint-Pierre-du-Bû 14 48 Ze 55
43810 Saint-Pierre-du-Champ 43 129 Df 77
85120 Saint-Pierre-du-Chemin 85 98 Zb 68
14260 Saint-Pierre-du-Fresne 14 47 Zb 54
14670 Saint-Pierre-du-Jonquet 14 35 Zf 53
72150 Saint-Pierre-du-Lorouër 72 85 Ad 62
27330 Saint-Pierre-du-Mesnil 27 49 Ad 55
14450 Saint-Pierre-du-Mont 14 47 Za 52
58210 Saint-Pierre-du-Mont 58 89 Dc 64
17270 Saint-Pierre-du-Palais 17 135 Zf 77
91280 Saint-Pierre-du-Perray 91 71 Cd 57
61790 Saint-Pierre-du-Regard 61 47 Zc 55
50800 Saint-Pierre-du-Tronchet 50 46 Ye 56
27210 Saint-Pierre-du-Val 27 36 Ac 52
27100 Saint-Pierre-du-Vauvray 27 49 Bb 53
50330 Saint-Pierre-Église 50 33 Yd 50
14170 Saint-Pierre-en-Auge 14 48 Zf 55
74800 Saint Pierre-en-Eaucigny 74 120 Gc 72
76540 Saint-Pierre-en-Port 76 36 Ac 50
76260 Saint-Pierre-en-Val 76 37 Bc 48
21230 Saint-Pierre-en-Vaux 21 105 Ed 66
49350 Saint-Pierre-en-Vaux 49 84 Ze 64
60850 Saint-Pierre-ès-Champs 60 38 Be 52
43260 Saint-Pierre-Eynac 43 141 Ea 78
53410 Saint-Pierre-la-Cour 53 66 Yf 60
63480 Saint-Pierre-la-Bourlhonne 63 129 De 74
61110 Saint-Pierre-la-Bruyère 61 69 Ae 58
46090 Saint-Pierre-Lafeuille 46 137 Bc 81
27600 Saint-Pierre-la-Garenne 27 50 Bc 54
50530 Saint-Pierre-Langers 50 46 Yd 56
42190 Saint-Pierre-la-Noaille 42 117 Ea 71
69210 Saint-Pierre-la-Palud 69M 130 Ed 74
61310 Saint-Pierre-la-Rivière 61 48 Ab 56
07400 Saint-Pierre-la-Roche 07 142 Ed 81
42620 Saint-Pierre-Laval 42 116 De 71
14770 Saint-Pierre-la-Vieille 14 47 Zc 55
76640 Saint-Pierre-Lavis 76 36 Ad 51
23600 Saint-Pierre-le-Bost 23 114 Cb 70
63230 Saint-Pierre-le-Chastel 63 127 Cf 74
07140 Saint-Pierre-le-Déchausselat 07 141 Ea 82
58240 Saint-Pierre-le-Moutier 58 103 Da 68
53000 Saint-Pierre-le-Potier 53 67 Zb 60
60350 Saint-Pierre-lès-Bitry 60 40 Da 52
18170 Saint-Pierre-les-Bois 18 102 Cb 69
76320 Saint-Pierre-lès-Elbeuf 76 49 Ba 53
18210 Saint-Pierre-les-Etieux 18 102 Cd 68
77140 Saint-Pierre-lès-Nemours 77 71 Ce 59
71520 Saint-Pierre-le-Vieux 71 117 Ed 71
76740 Saint-Pierre-le-Vieux 76 37 Af 49
85420 Saint-Pierre-le-Vieux 85 110 Zb 70
76740 Saint-Pierre-le-Viger 76 37 Af 50
82160 Saint-Pierre-Livron 82 150 Be 83
02250 Saint-Pierremont 02 41 Df 50
08240 Saint-Pierremont 08 42 Ef 52
88700 Saint-Pierremont 88 77 Gd 58
49110 Saint-Pierre-Montlimart 49 83 Yf 65
56510 Saint-Pierre-Quiberon 56 79 Wf 63
63210 Saint-Pierre-Roche 63 127 Ce 74
14170 Saint-Pierre-sur-Dives 14 48 Zf 54
07520 Saint-Pierre-sur-Doux 07 142 Ec 78
47120 Saint-Pierre-sur-Dropt 47 136 Ab 81
53270 Saint-Pierre-sur-Erve 53 67 Zd 60
11560 Saint-Pierre-sur-Mer 11 167 Db 89
53160 Saint-Pierre-sur-Orthe 53 67 Ze 59
08430 Saint-Pierre-sur-Vence 08 42 Ee 50
14350 Saint Pierre-Tarentaine 14 47 Zb 55
46160 Saint-Pierre-Toirac 46 138 Bf 81
07190 Saint-Pierreville 07 142 Ec 80
55230 Saint-Pierrevillers 55 43 Fe 52
03160 Saint-Plaisir 03 103 Cf 69
31580 Saint-Plancard 31 163 Ad 89
50400 Saint-Planchers 50 46 Yc 56
36190 Saint-Plantaire 36 113 Be 70
71520 Saint-Point 71 118 Ed 70
25160 Saint-Point-Lac 25 108 Gb 68
50670 Saint-Pois 50 46 Yf 56
53540 Saint-Poix 53 66 Yf 61
29250 Saint-Pol-de-Léon 29 62 Wa 56
42260 Saint-Polgues 42 117 Df 73
62130 Saint-Pol-sur-Ternoise 62 29 Cc 46
11300 Saint-Polycarpe 11 178 Cb 90
79160 Saint-Pompain 79 110 Zc 70
24170 Saint-Pompont 24 137 Ba 80
15500 Saint-Poncy 15 128 Db 78
04140 Saint-Pons 04 157 Gc 82
04400 Saint-Pons 04 158 Gd 82
06620 Saint Pons 06 158 Gf 86
07580 Saint-Pons 07 142 Ed 81
26110 Saint-Pons 26 155 Fb 82
34230 Saint-Pons-de-Mauchiens 34 167 Dd 87
34220 Saint-Pons-de-Thomières 34 166 Ce 88
30330 Saint-Pons-la-Calm 30 155 Ed 84
03110 Saint-Pont 03 116 Db 72
17250 Saint-Porchaire 17 122 Zb 74
79300 Saint-Porchaire 79 98 Zd 67
82700 Saint-Porquier 82 149 Bb 84
22550 Saint-Pôtan 22 64 Xe 57
10120 Saint-Pouange 10 73 Ea 59
03230 Saint-Pourçain-Malchère 03 116 Dd 69
03290 Saint-Pourçain-sur-Besbre 03 116 Dd 70
03500 Saint-Pourçain-sur-Sioule 03 116 Db 71
88500 Saint Prancher 88 76 Ff 58
88420 Saint-Prayel 88 77 Gf 58
43230 Saint-Préjet-Armandon 43 128 Dd 77
43580 Saint-Préjet-d'Allier 43 141 Dd 79
28300 Saint-Prest 28 70 Bd 58
16130 Saint Preuil 16 123 Ze 75
07000 Saint-Priest 07 142 Ed 80
23110 Saint-Priest 23 114 Cc 72
42560 Saint-Priest 42 129 Ea 75
63600 Saint-Priest 63 129 De 76
69800 Saint-Priest 69M 130 Ef 74
63310 Saint-Priest-Bramefant 63 116 Dc 72
03800 Saint-Priest-d'Andelot 03 116 Db 72
19800 Saint-Priest-de-Gimel 19 126 Bf 77
63640 Saint-Priest-des-Champs 63 115 Ce 73
42270 Saint-Priest-en-Jarrez 42 130 Ec 76
03390 Saint-Priest-en-Murat 03 115 Cf 70
23300 Saint-Priest-la-Feuille 23 113 Bd 71
18370 Saint-Priest-la-Marche 18 114 Cb 70
23240 Saint-Priest-la-Plaine 23 113 Bd 71
42830 Saint-Priest-la-Prugne 42 116 De 73
42590 Saint-Priest-la-Roche 42 117 Ea 73
42440 Saint-Priest-la-Vêtre 42 129 De 74
87290 Saint-Priest-le-Betoux 87 113 Bb 71
24450 Saint Priest-les-Fougères 24 125 Ba 75
87120 Saint-Priest-les-Vergnes 87 126 Be 74
87800 Saint-Priest-Ligoure 87 125 Bb 75
87700 Saint-Priest-sous-Aixe 87 125 Ba 74
87480 Saint-Priest-Taurion 87 113 Bc 73
38370 Saint-Prim 38 130 Ee 76
07200 Saint-Privat 07 142 Ec 81
12150 Saint-Privat 12 152 Da 83
12370 Saint-Privat 12 152 Ce 85
19220 Saint-Privat 19 138 Ca 78
24420 Saint-Privat 24 125 Af 77
34700 Saint-Privat 34 167 Dc 86
43580 Saint-Privat-d'Allier 43 141 Dd 79
30430 Saint-Privat-de-Champclos 30 154 Ec 83
24410 Saint-Privat-des-Prés 24 124 Ab 77
30340 Saint-Privat-des-Vieux 30 154 Ea 84
48240 Saint-Privat-de-Vallongue 48 153 Df 83
43380 Saint-Privat-du-Dragon 43 128 Dc 77
48140 Saint-Privat-du-Fau 48 140 Dc 79
24410 Saint-Privat en Périgord 24 124 Ab 77
57855 Saint-Privat-la-Montagne 57 56 Ga 53
71390 Saint-Privé 71 105 Ed 68
89220 Saint-Privé 89 89 Da 62
03120 Saint-Prix 03 116 Dd 71
07270 Saint-Prix 07 142 Ed 79
71800 Saint-Prix 71 117 Eb 70
71990 Saint-Prix 71 104 Ea 67
21230 Saint-Prix-lès-Arnay 21 105 Ec 66
46300 Saint-Projet 46 138 Bc 80
82160 Saint-Projet 82 150 Be 83
15140 Saint-Projet-de-Salers 15 139 Cd 78
16110 Saint-Projet-Saint-Constant 16 124 Ac 74
85110 Saint-Prouant 85 97 Za 68
45750 Saint-Pryvé-Saint-Mesmin 45 87 Bf 61
32310 Saint Puy 32 148 Ac 85
59730 Saint-Python 59 30 Dc 47
17800 Saint-Quantin-de-Rançanne 17 122 Zc 75
22170 Saint-Quay 22 63 Xa 57
22700 Saint-Quay-Perros 22 63 Wd 56
22410 Saint-Quay-Portrieux 22 64 Xb 57
17490 Saint-Quen 17 123 Zf 73
44440 Saint-Quen 44 82 Ye 63
26110 Saint Quenin 26 156 Fb 83
02100 Saint-Quentin 02 40 Db 49
16420 Saint-Quentin 16 112 Ae 72
24200 Saint-Quentin 24 137 Bb 79
50810 Saint-Quentin 50 34 Za 54
71220 Saint-Quentin 71 118 Ec 69
76630 Saint-Quentin-au-Bosc 76 37 Bb 49
33750 Saint-Quentin-de-Baron 33 135 Ze 80
61360 Saint-Quentin-de-Blavou 61 68 Ac 58
33220 Saint Quentin-de-Caplong 33 136 Aa 80
16210 Saint-Quentin-de-Chalais 16 123 Aa 77
27270 Saint-Quentin-des-Isles 27 49 Ad 54
60380 Saint-Quentin-des-Prés 60 38 Be 51
47330 Saint Quentin-du-Dropt 47 136 Ad 80
49110 Saint-Quentin-en-Mauges 49 83 Za 65
80120 Saint-Quentin-en-Tourmont 80 28 Bd 47
38070 Saint-Quentin-Fallavier 38 131 Fa 75
23500 Saint-Quentin-la-Chabanne 23 126 Ca 73
80880 Saint-Quentin-la-Motte-Croix-au-Bailly 80 28 Bc 48
30700 Saint-Quentin-la-Poterie 30 154 Ec 84
09500 Saint-Quentin-la-Tour 09 178 Bf 90
08220 Saint-Quentin-le-Petit 08 41 Ea 51
49150 Saint-Quentin-lès-Beaurepaire 49 84 Zf 63
61800 Saint-Quentin-les-Chardonnets 61 47 Zb 56
51300 Saint-Quentin-les-Marais 51 54 Ed 56
41800 Saint-Quentin-lès-Troo 41 85 Ae 62
51120 Saint-Quentin-le-Verger 51 73 De 57
16150 Saint-Quentin-sur-Charente 16 124 Ae 73
51240 Saint-Quentin-sur-Coole 51 54 Eb 55
37310 Saint-Quentin-sur-Indrois 37 100 Ba 65
38210 Saint-Quentin-sur-Isère 38 131 Fd 77
50220 Saint-Quentin-sur-le-Homme 50 46 Ye 57
58150 Saint-Quentin-sur-Nohain 58 89 Da 64
63490 Saint-Quentin-sur-Sauxillanges 63 128 Dc 75
33112 Saint-Queyran 33 134 Za 78
56500 Saint-Quidy 56 80 Xa 61
22940 Saint-Quihouet 22 64 Xb 58
63440 Saint-Quintin-sur-Sioule 63 115 Da 72
09700 Saint-Quirc 09 164 Bd 89
57560 Saint-Quirin 57 77 Ha 57
24210 Saint-Rabier 24 137 Ba 77
71800 Saint-Racho 71 117 Ec 71
26140 Saint-Rambert-d'Albon 26 130 Ee 77
01230 Saint-Rambert-en-Bugey 01 119 Fc 73
42170 Saint-Rambert-sur-Loire 42 129 Eb 76
46270 Saint-Rame 46 138 Ca 81
12580 Saint-Rames 12 139 Cd 81
56380 Saint-Raoul 56 81 Xf 61
24160 Saint-Raphaël 24 125 Ba 77
33480 Saint-Raphaël 33 134 Zb 79
83700 Saint Raphaël 83 172 Ge 88
42660 Saint-Regis-du-Coin 42 130 Ec 77
37530 Saint-Règle 37 86 Ba 64
07700 Saint-Remèze 07 154 Ed 82
54740 Saint Remimont 54 76 Gb 58
88800 Saint-Remimont 88 76 Ff 59
57140 Saint Remis 57 56 Ga 53
01310 Saint-Rémy 01 118 Fb 71
03370 Saint-Rémy 03 114 Cc 70
12200 Saint-Rémy 12 151 Ca 82
12430 Saint-Rémy 12 152 Ce 84
14570 Saint-Rémy 14 47 Zc 55
19290 Saint-Rémy 19 127 Cb 75
21500 Saint-Rémy 21 90 Eb 63
24700 Saint-Rémy 24 136 Ab 79
46090 Saint-Rémy 46 150 Bc 82
70160 Saint-Rémy 70 93 Ga 61
71100 Saint-Rémy 71 106 Ef 68
76340 Saint-Rémy 76 38 Bd 49
79310 Saint-Rémy 79 111 Ze 69
79410 Saint-Rémy 79 110 Zc 70
88480 Saint-Rémy 88 77 Ge 58
62870 Saint-Rémy-au-Bois 62 28 Bf 46
54290 Saint-Rémy-aux-Bois 54 76 Gc 58
02210 Saint-Rémy-Blanzy 02 52 Db 53
76260 Saint-Rémy-Boscrocourt 76 37 Bc 48
59620 Saint-Rémy-Chaussée 59 31 Df 47
63440 Saint-Rémy-de-Blot 63 115 Cf 72
63500 Saint-Rémy-de-Chargnat 63 128 Db 75
15110 Saint-Rémy-de-Chaudes-Aigues 15 140 Da 80
73660 Saint-Rémy-de-Maurienne 73 132 Gb 76
12210 Saint-Rémy-de-Montpeyroux 12 139 Ce 81
13210 Saint-Rémy-de-Provence 13 155 Ee 86
15140 Saint-Rémy-de-Salers 15 139 Cc 78
72140 Saint-Rémy-de-Sillé 72 67 Zf 59
50580 Saint-Rémy-des-Landes 50 33 Yc 53
72600 Saint-Rémy-des-Monts 72 68 Ac 59
59330 Saint-Rémy-du-Nord 59 31 Df 47
35560 Saint-Rémy-du-Plain 35 65 Yc 58
72600 Saint-Rémy-du-Val 72 68 Ab 58
51290 Saint-Rémy-en-Bouzemont-Saint-Genest-et-Isson 51 54 Ed 57
60130 Saint Remy en l'Eau 60 39 Cc 52
49110 Saint-Rémy-en-Mauges 49 83 Yf 65
86390 Saint-Rémy-en-Montmorillon 86 112 Af 71
03110 Saint-Rémy-en-Rollat 03 116 Dc 71
55160 Saint-Rémy-la-Calonne 55 55 Fd 54
77320 Saint-Rémy-la-Vanne 77 52 Db 56

49250 Saint-Rémy-la-Varenne 49 84 Ze 64
78470 Saint-Rémy-lès-Chevreuse 78 51 Ca 56
78690 Saint-Rémy-L'Honoré 78 50 Bf 56
10700 Saint-Rémy-sous-Barbuise 10 73 Ea 58
51120 Saint-Rémy-sous-Broyes 51 53 De 56
28380 Saint-Rémy-sur-Avre 28 50 Bb 56
51600 Saint-Remy-sur-Bussy 51 54 Ed 54
86220 Saint-Rémy-sur-Creuse 86 100 Ae 67
63550 Saint-Rémy-sur-Durolle 63 116 Dd 73
29290 Saint-Renan 29 61 Vc 58
22120 Saint-René 22 64 Xc 58
85220 Saint-Révérend 85 96 Yb 68
58420 Saint-Révérien 58 104 Dc 65
18200 Saint-Rhomble 18 102 Cc 68
14670 Saint-Richer 14 35 Zf 53
22270 Saint-Rieul 22 64 Xd 58
72610 Saint-Rigomer-des-Bois 72 68 Ab 58
60510 Saint-Rimault 60 38 Cb 52
41800 Saint-Rimay 41 86 Af 62
22470 Saint-Riom 22 63 Xa 56
76560 Saint-Riquier 76 36 Ae 50
80135 Saint-Riquier 80 28 Bf 48
76340 Saint-Riquier-en-Rivière 76 37 Bd 49
76460 Saint-Riquier-lès-Plains 76 36 Ae 50
42370 Saint-Rirand 42 117 Df 72
56310 Saint-Rivalain 56 79 Wf 61
29190 Saint-Rivoal 29 62 Vf 58
19310 Saint-Robert 19 125 Bb 77
47340 Saint-Robert 47 149 Ae 83
63240 Saint-Robert 63 127 Ce 75
05600 Saint-Roch 05 145 Ge 80
37390 Saint-Roch 37 85 Ad 64
38380 Saint-Roch 38 131 Fe 76
44160 Saint-Roch 44 81 Xf 64
65710 Saint-Roch 65 175 Ab 90
61350 Saint-Roch-sur-Ergenne 61 67 Zb 57
17220 Saint-Rogatien 17 110 Yf 72
16210 Saint-Romain 16 124 Aa 77
21190 Saint-Romain 21 105 Ee 66
31370 Saint-Romain 31 164 Ba 88
63660 Saint-Romain 63 129 Df 76
82190 Saint-Romain 82 149 Af 83
82220 Saint-Romain 82 150 Bb 84
86250 Saint-Romain 86 112 Ac 71
89116 Saint-Romain, Sépeaux- 89 89 Db 61
07290 Saint-Romain d'Ay 07 142 Ed 77
17600 Saint-Romain-de-Benet 17 122 Za 74
76430 Saint-Romain-de-Colbosc 76 36 Ac 51
38460 Saint-Romain-de-Jalionas 38 131 Fb 74
07130 Saint-Romain-de-Lerps 07 142 Ee 79
24540 Saint Romain-de-Monpazier 24 137 Af 80
69490 Saint-Romain-de-Popey 69D 130 Ed 73
71570 Saint-Romain-des-Iles 71 118 Ee 71
38150 Saint-Romain-de-Surieu 38 130 Ef 76
42430 Saint-Romain-d'Urfé 42 117 De 73
69560 Saint-Romain-en-Gal 69M 130 Ef 75
42800 Saint-Romain-en-Jarez 42 130 Ed 75
84110 Saint-Romain-en-Viennois 84 155 Fa 83
43620 Saint-Romain-Lachalm 43 129 Ec 77
42640 Saint-Romain-la-Motte 42 117 Df 72
33240 Saint-Romain-la-Virvée 33 135 Zd 79
07320 Saint-Romain-le-Désert 07 142 Ec 78
47270 Saint-Romain-le-Noble 47 149 Ae 84
42610 Saint-Romain-le-Puy 42 129 Ea 75
42660 Saint-Romain-les-Atheux 42 129 Ec 76
71230 Saint-Romain-sous-Gourdon 71 105 Ec 69
71420 Saint-Romain-sous-Versigny 71 105 Eb 69
41140 Saint-Romain-sur-Cher 41 86 Bc 65
17240 Saint-Romain-sur-Gironde 17 122 Zb 76
86220 Saint-Romain-sur-Vienne 86 100 Ad 67
06200 Saint Roman 06 173 Hb 86
26410 Saint-Roman 26 143 Fc 80
30440 Saint-Roman-de-Codières 30 153 De 84
84290 Saint-Roman-de-Malegarde 84 155 Ef 83
48110 Saint-Roman-de-Tousque 48 153 De 84
38160 Saint-Romans 38 143 Fb 78
79230 Saint-Romans-des-Champs 79 111 Zd 71
79500 Saint-Romans-lès-Melle 79 111 Ze 71
12540 Saint-Rome 12 153 Db 85
31290 Saint-Rome 31 165 Be 88
12490 Saint-Rome-de-Cernon 12 152 Cf 84
48500 Saint-Rome-de-Dolan 48 153 Db 83
12490 Saint-Rome-de-Tarn 12 152 Cf 84
50750 Saint-Romphaire 50 46 Yf 54
74210 Saint-Ruph 74 132 Gb 74
31620 Saint-Rustice 31 150 Bc 86
45130 Saintry 45 87 Bd 61
91250 Saintry-sur-Seine 91 71 Cc 57
77120 Saints 77 52 Da 56
89520 Saints 89 89 Db 63
12500 Saint-Saby 12 140 Cf 82
76680 Saint-Saens 76 37 Bb 50
76270 Saint-Saire 76 37 Bc 50
12200 Saint-Salvadou 12 151 Ca 83
19700 Saint-Salvadour 19 126 Be 76
11580 Saint-Salvayre 11 170 Cb 90
81530 Saint-Salvi-de-Carcavès 81 152 Cd 86
47360 Saint Salvy 47 148 Ac 83
82600 Saint-Salvy 82 149 Ba 85
81120 Saint-Salvy-de-Fourestès 81 151 Cb 85
81490 Saint-Salvy-de-la-Balme 81 166 Cc 87
14670 Saint-Samson 14 35 Zf 53
29630 Saint-Samson 29 62 Wa 56
56310 Saint-Samson 56 79 Wf 60
56580 Saint-Samson 56 64 Xb 60
76440 Saint-Samson 76 37 Bd 51
53140 Saint-Samson, Pré-en-Pail- 53 67 Ze 58
50750 Saint-Samson-de-Bontosse 50 46 Yf 54
27680 Saint-Samson-de-la-Roque 27 36 Ac 52
60220 Saint-Samson-la-Poterie 60 38 Be 51
22100 Saint-Samson-sur-Rance 22 65 Xf 58
63450 Saint-Sandoux 63 128 Da 75
12300 Saint-Santin 12 139 Cb 81
15150 Saint-Santin-Cantalès 15 139 Cb 78
12300 Saint-Santin-de-Maurs 12 139 Cb 81
47360 Saint-Sardos 47 148 Ac 82
82600 Saint-Sardos 82 150 Ba 85
18300 Saint-Satur 18 88 Cf 64
15190 Saint-Saturnin 15 127 Ce 77
16290 Saint-Saturnin 16 123 Aa 75
18370 Saint-Saturnin 18 114 Cb 69
34725 Saint-Saturnin 34 167 Dc 86
36700 Saint-Saturnin 36 100 Ba 67
48500 Saint-Saturnin 48 153 Db 82
51260 Saint-Saturnin 51 73 Df 57
63450 Saint-Saturnin 63 128 Da 75
84490 Saint-Saturnin-d'Apt 84 156 Fc 85
12560 Saint-Saturnin-de-Lenne 12 152 Da 82
17700 Saint-Saturnin-du-Bois 17 110 Zb 72
53800 Saint-Saturnin-du-Limet 53 83 Yf 62
84450 Saint-Saturnin-les-Avignon 84 155 Ef 85
49320 Saint-Saturnin-sur-Loire 49 84 Zd 64
72650 Saint-Saturnin 72 68 Aa 60
24470 Saint-Saud-Lacoussière 24 124 Ae 75
80160 Saint-Sauflieu 80 38 Cb 50
58330 Saint-Saulge 58 104 Dd 66
59880 Saint-Saulve 59 31 Dd 46
15290 Saint-Saury 15 138 Ca 79
17610 Saint-Sauvant 17 123 Zc 74
86600 Saint-Sauvant 86 111 Aa 70
63950 Saint-Sauves-d'Auvergne 63 127 Ce 75
05200 Saint Sauveur 05 145 Gd 81
21270 Saint-Sauveur 21 92 Fc 64
24520 Saint-Sauveur 24 136 Ad 79
29400 Saint-Sauveur 29 62 Vf 57
31790 Saint-Sauveur 31 164 Bc 86
33250 Saint Sauveur 33 122 Zb 77
34700 Saint-Sauveur 34 153 Db 86
47120 Saint-Sauveur 47 136 Ab 81
54480 Saint-Sauveur 54 77 Gf 57
60320 Saint-Sauveur 60 39 Ce 53
66230 Saint-Sauveur 66 178 Cc 94
70300 Saint-Sauveur 70 93 Gc 62
76110 Saint-Sauveur 76 36 Ab 51
79300 Saint-Sauveur 79 98 Zd 68
80470 Saint-Sauveur 80 38 Cb 49
85350 Saint-Sauveur 85 96 Xe 68
86100 Saint-Sauveur, Senillé- 86 100 Ad 68
17540 Saint-Sauveur-d'Aunis 17 110 Za 71
50750 Saint-Sauveur-de-Bonfosse 50 46 Ye 54
61320 Saint-Sauveur-de-Carrouges 61 67 Zf 57
61800 Saint-Sauveur-de-Chaulieu 61 47 Za 56
07460 Saint-Sauveur-de-Cruzières 07 154 Eb 83
49500 Saint-Sauveur-de-Flée 49 83 Zb 62
48170 Saint-Sauveur-de-Ginestoux 48 141 Dd 80
49270 Saint-Sauveur-de-Landemont 49 82 Ye 65
76110 Saint-Sauveur-d'Emalleville 76 36 Ab 51
47180 Saint-Sauveur-de-Meilhan 47 135 Zf 82
07190 Saint-Sauveur-de-Montagut 07 142 Ed 80
48130 Saint-Sauveur-de-Peyre 48 140 Db 81
50250 Saint-Sauveur-de-Pierrepont 50 46 Yc 52
33660 Saint Sauveur-de-Puynormand 33 135 Zf 79
35133 Saint-Sauveur-des-Landes 35 66 Ye 58
30750 Saint-Sauveur-des-Pourcils 30 153 Dc 84
89520 Saint-Sauveur-en-Puisaye 89 89 Db 63
42220 Saint-Sauveur-en-Rue 42 130 Ec 77
24700 Saint-Sauveur-Lalande 24 136 Ab 79
50510 Saint-Sauveur-la-Pommeraye 50 46 Yd 55
46240 Saint-Sauveur-la-Vallée 46 138 Bd 81
22210 Saint-Sauveur-le-Bas 22 64 Xc 60
50490 Saint-Sauveur-Lendelin 50 33 Yd 54
77480 Saint-Sauveur-lès-Bray 77 72 Db 58
50390 Saint-Sauveur-le-Vicomte 50 33 Yc 52
28170 Saint-Sauveur-Marville 28 69 Bb 57
77930 Saint-Sauveur-sur-Ecole 77 71 Cd 58
06420 Saint-Sauveur-sur-Tinée 06 158 Ha 84
03370 Saint-Sauvier 03 114 Cc 70
32270 Saint-Sauvy 32 164 Ae 86
65120 Saint-Saveur 65 175 Zf 91
26340 Saint-Saveur-en-Diois 26 143 Fa 80
26110 Saint-Saveur-Gouvernet 26 150 Fc 82
33920 Saint Savin 33 135 Zd 78
38300 Saint-Savin 38 131 Fb 75
65400 Saint-Savin 65 175 Zf 91
86310 Saint-Savin 86 112 Af 69
17350 Saint-Savinien 17 122 Zb 73
86400 Saint-Saviol 86 112 Ab 72
13119 Saint Savournin 13 170 Fd 88
29590 Saint-Sébastian 29 62 Vf 59
22310 Saint-Sébastien 22 63 Wc 57
23160 Saint-Sébastien 23 113 Bd 70
38710 Saint Sébastien 38 144 Fe 79
30140 Saint-Sébastien-d'Aigrefeuille 30 154 Df 84
27180 Saint-Sébastien-de-Morsent 27 49 Ba 54
50190 Saint-Sébastien-de-Raids 50 46 Yd 53
44230 Saint-Sébastien-sur-Loire 44 97 Yc 65
44380 Saint-Sébastuen 44 81 Xe 65
86350 Saint-Secondin 86 112 Ac 71
29590 Saint-Ségal 29 62 Vf 59
35330 Saint-Séglin 35 81 Xf 61
58250 Saint-Seine 58 104 De 68
21130 Saint-Seine-en-Bâche 21 106 Fc 66
21440 Saint-Seine-L'Abbaye 21 91 Ee 64
21610 Saint-Seine-sur-Vingeanne 21 92 Fc 63
33650 Saint-Selve 33 135 Zd 80
50240 Saint-Senier-de-Beuvron 50 66 Ye 57
50300 Saint-Senier-sous-Avranches 50 46 Yd 56
37600 Saint-Senoch 37 100 Af 66
35580 Saint-Senoux 35 82 Yb 61
34400 Saint-Sériès 34 168 Ea 86
07200 Saint-Sernin 07 142 Ec 81
09140 Saint-Sernin 09 176 Bb 91
09210 Saint-Sernin 09 164 Bc 89
11300 Saint-Sernin 11 178 Ca 91
11420 Saint-Sernin 11 165 Be 89
24400 Saint-Sernin 24 136 Ab 79
31570 Saint-Sernin 31 165 Bd 87
47120 Saint-Sernin 47 136 Ab 80
81300 Saint-Sernin 81 165 Ca 86
81390 Saint-Sernin 81 151 Bf 86
71200 Saint-Sernin-du-Bois 71 105 Ec 67
71510 Saint-Sernin-du-Plain 71 105 Ed 67
81700 Saint-Sernin-lès-Lavaur 81 165 Bf 87
81130 Saint-Sernin-les-Mailhoc 81 151 Ca 85
12380 Saint-Sernin-sur-Rance 12 152 Cd 85
89140 Saint-Sérotin 89 72 Da 59
22160 Saint-Servais 22 63 Wd 58
29400 Saint-Servais 29 62 Vf 57
35400 Saint-Servan-sur-Mer 35 65 Xf 57
56120 Saint-Servent 56 81 Xc 61
19290 Saint-Setiers 19 126 Ca 74
33710 Saint-Seurin-de-Bourg 33 135 Zc 78
33180 Saint-Seurin-de-Cadourne 33 122 Zb 77
33390 Saint-Seurin-de-Cursac 33 122 Zc 78
17800 Saint-Seurin-de-Palenne 17 123 Zc 75
24230 Saint-Seurin-de-Prats 24 135 Aa 79
17120 Saint-Seurin-d'Uzet 17 122 Za 75
33660 Saint-Seurin-sur-L'Isle 33 135 Zf 78
29600 Saint-Sève 29 62 Wa 57
33190 Saint-Sève 33 135 Zf 81
40500 Saint Sever 40 147 Zc 86
14380 Saint-Sever-Calvados 14 46 Yf 55
65140 Saint-Sever-de-Rustan 65 163 Ab 88
17800 Saint-Sever-de-Saintonge 17 123 Zc 74
12370 Saint-Sever-du-Moustier 12 152 Ce 86
16390 Saint-Séverin 16 124 Ab 77
24190 Saint-Séverin-d'Estissac 24 136 Ac 78
17330 Saint-Séverin-sur-Boutonne 17 111 Zd 72
52200 Saints-Geosmes 52 92 Fb 61
30700 Saint Siffret 30 154 Ec 84
45310 Saint-Sigismond 45 70 Be 61
49123 Saint-Sigismond 49 83 Za 64
74300 Saint-Sigismond 74 120 Gd 72
85420 Saint-Sigismond 85 110 Zb 70
17240 Saint Sigismond-de-Clermont 17 123 Zc 76
23600 Saint-Silvain-Bas-le-Roc 23 114 Cb 71
23190 Saint-Silvain-Bellegarde 23 114 Cb 73
23320 Saint-Silvain-Montaigut 23 114 Be 72
23140 Saint-Silvain-Sous-Toulx 23 114 Cb 71
27560 Saint-Siméon 27 49 Ad 53
50580 Saint-Siméon 50 46 Yb 52
61350 Saint-Siméon 61 67 Zb 58
38870 Saint-Siméon-de-Bressieux 38 131 Fb 77
16120 Saint-Simeux 16 123 Zf 75
02640 Saint-Simon 02 40 Db 50
15130 Saint-Simon 15 139 Cc 79
16120 Saint-Simon 16 123 Zf 75
31100 Saint Simon 31 164 Bc 87
46320 Saint-Simon 46 138 Bf 80
17500 Saint-Simon-de-Bordes 17 123 Zd 76
17260 Saint Simon-de-Pellouaille 17 122 Zb 75
74800 Saint-Sixt 74 120 Gb 72
38620 Saint Sixte 38 131 Fd 76
42130 Saint-Sixte 42 129 Df 74
47220 Saint-Sixte 47 149 Ae 84
22100 Saint-Solent 22 65 Ya 58
19130 Saint Solve 19 125 Bc 77
69440 Saint-Sorlin 69M 130 Ed 75
73530 Saint-Sorlin-d'Arves 73 132 Gb 77
17150 Saint Sorlin-de-Cônac 17 122 Zb 76
38510 Saint-Sorlin-de-Morestel 38 131 Fc 75
38200 Saint-Sorlin-de-Vienne 38 130 Ef 76
01150 Saint-Sorlin-en-Bugey 01 131 Fc 73
26210 Saint-Sorlin-en-Valloire 26 130 Ef 77
03240 Saint-Sornin 03 115 Da 70
16220 Saint-Sornin 16 124 Ac 74
17600 Saint-Sornin 17 122 Za 74
85540 Saint-Sornin 85 109 Yd 70
87210 Saint-Sornin-la-Marche 87 113 Af 71
19230 Saint-Sornin-Lavolps 19 125 Bc 76
87290 Saint-Sornin-Leulac 87 113 Bb 71
32220 Saint-Soulan 32 164 Af 87
59360 Saint-Souplet 59 30 Dd 48
51600 Saint-Souplet-sur-Py 51 54 Ec 53
77165 Saint-Soupplets 77 52 Ce 54
46200 Saint-Sozy 46 138 Bd 79
88210 Saint-Stail 88 77 Ha 58
56700 Saint-Sterlin 56 79 We 62
35430 Saint-Suliac 35 65 Ya 57
22400 Saint-Sulien 22 64 Xd 58
01340 Saint-Sulpice 01 118 Fa 71
12320 Saint-Sulpice 12 139 Cc 81
14400 Saint-Sulpice 14 47 Zb 53
41000 Saint-Sulpice 41 86 Bb 63
42110 Saint-Sulpice 42 129 Ea 74
46160 Saint-Sulpice 46 138 Be 81
53360 Saint-Sulpice 53 83 Zb 61
60430 Saint-Sulpice 60 38 Ca 52
63760 Saint-Sulpice 63 127 Cd 75
70110 Saint-Sulpice 70 94 Gc 63
73160 Saint-Sulpice 73 132 Fe 75
81370 Saint-Sulpice 81 150 Be 86
86220 Saint-Sulpice 86 100 Ad 67
49320 Saint-Sulpice, Blaison- 49 84 Zd 64
17250 Saint-Sulpice-d'Arnoult 17 122 Za 74
16370 Saint-Sulpice-de-Cognac 16 123 Zd 74
33330 Saint-Sulpice-de-Faleyrens 33 135 Ze 79
91910 Saint-Sulpice-de-Favières 91 71 Cb 57
27210 Saint-Sulpice-de-Graimbouville 27 36 Ac 52
33580 Saint-Sulpice-de-Guilleragues 33 135 Aa 81
24340 Saint-Sulpice-de-Mareuil 24 124 Ad 76
33540 Saint Sulpice-de-Pommiers 33 135 Zf 80
24600 Saint-Sulpice-de-Roumaghac 24 124 Ac 77
17200 Saint-Sulpice-de-Royan 17 122 Yf 74
16460 Saint-Sulpice-de-Ruffec 16 112 Ab 73
35390 Saint Sulpice-des-Landes 35 82 Yc 62
44540 Saint-Sulpice-des-Landes 44 82 Ye 63
38620 Saint-Sulpice-des-Rivoires 38 131 Fd 76
24800 Saint-Sulpice-d'Excideuil 24 125 Ba 76
24500 Saint-Sulpice-d'Eymet 24 136 Ac 80
85410 Saint-Sulpice-en-Pareds 85 98 Zb 69
33450 Saint-Sulpice-et-Cameyrac 33 135 Zd 79
35250 Saint-Sulpice-la-Forêt 35 65 Yc 59
87370 Saint-Sulpice-Laurière 87 113 Bc 72
23800 Saint-Sulpice-le-Dunois 23 114 Be 71
23000 Saint-Sulpice-le-Guérétois 23 114 Be 71
19250 Saint-Sulpice-les-Bois 19 126 Ca 75
23480 Saint-Sulpice-les-Champs 23 114 Ca 73
87160 Saint-Sulpice-les-Feuilles 87 113 Bc 71
85260 Saint-Sulpice-le-Verdon 85 97 Yd 67
31410 Saint-Sulpice-sur-Lèze 31 164 Bb 89
61300 Saint-Sulpice-sur-Risle 61 49 Ad 56
54620 Saint-Supplet 54 43 Fe 52
16120 Saint-Surin 16 123 Zf 75
14190 Saint-Sylvain 14 48 Ze 54
19380 Saint-Sylvain 19 138 Bf 77
76460 Saint-Sylvain 76 36 Ae 49
49480 Saint-Sylvain-d'Anjou 49 83 Zd 63
07440 Saint-Sylvestre 07 142 Ee 79
74540 Saint-Sylvestre 74 132 Ga 73
87240 Saint-Sylvestre 87 113 Bc 73
59114 Saint-Sylvestre-Cappel 59 27 Cd 44
27260 Saint-Sylvestre-de-Cormeilles 27 48 Ac 53
63310 Saint-Sylvestre-Pragoulin 63 116 Dc 72
47140 Saint-Sylvestre-sur-Lot 47 149 Ae 82
04200 Saint-Symphorien 04 157 Ga 83
12490 Saint-Symphorien 12 152 Cf 84
18190 Saint-Symphorien 18 102 Cb 68
22130 Saint-Symphorien 22 64 Xe 58
27500 Saint-Symphorien 27 36 Ac 53
33113 Saint-Symphorien 33 147 Zd 82
35190 Saint-Symphorien 35 65 Yb 59
48600 Saint-Symphorien 48 141 Dd 79
56650 Saint-Symphorien 56 80 We 61
72240 Saint-Symphorien 72 67 Zf 60
79270 Saint-Symphorien 79 110 Zd 71
82240 Saint-Symphorien 82 150 Be 83
85600 Saint-Symphorien 85 97 Ye 67
28700 Saint-Symphorien, Bleury- 28 70 Be 57
71570 Saint-Symphorien-d'Ancelles 71 118 Ee 71
42470 Saint-Symphorien-de-Lay 42 117 Eb 73
07290 Saint-Symphorien-de-Mahun 07 142 Ed 77
71710 Saint-Symphorien-de-Marmagne 71 105 Eb 67
71800 Saint-Symphorien-des-Bois 71 117 Eb 71
61300 Saint-Symphorien-des-Bruyères 61 49 Ad 56
50640 Saint-Symphorien-des-Monts 50 66 Yf 57
12460 Saint-Symphorien-de-Thénières 12 139 Ce 80
69360 Saint-Symphorien-d'Ozon 69M 130 Ef 75
50160 Saint-Symphorien-les-Buttes 50 47 Za 54
37340 Saint-Symphorien-les-Ponceaux 37 85 Ab 64
50250 Saint-Symphorien-le-Valois 50 33 Yc 53
07210 Saint-Symphorien-sous-Chomérac 07 142 Ee 80
87140 Saint-Symphorien-sur-Couze 87 113 Bb 72
21170 Saint-Symphorien-sur-Saône 21 106 Fb 66
69590 Saint-Symphorien-sur-Coise 69M 130 Ec 75
29350 Saint-Thamec 29 79 Wc 62
22150 Saint-Thé 22 64 Xb 59
29410 Saint-Thégonnec 29 62 Wa 57
22460 Saint-Thélo 22 64 Xa 59
30260 Saint-Theodorit 30 154 Ea 85
38119 Saint-Théoffrey 38 144 Fe 79
73160 Saint-Thibaud-de-Couz 73 132 Ff 75
02220 Saint-Thibault 02 53 Dd 53
10800 Saint-Thibault 10 73 Ea 59
18300 Saint-Thibault 18 88 Cf 64
21350 Saint-Thibault 21 91 Ec 64
60210 Saint-Thibault 60 38 Bf 50
77400 Saint-Thibault-des-Vignes 77 51 Ce 55
34630 Saint-Thibéry 34 167 Dc 88
39110 Saint-Thiébaud 39 107 Ff 67
52150 Saint-Thiebault 52 75 Fd 59
55130 Saint-Thiébaut 55 75 Fc 57
51220 Saint-Thierry 51 53 Df 53
29520 Saint-Thois 29 62 Wa 60
02820 Saint-Thomas 02 40 De 52
31470 Saint-Thomas 31 164 Ba 87
17150 Saint-Thomas-de-Conac 17 122 Zb 76
53160 Saint-Thomas-de-Courceriers 53 67 Ze 59
51800 Saint-Thomas-en-Argonne 51 54 Ef 53
42600 Saint-Thomas-la-Garde 42 129 Ea 75
07220 Saint-Thomé 07 142 Ed 81
56690 Saint-Thomin 56 80 We 62
29800 Saint-Thonan 29 62 Vd 58
35190 Saint-Thual 35 65 Ya 58
35310 Saint-Thurial 35 65 Ya 60
56150 Saint-Thuriau 56 79 Wf 61
56300 Saint-Thuriau 56 64 Xa 60
27680 Saint-Thurien 27 36 Ad 52
29380 Saint-Thurien 29 79 Wc 61
42111 Saint-Thurin 42 129 Df 74
56330 Saint-Trémeur 56 80 Wf 62
62185 Saint-Tricat 62 27 Be 43
22510 Saint-Trimoël 22 64 Xc 58
84390 Saint-Trinit 84 156 Fc 84
01560 Saint-Trivier-de-Courtes 01 118 Fa 70
01990 Saint-Trivier-sur-Moignans 01 118 Ef 72
16100 Saint-Trojan 16 123 Ze 74
33710 Saint-Trojan 33 135 Zc 78
17370 Saint-Trojan-les-Bains 17 122 Ye 73
83990 Saint-Tropez 83 172 Gd 89
40200 Saint-Trosse 40 146 Yf 83
56890 Saint-Trye = Saint-Ave 56 80 Xb 62
56540 Saint-Tugdual 56 79 Wd 60
29770 Saint-Tugen 29 61 Vc 60
04220 Saint-Tulle 04 156 Fe 86
26790 Saint-Turquoit 26 155 Ef 83
22330 Saint-Udy 22 64 Xc 59
72320 Saint-Ulphace 72 69 Ae 60
68210 Saint-Ulrich 68 94 Ha 63
22230 Saint-Unet 22 64 Xc 59
35360 Saint-Uniac 35 65 Xf 59
29800 Saint-Urbain 29 62 Ve 58
33710 Saint-Urbain 33 135 Zd 78
85230 Saint-Urbain 85 96 Xf 67
52300 Saint-Urbain-Maconcourt 52 75 Fb 58
47270 Saint-Urcisse 47 149 Ae 84
81630 Saint-Urcisse 81 150 Bd 85
82110 Saint-Urcisse 82 149 Bb 83
15110 Saint-Urcize 15 140 Da 80
50320 Saint-Ursin 50 46 Yd 56
10360 Saint-Usage 10 74 Ed 60
21170 Saint-Usage 21 106 Fb 66
86220 Saint-Ustre 86 100 Ad 67
71500 Saint-Usuge 71 106 Fb 68
51290 Saint-Utin 51 74 Ed 57
26240 Saint-Uze 26 130 Ef 77
14250 Saint-Vaas-sur-Seulles 14 34 Zc 54
60410 Saint-Vaast-de-Longmont 60 51 Ce 53
76510 Saint-Vaast-d'Equiqueville 76 37 Bb 50
76450 Saint-Vaast-Dieppedalle 76 36 Ae 50
76890 Saint-Vaast-du-Val 76 37 Ba 50
14640 Saint-Vaast-en-Auge 14 48 Aa 53
59188 Saint-Vaast-en-Cambrésis 59 30 Dc 47
80310 Saint-Vaast-en-Chaussée 80 38 Cb 49
50550 Saint-Vaast-la-Hougue 50 33 Ye 51
60660 Saint-Vaast-lès-Mello 60 51 Cc 53
17100 Saint-Vaize 17 122 Zc 74
70300 Saint-Valbert 70 93 Gc 61
36100 Saint-Valentin 36 101 Bf 67
85570 Saint-Valérien 85 110 Za 69
89150 Saint-Valérien 89 72 Da 59
60220 Saint-Valery 60 38 Be 50
76460 Saint-Valery-en-Caux 76 36 Ae 49
80230 Saint-Valery-sur-Somme 80 28 Bd 47
71390 Saint-Vallerin 71 105 Ec 68
16480 Saint-Vallier 16 123 Zf 77
26240 Saint-Vallier 26 142 Ee 77
70100 Saint-Vallier 70 92 Fe 64

71230 Saint-Vallier 71 105 Ec 69
88270 Saint-Vallier 88 76 Gb 59
06460 Saint-Vallier-de-Thiey 06 172 Gf 86
52200 Saint-Vallier-sur-Marne 52 92 Fc 61
79330 Saint-Varent 79 99 Zc 67
81800 Saint-Vast 81 150 Be 86
23320 Saint-Vaury 23 114 Be 71
62350 Saint-Venant 62 29 Cd 45
29510 Saint-Venec 29 78 Vf 60
43580 Saint-Vénérand 43 141 De 79
58310 Saint-Vérain 58 89 Da 64
04250 Saint Véran 04 157 Ga 83
05350 Saint-Véran 05 145 Gf 80
12100 Saint-Véran 12 153 Db 84
84220 Saint-Véran 84 156 Fb 85
84330 Saint-Véran 84 155 Fa 84
38160 Saint-Vérand 38 143 Fb 77
69620 Saint-Vérand 69D 117 Ed 73
71570 Saint-Vérand 71 118 Ee 71
43440 Saint-Vert 43 128 Dd 76
19240 Saint-Viance 19 125 Bc 77
41210 Saint-Viâtre 41 87 Bf 63
44320 Saint-Viaud 44 96 Xf 65
72130 Saint-Victeur 72 68 Aa 59
03410 Saint-Victor 03 115 Cd 70
07410 Saint Victor 07 142 Ee 78
13200 Saint-Victor 13 169 Ed 87
19200 Saint-Victor 19 127 Cc 76
24350 Saint-Victor 24 124 Ac 77
43150 Saint-Victor 43 141 Df 79
47470 Saint-Victor 47 149 Af 83
76760 Saint-Victor 76 37 Af 51
81800 Saint-Victor 81 150 Be 86
28240 Saint-Victor-de-Buthon 28 69 Af 58
27300 Saint-Victor-de-Chrétienville 27 49 Ad 54
30500 Saint-Victor-de-Malcap 30 154 Eb 83
38510 Saint-Victor-de-Morestel 38 131 Fd 74
27800 Saint-Victor-d'Epine 27 49 Ad 53
61290 Saint-Victor-de-Reno 61 69 Ae 57
30700 Saint-Victor-des Oules 30 155 Ec 84
23000 Saint-Victor-en-Marche 23 114 Be 72
13730 Saint-Victoret 13 170 Fb 88
12400 Saint-Victor-et-Melvieu 12 152 Ce 84
76890 Saint-Victor-l'Abbaye 76 37 Ba 50
30290 Saint-Victor-la-Coste 30 155 Ed 84
63790 Saint-Victor-la-Rivière 63 128 Cf 75
43140 Saint Victor-Malescours 43 129 Eb 77
63550 Saint-Victor-Montvianeix 63 116 Dd 73
09100 Saint-Victor-Rouzaud 09 165 Bd 90
43500 Saint-Victor-sur-Arlanc 43 129 De 76
27130 Saint-Victor-sur-Avre 27 49 Af 56
21410 Saint-Victor-sur-Ouche 21 105 Ee 65
42630 Saint-Victor-sur-Rhins 42 117 Eb 72
87420 Saint-Victurnien 87 125 Ba 73
43320 Saint-Vidal 43 141 De 78
40190 Saint-Vidou 40 147 Ze 85
27930 Saint-Vigor 27 50 Bb 54
14700 Saint-Vigor-de-Mieux 14 48 Ze 55
14770 Saint-Vigor-des-Mézerets 14 47 Zc 55
50420 Saint-Vigor-des-Monts 50 46 Yf 55
76430 Saint-Vigor-d'Ymonville 76 36 Ac 52
14400 Saint-Vigor-le-Grand 14 47 Zb 53
07700 Saint-Vincent 07 155 Ed 82
12370 Saint-Vincent 12 152 Ce 86
15380 Saint-Vincent 15 127 Cd 77
20272 Saint Vincent CTC 183 Kc 95
31290 Saint-Vincent 31 165 Be 88
35350 Saint-Vincent 35 65 Ya 56
43800 Saint-Vincent 43 141 Df 78
47320 Saint-Vincent 47 148 Ac 83
56160 Saint-Vincent 56 79 We 61
63320 Saint-Vincent 63 128 Da 75
64800 Saint-Vincent 64 162 Zf 90
82000 Saint-Vincent 82 150 Bc 84
82330 Saint-Vincent 82 151 Bf 83
71430 Saint-Vincent-Bragny 71 117 Ea 69
76430 Saint-Vincent-Cramesnil 76 36 Ac 51
34730 Saint-Vincent-de-Barbeyrargues 34 168 Df 86
07210 Saint-Vincent-de-Barrès 07 142 Ee 81
42120 Saint-Vincent-de-Boisset 42 117 Ea 72
24190 Saint-Vincent-de-Connezac 24 124 Ac 78
24220 Saint-Vincent de-Cosse 24 137 Ba 79
07360 Saint-Vincent-de-Durfort 07 142 Ed 80
47310 Saint-Vincent-de-Lamontjoie 47 149 Ad 84
38660 Saint-Vincent-de-Mercuze 38 132 Ff 76
33440 Saint-Vincent-de-Paul 33 135 Zd 79
40990 Saint-Vincent-de-Paul 40 161 Yf 86
33420 Saint-Vincent-de-Pertignas 33 135 Zf 80
69240 Saint-Vincent-de-Reins 69D 117 Ec 72
27950 Saint-Vincent-des-Bois 27 50 Bc 54
44590 Saint-Vincent-des-Landes 44 82 Yd 63
71250 Saint-Vincent-des-Prés 71 118 Ed 70
72600 Saint-Vincent-des-Prés 72 68 Ac 59
40230 Saint Vincent-de-Tyrosse 40 160 Ye 87
34390 Saint-Vincent-d'Olargues 34 167 Cf 87
27230 Saint-Vincent-du-Boulay 27 49 Ac 54
72150 Saint-Vincent-du-Lorouër 72 85 Ac 62
46400 Saint-Vincent-du-Pendit 46 138 Bf 79
71440 Saint-Vincent-en-Bresse 71 106 Fa 68
24410 Saint-Vincent-Jalmoutiers 24 124 Ab 77
79500 Saint-Vincent-la-Châtre 79 111 Zf 71
26300 Saint-Vincent-la-Commanderie 26 143 Fa 79
27270 Saint-Vincent-la-Rivière 27 49 Ac 55
04340 Saint-Vincent-les-Forts 04 157 Gc 82
82400 Saint-Vincent-Lespinasse 82 149 Af 84
85480 Saint-Vincent-Puymaufrais 85 97 Yf 69
46140 Saint-Vincent-Rive-d'Olt 46 137 Db 82
85110 Saint-Vincent-Sterlanges 85 97 Yf 68
85540 Saint-Vincent-sur-Graon 85 109 Yd 69
04200 Saint-Vincent-sur-Jabron 04 156 Fe 83
85520 Saint-Vincent-sur-Jard 85 109 Yc 70
24420 Saint-Vincent-sur-l'Isle 24 125 Af 77
56350 Saint-Vincent-sur-Oust 56 81 Xf 62
89430 Saint-Vinnemer 89 90 Ea 62
25410 Saint-Vit 25 107 Fe 65
34600 Saint-Vital 34 167 Da 87
73460 Saint Vital 73 132 Gb 75
47500 Saint Vite 47 137 Af 82
18360 Saint-Vitte 18 115 Cd 69
87380 Saint-Vitte-sur-Briance 87 125 Bd 75
39290 Saint-Vivant-en-Amaou 39 106 Fc 66
17220 Saint-Vivien 17 110 Yf 72
24230 Saint-Vivien 24 136 Aa 79
24310 Saint-Vivien 24 124 Ad 77
47210 Saint-Vivien 47 136 Ad 81
33920 Saint Vivien-de-Blaye 33 135 Zc 78
33590 Saint-Vivien-de-Médoc 33 122 Yf 76
33580 Saint-Vivien-de-Monségur 33 136 Aa 81
03220 Saint-Voir 03 116 Dd 70
22120 Saint-Volon 22 64 Xb 58
29440 Saint-Vougay 29 62 Vf 57
51340 Saint-Vrain 51 54 Ee 56
91770 Saint-Vrain 91 71 Cb 57
22230 Saint-Vran 22 64 Xd 59
01150 Saint-Vulbas 01 131 Fb 74
59570 Saint-Waast 59 31 De 47
62990 Saint-Wandrille 62 28 Bf 45
76490 Saint-Wandrille-Rançon 76 36 Ae 51
95470 Saint-Witz 95 51 Cd 54
17138 Saint-Xandre 17 110 Yf 71
12540 Saint-Xist 12 152 Da 85
34260 Saint-Xist 34 167 Da 86
40400 Saint-Yaguen 40 147 Zb 85
71600 Saint-Yan 71 117 Ea 70
56660 Saint-Yann-Brevele = Saint-Jean-Brévelay 56 80 Xb 61
19140 Saint-Ybard 19 125 Bd 76
09210 Saint-Ybars 09 164 Bc 89
03270 Saint-Yorre 03 116 Dc 72
32320 Saint-Yors 32 163 Ab 87
23460 Saint-Yrieix-la-Montagne 23 126 Ca 73
87500 Saint-Yrieix-la-Perche 87 125 Bb 75
19300 Saint-Yrieix-le-Déjalat 19 126 Bf 76
23150 Saint-Yrieix-les-Bois 23 114 Bf 72
87700 Saint-Yrieix-sous-Aixe 87 125 Ba 73
16710 Saint Yrieix-sur-Charente 16 124 Aa 74
71460 Saint-Ythaire 71 118 Ed 69
56310 Saint-Yves 56 79 We 61
63500 Saint-Yvoine 63 128 Db 75
29140 Saint-Yvy 29 78 Wa 61
33920 Saint-Yzan-de-Soudiac 33 135 Zd 78
33340 Saint Yzans-de-Médoc 33 122 Zb 77
83640 Saint-Zacharie 83 171 Fe 88
28700 Sainville 28 70 Bf 58
86420 Saires 86 99 Ab 67
61220 Saires-la-Verrerie 61 47 Zd 56
11310 Saissac 11 165 Cb 88
80540 Saisseval 80 38 Ca 49
71360 Saisy 71 105 Ed 67
95270 Sait Martin-du-Tertre 95 [illegible]
79400 Saivres 79 111 Ze 70
81710 Saïx 81 165 Cb 87
86120 Saix 86 99 Aa 66
05400 Saix, le 05 144 Fe 82
39110 Saizenay 39 107 Ff 67
54380 Saizerais 54 56 Ga 56
58190 Saizy 58 89 De 64
31370 Sajas 31 164 Ba 88
34360 Salabert 34 167 Cf 88
24160 Salagnac 24 125 Bb 77
38890 Salagnon 38 131 Fc 75
30120 Salagosse 30 153 Dd 84
85340 Salaire, la 85 96 Yb 69
38150 Salaise-sur-Sanne 38 130 Ee 76
24590 Salamonie, la 24 137 Bc 79
39700 Salans 39 107 Fe 66
87130 Salas 87 125 Bc 74
34800 Salasc 34 167 Db 87
20242 Salastracu CTC 183 Kb 96
09140 Salau 09 176 Bb 92
33160 Salaunes 33 134 Zb 79
07150 Salaves 07 154 Ec 82
01270 Salavre 01 119 Fc 70
42550 Salayes 42 129 Df 76
30760 Salazac 30 155 Ed 83
40170 Salbert 40 146 Yf 84
90350 Salbert 90 94 Ge 62
35320 Sal-Breizh = Le Sel-de-Bretagne 35 82 Yc 61
41300 Salbris 41 87 Ca 64
67420 Salcée, la 67 60 Ha 58
34700 Salces 34 153 Dc 86
48100 Salces, les 48 140 Da 81
81360 Salclas 81 166 Cc 86
20246 Saleccia CTC 181 Kb 92
65370 Saléchan 65 176 Ad 91
31260 Saleich 31 176 Af 90
17510 Saleignes 17 111 Ze 72
66280 Saleilles 66 179 Cf 93
09220 Saleix 09 177 Bc 92
34700 Salèlles 34 167 Dc 86
07140 Salelles, les 07 154 Ea 82
07170 Salelles, les 07 142 Ec 82
48230 Salelles, les 48 140 Db 82
68240 Salem 68 77 Hb 59
15250 Salemagne 15 139 Cc 79
60400 Salency 60 39 Da 51
50430 Salenuel 50 33 Yc 53
67440 Salenthal 67 58 Hc 57
05300 Saléon 05 156 Fe 83
05300 Salérans 05 156 Fe 83
31230 Salerm 31 164 Ae 89
83690 Salernes 83 172 Gb 87
15140 Salers 15 139 Cc 78
74150 Sales 74 132 Ff 73
81240 Sales 81 166 Cd 88
15260 Salès, le 15 140 Da 79
24590 Sales, les 24 137 Bc 78
59218 Salesches 59 31 Dd 47
12800 Salesse 12 130 Cd 80
23260 Salesse 23 127 Cc 74
15430 Salesse, la 15 140 Cf 78
82330 Salesse, la 82 151 Bf 83
81240 Salesses 81 166 Cc 87
15190 Salesses, les 15 127 Cf 76
48170 Salesses, les 48 141 De 81
63120 Salet 63 128 Dd 74
38970 Salette-Fallavaux, la 38 144 Ff 79
26160 Salettes 26 142 Ef 81
43150 Salettes 43 141 Df 79
24460 Saleuil 24 124 Ac 77
80480 Saleux 80 38 Cb 49
48400 Salgas 48 153 Dd 83
12470 Salgues 12 139 Cf 81
19380 Salgues 19 138 Bf 78
46090 Salgues 46 150 Bc 82
48700 Salhens 48 140 Dc 80
20121 Salice CTC 182 If 96
20218 Saliceto CTC 183 Kb 94
33260 Salie, la 33 134 Ye 81
48400 Saliège 48 153 De 82
13200 Saliers 13 169 Ec 87
81990 Saliès 81 151 Ca 85
64270 Salies-de-Béarn 64 161 Za 88
31260 Salies-du-Salat 31 164 Af 90
04290 Salignac 04 157 Ff 84
33240 Salignac 33 135 Zd 78
17130 Salignac-de-Mirambeau 17 123 Zd 76
24590 Salignac-Eyvigues 24 137 Bb 79
17800 Salignac-sur-Charente 17 123 Zd 74
39350 Saligney 39 107 Fd 65
60100 Saligny 58 89 Dd 64
85170 Saligny 85 97 Yd 68
89100 Saligny 89 72 Dc 59
18800 Saligny-le-Vif 18 103 Ce 66
03470 Saligny-sur-Roudon 03 116 De 70
65120 Saligos 65 175 Zf 91
65120 Saligos 65 175 Zf 91
15700 Saligoux 15 139 Cb 77
40200 Salin 40 146 Ye 83
13200 Salin-de-Badon 13 169 Ed 88
13129 Salin-de-Giraud 13 169 Ee 88
30340 Salindres 30 154 Ea 83
14670 Saline 14 48 Ze 53
56730 Saline, la 56 80 Xa 63
30250 Salinelles 30 154 Ea 86
09220 Salingres 09 177 Bc 92
77148 Salins 77 72 Da 58
83400 Salins-d'Hyères, les 83 171 Gb 90
73600 Salins-Fontaine 73 133 Gd 76
39110 Salins-les-Bains 39 107 Ff 67
64360 Saliou 64 162 Zc 89
21580 Salives 21 91 Ef 63
06910 Sallagriffon 06 158 Gf 85
74700 Sallanches 74 120 Gd 73
87800 Sallas 87 125 Ba 74
62680 Sallaumines 62 30 Cf 46
20000 Sallccia CTC 182 Id 97
05100 Sallé 05 145 Gd 78
05240 Salle, la 05 145 Gd 79
40000 Salle, la 40 83 Zc 62
71260 Salle, la 71 118 Ef 70
81340 Salle, la 81 151 Cc 84
82160 Salle, la 82 150 Be 83
88470 Salle, la 88 77 Ge 59
33370 Sallebœuf 33 135 Zd 79
63270 Sallèdes 63 128 Db 75
49310 Salle-de-Vihiers, la 49 98 Zc 66
38350 Salle-en-Beaumont, la 38 144 Ff 79
49110 Salle-et-Chapelle-Aubry 49 97 Za 65
11600 Sallèles-Cabardès 11 166 Cc 89
11590 Sallèles-d'Aude 11 167 Cf 89
14240 Sallen 14 34 Zb 54
80230 Sallenelle 80 28 Bd 47
14121 Sallenelles 14 48 Ze 53
32550 Salleneuve 32 163 Ad 87
74270 Sallenôves 74 120 Ff 72
85300 Sallertaine 85 96 Ya 67
01160 Salles 01 119 Fb 72
03140 Salles 03 116 Db 71
24480 Salles 24 137 Af 80
26310 Salles 26 143 Fc 81
33770 Salles 33 134 Za 81
47150 Salles 47 137 Af 81
65400 Salles 65 175 Zf 90
79800 Salles 79 111 Zf 70
81640 Salles 81 151 Ca 84
86300 Salles 86 112 Ad 70
23340 Salles, les 23 126 Bf 74
30570 Salles, les 30 153 Dd 84
42440 Salles, les 42 129 De 73
48600 Salles, les 48 141 De 80
65360 Salles-Adour 65 162 Aa 89
69460 Salles-Arbuissonnas-en-Beaujolais 69D 118 Ed 72
12260 Salles-Courbatiès 12 138 Ca 82
12410 Salles-Curan 12 152 Ce 83
16130 Salles-d'Angles 16 123 Ze 75
32370 Salles-d'Armagnac 32 148 Zf 86
11110 Salles-d'Aude 11 167 Da 89
16300 Salles-de-Barbezieux 16 123 Zf 76
24170 Salles-de-Belvès 24 137 Af 80
33350 Salles-de-Castillon, les 33 135 Zf 79
16700 Salles-de-Villefagnan 16 111 Aa 73
30110 Salles-du-Gardon, les 30 154 Ea 83
31110 Salles-et-Pratviel 31 176 Ad 92
12330 Salles-la-Source 12 151 Cd 82
16190 Salles-Lavalette 16 124 Ab 76
87440 Salles-Lavauguyon, les 87 124 Ae 74
17470 Salles-lès-Aulnay 17 111 Ze 72
64300 Salles-Mongiscard 64 161 Za 88
64300 Sallespisse 64 161 Zb 87
26770 Salles-sous-Bois 26 155 Ef 82
31390 Salles-sur-Garonne 31 164 Bb 89
11410 Salles-sur-L'Hers 11 165 Be 89
17220 Salles-sur-Mer 17 110 Yf 72
83630 Salles-sur-Verdon, les 83 157 Gb 86
64400 Sallet-de-Haut 64 161 Zb 89
26150 Sallières 26 143 Fc 80
74150 Sallongy 74 120 Ff 70
55000 Salmagne 55 55 Fb 56
21690 Salmaise 21 91 Ed 64
67160 Salmbach 67 59 Ia 55
12120 Salmiech 12 152 Cd 83
63230 Salmondèche 63 127 Ce 73
76116 Salmonville 76 37 Bb 52
59496 Salomé 59 30 Cf 45
87330 Salomon 87 112 Af 72
10700 Salon 10 53 Ea 57
24290 Salon 24 137 Ba 79
24380 Salon 24 136 Ae 78
13300 Salon-de-Provence 13 170 Fa 87
20246 Salone CTC 181 Kb 93
19510 Salon-la-Tour 19 125 Bd 75
57170 Salonnes 57 57 Gc 56
71250 Salornay-sur-Guye 71 118 Ed 69
80480 Salouël 80 38 Cb 49
63440 Salpaleine 63 115 Da 72
62500 Salperwick 62 27 Cb 44
09800 Salsein 09 176 Ba 91
66600 Salses-le-Chateau 66 179 Cf 91
11600 Salsigne 11 166 Cc 89
42110 Salt-en-Donzy 42 129 Eb 74
09270 Saltré, la 09 165 Be 89
20146 Salvadilevo CTC 185 Kb 99
20146 Salvadilevu = Salvadilevo CTC 185 Kb 99
81100 Salvages, les 81 166 Cb 87
81320 Salvaget 81 166 Ce 87
12400 Salvagnac 12 152 Ce 85
81630 Salvagnac 81 150 Be 85
12260 Salvagnac-Cajarc 12 138 Bf 82
74740 Salvagny 74 121 Ge 72
09100 Salvayré 09 165 Bd 89
62380 Salvecques 62 29 Ca 45
30450 Salveplane 30 154 Df 82
81190 Salveredonde 81 151 Ca 84
34330 Salvergues 34 167 Cf 87
12230 Salvetat 12 153 Db 85
15220 Salvetat 15 139 Cb 80
24480 Salvetat 24 137 Af 80
82270 Salvetat, la 82 150 Bc 83
82230 Salvetat-Belmontet, la 82 150 Bd 85
31460 Salvetat-Lauragais, la 31 165 Be 87
12440 Salvetat-Peyralès, la 12 151 Cb 83
31880 Salvetat-Saint-Gilles, la 31 164 Bb 87
34330 Salvetat-sur-Agout, la 34 166 Ce 87
11140 Salvezines 11 178 Cb 92
46150 Salvezou 46 137 Bc 81
46340 Salviac 46 137 Bb 80
11390 Salvis, les 11 166 Cb 88
42110 Salvizinet 42 129 Eb 74
20117 Salvolaccia CTC 182 If 97
11330 Salza 11 178 Cc 91
30770 Salze, le 30 153 Dc 85
43230 Salzuit 43 128 Dc 77
40320 Samadet 40 162 Zd 87
31350 Saman 31 163 Ae 89
32140 Samaran 32 163 Ad 88
32130 Samatan 32 164 Af 88
13310 Samatane, la 13 170 Ef 87
32230 Samazan 32 162 Aa 86
47250 Samazan 47 148 Aa 82
41120 Sambin 41 86 Bb 64
89160 Sambourg 89 90 Ea 62
13200 Sambuc, le 13 169 Ee 87
04140 Sambue, la 04 157 Gc 83
59310 Saméon 59 30 Dc 46
62830 Samer 62 28 Be 45
21170 Samerey 21 106 Fc 66
64520 Sames 64 161 Yf 87
87460 Samis 87 126 Be 74
86200 Sammarçolles 86 99 Aa 66
77260 Sammeron 77 52 Da 55
74340 Samoëns 74 121 Ge 72
01580 Samognat 01 119 Fd 71
55100 Samogneux 55 55 Fc 53
77920 Samois-sur-Seine 77 71 Ce 58
33710 Samonac 33 135 Zc 78
12150 Samonta, le 12 152 Da 83
77210 Samoreau 77 71 Ce 58
31420 Samouillan 31 164 Af 89
02840 Samoussy 02 40 De 51
07100 Samoyas 07 130 Ed 77
39100 Sampans 39 106 Fc 66
55300 Sampigny 55 55 Fd 56
71150 Sampigny-lès-Maranges 71 105 Ed 67
20134 Sampolo CTC 183 Ka 97
20227 Sampolu CTC 183 Kb 96
20134 Sampolu = Sampolo CTC 183 Ka 97
07120 Sampzon 07 154 Ec 82
25440 Samson 25 107 Ff 66
35730 Samsonnais, la 35 65 Xf 57
64350 Samsons-Lion 64 162 Zf 88
20270 Samuletu CTC 183 Kc 96
56360 Samzun 56 80 Wf 65
31220 Sana 31 164 Ba 89
20167 San Antone = Saint Antoine CTC 182 If 96
83110 Sanary sur-Mer 83 171 Fe 90
19350 Sanas 19 125 Bb 77
20167 San Benedettu CTC 182 Ie 97
71000 Sancé 71 118 Ee 70
58420 Sancenay 58 104 Dc 65
18140 Sancergues 18 103 Cf 66
18300 Sancerre 18 88 Ce 65
25430 Sancey 25 94 Gd 65
25430 Sancey-le-Grand 25 94 Gd 65
25430 Sancey-le-Long 25 94 Gd 65
28800 Sancheville 28 70 Bd 59
88390 Sanchey 88 76 Gc 59
01370 Sanciat 01 119 Fc 71
20137 San Ciprianu CTC 185 Kc 99
18600 Sancoins 18 103 Cf 68
27150 Sancourt 27 38 Be 52
59268 Sancourt 59 30 Db 47
80400 Sancourt 80 39 Da 50
54560 Sancy 54 56 Ff 52
58800 Sancy 58 89 De 65
77580 Sancy 77 52 Cf 55
02880 Sancy-les-Cheminots 02 40 Dc 52
77320 Sancy-lès-Provins 77 52 Dc 56
67230 Sand 67 60 Hd 58
20213 San Damiano CTC 183 Kc 94
28120 Sandarville 28 69 Bc 58
88170 Sandaucourt 88 76 Ff 59
20213 San Diamianu = San Damiano CTC 183 Kc 94
45640 Sandillon 45 87 Ca 61
38710 Sandon 38 144 Fe 80
76430 Sandouville 76 36 Ab 52
78520 Sandrancourt 78 50 Bd 54
01400 Sandrans 01 118 Ef 72
44410 Sandun 44 81 Xd 64
24400 Saneuil 24 136 Ab 78
20217 San Fiurenzu = Saint-Florent CTC 181 Kb 92
62231 Sangatte 62 26 Be 43
20213 San-Gavino-d'Ampugnani CTC 181 Kc 94
20170 San-Gavino-di-Carbini CTC 185 Ka 98
20243 San Gavino-di-Fiumorbo CTC 183 Kb 97
20246 San-Gavino-di-Tenda CTC 181 Kb 93
20140 San Ghjorghju = San Giorgio CTC 182 If 98
20230 San Ghjulianu = San Giuliano CTC 183 Kd 95
20251 San Ghjuvanni = St Jean CTC 183 Kb 95
20230 San Ghjuvanni di Moriani = San Giovanni-di-Moriani CTC 183 Kc 94
20246 San Giavanu di Tenda = San-Gavino-di-Tenda CTC 181 Kb 93
20140 San Giorgio CTC 182 If 98
20230 San Giovanni-di-Moriani CTC 183 Kc 94
20114 San Giovano CTC 185 Ka 99
20114 San Giovanu = San Giovano CTC 185 Ka 99
20230 San Giuliano CTC 183 Kd 95
40110 Sangla 40 146 Za 84
85110 Sangle, la 85 97 Yf 68
18170 Sanglier 18 102 Cb 68
57640 Sangry-lès-Vigy 57 56 Gb 53
58700 Sangué 58 103 Dc 66
36120 Sanguille 36 101 Be 68
40460 Sanguinet 40 134 Yf 82
07110 Sanilhac 07 142 Eb 81
24660 Sanilhac 24 136 Ae 78
30700 Sanilhac-Sagriès 30 154 Ec 85
30440 Sanissac 30 153 De 84
15110 Sanivalo 15 140 Cf 80
58110 Sanizy 58 104 Dd 66
68590 Sankt Pilt = Saint Hyppolyte 68 60 Hc 59
20244 San Lorenzo = San Lorenzu CTC 183 Kb 94
20244 San Lorenzu = San Lorenzo CTC 183 Kb 94
20200 San Martino di Lota CTC 181 Kc 92
20116 San Martinu CTC 182 Id 95
23110 Sannat 23 115 Cc 72
23190 Sannegrand 23 114 Cc 73
14940 Sannerville 14 48 Ze 53
84240 Sannes 84 156 Fc 86
20230 San Nicolao CTC 183 Kc 94
20230 San Niculaiu = San Nicolao CTC 183 Kc 94
20246 San Pancraziu CTC 181 Kb 92
83380 San-Peïre-sur-Mer 83 172 Ge 88
20213 San Pellegrinu CTC 181 Kd 94
20167 San Petru CTC 182 If 96
20251 San Petru Fagu CTC 183 Kc 95
20214 San Quilcu CTC 180 Ie 94
57530 Sanry-sur-Nied 57 56 Gc 54
66360 Sansa 66 178 Cb 93
15130 Sansac-de-Marmiesse 15 139 Cc 79
15120 Sansac-Veinazès 15 139 Cc 80
79270 Sansais 79 110 Zc 71
32260 Sansan 32 163 Ad 87
21230 Sansange 21 105 Ec 66
33840 Sansin 33 148 Ze 83
43320 Sanssac-L'Eglise 43 141 De 78
03150 Sanssat 03 116 Dc 71
88260 Sans-Vallois 88 76 Ga 60
AD500 Santa Coloma ▫ AND 177 Bc 94
71460 Santagny 71 105 Ed 69
35250 Sant-Albin-Elvinieg = Saint-Aubin-d'Aubigné 35 65 Yc 59
20114 Santa Lucia CTC 185 Ka 100
20250 Santa Lucia-di-Mercurio CTC 183 Kb 95
20250 Santa Lucia di Mercuriu = Santa-Lucia-di-Mercurio CTC 183 Kb 95
20230 Santa-Lucia-di-Moriani CTC 183 Kc 94
20144 Santa Lucia di Portivechju = Sainte-Lucie-de-Porto-Vecchio CTC 185 Kc 98
20169 Sant'Amanza CTC 185 Kb 100

20110 Santa Margarita CTC 184 If 99
20200 Santa Maria di Lota CTC 181 Kc 92
20143 Santa-Maria-Figaniella CTC 184 Ka 98
20221 Santa-Maria-Poggio CTC 183 Kc 94
20221 Santa Maria-Poghju = Santa-Maria-Poggio CTC 183 Kc 94
20190 Santa-Maria-Siché CTC 182 If 97
20112 Sant'Andréa CTC 185 Ka 98
20212 Sant'Andréa-di-Bozio CTC 183 Kb 95
20221 Sant'Andréa-di-Cotone CTC 183 Kc 95
20151 Sant'Andréa-d'Orcino CTC 182 Ie 96
20151 Sant'Andréa-d'Orcinu = Sant'Andréa-d'Orcino CTC 182 Ie 96
39380 Santans 39 107 Fd 66
20233 Sant'Antone CTC 181 Kc 92
20240 Sant'Antone = Saint Antoine CTC 183 Kc 96
20220 Sant'Antonino CTC 180 If 93
20220 Sant'Antoniu = Sant'Antonino CTC 180 If 93
20236 Santa Régina CTC 183 Ka 94
20220 Santa-Reparata-di-Balagna CTC 180 If 93
20230 Santa-Reparata-di-Moriani CTC 183 Kc 94
20228 Santa Severa CTC 181 Kc 91
20228 Santa Suvera = Santa Severa CTC 181 Kc 91
45170 Santeau 45 71 Ca 60
29250 Santec 29 62 Vf 56
21590 Santenay 21 105 Ee 67
41190 Santenay 41 86 Ba 63
52160 Santenoge 52 91 Ef 62
94440 Santeny 94 51 Cd 56
59211 Santes 59 30 Cf 45
28700 Santeuil 28 70 Be 58
95640 Santeuil 95 50 Bf 54
12420 Santignac 12 139 Ce 80
89420 Santigny 89 90 Ea 63
28310 Santilly 28 70 Bf 60
71460 Santilly 71 105 Ee 69
28310 Santilly-le-Vieux 28 70 Bf 60
AD600 Sant Julià de Lòria ◘ AND 177 Bc 94
25340 Santoche 25 93 Gd 64
05000 Santons, les 05 144 Ga 81
20246 Santo-Pietro-di-Tenda CTC 181 Kb 93
20250 Santo Pietro-di-Venaco CTC 183 Kb 95
21340 Santosse 21 105 Ed 66
18240 Santranges 18 88 Ce 63
29410 Sant-Tegoneg = Saint-Thegonnec 29 62 Wa 57
20246 Santu Petru di Tenda = Santo-Pietro-di-Tenda CTC 181 Kb 93
20250 Santu Petru di Venacu = Santo Pietro-di-Venaco CTC 183 Kb 95
12200 Sanvensa 12 151 Ca 83
20220 San Vicensu CTC 180 If 93
89310 Sanvigne 89 90 Ea 62
71410 Sanvignes-les-Mines 71 105 Eb 68
86600 Sanxay 86 111 Zf 70
79150 Sanzay 79 98 Zd 67
54200 Sanzey 54 56 Ff 56
49260 Sanziers 49 99 Ze 66
14330 Saon 14 47 Za 53
25660 Saône 25 107 Ga 65
14330 Saonnet 14 47 Za 53
06540 Saorge 06 159 Hd 85
72600 Saosnes 72 68 Ab 59
26400 Saou 26 143 Fa 81
64360 Saou 64 162 Zc 89
61470 Sap, le 61 48 Ac 55
61230 Sap-André, le 61 48 Ac 56
20100 Saparale CTC 184 If 99
20100 Saparella CTC 184 If 99
20138 Saparella Sottana CTC 182 Ie 98
20138 Saparella Suttana = Saparella Sottana CTC 182 Ie 98
20242 Saparelle CTC 183 Kb 96
20122 Saparellu CTC 183 Ka 98
63710 Sapchat 63 128 Cf 75
61120* Sap-en-Auge 61 48 Ab 55
73130 Sapey, le 73 132 Ga 77
04250 Sapie, la 04 157 Ga 83
52100 Sapignicourt 52 54 Ee 57
62121 Sapignies 62 30 Cf 48
35470 Sapin, le 35 82 Yb 61
08160 Sapogne-et-Feuchères 08 42 Ee 51
08370 Sapogne-sur-Marche 08 42 Fb 51
39300 Sapois 39 107 Ff 68
88120 Sapois 88 77 Ge 60
02130 Saponay 02 53 Dc 53
70210 Saponcourt 70 93 Ga 61
74230 Sappey, le 74 120 Gb 73
74350 Sappey, le 74 120 Gb 72
38700 Sappey-en-Chartreuse 38 132 Fe 77
09320 Saraillé 09 177 Bb 91
32450 Saramon 32 163 Ae 87
45770 Saran 45 70 Bf 61
25330 Saraz 25 107 Ff 67
40120 Sarbazan 40 147 Ze 84
72360 Sarcé 72 85 Ab 62
61200 Sarceaux 61 48 Zf 56
95200 Sarcelles 95 51 Cc 54
38700 Sarcenas 38 131 Fe 77
43220 Sarcenas 43 130 Ec 77
63870 Sarcenat 63 128 Da 74
52000 Sarcey 52 75 Fb 60
69490 Sarcey 69M 130 Ed 73
52000 Sarcicourt 52 75 Fa 60
81400 Sarclars 81 151 Cb 84
32420 Sarcos 32 163 Ae 88
60210 Sarcus 60 38 Bf 50
51170 Sarcy 51 53 De 53
30260 Sardan 30 154 Ea 85
23220 Sardé 23 114 Be 70
20134 Sardegna CTC 183 Kb 97
23250 Sardent 23 114 Bf 72
73500 Sardières 73 133 Ge 77
38260 Sardieu 38 131 Fb 76
58270 Sardolles 58 103 Dc 67
63260 Sardon 63 116 Db 73
38114 Sardonne 38 144 Ga 78
58800 Sardy-lès-Epiry 58 104 De 65
58530 Sardy-les-Forges 58 90 Dd 64
64310 Sare 64 160 Yc 89
09290 Saret, le 09 177 Bb 90
72190 Sargé-lès-le-Mans 72 68 Ab 60
41170 Sargé-sur-Braye 41 85 Af 61
23400 Sargnat 23 113 Bd 73
19510 Sargueix, le 19 126 Bd 75
09120 Sarguet 09 177 Bd 90
65230 Sariac-Magnoac 65 163 Ad 89
20145 Sari di Solenzara CTC 185 Kc 97
20151 Sari-d'Orcino CTC 182 Ie 96
20151 Sari d'Orcinu = Sari-d'Orcino CTC 182 Ie 96
77176 Sarigny-le-Temple 77 71 Cd 57
65130 Sarlabous 65 163 Ab 90
24270 Sarlande 24 125 Ba 76
43530 Sarlanges 43 129 Ea 77
24200 Sarlat-la-Canéda 24 137 Bb 79
24420 Sarliac-sur-l'Isle 24 125 Af 77
43200 Sarlis 43 129 Ea 78
81170 Sarmases 81 151 Bf 84
43100 Sarniat 43 128 Dc 76
65390 Sarniguet 65 162 Aa 89
60210 Sarnois 60 38 Bf 50
51260 Saron-sur-Aube 51 73 De 57
31160 Sarous 31 164 Af 90
65370 Sarp 65 176 Ad 90
63490 Sarpoil 63 128 Dc 76
64300 Sarpourenx 64 161 Zb 88
07110 Sarrabasche 07 141 Eb 81
09220 Sarradeil 09 177 Bd 92
65120 Sarradets 65 175 Zf 92
20127 Sarra di Scopamena = Serra-di-Scopamène CTC 185 Ka 98
32400 Sarragachies 32 162 Zf 86
25240 Sarrageois 25 107 Gb 68
32170 Sarraguzan 32 163 Ab 88
63250 Sarraix, les 63 116 Dd 73
57430 Sarralbe = Saaralben 57 57 Ha 55
57400 Sarraltroff 57 57 Ha 56
15270 Sarran 15 127 Cd 76
19800 Sarran 19 126 Bf 76
40310 Sarran 40 148 Aa 85
64490 Sarrance 64 174 Zc 90
65410 Sarrancolin 65 175 Ac 91
32120 Sarrant 32 149 Af 86
07370 Sarras 07 130 Ee 77
64220 Sarrasquette 64 161 Yf 90
09800 Sarrat 09 176 Ba 91
31160 Sarrat 31 163 Ae 90
65710 Sarrat de Bon 65 175 Ab 91
84390 Sarraud 84 156 Fc 84
24800 Sarrazac 24 125 Ba 76
46600 Sarrazac 46 138 Bd 78
40500 Sarraziet 40 162 Zd 86
18140 Sarré 18 103 Cf 65
57400 Sarrebourg 57 57 Ha 56
31350 Sarrecave 31 163 Ad 89
58170 Sarrée, la 58 104 Df 68
57200 Sarreguemines = Saargemünd 57 57 Ha 54
57905 Sarreinsming 57 57 Ha 54
31350 Sarremezan 31 163 Ae 89
05340 Sarret, le 05 145 Gc 79
05700 Sarret, le 05 156 Fe 82
12240 Sarrette, la 12 151 Cb 82
67260 Sarre-Union 67 57 Ha 55
57400 Sarrewald 57 57 Ha 56
67260 Sarrewerden 67 57 Ha 55
52140 Sarrey 52 75 Fc 60
65140 Sarriac-Bigorre 65 162 Aa 88
84260 Sarrians 84 155 Ef 84
49800 Sarrigné 49 84 Zd 63
89110 Sarrigny 89 89 Dc 61
39270 Sarrogna 39 119 Fd 70
20167 Sarrola-Carcopino CTC 182 If 96
40800 Sarron 40 162 Ze 87
60700 Sarron 60 39 Cd 53
40430 Sarroucas 40 147 Zc 83
65600 Sarrouilles 65 162 Aa 89
48230 Sarroul 48 140 Db 80
19110 Sarroux-Saint-Julien 19 127 Cc 76
20167 Sarrula-Carcopinu = Sarrola-Carcopino CTC 182 If 96
51520 Sarry 51 54 Ec 55
71110 Sarry 71 117 Ea 71
89310 Sarry 89 90 Ea 62
62450 Sars, le 62 30 Ce 48
59145 Sarsbarras, le 59 31 De 47
62810 Sars-le-Bois 62 29 Cc 47
59216 Sars-Poteries 59 31 Ea 47
59550 Sart, le 59 31 De 48
59660 Sart, le 59 29 Cd 45
20100 Sartè = Sartène CTC 184 If 99
20100 Sartène CTC 184 If 99
88300 Sartes 88 75 Fe 59
50530 Sartilly-Baie-Bocage 50 46 Yd 56
33125 Sarton 33 135 Zc 82
62760 Sarton 62 29 Cc 48
78500 Sartrouville 78 51 Ca 55
88650 Sarupt 88 77 Gf 59
36230 Sarzay 36 101 Bf 69
56370 Sarzeau = Sarzhav 56 80 Xb 63
56370 Sarzhav = Sarzeau 56 80 Xb 63
41310 Sasnières 41 86 Af 62
21230 Sasoge 21 105 Ed 66
71390 Sassangy 71 105 Ed 68
41700 Sassay 41 86 Bc 64
59145 Sassegnies 59 31 De 47
[illegible] Sassenage 38 131 Fd 77
71530 Sassenay 71 106 Ef 68
76730 Sassetot-le-Malgardé 76 37 Af 50
76540 Sassetot-le-Mauconduit 76 36 Ad 50
76450 Sasseville 76 36 Ae 50
27930 Sassey 27 49 Bb 54
73640 Sassière, la 73 133 Gf 75
36120 Sassierges-Saint-Germain 36 101 Bf 68
65120 Sassis 65 175 Zf 91
14170 Sassy 14 48 Zf 55
69580 Sathonay-Camp 69M 130 Ef 74
69580 Sathonay-Village 69M 130 Ef 73
07290 Satillieu 07 142 Ed 78
58320 Sating 58 103 Da 66
38290 Satolas-et-Bonce 38 131 Fa 74
34400 Saturargues 34 168 Ea 86
48150 Saubert 48 153 Dc 83
40230 Saubion 40 160 Yd 86
32370 Sauboires 32 148 Aa 85
64420 Saubole 64 162 Zf 89
33730 Saubotte, la 33 135 Zd 82
40230 Saubrigues 40 160 Ye 87
40180 Saubusse 40 161 Ye 87
33650 Saucats 33 135 Zc 81
64400 Saucède 64 161 Zb 89
28250 Saucelle, la 28 49 Ba 57
88470 Sauceray 88 77 Gf 59
61700 Saucerie, la 61 67 Zb 57
25380 Saucet, le 25 108 Gd 65
76630 Sauchay-le-Bas 76 37 Bb 49
76630 Sauchay-le-Haut 76 37 Bb 49
62860 Sauchy-Cauchy 62 30 Da 47
62860 Sauchy-Lestrée 62 30 Da 47
12480 Sauclière, la 12 152 Cd 85
12230 Sauclières 12 153 Dc 85
52270 Saucourt-sur-Rognon 52 75 Fb 58
62860 Saudemont 62 30 Da 47
51120 Saudoy 51 53 De 56
35360 Saudraie, la 35 65 Xf 59
56430 Saudrais, la 56 64 Xe 60
22150 Saudrette, la 22 64 Xb 58
52230 Saudron 52 75 Fb 58
55000 Saudrupt 55 55 Fa 56
12430 Sauganne 12 152 Cd 84
08460 Sauge-aux-Bois, la 08 41 Ec 51
39130 Saugeot 39 107 Fe 69
41130 Saugirard 41 87 Bd 65
41200 Saugirard 41 86 Bd 65
40410 Saugnacq-et-Muret 40 147 Zb 82
69124 Saugnieu 69M 131 Fa 74
33920 Saugon 33 135 Zc 77
43170 Saugues 43 140 Dd 79
64470 Sauguis-Saint-Étienne 64 161 Za 90
18290 Saugy 18 102 Ca 67
89240 Sauilly 89 89 Dc 62
12260 Saujac 12 138 Bf 82
17600 Saujon 17 122 Za 74
05110 Saulce, la 05 157 Ga 82
28330 Saulce, le 28 69 Af 59
08130 Saulces-Champenoises 08 41 Ed 52
08270 Saulces-Monclin 08 41 Ec 51
26270 Saulce-sur-Rhône 26 142 Ee 80
03500 Saulcet 03 116 Db 71
02310 Saulchery 02 52 Db 55
62870 Saulchoy 62 28 Bf 46
60360 Saulchoy, le 60 38 Ca 51
80910 Saulchoy-sur-Davenescourt 80 39 Cd 50
10200 Saulcy 10 74 Ee 59
88210 Saulcy, le 88 77 Ha 58
88580 Saulcy-sur-Meurthe 88 77 Gf 59
49500 Saule, le 49 83 Za 63
79420 Saule, le 79 111 Ze 69
25580 Saules 25 107 Gb 66
71390 Saules 71 105 Ee 69
86500 Saulgé 86 112 Af 70
49320 Saulgé-L'Hôpital 49 84 Zd 65
53340 Saulges 53 67 Zd 61
16420 Saulgond 16 112 Ae 73
19110 Saulac 19 127 Cc 76
46330 Sauliac-sur-Célé 46 138 Be 81
19170 Saulière, la 19 126 Ca 75
19400 Saulières 19 138 Bf 78
21210 Saulieu 21 90 Eb 65
52500 Saulles 52 92 Fd 62
36290 Saulnay 36 101 Bb 67
41100 Saulnerie, la 41 86 Af 62
54650 Saulnes 54 43 Fe 51
58240 Saulnière 58 103 Db 68
28500 Saulnières 28 50 Bb 57
35320 Saulnières 35 82 Yc 61
70400 Saulnot 70 94 Gd 63
57140 Saulny 57 56 Ga 54
12580 Saulodes 12 139 Cd 81
21910 Saulon-la-Chapelle 21 106 Fa 65
21910 Saulon-la-Rue 21 106 Fa 65
10400 Saulsotte, la 10 72 Dd 57
84390 Sault 84 156 Fc 84
59990 Saultain 59 31 Dd 46
01150 Sault-Brénaz 01 131 Fc 73
50800 Saultchevreuil-du-Tronchet 50 46 Ye 56
64300 Sault-de-Navailles 64 161 Zb 87
08300 Sault-lès-Rethel 08 41 Ec 52
08190 Sault-Saint-Rémy 08 41 Ea 52
62158 Saulty 62 29 Cd 47
70240 Saulx 70 93 Gb 62
55500 Saulx-en-Barrois 55 55 Fc 56
55160 Saulx-en-Woëvre 55 55 Fd 54
54115 Saulxerotte 54 76 Ff 58
21120 Saulx-le-Duc 21 91 Fa 63
91160 Saulx-les-Chartreux 91 51 Cb 56
78650 Saulx-Marchais 78 50 Bf 55
52140 Saulxures 52 75 Fd 61
67420 Saulxures 67 77 Ha 58
88140 Saulxures-lès-Bulgnéville 88 76 Fe 59
54420 Saulxures-lès-Nancy 54 56 Gb 56
54170 Saulxures-lès-Vannes 54 76 Fe 57
88290 Saulxures-sur-Moselotte 88 77 Ge 61
18360 Saulzais-le-Potier 18 102 Cc 69
03800 Saulzet 03 116 Db 72
63540 Saulzet-le-Chaud 63 128 Da 74
63970 Saulzet-le-Froid 63 127 Cf 75
59227 Saulzoir 59 30 Dc 47
04150 Saumane 04 156 Fe 84
84800 Saumane-de-Vaucluse 84 155 Fa 85
47420 Sauméjan 47 148 Zf 83
04420 Saume-Longe 04 157 Gc 83
28800 Saumeray 28 69 Bb 59
45310 Saumery 45 70 Be 61
47600 Saumont 47 148 Ac 84
76440 Saumont-la-Poterie 76 38 Bd 51
33680 Saumos 33 134 Za 79
49400 Saumur 49 99 Zf 65
87230 Saumur 87 125 Ba 75
37110 Saunay 37 86 Af 63
23000 Saunière, la 23 114 Bf 72
71350 Saunières 71 106 Fa 67
40420 Sauque 40 147 Zc 84
60112 Sauqueuse-Saint-Lucien 60 38 Ca 51
76550 Sauqueville 76 37 Ba 49
79200 Saurais 79 99 Zf 69
09400 Saurat 09 177 Bd 91
63390 Sauret-Besserve 63 115 Ce 73
63320 Saurier 63 128 Da 75
47700 Saurine 47 148 Zf 83
74210 Saury 74 132 Gb 74
44110 Sausay, la 44 82 Yc 62
68390 Sausheim 68 95 Hc 62
65120 Saussa 65 175 Zf 92
61100 Saussaie, la 61 47 Zd 56
34570 Saussan 34 168 De 87
28260 Saussay 28 50 Bc 55
76760 Saussay 76 37 Af 51
28160 Saussay, le 28 69 Bb 59
27370 Saussaye, la 27 49 Af 53
28400 Saussaye, la 28 69 Af 59
27150 Saussay-la-Champagne 27 37 Bd 53
50700 Saussemesnil 50 33 Yd 51
81350 Saussenac 81 151 Cb 85
88270 Saussenot 88 76 Gb 60
31460 Saussens 31 165 Be 87
04320 Sausses 04 158 Ge 84
06910 Sausses, les 06 158 Gf 86
07450 Sausses, les 07 141 Eb 80
65150 Sausset 65 175 Ac 90
13960 Sausset-les-Pins 13 170 Fa 89
06470 Saussette, la 06 158 Ge 84
08130 Sausseuil 08 41 Ed 51
76270 Sausseuse-Mare 76 37 Bd 50
76110 Sausseuzemare-en-Caux 76 36 Ac 50
50200 Saussey 50 46 Yd 54
24240 Saussignac 24 136 Ab 80
34160 Saussines 34 154 Ea 86
21380 Saussy 21 91 Ef 64
09300 Sautel 09 177 Be 91
33210 Sauternes 33 135 Zd 81
63410 Sauterre 63 115 Cf 73
34270 Sauteyrargues 34 154 Df 85
44880 Sautron 44 82 Yb 65
33680 Sautuges 33 134 Za 79
63220 Sauvades, les 63 129 De 76
51260 Sauvage 51 73 De 57
58130 Sauvage 58 103 Db 66
52220 Sauvage-Magny 52 74 Ee 58
22230 Sauvagere, la 22 64 Xc 59
61600 Sauvagère, la 61 67 Zd 57
15300 Sauvages 15 139 Cf 77
69170 Sauvages, les 69D 117 Ec 73
16310 Sauvagnac 16 124 Ad 74
19270 Sauvagnac 19 126 Bd 77
24270 Sauvagnac 24 125 Bb 76
87340 Sauvagnac 87 113 Bc 72
47340 Sauvagnas 47 149 Ae 83
63470 Sauvagnat 63 127 Cd 74
63500 Sauvagnat-Sainte-Marthe 63 128 Db 75
32240 Sauvagnère 32 148 Zf 85
25170 Sauvagney 25 93 Ff 65
64230 Sauvagnon 64 162 Zd 88
03430 Sauvagny 03 115 Ce 70
43100 Sauvagny 43 128 Db 77
42990 Sauvain 42 129 Df 74
24320 Sauvanie, la 24 124 Ac 76
04140 Sauvans, les 04 157 Gb 83
07460 Sauvas 07 154 Ea 83
15240 Sauvat 15 127 Cc 77
30610 Sauve 30 154 Df 85
33670 Sauve, la 33 135 Ze 80
24150 Sauvebœf 24 136 Ae 79
83260 Sauvebonne 83 171 Ga 89
64150 Sauvelade 64 161 Zb 88
07200 Sauveplantade 07 142 Ec 81
01220 Sauverny 01 120 Ga 71
63840 Sauvessanelle 63 129 Df 76
63840 Sauvessanges 63 129 Df 76
84220 Sauvestres, les 84 156 Fb 85
63660 Sauvetas, la 63 129 Df 75
32500 Sauvetat, la 32 149 Ad 85
43340 Sauvetat, la 43 141 Df 79
47500 Sauvetat, la 47 137 Af 81
63730 Sauvetat, la 63 128 Db 75
47270 Sauvetat-de-Savères, la 47 149 Ae 83
47800 Sauvetat-du-Dropt, la 47 136 Ac 81
47150 Sauvetat-sur-Lède, la 47 136 Ae 82
30150 Sauveterre 30 155 Ee 84
32220 Sauveterre 32 164 Af 88
48210 Sauveterre 48 153 Dc 82
65700 Sauveterre 65 162 Aa 88
81240 Sauveterre 81 166 Cd 88
82110 Sauveterre 82 150 Bb 83
64390 Sauveterre-de Béarn 64 161 Za 88
31510 Sauveterre-de-Comminges 31 176 Ae 90
33540 Sauveterre-de-Guyenne 33 135 Zf 80
12800 Sauveterre-de-Rouergue 12 151 Cb 83
17500 Sauveterre-la-Lémance 47 137 Ba 81
47220 Sauveterre-Saint-Denis 47 149 Ae 84
19200 Sauvette-d'Aix, la 19 127 Cc 75
65120 Sauveur 65 175 Zf 91
32300 Sauviac 32 163 Ac 88
33430 Sauviac 33 148 Ze 82
34410 Sauvian 34 167 Db 89
63120 Sauviat 63 128 Dd 74
87400 Sauviat-sur-Vige 87 113 Bd 73
16480 Sauvignac 16 123 Zf 77
70100 Sauvigney-lès-Gray 70 92 Fe 64
70140 Sauvigney-lès-Pesmes 70 92 Fd 65
55140 Sauvigny 55 75 Fe 57
58270 Sauvigny 58 104 Dd 67
58800 Sauvigny 58 90 Dd 65
89420 Sauvigny-le-Beuréal 89 90 Ea 64
89200 Sauvigny-le-Bois 89 90 Df 63
58160 Sauvigny-les-Bois 58 103 Db 67
08390 Sauville 08 42 Ee 51
88140 Sauville 88 75 Fe 60
80110 Sauvillers-Mongival 80 39 Cc 50
32220 Sauvimont 32 164 Af 88
89480 Sauvin, la 89 89 Db 63
58270 Sauvry 58 104 Dc 67
46800 Saux 46 149 Ba 82
65100 Saux 65 162 Zf 90
82110 Saux 82 150 Bb 83
63490 Sauxillanges 63 128 Dc 75
81320 Sauyères 81 166 Ce 87
17470 Sauzaie 17 111 Zd 72
17138 Sauzaie, la 17 110 Yf 71
85470 Sauzaie, la 85 96 Ya 69
44390 Sauzais, le 44 82 Yc 63
58290 Sauzay 58 104 De 67
58460 Sauzay 58 89 Dc 64
06470 Sauze 06 158 Ge 84
04400 Sauze, le 04 158 Ge 82
05160 Sauze, le 05 144 Gb 82
81140 Sauze, le 81 150 Be 84
17190 Sauzelle 17 109 Ye 73
36220 Sauzelles 36 100 Ba 69
04330 Sauzeries, les 04 157 Gc 84
26740 Sauzet 26 142 Ee 81
30190 Sauzet 30 154 Eb 85
46140 Sauzet 46 150 Bb 82
63420 Sauzet 63 128 Da 76
87360 Sauzet 87 113 Ba 71
79190 Sauzé-Vaussais 79 111 Aa 72
06470 Sauze-Vieux 06 158 Ge 84
81630 Sauzière-Saint-Jean, la 81 150 Bd 85
11260 Sauzils, les 11 178 Ca 91
58380 Sauzin, le 58 104 Dc 68
56360 Sauzon 56 80 We 64
46090 Savanac 46 138 Bd 82
17290 Savarit 17 110 Zb 72
31800 Savarthès 31 163 Ae 90
07430 Savas 07 130 Ee 77
38440 Savas 38 130 Fa 75
38440 Savas-Mépin 38 131 Fa 76
26740 Savasse 26 142 Ee 81
74230 Savataz, la 74 132 Gc 74
18380 Savaterie, la 18 88 Cd 64
58230 Savault 58 104 Df 65
76680 Saveaumare 76 37 Bb 51
16240 Saveille 16 111 Zf 72
30440 Savel, le 30 153 De 84
58230 Savelot 58 104 Df 65
23430 Savenas 23 113 Bd 73
44260 Savenay 44 81 Ya 64
58110 Savenay 58 104 De 66
82600 Savenès 82 149 Bb 86
23000 Savennes 23 114 Bf 72
63750 Savennes 63 127 Cc 75
49170 Savennières 49 83 Zc 64
09700 Saverdun 09 165 Bd 89
31370 Savères 31 164 Ba 88
87310 Savergnac 87 125 Af 74
74250 Savernaz 74 120 Gc 72
67700 Saverne = Zabern 67 58 Hc 56
77820 Saveteux 77 72 Ce 57
61420 Savette, la 61 68 Zf 57
80470 Saveuse 80 38 Cb 49
71460 Savianges 71 105 Ed 68
10600 Savières 10 73 Df 58
39240 Savigna 39 119 Fd 70
12200 Savignac 12 151 Bf 82
12400 Savignac 12 152 Cf 85
33124 Savignac 33 135 Zf 81
47120 Savignac-de-Duras 47 136 Ab 80
33910 Savignac-de-l'Isle 33 135 Ze 79
24260 Savignac-de-Miremont 24 137 Af 79
24300 Savignac-de-Nontron 24 124 Ae 75
24270 Savignac-Lédrier 24 125 Bb 76
24420 Savignac-les-Églises 24 125 Af 77
09110 Savignac-les-Ormeaux 09 177 Be 92
32130 Savignac-Mona 32 164 Ba 88
47150 Savignac-sur-Leyze 47 137 Ae 82
11330 Savignan 11 178 Cc 91
30350 Savignargues 30 154 Ea 85
86400 Savigné 86 112 Ab 72
72460 Savigné-l'Évêque 72 68 Ab 60
72800 Savigné-sous-le-Lude 72 84 Aa 63
37340 Savigné-sur-Lathan 37 85 Ab 64
42140 Savigneux 42 130 Ec 75
42600 Savigneux 42 129 Ea 75
01480 Savigneyux 01 118 Ef 72
60650 Savignies 60 38 Bf 52
03190 Savigny 03 115 Cd 70
50210 Savigny 50 34 Yd 54
52500 Savigny 52 92 Fd 62
69210 Savigny 69M 130 Ed 74
74520 Savigny 74 120 Ff 72
88130 Savigny 88 76 Gb 58
71580 Savigny-en-Revermont 71 106 Fc 69
18240 Savigny-en-Sancerre 18 88 Ce 64
18390 Savigny-en-Septaine 18 102 Cd 66
89420 Savigny-en-Terre-Plaine 89 90 Ea 64
37420 Savigny-en-Véron 37 99 Aa 65
21420 Savigny-lès-Beaune 21 106 Ee 66
21380 Savigny-le-Sec 21 91 Fa 64
86800 Savigny-Lévescault 86 112 Ac 69
50640 Savigny-le-Vieux 50 66 Yf 57
58170 Savigny-Poil-Fol 58 104 Df 68
86140 Savigny-sous-Faye 86 99 Ab 67
21540 Savigny-sous-Mâlain 21 91 Ee 65
08400 Savigny-sur-Aisne 08 42 Ee 52
51170 Savigny-sur-Ardes 51 53 De 53

41360 Savigny-sur-Braye 41 85 Ae 61
89150 Savigny-sur-Clairis 89 72 Da 60
71460 Savigny-sur-Grosne 71 105 Ee 69
91600 Savigny-sur-Orge 91 51 Cc 56
71440 Savigny-sur-Seille 71 [illegible]
21430 Savilly 21 105 Eb 66
73640 Savine, la 73 133 Gf 75
05160 Savines-le-Lac 05 145 Gc 81
77650 Savins 77 72 Db 57
10800 Savoie 10 73 Ea 59
84390 Savoillan 84 156 Fc 83
21500 Savoisy 21 91 Ec 62
21310 Savolles 21 92 Fb 64
37510 Savonnières 37 85 Ad 64
55000 Savonnières-devant-Bar 55 55 Fb 56
55170 Savonnières-en-Perthois 55 75 Fa 57
[illegible] Savonnières-en-Woëvre 55 66 Fd 55
21910 Savouges 21 106 Fa 65
05700 Savournon 05 156 Fe 82
[illegible] Savoyard, le 32 149 Ad 86
70130 Savoyeux 70 92 Fe 63
02590 Savy 02 40 Db 50
[illegible] Savy-Berlette 62 29 Cd 46
74420 Saxel 74 120 Gc 71
58330 Saxi-Bourdon 58 104 Dc 66
54330 Saxon-Sion 54 76 Ga 58
42130 Say 42 129 Ea 74
63740 Say 63 127 Ce 74
63530 Sayat 63 128 Da 74
31340 Sayrac 31 150 Bc 85
79210 Sazay 79 110 Zb 71
30650 Saze 30 155 Ee 85
36160 Sazeray 36 114 Ca 70
65120 Sazos 65 175 Zf 91
87120 Sazy 87 126 Be 74
29390 Scaër = Skaer 29 79 Wb 60
04240 Scaffarels, les 04 158 Ge 85
20167 Scaglioli CTC 182 Ie 97
20122 Scapa di Noce CTC 183 Kb 98
20213 Scata CTC 181 Kc 94
24300 Sceau-Saint-Angel 24 124 Ae 76
07400 Sceautres 07 142 Ed 81
89420 Sceaux 89 90 Ea 63
49330 Sceaux-d'Anjou 49 83 Zc 63
45490 Sceaux-du-Gâtinais 45 71 Cd 60
72160 Sceaux-sur-Huisne 72 68 Ad 60
92290 Sceaux 92 51 Cb 56
46320 Scelles 46 138 Be 80
36300 Scèvole 36 100 Ba 69
25290 Scey-Maisières 25 107 Ga 66
70360 Scey-sur-Saône-et-Saint-Albin 70 93 Ff 62
57850 Schaeferhof 57 57 Hb 56
67150 Schaeffersheim 67 60 Hd 58
67470 Schaffhouse-près-Seltz 67 59 Ia 55
67270 Schaffhouse-sur-Zorn 67 58 Hd 56
57370 Schalbach 57 57 Hb 56
67350 Schalkendorf 67 58 Hd 55
67310 Scharrachbergheim-Irmstett 67 60 Hd 57
67630 Scheibenhard 67 59 Ia 55
67270 Scherlenheim 67 58 Hd 56
67750 Scherwiller 67 60 Hc 59
57960 Schieresthal 57 58 Hc 55
67340 Schillersdorf 67 58 Hd 55
67300 Schiltigheim 67 60 He 57
67110 Schirlenhof 67 58 He 55
67130 Schirmeck 67 77 Hb 58
67240 Schirrhein 67 58 Hf 56
67240 Schirrhoffen 67 58 Hf 56
67160 Schleithal 67 59 Ia 55
68440 Schlierbach 68 95 Hc 62
57412 Schmittviller 57 57 Hb 54
57400 Schneckenbusch 57 57 Ha 56
67370 Schnersheim 67 58 Hd 57
67390 Schœnau 67 60 Hd 59
67320 Schœnbourg 67 58 Hb 55
57350 Schœneck 57 57 Gf 53
67250 Schœnenburg 67 58 Hf 55
67260 Schopperten 67 57 Ha 55
57230 Schorbach 57 58 Hc 54
57910 Schottenhof 57 57 Gf 54
57320 Schreckling 57 57 Gd 53
67660 Schwabwiller 67 58 Hf 55
67440 Schwebwiller 67 58 Hc 56
68610 Schweighouse 68 77 Hb 61
67590 Schweighouse-sur-Moder 67 58 He 56
68520 Schweighouse-Thann 68 95 Hb 62
67440 Schwenheim 67 58 Hc 56
57320 Schwerdorff 57 44 Gd 52
57720 Schweyen 57 58 Hc 54
67270 Schwindratzheim 67 58 Hd 56
68130 Schwoben 68 95 Hb 63
67390 Schwobsheim 67 60 Hd 59
88230 Scie, la 88 77 Gf 60
79000 Sciecq 79 110 Zd 70
74800 Scientrier 74 120 Gb 72
32230 Scieurac-et-Flourès 32 163 Ab 87
74140 Sciez 74 120 Gc 71
79240 Scillé 79 98 Zc 69
74950 Scionzier 74 120 Gd 72
20290 Scolca CTC 181 Kc 93
86140 Scorbé-Clairvaux 86 99 Ac 68
36300 Scoury 36 101 Bb 69
29640 Scrignac 29 63 Wb 58
51340 Scrupt 51 54 Ee 56
20000 Scudo CTC 182 Ie 97
57160 Scy-Chazelles 57 56 Ga 54
70170 Scye 70 93 Ga 63
32190 Séailles 32 162 Aa 86
59270 Seau, le 59 30 Ce 44
43140 Séauve-sur-Semène, la 43 129 Eb 77
12740 Sébazac-Concourès 12 152 Cd 82
27190 Sébécourt 27 49 Af 55
50480 Sébeville 50 34 Ye 52
24600 Sebinlou 24 124 Ab 77
02110 Seboncourt 02 40 Dc 49
[illegible] Sebourg [illegible] 31 Dd 46
59990 Sebourquiaux 59 31 Dd 46
12190 Sébrazac 12 139 Cd 81
64410 Séby 64 162 Zd 88
23480 Sec, le 23 114 Df 72
48230 Sec, le 48 153 Dc 82
08250 Séchault 08 54 Ee 53
17510 Sécheboue 17 111 Zf 73
02340 Sécheilles 02 41 Df 50
07610 Sécheras 07 142 Ee 78
87220 Séchères, les 87 125 Bc 74
08150 Sécheval 08 42 Ed 49
74200 Séchex 74 120 Gc 70
05800 Séchier, le 05 144 Ga 80
38220 Séchilienne 38 144 Ff 78
25640 Séchin 25 93 Gb 65
59113 Seclin 59 30 Da 45
79170 Secondigné-sur-Belle 79 111 Ze 72
79130 Secondigny 79 98 Zd 69
02200 [illegible]
15170 Secourieux 15 140 Cf 78
57420 Sécourt 57 [illegible]
14540 Secqueville 14 35 Ze 54
14740 Secqueville-en-Bassin 14 35 Zc 53
81260 Sécun 81 166 Cd 87
28140 Sécuray 28 70 Bd 60
08200 Sedan 08 42 Ef 50
31580 Sédeilhac 31 163 Ad 90
26560 Séderon 26 156 Fd 83
64160 Sedze-Maubecq 64 162 Zf 88
64160 Sedzère 64 162 Ze 88
67160 Seebach 67 59 Hf 55
61500 Sées 61 68 Ab 57
73700 Séez 73 133 Ge 75
11320 Ségala, le 11 165 Bf 88
09320 Ségalas 09 177 Bb 91
09420 Ségalas 09 177 Bc 90
47410 Ségalas 47 136 Ad 81
65140 Ségalas 65 162 Aa 88
15290 Ségalassière, la 15 139 Cb 79
19430 Ségatat 19 138 Bf 78
82200 Sèges 82 149 Ba 84
56160 Séglien 56 79 Wf 60
01170 Ségny 01 120 Ga 71
18200 Ségogne 18 102 Cd 68
33160 Ségonnes 33 134 Zb 79
12400 Segonzac 12 152 Ce 85
16130 Segonzac 16 123 Ze 75
19310 Segonzac 19 125 Bb 77
24350 Segonzac 24 124 Ac 77
24550 Segonzac 24 137 Bb 80
63340 Segonzat 63 128 Db 76
32400 Ségos 32 162 Ze 87
32600 Ségoufielle 32 164 Ba 87
58270 Segoute 58 104 Dc 66
49500 Segré-en-Anjou Bleu 49 83 Za 62
72170 Ségrie 72 68 Aa 59
61100 Ségrie-Fontaine 61 47 Zd 56
36100 Ségry 36 102 Ca 67
31480 Séguenville 31 149 Ba 86
64240 Séguillon 64 160 Ye 88
16220 Seguinie, la 16 124 Ad 74
46350 Séguinie, la 46 138 Bc 80
49280 Séguinière, la 49 97 Za 66
12290 Ségur 12 152 Cf 83
81640 Ségur, le 81 151 Ca 84
09120 Ségura 09 177 Be 90
11350 Ségure 11 179 Ce 91
83600 Séguret 83 172 Ge 87
84110 Séguret 84 155 Fa 83
19230 Ségur-le-Château 19 125 Bb 76
15300 Ségur-les-Villas 15 127 Ce 77
62650 Séhen 62 28 Bf 45
65150 Seich 65 175 Ac 90
54280 Seichamps 54 56 Gb 56
45530 Seichebrières 45 71 Cb 61
54470 Seicheprey 54 56 Fe 55
49140 Seiches-sur-le-Loir 49 84 Zd 63
11240 Seignalens 11 165 Bf 90
22170 Seignaux 22 63 Xa 57
17510 Seigné 17 111 Ze 73
58150 Seigne 58 89 Da 64
89250 Seignelay 89 89 Dd 61
25650 Seignes, les 25 108 Gd 67
55000 Seigneulles 55 55 Fb 55
83340 Seigneur, la 83 171 Ga 88
09120 Seigneurix 09 177 Be 90
40510 Seignosse 40 160 Yd 86
25450 Seignotte, la 25 108 Gf 65
04260 Seignus, le 04 158 Gd 83
21150 Seigny 21 91 Ec 63
41110 Seigy 41 101 Bc 65
31840 Seilh 31 164 Bc 86
19700 Seilhac 19 126 Be 76
41150 Seillac 41 86 Ba 63
83440 Seillans 83 172 Gd 87
36310 Seillant 36 113 Bc 70
05140 Seille 05 144 Fe 81
09200 Seille 09 176 Ba 90
01470 Seillonnaz 01 131 Fc 74
83470 Seillons-Source-d'Argens 83 171 Ff 88
77240 Seine-Port 77 71 Cd 57
57455 Seingbouse 57 57 Ge 54
32260 Seissan 32 163 Ad 88
09140 Seix 09 177 Bb 91
43510 Séjallières 43 141 De 79
54170 Selaincourt 54 76 Ff 58
62390 Selandre 62 29 Ca 47
35320 Sel-de-Bretagne, Le 35 82 Yc 61
05340 Sélé 05 145 Gc 79
22320 Sélédin 22 63 Wf 59
02300 Selens 02 40 Db 52
67600 Sélestat 67 60 Hc 59
79170 Séligné 79 111 Ze 72
39120 Séligney 39 107 Fd 67
37800 Seligny 37 100 Ad 67
80640 Sélincourt 80 38 Bf 49
58110 Selins 58 104 Dd 66
16500 Sellas 16 112 Ae 73
35140 Selle, la 35 66 Yd 59
38520 Selle, la 38 144 Gb 79
53800 Selle-Craonnaise, la 53 83 Yf 61
35460 Selle-en-Coglès, la 35 66 Yd 58
45210 Selle-en-Hermoy, la 45 72 Cf 60
35133 Selle-en-Luitré, la 35 66 Yf 59
35130 Selle-Guerchaise, la 35 83 Ye 61
61100 Selle-la-Forge, la 61 47 Zc 56
27500 Selles 27 49 Ad 53
51490 Selles 51 54 Eb 53
62240 Selles 62 28 Bf 44
70210 Selles 70 76 Ga 61
41300 Selles-Saint-Denis 41 87 Bf 64
41130 Selles-sur-Cher 41 86 Bd 65
36180 Selles-sur-Nahon 36 101 Bc 66
45210 Selle-sur-le-Bied, la 45 72 Cf 60
39190 Sellières 39 106 Fc 69
39230 Sellières 39 107 Fd 68
41100 Selommes 41 86 Bb 62
25230 Seloncourt 25 94 Gf 64
21260 Selongey 21 92 Fb 63
04140 Selonnet 04 157 Gb 82
50000 [illegible] 50 46 Yc 52
76560 Seltot 76 37 Ae 50
67470 Seltz 67 60 Ia 55
56690 Séludierne 56 80 Wf 62
02150 Selve, la 02 41 Df 51
12170 Selve, la 12 152 Cd 84
15290 Selves 15 139 Cb 79
83440 Selves, les 83 172 Gd 87
09220 Sem 09 177 Bd 92
44260 Sem 44 81 Xf 64
81570 Sémalens 81 165 Ca 87
61250 Semallé 61 68 Aa 58
21320 Semarey 21 91 Ed 65
03800 Semautre 03 116 Db 72
43160 Sembadel 43 129 De 77
47360 Sembas 47 149 Ad 83
36700 Semblançay 36 101 Bb 67
37360 Semblançay 37 85 Ad 64
36210 Sembleçay 36 101 Be 65
32230 Semboués 32 163 Aa 88
65600 Séméac 65 162 Aa 89
64350 Séméacq-Blachon 64 162 Zf 88
57280 Semécourt 57 56 Ga 53
58360 Sémelay 58 104 Df 67
58270 Sémelin 58 104 Dc 66
33490 Semens 33 135 Ze 81
89560 Sementron 89 89 Dc 63
59440 Sémeries 59 31 Ea 48
41160 Semerville 41 86 Bc 61
21220 Semezanges 21 106 Ef 65
32450 Sémézies 32 163 Ae 87
32450 Sémézies-Cachan 32 163 Ae 88
33340 Sémian 33 122 Yf 76
08400 Semide 08 54 Ed 52
33112 Sémignan 33 134 Za 77
17150 Sémillac 17 122 Zc 76
02000 Semilly 02 40 Dd 51
52700 Semilly 52 75 Fc 59
89240 Semilly 89 89 Dc 62
70120 Semmadon 70 93 Ff 62
57570 Semming 57 44 Gb 52
10700 Semoine 10 53 Ea 56
36600 Semoire 36 101 Bd 66
21450 Semond 21 91 Ed 62
25750 Semondans 25 94 Ge 63
38260 Semons 38 131 Fb 76
17150 Semoussac 17 122 Zc 76
79170 Semoussais 79 111 Zf 72
52000 Semoutiers-Montsaon 52 75 Fa 60
45400 Semoy 45 87 Bf 61
32700 Sempesserre 32 149 Ad 84
60400 Sempigny 60 39 Cf 51
62170 Sempy 62 28 Bf 46
21140 Semur-en-Auxois 21 90 Ec 64
71110 Semur-en-Brionnais 71 117 Ea 71
72390 Semur-en-Vallon 72 69 Ad 60
17120 Semussac 17 122 Za 75
08130 Semuy 08 42 Ed 52
40420 Sen, le 40 147 Zc 84
65140 Sénac 65 163 Ab 88
88220 Senade 88 77 Gc 60
88320 Senaide 88 76 Fe 61
46210 Senaillac-Latronquière 46 138 Ca 80
46360 Sénaillac-Lauzès 46 138 Bd 81
53140 Senaillières, les 53 67 Ze 57
21500 Senailly 21 90 Eb 63
28300 Senainville 28 70 Bd 57
33112 Senajou 33 134 Za 78
89710 Senan 89 89 Dc 61
28210 Senantes 28 50 Bd 57
60650 Senantes 60 38 Bf 52
55250 Senard 55 55 Fa 55
31430 Sénarens 31 164 Af 88
70110 Sénargent-Mignafans 70 94 Gd 63
28300 Senarmont 28 69 Bc 57
80140 Senarpont 80 38 Be 49
13560 Sénas 13 170 Fa 86
34610 Sénas 34 167 Da 87
39320 Senaud 39 119 Fc 70
81530 Senaux 81 152 Cd 86
24310 Sencenac-Puy-de-Fourches 24 124 Ae 77
81140 Senchet 81 150 Be 84
44480 Sencie, la 44 81 Xf 64
09250 Senconac 09 177 Be 92
33690 Sendets 33 148 Zf 82
64320 Sendets 64 162 Ze 89
56860 Séné 56 80 Xb 63
56620 Senèbret 56 79 Wd 61
30450 Sénéchas 30 154 Ea 83
12360 Sénégas 12 152 Cf 85
46120 Sénejouls 46 138 Bf 80
87510 Sénélas 87 113 Bb 73
12320 Sénergues 12 139 Cc 81
09500 Senesse 09 165 Bf 90
09600 Senesse-de-Senabugue 09 177 Be 90
47430 Sénestis 47 148 Ab 82
43510 Séneujols 43 141 De 79
42800 Sènevas 42 130 Ed 75
04330 Senez 04 157 Gc 85
[illegible]
15340 Sénezergues 15 139 Cc 80
68610 Sengern 68 77 Ha 61
31160 Sengouagnet 31 176 Ae 91
46240 Séniergues 46 [illegible]
15130 Senilhes 15 139 Cc 79
86100 Senillé-Saint-Sauveur 86 100 Ad 68
62380 Seninghem 62 29 Ca 44
62240 Senlecques 62 28 Bf 45
60300 Senlis 60 51 Cd 53
62310 Senlis 62 29 Ca 45
80300 Senlis-le-Sec 80 39 Cd 48
78720 Senlisse 78 51 Bf 56
23140 Senmadix 23 114 Ca 71
18340 Senneçay 18 102 Cc 67
71000 Sennecé-lès-Mâcon 71 118 Ef 70
71240 Sennecey-le-Grand 71 106 Ef 69
21800 Sennecey-lès-Dijon 21 92 Fa 65
45240 Sennely 45 87 Ca 62
44700 [illegible]
37600 Sennevières 37 100 Ba 66
60440 Sennevières 60 52 Cf 54
27380 Senneville 27 50 Bb 53
78930 Senneville 78 50 Be 55
76400 Senneville-sur-Fécamp 76 36 Ac 50
89160 Sennevoy-le-Bas 89 90 Eb 62
89160 Sennevoy-le-Haut 89 90 Eb 62
74250 Senoche 74 120 Gc 72
55230 Senon 55 55 Fd 53
87510 Sénon 87 113 Ba 73
28250 Senonches 28 69 Ba 57
70160 Senoncourt 70 93 Ga 62
55220 Senoncourt-les-Maujouy 55 55 Fb 54
88210 Senones 88 77 Gf 58
88260 Senonges 88 76 Ga 60
53390 Senonnes 53 82 Ye 62
55300 Senonville 55 55 Fd 55
60240 Senots 60 51 Bf 53
81600 Senouillac 81 151 Bf 85
50270 Sénoville 50 33 Yb 52
71260 Senozan 71 118 Ef 70
89100 Sens 89 72 Db 59
18300 Sens-Beaujeu 18 88 Ce 65
35490 Sens-de-Bretagne 35 66 Yc 59
71330 Sens-sur-Seille 71 106 Fb 68
50250 Sensurière 50 46 Yc 52
64560 Senta 64 174 Zb 91
09800 Sentein 09 176 Af 91
80160 Sentelie 80 38 Ca 50
09220 Sentenac 09 177 Bc 92
09240 Sentenac-de-Sérou 09 177 Bc 91
09140 Sentenac-d'Oust 09 176 Bb 91
32150 Sentex 32 148 Zf 85
68780 Sentheim 68 94 Ha 62
37110 Sentier, le 37 85 Ae 63
61150 Sentilly 61 48 Zf 56
59174 Sentinelle, la 59 30 Dc 46
31230 Sentouret, le 31 163 Ae 88
65330 Sentous 65 163 Ac 89
57570 Sentzich 57 44 Gb 52
08250 Senuc 08 42 Ef 53
22170 Senven 22 63 Wf 58
22720 Senven-Lehart 22 63 Wf 58
65710 Séoube, la 65 175 Ab 91
33230 Sepeau 33 135 Ze 78
89116 Sépeaux-Saint-Romain 89 72 Db 61
63660 Sephos 63 129 Df 75
59269 Sepmeries 59 31 Dd 47
37800 Sepmes 37 100 Ae 66
68580 Seppois-le-Bas 68 95 Hb 63
69390 Sept-Chemins, les 69M 130 Ee 75
38780 Septème 38 130 Fa 75
13240 Septèmes-les-Vallons 13 170 Fc 88
78790 Septeuil 78 50 Be 55
77650 Septeveilles 77 72 Db 57
34330 Sept-Faux 34 166 Cd 87
47110 Septfond 47 149 Ad 82
82240 Septfonds 82 150 Bd 83
89170 Septfonds 89 89 Da 62
25270 Septfontaines 25 107 Gb 67
61330 Sept-Forges [illegible]
80700 Sept-Fours 80 39 Cf 50
14380 Sept-Frères 14 46 Yf 55
76260 Sept-Meules 76 37 Bc 49
39310 Septmoncel 39 119 Ff 70
02200 Septmonts 02 52 Dc 52
22420 Sept-Saints, les 22 63 Wd 57
55270 Septsarges 55 55 Fb 53
51400 Sept-Saulx 51 54 Eb 54
43170 Septsols 43 140 Dc 79
02160 Septvallons, les 02 40 Dd 52
02410 Septvaux 02 40 Dc 51
14240 Sept-Vents 14 47 Zb 54
58270 Sept-Voies, les 58 104 Dc 66
19160 Septzanges 19 127 Cb 76
46130 Sepval 46 138 Bf 79
81530 Sepval 81 152 Cd 86
55140 Sepvigny 55 75 Fe 57
79120 Sepvret 79 111 Zf 71
31360 Sepx 31 163 Af 90
02420 Sequehart 02 40 Db 49
62830 Séquières 62 28 Be 45
09140 Sérac 09 177 Bb 92
02110 Serain 02 40 Dc 48
08220 Seraincourt 08 41 Eb 51
95450 Seraincourt 95 50 Bf 54
86170 Seran 86 99 Aa 68
19160 Sérandon 19 127 Cc 76
06750 Séranon 06 158 Ge 86
60240 Serans 60 50 Be 53
61150 Serans 61 48 Zf 56
54830 Seranville 54 77 Gd 58
59400 Séranvillers 59 30 Db 48
55250 Seraucourt 55 55 Fb 55
02790 Seraucourt-le-Grand 02 40 Db 50
88630 Seraumont 88 75 Fd 58
76116 Seraville-Salmonville 76 37 Bb 52
28170 Serazereux 28 70 Bc 57
03700 Serbannes 03 116 Dc 72
89140 Serbonnes 89 72 Db 59
02220 Serches 02 52 Dc 52
88600 Sercœur 88 77 Gd 59
59173 Sercus 59 29 Cc 44
71460 Sercy 71 105 Ee 69
66360 Serdinya 66 178 Cb 93
32140 Sère 32 163 Ad 88
88320 Serécourt 88 76 Ff 60
64460 Sérée 64 162 Zf 88
65400 Sère-en-Lavedan 65 174 Zf 90
87620 Séreilhac 87 125 Ba 74
65100 Sère-Lanso 65 162 Aa 90
57240 Serémange-Erzange 57 43 Ga 53
32120 Sérempuy 32 164 Ae 86
81350 Sérénac 81 151 Cc 85
56460 Sérent 56 81 Xc 62
65220 Sère-Rustaing 65 163 Ab 89
28300 Séresville 28 70 Bc 58
60120 Sérévillers 60 39 Cc 51
43500 Sereys 43 129 Df 77
27220 Serez 27 50 Dc 55
[illegible] Sérézin-de-la-Tour 38 131 Fc 75
69360 Sérézin-du-Rhône 69M 130 Ee 75
24290 Sergeac 24 137 Ba 79
[illegible] Sergenaux 39 106 Fc 67
39120 Sergenon 39 106 Fc 67
89140 Sergines 89 72 Db 58
01000 Sergy 01 120 Ff 71
02130 Sergy 02 53 Dd 53
32230 Sérian 32 163 Ab 88
62270 Sericourt 62 29 Cb 47
15600 Serières 15 139 Cb 80
15100 Sériers 15 140 Da 79
12170 Serieux 12 152 Cd 84
34650 Sérieys 34 167 Db 86
60590 Sérifontaine 60 38 Be 52
33680 Sérigas 33 134 Za 79
48150 Sérigas 48 153 Dc 83
30260 Sérignac 30 154 Ea 85
46700 Sérignac 46 149 Ba 82
82500 Sérignac 82 149 Ba 85
47410 Sérignac-Péboudou 47 136 Ad 81
47310 Sérignac-sur-Garonne 47 148 Ac 83
34410 Sérignan 34 167 Db 89
84830 Sérignan-du-Comtat 84 155 Ef 83
34410 Sérignan-Plage 34 167 Dc 89
85200 Sérigné 85 110 Za 69
17230 Sérigny 17 110 Yf 71
18600 Sérigny 18 103 Da 67
61130 Sérigny 61 68 Ad 58
86230 Sérigny 86 99 Ac 67
19190 Sérilhac 19 138 Be 78
89510 Serilly 89 72 Db 60
23190 Serinansanne 23 114 Cb 72
02130 Seringes 02 53 Dd 53
41500 Séris 41 86 Bd 62
71310 Serley 71 106 Fb 68
58290 Sermages 58 104 Df 66
41500 Sermaise 41 86 Bc 62
49140 Sermaise 49 84 Ze 63
91530 Sermaise 91 70 Ca 57
45300 Sermaises 45 71 Cb 59
60400 Sermaize 60 39 Cf 51
51250 Sermaize-les-Bains 51 54 Ef 56
90300 Sermamagny 90 94 Gf 62
39700 Sermange 39 107 Fd 65
20212 Sermano CTC 183 Kb 95
20212 Sermanu = Sermano CTC 183 Kb 95
81340 Serméja 81 151 Cc 85
12150 [illegible]
63120 Sermentizon 63 128 Dc 74
14240 Sermentot 14 34 Zb 54
38510 Sermérieu 38 131 Fc 74
67230 Sermersheim 67 60 Hd 58
71350 Sermesse 71 106 Fa 67
47260 Sermet 47 148 Ac 82
51500 Sermiers 51 53 Df 54
02220 Sermoise 02 40 Dc 52
58000 Sermoise-sur-Loire 58 103 Db 67
01190 Sermoyer 01 118 Ef 70
23700 Sermur 23 115 Cc 73
30210 Sernhac 30 155 Ed 85
88320 Serocourt 88 76 Ff 60
65320 Séron 65 162 Zf 89
41240 Séronville 41 70 Bc 61
60380 Seronville 60 38 Bf 51
38200 Serpaize 38 130 Ef 75
33230 Serpe 33 135 Zf 78
54150 Serpe, la 54 56 Fe 53
11190 Serpent, la 11 178 Cb 91
62910 Serques 62 27 Cb 44
52400 Serqueux 52 75 Fe 61
76440 Serqueux 76 37 Bd 51
27470 Serquigny 27 49 Ae 54
20140 Serra-di-Ferro CTC 184 Ie 98
20243 Serra-di-Fiumorbu CTC 183 Kc 97
20127 Serra-di-Scopamène CTC 185 Ka 98
20100 Serragia CTC 184 If 99
66230 Serralongue 66 179 Cd 94
74230 Serraval 74 132 Gc 74
15500 Serre 15 128 Da 77
62116 Serre 62 29 Ce 48
87120 Serre 87 126 Be 74
87130 Serre 87 126 Bd 74
04360 Serre, la 04 157 Ga 86
05380 Serre, la 05 145 Gc 81
19200 Serre, la 19 127 Cb 76
19220 Serre, la 19 138 Ca 78
24370 Serre, la 24 137 Bc 79
38710 Serre, la 38 144 Fe 80
83670 Serre, la 83 171 Ff 87
04250 Serre, le 04 157 Ff 82
05220 Serre-Barbin, le 05 145 Gd 79
05150 Serre-Boyer 05 156 Fd 82
38650 Serre-Brion 38 143 Fd 79
23190 Serre-Bussière-Vieille, la 23 114 Cb 72
31800 Serre-de-Cazaux, la 31 163 Ae 90
38930 Serre-des-Bailes 38 144 Fe 80
31800 Serre-de-Villeneuve, la 31 163 Ae 90
05170 Serre-Eyraud 05 144 Gb 80
39700 Serre-les-Moulières 39 107 Fd 65
25770 Serre-les-Sapins 25 107 Ff 65
12240 Serre-Lissosse, la 12 151 Cb 82

05700 Serres 05 156 Fe 82
07310 Serres 07 142 Eb 79
11190 Serres 11 178 Cb 91
17132 Serres 17 122 Za 75
43270 Serres 43 141 De 77
47120 Serres 47 136 Ab 81
48500 Serres 48 153 Db 83
54370 Serres 54 57 Gc 56
84200 Serres 84 155 Fa 84
64121 Serres-Castet 64 162 Zd 88
24500 Serres-et-Montguyard 24 136 Ac 80
40700 Serres-Gaston 40 162 Zc 87
40700 Serreslous-et-Arribans 40 161 Zc 87
64160 Serres-Morlaàs 64 162 Ze 89
64170 Serres-Sainte-Marie 64 161 Zc 88
09000 Serres-sur-Arget 09 177 Bd 91
63690 Serrette 63 127 Cd 75
64570 Serreuille 64 161 Zb 90
20147 Serriera CTC 182 Ie 95
38550 Serrières 38 130 Ee 77
54610 Serrières 54 56 Gb 55
71960 Serrières 71 118 Ee 71
01470 Serrières-de-Briord 01 131 Fc 74
73310 Serrières-en-Chautagne 73 132 Ff 73
89700 Serrigny 89 90 Df 61
71310 Serrigny-en-Bresse 71 106 Fa 68
77700 Serris 77 52 Ce 55
40110 Serroun 40 146 Za 85
54560 Serrouville 54 43 Ff 52
18190 Serruelles 18 102 Cc 67
16410 Sers 16 124 Ab 75
46210 Sers, le 46 138 Ca 80
67130 Serva, la 67 60 Hb 58
38470 Servagère, la 38 131 Fc 78
02700 Servais 02 40 Dc 51
02160 Serval 02 40 De 52
82140 Servanac 82 150 Be 83
70440 Servance-Miellin 70 94 Ge 62
24410 Servanches 24 136 Aa 78
63560 Servant 63 115 Cf 72
01960 Servas 01 118 Fa 72
30340 Servas 30 154 Eb 84
63610 Serveix 63 127 Cf 75
22300 Servel 22 63 Wd 56
48700 Serverette 48 140 Dc 80
26600 Serves-sur-Rhône 26 142 Ee 78
34290 Servian 34 167 Db 88
19290 Servières 19 126 Bf 74
43170 Servières 43 140 Dc 79
43450 Servières 43 128 Db 77
48000 Servières 48 140 Dc 81
19220 Servières-le-Château 19 138 Ca 78
30700 Serviers-et-Labaume 30 154 Ec 84
34260 Serviès 34 167 Da 86
48190 Serviès 48 141 De 82
81220 Serviès 81 165 Ca 87
11220 Serviès-en-Val 11 166 Cd 90
01560 Servignat 01 118 Fa 70
70240 Servigney 70 93 Gb 62
50200 Servigny 50 46 Yd 54
57530 Servigny-lès-Raville 57 56 Gc 54
57640 Servigny-lès-Sainte-Barbe 57 56 Gb 54
28410 Serville 28 50 Bc 56
03120 Servilly 03 116 Dd 71
25430 Servin 25 94 Gc 65
89140 Servins 89 72 Dc 59
08150 Servion 08 41 Ed 50
16390 Servolle 16 124 Ab 76
50170 Servon 50 66 Yd 57
77170 Servon 77 51 Cd 56
51800 Servon-Melzicourt 51 54 Ef 53
35530 Servon-sur-Vitaine 35 66 Yd 60
74310 Servoz 74 121 Ge 73
08270 Sery 08 41 Ec 51
18220 Séry 18 103 Cd 65
89270 Sery 89 89 De 63
02240 Séry-lès-Mézières 02 40 Dc 50
60800 Sery-Magneval 60 52 Cf 53
51170 Serzy-et-Prin 51 53 De 53
67770 Sessenheim 67 59 Hf 56
34200 Sète 34 168 De 88
43220 Setoux, les 43 130 Ec 77
62380 Setques 62 29 Ca 44
58230 Settons, les 58 104 Ea 65
52500 Seuchey 52 92 Fc 62
95270 Seugy 95 51 Cc 54
04340 Seuil 04 157 Gc 82
08300 Seuil 08 41 Ec 52
84120 Seuil, le 84 171 Fd 86
19520 Seuil-Bas 19 137 Bc 77
55250 Seuil-d'Argonne 55 55 Fa 55
19520 Seuil-Haut 19 137 Bc 77
03260 Seuillet 03 116 Dc 71
14260* Seulline 14 47 Zb 54
41120 Seur 41 86 Bc 63
17770 Seure, le 17 123 Zd 74
21250 Seurre 21 106 Fa 67
71440 Seurres, les 71 106 Fa 68
07100 Seux 07 130 Ed 77
80540 Seux 80 38 Ca 49
88200 Seux 88 77 Gd 60
46160 Seuzac 46 138 Be 82
55300 Seuzey 55 55 Fd 55
12330 Seveirac 12 152 Cc 82
42460 Sevelinges 42 117 Eb 72
90400 Sevenans 90 94 Gf 63
23110 Sévennes 23 115 Cd 72
12240 Sever 12 151 Cb 83
44530 Sévérac 44 81 Xf 63
12150 Sévérac d'Aveyron 12 152 Da 83
12150 Sévérac-le-Château 12 152 Da 83
12310 Sévérac-L'Eglise, Laissac- 12 152 Cf 82
44210 Severie, la 44 96 Xf 66
28140 Sevestreville 28 70 Be 59
70130 Seveux 70 92 Fe 63
22250 Sévignac 22 64 Xd 59
64260 Sévignacq-Meyracq 64 162 Zd 90
64160 Sévignacq-Thèze 64 162 Ze 88
34370 Sévignao 34 167 Da 88
61200 Sevigny 61 48 Zf 56
08230 Sévigny-la-Forêt 08 41 Ec 49
08220 Sévigny-Waleppe 08 41 Ea 51
76850 Sévis 76 37 Ba 50
61150 Sevrai 61 48 Zf 56
93190 Sevran 93 51 Cd 55
74250 Sevraz 74 120 Gc 72
49230 Sèvremoine 49 97 Ye 66
84700 Sèvremont 84 98 Za 67
92310 Sèvres 92 51 Cb 56
86800 Sèvres-Anxaumont 86 100 Ac 69
71100 Sevrey 71 106 Ef 68
74320 Sévrier 74 132 Ga 73
18140 Sévry 18 103 Ce 66
89550 Sevry 89 90 Dd 61
68290 Sewen 68 94 Gf 62
19430 Sexcles 19 138 Ca 78
54550 Sexey-aux-Forges 54 56 Ga 57
54840 Sexey-les-Bois 54 56 Ga 56
52330 Sexfontaines 52 75 Fa 59
63190 Seychalles 63 128 Dc 74
47350 Seyches 47 136 Ab 81
04140 Seyne 04 157 Gc 82
30580 Seynes 30 154 Eb 84
83140 Seyne-sur-Mer, la 83 171 Ff 90
74600 Seynod 74 132 Ga 73
31560 Seyre 31 165 Be 88
40180 Seyresse 40 161 Yf 86
74910 Seyssel 74 119 Ff 73
31600 Seysses 31 164 Bb 88
32130 Seysses-savès 32 164 Ba 87
38170 Seyssinet 38 144 Fe 77
38180 Seyssins 38 131 Fe 78
38200 Seyssuel 38 130 Ef 75
74210 Seythenex, Faverges- 74 132 Gb 74
74430 Seytroux 74 120 Gd 71
51120 Sézanne 51 53 De 56
39270 Sézéria 39 119 Fd 69
26620 Sèzes, les 26 144 Fe 80
29180 Seznec 29 78 Vf 60
65120 Sia 65 175 Zf 91
07570 Sialles 07 142 Ec 79
87260 Siardeix 87 125 Bc 74
65500 Siarouy 65 162 Aa 89
26170 Sias, les 26 156 Fc 83
38740 Siauds, les 38 144 Ff 79
43300 Siaugues-Sainte-Marie 43 141 Dd 78
22570 Siaulles, le 27 49 Ae 56
19100 Siaurat 19 138 Bc 78
19230 Siauve, la 19 125 Bc 76
64470 Sibas 64 161 Za 90
64470 Sibas-Abense 64 161 Za 90
29250 Sibiril 29 62 Vf 56
62270 Sibiville 62 29 Cb 47
31190 Sicardou 31 164 Bc 88
63840 Sicaud 63 129 Df 76
44320 Sicaudais, la 44 96 Ya 65
36600 Sicaudières, les 36 101 Bc 65
38460 Siccieu-Saint-Julien-et-Carisieu 38 131 Fb 74
58700 Sichamps 58 103 Db 66
63660 Sichard 63 129 Df 75
68290 Sickert 68 94 Gf 62
50690 Sideville 50 33 Yb 51
18270 Sidiailles 18 114 Cb 69
20224 Sidossi CTC 180 Ka 95
17490 Siecq 17 123 Ze 74
67160 Siegen 67 59 Ia 55
34520 Sièges 34 153 Db 86
39360 Sièges 39 119 Fe 71
89190 Sièges, les 89 72 Dd 59
57480 Sierck-les-Bains 57 44 Gc 52
68510 Sierentz 68 95 Hc 63
57410 Siersthal 57 58 Hc 54
76690 Sierville 76 37 Ba 51
40180 Siest 40 161 Yf 87
81120 Sieurac 81 151 Ca 86
09130 Sieuras 09 164 Bc 89
38350 Siévoz 38 144 Ff 79
67320 Siewiller 67 57 Hb 55
04000 Sieyes, les 04 157 Gb 84
46150 Siffray 46 137 Bc 81
06910 Sigale 06 158 Gf 85
33690 Sigalens 33 148 Zf 82
11130 Sigean 11 179 Cf 90
45110 Sigloy 45 87 Cb 61
31440 Signac 31 176 Ad 91
37360 Signal, le 37 85 Ac 63
83870 Signes 83 171 Ff 89
52700 Signéville 52 75 Fb 59
86380 Signy 86 99 Ab 68
08460 Signy-L'Abbaye 08 41 Ec 50
08380 Signy-le-Petit 08 41 Eb 49
08370 Signy-Montlibert 08 42 Fb 51
77640 Signy-Signets 77 52 Da 55
16200 Sigogne 16 123 Zf 74
41370 Sigogne 41 86 Bc 62
68240 Sigolsheim 68 60 Hb 60
04300 Sigonce 04 157 Ff 85
05700 Sigottier 05 144 Fe 82
24240 Sigoulès 24 136 Ac 80
85110 Sigournais 85 97 Za 68
04200 Sigoyer 04 157 Ff 83
05130 Sigoyer 05 144 Ff 82
18250 Sigurès, les 18 88 Cd 65
05200 Siguret 05 145 Gd 81
77520 Sigy 77 72 Db 58
76780 Sigy-en-Bray 76 37 Bc 51
71250 Sigy-le-Châtel 71 118 Ed 69
43300 Silcusin 43 141 Dd 78
56480 Silfiac 56 79 Wf 60
20222 Silgaggia CTC 181 Kc 92
07240 Silhac 07 142 Ed 79
33770 Sillac 33 134 Za 82
81350 Sillac 81 151 Cb 84
38590 Sillans 38 131 Fc 76
83690 Sillans-la Cascade 83 171 Gb 87
86320 Sillars 86 112 Ae 70
33690 Sillas 33 148 Zf 82
57420 Sillegny 57 56 Ga 55
64120 Sillègue 64 161 Yf 88
72140 Sillé-le-Guillaume 72 67 Zf 59
72460 Sillé-le-Philippe 72 68 Ac 60
76740 Silleron 76 37 Ae 49
51500 Sillery 51 53 Ea 53
25330 Silley-Amancey 25 107 Ga 66
74330 Sillingy 74 120 Ga 73
86200 Silly 86 99 Aa 67
61310 Silly-en-Gouffern 61 48 Aa 56
57420 Silly-en-Saulnois 57 56 Gb 55
02460 Silly-la-Poterie 02 52 Da 53
60330 Silly-le-Long 60 52 Ce 54
57530 Silly-sur-Nied 57 56 Gc 54
60430 Silly-Tillard 60 38 Ca 53
55000 Silmont 55 55 Fb 56
67260 Siltzheim 67 57 Ha 54
57535 Silvange 57 56 Ga 53
20215 Silvareccio CTC 181 Kc 94
20215 Silvarecciu = Silvareccio CTC 181 Kc 94
52120 Silvarouvres 52 74 Ee 60
04200 Silve, la 04 157 Ff 83
64350 Simacourbe 64 162 Ze 88
01250 Simandre 01 119 Fc 71
71290 Simandre 71 106 Ef 69
69360 Simandres 69M 130 Ef 75
71330 Simard 71 106 Fb 68
16430 Simarde, la 16 124 Ab 74
62123 Simencourt 62 29 Cd 47
13109 Simiane-Collongue 13 170 Fc 88
04150 Simiane-la-Rotonde 04 156 Fd 85
85210 Simon-la-Vineuse 85 110 Yf 69
17270 Simonneau 17 135 Ze 77
58330 Simonots, les 58 104 Dc 66
32420 Simorre 32 163 Ae 88
53360 Simplé 53 83 Za 61
59780 Sin 59 30 Db 45
60390 Sinancourt 60 38 Bf 52
44522 Sinandière, la 44 82 Ye 64
38650 Sinard 38 144 Fd 79
02300 Sinceny 02 40 Db 51
74440 Sincerneret 74 121 Gd 72
21530 Sincey-lès-Rouvray 21 90 Ea 64
67440 Sindelsberg 67 58 Hc 56
40110 Sindères 40 146 Za 84
46230 Sindou 46 150 Bd 82
63690 Singles 63 127 Cd 75
24500 Singleyrac 24 136 Ac 80
57410 Singling 57 57 Hb 54
08430 Singly 08 42 Ee 51
67440 Singrist 67 58 Hc 56
12600 Sinhalac 12 139 Ce 79
48100 Sinières-Planes 48 140 Da 81
59450 Sin-le-Noble 59 30 Da 46
30420 Sinsans 30 154 Ea 86
09310 Sinsat 09 177 Bd 92
45250 Sinzelles 48 141 De 80
65190 Sinzos 65 163 Ab 89
32110 Sion 32 162 Aa 86
19120 Sioniac 19 138 Be 79
44590 Sion-les-Mines 44 82 Yc 62
88630 Sionne 88 75 Fd 58
85270 Sion-sur-L'Océan 85 96 Xf 68
54300 Sionviller 54 57 Gd 57
24430 Siorac 24 136 Ad 77
24600 Siorac-de-Ribérac 24 124 Ac 77
24170 Siorac-en-Périgord 24 137 Af 80
36160 Sioudray 36 114 Ca 69
50340 Siouville-Hague 50 33 Ya 51
33340 Sipian 33 122 Za 76
26400 Siquets, les 26 143 Ef 80
32430 Sirac 32 164 Af 86
62130 Siracourt 62 29 Cb 46
15150 Siran 15 138 Ca 79
34210 Siran 34 166 Cd 89
73230 Sire, le 73 132 Ff 75
65400 Sireix 65 174 Zf 91
46600 Siréjol 46 138 Bc 79
16440 Sireuil 16 123 Aa 75
24620 Sireuil 24 137 Ba 79
65370 Siridan 65 176 Ad 91
19220 Sirieix 19 126 Ca 77
19380 Sirieix, le 19 138 Be 78
39300 Sirod 39 107 Ff 68
05150 Sironne 05 156 Fd 82
64230 Siros 64 162 Zd 88
71250 Sirot 71 118 Ed 70
20233 Sisco CTC 181 Kc 92
20233 Siscu = Sisco CTC 181 Kc 92
AD400 Sispony ◘ AND 177 Bd 93
87300 Sissac 87 113 Af 72
02150 Sissonne 02 41 Df 51
02240 Sissy 02 40 Dc 50
82340 Sistels 82 149 Ae 84
04200 Sisteron 04 157 Ff 83
15100 Sistrières 15 140 Db 78
57870 Sitifort 57 57 Ha 56
33220 Sivadons, les 33 136 Aa 80
87130 Sivergnat 87 126 Bd 74
84400 Sivergues 84 156 Fc 86
56500 Siviac 56 80 Xa 61
71220 Sivignon 71 117 Ed 70
10130 Sivrey 10 73 Df 60
21230 Sivry 21 105 Ec 66
54610 Sivry 54 56 Gb 56
51800 Sivry-Ante 51 54 Ef 54
77115 Sivry-Courtry 77 71 Ce 57
55100 Sivry-la-Perche 55 55 Fb 54
08240 Sivry-lès-Buzancy 08 42 Ef 52
55110 Sivry-sur-Meuse 55 42 Fb 53
83140 Six-Fours-les-Plages 83 171 Fe 90
86260 Six-Maisons, les 86 100 Ae 68
86430 Six-Routes, les 86 112 Ae 71
74740 Sixt-Fer-à-Cheval 74 121 Ge 72
35550 Sixt-sur-Aff 35 81 Xf 62
29450 Sizun 29 62 Vf 58
29390 Skaer = Scaër 29 79 Wb 60
62164 Slack 62 26 Bd 44
86240 Smarves 86 112 Ac 69
76660 Smermesnil 76 37 Bc 49
20125 Soccia CTC 182 If 95
25600 Sochaux 25 94 Ge 63
64122 Socoa 64 160 Yb 88
88130 Socourt 88 76 Gb 58
59380 Socx 59 27 Cc 43
43350 Soddes 43 141 De 78
64400 Soeix 64 161 Zd 90
57330 Soetrich 57 44 Ga 52
49330 Sœurdres 49 83 Zc 62
89450 Sœuvres 89 90 De 64
58700 Soffin 58 89 Dc 65
27240 Sôgne, la 27 49 Ba 55
89260 Sognes 89 72 Dd 58
77520 Sognolles-en-Montois 77 72 Db 57
51520 Sogny-aux-Moulins 51 54 Ec 55
51340 Sogny-en-l'Angle 51 54 Ee 56
44310 Soherie, la 44 96 Yb 66
14190 Soignolles 14 48 Ze 54
28140 Soignolles 28 70 Be 59
77111 Soignolles-en-Brie 77 51 Ce 57
51210 Soigny 51 53 Dd 56
51700 Soilly 51 53 Dd 54
78200 Soindres 78 50 Be 55
70130 Soing-Cubry-Charentenay 70 93 Ff 63
41230 Soings-en-Sologne 41 86 Bd 64
18000 Soires 18 102 Cc 66
02200 Soissons 02 40 Dc 52
21270 Soissons-sur-Nacey 21 106 Fc 65
77650 Soisy-Bouy 77 72 Db 57
95600 Soisy-sous-Montmorency 95 51 Cb 55
91840 Soisy-sur-École 91 71 Cc 58
91450 Soisy-sur-Seine 91 51 Cc 57
02340 Soize 02 41 Ea 50
28330 Soizé 28 69 Af 60
51120 Soizy-aux-Bois 51 53 De 56
69360 Solaize 69M 130 Ef 75
74130 Solaizon 74 120 Gc 72
20240 Solaro CTC 183 Kb 97
12460 Solasols 12 139 Ce 80
26150 Solaure en Diois 26 143 Fc 80
67130 Solbach 67 77 Hb 58
49610 Solbre 49 83 Zc 64
46500 Sol-del-Pech 46 138 Bd 80
AD100 Soldeu ◘ AND 177 Be 93
04120 Soleilhas 04 158 Gd 85
89290 Soleines, les 89 90 Dd 62
25190 Solemont 25 94 Ge 64
60310 Solente 60 39 Cf 50
20145 Solenzara CTC 185 Kc 97
66270 Soler, le 66 179 Ce 92
18800 Solerieu 18 103 Ce 66
26130 Solérieux 26 155 Ee 82
77111 Solers 77 51 Ce 57
59730 Solesmes 59 30 Dc 47
72300 Solesmes 72 84 Ze 61
38460 Soleymieu 38 131 Fc 74
42560 Soleymieux 42 129 Ea 75
48220 Soleyrols 48 153 Df 83
40210 Solférino 40 146 Za 84
57420 Solgne 57 56 Gb 55
14540 Soliers 14 35 Ze 54
87110 Solignac 87 125 Bb 74
43130 Solignac-sous-Roche 43 129 Df 77
43370 Solignac-sur-Loire 43 141 Df 79
63500 Solignat 63 128 Db 75
61380 Soligny-la-Trappe 61 68 Ad 57
10400 Soligny-les-Étangs 10 72 Dd 58
20140 Sollacaro CTC 184 If 98
42940 Sollègue 42 129 Df 75
73500 Sollières-Envers 73 133 Ge 77
73500 Sollières-Sardières 73 133 Ge 77
83210 Solliès-Pont 83 171 Ga 89
83210 Solliès-Toucas 83 171 Ga 89
83210 Solliès-Ville 83 171 Ga 89
71960 Sologny 71 118 Ee 70
32120 Solomiac 32 149 Af 86
59740 Solre 59 31 Ea 47
59740 Solre-le-Château 59 31 Ea 47
59740 Solrinnes 59 31 Ea 47
12330 Solsac 12 139 Cc 82
45700 Solterre 45 88 Ce 61
47500 Solurac 47 137 Ba 82
71960 Solutré 71 118 Ee 71
11120 Somail, le 11 167 Cf 89
59490 Somain 59 30 Db 46
25520 Sombacour 25 108 Gb 67
21540 Sombernon 21 91 Ee 65
62179 Sombre 62 26 Be 43
62810 Sombrin 62 29 Cd 47
65700 Sombrun 65 162 Aa 88
49360 Somloire 49 98 Zc 66
59213 Sommaing 59 30 Dc 47
55250 Sommaisne 55 55 Fa 55
52130 Sommancourt 52 75 Fa 57
71540 Sommant 71 105 Eb 66
74440 Sommant 74 120 Gd 72
81170 Sommard le Fraisse 81 151 Bf 84
08240 Sommauthe 08 42 Ef 52
18500 Somme 18 102 Cb 66
51800 Somme-Bionne 51 54 Ee 54
89110 Sommecaise 89 89 Db 61
55320 Sommedieue 55 55 Fc 54
58140 Sommée 58 90 Df 65
55800 Sommeilles 55 54 Ef 55
02470 Sommelans 02 52 Db 54
55170 Sommelonne 55 55 Fa 56
51600 Sommepy-Tahure 51 54 Ed 53
08250 Sommerance 08 42 Ef 53
52150 Sommerécourt 52 75 Fd 59
60210 Sommereux 60 38 Bf 50
02260 Sommeron 02 41 Df 49
14400 Sommervieu 14 34 Zc 53
54110 Sommerviller 54 56 Gc 57
76440 Sommery 76 37 Bc 51
76560 Sommesnil 76 36 Ae 50
51320 Sommesous 51 53 Eb 56
51600 Somme-Suippe 51 54 Ed 54
51600 Somme-Tourbe 51 54 Ed 54
02480 Sommette 02 40 Da 50
25510 Sommette, la 25 108 Gd 65
10320 Sommeval 10 73 Df 60
51460 Somme-Vesle 51 54 Ed 55
52170 Sommeville 52 75 Fa 57
52220 Sommevoire 52 74 Ef 58
51330 Somme-Yèvre 51 54 Ee 55
30250 Sommières 30 154 Ea 86
86160 Sommières-du-Clain 86 112 Ac 71
82240 Somplessac 82 150 Bd 83
79110 Sompt 79 111 Zf 72
51320 Sompuis 51 54 Ec 56
51290 Somsois 51 74 Ed 57
08300 Son 08 41 Eb 51
33650 Son, le 33 135 Zc 81
46320 Sonac 46 138 Bf 80
63380 Sonazet 63 115 Cd 73
78120 Sonchamp 78 70 Bf 57
88170 Soncourt 88 76 Ff 58
52320 Soncourt-sur-Marne 52 75 Fa 59
68380 Sondernach 68 77 Ha 61
68480 Sondersdorf 68 95 Hc 64
38840 Sône, la 38 143 Fb 78
73400 Soney 73 132 Gc 74
60380 Songeons 60 38 Bf 51
39130 Songeson 39 107 Fe 69
01260 Songieu 01 119 Fe 73
51240 Songy 51 54 Ed 56
12700 Sonnac 12 138 Ca 81
17160 Sonnac 17 123 Ze 73
11230 Sonnac-sur-L'Hers 11 178 Bf 90
37500 Sonnay 37 99 Ab 66
38150 Sonnay 38 130 Ef 76
73000 Sonnaz 73 132 Ff 75
58140 Sonne 58 90 Df 65
16130 Sonneville 16 123 Ze 75
16170 Sonneville 16 123 Zf 74
02270 Sons-et-Ronchères 02 40 De 50
01580 Sonthonnax-la-Montagne 01 119 Fd 71
01560 Sonville 01 118 Fa 70
28160 Sonville 28 69 Bb 59
37360 Sonzay 37 85 Ac 63
40510 Soorts 40 160 Yd 86
40150 Soorts-Hossegor 40 160 Yd 87
06560 Sophia-Antipolis 06 173 Ha 87
68780 Soppe-le-Bas 68 94 Ha 62
68780 Soppe-le-Haut 68 94 Ha 62
09800 Sor 09 176 Af 91
70190 Sorans-lès-Breurey 70 93 Ga 64
02580 Sorbais 02 41 Df 49
32110 Sorbets 32 162 Zf 86
40320 Sorbets 40 162 Ze 87
55230 Sorbey 55 43 Fd 52
57580 Sorbey 57 56 Gb 54
03220 Sorbier 03 116 Dd 70
05150 Sorbiers 05 156 Fd 82
42290 Sorbiers 42 130 Ec 76
20152 Sorbollano CTC 185 Ka 98
08300 Sorbon 08 41 Ec 51
34520 Sorbs 34 153 Dc 85
20213 Sorbu Ocagnano CTC 181 Kc 94
20213 Sorbu Ocagnanu = Sorbo-Ocagnano CTC 181 Kc 94
08270 Sorcy-Bauthémont 08 41 Ed 51
55190 Sorcy-Saint-Martin 55 55 Fd 56
40300 Sorde-l'Abbaye 40 161 Yf 87
44650 Sorderie, la 44 97 Yc 67
40430 Sore 40 147 Zc 83
65350 Soréac 65 162 Aa 89
66690 Sorède 66 179 Cf 93
08090 Sorel 08 42 Ee 50
80240 Sorel 80 39 Da 48
80490 Sorel-en-Vimeu 80 38 Bf 48
28260 Sorel-Moussel 28 50 Bc 55
08800 Sorendal 08 42 Ef 49
81540 Sorèze 81 165 Ca 88
09110 Sorgeat 09 177 Bf 92
24420 Sorges et Ligueux en Périgord 24 125 Af 77
84700 Sorgues 84 155 Ef 84
64120 Sorhapuru 64 161 Za 89
64220 Sorhueta 64 160 Ye 89
50200 Sorière, la 50 33 Yc 54
17260 Sorignets, les 17 122 Zc 75
37250 Sorigny 37 100 Ae 65
04200 Sorin 04 157 Ga 83
85440 Sorin 85 109 Yc 70
79150 Sorinière, la 79 98 Zd 67
44840 Sorinières, les 44 97 Yc 66
20246 Sorio CTC 181 Kb 93
20246 Soriu = Sorio CTC 181 Kb 93
46400 Sorm 46 138 Bf 79
89570 Sormery 89 73 De 60
08150 Sormonne 08 41 Ed 50
19290 Sornac 19 126 Cb 74
AD300 Sornàs ◘ AND 177 Bd 93
70150 Sornay 70 92 Fe 65
71500 Sornay 71 106 Fb 69
54280 Sornéville 54 56 Gc 56
76540 Sorquainville 76 36 Ad 50
77690 Sorques 77 71 Ce 58
62170 Sorrus 62 28 Be 46
40180 Sort-en-Chalosse 40 161 Za 86
50310 Sortosville 50 33 Yd 52
50270 Sortosville-en-Beaumont 50 33 Yb 52
47170 Sos 47 148 Aa 84
06380 Sospel 06 159 Hc 85
86230 Sossais 86 99 Ac 67
65370 Sost 65 176 Ad 91
01260 Sothonod 01 119 Fe 73
20146 Sotta CTC 185 Kb 99
50260 Sottevast 50 33 Yc 51
50340 Sotteville 50 33 Yb 51
76300 Sotteville-lès-Rouen 76 37 Ba 52
76410 Sotteville-sous-le-Val 76 37 Ba 53
76740 Sotteville-sur-Mer 76 37 Ae 49
57170 Sotzeling 57 57 Gd 55
23230 Sou, le 23 114 Cb 71
01500 Soual 81 165 Ca 87
28400 Souancé-au-Perche 28 69 Af 59
62111 Souastre 62 29 Cd 48
32300 Soubaignan 32 163 Ac 87
24480 Soubartelle 24 137 Af 80

32240 Soubère 32 147 Zf 85
34700 Soubès 34 153 Dc 86
30140 Soubeyran 30 154 Df 84
24700 Soubie 24 135 Aa 78
33840 Soubiran 33 147 Ze 82
47300 Soubirous 47 136 Ae 82
17780 Soubise 17 110 Yf 73
65700 Soublecause 65 162 Zf 87
17150 Soubran 17 123 Zc 76
23250 Soubrebost 23 114 Bf 73
26300 Soubredioux, les 26 143 Fa 79
49140 Soucelles 49 84 Zd 63
07380 Souche, la 07 141 Eb 81
83840 Souche, la 83 172 Gd 86
88650 Souche, le 88 77 Gf 59
43160 Souchère, la 43 129 De 77
18290 Souchot, le 18 102 Ca 66
62153 Souchez 62 29 Ce 46
57960 Soucht 57 58 Hc 55
39130 Soucia 39 119 Fe 69
69510 Soucieu-en-Jarrest 69M 130 Ee 74
46300 Soucirac 46 138 Bd 80
01150 Souclin 01 131 Fc 73
02600 Soucy 02 40 Da 53
89100 Soucy 89 72 Db 59
19370 Soudaine-Lavinadière 19 126 Bc 75
44110 Soudan 44 82 Ye 62
79800 Soudan 79 111 Zf 70
24360 Soudat 24 124 Ad 75
41170 Souday 41 69 Af 60
51320 Soudé 51 54 Eb 56
19300 Soudeilles 19 126 Ca 76
51320 Soudé-le-Grand = Soudé-Sainte-Croix 51 54 Eb 56
51320 Soudé-le-Petit = Soudé-Notre-Dame 51 54 Eb 56
51320 Soudé-Notre-Dame = Soudé-le-Petit 51 54 Eb 56
51320 Soudé-Sainte-Croix = Soudé-le-Grand 51 54 Eb 56
27410 Soudière, la 27 49 Ae 54
30460 Soudorgues 30 154 De 84
51320 Soudron 51 53 Eb 55
31160 Soueich 31 176 Ae 90
09140 Soueix 09 177 Bb 91
81170 Souel 81 151 Bf 84
65430 Soues 65 162 Aa 89
80310 Soues 80 38 Ca 49
41300 Souesmes 41 87 Cb 64
67460 Souffelweyersheim 67 58 He 57
67620 Soufflenheim 67 59 Hf 56
05800 Souffles 05 144 Ga 79
87120 Souffrangeas 87 126 Be 75
16380 Souffrignac 16 124 Ad 75
36500 Sougé 36 101 Bc 67
41800 Sougé 41 85 Ae 62
35610 Sougéal 35 66 Yc 57
72130 Sougé-le-Ganelon 72 68 Zf 59
89520 Sougères-en-Puisaye 89 89 Db 63
89470 Sougères-sur-Sinotte 89 90 Dd 61
11190 Sougraigne 11 178 Cc 91
45410 Sougy 45 70 Be 60
58300 Sougy-sur-Loire 58 104 Dc 67
51600 Souhain-Perthes-lès-Hurlus 51 54 Ed 53
17600 Souhe 17 122 Za 74
55220 Souhesmes-Rampont, les 55 55 Fb 54
21140 Souhey 21 91 Ec 64
62810 Souich, le 62 29 Cc 47
85420 Souil 85 110 Zb 70
79800 Souil, le 79 111 Zf 71
11400 Souilhanels 11 165 Bf 88
11400 Souilhe 11 165 Bf 88
17270 Souillac 17 135 Ze 77
46200 Souillac 46 138 Bc 79
46000 Souillaguet 46 137 Bc 80
89420 Souillats, les 89 90 Ea 60
72380 Souillé 72 68 Ab 60
50300 Souillet 50 46 Yd 56
25270 Souillot, le 25 107 Gb 67
55220 Souilly 55 55 Fb 54
43340 Souils, les 43 141 De 79
33113 Souis 33 147 Zd 82
09000 Soula 09 177 Be 91
33780 Soulac-sur-Mer 33 122 Yf 75
43500 Soulage 43 129 Df 76
12800 Soulages 12 151 Cb 83
15100 Soulages 15 140 Db 78
12210 Soulages-Bonneval 12 139 Ce 80
34520 Soulagets 34 153 Dc 85
65200 Soulagnets 65 175 Aa 90
52230 Soulaincourt 52 75 Fb 58
10200 Soulaines-Dhuys 10 74 Ee 58
49610 Soulaines-sur-Aubance 49 84 Zc 64
49460 Soulaire-et-Bourg 49 83 Zc 63
28130 Soulaires 28 70 Bd 57
09320 Soulan 09 177 Bb 91
32810 Soulan 32 163 Ae 87
65170 Soulan 65 175 Ab 91
31230 Soulan, le 31 164 Af 89
27370 Soulanger, le 27 49 Af 53
51300 Soulanges 51 54 Ed 56
18220 Soulangis 18 102 Cd 65
18340 Soulangry 18 102 Cc 67
14700 Soulangy 14 48 Ze 55
16210 Soulard, le 16 124 Aa 77
11330 Soulatgé 11 178 Cd 91
52150 Soulaucourt-sur-Mouzon 52 75 Fe 59
10400 Soulaunoy 10 73 Dd 57
24540 Soulaures 24 137 Af 81
24560 Soulbaréde 24 136 Ad 80
79100 Soulbrois 79 98 Ze 66
25190 Soulce-Cernay 25 94 Gf 65
81260 Soulègre 81 166 Cd 86
14260* Souleuvre en Bocage 14 47 Zb 55
40200 Souleyraou 40 146 Ye 83
12440 Souleysset 12 151 Bf 83
53210 Soulgé-sur-Ouette 53 67 Zc 60
04330 Soulie, le 04 160 Gc 87
05350 Soulier 05 145 Ge 80
23250 Soulier 23 114 Be 72
63820 Soulier 63 127 Ce 74
23340 Soulière 23 126 Ca 74
51130 Soulières 51 53 Df 55
47150 Souliès 47 137 Ae 81
79600 Soulièvres 79 99 Ze 68
33760 Soulignac 33 135 Ze 80
79270 Souligné 79 110 Zc 71
72210 Souligné-Flacé 72 68 Aa 61
72290 Souligné-sous-Ballon 72 68 Ab 60
17250 Soulignonne 17 122 Zb 74
10320 Souligny 10 73 Df 59
72370 Soulitré 72 68 Ac 60
85300 Soullans 85 96 Ya 68
50750 Soulles 50 46 Ye 54
47290 Soulodres 47 136 Ad 81
46240 Soulomès 46 138 Bd 81
88630 Soulosse-sous-Saint-Elophe 88 75 Fe 58
01010 [illegible]
03370 Soult, le 03 115 Cc 70
15200 Soultz 15 127 Cb 77
68230 Soultzbach-les-Bains 68 77 Hb 60
68140 Soultzeren 68 77 Ha 60
68360 Soultz-Haut-Rhin 68 95 Hb 61
67120 Soultz-les-Bains 67 60 Hc 57
68570 Soultzmatt 68 60 Hb 61
67250 Soultz-sous-Forêts 67 58 Hf 55
44660 Soulvache 44 82 Yd 62
87130 Soumagnas 87 126 Bd 74
19320 Soumaille 19 126 Bf 77
89570 Soumaintrain 89 73 De 60
30125 Soumane 30 153 De 84
23600 Soumans 23 114 Cb 71
17450 Soumard 17 110 Yf 73
58150 Soumard 58 88 Cf 65
34600 Soumartre 34 167 Db 87
24640 Soumeil 24 125 Ba 77
23460 Soumeix 23 126 Bf 74
47120 Soumensac 47 136 Ab 80
17130 Souméras 17 123 Zd 77
09140 Soumère, la 09 176 Ba 91
34700 Soumont 34 167 Dc 86
14420 Soumont-Saint-Quentin 14 48 Ze 55
64420 Soumoulou 64 162 Ze 89
19290 Sounaleix 19 126 Ca 74
80290 Sounlicourt 80 38 Bf 50
03370 Souperons 03 115 Cc 69
11320 Soupex 11 165 Bf 88
77460 Souppes-sur-Loing 77 71 Ce 59
40250 Souprosse 40 147 Zb 86
81260 Souque, la 81 166 Cd 87
32170 Souques 32 163 Ac 88
40260 Souquet 40 146 Yf 85
64250 Souraïde 64 160 Yd 88
25250 Sourans 25 94 Gd 64
24460 Sourbarie 24 124 Ae 77
45590 Source 45 87 Bf 62
49440 Source 49 83 Yf 63
45100 Source, la 45 87 Bf 61
02110 Source de la Somme 02 40 Dc 49
69210 Sourcieux-les-Mines 69M 130 Ed 74
02140 Sourd, le 02 40 De 49
50150 Sourdeval 50 47 Za 56
50450 Sourdeval-les-Bois 50 46 Ye 55
19120 Sourdoire 19 138 Be 79
17170 Sourdon 17 110 Za 71
80250 Sourdon 80 39 Cc 50
77171 Sourdun 77 72 Dc 57
56300 Sourn, le 56 79 Xa 60
41800 Sournas, la 41 85 Ae 62
66730 Sournia 66 178 Cc 92
15200 Sourniac 15 127 Cb 77
04290 Sourribes 04 157 Ga 84
18240 Sours 18 88 Cf 64
28630 Sours 28 70 Bd 58
19550 Soursac 19 126 Cb 77
24400 Sourzac 24 136 Ac 78
46190 Sousceyrac-en-Quercy 46 138 Ca 79
74140 Sous-Etraz 74 120 Gb 71
49540 Sousigné 49 98 Zd 65
24380 Sous-le-Denis 24 136 Ae 78
08220 Sous-lès-Faux 08 41 Eb 50
23150 Sous-Parsat 23 114 Bf 72
26160 Souspierre 26 143 Ef 81
33790 Soussac 33 135 Aa 80
33460 Soussans 33 134 Zb 78
63210 Soussat 63 127 Ce 74
21350 Soussey-sur-Brionne 21 91 Ed 65
82150 Soussis 82 149 Ba 82
40140 Soustons 40 160 Ye 86
19160 Soustras 19 126 Cb 76
34190 Soutayrol 34 153 Dd 85
42260 Souternon 42 129 Df 73
23300 Souterraine, la 23 113 Bc 71
30600 Souteyranne, la 30 169 Ec 87
16150 Soutière, la 16 124 Ae 73
79310 Soutiers 79 111 Ze 69
60290 Soutraine 60 39 Cc 53
18520 Soutrin 18 103 Ce 66
39380 Souvans 39 107 Fd 67
71190 Souve 71 104 Ea 68
54115 Souveraincourt 54 76 Ga 58
30250 Souvignargues 30 154 Ea 86
16240 Souvigné 16 111 Aa 73
37330 Souvigné 37 85 Ac 63
79800 Souvigné 79 111 Ze 70
72400 Souvigné-sur-Même 72 68 Ad 59
72300 Souvigné-sur-Sarthe 72 84 Zd 62
03210 Souvigny 03 116 Db 69
37530 Souvigny-de-Touraine 37 86 Ba 64
41600 Souvigny-en-Sologne 41 87 Ca 63
72240 Souvré 72 68 Zf 60
65350 Souyeaux 65 163 Ab 89
12330 Souyri 12 151 Cd 82
49400 Souzay-Champigny 49 99 Zf 65
24590 Souzet 24 137 Bc 78
12200 Souzils 12 151 Bf 83
69610 Souzy 69M 130 Ec 74
91580 Souzy-la-Briche 91 71 Ca 57
20250 Soveria CTC 183 Ka 94
56270 Soy 56 79 Wd 62
26400 Soyans 26 143 Fa 81
16800 Soyaux 16 124 Ab 75
18200 Soye 18 102 Cc 68
25250 Soye 25 94 Gc 64
02490 Soyécourt 02 40 Da 49
80200 Soyécourt 80 39 Ce 49
18340 Soye-en-Septaine 18 102 Cc 66
52400 Soyers 52 92 Fe 61
07130 Soyons 07 142 Ef 79
55300 Spada 55 55 Fd 55
67340 Sparsbach 67 58 Hc 55
72700 Spay 72 84 Aa 61
44590 Spay, le 44 82 Yc 62
20270 Spazzola CTC 183 Kc 95
68720 Spechbach 68 95 Hb 62
68720 Spechbach-le-Bas 68 95 Hb 62
68720 Spechbach-le-Haut 68 95 Hb 62
31210 Spéhis, les 31 163 Ad 90
20226 Speloncato CTC 180 If 93
06530 Speracèdes 06 172 Gf 87
67140 Sperberbaechlel 67 60 Hb 58
29540 Spézet 29 79 Wb 59
57350 Spicheren 57 57 Gf 53
55230 Spincourt 55 43 Fe 53
57490 Spittel = l'Hôpital 57 57 Ge 54
28630 Spoir 28 70 Bc 58
19550 Spontour 19 126 Cb 77
54800 Sponville 54 56 Fe 54
10200 Spoy 10 74 Ed 59
21120 Spoy 21 92 Fb 64
45480 Spuis 45 70 Ca 60
20226 Spuncatu = Speloncato CTC 180 If 93
59380 Spycker 59 27 Cb 43
22200 Squiffiec 22 63 Wf 57
29590 Squiriou 29 62 Vf 59
68850 Staffelfelden 68 95 Hb 62
93240 Stains 93 51 Cc 55
55500 Stainville 55 55 Fb 57
67420 Stampoumont 67 77 Hb 58
29250 Stang 29 62 Vf 57
29120 Stang, le 29 78 Vd 61
29720 Stang-ar-Bacol 29 78 Ve 61
29510 Stang-Kergoulay 29 78 Wa 60
29140 Stang-Treblay 29 78 Wb 61
29500 Stang-Venn 29 78 Vf 60
13200 Stanislas 13 169 Ed 87
22680 Staol = Étables-sur-Mer 22 64 Xa 57
59190 Staple 59 27 Cc 44
58150 Station Géophysique du Nivernais 58 89 Da 65
67770 Stattmatten 67 59 Ia 56
20229 Stazzona CTC 183 Kc 94
59270 Steeht' je 59 29 Ce 44
59189 Steenbecque 59 29 Cc 44
59380 Steene 59 27 Cc 43
59114 Steenvoorde 59 30 Cd 44
59181 Steenwerck 59 30 Ce 44
67220 Steige 67 60 Hb 58
57430 Steinbach 57 57 Gf 55
68700 Steinbach 68 95 Ha 62
67790 Steinbourg 67 58 Hc 56
68440 Steinbrunn-le-Bas 68 95 Hc 62
68440 Steinbrunn-le-Haut 68 95 Hc 63
67160 Steinseltz 67 58 Hf 54
68640 Steinsoultz 68 95 Hc 63
62780 Stella-Plage 62 28 Bd 46
55700 Stenay 55 42 Fb 52
67170 Stephansfeld 67 58 He 56
68780 Sternenberg 68 94 Ha 62
68510 Stetten 68 95 Hc 63
89160 Stigny 89 90 Eb 62
67190 Still 67 60 Hc 57
57350 Stiring-Wendel 57 57 Gf 53
56300 Stival 56 79 Xa 60
67100 Stockfeld 67 60 He 57
08390 Stonne 08 42 Ef 51
68470 Storckensohn 68 94 Gf 61
68140 Stosswihr 68 77 Ha 60
67140 Stotzheim 67 60 Hc 58
67000 Strasbourg 67 60 He 57
67000 Straßburg = Strasbourg 67 60 He 57
59270 Strazeele 59 30 Cd 44
46600 Strenquels 46 138 Bd 79
46270 Struels, les 46 138 Ca 80
68580 Strueth 68 94 Ha 63
67290 Struth 67 58 Hb 55
57970 Stuckange 57 44 Gb 53
56300 Stumultan 56 79 Wf 60
67250 Stundwiller 67 59 Hf 55
57230 Sturzelbronn 57 58 Hd 54
67370 Stutzheim-Offenheim 67 58 Hd 57
90100 Suarce 90 94 Ha 63
20214 Suare CTC 180 Ie 94
20117 Suarella, Eccica- CTC 182 If 97
20226 Suariccia CTC 181 Kc 93
20137 Suartone CTC 185 Kb 100
70120 Suaucourt-et-Pisseloup 70 92 Fe 62
16260 Suaux 16 124 Ad 73
18570 Subdray, le 18 102 Cb 66
65670 Subergelle 65 163 Ac 89
87470 Subertange, la 87 126 Be 74
37310 Sublaines 37 86 Af 65
14400 Subles 14 34 Zb 53
18260 Subligny 18 88 Ce 64
89100 Subligny 89 72 Db 59
50870 Subligny 50 46 Yd 56
36290 Subtray 36 101 Bb 68
38300 Succieu 38 131 Fc 75
64120 Succos 64 161 Yf 88
44240 Sucé-sur-Erdre 44 82 Yc 64
09220 Suc-et-Santenac 09 177 Bc 92
43400 Suchère, la 43 142 Eb 78
20140 Sudacaro = Sollacaro CTC 184 If 98
12120 Suderie, la 12 152 Cc 83
48220 Sud Mont Lozère 48 153 De 82
81640 Suech 81 151 Ca 84
18130 Suée, la 18 102 Cd 67
34270 Sueilles 34 153 De 86
41500 Suèvres 41 86 Bc 62
63490 Sugères 63 128 Dc 75
63120 Sugier 63 129 De 74
08400 Sugny 08 42 Ed 52
64470 Suhare 64 161 Za 90
64780 Suhescun 64 160 Ye 89
58150 Suilly-la-Tour 58 89 Da 64
71220 Suin 71 117 Ec 70
51600 Suippes 51 54 Ed 54
77166 Suisnes 77 51 Ce 56
57340 Suisse 57 57 Gd 55
13800 Sulauze 13 170 Ef 87
29750 Suleur, le 29 78 Vc 61
01400 Sulignat 01 118 Ef 71
71500 Sulignat 71 118 Fa 69
20145 Sulinzara = Solenzara CTC 185 Kc 97
20143 Sullataia CTC 184 If 98
60380 Sully 60 38 Be 51
71240 Sully 71 106 Ee 69
71360 Sully 71 105 Ec 66
[illegible]
45450 Sully-la-Chapelle 45 71 Cb 61
45600 Sully-sur-Loire 45 88 Cc 62
56250 Sulniac 56 80 Xc 62
30440 Sumène 30 153 De 85
68280 Sundhoffen 68 60 Hc 60
67920 Sundhouse 67 60 Hd 59
64470 Sunharette 64 161 Za 90
31110 Superbagnères 31 176 Ad 92
63610 Super-Besse 63 127 Cf 75
66210 Super-Bolquère 66 178 Ca 93
05250 Superdévoly 05 144 Ff 80
66480 Super-las-Illas 66 179 Ce 94
15300 Super-Lioran 15 139 Ce 78
74120 Super-Megève 74 133 Gd 73
04400 Super-Sauze 04 158 Ge 82
39300 Supt 39 107 Ff 67
06450 Suquet, le 06 159 Hb 85
38730 Surand, le 38 131 Fd 76
63720 Surat 63 116 Db 73
09400 Surba 09 177 Bd 91
38118 Surbaix 38 131 Fc 74
67250 Surbourg 67 58 Hf 55
20152 Surbuddà = Sorbollano CTC 185 Ka 98
80620 Surcamps 80 29 Ca 48
61500 Surdon 61 48 Ab 57
19400 sur-Dordogne 19 138 Bf 78
87130 Surdoux 87 126 Bd 75
61360 Suré 61 68 Ac 58
38134* Sure en Chartreuse, la 38 131 Fd 76
72370 Surfonds 72 68 Ac 61
02240 Surfontaine 02 40 Dc 50
17700 Surgères 17 110 Zb 72
12150 Surguières 12 152 Cf 82
58500 Surgy 58 89 Dd 63
88140 Suriauville 88 76 Ff 59
38150 Surieu 38 130 Ef 76
79220 Surin 79 110 Zd 70
86250 Surin 86 112 Ac 72
16270 Suris 16 124 Ad 73
24210 Surjac 24 125 Ba 77
01420 Surjoux 01 119 Fe 72
36300 Surjoux 36 100 Ba 68
74360 Sur-la-Fontaine 74 121 Ge 71
25380 Surmont 25 94 Gd 65
62850 Surques 62 27 Bf 44
14710 Surrain 14 47 Za 53
50270 Surtainville 50 33 Yb 52
27400 Surtauville 27 49 Ba 53
61310 Survie 61 48 Ab 55
04140 Surville 04 157 Gb 82
14130 Surville 14 35 Ab 53
27400 Surville 27 49 Ba 53
50250 Surville 50 46 Yb 53
95470 Survilliers 95 51 Cd 54
08090 Sury 08 42 Ed 50
58270 Sury 58 103 Dc 66
45530 Sury-aux-Bois 45 71 Cc 61
18300 Sury-en-Vaux 18 88 Ce 64
18260 Sury-ès-Bois 18 88 Ce 64
42450 Sury-le-Comtal 42 129 Eb 75
18240 Sury-près-Léré 18 88 Cf 64
56450 Surzur 56 80 Xc 63
64190 Sus 64 161 Zb 89
77390 Suscy-sous-Yèbles 77 71 Ce 57
64190 Susmiou 64 161 Zb 89
87130 Sussac 87 126 Bd 75
62810 Sus-Saint-Léger 62 29 Cc 47
34160 Sussargues 34 168 Ea 86
03450 Sussat 03 115 Da 72
64120 Sussaute 64 161 Yf 88
21430 Sussey 21 105 Ec 65
01260 Sutrieu 01 119 Fd 73
40110 Suzan 40 147 Zb 85
08130 Suzanne 08 42 Ed 51
80340 Suzanne 80 39 Ce 49
13130 Suzanne, la 13 170 Fa 88
52300 Suzannecourt 52 75 Fb 58
27420 Suzay 27 50 Bd 53
26400 Suze 26 143 Fa 80
26790 Suze-la-Rousse 26 155 Ef 83
72210 Suze-sur-Sarthe, la 72 84 Aa 61
84190 Suzette 84 155 Fa 84
60400 Suzoy 60 39 Cf 51
02320 Suzy 02 40 Dc 51
08390 Sy 08 42 Ef 51
39300 Syam 39 107 Ff 68
88410 Sybille, la 88 76 Ga 60
27240 Sylvains-les-Moulains 27 49 Ba 55
12360 Sylvanès 12 152 Cf 85
12360 Sylvanès-les-Bains 12 152 Cf 86
88120 Syndicat, le 88 77 Ge 60

T

64190 Tabaille-Usquain 64 161 Za 88
33550 Tabanac 33 135 Zd 80
73110 Table, la 73 132 Gb 76
85310 Tablier, le 85 109 Yd 69
09600 Tabre 09 177 Bf 91
16260 Tâche 16 124 Ac 73
79600 Tâche, la 79 99 Zf 68
58110 Tachely 58 104 De 65
17160 Tâcherie, la 17 123 Ze 74
32260 Tachoires 32 163 Ad 88
78910 Tacoignières 78 50 Be 55
44522 Tâcon 44 82 Ye 64
58420 Taconnay 58 89 Dc 65
54480 Taconville 54 77 Gf 57
22100 Taden 22 65 Xf 58
64330 Tadousse-Ussau 64 162 Ze 87
71480 Tageat 71 119 Fb 69
15260 Tagenac 15 140 Cf 79
20151 Taggia CTC 182 If 96
20230 Taglio-Isolaccio CTC 181 Kc 94
20144 Tagliu CTC 185 Kb 98
20230 Tagliu e Isolacciu = Taglio-Isolaccio CTC 181 Kc 94
71190 Tagnière, la 71 105 Eb 68
08300 Tagnon 08 41 Eb 52
68720 Tagolsheim 68 95 Hb 63
33380 Tagon 33 134 Za 81
68130 Tagsdorf 68 95 Hb 63
89560 Taigny 89 89 Dc 63
43300 Tailhac 43 140 Dc 78
84300 Taillades 84 155 Fa 86
34330 Taillades, les 34 167 Cf 87
55140 Taillancourt 55 75 Fe 57
33320 Taillan-Médoc, le 33 134 Zb 79
17350 Taillant 17 110 Zc 73
37140 Taille, la 37 84 Aa 65
61100 Taillebois 61 47 Zd 56
17350 Taillebourg 17 122 Zc 73
31210 Taillebourg 31 163 Ad 90
47200 Taillebourg 47 148 Ab 82
33580 Taillecavat 33 136 Aa 81
85220 Taillée, la 85 96 Yb 68
85450 Taillée, la 85 110 Za 70
41170 Taillefer 41 69 Ae 60
02600 Taillefontaine 02 39 Da 53
66400 Taillet 66 179 Ce 93
08230 Taillette 08 41 Ec 49
35500 Taillis 35 66 Ye 59
08240 Tailly 08 42 Fa 52
21190 Tailly 21 106 Ee 67
80270 Tailly 80 38 Bf 49
26600 Tain-l'Hermitage 26 142 Ef 78
50170 Tains 50 66 Yd 57
88100 Taintrux 88 77 Gf 59
71100 Taisey 71 106 Ee 68
59550 Taisnières-en-Thiérache 59 31 De 48
59570 Taisnières-sur-Hon 59 31 Df 47
80290 Taisnil 80 38 Ca 50
18370 Taissone 18 114 Cb 70
51500 Taissy 51 53 Ea 53
81130 Taïx 81 151 Ca 84
71250 Taizé 71 118 Ee 69
79100 Taizé 79 99 Zf 67
16700 Taizé-Aizie 16 111 Ab 72
79290 Taizon 79 99 Ze 66
08360 Taizy 08 41 Eb 51
65300 Tajan 65 163 Ac 89
20230 Talatredu CTC 183 Kc 95
11220 Talairan 11 179 Cd 90
43100 Talairat 43 128 Db 77
33590 Talais 33 122 Yf 76
19430 Talamet 19 138 Bf 79
57525 Talange 57 56 Gb 53
21240 Talant 21 91 Fa 64
29160 Tal-ar-Groas 29 62 Vd 59
33680 Talaris 33 134 Yf 78
20230 Talasani CTC 183 Kc 94
66360 Talau 66 178 Cb 93
42350 Talaudière, la 42 130 Ec 76
65500 Talazac 65 162 Aa 88
59310 Talbot, le 59 30 Db 46
41370 Talcy 41 86 Bc 62
89420 Talcy 89 90 Ea 63
33400 Talence 33 135 Zc 80
07340 Talencieux 07 130 Ee 77
35160 Talensac 35 65 Ya 60
12240 Talespues 12 151 Cc 82
24380 Talet, le 24 137 Ae 78
30570 Taleyrac 30 153 Dd 84
24330 Taleyrandies, les 24 137 Af 78
56650 Talhouet 56 80 We 62
15170 Talizat 15 140 Da 78
25680 Tallans 25 93 Gb 64
71240 Tallant 71 106 Ee 69
05130 Tallard 05 144 Ga 82
25870 Tallenay 25 93 Ga 65
63450 Tallende 63 128 Da 74
40260 Taller 40 146 Yf 85
43370 Tallobre 43 141 Df 79
74290 Talloires-Montim 74 132 Gb 73
20270 Tallone CTC 183 Kc 95
20270 Tallone CTC 183 Kc 96
79200 Tallud, le 79 98 Ze 69
85390 Tallud-Sainte-Gemme 85 98 Za 68
08250 Talma 08 42 Ef 52
80260 Talmas 80 39 Cb 48
21270 Talmay 21 92 Fc 64
17120 Talmont 17 122 Za 75
60590 Talmontiers 60 38 Be 52
85440 Talmont-Saint-Hilaire 85 109 Yc 70
58190 Talon 58 89 Dd 64
89500 Talouan 89 72 Dc 60
58240 Taloux 58 103 Da 68
51270 Talus-Saint-Prix 51 53 De 55
69440 Taluyers 69M 130 Ee 75
56930 Talvern-Nénez 56 64 Xa 61
34590 Tamariguières 34 168 Ea 87
13500 Tamaris 13 170 Fa 89
34450 Tamarissière, la 34 167 Dc 89
65330 Tamboury 65 163 Ac 89
50700 Tamerville 50 33 Yd 51
26510 Tamizat 26 156 Fc 82
58110 Tamnay-en-Bazois 58 104 De 66

24620 Tamniès 24 137 Ba 79
15100 Tanavelle 15 140 Da 78
21310 Tanay 21 92 Fb 64
76430 Tancarville 76 36 Ac 52
35133 Tanceraie, la 35 66 Ye 59
49310 Tancoigné 49 98 Zd 65
71740 Tancon 71 117 Eb 71
77440 Tancrou 77 52 Da 55
39400 Tancua 39 120 Ff 69
32700 Tane 32 149 Ae 85
62550 Tangry 62 29 Cc 46
09300 Tanière 09 177 Be 91
18330 Tanières, les 18 87 Ca 64
74440 Taninges 74 120 Gd 72
89430 Tanlay 89 90 Ea 61
68370 Tannach 68 77 Ha 60
08390 Tannay 08 42 Ee 51
58190 Tannay 58 89 Dd 64
59189 Tannay 59 29 Cc 45
83440 Tanneron 83 172 Gf 87
89350 Tannerre-en-Puisaye 89 89 Da 62
50580 Tannière, la 50 33 Yc 53
53220 Tannière, la 53 66 Za 58
02220 Tannières 02 53 Dd 53
55000 Tannois 55 55 Fb 56
61150 Tanques 61 48 Zf 56
54116 Tantonville 54 76 Ga 58
22150 Tantouille, la 22 64 Xc 59
50320 Tanu, le 50 46 Yd 56
81190 Tanus 81 151 Cb 84
61500 Tanville 61 68 Aa 57
17260 Tanzac 17 122 Zc 75
29670 Taole = Taulé 29 62 Wa 57
62215 Tap-Cul, le 62 27 Bf 43
12270 Tapie, la 12 151 Ca 83
09130 Tapioffoix 09 164 Bc 89
43380 Tapon 43 128 Dc 77
69220 Taponas 69D 118 Ee 72
16110 Taponnat-Fleurignac 16 124 Ac 74
31570 Tarabel 31 165 Be 87
83460 Taradeau 83 172 Gc 88
47380 Taradel 47 136 Ac 82
69170 Tarare 69D 117 Ec 73
13150 Tarascon 13 155 Ed 86
09400 Tarascon-sur-Ariège 09 177 Bd 91
65320 Tarasteix 65 162 Zf 89
82140 Taraut 82 150 Be 83
20214 Tarazone CTC 180 Ie 93
48100 Tarbes 48 140 Db 81
65000 Tarbes 65 162 Aa 89
25620 Tarcenay 25 107 Ga 66
39160 Tarcia 39 119 Fc 70
20135 Tarcu CTC 185 Kc 98
01510 Tard 01 131 Fd 73
28250 Tardais 28 69 Ba 57
23500 Tarderon, le 23 126 Ca 73
23170 Tardes 23 114 Cc 72
81630 Tardets, les 81 150 Bd 85
64470 Tardets-Sorholus 64 161 Za 90
85120 Tardière, la 85 98 Zb 69
62179 Tardinghen 62 26 Bd 43
42660 Tarentaise 42 130 Ec 76
66120 Targasonne 66 178 Ca 93
86100 Targé 86 100 Ad 68
03140 Target 03 115 Da 71
62580 Targette, la 62 29 Ce 46
63360 Targnat 63 128 Db 73
33760 Targon 33 135 Ze 80
33730 Targos 33 135 Zd 82
29860 Tariec 29 61 Vd 57
33730 Taris 33 147 Zd 82
03140 Tarjazet 03 115 Da 71
60400 Tarlefesse 60 39 Da 51
19170 Tarnac 19 126 Bf 74
64330 Taron-Sadirac-Viellenave 64 162 Ze 87
57260 Tarquimpol 57 57 Ge 56
20114 Tarrabucceta CTC 185 Ka 99
20234 Tarrano CTC 183 Kc 94
20234 Tarranu = Tarrano CTC 183 Kc 94
43370 Tarreyres 43 141 Df 79
32400 Tarsac 32 162 Zf 86
64360 Tarsacq 64 162 Zc 88
21120 Tarsul 21 91 Ef 63
46320 Tartabelle 46 138 Be 80
40400 Tartas 40 147 Zb 85
70500 Tartécourt 70 93 Ff 61
63190 Tarteire 63 128 Dc 74
02290 Tartiers 02 40 Db 52
47600 Tartifume 47 148 Ac 84
60120 Tartigny 60 39 Cc 51
21110 Tart-L'Abbaye 21 106 Fb 65
21110 Tart-le-Bas 21 106 Fb 65
21110 Tart-le-Haut 21 106 Fb 65
04330 Tartonne 04 157 Gc 84
44680 Tartouzerie, la 44 96 Ya 66
28190 Tartre 28 69 Bb 58
39140 Tartre, le 39 106 Fc 68
34130 Tartuguière 34 168 Ea 87
08380 Tarzy 08 41 Eb 49
32160 Tasque 32 162 Aa 87
24300 Tassat 24 124 Ad 75
72430 Tassé 72 84 Zf 61
39120 Tassenières 39 106 Fd 67
12310 Tassières, les 12 152 Cf 82
72540 Tassillé 72 67 Zf 61
20140 Tassinca CTC 184 Ie 98
69160 Tassin-la-Demi-Lune 69M 130 Ee 74
20134 Tasso CTC 183 Ka 97
20134 Tassu = Tasso CTC 183 Ka 97
07140 Tastavin 07 141 Ea 81
40140 Tastet 40 146 Ye 86
62500 Tatinghem 62 27 Cb 44
26410 Tatins, les 26 143 Fd 81
16360 Tâtre, le 16 123 Ze 76
20219 Tattone CTC 183 Ka 96
79370 Tauché 79 111 Ze 71
17170 Taugon 17 110 Za 71
40120 Tauladon 40 147 Zd 84
79220 Taulais 79 111 Ze 70
29670 Taulé = Taole 29 62 Wa 57
58350 Taules, les 58 89 Db 65
26770 Taulignan 26 155 Ef 82
66110 Taulis 66 179 Cd 93
13490 Taulisson, le 13 171 Fd 87
17920 Taupignac 17 122 Yf 74
56800 Taupont 56 81 Xd 61
81430 Taur 81 151 Cb 85
29630 Taureau 29 62 Wa 56
03700 Taureaux, les 03 116 Dc 72
33710 Tauriac 33 135 Zc 78
46130 Tauriac 46 138 Be 79
81630 Tauriac 81 150 Bd 85
12360 Tauriac-de-Camarès 12 152 Da 86
12800 Tauriac-de-Naucelle 12 151 Cb 84
07110 Tauriers 07 142 Eb 81
09160 Taurignan-Castet 09 176 Ba 90
12120 Taurines 12 152 Cc 84
66500 Taurinya 66 178 Cc 93
11220 Taurize 11 166 Cd 90
12600 Taussac 12 139 Cd 80
33480 Taussac 33 134 Za 79
34600 Taussac 34 167 Da 87
33138 Taussat 33 134 Yf 80
34330 Tautas, le 34 166 Ce 87
66720 Tautavel 66 179 Ce 92
63690 Tauvery, la 63 127 Cd 75
63690 Tauves 63 127 Cd 75
51150 Tauxières-Mutry 51 53 Ea 54
37310 Tauxigny-Saint-Bauld 37 100 Ae 65
47600 Tauzière 47 148 Ab 84
20167 Tavaco CTC 182 If 96
20167 Tavacu = Tavaco CTC 182 If 96
37220 Tavant 37 99 Ac 66
39500 Tavaux 39 106 Fc 66
02250 Tavaux-et-Pontséricourt 02 41 Df 50
30126 Tavel 30 155 Ee 84
20163 Tavera CTC 182 Ka 96
20218 Taverna CTC 181 Kb 94
71400 Tavernay 71 105 Eb 66
07580 Taverne 07 142 Ed 80
12390 Tavernes 12 151 Cc 82
83670 Tavernes 83 171 Ga 87
08270 Tavernes, les 08 41 Ed 51
30720 Tavernes, les 30 154 Ea 84
38320 Tavernolles 38 144 Fe 78
95150 Taverny 95 51 Cb 54
45190 Tavers 45 87 Bd 62
33840 Taves 33 147 Zf 82
70400 Tavey 70 94 Ge 63
03140 Taxat 03 116 Da 71
03140 Taxat 03 116 Db 71
03140 Taxat-Senat 03 116 Da 71
39350 Taxenne 39 107 Fe 65
66690 Taxo-d'Amont 66 179 Cf 93
53160 Tay, le 53 67 Zd 59
12120 Tayac 12 152 Cc 83
33460 Tayac 33 134 Zb 78
33570 Tayac 33 135 Zf 79
32120 Taybosc 32 149 Ae 86
09600 Taychel, le 09 177 Be 91
28190 Taye, la 28 69 Bc 58
69210 Taylan 69M 130 Ed 74
12440 Tayrac 12 151 Cb 83
47270 Tayrac 47 149 Af 83
12220 Tayral, le 12 139 Cb 82
12430 Taysses 12 152 Cd 84
58170 Tazilly 58 104 Df 68
65400 Tech, le 65 174 Ze 91
66230 Tech, le 66 179 Cd 94
38470 Têche 38 131 Fc 77
81600 Técou 81 151 Bf 85
33680 Tedey, le 33 134 Yf 79
20229 Teglia CTC 183 Kc 94
33470 Teich, le 33 134 Yf 81
23500 Teiffoux 23 126 Ca 74
58190 Teigny 58 89 De 64
19320 Teil 19 126 Ca 77
81260 Teil 81 166 Cd 86
07400 Teil, le 07 142 Ee 81
42240 Teil, le 42 129 Eb 76
56580 Teil, le 56 64 Xb 60
63460 Teilhède 63 115 Da 73
09500 Teilhet 09 165 Be 90
63560 Teilhet 63 115 Ce 72
44670 Teillais, la 44 82 Ye 62
35620 Teillay 35 82 Yc 62
45480 Teillay-le-Gaudin 45 70 Bf 59
45170 Teillay-Saint-Benoit 45 70 Ca 60
44440 Teillé 44 82 Ye 64
72290 Teillé 72 68 Ab 59
72540 Teillés, les 72 67 Ze 60
03410 Teillet 03 115 Cc 71
12240 Teillet 12 151 Cb 82
23110 Teillet 23 115 Cd 71
81120 Teillet 81 151 Cc 85
81190 Teillet 81 151 Cb 84
03410 Teillet-Argenty 03 115 Cd 71
50640 Teilleul, le 50 66 Za 57
24390 Teillots 24 125 Bb 77
81640 Teissarié, la 81 151 Ca 84
15250 Teissières-de-Cornet 15 139 Cc 79
15130 Teissières-lès-Bouliès 15 139 Cd 80
63470 Teissonnières 63 127 Cd 74
81190 Tel, le 81 151 Ca 83
29560 Telgruc-sur-Mer 29 62 Vd 59
56380 Telhaie, la 56 81 Xf 61
35380 Telhouët 35 65 Xe 60
54260 Tellancourt 54 43 Fd 51
49660 Tellandière, la 49 97 Yf 66
21270 Tellecey 21 92 Fb 65
61390 Tellières-le-Plessis 61 48 Ac 57
72220 Teloché 72 85 Ab 61
81340 Tels 81 151 Cc 84
16170 Temple, le 16 123 Zf 74
17160 Temple, le 17 111 Ze 73
19400 Temple, le 19 138 Bf 78
22130 Temple, le 22 64 Xe 58
33680 Temple, le 33 134 Za 79
36300 Temple, le 36 100 Bb 68
41100 Temple, le 41 86 Ba 62
41170 Temple, le 41 86 Af 61
56910 Temple, le 56 81 Xf 62
62180 Temple, le 62 28 Be 46
63600 Temple, le 63 129 De 76
79700 Temple, le 79 98 Zb 67
86300 Temple, le 86 112 Ad 70
19310 Temple-d'Ayen, le 19 125 Bb 77
44360 Temple-de-Bretagne, le 44 82 Yb 65
56220 Temple de Haut, le 56 81 Xd 63
35750 Temple-Helouin, le 35 65 Xf 60
24390 Temple-Laguyon 24 125 Ba 77
59175 Templemars 59 30 Da 45
53380 Templerie-d'Echerbé 53 66 Za 59
47110 Temple-sur-Lot, le 47 149 Ad 82
59242 Templeuve 59 30 Db 45
80240 Templeux-la-Fosse 80 39 Da 49
80240 Templeux-le-Guérard 80 40 Da 49
47500 Tempoure 47 137 Af 82
01230 Tenay 01 119 Fd 73
43190 Tence 43 142 Eb 78
38570 Tencin 38 132 Ff 77
06430 Tende 06 159 Hd 84
88460 Tendon 88 77 Ge 60
18350 Tendron 18 103 Cf 67
18160 Tendrons, les 18 102 Ca 68
36200 Tendu 36 101 Bd 69
62134 Teneur 62 29 Cb 46
23800 Tenèze 23 114 Be 70
37360 Ténières, les 37 85 Ad 63
72240 Tennie 72 68 Zf 60
03130 Tenons, les 03 117 Df 70
48500 Tenssonnieu, le 48 152 Da 83
57980 Tenteling 57 57 Gf 54
40700 Téoulé 40 161 Zc 86
65300 Tèpe 65 163 Ac 90
20270 Teppa CTC 183 Kc 96
01160 Teppes, les 01 119 Fb 72
86800 Tercé 86 112 Ad 69
61570 Tercey 61 48 Aa 56
04420 Tercier 04 158 Gc 83
23350 Tercillat 23 114 Ca 70
40180 Tercis-les-Bains 40 161 Yf 86
59114 Terdeghem 59 27 Cd 44
29770 Térénez 29 62 Wa 56
66130 Tererach 66 178 Cd 92
02700 Tergnier 02 40 Db 51
03420 Terjat 03 115 Cd 71
12560 Terménoux 12 152 Da 82
24410 Terme-Rouge, le 24 124 Ab 77
08250 Termes 08 42 Ee 53
11330 Termes 11 179 Cd 91
48310 Termes 48 140 Db 80
63640 Termes 63 115 Ce 73
13124 Termes, les 13 170 Fd 88
32400 Termes-d'Armagnac 32 162 Zf 86
73500 Termignon 73 133 Ge 77
74130 Termine 74 120 Gc 72
28140 Terminiers 28 70 Be 60
69620 Ternand 69D 117 Ed 73
21220 Ternant 21 106 Ef 65
49490 Ternant 49 84 Ab 63
58250 Ternant 58 104 Df 68
63870 Ternant 63 128 Da 74
79410 Ternanteuil 79 111 Zd 70
63340 Ternant-les-Eaux 63 128 Da 76
62127 Ternas 62 29 Cc 46
52210 Ternat 52 91 Fa 61
41800 Ternay 41 85 Ae 62
69360 Ternay 69M 130 Ee 75
86120 Ternay 86 99 Zf 66
15100 Ternes, les 15 140 Da 79
23140 Ternes, les 23 114 Ca 71
70270 Ternuay-Melay-et-Saint-Hilaire 70 94 Gd 62
02880 Terny-Sorny 02 40 Dc 52
16420 Terracher 16 112 Ae 73
19170 Terracot 19 126 Bf 75
87230 Terrade, la 87 125 Ba 74
12450 Terrail, le 12 152 Cd 83
46350 Terral, le 46 138 Bd 80
80600 Terramesnil 80 29 Cc 48
74470 Terramont 74 120 Gc 71
49540* Terranjou 49 83 Zd 65
71270 Terrans 71 106 Fb 67
01380 Terrasse, la 01 118 Fa 71
38660 Terrasse, la 38 132 Ff 77
42550 Terrasses 42 129 Df 76
42740 Terrasse-sur-Dorlay, la 42 130 Ed 76
24120 Terrasson-la-Villedieu 24 137 Bb 78
66300 Terrats 66 179 Ce 93
31580 Terrats, les 31 163 Ac 90
32700 Terraube 32 149 Ad 85
16230 Terrebourg 16 124 Ab 73
81120 Terre-Clapier 81 151 Cb 85
29890 Terre-du-Pont 29 62 Vd 56
50500 Terre-et-Marais 50 34 Ye 53
21290 Terrefondrée 21 91 Ef 62
46200 Terregaye 46 137 Bd 79
72110 Terrehault 72 68 Ac 59
40210 Terrenave 40 146 Yf 83
42100 Terrenoire 42 130 Ec 76
50560 Terrerie, la 50 33 Yc 54
20230 Terre Rosse CTC 181 Kc 94
72250 Terre-Rouge, la 72 85 Ab 61
27340* Terres de Bord 27 49 Ba 53
76640 Terres-de-Caux 76 36 Ad 50
25190 Terres-de-Chaux 25 94 Ge 65
14770 Terres de Druance 14 47 Zb 55
24420 Terrier 24 125 Ba 77
59266 Terriere, la 59 40 Db 48
85360 Terrière, la 85 109 Yd 70
36200 Terrier-Joli, le 36 113 Bc 69
17150 Terriers, les 17 122 Zc 76
12210 Terrisse 12 139 Ce 80
15160 Terrisse, la 15 128 Cf 77
11580 Terroles 11 178 Cb 91
08430 Terron 08 42 Ed 51
08400 Terron-sur-Aisne 08 42 Ee 52
46120 Terrou 46 138 Bf 80
46170 Terry 46 150 Bc 83
33410 Terry-de-Castel 33 135 Ze 81
26390 Tersanne 26 130 Fa 77
87360 Tersannes 87 113 Ba 71
74210 Tertenoz 74 132 Gb 74
41360 Tertre, le 41 85 Af 61
72240 Tertre, le 72 67 Zf 60
78980 Tertre-Saint-Denis, le 78 50 Bd 55
80200 Tertry 80 39 Da 49
79300 Terves 79 98 Zc 68
57180 Terville 57 56 Ga 52
12210 Tesq 12 139 Ce 81
47500 Tesquet 47 137 Af 81
78250 Tessancourt-sur-Aubette 78 50 Bf 54
16240 Tessé 16 111 Aa 72
61410 Tessé-Froulay 61 67 Zd 57
14250 Tessel 14 34 Zc 54
61140 Tessé-la-Madeleine 61 67 Zd 57
73210 Tessens 73 133 Gd 75
49160 Tesseul 49 84 Zf 64
17460 Tesson 17 122 Zc 75
24580 Tessoniéras 24 137 Af 78
79600 Tessonnière 79 99 Ze 68
49280 Tessouale, la 49 98 Za 66
74370 Tessy 74 120 Ga 73
50420 Tessy-Bocage 50 46 Yf 55
50420 Tessy-sur-Vire 50 46 Yf 55
33380 Testarouch 33 134 Za 81
82160 Testas 82 150 Be 83
33260* Teste de Buch, la 33 134 Ye 81
12330 Testet 12 139 Cc 82
08110 Tétaigne 08 42 Fa 51
61310 Tête au Loup, la 61 48 Aa 56
59229 Téteghem 59 27 Cc 42
24230 Tête-Noire 24 135 Aa 79
57220 Téterchen 57 57 Gd 53
57385 Téting-sur-Nied 57 57 Gd 54
35630 Tetre, le 35 65 Yb 59
33710 Teuillac 33 135 Zc 78
81500 Teulat 81 165 Be 87
81430 Teulet 81 151 Cb 85
19430 Teulet, le 19 138 Ca 79
81600 Teulié 81 151 Ca 85
12200 Teulières 12 151 Ca 83
50630 Teurthéville-Bocage 50 33 Yd 51
50690 Teurthéville-Hague 50 33 Yb 51
33125 Teycheney 33 134 Zb 81
24300 Teyjat 24 124 Ad 75
34820 Teyran 34 168 Df 86
26220 Teyssières 26 156 Fa 82
46190 Teyssieu 46 138 Bf 79
19320 Teyssonnière 19 126 Ca 77
86250 Tezier 86 112 Ac 72
01120 Tffil 01 130 Fa 74
51230 Thaas 51 53 Df 57
17120 Thaims 17 122 Zb 75
17290 Thairé 17 110 Yf 72
17170 Thairé-le-Fagnoux 17 110 Za 71
58250 Thaix 58 104 De 67
19200 Thalamy 19 127 Cc 75
67320 Thal-Drulingen 67 57 Ha 55
67440 Thal-Marmoutier 67 58 Hc 56
68800 Thann 68 94 Ha 62
68590 Thannenkirch 68 60 Hb 59
67220 Thanvillé 67 60 Hc 59
14610 Thaon 14 35 Zd 53
88150 Thaon-les-Vosges 88 76 Gc 59
30430 Tharaux 30 154 Eb 83
89450 Tharoiseau 89 90 De 64
44730 Tharon-Plage 44 96 Xf 66
89200 Tharot 89 90 Df 63
72430 Thaulière, la 72 84 Ze 61
18210 Thaumiers 18 103 Cd 68
23250 Thauron 23 114 Be 72
18300 Thauvenay 18 88 Ce 65
65370 Thèbe 65 176 Ad 91
57450 Théding 57 57 Gf 54
46150 Thédirac 46 137 Bb 81
46500 Thégra 46 138 Be 80
56130 Théhillac 56 81 Xf 63
19160 Theil 19 127 Cb 76
19170 Theil 19 126 Be 75
50330 Theil, Gonneville-, le 50 33 Yd 51
03100 Theil, le 03 115 Cd 71
03240 Theil, le 03 116 Da 70
15140 Theil, le 15 127 Cc 78
23220 Theil, le 23 114 Bf 71
23700 Theil, le 23 115 Cc 73
41130 Theil, le 41 86 Bd 65
61250 Theil, le 61 68 Zf 58
61260 Theil, le 61 69 Ae 59
63520 Theil, le 63 128 Dc 75
87120 Theil, le 87 126 Be 74
87400 Theil, le 87 125 Bc 73
87510 Theil, le 87 113 Ba 73
14410 Theil-Bocage, le 14 47 Zb 55
35240 Theil-de-Bretagne, le 35 82 Yd 61
14130 Theil-en-Auge, le 14 48 Ab 52
19300 Theillac 19 126 Ca 76
41300 Theillay 41 87 Ca 65
27520 Theillement 27 49 Ae 53
87380 Theillornas 87 125 Bc 74
27230 Theil-Nolent, le 27 49 Ad 54
16240 Theil-Rabier 16 111 Aa 72
89320 Theil-sur-Vanne 89 72 Dc 60
63122 Theix 63 128 Da 74
23600 Theix, le 23 114 Ca 71
03170 Theix, les 03 115 Ce 70
56450 Theix-Noyalo 56 80 Xc 63
69620 Theizé 69D 118 Ed 73
69470 Thel 69D 117 Ec 72
69860 Thel, le 69D 118 Ed 71
28130 Théléville 28 70 Bd 57
72320 Théligny 72 69 Ae 59
35380 Thélin, le 35 81 Xf 61
42220 Thélis-la-Combe 42 130 Ed 77
54330 Thélod 54 76 Ga 57
08350 Thelonne 08 42 Ef 51
62580 Thélus 62 30 Ce 46
95450 Théméricourt 95 50 Bf 54
89410 Thèmes 89 72 Db 61
46120 Thémines 46 138 Be 80
46120 Théminettes 46 138 Bf 80
17460 Thénac 17 122 Zc 74
24240 Thénac 24 136 Ac 80
02140 Thenailles 02 41 Df 50
36800 Thenay 36 101 Bc 69
41400 Thenay 41 86 Bb 64
02390 Thenelles 02 40 Dc 50
73200 Thénésol 73 132 Gc 74
86310 Thenet 86 113 Af 69
37220 Theneuil 37 99 Ac 66
03350 Theneuille 03 103 Cf 69
79390 Thénezay 79 99 Zf 68
18100 Thénioux 18 102 Bf 65
21150 Thenissey 21 91 Ed 64
77520 Thénisy 77 72 Db 58
80110 Thennes 80 39 Cc 50
24210 Thenon 24 137 Ba 78
08240 Thénorgues 08 42 Ef 52
27520 Thénouville 27 49 Ae 53
33350 Theolat, le 33 135 Zf 79
06590 Théoule-sur-Mer 06 173 Gf 87
60510 Therdonne 60 38 Ca 52
50180 Thèreval 50 33 Ye 54
60380 Thérines 60 38 Bf 51
74210 Thermesay 74 132 Gb 74
65230 Thermes-Magnoac 65 163 Ad 89
12240 Théron, le 12 151 Cb 83
12600 Thérondels 12 139 Ce 79
12620 Thérondels 12 152 Cf 84
62129 Thérouanne 62 29 Cb 45
76540 Thérouldeville 76 36 Ad 50
39290 Thervay 39 107 Fd 65
36100 Théry 36 102 Ca 67
41140 Thesée 41 86 Bb 65
39110 Thésy 39 107 Ff 67
40990 Thétieu 40 146 Za 86
86320 Theuil, le 86 112 Ae 70
70120 Theuley 70 93 Fe 63
70600 Theuley-lès-Vars 70 92 Fd 63
36370 Theuret 36 113 Bb 69
05190 Théus 05 144 Gb 82
28360 Theuville 28 70 Bd 58
76540 Theuville 76 36 Ad 50
95810 Theuville 95 51 Ca 54
53000 Thévalles 53 67 Zb 60
29890 Théven 29 62 Vd 57
39150 Thévenins, les 39 107 Ff 69
29233 Theven-Kerbrat 29 62 Vf 56
47420 Thevet 47 148 Zf 83
36400 Thevet-Saint-Julien 36 102 Ca 69
50330 Théville 50 33 Yd 51
27330 Thevray 27 49 Ae 55
70190 They 70 93 Ga 64
38570 Theys 38 132 Ff 77
88800 They-sous-Montfort 88 76 Ff 59
54930 They-sous-Vaudémont 54 76 Ga 58
66200 Théza 66 179 Cf 93
17600 Thézac 17 122 Zb 74
47370 Thézac 47 149 Ba 82
34490 Thézan-lès-Béziers 34 167 Db 88
04200 Thèze 04 157 Ff 83
64450 Thèze 64 162 Zd 88
46250 Thèze, la 46 137 Ba 81
43210 Thézenac 43 129 Ea 77
54610 Thézey-Saint-Martin 54 56 Gb 55
30390 Théziers 30 155 Ed 85
01110 Thézillieu 01 119 Fd 73
80440 Thézy-Glimont 80 39 Cc 50
94320 Thiais 94 51 Cc 56
90100 Thiancourt 90 94 Gf 63
58260 Thianges 58 104 Dd 67
59224 Thiant 59 30 Dc 47
87170 Thias 87 125 Bb 74
87320 Thiat 87 113 Af 71
54470 Thiaucourt-Regniéville 54 56 Ff 55
54120 Thiaville-sur-Meurthe 54 77 Ge 58
18390 Thibauderie, la 18 102 Cd 66
01190 Thibauts, les 01 118 Fa 70
53350 Thibergères, les 53 83 Yf 61
27230 Thiberville 27 48 Ac 54
51510 Thibie 51 53 Eb 55
60240 Thibivillers 60 50 Bf 53
27800 Thibouville 27 49 Ae 54
57380 Thicourt 57 57 Gd 55
54300 Thiébauménil 54 77 Gd 57
25470 Thiébouhans 25 94 Gf 65
76890 Thiédeville 76 37 Af 50
10140 Thieffrain 10 74 Ec 59
70230 Thieffrans 70 93 Gb 64
88290 Thiéfosse 88 77 Ge 61
70320 Thiéloup 70 93 Gc 61
88220 Thiélouse 88 76 Gb 60
03230 Thiel-sur-Acolin 03 116 Dd 69
62560 Thiembronne 62 29 Ca 45
70230 Thiénans 70 93 Gb 64
59189 Thiennes 59 29 Cc 45
80300 Thiepval 80 29 Ce 48
77320 Thiercelieux 77 52 Dc 56
27140 Thierceville 27 50 Be 52
76540 Thiergeville 76 36 Ac 50
68600 Thierhurstkp 68 60 Hd 61
58160 Thiernay 58 103 Dc 67
02250 Thiernu 02 40 De 50
63300 Thiers 63 128 Dd 73
77570 Thiersanville 77 71 Ce 59
60520 Thiers-sur-Thève 60 51 Cd 54
27290 Thierville 27 49 Ae 53
55840 Thierville-sur-Meuse 55 55 Fc 53
06710 Thiéry 06 158 Ha 85
60310 Thiescourt 60 39 Cf 51
76540 Thiétreville 76 36 Ad 50
88260 Thiétry 88 76 Ga 60
28240 Thieulin, le 28 69 Ba 58
80640 Thieulloy-L'Abbaye 80 38 Bf 50
80290 Thieulloy-la-Ville 80 38 Bf 50
02130 Thieuloge, la 62 29 Cc 46
60210 Thieuloy-Saint-Antoine 60 38 Bf 51
07600 Thieuré 07 142 Ec 80
59270 Thieushouck, le 59 30 Cd 44
60480 Thieux 60 39 Cb 51
77230 Thieux 77 51 Ce 54
14170 Thiéville 14 48 Zf 54
62760 Thièvres 62 29 Cc 48

15800 Thiézac 15 139 Ce 78
74500 Thièze 74 120 Gd 70
45300 Thignonville 45 71 Cb 59
10200 Thil 10 74 Fe 58
21390 Thil 21 90 Ec 64
31530 Thil 31 164 Ba 86
51220 Thil 51 41 Df 53
54880 Thil 54 43 Ff 52
27150 Thil, le 27 37 Bd 53
76116 Thil, le 76 37 Bb 52
08800 Thilay 08 42 Ee 49
95500 Thillay, le 95 51 Cc 54
52220 Thilleux 52 74 Ee 58
27420 Thilliers-en-Vexin, les 27 50 Bd 53
51370 Thillois 51 53 Df 53
55260 Thillombois 55 55 Fc 55
55210 Thillot 55 55 Fe 54
88160 Thillot, le 88 94 Ge 61
62450 Thilloy 62 30 Cf 48
76730 Thil-Manneville 76 37 Af 49
37260 Thilouze 37 100 Ad 65
76440 Thil-Riberpré, le 76 38 Bd 51
71190 Thil-sur-Arroux 71 105 Ea 68
28170 Thimert-Gâtelles 28 69 Bb 57
57580 Thimonville 57 56 Gc 55
45260 Thimory 45 88 Cd 61
07140 Thines 07 141 Ea 82
08460 Thin-le-Moutier 08 41 Ed 50
43320 Thiolent, le 43 141 De 78
63600 Thiolières 63 129 De 75
03220 Thionne 03 116 Dd 70
17780 Thionnet 17 110 Yf 73
57100 Thionville 57 44 Ga 52
91740 Thionville, Congerville- 91 70 Bf 58
78550 Thionville-sur-Opton 78 50 Bd 56
79100 Thiors 79 99 Ze 67
76450 Thiouville 76 36 Ad 50
50450 Thiphaigne 50 46 Ye 55
88500 Thiraucourt 88 76 Ga 59
85210 Thiré 85 110 Yf 69
28480 Thiron 28 69 Af 59
08090 This 08 42 Ed 50
25220 Thise 25 93 Ga 65
28630 Thivars 28 70 Bc 58
59154 Thivencelle 59 31 Dd 46
60160 Thiverny 60 51 Cc 53
78850 Thiverval-Grignon 78 50 Bf 55
52800 Thivet 52 75 Fb 61
24800 Thiviers 24 125 Af 76
28200 Thiville 28 69 Bc 60
36100 Thizay 36 101 Bf 67
37500 Thizay 37 99 Aa 65
03190 Thizon 03 115 Cd 70
89420 Thizy 89 90 Ea 63
69240 Thizy-les-Bourgs 69D 117 Eb 72
04380 Thoard 04 157 Ga 84
38260 Thodure 38 131 Fb 77
72260 Thoigné 72 68 Ab 59
30140 Thoiras 30 154 Df 84
21570 Thoires 21 91 Ee 61
72610 Thoiré-sous-Contensor 72 68 Ab 59
72500 Thoiré-sur-Dinan 72 85 Ac 62
39240 Thoirette-Coisia 39 119 Fd 71
01710 Thoiry 01 120 Ff 71
73230 Thoiry 73 132 Ga 75
78770 Thoiry 78 50 Be 55
01140 Thoissey 01 118 Ee 71
39160 Thoissia 39 119 Fc 70
21210 Thoisy-la-Berchère 21 90 Ec 65
21320 Thoisy-le-Désert 21 105 Ed 65
80160 Thoix 80 38 Ca 50
52240 Thol-lès-Millières 52 75 Fc 60
86290 Thollet 86 113 Ba 70
74500 Thollon-les-Mémises 74 121 Ge 70
74140 Tholomaz 74 120 Gb 71
13100 Tholonet, le 13 170 Fd 87
88530 Tholy, le 88 77 Ge 60
16480 Thomac 16 123 Zf 77
31540 Thomasses 31 165 Bf 88
36200 Thomasses, les 36 101 Bd 69
03300 Thomassin 03 116 Dc 72
27240 Thomer-la-Sôgne 27 49 Bb 55
77810 Thomery 77 72 Ce 58
21210 Thomirey 21 90 Eb 65
21360 Thomirey 21 105 Ed 66
24290 Thonac 24 137 Ba 78
48370 Thonas 48 154 De 83
74230 Thônes 74 132 Gb 73
52300 Thonnance-lès-Joinville 52 75 Fb 58
52230 Thonnance-les-Moulins 52 75 Fb 58
55600 Thonne-la-Long 55 43 Fc 51
55600 Thonne-lès-Près 55 43 Fc 51
55600 Thonne-le-Thil 55 43 Fc 51
55600 Thonnelle 55 43 Fc 51
74200 Thonon-les-Bains 74 120 Gc 70
88410 Thons, les 88 76 Ff 61
57380 Thonville 57 57 Gd 55
84250 Thor, le 84 155 Ef 85
45210 Thorailles 45 72 Cf 60
25320 Thoraise 25 107 Ff 65
04170 Thorame-Basse 04 158 Gc 84
04170 Thorame-Haute 04 158 Gd 84
04170 Thorame-Haute-Gare 04 157 Gd 84
43170 Thoras 43 141 Dd 79
72800 Thorée-les-Pins 72 84 Aa 62
21230 Thoreille 21 105 Ec 66
21230 Thoreille 21 105 Ed 66
41100 Thoré-la-Rochette 41 86 Af 62
06750 Thoreno 06 158 Ge 86
74570 Thorens-Glières 74 120 Gb 73
89430 Thorey 89 90 Ea 61
21110 Thorey-en-Plaine 21 106 Fa 65
54115 Thorey-Lyautey 54 76 Ga 58
21350 Thorey-sous-Charny 21 91 Ec 65
21360 Thorey-sur-Ouche 21 105 Ed 66
39130 Thoria 39 119 Fe 69
79370 Thorigné, Mougon- 79 111 Ze 71
49220 Thorigné-d'Anjou 49 83 Zc 63
53270 Thorigné-en-Charnie 53 67 Zd 60
35235 Thorigné-Fouillard 35 65 Yc 60
72160 Thorigné-sur-Dué 72 68 Ad 60
79360 Thorigny 79 110 Zc 72
85480 Thorigny 85 97 Ye 69
77400 Thorigny-sur-Marne 77 51 Ce 55
89260 Thorigny-sur-Oreuse 89 72 Dc 59
69820 Thorins 69D 118 Ee 71
83340 Thoronet, le 83 172 Gb 88
66360 Thorrent 66 178 Cc 93
10200 Thors 10 74 Ee 59
17160 Thors 17 123 Ze 73
48300 Thors, les 48 141 De 80
48250 Thort, le 48 141 Df 81
58420 Thory 58 104 Dc 65
80250 Thory 80 39 Cc 50
89200 Thory 89 90 Df 63
21460 Thoste 21 90 Eb 64
18260 Thou 18 88 Cd 64
45420 Thou 45 88 Cf 63
17290 Thou, le 17 110 Za 72
49380 Thouarcé 49 84 Zd 65
44470 Thouaré-sur-Loire 44 82 Yd 65
79100 Thouars 79 99 Ze 67
85410 Thouarsais-Bouildroux 85 98 Za 69
09350 Thouars-sur-Arize 09 164 Bb 89
47230 Thouars-sur-Garonne 47 148 Ac 83
12430 Thouels 12 152 Cd 84
58210 Thouez 58 103 Dc 65
51210 Thoult-Trosnay, le 51 53 De 55
08190 Thour, le 08 41 Ea 51
49350 Thoureil, le 49 84 Ze 64
35134 Thourie 35 82 Yd 61
87140 Thouron 87 113 Bb 73
60150 Thourotte 60 39 Cf 52
41220 Thoury 41 86 Bd 63
77940 Thoury-Férottes 77 72 Cf 59
18400 Thoux 18 102 Cb 67
32430 Thoux 32 164 Af 86
87300 Thoveyrat 87 113 Ba 72
01300 Thoys 01 131 Fd 74
62650 Thubeauville 62 28 Be 45
53110 Thubœuf 53 67 Zd 57
14740 Thue et Mue 14 47 Zc 53
74130 Thuel 74 120 Gc 72
02340 Thuel, le 02 41 Ea 51
38630 Thuellin 38 131 Fd 75
66360 Thuès-entre-Valls 66 178 Cb 93
07330 Thueyts 07 141 Eb 80
08300 Thugny-Trugny 08 41 Ec 52
73190 Thuile, la 73 132 Ga 75
73260 Thuile, la 73 132 Gc 76
73640 Thuile, la 73 133 Gf 75
73700 Thuile, la 73 133 Ge 75
04400 Thuiles, les 04 158 Gd 82
54170 Thuilley-aux-Groseilles 54 76 Ff 57
88260 Thuillières 88 76 Ga 60
66300 Thuir 66 179 Ce 93
10190 Thuisy 10 73 De 59
27700 Thuit, le 27 50 Bc 53
27370 Thuit-Anger, le 27 49 Af 53
27370 Thuit-de-l'Oison, le 27 49 Af 53
27520 Thuit-Hébert 27 37 Af 53
27370 Thuit-Signol, le 27 49 Af 53
27370 Thuit-Simer, le 27 49 Af 53
25310 Thulay 25 94 Gf 64
54800 Thumeréville 54 56 Fe 53
59239 Thumeries 59 30 Da 46
04510 Thumins, les 04 157 Ga 84
59158 Thun 59 30 Dc 46
88240 Thunimont 88 76 Gb 60
59141 Thun-L'Evêque 59 30 Db 47
59141 Thun-Saint-Martin 59 30 Db 47
05140 Thuox 05 144 Fe 82
86110 Thurageau 86 99 Ab 68
86540 Thuré 86 100 Ac 67
63260 Thuret 63 116 Db 73
71440 Thurey 71 106 Fa 68
25870 Thurey-le-Mont 25 93 Ga 64
58210 Thurigny 58 89 Dd 64
69510 Thurins 69M 130 Ed 74
71580 Thuris, les 71 106 Fb 69
21340 Thury 21 105 Ed 66
89520 Thury 89 89 Db 63
60890 Thury-en-Valois 60 52 Da 54
14220 Thury-Harcourt 14 47 Zd 55
60250 Thury-sous-Clermont 60 39 Cb 52
40430 Thus, le 40 147 Zc 83
74270 Thusel 74 120 Ff 73
74150 Thusy 74 120 Ff 73
74230 Thuy 74 120 Gb 73
74300 Thyez 74 120 Gd 72
73140 Thyl 73 133 Gc 77
81330 Tibarrie 81 151 Cc 86
65150 Tibiran-Jaunac 65 175 Ad 90
54780 Tichemont 54 56 Ff 53
61120 Ticheville 61 48 Ab 55
21250 Tichey 21 106 Fb 66
15250 Tiernat 15 139 Cd 78
67290 Tieffenbach 67 58 Hb 55
85690 Tief-Haut, le 85 96 Xf 67
85300 Tief-Sorin, le 85 96 Yb 67
59229 Tiegerveld 59 27 Cc 42
49125 Tiercé 49 83 Zd 63
54190 Tiercelet 54 43 Ff 52
14480 Tierceville 14 35 Zc 53
12400 Tiergues 12 152 Cf 85
32160 Tieste-Uragnoux 32 162 Aa 87
48500 Tieule, la 48 152 Da 82
73220 Tieulever 73 132 Gc 75
85130 Tiffauges 85 97 Yf 66
77163 Tigeaux 77 52 Cf 56
91250 Tigery 91 51 Cd 57
09110 Tignac 09 177 Be 92
49540 Tigné 49 98 Zd 65
88320 Tignécourt 88 76 Ff 60
73320 Tignes 73 133 Gf 76
06530 Tignet, le 06 172 Gf 87
38230 Tignieu-Jameyzieu 38 131 Fb 74
62180 Tigny 62 28 Be 46
73660 Tigny 73 132 Gb 76
02210 Tigny, Parcy- 02 52 Db 53
62180 Tigny-Noyelle 62 28 Be 46
45510 Tigy 45 87 Cb 62
21120 Til-Châtel 21 92 Fb 63
40360 Tilh 40 161 Za 87
65130 Tilhouse 65 163 Ab 90
32170 Tillac 32 163 Ab 88
60430 Tillard 60 51 Cb 52
85700 Tillay 85 98 Za 68
28140 Tillay-le-Péneux 28 70 Be 60
60000 Tillé 60 38 Ca 52
21130 Tillenay 21 106 Fc 65
15110 Tillet, le 15 140 Cf 80
60660 Tillet, le 60 51 Cb 53
59470 Tilleul 59 27 Cb 43
76790 Tilleul 76 35 Ab 50
27300 Tilleul, le 27 49 Ad 54
27170 Tilleul-Dame-Agnès 27 49 Af 54
27110 Tilleul-Lambert, le 27 49 Af 54
27170 Tilleul-Othon, le 27 49 Ae 54
88300 Tilleux 88 75 Fe 59
49230 Tillières 49 97 Yf 66
27570 Tillières-sur-Avre 27 49 Ba 56
80700 Tilloloy 80 39 Ce 51
36220 Tillou 36 100 Af 69
79110 Tillou 79 111 Zf 72
03310 Tillou, le 03 115 Ce 71
80230 Tilloy 80 28 Bd 48
51460 Tilloy-et-Bellay 51 54 Ed 54
80220 Tilloy-Floriville 80 38 Bd 49
80160 Tilloy-lès-Conty 80 38 Cb 50
62690 Tilloy-les-Hermaville 62 29 Cd 47
62217 Tilloy-lès-Mofflaines 62 30 Ce 47
50554 Tilloy-lez-Cambrai 59 30 Db 47
59870 Tilloy-lez-Marchiennes 59 30 Db 46
03500 Tilly 03 116 Db 70
27510 Tilly 27 50 Bd 54
36310 Tilly 36 113 Bb 70
77310 Tilly 77 71 Cd 57
78790 Tilly 78 50 Bd 55
62134 Tilly-Capelle 62 29 Cb 46
14540 Tilly-la-Campagne 14 47 Ze 54
55220 Tilly-sur-Meuse 55 55 Fc 54
14250 Tilly-sur-Seulles 14 34 Zc 53
62500 Tilques 62 27 Cb 44
12320 Timon 12 139 Cc 81
73350 Tincave 73 133 Gd 76
70120 Tincey-et-Pontrebeau 70 93 Fe 63
61800 Tinchebray-Bocage 61 47 Zb 56
80240 Tincourt 80 39 Da 49
62127 Tincques 62 29 Cc 46
57590 Tincry 57 56 Gc 55
44640 Tindière, la 44 96 Ya 66
29470 Tinduff 29 62 Vd 58
74400 Tines, les 74 121 Gf 73
54170 Tingaud 63 115 Ce 73
62830 Tingry 62 28 Be 45
63160 Tinlhat 63 128 Db 74
35190 Tinténiac = Tintenieg 35 65 Ya 59
35190 Tintenieg = Tinténiac 35 65 Ya 59
71490 Tintry 71 105 Ec 67
58110 Tintury 58 104 Dd 67
22330 Tiolais, le 22 64 Xd 59
63420 Tioule 63 128 Da 76
63720 Tirande 63 116 Db 73
43530 Tiranges 43 129 Df 77
32450 Tirent 32 163 Ae 87
32450 Tirent-Pontéjac 32 163 Ae 87
50870 Tirepied 50 46 Ye 56
38510 Tirieu 38 131 Fc 74
60640 Tirlancourt 60 39 Da 51
20170 Tirolo CTC 185 Ka 99
20170 Tirolu = Tirolo CTC 185 Ka 99
22350 Tisonnais, la 22 65 Xf 58
79300 Tisonnière, la 79 98 Zd 67
16150 Tisseuil 16 112 Ae 73
50530 Tissey 50 46 Yd 56
89700 Tissey 89 90 Df 61
63350 Tissonnières 63 128 Db 73
80132 Titre, le 80 28 Be 47
20111 Tiuccia CTC 182 Ie 96
45170 Tivernon 45 70 Bf 60
15100 Tiviers 15 140 Da 78
20110 Tivolaggio CTC 184 If 99
27320 Tivoli 27 49 Bb 56
12240 Tizac 12 151 Ca 83
33420 Tizac-de-Curton 33 135 Ze 80
33620 Tizac-de-Lapouyade 33 135 Ze 78
20100 Tizzano CTC 184 If 99
24350 Tocane-Saint Apre 24 124 Ac 77
20270 Tocchisi = Tox CTC 183 Kc 95
20259 Toccone CTC 180 Ka 93
27500 Tocqueville 27 36 Ad 52
50330 Tocqueville 50 34 Yd 50
76730 Tocqueville-en-Caux 76 37 Af 50
76110 Tocqueville-les-Murs 76 36 Ac 51
76910 Tocqueville-sur-Eu 76 37 Bb 48
33600 Toctoucau 33 134 Zb 80
80870 Tœufles 80 28 Be 48
08400 Toges 08 42 Ee 52
20145 Togna CTC 185 Kc 97
51240 Togny-aux-Bœfs 51 54 Ec 55
22590 Toisse, la 22 64 Xa 57
07100 Toissieu 07 130 Ed 77
20117 Tolla CTC 182 If 97
88320 Tollaincourt 88 75 Fe 60
29290 Tollan 29 61 Vc 58
20275 Tollare CTC 181 Kc 90
62390 Tollent 62 28 Ca 47
50470 Tollevast 50 33 Yc 51
88270 Tolloy, le 88 76 Gb 60
77130 Tombe, la 77 72 Da 58
47380 Tombebœuf 47 136 Ac 81
54510 Tomblaine 54 56 Gb 56
20248 Tomino CTC 181 Kc 91
26460 Tonils, les 26 143 Fb 81
81170 Tonnac 81 151 Bf 84
24400 Tonnaigre 24 136 Ac 78
20169 Tonnara, la CTC 185 Ka 100
17380 Tonnay-Boutonne 17 110 Zb 73
17430 Tonnay-Charente 17 110 Za 73
47400 Tonneins 47 148 Ab 82
49160 Tonnelièvre 49 84 Zf 64
05100 Tonnelle, la 85 96 Xe 68
89700 Tonnerre 89 90 Df 61
50460 Tonneville 50 33 Yb 51
76740 Tonneville 76 37 Ae 50
54210 Tonny 54 76 Gb 57
22140 Tonquédec 22 63 Wd 56
63220 Tonvic 63 129 De 76
29770 Toramur 29 61 Vb 60
28170 Torcay 28 49 Bb 57
35370 Torcé 35 66 Ye 60
72110 Torcé-en-Vallée 72 68 Ac 60
52600 Torcenay 52 92 Fc 62
53270 Torcé-Viviers-en-Charnie 53 67 Ze 60
86190 Torchaise, la 86 111 Ab 69
61330 Torchamp 61 67 Zb 57
38690 Torchefelon 38 131 Fc 75
73220 Torchet, le 73 132 Gb 75
57670 Torcheville 57 57 Gf 55
88260 Torchon, le 88 76 Ga 60
01230 Torcieu 01 119 Fc 73
62310 Torcy 62 29 Ca 46
71210 Torcy 71 105 Ec 68
77200 Torcy 77 51 Cd 55
02810 Torcy-en-Valois 02 52 Db 54
21460 Torcy-et-Pouligny 21 90 Eb 64
10700 Torcy-le-Grand 10 73 Eb 57
76590 Torcy le Grand 76 37 Bb 50
10700 Torcy-le-Petit 10 73 Eb 57
76590 Torcy-le-Petit 76 37 Bb 50
21460 Torcy-Pouligny 21 90 Eb 63
38350 Tord 38 144 Fe 79
09700 Tor-d'en-Haut, le 09 165 Bd 89
66300 Torderes 66 179 Ce 93
14290 Tordouet 14 48 Ab 54
49660 Torfou 49 97 Yf 66
91730 Torfou 91 71 Cb 57
20190 Torgia CTC 184 If 97
38200 Torgue 38 130 Ef 75
50160 Torigni-sur-Vire 50 47 Za 54
50160 Torigny-les-Villes 50 47 Za 54
38118 Torjonas 38 131 Fb 74
56300 Torloray 56 64 Xa 60
89440 Tormancy 89 90 Df 63
73800 Torméry 73 132 Ga 75
30140 Tornac 30 154 Df 84
52500 Tornay 52 92 Fd 62
25320 Torpes 25 107 Ff 65
71270 Torpes 71 106 Fc 67
76560 Torp-Mesnil, le 76 37 Af 50
27210 Torpt, le 27 48 Ac 52
14130 Torquesne, le 14 48 Aa 53
20215 Torra CTC 181 Kc 93
20137 Torre CTC 185 Kb 99
66440 Torreilles 66 179 Cf 92
16410 Torsac 16 124 Ab 75
63470 Tortebesse 63 127 Cd 74
62140 Tortefontaine 62 28 Bf 47
62490 Tortequesne 62 30 Da 47
18320 Torteron 18 103 Cf 66
14240 Torteval-Quesnay 14 34 Zb 54
03430 Tortezais 03 115 Cf 70
50570 Tortinière, la 50 34 Ye 54
14140 Tortisambert 14 48 Aa 55
42380 Tortorelle 42 129 Ea 76
10440 Torvilliers 10 73 Df 59
17380 Torxé 17 110 Zc 73
27700 Tosny 27 50 Bc 53
40230 Tosse 40 160 Yd 86
01250 Tossiat 01 119 Fb 72
65140 Tostat 65 162 Aa 89
27340 Tostes 27 49 Ba 53
76460 Tot, le 76 36 Ad 49
88500 Totainville 88 76 Ff 59
76890 Tôtes 76 37 Ba 50
56160 Toubahado 56 79 We 60
17260 Touchais 17 122 Zb 75
89110 Touchards, les 89 89 Db 61
18160 Touchay 18 102 Cb 68
17510 Touche 17 111 Ze 73
26160 Touche 26 142 Ef 81
35720 Touche 35 65 Ya 58
49380 Touche 49 83 Zc 65
49420 Touche 49 82 Ye 62
85210 Touche 85 97 Yf 69
22630 Touche, la 22 65 Xf 58
28800 Touche, la 28 70 Bc 60
85170 Touche, la 85 97 Yd 68
86170 Touche, la 86 99 Aa 68
89420 Touchebœuf 89 90 Ea 64
44170 Touche-de-Boissais, la 44 82 Yc 63
44110 Touche-d'Erbray, la 44 82 Ye 62
50540 Touche-Durand, la 50 66 Ye 57
16700 Touches, les 16 111 Ab 72
17220 Touches, les 17 110 Za 72
17320 Touches, les 17 122 Yf 74
44390 Touches, les 44 82 Yd 64
49440 Touches, les 49 83 Yf 63
85140 Touches, les 85 97 Ye 68
17160 Touches-de-Périgny, les 17 111 Ze 73
89130 Toucy 89 89 Db 62
06830 Toudon 06 158 Ha 85
04330 Toueste 04 157 Gc 84
06440 Touët-de-L'Escarène 06 159 Hc 85
06710 Touët-sur-Var 06 158 Ha 85
82190 Touffailles 82 149 Ba 83
76450 Touffrainville 76 36 Ae 50
14940 Touffréville 14 48 Ze 53
27440 Touffreville 27 37 Bc 52
76690 Touffreville 76 37 Bb 51
76170 Touffreville-la-Cable 76 36 Ad 51
76190 Touffreville-la-Corbeline 76 36 Ae 51
76910 Touffreville-sur-Eu 76 37 Bb 48
32430 Touget 32 164 Af 86
74140 Tougues 74 120 Gb 71
31260 Touille 31 164 Af 90
33860 Touille, la 33 123 Zd 77
21500 Touillon 21 91 Ec 63
25370 Touillon-et-Loutelet 25 108 Gb 68
35120 Touine, la 35 65 Yb 58
32240 Toujouse 32 148 Ze 86
32460 Toujun 32 148 Ze 86
54200 Toul 54 56 Ff 56
29242 Toulalan 29 61 Uf 58
15110 Toularic 15 140 Cf 80
29510 Toul-ar-Zaout 29 78 Vf 60
15240 Toulat 15 127 Cc 77
07130 Toulaud 07 142 Ee 79
29200 Toulbroch 29 61 Vc 58
22340 Touldous 22 63 Wd 59
71520 Toule, la 71 117 Ec 70
33480 Touloron 33 134 Za 78
29140 Toulgoat 29 78 Wa 61
28140 Toulifaut 28 70 Be 59
08430 Touligny 08 42 Ed 50
02250 Toulis-et-Attencourt 02 40 De 50
17600 Toulon 17 122 Za 74
83000 Toulon 83 171 Ff 90
12200 Toulonjac 12 151 Bf 82
51130 Toulon-la-Montagne 51 53 Df 55
03400 Toulon-sur-Allier 03 116 Dc 69
71320 Toulon-sur-Arroux 71 105 Ea 68
66350 Toulouges 66 179 Ce 92
31000* Toulouse 31 164 Bc 87
39230 Toulouse-le-Château 39 107 Fd 68
40250 Toulouzette 40 147 Zb 86
12460 Touluch 12 139 Ce 80
23600 Toulx-Saint-Croix 23 114 Cb 71
32460 Toupies 32 147 Ze 86
76870 Toupray 76 38 Bd 50
14800 Touques 14 48 Aa 52
62520 Touquet-Paris-Plage, le 62 28 Bd 45
61550 Touquettes 61 48 Ac 56
77131 Touquin 77 52 Da 56
06420 Tour, la 06 159 Hb 85
09230 Tour, la 09 164 Bb 90
11290 Tour, la 11 165 Cb 89
23130 Tour, la 23 114 Ca 72
24200 Tour, la 24 137 Bb 79
24700 Tour, la 24 136 Ab 79
30110 Tour, la 30 154 Ea 83
74250 Tour, la 74 120 Gc 72
74400 Tour, le 74 121 Gf 72
14220 Touraille, la 14 47 Zc 54
41190 Tourailles 41 86 Ba 62
61100 Tourailles, les 61 47 Zd 56
55130 Tourailles-sous-Bois 55 75 Fc 58
37500 Touraine 37 99 Ab 66
34120 Tourbes 34 167 Dc 88
24320 Tour-Blanche-Cercles, la 24 124 Ac 76
08400 Tourcelles-Chaumont 08 42 Ed 52
29140 Tourc'h 29 78 Wb 60
43440 Tourchon 43 128 Dd 77
59200 Tourcoing 59 30 Da 44
84240 Tour-d'Aigues, la 84 171 Fd 86
38270 Tourdan 38 130 Fa 76
63680 Tour-d'Auvergne, la 63 127 Ce 75
46330 Tour-de-Faure 46 138 Be 82
19490 Tour-del-Bos, la 19 126 Be 77
13200 Tour-de-Mondony 13 169 Ed 87
69890 Tour-de-Salvagny, la 69M 130 Ee 74
25640 Tour-de-Sçay, la 25 93 Gb 64
87800 Tourdon 87 125 Bb 75
09100 Tour-du-Crieu, la 09 165 Bd 90
39270 Tour-du-Meix, la 39 119 Fd 69
32230 Tourdun 32 162 Aa 87
56370 Tour-du-Parc, le 56 80 Xc 63
38110 Tour-du-Pin, la 38 131 Fc 75
13200 Tour-du-Valat 13 169 Ed 87
31210 Toureilles, les 31 163 Ad 90
13220 Tourels, les 13 170 Fa 88
14400 Tour-en-Bessin 14 47 Zb 53
46120 Tourène 46 138 Bf 80
24160 Tourenne 24 125 Ba 76
41250 Tour-en-Sologne 41 86 Bd 63
62136 Touret, le 62 29 Ce 45
19200 Tourette, la 19 127 Cb 75
42380 Tourette, la 42 129 Ea 76
86120 Tourette, la 86 99 Zf 66
11380 Tourette-Cabardès, la 11 166 Cb 88
06830 Tourette-du-Château 06 159 Ha 85
04300 Tourettes, les 04 156 Fe 85
42610 Tourettes, les 42 129 Ea 75
06140 Tourettes-sur-Loup 06 173 Ha 86
83400 Tour-Fondue, la 83 172 Ga 90
14800 Tourgéville 14 36 Aa 53
30940 Tourgueille 30 153 Dd 84
49120 Tourlandry, la 49 98 Zb 66
50110 Tourlaville 50 33 Yc 51
47210 Tourliac 47 137 Ae 80
60240 Tourly 60 50 Bf 53
73870 Tourmentie 73 132 Gc 77
59551 Tourmignies 59 30 Da 45
39800 Tourmont 39 107 Fe 67
12540 Tournadoos 12 152 Da 85
61160 Tournai-sur-Dive 61 48 Aa 56
32420 Tournan 32 163 Ae 88
74230 Tournance 74 132 Gc 73
77220 Tournan-en-Brie 77 52 Cc 56
25680 Tournans 25 93 Gb 64
31420 Tournas 31 163 Ae 89
65190 Tournay 65 163 Ab 89
14310 Tournay-sur-Odon 14 47 Zc 54
33550 Tourne, le 33 135 Zd 80
11300 Tournebouix 11 178 Ca 91
33114 Tournebride 33 134 Zb 81
44390 Tournebride 44 82 Yc 64
14220 Tournebu 14 47 Zd 55
25340 Tournecloz 25 94 Gd 64
32380 Tournecoupe 32 149 Ae 85
27110 Tournedos 27 49 Af 54
27100 Tournedos-sur-Seine 27 50 Bb 53
31170 Tournefeuille 31 164 Bc 87
06420 Tournefort 06 159 Ha 85
62890 Tournehem-sur-la-Hem 62 27 Ca 44
83350 Tournels, les 83 172 Gd 89
12250 Tournemire 12 152 Da 85
15310 Tournemire 15 139 Cc 78
81100 Tournemire 81 166 Cb 87
50140 Tournerie, la 50 47 Za 56
08090 Tournes 08 42 Ed 50
14350 Tourneur, le 14 47 Zb 55
47420 Tourneuve 47 148 Zf 83

27930 Tourneville 27 49 Ba 54
50660 Tourneville 50 46 Yc 55
19210 Tournevite 19 125 Bc 76
12700 Tournhac 12 138 Ca 81
15700 Tourniac 15 126 Cb 77
46150 Tourniac 46 137 Bb 81
14330 Tournières 14 34 Za 53
47350 Tournies 47 136 Ac 81
11220 Tournissan 11 166 Cd 90
45310 Tournoisis 45 70 Bd 60
07170 Tournon 07 142 Ec 81
73460 Tournon 73 132 Gb 75
47370 Tournon-d'Agenais 47 149 Af 82
36220 Tournon-Saint-Martin 36 100 Af 68
37290 Tournon-Saint-Pierre 37 100 Af 68
07300 Tournon-sur-Rhône 07 142 Ee 78
65220 Tournous-Darré 65 163 Ac 89
65330 Tournous-Devant 65 163 Ac 89
04530 Tournoux 04 145 Ge 82
71700 Tournus 71 118 Ef 69
03130 Tournus, les 03 117 Df 70
27510 Tourny 27 50 Bd 53
71120 Tourny 71 117 Eb 70
09200 Touron 09 177 Bb 91
82390 Touron 82 149 Ba 83
24140 Touron, le 24 136 Ad 79
19390 Tourondel 19 126 Bf 76
61190 Tourouvre au Perche 61 69 Ad 57
11200 Tourouzelle 11 166 Ce 89
11300 Tourreilles 11 178 Cb 90
32390 Tourrenquets 32 149 Ae 86
30170 Tourres 30 154 Df 85
06470 Tourres, les 06 158 Gf 83
83520 Tourres, les 83 172 Gd 88
47290 Tourrète 47 136 Ad 81
06690 Tourrette-Levens 06 159 Hb 86
31540 Tourrettes 31 165 Bf 88
83440 Tourrettes 83 172 Ge 87
26740 Tourrettes, les 26 142 Ee 81
16560 Tourriers 16 124 Ab 74
74500 Tourronde 74 121 Gd 70
05000 Tourronde, la 05 144 Ga 81
37000 Tours 37 85 Ae 64
42660 Tours, les 42 130 Ec 76
63380 Tours, les 63 115 Ce 73
37120 Tour-Saint-Gelin, la 37 99 Ac 66
73790 Tours-en-Savoie 73 132 Gc 75
80210 Tours-en-Vimeu 80 28 Be 48
51150 Tours-sur-Marne 51 53 Ea 54
63590 Tours-sur-Meymont 63 128 Dd 74
58240 Tour-sur-Jour 58 103 Db 68
34260 Tour-sur-Orb, la 34 167 Da 87
26420 Tourte 26 143 Fc 79
79100 Tourtenay 79 99 Zf 66
08130 Tourteron 08 42 Ed 51
79160 Tourteron 79 110 Zc 70
24390 Tourtoirac 24 125 Ba 77
63530 Tourtoule 63 128 Da 73
83690 Tourtour 83 172 Gb 87
09230 Tourtouse 09 164 Ba 90
47380 Tourtrès 47 136 Ac 81
09500 Tourtrol 09 165 Be 90
83170 Tourves 83 171 Ff 88
14130 Tourville-en-Auge 14 36 Ab 53
27370 Tourville-la-Campagne 27 49 Af 53
76630 Tourville-la-Chapelle 76 37 Bb 49
76410 Tourville-la-Rivière 76 37 Ba 53
76400 Tourville-les-Ifs 76 36 Ac 50
76550 Tourville-sur-Arques 76 37 Ba 49
14210 Tourville-sur-Odon 14 35 Zc 54
27500 Tourville-sur-Pont-Audemer 27 36 Ad 53
50200 Tourville-sur-Sienne 50 46 Yc 54
28310 Toury 28 70 Bf 59
77114 Toury 77 72 Dc 58
58300 Toury-Lurcy 58 104 Dc 68
63320 Tourzel-Ronzières 63 128 Da 75
76860 Tous-les-Mesnils 76 37 Af 49
76400 Toussaint 76 36 Ac 50
69780 Toussieu 69M 130 Ef 75
01600 Toussieux 01 118 Ee 73
77123 Tousson 77 71 Cc 58
73300 Toussuire, la 73 132 Gb 77
78117 Toussus-le-Noble 78 51 Ca 56
27500 Toutainville 27 36 Ac 52
71350 Toutenant 71 106 Fa 67
80560 Toutencourt 80 29 Cc 48
62650 Toutendal 62 28 Be 45
31460 Toutens 31 165 Be 88
49360 Toutlemonde 49 98 Zb 66
21460 Toutry 21 90 Ea 63
16360 Touvérac 16 123 Ze 76
19110 Touves 19 127 Cc 75
38660 Touvet, le 38 132 Ff 76
27290 Touville 27 49 Ae 53
37140 Touvois 37 84 Aa 65
44650 Touvois 44 96 Yb 67
27220 Touvoye 27 50 Bb 55
16600 Touvre 16 124 Ab 74
04240 Touyet, le 04 158 Ge 85
16120 Touzac 16 123 Zf 75
46700 Touzac 46 137 Ba 82
35500 Touzerie, la 35 66 Ye 60
43350 Touzet 43 129 De 77
17400 Touzetterie, la 17 110 Zc 73
20240 Tovisanu CTC 183 Kc 97
20270 Tox CTC 183 Kc 95
82600 Toyrats 82 150 Bb 86
19170 Toy-Viam 19 126 Bf 75
47290 Trabade 47 136 Ae 81
22350 Trabaillac 22 65 Xf 59
43230 Trabesson 43 128 Dd 77
43220 Tracol 43 130 Ec 77
13490 Traconnade 13 171 Fd 87
63740 Tracros 63 127 Ce 74
14310 Tracy-Bocage 14 47 Zb 54
60170 Tracy-le-Mont 60 39 Da 52
60170 Tracy-le-Val 60 39 Da 52
58150 Tracy-sur-Loire 58 88 Cf 65
14117 Tracy-sur-Mer 14 47 Zc 52
69860 Trades 69D 118 Ed 71
67310 Traenheim 67 60 Hc 57
20147 Traghino CTC 182 Ie 95
57580 Tragny 57 56 Gc 55
15320 Trailus 15 140 Db 78
86210 Trainebot 86 100 Ad 68
10400 Traînel 10 72 Dc 58
27480 Trainières, les 27 37 Bc 52
45470 Traînou 45 71 Ca 61
76580 Trait, le 76 37 Ae 52
70190 Traitiéfontaine 70 93 Ga 64
73170 Traize 73 131 Fe 74
63380 Tralaigues 63 115 Cd 73
33180 Trale, le 33 122 Zb 77
23260 Traleprat 23 127 Cb 74
20100 Tralicetu CTC 184 If 99
20250 Tralonca CTC 183 Kb 94
22640 Tramain 22 64 Xd 58
71520 Tramayes 71 118 Ed 71
71520 Trambly 71 117 Ed 71
62310 Tramecourt 62 29 Ca 46
51170 Tramery 51 53 De 53
65170 Tramezaïgues 65 175 Ab 92
65510 Tramezaygues 65 175 Ac 92
38300 Tramolé 38 131 Fb 75
54115 Tramont-Emy 54 76 Ff 58
54115 Tramont-Lassus 54 76 Ff 58
54115 Tramont-Saint-André 54 76 Ff 58
01390 Tramoyes 01 130 Ef 73
88350 Trampot 88 75 Fc 58
10290 Trancault 10 72 Dd 58
43120 Tranchard 43 129 Eb 77
24120 Tranche 24 137 Bb 78
85360 Tranche-sur-Mer, la 85 109 Yd 70
01160 Tranclière, la 01 119 Fb 72
28310 Trancrainville 28 70 Bf 59
72650 Trangé 72 68 Aa 60
36700 Tranger, le 36 101 Bb 67
58000 Trangy 58 103 Db 66
10140 Trannes 10 74 Ed 59
88300 Tranqueville-Graux 88 76 Ff 58
35610 Trans 35 65 Yc 58
53160 Trans 53 67 Ze 59
83720 Trans-en-Provence 83 172 Gc 87
80140 Translay, le 80 38 Be 49
62450 Transloy, le 62 30 Cf 48
44440 Trans-sur-Erdre 44 82 Yd 64
19260 Tranugie, la 19 126 Be 75
36230 Tranzault 36 101 Bf 69
40430 Traounquet 40 147 Zc 83
29590 Traourivin 29 62 Vf 59
12240 Trap, le 12 151 Cb 83
81450 Trap, le 81 151 Ca 84
03250 Trapière 03 116 De 72
24550 Trappe, la 24 137 Ba 80
53260 Trappe-du-Port-du-Salut 53 67 Zb 61
78190 Trappes 78 51 Bf 56
82100 Traques, les 82 149 Ba 85
12320 Tras-le-Bosc 12 139 Cc 81
11160 Trassanel 11 166 Cc 88
19370 Trassoudaine 19 126 Be 75
68210 Traubach-le-Bas 68 94 Ha 63
68210 Traubach-le-Haut 68 94 Ha 62
11160 Trausse 11 166 Cd 89
84850 Travaillan 84 155 Ef 83
81120 Travanet 81 151 Cb 86
19270 Travassac 19 125 Bd 77
02800 Travecy 02 40 Dc 50
22830 Traveneuc 22 65 Xf 59
55140 Traveron 55 75 Fe 57
30770 Travers, les 30 153 Dd 84
38860 Travers, les 38 144 Ga 78
73140 Traversaz, la 73 133 Gc 77
09200 Traverse, la 09 176 Ba 91
87250 Traverse, la 87 113 Bc 72
32450 Traversères 32 163 Ad 87
40120 Traverses 40 147 Ze 84
05600 Traverses, les 05 145 Gd 81
86190 Traversonne 86 99 Ab 69
32200 Travès 32 164 Af 86
70360 Traves 70 93 Ff 63
81120 Travet, le 81 151 Cc 86
88310 Travexin 88 77 Ge 61
20240 Travo CTC 183 Kc 97
56800 Travoléon 56 81 Xd 61
35190 Travoux 35 65 Yb 58
83530 Trayas, le 83 173 Gf 88
79240 Trayes 79 98 Zd 68
33430 Trazitz 33 148 Ze 82
56140 Tréal 56 81 Xe 61
29530 Tréambon 29 62 Wb 59
29370 Tréanna 29 78 Wa 60
29890 Tréas 29 62 Vd 57
56440 Tréauray 56 79 Wf 62
50340 Tréauville 50 33 Yb 51
29000 Tréauzon 29 78 Vf 60
56400 Tréavrec 56 80 Wf 62
29217 Trébabu 29 61 Vb 58
03240 Treban 03 116 Db 70
81190 Tréban 81 151 Cc 84
81340 Trébas 81 152 Cc 85
22980 Trébédan 22 65 Xe 58
22490 Trébéfour 22 65 Xf 57
11800 Trèbes 11 166 Cc 89
22560 Trébeurden 22 63 Wc 56
56440 Trébihan 56 80 We 61
65200 Trébons 65 162 Aa 90
31110 Trébons-de-Luchon 31 176 Ad 92
31290 Trébons-sur-la-Grasse 31 165 Be 88
29100 Tréboul 29 78 Vd 60
22340 Trébrivan 22 63 Wd 59
22510 Trébry 22 64 Xc 58
56780 Trec'h, le 56 80 Xa 63
21130 Tréclun 21 106 Fb 65
51130 Trécon 51 53 Ea 55
71520 Trécourt 71 117 Ec 71
22510 Trédaniel 22 64 Xc 58
22220 Trédarzec 22 63 We 56
35380 Trédeal 35 65 Xf 60
22250 Trédias 22 65 Xe 58
56250 Trédion 56 80 Xc 62
81320 Trédos 81 166 Ce 86
22300 Trédrez 22 63 Wc 56
22310 Tréduder 22 63 Wc 57
29690 Trédudon 29 62 Wa 58
29690 Trédudon-le-Moine 29 62 Wa 58
02490 Trefcon 02 40 Da 49
29550 Tréfeuntec 29 78 Ve 60
39300 Treffay 39 107 Ga 68
35380 Treffendel 35 65 Xf 60
29730 Treffiagat 29 78 Ve 62
44170 Treffieux 44 82 Yc 63
56250 Treffléan 56 80 Xc 62
38650 Treffort 38 144 Fd 79
01370 Treffort-Cuisiat 01 119 Fc 71
22340 Treffrin 22 63 Wc 59
56350 Trefin 56 81 Xf 63
29440 Tréflaouénan 29 62 Vf 57
29800 Tréflévénez 29 62 Ve 58
29430 Tréflez 29 62 Ve 57
51210 Tréfols 51 53 Dd 56
44290 Tréfoux 44 82 Ya 63
22630 Tréfumel 22 65 Xf 58
56800 Trégadoret 56 64 Xd 61
22950 Tregaeg = Trégueux 22 64 Xb 58
29260 Trégarantec 29 62 Ve 57
29560 Trégarvan 29 62 Ve 59
22730 Trégastel 22 63 Wd 56
22730 Trégastel-Plage 22 63 Wc 56
22400 Trégenestre 22 64 Xc 58
22540 Tréglamus 22 63 We 57
56490 Treglion 56 64 Xd 60
29870 Tréglonou 29 61 Vc 57
22400 Trégomar 22 64 Xd 58
22590 Trégomeur 22 64 Xa 57
22650 Trégon 22 65 Xe 57
35870 Trégondé 35 65 Xf 57
22200 Trégonneau 22 63 We 57
29250 Trégor 29 62 Vf 56
22110 Trégornan 22 79 Wd 59
44630 Trégouet 44 81 Ya 63
29970 Trégourez 29 78 Wa 60
46260 Trégoux 46 150 Be 82
56120 Trégranteur-la-Grillette 56 81 Xc 61
22420 Trégrom 22 63 Wd 57
29720 Tréguennec 29 78 Ve 61
29880 Tréguestan 29 61 Vc 57
22950 Trégueux = Tregaeg 22 64 Xb 58
22290 Tréguidel 22 64 Xa 57
22220 Tréguier 22 63 We 56
22130 Treguihé 22 65 Xe 57
29910 Trégunc 29 78 Wa 61
29190 Tréguron 29 78 Wa 59
44117 Trehé 44 81 Xe 64
41800 Trehet 41 85 Ad 62
35270 Tréheuc 35 65 Yb 58
56760 Tréhiguier 56 81 Xd 64
56890 Tréhonte 56 80 Xb 62
56430 Tréhorenteuc 56 64 Xe 60
29450 Tréhou, le 29 62 Vf 58
19170 Treich, le 19 126 Bf 74
19260 Treignac 19 126 Be 75
03380 Treignat 03 114 Cc 70
26390 Treignieux 26 130 Ef 77
58420 Treigny 58 89 Dc 65
89520 Treigny 89 89 Db 63
44119 Treilières 44 82 Yc 65
04510 Treille, la 04 157 Ga 84
13190 Treille, la 13 170 Fd 89
34360 Treille, la 34 167 Cf 88
11510 Treilles 11 179 Cf 91
45490 Treilles-en-Gâtinais 45 71 Cd 60
16130 Treillis 16 123 Zd 75
16560 Treillis 16 124 Ab 74
09140 Trein-d'Ustou, le 09 177 Bb 92
23480 Treix 23 114 Ca 73
52000 Treix 52 75 Fb 60
63710 Treizanches 63 128 Da 75
85600 Treize-Septiers 85 97 Ye 67
85590 Treize-Vents 85 98 Za 67
82110 Tréjouls 82 150 Bb 83
44630 Trélan 44 82 Yb 63
48340 Trélans 48 140 Da 82
35190 Trélat 35 65 Ya 58
49800 Trélazé 49 83 Zd 64
56330 Trélécan 56 80 Wf 62
22660 Trélévern 22 63 Wd 56
42130 Trelins 42 129 Ea 74
24750 Trélissac 24 124 Ae 77
22100 Trélivan 22 65 Xf 58
50660 Trelly 50 46 Yd 55
59132 Trélon 59 31 Ea 48
02850 Trélou-sur-Marne 02 53 Dd 54
35480 Trémac 35 82 Ya 61
29440 Trémagon 29 62 Vf 57
29800 Trémaouézan 29 62 Ve 57
22110 Trémargat 22 63 We 59
76640 Trémauville 76 36 Ad 51
29840 Trémazan 29 61 Vb 57
17390 Tremblade, la 17 122 Yf 74
35720 Tremblais, le 35 65 Ya 58
36290 Tremblais, le 36 100 Bb 67
10400 Tremblay 10 73 Dd 58
35460 Tremblay 35 66 Yd 58
27110 Tremblay, le 27 49 Af 54
28120 Tremblay, le 28 69 Bb 58
49520 Tremblay, le 49 83 Yf 62
89480 Tremblay, le 89 89 Dc 64
89520 Tremblay, le 89 89 Db 63
37360 Tremblaye, la 37 85 Ad 63
93290 Tremblay-en-France 93 51 Cd 55
28170 Tremblay-les-Villages 28 69 Bc 57
78490 Tremblay-sur-Mauldre, le 78 50 Bf 56
93290 Tremblay-Vieux-Pays 93 51 Cd 55
54385 Tremblecourt 54 56 Ff 56
03140 Tremblies, les 03 115 Da 71
70100 Tremblois, le 70 92 Fd 64
08110 Tremblois-les-Carignan 08 42 Fb 51
08230 Tremblois-lès-Rocroi 08 41 Ec 49
09100 Tremège 09 165 Bd 90
35270 Trémeheuc 35 65 Yb 58
22310 Trémel 22 63 Wc 57
22590 Trémeloir 22 64 Xa 57
49340 Trémentines 49 98 Zb 66
29120 Tréméoc 29 78 Ve 61
22490 Tréméreuc 22 65 Xf 57
57300 Trémery 57 56 Gb 53
22250 Trémeur 22 64 Xe 58
88240 Trémeures, les 88 76 Gb 61
22290 Tréméven 22 64 Wf 56
29300 Tréméven 29 79 Wc 61
52110 Trémilly 52 74 Ee 58
38710 Tréminis 38 144 Fe 80
70400 Trémoins 70 94 Ge 63
24510 Trémolat 24 137 Ae 79
15100 Trémolière, la 15 140 Db 78
47140 Trémons 47 149 Af 82
49310 Trémont 49 98 Zd 66
61390 Trémont 61 68 Ab 57
55000 Trémont-sur-Saulx 55 55 Fa 56
88240 Trémonzey 88 76 Gb 61
22230 Trémorel 22 64 Xe 59
29190 Trémorgat 29 62 Wa 59
29920 Trémorvezen 29 78 Wb 62
56400 Trémouec 56 80 Xa 62
15270 Trémouille 15 127 Ce 76
24210 Trémouille, la 24 137 Af 77
12290 Trémouilles 12 152 Cd 83
15120 Trémouilles 15 139 Cd 80
63810 Trémouille-Saint-Loup 63 127 Cd 76
43340 Trémoul 43 141 De 79
09700 Trémoulet 09 165 Be 90
15500 Trémoulet 15 128 Da 77
19320 Trémoulet 19 126 Ca 77
63220 Tremoulet 63 128 Dd 76
56450 Trémoyec 56 80 Xc 63
41500 Tremplay 41 86 Bc 62
56110 Trémunut 56 78 Wb 60
22440 Tremuson 22 64 Xa 57
47700 Tren, le 47 148 Aa 83
15230 Trénac 15 139 Cf 79
39570 Trenal 39 106 Fc 69
18270 Trenay 18 114 Cb 69
40630 Trensacq 40 147 Zb 83
47140 Trentels 47 149 Af 82
56190 Trenue 56 81 Xd 63
22340 Tréogan 22 79 Wc 59
29720 Tréogat 29 78 Ve 61
29830 Tréompan 29 61 Vb 57
28500 Tréon 28 50 Bb 56
29290 Tréouergat 29 61 Vc 58
29390 Tréouzal 29 79 Wb 60
51380 Trépail 51 53 Eb 54
62780 Trépied 62 28 Bd 46
76470 Tréport, le 76 28 Bc 48
25620 Trépot 25 107 Ga 65
14690 Tréprel 14 47 Zd 55
38460 Trept 38 131 Fb 74
38930 Trésanne 38 143 Fd 79
55160 Trésauvaux 55 55 Fd 54
09000 Tresbens 09 177 Bd 91
35320 Tresbœuf 35 82 Yc 61
44420 Trescalan 44 81 Xd 64
62147 Trescault 62 30 Da 48
26410 Treschenu-Creyers 26 143 Fd 80
05700 Trescléoux 05 156 Fe 82
64300 Trescoint 64 161 Za 88
12170 Trescos 12 152 Cc 84
70190 Trésilley 70 93 Ga 64
51140 Treslon 51 53 De 53
77515 Tresmes 77 52 Cf 56
11420 Tresmezes 11 165 Be 89
58240 Tresnay 58 103 Db 68
33840 Trésot, le 33 148 Zf 83
46090 Trespoux-Rassiels 46 150 Bc 82
30330 Tresques 30 155 Ed 84
22100 Tressaint 22 65 Xf 58
34230 Tressan 34 167 Dc 87
57710 Tressange 57 43 Ff 52
79260 Tressauves 79 111 Ze 70
35720 Tressé 35 65 Ya 58
40170 Tresse 40 146 Ye 84
32700 Tressens 32 148 Ac 85
66300 Tresserre 66 179 Ce 93
33370 Tresses 33 135 Zd 79
22290 Tressignaux 22 63 Xa 57
59152 Tressin 59 30 Db 45
72440 Tresson 72 85 Ad 61
37310 Tressort 37 100 Af 65
22660 Trestel 22 63 Wd 56
03220 Treteau 03 116 Dd 70
77510 Trétoire, la 77 52 Db 55
13530 Trets 13 171 Fe 88
17160 Treuil, le 17 111 Zd 73
17610 Treuil, le 17 123 Zd 74
24380 Treuilh, le 24 137 Ae 78
36250 Treuilleau 36 101 Bd 67
22160 Treusvern 22 63 Wd 58
80300 Treux 80 39 Cd 49
29560 Treuzelom 29 62 Ve 59
77710 Treuzy-Levelay 77 72 Ce 59
71110 Tréval 71 117 Ea 71
56480 Trévannec 56 79 Wf 60
04270 Trévans 04 157 Gb 85
29570 Trevarguen 29 61 Vc 59
43600 Trevas 43 129 Eb 77
22600 Trévé 22 64 Xb 59
56130 Trévélo 56 81 Xd 63
56220 Trévelo 56 81 Xd 63
22410 Trévenais 22 64 Xa 57
90400 Trévenans 90 94 Gf 63
22160 Trévénec 22 63 Wc 58
22410 Tréveneuc 22 64 Xa 57
55130 Tréveray 55 75 Fc 57
22290 Trévérec 22 63 Wf 57
56450 Tréverel 56 80 Xc 63
35190 Trévérien 35 65 Ya 58
30750 Trèves 30 153 Dc 84
69420 Trèves 69M 130 Ee 75
49350 Trèves-Cunault 49 84 Ze 65
56700 Trévidel 56 80 We 62
81190 Trévien 81 151 Ca 84
14710 Trévières 14 47 Za 53
34270 Tréviers 34 153 Df 86
73100 Trévignin 73 132 Ff 74
29910 Trévignon 29 78 Wa 62
66130 Trévillach 66 179 Cd 92
11400 Tréville 11 165 Bf 88
25470 Trévillers 25 94 Gf 65
89420 Trévilly 89 90 Ea 63
22140 Trévoazan 22 63 We 56
03460 Trévol 03 103 Db 69
22660 Trévou-Treguignec 22 63 Wd 56
01600 Trévoux 01 118 Ee 73
29380 Trévoux, le 29 79 Wc 61
22100 Trévron 22 65 Xf 58
63930 Trévy, le 63 128 Dd 74
43290 Treyches 43 129 Eb 77
07310 Treynas 07 142 Eb 79
29890 Trez 29 62 Ve 57
29950 Trez, le 29 78 Vf 61
29560 Trez-Bellec-Plage 29 62 Vd 59
49260 Trézé 49 99 Zf 66
22140 Trézelan 22 63 We 57
03220 Trézellees 03 116 Dd 71
29810 Trézen 29 61 Vb 58
29100 Trézent 29 78 Ve 60
22450 Trézény 22 63 Wd 56
29217 Trez-Hir, le 29 61 Vb 58
11230 Tréziers 11 178 Bf 90
29440 Trézilidé 29 62 Vf 57
63520 Trézioux 63 128 Dc 74
35380 Trézon 35 65 Xf 61
16200 Triac-Lautrait 16 123 Zf 74
34270 Triadou, le 34 168 Df 86
85580 Triaize 85 110 Ye 70
50620 Tribehou 50 34 Ye 53
12390 Triboulan 12 139 Cc 82
12850 Tricherie, la 12 152 Cc 82
16220 Tricherie, la 16 124 Ad 75
86490 Tricherie, la 86 99 Ac 68
47470 Tricheries, les 47 149 Ae 83
89430 Trichey 89 90 Ea 61
19190 Tricolet 19 138 Be 78
47160 Tricot 47 148 Ab 83
60420 Tricot 60 39 Cd 51
60590 Trie-Château 60 50 Be 53
60590 Trie-la-Ville 60 50 Bf 53
78510 Triel-sur-Seine 78 51 Ca 55
67220 Triembach-au-Val 67 60 Hb 58
65220 Trie-sur-Baïse 65 163 Ac 89
38890 Trieux 38 131 Fc 75
54750 Trieux 54 43 Ff 53
59970 Trieux-de-Fresnes 59 31 Dd 46
21270 Triey 21 92 Fc 65
59250 Triez-Cailloux 59 30 Da 44
17150 Trigale, la 17 122 Zb 76
83840 Trigance 83 157 Gc 86
22490 Trigavou 22 65 Xf 57
17120 Trignac 17 122 Za 75
17130 Trignac 17 123 Zd 76
44570 Trignac 44 81 Xe 65
56910 Trignac 56 81 Xe 61
51140 Trigny 51 53 Df 53
44590 Trigouet 44 82 Yc 63
45220 Triguères 45 72 Cf 61
77450 Trilbardou 77 52 Ce 55
66220 Trilla 66 178 Cd 92
77470 Trilport 77 52 Cf 55
67470 Trimbach 67 59 Ia 55
65120 Trimbareilles 65 175 Aa 92
35190 Trimer 35 65 Ya 58
86290 Trimouille, la 86 113 Ba 70
63230 Trimoulet 63 127 Cf 73
36190 Trimoulet, le 36 114 Bd 70
45410 Trinay 45 70 Bf 60
15110 Trinitat, la 15 140 Cf 80
05800 Trinité, la 05 144 Ff 80
06340 Trinité, la 06 173 Hb 86
22290 Trinité, la 22 63 Wf 56
22420 Trinité, la 22 63 Wd 57
22580 Trinité, la 22 64 Xa 56
27120 Trinité, la 27 50 Bb 55
29140 Trinité, la 29 78 Wa 61
29280 Trinité, la 29 61 Vc 58
29710 Trinité, la 29 78 Vd 61
50800 Trinité, la 50 46 Ye 56
73110 Trinité, la 73 132 Ga 76
27270 Trinité-de-Réville, la 27 49 Ad 55
61230 Trinité-des-Laitiers, la 61 48 Ac 56
76170 Trinité-du-Mont, la 76 36 Ad 51
56630 Trinité-Langonnet, la 56 79 Wd 60
56470 Trinité-sur-Mer, la 56 79 Wf 63
56190 Trinité-Surzur, la 56 80 Xc 63
89630 Trinquelin 89 90 Ea 64
58430 Trinquets, les 58 104 Ea 66
26750 Triors 26 143 Fa 78
79370 Triou 79 111 Ze 71
86330 Triou 86 99 Aa 67
12260 Trioulou 12 151 Bf 82
15600 Trioulou, le 15 139 Cb 81
41240 Tripleville 41 70 Bc 61
33230 Tripoteau 33 135 Zf 79
85290 Trique, la 85 98 Za 67
76170 Triquerville 76 36 Ad 51
27500 Triqueville 27 48 Ac 52
27330 Trisay 27 49 Ae 55
33730 Triscos 33 135 Zd 82
48200 Trisos 48 140 Db 80
59125 Trith-Saint-Léger 59 30 Dc 47
57385 Tritteling 57 57 Gd 54
12350 Trivale 12 151 Cb 82
81120 Trivale, la 81 151 Cb 85
81330 Trivale, la 81 151 Cc 86
12400 Trivalle 12 152 Ce 85
34520 Trivalle 34 153 Dc 86
01230 Trivalle, la 01 100 Ce 80
81120 Trivalou, le 81 151 Cb 86
19510 Trix 19 126 Bd 75
15400 Trizac 15 127 Cd 77
17250 Trizay 17 122 Za 73
28120 Trizay 28 69 Bc 58
28400 Trizay-Coutretot-Saint-Serge 28 69 Af 59
28800 Trizay-lès-Bonneval 28 69 Bc 59

71520 Trjvy 71 118 Ec 70
41230 Troanne, la 41 86 Bd 64
29460 Troaon 29 62 Ve 59
14670 Troarn 14 40 Ze 53
35600 Trobert 35 81 Xf 62
19230 Troche 19 125 Bc 76
21310 Trochères 21 92 Fb 64
02460 Troesnes 02 52 Db 53
45520 Trogny 45 70 Be 60
22450 Troguéry 22 63 We 56
37220 Trogues 37 100 Ac 66
22600 Trohelleuc 22 64 Xb 60
29540 Troheol 29 79 Wb 59
58400 Trohsanges 58 103 Da 66
52600 Troischamps 52 92 Fd 61
39160 Trois Châteaux, les 39 119 Fb 70
45740 Trois-Cheminées, les [illegible]
33840 Trois-Chênes, les 33 148 Zf 82
45470 Trois-Croix 45 71 Ca 61
29510 Trois-Croix, les 29 78 Vf 60
35560 Trois-Croix, les 35 65 Yc 58
29870 Trois-Curés, les 29 61 Vc 58
55220 Trois-Domaines, les 55 55 Fb 55
68230 Trois-Epis, les 68 60 Hb 60
60190 Trois-Etots 60 39 Cd 52
23230 Trois-Fonds 23 114 Cb 71
51340 Trois Fontaines 51 54 Ef 56
57870 Troisfontaines 57 57 Ha 57
52130 Troisfontaines-la-Ville 52 75 Fa 57
50420 Troisgots 50 46 Yf 54
27940 Trois Lacs, les 27 50 Bc 53
13012 Trois-Lucs, les 13 170 Fc 89
57370 Trois-Maisons 57 58 Hb 56
88490 Trois-Maisons, les 88 60 Ha 59
62650 Trois-Marquets, les 62 28 Bf 45
14210 Trois-Monts 14 47 Zd 54
86120 Trois-Moutiers, les 86 99 Aa 66
16730 Trois-Palis 16 123 Aa 75
59440 Trois-Pavés, les 59 31 Df 48
76430 Trois-Pierres, les 76 36 Ac 51
02120 Trois Pigeons, les 02 40 De 49
59310 Trois Pucelles, les 59 30 Db 46
51500 Trois-Puits 51 53 Ea 53
59190 Trois-Rois, les 59 27 Cc 44
63640 Troissagnes 63 115 Cd 73
60112 Troissereux 60 38 Ca 52
51700 Troissy 51 53 De 54
58260 Trois-Vèvres 58 104 Dc 67
59980 Troisvillers 59 30 Dc 48
64470 Trois-Villes 64 161 Za 90
29770 Troloan 29 61 Vc 60
70150 Tromarey 70 92 Fe 64
57320 Tromborn 57 57 Gd 53
29160 Tromel 29 61 Vc 59
29820 Tromeur 29 61 Vc 58
24610 Trompelle 24 135 Aa 79
86360 Tronc 86 99 Ac 69
12390 Tronc, le 12 151 Cb 82
36290 Tronçay, le 36 100 Ba 67
32230 Troncens 32 163 Ab 88
28270 Troncey, le 28 49 Bb 56
19470 Tronche, la 19 126 Be 76
05330 Tronchet, le 05 145 Gd 79
35540 Tronchet, le 35 65 Ya 58
63160 Tronchet, le 63 128 Dc 74
72170 Tronchet, le 72 68 Aa 59
74230 Tronchine 74 132 Gb 73
52260 Tronchoy 52 75 Fc 61
80640 Tronchoy 80 38 Bf 50
89700 Tronchoy 89 90 Df 61
71440 Tronchy 71 106 Fa 68
27110 Troncq, le 27 49 Af 53
74450 Troncs, les 74 120 Gd 73
54570 Trondes 54 56 Fe 56
03240 Tronget 03 115 Da 70
33480 Tronquats 33 134 Za 79
14490 Tronquay, le 14 34 Zb 53
27480 Tronquay, le 27 37 Bc 52
33160 Tronquet, le 33 134 Zb 79
50630 Tronquet, le 50 34 Yd 51
60420 Tronquoy, le 60 39 Cd 51
54800 Tronville 54 56 Ff 54
55310 Tronville-en-Barrois 55 55 Fb 56
41800 Troo 41 85 Ae 62
23400 Trop, le 23 114 Bd 73
33230 Troquereau-des-Landes 33 135 Zf 78
60350 Trosly-Breuil 60 39 Cf 52
02300 Trosly-Loire 02 40 Db 51
74500 Trossy 74 121 Ge 70
51700 Trotte 51 53 De 54
10700 Trouans 10 54 Eb 57
19110 Troubade, la 19 127 Cc 76
48220 Troubat 48 153 De 82
65370 Troubat 65 176 Ad 91
27570 Troudière, la 27 49 Ba 56
84460 Trou-du-Rat, le 84 156 Fa 86
73170 Trouet 73 132 Fe 75
32300 Trouette, la 32 163 Ac 87
33113 Trougne, la 33 147 Zc 82
21170 Trouhans 21 106 Fb 66
21440 Trouhaut 21 91 Ee 64
66300 Trouillas 66 179 Ce 93
65140 Trouley-Labarthe 65 163 Ab 89
13310 Trouniaire 13 169 Ee 87
33720 Troupins 33 135 Zc 81
61150 Troussel 61 48 Zf 57
60120 Troussencourt 60 38 Cb 51
55190 Troussey 55 55 Fe 56
60390 Troussures 60 38 Bf 52
27260 Trouverie, la 27 48 Ac 53
76210 Trouville 76 36 Ad 51
27680 Trouville-la-Houle 27 36 Ad 52
14360 Trouville-sur-Mer 14 35 Aa 52
18570 Trouy 18 102 Cc 66
29560 Trovéac 29 62 Vd 59
29460 Trovéoc 29 62 Ve 58
10000 Troyes 10 73 Df 59
55300 Troyon 55 55 Fc 54
22570 Trozulon 22 63 Wf 59
12400 Truans 12 152 Cf 85
81300 Trucarié, la 81 165 Bf 86
71290 Truchère, la 71 118 Ef 69
05600 Truchet, le 05 145 Gd 80
05250 Truchières 05 144 Ff 81
67370 Truchtersheim 67 58 Hd 57
23100 Trucq, le 23 126 Cb 74
02860 Trucy 02 40 Dd 52
58460 Trucy-l'Orgueilleux 58 89 Dc 64
89460 Trucy-sur-Yonne 89 90 Dd 63
29650 Trudujou 29 63 Wc 57
12430 Truel, le 12 152 Ce 84
48150 Truel, le 48 153 Db 83
81250 Truel, le 81 151 Cd 85
72190 Trugalle, la 72 68 Ab 60
21250 Trugny 21 106 Fa 67
22600 Truguez 22 64 Xb 59
26460 Truinas 26 143 Fa 81
60800 Trumilly 60 52 Ce 53
61160 Trun 61 48 Aa 55
14490 Trungy 14 34 Zb 53
29720 Trunvel 29 78 Vd 61
34260 Truscas 34 167 Da 86
14500 Truttemer-le-Grand 14 47 Zb 56
14500 Truttemer-le-Petit 14 47 Zb 56
37320 Truyes 37 85 Af 65
20245 Tuarelli CTC 182 Ic 94
50370 Tuaudière, la 50 46 Ye 56
44420 Tuballe, la 44 81 Xc 64
62630 Tubersent 62 28 Be 45
61300 Tubœuf 61 49 Ae 56
40210 Tuc-Gaillat 40 146 Za 84
11350 Tuchan 11 179 Ce 91
47420 Tucolle, la 47 148 Aa 83
54640 Tucquegnieux 54 56 Ff 53
19120 Tudeils 19 138 Be 78
32190 Tudelle 32 163 Ab 86
34360 Tudery 34 167 Cf 88
32380 Tudet 32 149 Ae 85
85670 Tuelevrière, la 85 97 Yc 67
03170 Tuelles, les 03 115 Ce 71
22430 Tu-es-Roc 22 64 Xd 57
49700 Tuffalun 49 84 Zd 65
72160 Tuffé Val de la Chéronne 72 68 Ad 60
20228 Tufo CTC 181 Kc 91
17130 Tugéras 17 123 Zd 76
02640 Tugny-et-Pont 02 40 Da 50
24700 Tuile 24 136 Aa 78
42640 Tuileres, les 42 117 Ea 72
36160 Tuilerie 36 114 Ca 69
41270 Tuilerie 41 69 Af 60
46090 Tuilerie 46 150 Bc 82
76260 Tuilerie 76 37 Bc 49
89570 Tuilerie 89 73 De 60
14490 Tuilerie, la 14 34 Zb 53
33650 Tuilerie, la 33 134 Zc 81
46800 Tuilerie, la 46 150 Bb 82
53200 Tuilerie, la 53 83 Zb 62
82230 Tuilerie, la 82 150 Bd 85
72370 Tuilerie-de-la-Roche 72 68 Ac 60
17120 Tuileries 17 122 Zb 75
34210 Tuileries 34 166 Ce 89
44330 Tuileries 44 97 Ye 65
85170 Tuileries, les 85 97 Yd 68
15270 Tuilière 15 127 Ce 76
24330 Tuilière, la 24 137 Af 78
83590 Tuilière, la 83 172 Gb 89
84490 Tuilière, la 84 156 Fb 85
24520 Tuilières 24 136 Ad 79
24700 Tuillère, la 24 136 Ab 79
17210 Tuillerie, la 17 123 Zd 77
04330 Tuillière, la 04 157 Gc 85
42830 Tuillière, la 42 116 De 73
24130 Tulen, le 24 136 Ab 79
26790 Tulette 26 155 Ef 83
19000 Tulle 19 126 Be 77
38210 Tullins 38 131 Fc 77
80130 Tully 80 28 Bd 48
03130 Tuloup 03 117 De 71
20248 Tuminu = Tomino CTC 181 Kc 91
02120 Tupigny 02 40 Dd 49
69420 Tupin-et-Semons 69M 130 Ee 76
47380 Tuque, la 47 136 Ad 81
65120 Tuquerouye 65 175 Aa 92
06320 Turbie, la 06 173 Hc 86
32260 Turc, le 32 163 Ad 87
21540 Turcey 21 91 Ee 64
68230 Turckheim 68 60 Hb 60
03130 Tureau-Jaune, le 03 117 De 70
19500 Turenne 19 138 Bd 78
19500 Turenne-Gare 19 138 Bd 78
16350 Turgon 16 112 Ac 73
10210 Turgy 10 73 Ea 60
03230 Turiers 03 104 Dd 69
21460 Turley 21 90 Eb 63
44130 Turne, la 44 82 Yb 64
62630 Turne, le 62 28 Be 45
89570 Turny 89 73 De 60
41130 Turpinay 41 86 Bd 65
49730 Turquant 49 99 Aa 65
57560 Turquestein-Blancrupt 57 77 Ha 57
50480 Turqueville 50 33 Ye 52
76280 Turretot 76 36 Ab 51
04250 Turriers 04 157 Gb 82
24620 Tursac 24 137 Ba 79
20167 Tuscia CTC 182 Ie 97
18170 Tuseau 18 102 Cb 68
16140 Tusson 16 111 Aa 73
58360 Tussy 58 104 Df 67
47170 Tustem 47 148 Ab 84
01170 Tutegny 01 120 Ga 71
40210 Tuyas 40 146 Za 83
65150 Tuzaguet 65 163 Ac 90
33125 Tuzan, le 33 147 Zc 82
16700 Tuzie 16 111 Aa 73
22700 Ty-an-Tual 22 63 Wd 56
29150 Ty-ar-Glas 29 62 Ve 59
29190 Ty-ar-Seven 29 62 Wa 59
29190 Ty-Blaise 29 62 Wa 59
29300 Ty-Bodel 29 79 Wc 61
29000 Ty-Boa 29 78 Vf 61
29170 Ty-Broën 29 78 Vf 61
22200 Ty-Coat 22 63 Wf 57
29450 Ty-Douar 29 62 Wa 58
29510 Ty-Fléhan 29 78 Wa 60
29170 Ty-Glaz 29 78 Vf 61
29140 Ty-Quen 29 70 Wb 60
29700 Ty-Liopic 29 78 Ve 61
29700 Ty-Lippic 29 78 Ve 61
29390 Ty-Moter 29 79 Wb 60
29510 Ty-Nevez-Garnilis 29 70 Vf 60
29780 Ty-Pic 29 61 Vd 60
29000 Ty-Ru 29 78 Vf 60

U

07500 Ubac 07 141 Df 81
05800 Ubac, l' 05 144 Ga 80
20275 U Barcaghju = Barcaggio CTC 181 Kc 90
04340 Ubaye-Serre-Ponçon 04 157 Gb 82
67350 Uberach 67 58 Hd 55
57430 Uberkinger 57 57 Gf 55
88130 Ubexy 88 76 Gb 59
74360 Ubinc 74 121 Ge 71
20290 U Borgu = Borgo CTC 181 Kc 93
04240 Ubraye 04 158 Ge 85
20252 U Campitellu = Campitello CTC 181 Kb 93
20142 U Campu = Campo CTC 182 Ka 97
20287 U Campu = Campu CTC 181 Kc 91
20213 U Campu = Champlan CTC 181 Kc 94
20110 U Campu Moru, Belvidè- CTC 184 Ie 99
20235 U Canavaghja = Canavaggia CTC 181 Kb 93
20146 U Cardettu = Cardetto CTC 185 Kb 99
20200 U Cardu = Cardo CTC 181 Kc 92
20169 u Cardu = Cardu CTC 185 Ka 100
20200 U Castagnetu = Castagnetu CTC 181 Kc 92
20222 U Castellu = Castello CTC 181 Kc 92
20228 U Castellu = Castello CTC 181 Kc 91
20270 U Caterraghju = Caterragio CTC 183 Kd 96
20133 Ucciani CTC 182 If 96
07200 Ucel 07 142 Ec 81
40090 Uchacq-et-Parentis 40 147 Zc 85
33450 Uchamp 33 135 Zd 79
30620 Uchaud 30 154 Eb 86
09800 Uchentein, Bordes- 09 176 Ba 91
21230 Uchey 21 105 Ec 66
20100 u Chiusu di a Casa CTC 184 If 99
71700 Uchizy 71 118 Ef 69
71190 Uchon 71 105 Eb 68
20170 U Cigliu = Giglio CTC 185 Kb 98
57270 Uckange 57 44 Ga 53
20218 U Cordu = Cardu CTC 181 Kb 94
20228 U Cunchigliu = Conchigliu CTC 181 Kc 91
40120 Udrères 40 147 Zd 84
68580 Ueberstrass 68 95 Ha 63
46110 Uffando 46 138 Be 79
43420 Uffernets, les 43 141 Df 80
68510 Uffheim 68 95 Hc 63
68700 Uffholtz 68 95 Hb 62
20230 U Ficaretu = Figareto CTC 181 Kd 94
20157 U Frassetu = Frasseto CTC 182 Ka 97
73400 Ugine 73 132 Gc 74
65300 Uglas 65 163 Ac 90
40230 Ugne 40 160 Ye 87
65140 Ugnouas 65 162 Aa 88
54870 Ugny 54 43 Fe 52
02300 Ugny-le-Gay 02 40 Da 51
80400 Ugny-L'Equipée 80 39 Da 50
55140 Ugny-sur-Meuse 55 55 Fe 57
64120 Uhart-Mixe 64 161 Yf 89
67350 Uhlwiller 67 58 He 56
67350 Uhrwiller 67 58 Hd 55
20225 U Lavatoghju = Lavatoggio CTC 180 If 93
79150 Ulcot 79 98 Zd 66
42560 Uliècq 42 129 Ea 76
91940 Ulis, les 91 51 Cb 56
20140 U Livese = Olivese CTC 184 Ka 97
60730 Ully-Saint-Georges 60 51 Cb 53
49700 Ulmes, les 49 99 Ze 65
20112 Ulmiccia = Olmiccia CTC 184 Ka 98
20240 U Lucu di Nazza = Lugo-di-Nazza CTC 183 Kb 96
20600 U Lupinu = Lupino CTC 181 Kc 92
28700 Umpeau 28 70 Be 58
20214 U Mucale = Moncale CTC 180 If 93
20137 U Mulinu = le Moulin CTC 185 Kb 99
20220 U Monticellu = Monticello CTC 180 If 93
09250 Unac 09 177 Be 92
21350 Uncey-le-Franc 21 91 Ed 64
51170 Unchair 51 53 De 53
64130 Undurein 64 161 Za 89
20217 U Negru = Negru CTC 181 Kc 92
47400 Unet 47 148 Ac 82
20230 Uneu = Oneo CTC 183 Kc 95
68190 Ungersheim 68 95 Hb 61
42210 Unias 42 129 Eb 75
10140 Unienville 10 74 Ed 59
31240 Union, l' 31 164 Bc 87
09240 Unjat 09 177 Bc 90
57230 Untermuhltal 57 58 Hd 55
29690 Un Uhelgoad = Huelgoat 29 62 Wb 58
28160 Unverre 28 69 Ba 59
09100 Unzent 09 165 Bd 89
20146 U Pagliaghjolu = Pagliaggiolo CTC 185 Kb 99
05300 Upaix 05 157 Ff 83
20170 U Palanu = Pantano CTC 185 Ka 98
20253 U Patrimoniu = Patrimonio CTC 181 Kc 92
20218 U Pedanu = Pedano CTC 181 Ka 93
62129 Upen-d'Amont 62 29 Cb 45
62129 Upen-d'Aval 62 29 Cb 45
20100 U Peru Longo = Pero Longo CTC 184 If 99
20234 U Petricaghju = Pietricaggio CTC 183 Kc 94
20242 U Petroso = Pietroso CTC 183 Kb 96
20215 U Pianu = Piano CTC 181 Kc 94
26120 Upie 26 143 Ef 80
20228 U Pinu = Pino CTC 181 Kc 91
20227 U Pinzalone = Pinzalone CTC 183 Kb 96
20125 U Poghjolu = Poggiolo CTC 182 If 95
20218 U Poghju = Poggio CTC 181 Kb 94
20275 U Poghju = Poggio CTC 181 Kc 91
20240 U Poghju di Nazza = Poggio-di-Nazza CTC 183 Kb 96
20250 U Poghju di Venacu = Poggio-di-Venaco CTC 183 Kb 95
20232 U Poghju d'Oletta = Poggio-d'Oletta CTC 181 Kc 93
20230 U Poghju-Mezzana = Poggio-Mezzana CTC 183 Kc 94
20110 u Ponto CTC 184 If 99
20244 U Ponte Lanu = Pont de Lano CTC 183 Kb 94
20221 U Portu di u Campuloru = Port de Campoloro CTC 183 Kd 94
20222 U Pozzu = Pozzo CTC 181 Kc 92
20167 U Prunu = Pruno CTC 182 Ie 97
20114 U Pughjale = Poggiale CTC 185 Ka 99
20222 U Puretti = Poretto CTC 181 Kc 92
20228 U Purticciolu = Porticciolo CTC 181 Kc 91
20213 U Quericiolu = Quericiolo CTC 181 Kc 94
31260 Urau 31 176 Af 90
57720 Urbach 57 58 Hb 54
20128 Urbalacone CTC 184 If 97
20128 Urbalaconu = Urbalacone CTC 184 If 97
66500 Urbanya 66 178 Cb 93
67220 Urbeis 67 60 Hb 59
68121 Urbès 68 94 Gf 61
58140 Urbigny 58 90 De 64
42310 Urbise 42 117 Df 71
03360 Urçay 03 102 Cd 69
90800 Urcerey 90 94 Ge 63
36160 Urciers 36 114 Ca 69
54800 Urcourt 54 56 Ff 54
64990 Urcuit 64 160 Yd 88
64240 Urcuray 64 160 Yd 88
03600 Urcy 03 115 Ce 71
21220 Urcy 21 91 Ef 65
32500 Urdens 32 149 Ae 85
64370 Urdès 64 161 Zc 88
64490 Urdos 64 174 Zc 91
20226 U Reginu = Regino CTC 180 If 93
64430 Urepel 64 160 Yd 90
40320 Urgons 40 162 Zd 87
32110 Urgosse 32 162 Zf 86
38410 Uriage-les-Bains 38 144 Fe 78
88220 Uriménil 88 76 Gc 60
74430 Urine 74 120 Gd 71
67280 Urmatt 67 60 Hb 57
61200 Urou 61 48 Aa 56
64122 Urrugne 64 160 Yb 88
09310 Urs 09 177 Be 92
68320 Urschenheim 68 60 Hc 60
68240 Ursprung 68 60 Hb 59
64240 Urt 64 160 Ye 88
20218 Urtaca CTC 181 Kb 93
54112 Uruffe 54 76 Fe 57
20166 U Ruppione = le Ruppione CTC 184 Ie 97
24480 Urval 24 137 Af 80
10200 Urville 10 74 Ed 59
14190 Urville 14 47 Ze 54
50590 Urville 50 46 Yc 54
50700 Urville 50 33 Yd 52
88140 Urville 88 76 Fe 59
50460 Urville-Naqueville 50 33 Yb 50
02690 Urvillers 02 40 Db 50
77760 Ury 77 71 Cd 58
58130 Urzy 58 103 Db 66
95450 Us 95 50 Bf 54
58300 Usage, l' 58 104 Dd 67
20121 U Salice = Salice CTC 182 If 96
20218 U Salicetu = Saliceto CTC 183 Kb 94
48100 Usanges 48 140 Da 81
20146 Usciolo CTC 185 Kb 99
15170 Usclade, l' 15 128 Da 78
07510 Usclades-et-Rieutord 07 141 Ea 80
34230 Usclas-d'Hérault 34 167 Dc 87
74570 Usillon 74 120 Gb 73
74910 Usinens 74 119 Ff 72
20240 U Solaghju = Solaro CTC 183 Kb 97
19270 Ussac 19 125 Bd 77
19260 Ussanges 19 126 Be 75
09400 Ussat 09 177 Bd 91
09400 Ussat-les-Bains 09 177 Bd 92
09160 Ussau 09 164 Ba 90
37420 Ussé 37 99 Ab 65
17220 Usseau 17 110 Yf 71
17800 Usseau 17 123 Zd 75
36500 Usseau 36 101 Bb 68
71540 Usseau 71 105 Eb 66
79210 Usseau 79 110 Zc 71
86230 Usseau 86 100 Ad 67
15300 Ussel 15 140 Cf 78
19200 Ussel 19 127 Cb 75
43370 Ussel 43 141 Df 79
03140 Ussel-d'Allier 03 116 Db 71
17800 Usson 17 123 Zd 75
63490 Usson 63 128 Dc 75
86350 Usson-du-Poitou 86 112 Ad 71
42550 Usson-en-Forez 42 129 Df 76
14420 Ussy 14 47 Ze 55
77260 Ussy-sur-Marne 77 52 Da 55
64480 Ustaritz 64 160 Yd 88
89450 Usy 89 90 Df 64
06450 Utelle 06 159 Hb 85
20240 U Travu = Travo CTC 183 Kc 97
71270 Utre 71 106 Fc 67
67150 Uttenheim 67 60 Hd 58
67110 Uttenhoffen 67 58 Hd 55
67330 Uttwiller 67 58 Hc 55
20259 U Tuccone = Toccone CTC 180 Ka 93
20228 U Tufu = Tufo CTC 181 Kc 91
64120 Utxiat 64 161 Yf 89
20114 U Vallicellu = Vallicello CTC 185 Ka 99
04400 Uvernet 04 158 Gd 82
20121 U Vignale = Vignale CTC 182 If 96
20215 U Viscuvatu = Vescovato CTC 181 Kc 94
71130 Uxeau 71 104 Ea 69
88390 Uxegney 88 76 Gc 59
39130 Uxelles 39 107 Fe 69
58240 Uxeloup 58 103 Db 67
59229 Uxem 59 27 Cc 42
40170 Uza 40 146 Ye 84
64370 Uzan 64 162 Zc 88
18190 Uzay-le-Venon 18 102 Cc 68
46310 Uzech 46 137 Bc 81
22310 Uzel 22 63 Wc 57
22460 Uzel 22 64 Xa 59
25340 Uzelle 25 94 Gc 64
88220 Uzemain 88 76 Gc 60
07110 Uzer 07 142 Eb 81
65200 Uzer 65 163 Ab 90
19140 Uzerche 19 126 Bd 76
30700 Uzès 30 154 Ec 84
33730 Uzeste 33 147 Ze 82
15220 Uzols 15 139 Cb 80
64110 Uzos 64 162 Zd 89

V

72500 Vaas 72 85 Ab 62
12120 Vabre 12 152 Cd 83
12850 Vabre 12 152 Cd 82
15150 Vabre 15 139 Cb 78
81330 Vabre 81 166 Cc 86
46210 Vabre, la 46 138 Ca 80
15100 Vabres 15 140 Db 78
30460 Vabres 30 154 Df 84
43580 Vabres 43 141 Dd 79
12400 Vabres-L'Abbaye 12 152 Cf 85
12240 Vabre-Tizac 12 151 Ca 83
12490 Vabrette 12 152 Ce 84
12170 Vacaresse, la 12 152 Cd 84
20230 Vaccaje CTC 183 Kc 95
43170 Vachellerie, la 43 140 Dd 79
33230 Vacher 33 135 Zf 79
55100 Vacherauville 55 55 Fc 53
04110 Vachères 04 156 Fd 85
43150 Vachères 43 141 Ea 79
43160 Vacheresse 43 129 De 77
74360 Vacheresse 74 121 Ge 71
43150 Vacheresse, la 43 141 Ea 79
88140 Vacheresse-et-la-Rouillie, la 88 76 Fe 60
28210 Vacheresses-les-Basses 28 50 Bd 57
17260 Vacherie, la 17 122 Zb 75
27170 Vacherie, la 27 49 Ae 54
27400 Vacherie, la 27 49 Ba 54
41370 Vacherie, la 41 86 Bc 62
74230 Vacherie, la 74 120 Gb 73
06420 Vacherie du Collet 06 158 Ha 84
05100 Vachette, la 05 145 Gd 79
42440 Vachon 42 129 De 74
89210 Vachy 89 73 Dd 60
14210 Vacognes 14 35 Zc 54
14210 Vacognes-Neuilly 14 35 Zc 54
55190 Vacon 55 55 Fd 56
67130 Vacquenoux 67 77 Hb 58
80370 Vacquerie 80 29 Cb 48
14240 Vacquerie, la 14 47 Za 54
59231 Vacquerie, la 59 30 Da 48
34520 Vacquerie-et-Saint-Martin-de-Castries, la 34 153 Dc 86
62270 Vacquerie-le-Boucq 62 29 Cb 47
62140 Vacqueriette-Erquières 62 29 Ca 47
54540 Vacqueville 54 77 Ge 58
84190 Vacqueyras 84 155 Ef 84
34270 Vacquières 34 154 Df 85
31340 Vacquiers 31 150 Bc 86
16560 Vadalle 16 124 Ab 74
39600 Vadans 39 107 Fe 67
70140 Vadans 70 92 Fd 64
55220 Vadelaincourt 55 55 Fb 54
51400 Vadenay 51 54 Ec 54
02120 Vadencourt 02 40 Dd 49
80560 Vadencourt 80 39 Cc 48
20270 Vadina CTC 183 Kc 96
55200 Vadonville 55 55 Fd 56
72270 Vadré 72 84 Zf 62
07150 Vagnas 07 154 Ec 82
88120 Vagney 88 77 Ge 60
57660 Vahl-Ebersing 57 57 Ge 54
57670 Vahl-lès-Bénestroff 57 57 Ge 55
57380 Vahl-lès-Faulquemont 57 57 Gd 54
53480 Vaiges 53 67 Zd 60
43300 Vailhac 43 141 Dd 78
34320 Vailhan 34 167 Db 87
34570 Vailhauquès 34 168 De 86
12200 Vailhourles 12 151 Bf 83
46240 Vaillac 46 138 Bd 80
52160 Vaillant 52 92 Fa 62
12400 Vaillauzy 12 152 Cf 85
23170 Vaillière 23 115 Cc 71
10150 Vailly 10 73 Ea 58
18130 Vailly 18 103 Ce 67

74470 Vailly 74 120 Gd 71
02370 Vailly-sur-Aisne 02 40 Dd 52
18260 Vailly-sur-Sauldre 18 88 Cd 64
36170 Vaines, les 36 113 Bc 69
50300 Vains 50 46 Yd 56
50360 Vains 50 33 Yd 52
25220 Vaire 25 93 Ga 65
85150 Vairé 85 96 Yb 69
25220 Vaire-Arcier 25 93 Ga 65
25220 Vaire-le-Petit 25 93 Ga 65
80800 Vaire-sous-Corbie 80 39 Cd 49
77360 Vaires-sur-Marne 77 51 Cd 55
44150 Vair-sur-Loire 44 83 Yf 64
84110 Vaison-la-Romaine 84 155 Fa 83
82800 Vaïssac 82 150 Bd 84
81640 Vaïsse, la 81 151 Ca 84
48300 Vaissière, la 48 141 De 80
70180 Vaïte 70 92 Fe 63
70130 Vaivre, la 70 93 Fe 63
70220 Vaivre, la 70 93 Gc 61
70000 Vaivre-et-Montoille 70 93 Ga 63
25440 Val, le 25 107 Ff 66
27220 Val, le 27 50 Bb 55
56200 Val, le 56 81 Xe 62
56350 Val, le 56 81 Xf 63
83143 Val, le 83 171 Ga 88
24530 Valade 24 124 Ae 76
87500 Valade, la 87 125 Bb 76
87800 Valade, la 87 125 Bb 75
24220 Valades, les 24 137 Af 79
12330 Valady 12 139 Cc 82
27300 Valailles 27 49 Ad 54
28200 Valainville 28 70 Bc 60
41120 Valaire 41 86 Bb 64
07310 Valamas 07 142 Ec 79
14370 Valambray 14 48 Ze 54
03150 Valançon 03 116 Dc 71
22370 Val-André, le 22 64 Xc 57
49670 Valanjou 49 98 Zc 65
12210 Valat 12 139 Ce 81
85390 Valaudin 85 97 Za 68
61130* Val-au-Perche 61 69 Ad 59
26230 Valaurie 26 155 Ee 82
83120 Valaury 83 172 Gd 88
04250 Valavoire 04 157 Ga 83
70140 Valay 70 92 Fd 64
84210 Valayans, les 84 155 Ef 85
63610 Valbeleix 63 128 Cf 76
04200 Valbelle 04 157 Ff 84
48400 Valbelle 48 153 Dd 83
46140 Valberg 06 158 Gf 84
55300 Valbois 55 55 Fd 55
38740 Valbonnais 38 144 Ff 79
06560 Valbonne 06 173 Ha 87
05300 Val Buëch-Méouge 05 156 Fe 83
31510 Valcabrère 31 176 Ad 90
20243 Valcaccia CTC 183 Kc 96
50760 Valcanville 50 33 Ye 51
66340 Valcebollère 66 178 Ca 94
73500 Val-Cenis 73 133 Ge 77
63600 Valcivières 63 129 De 75
73320 Val-Claret 73 133 Gf 76
52100 Valcourt 52 74 Ef 57
26150 Valcroissant 26 143 Fc 80
83250 Valcros 83 172 Gb 89
83390 Valcros 83 171 Ga 89
62380 Val-d'Acquin, le 62 27 Ca 44
25800 Valdahon 25 108 Gc 66
88340 Val-d'Ajol, le 88 94 Gc 61
14350* Valdallière 14 47 Zb 55
60790 Valdampierre 60 51 Ca 53
35330 Val d'Anast 35 81 Xf 61
15320 Val d'Arcomie 15 140 Da 79
83200 Val-d'Ardène 83 171 Ff 90
14210* Val d'Arry 14 35 Zc 54
10220 Val-d'Auzon 10 74 Ec 58
27930 Val-David, le 27 50 Bb 55
12630 Val-de-Bonnieure 16 124 Ab 73
57260 Val-de-Bride 57 57 Ge 56
54800 Val-de-Briey 54 56 Ff 53
74210 Val de Chaise 74 132 Gc 74
50260 Valdécie 50 33 Yc 52
14240 Val de Drôme 14 47 Za 54
74150 Val-de-Fier 74 119 Ff 73
83310 Valdegilly 83 172 Gc 89
57430 Val-de-Guéblange, le = Geblingen 57 57 Gf 55
76380 Val-de-la-Haye 76 37 Ba 52
11230 Val de Lambronne 11 165 Bf 90
52120 Valdelancourt 52 75 Fa 60
60430 Val-de-L'Eau, le 60 38 Ca 52
51150 Val de Livre 51 53 Ea 54
24510 Val de Louyre et Caudeau 24 136 Ae 79
06430 Val-del-Prat 06 159 Hd 84
89580 Val-de-Mercy 89 89 Dd 62
67350 Val de Moder 67 58 Hd 55
44650 Val-de-Morière, la 44 96 Yb 67
72140 Val-de-Pierre, le 72 68 Zf 59
39160 Val-d'Epy 39 119 Fc 70
49370 Val d'Erdre-Auxence 49 83 Za 63
27100 Val-de-Reuil 27 49 Bb 53
81350 Valderiès 81 151 Cb 84
25640 Val-de-Roulans 25 93 Gb 64
06750 Valderoure 06 158 Ge 86
76890 Val-de-Saâne 76 37 Af 50
51130 Val-des-Marais 51 53 Df 55
05100 Val-des-Prés 05 145 Ge 79
83380 Val d'Esquières 83 172 Gd 88
51360 Val-de-Vesle 51 53 Eb 53
14140 Val-de-Vie 14 48 Ab 55
51340 Val-de-Vière 51 54 Ee 56
16250 Val de Vignes 16 123 Zf 75
67730 Val-de-Villé 67 60 Hc 59
33240 Val de Virvée 33 135 Zd 78
27940 Val d'Hazey, le 27 50 Bb 53
68210 Valdieu-Lutran 68 94 Ha 63
73150 Val-d'Isère 73 133 Gf 76
87330 Val d'Issoire 87 112 Af 72
86300 Valdivienne 86 112 Ad 69
35450 Val-d'Izé 35 66 Ye 59
89110 Val d'Ocre, le 89 89 Db 62
90300 Valdoie 90 94 Gf 62
69620 Val d'Oingt 69D 118 Ed 73
27190 Val-Doré, le 27 49 Af 55
27380* Val-d'Orger 27 50 Bc 52
55000 Val-d'Ornain 55 55 Fa 56
04530 Val d'Oronaye 04 145 Ge 82
50220 Valdoue, le 50 66 Ye 57
05150 Valdoule 05 143 Fc 82
56460* Val d'Oust 56 81 Xd 61
10190 Valdreux, le 10 73 Df 59
26310 Valdrôme 26 143 Fd 81
49190 Val-du-Layon 49 83 Zb 65
53340 Val-du-Maine 53 84 Zd 61
81090 Valdurenque 81 166 Cb 87
42110 Valeille 42 129 Eb 74
82150 Valeilles 82 149 Af 82
01140 Valeins 01 118 Ef 72
39300 Valempoulières 39 107 Ff 68
36600 Valençay 36 101 Bd 66
16460 Valence 16 112 Ab 73
26000 Valence 26 142 Ef 79
82400 Valence 82 149 Af 84
81340 Valence-d'Albigeois 81 151 Cc 84
77830 Valence-en-Brie 77 72 Cf 58
62170 Valencendre 62 28 Be 46
32310 Valence-sur-Baïse 32 148 Ac 85
59300 Valenciennes 59 30 Dd 46
38540 Valencin 38 130 Fa 75
41190 Valencisse 41 86 Bb 63
38730 Valencogne 38 131 Fd 76
72320 Valennes 72 69 Ae 61
04210 Valensole 04 157 Ff 85
32300 Valentées 32 163 Ac 87
25350 Valentigney 25 94 Ge 64
31800 Valentine 31 163 Ae 90
13011 Valentine, la 13 170 Fc 89
13119 Valentine, la 13 170 Fd 88
58800 Valentinges 58 90 De 65
94460 Valenton 94 51 Cc 56
33240 Valentons, les 33 135 Zd 79
79150* Val en Vignes 79 98 Zd 66
23500 Valeoux 23 126 Ca 74
34130 Valergues 34 168 Ea 87
04200 Valernes 04 157 Ff 83
18370 Valeron 18 114 Cb 70
60130 Valescourt 60 39 Cc 52
83610 Valescure 83 172 Gc 89
83700 Valescure 83 172 Ge 88
15270 Valessard 15 127 Cd 76
54480 Val-et-Châtillon 54 77 Gf 57
04170 Valette 04 158 Gd 84
07310 Valette 07 141 Eb 79
15400 Valette 15 127 Cd 77
30570 Valette 30 153 Dd 84
57510 Valette 57 57 Gf 54
12440 Valette, la 12 151 Cb 83
38350 Valette, la 38 144 Ff 79
57560 Valette, la 57 57 Ha 57
83200 Valette-du-Var, la 83 171 Ff 90
47290 Valettes 47 136 Ad 81
81140 Valettes, les 81 150 Be 85
84340 Valettes, les 84 155 Fb 83
24310 Valeuil 24 124 Ad 77
33340 Valeyrac 33 122 Za 76
46600 Valeyrac 46 138 Bd 78
73210 Valezan 73 133 Ge 75
67210 Valff 67 60 Hd 58
39240 Valfin, Vosbles- 39 119 Fd 70
39200 Valfin-lès-Saint-Claude 39 119 Fe 70
34270 Valflaunès 34 154 Df 86
42320 Valfleury 42 130 Ec 75
44110 Valfleury, le 44 82 Yd 62
36210 Val-Fouzon 36 101 Bd 65
61250 Valframbert 61 68 Aa 58
88270 Valfroicourt 88 76 Ga 59
05320 Valfroide 05 145 Gb 78
07110 Valgorge 07 141 Ea 81
14220 Valgoude, la 14 47 Zc 54
22690 Val-Hervelin 22 65 Ya 58
80750 Val-Heureux 80 29 Cb 48
54370 Valhey 54 57 Gc 56
62550 Valhuon 62 29 Cc 46
83170 Valiancelle 83 171 Ff 88
19200 Valiergues 19 127 Cb 76
03330 Valignat 03 115 Da 71
03360 Valigny 03 103 Ce 68
17270 Valin 17 135 Zf 78
80210 Valines 80 28 Bd 48
77154 Valjouan 77 72 Da 57
38740 Valjoufrey 38 144 Ff 79
15170 Valjouze 15 128 Da 78
42111 Valla, la 42 129 Df 74
30300 Vallabrègues 30 155 Ed 85
30700 Vallabrix 30 154 Ec 84
16730 Vallade, la 16 123 Aa 74
42131 Valla-en-Gier, la 42 130 Ed 76
23150 Vallaise 23 114 Ca 72
89580 Vallan 89 89 Dd 62
95810 Vallangoujard 95 51 Ca 54
79270 Vallans 79 110 Zc 71
23130 Vallansange 23 114 Cb 72
42600 Vallansange 42 129 Ea 75
10170 Vallant-Saint-Georges 10 73 Df 58
03380 Vallas, la 03 115 Cc 70
15270 Vallat 15 127 Cd 76
06220 Vallauris 06 173 Ha 87
86180 Valle 86 99 Ac 69
06420 Valle, la 06 158 Ha 84
20232 Vallecalle CTC 181 Kc 93
20234 Valle-d'Alesani CTC 181 Kc 95
20221 Valle-di-Campoloro CTC 183 Kc 94
20235 Valle-di-Rostino CTC 181 Kb 94
20229 Valle d'Orezza CTC 183 Kc 94
02380 Vallée, la 02 40 Db 52
17250 Vallée, la 17 110 Za 73
18350 Vallée, la 18 103 Cf 66
22490 Vallée, la 22 65 Xf 57
27320 Vallée, la 27 50 Bb 56
27400 Vallée, la 27 49 Ba 53
37190 Vallée, la 37 99 Ac 65
44260 Vallée, la 44 82 Ya 65
50310 Vallée, la 50 33 Yd 52
56120 Vallée, la 56 64 Xb 60
58140 Vallée, la 58 90 De 65
72310 Vallée, la 72 85 Ad 62
72340 Vallée, la 72 85 Ad 62
76940 Vallée, la 76 36 Ae 52
85800 Vallée, la 85 96 Ya 68
02140 Vallée-au-Blé, la 02 40 De 49
61130 Vallée-Aubry 61 68 Ad 58
18240 Vallée-au-Paré, la 18 88 Ce 64
50270 Vallée-de-Beaubigny, la 50 33 Ya 52
37210 Vallée-de-Raye 37 85 Af 64
71640 Vallée de Vaux 71 105 Ee 68
66690 Vallée-Heureuse, la 66 179 Cf 93
02110 Vallée-Mulâtre, la 02 40 Dd 48
18140 Vallées 18 88 Cf 65
36600 Vallées 36 101 Bc 65
37150 Vallées 37 86 Af 65
45110 Vallées, les 45 87 Cb 61
89320 Vallées, les 89 72 Dc 60
89190* Vallées de la Vanne, les 89 72 Dc 59
02330 Vallées en Champagne 02 53 Dd 54
31290 Vallègue 31 165 Be 88
74520 Valleiry 74 120 Ff 72
63210 Valleix 63 127 Ce 74
20167 Valle-Mezzana CTC 182 Ie 96
18190 Vallenay 18 102 Cc 68
10500 Vallentigny 10 74 Ed 58
57340 Vallerange 57 57 Ge 55
30580 Vallérargues 30 154 Eb 84
30570 Valleraugue 30 153 Dd 84
37190 Vallères 37 85 Ac 65
52130 Valleret 52 75 Fa 58
24190 Vallereuil 24 136 Ad 78
70000 Vallerois-le-Bois 70 93 Gb 63
70000 Vallerois-Lorioz 70 93 Ga 63
20290 Valle Rose = Valroso CTC 181 Kc 93
25870 Valleroy 25 93 Ga 64
52500 Valleroy 52 92 Fe 62
54910 Valleroy 54 56 Ff 53
88270 Valleroy-aux-Saules 88 76 Ga 59
88800 Valleroy-le-Sec 88 76 Ga 59
89150 Vallery 89 72 Da 59
31570 Vallesvilles 31 165 Bd 87
17130 Vallet 17 123 Zd 77
44330 Vallet 44 97 Ye 66
27350 Valletot 27 36 Ad 52
87190 Vallette, la 87 113 Ba 71
27800 Valleville 27 49 Ae 53
20259 Vallica CTC 180 Ka 93
20114 Vallicello CTC 185 Ka 99
41240 Vallière 41 86 Bc 61
50200 Vallière 50 46 Yc 54
10210 Vallières 10 73 Ea 61
23120 Vallières 23 114 Ca 73
37230 Vallières 37 85 Ad 64
74150 Vallières 74 120 Ff 73
89260 Vallières 89 72 Dc 59
63700 Vallières, les 63 115 Ce 71
41400 Vallières-les-Grandes 41 86 Ba 64
30210 Valliguières 30 155 Ed 84
76190 Valliquerville 76 36 Ad 51
73450 Valloire 73 132 Gc 78
41150 Valloire-sur-Cisse 41 86 Ba 63
54830 Vallois 54 77 Gd 58
88260 Vallois, les 88 76 Ga 60
12600 Vallon 12 139 Cd 80
03190 Vallon-en-Sully 03 115 Cd 69
48210 Vallongue 48 153 Dc 83
05800 Vallonpierre 05 144 Gb 80
07150 Vallon-Pont-d'Arc 07 154 Ec 82
74340 Vallons, les 74 121 Ge 72
44450* Vallons-de-l'Erdre 44 82 Ye 63
72540 Vallon-sur-Gée 72 68 Zf 61
74660 Vallorcine 74 121 Gf 72
66600 Vall Oriole, la 66 179 Ce 91
71440 Vallots, les 71 106 Fa 68
10150 Vallotte, la 10 73 Ea 58
05290 Vallouise 05 145 Gc 79
05290* Vallouise-Pelvoux 05 145 Gc 79
65240 Val-Louron 65 175 Ac 92
89200 Valloux 89 90 Df 63
34570 Valmalle 34 168 De 87
13009 Valmante 13 170 Fc 89
66320 Valmanya 66 179 Cd 93
76690 Valmartin, le 76 37 Ba 51
34800 Valmascle 34 167 Db 87
73450 Valmeinier 73 133 Gc 77
76660 Val-Mesneret, le 76 37 Bc 50
57970 Valmestroff 57 44 Gb 52
11580 Valmigère 11 178 Cc 91
95760 Valmondois 95 51 Cb 54
21340 Val-Mont 21 105 Ed 66
76540 Valmont 76 36 Ad 50
73260 Valmorel 73 132 Gc 76
63440 Valmort 63 115 Da 72
57220 Valmunster 57 57 Gd 53
51800 Valmy 51 54 Ee 54
50700 Valognes 50 33 Yd 51
24290 Valojoulx 24 137 Ba 78
50330 Valonges 50 33 Yd 51
25190 Valonne 25 94 Gd 64
14290 Valorbiquet 14 48 Ab 54
25190 Valoreille 25 94 Ge 65
58230 Valottes, les 58 105 Ea 65
26110 Valouse 26 143 Fb 82
07110 Valousset 07 141 Eb 81
73110 Val-Pelouse 73 132 Gb 76
10200 Val-Perdu, le 10 74 Ee 59
05460 Valpreveyre 05 145 Gf 80
46800 Valprionde 46 149 Ba 82
43210 Valprivas 43 129 Ea 77
89500 Valprofonde 89 72 Dc 60
91720 Valpuiseaux 91 71 Cb 58
34650 Valquières 34 167 Db 87
34350 Valras-Plage 34 167 Db 89
89110 Valravillon 89 89 Dc 61
84600 Valréas 84 155 Ef 82
01370 Val-Revermont 01 119 Fc 71
41800 Valrond 41 86 Af 62
34290 Valros 34 167 Dc 88
83670 Val-Rose 83 171 Ff 87
20290 Valroso CTC 181 Kc 93
46090 Valroufié 46 138 Bc 81
70160 Val-Saint-Eloi, le 70 93 Gb 62
91530 Val-Saint-Germain, le 91 70 Ca 57
89270 Val-Saint-Martin, le 89 90 De 62
50300 Val-Saint-Père, le 50 46 Yd 57
14340 Valsemé 14 48 Aa 53
38740 Valsenestre 38 144 Ga 79
05130 Valserres 05 144 Ga 82
43230 Vals-le-Chastel 43 128 Dd 77
69170 Valsonne 69D 117 Ec 73
39190 Val-Sonnette 39 106 Fc 69
43750 Vals-près-le-Puy 43 141 Df 78
39320 Val Suran 39 119 Fc 70
73440 Val-Thorens 73 133 Gd 77
88230 Valtin, le 88 77 Ha 60
15300 Valuéjols 15 140 Cf 78
07400 Valvignères 07 142 Ed 82
12220 Valzergues 12 139 Cb 82
39240 Valzin en Petite Montagne 39 119 Fd 70
63580 Valz-sous-Châteauneuf 63 128 Dc 76
51330 Vanault-le-Châtel 51 54 Ee 55
51340 Vanault-les-Dames 51 54 Ee 55
79120 Vançais 79 111 Aa 71
72310 Vancé 72 85 Ad 62
67730 Vancelle, la 67 60 Hb 59
01200 Vanchy 01 119 Ff 72
69140 Vancia 69M 130 Ef 73
25580 Vanclans 25 108 Gc 66
01660 Vandeins 01 118 Fa 71
44850 Vandel 44 82 Ye 65
54890 Vandelainville 54 56 Ff 54
70190 Vandelans 70 93 Ga 64
79170 Vandeleigne 79 111 Ze 72
54115 Vandeléville 54 76 Ff 58
60490 Vandélicourt 60 39 Ce 51
62690 Vandelincourt 62 29 Cd 46
58290 Vandenesse 58 104 De 67
21320 Vandenesse-en-Auxois 21 105 Ed 65
51140 Vandeuil 51 53 De 53
51700 Vandières 51 53 De 54
54121 Vandières 54 56 Ga 55
54500 Vandœuvre-lès-Nancy 54 56 Gb 57
25230 Vandoncourt 25 94 Gf 64
17700 Vandré 17 110 Zb 72
27380 Vandrimare 27 37 Bc 52
08400 Vandy 08 42 Ee 52
48400 Vanels, les 48 153 Dd 83
88430 Vanémont 88 77 Gf 59
10210 Vanlay 10 73 Ea 60
70130 Vanne 70 93 Ff 63
89320 Vanne 89 72 Dc 59
79270 Vanneau, le 79 110 Zc 71
57340 Vannecourt 57 57 Gd 55
27210 Vannecrocq 27 48 Ac 53
56000 Vannes 56 80 Xb 63
58130 Vannes, les 58 103 Db 66
54112 Vannes-le-Châtel 54 76 Fe 57
45510 Vannes-sur-Cosson 45 87 Cb 62
39300 Vannoz 39 107 Ff 68
07140 Vans, les 07 154 Ea 82
07690 Vansoc 07 130 Ed 77
57070 Vantoux 57 56 Gb 54
70700 Vantoux-et-Longevelle 70 93 Ff 64
21400 Vanvey 21 91 Ee 61
77370 Vanvillé 77 72 Da 57
24600 Vanxains 24 124 Ab 77
57070 Vany 57 56 Gb 54
17500 Vanzac 17 123 Ze 76
79120 Vanzay 79 111 Aa 71
74270 Vanzy 74 119 Ff 72
86120 Vaon 86 99 Aa 66
81140 Vaour 81 150 Be 84
38470 Varacieux 38 131 Fc 77
44370 Varades 44 83 Yf 64
13920 Varage 13 170 Ef 88
83670 Varages 83 171 Ff 87
24270 Varagnac 24 125 Bb 76
46500 Varagne 46 138 Be 80
24360 Varaignes 24 124 Ad 75
46260 Varaire 46 150 Be 82
17400 Varaize 17 111 Zd 73
01160 Varambon 01 119 Fb 72
21110 Varanges 21 106 Fb 65
54110 Varangéville 54 56 Gb 57
36500 Varanne 36 101 Bc 67
79100 Varanne 79 99 Zf 66
37140 Varanterie, la 37 84 Ab 65
14390 Varaville 14 48 Zf 53
48000 Varazoux 48 140 Dd 82
38760 Varces-Allières-et-Risset 38 144 Fe 78
63740 Vareille 63 127 Ce 74
23340 Vareille, la 23 126 Bf 74
23300 Vareilles 23 113 Bc 71
48000 Vareilles 48 141 Dd 82
48190 Vareilles 48 141 De 82
63210 Vareilles 63 127 Cf 74
71800 Vareilles 71 117 Eb 71
89320 Vareilles 89 72 Dc 59
87260 Vareilles, les 87 125 Bc 74
82330 Varen 82 151 Bf 84
76119 Varengeville-sur-Mer 76 37 Af 49
50250 Varenguebec 50 46 Yd 52
28800 Varenne 28 70 Bc 59
86220 Varenne 86 100 Ad 67
43520 Varenne, la 43 141 Eb 78
49270 Varenne, la 49 82 Ye 65
49370 Varenne, la 49 83 Za 63
28200 Varenne-Ferron, la 28 69 Bb 60
71110 Varenne-L'Arconce 71 117 Ea 70
03170 Varennes 03 115 Cf 71
03410 Varennes 03 115 Cd 70
21210 Varennes 21 90 Eb 65
23170 Varennes 23 114 Cb 71
24150 Varennes 24 136 Ae 80
31450 Varennes 31 165 Be 88
36300 Varennes 36 100 Ba 69
36330 Varennes 36 101 Be 68
37600 Varennes 37 100 Af 66
43300 Varennes 43 140 Dc 78
43580 Varennes 43 141 De 78
63450 Varennes 63 128 Da 74
71430 Varennes 71 117 Ea 69
80560 Varennes 80 29 Cd 48
82370 Varennes 82 150 Bc 85
86110 Varennes 86 99 Ab 68
89144 Varennes 89 90 De 61
89240 Varennes 89 89 Dc 62
18500 Varennes, les 18 102 Cb 65
49330 Varennes, les 49 83 Zd 62
71600 Varenne-Saint-Germain 71 117 Ea 70
45290 Varennes-Changy 45 88 Cd 61
55270 Varennes-en-Argonne 55 55 Fa 53
91480 Varennes-Jarcy 91 51 Cd 56
71240 Varennes-le-Grand 71 106 Ef 68
71000 Varennes-lès-Mâcon 71 118 Ee 71
58400 Varennes-lès-Narcy 58 103 Da 65
43270 Varennes-Saint-Honorat 43 141 Dd 77
71480 Varennes-Saint-Sauveur 71 119 Fb 70
71800 Varennes-sous-Dun 71 117 Ec 71
03150 Varennes-sur-Allier 03 116 Dc 71
52400 Varennes-sur-Amance 52 92 Fd 61
36210 Varennes-sur-Fouzon 36 101 Bd 65
71270 Varennes-sur-le-Doubs 71 106 Fb 67
49730 Varennes-sur-Loire 49 99 Aa 65
63720 Varennes-sur-Morge 63 116 Db 73
77130 Varennes-sur-Seine 77 72 Cf 58
03220 Varennes-sur-Têche 03 116 Dd 71
63500 Varennes-sur-Ussan 63 128 Db 75
58640 Varennes-Vauzelles 58 103 Da 66
58640 Varennes-Vauzelles 58 103 Da 66
12150 Varès 12 152 Cf 82
47400 Varès 47 148 Ac 82
60400 Varesnes 60 39 Da 51
39270 Varessia 39 119 Fd 69
19240 Varetz 19 125 Bc 77
49490 Varie, la 49 84 Aa 63
70800 Varigney 70 93 Gb 61
09120 Varilhes 09 177 Bd 90
51330 Varimont 51 54 Ee 55
18190 Varines, les 18 102 Cc 68
60890 Varinfroy 60 52 Da 54
02190 Variscourt 02 41 Df 52
28140 Varize 28 70 Bd 60
57220 Varize 57 57 Gc 54
15240 Varleix 15 127 Cc 77
88450 Varmonzey 88 76 Gb 59
87290 Varnat 87 113 Bb 71
83840 Varneige 83 158 Gd 86
55300 Varnéville 55 55 Fd 55
76890 Varneville-Bretteville 76 37 Ba 51
55000 Varney 55 55 Fa 56
70240 Varogne 70 93 Gb 62
21490 Varois-et-Chaignot 21 92 Fa 64
50330 Varouville 50 33 Yd 50
77910 Varreddes 77 52 Cf 54
50580 Varreville 50 46 Yb 53
05560 Vars 05 145 Ge 81
16330 Vars 16 124 Aa 74
70600 Vars 70 92 Fd 63
57880 Varsberg 57 57 Gd 53
19130 Vars-sur-Roseix 19 125 Bc 77
76890 Varvannes 76 37 Af 50
17380 Varzay 17 110 Zb 72
17460 Varzay 17 122 Zb 74
58210 Varzy 58 89 Dc 64
20240 Vasalla CTC 183 Kb 97
27910 Vascœuil 27 37 Bc 52
85270 Vases, les 85 96 Xf 68
79340 Vasles 79 99 Zf 69
14600 Vasouy 14 35 Ab 52
57560 Vasperviller 57 57 Ha 57
73670 Vassaux, les 73 132 Ff 76
63910 Vassel 63 128 Db 74
18110 Vasselay 18 102 Cc 66
38890 Vasselin 38 131 Fc 75
02290 Vassens 02 40 Da 52
02220 Vasseny 02 40 Dc 52
26420 Vassieux-en-Vercors 26 143 Fc 79
51320 Vassimont-et-Chapelaine 51 53 Ea 56
55800 Vassincourt 55 55 Fa 56
02160 Vassogne 02 40 De 52
76890 Vassonville 76 37 Ba 50
14410 Vassy 14 47 Zb 55
51700 Vassy 51 53 De 54
58140 Vassy 58 90 De 64
58700 Vassy 58 103 Dc 65
89200 Vassy 89 90 Df 63
89420 Vassy 89 90 Eb 63
89560 Vassy 89 89 Dc 63
50630 Vast, le 50 33 Yd 51
76119 Vastérival 76 37 Af 49
50440 Vasteville 50 33 Yb 51
43430 Vastres, les 43 142 Eb 79
36150 Vatan 36 101 Be 66
54122 Vathiménil 54 77 Gd 57
76270 Vatierville 76 37 Bc 50
38470 Vatilieu 38 131 Fc 77
27150 Vatimesnil 27 50 Bd 53
57580 Vatimont 57 57 Gc 55
86330 Vâtre 86 99 Aa 67
51320 Vatry 51 54 Eb 56
45490 Vattereau 45 71 Cd 60
76110 Vattetot-sous-Beaumont 76 36 Ac 51
76111 Vattetot-sur-Mer 76 36 Ab 50
27430 Vatteville 27 50 Bb 53
76940 Vatteville-la-Rue 76 36 Ae 52
37150 Vau, le 37 86 Ba 65
37530 Vau, le 37 86 Ba 64
45340 Vau, le 45 71 Cc 60
14490 Vaubadon 14 34 Za 53
79360 Vaubalier 79 111 Zd 71
71800 Vauban 71 117 Eb 71
55250 Vaubecourt 55 55 Fa 55
02600 Vauberon 02 52 Da 52

88500 Vauboxy 88 76 Gb 59
22210 Vaublanc, le 22 64 Xc 59
35120 Vaubondon 35 66 Ye 58
53300 Vaucé 53 67 Zb 58
50240 Vaucel 50 66 Yd 57
14400 Vaucelles 14 47 Zb 53
25360 Vauchamps 25 93 Gb 65
51210 Vauchamps 51 53 Dd 55
10190 Vauchassis 10 73 Df 59
60400 Vauchelles 60 39 Cf 51
80132 Vauchelles 80 28 Bf 48
80560 Vauchelles-lès-Authie 80 29 Cc 48
80620 Vauchelles-lès-Domart 80 29 Ca 48
[illegible] 89 Da 64
21340 Vauchignon, Cormot- 21 105 Ed 67
10140 Vauchonvilliers 10 74 Ed 59
70170 Vauchoux 70 93 Ga 63
49320 Vauchrétien 49 84 Zd 65
51480 Vauciennes 51 53 Df 54
60117 Vauciennes 60 52 Da 53
58140 Vauclaix 58 104 De 65
51300 Vauclerc 51 54 Ed 56
04170 Vaucluse 04 158 Gd 84
05150 Vaucluse 05 156 Fd 82
25380 Vauclusotte 25 94 Ge 65
10240 Vaucogne 10 74 Ec 57
70120 Vauconcourt-Nervezain 70 93 Fe 63
27680 Vaucorne, le 27 36 Ad 52
55140 Vaucouleurs 55 75 Fe 57
54370 Vaucourt 54 57 Ge 56
77580 Vaucourtois 77 52 Cf 55
57530 Vaucremont 57 56 Gc 54
19260 Vaud 19 126 Be 75
74310 Vaudagne 74 121 Ge 73
60240 Vaudancourt 60 50 Be 53
71120 Vaudebarrier 71 117 Eb 70
71760 Vaudelin 71 104 Df 68
49260 Vaudelnay 49 99 Ze 66
14170 Vaudeloges 14 48 Zf 55
51380 Vaudemanges 51 53 Eb 54
54330 Vaudémont 54 76 Ga 58
10260 Vaudes 10 73 Eb 59
51600 Vaudesincourt 51 54 Ec 53
02320 Vaudesson 02 40 Dc 52
89320 Vaudeurs 89 73 Dd 60
89770 Vaudevanne, le 89 73 De 60
07410 Vaudevant 07 142 Ed 78
54740 Vaudeville 54 76 Gb 58
88000 Vaudéville 88 77 Gd 59
55130 Vaudeville-le-Haut 55 75 Fd 58
70130 Vaudey 70 93 Fe 63
22590 Vaudic, le 22 64 Xa 57
54740 Vaudigny 54 76 Gb 58
39300 Vaudioux, le 39 107 Ff 68
58220 Vaudoizy, le 58 89 Db 64
55230 Vaudoncourt 55 43 Fd 53
57220 Vaudoncourt 57 56 Gc 54
88140 Vaudoncourt 88 76 Fe 59
36400 Vaudouan 36 114 Bf 69
77123 Vaudové, le 77 71 Cd 58
77141 Vaudoy-en-Brie 77 52 Da 56
57320 Vaudreching 57 57 Gd 53
52150 Vaudrecourt 52 75 Fd 59
52330 Vaudrémont 52 74 Ef 60
27100 Vaudreuil, le 27 49 Bb 53
31250 Vaudreuille 31 165 Bf 88
50310 Vaudreville 50 33 Yd 51
39380 Vaudrey 39 107 Fd 67
62131 Vaudricourt 62 29 Cd 45
80230 Vaudricourt 80 28 Bd 48
50490 Vaudrimesnil 50 33 Yd 54
62380 Vaudringham 62 29 Ca 45
25360 Vaudrivillers 25 93 Gc 65
10210 Vaudron 10 73 Eb 61
14500 Vaudry 14 47 Za 55
72320 Vaufargis 72 69 Ae 60
13009 Vaufrèges 13 170 Fc 89
25190 Vaufrey 25 94 Gf 64
72300 Vaugaillard 72 84 Zd 62
37230 Vaugareau 37 85 Ad 64
11200 Vaugelas 11 166 Ce 90
26400 Vaugelas 26 143 Fa 80
10190 Vaugelé 10 73 De 59
89800 Vau-Germain 89 90 De 62
86600 Vaugeton 86 111 Aa 70
21450 Vaugimois 21 91 Ec 62
84160 Vaugines 84 156 Fc 86
69670 Vaugneray 69M 130 Ed 74
22150 Vau-Gouro, le 22 64 Xb 58
91640 Vaugrigneuse 91 71 Ca 57
86210 Vaugueil 86 100 Ae 68
91430 Vauhallan 91 51 Cb 56
38114 Vaujany 38 132 Ga 78
69860 Vaujon 69D 117 Ed 71
19220 Vaujour 19 126 Ca 77
10160 Vaujurennes 10 73 De 59
49150 Vaulandry 49 84 Zf 63
41150 Vauliard 41 86 Ba 63
89700 Vaulichères 89 90 Df 61
15380 Vaulmier, le 15 127 Cd 77
38410 Vaulnaveys-le-Haut 38 144 Fe 78
86190 Vaulorin 86 99 Aa 69
87140 Vaulry 87 113 Ba 72
89200 Vault-de-Lugny 89 90 Df 64
62390 Vaulx 62 29 Ca 47
74150 Vaulx 74 120 Ff 73
69120 Vaulx-en-Velin 69M 130 Ef 74
38090 Vaulx-Milieu 38 131 Fb 75
62159 Vaulx-Vraucourt 62 30 Cf 48
60590 Vaumain, le 60 50 Bf 52
03220 Vaumas 03 116 Dd 70
04200 Vaumeilh 04 157 Ff 83
04000 Vaumet 04 157 Gb 84
60117 Vaumoise 60 52 Cf 53
60420 Vaumont 60 39 Cd 51
89320 Vaumort 89 72 Dc 60
24800 Vaunac 24 125 Af 76
43200 Vaunac 43 129 Ea 78
26400 Vaunaveys-la-Rochette 26 143 Fa 80
05140 Vaunières 05 144 Fd 81
61130 Vaunoise 61 68 Ac 58
28240 Vaupillon 28 69 Af 58
10700 Vaupoisson 10 73 Eb 57
55270 Vauquois 55 55 Fa 53
31250 Vauré 31 165 Bf 88
16190 Vaure, la 16 124 Ab 76
95490 Vauréal 95 51 Ca 54
77710 Vauredennes 77 72 Cf 59
12220 Vaureilles 12 151 Cb 82
23110 Vaureix 23 115 Cc 72
24390 Vaures 24 125 Ba 77
02200 Vaurezis 02 40 Db 52
63230 Vauriat, le 63 127 Cf 73
47150 Vauris 47 137 Af 81
60390 Vauroux, le 60 38 Bf 52
02000 Vaurseine 02 40 De 52
79190 Vaussais 79 111 Aa 72
86190 Vausseau, la 86 99 Zf 69
79420 Vausseroux 79 111 Zf 69
71540 Vaussery 71 105 Eb 66
81330 Vaute, la 81 151 Cc 85
79420 Vautebis 79 111 Zf 69
90150 Vauthiermont 90 94 Ha 62
79190 Vauthion 79 111 Aa 72
53500 Vautorte 53 66 Za 59
76560 Vautuit 76 36 Ae 50
76630 Vauvage, la 76 37 Bb 49
13126 Vauvenargues 13 171 Fd 87
30600 Vauvert 30 169 Eb 86
36400 Vauvet 36 102 Bf 69
14800 Vauville 14 36 Aa 53
50440 Vauville 50 33 Ya 51
70210 Vauvillers 70 93 Ga 61
80131 Vauvillers 80 39 Ce 49
74120 Vauvray 74 133 Gd 73
03190 Vaux 03 115 Cd 70
15170 Vaux 15 140 Da 78
16210 Vaux 16 123 Aa 77
19110 Vaux 19 127 Cc 76
31540 Vaux 31 165 Bf 88
36180 Vaux 36 101 Bc 67
37150 Vaux 37 86 Ba 64
57130 Vaux 57 56 Ga 54
58190 Vaux 58 89 De 64
58800 Vaux 58 104 Dd 65
60390 Vaux 60 38 Ca 52
60420 Vaux 60 39 Cd 51
71250 Vaux 71 118 Ed 70
80340 Vaux 80 39 Ce 49
86700 Vaux 86 111 Ab 71
89000 Vaux 89 89 Dd 62
49150 Vaux, le 49 84 Ze 63
50320 Vaux, le 50 46 Yd 55
41300 Vaux, les 41 87 Bf 64
79110 Vaux, les 79 111 Zf 72
02320 Vauxaillon 02 40 Dc 52
02110 Vaux-Andigny 02 40 Dd 48
52200 Vauxbons 52 92 Fa 61
35550 Vaux-Bourg 35 81 Xf 62
02200 Vauxbuin 02 40 Db 52
02160 Vauxcéré 02 53 Dd 52
08130 Vaux-Champagne 08 41 Ed 52
58210 Vaux d'Amognes 58 103 Db 66
55400 Vaux-devant-Damloup 55 55 Fc 53
80260 Vaux-en-Amiénois 80 38 Cb 49
69460 Vaux-en-Beaujolais 69D 118 Ed 72
01150 Vaux-en-Bugey 01 119 Fc 73
08240 Vaux-en-Dieulet 08 42 Ef 52
71460 Vaux-en-Pré 71 105 Ed 69
02590 Vaux-en-Vermandois 02 40 Da 50
25160 Vaux-et-Chantegrue 25 108 Gb 68
52400 Vaux-la-Douce 52 92 Fe 61
55500 Vaux-la-Grande 55 55 Fc 56
55500 Vaux-la-Petite 55 55 Fc 57
16320 Vaux-Lavalette 16 124 Ab 76
61150 Vaux-le-Bardoult 61 48 Zf 56
70700 Vaux-le-Moncelot 70 93 Ff 64
77000 Vaux-le-Pénil 77 71 Ce 57
08250 Vaux-lès-Mouron 08 54 Ee 53
08210 Vaux-lès-Mouzon 08 42 Fa 51
55300 Vaux-lès-Palameix 55 55 Fd 54
25770 Vaux-les-Prés 25 107 Ff 66
08220 Vaux-lès-Rubigny 08 41 Eb 50
39360 Vaux-lès-Saint-Claude 39 119 Fe 70
80140 Vaux-Marquenneville 80 38 Be 49
08270 Vaux-Montreuil 08 41 Ed 51
69820 Vauxrenard 69D 118 Ed 71
16170 Vaux-Rouillac 16 123 Zf 74
01110 Vaux-Saint-Sulpice 01 119 Fd 73
21440 Vaux-Saules 21 91 Ee 64
52190 Vaux-sous-Aubigny 52 92 Fb 63
14400 Vaux-sur-Aure 14 47 Zb 53
52130 Vaux-sur-Blaise 52 74 Ef 58
21560 Vaux-sur-Crône 21 92 Fb 65
27120 Vaux-sur-Eure 27 50 Bc 54
77710 Vaux-sur-Lunain 77 72 Cf 59
17640 Vaux-sur-Mer 17 122 Yf 75
39800 Vaux-sur-Poligny 39 107 Fe 68
52300 Vaux-sur-Saint-Urbain 52 75 Fb 58
78740 Vaux-sur-Seine 78 50 Bf 54
14400 Vaux-sur-Seulles 14 34 Zc 53
80800 Vaux-sur-Somme 80 39 Cd 49
86220 Vaux-sur-Vienne 86 100 Ad 67
02220 Vauxtin 02 40 Dd 52
08150 Vaux-Villaine 08 41 Ec 50
63610 Vauzelle 63 128 Cf 76
36330 Vauzelles 36 101 Bd 68
55000 Vavincourt 55 55 Fb 56
51300 Vavray-le-Grand 51 54 Ee 56
51300 Vavray-le-Petit 51 54 Ee 56
42120 Vavres, les 42 117 Ea 72
01250 Vavrette, la 01 119 Fb 72
54120 Vaxainville 54 77 Ge 57
88330 Vaxoncourt 88 76 Gc 59
57170 Vaxy 57 57 Gd 55
44170 Vay 44 82 Yb 63
09110 Vaychis 09 177 Be 92
46230 Vaylats 46 150 Bd 82
46110 Vayrac 46 138 Be 79
87600 Vayres 87 124 Ae 74
91820 Vayres-sur-Essonne 91 71 Cc 58
46090 Vayrol 46 150 Bc 82
12450 Vayssac 12 152 Cd 83
12780 Vaysse, la 12 152 Cf 83
46300 Vaysse, la 46 137 Bc 80
12780 Vaysse-Rodié 12 152 Cf 83
48300 Vaysset, le 48 141 De 80
46240 Vayssière 46 138 Bd 80
46300 Vayssière, la 46 137 Bc 80
48400 Vayssière, la 48 153 Dd 82
43580 Vazeilles, Esplantas 43 141 Dd 79
43320 Vazeilles-Limandre 43 141 De 78
82220 Vazerac 82 150 Bb 83
03450 Veauce 03 115 Da 72
42340 Veauche 42 129 Eb 75
18300 Veaugues 18 88 Ce 65
79230 Veaumoreau 79 111 Ze 71
[illegible] Veaunes, Mercurol- 26 142 Ef 78
22250 Veau-Huset 22 64 Xc 60
76190 Veauville-lès-Baons 76 36 Ae 51
04010 Veaux 84 155 Fb 83
86450 Veaux 86 100 Ac 69
03210 Veaux, les 03 116 Da 70
09310 Vèbre 09 177 Be 92
15240 Vebret 15 127 Cd 76
48400 Vébron 48 153 Dd 83
57370 Veckersviller 57 57 Hb 55
57920 Veckring 57 56 Gc 52
88200 Vecoux 88 77 Gd 61
80800 Vecquemont 80 39 Cc 49
52300 Vecqueville 52 75 Fa 58
13129 Vedeau, le 13 169 Ee 88
36120 Védeaux 36 102 Ca 68
87310 Vedeix 87 125 Af 74
84270 Vedène 84 155 Ef 85
20160 Vedolaccia CTC 182 Ie 96
19160 Vedrenne 19 127 Cb 76
19300 Vedrenne 19 126 Bf 76
87270 Vedrenne 87 113 Bb 73
19220 Vedrenne, la 19 126 Ca 77
48200 Védrine, la 48 140 Db 80
48310 Védrinel, le 48 140 Da 80
15100 Védrines-Saint-Loup 15 140 Db 78
55000 Véel 55 55 Fa 56
19120 Végennes 19 138 Be 79
54450 Vého 54 77 Ge 57
37250 Veigné 37 85 Ae 65
74140 Veigy-Foncenex 74 120 Gb 71
81500 Veilhes 81 165 Be 87
16200 Veillard 16 123 Ze 74
41230 Veilleins 41 87 Be 64
21360 Veilly 21 105 Ed 66
87440 Veimpeire 87 125 Af 75
66300 Veïnat-d'en-Llense 66 179 Cd 93
15310 Veissière, la 15 139 Cb 78
63610 Veissière, la 63 128 Cf 76
69650 Veissieux 69M 118 Ee 73
19260 Veix 19 126 Bf 75
19170 Véjoles 19 126 Bf 75
54840 Velaine-en-Haye 54 56 Ga 56
55500 Velaines 55 55 Fb 56
54280 Velaine-sous-Amance 54 56 Gb 56
38620 Velanne 38 131 Fd 76
21370 Velars-sur-Ouche 21 91 Ef 65
13880 Velaux 13 170 Fb 87
71550 Velée 71 105 Ea 66
60510 Velennes 60 38 Cb 52
80160 Velennes 80 38 Ca 50
70100 Velesmes-Echevanne 70 92 Fe 64
25410 Velesmes-Essarts 25 107 Ff 65
70100 Velet 70 92 Fd 64
71190 Velet 71 105 Ea 67
82000 Velhaguet 82 150 Bb 85
34220 Vélieux 34 166 Ce 88
24230 Vélines 24 136 Aa 79
78140 Vélizy-Villacoublay 78 51 Cb 56
86230 Vellèches 86 100 Ad 67
70110 Vellechevreux-et-Courbenans 70 94 Gd 63
70700 Velleclaire 70 93 Ff 64
70000 Vellefaux 70 93 Ga 63
70700 Vellefrey-et-Vellefrange 70 93 Fe 64
70240 Vellefrie 70 93 Gb 62
70600 Velleguibelle 70 92 Fd 63
70000 Velleguindry-et-Levrecey 70 93 Ga 63
70000 Velle-le-Châtel 70 93 Ga 63
70240 Velleminfroy 70 93 Gb 63
70700 Vellemoz 70 93 Fe 64
21230 Velleneuve 21 105 Ec 66
84740 Velleron 84 155 Fa 85
25430 Vellerot-lès-Belvoir 25 94 Gd 64
25530 Vellerot-lès-Vercel 25 108 Gc 65
36330 Velles 36 101 Bd 68
52500 Velles 52 92 Fe 61
90100 Vellescot 90 94 Ha 63
54290 Velle-sur-Moselle 54 76 Gb 57
25430 Vellevans 25 94 Gc 65
70130 Vellexon Quetrey-et-Vaudey 70 93 Fe 63
70700 Velloreille-lès-Choye 70 92 Fe 64
85770 Velluire 85 110 Za 70
21350 Velogny 21 91 Ec 64
20230 Velone-Orneto CTC 183 Kc 94
70300 Velorcey 70 93 Gb 62
84800 Velorgues 84 155 Fa 85
55600 Velosnes 55 43 Fc 51
88270 Velotte-et-Tatignécourt 88 76 Gb 59
62124 Vélu 62 30 Cf 48
79600 Véluché 79 99 Zf 68
57220 Velving 57 57 Gd 53
51130 Vélye 51 53 Ea 55
15590 Velzic 15 139 Cd 79
95470 Vémars 95 51 Cd 54
39160 Vemay, le 39 119 Fb 70
27940 Venables 27 50 Bb 53
87140 Venachat 87 113 Bb 72
20231 Venaco CTC 183 Kb 95
20231 Venacu = Venaco CTC 183 Kb 95
85190 Venansault 85 97 Yc 68
06450 Venanson 06 159 Hb 84
21150 Venarey-les-Laumes 21 91 Ec 63
19360 Venarsal 19 126 Bd 77
03190 Venas 03 115 Ce 70
84210 Venasque 84 156 Fa 85
06140 Vence 06 173 Ha 86
49150 Vendanger 49 84 Zf 64
34740 Vendargues 34 168 Df 87
03110 Vendat 03 116 Dc 72
33930 Vendays-Montalivet 33 122 Yf 76
49650 Vende, la 49 84 Aa 65
59218 Vendegies-au-Bois 59 31 Dd 47
59213 Vendegies-sur-Ecaillon 59 30 Dd 47
63350 Vendègre 63 116 Dc 73
35140 Vendel 35 66 Ye 59
63150 Vendel 63 127 Ce 75
50200 Vendelée, la 50 46 Yd 54
02490 Vendelles 02 40 Da 49
12400 Vendeloves 12 152 Cf 85
34230 Vendémian 34 168 Dd 87
71120 Vendenesse-lès-Charolles 71 117 Ec 70
71130 Vendenesse-sur-Arroux 71 104 Ea 69
67550 Vendenheim 67 58 He 56
14250 Vendes 14 34 Zc 54
15240 Vendes 15 127 Cc 77
43200 Vendets 43 129 Eb 77
02800 Vendeuil 02 40 Dc 50
60120 Vendeuil-Caply 60 38 Cb 51
14170 Vendeuvre 14 48 Zf 55
86380 Vendeuvre-du-Poitou 86 99 Ab 68
10140 Vendeuvre-sur-Barse 10 74 Ec 59
59175 Vendeville 59 30 Da 45
02420 Vendhuile 02 40 Db 48
02540 Vendières 02 52 Dc 55
62232 Vendin 62 29 Cd 45
31460 Vendine 31 165 Be 87
62880 Vendin-le-Vieil 62 30 Cf 46
36500 Vendœuvres 36 101 Bc 68
24320 Vendoire 24 124 Ab 76
41100 Vendôme 41 86 Ba 62
42590 Vendranges 42 117 Ea 73
85250 Vendrennes 85 97 Yf 68
34350 Vendres 34 167 Db 89
08160 Vendresse 08 42 Ee 51
02160 Vendresse-Beaulne 02 40 De 52
77440 Vendrest 77 52 Da 54
10800 Vendue-Mignot, la 10 73 Ea 60
35410 Venecelle 35 66 Yc 60
48000 Venède 48 140 Dd 82
35410 Veneffles 35 66 Yc 60
30200 Vénéjan 30 155 Ed 83
13770 Venelles 13 170 Fc 87
17100 Vénérand 17 123 Zc 74
70100 Venère 70 92 Fe 64
38460 Vénérieu 38 131 Fb 75
31810 Venerque 31 164 Bc 88
81440 Vénès 81 165 Cb 86
18190 Venesmes 18 102 Cb 67
76730 Vénestanville 76 37 Af 50
77250 Veneux-les-Sablons 77 72 Ce 58
54540 Veney 54 77 Ge 58
50150 Vengeons 50 47 Za 56
86200 Véniers 86 99 Aa 66
25870 Venise 25 93 Ga 64
70500 Venisey 70 93 Ff 62
69200 Vénissieux 69M 130 Ef 74
02200 Vénizel 02 40 Dc 52
89210 Venizy 89 73 De 60
11120 Venlenac-en-Minervois 11 167 Cf 89
45760 Vennecy 45 70 Ca 61
25390 Vennes 25 108 Gd 66
47350 Vennes, les 47 136 Ab 81
54830 Vennezey 54 77 Gc 58
18300 Venoize 18 88 Ce 65
27110 Venon 27 49 Ba 53
38610 Venon 38 144 Fe 77
38520 Vénosc 38 144 Ga 79
87130 Venouhant 87 126 Bd 74
86480 Venours 86 111 Aa 70
89230 Venouse 89 89 De 61
89290 Venoy 89 90 Dd 62
06660 Vens 06 158 Gf 83
33590 Vensac 33 122 Yf 76
63260 Vensat 63 116 Db 72
13122 Ventabren 13 170 Fb 87
46170 Ventaillac 46 150 Bc 82
48160* Ventalon en Cévennes 48 153 Df 83
05300 Ventavon 05 157 Ff 82
07470 Vente 07 141 Ea 80
50260 Vente aux-Saulniers, la 50 33 Yc 52
51140 Ventelay 51 53 De 52
09120 Ventenac 09 177 Be 90
11610 Ventenac-Cabardès 11 166 Cb 89
23230 Ventenat 23 114 Cb 71
05130 Venterol 05 157 Ga 82
26110 Venterol 26 156 Fb 82
27180 Ventes, les 27 49 Ba 55
61170 Ventes-de Bourse, les 61 68 Ab 57
72600 Ventes-du-Four 72 68 Ab 58
76390 Ventes-Mésangères, les 76 37 Bd 50
76680 Ventes-Saint-Rémy 76 37 Bb 50
43170 Venteuges 43 140 Dd 79
51480 Venteuil 51 53 Df 54
73200 Venthon 73 132 Gc 74
82290 Ventillac 82 150 Bb 84
20240 Ventiseri CTC 183 Kc 97
46500 Ventoulou 46 138 Be 80
84390 Ventouret, le 84 156 Fc 84
16460 Ventouse 16 112 Ab 73
48130 Ventouzet, le 48 140 Db 81
63490 Ventre 63 128 Dc 75
88310 Ventron 88 94 Gf 61
13500 Ventrons, les 13 170 Fa 88
61190 Ventrouze, la 61 69 Ae 57
57430 Ventzviller 57 57 Gf 55
20215 Venzolasca CTC 181 Kc 94
50450 Ver 50 46 Yd 55
33240 Vérac 33 135 Zd 79
20113 Vera Martini CTC 184 If 98
42520 Véranne 42 130 Ed 76
34400 Vérargues 34 168 Ea 86
76190 Ver-à-Val, le 76 36 Ae 51
01170 Veraz 01 120 Ga 71
11580 Véraza 11 178 Cb 91
60410 Verberie 60 39 Ce 53
52000 Verbiesles 52 75 Fb 60
25530 Vercel-Villedieu-le-Camp 25 108 Gc 65
59227 Verchain-Maugré 59 30 Dc 47
74440 Verchaix 74 121 Ge 72
26340 Vercheny 26 143 Fb 80
74210 Verchères 74 132 Gb 74
49700 Verchers-sur-Layon, les 49 98 Ze 66
69510 Verchery 69M 130 Ee 74
62310 Verchin 62 29 Cb 46
71870 Verchizeuil 71 118 Ee 70
62560 Verchocq 62 29 Ca 45
42370 Verchu 42 117 Df 72
39190 Vercia 39 106 Fc 69
74340 Vercland 74 121 Ge 72
26510 Verclause 26 156 Fc 82
26170 Vercoiran 26 [illegible]
50240 Verconcey 50 66 Yd 57
80120 Vercourt 80 28 Be 47
01660 [illegible] 01 131 Fa 74
04140 Verdaches 04 157 Gc 83
81110 Verdalle 81 166 Ca 87
33340 Verdasse, la 33 122 Za 76
33490 Verdelais 33 135 Ze 81
77510 Verdelot 77 52 Dc 55
54450 Verdenal 54 77 Ge 57
60112 Verderel-lès-Sauqueuse 60 38 Ca 51
50190 Verderie, la 50 46 Yc 53
59710 Verderie, la 59 30 Da 45
60140 Verderonne 60 39 Cc 53
41240 Verdes 41 70 Bc 61
20229 Verdese CTC 183 Kc 94
64400 Verdets 64 161 Zc 89
74440 Verdevant 74 120 Gd 72
51120 Verdey 51 53 De 56
12170 Verdier 12 152 Cd 84
19140 Verdier 19 126 Bd 76
19240 Verdier 19 125 Bc 77
46160 Verdier 46 138 Be 81
81260 Verdier 81 166 Cd 87
19200 Verdier, le 19 127 Cc 76
38710 Verdier, le 38 144 Fe 80
63790 Verdier, le 63 127 Cf 75
81140 Verdier, le 81 151 Bf 85
83560 Verdière, la 83 171 Ff 87
18300 Verdigny 18 88 Ce 64
16140 Verdille 16 123 Zf 73
36800 Verdinguet, le 36 101 Bc 68
44810 Verdinière, la 44 82 Yc 64
12380 Verdolle, la 12 152 Cd 85
24520 Verdon 24 136 Ad 80
51210 Verdon 51 53 Dd 55
79300 Verdon, le 79 98 Zd 68
21330 Verdonnet 21 90 Eb 62
33123 Verdon-sur-Mer, le 33 122 Yf 75
33860 Verdot 33 123 Zd 77
09310 Verdun 09 177 Be 92
27400 Verdun 27 49 Ba 54
43580 Verdun 43 141 Dd 79
55100 Verdun 55 55 Fc 54
11400 Verdun-en-Lauragais 11 165 Ca 88
82600 Verdun-sur-Garonne 82 150 Bb 85
71350 Verdun-sur-le-Doubs 71 106 Fa 67
71340 Verdures, les 71 117 Df 71
18600 Vereaux 18 103 Cf 67
74140 Vereitre 74 120 Gb 71
74290 Vérel 74 132 Gb 73
73330 Verel-de-Montbel 73 131 Fe 75
73230 Verel-Pragondran 73 132 Ff 75
69420 Vérenay 69M 130 Ee 75
34600 Vérénoux 34 167 Da 87
37270 Véretz 37 85 Ae 64
70180 Vereux 70 92 Fd 63
31590 Verfeil 31 165 Bd 87
82330 Verfeil-sur-Seye 82 151 Bf 83
30630 Verfeuil 30 154 Ec 83
70100 Verfontaine 70 92 Fc 64
57260 Vergaville 57 57 Ge 55
35680 Vergéal 35 66 Ye 60
83111 Vergelins, les 83 172 Gb 87
70200 Vergenne, la 70 94 Gc 63
89240 Vergeot 89 89 Dc 62
23140 Verger 23 114 Ca 71
35260 Verger 35 65 Ya 56
36170 Verger 36 113 Bc 70
44290 Verger 44 82 Yb 63
35160 Verger, le 35 65 Ya 60
86110 Verger-sur-Dive 86 99 Aa 68
39570 Verges 39 107 Fe 69
87400 Verges, les 87 125 Bc 74
76280 Vergetot 76 36 Ab 51
43320 Vergezac 43 141 De 78
30310 Vergèze 30 169 Eb 86
63330 Vergheas 63 115 Cd 72
20138 Verghia CTC 182 Ie 98
20224 Verghio CTC 182 If 95
20224 Verghju = Verghio CTC 182 If 95
13310 Vergière 13 169 Ee 87
84220 Vergiers, les 84 155 Fb 85
80270 Vergies 80 38 Bf 49
89600 Vergigny 89 73 De 61
71960 Vergisson 71 118 Ee 71
16220 Vergnas 16 124 Ad 74
19370 Vergnas 19 126 Be 75
23480 Vergnas 23 114 Ca 73
03600 Vergnaud 03 115 Ce 71
15190 Vergne 15 127 Ce 76
15310 Vergne 15 139 Cb 78
17330 Vergné 17 110 Zc 72
19320 Vergne 19 126 Ca 77
86400 Vergné 86 112 Ab 71
15140 Vergne, la 15 139 Cc 78
17360 Vergne, la 17 135 Zf 78
17400 Vergne, la 17 110 Zc 73
19800 Vergne, la 19 126 Be 77
23250 Vergne, la 23 114 Bf 72
63740 Vergne, la 63 127 Ce 74
16270 Vergne-Noire, la 16 112 Ad 73
85440 Vergne-Rocard, la 85 109 Yc 69

07160 Vergnes 07 142 Ec 79
23700 Vergnes, les 23 115 Cd 73
18140 Vergniol, le 18 103 Cf 65
23320 Vergnioux, le 23 114 Bd 71
12470 Vergnoles 12 139 Cf 81
19400 Vergnolles 19 138 Bf 78
82230 Vergnous, les 82 150 Bc 84
32720 Vergoignan 32 162 Ze 86
71400 Vergoncey 71 105 Ec 67
43360 Vergongheon 43 128 Db 76
49420 Vergonnes 49 83 Yf 62
04170 Vergons 04 158 Gd 85
43300 Vergonzac 43 141 Dd 78
48400 Vergougnous, le 48 153 De 83
25110 Vergranne 25 93 Gc 64
24380 Vergt 24 136 Ae 78
02490 Verguier, le 02 40 Da 49
62131 Verguin 62 29 Cd 45
71580 Vériat 71 106 Fc 69
29590 Véridy 29 62 Vf 59
71700 Verière 71 106 Ef 69
49125 Verigne 49 83 Zd 63
83630 Vérignon 83 172 Gb 87
28190 Vérigny 28 70 Bb 57
87920 Vérinas 87 125 Bb 74
42440 Vérine 42 129 De 74
17540 Vérines 17 110 Za 71
43130 Vérines 43 129 Df 77
60320 Vérines 60 52 Ce 53
71440 Vérissey 71 106 Fa 68
71260 Vérizet 71 118 Ef 70
01270 Verjon 01 119 Fc 70
71590 Verjux 71 106 Ef 67
80400 Verlaines 80 39 Da 50
70400 Verlans 70 94 Ge 63
42620 Verlecoup 42 116 De 71
15200 Verlhac 15 127 Cc 77
82230 Verlhac-Tescou 82 150 Bd 85
42410 Verlieu 42 130 Ee 76
89330 Verlin 89 72 Db 60
62830 Verlincthun 62 28 Be 45
59237 Verlinghem 59 30 Cf 44
02490 Vermand 02 40 Da 49
80320 Vermandovillers 80 39 Ce 49
30380 Vermeil 30 154 Ea 84
09500 Vermeille 09 165 Be 90
81660 Vermeils 81 166 Cc 87
62980 Vermelles 62 29 Ce 46
89270 Vermenton 89 90 De 63
89200 Vermoiron 89 90 De 63
25150 Vermondans 25 94 Ge 64
88210 Vermont, le 88 77 Ha 58
58230 Vermot 58 90 Df 65
43810 Vermoyal 43 129 Df 77
29840 Vern 29 61 Vb 58
63700 Vernade, la 63 115 Cf 71
18210 Vernais 18 103 Ce 68
69390 Vernaison 69M 130 Ee 75
09000 Vernajoul 09 177 Bd 91
51330 Vernancourt 51 54 Ee 55
49390 Vernantes 49 84 Aa 64
39570 Vernantois 39 107 Fd 69
30530 Vernarède, la 30 154 Ea 83
38460 Vernas 38 131 Fb 74
43270 Vernassal 43 141 De 78
37600 Vernaterie, la 37 100 Af 66
09250 Vernaux 09 177 Be 92
01190 Vernay 01 118 Ef 70
37120 Vernay 37 99 Ac 66
42300 Vernay 42 117 Ea 72
69430 Vernay 69D 117 Ed 72
74200 Vernaz, la 74 120 Gd 71
49220 Vern-d'Anjou 49 83 Za 63
25110 Verne 25 93 Gc 64
42660 Verne 42 129 Ec 77
43200 Verne 43 142 Eb 77
71300 Verne, la 71 105 Ec 69
34520 Vernède, la 34 153 Dc 85
48400 Vernède, la 48 153 Dd 82
63390 Vernède, la 63 115 Ce 72
13116 Vernègues 13 170 Fb 86
23420 Verneide, la 23 115 Cc 73
23170 Verneiges 23 114 Cc 71
73110 Verneil, le 73 132 Gb 76
72360 Verneil-le-Chétif 72 85 Ab 62
03190 Verneix 03 115 Ce 70
19160 Vernejoux 19 127 Cb 76
19450 Vernejoux 19 126 Be 76
36600 Vernelle, la 36 101 Bd 65
58170 Vernes 58 104 Df 68
83560 Vernes, les 83 171 Fe 87
09700 Vernèses 09 165 Bd 89
71310 Vernes-Guyotte 71 106 Fb 67
31810 Vernet 31 164 Bc 88
03200 Vernet, le 03 116 Dc 72
04140 Vernet, le 04 157 Gc 83
09700 Vernet, le 09 165 Bd 89
43320 Vernet, le 43 141 De 78
63700 Vernet, le 63 115 Cf 71
63580 Vernet-la-Varenne 63 128 Dc 76
12260 Vernet-le-Bas 12 138 Bf 81
66820 Vernet-les-Bains 66 178 Cc 93
48100 Vernets, les 48 140 Dc 81
63710 Vernet-Sainte-Marguerite, le 63 128 Cf 75
63970 Verneuge 63 128 Cf 74
63470 Verneugheol 63 127 Cd 74
03360 Verneuil 03 102 Cd 68
16310 Verneuil 16 124 Ae 74
18210 Verneuil 18 102 Cd 68
51700 Verneuil 51 53 De 54
58300 Verneuil 58 104 Dd 67
03500 Verneuil-en-Bourbonnais 03 116 Db 70
60550 Verneuil-en-Halatte 60 51 Cd 53
55600 Verneuil-Grand 55 43 Fc 51
77390 Verneuil-l'Etang 77 52 Ce 57
37120 Verneuil-le-Château 37 100 Ac 66
87360 Verneuil-Moustiers 87 113 Ba 70
55600 Verneuil-Petit 55 43 Fc 51
02380 Verneuil-sous-Coucy 02 40 Db 51
27130* Verneuil-sur-Avre et d'Iton 27 49 Af 56
36400 Verneuil-sur-Igneraie 36 102 Ca 69
37600 Verneuil-sur-Indre 37 100 Ba 66
78480 Verneuil-sur-Seine 78 50 Bf 55
02000 Verneuil-sur-Serre 02 40 De 51
87430 Verneuil-sur-Vienne 87 125 Ba 73
29380 Verneur 29 79 Wb 61
27390 Verneusses 27 48 Ac 55
57130 Vernéville 57 56 Ga 54
05100 Verney 05 145 Gd 78
38114 Verney, le 38 144 Ga 78
38690 Verney, le 38 131 Fc 76
73500 Verney, le 73 133 Ge 77
73450 Verneys, les 73 145 Gc 78
12160 Vernhe 12 152 Cc 83
12410 Vernhes, les 12 152 Ce 83
72170 Vernie 72 68 Aa 59
49122 Vernière, la 49 98 Za 66
81530 Vernières 81 151 Cc 86
25580 Vernierfontaine 25 108 Gb 66
72240 Verniette 72 68 Zf 60
43380 Vernines 43 140 Db 77
63210 Vernines 63 127 Cf 75
09340 Verniolle 09 165 Bd 90
38150 Vernioz 38 130 Ef 76
50370 Vernix 50 46 Ye 56
89130 Vernoi, le 89 89 Db 62
49390 Vernoil 49 84 Aa 64
37330 Vernoille 37 85 Ab 63
21210 Vernois 21 90 Eb 65
39210 Vernois 39 107 Fd 68
39140 Vernois, le 39 106 Fc 68
25190 Vernois-le-Fol 25 94 Gf 64
25430 Vernois-lès-Belvoir 25 94 Gd 65
21260 Vernois-lès-Vesvres 21 92 Fa 63
70500 Vernois-sur-Mance 70 93 Fe 61
15160 Vernols 15 127 Cf 77
07260 Vernon 07 141 Eb 81
27200 Vernon 27 50 Bc 54
45190 Vernon 45 87 Bd 62
86340 Vernon 86 112 Ac 70
87400 Vernon 87 125 Bd 73
10200 Vernonvilliers 10 74 Ee 59
07430 Vernosc-les-Annonay 07 130 Ee 77
21120 Vernot 21 91 Ef 64
71670 Vernotte 71 105 Ed 67
70130 Vernotte, la 70 93 Ff 63
41230 Vernou-en-Sologne 41 87 Be 63
28500 Vernouillet 28 50 Bb 56
78540 Vernouillet 78 50 Bf 55
77670 Vernou-la-Celle-sur-Seine 77 71 Cf 58
37210 Vernou-sur-Brenne 37 85 Af 64
01560 Vernoux 01 118 Fa 70
79240 Vernoux-en-Gâtine 79 98 Zc 69
07240 Vernoux-en-Vivarais 07 142 Ed 79
79170 Vernoux-sur-Boutonne 79 111 Ze 72
89150 Vernoy 89 72 Da 60
35770 Vern-sur-Seiche 35 65 Yc 60
58640 Vernuches 58 103 Da 66
15260 Vernuéjol 15 140 Cf 79
03390 Vernusse 03 115 Cf 71
57420 Verny 57 56 Gb 54
20172 Vero CTC 182 If 96
89510 Véron 89 72 Db 60
29380 Véronique, la 29 78 Wb 61
26340 Véronne 26 143 Fb 80
21260 Véronnes 21 92 Fb 63
21260 Véronnes-les-Petites 21 92 Fb 63
71220 Verosvres 71 117 Ec 70
08240 Verpel 08 42 Ef 52
88520 Verpellière 88 77 Ha 59
38290 Verpillière, la 38 131 Fa 75
80700 Verpillières 80 39 Ce 50
10360 Verpillières-sur-Durce 10 74 Ed 60
13670 Verquières 13 155 Ef 85
62113 Verquigneul 62 29 Cd 45
73460 Verrens-Arvey 73 132 Gb 75
08220 Verrerie, la 08 41 Eb 50
24310 Verrerie, la 24 124 Ad 76
36200 Verrerie, la 36 101 Bd 69
36330 Verrerie, la 36 101 Be 68
41170 Verrerie, la 41 69 Af 60
67510 Verrerie, la 67 58 He 55
70200 Verrerie, la 70 94 Gd 62
74570 Verrerie, la 74 120 Gb 73
85240 Verrerie, la 85 110 Zc 69
88330 Verrerie-de-Portieux, la- 88 76 Gc 58
34220 Verrerins-de-Moussans 34 166 Cd 88
43580 Verreyroles 43 141 Dd 79
21540 Verrey-sous-Drée 21 91 Ee 64
21690 Verrey-sous-Salmaise 21 91 Ed 64
10240 Verricourt 10 74 Ec 58
49400 Verrie 49 99 Ze 65
85130 Verrie, la 85 97 Yf 67
24130 Verrière 24 136 Ab 79
31380 Verrière, la 31 150 Bc 86
78990 Verrière, la 78 50 Bf 56
08390 Verrières 08 42 Ef 52
10390 Verrières 10 73 Ea 59
12520 Verrières 12 152 Da 83
14250 Verrières 14 34 Zc 53
16130 Verrières 16 123 Ze 75
18340 Verrières 18 102 Cc 67
48600 Verrières 48 141 Dd 79
51800 Verrières 51 54 Ef 54
63320 Verrières 63 128 Da 75
86410 Verrières 86 112 Ad 70
26260 Verrières, les 26 142 Ef 78
70700 Verrières, les 70 93 Fc 64
25300 Verrières-de-Joux 25 108 Gc 67
25580 Verrières-du-Grosbois 25 108 Gb 65
49112* Verrières-en-Anjou 49 83 Zd 63
42600 Verrières-en-Forez 42 129 Df 75
61110 Verrièrres 61 69 Ae 58
45300 Verrine 45 71 Cb 60
79200 Verrine 79 99 Ze 68
86110 Verrine 86 99 Aa 68
79120 Verrines 79 111 Aa 71
79370 Verrines-sous-Celles 79 111 Ze 71
72200 Verron 72 84 Zf 62
86420 Verrue 86 99 Ab 67
79310 Verruyes 79 111 Ze 69
71240 Vers 71 106 Ef 69
74160 Vers 74 120 Ga 72
46090 Vers, Saint-Géry- 46 138 Bd 82
92430 Versailles 92 51 Cb 56
14700 Versainville 14 48 Ze 55
42220 Versanne, la 42 130 Ed 77
24330 Versannes, les 24 137 Af 78
71110 Versaugues 71 117 Ea 70
52250 Verseilles-le-Bas 52 92 Fb 62
52250 Verseilles-le-Haut 52 92 Fb 62
39300 Vers-en-Montagne 39 107 Ff 68
02800 Versigny 02 40 Dc 51
60440 Versigny 60 52 Ce 54
43200 Versilhac 43 141 Eb 78
38890 Versin 38 131 Fc 75
28630 Vers-lès-Chartres 28 70 Bc 58
12400 Versols-et-Lapeyre 12 152 Cf 85
14790 Verson 14 35 Zd 54
01210 Versonnex 01 120 Ga 71
74150 Versonnex 74 120 Ff 73
73700 Versoye-les-Granges 73 133 Ge 75
30210 Vers-Pont-du-Gard 30 155 Ed 85
39230 Vers-sous-Sellières 39 107 Fd 68
80480 Vers-sur-Selle 80 38 Cb 49
60950 Ver-sur-Launette 60 51 Ce 54
14114 Ver-sur-Mer 14 47 Zc 52
40420 Vert 40 147 Zc 84
78930 Vert 78 50 Be 55
19140 Vert, le 19 125 Bc 76
19220 Vert, le 19 138 Ca 78
19250 Vert, le 19 126 Cb 75
38210 Vert, le 38 131 Fc 77
46140 Vert, le 46 150 Bb 82
79170 Vert, le 79 111 Zd 72
59730 Vertain 59 30 Dd 47
63910 Vertaizon 63 128 Db 74
39130 Vertamboz 39 107 Fe 69
21330 Vertault 21 90 Ec 61
17550 Vert-Bois 17 109 Ye 73
77760 Verteau 77 71 Cd 59
24320 Verteillac 24 124 Ac 76
28500 Vert-en-Drouais 28 50 Bb 56
47260 Verteuil-d'Agenais 47 136 Ac 82
16510 Verteuil-sur-Charente 16 111 Ab 73
02140 Verte-Vallee, la 02 41 Df 49
62830 Vertevoie, la 62 28 Be 45
73170 Verthemex 73 132 Fe 75
33180 Vertheuil 33 122 Za 77
74210 Verthier 74 132 Gb 74
89260 Vertilly 89 72 Dc 58
24330 Vertiol 24 137 Af 78
91810 Vert-le-Grand 91 71 Cc 57
91710 Vert-le-Petit 91 71 Cc 57
63480 Vertolaye 63 129 De 75
62180 Verton 62 28 Bd 46
44120 Vertou 44 97 Yd 66
38390 Vertrieu 38 131 Fc 73
63390 Verts, les 63 115 Ce 72
77240 Vert-Saint-Denis 77 71 Cd 57
51130 Vert-Toulon 51 53 Df 55
51130 Vertus 51 53 Ea 55
81800 Vertus 81 150 Be 85
55200 Vertuzey 55 55 Fd 56
62240 Verval, le 62 28 Bf 44
16330 Vervant 16 124 Aa 73
17400 Vervant 17 111 Zd 73
88600 Vervezelle 88 77 Ge 59
87120 Verviale 87 126 Bd 74
02140 Vervins 02 41 Df 49
24700 Very 24 136 Ab 79
55270 Véry 55 55 Fa 53
74330 Véry 74 120 Ga 73
71960 Verzé 71 118 Ee 70
72600 Verzé 72 68 Ab 58
11250 Verzeille 11 166 Cb 90
51360 Verzenay 51 53 Ea 54
57420 Verzon 57 56 Ga 54
03140 Verzun 03 115 Da 71
51380 Verzy 51 53 Ea 54
88160 Vés, les 88 94 Ge 61
52700 Vesaignes-sous-Lafauche 52 75 Fc 59
52800 Vesaignes-sur-Marne 52 75 Fb 60
01170 Vesancy 01 120 Ga 70
26220 Vesc 26 143 Fa 81
90200 Vescemont 90 94 Gf 62
57370 Vescheim 57 58 Hb 56
39240 Vescles 39 119 Fd 70
01560 Vescours 01 118 Fa 70
20215 Vescovato CTC 181 Kc 94
18360 Vesdun 18 115 Cc 69
01220 Vésenex-Crassy 01 120 Ga 70
51320 Vésigneul-sur-Coole 51 54 Ec 56
51240 Vesigneul-sur-Marne 51 54 Ec 55
58140 Vésigneux 58 90 Df 64
45200 Vésine 45 71 Ce 60
01570 Vésines 01 118 Ef 70
78420 Vesinet, le 78 51 Cb 55
02350 Vesles-et-Caumont 02 40 De 50
02840 Veslud 02 40 De 51
27870 Vesly 27 50 Bd 53
50430 Vesly 50 46 Yc 53
74210 Vésonne 74 132 Gb 74
70000 Vesoul 70 93 Ga 63
14290 Vesplère-Friardel, la 14 48 Ac 54
35460 Vesquerie 35 66 Yd 58
22350 Vesquerie, la 22 65 Xf 59
12720 Vessac 12 153 Db 84
13740 Vesse, la 13 170 Fb 88
07200 Vesseaux 07 142 Ec 81
50170 Vessey 50 66 Yd 57
71880 Vessey 71 105 Ee 68
43170 Vesseyre 43 140 Dc 79
48140 Vessière, la 48 140 Db 79
30600 Vestric-et-Candiac 30 169 Eb 86
21350 Vesvres 21 91 Ed 64
52190 Vesvres-sous-Chalancey 52 92 Fb 62
21580 Vesvrotte 21 91 Ef 63
95510 Vétheuil 95 50 Be 54
74100 Vétraz-Monthoux 74 120 Gb 71
20147 Vetricia CTC 182 Ie 95
20113 Vetricella CTC 184 If 98
36600 Veuil 36 101 Bd 66
02810 Veuilly-la-Poterie 02 52 Db 54
76980 Veules-les-Roses 76 36 Ae 49
76450 Veulettes-sur-Mer 76 36 Ad 49
03320 Veurdre, le 03 103 Da 68
38113 Veurey-Voiroize 38 131 Fd 77
51520 Veuve, la 51 54 Eb 54
41150 Veuves 41 86 Ba 64
21360 Veuvey-sur-Ouche 21 105 Ee 65
21520 Veuxhaulles-sur-Aube 21 74 Ee 61
12200 Veuzac 12 151 Ca 82
41150 Veuzain-sur-Loire 41 86 Ba 64
58150 Vèvres 58 89 Da 65
39570 Vevy 39 107 Fd 69
88110 Vexaincourt 88 77 Ha 58
27420* Vexin-sur-Epte 27 50 Bd 53
14570 Vey, le 14 47 Zd 55
14700 Vey, le 14 48 Zf 55
06530 Veyans, les 06 172 Gf 87
05350 Veyer, le 05 145 Ge 80
48400 Veygalier 48 153 Dd 83
48600 Veymen, le 48 141 De 80
57100 Veymerange 57 44 Ga 52
05400 Veynes 05 144 Fe 81
34510 Veyrac 34 167 Dc 88
34560 Veyrac 34 168 Dd 88
87520 Veyrac 87 113 Ba 73
34490 Veyran 34 167 Da 88
07000 Veyras 07 142 Ed 80
24210 Veyre 24 125 Ba 78
12720 Veyreau 12 153 Db 83
63960 Veyre-Monton 63 128 Da 74
33870 Veyres 33 135 Ze 79
01560 Veyriat 01 118 Fa 70
87130 Veyrieras 87 126 Bd 74
74290 Veyrier-du-Lac 74 132 Gb 73
81500 Veyrière, la 81 150 Be 86
15350 Veyrières 15 127 Cc 77
19200 Veyrières 19 127 Cc 76
19340 Veyrières 19 127 Cd 75
47250 Veyries 47 148 Aa 82
24370 Veyrignac 24 137 Bb 80
24470 Veyrinas 24 125 Af 75
17270 Veyrines 17 135 Ze 78
24250 Veyrines-de-Domme 24 137 Ba 80
24380 Veyrines-de-Vergt 24 136 Ae 78
38630 Veyrins-Thuellin, Les Avenières 38 131 Fd 75
50500 Veys 50 33 Yf 53
46230 Veysset 46 150 Bd 83
24410 Veyssière 24 123 Zf 77
63630 Veyssière, la 63 128 Dd 76
38460 Veyssilieu 38 131 Fb 74
87130 Veytizout, la 87 126 Be 74
01100 Veyziat 01 119 Fd 71
60117 Vez 60 52 Da 53
15130 Vézac 15 139 Cd 79
15200 Vezac 15 127 Cb 77
24220 Vézac 24 137 Bb 79
79170 Vezançais 79 111 Ze 72
89700 Vézannes 89 90 Df 61
02290 Vézaponin 02 40 Db 52
15160 Vèze 15 128 Cf 77
25660 Vèze, la 25 107 Ga 65
89450 Vézelay 89 90 De 64
54330 Vézelise 54 76 Ga 58
90400 Vézelois 90 94 Gf 63
15130 Vezels-Roussy 15 139 Cd 80
30360 Vézénobres 30 154 Ea 84
38510 Vézeronce-Curtin 38 131 Fc 75
12450 Vèzes 12 151 Ca 82
70130 Vezet 70 93 Ff 63
43390 Vézézoux 43 128 Dc 76
51210 Vézier, le 51 52 Dc 56
86120 Vézières 86 99 Aa 66
27700 Vézillon 27 50 Bc 53
02130 Vézilly 02 53 De 53
54260 Vezin 54 43 Fd 52
86410 Vézinière, la 86 112 Ad 70
35132 Vezin-le-Coquet 35 65 Yb 60
89700 Vézinnes 89 90 Df 61
49340 Vezins 49 98 Zb 66
50540 Vezins 50 66 Ye 57
12780 Vézins-de-Lévézou 12 152 Cf 83
12200 Vézis 12 151 Ca 83
72600 Vezot 72 68 Ab 58
12520 Vezouillac 12 152 Da 83
20242 Vezzani CTC 183 Kb 95
66120 Via 66 178 Ca 94
28150 Viabon 28 70 Be 59
12800 Viaduc du Viaur 12 151 Cc 84
44860 Viais 44 97 Yc 66
12230 Viala, le 12 153 Dc 84
12560 Viala, le 12 152 Da 82
34520 Viala, le 34 153 Dc 85
48220 Viala, le 48 153 De 82
48700 Viala, le 48 140 Dc 80
12470 Viala-Bas, le 12 140 Cf 81
48000 Viala-Bas, le 48 140 Dc 81
12250 Viala-du-Pas-de-Jaux 12 152 Da 85
34210 Vialanove 34 166 Ce 88
81240 Vialanove 81 166 Cd 87
15140 Vialard 15 139 Cc 78
19400 Vialard, le 19 138 Bf 78
46260 Vialars 46 151 Bf 82
48220 Vialas 48 154 Df 82
48220 Vialasse, la 48 153 Df 82
12260 Vialatelle 12 151 Bf 82
19200 Vialatte, la 19 127 Cc 76
81260 Vialavert 81 166 Cc 87
24630 Viale 24 125 Ba 75
12800 Viale, la 12 151 Cc 83
64330 Vialer 64 162 Ze 87
43350 Vialette 43 141 Df 78
43380 Vialette, la 43 128 Dc 77
48120 Vialette, la 48 140 Dc 79
12780 Vialettes, les 12 152 Cf 83
19390 Viallaneix 19 126 Bf 76
63350 Vialle 63 116 Dc 73
19150 Vialle, la 19 126 Be 77
19200 Vialle, la 19 127 Cc 75
19800 Vialle, la 19 126 Bf 76
63560 Vialle, la 63 115 Ce 72
43580 Vialle-Destours, la 43 141 Dd 78
43270 Vialles, les 43 129 De 77
63740 Vialles, les 63 127 Ce 74
24290 Vialot 24 137 Ba 78
40120 Vialote 40 147 Ze 84
38960 Vials, les 38 131 Fd 76
81530 Viane 81 166 Cd 86
21430 Vianges 21 105 Eb 66
47230 Vianne 47 148 Ab 83
10380 Viâpres-le-Grand 10 73 Ea 57
10380 Viâpres-le-Petit 10 73 Ea 57
95270 Viarmes 95 51 Cc 54
12290 Viarougé 12 152 Cf 83
34450 Vias 34 167 Dc 89
17130 Viauds, les 17 123 Zd 77
12130 Viaurals 12 140 Da 81
46100 Viazac 46 138 Ca 81
46320 Viazac 46 138 Be 80
12290 Vibal, le 12 152 Ce 83
57670 Vibersviller 57 57 Gf 55
76760 Vibeuf 76 37 Af 50
16120 Vibrac 16 123 Zf 75
17130 Vibrac 17 123 Zd 76
72320 Vibraye 72 69 Ae 60
30190 Vic 30 154 Ec 85
36400 Vic 36 102 Bf 69
21140 Vic-de-Chassenay 21 90 Eb 64
21360 Vic-des-Prés 21 105 Ed 66
09220 Vicdessos 09 177 Bc 92
50760 Vicel, le 50 33 Ye 51
65500 Vic-en-Bigorre 65 162 Aa 88
32190 Vic-Fezensac 32 148 Ab 86
63340 Vichel 63 128 Db 76
02210 Vichel-Nanteuil 02 52 Db 53
28480 Vichères 28 69 Af 59
23220 Vichez 23 114 Bf 70
03200 Vichy 03 116 Dc 72
34110 Vic-la-Gardiole 34 168 De 88
73700 Viclaire 73 133 Gf 75
63270 Vic-le-Comte 63 128 Db 75
30260 Vic-le-Fesq 30 154 Ea 85
32300 Vicnau 32 163 Ac 87
20160 Vico CTC 182 Ie 96
80260 Vicogne, la 80 29 Cb 48
59590 Vicoigne 59 30 Dc 46
35780 Vicomté, la 35 65 Xf 57
22690 Vicomté-sur-Rance, la 22 65 Ya 58
03450 Vicq 03 116 Da 72
52400 Vicq 52 92 Fd 61
59264 Vicq 59 31 Dd 46
78490 Vicq 78 50 Bf 56
87220 Vicq 87 125 Bc 74
40380 Vicq-d'Auribat 40 146 Za 86
36400 Vicq-Exemplet 36 102 Ca 69
87260 Vicq-sur-Breuilh 87 125 Bc 75
86260 Vicq-sur-Gartempe 86 100 Af 68
50330 Vicq-sur-Mer 50 33 Yd 50
36600 Vicq-sur-Nahon 36 101 Bd 66
76560 Vicquemare 76 37 Af 50
14170 Vicques 14 48 Zf 55
21390 Vic-sous-Thil 21 90 Eb 64
02290 Vic-sur-Aisne 02 40 Da 52
15800 Vic-sur-Cère 15 139 Cd 79
57630 Vic-sur-Seille 57 57 Gd 56
14430 Victot-Rontfol 14 35 Zf 54
20160 Vicu = Vico CTC 182 Ie 96
61360 Vidai 61 68 Ac 58
46260 Vidaillac 46 150 Be 82
23250 Vidaillat 23 114 Bf 73
15230 Vidalenche, la 15 139 Ce 78
48700 Vidalès, le 48 140 Dc 80
34330 Vidals, les 34 166 Cd 87
81230 Vidals, les 81 166 Ce 86
83550 Vidauban 83 172 Gc 88
84300 Vidauque 84 155 Fa 86
83390 Vidaux, les 83 171 Gb 89
47420 Videau 47 148 Zf 83
50630 Videcosville 50 33 Yd 51
87600 Videix 87 124 Ae 74
91890 Videlles 91 71 Cc 58
15170 Videt 15 140 Da 77
65220 Vidou 65 163 Ab 89
50810 Vidouville 50 34 Za 54
65700 Vidouze 65 162 Zf 88
63520 Vie, la 63 128 Dc 75
86160 Vieil-Airoux 86 112 Ac 71
49150 Vieil-Baugé, le 49 84 Zf 63
51330 Vieil-Dampierre, le 51 54 Ef 55
27930 Vieil-Evreux, le 27 50 Bb 54
62770 Vieil-Hesdin 62 29 Ca 46
65360 Vieille-Adour 65 162 Aa 90
43100 Vieille-Brioude 43 128 Dc 77
62136 Vieille-Chapelle 62 29 Ce 45
62162 Vieille-Église 62 27 Ca 43
78125 Vieille-Eglise-en-Yvelines 78 50 Bf 56
36110 Vieille-Epine, la 36 101 Be 67
89110 Vieille Ferté, la 89 89 Db 61
08500 Vieille-Forge 08 42 Ed 49
41360 Vieille-Haie, la 41 85 Af 61
39380 Vieille-Loye, la 39 107 Fd 66
27330 Vieille-Lyre, la 27 49 Ae 55
19150 Vieillomar 19 126 Bf 77
86250 Vieille-Métive 86 112 Ac 72
18170 Vieille-Morte, la 18 102 Cb 00
56130 Vieille Rocho 56 81 Xd 64
86150 Vieilles-Forges, les 86 112 Ae 72
30500 Vieilles-Fumades, les 30 154 Eb 83
45260 Vieilles-Maisons-sur-Joudry 45 88 Cc 61
15500 Vieillespesse 15 140 Da 78
79130 Vieille-Touche, la 79 98 Zd 69
31320 Vieille-Toulouse 31 164 Bc 87
15120 Vieillevie 15 139 Cc 81
31290 Vieillevigne 31 165 Be 88
44116 Vieillevigne 44 97 Yd 67

23210 Vieilleville 23 113 Be 72
02540 Vieils-Maisons 02 52 Dc 55
02160 Viel-Arcy 02 40 Dd 52
65400 Violettes 65 174 Ze 91
32400 Viella 32 162 Zf 87
65170 Viellc-Aure 65 175 Ab 92
64170 Viellenave-d'Arthez 64 162 Zd 88
64190 Viellenave-de-Navarrenx 64
161 Zb 88
64270 Viellenave-Sur-Bidouze 64 161 Yf 88
40560 Vielle Saint-Girons 40 146 Ye 85
64150 Vielleségure 64 161 Zb 88
40240 Vielle-Soubiran 40 148 Ze 84
40320 Vielle-Tursan 40 162 Zd 80
58150 Vielmanay 58 89 Da 65
21540 Vielmoulin 21 91 Ee 65
81570 Vielmur-sur-Agout 81 165 Ca 87
43490 Vielprat 43 141 Df 79
08270 Viel-Saint-Remy 08 41 Ed 51
12460 Viel-Vayssac 12 152 Cd 83
21270 Vielverge 21 92 Fc 65
24170 Vielvic 24 137 Af 80
30450 Vielvic 30 154 Df 82
19220 Vielzot 19 126 Ca 77
79200 Viennay 79 99 Ze 68
38200 Vienne 38 130 Ef 75
95510 Vienne-en-Arthies 95 50 Be 54
14400 Vienne-en-Bessin 14 34 Zc 53
45510 Vienne-en-Val 45 87 Ca 62
51800 Vienne-la-Ville 51 54 Ef 53
51800 Vienne-le-Château 51 54 Ef 53
84750 Viens 84 156 Fd 85
88430 Vienville 88 77 Gf 59
04150 Vière 04 156 Fd 84
04420 Vière 04 157 Gc 83
05190 Vière 05 144 Gb 81
88240 Vierge, la 88 76 Gb 61
03300 Viermeux 03 116 Dd 72
23170 Viersat 23 115 Cc 71
28700 Vierville 28 70 Bf 58
50480 Vierville 50 46 Ye 52
14710 Vierville-sur-Mer 14 47 Za 52
18100 Vierzon 18 102 Ca 65
02210 Vierzy 02 52 Db 53
59271 Viesly 59 30 Dc 48
14410 Viessoix 14 47 Zb 55
50340 Viesville, la 50 33 Yb 51
83400 Viet, la 83 171 Ga 90
25340 Viéthorey 25 94 Gc 64
01260 Vieu 01 119 Fe 73
01430 Vieu-d'Izenave 01 119 Fd 72
03430 Vieure 03 115 Cf 70
34390 Vieussan 34 167 Cf 87
28120 Vieuvicq 28 69 Bb 59
53120 Vieuvy 53 66 Za 58
14930 Vieux 14 35 Zd 54
81140 Vieux 81 151 Bf 85
61160 Vieux Bailleul, le 61 48 Zf 56
59232 Vieux-Berquin 59 29 Cd 44
87220 Vieux Boisseuil 87 125 Bb 74
40480 Vieux-Boucau-les-Bains 40
146 Yd 86
03600 Vieux-Bourg 03 115 Ce 71
16100 Vieux-Bourg 16 123 Zd 74
35190 Vieux-Bourg 35 65 Ya 58
37230 Vieux-Bourg 37 85 Ad 64
40330 Vieux-Bourg 40 161 Zb 87
41800 Vieux-Bourg 41 85 Ae 62
61370 Vieux-Bourg 61 48 Ac 56
85540 Vieux-Bourg 85 109 Yd 69
14130 Vieux-Bourg, le 14 36 Ab 53
22150 Vieux-Bourg, le 22 64 Xb 59
22500 Vieux-Bourg, le 22 63 Xa 56
22800 Vieux-Bourg, le 22 64 Wf 58
44540 Vieux-Bourg, le 44 82 Ye 63
44590 Vieux-Bourg, le 44 82 Yc 62
29190 Vieux-Bourg-de-Lothey 29 62 Vf 59
22230 Vieux-Bourg-Saint-Nicolas, le 22
64 Xd 59
49125 Vieux-Briollay, le 49 83 Zd 63
16350 Vieux-Cérier, le 16 112 Ac 73
85160 Vieux-Cerne, le 85 96 Xf 67
77370 Vieux-Champagne 77 72 Da 57
89570 Vieux-Champs 89 73 De 60
25600 Vieux-Charmont 25 94 Gf 63
21460 Vieux-Château 21 90 Ea 64
69840 Vieux-Château 69D 118 Ed 71
59690 Vieux-Condé 59 31 Dd 46
58230 Vieux-Dun, le 58 90 Df 65
68480 Vieux-Ferrette 68 95 Hb 63
80120 Vieux-Fort-Mahon, le 80 28 Bd 46
14270 Vieux-Fumé 14 48 Zf 54
37530 Vieux-Joué, le 37 85 Af 64
08190 Vieux-lès-Asfeld 08 41 Ea 52
76630 Vieux Ifs, les 76 37 Bc 49
57635 Vieux-Lixheim 57 57 Ha 56
77320 Vieux-Maisons 77 52 Dc 56
76750 Vieux-Manoir 76 37 Bb 51
22420 Vieux-Marché, le 22 63 Wd 57
24340 Vieux-Mareuil 24 124 Ad 76
07330 Vieux-Mayres, le 07 141 Ea 80
59138 Vieux-Mesnil 59 31 Df 47
29600 Vieux-Moulin 29 62 Wb 57
60350 Vieux-Moulin 60 39 Cf 52
88210 Vieux-Moulin 88 77 Gf 58
52200 Vieux-Moulins 52 92 Fb 61
18330 Vieux-Nançay, le 18 87 Cb 64
22140 Vieux Poirier, le 22 63 We 57
61150 Vieux-Pont 61 48 Zf 57
14140 Vieux-Pont-en-Auge 14 48 Aa 54
27680 Vieux-Port 27 36 Ad 52
59600 Vieux-Reng 59 31 Ea 47
40410 Vieux-Richet 40 147 Zb 82
76390 Vieux-Rouen-sur-Bresle 76 38 Be 50
76160 Vieux-Rue, la 76 37 Bb 52
16350 Vieux-Ruffec 16 112 Ac 72
38490 Vieux-Saint-Ondras 38 131 Fd 75
29690 Vieux-Tronc, le 29 62 Wb 58
35610 Vieux-Vil 35 66 Yc 57
26160 Vieux-Village 26 143 Ef 81
27600 Vieux-Villez 27 50 Bb 53
49680 Vieux-Vivy, le 49 84 Zf 65
35490 Vieux-Vy-sur-Couesnon 35 66 Yd 58
65230 Vieuzos 65 163 Ac 89
21310 Viévigne 21 92 Fb 64
52310 Viéville 52 75 Fa 59
88500 Viéville 88 76 Gb 59
27500 Viéville, la 27 36 Ad 53
50260 Viéville, la 50 33 Yc 51
54470 Viéville-en-Haye 54 56 Ff 55
55210 Viéville-sous-les-Côtes 55 55 Fe 54
06430 Vievola 06 159 Hd 84
21230 Viévy 21 105 Ec 66
41290 Vievy-le-Rayé 41 86 Bb 61
65120 Viey 65 175 Aa 91
38450 Vif 38 144 Fe 70
02540 Viffort 02 52 Dc 55
30120 Vigan, le 30 153 Dd 85
46300 Vigan, le 46 137 Bc 80
15200 Vigean, le 15 127 Cc 77
86150 Vigeant, le 86 112 Ad 71
87110 Vigen, le 87 125 Bb 74
19410 Vigeois 19 125 Bd 70
65100 Viger 65 175 Zf 90
23140 Viges 23 114 Ca 71
23140 Vigeville 23 114 Ca 72
20110 Viggianello CTC 184 If 98
20110 Viggianeddu = Viggianello CTC
184 If 98
45600 Viglain 45 88 Cb 62
12500 Vignac 12 140 Cf 81
40170 Vignacot 40 146 Ye 85
80650 Vignacourt 80 38 Cb 48
20121 Vignale CTC 182 If 96
20272 Vignale CTC 183 Kc 95
20290 Vignale CTC 181 Kc 93
20170 Vignalella CTC 185 Ka 99
46800 Vignals, les 46 150 Bb 83
81200 Vignals, les 81 166 Cb 88
19470 Vignane 19 126 Be 76
14700 Vignats 14 48 Zf 55
34600 Vignats, les 34 167 Db 87
40270 Vignau, le 40 147 Ze 86
23000 Vignaud 23 114 Be 71
33380 Vignaud 33 134 Za 81
85580 Vignaud, le 85 109 Ye 70
31480 Vignaux 31 164 Ba 86
33950 Vigne, la 33 134 Ye 80
56140 Vigne, la 56 81 Xe 61
59118 Vigne, la 59 30 Da 44
36120 Vigneau, le 36 101 Bf 68
85220 Vigneau, le 85 96 Ya 68
05120 Vigneaux, les 05 145 Gd 80
10400 Vigneaux, les 10 72 Dd 57
37340 Vigneaux, les 37 85 Ab 64
77450 Vignely 77 52 Ce 55
60162 Vignemont 60 39 Ce 51
84300 Vignères, les 84 155 Fa 85
71550 Vignerux 71 105 Eb 66
58190 Vignes 58 89 De 64
64410 Vignes 64 162 Zd 87
89420 Vignes 89 90 Ea 63
48210 Vignes, les 48 153 Db 83
52700 Vignes-la-Côte 52 75 Fb 59
54360 Vigneulles 54 76 Gb 57
55210 Vigneulles-lès-Hattonchatel 55
55 Fe 55
55600 Vigneul-sous-Montmédy 55 42 Fc 51
44360 Vigneux-de-Bretagne 44 82 Yb 65
02340 Vigneux-Hocquet 02 41 Df 50
91270 Vigneux-sur-Seine 91 51 Cc 56
11330 Vignevieille 11 178 Cd 90
38890 Vignieu 38 131 Fc 75
35630 Vignoc 35 65 Yb 59
58190 Vignol 58 89 De 64
20119 Vignola CTC 182 If 97
72170 Vignole 72 68 Aa 59
21200 Vignoles 21 106 Ef 66
33770 Vignolle, la 33 134 Zb 81
16300 Vignolles 16 123 Zf 75
16370 Vignolles 16 123 Zd 74
86330 Vignolles 86 99 Aa 67
06420 Vignols 06 158 Ha 84
19130 Vignols 19 125 Bc 77
33330 Vignonet 33 135 Zf 79
52320 Vignory 52 75 Fa 59
55200 Vignot 55 55 Fd 56
36110 Vignots, les 36 101 Be 67
18110 Vignoux-sous-les-Aix 18 102 Cc 65
18500 Vignoux-sur-Barangeon 18
102 Cb 65
57420 Vigny 57 56 Gb 55
74520 Vigny 74 120 Ga 72
89210 Vigny 89 73 De 60
95450 Vigny 95 50 Bf 54
36160 Vigoulant 36 114 Ca 70
31320 Vigoulet-Auzil 31 164 Bc 87
15230 Vigouroux 15 139 Ce 79
36170 Vigoux 36 113 Bc 69
82500 Vigueron 82 149 Ba 85
57640 Vigy 57 56 Gb 53
49310 Vihiers 49 98 Zc 66
36160 Vijon 36 114 Ca 70
AD200 Vila ◘ AND 177 Bd 93
12490 Vila-du-Tarn 12 152 Cf 84
79170 Vilaine 79 111 Ze 71
87250 Vilarcoin 87 113 Bb 72
58400 Vilatte 58 103 Da 65
77540 Vilbert 77 52 Cf 56
54700 Vilcey-sur-Trey 54 56 Ff 55
86320 Vildard 86 112 Ae 70
22980 Vildé-Guingalan 22 65 Xf 58
35120 Vildé-la-Marine 35 65 Ya 57
01320 Vilette 01 119 Fb 73
78930 Vilette 78 50 Be 55
03350 Vilhain, le 03 115 Ce 69
16220 Vilhonneur 16 124 Ac 74
04200 Vilhosc 04 157 Ga 83
33950 Villa-Algérienne 33 134 Ye 80
91100 Villabé 91 71 Cc 57
18800 Villabon 18 103 Ce 66
24120 Villac 24 125 Bb 77
10600 Villacerf 10 73 Df 58
54290 Villacourt 54 76 Gc 58
10290 Villadin 10 73 De 59
70110 Villafans 70 94 Gc 63
18700 Village, le 18 87 Cb 64
14250 Village-de-Juaye, le 14 34 Zb 53
18100 Village-d'en-Haut 18 102 Ca 65
50190 Village-Fautrat 50 33 Yd 53
68128 Village-Neuf 68 95 Hd 63
73210 Villages 73 133 Ge 75
38850 Villages du Lac de Paladru 38
131 Fc 76
40550 Village-sous-les-Pins, le 40
146 Ye 85
28150 Villages Vovéens, les 28 70 Bd 59
77970 Villagnon, Bannost- 77 52 Db 57
33650 Villagrains 33 135 Zc 81
87190 Villagrand 87 113 Bb 71
27270 Villaie, la 27 48 Ac 54
18140 Villain 18 103 Ce 66
58460 Villaine 58 89 Dc 64
49540 Villaine, la 49 84 Zd 65
21450 Villaines-en-Duesmois 21 91 Ed 62
72600 Villaines-la-Carelle 72 68 Ab 58
72400 Villaines-la-Gonais 72 68 Ad 60
53700 Villaines-la-Juhel 53 67 Ze 58
21500 Villaines-les-Prévôtes 21 90 Eb 63
37190 Villaines-les-Rochers 37 100 Ac 65
95570 Villaines-sous-Bois 95 51 Cc 54
72150 Villaines-sous-Lucé 72 85 Ac 61
72270 Villaines-sous-Malicorne 72 84 Zf 62
76280 Villainville 76 36 Ab 51
35460 Villais 35 66 Yd 58
11000 Villalbe 11 166 Cb 89
27240 Villalet 27 49 Ba 55
11600 Villalier 11 166 Cc 89
45310 Villamblain 45 70 Bd 60
24140 Villamblard 24 136 Ad 78
35420 Villamée 35 66 Ye 58
41100 Villamoy 41 86 Bb 62
28200 Villampuy 28 70 Bd 60
54260 Villancy 54 43 Fd 52
33730 Villandraut 33 135 Zd 82
37510 Villandry 37 85 Ad 64
39120 Villangrette 39 106 Fb 67
11600 Villanière 11 166 Cc 88
20167 Villanova CTC 182 Ie 97
58370 Villapourçon 58 104 Df 67
73440 Villaranger 73 132 Gc 76
73730 Villarc, le 73 132 Gc 75
17470 Villarçay 17 111 Zd 73
41100 Villarceau 41 86 Bb 62
28150 Villarceaux 28 70 Bd 59
73420 Villarcher 73 132 Ff 75
01220 Villard 01 120 Ga 70
03220 Villard 03 116 Dd 71
04260 Villard 04 158 Gd 83
23150 Villard 23 114 Bf 72
23210 Villard 23 114 Be 72
23800 Villard 23 114 Be 71
63350 Villard 63 116 Dc 73
63980 Villard 63 128 Dd 76
69790 Villard 69D 117 Ec 71
71520 Villard 71 117 Ec 70
73700 Villard 73 133 Ge 75
74410 Villard 74 132 Ga 74
74420 Villard 74 120 Gc 71
87370 Villard 87 113 Bc 72
01270 Villard, le 01 119 Fb 70
04000 Villard, le 04 157 Gb 84
04850 Villard, le 04 158 Ge 82
05260 Villard, le 05 144 Ga 81
05290 Villard, le 05 145 Gc 79
05400 Villard, le 05 144 Ff 81
05460 Villard, le 05 145 Gf 80
05500 Villard, le 05 144 Ga 80
05600 Villard, le 05 145 Gd 80
05600 Villard, le 05 145 Gc 80
06470 Villard, le 06 158 Gf 84
23460 Villard, le 23 126 Bf 74
43190 Villard, le 43 141 Eb 78
43500 Villard, le 43 129 Df 76
43510 Villard, le 43 141 De 79
43700 Villard, le 43 141 Ea 78
48230 Villard, le 48 140 Db 82
71160 Villard, le 71 117 Df 69
71580 Villard, le 71 106 Fc 69
73290 Villard, le 73 132 Fe 75
73400 Villard, le 73 132 Gc 74
73440 Villard, le 73 132 Gc 76
73450 Villard, le 73 145 Gc 77
73460 Villard, le 73 132 Gb 75
73500 Villard, le 73 133 Gd 77
73550 Villard, le 73 133 Gd 76
73670 Villard, le 73 132 Fe 76
74230 Villard, le 74 132 Gc 74
83780 Villard, le 83 172 Gc 87
05480 Villar-d'Arène 05 145 Gc 78
73260 Villard-Benoît 73 132 Gc 75
38190 Villard-Bonnet 38 132 Ff 77
71480 Villard-Chapelle 71 119 Fb 70
04400 Villard-d'Abas, le 04 158 Gd 83
04400 Villard-de-Faucon, le 04 158 Ge 82
38250 Villard-de-Lans 38 143 Fd 78
05500 Villard de Laye, le 05 144 Ga 81
73800 Villard-d'Héry 73 132 Ga 75
58150 Villardeau 58 88 Cf 64
11250 Villardebelle 11 178 Cc 90
38710 Villard-Julien 38 144 Fe 79
73390 Villard-Léger 73 132 Gb 75
38530 Villard-Noir 38 132 Ga 76
38520 Villard-Notre-Dame 38 144 Ga 78
05500 Villardon, le 05 144 Ga 80
11250 Villardonnel 11 166 Cb 88
38114 Villard-Reculas 38 144 Ga 78
38520 Villard-Reymond 38 144 Ga 78
63140 Villards 63 115 Cf 72
23430 Villards, les 23 113 Bd 73
42380 Villards, les 42 129 Df 76
38119 Villard-Saint-Christophe 38 144 Fe 79
39200 Villard-Saint-Sauveur 39 119 Ff 70
73110 Villard-Sallet 73 132 Ga 76
39260 Villards-d'Héria 39 119 Fe 70
74230 Villards-sur-Thônes, les 74
120 Gc 73
39200 Villard-sur-Bienne 39 119 Ff 70
73270 Villard-sur-Doron 73 133 Gd 74
39130 Villard-sur-l'Ain 39 107 Fe 68
77730 Villaré 77 52 Db 55
73300 Villarembert 73 132 Gb 77
38710 Villarent 38 144 Fe 79
11220 Villar-en-Val 11 166 Cc 90
07590 Villaret 07 141 Df 80
30570 Villaret 30 153 De 84
43260 Villaret 43 141 Ea 78
48150 Villaret 48 153 Dc 84
48190 Villaret 48 141 De 81
12150 Villaret, le 12 152 Da 83
73440 Villaret, le 73 132 Gc 76
73400 Villaret, le 73 132 Gb 75
73550 Villaret, le 73 133 Gd 76
05350 Villargaudin 05 145 Ge 80
70110 Villargent 70 94 Gc 63
73260 Villargerel 73 133 Gd 75
21210 Villargoix 21 90 Eb 65
31380 Villariès 31 150 Bc 86
73700 Villarivon 73 133 Ge 75
05800 Villar-Loubière 05 144 Ga 80
73600 Villarlurin 73 133 Gd 76
04200 Villarnaud 04 157 Ff 83
58220 Villarnaud 58 89 Da 65
36200 Villarnoux 36 113 Bd 69
73500 Villarodin-Bourget 73 133 Ge 77
73640 Villaroger 73 133 Gf 75
73480 Villaron 73 133 Gf 76
05400 Villarons, les 05 144 Ff 81
73110 Villaroux 73 132 Ga 76
16200 Villars 16 123 Zf 74
16320 Villars 16 124 Ab 75
16420 Villars 16 112 Af 73
21430 Villars 21 105 Eb 65
24530 Villars 24 124 Ae 76
28150 Villars 28 70 Bd 59
42390 Villars 42 129 Ec 76
58360 Villars 58 104 Df 67
84400 Villars 84 156 Fc 85
71700 Villars, le 71 118 Ef 69
11250 Villar-Saint-Anselme 11 178 Cb 90
05100 Villar-Saint-Pancrace 05 145 Gd 79
04370 Villars-Colmars 04 158 Gd 84
52120 Villars-en-Azois 52 74 Ee 60
17260 Villars-en-Pons 17 122 Zc 75
21140 Villars-et-Villenotte 21 90 Ec 63
21700 Villars-Fontaine 21 106 Ef 66
04370 Villars-Heyssier 04 158 Gd 84
70500 Villars-le-Pautel 70 93 Ff 61
25310 Villars-lès-Blamont 25 94 Gf 64
17770 Villars-les-Bois 17 123 Zd 74
01330 Villars-les-Dombes 01 118 Fa 72
90100 Villars-le-Sec 90 94 Gf 64
25410 Villars-Saint-Georges 25 107 Fe 66
52400 Villars-Saint-Marcellin 52 93 Fe 61
52160 Villars-Santenoge 52 91 Ef 62
25150 Villars-sous-Ecot 25 94 Ge 64
06710 Villars-sur-Var 06 158 Ha 85
11600 Villarzel-Cabardès 11 166 Cc 89
11300 Villarzel-du-Razès 11 166 Cb 90
11150 Villasavary 11 165 Ca 89
23250 Villatange 23 114 Be 72
31860 Villate 31 164 Bc 88
23800 Villatte, la 23 113 Bd 71
23110 Villatte, la 23 114 Cb 72
23140 Villatte, la 23 114 Cb 71
23270 Villatte, la 23 114 Ca 70
04140 Villaudemard 04 157 Gb 82
87190 Villaudrand 87 113 Bb 71
31620 Villaudric 31 150 Bc 86
41500 Villaugon 41 86 Bc 62
06750 Villaute 06 158 Gd 86
41800 Villavard 41 85 Af 62
41700 Villavrain 41 86 Bc 64
74370 Villaz 74 120 Gb 73
58400 Ville 58 103 Da 65
60138 Ville 60 39 Cf 51
67220 Villé 67 60 Hb 58
38650 Ville, la 38 143 Fd 79
40430 Ville, la 40 147 Zc 82
69470 Ville, la 69D 117 Ec 72
73730 Ville, la 73 133 Gc 75
88100 Villé, le 88 77 Gf 59
22190 Ville-Agan, la 22 64 Xb 57
66650 Ville-Amont, la 66 179 Da 94
56490 Villéan, la 56 64 Xd 60
22250 Ville-Apparillon, la 22 64 Xe 59
28150 Villeau 28 70 Bd 59
36140 Ville-au-Bertrand, la 36 114 Bf 70
22640 Ville-Aufray, la 22 64 Xd 58
54620 Ville-au-Montois 54 43 Fe 52
54380 Ville-au-Val 54 56 Ga 55
56800 Ville-au-Vy, la 56 81 Xd 61
10140 Ville-aux-Bois, la 10 74 Ec 59
10500 Ville-aux-Bois, la 10 74 Ee 58
02340 Ville-aux-Bois-lès-Dizy, la 02 41 Df 51
02160 Ville-aux-Bois-lès-Pontavert, la 02
41 Df 52
41160 Ville-aux-Clercs, la 41 86 Ba 61
28250 Ville-aux-Nonains, la 28 69 Ba 57
22150 Ville-aux-Péchoux, la 22 64 Xb 59
54800 Ville-aux-Prés 54 56 Ff 54
61310 Villebadin 61 48 Aa 56
41000 Villebarou 41 86 Bb 63
37460 Villebaslin 37 100 Bb 66
23350 Ville-Basse 23 114 Bf 70
50410 Villebaudon 50 46 Yf 55
11250 Villebazy 11 178 Cb 90
22250 Ville-Bedel, la 22 64 Xd 59
77710 Villebéon 77 72 Cf 59
41290 Villeberfol 41 86 Bb 62
49400 Villebernier 49 99 Zf 65
36500 Villebernin 36 101 Bb 67
21350 Villeberny 21 91 Ed 64
87140 Villebert 87 113 Bb 72
28220 Villebeton 28 69 Bc 60
21700 Villebichot 21 106 Fa 66
22300 Ville-Blanche, la 22 63 Wd 56
22330 Ville-Blanchet, la 22 64 Xd 59
89340 Villeblevin 89 72 Da 59
01150 Villebois 01 131 Fc 73
16320 Villebois-Lavalette 16 124 Ab 76
05700 Villebois-les-Pins 05 156 Fd 83
28190 Villebon 28 69 Bb 58
28800 Villebon 28 70 Bc 59
89150 Villebougis 89 72 Da 59
37370 Villebourg 37 85 Ad 63
41270 Villebout 41 69 Bb 61
41330 Villebouzon 41 86 Bb 62
47380 Villebramar 47 136 Ac 81
22940 Ville-Bresset, la 22 64 Xb 58
03310 Villebret 03 115 Cd 71
22130 Ville-Briend, les 22 64 Xe 57
07160 Villebrion 07 142 Ec 79
82370 Villebrumier 82 150 Bc 85
54090 Villecey-sur-Mad 54 56 Ff 54
18160 Villecelin 18 102 Cb 68
41160 Villecellier 41 86 Bc 61
77250 Villecerf 77 71 Cf 59
23190 Villechabrolle 23 113 Bd 72
36250 Villechaise 36 101 Bd 67
39320 Villechantria 39 119 Fc 70
36100 Villechaud 36 102 Bf 68
58200 Villechaud 58 88 Cf 64
41310 Villechauve 41 86 Af 63
63330 Villechelexi 63 115 Cd 72
69770 Villechenève 69M 130 Ec 74
36400 Villechère 36 102 Bf 68
10410 Villechétif 10 73 Ea 59
89320 Villechétive 89 72 Dd 60
50140 Villechien 50 66 Za 57
23360 Villechiron 23 114 Be 70
02490 Villecholles 02 40 Da 49
44520 Villechoux 44 82 Ye 63
89300 Villecien 89 72 Db 60
55600 Villécloye 55 43 Fc 51
22400 Ville-Cochard, la 22 64 Xd 57
35610 Villecolière 35 66 Yc 57
22510 Ville-Commeaux, la 22 64 Xc 58
12580 Villecomtal 12 139 Cd 81
32730 Villecomtal-sur-Arros 32 163 Ab 88
21120 Villecomte 21 91 Fa 63
91580 Villeconin 91 71 Ca 57
80190 Villecourt 80 39 Cf 50
94440 Villecresnes 94 51 Cd 56
83690 Villecroze 83 172 Gb 87
34700 Villecun 34 167 Db 86
11200 Villedaigne 11 167 Cf 89
35380 Ville-Danet, la 35 65 Xe 60
85750 Ville-d'Angles, la 85 109 Yd 70
79160 Ville-Dé 79 110 Zc 69
23500 Villedeau 23 126 Cb 73
79170 Ville-des-Eaux 79 111 Zd 72
55260 Ville-devant-Belrain 55 55 Fc 55
55150 Ville-devant-Chaumont 55 55 Fc 53
15100 Villedieu 15 140 Da 78
16210 Villedieu 16 124 Aa 77
21330 Villedieu 21 90 Ec 61
41130 Villedieu 41 87 Bd 65
42110 Villedieu 42 129 Ea 74
72430 Villedieu 72 67 Zf 61
84110 Villedieu 84 155 Fa 83
17470 Villedieu, la 17 111 Ze 72
23340 Villedieu, la 23 126 Bf 74
24120 Villedieu, la 24 137 Bb 78
48700 Villedieu, la 48 140 Dd 80
87380 Villedieu, la 87 125 Bc 75
25240 Villedieu, les 25 107 Gb 68
86340 Villedieu-du-Clain, la 86 112 Ac 70
79800 Villedieu-du-Perron, la 79 111 Zf 70
82290 Ville-Dieu-du-Temple, la 82
150 Bb 84
70160 Villedieu-en-Fontenette, la 70
93 Gb 62
49450 Villedieu-la-Blouère 49 97 Yf 66
41800 Villedieu-le-Château 41 85 Ad 62
61160 Villedieu-les-Bailleul 61 48 Aa 56
50800 Villedieu-les-Poêles-Rouffigny 50
46 Ye 55
36320 Villedieu-sur-Indre 36 101 Bd 67
20279 Ville-di-Paraso CTC 180 If 93
20200 Ville-di-Pietrabugno CTC 181 Kc 92
37460 Villedômain 37 101 Bb 66
37110 Villedômer 37 85 Af 63
51390 Ville-Dommage 51 53 Df 53
22600 Ville-Donnio, la 22 64 Xb 59
17230 Villedoux 17 110 Yf 71
11800 Villedubert 11 166 Cc 89
35460 Ville-du-Bois, la 35 66 Yd 58
91620 Ville-du-Bois, la 91 51 Cb 57
18210 Ville-du-Bout, la 18 102 Cd 68
74360 Ville-du-Nant 74 121 Ge 71
25650 Ville-du-Pont 25 108 Gc 66
41190 Villée 41 86 Ba 63
52130 Ville-en-Blaisois 52 74 Ef 58
44460 Ville-en-Pierre, la 44 81 Ya 63
74250 Ville-en-Sallaz 74 120 Gc 72
51500 Ville-en-Selve 51 53 Ea 54
51170 Ville-en-Tardenois 51 53 De 53
54210 Ville-en-Vermois 54 76 Gb 57
55160 Ville-en-Woëvre 55 55 Fd 54
22330 Ville-Ermel 22 64 Xc 59
22130 Ville-ès-Marchand, la 22 65 Xf 57
35430 Ville-ès-Nonais, la 35 65 Ya 57
53410 Ville-Etable, la 53 66 Yf 60
16240 Villefagnan 16 111 Aa 72
89240 Villefargeau 89 89 Dd 62
36100 Villefavant 36 101 Be 67
87190 Villefavard 87 113 Bb 71
21350 Villeferry 21 91 Ed 64
11570 Villefloure 11 166 Cc 90
22960 Ville-Folle, la 22 64 Xb 58
79170 Villefollet 79 111 Ze 72
38090 Villefontaine 38 131 Fa 75
87520 Villeforceix 87 113 Af 73
11230 Villefort 11 178 Ca 91

48800 Villefort 48 154 Df 82
32420 Villefranche 32 163 Ae 88
55110 Villefranche 55 42 Fb 52
89120 Villefranche 89 89 Da 61
63390 Villefranche, la 63 115 Ce 72
81430 Villefranche-d'Albigeois 81 151 Cc 85
03430 Villefranche-d'Allier 03 115 Cf 70
66500 Villefranche-de-Conflent 66 178 Cc 93
31290 Villefranche-de-Lauragais 31 165 Be 88
24610 Villefranche-de-Lonchet 24 135 Aa 79
12430 Villefranche-de-Panat 12 152 Ce 84
12200 Villefranche-de-Rouergue 12 151 Ca 82
24550 Villefranche-du-Périgord 24 137 Ba 81
47160 Villefranche-du-Queyran 47 148 Ab 83
26560 Villefranche-le-Château 26 156 Fc 83
41200 Villefranche-sur-Cher 41 87 Be 65
06230 Villefranche-sur-Mer 06 173 Hb 86
69400 Villefranche-sur-Saône 69D 118 Ee 73
41330 Villefrancœur 41 86 Bb 62
70700 Villefrancon 70 92 Fe 64
64990 Villefranque 64 160 Yd 88
65700 Villefranque 65 162 Zf 88
41500 Villefrisson 41 86 Bc 62
03320 Villefroide 03 103 Cf 68
11600 Villegailhenc 11 166 Cc 89
89150 Villegardin, Montacher- 89 72 Da 59
16700 Villegats 16 111 Ab 73
27120 Villegats 27 50 Bc 55
71620 Villegaudin 71 106 Fa 68
56490 Ville-Geffray 56 64 Xd 60
58220 Villegéneray 58 89 Da 64
18260 Villegenon 18 88 Cd 64
11600 Villeglinet 36 113 Bd 69
11600 Villegly 11 166 Cc 89
36110 Villegongis 36 101 Bd 67
33141 Villegouge 33 135 Ze 79
36500 Villegouin 36 101 Bc 67
16150 Villegouret 16 124 Ae 73
41190 Villegray 41 86 Bb 63
41330 Villegrimont 41 86 Bb 62
41240 Villegruau 41 86 Bc 61
77560 Villegruis 77 72 Dc 57
22330 Ville-Guéguen, la 22 64 Xd 59
52190 Villegusien-le-Lac 52 92 Fb 62
10220 Villehardouin 10 74 Ec 58
41200 Villeherviers 41 87 Be 64
54730 Ville-Houdlémont 54 43 Fd 51
55200 Ville-Issey 55 55 Fd 56
63210 Villejacques 63 127 Cf 74
56490 Ville-Jaudoin, la 56 64 Xd 60
22640 Ville-Jehan 22 64 Xd 58
16110 Villejésus 16 111 Aa 73
36150 Villejeu 36 101 Be 66
22330 Ville-Jossé, la 22 64 Xc 59
16560 Villejoubert 16 124 Ab 74
87400 Villejoubert 87 126 Bd 74
22800 Ville-Juhel, la 22 63 Xa 58
94550 Villejuif 94 51 Cc 56
41100 Villejumard 41 86 Ba 62
91140 Villejust 91 51 Cb 56
74100 Ville-la-Grand 74 120 Gb 71
58270 Ville-Langy 58 104 Dd 67
84530 Villelaure 84 170 Fc 86
80420 Ville-le-Marcler 80 38 Ca 48
22230 Ville-lès-Coquens 22 63 Wf 59
56430 Ville-lès-Moreux, la 56 64 Xd 60
37460 Villeloin-Coulangé 37 101 Bb 66
43430 Villelonge 43 142 Eb 78
05700 Villelongue 05 156 Fe 82
48700 Villelongue 48 140 Dc 80
63230 Villelongue 63 127 Cf 73
65260 Villelongue 65 175 Zf 91
81320 Villelongue 81 166 Ce 87
82170 Villelongue 82 150 Bb 85
11300 Villelongue-d'Aube 11 178 Ca 90
66410 Villelongue-de-la-Salanque 66 179 Cf 92
66740 Villelongue-dels-Monts 66 179 Cf 93
22590 Ville-Louais, la 22 64 Xb 57
41120 Villelouet 41 86 Bb 63
10350 Villeloup 10 73 Df 58
28200 Villeloup 28 70 Bc 60
82130 Villemade 82 150 Bb 84
11220 Villemagne 11 166 Cd 90
11310 Villemagne 11 165 Ca 88
34600 Villemagne 34 167 Da 87
28360 Villemain 28 70 Bc 58
45130 Villemain 45 70 Bd 61
79110 Villemain 79 111 Zf 72
45700 Villemandeur 45 71 Ce 61
89140 Villemanoche 89 72 Db 59
19260 Villemards 19 126 Be 75
41100 Villemardy 41 86 Bb 62
77710 Villemaréchal 77 72 Cf 59
77470 Villemareuil 77 52 Cf 55
33350 Villemartin 33 135 Zf 79
69790 Villemartin 69D 117 Ec 71
73350 Villemartin 73 133 Gd 76
31340 Villematier 31 150 Bd 86
10190 Villemaur-sur-Vanne 10 73 De 59
28200 Villemaury 28 70 Bc 60
65220 Villembits 65 163 Ab 89
86410 Villemblée 86 112 Ad 70
60650 Villembray 60 38 Bf 52
33113 Villemegea 33 147 Zd 82
77250 Villemer 77 72 Ce 59
89113 Villemer 89 89 Dc 61
10800 Villemereuil 10 73 Ea 59
52160 Villemervry 52 91 Fa 62
28210 Villemeux-sur-Eure 28 50 Bc 56
63620 Villemeyre 63 127 Cc 74
38460 Villemoirieu 38 131 Fb 74
10160 Villemoiron-en-Othe 10 73 De 59
49370 Villemoisan 49 83 Za 64
58200 Villemoison 58 88 Cf 64
66300 Villemolaque 66 179 Cf 93
23340 Villemoneix 23 126 Bf 74
36120 Villemongin 36 101 Bf 68
18220 Villemont 18 102 Cd 66
42155 Villemontais 42 117 Df 73
19290 Villemonteix 19 126 Ca 74
87120 Villemonteix 87 126 Be 74
02210 Villemontoire 02 52 Db 53
08210 Villemontry 08 42 Fa 51
56800 Ville-Morhan, la 56 81 Xe 61
10110 Villemorien 10 74 Eb 60
17470 Villemorin 17 111 Ze 72
52160 Villemoron 52 92 Fa 62
86310 Villemort 86 112 Af 69
22600 Ville-Morvan, la 22 64 Xa 59
41100 Villemot 41 86 Ba 62
01270 Villemotier 01 119 Fb 70
11620 Villemoustaussou 11 166 Cc 89
45270 Villemoutiers 45 71 Cd 61
02130 Villemoyenne 02 53 Dd 53
02540 Villemoyenne 02 53 Dd 55
10260 Villemoyenne 10 73 Eb 59
65230 Villemur 65 163 Ad 89
45600 Villemurlin 45 88 Cb 62
31340 Villemur-sur-Tarn 31 150 Bd 85
04110 Villemus 04 156 Fe 85
41370 Villemuzard 41 86 Bc 62
10370 Villenauxe-la-Grande 10 73 Dd 57
77480 Villenauxe-la-Petite 77 72 Db 58
40110 Villenave 40 147 Zb 85
40390 Villenave 40 160 Yd 87
33550 Villenave-de-Rions 33 135 Zd 80
33140 Villenave-d'Ornon 33 135 Zc 80
65500 Villenave-près-Béarn 65 162 Zf 88
89140 Villenavotte 89 72 Db 59
77124 Villenoy 77 52 Cf 55
01170 Villeneuve 01 120 Ff 71
01480 Villeneuve 01 118 Ef 72
03450 Villeneuve 03 115 Da 72
04180 Villeneuve 04 157 Ff 85
05240 Villeneuve 05 145 Gd 79
05500 Villeneuve 05 144 Ga 80
07470 Villeneuve 07 141 Ea 80
09800 Villeneuve 09 176 Af 91
12260 Villeneuve 12 151 Ca 82
13200 Villeneuve 13 169 Ed 87
16140 Villeneuve 16 123 Zf 73
16190 Villeneuve 16 123 Aa 76
16420 Villeneuve 16 112 Af 73
16430 Villeneuve 16 124 Aa 74
17180 Villeneuve 17 110 Yf 72
17600 Villeneuve 17 122 Zb 74
17620 Villeneuve 17 122 Za 73
18110 Villeneuve 18 102 Cc 66
18410 Villeneuve 18 87 Cb 63
21350 Villeneuve 21 91 Ec 64
32240 Villeneuve 32 148 Ze 86
33112 Villeneuve 33 134 Za 77
33121 Villeneuve 33 134 Yf 78
33480 Villeneuve 33 134 Za 79
33710 Villeneuve 33 134 Zc 78
45340 Villeneuve 45 71 Cb 60
48000 Villeneuve 48 140 Dd 81
48170 Villeneuve 48 141 De 81
48220 Villeneuve 48 153 De 82
48400 Villeneuve 48 153 Dd 83
49540 Villeneuve 49 98 Zd 65
49600 Ville-Neuve 49 97 Yf 65
49700 Villeneuve 49 98 Ze 65
60800 Villeneuve 60 52 Ce 53
63340 Villeneuve 63 128 Db 76
66210 Villeneuve 66 178 Ca 93
77890 Villeneuve 77 71 Cd 60
79350 Villeneuve 79 98 Ze 68
79410 Villeneuve 79 111 Ze 70
79600 Villeneuve 79 99 Zf 68
81250 Villeneuve 81 152 Cc 85
83630 Villeneuve 83 171 Ga 86
85110 Villeneuve 85 97 Yf 69
85220 Villeneuve 85 96 Ya 68
85490 Villeneuve 85 110 Zc 70
86300 Villeneuve 86 112 Ad 69
87620 Villeneuve 87 125 Ba 74
89420 Villeneuve 89 90 Ea 64
91670 Villeneuve 91 70 Ca 59
71270 Villeneuve, Clux- 71 106 Fb 67
22800 Ville-Neuve, la 22 64 Xa 58
23260 Villeneuve, la 23 115 Cc 73
35340 Villeneuve, la 35 66 Yc 59
71160 Villeneuve, la 71 117 Ea 69
87120 Villeneuve, la 87 126 Bf 74
10400 Villeneuve-au-Châtelot, la 10 73 Dd 57
10130 Villeneuve-au-Chemin 10 73 Df 60
10140 Villeneuve-au-Chêne, la 10 74 Ec 59
70240 Villeneuve-Bellenoye-et-la-Maize, la 70 93 Gb 62
43380 Villeneuve-d'Allier 43 128 Dc 77
25270 Villeneuve-d'Amont 25 107 Ga 67
59650 Villeneuve-d'Ascq 59 30 Da 45
39600 Villeneuve-d'Aval 39 107 Fe 67
07170 Villeneuve-de-Berg 07 142 Ed 81
47120 Villeneuve-de-Duras 47 136 Ab 80
66180 Villeneuve-de-la-Raho 66 179 Cf 93
38440 Villeneuve-de-Marc 38 131 Fa 76
40190 Villeneuve-de-Marsan 40 147 Ze 85
47170 Villeneuve-de-Mézin 47 148 Ab 84
06470 Villeneuve-d'Entraunes 06 158 Ge 84
31800 Villeneuve-de-Rivière 31 163 Ad 90
66760 Villeneuve-des-Escaldes 66 178 Bf 94
09300 Villeneuve-d'Olmes 09 177 Be 91
09000 Villeneuve-du-Bosc 09 177 Bd 91
09130 Villeneuve-du-Latou 09 164 Bc 89
09100 Villeneuve-du-Paréage 09 165 Bd 90
78270 Villeneuve-en-Chevrie, la 78 50 Bd 54
71390 Villeneuve-en-Montagne 71 105 Ed 68
72600 Villeneuve-en-Perseigne 72 68 Ab 58
44580 Villeneuve-en-Retz 44 96 Ya 66
41290 Villeneuve-Frouville 41 86 Bb 62
63720 Villeneuve-L'Abbé 63 116 Db 73
11400 Villeneuve-la-Comptal 11 165 Bf 89
17330 Villeneuve-la-Comtesse 17 110 Zc 72
89150 Villeneuve-la-Dondrage 89 72 Da 60
89340 Villeneuve-la-Guyard 89 72 Da 58
77540 Villeneuve-la-Hurée 77 52 Da 56
51310 Villeneuve-la-Lionne 51 52 Dc 56
89190 Villeneuve-L'Archevêque 89 73 Dd 59
66610 Villeneuve-la-Rivière 66 179 Ce 92
77174 Villeneuve-le-Comte 77 52 Ce 56
31580 Villeneuve-Lécussan 31 163 Ac 90
94290 Villeneuve-le-Roi 94 51 Cc 56
30400 Villeneuve-lès-Avignon 30 155 Ee 85
34420 Villeneuve-lès-Béziers 34 167 Db 89
77154 Villeneuve-les-Bordes 77 72 Da 58
63310 Villeneuve-les-Cerfs 63 116 Db 72
51120 Villeneuve-lès-Charleville, la 51 53 De 56
39320 Villeneuve-lès-Charnod 39 119 Fc 71
21450 Villeneuve-les-Convers, la 21 91 Ed 63
11360 Villeneuve-les-Corbières 11 179 Ce 91
89350 Villeneuve-les-Genêts 89 89 Da 62
81500 Villeneuve-lès-Lavaur 81 165 Be 87
34750 Villeneuve-lès-Maguelonne 34 168 Df 87
11290 Villeneuve-lès-Montréal 11 165 Ca 89
60175 Villeneuve-les-Sablons 60 51 Ca 53
06270 Villeneuve-Loubet 06 173 Ha 87
06270 Villeneuve-Loubet-Plage 06 173 Ha 87
11160 Villeneuve-Minervois 11 166 Cc 89
56400 Villeneuve-Petit-Normand 56 80 Xa 62
51130 Villeneuve-Renneville 51 53 Ea 55
77174 Villeneuve-Saint-Denis 77 52 Ce 56
94190 Villeneuve-Saint-Georges 94 51 Cc 56
28150 Villeneuve-Saint-Nicolas 28 70 Bd 59
89230 Villeneuve-Saint-Salves 89 90 Dd 61
51120 Villeneuve-Saint-Vistre-et-Villevotte 51 53 De 57
77510 Villeneuve-sous-Bois 77 52 Db 55
21140 Villeneuve-sous-Charigny 21 91 Ec 64
77230 Villeneuve-sous-Dammartin 77 51 Cd 54
39570 Villeneuve-sous-Pymont 39 107 Fd 68
60890 Villeneuve-sous-Thury, la 60 52 Da 54
03460 Villeneuve-sur-Allier 03 103 Db 69
91580 Villeneuve-sur-Auvers 91 71 Cb 58
77510 Villeneuve-sur-Bellot 77 52 Dc 55
18400 Villeneuve-sur-Cher 18 102 Cb 66
45310 Villeneuve-sur-Conie 45 70 Bd 60
02130 Villeneuve-sur-Fère 02 53 Dc 53
47300 Villeneuve-sur-Lot 47 149 Ae 82
60410 Villeneuve-sur-Verberie 60 51 Ce 53
81130 Villeneuve-sur-Vère 81 151 Ca 84
21610 Villeneuve-sur-Vingeanne, la 21 92 Fc 63
89500 Villeneuve-sur-Yonne 89 72 Db 60
31270 Villeneuve-Tolosane 31 164 Bc 87
34800 Villeneuvette 34 167 Dc 87
22190 Ville-Nizan, la 22 64 Xb 57
22960 Ville-Nizant, la 22 64 Xb 58
78670 Villennes 78 51 Bf 55
17330 Villenouvelle 17 111 Zd 72
31290 Villenouvelle 31 165 Bd 88
36600 Villentrois 36 101 Bc 65
95450 Villenueve-Saint-Martin, la 95 51 Bf 54
41220 Villeny 41 87 Be 63
22270 Villéon, la 22 64 Xd 58
23380 Villeot 23 114 Bf 71
53250 Villepail 53 67 Ze 58
77270 Villeparisis 77 51 Cd 55
70000 Villeparois 70 93 Gb 63
26510 Villeperdrix 26 156 Fb 82
18500 Ville-Perdue 18 102 Cb 66
37260 Villeperdue 37 100 Ad 65
89140 Villeperrot 89 72 Db 59
03390 Villepeze 03 115 Cf 70
56420 Ville-Pierre, la 56 80 Xc 61
11150 Villepinte 11 165 Ca 89
93270 Villepinte 93 51 Cd 55
06470 Villeplane 06 158 Ge 84
60860 Villepoix 60 38 Ca 51
41310 Villeporcher 41 86 Af 63
44110 Villepot 44 82 Ye 62
89560 Villepot 89 89 Dc 63
89480 Villeprenoy 89 89 Dc 63
58200 Villepreuvoir 58 88 Cf 64
28140 Villeprévost 28 70 Be 60
18220 Villepuant 18 103 Ce 65
76490 Villequier 76 36 Ae 51
02300 Villequier-Aumont 02 40 Db 51
18800 Villequiers 18 103 Ce 66
57340 Viller 57 57 Gd 55
41100 Villerable 41 86 Ba 62
36130 Villerais, les 36 101 Be 67
22330 Ville-Ratel, la 22 64 Xd 59
03370 Ville-Raymond, la 03 114 Cb 70
41000 Villerbon 41 86 Bc 63
47210 Villeréal 47 136 Ae 81
28150 Villereau 28 70 Bc 59
45170 Villereau 45 70 Bf 60
59530 Villereau 59 31 Dc 47
27440 Villeroot 27 37 Bc 53
42300 Villerest 42 117 Ea 73
02420 Villeret 02 40 Db 49
10330 Villeret 10 74 Ed 58
16240 Villeret, le 16 111 Aa 73
43170 Villeret, le 43 140 Dc 79
48170 Villeret, le 48 141 De 80
01250 Villereversure 01 119 Fc 71
41240 Villermain 41 86 Bd 61
28310 Villermon 28 70 Be 59
22130 Ville-Robert, la 22 64 Xe 57
66260 Villeroge 66 179 Cd 94
41100 Villeromain 41 86 Ba 62
95380 Villeron 95 51 Cd 54
11330 Villerouge-Termenès 11 179 Cd 90
77410 Villeroy 77 52 Ce 55
80140 Villeroy 80 38 Be 49
89100 Villeroy 89 72 Db 59
80150 Villeroy-sur-Authie 80 29 Ca 47
55190 Villeroy-sur-Méholle 55 75 Fd 57
18270 Villers 18 114 Cb 69
27700 Villers 27 50 Bc 53
36100 Villers 36 101 Bf 67
42460 Villers 42 117 Eb 72
60840 Villers 60 39 Cd 52
76360 Villers 76 37 Af 51
76390 Villers 76 38 Be 50
77120 Villers 77 52 Da 55
88500 Villers 88 76 Gb 59
02130 Villers-Agron-Aiguizy 02 53 De 54
51500 Villers-Allerand 51 53 Ea 54
62144 Villers-au-Bois 62 29 Ce 46
62450 Villers-au-Flos 62 30 Cf 48
59234 Villers-au-Tertre 59 30 Db 47
51130 Villers-aux-Bois 51 53 Df 55
80110 Villers-aux-Erables 80 39 Cd 50
51500 Villers-aux-Nœuds 51 53 Df 53
55800 Villers-aux-Vents 55 55 Fa 55
14310 Villers-Bacage 14 47 Zb 54
57640 Villers-Bettnach 57 56 Gc 53
80260 Villers-Bocage 80 29 Cb 49
70190 Villers-Bouton 70 93 Ff 64
80800 Villers-Bretonneux 80 39 Cd 49
62690 Villers-Brûlin 62 29 Cd 46
25170 Villers-Buzon 25 107 Ff 65
80140 Villers-Campsart 80 38 Be 49
14420 Villers-Canivet 14 48 Ze 55
80200 Villers-Carbonnel 80 39 Cf 49
08140 Villers-Cernay 08 42 Fa 50
62690 Villers-Châtel 62 29 Cd 46
70700 Villers-Chemin 70 93 Ff 64
25530 Villers-Chief 25 108 Gc 65
02600 Villers-Cotterêts 02 52 Da 53
55110 Villers-devant-Dun 55 42 Fa 52
08190 Villers-devant-le-Thour 08 41 Ea 51
08210 Villers-devant-Mouzon 08 42 Fa 51
76360 Villers-Ecalles 76 37 Af 51
51800 Villers-en-Argonne 51 54 Ef 54
95510 Villers-en-Arthies 95 50 Be 54
59188 Villers-en-Cauchies 59 30 Dc 47
54380 Villers-en-Haye 54 56 Ga 56
61550 Villers-en-Ouche 61 48 Ac 55
02160 Villers-en-Prayères 02 40 De 52
27420 Villers-en-Vexin 27 50 Bd 53
39800 Villerserine 39 107 Fd 67
70110 Villersexal 70 94 Gc 63
39600 Villers-Farlay 39 107 Fe 66
80240 Villers-Faucon 80 40 Da 49
51220 Villers-Franqueux 51 41 Df 53
25640 Villers-Grélot 25 93 Gb 64
59297 Villers-Guislain 59 30 Da 48
02600 Villers-Hélon 02 52 Db 53
54870 Villers-la-Chèvre 54 43 Fe 51
25510 Villers-la-Combe 25 108 Gc 65
21700 Villers-la-Faye 21 106 Ef 66
54920 Villers-la-Montagne 54 43 Fe 52
57530 Villers-Laquenexy 57 56 Gb 54
70110 Villers-la-Ville 70 94 Gc 63
51510 Villers-le-Château 51 54 Eb 55
25130 Villers-le-Lac 25 108 Ge 66
02210 Villers-le-Petit 02 52 Db 53
50240 Villers-le-Pré 50 66 Yd 57
54260 Villers-le-Rond 54 43 Fc 52
39800 Villers-les-Bois 39 107 Fd 67
62182 Villers-lès-Cagnicourt 62 30 Da 47
02240 Villers-le-Sec 02 40 Dd 50
51250 Villers-le-Sec 51 54 Ef 56
55500 Villers-le-Sec 55 55 Fb 57
58210 Villers-le-Sec 58 89 Dc 64
70000 Villers-le-Sec 70 93 Gb 63
02120 Villers-lès-Guise 02 40 De 49
70300 Villers-lès-Luxeuil 70 93 Gb 62
77320 Villers-les-Maillets 77 52 Dc 56
55150 Villers-lès-Mangiennes 55 43 Fd 52
54760 Villers-lès-Moivrons 54 56 Gb 56
54600 Villers-lès-Nancy 54 56 Ga 56
36250 Villers-les-Ormes 36 101 Bd 67
21130 Villers-les-Pots 21 106 Fc 65
80700 Villers-lès-Roye 80 39 Ce 50
08430 Villers-le-Tilleul 08 42 Ee 51
08430 Villers-le-Tourneur 08 41 Ed 51
62390 Villers-L'Hôpital 62 29 Cb 47
51380 Villers-Marmery 51 53 Eb 54
59142 Villers-Outréaux 59 40 Db 48
70190 Villers-Pater 70 93 Ga 64
21400 Villers-Patras 21 91 Ed 61
59231 Villers-Plouich 59 30 Da 48
59530 Villers-Pol 59 31 Dd 47
39120 Villers-Robert 39 106 Fd 67
21130 Villers-Rotin 21 106 Fc 66
60650 Villers-Saint-Barthélemy 60 38 Bf 52
02590 Villers-Saint-Christophe 02 40 Da 50
60810 Villers-Saint-Frambourg 60 51 Cd 53
60620 Villers-Saint-Genest 60 52 Cf 54
25110 Villers-Saint-Martin 25 93 Gc 64
60870 Villers-Saint-Paul 60 51 Cc 53
60134 Villers-Saint-Sépulcre 60 38 Cb 52
59600 Villers-Sire-Nicole 59 31 Ea 46
62127 Villers-Sir-Simon 62 29 Cc 47
80690 Villers-sous-Ailly 80 28 Ca 48
25270 Villers-sous-Chalamont 25 107 Ga 67
51700 Villers-sous-Châtillon 51 53 De 54
76340 Villers-sous-Foucarmont 76 37 Bd 49
25620 Villers-sous-Montrond 25 107 Ga 66
55160 Villers-sous-Pareid 55 56 Fe 54
54700 Villers-sous-Prény 54 56 Ga 55
60340 Villers-sous-Saint-Leu 60 51 Cc 53
57530 Villers-Stoncourt 57 56 Gc 54
60650 Villers-sur-Auchy 60 [illegible]
80120 Villers-sur-Authie 80 28 Be 47
08350 Villers-sur-Bar 08 42 Ef 50
60860 Villers-sur-Bonnières 60 38 Bf 51
60150 Villers-sur-Coudun 60 39 Ce 52
02130 Villers-sur-Fère 02 53 Dd 53
08430 Villers-sur-le-Mont 08 42 Ee 51
80132 Villers-sur-Mareuil 80 28 Be 48
14640 Villers-sur-Mer 14 48 Zf 53
55220 Villers-sur-Meuse 55 55 Fc 54
57340 Villers-sur-Nied 57 57 Gd 55
70170 Villers-sur-Port 70 93 Ga 62
70400 Villers-sur-Saulnot 70 94 Gd 63
60000 Villers-sur-Thère 60 38 Ca 52
60590 Villers-sur-Trie 60 38 Be 53
80500 Villers-Tournelle 80 39 Cc 51
70120 Villers-Vaudey 70 93 Fe 62
60380 Villers-Vermont 60 38 Be 51
60120 Villers-Vicomte 60 38 Cb 51
41190 Villeruche 41 86 Ba 62
54190 Villerupt 54 43 Ff 52
14113 Villerville 14 36 Aa 52
10320 Villery 10 73 Ea 59
01200 Villes 01 119 Fe 72
73270 Villes, les 73 133 Gd 74
41500 Villesablon 41 86 Bc 62
51480 Villesaint 51 53 De 54
77130 Ville-Saint-Jacques 77 72 Cf 58
86310 Villesalem 86 113 Ba 69
80300 Ville-s-Ancre 80 39 Cd 49
23700 Villesauveix 23 115 Cd 72
02220 Ville-Savoye 02 53 Dd 53
41000 Villesecron 41 86 Bb 63
60640 Villeselve 60 40 Da 50
51130 Villeseneux 51 53 Ea 55
46090 Villesèque 46 150 Bb 82
11360 Villesèque-des-Corbières 11 179 Cf 90
41240 Villesiclaire 41 86 Bc 61
11150 Villesiscle 11 165 Ca 89
41240 Villeslin 41 70 Bc 61
22400 Villes-Marie, les 22 64 Xc 58
48170 Villesoule 48 141 De 81
38150 Ville-sous-Anjou 38 130 Ef 76
10310 Ville-sous-la-Ferté 10 74 Ee 60
51270 Ville-sous-Orbais, la 51 53 De 55
34360 Villespassans 34 167 Cf 88
11170 Villespy 11 165 Ca 89
11170 Villesquelande 11 166 Cb 89
84570 Villes-sur-Auzon 84 156 Fb 84
10110 Ville-sur-Arce 10 74 Ec 60
55120 Ville-sur-Cousances 55 55 Fb 54
88270 Ville-sur-Illon 88 76 Gb 59
69640 Ville-sur-Jarnioux 69D 118 Ed 73
08440 Ville-sur-Lumes 08 42 Ee 50
54740 Ville-sur-Madon 54 76 Gb 58
55000 Ville-sur-Saulx 55 55 Fa 56
10200 Ville-sur-Terre 10 74 Ee 59
51800 Ville-sur-Tourbe 51 54 Ee 53
54800 Ville-sur-Yron 54 56 Ff 54
06470 Villetalle 06 158 Ge 84
41500 Villetard 41 86 Bb 62
73530 Villete, la 73 132 Gc 77
34400 Villetelle 34 168 Ea 86
87460 Villetelle 87 126 Bd 74
23260 Villetelle, la 23 114 Cc 73
89140 Villethierry 89 72 Da 59
41310 Villethiou 41 86 Af 62
47400 Villeton 47 148 Ab 82
24600 Villetoureix 24 124 Ac 77
11220 Villetritouls 11 166 Cc 90
41100 Villetrun 41 86 Ba 62
04140 Villette 04 157 Gc 82
38380 Villette 38 131 Fe 76
54260 Villette 54 43 Fd 52
73210 Villette 73 133 Gd 75
73410 Villette 73 132 Ff 74
80400 Villette 80 39 Da 50
81630 Villette 81 150 Bd 85
03370 Villette, la 03 115 Cc 70
14570 Villette, la 14 47 Zc 55
38114 Villette, la 38 132 Ga 77
87250 Villette, la 87 113 Bc 72
38280 Villette-d'Anthon 38 131 Fa 74
38200 Villette-de-Vienne 38 130 Ef 75
39600 Villette-lès-Arbois 39 107 Fe 67
28170 Villette-les-Bois 28 69 Bb 57
39100 Villette-lès-Dole 39 106 Fc 66
27110 Villettes 27 49 Ba 54
43600 Villettes, les 43 129 Eb 77
50240 Villettes, les 50 66 Ye 57
10700 Villette-sur-Aube 10 73 Ea 57
69100 Villeurbanne 69M 130 Ef 74
89330 Villevallier 89 72 Db 60
87380 Villevarlange 87 125 Bc 75
36500 Villevassol 36 101 Bc 67
63620 Villevassoux 63 127 Cc 74
77410 Villevaudé 77 51 Cd 55
12270 Villevayre 12 151 Bf 83
51270 Villevenard 51 53 De 56
71440 Villeveny 71 106 Fa 69
02490 Villevêque 02 40 Da 49
49140 Villevêque 49 84 Zd 63
63620 Villevergne 63 127 Cc 74
07470 Villeverte 07 141 Df 80
34560 Villeveyrac 34 168 Dd 87
63820 Villevialle 63 127 Ce 74
04320 Villevieille 04 158 Ge 85
05350 Ville-Vieille 05 145 Ge 80
39140 Villevieux 39 106 Fc 68
28330 Villevillon 28 60 Da 59
87000 Villevit 87 113 Bb 72
07690 Villevocance 07 130 Ed 77
45700 Villevoques 45 71 Cd 60
41000 Villevry 41 86 Bb 62
41500 Villexanton 41 86 Bc 62
17500 Villexavier 17 123 Zd 76
39230 Villey, le 39 106 Fd 67
54200 Villey-Saint-Étienne 54 56 Ff 56
21120 Villey-sur-Tille 21 92 Fa 63
78270 Villez 78 [illegible]
91940 Villeziers 91 51 Cb 56

27950 Villez-sous-Bailleul 27 50 Bc 54
27110 Villez-sur-le-Neubourg 27 49 Af 54
69910 Villié-Morgon 69D 118 Ee 72
37260 Villière, la 37 100 Ad 65
18160 Villiers 18 102 Cb 68
36260 Villiers 36 102 Bf 67
36290 Villiers 36 100 Bb 67
36370 Villiers 36 100 Ba 69
41230 Villiers 41 87 Bc 61
41330 Villiers 41 86 Bb 62
41500 Villiers 41 86 Bc 62
45150 Villiers 45 87 Ca 61
45360 Villiers 45 88 Ce 63
45480 Villiers 45 70 Ca 59
58150 Villiers 58 89 Da 64
02170 Villiers 62 28 Bd 46
86190 Villiers 86 99 Aa 68
86190 Villiers 86 99 Ab 68
86200 Villiers 86 99 Aa 66
95840 Villiers-Adam 95 51 Cb 54
37330 Villiers-au-Bouin 37 85 Ab 63
52130 Villiers-aux-Bois 52 74 Ef 57
52110 Villiers-aux-Chênes 52 74 Ef 58
51260 Villiers-aux-Corneilles 51 73 De 57
89260 Villiers-Bonneux 89 72 Dc 58
53170 Villiers-Charlemagne 53 83 Zb 61
17510 Villiers-Couture 17 111 Zf 73
77190 Villiers-en-Bière 77 71 Cd 58
79360 Villiers-en-Bois 79 111 Zd 72
27640 Villiers-en-Désœuvre 27 50 Bc 55
52100 Villiers-en-Lieu 52 54 Ef 56
79160 Villiers-en-Plaine 79 110 Zc 70
41100 Villiersfaux 41 86 Af 62
50680 Villiers-Fossard 50 34 Yf 54
10700 Villiers-Herbisse 10 53 Ea 57
91190 Villiers-le-Bâcle 91 51 Ca 56
95400 Villiers-le-Bel 95 51 Cc 54
10210 Villiers-le-Bois 10 73 Eb 61
28630 Villiers-le-Bois 28 70 Bd 58
10220 Villiers-le-Brûlé 10 74 Ec 58
21400 Villiers-le-Duc 21 91 Ee 62
45130 Villiers-le-Gast 45 70 Bd 61
78770 Villiers-le-Mahieu 78 50 Be 55
28130 Villiers-le-Mornier 28 50 Bd 57
16240 Villiers-le-Roux 16 111 Aa 72
52190 Villiers-lès-Aprey 52 92 Fb 62
14480 Villiers-le-Sec 14 47 Zc 53
52000 Villiers-le-Sec 52 75 Fa 60
95720 Villiers-le-Sec 95 51 Cc 54
89160 Villiers-les-Hauts 89 90 Ea 62
78660 Villiers-les-Oudets 78 70 Bf 58
89630 Villiers-lès-pos 89 90 Df 64
89320 Villiers-Louis 89 72 Dc 59
89630 Villiers-Nonains 89 90 Df 64
89130 Villiers-Saint-Benoît 89 89 Db 62
02310 Villiers-Saint-Denis 02 52 Db 55
78640 Villiers-Saint-Frédéric 78 50 Bf 56
77560 Villiers-Saint-Georges 77 52 Dc 57
28800 Villiers-Saint-Orien 28 70 Bc 60
08000 Villiers-Semeuse 08 42 Ee 50
77760 Villiers-sous-Grez 77 71 Cd 59
61400 Villiers-sous-Mortagne 61 68 Ad 57
10210 Villiers-sous-Praslin 10 73 Eb 60
58210 Villiers-sur-Beuvron 58 89 Dc 64
79170 Villiers-sur-Chizé 79 111 Ze 72
27940 Villiers-sur-le-Houle 27 50 Bb 53
41100 Villiers-sur-Loir 41 86 Ba 62
52320 Villiers-sur-Marne 52 75 Fa 59
94350 Villiers-sur-Marne 94 51 Cd 56
77580 Villiers-sur-Morin 77 52 Cf 55
91700 Villiers-sur-Orge 91 51 Cb 57
14520 Villiers-sur-Port 14 47 Zb 52
77114 Villiers-sur-Seine 77 72 Dc 58
52210 Villiers-sur-Suize 52 75 Fb 61
89110 Villiers-sur-Tholon 89 89 Dc 61
58500 Villiers-sur-Yonne 58 89 Dd 64
89360 Villiers-Vineux 89 73 Df 61
21430 Villiesr-en-Morvan 21 105 Eb 66
01800 Villieu-Loyes 01 119 Fb 73
01800 Villieu-Loyes-Mollon 01 119 Fb 73
57550 Villing 57 57 Gd 53
14310 Villodon 14 47 Zc 54
16230 Villognon 16 123 Aa 73
89740 Villon 89 90 Eb 61
88150 Villoncourt 88 77 Gd 59
14610 Villons-les-Buissons 14 35 Zd 53
45190 Villorceau 45 86 Bd 62
58200 Villorget 58 88 Cf 64
63380 Villosanges 63 115 Cd 73
60390 Villotran 60 51 Ca 52
47400 Villotte 47 148 Ab 82
88320 Villotte 88 76 Fe 60
89130 Villotte 89 89 Db 62
89240 Villotte, la 89 89 Dd 62
55250 Villotte-devant-Louppy 55 55 Fa 55
21690 Villotte-Saint-Seine 21 91 Ee 64
55260 Villotte-sur-Aire 55 55 Fc 55
21400 Villotte-sur-Ource 21 91 Ee 61
36500 Villours 36 101 Bd 67
88350 Villouxel 88 75 Fd 58
77480 Villuis 77 72 Dc 58
58140 Villurbain 58 90 De 64
08370 Villy 08 42 Fb 51
89800 Villy 89 90 De 61
14310 Villy-Bocage 14 34 Zc 54
21350 Villy-en-Auxois 21 91 Ed 64
10140 Villy-en-Trodes 10 74 Ec 59
76260 Villy-le-Bas 76 37 Bc 49
10800 Villy-le-Bois 10 73 Ea 60
74350 Villy-le-Bouveret 74 120 Ga 72
76630 Villy-le-Haut 76 37 Bc 49
10800 Villy-le-Maréchal 10 73 Ea 59
21250 Villy-le-Moutier 21 106 Ef 66
74350 Villy-le-Pelloux 74 120 Ga 72
14700 Villy-lez-Falaise 14 48 Zf 55
20230 Vilone Orneto = Velone-Orneto CTC 183 Kc 94
70240 Vilory 70 93 Gb 62
55110 Vilosnes 55 42 Fb 53
55110 Vilosnes-Haraumont 55 42 Fb 53
57370 Vilsberg 57 58 Hb 56
53160 Vimarcé 53 67 Ze 59
19800 Vimbelle 19 126 Be 76
48240 Vimbouches 48 153 De 83
12310 Vimenet 12 152 Cf 82
48100 Vimenet 48 140 Dc 81
88600 Vimenil 88 77 Gd 59
73160 Vimines 73 132 Ff 75
82440 Viminies 82 150 Bc 84
14370 Vimont 14 35 Ze 54
45700 Vimory 45 71 Ce 61
61120 Vimoutiers 61 48 Ab 55
77520 Vimpelles 77 72 Da 58
62580 Vimy 62 30 Ce 46
77230 Vinantes 77 52 Ce 54
34260 Vinas 34 152 Da 86
11110 Vinassan 11 167 Da 89
17510 Vinax 17 111 Ze 72
00470 Vinay 38 131 Fc 77
51530 Vinay 51 53 Df 54
72240 Vinay 72 68 Aa 60
66320 Vinça 66 179 Cd 93
39190 Vincelles 39 106 Fc 69
51700 Vincelles 51 53 Dd 54
71500 Vincelles 71 106 Fb 69
89290 Vincelles 89 90 Dd 62
89290 Vincelottes 89 90 Dd 62
73480 Vincendières 73 133 Gf 77
94300 Vincennes 94 51 Cc 55
33126 Vincent 33 135 Ze 79
39230 Vincent-Froideville 39 106 Fc 68
03420 Vincents 03 115 Cd 72
38570 Vincents, les 38 132 Ga 77
36400 Vinceuil 36 102 Bf 68
88450 Vincey 88 76 Gb 58
20250 Vincinacce CTC 183 Kb 95
62310 Vincly 62 29 Cb 45
02340 Vincy 02 41 Ea 50
74330 Vincy 74 120 Ga 73
77139 Vincy-Manœuvre 77 52 Cf 54
02340 Vincy-Reuil-et-Magny 02 41 Ea 50
71110 Vindecy 71 117 Ea 70
50250 Vindefontaine 50 46 Yd 52
16430 Vindelle 16 124 Aa 74
50500 Vindelonde 50 34 Yd 53
51120 Vindey 51 53 De 56
81170 Vindrac-Alayrac 81 151 Bf 84
12420 Vines 12 139 Ce 79
10700 Vinets 10 73 Eb 57
36110 Vineuil 36 101 Bd 67
41350 Vineuil 41 86 Bc 63
41400 Vineuil 41 86 Bb 64
60500 Vineuil-Saint-Firmin 60 51 Cc 53
71250 Vineuse, la 71 118 Ed 70
71250 Vineuse sur Fregande, la 71 117 Ed 70
07110 Vinezac 07 142 Eb 81
66600 Vingrau 66 179 Ce 91
02290 Vingré 02 40 Db 52
61250 Vingt-Hanaps 61 68 Aa 57
76540 Vinnemerville 76 36 Ad 50
89140 Vinneuf 89 72 Da 58
44590 Vinois, la 44 82 Yc 63
18300 Vinon 18 88 Ce 65
83560 Vinon-sur-Verdon 83 171 Fe 86
48500 Vinous, les 48 153 Db 82
57940 Vinsberg 57 56 Gb 53
63420 Vins-Haut 63 128 Da 77
26110 Vinsobres 26 155 Fa 82
11230 Vinsou 11 178 Ca 91
83170 Vins-sur-Carami 83 171 Ga 88
57660 Vintrange 57 57 Ge 55
81240 Vintrou, le 81 166 Cc 87
19290 Vinzan 19 126 Ca 74
03130 Vinzelle 03 116 De 71
12320 Vinzelle, la 12 139 Cc 81
63350 Vinzelles 63 116 Dc 73
71680 Vinzelles 71 118 Ee 71
74500 Vinzier 74 120 Gd 70
07340 Vinzieux 07 130 Ee 77
64130 Viodos-Abense-de-Bas 64 161 Za 89
02220 Violaine 02 52 Dc 53
02600 Violaine 02 52 Db 53
62138 Violaines 62 30 Ce 45
35330 Violais, la 35 81 Xf 61
42780 Violay 42 129 Ec 73
84150 Violès 84 155 Ef 84
35420 Violette 35 66 Ye 58
25380 Violette, la 25 108 Gd 65
87800 Violezeix 87 125 Bb 75
05310 Viollins, les 05 145 Gc 80
52600 Violot 52 92 Fc 62
34380 Viols-le-Fort 34 168 De 86
88260 Vioménil 88 76 Gb 60
07610 Vion 07 142 Ee 78
72300 Vion 72 84 Ze 62
73310 Vions 73 132 Fe 74
57130 Vionville 57 56 Ff 54
26150 Viopis 26 143 Fb 80
46600 Viors 46 138 Bd 79
88170 Vioucourt 88 76 Ff 59
32300 Viozan 32 163 Ac 88
03370 Viplaix 03 114 Cc 70
09120 Vira 09 177 Be 90
66220 Vira 66 178 Cc 92
81640 Virac 81 151 Ca 84
15600 Virade, la 15 139 Cb 80
50690 Virandeville 50 33 Yb 51
34460 Viranel 34 167 Da 88
15300 Virargues 15 140 Cf 78
14500 Vire 14 47 Za 55
71260 Viré 71 118 Ef 70
89160 Vireaux 89 90 Ea 62
49420 Vireboutton 49 83 Yf 62
54290 Virecourt 54 76 Gb 58
72350 Viré-en-Champagne 72 67 Ze 61
33460 Vire-Fougasse 33 134 Zb 78
33720 Virelade 33 135 Zd 81
39240 Viremont 39 119 Fd 70
14500 Vire Normandie 14 47 Za 55
46700 Vire-sur-Lot 46 137 Ba 82
08320 Vireux-Molhain 08 42 Ee 48
08320 Vireux-Wallerand 08 42 Ee 48
50600 Virey 50 66 Yf 57
70150 Virey 70 92 Fe 64
71530 Virey 71 106 Ef 67
10260 Virey-sous-Bar 10 74 Eb 60
51800 Virginy 51 54 Ee 53
01440 Viriat 01 118 Fb 71
42140 Viricelles 42 129 Ec 75
38730 Virieu 38 131 Fc 76
01510 Virieu-le-Grand 01 131 Fd 73
01260 Virieu-le-Petit 01 119 Fe 73
42140 Virigneux 42 129 Ec 74
01300 Virignin 01 131 Fe 74
38980 Viriville 38 131 Fb 77
17800 Virlet 17 123 Zd 75
63330 Virlet 63 115 Ce 72
63700 Virlet 63 115 Cf 71
57340 Virming 57 57 Ge 55
78220 Viroflay 78 51 Ca 56
87130 Virolle 87 126 Bd 74
87220 Virolle 87 125 Bc 74
17260 Virollet 17 122 Zb 75
79360 Virollet 79 111 Zd 72
80150 Vironchaux 80 28 Be 47
17290 Virson 17 110 Za 72
76110 Virville 76 36 Ac 51
02300 Viry 02 40 Db 51
39360 Viry 39 119 Fe 71
71120 Viry 71 117 Ec 70
74580 Viry 74 120 Ga 72
91170 Viry-Châtillon 91 51 Cc 56
84820 Visan 84 155 Ef 83
63250 Viscomtat 63 129 De 74
65120 Viscos 65 175 Zf 91
62156 Vis-en-Artois 62 30 Cf 47
39800 Viseney, le 39 107 Fd 67
21500 Viserny 21 90 Eb 63
21230 Visignot 21 105 Ec 66
65200 Visker 65 162 Aa 90
80140 Vismes 80 38 Be 48
12400 Vispens 12 152 Ce 85
05700 Vissac, le 05 144 Fd 82
43300 Vissac-Auteyrat 43 141 Dd 78
30770 Vissec 30 153 Dc 85
35130 Visseiche 35 66 Ye 61
34350 Vistoule, la 34 167 Db 89
12210 Vitarelle, la 12 139 Ce 81
46210 Vitarelle, la 46 138 Ca 80
81090 Vitarelle, la 81 166 Cb 87
81490 Vitarelle, la 81 166 Cc 87
81290 Vitarelle, la 82 150 Bb 85
46300 Vitarelles, les 46 137 Bb 80
81220 Viterbe 81 165 Bf 86
54123 Viterne 54 76 Ga 57
15220 Vitrac 15 139 Cb 80
24200 Vitrac 24 137 Bb 80
63410 Vitrac 63 115 Cf 73
81120 Vitrac 81 151 Ca 86
12420 Vitrac-en-Viadène 12 139 Ce 80
16310 Vitrac-Saint-Vincent 16 124 Ac 74
19800 Vitrac-sur-Montane 19 126 Bf 76
61300 Vitrai-sous-Laigle 61 49 Ae 56
03360 Vitray, Meaulne- 03 103 Cd 69
28360 Vitray-en-Beauce 28 70 Bc 59
28270 Vitray-sous-Brezolles 28 49 Ba 56
79600 Vitré 79 99 Zf 68
86350 Vitré 86 112 Ac 71
79370 Vitré, Beaussais- 79 111 Ze 71
35500 Vitré = Gwitreg 35 66 Ye 60
39350 Vitreux 39 107 Fe 65
54330 Vitrey 54 76 Ga 58
70500 Vitrey-sur-Mance 70 93 Fe 62
54300 Vitrimont 54 76 Gc 57
05110 Vitrolles 05 157 Ff 82
13127 Vitrolles 13 170 Fb 88
84240 Vitrolles 84 156 Fd 86
94400 Vitry 94 51 Cc 56
45530 Vitry-aux-Loges 45 71 Cb 61
62490 Vitry-en-Artois 62 30 Cf 47
71600 Vitry-en-Charollais 71 117 Ea 70
52160 Vitry-en-Montagne 52 92 Fa 62
51300 Vitry-en-Perthois 51 54 Ed 56
58420 Vitry-Laché 58 104 Dd 65
51240 Vitry-la-Ville 51 54 Ec 55
10110 Vitry-le-Croisé 10 74 Ed 60
51300 Vitry-le-François 51 54 Ed 56
71250 Vitry-lès-Cluny 71 118 Ed 70
52800 Vitry-lès-Nogent 52 75 Fc 61
57185 Vitry-sous-Justemont 57 56 Ga 53
71140 Vitry-sur-Loire 71 104 De 68
55150 Vittarville 55 43 Fc 52
21350 Vitteaux 21 91 Ed 64
76450 Vittefleur 76 36 Ad 50
88800 Vittel 88 76 Ff 59
57670 Vittersbourg 57 57 Gf 55
57580 Vittoncourt 57 56 Gc 54
54700 Vittonville 54 56 Ga 55
80150 Vitz-sur-Authie 80 29 Ca 47
74250 Viuz-en-Sallaz 74 120 Gc 72
74540 Viuz-la-Chiésaz 74 132 Ga 74
02870 Vivaise 02 40 Dd 51
42310 Vivans 42 117 Df 71
20219 Vivario CTC 183 Kb 95
20219 Vivariu = Vivario CTC 183 Kb 95
82140 Vivens 82 150 Be 83
63840 Viverols 63 129 Df 76
66490 Vivès 66 179 Ce 93
52160 Vivey 52 91 Fa 62
17120 Vivier 17 122 Za 74
42380 Vivier 42 129 Ea 76
49220 Vivier 49 83 Za 63
16240 Vivier, le 16 111 Zf 73
36200 Vivier, le 36 113 Bd 69
41500 Vivier, le 41 86 Bc 63
66730 Vivier, le 66 178 Cc 92
08440 Vivier-au-Court 08 42 Ee 50
02600 Vivières 02 52 Da 53
17510 Vivier-Jusseau, le 17 111 Zf 73
07220 Viviers 07 142 Ee 82
23350 Viviers 23 114 Ca 70
24370 Viviers 24 137 Bc 79
34830 Viviers 34 168 Df 86
57590 Viviers 57 56 Gc 55
89700 Viviers 89 90 Df 62
17430 Viviers, les 17 110 Za 72
73420 Viviers-du-Lac 73 132 Ff 75
88260 Viviers-le-Gras 88 76 Ff 60
81500 Viviers-lès-Lavaur 81 165 Be 87
81290 Viviers-lès-Montagnes 81 165 Cb 87
88500 Viviers-lès-Offroicourt 88 76 Ga 59
10110 Viviers-sur-Artaut 10 74 Ec 60
54260 Viviers-sur-Chiers 54 43 Fd 52
35960 Vivier-sur-Mer, le 35 65 Yb 57
09500 Viviès 09 177 Be 90
12110 Viviez 12 139 Cb 81
16120 Viville 16 123 Zf 75
16430 Viville 16 124 Ab 74
72170 Vivoin 72 68 Aa 59
04450 Vivon 64 162 Zd 88
86370 Vivonne 86 112 Ab 70
27400 Vivonvay 27 49 Bb 53
49680 Vivy 49 84 Zf 65
21400 Vix 21 91 Ed 61
85770 Vix 85 110 Za 70
42110 Vizezy 42 129 Ea 74
38220 Vizille 38 144 Fe 78
65120 Vizos 65 175 Zf 91
18800 Vizy 18 103 Ce 66
20219 Vizzavona CTC 183 Ka 96
19390 Vialle, la 19 126 Bf 76
07690 Vocance 07 130 Ed 77
63500 Vodable 63 128 Da 75
68420 Vœgtlinshofen 68 60 Hb 60
57320 Vœlfing-lès-Bouzonville 57 57 Gd 53
67430 Vœllerdingen 67 57 Ha 55
36260 Vœu 36 101 Bf 66
68600 Vogelgrun 68 60 Hd 60
73420 Voglans 73 132 Ff 75
07200 Vogüé 07 142 Ec 81
02140 Voharies 02 40 De 50
88220 Void-de-Girancourt 88 76 Gc 60
88220 Void-de-la-Bure, le 88 76 Gb 60
88260 Void-d'Escles, le 88 76 Gb 60
49310 Voide, le 49 98 Zc 66
55190 Void-Vacon 55 55 Fd 56
10200 Voigny 10 74 Ce 59
51800 Voilemont 51 54 Ee 54
25110 Voillans 25 93 Gc 64
52130 Voillecomte 52 74 Ef 57
57580 Voimhaut 57 56 Gc 54
54134 Voinémont 54 76 Ga 57
63620 Voingt 63 127 Cd 74
77540 Voinsles 77 52 Da 56
51130 Voipreux 51 53 Ea 55
25580 Voires 25 107 Gb 66
25580 Voires 25 108 Gb 66
02170 Voirie 02 40 De 49
85170 Voirie, la 85 97 Yd 68
38500 Voiron 38 131 Fd 76
27520 Voiscreville 27 49 Ae 53
28700 Voise 28 70 Be 58
77950 Voisenon 77 71 Cd 57
52400 Voisey 52 93 Fe 61
21400 Voisin 21 91 Ed 62
33380 Voisin, le 33 134 Za 81
39150 Voisinal, le 39 107 Ga 69
52200 Voisines 52 92 Fb 61
89260 Voisines 89 72 Dc 59
77860 Voisins 77 52 Cf 55
03230 Voisins, les 03 104 Dd 69
78960 Voisins-le-Bretonneux 78 51 Ca 56
19300 Voissange 19 126 Bf 76
38620 Voissant 38 131 Fe 76
17400 Voissay 17 110 Zc 73
63210 Voissieux 63 127 Cf 74
18300 Voisy 18 88 Ce 65
39210 Voiteur 39 107 Fd 68
70310 Voivre, la 70 94 Gd 62
00470 Voivre, la 88 77 Gf 58
88240 Voivres, les 88 76 Gb 60
72210 Voivres-lès-le-Mans 72 84 Aa 61
59470 Volckerinckhove 59 27 Cb 43
79170 Volée, la 79 111 Zd 71
71600 Volesvres 71 117 Ea 70
68600 Volgelsheim 68 60 Hd 60
89710 Volgré 89 89 Db 61
57100 Volkrange 57 44 Ga 52
67290 Volksberg 67 58 Hb 55
63120 Vollore-Montagne 63 129 De 74
63120 Vollore-Ville 63 128 Dd 74
57220 Volmerange-lès-Boulay 57 56 Gc 53
57330 Volmerange-les-Mines 57 43 Ga 52
57720 Volmunster 57 58 Hc 54
21190 Volnay 21 106 Ee 66
72440 Volnay 72 85 Ac 61
70180 Volon 70 92 Fe 63
04290 Volonne 04 157 Ga 84
20290 Volpajola CTC 181 Kc 93
15220 Volpiliac 15 139 Cc 79
48150 Volpilière, la 48 153 Db 83
71220 Volsin 71 105 Ec 69
57940 Volstroff 57 44 Gb 53
48190 Volte, la 48 141 De 82
26560 Voluy 26 156 Fd 83
26470 Volvent 26 143 Fc 81
89240 Volvent 89 89 Dc 62
09230 Volvestre 09 164 Ba 90
63530 Volvic 63 128 Da 73
04130 Volx 04 157 Ff 85
88700 Vomécourt 88 77 Gd 59
88500 Vomécourt-sur-Madon 88 76 Gb 58
07140 Vompdes 07 154 Ea 82
52500 Voncourt 52 92 Fe 62
08400 Voncq 08 42 Ed 52
21270 Vonges 21 92 Fc 65
01540 Vonnas 01 118 Ef 71
32100 Vopillon 32 148 Ab 85
01230 Vorages 01 119 Fc 73
70190 Voray-sur-l'Ognon 70 93 Ga 64
61160 Vorché 61 48 Zf 56
38340 Voreppe 38 131 Fd 77
43800 Vorey 43 129 Df 77
02860 Vorges 02 40 Dd 51
25320 Vorges-les-Pins 25 107 Ff 66
18340 Vorly 18 102 Cc 67
36150 Vornault 36 101 Be 66
18130 Vornay 18 103 Cd 67
12160 Vors 12 151 Cc 83
89400 Vorvigny 89 73 Dd 60
74700 Vorziers, les 74 120 Gd 73
39240 Vosbles- 39 119 Fd 70
21700 Vosne-Romanée 21 106 Ef 66
10130 Vosnon 10 73 Df 60
22230 Vot, le 22 64 Xd 60
37240 Vou 37 100 Af 66
01590 Vouais 01 119 Fd 71
51260 Vouarces 51 73 Df 57
21230 Voudenay 21 105 Ec 66
10150 Voué 10 73 Ea 58
52320 Vouécourt 52 75 Fa 59
70500 Vougécourt 70 76 Ff 61
21640 Vougeot 21 106 Ff 65
39260 Vouglans 39 119 Fd 70
10210 Vougrcy 10 73 Eb 60
74500 Vougron 74 120 Gd 70
42720 Vougy 42 117 Ea 72
74130 Vougy 74 120 Gc 72
16330 Vouharte 16 123 Aa 74
17700 Vouhé 17 110 Zb 72
79310 Vouhé 79 111 Ze 69
70200 Vouhenans 70 94 Gc 63
36310 Vouhet 36 113 Bb 70
16400 Vouil-et-Giget 16 124 Aa 75
79230 Vouillé 79 111 Zd 71
86190 Vouillé 86 99 Ab 69
85450 Vouillé-les-Marais 85 110 Za 70
51340 Vouillers 51 54 Ee 56
36100 Vouillon 36 102 Bf 68
14230 Vouilly 14 47 Yf 53
25420 Voujeaucourt 25 94 Ge 64
21290 Voulaines-les-Templiers 21 91 Ee 62
77580 Voulangis 77 52 Cf 55
86400 Voulême 86 111 Ab 72
16250 Voulgézac 16 124 Aa 75
79150 Voulmentin 79 98 Zc 67
86700 Voulon 86 111 Ab 70
02140 Voulpaix 02 41 De 49
34390 Voulte, la 34 167 Cf 87
79150 Voultegon 79 98 Zc 67
07800 Voulte-sur-Rhône, la 07 142 Ee 80
77560 Voulton 77 52 Dc 57
77940 Voulx 77 72 Cf 59
86580 Vouneuil-sous-Biard 86 112 Ab 69
86210 Vouneuil-sur-Vienne 86 100 Ad 68
29870 Vourch 29 61 Vc 57
38210 Vourey 38 131 Fd 77
69390 Vourles 69M 130 Ee 75
90400 Vourvenans 90 94 Gf 63
03140 Voussac 03 115 Da 71
38520 Voûte, la 38 144 Ga 78
89270 Voutenay-sur-Cure 89 90 De 63
19130 Voutezac 19 125 Bc 77
16220 Vouthon 16 124 Ac 74
55130 Vouthon-Bas 55 75 Fd 58
55130 Vouthon-Haut 55 75 Fd 58
53600 Voutré 53 67 Ze 60
17340 Voutron 17 110 Yf 72
85120 Vouvant 85 110 Zb 69
01200 Vouvray 01 119 Fe 72
37210 Vouvray 37 85 Ae 64
72160 Vouvray-sur-Huisne 72 68 Ad 60
72500 Vouvray-sur-Loir 72 85 Ac 62
21430 Vouvres 21 105 Ec 65
88170 Vouxey 88 76 Fe 58
86170 Vouzailles 86 99 Aa 68
16410 Vouzan 16 124 Ac 75
86200 Vouzeray 86 99 Ab 66
18330 Vouzeron 18 87 Cb 65
08400 Vouziers 08 42 Ee 52
41600 Vouzon 41 87 Ca 63
51130 Vouzy 51 53 Ea 55
10260 Vove 10 73 Eb 59
28360 Vovelles 28 70 Bd 58
28150 Voves 28 70 Bd 59
28360 Vovette 28 70 Bd 58
01510 Vovray 01 119 Fe 73
74350 Vovray-en-Bornes 74 120 Ga 72
02250 Voyenne 02 40 De 50
80400 Voyennes 80 39 Cf 50
57560 Voyer 57 57 Ha 57
86200 Voyette, la 86 99 Ab 66
03110 Vozelle 03 116 Dc 72
76690 Vquebeuf 76 37 Bb 51
56250 Vraie-Croix, la 56 81 Xc 62
80240 Vraignes-en-Vermandois 80 39 Da 49
80640 Vraignes-lès-Hornoy 80 38 Bf 50
52310 Vraincourt 52 75 Fa 59
55120 Vraincourt 55 55 Fa 54
79290 Vraire 79 98 Ze 66
27370 Vraiville 27 49 Ba 53
86310 Vrassac 86 112 Af 69
50330 Vrasville 50 33 Yd 50
51150 Vraux 51 54 Eb 54
88140 Vrecourt 88 75 Fe 59
59870 Vred 59 30 Db 46
70150 Vregille 70 93 Ff 65
02880 Vregny 02 40 Dc 52
80170 Vrély 80 39 Ce 50
57640 Vrémy 57 56 Gb 54
50260 Vrétot, le 50 33 Yb 52
39700 Vriange 39 107 Fd 65
44270 Vrignais, le 44 96 Yb 67
08330 Vrigne-au-Bois 08 42 Ef 50
08350 Vrigne-Meuse 08 42 Ef 50
17210 Vrignon 17 123 Ze 77
45300 Vrigny 45 71 Cb 60
51390 Vrigny 51 53 Df 53
61570 Vrigny 61 48 Zf 56
79150 Vrillé 79 98 Zc 67
58220 Vrillon 58 89 Db 64
89520 Vrilly 89 89 Da 63
25300 Vrine, la 25 108 Gc 67
79100 Vrines 79 99 Ze 67

A
B
C
D
E
F
G
H
I
J
K
L
M
N
O
P
Q
R
S
T
U
V
W
X
Y
Z

44540 Vritz 44 83 Yf 63
08400 Vrizy 08 42 Ee 52
60112 Vrocourt 60 38 Bf 51
51330 Vroil 51 54 Ef 55
03420 Vrolle 03 115 Cd 71
80120 Vron 80 28 Be 47
54330 Vroncourt 54 76 Ga 58
52240 Vroncourt-la-Côte 52 75 Fd 60
89700 Vrouerre 89 90 Df 62
88500 Vroville 88 76 Gb 59
57640 Vry 57 56 Gb 53
44640 Vue 44 96 Ya 65
25840 Vuillafans 25 107 Gb 66
25300 Vuillecin 25 108 Gb 67
10160 Vulaines 10 73 Dd 59
77160 Vulaines-lès-Provins 77 72 Db 57
77870 Vulaines-sur-Seine 77 71 Ce 58
74520 Vulbens 74 120 Ff 72
73700 Vulmis 73 133 Ge 75
57420 Vulmont 57 56 Gb 55
20153 Vuttera i Bagni = Guitera-les-Bains CTC 183 Ka 97
70400 Vyans-le-Val 70 94 Ge 63
70130 Vy-le-Ferroux 70 93 Ff 63
70230 Vy-lès-Filain 70 93 Gb 63
70200 Vy-lès-Lure 70 94 Gc 63
70120 Vy-lès-Rupt 70 93 Ff 63
25430 Vyt-lès-Belvoir 25 94 Gd 64

W

62180 Waben 62 28 Bd 46
59147 Wachemy 59 30 Cf 45
60420 Wacquemoulin 60 39 Cd 51
62250 Wacquinghen 62 26 Be 44
08200 Wadelincourt 08 42 Ef 50
80150 Wadicourt 80 28 Bf 47
08220 Wadimont 08 41 Eb 50
55160 Wadonville-en-Woëvre 55 55 Fe 54
67220 Wagenbach 67 77 Hb 58
08270 Wagnon 08 41 Ec 51
62161 Wagnonlieu 62 29 Ce 47
59261 Wahagnies 59 30 Da 46
68130 Wahlbach 68 95 Hc 63
67170 Wahlenheim 67 58 He 56
62770 Wail 62 29 Ca 46
62217 Wailly 62 29 Ce 47
62310 Wailly 62 29 Ca 45
80160 Wailly 80 38 Ca 50
62170 Wailly-Beauchamp 62 28 Be 46
68230 Walbach 68 60 Hb 60
67360 Walbourg 67 58 He 55
67350 Walck, la 67 58 Hd 55
67430 Waldhambach 67 57 Hb 55
57720 Waldhouse 57 58 Hc 54
68640 Waldighofen 68 95 Hb 63
67700 Waldolwisheim 67 58 Hc 56
57320 Waldweistroff 57 44 Gd 52
57480 Waldwisse 57 44 Gd 52
08220 Waleppe 08 41 Ea 51
68130 Walheim 68 95 Hb 63
59127 Walincourt-Selvigny 59 30 Db 48
02210 Wallée 02 52 Dc 53
59135 Wallers 59 30 Dc 46
59132 Wallers-Trélon 59 31 Eb 48
59190 Wallon-Cappel 59 27 Cc 44
57720 Walschbronn 57 58 Hc 54
57870 Walscheid 57 57 Ha 57
57370 Waltembourg 57 57 Hb 56
68510 Waltenheim 68 95 Hc 63
67670 Waltenheim-sur-Zorn 67 58 Hd 56
55250 Waly 55 55 Fa 54
59400 Wambaix 59 30 Db 48
62140 Wambercourt 62 29 Ca 46
60380 Wambez 60 38 Bf 51
59118 Wambrechies 59 30 Cf 44
62770 Wamin 62 29 Ca 46
76660 Wanchy-Capval 76 37 Bc 49
62128 Wancourt 62 30 Cf 47
59870 Wandignies-Hamage 59 30 Db 46
62560 Wandonne 62 29 Ca 45
67520 Wangen 67 60 Hc 57
67710 Wangenbourg-Engenthal 67 58 Hb 57
59830 Wannehain 59 30 Db 45
62123 Wanquentin 62 29 Cd 47
67610 Wantzenau, la 67 58 He 57
08460 Warby 08 41 Ed 50
08000 Warcq 08 42 Ee 50
55400 Warcq 55 55 Fd 53
62120 Wardrecques 62 29 Cc 44
51800 Wargemoulin-Hurlus 51 54 Ee 54
59144 Wargenies-le-Grand 59 31 Dd 47
80670 Wargnies 80 38 Cb 48
59144 Wargnies-le-Petit 59 31 De 47
59380 Warhem 59 27 Cc 43
59870 Warlaing 59 30 Db 46
62450 Warlencourt-Eaucourt 62 30 Ce 48
62760 Warlingcourt-lès-Pass 62 29 Cd 47
80300 Warloy-Baillon 80 39 Cd 48
60430 Warluis 60 38 Ca 52
62123 Warlus 62 29 Ce 47
80270 Warlus 80 38 Bf 49
62810 Warluzel 62 29 Cc 47
51110 Warmeriville 51 41 Eb 52
62120 Warne 62 29 Cc 45
08090 Warnécourt 08 42 Ed 50
54400 Warnimont 54 43 Fe 51
59219 Warpont 59 31 Df 48
80500 Warsy 80 39 Cd 50
80170 Warvillers 80 39 Ce 50
02630 Wasigny 02 40 Dd 48
08270 Wasigny 08 41 Ec 51
59252 Wasnes-au-Bac 59 30 Db 47
59290 Wasquehal 59 30 Da 44
67310 Wasselheim = Wasselonne 67 58 Hc 57
67310 Wasselonne 67 58 Hc 57
68230 Wasserbourg 68 60 Ha 60
52130 Wassy 52 74 Ef 58
62142 Wast, le 62 26 Be 44
80230 Wathiehurt 80 28 Bd 47
02830 Watigny 02 41 Eb 49
55160 Watronville 55 55 Fd 54
80220 Watteblérу 80 38 Bd 49
59143 Watten 59 27 Cb 43
62380 Watterdal 62 28 Ca 44
59139 Wattignies 59 30 Da 45
59680 Wattignies-la-Victoire 59 31 Ea 47
62890 Wattine, le 62 27 Ca 44
59150 Wattrelos 59 30 Db 44
68700 Wattwiller 68 95 Hb 61
60130 Wavignies 60 39 Cc 51
54890 Waville 54 56 Ff 54
62380 Wavrans-sur-L'Aa 62 29 Ca 44
62130 Wavrans-sur-Ternoise 62 29 Cb 46
59220 Wavrechain-sous-Denain 59 30 Dc 47
59111 Wavrechain-sous-Faulx 59 30 Db 47
55150 Wavrille 55 43 Fc 53
59136 Wavrin 59 30 Cf 45
59119 Waziers 59 30 Da 46
68600 Weckolsheim 68 60 Hd 60
68290 Wegscheid 68 94 Gf 62
57412 Weidesheim 57 57 Ha 54
67160 Weiler 67 58 Hf 54
67340 Weinbourg 67 58 Hc 55
57720 Weiskirch 57 58 Hc 54
67290 Weislingen 67 58 Hb 55
67160 Weissenburg = Wissembourg 67 58 Hf 54
67500 Weitbruch 67 58 He 56
67340 Weiterswiller 67 58 Hc 55
57990 Welfer-Ippling 57 57 Ha 54
60420 Welles-Pérennes 60 39 Cc 51
59670 Wemaers-Cappel 59 27 Cc 44
67510 Wengelsbach 67 58 He 54
68220 Wentzwiller 68 95 Hc 63
68480 Werentzhouse 68 95 Hc 63
59117 Wervicq-Sud 59 30 Da 44
62380 Westbécourt 62 27 Ca 44
59380 West-Cappel 59 27 Cd 43
68250 Westhalten 68 60 Hb 61
67310 Westhoffen 67 60 Hc 57
67230 Westhouse 67 60 Hd 58
67440 Westhouse-Marmoutier 67 58 Hc 56
62575 Westhove 62 27 Cb 44
62129 Westrehem 62 29 Cb 45
62960 Westrehem 62 29 Cc 45
68920 Wettolsheim 68 60 Hb 60
67320 Weyer 67 57 Ha 55
67720 Weyersheim 67 58 He 56
51360 Wez 51 53 Eb 53
59320 Wez-Macquart 59 30 Cf 45
80140 Wiammeville 80 38 Bd 48
02420 Wiancourt 02 40 Db 49
67114 Wibolsheim 67 60 He 58
68320 Wickerschwihr 68 60 Hc 60
67270 Wickersheim-Wilshausen 67 58 Hd 56
59134 Wicres 59 30 Cf 45
62630 Widehem 62 28 Be 45
68320 Widensohlen 68 60 Hc 60
02120 Wiège-Faty 02 40 De 49
80170 Wiencourt-L'Equipée 80 39 Cd 49
62830 Wierre-au-Bois 62 28 Be 45
62720 Wierre-Effroy 62 26 Be 44
57200 Wiesviller 57 57 Ha 54
59212 Wignehies 59 41 Ea 48
08270 Wignicourt 08 41 Ed 51
68230 Wihr-au-Val 68 77 Hb 60
68180 Wihr-en-Plaine 68 60 Hc 60
67340 Wildenguth 67 58 Hc 55
68820 Wildenstein 68 77 Gf 61
67130 Wildersbach 67 60 Hb 58
62770 Willeman 62 29 Ca 46
59780 Willems 59 30 Db 45
68960 Willer 68 95 Hb 63
55500 Willeroncourt 55 55 Fc 56
68760 Willer-sur-Thur 68 94 Ha 61
62580 Willerval 62 30 Cf 46
57430 Willerwald 57 57 Ha 54
67370 Willgottheim 67 58 Hd 56
08110 Williers 08 42 Fb 50
59740 Willies 59 31 Ea 48
67270 Wilshausen 67 58 Hd 56
67270 Wilwisheim 67 58 Hd 56
62930 Wimereux 62 26 Bd 44
62126 Wimille 62 26 Bd 44
67290 Wimmenau 67 58 Hc 55
02500 Wimy 02 41 Ea 49
68130 Windenhof 68 95 Hc 63
57850 Windsbourg 57 77 Hb 57
67110 Windstein 67 58 He 55
67510 Wingen 67 58 He 54
67290 Wingen-sur-Moder 67 58 Hc 55
67170 Wingersheim les Quatre Bans 67 58 Hd 56
62410 Wingles 62 30 Cf 46
68480 Winkel 68 95 Hb 64
59670 Winnezeele 59 30 Cd 43
57635 Wintersbourg 57 57 Hb 56
67590 Wintershouse 67 58 He 56
67470 Wintzenbach 67 59 Ia 55
68920 Wintzenheim 68 60 Hb 60
67370 Wintzenheim-Kochersberg 67 58 Hd 57
68570 Wintzfelden 68 77 Hb 61
62240 Wirwignes 62 28 Be 44
80270 Wiry-au-Mont 80 38 Bf 49
67130 Wisches 67 60 Hb 57
88520 Wisembach 88 77 Ha 59
55700 Wiseppe 55 42 Fb 52
62380 Wismes 62 29 Ca 45
62219 Wisques 62 29 Cb 44
62179 Wissant 62 26 Bd 43
67160 Wissembourg 67 58 Hf 54
02320 Wissignicourt 02 40 Dc 51
91320 Wissous 91 51 Cb 56
51420 Witry-lès-Reims 51 53 Ea 53
68310 Wittelsheim 68 95 Hb 62
68270 Wittenheim 68 95 Hc 62
62120 Witternesse 62 29 Cc 45
67230 Witternheim 67 60 Hd 59
68130 Wittersdorf 68 95 Hb 63
67670 Wittersheim 67 58 Hd 56
62120 Wittes 62 29 Cc 44
67820 Wittisheim 67 60 Hd 59
57905 Wittring 57 57 Ha 54
67370 Wiwersheim 67 58 Hd 57
62570 Wizernes 62 29 Cb 44
55210 Woël 55 56 Fe 54
57200 Wœlfling-lès-Sarreguemines 57 57 Hb 54
67370 Wœllenheim 67 58 Hd 56
80460 Woignarue 80 28 Bc 48
55300 Woimbey 55 55 Fc 55
80520 Woincourt 80 28 Bd 48
55300 Woinville 55 55 Fd 55
57140 Woippy 57 56 Ga 54
80140 Woirel 80 38 Be 49
68210 Wolfersdorf 68 94 Ha 63
68600 Wolfgantzen 68 60 Hd 60
67202 Wolfisheim 67 60 Hd 57
67260 Wolfskirchen 67 57 Ha 55
67700 Wolschheim 67 58 Hc 56
68480 Wolschwiller 68 95 Hc 64
67120 Wolxheim 67 60 Hd 57
59470 Wormhout 59 27 Cc 43
57915 Woustviller 57 57 Ha 54
68500 Wuenheim 68 95 Hb 61
88700 Wuillaume-Fontaine 88 77 Ge 59
57170 Wuisse 57 57 Gd 55
59143 Wulverdinghe 59 27 Cb 44
76940 Wuy, le 76 36 Ae 52
95420 Wy-dit-Joli-Village 95 50 Bf 54
59380 Wylder 59 27 Cc 43

X

88700 Xaffévillers 88 77 Gd 58
32200 Xaintrailles 32 163 Ae 87
47230 Xaintrailles 47 148 Ab 83
79220 Xaintray 79 110 Zd 70
16330 Xambes 16 123 Aa 74
54470 Xammes 54 56 Ff 55
88460 Xamontarupt 88 77 Gd 60
57630 Xanrey 57 57 Gd 56
85240 Xanton-Chassenon 85 110 Zb 70
88130 Xaronval 88 76 Gb 58
88220 Xatte, la 88 76 Gc 60
54300 Xermaménil 54 77 Gc 57
88220 Xertigny 88 76 Gc 60
54990 Xeuilley 54 76 Ga 57
54740 Xirocourt 54 76 Gb 58
55300 Xivray-et-Marvoisin 55 56 Fe 55
54490 Xivry-Circourt 54 43 Fe 52
57590 Xocourt 57 56 Gc 55
88400 Xonrupt-Longemer 88 77 Gf 60
54800 Xonville 54 56 Ff 54
57830 Xouaxange 57 57 Gf 56
88310 Xoulces 88 77 Gf 61
54370 Xousse 54 57 Ge 57
54370 Xures 54 57 Gd 56

Y

76480 Yainville 76 37 Ae 52
80135 Yaucourt-Bussus 80 28 Bf 48
22300 Yaudet, le 22 63 Wc 56
04300 Ybourgues 04 156 Fe 85
40160 Ychoux 40 146 Za 83
15210 Ydes 15 127 Cc 76
15210 Ydes Bourg 15 127 Cc 76
76640 Yébleron 76 36 Ad 51
77390 Yèbles 77 52 Ce 57
73170 Yenne 73 132 Fe 74
28130 Yermenonville 28 70 Bd 57
91560 Yerres 91 51 Cc 56
76760 Yerville 76 37 Af 50
81200 Yés, les 81 166 Cc 88
62610 Yeuse 62 27 Bf 44
45300 Yèvre-la-Ville 45 71 Cb 60
45300 Yèvre-le-Châtel 45 71 Cc 60
28160 Yèvres 28 69 Bb 59
10500 Yèvres-le-Petit 10 74 Ec 58
22120 Yffiniac 22 64 Xb 58
40110 Ygos-Saint-Saturnin 40 147 Zb 85
03160 Ygrande 03 115 Cf 69
76520 Ymare 76 37 Bb 52
28320 Ymeray 28 70 Be 57
19220 Ymons 19 126 Ca 77
28150 Ymonville 28 70 Be 59
28150 Ymorville 28 70 Bd 58
81430 Yole 81 151 Cc 85
15130 Yolet 15 139 Cd 79
08210 Yoncq 08 42 Fa 51
40170 Yons 40 146 Ye 84
50580 Yons, les 50 46 Yb 53
80132 Yonval 80 28 Be 48
63700 Youx 63 115 Ce 72
76111 Y Port 76 36 Ab 50
76540 Ypreville-Biville 76 36 Ad 50
50400 Yquelon 50 46 Yc 55
63270 Yronde-et-Buron 63 128 Db 75
63200 Yssac-la-Tourette 63 116 Da 73
19310 Yssandon 19 125 Bc 77
43200 Yssingeaux 43 141 Ea 78
15130 Ytrac 15 139 Cc 79
62124 Ytres 62 30 Cf 48
57970 Yutz 57 44 Gb 52
76560 Yvecrique 76 37 Ae 50
36200 Yvernaud 36 101 Bd 69
86170 Yversay 86 99 Ab 68
17340 Yves 17 110 Yf 72
84220 Yves, les 84 156 Fb 85
61210 Yveteaux, les 61 47 Ze 56
76190 Yvetot 76 36 Ae 51
50700 Yvetot-Bocage 50 33 Yc 52
22930 Yvias 22 63 Wf 56
16210 Yviers 16 123 Zf 77
22350 Yvignac 22 65 Xe 58
60410 Yvillers 60 51 Ce 53
76530 Yville-sur-Seine 76 37 Af 52
74140 Yvoire 74 120 Gb 70
41600 Yvoy-le-Marron 41 87 Bf 63
33370 Yvrac 33 135 Zd 79
16110 Yvrac-et-Malleyrand 16 124 Ac 74
61800 Yvrandes 61 47 Zb 56
72530 Yvré-Evêque 72 68 Ab 60
72330 Yvré-le-Pôlin 72 84 Aa 62
80150 Yvrench 80 28 Ca 47
80150 Yvrencheux 80 28 Bf 47
80520 Yzengremer 80 28 Bd 48
49360 Yzernay 49 98 Zb 66
69510 Yzeron 69M 130 Ed 74
03400 Yzeure 03 103 Dc 69
37290 Yzeures-sur-Creuse 37 100 Af 68
80310 Yzeux 80 38 Ca 49
40180 Yzosse 40 161 Yf 86

Z

67700 Zabern = Saverne 67 58 Hc 56
68130 Zaessingue 68 95 Hc 63
88120 Zainvillers 88 77 Ge 61
20272 Zalana CTC 183 Kc 95
63420 Zanières 63 128 Da 76
63970 Zanières 63 127 Cf 75
57340 Zarbeling 57 57 Ge 55
57420 Zedrevaux 57 56 Gb 55
59470 Zegerscappel 59 27 Cc 43
67310 Zehnacker 67 58 Hc 56
67310 Zeinheim 67 58 Hc 56
64780 Zelhal 64 160 Ye 89
64240 Zelhay 64 160 Ye 88
57660 Zellen 57 57 Gf 55
68340 Zellenberg 68 60 Hb 60
67140 Zellwiller 67 60 Hc 58
67860 Zelsheim 67 60 Hd 59
59670 Zermezeele 59 27 Cc 44
23270 Zéros, les 23 114 Ca 70
20116 Zerubia CTC 185 Ka 98
47140 Zette 47 149 Ae 83
57905 Zetting 57 57 Ha 54
57320 Zeurange 57 44 Gd 52
20173 Zévaco CTC 182 Ka 97
20132 Zicavo CTC 183 Ka 97
20132 Zicavu = Zicavo CTC 183 Ka 97
20190 Zigliara CTC 184 If 97
20214 Zilia CTC 180 If 93
57370 Zilling 57 57 Hb 56
68720 Zillisheim 68 95 Hb 62
68230 Zimmerbach 68 60 Hb 60
68440 Zimmersheim 68 95 Hc 62
57690 Zimming 57 57 Gd 54
88330 Zincourt 88 76 Gc 59
67110 Zinswiller 67 58 Hd 55
57515 Zinzing 57 57 Ha 53
67290 Zittersheim 67 58 Hc 55
67270 Zœbersdorf 67 58 Hd 56
67260 Zollingen 67 57 Ha 55
57260 Zommange 57 57 Ge 56
20124 Zonza CTC 185 Kb 98
20140 Zoppu CTC 184 If 98
59440 Zorées 59 31 Df 48
67700 Zornhoff 67 58 Hc 56
62650 Zoteux 62 28 Bf 45
62890 Zouafques 62 27 Ca 44
57330 Zoufftgen 57 44 Ga 52
20112 Zoza CTC 184 Ka 98
20272 Zuani CTC 183 Kc 95
62500 Zudausques 62 27 Ca 44
62370 Zutkerque 62 27 Ca 43
67330 Zutzendorf 67 58 Hd 55
59123 Zuydcoote 59 27 Cc 42
59670 Zuytpeene 59 27 Cc 44